스 티 븐 슨 의

경제학원론

Betsey Stevenson, Justin Wolfers 지음

김태기, 구균철, 권원순, 김명수, 김태봉, 김한성, 남종오, 손종칠, 이대창 옮김

Σ 시그마프레스

스티븐슨의

경제학원론

발행일 | 2022년 8월 1일 1쇄 발행

지은이 | Betsey Stevenson, Justin Wolfers
옮긴이 | 김태기, 구균철, 권원순, 김명수, 김태봉, 김한성, 남종오, 손종칠, 이대창
발행인 | 강학경
발행처 | (주) 시그마프레스
디자인 | 김은경, 이상화, 우주연
편 집 | 이호선, 김은실, 윤원진
마케팅 | 문정현, 송치헌, 김인수, 김미래, 김성옥

등록번호 | 제10－2642호
주소 | 서울특별시 영등포구 양평로 22길 21 선유도코오롱디지털타워 A401~402호
전자우편 | sigma@spress.co.kr
홈페이지 | http://www.sigmapress.co.kr
전화 | (02)323-4845, (02)2062-5184~8
팩스 | (02)323-4197

ISBN | 979-11-6226-359-4

Principles of Economics, First Edition

First published in the United States by Worth Publishers

* 책값은 책 뒤표지에 있습니다.

저자 소개

Betsey Stevenson

미국 미시간대학교의 경제학 및 공공정책 교수다. 그녀의 연구는 공공정책이 노동시장에 미치는 영향, 여성의 노동시장 경험, 현대 가정을 형성하는 경제적 요인, 그리고 공공정책에 대한 주관적 웰빙의 역할을 찾는 데 주력한다. 그녀는 미국경제학회 집행이사로 봉사하고, 국가경제연구소의 연구위원이기도 하며, 뮌헨 경제연구소(Institute for Economic Research)의 펠로우, 시드니대학교의 방문 부교수, 런던 경제연구센터 연구위원이다. 2013년부터 2015년까지 오바마 대통령의 경제자문회의 위원으로서 사회정책, 노동시장, 그리고 무역문제에 대해 자문했다. 또한 2010년부터 2011년까지 미국 노동부의 수석 이코노미스트로 봉사했다. 블룸버그 통신의 비상근 논설위원이고, 경제학과 공공정책에 관한 공개 토론에서 전문가로서 신뢰를 받았다. 웰즐리대학에서 경제학과 수학 학사를, 하버드대학교에서 경제학 석사와 박사를 취득했다.

Justin Wolfers

미국 미시간대학교의 경제학 및 공공정책 교수다. 그는 거시경제학과 응용 미시경제학을 연구하고, 실업과 인플레이션, 예측 시장의 힘, 현대 가정을 형성하는 경제적 요인, 차별, 행복을 분석하고 있다. 그는 국가경제연구소의 연구위원, 브루킹스의 펠로우, 피터슨 국제경제연구소의 펠로우, 뮌헨 경제연구소의 펠로우, 시드니대학교의 방문 교수, 그리고 독일 킬 세계경제연구소의 국제 연구위원이다. 브루킹스 경제활동 논집의 편집위원, 경제학에서 여성의 지위에 대한 위원회의 위원, 미국 의회 예산처의 자문위원 등 많은 위원회와 자문회의에서 활동하고 있다. 그는 현재 **뉴욕타임스**의 객원 칼럼리스트이고 수많은 다른 출판물에서 경제 문제에 대해 글을 써왔다. 그의 연구는 경제정책에 자주 인용되며 거시경제 상황에 대한 객관적인 평가로 신뢰를 받고 있다. 시드니대학교에서 경제학 학사를, 하버드대학교에서 경제학 석사와 박사를 취득했다.

이들 중 한 명은 한때 제제벨닷컴(Jezebel.com)에서 '가장 최신 유행에 밝은 경제학자(hippest-economist-ever)'로 선정되었다. 다른 사람은 아니었다.

미시간 앤아버에서 자녀인 마틸다와 올리버, 애완견 맥스와 살고 있으며, 고양이를 키울 생각이다.

Betsey Stevenson and Justin Wolfers

저자 서문

신선한 관점으로 바라보는 경제학

느리지만 혁명적인 변화가 경제학에서 일어났다. 투입, 산출, 가격결정을 포함한 거래활동의 표준화된 세트인 작은 장치의 공장을 넘어 우리 삶의 모든 측면에서 내리는 의사결정을 설명하는 사회과학으로 옮겨왔다. 경제학자들은 사람의 실제 행동에 보다 적합하고 밀접한 관계를 맺도록 경제학을 전환해, 보다 많은 사람에게 보다 많은 의미를 가지도록 만들었다. 경제학은 더 이상 여러분의 부모들이 배운 경제학이 아니다.

이러한 전환은 한 세대에 한 번 정도 들을 수 있는 소중한 강의 기회를 제공한다. 우리는 이전보다 훨씬 더, 경제학 공부라는 학생들의 투자에 월등히 높은 수익을 돌려줄 수 있는 교수 능력을 갖추었다.

이러한 기회는 경제학이 어떻게 확대되었는지를 보여주는 교재의 필요성을 높였고 그래서 우리는 더 많고, 더 다양한 학생층에게 더 적합한 교재를 내놓게 되었다. 일상생활 속의 비즈니스에서도 경제학이 보다 유용해졌음을 보여주고, 학생들은 그들이 직면하는 실제 세계에서 의사결정의 타당성을 보는 데 희열을 느끼도록 한다. 우리는 직관에 초점을 맞춤으로써, 학생들이 살아오면서 배워왔던 교훈을 적용하는 경제 주체로서 자신을 바라보도록 방향을 잡아줄 수 있다고 믿는다.

우리의 신선한 관점은 학생들이 실제로 읽기 원하는 이야기로 책을 쓰는 기회를 제공했다. 만약 경제학 책을 읽으면서 즐거움을 느낀 적이 있다면, 왜 수많은 사람이 그런 책을 읽는다고 주말을 보내는지 금방 이해할 것이다. 팟캐스트 순위와 베스트셀러 리스트는 동일한 마법을 가지고 있고 이러한 접근방식에 대해 잠재적인 수요가 있음을 보여준다. 우리의 목표는 여러분이 경제학원론 수업에서 즐거움과 발견의 감각을 느끼는 것이다.

경제학은 학생들에게 폭넓은 시각, 유용성, 통찰력을 키우는 도구를 제공한다. 그 도구는 세계를 보다 잘 이해하고 누비고 다니는 데 필요하고, 경제, 공동체, 커리어를 비롯한 삶의 모든 면에서 보다 좋은 결정을 내리는 힘이 되어 준다.

경제학 교수들에게 기회는 더 커져, 우리들에게 개인의 삶과 전체 공동체를 변화시키는 능력을 준다. 우리의 목표는 이 책의 페이지를 넘기는 학생 한 사람 한 사람마다 단순히 배운 것을 기억하는 차원을 뛰어 넘어, 앞으로 살아가면서 날마다 경제학을 활용하는 것이다. 또한 그들이 받아들일 교훈에서 힘과 전환의 잠재력을 학생 스스로가 볼 수 있도록 만드는 것을 목표로 한다.

기억나는 대학 시절 강의가 하나쯤은 있을 것이다. 뒤돌아보면 이전과는 다르게 불타오른 시냅스가 새로운 신경 연결을 촉발시키고, 지평선 너머를 볼 수 있게 해주었던 것이다. 경제학 공부에 동기를 불어넣었던 강의였는지는 몰랐을 수도 있다. 또는 그 당시 공부와 별 관계가 없는 것처럼 보였던 선택 과목 강의일 수도 있다. 하지만 그 이후 날마다 경제학에 매달린 자신을 발견했을 것이다. 우리는 경제학 원론이 학생 각자에게, 그리고 교수자 각자에게 바로 그러한 강의가 되기를 원한다.

벳시 스티븐슨　　　　저스틴 울퍼스

역자 서문

이제 경제성장의 핵심 요인은 자본보다는 기술이다. 새로운 아이디어와 기술의 등장이 우리 삶에 어떤 영향을 미칠지 관심이 쏠리는 건 당연한 수순이다. 경제학은 이런 환경 변화에 주목해왔을 뿐 아니라 변화에 대한 사람의 대응이 비합리적이라 하더라도 합리적으로 설명할 수 있을 정도로 현실성을 보강해왔다.

그러나 경제학 교과서는 이러한 시대 변화를 아직 따라잡지 못하고 있는 것 같다. 경제는 우리 삶 자체이지만 경제학을 어렵고 재미없는 과목으로 생각하는 학생들이나, 경제학에 대한 학생들의 흥미를 일으키는 일이 어렵다고 생각하는 교수도 많다. 시중에 경제학 원론 교과서는 넘쳐나지만 그래서인지 무언가 아쉬웠고, 변화를 반영한 새로운 책이 있으면 좋겠다고 생각해왔는데 (주)시그마프레스에서 이 책의 번역을 부탁해왔다. 책을 번역하는 건 꽤 지루한 일이라 꺼려졌지만 읽어보고는 생각이 달라졌다. 읽기에 재미있을 뿐 아니라 시대적 변화를 적극 반영한 내용이라 번역할 수 있는 기회가 행운이라고 느껴질 정도였다.

이 책은 저자들의 표현대로 부모 세대가 공부했던 지루하고 딱딱한 경제학 원론 교과서가 아니다. 내용뿐 아니라 서술 방식도 신선하다. 경제학이라는 학문을 생활 속으로 가져와 학생들과 눈높이를 맞추었다. 논리를 중시하는 학자 지망생이 아니라 다방면에서 일할 생활인으로 학생을 바라보고, 직관적으로 이해할 수 있도록 쉽게 서술했다. 뿐만 아니라 학생들이 오류를 범하기 쉬운 문제나 논쟁이 있는 문제에 대해서도 명확하게 이해하도록 조언까지 곁들였다.

벳시 스티븐슨 교수와 저스틴 울퍼스 교수의 경제학 원론은 설명만 재미있는 것이 아니다. 내용 또한 매우 충실하다. 저자들의 표현대로 느리지만 혁명적인 변화가 진행되고 있는 경제학의 최근 조류까지 책에 반영했다. 경제학은 삶의 모든 측면에서 우리들이 내리는 의사결정을 말할 수 있는 사회과학으로 확장되어왔고 이 책은 그 성과를 학생들은 물론 일반 사람들도 누릴 수 있도록 했다. 보다 나은 일자리를 찾고 싶어 하는 사람들은 물론 이래저래 돈을 더 벌고 싶은 다양한 사람들에게는 그 원리를 터득할 수 있는 경제학 자습서로서도 손색이 없다고 생각한다.

저자들은 미국 젊은이들이 자주 쓰는 유행어로 사람들의 미묘한 심리를 묘사하려고 했다. 저자들은 감탄할 정도로 생동감 있는 영어 표현을 썼지만 번역자 입장에서는 한국어로 그 느낌을 그대로 옮기는 일이 간단한 문제가 아니었다. 원서에 최대한 충실하면서 그 의미를 전달하려고 했지만 미흡한 부분이 있다면 너그럽게 이해해주신다면 고마울 따름이다. 방대한 분량의 책을 감수해주신 손광락 교수님께도 감사의 인사를 전한다. 아무쪼록 이 책이 학생들에게는 경제학 개론 교과서일 뿐 아니라 삶의 지혜를 배우는 지침서가 되고, 교수자에게는 경제학을 보다 쉽고, 현실에 가깝게 학생들에게 전달할 수 있는 동반자가 되길 바란다.

2022년 6월
역자 대표 김태기

추천의 글

이 책은 그레고리 맨큐의 초판이 당시에 선사한 충격만큼 혁신적이며 맨큐의 최신판에 비해서도 훨씬 낫다. 독자들은 경제학이 재미있고 배우기 쉽다는 확신을 갖게 될 것이다.

드바시스 팔, 미국 신시내티대학교

경제학 수업에서 꼭 기억하라고 학생들에게 당부하고 싶은 내용이 이 책의 앞부분에 이미 다 나온다.

웨인 히켄바텀, 미국 텍사스대학교 오스틴캠퍼스

이 책은 내가 본 그 어떤 책보다도 더 많은 현실 경제 데이터에 관한 그래프를 제공한다! 이 책의 그래프는 너무나도 훌륭하고 실용적이며 쉽다는 점에서 마음에 들 수밖에 없다.

히더 슈마커, 미국 솔트레이크 커뮤니티칼리지

이 책의 내용들을 숙지하고 나면, 삼변수 방정식 모형(*IS-MP-PC*)이 어렵지 않은 수준에서 왜 필요한지 깨닫게 된다. 또한 AD-AS 모형만큼이나 주요 내용들을 다루고 있는 가운데, 그 내용들은 AD-AS 모형보다 논리정연하고 쉽게 읽을 수 있다.

윌리엄 거프, 미국 펜실베이니아주립대학교

이 책은 그야말로 '현대적' 경제학이다. 이 책은 학생을 운전석에 앉히고 거시적인 문제를 해결하도록 하고 있다. 이 책은 학생 입장에서 현실 경제에서 겪을 수 있는 문제를 파악하도록 하며, 이러한 문제를 어렵지 않게 풀 수 있도록 유도한다.

시미 아마드, 미국 더치스커뮤니티칼리지

보통 대부분의 학생들이 수학과 그래프를 두려워하기 때문에, 보다 명확한 언어로 설명된 책이 간절하다. 그런데 내가 이 책을 사용하기 시작한 이후로 더 많은 학생이 내가 어떠한 과목을 가르치는지 물어볼 뿐만 아니라, 심지어는 더 많은 학생이 경제학 부전공을 고려하고 있다!

겐나디 랴키르, 미국 뉴욕 패션기술대학교

이 책의 내용은 매우 직관적이고 믿을 수 없을 정도로 엄격하게 적절한 방식으로 정리되어 있다. 그리고 나는 지금도 경기변동 챕터에 푹 빠져있다.

수잔 로리, 미국 조지아주립대학교

이 책을 교재로 채택하고 나서 내가 가르치는 학생들은 수업 시간이나 강의 평가 결과에서도 대부분 만족스러워 보였다. 특히 조기에 수업을 포기한 학생이 적었을 뿐만 아니라, 기말시험에서 많은 학생들이 더 좋은 성적을 받기도 했다. 이 책을 통해서 확실히 다른 차이를 느끼고 있다.

스티브 데이비스, 미국 사우스웨스트 미네소타주립대학교

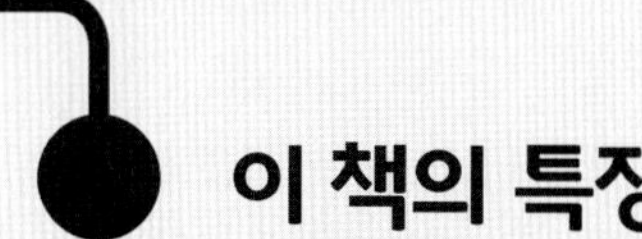

이 책의 특징

폭넓은, 유용한, 직관적인 경제학

다양한 분야에 적용할 수 있다

우리 세대는 이제 전통적 시장의 특정 상호작용만을 분석하는 학문이 아니라, 다양한 분야를 분석할 수 있는 도구로 경제학을 이해하기 시작했다. 경제학계에서는 결혼과 이혼, 실업, 불평등, 선거, 노동시장에서 여성의 역할 변화, 경제성장과 행복의 관계 등을 분석하고 있다. 이 광범위한 접근 방식을 통해 우리는 학생들에게 그들이 배우고 있는 경제학이라는 도구가 가족, 교육, 건강 및 개인 금융은 물론 경영 전략, 정치 · 경제, 국제 금융, 경기 변동 및 거시경제 정책을 연구하는 데 사용될 수 있음을 보여줄 수 있다. 이와 같이 광범위한 적용 가능성으로 인해 경제학을 공부하는 것이 다양한 관심과 직업 경력에 대한 꿈을 가진 학생들뿐만 아니라 경제학 전공 내에서 좌절하고 있는 학생들까지 포함하여 보다 큰 보상을 받을 것이라는 확신이 들 것이다. 그 결과, 더 다양한 배경의 학생들이 관심을 가질 것이고, 경제학 수업에 대한 수강 신청률은 높아질 것이며, 경제학 전공도 늘어날 것으로 기대된다.

Tobin Rogers/Hill Street Studios/Blend Images/Getty Images

당신의 한정된 관심을 어떻게 배분할 것인가? (제1장 참조)

대단히 유용하다

우리의 경험으로 볼 때, 학생들이 경제학을 깊게 공부하면, 경제학이 학생들 삶 안에서도 유용하다는 것을 깨닫게 될 것이다. 우리는 이 책을 통해 학생들이 실제 삶에서 직면하게 되는 모든 현실적인 의사결정 문제에 경제학을 어떻게 적용할 수 있는지를 보여주고자 하였다. 공급 이론은 단순히 학생들이 잠재적인 공급자로서의 시각만을 갖도록 하는 것이 아니라, 실제 삶, 즉 노동, 저축 그리고 모든 관심사에서 공급자의 시각을 갖도록 확장될 수 있다. 비교우위이론 또한 국제무역의 근간이 되는 이론일 뿐만 아니라, 학생들이 어떠한 전공을 선택할지, 나중에는 직장에서 관리자로서의 업무를 사원들에게 어떻게 배분할지에 대한 과업 분담 이론으로까지 해석될 수 있다. 마찬가지로, 미래의 CEO들에게 투자결정을 어떻게 내리는지에 대해서 가르치는 순현재가치(net present value)에 관한 이론은 학생들에게 교육, 건강, 직업경력에 대한 의사결정 이론으로도 볼 수 있다. 경제학이라는 도구는 학생들이 삶에 바로 적용하기 시작할 때 이처럼 유용해질 수 있음을 깨닫게 된다. 결국, 경제학을 평생 동안 삶 속에서 활용하면서 그 유용성을 다시 한 번 알게 될 것이다.

Art Wager/E+/Getty Images

상품들을 전부 생산하는 것이 좋을까, 아니면 특정 상품 생산에만 집중하고 무역을 하는 것이 좋을까? (제9장 참조)

놀랄 정도로 직관적이다

이렇게 광범위하고 유용한 적용 가능성을 위해서는 우리의 관점 또한 바뀌어야 한다. 현실에서 일어나는 경제 현상을 단순히 바라보는 관찰자 입장에서, 현실 속에서 의사결정을 내리는 경제적 행동가 입장으로 전환하여 중요한 역할을 수행할 수 있도록 준비시켜야 한다. 즉, 이러한 관점의 변화는 경제학이라는 렌즈를 통해 세상을 바라보는 경제학적 직관을 강조한다는 의미이다. 이와 같은 경제학적 직관을 위해서 '더 적은' 내용으로 '더 많이' 보여준다. 이 책은 지나치게 많은 기술적인 내용보다 각 주제의 근간이 되는 핵심적인 경제학적 사고에 집중하고자 하였다. 교수자 입장에서는 매일같이 활용하는 경제학적 사고를 가르치는 것을 의미한다. 학생 입장에서는 이와 같은 경제학적 사고와 친숙해지고 그 내용을 완전히 파악하도록 되새긴다는 의미이다. 결국, 이와 같이 현실과의 지속적인 연결을 통해 경제학적 사고의 탄탄한 바탕을 만들고 나면, 학생들은 그들을 둘러싸고 있는 많은 것들이 경제학적 원리로 움직인다는 것을

sframephoto/iStock/Getty Images

대학교육에 투자할 만한 가치가 있는가? (제26장 참조)

마법처럼 깨닫게 될 것이다. 이와 같은 깨달음은 학생들이 경제학을 바라보는 관점을 완전히 다른 방향으로 전환시킬 것이다. 경제학이 단순히 교실에서 다루는 하나의 과목에 그치는 것이 아니라, 매일같이 스스로 활용하고 있음을 새롭게 발견하게 될 것이다.

튼튼한 기초 다지기

만약 오랫동안 살 집을 짓고 싶다면, 튼튼한 기초 다지기부터 시작해야 한다. 경제학의 경우에도 마찬가지로 그것의 핵심 개념들을 발견하고 그 개념들의 현실 설명력을 확인해나가는 것이 중요하다.

핵심 원리 네 가지의 무한 적용

Gabby Jones/Bloomberg/Getty Images

다음 회차 드라마를 봐야 하는가? (제1장 참조)

경제학자들은 경제학이 지닌 핵심 원리들을 모든 종류의 의사결정에 폭넓게 적용할 수 있다는 점을 잘 알고 있다. 우리의 목표는 학생들이 이 핵심 원리들을 익혀 경제학자와 같이 사고하게 하는 것이다. 제1장에서 우리는 경제학적 추론의 근본이 되는 그 네 가지 핵심 원리들을 소개하고자 한다.

- 한계의 원리 : "얼마나 많이?"라는 질문 대신에 "하나 더?"라는 질문을 던진다.
- 비용-편익의 원리 : 관련된 비용과 편익을 비교한다.
- 기회비용의 원리 : 항상 기회비용을 고려한다.
- 상호의존의 원리 : 의사결정이 미치는 광범위한 효과를 고려한다.

이 책을 통해 학생들은 어떻게 이들 네 가지 핵심 원리들이 일상 속의 사소한 의사결정(걸어갈까 아니면 운전할까? 음식을 해먹을까 아니면 주문할까?)까지도 설명할 수 있는 단순하지만 강력한 분석 틀을 만들어내는지 확인할 것이다. 그런 다음에 이러한 기초적인 분석 틀이 어떻게 보다 중요한 의사결정(소비할까 아니면 저축할까? 만들까 아니면 구매할까? 취업할까 아니면 진학할까?)으로 확대 적용될 수 있을지를 살펴볼 것이다. 이러한 개념들은 이 책 곳곳에 녹아 있어서 학생들은 경제학적 접근법이 갖는 정합성과 설명력을 보게 될 것이다. 지난 경험에 비춰보면, 위의 핵심 원리들에서 출발하여 새로운 개념들에 접근해나가는 것이 학생들이 그 개념들을 보다 쉽게 이해할 수 있도록 해준다. 학생들은 그 과정을 몸소 익힘으로써 어떠한 종류의 새로운 경제 문제에도 그 핵심 원리들을 적용할 수 있게 된다. 시간이 갈수록 학생들은 자연스럽게 경제학자처럼 생각하게 될 것이다.

Sascha Kilmer/Moment/Getty Images

해수욕장에 배치되는 구조대원의 수요와 공급은 여름철에 어떠한 변화가 생기는가? (제4장 참조)

튼튼한 기초에서 나오는 경제학적 직관

수요와 공급이라는 개념은 경제학에서 사용되는 기본적인 분석 틀이기 때문에 학생들은 반드시 숙달할 필요가 있다. 이 책은 수요, 공급 그리고 균형이라는 개념을 각기 개별 장으로 구분하여 자세히 다룸으로써 학생들이 충분히 익힐 수 있도록 구성되었다. 이러한 구분은 대부분의 교수자가 이미 가르치고 있는 방식과 동일하므로 여러 번의 강의를 통해서 체계적으로 다룰 수 있을 것이다. 우리의 이러한 세심한 교수법은 명확하고 친근한 예제를 제공하고 그래프를 그리고 이동시키면서 연습할 수 있는 다양한 기회들도 함께 마련함으로써 학생들이 그래프 이면의 핵심 개념들을 보다 심도 깊고 직관적으로 이해할 수 있도록 돕고 있다. 앞부분의 몇 장을 학습하고 난 뒤부터 학생들은 균형을 찾고 싶어 할 것이며 이는 자연스러운 반응이다. 이와 같은 과정을 거치면서 학생들은 뒤따르는 나머지 내용들을 잘 습득할 수 있게 된다. 학생들은 이 수요공급 모형을 새로운 문제에 적용할 것이며, 노동시장, 자본시장, 외환시장, 수출입시장을 분석하는 데 활용할 것이다.

핵심 원리에서 '하나의 경제학'으로

위에서 언급한 네 가지 핵심 원리와 기본적인 수요공급 모형을 익힘으로써 학생들은 경제학의 도구들을 다양한 의사결정에 적용할 수 있게 된다. 그리고 바로 이러한 토대에서 우리는 보다 심도 깊은 주제들로 나아가게 된다. 언제나 우리는 학생들이 쉽게 이해할 수 있도록 처음에는 개인의 선택을 다루고 그런 다음에 그들을 모두 합쳐서 수요공급 곡선을 도출하며 궁극적으로 시장에서 나타나는 결과들을 살펴본다. 핵심 원리를 통해 일련의 '합리적 규칙'을 도출하게 된다. 예를 들어, 한계수입이 한계비용과 같아지는 지점까지 생산하고, 임금이 노동의 한계수입생산물과 같아지는 지점까지 생산하며, 오늘 1달러의 한계편익이 내일 그 1달러와 이자가 주는 한계편익과 같아질 때까지 소비한다. 또한 이러한 접근법은 학생들이 미시경제학적 기본 체계로부터 도출되는 현대 거시경제학을 이해할 수 있도록 준비시켜준다. 결국 학생들은 미시와 거시를 구분하지 않고 관심이 있는 어떠한 새로운 주제에도 바로 적용할 수 있는 통합된 '하나의 경제학'을 공부하게 된다.

어떤 SNS를 사용할 것인가?
(제2장 참조)

현실 세계에 유용한 경제학

대부분의 학생들이 전문적인 경제학자가 되지 않겠지만, 그들은 모두 경제 주체로서 자신의 경력과 재무를 관리하고 가족을 돌보며 사회공동체에서 적극적인 역할을 할 것이고 때로는 직접 사업체를 운영하게 될 것이다. 이러한 학생들에게 경제학은 어떠한 상황에서도 보다 효과적으로 결정을 내릴 수 있게 해주는 유용한 도구들을 제공할 것이라는 점을 보여주고자 한다. 예를 들어, 비교우위라는 개념을 우선 효율적으로 집안일을 배분하는 도구로서 먼저 소개한 후에 이러한 도구가 팀, 사업체, 그리고 다양한 조직들을 구성하는 데 어떻게 사용될 수 있는지를 살펴보고, 궁극적으로 그것이 국제무역의 원동력이라는 점을 설명한다. 시장의 상대적 효율성에 대한 분석은 경영자와 비영리기구가 시장의 힘(market power)을 이용하고자 내부시장을 어떻게 활용할 수 있는가를 분석한 사례연구로 결론을 맺게 된다. 외부성의 개념을 폭넓게 적용함으로써 외부성을 해결하는 다양한 방법들은 환경오염을 줄이려는 정부뿐만 아니라 작업장에서 잘못된 인센티브 체계를 고치려는 경영자에게도 유용하게 된다. 사적정보를 분석하면서, 우리는 구매자가 모르는 정보를 지닌 판매자를 경계해야 하고 소비자는 호구가 되지 않기 위해 무엇을 할 수 있는지를 살펴본다. 반대로 판매자가 모르는 정보를 구매자가 가진 경우에, 판매자가 원하는 고객을 유치하기 어려우며 이를 해결하기 위해 판매자가 무엇을 할 수 있는지를 보여주고자 한다. 소비 규모를 예측하기 위해 소개하는 거시경제학적 분석 틀은 언제 저축해야 하고 저축 계획을 어떻게 세워야 하며 그 계획을 어떻게 유지해야 하는가에 대한 구체적인 지침을 제공한다. 우리는 노동시장에 대한 분석을 통해 고용인들이 임금과 인센티브를 어떻게 활용하여 피고용인들에게서 가장 많은 것들을 뽑아낼 수 있는가 그리고 노동자들은 그들의 비교우위를 어떻게 활용하여 보다 효율적이 되고 그에 따라 높은 보상을 받을 수 있는가를 알게 된다. 불확실성과 재무에 대한 내용은 일반 기업의 자산 관리에 적용되는 것 못지않게 평범한 가계의 재무포트폴리오를 설계하는 데에도 적용될 수 있다. 이와 같은 폭넓은 적용을 통해 서로 다른 배경과 계획을 지닌 다양한 집단의 학생들에게 경제학을 보다 흥미롭게 소개하고자 한다.

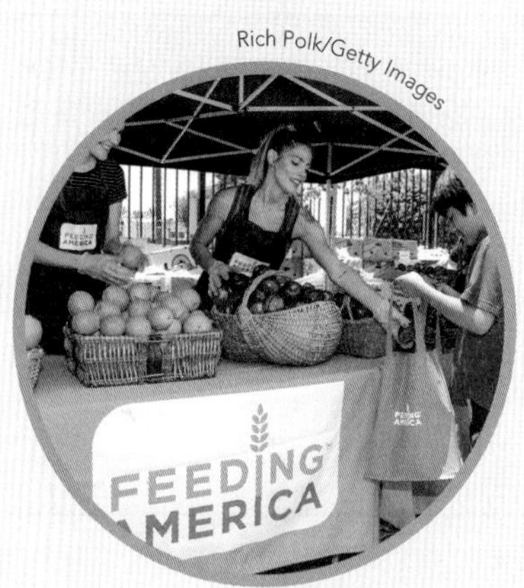

비영리기구는 배고픈 이들을 먹이기 위해 시장을 어떻게 이용할 수 있을까?
(제8장 참조)

현대 경제학을 가르치는 새로운 접근법

경제학은 수십년간에 걸쳐서 변화해왔지만, 경제학 교과서들은 변하지 않았다. 이제 학생들에게 현실을 반영하고 현대 경제학자들이 주목하는 이슈를 아우르는 경제학을 알려주기 위한 접근법을 현대 경제학의 관점으로 설명해보고자 한다.

모든 선택은 경제적 선택이다

직접 운전하기, 걸어가기, 버스 타기 중 어떤 것을 선택해야 할까? 어떤 일을 직접하고 어떤 일을 남에게 대신 맡겨야 할까? 직장에 들어갈 것인가 대학원에 갈 것인가? 현대의 경제학 연구자들이 이끄는 대로 일상의 삶에 경제학을 적용해보자. 이 책 전반에 걸쳐서, 핵심적인 경제학 원리들에서 도출된 의사결정 방식을 일상의 삶에 적용해볼 것이다.

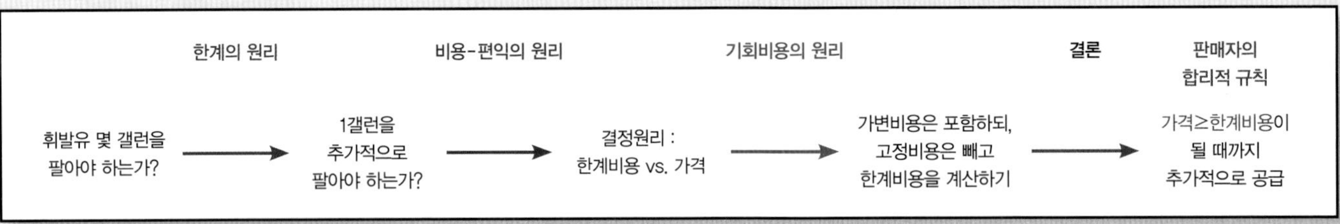

경제학의 네 가지 핵심 원리는 본문 전체에서 적용되는 능동적인 의사결정도구로 전환된다.

시장구조에서부터 경영 전략까지

산업조직론 분야가 최근 몇십 년간 발전해오면서, 흔히 경제학자들이 시장구조에 대해 생각하는 것과 경제학원론 시간에 알려주는 내용 간에 괴리가 생겼다. 경영전략이라는 관점에서 시장구조에 대한 분석방식을 재구성하여 이러한 괴리를 없애고자 하였다. 단순히 경영자의 관점에서 시장구조에 대해 서술하기보다는, 어떻게 시장이 기존 경쟁자, 신규 진입자, 공급자, 수요자 간에 전략적 인센티브 관계를 형성하도록 하는지 자세히 알아볼 것이다. 현대 산업조직론에 대한 이해와 함께, 각각 시장 자체에 대해 집중하기보다는 각 경영자들이 마주하는 근본적인 경제적 개념(시장지배력, 신규 진입자의 위협, 제품 선점 효과, 공급자와 고객 간의 불완전 계약, 전략적 제휴 관계 등)에 대해 깊게 알아보고자 한다.

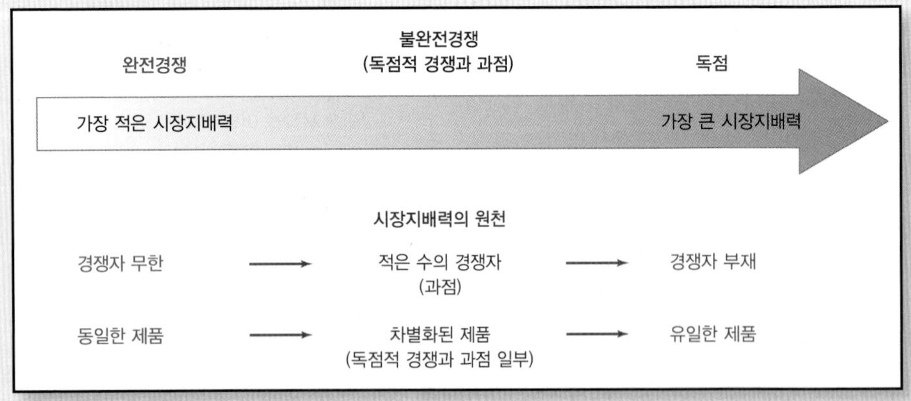

현대 경제학자들은 시장지배력을 연속적으로 파악하기 위해 4개의 뚜렷한 시장구조를 넘어서 살펴본다.

거시경제학의 미시적 기초

경제학자들이 다루는 주제가 미시경제학이나 거시경제학이냐에 관계없이, 방법론은 똑같다. 실생활에서 항상 하듯이 의사결정을 하고, 이를 통합해 전체 시장을 그려낸다. 미시경제학에서 다루는 각각의 주제들(소비, 투자, 금융, 국제경제 등에 대한 이슈)은 모두 통합되어 각각의 선택 혹은 전체 경제를 설명하는 데 도움이 된다. 소비자로서, 경영자로서, 투자자로서, 주주로서, 채권자로서, 수출업자로서 실제 상황에서 의사결정을 내리는 데 도움을 주고 이들이 모여 전체적인 거시경제를 이해하는 데 도움이 된다.

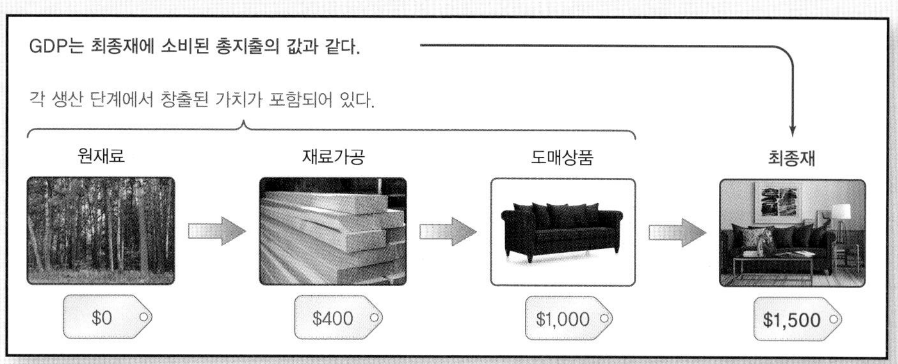

당신의 새 쇼파는 GDP에 얼마나 기여할까?

경기변동 모델에 대한 유연한 접근

경기변동에 대한 분석은 정책결정자들이 거시경제 사이클을 분석하는 접근법에 기반한다. 미국 연방준비위원회의 정책결정자들이 경기변동을 이해하기 위한 기초적인 수준의 정형화된 방법론, 즉 소비결정을 설명하기 위한 *IS* 곡선, 통화정책과 금융의 영향을 설명하기 위한 *MP* 곡선이 시작이다. 인플레이션에 대한 설명으로는 현대 필립스 곡선을 사용하고 이들 모두를 모아 일반균형 모형으로 완성한다. 이러한 방법론들은 모두 지금도 정책 결정에 사용된다.

물론 여전히 많은 사람들은 전통적인 방식의 AD-AS 모델을 가르치고 있기에 이 방식에 대해서도 배울 것이다. 이 두 가지 방식 모두를 배워 여러분이 스스로 더 선호하는 경기변동 모델을 선택할 수 있을 것이다. 두 방식 중 어떤 것을 사용해도 경기변동에 대한 명확한 이해가 가능하며, 통화정책과 재정정책을 통해 경기변동에 어떻게 대처할 수 있는지 이해할 수 있을 것이다.

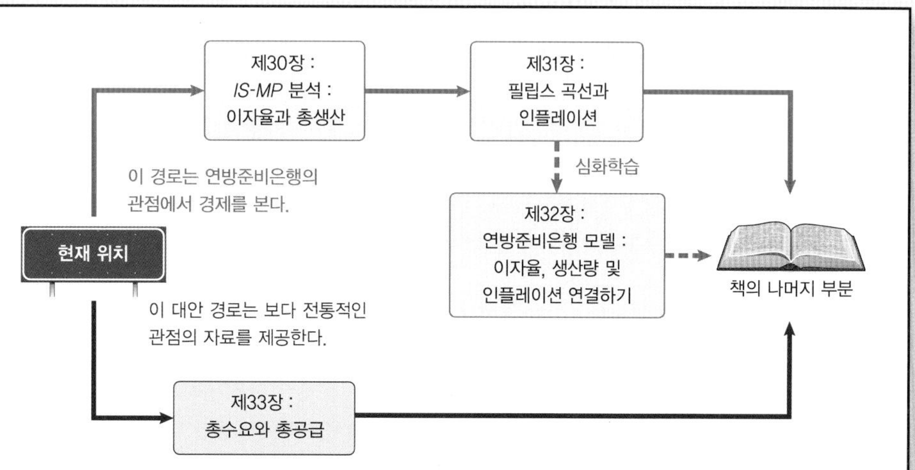

두 경로로 갈라져 있지만, 같은 곳으로 이어진다.

참여를 유도하는 응용

벤저민 프랭클린은 다음과 같이 말한 것으로 유명하다. "말로 하면 나는 잊어버린다. 가르쳐주면 나는 기억한다. 참여시키면 나는 배운다." 교수로서 우리는 그의 말이 옳았다는 것을 알고 있다. 학생들로 하여금 잘 배우게 하는 최선의 방법은 그들을 학습 내용에 참여시키는 것이다. 우리는 학생들이 일상의 삶을 통해 이미 실제의 경제적 의사결정에 참여해왔고 앞으로도 항상 그럴 것이라는 점을 설명해주기 위해 열심히 노력하였다.

일상경제학 **자유로운 진입과 퇴출이 영향을 미치는 일상적 사례**

자유로운 진입은 우리의 삶속에서 큰 영향을 미친다. 특별한 기회는 모두 이윤과 같은 역할을 한다. 즉, 그러한 기회는 새로운 경쟁자들을 손짓하여 부르는 신호이며, 그들이 진입하면서 그 이윤은 흩어지고 만다. 이윤을 얻는다는 의미를 넓게 해석하면 이러한 통찰이 적용되는 예들을 많이 발견할 수 있을 것이다.

- 저렴한 가격에 아주 맛있는 훌륭한 식당을 발견했다고 하자. 음식들이 너무 만족스러워서 당신은 요리라는 '이윤의 기회'를 얻은 것이다. 여기서 자유로운 진입의 역할이 시작된다. 다른 사람들도 이 식당을 발견할 것이고 당신을 매료시켰던 동일한 요인으로 그 식당은 사람들을 끌어들일 것이다. 점점 많은 사람이 당신만 알고 있었던 그 맛집을 알게 되면서 그곳은 이제 손님으로 가득 찬다. 대기시간이 길어져 불편할 것이며 유명세를 치르며 음식 가격이 오를 수도 있다. 그럼에도 이 식당이 다른 곳보다 더 좋다면 더욱 더 많은 사람들이 계속해서 몰릴 것이다. 이제 가격이 너무 비싸거나 대기 시간이 너무 길거나

Andrew Shield/redbrickstock.com/Alamy

거기에 더 이상 가지 않아요. 이제 너무 복잡해요.

일상경제학 **실질임금 인상을 위한 협상을 통해 화폐 환상을 극복하는 방법**

몇 년 전 내 친구가 고용주와 임금 인상을 협상하다가 내 조언을 구하려고 손을 내밀었다. 그는 매년 10만 달러를 벌고 있었고 그의 상사는 계약 기간 5년 동안 5% 임금 인상 계약을 제안했다. 친구는 더 많은 것을 원했지만, 상사가 제한된 자금을 가지고 있다는 것을 이해했고, 그의 노력이 임금 인상으로 보상받는 것을 보고 기뻐했다.

하지만 그는 실질임금을 인상받지 못했다. 인플레이션이 매년 약 2%씩 지속되어 5년 동안 평균 물가 수준은 10% 정도 상승하는 반면 그의 임금은 그 절반 수준만 상승한 것이다. 물가가 10% 오르는 기간 동안 명목임금이 5% 오르면 고용주는 실질임금을 5% 정도 깎은 셈이다. 내 친구의 실수는 임금협상에서 현재 명목임금을 기준으로 생각한 것이었다. 그 기준점에 대비해서 명목임금의 상승은 희소식으로 여겨졌다. 대신에, 현재의 실질임금을 출발점으로 삼아야 한다.

그러므로 다음 임금협상에서는 인플레이션이 임금 가치를 떨어뜨렸다는 점을 강조하면서 고용주와 대화를 시작해야 한다. 가장 최근의 수치를 제시하고, 증가하는 생활비를 상쇄하기 위해 인플레이션에 기초한 조정을 기대한다고 제안해야 한다. 좋은 반론거리도 없으니 그들이 동의할 가능성이 높다. 이제 실질임금을 기준으로 삼았으니, 지난 1년 동안 열심히 일한 것

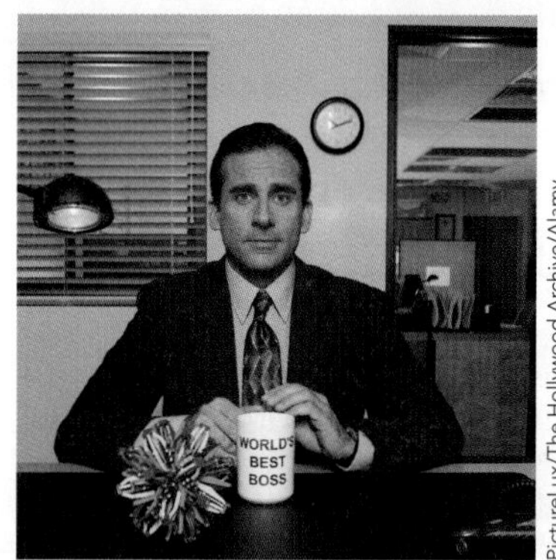

PictureLux/The Hollywood Archive/Alamy

그는 임금을 올려주고 싶어 하지 않는다.

▲ **일상경제학** 특별한 장치나 레모네이드 가판대도 없다. 우리는 학생들로 하여금 매일 일상적으로 대하는 상황에 경제학 도구를 적용하라고 권한다. 스스로 '내가 무엇을 해야 하나?'를 물으면서 학생들은 자연스럽게 관련된 경제학 원리에 대해 이해의 폭을 넓히게 된다.

자료 해석 **어떤 소매업이 불황 때 장사가 잘될까?**

정상재와 열등재의 구분은 현실에서 꽤나 유용하다. 예를 들어, 경제학자들은 사람들의 소득이 증가할수록 타깃의 매출은 증가하고 월마트의 매출은 감소하는 것을 발견했다. 미루어 짐작해 보면(사실 거의 정확할 것이다), 타깃에서 쇼핑하는 것은 완벽한 정상재이고 월마트에서 쇼핑하는 것은 그 반대일 것이다.

월마트가 열등재를 판매한다는 것은 월마트 입장에서 나쁜 것이 아니다. 2008~2009 금융위기 때, 평균 소득은 감소했다. 열등재를 다수 판매하던 월마트는 이때 매출이 급등했으나 정상재를 팔던 타깃은 매출 감소를 겪었다. 그림 2-9는 금융위기 당시 월마트의 주가는 매출 호조에 힘입어 증가했지만, 타깃은 매출 감소로 인하여 주가가 40% 하락했다. ■

두 번째 수요 이동 요인 : 선호 선호의 변화는 수요의 변화를 일으킨다. 대런이 아기를 가진

그림 2-9 | **정상재와 열등재**

정상재와 열등재

Ⓐ 2007년에, 타깃의 주가는 월마트의 주가보다 훨씬 높았다.
Ⓑ 2007년 12월에 미국 경기가 악화되면서 미국인들의 평균소득이 감소했다.
Ⓒ 월마트는 열등재를 팔았기에 평균소득의 감소는 매출의 증가를 가져왔고 이는 주가상승으로 이어졌다.
Ⓓ 타깃은 정상재를 팔았기에 평균소득의 감소는 수요의 감소를 가져왔고 이는 주가하락으로 이어졌다.

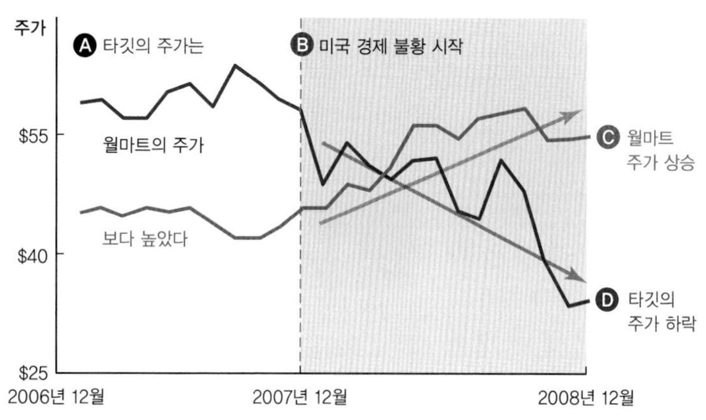

▲ **자료 해석** 자료가 부족할 때 경제이론의 역할은 손에 잡히지 않는 사실들의 구멍을 메꾸는 것이었다. 그러나 오늘날 사실들은 값싸게 규명되고 자료는 너무 풍부하여 우리로 하여금 압도되어 놀라게 할 정도이다. 결과적으로 오늘날 학생들은 대신 자료를 해석하는 틀로 경제이론을 사용하게 될 것이다. 이러한 간단한 특징들은 학생들에게 경제학적 렌즈를 통해 현실 세계의 관찰을 어떻게 해석할지 알려준다. 목적은 학생들로 하여금 경제이론을 활용하여 자료로부터 통찰력을 얻는 일에 자신감을 갖도록 돕는 것이다.

경제학 실습

우리는 매몰비용의 오류에 빠지기 쉽다. 다음의 시나리오를 생각해보자:

a. 당신은 어제 친구의 핼러윈 파티에 입고 갈 의상을 35달러에 구입했다. 하지만 오늘 몸이 아프다. 그리고 파티에 갈 의상을 입으면서 그걸 즐길 수 없다는 것을 깨달았다. 파티에 가야 할까?
b. 당신은 영화 티켓을 13달러 주고 구입했다. 하지만 30분 정도 영화를 보니 그걸로 충분했다: 연기는 끔찍했고 구성은 예측 가능했으며, 농담은 민망스러웠다. 나머지 시간에도 영화를 계속 봐야 할까?
c. 당신은 봄 휴가를 위한 좋은 상품, 푸에르토리코로 가는 700달러짜리 여행 패키지를 발

정답

a. 어제의 35달러 매몰비용으로 인해 원치 않는 파티에 꼭 갈 필요가 없다.
b. 밖으로 나가라. 당신은 이미 티켓 비용을 지불했고 그 돈을 환불받을 수 없다. 따라서 13달러는 무시해야 할 매몰비용이다.
c. 이미 문제에서 당신은 친구들과 함께 있는 것을 선호한다고 했으므로, 마이애미로 가라! 700달러짜리 환불 불가 티켓은 매몰비용이다.

▲ **경제학 실습** 경제학이 유용하려면 학생들은 반드시 이를 활용하는 것을 연습해야 한다. 이러한 간단한 연습문제들을 본문에 포함시켜 학생들로 하여금 실생활 시나리오에 직면하여 각 상황의 배경 논리를 분석하고 해결책을 찾도록 하여 스스로 경제학을 실천하도록 유도한다. 이러한 과정을 거쳐 학생들은 경제학을 동사로, 즉 세계를 이해하고 최선의 선택이 무엇인지 알아내고자 경제학을 응용하는 능동적인 과정으로 인식하게 될 것이다.

준비시키고 통합시키는 책의 구성

학생들이 경제학 개념을 익히고 적용하는 것을 돕기 위하여, 학생처럼 생각하기 위해 열심히 노력했다. 우리의 학습 도구는 학습 내용의 숙달을 도우면서 있는 그 자리에서 학생의 요구를 충족해준다. 통합된 기능은 학생들이 앞으로 나아갈 길에 대비하고, 지지를 받는다고 느끼며, 성공하고자 하는 동기부여를 갖게 한다.

항법 시스템을 갖도록 도와준다

바로 앞의 나무에만 집중하다가 학생들이 경제학 숲에서 길을 잃는 것은 흔한 일이다. 학생들이 앞으로 나아갈 길과 함께 뒤로 이동하여 더 큰 그림을 볼 수 있도록 도와주는 도구를 제공한다. 이를 통해 학생들은 수업 진도를 따라가면서 배우고 있는 것을 종합할 수 있다.

▶ **전체 그림** 책의 각 부는 전방의 넓은 오솔길을 밝혀주는 조직도로 시작한다. 이를 통해 각 장의 주요 학습 목표를 강조하고 학생들이 공부하면서 받게 될 질문을 미리 보여준다. 학생들은 '미지의 영토'에서 절대로 헤매지 않을 것이다. 대신 지형을 폭넓게 보고 탐색할 계획을 가지고 완전히 준비된 각각의 새로운 주제에 도달한다.

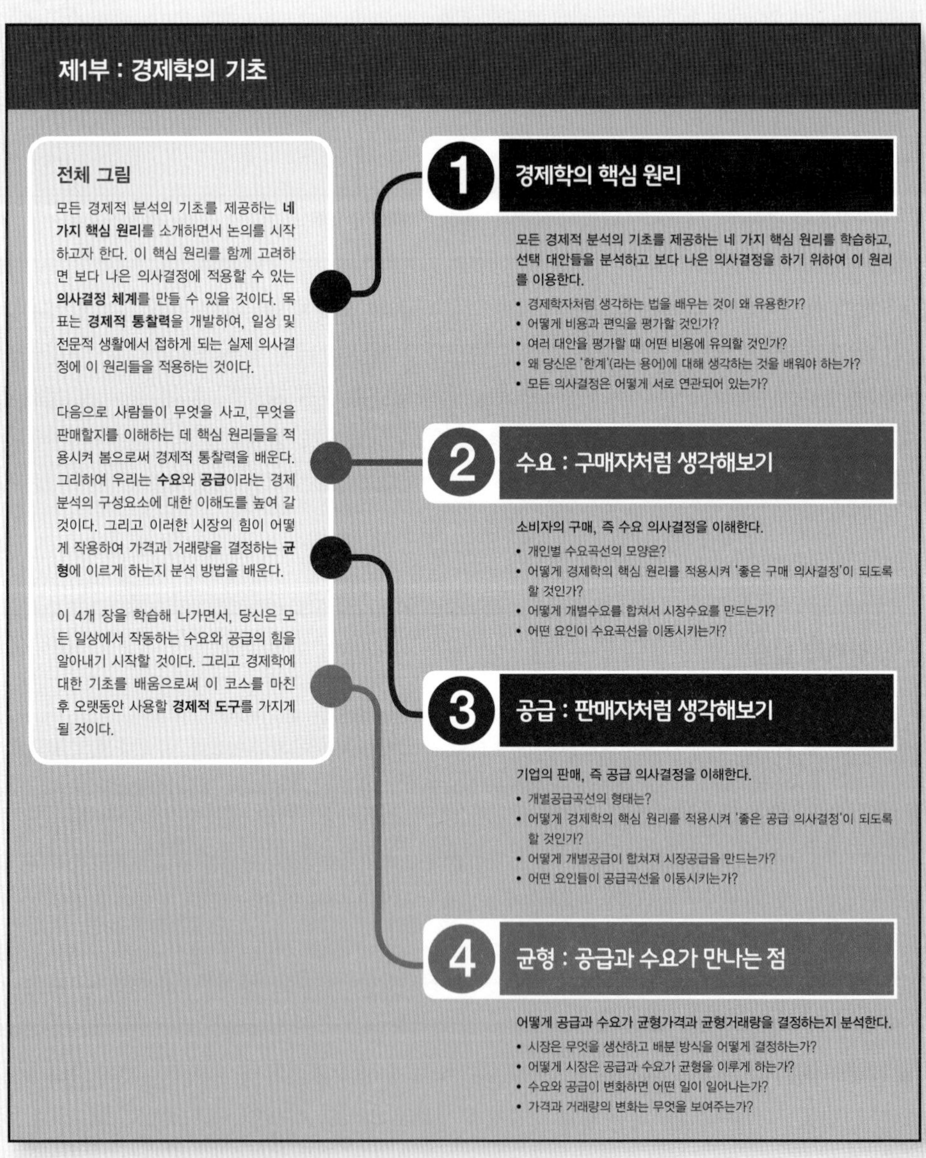

공급 : 판매자처럼 생각해보기

CHAPTER 3

매일 무엇을 구매할지 고민하는 것과 마찬가지로 무엇을 팔지도 고민해야 한다. 구매와 판매는 함께 발생하기 때문이다. 기업체를 운영하지 않고 있기에 스스로 판매자의 관점에서 생각하지는 않지만, 사실 모든 사람은 작지만 매우 중요한 기업을 운영하고 있다: 바로 자기 자신이다. 사람들은 이미 스스로 매우 중요한 공급 결정을 내리고 있다. 콘서트 티켓을 스텁허브에서 팔아본 경험이 있을 것이다. 어쩌면 중고 가구나 중고차와 같은 대형 물품을 팔아보았을 수도 있다. 시급을 받고 노동력을 파는 파트타임 일자리를 구해본 경험도 있을 것이다.

주식을 얼마에 팔 것인가?

NetPhotos/Alamy

돈과 관련 없는 거래에서 공급자가 된 적도 있을 수 있다. 당신의 가정은 작은 기업과 같고, 당신은 가족이나 동거인이 유사한 서비스를 하는 대가로 요리나 청소 서비스를 생산한 적이 있을지도 모른다. 혹은 사랑하는 사람에게 자녀돌봄, 자동차 태워주기, 조언 제공 등의 서비스를 공급한 것이 있을 것이다. 당신은 친구에게는 우정을, 온라인 광고에 대해서는 시청자가 되는 서비스를, 공급에 관한 이번 장에 대해서는 관심을 공급하고 있는 것이다.

이번 장에서는 공급, 판매자의 입장이 되어 결정을 내리는 것에 대해 알아볼 것이다. 이번 장의 구조는 수요에 관해 공부했던 때와 거의 동일하다. 개개인의 결정에 관해 알아보는 것부터 시작해서 궁극적으로 올바른 공급 결정을 내리기 위하여 경제학의 핵심 원리를 적용해볼 것이다. 더 나아가 총시장공급, 즉 개개인의 결정의 총합에 대해 알아볼 것이다. 그다음 공급을 변화시키는 시장의 요인들을 알아볼 것이다.

세계 경제는 수많은 제품을 생산 · 판매하는 기업들로 구성된 만큼 공급은 큰 범위의 이야기이다. 그러나 각 개별 기업의 의사결정과 원리는 일맥상통한다. 기업의 입장에서 생산과 판매 결정에 관하여 알아보도록 하자.

목표

기업의 판매, 즉 공급 의사결정을 이해한다.

3.1 개별공급 : 각 가격 수준에서 얼마나 팔 것인가
기업 개별공급곡선의 형태를 알아본다.

3.2 공급 결정과 개별공급곡선
올바른 공급 결정을 내리기 위해 핵심 원리를 적용한다.

3.3 시장공급 : 시장에서 판매되는 것
개별공급을 더해 시장공급을 구한다.

3.4 공급곡선을 이동시키는 요인
공급곡선을 이동시키는 요인을 이해한다.

3.5 공급곡선상의 이동 vs. 공급곡선의 이동
공급곡선상의 이동과 공급곡선의 이동을 구별한다.

◀ **전방의 길** 각 장의 첫 페이지는 주제에 대한 동기를 부여하고 그에 따르는 로드맵을 제시하는 것으로 시작한다.

3.2 공급 결정과 개별공급곡선

학습목표 올바른 공급 결정을 내리기 위해 핵심 원리를 적용한다.

▲ **모든 로드맵은 주요 지형지물을 필요로 한다** 학생들이 어떤 새로운 주제를 파고들기 전에, 학생들이 읽으면서 가장 중요한 요점에 집중하도록 도우면서 그들의 학습 목표를 상기시킨다.

 공급곡선의 이동을 발생시키는 다섯 가지 요인

1. 원자재의 가격
2. 생산성과 기술
3. 관련 재화의 가격
4. 기대
5. 판매자의 종류와 수

이며 가격 자체의 변화는 포함되지 않는다.

▲ **사소한 알림** 짧고 간단한 이 도구는 수업을 진행하는 강사에게 실질적인 지원을 제공하면서 학생들이 학습 주제에 대해 예습과 복습을 모두 할 수 있도록 도와준다.

단순히 요약하지 말라, 통합하라

효과적인 학습은 단지 반복이 아니다. 그것은 학생들이 그들이 배운 것을 풀고, 그들이 이미 알고 있는 것으로 다시 포장하고, 그것을 얼마나 잘 이해하고 있는지 스스로 시험해볼 것을 요구한다. 우리는 학생들이 복습과 기억뿐만 아니라 그들이 배운 것을 이해하고 적용할 수 있도록 돕는 일련의 도구를 개발했다.

▶ **함께 해보기** 각 장의 마지막에 배치된 이 구성은 학생들이 앞에서 배운 내용을 포괄적으로 생각해보도록 유도한다. 단순히 이 장을 요약하거나 결론을 맺기보다는, 학생들에게 이해와 기억의 중요한 요소인 사전 지식을 가지고 새로운 정보를 통합하는 방법을 보여준다.

함께 해보기

공급 및 판매자의 결정에 대해 분석한 이번 장과 수요 및 구매자의 결정에 대해 분석한 지난 장의 유사성을 알아챘을 것으로 생각한다. 이에 합당한 이유가 있는데, 공급과 수요가 움직이는 방식은 밀접하게 연관되어 있기 때문이다. 지구에서 화성까지 가는 것에 대한 간단한 사고 실험을 통해 알아보자.

지구에서 출발한다. 간단한 거래를 생각해보자. A가 B의 주유소로 가서 30달러로 10갤런의 휘발유를 구매한다(B가 휘발유를 소유하고 있다고 가정한다). 경제학을 배운 사람이라면, A가 휘발유를 구매하고 B가 휘발유를 팔고 있다고 생각할 것이다. 이 거래는 다른 말로 A의 휘발유 수요와 B의 휘발유 공급이라고 할 수 있다.

생산자 잉여

소비자 잉여는 거래를 통해 구매자가 얻는 이득이다. 그러나 거래에서 이득을 얻는 것은 소비자만은 아니며 생산자도 이득을 얻는다. 무언가를 팔면서 얻게 되는 경제적 이득을 경제학자들은 **생산자 잉여**(producer surplus)라고 한다. 이는 이러한 이득이 생산자의 역할에서 발생하기 때문이다. 생산자 잉여는 생산자가 한계비용보다 높은 가격에 상품을 팔 때 발생한다.

생산자 잉여는 가격에서 한계비용을 뺀 값이다. 50달러의 가격에서 리바이스 청바지가 거래되는 경우를 고려해보자. 그러나 이번에는 구매자가 아니라 판매자의 입장에 주목하도록 한다. 리바이스 청바지 한 벌을 판매함에 따른 한계편익은 구매자가 지불한 50달러의 가격이 된다. 또한 리바이스 청바지 한 벌을 추가로 생산하는 데 필요한 데님, 실 그리고 인건비가 35달러라고 가정하면 리바이스 청바지 한 벌을 판매하는 한계비용은 35달러가 된다. 리바이스는 35달러 상당의 데님, 실 그리고 인건비에 대한 대가로 50달러를 받게 되었고, 청바지를 판매하여 15달러를 더 받았다는 점에 만족한다. 한계편익과 한계비용의 차이인 15달러는 리바이스가 청바지 한 벌을 판매하여 얻는 생산자 잉여이다.

생산자 잉여는 생산자가 품목을 공급하는 데 필요한 것, 즉 한계비용보다 더 높은 가격으로 무언가를 판매함으로써 얻는 이득을 의미한다. 일반적으로, 판매자가 거래에서 얻는 생산자 잉여는 생산자가 받는 가격에서 한계비용을 뺀 것으로 다음과 같이 측정할 수 있다:

생산자 잉여=가격−한계비용

생산자 잉여는 공급곡선의 위 그리고 가격의 아랫부분에 해당하는 영역이다. 지금까지 리바이스 청바지 한 벌이 팔렸을 때의 생산자 잉여가 무엇인지를 알아보았다. 그렇다면 생산자들이 판매한 모든 청바지의 생산자 잉여는 무엇인가? 개별 거래에서 생산자 잉여는 가격에서 한계비용을 뺀 값이다. 이를 모든 거래에 적용하면, 총 생산자 잉여는 그림 7-2에서 볼 수 있듯이 공급곡선의 위 그리고 가격의 아랫부분에 해당하는 영역이 된다.

왜 그런지를 알기 위해 제3장에서 다룬 공급곡선은 생산자의 한계비용이라는 점을 기억하자. 즉, 공급곡선 위의 각각의 점은 판매자의 한계비용을 보여준다는 것이다. 따라서 각각의 거래에서 판매자는 가격에서 한계비용을 뺀 생산자 잉여를 얻게 되고, 한계비용은 공급곡선의 높이가 된다. 판매된 청바지의 모든 생산자 잉여를 더하면, 이는 판매량까지 공급곡선의 위이고 가격의 아랫부분에 해당하는 영역이 된다.

판매자는 마지막 판매된 상품을 제외한 모든 판매에 대해 생산자 잉여를 얻는다. 생산자 잉여는 가격과 한계비용 간의 차이이다. 그러나 완전경쟁시장에서 판매자의 합리적 규칙(제3장)에

◀ **기본 제공 학습 가이드** 이 책에서 우리는 문단의 시작 문구를 체계적으로 사용하여, 책을 읽으면서 간단하지만 효과적인 학습 도구를 자연스럽게 익힐 수 있도록 하였다. 각 장을 읽기 전에 굵고 짙은 글씨로 쓰인 문단의 시작 문구를 훑어보는 것은 유용한 미리 보기를 제공한다. 나중에 이 굵고 짙은 글씨를 다시 읽게 되면 각 주제에 대해서 학생들은 자신의 이해를 철저히 검토하고 확인할 수 있다.

생산자 잉여는 가격에서 한계비용을 뺀 값이다.

생산자 잉여는 공급곡선의 위 그리고 가격의 아랫부분에 해당하는 영역이다.

판매자는 마지막 판매된 상품을 제외한 모든 판매에 대해 생산자 잉여를 얻는다.

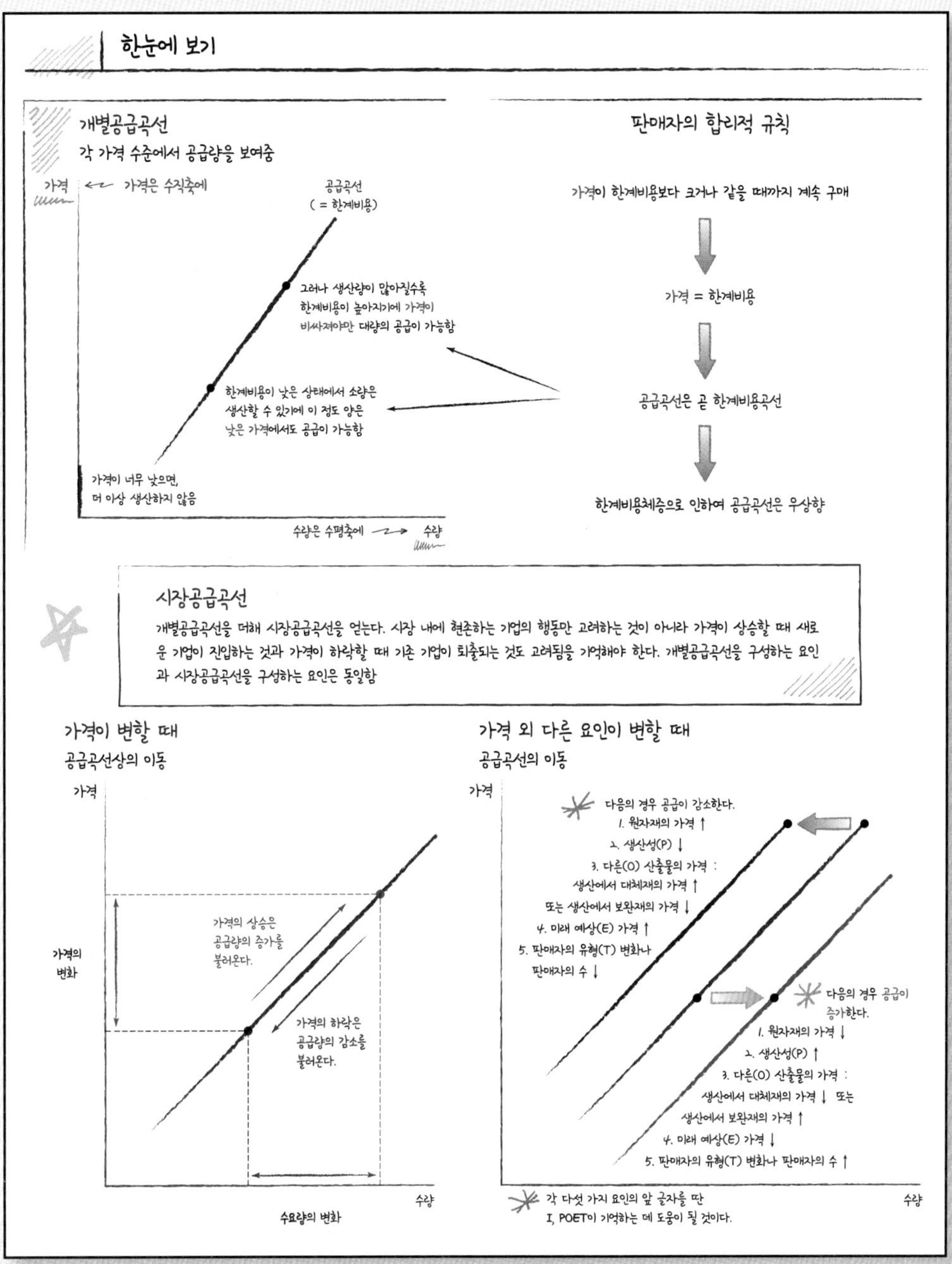

◀ **한눈에 보기** 이 혁신적이고 시각적인 요약은 학습과 복습을 위한 유용한 지침을 제공하며, 각 장의 핵심 주제에 대한 명료한 개요를 보여준다.

▶ **토론과 평가를 위한 문제** 각 장은 학습목표와 연계된 토론 질문과 학습문제 세트로 마무리된다.

토론과 복습문제

학습목표 2.1 당신의 개별수요곡선의 형태를 알아본다.

1. 처음 집에서 캠퍼스로 등교하는 데 우버를 이용하였고 13달러를 지불할 의향이 있다. 직접 운전하는 것보다 훨씬 쉬웠기에 내일 다시 21달러를 지불하여 이용할 것이다. 수요의 법칙을 어긴 것인가? 그 이유는?

학습목표 2.2 경제학의 핵심 원리를 적용하여 올바른 수요결정을 내린다.

2. 꼭 필요하지 않은 것에 물을 사용하는가? 이때 집에서 물을 사용하는 요금이 세 배가 된다면 어떻게 반응할 것인가? 그렇게 되면 그만둘 행동이 있는가? 간단히 설명하라. 당신의 물에 대한 수요는 수요의 법칙에 부합하는가?

학습목표 2.5 수요곡선상의 이동과 수요곡선의 이동을 구별한다.

6. 다음 문장의 오류를 설명하라: "원유 비용의 증가는 비행기 티켓 가격의 상승을 불러올 것이다. 비행기 티켓 가격의 상승은 또한 항공 여행의 수요를 감소시켜 수요곡선이 좌측으로 이동할 것이다.

학습문제

학습목표 2.1 당신의 개별수요곡선의 형태를 알아본다.

1. 음식 배달서비스 그럽허브는 최근 근처 상권에 진출하였다. 아래 표는 각 가격 수준에서 매달 배달 건수를 보여준다. 이를 토대로 개별수요곡선을 그려보라. 그리고 개별수요곡선의 기울기에 대하여 서술하라.

그래프 변화 과정을 연습하기

동적인 변화 과정을 보여주는 이 책의 그래프와 정적인 상태를 보여주는 여타 많은 기존 교과서의 그래프를 비교해보자. 이 비교를 통해 그래프는 보고 암기하는 정적인 물체가 아니라 학생이 끝까지 함께 작업하는 것이라는 사실이 더욱 명확해진다.

그림 9-3 | 수입의 결과

무역이 없는 경우 :
무역이 없는 상황에서의 균형은 국내 구매자의 수요량이 국내 판매자가 공급한 공급량과 같아지는 곳에서 발생하며, 1억 개의 셔츠가 20달러에 판매된다.

수입을 허용한 경우:
❶ 단계 : 수입품의 가격이 국제가격으로 하락한다. 수입은 국내 수요와 국내 공급 간에 차이를 발생시킨다.
❷ 단계 : 새로운 가격에서 국내 공급곡선을 확인하여 국내 판매자가 공급하는 수량이 감소하는지 확인하고 국내 수요곡선을 확인하여 국내 구매자가 요구하는 수량이 증가하는지 확인한다.
❸ 단계 : 수입은 국내 수요과 공급의 차이를 채운다.

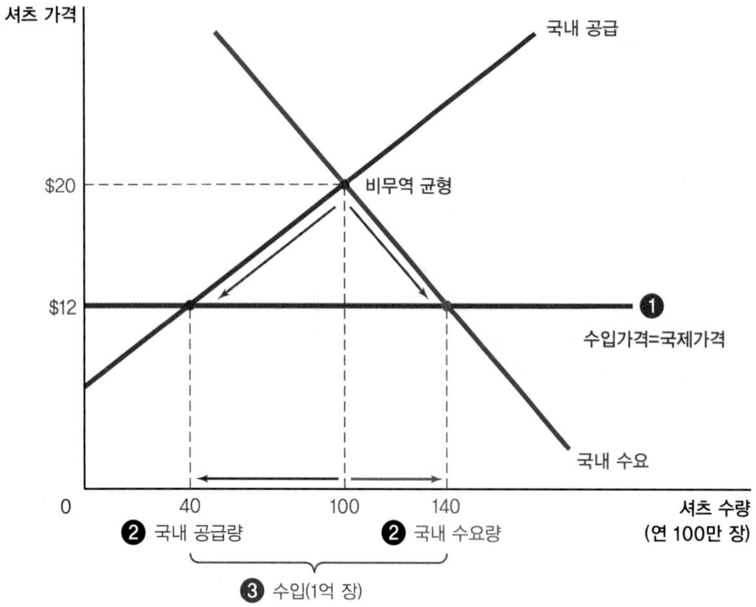

셔츠 가격
국내 공급
$20
비무역 균형
$12
❶
수입가격=국제가격
국내 수요
0
40
100
140
셔츠 수량 (연 100만 장)
❷ 국내 공급량
❷ 국내 수요량
❸ 수입(1억 장)

수입을 허용한 경우:
❶ 단계 : 수입가격=12달러의 국제가격, 가격인하.
가격
구매자는 국제가격 이상을 지불하지 않는다.
국제가격
판매자는 국제가격 미만 가격에 판매하지 않는다.
수량

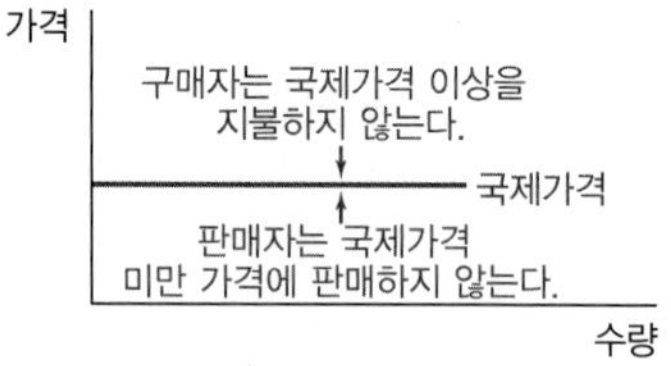

❷ 단계 : 새로운 가격에서
a) 국내 공급자의 공급량은 감소한다 (4,000만 장).
b) 국내 수요자의 수요량은 증가한다(1억 4,000만 장).
가격
국내 공급
국제가격
40
140
국내 수요
국내 공급 국내 수요
수량

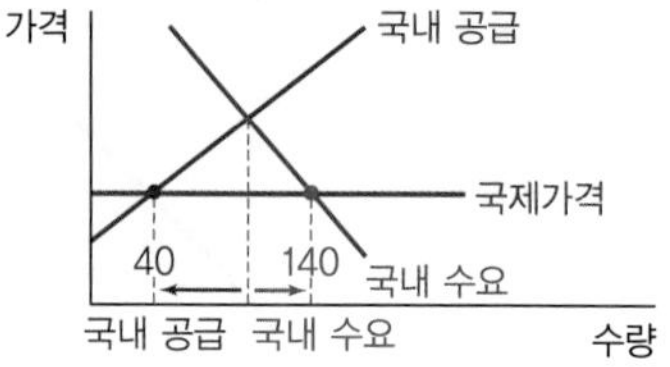

❸ 단계 : 차이는 수입으로 채워진다.
(1억 4,000만 − 4,000만 = 1억 장)
가격
국내 공급
국제가격
국내 수요
수입
수량

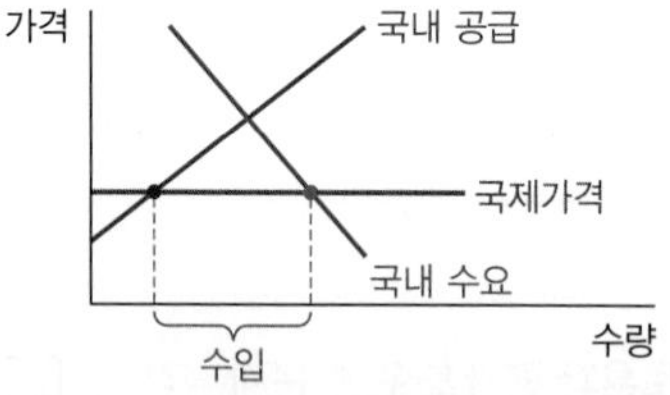

▲ **주요 그래프의 단계별 분석** 경제 그래프를 공식화된 단계로 세심하게 세분화하여 해당 곡선을 분석한다.

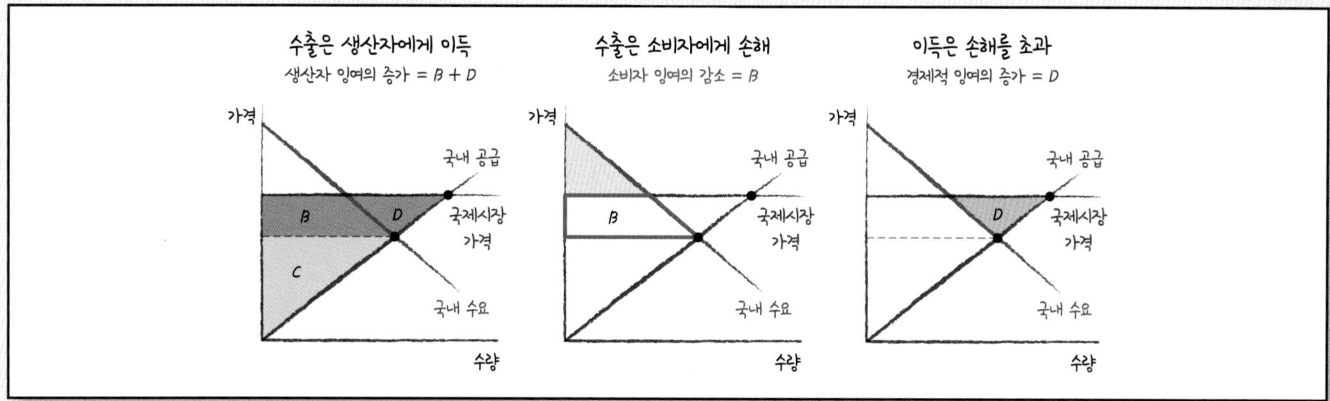

▲ 편안한 그래프는 좋은 경제학 공부 습관을 보여준다. 여백, 봉투 뒷면 또는 신중하게 낙서하고 싶은 곳에 미리 보기 그래프를 스케치함으로써, 학생들이 그래프의 변화 과정을, 또는 여백에 낙서하는 과정을 받아들이도록 권장한다. 이러한 그래프는 본문에 구두로 기술되어 있는 아이디어가 시각적인 대응물로 변환하는 과정을 보여준다.

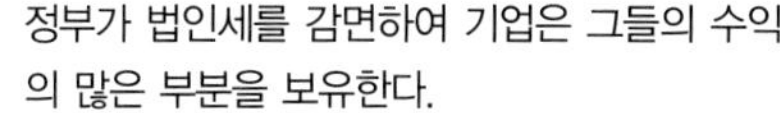
정부가 법인세를 감면하여 기업은 그들의 수익의 많은 부분을 보유한다.

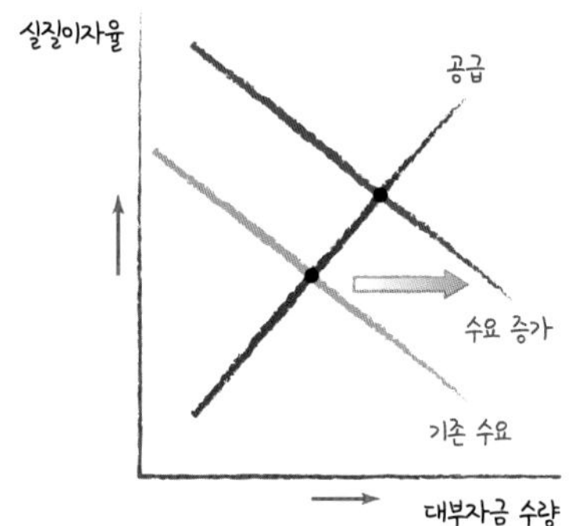

세금 감면은 투자의 수익을 높이고 투자는 증가한다.
→ 대부자금 수요의 증가
결과 : 더 많은 저축 및 투자와 더 높은 실질이자율

해외의 정쟁으로 외국인 저축자들이 그들의 돈을 적립할 '안전한 피난처'를 찾는다.

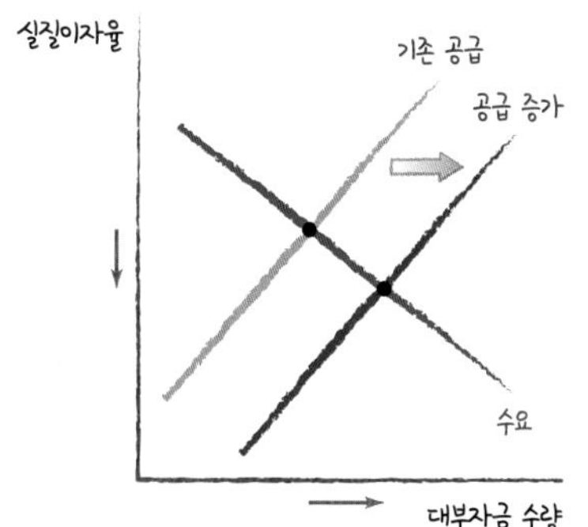

미국은 안전한 피난처이고 외국인 저축은 증가한다.
→ 대부자금 공급의 증가
결과 : 더 많은 저축 및 투자와 더 낮은 실질이자율

연방정부가 예산 적자를 초래하는 주요 재정지출 프로그램을 비난한다.

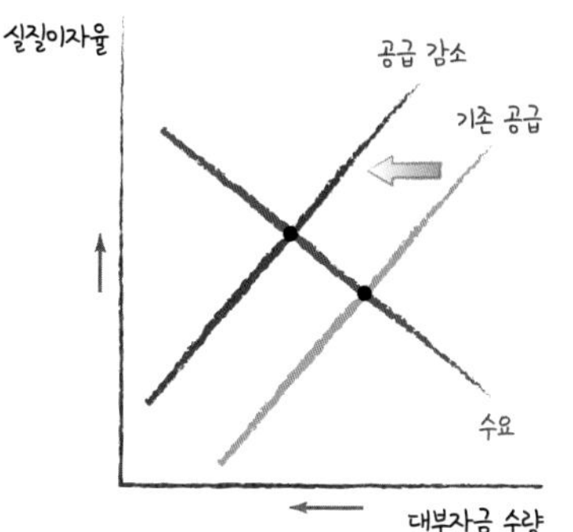

재정 적자는 정부 저축을 감소시킨다.
→ 대부자금 공급의 감소
결과 : 더 적은 저축 및 투자와 더 높은 실질이자율

▲ 연습, 연습, 연습 끊임없는 반복을 통해, 새로운 경제적 질문에 직면할 때마다 학생들은 시각적으로 생각하게 될 것이다.

요약 차례

제1부 : 경제학의 기초

수요, 공급, 균형을 더 잘 이해하고 경제를 분석하기 위한 견고한 기반을 구축하는 데 도움이 되는 의사결정 프레임워크를 만드는 경제학의 네 가지 원칙을 배운다.

제2부 : 시장 분석하기

시장의 반응을 측정하고, 정부 개입의 효과를 설명하고, 복지를 평가하고 거래의 이득을 이해하기 위해 공급과 수요 분석을 사용한다.

제3부 : 이론의 적용 사례와 정책 문제

글로벌 무역의 결과를 살펴보고, 외부효과로부터 발생하는 시장실패를 설명하고, 노동 시장을 분석하고, 불평등과 빈곤을 평가하는 데 경제학적 렌즈를 적용해본다.

제4부 : 시장구조와 경영 전략

완전경쟁을 넘어서 경영자들이 불완전경쟁 시장에서 어떻게 전략적 의사결정을 하는지 배운다.

제5부 : 고급 의사결정

리스크와 정보의 역할을 배우고 정보가 제한적일 때 의사결정하는 전략을 발전시킨다.

제6부 : 거시경제 기반과 장기

경제학자들이 어떻게 경제활동 및 경제성장을 측정하는지, 실업의 원인이 무엇인지, 어떻게 인플레이션과 그 결과를 평가하는지 배운다.

제7부 : 거시경제학의 미시기초

어떻게 개별 의사결정이 거시경제의 결과에 더해지는지 살펴보고, 주어진 경제적 상황에 관계없이 좋은 선택을 하는 방법을 배운다.

제8부 : 경기변동

정책 결정자가 사용하는 것과 같은 분석도구(제30~32장)나 전통적인 접근(제33장)을 통해 경기변동에 대해 공부한다. 당신의 교수자가 어느 경로를 택할 것인지 결정할 것이다.

제9부 : 거시경제 정책

거시경제 정책이 어떻게 작성되고 실행되는지, 그리고 사회에 어떤 영향을 미치는지에 대해 내부자의 관점을 가진다.

차례

1 경제학의 기초

제1장 경제학의 핵심 원리

제2장 수요 : 구매자처럼 생각해보기

제3장 공급 : 판매자처럼 생각해보기

제4장 균형 : 공급과 수요가 만나는 점

2 시장 분석하기

제5장 탄력성 : 반응 정도를 측정하기

3 이론의 적용 사례와 정책 문제

제9장 국제무역

제10장 외부성과 공공재

제11장 노동시장

제12장 임금, 근로자, 경영관리

제13장 불평등, 사회보험, 그리고 소득 재분배

4 시장구조와 경영 전략

제14장 시장구조와 시장지배력

제15장 진입, 퇴출, 그리고 장기 수익성

제16장 비즈니스 전략

제17장 정교한 가격 전략

제18장 게임이론과 전략적 선택

5 고급 의사결정

제19장 불확실성이 수반된 의사결정

제20장 사적 정보가 수반된 의사결정

6 거시경제 기반과 장기

제21장 GDP를 활용한 경제 평가

제22장 경제성장

제23장 실업

제24장 인플레이션과 화폐

7 거시경제학의 미시기초

제25장 소비와 저축

제26장 투자

제33장 총수요와 총공급

9 거시경제 정책

제34장 통화정책

제35장 정부지출, 세금 그리고 재정정책

제1부

경제학의 기초

전체 그림

모든 경제적 분석의 기초를 제공하는 **네 가지 핵심 원리**를 소개하면서 논의를 시작하고자 한다. 이 핵심 원리를 함께 고려하면 보다 나은 의사결정에 적용할 수 있는 **의사결정 체계**를 만들 수 있을 것이다. 목표는 **경제적 통찰력**을 개발하여, 일상 및 전문적 생활에서 접하게 되는 실제 의사결정에 이 원리들을 적용하는 것이다.

다음으로 사람들이 무엇을 사고, 무엇을 판매할지를 이해하는 데 핵심 원리들을 적용시켜 봄으로써 경제적 통찰력을 배운다. 그리하여 우리는 **수요**와 **공급**이라는 경제 분석의 구성요소에 대한 이해도를 높여 갈 것이다. 그리고 이러한 시장의 힘이 어떻게 작용하여 가격과 거래량을 결정하는 **균형**에 이르게 하는지 분석 방법을 배운다.

이 4개 장을 학습해 나가면서, 당신은 모든 일상에서 작동하는 수요와 공급의 힘을 알아내기 시작할 것이다. 그리고 경제학에 대한 기초를 배움으로써 이 코스를 마친 후 오랫동안 사용할 **경제적 도구**를 가지게 될 것이다.

1 경제학의 핵심 원리

모든 경제적 분석의 기초를 제공하는 네 가지 핵심 원리를 학습하고, 선택 대안들을 분석하고 보다 나은 의사결정을 하기 위하여 이 원리를 이용한다.

- 경제학자처럼 생각하는 법을 배우는 것이 왜 유용한가?
- 어떻게 비용과 편익을 평가할 것인가?
- 여러 대안을 평가할 때 어떤 비용에 유의할 것인가?
- 왜 당신은 '한계'(라는 용어)에 대해 생각하는 것을 배워야 하는가?
- 모든 의사결정은 어떻게 서로 연관되어 있는가?

2 수요 : 구매자처럼 생각해보기

소비자의 구매, 즉 수요 의사결정을 이해한다.

- 개인별 수요곡선의 모양은?
- 어떻게 경제학의 핵심 원리를 적용시켜 '좋은 구매 의사결정'이 되도록 할 것인가?
- 어떻게 개별수요를 합쳐서 시장수요를 만드는가?
- 어떤 요인이 수요곡선을 이동시키는가?

3 공급 : 판매자처럼 생각해보기

기업의 판매, 즉 공급 의사결정을 이해한다.

- 개별공급곡선의 형태는?
- 어떻게 경제학의 핵심 원리를 적용시켜 '좋은 공급 의사결정'이 되도록 할 것인가?
- 어떻게 개별공급이 합쳐져 시장공급을 만드는가?
- 어떤 요인들이 공급곡선을 이동시키는가?

4 균형 : 공급과 수요가 만나는 점

어떻게 공급과 수요가 균형가격과 균형거래량을 결정하는지 분석한다.

- 시장은 무엇을 생산하고 배분 방식을 어떻게 결정하는가?
- 어떻게 시장은 공급과 수요가 균형을 이루게 하는가?
- 수요와 공급이 변화하면 어떤 일이 일어나는가?
- 가격과 거래량의 변화는 무엇을 보여주는가?

CHAPTER 1

경제학의 핵심 원리

당신이 앉아있는 경제학 입문 강의실에 몇 년 전 나도 앉아있었다. 나도 경제학이 무엇인지, 이를 통해 무엇을 배우는지 정확하게 알지 못했다. 나는 한편으로 흥분을, 다른 한편으로 전율을 느꼈다. 결과적으로 그 강의는 내 삶을 바꾸었다. 그 강의를 통해 폭넓게 적용할 수 있는 사고의 틀을 알았다. 또한 세상을 이해하는 새로운 시각과 명확성과 통찰력을 제공했기에 무엇보다 유용했다. 그 경제학 입문 강의에서 배운 수단들을 사용하지 않고 보낸 적이 단 하루도 없다고 말하는 건 과장이 아니다. 경제학을 배우는 것은 최고의 투자였다.

Monkey Business Images/Shutterstock

모든 경제학자들은 바로 지금 처한 현실에서부터 생각하기 시작한다.

그 강의의 어떤 내용은 자연스럽게 다가왔지만, 다른 일부는 과도하게 복잡해 보였다. 그래서 더욱 간결히 이해하기 위해 경제학을 계속 공부했다. 이 과정에서 재미있는 일이 발생했다. 더 깊게 공부할수록, 사실 경제학이 그렇게 복잡한 것만은 아님을 알게 되었다. 때로 경제학자들이 단지 복잡하게 말할 뿐이었다.

경제학은 우리가 계속해서 적용시킬 수 있는 사고의 틀 또는 원리의 모음이라는 것을 알았다. 나는 이러한 원리들을 완전히 이해하는 데 십 년이 걸렸다. 하지만 당신은 그렇게 긴 시간이 필요하지 않도록 돕고 싶고 그것이 이 책을 저술한 이유이다. 나는 당신이 이러한 유용한 원리들을 학습하여 원리의 활용법을 배우기 바란다. 나는 모든 사람이 그 경제적 도구(핵심 원리)가 가져다주는 명확성으로부터 혜택을 누릴 것으로 믿는다. 그리고 이 장이 끝날 때가 되면 내가 그토록 오랜 시간에 걸쳐 배운 원리들을 완전히 숙지할 것으로 기대한다. 경제학적 사고는 네 가지 핵심 원리에 근거한다.

나는 원리들을 배우는 데 상당 시간을 투자했는데, 이는 충분히 가치 있는 일이었다고 생각한다. 당신은 이 한 장의 내용을 읽는 것만으로 원리를 배울 수 있으므로 이는 훨씬 나은 투자라 할 수 있다. 이제 내용으로 들어가 보자.

목표

모든 경제적 분석의 기초를 제공하는 네 가지 핵심 원리를 학습하고, 선택할 수 있는 대안들을 분석할 수 있고 이를 통해 나은 의사결정에 이 원리를 이용한다.

1.1 원리에 입각한 접근
일상 생활에 광범위하게 적용 가능한 유용한 원리를 배우며, 경제학을 하나의 사고방식으로 이해한다.

1.2 비용-편익의 원리
비용-편익의 원리 : 비용과 편익은 보다 나은 의사결정을 내리게 하는 유인이다. 당신은 개별 선택 대안의 모든 비용과 편익을 평가해야 하고, 비용보다 편익이 큰 대안을 추구하면 된다.

1.3 기회비용의 원리
기회비용의 원리 : 어떤 것의 진정한 비용은 그것을 얻기 위해 포기해야만 하는 차선의 선택 대안이다. 의사결정은 호주머니에서 나오는 금전적 비용뿐만 아니라 이 기회비용도 반영해야 한다.

1.4 한계의 원리
한계의 원리 : 양에 대한 결정은 점증적으로 이루어져야 최상이다. '얼마나 많이' 결정은 일련의 더 작은 또는 한계적 결정으로 분해해야 한다.

1.5 상호의존의 원리
상호의존의 원리 : 당신의 최적 선택은 당신의 다른 선택, 다른 사람의 선택, 다른 시장에서의 발전 상황, 미래에 대한 기대에 의해 좌우된다. 이 요소들 중 어느 하나라도 변화되면 당신의 최적 선택은 바뀌게 될 것이다.

1.1 원리에 입각한 접근

학습목표 일상 생활에 광범위하게 적용 가능한 유용한 원리를 배우며, 경제학을 하나의 사고방식으로 이해한다.

경제학은 단지 화폐에 관한 것은 아니며, 단순히 하나의 사업 또는 정부정책에 관한 것도 아니다(이들 각각을 이해하는 데 도움은 되겠지만). 오히려 경제학은 하나의 사고방식이다. 경제학적 접근은 정치, 가족, 경력 그리고 삶의 모든 측면을 이해하는 데 도움을 줄 것이다. 당신의 자금, 근로자, 비즈니스를 잘 관리하도록 도와주는 경제적 도구들은 당신의 시간과 에너지뿐만 아니라 인간관계 또한 보다 잘 관리하도록 도와줄 것이다. 재미 없는 영화를 보다가 나가버릴 것인지와 같은 작은 의사결정은 물론 새로운 자동차를 구매할 것인지와 같은 큰 의사결정에도 지침을 제공할 것이다. 일단 경제학자처럼 사고하는 것을 배우고 나면, 새로운 유용한 방식을 계속해서 발견해나가는 자신을 보게 될 것이다.

궁극적으로 경제학의 모든 것은 '경제학자처럼 생각하는 것'이 무엇인지를 정의하는 소수의 원칙에 기초한다. 이러한 핵심 원리를 배운다면, 당신도 그렇게 할 수 있다. 원리화된 접근은 경제에 대한 사실을 단순 암기하는 것이 아니라 현실에 대한 사고의 체계적인 접근을 배우는 것이다.

경제적 접근

한 유명한 정의에서는 경제학을 '일상을 살아가는' 사람들에 대한 학문이라고 묘사한다. 나는 이 정의를 좋아한다. 사업에서 의사결정을 분석하는 데 사용되는 똑같은 원리들이 일상생활에서 일어나는 의사결정을 분석하는 데도 유용하기 때문이다. 하지만 이런 구체적인 정의를 암기하는 것이 아니라 실천하는 경제학을 배워야 한다. 이것이 이 장의 모든 것이다. 경제학을 툴킷(도구모음)처럼 생각하라. 그리고 이 장은 이러한 도구를 활발하게 이용하기 위한 도입부이다.

우리는 모든 경제학적 추론의 기반이 되는 네 가지 핵심 원리로 시작할 것이다. 이들은 어떤 구체적인 시장 혹은 특정한 의사결정에 대한 것이 아니다. 오히려 개별적인 의사결정과 어떻게 그들이 상호작용 하는지를 분석하는 접근법을 정의한다. 이러한 아이디어를 배워 당신이 직면하는 어려운 선택에 연결시켜 보라. 이것이 경제학을 실천하는 것이다. 기본적인 경제 원리들을 행동으로 옮기게 될 것이다. 경제학자들의 도구 활용법을 배우게 되면, 개인 생활과 업무 모두에서 보다 나은 의사결정을 돕는다는 사실을 즉시 알게 될 것이다. 이러한 원리들을 내부화(충분히 습득하여 자신의 것으로 만들어라)하라. 그러면 매일 경제학을 실천하는 자신을 발견하게 될 것이다.

앞으로의 과업을 이런 식으로 생각하자: 이 장에서는 네 가지 경제학의 핵심 원리를 배울 것이다. 경제학 학습의 나머지는 이 원리의 적용에 관한 것이다. 이는 전체 경제에 걸쳐 보다 광범위한 시사점을 도출해내는 거시경제학은 물론, 개인의 의사결정과 세부적인 시장에 대한 시사점을 공부하는 미시경제학 모두에 걸쳐 당신을 이끌어주는 접근방식이다.

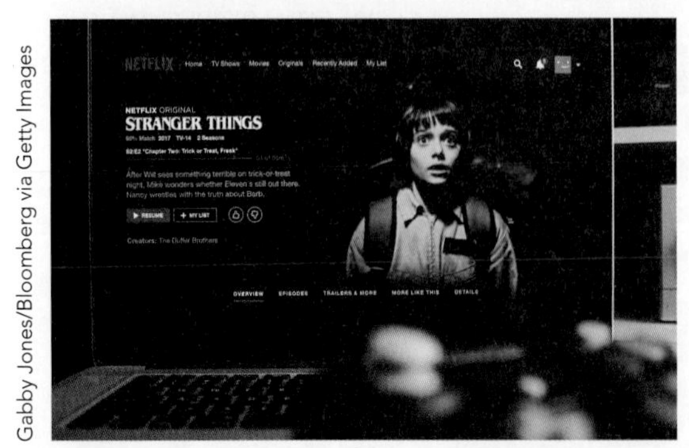

Gabby Jones/Bloomberg via Getty Images

영화를 한 편 더 보아야 할까? 이것도 경제적 선택이다.

의사결정을 위한 체계적인 틀

원자는 물질의 기본 단위이다. 따라서 물리학자들은 원자를 이해하려는 노력에서 출발한다. 그리고 그로부터 물질계의 작용에 대한 시사점을 도출해낸다. 생물학자들은 모든 생명체의 기본 단위인 세포에서 시작한다. 그리고 이를 토대로 어떻게 유기체들이 살아가는지 이해해 나간다. 경제학자들에게 개별 의사결정은 모든 경제분석의 기초가 된다. 당신의 의사결정과 다른 사람의 의사결정은 무엇이 생산되고, 누가 그것을 가지며, 공정한 결과를 도출할 수 있는지 여부 등을 집합적으로 결정한다. 이러한 광범위한 경제적 산출물은 많은 개별 선택의 결과물이기 때문에 경제적 분석은 항상 개별 의사결정에 초점을 맞추는 데서 출발한다.

이제 네 가지 핵심 원리에 대해 살펴보자. 이들은 개별 의사결정을 위한 체계적인 틀을 제공한다. 특히 이 장을 통해 우리는 경제학자들이 의사결정을 평가할 때마다 다음 사항을 고려함을 살펴볼 것이다.

- 선택의 비용과 편익을 고려한다(비용-편익의 원리).
- 선택하기 전에 "아니면 무엇을?" 이라고 질문하면서 대안을 고려한다(기회비용의 원리).
- 조금 더 또는 조금 덜, 즉 어느 쪽이 더 좋은지를 물어보면서 한계의 개념을 생각한다(한계의 원리).
- 어떻게 한 의사결정이 다른 의사결정에 영향받는지를 이해하는 데 익숙해져야 한다(상호의존의 원리).

자, 간단하지 않은가? 출발점은 이러한 원리들을 당신의 생활에서 직면하는 광범위한 의사결정에 적용하는 것이다. 이 장의 나머지를 통해 분석할 것이다.

이러한 체계적인 접근은 당신이 직면하는 모든 의사결정에 통찰력을 제공할 것이다. 쇼핑을 한다면? 경제학의 핵심 원리를 적용하라, 그러면 무엇을 살 것인지에 대한 보다 나은 선택을 할 수 있을 것이다. 더 많이 공부해야 할지 결정하려면? 핵심 원리들이 그것이 좋은 생각인지 판단하는 데 도움을 줄 것이다. 자신의 사업을 개업할지 생각 중이라면? 핵심 원리가 그것이 최고의 선택인지를 알려줄 것이다. 결혼하고 몇 명의 아이를 가질지 결정하려면? 역시 이 원리들을 적용해보라.

핵심 원리를 통해 경제학을 사고하는 습관을 가졌다면, 당신은 보다 정확하게 이해하게 되고 보다 나은 의사결정을 하게 될 것이다. 당신은 이제 중요한 의사결정에 직면했다: 계속 이 책을 읽어야 하나? 과거 나에게 배운 학생들은 경제학자처럼 생각하기를 배우는 것의 편익이 비용을 훨씬 초과한다는 것을 증명했다. 앞으로 알게 되겠지만, 편익이 비용을 초과할 때, 첫 번째 원리에 따르면 선택할 가치가 있는 의사결정이다.

1.2 비용-편익의 원리

학습목표 비용-편익의 원리 : 비용과 편익은 보다 나은 의사결정을 내리게 하는 유인이다. 당신은 개별 선택 대안의 모든 비용과 편익을 평가해야 하고, 비용보다 편익이 큰 대안을 추구하면 된다.

네리다 카일은 휴스턴에서 인력 관리자로 일하면서 첫 정규직 일을 시작하려는 23세의 경제학과 졸업생이다. 그녀는 새 아파트를 좋아한다. 하지만 근처에 지하철이 없고 버스도 띄엄띄엄 있을 뿐인데다가, 집에서 직장이 너무 멀어서 자전거를 이용하거나 걸어갈 수도 없다. 유일한 대안인 우버 택시는 너무 비싸기 때문에 네리다는 직장에 출근하기 위해 자동차를 살 필요가 있다고 생각한다. 하지만 자동차를 사러 가기 전에 의문이 생겼다. 자동차를 사는 것이 정말 최선의 선택일까?

비용-편익의 원리(cost-benefit principle)에 따르면 비용과 편익은 의사결정을 하게 만드는 유인이다. 이 원리에 따르면 당신이 어떤 의사결정을 내리기 전에 반드시 해야 할 일은:

비용-편익의 원리 비용과 편익은 의사결정을 내리게 하는 유인이다. 어떠한 선택이든 모든 경우의 비용과 편익을 고려하여야 하고, 편익이 최소한 비용보다 크거나 같아야 한다.

- 그 대안과 관련된 일체의 비용과 편익을 평가해야 한다.

- 편익이 최소한 비용보다 클 때 그 대안을 선택한다.

이 원리에 따르면 네리다는 자동차 구매의 편익이 최소한 비용보다 클 때에만 자동차를 사야 한다. 비용과 편익의 수지가 네리다의 자동차 구입에 대한 유인을 결정하기 때문에, 이 원리는 종종 다음의 결론에 의해 가장 잘 기억된다: 유인이 중요하다.

비용-편익의 원리는 자동차를 구매할지 여부를 결정할 때만 관련된 것이 아니라 당신이 고려해야 하는 다른 선택과도 연관되어 있다. 주위를 살펴보라. 점심을 어디서 먹을 것인지, 경제학을 공부할 것인지, 어떤 경력을 선택할 것인지 등 사람들이 내려야 할 의사결정은 유인들을 반영하는데, 이는 사람들이 각 의사결정의 비용과 편익을 저울질해보기 때문이다.

편익이 비용을 초과할 때 무언가를 한다는 것은 명백해 보이지만, 비용-편익의 원리를 지키는 것은 그냥 말로 하는 것보다 훨씬 힘들다. 요령은 비용과 편익을 구성하고 있는 항목을 광범위하게 생각해야 한다.

비용과 편익의 계량화

비용-편익의 분석에서 가장 어려운 부분은 의사결정의 매우 다양한 측면을 어떻게 비교하느냐 하는 것이다. 간단한 선택의 문제를 생각해보자. 당신이 커피점에 들어가서 커피를 한 잔 마실지 여부를 결정해야 한다. 계산대 메뉴판에 커피 한 잔에 3달러라고 되어 있다.

지불용의 비금융적 비용이나 편익을 화폐적으로 상응하는 가치로 전환하기 위하여 스스로 질문해야 한다: "이 편익(혹은 비용을 피하기 위해)을 얻기 위하여 최대한 얼마나 지불할 용의가 있는가?"

비용-편익의 원리에 따르면 편익이 최소한 비용보다 클 때에만 커피를 마셔야 한다. 비용은 계량화가 꽤 쉽다. 지불해야 할 돈은 3달러이다. 하지만 편익은 측정하기 어렵다. 신선하게 빻은 커피의 풍부한 아로마 향, 처음 한 모금의 풍요로움, 카페인으로 그득한 향취 등을 어떻게 계량화할 것인가?

당신은 이러한 편익을 3달러와 어떻게 비교할 것인가? 그건 사과와 오렌지를 비교할 수 없다는 오랜 격언과 같아 보인다. 하지만 당신은 비교할 수 있다.

지불용의에 근거해 비용과 편익을 달러로 환산한다. 경제학자들이 사용하는 간단한 방법이 있다. 당신은 비용과 편익을 화폐 등가물로 바꾸어야 한다. 이것은 생각하는 것보다 쉽다. 간단히 당신의 **지불용의**(willingness to pay)를 산정하라. 당신 자신에게 물어보라. 특정한 편익을 얻기 위해 또는 특정한 비용을 피하기 위해 기꺼이 지불할 수 있는 최대치가 얼마인가?

이러한 접근을 커피의 편익을 수량화시키는 데 사용해보자. 5달러를 기꺼이 지불할 수 있는가? 아니라면, 4달러면 되나? 아마 3달러? 단지 2달러는? 겨우 1달러? 만약 당신이 커피를 좋아하지 않는다면, 어떤 것도 지불하려 하지 않을 것이다. 당신이 지불할 수 있는 최대치가 4달러라면, 이는 그 커피로부터 얻는 편익의 달러화 가치가 된다. 당신은 가격을 보기 전에 항상 자신의 지불용의가 얼마나 되는지 생각해보라. 결국 당신은 한 잔의 커피 구매로부터 얻는 편익을 계량화하려고 노력할 것이고, 그 편익은 메뉴의 가격이 아니라 당신에게 얼마나 맛있는지에 달려 있다.

pixproviderAB/E+/Getty Images

돈은 가치를 측정하는 한 수단이다.

당신이 한 잔의 커피에 4달러를 지불할 용의가 있다고 하자. 이는 당신이 실제 4달러를 지불하기를 원한다는 의미는 아니다. 당연히 보다 낮은 가격을 지불하길 선호할 것이고, 가격이 단지 3달러라면 당신은 행복할 것이다. 이제 당신은 지불용의 질문에 대답한 것이다. 커피의 편익은 4달러, 비용은 3달러로 같은 금전 단위로 계량화시켰다. 비용과 편익을 동일 단위로 측정함으로써, 비용-편익의 원리를 쉽게 적용할 수 있다. 이 경우 편익은 비용을 초과하여, 당신은 그 커피를 마실 것이다.

화폐는 목적이 아니라 측정 수단이다. 어떤 사람들은 비용과 편익을 화폐 등가물로 전환하는 것은 화폐에 사로잡힌 불건전한 집착 또는 화폐가 유일하게 중요하다는 믿음을 반영하는 것이라고 우려한다. 화폐는 의사결정의 재무적 · 비재무적 측면 모두를 고려하여 광범위한 비용과 편익을 비교할 수 있게 해주는 단순히 일상적인 측정 수단에 불과하다. 경제학자들이 화폐에 집착하는 것은 건축가들이 인치에 집착하는 것에 지나지 않는다. 이들은 단지 어떻게 측정할 것인가에 관한 것이다.

이 단순한 수단(비용과 편익을 화폐 등가물로 전환하는 것)은 광범하고 다양한 비재무적 이슈들을 고려할 수 있도록 해줄 것이다. 예를 들어 커피 한 잔에서 얻는 행복의 정도, 카페에 가기 위한 시간 또는 노력의 가치 등을 측정할 수 있게 해준다. 당신의 선택이 당신에게 의미가 있다면, 그 선택의 어떠한 결과도 비용 혹은 편익이 될 수 있다.

자료 해석 구글에서 얻을 수 있는 편익은 무엇인가?

구글에 접속해서 당신이 얻을 수 있는 편익은 무엇인가? 구글 사용료는 0달러이지만, 당신의 손끝을 통해 세계의 모든 정보를 얻을 수 있는 편익은 훨씬 크다.

이 질문에 답하려면 구글이 없는 삶을 생각해보면 된다. 구글 대신 당신은 대부분의 질문들에 답하기 위해 도서관으로 갈 것이다. 연구자들은 학생들이 구글을 이용하면 일상적인 질문(워싱턴주에서는 어떤 장학금이 제공되는가?)에 7분 이내에 대답할 수 있고, 도서관에서 답을 찾는다면 약 22분이 걸린다는 것을 밝혀냈다. 만약 수행된 여러 연구를 살펴보고 절감된 시간에 가치를 부여한다면, 구글의 수석 이코노미스트는 구글을 사용하여 얻는 편익은 보통의 미국인에게 매년 합계 약 500달러에 이를 것으로 보았다. 구글 사례는 중요한 점을 설명한다: 당신이 어떤 것으로부터 얻는 편익은 지불하는 가격과 연관되어 있지 않을 수 있다. ■

비용-편익의 원리는 이기적으로 행동하라는 의미가 아니다. 언뜻 보면 비용-편익의 원리는 단순히 이기적으로 의사결정을 해야 한다고 말하는 것처럼 보인다. 이런 견지에서 보면, 친구에게 커피를 사주는 것처럼 좋은 일을 하는 것은 모두 비용이고 이득은 없다. 그러나 이런 논리는 틀렸다. 그리고 이것은 비용과 편익을 너무 협소하게 정의한 데서 비롯된 것이다. 주의 깊은 비용-편익 분석은 의사결정의 재무적 및 비재무적 측면을 둘 다 고려한다. 당신의 타고난 친절함은 고려되어야 할 중요한 비재무적 측면이다. 만약 당신이 친구에게 커피를 사주는 것을 즐긴다면(이는 아마 당신은 그들이 행복해하는 것을 좋아하거나 그들과의 동행을 즐긴다는 것이다), 이것은 당신이 고려할 필요가 있는 중요한 편익이 된다.

Monkey Business Images/Shutterstock

비용-편익의 원리는 이기적으로 행동하라는 의미가 아니다.

당신은 어떻게 이 편익을 계량화할 것인가? 다른 비재무적 편익과 마찬가지로 지불용의로 생각해야 한다: 당신의 친구가 한 잔의 커피를 즐길 수 있도록 하려고 얼마를 기꺼이 지불할 용의가 있는가? 이처럼 멋진 일을 하는 것을 더욱 즐기면 즐길수록, 기꺼이 지불할 용의는 더 증가할 것이다. 마찬가지로 어떤 비영리단체의 이상이 당신에게 큰 의미를 갖는다면, 당신이 그 비영리단체에 시간이나 금전을 기부하는 것의 편익은 클 것이다. 이 같은 비이기적인 동기들을 비용-편익 산정에 포함시켜야 한다.

비용-편익의 원리를 적절히 사용하기 위한 열쇠는 당신의 선택에 포함된 비용과 편익에 대하여 광범위하게 생각해야 한다는 것이다. 비이기적인 동기부여를 설명할 때, 비용-편익의 원리는 당신이 비이기적인 의사결정을 하도록 할 것이다.

경제적 잉여를 극대화한다

경제적 잉여 어떤 결정에 따른 총편익에서 총비용을 뺀 값으로 의사결정이 얼마나 후생에 도움이 되었는지 측정한다.

비용-편익의 원리를 따를 때, 모든 의사결정은 비용보다 많은 편익을 제공할 것이다. 당신이 즐기는 편익과 치러야 하는 비용의 차이를 **경제적 잉여**(economic surplus)라고 한다. 그리고 경제적 잉여는 의사결정이 얼마나 후생을 증가시키는지를 측정한다. 올바른 의사결정은 경제적 잉여를 극대화한다.

비용-편익의 원리를 따르면 당신의 의사결정은 경제적 잉여를 증가시킬 것이다. 사실 비용-편익의 원리에 입각해서 의사결정을 하는 매순간 당신은 경제적 잉여를 창출하게 된다. 한 잔의 커피를 살 때 어떤 일이 일어났는지 다시 생각해보자: 구매자로서 4달러에 해당하는 가치를 얻으면서(이는 지불용의이다), 3달러 가치의 무엇(돈)을 지불했다. 이 같은 단순한 교환행위가 추가적인 1달러 가치의 편익을 발생시켰다. 이것이 경제적 잉여이다.

이제 판매자, 즉 카페를 소유한 경영자의 입장에서 동일한 교환을 생각해보자. 만약 한 잔의 커피를 만드는 데 1달러가 소요된다면, 그녀에게 1달러 가치의 무엇(커피빈, 아마 우유와 설탕, 바리스타가 커피를 만드는 데 필요한 몇 분의 시간)을 3달러 가치의 무엇(돈)으로 교환하는 것이다. 그리고 그녀에게 2달러의 경제적 잉여가 발생하였다. 결과적으로 구매자와 판매자 모두 이득을 보았다.

보다 중요한 사례를 살펴보자: 소니뮤직은 당신에게 연봉 4만 5,000달러를 제안했다고 하자. 하지만 당신은 음악 산업을 좋아하기 때문에 단지 3만 5,000달러만 주더라도 그 일을 받아들일 수 있다. 그 일을 받아들이면 1만 달러의 경제적 잉여를 누리게 된다. 물론 소니뮤직의 경영진들이 비용-편익의 원리에 따른다면, 그들이 제안한 연봉 4만 5,000달러를 초과하는 이익을 창출할 것으로 믿기 때문에 그런 제안을 한 것이다. 새로운 음악밴드를 발견하여 새롭게 매년 7만 5,000달러의 과외 수입을 창출할 것으로 예상된다면, 그들에게 3만 달러의 경제적 잉여를 가져다 줄 것이다. 비용-편익의 원리는 당신과 소니뮤직 둘 다 추가적인 경제적 잉여를 발생시키는 선택은 하도록, 그리고 당신의 경제적 잉여를 감소시키는 선택은 회피하도록 하는 것을 보장한다.

구매자와 판매자 모두 자발적인 교환으로 이득을 얻는다. 위 사례 각각에서 구매자와 판매자 모두 각자 경제적 잉여를 얻게 되어 교환으로부터 이익을 보게 된다. 구매자와 판매자가 항상 비용-편익의 원리를 따른다면, 각자는 최소한 비용보다 큰 이익을 볼 때에만 교환을 할 것이다. 이는 모든 거래는 경제적 잉여의 창출을 보장한다. 자발적인 교환으로부터 양측 모두 이득을 취한다는 아이디어는 모든 경제적 거래의 핵심이라 할 수 있다.

이 통찰력은 경제적 거래를 어떻게 생각해야 할지 틀을 제공한다. 가끔 사람들은 경제적 거래에 대하여 상대가 이기면 나는 진다는 식의 운동 경기처럼 생각한다. 꽤 그럴듯한 비유이지만 사실 이는 틀렸다. 경제적 거래는 경쟁보다는 협력으로 간주하는 것이 보다 유용하다. 카페 주인은 당신이 정말 원하는 것(커피)을 가지고 있고, 당신은 그가 원하는 것(금전)을 가지고 있다. 서로 협력함으로써 각자가 더 윤택해질 수 있다. 마찬가지로 당신은 소니뮤직이 정말 원하는 것(위대한 밴드를 찾아내는 능력과 이를 통해 그들에게 7만 5,000달러라는 새로운 수입을 발생시킬 수 있다)을 가지고 있고, 그들은 당신이 원하는 것(재미있는 일과 좋은 봉급)을 가지고 있다. 양자 모두 각자가 비용-편익의 원리에 따르는 한, 자발적 교환으로 이익을 보게 된다.

어떤 틀에서 보여지느냐가 아니라 비용과 편익에 초점을 맞춘다

비용-편익의 원리에 따르면, 직면하고 있는 선택이 어떻게 설명되느냐 또는 어떤 틀에서 보여지느냐가 아니라 내재되어 있는 비용과 편익에 근거하여 의사결정을 해야 한다. 하지만 판매자들은 가끔 이것을 어렵게 한다.

예를 들어 할인을 할 때마다 셔츠 가격표는 기존 가격과 할인 가격 모두를 보여준다. 하지만 당신이 '절약하는' 금액의 크기는 아무 의미가 없다. 대신 자신에게 단순한 질문을 할 필요가 있다. 이 셔츠의 편익은 그 비용(할인 가격)을 초과하는가? 마찬가지로 많은 레스토랑은 아무도 주문하지 않는 엄청나게 값비싼 품목을 메뉴에 포함시켜 놓고 있다. 바닷가재 요리? 이 값비싼 바닷가재와의 비교를 통해 메뉴에 있는 모든 것들이 비교적 값싸 보이게 한다. 그 레스토랑은 바닷가재를 주문하지 않아 절약된 돈으로 에피타이저, 음료수 혹은 후식 등을 주문하고 싶게 한다. 그리고 몇몇 사람은 이 유혹을 이기지 못한다. 이것은 실수이다. 당신이 올바르게 메뉴를 선택하기 위해서는 메뉴에 있는 엄청나게 비싼 바닷가재와 같은 연관성 없는 것들이 아니라 오직 음식에 대한 비용과 그에 따른 편익에 근거해야 한다.

Juice Images/Alamy

판매자는 돈을, 구매자는 원하는 물건을 얻는다. 둘 다 이득이다.

비용-편익의 원리를 따르는 것은 어려울 수 있다. 예를 들어 당신은 다음의 시나리오에 어떻게 반응할 것인가?

경제학 실습

당신이 규모는 크지만 어려움을 겪고 있는 보험회사의 CEO라고 하자. 매출이 떨어지고 있어, 당신은 올해 손실을 피하기 위해 비용을 줄이려고 한다. 고용자 가운데 6,000명을 해고할 필요가 있다고 예측하고 있다. 경영관리팀이 이 과감한 실행에 대한 대안을 준비해왔고, 월요일 아침 미팅에서 두 가지 가능한 대안을 제시하였다:

- 플랜 A : 2,000개 일자리를 유지
- 플랜 B : 6,000개 일자리 모두를 유지할 확률은 3분의 1이지만, 3분의 2 확률로 모두 해고

당신은 어떤 플랜을 선택하겠는가?

플랜 A☐ 플랜 B☐

당신이 화요일에 출근했을 때, 경영관리팀은 새로운 대안 묶음을 찾았다고 보고한다. 그들은 다음의 두 가지 대안을 제시한다:

- 플랜 1 : 4,000명이 일자리를 확실하게 잃는다.
- 플랜 2 : 전체 6,000명이 일자리를 잃을 확률은 3분의 2이지만, 일자리를 잃지 않을 확률은 3분의 1

당신은 어떤 플랜을 선택하겠는가?

플랜 1☐ 플랜 2☐

자신의 삶의 관리자로서 당신은 이와 같은 이판사판의 중대한 의사결정에 직면하게 될 것이다.

이제 비용-편익의 원리를 엄격하게 적용하여 의사결정을 위해 노력해보자. 월요일에 받은

제안과 화요일에 받은 제안을 비교해보면, 당신은 곧 깨닫게 될 것이다: 그들이 같다는 것을! 그들은 단지 다르게 꾸며졌을 뿐이다. 그렇다: 위태로운 일자리의 총개수는 6,000개이기 때문에, 2,000명의 일자리를 지키는 플랜 A는 4,000명이 일자리를 잃는 플랜 1과 동일하다. 마찬가지로 플랜 B에서 6,000명이 일자리를 지킬 수 있는 3분의 1의 확률은 플랜 2에서 아무도 일자리를 잃지 않는 확률 3분의 1과 동일하다.

따라서 당신이 월요일에 플랜 A를 선택했다면, 화요일에 플랜 1을 선택했을 것이다. 그리고 만약 월요일에 플랜 B를 선택했다면, 화요일에 플랜 2를 선택했을 것이다. 하지만 월요일과 화요일 사이의 선택에 일관성이 없을 수도 있다. 만약 그렇다면, 당신 혼자만 그런 것은 아니다.

실제 플랜 A와 B 중 택일할 때 약 80%의 사람이 플랜 A를 선택하고, 플랜 1과 2 중 택일할 때 약 80%의 사람이 플랜 2를 선택한다. 이는 대부분의 사람들은 선택 대안이 어떻게 묘사되었느냐에 좌우되어 의사결정을 바꾼다는 것을 의미한다. 이것은 오류이다. ■

프레임 효과 선택 대안이 어떻게 묘사 또는 꾸며져 있는지에 의사결정이 영향을 받을 때. 당신은 자신의 의사결정이 바뀌는 프레임 효과를 피해야 한다.

프레임 효과는 당신을 혼란시킬 수 있다. 이것은 광범위한 문제의 한 가지 사례이다. 심리학자들에 따르면, 대안이 어떻게 서술 또는 꾸며지느냐에 약간의 차이도 사람들로 하여금 다른 의사결정을 하게 할 수 있다고 한다. 이런 현상은 **프레임 효과**(framing effect)로 알려져 있다. 프레임 효과는 흔하지만 합리적이지 않다. 그리고 당신은 의사결정을 이렇게 임의로 하는 것을 원치 않는다. 당신이 선택 가능한 대안이 묘사된 방식에 영향을 받지 않고 올바른 의사결정을 하려면 비용-편익의 원리에 따라야 한다. 즉, 비용과 편익의 전체 묶음을 평가해야 하고 최소한 편익이 비용보다 큰 선택 대안을 취하면 된다.

비용-편익의 원리를 엄격하게 지킨다면, 각 계획의 유 · 불리를 따져서 그림 1-1과 같은 분석으로 결론을 내리게 될 것이다.

비용과 편익을 이처럼 명쾌하게 계산할 때, 프레임 효과에 현혹될 가능성이 적어질 것이다.

비용-편익의 원리 적용

처음의 의사결정으로 되돌아 가보자: 네리다가 자동차를 구입할 것인가 아니면 매일 출근할 때 우버 택시를 탈 것인가? 그녀는 내년에 무엇을 할지 결정하려 하므로 해당 해에 일어날 비용과 편익을 고려해야 한다. 그녀가 직면하게 되는 비용은 다음과 같다:

- 그녀는 1만 달러에 5년 된 포드 중고차를 살 수 있지만, 필요한 몇 년간 차를 사용한 후에 8,000달러에 팔 수 있다.
- 그녀는 출 · 퇴근에 5마일, 주당 5일, 한 해 50주를 달릴 것으로 예상한다(그녀는 2주 정도 휴가를 가질 것이다). 그리고 휘발유 1갤런당 25마일씩 달릴 것으로 예상한다. 기름값은 갤런당 3달러이다.

그림 1-1 | 각 계획의 비용과 편익

	월요일의 선택 대안		화요일의 선택 대안	
	플랜 A	플랜 B	플랜 1	플랜 2
편익	2,000명 유지	6,000명 유지할 확률 1/3	2,000명 유지*	6,000명 유지할 확률 1/3
비용	4,000명 해고*	6,000명 해고될 확률 2/3	4,000명 해고	6,000명 해고될 확률 2/3

*기억하라 : 당신이 아무것도 하지 않으면, 당신의 회사는 6,000명을 해고할 것이다.

- 보험료는 한 해 1,500달러이다.
- 그녀는 수리비로 한 해 500달러 정도 소요될 것으로 예상한다.
- 주차비는 하루 5달러이다.

자동차 구입 시 편익은 그녀가 지불할 필요가 없는 우버 택시 요금이 될 것이다. 출근 또는 퇴근 시 우버 택시를 이용하지 않을 때마다 그녀는 요금 10달러를 절감할 것이다. 1년 동안 약 5,000달러로 합계된다(그녀는 주말에는 룸메이트의 차를 빌릴 수 있기 때문에, 이것은 자동차를 소유함으로써 얻을 수 있는 편익만을 고려한 것이다).

그림 1-2는 비용과 편익을 총계한 것이다. 이는 자차를 이용할 경우 얼마나 많은 비용이 소요되는지에 초점을 맞춘 유용한 사례이다. 잠재된 모든 비용을 고려한다면, 자신의 자동차를 보유했을 때 연간 총비용은 5,550달러로 합계된다. 이 한 해 비용은 매일 우버 택시에 지불하지 않아 생기는 편익 5,000달러보다 크다. 그래서 자동차를 소유하는 것이 못마땅하게 느껴진다면, 네리다는 매일 출 · 퇴근 시 우버 택시를 타면 된다. 이는 550달러 가치의 경제적 잉여를 얻게 되는 것이다. 몇 가지 단순한 계산에 대한 나쁘지 않은 대가다!

일상경제학 자동차 소유의 진짜 비용

비싼 자동차 소유 비용에 놀랐는가? 실제로는 이보다 더 비싸다. 당신은 자동차 소유와 관련된 비용과 편익의 전체 묶음을 고려하지 않는다면 자동차를 구입할지에 대한 올바른 의사결정을 내릴 수 없을 것이다. 미국 자동차협회에서는 자동차 소유에 드는 진정한 비용을 알 수 있도록 사람들을 도와주는 자료집을 발간하고 있다. 일반적인 가정에서 자동차를 유지하려면 1년에 9,887달러의 비용이 소요된다. ■

차선의 선택 대안과 관련된 비용과 편익을 계산하라. 잠깐 멈추고 네리다가 어떻게 비용과 편익을 계산했는지에 대한 중요한 부분을 주목해보자. 그녀는 출근하기 위해 자동차를 구매하는

그림 1-2 | 자동차 소유에 대한 비용과 편익

비용 (차를 구매하고 유지하며 출퇴근 시 운행할 때의 한 해 비용)		편익 (우버 택시를 이용하지 않아 절약되는 금액)	
자동차 비용 구입비용 $10,000 - 재판매가격 $8,000	$2,000	우버 택시 요금 절약 편도 $10 × 하루 2회 × 매주 5일 × 한 해 50주	$5,000
기름값 5마일×하루 2회×매주 5일×한 해 50주 = 2,500마일 갤런당 25마일을 갈 수 있으므로, 2,500마일/갤런당 25마일 = 100갤런 총비용은 개런당 $3 × 100갤런	$300		
주차비 하루 $5×주당 5일 × 한 해 50주	$1,250		
보험	$1,500		
수리비	$500		
한 해 비용 합계	$5,550	한 해 편익 합계	$5,000

것과 우버 택시를 타는 것을 비교하였다. 즉, 출근 시 운전할 가능성과 우버 택시를 이용하는 차선의 대안을 비교한 것이다. 이는 다음에 나올 기회비용의 원리의 핵심적인 사고방식과 정확하게 일치한다. 기회비용의 원리는 비용과 편익을 적절하게 산정하도록 도와주므로 중요하다.

1.3 기회비용의 원리

학습목표 기회비용의 원리 : 어떤 것의 진정한 비용은 그것을 얻기 위해 포기해야만 하는 차선의 선택 대안이다. 의사결정은 호주머니에서 나오는 금전적 비용뿐만 아니라 이 기회비용도 반영해야 한다.

네리다는 직장에서 첫 3년은 꽤 성공적인 직장생활을 즐겼다. 또한 그녀가 존경하는 많은 관리자들이 석사 이상 학위 소지자임을 알았다. 장기적으로 MBA 공부를 한다면, 그녀는 더욱 성공할 수 있을 것이다. 비용–편익의 원리에 따르면, 적절한 비용과 편익을 비교하면 좋은 의사결정을 할 수 있다. MBA의 편익은 이후에 커리어가 좋아진다는 것이다. 심층 연구에 따르면, MBA 소지자는 대학교 졸업자보다 대략 10% 이상을 더 받는다고 한다. 하지만 비용은 얼마일까?

기회비용은 희소성을 나타낸다

MBA의 가장 명백한 비용은 등록금인데, 1년에 약 6만 달러에 달한다. 하지만 비용은 이것만이 아니다. 예를 들어 만약 네리다가 전업으로 MBA를 공부한다면, 그녀는 일자리를 그만두어야만 한다. 네리다가 이를 더 생각하면 할수록 어떤 비용은 항상 명백하지 않다는 것을 더욱 절감하게 된다. 그래서 그녀는 의문이 생겼다: 어떻게 하면 의사결정이 진짜 비용과 편익을 반영했다고 확신할 수 있을까?

기회비용 어떤 것의 진정한 비용은 그것을 얻기 위해 포기해야만 하는 차선의 선택 대안이다.

어떤 것의 기회비용은 포기해야만 하는 차선 선택의 가치이다. 의사결정은 당신의 호주머니에서 나오는 비용뿐만 아니라 **기회비용**(opportunity cost)도 반영해야만 한다. 어떤 것의 진정한 비용은 그것을 얻기 위해 포기해야만 하는 것이기 때문이다. 이 원리는 돈, 시간 등을 어떻게 써야 할지 결정하려 할 때, 대안을 생각해야 한다는 것을 상기시킨다. 이는 당신의 선택을 최적 대안으로부터 순위를 매겨 평가할 수 있어야 가능하다. 이 원리는 당신이 직면하는 현실적인 상충관계(trade-off)에 집중하게 하고, 이렇게 함으로써 보다 나은 의사결정을 할 수 있다. 기회비용의 원리는 경제적 사고의 근간이 되는 부분으로, 경제학자들이 비용이라 할 때 비용은 기회비용을 의미한다.

이제 의사결정을 다르게 평가하게 하는 기회비용에 대하여 어떻게 생각할지를 살펴보자.

경제학을 공부하지 않은 사람들은 어떤 것의 비용을 호주머니 밖으로 내놓는 비용(회계적 비용)으로 간주한다. 즉, 지불하기 위해 호주머니에서 내놓는 금전이 얼마나 되는가이다. 하지만 이는 매우 잘못되었다. 예를 들어 매일 문 닫을 시간까지 도서관에서 경제학을 공부하는 것은 호주머니 바깥으로의 어떤 비용도 수반하지 않는다. 만약 이것이 비용에 대해 올바르게 생각하는 것이라면, 도서관이 문을 열 때마다 도서관에 공부하면 된다. 편익은(경제학을 보다 더 공부하고 그것은 보다 나은 의사결정을 하게 할 것이다) 분명 호주머니에서 나오는 비용을 0으로 상쇄할 것이기 때문이다. 하지만 이는 다른 중요한 비용을 무시하는 것이다. 당신의 시간은 희소하다. 그리고 당신이 경제학을 공부하기 위해 쓰는 매 시간은 한 시간의 기회비용을 가진다. 그 시간은 당신이 심리학, 마케팅, 역사 또는 수학 공부에 쓸 수 없는 한 시간이기 때문이다. 그것은 또한 잠자고, 일하거나, 또는 인생을 즐기는 데 쓸 수 없는 한 시간이기도 하다. 당신은 경제학을 공부하는 편익이 최소한 이들 대안 중 최고의 대안보다 더 크기 때문에 한 시간 더 경제학 공부를 하는 것이다.

기회비용의 원리는 직면하는 상충관계를 고려하도록 한다. 만약 당신이 오전 3시까지 경제학을 공부한다는 의사결정을 했다면, 당신이 포기할 수밖에 없는 최선의 대안은 무엇인가? 기회비용의 원리는 당신의 시간을 보다 더 잘 배분되게 도와줄 수 있는 것처럼, 당신의 희소한 돈, 집중력, 그리고 자원 등을 보다 더 잘 배분하도록 도와준다.

기회비용의 원리는 희소성의 문제를 강조한다. 만약 당신이 어떤 선택은 비용이 없다고 생각한다면, 다시 생각해봐야 한다. 호주머니 바깥으로의 비용이 없다 하더라도 기회비용은 항상 존재한다. 그 논리는 간단하다: 당신이 어떤 일을 한다고 선택했다면, 당신은 그 시간에 다른 어떤 일을 하지 않겠다고 선택한 것이다. 영화를 보러 가겠다고 선택했다면? 그것은 수업 준비에 필요한 두 시간을 쓰지 않겠다는 의사결정이다. 어떤 한 활동을 위해 포기한 다른 것을 할 기회는 당신이 고려해야 할 기회비용이다.

이 기회비용은 경제학의 기초적인 문제인 **희소성**(scarcity) 때문에 생겨난다. 자원은 한정되어 있다. 즉, 자원은 희소하다. 당신은 제한된 소득을 가졌을 뿐만 아니라 제한된 시간(하루 단지 24시간), 제한된 집중력, 그리고 제한된 의지력을 가지고 있다. 당신이 한 가지 활동을 위해 소비되는 어떤 자원도 다른 활동으로 사용하려면 더 적은 양만이 남아 있을 뿐이다. 희소성은 당신이 항상 상충관계에 직면한다는 것을 시사한다. 당신이 희소한 자원(당신의 시간, 돈, 관심, 의지력 또는 다른 자원)을 사용할 때마다 기회비용이 존재한다.

희소성 자원이 한정되어 있어 발생하는 문제

일상경제학 **기회비용은 가지 않은 길이다**

기회비용의 원리는 시구절을 떠오르게 한다. 시의 마지막 구절을 음미해보라. 위대한 미국 시인 로버트 프로스트의 〈가지 않은 길〉 :

훗날 훗날에 나는 어디에선가
한숨을 쉬며 이 이야기를 할 것입니다.
숲속에 두 갈래 길이 갈라져 있었다고,
나는 사람이 적게 간 길을 택하였다고,
그것으로 모든 것이 달라졌다고.

프로스트의 여행객은 갈림길에 이르렀고, 냉엄한 선택에 직면한다. 어떤 길을 선택할 것인가. 한 길을 선택했을 때의 기회비용은 무엇인가? 기회비용은 선택하지 않은 길이다. 프로스트의 여행객은 "사람이 적게 간 길"을 선택했다. 그리고 그가 "그것으로 모든 것이 달라졌다고" 했을 때 그는 차선의 선택과 비교하였다. 당신은 "가지 않은 길"을 생각하라고 요구하듯이 기회비용의 원리를 생각해야 한다. ■

기회비용의 산출

어떤 것의 기회비용은 당신이 그것을 얻기 위해 포기한 그 무엇이라는 것을 기억하라. 만약 당신이 기회비용을 올바르게 평가하는지를 확인하고 싶다면, 자신에게 다음의 두 가지 질문을 던져보라:

1. 당신의 선택을 실행한다면, 어떤 일이 일어날까?
2. 차선을 선택하면 어떤 일이 일어날까?

이제 이 원리를 MBA를 취득하고자 할 때의 기회비용을 산출하는 데 적용해보자.

그림 1-3 MBA 학위를 위한 기회비용(매년)

그녀의 선택에 대한 비용	− 차선의 선택 대안의 비용	= 기회비용
만약 MBA학위를 원한다면	대신 전업으로 일하기를 원한다면	전업 근로와 대비된 MBA의 비용
6만 달러의 등록금	등록금 없음	6만 달러
일자리를 그만둠	일자리로부터 7만 달러 소득	+ 7만 달러 소득 없어짐
숙식비 2만 4,000달러	숙식비 2만 4,000달러	+ 기회비용 없음
하루 10시간씩 공부	하루 10시간씩 일	+ 기회비용 없음

= 한 해 13만 달러의 기회비용

1. 만약 네리다가 MBA 학위를 취득하려 한다면 어떤 일이 일어날까?
   네리다가 MBA 학위를 받으려 한다면, 그녀는 하던 일을 그만두어야 하고, 등록금을 내고 숙식 비용을 지불해야 하고 공부하는 데 많은 시간을 써야 할 것이다. 이 내용은 그림 1-3의 첫 번째 열에 잘 나타나 있다.
2. 네리다가 그녀의 차선의 선택을 추구한다면 어떤 일이 일어날까?
   네리다의 차선의 대안은 현재 직업에서 열심히 일하는 것이다. 만약 이 선택을 하게 되면, 그녀는 등록금을 낼 필요가 없고 매년 7만 달러를 벌 수 있다. 그리고 여전히 숙식을 해결해야 하고 일하는 데 시간을 소비해야 한다. 이러한 내용은 그림 1-3의 두 번째 열에 나타나있다.

만약 어떤 것의 기회비용이 그것을 얻기 위해 포기한 무엇이라면, 그것은 그 선택을 한 결과와 차선을 선택한 결과 간의 차이이다. 그래서 MBA 학위를 추구하는 것의 기회비용(그림 1-3의 마지막 열에 나타나 있다)은 첫 번째 열 빼기 두 번째 열과 같다. MBA 학위를 받으려는 것의 기회비용은 한 해 13만 달러라는 것으로 밝혀졌는데, 2년 프로그램의 비용은 26만 달러에 이른다. 이러한 결과는 네리다가 편익이 26만 달러의 기회비용을 초과할 때에만 MBA 학위를 받으려 할 것임을 보여준다.

이러한 분석은 기회비용에 대한 네 가지 중요한 교훈을 알려준다.

교훈 1 : 호주머니에서 나오는 비용 일부는 기회비용이다. 네리다가 생각하는 첫 번째 비용은 한 해 등록금 6만 달러이다. 이건은 명백하게 호주머니 바깥으로 나오는 비용이다. 그녀가 MBA를 취득하려 한다면 등록금을 지불해야 하므로 이것 또한 기회비용이다. 하지만 만약 그녀가 현재 일을 계속하는 차선의 대안을 선택한다면, 이 비용은 없다.

교훈 2 : 기회비용은 호주머니에서 지불되는 재정비용만을 고려하는 것이 아니다. 그러나 호주머니 바깥으로의 재정비용에 지나치게 치중하게 되면 중요한 기회비용을 놓치게 된다. 예를 들어 MBA를 추구하면서 가장 큰 비용 중의 하나는 직업을 그만둘 때 포기하는 7만 달러의 연봉이다. 네리다는 현재 한 해 7만 달러를 벌고 있으므로, 이 봉급을 못 받는다는 것은 상당한 기회비용이다!

교훈 3 : 모든 주머니에서 나가는 비용이 실제 기회비용이 되는 것은 아니다. 주머니에서 나가는 비용에 지나치게 관심을 가지게 되면 실제 기회비용과 관련이 없는 요소들을 생각하게 될 수도 있다. 예를 들어 네리다가 MBA를 취득하려 한다면, 그녀는 매년 2만 4,000달러를 숙식비로 지불해야 한다. 하지만 당신이 MBA를 추구하지 않더라도 여전히 숙식비를 지불해야 하므로, 숙식비는 MBA 학위를 취득하는 것과 연관된 비용이 아니다. 만약 비용이 같고 어떤 선택에서든 지불해야 한다면, 그것은 기회비용이 아니다.

교훈 4 : 일부 비재무적 비용도 기회비용이 아니다. MBA를 추구하는 데 비재무적 비용도 있다. 예를 들어 네리다는 하루에 10시간씩 열심히 공부해야 한다. 하지만 현재 직장에서도 하루 10시간씩 열심히 일해야 한다. 따라서 차선의 대안에 관련시켜 MBA 프로그램에서 요구되는 강도 높은 학습으로 인한 스트레스는 기회비용이 아니다.

일상경제학 대학 진학의 진짜 비용

이제 당신은 자신의 대학 생활의 진짜 비용을 측정하는 데 필요한 수단을 가지게 되었다. 대학에 지원하기 전에 대학의 비용을 생각해보라고 하면, 아마도 대학 웹사이트에 나와 있는 수치들을 볼 것이다. 하지만 그 생각은 틀렸다. 그 웹사이트에서는 등록금, 기숙사, 식비, 책값, 보험 등과 같은 비용을 나열해놓았을 것이다. 이 목록은 대학 재학의 진짜 기회비용을 평가하는 데 놀라울 정도로 도움이 되지 않는다.

정말로 알아야 할 것은 '대학을 다니지 않으면, 무엇이 다를 것인가?'이다. 등록금을 내지 않아도 된다는 것은 맞다. 그래서 이는 기회비용이다. 하지만 여전히 먹어야 하기 때문에 식비는 기회비용이 아니다. 주거와 보험 비용에도 같은 논리가 적용된다. 대학 웹사이트는 항상 대학 재학의 가장 큰 비용을 어떻게든 빠뜨리려 한다. 이는 당신이 만약 공부를 하지 않는다면, 아마도 일해서 수만 달러 소득을 올릴 것이라는 사실이다. 이처럼 포기한 소득은 고려해야 하는 중요한 기회비용이다.

그렇다. 대학 진학은 커다란 기회비용을 수반한다. 하지만 기회비용의 원리를 대학에 진학하려는 의사결정에 적용시켜 보면, 대학교육의 편익이 비용을 초과한다는 것을 확신할 수 있을 것이다. ■

'아니면 무엇?' 사고방식

Andy Dean Photography/Shutterstock

좋은 결정을 내리기 위하여 '이 선택이 아니면 무엇?'을 질문해야 한다. 즉 차선의 선택과 비교해야 한다.

여기 기회비용의 원리를 올바르게 적용시키게 하는 간단한 비결이 있다: 질문을 던질 때마다 '아니면'이란 단어를 문장 가운데에 넣어라. "나는 MBA를 취득해야 할까?"라고 네리다가 질문을 할 때, 그녀는 단지 반만 물어본 것이다. 그녀는 "아니면 일을 계속해야 하나"라고 첨가해야 한다. 이 문장에서 '아니면'은 기회비용의 원리의 핵심인 선택 대안을 고려하게 만든다. 이 점을 기억하고 항상 '아니면 무엇?'이라고 질문하라. 때때로 하나 이상의 대안이 나열된다는 것을 발견할 것이다. 만약 그렇다면 기회비용은 이들 대안 중에서 최상이라는 것만을 기억하라. 그러므로 선택을 해야 한다. 이 간단한 비결을 사용하라, 그렇지 않으면 잘못된 의사결정을 하게 된다.

경제학 실습

다음 선택 대안의 기회비용은 무엇인가?

- 토요일 오후에 친구와 함께 많은 시간을 보낼 것인가?
  아니면 무엇? 또는 다음 화요일 시험에 대비하여 공부를 할 것인가?

- 과외활동에 많은 시간을 투자하여 최고 리더십의 지위를 노릴 것인가?
  아니면 무엇? 또는 엄청나게 공부해서 전 과목 A를 받으려 할 것인가?
- 이번 여름에 보수가 없는 인턴십을 할 것인가?
  아니면 무엇? 또는 웨이터 일을 계속할 것인가?
- 가장 친한 친구를 당신의 가족 비즈니스에 고용할 것인가?
  아니면 무엇? 다른 사람을 고용할 것인가?
- 당신의 저축이 장기적으로 엄청나게 불어날 수도 있고 폭락할 수도 있는 주식시장에 투자할 것인가?
  아니면 무엇? 또는 당신의 저축이 거의 변화가 없는 상태로 유지될 은행에 저축할 것인가?
- 당신의 온라인 상점은 해외에 있는 사람들에게 판매가 되도록 제품을 수출할 것인가?
  아니면 무엇? 또는 대신 국내에 있는 사람들에게만 판매할 것인가?
- 당신의 소득을 모두 소비할 것인가?
  아니면 무엇? 또는 소득 일부를 저축해서 미래에 소비할 것인가?

당신은 각 질문들에 대해 하나의 답만을 선택할 수 있다. 하지만 그 대답은 당신이 직면할 최대 비용의 일부일 뿐이다. 그것이 경제학의 수단을 배우는 이유이며, 당신은 삶에 보다 나은 의사결정을 하게 될 것이다.

기업가들은 기회비용에 대해 얼마나 고민하는가

기회비용의 원리는 기업가들이 새로운 비즈니스 시작 여부를 평가하는 데 중요하다. 당신이 호주머니에서 나오는 비용에 너무 집착해서는 안 되는 것과 마찬가지로 기업가들은 회사의 수입과 재무적 비용 이상을 볼 수 있어야 한다. 기업가들은 새로운 비즈니스를 시작하게 되면 약간의 파악하기 어려운 기회비용이 발생한다는 것을 알고 있다. '아니면 무엇' 접근은 이러한 비용을 더 파악하기 쉽게 만든다. 새로운 비즈니스를 시작하려면 다음의 두 가지 질문에 직면하게 된다:

- 새로운 비즈니스를 할 것인가 아니면 현재 일을 그대로 할 것인가?
  새로운 비즈니스를 한다는 것은 현재 일을 그만두는 것으로 정기적인 봉급을 포기하는 것이다. 이 포기한 소득은 기업가의 시간에 대한 기회비용이 된다.
- 자금을 새로운 비즈니스에 투자할 것인가 아니면 은행에 둘 것인가?
  비즈니스에 자금을 투자한다는 것은 은행에 예치한다는 것이 아니다. 따라서 이자를 받을 수 없다. 포기한 이자는 기업가의 자본에 대한 기회비용이 된다.

그러므로 새로운 비즈니스를 시작하려고 할 때, 단지 재무적인 이익을 벌 수 있느냐를 계산하는 것만으로는 충분하지 않다. 새로운 비즈니스를 시작하는 것은 벌어들일 수 있는 이득(재무적 수익)이 당신의 시간과 돈을 투자함으로써 포기한 기회비용을 상쇄시킬 정도로 (차선의 선택에 비해) 충분히 클 때에만 유효하다.

매몰비용은 무시해야 한다

가끔 사업에 너무 많은 시간과 자금을 투입했을 때 '이제 나는 중단할 수가 없다. 이 사업에 이미 너무 많은 것을 쏟아 부었기 때문이다'라고 생각할 수 있다. 하지만 이것은 잘못된 것이다. 사업에 투자한 시간, 노력, 다른 비용들을 되돌릴 수 없을 때 이것들을 **매몰비용**(sunk cost)이라고 한다. 그리고 좋은 의사결정은 매몰비용을 무시해야 한다. 왜? 기회비용의 원리는 당신의 선택과 차선의 선택 내용을 비교할 것을 요구한다. 매몰비용은 되돌릴 수 없기 때문에 그런 비

매몰비용 한번 발생되면 다시 되돌릴 수 없는 비용. 매몰비용은 어떤 선택에도 존재하기 때문에 기회비용이 아니다. 좋은 의사결정은 매몰비용을 무시한다.

용들은 두 가지 상황 모두에서(현재의 선택 상황과 차선의 선택 상황 모두에서) 발생할 것이다. 이는 이러한 비용은 기회비용이 아니라는 것을 의미한다. 따라서 매몰비용은 무시해야 한다. 다르게 표현하면, 지나간 것은 잊어버려야 한다.

불행하게도 삶에서 매몰비용을 무시하기는 쉽지 않다. 이미 많은 시간을 쏟아 부었기 때문에 불행한 관계에 계속 머물러 있는 사람을 본 적이 있을 것이다. 아니면 자기가 싫어하는 대학 전공, 직업, 경력에 계속 머물러 있는 사람을 본 적이 있을 것이다. 그것에 쏟아 넣은 많은 시간과 노력이 아까워 계속 그것이 옳다고 생각하면서 말이다. 기업 경영자도 비슷한 실수를 저지르는데, 어떤 투자사업이 결국에는 성과를 낼 거라고 믿으면서 좋지 못한 투자에 계속 투자를 하는 것이다.

경제학 실습

우리는 매몰비용의 오류에 빠지기 쉽다. 다음의 시나리오를 생각해보자:

a. 당신은 어제 친구의 핼러윈 파티에 입고 갈 의상을 35달러에 구입했다. 하지만 오늘 몸이 아프다. 그리고 파티에 갈 의상을 입으면서 그걸 즐길 수 없다는 것을 깨달았다. 파티에 가야 할까?

b. 당신은 영화 티켓을 13달러 주고 구입했다. 하지만 30분 정도 영화를 보니 그걸로 충분했다: 연기는 끔찍했고 구성은 예측 가능했으며, 농담은 민망스러웠다. 나머지 시간에도 영화를 계속 봐야 할까?

c. 당신은 봄 휴가를 위한 좋은 상품, 푸에르토리코로 가는 700달러짜리 여행 패키지를 발견했다. 즉시 구입하고 친구들에게도 알려주었다. 불행하게도 친구들이 전화했을 때 그 상품은 매진이었다. 대신 친구들은 마이애미로 가기로 결정했는데, 거기서는 친구의 삼촌 집에서 공짜로 머무를 수 있다. 친구들과 함께 있고 싶지만, 700달러 티켓은 환불이 되지 않는다. 푸에르토리코로 가야 할까? ■

정답

a. 어제의 35달러 매몰비용으로 인해 원치 않는 파티에 꼭 갈 필요가 없다.

b. 밖으로 나가라. 당신은 이미 티켓 비용을 지불했고 그 돈을 환불받을 수 없다. 따라서 13달러는 무시해야 할 매몰비용이다.

c. 이미 문제에서 당신은 친구들과 함께 있는 것을 선호한다고 했으므로, 마이애미로 가라! 700달러짜리 환불 불가 티켓은 매몰비용이다.

기회비용의 원리 적용

기회비용의 원리는 모든 종류의 의사결정을 잘 이해할 수 있도록 도와주는 강력한 도구이다. 다음 사례는 이 원리가 사람들의 의사결정을 설명하는 데 얼마나 중요한지를 보여준다.

AF archive/Alamy

2009년 세계 경제는 침체했지만, 영화 시장은 호황이었다.

왜 사람들은 경제 불황기에 영화를 더 많이 보러 가는가 최근 경제 불황기 동안 주요 영화사들은 심각한 사업 침체에 대비해왔다. 하지만 그렇게 하지 않았어도 된다. 왜일까? 영화를 보는 가장 중요한 비용은 티켓 가격인 13달러가 아니다. 그 대신 시간에 대한 기회비용이다. 영화를 보는 데 2시간이 소요되고, 당신은 이 시간을 다른 일에 써도 된다. 영화를 보는 대신 일을 할 수도 있을 것이다. 하지만 경제가 위축된 시기에는 일자리가 적어지고 종종 할 일도 줄어든다. 그래서 시간에 대한 기회비용은 더욱 낮아질 것이다. 영화를 보는 것의 또 다른 대안은 파티에 가는 것이다. 하지만 경제가 침체됐을 때 파티를 여는 사람은 더욱 줄어들 것이므로, 당신의 선택은 아마 저녁에 TV를 시청하는 것일 거다. 경제 침체기에 시간의 기회비용은 더욱 낮아지므로, 사람들은 영화 보는 것을 선택하게 된다. 사실 경기 침체는 영화산업에서는 종종 호재가 된다.

왜 16세가 되어서도 결혼하지 않을까 많은 고교생은 애정관계에 빠져 있지만 16세에 결혼을 하는 사람은 거의 없다. 왜일까? 이때 직면하게 되는 선택은 '결혼해야 할까 아니면 보다 나은 상대를 계속 찾아야 할까?'이다. 16세에 당신은 단지 몇 번의 연애를 했을 뿐이다. 따라서 훗날 보다 나은 상대를 만날 가능성은 꽤 높은 편이다. 즉, 결혼의 기회비용(보다 나은 배우자를 찾을 수 있는 기회)은 크다. 20대나 30대가 되면, 당신은 보다 많은 인생 경험을 하고 인생의 많은 영

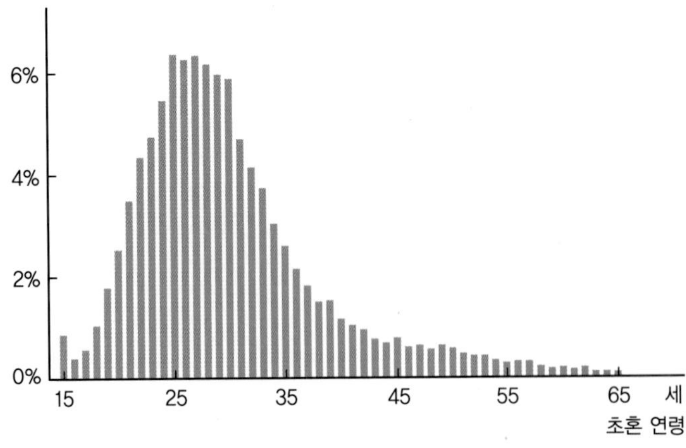

출처 : U.S. Census Bureau.

역에서 사람들을 만나게 된다. 나중에 보다 좋은 배우자를 만날 수 있는 가능성은 항상 존재하지만, 결혼하는 것의 기회비용은 더욱 작아지게 될 것이다.

왜 말기 환자들은 입증되지 않은 시약을 원하는 걸까 대부분의 사람들은 임상으로 입증되지 않은 시약을 복용하려 하지 않는다. 그 약이 효능보다 더 큰 피해가 될 수 있다고 우려하기 때문이다. 하지만 말기 환자들은 종종 의사에게 새로운 시약 실험에 참여하게 해 달라고 간청한다. 왜일까? 건강한 사람에게는 직면하는 선택은 위험한 실험에 참여하느냐 또는 건강하고 행복한 삶을 계속 누리느냐는 것이다. 말기 환자들에게 위험한 실험에 대한 대안은 통증이 계속되며 결국 죽게 되는 것이다. 이같이 낮은 기회비용 때문에 심각한 병을 앓는 사람은 건강한 사람들이 선택하지 않는 위험을 무릎쓰게 되는 것이다.

왜 나는 공짜 도넛을 먹지 않을까 이른 아침 비즈니스 미팅에서는 종종 회의 탁자 위에 도넛쟁반이 놓여 있다. 이 맛있는 도넛은 심지어 공짜지만 정작 한 번도 먹어본 적이 없다. 왜일까? 건강을 유지하기 위해 나는 식도락은 하루 단 한 번으로 제한하려 노력 중이다. 그래서 나는 선택에 직면한다. 도넛을 먹을 것인가? 아니면 저녁에 아이스크림 한 통을 먹을 것인가? 나는 아이스크림을 좋아한다. 그래서 도넛의 재무적 비용은 0달러이지만 여전히 너무 비싸다. 도넛의 기회비용은 더욱 맛있는 한 통의 아이스크림이기 때문이다.

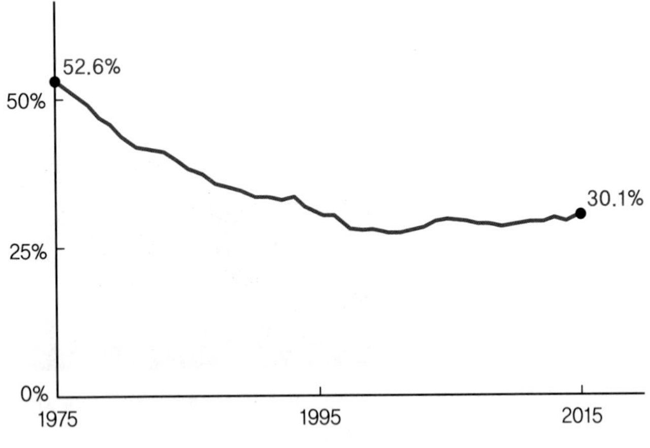

출처 : Bureau of Labor Statistics.

왜 전업주부 엄마들은 더욱 줄어들까 1975년에는 엄마들의 절반 이상이 일자리가 없었다. 그 이후 상황이 변화해왔다. 최근의 통계 자료에 따르면, 단지 30%의 엄마들만 집안에 머물고 있다. 왜일까? 대부분의 엄마들은 집안에 머물러 있느냐 또는 돈을 벌기 위해 일을 하느냐의 선택에 직면한다. 최근 수십 년간 여성들의 임금은 가파르게 상승했다. 1975년 이후부터 남성 근로자의 연소득은 거의 변화가 없었는데, 정규직 여성 근로자의 연소득은 1만 달러 정도 상승했다. 결과적으로 집에 머무는 엄마들의 기회비용이 상승한 것이다. 이 기회비용이 상승하면서 집에 머무는 것을 선택하는 여성은 점차 적어지고 있다. 대신 보다 많은 여성들이 점점 더 좋아지는 수입을 위해 어머니로서 역할과 일하는 것을 병행하는 선택을 하고 있다.

생산가능곡선

생산가능곡선 희소한 자원으로 만들어낼 수 있는 다른 생산물 조합을 보여준다.

가끔 당신은 기회비용을 시각화하는 것이 유용하다는 것을 깨닫는다. 그것이 **생산가능곡선**(production possibility frontier)이 존재하는 이유이다. 생산가능곡선은 희소한 자원으로 만들어 낼 수 있는 다른 생산물 조합을 그림으로 보여주는 것이다. 그것은 시간, 돈, 원재료, 생산 용량과 같은 희소한 자원을 어떻게 최상으로 배분할지 결정할 때 직면하는 상충관계(즉, 기회비용)를 설명한다.

생산가능곡선은 대안적 결과를 설명한다. 이것이 어떻게 공부 시간에 적용되는지 살펴보자. 만약 매일 저녁에 3시간씩 공부한다면, 경제학 공부와 심리학 공부에 시간을 배분해야 한다. 매일 저녁마다 경제학 공부에 1시간씩 투자한다면 경제학 성적을 8점 올리고, 대신 심리학 공부에 그 시간을 배분하면 심리학 성적을 단지 4점 올린다고 가정하자.

당신은 투입물이 공부 시간이고 산출물이 성적인 성적생산 공장(grades producing factory)의 CEO이다. 당신은 경제학 또는 심리학 점수를 올리도록 자원을 쏟아 부을 수 있다. 극단적으로 3시간 모두를 경제학에 투자할 수 있다. 그러면 경제학 성적은 24점 올라갈 것이다(심리학은 변화 없다). 다른 극단적인 경우는 심리학에 3시간 모두를 투입하여 심리학 성적을 12점 올릴 수 있을 것이다(경제학은 변화 없다). 공부 시간 배분에 대해 다수의 다른 가능성이 존재한다. 그리고 그 각각의 가능성은 생산가능곡선상의 한 점과 일치한다. 생산가능곡선상의 이러한 점들은 그림 1-4에 직선으로 나타나 있다(많은 경우에, 생산가능곡선은 위로 볼록한 형태일 것이다). 이는 주어진 현재 여건 속에서 생산할 수 있는 최대치를 나타내기 때문에 우리는 이를 '가능곡선'이라 부른다. 만약 자원을 낭비하거나 비효율적으로 사용한다면, 이 가능곡선에 이르지 못할 것이다. 그래서 결국 각 산출물을 가능한 수준보다 더 적게 생산하게 될 것이다.

생산가능곡선상의 이동은 기회비용을 보여준다. 생산가능곡선상에 있으면, 한 산출물의 생산을 줄이지 않고서는 다른 산출물을 더 생산할 수 없다. 생산가능곡선의 이동은 이 기회비용을 강조하여 보여준다. 심리학 공부에 투입된 각 시간은(심리학 성적을 4점 높인다) 경제학에 쏟을 수 있는 1시간(경제학 성적을 8점 높일 수 있다)을 뺀 것이다. 따라서 심리학 성적을 4점 더 받는 것의 기회비용은 경제학에서 성적을 8점 적게 받는 것이다

생산성 향상은 생산가능곡선을 바깥쪽으로 이동시킨다. 만약 생산가능곡선에서 가능한 규모보다 더 많이 생산하기를 원한다면 어떻게 해야 할까? 무언가를 변화시켜야만 한다. 한 가지 방법은 동일한 투입량으로 더 많이 생산할 수 있는 새로운 생산기술을 발견하는 것이다. 예를 들어 만약 보다 효율적인 학습 습관(나의 조언 : 수업 전에 교재를 읽는 것은 몇 주 후 벼락치기 공부보다 훨씬 생산적일 것이다)을 발견한다면, 공부하는 데 사용되는 매 시간당 받는 성적을 올릴

그림 1-4 | 생산가능곡선

매일 저녁에 3시간씩 경제학(1시간 공부는 성적을 8점 올릴 것이다) 또는 심리학(1시간 공부는 성적을 4점 올릴 것이다) 공부에 쓸 수 있다. 생산가능곡선은 시간의 선택 가능한 배분에 따라 생산할 수 있는 것을 보여준다.

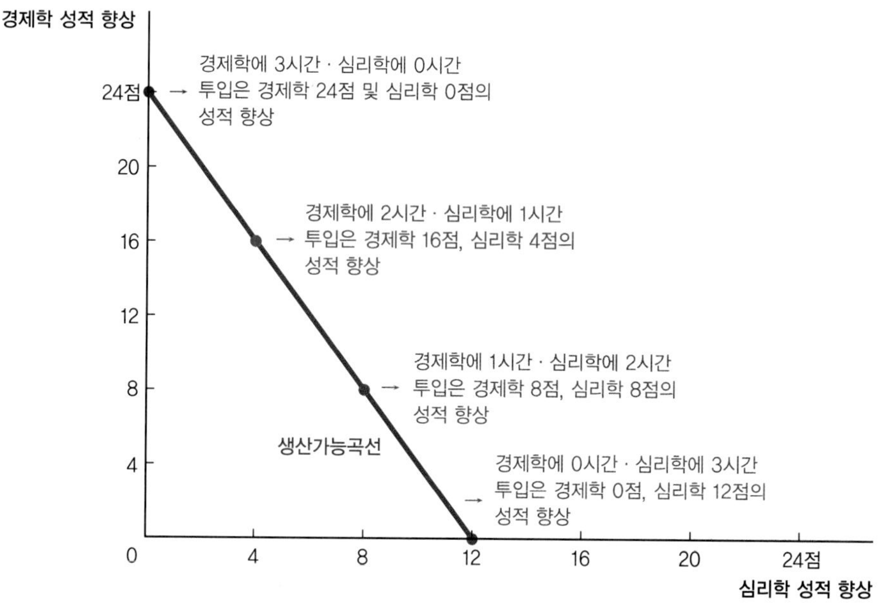

수 있을 것이다. 이 같은 생산성의 증가는 생산가능곡선(PPF)을 바깥쪽으로 이동시킨다. 하지만 심리학과 경제학에서 보다 좋은 점수를 받더라도 자원은 여전히 한정적이다. 따라서 시간에 대한 기회비용은 여전히 존재한다.

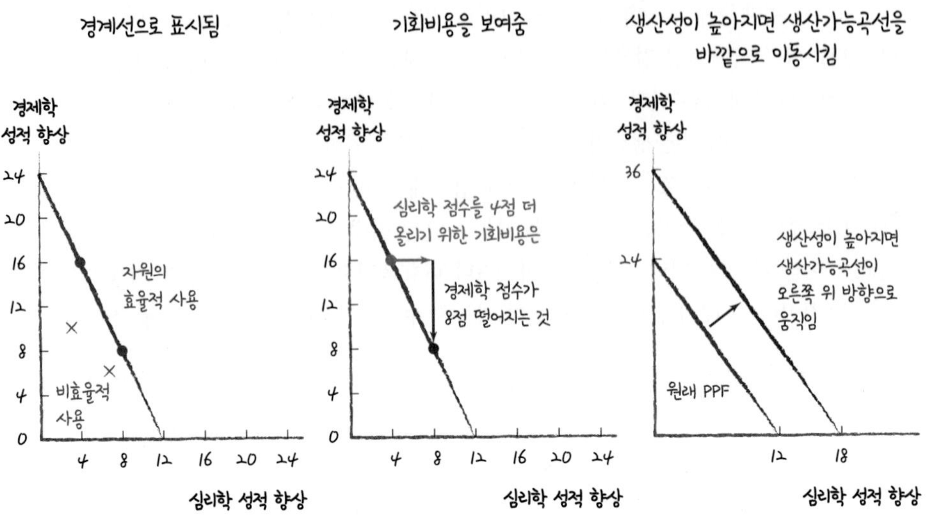

요약 : 할지 말지 결정에 대한 평가

지금까지 공부한 두 원리는 무엇을 할지 말지 결정하려고 할 때마다(MBA를 취득해야 하나, 결혼해야 하나, 영화를 보러 갈까, 일자리를 구해야 하나 등) 유용한 길잡이가 된다. 이러한 것들을 하거나 또는 하지 않거나 선택해야 하므로, 이를 '할지 말지' 선택이라 한다. 비용-편익의 원리는 최소한 편익이 비용보다 클 때 하라고 한다. 하지만 그 비용은 무엇일까? 기회비용의 원리는 어떤 것의 진정한 비용은 그것을 얻기 위해 포기한 최상의 대안이라고 한다. 둘을 함께 고려하여, 만약 편익이 차선의 대안인 기회비용보다 최소한 크다면 그 대안을 선택하면 된다.

하지만 대부분의 선택은 '할지 말지'라기보다 '얼마나 많이'라는 선택이다. 몇몇 사례를 생각해보자. 얼마나 많은 강의를 들어야 하나? 얼마나 많은 사람을 고용해야 하나? 얼마나 많은 아이를 가져야 하나? '얼마나 많이'라는 질문에 직면할 때, 한 가지 더 핵심 원리, 즉 한계의 원리를 사용해야 한다. 한계의 원리는 엄청나게 복잡한 '얼마나 많이' 선택을 훨씬 간단한 '할지 말지'의 선택으로 단순화시켜준다. 이미 '할지 말지' 선택을 어떻게 하는지를 이해했기 때문에 이 원리는 훨씬 광범위한 질문에 대답할 수 있도록 해준다.

1.4 한계의 원리

한계의 원리 적용 : 일단 문제를 한계적 선택으로 분해 · 축소시킨 다음 비용-편익의 원리를 적용하라. 한계의 원리는 '얼마나 많이' 결정에 유용하다. 하지만 '할지 말지' 선택에는 아니다.

학습목표 한계의 원리 : 양에 대한 결정은 점증적으로 이루어져야 최상이다. '얼마나 많이' 결정은 일련의 더 작은 또는 한계적 결정으로 분해해야 한다.

경영대학을 졸업한 후 몇 년이 지난 네리다의 경우를 보자. 그녀는 이탈리안 레스토랑을 개업하여 기업가적 전문지식을 식당 경영에 접근시켜보기로 결정했다. 이미 입지를 선택했고 리모델링했다. 그다음으로 얼마나 많은 사람을 고용할지 결정해야 했다. 많은 직원을 고용하면 그녀는 보다 큰 수입이 보장되는 더 많은 식사를 제공할 수 있다. 하지만 비용 또한 더 많이 소요된다. 늘어난 직원 고용으로 보다 많은 임금 지급이 필요하고, 더 많은 식사 판매로 보다 신선한 재료를 구입해야 하기 때문이다. 다른 일들과 마찬가지로 상충관계가 존재한다. 따라서 네리다는 얼마나 많은 사람을 고용해야 할지 고민 중이다.

한계의 원리(marginal principle)에 따르면 양에 관한 결정은 점증적으로 이루어져야 한다. 수량을 선택해야 하는 결정에 직면할 때마다(예를 들면, '얼마나 많은 근로자를 고용해야 하나?'), 그것을 보다 소량의 또는 한계적 결정으로 분해시키면 쉬워진다(예를 들어 '한 사람 더 고용해야 하나?')

한계의 원리 양에 관한 결정은 점증적으로 이루어져야 한다. '얼마나 많이'라는 질문을 한계편익과 한계비용으로 측정된 보다 소량의 또는 한계적 결정으로 분해시켜야 한다.

한계의 원리에서는 한 사람 더 고용해서 얻을 수 있는 추가적 편익이 한 사람 더 고용함으로써 생기는 추가적 비용을 초과하는지를 평가해야 한다. 한 사람 더 고용해서 얻을 수 있는 추가적 편익을 **한계편익**(marginal benefit), 그리고 한 사람 더 고용함으로써 생기는 추가적 비용을 **한계비용**(marginal cost)이라 한다. 이 한계적 선택에 비용-편익의 원리를 적용시켜, 한계편익이 한계비용을 초과할 때에만 한 사람 더 고용하면 된다.

한계편익 한 단위 더 추가 투입(재화 구입, 공부시간 등)함으로써 얻을 수 있는 추가적 편익

한계비용 한 단위 더 추가 투입함으로써 생기는 추가적 비용

그림 1-5에서 보여주듯이 이는 반복적으로 적용해야 하는 과정이다. 추가적 근로자를 고용하기로 결정한 이후 또 다른 근로자 고용에 따른 한계비용과 한계편익을 비교해야 한다. 만약 한계편익이 한계비용을 초과한다면 또 그 근로자를 고용하면 된다. 그런 다음 또 다른 근로자를 고용할 가치가 있는지를 생각하면 된다. 이는 복잡하지 않은 일련의 '할지 말지' 선택을 통하여, 결국 한 사람 더 고용하지 않는다는 결정을 내릴 때까지 계속 진행된다.

그림 1-5 | 한계의 원리 적용

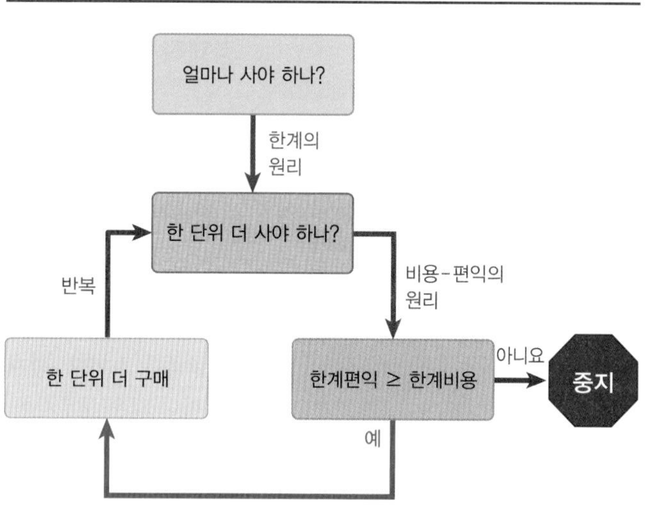

언제 한계의 원리가 유용한가

'얼마나 많이' 선택을 결정해야 할 때마다 한계의 원리를 사용하여 결정을 일련의 더 적은 단위의 한계적 선택으로 분해시켜야 한다. 하지만 '얼마나 많이'의 문제가 아니라 '할지 말지'의 문제인 의사결정도 있다. 예를 들어 네리다가 레스토랑을 개업할지 여부를 결정할 때, 그녀는 '할지 말지' 결정에 직면한다. 이 경우 한계의 원리는 적절하지 않다. 하지만 때때로 '할지 말지' 선택인 것처럼 보이지만, '얼마나 많이' 문제를 내재하는 선택들도 있다. 예를 들어 네리다가 레스토랑을 개업해야 할지 말아야 할지는 물론 결정해야 한다면, 임대해야 할 공간은 몇 평이어야 할지를 결정할 때 한계의 원리가 유용하다.

요점 정리 : 먼저 당신이 직면한 선택이 어떤 유형인지 결정하라. 만약 '얼마나 많이'의 선택에 직면했다면, 결정을 일련의 더 작은 한계적 선택으로 분해시켜야 한다. 결정해야 할 '할지 말지' 선택만 주어져 있으면, 의사결정을 보다 작은 단위로 분해해야 한다. 그런 다음 이렇게 더 간단해진 각각의 '할지 말지'의 선택에 비용-편익의 원리와 기회비용의 원리를 적용하라.

경제학 실습

당신은 다음의 의사결정을 단순화시키기 위해 한계의 원리를 적용시킬 수 있나?

- 얼마나 많은 사람을 고용해야 하나?
  단순화 : 한 사람 더 고용해야 하나?
- 얼마나 많은 신발을 구매해야 하나?
  단순화 : 신발을 하나 더 구매해야 하나?
- 얼마나 많은 과목을 수강해야 하나?
  단순화 : 이번 학기에 한 과목 더 수강해야 하나?
- 얼마나 많은 아이를 가져야 하나?
  단순화 : 아이를 하나 더 가질까?

- 현재 남자친구/여자친구와 결혼해야 하나?
  이는 할지 말지 문제이므로, 더 이상 단순화시킬 수 없다.
- 일주일에 얼마나 많은 시간을 일해야 하나?
  만약 일하는 시간을 변경할 수 있는 직업이라면, 이렇게 물어보라 : 한 시간 더 일을 할까? 만약 일하는 시간을 변경할 수 없다면, 이는 할지 말지에 대한 질문이므로(제2의 직업을 가질까?), 더 이상 단순화시킬 수 없다. ■

우리는 '얼마나 많이'의 선택을 '할지 말지'의 한계적 선택으로 재구성하는 법을 알아봤다. '얼마나 많이'를 결정하는 것은 실제로는 이들 일련의 한계적 '할지 말지' 질문들에 답하는 것이다. 이들 한계적 질문 하나를 던지고 '예'라고 답할 때마다 다시 질문해야 한다. 그리고 대답이 '예'라면 돌아가 다시 질문해야 한다. 대답이 '아니요'라고 할 때까지 질문을 계속해야 한다. 이것이 합리적 규칙이라고 불리는 한계의 원리를 가장 강력하게 적용하는 방식이다.

경제적 잉여를 극대화시키는 합리적 규칙을 이용한다

한계의 원리는 당신의 경제적 잉여(총편익과 총비용의 차이)를 극대화시켜주는 간단한 경험의 규칙을 제공한다:

합리적 규칙 어떤 일이 할 가치가 있다면, 한계편익과 한계비용이 같아질 때까지 계속하라.

합리적 규칙(Rational Rule) : 어떤 일이 할 가치가 있다면, 한계편익과 한계비용이 같아질 때까지 계속하라.

이 규칙의 논리는 간단명료하다. 비용-편익의 원리에 따르면 편익이 비용보다 클 때 그 선택은 좋은 것이다. 한계의 원리를 적용할 때 '얼마나 많이' 선택을 한꺼번에 분석하지 않는다('얼마나 많은 근로자를 고용해야 하나?'). 그 대신 일련의 간단한 '할지 말지' 선택들을 분석한다('한 사람 더 고용해야 하나?'). 그래서 비용-편익의 원리에서는 각 근로자의 한계편익이 한계비용을 초과하는 한 계속 고용하라고 한다. 하지만 한계비용이 한계편익보다 커지기 직전에 고용을 멈추어야 한다. 언제 이런 일이 일어날까? 대부분의 경우 이 교차점은 한계편익이 한계비용과 일치할 때 나타난다(한계편익과 한계비용이 한번도 일치하지 않는 경우에는 한계편익이 한계비용을 초과하는 한 계속 고용하면 된다).

합리적 규칙은 한계편익과 한계비용이 같아질 때까지 계속 하라는 것이다. 매 학기 초에 직면하는 의사결정에 이 논리를 적용해보자: 얼마나 많은 강의를 들을 것인가. 한계의 원리에 따라 이 '얼마나 많이' 선택을 일련의 '할지 말지' 선택으로 분해시켜야 한다. 한 과목을 수강할 것인가? 첫 번째 과목의 편익이 비용보다 크다면, 그 과목을 수강하면 된다. 당신이 이번 학기에 한 과목을 이미 수강하고 있다면, 두 번째 과목을 수강해야 할까? 두 번째 과목의 한계편익이 한계비용을 초과한다면, 수강하라. 동일한 논리가 세 번째, 네 번째(혹은 그 이상의) 과목에도 적용된다. 사실 추가적인 과목의 한계편익이 최소한 한계비용보다 크다면 수강 과목을 계속 늘려야 한다. 하지만 일정 시점에 도달하면(보통 다섯 번째 과목 또는 여섯 번째 과목을 수강할지 생각하게 될 때) 추가적 한 과목의 한계편익이 너무 낮거나 한계비용이 너무 높을 것이다. 한 과목 더 수강하는 기회비용은 지속적인 수면 부족이기 때문이다. 만약 추가 한 과목의 한계비용이 한계편익보다 더 크다면, 그 과목을 수강하지 말아야 한다.

합리적 규칙에 충실하면 올바른 결정을 내리게 된다. 어떤 사람은 합리적 규칙에 혼란을 겪는다. 왜 한계편익이 한계비용과 같아지길 원하는 걸까? 결국 경제적 잉여(당신이 즐기는 편익과 치러야 하는 비용의 차이)가 극대화되는 것을 단순히 원하는 게 아닐까? 만약 당신이 합리적 규칙을 따른다면, 당신의 선택은 경제적 잉여를 극대화시키는 것으로 나타난다. 왜 그런가? 네리다가 얼마나 많은 근로자를 고용해야 할지 알려고 노력하는 과정에서 네리다에게 약간의 통찰력을 제공하도록 해보자.

만약 '한 사람 더 고용'의 한계편익이 한계비용을 초과한다면, '한 사람의 추가적 고용'은 당신의 경제적 잉여를 증가시킬 것이다. 이 추가적 근로자의 한계편익은 한계비용을 초과하기 때문에, 그들의 고용으로 총비용의 증가보다 총편익의 증가가 더 클 것이다. 따라서 이 추가적 근로자 고용은 당신의 경제적 잉여(당신이 즐기는 편익과 치러야 하는 비용의 차이)를 증가시킬 것이다. 한계편익이 한계비용보다 클 때 더 많은 근로자를 고용한다면, 경제적 잉여는 증가할 것이다. 이는 경제적 잉여가 가능한 최대 수준에 이르는 점에 가까워지도록 할 것이다.

만약 '한 사람 더 고용'의 한계편익이 한계비용보다 작다면, '한 사람의 추가적 고용'은 당신의 경제적 잉여를 감소시킬 것이다. 만약 이 사람을 고용한다면 총비용은 총편익을 증가시키는 것보다 더 많이 증가시킬 것이다. 그래서 그를 고용하게 되면 경제적 잉여는 감소하게 될 것이다. 한계편익이 한계비용보다 낮은 근로자를 고용하는 것은 경제적 잉여의 극대화로부터 더욱 멀어지게 할 것이다.

마지막 '한 사람 더 고용'의 한계비용이 한계편익과 일치하는 점에서 경제적 잉여를 극대화하게 된다. 한계편익이 한계비용을 초과하는 한 보다 많은 사람을 고용하는 것은 경제적 잉여를 증가시킬 것이다. 하지만 어떤 점에서는 추가적 근로자의 한계편익은 한계비용보다 낮아질 것이다. 이런 일이 발생하면, 그 근로자의 고용은 경제적 잉여를 감소시킬 것이다. 어떤 점에서 고용을 멈출 것인가? 바로 한계편익과 한계비용이 일치할 때이다. 이 점에서 당신은 경제적 잉여를 가능한 최대로 증가시키게 된다. 그 점을 초과해서 한 사람 더 고용하면 경제적 잉여는 감소할 것이다.

경제학 실습

네리다가 몇 명의 근로자를 고용해야 할지 도와주기 위해 합리적 규칙을 적용시켜보자. 그림 1-6의 각 행에는 그녀가 고려 중인 직원 채용 수준별로 총비용과 총수입에 대한 예측이 적혀

그림 1-6 | 직원 수에 근거한 네리다의 주별 비용과 편익

근로자 수	식사 판매	총수입 (수입=$25× 식사 개수)	한계수입 (직원 한 사람 더 채용 시 총편익의 변화)	총비용 (식사당 음식비 $10+종업원당 $300+임대료 $500+네리다의 시간 $1,000)	한계비용 (직원 한 사람 더 채용 시 총비용의 변화)	이윤 또는 경제적 잉여 (총수입−총비용)
2	160	$4,000		$3,700		$300
3	210	$5,250	$1,250	$4,500	$800	$750
4	250	$6,250	$1,000	$5,200	$700	$1,050
5	280	$7,000	$750	$5,800	$600	$1,200
6	300	$7,500	**$500**	$6,300	**$500**	**$1,200**
7	310	$7,750	$250	$6,700	$400	$1,050

이윤은 한계수입=한계비용일 때 극대화된다. → (6행)

← 최대 이윤 ($1,200)

$500에서 한계수입과 한계비용이 같다.

있다. 그녀는 첫째 행에서의 2명부터, 마지막 행에서의 7명의 직원까지 고려 중이다. 각각의 채용 수준은 첫째 열에 나타나있다. 둘째 열은 네리다가 판매할 것으로 예상하는 식사 개수를 보여주고 있는데, 식사 개수가 많아질수록 더 많은 직원을 채용하게 된다.

이것이 시사하는 바는 무엇인가? 편익 측면에서 그녀가 매주 더 많은 식사를 판매할수록 벌어들이는 수입은 더 증가하게 된다. 평균적으로 각 식사는 약 25달러에 판매된다. 따라서 그녀의 주별 수입은 25달러 곱하기 판매된 식사 개수가 된다. 총수입, 즉 그녀의 총편익은 세 번째 열에 나타나 있다. 비용 측면에서는 레스토랑을 운영하는 것은 비용이 많이 드는 비즈니스이다. 그녀는 매주 임대료를 500달러 지불한다. 또한 기업가로서 그녀 자신의 시간에 대한 기회비용도 고려해야 하는데, 매주 1,000달러 수준이다. 그녀가 고용하는 종업원에게 매주 300달러의 비용이 소요되고 각 식사는 10달러 비용의 원재료로 준비된다. 이들 비용의 총합계가 총비용이다. 각 직원 채용 수준과 연관된 총비용은 다섯 번째 열에 나타나 있다.

네리다가 총비용과 총수입을 계산할 때, 한계의 원리에 따라 총수입이 아니라 한계수입에 초점을 맞추어야 한다. 네 번째 열에 나타나있는 네리다가 한 사람 더 고용했을 때 한계수입은 바로 그 종업원으로부터 얻을 수 있는 추가적 수입이다. 예를 들어 세 번째 종업원 고용의 한계수입은 간단히 세 사람 고용의 총수입에서 두 사람 고용의 총수입을 빼면 된다. 즉, 매주 5,250달러−4,000달러=1,250달러가 된다. 각 추가적 종업원에 대해서 유사한 방식으로 산출할 수 있는데, 이러한 한계수입은 네 번째 열에 계산되어 있다. 또한 한 사람 더 고용(그리고 추가적 식사)에 따른 추가적 비용인 한계비용을 계산할 필요가 있다. 예를 들어 세 번째 종업원을 고용하여 네리다가 제공하는 식사 개수가 늘어나면 총비용은 첫 번째 행에서 주당 3,700달러에서 다음 행에서 주당 4,500달러로 늘어나 한계비용은 800달러가 된다. 같은 방식으로 추가되는 각 종업원에 대한 한계비용을 계산해보면, 여섯 번째 열에 있는 수치로 산출된다.

이제 합리적 규칙을 적용해보자. 세 번째 종업원의 고용으로 주당 1,250달러의 한계수입을 올리고 주당 한계비용은 800달러가 된다. 한계수입이 한계비용을 초과하기 때문에, 네리다의 이익은 그 세 번째 종업원 고용으로 분명히 더 많아졌다. 하지만 네 번째 종업원도 고용해야 할까? 합리적 규칙이 유용하다. 한계수입이 한계비용과 같아질 때까지 계속 고용하면 된다. 위 사례에서는 여섯 번째 종업원을 고용할 때 네리다의 한계수입과 한계비용이 일치한다. 따라서 합리적 규칙에 따라 여섯 명의 종업원을 고용하면 된다.

이것은 이치에 맞는 것일까? 그녀의 경제적 잉여가 계산되어 있는 마지막 열을 점검하면 된다. 여기서 경제적 잉여는 총수입에서 총비용을 뺀 경제적 이윤이다. 이 열을 보면, 그녀가 벌 수 있는 최고 이윤은 1,200달러이다. 그녀는 다섯 명 또는 여섯 명의 종업원을 고용할 때 이 이윤을 벌어들일 수 있다. 이처럼 합리적 규칙에 따르면 최고의 이윤을 얻을 수 있는 여섯 명의 종업원을 네리다가 고용해야 한다.

합리적 규칙은 한계수입이 한계비용과 같아질 때까지 계속 고용하라고 하는데, 한계수입이 한계비용과 같아질 때가 네리다가 여섯 명을 고용할 때이다. 한계수입과 한계비용이 꼭 일치하는 여섯 번째 종업원의 고용은 그녀의 경제적 잉여에 영향을 미치지 않는다. 합리적 규칙에서는 여섯 명을 고용하라고 하지만, 그녀는 다섯 명을 고용했을 때와 동일한 이윤을 얻게 될 것이다. 실제 중요한 점은 한계수입보다 한계비용이 더 커지려 하기 직전에 추가적 고용을 멈추어야 한다는 것이다. ■

합리적 규칙의 적용

한계의 원리는 실용적이기 때문에 유용하다. 당신이 경제학을 공부해 나가면, 합리적 규칙이 모든 의사결정에 적용된다는 것을 알게 될 것이다. 사실 이 규칙은 네리다 같은 사람들이 어떻게 실제로 자신의 사업을 운영하는지를 설명한다. 문제는 사람들이 그들이 직면하는 각 선택에 대한 비용과 수입을 사전에 정확하게 알지 못한다는 것이다. 그럼 사람들은 어떻게 의사결정을 할까?

한계비용과 한계수입을 알기 위한 한계에 대한 비즈니스 실험 네리다는 얼마나 많은 종업원을 고용할지 결정해야 하지만, 실제 두 명 또는 세 명을 고용해서 더 좋아질 건지에 대한 확신이 없다. 그래서 다른 의사결정으로 실험을 해본다. 그녀는 두 명의 종업원 고용에서 시작한다. 그리고 실험적으로 그녀는 한 사람을 더 고용하려고 한다. 추가적 고용으로 비용보다 수입이 더 증가하는지를 파악하기 위해서이다. 만약 그렇다면(즉, 한계수입이 한계비용을 초과한다면) 그녀는 실험이 성공했다고 보고 급여를 주는 사람을 추가로 계속 고용할 것이다. 만약 비용이 수입을 초과한다면, 그 사람을 해고하거나 그만둔 종업원의 자리를 다시 채우지 않을 것이다.

세 번째 종업원의 고용으로 주당 1,250달러의 추가적 수입을 올리는데, 이는 추가적 비용 800달러를 상쇄한 것보다 더 많은 금액이다. 네리다는 네 번째 종업원을 고용하면서 그녀의 실험을 계속한다. 그 사람이 이윤을 증가시키면, 그녀는 다섯 번째, 여섯 번째, 그리고 일곱 번째 고용으로 더 실험할 것이다. 각 실험에서 그녀는 발생하는 비용과 수입의 변화, 즉 한계비용과 한계수입에 초점을 맞춘다. 그녀가 일곱 번째 종업원을 추가했을 때 비용이 400달러 상승하지만 수입은 단지 250달러만 증가한다. 이 실험에서 한계비용이 한계수입을 초과하므로(따라서 일곱 번째 종업원은 그녀의 총이윤을 감소시킨다), 실험이 실패했다고 보고 일곱 번째 종업원을 정규직으로 고용하려 하지 않을 것이다.

그녀의 실험이 성공 또는 실패인지 판단하는 이 과정에서 네리다는 합리적 규칙을 따르고 있다는 점에 주목하자. 만약 추가적인 직원 고용을 할만한 가치가 있다면, 한계수입이 한계비용과 같아질 때까지 계속 고용할 것이다. 이 규칙을 이용함으로써 그녀는 이윤이 극대화되는 점에 도달할 수 있다.

경제학 실습

이제 의사결정을 위한 합리적 규칙을 적용시켜 보자. 관련된 한계비용과 한계편익에 대하여 생각해야 한다는 것을 명심하라. 다음의 역할에서 당신은 어떻게 해야 할까?

- 소비자 : 오늘 커피를 몇 잔이나 마셔야 할까?
  한계편익(마지막 커피 한 잔에 대한 지불용의)이 한계비용(가격 그리고 늦은 시간이라면 좋은 밤의 휴식을 가지기 위해 감내할 수 있는 정도)이 같아질 때까지 커피를 계속 사서 마셔야 한다.
- 생산자 : 몇 톤이나 되는 커피를 생산해야 할까?
  추가적인 1톤의 한계편익(판매할 수 있는 도매가격)이 1톤 생산의 한계비용과 일치할 때까지 커피를 계속 생산해야 한다.
- 종업원 : 커피를 만드는 작업을 몇 시간이나 해야 할까?
  한계편익(시간 임금)이 작업의 한계비용(놓치게 되는 여가의 한계시간에 대한 가치)과 일치할 때까지 작업을 계속 해야 한다.
- 투자자 : 커피전문점의 새로운 체인점에 얼마나 투자해야 할까?
  한계편익(마지막 1달러 투자에 대한 이익)이 한계비용(마지막 1달러에 대한 기회비용을 포함한다 : 여기에 투자하지 않으면 그 돈을 다른 곳에 어떻게 투자할 수 있나 그리고 현재 어떻게 쓸 수 있나?)과 일치할 때까지 투자를 계속 해야 한다.
- 수출회사 : 얼마나 많은 커피를 수출해야 할까?
  한계편익(해외에서 커피 1톤에 대해 받을 수 있는 가격)이 한계비용(생산업자가 추가 1톤을 판매할 수 있는 국내 가격에 해외 운송비용을 더한 것)과 일치할 때까지 수출을 계

겉보기에는 모두 똑같아 보이지만, 커피콩 각각의 한계편익은 같지 않을 수 있다.

속 해야 한다.

- **구직자 : 얼마나 많은 커피점에 이력서를 보내야 할까?**
  한계편익(직업을 구할 수 있는 기회 증가에 대한 가치)이 1회 지원에 대한 한계비용(지원서 하나를 준비하는 시간과 번거로움)과 일치할 때까지 지원을 계속 해야 한다.
- **고용주 : 얼마나 많은 근로자를 고용해야 할까?**
  추가적으로 한 사람 더 고용함으로써 발생하는 한계편익(보다 많은 커피를 판매하여 얻을 수 있는 수입의 증가)이 한계비용(마지막 종업원의 임금과 추가적 커피 제작 비용)과 일치할 때까지 고용을 계속 해야 한다. ■

요약 : 한계의 원리는 '얼마나 많이'라는 복잡한 질문을 단순화시켜준다. 각각의 예는 매우 다른 경제적 의사결정에 대하여 생각하게 한다. 그러나 답은 동일하다. 한계의 원리의 강점은 '얼마나 많이'를 선택해야 하는 모든 의사결정에 있어서 공통된 구조를 만들어내고, 또 그렇게 하지 않았더라면 복잡해졌을 의사결정을 단순화시켜준다는 것이다. 경제적 잉여를 극대화시키는 최적 선택에서는 합리적 규칙으로 설명했듯이 모두가 동일한 패턴을 따른다. 한계편익과 한계비용이 일치할 때의 수량을 선택하는 것이다. 이 방법으로 당신은 경제적 잉여를 극대화시킬 수 있다.

지금까지 우리는 경제학자처럼 생각하는 데 필요한 능력을 발전시키는 먼 길을 걸어왔다. 그것은 어떤 선택을 뒷받침하는 주요 이슈를 밝혀내는 것을 배우는 것이다. 비용-편익의 원리에서는 한 의사결정과 관련이 있는 비용과 편익을 밝혀내는 것을 요구한다. 기회비용의 원리에서는 진짜 기회비용을 찾아내야 한다. 그리고 한계의 원리에서는 '얼마나 많이'라는 의사결정을 구성하고 있는 한계적 선택을 밝혀내야 한다. 이제 마지막 원리로 넘어가보자. 그것은 당신의 의사결정이 영향을 미치고 다른 사람의 의사결정에 의해 영향을 받는 다양한 다른 방식을 밝혀내는 것이다.

1.5 상호의존의 원리

학습목표 상호의존의 원리 : 당신의 최적 선택은 당신의 다른 선택, 다른 사람의 선택, 다른 시장에서의 발전 상황, 미래에 대한 기대에 의해 좌우된다. 이 요소들 중 어느 하나라도 변화되면 당신의 최적 선택은 바뀌게 될 것이다.

네리다의 레스토랑은 잘 운영되고 있다. 그래서 그녀는 점심도 제공할 수 있도록 일찍 문을 여는 것을 고민 중이다. 그녀는 점심 판매의 성공 가능성(그래서 이를 추진할 필요가 있는지 여부)은 다양한 범위의 다른 요소들에 좌우된다는 것을 알게 되었다. 무엇보다 먼저 그녀의 다른 의사결정에 좌우된다. 네리다는 요리교실을 여는 것도 생각했다. 하지만 그녀는 이 두 가지 새로운 사업에 성공하기 위한 자금과 시간이 충분하지 않다. 두 번째로 동일 시장 내에 있는 다른 사람들의 의사결정에 좌우된다. 만약 다른 이탈리안 레스토랑이 점심 판매를 시작한다면, 그녀의 점심 고객이 충분히 확보될 것 같지 않다. 이처럼 그녀의 최적 선택은 경쟁자들의 선택에 좌우된다. 한편 집에서 보다 많은 사람이 점심을 싸오는 것보다 외식을 한다면 수지가 맞을 것이다. 따라서 최적 선택은 잠재적 고객들의 의사결정에도 좌우된다. 세 번째로 다른 시장의 영향을 받는다. 만약 아마존 지점이 가까운 곳에 개설되면, 더 많은 유동 인구와 보다 많은 잠재적 고객이 예상된다. 한편 그녀는 종업원 고용을 위해 아마존과 경쟁을 해야만 할 것이고, 보다 높은 임금을 지불해야 할 것이다. 네 번째로 미래에 대한 기대에 좌우된다. 그녀가 내년에 경기가 좋아질 것으로 예상한다면 고소득 고객층이 더 늘어날 것이다. 이로 인해 점심 판매 서비스의 수익성이 잠재적으로 커지게 될 것이다.

네리다는 이들 요소를 고민함에 따라 경제(그리고 그녀의 삶)는 상호의존성으로 가득 차있다는 것을 알게 된다. 그녀의 최적 선택은 많은 요인에 좌우된다. 이 요인들이 변화하게 되면, 그녀의 최적 선택도 바뀌게 된다. 사실 모든 선택은 상호의존적이고 그들은 현재와 미래에 당신과 타인의 의사결정 모두를 변화시키고 다시 그들 자신도 변화된다.

이것이 **상호의존의 원리**(interdependence principle)이다. 당신의 최적 결정은 당신의 다른 선택들, 타인의 의사결정, 다른 시장의 발전, 그리고 미래에 대한 기대에 좌우된다. 이들 요소 중 어느 하나라도 변화되면 당신의 최적 선택은 바뀔 것이다. 이러한 상호의존에는 네 가지 종류가 있다.

상호의존의 원리 당신의 최적 선택은 당신의 다른 선택 대안, 다른 사람들의 선택, 다른 시장의 발전, 미래에 대한 예측에 달려 있다. 이 중 어떠한 것이라도 변하게 되면 당신의 최적 선택도 바뀔 수 있다.

1. 각 개인이 가진 개별 대안 간의 상호의존성
2. 동일 시장에 있는 사람 또는 비즈니스 간의 상호의존성
3. 시장 간의 상호의존성
4. 시간을 통한 상호의존성

이들 네 가지 유형의 상호의존성은 강의 과목을 선택하는 사례로 설명할 수 있다. 첫째, 만약 경제학 과목을 선택했다면, 동일 시간대에 일정이 잡혀있는 다른 과목을 수강할 수 없다. 이는 당신이 '심슨 가족과 철학'이라는 과목을 수강할 수 없다는 것을 의미할 수 있다(웃지 마시라. 이는 U.C. 버클리에서 실제로 개설된 과목이었다['심슨 가족(The Simpsons)'은 미국의 만화영화이다 – 역주].

둘째, 다른 학생이 인기 있는 강의의 마지막 자리를 차지했다면, 당신은 다른 강의를 수강해야 한다. 다시 말해, 어떤 강의를 수강할지에 대한 당신의 선택은 동일 강의에 대한 타인의 선택에 좌우된다는 것이다.

셋째, 만약 당신이 자료 처리 컴퓨터의 가격 하락과 용량 증가로 인하여 경제학 입문에서 배우는 기술(그들 자료를 어떻게 해석하는지를 포함)이 보다 가치 있게 된다고 믿는다면, 한 시장에서 최적 의사결정(어떤 과목을 수강하느냐)은 다른 시장에서의 성과(자료의 이용 가능성 증가)에 좌우된다.

네 번째, 이번 학기에 경제학을 공부하겠다고 결정하면 필수 선수과목이 달라지고 또 이로 인하여 내년에 들을 수 있는 과목에 영향을 미친다. 예를 들어 경제학 입문을 마치면 미래에 보다 상급과정의 경제학 과목을 들을 수 있을 것이다. 그에 반해 만약 당신이 이 강의를 듣지 않았다면 상급과정의 경제학 과목은 선택할 수 없을 것이다. 따라서 올해 수강할 최적 과목은 미래에 수강할 과목에 좌우된다.

당신에게 최적 선택(이번 학기에 어떤 과목을 들을 것인가)은 다른 많은 요소에 좌우될 것이다. 만약 다른 요소들 중 하나라도 변화한다면, 최적 선택도 변화될 것이다. 이제 이들 네 가지 다른 유형의 상호의존성을 자세하게 살펴보자.

첫 번째 상호의존성 : 선택 대안 간의 의존성

당신은 제한된 자원을 가지고 있으므로, 하나의 의사결정은 다른 의사결정에 필요한 자원에 영향을 미친다. 이 상호의존성은 당신이 직면하는 다양한 제약조건으로부터 나온다. 다음의 예들을 고려해보자:

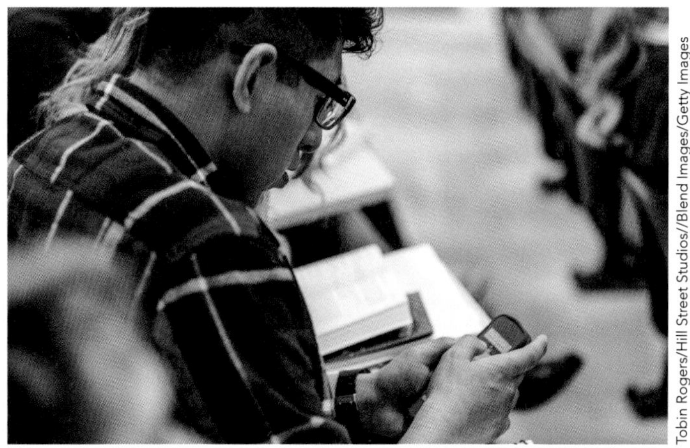
Tobin Rogers/Hill Street Studios/Blend Images/Getty Images

제한된 집중력을 어떻게 사용하느냐에 따라 당신의 성적이 달라진다.

- 제한된 소득으로 인해 예산 제약이 있다면, 오락에 쓸 수 있는 자금 규모는 음식에 얼마나 많은 돈을 쓰는지에 좌우된다.
- 하루는 단지 24시간이므로 당신의 시간은 제한적이다. 그래서 경제학 공부에 사용 가능한 시간은 심리학 공부에 얼마나 많은 시간을 소비하느냐에 좌우된다.
- 당신은 집중력은 제한적이다. 따라서 경제학 강의에 집중할 수 있는 정도는 스마트폰으로 자신을 산만하게 하느냐 여부에 좌우된다.
- 단지 하나의 공장만 가지고 있기 때문에 당신은 제한된 생산능력을 가지고 있다. 그래서 하이브리드 자동차 생산이 가능한 생산라인의 수는 얼마나 많은 생산라인이 미니밴을 생산하느냐에 달려 있다.
- 당신의 투자 재원은 제한적이다. 그래서 새로운 창업기업에 투자할 수 있는 여력은 주식과 채권에 얼마나 투자했는지에 좌우된다.

이들 사례에서 상호의존성은 제한된 소득, 시간, 집중력, 생산능력, 재원으로부터 생겨났다. 의사결정을 내리기 전에 제한된 에너지, 제한된 인식 능력, 제한된 의지력 등과 같은 다른 제약들이 어떻게 당신 선택 대안 간의 다른 상호의존성을 만들어낼지를 곰곰이 생각해야 한다.

두 번째 상호의존성 : 사람들(또는 비즈니스) 간 의존성

사람, 기업, 정부 또는 다른 그룹 등 다른 경제 주체들에 의한 의사결정은 당신에게 가능한 선택을 변화시킨다. 많은 경우, 이는 당신이 사회의 희소한 자원을 위해 경쟁해야 하기 때문에 생겨난다. 다른 사람이 더 많이 가질수록, 당신의 몫은 더욱 적어진다. 결과적으로 당신의 최적 선택은 다른 사람들의 선택에 좌우된다.

우리는 희소한 자원을 위해 경쟁하는데, 통상 한 시장 내에서 그렇게 한다. 노동시장에서의 근로자와 고용주 간의 관계를 생각해보면 이런 상호의존성을 더욱 쉽게 이해할 수 있다. 만약 마이크로소프트사가 시애틀에서 최고의 컴퓨터 프로그래머를 고용했다면, 시애틀에 근거가 있는 창업기업이 재능 있는 직원을 찾기가 어려워질 것이다. 따라서 그들은 노동시장의 수요자로 경쟁하기 때문에, 창업기업의 고용 성과는 마이크로소프트사에 의한 고용에 좌우된다. 만약 당신의 학우가 마이크로소프트사에 고용되었다면, 당신이 구할 수 있는 일자리가 하나 줄어든 것이다. 이 경우 당신은 노동시장에서 공급자로 경쟁하기 때문에 당신의 취업 성과는 당신의 학우에 의해 좌우된다.

이들 상호의존성에 대한 감을 잡기 위해서는 관련 시장을 파악하는 데서 출발하는 것이 유용하다. 다음 사례들이 보여주듯이 전통적인 시장의 범위를 넘어 적용해보는 것도 좋은 접근이다.

- 학급에서 가장 인기 있는 사람과 데이트할 확률은 학급의 다른 사람들에 좌우된다.
  당신은 데이트 시장에서 '수요자'로 경쟁하고 있다.
- 당신의 투표가 다음 선거에 영향을 줄지 여부는 나의 투표가 당신의 투표를 보충하는지 여부에 달려있다.
  우리는 선거 시장에서 '공급자'로 경쟁하고 있다.
- 당신의 부모님이 남동생의 화요일 저녁 합창단 발표회에 참석할지 여부는 여동생의 화요일 저녁 축구경기에 참석할지에 달려있다.
  당신의 형제자매는 부모님의 관심을 끄는 시장에서 '수요자'로 경쟁하고 있다.
- 학교 이사회가 당신의 새로운 정책 제안을 채택할지 여부는 그들이 내 제안이 아닌 다른 제안을 얼마나 선호하는지에 좌우된다.
  우리는 아이디어 시장에서 '공급자'로 경쟁하고 있다.

한 시장에서 경쟁자들 간의 이러한 상호의존성을 이해하는 것은 중요한 첫 번째 단계이다. 다음 장에서는 공급과 수요의 힘을 매우 자세하게 분석하여 이러한 논의들을 더욱 발전시킬 것이다.

세 번째 상호의존성 : 시장들 간의 의존성

선택은 또한 다른 시장에 걸쳐 상호의존적이다. 특히 한 시장에서 가격과 기회의 변화는 다른 시장에서의 선택에 영향을 준다. 예를 들어:

- 신용시장에서 이자율의 상승은 (주택)담보대출 이자율을 올라가게 한다. 이는 당신이 집을 구매하지 않게 할 것이다.
  주택시장에서 당신의 선택은 신용시장에 좌우된다.
- 주택에 대한 수요가 떨어지면, 기업가들은 현재 일반 가정집을 아동 돌봄 센터와 같은 다른 용도로 바꾸어 아이들을 돌보기가 쉬워진다.
  아동 돌봄 시장에서 당신의 선택은 주택시장에 좌우된다.
- 만약 양질의 값싼 아동 돌봄 서비스를 받을 수 있는 지역에 살고 있다면, 아마 출산 직후 바로 일자리로 돌아갈 수 있을 것이다.
  노동시장에서 당신의 선택은 아동 돌봄 시장에 좌우된다.
- 두 배우자가 모두 일을 한다면, 한 가정에 자동차 두 대를 갖춰야 할 필요성이 증가할 것이다.
  자동차 시장에서 당신의 선택은 노동시장에 달려있다.

그래서 당신은 신용시장에서 주택시장, 아동 돌봄 시장, 노동시장에 이르기까지 상호의존성이 존재한다는 것을 알았다. 만약 당신이 상호의존의 원리를 무시한다면, 각각의 시장을 별개로 보게 된다. 하지만 위 사례들이 보여주듯이 다른 시장에서의 변화는 당신의 비용과 편익을 변화시키고 당신의 최적 선택을 변화시키기 때문에, 이를 무시하게 되면 현실의 많은 부분을 놓치게 된다.

네 번째 상호의존성 : 시간에 걸친 의존성

고객으로서 당신은 오늘 재화를 구매하나 혹은 내일 구매하나 하는 선택에 항상 직면한다. 관리자로서 당신은 재화를 언제 생산하고 언제 시장에 가져가야 하는지 선택해야 한다. 마찬가지로 투자자, 고용자 그리고 근로자 모두는 언제 투자하고, 고용하고, 일해야 할지를 결정해야 한다. 이러한 대안들은 선택이 항상 시간에 걸친 상충관계를 반영한다는 것을 의미한다. 오늘 아니면 내일 행동하는 것이 더 좋을까? 미래에 대한 기대가 변화함에 따라 이러한 상충관계의 조건이 변화하고, 따라서 당신의 최적 선택도 바뀔 것이다.

당신의 현재 투자에 의해 당신의 미래 선택이 결정된다. 예를 들어 새로운 공장, 교육, 몸매에 투자했다면, 이는 미래에 선택의 폭을 넓힐 것이다. 이들 투자는 각각 더 많이 생산할 수 있고, 보다 좋은 일자리를 얻고, 보다 건강함을 즐길 수 있는 기회를 제공하기 때문이다. 당신의 미래는 오늘 결정한 선택에 강하게 의존하므로, 이러한 연계에 대해 반드시 고려할 필요가 있다. 그리고 오늘의 투자 결정은 또한 미래 전망에 의해 좌우된다.

기타 등등

상호의존성 원리에 깔려있는 핵심 아이디어는 '다른 무엇'이라고 묻는 것이다. 이에는 두 가지 유형의 '다른 무엇' 질문이 있다. 첫 번째는 '다른 무엇에 나의 결정이 영향을 미치는가?'이다. 모든 결정은 파급효과가 있다. 그리고 당신은 파급되는 비용과 편익의 전체 묶음을 고려하기 위해 이들을 모두 분석할 필요가 있다. 두 번째는 '다른 무엇이 나의 의사결정에 영향을 미쳤는가?'이다. 이에 대한 대답은 다른 요인들이 변화되면 당신의 비용과 편익(그래서 최적 선택)도 변화된다는 것이다.

함께 해보기

경제적 방법은 네 가지 원리로 압축되었다. 경제학자처럼 생각한다는 건 이 핵심 원리를 현실에 적용시키는 것이다. 핵심 원리를 이해하는 것이 중요한 이유는 바로 여기에 있다. 이 책을 공부할 때, 복습을 위해 이 장으로 따로 되돌아오는 것을 추천한다.

핵심 원리를 실전에 사용하기

나는 최대한 알기 쉽도록 네 가지 핵심 원리를 설명하였다. 어떤 문제에 직면할 때, 당신은 다음과 같은 순서로 원리들을 생각할 필요가 있다. 여기 4단계 과정이 있다.

1단계 : 첫째, '얼마나 많이'라는 선택을 보다 단순한 한계적 선택으로 세분화시켜 한계의 원리를 사용하라. 어떤 것을 조금 더 아니면 조금 덜 해서 더 좋아지는지를 자신에게 물어보라.
2단계 : 그런 다음 연관된 비용과 편익을 측정하여 비용–편익의 원리를 적용하라. 당신은 한계적 질문을 분석하기 때문에 한계편익이 한계비용을 초과하는지를 분석할 필요가 있다.
3단계 : 연관된 모든 비용과 편익을 측정하기 위해 기회비용의 원리를 적용하고 '아니면 무엇'이라고 물어볼 필요가 있다. 이는 당신이 의사결정을 할 때 포기하는 것을 모두 고려하라는 것이다. 당신은 단지 호주머니에서 나오는 재무적 비용이 아니라, 연관된 기회비용에 초점을 맞추어야 한다.
4단계 : 상호의존의 원리는 어떻게 다른 요소들의 변화(당신 자신의 선택 대안들, 다른 사람, 다른 시장, 미래에 대한 예측)가 당신의 의사결정에 영향을 끼치는지 이해하도록 해준다.

이 순서를 잊어버리지 않길 바란다면, MCOI만 기억하라. 여기서 M은 한계적(Marginal), C는 비용–편익(Cost-benefit), O는 기회비용(Opportunity cost), I는 상호의존성(Interdependence)을 나타낸다. 이는 이 책에서 여러 번 반복해서 보게 될 것이다. 경제학 공부의 나머지는 이 다양한 사회 · 경제적 맥락에 적용시키는 것들이다. 이 책의 각 장을 공부해 나가면, 경제 주체로서 다양한 역할(구매자, 판매자, 종업원, 직장 상사, 기업가, 투자자, 수입 또는 수출업자) 속에서 하게 될 의사결정을 알게 될 것이다. 이 체계적인 접근법에 빨리 친숙해져야 한다. 그래서 당신이 그 경제 주체의 입장이 되어서 경제학의 핵심 원리들을 적용시켜 보면 어떻게 최적의 의사결정이 내려지는지 이해하게 될 것이다. 연습을 통해 당신은 핵심 원리들을 이용할 수 있게 되면 현실에서 좋은 의사결정을 내릴 수 있게 될 것이다.

역지사지 기술(다른 사람의 입장되기) 상대방의 목적과 제약을 이해함으로써 그들이 내릴 결정을 이해하는 것

Zarya Maxim Alexandrovich/Shutterstock

다른 사람의 입장이 되어 보자.

다른 사람이 무엇을 할지 예측하려면 그 사람의 입장이 되어(역지사지) 보라 이 장에서 공부한 경제학의 핵심 원리는 당신이 좋은 의사결정을 하는 것만 도와주는 것이 아니다. 핵심 원리는 다른 사람들(당신의 고객, 경쟁자, 종업원, 공급자, 그리고 친구와 가족들까지)의 의사결정을 이해하고 예측하는 일에도 이용된다.

그들이 어떻게 반응할지 예측하는 비결은 **역지사지 기술**(someone else's shoes technique, 다른 사람의 입장되기)이다. 다른 사람의 입장이 되어 보라는 아이디어는 다른 사람이 어떻게 세상을 보는지 이해해보라는 것이다. 〈프리키 프라이데이〉 같은 영화에서는 엄마와 딸은 서로를 이해하기 위해 몸을 바꾸었다. 하지만 당신은 정신적으로 다른 사람의 입장이 되어봄으로써

그렇게 할 수 있다.

그것이 역지사지 기술의 정수이다. 만약 당신이 다른 사람이 내릴 의사결정을 예측하길 원한다면, 다른 사람의 입장이 되어 보아야 한다. 그리고 만약 당신이 그들의 상황에 직면한다면, 당신은 어떤 결정을 내릴지 추측해야 한다. 자신이 다른 사람의 입장이 된다는 것은 모두 역지사지에 관한 것이며, 그것은 그 사람의 선호와 그들이 직면한 제약을 고려하는 데 중요하다. 이는 곧 좋은 의사결정을 내리려고 노력하는 것과 같다. 따라서 이들 네 가지 핵심 원리는 그들이 내리는 의사결정을 보다 더 이해하고 예측하는 데 도움을 줄 것이다.

원리 요약 만약 당신이 이 장에서 배운 자세한 내용을 모두 기억하는 것이 쉽지 않다면, 이렇게 해라. 모든 것은 네 가지 질문으로 압축되는데, 질문이 너무 간단해서 단어 몇 개만으로 충분하다. 항상 질문하라:

- 하나 더? (한계의 원리)
- 편익이 비용을 초과하나? (비용-편익의 원리)
- 아니면 무엇? (기회비용의 원리)
- 다른 무엇? (상호의존의 원리)

이제 제1장의 끝자락에서 이 책 전체를 통해 사용할 수 있는 학습 비밀을 알려주겠다. 만약 당신이 겨우 10분밖에 시간이 없는데 각 장의 주요 사항을 복습하길 원한다면, 되돌아가서 책을 빨리 휙 젖히면 **굵은 글씨의 부문별 주제**(표제어)가 학습 안내로 이미 만들어져 있음을 발견할 것이다. 이 표제어만 다시 읽어도 모든 주요 사항을 알게 될 것이다.

한눈에 보기

비용 - 편익의 원리

비용과 편익은 결정을 내리는 데 주요한 고려사항이다. 모든 비용과 편익을 고려하여 편익이 최소한 비용보다 크거나 같도록 선택해야 한다.

다시 말해서, 유인이 중요하다.

편익과 비용의 차이가 경제적 잉여이다. 비용과 편익이 직접적으로 비교될 수 없다면 각각의 지불용의를 비교하면 된다.

비용과 편익 모두에게 현혹되지 않고 비용 - 편익 분석을 해야 한다.

기회비용의 원리

어떠한 것의 진짜 비용은 포기해야 하는 차선책의 가치이다. 결정에 있어서 단순히 회계적 비용보다는 포기해야 하는 기회비용을 고려해야 한다.

좋은 결정은 회계적 비용보다는 기회비용에 초점을 맞춘다.

결정을 함에 있어서 '아니면 무엇?'을 습관화해야 한다. 'MBA 과정에 가야 하는가, 아니면 현재 직장을 계속 다녀야 하는가?'가 그 예시이다. 이 '아니면 무엇?'이 기회비용 고려의 핵심이다.

매몰비용은 기회비용이 아니므로 무시해야 한다.

한계의 원리

수량의 결정은 조금씩 늘려가며 해야 한다.

'얼마나 많이'라는 질문을 일련의 더 작고, 한계적인 결정으로 나누어야 한다.

예를 들어서, '얼마나 많은 노동자를 고용해야 하는가?'라는 질문을 '노동자 한 명을 더 고용해야 하는가?'라는 질문으로 바꾼다. 이것에 답하기 위해서는 추가적인 노동자 한 명이 주는 한계편익과 그에 다른 한계비용을 비교해야 한다.

합리적 규칙에 따르면 경제적 잉여가 극대화된다: 만약 어떤 일이 가치 있는 일이라면 그 일의 한계편익이 한계비용과 같아지는 순간까지 하라.

상호의존의 원리

나의 최적 선택은 나의 다른 선택 대안들, 다른 사람들의 선택, 다른 시장의 상황, 미래에 대한 예측에 달려있다. 이러한 요인들 중 하나라도 바뀌게 되면 나의 최적 선택도 바뀐다.

네 가지 상호의존성을 고려한다.

1. 나의 다른 선택 대안들과의 상호의존성
2. 다른 사람들, 시장 내의 다른 기업들과의 상호의존성
3. 시장 간의 상호의존성
4. 시간의 상호의존성

다음 순서로 핵심 원리를 적용한다

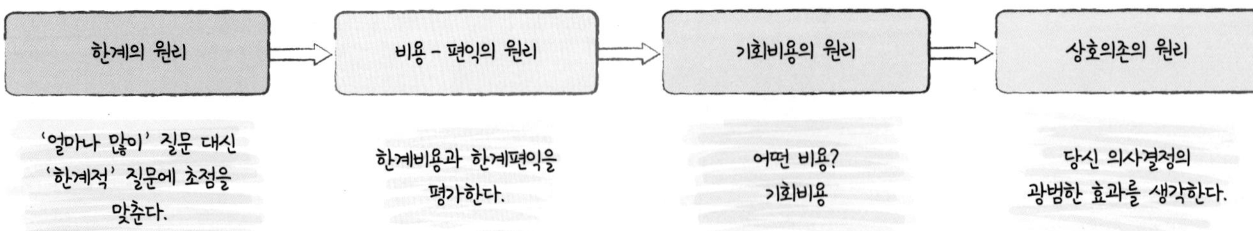

다른 사람의 의사결정을 예측하려면, 다른 사람의 입장이 되어야 한다(역지사지).
만약 당신이 그들의 목적과 제약을 가지고 있다면, 어떤 의사결정을 할 것인가?

핵심용어

경제적 잉여	생산가능곡선	한계의 원리
기회비용	역지사지 기술(다른 사람의 입장되기)	한계편익
매몰비용	지불용의	합리적 규칙
비용-편익의 원리	프레임 효과	희소성
상호의존의 원리	한계비용	

토론과 복습문제

학습목표 1.2 비용-편익의 원리

1. 다음의 문구를 생각해보라: "경제학자들은 항상 모든 것을 금전적 용어로 바꾼다. 그 결과 경제학은 돈에 관한 학문으로 불리는 것이 가장 적절하다.
   이는 참인가 거짓인가? 근거를 간단히 설명하라.
2. 다음을 평가하는 데 비용-편익의 원리를 사용하라.
   a. 10달러짜리 계산기를 구매하려 한다. 그리고 판매원이 당신이 구입하려는 모델은 20분 정도 자동차로 가야 하는 다른 상점에서 세일 가격으로 5달러에 판매한다고 한다. 다른 상점에서 구매할 것인가?
   b. 1,000달러짜리 랩톱을 구매하려 한다. 그리고 판매원이 당신이 구입하려는 모델은 20분 정도 자동차로 가야 하는 다른 상점에서 세일 가격으로 995달러에 판매한다고 한다. 다른 상점에서 구매할 것인가?
   c. 당신은 위 두 질문에 동일한 의사결정을 했는가?

학습목표 1.3 기회비용의 원리

3. 2008~2009년 경기침체 기간 동안 실업률은 거의 10%까지 올라갔다. 동시에 대학 수업료와 등록자 수가 증가하였다. 기회비용의 원리를 이용하여 왜 이 시기에 대학 수업료가 상승했는데도 불구하고 더 많은 학생이 대학을 등록하려 했는지 이유를 설명하라.
4. 한 친구가 티켓 가격이 같기 때문에, 상영 시간이 짧은 영화보다 긴 영화가 더 좋다고 말했다. 따라서 짧은 영화와 비용이 같다면, 긴 영화가 더 많은 편익을 주는 것이다. 기회비용의 원리를 이용하여 친구의 언급을 평가하라.

학습목표 1.4 한계의 원리

5. 2016년에 세계에서 가장 많이 팔린 약은 애브비사의 휴마라였다. 그 약은 대여섯 가지 일상적이고 만성 질병에 대한 치료제로 사용된다. 약의 이윤 대부분은 가장 일상적인 질병의 치료로부터 나왔는데, 왜 애브비사는 일상적인 질병에 대한 약에 모든 재원을 투자하는 대신 희귀한 질병에 대한 약을 개발한 것일까? 한계의 원리를 이용하여 간략히 설명하라.

학습목표 1.5 상호의존의 원리

6. 공립학교에서 유치원 교사로 일하고 있지만, 보호시설 사업을 시작하기 위해 하던 일을 그만둘 것을 고려하고 있다. 당신의 결정에 영향을 줄 수 있는 네 가지 형태의 의존성을 각각 사례를 들어 설명하라.

학습문제

학습목표 1.2 비용-편익의 원리

1. 이반은 4만 5,000달러 가치가 있는 할아버지의 1963년산 쉐보레 콜벳을 유산으로 물려받았다. 그는 그 차를 팔기로 결정하고 온라인 벼룩시장에 5만 5,000달러로 게시하였다. 사만사가 관심이 있으며 7만 2,000달러까지 지불할 용의가 있다. 이반과 사만사는 자발적으로 거래를 할 수 있을까? 이 교환의 결과로 얼마나 많은 경제적 잉여가 두 사람에게 창출될까? 경제적 잉여는 총 얼마인가?
2. 친구와 함께 레스토랑에서 저녁을 먹을지 생각 중이다. 식사 비용은 40달러로 예상되며, 통상 20%의 팁을 주고, 식사 장소까지 택시비로 5달러가 소요된다. 당신은 레스토랑 식사를 20달러로 평가한다. 당신은 친구와 함께 있는 것을 좋아하며, 단지 친구와 저녁시간을 보내기 위해 30달러 정도는 지불할 용의가 있다. 만약 레스토랑에 가지 않는다면, 집에서 8달러 정도의 음식을 먹을 것이다. 친구와 함께 나가서 외식할 때 편익 또는 비용은 얼마나 되겠는가? 친구와 함께 저녁을 먹으러 나가야 할까?

학습목표 1.3 기회비용의 원리

3. 아름다운 오후를 맞아 공원을 한가로이 산책할지 고려 중이다. 대신 할 수 있는 네다섯 가지 활동도 있다. 각 활동으로부

터 얻을 수 있는 편익이 다음 표에 나타나 있다.

대안적 활동	가치
영화 편집	$5
낮잠	$8
가장 친한 친구와 잡담	$13
새로운 책 독서	$15

공원을 산책하는 것의 기회비용은 얼마인가?

4. 내일 경제학과 천문학 중간시험이 있고 공부할 시간은 단지 네 시간밖에 없다고 가정하자. 다음 표는 경제학과 천문학 공부 시간과 예상 시험 점수를 보여준다.

경제학 공부 시간	경제학 점수	천문학 공부 시간	천문학 점수
0	60	0	70
1	80	1	83
2	90	2	87
3	95	3	90
4	98	4	92

a. 어떤 과목을 공부할지의 선택을 보여주는 생산가능곡선을 그리라. 시험 점수라는 관점에서 추가적 경제학 한 시간 공부 또는 추가적 천문학 한 시간 공부에 대한 기회비용은 얼마인가?

b. 만약 목표가 합산된 시험 점수를 극대화시키는 것이라면, 각 과목에 얼마나 많은 시간을 할애해야 할까?

c. 랩톱이 꺼지고 다시 켜지지 않는다. 모든 노트와 학습자료가 하드에 저장되어 있다. 생산가능곡선은 어떻게 변하겠는가? (a)의 그래프에서 표시해보라.

5. 조카딸과 레모네이드 가판대를 개업할지 여부를 결정하려 한다. 컵당 1달러에 20컵의 레모네이드를 팔 것으로 예측된다. 이미 10달러를 들여 사인판을 만들었고, 만약 가판대를 개업하기로 결정한다면 컵과 레모네이드 믹스에 15달러의 추가 비용이 발생할 것이다. 만약 개업하기로 결정한다면, 얼마나 많은 이윤을 벌어들일까? 레모네이드 가판대를 오픈해야 할까? 레모네이드 가판대 사인판에 쓰인 10달러는 어떤 종류의 비용인가?

학습목표 1.4 한계의 원리

6. 알리야는 그녀의 IT 컨설팅 회사를 확장하려고 준비 중이다. IT 전문가에 대한 시장임금은 연 5만 8,000달러 수준이다. 그녀가 고용하는 각 종업원은 컴퓨터 및 장비를 요구하는데, 매년 각 종업원당 6,000달러가 소요된다. 보다 많은 종업원을 고용하게 되면 그녀는 매년 보다 많은 고객에게 컨설팅 서비스를 제공할 수 있다. 알리야의 각 고객들은 그녀에게 연 1만 5,000달러를 지불한다.

다음 표에서 보듯이 알리야가 감당할 수 있는 고객의 수는 그녀가 고용하는 종업원의 수에 좌우된다. 각 종업원에 대한 한계비용과 한계편익은 얼마인가? 합리적 규칙을 이용하여 경제적 잉여를 극대화시킨다면, 알리야는 몇 명의 종업원을 고용해야 하나?

종업원 수	연 고객 수
0	0
1	11
2	20
3	27
4	32

7. 닐은 커피를 마신다. 근처 커피점에서는 커피 한 잔 가격은 3달러이다. 닐이 커피를 마셔서 얻는 편익은 다음 표와 같다. 각 커피 한 잔의 소비로부터 얻는 닐의 한계편익은 얼마인가? 그는 매일 몇 잔의 커피를 마셔야 하나?

마시는 커피 잔	총편익
1	$8
2	$14
3	$18
4	$20
5	$21

학습목표 1.5 상호의존의 원리

8. 경제학에 관한 한 책을 읽으면서 당신의 결정을 생각해보자. 경제학의 네 가지 핵심 원리 가운데 어떤 것이 다음의 의사결정에 가장 많이 연관되는지 확인해보자.

a. 이 책을 읽으면 보다 높은 수준의 경제학 과목에서 배우게 될 개념을 이해하는 데 단단한 기반을 마련하게 될 것이다.

b. 이 책을 읽으려면 시간과 노력이 필요하지만, 그렇게 함으로써 이번 학기에 학점을 향상시킬 수 있을 것이다.

c. 이 책을 읽기 위해 쓰게 될 시간은 화학 시험공부에 대신 사용될 수 있다.

d. 추가적 한 페이지 공부와 추가적 문제풀이는 내용에 대한 이해도를 증진시킬 것이다.

9. 다음 각 경우에 당신은 경제학의 네 가지 원리를 어떻게 적용시킬지 제시하라.

a. 다음 선거에서 투표 여부를 생각 중이다.

b. 당신은 집 뒤 베란다에서 아름다운 일몰을 감상하고 있다.

c. 경제학과 철학 중 무엇을 전공해야 하나?

d. 당신과 당신의 배우자는 자동차를 한 대 더 구입해야 할까?

수요 : 구매자처럼 생각해보기

CHAPTER

2

과학자들은 사람들이 구매 결정을 내릴 때면 뇌의 일정 부분이 활성화된다는 것을 발견했다. 구매 결정을 내릴 때 뇌의 해당 부분이 얼마나 바쁠지 상상해보자. 메뉴판, 가격표, 광고를 볼 때면 다음과 같은 질문을 할 수 있다: '합리적인 가격일까?', '사야 할까?', '산다면 얼마나 사야 할까?' 이 질문에 '아니요'라는 생각이 들면 물건을 구매하지 않을 것이고 '네'라고 답한다면 물건(예를 들면 1,000원짜리 쿠키 1개)을 살 것이다. 그런데 때때로 차나 집을 사는 것과 같이 인생에서 중요한 구매 결정을 내려야 할 경우가 있다. 그런데 당신이 평생 동안 구매하는 소소한 구매 결정이 모이면 수십억 원 가치의 결정이 될 것이다.

Waring Abbott/Michael Ochs Archives/ Getty Images

어떤 결정은 다른 것보다 달콤하다.

이번 장에서는 '구매자가 된 것처럼 생각하여 결정을 내리기', 즉 '수요'의 의미에 대해 공부할 것이다. 우선 각각의 소비자가 물건을 살지 말지 결정하는 '개별수요'를 알아보는 데 집중할 것이다. 이를 위하여 제1장에서 공부한 경제학의 핵심 원리를 더 나은 구매 결정을 내리는 데 적용해볼 것이다.

'개별수요'에 대해 알아본 다음에는 '시장수요'를 알아볼 것이다. 시장수요란 물건의 특정 가격에 사람들이 얼마나 구매할 건지 생산자들이 예측한 수량을 의미한다. 시장수요는 각 구매자들이 구매할 수량을 모두 더한 수량이기 때문에 '개별수요'에 대해 이해할 수 있다면 '시장수요'를 더욱 잘 이해할 수 있다. 그다음으로는, 시장의 변화가 시장수요를 어떻게 변화시킬 것인가에 대해 알아볼 것이다.

이번 장의 마지막에 이르면, 당신은 우리 경제 속의 수많은 구매 결정을 내리도록 하는 핵심 원리를 이해하게 될 것이다. 이제 시작해보자.

목표

사람들의 구매 혹은 수요에 대한 의사결정을 이해한다.

2.1 개별수요 : 가격 수준마다 당신이 원하는 것
당신의 개별수요곡선의 형태를 알아본다.

2.2 당신의 구매 결정과 당신의 수요곡선
경제학의 핵심 원리를 적용하여 올바른 수요 결정을 내린다.

2.3 시장수요 : 시장이 원하는 것
개별수요를 더해 시장수요를 알아낸다.

2.4 수요곡선을 이동시키는 요인
수요곡선을 이동시키는 요인을 이해한다.

2.5 수요곡선상의 이동 vs. 수요곡선의 이동
수요곡선상의 이동과 수요곡선의 이동을 구별한다.

2.1 개별수요 : 가격 수준마다 당신이 원하는 것

학습목표 당신의 개별수요곡선의 형태를 알아본다.

월요일 아침, 대런은 차를 타고 출근한다. 그는 차의 휘발유가 거의 떨어졌다는 것을 발견했다. 근처 최저가 주유소에서는 갤런당 3달러로 팔고 있다. 대런은 구매에 앞서 고민에 빠진다. '휘발유를 얼마나 넣어야 할까?'

당신들은 매일 이렇게 결정해야 하는 상황에 놓인다. 당신이 가장 좋아하는 옷가게에서 청바지를 세일하고 있을 때, 새로운 청바지를 사야 할지 가지고 있는 청바지만으로 만족할지 결정해야 한다. 등교하는 길에 카페를 지나칠 때 커피 한 잔을 사 먹을지 돈을 아껴 다른 곳에 쓸지 결정해야 한다. 가게에서 가격표를 볼 때마다 당신은 똑같은 고민에 빠진다. '이 가격이라면, 얼마나 사야 할까?'

그림 2-1 | 휘발유 수요 조사

이름 : 대런

내년도 휘발유 수요에 대해 알아보고자 합니다.
내년 휘발유 가격이 다음과 같다면 매주 얼마나 구매할 예정입니까?

휘발유 가격이 갤런당 $5일 때	1갤런
휘발유 가격이 갤런당 $4일 때	2갤런
휘발유 가격이 갤런당 $3일 때	3갤런
휘발유 가격이 갤런당 $2일 때	5갤런
휘발유 가격이 갤런당 $1일 때	7갤런

대런의 휘발유 구매 사례로 더 생각해보자. 대런은 최근 자신의 휘발유 구매 이력을 조사했고 이는 그림 2-1에 나와 있다.

그림 2-1의 각 행은 각각의 휘발유 가격 수준에서 대런이 평균적으로 얼마나 구매할 것인지를 나타내고 있다. 첫 번째 행은 휘발유가 갤런당 5달러일 때 주당 평균 1갤런을 구매할 것을 말하고 있다. 마찬가지로 마지막 행에서는 휘발유가 갤런당 1달러일 때 주당 평균 7갤런을 구매할 것이라는 점을 말하고 있다. 이상의 설명은 글자 그대로를 의미하는 것은 아니다. 대런은 단순히 매주 1갤런 혹은 2갤런을 사겠다는 것이 아니다. 대런은 휘발유 가격이 변함에 따라 매주 차를 몰고 다니는 거리가 얼마나 달라질지, 그에 따라 얼마나 자주 기름을 넣어야 하는지 생각하고 있는 것이다. 그의 답변은 1년간 구매할 기름의 양과 이에 따라 계산된 주당 평균 기름의 양을 반영한 것이다.

개별수요곡선

개별수요곡선 각 가격 수준에서 각 개인이 구매하고자 계획한 수량을 표시한 그래프

다음과 같은 속담이 있다: "천 번 듣는 것보다 한 번 보는 것이 낫다." 이 사례도 비슷하다. 위 표에 나타난 대런의 답변을 그래프로 표시할 수 있다. 이 그래프는 '**개별수요곡선**(individual demand curve)'이라고 불리고 대런이 각 가격당 그가 구매할 휘발유 양을 나타낸다. 이번 장에서는 수요를 이해하고 한눈에 요약하기 위하여 그래프를 사용할 것이다. 그래프를 그리는 데 서툴다고 해도 걱정하지 말라.

그림 2-2는 대런의 휘발유 개별수요를 나타내고 있다. 각각의 점은 그림 2-1에서의 각 가격에서의 대런의 휘발유 수요량을 나타낸다. 예를 들어, 휘발유가 갤런당 5달러일 때, 대런은 주당 1갤런을 구매할 것이다. 이 수요량은 그림 2-2의 그래프 좌상단에 점으로 찍혀 있다: 수직축에서 5달러이며 수평축에서 휘발유 1갤런인 점을 찾아보자. 마찬가지로 휘발유가 갤런당 4달러일 때 대런은 주당 2갤런을 구매할 계획으로 나타나 있고 이 또한 그림 2-2에 점으로 표시되어 나타나 있다. 대런의 나머지 휘발유 가격별 구매계획 또한 그림 2-2의 각 점으로 표시되어 있다.

대런이 각 가격에 얼마나 구매할 것인지 모든 가격에 대해 답한 것은 아니다. 휘발유가 2.5달러일 때가 그 예이다. 이때는 2달러와 3달러 점 사이에 직선을 그리면 4갤런이라는 어느 정도 합리적인 수요량의 추론이 가능하다. 대런의 각 개별수요의 각 점을 이은 선은 각 가격에서의 수량을 보여준다.

'개별수요곡선'이라는 용어의 의미를 한번 더 살펴보자. '개별'은 각 사람, '수요'는 구매의

그림 2-2 | 개별수요곡선 그리기

대런의 개별수요곡선

각 가격에서 휘발유를 얼마나 구매하려고 할 것인가?

Ⓐ 가격은 수직축에, 수요량은 수평축에 표시한다.
Ⓑ 갤런당 5달러일 때, 대런은 주당 1갤런을 구매할 것이다. 개별수요곡선은 가격이 변함에 따라 수요량이 얼마나 변할 것인지 나타낸다. 갤런당 4달러로 가격이 하락할 때, 대런의 수요량은 주당 2갤런까지 증가한다. 갤런당 3달러 가격에서, 대런은 3갤런을 구매할 것이다. 나머지 가격의 경우에도 마찬가지다.
Ⓒ 개별수요곡선은 각 가격하에서 대런이 매주 구매하고자 하는 휘발유의 양을 나타낸다. 개별수요곡선은 우하향한다. 가격이 하락할수록 수요량은 증가한다.

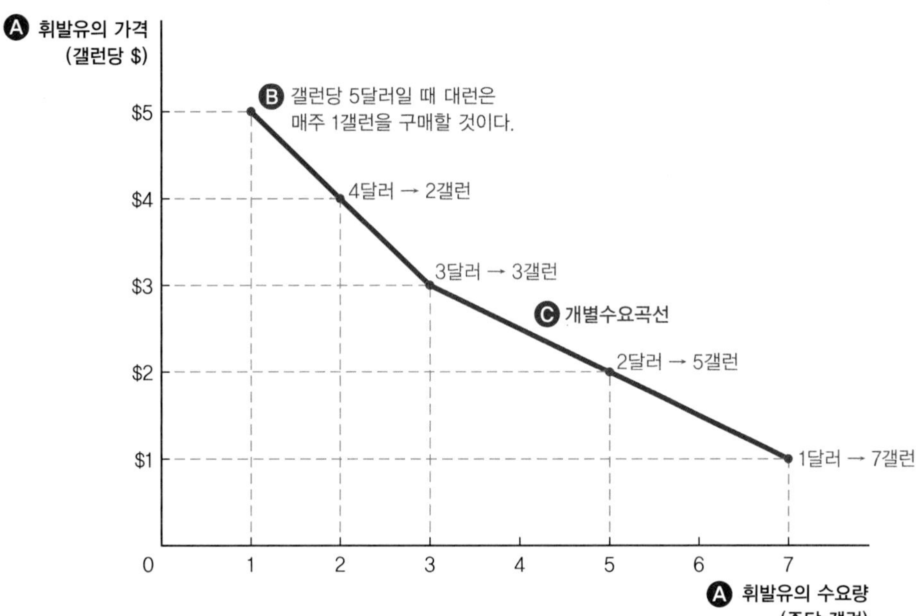

사, '곡선'은 그래프 자체(직선 그래프도 포함한다)를 의미한다. 이제 간단해졌다. 당신의 '개별수요곡선'은 당신의 구매계획, 더 정확히 말하면 각 가격에서 얼마나 구매할 것인지를 보여주는 그래프를 말한다.

그래프 그리는 방법 항상 동일한 규칙에 따라 수요곡선을 그리도록 주의해야 한다. 가격은 수직축에 수요량은 수평축에 놓아야 한다(알파벳 순서상 P가 Q보다 먼저라는 것을 기억하자. 그래프상에서 좌상단에 P(Price, 가격)를 먼저 쓰고 우하단에 Q(Quantity, 수량)를 나중에 쓰면 되고 꼭 축에 이름을 붙이는 것을 잊지 말아야 한다. 이 사례에서, 휘발유 가격은 갤런당 달러로 표시되며 휘발유의 수요량은 주당 구매하는 휘발유의 갤런으로 표시된다.

몇몇 학생은 왜 가격이 수직축에 수요량이 수평축에 놓이는지 질문하곤 한다. 멋진 이유는 없다. 단지 경제학자들이 오랜 기간 동안 수요곡선을 이와 같이 표시했으며 결국 모든 사람들이 따르는 전통이 되었을 뿐이다. 이러한 공인된 관습을 준수하면 일관성 있는 경제학의 언어를 사용할 수 있다.

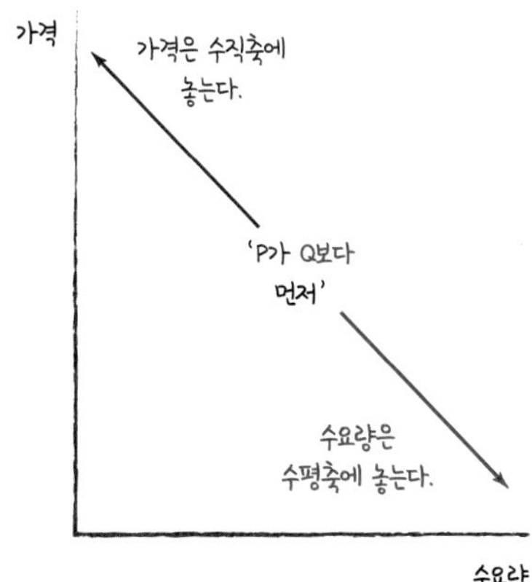

다른 조건이 일정할 때의 개별수요곡선 그림 2-2의 수요곡선은 대런의 현재 경제적 상황을 감안할 때 구매 계획을 나타낸다. 하지만 실직과 같이 현재 경제적 상황이 바뀌게 된다면, 그의 구매 계획은 바뀔 것이고 그에 따라 대런의 개별수요곡선도 변할 것이다. 이러한 상황을 해결하기 위해 그래프를 그릴 때마다 경제학자들은 **'다른 조건이 일정하다면'**(holding other things

'다른 조건이 일정하다면' 고려하지 않은 다른 조건이 변화한다면 현재 분석의 결론이 변화할 수도 있음을 주지시켜주는 관용구(라틴어로, *ceteris paribus*라고 한다)

constant)이란 전제조건을 붙인다. 가격뿐 아니라 연비가 더 좋은 자동차를 구매했다던가 하는 새로운 요인들도 당신의 휘발유 수요를 변화시킬 수 있다. 상호의존의 원리는 이러한 연관성을 주지시켜준다. 하지만 우선 다른 것들을 고려하기 이전에 우리는 오직 가격만이 변화할 때 어떤 일이 일어나는지 고려해보자. 그래서 '다른 조건이 일정하다면'이라는 가정을 통해 다른 요인들의 영향을 제거한 채 수요가 오롯이 가격에 의해 어떻게 영향을 받는지 이해하는 데 초점을 맞출 수 있다.

우하향하는 개별수요곡선 대런의 개별수요곡선이 우하향한다는 것을 기억하자. 좌상단에서 시작하여 우하단까지, 우하향하는 모습이다. 우하향하는 수요의 의미는 가격이 하락하면 수요량이 증가한다는 것이다. 휘발유 가격이 내려갈수록 사람들은 더 많이 구매한다. 혹은 반대로 생각할 수도 있다. 휘발유 가격이 올라가면 사람들은 더 적게 구매한다.

기억하라

개별수요곡선은 가격이 변화함에 따라 구매 계획을 요약해놓은 그래프이다.

당신의 개별수요곡선을 찾아보자. 가격표를 보고 구매 여부 혹은 구매 수량을 결정할 때마다 당신은 해당 가격에서 얼마나 구매할 것인지에 대해 고려한다. 당신의 그러한 생각을 그래프로 그린다면 개별수요곡선이 된다. 조금 더 구체적으로 청바지에 대한 개별수요곡선에 대해 생각해보자.

경제학 실습

리바이스의 경영진은 더 자세한 고객분석을 하고자 한다. 그래서 마케팅 팀에게 고객들의 청바지 개별수요곡선을 그려보라고 하였다.

마케팅 담당자들은 회사 제품의 수요를 알아보기 위하여 설문조사를 시행했고 그림 2-3의

그림 2-3 | 나의 개별수요곡선 찾아보기

패널 A

리바이스는 향후 5년간 당신이 얼마나 많은 청바지를 살지 알아보고자 한다. 다른 모든 조건이 일정하다고 할 때, 각 가격에서 청바지를 얼마나 구매할 것인가?

청바지 가격(한 벌당 $)	청바지 수량	청바지 가격(한 벌당 $)	청바지 수량
$150		$75	
$125		$50	
$100		$25	

패널 B : 나의 개별수요곡선 그리기

각 가격에서 청바지를 얼마나 구매할 것인가?

당신의 개별수요곡선을 그리기 위하여, 리바이스 청바지 수요조사에서 당신의 답변을 참조하라.

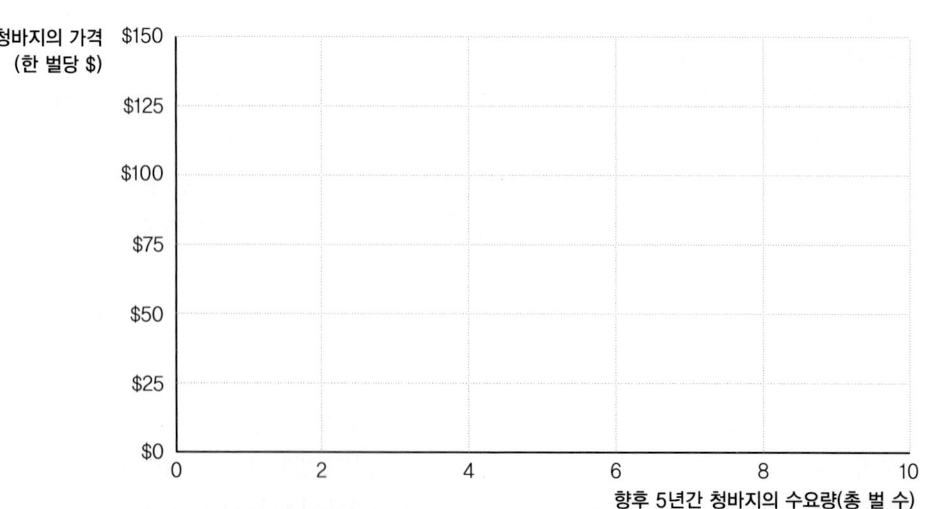

패널 A에 조사지가 나타나 있다. 설문조사를 살펴보고 아래 패널 B에 스스로 점을 찍어보자. 다 했다면 당신의 청바지 개별수요곡선을 알아낸 것이다.

비록 당신의 그래프를 보지 않았다 하더라도, 나는 우하향하는 수요곡선을 그렸을 것이라고 예측할 수 있다! ■

수요의 법칙

당신의 청바지 개별수요곡선이 우하향한다는 것을 알아냈다. 대런의 휘발유 개별수요곡선 또한 우하향한다. 우리가 똑같은 작업을 다른 물건에 대해 수행한다면, 휘발유든, 아이스크림이든, 콘서트 티켓이든, 다른 어떤 물건이든 우하향하는 개별수요곡선을 도출할 수 있을 것이다.

경제학자들은 수백 년 동안 수천 개의 재화에 대해 비슷한 질문을 던졌고 그때마다 똑같은 패턴을 발견할 수 있었다. 가격이 낮을수록 수요량이 많다. 당신의 일상에서도 같은 패턴을 본 적이 있을 것이다. 어떤 물건이 싸면, 더 많이 구매하며, 물건이 비싸면 적게 구매한다(물론 다른 조건이 일정하다고 한다면). 가격이 싸면 수요량이 많아지는 이러한 일관된 경향성을 경제학자들은 '**수요의 법칙**(law of demand)'이라고 부른다.

수요의 법칙 가격이 낮을 때 수요량이 많아지는 경향성

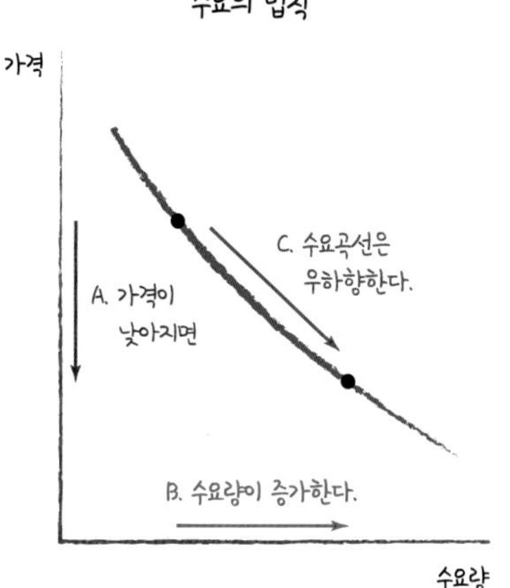

당신은 스스로의 개별수요곡선을 알아냈다. 개별수요곡선은 각 가격 수준에서 당신의 수요량을 의미한다. 수요의 법칙은 가격이 하락할수록 더 많은 양을 수요할 것을 의미하기에 당신의 수요곡선은 우하향할 것이다.

이제 당신이 스스로의 개별수요곡선을 어떻게 만들어내는지 이해할 수 있기에 더욱 합리적인 수요결정을 위하여 어떻게 경제학의 핵심 원리를 적용할 수 있는지 알아보자.

2.2 당신의 구매 결정과 당신의 수요곡선

학습목표 경제학의 핵심 원리를 적용하여 올바른 수요 결정을 내린다.

지금까지, 우리는 사람들이 구매 결정을 내리는 것에 집중해보았다. 더 심도 깊은 질문을 던져보자. 당신의 최적 구매 결정은 무엇인가? 경제학의 핵심 원리들은 유용한 가이드라인을 제공해준다. 각 원리를 살펴보면서 당신은 개별수요곡선을 도출해내는 여러 가지 요인에 대해 더욱 심도 깊은 이해가 가능할 것이다.

최적 구매수량 정하기

대런의 개별수요곡선의 숨겨진 원리를 알아보자. 대런과의 후속 인터뷰에서 대런의 선호를 알 수 있는 몇 가지 힌트를 얻었다. 대런은 1갤런의 휘발유로 할 수 있는 모든 일의 우선순위를 정했다. 그는 각각의 일로 인하여 그가 얻을 편익을 고려해보았다. 돈($)은 우리가 얻을 수 있는 편익의 측정도구로 사용하여, 휘발유 1갤런을 사용했을 때 얻을 수 있을 각각의 편익에 그가 지불할 돈의 양을 생각해보았다. 그림 2-4는 대런이 휘발유 1갤런을 사용할 용처들과 각각에서 얻을 수 있는 편익을 보여준다.

한계편익에 집중하자. 표의 각 행은 대런이 휘발유 1갤런을 추가적으로 사용할 때의 상황을 보여준다. 그는 그의 우선순위(가장 큰 편익을 줄 것부터 가장 작은 편익을 줄 것) 순으로 정리했다. 이러한 편익을 고려할 때, 단순히 돈의 크고 작음만 고려한 것은 아니다. 시간 절약, 부모님을 뵙는 것, 편안히 운전을 하는 것 등 여러 가지 요인을 고려한 결과이다. 각 케이스에서 대런은 최선책을 차선책과 비교한다.

 **기억하라**
하나의 재화를 추가적으로 구매해서 얻는 편익을 '한계편익'이라고 부른다.

대런은 휘발유 1갤런을 더 사용할 때의 편익을 고려한다: 이것이 한계편익이다. 대런이 휘

그림 2-4 | 대런의 휘발유 사용

우선순위	대런의 생각	한계편익
1 (최우선)	주당 1갤런의 휘발유를 구매 시, 두 마을에 떨어져 있는 월마트에서 매주 쇼핑하는 데 사용할 것이다. 이것의 대안은 집 근처 슈퍼마켓에서 쇼핑하는 것인데 월마트보다 조금 더 비싸다. 월마트에 가는 것으로 매주 5달러 절약할 수 있다.	$5.00
2	1의 경우에서 추가적으로 주당 1갤런의 휘발유를 구매 시, 매일 2마일 떨어진 직장까지 통근하는 데 사용할 것이다. 버스 이용보다 자차로 통근하기를 더 선호한다. 시간과 비용상으로 주당 4달러 정도 아낄 것이다.	$4.00
3	2의 경우에서 추가적으로 주당 1갤런의 휘발유를 구매 시, 부모님을 더 자주 찾아뵐 것이다. 부모님을 우리집으로 오시게 할 수도 있지만 직접 찾아뵙는 것을 더 선호한다. 이에 따른 금전적 이득은 없지만, 부모님을 사랑하기에 그에 따른 무형의 편익이 존재한다. 편익을 숫자로 매기기는 어렵지만 방문하는 데 필요한 추가적 1갤런의 휘발유에 대해 3달러를 지불할 용의가 있다.	$3.00
4	3의 경우에서 추가적으로 주당 1갤런의 휘발유를 구매 시, 주말에 친구들과 어울리는 데 차를 이용할 수 있다. 친구들이 모두 근처에 살아 차를 빌려 탈 수도 있지만 내가 직접 운전했을 때 선택의 폭이 넓어지는 것이 좋다. 이를 통해 2.5달러 정도의 편익을 얻을 수 있다.	$2.50
5	4의 경우에서 추가적으로 주당 1갤런의 휘발유를 구매 시, 주당 2회 체육관에 차를 몰고 갈 수 있다. 대신 준비 운동 삼아 뛰어갈 수도 있다. 시간 절약 측면에서 좋지만 어찌되었건 준비운동을 해야 하므로 체육관까지 운전해서 가는 것은 2달러 정도의 편익이다.	$2.00
6	5의 경우에서 추가적으로 주당 1갤런의 휘발유를 구매 시, 매주 심부름을 처리하는 데 사용할 수 있다. 그러나 심부름하며 마을을 걸어 다니는 것을 좋아하기에 차를 이용해 심부름하는 것은 1.5달러의 편익밖에 되지 않는다.	$1.50
7 (마지막)	6의 경우에서 추가적으로 주당 1갤런의 휘발유를 구매 시, 조용한 시간을 보내고 싶을 때 드라이브를 하는 데 사용할 수 있다. 그러나 집에서 조용한 시간을 보내도 거의 똑같이 행복하기에 이를 통한 편익은 낮다. 아마도 이렇게 휘발유를 사용했을 때 얻을 편익은 1달러 정도밖에 되지 않을 것이다.	$1.00

발유 추가 1갤런을 사용하는 모든 방법을 고려하는 것은 휘발유 1갤런으로부터 얻는 편익을 고려하는 것이며 이 결과는 그림 2-4의 마지막 열, '한계편익'에 나타나 있다.

경제학 실습

주유소로 가고 있는 대런의 사례로 돌아가자. 대런은 휘발유가 갤런당 3달러(실제로는 $2.999/10이지만)라는 것을 알고 있고 얼마나 많이 살지 고민 중이다. 이때 당신의 조언은?

- 그가 휘발유 처음 1갤런을 사야 하는가?

  맞다. 그림 2-4에 따르면 대런은 월마트에서 쇼핑하는 데 휘발유 1갤런을 사용할 것이다. 이는 그에게 5달러의 한계편익을 가져다주며 3달러의 비용에 비해 더 크다.

- 좋다. 그러면 두 번째 1갤런을 더 사야 하는가? (힌트 : 다음과 같은 질문을 해야 한다: 그에 따른 편익과 비용은?)

  추가적 1갤런의 휘발유는 4달러의 한계편익을 가져다주며 3달러의 한계비용보다 더 크다. 괜찮은 조건이다.

- 그러면 추가적으로 1갤런을 더 사야 하는가?

  이번에는 아슬아슬하다. 한계비용(실질적으로 2.999/10달러)보다 아주 조금 더 많은 3달러의 한계편익을 가져다준다. 어찌되었건 한계편익이 한계비용보다 크므로 대런은 추가적 1갤런을 더 사야 한다.

- 그러면 여기서 추가적인 1갤런은 구매해야 하는가?

휘발유는 정확히 3달러는 아니다.

추가적으로 1갤런을 더 구매하는 것은 2.5달러의 한계편익을 만들어내는데 이는 3달러의 비용에 미치지 못한다.

- 그다음 1갤런은? 또 그다음 1갤런은?

  대런이 1갤런을 추가적으로 구매하지 않아야 할 똑같은 논리이다. 각 경우에서 한계편익이 3달러의 비용에 미치지 못한다.

- 결론 : 2.999/10달러의 휘발유 가격에서 얼마나 구매해야 하는가?

  대런은 총 3갤런의 휘발유를 구매해야 한다.

당신이 대런에게 한 조언은 오직 대런이 1갤런의 휘발유를 추가적으로 사용했을 때 추가적으로 얻을 한계편익에 기초한다. 사실, 당신이 어떤 물건을 살지 말지 정할 때마다 당신의 한계편익과 가격을 비교하는 동일한 논리를 따를 필요가 있다. 이것이 왜 경제학자들이 한계편익을 이해하는 것이 수요를 이해하는 것의 전부라고 말하는 이유이다. ■

합리적인 구매 결정을 내리기 위한 핵심 원리 휘발유를 구매하기 위한 대런의 접근은 꽤나 논리적이다. 사실 이 논리는 암묵적으로 경제학의 원리와도 상통한다. 몇 벌의 청바지를 살 것인지, 몇 주의 구글 주식을 살 것인지, 얼마나 많은 직원을 고용할 것인지 등과 같은 당신 스스로의 구매 결정을 내리는 데에도 같은 논리를 적용하면 된다.

이와 같은 한계의 원리는 구매 결정에 있어서 '얼마나 많이'라는 질문을 '각 선택의 한계편익이 얼마인가'라는 질문으로 바꾸는 것을 의미한다. 대런은 각각 추가적인 휘발유 1갤런의 가치에 대하여 명확히 이러한 방식으로 생각했다. 이를 통해 대런은 휘발유 1갤런을 더 구매할지에 관하여 답할 준비가 되었던 것이다. 결국, 우리는 휘발유 가격이 3달러였을 때 휘발유 1갤런을 추가적으로 구매할지 말지에 관해 생각한 것이다.

이러한 한계논리를 이용한 결정에서 대런의 최적 선택은 '비용-편익의 원리(추가적인 휘발유 1갤런의 편익이 비용을 초과할 때 구매한다)'에 기초한다. 추가적 휘발유 1갤런의 비용은 휘발유의 가격이다. 추가적 휘발유 1갤런의 편익은 '한계편익'이라고 불린다.

대런이 한계편익을 추정할 때, 그는 '기회비용의 원리(이 선택이 아니면 차선은 무엇인가?)'를 사용했다. 그는 단순히 월마트로 운전하는 것의 편익만을 생각한 것이 아니라 그 차선책인 동네에서 쇼핑하는 것과 비교했다. 갤런당 5달러의 한계편익을 주는 월마트로 운전하는 것을 차선책과 비교하는 방식으로 정한 것이다. 그림 2-4의 각 행에서도 비슷한 작업을 했다. 지금까지 배운 것을 확인해보자. 각 행의 사례로 돌아가서 '그럼 차선책은?'이란 질문을 던져보자(정답 : 각 열의 두 번째 문장).

구매자의 합리적 규칙

그림 2-5에서 볼 수 있듯이 핵심 원리를 이용한 작업은 대런이 추가적 휘발유 1갤런의 한계편익이 가격보다 크거나 같은 수준까지 계속 구매해야 한다는 결론에 다다른다.

모든 구매 결정에 적용할 수 있는 꽤나 강력한 규칙을 발견했다.

구매자의 합리적 규칙 한계편익이 가격보다 크거나 같을 때 추가적인 한 단위를 더 구매하라.

구매자의 합리적 규칙(Rational Rule for Buyers) : 한계편익이 가격보다 크거나 같을 때 한 단

그림 2-5 | 구매자의 합리적 규칙

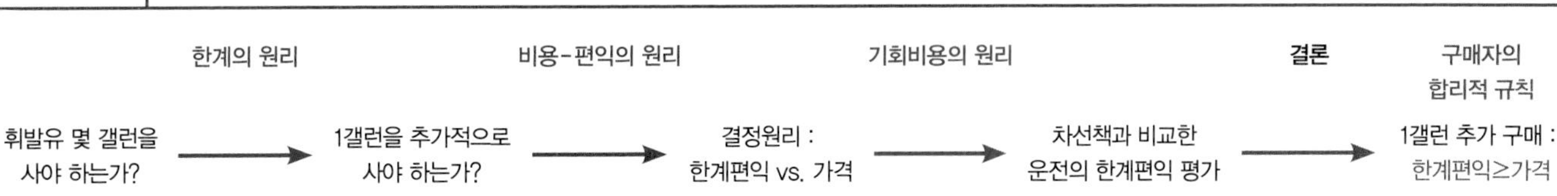

위를 추가적으로 구매하라.

구매자의 합리적 규칙은 3~4개의 핵심 원리를 한 문장에 압축한 조언이다. 한계편익과 한계비용(가격)을 비교한 한계의 원리와 차선책과 비교하여 편익과 비용을 고려하는 기회비용의 원리이다. 이 규칙을 실생활에서 물건을 살 때 적용할 수 있다. 예를 들어서, 대런에게 말해주자: 휘발유를 1갤런 추가적으로 구매하는 한계편익이 휘발유 1갤런의 가격보다 같거나 더 클 때 1갤런을 추가적으로 구매하자.

상호의존의 원리가 모든 경우에 어떻게 작용하는지 궁금할 것이다. 대런의 사고과정에 이미 녹아져 있다: 대런의 결정에는 버스 이용 가능 여부, 운동하고 싶은 의지, 부모님에 대한 사랑까지 고려되어 있다. 지금까지는 우리가 다른 조건이 일정하다는 가정하에 가격이 변하는 효과만을 고려하였지만, 이번 장 후반부에서 다른 것들이 변할 때 서로 영향을 주는 상호의존의 원리를 고려하면 대런의 결정에 변화가 생길 것이다.

> 경제적 잉여를 극대화하기 위하여, 다음과 같은 구매자의 합리적 규칙을 적용하라: '가격=한계편익'이 되는 수량까지 구매하라.

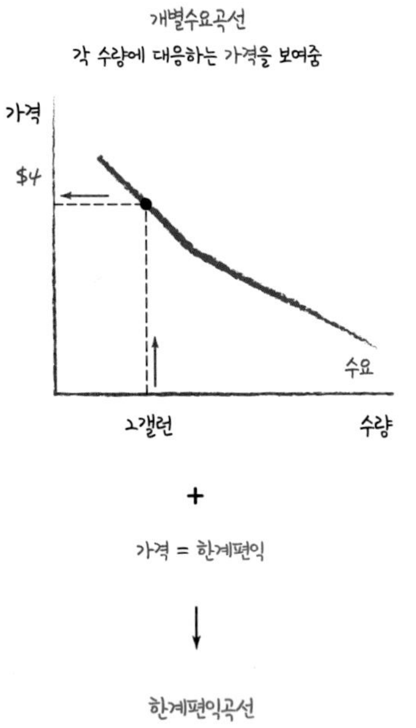

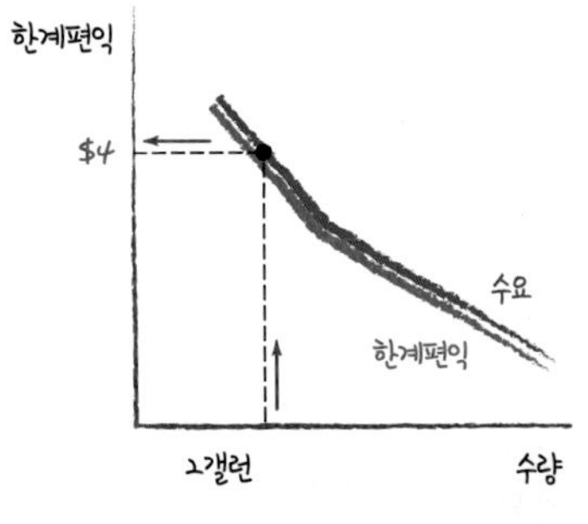

경제적 잉여를 극대화하기 위하여 구매자의 합리적 규칙 따르기 구매자의 합리적 규칙은 좋은 지침이다. 왜? 휘발유 1갤런을 추가적으로 구매하는 데 따른 대런의 한계편익이 비용을 초과하는 것까지 구매하면 대런은 이득을 본다. 해당 구매 행위가 총비용을 증가시키는 것보다 총편익을 더 많이 증가시킬 수 있기에 경제적 잉여(총편익에서 총비용을 뺀 것)는 증가한다. 이것이 실생활에서 당신이 이러한 규칙을 따라야 하는 이유이다.

당신은 실생활에서 편익을 볼 수 있는 모든 기회를 누리며 불편익을 주는 모든 위험을 피하기를 원할 것이다. 단순히 구매자의 합리적 규칙을 빠짐없이 준수하고 휘발유, 음식, 의류 및 기타 등등 재화를 한계편익이 가격보다 더 큰 수준까지 구매한다면 당신의 경제적 잉여를 극대화할 수 있을 것이다.

(이 규칙에서 한계편익이 가격과 정확히 일치하는 수량까지 구매해야 하는지 의문점을 가질 수 있다. 한계편익이 가격과 정확히 일치하는 수량까지 구매하는 것은 경제적 잉여에 아무 영향을 끼치지 못하기에 마지막 한 단위를 구매해도 되고 안 해도 된다. 다만 이와 같이 말하는 이유는 한계편익과 가격이 같아지는 수량까지 구매하는 것으로 생각하는 것이 그다음 논의에 편리하기 때문이다).

가격이 한계편익과 같아질 때까지 구매한다. 구매자의 합리적 규칙에 따르면 마지막 갤런의 한계편익이 휘발유의 가격과 같아지는 수량까지 휘발유를 구매해야 한다. 왜 그럴까? 한계편익이 가격보다 최소한 같거나 큰 지점까지 구매해야 하기 때문이다. 다시 말해서, 추가적인 휘발유 구매의 한계편익이 가격보다 낮아지기 직전에 구매를 멈추어야 하고 이는 한계편익과 가격이 같아질 때와 같다.

제1장에서 합리적 규칙("무언가 할 가치가 있다면 한계편익이 한계비용과 같아질 때까지 하라")을 상기해보자. 이 규칙을 물건 구매에 적용해보면, 추가적 한 단위의 휘발유 구매나 청바지 구매의 비용은 가격이라는 것을 알 수 있다. 따라서 합리적 규칙을 구매자에게 적용해본다면

가격＝한계편익

의 수준까지 구매해야 한다.

수요곡선은 곧 한계편익곡선이다. 왜 경제학자들이 수요를 이해하는 것은 다음의 한 구절만 외우면 끝난다고 하는지 이해할 수 있을 것이다: **가격이 한계편익과 일치한다.**

이 구절은 수요를 이해하는 새로운 시각을 제공해준다. 수요곡선은 한계편익곡선이다. 수요곡선은 휘발유 가격에 따라 구매할 휘발유의 양을 보여주는 것이다. 가격이 한계편익과 같아

질 때까지 계속해서 구매한다는 것은 수요곡선이 휘발유가 주는 한계편익곡선과 같음을 의미한다.

수요곡선은 한계편익을 나타내준다. 이 문구는 기업에게도 중요한 사실을 일깨워준다. 기업의 관리자들은 자기 회사의 제품이 고객들에게 얼마나 많은 편익을 가져다주는지 알고 싶어 한다. 이를 위하여 비싼 비용을 들여 설문조사를 할 수도 있지만 훨씬 더 쉬운 방법이 있다: 고객들의 수요곡선은 곧 한계편익곡선이기에 고객들의 구매 패턴을 관찰하면 고객들의 한계편익을 알아낼 수 있다. 예를 들어서, 대런이 휘발유가 갤런당 4달러일 때 2갤런을 구매한다면 대런의 휘발유 2갤런째의 한계편익은 4달러라는 것을 알 수 있다.

요약하면 다음과 같다. 수요는 한계편익에 관한 것이다. 결국 수요곡선은 한계편익곡선과 같다. 수요를 이해한다는 것은 실제로는 한계편익을 이해하는 것이다.

한계편익체감은 수요곡선이 우하향함을 의미한다. 경제학자들은 수많은 재화의 한계편익을 연구했고 **한계편익체감**(diminishing marginal benefit)이라는 일반적 경향성을 발견했다. 다시 말해서, 모든 재화의 추가적 한 단위 소비의 한계편익은 이전 한 단위 소비의 한계편익보다 작다는 것이다.

한계편익체감 추가적인 1단위의 소비는 직전 한 단위 소비보다 적은 한계편익을 가져다준다.

아이스크림의 사례로 살펴보자. 1~2스쿱의 아이스크림은 너무 맛있다. 세 번째 스쿱까지도 꽤 맛있을 것이다. 네 번째 스쿱 정도 되었을 때, 슬슬 단맛에 지겨워질 것이다. 다섯 번째 스쿱 때는 이제는 질려버릴 것이다(정말 그럴 것이다!). 아이스크림을 더 먹을수록, 추가적인 스쿱의 한계편익은 점점 줄어든다.

비슷한 패턴이 다른 재화에서도 나타난다. 대런의 휘발유 수요를 생각해보자. 대런은 휘발유 첫 1갤런을 높은 한계편익을 주는 활동(쇼핑)에 사용하고 그다음 1갤런을 그보다는 낮은 한계편익을 주는 활동(차로 통근)에 사용하도록 계획했으며 나머지 휘발유들은 순차적으로 더 낮은 우선순위를 지닌 일에 활용했다. 결과적으로, 점점 낮은 우선순위에 활용된 휘발유는 순차적으로 낮은 한계편익을 창출했다.

당신이 1년 동안 구매한 대부분의 재화를 생각해보면 앞서 말한 아이스크림, 휘발유뿐만 아니라 청바지, 콘서트 티켓, 헤드폰, 기타 등등 구매한 모든 재화들에서 한계편익이 감소한다는 것을 알 수 있을 것이다[한 짝의 신발보다 두 짝 신발의 한계편익이 더 큰 경우와 같이 이 규칙에 예외가 있다고 지적한다면, (나는) 이런 경우가 아주 드물다는 것을 인정한다는 전제하에 이에 동의할 것이다].

모든 물건의 추가적인 구매가 낮은 한계편익을 만들어낸다는 점에서 한계편익체감은 중요한 현상이며 한계편익곡선은 우하향한다는 것을 알 수 있다. 한계편익곡선이 곧 수요곡선이라는 점에서 수요곡선이 우하향한다는 점도 알 수 있다. 다시 말해서, 아이스크림, 휘발유, 청바지를 더 구매할수록 한 단위당 한계편익은 감소하며 가격이 한계편익보다 더 낮은 수준에서만 추가적으로 구매할 것이다. 이것이 개별수요곡선이 우하향하는 이유이다.

요약 : 개별수요는 한계편익을 반영한다. 지금까지 여러 기초적 사실을 알아보았다. 이제 숨을 고르고 되새겨 보자. 지금까지 우리는 개개인의 구매 결정, 개별수요에 집중했다. 각 가격에서 얼마나 수요할 것인지에 관한 개별수요곡선을 다루었다.

조금 더 어려운 질문을 던져보자: 최적 구매 결정은 무엇인가? 이 질문은 한계편익이 가격보다 큰 수준까지 계속해서 구매하라는 구매자의 합리적 규칙으로 이어진다. 이 논리를 통해 대런과 같이 왜 사람들이 적은 비용으로 물건을 구매하고 싶어 하는지 이해할 수 있다. 추가적인 한 단위 구매에 따른 한계편익이 감소하기 때문이다. 결과적으로, 개별수요곡선은 우하향한다는 것을 알아보았다.

연결고리 살펴보기

구매자의 합리적 규칙 따라가기 → 가격 = 한계편익 (구매자에게 적용되는 '합리적 규칙') → 수요곡선은 곧 한계편익곡선 → **한계편익체감으로 인하여 수요곡선은 우하향**

수요이론이 얼마나 현실적인가

이쯤에서 이러한 의문이 들 것이다: 현실적인 이론인가? 정말로 누구나 저런 이론대로 행동하는가? 당신이 쇼핑을 할 때, 실제로는 한계편익에 대해 깊게 고려하지 않는다는 점에서 다소 비현실적일 수 있다. 좋은 지적이다. 그러나 항상 현실적이지는 않더라도 앞의 이론은 두 가지 측면에서 여전히 중요하다.

앞에서 말한 핵심 원리는 유용한 조언이자 앞을 예측하는 데 유용하다. 첫째로, 구매자의 합리적 규칙은 유용한 조언이다. 매일의 구매 행위에 이러한 규칙을 적용함으로써 스스로 더 나은 구매 결정을 내리는 모습을 발견할 수 있을 것이다.

둘째로, 이러한 규칙은 스스로 경제 현상을 이해하는 데 도움을 줄 수 있고 다른 사람들이 어떻게 행동하는지 예측하는 데 유용할 수 있다. 이는 제1장에서 말한 '역지사지'와 같다. 타인이 어떻게 행동할지 알고 싶다면 역지사지의 태도를 가져보자: 내가 그 상황이 된다면 어떻게 행동할 것인가? 아마 최고의 선택을 하고 싶을 것이고 구매자의 합리적 규칙에 따를 것이다. 사실, 가게 주인들은 일찍이 한계편익체감이 매출 실적을 결정하는 데 중요한 요인이라는 것을 알고 있다. 당신은 이러한 광고를 자주 봤을 것이다: "하나 사면 두 번째는 반값 할인"

실제 구매자 실험에서 사람들이 '구매자의 합리적 규칙'의 핵심 원리에 따라 행동한다. 물론 몇몇 사람들은 이론에서 말하는 대로 행동하지 않는다. 그러나 대부분은 높은 한계편익을 얻을 수 있고 가격이 싼 물건을 산다. 대부분 사람들이 앞서 말한 이론과 똑같은 방식으로 생각하지는 않고 다른 방식으로 생각하더라도, 결국 행동의 결과는 같다.

경험이 쌓일수록 사람들은 점점 최적 결정에 가깝게 행동한다. 샘스클럽에 방문하여 64온스짜리 마요네즈를 처음 샀을 때 기분이 좋지만, 결국 다 먹지 못하고 버린 적이 있을 것이다. 그래서 다음 번에는 매장에 방문하여 더욱 경제적으로 물건을 고른다. 다양한 물건과 양을 구매하는 여러 시행착오를 겪으며 사람들은 점점 그들에게 딱 맞는 선택을 하게 된다. 결과적으로 많은 경우에, 사람들은 우리가 이론에서 예측한 대로 행동하게 된다. 이러한 사실은 수많은 사람들의 개별수요를 합한 시장수요로 한번에 분석할 때 매우 유용한 직관이다.

2.3 시장수요 : 시장이 원하는 것

학습목표 개별수요를 더해 시장수요를 알아낸다.

지금까지 개인의 구매 결정에 대해 알아보았다. 다시 돌아가서 넓은 시야로 수많은 구매 결정을 한꺼번에 분석하는 시장수요에 대해 알아보도록 하자. 당신이 기업의 담당자라면 기업활동을 통해 얼마나 편익을 얻을 수 있을 것인가에 대한 예측을 위해 시장수요를 살펴보는 것이 유용할 것이다. 물론 영리법인만 시장수요를 알아야 하는 것은 아니다. 기부를 받고자 하는 비영리법인, 입학 지원자를 받는 대학, 구독자를 늘리고 싶은 미래의 유튜브 스타들도 시장수요에 대해 생각해볼 필요가 있다. 위 각 사례의 주인공들은, 각 가격하에서 사람들이 원하는 총 수요량을 추정하는 데 관심이 있을 것이다. **시장수요곡선**(market demand curve)은 이에 마침맞는 정보를 제공해준다. 시장수요곡선은 각 가격하에서 시장 전체(다시 말하면, 모든 잠재적 구매자)

시장수요곡선 각 가격 수준에서 시장이 원하는 총수요량을 나타낸 그래프가 원하는 총량을 보여준다.

개별수요곡선에서 시장수요곡선 도출하기

실제 기업이 시장수요를 추정하는 방법에 대해 알아보자. 앞으로 살펴보겠지만 개별수요곡선은 시장수요곡선이라는 건물의 벽돌 하나하나와 같다.

시장수요는 개인의 수요량의 총합이다. 시장수요곡선은 각 가격 수준에서 시장이 원하는 총수요량을 나타낸다. 다시 말해서, 가격이 1달러, 2달러, 3달러일 때 총수요량을 알아낼 필요가 있다. 각각 특정 가격에서 휘발유의 총수요량은 잠재적 소비자들의 구매량의 총합과 같다.

기업은 시장수요곡선을 알아내기 위해 설문조사를 사용한다. 시장수요곡선을 알아내기 위한 한 방법은 잠재적 소비자들에게 설문조사를 하는 것이다. 기업이 자사 제품의 시장수요곡선을 알아내기 위해 사용하는 4단계 프로세스가 있다.

1단계 : 각 가격 수준에서 구매할 수량에 대하여 고객들에게 설문조사를 한다. 대런이 그림 2-1에서 휘발유 구매 계획에 대하여 설문조사를 한 것은 각 가격 수준에서 얼마나 휘발유를 구매할 것인지 알아보기 위하여 잠재적 구매자 표본 300명을 뽑아 설문조사를 한 것의 일부이다. 아래 그림 2-6의 좌측 패널 A에 해당 결과가 표시되어 있다. 대런과 브루클린 2명의 답변 정보만 아래에 보이지만 나머지 298개의 열에 나머지 정보가 담겨 있다.

2단계 : 각 가격 수준에서, 고객들이 원하는 총수요를 더한다. 각 가격하에서, 설문조사상에서 각 개인의 수요를 다 더한다. 첫 행은 가격이 갤런당 1달러일 때, 대런은 7갤런, 브루클린은 4갤런이고, 나머지 298명의 잠재적 소비자들의 수요량을 모두 더하면 총 2,800갤런의 결과가 나온다.

이 계산과정을 가격이 1달러에서 5달러까지 모든 경우에서 반복해서 그림 2-6의 오른쪽 패널 B의 첫 번째 열에 나타낸다. 이 결과를 살펴보면, 갤런당 1달러일 때 설문조사에 응답한 사람들은 휘발유 2,800갤런, 2달러일 때 2,400갤런을 구매한다는 것을 알 수 있다.

총수요를 계산하기 위해 각 가격 수준에서 개인이 수요하는 양을 합산하면 된다(반대로 각 수요량에서 개인이 지불하는 금액을 더하면 안 된다).

3단계 : 설문조사에 응답한 사람들이 전체 시장을 대표할 수 있도록 합산된 결과의 단위를 조정한다. 휘발유 시장이 우리가 조사한 300명으로만 이루어져 있다면, 2단계에서 합산된 결과치가 시장수요량이 될 것이다. 그러나 실제로는 미국의 인구는 3억 명이다. 위에서 행한 시장조사의 의도는 조사된 300명이 전체 3억 명의 잠재적 소비자들을 대표하는 것이다. 이 뜻은 전체 인구의 총수요는 300명의 표본으로 조사된 결과에서 100만을 곱해야 한다는 것이다. 따라서 시장 전체를

그림 2-6 개별수요곡선에서 시장수요곡선 알아내기

패널 A : 개별수요

1단계 : 설문조사							
가격(갤런당 $)	대런의 수요		브루클린의 수요		나머지 298명	
$1	7	+	4	+	…	=
$2	5	+	3	+	…	=
$3	3	+	2	+	…	=
$4	2	+	1	+	…	=
$5	1	+	0	+	…	=

패널 B : 시장수요

2단계	3단계	총합
300인의 총수요	3억 명으로 일반화	총시장수요
2,800갤런	×100만	=28억 갤런
2,400갤런	×100만	=24억 갤런
2,000갤런	×100만	=20억 갤런
1,600갤런	×100만	=16억 갤런
1,200갤런	×100만	=12억 갤런

대표할 수 있도록 조사 결과의 단위를 조정한다(이러한 방식의 조사는 표본으로 선정된 300명이 전체 3억 명의 미국 인구를 잘 대표하도록 선정될수록 신뢰도가 높을 것이다).

휘발유가 갤런당 1달러이고 표본 300명의 휘발유 수요의 합이 2,800갤런일 때, 인구 전체 3억 명의 시장에서는 주당 28억 갤런의 휘발유가 수요될 것이라는 것을 알 수 있다. 결국, 그림 2-6의 마지막 열에서 보듯이 각 가격 수준에서 시장 총수요의 예상치는 설문조사에서 조사된 총수요량에 100만을 곱한 것이라는 것을 알 수 있다.

시장수요곡선은 각 가격 수준에서의 시장 총수요량을 그린 것이다. 각 가격 수준에서 시장 총수요량을 알아낸 후 시장수요곡선을 그려보자.

4단계 : 각 가격 수준에서 시장 총수요량을 표시하고 시장수요곡선을 그린다. 시장수요곡선을 그리는 원칙은 개별수요곡선을 그릴 때와 동일하다: 가격은 수직축에, 수량은 수평축에. 그림 2-6 첫 번째 열에 나타난 각 가격 수준에서 마지막 열에 나타난 시장 총수요량을 대응하여 그래프상 점을 찍어보자. 표의 각 행의 결과는 그림 2-7의 보라색 점으로 나타낼 수 있다. 그다음 미국의 휘발유 시장수요곡선을 추정하기 위하여 각 점들을 이어보자. 사실 이 그래프는 주요 정유사 경영진들이 실제로 참조하는 통계적 추정치와 꽤 비슷하다.

우하향하는 시장수요곡선

시장수요곡선은 '수요의 법칙'에 따른다: 가격이 낮아질수록 총수요량은 커진다.

그림 2-7에서 정유 산업의 총수요는 우하향한다는 것을 알았다. 거의 대부분의 경영자들은 제품의 시장수요곡선을 반복적으로 추정했고 가격이 낮을수록 시장에서의 총수요가 높아진다는 것을 알아냈다. 즉, 시장수요곡선은 수요의 법칙(가격이 낮을 때 총수요량이 높아진다)을 따른다.

이렇게 시장에서 보편적인 현상은 개별수요곡선을 이해하면 자연스럽게 이해하게 된다. 시

그림 2-7 | 시장수요 추정하기

전미 시장수요곡선을 추정하기 위하여:

❶ 단계 : 시장을 대표할만한 샘플을 뽑아 **각 가격 수준에서 구매할 수량**에 관한 설문조사를 한다(그림 2-6 참조).
❷ 단계 : 각 가격 수준에서, 조사된 사람들의 총수요량을 합산한다.
❸ 단계 : 시장 전체의 총수요를 추정하기 위하여 설문조사에서 나온 수요량을 전체 시장을 대표할 수 있게끔 단위를 조정해준다. 300명의 설문조사 대상자로 3억 명의 고객을 대표하기 위하여 각 사례에서 나온 총수요량에 100만씩 곱해준다.
❹ 단계 : 각 가격 수준에서 시장 전체의 총수요량을 대응하면 시장수요곡선을 얻는다.

❶ 가격 (갤런당 $)	❷ 설문조사 300명의 총수요량 (주당 휘발유 갤런)	❸ 추정 : 3억 명 고객의 총수요량 (주당 휘발유 갤런)
$5	1,200	×100만=12억
$4	1,600	×100만=16억
$3	2,000	×100만=20억
$2	2,400	×100만=24억
$1	2,800	×100만=28억

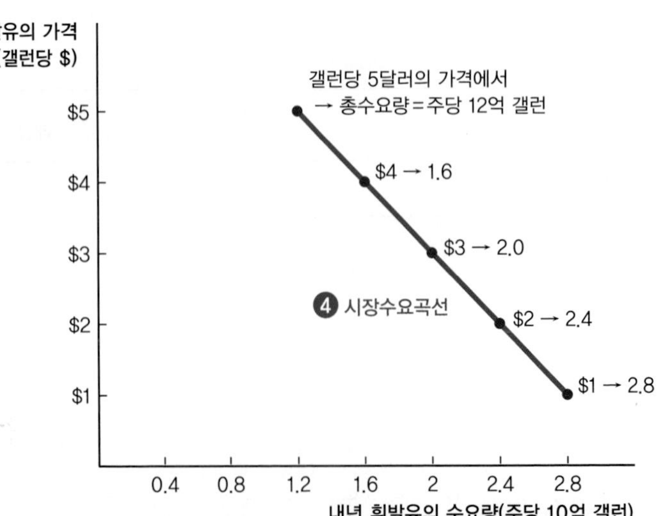

장수요곡선은 각 가격에서 개별수요를 더한 값이기에 개별수요곡선의 여러 특성을 그대로 갖고 있다. 특히 휘발유 가격이 낮아질수록 사람들의 휘발유 수요가 증가하기 때문에 휘발유 시장에서의 총수요량(사람들의 휘발유 수요량의 총합)도 증가하게 된다.

가격은 기존고객, 신규고객 모두의 수요를 변화시킨다. 주유소 사장들은 더 낮은 휘발유 가격이 시장수요의 증가를 불러오는 두 가지 이유를 알아냈다. 첫째는 가격이 낮을 때, 기존 고객들이 더 많이 구매하는 것이다. 둘째는, 주유소 사장들은 가격이 낮아지면 사람들이 자동차 구매를 더 많이 하게 되어 신규 고객이 늘어난다는 것이다. 기존 고객의 수요량 변화와 신규 고객의 새로운 수요의 변화라는 수요의 두 가지 측면은 대부분 재화의 시장수요의 중요한 부분이다.

이는 시장수요를 추정할 때 단순히 기존 고객만 고려하는 것이 아니라 새로운 고객이 될 수 있는 잠재 고객의 수요까지 고려하는 것이 중요한 이유를 보여준다.

수요곡선상의 이동

가게 사장들은 시장수요곡선이 시장가격과 총수요량의 관계를 보여주기 때문에 유용하다는 것을 알고 있다. 총수요량을 예측하기 위해서는 수직축의 한 점(가격)에서 수평선을 그렸을 때 수요곡선과 만나는 점을 찾고 다시 그 점에서 수직으로 내려왔을 때 수평축과 만나는 점(수량)을 찾으면 된다. 그림 2-7에서 가격이 4달러일 때, 시장에서의 휘발유의 총수요량은 주당 16억 갤런이라는 것을 확인할 수 있다. 가격이 2달러로 하락했을 때에는 똑같은 방법으로 수직축의 2달러에서 수요곡선까지 수평축을 그렸을 때 수요곡선과 만나는 점을 찾고 다시 그 점에서 수직으로 내려왔을 때 수평축과 만나는 점을 찾으면 휘발유 24억 갤런이라는 것을 알 수 있다. 수요의 법칙이 말하는 대로, 가격이 하락하면 주당 16억 갤런에서 24억 갤런으로 수요량이 증가한다.

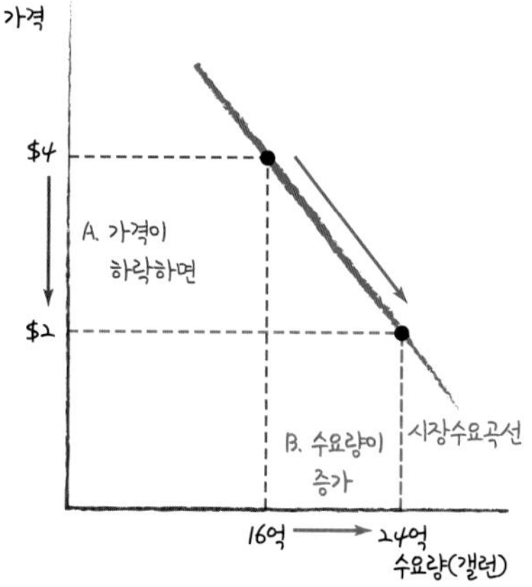

가격이 변화하면 수요곡선상의 한 점에서 다른 점으로 이동하는 것을 발견했는가? 사실, 다른 아무것도 변하지 않는다면(즉, 다른 모든 조건이 일정하다고 가정했을 때), 가격의 변화가 일어나면 동일한 수요곡선상에서 움직이게 된다. 즉, 가격이 변화하게 되면 고정된 하나의 수요곡선상에서 움직이게 된다. 결국 수요곡선은 가격과 수요량의 관계를 보여주는 것이다. 지금까지 말한 것을 정리하면 다음과 같다: 가격의 변화는 **수요곡선상의 이동**(movement along the demand curve), 즉 **수요량의 변화**(change in the quantity demanded)를 가져오게 된다. 아직 잘 이해가 되지 않을 수 있지만 뒤의 내용을 보다 보면 더 명쾌하게 이해될 것이다.

수요곡선상의 이동

가격 / $4 / $2 / A. 가격이 하락하면 / B. 수요량이 증가 / 시장수요곡선 / 16억 → 24억 / 수요량(갤런)

수요곡선상의 이동 가격의 변화가 일어나면 수요곡선 위의 한 점에서 다른 한 점으로 이동하게 된다.

수요량의 변화 수요량의 변화는 수요곡선상의 이동을 발생시킨다.

2.4 수요곡선을 이동시키는 요인

학습목표 수요곡선을 이동시키는 요인을 이해한다.

지금까지 다른 모든 조건이 일정하다고 가정했을 때, 가격이 변함에 따라 수요량이 어떻게 변하는지 알아보았다. 수요에 대해 알아보기 위하여 구매자의 합리적 규칙을 알아보았으며 이 규칙을 이해하기 위해 네 가지의 핵심 원리 중 세 가지를 사용했다. 기회비용의 원리, 비용-편익의 원리, 한계의 원리가 그것이다.

이제 가격 이외의 요인이 바뀐다면 어떤 일이 일어날까? 이에 관해 알아보기 전에 마지막 네 번째 원리에 대해 알아보자.

상호의존의 원리와 수요곡선의 이동

상호의존의 원리를 다시 생각해보자. 이 원리는 구매자의 최적 선택이 가격 이외에 수많은 요인에 의해 결정된다는 것이며 어떠한 다른 조건이 바뀐다면 구매자의 수요에도 변화가 생김을 의미한다. 예를 들어, 급여가 오르거나 교통량이 많아지거나 버스요금이 낮아진다면 구매하고자 하는 휘발유의 양이 달라질 것이다. 이러한 기타 조건에 변화가 일어나면 수요곡선 자체가 움직일 것이다. 이처럼 수요곡선 자체가 움직이는 것을 **수요곡선의 이동**(shift in the demand curve)이라고 부른다. 수요곡선은 한계편익을 나타내는 곡선이기에, 만약 한계편익이 변화하게 된다면 수요곡선에도 변화가 일어날 것이다.

수요곡선의 이동 수요곡선 그 자체의 이동

그림 2-8이 보여주듯이 수요곡선의 우측 이동은 **수요의 증가**(increase in demand)를 의미한다. 이는 그림에서 볼 수 있듯이 모든 가격 수준에서 수요량이 증가하기 때문이다. 반대로 수요곡선의 좌측 이동은 **수요의 감소**(decrease in demand)를 의미한다. 이 또한 그림에서 볼 수 있듯이 모든 가격 수준에서 수요량이 감소하기 때문이다.

수요의 증가 수요곡선의 우측 이동

수요의 감소 수요곡선의 좌측 이동

수요곡선을 이동시키는 여섯 가지 요인

상호의존의 원리의 의미를 되새겨보면, 여타 수많은 조건들을 고려하여 구매 결정이 이루어지며 조건 하나가 변화하게 되면 사람들의 구매 계획, 더 나아가 수요곡선이 이동한다는 것을 의미한다. 이 조건들에는 이와 같은 것이 있다.

1. 소득
2. 선호
3. 관련 재화의 가격
4. 기대
5. 혼잡효과와 네트워크 효과
6. 구매자의 유형과 수 ⟶ 단, 이는 시장수요만을 변화시킨다.

(1~5: 개별수요에 변화를 일으키며 결국에는 시장수요도 변화한다.)

시장수요곡선을 이동시키는 여섯 가지 요인
1. 소득
2. 선호
3. 관련 재화의 가격
4. 기대
5. 혼잡효과와 네트워크 효과
6. 구매자의 유형과 수
… 여기에 가격의 변화는 포함되지 않는다.

1~5번까지의 변화는 개별수요곡선을 이동시키며 시장수요곡선이 개별수요곡선의 합이라

그림 2-8 | 수요곡선의 이동

패널 A : 수요의 증가

Ⓐ 수요의 증가는 수요곡선을 우측으로 이동시키며, 모든 가격 수준에서 수요량이 증가하게 된다.

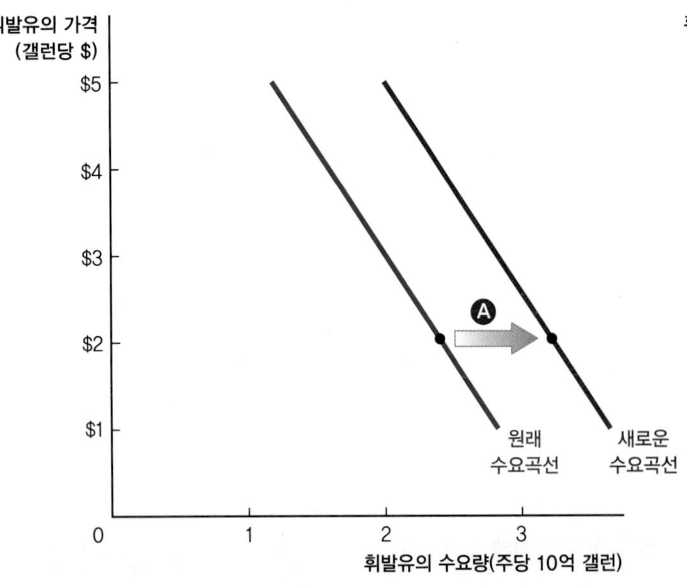

패널 B : 수요의 감소

Ⓑ 수요의 감소는 수요곡선을 좌측으로 이동시키며, 모든 가격 수준에서 수요량이 감소하게 된다.

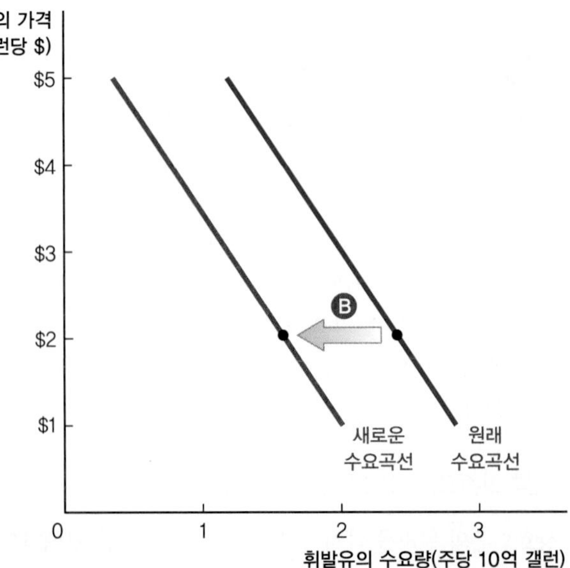

는 것을 생각해보면 결국에는 시장수요곡선도 변화하게 된다. 마지막 6번의 변화, 구매자의 유형과 수는 시장수요곡선만을 곧바로 변화시키게 된다.

이제 이 여섯 가지 요인 각각이 어떻게 수요곡선을 이동시키는지 살펴보자.

첫 번째 수요 이동 요인 : 소득 사람들이 마음껏 쓸 수 있는 소득은 한정되어 있기에 개인의 선택은 상호의존적이게 된다. 휘발유를 사는 데 돈을 사용했다면 옷을 사는 것을 포기해야 한다. 그런데 소득이 늘어나면 두 가지 모두, 또한 더 많이 구매할 수 있게 된다. 따라서 소득이 늘어나면 각 가격 수준에서 살 수 있는 휘발유(혹은 옷)의 양이 늘어나게 되고 수요의 증가, 곧 수요곡선의 우측 이동이 발생하게 된다. 반대로 소득이 적어지면 각 가격 수준에서 살 수 있는 휘발유나 옷의 양이 적어지게 되고 수요의 감소, 곧 수요곡선의 좌측 이동이 발생하게 된다.

정상재 소득이 증가할 때 수요가 증가하는 것

열등재 소득이 증가할 때 수요가 감소하는 것

소득이 증가할 때 수요량이 증가하게 되는 재화를 **정상재**(normal good)라 한다. 대부분의 재화는 정상재이다. 반대로 예외도 있는데, 소득이 증가할 때 수요가 감소하게 되는 재화를 **열등재**(inferior good)라고 한다. 여기서 열등은 나쁜 것을 의미하지 않는다. 단순히 소득이 증가했을 때 더 적게 사는 물건을 의미한다. 가난한 학생 시절에는 버스를 많이 타겠지만 취업을 하게 되면 차를 구매하여 버스를 적게 타게 되는 것이 그 사례이다. 취업 후에 소득이 늘어나 버스에 대한 수요가 낮아지게 되면, 버스 이용을 열등재라고 할 수 있다. 열등재는 일반적으로 이용하거나 구매하는 것들 중에 소득이 증가할수록 적게 하고 더 비싸고 질 좋은 것으로 대체되는 것들이다.

정상재와 열등재의 또 다른 예를 생각해보자. 평소에 구매하는 것들 중에 돈을 더 많이 벌게 되면 잘 이용하지 않게 되는 것을 생각해보자. 보통 소득이 증가하면 패스트푸드보다는 고급 레스토랑을, 휴가 때 직접 자동차를 운전하기보다는 비행기를, 값싼 후드티보다는 가죽재킷을 더 많이 이용하게 된다. 이때 고급 레스토랑, 비행기, 가죽재킷을 정상재, 패스트푸드, 휴가 때 직접 자동차를 운전하는 것, 후드티 등이 열등재라고 할 수 있다.

편하게 입을 수 있는 열등재

자료 해석 어떤 소매업이 불황 때 장사가 잘될까?

정상재와 열등재의 구분은 현실에서 꽤나 유용하다. 예를 들어, 경제학자들은 사람들의 소득이 증가할수록 타깃의 매출은 증가하고 월마트의 매출은 감소하는 것을 발견했다. 미루어 짐작해 보면(사실 거의 정확할 것이다), 타깃에서 쇼핑하는 것은 완벽한 정상재이고 월마트에서 쇼핑하는 것은 그 반대일 것이다.

월마트가 열등재를 판매한다는 것은 월마트 입장에서 나쁜 것이 아니다. 2008~2009 금융위기 때, 평균 소득은 감소했다. 열등재를 다수 판매하던 월마트는 이때 매출이 급등했으나 정상재를 팔던 타깃은 매출 감소를 겪었다. 그림 2-9는 금융위기 당시 월마트의 주가는 매출 호조에 힘입어 증가했지만, 타깃은 매출 감소로 인하여 주가가 40% 하락했다. ■

그림 2-9 | 정상재와 열등재

정상재와 열등재

Ⓐ 2007년에, 타깃의 주가는 월마트의 주가보다 훨씬 높았다.
Ⓑ 2007년 12월에 미국 경기가 악화되면서 미국인들의 평균소득이 감소했다.
Ⓒ 월마트는 열등재를 팔았기에 평균소득의 감소는 매출의 증가를 가져왔고 이는 주가상승으로 이어졌다.
Ⓓ 타깃은 정상재를 팔았기에 평균소득의 감소는 수요의 감소를 가져왔고 이는 주가하락으로 이어졌다.

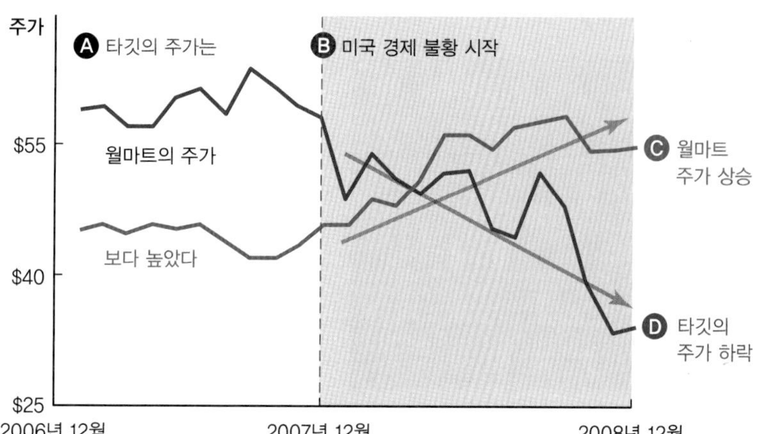

두 번째 수요 이동 요인 : 선호 선호의 변화는 수요의 변화를 일으킨다. 대런이 아기를 가진

다면 어떻게 될까? 그렇게 되면 대런의 필요가 바뀌어 구매하는 물건도 바뀌게 될 것이다. 만약 아기가 아프면 빨리 집으로 달려오기 위해 통근할 때 자동차를 더 많이 이용하게 될 수도 있다. 아니면 통근할 때만이라도 더 쉬기 위해서 버스를 이용할 수도 있다. 이처럼 사람들이 결혼하거나 아기를 낳게 되는 것과 같이 삶이 변화했을 때 그에 따른 수요변화를 활용하는 방법을 알아내기 위해 노력하는 수많은 마케팅 전문가들이 활동하고 있다.

기업들은 사람들의 선호에 영향을 미치기 위해 매년 수십억 달러를 광고에 지출한다. 펩시가 자신들의 제품이 코카콜라보다 낫다는 것을 사람들에게 각인시킬 수 있다면, 사람들의 펩시 수요는 증가하고 코카콜라 수요는 감소할 것이다. 사회적 압력도 수요곡선에 영향을 미친다. 예를 들어, 환경오염에 대한 경각심이 증가함에 따라 허머 같은 저연비 차량에 대한 수요가 감소하여, 즉 저연비 차량 수요곡선이 좌측으로 이동했다. 선호는 유행에 따라 변하기도 하는데 2000년대 초반에 어그부츠와 크록스 신발에 대한 수요가 증가했으며, 즉 이 두 제품 수요곡선의 우측 이동이 나타났다. 물론 유행이 끝나면 수요는 감소하고 다시 수요곡선이 좌측으로 이동한다.

세 번째 수요 이동 요인 : 관련 재화의 가격 관련 재화는 선택에 영향을 줄 수 있다. 예를 들어, 핫도그에 대한 수요는 핫도그 빵에 대한 수요와 밀접하게 연관되어 있다. 핫도그 빵의 가격이 상승하면 핫도그 빵과 핫도그를 덜 구매할 것이다. 결국, 핫도그의 비용이 증가하면 핫도그의 수요가 감소하고, 즉 핫도그의 수요곡선이 좌측으로 이동한다. 한 재화의 가격이 높아질 때 다른 한 재화의 수요가 감소하는 재화들을 **보완재**(complementary goods)라고 부른다. 일반적으로 보완재는 함께 움직인다. 다시 말해서, 핫도그 빵은 핫도그의 보완재인데, 새로운 스마트폰과 그 케이스의 관계와 같다. 마찬가지로 자동차는 휘발유와 보완재인데 이는 차를 운전하기 위해서는 휘발유가 필요하기 때문이다. 자동차 가격이 하락하면 사람들이 더 많이 운전하게 되고 휘발유 수요의 증가, 즉 휘발유 수요곡선이 우측으로 이동하게 된다.

보완재 보완재는 함께 움직인다. 보완재의 가격이 상승하면 나머지 재화의 수요가 감소한다.

반대로, **대체재**(substitute goods)는 서로를 대신한다. 걷기, 자전거 타기, 카풀, 버스 등은 자동차를 직접 운전하는 것의 대체재이다. 버스 요금이 두 배로 오르면 버스를 타기보다는 직접 운전하는 사람이 늘어날 것이며 이는 휘발유 수요의 증가로 이어진다. 대체재의 가격 상승은 나머지 재화의 수요를 증가시킬 것이고 반대로 대체재의 가격 하락은 나머지 재화의 수요를 감소시킬 것이다.

대체재 대체재는 서로를 대신한다. 대체재 가격이 상승하면 나머지 재화의 수요가 증가한다.

일상경제학 간접적으로 영향을 주고받기

대체재와 보완재를 이해하기 위해서 직접적이지는 않지만 간접적으로 영향을 주고받는 것을 생각해보면 된다. 예를 들어서, 부모님은 자녀가 공부를 열심히 하길 원하지만 그게 마음대로 되지는 않는다. 그런데 현명한 부모님은 공부의 보완재를 지원하고 대체재를 끊어낸다. 그래서 부모님들은 교과서, 노트북, 책상 의자와 같은 공부의 보완재를 구매하는 데 돈을 주고 파티와 비디오게임과 같은 공부의 대체재에는 돈을 지원해주지 않는다.

마찬가지로 고용주들은 고용자들이 일에 집중하기를 원하기 때문에 일에 더 집중할 수 있게끔 커피를 무료로 제공하고 업무 중에 페이스북 같은 대체재에 접근하지 못하도록 한다.

중요한 사람들 간의 밸런타인데이 선물을 생각해볼 수 있다. 근사한 식사는 흔한 선물이지만 온라인 데이트 사이트 회원권은 흔하지 않다. 이것도 보완재와 대체재의 논리로 설명할 수 있을까? ■

Miguel Candela/SOPA Images/ZUMA Wire/Alamy

새 스마트폰을 산다? 그러면 케이스도 사게 될 것이다.

네 번째 수요 이동 요인 : 기대 소비자로서 무엇을 구매할 것인가뿐만 아니라 언제 구매할 것인가도 중요하다. 선택은 시간과 연관되어 있다. 이러한 직관은 구매자로서 돈을 아끼는 데 도움을 줄 것이고 수요곡선에도 영향을 준다. 주유소 앞을 지나갈 때 저 높은 가격이 일시적이라고 생각하면 주유를 며칠 뒤로 미룰 것이고 이는 오늘 당장의 휘발유 수요를 감소시킨다. 반대로, 가격이 앞으로 더 올라갈 것이라고 생각하면 당장 주유해야 하기 때문에 오늘의 휘발유 수요가 증가할 것이다. 즉, 미래 휘발유 가격의 기대에 따라 휘발유 수요곡선이 왼쪽으로도, 오른쪽으로도 움직일 수 있다.

이러한 직관은 대체재 논리에 있어서 중요하다. 내일 휘발유 구매는 오늘 휘발유 구매의 대체재가 되는데, 내일 휘발유 구매라는 대체재의 가격이 상승하면 오늘 휘발유 수요량이 증가할 것이다. 반대도 마찬가지이다.

일상경제학 미래를 예측하면 돈을 아낄 수 있다

우버의 가격 정책은 많은 논쟁을 불러일으켰다. 가장 이용객이 많은 시간에 가격을 평소의 2~3배로 올려 더 많은 운전자들이 도로로 나오도록 유도했다. 어떤 운전자들은 자신들의 스케줄을 잘 조정하여 이용객이 많은 시간에 운전하여 돈을 벌 수 있었다. 반대로 어떤 사람들은 콘서트가 끝난 직후에 곧바로 집으로 가는 것이 아니라 친구들과 근처에서 몇 시간 동안 어울려서 사람들이 몰리는 시간을 피해 가격이 정상적으로 돌아오는 시간을 이용하여 돈을 아낄 수 있었다.

여기에는 패턴이 있다. 몇 시간 후 우버의 가격이 낮아질 것이라는 기대는 당장의 우버 이용 수요를 감소시켰다. 몇 시간 뒤에 우버를 이용하는 것은 당장 이용하는 것의 대체재이고 이 대체재의 가격이 낮아지는 것은 당장 이용하는 것의 수요를 감소시켰다. 이를 확장해서 생각해보면, 구매하기 전에 미래의 가격을 예측해보면 돈을 아낄 수 있다. ■

네트워크 효과 다른 사람들이 사용할수록 더 가치 있어지는 물건. 더 많은 사람들이 구매할수록 더욱 수요가 증가한다.

혼잡효과 다른 사람들이 사용할수록 가치가 떨어지는 물건. 사람들이 많이 구매할수록 수요가 감소한다.

다섯 번째 수요 이동 요인 : 혼잡효과와 네트워크 효과 다른 사람들의 선택에 의해 어떤 물건들의 가치, 즉 나의 수요가 정해지기도 한다. SNS를 생각해보자. 많은 미국 대학생들은 페이스북, 인스타그램, 스냅챗을 이용하지만 중국에서는 위챗이 가장 유명한 소셜미디어 플랫폼이다. 이는 **네트워크 효과**(network effect), 즉 더 많은 사람들이 이용할수록 가치가 더 커지는 것의 예시이다. 가치가 더 높아질수록 한계편익이 높아질 것이고 수요도 높아질 것이다. 네트워크 효과에는 중요한 의미가 있다. 몇 명의 얼리어답터로 인해 고객들에게 더 매력적인 상품이 되어 수요가 증가하게 되고 다시 더 많은 고객들이 사용하게 됨으로써 더더욱 가치가 높아지는 것이다. 이러한 시장에서는 초기 경쟁에서 이기는 것이 장기적인 성공에 있어서 매우 중요하다.

반대로, 어떤 것들은 많은 사람이 이용할수록 가치가 떨어지는데 이를 **혼잡효과**(congestion effect)라고 한다. 예를 들어서, 사람들이 많이 다니는 도로는 교통 혼잡으로 인하여 인기가 떨어질 것이다. 마찬가지로 다른 사람이 똑같이 입고 있는 정장은 구매하지 않을 것이다.

Daniel Sambraus/Photographer's Choice/Getty Images

좋아하는가 싫어하는가? 누가 사용하고 있느냐에 달려있다.

일상경제학 사용하는 언어, 컴퓨터 프로그램, 운전하는 차량을 결정하는 요인은?

네트워크 효과와 혼잡효과는 어디에나 있다. 예를 들어서, MS 워드프로그램에 불만이 있어도 다른 많은 학생들과 공유하기 쉽기 때문에 계속 사용하게 된다. 언어를 익히는 것도 생각해보자. 대다수 미국 학교에서는 포르투갈어보다는 영어를 가르친다. 이는 영어가 가장 이상적인 언어이기 때문이 아니라 미국에 사는 사람들의 대다수가 영어로 말하기에 미국에서 가장 유용한 언어이기 때문이다. 브라질에서는 이와 정반대이다.

사람들이 구매하는 차의 종류도 상호의존적이다. 굳이 오프로드 운전을 하지 않더라도 도시에 사는 사람들도 때로 SUV를 구매한다. 도로에 큰 차들이 있기에 사고가 났을 때 생존확률을 높이기 위해 더욱 큰 차를 운전할 필요가 있기 때문이다. 따라서 미국에 사는 다른 사람들의 선택에 의해 페이스북, MS 워드, 큰 차, 영어를 배우는 것의 수요가 증가하고 반대로 위챗, 오픈 오피스, 포르투갈어를 배우는 것, 작은 차의 수요는 감소한다. ■

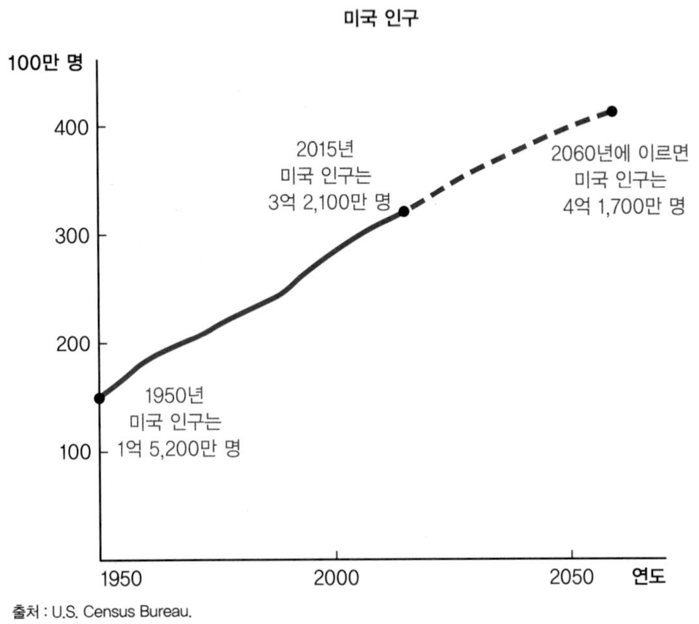

출처 : U.S. Census Bureau.

여섯 번째 수요 이동 요인 : 구매자의 유형과 수 지금까지 개별수요곡선을 이동시키는 다섯 가지 요인들을 분석해보았다. 시장수요는 개별수요의 합이기 때문에, 개별수요에 영향을 주는 5개의 요인들은 시장수요에 영향을 준다. 이에 더해, 시장 내의 인구 구성이나 구매자의 유형이 변화하게 되면 시장수요에도 변화가 생긴다. 예를 들어서, 제2차 세계대전 이후 베이비붐이 일어나면서 아기용 의류의 수요가 증가했다. 이 베이비붐 세대가 자라는 것에 맞추어 학습서, 대학교육, 주택, 차, 베이비붐 세대의 자녀에 관련된 수요가 증가했다. 이제부터는 베이비부머 세대의 건강 관련 소비, 양로원의 수요가 증가할 것이다. 그리고 현재 20~30대인 또 다른 세대 '밀레니얼 세대'가 등장하고 있으며 그들이 직장을 갖고 밀레니얼 세대의 선호가 반영되며 향후 미국의 시장수요를 결정짓게 될 것이다.

더욱이 시장수요는 구매자들의 수에 의해 결정된다. 잠재적 구매자의 수가 증가하고 그들의 개별수요가 더해지면 시장수요가 결정된다. 따라서 잠재적 구매자들의 수가 증가하면 시장수요곡선이 우측으로 이동하게 된다. 단기간으로 보면, 매년 미국의 인구증가율이 연 1%에 지나지 않기에 인구의 증가는 상대적으로 덜 중요해보일 수 있다. 그러나 장기간으로 보면 그렇지 않다. 미국의 인구는 1950년 이래 두 배로 증가했으며 시장의 수요도 두 배로 증가했다. 미국의 인구는 2016년부터 2060년 사이에 약 33%가 증가할 것으로 예상되고 있다. 수요곡선이 시장의 규모에 의해 일부분 결정된다는 사실은 왜 기업들이 이민을 환영하는지 설명해준다. 인구의 증가는 기업 제품의 수요도 증가하기 때문이다.

시장수요를 증가시키는 또 다른 중요한 요인은 국제교역과 새로운 외국 시장의 개방이다. 예를 들어서, 중국의 경제 개방은 수출업자들이 10억 명 이상의 새로운 중국 소비자들과 맞닥뜨릴 수 있다는 것, 즉 잠재적인 수요곡선의 거대한 이동을 의미한다.

요약 : 가격 이외의 요인이 변할 때, 수요곡선이 이동한다. 요약해보면, 시장 내 한 요인의 변화는 수요 결정에 영향을 미친다. 이러한 변화는 상호의존의 원리를 보여준다. 최적 선택은 수많은 요인에 의해 결정되고 이러한 요인들이 변화하면 최적 선택도 변화한다. 개별수요곡선을 이동시키는 다섯 가지 요인(소득, 선호, 다른 재화의 가격, 기대, 네트워크 효과와 혼잡효과)은 한계편익을 변화시키는 요인이기도 하다. 한계편익곡선은 수요곡선이기에 이 요인들이 변화하면 수요곡선 또한 움직이게 된다. 앞으로 수요곡선상의 이동과 수요곡선 자체의 이동의 차이를 알아보는 데 지금까지 배운 다섯 가지 요인을 숙지하도록 하자.

2.5 수요곡선상의 이동 vs. 수요곡선의 이동

학습목표 수요곡선상의 이동과 수요곡선의 이동을 구별한다.

수요곡선상의 이동과 수요곡선의 이동을 구별하는 것은 어려워 보인다. 그러나 이 둘을 구별하는 것은 어떠한 경제적 조건이 변화할 때 그 결과를 올바르게 예측하는 데 필수적이다. 간단한 규칙은 다음과 같다. **가격이 변화하면 수요곡선상의 이동을 생각하자. 반면 시장의 다른 조건이 변화하면 수요곡선의 이동을 떠올리면 된다.**

수요곡선상의 이동

가격의 변화를 다른 요인들의 변화와 구별하기 위하여 휘발유 가격이 변할 때 대런의 사례를 다시 생각해보자. 가격의 변화는 그림 2-1에서의 대런의 답변에 영향을 미치지 않을 것이다. 그 설문조사는 이미 휘발유 가격이 변화할 때의 휘발유 수요량 변화에 관하여 말해주고 있다. 마찬가지로 설문조사의 결과에 기반을 두어 그린 대런의 개별수요곡선 또한 변하지 않을 것이다. 가격의 변화에 따라 개별수요곡선이 변하지 않는다면 시장수요곡선 또한 변하지 않을 것이다. 논리는 간단하다. 수요곡선은 각 가격 수준에서 대응되는 수요량을 의미하고 만약 구매자의 계획에 변동이 있지 않는 한 시장수요곡선은 움직이지 않는다.

결국, 수요곡선은 가격 변화의 결과를 나타내주기 때문에 기업의 입장에서 매우 유용하다. 예를 들어, 그림 2-10의 패널 A는 휘발유의 가격이 4달러일 때 주당 휘발유의 수요량은 16억 갤런이고, 휘발유 가격이 2달러로 하락하면 수요량은 24억 갤런까지 증가한다는 것을 보여준다. 그림에서 보는 바와 같이 가격의 변화는 수요곡선상의 이동을 일으킨다. 또한 가격이 낮아질수록 수요량은 증가한다.

가격이 변하면 수요곡선상의 이동을 분석한다. 기격 외의 다른 요인이 변하면 수요곡선이 이동한다.

그림 2-10 | 수요곡선상의 이동 vs. 수요곡선의 이동

패널 A — 가격이 변할 때 : 수요곡선상의 이동

Ⓐ 갤런당 4달러에서 2달러로 가격의 변화
Ⓑ 수요곡선상의 이동이 발생함
Ⓒ 주당 16억 갤런에서 24억 갤런으로 수요량의 변화가 발생함

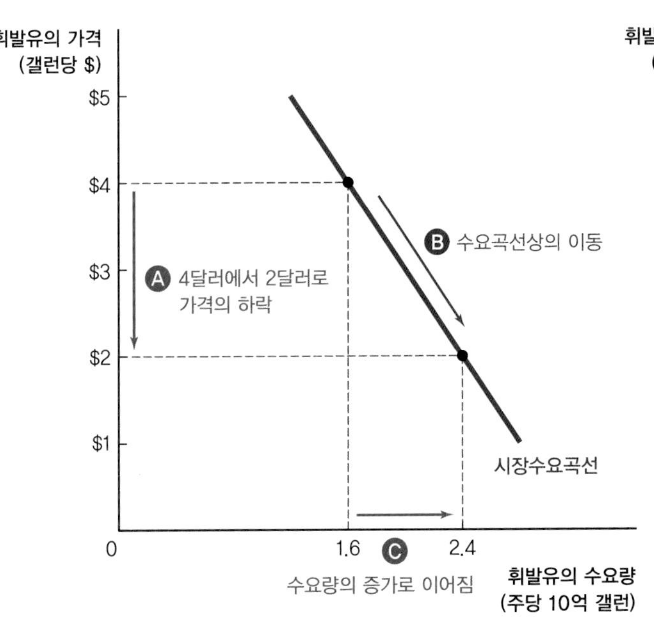

패널 B — 가격 이외의 요인이 변할 때 : 수요곡선의 이동

Ⓐ 모든 가격 수준에서 수요량이 감소하는, 수요곡선이 좌측으로 이동하는 수요의 감소
Ⓑ 모든 가격 수준에서 수요량이 증가하는, 수요곡선이 우측으로 이동하는 수요의 증가

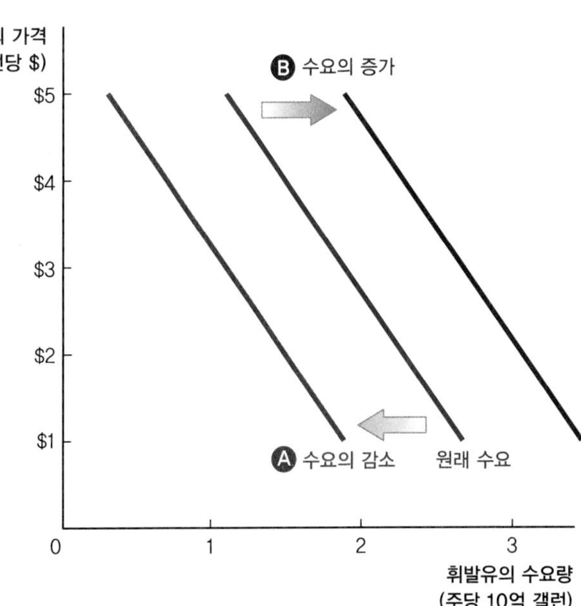

수요곡선의 이동

가격 이외의 다른 요인들이 변화하면 대런의 구매 계획이 변화할 것이다. 예를 들어 휘발유의 가격이 변하지 않더라도, 대런의 소득, 운전에 대한 선호, 우버와 같은 대체재의 가격, 미래 휘발유 가격에 대한 예측, 교통 체증을 일으킬 수 있는 다른 운전자들의 수 등으로 인하여 대런이 구매하고자 하는 휘발유의 양이 변화할 수 있다. 이러한 요인들이 각 휘발유 가격에서 대런의 휘발유 수요량을 변화시킨다면, 대런의 휘발유 수요곡선의 이동이 일어나게 된다.

어떤 시장 조건의 변화가 수요곡선의 이동을 발생시킬지 알아보기 위하여 다음의 질문을 해보자. 각 가격 수준에서 수요할 양에 대한 설문조사에서 답변을 바꿀만한 변화가 발생했는가? 그렇다면, 수요곡선의 이동이 발생할 것이다. 그림 2-10의 오른쪽 패널에서 수요곡선을 우측으로 이동시키는 수요의 증가와 수요곡선을 좌측으로 이동시키는 수요의 감소를 확인할 수 있다.

물론 모든 시장 조건의 변화가 수요곡선의 이동으로 이어지지는 않는다. 어떤 시장 조건의 변화가 문제가 되는지를 알아내기 위해서는 상호의존의 원리를 적용하면 된다. 어떤 것이 구매 결정에 연관되어 있지 않는다면 그것은 구매계획에 영향을 끼치지 않을 것이고 각 가격 수준에서의 수요량 변화가 없을 것이기에 개별수요곡선이 이동하지 않을 것이다. 간단히 말해서, 수요계획에 관한 설문조사 답변에 변화가 없다면 수요가 이동한 것이 아니다. 하지만 답변에 변화가 있다면 이는 구매 결정에 영향을 주는 것이고 이에 따라 수요가 변화하게 된다. 무엇이 수요곡선을 변화시킬지 쉽게 알아보기 위해 수요곡선의 이동을 발생시키는 다음의 여섯 가지 요인들을 기억해보자: 소득(Income), 선호(Preference), 관련 재화의 가격(Price), 기대(Expectations), 혼잡 및 네트워크 효과(Congestion and network effect), 구매자의 유형과 수(Type and number of buyers). 각각의 앞 글자를 따서 PEPTIC이라고 기억하면 여기서 배운 것들을 기억하기 편할 것이다.

수요곡선의 이동을 발생시키는 요인(PEPTIC):
선호(P)
기대(E)
관련 재화의 가격(P)
구매자의 유형과 수(T)
소득(I)
혼잡효과와 네트워크 효과(C)

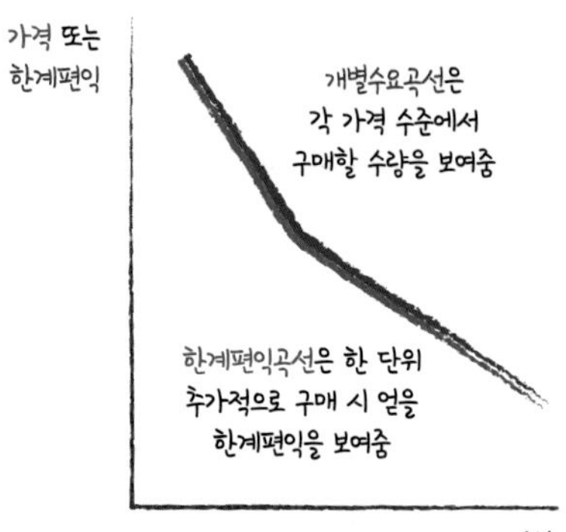

함께 해보기

두 가지 관점에서 수요에 대해 살펴보았다. 개인이 선택하는 개별수요 선택에서 시작해서 모든 구매자들에 걸친 총시장 수요를 살펴보았다. 이 두 관점은 모두 중요하다. 기업은 각 가격수준에서 사람들이 얼마나 구매할지 알고 싶어 한다. 이는 정확히 시장수요곡선이 말해준다. 소비자들은 각자의 한정된 소득에서 최적의 선택을 하고 싶어 하고 이는 개별수요를 통해 알 수 있다. 개별수요곡선이 모여 시장수요곡선이 되기 때문에 이 두 질문은 근본적으로 상통한다.

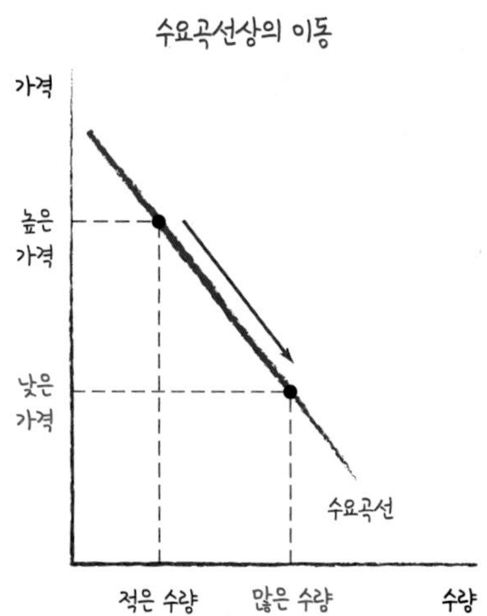

개별수요

구매자의 입장에서 가장 많이 하는 질문은 다음과 같다 : '얼마나 사야 할까?' 구매자의 합리적 규칙은 여러 핵심적인 경제적 원리를 간단한 조언으로 축약해준다: 한 단위 구매의 한계편익이 그 물건의 가격보다 크거나 같을 때까지 구매하라. 이 조건에 따르면 한계편익이 가격과 같아질 때까지 구매하면 된다. 결국 개별수요곡선은 한계편익곡선이다. 일반적으로 한계편익이 체감한다는 것은 한계편익곡선, 즉 수요곡선이 우하향한다는 것을 의미한다. 당신은 경제학자들이 한계편익을 이해하는 것이 수요를 이해하는 것의 전부라고 하는 이유를 알 수 있다.

일반화해보면 다음과 같다. 제1장에서 살펴본 합리적 규칙은 다음과 같다: 한계편익이 한계비용과 일치할 때까지 계속 구매하라. 구매자의 합리적 규칙은 이 규칙을 구매 결정에 적용한 것에 불과한데, 여기에서는 한계비용이 가격과 같기 때문이다. 경제학을 공부하면서, 구매자, 판매자, 근로자, 고용주, 기업자, 투자자 등 어떠한 입장에서도 당신이 최적 선택을 하는 방법을 알아내려고 할 때마다 적절한 규칙은 합리적 규칙으로 나타난다는 것을 발견하게 될 것이다. 이것이 원리에 기반을 둔 접근법의 장점이다: 다른 수많은 사례에서 좋은 선택들의 공통점을 강조하고 있다. 나머지 장에서도 합리적 규칙의 더 많은 적용 사례를 볼 수 있다.

시장수요

시장수요곡선을 통해 경제적 조건이 변화함에 따라 판매량이 얼마나 변화할지 예측할 수 있으므로 시장수요곡선은 기업의 입장에서 유용하다. 가격이 변화하면 시장수요곡선상의 이동이 발생하고 총수요량이 변화한다. 수요곡선은 우하향하므로 가격이 낮아질수록 총수요량이 증가하고 가격이 높아질수록 총수량은 감소할 것이다.

그런데 수요곡선 자체의 이동을 가져오는 몇몇 요인이 있다. 수요의 증가는 각 가격 수준에서 수요곡선의 우측 이동을 의미하고 반대로 수요의 감소는 수요곡선의 좌측 이동을 의미한다.

상호의존의 원리는 수요곡선이 이동하는 여섯 가지 요인을 설명해준다. 그 요인들은 다음과 같다:

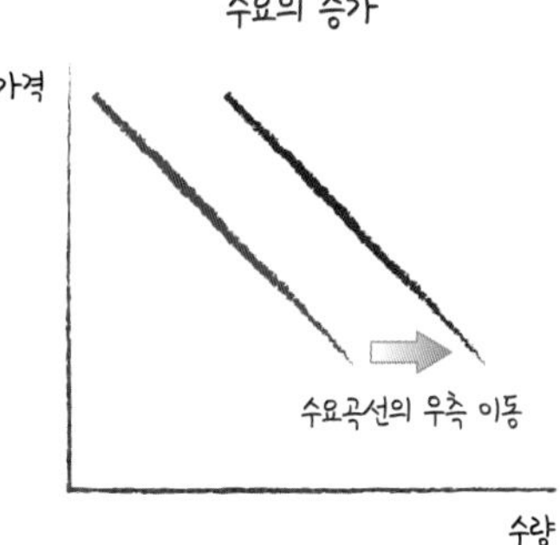

- 소득 : 소득이 증가하면 정상재의 수요가 증가하지만, 열등재의 수요는 감소한다.
- 선호 : 특정 재화에 대한 선호가 변화하면 수요가 변화한다. 선호는 유행, 광고, 라이프스타일, 기타 등등의 요인에 의해 변화한다. 광고주들은 사람들의 수요를 증가시키고자 한다. 사회적 압력도 수요곡선을 이동시킬 수 있다.
- 관련 재화의 가격 : 대체재의 가격이 상승하거나 보완재의 가격이 하락하면 수요가 증가한다. 반대로 대체재의 가격이 감소하거나 보완재의 가격이 상승하면 수요는 감소한다.
- 기대 : 가격이 향후 오를 것으로 예상되면 현재의 수요는 증가한다. 반대로 가격이 내릴 것으로 예상되면 현재의 수요는 감소한다.
- 혼잡효과와 네트워크 효과 : 네트워크 효과가 있는 재화는 많이 사용될수록 수요가 증가한다. 혼잡효과가 있는 재화는 많이 사용될수록 수요가 감소한다.
- 구매자의 유형과 수 : 인구의 증가, 이민, 새로운 해외 시장의 개척 등으로 수요가 증가한다. 인구 구성의 변화도 수요의 변화를 가져온다. 이러한 요인들은 개별수요가 아닌 시장수요에만 영향을 미친다.

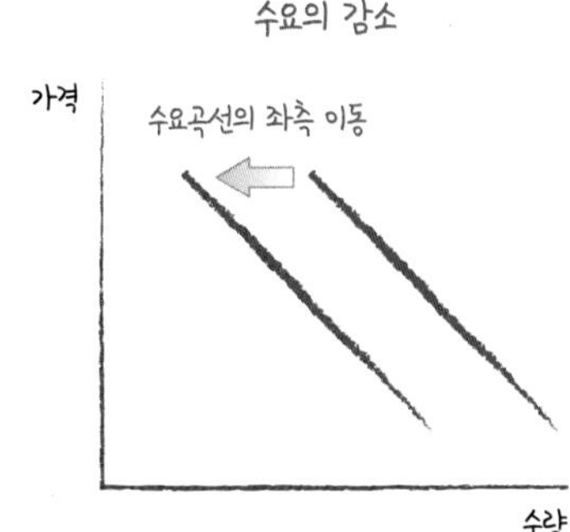

이번 장에서는 소비자와 어떻게 한계편익이 수요를 결정하는가에 대해 초점을 맞추었다. 다음 장에서는 기업의 입장에서 어떻게 생산의 한계비용이 공급을 결정하는가에 대해 알아볼 것이다.

한눈에 보기

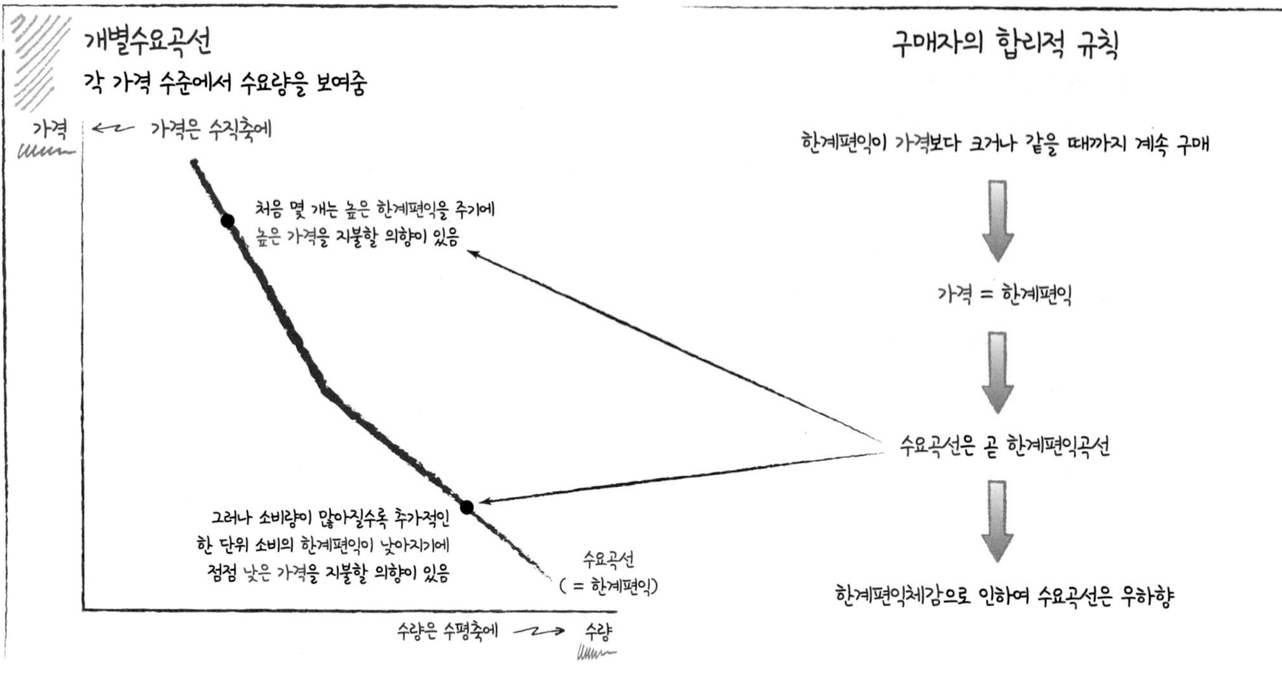

시장수요곡선

1. 시장 내의 대표표본을 조사하여 각 가격 수준에서 구매할 수량을 묻는다.
2. 각 가격 수준에서 조사된 양을 더해 총수요량을 구한다.
3. 전체 시장을 대표하는 수를 얻기 위해 조사된 총량의 단위를 조정한다.
4. 각 가격 수준에 대응하는 시장 총수요량을 그래프에 그린다.

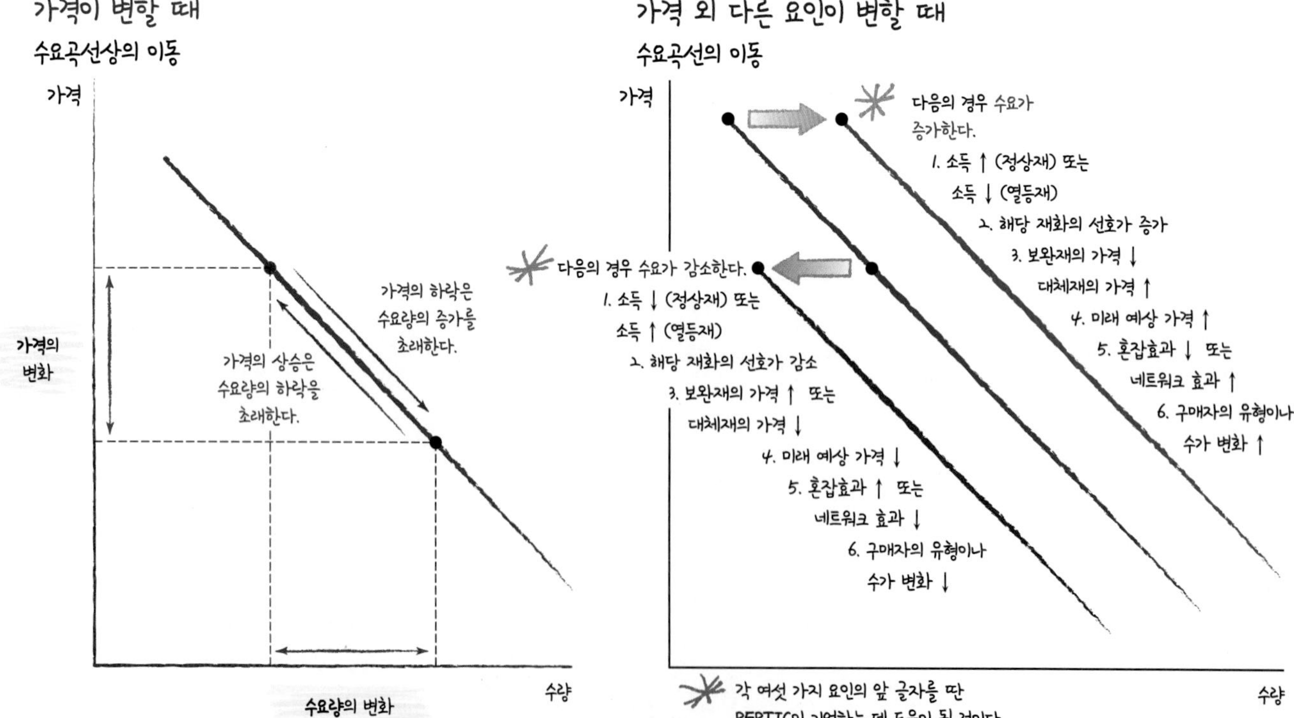

핵심용어

'다른 조건이 일정하다면'
개별수요곡선
구매자의 합리적 규칙
네트워크 효과
대체재
보완재
수요곡선상의 이동
수요곡선의 이동
수요량의 변화
수요의 법칙
수요의 감소
수요의 증가
시장수요곡선
열등재
정상재
한계편익체감
혼잡효과

토론과 복습문제

학습목표 2.1 당신의 개별수요곡선의 형태를 알아본다.

1. 처음 집에서 캠퍼스로 등교하는 데 우버를 이용하였고 13달러를 지불할 의향이 있다. 직접 운전하는 것보다 훨씬 쉬웠기에 내일 다시 21달러를 지불하여 이용할 것이다. 수요의 법칙을 어긴 것인가? 그 이유는?

학습목표 2.2 경제학의 핵심 원리를 적용하여 올바른 수요결정을 내린다.

2. 꼭 필요하지 않은 것에 물을 사용하는가? 이때 집에서 물을 사용하는 요금이 세 배가 된다면 어떻게 반응할 것인가? 그렇게 되면 그만둘 행동이 있는가? 간단히 설명하라. 당신의 물에 대한 수요는 수요의 법칙에 부합하는가?

학습목표 2.3 개별수요를 더해 시장수요를 알아낸다.

3. 아마존의 애널리스트팀은 스마트워치를 생산해도 될지 조사하고 있다. 스마트워치의 잠재적 수요를 어떻게 측정할까? 가장 정확하게 추정하기 위하여 애널리스트들은 어떤 요소들을 고려해야 할까?

학습목표 2.4 수요곡선을 이동시키는 요인을 이해한다.

4. 다음의 재화와 서비스 중에서 어떠한 것이 대부분 소비자에게 정상재 혹은 열등재일까? 간략히 설명하라.
   a. 최신 아이폰
   b. 10년 된 중고차
   c. 치과 진료
5. 소니에서 플레이스테이션 4를 출시하면, 상품당 60달러의 손실이 날 것으로 예측되었다. 그러나 소니는 이러한 우려를 온라인 구독권(PS+) 판매와 높아진 비디오게임에 대한 충성도로 극복할 것으로 자신했다. 이번 장에서 배운 개념들을 토대로 이러한 전략을 설명해보자.

학습목표 2.5 수요곡선상의 이동과 수요곡선의 이동을 구별한다.

6. 다음 문장의 오류를 설명하라: "원유 비용의 증가는 비행기 티켓 가격의 상승을 불러올 것이다. 비행기 티켓 가격의 상승은 또한 항공 여행의 수요를 감소시켜 수요곡선이 좌측으로 이동할 것이다.

학습문제

학습목표 2.1 당신의 개별수요곡선의 형태를 알아본다.

1. 음식 배달서비스 그럽허브는 최근 근처 상권에 진출하였다. 아래 표는 각 가격 수준에서 매달 배달 건수를 보여준다. 이를 토대로 개별수요곡선을 그려보라. 그리고 개별수요곡선의 기울기에 대하여 서술하라.

가격	배달 건수
$10	2
$7	4
$5	6
$4	8
$2	10
$1	12

학습목표 2.2 경제학의 핵심 원리를 적용하여 올바른 수요 결정을 내린다.

2. 론의 자녀의 방과 후 돌봄서비스 수요에 관한 것이다. 매시간 돌봄서비스에 대한 론의 한계편익은 다음 표와 같다. 구매자의 합리적 규칙에 따라 돌봄서비스의 비용이 24달러라면 론은 매일 몇 시간을 이용할 것인가? 만약 시간당 18달러라면 어떻게 될 것인가? 론의 한계편익곡선과 수요곡선을 그려보라.

방과 후 돌봄서비스 시간	한계편익(시간당)
1	$32
2	$30
3	$20
4	$14

3. 케시는 필라델피아에서 학교를 다니고 있다. 매년 뉴욕에 있는 가족과 친구들을 만나러 집에 돌아온다. 케시의 필라델피아에서 뉴욕까지 매년 기차표 수요는 다음의 그래프와 같다. 케시가 매번 집으로 올 때마다 얻는 한계편익은? 만약 왕복 기차표 가격이 230달러라면, 케시는 몇 번 이용할 것인가?

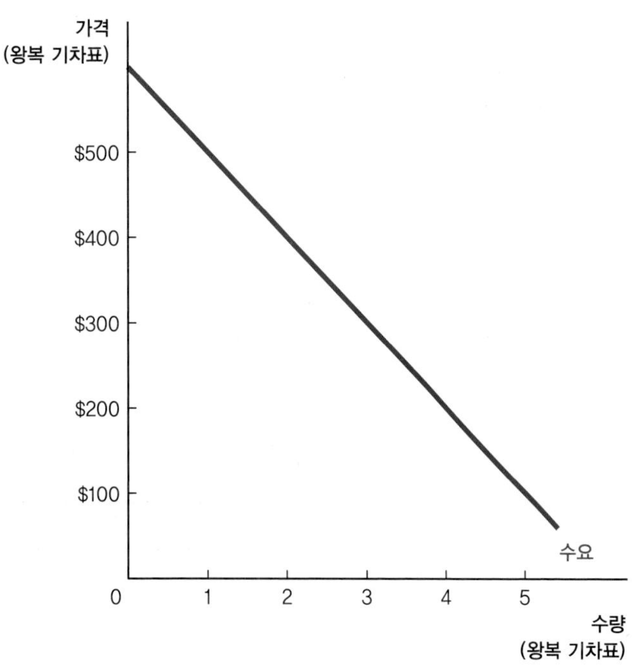

학습목표 2.3 개별수요를 더해 시장수요를 알아낸다.

4. 앙, 토니, 지아나가 매주 소비하는 휘발유 1갤런당 한계편익은 아래 표와 같다. 동일한 그래프에서 각각의 개별수요곡선을 그려보자. 시장 내에 이들 3명이 전부라고 할 때, 휘발유의 시장수요곡선을 그려보자.

매주 휘발유 소비량	앙의 한계편익	토니의 한계편익	지아나의 한계편익
1	$7	$4	$8
2	$5	$3	$6
3	$3	$2	$4
4	$1	$1	$2

5. 인구 4만 명의 소도시 잭슨 시티에서 유일한 약국을 당신이 소유하고 있다고 하자. 계절성 알레르기 약의 지역 내 수요를 알아내어 쌓아두어야 할 재고의 양과 판매가격을 정하고자 한다. 잭슨 시티의 주민 4명에게 설문조사를 해 각 가격 수준에서 각자가 구매할 알레르기 약의 수요량을 물어보았다. 아래 표에 그 결과가 나와 있다. 잭슨 시티 전체의 수요를 추정하여 그래프를 그려보라.

가격	리	준	캐로타	에릭
$8	8	5	6	9
$10	6	4	5	5
$12	4	3	4	3
$14	2	2	2	1
$18	0	1	1	0

학습목표 2.4 수요곡선을 이동시키는 요인을 이해한다.

6. 아래 물건들 중에 대체재와 보완재를 구별해보고 주어진 변화가 각 시장에 어떠한 영향을 미치는지 서술하라.
   a. 휘발유와 SUV : 휘발유 가격의 상승
   b. 뉴욕에서 워싱턴으로 이동 시 기차나 비행기 이용 : 비행기 티켓 가격 상승
   c. 스마트폰과 버라이즌 요금제 : 매달 요금제 가격의 상승
7. 삼성 갤럭시 스마트폰의 수요곡선을 생각해보자. 아래의 각 상황에서 수요곡선이 우측으로 이동할지, 좌측으로 이동할지, 혹은 불변일지 서술하라.
   a. 삼성 스마트폰의 배터리가 저절로 폭발한다.
   b. 애플이 최신 아이폰의 가격을 10% 올린다.
   c. 삼성이 갤럭시의 가격을 10% 올린다.
8. 월스트리트저널의 2018년 기사에 따르면, 외국산 강철에 부과될 관세로 인하여 향후 신차 구매 시 고객이 300달러 정도 더 부담할 수 있다고 한다. 이러한 변화가 현재 미국 내 신차 구매수요에 미칠 영향을 그래프로 그려보자.
9. 델타항공의 마케팅 팀의 일원으로서 캔자스시티와 디트로이트 사이의 항공 수요를 증진시킬 전략을 개발해야 한다. 과거 항공편 데이터를 살펴보고 두 도시 간 존재하는 항공 수요를 아래 표와 같이 결정하였다.

항공편당 가격	일일 수요량
$200	1,200
$300	1,100

항공편당 가격	일일 수요량
$400	1,000
$500	900
$600	800
$700	700

a. 그러나 마케팅 팀에서 기획한 광고가 매우 성공적이어서 기존 고객들의 지불 의사가 100달러 상승하였고 추가적으로 각 가격마다 50명의 새로운 고객들이 생겼다. 아래 표를 채우고 각 가격에서 광고로 인한 새로운 수요량을 구해보자.

항공편당 가격	광고 이후의 일일 수요량
$200	1,350
$300	
$400	
$500	
$600	
$700	

b. (a)에서의 기존 수요곡선과 새로운 수요곡선을 그래프로 그려보자.

학습목표 2.5 수요곡선상의 이동과 수요곡선의 이동을 구별한다.

10. 다음의 사건들이 커피의 수요에 미칠 영향을 그래프로 그려보고 이유를 설명해보자.
    a. 미국의 평균 시급이 상승함
    b. 캘리포니아 내의 모든 카페가 커피 내의 발암물질에 대한 경고문을 게시하도록 강제됨
    c. 바리스타의 임금 인상을 위한 커피 가격의 상승

CHAPTER 3

공급 : 판매자처럼 생각해보기

매일 무엇을 구매할지 고민하는 것과 마찬가지로 무엇을 팔지도 고민해야 한다. 구매와 판매는 함께 발생하기 때문이다. 기업체를 운영하지 않고 있기에 스스로 판매자의 관점에서 생각하지는 않지만, 사실 모든 사람은 작지만 매우 중요한 기업을 운영하고 있다: 바로 자기 자신이다. 사람들은 이미 스스로 매우 중요한 공급 결정을 내리고 있다. 콘서트 티켓을 스텁허브에서 팔아본 경험이 있을 것이다. 어쩌면 중고 가구나 중고차와 같은 대형 물품을 팔아보았을 수도 있다. 시급을 받고 노동력을 파는 파트타임 일자리를 구해본 경험도 있을 것이다.

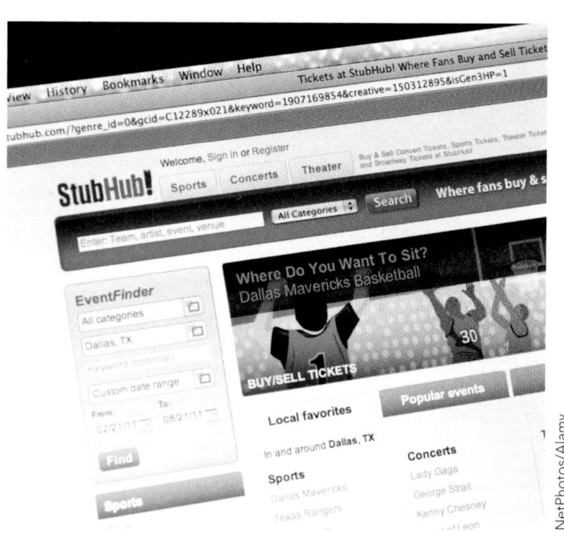

주식을 얼마에 팔 것인가?

돈과 관련 없는 거래에서 공급자가 된 적도 있을 수 있다. 당신의 가정은 작은 기업과 같고, 당신은 가족이나 동거인이 유사한 서비스를 하는 대가로 요리나 청소 서비스를 생산한 적이 있을지도 모른다. 혹은 사랑하는 사람에게 자녀돌봄, 자동차 태워주기, 조언 제공 등의 서비스를 공급한 것이 있을 것이다. 당신은 친구에게는 우정을, 온라인 광고에 대해서는 시청자가 되는 서비스를, 공급에 관한 이번 장에 대해서는 관심을 공급하고 있는 것이다.

이번 장에서는 공급, 판매자의 입장이 되어 결정을 내리는 것에 대해 알아볼 것이다. 이번 장의 구조는 수요에 관해 공부했던 때와 거의 동일하다. 개개인의 결정에 관해 알아보는 것부터 시작해서 궁극적으로 올바른 공급 결정을 내리기 위하여 경제학의 핵심 원리를 적용해볼 것이다. 더 나아가 총시장공급, 즉 개개인의 결정의 총합에 대해 알아볼 것이다. 그다음 공급을 변화시키는 시장의 요인들을 알아볼 것이다.

세계 경제는 수많은 제품을 생산 · 판매하는 기업들로 구성된 만큼 공급은 큰 범위의 이야기이다. 그러나 각 개별 기업의 의사결정과 원리는 일맥상통한다. 기업의 입장에서 생산과 판매 결정에 관하여 알아보도록 하자.

목표

기업의 판매, 즉 공급 의사결정을 이해한다.

3.1 개별공급 : 각 가격 수준에서 얼마나 팔 것인가
기업 개별공급곡선의 형태를 알아본다.

3.2 공급 결정과 개별공급곡선
올바른 공급 결정을 내리기 위해 핵심 원리를 적용한다.

3.3 시장공급 : 시장에서 판매되는 것
개별공급을 더해 시장공급을 구한다.

3.4 공급곡선을 이동시키는 요인
공급곡선을 이동시키는 요인을 이해한다.

3.5 공급곡선상의 이동 vs. 공급곡선의 이동
공급곡선상의 이동과 공급곡선의 이동을 구별한다.

3.1 개별공급 : 각 가격 수준에서 얼마나 팔 것인가

학습목표 기업 개별공급곡선의 형태를 알아본다.

Killua X/Shutterstock

원유에서 휘발유를 만드는 정제시설

섀넌은 회사의 연간 사업계획 회의를 준비하며 지난 몇 주 동안 열심히 일했다. 대학 졸업 직후 BP의 경영훈련 프로그램에 참여하였고 지난 몇 년 동안 회사 내 전략 부문에서 애널리스트로 일했다. BP는 휘발유 정제와 판매에 있어서 주요 기업이며 내년 생산 및 판매 계획을 논의하기 위하여 전 부문장이 모이는 회의를 준비하고 있다. 섀넌은 상사에게 능력을 인정받아 부서 분석의 발표자로 선정되었다.

사업계획 회의에서 정해진 사항은 회사 전체에 적용될 것이기에 섀넌은 긴장이 된다. 소매 부서의 대표는 수천 개의 주유소에 걸쳐 판매계획을 조정할 것이다. 원유에서 휘발유를 정제하는 정유 부서를 이끄는 엔지니어는 이 회의에서 결정된 사항에 맞추어 생산계획을 세울 것이다. 정유 부서에서 필요한 원유를 구매하는 물류 관리 부서도 이에 따라 구매계획을 세울 것이다. 또한 섀넌은 회사의 이사진들에게 깊은 인상을 남기는 것이 자신의 커리어에도 좋다는 것을 알고 있다.

사업계획 회의의 주요 안건은 모든 사업 부문의 그것과 동일하다: 현재의 제품 가격 수준에서 얼마나 공급해야 하는가? 이는 매우 중요한데, 결정에 의해 많은 이익이 날 수도, 큰 손실이 날 수도 있기 때문이다.

회의에서 섀넌은 내년도 휘발유 가격이 높다면 회사가 어떻게 대응해야 할지에 관한 발표를 했다. 고유가일 때 많이 판매할수록 이윤이 많이 나기에 섀넌은 회사의 생산을 확대해야 한다고 주장했다. 발표는 꽤나 구체적이어서 가격이 오름에 따라 향후 BP가 얼마나 생산을 더 해야 하는가에 대한 큰 틀을 제시했다.

그다음 조금 더 비관적인 시나리오로 유가가 하락하면 회사가 어떻게 대응해야 하는가에 관하여 발표했다. 휘발유 가격이 낮아지면 생산 및 판매 수량을 낮춰야 한다고 주장했다. 발표의 요지는 명확했는데 휘발유 가격이 낮아질수록 감축량이 많아져야 하고 결국 공급량이 줄어들어야 한다는 것이었다. 마지막으로 만약 유가가 과도하게 하락하면 생산을 완전히 멈추는 것이 손실을 최소화하는 방법이라고 주장했다. 어려운 결정이겠지만 이 결정이 유가가 다시 오를 때까지 BP가 생존할 수 있는 방법이라고 했다.

섀넌의 발표는 가격에 따라 최적 생산 및 판매량이 어떻게 변하는가를 보여준다. 결국 가격은 기업의 이윤을 결정짓는 중요한 사항이기에 기업은 여러 시나리오에 대비하여 계획을 짜야 한다. 그림 3-1은 섀넌이 회의 후에 나눠준 메모이며 이는 내년도 회사의 공급계획을 보여준다. 이 메모에서 각 가격에서 BP가 공급해야 할 휘발유의 양을 보여주고 있다.

그림 3-1 | BP의 공급 계획

메모

받는 사람 : 각 부문장-정유, 소매, 물류 관리 부서
보내는 사람 : 섀넌 데이비드, 기획 부서
주제 : 휘발유 공급 계획

지난주 사업계획 회의에서 결정된 생산 및 판매 계획을 요약한 메모입니다. 구체적으로는 다음과 같습니다.

- 휘발유가 갤런당 $1일 경우, 주당 1,000만 갤런을 생산함
- 휘발유가 갤런당 $2일 경우, 주당 1,500만 갤런을 생산함
- 휘발유가 갤런당 $3일 경우, 주당 2,000만 갤런을 생산함
- 휘발유가 갤런당 $4일 경우, 주당 2,500만 갤런을 생산함
- 휘발유가 갤런당 $5일 경우, 주당 3,000만 갤런을 생산함
- 휘발유가 갤런당 $1 이하일 경우, 생산을 중단(즉, 주당 0갤런을 생산함)

각 부문에서는 이 숫자를 기초로 내년도 계획을 세워주시기 바랍니다. 이 생산 및 판매 계획은 현재 파악된 시장 상황에 기초하므로, 만약 시장 상황이 변한다면 이 수지를 재조정할 계획입니다.

개별공급곡선

개별공급곡선 각 가격 수준에서 기업이 팔고자 하는 수량을 나타낸 그래프

섀넌이 계획을 메모로 남겨주었지만, 경제학자들은 이 숫자를 개별공급곡선이라는 그래프로 표현하고자 한다. **개별공급곡선**(individual supply curve)은 각 가격 수준에서 기업이 팔고자 하는 수량을 나타낸 그래프로 기업의 판매 계획을 요약하여 보여준다. 재화, 서비스, 시간 등 어떤 것이라도 팔고자 하는 모든 것은 개별공급곡선으로 표현할 수 있으며 각 가격 수준에서 얼마나 팔 것인지만을 생각하면 된다.

판매계획을 나타내주는 개별공급곡선 그림 3-2는 섀넌이 메모에 적어놓은 회사의 공급 계획을 개별공급곡선으로 그려놓은 것이다. 수요곡선과 동일한 방식으로 가격은 수직축에, 수량은 수평축에 공급곡선을 그린다.

섀넌의 메모에서 각 항목은 회사 개별공급곡선 그래프상 각각의 점을 나타낸다. 첫 번째 항목은 가격이 갤런당 1달러일 때, BP는 매주 1,000만 갤런을 생산한다는 것이다. 이는 그림 3-2의 좌하단 쯤에 점으로 찍혀 있는데 수직축의 가격이 1달러일 때 수평축의 수량이 1,000만 갤런을 의미한다. 메모상에서 다음 항목은 위의 점 바로 오른쪽에 찍혀 있는데 가격이 갤런당 2달러로 오를 때 공급량이 매주 1,500만 갤런으로 늘어난 것을 나타낸다. 그다음 항목들은 가격이 오를수록 BP의 공급계획량도 증가하며, 가격이 계속 올라서 갤런당 5달러가 되면 BP가 주당 3,000만 갤런을 공급한다는 것을 알 수 있다. 결국 이것들을 선으로 이으면 섀넌의 메모에서 언급되지 않은 가격에서의 공급량도 추정할 수 있다. 이 직선은 BP의 개별공급곡선이고 각 가격에서의 공급량을 나타낸다.

섀넌 메모의 마지막 항목에서 가격이 1달러 이하가 되면 휘발유를 공급하지 않는다고 나와 있다. 왜 그럴까? 어떤 회사든, 가격이 너무 낮아지면 다시 오를 때까지 일시적으로 생산을 중단하는 게 오히려 손실을 최소화할 때가 있다. 이는 그림 3-2의 수직축 위의 선으로 나타나 있는데, 이는 가격이 0달러와 0.99달러 사이일 때, BP가 휘발유를 공급하지 않겠다는 것을 의미한다.

다른 모든 조건이 일정하다고 가정했을 때 개별공급곡선 그림 3-2의 공급곡선은 현재의 경제 상황하에서, 각 가격에서 BP가 공급하고자 하는 휘발유의 양을 나타낸다. 그런데 원유의 가격

그림 3-2 | 개별공급곡선

BP의 개별공급곡선

각 가격 수준에서 휘발유를 얼마나 팔 것인가?

Ⓐ 휘발유가 갤런당 1달러일 때, BP는 주당 1,000만 갤런을 팔 계획이다. 개별공급곡선은 가격이 변할 때 기업이 공급할 수량의 변화를 나타낸 그래프이다. 가격이 2달러로 오르면, 공급량은 주당 1,500만 갤런으로, 가격이 3달러로 오르면, 수량은 2,000만 갤런으로 계속 늘어날 것이다.
Ⓑ 아주 낮은 가격(갤런당 1달러 미만)에서는 BP는 생산을 멈출 것이고 공급량은 0이 될 것이다.
Ⓒ 개별공급곡선은 각 가격에서 BP가 팔고자 하는 양을 나타내며 기울기는 우상향한다. 즉, 가격이 오르면 공급량도 늘어난다.

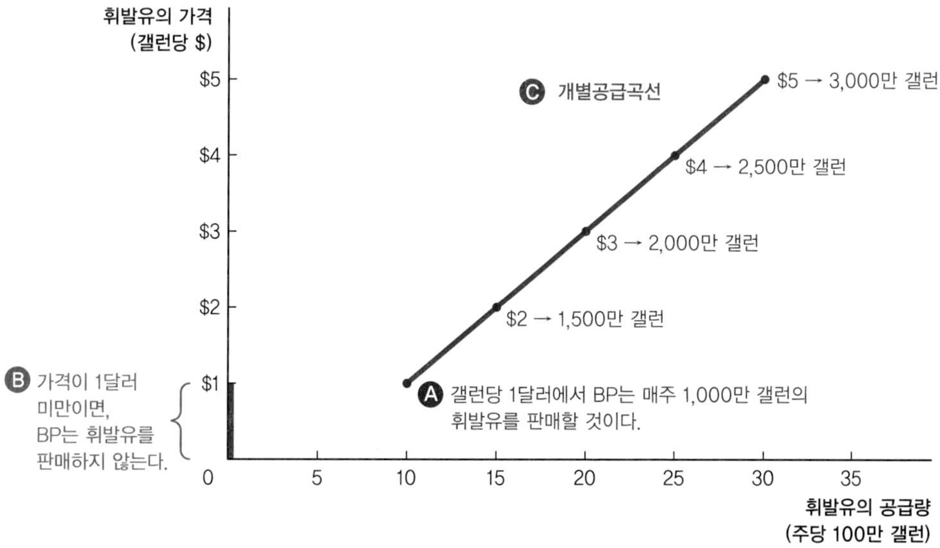

어떤 것을 팔고, 팔지 말아야 할까?

이 오른다거나, 정유 노동자의 임금이 떨어진다거나 하는 중요한 조건들에 변화가 생기면 BP는 계획을 변경하고 새로운 공급곡선이 나올 것이다. 이는 개별공급곡선이 곧 다른 모든 조건이 일정하다고 가정했을 때 각 가격 수준에서 BP의 판매수량임을 의미한다. 물론 상호의존의 원리는 가격을 제외한 다른 조건들도 공급을 변화시킬 수 있다는 사실을 다시 한번 주지시켜준다. 그러나 현재의 논의 수준에서는 다른 조건을 일정하다고 가정한 채로, 가격만이 변화할 때 어떤 일이 발생하는가에 대해 말할 것이다. 이후에 다른 조건들이 변화하면 어떻게 공급곡선 자체가 이동하는지를 알아볼 것이다.

우상향하는 개별공급곡선 그림 3-2의 개별공급곡선은 우상향함을 알 수 있다. 이는 휘발유의 가격이 오를수록 BP가 더 많이 공급하려 하기 때문이다. 이는 당연한데, 갤런당 휘발유의 가격이 올라가면 추가적으로 휘발유를 팔수록 이윤이 발생하기 때문이다(물론 1달러 이하에서는 공급곡선이 수직이지만, 궁극적으로 가격이 올라갈수록 공급량도 많아진다는 측면에서 공급곡선이 '우상향'한다고 할 것이다).

모든 기업들이 BP가 하는 것만큼 정밀하게 계획을 세우지는 않는다. 그렇다 하더라도 각 기업이 나름의 개별공급곡선을 갖고 있다. 결국 모든 기업은 가격이 변화할 때 얼마나 팔 것인지 결정해야 하기 때문이다. 이때 그래프를 그려보면 가격이 올라갈 때 더 많이 팔려고 한다는 점이 공급곡선에 반영될 것이다.

경제학 실습

BP가 공급 결정을 내린 것처럼, 사람들은 매일 중요한 공급 결정을 내린다. 예제를 읽고 각자의 개별공급곡선을 그려보자.

올해 말에, 교과서를 중고로 팔려고 한다. 기말 시험 후에 교과서를 계속 갖고 있거나 아니면 내년의 수강생들에게 팔지 선택해야 한다. 이 경우, 중고 교과서 시장의 공급자가 된다. 각 책의 판매 가격을 측정해야 한다. 만약 몇 달러 받지 못하더라도 책이 흥미롭지 않거나 향후 수강과목에 관련되지 않는 책이라면 팔고자 할 것이다. 그런데 내년의 수강과목에 연관이 되어 있거나 혹은 향후 커리어에 관련이 되어 있다면 판매하는 것을 망설일 것이다. 혹은 여러 권의 책을 소장하는 것 자체를 즐길 수도 있다. 그런데 비싼 값에 팔 수 있다면 책을 망설임 없이 팔 것이다. 결국 시장에 팔고자 하는 중고책의 수량은 가격에 달려있다.

아마존은 중고 교과서 구매 사업을 시작했고 경영자들은 사람들이 얼마 정도의 가격에 책을 팔고자 하는지 조사하고자 한다. 한 가지 방법으로는 그림 3-3의 패널 A에 나온 것과 같이 시장현황에 대한 간단한 조사를 하는 것이다.

다음 표를 채워보자. 만약 한 권당 5달러일 때 얼마나 많은 중고책을 올해 말에 판매할 것인가? 만약 가격이 10달러, 20달러, 30달러, 40달러, 혹은 그 이상이라면? 패널 A의 데이터를 통해 패널 B의 그래프를 그려보자. 교과서에 대한 개별공급곡선을 알았을 것이다. 아마존의 경영자들이 개별공급곡선을 분석할 때, 높은 가격일수록 공급량도 많아진다는 것을 알았을 것이다. 다시 말해서, 중고 교과서의 개별공급곡선은 우상향한다. ■

공급의 법칙

공급의 법칙 가격이 높아질수록 더 많이 공급하고자 하는 경향성

BP는 휘발유의 가격이 높을수록 더 많이 공급한다는 것을 알아보았다. 마찬가지로 당신도 중고 교과서의 가격이 높을수록 더 많이 팔려고 할 것이다. 사실 경제학자들은 수천 개의 다른 시장의 공급 결정을 분석하였고 가격이 올라갈수록 공급량도 올라간다는 일반적인 경향성을 발견했다. 직관적으로 높은 가격에 팔 수 있으면 더 많이 판매하려고 할 것이다(물론 다른 조건이 일정하다고 가정했을 때). 경제학자들은 이러한 일반적인 원리를 **공급의 법칙**(law of supply)이

그림 3-3 | 개별공급곡선 알아보기

패널 A : 아마존의 중고 교과서 조사

아마존은 매년 말에 얼마나 많은 중고 교과서가 시장에 나올 것인지 알아보고자 한다. 다른 조건이 일정하다고 할 때, 현재 가지고 있는 교과서를 얼마나 팔 것인가?

중고 교과서의 가격	올해 팔 중고 교과서의 수량
1권당 $5	
1권당 $10	
1권당 $20	
1권당 $40	
1권당 $60	
1권당 $80	
1권당 $100	

패널 B : 개별공급곡선

각 가격 수준에서 중고 교과서를 얼마나 팔 것인가?

아마존의 중고 교과서 조사에 응답한 자료를 토대로 개별공급곡선을 그려보자.

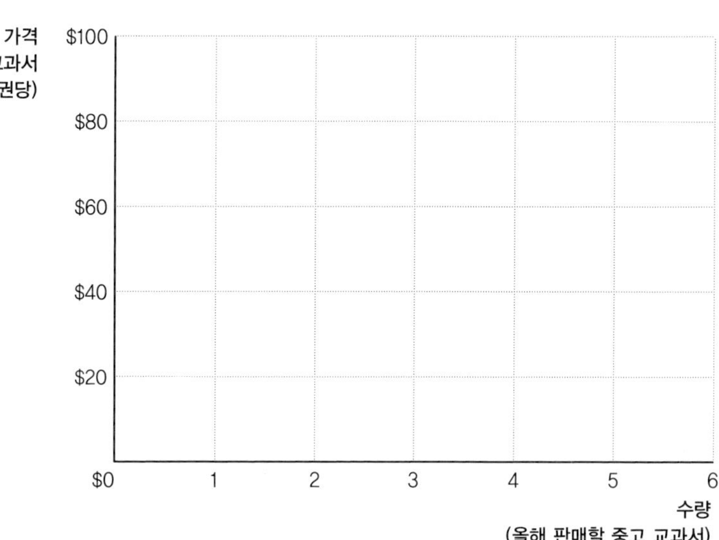

라고 부른다. 높은 가격은 곧 많은 공급량을 의미한다는 점에서 공급곡선은 우상향하게 된다.

공급자가 되어보기. 주식회사 YOU(당신 자신)의 공급곡선에 대하여 생각해보자. YOU는 매일 공급 결정을 내린다. 어떤 것을 다른 것과 맞바꿀 때마다 공급 결정을 내리게 된다. 공급자가 되어본다는 것은 곧 두 가지 간단한 질문에 답하는 것과 같다. 무엇을 공급하는가? 그리고 대가는 무엇인가?

중고 전화기를 판매할 때, 당신은 전화기의 공급자가 된다. 가지 못할 콘서트의 티켓을 판매할 때, 당신은 콘서트 티켓의 공급자가 된다. 물건이 아닌 서비스의 경우에도 마찬가지이다. 직장이 있다면, 이는 곧 고용주에게 노동을 공급하는 것이다. 경제학 교수님들은 교육 서비스를 제공하는 공급자이다.

'대가는 무엇인가?'라는 질문의 답은 가격이다. 때때로 가격은 현금이 얼마나 되는가에 대한 이야기이다. 마치 벼룩시장 사이트에 중고 전화기를 100달러에 올린다거나, 시급 10달러짜리 교내 일자리 등이다. 그런데 가격은 항상 돈으로 매겨지지는 않는다. 예를 들어, 친구의 경제학 숙제를 도와주었다면 반대로 스페인어 공부에서 도움을 받을 수 있다. 경제학 개인교습이라는 서비스를 제공하는 것이다. 그리고 이 서비스의 대가는 돈으로 받는 것이 아니라 스페인어 개인교습으로 돌려받을 것이다. 이렇게 생각해보면, 매일매일 중요한 공급 결정을 하고 있다는 것을 알 수 있다. 표준화된 경영 결정과 무관해 보일지라도 이렇게 경영자들처럼 생각하고 비슷한 논리를 따라가다 보면 좋은 공급 결정을 내릴 수 있게 된다. 이러한 논리를 섀넌이 BP가 최적의 공급 결정을 내리는 데 적용해보도록 하자.

공급의 법칙

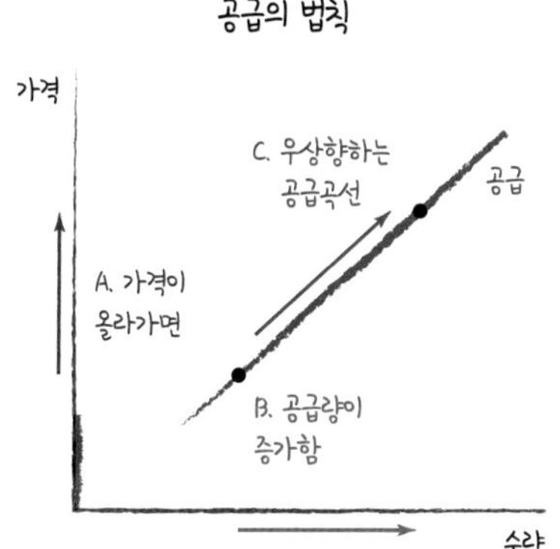

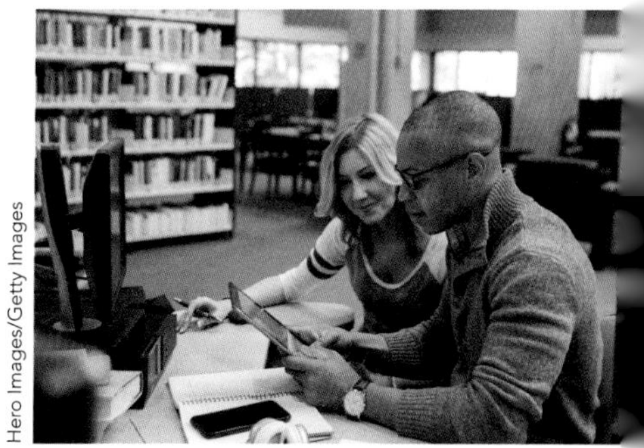

개인교습 강사는 지식의 공급자이다.

3.2 공급 결정과 개별공급곡선

학습목표 올바른 공급 결정을 내리기 위해 핵심 원리를 적용한다.

지금까지 개별공급곡선을 이용하여 공급계획을 세우는 것을 알아보았다. 그런데 이러한 계획은 어떻게 세우는가? 잠시 되돌아가서 섀넌이 공급계획을 위한 분석을 어떻게 준비하였는지를 살펴보자. BP가 최적의 가격결정을 내리는 것부터 시작해서 각 가격 수준에서의 공급량을 선택하는 데 핵심 원리를 어떻게 적용하는지 알아보자.

경쟁시장에서의 가격 결정

경영에서 중요한 일은 시장환경에 대해 이해하는 것이므로 섀넌은 BP의 현 상황에 대해 조심스럽게 분석했다. BP의 현 상황은 수많은 휘발유 정유사들이 존재하는 경쟁적인 시장환경이다. 이 정유사들은 전국의 주유소 망을 통해 휘발유를 판매하고자 하는데 이 휘발유는 사실 거의 동질적인 제품이다. BP와 엑슨, 쉘, 쉐브론과 같은 다른 회사들의 제품에는 큰 차이가 없기에 소비자들은 어떠한 회사의 제품을 써도 거의 상관이 없다.

완전경쟁 (1) 시장 내의 모든 회사는 동일한 재화를 판매함, (2) 수많은 판매자와 구매자가 있는데 각각의 영향력은 시장 내에서 미미함

섀넌은 BP가 처한 시장환경은 **완전경쟁**(perfect competition)이며 이는 (1) 시장 내의 모든 회사는 동일한 재화를 판매함, (2) 수많은 판매자와 구매자가 있는데 각각의 영향력은 시장 내에서 미미함으로 요약된다. 이는 BP가 가격을 설정하는 전략에서 매우 중요한 요소이다.

완전경쟁시장의 기업은 시장가격의 수용자 완전경쟁시장의 기업은 경쟁자들이 가격을 변화시키는 것과 동일하게 가격을 조정하는 것이 최고의 전략이다. 시장의 대세가 갤런당 3달러라면, 섀넌은 BP도 마찬가지로 3달러 근처에서 팔아야 한다고 주장한다.

이유는 다음과 같다. 만약 BP가 이 가격보다 조금 더 비싸게 팔고자 하면, 예를 들어 경쟁자는 3달러에 파는데 BP는 3.10달러에 팔면 고객들은 떠나갈 것이다. 반대로, BP가 경쟁자들보다 싸게 2.90달러에 팔 수도 있다. 그런데 이 또한 말이 되지 않는다. BP가 전체 정유 산업에서 차지하는 비중이 작기에 시장 가격과 동일한 갤런당 3달러에 판다면 더 많이 공급할 수 있기 때문이다. 따라서 시장가격보다 낮게 가격을 책정하는 것은 갤런당 이윤을 줄이는 일밖에 되지 않는다.

가격수용자 시장의 대세 가격에 맞게 가격을 매기고 시장가격에 영향을 주지 못하는 기업 또는 사람

결국, 완전경쟁시장의 경영자들은 가격을 결정하는 데 힘을 쏟지 않는다. 결국 시장가격이 최적 가격이기 때문이다. 이러한 측면에서 **가격수용자**(price-taker)라고 한다. 즉 시장가격이 움직이는 대로 따라간다. 마찬가지로 완전경쟁시장의 구매자 또한 가격수용자인데, 시장가격이 주어지면 그에 맞게 구매량을 결정하기 때문이다.

모든 시장이 완전경쟁시장은 아니다. 물론 모든 기업들이 완전경쟁시장에 속하지는 않기에 이 조언이 절대적이지는 않다. 몇 명의 구매자와 판매자로 구성된 시장에 있다면 그 시장은 몇 명에 의해 가격이 영향을 받을 수도 있다. 이러한 산업에서는 향후 미시경제학의 주요 개념인 시장지배력을 통해 어떻게 최적가격을 설정하는지 알아볼 것이다.

그러나 이번 장의 나머지 부분의 내용인 공급, 수요, 공급과 수요의 균형에 대한 분석에서는 판매자와 구매자가 모두 가격수용자인 완전경쟁시장에 한정할 것이다. 이는 대부분의 시장들이 어느 정도는 완전경쟁의 속성을 가지고 있으므로 이를 이해하는 데 필요하기 때문이다. 또한 이를 통해 경제적 분석을 간명하게 할 수 있다. 완전, 혹은 불완전경쟁시장에 대한 논의가 복잡해 보일 수도 있지만, 향후 시장 지배력에 대해 알게 되면 이해가 분명해질 것이다. 그러나 지금은 가격수용자로 가정하고 분석할 것이므로, 이는 가격 설정 자체를 어떻게 해야 하는가에 대한 질문에서 벗어나 최적 공급량 자체를 분석하는 데 유용하기 때문이다.

최적 공급량의 선택

BP가 완전경쟁시장에 있기 때문에, 섀넌은 주어진 가격에서 얼마나 공급해야 하는가에 대해 집중하고자 한다. 섀넌은 휘발유를 더 생산해야 할지 덜 생산해야 할지 정하기 위해 많은 정보를 이용한다. 이 정보들을 어떻게 활용할 것인가?

공급 결정을 내리는 것에 핵심 원리를 적용하기 섀넌의 입장에서 핵심 원리를 적용해보면, BP가 최대의 이익을 거둘 수 있는 계획을 알아낼 수 있다. 휘발유가 갤런당 3달러가 되면 공급량이 얼마나 될까부터 생각해보자. 이와 같은 작업을 모든 가격 수준에서 반복해보면 BP의 전체 공급곡선을 알아낼 수 있다.

휘발유가 갤런당 3달러일 때 BP가 얼마나 생산해야 할지 분석해보자. 다음 그림 3-4에 도움이 될 만한 핵심 원리를 한눈에 정리해 보았다.

한계의 의미를 고려한다는 것 : 한 단위 더 생산해야 하는가? 한계의 원리는 수량을 정할 때에는 순차적으로 증가하면서, 즉 한 단위씩 증가시키면서 최적의 수량을 정해야 한다는 것을 의미한다. 휘발유를 '얼마나 많이' 생산하는지 질문하기보다는 '지금 휘발유를 한 단위 더 생산해야 하는가?'라고 질문해야 한다.

한계편익과 한계비용을 비교한다. 정답은 비용-편익의 원리에 있다. 이는 휘발유 1갤런을 추가적으로 생산할 때의 편익이 그 비용보다 높을 때 생산해야 한다는 것이다. 다시 말해서, 한계편익과 한계비용의 균형점에서 생산이 결정되어야 한다는 것이다.

물론, 매일 수백만 갤런의 휘발유를 생산하는 정유기업이 1갤런씩 수량을 한계적으로 늘려가며 생각한다는 것은 비현실적일 수 있다. 대신 휘발유 100만 갤런을 추가적으로 생산한다면 이란 식으로 바꾸어 생각해볼 수 있다. 그러나 휘발유 1갤런씩 추가적으로 늘려가며 생각하는 방식은 중요한 직관을 준다는 점에서 여전히 중요하다. 즉, 공급 결정을 현명하게 내리기 위해서는 한계편익과 한계비용에 대해 고려해야 한다는 점이다.

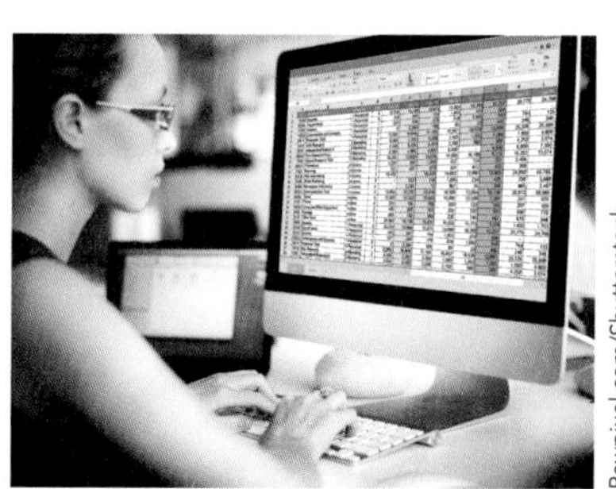
Rawpixel.com/Shutterstock

언젠가는 스프레드시트를 즐겨 사용하게 될 것이다.

휘발유 1갤런을 추가적으로 생산함으로써 얻는 기업의 한계편익은 그로 인해 벌어들일 돈으로 측정된다. 만약 휘발유가 3달러라면 BP가 휘발유를 1갤런을 추가적으로 생산함으로써 얻을 한계편익은 3달러이다. 다시 말해서, 완전경쟁시장에서 기업생산의 한계편익은 시장가격과 같다.

그림 3-4 | 공급 결정을 내리기 위한 핵심 경제 원리 적용해보기

원리		아이디어		원리 적용
한계의 원리	→	순차적으로 공급량을 결정한다. '얼마나 많이?'라는 질문을 더 작은 질문으로 나누어보기	→	**휘발유 1갤런을 더 공급해야 하는가?**
비용-편익의 원리	→	비용과 편익은 결정을 내리는 데 주요한 인센티브이다. 어떤 선택이든 모든 경우의 비용과 편익을 고려하여야 하고, 편익이 최소한 비용보다 크거나 같다.	→	**추가적인 휘발유를 얻기 위해 지불하는 가격이 최소한 한계비용보다 큰가? 그렇다면 공급하라.**
기회비용의 원리	→	어떤 것의 진짜 비용은 그것을 선택했을 때 포기해야 하는 차선책의 가치이다. 선택은 단순히 회계적인 비용보다는 기회비용을 반영해야 한다.	→	**'이것이 아니면 무엇이 있을까?'라고 질문하자. 휘발유를 생산하지 않는다면 주어진 자원을 어떻게 사용해야 하는가? 이 원리는 한계비용의 의미를 생각하도록 해준다.**
상호의존의 원리	→	최적의 선택은 당신의 다른 가능한 선택, 다른 사람의 선택, 다른 시장에서의 발전 상황, 미래에 대한 기대에 의해 좌우된다. 이 요인들 중 하나라도 변화가 생기면, 최적 선택도 바뀔 것이다.	→	**'다른 모든 조건이 일정할 때'라는 말은 지금은 이 조건들을 생각하지 않고 다음에 다시 고려한다는 말이다.**

한계비용, 즉 휘발유 1갤런을 추가적으로 생산하는 데 드는 비용은 얼마인가? 섀넌의 자료에는 휘발유를 추가적으로 생산하기 위해서 드는 원유의 양, 화학첨가물과 같은 기타 투입물, 추가적인 노동시간 등에 대한 구체적인 데이터가 있다.

한계비용에는 가변비용이 포함되고 고정비용은 포함되지 않는다. 한계비용을 계산할 때 어떤 비용을 고려해야 하는가 생각할 때, 기회비용의 원리, 즉 이것이 아니면 다른 어떤 선택이 있을지 질문해야 한다. 단순히 추가적으로 휘발유를 생산하는 데 들어가는 명시적인 비용뿐만 아니라 다른 선택들, 예를 들어 심지어 생산 확대를 하지 않는 대안도 고려해야 한다.

BP가 생산을 확대하기 위해서는 더 많은 원유, 더 많은 화학첨가물, 더 많은 초과임금이 필요하다. 차선책, 즉 BP가 생산확대를 하지 않는 것에서는 추가적인 원유, 화학첨가물, 초과임금이 들지 않는다. 이들 모두는 BP가 생산확대를 하지 않는다면 소요되지 않을 기회비용이다. 이는 **가변비용**(variable cost)이라고 불린다. 이 비용은 생산량에 따라 변화하기 때문이다. 따라서 한계비용은 추가적인 가변비용과 같다.

가변비용 노동력 및 자원과 같이 생산량에 따라 변화하는 비용

섀넌의 자료에서는 BP가 지불해야 하는 다른 종류의 비용도 볼 수 있다. 예를 들어서, 정유시설과 장비의 비용이 있다. 그러나 이들은 기회비용으로 고려되지는 않는데 생산을 추가적으로 하지 않더라도 애초에 BP가 지불해야 했던 비용이기 때문이다. 똑같은 논리가 생산시설이 지어진 토지, 최고경영자들에게 지불되는 임금에도 적용되는데, 이는 BP의 추가적인 휘발유 생산에 토지를 더 매입하고 최고경영자를 더 고용할 필요가 없기 때문이다. 생산을 늘리든 늘리지 않든 들어가는 **고정비용**(fixed cost)은 동일하기 때문에 이들은 추가적인 휘발유 생산의 기회비용이 아니다. 고정비용은 한계비용과 관련이 없다.

고정비용 생산량에 따라 변하지 않는 비용

요점 정리 : 한계비용을 계산할 때 휘발유 추가 생산에 드는 가변비용만 고려하고 고정비용은 제외한다.

경쟁시장에서의 판매자의 합리적 규칙

지금까지 말한 것들을 정리해보면 다음과 같다. 아래 그림에 정리되어 있는 핵심 원리들을 살펴보았는데 이를 통해 BP가 가격이 한계비용보다 크거나 같은 수준까지 휘발유를 추가적으로 판매해야 한다는 결론이 도출된다.

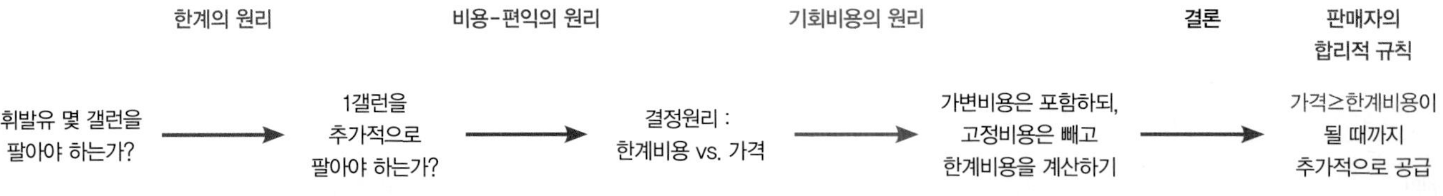

이제 완전경쟁시장의 어떠한 판매 결정에도 적용할 수 있는 꽤나 강력한 법칙을 발견했다.

경쟁시장에서 판매자의 합리적 규칙(Rational Rule for Sellers in Competitive Markets) : 가격이 한계비용보다 크거나 같은 수준까지 추가적으로 판매하라.

경쟁시장에서 판매자의 합리적 규칙 가격이 한계비용보다 크거나 같은 수준까지 추가적으로 판매한다.

판매자의 합리적 규칙은 4개 중 3개의 원리를 한 문장에 압축한다. 이 세 가지 원리는 기업은 판매할 수량을 결정해야 하고, 한계라는 개념(한계편익=가격과 한계비용을 비교해서 판매 여부를 결정)을 고려한 결정을 내려야 하며, 추가적인 생산을 하는 데 기회비용인 가변비용을 모두 더해야 한다는 점 등을 망라한다.

경쟁시장의 기업은 실제 공급 결정에 이 법칙을 적용한다. 예를 들어, 섀넌은 BP가 휘발유의 가격이 휘발유 생산의 한계비용보다 높으면 생산을 늘려야 한다고 주장했다. 결국 BP는 가

격이 최소한 한계비용보다 크거나 같을 때까지 생산을 지속적으로 늘려야 한다.

이윤을 극대화하기 위하여 판매자의 합리적 규칙을 따른다. 판매자의 합리적 규칙은 이윤이 최대가 될 때까지 생산을 늘리라는 점에서 유용한 조언이다. 결국 휘발유 가격이 한계비용을 초과하는 수량까지는, 휘발유를 추가적으로 판매한다면 BP의 이윤이 증가하게 된다. 결국 판매액-생산비용으로 계산되는 BP의 이윤은 증가하게 된다. 사실, 가격이 한계비용을 초과하거나 같아질 때까지 재화를 공급하는 모든 기회를 이용할 수 있도록 판매자의 합리적 규칙을 사정없이 추구한다면, 당신은 기업에게 실현 가능한 최대 수익을 주는 수량을 생산하게 된다. 이 규칙은 이윤을 극대화하며, 야망 있는 관리자가 따라야 할 좋은 충고가 된다는 것이 사실이다.

이윤을 극대화하기 위하여 판매자의 합리적 규칙을 적용한다. 즉 다음의 수준까지 생산을 지속한다:

가격=한계비용

(왜 판매자의 합리적 규칙이 가격이 한계비용과 동일해질 때까지 판매하라고 하는지 궁금하다면 2개가 일치하는 지점까지 와도 이윤에는 변동이 없다는 것을 확인해보면 된다. 가격이 한계비용과 동일해질 때까지 포함하는 것은 이후 논의의 편의를 위함이다.)

가격이 한계비용과 같아질 때까지 계속 판다. 이 규칙을 계속 따르다 보면 마지막 한 단위 생산의 한계비용이 가격과 같아지는 지점까지 공급하게 된다. 왜일까? 한계편익이 한계비용(=가격)과 같아질 때까지 구매하라는 구매자의 합리적 규칙과 마찬가지로, 판매자의 합리적 규칙도 한계편익(=가격)이 한계비용과 같아질 때까지 판매하라고 한다. 이 말은 추가적인 휘발유 1갤런의 가격이 한계비용과 같아질 때까지 공급하라는 것과 같다. 결국, 한계비용이 가격을 넘기 직전까지 휘발유의 공급량을 늘려야 한다는 것과 같다. 즉, 경쟁시장에서 가격이 한계비용과 같아질 때까지다.

당신은 다음과 같은 제1장의 합리적 규칙을 적용함으로써 이러한 통찰력을 얻을 수도 있다. "만일 어떤 일이 할 가치가 있는 것이라면, 한계편익이 한계비용과 같아질 때까지 그 일을 계속하여라." 경쟁시장에서 공급자일 때, 추가적으로 한 단위 판매의 한계편익은 그 물건의 가격이다. 마찬가지로 경쟁시장에서 공급자로서 당신의 역할에 맞추어 그 규칙을 조정하게 되면 생산을 다음과 같은 수준까지 확대하라는 것이다:

가격=한계비용

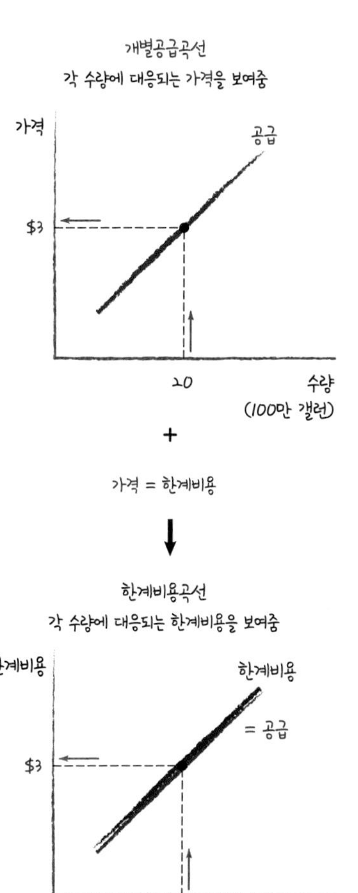

공급곡선은 곧 한계비용곡선과 같다. 이 점에서 왜 경제학자들이 공급에 대해 이해한다는 것은 한계비용에 대해 이해하는 것과 동일하다고 말하는지 알 수 있다.

결국, 이는 공급을 이해하는 데 새로운 시각을 제공해준다: 기업의 개별공급곡선은 한계비용곡선과 같다. 결국, 개별공급곡선은 휘발유 공급량과 그에 대응되는 가격을 표시한 점을 이은 것이다. 가격이 한계비용과 같아질 때까지 판매하다 보면, 각 휘발유 갤런당 한계비용을 표현한 곡선과 동일해진다.

공급곡선은 한계비용을 나타낸다. 이는 중요한 직관을 보여준다. 경영자들은 우리 기업과 라이벌 기업의 한계비용을 비교하고 싶어 한다. 혹은 특정 산업의 분석가로서 한 산업의 비용 구조를 이해하고 싶을 수도 있다. 혹은 정책 입안자로서 특정 정책의 비용을 더욱 잘 이해하고 싶을 수 있다. 그러나 대부분의 회사는 이러한 내부 정보가 공개되면 회사에 해가 될 수도 있기에 공개하기를 꺼린다. 그러나 기업이 판매자의 합리적 규칙에 의거하여 기업활동을 하는 한, 개별공급곡선은 한계비용곡선과 같다. 이는 한계비용에 대해 알고 싶으면 기업의 판매 패턴을 관찰하는 것만으로도 충분하다는 말이 된다. 예를 들어서, 경쟁 정유업체가 휘발유 가격이 3달러일 때 정확히 2,000만 갤런의 휘발유를 공급한다고 하면, 그 라이벌 기업의 마지막 1갤런 생산 한계비용이 대략 3달러이라는 것을 알 수 있다.

요약하면 다음과 같다: 공급은 한계비용이다. 결국, 공급곡선은 한계비용곡선과 같다. 결국, 공급에 대해 이해한다는 것은 한계비용에 대해 이해한다는 것과 같으며, 이러한 직관은 이 장의 마지막까지 활용될 것이다.

한계비용이 증가한다는 사실은 공급곡선이 우상향하는 이유를 설명한다

공급의 법칙은 가격이 높아질 때 공급량도 증가하는 것을 말한다. 다시 말해서, 공급곡선은 우상향한다. 그런데 왜 공급곡선이 우상향할까?

다음과 같은 한계비용으로 인하여 공급곡선은 우상향함:
1. 한계생산물체감
2. 투입비용의 증가

판매자의 합리적 법칙을 따르는 기업에게 공급곡선은 곧 자신들의 한계비용곡선이다. 한계비용곡선이 우상향한다는 것을 생각해보면 공급곡선도 우상향해야 한다. 왜 그럴까? 생산량을 늘릴수록 추가적인 비용도 증가하기 때문이다. 한계비용이 증가한다는 것은 공급을 늘리고자 하면 여러 가지 애로사항이 생긴다는 것을 보여준다.

한계생산물체감은 곧 한계비용의 증가를 의미한다. 생산을 늘리기 위해서 노동과 같은 투입물을 증가시켜야 한다. 노동자를 한 명 더 고용하는 것과 같이 투입물을 한 단위 늘릴 때 추가적으로 얻는 생산물은 투입물의 **한계생산물**(marginal product)이라고 한다. 어느 순간부터는 노동자를 추가적으로 한 명 더 고용할수록 얻는 추가적 산출물이 감소하게 된다. 다시 말해서, **한계생산물체감**(diminishing marginal product)을 경험하게 되는데 이는 투입물을 늘릴수록 투입물 한 단위당 한계생산물이 적어지는 것을 의미한다(한계생산물체감은 추가적인 투입물이 생산의 총량을 줄인다는 의미는 아니다. 대신, 기존 노동자의 생산물 대비 추가적인 노동자 한 명을 고용할 때 한계생산물이 줄어든다는 의미이다).

한계생산물 투입(예를 들어, 노동)을 한 단위 늘릴 때 증가하는 생산량

한계생산물체감 투입물을 늘릴수록 한계생산물이 감소하는 것

단기적으로, 한계생산물체감은 투입물들 가운데 일부가 고정되어 있을 때 일어난다. 한정된 사무실에 추가적인 노동자들의 고용으로 인하여 사무실이 더욱 붐비고 비좁아져 일하기가 불편해진다. 공장의 경우 추가적인 노동자로 인하여 작업에 필요한 장비를 사용하는 데 대기하는 시간이 길어질 것이다. 농업의 경우 한정된 땅에서 씨앗만 많이 뿌린다고 해서 모든 씨앗마다 잘 자라는 것은 아닐 것이다.

장기적으로 보면 모든 투입물들, 예를 들어 노동자를 더 고용하는 만큼 더 많은 장비와 땅을 구매하여 생산량을 늘릴 수 있다. 그러나 새롭게 고용된 노동자들은 아직 숙련되지 않았기 때문에 작업에 시간이 더 걸릴 것이다. 기존의 땅보다 더 비옥한 땅을 구하는 것도 어려울 것이다. 기업의 연구개발 부서를 확대한다고 해서 새로운 아이디어가 무조건 더 많이 쏟아지는 것도 아니다. 어차피 최고경영자들의 수는 한정되어 있기 때문에 작업장이 더 커질수록 모든 것을 조화롭게 잘 관리하는 것도 어려움을 겪을 것이다. 원인이 무엇이든, 결과는 같다. 투입물을 늘릴수록 그에 걸맞게 생산물이 증가하지는 않을 것이며 한계비용도 증가할 것이다.

일상경제학 과제 수행에서의 한계생산물체감

작문 과제를 해 갈 때 한계생산물체감을 체험한 적이 있을 것이다. 첫날에는 매우 생산적이다. 조사를 해 모으고 초고를 작성한다. 두 번째 날에 내용을 조금 더 추가하고 초고를 조금 더 손보고 말이 안 맞는 부분을 고친다. 세 번째 날쯤에는 내용이 꽤 괜찮아지는데 이때쯤 되면 고친다고 해도 눈에 띄게 좋아지지는 않는다. 이 작업을 계속 해 갈수록 더욱 더 조금씩 고쳐지게 될 것이다. 그래서 매일 이 작업을 해 갈수록 각 작업이 성적에 기여하는 한계생산물은 체감한다는 것을 느낄 것이다. 어느 순간에 이르러서는 더 작업한다고 해도 그에 따른 한계생산물이 너무 작아져서 고치는 것을 그만두고 이제 다른 작업을 하게 될 것이다. ■

투입 비용이 증가한다는 것은 한계비용의 증가를 의미한다. 생산이 증가할수록 한계비용이 증가하는가에 대한 두 번째 이유는 다음과 같다. 투입물의 비용이 증가할 수도 있다. 투입물을 많이 살수록 기회비용도 증가하게 된다. 직원들이 초과 근무를 하게 되면 초과 근무한 시간만큼 임금의 1.5배를 지급해야 한다. 혹은 노동자들을 더 끌어들이기 위해 더 높은 임금을 지급해야 할 수도 있다. 탐색 비용이 증가하여 노동자들이나 추가적인 투입물을 구하는 것이 점점 어려워질 수 있다. 결론적으로 어느 순간에는 투입물의 비용이 증가하여 한계비용이 증가하게 될 것이다.

요약 : 개별공급은 한계비용을 반영한다. 지금까지 공급에 대해 이해해 보았다. 개별공급곡선, 즉 각 기업의 공급 결정에 대해 집중적으로 알아보았다. 우상향하는 개별공급곡선은 각 가격 수준에서 얼마나 공급할 것인지에 관한 생산 계획을 보여준다.

또 다른 질문은 다음과 같다 : 최적 공급 결정은 무엇인가? 이는 경쟁시장에서 판매자의 합리적 규칙으로 이어지고 이에 따르면 가격이 한계비용과 같아지는 지점까지 팔아야 한다. 한계생산물이 체감하고 투입비용이 증가한다는 것은 한계비용이 증가한다는 것을 의미하는데, 이는 기업이 가격이 높아질 때 더 많이 공급하는 이유를 설명해준다. 결국, 공급곡선은 우상향하는 경향이 있다.

연결고리 살펴보기

경쟁시장에서 판매자의 합리적 규칙 따르기 → 가격 = 한계비용 (판매자들에게 적용되는 합리적 규칙) → 공급곡선은 곧 한계비용곡선 → **한계비용이 증가하므로 공급곡선은 우상향**

공급이론이 얼마나 현실적인가

다음과 같은 질문이 가능하다: 기업은 정말로 이렇게 행동하는가? BP와 같은 큰 기업은 그럴 수도 있다. 크고 복잡한 산업의 기업은 섀넌과 같은 분석능력을 지닌 신입직원을 원할 것이다. 그런데 다른 작은 기업들도 그럴까?

판매자들은 실험을 하는 과정에서 마치 핵심 원리를 따르는 것처럼 행동하게 된다. 다른 많은 기업에서, 특히 중소기업에서는 이러한 심층적인 분석을 하지 않을 수 있다. 그러나 그러한 중소기업들은 대신에 좀 더 단순한 일을 할 가능성이 있다. 이전 주보다 조금 더, 조금 덜 생산하면서 이윤이 변하는 것을 관찰하며 적정 생산량을 구하는 실험을 하기도 한다. 이러한 실험을 통해서 그 기업의 관리자들은 계속하여 더 나은 의사결정을 하게 되며, 마침내는 이윤을 최대화하는 생산량을 발견한다. 판매자의 합리적 규칙은 경쟁시장에서 이윤을 최대화하는 생산량을 알아내기 위한 지름길을 제시한다는 점에서 귀중한 조언이다. 그런데 이윤 최대화에 이르는 방법을 실험한 기업의 관리자들은 마치 판매자의 합리적 규칙을 따른 것처럼 동일한 공급 결정에 이르게 될 것이다. 그래서 기업이 어떠한 선택을 하는지 알기 위해서 판매자의 합리적 규칙이 좋은 예측도구가 된다.

적자생존 기업이 나쁜 기억을 제거할 것이다. 판매자의 합리적 규칙을 타당하게 만드는 진화론적 힘이 존재한다. 각 기업이 대신에 활용할 수 있는 어림 원칙들이 많이 존재한다. 그런데 대부분의 이러한 대안적인 어림 원칙들은 기업들이 나쁜 선택을 하도록 하며, 그 기업들은 결국 파산하게 된다. 이러한 상황은 '적자생존의 법칙'과 유사하다. 판매자의 합리적 규칙(이윤을 최대화할 수 있는 것)과 비슷한 결론에 다다르는 어림 원칙들은 생존할 것이고 그 외의 것들은 도

태된다. 의도했든 의도하지 않았든 판매자의 합리적 규칙과 비슷하게 행동하는 기업이 생존할 것이다.

원리에 의거한 사고는 유용한 조언과 정확한 예측에 도움이 된다. 판매자의 합리적 규칙이 중요한 이유는 두 가지다. 첫째, 유용한 조언이 된다. 그 규칙을 잘 이해하는 기업은 실현 가능한 최대의 이윤을 얻을 수 있는 선택을 하며 성공할 것이다. 존경받는 기업인들과 이야기하다 보면, 그들은 공급량을 결정할 때 한계비용을 잘 살피는데, 이는 규칙이 말하는 것과 동일하다.

두 번째 이유는 다음과 같다: 유능한 기업가는 판매자의 합리적 규칙에 의거하여 생각하고 한계비용을 생각하여 공급 결정을 예측한다. 만약 경쟁기업이 자신들의 한계비용을 알려주기 싫어할 때 그들의 공급 결정을 살펴보면 된다. 개별공급곡선은 한계비용곡선과 같기에, 라이벌 기업의 공급 결정은 곧 그들의 한계비용이 무엇인지 말해준다. 이는 각 판매자들이 모여 만들어진 시장공급곡선을 분석하는 데 유용한 직관으로 사용될 것이다.

3.3 시장공급 : 시장에서 판매되는 것

학습목표 개별공급을 더해 시장공급을 구한다.

지금까지 개별기업의 공급 결정에 대해 알아보았다. 지금부터는 시장공급, 즉 시장 내의 모든 기업의 총공급량에 대해 알아볼 것이다. 개별공급곡선이 각 가격에서 한 기업의 공급곡선을 나타내듯이, **시장공급곡선**(market supply curve)은 각 가격 수준에서 전체 시장, 모든 생산자들의 총공급량을 보여준다.

시장공급곡선 각 가격 수준에서 전체 시장의 총공급량을 보여주는 그래프

개별공급에서 시장공급곡선 도출하기

개별수요를 더해 시장수요를 도출했듯이, 모든 잠재적 공급자의 개별공급곡선을 더해 시장공급곡선을 도출한다.

시장공급은 각각 판매자 공급량의 총합이다. 각 가격 수준에서, 시장공급곡선은 시장 내의 총공급량을 보여주는 그래프이다. 가격이 1달러, 2달러, 3달러일 때의 총공급량을 알아내는 것과 같다. 각 가격에서 총공급량을 알아보기 위해서는 개별공급자의 총공급량을 더하면 된다.

모든 공급자가 동일할 때 사용할 수 있는 간단한 팁이 있다. 예를 들어, BP와 동일한 공급 결정을 하는 100개의 정유회사가 있다면 모든 가격 수준에서 BP의 공급량의 100배를 하면 된다. 개별공급과 시장공급의 관계는 다음 그림 3-5에 나와 있다. 시장공급곡선이 개별공급곡선을 통해 도출되었기 때문에, 한계비용체증과 같이 개별공급을 결정하는 동일한 요인들이 똑같이 시장공급을 결정한다.

시장공급곡선을 추정하는 방법 실제로 시장공급곡선을 추정하는 것은 복잡한데, 이는 공급자들이 동일하지 않기 때문이다. 그렇기에 시장공급을 추정하기 위해서는 각 가격 수준에서 얼마나 많은 잠재적 공급자가 재화를 공급할 것인지 알아야 한다. 예를 들어서, BP는 휘발유의 가격이 3달러일 때 2,000만 갤런을 공급한다는 것을 알고 있다. 그렇다면 다른 기업들은 어떨까? 그리고 휘발유의 가격이 3달러일 때 얼마나 공급할 것인가? 잠재적 구매자들에 대한 설문조사를 통해 시장수요를 추정했듯이 기업들에게 특정 가격에서 얼마나 공급할지 설문조사를 통해 시장공급을 추정할 수 있다. 이와 같은 조사를 통해 가격이 변할 때 공급량의 변화를 알 수 있다. 유의해야 할 점은 현재 휘발유를 공급하고 있는 기업뿐만 아니라, 가격이 올라가면 시장에 진입할 잠재적 기업도 조사해야 한다는 점이다.

그림 3-5 | 미국의 휘발유 시장공급곡선

시장공급은 각 가격에서 모든 판매자들이 공급할 총공급량을 보여준다.

Ⓐ 개별공급은 각 가격 수준에서 개별 기업의 공급량을 보여준다. 이 수량을 찍어 연결하면 개별공급곡선이 된다.
Ⓑ 시장은 100개의 비슷한 공급자로 구성되어 있기에 각 가격에서 공급될 수량에 100배를 하면 된다.
Ⓒ 각 가격에서 시장공급량을 찍어 연결하면 시장공급곡선이 된다.

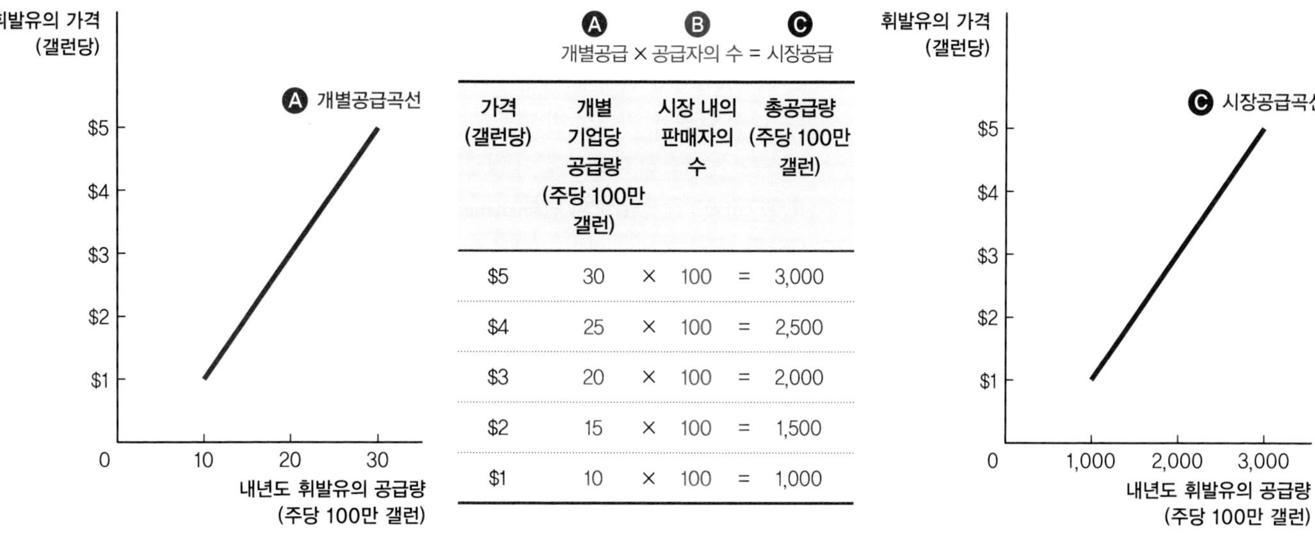

가격 (갤런당)	개별 기업당 공급량 (주당 100만 갤런)		시장 내의 판매자의 수		총공급량 (주당 100만 갤런)
$5	30	×	100	=	3,000
$4	25	×	100	=	2,500
$3	20	×	100	=	2,000
$2	15	×	100	=	1,500
$1	10	×	100	=	1,000

우상향하는 시장공급곡선

그림 3-5의 시장공급곡선은 휘발유의 가격이 올라갈수록 휘발유의 총공급량이 증가함을 보여주며 따라서 시장공급곡선은 우상향한다. 경제학자들은 결국 모든 시장에서 가격이 상승하면 공급량이 증가한다는 것을 발견했다. 다시 말해서, 시장공급곡선은 공급의 법칙에 따른다.

가격이 올라갈수록 시장에 공급되는 양이 많아지는 두 가지 이유가 있다.

첫 번째 이유 : 가격이 높아질수록 개별 기업의 공급량이 늘어난다. 재화의 가격이 증가하면 기업은 더 많이 공급한다. 이는 개별공급곡선이 보여주는 것과 동일하다. 시장공급곡선은 각 가격에서 개별공급곡선의 합이기에 우상향하는 특징 등 개별공급곡선의 많은 특징과 닮았다.

두 번째 이유 : 가격이 높아질수록 더 많은 기업이 재화나 서비스를 공급하고, 가격이 낮아질수록 더 적은 기업들이 재화나 서비스를 공급한다. 두 번째로 고려해야 할 점이 있다. 가격이 높아진다는 것은 그 산업 내의 공급자들의 이윤이 높아진다는 것과 같다. 이는 기존 기업들이 생산을 늘리거나 새로운 기업들이 진입하도록 하는 신호가 된다. 결국 가격이 높아질수록 공급자가 많아지고 더 많은 양이 공급된다.

반대로, 가격이 낮아지면 그 산업 내의 공급자들의 이윤이 낮아지고 더 적은 기업들이 재화나 서비스를 공급할 것이다. 이는 가격이 낮아질수록 총공급량이 낮아지는 이유를 설명해준다.

시장공급을 추정할 때, 기존 기업들의 공급 선택과 새로운 기업들이 시장에 진입하거나 기존 기업들이 시장에서 퇴출될지에 대하여 모두 고려해야 한다.

공급곡선상의 이동

기업의 입장에서 공급곡선은 경쟁기업의 행태를 요약해서 보여주고 이를 통해 판매하고자 하는 총공급량을 한번에 파악할 수 있기에 매우 유용하다. 시장의 총공급량을 예측하기 위하여

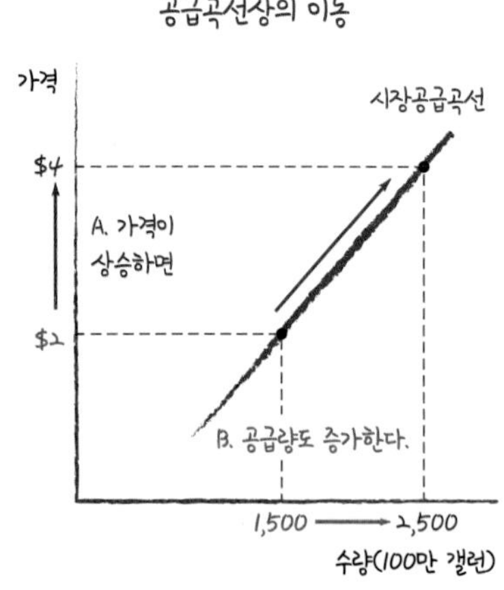

공급곡선상의 이동 가격의 변화는 고정된 공급곡선상의 한 점을 다른 한 점으로 이동시킨다.

공급량의 변화 고정된 공급곡선상의 이동에 의한 수량의 변화

수직축(가격축)의 한 가격에서 시작해서 공급곡선에 닿을 때까지 수평선을 그린 다음에, 다시 닿은 점에서 수평축(수량축)으로 수직축을 내리면 그에 맞는 수량을 얻게 된다. 그림 3-5 오른쪽의 시장공급곡선을 보면 갤런당 2달러일 때, 휘발유 15억 갤런의 시장공급량을 확인할 수 있다. 가격이 4달러로 올라가게 되면, 똑같은 방식으로 수직축(가격축)에서 4달러를 찾아 그에 상응하는 공급곡선상의 한 점을 찾고 다시 그 점과 상응하는 수량을 찾게 되면 25억 갤런의 휘발유가 공급된다는 것을 알 수 있다. 공급의 법칙에 따라 가격이 올라가면 공급량도 주당 15억 갤런에서 25억 갤런으로 증가하게 된다.

가격의 변화는 공급곡선 위의 한 점에서 다른 한 점으로 이동하는 결과를 가져온다는 것을 확인할 수 있다. 다시 말해서, 가격의 변화는 시장공급곡선 그래프 위의 한 점에서 다른 한 점으로의 이동을 가져온다. 간단히 다음과 같이 정리된다: 가격의 변화는 **공급곡선상의 이동**(movement along the supply curve), 즉 **공급량의 변화**(change in the quantity supplied)를 일으킨다(가격의 변화가 수요곡선상의 이동, 즉 수요량의 변화를 일으키는 것과 동일하다). 이것이 가격의 변화가 가져오는 결과에 대한 직관이다. 다음으로는 공급곡선 자체의 이동에 대해 알아볼 것이다.

3.4 공급곡선을 이동시키는 요인

학습목표 공급곡선을 이동시키는 요인을 이해한다.

다른 모든 조건이 일정하다고 할 때 가격의 변화에 따른 공급량의 변화에 대해 지금까지 배웠다. 기회비용의 원리, 비용-편익의 원리, 한계의 원리 등을 적용하여 경쟁시장에서 판매자의 합리적 규칙에 대해 살펴보았고 이를 통해 가격이 변할 때의 공급량의 변화에 대해 알 수 있었다. 지금부터는 상호의존의 원리를 가져와서 가격이 아닌 다른 요인이 변할 때 어떠한 일이 발생하는지에 대해 알아보자.

상호의존의 원리와 공급곡선의 이동

상호의존의 원리에 따르면 가격 이외의 요인에 따라 판매자의 최적 선택이 변하며, 따라서 이러한 다른 요인들이 변할 때 공급 결정이 바뀌게 된다. 예를 들어, 휘발유를 정제하기 위한 원료인 원유의 가격이 증가하면, 섀넌은 BP가 공급 계획을 바꾸도록 제안할 것이다. 또한 기술적으로 더 효율적인 정유 방식을 발견하거나 더욱 많은 이윤을 거둘 수 있다면 다른 영업 부문으로 이동이 생산 계획에 변화를 줄 것이다.

이러한 경우에 모든 가격 수준에서 BP가 공급하고자 하는 수량에 변화가 생길 것이다. 이들 각각의 요인은 판매자가 공급 계획을 변화시키는 원인이 되며 새로운 공급곡선이 만들어질 것이다. 공급곡선이 움직이게 되면 이를 **공급곡선의 이동**(shift in the supply curve)이라고 한다. 공급곡선은 또한 한계비용곡선이므로, 한계비용을 변화시키는 각 요인들은 모두 공급곡선을 이동시키는 요인도 될 것이다.

공급곡선의 이동 공급곡선 자체의 이동

그림 3-6에서 볼 수 있듯이, 공급곡선의 우측 이동은 **공급의 증가**(increase in supply)를 의미하는데, 이는 모든 가격 수준에서 공급량이 증가하기 때문이다. 반대로 공급곡선의 좌측 이동은 **공급의 감소**(decrease in supply)를 의미하는데, 이는 모든 가격 수준에서 공급량이 감소하기 때문이다.

공급의 증가 공급곡선의 우측 이동

공급의 감소 공급곡선의 좌측 이동

공급곡선을 이동시키는 다섯 가지 요인

상호의존의 원리는 공급자의 선택은 수많은 요인에 의해 결정되는데, 만약 이 요인이 변하게

그림 3-6 | 공급곡선의 이동

패널 A : 공급의 증가

Ⓐ 공급이 증가하면 공급곡선이 우측으로 이동하는데, 모든 가격 수준에서 공급량이 증가하게 된다.

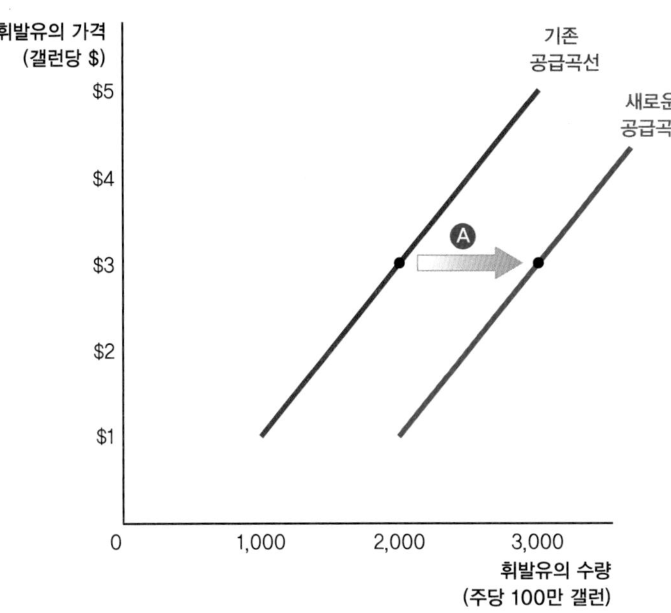

패널 B : 공급의 감소

Ⓑ 공급이 감소하면 공급곡선이 좌측으로 이동하는데, 모든 가격 수준에서 공급량이 감소하게 된다.

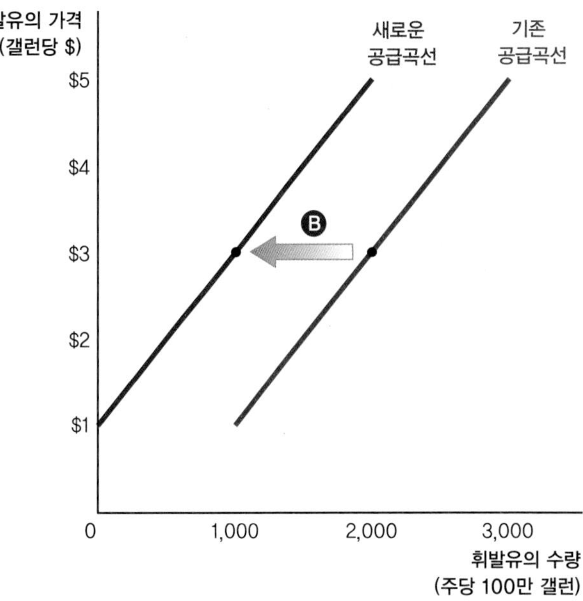

되면 공급자의 판매 계획이 변하게 되고 공급곡선이 이동하게 된다. 공급곡선의 이동을 발생시키는 주요 요인으로는:

1. 원자재의 가격
2. 생산성과 기술
3. 관련 재화의 가격
4. 기대

(1~4: 개별공급곡선을 이동시킴으로써 시장공급곡선도 이동함)

5. 판매자의 종류와 수 ⟶ 시장공급곡선만 이동함

공급곡선의 이동을 발생시키는 다섯 가지 요인
1. 원자재의 가격
2. 생산성과 기술
3. 관련 재화의 가격
4. 기대
5. 판매자의 종류와 수
이며 가격 자체의 변화는 포함되지 않는다.

1~4번까지의 요인은 개별공급곡선의 이동을 일으키고, 시장공급곡선이 개별공급곡선으로부터 도출되기 때문에 결국 시장공급곡선도 이동하게 된다. '판매자의 종류와 수'라는 다섯 번째 요인은 시장공급곡선의 이동에 바로 영향을 미친다.

각 요인들이 공급의 이동에 어떻게 영향을 미치는지 분석하기 위하여, 기회비용을 포함한 한계비용에 영향을 주는 요인들에 대해 알아볼 것이다.

첫 번째 공급 이동 요인 : 원자재의 가격 상호의존의 원리는 기업의 선택은 다른 기업의 선택에 영향을 받는다는 것이다. 원자재의 공급자가 원자재의 가격을 변화시키면 기업의 한계비용이 올라가게 되어 공급곡선이 이동하게 된다.

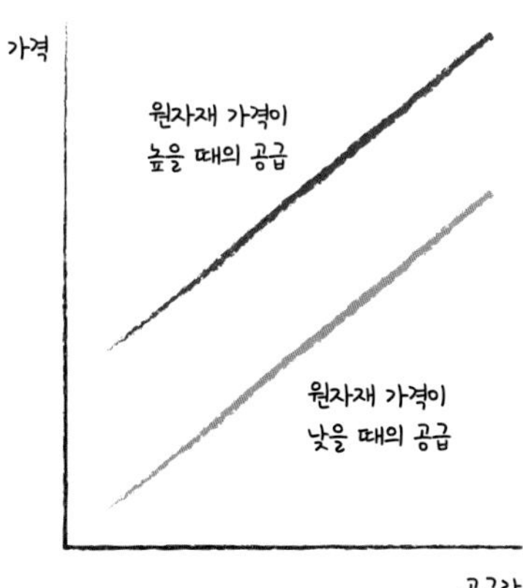

예를 들어서, 정유를 위해서는 두 종류의 원자재, 원유와 노동력이 필요하다. 둘 중 하나의 가격이라도 증가하게 되면, BP가 휘발유를 생산하기 위한 한계비용이 증가하게 된다. 결과적으로 BP의 공급량이 감소할 것이다. 달리 말하면 한계비용의 증가는 공급곡선상의 모든 점의 가격 상승을 불러오는데 이는 한계비용곡선이 곧 공급곡선이기 때문이다. 이러한 변화는 BP의 공급곡선이 좌측으로 이동(=상방 이동)하는 결과를 가져온다.

일반적으로 말하면 원자재 가격의 상승, 즉 원유 가격이나 시간당 임금의 상승 등은 공급곡선이 좌측으로 이동하는 결과를 초래한다. 글로벌화된 경제에서, 환율이 변화하게 되면 수입 원자재의 비용이 변하게 되고 이로 인하여 공급곡선이 이동하게 된다.

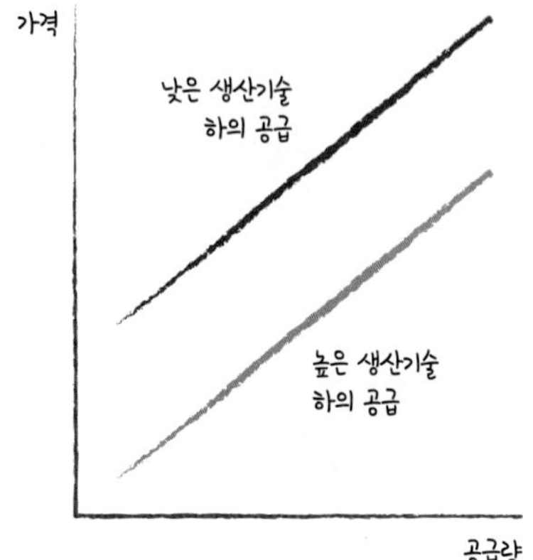

두 번째 공급 이동 요인 : 생산성과 기술 적은 원자재로 더 많은 생산물을 만들어낼 수 있는 것, 즉 생산성의 증가는 한계비용을 감소시키는 주요 원인이다. 공급곡선은 곧 한계비용곡선과 같다는 점에서 보면, 생산성이 높아지면 공급이 증가하며 공급곡선이 우측으로 이동한다. 예를 들어서, BP가 적은 노동자와 원유로 더 많은 휘발유를 만들어낼 수 있는 새로운 정유 공정을 활용하게 되면 한계비용은 낮아진다. 새로운 생산 기술이 비용을 낮출 것이고 한계비용이 낮아질 것이기에 공급곡선이 우측으로 이동하게 된다.

생산성은 새로운 기계의 발명이나 새로운 경영기술 접목 등의 기술 발전에 의해 높아진다. 혁신적인 기술 발전은 종종 완전히 동떨어진 산업에서 유래되어 전파된다는 점에서 상호의존의 원리는 중요하다. 예를 들어서 인터넷은 군사 통신기술에서 처음 개발되었지만, 곧 산업 내의 생산, 판매, 유통뿐만 아니라 사회 전 영역, 음악, 미디어, 여행 등에도 엄청난 영향을 미쳤다. 기술 개발에 대한 투자로 인해 생산성이 증대되기도 한다. 보통 많은 시행착오를 겪다 보면 생산성이 차차 향상하는 경향을 보이기도 한다. 이는 대부분의 산업들이 더욱 효율적인 방향으로 발전하는 이유이기도 하며, 이로 인해 공급곡선은 점점 오른쪽으로 이동하게 된다.

세 번째 공급 이동 요인 : 관련 재화의 가격 상호의존의 원리로 다른 시장과의 연관성에 대해서도 이야기할 수 있다. 현재 생산하는 재화 이외의 재화를 생산해서 공급할 수 있다는 점에서 공급 결정은 상호의존적이다. 예를 들어서, BP는 정유 시설을 휘발유를 생산하는 데 사용할 수 있지만 또한 디젤과 같은 대안적인 것을 생산하는 데 사용할 수도 있다. 디젤의 가격이 충분히 오르면 BP는 휘발유보다 디젤을 생산하는 것이 나을 수도 있다. 이렇게 되면 BP는 휘발유 생산 시설을 디젤 생산 시설로 바꿀 것이고 이로 인해 휘발유의 공급곡선은 좌측으로 이동할 것이다. 한 재화(디젤)의 가격이 상승할 때 다른 재화(휘발유)의 공급량이 줄어들면 이 둘을 **생산에서 대체재**(substitutes-in-production)라고 한다. 보통 생산에서 대체재 관계는 동일한 원료에서 만들어지는 두 제품(휘발유와 디젤) 사이에서 성립된다. 디젤 가격이 높아질수록 휘발유 생산의 기회비용이 높아진다는 점에서 기회비용의 원리가 적용되는 것이라고도 할 수 있다. 휘발유 생산의 한계비용이 상승(기억할 것 : 한계비용에는 기회비용도 포함된다)하면 BP는 휘발유 공급을 줄일 것이다.

생산에서 대체재 자원 사용의 대안적인 방법. 생산에서 대체재의 가격이 상승하면 해당 재화의 공급이 감소한다.

생산에서 보완재 함께 생산되는 재화. 생산에서 보완재의 가격이 오르면 해당 재화의 공급이 증가한다.

반면 **생산에서 보완재**(complements-in-production)는 보통 함께 생산된다. 예를 들어, 도로 건설에 필요한 아스팔트는 정유 과정의 부산물이다. 아스팔트의 가격이 오르면 휘발유의 가격이 그대로이더라도 휘발유를 더 많이 생산하는 것이 이익이다. 결국, 아스팔트와 같이 생산에서 보완재의 가격이 상승하면 BP는 휘발유 생산을 늘린다. 아스팔트로부터 추가적인 수입을 얻을 수 있기에 휘발유 생산의 한계비용이 낮아지고 이는 곧 휘발유 공급곡선의 우측 이동을 불러온다.

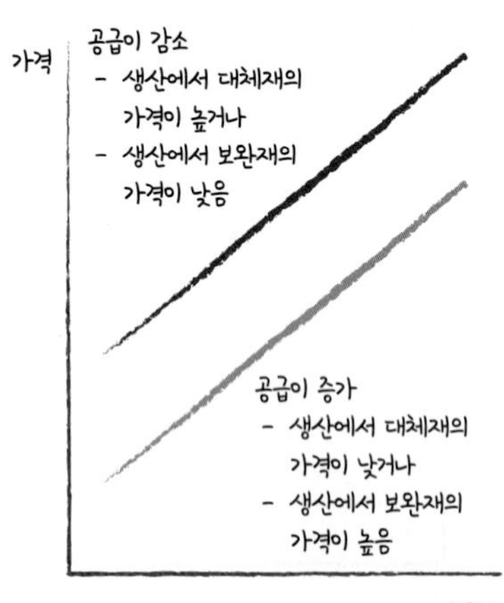

주의 : 수요곡선을 이동시키는 보완재(예를 들어, 소시지와 핫도그같이 함께 소비하는 것)와 공급에서 보완재(예를 들어, 휘발유와 아스팔트같이 함께 생산되는 것)를 혼동하지 않아야 한다. 마찬가지로 수요곡선을 이동시키는 대체재(예를 들어, 피자 대신 핫도그를 구매하는 것)와 생산에서 대체재(휘발유 대신 디젤을 생산하는 것)를 혼동하지 않아야 한다.

요점 정리 : 생산에서 대체재의 가격이 떨어지거나 생산에서 보완재의 가격이 상승하면 해당 재화의 공급이 증가(공급곡선의 우측 이동)할 것이다. 반대로 생산에서 대체재의 가격이 올라가거나 생산에서 보완재의 가격이 하락하면 해당 재화의 공급이 감소(공급곡선의 좌측 이동)할 것이다.

네 번째 공급 이동 요인 : 기대 시간도 결정에 영향을 미친다는 상호의존의 원리를 생각하자. 단기적으로 생산물의 가격이 내년에 올라갈 것으로 예상되면, 잠시 재고로 쌓아두었다가 내년에 파는 것이 이익이다. 이는 올해의 공급을 줄일 것(올해 공급곡선의 좌측 이동)이고 내년의 공급을 늘리는 결과(내년 공급곡선의 우측 이동)를 낳을 것이다. 이는 기회비용의 원리로도 이해할 수 있는데, 올해 물건을 파는 것의 기회비용은 내년에 물건을 파는 것이다. 휘발유의 가격이 높아질 것으로 예상되면 올해 휘발유를 공급하는 것의 기회비용이 높아지기 때문에 올해의 휘발유 공급을 줄여야 한다. 물론, 저장이 가능한 물건이어야 하므로 휘발유와 같이 저장 가능한 물건의 경우 미래 가격의 변화가 현재 공급곡선의 변화를 일으키지만, 생선과 같이 저장이 불가능한 물건은 그렇지 못하다.

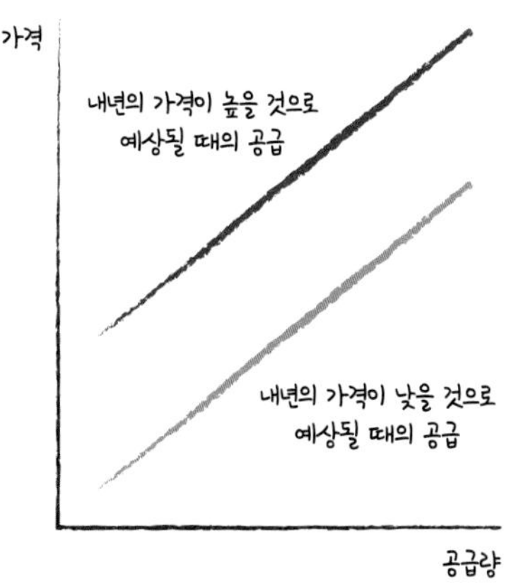

저장이 가능한 물건의 경우, 올해의 생산량 결정은 판매량 결정과 무관하게 결정될 수 있다. 이렇게 두 가지 결정을 각각 할 수 있다는 점은 가격 변화를 예상할 수 있을 때 중요해진다. 예를 들어, BP가 내년에 휘발유 가격이 오를 것이라고 예상하면 올해의 생산량을 늘림에도 불구하고 당장 공급하지 않고 비축했다가 내년에 더 높은 가격으로 판매할 수 있다. 내년에 가격이 오를 때 생산과 공급 모두를 증가시키면 된다.

만약 BP가 장기적인 가격 상승을 예측하면, 정유 시설을 확장하고 노동자들을 더 고용해서 생산과 공급 모두를 늘리면 된다. 따라서 가격이 상승할 것으로 예측되면 단기적으로는 공급이 감소하지만 장기적으로는 생산시설 자체를 확대해 공급을 더 늘릴 것이다.

다섯 번째 공급 이동 요인 : 판매자의 종류와 수 공급의 이동에 있어서 마지막으로 고려해야 할 것은 판매자의 종류와 수이다. 시장공급은 시장 내의 모든 공급자들의 공급량을 합친 것이므로 판매자들이 변화하면 시장공급곡선도 변할 것이다. 시장이 각기 다른 유형의 기업들로 구성되어 있다면 시장공급의 구성에도 변화가 있을 것이다.

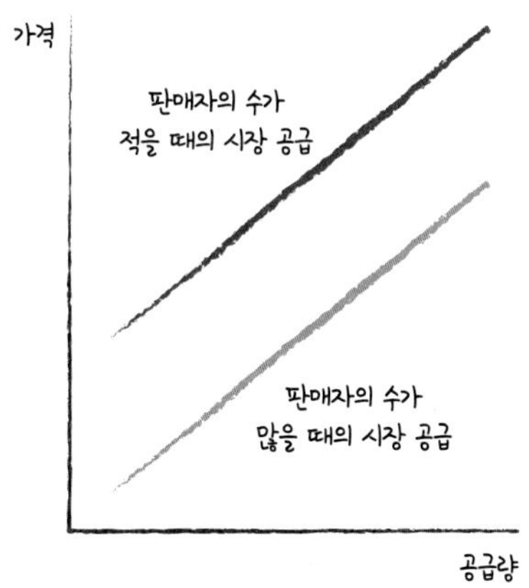

새로운 기업이 시장에 진입하면 이들 새로운 기업의 공급량도 시장공급에 합산되어야 한다. 새로운 기업이 진입하면, 각 가격 수준에서 공급되는 총량이 증가하여 공급곡선이 우측으로 이동하게 된다. 비슷한 논리로 기업이 문을 닫으면, 즉 시장에서 퇴출되면, 공급곡선은 좌측으로 이동한다. 기업이 시장에 진입하고 퇴출하는 결정은 미래에 기대되는 이윤에 의해 결정되므로, 미래의 기대이윤에 영향을 미치는 어떠한 요인이 변하게 되면 시장 내의 공급자의 수가 변하게 되고 시장공급곡선이 이동하게 된다.

처음 4개의 공급곡선 이동은 개별공급곡선의 이동에 기인한 것이다. 각 요인들은 시장 내의 모든 기업들의 공급 결정에 영향을 주게 된다. 시장공급곡선은 개별공급곡선의 합이기 때문에, 이들 각 요인의 변화는 결국 시장공급곡선을 이동시킬 것이다. 그러나 마지막 다섯 번째 요인, 판매자의 종류와 수는 개별공급곡선의 이동에 영향을 주지 않는다. 판매자의 종류와 수는 오직 시장공급곡선 자체만을 움직인다.

요약 : 가격 이외의 요인이 변하면, 공급곡선이 움직인다. 개별공급곡선은 한계비용곡선이기에 한계비용을 변화시키는 요인은 결국 공급곡선을 이동시키게 된다. 개별공급곡선을 이동시키는 네 가지 요인은 모두 한계비용에 변화를 가져오는 것이라는 점에서 모두 유사하다. 원자재의 가격 변화와 생산성의 변화는 모두 한계비용을 변화시킨다. 관련 재화(생산에서 대체재 혹은 생산에서 보완재)의 가격과 미래 가격에 대한 기대도 생산과 판매 시기에 대한 기회비용을 변화시키며 한계비용에 영향을 준다.

시장공급곡선은 개별공급곡선에 기초하므로 이들 개별공급곡선에 영향을 주는 이들 네 가지의 요인은 시장공급곡선에도 영향을 준다. 한계비용이 증가하면 공급이 감소(공급곡선의 좌측 이동)한다는 것과 한계비용이 감소하면 공급이 증가(공급곡선의 우측 이동)한다는 것을 기억하면 이동 방향을 알아낼 수 있을 것이다. 마지막 요인인 판매자의 유형과 수는 시장공급곡선을 이동시키지만 개별공급곡선을 이동시키지는 않는다. 지금까지 논의한 것을 잘 기억하면 앞으로 공급곡선상의 이동과 공급곡선 자체의 이동이 쉽게 구별될 것이다.

3.5 공급곡선상의 이동 vs. 공급곡선의 이동

학습목표 공급곡선상의 이동과 공급곡선의 이동을 구별한다.

공급곡선은 시장환경의 변화로 인해 기업이 어떻게 공급량을 변화시키는가에 대해 알 수 있는 유용한 수단이다. 공급곡선상의 이동과 공급곡선 자체의 이동을 구별하는 것이 중요하다. 간단한 규칙은 다음과 같다.

> 가격 자체를 변화시키는 것은 공급곡선상의 이동을 가져온다. 그런데 가격 이외의 다른 시장 환경이 변화하면, 공급곡선 자체가 이동한다.

공급곡선상의 이동

가격이 변화할 때 공급곡선이 이동하지 않는 이유는 공급곡선 자체가 가격이 변화할 때 기업의 공급량의 변화를 나타내주고 있기 때문이다. 그림 3-1에서 각 가격 수준에서 BP의 휘발유 공급량이 적힌 섀넌의 메모로 돌아가보자. 가격의 변화가 일어난다고 해도 섀넌의 메모에는 변화가 없을 것이다. 메모에 적힌 것 자체가 가격이 변할 때 BP의 공급량이 어떻게 변화하는가에 대한 것이기 때문이다. BP의 개별공급곡선이 섀넌의 메모를 그래프로 그린 것이기에 만약 기존 계획에 변화가 없다면 개별공급곡선도 이동하지 않을 것이다.

개별공급곡선이 가격이 변화할 때 이동하지 않기에 시장공급곡선도 가격이 변화한다고 이동하지 않을 것이다. 시장공급곡선은 모든 잠재적 공급자들이 각 가격 수준에서 공급할 양을 요약한 것이기 때문에 어떠한 개별공급곡선에도 변화가 없다면 시장공급곡선에도 변화가 없을 것이다.

결국 기업은 공급곡선을 통해 가격 변화의 결과를 예측할 수 있다는 것을 알게 되었다. 예를 들어 그림 3-7의 패널 A는 휘발유의 가격이 2달러일 때, 시장의 총공급량은 주당 15억 갤런이라는 것을 보여준다. 또한 가격이 4달러가 되면 주당 공급량은 25억 갤런까지 늘어나게 된다. 여기서 볼 수 있듯이, 가격의 변화로 인해 공급곡선상에서 이동하게 된다. 이를 통해 가격이 올라갈수록 공급량도 증가한다는 것을 알 수 있다.

공급곡선의 이동

만약 가격 이외의 요인들이 변화하게 되면 각 가격 수준에서의 공급량을 조절해야 한다. 예를 들어서, BP가 사용하는 원자재의 가격이 변화하거나, 생산성 및 다른 생산 옵션, 미래 가격에 대한 기대가 변화하게 되면 섀넌은 BP의 공급계획에 변화를 주어야 한다. 이러한 변화된 요인들로 인해 각 가격 수준에서 BP의 공급량이 변화하게 되고 결과적으로 공급곡선이 이동하게 된다. 공급곡선을 이동시킬 수 있는 시장 조건에 변화가 생기면 공급계획에도 변화가 생긴다.

공급곡선은 한계비용곡선이라는 것을 생각해보면, 한계비용에 변화가 생기면 공급곡선도 이동한다. 비용의 변화를 생각할 때, 주머니에서 실제로 나가는 회계적 비용뿐만 아니라 기회비용도 고려해야 한다. 그림 3-7의 패널 B에서 볼 수 있듯이 한계비용과 공급계획에 변화가 생기면 공급곡선도 이동하게 된다. 한계비용이 낮아지면 모든 가격 수준에서 더 많이 팔 때 이익이 커지며 이는 공급의 증가, 즉 공급곡선이 우측으로 이동한다. 반대로, 한계비용이 높아지

그림 3-7 | 공급곡선상의 이동 VS. 공급곡선의 이동

패널 A : 가격이 변화할 때

공급곡선상의 이동

Ⓐ 갤런당 2달러에서 4달러로의 휘발유 가격의 변화는
Ⓑ 공급곡선상의 이동을 발생시킴
Ⓒ 주당 15억 갤런에서 25억 갤런으로 공급량의 변화가 발생함

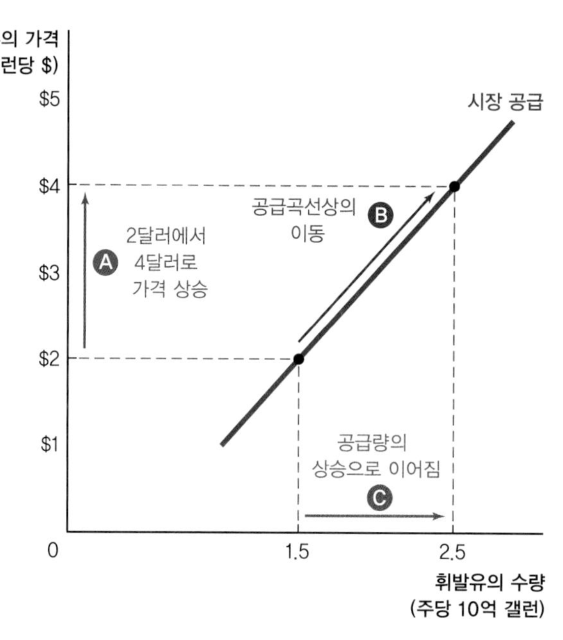

패널 B : 다른 요인이 변화할 때

공급곡선의 이동

Ⓐ 모든 가격에서 공급량이 감소하며 공급곡선이 좌측으로 이동함
Ⓑ 모든 가격에서 공급량이 증가하며 공급곡선이 우측으로 이동함

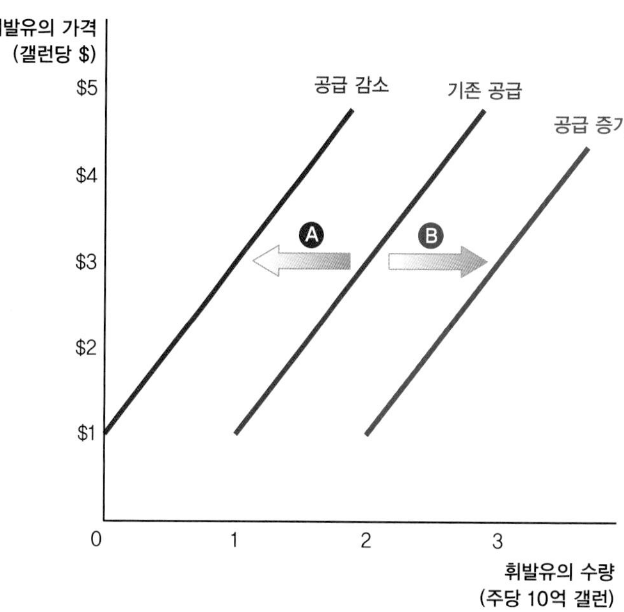

면 모든 가격 수준에서 더 많이 파는 것이 오히려 손해가 될 수 있으며 이는 공급의 감소, 즉 공급곡선이 좌측으로 이동한다.

공급의 이동은 상호의존의 원리로 설명된다: 최적의 공급 선택은 여타 많은 요인에 의해 결정되는데, 이 요인들이 변화하면 공급곡선도 변화하게 된다. 공급곡선의 이동을 발생시키는 다섯 가지 요인은 다음과 같이 요약된다: 원자재의 가격(Input Prices), 생산성과 기술(Productivity and technology), 관련 재화의 가격 및 기회비용(Other opportunities and the price of related outputs), 기대(Expectation), 판매자의 유형과 수(Type and number of sellers)이다. 이 다섯 가지를 쉽게 기억하기 위해서 각각의 앞 글자를 딴 I, POET을 기억하자. 공급곡선의 이동을 불러오는 다섯 가지 요인을 기억하기 위해서 I, POET(나는 시인이다)라는 말만 기억하자.

함께 해보기

공급 및 판매자의 결정에 대해 분석한 이번 장과 수요 및 구매자의 결정에 대해 분석한 지난 장의 유사성을 알아챘을 것으로 생각한다. 이에 합당한 이유가 있는데, 공급과 수요가 움직이는 방식은 밀접하게 연관되어 있기 때문이다. 지구에서 화성까지 가는 것에 대한 간단한 사고 실험을 통해 알아보자.

지구에서 출발한다. 간단한 거래를 생각해보자. A가 B의 주유소로 가서 30달러로 10갤런의 휘발유를 구매한다(B가 휘발유를 소유하고 있다고 가정한다). 경제학을 배운 사람이라면, A가 휘발유를 구매하고 B가 휘발유를 팔고 있다고 생각할 것이다. 이 거래는 다른 말로 A의 휘발유 수요와 B의 휘발유 공급이라고 할 수 있다.

그림 3-8 | 수요와 공급의 비교

	수요	공급
목적	구매로 얻을 수 있는 편익과 지불하는 가격의 차이인 경제적 잉여의 극대화	수입과 비용의 차이인 이윤의 극대화
수량을 결정하기 위해서	구매자의 합리적 규칙 : 한계편익이 가격을 초과하는 한(=크거나 같을 때까지) 구매함	경쟁시장에서 판매자의 합리적 규칙 : 가격이 한계비용을 초과하는 한(=크거나 같을 때까지) 판매함
의미	수요곡선은 곧 한계편익곡선	공급곡선은 곧 한계비용곡선
그래프의 기울기	한계편익체감으로 인하여 우하향하는 수요곡선	한계비용 증가로 인하여 우상향하는 공급곡선
시장	각 가격에서 개별소비자의 수요의 총합인 시장수요곡선	각 가격에서 개별판매자의 공급량의 총합인 시장공급곡선
가격 상승의 결과	수요공급곡선상의 이동, 수요량의 감소	공급곡선상의 이동, 공급량의 증가
가격 하락의 결과	수요공급곡선상의 이동, 수요량의 증가	공급곡선상의 이동, 공급량의 감소
그래프 자체를 이동시키는 원인	수요곡선의 이동의 원인 1. 소득 2. 선호 3. 관련 재화의 가격 4. 기대 5. 혼잡효과와 네트워크 효과 6. 구매자의 유형과 수 … 여기에 가격의 변화는 포함되지 않는다.	공급곡선의 이동의 원인 1. 원자재의 가격 2. 생산성과 기술 3. 관련 재화의 가격 4. 기대 5. 판매자의 종류와 수 … 여기에 가격의 변화는 포함되지 않는다.

돈이나 휘발유에 대한 개념이 없는 화성인이 이 거래를 보고 어떻게 생각할까? 화성인은 아마 B가 돈을 구매하고 있고 A가 돈을 팔고 있다고 생각할 수도 있다. 무엇을 대가로 돈을 얻을까? 물론 휘발유이다. 이런 식으로 생각해보면, B는 돈을 수요하고자 하는 구매자이고 A는 B가 충분한 휘발유를 지불할 의사가 있다면 돈을 기꺼이 공급하려 하는 판매자이다. 화성인의 시각이 웃기게 들릴 수 있지만, 틀린 논리는 아니다.

화성인의 해석이든 지구인의 해석이든 모두 틀린 해석이 아니다. A는 돈의 판매자이자 휘발유의 구매자이다. B는 휘발유의 판매자이자 돈의 구매자이다. 이런 식으로 생각하면, 수요에 대해 이해하는 것과 공급에 대해 이해하는 방식은 똑같은 원리가 적용될 수 있다.

결국 공급과 수요의 논리가 유사하다는 것은 이해에 있어 상당한 도움이 된다. 실제로, 구매자이든 판매자이든 각 선택에 대한 분석 방식은 동일하다. 공급과 수요 결정의 분석에서, 최적의 결정을 하기 위해서 경제학의 네 가지 핵심 원리를 사용했다. 그림 3-8에 각각의 최적의 결정을 하기 위한 구매자와 판매자의 입장을 비교 · 정리해놓았다. 또한 양측의 핵심적인 차이점, 소비자들은 경제적 잉여를 극대화하는 선택을 하며 공급자들은 이윤을 극대화하는 선택을 한다는 점 또한 명시해 두었다.

한눈에 보기

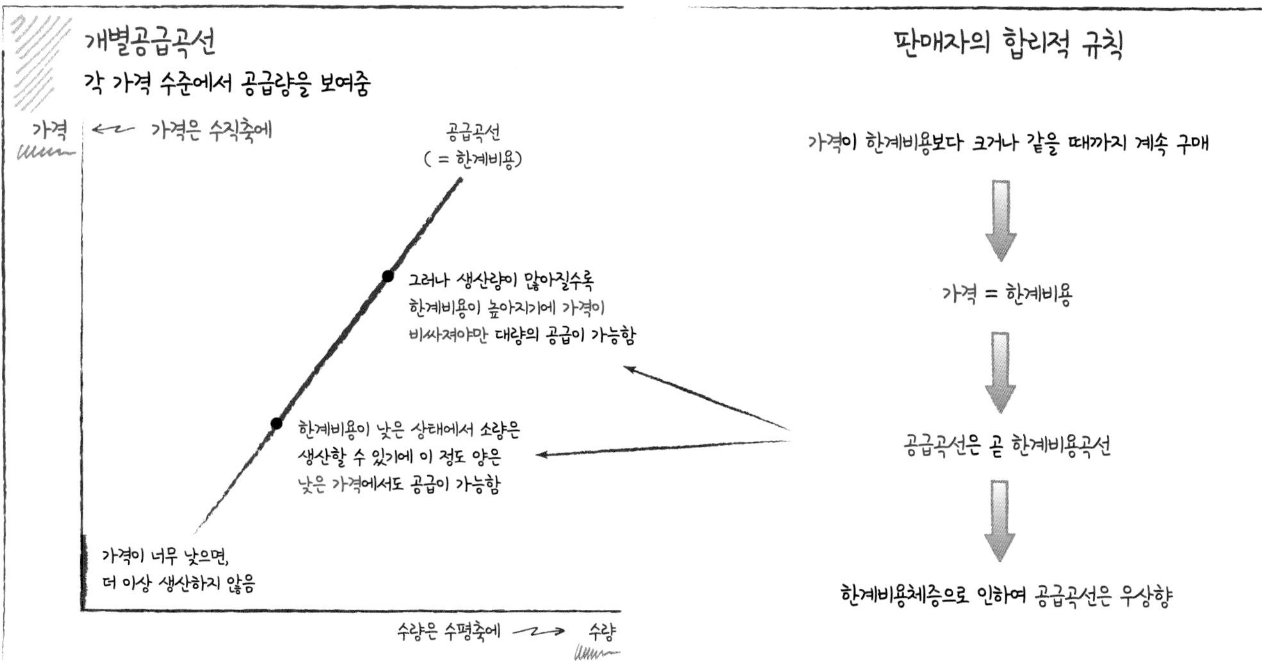

시장공급곡선

개별공급곡선을 더해 시장공급곡선을 얻는다. 시장 내에 현존하는 기업의 행동만 고려하는 것이 아니라 가격이 상승할 때 새로운 기업이 진입하는 것과 가격이 하락할 때 기존 기업이 퇴출되는 것도 고려됨을 기억해야 한다. 개별공급곡선을 구성하는 요인과 시장공급곡선을 구성하는 요인은 동일함

가격이 변할 때

공급곡선상의 이동

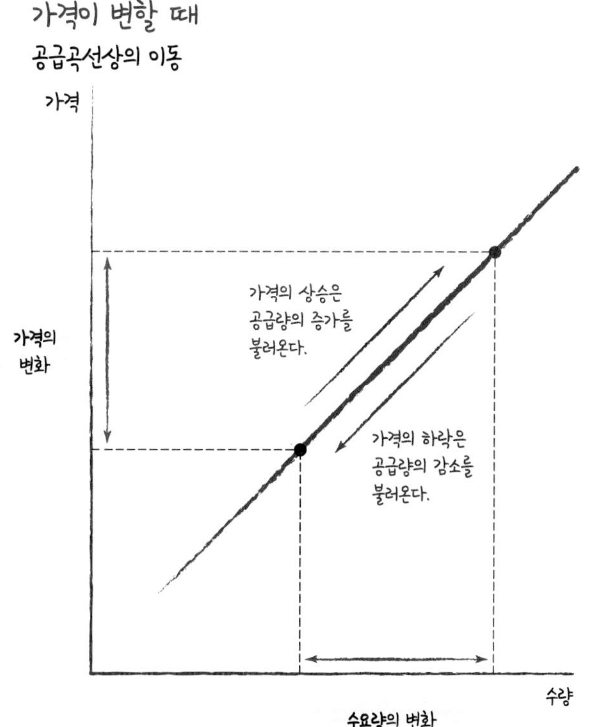

가격 외 다른 요인이 변할 때

공급곡선의 이동

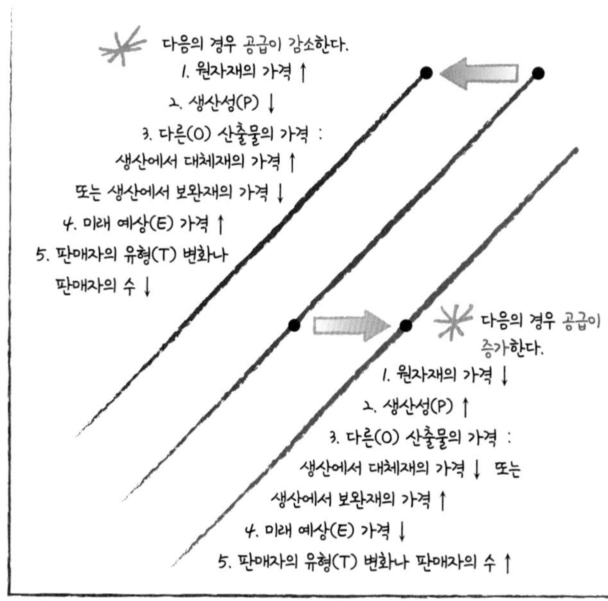

핵심용어

가격수용자
가변비용
개별공급곡선
경쟁시장에서 판매자의 합리적 규칙
고정비용
공급곡선상의 이동
공급곡선의 이동
공급량의 변화
공급의 감소
공급의 법칙
공급의 증가
생산에서 대체재
생산에서 보완재
시장공급곡선
완전경쟁
한계생산물
한계생산물체감

토론과 복습문제

학습목표 3.1 기업 개별공급곡선의 형태를 알아본다.

1. 대부분의 사람들은 기업을 운영하지는 않지만, 때때로 판매자의 입장이 된다. 일상 속에서 판매자의 입장이 되는 예시를 들어보자.
2. 노동시장에서 노동자들은 임금을 대가로 자신들의 시간을 판매한다. 노동의 개별공급곡선을 알아보자. 시급이 다음 표에 제시된 것과 같다면 매주 얼마나 일할 것인가? 그다음 노동의 개별공급곡선을 그려보자. 아래 제시된 시급 중 그 정도 받을 바에는 차라리 일을 하지 않을 시급 수준이 있는가? 있다면 기회비용의 개념을 이용하여 간단하게 설명하라.

시급	매주 일하고자 하는 시간
$10	
$20	
$30	
$40	

3. 한쪽에는 엑손-모빌 주유소, 한쪽에는 쉘 주유소가 있는 고속도로에 도착했다고 하자. 종종 두 주유소는 때로 똑같은 가격에 휘발유를 판매한다. 이유가 무엇인가?

학습목표 3.2 올바른 공급 결정을 내리기 위해 핵심 원리를 적용한다.

4. 다음과 같은 상황에 4개의 핵심 원리 중 어떤 것이 어떻게 적용되어야 하는지 설명하라.
   a. 직장상사가 초과수당이 지급되는 조건으로 5시간의 초과근무를 부탁했다. 이미 10시간 동안 일을 한 상태에서 더 할 것인가 안 할 것인가?
   b. UPS의 지역 매니저는 매일 배송량을 늘리기 위해 새로운 트럭과 운송기사를 고용할지 결정해야 한다.

학습목표 3.3 개별공급을 더해 시장공급을 구한다.

5. 다음의 문장 중 어떤 것이 틀렸는가?
   천연가스의 시장공급곡선은 판매할 수 있는 각 공급량에서 모든 천연가스 가격의 총합이다.

학습목표 3.4 공급곡선을 이동시키는 요인을 이해한다.

6. 마리아는 넛산 공장의 공정 엔지니어이다. 상호의존의 원리를 사용하여 엔진 납품 단가가 50% 낮아졌을 때 공급계획이 어떻게 바뀌어야 하는지 설명하라. 혹은 노동조합이 결성되어 12% 임금 상승이 요구될 때는 어떻게 해야 하는지 설명하라.

학습목표 3.5 공급곡선상의 이동과 공급곡선의 이동을 구별한다.

7. 대학교에 등록하려고 하는 결정이 노동의 개별공급곡선에 어떠한 영향을 미치는가? 공급곡선 자체의 이동을 가져오는가 혹은 공급곡선상의 이동이 발생하는가? 해당 결정을 설명하는 그래프를 그리라.

학습문제

학습목표 3.1 기업 개별공급곡선의 형태를 알아본다.

1. 친환경적인 커피머신 신제품을 판매하는 회사의 애널리스트로 일하고 있다. 주어진 공급계획을 보고 회사의 개별공급곡선을 그리라. 회사의 공급곡선은 공급의 법칙을 따르고 있는가?

가격	공급량(1,000개)
$100	0
$150	500
$200	1,000
$250	1,500
$300	2,000
$350	2,500
$400	3,000

2. 토마스는 지역 자동 세차장의 사장이다. 자동 세차 시장은 완전경쟁시장이다: 지역 내 모든 가게가 1회 7달러를 받으며 이는 세차 1회당 한계비용이기도 하다. 가격이 8달러로 변하게 되면 토마스의 이윤은 어떻게 변할 것인가? 그 이유는? 가격이 5달러로 변하면? 토마스가 이윤을 극대화하는 가격은?
3. 에디스는 3명의 직원을 고용하고 있는 작은 카페를 운영하고 있는데 직원들은 커피를 만들고 손님을 응대한다. 사업은 꽤 잘 되어서 카페 앞에 긴 대기줄이 생겼다. 바쁜 아침에 에디스는 직원들이 너무 바쁘게 주문을 받고, 컵을 꺼내 커피를 담고 크림과 설탕을 올리고 손님을 응대하는 것을 보았다. 에디스는 세 명의 직원을 더 고용하면 두 배의 매출을 올릴 수 있을 것이라 생각했다. 이 말이 맞는가 틀린가? 그 이유는?

학습목표 3.2 올바른 공급 결정을 내리기 위해 핵심 원리를 적용한다.

4. 보잉은 항공기 제조업체이다. 아래 중 고정비용과 가변비용을 구별하자. 그러고 나서 각각의 비용들이 추가적인 항공기 생산을 위한 한계비용에 포함되는지 판단하자.
   a. 항공기를 만들기 위한 제조 공장
   b. 항공기를 만들기 위한 노동력
   c. 항공기에 설치되는 의자
5. 복제약 제작사인 마이커는 소매업자들에게 자사의 복제약을 얼마에 팔 것인가 결정해야 한다. 한 병당 한계비용은 아래의 표와 같다. 약 한 병이 7.75달러일 때, 마이커사는 매일 몇 병을 생산할 것인가? 가격이 병당 9달러라면? 경쟁시장에서 판매자의 합리적 규칙을 사용하여 각 경우의 수량이 다른 이유를 설명하라. 마지막으로, 마이커사의 개별공급곡선을 그리라.

아세트아미노펜의 양(1,000병)	한계비용(한 병당)
1	$6.00
2	$7.00
3	$7.75
4	$8.25
5	$9.00
6	$9.50

학습목표 3.3 개별공급을 더해 시장공급을 구한다.

6. 마을에 4개의 주유소가 있다고 가정하자. 각 가격 수준에서 각각의 주유소가 매주 공급하고자 하는 수량은 아래 표와 같다. 각 가격 수준에서 시장 전체의 공급량을 구하고 시장공급곡선을 그리라. 가격이 3달러에서 5달러로 오를 때 공급곡선에 어떠한 일이 발생하는지 그래프에 표시하라.

갤런당 가격	주유소 A	주유소 B	주유소 C	주유소 D
$5	8,000	5,000	6,000	9,000
$4	6,000	4,000	5,000	5,000
$3	4,000	3,000	4,000	3,000
$2	2,000	2,000	2,000	1,000
$1	0	1,000	1,000	0

학습목표 3.4 공급곡선을 이동시키는 요인을 이해한다.

7. 당신은 델타항공에 취직해 전략 부서에서 일하고 있다. 아래의 각 경우에, 델타항공의 항공편 공급곡선이 어떻게 변할 것인지 그래프를 그려서 설명하라.
   a. 항공유의 가격이 하락함
   b. 델타항공이 더욱 효율적으로 항공기를 배치할 수 있는 혁신적인 소프트웨어의 발명
   c. 델타항공이 직원들의 시급을 올리는 새로운 계약에 서명함
8. 델이 생산량을 줄이지 않고도 비효율을 줄일 수 있는 관리도구인 린 프로덕션 프로세스를 적용한 후 세계에서 가장 큰 컴퓨터 제조업체가 되었다. 델의 컴퓨터 공급곡선에 린 프로덕션 기술을 적용하는 것이 어떠한 영향을 미쳤는가? 그래프를 이용하여 설명하라.

학습목표 3.5 공급곡선상의 이동과 공급곡선의 이동을 구별한다.

9. 주어진 다음 상황에서 공급곡선의 이동과 공급량의 변화 중 어떠한 것이 발생할지 설명하라. 그래프를 그려서 설명하라.
   a. 에탄올 생산에 옥수수 사용이 증가한 것이 옥수수를 가축의 사료료 이용하는 농부들의 사료값을 증가시켰다.
   b. 세계 철강시장의 투자자들이 철강의 가격을 올려서 미국 내 철강회사의 철강 생산이 증가했다.

CHAPTER 4

균형 : 공급과 수요가 만나는 점

장면 1 : 일대 혼란. 뉴욕 증권거래소 바닥에 딜러들이 손을 들고 고함치면서 북적이고 있다. 주식 가격이 오르고 내리는 것을 주시하면서 그들의 눈은 점점 피로해져 간다. 비록 고함을 지르고 있지만, 그들은 싸우고 있는 것이 아니다. 소음을 뚫고 누군가 "4.4달러에 5,000주를 사겠다"고 소리치는 것을 들을 수 있다.

장면 2 : 한 고급 커피점. 푹신한 소파가 사람들을 잠시 쉬고 가고 싶게 만든다. 이곳은 휴식을 취하고 라떼나 허브차를 즐길 수 있는 근사한 곳처럼 보인다. 그래서 당신은 그곳으로 들어간다. 바리스타는 미소로 맞아주며 "뭘 드실까요?"라고 묻는다.

Joelle Icard/Getty Images

경제학을 배우고 나면 일상생활 곳곳에서 공급곡선과 수요곡선을 발견할 것이다.

장면 3 : 새벽 2시지만 당신은 여전히 깨어있다. 당신은 몇 시간째 웹페이지를 검색 중이고 초점이 흐릿해지기 시작한다. 하지만 계속 한다면 원하는 TV를 매우 좋은 가격으로 판매하는 온라인 쇼핑몰을 발견할 거라는 걸 알고 있다.

장면 4 : 공연 중에 관중에게 던진 저스틴 비버의 오른쪽 신발이 이베이의 옥션에 올라왔다. 첫 번째 입찰에서는 약 7,000달러가 제시되었다. 입찰이 끝나려면 5일이 남았고 그 신발은 가장 높은 가격 입찰자가 가져갈 것이다. 당신이 얼마나 열성적인 비버의 팬인지 그리고 당신의 오른발에 구매한 비버의 오른쪽 신발을 착용할 것인지를 생각하는 데 5일이 있다.

이들 이야기는 모두 시장, 공급과 수요의 상호작용이라는 내용에 관한 것이다. 구매자와 판매자는 하나의 시장에 함께 나온다. 이 장에서 배울 것은 공급과 수요가 어떻게 시장에서 상호작용하는지를 분석하는 것이다. 제2, 3장에서는 구매자와 판매자가 결정하는 선택을 평가하는 기초를 배웠다. 이제 할 일은 배운 공급, 수요의 원리를 가져와 공급-수요 체계를 완성시키는 것이다. 이것은 일상을 경제적으로 이해하는 데 필수적인 사고방식이다. 당신은 무엇을 사고팔지, 다양한 산출물의 가격이 얼마나 될지, 그리고 경제적 여건 변화가 있을 때 이들 산출물이 어떻게 변화하는지를 예측하는 데 이 사고방식을 사용할 것이다. 분명 이는 향후 경제학 공부에 기초가 되어줄 것이다.

목표

어떻게 공급과 수요가 균형가격과 균형거래량을 결정하는지 분석한다.

4.1 시장에 대한 이해
우리 사회에서 무엇을, 어떻게, 누가 생산하고 가질지 결정하는 시장의 주요 역할을 조사한다.

4.2 균형
시장이 어떻게 공급과 수요를 균형에 이르게 하는지 분석한다.

4.3 시장 변화 예측
수요 및 공급의 이동 결과를 평가한다. 그리고 어떻게 가격과 거래량의 변화가 수요 또는 공급 변화를 나타내는지 설명한다.

4.1 시장에 대한 이해

학습목표 우리 사회에서 무엇을, 어떻게, 누가 생산하고 가질지 결정하는 시장의 주요 역할을 조사한다.

사회를 조직하는 것이 당신의 일이라고 상상해보자. 이 일은 생각하는 것보다 훨씬 어렵다. 예를 들어 어떤 재화들이 생산되어야 하는지 결정해야 한다. 보통의 식료품점이 대략 4만 가지 물품을 그리고 아마존에서는 1,000만 개 이상의 다른 물품을 판매하고 있으므로, 이는 오랜 시간이 걸릴 것이다. 그리고 이는 단지 시작에 불과하다. 누가 이들 재화를 각각 생산할 것인지, 어디서 생산할 것인지, 어떻게 만들어질 것인지 등도 결정해야 한다. 충분한 재료를 사야 하고, 적절한 도구를 잘 갖추고 적절한 기술을 가진 근로자를 고용해야 한다. 어떻게든 각 재화가 가장 낮은 비용의 공급자에 의해 가장 효율적인 방법으로 생산되어야 한다. 일단 이들 생산에 대한 의사결정을 했다 하더라도, 누가 무엇을 원하는지를 파악하여 이들 재화를 어떻게 배분할지 결정해야 한다. 배분에 대한 좋은 의사결정을 하려면 누가 어떤 재화를 정말 가치 있게 평가하는지를 알아야 한다. 예를 들어 채식주의자에게 햄버거를 제공하는 것은 아무런 의미가 없다.

고맙게도 이는 우리가 사회를 조직하는 방법이 아니다. 각자에게 무엇을 하라, 각자가 무엇을 가질 것인가를 지시하는 중앙계획가는 없다. 대신 무엇을 생산하고, 어떻게 생산되고, 어떻게 배분되는지를 조직화하는 일을 시장원리에 의존하고 있다. 중앙계획은 쿠바, 과거 소련공화국(정도가 덜한 중국)과 같은 **계획경제**(planned economy)에서 사용되었다. 북미, 유럽, 오스트레일리아의 **시장경제**(market economy)는 시장을 중심으로 조직화되어 있다. 여기에는 중앙집권화된 계획 대신 가격과 유인이 있다. 예를 들어 사람들이 정말로 하이브리드 자동차를 구매하길 원한다면, 그들은 하이브리드 차에 대해 더 높은 가격을 기꺼이 지불하려 할 것이다. 결국 하이브리드 자동차가 하이브리드가 아닌 자동차보다 비싼 가격으로 판매될 거란 전망은 도요타에 하이브리드 차인 프리우스를 생산하는 유인을 제공한다.

계획경제 무엇을 생산하고, 어떻게, 누구에 의해, 누가 그것을 갖는지에 대한 중앙집권화된 의사결정이 내려진다.

시장경제 각 개인은 시장에서의 구매와 판매 활동을 통해 자신의 생산과 소비에 대한 의사결정을 한다.

시장은 개개인의 욕구를 지불용의가 있는 가격으로 바꿔 놓는다. 이 가격은 소비자들이 원하는 물건을 기업들로 하여금 생산하여 공급하도록 자극하는 이윤 신호가 된다.

시장은 무엇인가

시장 잠재적 구매자와 판매자를 교류시키는 공간이다.

시장(market)은 잠재적 구매자와 판매자를 교류시키는 공간이다. 종종 판매자를 공급자로, 구매자를 수요자라 부른다. 이 정의를 사용한다면 시장이 어디서나 존재하고 우리가 하고자 하는 대부분의 것을 조직한다는 것을 알게 될 것이다. 당신이 한 잔의 커피를 살 때, 커피 시장에서 구매자(수요자)가 된다. 무엇을 사기 위해 돈을 쓸 때마다, 재화나 서비스 소비의 수요자로 행동하는 것이다.

시장은 어디에나 있다. 하지만 당신이 소비자 이상으로 담당해야 할 많은 다른 경제적 역할들이 존재한다. 예를 들어 노동자로서 당신은 주당 임금을 대가로 노동을 제공하는 노동시장에서의 공급자이다. 만약 자영업자라면 노동시장에서 피고용자의 노동을 구매하는 구매자 처지가 될 것이다. 주택자금 융자나 소기업 대출을 받는다면 신용시장에서 수요 측에 있는 것이다. 은행에 저축을 하게 되면, 저축을 은행에 제공하여 다른 차입자에게 대출해주는 신용의 공급자가 된다. 당신은 또한 세계 시장에 편입되어 있다. 당신이 중국으로부터 수입된 랩톱을 구입하게 되면 일련의 거래를 유발하게 된다. 그 컴퓨터의 소매상은 외환시장에서 미국 달러를 중국 위안화로 바꾸고, 그 위안화로 중국산 랩톱을 구매한다.

이들 거래들은 한 시장에서 구매자와 판매자의 만남을 포함한다. 각 경우에서 커피 한 잔의 가격, 근로자가 벌어들이는 임금, 융자 또는 저축계좌에서 이자율, 또는 환율 등 어느 것이든 중심적 역할을 하는 가격이 있다.

오래 전 한 철학자가 다음과 같이 말했다. "앵무새에게 공급과 수요라는 용어를 가르치면 그게 바로 경제학자를 곁에 두는 것이다." 반은 농담으로 한 말이지만.

시장에 대한 넓은 시각을 가지자. 현대 경제학자들은 시장이 단순히 무엇을 사고파는 것을 넘어 당신 삶에 있어 훨씬 큰 역할을 한다고 본다. 이처럼 경제학에 대한 넓은 시각을 가지려면 무엇이 적절한 가격인가에 대한 이해가 요구된다. 예를 들어 유권자로서 당신은 선거 시장에서 공급자이다. 이들 투표는 글자 그대로 사고파는 것이 아니다. 당신은 당신이 원하는 정책을 약속하는 정치인에게 투표하는 것처럼 보인다. 그래서 선거 시장에서 가격은 정치인이 약속하는 정책들의 묶음이다. 이 가격이 높으면 높을수록(즉, 어떤 정치인이 하겠다고 공약한 정책이 좋을수록) 당신은 그 정치인에게 당신의 표를 공급할 가능성이 커진다.

언젠가 당신은 가까운 남자친구 또는 여자친구가 당신의 남편 또는 아내가 되는 가능성을 열어 놓고 결혼 시장에 나가게 될 것이다. 이 시장에서 가격은 당신이 얼마나 많이 사랑과 지원을 제공할지, 집안일을 돕기 위해 얼마나 많은 노력을 경주할지에 대한 약속이 된다. 당신이 더 높은 가격을 제안할수록, 즉 보다 많은 관심을 받을수록 배우자를 찾는 당신의 수요는 더욱 더 적극적인 공급자에 의해 충족될 것이다. 하지만 시장 비유가 교체 시장에 대한 이해를 돕는 만큼, 당신의 파트너를 '공급자'라기보다 여전히 '내 사랑'이라고 부르기를 추천한다.

학점 시장도 있다. 당신의 교수님이 타락했다는 의미가 아니다. 대신 학생들은 학점의 수요 측에 있고, 교수들은 공급 측에 있다. 좋은 학점에 대한 '가격'은 퀴즈, 리포트, 시험에서 좋은 성과이다. 시장에서 많은 수요가 있으면 가격은 더 올라가는 경향이 있다. 이는 많은 학생이 'A'를 받기를 원할 때(즉, 수요가 많을 때), 더욱 더 열심히 공부해야 한다는 것(즉, 가격이 상승할 것)을 의미한다.

생각해보면 시장은 어디에나 있음을 알게 될 것이다. 경제학 입문에는 소비재, 노동, 기계, 토지, 재무, 국채, 외환 등등의 시장에 대한 학습이 포함되어 있다. 그리고 정보, 교육, 친구, 영향력, 주의력, 그리고 심지어 사랑에 대한 시장도 있다. 이처럼 광범위한 시장 개념으로 무장되어 있으면 시장의 힘이 얼마나 구석구석까지 만연해 있는지를 알게 될 것이다. 이 때문에 경제학의 핵심 원리가 당신 삶의 거의 대부분에 걸쳐 보다 좋은 의사결정을 내리게 도와줄 수 있다.

시장은 어떻게 조직되는가

구매자와 판매자가 교류하는 다양한 방식이 있는데, 그 방식 각자를 시장으로 볼 수 있다. 그림 4-1에 몇 가지 사례가 있다. 커피점의 경우처럼 가격이 게시되어 있고, 당신은 가격을 지불하고 라떼를 가져가면 된다. 한편 경매시장에 참여한다고 해보자. 거기서는 당신이 지불하는 가격은 다른 입찰자들이 저스틴 비버의 오른쪽 신발에 대한 당신의 입찰가를 얼마나 올리게 하는지에 달려있다. 아니면 뉴욕 증권거래소의 입회장에 있는 시끌벅적한 금융시장을 생각해보자. 포드, 스프린트, GE, 그리고 다른 회사들의 주식을 거래자들이 사고팔면서, 가격은 매초마다 수백만 달러를 벌고 잃게 하면서 변화된다. 많은 시장은 온라인으로 옮겨가고 있어서, 새로운 TV에 대한 쇼핑을 하려면 수십 개 웹사이트의 가격을 비교해보아야 한다. 이러한 상황들은 매우 다르게 보이지만(소매 상점 대 인터넷 상점, 입찰 가격 대 제시된 가격, 커피점 대 증권거래소), 구매자와 판매자가 함께 교류하기 때문에 그들은 본질적으로 모두 시장이다. 각각의 경우 가격은 공급과 수요자의 상호작용에 의해 결정된다.

이들 각 경우에서 결과는 공급과 수요의 힘에 의해 결정되기 때문에 이들 모두를 이해하는 데 똑같은 경제적 사고방식을 이용할 수 있다. 분명 경제학 분석의 힘은 공급과 수요가 다양한

그림 4-1 | 다양한 시장

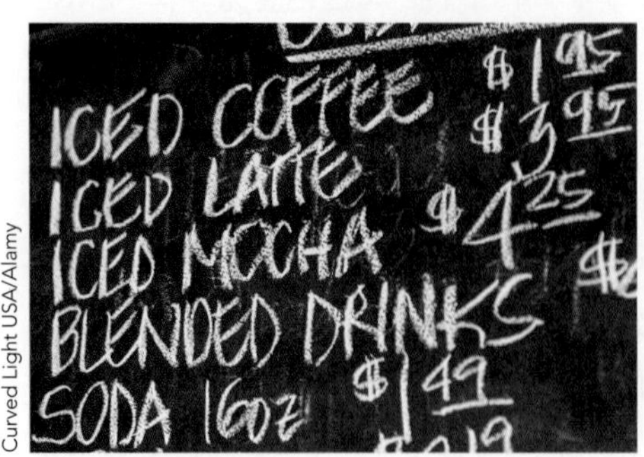

Curved Light USA/Alamy

카페에 게시된 가격

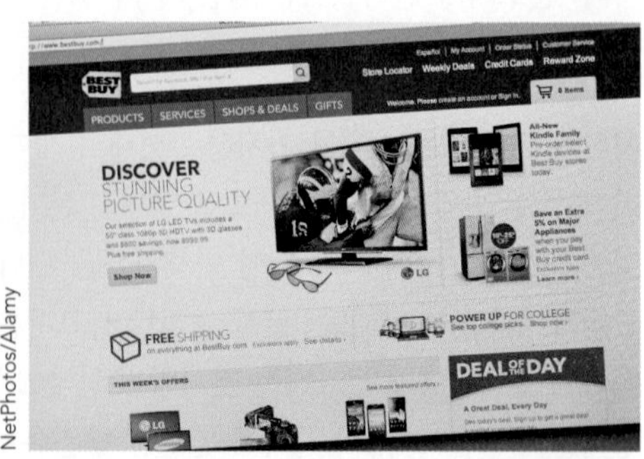

NetPhotos/Alamy

새 TV에 대한 온라인 가격

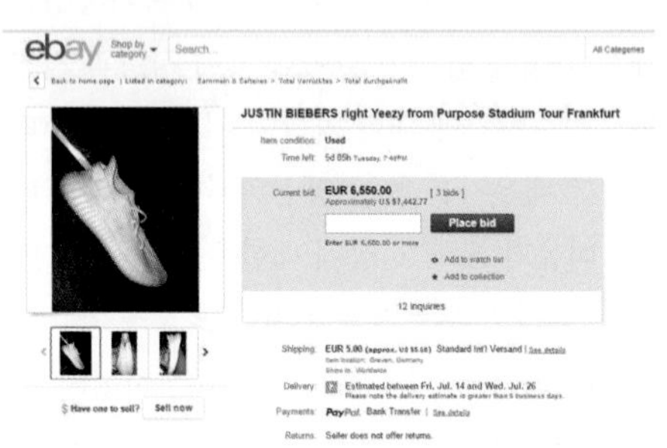

경매에 나온 저스틴 비버의 오른쪽 신발

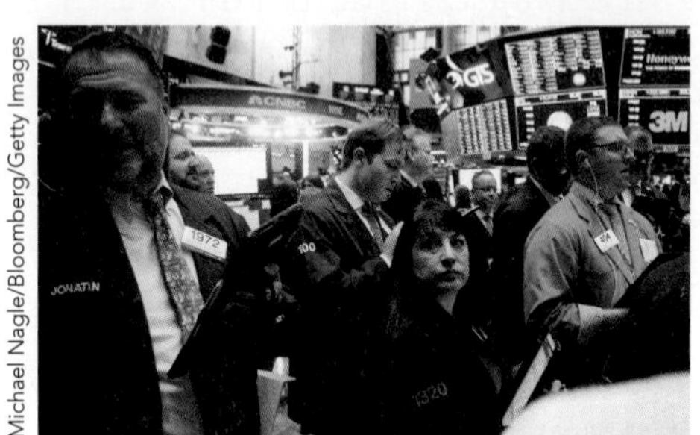
Michael Nagle/Bloomberg/Getty Images

뉴욕 증권거래소의 현장

종류의 시장에서 결과를 변화시키는 핵심적인 힘이라는 것이다. 또한 여기에 중요한 제약 조건도 있다: 지금까지 공부한 공급과 수요곡선은 완전경쟁으로 묘사된 시장을 분석하는 데 가장 적합하다. 완전경쟁에서는 동일한 재화에 대해 수많은 구매자와 판매자가 있고, 이들 각 구매자는 전체 시장 규모에 비해 매우 미미한 존재라는 것을 상기하자. 이 장에서는 완전경쟁시장에서 어떻게 공급과 수요가 서로 교류하는지를 이해하려고 노력할 것이다. 현실에서는 많은 시장이 완전경쟁이 아니다. 그래서 이 장의 마지막 부분에서는 일부 결론이 시장에서의 경쟁 정도에 따라 변화될 수 있다고 언급하고 있다.

4.2 균형

학습목표 시장이 어떻게 공급과 수요를 균형에 이르게 하는지 분석한다.

균형 변화하려는 움직임이 없는 지점이다. 공급량과 수요량이 일치할 때 시장은 균형이다.

균형가격 시장이 균형에 있을 때의 가격

균형거래량 균형에 있을 때의 수요량과 공급량

과학 수업에서 **균형**(equilibrium)이란 용어를 본 적이 있을 것이다. 과학자들은 균형을 변화할 유인이 없는 안정적인 상태로 보고, 이는 경쟁력이 서로 조화를 이룰 때 발생한다고 한다. 동일한 아이디어가 경제학에도 적용된다. 공급량과 수요량이 일치할 때 시장은 균형을 이룬다. 균형에서는 재화를 팔고자 하는 모든 판매자는 구매자를 찾을 수 있고, 모든 구매자는 판매 용의가 있는 판매자를 찾을 수 있다. 이 조화 때문에, 시장이 공급과 수요가 일치하는 균형일 때 시장가격이 변화하려는 움직임은 없다. 공급량과 수요량이 일치할 때 가격은 유일하다. 이를 **균형가격**(equilibrium price)이라 한다. 이때 거래량은 **균형거래량**(equilibrium quantity)이라 한다.

공급과 수요의 일치

분석의 주요 도구는 시장 수요와 공급곡선이다. 시장 수요와 공급곡선은 모든 시장 참여자들의 구입과 생산의 의사결정을 압축하고 있다. 균형은 공급량과 수요량이 일치하여 시장 공급과 수요곡선이 교차하는 점에서 발생한다. 당신은 사례를 통해 이를 가장 명확하게 알 수 있다. 그림 4-2는 휘발유에 대한 시장수요 자료(제2장에서 친숙하게 된)와 시장공급 자료(제3장에서)를 다시 보여준다. 표에는 각 가격에서 위 수요량과 공급량이 나타나있다. 수요량에 대한 가격을 그려보면 우측에 있는 우하향하는 시장수요곡선으로 나타난다. 마찬가지로 공급량에 대한 가격을 그려보면 우상향하는 시장공급곡선으로 나타난다.

우리는 관련된 자료로 그래프를 그려보았다. 이제 균형을 이해해보자. 균형은 수요량과 공급량이 일치할 때 발생하는데, 이는 두 곡선이 교차할 때 나타난다. 그래프와 표 둘 다를 점검해보라. 그러면 가격은 3달러이고, 매주 20억 갤런의 휘발유가 수요되고 20억 갤런이 공급되고 있음을 알 수 있다. 결과적으로 휘발유의 균형가격은 3달러이고 그 가격에서 매주 생산되는 균형거래량은 20억 갤런이다. 시장은 균형을 향해 이동하려는 경향이 있다. 그리고 일단 균형을 찾으면 적어도 다른 어떤 요인이 새롭게 시장을 교란시킬 때까지는 가격과 거래량은 변화를 멈춘다.

요약 : 균형은 수요와 공급 모두를 반영한다. 지금까지 경제학을 공부하며 여러 기초지식을 배웠다. 이제 다시 복습해보자. 수요에 관한 장에서는 어떻게 많은 개별수요자들의 행태가 우하향하는 시장수요곡선으로 압축 · 설명되는지를 배웠다. 마찬가지로 개별공급자들의 행태는 우상향하는 시장공급곡선으로 나타났다. 시장은 공급과 수요가 교차하는 균형으로 이동하는 경향이 있다.

균형에 대해 곰곰이 생각해보면, 그것은 꽤 놀라운 것이다. 경쟁시장에서 구매자와 판매자

그림 4-2 | 공급과 수요

미국에서 휘발유 시장

균형은 공급곡선이 수요곡선과 만날 때 발생한다.

Ⓐ 각 가격에서 수요되는 휘발유 거래량은 표에 나타나있고, 우하향하는 수요곡선으로 그려져있다.
Ⓑ 각 가격에서 공급되는 휘발유 거래량은 표의 다음 열에 나타나있고, 우상향하는 공급곡선으로 그려져있다
Ⓒ 공급과 수요가 일치하는 균형은 공급과 수요곡선이 만날 때 발생한다. 이때 균형가격 3달러, 매주 생산되고 구입될 수 있는 균형거래량 20억 갤런으로 나타난다. 균형에서 과잉이나 부족은 없다.
Ⓓ 2달러와 같은 균형가격보다 낮은 어떤 가격에서도 수요량이 공급량을 초과하여 부족이 존재한다.
Ⓔ 4달러와 같은 균형가격보다 높은 어떤 가격에서도 공급량이 수요량을 초과하여 과잉이 존재한다.

가격($)	Ⓐ 수요량	Ⓑ 공급량	공급량 – 수요량
2	2.4	1.5	Ⓓ −0.9 (부족)
3	2.0	2.0	Ⓒ 균형 : 과부족 없음
4	1.6	2.5	Ⓔ +0.9 (과잉)

주의 : 모든 수량은 주당 10억 갤런임.

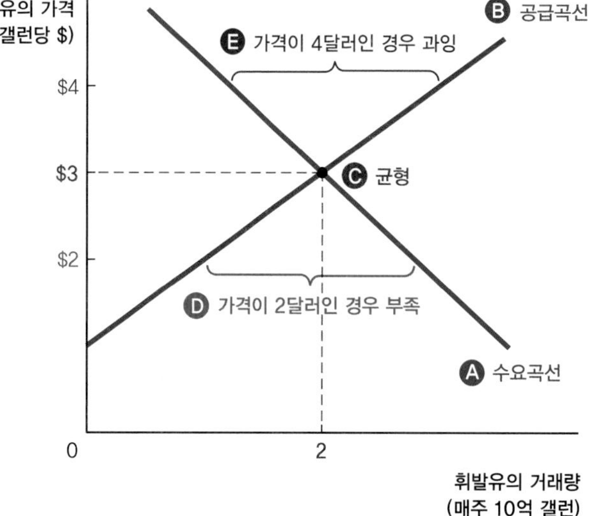

의 행동이 공급과 수요곡선으로 간결하게 요약될 수 있다. 그리고 공급과 수요가 일치하는 균형을 계산하여 시장 결과를 예측할 수 있다. 또한 그래프를 보면 시장균형이 공급과 수요 둘에 의해 결정된다는 것을 명확하게 해준다. 시장의 어느 한 측면을 빠트린 어떤 분석도 불완전할 것이다. 지금은 너무나 명백하게 들리지만, 흔히 전문가로 불리는 사람들조차 수요(와 한계수입)를 빠트리고 공급(과 한계비용)만 이야기하는 것을 자주 보게 된다.

일상경제학 **왜 물은 싸지만, 다이아몬드는 비싼가?**

AlmarinaStudio/Shutterstock

Rashid Valitov/Shutterstock

다이아몬드와 물 : 어느 것이 더 가치 있는가?

물은 사람의 생존에 필수적이다. 맛있고 신선할 뿐만 아니라 모든 생명체를 생존시킨다. 만약 충분한 수분을 섭취하지 않으면 죽을 것이다. 하지만 물은 극단적으로 싸다. 다이아몬드와 대조되는데, 다이아몬드는 광채가 아름답지만 생존에 필수적이지 않으면서 엄청나게 비싸다. 이는 무엇을 의미하는가? 공급과 수요 분석을 해보면 이 역설을 해결해주는 두 가지 핵심교훈을 알 수 있다.

가격은 공급과 수요 둘에 의해 결정된다: 만약 당신이 물이 필수적이지만 싸다는 것이 놀랍다면, 당신은 아마 다이아몬드(한계편익) 차원에서만 생각한 것이다. 예를 들어 만약 어떤 것이 필수적이라면, 사람들은 그 대가로 많이 지불하려 할 것이다. 하지만 가격은 공급과 수요 모두에 의해 결정된다. 공급(혹은 한계비용) 측면에서 생각할 때, 다이아몬드는 희소하고 채굴이 비싸지만 물은 풍부하고 생산비용이 거의 없음에 주목하게 될 것이다.

가격은 한계적으로 결정된다: 가격은 공급과 수요에 의해 결정된다. 공급곡선은 한계비용곡선인 반면, 수요곡선은 한계편익곡선이라는 것을 상기하자. 즉 물 수요를 생각할 때 당신은 총편익이 아니라 한계편익을 고려해야 한다. 모든 물 수요에 대한 총편익은 엄청나게 클 것이다. 물은 당신의 삶을 유지시킨다. 하지만 물 가격이 오른다고 해서 물 마시는 양을 줄이지는 않을 것이다. 대신 샤워를 짧게 하거나 잔디에 물을 적게 줄 것이다. 당신이 구매하는 물의 '한계' 갤런은 상당히 낮다. 그리고 한계 갤런은 한계편익이 미미하기 때문에 물 1갤런에 대한 당신의 지불용의는 낮다. 그러나 만약 물이 희소해져서 물의 한계 갤런이 당신을 탈수증으로부터 구해낸다면, 물의 추가 1갤런에 대한 지불용의는 물을 다이아몬드보다 더 가치가 있게 만들 정도로 높이 올라갈 것이다. ■

균형에 도달

지금까지 우리는 균형을 변화될 유인이 없는 점이라고 설명했다. 이는 또한 시장이 공급-수요 균형점으로 이동하려 하기 때문에 중요하다. 그 결과 가격이 오를지 또는 내릴지 예측하는 데 균형분석을 사용할 수 있다.

부족 수요량이 공급량을 초과한다.

부족은 가격을 오르게 한다. 가격이 균형수준보다 낮을 때 어떤 일이 벌어지는지 생각해보자. 그림 4-2에서는 휘발유가 단지 2달러인 경우 **부족**(shortage)이 나타난다는 것을 보여준다. 휘발유 수요량(주당 24억 갤런)은 휘발유 공급량(주당 15억 갤런)을 훨씬 초과한다. 너무 적은 양의 휘발유에 비해 원하는 사람이 너무 많아 부족하게 된다. 그 결과 개별 주유소들은 휘발유가 매진되거나 필사적인 고객들의 긴 줄에 직면하게 된다. 이 부족에 대해 공급자와 수요자는 어떻게 반응할까?

당신 자신이 주변의 주유소 주인의 입장이 되어 보자. 당신은 2달러에서는 매진된다는 걸 알고 있다. 만약 2.1달러로 올리면 여전히 휘발유를 다 팔 수 있고(그림 4-3을 보면 여전히 부족이 존재한다), 가격 상승으로 이윤이 증대된다는 것을 알고 있다. 2.2달러로 가격 인상은 이윤을 더 크게 할 것이고, 휘발유를 다 팔 수 있다. 휘발유가 부족한 한, 당신은 가격을 계속 올릴 수 있다.

휘발유 소비자 또한 균형을 향해 가격을 올리는 과정에서 중요한 역할을 한다. 만약 휘발유 부족을 걱정하는 소비자라면, 구매기회를 놓치는 것을 피하기 위해 주유소 주인에게 게시된 갤런당 2.2달러보다 10센트 높은 가격을 지불하겠다고 말할 수 있다. 그러면 가격은 2.3달러가 된다. 이 과정이 계속되면, 가격은 지속적으로 상승하여 부족이 없어지는 3달러가 될 것이다.

과잉은 가격이 내려가게 한다. 가격이 균형보다 위에 있을 때 유사한 과정이 반대 방향으로 작동한다. 그림 4-2는 가격이 4달러일 때 휘발유 공급량이 수요량을 훨씬 초과하여 **과잉**(surplus)이 발생하는 것을 보여준다. 팔리지 않은 휘발유를 다 팔려고 노력하는 주유소 주인은 보다 많은 고객을 끌어들이려는 의도로 가격을 낮추게 될 것이다. 충분한 경쟁으로 가격 인하가 반복되어 공급과잉이 없어지는 갤런당 3달러까지 가격이 떨어질 것이다.

과잉 수요량이 공급량보다 적다.

그림 4-3은 공급과 수요가 엇갈릴 때 경쟁의 힘이 시장을 균형가격으로 이동하게 하여 부족이나 과잉이 없어지게 하는 것을 보여준다. 경제학자들은 가격이 올라갈지 내려갈지를 알게 해주므로 이 균형점을 강조한다. 그리고 공급과 수요가 조화를 이룰 경우에만 시장은 균형에 이르게 되므로, 균형에서는 가격의 변화 유인이 존재하지 않는다.

시장이 균형에 이르렀는지 알아내기

당신은 어떻게 시장이 공급과 수요가 일치하는 균형을 이루고 있는지 여부를 말할 수 있는가? 단순한 진단은 가격이 변화하는지 여부를 점검하는 것이다. 가격이 언제나 오른다는 것은 현재 가격에서 수요량이 공급량을 초과한다는 표시이다. 그리고 만약 가격이 떨어진다면, 공급량이 수요량을 초과한다는 것이다. 만약 가격 조정이 자유롭다면, 이 시장은 결국 균형으로 가게 될 것이다.

하지만 때때로 가격 조정 과정이 느리거나 가격 변화가 자유롭지 못할 때가 있다. 그래서 초

그림 4-3 | 시장은 어떻게 균형에 접근하는가

2개의 힘이 시장을 균형으로 이끈다.

Ⓐ 가격이 균형가격보다 높을 때, 과잉은 할인을 유도하고 가격을 하락시킨다.
Ⓑ 가격이 균형가격보다 낮을 때, 부족은 상승을 유도하고 가격을 상승시킨다.
Ⓒ 오직 공급이 수요와 일치할 때에만 가격이 안정되고 시장은 균형을 이룬다.

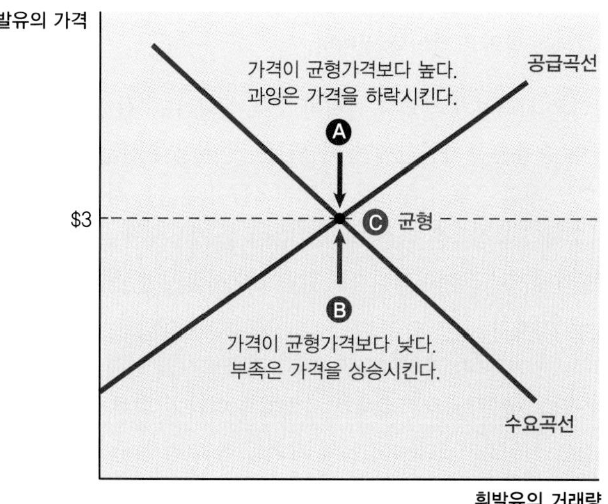

과수요 또는 초과공급이 다른 영역으로 번져나갈 수 있다. 다음 사례에서 시장이 균형에 있지 않을 때 어떤 일이 벌어지는지 살펴보자.

일상경제학 **스마트 주차요금 징수기**

당신은 주차할 장소를 못 찾아서 뱅글뱅글 돌아본 적이 있는가? 문제는 주차공간의 개수가 한정되어 있어서, 바쁜 시간에는 요구되는 주차공간 수량이 이 고정된 공급을 초과한다. 당신이 경험하고 있는 것은 균형에서 벗어난 주차시장이다. 그리고 가격은 이 공간 부족을 해결하지 못한다. 주차요금 징수기 모두를 다시 프로그래밍 해야 하기 때문이다.

사람들은 이 문제에 다른 방법으로 대응한다. 당신은 계속 주위를 돌거나, 다음 주차공간이 나타날 때까지 줄을 설 것이다. 다른 대안은 발렛 주차를 제공하는 레스토랑에서 저녁을 먹는 것으로 계획을 바꾸는 것이다. 대규모 공연장이나 스포츠 경기장 옆에서는 대안으로 20달러를 지불하면 차고 진입로에 주차하도록 허용해주는 사람을 찾는 것이다. 하지만 이들은 각각 꽤 비용이 비싼 해결책으로 미봉책에 불과하다. 가격이 변하지 않으면, 주차공간 부족은 지속된다.

보다 나은 해결책이 있을까? 샌프란시스코시는 한 가지 대안을 실험했다. 가장 붐비는 곳에서 바쁜 시간 동안에 주차하면 더 비싼 가격을 부과하고, 사람이 적은 시간에는 낮게 부과했다. 그 프로그램은 효과가 있는 것처럼 보인다. 그 이후 그 장소에 몰리는 사람의 수가 30% 정도 줄었기 때문이다. ■

부족한 주차공간 문제는 균형에서 벗어난(이는 또한 불균형으로 알려져 있다) 시장의 세 가지 증상을 보여준다.

첫 번째 증상 : 줄서기. 주차공간을 찾아서 주변을 운전할 때, 다음 주차 가능 공간을 위해 효과적으로 줄을 선다. 줄에서 보내는 시간은 당신이 지불해야 하는 실제 가격을 올린다. 왜냐하면 그것은 주차공간을 확보하는 데 시간과 돈이라는 비용을 치르기 때문이다.

두 번째 증상 : 부가물의 묶어팔기. 저녁을 사먹고 자동차를 발렛 주차했을 때, 당신은 효과적으로 부가물(그 저녁식사)을 구매해서 원하던 것(주차공간)을 얻을 수 있었다. 이는 주차할 때 가격을 사실상 올린 것이다.

세 번째 증상 : 2차 시장. 당신이 어떤 사람의 차고 진입로에 주차했다면, '공식적인' 주차시장(1차 시장)을 우회하는 방안을 찾아낸 것이다.

이들 증상 각각은 판매자가 부과한 가격이 오르지 않아도 '실제 가격'이 올라가게 한다. 이들 세 가지 불균형 증상은 주차공간에만 해당되는 것이 아니라 많은 시장에서 발생한다. 예를 들어 새로운 비디오 게임 콘솔이 출고될 때 게이머들이 콘솔을 사기 위해 줄을 서는 것을 종종 볼 것이다. 비디오게임 상점들은 다른 게임도 같이 살 경우에만 콘솔을 파는 것을 볼 수 있다. 그리고 사람들은 이베이나 크레이그리스트 같은 2차 시장에서 콘솔을 엄청나게 비싼 가격으로 되파는 것을 볼 수 있다.

만약 문제가 부족이 아니라 과잉이라면, 비록 거꾸로지만(실제 가격을 낮추는 방식의) 유사한 증상을 볼 수 있다. 예를 들어 판매자가 구매자를 만나기 위해 줄을 서는 것인데, 노동에 대한 잠재적 판매자인 실업자가 고용면접에서 기회를 잡기 위해 줄을 선다. 마치 쉐비 자동차 구매자가 대리점에게 업그레이드를 덤으로 달라고 하는 것과 같이, 구매자는 부가적인 묶음을 공짜로 요구할 것이다. 그리고 비인기 운동경기 티켓이 스텁허브에 있는 액면가보다 낮게 팔리는 것처럼, 가격은 2차 시장에서 더욱 내려갈 것이다.

4.3 시장 변화 예측

학습목표 수요 및 공급의 이동 결과를 평가한다. 그리고 어떻게 가격과 거래량의 변화가 수요 또는 공급 변화를 나타내는지 설명한다.

지금까지 시장 수요와 공급곡선의 교차점이 균형가격과 거래량을 결정한다는 것을 알아보았다. 이제 이처럼 강력한 시사점을 이용하여 경제적 여건이 바뀔 때 얼마나 가격이 변화하는지를 예측해보자.

수요의 이동

수요곡선을 이동시키는 요인

1. 소득은 정상재에 대한 수요를 증가시키고 열등재에 대한 수요를 감소시킨다.
2. 선호는 광고와 사회적 압력을 포함한다.
3. 보완재와 대체재의 가격
4. 미래에 대한 기대
5. 혼잡 효과와 네트워크 효과
6. 구매자의 유형과 수

… 다만 가격 변화는 수요곡선을 이동시키지 않는다.

시장수요곡선에는 사람들의 현재 구매계획이 압축되어 있다. 하지만 이런 계획이 변화하게 되면 시장수요곡선도 변하게 될 것이다. 제2장의 수요에 대한 학습내용을 떠올려보면, 소득, 기호, 관련 재화의 가격, 기대, 혼잡과 네트워크 효과, 구매자의 유형과 수 등이 포함된 수요를 이동시키는 대여섯 가지의 요인이 있다. 하지만 가격 변화는 수요곡선 자체의 이동을 초래하지 않는다는 것을 잊지 말라.

각 가격에서 대량으로 구매하는 변화는 수요곡선을 우측으로 이동시켜 수요를 증가시킨다. 그리고 만약 어떤 변화가 각 가격에서 사람들로 하여금 보다 적은 양을 구매하게 한다면, 수요곡선을 좌측으로 이동시켜 수요는 감소된다. 이들 수요곡선의 이동과 가격 변화로 유발된 수요곡선상의 이동(이는 수요량의 변화를 초래한다)을 혼돈하지 말자.

그림 4-4는 수요곡선이 이동할 때 어떻게 시장균형이 변화되는지를 설명하고 있다. 이 시장에서 검은 점으로 표시된 기존 균형은 휘발유가 갤런당 3달러에 팔리고 20억 갤런이 매주 판매될 때 발생한다. 하지만 수요의 이동이 있으면, 시장은 새로운 균형으로 이동할 것이다.

수요가 증가하면 가격이 상승하고 거래량이 증가한다. 패널 A는 수요의 증가로 수요곡선이 우측으로 이동하는 결과를 보여주고 있다. 새로운 균형은 이동한 수요곡선이 공급곡선과 교차하는 점에서 이루어지고, 새로운 균형가격은 4달러, 거래량은 25억 갤런이 된다. 새로운 균형가격은 기존 가격 3달러에 비해 4달러로 더 높고, 새로운 균형 거래량도 20억 갤런에서 25억 갤런으로 증가하였다. 무엇이 이런 변화를 초래했는가? 수요의 증가로 기존 가격 3달러에서 구매자들이 더 많이 사려고 하지만, 판매자는 더 이상 공급하려 하지 않는다. 만약 가격이 변하지 않으면, 부족이 초래될 것이다. 하지만 부족이 예상되면 가격이 4달러까지 올라갈 것이고, 높은 가격은 공급자들을 자극하여 공급곡선을 따라 공급량을 늘리게 할 것이다. 최종적으로 수요의 증가는 가격과 거래량 모두를 증가시키게 된다.

수요가 감소하면 가격은 떨어지고 거래량은 줄어든다. 패널 B에서는 반대 방향으로의 이동은 반대의 효과가 있음을 보여준다. 수요의 감소는 수요곡선을 좌측으로 이동시키고, 시장은 이동한 수요곡선이 공급곡선과 만나는 점에서 새로운 균형을 이룬다. 기존 균형과 비교해보면, 수요의 감소로 2달러로 균형가격이 하락하고 15억 갤런으로 균형거래량이 줄어든다. 왜 이 같은 일이 발생하는지 생각해보자. 수요가 감소했지만, 기존 가격 3달러인 공급가격에는 아무런 변화가 없었다. 만약 가격이 변하지 않으면, 과잉이 있을 것이다. 하지만 과잉이 예상되면 가격이 2달러까지 내려갈 것이고, 낮은 가격은 공급자들을 자극하여 공급곡선을 따라 공급량을 줄이

그림 4-4 | 수요곡선의 이동

수요곡선의 이동은 가격과 거래량을 동일한 방향으로 이동시킨다.

패널 A : 수요의 증가

Ⓐ 수요의 증가로 수요곡선 우측으로 이동
Ⓑ 수요와 공급이 일치하는 새로운 균형으로
Ⓒ 가격 상승
Ⓓ 거래량 증가

패널 B : 수요의 감소

Ⓐ 수요의 감소로 수요곡선 좌측으로 이동
Ⓑ 수요와 공급이 일치하는 새로운 균형으로
Ⓒ 가격 하락
Ⓓ 거래량 감소

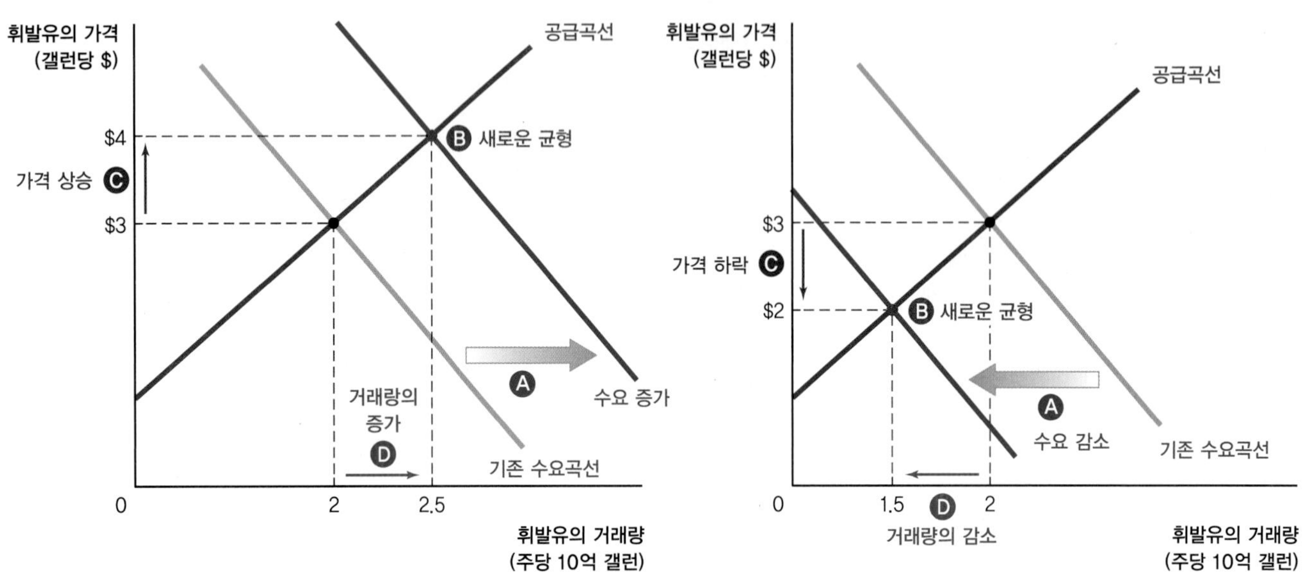

게 할 것이다. 최종적으로 수요의 감소는 가격과 거래량 모두를 감소시키게 된다.

수요의 이동은 가격과 거래량을 같은 방향으로 이동시킨다. 수요의 증가를 따라 균형가격과 거래량 모두 증가하고, 수요의 감소에 따라 가격과 거래량 둘 다 감소함에 주목하자. 이 두 가지 경우에서 보듯이 수요의 이동은 가격과 거래량을 같은 방향으로 이동시킨다. 다음에 살펴보겠지만, 공급의 이동은 그렇지 않다.

공급의 이동

 공급을 이동시키는 요인
1. 생산요소 가격
2. 생산성과 기술
3. 관련 재화의 기회비용과 가격
4. 미래에 대한 기대
5. 판매자의 종류와 수
… 하지만 가격 변화는 공급을 이동시키지 않는다.

시장공급곡선은 경영자의 현재 판매계획을 한눈에 보여준다. 그들 계획이 변화되면 시장공급곡선도 바뀌게 된다. 제3장에서 배운 공급에 대한 내용을 떠올려보면, 공급을 이동시키는 요인은 생산요소 가격, 생산성과 기술, 관련 재화의 기회비용과 가격, 미래 기대, 그리고 판매자의 종류와 수 등 대여섯 가지가 있다. 하지만 가격 변화는 공급곡선 자체를 이동시키지 않는다는 것을 잊지 말자.

주어진 가격에서 판매하기 위한 공급량을 늘리는 것이 공급의 이동이다. 이는 공급곡선을 우측으로 이동시킨다. 반대로 공급 감소는 공급곡선을 좌측으로 이동시킨다. 공급곡선의 이동 결과를 살펴보았는데, 이를 공급곡선상의 이동과 혼돈하지 말아야 한다. 공급곡선상의 이동은 가격 변화에 대응하여 공급량을 변화시킬 때 나타난다.

그림 4-5는 공급곡선 자체 이동의 결과들을 보여준다. 이 시장에서 기존 균형은 휘발유가 갤런당 3달러로 20억 갤런이 거래될 때 이루어진다. 하지만 만약 공급곡선 자체의 이동이 있으면, 시장은 새로운 균형으로 이동할 것이다.

그림 4-5 | 공급곡선의 이동

공급곡선의 이동은 가격과 거래량을 반대 방향으로 이동시킨다.

패널 A : 공급의 증가

Ⓐ 공급의 증가로 공급곡선 우측으로 이동
Ⓑ 수요와 공급이 일치하는 새로운 균형으로
Ⓒ 가격 하락
Ⓓ 거래량 증가

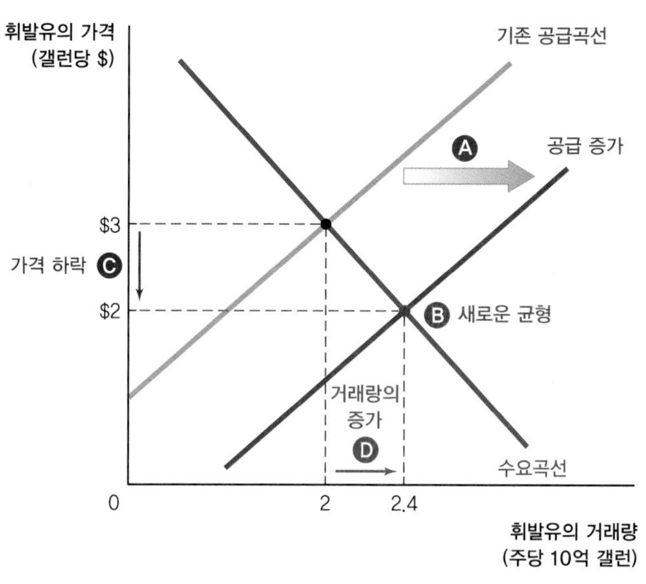

패널 B : 공급의 감소

Ⓐ 공급의 감소로 공급곡선 좌측으로 이동
Ⓑ 수요와 공급이 일치하는 새로운 균형으로
Ⓒ 가격 상승
Ⓓ 거래량 감소

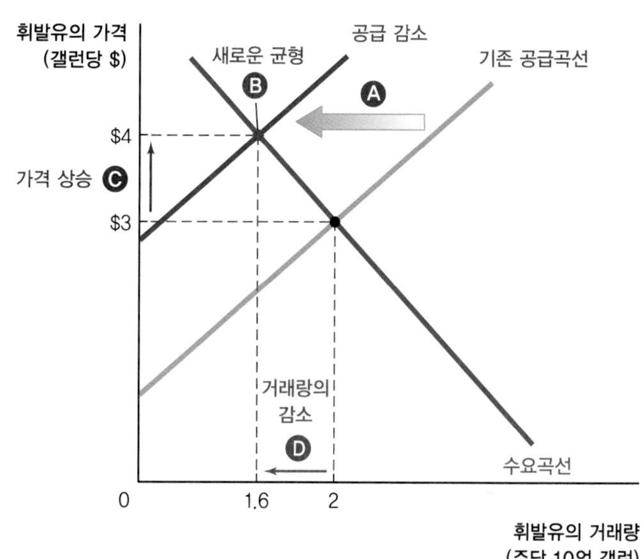

공급이 증가하면 가격이 하락하고 거래량은 증가한다. 패널 A는 공급곡선이 우측으로 이동하는 공급의 증가를 보여주고 있다. 새로운 균형은 이동한 공급곡선이 수요곡선과 교차하는 점에서 이루어지고, 새로운 균형가격은 2달러 및 거래량은 24억 갤런이 된다. 이 새로운 균형가격은 기존 가격 3달러에 비해 2달러로 더 낮고, 새로운 균형 거래량은 20억 갤런에서 24억 갤런으로 증가하였다. 좀 더 자세히 살펴보면, 공급 증가로 판매자는 기존 가격 3달러에서 더 많이 팔려고 하지만, 구매자들이 더 이상 소비하려 하지 않는다. 만약 가격이 변하지 않으면, 과잉이 초래될 것이다. 이로 인해 가격이 2달러까지 내려가게 된다. 낮은 가격은 구매자들을 자극하여 수요곡선을 따라 수요량을 늘리게 할 것이다. 최종적으로 공급의 증가로 가격은 하락하고 거래량은 증가하게 된다.

공급이 감소하면 가격은 올라가고 거래량은 줄어든다. 패널 B는 공급곡선의 반대 방향으로의 이동은 반대의 효과가 있음을 보여준다. 공급의 감소는 공급곡선을 좌측으로 이동시키고, 시장은 이동한 공급곡선이 수요곡선과 만나는 점에서 새로운 균형을 이룬다. 기존 균형과 비교해보면, 공급의 감소로 4달러로 균형가격이 상승하고 16억 갤런으로 균형거래량이 줄어든다. 왜 이 같은 일이 발생하는지 생각해보자. 공급이 감소했지만, 수요에는 아무런 변화가 없었다. 만약 가격이 3달러에서 변하지 않으면, 공급 감소로 부족이 생길 것이다. 부족이 예상되면 가격이 4달러까지 높아질 것이고, 높은 가격은 수요자들을 자극하여 수요곡선을 따라 수요량을 줄이게 할 것이다. 최종적으로 공급의 감소로 가격은 상승하고 거래량은 줄어든다.

공급의 이동은 가격과 거래량을 반대 방향으로 이동시킨다. 수요의 이동은 가격과 거래량을 같은 방향으로 이동시킨다.

공급의 이동은 가격과 거래량을 반대 방향으로 이동시킨다. 공급의 증가를 따라 균형가격은 하락하고 거래량은 증가한다. 반면, 공급 감소에 따라 가격은 상승하고 거래량은 감소한다. 즉,

공급의 이동은 가격과 거래량을 반대 방향으로 이동시킨다. 이와 대조적으로 **수요의 이동은 가격과 거래량을 같은 방향으로 이동시켰다.** 더 많은 예제들을 학습해 나가면서 이 규칙을 이용하여 분석할 수 있다.

시장 결과 예측

이제 시장 결과를 예측하는 사고체계의 기반을 구축하였다. 제2장에서 구매자에 대한 학습으로 어떤 요인이 수요곡선을 변화시키고 이동시키는지 알았다. 마찬가지로 제3장에서 판매자에 대한 학습으로 공급 측면도 알게 되었다. 이제 이들을 함께 고려하면, 시장이 어떻게 경제 여건 변화에 대응할 것인지를 예측할 수 있다. 이 간단한 공급-수요 체계가 가장 강력한 예측 수단이다.

이제 몇몇 현실 세계의 비즈니스를 분석함으로써 공급-수요 체계를 실제 적용하는 연습을 해보자. 이들 예제들을 풀어나갈 때, 현실 세계의 시장 결과에 대한 예측을 도와줄 다음의 3단계 접근법을 사용하면 된다.

1단계 : 공급 아니면 수요 곡선(또는 둘 다)이 이동하는가?
구매자 또는 그들의 한계편익에 영향을 주는 어떤 변화도 수요곡선을 이동시킨다. 그리고 판매자 또는 그들의 한계비용에 영향을 주는 어떤 변화도 공급곡선을 이동시킨다.
2단계 : 곡선을 우측으로 이동시키는 증가하는 이동인가? 또는 곡선을 좌측으로 이동시키는 감소하는 이동인가?
한계편익의 증가는 수요의 증가인 반면, 한계비용의 증가는 공급을 감소시킨다.
3단계 : 새로운 균형에서 가격과 거래량은 어떻게 되는가?
기존 균형을 새로운 균형과 비교한다.

몇몇 예제를 이용해 3단계 접근법이 어떻게 작동하는지 살펴보자.

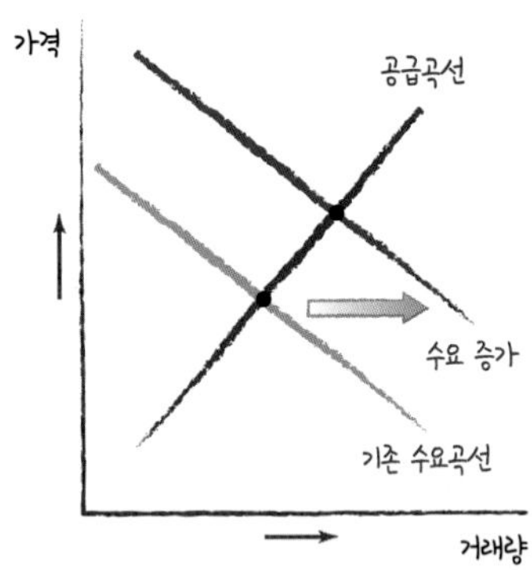

예제 1) 주요 소매상은 120개 도시 400개의 주차공간에 전기차를 위한 충전소 설치 계획을 발표했다. 이는 어떻게 전기차 수요에 영향을 주겠는가?

1단계 : 전기차 구매자들은 볼일을 보는 동안 충전소 접근이 매우 용이해져서 전기차 소유의 편리성(따라서 한계편익)이 높아질 것이고 이는 수요곡선을 이동시킬 것이다.

2단계 : 증가된 편리성은 전기차 수요를 증가시켜 수요곡선을 우측으로 이동시킬 것이다.

3단계 : 새로운 균형에서 수요 증가는 전기차에 대한 가격을 올리고 거래량을 증가시킬 것이다. 이는 전기차 제조업체에게 좋은 소식이 될 것이다.

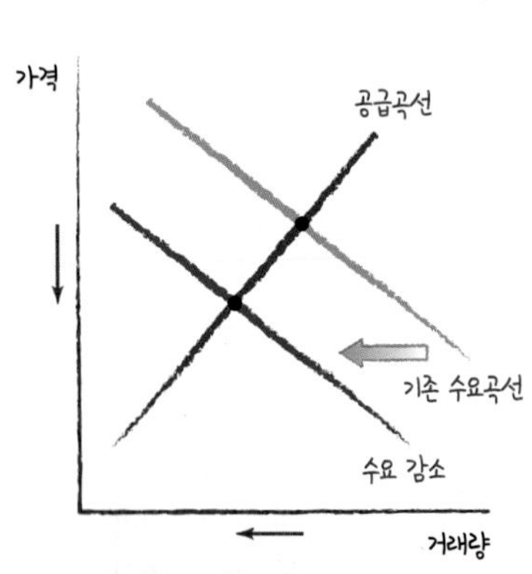

예제 2) 아마존은 고객에게 30분 이내에 주문을 배달하는 기술을 개발 중이라고 발표했다. 지역의 오프라인 상점주들은 이것이 그들 회사의 판매에 얼마나 영향을 미칠지 알고 싶어 한다.

1단계 : 일상적으로 지역 상점에서 물건을 사는 사람들은 그들이 급히 구매하고자 하는 재화에 대한 대체 구입처를 찾게 되므로, 수요곡선을 이동시킬 것이다.

2단계 : 이들 구매자는 아마존으로부터 구매가 더욱 매력적이라는 걸 알게 되고, 지역의 오프라인 상점에서 구매를 더 적게 할 것이다. 이는 지역 상점에 대한 재화 수요를 감소시켜 수요곡선을 좌측으로 이동시킬 것이다.

3단계 : 수요 감소로 인해 더 낮은 가격과 더 적은 거래량에서 새로운 균형을 이루게 될 것이다. 이는 지역 상점에게는 나쁜 소식이다.

예제 3) 중앙정부는 하이브리드 자동차에 사용되는 전기배터리의 비용을 더욱 낮출 수 있는 연구 자금의 모집 계획을 발표하였다. GE의 하이브리드 자동차 부문 최고경영자는 이들 혁신이 하이브리드 시장에 어떤 영향을 미칠 것인지 알고 싶어 한다.

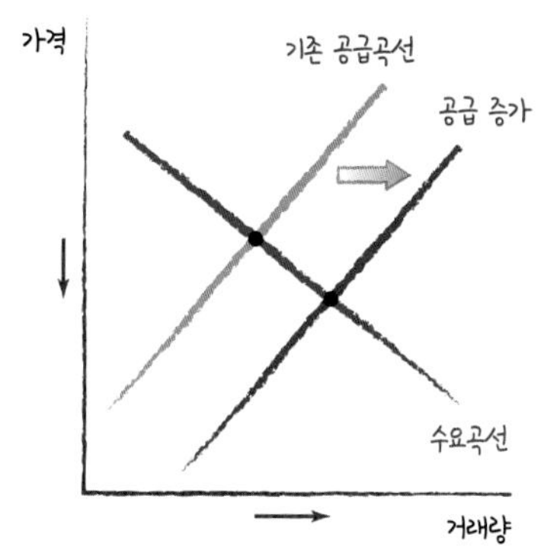

1단계 : 새로운 제조기술은 하이브리드 자동차 생산의 한계비용에 영향을 미치므로 이는 공급곡선을 이동시킬 것이다.

2단계 : 보다 값싼 배터리는 하이브리드 자동차 제조에 투입되는 중요한 투입물의 비용을 감소시킬 것이므로, 한계비용을 하락시킬 것이다. 보다 값싼 한계비용으로 공급이 증가하여 공급곡선을 우측으로 이동시킬 것이다.

3단계 : 공급의 증가로 판매되는 하이브리드 자동차의 가격이 하락하고 거래량은 증가할 것이다. 이는 도로에서 보다 많은 '친환경' 자동차를 보길 원하는 사람들에게는 환영받을 일이다.

예제 4) 캘리포니아에서 가뭄으로 인해 농부들은 물 비용 상승에 직면하고 있다. 아몬드 농사는 물 집약적이다. 가뭄이 아몬드 시장에 어떤 영향을 주겠는가?

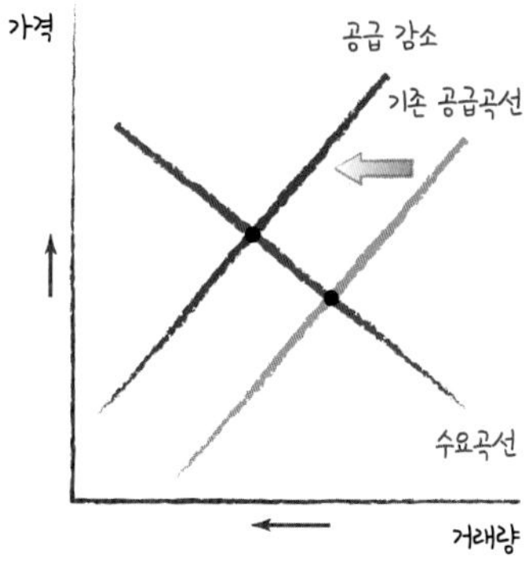

1단계 : 물은 아몬드 농사에 주요 투입물이므로, 투입물의 희소성은 아몬드 생산자의 한계비용을 증가시킬 것이다. 이는 공급곡선을 이동시킬 것이다.

2단계 : 아몬드 생산의 한계비용이 증가할 것이므로, 공급이 감소하여 공급곡선을 좌측으로 이동시킬 것이다.

3단계 : 공급의 감소로 아몬드의 가격이 상승하고 거래량은 감소할 것이다.

경제학 실습

당신은 성과예측 작업을 모두 다 이해했다고 생각하는가? 여기 12개 예제를 더 풀어 보면서 점검할 수 있는 기회가 있다.

만약 미국이 합법적 음주 가능 나이를 낮춘다면, 맥주시장에 어떤 영향을 미칠까?

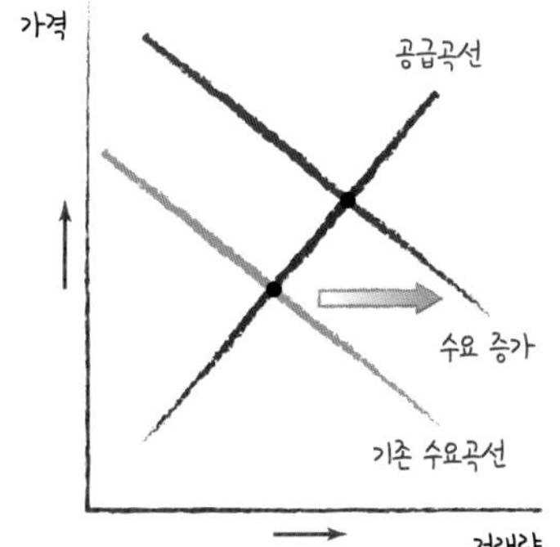

보다 많은 고객
→ 수요의 증가
결과 : 가격 상승, 거래량 증가

낚시꾼들은 이제 바다에서 물고기 떼의 위치를 알아내는 어군추적기를 사용할 수 있다. 이는 수산 시장에 어떤 영향을 미칠까?

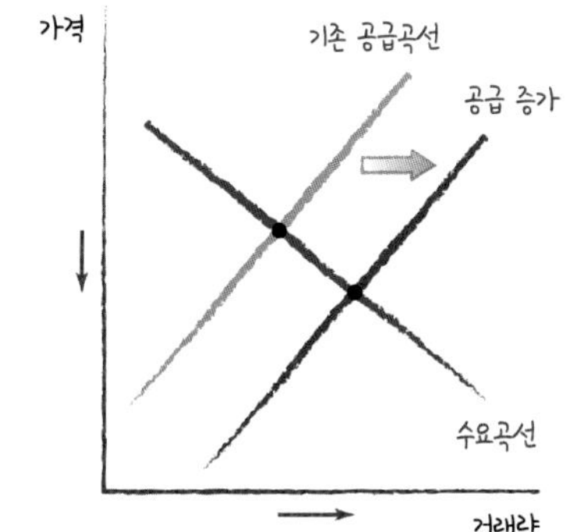

생산성이 훨씬 증가
→ 공급의 증가
결과 : 가격 하락, 거래량 증가

소니는 가장 최근 플레이스테이션 비디오게임 콘솔의 가격을 인하했다. 이는 엑스박스와 같은 경쟁 콘솔 시장에 어떤 영향을 미칠까?

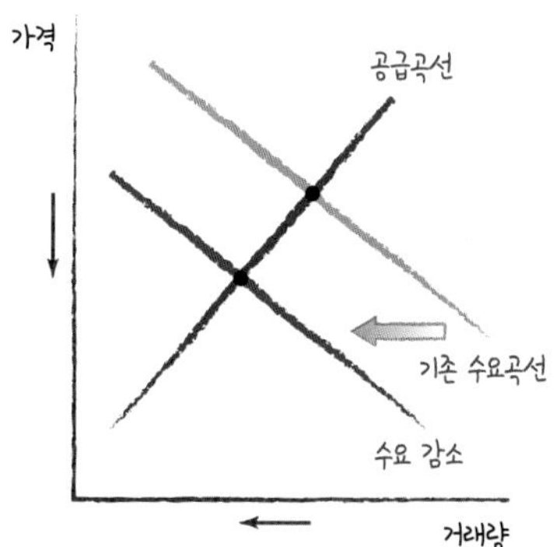

대체재의 가격 하락
→ 수요 감소
결과 : 가격 하락, 거래량 감소

뉴욕의 레스토랑은 트랜스지방으로 요리하는 것이 합법화되어, 값싸지만 건강에 해로운 재료가 패스트푸드에 사용된다. 이는 프렌치프라이 시장에 어떤 영향을 미칠까?

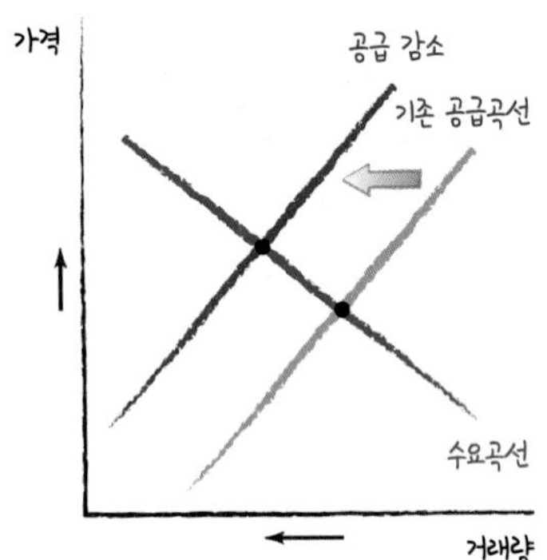

높은 투입 비용
→ 공급의 감소
결과 : 가격 상승, 거래량 감소

사람들은 허리케인이 오기 전에 음식과 물 같은 생필품을 비축했다. 이는 식료품 시장에 어떤 영향을 미칠까?

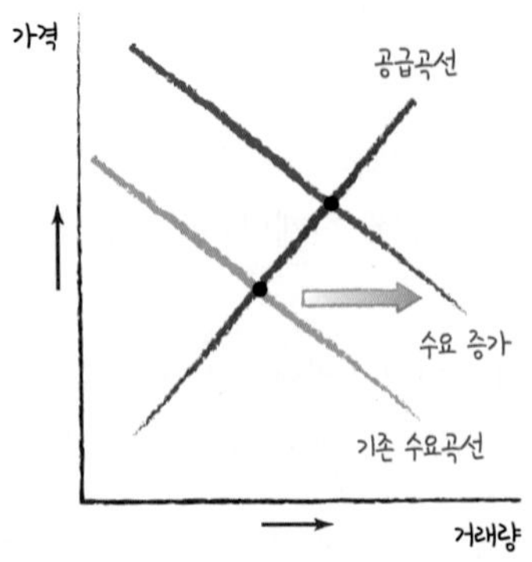

소비자들은 보다 많은 양을 선호
→ 수요의 증가
결과 : 가격 상승, 거래량 증가

석탄은 전기생산을 위해 태운다. 석탄 가격이 하락하면 전기 시장은 어떻게 될까?

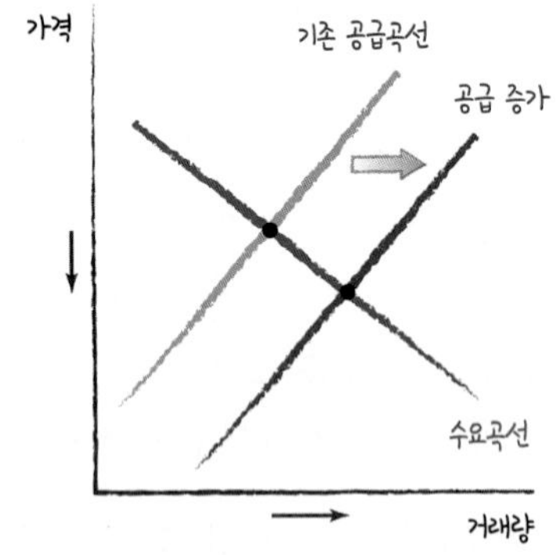

투입 비용 감소
→ 공급의 증가
결과 : 가격 하락, 거래량 증가

휘발유 가격 하락은 연료 효율적인 하이브리드 시장에 어떤 영향을 미칠까?

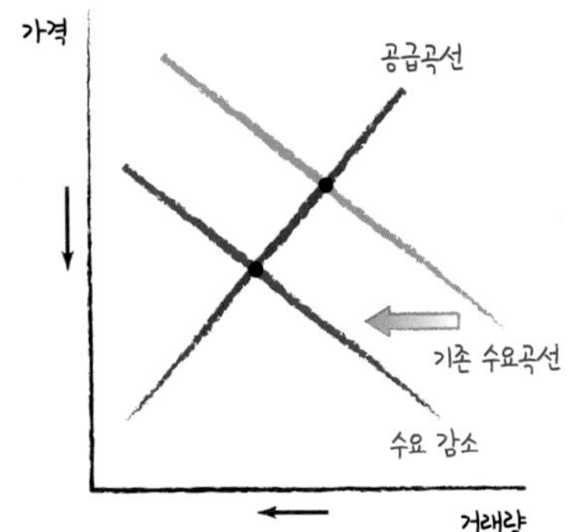

대체재의 가격 하락
→ 수요의 감소
결과 : 가격 하락, 거래량 감소

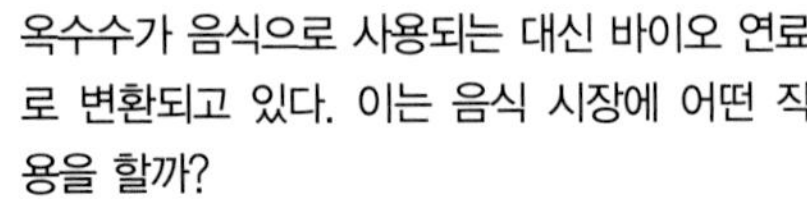

옥수수가 음식으로 사용되는 대신 바이오 연료로 변환되고 있다. 이는 음식 시장에 어떤 작용을 할까?

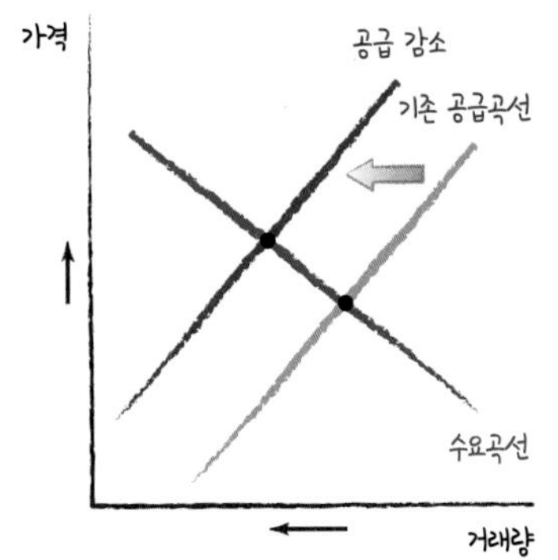

바이오 연료와 먹는 옥수수는 생산에서 대체재
→ 공급의 감소
결과 : 가격 상승, 거래량 감소

인도의 자동차 회사는 미국에서 자동차를 팔 계획이다. 미국 자동차 시장에 어떤 영향이 있겠는가?

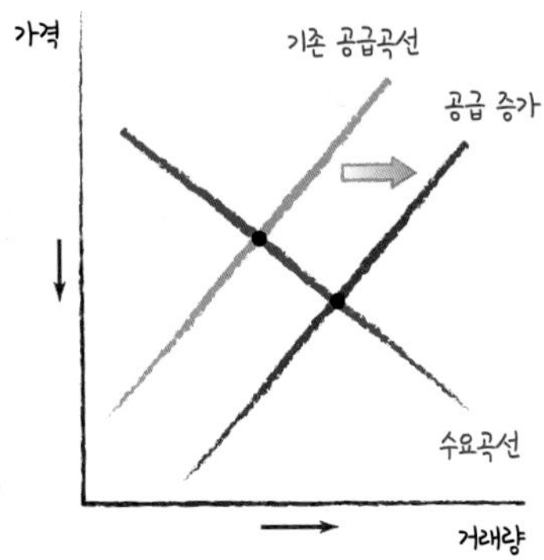

시장에 더 많아진 판매자
→ 공급의 증가
결과 : 가격 하락, 거래량 증가

최근 경기침체기에 소득이 하락했다. 이는 럭셔리 보석 시장에 어떤 영향을 미칠까?

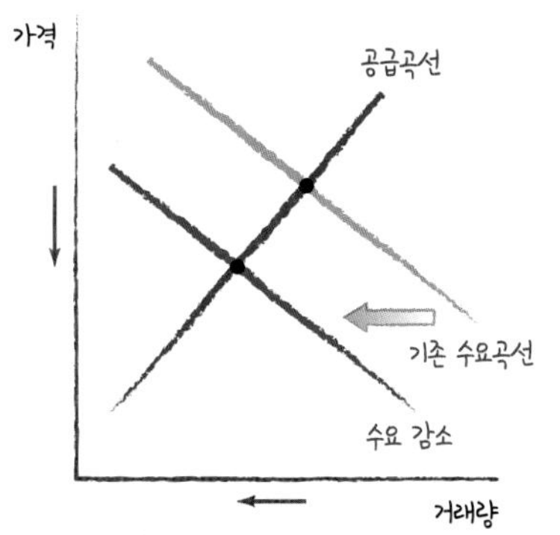

소득의 감소
→ 수요의 감소
결과 : 가격 하락, 거래량 감소

어떤 플라스틱 보온병에서 해로운 화학물질이 나온다는 것이 밝혀졌다. 금속 보온병 시장에서는 어떤 일이 일어날까?

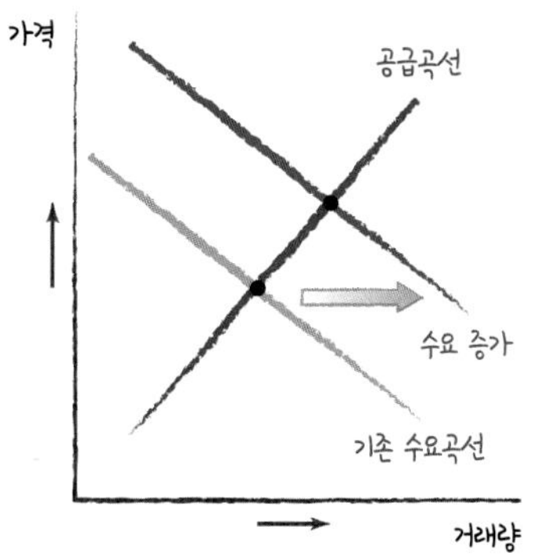

소비자의 취향 변동
→ 수요의 증가
결과 : 가격 상승, 거래량 증가

1840년대 아일랜드의 감자 기근 시기에 많은 감자 수확이 파괴되었다. 감자 시장에 미쳤던 영향은 무엇인가?

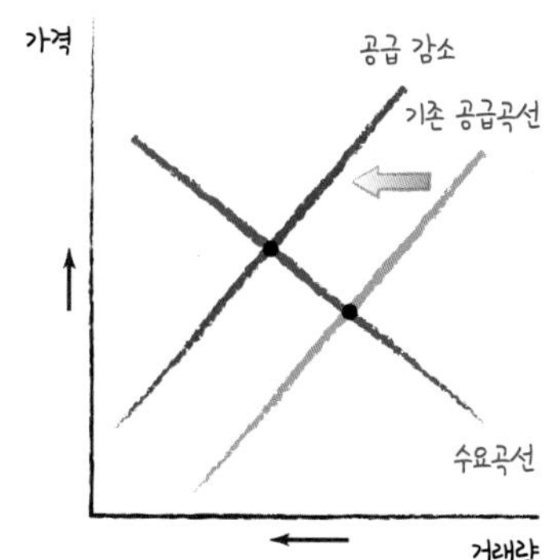

농장의 생산성 저하
→ 공급의 감소
결과 : 가격 상승, 거래량 감소 ■

요약 : 공급과 수요 이동 결과 정리 여태까지 배운 것을 요약해보자. 그림 4-6은 공급과 수요 이동 분석으로부터 배운 것들을 요약하고 있다.

공급과 수요 모두 이동할 때

지금까지는 공급 또는 수요가 이동할 때 어떻게 되는지를 분석했다. 하지만 공급과 수요 둘 다 한꺼번에 이동하면 무슨 일이 일어날까? 다행히 동일한 규칙이 적용된다. 하나 이상의 곡선이 이동하면 각각의 효과를 더하면 된다. 한 가지 사례를 보면서 알아보자.

수년 전에 휘발유 시장은 두 가지 변화로 충격을 받았다. 미국 경제는 심각한 침체기로 접어들었고 원유(휘발유의 원료)값은 가파르게 올라갔다. 경기 침체로 휘발유 소비자의 소득이 줄어들었고, 이는 휘발유 수요의 감소로 이어졌다. 원유 가격 상승은 휘발유 공급을 위한 비용을 증가시키고 공급을 감소시켰다. 휘발유 시장에 대한 이러한 동시적 변동의 영향은 어떻게 나

그림 4-6 | 수요 또는 공급 곡선의 이동 결과

	균형거래량에 미치는 효과	균형가격에 미치는 효과	
수요 증가 (사례 : 디자이너 의상 세일에 대한 뉴욕 금융가 보너스의 효과)	증가	상승	수요 이동은 가격과 거래량을 동일한 방향으로 움직이게 한다.
수요 감소 (사례 : 멕시코 현지 관광에 대한 폭력 증가의 효과)	감소	하락	
공급 증가 (사례 : 하이브리드 차에 대한 보다 효율적인 배터리 생산의 효과)	증가	하락	공급 이동은 가격과 거래량을 반대 방향으로 움직이게 한다.
공급 감소 (사례 : 휘발유 시장에 대한 기름 가격 상승 효과)	감소	상승	

타날까?

이들 변동을 각각 나누어서 생각하는 데서 출발하자. 한 가지 이상의 충격이 있을 때 각 변동을 분리해봄으로써 분석을 시작할 수 있고, 그다음 효과를 합하면 된다.

첫 번째 변동을 생각하자. 경기 침체로 인해 주어진 가격에서 휘발유 수요는 감소하게 된다. 이 수요 감소는 균형거래량을 감소시키고 가격을 하락시킨다(당신은 공급과 수요를 간략하게 그려보거나 혹은 그림 4-6의 두 번째 행을 보면서 이를 점검할 수 있다). 두 번째 변동은 원유 가격의 상승인데, 이로 인해 휘발유 공급이 감소한다. 이 변동으로 균형거래량은 감소하지만 균형가격은 상승한다(역시 간단한 그림으로 확인 가능하다). 마지막으로 이들 효과를 합하면 된다. 이들 두 가지 변동은 균형거래량을 감소시킨다. 가격에 대한 효과는 꽤 혼란스럽다. 첫 번째 변동(수요 감소)으로 가격이 하락하는 반면, 두 번째 변동(공급 감소)으로 가격은 상승한다. 그러므로 총 가격 변화는 불확실하다. 따라서 이들 두 가지 변동의 결합된 효과는 거래량은 감소하지만 가격은 상승 혹은 하락할 것이다.

사실 공급과 수요 모두가 이동하면 그 결론은 종종 '상황에 따라 다르다'이다. 수요 변화는 가격과 거래량을 하나의 방향으로 움직이게 하고, 공급 변화는 반대 방향으로 움직이도록 하기 때문이다. 총효과는 어떤 이동이 가장 큰 영향을 미치는가에 좌우된다.

두 가지 변동의 효과는 어떤 곡선이 가장 많이 이동하느냐에 좌우된다. 그림 4-7은 두 가지 극단적인 경우를 보여준다. 사례 1은 수요의 이동이 공급의 이동보다 훨씬 클 때 어떻게 되는지를 보여준다. 사례 2는 반대의 극단적 경우로 수요는 조금 이동하고 공급은 훨씬 많이 이동하는 경우이다. 예상한 그대로 균형거래량은 두 경우 모두 감소한다. 하지만 사례 1에서 휘발유 가격은 하락하는 반면, 사례 2에서는 가격이 상승한다. 이는 가격은 상승 혹은 하락할 것이라는 예상을 따르는 것이다. 그리고 상승과 하락 여부는 수요의 변동 혹은 공급의 변동 중 어느 것이 크느냐에 좌우된다는 것을 보여준다(만약 두 효과가 각자를 똑같이 상쇄한다면 가격은 그대로 변동이 없을 것이다).

두 가지 곡선의 효과를 분석하려면 아침-저녁 방법을 사용하라. 지금까지 수요 및 공급 둘 다 감소할 때 어떤 결과가 나타나는지를 분석했다. 이제 공급과 수요 둘 다 증가 또는 감소하게 하는 동시 이동이 있는 다양한 사례를 분석해보자. 그림 4-8은 각 이동이 어떻게 나타나는지 소개하고 '아침-저녁 방법'으로 불리는 접근법을 보여준다.

기본 아이디어는 다음과 같다. 동일한 시점에 두 곡선의 이동을 분석하는 것은 혼란스러울 수 있다. 대신 수요곡선은 아침에 이동했고, 공급곡선은 저녁에 이동한 것으로 생각하면 간단해진다(순서는 전혀 문제되지 않는다). 이렇게 해서 한 번에 하나의 이동만 생각하면 된다. 하루 동안 일어난 총변화를 알아내려면 아침 효과와 저녁 효과를 단순히 합하면 된다.

그림 4-8의 첫 번째 행으로 한번 시도해보자. 수요와 공급 모두에서 증가하면 어떻게 되는가? 구체화시키기 위해 여름의 안전요원 시장을 생각해보자. 안전요원 시장은 수영장이 시즌을 맞아 개장하면 새로운 구매자로 넘쳐나고(수요 증가), 학생들이 접근 가능해지면 새로운 공급자로 넘쳐난다(공급 증가).

아침에서 출발하자. 수요 증가로 고용되는 인명구조원 숫자가 늘어나게 되면, 그들이 받게 되는 가격, 즉 임금은 상승하게 된다. 다음으로 저녁에는 어떤 변화가 생기는지 평가해보자. 공급의 증가는 거래량을 증가시키고 가격을 하락하게 한다. 마지막으로, 하루 전체 동안 어떤 일이 일어났는지를 분석하려면, 아침과 저녁에 일어난 것들을 합하면 된다. 거래량은 아침에 증가했고 저녁에도 또 증가했으므로, 하루를 통틀어 증가했을 것이다. 하지만 가격에 대한 효과는 조금 혼란스럽다. 가격은 아침에는 상승했다가 저녁에는 하락했다. 하루를 통틀어 가격

그림 4-7 | 공급과 수요의 변동

공급곡선과 수요곡선이 모두 이동할 때

두 가지 극단적인 경우를 분석한다.
사례 1 : 공급 이동 폭은 **작고** 수요 이동 폭은 **클** 때
사례 2 : 공급 이동 폭은 **크고** 수요 이동 폭은 **작을** 때

Ⓐ 공급 및 수요 둘 다 **감소**하면 **공급 및 수요곡선은 좌측**으로 이동
Ⓑ 이로 인해 공급과 수요가 일치하는 새로운 **균형** 달성
결과는 공급 이동 폭은 크고 수요 이동 폭이 작은가 혹은 공급 이동 폭은 작고 수요 이동 폭이 큰가에 좌우된다.
Ⓒ 가격은 상승하거나 또는 하락할 수 있다. 사례 1에서는 하락하고 사례 2에서는 상승한다.
Ⓓ 그리고 어느 경우에도 거래량은 감소한다.

사례 1 : 공급 이동 폭은 작고 수요 이동 폭은 클 때

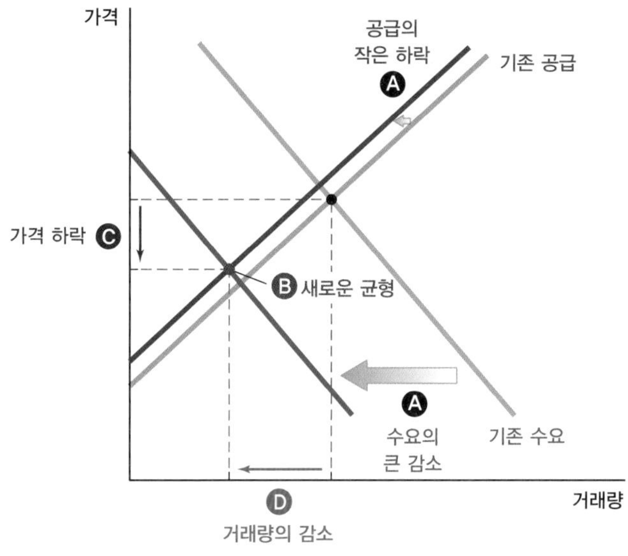

사례 2 : 공급 이동 폭은 크고 수요 이동 폭은 작을 때

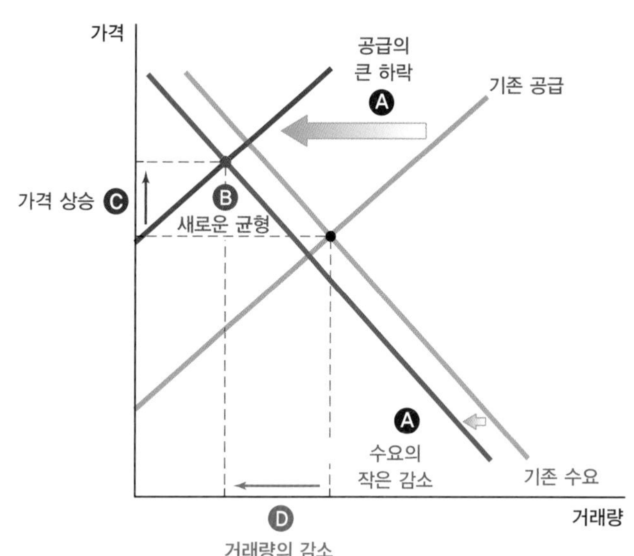

변화는 불확실하다. 수요 이동이 공급 이동에 비해 더 크냐 또는 더 작으냐에 좌우되므로 상승할 수도 하락할 수도 있다. 사실 이 분석법으로 여름철 인명구조원 시장이 어떻게 변화하는지를 정확하게 분석할 수 있다. 거래량은 증가하지만, 가격은 상승 또는 하락하게 된다.

그림 4-8의 두 번째 행은 수요가 증가하고 공급은 감소할 때의 결과를 보여준다. 세 번째 행은 수요가 감소하고 공급은 증가할 때 어떤 일이 일어나는지를 보여준다. 네 번째 행은 수요와 공급 둘 다 감소할 때의 마지막 가능성을 보여준다. 이는 우리가 앞서 보았던 휘발유 사례에서 발생한 것과 같다(그림 4-7에 설명되어 있다).

요점 정리 : 하나 이상의 곡선이 이동할 때 먼저 하나의 이동 결과를 고려하고 나서 다른 것을 고려하고, 둘을 합하라. 그리고 가격 또는 거래량 변화에 대한 예측은 '상황에 따라 다르다'.

Sascha Kilmer/Moment/Getty Images

여름에는 초과근무 겨울에는 실직

실제 자료 해석

지금까지 시장 여건 변화의 결과를 예측하기 위해 공급과 수요를 사용했다. 이제는 수요공급체계를 다른 방식으로

그림 4-8 | 공급과 수요 모두 이동할 때

	아침	저녁	총효과(아침+저녁)	
	수요 충격의 효과	공급 충격의 효과	균형가격에 대한 효과	균형 거래량에 대한 효과
수요 증가 공급 증가	P↑, Q↑	P↓, Q↑	불확실 (P↑+P↓)	상승 (Q↑, Q↑)
수요 증가 공급 감소	P↑, Q↑	P↑, Q↓	상승 (P↑+P↑)	불확실 (Q↑, Q↓)
수요 감소 공급 증가	P↓, Q↓	P↓, Q↑	하락 (P↓+P↓)	불확실 (Q↓, Q↑)
수요 감소 공급 감소	P↓, Q↓	P↑, Q↓	불확실 (P↓+P↑)	하락 (Q↓, Q↓)

이용해보자. 여기서는 공급 및 수요는 경제에서 무슨 일이 일어나는지를 예측하는 수단이 된다. 이에 두 가지 핵심 규칙이 있다.

규칙 1 : 만약 가격과 거래량이 같은 방향으로 이동한다면, 분명히 수요곡선이 이동한 것이다(공급곡선 또한 이동했을 수도 있다).

규칙 2 : 만약 가격과 거래량이 반대 방향으로 이동한다면, 분명히 공급곡선이 이동한 것이다(수요곡선 또한 이동했을 수도 있다).

이들 규칙에 따르면, 한 특정 곡선이 이동하게 되면, 이를 다른 곡선은 이동하지 않았다는 증거로 받아들여서는 안 된다는 것을 일깨워주는 괄호 안 내용과 함께 나타난다.

이들 규칙을 알았다면, 시장 여건 변화를 알아내는 데 가격과 거래량 변화가 얼마나 중요한지 몇몇 사례를 통해 살펴보자.

자료 해석 **전자책의 출현은 출판산업을 어떻게 변화시켰는가?**

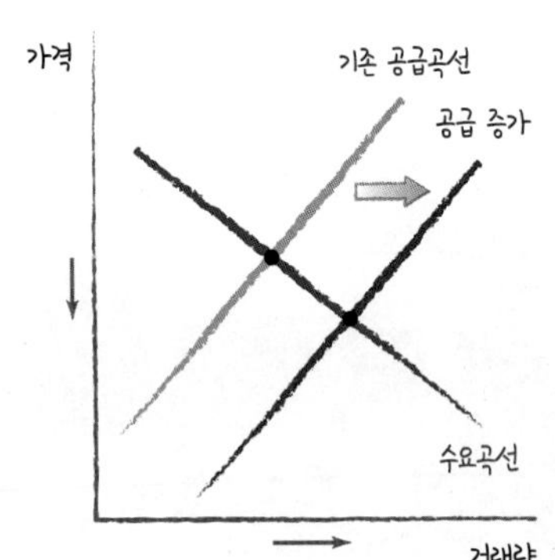

아마존 킨들과 같은 전자책 독서가들은 소비자들이 최근 베스트셀러를 인쇄된 책 또는 전자책으로 구매할 수 있는 취사 선택권을 주었다. 대부분의 베스트셀러 거래량은 증가하지만(전자책과 페이퍼 편집을 합쳐서), 권당 평균 가격은 하락했다. 이들 가격과 거래량 변화는 무엇을 말해주는가?

가격과 거래량이 반대 방향으로 이동하기 때문에 이는 공급의 변동이라고 추측할 수 있고, 거래량이 증가한다는 것은 공급이 증가했다는 것이다. 전자책 한 권은 훨씬 낮은 한계비용으로 생산이 가능하고(비싼 종이나 제본, 저장, 배달할 필요가 없다), 한계비용의 감소는 공급을 증가시키게 되기 때문이다. ■

자료 해석 **왜 주택 거래는 여름철에 성수기를 맞이하지만, 가격은 그렇지 못한가?**

매 여름마다 판매되는 주택의 거래량은 극적으로 증가하지만, 주택가격은 많이 변하지 않는다. 이러한 시장의 변동은 무엇을 말하는가?

왜 많은 구매자들이 여름에 이사하기를 원하는지 이유를 알아내기는 쉽다. 업무 시즌 중 이사하는 것은 업무의 능률이 떨어지고 아이들은 학기 중에는 학교를 바꾸는 걸 원하지 않기 때문이다. 따라서 주택에 대한 수요는 여름에 증가하게 된다. 하지만 이것이 전부라면, 주택 가격은 여름철에 올라가야 할 것이다. 실제로는 변동이 없다. 이는 공급 또한 증가했다는 걸 암시한다. 사실 많은 사람들이 새로운 주택을 사려고 노력하면서 또한 살던 주택을 팔려고 한다. 결과적으로 여름철에는 공급과 수요 모두 증가하게 된다. 그리고 공급의 증가가 대략 수요의 증가와 일치하기 때문에 주택가격이 올라가려는 힘(수요 증가로 인해)은 내려가려는 힘(공급 증가로 인해)과 상쇄된다. ■

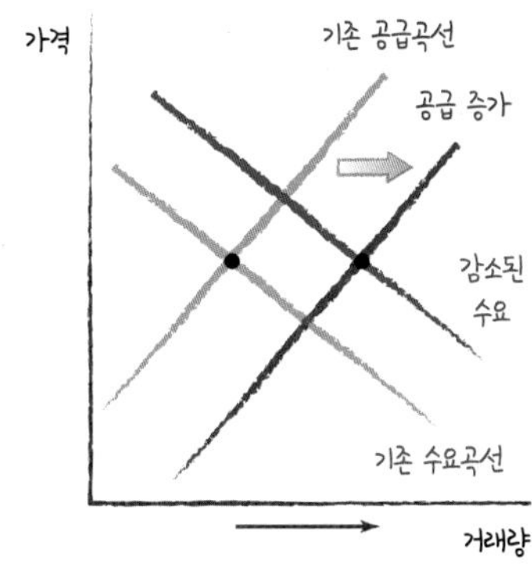

자료 해석 9/11 사건은 어떻게 맨해튼 사무실 공간 시장에 영향을 주었는가?

2001년 9월 11일 월드 트레이드 센터를 무너지게 한 테러 공격은 경제뿐만 아니라 전 국가를 공포에 떨게 하였다. 맨해튼의 사무실 시장을 생각해보자. 쌍둥이 빌딩의 붕괴는 사용 가능한 사무실 공간의 공급이 줄어들게 하여, 공급곡선을 좌측으로 이동시켰다. 이것이 전부라면, 사무실 공간의 가격은 상승하고 거래량은 감소할 것이라고 전망할 수 있다. 하지만 그후 수개월이 지나면서 사무실 공간의 가격은 하락했다. 이러한 변화는 무엇을 말하는가?

가격과 거래량이 동일한 방향으로 이동했기 때문에 맨해튼의 사무실 공간에 대한 수요 또한 감소했다는 것을 추측할 수 있다. 이 감소는 맨해튼이 사무실 빌딩 입지에 덜 안전한 곳으로 인식되어, 그 결과 어떤 비즈니스들은 다른 곳으로의 입지를 선택했기 때문일 것이다. ■

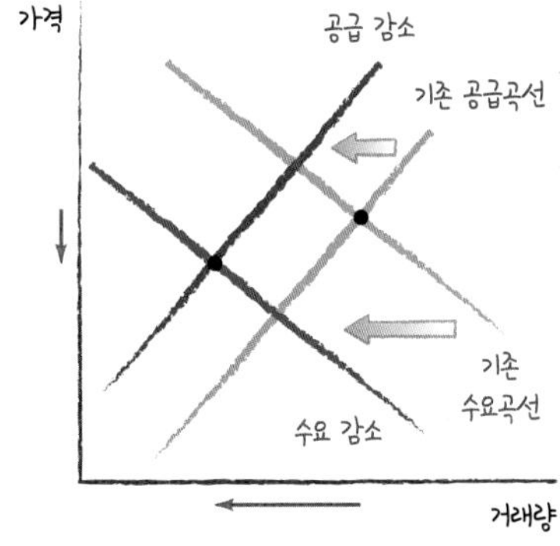

함께 해보기

우리가 공부한 것들을 다시 살펴보자. 제1장에서는 경제학의 네 가지 핵심 원리를 배웠고, 이들 원리는 어떠한 경제 분석에서도 핵심적인 요소가 될 거라고 약속했다. 그 이후 이 원리들을 휘발유 시장과 같은 개별 주요 시장에 적용해 보았다.

제2장에서는 휘발유의 잠재 구매자에 집중하면서 수요 측면 분석을 시작하였다. 어떤 개인이 구매하고자 하는 휘발유의 양은 휘발유의 가격에 좌우된다는 것을 알았고, 이 관계는 개별 수요곡선으로 압축되었다. 많은 개별 소비자의 수요를 합계하면 시장수요곡선이 도출된다. 시장수요곡선은 각 개별 가격에서 시장에 의한 총수요량을 보여준다.

제3장에서는 휘발유의 잠재 판매자를 분석하면서 공급 측면을 분석하였다. 어떤 판매자가 판매하고자 하는 휘발유의 양은 휘발유의 가격에 좌우된다는 것을 알았고, 이 관계는 개별 공급곡선으로 요약되었다. 다른 개별공급자의 공급을 합치면 시장공급곡선이 도출된다.

마지막으로 이 장에서는 어떻게 시장수요와 시장공급이 시장균형에 이르는지, 그리고 시장은 어떻게 균형가격과의 균형거래량 생산으로 이동하는지를 살펴보았다. 가격은 사람들이 구매하고 다른 사람들이 판매하게 하는 신호로서 작용하고, 따라서 누가 무엇을 가지고 누구에게 팔릴지를 결정한다.

지금까지 우리는 경제적 분석의 기초를 학습했다. 특히 휘발유, 음식물, 주택 혹은 어떤 재화의 시장이든 구분 없이 경쟁시장을 분석하는 데 사용할 수 있는 사고체계를 발전시켜 왔다.

공급-수요 체계는 매우 중요하다. 당신이 이들 중 어느 것이라도 확신하지 못한다면, 되돌아가서 관련 장을 다시 읽어보라. 이는 거의 모든 경제학적 분석의 기반이 된다. 경제학의 나머지는 이들 아이디어를 두 방향으로 발전시키는 것이다. 첫째, 우리는 이들 통찰력을 노동, 자본, 주택 시장과 같은 다른 중요한 시장에 적용시킬 것이다. 둘째, 시장이 항상 완전 경쟁적이지 않은 실제 사회에 대한 분석으로 확장시킬 것이다.

한눈에 보기

균형에 도달

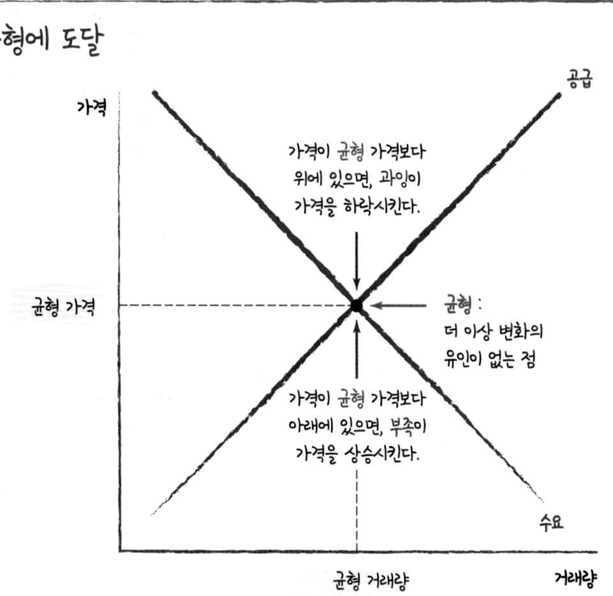

부족이냐 과잉이냐?

과잉이 있으면 : 가격이 하락하여 할인이 발생할 수 있고, 판매자는 구매자를 찾기 위해 줄을 서고, 때론 부가물이 공짜로 포함된다.

부족이 있으면 : 가격이 상승하여 구매자는 판매자를 만나기 위해 줄을 서고, 때론 값비싼 불필요한 부가물이 묶여 있는 2차 시장이 존재한다.

시장 여건이 변할 때 3단계 접근비결

1단계 : 공급곡선이나 수요곡선이 이동하는가(또는 둘 다)?
2단계 : 그 이동이 증가(우측으로 곡선 이동) 또는 감소(좌측으로 곡선 이동)인가?
3단계 : 새로운 균형에서 가격과 거래량은 어떻게 변화하는가?

수요의 이동

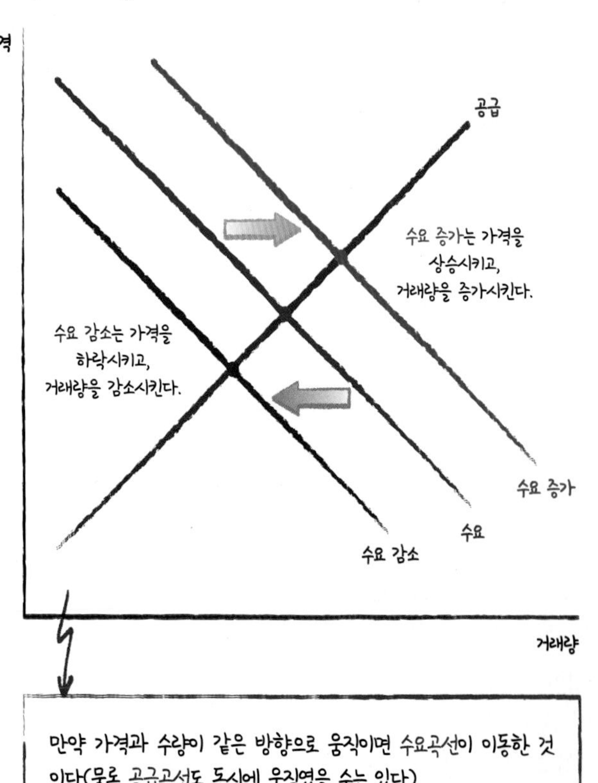

만약 가격과 수량이 같은 방향으로 움직이면 수요곡선이 이동한 것이다(물론 공급곡선도 동시에 움직였을 수는 있다).

공급의 이동

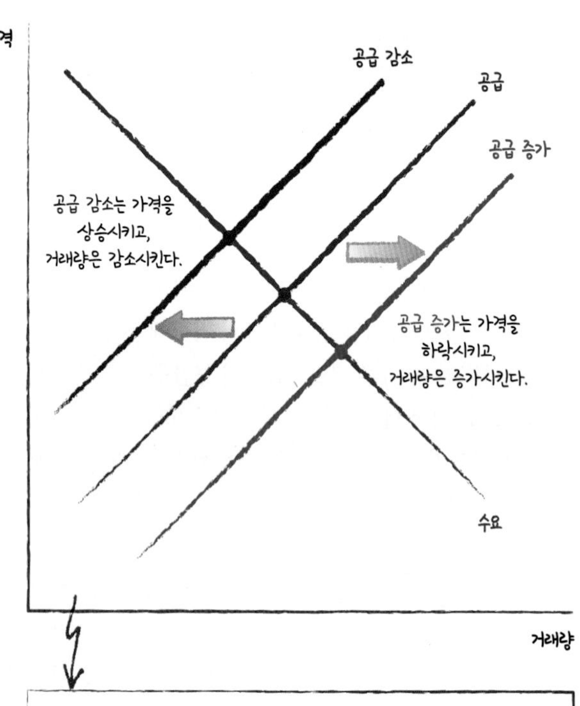

만약 가격과 수량이 다른 방향으로 움직이면 공급곡선이 이동한 것이다(물론 수요곡선도 동시에 움직였을 수는 있다).

핵심용어

계획경제	균형가격	시장
과잉	균형거래량	시장경제
균형	부족	

토론과 복습문제

학습목표 4.1 우리 사회에서 무엇을, 어떻게, 누가 생산하고 가질지 결정하는 시장의 주요 역할을 조사한다.

1. 참여했거나 앞으로 참여할, 현재 참여 중인 시장의 사례를 몇 가지 들어보라. 얼마나 자주 당신은 구매자/수요자였는가? 얼마나 자주 당신은 판매자/공급자였는가? 가격의 변화가 어떻게 당신의 선택에 영향을 주었나?
2. 재화나 서비스에 대한 대가로 현금을 사용하지 않은 시장 거래의 사례를 들어보라.
3. 결혼할 상대를 찾는 것이 어떻게 시장 거래 행위와 같은지 설명하라. 결혼시장이 어떻게 노동시장과 유사한가?

학습목표 4.2 시장이 어떻게 공급과 수요를 균형에 이르게 하는지 분석한다.

4. 만약 당신이 살고 있는 동네에서 휘발유의 평균 가격은 갤런당 3.25달러이고 휘발유 시장이 완전경쟁시장이라면, 밤새 휘발유 가격이 0.5달러 하락했다면 어떤 일이 왜 일어날지를 설명하라. 만약 밤새 휘발유 가격이 10달러로 상승했다면 어떻게 되겠는가?
5. 셀마 헤이엑, 사무엘 잭슨, 드웨인 존슨, 제니퍼 로렌스와 같은 영화배우들은 영화 한 편당 수백만 달러를 받는데, 이는 배우로서 풀타임 근로 6개월분에 해당한다. 반면, 의사와 간호사들은 같은 노동시간 동안 훨씬 적은 액수를 벌고 있다. 그 이유를 간단히 설명하라.

학습목표 4.3 수요 및 공급의 이동 결과를 평가한다. 그리고 어떻게 가격과 거래량의 변화가 수요 또는 공급 변화를 나타내는지 설명한다.

6. 평균 소득이 높아질수록 예방 차원의 치과 방문에 대한 수요가 증가한다. 이는 왜 치과 방문 공급량의 증가를 초래하지만 공급은 증가하지 않는지 이유를 설명하라.
7. 녹차 공급이 증가한다고 가정하자. 왜 균형가격과 균형거래량은 반대 방향으로 움직이는가?

학습문제

학습목표 4.1 우리 사회에서 무엇을, 어떻게, 누가 생산하고 가질지 결정하는 시장의 주요 역할을 조사한다.

1. 당신은 3개 지역 노숙자 쉼터에 기부물품을 나눠주는 비영리 단체 운영자이다. 무엇이 다른 입지에 있는 수요에 맞게끔 공급품을 배분해주는 가장 효율적인 방법인가? 이들 중 계획적인 접근을 가장 잘 나타내는 것은? 그리고 시장 접근을 가장 잘 나타내는 것은?
   a. 기부품을 3개 쉼터에 똑같이 나누어 준다.
   b. 각 쉼터에 요구사항을 제출해달라고 한 뒤, 그 요청사항에 근거하여 무엇을 어디로 보낼지를 결정한다.
   c. 각 쉼터에 가상의 예산을 제공하고, 그들에게 물품별로 입찰하도록 한다.
2. 당신은 허가받은 재판매상으로부터 〈해밀턴〉 뮤지컬 티켓을 457달러에 구입하였다. 티켓을 받았을 때, 인쇄된 액면 금액이 259달러라는 걸 알았다. 이 교환에 근거하여 쇼 제작자가 매긴 액면 금액은 균형가격보다 높은가, 낮은가 또는 같은가? 어떻게 이를 알 수 있나?

학습목표 4.2 시장이 어떻게 공급과 수요를 균형에 이르게 하는지 분석한다.

3. 아파트에 대한 시장의 수요와 공급으로부터 다음의 자료를 생각해보자.

임대료	수요량	공급량
\$2,000	5,000	23,000
\$1,800	8,000	20,000
\$1,600	11,000	17,000
\$1,400	14,000	14,000
\$1,200	17,000	11,000
\$1,000	20,000	8,000

아파트에 대한 월 평균 임대료는 현재 1,200달러이다. 이 가격에서 얼마나 많은 아파트가 임대되겠는가? 이 시장은 현재 균형에 있는가, 부족인가, 과잉인가? 평균 임대료에 어떤 일이 발생할 것으로 예상하나? 이 시장에서 균형가격과 균형거

래량은?

4. 당신이 주유소에 도착했을 때 휘발유를 기다리는 긴 자동차 줄이 있었다. 그래서 다른 주유소로 가보았는데 또 다른 자동차 줄을 발견했다. 그래서 줄에 서서 한 시간 이상을 기다려 막 휘발유를 넣으려 하는데, 휘발유가 다 떨어졌다는 말을 들었다. 이 시장은 균형에 있는가? 왜 혹은 왜 아닌가?

학습목표 4.3 수요 및 공급의 이동 결과를 평가한다. 그리고 어떻게 가격과 거래량의 변화가 수요 또는 공급 변화를 나타내는지 설명한다.

5. 영국의 정부 당국자가 박테리아 오염에 대한 우려 때문에 리버풀에 위치한 시론 코퍼레이션이 운영하는 감기백신 공장의 면허를 정지시키자 미국 시장에서 사용 가능한 감기백신의 숫자가 4,800만 도스 감소하였다. 이는 시장에서 백신 총공급량의 거의 절반 규모이다. 공급과 수요 그래프를 이용하여, 이 사건이 미국 감기백신 시장에 미친 영향을 설명하라. 이는 미국 백신 시장의 균형가격과 균형거래량에 어떤 영향을 줄 것인가?

6. 다음의 각 사례에서 공급 또는 수요가 어떻게 이동하고, 균형가격과 균형거래량이 어떻게 변화하는가?
   a. 스마트폰 : 스마트폰에 사용되는 마이크로칩이 더욱 강력해지고 가격은 더 떨어졌다.
   b. ALS 의료 연구 펀드 : 아이스 버킷 챌린지(루게릭병에 걸린 사람들을 후원하기 위한 캠페인으로 루게릭병에 걸린 환자들의 고통을 공감하고자 얼음 물을 끼얹음–역자 주)가 널리 퍼져서 ALS 연구의 편익과 필요성을 더욱 더 알리게 되었다.

7. 2016년 월스트리트 저널에 실린 한 논문에 따르면, "노동수요와 공급의 균형이 유지된 기간 이후 간호사 고용시장은 국가에서 다섯 번째로 높은 임금인상이 있어 화제였다." 2008년 경기침체로 인해 퇴직을 연기시켰던 많은 간호사들이 퇴직하기 시작하면서, 새로운 간호사가 진입하는 것보다 훨씬 많은 숫자의 간호사가 노동인구에서 빠져나가는 퇴직 흐름으로 이어졌다. 동시에 경기침체 및 건강보험개혁법 이후 지난 수십년간 일자리 성장과 관련된 추가적인 건강보험 지원으로 인해 간호사에 대한 수요는 증가해왔다.
   a. 간호사 시장에서 이러한 변천을 설명하는 공급과 수요 그래프를 그리라.
   b. 그래프에 근거하여 곡선 이동의 결과로 균형임금에 어떤 일이 생겨날지를 예측하라.
   c. 이 문제가 간호사의 균형거래량이 증가 또는 감소하는지를 결정하는 데 충분한 정보를 제공하는지 논의하라.

   출처 : Melanie Evans, "Nurses Are Again in Demand," *Wall Street Journal*, November 7, 2016, https://www.wsj.com/articles/nurses-are-again-in-demand-1478514622.

8. 다음 각 사건에 따라 수요곡선, 공급곡선, 균형가격, 균형거래량에 대한 효과를 그림으로 나타내라.
   a. 미국 철강 시장 : 연료 효율 규제로 자동차 생산에서 철강에 대한 사용이 감소하였고 알루미늄과 같이 보다 가벼운 소재 사용이 증가하였다. 수입 규제가 미국으로 수입되는 철강의 양을 제한하고 있다.
   b. 국제 항공 티켓 시장 : 경기침체로 인해 소득이 감소하고 노르웨이 항공은 국제 비행 목적지 목록에 보다 많은 미국 도시들을 추가하고 있다.

9. 다음의 각 시나리오에 초래될 공급 또는 수요의 변화를 설명하라. 초기 균형가격도 변한다면, 과잉 또는 부족이 나타날지 제시하라. 이에 근거하여 재화 가격에 결과적으로 어떤 일이 발생할지 전망하라.
   a. 종이 시장에서 : 재활용 기술의 새로운 발전으로 재활용 물질로부터 생산되는 종이제작 비용이 하락한다.
   b. 전구 시장에서 : 최근 전구의 가장 큰 공급자인 GE는 전구 생산을 중단하기로 결정했다.
   c. 라스베이거스 호텔 시장에서 : 라스베이거스의 폭염으로 여행객들은 호텔방 예약과 휴가를 취소하였다.

10. 다음의 각 경우에서 공급, 수요, 또는 둘 다 이동하는지 여부와 어떤 방향으로 이동하는지를 판단하라.
   a. 지난 10년간 하이브리드 전기차의 가격은 하락했고, 판매된 수량은 증가하였다.
   b. 겨울 동안 콜로라도 덴버와 아스펜 간 매일 항공편 수는 증가하였고, 티켓 가격도 상승하였다.
   c. 미국에서 1월부터 4월에 걸쳐 개별 공인회계사(CPA)의 수임료 청구 가능 시간이 대폭 증가하였다. 하지만 CPA의 평균 시간당 서비스 가격은 변함이 없다.

제 2 부

시장 분석하기

전체 그림

지금까지 수요와 공급 그리고 균형이라는 기본 개념들을 배웠으니, 이제부터는 이를 이용하여 **시장**을 **분석**하고자 한다. 변화하는 시장 조건에 구매자와 판매자가 얼마나 민감하게 반응하는지를 **탄력성**이라는 개념으로 측정해볼 것이다.

수요와 공급에 대한 분석을 확장하여 조세와 가격 · 수량 규제와 같은 **정부정책**의 효과를 설명할 수 있는지도 살펴볼 것이다. 이를 통해 정부정책이 거래량, 구매자가 지불하는 가격, 판매자가 수취하는 가격 등에 미치는 영향을 평가할 것이다.

그다음 수요와 공급 곡선을 통해 어떻게 **후생**을 평가하는지를 학습하고, 정부가 국민의 후생을 증진시키기 위해 취할 수 있는 가장 효과적인 정책이 무엇인지를 파악하는 데 있어 위의 내용이 어떻게 도움을 줄 수 있는가를 설명할 것이다. 또한 수요와 공급이 효율적인 결과를 가져오는 경우와 **시장 실패**로 이어지는 경우를 살펴볼 것이다.

끝으로 위의 모든 것을 활용하여 어떻게 시장은 자원이 더 잘 활용될 수 있도록 재배분하고, 또 어떻게 가격은 경제활동을 조정하는 데 일조하는지도 보일 것이다. 또한 **비교우위**를 활용하여 가장 작은 기회비용을 수반하는 일에 집중함으로써 어떻게 더 많은 생산을 할 수 있는지 살펴볼 것이다. 결과적으로 구매자와 판매자 간의 교역은 두 당사자 모두에게 **교역의 이득**을 가져다준다.

5 탄력성 : 반응 정도를 측정하기

변하는 시장 조건을 반영하여 수요량과 공급량이 얼마나 많이 변하는가를 측정한다.

- 가격이 상승하면 소비자는 얼마나 더 적게 구입하는가? 가격이 하락하면 소비자는 얼마나 더 많이 구입하는가?
- 탄력성은 어떻게 총수입을 결정하고 영업전략에 영향을 미치는가?
- 소득과 다른 상품의 가격 변화에 따라 수요가 얼마나 변하는가?
- 공급량은 가격 변화에 어느 정도 반응하는가?

6 정부의 시장 개입

정부정책의 결과를 예측한다.

- 정부가 세금을 부과하면 어떤 일이 생기는가?
- 왜 경제학자들은 세금을 구매자에게 부과하든 판매자에게 부과하든 상관없다고 말하는가?
- 정부가 최저가격 혹은 최고가격을 설정할 때 판매량에 어떤 영향을 미치는가?
- 정부가 수량을 규제할 때 구매자와 판매자가 지불하는 가격은 어떻게 바뀌는가?
- 조세, 가격 규제, 수량 규제는 서로 어떻게 다른가?

7 후생과 효율성

시장이 경제적 후생에 미치는 영향을 분석한다.

- 경제학자는 어떻게 후생과 경제적 효율성을 측정하는가?
- 구매자와 판매자의 이득을 어떻게 측정할 수 있는가?
- 경쟁 시장은 얼마나 효율적인가?
- 시장 실패의 비용은 무엇인가?
- 정책 분석에서 경제적 효율성이 갖는 한계점은 무엇인가?

8 교역의 이득

시장이 어떻게 교역의 이득을 만들어내는지 학습한다.

- 시장의 기능은 무엇인가?
- 어떻게 맡은 작업을 배분해야 가장 적은 기회비용으로 달성할 수 있는가?
- 비교우위는 무엇이고 왜 비교우위를 통해 더 많은 생산을 할 수 있는가?
- 경제활동을 조정하는 데 있어서 가격의 역할은 무엇인가?
- 어떻게 일상생활에서 시장의 힘을 활용할 수 있을까?

CHAPTER 5

탄력성 : 반응 정도를 측정하기

사우스웨스트항공사의 창업자 허브 켈러헐은 미국 텍사스에 있는 비행기 몇 대로 시작한 항공사를 전국적인 대기업으로 성장시켰다. 그의 전략은 단순 명료했지만 혁명적이었다: 부가 서비스 없이 낮은 가격으로 판매한다. 만약 최저가 항공권을 찾고 있다면 사우스웨스트항공사가 바로 그곳이다.

Alexey Bychkov/ZUMA Press/Alamy

언제 어디에서 가격이 가장 중요한가? 사우스웨스트항공사는 알고 있다.

이 전략은 굉장히 성공적이었으나 항상 그런 것만은 아닐 것이다. 사우스웨스트항공사는 낮은 가격이 항공권당 낮은 이윤을 보상할 수 있을 만큼 추가적인 승객들을 충분히 확보할 수 있게 해줄 것이라는 기대를 걸었다. 당연히 낮은 가격은 높은 수요량으로 이어지겠지만, 사우스웨스트항공사에 있어 가장 중요한 질문은 수요량이 얼마나 높아질 것이냐이다.

사우스웨스트항공사 경영진은 새로운 시장에 진출하기 전에 낮은 가격에 가장 민감하게 반응하는 승객들이 다니는 도시와 항로를 정확히 찾아내기 위해 시장을 분석한다. 그중에 라스베이거스 취항은 현재까지 가장 성공적인 사례이다. 대부분 휴가를 목적으로 라스베이거스에 오게 되는데, 그런 경우에 더욱 더 낮은 가격의 항공권을 찾게 된다. 이와 대조적으로 사우스웨트스항공사는 주로 업무차 오가는 노선에서 과감히 철수하였다. 업무상 항공권을 구매하는 사람들은 미리 정해진 시간에 회사의 비용으로 여행을 계획하기 때문에 낮은 가격에 그리 민감하게 반응하지 않기 때문이다.

사우스웨스트항공사의 사례에서 볼 수 있듯이 기업의 성공적인 의사결정은 구매자와 판매자가 변하는 가격에 얼마나 민감하게 반응하는지를 정확히 이해함으로써 가능하다. 이 장은 구매자와 판매자가 가격 변화에 반응하는 정도를 사우스웨스트항공사와 같은 기업들이 어떻게 측정하는지에 대해 살펴보도록 하겠다.

우선 구매자의 반응 정도를 분석한 다음에 판매자의 경우를 살펴보고자 한다. 이와 함께 소득 변화나 타 제품 가격 변화와 같은 시장 조건 변동의 영향을 측정하는 방식에 대해서도 논의할 것이다.

목표

수요량과 공급량이 시장 조건의 변화에 얼마만큼 반응하는가를 측정한다.

5.1 수요의 가격탄력성
수요의 가격탄력성을 이용하여 수요량이 가격 변화에 반응하는 정도를 측정한다.

5.2 기업은 수요의 탄력성을 어떻게 활용하는가
수요의 가격탄력성이 기업의 총수입과 전략에 어떠한 영향을 미치는지 이해한다.

5.3 기타 수요탄력성
소득이나 다른 재화의 가격에 수요가 반응하는 정도를 측정한다.

5.4 공급의 가격탄력성
공급의 가격탄력성을 이용하여 공급량이 가격 변화에 반응하는 정도를 측정한다.

5.1 수요의 가격탄력성

학습목표 수요의 가격탄력성을 이용하여 수요량이 가격 변화에 반응하는 정도를 측정한다.

수요법칙에 따르면 가격이 하락할 때 수요량은 증가한다. 그러나 사우스웨스트의 영리한 전략에서처럼 중요한 질문은 '얼마나 증가하느냐'이다. 항공권 가격 인하가 새로운 고객을 충분히 유치할 수 있느냐의 문제는 사우스웨스트항공사의 저가 정책의 성패를 좌우한다. 이 모든 것은 구매자가 가격에 얼마나 민감하게 반응하는가에 달려있다. 이러한 이유 때문에 구매자의 반응 정도를 측정하는 방법을 먼저 살펴보고자 하는 것이다.

수요의 반응 정도 측정하기

수요의 가격탄력성 구매자들이 가격 변화에 얼마나 반응하는지 나타내는 척도. 1% 가격 변화에 따른 수요량의 퍼센티지 변화

$$\text{수요의 가격탄력성} = \frac{\text{수요량의 변화율}}{\text{가격의 변화율}}$$

수요의 가격탄력성(price elasticity of demand)은 구매자가 가격 변화에 얼마나 민감하게 반응하는지를 측정한다. 구체적으로 이것은 가격이 1% 변할 때 수요량은 몇 퍼센트 변하는지를 나타낸다.

수요의 가격탄력성을 측정하기 위해서 가격 변화에 수요량이 어떻게 반응하는지를 살펴보자. 이 반응 정도는 수요량과 가격 변화율의 비율로서 측정된다.

$$\text{수요의 가격탄력성} = \frac{\text{수요량의 변화율}}{\text{가격의 변화율}}$$

예를 들어, 휘발유의 가격이 20% 하락하면 보통 수요량은 10% 상승하게 된다. 이 숫자들을 함께 사용하면 휘발유의 가격탄력성은 약 −0.5가 된다(=수요량의 10% 상승/가격의 20% 하락 =10%/−20%). 가격 하락은 수요량을 증가시키므로 수요의 가격탄력성은 음수가 된다. 사실 수요곡선상의 이동을 이야기할 때 수요법칙에 따라 가격과 수요량은 항상 반대 방향으로 움직인다: 가격이 오르면 수요량은 떨어지고, 가격이 내려가면 수요량은 올라간다.

절댓값으로 표현하면 수요의 가격탄력성이 갖는 크기에 초점을 둘 수 있다. 경제학자들은 종종 수요의 가격탄력성의 크기에 주로 관심을 갖게 된다. 그래서 음수 부호를 빼고 절댓값으로 표현하기도 한다. 따라서 수요의 가격탄력성의 절댓값은 음수 부호가 빠진 수요의 가격탄력성이다. 이는 절댓값을 나타내는 기호인 수직선을 이용하여 표현될 수 있다: |탄력성|. 탄력성이 −5라는 의미는 −0.5인 경우보다 수요량의 백분율 변화가 더 크기 때문에 절댓값을 사용하면 그 크기를 논할 때 편리하다. |−5|=5이고 |−0.5|=0.5이며 5가 0.5보다 크게 된다. 이렇게 절댓값으로 표현하면, 탄력성 값이 크다는 것이 수요량이 더 크게 변했다는 것을 의미할 수 있다.

경제학 실습

우버가 뉴욕시에서 요금을 15% 인하하자 수요량이 30% 증가하였다고 하자. 이러한 우버 승객의 경우 수요의 가격탄력성을 절댓값으로 나타내면 얼마가 되는가?

수요의 가격탄력성 절댓값 = |+30%/−15%| = |−2| = 2 ■

탄력적 수요량 변화율의 절댓값이 가격 변화율의 절댓값보다 큰 경우로서 수요의 가격탄력성 절댓값이 1보다 크다.

수요량이 매우 민감하게 반응하면 수요는 탄력적이다. 위에서 우버를 이용하는 승객은 가격에 매우 민감하게 반응하였다. 가격이 하락할 때 수요량은 더 빠르게 증가하였다. 이와 같이 구매자가 가격에 매우 민감하게 반응하는 경우에 경제학자들은 수요가 **탄력적**(elastic)이라고 설명한다. 보다 구체적으로 수요량 변화율의 절댓값이 가격 변화율의 절댓값보다 큰 경우에 수요가

탄력적이라고 말한다. 이는 수요의 가격탄력성 절댓값이 1보다 크다는 것을 의미한다.

수요가 탄력적일 때 가격 인상은 수요량에 큰 변화를 가져온다. 마틸다를 예로 들어보자. 그녀는 걸어서 출퇴근할 수 있는 소도시에 살고 있다. 하지만 장보러 갈 때는 운전해서 가는 것을 선호한다. 그리고 주말이면 자동차 여행을 가거나 국립공원에 등산을 가거나 혹은 네 시간 거리에 있는 해변에서 하루를 보내고 싶어 한다. 하지만 휘발유 가격이 오르면 해변으로 놀러가는 비용은 상당히 부담될 것이고, 휘발유 가격이 좀 더 오르면 자동차를 가지고 나가는 것이 매우 비싸게 보이기 시작한다. 결국 그녀는 근처에 사는 친구들과 어울리거나 동네에서 달리기를 하거나 혹은 인근 수영장을 이용할 수도 있다. 이 모든 것들은 휘발유 가격이 올라갔을 때 마틸다의 휘발유 수요량이 상당히 줄어든다는 것을 의미한다.

수요량이 매우 둔감하게 반응하면 수요는 비탄력적이다. 올리버는 도보나 자전거 혹은 대중교통으로 대부분의 목적지를 갈 수 있는 도시에 살고 있다. 그러나 그의 직장은 외곽에 위치해 있어서 출퇴근을 위해 자동차가 필요하다. 그는 자동차를 거의 출퇴근 용도로만 사용한다. 휘발유 가격이 오르더라도 그는 출퇴근을 위해 어쩔 수 없이 휘발유를 소비해야 하고, 반대로 휘발유 가격이 하락하더라도 출퇴근 이외의 목적에 자동차를 사용할 필요성을 느끼지 못한다. 이와 같이 올리버의 휘발유 소비량은 가격 변화에 크게 반응하지 않는다.

구매자가 가격 변화에 거의 반응하지 않을 때, 경제학자들은 수요가 **비탄력적**(inelastic)이라고 설명한다. 보다 구체적으로 수요량 변화율의 절댓값이 가격 변화율의 절댓값보다 작은 경우에 수요가 비탄력적이라고 말한다. 이는 수요의 가격탄력성 절댓값이 1보다 작다는 것을 의미한다.

비탄력적 수요량 변화율의 절댓값이 가격 변화율의 절댓값보다 작은 경우로서 수요의 가격탄력성 절댓값이 1보다 작다.

수요의 가격탄력성 절댓값이 정확히 1이라면 이것은 탄력적이지도 않고 비탄력적이지도 않다. 이 경우를 단위탄력적(unit elastic)이라고 부르기도 한다. 여기서 중요한 점은 이것이 탄력적과 비탄력적 수요를 구분하는 기준선이라는 것이다.

탄력적 수요곡선은 비탄력적 수요곡선보다 상대적으로 더 평평하다. 그림 5-1은 올리버의 비탄력적인 수요곡선(자주색)과 마틸다의 탄력적 수요곡선(초록색)을 나타낸다. 여기서 탄력적 수요곡선이 상대적으로 평평한 반면에 비탄력적 수요곡선은 상대적으로 가파르다는 것을 알 수 있다. 이 두 수요곡선이 동일한 지점을 통과할 때 그 지점에서 더 평평한 수요곡선은 더 탄력적이다. 그 이유는 수요가 탄력적일 때 수요량이 상대적으로 민감하게 변하는 반면에 수요가 비탄력적일 때 수요량은 상대적으로 둔감하게 변하기 때문이다.

그러나 주의해야 할 점은 탄력성이 기울기를 의미하는 것은 아니라는 것이다. 수요곡선의 기울기는 가격의 변화분을 수요량의 변화분으로 나눈 것이다. 탄력성은 수요량의 변화율을 가격의 변화율로 나눈 것이다. 결과적으로 선형수요곡선의 경우 그림 5-1에서와 같이 모든 점에서 동일한 기울기를 가지지만 탄력성 값은 달라지게 된다.

기울기를 보면 탄력성을 정확히 알 수 있는 경우도 있는데, 다음과 같은 두 가지의 극단적인 상황이다. 수요곡선이 완전히 수평선일 때 수요의 가격탄력성은 무한대가 된다. 아주 작은 가격 변화에도 수요량의 변화는 무한대가 되는 것이다. 이런 경우를 **완전탄력적**(perfectly elastic)인 수요라고 부른다. 반대로 수요곡선이 완전히 수직선이라면 수요의 가격탄력성은 0이 된다. 즉, 가격 변화와 상관없이 수요량은 변하지 않는다. 이런 경우를 **완전비탄력적**(perfectly inelastic) 수요라고 부른다.

완전탄력적 가격이 조금만 변해도 수요량의 변화는 무한히 크다.

완전비탄력적 수요량은 가격 변화에 전혀 반응하지 않는다.

그림 5-1 | 수요의 가격탄력성

수요의 가격탄력성에 따라 가격이 동일하게 변하더라도 수요량은 다르게 변할 수 있다.

휘발유 가격이 하락하면 수요량은 증가한다. 그 증가폭은 구매자의 수요가 탄력적인지 비탄력적인지에 달려있다.
Ⓐ 비탄력적 수요 : 구매자들은 가격 변화에 둔감하여 수요량은 조금만 증가한다.
Ⓑ 탄력적 수요 : 구매자들은 가격 변화에 민감하여 수요량은 많이 증가한다.

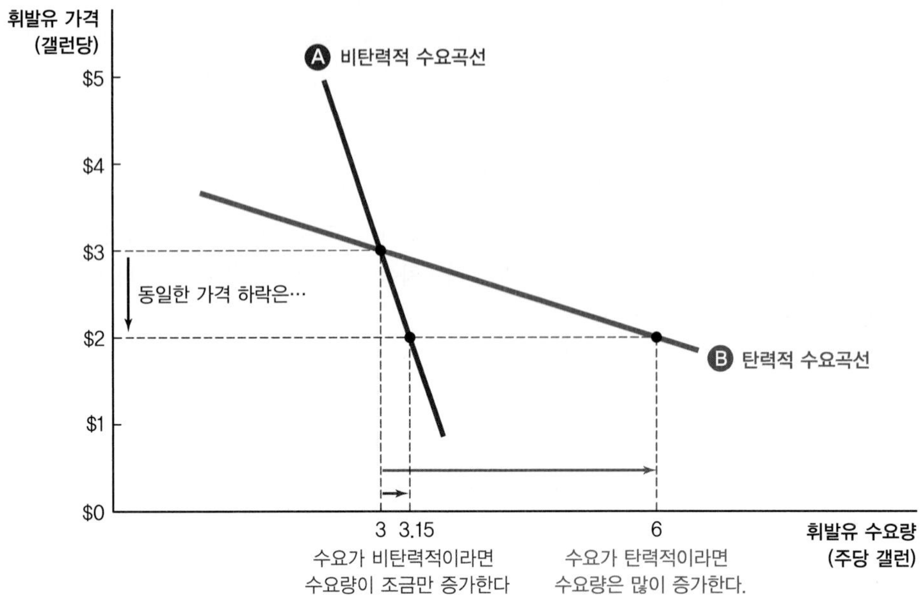

자료 해석 왜 최저임금과 관련된 논쟁은 탄력성을 중심으로 이루어지는가?

2019년 연방정부 차원에서 최저임금은 시간당 7.25달러였다. 시간당 12달러로 최저임금을 인상하자는 방안은 많은 논쟁을 불러일으켰다. 당신도 자기 자신의 의견이 있을 것이다. 노동운동가들은 높은 임금이 빈곤층에게 도움이 될 것이라고 주장한다. 반면에 기업들은 최저임금이 올라가면 저임금 노동자의 고용이 줄어들기 때문에 오히려 빈곤층에 해가 될 것이라고 주장한다. 이 논쟁의 상당 부분은 노동에 대한 수요의 가격탄력성에 대한 내용이다.

가격탄력성의 중요성을 이해하기 위해 노동시장에서는 노동자가 노동을 공급하는 공급자라는 사실을 우선 이해할 필요가 있다. 그러므로 고용주는 노동자의 노동이 필요한 구매자가 된다. 고용주가 지불하는 가격이 바로 임금이다. 그래서 최저임금 인상은 최저임금이 적용되는 노동의 구매자가 지불해야 하는 가격이 인상된다는 것이다. 그러므로 여기서 수요의 가격탄력성은 노동의 수요량이 그 가격 인상에 따라 얼마나 변할 것인지를 알려준다.

최저임금 인상에 반대하는 논리는 최저임금 인상이 수백만 명의 노동자들의 해고로 이어질 수 있다는 것이다. 이 논리의 핵심은 결국 고용주의 노동수요가 매우 탄력적이라는 것이다. 만약 이게 사실이라면 임금을 조금만 인상하더라도 노동수요가 크게 감소할 것이다. 이 경우에 여전히 일할 수 있는 운 좋은 노동자들은 높은 임금을 받을 수 있겠지만, 일자리가 많이 사라진다는 비용이 더 클 수도 있다.

반대로 최저임금 인상을 주장하는 많은 사람은 일자리를 잃는 노동자는 극소수일 것이라고 생각한다. 그들은 노동수요량이 최저임금 인상에 그렇게 많이 반응하지 않을 것이라고 주장하고 있는 것이다. 즉, 노동수요는 비탄력적이라는 말이다. 이 견해에 따르면 최저임금이 인상되더라도 일자리 감소는 그리 크지 않을 것이다.

따라서 최저임금을 둘러싼 논쟁은 단순히 노동자들을 지지하거나 배척하는 내용이 아니다. 최저임금을 인상하는 것이 좋은 생각인지 아닌지에 대한 판단은 노동수요가 탄력적인지 비탄력적인지에 대한 인식에 달려있다. 최저임금 인상에 관한 논쟁은 탄력성에 대한 논쟁이라는 점을 알고 있었는가? 당신의 생각은 어떠한가? 시간당 7.25달러라는 현재의 최저임금 수준에서 노동수요는 탄력적이라고 생각하는가? 아마도 이러한 질문에 대한 당신들의 대답이 최저임금 인상을 지지할지 말지를 결정하는 데 있어 가장 좋은 길잡이가 될 것이다. ■

Don Campbell/The Herald-Palladium/AP Images

이것이 저임금 노동자들에게 좋을까 나쁠까?

요약 : 완전비탄력적 수요에서 완전탄력적인 수요에 이르는 탄력성의 범위. 그림 5-2는 완전비탄력적, 비탄력적, 탄력적, 완전탄력적인 수요 간의 차이를 요약하고 있다. 이 표를 살펴보면서 각각의 경우가 의미하는 바가 무엇인지 스스로 질문해보기 바란다.

수요의 가격탄력성의 결정요인

이제 당신들은 재화와 서비스에 대한 수요가 가격 변화에 반응하는 정도는 서로 다를 수 있다는 점을 알고 있다. 또한 수요의 가격탄력성은 그 반응 정도를 측정하는 것도 알고 있다. 그러면 여기서 가격 변화에 대한 수요의 반응이 왜 다른지 궁금할 것이다.

기회비용의 원칙에 따르면, 어떤 것을 구매할 때 얻게 되는 편익을 알기 위해서는 구매하려는 것을 다음으로 선호하는 물건과 비교하면 된다. 어떤 재화에 대한 수요의 가격탄력성은 그 재화 다음으로 선호하는 대체물이 얼마나 좋은가에 관한 이야기이다. 다시 말해 수요의 가격탄력성은 괜찮은 대체재를 추가적으로 구매할 수 있는 정도를 반영하고 있다.

탄력성은 대체성에 관한 개념이다. 앞의 예에서 올리버의 경우 출퇴근을 위해 자가용 운전 말고 다른 대안이 없기 때문에 그의 휘발유 수요는 비탄력적이었다. 그에게 대체할 만한 교통수

그림 5-2 | 비탄력적 수요와 탄력적 수요

	정의	의미	함의	그래프
완전비탄력적 수요	가격의 퍼센트 변화에 상관없이 수요량의 퍼센트 변화는 0이다.	가격이 변하더라도 수요량은 불변이다.	수요의 가격탄력성 절댓값=0	가격 / 수요곡선이 수직이다. / 수량
비탄력적 수요	수요량의 퍼센트 변화는 가격의 퍼센트 변화보다 작다.	수요량은 가격 변화에 상대적으로 둔감하다.	수요의 가격탄력성 절댓값<1	가격 / 수요곡선이 상대적으로 가파르다. / 수량
탄력적 수요	수요량의 퍼센트 변화는 가격의 퍼센트 변화보다 크다.	수요량은 가격 변화에 상대적으로 민감하다.	수요의 가격탄력성 절댓값>1	가격 / 수요곡선이 상대적으로 완만하다. / 수량
완전탄력적 수요	가격의 퍼센트 변화가 있기만 하면 수요량의 퍼센트 변화는 무한대이다.	가격이 조금이라도 변하면 수요량의 변화는 무한대이다.	수요의 가격탄력성 절댓값=∞	가격 / 수요곡선은 수평이다. / 수량

> 수요의 가격탄력성은 대체재의 가용성을 반영한다. 다음의 경우에 탄력성은 커진다.
> 1. 경쟁하는 제품이 많을수록
> 2. 측정 대상이 일반적인 품목이 아니라 구체적인 상표일 때
> 3. 필수재가 아닌 경우에
> 4. 소비자가 제품 탐색을 많이 할수록
> 5. 적응 시간이 충분할수록

단이 없기 때문에 출퇴근용으로 필요한 휘발유로부터 얻는 한계편익은 매우 높다. 그래서 그는 가격이 매우 가파르게 상승하더라도 휘발유를 필요한 만큼 지속적으로 구입할 것이다.

올리버가 출퇴근 이외의 목적으로 휘발유를 소비할 때 얻게 되는 편익은 거의 없다. 사실 올리버 동네는 주차 문제가 매우 심각하기 때문에 올리버는 금요일에 퇴근하고 돌아와 일단 주차하고 나면 월요일 아침 출근 때까지 차를 빼고 싶지 않다. 올리버에게 자가용 운전이라는 것은 도보라는 이동수단에 대한 좋은 대체재가 아니어서 비록 휘발유 가격이 크게 떨어지더라도 올리버는 휘발유 소비를 늘리지 않을 것이다.

올리버가 교통수단을 선택할 때 적절한 대체재가 존재하지 않기 때문에 그가 금요일 저녁 퇴근길에 소비하는 마지막 휘발유 1갤런으로부터 얻게 되는 한계편익은 매우 높다. 하지만 그런 다음에 휘발유를 추가적으로 소비해서 얻게 되는 한계편익은 매우 낮다. 결과적으로 가격이 하락하거나 상승할 때 휘발유 수요량은 변화시키지 않게 된다. 그러므로 올리버의 휘발유 수요는 비탄력적이다.

반면에 마틸다는 휘발유를 소비하는 방법 이외에 다른 대체재가 많다. 휘발유 가격이 오를 때 가까운 곳에서 친구들과 어울려 노는 선택은 주말을 보내기 위해 해변으로 네 시간 운전하는 선택에 대한 좋은 대체재이다. 따라서 그녀는 휘발유 소비를 줄일 것이다. 이와 유사하게 휘발유 가격이 떨어진다면 운전해서 멀리 가는 것이 주는 편익이 비용보다 크다고 느끼게 되므로 그녀는 휘발유 소비량을 증가시킬 것이다. 만약 마틸다의 경우처럼 두 가지 대안이 거의 무차별하다면 아주 작은 가격 변화라도 다른 선택을 할 수 있게 만들 수 있다. 그러므로 마틸다의 휘발유 수요는 탄력적이다.

결론을 요약하면 다음과 같다. 대체재의 가용성이 수요의 가격탄력성의 크기를 결정한다. 이제부터 수요의 가격탄력성을 결정하는 다섯 가지 요인을 살펴보겠지만, 이 모든 요인들은 단지 어떤 종류의 대체재가 존재하는가를 설명해줄 뿐이다.

Lukia Kliossis

경쟁하는 제품이 많은 경우

수요의 탄력성 결정요인 하나 : 경쟁적 시장의 상품일수록 탄력성이 더 크다. 경쟁하는 제품이 많을수록 유사한 대체재를 찾을 확률이 높다. 즉, 규모가 작은 구멍가게에서보다 큰 대형마트에서 쇼핑할 때 소비자는 가격에 더 민감하게 된다. 왜 그런가? 예를 들어, 월마트 슈퍼센터는 대개 15만 개의 서로 다른 제품을 판매하고 있다. 이렇게 다양한 제품이 있다는 것은 마음에 두었던 제품의 가격이 올랐을 때 그만큼 대체재가 많다는 의미이다.

경쟁하는 제품들에 대해 생각할 때 보다 넓게 볼 필요가 있다. 예를 들어, 사우스웨스트항공사의 경영진은 고객이 다른 항공사를 이용할 수 있을 때 수요가 더욱 탄력적이라는 점을 알고 있다. 그뿐만 아니라 기차가 비행기의 대체제가 될 수 있기 때문에 그들은 기차역 인근에 위치한 공항에서 항공권의 수요가 더욱 탄력적이라는 사실도 고려한다. 또한 그들은 가까운 거리를 오가는 항공노선의 가격탄력성이 차량이라는 대체재의 존재로 인해 더욱 탄력적이라는 사실을 간파했다.

Lukia Kliossis

경쟁하는 제품이 별로 없는 경우

수요의 탄력성 결정요인 둘 : 구체적인 상표에 대한 탄력성은 품목에 대한 것보다 더욱 탄력적이다. 특정 상표의 제품은 대개 가까운 대체재가 있기 때문에 이러한 제품의 수요는 넓은 범주의 제품군에 대한 수요보다 더 탄력적이다. 예를 들어, 허니넛 치리오스를 대체할 수 있는 다른 제품들이 많기 때문에 그 가격이 오르면 많은 소비자가 다른 시리얼 제품으로 대체할 것이다. 결과적으로 허니넛 치리오스라는 제품에 대한 수요는 매우 탄력적이다. 이와 대조적으로 시리얼이라는 전체적인 제품군의 가격 변화에는 소비자들이 상대적으로 덜 민감하게 반응한다. 요거트나 토스트처럼 시리얼 대신에 먹을 수 있는 대체재의 특성이 시리얼과 매우 다르기 때문에 시리얼이라는 제품군의 수요는 덜 탄력적이다.

Richard Levine/Alamy

당신이 마음만 먹으면 허니넛 치리오스를 대체할 제품들은 넘쳐난다.

수요의 탄력성 결정요인 셋 : 필수재는 비탄력적이다. 없으면 안 되는 필수적인 재화와 서비스들은 비록 가격이 오르더라도 계속 사야 하는 것들이다. 무엇이 필수재인가? 필수재는 적합한 대체재가 존재하지 않으면서 사용하지 않으면 안 되는 것이다. 식료품이 대표적인 필수재이다. 식료품을 소비하지 않는다는 것은 굶주린다는 의미이다. 이것은 적절한 대안이 아니며 왜 달걀, 쌀, 파스타, 과일, 채소와 같은 주요 식자재에 대한 수요가 비탄력적인지를 설명하는 데 도움을 준다. 그러나 레스토랑의 음식들은 대부분의 사람들에게 필수재가 아니다. 집에서 식사하는 것이 외식에 대한 좋은 대체재이기 때문이다. 그래서 그림 5-3에서 보듯이 레스토랑 음식에 대한 수요가 집에서 먹을 수 있는 주요 식자재의 수요보다 더 탄력적이라는 사실은 전혀 놀랍지 않다. 그러나 어떤 사람에게 필수재인 것이 다른 사람에게는 그렇지 않을 수도 있다. 예를 들어, 식사를 준비할 부엌이 없는 사람에게 음식점 음식은 필수재에 좀 더 가까울 수 있다.

그림 5-3 | 소비재 수요의 가격탄력성

	수요의 가격탄력성 절댓값	
쌀과 파스타	0.1	매우 비탄력적
달걀	0.2	
생수	0.3	
대중교통	0.4	
과일과 채소	0.8	
조개	0.9	
시리얼	1.0	
감귤	1.1	
케이크와 쿠키	1.2	
소스와 양념	1.9	
허니넛 치리오스	2.0	
레스토랑 음식	2.0	매우 탄력적

수요의 탄력성 결정요인 넷 : 가격비교는 수요를 더욱 탄력적으로 만든다. 소비자들이 더 저렴한 가격을 찾아 비교하는 경우에 해당 제품에 대한 수요는 더욱 탄력적이다. 가격 비교를 위한 검색에 시간을 많이 쓸수록 더 낮은 가격을 찾을 확률이 커지기 때문이다. 가격이 올라갈 때 가격비교 검색을 적극적으로 하는 소비자는 더 낮은 가격의 대체재를 발견할 수도 있다. 따라서 가격 검색을 적극적으로 하는 소비자는 가격 변화에 보다 더 민감하게 반응할 것이다.

일상경제학 **신선제품과 저장제품 중 어느 경우에 가격 비교를 더 열심히 해야 할까?**

생선과 같은 신선제품과 세탁세제와 같은 저장제품 중 어느 경우에 낮은 가격을 찾기 위한 검색에 더 많은 시간을 써야 할까? 정답은 저장제품의 경우이다. 만약 생선에서 1달러 할인을 받았다면 오늘 저녁식사 비용에서 1달러를 절약할 수 있다. 그러나 만약 세탁세제를 1달러 더 저렴하게 판매하는 곳을 발견했다면 6개를 사서 저장할 수 있다. 이것은 분명히 몇 달간 사용하기 위한 것이며, 6개의 세제를 구매함으로써 1달러가 아닌 6달러를 절약하는 셈이 된다.

저장이 가능한 제품의 경우 가격이 저렴하면 소비자들은 될수록 많이 구입해서 저장하려고하기 때문에 저장제품의 수요는 신선제품의 수요보다 훨씬 더 탄력적인 것이 일반적이다. 이러한 경향도 대체가능성 때문에 나타난다: 오늘 가격이 할인된 세제는 단지 오늘의 정가 세제의 대체재일 뿐만 아니라 다음 달에 구입할 세제의 대체재이기도하다. ■

수요의 탄력성 결정요인 다섯 : 시간이 길수록 수요는 더 탄력적이 된다. 오늘 당장 무엇을 구입해야 하는가와 관련된 많은 결정은 바꾸기 쉽지 않다. 가령 자동차로 여행을 떠났다가 오늘 집으로 돌아간다고 하자. 집으로 가기 위해 필요한 휘발유는 그 가격에 상관없이 구입해야 할 것이다. 일단 집에 돌아와서는 휘발유를 적게 구입할 수도 있겠지만, 여전히 출퇴근을 위해 주유해야 한다는 것이나 연비가 썩 좋지 못한 지금의 자가용을 바로 바꿀 수 없다는 것과 같은 제약에 직면하고 있다. 즉, 짧은 시간 동안에는 휘발유 소비량을 크게 변화시키기가 어렵다.

그러나 만약 휘발유 가격이 계속 높게 유지된다면 자가용 이용을 줄이는 방향으로 일상생활을 변화시킬 수 있다. 대중교통을 이용할 수도 있고, 보다 근본적으로 연비가 좋은 자동차로 교체할 수도 있다. 또는 직장이나 학교와 가까운 동네로 이사 가는 것도 휘발유 소비를 줄이는 방법이 될 수 있다. 그래서 시간이 충분히 주어진다면 똑같은 가격 변화가 더 큰 수요량의 변화로 이어진다. 시간이 흐르면서 더 많은 선택지가 생기기 때문이다. 즉, 더 많은 대체재가 존재하게 된다는 것이다. 많은 대체재가 탄력적인 수요를 의미하기 때문에 시간이 흐를수록 수요는 보다 탄력적이 된다. 결과적으로 단기에서보다 장기에서 수요는 더 탄력적이다. 그런데 여기서 장기의 기간은 어느 정도인가? 그것은 더 많은 대체재가 존재하게 되는 시점에 달려 있다. 만약 다음 달에 자동차를 바꿀 계획을 이미 세우고 있었다면 이 경우의 장기는 한 달이 된다. 하지만 만약 자동차를 2년 리스계약으로 이용 중인 경우에서 장기라는 기간이 2년을 의미할 수 있다.

탄력성은 개인에 따라, 제품에 따라, 가격에 따라 달라진다. 위에서 살펴본 다섯 가지 결정요인들은 모두 해당 제품에 적당한 대체재가 있는지와 관련된다. 허니넛 치리오스가 매우 유사한 대체재를 많이 가지고 있다고 설명한 이유는 다른 시리얼 제품으로 대체할 때 대부분의 사람들에게 효용의 변화가 크지 않기 때문이다. 만약 어떤 사람이 허니넛 치리오스를 너무나도 좋아한다면 이를 대체할 유사한 대안은 없다고 볼 수도 있다. 그 사람이 가지고 있는 대안들 간의 선호도가 바로 수요의 탄력성을 결정한다. 궁극적으로 그 사람이 누구인가에 따라 그리고 어떤 제품을 대상으로 하고 현재 가격은 얼마이고 또 얼마나 빨리 반응해야 하는가에 따라 탄력성은 달라진다.

또한 수요의 가격탄력성은 수요곡선상의 현재 위치에 따라서도 달라진다. 예를 들어, 어떤 사람이 자가용으로 출퇴근을 할 수밖에 없는 상황이며 주말에도 자가용을 이용하고 싶다고 하자. 휘발유 가격이 비싸서 자가용을 출퇴근용으로만 사용할 때 그 사람의 수요는 매우 비탄력적이다. 하지만 가격이 충분히 떨어진다면 주말여행에도 자가용을 이용하기 시작하기 때문에 보다 탄력적인 수요가 될 수 있다.

비록 탄력성이 개인, 제품, 가격에 따라 달라진다고 하더라도 모든 탄력성은 가격의 변화율에 비해 상대적으로 수요량의 변화율이 얼마나 민감하게 반응하는가라는 동일한 현상을 측정하고자 하기 때문에 서로 비교 가능하다.

경제학 실습

당신이 생각하기에 다음 재화의 수요는 탄력적인가 비탄력적인가?

a. 발렌타인데이의 꽃
b. 건강보험
c. 레이의 감자칩
d. 전기
e. 애플의 아이패드 ■

정답

a. 발렌타인데이에 꽃 가격이 비싸서 연인을 위한 꽃을 준비하지 못했다는 핑계는 통할 것 같지 않으므로 꽃 수요는 가격에 매우 비탄력적이다. b. 아플 때 건강보험을 대체할 만한 것이 별로 없기 때문에 건강보험에 대한 수요는 비탄력적이다. c. 다양한 종류의 감자칩이 대체재로 판매 중이기 때문에 레이의 감자칩 수요는 매우 탄력적이다. d. 단기적으로 전기의 대체재가 없기 때문에 전기 수요는 꽤 비탄력적이다. e. 애플의 아이패드는 다른 대체재가 많기 때문에 꽤 탄력적인 수요를 갖는다.

수요의 가격탄력성 계산하는 방법

앞에서 다루었듯이 탄력성을 계산하기 위해서는 가격과 수요량의 변화율을 알아야 한다. 이 두 숫자의 비율로 탄력성 값을 쉽게 구할 수 있다.

그러면 수요량의 변화율과 가격의 변화율은 어떻게 구하는가? 어렵지 않은 질문 같지만 짚고 넘어가야 할 문제가 한 가지 있다. 즉, 변화율을 계산할 때 출발점을 어디로 잡을 것인가에 따라 결과가 달라진다는 것이다. 예를 들어, 100에서 150으로 수요량이 증가하였다면 50% 증가이다. 그러나 역방향으로 수요량이 150에서 100으로 감소하였다면 33% 감소가 된다. 이렇게 변화율이 출발점에 따라 달라진다면 탄력성을 계산할 때도 이러한 문제에 직면하게 된다. 두 지점 사이에서 탄력성 값이 일관성 있게 도출돼야 하기 때문에 출발점에 따라 값이 바뀌지 않는 계산 방법이 필요하다.

사실 이 문제는 탄력성과 관련된 것이 아니라 가격과 수요량의 변화율을 계산하는 방법과 관련된 것이다. 경제학자들은 이 경우 중간점 공식이라고 불리는 방법을 사용한다. 즉, 이 공식은 두 지점 사이의 변화율을 두 지점의 중간값을 이용하여 구한다.

중간점 공식을 사용하여 가격과 수요량의 변화율을 계산하라. Q_2와 Q_1이라는 수량 간의 변화율을 계산하기 위해서 두 수량의 차이를 두 수량의 평균값으로 나누라. 즉, 수량의 변화율을 계산하는 공식은 다음과 같다.

$$\text{수량의 변화율} = \frac{Q_2 - Q_1}{(Q_2 + Q_1)/2} \times 100$$

비슷한 방법으로 가격의 변화율을 구하기 위해서는 두 가격의 차이를 두 가격의 평균값으로 나누라. 즉, 가격의 변화율을 계산하기 위한 중간점 공식은 다음과 같다.

$$\text{가격의 변화율} = \frac{P_2 - P_1}{(P_2 + P_1)/2} \times 100$$

일단 중간점 공식을 이용하여 수요량과 가격의 변화율을 계산했다면 수요의 가격탄력성을 계산할 준비가 된 것이다. 탄력성은 수요량의 변화율을 가격의 변화율로 나누어주면 된다.

중간점 공식에 약간의 산수가 필요하기 때문에 계산기를 활용할 수도 있다. 경제학자들이 항상 중간점 공식을 사용하는 것은 아니기 때문에 이 공식을 활용해야 하는 경우를 명확하게 구분하여 설명하도록 할 것이다.

Neirfy/Shutterstock

이번 발렌타인데이에 꽃이 너무 비싸서 준비하지 못했어. 미안해. 정말 비쌌거든. 내 연인이 되어줄래?

경제학 실습

뉴욕시 공원 관리국이 공공 테니스장의 사용료를 인상했을 때 탄력성과 관련된 중요한 정보를 하나 얻게 되었다. 뉴욕시 시민들은 테니스장 정기이용권을 100달러에 구입했었다. 뉴욕시 당국은 가격을 200달러로 인상하더라도 정기이용권 판매량에 큰 변화는 없을 것이고 따라서 총수입이 증가할 것으로 예상했다. 그러나 가격 인상으로 인해 정기이용권의 수요량이 1만 2,774에서 7,265개로 감소하게 되었다. 그렇다면 중간점 공식을 이용하여 뉴욕시 테니스 정기이용권 수요의 가격탄력성을 계산해보라.

1단계 : 가격의 변화율은 몇 퍼센트인가?

$$\text{가격의 변화율} = \frac{200 - 100}{(200 + 100)/2} \times 100 = \frac{100}{150} \times 100 = 67\%$$

2단계 : 이러한 가격 인상으로 수요량은 몇 퍼센트 감소하였는가?

$$\text{수요량의 변화율} = \frac{7{,}265 - 12{,}774}{(7{,}265 + 12{,}774)/2} \times 100$$

$$= \frac{-5{,}509}{10{,}020} \times 100 = -55\%$$

3단계 : 탄력성을 계산하라.

$$\text{수요의 가격탄력성의 절댓값} = \left| \frac{\text{수요량의 변화율}}{\text{가격의 변화율}} \right|$$

$$= \left| \frac{-55\%}{+67\%} \right| = 0.8 \ ■$$

이제 수요의 가격탄력성 계산 방법을 알았으니 어떻게 탄력성을 활용하는지 알아보자.

5.2 기업은 수요의 탄력성을 어떻게 활용하는가

학습목표 수요의 가격탄력성이 기업의 총수입과 전략에 어떠한 영향을 미치는지 이해한다.

수요의 가격탄력성은 기업이 경영 전략을 수립하는 데 결정적인 요소로 활용된다. 지금까지 우리는 수요의 가격탄력성을 어떻게 측정하는지에 관하여 살펴보았다. 기업의 입장에서 보면 제품 가격의 변화가 가져올 영향을 예측하는 데 수요의 가격탄력성을 이용하고자 할 것이다. 수요의 가격탄력성 공식을 변형하면 다음의 식을 얻게 된다.

$$\text{수요량의 변화율} = \text{수요의 가격탄력성} \times \text{가격의 변화율}$$

예를 들어, 달걀에 대한 수요의 가격탄력성이 −0.2라고 하자. 그렇다면 달걀 가격의 변화가 가져올 수요량의 변화를 예측할 수 있을 것이다. 즉, 달걀 가격이 10% 증가한다면 달걀 수요량은 2% 감소할 것이라고 예측할 수 있다.

$$\text{수요량의 변화율} = -0.2 \times 10\% = -2\%$$

제품에 대한 수요의 가격탄력성을 알면 가격 변화가 총수입과 이윤에 미치는 영향도 예측할 수 있다. 이제부터 수요의 가격탄력성이 총수입에 미치는 영향을 살펴보도록 하자.

탄력성과 총수입

총수입 재화와 서비스의 구매자로부터 얻게 되는 수입의 합계로서 가격×거래량으로 계산된다.

만약 달걀의 시장 가격이 10% 상승하고 판매량이 2% 감소한다면 총수입은 어떻게 될까? **총수입**(total revenue)은 재화와 서비스의 구매자로부터 얻게 되는 수입의 합계로서 가격에 거래량을 곱해서 산출된다:

$$\text{총수입} = \text{가격} \times \text{거래량}$$

총수입은 그림 5-4와 같이 표현할 수 있다. 가격과 거래량의 곱은 바로 사각형의 넓이이다. 그림 5-4의 예에서 커피점이 3달러의 가격에 100잔의 커피를 판매하였다면 총수입은 3달러×100=300달러가 된다.

그림 5-4 | 총수입

총수입은 재화와 서비스의 구매자로부터 얻게 되는 수입의 합계로서 가격×거래량으로 계산된다. 사각형의 넓이는 높이(가격)와 가로(거래량)의 곱으로 계산된다.

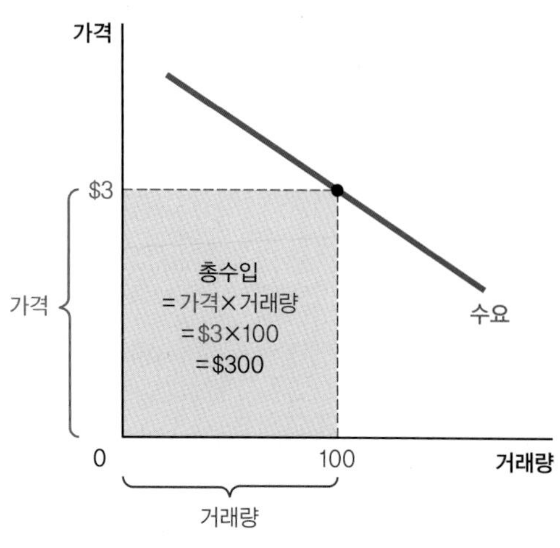

가격 변화는 반대 방향으로 수요량을 변화시키기 때문에 총수입에 미치는 영향은 이 두 가지 변화의 상대적 크기에 달려있다. 수요의 가격탄력성은 가격의 변화율이 수요량의 변화율보다 더 크거나(비탄력적 수요의 경우) 혹은 더 작은지(탄력적 수요의 경우)에 대한 정보를 제공한다.

수요가 탄력적이면 가격 인상이 총수입의 감소로 나타난다. 만약 당신들의 고객이 가격 변화에 매우 민감하게 반응한다면, 다시 말해 수요가 탄력적이라면, 가격을 조금만 올려도 수요량은 크게 감소할 것이다. 가격을 조금 올렸을 뿐인데 고객이 더 적어져서 총수입은 감소할 것이다. 보다 엄밀히 말해 가격의 인상률이 수요량의 감소율보다 더 작으면, 즉 수요가 탄력적이면, 가격 인상은 총수입의 감소로 나타난다. 수요가 탄력적일 때 수요량 변화율의 절댓값은 가격 변화율의 절댓값보다 더 크다는 점을 기억하라. 그림 5-5의 왼쪽은 이러한 변화를 그래프로 나타낸 것이다: 수요가 탄력적일 때 가격 인상은 총수입의 감소로 이어진다.

수요가 비탄력적이면 가격 인상이 총수입의 증가로 나타난다. 반면에 당신들의 고객이 가격변화에 매우 민감하게 반응하지 않는다면, 가격을 크게 올려도 수요량은

그림 5-5 | **수요의 가격탄력성과 총수입**

동일한 가격 변화율이지만 탄력성에 따라 총수입을 증가시키기도 하고 감소시키기도 한다.

만약 수요가 탄력적이라면 가격 인상은 총수입을 감소시킨다.

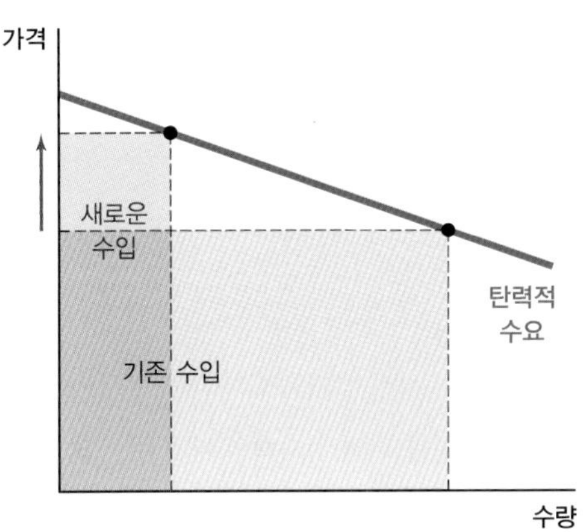

만약 수요가 비탄력적이라면 가격 인상은 총수입을 증가시킨다.

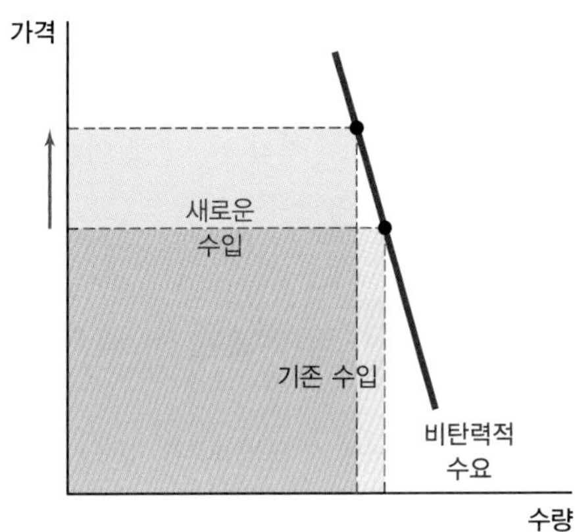

작게 감소할 것이며 이는 총수입의 증가를 의미한다. 보다 엄밀히 말해 가격의 인상률이 수요량의 감소율보다 더 크다면, 즉 수요가 비탄력적이면, 가격 인상은 총수입의 증가로 나타난다. 수요가 비탄력적일 때 수요량 변화율의 절댓값은 가격 변화율의 절댓값보다 더 작다는 점을 기억하라. 그림 5-5의 오른쪽은 이러한 변화를 그래프로 나타낸 것이다: 수요가 비탄력적일 때 가격 인상은 총수입의 증가로 이어진다.

자료 해석 **옥수수 재배 농부는 왜 가뭄일 때 더 행복할까?**

가뭄은 끔찍한 재앙이다. 매일 태양은 뜨겁게 내리쬐고 비가 내리지 않아 땅은 굳어지고 갈라진다. 식물들은 말라죽고 가축들은 굶주리며 농부들의 소출도 현저히 줄어든다. 그런데 어째서 이러한 가뭄이 옥수수 재배 농부들을 더 즐겁게 할 수 있을까? 그 답은 바로 옥수수 수요의 가격탄력성에 있다.

예를 들어, 2012년 미국 중서부 지역의 가뭄을 살펴보자. 가뭄으로 옥수수 소출은 2년 전에 비해 13% 낮아졌다. 시장이 균형으로 돌아가는 유일한 방법은 옥수수 수요량이 똑같이 13% 감소하는 것이다. 그러나 옥수수 수요는 비탄력적이라서 수요량이 13% 감소하더라도 옥수수 가격은 더 높게 형성된다. 사실 그 당시 옥수수 가격은 33% 상승하였다. 결과적으로 옥수수 농가는 33% 높은 가격에 13% 적은 옥수수를 판매하였고, 이는 가뭄임에도 불구하고, 아니 바로 그 가뭄 때문에 총수입을 증가시켰다. 수요가 비탄력적이라면 공급의 감소는 수입을 증가시킨다. ■

어째서 이러한 모습이 옥수수 재배 농부를 더 행복하게 만들까?

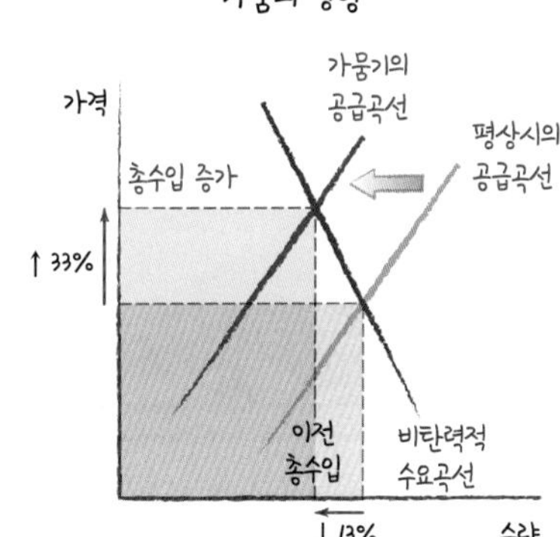

탄력성과 기업의 전략

앞 장에서 다룬 공급과 수요에 대한 논의는 시장가격을 그대로 따르는 것이 최선의 전략이 되는 완전경쟁시장을 전제로 삼았다. 완전경쟁시장에서는 기업이 제품 가격을 아주 조금만 올려도 고객들은 다른 경쟁 기업에서 생산한 동일한 제품을 구입할 것이기 때문에 가격이 오른 제품에 대한 수요량은 0이 되고 해당 기업에게는 어떠한 수입도 발생하지 않게 된다.

그러나 현실에서는 많은 시장이 완전히 경쟁적이지 않다. 불완전경쟁시장에서 영업하는 기업이라면 가격과 판매량 간의 미묘한 균형 찾기에 나서게 된다. 가격을 높게 설정하면 판매되는 제품당 수입은 커질지 몰라도 이전보다 판매량이 줄어든다. 가격을 낮추면 판매량은 늘어나지만 제품당 수입은 줄어든다. 이렇게 완전경쟁시장이 아닌 경우에 최적 가격 설정 전략은 해당 제품의 가격탄력성에 달려 있다.

만약 현재 수요가 비탄력적이라면 가격을 올려야 한다. 만약에 수요가 비탄력적이라면 가격을 올리라. 앞에서 우리는 수요가 비탄력적이면 가격 인상이 총수입의 증가를 가져올 것이라는 점을 살펴보았다. 또한 가격 인상으로 이전보다 적게 생산하기 때문에 비용을 줄일 수도 있다. 따라서 수요가 비탄력적이면 가격 인상은 이윤 증가로 이어진다.

자료 해석 왜 아마존은 전자책 가격을 낮추려고 할까?

2014년 아마존과 아셰트북그룹이라는 출판사는 수입 극대화를 위해 전자책의 가격을 어떻게 설정해야 하는지에 대한 논쟁을 벌였다. 아마존은 낮은 가격이 총수입을 늘릴 것이라고 주장하면서 출판사로 하여금 모든 전자책 값을 9.99달러로 낮출 것을 요구하였다. 아마존의 주장은 위에서 살펴본 분석(가격인하가 총수입에 미치는 영향은 수요의 가격탄력성에 달려있다)을 그대로 따랐다. 다음은 아마존이 주장한 내용이다.

> 전자책의 경우 가격탄력성이 매우 높다. 즉, 가격이 올라갈수록 고객들은 더 적게 구매한다. 우리는 전자책 수요의 가격탄력성을 지속적으로 측정해왔다. 14.99달러의 가격에 전자책 1카피를 판매할 수 있었다면 9.99달러 가격에는 1.74카피가 팔린다. 그래서 예를 들어 어떤 전자책의 가격을 14.99달러로 책정할 때 10만 카피가 팔린다면 9.99달러로 가격을 낮추면 총 17만 4,000카피가 팔릴 것이다. 이에 따라 가격이 14.99달러일 때 총수입은 149만 9,000달러이지만 가격이 9.99달러일 때의 총수입은 173만 8,000달러가 된다.

아셰트북그룹은 이에 동의하지 않았고 가격을 높게 책정하기 원했다. 결국 아셰트북그룹이 원하는 대로 아마존이 제시한 9.99달러보다 높은 수준에서 그 회사가 출판하는 서적 대부분의 가격이 정해졌다. 그러나 아셰트북그룹이 이렇게 밀어붙인 바로 다음 해에 전자책 판매량은 감소하였고 그에 따라 총수입도 감소하였다. ■

가격 설정과 관련된 전략을 짜려면 수요의 가격탄력성을 이용하라. 어떤 경우에 저가 정책이 효과가 있는가? 그 답은 수요의 가격탄력성에 있다.

사우스웨스트 항공사는 저가전략을 채택하여 항공권을 다른 경쟁 항공사들보다 꽤 싸게 판매하였다. 저가항공권으로 추가적인 고객을 유치할 수 있었고 이는 고객당 낮은 수익률을 보상하기에 충분했기 때문에 저가 전략은 성공적이었다. 즉, 사우스웨스트 항공사는 수요가 매우 탄력적일 때 낮은 가격이 좋은 선택이라는 것을 체득한 것이다. 결국 다른 경쟁 항공사들이 고전을 면치 못하는 사이에도 사우스웨스트 항공사는 엄청난 속도로 성장하였다.

그러나 만약 수요가 비탄력적이라면 낮은 가격은 고객당 이윤 폭을 낮출 뿐만 아니라 추가적인 고객을 많이 확보하지도 못한다. 그래서 저가정책은 이윤을 줄이는 것이다. 만약 수요가 비탄력적이라면, 고가 전략이 오히려 더 적합하다.

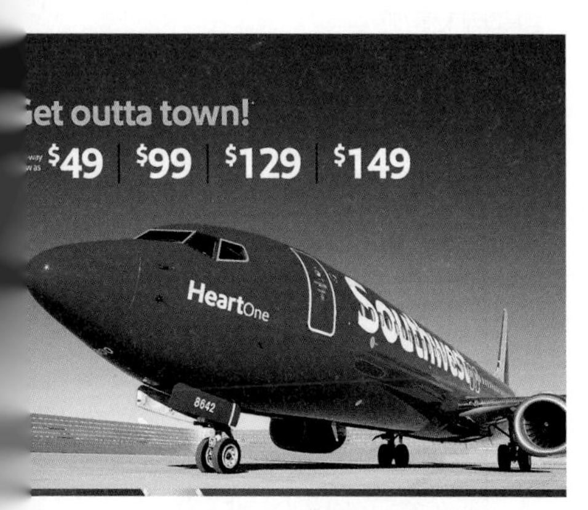

사우스웨스트 항공사는 공짜 서비스보다는 낮은 가격을 홍보할 것이다.

어떤 시장의 수요탄력성을 알면 그 시장의 진입 여부를 판단하는 데 도움이 된다. 하워드 슐츠는 탄력성을 잘 이해했기 때문에 억만장자가 될 수 있었다. 1980년 중반에 그는 커피 시장을 분석하면서 주유소, 식당, 대형마트에서 거의 모든 판매자들이 저가 전략을 따르고 있다는 점을 눈여겨보았다. 가격이 쌀수록 커피의 질은 형편없었다. 슐츠가 보기에 저가정책에 집착하는 것은 말이 안 되었다. 많은 소비자는 더 맛있는 커피에 더 많은 돈을 지불할 의사가 충분할 것이기 때문이다. 즉, 그는 커피 수요는 생각보다 비탄력적이라고 생각한 것이다.

그래서 그는 6개 체인점을 거느린 시애틀커피하우스를 인수하여 신선하게 뽑은 커피를 비싸게 팔았다. 커피 수요가 비탄력적이라는 그의 판단은 옳았다. 이것이 바로 스타벅스 커피점의 시작이었다. 슐츠의 고가정책은 성공했고 전 세계에 걸쳐 문을 연 2만여 개의 지점은 커피 시장을 변혁시켰다.

그러나 어디에 지점을 열었는가? 스타벅스는 높은 가격에 아랑곳하지 않는 소비자들이 있는 곳에서 성공할 가능성이 높다. 따라서 스타벅스 경영진은 수요가 비탄력적인 시장을 주로 공략하였다. 이러한 전략 때문에 스타벅스 커피점은 상대적으로 빈곤한 외곽 지역보다는 부유한 도시에 더 많이 진출하였고, 가격보다는 편리성을 더 따지는 사람들이 있는 도심지에 주로 위치하고 있다. 또 이러한 전략은 왜 스타벅스가 아메리카노와 같은 평범한 메뉴보다는 대체재를 가진 경쟁자가 별로 없는 프라푸치노와 같은 특별한 커피에 특화되어 있는지도 잘 설명해준다.

(왼쪽) Julia Ewan/The Washington Post/Getty Images; (오른쪽) David Lee/Alamy

어떤 것이 더 비탄력적 수요를 갖는가?

자료 해석 **마약과의 전쟁이 어렵다는 사실을 비탄력적 수요가 어떻게 설명하는가?**

미국은 거리에서 거래되는 마약을 줄이려고 연간 수십억 달러를 쓴다. 이러한 노력으로 거리에서 마약을 구하기 어려워졌고 따라서 시장공급이 줄어들었다. 마약상들은 단속을 피하기 위해서 더 많은 비용을 지출해야 했다. 즉, 마약공급의 한계비용이 높아진 것이다. 한계비용의 증가는 공급곡선을 왼쪽으로 이동시킨다. 공급 감소는 높은 가격으로 이어진다. 그러나 불법 마약의 균형소비량에는 어떠한 변화가 생겼는가?

그 답은 수요의 가격탄력성에 달려있다. 마약 중독으로 인해 마약 수요의 탄력성은 매우 낮다. 결과적으로 가격이 오르더라도 수요량은 크게 떨어지지 않는다. 마약 구매자들은 더 적은 양을 더 높은 가격에 구입하게 되었다. 결국 비탄력적 수요로 인해 거리의 마약 거래를 줄이려는 정부의 노력은 마약상들에게 더 높은 수입을 가져다준 꼴이 되었다.

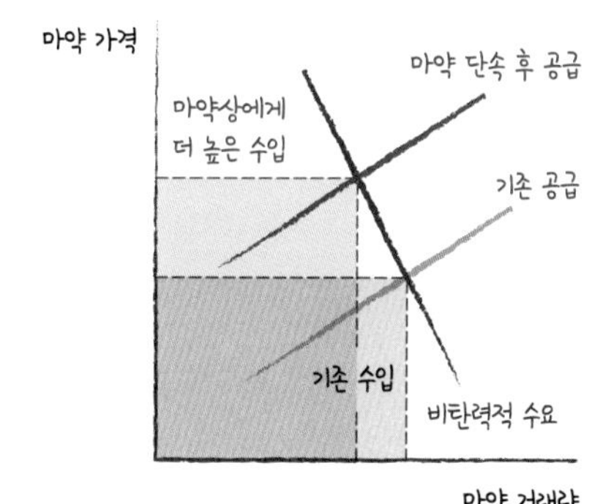

경제학자들이 마약의 유통을 막는 데 쓰이는 예산을 줄이고 마약 치료 프로그램이나 마약의 위험에 대한 교육에 더 많은 예산을 사용해야 한다고 주장하는 이유가 바로 이것이다. 마약중독을 극복하게 도와주는 것이 마약 수요의 가격탄력성을 높일 수 있기 때문이다. 결국 정부가 마약 유통을 억제하기 위한 노력뿐만 아니라 마약 중독을 줄이려는 정책도 함께 추진할 때 정부 예산을 효율적으로 사용할 수 있게 된다. ■

5.3 기타 수요탄력성

학습목표 소득이나 다른 재화의 가격에 수요가 반응하는 정도를 측정한다.

지금까지는 가격이 변할 때 수요량이 얼마나 변동하는지에 초점을 두었다. 그러나 다른 재화의 가격이 바뀌면 어떻게 되는가? 또는 소득이 변한다면 어떻게 되는가? 이제 결정들은 서로 영향을 주고받는다는 상호의존의 원리를 떠올릴 때이다.

우리는 지금까지 가격의 변화에 대한 수요의 반응 정도를 측정하는 한 가지 멋진 기술을 배웠다. 우리는 수요의 가격탄력성이라는 개념을 확장하여 수요가 다른 요인에 반응하는 정도를 측정할 수 있다.

수요의 탄력성은 수요량이 다음과 같은 요인들의 변화에 반응하는 정도를 측정한다.

- 수요의 가격탄력성 : 해당 재화의 가격
- 수요의 교차가격탄력성 : 다른 재화의 가격
- 수요의 소득탄력성 : 소득

수요의 교차가격탄력성

앞에서 다룬 마틸다의 휘발유 수요에 대해 다시 생각해보자. 가격이 상승하면 그녀는 주말여행을 포기하고 친구들과 시내에서 시간을 보낼 것이기 때문에 휘발유를 적게 구입한다. 상호의존의 원리는 그녀가 휘발유를 적게 구입하는 결정이 다른 시장에서 그녀의 결정에 어떤 영향을 미치는가를 생각하게 한다. 예를 들어, 휘발유를 적게 구입한다는 결정은 동시에 그녀가 친구들과 시내에서 더 많은 시간을 보낼 것이라는 결정과 함께 일어난다. 시내에서 더 많은 시간을 보낸다는 것은 대중교통에 대한 그녀의 수요가 증가함을 의미한다. 높은 휘발유 가격이 대중교통 수요의 증가를 수반한다는 사실은 많은 사람에게 버스가 자가용 운전의 대안임을 감안하면 그리 놀라울 일은 아니다.

수요의 교차가격탄력성 어떤 재화의 수요량이 다른 재화의 가격 변화에 얼마나 민감하게 반응하는가를 측정한다. 즉, 이것은 다른 재화의 가격이 1% 변했을 때 해당 재화의 수요량이 몇 퍼센트 변하는가를 측정해준다.

$$\text{수요의 교차가격탄력성} = \frac{\text{해당 재화의 수요량 변화율}}{\text{다른 재화의 가격 변화율}}$$

수요의 교차가격탄력성(cross-price elasticity of demand)은 어떤 재화의 수요량이 다른 재화의 가격 변화에 얼마나 민감하게 반응하는가를 측정한다. 즉, 이것은 다른 재화의 가격이 1% 변했을 때 해당 재화의 수요량이 몇 퍼센트 변하는가를 측정해준다. 수요의 교차가격탄력성은 어떤 재화의 수요량 변화율을 다른 재화의 가격 변화율로 나눈 값이다.

$$\text{수요의 교차가격탄력성} = \frac{\text{해당 재화의 수요량 변화율}}{\text{다른 재화의 가격 변화율}}$$

교차가격탄력성의 부호는 중요한 정보를 담고 있다. 양수는 다른 재화의 가격이 올랐을 때 해당 재화를 더 많이 구매한다는 것을 의미하고, 음수는 동일한 경우에 더 적게 구입한다는 것을 의미한다. 더 많이 구매할지 아니면 더 적게 구매할지의 결정은 두 재화가 대체재인지 아니면 보완재인지의 여부에 달려있다. 그 이유에 대해서 자세히 살펴보자.

대체재인 경우에 교차가격탄력성은 양수이다. 자가용과 대중교통의 관계처럼 두 재화가 가까운 대체재일 경우에 어느 한 재화의 가격이 오르면 그것의 대체재를 더 많이 구입하는 경향이 있다. 코카콜라와 펩시콜라가 동일한 상품의 가격을 어떻게 책정하는 경향이 있는지 자세히 살펴본 적이 있는가? 자 한번 생각해보자. 어느 레스토랑에 가서 보니 코카콜라는 2달러이고 펩시콜라는 3달러였다면 손님들이 펩시보다 코카콜라를 더 많이 찾았을 거라는 점은 짐작할 수 있다.

이 두 제품에 대해서 거의 무차별하다면 싼 제품을 구입하게 된다. 펩시콜라를 코카콜라보다 더 선호하는 경우라도 펩시콜라의 가격이 코카콜라의 가격보다 너무 높아 펩시콜라 대신에 코카콜라를 선택하게 되는 가격대가 있기 마련이다.

펩시콜라의 가격이 오를 때 코카콜라를 더 많이 구매하고 펩시콜라의 가격이 떨어질 때 코카콜라를 덜 구매하기 때문에 대체재의 교차가격탄력성은 항상 양수이다. 교차가격탄력성의 크기는 두 재화가 서로 얼마나 대체 가능한가에 달려있다. 만약 펩시콜라의 가격이 10% 증가하니 코카콜라의 수요량이 50% 증가하였다면 이때의 교차가격탄력성은 5가 된다(=수요량 50% 증가/다른 재화 가격 10% 증가).

이제 펩시콜라의 가격 인상이 커피 수요를 변화시켰다고 생각해보자. 둘 다 모두 카페인이 들어있는 음료수이며 시원하게 먹을 수 있다. 그들은 분명히 대체관계에 있으나 많은 경우에 그렇게 가까운 대체재라고 여겨지지는 않을 것이다. 수요의 교차가격탄력성 측면에서 펩시콜라 가격의 10% 인상이 커피 수요량의 3% 증가로 나타났다면 펩시콜라와 커피 간의 교차가격탄력성은 0.3이 될 것이다. 두 재화가 대체재 관계에 있으므로 탄력성의 부호가 양수이다. 그러나 교차가격탄력성의 크기가 매우 작기 때문에 두 재화가 가까운 대체재가 아니라는 점을 알 수 있다.

보완재인 경우에 교차가격탄력성은 음수이다. 이제 다른 재화의 가격 인상으로 해당 재화의 수요량이 감소하는 경우를 살펴보자. 이러한 현상은 프린터, 프린터 카트리지와 같이 두 재화가 보완재의 관계에 있을 때 나타난다. 프린터 가격이 오를 때 프린터가 적게 판매되고, 프린터 보유량이 줄어들면 프린터 카트리지를 구입할 이유도 줄어들기 때문이다. 프린터와 카트리지처럼 두 재화가 보완재일 때 한 재화의 가격이 오르면 다른 재화의 수요량은 줄어들게 된다. 즉, 보완적 관계에 있는 재화 간 교차가격탄력성의 부호는 음수이다.

만약 당신이 보완성이 매우 강한 두 재화를 생산한다면, 각 재화 수요의 가격탄력성뿐만 아니라 교차가격탄력성도 신경 써서 살펴보아야 한다. 사실 교차가격탄력성은 적절한 가격 설정 전략의 핵심 요소이다. 예를 들어, 프린터 제조사들은 종종 프린터 가격을 낮게 매기고 가끔은 원가 이하의 가격으로 판매하기도 한다. 프린터와 프린터 카트리지 간의 교차가격탄력성은 큰 음수이기 때문이다. 낮은 프린터 가격은 카트리지 수요량을 끌어올린다. 게다가 프린터 카트리지 수요의 가격탄력성은 매우 비탄력적이기 때문에(HP프린터에는 HP프린터 카트리지 이외의 다른 대체재는 없다) 카트리지에 높은 가격을 매길 수 있다. 결론적으로 프린터를 싸게 팔기 때문에 보게 된 손해는 비싸게 매겨진 카트리지를 많이 판매함으로써 상쇄되고도 남는다.

Okssi68/Getty Images

왜 프린터는 이렇게 저렴하고 잉크는 저렇게 비싼가?

독립재인 경우에 교차가격탄력성은 거의 0에 가깝다. 끝으로 펩시콜라와 신발처럼 서로 관련이 없는 재화를 생각해보자. 신발을 신는 것은 펩시콜라를 마시는 것 같은 느낌을 주지 않을 것이므로 신발은 펩시콜라에 대해 대체재도 아니고 보완재도 아니다. 독립재의 교차가격탄력성 값은 거의 0에 가깝다. 이로써 매우 가까운 대체재 간의 교차가격탄력성은 매우 큰 양수인 반면에 매우 가까운 보완재 간의 교차가격탄력성은 매우 큰 음수인 이유가 더 잘 이해될 것이다.

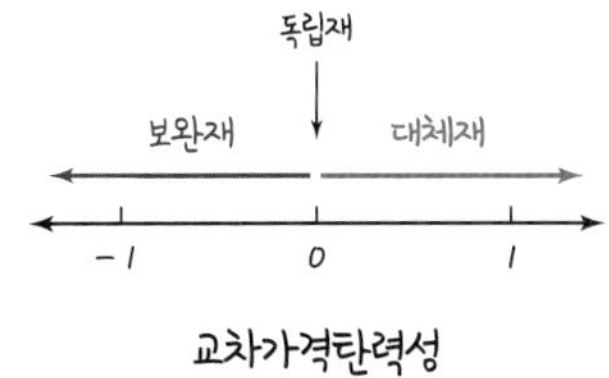

교차가격탄력성

자료 해석 음원 스트리밍서비스는 가수에게 득이 될까?

2015년 가수 테일러 스위프트는 음원 스트리밍서비스가 가수들에게 적절한 보상을 제공하지 않는다는 이유로 스포티파이라는 스트리밍서비스에서 그녀의 음악을 뺐다.

그녀는 팬들이 음악을 스트리밍서비스를 통해 듣게 되면 CD를 적게 구입할 것이고 음원 내려받기도 줄어들어 결국 가수들의 수입은 줄어들 것이라고 생각한다. 이에 대해 스트리밍서비스 측은 스위프트의 생각은 틀렸다고 주장한다. 스트리밍이라는 것은 라디오와 같아서 사람들이 음악을 듣고서 CD나 음원을 더 많이 구입하게 된다는 논리이다.

이 논쟁은 스트리밍서비스와 CD · 음원 간의 교차가격탄력성에 대한 것이다. 스위트프는 이 탄력성의 부호가 양수이고(스트리밍서비스는 CD · 음원 구매의 대체재이다), 탄력성의 규모는 CD · 음원의 판매량과 총수입의 감소를 초래할 만큼 충분히 크다고 주장하고 있다. 그러나 만약 스트리밍서비스가 라디오와 비슷하다는 주장대로 이 두 재화가 서로 보완재라면 두 재화 간의 교차가격탄력성의 부호는 음수가 되고 가수들은 스트리밍서비스로 인해 더 많은 수입을 올릴 것이다.

그래서 누가 맞느냐? 관련 연구자들에 따르면 교차가격탄력성이 양수라는 스위프트의 주장은 옳다. 그 두 재화의 관계가 대체재라서 스포티파이를 이용하는 사람들은 CD와 음원을 더 적게 구매하였다. 그러나 가수들의 수입이 줄었다는 그녀의 주장은 틀렸다. 수요의 교차가격탄력성의 크기가 작기 때문에 대체된 CD 및 음원 판매로 인한 손실도 적었다. 결국 이 손실은 스포티파이와 같은 스트리밍서비스 업체가 가수들에게 지급하는 음원 사용료에 의해 보충되어서 전체적인 수입은 낮아지지 않았다. ■

Steve Granitz/WireImage/Getty Images

스포티파이에 대해 테일러 스위프트는 "보완재가 아니다"라고 생각한다.

수요의 소득탄력성

상호의존의 원리는 당신의 수요가 다른 재화와 서비스 소비에 대한 당신의 결정뿐만 아니라 당신의 소득과 같은 다른 요인들과도 어떻게 연결되어있는지를 고려해야 한다는 점을 상기시킨다. 쓸 수 있는 소득이 한정되어 있기 때문에 소득 자체가 변할 때 수요에 대한 모든 결정은 바뀔 수 있다. 소득의 변화는 수요곡선을 수평으로 이동시킨다는 점을 상기하라. 이제부터 수요가 소득에 민감하게 반응하는 정도를 측정하는 방법에 대해 논의하도록 하자.

예를 들어, 아마도 당신이 학생일 때보다 졸업하여 취직한 후에 주거서비스에 더 많은 지출을 할 것이다. 주거서비스는 사람들이 소득이 올라갈 때 주로 지출을 늘리는 부분이기 때문이다. 이는 그리 놀라운 일이 아니다. 주거서비스는 정상재이며 소득이 증가할 때 정상재 소비는 늘어나는 경향이 있다는 점은 이미 알고 있을 것이다. 그러면 얼마나 소비가 늘어나는가? 많이 늘어나는가 아니면 조금 늘어나는가?

수요의 소득탄력성 어떤 재화의 수요가 소득 변화에 얼마나 민감하게 반응하는가를 나타낸다. 구체적으로 이것은 1%의 소득 변화가 수요를 몇 퍼센트 변화시키는가를 측정한다. 수요의 소득탄력성은 수요량의 변화율을 소득의 변화율로 나눈 값이다.

$$\text{수요의 소득탄력성} = \frac{\text{수요량의 변화율}}{\text{소득의 변화율}}$$

수요의 소득탄력성(income elasticity of demand)은 어떤 재화의 수요가 소득 변화에 얼마나 민감하게 반응하는가를 나타낸다. 구체적으로 이것은 1%의 소득 변화가 수요를 몇 퍼센트 변화시키는가를 측정한다. 즉, 수요의 소득탄력성은 수요량의 변화율을 소득의 변화율로 나눈 값이다.

$$\text{수요의 소득탄력성} = \frac{\text{수요량의 변화율}}{\text{소득의 변화율}}$$

예를 들어, 연구자들은 미국에서 평균소득이 10% 증가할 때 레스토랑 식사의 수요량도 10% 증가하는 것을 발견하였다. 이것은 레스토랑 식사에 대한 수요의 소득탄력성이 1이라는 것을 의미한다(=수요량의 10% 증가/소득의 10% 증가).

정상재의 경우 수요의 소득탄력성의 부호는 양수이다. 소득이 올랐을 때 더 많이 구입하고 소득이 떨어졌을 때 더 적게 구입하는 재화를 정상재라고 부른다는 것은 이미 알고 있을 것이다. 정상재의 경우 가격의 변화와 수요의 변화가 같은 방향으로 움직이기 때문에 수요의 소득탄력성의 부호는 양수이다. 소득탄력성의 크기는 얼마나 많이 변하는가를 나타낸다. 예를 들어, 레스토랑 식사는 정상재이고 소득탄력성 값이 1이라는 점을 고려하면 소득은 레스토랑 식사 수요의 주된 결정요인이다.

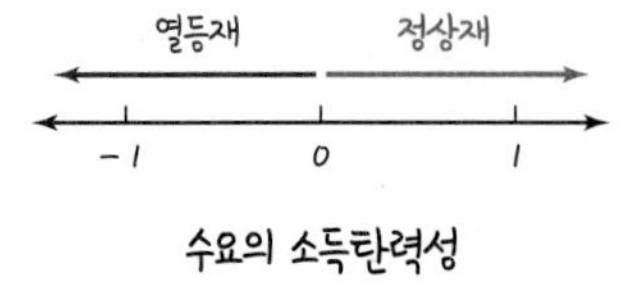

수요의 소득탄력성

필수재의 경우 수요의 가격탄력성을 비탄력적이게 만든 요인들 중에서 일부 동일 요인들에 의해 소득탄력성의 크기가 작다. 화장실용 화장지를 사야 하는데 소득이 올랐다고 그만큼 화장지를 더 사지는 않기 때문이다.

그림 5-6은 다양한 재화에 대한 수요의 소득탄력성의 추정치를 나타낸다. 예상할 수 있듯이 의료지출, 휘발유, 주거서비스에 대한 수요는 소득과 함께 증가하였으나 소득탄력성의 크기는 작았다. 반대로 항공권과 신차에 대한 수요는 소득에 매우 민감했고, 그 소득탄력성의 크기도 상당하다.

그림 5-6 | 다양한 재화에 대한 수요의 소득탄력성

	수요의 소득탄력성
가공된 과일과 채소	−0.3
전기	0.0
유기농 과일	0.2
의료 지출	0.4
자가주택	0.5
휘발유	0.5
신차	1.7
항공권	1.8

열등재의 경우 수요의 소득탄력성의 부호는 음수이다. 소득이 올랐을 때 오히려 적게 구입하는 재화를 열등재라고 한다. 라면과 같은 제품이 이에 해당한다. 소득 수준이 낮을 때 끼니를 때우려고 라면을 사게 되지만, 소득이 올라가면서 좀 더 좋은 먹거리에 대한 소비를 늘이게 된다. 열등재 소비량은 소득과 반대 방향으로 움직이기 때문에 수요의 소득탄력성의 부호가 음수가 된다. 그림 5-6을 보면 가공된 과일과 채소의 경우 소득탄력성이 음수값을 갖는다. 사람들은 소득이 증가하면 가공된 것 대신에 신선한 과일과 채소를 구입하려고 하기 때문이다.

5.4 공급의 가격탄력성

학습목표 공급의 가격탄력성을 이용하여 공급량이 가격 변화에 반응하는 정도를 측정한다.

지금까지 우리는 구매자가 가격에 얼마나 민감하게 반응하는지에 초점을 맞추었다. 그러나 판매자가 직면하는 가격도 그들의 결정에 중요하다는 것을 잘 알 것이다. 공급법칙에 따르면 가격이 상승하면 공급량도 상승하게 된다. 구매자의 경우와 유사하게 판매자가 가격 변화에 얼마나 민감하게 반응하는지를 측정하고 그 반응의 정도를 결정하는 요인들은 무엇인가를 살펴보고자 한다.

공급의 반응 정도를 측정하기

공급의 가격탄력성(price elasticity of supply)은 판매자가 가격 변화에 얼마나 민감한가를 측정한다. 구체적으로 이것은 가격이 1% 변했을 때 공급량은 몇 퍼센트 증가하는가를 측정한다. 공급량의 변화율이 클수록 판매자는 가격 변화에 더 민감하다는 의미이다.

공급의 가격탄력성 공급의 가격탄력성은 판매자가 가격 변화에 얼마나 민감한가를 측정한다. 이것은 가격이 1% 변했을 때 공급량은 몇 퍼센트 증가하는가를 측정한다.

$$\text{공급의 가격탄력성} = \frac{\text{공급량의 변화율}}{\text{가격의 변화율}}$$

공급의 가격탄력성을 계산하기 위해서 공급량이 가격 변화에 어떻게 반응하는지 살펴보자. 구체적으로 공급의 가격탄력성은 공급곡선을 따라 가면서 공급량의 변화율을 가격의 변화율로 나눈 값으로 측정할 수 있다.

$$\text{공급의 가격탄력성} = \frac{\text{공급량의 변화율}}{\text{가격의 변화율}}$$

예를 들어, 휘발유 가격이 20% 증가했을 때 공급량이 2% 증가했다고 하자. 이 두 숫자를 이용해서 공급의 가격탄력성을 계산해보면 0.1이 나온다(=공급량의 2% 증가/가격의 20% 증가).

경제학 실습

우천 시나 콘서트 혹은 스포츠 경기가 있는 시간 혹은 출퇴근 시간대에 우버의 수요 증가는 가격의 상승으로 이어진다. 당신이 한 번이라도 우버 택시를 이용해봤다면 이것이 일시적 가격인상 정책임을 알 것이다. 일시적 가격 인상 정책이 필요한 이유는 그 정책이 수요량을 줄일 수 있을 뿐만 아니라 높은 가격으로 인해 공급량도 증가시키기 때문이다.

뉴욕시에서 아리아나 그란데 콘서트가 끝났다고 하자. 우버 택시의 수요량은 증가하고, 이에 따라 우버는 가격을 80% 인상시켰다. 이러한 가격 인상으로 우버 택시의 공급이 100% 증가했다면 가격과 공급량의 변화율을 이용하여 우버 택시 공급의 가격탄력성을 측정할 수 있다.

$$\text{공급의 가격탄력성} = \frac{+100\%}{+80\%} = 1.25 \ \blacksquare$$

공급의 가격탄력성의 부호는 양수이다. 공급의 가격탄력성 값은 항상 양의 값을 갖는다. 그 이유는 공급곡선상에서 가격 변화와 공급량의 변화는 같은 방향으로 이동하기 때문이다. 가격을 올리면 공급량은 증가하고 가격을 낮추면 공급량은 감소한다. 수요의 가격탄력성과 여타 탄력성에서와 마찬가지로 공급의 가격탄력성의 절댓값이 클수록 가격 변화에 더 많이 반응하는 것이다. 그러나 공급의 탄력성은 항상 양수이므로 절댓값을 취할 필요는 없다.

공급이 비탄력적일 때 공급량은 상대적으로 작게 반응한다. 추수감사절 기간 동안 공항은 정말 붐빈다. 몇 달 전에 미리 항공권을 예매한다고 하더라도 그 기간 동안의 가격은 다른 시기보다 훨씬 비싸다. 그리고 미리 서두르지 않으면 항공권은 금방 매진되고 만다. 공항에는 초과 판매된 좌석으로 인해 비행기에 탑승하지 못한 승객들과 연결 항공편을 놓쳐 새로운 항공권을 찾으려는 사람들로 넘쳐난다. 이렇게 많은 추가적인 수요와 높은 가격에도 불구하고 왜 항공사들은 새로운 좌석을 마련해내지 못하는가? 그 이유는 높은 가격에 대응하여 시장에 내놓을 수 있는 추가적인 좌석이 없기 때문이다.

각 공항마다 정해진 수의 탑승구가 있는데 하루에 각 탑승구를 이용할 수 있는 항공기의 최대 숫자는 항공사가 아니라 공항이 결정한다. 공항들의 가동률은 매우 높아서 성수기에 추가적인 항공편을 배치하는 것은 쉬운 일이 아니다. 항공사가 더 큰 비행기를 투입할 수도 있겠으나 1~2주의 성수기에만 사용할 수 있는 대형 비행기를 어디서 구하겠는가? 그리고 항공법에 의해 종사자들의 근무시간이 정해져 있기 때문에 조종사와 승무원의 공급도 제한적이다. 요컨대 항공사가 성수기의 높은 가격에 대응하여 항공편 공급량을 늘리는 것은 매우 어렵다.

공급자가 높은 가격에도 불구하고 공급량을 많이 증가시킬 수 없을 때, 경제학자들은 그 공급이 비탄력적이라고 말한다. 수요의 가격탄력성에서와 마찬가지로 가격의 변화율보다 공급량의 변화율 크기가 작을 때 공급은 비탄력적이라고 한다. 만약 공급의 가격탄력성 값이 1보다 작다면 공급은 비탄력적임을 의미한다. 그림 5-7에서 볼 수 있듯이 이러한 상황은 상대적으로 가파른 공급곡선인 경우에 해당한다.

공급이 탄력적일 때 공급량은 상대적으로 크게 반응한다. 마르쿠스는 이전에 레스토랑으로 사용되었던 장소에서 출장뷔페 사업체를 운영 중이다. 사용 중인 공간은 당장에 필요한 것보다 좀 넓지만 더 낮은 가격에 더 작은 장소를 찾을 수 없었다. 경기가 좋아지면서 사람들은 출장뷔페를 점점 더 많이 이용하였으며 가격도 오르기 시작했다. 가격이 오르자 사업을 확장하는 것이 더 큰 이윤을 가져다줄 수 있으므로 그는 주방일을 도울 노동자들을 추가로 고용했다. 당장 출장뷔페 예약을 두 배로 잡을 수 있게 되었고 가격이 계속해서 오르면 내년에는 좀 더 넓은 공간을 임대할 생각도 하고 있다.

마르쿠스와 같은 공급자는 가격에 매우 민감하기에 경제학자들은 이들의 공급이 탄력적이라고 말한다. 수요의 가격탄력성 절댓값을 설명할 때와 마찬가지로 가격의 변화율보다 공급량의 변화율의 크기가 더 크면 공급은 탄력적이라고 말한다. 즉 공급의 가격탄력성 값이 1보다 크면 공급은 탄력적이다.

완전탄력적 공급과 완전비탄력적 공급은 극단적인 경우를 나타낸다. 수요에서처럼 여기서도 두 가지 극단적인 경우가 있다. 공급곡선이 완전히 수평선이라면 이는 공급의 가격탄력성이 무한대라는 것을 의미한다(가격이 변하면 공급량은 무한대로 발산한다). 경제학자들은 이것을 완전탄력적 공급이라고 부른다. 공급곡선이 완전히 수직선이라면 이는 공급의 가격탄력성이 0이라는 것을 의미한다(가격의 변화는 공급량을 전혀 바꾸지 못한다). 이 경우를 완전비탄력적 공급이라고 부른다.

동일한 한 점을 함께 통과하는 어떤 2개의 공급곡선에서 상대적으로 평평한 공급곡선이 상대적으로 가파른 공급곡선보다 해당 지점에서 더 탄력적인 공급을 나타낸다. 그림 5-7은 완전비탄력적, 비탄력적, 탄력적, 완전탄력적 공급 간의 차이를 요약하고 있다. 각각의 개념이 의미하는 바가 무엇인지 스스로 질문하고 답해보기 바란다.

공급의 가격탄력성의 결정 요인

공급의 가격탄력성은 기업이 가격 상승에 대응하여 공급량을 늘리고자 하는 정도를 나타낸다. 당신이 공급자라고 가정하고 가격 상승에 어떻게 대응할 것인지 생각해보라. 만약 생산량을 늘리면 이윤은 증가하겠지만 그 정도는 한계비용이 상승하는 속도에 달려있다. 그것은 다시 기업이 얼마나 유연하게 대처할 수 있는지에 달려있다.

그림 5-7 | 비탄력적 공급과 탄력적 공급

	정의	의미	함의	그래프
완전비탄력적 공급	가격의 퍼센트 변화에 상관없이 공급량의 퍼센트 변화는 0이다.	가격이 변하더라도 수요량은 불변이다.	공급의 가격탄력성=0	가격 / 공급곡선이 수직이다. / 수량
비탄력적 공급	공급량의 퍼센트 변화는 가격의 퍼센트 변화보다 작다.	수요량은 가격 변화에 상대적으로 둔감하다.	공급의 가격탄력성<1	가격 / 공급곡선이 상대적으로 가파르다. / 수량
탄력적 공급	공급량의 퍼센트 변화는 가격의 퍼센트 변화보다 크다.	수요량은 가격 변화에 상대적으로 민감하다.	공급의 가격탄력성>1	가격 / 공급곡선이 상대적으로 완만하다. / 수량
완전탄력적 공급	가격의 퍼센트 변화가 있기만 하면 공급량의 퍼센트 변화는 무한대이다.	가격이 조금이라도 변하면 수요량의 변화는 무한대이다.	공급의 가격탄력성=∞	가격 / 공급곡선은 수평이다. / 수량

공급의 가격탄력성은 유연성에 관한 개념이다. 기업의 유연성은 공급의 가격탄력성을 결정하는 근본적인 요소이다. 유연성이란 가격이 오를 때 생산량을 늘리기 위해 얼마나 쉽고 저렴하게 자원들을 동원할 수 있느냐를 의미하고 가격이 내려갈 때 얼마나 쉽게 비용을 줄이거나 자원을 다른 용도로 사용할 수 있느냐를 의미한다. **기업이 유연할수록 공급의 가격탄력성도 커질 것이다.**

성수기에 항공사가 항공권 가격 상승에 따라 공급량을 늘이는 것이 얼마나 어려운지를 상기해보라. 유나이티드와 같은 항공사는 노동자, 항공기, 항공편의 수를 늘릴 수 있는 유연성이 부족하기 때문에 항공권 공급을 조정할 수 있는 유연성이 부족하다. 가격이 하락할 때도 역시 유나이티드항공사는 유연하지 못하다. 빈 좌석을 채우지 못하고 운항할 수도 있으나 여전히 비행기, 승무원, 연료, 공항에 들어가는 다양한 비용을 지불해야 하기 때문에 별로 도움이 되지 않는다. 그리고 보유 중인 비행기를 다른 일에 투입하는 것도 쉽지 않다. 보잉 747기를 다른 어느 곳에 사용할 수 있겠는가?(그 비행기는 농약 살포에도 그리 적합하지 않을 것이다.) 만약 유나이티드항공사가 비행기를 다른 용도로 사용하지 않고 항공 편수만 축소하고자 한다면 사용하지 않는 비행기 보관을 위한 비용을 지불해야 한다. 또한 노동조합과의 협약에 따라 승무원을 감축시키는 것도 어렵다. 이 두 가지 요인은 항공편의 축소로 얻을 수 있는 비용 절감 효과를 반감시킨다. 이 모든 경직성으로 인해 항공권 공급은 상대적으로 비탄력적이다.

공급의 가격탄력성은 기업이 공급량을 증가시키거나 감소시킬 수 있는 유연성을 반영한다. 다음의 경우에 공급의 가격탄력성 값은 커진다.

1. 기업이 재고를 쌓아둘 때
2. 생산요소를 쉽게 구할 수 있을 때
3. 추가적인 생산설비를 갖췄을 때
4. 기업들의 진입과 퇴출이 용이할 때
5. 적응할 시간이 충분할 때

반면에 마르쿠스의 경우 출장뷔페 사업을 수행하는 데 있어 유연성이 크기 때문에 가격이 오르면 쉽게 사업을 확장할 수 있다. 출장뷔페 가격이 오를 때 식자재를 구하고 추가적인 직원을 채용하고 생산을 늘리는 일은 그리 어렵지 않다, 여유로운 부엌 공간은 설비 용량의 제약에 직면하지 않는다는 의미이다. 마찬가지로 가격이 떨어지면 그는 생산을 쉽게 줄일 수 있다. 식자재 공급업체로부터 적게 구매할 수 있고 시간제 근무자가 대부분이라서 근무시간을 쉽게 조정할 수 있기 때문이다. 이 모든 유연성으로 인해 출장뷔페의 공급은 상대적으로 탄력적이다.

결론 : 유연성은 공급의 가격탄력성을 결정한다. 위의 설명은 앞으로 다룰 공급 가격탄력성의 다섯 가지 결정요인의 설명을 보완해준다.

공급의 탄력성 결정요인 하나 : 재고는 공급을 보다 더 탄력적이게 만든다. 만약 상품을 쉽게 저장할 수 있다면 가격 변화에 빠르게 대응하는 유연성 확보를 위해 재고를 활용할 수 있다. 예를 들어, 정유소는 가격이 높을 때 저장해 둔 휘발유를 판매함으로써 공급을 즉각적으로 늘릴 수 있다. 가격이 낮을 때는 반대로 저장탱크에 재고를 쌓아둠으로써 공급을 줄일 수 있다. 결과적으로 공급량은 가격 변화에 빠르게 대응할 수 있어 공급을 보다 탄력적이게 해준다.

재고는 생산과 공급 사이의 연계를 끊음으로써 유연성을 제공해준다. 생산량을 조정하는 것이 어렵더라도 공급량은 쉽게 조정할 수 있다. 그러나 이러한 형태의 유연성을 모든 기업이 가지는 것은 아니다. 정유소는 한 달 전에 생산한 휘발유를 판매할 수 있겠지만, 출장뷔페 사업체가 샌드위치로 이와 같이 한다면 영업정지 처분을 면하지 못할 것이다.

공급의 탄력성 결정요인 둘 : 생산요소를 쉽게 구할 수 있으면 공급이 더 탄력적이 된다. 생산을 확충하기 위해 필요한 가변생산요소를 쉽게 구할 수 있으면 공급은 보다 탄력적일 것이다. 그 이유는 가격 상승에 대응하여 재빠르게 생산량을 늘릴 수 있기 때문이다. 예를 들어, 마르쿠스의 출장뷔페 회사는 가격이 오를 때 고용을 늘리기도 쉽고 식자재를 구입하는 것도 어렵지 않다. 결과적으로 그는 가격 상승에 대응하여 공급량을 증가시킬 수 있는 유연성을 가진 것이다. 이와 대조적으로 항공사가 항공유를 더 구매하는 것은 쉬울지 몰라도 조종사를 추가 채용하거나 비행기를 추가 배치하는 것은 훨씬 어렵다. 여기서 문제는 생산요소를 구하는 것이 불가능하다는 데 있는 것이 아니라, 생산요소 확충에 수반되는 추가적인 비용이 생산 증대를 가치 없게 만든다는 데 있다.

특정 제품의 가격이 변할 때 유연성을 확보하고자 현재 사용 중인 자원을 재배분하는 것도 고민해볼 만하다. 예를 들어, 디트로이트와 피닉스를 오가는 항공권 가격이 오를 때 유나이티드항공사는 비행기, 조종사, 항공유를 다른 노선으로부터 가져와 재배치할 수 있다. 그러나 앞에서 논의한 바와 같이 모든 항공권 가격이 오를 때는 유나이티드항공사가 조종사와 비행기 부족으로 총 항공 편수를 늘리는 것이 어렵게 된다. 결론적으로 말해 항공권 전체와 같은 광범위한 범주의 공급은 상대적으로 비탄력적이더라도 디트로이트-피닉스 노선과 같은 좁은 범주의 공급은 상대적으로 탄력적이다.

공급의 탄력성 결정요인 셋 : 여분의 생산설비는 공급을 보다 더 탄력적이게 만든다. 때때로 기업은 공장이나 사무실과 같은 고정생산요소를 가지고 있다. 마르쿠스의 출장뷔페사업은 음식을 준비하는 주방이 필요하다. 단기적으로 이러한 고정생산요소는 기업의 생산량을 늘리지 못하게 하는 제약으로 작용한다. 만약 고정생산요소를 완전히 다 사용하고 있다면 가변생산요소를 쉽게 추가적으로 확보할 수 있어도 가격 변화에 대응하는 것은 어렵다. 반면에 고정생산요소에 여유분이 있으면 그 기업의 공급은 보다 탄력적일 것이다.

마르쿠스의 출장뷔페 사업체가 가격 변화에 따라 생산량을 쉽게 조절할 수 있는 이유 중 하나는 그가 필요한 것보다 넓은 주방을 가지고 있기 때문이다. 이러한 초과설비는 주방직원을 더 많이 고용할 수 있게 함으로써 가격 상승에 대응할 수 있는 유연성을 제공해준다. 그러나 그는 그 초과설비를 다 사용할 때가 올 것이고 부엌 공간이 부족해지면 생산을 증대시키지 못할 것이다. 이런 때가 오면 공급의 가격탄력성은 비탄력적으로 바뀔 것이다.

어떠한 설비제약이 기업의 유연성을 제약할 수 있는지에 대해 넓게 생각해보는 것이 중요하다. 예를 들어, 항공사가 직면한 주된 제약은 승객을 태우고 내릴 수 있는 공항의 탑승구가 유한하다는 것이다. 각 공항이 제공하는 탑승구가 한정되어 있기 때문에 많은 항공사가 더 많은 항공권을 팔 수 있는 유일한 방법은 더 큰 항공기를 구입하는 것이다.

공급의 탄력성 결정요인 넷 : 용이한 진입과 퇴출은 공급을 보다 더 탄력적이게 만든다. 지금까지 우리는 영업 중인 기업이 가격 변화에 대응하여 생산량을 어떻게 조절할 수 있는지에 초점을 두었다. 그러나 시장의 공급량은 공급자 수의 함수이다. 가격이 상승할 때 새로운 기업이 그 시장에 진입할 수도 있고 가격이 하락할 때 일부 기업은 퇴출될 수 있다. 기업들의 진입과 퇴출이 용이할수록 시장공급은 더욱 더 탄력적이다.

출장뷔페 시장에 자유롭게 진입할 수 있는 유연성은 공급이 매우 탄력적인 핵심 원인 중 하나이다. 당신이 만약 출장뷔페 사업을 시작하고자 한다면 제빵기술, 사업 노하우, 부엌, 그리고 10만 달러가량의 창업비용이 필요할 것이다. 쉬운 일은 아니지만 필요한 기술과 자산을 가진 사람들은 충분히 많아서 가격이 오를 때 새로운 출장뷔페 사업체들이 생겨나는 것을 어렵지 않게 볼 수 있다. 가격이 높을 때 새로운 기업의 진입은 총공급량을 증가시킨다.

이와 대조적으로 높은 가격에 대응하여 새로운 항공사가 취항하는 경우는 매우 드물다. 보잉 747기의 가격은 3억 달러 이상이고 몇 대는 구입해야 사업을 시작할 수 있다. 당장 누가 그 만큼의 현금을 지니고 있겠는가?

공급의 탄력성 결정요인 다섯 : 시간이 흐를수록 공급은 더 탄력적이게 된다. 공급 조정은 종종 시간이 걸려서 공급량은 여러 해 동안에 걸쳐 조정될 것이다. 결국 공급의 가격탄력성은 장기적 안목에서 볼 때 더욱 커진다.

앞에서 논의된 각 결정요인의 영향이 시간에 따라 어떻게 달라지는지 생각해보라. 가격 상승에 어떻게 대응하겠는가? 지금 당장에 공급량을 늘리는 유일한 방법은 재고를 줄이는 것이다. 며칠 이내라면 생산을 늘릴 방안을 강구해볼 수도 있을 것이다. 보다 장기에는 새로운 공장을 증설함으로써 설비를 확충할 수 있다. 또한 장기에 높은 가격은 새로운 기업을 그 시장으로 유인할 것이다. 결과적으로 공급의 가격탄력성은 단기에 매우 낮지만, 장기에 더욱 커지는 것이 일반적인 모습이다. 완전히 생산이 조정되려면 시간이 얼마나 걸리는가? 그것은 상황에 따라 달라진다. 새로운 출장뷔페 사업체를 상대적으로 빨리 열 수 있기 때문에 출장뷔페 서비스에 있어 장기는 1년 정도가 될 것이다. 새로운 정유시설을 짓는 데는 그보다 더 많은 시간이 필요하기 때문에 휘발유에 있어서 장기는 10년 이상일 수가 있다.

공급의 가격탄력성 계산하기

수요의 가격탄력성에서처럼 두 지점 사이에서 공급의 가격탄력성 값이 일관성을 갖는 것이 유용하다. 이렇게 하기 위해서 우리는 다시 한번 중간값 공식을 이용하여 가격과 공급량의 변화율을 계산할 필요가 있다.

Q_2와 Q_1이라는 두 지점 사이의 공급량 변화율을 계산하기 위해서 두 점 간의 차이를 두 점의 평균으로 나누어주면 된다. 그러므로 공급량의 변화율을 계산하는 공식은 다음과 같다.

$$\text{공급량의 변화율} = \frac{Q_2 - Q_1}{(Q_2 + Q_1)/2} \times 100$$

비슷한 방법으로 두 가격 간의 가격 변화율은 두 가격 간의 차이를 그들의 평균으로 나눔으로써 구할 수 있다. 그러므로 가격 변화율을 계산하는 공식은 다음과 같다.

$$가격의\ 변화율 = \frac{P_2 - P_1}{(P_2 + P_1)/2} \times 100$$

기본적으로 수요의 탄력성을 공부할 때 익혔던 중간점 공식이 공급에 대해서도 그대로 적용된다.

이제 중간점 공식을 이용하여 공급량의 변화율과 가격의 변화율을 계산하였으니 공급량의 변화율을 가격의 변화율로 나누면 공급의 가격탄력성을 도출할 수 있다.

경제학 실습

중간점 공식을 이용하여 가격이 오를 때 우버 택시 공급량의 변화율을 계산해보자. 보통 우버 택시 운전자는 6시간에 100달러를 벌 것으로 기대할 수 있다. 그러나 특정 시간대에 적용되는 일시적 가격 인상 정책에 따라 우버 택시 운전자는 6시간 주행에서 140달러를 벌 것으로 기대할 수 있다. 평소에 200명의 운전자가 운행 중이지만 가격이 오르면 운전자 수가 300명으로 증가한다. 중간점 공식을 이용하여 우버 택시 공급의 가격탄력성을 계산해보라.

1단계 : 가격의 변화율은 어떻게 되는가?

$$가격의\ 변화율 = \frac{140 - 100}{(140 + 100)/2} \times 100 = \frac{40}{120} \times 100 = 33\%$$

2단계 : 이에 대응한 공급량의 변화율은 어떻게 되는가?

$$공급량의\ 변화율 = \frac{300 - 200}{(300 + 200)/2} \times 100 = \frac{100}{250} \times 100 = 40\%$$

3단계 : 탄력성을 계산하라.

$$공급의\ 가격탄력성 = \frac{공급량의\ 변화율}{가격의\ 변화율} = \frac{+40\%}{+33\%} = 1.2$$ ■

함께 해보기

이 장은 기업이 이윤극대화를 위해 가격을 비롯한 다양한 정보들을 이용하여 일상적으로 수행하는 계산들에 대해 알아보았다. 만약 가격을 인하하면 총수입은 증가할 것인가 아니면 감소할 것인가? 신제품을 출시할 때 낮은 가격에 내놓을 것인가? 혹시 이러한 저가 공세가 다른 제품들의 판매에 악영향을 주지는 않을까? 고객들이 자사 제품들을 고르게 구매할 수 있도록 하려면 다음 지점은 어디에 열어야 하는가? 고가 정책을 써야 하는가 아니면 저가 정책을 도입해야 하는가? 이러한 질문에 답하기 위해서 자사 제품 수요가 그 가격에 얼마나 민감한지를 아는 것은 충분하지 않다. 타사 제품의 가격이나 가계소득에 따라 자사 제품 수요가 얼마나 민감하게 반응하는지도 알아야 한다.

위의 질문들에 대답하기 위해서는 구체적인 숫자가 필요하다. 판매량이 증가하는지 감소하는지의 여부를 아는 것으로 충분하지 않다. 실제 기업은 얼마나 증가 혹은 감소하는지를 알 필요가 있다. 이러한 계산은 탄력성을 통해 할 수 있다. 탄력성을 통해 다양한 시장 조건에서 수량이 얼마나 변동하는지를 예측할 수 있다.

모든 탄력성은 시장 조건의 다양한 변화에 따라 수량이 얼마나 민감하게 반응하는지를 측정한다. 이 장은 사실 하나의 개념에 대해서만 다루었다. 그것은 다른 요인의 1% 변화에 따라 수량은 몇 퍼센트 변하는가를 측정하는 것이다. 그렇기 때문에 당신이 기억해야 할 공식은 단지 하나이다.

$$\text{탄력성} = \frac{\text{수량의 변화율}}{\text{다른 요인의 변화율}}$$

여기서 다른 요인들이란 자사 제품의 가격, 다른 제품의 가격, 혹은 소득을 가리킨다(만약 이것들 외에 중요한 다른 요인들이 있다면 그 요인들에 대한 정보를 이용하여 그것과 관련된 탄력성을 구할 수 있다).

어떤 경우라도 절댓값이 크다는 것은 보다 탄력적이고 민감하게 반응한다는 것을 의미한다. 수요와 공급의 가격탄력성에서 탄력성의 절댓값이 1보다 크거나 작다는 것은 가격의 변화율보다 수량의 변화율이 크거나 작다는 것을 의미한다.

수요의 교차가격탄력성과 수요의 소득탄력성의 경우에 탄력성의 부호는 해당 재화들의 유형에 대한 중요한 정보를 담고 있다. 그러나 이 모든 것들의 저변에 흐르는 핵심 내용은 탄력성이라는 개념을 통해 사람들의 결정이 환경의 변화에 어떻게 반응하는가를 측정한다는 것이다.

한눈에 보기

탄력성 : 다른 요인들의 변화에 대한 수량의 반응성을 측정한다.

$$= \frac{\text{수량의 변화율}}{\text{다른 요인의 변화율}}$$

탄력성의 절댓값 크기가 클수록 더 큰 반응을 의미한다.

수요의 탄력성

수요의 가격탄력성 : 가격 변화에 대한 구매자의 반응 정도

$$= \frac{\text{수요량의 변화율}}{\text{가격의 변화율}}$$

탄력적 수요 : 수요량이 가격 변화에 상대적으로 민감하게 반응한다.

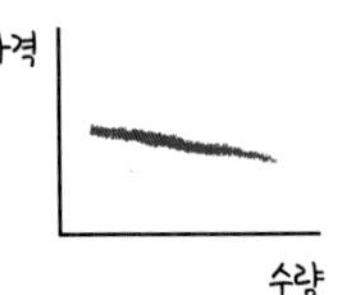

비탄력적 수요 : 수요량이 가격 변화에 상대적으로 둔감하게 반응한다.

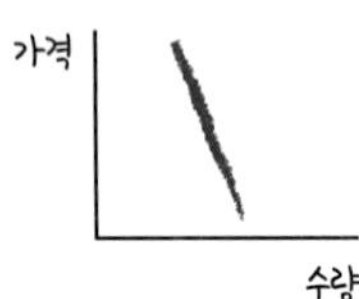

수요의 가격탄력성이 탄력적인지 비탄력적인지 아는 것은 총수입을 극대화하는 데 도움을 줄 수 있다.

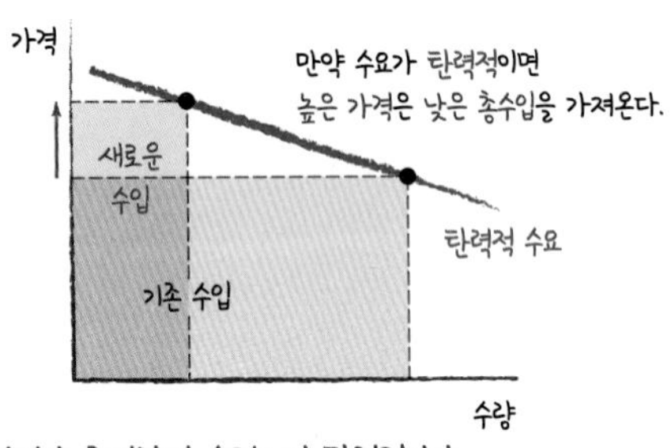

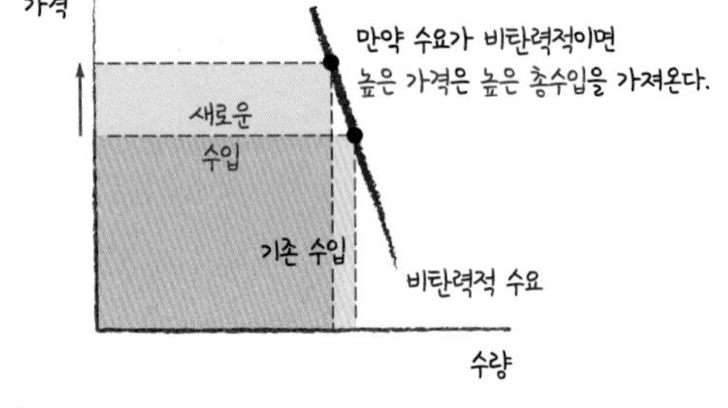

괜찮은 대체재가 존재하면 수요는 더 탄력적이다.

- 경쟁하는 제품이 많이 존재하는 시장의 경우
- 구체적인 상표명의 경우
- 필수재가 아닌 경우
- 가격 비교를 위한 정보 검색이 쉬울 경우
- 장기의 경우

공급의 탄력성

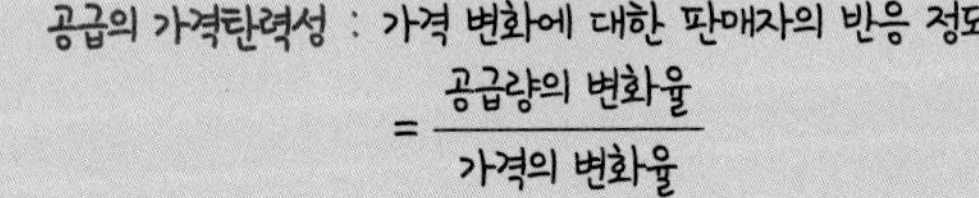

공급의 가격탄력성 : 가격 변화에 대한 판매자의 반응 정도

$$= \frac{\text{공급량의 변화율}}{\text{가격의 변화율}}$$

탄력적 공급 : 공급량이 가격 변화에 상대적으로 민감하게 반응한다.

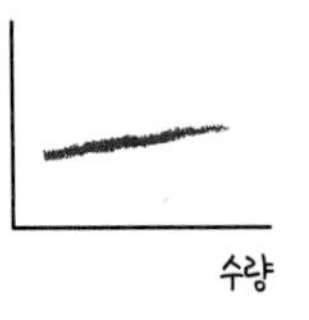

비탄력적 공급 : 공급량이 가격 변화에 상대적으로 둔감하게 반응한다.

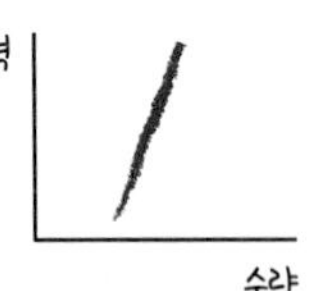

유연성이 클수록 공급은 더 탄력적이다.

- 제품이 저장하기 쉬운 경우
- 생산요소를 쉽게 구할 수 있는 경우
- 유휴설비가 있는 경우
- 시장의 진입과 퇴출이 용이한 경우
- 장기의 경우

다른 종류의 수요 탄력성

교차가격탄력성 : 다른 재화의 가격 변화에 대한 해당 재화 수요의 반응 정도

$$= \frac{\text{해당 재화 수요량 변화율}}{\text{다른 재화 가격의 변화율}}$$

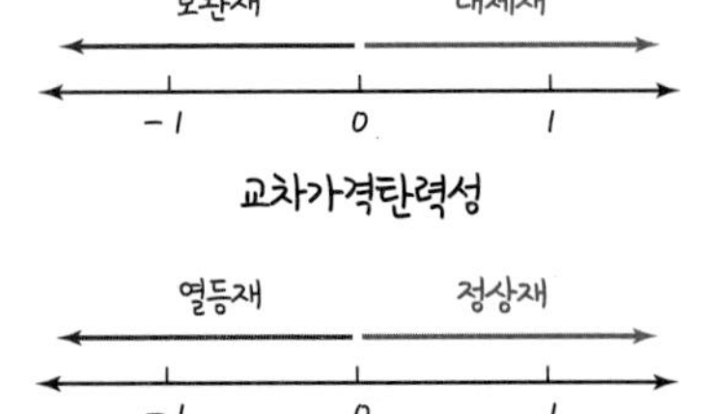

소득탄력성 : 소득 변화에 대한 해당 재화 수요의 반응 정도

$$= \frac{\text{수요량의 변화율}}{\text{소득의 변화율}}$$

열등재 / 정상재

-1 0 1

소득탄력성

핵심용어

공급의 가격탄력성	수요의 교차가격탄력성	완전탄력적
비탄력적	수요의 소득탄력성	총수입
수요의 가격탄력성	완전비탄력적	탄력적

토론과 복습문제

학습목표 5.1 수요의 가격탄력성을 이용하여 수요량이 가격 변화에 반응하는 정도를 측정한다.

1. 상대적으로 비탄력적인 수요를 보이는 재화와 서비스의 예를 들어 보라. 당신은 가격이 10% 증가하면 어떻게 반응할 것인가? 완전비탄력적이라고 생각하는 재화가 있는가?
2. 스마트폰을 통해 인터넷에 접근할 수 있다는 것이 전자랜드나 교보문고에 있는 제품 수요의 가격탄력성에 어떠한 영향을 미치는가? 부정적인 영향을 차단하기 위해서 이 기업들이 취할 수 있는 전략은 무엇인가?

학습목표 5.2 수요의 가격탄력성이 기업의 총수입과 전략에 어떠한 영향을 미치는지 이해한다.

3. 당신은 제약회사의 가격 전략 담당자이다. 금일 회사 대표는 임원회의에서 당장 총수입을 올리는 것이 무엇보다도 중요하고 그렇지 못하면 정리해고를 할 수밖에 없다고 말하였다. 당신은 이 회사의 특허받은 대표 제품에 대한 수요의 가격탄력성 절댓값이 약 0.5라는 사실을 알고 있다. 총수입을 증가시키기 위해 당신이 회사 대표에게 제안할 수 있는 방안은 무엇인가?

학습목표 5.3 소득이나 다른 재화의 가격에 수요가 반응하는 정도를 측정한다.

4. 당신이 구입하는 재화와 서비스 중에 대체재와 보완재의 예를 들어 보라. 그 예에서 교차가격탄력성은 양수인가 음수인가? 왜 그런가? 한 재화의 가격이 50% 증가한다면 당신의 구매 결정에 어떤 변화가 있겠는가?
5. 당신이 구입하는 재화와 서비스 중에 소득탄력성이 양수인 것은 무엇인가? 또 소득탄력성이 음수인 것은 무엇인가? 당신의 소득이 20% 증가하였다면 당신의 구매 결정은 어떻게 변하는가?

학습목표 5.4 공급의 가격탄력성을 이용하여 공급량이 가격 변화에 반응하는 정도를 측정한다.

6. 서로 다른 두 가지 기업을 상정해보자. 첫 번째 기업은 상대적으로 비탄력적인 공급곡선을 가지고 있고, 두 번째 기업은 상대적으로 탄력적인 공급곡선을 가지고 있다. 무엇이 이 두 회사 간의 탄력성 차이를 가져올 수 있는가? 이 두 기업의 구체적인 예를 들어볼 수 있는가?

학습문제

학습목표 5.1 수요의 가격탄력성을 이용하여 수요량이 가격 변화에 반응하는 정도를 측정한다.

1. 지난 2017년 허리케인 어마는 플로리다의 오렌지 농가에 중대한 피해를 끼쳤다. 미국 농무부는 전년 대비 오렌지 생산량이 21% 줄어들 것으로 예측했다. 만약 오렌지 수요의 가격탄력성이 −1.5이고 모든 오렌지가 다 판매되었다면, 허리케인 어마가 오렌지 가격에 끼친 영향은 얼마인가?
2. 에피펜은 심각한 알레르기가 있는 사람들이 위급 시 사용하는 구명도구이다. 미국 내 에피펜 제조업체는 지난 10년 동안 가격을 매년 25%씩 인상하였다. 이 25%의 가격 인상에 따라 수요량은 25%보다 많이 변했을까 아니면 적게 변했을까?
3. 유럽에는 에피펜과 유사한 장비를 만드는 8개의 회사가 있다. 이 제품들을 미국으로 수출할 수 있다면, 에피펜에 대한 수요의 가격탄력성은 어떻게 변하겠는가?

학습목표 5.2 수요의 가격탄력성이 기업의 총수입과 전략에 어떠한 영향을 미치는지 이해한다.

4. 포브스지의 한 기사에 따르면 매릴랜드주 고속도로 통행료가 예상했던 것만큼 많이 걷히지 않았다고 한다. 출퇴근 시간에 차량당 통행료는 8달러였다고 한다. 통행료 총수입을 극대화하기 위해 통행료를 인상해야 하는지 아니면 인하해야 하는지를 결정하는 데 있어 추가적으로 알아야 하는 정보는 무엇인가?
5. 실험을 통해 아래의 표와 같은 결과를 얻었다. 통행료가 8달러에서 6달러로 낮아졌을 때 중간점 공식을 이용하여 수요의 가격탄력성을 구하라. 탄력적인가 비탄력적인가? 통행료가 변할 때 통행료 총수입은 얼마나 변하는지 계산하라. 주정부가 통행료 수입을 늘리고 싶다면 통행료로 얼마를 부과해야 하는가?

통행료	고속도로 이용 차량 수
\$8	10,000
\$6	12,000

6. 사람들은 여행의 목적에 따라 항공권에 대한 지불의사 가격이 달라지고, 항공사들은 다른 목적을 지닌 승객들에게 서로 다른 가격을 부과하고 싶어 한다. 대개 항공사들은 승객을 휴가를 가기 위해 탑승하는 경우와 업무를 보기 위해 탑승하는 경우로 분류하려고 한다. 현재 뉴욕에서 워싱턴 DC를 오가는 노선의 가격은 누구에게나 400달러로 동일하다. 아래의 표는 여행의 목적에 따라 항공권 가격과 수요량을 보여준다.

휴가를 가기 위해 탑승하는 경우

항공권 가격	항공권 수요량
$400	100
$500	50

업무를 보기 위해 탑승하는 경우

항공권 가격	항공권 수요량
$400	100
$500	90

중간점 공식을 이용하여 항공사가 가격을 500달러로 인상할 때 각 유형의 승객들이 보여주는 수요의 가격탄력성을 계산하고 설명하라. 유형별로 총수입의 변화도 계산해보라.

학습목표 5.3 소득이나 다른 재화의 가격에 수요가 반응하는 정도를 측정한다.

7. 미국의 평균 휘발유 가격이 2007년과 2008년 사이에 17% 상승하였다. 같은 기간 연비가 매우 낮은 허머 자동차의 판매량은 50% 줄었다. 이 정보를 활용하여 휘발유와 허머 간의 교차가격탄력성을 계산해보라.
8. 우리는 다른 상표의 아스피린, 휘발유, 토마토 소스가 동일한 가격으로 판매되는 것을 종종 보게 된다. 그런데 주유소가 근처에 또 있거나 다른 회사가 만든 동일한 제품이 같이 진열되어 있는 경우와 같이 유사한 상품들이 가깝게 놓여 있을 때처럼 소비자들이 서로 비교할 수 있을 때는 더욱 그렇다. 이러한 현상은 상표가 다르지만 동일한 제품에 대한 수요의 교차가격탄력성에 대해 무엇을 말하고 있는가? 교차가격탄력성의 크기가 상대적으로 크다고 예상하는가? 부호는 어떻게 예상하는가?
9. 지난 2015년에 넷플릭스는 새로운 고객들에게 월구독료를 1달러 인상하였다. 이에 대해 어떤 이가 다음과 같은 트윗을 날렸다. "빨리 졸업하고 좋은 데 취업하면 좋겠다. 그러면 넷플릭스가 1달러 올렸다고 이렇게 마음이 무너지지는 않았을 텐데." 이 말은 이 학생이 보여주는 넷플릭스 수요의 소득탄력성에 대해 무엇을 말해주고 있는가? 넷플릭스 서비스는 정상재인가 열등재인가?

학습목표 5.4 공급의 가격탄력성을 이용하여 공급량이 가격 변화에 반응하는 정도를 측정한다.

10. 아래 표는 서브웨이가 가격에 따라 매일 판매하고자 하는 샌드위치 공급량을 보여준다. 중간점 공식을 이용하여 가격이 5.00달러에서 7.50달러로 높아졌을 때 공급의 가격탄력성을 구하라. 공급의 가격탄력성은 탄력적인가? 이제 서브웨이는 1년 뒤에 어떤 변화가 있을 것인지를 분석하고 싶다고 하자. 샌드위치 공급곡선에 어떤 변화가 생기겠는가? 더 평평해지는가 아니면 더 가팔라지는가?

샌드위치 가격	샌드위치 공급량
$5.00	200,000
$7.50	210,000

CHAPTER 6

정부의 시장 개입

처음 일자리를 얻었을 때, 당신은 최저임금을 받을 수 있다. 이러한 최저임금은 시장의 수요와 공급으로 결정되는 것이 아닌 정부가 정한 노동의 가격이다. 고용주는 고용자가 최저임금보다 낮은 임금을 받고 일할 용의가 있더라도 최저임금 이하로 노동자를 고용하지 못한다.

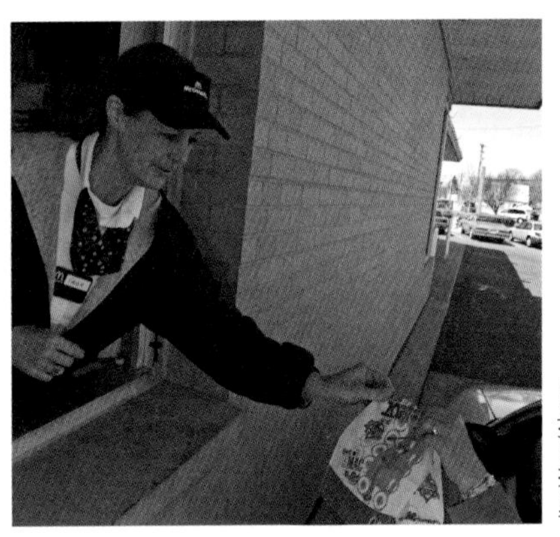

Jim West/Alamy

당신은 최저임금보다 적게 받으며 이 일을 하시겠나요?

이러한 경우는 정부 정책이 시장에서 가격을 변동시키는 사례이다. 지금까지 우리는 시장의 힘에 대해 배웠고, 수요와 공급이 상품이 거래되는 가격과 거래량을 어떻게 결정하는지를 보았다. 수요와 공급은 재화의 수량과 가격을 결정하는 데 중요한 역할을 한다. 그러나 정부가 결정한 법과 규제 그리고 세금도 시장에서 도출되는 결과에 영향을 미치는 요인이 된다. 우리는 매일 정부가 시장에서 영향력을 미치는 상품을 거래한다.

정부 정책은 임대 가능한 아파트 수, 아파트 임대를 위한 월세, 새 집을 짓거나 원하는 곳에 사업을 시작할 수 있는지 등의 여부를 결정하는 데 중요한 역할을 할 수 있다. 세금은 집으로 가져가는 급여와 구매하는 상품과 서비스 가격에 영향을 미친다. 정부 정책은 관련 비용과 혜택을 변경함으로써 결혼 여부와 자녀 수와 같은 가장 개인적인 결정에도 영향을 미칠 수 있다.

정부가 수요와 공급의 힘을 중단시키지는 않으며 여전히 수요와 공급은 모든 경제 분석의 기초로 작동한다. 그러나 정부 정책은 비용과 혜택에 영향을 미침으로써 판매자와 구매자가 내리는 결정을 변경하여, 궁극적으로는 거래량과 구매자가 지불하고 판매자가 받는 가격에 영향을 미치게 된다. 특정 정부 조치가 적절한지 아닌지에 대한 견해가 있을 수 있지만, 이 장의 목표는 단순히 다양한 정부 조치가 수요량과 공급량 및 가격에 영향을 미치는지를 보는 것이다. 정부가 사용하는 세 가지 도구(세금, 부과 가능한 가격 제한 정책, 구매 또는 판매 가능한 수량 제한 정책)가 균형 거래량과 가격을 어떻게 변화시키는지 살펴보도록 한다.

목표

정부정책의 결과를 예측한다.

6.1 **세금과 보조금은 시장의 결과를 어떻게 변화시키는가**
세금이 수요와 공급 그리고 시장균형에 미치는 영향을 분석한다.

6.2 가격 규제
가격상한과 가격하한의 결과를 평가한다.

6.3 수량 규제
수량 규제의 결과를 분석한다.

6.1 세금과 보조금은 시장의 결과를 어떻게 변화시키는가

학습목표 세금이 수요와 공급 그리고 시장균형에 미치는 영향을 분석한다.

우리는 설탕이 들어간 음료를 마신다. 대부분의 미국인이 그렇고 약 3명 중 1명은 매일 설탕이 들어간 음료를 섭취한다. 그러니 매일 탄산음료를 마시는 습관이 있다면 혼자만 그러는 것은 아니다. 그러나 아마도 당신은 탄산음료 섭취를 줄여야 한다고 생각할 것이다. 탄산음료는 우리 식단에서 설탕의 주요 공급원이며 우리에게 좋지 않은 영향을 미친다. 치아가 썩을 뿐만 아니라 심장병, 당뇨, 고혈압으로 이어질 수도 있다.

탄산음료는 대부분의 사람들의 식단에서 가장 큰 설탕 첨가 공급원이다. 그 결과 세계보건기구(WHO)는 정부에 탄산음료 소비를 줄이도록 권고하고 있다. 이러한 이유에서 많은 국가와 미국의 많은 도시에서 설탕이 가미된 음료에 대해 특별 세금을 부과하고 있다. 이러한 '소다세금' 뒤에는 설탕이 가미된 음료의 가격을 올림으로써 사람들의 소비를 줄이려는 생각이 깔려있다.

이러한 정책은 소비자를 위해 탄산음료의 가격을 올리고 탄산음료 판매자가 받는 가격과 판매량을 낮추는 데 있어 정부의 역할에 대해 많은 논쟁을 불러왔다. 사실 이러한 결과는 정확히 세금이 하는 일이다. 즉, 세금으로 인해 구매자는 더 높은 가격을 지불하고 판매자는 더 낮은 가격을 받게 되면서 세금이 부과되는 재화의 수요량 및 공급량을 줄이는 경향이 있다. 왜 구매자가 지불하는 가격과 판매자가 받는 가격이 차이를 보이는가? 이는 정부가 그 차이를 세금 형태로 가져가기 때문이다.

당신은 이 정책이 사람들을 더 나아지게 만든다는 데 동의하지 않을 수 있다. 어떤 사람들은 사람들이 원하는 만큼의 탄산음료를 시장 가격으로 살 권리가 있고 본질적으로 자신이 마실 탄산음료의 양은 스스로 결정해야 한다고 주장한다. 반면에 어떤 사람들은 사람들이 나중에 자신의 건강과 국가의 의료보험제도에 미치는 부정적인 영향을 완전히 고려하지 않았기 때문에 탄산음료를 과도하게 섭취하고 있다고 주장한다.

kunchit jantana/Shutterstock

정부의 개입과 탄산음료

이러한 주장에 대한 평가는 뒤의 장에서 살펴보도록 하고, 이 장에서는 세금이 판매량과 구매자가 지불하는 가격 및 판매자가 받는 가격 등을 어떻게 변화시키는지에 집중한다. 2017년에 필라델피아에 도입된 설탕 음료에 대한 세금을 분석하면서 이러한 세금이 판매량과 구매자가 지불하는 가격, 판매자가 받는 가격에 어떻게 영향을 미치는지를 살펴보도록 한다.

판매자에 대한 과세

2017년 필라델피아시는 설탕 음료 판매자에 대하여 온스당 1.5센트의 세금을 부과하였다. 이러한 세금이 작동하는 가운데 소비자가 20온스의 탄산음료를 구입하는 경우, 소비자는 설탕가미 음료에 부과된 세금에 대해서 따로 걱정할 필요는 없으며 단지 판매자가 책정해 놓은 가격을 지불하기만 하면 된다. 세금은 판매자에게 부과되었고 소비자가 지불한 가격에서 세금을 제외한 나머지 부분이 판매자의 수입이 되며 정부에 세금을 보내는 것은 판매자의 책임이다. 소비자가 구입하는 20온스의 탄산음료에 대해 부과되는 0.30달러의 세금(온스당 $\$0.015 \times 20$온스)을 판매자가 정부로 보내기 때문에 이는 판매자에게 부과된 세금이 된다.

판매자에 대한 과세는 공급곡선을 이동시킨다. 판매자에 대한 과세는 판매자가 판매하는 제품에 추가적인 비용을 유발하기 때문에 세금은 한계비용을 의미한다. 제3장에서 공급곡선은 한계비용을 나타낸다는 것을 보았다. 따라서 한계비용이 증가함에 따라 공급곡선도 이동하게 된다. 이는 상호의존의 원리가 작용하여 다른 사람(이 경우에는 정부)의 선택이 자신의 결정에 어떻게 영향을 미치는가를 보여준다.

그림 6-1은 필라델피아의 탄산음료 시장을 보여준다. 세금이 부과되기 전 탄산음료의 공급곡선은 20온스 탄산음료 한 병당 1.10달러 총 140만 병의 탄산음료를 공급하는 점에서 수요곡선과 교차한다. 필라델피아의 탄산음료세는 20온스 탄산음료 한 병당 0.30달러의 한계비용을 추가함으로써 공급을 감소시킨다. 공급 감소는 공급곡선이 왼쪽으로 이동하는 것을 의미하며 이 경우 한계비용 증가분만큼 공급곡선이 상승하는 것을 생각하는 것이 더 쉬울 수 있다. 공급곡선은 한계비용을 의미하기에 한계비용이 0.30달러 상승하면 공급곡선도 0.30달러 위로 이동해야 한다.

세금으로 인해 판매량은 감소한다. 과세 이후 새로운 공급곡선은 과세 이전보다 낮은 수요량에서 수요곡선과 교차한다. 탄산음료 판매량은 주당 140만 병에서 120만 병으로 감소한다. 세금으로 인해 상승한 탄산음료 가격으로 인해 소비자들은 더 많은 비용을 지불해야 하고 따라서 탄산음료 판매량은 줄어든다.

세금은 구매자가 지불하는 가격을 올리고 판매자가 받는 가격을 낮춘다. 1.30달러의 새로운 가격은 20온스 탄산음료를 소비하기 위해 계산대에서 지불하는 가격이지만 판매자가 받는 금액은 아니다. 판매자는 정부에 세금으로 병당 0.30달러를 내야 한다. 그림 6-1에서 볼 수 있듯이, 새로운 균형에서 구매자가 탄산음료에 대해 지불하는 가격은 1.10달러에서 1.30달러로 상승하여 0.20달러가 증가하였다. 그러나 정부에 탄산음료 한 병당 0.30달러를 내야 하는 판매자는 세금이 없었을 때 비해 탄산음료 한 병당 0.10달러 하락한 1.00달러($1.30-$0.30)를 받는 셈이다.

구매자와 판매자는 모두 판매자에게 부과된 세금의 경제적 부담을 진다. 세금 납부를 위해 정

그림 6-1 | 필라델피아의 탄산음료 판매자에 대한 과세 효과

0.30달러의 세금이 판매자에게 부과되었을 때,

Ⓐ 공급곡선은 세로축에서 측정한 것처럼 0.30달러(세금 금액) 위로 이동한다. 세금은 판매자의 한계비용을 0.30달러 인상시킴에 따라 가격이 탄산음료 한 병당 0.30달러 높은 경우에만 판매된다.
Ⓑ 균형은 새로운 공급곡선이 수요곡선과 만나는 지점에서 발생한다.
Ⓒ 매주 구매하는 탄산음료의 양은 140만 병에서 120만 병으로 감소한다.
Ⓓ 구매자가 세금 부과 이후 지불하는 가격은 0.20달러 인상한다(1.10달러에서 1.30달러로).
Ⓔ 세금 부과 이후 판매자가 받는 가격은 0.10달러 감소한다(1.10달러에서 1.00달러로).

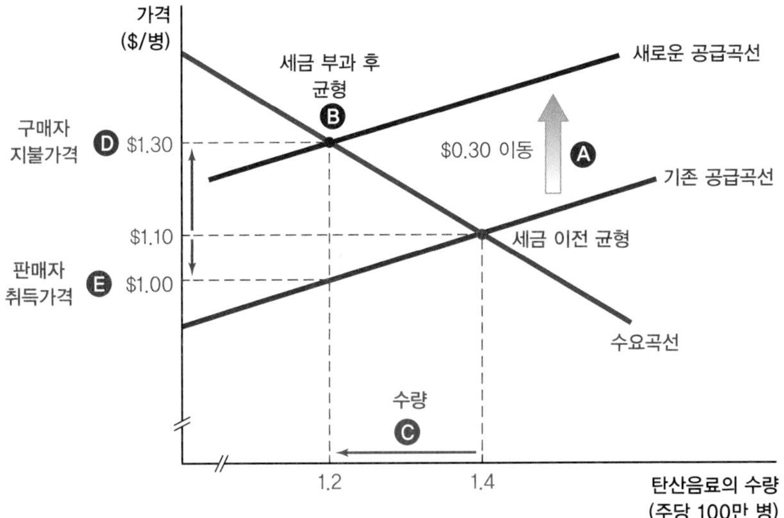

법적 부담 정부가 세금 납부의 책임을 부과함에 따른 부담

경제적 부담 구매자와 판매자가 세후에 직면하는 가격 변화에 따른 부담

부가 지정한 사람과 궁극적으로 세금의 부담을 지는 사람 사이에는 중요한 차이가 있다. 세금의 **법적 부담**(statutory burden)은 정부가 세금 납부의 책임을 부과함에 따른 부담을 의미한다. 그러나 세금의 결과로 누가 더 큰 손실을 보았는지를 알기 위해서는, 법적 부담이 아닌 경제적 부담을 살펴봐야 한다. **경제적 부담**(economic burden)이란 세금의 결과로 구매자와 판매자가 직면한 세금 부과 후 가격의 변화로 인해 발생하는 부담을 의미한다.

필라델피아에서 법적 부담은 전적으로 판매자에게 부과되는 세금이다. 판매자는 세금을 정부에 보낼 책임이 있다. 그러나 경제적 부담은 구매자와 판매자가 나누어서 지게 된다. 정부가 부과한 세금은 한 병당 0.30달러이지만, 판매자가 세금을 납부한 후 실질적으로 받는 가격은 세금 부과 이전의 균형가격인 1.10달러보다 단지 0.10달러 저렴하다. 반면에 탄산음료 구매자는 세금을 내지 않을 때보다 탄산음료 한 병당 0.20달러를 더 지불한다. 그렇게 지불함으로써 탄산음료 구매자는 탄산음료 한 병당 정부가 부과한 세금과 판매자가 손해 본 금액 간의 차이를 보충하게 된다.

따라서 실제로 구매자와 판매자는 탄산음료세의 경제적 부담을 분담한다. 이 예에서 구매자는 탄산음료세의 경제적 부담을 더 많이 부담한다. 경제학자들은 탄산음료세의 경제적 부담을 추정하면서 탄산음료에 대한 세금의 약 3분의 2가 실질적으로 구매자에게 전가되고 있음을 발견하였다. **조세의 귀착**(tax incidence)은 구매자와 판매자 간의 세금의 경제적 부담을 설명한다.

조세의 귀착 구매자와 판매자 사이에서 세금의 경제적 부담의 분담

구매자에 대한 과세

판매자에 대한 과세 대신에 정부는 법적 부담을 변경하여 세금을 탄산음료 구매자에게 부과할 수 있다. 구매자에 대한 과세는 일반적으로 판매자는 상품에 세금을 포함하지 않은 세전 가격을 표시하고, 구매자가 계산대에서 상품에 표시된 세전 가격에 세금을 더한 비용을 지불하는 방식으로 이루어진다. 다만 판매자는 구매자의 편의를 위해 구매자가 지불한 세금을 정부로 납부하는 역할을 대행한다. 결과적으로 판매자가 정부에 세금을 보내는 역할을 하지만 이는 단지 편의를 제공할 뿐이다. 정부가 구매자에 대해 과세하는 경우에 판매자가 구매자를 대행하여 세금을 납부하지 않는다면 정부는 구매자에게 세금에 대한 책임을 묻는다. 따라서 지방세를 징수하지 않는 웹 사이트에서 온라인으로 물건을 구매할 때 기술적으로는 지방세를 파악하고 그 지방세 납부액을 당신의 연간 세금신고서에 포함해야 한다.

그렇다면 법적 부담을 구매자에게 전환하면 어떻게 될까? 매장에 표시된 가격은 세전 가격이며 매장에서 세금 없이 받는 금액이다. 그러나 구매자는 계산대에서 그 가격에 탄산음료당 0.30달러를 추가하여 지불해야 한다. 당신은 아마 이 방식에 익숙할 것인데, 이러한 방식이 작동되기 전에 당신이 아마 판매세를 지불해 보았기 때문이다.

구매자에 대한 과세는 수요곡선을 이동시킨다. 제2장에서 수요곡선은 한계편익과 같다는 것을 보았다. 탄산음료에 대한 0.30달러의 세금으로 인해 탄산음료 구매의 한계편익은 0.30달러 감소한다. 따라서 구매자에 대한 과세는 수요를 감소시킨다. 이것은 상호의존의 원리가 작용하여 다른 사람(이 경우 정부)의 선택이 자신의 결정에 어떻게 영향을 미치는지 보여준다. 수요의 감소는 수요곡선을 왼쪽으로 이동하는 것으로, 구매자에 대한 과세의 경우에는 세금 금액만큼 수요곡선이 아래로 이동하는 것으로 생각할 수 있다. 그림 6-2의 수요곡선이 0.30달러 아래로 이동하는 이유는 구매자가 세전 가격이 0.30달러 낮은 경우에만 이전과 동일한 수량을 구매할 의향이 있기 때문이다.

세금으로 인해 판매량은 감소한다. 수요곡선이 이동함에 따라 새로운 수요곡선은 세전에 비해 낮은 공급량에서 공급곡선과 교차한다. 시장균형 거래량은 주당 140만 병에서 120만 병으로 감

그림 6-2 | 필라델피아의 탄산음료 구매자에 대한 과세 효과

0.30달러의 세금이 구매자에게 부과되었을 때,

Ⓐ 수요곡선은 세로축에서 측정한 것처럼 0.30달러(세금) 아래로 이동한다. 이 세금은 구매자의 한계편익을 0.30달러만큼 감소시킴에 따라 모든 수량에서 구매자는 세전 가격이 병당 0.30달러 낮은 경우에만 탄산음료를 구매할 의향이 있다.
Ⓑ 균형은 새로운 수요곡선이 공급곡선과 만나는 지점에서 발생한다.
Ⓒ 구매한 탄산음료의 양은 주당 140만 병에서 주당 120만 병으로 감소한다.
Ⓓ 세금부과 이후 구매자가 지불하는 가격은 0.20달러 높아진다(1.10달러에서 1.30달러로).
Ⓔ 세금부과 이후 판매자가 받는 가격은 0.10달러 하락한다(1.10달러에서 1.00달러).

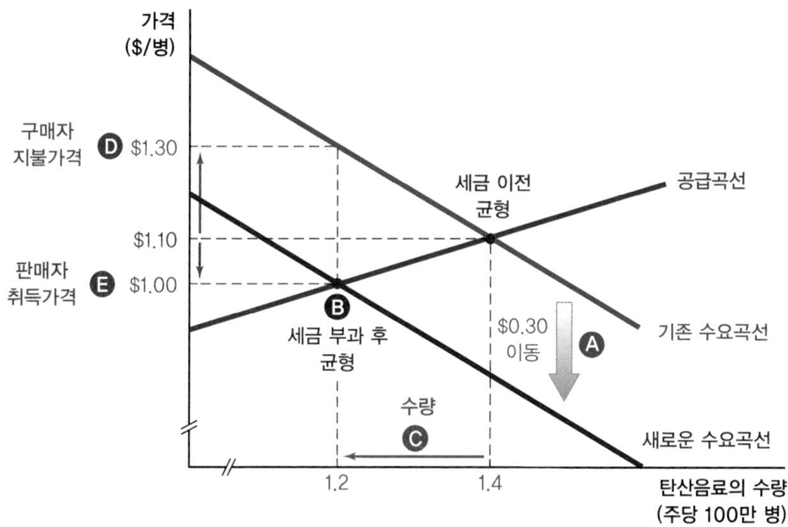

소하며 균형가격은 탄산음료 한 병당 1.10달러에서 1.00달러로 감소하였다. 그러나 소비자는 판매자가 각각의 탄산음료에 부과한 가격에 소비자가 부담해야 하는 세금을 더한 값을 지불한다. 따라서 구매자는 20온스 탄산음료 한 병에 대해 세금 부과 이전에 1.10달러에 비해 0.20달러 높은 1.30달러(탄산음료 가격 1.00달러에 세금 0.30달러를 더한 가격)를 내야 한다.

세금은 구매자가 지불하는 가격을 올리고 판매자가 받는 가격을 낮춘다. 세금 부과에 따른 가격을 더 세부적으로 살펴보자. 그림 6-2는 판매자가 받는 가격은 탄산음료 한 병당 1.10달러에서 1.00달러로 감소한 것을 보여준다. 따라서 판매자가 받는 가격은 탄산음료에 한 병당 0.10달러 하락한다. 반면에 구매자가 지불하는 가격은 1.10달러에서 1.30달러(탄산음료 한 병 가격 1.00달러에 세금 0.30달러를 더한 가격)로 탄산음료 한 병당 0.20달러 상승하였다.

구매자와 판매자는 모두 구매자에게 부과된 세금의 경제적 부담을 진다. 조세의 법적 부담은 구매자가 갖는다. 그렇다면 경제적 부담은 어떻게 되는가? 탄산음료에 부과된 병당 0.30달러의 세금으로 구매자가 지불하는 세후 가격(세금을 포함한)은 0.20달러 상승하였고 판매자가 세후에 탄산음료에 대하여 받는 가격은 0.10달러 감소하였다. 그러므로 구매자와 판매자는 세금의 경제적 부담을 분담한다.

법적 부담과 조세의 귀착

우리는 방금 놀라운 사실을 발견하였다: 탄산음료에 대한 새로운 세금이 구매자 혹은 판매자 중 누구에게 부과되는지와 상관없이 동일한 효과를 갖는다! 이전의 두 사례를 비교해보자. 판매자에 대해 0.30달러의 세금이 부과되었을 때(그림 6-1) 균형 거래량은 주당 140만 병에서

120만 병으로 감소하였다. 소비자가 지불하는 가격은 탄산음료 한 병당 1.10달러에서 1.30달러로 상승하였고 반면에 판매자가 받는 가격(세금을 납부한 후의 가격)은 1.10달러에서 1.00달러로 감소하였다. 대신에 조세의 법적 부담을 구매자에게 부과한 경우(그림 6-2)에도 균형 거래량은 주당 140만 병에서 120만 병으로 감소였고 구매자가 지불하는 가격(세금을 포함한 가격)은 탄산음료 한 병당 1.10달러에서 1.30달러로 상승하였으며 판매자가 받는 가격은 1.10달러에서 1.00달러로 감소하였다. 양 사례에서 숫자는 정확히 일치한다! 즉, 탄산음료세는 구매자에게 과세의 책임을 부과하든지 판매자에게 과세의 책임을 지우든지 같은 효과가 있다. 이러한 결과는 우연히 발생한 것이 아니라 모든 세금에 대한 일반적인 통찰이다. 이를 강조해서 설명하면 다음과 같다: **정부가 세금을 납부하는 책임을 판매자에게 부과하는지 혹은 구매자에 부과하는지와 관계없이 동일한 결과가 도출된다.**

구매자 혹은 판매자에 상관없이 동일한 효과가 있다는 점은 모든 세금에 적용되는 놀라운 발견이다. 효과가 동일하다는 것이 세금이 중요하지 않다는 것은 아니다. 정부가 세금을 부과하면 구매자는 구매를 줄이고 판매자는 판매를 줄이며, 구매자가 지불하는 가격은 오르고 생산자가 받는 가격은 낮아진다. 그러나 이러한 결과는 세금이 판매자에게 부과되는지 혹은 구매자에게 부과되는지에 상관이 없다는 것이다. 세금은 중요한 문제이다. 그러나 누가 법적 부담을 갖는지는 전혀 문제가 되지 않는다!

pixedeli/Getty Images

구매자와 판매자 중 누가 세금을 지불하는가는 문제가 되지 않는다.

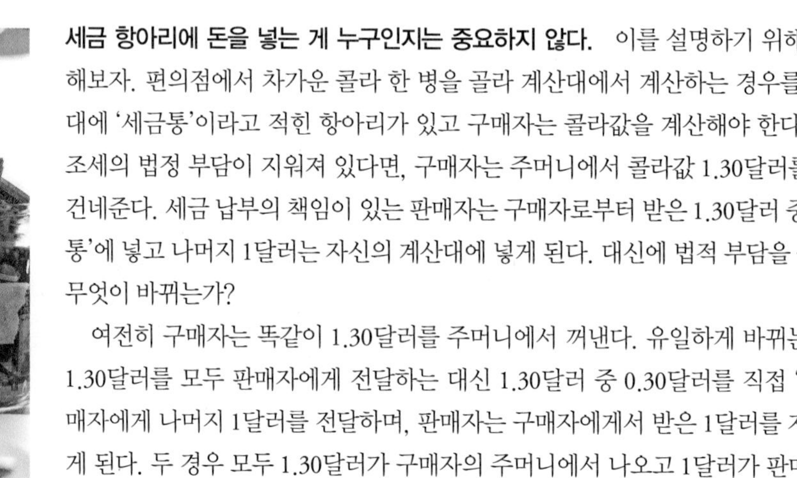

세금 항아리에 돈을 넣는 게 누구인지는 중요하지 않다. 이를 설명하기 위해 간단한 예를 상상해보자. 편의점에서 차가운 콜라 한 병을 골라 계산대에서 계산하는 경우를 가정해보자. 계산대에 '세금통'이라고 적힌 항아리가 있고 구매자는 콜라값을 계산해야 한다. 만약 판매자에게 조세의 법정 부담이 지워져 있다면, 구매자는 주머니에서 콜라값 1.30달러를 꺼내 판매자에게 건네준다. 세금 납부의 책임이 있는 판매자는 구매자로부터 받은 1.30달러 중 0.30달러를 '세금통'에 넣고 나머지 1달러는 자신의 계산대에 넣게 된다. 대신에 법적 부담을 구매자로 지정하면 무엇이 바뀌는가?

여전히 구매자는 똑같이 1.30달러를 주머니에서 꺼낸다. 유일하게 바뀌는 사항은 이번에는 1.30달러를 모두 판매자에게 전달하는 대신 1.30달러 중 0.30달러를 직접 '세금통'에 넣고 판매자에게 나머지 1달러를 전달하며, 판매자는 구매자에게서 받은 1달러를 자신의 계산대에 넣게 된다. 두 경우 모두 1.30달러가 구매자의 주머니에서 나오고 1달러가 판매자의 계산대에 들어가며 0.30달러는 세금통에 들어간다. 즉, 세금이 구매자에게 부과되는지 판매자에게 부과되는지와 관계없이 구매자, 판매자, 그리고 정부 간의 거래는 근본적으로 동일하다.

이는 놀라운 결론을 보여준다: 법적 부담의 변경은 각자가 직면한 경제적 부담에 영향을 미치지 않기 때문에 구매자와 판매자 모두 법적 부담을 누가 가지게 되는지 신경 쓸 필요가 없다는 것이다.

일상경제학 누가 사회보장연금을 지불하는가?

미국의 사회보장연금 시스템은 은퇴 소득을 제공하는 연방정부 프로그램이다. 이 프로그램의 재원을 마련하기 위해 임금 소득의 12.4%가 사회보장세로 납부된다. 이러한 사회보장세 납부는 노동 구매자(노동자의 고용주)나 노동 판매자(노동자) 중 한쪽이 낼 수도 있으나, 납부의 법적 부담은 고용주와 근로자 간에 균등하게 분배된다.

매 기간마다 노동자의 사회보장연금 계정으로 두 번의 납부가 이루어진다. 첫 번째 납부액은 고용주가 지급하며, 고용주는 급여의 6.2%에 해당하는 금액을 사회보장연금 계정으로 보낸다. 월급 명세서에 이 금액이 표시되지 않지만 실제로 고용주는 이를 부담하고 있다. 두 번째 납부는 노동자 급여에서 사회보장세로 급여의 6.2%가 공제된다. 정부가 운영하는 노인건강보험 프로그램인 메디케어(Medicare)의 재원 마련을 위한 세금도 사회보장세와 비슷한 방식으로 작동한다. 즉, 노동자는 자기 급여의 1.45%를 메디케어를 위한 세금으로 납부하고 고용주도 자신이 고용한 노동자 급여의 1.45%를 정부에 납부한다. 따라서 사회 보장과 마찬가지로 메디케어의 법정 부담도 고용주와 노동자가 반반씩 부담한다.

많은 사람은 노동자와 고용주가 사회보장세를 분담하는 것이 공정하다고 생각한다. 그러나 법적 부담을 둘 사이에 나누는 것이 과연 차이를 만드는가? 고용주가 절반을 부담하지 않고 대신 근로자가 전체를 부담하도록 법이 개정된다면 상황이 어떻게 변할 것인가? 또는 고용주가 전체를 부담하고 근로자는 사회보장세 납부에 대한 책임을 지지 않는다면? 이러한 대안은 사회보장세의 법적 부담을 변경한다.

그러나 이미 살펴본 바와 같이 조세의 경제적 부담은 세금이 노동 구매자(고용주)에게 부과되는지 혹은 판매자(노동자)에게 부과되는지에 따라 변하지 않는다. 따라서 노동자의 임금이나 고용된 노동자의 수도 변하지 않을 것이다. 변하는 것은 단지 급여 명세서에 표시되는 금액뿐이다(고용주가 사회보장세로 납부하는 금액은 임금 명세서에 표시되지 않으며 노동자는 오직 자신이 납부하는 금액만 확인할 수 있다). 연구에 따르면 노동 공급은 상당히 비탄력적이기 때문에 근로자가 사회보장세로 인한 경제적 부담의 대부분을 부담한다. 즉, 고용주가 전체 사회보장세인 급여의 12.4%를 모두 부담한다고 하더라도 노동자들이 집으로 가져가는 급여에서는 큰 변화가 없을 것이고 고용도 변하지 않을 것이다. 따라서 고용주와 법안을 나누는 것은 '공정한' 것처럼 보이지만 정치적 동기를 부여받은 허구일 뿐이다. 노동자(혹은 고용주)가 자신(혹은 노동자)의 모든 사회보장세를 부담하게 되는 경우도 결과는 동일하다. ■

beusbeus/Getty Images

연방보험료법(FICA) 세금에 대한 급여명세서에서의 공제는 사회보장연금 지급액의 절반이다.

조세의 경제적 부담

필라델피아 관료들은 탄산음료세는 교육을 위한 자금을 탄산음료 산업으로부터 충당하는 방안이라고 주장했다. 그러나 다른 사람들은 탄산음료세가 탄산음료 가격을 올리기 때문에 소비자에게 피해를 준다고 주장하였다. 이러한 주장은 다음의 조세의 귀착에 대한 것이다. 누가 세금의 경제적 부담을 짊어질 것인가? 탄산음료 공급자인가 혹은 탄산음료 소비자인가?

조세의 귀착은 수요와 공급의 가격탄력성에 달려있다. 조세의 귀착은 세금을 피할 수 있는 능력에 달려 있다. 세금을 피할 수 있을수록 세금을 더 적게 지불하게 되고 따라서 세금의 경제적 부담은 감소한다. 세금을 피하는 방법은 세금이 부과되는 물건을 사거나 팔지 않는 것이다. 제5장에서 살펴본 바와 같이, 수요의 가격탄력성은 구매자가 가격 변화에 얼마나 민감한지를 그리고 공급의 가격탄력성은 판매자가 가격 변화에 얼마나 민감하게 반응하는지 보여준다. 세금으로 인해 가격이 변하기 때문에 수요와 공급의 가격탄력성은 누가 세금을 더 잘 피할 수 있는지 결정하는 데 합리적인 척도이다. 이제 구매자와 판매자를 나누어 살펴보자.

공급이 탄력적일 때 판매자의 경제적 부담은 작아진다. 판매자가 세금 인상을 피하는 유일한 방법은 소량 공급하는 것이다. 중요한 것은 판매자가 받는 세후 가격의 하락으로 세금 인상을 경험한다는 것이다. 판매자는 세후 가격이 하락함에 따라 공급량을 줄임으로써 세금을 피한다. 당신이 탄산음료 회사를 소유하고 있고 세금이 부과되었다면 어떻게 할 것인가? 공급의 가격탄력성은 판매자가 얼마나 유연한지를 보여준다. 설탕이 들어간 탄산음료 대신 다른 비설탕 음료로 쉽게 전환할 수 있는가? 아니면 다른 유형의 제품을 생산하는가? 판매자가 다른 일에 자신이 가진 자원을 유연하게 활용할 수 있을수록 공급의 가격탄력성은 더 탄력적이다.

그림 6-3은 세금 도입 이전의 동일한 시장균형을 가진 탄산음료 시장에서 시작하여, 두 시

장 모두 탄산음료에 대해 0.30달러의 세금이 새롭게 부과된 경우를 가정하고 있다. 두 시장의 차이는 왼쪽 그림에서는 공급이 상대적으로 탄력적이며 오른쪽 그림은 상대적으로 비탄력적인 가격탄력성을 가지고 있다. 시장에 부과된 동일한 세금에 대해 공급이 상대적으로 탄력적일 때 판매자가 받는 가격은 덜 감소한다(그림 6-3의 왼쪽 그래프 참조). 반대로 공급이 상대적으로 비탄력적일 때(그림 6-3의 오른쪽 그래프 참조) 판매자는 세금의 경제적 부담을 더 많이 부담하므로 세후 가격이 더 크게 하락한다. 공급의 가격탄력성이 클수록 더 많은 판매자가 세금의 경제적 부담을 피할 수 있다. 따라서 **판매자의 공급곡선이 탄력적일수록 세금 부과에 따른 경제적 부담이 감소한다.**

수요가 탄력적일 때 구매자의 경제적 부담은 작아진다. 소비자는 탄산음료를 적게 구매하여 탄산음료세를 피할 수 있다. 사실 탄산음료를 사지 않는다면 탄산음료세를 내지 않는다. 세금으로 인한 가격 인상에 대응하여 수요량을 더 많이 줄일수록 더 효과적으로 세금을 피할 수 있으며 이는 판매자가 더 많은 비용을 부담하게 만든다. 수요의 가격탄력성, 즉 가격 상승에 대한 민감성은 사용 가능한 대체 음료에 의해 결정된다.

그림 6-3의 왼쪽은 공급과 비교해 상대적으로 비탄력적인 수요를 보여준다. 이 경우 구매자는 판매자와 관련된 가격 변화에 크게 반응하지 않는다. 결과적으로 구매자는 더 많은 경제적 부담을 지게 된다. 따라서 소비자의 이익을 대변하면서 탄산음료세의 영향을 분석할 때 중요한 질문은 '소비자가 탄산음료를 포기할 의사가 얼마나 있는가?'이다.

무가당 커피, 차, 물, 주스로 전환하려는 소비자가 많을수록 수요곡선은 탄력적으로 된다. 그림 6-3의 오른쪽 그래프에서와 같이 수요가 상대적으로 탄력적일 때 조세 귀착의 부담은 더 작아진다. 두 그림 모두 시장에 새롭게 0.30달러 세금이 부과되는 경우를 보여주고 있지만, 구매자가 부담하는 가격은 다르게 나타난다. **수요가 상대적으로 탄력적일 때 세금의 부과로 인해 구**

그림 6-3 | 가격탄력성과 조세의 귀착

Ⓐ 세금이 부과되면 공급곡선은 수직축에서 측정했을 때 0.30달러(세금 금액)가 더 높아질 때까지 위로 이동한다.

Ⓑ 수요가 상대적으로 비탄력적이고 공급이 상대적으로 탄력적일 때 구매자의 가격은 많이 오르고 구매자는 세금의 더 큰 몫을 부담한다.

Ⓒ 수요가 상대적으로 탄력적이고 공급이 상대적으로 비탄력적일 때 구매자의 가격은 적게 오르고 판매자는 세금의 더 큰 몫을 부담한다.

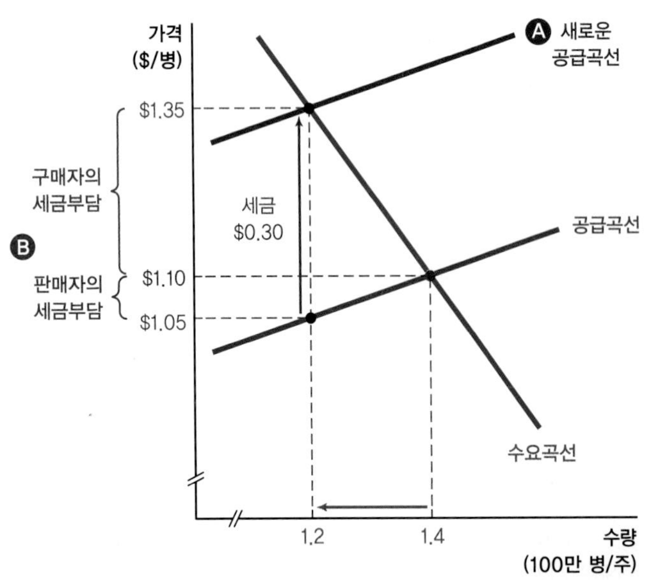

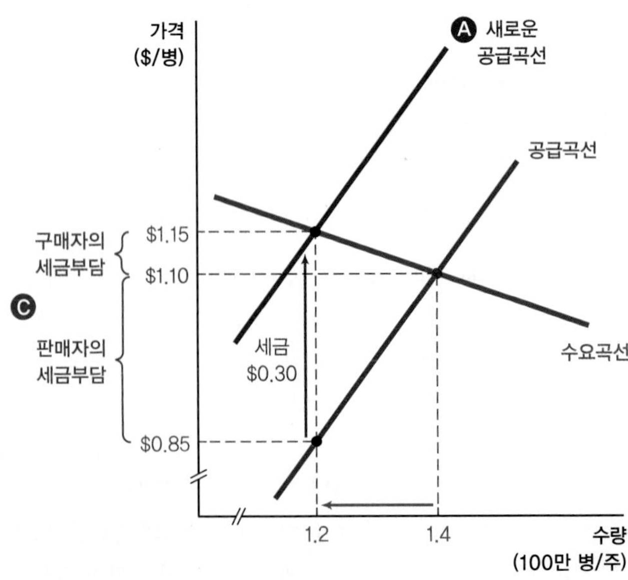

매자가 직면하는 가격 인상은 수요가 비탄력적일 경우에 비해 작다.

요약 : 더 탄력적인 요인이 더 작은 경제적 부담을 진다. 결국 세금은 정부로 보내질 것이고, 문제는 돈이 실제로 어디에서 왔는가 하는 것이다. 수요의 가격탄력성이 공급의 가격탄력성에 비해 크면 구매자는 경제적 부담에서 더 작은 몫을 담당한다. 이 경우 세금은 주로 고객을 유지하기 위해 가격을 더 낮추어야 하는 판매자로부터 나온다. 반대로 공급의 가격탄력성이 클수록 판매자가 부담하는 경제적 부담은 작아진다. 이 경우 세금은 많은 소비를 포기하기보다 더 높은 가격을 지불하려는 구매자에게서 나온다. 최종 결과는 탄력적일수록 조세의 경제적 부담을 덜 부담한다는 것이다. 기본 논리는 구매하거나 판매하는 수량을 변경하여 세금을 '피할 수' 있다는 것이다. 그리고 가장 큰 탄력성을 가진 사람은 더 효과적으로 '세금을 피할 수' 있다.

탄산음료의 경우 구매자의 수요가 판매자의 공급보다 상대적으로 비탄력적이다. 연구에 따르면 탄산음료 시장에서 구매자는 일반적으로 세금의 경제적 부담의 약 3분의 2를 부담하고 판매자가 3분의 1을 부담하는 것으로 나타났다. 왜 그럴까? 이는 기호의 문제이다. 사람들은 달콤한 음료를 좋아하기 때문에 설탕이 없는 다른 대체품을 그다지 좋아하지 않는다. 반면 판매자는 다른 제품을 판매할 수 있어 구매자와 비교해 조금 더 유연성을 가질 수 있다.

세금을 평가하는 3단계 과정

이제 세금 부과의 효과를 분석하기 위해 우리가 제4장에서 시장균형 결과를 찾는 데 사용하였던 3단계 방식을 적용해보자. 새로운 세금의 효과를 분석하는 데 다음의 세 질문을 던진다.

1단계 : 공급 혹은 수요곡선이 이동하는가?
구매자 혹은 구매자의 한계편익에 영향을 미치는 변화는 수요곡선을 이동시키고 판매자 혹은 판매자의 한계비용에 영향을 미치는 변화는 공급곡선을 이동시킨다(세금의 경제적 부담에 대해 배운 것을 감안하면 어떤 곡선이 이동하는지는 실제로 중요하지 않다!).

2단계 : 세금이 증가하면서 곡선이 왼쪽으로 이동하는가? 아니면 세금이 감소하면서 곡선이 오른쪽으로 이동하는가?
세금은 일반적으로 공급 또는 수요곡선을 왼쪽으로 이동시키는데, 이는 소비자가 세금의 법적 부담을 가질 때 세금은 소비자의 한계편익을 감소시키고, 판매자에게 법적 부담이 적용될 때는 세금이 판매자의 한계비용을 높이는 비용이기 때문이다. 한계편익이 감소하면 수요는 감소하고(왼쪽 또는 아래쪽으로 이동), 공급 측면에서 한계비용이 증가하면 공급이 감소한다(왼쪽 또는 위로 이동).

3단계 : 새로운 균형에서 가격과 수량은 어떻게 바뀌는가?
세전 시장균형과 세후 시장균형을 비교해보자. 세금이 부과된 경우를 살펴볼 때 한 가지 주의해야 할 사항은 구매자가 지불하는 가격과 판매자가 실제로 받는 두 종류의 가격이 있다는 것이다. 따라서 세후 시장균형가격을 살펴볼 때, 둘 중 어떤 가격을 의미하는지를 주의하면서 구분해야 한다.

이제 이러한 과정을 통해 휘발유에 세금이 부과될 경우 어떠한 일들이 일어나는지를 알아보도록 하자.

경제학 실습

미시간주는 미시간 주유소에서 판매되는 휘발유에 대해 갤런당 0.05달러의 세금을 새롭게 부과하기로 하였다. 판매자는 징수된 세금을 주 정부에 직접 보낸다. 즉, 새롭게 부과된 세금은 이미 주유소에 공지된 휘발유 가격에 포함되어 있다. 이러한 세금이 시장의 결과에 어떠한 영향을 미치는가?

3단계 과정을 사용하여 알아보도록 하자.

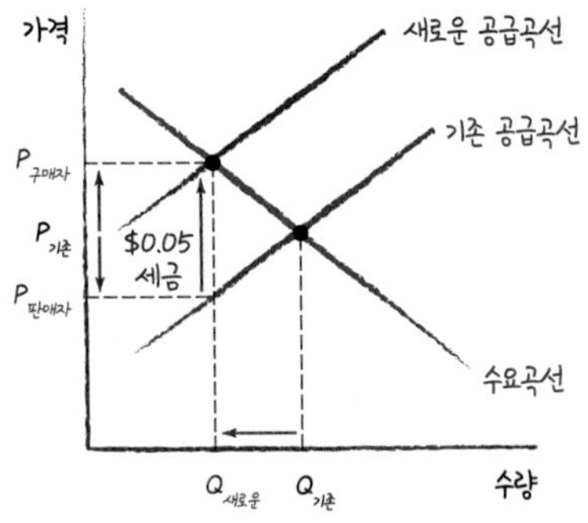

1단계 : 공급 혹은 수요곡선이 이동하는가?

세금은 판매자가 정부에 보내며, 따라서 공급곡선이 이동한다.

2단계 : 세금이 증가하면서 곡선이 왼쪽으로 이동하는가? 아니면 세금이 감소하면서 곡선이 오른쪽으로 이동하는가?

판매자에 대한 추가 세금은 추가로 판매되는 갤런마다 새로운 비용, 즉 정부에 보내는 데 필요한 돈이 새로운 비용으로 발생하기 때문에 판매자의 한계비용은 증가한다. 한계비용이 상승하면 공급은 감소하여 공급곡선이 왼쪽(위)으로 이동한다. 갤런당 0.05달러의 세금은 공급곡선이 수직축에서 0.05달러 위쪽으로 이동할 때까지 왼쪽(위)으로 이동한다.

3단계 : 새로운 균형에서 가격과 수량은 어떻게 바뀌는가?

휘발유 판매량은 감소하고, 판매자가 세후에 받는 가격은 내려가며 구매자는 더 높은 가격을 지불한다. ■

보조금 효과

보조금 특정한 선택을 하도록 정부가 지급하는 돈

지금까지는 세금에 대해 살펴보았다. 만약 정부가 세금이 아닌 보조금을 지급하는 경우에는 어떠한 변화가 발생하는가? **보조금**(subsidy)이란 정부가 특정한 선택을 하는 사람들에게 지급하는 지불금을 의미한다. 예를 들어 펠 장학금은 대학에 진학한 저소득층 학생에게 지급하는 보조금이다. 정부는 교육과 같이 특정한 상품이나 서비스 소비를 장려하기 위해 보조금을 지급한다.

정부 보조금에 대한 효과를 분석하기 위해 기존에 세금이 수요량과 공급량 그리고 가격에 미치는 영향을 분석하는 데 사용하였던 3단계 과정을 이용할 수 있다. 보조금은 세금과 같은 방식으로 작동하지만 다른 방향성을 가지고 있다는 점에서 음의 세금(negative tax)으로 고려할 수 있다. 따라서 보조금은 수요량과 공급량을 늘리고 소비자가 지불하는 가격을 낮추며 공급자가 받는 가격을 높인다. 또한 세금의 경우처럼 보조금 지급의 결과는 보조금의 법적 지급 주체가 누구인지에 따라 변하지 않는다.

보조금이 어떠한 결과를 도출하는지를 알아보기 위해 구체적인 예를 살펴보도록 하자. 모든 정부는 아이들이 좋은 유아 교육을 받을 수 있고, 부모들은 안심하고 일할 수 있도록 보장하기를 원한다. 이를 위해 정부는 종종 보육비용을 보조한다. 미국은 부모가 보육비용을 감당할 수 있도록 다양한 보조금을 제공하고 있으며 정책 입안자들은 이러한 보조금을 더 늘릴 것인지에 대해 논의한다.

정부가 어린 자녀의 부모에게 자녀 보육비로 3,000달러의 보조금을 지급하는 방안을 시행하려는 경우를 생각해보자. 보육원 원장이 새로운 보조금 지급으로 보육원에 들어오려는 아이들의 수를 예측하려 한다면, 세금의 효과를 분석하기 위해 사용한 3단계 과정을 사용하여 결과에 대해 예측할 수 있다.

첫 번째 단계는 수요 또는 공급곡선이 이동할 것인지를 살펴보는 것이다. 자녀를 양육하는 부모에게 보조금이 지급되면 각 가격에서 자녀를 보육에 맡기려는 부모의 의지는 더 높아질 것이고 따라서 보조금은 보육 시장의 수요곡선을 이동시킬 것이다. 즉, 부모가 자녀를 보육에 맡기기로 선택하면 정부로부터 3,000달러를 받기 때문에 보육 기관 이용의 한계편익은 증가한다. 이러한 분석은 '둘 중 하나'라는 질문을 분석하고 있다는 점에 유의해야 한다. 부모들은 자녀를

전문적인 보육 시설에 맡기거나 집에 둘 수 있다. 많은 부모가 자녀를 보육시설에 보내기 위해 매주 혹은 매월 그 비용을 지불해야 한다는 점에서 이는 합리적인 단순화이다.

두 번째 단계는 **보조금이 증가하면서 곡선이 왼쪽으로 이동하는지 아니면 보조금이 감소하면서 곡선이 오른쪽으로 이동하는지를 살펴보는 것이다.** 소비자에 대한 보조금은 보조금만큼 소비자의 한계편익을 높여 수요를 늘린다. 보조금 지급으로 '유효 가격'이 낮아지기 때문에 주어진 가격에서 부모들의 보육시설을 이용하려는 의지는 보조금 지급 이전보다 높아진다. 즉, 부모들이 자녀를 보육시설에 보내는 것만으로 정부가 3,000달러를 부모의 통장으로 보내주게 되면서 부모들은 자녀들을 보육시설에 보내기 위해 기꺼이 더 많은 금액을 지불할 것이다. 따라서 아동을 보육시설에 보내는 데 따른 한계편익에 3,000달러가 추가되며 수요곡선은 그림 6-4와 같이 보조금 지급액만큼 오른쪽 또는 위쪽으로 이동한다.

세 번째 단계는 **새로운 균형에서 가격과 수량은 어떻게 변하는지를 살펴본다.** 수요곡선은 오른쪽으로 이동하고 더 많은 양의 보육 공급량에서 공급곡선과 교차한다. 그 결과 보육의 균형가격은 상승한다. 보조금을 받기 전에 부모는 육아를 위해 연 1만 달러를 지불하였으나, 보조금 지급 후 수요곡선은 연 1만 2,000달러의 높은 가격에서 공급곡선과 교차한다. 결과적으로 보육 서비스 공급업체는 연 2,000달러의 인상된 가격을 받는다. 부모는 보육 공급업체에 1만 2,000달러를 지불하지만 정부로부터 3,000달러를 보조금으로 받으며 따라서 보조금을 고려했을 때 부모가 보육시설에 지급하는 비용은 연 1만 달러에서 9,000달러로 하락한다.

세금의 경제적 부담과 마찬가지로 보조금의 경제적 이익은 구매자와 판매자가 공유한다. 이 경우, 보육서비스 제공자가 받는 가격은 2,000달러 상승하며 보조금 후 부모의 보육시설 이용

그림 6-4 | 보육비 보조의 효과

새로운 보조금이 지급되면,

Ⓐ 보조금은 부모가 보육 서비스 구매 의지를 증가시킨다. 주어진 수량에 관계없이 보조금 전 가격이 3,000달러 더 높더라도 여전히 보육 서비스를 구매할 의향이 있다. 이것은 수직축으로 3,000달러 더 높아질 때까지 수요 곡선을 오른쪽으로 이동시킨다(구매자 보조금이므로 공급곡선은 영향을 받지 않는다).
Ⓑ 균형은 새로운 수요곡선이 공급곡선과 교차하는 곳에서 발생한다.
Ⓒ 구매한 보육의 양은 1,300만 명의 아동에서 1,500만 명의 보육 아동으로 증가한다.
Ⓓ 판매자는 현재 양육 중인 아동 1인당 2,000달러가 증가한 12,000달러를 받는다(=$12,000−$10,000).
Ⓔ 부모는 정부로부터 3,000달러 보조금을 받아 9,000달러를 지불한다. 따라서 보조금을 포함하여 소비자가 지불하는 가격은 1,000달러(=$10,000−$9,000) 감소하였다. 구매자와 판매자는 이러한 보조금의 혜택을 공유한다.

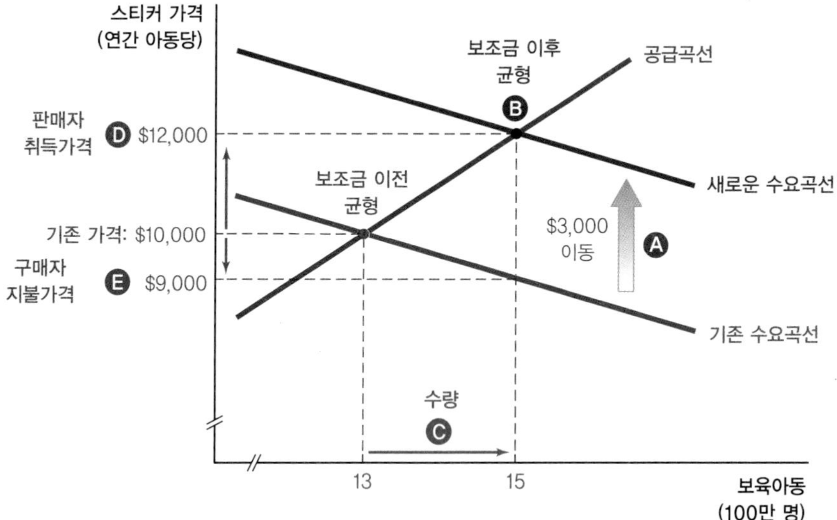

비용은 1,000달러 하락하였다.

구매자와 판매자 간의 보조금 분배를 결정하는 것은 무엇인가? 짐작할 수 있듯이 이는 수요와 공급의 가격탄력성이다. 수요가 공급과 비교해 더 탄력적일 때 구매자는 보조금의 혜택을 적게 받는다. 판매자는 공급이 비탄력적일수록 더 많은 보조금의 혜택을 누릴 수 있다. 공급이 상대적으로 비탄력적이라는 것은 판매자가 구매자가 원하는 수준으로 공급량을 늘리도록 유도하기 위해 더 큰 가격 인상이 필요함을 의미한다. 수요가 공급과 비교해 비탄력적인 경우는 그 반대이다. 구매자가 가격 변화에 대해 수요량의 변화가 작은 경우라면, 더 많은 보조금의 혜택을 받을 수 있다. 극단적으로 수요의 가격탄력성이 0일 경우(즉, 보조금이 수요에 변화를 주지 않음을 의미) 모든 보조금의 혜택은 구매자에게 돌아간다. 반면에 공급이 완전 비탄력적이라면 그 반대가 발생한다. 요컨대, 탄력적이라는 요인이 세금에서 회피할 수 있게 만드는 것처럼 탄력적 요인은 보조금을 피하는 요인으로 작동한다.

세금과 마찬가지로 보조금이 누구에게 지급되는지는 중요하지 않다. 만약 정부가 보육시설에 직접 보조금을 지급하기로 결정하면서 보육시설에 등록하는 아동 한 명당 3,000달러를 보조한다면 어떻게 될까? 세금과 마찬가지로 보조금의 경제적 부담, 혹은 이 경우에 경제적 편익은 누구에게 보조금이 지급되는지에 따라 결정되지 않는다. 이는 정부가 보조금을 부모에게 보내는 대신 보육시설에 보내도 똑같은 결과를 얻을 수 있다는 것이다. 공급자에게 지급된 보조금은 보조금 금액만큼 공급곡선을 오른쪽 또는 아래쪽으로 이동시키고 그 결과로 얻어지는 시장균형은 보조금을 부모에게 지급하는 경우와 정확히 일치한다. 새로운 균형 수량은 증가하고 구매자는 더 적게 지불하며 판매자는 보조금을 포함하여 더 많이 받게 된다. **세금이든 보조금이든, 세금의 경제적 부담을 누가 부담하고 보조금의 혜택을 받는지를 결정하는 것은 정부가 정한 법이 아닌 수요와 공급의 법칙이다.**

일상경제학 실제로 펠 장학금에서 얼마를 받는가?

당신 혹은 당신이 아는 누군가가 대학 등록금을 보조하는 펠 장학금을 받을 수 있다. 연방 펠 장학금 프로그램은 저소득 대학생에게 수십억 달러를 보조한다. 그러나 이중 실제로 얼마만큼이 펠 장학금을 받는 학생을 도와주는 금액이고 얼마만큼이 장학금을 받은 학생들이 다니는 대학에 이득이 되는가? 우리가 살펴본 바와 같이 조세의 귀착(혹은 보조금의 귀착)은 수요의 가격탄력성과 공급의 가격탄력성에 의해 결정된다. 보조금이 지원될 때, 일반적으로 거래량은 증가하고 공급자가 받는 가격도 상승한다(반면에 구매자가 지불하는 가격은 하락한다). 그러나 실제로 대학들이 펠 장학금 지원으로 가격은 올리고 학생은 더 많이 받아들이는가? 이 두 질문에 대한 대답은 '그렇다'이다. 펠 장학금으로 인해 이러한 장학금이 없었을 경우 대학에 진학하지 못했을 학생들도 대학에 진학할 수 있게 된다. 그러나 학생들이 이러한 장학금의 혜택을 100% 누리지는 않는다. 연구에 따르면 대학들은 펠 장학금 덕분에 저소득층 학생에 대한 지원액을 줄일 수 있게 됨에 따라 펠 장학금의 약 12%에 해당하는 혜택을 누릴 수 있다고 추정하였다. 실제로 대학들은 펠 장학금으로 인해 저소득층 학생에게 지급되는 학비 할인을 줄이면서 저소득층 학생에 대한 등록금을 약간 인상한다. ■

지금까지 세금이 경제적 활동에 어떤 영향을 미치는지를 살펴보았다. 이제는 정부가 시장의 결과를 개조하는 또 다른 방법인 직접적인 가격 규제로 넘어가도록 한다.

6.2 가격 규제

학습목표 가격상한과 가격하한의 결과를 평가한다.

때로는 지나치게 높거나 낮은 가격은 소비자나 생산자가 정부에게 가격을 규제하도록 압력을 행사하게 만든다. 정부가 특정 재화에 대하여 최대 가격을 설정하는 것을 **가격상한**(price ceiling)이라고 하고 반대로 정부가 특정 재화에 대한 최소 가격을 설정하는 것을 **가격하한**(price floor)이라고 한다.

가격상한 판매자가 부과할 수 있는 최대 가격

가격하한 판매자가 부과해야 하는 최소 가격

먼저 주택시장의 가격상한이 어떤 충격을 가져오는지를 살펴보도록 하자.

가격상한 : 규제로 인해 가격이 낮아지는 경우

임대료가 너무 비싸다! 주민들이 정책 입안자들에게 주택 가격을 규제하기 위해 뭔가를 하도록 압력을 행사하는 것은 일반적인 일이다. 많은 대도시에는 임대료 규제라고 불리는 주택 가격상한이 있다. 가격상한은 집주인이 월세로 부과할 수 있는 상한금액일 수도 있고 기존 세입자에게 월세를 올릴 수 있는 한도일 수도 있다. 이러한 가격상한이 임대 시장의 결과에 어떤 영향을 미치는지 살펴보도록 하자.

가장 먼저 주목할 점은 가격상한선이 균형가격보다 높다면 규제의 효과가 없다는 것이다. 경제학자들은 판매자가 부과할 수 있는 최고 가격이 균형가격 아래로 설정되어 있어 가격상한이 시장이 균형가격에 도달하는 것을 방해하는 경우를 **구속력 있는 가격상한**(binding price ceiling)이라고 부른다.

구속력 있는 가격상한 시장이 시장균형에 도달하는 것을 방해하는 가격상한으로 판매자가 부과할 수 있는 최고 가격이 시장균형가격보다 낮은 경우

가격상한은 가격을 낮추지만 물량 부족을 초래한다. 케이트는 오하이오에 사는 28세의 신문기자이다. 그녀는 클리블랜드 지역신문에 도시 정책에 관한 글을 쓰면서 종종 방송에 출연하기도 한다. 대학에서 신문방송학을 전공한 후, 지역신문사에서 일했으며 현재는 뉴스를 취재하고 있다. 수개월간의 네트워킹과 취업 지원을 통해 케이트는 꿈에 그리던 CNN 방송 기자로 취직하였다. 그러나 새로운 직장은 아파트 찾기가 매우 어려운 뉴욕시에 있다.

뉴욕시는 주택 임대에 가격상한을 두고 있다. 여기서는 수요-공급을 토대로 가격상한의 가능한 결과를 파악하도록 한다. 뉴욕 맨해튼 지역의 원룸형 아파트 시장을 분석해보자. 그림 6-5는 원룸형 아파트의 수요와 공급곡선을 보여준다. 시장균형은 이들 두 곡선이 교차하는 지점에서 발생하며, 그림 6-5에서는 월 3,000달러의 임대료에서 100만 호의 원룸형 아파트가 공급되어 100만 임대인의 수요와 일치하는 시장균형을 이룬다. 따라서 가격상한은 3,000달러 미만에서 설정되는 경우에만 구속력을 갖는다. 예를 들어, 정부가 4,000달러의 가격상한을 설정할 경우, 시장에서는 3,000달러의 시장가격에 아파트 임대가 거래되면서 가격상한은 효과를 발휘하지 못한다.

그림 6-5에서 평행선으로 표시한 2,000달러의 가격상한이 설정되었다고 가정하자. 공급곡선에 따르면 2,000달러에서 공급량은 시장균형 공급량보다 적은 총 95만 호의 원룸형 아파트가 공급된다. 반면에 수요곡선이 말해주는 것은 2,000달러의 임대료에서 수요량은 시장균형 수요량보다 많은 110만 호라는 것이다. 이러한 수요량과 공급량의 차이를 물량 부족(shortage)이라고 하며 2,000달러의 가격상한에서는 15만 명의 수요자가 아파트를 임대하지 못하게 된다. 케이트도 몇 주 동안 아파트를 찾기 위해 노력하였으나 결국 찾지 못했다. 결국 도시 외곽에 있는 아파트를 임대하고 매일 기차로 CNN의 뉴욕 사무실로 험난한 통근을 하기로 하였다.

임대료 규제는 물량 부족을 만들어 케이트와 같은 외지인에게 불편함을 끼치지만 임대료 통제 아파트에 거주하는 사람들에게 적어도 어느 정도는 혜택을 준다. 벤과 제시카는 센트럴 파

그림 6-5 | 임대료 규제와 뉴욕 아파트 시장

가격상한이 적용되면,

Ⓐ 규제가 없을 때, 100만 채의 아파트가 월 3,000달러에 임대된다.
Ⓑ 가격상한선은 한 달에 최대 2,000달러의 임대료를 설정한다.
Ⓒ 공급업체는 이 가격에서 95만 채의 아파트를 임대할 의향이 있다.
Ⓓ 소비자들은 이 가격에 110만 채의 아파트를 수요한다.
Ⓔ 이로 인해 15만 채의 아파트가 부족해진다.

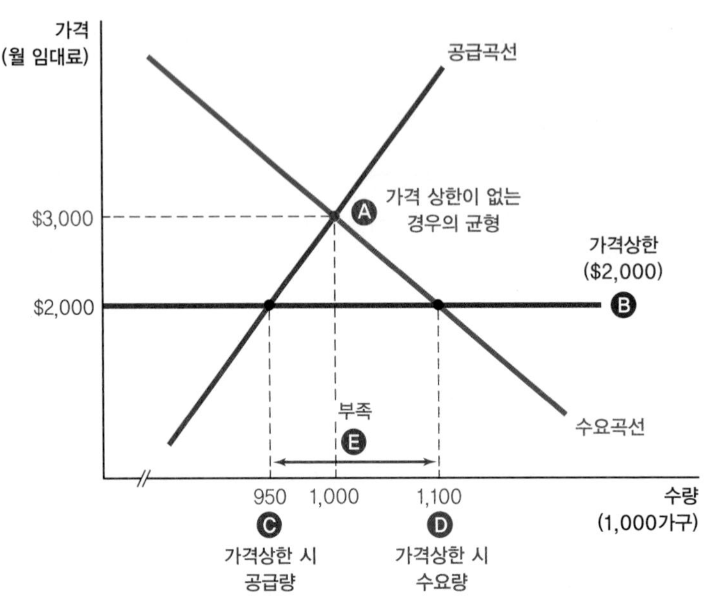

크에서 도보 거리에 있는 뉴욕 북서쪽에 임대료가 관리되는 원룸형 아파트에 사는 젊은 부부이다. 낮은 임대료는 이들이 돈을 절약하고 다른 방법으로는 감당하기 어려웠던 고급 동네에서 살도록 도왔다. 하지만 이제 자녀를 가질 준비를 하면서, 시끄럽고 활기찬 아이를 위한 공간이 충분하지 않다고 생각한다. 이사를 해야 하지만 현재 아파트를 떠나면 뉴욕시에서 다른 아파트를 찾을 수 없을까 걱정하고 있다. 임대료 규제로 인한 물량 부족은 케이트와 마찬가지로 그들에게도 동일하게 적용된다. 더 넓은 아파트를 찾기 위한 노력이 무산되면서, 그들은 뉴욕시를 떠나 다른 지역으로 이사하기로 하였다.

가격 규제는 의도치 않은 결과를 불러온다. 가격 규제가 아파트를 찾지 못하는 사람들을 만들면서 집주인들은 손쉽게 세입자를 구할 수 있다는 사실을 알게 된다. 결과적으로 집주인은 종종 세입자의 수리 요청을 심각하게 받아들이지 않는다. 그들은 현재 임차인이 집에 만족스럽지 않더라도 임대를 기꺼이 인수하려는 수천 명의 사람이 있다고 생각한다. 사실, 집주인이 더 좋은 집을 위해 더 높은 가격을 청구할 수 없다면 아파트를 개선하기 위해 노력해야 할 동기가 없다. 임대료 규제 아파트에서의 '협상'은 세입자가 집주인이 부담해야 했을 아파트 유지비를 자신이 지불함으로써 부분적으로 '실패'할 수 있다.

Thomas Koehler/Getty Images

임대료 규제 아파트 소유주는 수리에 대한 유인이 적다.

임대료 규제는 임대인이 세입자를 선택하는 방법을 변경할 수도 있다. 구속력 있는 가격상한이 있는 경우 각 아파트를 임차하기를 희망하는 수십 명의 세입자가 있다. 그렇다면 집주인은 가족이나 친구 또는 정치적 신념을 공유하거나 집주인과 관계가 있는 사람 등 임의의 기준에 따라 아파트를 임대할 사람을 정할 수 있다. 일부 임대인은 인종, 민족, 가족 상태, 종교 또는 성별에 따라 세입자를 불법적으로 거부할 수도 있다.

임대료 규제는 잠재적 세입자의 행동 방식을 변경할 수도 있다. 임대료가 규제되는 아파트를 찾기 위해 서두르는 사람들은 공실 아파트에 대해 알아보기 위해 부동산 중개인에게 뇌물을 제공하거나 혹은 뇌물 대신에 '발견자 수수료(finders' fee)'라는 합법적인 대안을 제공할 수 있다. 반면에 그렇지 않은 사람들은 공실 아파트를 찾기 위해 주말 내내 주변 빌딩을 돌아다닐 수도 있다. 또한 운 좋게 임대료 규제 아파트를 구한 사람은 비공식적으로 더 높은 가격으로 다른 사람에게 재임대하는 암시장이 나타나기도 한다. 이처럼 다양한 가능성이 있지만, 각각의 경우 뇌물이나 발견자 수수료, 비공식적인 재임대에 따른 비용을 포함한 아파트 임대 가격은 임대료 규제에서 정한 월 2,000달러를 상회한다는 동일한 결과를 낳는다.

일상경제학 바가지 요금 방지법은 적절한가?

우버가 순간적으로 수요가 몰리는 시간/지역에 가격 급등(surge pricing) 제도를 도입했을 때 경제학자들은 환호했고 이용자들은 야유했다. 사실, 수요가 많은 순간에 가격을 순간적으로 인상한다는 생각은 공감하기 어려운 방식으로 많은 주에서 특히 긴급 기상 상황에서 그러한 일시적인 가격 인상을 금지한다. 이러한 법들은 '가격 변동'을 금지한다. 그러나 이것이 좋은 생각일까?

발전기, 물, 빵, 가스와 같은 공급품은 큰 폭풍이 몰아치면 모두 빠르게 사라질 수 있고 눈보라 속에서 택시를 타는 것이 불가능할 수 있다. 모든 사람이 원래 가격으로 원하는 만큼 얻을 수 있는 것은 아니다. 바가지 요금 방지법을 지지하는 사람들은 기업이 보유하고 있는 재고에 제한이 있어서 가격 인상이 기업에만 도움이 되며 따라서 공급이 매우 비탄력적이라고 주장한다. 또한 바가지 요금은 높은 가격에 생필품을 구하기 어려운 가난한 사람들에게 피해를 준다고 주장한다.

바가지 요금을 허용해야 한다고 주장하는 사람들은 바가지 요금 방지법이 가격상한의 한 형태라고 지적한다. 즉, 바가지 요금 방지법으로 인해 공급량은 감소하고 수요량은 증가하여 물량 부족 사태를 불러온다고 이야기한다. 예를 들어, 긴급 기상 상황에서 가격상한은 긴 줄의 앞에 있는 소비자로 하여금 정상가격으로 '만약의 경우를 대비해' 필요 이상의 빵을 과잉 구매하게 할 수 있고 이는 물량 부족 사태를 악화시킨다. 또한 바가지 요금 방지법 비판자들은 가격 상승을 허용하면 심지어 자연재해 중에도 공급량을 증가시킬 수 있다고 주장한다. 그들은 높은 가격이 진취적인 사람들로 하여금 공급이 필요한 지역에 더 많은 공급이 이루어지도록 하는 방안을 찾도록 유도한다고 믿는다.

어떻게 생각하는가? (힌트 : 이 논쟁은 폭풍이 몰아치는 동안의 수요와 공급의 단기 가격 탄력성에 크게 좌우된다는 점에 유념하라) ■

가격상한은 많은 시장에서 물량 부족을 유발한다. 요약하면, 구속력 있는 가격상한은 물량 부족과 구매 대기행렬로 이어질 수 있다. 검색비용, 발견자 수수료, 뇌물, 암시장의 등장 등은 구매자의 총비용을 가격상한 이상으로 올릴 수 있다. 이러한 결과는 뉴욕시 아파트 시장에만 국한된 것이 아니라 가격상한이 적용되는 수요자와 공급자에게 언제나 가능한 결과이다. 가격상한의 다른 예는 다음과 같다.

Cecile Marion/Alamy

가격상한 : 당신에게 재고가 없는 물건으로 피해를 보지 않을 것을 약속하는 것

- 대출회사가 과도하게 높은 이자율을 부과하지 못하도록 방지하는 '고리금지법'. 이 법은 차용인의 착취를 방지하지만 회사가 충분히 높은 이자율을 부과하지 못할 경우 대출을 완전히 거절할 수 있다.

- 종종 지방 정부에서 정하는 택시 요금. 요금이 너무 낮게 설정되면 택시를 타기가 어려울 수 있다(토요일 밤이나 폭풍우 속에서 택시를 잡는 경우를 생각해보라).
- 베네수엘라의 식품 및 세면용품에 대한 가격상한으로 인해 필수품의 물량 부족이 발생하였고 상품에 대한 대규모 암시장이 생겨났다.
- 캐나다의 처방약에 대한 가격상한으로 인해 캐나다에서 사용할 수 있는 신약이 줄었다.

자료 해석 왜 신장 기증의 물량 부족이 발생하는가?

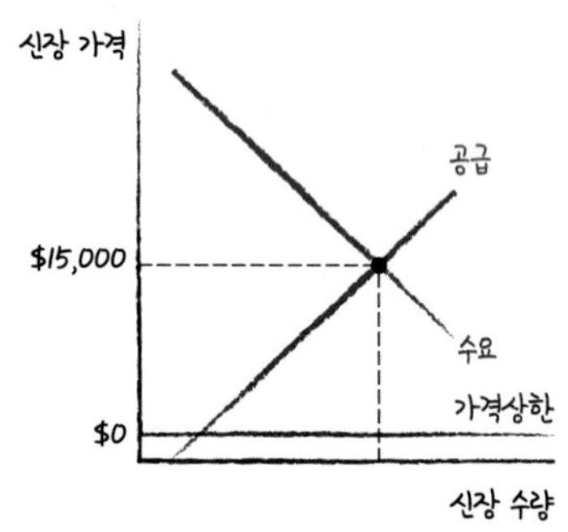

제이드 첸은 미시간주에서 말기 신부전을 앓고 있는 40세 여성이다. 신장의 6%만 작동하는 제이드는 집중적이고 불편한 투석 치료를 통해 삶을 이어가고 있다. 제이드는 신장 이식을 받는다면 건강한 삶을 다시 시작할 수 있지만 불행하게도 그녀는 신장 기증자를 찾을 수 없었다. 이는 제이드만의 문제가 아니다. 미국의 신장 이식 대기자 명단에는 약 8만 명이 올라있으며 매년 약 4,000명의 대기자가 기증자를 찾기 위해 기다리는 동안 사망한다.

그러나 이것들은 모두 예방 가능한 죽음이다. 우리는 모두 2개의 신장을 가지고 태어났지만 하나만 있어도 살아갈 수 있다. 하나의 신장을 기증하면 남은 신장이 강해져 기증한 신장의 역할을 대신한다. 제이드 같은 사람에게 여분의 신장을 제공하는 것은 저렴하고 상당히 안전하다. 그렇다면 왜 신장이 부족한가?

국가장기이식법은 장기를 기증하는 대가로 금전적 대가를 받는 것을 불법으로 규정하고 있다. 사실상 이 법은 신장에 대해 0달러의 가격상한을 설정한 것이다. 이러한 가격상한은 '여분의' 신장을 가지고 돌아다니는 수백만 명의 사람들이 신장을 공급할 동기가 거의 없음을 의미한다. 결과적으로 이러한 0달러의 가격상한에서 공급되는 신장의 공급량은 수요량보다 적기 때문에 공급 및 수요 분석에서 예측한 바와 같이 심각한 물량 부족이 발생한다.

비용-편익의 원리는 혜택이 비용을 초과하는 경우에만 신장을 기증한다고 말한다. 신장을 기증하는 비용은 신장 기증을 위해 며칠 혹은 몇 주 일을 하지 못하는 것이다, 기증 과정에서 건강상의 합병증을 경험할 수 있다는 가능성, 다소 높아지는 노후의 신부전 가능성 등을 포함한다. 금전적 혜택이 없으므로 누군가가 건강을 회복하도록 돕는 것에 대한 기증자의 성취감은 신장을 기증하기 위한 비용과 같거나 그 이상이어야 한다. 그 결과 오늘날 많은 신장 기증이 가족들 간에 이루어진다.

경제학자인 그레이 벡커와 훌리오 엘리아스는 기증자들에게 그들의 노력에 대한 보상으로 1만 5,000달러만 지급한다면 현재의 신장 부족을 해소할 수 있다고 계산했다. 이는 기증된 신장이 제이드와 같은 사람들에게 더 높은 삶의 질과 더 긴 수명을 줄 수 있다는 사실에 비하면 매우 적은 요금이다. 사실, 벡커와 엘리아스는 신장을 기증받음으로써 제이드와 같은 사람에게 돌아갈 수 있는 이득을 50만 달러 이상으로 평가하였다.

그렇다면 전 세계 대부분의 국가에서 신장과 같은 장기 판매가 금지되는 이유는 무엇인가? 한마디로 이는 반감 때문이다. 사람들은 장기에 대해 비용을 지불한다는 생각이 우리의 본질적인 인간성을 '상품화'하는 것으로 여기고 장기 거래에 혐오감을 느낀다. 사람들은 가난하고 절망적이거나 장기 기증의 위험을 이해하지 못한 사람들이 1만 5,000달러에 신장을 기증하도록 유도될 수 있다고 두려워한다. 또한 그들은 신장 시장은 자발적인 신장 기증의 진정성을 낮춤으로써 신장의 자발적인 기증 가능성을 낮출 수 있다는 점을 우려한다.

이러한 문제에 대해 당신은 어떻게 생각하는가? ■

가격하한 : 규제로 인해 가격이 높아지는 경우

가격상한의 반대는 최저가격을 설정한 가격하한이다. 만약 가격하한이 시장균형가격보다 낮다면 가격하한은 실제로 작동하지 않는다. 판매자가 부과해야 하는 최저 가격인 가격하한이 시장균형가격보다 높아 시장이 균형가격에 도달하지 못하는 경우, 경제학자들은 이를 **구속력 있는 가격하한**(binding price floor)이라고 한다.

구속력 있는 가격하한 시장이 시장균형에 도달하는 것을 방해하는 가격하한으로 판매자가 부과하는 최저 가격이 시장균형가격보다 높은 경우

정부는 다양한 이유로 구속력 있는 가격하한을 실행한다. 때로 정부는 판매자를 돕기 위해 가격을 올리려 한다. 예를 들어, 시간당 부과되는 노동의 최저가격을 표시하는 최저임금은 가격하한의 한 예이다. 정부는 일반적으로 저임금 노동자의 임금을 올리기 위해 최저임금을 설정한다. 노동에 대한 수요량 감소는 최저임금에 따른 바람직하지 않은 부작용이다. 또한 정부는 판매량을 줄이려 노력하기도 한다. 예를 들어, 많은 정부가 주류 소비를 줄이기 위해 술에 대한 가격하한을 설정한다.

이러한 두 가지 목표는 가격하한의 두 가지 효과를 보여준다: 가격하한은 가격을 올리고 판매량을 낮춘다.

이제 가격 규제를 분석하는 방법을 사용하여 주류에 대한 가격하한을 살펴보도록 하자.

가격하한 설정은 주류 소비량을 줄인다. 과도한 술 소비는 건강 문제, 범죄 및 공공 소란의 형태로 사회에 높은 비용을 부과한다. 당연히 정부는 사람들이 술을 덜 마시도록 장려하는 정책을 채택하도록 압력을 받는다. 이에 일부 국가에서는 주류에 대한 최저가격을 설정하였다.

최저가격은 시장균형가격이 더 낮더라도 주류가 더 낮은 가격으로 판매되지 못하도록 하는 가격하한이다. 캐나다의 많은 주에서 주류 가격 규정이 있으며 미국의 일부 주에서는 주류 가격을 규제한다. 최근 스코틀랜드에서는 맥주 한 캔의 최저 가격을 1.50달러로 설정하는 명확한 가격하한을 채택하였다. 그러한 정책으로 인해 예상되는 효과는 무엇인가?

그림 6-6 | 스코틀랜드의 술에 대한 가격하한

가격하한이 적용되면,

Ⓐ 규제가 없을 때, 연간 150억 캔의 맥주가 캔당 1.00달러의 가격에 판매된다.
Ⓑ 가격하한선은 캔당 1.50달러의 최소 가격을 설정한다.
Ⓒ 소비자들은 이 가격에서 연간 130억 캔을 수요한다.
Ⓓ 공급자는 이 가격에서 연간 170억 캔을 판매할 용의가 있다.
Ⓔ 이로 인해 연간 40억 캔의 맥주가 초과공급된다. 즉, 생산자가 이 가격에서 최대 40억 캔의 맥주를 더 생산하고 판매할 의향이 있지만 정부가 이를 막는다.

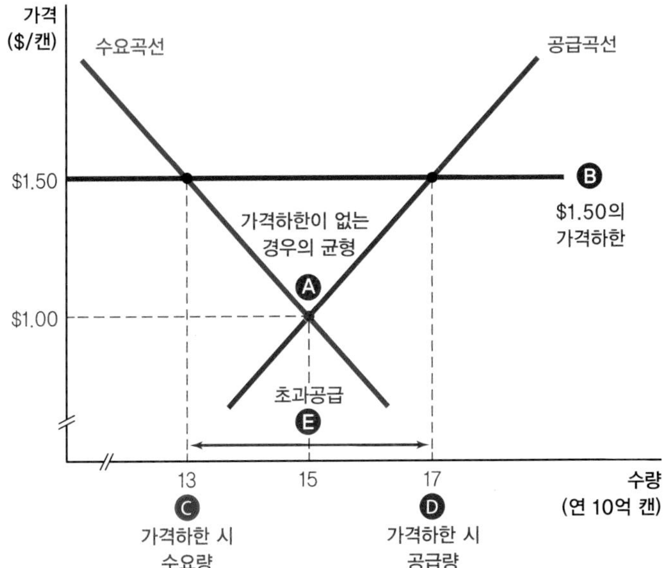

가격규제를 분석하는 첫 번째 단계는 규제가 구속력이 있는지 보는 것이다. 그림 6-6은 맥주 한 캔당 균형가격이 1달러인 맥주 시장을 보여준다. 맥주 한 캔에 대한 최저가격을 1.50달러로 설정한다면, 이러한 가격하한은 구속력이 있으며 가격을 결정한다.

가격하한으로 설정된 높은 가격에서 수요량은 공급량보다 적다. 구속력 있는 가격하한에서 생산량은 하한 가격에서의 수요량과 공급량의 최솟값이 된다. 그림 6-6에서 가격하한이 설정되면 가격은 1.50달러로 상승하며, 수요량은 연간 150억 캔에서 130억 캔으로 감소한다. 그러나 균형가격보다 높아진 가격으로 인해 공급량은 170억 캔으로 증가한다. 공급량과 수요량의 차이인 40억 캔의 맥주는 잠재적 초과공급이 된다.

초과공급은 어떻게 되는가? 완전경쟁시장에서 판매자는 시장균형가격에서 자신이 원하는 만큼의 물량을 팔 수 있다. 그러나 정부가 구속력 있는 가격하한을 설정하는 경우, 완전경쟁시장의 특징은 더는 유효하지 않게 된다. 일부 판매자들은 자신의 물건을 사줄 구매자를 찾지 못하게 되며, 결과적으로 암시장을 통해 불법적으로 자신들이 판매하는 상품을 가격하한보다 낮은 가격에 판매하려 한다. 혹은 가격하한으로 인해 시장 판로를 확보하려는 판매자들 간의 경쟁이 치열해지고 일부 판매자가 시장에서 나가는 결과를 초래할 수도 있다.

우리에게 익숙한 초과공급의 형태로는 실업이 있다. 실업은 기업이 지불하는 임금보다 더 많은 사람들이 그 임금으로 일하기를 원할 때 발생한다. 즉, 노동자의 초과공급이 발생한다. 최저임금은 가격하한을 설정하며, 가격하한이 구속력이 있으면 공급량(최저임금을 지급하는 일자리를 원하는 사람들)은 수요량(최저임금으로 사람들을 고용하려는 고용주)을 초과한다. 이러한 공급량과 수요량의 차이로 인해 일부 사람들은 가능한 일자리 찾을 때까지 실업 상태로 남게 된다.

일상경제학 **농부는 왜 가격하한을 좋아하는가?**

전 세계 농부들은 자국 정부에 자신들이 생산하는 농산물 제품에 대하여 가격하한을 설정해 달라고 요청한다. 왜 그런가? 우리가 본 바와 같이 가격하한은 가격을 상승시키고, 이로 인하여 기업의 이윤폭(단위수량당 이윤)은 커진다. 그러나 높은 가격은 수요량을 감소시키며, 따라서 농부들은 더 높은 가격을 받지만 수 있지만, 판매량은 줄어든다. 그렇다면 농부들은 왜 정부가 가격하한을 설정하기를 원하는가? 그것은 농부들이 정부에 대해 제품의 가격하한을 설정하는 것과 더불어 정부가 초과공급 물량을 사도록 로비를 하기 때문이다. 즉 농부는 가격하한 전보다 높은 가격에서 소비자들에게 적은 물량을 판매하고 소비자에게 판매되지 않은 초과공급 물량을 정부에게 높은 가격에 판매한다. 이는 소비자 입장에서는 두 번의 손실이 발생하는 셈이다. 먼저 소비자는 비싼 가격에 상품을 구매해야 하고 동시에 정부가 농부의 초과공급 물량을 구매할 수 있도록 더 많은 세금을 내야 한다. 그렇다면 정부가 구매한 초과공급 물량으로는 무엇을 할까? 초과공급 물량 중 일부는 미국 내 푸드뱅크와 식품 저장고로 보내지고 일부는 원조의 형태로 해외로 보내진다. ■

6.3 수량 규제

학습목표 수량 규제의 결과를 분석한다.

수량 규제 판매의 최소량 또는 최대량

행정명령 재화를 팔거나 살 때 최소한의 수량을 충족해야 한다는 조건

정부가 시장의 최고 또는 최저 가격을 정하는 것처럼, 판매할 수 있는 최대 또는 최소 수량을 규정하는 **수량 규제**(quantity regulation)도 설정할 수 있다. **행정명령**(mandate)은 구매하거나 판

매해야 하는 최소한의 물량을 명시한다. 건강보험에 관한 행정명령에 따라 소비자는 건강보험을 구매해야 한다. 주거에 관한 행정명령은 개발자가 새 주택을 지을 때 일정량의 저소득자용 주택도 건설(따라서 공급)해야 한다고 규정할 때 발생한다. 구매자에게 구속력 있는 행정명령(명령 조항이 없는 경우의 균형수량이 명령 조항에서 규정한 물량보다 낮아지는 경우)은 구매자의 수요량을 늘린다. 판매자에 대한 구속력 있는 행정명령은 판매자가 공급하는 수량을 증가시킨다. 두 경우 모두 재화 혹은 서비스의 판매량은 명령된 수량까지 증가한다.

쿼터(quota)는 판매할 수 있는 재화의 최대 수량을 제한한다. 대마가 합법화된 많은 주에서는 구매자 한 사람이 하루에 구입할 수 있는 대마의 양을 제한하는데, 이는 구매자에 대한 할당 사례이다. 이러한 제한은 수요를 줄여 판매량을 줄이기 위해 도입되었다. 그러나 쿼터는 보편적으로 공급자에게 적용된다. 예를 들어, 뉴욕시에는 택시 쿼터가 적용되고 있으며, 택시 소유자가 '메달리온(미국에서 택시 면허권을 의미함_역자 주)'을 보유한 경우에만 합법적이며 메달리온은 현재까지 총 1만 3,600개만 발행되었다. 따라서 출퇴근 시간에도 뉴욕시의 택시는 최대 1만 3,600대를 넘지 않는다. 물론 뉴욕에서 택시는 우버나 리프트 같은 회사와 경쟁한다. 우버나 리프트 시장에 진입하게 된 동기와 이들이 운송 서비스 시장을 어떻게 변화시켰는지 이해하려면 판매자에 대한 쿼터가 공급량과 가격에 어떤 영향을 미치는지 이해해야 한다. 아래에서는 먼저 주택시장의 쿼터에 대해 살펴보고 택시 시장에서 무슨 일이 일어났는지 살펴보도록 하자.

쿼터 최대 판매량의 한도

쿼터

조용하고 녹음이 우거진 동네를 지나게 되었다면 일반적으로 그러한 환경은 우연히 만들어진 것이 아니다. 구획법은 특정한 지역에 아파트 대신 뒷마당이 있는 집이 들어서게 되는 중요한 요인이 된다. 구획법에 따라 특정 지역에 지을 수 있는 주택의 유형과 수량이 명시된다. 많은 미국의 도시와 교외 지역은 구획법이 적용되며 그 결과 일반적으로 주택의 수는 줄어들고 가격이 높아진다. 왜 그런가? 이는 구획법이 쿼터를 부과하여 지을 수 있는 주택 수를 제한하기 때문이다. 수요와 공급을 사용해 왜 이런 일이 발생하는지 살펴보도록 하자.

시애틀은 주택 개발을 제한하는 구획 규정을 적용하는 도시이다. 그림 6-7은 시애틀의 주택 수요, 공급과 주택 쿼터의 결과를 보여준다. 정부 규제가 없다면 수요와 공급이 균형을 이룰 때 시장균형이 발생할 것이고, 시애틀에서는 70만 채의 주택이 각각 40만 달러에 거래된다.

쿼터는 가격을 올린다. 그림 6-7에서 구획 규정으로 최대 주택의 수는 30만 호로 제한된다. 소비자는 더 많은 주택을 구매하기를 원하고 공급자는 더 많은 주택을 공급하기를 원하기 때문에 쿼터는 구속력을 갖는다. 즉, 쿼터에 의해 시장에서 거래되는 주택의 수가 결정된다. 주택 공급자는 주택 가격이 20만 달러 이상일 경우 30만 호의 주택을 공급할 것이다. 그림 6-7에서 공급곡선과 최대 수량이 교차하는 곳에 해당하는 가격인 20만 달러가 이를 보여준다.

반면 30만 채의 주택만 가능한 상황에서 구매자는 주택에 대해 최대 60만 달러까지 지불할 용의가 있다. 그림 6-7에서 수요곡선과 최대 수량이 교차하는 곳의 가격 60만 달러가 이를 보여준다. 주택 공급자들이 주택을 60만 달러보다 싸게 팔려고 하면, 시장에는 주택을 사려는 사람이 팔려는 사람보다 많아진다. 구매자들은 자신들이 원하는 만큼의 주택을 수요할 수 있는 반면 판매자의 주택은 30만 호로 제한되어 있기 때문에 구매자들은 제한된 주택을 구매하기 위해 서로 경쟁한다. 이러한 구매자들 간의 경쟁은 구매자의 수요량이 구획 규제로 인해 공급 가능한 최대 물량과 일치하는 가격인 60만 달러까지 가격을 끌어올린다. 판매자는 더 낮은 가격에서도 주택을 팔 용의가 있지만, 구매자들 간의 회소한 재화에 대한 경쟁으로 인해 구매자

그림 6-7 | 구획법과 시애틀 주택시장

최대수량 제한이 적용되면,

Ⓐ 규제가 없을 때, 70만 채의 주택이 각각 40만 달러의 가격에 판매된다.
Ⓑ 구획법으로 인해 주택 수는 최대 30만 채로 제한된다.
Ⓒ 공급자는 가격이 20만 달러 이상인 경우 이 수량을 기꺼이 판매한다.
Ⓓ 구매자는 이 주택에 대해 최대 60만 달러까지 지불할 의향이 있다.
Ⓔ 판매자에게 수량 규제가 부과되면 구매자 간의 경쟁으로 가격이 60만 달러까지 상승한다.

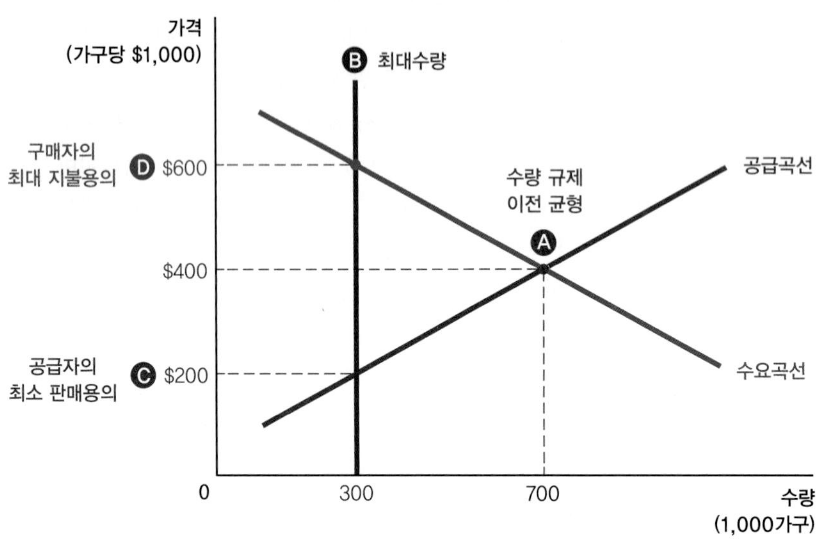

는 높은 가격을 지불하게 된다.

구획법 덕분에 시애틀의 주택 소유주는 자신들의 주택을 구획법이 없는 경우보다 20만 달러 더 비싸게 팔 수 있고(쿼터가 없을 때의 가격인 40만 달러에서 쿼터로 인해 가격이 60만 달러로 상승한다) 덜 혼잡한 환경을 즐긴다. 그러나 이러한 높은 가격을 감당할 수 있는 사람은 많지 않고, 비싼 주택 가격을 감당할 능력이 있는 사람은 실제로 높은 가격을 내야 한다.

이러한 시애틀의 주택시장에 대한 규제는 시애틀로 이주하기를 원하는 인디라 같은 사람에게 직접적인 영향을 미친다. 휴스턴에 거주하는 소프트웨어 엔지니어인 인디라는 자신의 경력을 위해 시애틀에 본사를 둔 아마존의 구인 제안을 수락하였다. 그러나 시애틀의 구획 규제로 인해 인디라는 시애틀에서 자신이 원하는 가격대의 주택을 찾을 수 없었고, 결국 휴스턴에 머물면서 원격으로 아마존에서 일하기로 하였다. 이러한 방식을 통해 인디라는 저렴한 주택에서 거주할 수 있지만 동료들과 유대감을 형성하기가 어려워졌고, 회사에 자신의 능력을 보이고 승진할 기회가 제한되었다.

일상경제학 우버와 리프트는 어떻게 정부의 택시 쿼터를 약화시켰는가?

많은 도시에서 정부가 결정한 쿼터에 따라 택시 수를 제한한다. 우리가 살펴본 바와 같이, 공급을 제한하는 쿼터는 가격을 올리고 거래량을 감소시킨다. 공급자들은 더 낮은 가격에서도 공급할 용의가 있으며, 이는 쿼터가 있는 택시 시장에서 추가적 택시 승차 서비스를 제공하는 데 따르는 한계비용이 택시 승차 가격보다 훨씬 낮다는 의미다. 가격과 한계비용의 차이는 잠재적인 공급자가 규제를 우회할 수 있는 방법을 찾게 만든다. 우버와 리프트는 규제를 우회할 방법을 발견한 기업들이다. 우버와 리프트는 승차 공유라는 대안 사업으로 시장에 진입하면서 승차 공유 사업은 정부의 수량 규제의 적용을 받지 않는다고 주장하였다.

연구에 따르면 도시의 운전기사 공급은 50% 증가하였고 평균적으로 승차에 대한 가격이 하락함에 따라 택시 기사들의 수입도 감소한 것으로 나타났다. 이처럼 승차 공유 회사는 공급을 제한하는 규제를 약화시키고 가격을 낮추는 효과를 불러왔다. 그러나 가격을 다른 방향으로 이동하게 한 또 다른 효과가 있었다. 승차 공유 회사는 잠재적인 승객과 운전자를 연결하는 기술을 개선하였다. 결과적으로 승객은 더 이상 택시를 부르기 위해 빗속에 서 있을 필요가 없어지고 편안한 곳에서 휴대 전화로 차량을 찾을 수 있게 되었다. 이러한 기술 변화는 운전자가 승객을 태우고 운전하는 데 더 많은 시간을 할애하고 승객을 찾는 시간을 줄일 수 있게 만듦으로써 운전자의 생산성을 향상시켰다. 또한 승객의 한계편익을 높임에 따라 소비자의 수요를 증가시켰다. ■

쿼터는 아주 흔하게 볼 수 있다. 수량 규제는 우리가 '전통적인' 시장으로 생각할 수 있는 것 이상으로 아주 흔하게 볼 수 있기 때문에 수량 규제를 분석하는 것은 방대한 종류의 정부 규제를 이해하는 데 유용할 수 있다. 다음은 이러한 쿼터의 다른 사례를 보여준다.

- 이민 쿼터는 노동자 공급을 효과적으로 제한한다.
- 중국은 각 가정이 최대 2명의 자녀를 가지도록 한다.
- 수입 쿼터는 수입국으로 수입되는 상품의 수를 제한하고 세관 규정은 해외에서 반입할 수 있는 기념품의 종류와 수량을 제한한다.
- 미국 정부는 정부가 지원하는 병원 레지던트와 의사의 수를 제한한다.
- 환경 규제는 기업들이 배출하는 공해의 양을 제한한다.
- 가뭄이 심할 때, 도로 중앙분리대 화단에 물을 주는 것을 금지한다.
- '수렵 가능 기간'은 합법적으로 사냥할 수 있는 날을 제한하고 수렵되는 동물의 개체 수를 제한한다.
- 미국 교통부는 트럭 운전자의 주당 근로시간을 제한한다.

각각의 경우에, 이러한 규제는 각 활동의 수량을 제한한다.

가격 규제와 수량 규제의 비교. 이제 수량 규제와 가격 규제를 분석하는 접근방식을 단계별로 비교해보자. 분석의 첫 단계는 해당 규제가 구속력이 있는지를 보는 것으로, 이는 수량 규제와 가격 규제에 모두 동일하게 적용된다. 즉, 규제에서 명시한 최대 수량(혹은 최소 수량)이 균형 시장 수량보다 높은지(혹은 낮은지)를 확인한다. 만약 규제가 구속력이 없다면, 시장에는 아무런 영향력을 미치지 않는다. 반면에 구속력이 있는 규제라면, 규제로 인한 새로운 가격과 수량이 무엇인지를 살펴야 한다.

가격 규제의 경우, 규제에 따른 규제 가격이 새로운 가격이 되며 해당 가격에서 수요량 또는 공급량의 최솟값이 판매량이 된다. 수량 규제의 경우, 규제 수량은 규제로 인한 새로운 수량이 되고 수요와 공급에 따라 새로운 가격이 결정된다. 판매자에게 쿼터가 부과된 경우, 쿼터로 인한 새로운 가격은 구매자가 제한된 수량에 대해 기꺼이 지불하려는 금액에 의해 결정된다. 그러나 쿼터가 구매자에게 부과되었을 때, 가격은 공급자가 구매자가 요구하는 제한된 수량을 기꺼이 공급할 용의가 있는 가격에 의해 결정된다.

함께 해보기

제4장에서는 수요와 공급의 힘은 시장가격에서 모든 구매자가 자신이 원하는 만큼의 재화를 구매할 수 있고 생산자도 자신이 원하는 만큼의 재화를 팔 수 있도록 만든다는 것을 보았다. 그러나 실제로 시장에는 구매자와 판매자만 있는 것은 아니다. 정부 정책도 얼마만큼의 재화가 구매되고 팔리는지에 영향을 미친다. 이 장에서는 세금과 가격 규제 그리고 수량 규제의 세 가지 형태의 정부 규제를 살펴보았고, 모든 형태의 규제는 시장의 결과에 영향을 미칠 수 있는 정부의 조치들이다.

세금과 가격 규제, 수량 규제는 모두 동일한 정책 목표 달성을 위해 이용될 수 있다. 그러나 각 정책은 일반적으로 누군가를 돕는 과정에서 다른 사람들에게 피해를 입히고 다른 배분의 결과를 초래한다. 예를 들어 스코틀랜드가 가격하한을 설정하여 술 소비량을 줄이는 사례를 보았다. 다른 국가에서는 가격하한 대신에 세금을 부과하여 구매자가 지불하는 가격을 높이고 판매자가 받는 가격을 낮춤으로써 술 소비량을 줄이는 유사한 결과를 이끌어낸다. 또한 정부는 사람들이 구입할 수 있는 술의 양을 직접적으로 제한하기도 한다. 예를 들어 21세 미만의 사람들은 미국에서 주류를 구입할 수 없으며 종종 술에 이미 취한 사람들에게 술을 판매하는 것을 금지하기도 한다. 이 두 가지 방식은 모두 시장에서 술의 양을 직접적으로 제한한다. 정부는 또한 주류면허 제도를 통해 주류를 판매할 수 있는 사업체 수를 제한함으로써 공급량을 제한하기도 한다.

정부는 술 소비량을 줄인다는 정책 목표를 달성하기 위해 가능한 여러 옵션 중 하나를 선택할 수 있다. 그러나 각각의 정책은 구매자와 판매자 간의 배분 효과에 있어 서로 차이를 보인다. 스코틀랜드의 가격하한으로 인해 판매자는 더 높은 가격을 받고 구매자는 높은 가격을 지불하게 된다. 즉, 기업은 스코틀랜드에서 시장 점유율을 확보하기 위해 고군분투 할 수 있지만 (하한가격에서 수요량은 공급량보다 적다) 시장 공급에 성공한 기업은 한계비용보다 훨씬 높은 가격으로 공급하게 됨으로써 많은 수익을 올릴 수 있다. 정부가 세금을 사용하면 판매자가 받는 가격은 세금이 없을 때의 균형가격에 비해 낮아진다. 판매자가 세금으로 인해 더 적은 양을 더 낮은 가격에 판매해야 하므로, 판매자 혹은 기업은 세금보다 가격하한을 선호하게 된다. 세금은 판매자가 받는 가격은 낮추는 반면에 구매자의 세후가격을 올리는데, 이는 세금이 공공서비스를 제공하는 데 필요한 정부수입을 조달하기 때문이다. 사람들은 정부가 세금으로 충당하여 실시하는 정부 서비스는 좋아하지만, 자신들이 세금을 내는 것을 좋아하지는 않는다.

쿼터는 어떠한가? 정부가 공급을 제한할 때, 공급 제한 이후에도 여전히 시장에 재화를 공급할 수 있는 판매자는 더 높은 가격을 부과할 수 있으며, 따라서 가격하한과 마찬가지로 판매자는 공급을 제한하는 규제로부터 더 많은 혜택을 받는다. 그러나 정부가 수요를 제한한다면 소비량이 감소하고 가격도 감소하게 된다.

이 장에서는 우리가 조사한 다양한 정부 정책들이 좋은 발상인지 아닌지는 고려하지 않았다. 제7장에서 우리는 한 경제 내에서 구매자와 판매자에게 발생하는 혜택들에 대해 자세히 살펴보도록 한다. 또한 제10장에서는 시장이 구매자와 판매자에게 가능한 최대한의 혜택을 제공하지 못할 때 어떤 일이 발생하는지 살펴볼 것이다. 정부 정책은 때로는 자신의 이익을 추구하는 사람들의 압력에 대한 반응이고 때로는 시장 실패를 바로 잡으려는 시도이다. 이러한 분석도구들(제7장과 제10장의 분석도구들)을 갖게 된다면 당신은 정부의 시장 개입이 좋은 생각인지 아닌지를 더 잘 판단할 수 있게 될 것이다.

한눈에 보기

정부 시장개입의 세 가지 유형

세금 혹은 보조금의 법적 부담은 **경제적 부담**을 결정하지 않는다. 수요와 공급의 가격탄력성이 경제적 부담을 결정한다.

수량 : 세금은 거래량을 줄이고 보조금은 거래량을 늘린다.

가격 : 경제적 부담은 세금의 결과로 가격이 어떻게 변하는지를 보여준다. 이는 수요와 공급의 가격탄력성에 의해 결정된다. 세금 부과 이후 구매자는 더 높은 가격을 지불하고 판매자는 낮은 가격을 받으면서 세금의 부담을 분담한다. 보조금으로 인해 구매자는 낮은 가격을 지불하고 판매자는 높은 가격을 받는다.

1. 세금

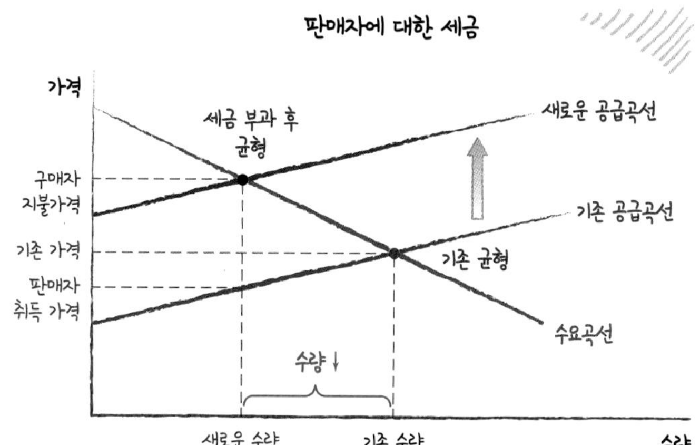

가격상한 : 판매자가 부과할 수 있는 최대 가격 ⇨ 물량 부족

가격하한 : 판매자가 부과해야 하는 최소 가격 ⇨ 초과공급

수량 : 가격상한과 가격하한 모두 거래량을 감소시킨다.

가격 : 가격상한은 판매자가 부과하는 최대 가격을 제한하여 소비자에게 이득이 된다. 소비자는 가격상한을 선호한다. 가격하한은 판매자가 부과해야 하는 최소 가격을 제한하여 판매자에게 이득이 된다.

2. 가격 규제

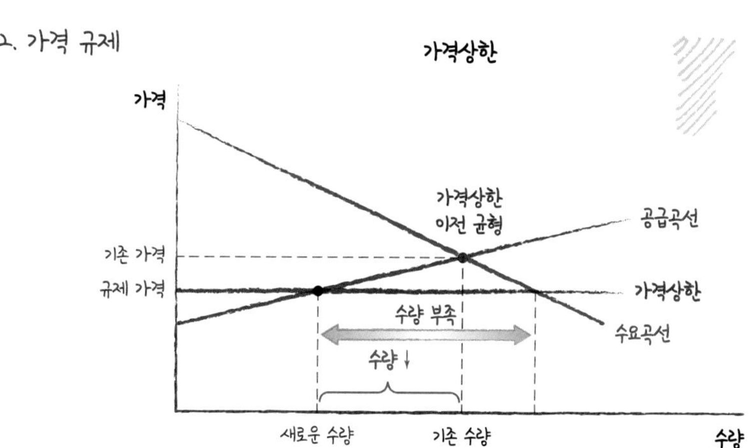

수량 규제 : 판매될 수 있는 최대 혹은 최소 물량

수량 : 쿼터는 판매량을 제한하는 반면 행정명령은 판매량을 증가시킨다.

가격 : 쿼터와 행정명령에서의 가격은 수요와 공급에 따라 결정된다. 판매자가 판매할 수 있는 수량을 제한하는 쿼터는 가격 상승을 불러올 수 있다. 소비자가 구매할 수 있는 수량을 제한하는 쿼터는 가격 하락을 불러온다.

3. 수량 규제

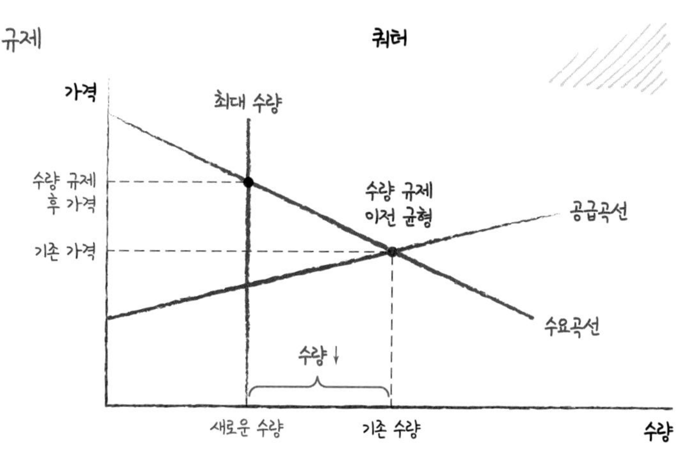

세금, 가격 규제, 수량 규제는 모두 동일한 정책 목표를 달성할 수 있다.

위 그래프에서 보여주고 있는 **정부 개입의 세 가지 형태**는 모두 동일한 수량 감소를 달성할 수 있다. 세금과 가격상한 그리고 쿼터하에서 새로운 거래량은 모두 동일하다. 그러나 구매자와 판매자 간의 분배 결과는 다르다.

핵심용어

가격상한	구속력 있는 가격하한	조세의 귀착
가격하한	법적 부담	행정명령
경제적 부담	보조금	쿼터
구속력 있는 가격상한	수량 규제	

토론과 복습문제

학습목표 6.1 세금이 수요와 공급 그리고 시장균형에 미치는 영향을 분석한다.

1. 당신은 여름 휴가를 계획하면서 온라인으로 1박에 149달러 하는 호텔을 예약하려고 한다. 그러나 예약을 하려고 할 때, 호텔에 지불해야 하는 다양한 세금으로 1박당 30달러가 추가로 부과된다는 알림이 나온다. 당신은 당신과 호텔 중, 누가 세금의 경제적 부담을 더 많이 진다고 생각하는가? 구매자인 당신 또는 호텔 중에 누가 더 많은 경제적 부담을 책임지는지 여부를 결정하는 요인은 무엇인가?

학습목표 6.2 가격상한과 가격하한의 결과를 평가한다.

2. 가격상한의 실제 사례를 들어보라. 가격상한이 어떻게 물량 부족을 초래하는가?
3. 가격하한의 실제 사례를 들어보라. 가격하한이 어떻게 초과공급을 초래하는가?

학습목표 6.3 수량 규제의 결과를 분석한다.

4. 수량 규제의 실제 사례를 들어보라. 어떤 상황에서 수량 규제가 시장 결과에 영향을 미치는가?

학습문제

학습목표 6.1 세금이 수요와 공급 그리고 시장균형에 미치는 영향을 분석한다.

1. 다음 그래프는 영화관 티켓 시장을 보여준다. 균형가격과 수량은 얼마인가? 그래프 위에 정부가 영화관에 티켓당 2달러의 세금을 부과하는 경우의 수요-공급곡선의 변화를 표시하라. 소비자가 현재 티켓에 대해 지불하는 금액과 영화관이 받는 금액을 확인하고, 경제적 부담이 어떻게 분담되는지 설명하라.

   그래프 위에 정부가 영화 관람객에게 티켓당 2달러의 세금을 부과한 경우 수요-공급곡선의 변화를 표시하라. 소비자가 현재 티켓에 대해 지불하는 금액과 영화관이 받는 금액을 확인하고, 경제적 부담이 어떻게 분담되는지 설명하라. 법적 부담이 영화관에 있었을 때의 답변과 비교하라. 세금의 법적 부담은 세금 발생에 어떤 영향을 미치는가? 누가 경제적 부담을 지며 그 이유는 무엇인가?

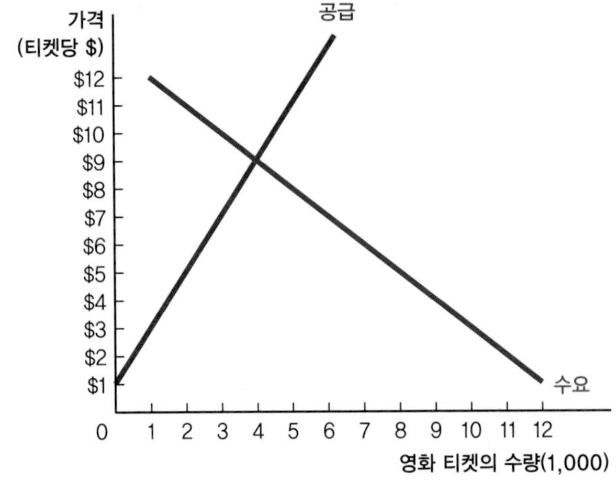

2. 미국 정부는 많은 농산품에 보조금을 제공한다.

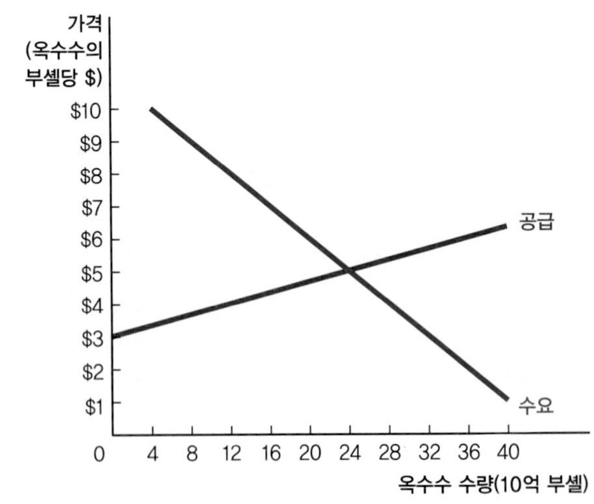

위 그래프는 미국 옥수수 시장의 수요, 공급곡선을 보여주고 있다. 정부의 시장개입이 없을 때, 균형가격과 거래량은 무엇인가? 정부가 생산자에게 단위당 2달러의 보조금을 지급한다면 보조금 지급 이후 소비자가 지불하는 가격은 얼마인가? 보조금 지급 이후 생산자가 받는 가격은 얼마인가? 그래프를 이

용하여 보조금의 효과를 설명하라.

학습목표 6.2 가격상한과 가격하한의 결과를 평가한다.

3. 아래 표는 소도시 임대 아파트 시장의 수요와 공급을 보여주고 있다.

임대료	수요량	공급량
$2,000	5,000	13,000
$1,800	8,000	12,000
$1,600	11,000	11,000
$1,400	14,000	10,000
$1,200	17,000	9,000

세입자를 지원하기 위해 지방 정부가 아파트당 1,200달러의 가격상한(임대료 규제)을 부과했다고 가정하자. 가격상한으로 물량 부족 혹은 초과공급이 발생하는가? 얼마나 많은 물량 부족 혹은 초과공급이 발생하는가? 가격상한으로 인해 임대 아파트의 품질에 어떤 일이 발생할 것으로 예상하는가?

4. 다음은 노동시장의 수요와 공급을 보여주고 있다.

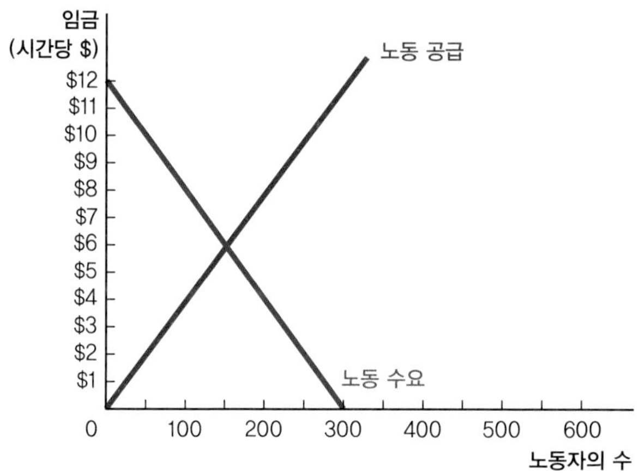

이 시장의 균형임금과 고용량은 얼마인가? 정부가 4달러의 최저임금제를 도입하였다고 가정하자. 최저임금제 도입으로 인해 시장에는 어떠한 일들이 발생하는가? 정부가 최저임금을 10달러로 올리기로 하였다고 가정하자. 최저임금의 상승으로 인해 시장에는 어떠한 일이 발생하는가?

학습목표 6.3 수량 규제의 결과를 분석한다.

5. 미국은 2017년에 하루에 900만 배럴이 조금 넘는 석유를 생산하였다. 석유에 대한 시장 공급 및 수요가 다음 그래프와 같다면 정부가 최대 600만 배럴의 수량 쿼터를 부과할 경우, 시장에 어떤 변화가 발생하는지를 보이라. 시장에서 유가는 어떻게 되는가? 시장에 전기 자동차가 빠르게 늘었다고 가정하자. 결과적으로 석유 수요곡선은 어떻게 변하는가? 정부가 부과하는 수량 제한이 시장에서 구속력이 없어질 수 있는가?

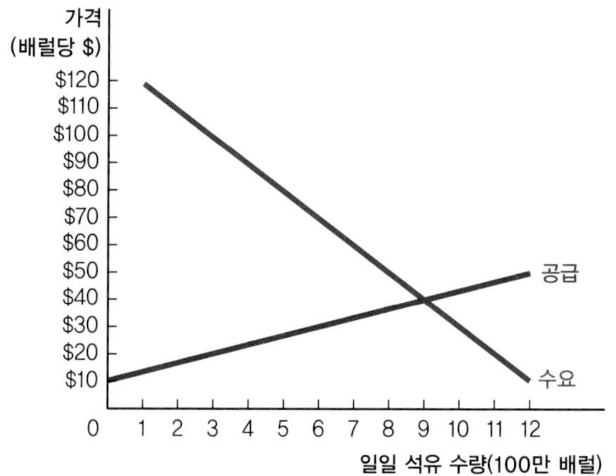

6. 미국 질병통제예방센터(CDC)는 흡연이 미국에서 매년 48만 명 이상의 사망을 초래한다고 추정한다. 또한 흡연은 연간 1,700억 달러의 직접 의료 비용을 초래하고 근로자의 생산성 손실로 인해 약 1,560억 달러에 달하는 재정적 부담을 일으킨다. 미국의 담배 시장 수요와 공급이 아래 그래프와 같을 때, 연간 2,000억 갑으로 담배 소비 감소라는 정책목표 달성을 위한 정부의 옵션을 고려하자.

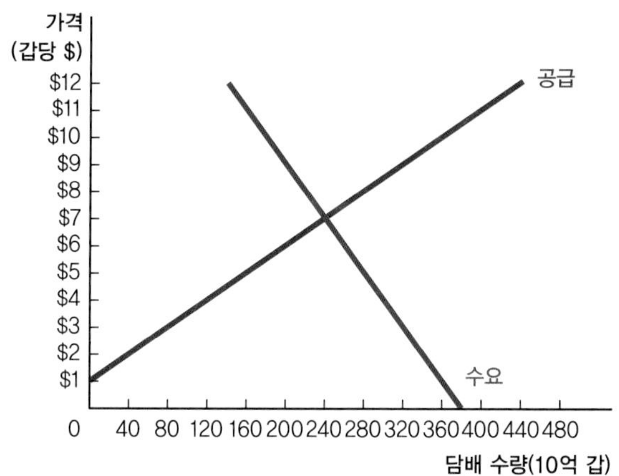

a. 세금 : 정책목표를 달성하기 위해 담배 한 갑당 얼마의 세금을 부과해야 하는가?
b. 가격 규제 : 정책목표를 달성하기 위해서는 가격하한을 얼마로 책정해야 하는가?
c. 수량 규제 : 정부가 직접적으로 연간 담배 판매량을 2,000억 갑으로 규제한다면 소비자가 담배 한 갑을 사기 위해 지불해야 하는 가격은 얼마인가?
d. 소비자가 선호하는 정책은 무엇인가? 담배 생산자가 선호하는 정책은 무엇인가? 그 이유는?

CHAPTER 7

후생과 효율성

Onfokus/iStock/Getty Images

승차 공유는 운송순단을 넘어선 변화를 가져왔다.

당신이 어렸을 때 부모님은 절대 낯선 사람의 차에 함부로 타지 말라고 가르쳤을 것이다. 또한 인터넷에서 무작위로 보게 되는 낯선 사람과 만나지 말라고 경고했을 것이다. 하지만 우버 앱을 열 때마다 말 그대로 인터넷에서 처음 보는 낯선 사람을 불러서 그 사람이 운전하는 차에 타게 된다. 이는 우버가 얼마나 많은 변화를 불러왔는지를 보여준다.

우버 기사와 이야기해보면, 우버는 완전히 새로운 일의 형태를 만들어냈다는 사실을 알게 될 것이다. 기사는 언제 어디서 일할지, 얼마나 오래 일할지 결정한다. 그들은 상사에게 보고할 필요도 없고, 자신의 업무 현장은 각자가 마련한다. 그러나 최저임금법이나 실업 보험, 산재 보상 등 대부분 근로자를 보호하기 위한 연방법 적용을 받을 수 없다는 점에서 이러한 자유에는 비용이 따른다.

또한 우버는 파괴적이다. 우버의 등장으로 기존 택시 회사들은 새로운 기사를 모집하기 어려워졌고, 고객을 잃게 되었다.

이러한 일련의 일들은 과연 우버가 바람직한지에 대한 열띤 토론을 불러왔다. 모든 사람이 우버가 바람직하다고 생각하지는 않으며, 많은 국가의 지방 정부가 승차 공유 사업을 제한하거나 심지어 완전히 금지하였다.

우버와 관련한 논쟁은 경제적 논쟁이 크게 나타난다. 하지만 우버와 같은 승차 공유 서비스를 허용하는 것이 지역사회에 좋은지를 어떻게 알 수 있을까? 경제학자들은 우버의 등장에 따른 택시 기사의 비용과 대비하여 승객의 이득을 어떻게 평가할 수 있는가? 시장이 사람들이 원하는 것을 제공하고 있다고 믿어야 하나?

이 장에서는 후생경제학의 도구들을 소개한다. 이 도구들은 상이한 결과가 경제적 후생에 어떻게 영향을 미치는지를 평가하기 위하여 사용된다. 이를 위해 먼저 경제학자들이 공공정책을 평가하는 방법을 살펴보도록 한다. 경제적 잉여를 계산하고 이를 사용하여 시장의 효율성을 평가하도록 한다. 그런 다음 시장이 어떻게 실패할 수 있는지 살펴보고 이러한 도구를 사용하여 시장 실패의 비용을 평가할 것이다. 마지막으로 정책 분석에서 경제적 효율성의 적절한 역할에 대하여 토론하도록 한다.

목표

시장이 경제적 후생에 미치는 영향을 분석한다.

7.1 공공정책의 평가
후생과 경제적 효율성을 어떻게 평가하는지 학습한다.

7.2 경제적 잉여의 측정
시장에서 생성된 경제적 잉여를 측정한다.

7.3 시장 효율성
시장의 효율성을 평가한다.

7.4 시장 실패와 사중손실
시장 실패의 비용을 측정한다.

7.5 경제적 효율성의 한계
정책 분석에서 경제적 효율성의 한계를 평가한다.

7.1 공공정책의 평가

학습목표 후생과 경제적 효율성을 어떻게 평가하는지 학습한다.

최저임금을 올려야 하나? 휘발유세를 올려야 하나? 교육은 자유로워야 하나? 임대료 규제를 폐지해야 하나? 제한 속도를 올려야 하나? 중국과의 교역에서 무역장벽을 줄여야 하나? 우버는 합법적인가? 이러한 각각의 질문은 심각한 정치 논쟁을 불러온다. 유권자로, 납세자로, 지역사회 활동가로 혹은 사업 이해관계자로, 심지어는 정책 자문으로 정책 입안자로 혹은 정치가로, 각각의 사람들은 이러한 논쟁에서 중요한 역할을 담당한다.

실증적 정책 분석과 규범적 정책 분석

특정 사안에 대한 견해는 신중한 분석에 기반하였을 때 가치가 있다. 일반적으로 이는 분석이 두 가지 별개의 단계를 따라 수행되어야 한다는 것을 의미한다:

1단계 : 실증적 분석은 무슨 일이 생길 것인지를 설명한다. 분석의 첫 단계는 이 정책이 도입되면 무슨 일이 생길 것인지를 질문하는 것이다. 이는 지극히 객관적인 분석을 요구하는데, 정책의 효과를 설명하고 예측하는 것이다. 예를 들어 최저임금 상승으로 인한 결과를 수요와 공급의 프레임워크를 사용해 예측할 수 있다. 이를 사용하여 급여가 인상되는 노동자의 수를 예측하고 급여가 얼마나 인상될 것인지를 추정하고, 고용주의 수익성에 미치는 영향을 평가하며, 기업이 이러한 최저임금 상승으로 인해 줄이게 될 일자리 수를 예측할 수 있다. 심층 분석은 그러한 정책을 통해 이득을 얻거나 손해를 보는 사람들의 특성을 자세히 설명할 수도 있다. 어떤 일이 일어나고 있는지 설명하거나 일어날 일을 예측하는 유형의 분석을 **실증적 분석**(positive analysis)이라고 한다.

실증적 분석 무슨 일이 일어나고 있는지, 왜 그런지를 설명하거나 어떤 일이 발생할지를 예측한다.

2단계 : 규범적 분석은 무슨 일이 발생해야 하는지를 설명한다. 두 번째 단계는 어떤 것이 나은 결과이고 정부가 어떤 정책을 도입해야 하는지를 묻는 것이다. 이러한 질문에 대답하는 것에는 어떤 것이 더 나은 결과인지에 대한 가치 판단을 요구한다. 첫 번째 단계에서 경제학자들이 단지 가능한 효과를 살펴보고 있다면, 두 번째 단계에서는 판단이 필요하다. 무엇을 해야 하는가? 무슨 일이 일어나야 하는지에 대한 의견을 밝힐 때 이는 규범이나 가치 판단에 기초한 **규범적 분석**(normative analysis)이 된다.

규범적 분석 무슨 일이 일어나야 하는지를 규정하는 것으로서, 가치 판단을 포함한다.

최저임금에 대해 생각해보자 : 최저임금을 올려야 하는가 아니면 내려야 하는가? 실증적 분석은 정책의 가능한 결과를 제시하고 누가 이득을 얻고 손해를 보는지, 그리고 관련자들에게 어떠한 위험이 있는지를 설명한다. 그러나 최저임금에 대한 정책이 추진할만한 가치가 있는지를 평가하기 위해서는 정책으로 인해 이득을 얻는 사람들의 이득이 손해를 보는 이들의 손실을 초과하는지를 평가해야 하고 이는 가치 판단을 요구한다. 이는 최저임금 상승으로 높은 임금을 받을 수 있게 된 저임금 근로자의 이득을 고용주의 낮아진 이득 및 직장을 잃게 된 실업자들의 고통과 어떻게 비교할 것인지에 달려있다. 당신이 어떤 견해를 가지고 있든, 분명히 당신과는 다른 견해를 가지고 반대 결론에 도달하는 사람도 있을 것이다.

경제학 실습

다음의 주장 중 어떠한 것이 실증적 분석이고 어떠한 것이 규범적 분석인가?

a. 대학 등록금 인하는 더 많은 저소득층 가정 자녀가 대학에 진학할 수 있도록 한다.
b. 대학 등록금을 인하하여 저소득층 가정 자녀가 대학에 다닐 수 있도록 해야 한다.

c. 평균적인 미국 납세자는 자신의 소득의 약 15%를 연방 소득세로 낸다.
d. 소득세는 너무 높고, 연방정부는 소득세를 낮춰야 한다.
e. 주요 예측기관에 따르면 미국인들은 내년에 중국으로부터 5,000억 달러 이상의 상품을 수입할 것으로 예상된다.
f. 미국은 중국과 통상협정을 재협상해야 한다. ■

정답
a, c, e는 실증적 분석이고 b, d, f는 규범적 분석이다.

효율성과 형평성

정부가 무엇을 해야 할 것인지에 대한 정책 토론에서 자신의 태도를 견지하기 위해서는 어떤 정책이 더 나은 결과를 가져오는지를 판단하는 방법이 필요하다. 즉, 정책이 후생에 미치는 영향을 평가할 방법이 필요하다. 다행히도 우리는 이미 이러한 종류의 규범적 분석에 도움이 될 수 있는 기본원리들을 이미 개발해놓았다.

효율성 기준은 가장 높은 경제적 잉여가 도출되는 결과를 선호한다. **경제적 잉여**(economic surplus)는 어떠한 결정으로 인한 이득에서 그로 인해 발생하는 비용을 뺀 값이다. 이는 무언가를 거래할 때마다 발생하는 이익을 측정한다. 경제학자들은 종종 **경제적 효율성**(economic efficiency)의 기준을 사용하여 정책을 평가하면서 더 많은 경제적 잉여가 발생할수록 더 좋은 결과라고 여긴다. 경제학자들이 결과가 더 효율적이라고 말하는 것은 더 많은 경제적 잉여가 발생한다는 의미이다. 극단적으로, **효율적 결과**(efficient outcome)는 가능한 최대의 경제적 잉여를 산출한다. 기초가 되는 논리는 경제적 잉여가 경제적 파이의 크기를 측정하고 더 많은 파이가 항상 더 좋다는 것이다.

경제적 잉여 어떤 결정으로부터 나온 총이득에서 총비용을 뺀 값

경제적 효율성 결과가 더 많은 경제적 잉여를 발생시키는 경우, 그러한 결과는 경제적으로 효율적

효율적 결과 가능한 최대의 경제적 잉여를 도출한 결과

효율적 결과가 모든 사람을 행복하게 만들지는 않는다. 경제적 효율성을 높이는 것이 모든 사람을 행복하게 만드는 경우는 매우 드문데, 그 이유는 대부분의 정책이 일부 사람들에게는 이익이 되는 반면에 다른 사람들에게는 손해가 되기 때문이다. 경제적 효율성은 단순히 경제적 잉여가 증가하는지를 평가하는데, 이는 도움을 받는 사람들의 경제적 잉여의 이익이 피해를 받는 사람들의 잉여의 감소보다 큰 경우에만 발생할 수 있다. 하지만 정책이 효율적이라고 해도 어떤 사람들은 손해를 입을 수 있고 손해를 입은 사람들은 행복하지 않을 것이다.

예를 들어 우버가 귀하의 도시에서 운영할 수 있도록 허용하는 법은 현재 더 많은 경쟁에 직면한 택시 기사들에게는 해가 되더라도 경제적 잉여를 증가시킬 수 있다. 우버 기사와 승객이 얻는 혜택이 택시 기사가 겪는 피해보다 더 크다면, 전반적인 경제적 잉여는 증가한다. 그러나 이러한 주장은 생계를 잃게 되는 택시 기사들에게는 위안이 되지 않는다.

효율적 결과는 모든 사람을 더 나아지게 만들 가능성이 있다. 경제적 효율성에 의존하는 것은 암묵적으로 어려운 가치 판단을 수반한다. 우버의 영업을 허용한다는 것은 택시 기사에게 가해지는 피해가 우버 기사와 고객에게 혜택을 제공하기 위한 합당한 가격이라는 판단을 내포한다. 아마도 당신은 이 판단에 동의할 수도, 그렇지 않을 수도 있다.

효율성에 초점을 맞추는 한 가지 주장은 경제적 잉여가 증가할 때마다 혜택을 받는 사람들이 피해를 본 사람들에게 보상하는 방식으로 모든 사람의 이익이 향상되도록 보장할 수 있다는 것이다. 이것은 더 큰 파이를 가진다면 모든 사람이 더 큰 조각을 얻을 수 있도록 나눌 수 있다는 생각이다. 실제로 이는 우버 기사와 고객에게 소액의 세금을 부과하고, 그 수입을 우버를 허용하는 정책으로 인해 피해를 본 택시 기사에게 지원하는 방식을 고려할 수 있다.

형평성도 중요하다(그러나 효율성으로 인해 무시되기도 한다). 실제로 새로운 정책이 그로 인해 피해를 본 사람들을 보상하는 경우는 드물다. 따라서 모든 사람을 더 나아지게 만드는 것이

가능하다는 주장은 단지 가능성일 뿐이다. 현실에서는 정책은 경제적 잉여의 수준과 그 경제적 잉여의 배분을 모두 변화시킨다.

결과적으로 현실 세계에서의 정책 논쟁은 단지 효율성에만 관한 것이 아니라, 정책이 경제적 이득을 공정하게 분배하는 **형평성**(equity)에도 초점을 맞춘다. 효율성과 형평성을 모두 평가할 때, 파이의 크기와 파이를 어떻게 조각내어 나눌지를 모두 고려하게 된다.

형평성 어떠한 결과가 경제적 이득의 공정한 분배를 낳는다면, 결과는 더 큰 형평성을 달성한다.

7.2 경제적 잉여의 측정

학습목표 시장에서 생성된 경제적 잉여를 측정한다.

우리는 경제적 잉여가 경제 정책 논쟁에서 중요한 역할을 한다는 것을 보았다. 따라서 당신이 이러한 논쟁에 대해 영향력을 미치기를 원한다면, 당신은 어떻게 경제적 잉여를 측정하는지를 알아야 한다. 이러한 경제적 잉여를 측정하는 것이 우리의 다음 임무이다.

소비자 잉여

소비자 잉여 어떤 것을 구매함으로써 당신이 얻는 경제적 잉여
소비자 잉여=한계편익 − 가격

소비자가 무언가를 구매하여 경제적 잉여를 얻을 때, 소비자는 소비자의 역할로부터 그 잉여를 얻기 때문에 경제학자들은 이를 **소비자 잉여**(consumer surplus)라고 부른다. 소비자는 소비자가 구매하는 것으로부터 얻는 한계편익보다 더 싼 가격에 구매를 하게 될 때 소비자 잉여를 얻는다.

White bear studio/Shutterstock

당신의 한계편익은 이러한 청바지에 대한 지불 용의이다.

소비자 잉여는 한계편익에서 가격을 차감한 값이다. 일상적인 예를 들어보자. 한 소비자가 새 청바지를 사려고 백화점에 가서 원하는 리바이스 청바지를 찾았으나 가격표가 없었다. 청바지를 입어 본 후, 소비자는 리바이스 청바지에 대해 최대 80달러까지 지불할 의향이 있었다. 점원에게 가격을 물어보니 청바지 가격은 50달러에 불과하였다. 이는 좋은 소식이다. 이 소비자는 청바지에 최대 80달러를 지불할 의향이 있었지만 실제로는 50달러로 구입하였다. 소비자의 최대 지불 의향과 가격에는 30달러의 차이가 있었고, 이러한 30달러는 소비자가 거래에서 얻는 소비자 잉여이다.

소비자 잉여는 소비자가 지불하고자 했던 최고 가격(한계편익)보다 낮은 가격으로 무언가를 구매함으로써 얻는 이익을 의미한다. 이는 소비자의 한계편익에서 소비자가 지불하는 가격을 뺀 값이다. 그림 7-1은 소비자 잉여를 그림으로 보여주고 있으며, 다음과 같이 측정할 수 있다.

소비자 잉여=한계편익−가격

소비자 잉여는 수요곡선의 아래 그리고 가격 위에 있는 영역이다. 지금까지 단일 거래에서 소비자 잉여를 살펴보았다. 소비자 잉여는 소비자의 한계편익에서 소비자가 지불하는 가격을 뺀 값이다. 그렇다면 시장에서 모든 구매의 소비자 잉여는 어떻게 되는가? 시장 수요곡선을 살펴보자.

그림 7-1은 청바지의 시장 수요곡선을 보여준다. 제2장에서 수요곡선은 소비자의 한계편익곡선을 나타낸다는 것을 보았다. 즉, 수요곡선의 각 지점은 개별 구매자의 한계편익을 나타낸다. 따라서 개별 구매에 대해 얻은 소비자 잉여는 한계편익(수요곡선의 높이에 의해 측정됨)에서 가격을 뺀 값이다. 단일 구매의 소비자 잉여는 한계편익이 80달러인 수요곡선의 한 점에서 가격인 50달러를 뺀 차이로 표시된다. 판매된 모든 청바지의 이러한 이득을 더하면, 구매량까지의 수요곡선 아래 그리고 가격 위의 전체 영역이 된다. 즉, 시장의 총소비자 잉여는 **판매량까지의 수요곡선 아래 그리고 가격 위의 영역이다.**

그림 7-1 | 소비자 잉여

Ⓐ 단일 구매로 인한 소비자 잉여는 한계편익과 가격의 차이이다.
Ⓑ 모든 구매자의 총 소비자 잉여는 수요 곡선 아래에서 가격 위의 영역이다.
Ⓒ 이것은 삼각형의 면적 $= \frac{1}{2}$밑변×높이이다.

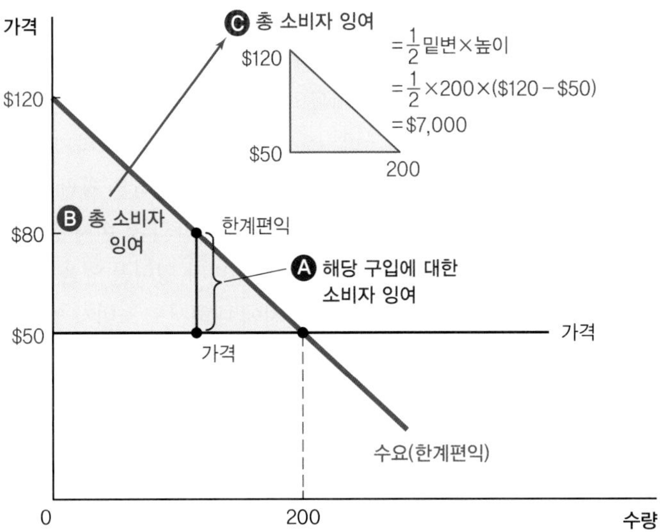

삼각형의 영역은 밑변과 높이를 곱한 값의 절반이다. 절대 그런 일이 없으리라 생각했겠지만, 소비자 잉여를 구하는 데 고등학교에서 배운 수학이 도움이 된다. 수요곡선이 직선일 때, 소비자 잉여는 직각삼각형이 된다. 따라서 총소비자 잉여를 계산하는 것은 이러한 삼각형의 영역을 구하는 것이며, 이는 밑변과 높이를 곱한 값의 절반이 된다.

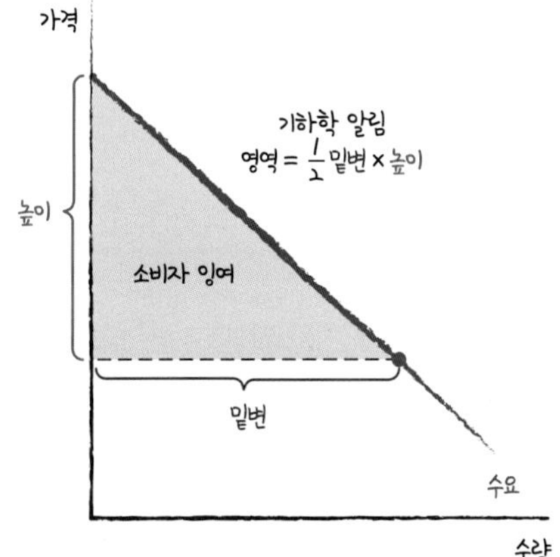

경제학 실습

노래의 소비자 잉여는 무엇인가? 리애나가 드레이크와 같이 부른 〈Work〉라는 곡을 고려해보자. 리애나는 곡당 약 1.29달러에 총 1,000만 장을 판매하였다. 이 노래를 구입한 사람들의 절반이 설문 조사에서 이 곡을 구입하기 위해 최소 2.29달러를 지불할 의향이 있다고 말했다면, 리애나 노래의 수요곡선에 두 점을 알아낼 수 있다. 이 두 점을 연결하여 이 노래의 수요곡선을 추정하면 수요곡선이 세로축의 3.29달러를 지난다는 것을 알 수 있다.

소비자 잉여는 판매량까지의 수요곡선의 아래 그리고 가격 위에 있는 영역이다. 아래 오른쪽에 있는 그림은 수요곡선의 삼각형을 확대한 것이다.

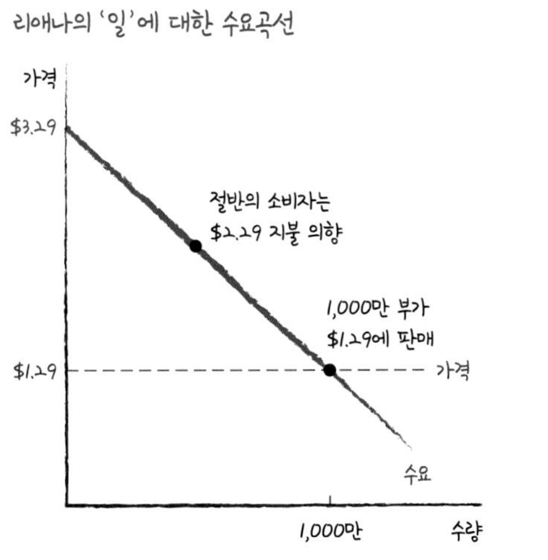

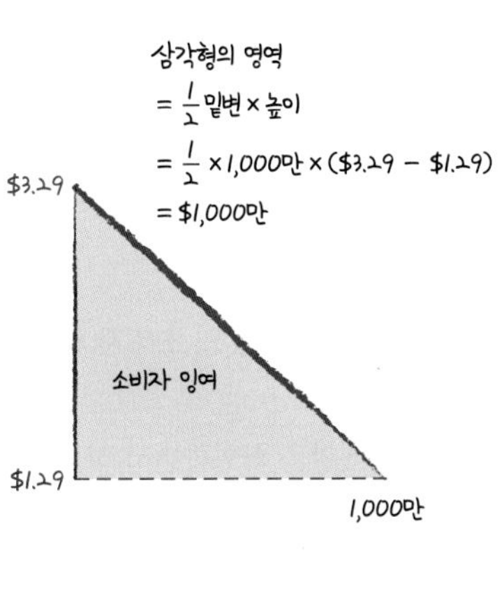

이것이 끝이다. 리애나의 노래는 그녀의 팬들에게 약 1,000만 달러의 소비자 잉여를 창출하였다. 고마워요, 리애나! ■

소비자는 마지막 구매를 제외한 모든 구매에서 소비자 잉여를 얻는다. 일부 학생들은 구매자의 합리적 규칙(제2장)에서 가격과 한계편익이 같아질 때까지 계속 구매해야 한다는 합리적 규칙(제2장)과 소비자 잉여가 한계편익과 가격의 차이라는 것이 서로 상충한다고 생각할 수 있다. 하지만 이 둘이 서로 모순되는 것은 아니다. 합리적 규칙은 마지막 한 벌의 한계편익이 가격과 같을 때까지 청바지를 계속 구매해야 한다는 것이다. 청바지를 네 벌을 구매했다면, 마지막 네 번째 청바지는 가격과 동일한 50달러의 한계편익을 갖는다. 즉, 소비자는 마지막 청바지 구입에서는 소비자 잉여를 얻지 못한다. 그러나 첫 번째 구입하는 청바지의 한계편익은 훨씬 더 높을 수 있다. 만약 소비자의 첫 번째 청바지의 한계편익이 80달러라면, 소비자의 첫 번째 청바지의 한계편익은 50달러의 가격을 상회하였고, 따라서 소비자는 높은 소비자 잉여를 얻을 수 있을 것이다. 마찬가지로, 소비자가 구매한 두 번째 및 세 번째 청바지에 대해서도 소비자 잉여를 얻을 수 있다. 즉, 마지막으로 구매한 상품에 대해 소비자 잉여를 얻지 못하더라도 이전에 구매한 모든 항목에서 소비자 잉여를 얻을 수 있다.

삶 속에서 많은 소비자 잉여를 누린다. 소비자가 지불하는 가격은 소비자가 얻는 이득을 설명하기 적절하지 않은 지표이기 때문에, 소비자 잉여는 중요한 의미가 있다. 물을 생각해보자. 가격이 너무 저렴해서 1갤런의 한계적인 물은 수도꼭지를 틀고 양치질하는 것과 같이 매우 불필요한 용도로 사용될 수 있다.

하지만 생존에 필요한 하루 2분의 1갤런의 물에 대하여 당신은 얼마를 지불할 용의가 있을까? 아마 수천 달러도 지불할 것이다. 그럼에도 불구하고 수도요금 고지서를 보면 사람들은 수도에 매우 적은 가격을 지불한다. 물이 싸다고 해서 가치가 없다는 의미는 아니다. 오히려 그것은 소비자가 수천 달러의 물 관련 소비자 잉여를 얻고 있음을 의미한다.

SolStock/E+/Getty Images

모든 물의 사용이 당신의 생명을 구하지는 않는다.

유사한 논리가 의료 서비스에도 적용된다. 단 몇 달러에 판매되는 항생제는 단순 감염이 생명을 위협하는 것을 방지해준다. 어릴 때 받은 예방 접종은 소아마비나 파상풍, 간염 등으로부터 보호해주지만 부모가 부담하는 비용은 미미하다. 그리고 친구나 친척이 생사가 달린 수술에서 살아남은 적이 있다면, 수술과 관련하여 많은 소비자 잉여를 누렸을 것이다. 수술에 수천 달러의 비용이 들더라도 그 가격은 사랑하는 사람을 구하는 혜택에 비할 수 없다.

이러한 각 예는 삶 속에서 많은 소비자 잉여를 누릴 수 있음을 보여준다. 실제로 이것은 다음 사례 연구에서 계속 살펴볼 주제이다.

자료 해석 인터넷의 소비자 잉여

사람들은 이메일을 확인하면서 하루를 시작하곤 한다. 인스타그램이나 페이스북, 스냅챗, 트위터 등을 훑어봤을 수도 있다. 외출하기 전에는 일기예보를 찾아보기도 한다. 학교로 오는 길에는 스포티파이를 들었을 것이다. 수업 중에는 휴대 전화를 보지 않았지만 (잘하면!) 수업이 끝났을 때 구글에 접속해 문제가 되는 개념을 찾아봤을 수 있다. 그리고 저녁 늦게 옐프를 통해 저녁 식사 장소를 선택하고 구글지도에서 길 찾기를 확인했을 수 있다. 아니면 조용한 밤을 보내기로 하고 집으로 가서 버즈피드를 검색하고 뉴스를 읽은 다음 유튜브에서 동영상을 시청했을 수도 있다. 각각의 사이트에서 제공하는 서비스를 사용하는 데 얼마를 지불했는가?

맹세코 당신은 아무것도 지불하지 않았다.

좋아하는 웹 사이트의 경제적 중요성을 측정하기 위해 가격을 사용했다면, 이 모든 웹 사이트들은 가치가 없다고 결론을 내릴 수 있다. 그러나 가격으로 경제적 중요성을 측정하는 것은 좋은 웹 사이트가 만들어내는 엄청난 소비자 잉여를 설명하지 못하기 때문에 적절한 방법이 아니다.

이러한 웹 사이트의 소비자 잉여를 측정하려면 당신이 구글에 접속하기 위해 매년 얼마까지 지불할 의향이 있는지를 생각해야 한다. 마찬가지로 위키피디아나 페이스북 혹은 기타 모든 인터넷 서비스에 대해 최대 얼마까지 지불할 것인지를 생각하면 즐겨 찾는 웹 사이트에서 얻을 수 있는 한계편익을 파악할 수 있다. 이러한 서비스를 이용하는 가격이 0달러이기 때문에, 즐겨 찾는 웹 사이트로부터 얻는 소비자 잉여는 각각의 사이트의 한계편익이 된다.

경제학자들은 다양한 측정 방법으로 사람들이 이러한 서비스로부터 얻는 한계편익을 계산하였다. 측정을 위해 경제학자들은 인터넷이 새롭고 비싼 기술이었을 때 사람들이 인터넷 접근에 얼마를 지불하였는지, 백과사전과 같은 인터넷 기반이 아닌 대체물에 대해 얼마를 지불했는지, 사람들이 얼마나 인터넷에서 시간을 보내는지, 그리고 얼마를 받으면 인터넷 사용을 포기할 수 있다고 사람들이 말하는지 등을 살펴보았다. 다양한 추정치가 있지만, 합리적인 추정치 중 하나는 인터넷에 대한 접근으로 인해 소비자들은 평균적으로 연간 약 2,600달러 상당의 소비자 잉여를 얻는다는 것이다. 소비자 잉여는 비록 이러한 가치가 낮거나 공짜인 웹 사이트 가격에 반영되어 있지는 않지만, 이러한 웹 사이트가 매우 높은 가치를 가지고 있다는 것을 보여준다. ■

생산자 잉여

소비자 잉여는 거래를 통해 구매자가 얻는 이득이다. 그러나 거래에서 이득을 얻는 것은 소비자만은 아니며 생산자도 이득을 얻는다. 무언가를 팔면서 얻게 되는 경제적 이득을 경제학자들은 **생산자 잉여**(producer surplus)라고 한다. 이는 이러한 이득이 생산자의 역할에서 발생하기 때문이다. 생산자 잉여는 생산자가 한계비용보다 높은 가격에 상품을 팔 때 발생한다.

생산자 잉여 무언가를 판매함에 따라 발생하는 경제적 이득; 생산자 잉여 = 가격 − 한계비용

생산자 잉여는 가격에서 한계비용을 뺀 값이다. 50달러의 가격에서 리바이스 청바지가 거래되는 경우를 고려해보자. 그러나 이번에는 구매자가 아니라 판매자의 입장에 주목하도록 한다. 리바이스 청바지 한 벌을 판매함에 따른 한계편익은 구매자가 지불한 50달러의 가격이 된다. 또한 리바이스 청바지 한 벌을 추가로 생산하는 데 필요한 데님, 실 그리고 인건비가 35달러라고 가정하면 리바이스 청바지 한 벌을 판매하는 한계비용은 35달러가 된다. 리바이스는 35달러 상당의 데님, 실 그리고 인건비에 대한 대가로 50달러를 받게 되었고, 청바지를 판매하여 15달러를 더 받았다는 점에 만족한다. 한계편익과 한계비용의 차이인 15달러는 리바이스가 청바지 한 벌을 판매하여 얻는 생산자 잉여이다.

생산자 잉여는 생산자가 품목을 공급하는 데 필요한 것, 즉 한계비용보다 더 높은 가격으로 무언가를 판매함으로써 얻는 이득을 의미한다. 일반적으로, 판매자가 거래에서 얻는 생산자 잉여는 생산자가 받는 가격에서 한계비용을 뺀 것으로 다음과 같이 측정할 수 있다:

$$\text{생산자 잉여} = \text{가격} - \text{한계비용}$$

그림 7-2 | 생산자 잉여

Ⓐ 단일 판매로 인한 생산자 잉여는 판매자가 받는 가격과 한계비용의 차이이다.
Ⓑ 모든 판매자의 총 생산자 잉여는 가격 아래 공급곡선 위 영역이다.
Ⓒ 이것은 삼각형의 면적 $=\frac{1}{2}$밑변×높이이다.

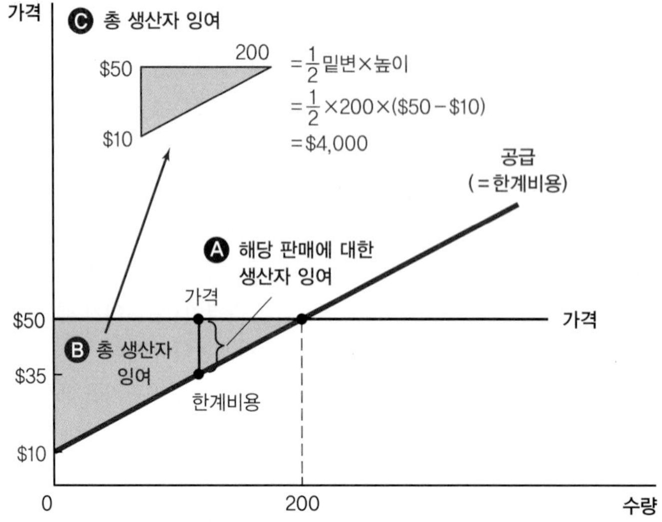

생산자 잉여는 공급곡선의 위 그리고 가격의 아랫부분에 해당하는 영역이다. 지금까지 리바이스 청바지 한 벌이 팔렸을 때의 생산자 잉여가 무엇인지를 알아보았다. 그렇다면 생산자들이 판매한 모든 청바지의 생산자 잉여는 무엇인가? 개별 거래에서 생산자 잉여는 가격에서 한계비용을 뺀 값이다. 이를 모든 거래에 적용하면, 총 생산자 잉여는 그림 7-2에서 볼 수 있듯이 공급곡선의 위 그리고 가격의 아랫부분에 해당하는 영역이 된다.

왜 그런지를 알기 위해 제3장에서 다룬 공급곡선은 생산자의 한계비용이라는 점을 기억하자. 즉, 공급곡선 위의 각각의 점은 판매자의 한계비용을 보여준다는 것이다. 따라서 각각의 거래에서 판매자는 가격에서 한계비용을 뺀 생산자 잉여를 얻게 되고, 한계비용은 공급곡선의 높이가 된다. 판매된 청바지의 모든 생산자 잉여를 더하면, 이는 판매량까지 공급곡선의 위이고 가격의 아랫부분에 해당하는 영역이 된다.

판매자는 마지막 판매된 상품을 제외한 모든 판매에 대해 생산자 잉여를 얻는다. 생산자 잉여는 가격과 한계비용 간의 차이이다. 그러나 완전경쟁시장에서 판매자의 합리적 규칙(제3장)에서는 가격과 한계비용이 같아질 때까지 계속 판매해야 한다고 이야기한다. 언뜻 보기에 판매자의 합리적 규칙은 판매자가 생산자 잉여를 얻을 수 없다는 것처럼 들릴 수 있다. 그러나 합리적 규칙은 가격이 한계비용과 같아질 때까지 팔아야 한다고 말한다. 즉 가격과 한계비용은 판매자가 판매하는 마지막(혹은 한계적인) 청바지에서 일치한다. 한계비용은 우상향하며, 나머지 청바지의 한계비용은 마지막으로 판매되는 청바지보다 낮고, 따라서 판매자는 마지막에 판매되는 청바지를 제외한 나머지 모든 청바지에서 생산자 잉여를 얻는다.

일상경제학 직업의 생산자 잉여

나의 첫 번째 직업은 아기 돌보미였고 그 일을 진정으로 좋아했다. 나는 가족들의 간식을 먹고, 아이들과 즐겁게 놀아주었으며, 아이들이 잠이 든 후에 TV를 봤다. 급여도 아주 만족스러웠다. 나를 고용한 부모들에게 지금 받는 급여의 절반만 주셔도 이 일을 할 것이라는 이야기는 절대로 하지 않았다. 당신이 실제로 받는 급여보다 적게 받더라도 기꺼이 할 수 있는 일을 가져본 적이 있는가? 만약 그렇다면 당신은 그 일에서 생산자 잉여를 누리고 있다.

논리는 이렇다. 노동자로서 당신은 당신의 노동을 판매하는 공급자이고, 시간당 임금은 노동에 대한 가격이다. 그렇다면 한계비용은 무엇인가? 기회비용의 원리에 따르면, 한계비용은 그 시간을 차선의 용도에 사용하는 데 따르는 가치이다. 만약 임금이 당신의 시간을 차선의 용도에 사용하는 데 따르는 가치를 초과한다면, 생산자 잉여가 발생한다.

한 조사에 따르면 미국 근로자의 약 3분의 1이 급여가 25% 삭감되더라도 계속 일할 것이라고 답했다. 몇 년간의 업무 경험을 가진 전형적인 경제학 졸업생은 연간 약 6만 달러를 번다. 조사는 약 3분의 1에 해당하는 경제학 졸업생이 연간 1만 5,000달러를 적게 받더라도 다니던 직장을 그만두지 않을 것이라고 이야기한다. 따라서 우리는 많은 사람이 생산자 잉여로 연간 최소 1만 5,000달러를 벌고 있다고 추론할 수 있다! ■

자발적 교환과 교역의 이득

다음번에 쇼핑을 가게 되면, 사람들이 얼마나 예의 바른지 주목하라. 내가 마지막으로 청바지를 구매했을 때, 나는 50달러를 건네주면서 "고맙습니다"라고 이야기했고, 판매자도 나에게 "고맙습니다"라고 이야기했다. 이제 우리는 왜 그러는지 알고 있다. 내가 고맙다고 말한 이유는 그 상점이 내게 50달러 이상의 값어치가 있는 청바지를 주었기 때문이다. 나는 소비자 잉여를 얻게 되어 감사했다. 판매자는 판매자가 나에게 준 상품보다 더 높은 가치의 돈을 받았기 때문에 고맙다고 말했다. 판매자들은 생산자 잉여를 얻을 수 있어 감사했다. 이러한 것은 단순히 예의가 바름의 문제가 아니라 깊은 경제적 진실을 드러낸다: 자발적인 거래가 소비자와 생산자 잉여를 만들어냈다. 이는 소비자와 생산자 모두 거래를 통해 이득을 얻었다는 것을 의미한다. 여기에서 중요한 것은 상품과 서비스를 사고파는 것이 한 사람이 다른 사람을 희생하여 이기고 지는 제로섬 게임이 아니라는 것이다. 오히려 거래는 소비자와 판매자가 모두 이득을 얻을 수 있는 윈-윈 상황을 만들어낸다. 이는 경제학자들이 거래의 이득을 이야기하는 이유이다.

자발적 교환은 구매자와 판매자 모두에게 교역의 이득을 누릴 수 있도록 한다. 거래는 구매자와 판매자가 모두 원하는 경우에만 상품과 돈을 교환하는 **자발적 교환**(voluntary exchange)을 기반으로 이루어지기 때문에 구매자와 판매자 모두에게 이익을 준다. 구매자와 판매자는 그들이 거래를 통해 더 나아질 때만 물건을 사고팔기를 원한다.

자발적 교환 구매자와 판매자는 오직 그들이 원하는 경우에만 돈과 재화를 교환

비용-편익의 원리를 따르는 구매자는 청바지 구매를 통해 얻는 한계편익이 청바지 구매를 위해 지불하는 가격보다 클 경우에 청바지를 구입하게 된다. 즉, 소비자는 소비자 잉여가 발생해야 구매를 하게 된다. 마찬가지로 비용-편익의 원리를 따르는 공급자는 청바지 가격이 청바지의 한계비용보다 높을 때 청바지를 판매한다. 즉, 공급자는 생산자 잉여를 창출할 것으로 예상될 때 물건을 생산한다. 따라서 자발적인 교환은 구매자와 판매자 모두가 거래에서 이익을 얻도록 보장한다(또는 적어도 둘 다 더 나빠지지는 않음).

시장을 경쟁으로만 생각한다면 이는 시장에 대한 왜곡된 시각이다. 자발적인 교환은 구매자와 판매자 모두에게 경제적 잉여를 창출하며, 따라서 시장은 경쟁이 아닌 협력을 촉진하는 것으로 인식해야 한다. 구매자의 리바이스 청바지 구매가 리바이스를 돕듯이, 리바이스의 생산도 구매자에게 득이 된다.

이것이 소비자와 생산자가 거래에서 얻은 이익을 똑같이 나눈다는 것을 의미하지는 않는다. 그러나 둘 사이의 이익이 같지 않더라도 구매자와 판매자가 모두 정보를 잘 알고 비용-편익의 원리를 따르는 한, 누구도 자신의 상황을 악화시키는 거래에 관여하지 않을 것이다.

경제적 잉여는 한계편익에서 한계비용을 뺀 값이다. 이제 조각들을 모아보자. 거래에 의해 발생한 경제적 잉여는 소비자가 누리는 소비자 잉여(한계편익에서 가격을 뺀 값)와 판매자에게 돌아가는 생산자 잉여(가격에서 한계비용을 뺀 값)의 합이다. 이들을 더하면, 거래로 인해 발생한 경제적 잉여는 한계편익에서 한계비용을 뺀 값이 된다.

$$\text{경제적 잉여} = \underbrace{\text{소비자 잉여}}_{\text{한계편익}-\text{가격}} + \underbrace{\text{생산자 잉여}}_{\text{가격}-\text{한계비용}}$$
$$= \text{한계편익} - \text{한계비용}$$

예를 들어, 소비자에게 청바지 한 벌이 80달러의 값어치가 있고, 리바이스가 청바지 한 벌을 생산하기 위해 35달러의 데님과 실, 인건비 등의 비용이 발생한다면, 소비자와 생산자 간의 거래는 45달러의 경제적 잉여를 창출한다.

경제적 잉여는 수요곡선과 공급곡선 사이의 영역이다. 전체 시장의 총 경제적 잉여(혹은 거래의 이득)는 소비자 잉여 삼각형(수요곡선 아래와 가격 위의 영역)과 생산자 잉여 삼각형(공급곡선 위와 가격 아래의 영역)을 더한 부분이다. 그림 7-3에서 보여주고 있는 바와 같이, 이들 둘을 합한 **경제적 잉여는 시장거래량까지의 수요곡선과 공급곡선 사이의 영역**을 나타낸다.

또는 단일 거래로 인한 경제적 잉여를 한계편익에서 한계비용을 뺀 값으로 생각할 수 있다. 시장에서 거래된 모든 단일 거래의 경제적 잉여를 더하라. 그러면, 시장의 경제적 잉여는 시장에서 거래되는 거래량까지의 한계편익(수요곡선)과 한계비용(공급곡선)의 차이가 된다. 이러한 이유에서 경제적 잉여는 거래량까지 수요곡선(한계편익)과 공급곡선(한계비용) 사이의 영역이 된다.

이제 당신은 어떻게 경제적 잉여를 측정할 것인지에 대하여 알게 되었다(경제적 잉여는 소

그림 7-3 | 경제적 잉여

Ⓐ 단일 거래의 경제적 잉여는 한계편익에서 한계비용을 뺀 것이다.
Ⓑ 경제적 잉여는 수요와 공급 곡선 사이의 영역이다.
Ⓒ 모든 거래에서 얻은 경제적 잉여:
=소비자 잉여+생산자 잉여
=한계편익−한계비용

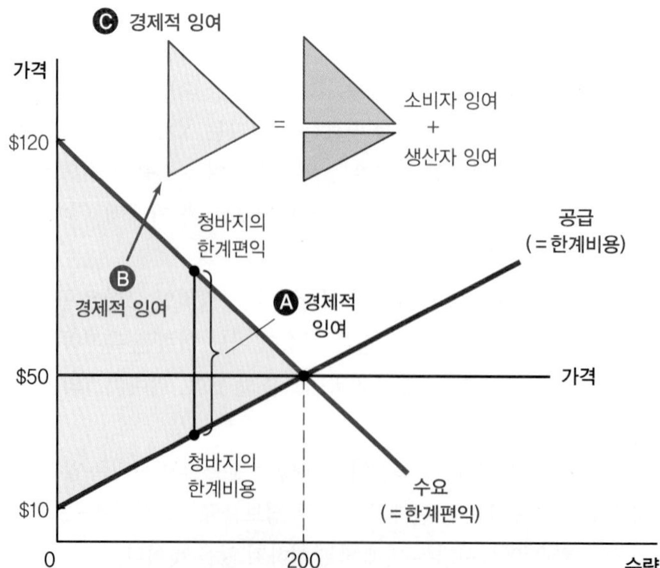

비자의 한계편익에서 생산자의 한계비용을 뺀 값이다). 이는 그림에서 시장거래량 왼쪽의 수요곡선과 공급곡선 사이의 영역을 의미한다.

이제 이러한 방법을 이용하여 시장의 효율성을 평가해보자.

7.3 시장 효율성

학습목표 시장의 효율성을 평가한다.

시장은 우리 삶의 중요한 기관이다. 시장은 어떤 제품이 만들어지고, 얼마나 생산되며, 누가 무엇을 만들고, 누가 무엇을 갖고, 가격이 얼마인지를 결정한다. 시장은 사람들의 소득과 무엇을 구매할 수 있는지를 결정한다. 하지만 시장만 이러한 기능을 하는 것은 아니다. 쿠바나 북한, 그리고 (어느 정도) 중국과 같은 중앙계획경제에서는 정부가 무엇이 만들어지고, 누가 무엇을 가질 것인지 결정한다.

그렇다면 시장은 과연 좋은 생각인가? 왜 시장이 우리 삶에서 중요한 역할을 해야 하는가? 핵심적인 주장은 시장이 더 효율적인 결과를 산출한다는 것이다. 즉, 시장은 (1) 누가 무엇을 만드는가? (2) 누가 무엇을 가지는가? (3) 얼마나 거래되는가?라는 세 가지 핵심 질문에 대한 효율적인 답변을 제공함으로써 가능한 최대의 경제적 잉여를 창출한다. 아래에서는 시장이 이러한 각 질문에 어떻게 대답하는지 살펴보도록 하자.

질문 1 : 누가 무엇을 만드는가

경제의 공급 측면을 생각해보자. 수백만 개의 기업은 수많은 제품을 생산한다. 어느 기업이 어떤 제품을 생산해야 하는지 어떻게 알 수 있을까? 어느 회사가 많이 생산해야 하고 어느 회사가 조금만 생산해야 하나? 어떤 기업이 남아야 하고 어떤 기업이 망해야 하나? 이러한 질문에 대해 개개인이 답을 찾는 것은 거의 불가능하지만, 제대로 기능하고 있는 시장은 최선의 대답을 알아낼 수 있다.

효율적 생산은 비용을 최소화한다. **효율적 생산**(efficient production)이란 주어진 수준의 산출물을 가능한 최저비용으로 생산하는 것을 의미한다. 이를 위해서는 각 품목이 최저 한계비용으로 생산되도록 생산을 할당해야 한다.

효율적 생산 각 상품은 최소 한계비용으로 생산하여, 주어진 수준의 산출물을 가능한 최저비용으로 생산

토마토 시장에서 2개의 주요 공급업체가 있다고 생각해보자. 해리스시스터즈는 노스캐롤라이나에 있는 소규모 가족 농장이고 빅레드는 캘리포니아에 있는 대규모 농장이다. 그림 7-4는 현재 시장의 토마토 가격(파운드당 2달러)과 각 농장의 한계비용곡선을 보여준다.

기업의 한계비용곡선은 그 기업의 공급곡선이 된다. 따라서 시장의 토마토 가격이 파운드당 2달러이면 빅레드는 700만 파운드를 공급하고, 헤리스시스터즈는 300만 파운드를 공급한다. 토마토 1,000만 파운드를 생산하는 데 이보다 낮은 비용으로 생산할 방법은 없으며, 따라서 이는 효율적인 생산이다. 즉, 공급과 수요는 효율적인 생산을 달성한다.

이를 확인하기 위해 다른 대안을 고려해보자.

헤리스시스터즈가 더 많은 토마토를 생산하고 빅레드에게 더 적은 토마토를 생산하도록 하면 어떨까? 이럴 경우, 토마토 1,000만 파운드를 생산하는 총비용은 증가할 것이다. 빅레드가 이전에 파운드당 2달러 미만의 한계비용(예를 들어 1.80달러/파운드)으로 생산했던 토마토를 해리스시스터즈가 생산하게 된다면 파운드당 2달러 이상(예를 들어 2.50달러/파운드)의 한계비용이 발생한다. 따라서 빅레드의 생산을 줄이고, 그가 줄인 토마토 생산을 헤리스시스터즈가 더 생산하여 1,000만 파운드의 토마토를 생산하는 대안은 토마토 생산의 총비용을 증가시

그림 7-4 | 어느 농장이 얼마나 공급해야 하는가?

Ⓐ 가격이 2달러이면 해리시스터즈는 300만 파운드를, 빅레드는 700만 파운드를 공급한다.
Ⓑ 해리시스터즈가 더 많은 지분을 생산하는 경우, 해리시스터즈의 한계비용이 2달러를 초과하여 토마토를 생산할 것이기 때문에 빅레드의 한계비용이 2달러 미만일지라도 총비용은 증가한다.
Ⓒ 빅레드가 더 많은 몫을 생산하는 경우, 해리시스터즈의 한계비용이 2달러 미만이더라도 빅레드의 한계비용이 2달러를 초과하여 추가 토마토를 생산하기 때문에 총비용은 증가한다.

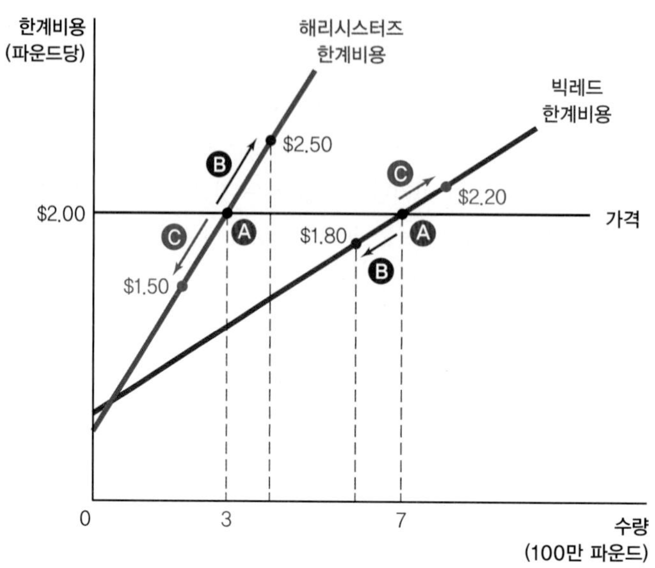

키기 때문에 비효율적이다.

만약 헤리스시스터즈가 토마토 생산을 줄이고 빅레드가 더 많은 토마토를 생산하면 어떻게 될까? 이도 역시 비효율적이다. 헤리스시스터즈가 생산을 줄인 토마토의 한계비용은 파운드당 2달러 이하(예를 들어 1.50달러/파운드)인 반면 빅레드가 추가적으로 더 많은 토마토 생산을 하기 위한 한계비용은 파운드당 2달러를 초과(예를 들어 2.20달러/파운드)되기 때문이다. 결과적으로 이러한 대안도 총비용을 증가시킨다.

이를 종합해보면 수요와 공급에 따라 결정된 생산 계획 이외의 모든 생산 계획은 생산비용을 증가시킨다. 놀랍게도 수요와 공급은 해리스시스터즈와 빅레드가 최소 비용으로 생산이 가능하도록 생산량을 배분하였다! 이는 경쟁시장이 각 품목이 가능한 가장 낮은 비용에서 생산되는 효율적인 생산을 달성한다는 것을 보여준다.

시장은 비용을 최소화하는 방향으로 기업 간의 생산을 배분한다. 이는 매우 놀라운 결과이다. 빅레드와 해리스시스터즈의 농부들은 서로 알지도 못하고 접촉한 적도 없다. 누구도 1,000만 파운드의 토마토를 최소 비용으로 생산한다는 것에 관심을 두지 않는다. 각각 자신의 이익을 극대화하는 생산량에만 관심이 있을 뿐이다. 그런데도 이러한 이기적인 이익 추구가 토마토 산업의 총생산량이 최소 비용으로 생산될 수 있도록 기업 간의 생산량을 배분하였다.

결과적으로 완전경쟁시장은 효율적 생산을 보장하므로 모든 상품은 가장 낮은 한계비용으로 생산할 수 있는 생산자에 의해 생산된다.

질문 2 : 누가 무엇을 가지는가

이제 경제의 수요 측면을 살펴보자. 경제가 생산한 수많은 제품을 소비하려는 수백만의 사람들이 있다. 누가 무엇을 가져야 하는가? 예를 들어 누가 토마토를 많이 먹고, 누가 조금만 먹어야 하는가? 직관적으로는 토마토를 진정으로 소중히 여기는 사람들이 토마토를 소비해야 한다. 내 삼촌처럼 토마토를 경멸하는 사람들이 토마토를 소비하는 것은 바람직하지 못하다.

효율적 배분은 편익을 극대화한다. **효율적 배분**(efficient allocation)은 재화가 가장 큰 경제적 잉여를 창출하도록 배분될 때 발생하며, 이를 위해서는 각각의 상품이 그 상품으로부터 가장 높은 한계편익을 얻는 사람에게 전달되어야 한다.

효율적 배분 각각의 상품이 그 상품으로부터 가장 높은 한계편익을 얻는 사람에게 전달되어 가장 큰 경제적 잉여를 창출되도록 상품이 배분

토마토 시장에 2명의 구매자, 가브리엘과 피터가 있다고 가정하자. 그림 7-5는 이들의 토마토에 대한 한계편익곡선을 보여준다. 한계편익곡선은 각자의 수요곡선이므로, 토마토의 가격이 2달러라면 피터는 7파운드의 토마토를 그리고 가브리엘은 3파운드의 토마토를 구매할 것이다.

토마토는 더 높은 한계편익을 가진 소비자에게 배분되면서 가능한 최대 경제적 잉여를 도출하였고 따라서 이는 효율적인 배분이다. 즉, 수요와 공급은 효율적 배분을 달성하였다.

이를 확인하기 위해 다른 대안을 고려해보자.

피터가 소비하던 토마토의 일부를 가브리엘이 소비한다고 가정해보자. 이로 인해 가브리엘의 추가적인 이득은 피터가 포기한 이득보다 적고 따라서 경제적 잉여는 감소한다. 즉, 가브리엘이 토마토를 더 소비하면서 얻게 되는 한계편익은 2달러보다 적은 반면(예를 들어, 1.50달러/파운드), 피터가 자신이 포기한 토마토에서 얻을 수 있었던 한계편익은 2달러보다 더 크다(예를 들어, 2.50달러/파운드).

다른 대안으로 가브리엘이 소비하던 토마토 일부를 피터가 소비하도록 재배분한 경우도 경제적 잉여는 감소한다. 가브리엘이 소비하지 못한 토마토에서 얻을 수 있었던 한계편익은 2달러보다 큰 반면(예를 들어, 2.50달러/파운드), 피터가 추가적으로 토마토를 소비하여 얻는 한계편익은 2달러보다 적기 때문이다(예를 들어, 1.80달러/파운드).

종합하면, 수요와 공급은 토마토의 한계편익(각자의 지불 의향으로 측정된)이 높은 사람에

그림 7-5 | 누가 얼마만큼을 가져야 하는가?

Ⓐ 가격이 2달러이면 피터는 7파운드의 토마토를, 가브리엘은 3파운드를 구입한다.
Ⓑ 피터에게 이보다 적은 토마토를 주고 가브리엘에게 더 많은 토마토를 주는 것은, 피터는 한계편익이 2달러를 초과하는 토마토를 포기하지만 가브리엘은 여분의 토마토로 인한 한계편익이 2달러 미만이라는 점에서 바람직하지 못하다.
Ⓒ 피터에게 토마토를 더 주고 가브리엘에게 더 적게 주는 것도 나쁜 생각이다. 피터는 여분의 토마토로부터 2달러 미만의 한계편익을 얻지만 가브리엘은 2달러 이상의 한계편익을 포기하기 때문이다.

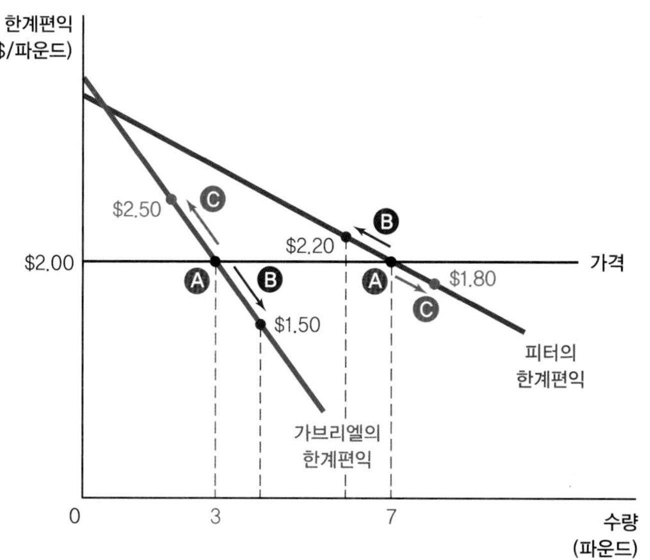

게 토마토가 소비되도록 배분한다는 것이다. 수요와 공급에 의한 배분 이외의 다른 방식은 총 경제적 잉여를 줄인다. 따라서 경쟁시장에서 각 품목은 해당 품목으로부터 최대 한계편익을 얻을 수 있는 사람에게 판매되어 상품의 효율적인 배분이 이루어진다.

시장은 상품을 최대 한계편익을 가진 사람에게 배분한다. 이는 놀라운 결과이다. 가브리엘과 피터는 서로 알지 못하며, 같이 이야기를 나눈 적도 없다. 그러나 각자 자신의 이익을 추구하면서 토마토가 높은 한계편익을 가진 사람이 소비할 수 있도록 배분하였다. 수십억 개의 토마토가 수백만 명의 소비자에게 어떻게 배분되는지도 동일한 논리로 설명할 수 있다. 즉, 경쟁시장은 더 높은 한계편익을 가진 사람에게 토마토를 배분한다. 개별 구매자들이 자신의 이익을 추구하는 가운데, 시장은 구매자들의 지불 의향으로 측정된 한계편익에 따라 높은 한계편익을 가진 구매자에게 토마토를 배분한다.

질문 3 : 얼마가 거래되는가

지금까지 우리는 얼마나 많은 수량의 재화가 생산되든지 간에 경쟁시장은 효율적 생산을 보장한다는 것을 살펴보았는데, 이는 이러한 재화들이 가장 낮은 비용으로 생산된다는 것을 의미한다. 또한 경쟁시장은 효율적 배분을 보장하는데, 이는 이러한 재화들이 가장 높은 한계편익을 가진 사람들에게 배분된다는 것을 의미한다.

마지막 단계는 상품이 거래되는 거래량을 분석하는 것이다. 수요와 공급의 힘이 가능한 최대 경제적 잉여를 도출하는 **효율적 수량**(efficient quantity)으로 이어지는지 살펴보도록 한다.

효율적 수량 가능한 최대 경제적 잉여가 도출되는 수량

시장의 합리적 규칙에 따르면, 한계편익이 한계비용과 일치할 때까지 계속 생산해야 한다. 효율적인 토마토 수량을 생각해보자. 사회 전체의 경제적 잉여를 극대화하기 위해서는 얼마만큼의 토마토가 생산되어야 하는가? 이는 '얼마나 많이'에 관한 질문이며, 한계의 원리는 "토마토를 하나 더 생산해야 하나?"라는 단순화된 질문에 초점을 맞춰야 한다고 말한다. 다음으로, 한계편익이 최소한 한계비용보다 크다면 여분의 토마토는 경제적 잉여를 증가시킬 것이라는 비용-편익의 원리를 적용한다.

이들을 합치면, 아래의 규칙에 도달한다.

시장의 합리적 규칙 경제적 잉여를 늘리기 위해서는, 추가적인 상품으로 인한 한계편익이 한계비용보다 클 경우에(혹은 같은 경우에) 그 상품을 생산

시장의 합리적 규칙(rational rule for market) : 경제적 잉여를 늘리기 위해서는, 추가적인 상품으로 인한 한계편익이 한계비용보다 클 경우에(혹은 같은 경우에) 그 상품을 생산한다.

이는 시장이 한계편익이 한계비용과 같아질 때까지 계속 생산하면 최대 경제적 잉여를 얻을 수 있다는 것을 의미한다. 즉, 효율적 수량은 아래의 조건에서 달성된다:

$$\text{한계편익} = \text{한계비용}$$

수요와 공급은 잉여 극대화 수량을 생산한다. 시장에는 책임자가 없으며, 수요와 공급의 힘은 자연적으로 잉여를 극대화하는 양을 생산한다. 균형은 수요와 공급이 일치하는 곳에서 일어난다. 제대로 작동하는 시장에서 공급곡선은 한계비용곡선이며, 수요곡선은 한계편익곡선이다. 따라서 수요와 공급이 일치하는 시장균형은 한계편익이 한계비용과 같은 점에서 발생한다. 그림 7-6에서 알 수 있듯이 이 점에서 가능한 최대 경제적 잉여가 달성된다.

판매자가 균형수량보다 적게 생산하면 구매자의 한계편익이 판매자의 한계비용을 초과하므로 생산을 늘려 경제적 잉여를 늘릴 수 있다. 반대로 판매자가 균형 수량보다 더 생산하면 판매자의 한계비용이 구매자의 한계편익을 초과하므로 생산을 줄임으로써 경제적 잉여를 늘릴 수 있다.

그림 7-6 | 최대 경제적 잉여에 도달하는 수량은?

Ⓐ 균형보다 적은 수량에서, 구매자의 한계편익은 판매자의 한계비용을 초과한다.
Ⓑ 균형보다 큰 수량에서 판매자의 한계비용은 구매자의 한계편익을 초과한다.
Ⓒ 따라서 **균형 수량**은 가능한 최대의 경제적 잉여를 생성한다.

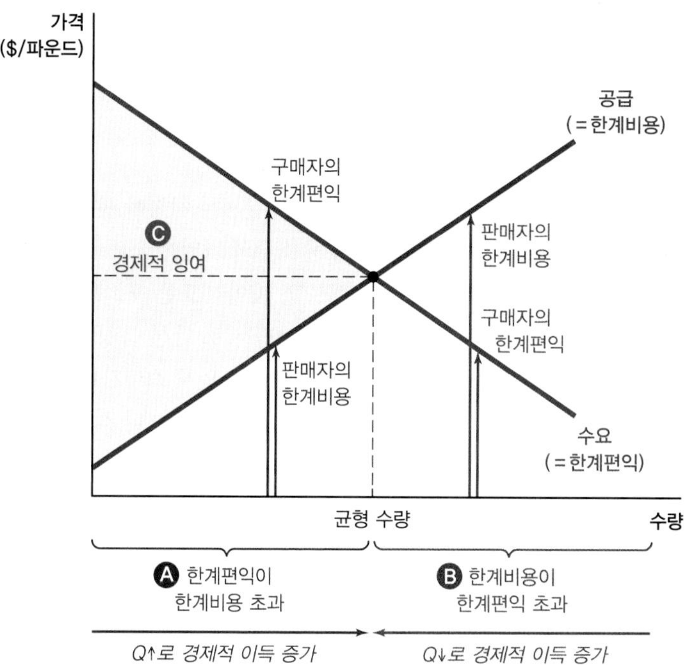

따라서 경제적 잉여를 극대화하는 수량은 수요와 공급의 힘으로 인한 균형수량이며, 경쟁시장은 재화의 거래가 효율적인 수량에서 이루어지도록 한다.

이는 마치 모든 경제적 활동이 보이지 않는 손에 의해 지도되는 것과 같다. 경제를 조직화하는 것, 즉 누가 무엇을 생산하고, 누가 무엇을 가지며, 얼마를 생산할지를 결정하는 것은 매우 어려운 일이다. 어떤 전문가 위원회조차도 이 모든 것들을 해결할 수는 없다.

그러나 자신의 이익을 추구하는 수백만의 구매자와 판매자는 이러한 전문가 위원회가 해결하지 못하는 문제를 해결한다. 이들은 경제적 잉여를 극대화하는 수량을 생산한다. 또한 이 수량은 최소 한계비용에서 생산되며 최대 한계편익(구매자의 지불 의향으로 측정된)을 가진 사람들에게 배분된다. 시장에 참가하는 행위자 중 아무도 효율적인 결과를 의도하지 않았음에도 불구하고, 시장은 효율적인 결과를 달성한다. 각 개인이 독자적으로 자신의 이익을 추구하는 가운데, 시장은 효율적인 결과로 유도된다. 경제학의 창시자 중 한 명인 아담 스미스가 지적했듯이, 이는 모든 경제 활동이 '보이지 않는 손'에 의해 인도되는 것과 같다.

7.4 시장 실패와 사중손실

학습목표 시장 실패의 비용을 측정한다.

당신은 이제 시장에 높은 신뢰를 가질 수 있다. 경쟁시장은 가능한 최대의 경제적 흑자를 창출하는 효율적인 결과를 낳는다. 그러나 주의해야 할 사항이 있다. 수요와 공급은 완전경쟁이 제대로 작동하는 시장에서 정통한 정보를 알고 있는 구매자와 판매자가 상호 작용하는 경우를 가정하고 있다. 그러나 세상이 항상 이런 식으로 작동하는 것은 아니다.

시장 실패

현실 세계에서 수요와 공급은 기대만큼 원활하게 작동하지 않는다.

시장 실패 수요와 공급의 힘이 비효율적인 결과를 초래할 때

시장 실패(market failure)는 수요와 공급의 힘이 비효율적인 결과를 초래할 때 발생하며, 그 빈도와 심각성은 시장에 대한 신뢰를 낮춘다.

 **시장 실패의 원인**

1. 시장 지배력
2. 외부효과
3. 정보 문제
4. 비합리성
5. 정부 규제

시장 실패에는 다섯 가지 주요 원인이 있다. 여기서는 왜 이러한 시장 실패가 발생하며 이러한 시장 실패가 어떻게 시장의 결과를 바꾸게 되는지를 살펴보도록 한다.

시장 실패 1 : 시장 지배력은 경쟁력을 약화시킨다. 시장 지배력의 문제는 시장이 동일한 상품을 판매하는 많은 판매자들이 완전경쟁을 하지 못하고 시장이 소수의 기업에 의해 지배될 때 발생한다. 예를 들어, 미국의 아침 시리얼은 제너럴 밀스, 켈로그, 퀘이커 또는 포스트 등 몇몇 주요 업체에 의해 생산된다. 그들이 판매하는 시리얼은 비슷하지만 서로 다른 특징을 가지고 있다. 판매자는 제한된 경쟁을 이용하여 더 높은 가격을 부과하고, 이로 인해 소비자는 더 적은 수량을 구매하게 된다. 시장 지배력을 가진 기업은 일반적으로 효율적인 수량보다 적게 생산하고, 그 결과 시장의 총생산량은 효율적 생산량보다 적게 생산된다. 제14장에서는 이러한 시장 지배력을 더 자세히 분석한다.

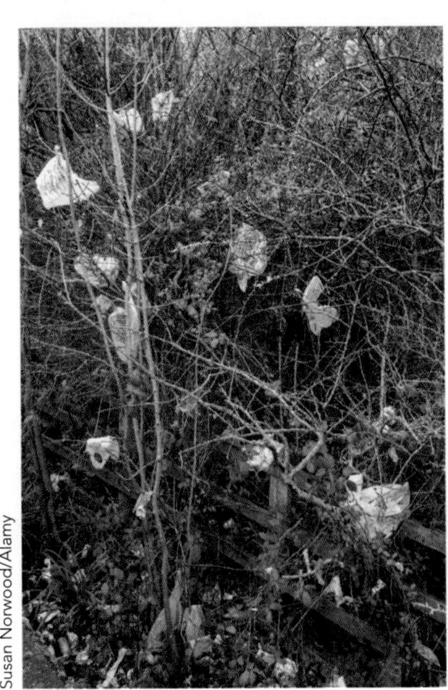
Susan Norwood/Alamy

당신이 버리지 않은 경우라도, 당신은 이것으로부터 부작용을 느낀다.

시장 실패 2 : 외부효과는 부작용을 불러온다. 외부효과의 문제는 구매자와 판매자의 선택이 다른 사람에게 부작용을 가져올 때 일어난다.

예를 들어, 많은 전력회사는 석탄을 태워 전기를 생산하는데, 이는 스모그, 산성비, 온실 가스 등의 부작용을 발생시킨다. 석탄이나 석탄에서 생산된 전기를 사거나 팔지 않는 사람도 이러한 부작용을 피할 수 없다. 석탄 공급업체가 이러한 부작용을 충분히 고려하지 않으면 더 많은 석탄을 생산하여 사회적으로 최적의 수준을 넘어서는 더 많은 오염을 발생시키게 된다. 일반적으로 제품의 공급에 부정적인 외부효과가 있는 경우, 기업은 경제적으로 효율적인 생산량보다 더 많이 생산하는 경향이 있다.

외부효과가 항상 부정적인 것은 아니다. 어떤 행위는 다른 사람들에게 도움이 되는 부작용을 발생시키기도 한다. 예를 들어 독감 예방 주사는 주사를 맞는 사람이 독감에 걸리지 않도록 보호할 뿐만 아니라 다른 사람에게 바이러스를 전염시키지 않기 때문에 다른 사람이 독감에 걸리는 것을 예방할 수 있다. 사람들이 이러한 긍정적인 외부효과를 고려하지 않는 경우, 사회적으로 최적인 수준보다 적은 생산량(행위)이 도출된다. 이러한 긍정적 외부효과는 제10장에서 자세히 살펴본다.

시장 실패 3 : 정보의 문제는 신뢰를 약화시킨다. 사적 정보의 문제는 당신과 거래하는 사람이 당신이 모르는 것을 알고 있다고 걱정할 때 발생할 수 있다. 예를 들어, 중고차 거래에서 판매자가 구매자보다 중고차량의 상태에 대해 더 잘 알고 있다면, 구매자는 판매자가 왜 이 차를 팔려고 하는 것인지 궁금할 수 있다. 구매자는 판매자가 무엇인가를 숨기고 있다고 의심할 수 있고 결국 중고차 구매를 포기할 수 있다. 이는 어떻게 사적 정보가 신뢰를 약화시켜 거래량을 효율적 생산량 이하로 낮추게 되는지 보여준다. 이러한 문제는 제20장에서 다룬다.

시장 실패 4 : 비합리성은 잘못된 결정으로 이어진다. 비합리성의 문제는 때때로 사람들이 자신의 최선의 이익에 맞지 않는 결정을 내리는 것이다. 구매자가 구매자의 합리적 규칙을 따르지 않으면 구매자의 수요결정은 더 이상 한계편익을 반영하지 않게 되고, 따라서 효율적인 배

분이 이루어지지 않는다. 또한 판매자가 판매자의 합리적 규칙을 따르지 않으면 판매자의 공급 결정은 한계비용에 의해 좌우되지 않을 수 있으며, 따라서 효율적인 생산이 어려울 수 있다.

사실, 심리학자와 행동경제학자들은 사람들이 일관되게 실수를 반복하는 여러 가지 경우를 발견하였다. 이러한 내용 일부는 이미 제1장에서 보여주고 있으며, 제19장에서 더 자세히 살펴보도록 한다.

시장 실패 5 : 정부 규제는 시장의 힘을 방해한다. 정부 규제로 인한 문제는 이러한 규제가 시장의 힘을 방해할 수 있다는 것이다. 우리가 제6장에 살펴본 바와 같이, 상품에 부과된 세금은 거래량을 감소시킨다. 또한 판매자가 부과하는 가격을 제한하거나 판매 수량을 제한하는 규제도 판매량에 영향을 미친다. 이러한 정부 규제는 과다한 오염 배출을 막기 위한 환경 규제와 같이 위에서 언급한 시장 실패를 바로잡기 위해 시행되기도 한다. 그러나 종종 이러한 정부 규제는 그 자체로 시장 왜곡을 만들어 시장이 효율적인 생산량에 도달하기 어렵게 만들기도 한다.

사중손실

시장 실패의 비용은 이러한 시장 실패로 인해 경제적 잉여가 얼마나 줄었는지를 계산하여 측정할 수 있다. 이것을 **사중손실**(deadweight loss)이라고 하며, 가능한 최대의 경제적 잉여(효율적 수량에서 발생)와 실제 경제적 잉여의 차이를 의미한다.

사중손실 효율적 결과에 비해 경제적 잉여가 얼마나 감소하였는지를 측정
사중손실＝효율적 수량에서의 경제적 잉여－실제 경제적 잉여

사중손실＝효율적 수량에서의 경제적 잉여－실제 경제적 잉여

경제적 잉여와 사중손실은 한계편익과 한계비용에 집중한다. 사중손실을 계산하기 위해서는 효율적 수량에서의 경제적 잉여와 실제 수량에서의 경제적 잉여를 측정해야 한다. 주어진 거래에서 경제적 잉여는 다음과 같이 측정된다:

경제적 잉여＝한계편익－한계비용

경제적 잉여를 측정할 때 다른 방법을 사용하기도 한다. 수요곡선이 한계편익과 일치하고 공급곡선이 한계비용과 일치한다면, 경제적 잉여는 수요와 공급곡선 사이의 영역이다. 그러나 시장 실패로 인해 수요곡선이 한계편익을 측정하지 못하거나 공급곡선이 한계비용과 일치하지 않을 수 있으므로 여기에서는 이러한 방법으로 경제적 잉여를 측정하지는 않는다. 따라서 다음에서는 한계편익과 한계비용곡선을 중심으로 살펴보도록 한다. 개별 거래의 경제적 잉여는 한계편익과 한계비용곡선의 차이이므로, 전체 시장의 경제적 잉여는 해당 수량까지의 한계편익과 한계비용곡선 사이의 영역이 된다.

효율적 수량보다 적은 생산은 사중손실을 초래한다. 그림 7-7은 이전의 토마토 시장을 보여주고 있다. 그러나 그림 7-7에서는 시장 실패로 인해 실제 토마토의 거래량이 효율적 수량보다 적은 실제 수량(수직선으로 표시)이라고 가정한다. 여기에서는 이러한 시장 실패가 발생한 이유는 제쳐두도록 하자. 중요한 것은 경제적 잉여에 관한 결과를 파악하는 것이다.

먼저 효율적 수량에서 경제적 잉여를 측정하자. 시장의 합리적 규칙에 따르면 시장은 한계편익과 한계비용이 같아질 때까지 계속 생산함으로써 효율적 수량에 도달할 수 있다. 즉, 효율적 수량은 한계편익과 한계비용이 일치하는 곳에서 발생한다. 효율적 수량에서 경제적 잉여는 수요와 공급곡선 사이의 영역이며, 그림 7-7에서 경제적 잉여는 초록색과 보라색 부분을 포함한 전체 삼각형 영역이 된다(▶ 영역). 이 영역은 효율적 수량에서의 경제적 잉여이므로 시장에서 가능한 최대 경제적 잉여가 된다.

다음으로 시장 실패로 인해 거래량이 줄어들었을 때의 경제적 잉여를 측정해보자. 이러한

그림 7-7 | 과소생산은 사중손실을 초래한다

Ⓐ 시장 실패로 인해 **실제 생산량**이 효율적인 수량보다 작다.
Ⓑ 이것은 실제 생산량까지의 한계편익곡선 아래 및 한계비용곡선 위의 면적과 동일한 실제 경제적 잉여를 창출한다.
Ⓒ 사중손실은 효율적인 수량이 생산된다면 경제적 잉여가 얼마나 클 수 있었는지 보여준다.

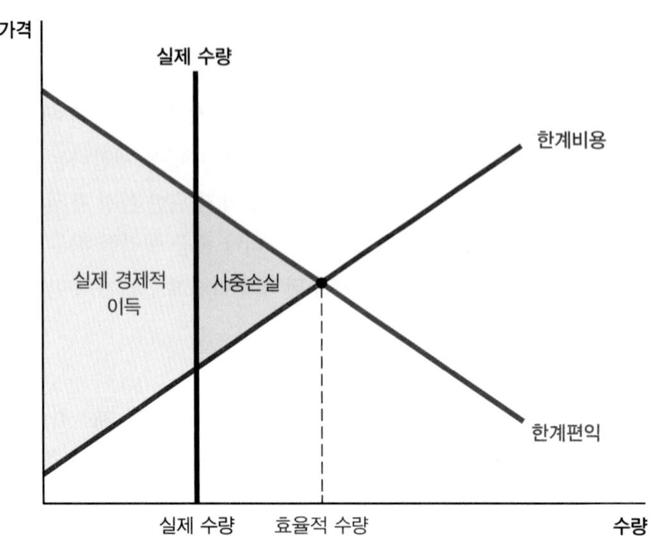

경우의 경제적 잉여는 실제 거래된 수량까지 한계편익과 한계비용 사이의 영역이다. 그림 7-7에서 이는 초록색으로 표시된 ▶의 영역이다.

사중손실은 시장 실패로 인한 경제적 잉여의 손실이며, 따라서 이는 실제 수량에서의 경제적 잉여가 효율적 수량에서 발생하는 경제적 잉여에 비해 얼마나 적은지로 측정할 수 있다. 그림 7-7에서 사중손실은 보라색의 작은 삼각형(▶)으로 표시되어 있다. 사중손실 삼각형은 수량을 늘리면 한계편익이 한계비용을 초과하여 경제적 잉여가 늘 수 있으나 이러한 잠재적으로 이로운 거래가 발생하지 못했음을 보여준다.

마지막으로 과소생산으로 인한 사중손실은 효율적 수량 쪽을 가리키는 화살촉 모양의 영역이다.

효율적 수량을 초과하는 생산도 사중손실을 초래한다. 다음으로 시장 실패로 인해 실제 생산량이 효율적 수량보다 많은 과다생산이 발생한 경우를 생각해보자. 여기에서도 이러한 시장 실패가 발생한 이유는 고려하지 않으며, 실제 수량은 그림 7-8의 수직선으로 표시되어 있다.

이전 경우와 동일하게, 효율적 수량은 한계편익과 한계비용이 같은 점에서의 수량이다. 효율적 수량에서는 가능한 최대 경제적 잉여가 발생하며, 그림에서는 오렌지색의 삼각형(▶)으로 표시되어 있다.

그러나 이번에는 시장 실패로 인해 더 많은 수량이 생산되었다. 생산량이 효율적 수량을 넘어서게 되면, 추가적인 토마토 소비의 한계편익은 이를 공급하기 위한 한계비용보다 작다. 즉, 추가적인 토마토 생산은 경제적 잉여를 감소시킨다. 이는 토마토가 나쁘다는 것이 아니라 토마토 1개를 추가로 생산하기 위한 비용이 소비자가 토마토 1개를 더 소비하여 얻을 수 있는 한계편익보다 높다는 뜻이다.

이처럼 효율적 수량을 넘어선 생산은 한계편익과 한계비용의 차이만큼 경제적 잉여를 감소시킨다. 그러므로 과다생산으로 인한 사중손실은 효율적 수량과 실제 수량 사이의 한계편익과 한계비용 사이의 영역으로 표시된다. 그림에서 사중손실은 보라색 삼각형(◀)으로 표시되어 있다.

그림 7-8 | 과다생산은 사중손실을 초래한다

Ⓐ 시장 실패로 인해 실제 생산량이 효율적인 수량보다 많아진다.
Ⓑ 가능한 가장 큰 경제적 잉여는 효율적 수량까지 한계편익곡선 아래 및 한계비용곡선 위의 영역이다.
Ⓒ 사중손실은 효율적 수량 이상을 생산함으로써 얼마나 많은 경제적 잉여가 손실되었는지를 보여준다.

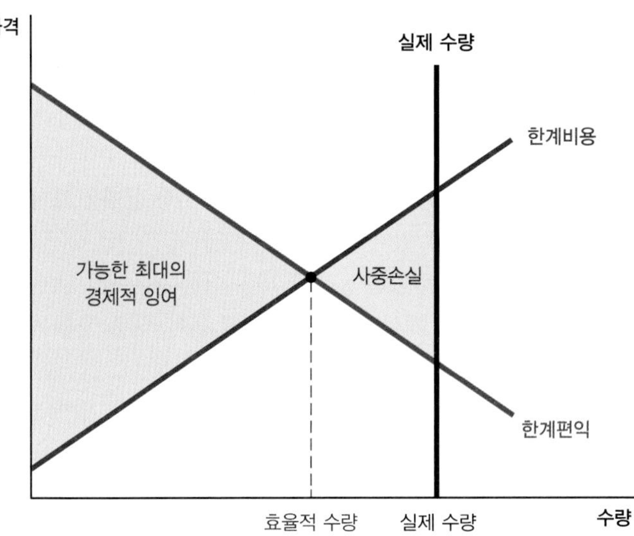

사중손실은 효율적 생산에서 화살표처럼 표시된 영역이다. 사중손실을 찾는 방법을 간단히 정리해보자. 과소생산에서(그림 7-7 참조) 사중손실(▶ 모양)은 효율적 수량을 가리키는 화살촉처럼 보인다. 반면에 과다생산에서(그림 7-8 참조) 사중손실(◀ 모양)도 효율적 수량을 가리키는 화살촉처럼 보인다. 두 경우 모두 실제 수량의 화살촉으로 표시되어 효율적인 수량을 가리킨다. 사중손실의 모양은 마치 경제가 사중손실이 지시하고 있는 방향으로 움직인다면 더 좋아질 것이라고 조언하는 듯하다.

사중손실의 크기를 결정하는 것은 가격이 아닌 수량이다. 사중손실은 한계비용과 한계편익곡선, 실제 생산량을 기반으로 측정되었다. 이러한 계산은 가격에 무슨 일이 있었는지와 무관하다. 이는 사중손실이 효율적인 수량보다 크거나 작은 수량을 생산할 때의 결과를 측정하기 때문이다. 가격은 수량이 결정된 후, 경제적 잉여를 재분배하는 역할을 한다. 예를 들어, 토마토 가격이 높으면, 구매자가 토마토 소비에 대해 더 많이 지불하게 됨에 따라 소비자 잉여가 줄고, 반면에 토마토 판매자는 더 높은 가격을 받아 생산자 잉여가 증가한다. 구매자의 손실은 판매자의 이익이 되고, 구매자와 판매자가 공유하는 경제적 잉여의 크기는 변하지 않는다.

요점 : 경제적 잉여의 크기를 결정하는 것은 수량이며, 따라서 사중손실도 수량에 의해 결정된다. 반면 경제적 잉여를 누리는 것이 구매자인지 판매자인지를 파악하려는 경우에는 가격을 분석해야 한다.

시장 실패 vs. 정부 실패

우리 사회에서 시장의 힘이 얼마나 많은 역할을 해야 하는지, 그리고 정부는 얼마나 많은 역할을 해야 하는지는 현대의 가장 중요한 경제적 · 정치적 · 철학적 논쟁 중 하나이다. 이제 한발 물러서 이러한 질문에 대하여 살펴보도록 하자.

제대로 기능하는 시장의 효율성은 시장의 힘의 중요성을 시사한다. 제대로 기능하는 완전경쟁시장은 재화와 서비스를 가장 낮은 한계비용을 가진 기업이 생산하고(생산 효율성), 가장 높은 한계편익을 가진 구매자가 소비하며(배분 효율성), 가장 높은 경제적 잉여가 발생하는 수량(효율적 수량)으로 생산한다는 것을 보았다. 이처럼 제대로 기능하는 시장은 최대한의 경제적 잉여를 달성하는 효율적인 결과를 불러온다. 이는 시장을 중심으로 우리 사회를 조직하는 것을 지지하는 가장 설득력 있는 사례이다.

시장 실패는 정부 역할의 중요성을 시사한다. 시장의 기능은 이론적으로는 그럴듯해 보이지만, 실제로 시장 실패는 흔하게 발생한다. 이는 시장이 이상적인 결과가 아닌 나쁜 결과를 가져와 사중손실을 초래한다는 의미이다. 이러한 사실은 또한 정부가 일정한 역할을 수행하는 것을 지지하는 강력한 주장의 근거를 제공하기도 하는데, 잘 설계된 정책이 시장 실패를 제한하고 사중손실을 줄이는 더 효율적인 결과를 도출할 수 있기 때문이다.

정부의 역할이 얼마나 커야 하는지에 대해서는 많은 논쟁이 있다. 어떤 경우에는 정부가 시장을 조직하고 규제하는 데 도움을 주어 상황을 개선할 수 있다. 예를 들어, 식품 안전 기준은 아무도 살모넬라균으로 오염된 땅콩버터를 판매하지 못하도록 한다. 다른 경우로 세금이나 보조금, 수량 규정 등을 사용하여 시장 실패를 바로 잡기도 한다. 예를 들어, 정부는 흡연에 세금을 부과하고 노인을 위한 독감 예방 주사를 지원한다. 또한 정부는 국가 안보나 사회복지 프로그램과 같이 시장이 제공할 수 없는 것을 정부가 제공하기도 한다.

정부 실패는 우리가 정부에 의존해야 하는 정도를 제한한다. 시장 실패가 있을 수 있다는 점이 정부가 시장보다 더 잘할 수 있다는 것을 의미하지는 않는다. 정부에게도 정부 정책이 더 안 좋은 결과를 초래하는 **정부 실패**(government failure)의 문제를 가지고 있기 때문이다.

정부 실패 정부 정책이 더 안 좋은 결과를 초래하는 것

정치인들은 종종 효율성이나 형평성의 향상보다 재선 기회를 높이는 데 더 많은 동기가 부여된다. 이로 인하여 정치인들은 조용히 있는 사람들보다는 정치적으로 조직된 유권자들에게 적극적으로 반응한다. 거액의 정치후원금을 기부하지 않는 사람들보다 기부하는 사람들에게 더 반응하고, 종종 옳은 것보다 인기 있는 것을 선택하기도 한다. 그 결과 기존 시장 실패에 대한 정부의 대응이 실제로는 상황을 더욱 악화시킬 수도 있다.

정부 실패의 문제는 왕실이나 독재자가 정말 잘못된 정책으로 인해 선거에서 패배할 것이라고 걱정할 필요가 없는 비민주주의 국가에서 더 심각할 수 있다. 그들은 선거 결과에 걱정할 필요가 없고, 오로지 자신과 친구들을 풍요롭게 하는 데 자유롭게 집중할 수 있다.

정부 실패는 정치인들만의 문제가 아니다. 정부 관료들도 대중의 이익에 합치하지 않는 일을 할 수 있기 때문이다. 정부 기관을 이끄는 관료가 자기가 속한 기관의 힘을 확장하려고 할 때, 효율적인 서비스를 제공하지 못하고 거대 관료제를 만드는 경우가 많다. 일부 관료들은 자신이 규제하는 사람들에게 너무 우호적으로 변해, 관련 업계를 규제하기보다는 오히려 해당 업계의 최선의 이익을 위해 행동하기도 한다. 또한 낮은 임금을 받고 일하는 관료들은 열심히 일하거나, 효율적으로 행동하거나, 최선의 결정을 내릴 동기가 부족할 수도 있다.

요점은 시장 실패가 만연한 것처럼 정부 실패도 만연하다는 것이다. 따라서 우리 사회가 더 나아지기 위해 시장의 힘을 강조할 것인지 혹은 정부에게 더 많은 힘을 실어줄 것인지에 관한 질문은 시장 실패로 인한 손실과 정부 실패로 인한 손실 중 어느 것이 더 큰 손실을 유발할 것인지에 달려 있다. 시장 실패에 따른 손실과 정부 실패에 따른 손실의 크기를 비교할 수 있는 정확한 규칙은 없으며, 각각의 판단은 정책, 쟁점, 시장, 정부 부서, 시간과 장소 등에 따라 달라질 수 있다.

7.5 경제적 효율성의 한계

학습목표 정책 분석에서 경제적 효율성의 한계를 평가한다.

경제 정책 토론(누구 하나를 옹호하는)에서 사람들의 주장은 실증적 분석을 넘어 규범적 분석으로 이동하게 된다. 즉, 정책 토론에서 누군가를 지지하기 위해서는 어떤 결과가 다른 것보다 나은지를 평가하는 방법을 찾아야 한다.

많은 경제학자가 사용하는 한 가지 기준은 경제적 효율성이다. 이러한 관점에 의하여 우리는 더 큰 경제적 잉여를 도출하는 결과를 선택해야 한다. 이러한 접근법이 경제학에서 일반적이기는 하지만 완전히 만족스럽지 않을 수 있다.

경제적 효율성에 대한 비판

경제적 효율성을 강조하는 것은 마치 우리는 언제나 가장 큰 파이를 선택해야 한다고 주장하는 것처럼 들린다. 이러한 주장이 좋은 생각처럼 들릴지 모르지만, 이는 많은 사람들로 하여금 경제적 효율성을 강조하는 주장을 비판하게 만드는 강력한 가치 판단을 지니고 있다. 따라서 효율성 측면에서 경제 정책을 평가할지를 결정하기 전에 다음 세 가지 비판을 생각해보자.

비판 1 : 배분도 중요하며, 따라서 형평성에 대한 고려도 중요하다. 경제적 효율성 측면은 가능한 최대한의 경제적 잉여를 얻을 수 있도록 노력한다는 것이고, 누가 그것을 갖게 되는지는 상관하지 않는다. 그러나 많은 이들은 경제적 이득의 배분도 중요하다고 생각한다. 따라서 경제학자들은 효율성을 넘어 새로운 정책의 **분배적 결과**(distributional consequences, 누가 무엇을 얻는지)를 분석하고 그 결과가 공정하거나 공평한지 평가한다. 이 비판은 파이의 크기뿐만 아니라 파이를 나누는 방식도 중요하다고 말한다.

분배적 결과 누가 무엇을 가지는가

비판 2 : 지불 의향은 한계편익뿐만 아니라 지불 능력도 반영한다. 경제적 잉여는 한계편익에서 한계비용을 뺀 값이다. 따라서 경제적 잉여를 극대화하려면 각 재화가 가능한 최대 한계편익을 가진 사람에게 전달되어야 한다. 여기까지는 별문제가 없다. 그러나 경제학자들은 구매자의 지불 의향과 한계편익을 동일시한다. 그래서 경제적 잉여는 한 구매자가 다른 구매자보다 파이 한 조각에 더 많은 돈을 지불할 의사가 있다면 그 구매자는 다른 구매자에 비해 파이 한 조각에서 더 큰 한계편익을 얻는다고 생각한다.

그러나 이는 내가 킴 카다시안 문제라고 이야기하는 문제를 불러온다. 파이 한 조각이 남았고 당신은 파이를 너무 좋아해서 마지막 남은 파이를 원한다고 가정하자. 당신은 파이를 좋아한다는 정도를 고려할 때 당신이 마지막 남은 파이를 얻는 것이 합리적이라고 주장한다. 그러나 킴은 자기가 그것을 먹는 것이 더 효율적일 것이라고 반박한다. 계산을 해보자. 당신은 파이를 좋아하므로 마지막 조각에 대해 최대 12달러를 지불할 의향이 있으며, 파이 한 조각에 12달러는 높은 금액이다. 그러나 킴 카다시안은 엄청나게 부유한 유명인이다. 킴은 당신만큼 파이를 좋아하지 않을지라도 마지막 파이 한 조각에 대해 기꺼이 50달러를 지불할 것이다. 엄청난 부자인 그녀라면 파이 한 조각에 50달러를 내는 것은 부담되는 결정이 아니다. 경제적 잉여는 킴 카다시안이 옳다는 생각에 기반한다. 즉, 그녀가 당신보다 더 많은 돈을 지불할 의사가 있다는 것은 그녀가 마지막 조각을 얻음으로써 더 큰 경제적 잉여가 발생할 수 있다는 것을 의미한다. 여기서 문제는 파이에 대해 지불하려는 금액이 부분적으로 파이를 좋아하는 정도를 반영하지만, 부분적으로는 파이에 대한 지불 능력을 반영한다는 것이다.

Chris Weeks/Getty Images

이것이 그녀가 높은 지불 의향을 가지고 있는 이유이다.

비판 3 : 결과뿐 아니라 방법도 중요하다. 경제적 효율성은 결과에 관한 것이다. 그러나 사람들은 과정이 더 중요하다고 생각한다. 예를 들어, 호박파이를 만든 사람은 큰 조각을 가져갈 자격이 있다. 아니면 아마도 결과보다 중요한 것은 기회의 균등일 것이다. 모든 사람이 호박파이를 만들 기회가 있다면, 실제로 호박파이를 만든 사람이 다른 사람들과 파이를 나눠야만 하는 이유가 있는가? 중요한 것은 호박파이를 자르는 방법을 결정하는 과정일 수도 있다. 파이를 자르는 방법을 결정하는 과정이 민주적이었는가 아니면 독재적이었는가? 또는 모든 사람이 파이를 먹을 권리가 있다고 생각할 수도 있다.

당신의 신념이 무엇이든, 중요한 것은 사람들이 그 결과만으로 접근방식의 타당성을 판단하지는 않는다는 것이고, 종종 과정도 중요하게 여긴다는 것이다. 그러나 경제적 효율성에 근거한 판단은 정책의 결과에만 초점을 맞추고 그 결과로 끌어내는 과정을 고려하지 않는다.

경제적 효율성의 신중한 사용 위의 이야기는 경제적 효율성을 무시하라는 것이 아니다. 오히려 그것이 의미하는 바에 대한 명확한 이해를 바탕으로 신중하게 사용해야 한다. 따라서 규범적 분석에는 경제적 효율성 분석이 포함될 수 있으나, 실제 선택에서는 다른 윤리적 사항도 고려될 수 있다.

실제 정책 토론에서는 일반적으로 경제적 효율성과 사중손실에 대한 기술적 평가뿐만 아니라 분배 및 형평성 결과에 대한 분석과 공정성 개념을 반영한다. 경제적 잉여에 어떤 일이 일어날지 설명하는 것만으로 주장을 관철하기는 어렵다.

함께 해보기

이제 정부가 우버와 같은 승차 공유 기업을 용인해야 하는지에 대한 논쟁으로 돌아가 보자. 이 장에서 살펴본 방법들은 공공정책을 분석하는 데 유용한 도구가 될 것이다.

분석의 첫 번째 단계는 실증적 분석이다. 우버를 금지하거나 허용하면 어떻게 될 것인가? 즉, 택시 기사와 우버 기사의 고용과 임금에 어떻게 영향을 받을지를 분석해야 한다. 이를 위해서는 우버가 총 승객의 수를 늘렸는지, 사람들이 요금으로 얼마를 지불했는지, 우버가 고객들의 일반적인 대기 시간을 단축했는지와 같은 비재무적 비용 및 혜택을 고려해야 한다. 분석에 따르면 택시 기사의 임금과 고용이 감소하였고, 우버 기사의 고용이 증가했으며, 우버 기사는 보다 유연한 근무 시간을 누릴 수 있었다. 또한 전체 탑승 횟수가 증가하였고, 탑승을 위한 대기 시간이 단축되었다. 실증적 분석은 승차 공유를 통해 이득을 얻는 사람(우버 기사와 고객)이 얼마나 많은 이득을 얻고, 이로 인해 손해를 보는 사람(택시 기사)이 얼마나 큰 손해를 보았는지를 알려준다.

이러한 경쟁적인 이해관계의 균형을 맞추려면 어떤 것이 더 나은 결과이고 정부가 어떤 정책을 채택해야 하는지를 평가하는 규범적 분석이 필요하다. 이를 위해서는 먼저 경제적 잉여가 증가했는지를 살펴봐야 한다. 탑승 횟수가 증가했다는 것은 알고 있지만 총 경제적 잉여가 증가 또는 감소했는지 평가하려면 그 이유를 알아야 한다. 대답은 시장 실패, 정부 실패, 기술 변화가 모두 급변하는 시장에서 한 역할을 했다는 것이다.

시장 실패부터 시작하자. 택시 사업이 처음 시작되었을 때, 승객들은 자신과 동행하는 기사가 안전한지 부주의한 기사인지 알지 못했다. 이에 정부는 자격을 갖춘 기사만 택시 운전을 할 수 있도록 규제하였고, 이는 택시 면허의 가치를 높이게 되었다.

그러나 이는 정부 실패를 촉발했다. 기존 택시는 경쟁자가 적을수록 더 많은 수익을 올린다. 따라서 택시 소유주는 정부에 새로운 택시 기사와 새로운 택시 회사가 시장에 진입하지 못하도록 압력을 가했고, 공무원들은 택시 공급을 제한하였다. 이러한 인위적인 공급 제한으로 인해 승차 횟수가 효율적인 수량보다 적어 사중손실이 발생하였다.

때로는 시장의 힘이 정부 실패로 인한 비효율성을 되돌리는 방향으로 작동한다. 이 경우에 우버가 그러했다. 기술적으로는 택시 회사가 아니기 때문에 이러한 규정을 피할 방법을 찾았고 결과적으로 우버의 진입은 승차 횟수를 효율적인 수량까지 늘려 경제적 잉여를 증가시켰다. 물론 많은 우버 차량이 도로에 돌아다니면서 도로 정체를 악화시킬 수 있다! 이 경우 경제적 잉여는 이를 고려하지 않은 경우에 비해 다소 낮아진다.

기술 변화는 또한 차량 공유 앱이 제공하는 GPS를 사용함에 따라 효율적인 경로를 제공하고, 운전자가 사용하지 않고 주차되어 있는 자동차를 사용할 수 있도록 하였으며, 운전자가 자신의 기회비용이 가장 낮은 시간에 유연하게 근무 일정을 정할 수 있도록 했다. 이러한 변화는 모두 승차 서비스의 한계비용을 줄였고, 낮은 한계비용으로 인해 승차 횟수는 효율적 수량까지 증가할 수 있었다. 공급량이 증가하지 않았다면 실제 수량과 효율적인 수량 사이에 더 큰 차이가 발생하여 더 많은 사중손실이 발생했을 것이다.

우버는 총 경제적 잉여를 늘렸을 가능성이 크기 때문에 많은 경제학자들은 승차 공유를 긍정적으로 보는 경향이 있다. 그러나 경제적 잉여가 규범적 분석에서 유일한 기준일 필요는 없다. 우버의 분배 효과에 대한 우려나 정규직 택시 기사의 일자리를 약화시킬 수 있다는 공정성에 관한 판단이 함께 고려될 수 있다. 궁극적으로, 당신의 의견은 패자의 손실에 비해 승자의 이익을 어떻게 평가하는지에 달려 있다. 토론에 참석하는 사람들이 이러한 비용과 이익을 다르게 평가할 수 있지만, 경제적 잉여에 대한 분석은 자신의 의견을 구축하는 데 중요한 도구로 활용된다.

한눈에 보기

공공정책의 평가

실증적 분석 : 무슨 일이 일어나고 있는지, 왜 그런지를 설명하거나 어떤 일이 발생할지를 예측
규범적 분석 : 가치 판단이 들어간 무슨 일이 일어나야 하는지를 규정

정책은 다음 기준에서 평가될 수 있다

경제적 효율성 : 결과가 더 많은 경제적 잉여를 발생시키는 경우, 그러한 결과는 경제적으로 효율적

형평성 : 어떠한 결과가 경제적 이득의 공정한 분배를 낳는다면, 결과는 더 큰 형평성을 달성

경제적 잉여의 측정

경제적 잉여		**소비자 잉여**		**생산자 잉여**
비용을 제외한 행동의 이득 경제적 잉여 = 한계편익 − 한계비용	=	무엇인가를 구매하면서 얻게 되는 경제적 이득 소비자 잉여 = 한계편익 − 가격	+	무엇인가를 판매하면서 얻게 되는 경제적 이득 생산자 잉여 = 가격 − 한계비용

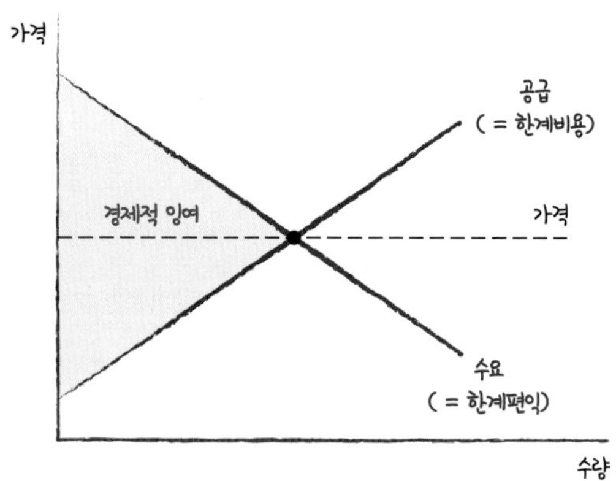

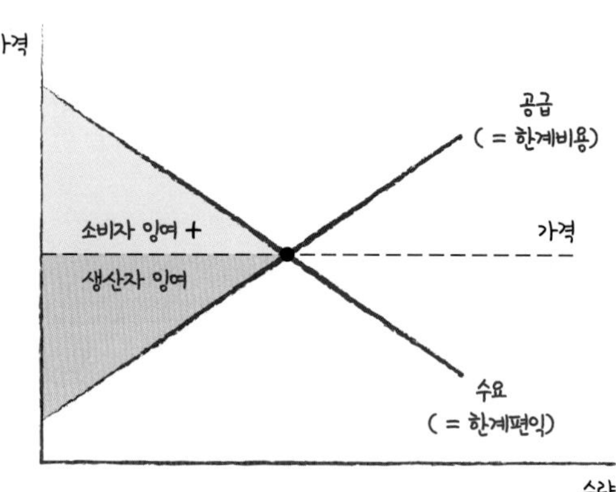

시장의 효율성

효율적 결과 : 효율적 결과는 가능한 최대치의 경제적 잉여를 도출한다. 시장은 아래의 요인들에 의해 효율적 결과를 만들어낸다.

1. 효율적 생산	**2. 효율적 배분**	**3. 효율적 수량**
각 상품은 최소 한계비용으로 생산하여, 주어진 수준의 산출물을 가능한 최저비용으로 생산	각각의 상품이 그 상품으로부터 가장 높은 한계편익을 얻는 사람에게 전달되어 가장 큰 경제적 잉여가 창출되도록 상품이 배분	가능한 최대 경제적 잉여가 도출되는 수량 **시장의 합리적 규칙** : 추가적인 상품으로 인한 한계편익이 한계비용보다 클 경우에(혹은 같은 경우에) 그 상품을 생산

시장 실패의 비용 측정

시장 실패 : 수요와 공급의 힘이 비효율적인 결과를 초래할 때
사중손실 : 효율적 결과에 비해 경제적 잉여가 얼마나 감소하였는지를 측정
사중손실 = 효율적 수량에서의 경제적 잉여 − 실제 경제적 잉여
정부 실패 : 정부 정책이 더 안 좋은 결과를 초래

핵심용어

경제적 잉여
경제적 효율성
규범적 분석
분배적 결과
사중손실
생산자 잉여
소비자 잉여
시장 실패
시장의 합리적 규칙
실증적 분석
자발적 거래
정부 실패
형평성
효율적 결과
효율적 배분
효율적 생산
효율적 수량

토론과 복습문제

학습목표 7.1 후생과 경제적 효율성을 어떻게 평가하는지 학습한다.

1. 중요한 정책 문제를 생각하고 그 정책과 관련된 실증적 경제분석과 규범적 경제분석의 예를 보이라.
2. 결과가 경제적으로 효율적이라면 모든 사람에게 혜택이 돌아간다는 것을 의미하는가? 당신의 추론을 간략하게 설명하는 예를 보이라.

학습목표 7.2 시장에서 생성된 경제적 잉여를 측정한다.

3. 지난 며칠 동안 구매한 상품을 생각해보자. 구매를 통해 얼마나 많은 소비자 잉여를 얻었는가? 구매자를 위한 합리적인 규칙을 사용하여 해당 수량을 구매한 이유를 설명하라. 판매자가 얻은 생산자 잉여는 얼마이며 총 경제적 잉여는 얼마라고 생각하는가? 판매자의 합리적 규칙을 사용하여 판매자가 당신에게 품목을 판매한 이유를 설명하라.

학습목표 7.3 시장의 효율성을 평가한다.

4. 전 세계적으로 수십 개의 노트북 제조업체가 있다. 효율적인 생산이라는 개념은 최저 한계비용으로 노트북을 만드는 노트북 제조업체가 하나만 있어야 한다는 것을 의미하는가?
5. 시장에 대한 합리적 규칙을 사용하여 시장의 균형 수량이 시장의 총 경제적 잉여를 극대화하는 이유를 설명하라.

학습목표 7.4 시장 실패의 비용을 측정한다.

6. 시장이 때때로 효율적인 결과를 도출하지 못하는 이유는 무엇인가?
7. 실패한 시장의 예를 생각할 수 있는가? 시장 실패가 정부 통제가 반드시 더 나은 결과로 이어지리라는 것을 의미하지 않는 이유를 설명하라.

학습문제

학습목표 7.1 후생과 경제적 효율성을 어떻게 평가하는지 학습한다.

1. 다음의 설명이 규범적 선언인지 실증적 선언인지를 판단하라.
   a. 오염 배출에 대한 세금 인상으로 일부 공장이 문을 닫을 것이다.
   b. 연방정부는 기후 변화에 대처하기 위해 오염에 세금을 부과해야 한다.
   c. 휘발유세 인상은 사람들이 운전 시간을 줄여 대기 오염을 감소시킨다.
   d. 연방소득세가 인상되면 근로자는 연간 근로시간을 늘릴 것이다.
2. 션은 커뮤니티대학 학생이며 〈해밀턴〉을 보기 위해 몇 달 동안 식당 일에서 얻은 팁을 저축하였다. 그는 〈해밀턴〉을 보기 위해 기꺼이 705달러를 지불할 것이다. 앤카는 이미 〈해밀턴〉을 다섯 번이나 봤지만 한 달 동안 유럽으로 여행하기 전에 다시 보고 싶어 한다. 그녀는 〈해밀턴〉 티켓을 구매하기 위해 1,250달러를 지불할 의향이 있다. 티켓이 한 장 남았고 판매자는 700달러의 가격을 부과하였다. 션 또는 앤카 중에 누가 티켓을 구매하는 것이 보다 경제적으로 효율적인 결과를 얻을 수 있는가?

학습목표 7.2 시장에서 생성된 경제적 잉여를 측정한다.

3. 당신은 마을 반대편으로 이사를 하려고 한다. 이사 트럭을 포함하여 두 명의 이사를 도와줄 인부를 고용하는 비용은 시간당 평균 250달러이다. 당신의 두 사람의 인부(이사 트럭 포함)로 인해 얻을 수 있는 한계편익은 아래의 표에 나열되어 있다.

인부의 근무시간	한계편익
1시간	\$850
2시간	\$620
3시간	\$500

인부의 근무시간	한계편익
4시간	$250
5시간	$150
6시간	$100
7시간	$0

a. 당신은 몇 시간 동안 인부를 고용해야 하는가? 당신이 얻게 되는 소비자 잉여는 얼마인가?

b. 이삿짐 회사가 시간당 요금 대신에 8시간 동안 두 명의 인부와 트럭을 제공하고 1,500달러를 부과하는 방식을 적용하기로 했다고 하자. 당신은 이삿짐 회사를 이용할 것인가? 당신의 소비자 잉여는 어떻게 변하였는가?

4. 휘발유에 대한 일일 수요곡선이 다음 그래프와 같다면 휘발유 시장가격이 갤런당 3.50달러일 경우, 소비자는 얼마나 많은 소비자 잉여를 얻는가? 갤런당 2.50달러인 경우는?

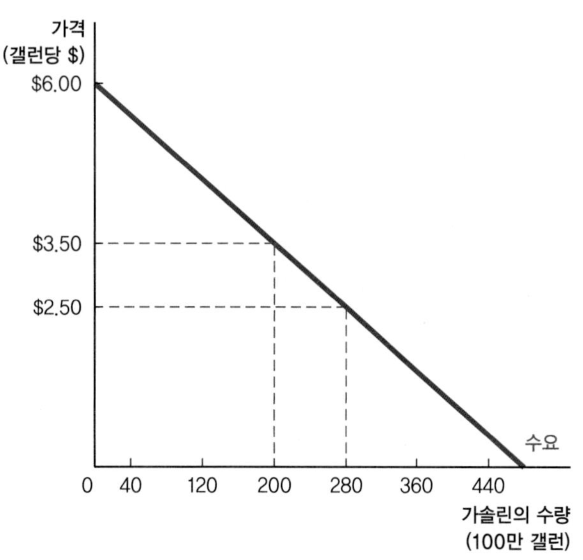

5. 지난해 항공권 평균 가격은 400달러였으나 올해는 비행기 여행 수요 감소로 평균 350달러로 하락하였다. 아래 표에는 항공 여행 공급에 대한 정보를 보여주고 있다.

항공료(티켓당 가격)	공급량(100만 좌석)
$0	0
$175	350
$350	700
$400	800
$575	1,150
$750	1,500

공급곡선을 그리고 지난해와 올해의 생산자 잉여를 계산하라. 생산자 잉여는 어떻게 변하였는가?

학습목표 7.3 시장의 효율성을 평가한다.

6. 틸라피아(열대지역에서 나는 민물고기) 시장에서 오하이오주에 위치한 소규모 양식장인 리플 락 피시 팜스와 대기업 공급업체인 더 피싱 컴퍼니는 둘 다 틸라피아를 생산한다. 아래 그림은 두 기업의 한계비용곡선을 보여준다.

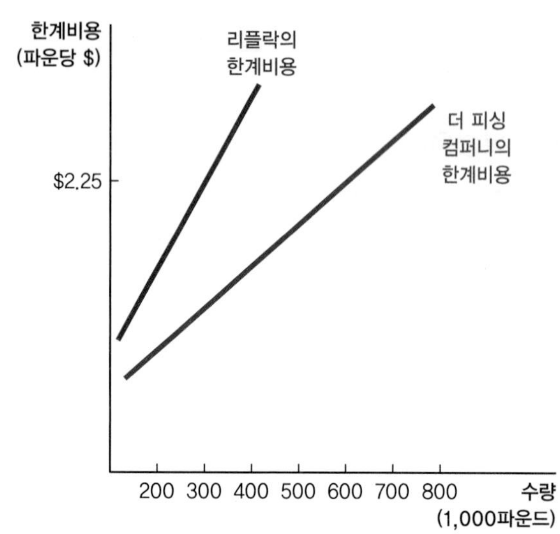

필라티아 가격이 파운드당 2.25달러라면 리플 락은 얼마만큼의 틸라피아를 공급하는가? 더 피싱 컴퍼니는? 두 회사가 공급하는 총 틸라피아의 양은 얼마인가? 총 틸라피아 생산량은 두 회사 간에 가장 효율적으로 배분되었는가?

7. 이제 틸라피아 시장에 레이건과 셰릴의 두 명의 구매자를 가정하자. 각자의 한계편익곡선은 아래 그림에서 보여준다.

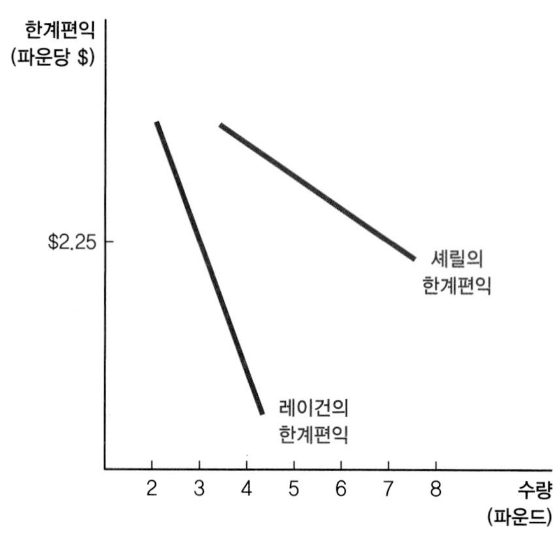

필라티아 가격이 파운드당 2.25달러라면 레이건은 틸라피아를 얼마나 구매하는가? 셰릴은? 두 사람이 구매하는 총 틸라

피아의 양은 얼마인가? 두 구매자 간의 배분은 이러한 총량을 가장 효율적으로 배분하는가?

8. 페이, 모건, 라키샤는 모두 새 리바이스 청바지를 사려고 한다. 각각의 연간 리바이스 청바지에 대한 한계편익은 아래 표에서 정리하고 있다.

수량	페이	모건	라키샤
1	$85	$40	$90
2	$60	$32	$75
3	$32	$24	$55
4	$20	$16	$32
5	$15	$8	$25

리바이스 청바지의 가격이 32달러라면, 각자 얼마만큼의 청바지를 구매하는가? 각자 자신이 구입한 마지막 청바지 구매로부터 얻는 소비자 잉여는 각각 얼마인가? 32달러의 가격에서 각자가 구매한 각각의 청바지에서 얻는 소비자 잉여는 얼마인가? 이들 세 명의 총 소비자 잉여는 얼마인가?

학습목표 7.4 시장 실패의 비용을 측정한다.

9. 미네소타대학교의 경제학자인 조엘 왈드포겔은 선물받은 물건의 실제 가격과 선물받은 사람이 그 선물을 구매하기 위해 지불할 용의가 있는 금액과의 차이를 추정하는 실험을 통해 평균적으로 선물을 받은 사람이 그 선물을 구매하기 위해 지불할 용의가 있는 금액은 실제 구매 가격의 약 90%임을 발견하였다.
   a. 2017년 미국에서 연말 선물에 지출되는 평균 금액은 약 906달러로 추정되었다. 왈드포겔 연구에 따르면, 이 중 어느 정도가 죽은 사중손실로 고려될 수 있는가?
   b. 2017년 미국에는 18세 이상인 사람은 약 2억 5,000만에 달했다. 각자 906달러 상당의 선물을 구입했다고 가정했을 때, 미국에서 연말 선물을 주는 것과 관련된 총 사중손실의 크기는 얼마인가?

10. 다음 그림은 가정 내 보육을 위한 시장을 보여주고 있다.

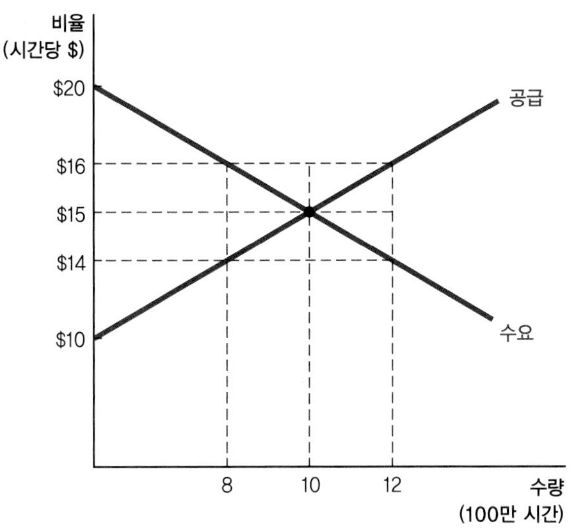

   a. 1,000만 시간에서 이 시장의 경제적 잉여는 얼마인가? 경제적 잉여를 나타내는 영역을 그래프에 표시하라.
   b. 800만 시간에서 이 시장의 경제적 잉여는 얼마인가? 경제적 잉여를 나타내는 영역을 그래프에 표시하라.
   c. 800만 시간의 경제적 잉여가 1,000만 시간보다 크거나 작은가? 경제적 잉여가 차이를 나타내는 그래프 영역을 표시하라. 이 영역을 무엇이라고 하는가?
   d. 다음 중 800만 시간에서 1,000만 시간 사이에 해당하는 것으로 옳은 것은? (i) 구매자의 한계편익이 보육 제공자에 대한 한계비용을 초과한다. (ii) 보육 제공자의 한계비용이 구매자의 한계편익을 초과한다.
   e. 800만 시간 대신 1,200만 시간에 대해 b~d의 질문에 답하라.
   f. 이 시장에서 효율적인 시간은 얼마인가?

CHAPTER 8

교역의 이득

목표

시장이 어떻게 교역의 이득을 만들어내는지 학습한다.

8.1 교역의 이득
보다 효율적으로 자원을 재배분하는 시장의 역할을 이해한다.

8.2 비교우위
최소 기회비용을 지닌 사람에게 작업을 배분하기 위해 비교우위를 사용한다.

8.3 가격은 신호이면서 유인이며 정보이다
경제활동을 조정하는 가격의 역할을 이해한다.

8.4 관리자가 시장의 힘을 활용하는 방법
당신의 삶에서 시장의 힘을 활용할 준비를 한다.

에어비앤비라는 회사는 특별한 사업을 만들어냈다. 에어비앤비는 여분의 방이 있거나 주말 동안 사용하지 않는 집을 가진 사람은 누구라도 웹 사이트에 해당 사진을 게시할 수 있도록 하였고, 웹 사이트에 게시된 방이나 집을 임대를 원하는 사람과 연결해주는 서비스를 제공하였다. 이러한 서비스를 통해 여행자들은 단순히 방 혹은 집뿐만 아니라 여행지에 위치한 보트하우스나 웅장한 성 혹은 나무 위의 집과 같은 다양한 형태의 공간을 임대하여 머물 수 있게 되었다.

Luciana Rinaldi/Shutterstock
당신은 주말에 묵을 수 있는 나무 집을 두고 왜 호텔에 머무는가?

시장에는 언제나 비어있는 방이나 집이 존재한다. 그러나 이전에는 이러한 여분의 공간들은 임대시장으로 공급되지 않았다. 에어비앤비는 주택이나 여분의 공간을 가진 소유자가 단기 숙박을 위한 새로운 시장의 공급자가 되도록 설득하였다. 마찬가지로 일반적으로 호텔에 머무는 여행객들에게 호텔이 아닌 방문한 도시의 시민들이 머무는 집이나 방을 빌리는 구매자가 되도록 유도하였다. 이러한 새로운 시장을 만들어내면서, 에어비앤비는 새로운 가능성을 창출하였다.

결과적으로 에어비앤비를 통해 프랑스 시골의 성에 머무르는 신혼부부, 런던 시계탑에 사는 관광객, 나무 위의 집에서 일주일을 즐기는 가족, 뉴욕 컨퍼런스에 참석하면서 두 명의 주목받는 브로드웨이 배우와 함께 머무르는 20대 젊은이가 나올 수 있었다. 여분의 공간을 공급한 공급자와 이를 이용한 구매자는 서로 알지 못하는 사이지만, 구매자는 공급자에게 돈을 보내고 공급자의 집에 머물게 된다. 동시에 구매자와 공급자는 모두 교역의 이득을 누린다. 여행객은 자신의 취향에 맞는 흥미로운 숙박 장소를 구할 수 있고 장소를 제공한 공급자는 반가운 소득의 증가를 얻게 된다.

에어비앤비 이야기의 핵심은 에어비앤비의 경영방식이 아니라 에어비앤비가 만들어낸 시장에 있다. 서로 다른 장소에서 각기 다른 필요와 자산을 가지고 있는 사람을 시장으로 모으고 시장은 시장참여자의 활동을 조율하여 신혼부부는 성에, 가족은 나무 위의 집에 배정한다.

이는 에어비앤비에 국한된 이야기만은 아니다. 시장은 어느 곳에나 존재한다. 당신은 시장과 너무 자주 상호작용을 하여 가끔은 시장이 얼마나 온천지에 퍼져있는지를 잊어버리기도 한다. 실제로 시장은 오늘날 우리의 삶을 구성하는 지배적인 힘이다.

이 장에서는 시장이 우리를 위해 무엇을 하는지에 대하여 살펴보고자 한다. 핵심적인 아이디어는 시장이 우리 각자의 이익을 향상시키는 교역의 이득을 실현시킨다는 것이다. 이 장에서는 먼저 교역의 이득을 설명하고 비교우위가 어떻게 교역의 이득을 만들어내는지를 살펴보고 있다. 또한 경제활동을 조정하는 가격의 역할과 관리자가 시장의 힘을 활용하여 더 나은 선택을 하는 방법을 살펴보도록 한다.

8.1 교역의 이득

학습목표 보다 효율적으로 자원을 재배분하는 시장의 역할을 이해한다.

교역의 이득 자원, 상품, 서비스를 보다 효율적으로 재배분함으로써 얻어지는 이득

시장이 하는 일은 정확히 무엇인가? 다음의 예를 생각해보자. 내가 한 상품을 가지고 있고 다른 사람은 내가 가지고 있는 상품과는 다른 상품을 가지고 있다. 다른 사람이 나보다 내가 가지고 있는 상품을 원하고, 반대로 나는 다른 사람보다 그가 가지고 있는 상품을 더 원한다. 그렇다면 나는 내가 가진 상품을 다른 사람들이 가지고 있는 상품과 교환한다. 결과적으로 서로가 원하는 상품을 교환함에 따라 둘 다 나아질 수 있다. 나와 상대방이 상품에 대하여 더욱 높은 가치를 부여한 사람에게 재배분함에 따라 얻어지는 이득을 **교역의 이득**(gains from trade)이라 부른다.

시장은 이러한 이득을 만들어내는 일을 한다. 시장은 자원과 상품, 서비스 등을 보다 높은 가치를 부여한 사람에게 재배분하면서 거래의 이득을 창출한다. 이는 매우 단순한 과정처럼 보이지만 놀랍도록 강력한 기능이다.

물론 일반적으로 사람들은 직접적으로 한 상품을 다른 상품으로 교환하지는 않는다. 대신 돈을 사용하여 상품과 서비스를 사고팔게 된다. 하지만 돈이라는 것은 복잡한 거래에 참여하도록 도와주는 편의를 제공하는 역할에 불과하다. 만약 한 노동자가 한 시간의 노동으로 15달러를 벌어 그 돈으로 15달러짜리 음식을 먹는 데 사용하였다면, 이는 실질적으로 시간과 음식을 교환한 경우이다. 노동자는 자신의 한 시간을 다른 일을 하는 데 사용하는 것보다 음식에 더 높은 가치를 두었기에 한 시간의 노동과 음식을 교환하였고 이로 인해 교역의 이득을 얻게 된다. 또한 이러한 경제적 활동에 참여한 모든 이들은 이득을 얻게 된다. 노동자가 고용주를 위해 한 일은 고용주의 이익을 증가시켰기에 이득을 얻을 수 있고, 음식점 주인도 노동자에게 받은 15달러를 음식점 주인이 15달러보다 더 높은 가치를 두는 상품이나 서비스를 사는 데 사용할 수 있게 됨으로써 이득을 얻게 된다.

시장이 '물건'을 배분한다고 언급할 때, 물건은 단순히 물리적인 형태를 지닌 상품을 의미하는 것이 아니라 자원과, 상품, 서비스 그리고 시간까지도 포함하는 광의적 의미를 갖는다. 사람들이 자신의 노동력을 사고팔 때, 시장은 노동자를 작업에, 그리고 작업을 노동자에게 배분한다. 이러한 아이디어를 보다 구체화하기 위해 시장이 어떻게 작업을 효과적으로 배분하여 교역의 이득을 창출하는지를 살펴보도록 하자. 저녁식사 준비하기를 예로 들어 설명하겠다.

8.2 비교우위

학습목표 최소 기회비용을 지닌 사람에게 작업을 배분하기 위해 비교우위를 사용한다.

오늘 저녁 준비는 내가 해야 하는가 아니면 내 룸메이트가 해야 하는가? 겉보기에는 사소한 문제이고 큰 위험이 따르는 결정도 아니다. 그러나 살아가면서 많은 날 동안 저녁 시간마다 동일한 문제에 관한 결정을 내려야 한다면 결정에 따른 위험도는 다소 상승할 것이다. 요리뿐만 아니라 매일 사람들은 누가 청소를 하고, 누가 시장에 다녀올 것인지, 누가 청구서를 처리할 것인지와 같은 문제에 관하여 결정을 내려야 한다. 각 상황에 깔려있는 근본적인 질문은 동일하다: 작업을 배분하는 가장 좋은 방법은 무엇인가?

회사의 관리자도 유사한 문제에 마주하게 된다. 팀원 간에 작업을 어떻게 나눌 것인가? 누구에게 회의 준비와 기한 준수의 책임을 부여할 것인가? 다른 부서의 피드백은 누가 담당해야 하는가? 주요 고객을 대상으로 한 프레젠테이션은 누가 할 것인가? 회사 관리자가 직면하는 문

제는 가사 관리자가 직면하는 문제와 동일하다: 작업을 배분하는 가장 좋은 방법은 무엇인가?

이제는 전체 경제에 대해 생각해보자. 미국에는 수많은 직장과 조직에서 수십억 개의 작업들이 수행된다. 각각의 작업은 각기 다른 기술을 가지고 있는 수백만 명의 작업자가 수행할 수 있으며, 경우에 따라서는 동일한 활동이 노동력이 아닌 기계를 사용하여 수행될 수도 있다. 국가가 직면한 경제 관리의 문제도 회사 혹은 가사 관리자로서 당신이 직면하는 문제와 유사하다: 작업을 배분하는 가장 좋은 방법은 무엇인가?

가정이든 회사이든 혹은 국가이든 간에 다양한 일 혹은 경제적 활동은 효율적으로 배분되어야 한다. 만약에 결과물이 질적으로 차이가 없다면 효과적인 일의 배분은 가능한 가장 낮은 비용으로 수행하는 것이다. 따라서 효율적인 작업 할당의 목표는 최저비용의 생산자에게 각 작업을 할당하는 것이며, 이를 위한 아이디어가 바로 비교우위이다.

비교우위

비교우위를 살펴보기 위해 간단한 사례를 생각해보도록 하자. 룸메이트인 헬렌과 제이미는 가사를 분담해야 한다. 가사 분담은 매우 단순한 사례이지만 가사일 분담을 결정하는 원칙은 가정, 회사, 국가에 상관없이 동일하게 적용할 수 있다.

헬렌과 제이미는 가사를 배분하는 가장 좋은 방법을 찾고자 한다. 많은 가사가 있을 수 있지만 그중에 요리와 청소라는 두 종류만이 있다고 가정하자. 많은 경제학자처럼 헬렌과 제이미는 먼저 가사에 대한 데이터를 정리하였다.

- 헬렌은 집안 청소에 4시간이 소요되며 요리에는 2시간이 걸린다.
- 제이미도 집안 청소에 4시간이 걸리지만, 요리에는 1시간밖에 걸리지 않는다.

그렇다면 헬렌과 제이미는 가사를 어떻게 분담해야 할까?

절대우위는 특정한 작업을 누가 가장 잘 수행하는지를 보여주지만, 그 작업을 누가 수행해야 하는지는 알려주지 않는다. 위의 데이터에 기반해 헬렌은 어떠한 주장을 할까? 미리 경고하면, 헬렌의 주장은 이기적일 뿐만 아니라 잘못된 결론을 도출하고 있다. 헬렌은 제이미가 자신보다 모든 가사를 잘 수행하니까 청소와 요리 모두 제이미가 해야 한다고 주장할 것이다. 제이미는 헬렌보다 적은 시간을 들여 요리를 할 수 있고, 헬렌은 제이미보다 청소를 빨리 하지 못한다. 만약 각각의 가사를 하는 데 들어가는 시간을 해당 가사를 위한 비용으로 생각하면, 제이미는 청소와 요리라는 가사를 수행하는 데 헬렌보다 적은 비용이 든다. 경제학자들은 한 사람이 다른 사람보다 적은 노력으로 특정한 작업을 할 수 있으면, 그 사람이 다른 사람에 비해 해당 작업을 수행함에 있어 **절대우위**(absolute advantage)를 갖는다고 이야기한다. 헬렌의 주장은 이러한 절대우위라고 불리는 개념에 기반을 둔다.

절대우위 특정한 작업을 보다 적은 노력으로 수행할 수 있는 능력

그러나 헬렌의 주장은 기회비용이라는 측면을 고려하지 않았다는 점에서 잘못된 주장이 된다.

비교우위는 기회비용에 관한 것이다. 기회비용이란 무엇인가를 얻기 위해 포기해야 하는 무엇을 의미하며 진정한 비용을 보여준다. 헬렌과 제이미의 청소에 대한 기회비용을 알기 위해서는 각각의 경우에 대하여 '아니면 무엇을'이라는 질문을 던져야 한다. 제이미는 집을 청소하거나 요리를 하는 데 시간을 보낼 수 있다. 그렇다면 제이미의 청소에 대한 기회비용은 제이미가 청소 대신에 요리했을 때 준비할 수 있는 식사의 수가 된다. 마찬가지로 헬렌이 집을 청소하는 데 들어가는 기회비용은 헬렌이 집 청소가 아닌 요리를 했을 때 준비할 수 있는 식사의 수가 된다. 누가 청소를 할 것인지를 결정하기 위해서는 청소를 위해 포기해야 하는 다른 것, 즉 청소의 기회비용을 최소화하는 데 집중해야 한다.

제한된 자원으로 최대한의 효과를 얻기 위해서는 기회비용이 가장 낮은 사람에게 집안일을 배분해야 한다. 즉, 청소의 기회비용이 낮은 사람이 청소를 해야 하고 요리의 기회비용이 낮은 사람이 요리를 하도록 집안일이 배분되어야 한다. 겉보기에 간단해 보이는 이러한 아이디어를 경제학에서는 매우 중요하게 생각하며, 특정 작업을 수행하는 데 드는 기회비용이 낮은 사람은 해당 작업에 있어 **비교우위**(comparative advantage)를 갖는다고 정의한다. 기회비용은 한 사람이 특정 작업에 투입되었을 때 생산할 수 있는 생산량을 다른 작업에 투입되었을 경우의 생산량과 비교한다는 점에서 비교우위는 '비교'의 개념을 가진다. 또한 기회비용이 낮다는 것은 그 작업을 위해 포기해야 하는 다른 무엇인가가 적고 따라서 그 작업을 수행하는 게 더 효율적이라는 것을 의미함에 따라 '우위'를 보여준다.

비교우위 특정한 작업을 보다 낮은 기회비용으로 수행할 수 있는 능력

가족, 기업, 국가와 같은 그룹 안에서 각 개인이 비교우위를 가지고 있는 일에 집중할 때 가족, 기업 혹은 국가는 더 많은 생산을 할 수 있다. 더 커진 경제적 파이는 작업의 재배분 혹은 교환에 따른 교역의 이득 때문이다. 헬렌과 제이미가 더 많이 생산하고 싶다면, 혹은 더 많은 자유시간을 원한다면, 청소에 비교우위가 있는 사람이 청소를 담당하고, 요리에 비교우위가 있는 사람이 요리를 담당해야 한다. 그렇다면 누가 각각의 일에 비교우위를 가지는가?

기회비용의 산정. 그림 8-1의 윗부분은 제이미와 헬렌이 각각 집을 청소하거나 식사 1인분을 준비하는 데 걸리는 시간을 보여준다. 그러나 누가 청소에 비교우위를 가졌는지를 알아보기 위해서는 기회비용을 살펴봐야 한다. 어떤 작업을 수행하는 데 따르는 기회비용은 차선의 다른 작업에서 생산할 수 있는 생산량으로 측정되며 아래와 같이 계산된다.

$$\text{특정 작업의 기회비용} = \frac{\text{그 작업을 위해 필요한 시간}}{\text{다른 작업을 위해 필요한 시간}}$$

위의 헬렌과 제이미의 예에서 아래와 같이 이 공식이 작동하는 것을 볼 수 있다.

- 제이미는 청소하는 데 4시간이 걸린다. 만약 청소 대신에 그 시간을 요리를 하는 데 사용한다면 한 시간에 1인분의 식사를 만들 수 있는 제이미는 총 4인분의 식사를 준비할 수 있다. 따라서 제이미에게 청소의 기회비용은 4시간/1인분당 1시간=4인분 식사가 된다.
- 헬렌은 집을 청소하는 데 4시간이 걸린다. 만약 청소 대신에 그 시간을 요리를 하는 데 사용한다면 2시간에 1인분의 식사를 만들 수 있는 헬렌은 총 2인분의 식사를 준비할 수 있다. 따라서 헬렌에게 청소의 기회비용은 4시간/1인분당 2시간=2인분 식사가 된다.

그림 8-1 | 기회비용의 평가

생산성 : 각 작업에 걸리는 시간

	집안 청소	음식 준비
제이미	4시간	1시간
헬렌	4시간	2시간

↓

기회비용의 평가 : 각자가 포기하는 것

	집안 청소	음식 준비
제이미	네 끼 식사	집안 청소 $\frac{1}{4}$
헬렌	두 끼 식사	집안 청소 $\frac{1}{2}$

헬렌은 집안 청소에 낮은 기회비용 → 헬렌은 집안 청소에 비교우위

제이미는 식사 준비에 낮은 기회비용 → 제이미는 식사 준비에 비교우위

그림 8-1 아랫부분은 헬렌과 제이미의 청소와 요리 시간이 아닌 각각의 기회비용을 보여주고 있다. 왼쪽 열은 제이미와 헬렌이 집을 청소하는 대신 요리를 할 때 준비할 수 있는 식사의 수를 의미한다. 제이미와 헬렌의 기회비용을 비교하면 헬렌이 청소를 할 때 포기해야 하는 음식의 양이 제이미보다 적으며, 이는 헬렌이 청소에 있어 비교우위를 가지고 있음을 의미한다(집 청소의 기회비용은 헬렌이 2인분의 식사, 제이미는 4인분의 식사이다).

그렇다면 이제 요리를 준비하는 데 누구의 기회비용이 적고 요리에서 비교우위를 갖는지를 살펴보도록 하자.

- 제이미는 식사 1인분을 만드는 데 1시간밖에 걸리지 않는다. 집 청소에 4시간이

걸리는 제이미가 식사 1인분을 만드는 대신 청소를 할 경우, 청소에 1시간을 소비할 수 있다. 따라서 제이미에게 식사 1인분을 만드는 것은 집의 4분의 1을 청소할 수 있는 기회를 포기하는 것을 의미하며 이는 제이미의 식사를 만드는 기회비용이 된다.

- 헬렌은 식사 1인분을 만드는 데 2시간이 소요된다. 집 청소에 4시간이 걸리는 헬렌이 식사 1인분을 만드는 대신 청소를 할 경우, 청소에 2시간을 소비할 수 있다. 따라서 헬렌에게 식사 1인분을 만드는 것은 집의 4분의 2를 청소할 수 있는 기회를 포기한다는 것을 의미하며, 이는 헬렌의 식사를 만드는 기회비용이 된다.

오른쪽 열에서 두 사람의 기회비용을 비교하면 제이미는 식사를 만들기 위해 포기해야 하는 청소의 양이 헬렌보다 적고 이는 제이미는 식사를 만드는 데 비교우위가 있음을 보여준다(식사를 만들기 위한 기회비용은 제이미의 경우 집 청소 4분의 1이며 헬렌은 2분의 1이다).

모두가 비교우위를 갖는다. 절대적인 의미에서 헬렌은 청소와 식사 만들기에 있어 제이미보다 생산적이지 못하다. 다시 말해, 헬렌은 청소에서도, 식사 만들기에서도 제이미와 비교해 절대우위를 갖지 못한다. 그러나 헬렌이 제이미보다 집안일을 잘하지는 못하더라도 헬렌이 아무 일도 하지 않는 것보다는 집안일에 참여하는 것이 가사에 도움이 된다. 이러한 점에서 기회비용의 원리가 중요하게 작동한다. 이는 헬렌의 시간 활용의 모든 가능성을 고려하면서 헬렌이 제이미에 비교해 가장 나쁘지 않은 활동에 투입되었을 때 가장 높은 기여를 할 수 있음을 보여준다.

비교우위는 종종 '자신이 가장 나쁘지 않은 분야에서 비교우위를 갖는다'고 이해하는 것이 직관적으로 이해가 쉬울 수 있다. 모든 활동에서 절대우위를 갖지 못한 사람도 비교우위를 가질 수 있다. 모두의 기회비용이 같지 않은 한, 누구나 최대한 나쁘지 않은 분야를 가질 수 있기 때문이다.

3단계 과정을 통해 누가 비교우위를 갖는지 파악할 수 있다. 주어진 상황에서 누가 비교우위를 갖는지 파악하기 위한 3단계 과정을 살펴보도록 하자.

1단계 : 각 작업에 걸리는 시간을 파악하여(그림 8-1의 상단 테이블) 각 상품의 생산비용을 시간으로 측정

2단계 : 1단계에서 측정한 시간에서 각 상품의 생산 시간을 그 시간에 생산할 수 있는 대체 재화의 양을 계산하여 이를 기회비용으로 전환

3단계 : 가장 낮은 기회비용으로 각 상품을 생산할 수 있는 사람을 평가하여 각 작업에서 누가 비교우위를 갖는지를 판단

이러한 3단계 과정을 통해 비교우위를 판별할 수 있다.

경제학 실습

라키샤와 자라는 작은 법률사무소의 파트너이다. 이들은 둘 사이에 각각의 업무를 분장해야 한다. 라키샤는 유언장을 작성하는 일에 3시간이 걸리고 고용계약서를 작성하는 일에는 6시간이 걸린다. 자라는 라키샤에 비해 유언장 작성이나 고용계약서 작성에 더 많은 시간이 걸려, 유언장 작성에 9시간, 고용계약서 작성에도 9시간이 소요된다.

1단계 : 각 작업의 비용을 시간으로 측정

생산성 : 각 작업에 걸리는 시간

	유언장 작성	고용계약서 작성
라키샤	3시간	6시간
자라	9시간	9시간

2단계 : 각 작업의 기회비용 산정

a. 라키샤와 자라의 유언장 작성의 기회비용을 계산하라(힌트 : 작업 간 비교를 위해 각 행의 숫자를 비교하여 계산한다).

b. 라키샤와 자라의 고용계약서 작성의 기회비용을 계산하라.

기회비용의 평가 : 각자가 포기하는 것

	유언장 작성	고용계약서 작성
라키샤	라키샤는 유언장 작성에 3시간이 걸리고, 그 시간에 고용계약서를 ___를 작성할 수 있다.	라키샤는 고용계약서 작성에 6시간이 걸리며, 그 시간에 유언장 ___를 작성할 수 있다.
자라	자라는 유언장 작성에 9시간이 걸리고, 그 시간에 고용계약서 ___를 작성할 수 있다.	자라는 고용계약서 작성에 9시간이 걸리며, 그 시간에 유언장 ___를 작성할 수 있다.

3단계 : 각각의 작업에 누가 더 낮은 기회비용을 갖는지를 평가하여 각자의 비교우위를 판단하라.

c. 유언장 작성에 비교우위를 가진 사람은 누구인가?(힌트 : 해당 열에서 기회비용이 가장 낮은 사람을 찾는다)

d. 고용계약서 작성에 비교우위를 가진 사람은 누구인가? ■

정답

a. 라키샤: $\frac{1}{2}$, 자라: 1; b. 라키샤: 2, 자라: 1; c. 라키샤; d. 자라

누가 무엇을 할 것인지를 재조정하면 보다 많은 것이 창출된다. 비교우위의 관점에서 생각하면 큰 이득이 있다: 단순히 누가 무엇을 할 것인가를 재조정함으로써 당신은 동일한 투입물로 더 많은 것을 생산할 수 있다. 이때에 필요한 것은 우리 각자가 비교우위를 가진 작업을 더 수행하고 그렇지 못한 작업은 덜 수행하도록 작업을 재배분하는 것이다.

이러한 논리에 따르면 제이미는 청소보다 요리에 더 많은 시간을 할애하고 헬렌은 요리보다는 청소에 더 많은 시간을 투입해야 한다. 그림 8-2는 이러한 논리를 따랐을 경우 가능한 결과를 보여주고 있다.

이 예에서 제이미는 주당 4시간의 청소에 할애했던 시간을 요리하는 데 사용한다. 이러면 매주 집 청소 횟수가 1회 감소하지만 4인분의 식사를 더 만들게 된다. 헬렌이 주당 4시간의 요리에 할애하였던 시간을 청소에 투입한다면, 매주 2인분의 식사가 적게 생산되지만 집을 한 번 더 청소할 수 있다. 맨 아래 줄의 합산에 나와 있듯이, 이러한 작업의 재배분을 통해 헬렌과 제이미는 매주 2인분의 식사를 추가적으로 생산하고 여전히 주당 청소 1회를 할 수 있다. 비교우위에 따라 전문화한 덕분에 헬렌과 제이미는 매주 두 끼를 돈을 내고 배달 음식을 사서 먹는 대신 집에서 준비한 음식을 소비할 수 있게 되었다.

이러한 여분의 음식은 어디서 나오는 걸까? 헬렌과 제이미는 단순히 청소와 음식 만들기에 투입되는 시간을 재배분했을 뿐이고, 둘 다 집안일을 더 오래 하지는 않는다. 따라서 여분의 음

그림 8-2 | 비교우위에 따른 거래의 이득

비교우위에 따라 작업을 재배분하여 더 많은 생산을 할 수 있다.

헬렌과 제이미가 각각의 비교우위에 주당 4시간을 더 재배분하고 다른 작업에는 4시간을 더 적게 재배분하는 경우

	청소	요리
제이미	청소 시간 4시간 감축 → 집 청소 1회 감소	요리 시간에 4시간 더 투입 → 요리 4회 증가
헬렌	청소 시간에 4시간 더 투입 → 집 청소 1회 증가	요리 시간에 4시간 감축 → 요리 2회 감소
총계	집 청소 횟수는 동일	주당 2회의 요리 증가

식은 헬렌과 제이미가 이전보다 열심히 일하였기 때문은 아니다(물론 이전보다 더 열심히 일한다면 더욱 많은 것을 얻을 수도 있을 것이다). 오히려 여분의 음식은 비교우위에 따라 가사일을 재배분한 결과로 얻어진 배당금이다. 이것이 바로 비교우위의 힘이다. 각 작업이 가장 낮은 기회비용으로 수행되도록 함으로써 동일한 시간에 더 많은 것을 생산할 수 있게 된다.

이 예에서 비교우위에 따라 전문화함으로써 추가로 생산된 음식을 교역의 이득이라고 한다. 이는 헬렌이 제이미와 작업을 교환함으로써 요리를 가장 낮은 비용으로 만들 수 있었고, 제이미는 헬렌과 작업을 교환함으로써 청소를 가장 낮은 비용으로 할 수 있었기 때문이다.

교역은 비교우위에 기초한 생산활동의 재배분을 통해 더 낮은 기회비용으로 더 많은 산출물을 생산할 수 있도록 한다. 또한 교역은 사람들이 상대적으로 잘하는 일에 더 많은 시간을 할애하고 그렇지 않은 부분에 적은 시간을 보내는 **전문화**(specialization)를 불러오게 된다.

전문화 작업에 대한 집중

비교우위의 적용

이론의 세밀한 부분에 집착하여 헤매기보다는 비교우위를 사용하여 작업을 배분하면 더 많은 생산이 가능하다는 큰 그림에 집중해야 한다. 가장 낮은 기회비용을 가진 사람이 생산해야 한다는 논리는 지금까지 살펴본 간단한 예를 넘어서도 적용할 수 있는 아이디어이다.

비교우위 개념을 적용하여 직원들을 작업에 배치한다. 슬기로운 관리자는 비교우위를 사용하여 직원을 적절한 작업에 투입하는 방법을 알아낸다.

- 대부분 치과의사는 직접 환자의 이를 닦거나 엑스레이를 찍지 않는다. 대신 이러한 작업을 위생사에게 맡기며 자신의 시간을 더욱 복잡하고 비용이 많이 드는 다른 환자를 보는 데 할애할 수 있다.
- 애완동물 수의사는 애완동물의 손톱 손질을 조수에게 맡김에 따라, 그 시간을 애완동물의 검강 검진과 치료에 집중할 수 있다.
- 법률사무소의 선임변호사는 법적동의서 초안 작성에 시간을 허비하지 않는다. 이러한 작업은 신입변호사나 법률보조원에게 맡기고, 자신은 고객 확보를 위해 멋진 오찬 참석과 같은 보다 수익성 있는 활동에 집중한다.
- 일반적으로 미용실의 미용 디자이너는 고객의 머리를 직접 감겨주지 않는다. 대신 해당 작업을 수행할 보조원을 고용하여 자신은 색조, 하이라이트 또는 컬러링과 같은 더 높은 보수의 작업을 수행한다.
- 미국 캘리포니아 버클리에 있는 유명한 레스토랑의 셰프인 앨리스 워터스는 최고의 요리

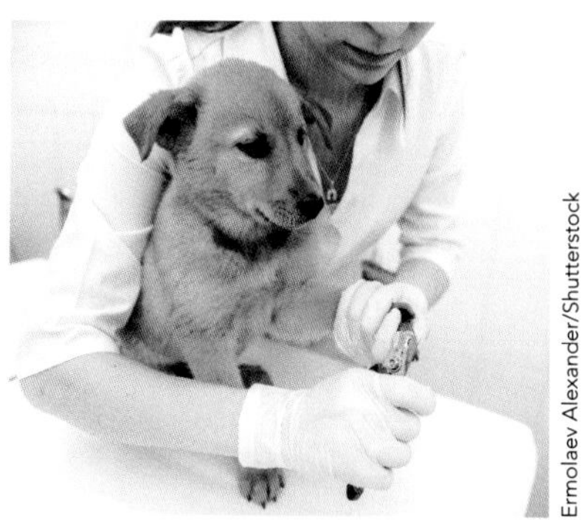
Ermolaev Alexander/Shutterstock

수의사와 보조원 모두 당신 애완견의 발톱을 정리할 수 있지만, 한 명만이 비교우위를 가진다.

사이지만 직접 요리를 하지는 않는다. 레스토랑 경영자이자 수석 셰프인 워터스에게 자신의 시간을 가장 잘 활용하는 방법은 직접 요리를 하는 것이 아닌 현지 공급업체와의 협력이나 메뉴 목록 선정, 새로운 요리 개발, 직원 교육 등에 시간을 할애하는 것이다.

각각의 경우는 특정 작업이 더 낮은 기회비용으로 다른 사람에게 위임할 수 있을 때는 위임해야 한다는 것을 보여준다. 이를 통해 자신이 비교우위를 가진 작업에 더 많은 시간을 할애할 수 있게 된다.

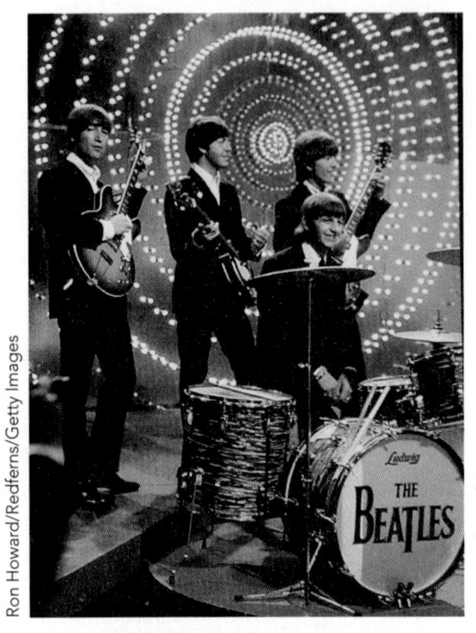

Ron Howard/Redferns/Getty Images

그는 비틀즈 최고의 드러머가 아니다.

일상경제학 **최고의 드럼 연주자는 반드시 드럼을 연주해야 하나?**

전설적인 그룹 비틀즈 멤버였던 존 레논은 "링고 스타가 세계 최고의 드럼 연주자인가?"라는 질문에 "그는 비틀즈 안에서도 최고의 드럼 연주자가 아니다"라고 답했다. 비틀즈의 베이스기타 연주자인 폴 매카트니도 뛰어난 드럼 연주자였기에 존 레논의 대답이 옳을지도 모른다. 그의 대답에서 나는 비틀즈가 비교우위를 사용해서 작업을 할당하는 정통한 경제학자 같다는 생각을 하게 된다. 비틀즈에게 폴 매카트니가 드럼을 연주하는 데 따른 기회비용은 그룹의 베이스기타 연주자를 잃는다는 것이며, 이는 비틀즈가 감당하기 어려운 비용이었을 것이다. 기회비용을 고려하는 비교우위는 최고의 드럼 연주자가 반드시 드럼을 연주할 필요는 없다는 것을 설명해준다. ■

시장은 교역의 이득을 촉진한다

지금까지 우리는 헬렌과 제이미가 집안일 회의를 통해 비교우위에 따라 가사일을 분담하면 더 나은 결과를 낳는다는 것을 발견하였다. 그러나 이 간단한 이야기는 룸메이트와 일을 분담하는 것 이상의 광범위한 교훈을 가리킨다.

시장은 비교우위에 따라 전문화할 수 있는 기회를 제공한다. 헬렌과 제이미가 더 이상 룸메이트가 아니더라도 비교우위 논리는 여전히 적용될 수 있다. 비교우위는 가장 낮은 기회비용으로 작업을 수행할 수 있는 사람에게 각 작업을 할당하면 둘 다 더 나아질 수 있다는 점을 보여준다. 즉, 헬렌은 가끔 제이미의 집에 들러 청소를 하고, 제이미는 미리 준비된 식사를 헬렌의 집으로 보내서 호의를 보답한다. 지금까지 살펴본 것처럼 이와 같은 방식의 교역을 통해 둘 다 더 나아질 수 있다.

또한 이 논리는 헬렌과 제이미가 서로를 모르는 경우라도 시장을 통해 작동할 수 있다. 시장은 낯선 사람들이 비교우위에 따라 전문화함으로써 얻는 교역의 이익을 활용하도록 돕는다. 결국 비교우위 논리는 헬렌에게 기회비용이 낮은 작업을 더 많이 수행하고 기회비용이 높은 작업은 다른 사람들의 낮은 기회비용에 의존하라고 이야기한다. 또한 비교우위 논리는 헬렌이 시장에서 사람들의 거실을 청소하는 회사를 시작하도록 유도한다. 그리고 배가 고플 때 헬렌은 자신의 수익 일부를 사용하여 자신이 직접 만드는 것보다 낮은 기회비용으로 맛있는 식사를 만들 수 있는 사람으로부터 음식을 구매할 수 있다. 헬렌은 제이미라는 남자가 만든 밥을 살 수도 있다.

마찬가지로, 비교우위 논리는 제이미에게 기회비용이 낮은 작업을 더 많이 수행하고 기회비용이 높은 작업은 기회비용이 낮은 다른 사람들에게 의존하도록 한다. 그래서 그는 배달 네트워크와 협력하여 음식을 준비하기에는 너무 바쁜 사람들에게 자신이 좋아하는 음식을 판매한다. 그리고 바닥이 더러워지면 청소를 할 수 있는 사업이 있는지 찾아보는 가운데, 오랜 친구인 헬렌의 고객이 될 수도 있다.

시장을 기반으로 한 교환에도 헬렌과 제이미가 룸메이트였을 때만큼의 교역의 이득이 발생한다. 헬렌과 제이미가 각각 비교우위를 갖는 작업에 집중하면서 함께 더 많은 일을 할 수 있기에 시장을 통한 교환에서도 헬렌과 제이미가 룸메이트일 경우와 유사한 수준의 교환에 대한 동기가 존재한다. 즉, 시장을 통한 교환에서도 교역의 이득이 발생한다.

비교우위는 시장에 교역의 이득이 존재하는 이유를 설명한다. 위에서 살펴본 이야기는 헬렌 그레이너의 실제 사업 성공 사례의 요약 버전이다. 대학교 시절 헬렌 그레이너는 영화 〈스타워즈〉에 나오는 알투디투에서 영감을 받아 로봇공학과 인공지능을 연구하였다. 그 결과 헬렌은 아이로봇이라는 회사를 시작하게 되었고 300달러짜리 청소 로봇인 룸바를 생산하였다. 매우 효율적인 청소 로봇이었던 룸바는 사람들이 직접 자신의 집을 청소하는 것보다 낮은 기회비용으로 집을 청소할 수 있었다. 또한 헬렌을 개인적으로 모르더라도 그녀와 거래할 수 있었다. 헬렌의 회사에 300달러를 지불하면 그녀가 발명한 로봇이 진공 청소를 수행하였고 구매자는 자신의 비교우위가 있는 작업에 절약한 시간을 보낼 수 있었다.

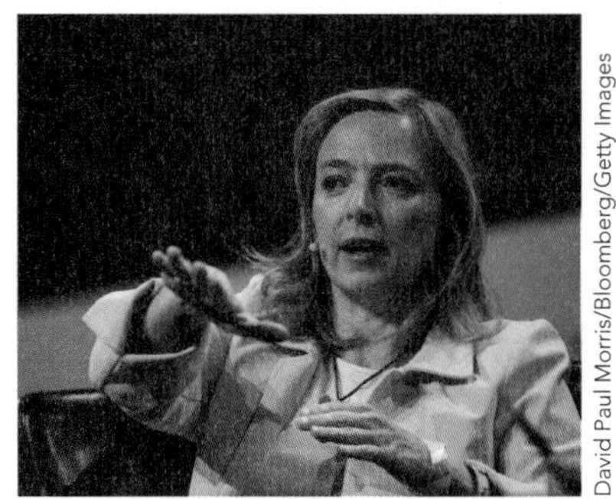
David Paul Morris/Bloomberg/Getty Images

헬렌 그레이너, 아이로봇사의 공동창업자

마찬가지로 제이미는 '더 네이키드 셰프'라고도 알려진 영국의 유명 요리사 제이미 올리버를 묘사하고 있다. 올리버도 역시 자신의 비교우위 분야의 업무를 전문으로 한다. 제이미는 최근 헬로프레시 회사와 손을 잡아 식사를 위한 계획이나 시장 보기 등을 하지 않고도 맛있는 식사를 즐길 수 있도록 요리법과 필요한 모든 재료를 구매자의 집으로 직접 배달하는 사업을 운영하고 있다. 설사 제이미를 개인적으로 알지 못하더라도 적정한 요금을 지불하면 제이미의 회사에서 제공하는 식사 키트를 받을 수 있고, 구매자는 식사 준비에 보내야 할 시간을 줄일 수 있고, 이를 자신이 비교우위를 가지고 있는 일에 사용할 수 있게 되었다.

Axel Heimken/picture-alliance/dpa/AP Images

제이미 올리버, 유명 요리사

이 모든 것의 장점은 구매자들이 시장에서 헬렌이나 제이미와 상품이나 서비스를 구매하면서 사람들은 기회비용이 높은 청소나 요리와 같은 일에 더 적은 시간을 할애하고 자신이 비교우위를 갖는 일에 더 많은 시간을 할애할 수 있다는 점이다. 또한 거실 청소, 저녁 식사 준비, 경제학 공부 등과 같은 작업이 가능한 한 가장 낮은 기회비용으로 수행됨에 따라 이전보다 더 많은 생산을 할 수 있게 된다. 즉, 자신의 비교우위를 따르는 사람들은 교역의 이득을 창출한다.

비교우위는 왜 전문화가 발생하는지를 설명한다. 헬렌과 제이미에 대한 이야기는 행복한 룸메이트 두 명에 관한 것이 아니다. 오히려 그것은 전체 경제에 대한 은유이면서 동시에 각자가 비교우위를 가지는 분야로 전문화되는 이유를 설명하는 은유이기도 하다. 리더십 기술을 가진 사람들은 관리자로 일하고, 숫자 분석가는 비즈니스 분석가로 일하고, 공감 능력이 뛰어난 사람은 인적자원관리 분야에 종사한다. 각자는 숙련된 엔지니어가 설계한 자동차나, 전문 요리사의 레스토랑, 헌신적인 교육시설 등과 같이 비교우위를 가진 사람들이 그 분야에서 만들어낸 물건이나 서비스를 구매하는 데 번 돈을 사용한다.

결국, 이러한 비교우위에 기반한 전문화는 각각의 제품이 가장 낮은 기회비용으로 생산되도록 유도하며, 이는 모든 교역에서의 이익을 보장한다.

상대적으로 잘하는 일을 더 많이 하고 다른 일은 적게 하라. 비교우위는 한 가지 핵심 조언으로 귀결된다. 상대적으로 잘하는 일을 더 많이 하고 다른 일은 적게 하라는 것이다. 다음의 간단한 조언은 그 이유를 설명하고 있다.

- 셔츠는 전문가에게 맡기는 것이 좋다. 다리미와 씨름하면서 셔츠를 다리는 기회비용은 당신의 다음번 승진을 위해 일할 수 있는 시간이다.
- 스스로 점심을 만드는 임원은 거의 없다. 큰 회사를 운영하는 사람에게 10분 동안 샌드위치를 만드는 데 드는 기회비용은 너무 높다.

두 사람 가운데 한 사람만이 드웨인 존슨이다. 드웨인 존슨이 아닌 다른 사람은 스턴트 연기의 기회비용이 낮다.

- 바쁜 가족은 미리 손질된 야채를 구입한다. 야채를 손질하기 위한 기회비용은 부모가 자녀와 함께 보낼 수 있는 시간이다.
- 정치인은 로비스트가 법안 초안을 작성하도록 허용한다. 정치인이 직접 법안 초안을 작성하기 위한 기회비용은 야심찬 정치인이 유권자에게 지지를 호소하기 위해 사용할 수 있는 시간이다.
- 배우는 위험한 장면에 스턴트맨 대역을 쓴다. 드웨인 '더 록' 존슨이 자신의 대역 연기를 하는 스턴트맨보다 훨씬 강인할 수 있으나 드웨인 존슨의 뼈가 부러지는 것의 기회비용은 그의 대역을 하는 사촌 토노아이 리드보다 훨씬 크기 때문이다.
- 태스크래빗은 매우 성공적이다. 새로운 이케아 가구를 조립할 시간이 없을 정도로 바쁜 사람은 태스크래빗에서 가구를 만드는 데 비교우위를 가진 사람을 찾아 자신을 대신해 이케아 가구를 조립하도록 고용할 수 있다.

각각의 경우에 시장은 사람들이 자신이 비교우위가 있는 일에 집중할 수 있도록 도와준다. 시장은 사람들에게 잘 다려진 셔츠를, 바쁜 중역에게 점심을, 가족에게는 손질된 야채를, 정치인에게 미리 작성된 법안을, 배우에게 위험한 장면을 대신해 줄 스턴트맨을, 그리고 이케아 가구 구매자에게 자신을 대신해서 가구를 조립해 줄 노동력을 제공한다. 이처럼 다른 사람이 수행한 작업으로 인해 절약되는 시간과 에너지는 자신이 비교우위를 가진 일에 투입할 수 있는 시간이 된다.

자료 해석 어떻게 비교우위의 변화가 가정생활의 변화를 설명하는가?

비교우위는 일이나 가족, 사회적 관계 등 지난 세기의 중요한 사회적 변화를 설명하는 설명요인이 될 수 있다.

대부분 부부는 두 가지 광범위한 일, 즉 돈을 버는 일과 집안일을 해야 한다. 역사적으로 집안일은 풀타임 직업이었고, 그 기회비용은 집안일을 담당한 사람이 외부에서 직업을 갖지 않음으로써 포기한 수입이다. 비교우위에 따르면 남편과 부인 중 누가 집안일을 담당할 것인지는 누가 집안일을 하는 것에 더 낮은 기회비용을 갖는가에 달려 있다.

남녀 간 임금차별이 존재했었던 우리들의 조부모 시대에는 이러한 차별로 인해 여성의 임금이 남성에 비해 낮았다. 즉 여성들의 집안일에 대한 기회비용이 남성에 비해 낮았기에 그 시대의 많은 여성이 전업주부로 살았고 남편은 돈을 벌 수 있는 직업을 가졌다.

20세기에 들어 사회 · 경제적 변화로 인해 더 많은 여성이 대학에 진학하게 되었다. 더 많은 교육은 여성의 잠재적 임금을 높였고 이는 여성이 집에 머무는 기회비용을 증가시켰다. 비교우위 논리에서 알 수 있듯이 여성의 가사일에 대한 기회비용의 증가는 더 많은 여성 노동력이 집안일 대신에 돈을 버는 일을 선택하는 계기가 되었다.

그러면 집안일은 어떻게 되었는가? 새로운 가전제품의 발명으로 가족은 가정의 우선순위를 재구성하게 된다. 세탁기는 옷을 세탁하는 데 비교우위를 가지고 있고, 식기세척기는 설거지에, 룸바는 집안 청소에서 비교우위를 갖는다. 전자레인지는 그 어떤 주부보다 낮은 기회비용으로 손쉽게 음식을 재가열할 수 있게 하였다. 결과적으로 우리 부모님 세대는 작은 가정용 로봇 군대를 사용하여 씻고, 청소하고, 요리하면서 조부모 세대보다 가사일의 부담을 크게 줄일 수 있었다. 현재에는 온라인 서비스를 사용하여 각종 청구서 처리와 같은 집안일을 쉽게 아웃소싱하고 자동화할 수 있게 되면서 이러한 집안일의 부담은 더욱 감소하였다.

결과적으로 로봇이 집안일의 많은 부분을 처리하면서 직장을 갖는 것에 대한 기회비용은 감소하였고, 오늘날 많은 가정에서 남편과 부인이 모두 직업을 가지고 있다. 이들은 상대적으로 잘하는 일을 하고(직장에서 일하고) 그렇지 않은 것은 다른 사람(가정용 로봇을 포함하여)에게 의존해야 한다는 비교우위의 원칙을 따르는 것이다. ■

비교우위는 국제무역을 촉진한다

비교우위는 특정 작업에 전문화하고 다른 사람들과 교역을 하는 것이 어떻게 이득이 되는지를 설명한다. 이는 우리가 왜 다른 나라와 교역을 하는지를 설명할 수 있다는 점에서 비교우위로 국제무역을 설명할 수 있다.

그 이유를 알아보기 위해 헬렌과 제이미의 이야기로 돌아가자. 이 장에서는 이들 두 명의 룸메이트가 작업을 교환하면 더 나아질 수 있는 간단한 예를 분석하였다. 우리가 발견했듯이 헬렌이 집 청소를 더 많이 담당하고 제이미가 요리를 더 많이 할 때 둘 다 더 나아질 수 있었다. 동일한 논리가 실제 헬렌 그레이너와 제이미 올리버의 경우에도 적용된다. 현실 세계에서 헬렌은 제이미가 디자인한 맛있는 음식을 헬로프레시에서 구매할 것이다. 그리고 제이미는 헬렌이 생산하는 룸바를 구매하여 집을 청소한다. 이러한 선택은 가정에서 작업을 교환하거나 시장에서 로봇과 식사를 교환하는 교역을 통해 헬렌과 제이미는 각각 가장 낮은 기회비용으로 요리와 청소를 수행할 수 있다는 비교우위의 논리에 따라 결정된다.

Oleksiy Maksymenko Photography/Alamy

미국에서 개발되었고 전 세계 사람들이 자신이 비교우위를 지닌 부분에 집중할 수 있도록 도왔다.

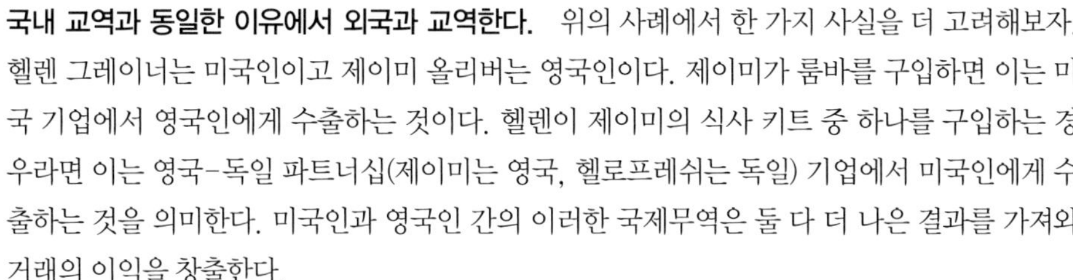

국내 교역과 동일한 이유에서 외국과 교역한다. 위의 사례에서 한 가지 사실을 더 고려해보자. 헬렌 그레이너는 미국인이고 제이미 올리버는 영국인이다. 제이미가 룸바를 구입하면 이는 미국 기업에서 영국인에게 수출하는 것이다. 헬렌이 제이미의 식사 키트 중 하나를 구입하는 경우라면 이는 영국-독일 파트너십(제이미는 영국, 헬로프레쉬는 독일) 기업에서 미국인에게 수출하는 것을 의미한다. 미국인과 영국인 간의 이러한 국제무역은 둘 다 더 나은 결과를 가져와 거래의 이익을 창출한다.

이러한 비교우위에 의해 창출된 교역의 이득은 국제무역이 발생하는 이유이다. 교역을 통해 얻은 이러한 이득은 전 세계 사람들이 자신이 가장 잘하는 것에 집중하고 그렇지 못한 일에 대해서는 다른 사람들에게 의존하도록 유도하는 동기가 된다. 그 결과 가장 낮은 기회비용으로 일을 수행할 수 있는 사람들에게 업무가 할당되며 이는 심지어 그 사람이 해외에 거주하는 경우에도 적용된다. 제9장에서 국제무역에 대해 더 깊이 살펴볼 것이다. 그러나 국제무역을 본격적으로 살펴보지 않았더라도 비교우위에 따라 교역이 발생했을 때(그리고 그 사람이 해외에 살고 있더라도) 이러한 교역은 교역에 참여한 사람들에게 더 나은 결과를 가져다 준다는 사실은 명확하게 이해할 수 있다.

일상경제학 내 정원의 국제무역 논란

나는 주말에 정원을 가꾸곤 했다. 그러나 뉴욕타임스가 경제학에 대한 칼럼을 써달라고 요청하였다. 이 일을 위해 나는 토요일 시간을 정원 가꾸기에서 칼럼 쓰기에 보내야 했고, 정원을 관리할 정원사를 고용했다. 재정적으로 나는 더 나아졌다. 나는 내 칼럼을 쓰는 대가보다 정원사에게 적은 돈을 지불했기 때문이다. 또한 정원사는 다른 아르바이트보다 더 많은 돈을 지불하는 추가 고객을 갖게 되어 기뻐했다. 이것은 교역의 이득을 창출하는 비교우위이다.

이제 이것이 국제무역이라는 정치적 관점에서 어떻게 작동하는지 생각해보자. 이를 위해 먼저 나와 내 집은 인구가 1명인 네르도니아공화국이라는 독립국이라고 가정하자.

국제무역에 대한 비평가들은 내(네르도니아공화국)가 이 정원사를 고용한 것이 네르도니아에 엄청난 혼란을 초래했다고 주장할 것이다. 한때 자랑스러웠던 네르도니아는 번성했던

gorillaimages/Shutterstock

스스로 하시겠습니까? 아니면 사람을 고용할까요? 이는 당신의 비교우위에 달렸습니다.

농업 부문(내 정원 가꾸기)이 있었지만 이러한 전통적인 생활 방식은 값싼 외국 노동력(정원사)의 유입으로 파괴되었다. 네르도니아공화국은 정원사와의 거래에서 무역 적자를 기록한다(매 주 주말마다 나는 정원사에게 임금을 지급하지만 정원사는 나에게서 아무것도 사지 않는다).

이 주장은 교역을 끔찍한 결정으로 들리게 하지만 사실이다(비록 과장되었지만). 그러나 나는 여전히 나와 정원사 사이의 거래가 가치가 있다고 생각하고 내 정원사도 동의한다. 비평가들은 비교우위 논리의 중심이 되는 두 가지 알려지지 않은 사실을 간과했다. 첫째, 네르도니아공화국은 이제 새롭게 떠오르는 미디어 산업(내가 쓰는 칼럼)을 보유하고 있으며, 이는 정원사와의 거래 덕분에 가능하였다. 둘째, 국가 간 교역과 관련한 논쟁에서 생산 측면에만 집중하면서 사실상 누가 정원을 가꾸고 있는지만 묻고 있다. 그러나 이러한 접근은 소비 측면을 간과하고 있는데, 교역의 이득이 발생하는 곳은 소비 측면이다. 나는 마당에 앉아서 꽃 냄새를 맡을 때마다 정원사의 노동의 열매를 소비하고 즐기고 있으며, 미디어 수입의 일부를 사용해 약간의 사치를 즐긴다. ■

요약 : 비교우위는 자원을 더 나은 용도로 재배분하는 것이다. 이제까지 시장이 무엇인지를 파악하기 위한 먼 길을 걸어왔다. 경제는 자신이 만든 물건을 파는 사람들과 그것을 사는 다른 사람들로 구성된다. 이제 그들이 왜 그렇게 하는지 알게 되었다—사람들은 시장에서 비교우위에 따라 작업을 재배분하고 있다. 그리고 모든 교역은 교역의 이득을 창출하여 구매자와 판매자 모두에게 이득을 가져다준다.

이러한 결과는 당신이 시장에 대해 다르게 생각하도록 만든다. 당신의 이익이 나의 손해가 되는 제로섬 경쟁으로 시장을 생각하기보다는 비교우위 논리를 통하여 시장이 어떻게 구매자와 판매자 모두에게 윈-윈하는 결과를 가능하게 할 수 있는지 보여준다. 만약 지금 이것이 당연해 보인다면 당신은 경제학자가 되어가고 있는 것이다. 비교우위의 힘을 믿지 않는 경제학자는 존재하지 않는다. 그러나 비경제학자들에게는 비교우위의 힘은 믿기 어려운 아이디어일 수 있다.

나는 시장이 물건을 더 나은 용도로 재배분한다고 말하면서 이 장을 시작했다. 그리고 시장이 시간과 같은 귀중한 자원을 어떻게 비교우위를 가진 더 나은 사용처로 재배분하는지를 살펴보았다. 시장이 어떻게 각 자원의 가장 가치 있는 곳을 파악하는지가 궁금할 수 있다. 바로 이 부분에서 가격이 작동하게 된다. 따라서 우리의 다음 임무는 경제활동을 조정하는 가격의 역할을 살펴보는 것이다

8.3 가격은 신호이면서 유인이며 정보이다

학습목표 경제활동을 조정하는 가격의 역할을 이해한다.

가격은
1. 신호
2. 유인
3. 정보이다.

경제를 조직하는 것은 어마어마한 물류의 문제이다. 각 사업자는 적절한 투입물에 접근할 수 있어야 하며 이러한 투입물은 적시에 도착해야 한다. 투입물이 유용한 제품으로 변환되기 위해서는 모든 투입물이 적절한 방법으로 결합되어야 하고 이렇게 생산된 제품은 그 제품을 필요로 하는 사람에게 전달되어야 한다. 시장은 이 모든 과정을 조직하는 놀라운 임무를 수행한다. 하지만 어떻게 이 많은 일을 수행할까?

이 질문에 대한 대답은 가격이다. 가격은 세 가지 중심적인 역할을 한다. 첫째, 가격은 전 세계에서 들려오는 메시지를 보내는 빠른 신호의 역할을 한다. 둘째, 가격은 사람들이 더 나은 선택을 하도록 유인을 제공한다. 셋째, 가격 변화를 만드는 수천 건의 매매 결정에 대한 판단을 통합한 정보를 제공한다. 가격은 우리가 내리는 거의 모든 결정을 좌우하면서 경제활동을 조

직하고 조정하는 데 도움을 준다.

첫 번째 역할 : 가격은 신호이다

이 음식은 '퀴노아'라고 불리며 매우 맛이 좋다.

퀴노아는 '안데스의 기적의 곡물'이라고 불린다. 작은 쌀과 유사한 씨앗은 거의 전적으로 페루와 볼리비아의 안데스산맥 평원지역에서만 재배되며 나사가 우주비행사 식사로 제공할 만큼 영양가가 높다. 최근 건강에 민감한 서양인들이 퀴노아를 발견하면서 수 세기 동안 농민 음식으로 간주되었다가 이제는 건강식 샐러드 가게, 트렌디한 카페 혹은 멋진 레스토랑의 메뉴에 올라 있다. 식료품점은 퀴노아 샐러드, 퀴노아 시리얼, 퀴노아 그라놀라 바, 퀴노아 크래커, 심지어 퀴노아로 만든 맥앤치즈도 진열하고 있다.

최근의 퀴노아 유행은 시장을 강타한 가장 큰 변화이다. 하지만 이 모든 변화는 퀴노아의 생산지인 안데스산맥에 있는 농부들과는 지리적으로 멀리 떨어진 곳에서 발생했고, 안데스산맥의 농부들은 전 세계 뉴스와 거의 단절된 삶을 살고 있다. 그렇다면 농부들은 미국의 식품 트렌드에 대해 어떻게 알 수 있었을까? 또한 미국 미식가들은 퀴노아에 대한 새로운 사랑을 페루와 볼리비아의 농부들에게 어떻게 전달했을까?

판매자와 구매자는 가격을 통해 의사소통한다. 수요의 급격한 증가로 퀴노아의 가격은 불과 몇 년 만에 세 배 이상 상승하였다. 급격하게 상승한 퀴노아 가격은 구매자와 판매자 사이에 의사소통을 만들어내는 신호이다.

페루산 퀴노아 가격

가격은 잠재적 공급자에게 신호가 된다. 잠재적인 공급자는 시장의 수요 측면에서 발생하는 일에 대해 잘 알지 못할 수 있다. 페루와 볼리비아 농부들은 미국의 식품 트렌드에 대해서는 거의 알지 못하지만, 자신들이 재배하는 퀴노아 가격은 알고 있다. 퀴노아 가격의 상승은 농부들에게 "퀴노아의 가치가 높아졌습니다. 더 많은 퀴노아를 재배하세요!"라는 명확한 메시지를 전달한다. 일반적으로 가격은 구매자의 한계편익 또는 지불 의향을 보여주기 때문에 가격을 통해 잠재적 공급자는 제품에 대한 구매자의 평가를 읽을 수 있다.

가격은 잠재적 구매자에게 신호가 된다. 잠재적인 구매자는 시장의 공급 측면에서 발생하는 일에 대해 잘 알지 못할 수 있다. 안데스산맥의 농업 개발에 관심을 기울이는 미국인이 거의 없을 것이라는 점에서 구매자인 미국인들은 페루 농부들이 퀴노아 생산을 확장하는 것이 얼마나 어려운지 알지 못한다. 그러나 식당이나 식료품점에서 퀴노아 가격을 볼 수 있다. 퀴노아 가격 급등은 잠재 구매자에게 "퀴노아가 부족합니다. 구매를 줄이세요!"라는 명확한 메시지를 전달한다. 일반적으로 가격은 판매자의 한계비용을 나타내기 때문에 가격을 통해 잠재적 구매자는 판매자가 제품을 더 많이 생산하는 데 필요한 비용을 읽을 수 있다.

이러한 신호는 더 나은 결과가 나올 수 있도록 조정하는 데 도움이 된다. 가격 신호는 퀴노아가 접시에 담겨 나오기까지의 일련의 과정을 조정하는 데 도움을 준다. 미국 소비자가 소비한 퀴노아 중 일부는 퀴노아 생산을 늘린 페루 농부에게서 나올 수 있다. 혹은 일부 퀴노아는 호주산 밀을 더 소비하면서 자신이 생산한 퀴노아 소비를 줄인 볼리비아 농부로부터 온 것일 수도 있다. 이러한 퀴노아는 노르웨이 컨테이너선에 실려 미국까지 운송되어 미국인의 식탁에 전달되었을 수 있다. 이 모든 과정은 퀴노아를 소비하는 미국 소비자가 페루나 볼리비아, 호주 또는 노르웨이에 아는 사람이 아무도 없는 경우에도 발생한다.

퀴노아를 미국 소비자에게 전달하는 과정에서는 엄청난 조정 과정이 필요하다. 가격은 이러한 국제 조정의 기적을 가능하게 한다. 가격은 영어, 스페인어, 노르웨이어 및 케추어(안데스 지역에서 사용되는 언어)에서 동일하게 이해가 가능한 신호를 신속하게 전송한다.

두 번째 역할 : 가격은 유인이다

위에서는 가격이 구매자와 판매자 사이의 중요한 의사소통 수단이 된다는 점을 설명하였다. 사람들은 가격이 지닌 신호에 반응하는데, 이는 가격이 유인을 제공하기 때문이다. 가격이 가진 유인의 역할은 간단하다. 높은 가격은 구매자가 구매를 줄이는 유인이 되면서 공급자에게는 공급을 늘리는 유인이 된다.

높은 가격은 생산자가 생산을 확대하는 유인이 된다. 공급자에게 높은 가격은 새로운 수익 창출의 기회이기 때문에 생산을 늘리는 유인이 된다. 퀴노아의 높은 가격은 안데스산맥의 농부들이 옥수수 재배하던 땅에서 퀴노아를 재배하기 시작하는 유인이 되었고, 결국 퀴노아 생산량을 네 배로 늘리는 계기가 되었다. 높은 퀴노아 가격으로 인해 광산에서 일하던 볼리비아 광부들이 시골 마을로 돌아가 퀴노아를 재배하기 시작하였다. 또한 높은 퀴노아 가격은 페루 대학의 과학자들이 해안 지역에서 재배가 가능한 퀴노아를 개발하는 혁신의 유인으로 작동하였다. 가격은 전 세계적으로 영향을 미치면서 미국 오리건과 콜로라도의 농부들은 퀴노아 재배를 실험하였고, 미국의 유전학자들은 새로운 고수익 품종 퀴노아 개발을 위해 퀴노아 게놈 지도를 작성하였다. 이러한 많은 부문에서의 변화는 높은 가격이 생산자가 공급량을 늘리는 유인이기 때문에 발생한다.

높은 가격은 구매자가 소비를 줄이는 유인이 된다. 잠재적 구매자에게 높은 가격은 퀴노아 소비의 기회비용을 증가시켜 퀴노아 소비를 줄이는 유인으로 작동한다. 높은 퀴노아 가격은 광범위한 영향을 미친다: 많은 페루 및 볼리비아 사람들은 퀴노아 대신 상대적으로 저렴한 밀과 같은 대체 곡물 소비를 늘리며 남미의 농부들은 더 이상 퀴노아를 닭 사료로 사용하지 않는다. 또한 미국 샐러드 가게에서 샐러드에 제공되는 퀴노아 양이 줄어들게 되었다. 높은 가격은 잠재적 구매자의 수요량을 줄이는 유인이 되며 사람들은 퀴노아를 아껴 쓰게 된다.

Mark J. Barrett/Alamy

당신을 위한 퀴노아는 없다.

가격은 낯선 사람들이 협력할 수 있는 유인을 제공한다. 최종 결과는 한때 남미 닭 사료로 사용되던 퀴노아가 이제는 미국과 전 세계 샐러드 가게에서 제공되고 있다는 것이다. 이것은 남미의 양계장 주인이 당신을 모르거나 특별히 당신에 대해 신경 쓰지 않더라도 발생한다. 오히려 남미 양계장 주인은 퀴노아 소비를 줄인 덕분에 미국 샐러드 가게에서 퀴노아를 샐러드로 판매할 수 있게 되었다. 이 모든 것은 퀴노아 가격에 내재된 유인으로 인해 발생한다.

세 번째 역할 : 가격은 정보를 취합한다

예측시장 불확실한 사건이 발생하는지 여부와 관련자의 보상을 받는 사람

가격은 또한 정보를 취합한다. 이것이 이야기하는 바를 이해하게 된다면 더 나은 결정을 내릴 수 있다. 가격의 세 번째 역할에 대한 가장 명확한 사례로 **예측시장**(prediction markets)을 가정해 볼 수 있는데, 이 예측시장에서는 불확실한 사건의 발생 여부와 관련된 계약서를 거래한다. 예를 들어 민주당이 다음 선거에서 승리할 경우 1달러 가치가 있는 주식을 살 수 있는 예측시장이 있다고 가정하자. 만약 해당 민주당 주식의 가격이 0.60달러이면 이는 시장에서는 민주당이 이길 확률이 (대략) 60%라고 예측하고 있다고 해석할 수 있다.

구매와 판매과정은 정보를 취합한다. 가격은 정보를 취합하기 때문에 예측시장은 유용한 예측을 생산한다. 예를 들어, 주변에서 민주당을 지지하는 표지판이나 범퍼 스티커를 많이 본 위스콘신의 누군가는 주식을 매입할 수 있고, 민주당 후보자의 설득력 없는 연설을 본 뉴멕시코의 누군가는 주식을 팔 수 있다. 후보자에 대한 지지도가 상승하면 더 많은 사람이 주식을 살 것이고, 후보자의 인기가 하락하면 사람들이 주식을 팔게 된다. 이러한 과정은 계속된다.

이 프로세스를 통해 가격은 이 모든 정보를 반영 혹은 취합한다. 연구에 따르면 이러한 예측 시장은 여론 조사, 통계 또는 TV 전문가보다 더 정확한 예측을 제공한다. 즉, 온라인에서 정치 예측 시장을 따르기만 하면, 《폴리티코》를 읽지 않고도 정치 전문가가 될 수 있다.

시장가격은 유용한 정보를 송출한다. 동일한 아이디어가 다른 시장에도 적용되며 가치 있는 사업정보를 제공하는 많은 금융상품 가격이 존재한다. 연방준비은행 결정과 관련된 금융 계약의 가격은 이자율의 상승 가능성을 보여준다. 구매자가 미래의 특정 시간에 석유, 밀 또는 천연가스와 같은 상품을 구매하는 데 동의하는 선물계약의 가격은 미래의 해당 상품 가격에 대한 예상을 보여준다. 이러한 계약의 가격을 추적하면 향후 필요한 원재료에 대한 유용한 정보를 얻을 수 있다. 금융시장에서 거래자들은 인플레이션이 높을지 낮을지에 베팅을 하는데 이러한 증권의 가격('인플레이션 스왑'이라고 함)은 향후 인플레이션에 대한 유용한 예측을 가능하게 한다. 이러한 금융상품 중 일부는 다소 모호해 보일 수 있다. 그러나 중요한 것은 취합된 정보를 반영하는 가격은 유용한 사업정보를 제공한다는 것이다.

일상경제학 더 나은 대진표를 선택하기 위해 시장을 이용하라

스포츠 베팅 시장은 효과적인 예측시장이다. 좋아하는 팀에 대한 베팅은 팀이 승리할 때만 보상을 받을 수 있는 증권을 사는 것과 동일하기 때문이다. 이러한 시장의 가격(베팅 배당률)은 각 팀에 대해 생각할 수 있는 거의 모든 세부 사항을 연구한 수천 명의 스포츠 베팅 참가자로부터 정보를 취합한다. 스포츠 베팅시장을 연구한 기존 연구들에 따르면 이러한 스포츠 베팅 시장의 예상은 매우 정확한 것으로 나타났다. 이것이 바로 기회가 될 수 있다. 마치 매드니스(미국에서 3월에 개최되는 대학농구 토너먼트-역자 주) 대진표를 작성할 때 이러한 스포츠 베팅시장의 가격을 보조 수단으로 사용하면 수천 명의 스포츠 마니아의 전문 지식을 효과적으로 활용할 수 있다. 이런 방법으로 나는 직장에서 몇 번 우승 팀을 예측하는 내기에서 이길 수 있었다. ■

8.4 관리자가 시장의 힘을 활용하는 방법

학습목표 당신의 삶에서 시장의 힘을 활용할 준비를 한다.

제2차 세계대전이 끝나면서 한국에 있던 일본군이 항복하면서, 주목할만한 자연 실험이 시행되었다. 당시 소련은 한반도 북쪽에서 일본의 항복을 받아들여 북한으로 알려지게 된 지역을 관리하게 되었다. 반면에 미국은 한반도 남쪽 지역에 대한 일본의 항복을 받아들여 현재 한국으로 알려진 지역을 관리하였다. 이러한 항복 조건은 추후 경제적으로 엄청난 영향을 미쳤다. 소련의 영향으로 북한은 중앙계획경제체제를 도입하면서 정부가 누가 무엇을 만들지 혹은 누가 무엇을 가지며, 얼마를 만들지 등을 결정했다. 이와는 대조적으로 미국은 한국에서 시장 경제를 구축했고, 경제활동을 지휘하는 중앙정부 관료 대신에 경제활동을 시장에 맡겼다.

시장의 힘에 대한 자연 실험은 놀라운 결과를 가져왔다. 전쟁 직후 남한과 북한은 똑같이 가난했다. 현재 시장 지향적 정책을 추진한 한국의 연평균 소득은 연간 약 3만 6,000달러에 달한다. 이는 중앙계획경제를 실행한 북한의 연평균 소득(약 1,800달러)의 약 20배에 달한다. 시장의 힘은 한국 국민이 교역의 이득을 활용할

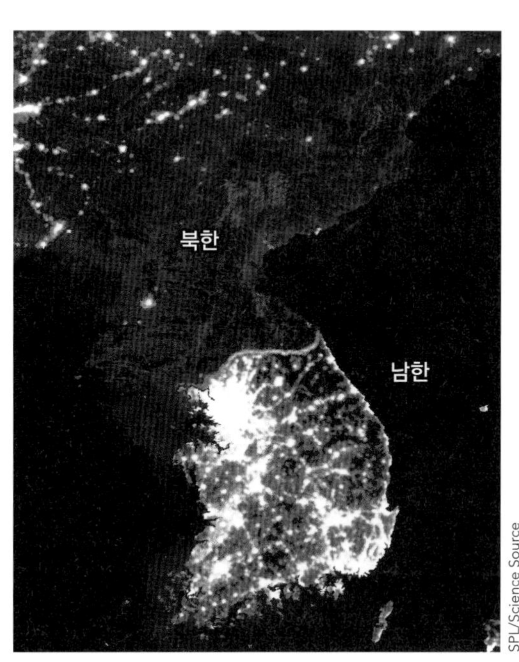

남한과 북한을 찍은 위성사진은 시장의 힘을 보여준다.

수 있게 했으며, 이는 한국의 경제가 북한에 비해 훨씬 성장할 수 있도록 만들었다.

NASA가 우주에서 한반도를 찍은 항공사진을 보면 확연한 차이를 볼 수 있다. 위성사진에서 알 수 있듯이 한국은 밝은 빛과 활동으로 활기가 넘치는 반면 북한은 아무 일도 일어나지 않는 듯 어두운 모습을 보인다.

한반도에서 얻은 교훈은 당신이 한 나라의 CEO라면 모든 선택이 중앙관료에 의해 결정되는 북한의 시스템보다 시장의 힘에 의해 희소한 자원이 배분되는 한국과 같이 운영되는 것이 훨씬 낫다는 점이다.

내부시장은 자원을 배분한다

시장의 힘을 활용한 한국의 놀라운 성공은 개별 기업 경영에도 시사점을 갖는다. 일부 기업은 시장 경제의 교훈을 활용하여 새로운 내부시장을 개발하는 방법을 발견하였다.

내부시장 희소한 자원을 사고팔 수 있는 회사 내 시장

내부시장(internal markets)의 아이디어는 관리자가 조직 내 여러 부서가 희소한 자원을 사고팔 수 있는 내부시장을 만드는 것이다. 일반 시장이 회소한 자원을 더 나은 활용을 위해 효율적으로 배분하는 것처럼 내부시장은 회사, 비영리 단체 또는 정부 기관이 가진 희소한 자원을 더 나은 용도로 배분하는 데 도움이 될 수 있다.

대부분 대기업의 내부 운영은 한국보다 북한과 더 유사하다. 북한의 지도자와 마찬가지로 전형적인 CEO는 중앙에 집중된 막대한 권한을 보유하고 있으며 그 권한을 사용하여 회사 내 모든 활동을 지휘한다. 북한의 최고 지도자처럼 기업의 CEO는 방대한 관료제를 이끌면서 그의 측근들과 함께 기업을 확장하고 최적의 요소 투입 방식을 결정하는 장기 계획을 수립한다.

지식의 문제는 관리자가 필요한 정보를 얻을 수 없음을 의미한다. 미국 최대 푸드뱅크 네트워크인 피딩 아메리카는 비영리단체이다. 크래프트나 월마트와 같은 대기업으로부터 식품을 기부받아 전국 210개 지역 푸드뱅크에 배분한다. 피딩 아메리카 덕분에 매일 밤 수천 가족이 식사를 할 수 있다.

그러나 피딩 아메리카는 복잡한 문제를 가지고 있다. 이를 살펴보기 위해 우리가 피딩 아메리카 시카고 본사의 임원이라고 생각해보자. 시카고 본사에 기부받은 과일 한 트럭이 방금 도착했는데, 이를 가장 큰 이익을 얻을 수 있는 지역으로 보내려 한다. 그곳이 어디에 있는지 알아내기 위해서는 각 지역 푸드뱅크의 과일 한 트럭에 대한 한계편익을 파악해야 한다. 210개의 지역 푸드뱅크 모두에 전화하는 데는 시간도 오래 걸리며 정확한 정보를 제공할 것이라는 보장도 없다.

지식 문제 의사 결정자가 옳은 결정을 내리는 데 필요한 지식이 없을 때

이것은 올바른 결정을 내리는 데 필요한 지식이나 정보가 너무 광범위하게 분산되어 개인 의사 결정자가 모든 정보나 지식을 사용할 수 없는 **지식 문제**(knowledge problem)의 사례가 된다. 지식을 보물지도와 같다고 생각해보자. 문제는 이 보물지도가 너무 많은 사람에게 조각조각 나누어져 있다는 것이다. 휴스턴의 푸드뱅크는 자신들이 한 트럭의 과일로부터 얻을 수 있는 한계편익을 알고 있으며, 잭슨빌에 위치한 푸드뱅크도 자신들의 한계편익을 파악하고 있다. 그러나 각 푸드뱅크의 한계편익이 무엇인지 보여주는 전체 지도는 누구도 가지고 있지 않으며, 따라서 최상의 결과를 이끌어낼 수 없게 된다. 이렇게 산재되어 있는 정보를 하나로 통합한 전체 정보가 없는 상황에서 본사의 경영진은 기부받은 과일 한 트럭의 최선의 활용을 찾을 방법은 존재하지 않는다.

시장은 지식 문제를 해결한다. 피딩 아메리카의 최고 책임자는 시장의 힘을 활용하여 이러한 문제를 개선할 수 있다는 것을 깨달았다. 시장을 통해 물건이 더 나은 활용이 가능한 방향으로 배분된다면, 결국 내부시장이 식품을 가장 유용한 곳에 배분하는 데 도움이 될 수 있다고 생각

했다. 이를 실현하기 위해 피딩 아메리카는 기증된 음식을 배분하기 위한 내부시장을 설립하였다. 내부시장의 작동 방식은 다음과 같다. 새로운 식품이 도착하면 모든 지역 푸드뱅크는 내부적으로 구축된 이베이 스타일의 경매를 통해 해당 식품에 대해 입찰을 할 수 있다. 이러한 방식을 통해 정말로 과일이 필요한 지역의 푸드뱅크는 과일에 더 많이 입찰할 수 있고, 경매를 통해 낙찰된 식품은 낙찰을 받은 지역 푸드뱅크로 이동하게 된다. 모든 지역 푸드뱅크가 공정하게 경쟁할 수 있도록 경매에서는 실제 돈을 사용하는 것이 아니라 피딩 아메리카가 발행한 인공 통화를 사용한다.

이러한 내부시장을 통해 피딩 아메리카는 지식 문제를 해결할 수 있었다. 피딩 아메리카는 이러한 내부시장을 통해 기부받은 식품을 어떻게 배분하는 것이 최선인지를 알 수 있었고 중앙의 의사결정자나 의사결정 과정에서 개인적 관계에 의존하지 않을 수 있었으며 결국 지식 문제를 해결할 수 있었다. 대신 각 지역의 푸드뱅크가 자신의 한계편익을 알고 입찰에 참여한다. 이를 위에서 언급한 보물지도 비유에 적용하면, 각 탐색 지점에 다음에 어디로 가야 하는지 알려주는 누군가가 있으면 전체 지도는 필요하지 않다는 것이다. 피딩 아메리카는 수요와 공급의 힘이 기증된 식품을 관리자가 할 수 있는 것보다 더 효율적으로 배분할 수 있음을 발견하였다. 그 결과 낭비되는 식품이 줄고 더 많은 사람에게 식사를 제공할 수 있으며, 기부자들은 자신들이 기부한 식품이 이를 필요로 하는 가족에게 적절하게 전달된다는 사실을 알게 됨에 따라 기꺼이 더 많은 기부에 참여할 것이다.

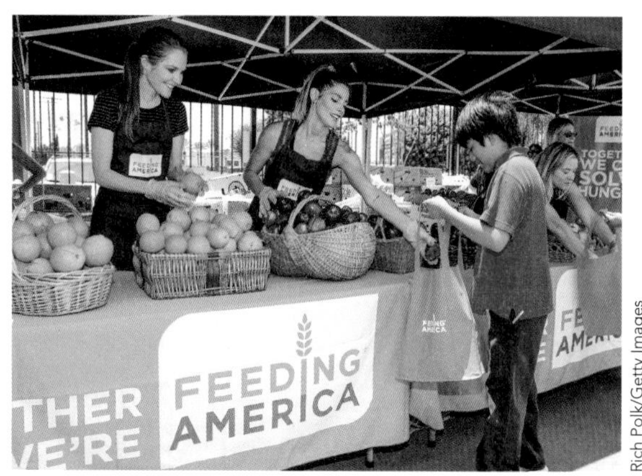

Rich Polk/Getty Images

내부시장은 이 푸드뱅크에서 어떤 음식을 제공할지를 결정한다.

희소한 자원의 배분에 내부시장을 이용하라. 피딩 아메리카의 성공 사례는 당신이 관리자의 자리에 있을 때 기억해야 할 교훈을 보여준다: 시장의 힘을 활용하여 보다 나은 결과를 도출할 수 있다.

예를 들어 구글의 컴퓨터 리소스가 부족할 경우, 경영진은 관리자에게 지메일 팀이 유튜브 또는 크롬 팀보다 더 가치가 있는지를 결정하라고 요청하지 않는다. 대신 관리자는 내부시장을 만들어 컴퓨터 처리 시간, 디스크 공간 및 메모리를 배분하고 다수의 서로 다른 제품 팀이 필요한 공간을 구매하기 위해 경쟁할 수 있도록 하였다. NASA도 비슷한 시도를 하고 있다. NASA가 우주선을 토성에 보내는 과정에서 과학 실험을 수행하는 여러 팀에 중력, 전력, 데이터 전송 및 예산 등 부족한 자원을 배분하는 방법을 찾아야 했다. NASA는 이 문제를 관리자의 판단에 의존하는 대신에 과학자들이 필요한 자원을 거래할 수 있는 내부시장을 만들어 해결하였다.

일상경제학 수강신청 성공하기

많은 대학생이 특정 과목을 수강하려다 수강신청에 실패하여 좌절한 경험을 가지고 있다. 내부시장을 활용하여 학생이 가장 높은 가치를 두는 과목의 수강신청을 할 수 있는 방법이 있을까? 몇몇 주요 경영대학과 법학대학은 해결책을 제시하고 있다. 이들 학교는 인기 과목의 수강 자격을 내부시장을 통해 배분한다. 각 학생에게는 인기 있는 수업의 수강권 자리를 사고파는 데 사용할 수 있는 동일한 양의 모노폴리 돈이 제공된다. 학생들은 특정 수업을 수강하고 싶은 욕구가 높을수록 더 높은 가격을 입찰해야 하며, 이러한 방식을 통해 해당 과목의 수강에 대한 가치를 높게 둔 학생에게 수강 자격이 배분된다. ■

내부 예측시장을 통해 예측을 개선할 수 있다. 또 다른 유형의 내부시장인 내부 예측시장은 정확한 예측이 필요할 때 유용하게 활용될 수 있다. 예를 들어 포드의 관리자는 매주 판매할 각 유형의 자동차 수에 대한 정확한 예측이 필요하다. 전통적으로 그들은 내부 분석가가 수집한 예측에 의존했다. 그러나 포드가 내부적으로 예측시장을 만들어 직원들이 결과에 베팅하도록 허용한 결과, 내부 예측시장은 25% 더 정확한 예측을 제공했다.

마찬가지로 구글의 관리자는 얼마나 많은 사람이 지메일을 사용할지, 프로젝트가 제시간에 완료될 것인지, 경쟁 업체가 무엇을 할 것인지 등을 예측해야 한다. 구글이 자체적인 예측시장을 만들어 도출한 가격은 이러한 주요 사업 문제에 대해 놀랍도록 정확한 예측을 제공하였다. 그 밖에 HP, 인텔, 노키아, 지멘스 등과 같은 회사에서도 유사한 결과를 찾을 수 있다.

함께 해보기

이 장은 시장이 하는 일을 이해하는 내용을 다루고 있다. 그리고 그들이 가장 잘하는 것은 자원을 더 나은 용도로 재배분하는 것이다. 이러한 재배분은 교역의 이익을 만들어낸다. 교역의 이득이 나오는 원천은 무엇일까? 비교우위를 사용하여 작업을 가장 낮은 비용의 생산자에게 재배분했을 때 더 많은 것을 생산한다. 그 결과 가격이 경제 활동을 조정하는 데 중심적인 역할을 하는 높은 수준의 전문화가 이루어진다.

경제 전반에 걸쳐 특정 재화의 이야기를 처음부터 끝까지 따라가면 이 모든 것을 볼 수 있다. 다음은 노벨상 수상자 밀턴 프리드먼이 연필 한 자루를 경이롭게 바라보며 연필의 생산과정을 생각하며 기록한 내용이다.

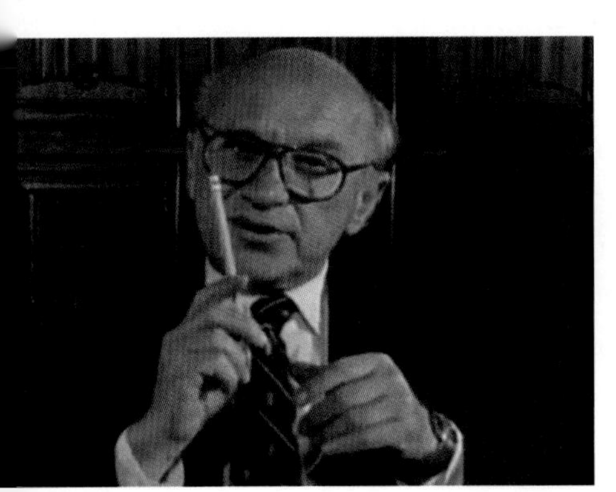

밀턴 프리드먼과 그의 연필

> 이 연필을 보십시오. 이 연필을 만들 수 있는 사람은 세상에 단 한 명도 없습니다… 연필의 목재… 목재는 나무에서 나옵니다… 그 나무를 자르려면 톱이 필요합니다. 톱을 만들기 위해서는 강철이 필요하지요. 강철을 만들기 위해서는 철광석이 필요합니다. 연필 가운데의 흑연… 남미의 일부 광산에서 생산됩니다. 여기에 있는 이 빨간 윗부분, 이 지우개, 약간의 고무는 심지어 고무나무가 토착식물도 아닌 말라야에서 온 것 같습니다! 영국 정부의 도움을 받아 일부 사업가들이 남미에서 수입합니다. 이 황동 페룰? 나는 그것이 어디서 왔는지 전혀 모릅니다. 아니면 노란색 페인트! 또는 검은 선을 만든 페인트 또는 그것을 고정하는 접착제. 말 그대로 수천 명의 사람이 이 연필을 만들기 위해 협력했습니다. 같은 언어를 사용하지 않는 사람들, 다른 종교를 믿는 사람들, 그들이 만난 적이 있다면 서로를 미워할 수도 있는 사람들 말이죠!

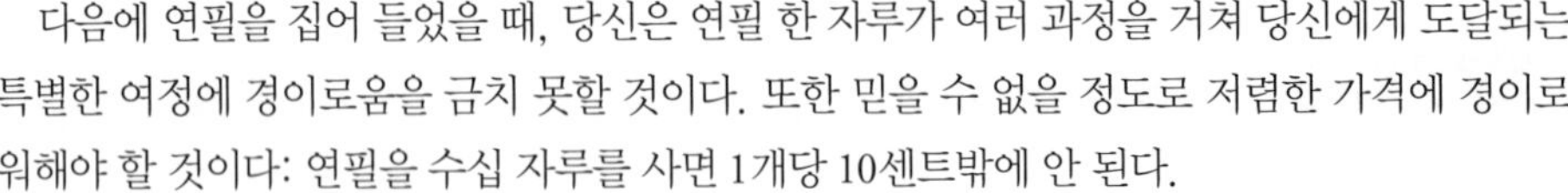

다음에 연필을 집어 들었을 때, 당신은 연필 한 자루가 여러 과정을 거쳐 당신에게 도달되는 특별한 여정에 경이로움을 금치 못할 것이다. 또한 믿을 수 없을 정도로 저렴한 가격에 경이로워해야 할 것이다: 연필을 수십 자루를 사면 1개당 10센트밖에 안 된다.

이 두 가지 경이로운 사실은 서로 연결되어 있다. 연필의 각 파트는 비교우위를 가지고 매우 작은 부분에 전문화된 생산자들에 의해 생산되기에 연필은 놀라운 과정을 따른다. 시장은 더 나은 용도로 물건을 재배분하고, 연필의 경우 연필을 만드는 각각의 작업에서 최저 기회비용을 가진 생산자에게 각각의 과정이 배분된다.

밀턴 프리드먼의 연필 생산을 불러온 생산적 노력의 놀라운 교향곡은 가격 시스템에 의해 수행된다. 가격 시스템은 필요한 것을 알리고 행동에 대한 유인을 제공하며 결정에 필요한 정보를 취합한다. 따라서 당신이 시험에서 시장이 무엇을 하는지를 기억해내지 못해 어려움을 겪는다면, 단지 사용하고 있는 연필을 보면 답을 얻을 수 있다.

한눈에 보기

교역의 이득 : 자원과 재화, 서비스를 더 나은 사용을 위해 재배분함으로써 얻게 되는 이득

비교우위 : 특정한 작업을 보다 낮은 **기회비용**으로 수행할 수 있는 능력. 비교우위를 사용하여 작업을 가장 낮은 기회비용을 가진 사람에게 배분
(절대우위 : 특정한 작업을 보다 적은 노력으로 수행할 수 있는 능력)

누가 비교우위를 가지고 있는지를 파악하기 위한 3단계 과정

#1. 각 작업에 걸리는 시간을 파악하여 각 상품의 생산비용을 **시간**으로 측정

생산성 : 각 작업에 소요되는 시간

	작업 A	작업 B
갑	____ 시간	____ 시간
을	____ 시간	____ 시간

#2. 1단계에서 측정한 시간에서 각 상품의 생산 시간을 그 시간에 생산할 수 있는 대체 재화의 양을 계산하여 이를 **기회비용**으로 전환

기회비용의 평가 : 각 작업 수행을 위해 포기하는 것

	작업 A	작업 B
갑	갑에게 작업 A는 ____시간이 소요되며, 그 시간 동안 갑은 ____의 작업 B를 할 수 있다.	갑에게 작업 B는 ____시간이 소요되며, 그 시간 동안 갑은 ____의 작업 A를 할 수 있다.
을	을에게 작업 A는 ____시간이 소요되며, 그 시간 동안 을은 ____의 작업 B를 할 수 있다.	을에게 작업 B는 ____시간이 소요되며, 그 시간 동안 을은 ____의 작업 B를 할 수 있다.

#3. 가장 낮은 기회비용으로 각 상품을 생산할 수 있는 사람을 평가하여 각 작업에서 누가 **비교우위**를 갖는지를 판단

가격은 세 가지 중요한 역할을 수행한다.

1. **가격**은 소비자와 판매자 사이의 소중한 대화라인을 제공하면서 **신호의 역할을 한다.**
2. **가격**은 사람들이 보다 나은 선택을 하도록 유도하는 **유인을 제공한다.**
3. **가격**은 가격을 올리거나 내리는 수천 개의 구매 및 판매 결정에 동기를 부여하는 판단을 통합하면서 **정보를 취합한다.**

시장의 힘 활용

내부시장 : 제한된 자원을 거래하는 기업 내의 시장 → 제한된 자원을 배분하는 데 내부시장을 활용한다.

지식 문제 : 의사결정권자가 옳은 결정을 내리는 데 필요한 지식이 없을 때 → 시장은 지식 문제를 해결한다.

예측시장 : 불확실한 사건이 발생할 수 있는지의 여부와 관련한 수익이 있는 시장 → 예측시장은 정보를 취합한다.

핵심용어

교역의 이득	예측시장	지식 문제
내부시장	전문화	
비교우위	절대우위	

토론과 복습문제

학습목표 8.1 보다 효율적으로 자원을 재배분하는 시장의 역할을 이해한다.

1. 어떻게 리프트나 우버와 같은 차량 공유 앱의 출현이 이전에 존재하지 않았던 교역의 이득을 창출하였나?

학습목표 8.2 최소 기회비용을 지닌 사람에게 작업을 배분하기 위해 비교우위를 사용한다.

2. 현재 룸메이트 또는 과거에 함께 살았던 사람들을 생각하고, 절대우위가 있는 집안일과 비교우위가 있는 집안일의 예를 들어보라. 당신이 절대우위를 가진 일이나 비교우위가 있는 일을 전문화한다면 당신의 가정에 이득이 되는가? 이유를 설명하라.
3. 그룹 프로젝트를 완료하기 위해 비교우위를 식별하는 3단계 과정을 어떻게 적용할 수 있는지 설명하라.
4. 비교우위를 사용하여 소비하는 모든 것을 생산하지 않는 이유를 설명하라. 예를 들어, 직접 만드는 대신 타깃에서 티셔츠를 구입하는 이유는 무엇인가? 아니면 왜 직접 자신이 먹을 음식을 재배하는 대신 식료품점에서 구매하는가?
5. 기회비용의 원칙을 사용하여 선택한 (또는 선택할) 직업의 전문가가 됨으로써 얻는 이득을 설명하라.
6. 비교우위와 전문화라는 아이디어를 사용하여 지난 수십 년 동안 미국에서 제조업 일자리 수가 감소하고 멕시코와 같은 다른 국가에서 증가한 이유를 설명하라.

학습목표 8.3 경제활동을 조정하는 가격의 역할을 이해한다.

7. 당신은 아이오와에서 농기구 상점을 운영한다. 당신 사업과 관련하여 더 나은 의사결정을 하기 위하여 당신은 대두 선물 가격을 어떻게 신호로, 유인으로, 그리고 정보의 원천으로 이용할 수 있는지를 설명하라. 예를 들어, 대두의 선물 가격은 대두 재배 장비의 공급을 늘려야 하는지 아니면 옥수수 재배 장비를 늘리는 방향으로 재고를 전환하여야 하는지에 대해 무엇을 알려주는가?
8. 온라인 예측시장(온라인으로 검색하면 수많은 시장을 빠르게 찾을 수 있음)에 가서 찾은 가격을 기반으로 예측을 한다. 가격이 알려주는 정보는 무엇인가? 이 예측에 얼마나 확신이 있으며 그 이유는 무엇인가?

학습목표 8.4 당신의 삶에서 시장의 힘을 활용할 준비를 한다.

9. 회사 또는 조직에 영향을 미친 지식 문제의 예를 제시하라. 내부시장을 설정하는 것이 지식 문제를 해결하기 위해 자원을 더 잘 배분하는 데 어떻게 도움이 되는지 설명하라.
10. 당신은 게임 스튜디오의 감독이다. 회사의 CEO가 게임 출시일을 정할 가장 정확한 날짜를 묻는 이메일을 보냈다. CEO의 질문에 답하기 위해 예측시장을 어떻게 사용할 수 있는가?

학습문제

학습목표 8.1 보다 효율적으로 자원을 재배분하는 시장의 역할을 이해한다.

1. 다음 거래에서 구매자와 판매자 모두에게 발생하는 교역의 이득을 설명하라.
   a. 이웃인 조던과 첼시는 모두 일하는 부모이다. 그들은 한 명의 베이비시터를 고용하여 두 아이를 돌보게 할 경우, 각각 베이비시터를 고용하여 총 2명의 베이비시터에게 지불해야 하는 비용의 75%로 두 아이를 돌볼 수 있다.
   b. 엘리야는 가족이 더 건강한 식사를 하기로 결정했지만 시간이 부족하다. 그는 일주일에 세 번 미리 조리된 건강 식사를 집으로 보내주는 서비스를 신청하였다.
   c. 칼리는 직장에서 추가 근무를 하기로 하고, 청소 서비스를 고용하여 아파트를 청소한다.

학습목표 8.2 최소 기회비용을 지닌 사람에게 작업을 배분하기 위해 비교우위를 사용한다.

2. 당신과 당신의 친구 올리비아 둘 다 고양이 구조의 자원봉사자이다. 보호소 감독관은 두 사람에게 고양이 집을 청소하고 기부된 장소에서 창고로 고양이 사료 봉지를 운반하도록 요청하였다. 당신은 지난번 자원봉사 활동을 통해 한 시간에 10개의 고양이 집을 청소하거나 고양이 사료 5개를 옮길 수 있다는 것을 알고 있다. 올리비아는 한 시간에 고양이 집 6개를 청소하거나 고양이 사료 6개를 옮길 수 있다. 올리비아는 작업

을 동등하게 분할할 것을 제안한다. 다음 질문에 답하여 올리비아가 최선의 결정을 내리고 있는지 확인하라.

a. 각 작업을 수행하는 데 절대적인 이점이 있는 사람은 누구인가?
b. 각 작업을 수행하는 올리비아의 기회비용은 얼마인가?
c. 각 작업을 수행하는 데 따른 기회비용은 얼마인가?
d. 각 작업에 대하여 누가 비교우위를 가지는가?
e. 둘의 시간을 최소화하기 위해서는 누가, 무슨 작업을 해야 하는가?
f. 올리비아의 제안이 시간을 가장 잘 배분하는 방안인가? 왜 그런지 설명하라.

3. 당신은 친구인 데이드리와 함께 에세이와 그래프 질문으로 구성된 팀 과제를 하고 있다. 당신은 에세이 답변을 15분 안에 작성할 수 있으며 데이드리는 비슷한 수준의 에세이를 작성하는 데 20분이 걸린다. 당신은 그래프 질문에 대해 30분 안에 답할 수 있으며 데이드리도 30분이 걸린다.
   a. 당신과 데이드리가 에세이 질문에 답하고 그래프 질문을 끝내는 데 드는 기회비용은 얼마인가?
   b. 기회비용의 원리를 사용하여 각각의 비교우위를 결정하라.
   c. 비교우위를 차지하는 작업에 한 시간을 더 보내고 다른 작업에 한 시간을 덜 쓰는 데 동의한다면 공동 결과는 어떻게 되는가?
4. 당신은 동네 꽃집을 운영하면서 아니타와 제로미라는 두 명의 직원을 감독한다. 꽃꽂이와 꽃 배달 두 작업을 해야 하는데, 아니타는 꽃꽂이 하나를 완성하는 데 30분, 배달 한 번은 40분이 소요된다. 제로미는 꽃꽂이 하나를 완성하는 데 10분, 배달 한 번은 30분이 걸린다.
   a. 각 작업에서 누가 절대적인 이점이 있는가?
   b. 아니타와 제로미의 꽃꽂이에 대한 기회비용은 얼마인가? 한 번의 배송으로 인한 각각의 기회비용은 얼마인가?
   c. 꽃꽂이에서 비교우위를 가진 사람은 누구인가? 배송은?
   d. 처음에 아니타와 제로미가 매일 꽃꽂이에 4시간을 보내고 배달에 2시간을 보냈다고 가정하자. 각 개인이 비교우위가 있는 작업만 수행하도록 작업을 변경할 경우 매장에서 꽃꽂이를 몇 개 더 만들고 배달을 몇 번 더 할 수 있는가?
5. 평균적으로 호주 광부가 1톤의 석탄을 채굴하는 데 10시간, 1톤의 망간을 채굴하는 데 20시간이 걸린다고 가정하자. 반면에 평균적으로 남아프리카 광부는 1톤의 석탄을 채굴하는 데 4시간이 걸리고, 미터 톤의 망간을 채굴하는 데 12시간이 소요된다고 하자.
   a. 각 광부가 하루에 얼마나 생산적인지 보여주는 표를 작성하라.
   b. 각 광부에 대해 1톤의 석탄과 1톤의 망간을 채굴하는 기회비용을 계산하라.
   c. 각 광부는 어떤 작업에서 비교우위를 가지는가?
   d. 각 국가는 어떤 자원을 수입하는가? 수출은?
   e. 시장이 어떻게 광업 회사가 전문화하여 교역의 이득을 얻을 기회를 제공하는지 설명하라.
6. 2017년 에콰도르의 가장 큰 수출품은 원유로 그중 63%는 미국으로 수출되었으며 에콰도르의 가장 큰 수입은 정제 석유로, 그중 70%는 미국에서 수입되었다. 이것은 석유 채굴과 석유 정제에 있어 각국의 비교우위에 대해 무엇을 말해주는가?

학습목표 8.3 경제활동을 조정하는 가격의 역할을 이해한다.

7. 2007년 6개월 동안 옥수수 가격은 에탄올 바이오 연료에 대한 수요 증가의 결과로 거의 70% 상승하였다.
   a. 극적인 가격 인상은 구매자와 농부에게 어떤 신호를 제공하는가?
   b. 가격 변화가 구매자와 농민의 유인에 어떤 영향을 미치는가?
   c. 가격 인상에 구매자와 농부가 어떻게 반응했다고 생각하는가?
8. 닌텐도는 2016년부터 2017년까지 230만 대의 NES 클래식 에디션 미니 콘솔을 생산했으며 매장에 도착하자마자 거의 매진되었다. 미니 콘솔의 소매 가격은 59.99달러였으나 당시 이베이를 확인하면 사람들이 250달러에 구입하고 있었다. 이 가격이 스캘퍼와 콘솔을 구매하는 사람들에게 보내는 신호를 설명하라. 높은 가격이 유인을 어떻게 바꾸는가?
9. 대형 항공사는 때로 항공유 가격의 급격한 변화를 방지하기 위해 연료 헤징에 참여한다. 이를 위해 항공사는 정유회사와 미래에 실제 시장가격에 관계없이 특정 가격으로 일정량의 제트 연료를 구매할 것이라고 명시한 선물계약을 체결한다. 연료 헤지 가격이 하락하면 향후 항공유 가격에 어떤 영향을 미칠 것으로 예상하는가? 이유를 설명하라.

학습목표 8.4 당신의 삶에서 시장의 힘을 활용할 준비를 한다.

10. 당신은 4명의 소프트웨어 개발자로 구성된 소규모 팀에서 유급 인턴으로 일하고 있다. 각 팀원은 기한이 다르며 각기 다른 시간에 인턴의 도움이 필요하다. 당신은 주당 40시간만 일한다. 인턴이 4명의 팀원에게 시간을 가장 잘 할당하기 위해 회사는 어떻게 내부시장을 설정해야 하는가?

제3부

이론의 적용 사례와 정책 문제

제3부 : 이론의 적용 사례와 정책 문제

전체 그림

지금까지 우리는 경제학의 기초를 기르는 데 많은 시간을 보냈다. 이제는 이를 적용할 시간이다. 앞으로의 장에서는 우리는 경제학의 분석도구를 사용하여 우리의 삶을 형성하고, 뉴스 헤드라인을 만들고, 가족들 사이에 논쟁을 촉발하는 가장 중요한 경제 요인들을 분석하게 될 것이다.

우리는 국제무역의 비용과 이득을 평가하여 **세계화**의 영향을 파헤칠 것이다. 우리는 **부수효과**가 사적 이익과 사회적 이익 간의 충돌을 유발하는 예로 기후변화를 고려할 것이다.

노동수요, **노동공급** 및 **노동시장 규제**의 영향을 평가하여 임금을 결정하는 요소와 사용 가능한 일자리 수를 살펴보도록 한다. 또한 **소득 불평등**과 **빈곤**의 발생이라는 더 광범위한 사회적 문제를 평가하고 **소득 재분배**에서 정부의 역할을 평가하도록 한다.

이것들은 중요한 문제이며 일상 생활과 주변 사람들의 삶을 결정한다. 효과적으로 대처하는 법을 배우면 어지러운 현실에 더 잘 대처할 수 있을 것이다.

9 국제무역

국제무역의 결과를 이해한다.

- 왜 우리는 다른 나라 사람들과 교역을 하는가?
- 국제 무역에서 누가 이익을 얻는가? 누가 손해를 보는가?
- 국제 무역을 찬성하거나 반대하는 주장은 무엇인가?
- 무역 정책의 효과는 무엇인가?
- 국제화는 당신의 삶을 어떻게 변화시키는가?

10 외부성과 공공재

당신의 선택이 다른 사람에게 영향을 미칠 때 어떤 일들이 일어나는지 탐구한다.

- 언제 사적 이익과 사회적 이익 사이에 충돌이 발생하며, 이러한 갈등이 비효율적인 결과로 이어지는 이유는 무엇인가?
- 이러한 충돌을 어떻게 해결할 수 있는가?
- 사람들이 어떤 것을 사용하는 것을 배제할 수 없을 때 문제가 발생하는 이유는 무엇인가?

11 노동시장

고용주와 근로자로서 의사결정을 잘하는 방법을 학습하고, 임금이 어떻게 결정되는지 파악한다.

- 임금과 근로자 수는 어떻게 결정되는가?
- 고용주들이 채용할 근로자 수를 어떻게 결정하는가?
- 근로자는 얼마나 일할지 어떻게 결정하는가?
- 노동시장은 변화하는 경제 상황에 어떻게 대응하는가?

12 임금, 근로자, 경영관리

임금이 왜 다른지를 이해한다.

- 고용주가 근로자에게 원하는 기술은 무엇인가?
- 다른 사람이 싫어하는 일을 하는 것을 왜 고려해야 하는가?
- 정부 규제가 임금에 어떤 영향을 미치는가?
- 차별은 노동시장에서 어떤 역할을 하는가?
- 현명한 사용자는 어떻게 근로자로 하여금 더 열심히 일하도록 독려할 수 있는가?

13 불평등, 사회보험, 그리고 소득 재분배

불평등, 빈곤, 정부가 이를 해결하기 위해 사용하는 도구, 효율성과 형평성 사이의 상충관계를 이해한다.

- 미국에는 얼마나 많은 경제적 불평등이 있는가?
- 빈곤은 얼마나 만연하며, 그 의미는 무엇인가?
- 정부는 불평등과 빈곤에 어떤 영향을 미치는가?
- 소득 재분배에 대한 찬반 주장은 무엇인가?

CHAPTER 9

국제무역

셔츠 뒤에 붙어있는 태그를 보자. 세탁에 대한 지침 말고, 제조국을 알려주는 태그를 살펴보자. 무엇이라고 적혀있나? 아마도 "Made in China" 또는 베트남, 멕시코 또는 인도네시아라고 적혀있을 것이다. 이제 청바지를 확인해보자. 청바지 브랜드가 리바이스(이것보다 더 미국산 같은 상품이 있을까?)일지라도 대부분은 실제로 미국에서 만들어지지 않는다. 아이폰을 가지고 있다면 아이폰은 미국이 디자인은 했지만 실제 상품은 중국에서 조립되었을 가능성이 크다. 주변을 계속 둘러보면 노트북, TV 또는 오늘 밤 먹을 음식, 이런 많은 상품이 그 제품을 생산하는 회사가 있는 국가가 아닌 다른 나라에서 생산되었다는 것을 금방 알 수 있다.

당신은 아마도 당신의 소매에 세상을 입고 있을 것이다.

이제 당신의 미래를 상상해보자. 당신이 영화배우가 되면 전 세계적으로 유명해질 것이다. 회계사라면 전 세계에 지사를 가진 회사에서 일할 수 있다. 프로그래머라면 앱이 여러 국가에서 판매될 것이다. 광고 분야에서 일하면서 다국적 기업을 고객으로 가질 수 있고, 그렇다면 당신이 작성한 광고 슬로건은 전 세계에서 사용될 수 있다. 금융 분야에서 일하면서 외국 기업을 사고팔 수도 있고, 직접 사업을 운영하는 경우 미국이 아닌 전 세계를 시장으로 생각하면 더 성공할 수 있다.

요점은 경제적 기회가 국경을 넘어 확장된다는 것이다. 무역장벽이 무너지고, 교통수단이 발달하며, 인터넷을 비롯한 통신기술의 발달은 국경 간 통신을 용이하게 만들었다. 결과적으로 세계가 그 어느 때보다 긴밀한 상호연관성을 가지면서 국제화는 각자의 일생에서 가장 중요한 힘의 하나가 되었다. 이제는 이러한 일련의 발전이 우리의 삶을 어떻게 바꿀 것인지를 살펴봐야 한다. 왜 국가 간에 무역이 발생하는가? 무역을 통해 누가 이득을 얻고 누가 손해를 보는가? 국제무역에 대한 많은 부정적인 시각이 존재하지만, 이 장을 통해 국제무역은 기회의 원천이라는 점을 볼 수 있으면 한다.

목표

국제무역의 결과를 이해한다.

9.1 **비교우위에 기반한 국제무역**
왜 다른 국가와 교역을 하는지 살펴본다.

9.2 **국제무역이 경제에 미치는 효과**
수요/공급 곡선을 이용하여 국제무역의 결과를 평가한다.

9.3 **국제무역에 관한 논쟁**
국제무역의 찬반론에 대해 평가한다.

9.4 **국제무역정책**
정부가 왜 그리고 어떻게 국제무역을 조정하는지 이해한다.

9.5 **국제화의 효과**
국제화가 우리 삶을 어떻게 변화시키는지 고찰한다.

9.1 비교우위에 기반한 국제무역

학습목표 왜 다른 국가와 교역을 하는지 살펴본다.

다른 나라의 사람들과 교역을 하는 이유는 무엇인가? 구매자로서 다른 나라에서 수입한 상품을 구매하는 이유는 무엇인가? 관리자의 입장에서 왜 국내 생산업체가 아닌 외국으로부터 원자재를 구매하는가? 또한 생산자의 입장에서 현지인이 아닌 외국인에게 생산된 제품을 판매하는 이유는 무엇인가?

수입 외국 판매자로부터 재화와 서비스를 구입

수출 해외 구매자에게 재화와 용역을 판매

해외에서 물건을 사는 가장 확실한 이유는 더 나은 거래를 할 수 있기 때문이다. 외국에서 생산된 제품이 미국산 제품보다 저렴할 때 **수입**(import, 즉, 외국 판매자로부터 재화 또는 서비스를 구매)을 한다.

마찬가지로 미국 기업은 미국에서 판매하는 것보다 더 나은 가격을 받을 수 있으면 제품을 **수출**(export, 즉, 재화나 서비스를 해외 구매자에게 판매)한다. 실제로 많은 기업은 3억 3,000만 명의 인구를 가진 미국 시장이 아니라 전 세계 80억 명을 모두 포함하는 세계시장에 제품을 공급할 때 자사의 제품에 대해 더 많은 사람이 보다 높은 가격을 지불한 의사가 있다는 것을 발견하였다.

비교우위와 국제무역

자국 사람들과의 교역을 통해 거래의 이득을 얻을 수 있는 것과 동일한 이유에서 외국인과의 교역에서도 거래의 이득을 창출할 수 있다. 그 이유는 비교우위이다.

어떤 사람이 다른 사람보다 낮은 기회비용으로 특정 작업을 완료할 수 있다면 그 사람은 해당 작업에서 비교우위를 가진다. 비교우위가 있다는 것은 기회비용이 낮다는 것이고 따라서 모든 것을 직접 만드는 대신 자신이 비교우위가 있는 분야에 전문화해야 한다. 그리고 다른 분야에 대해서는 그 분야에 기회비용이 더 낮은 거래 파트너에게 의존해야 한다.

우리 각자가 비교우위에 따라 전문화할 때, 우리는 상대적으로 우리가 잘하는 일을 더 많이 수행하고 다른 사람들과의 거래를 통해 상대적으로 그들이 잘하는 것을 구입하게 된다. 그 결과 거래에 참여한 사람 모두 더 나은 결과를 얻을 수 있게 된다. 비교우위에 따라 전문화한다는 것은 거래 상대방과 내가 서로 거래하지 않고 각자가 생산했을 때보다 협력했을 때 더 많이 생산할 수 있다는 것을 의미한다(이러한 내용은 제8장 전반부에서 다루어 이미 모두 익숙한 개념이다. 그렇지 않다면 지금 바로 돌아가서 해당 내용을 읽어보기를 추천하다. 비교우위의 개념은 국제무역에서 매우 중요한 개념으로 제8장 내용을 이해한 후 진도를 나가길 바란다).

지리와는 무관하다. 기회비용이 가장 낮은 사람들에게 작업을 배분한다는 아이디어는 기회비용이 가장 낮은 사람들이 다른 나라에 산다고 설득력이 떨어지는 것은 아니다. 결국, 국경은 단지 임의의 보이지 않는 선일 뿐이다. 따라서 국내의 다른 사람과 교역하면 더 나아질 것이라는 논리는 보이지 않는 선의 반대편에 있는 외국인과 교역하는 경우에도 여전히 유효한 논리가 된다.

비교우위는 국제무역을 이끈다. 이 논리는 우리가 국내의 다른 사람과 거래하는 것과 같은 이유로 수출과 수입을 선택한다고 말한다. 비교우위에 따른 전문화는 교역에 참여한 사람들이 더 많은 물건을 생산할 수 있도록 한다. 국제무역과 국내 교역의 유일한 차이는 국제무역의 경우 전 세계에 80억 명에 이르는 사람들이 교역할 때 가능한 전문화의 범위와 규모가 커진다는 것 뿐이다.

미국인들은 기회비용이 낮은 상품을 수출하고 기회비용이 높은 상품을 수입하게 된다. 이것이 미국 컴퓨터 과학자와 엔지니어가 아이폰을 설계하고 중국의 공장 근로자가 아이폰을 제조하는 이유이다. 그리고 무역이 비교우위에 의해 주도될 때 양측은 이익을 얻는다. 이러한 노동분업으로 미국인은 아이폰을 낮은 가격에서 구매할 수 있고 중국인들은 더 잘 설계된 스마트폰을 살 수 있다.

Anan Kaewkhammul/Alamy

가격표는 당신의 비교우위에 대해 많은 것을 얘기해준다.

비교우위는 실제로 국제무역을 주도하는가 이 질문은 다소 어색하게 들릴 수 있다. 결국 사람들은 상품의 수입 또는 수출 여부를 결정하기 전에 우리가 제8장에서 설명한 비교우위를 실제로 계산하는가?

대답은 '그렇다'이고 이는 생각보다 훨씬 간단하다. 비교우위는 가격표로 확인이 가능하기 때문이다. 셔츠를 구매할 때, 비용-편익의 원리는 가격에 주의를 기울여야 한다는 것이다. 또한 경쟁시장에서 가격은 그 상품의 한계비용과 같다(그렇다, 이것이 한계원리의 작동을 다시 보여주는 것이다). 그러므로 수입 셔츠의 가격과 국내산 셔츠의 가격을 비교함으로써 각각의 한계비용을 효과적으로 비교할 수 있다. 또한 한계비용은 모든 관련 기회비용을 포함한다. 따라서 국내산 셔츠와 수입 셔츠의 가격을 비교하는 것은 각각의 셔츠의 기회비용을 효과적으로 비교하는 것이다. 따라서 단순히 가격표를 비교함으로써 비교우위를 판단할 수 있다.

가장 낮은 가격의 셔츠를 찾는 것으로 어떤 셔츠가 가장 낮은 기회비용을 가지고 있는지를 판단할 수 있다. 그리고 더 낮은 가격의 셔츠를 구입하는 것은 셔츠 생산에 비교우위를 가진 제조업체로부터 셔츠를 구입하는 것이다.

무엇이 거래되는가

비교우위 이론은 자신이 잘 만드는 것을 생산하고 잘 만들지 못하는 것은 거래를 통해 구매해야 한다고 이야기한다. 국제무역에서 이러한 비교우위 이론은 가장 낮은 기회비용으로 생산할 수 있는 물건을 수출하고 다른 물건을 수입하는 것을 의미한다. 그러나 실제 국가 간 거래에서 이러한 비교우위 이론의 논리는 다소 과할 수 있다. 국가 간 교역에서는 무역비용이 고려해야 할 또 하나의 요소가 되기 때문이다.

무역비용은 국제적으로 수출 또는 수입할 만한 가치가 있는지를 결정한다. **무역비용**(trade cost)이란 가격을 제외하고 국내가 아닌 국가 간에 상품을 사고팔 때 발생하는 추가적인 비용을 의미한다. 예를 들어, 일본에서 자동차를 구입하려면 추가적인 배송비가 포함된다. 또한 수입되는 자동차에 대해 미국 정부가 관세를 부과하거나 수출되는 자동차에 대해 수출국 정부가 수출세금을 부과할 수도 있다. 또한 기회비용은 재화를 사기 위해 직접적으로 지불되는 금액뿐만 아니라 거래와 관련한 전체 비용을 고려해야 한다. 따라서 일본에서 수입하는 자동차의 무역비용에는 다른 언어를 사용함으로써 발생하는 언어장벽의 문제, 수출국과 다른 시차, 수출국의 법을 준수하기 어려움, 다양한 사업 방식에 적응하는 번거로움 등도 포함된다.

무역비용 가격을 제외하고 국내가 아닌 국가 간에 상품을 사고팔 때 발생하는 추가적인 비용

비용-편익의 원리에 따르면 편익이 비용을 초과하는 경우에만 거래가 가치가 있다. 따라서 수출국에서 해당 상품을 구매하기 위해 지불해야 하는 가격이 수입국의 가격보다 충분히 낮아 관련 무역비용을 상쇄할 수 있을 경우에만 수입을 하게 된다. 마찬가지로, 다른 국가에서 받을 수 있는 가격이 수출 관련 무역비용을 상쇄할 수 있을 만큼 수출국의 현지 가격보다 충분히 높은 경우, 상품을 수출한다.

무역비용은 각자의 분야에서 무역이 얼마나 중요한지를 결정한다. 위에서 살펴본 바에 따르면 무역비용이 높은 제품은 수입 또는 수출하기 어려울 수 있다. 반대로 많은 상품들이 낮은 무역비용으로 국가 간에 교역된다. 따라서 무역비용은 국제무역이 자국 시장에서 큰 비중을 차지할 수 있는지의 여부를 결정한다.

예를 들어, 디지털 음악과 관련된 무역비용은 사실상 제로이다. 스포티파이는 단순히 비트와 바이트를 수출하는 회사로, 무역비용이 거의 없는 음악 분야에서는 엄청난 양의 국가 간 거래가 발생한다. 옷은 국가 간에 거래하는 무역비용이 디지털 음악에 비해서는 더 높지만 여전히 거대한 컨테이너선으로 쉽게 운송되며, 따라서 국가 간 무역 가능성이 높은 품목이다. 그러나 다른 나라에 가서 치과 치료를 받거나(무역비용에 치과 치료를 받기 위한 비행기 값을 포함해야 한다) 집을 운송하는 것은 큰 무역비용을 수반한다. 결과적으로 치과 서비스나 주택에 대한 국가 간 교역은 거의 없다.

경제학 실습

아래의 상품 · 서비스 중, 국제적으로 교역되는 것은 무엇인가? (힌트 : 각각의 상품 · 서비스와 관련한 무역비용을 고려하라)

□ 땅	□ 밀	□ 꽃
□ 커피빈	□ 뜨거운 커피	□ 샌드위치
□ 랩톱 컴퓨터	□ 클라우드 컴퓨팅	□ 보안장비
□ 미용 서비스	□ 헤어젤	□ 미용 가위
□ 자동차	□ 자전거	□ 택시
□ 볼링 신발	□ 볼링장	□ 오후 시간의 볼링 경기 ■

정답
커피빈, 랩톱 컴퓨터, 자동차, 볼링 신발, 밀, 클라우드 컴퓨팅, 헤어젤, 자전거, 꽃, 보안장비, 미용 가위

무역비용이 교역의 가능 여부만을 결정하는 것은 아니다. 다음 사례에서 볼 수 있듯이, 무역비용은 교역량을 결정한다. 실제로 무역비용 감소는 우리 시대의 가장 중요한 경제 트렌드의 하나이다.

자료 해석 무역비용 감소로 인한 국제무역의 증가

제2차 세계대전 이후 미국 경제의 GDP 대비 국제무역 비중(수출 및 수입)은 증가하고 있다. (그림 9-1) '국제화'라고 불리는 이러한 경향으로 인해 미국 경제는 변화를 맞이한다. 국제무역 비중의 증가는 많은 부분 무역비용의 감소에 기인한다.

미국은 여러 국가와 무역협정을 체결하면서 그들 국가들에서 수입되는 상품에 부과된 추가적인 세금(관세라고 함)을 철폐하였다. 또한 이러한 무역협정 중 일부에서는 기존에 교역을 방해하던 관행을 제거하였다.

선적 컨테이너 표준화는 해외로 물품을 운송하는 운송비용을 획기적으로 줄였으며 항공 여행의 지속적인 개선은 항공운송의 비용을 낮췄다. 영어의 채택이 증가함에 따라 국가 간 무역이 더 원활하게 수행되었고 글로벌 비즈니스 문화가 확산되면서 외국과의 거래를 더욱 수월하게 진행할 수 있었다.

인터넷은 글로벌 커뮤니케이션을 훨씬 더 저렴하고 빠르게 만들었으며, 이는 국가 간 서비스 교역을 더욱 촉진시켰다. 예를 들어, 컴퓨터가 은행과 금융 네트워크를 초고속 인터넷으로 연결함에 따라 금융산업은 더욱 세계화되고 외국 방사선 전문의가 미국에서 촬영된 엑스레이를 쉽게 판독할 수 있게 되었다.

무역비용이 감소함에 따라 기업은 더 많은 중간 투입물을 거래하여 국가 간에 중간재를 조달하는 글로벌 공급망을 만들고 있다. 예를 들어, 바비인형의 경우에 미국에서 디자인되고 팔리

그림 9-1 미국의 GDP 대비 증가하는 수출입 비중

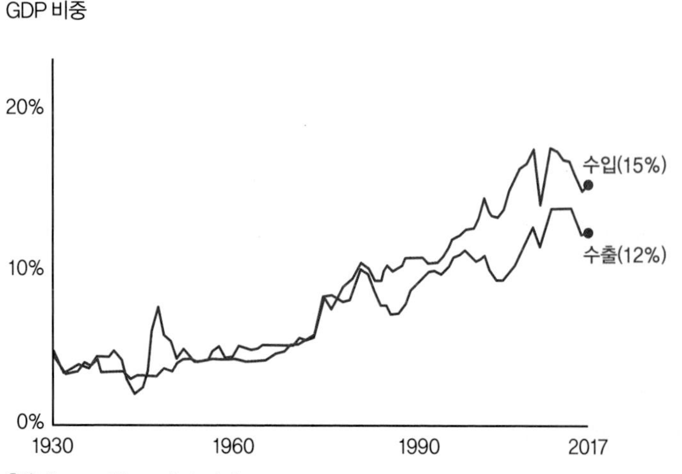

출처 : Bureau of Economic Analysis.

지만 글로벌 공급망을 통해 제작된다. 인형의 플라스틱 팔다리와 머리카락은 대만과 일본의 노동자들이 만들고 각 부품은 인도네시아, 말레이시아, 중국 등에서 조립된다. 이처럼 각국이 자국이 가장 잘 만드는 일에 집중하면서, 국제무역을 통해 바비인형은 더 저렴하게 제조 및 판매될 수 있다.

Beepstock/Alamy

그녀는 세상을 목격했다.

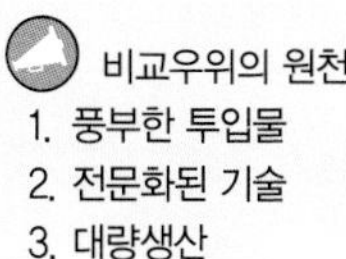
비교우위의 원천
1. 풍부한 투입물
2. 전문화된 기술
3. 대량생산

교역 파트너 선정 : 비교우위의 원천

무역비용은 향후에도 지속적으로 하락할 것이고 따라서 당신의 경력에서 국제무역은 더욱 중요한 요인이 될 것이다. 세계시장 통합의 심화는 비교우위를 활용할 수 있는 새로운 기회를 창출할 것이다. 그렇다면 우리는 비교우위란 무엇이며 비교우위를 향상시키기 위해 어떤 전략적 선택이 필요한지에 대해 생각해봐야 한다.

경제학자들은 비교우위를 형성하는 세 가지 요소로 상대적으로 풍부한 투입물, 전문적인 기술력 그리고 대량생산의 이점을 꼽는다. 이제 각각의 요소를 살펴보도록 하자.

첫 번째 요소 : 풍부한 투입물-가지고 있는 것을 활용하여 원하는 것을 얻기 땅이 풍부한 뉴질랜드에서 농부들은 낮은 비용으로 양을 목축하여 양털을 수출할 수 있다. 삼림이 풍부한 캐나다는 목재 및 종이 관련 제품을 수출한다. 사우디아라비아는 사우디 정유 업체가 수출하는 휘발유의 필수 자원인 석유가 풍부하다. 포도 재배에 이상적인 토양을 보유한 프랑스는 많은 와인을 수출한다. 미국에는 수천 명의 과학자가 있으므로 이를 바탕으로 미국의 제약 회사는 새로운 의약품을 수출한다. 이러한 각 예는 다른 국가에 비해 상대적으로 풍부한 투입물을 가지고 있음에 따라 비교우위가 발생한 경우를 보여준다.

상대적으로 풍부한 투입물 중 일부는 단순히 기후적 · 지리적 혹은 천연자원의 문제이다. 그러나 개인이나 기업, 국가는 전략적 투자를 통해 장점을 형성할 수 있다. 예를 들어, 미국의 대학은 과학 분야에서 미국의 비교우위로 이어진 고학력 근로자를 상대적으로 풍부하게 배출하는 데 도움을 주었다.

풍부한 투입물에 대한 이러한 시각은 국제무역이 모두 자국이 풍부하게 보유한 자원을 사용하여 만든 제품을 수출하고 자국이 부족한 자원을 사용하여 만든 제품을 수입한다는 점을 보여준다. 중요한 것은 상대적으로 풍부한 투입물이라는 것이다. 즉, 거래 파트너보다 노동력이 자본, 토지 또는 햇빛에 비해 상대적으로 풍부한지의 여부가 중요하다는 것이다. 교역 상대국이 자국과 더 많이 다를수록 교역으로 인한 이익은 더 크다. 만약 교역 상대국이 노동자 숙련도, 기계, 천연자원 혹은 기후 등에서 자국과 매우 다른 자원을 보유하고 있다면 자국과 상대국의 기회비용도 큰 차이를 보일 것이고, 이로 인해 교역의 이득을 얻을 가능성이 크다.

일상경제학 미국이 상대적으로 풍부한 투입물은 무엇인가?

현명한 관리자는 주변에 상대적으로 풍부하게 지닌 투입물을 활용한 제품을 생산해 수출하는 데 전문화해야 한다. 그리고 이러한 투입물이 상대적으로 부족한 지역에서 고객을 찾을 수 있다. 반대로 주변에서 상대적으로 부족한 투입물이 사용되는 상품을 수입해야 하며, 일반적으로 우리에게 부족한 투입물이 상대적으로 풍부한 국가에서 그 상품을 수입한다면 좋은 거래를 할 수 있다.

그렇다면 미국에게는 어떤 투입물이 풍부하고 다른 국가에 비해 미국에서 부족한가? 호주와 캐나다와 비교해 미국이 땅이 특별히 풍부한 국가는 아니다(캐나다는 미국보다 큰 면적에 캘리포니아보다 적은 인구를 가지고 있다). 그리고 중국, 인도, 브라질과 같은 국가에 비해 미국은 노동력이 풍부하다고 보기 어렵다. 미국 사업이 최첨단 기계를 사용하기 때문에 미국은

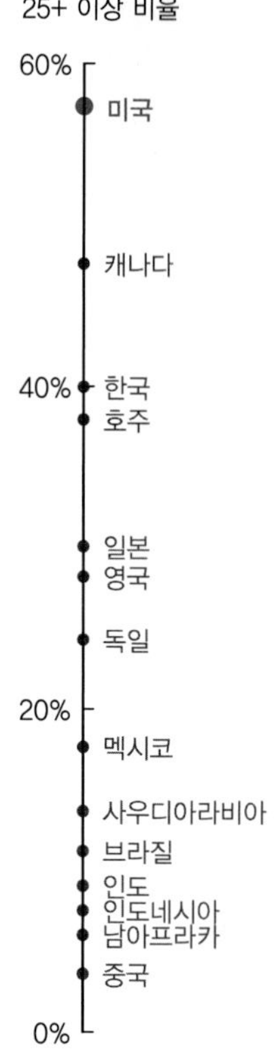

출처 : World Bank.

상대적으로 풍부한 자본을 가지고 있다고 생각할 수 있다. 그러나 연구에 따르면 미국은 수입품보다 덜 자본집약적인 상품을 수출한다. 그렇다면 미국의 비교우위를 결정하는 풍부한 투입물은 무엇일까?

정답은 특정 범주의 노동, 즉 고학력 노동자이다. 미국은 다른 국가에 비해 대학교육을 받은 근로자의 비율이 훨씬 더 높다. 이는 미국의 비교우위가 과학 및 의료 기기, 비행기, 컴퓨터 소프트웨어와 같은 기술 집약적인 제품 생산에 있음을 의미한다.

반면 미국에서는 교육 수준이 낮은 근로자가 상대적으로 적기 때문에 대량생산에 상대적으로 불리하다. 따라서 미국인은 저학력, 저임금 노동자가 상대적으로 풍부한 중국이나 멕시코 기업에서 장난감, 신발, 의류 등을 수입하는 이유를 설명한다.

따라서 미국이 어떠한 부문에서 비교우위를 가지는지를 생각한다면, 학교 친구들을 둘러보면서 미국은 세계시장에서 다른 나라에 비해 고도의 교육을 받은 창의적인 노동자들이 풍부하다는 사실을 기억하면 된다. ■

두 번째 요소 : 전문화(특화된)된 기술의 개발 자본과 숙련 노동력에 대한 접근성은 스위스, 프랑스, 미국의 기업 간의 차이는 거의 없다. 그러나 스위스는 세계 최고의 시계를 생산하고 프랑스는 최고의 치즈를 만들며(위스콘신에게는 미안하지만…) 미국인은 훌륭한 영화를 제작한다(일반적으로…). 각각의 경우 숙련된 장인은 다른 나라가 흉내낼 수 없는 방식으로 시계와 치즈 그리고 영화를 생산한다. 자기만의 고유한 기술이나 생산 방법 또는 전문성은 비교우위를 결정하는 중요한 요인이 될 수 있다.

연습은 완벽을 창조한다: 개인이나 기업 혹은 국가가 오랜 시간 동안 특정 제품 생산에 헌신한다면, 생산비용을 낮추는 그들만의 새로운 생산 기술을 발견할 수 있다. 이 비교우위는 더 많이 생산하고 더 많이 배울수록 시간이 지남에 따라 더욱 강력해진다. 경제학자들은 이것을 '행동에 의한 학습'이라 부르며, 이러한 행동에 의한 학습은 특정 산업에 대한 장기 투자가 어떻게 성과를 거둘 수 있는지를 설명한다. 더 많이 생산할수록 더 효율적으로 생산하게 되어 생산과 판매가 늘어나고, 생산이 늘어남에 따라 더 많은 학습 기회를 창출하여 비교우위를 더욱 강화할 수 있다.

세 번째 요소 : 대량생산의 이점을 활용 가구 회사인 이케아는 매년 전 세계 구매자에게 수백만 개의 '빌리 책장'을 판매한다. 빌리 책장은 너무 싸기 때문에 많이 팔리고 동시에 이케아가 너무 많이 팔기 때문에 저렴한 가격에 팔 수 있다. 이 선순환은 대량생산의 이점(규모의 경제라고도 함) 때문에 발생한다.

연간 수백만 개가 생산되는 책장이라면 기업은 훨씬 더 효율적이고 전문화된 생산시설을 갖추는 데 투자할 수 있다. 예를 들어 이케아는 빌리 책장 생산에 숙련된 가구제조 근로자를 고용하지 않고, 작업 대부분을 수행하는 특수 로봇을 투입하여 하루 24시간, 주 7일 빌리 책장을 생산하도록 하였다. 이러한 자동화된 생산설비는 매우 효율적이며 5초마다 빌리 책장 1개를 생산한다. 또한 엄청난 양의 가구를 생산하는 이케아는 세계 최대 목재 구매기업 중 하나이다. 목재의 주요 구매자로 이케아는 가구 제작을 위한 목재 구매에 상당한 협상력을 가질 수 있고, 따라서 생산비용을 낮출 수 있다. 이러한 점 때문에 이케아의 책장 생산에 대한 기회비용은 다른 기업보다 더 낮아진다. 대규모 생산자들에게 대량생산의 이점으로 인한 낮은 기회비용은 비교우위를 지속하는 또 다른 요인이 될 수 있다.

martin berry/Alamy
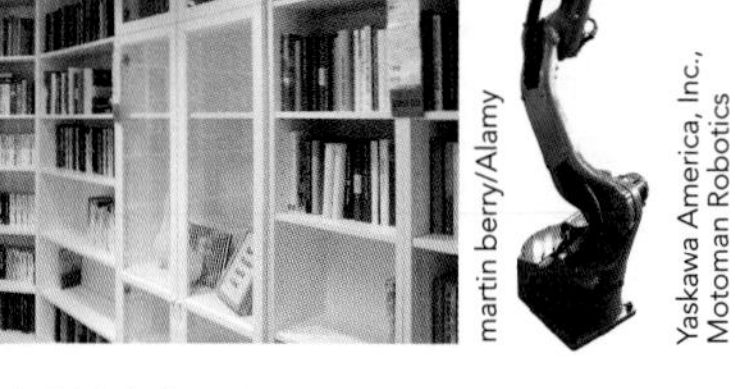
Yaskawa America, Inc., Motoman Robotics

빌리 책장과 로니 로봇

일상경제학 **가사일 배분에 비교우위 적용하기**

국가 간 무역 발생의 이유로 설명되는 비교우위는 가사업무를 더 효율적으로 처리하기 위해 룸메이트와 가사업무를 배분하는 이유도 설명한다. 효율적인 가사 운영은 각 작업을 비교우위를 가진 사람에게 배분하면 된다. 또한 비교우위의 원천에 대해 생각하면 도움이 된다.

평일 장보기는 누가 해야 하는가? 국제무역에서 풍부한 투입물이 비교우위를 만들어낸다는 아이디어를 집안일에 적용하면 평일 장보기는 자동차를 가지고 있는 사람이 해야 한다. 자동차는 장보기를 위해 필요한 자본재이다. 따라서 자동차를 소유하고 있다는 것은 상대적으로 자본재가 풍부하다는 것이며 이는 평일 장보기에 비교우위를 가진 것으로 볼 수 있기 때문이다.

와이파이가 작동하고 블루투스 스피커가 집안 모든 사람의 휴대 전화와 페어링될 수 있도록 관리하는 것과 같은 집 주변 IT 관리는 누가 담당해야 하는가? 동거인 중에 컴퓨터 네트워킹에 전문 기술을 가진 사람이 담당해야 한다. IT와 관련한 문제들을 해결해 가면서 IT 담당자는 전문성을 더욱 키워나갈 수 있다. 저녁 요리는 어떠한가? 누구나 스파게티를 요리할 수 있으며 따라서 누구나 요리에 비교우위를 가질 수 있다. 그러나 스파게티 4인분을 준비하는 것이 1인분을 준비하는 것에 비해 노력의 큰 차이가 없다. 이는 대량생산에 따른 비교우위로 볼 수 있다. 즉 대량생산의 이점은 가정 전체를 위해 요리하기 위해 이미 요리를 하고 있는 사람에게 비교우위를 제공한다. 성공적인 글로벌 비즈니스를 위해 적용되는 아이디어는 효율적인 가사 분담의 결정에도 적용될 수 있다. 비교우위에 따라 작업을 배분하면 가정의 효율성이 향상되고 가능한 가장 낮은 기회비용으로 장보기, 기술, 식사 등의 가사를 처리할 수 있다. ■

비교우위가 어떻게 국제무역을 주도하는지를 살펴보았으니 이제는 국제무역이 수요와 공급에 어떻게 영향을 미치는지를 살펴볼 차례이다.

9.2 국제무역이 경제에 미치는 효과

학습목표 수요/공급 곡선을 이용하여 국제무역의 결과를 평가한다.

국제무역은 시장의 수요와 공급의 힘을 재편한다. 여기에서는 다양한 시장에서 국제무역이 결과를 어떻게 변화시키는지를 살펴본다.

세계시장

지금 입고 있는 셔츠를 생각해보자. 아마도 셔츠는 저임금 노동자가 풍부한 나라의 공장에서 생산되었을 것이다(셔츠의 라벨을 확인해보자). 당신의 셔츠는 다른 수백만 벌의 셔츠와 함께 미국과 중국, 베트남, 인도네시아 등의 셔츠 시장을 연결하는 거대한 컨테이너선에 실려 미국으로 들어오게 된다.

세계수요와 세계공급은 국제가격을 결정한다. 셔츠 시장은 진정한 글로벌 시장이다. 전 세계 수천 개의 제조업체가 지구상의 모든 국가에 있는 수십억 명의 잠재적 구매자에게 셔츠를 판매하기 위해 경쟁한다. 셔츠가 국제적으로 거래될 때 셔츠의 가격은 전 세계의 모든 구매자와 판매자의 상호작용에 따라 결정된다. 즉, 가격은 세계시장에서 세계수요와 세계공급이 교차하는 점에서 결정된다. 세계공급량은 전 세계의 모든 제조업체가 각 가격으로 생산한 셔츠의 총수량이다. 마찬가지로 세계수요는 각 가격에서 전 세계의 모든 셔츠 구매자에게 요구되는 셔츠의 총수량을 나타낸다. 그림 9-2는 세계수요와 세계공급이 세계시장에서 거래된 상품이 판매

그림 9-2 | 세계시장

Ⓐ 세계공급은 전 세계 모든 판매자가 공급하는 셔츠의 총수량이다.
Ⓑ 세계수요는 전 세계 모든 구매자가 수요하는 셔츠의 총수량이다.
Ⓒ 균형은 세계공급이 세계수요와 같을 때 세계시장에서 발생한다.
Ⓓ 국제가격은 세계시장에서 셔츠를 거래하는 가격이다.

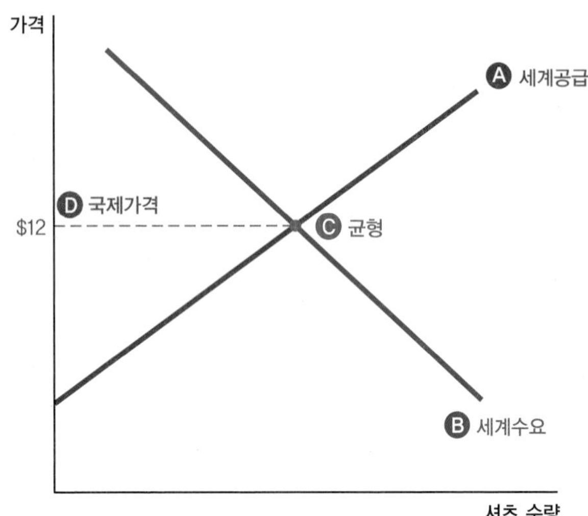

되는 가격인 **국제가격**(world price)을 어떻게 결정하는지를 보여준다. 이 국제가격은 소비자가 수입 셔츠를 사기 위해 지불해야 하는 가격이며 생산자가 셔츠를 수출할 때 받게 되는 가격이다.

미국이 작은 참가자의 경우, 미국에게 국제가격은 주어진다. 국제 셔츠 시장에서 미국은 상대적으로 작은 참가자(small player)이다. 이는 미국 수입업자와 수출업자의 결정이 국제가격에 큰 영향을 미치지 않는다는 것을 의미한다. 즉, 세계시장에서 미국의 구매자와 판매자는 세계시장에서 결정된 가격을 받아들이는 가격 수용자들이다. [세계수요 혹은 세계공급에서 큰 참가자(big player)만이 자신들의 결정이 국제가격에 어떠한 영향을 미치는지를 생각할 필요가 있다].

수입의 효과

이제 국제무역이 국내시장에 어떠한 영향을 불러오는지를 살펴보자. 이를 위해 몇 가지 새로운 용어가 필요하다. **국내 수요곡선**(domestic demand curve)은 국내 구매자(모든 미국인)가 각각의 가격에서 구매할 예정인 상품의 수량을 보여준다. 마찬가지로 **국내 공급곡선**(domestic supply curve)은 국내 공급자가 각각의 가격에서 판매할 상품의 수량을 나타낸다. 그림 9-3에 표시된 곡선들은 이전에 수요와 공급에 관련한 이전 장에서 살펴본 내용과 유사하다. 그러나 이러한 곡선들이 미국 구매자와 미국 판매자만을 나타내고 있다는 점을 분명히 해야 한다.

국제가격 생산자가 세계시장에서 판매하는 가격

국내 수요곡선 각 가격에서 모든 국내 소비자가 구매하려는 수량

국내 공급곡선 각 가격에서 모든 국내 공급업체가 판매하려는 수량

무역이 없을 때의 균형을 살펴본다. 비교기준을 설정하기 위하여 무역이 없는 경우에 가능한 결과를 살펴보는 것에서 출발한다. 이전과 마찬가지로 수요와 공급이 만나는 점에서 균형이 발생한다. 국제무역이 없는 경우 균형가격은 국내 수요곡선과 국내 공급곡선의 교차점에서 결정되며, 그림 9-3에서는 셔츠 가격이 20달러일 때 두 곡선이 교차한다.

수입이 국내시장에 미치는 효과 국제무역이 가능할 때 어떠한 일이 발생하는지 아래의 3단계 과정으로 살펴보자.

당신의 셔츠가 도착하고 있다.

1단계 : 교역되는 상품의 가격은 얼마인가?
국내시장이 무역을 통해 세계시장과 연결될 때 고려해야 하는 새로운 옵션이 있다. 예를 들어, 국제무역은 구매자에게 국제가격인 12달러에 셔츠를 수입할 수 있는 옵션을 제시한다. 즉, 국내 구매자는 세계시장의 판매자에게 셔츠에 대해 12달러 이상 지급하지 않는다. 마찬가지로 국제무역은 국내 판매자가 셔츠를 국제가격인 12달러에 판매할 수 있는 옵션을 제시한다. 즉, 국내 판매자는 셔츠 한 벌당 12달러 미만은 받지 않는다. 따라서 구매자가 12달러 이상을 지불하지 않고 판매자가 12달러 미만으로 판매하지 않는 경우 균형가격은 12달러가 된다. 교역되는 상품의 가격은 국제가격과 동일하다.

2단계 : 새로운 가격에서 국내 소비자와 생산자의 수요량과 공급량은 얼마인가?
무역 이전의 국내시장 균형가격보다 낮은 국제가격에 대해 미국 시장이 어떻게 반응하는지를 살펴보기 위해 먼저 국내 수요와 국내 공급곡선을 보자. 그림 9-3의 세로축에서 국제가격인 12달러에서의 국내 공급량은 총 4,000만 개의 셔츠가 공급된다. 그렇다면 국내 구매자들은 셔츠를 얼마나 구매할까? 이는 12달러에서 국내 수요곡선에 도달하는 거리로 국내 구매자는 국

그림 9-3 | 수입의 결과

무역이 없는 경우 :
무역이 없는 상황에서의 균형은 국내 구매자의 수요량이 국내 판매자가 공급한 공급량과 같아지는 곳에서 발생하며, 1억 개의 셔츠가 20달러에 판매된다.

수입을 허용한 경우:
❶ 단계 : 수입품의 가격이 국제가격으로 하락한다. 수입은 국내 수요와 국내 공급 간에 차이를 발생시킨다.
❷ 단계 : 새로운 가격에서 국내 공급곡선을 확인하여 국내 판매자가 공급하는 수량이 감소하는지 확인하고 국내 수요곡선을 확인하여 국내 구매자가 요구하는 수량이 증가하는지 확인한다.
❸ 단계 : 수입은 국내 수요과 공급의 차이를 채운다.

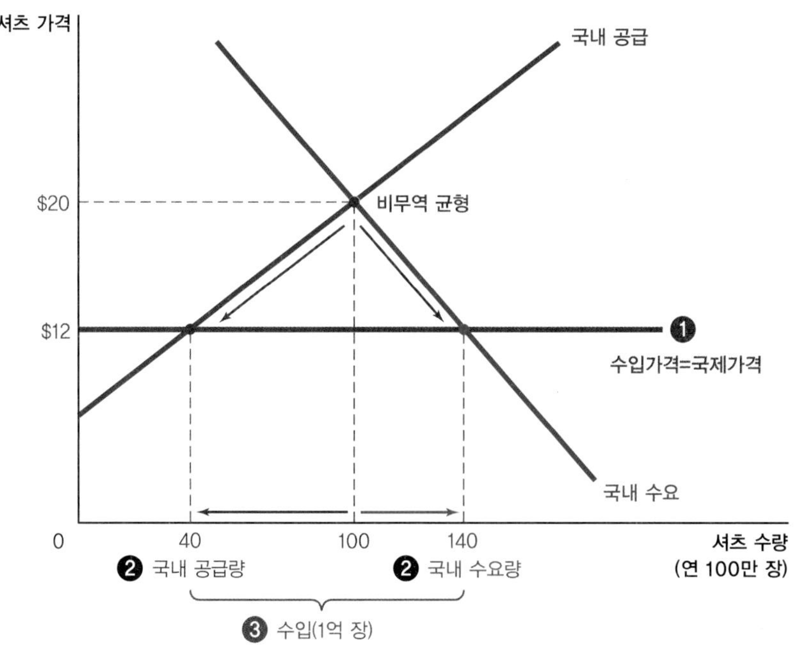

수입을 허용한 경우:

❶ 단계 : 수입가격=12달러의 국제가격, 가격인하.

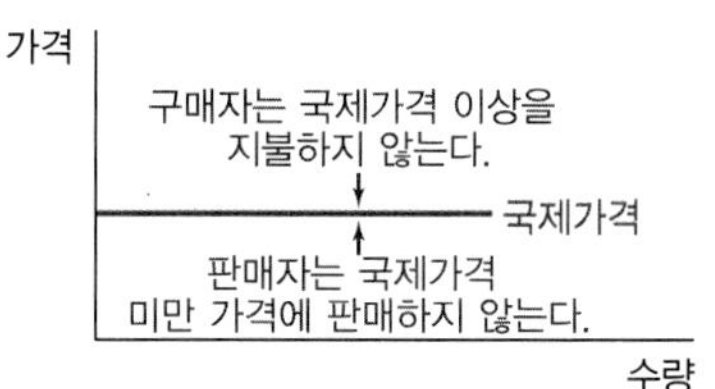

❷ 단계 : 새로운 가격에서
a) 국내 공급자의 공급량은 감소한다 (4,000만 장).
b) 국내 수요자의 수요량은 증가한다(1억 4,000만 장).

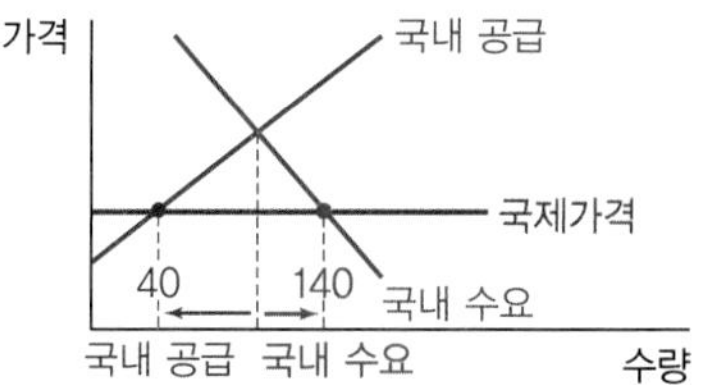

❸ 단계 : 차이는 수입으로 채워진다. (1억 4,000만−4,000만=1억 장)

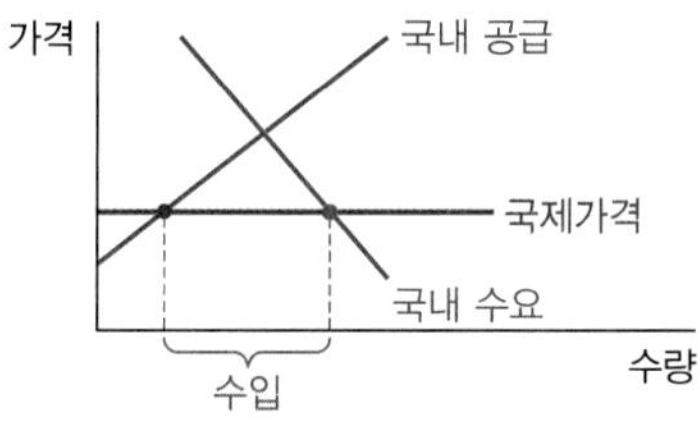

제가격(12달러)에서 총 1억 4,000만 개의 셔츠를 구매한다.

3단계 : 교역량은 얼마인가?
상품이 국가 간에 거래되면서 국내 구매자들의 수요량과 국내 생산자의 공급량 사이에 큰 차이가 발생하였다. 국제무역은 국내시장의 수요량과 국내 생산자의 공급량의 차이를 채우게 되며, 위의 예에서 국제가격에서 발생하는 국내 구매자들의 수요량과 국내 생산자의 공급량 사이의 차이는 수입으로 채워진다.

수입으로 인해 가격은 감소하고, 국내 생산량을 줄이지만 국내 소비량을 늘린다. 외국에서 수입이 발생했을 때 국내시장에 미치는 영향을 정리하면 다음과 같다.

- 국내시장 가격은 국제가격까지 하락한다.
- 국내시장 가격이 하락하면서 국내 생산자의 공급량은 감소하고 국내 소비자의 수요량은 증가한다.
- 수입은 국내 소비자의 수요량과 국내 생산자의 공급량의 차이를 메운다.

3단계 접근을 통해 외국 셔츠의 수입이 어떠한 변화를 초래하는지를 살펴보았다. 그렇다면 수입국 국민은 수입의 결과로 더 나아지는가? 다음에서 살펴보고 있는 바와 같이, 이 질문에 대한 대답은 그 사람이 셔츠를 생산하는 생산자인지 아니면 셔츠를 소비하는 소비자인지에 따라 달라질 수 있다.

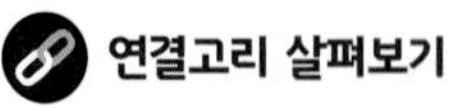

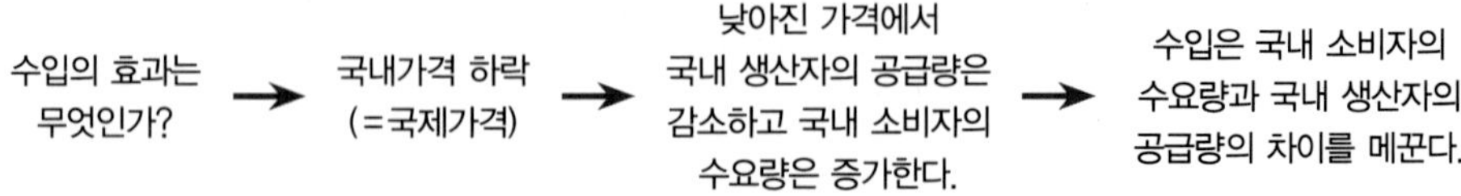

수입은 경제적 잉여를 증가시킨다

셔츠를 수입하게 되면 미국의 소비자들은 낮은 가격에 셔츠를 구매할 수 있다는 점에서 이득을 얻는다. 반면에 미국의 셔츠 생산자들은 가격이 낮아지거나 미국 고객을 잃게 됨에 따라 손해가 발생한다. 이처럼 수입으로 인한 이익과 손실이 발생하는 상황에서, 정책 입안자는 이익이 손실을 초과하는지에 따라 무역정책에 관한 결정을 내려야 한다.

이익과 손실의 균형이 어떻게 되는지를 판단하기 위해 구매자의 소비자 잉여의 증가와 판매자의 생산자 잉여의 감소를 비교해야 한다. 그림 9-4는 이러한 비교를 보여준다. 그림 9-4는 언뜻 보기에 복잡해 보일 수 있지만, 차근차근 살펴보면 매우 직관적이다.

그림 9-4 | 수입에 따른 후생의 변화

수입의 경제적 잉여에 대한 효과

	비무역	자유무역	차이
소비자 잉여	*A*	*A*+*B*+*D*	*B*+*D*
생산자 잉여	*B*+*C*	*C*	−*B*
총잉여	*A*+*B*+*C*	*A*+*B*+*C*+*D*	+*D*

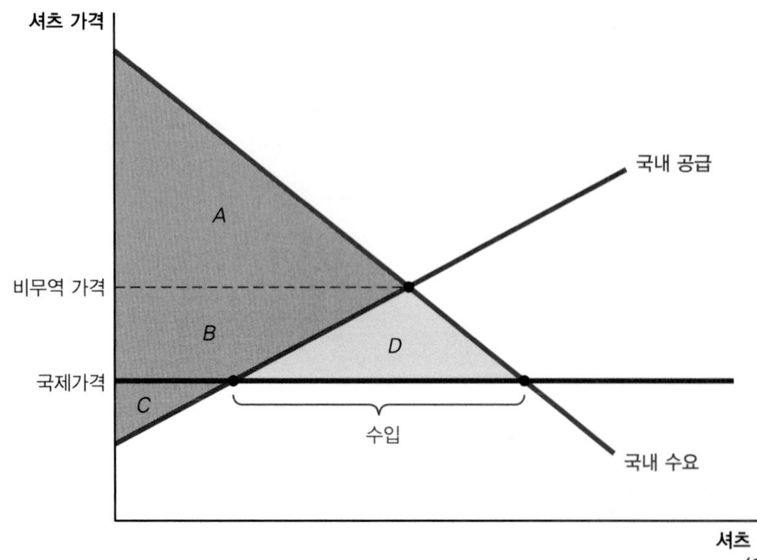

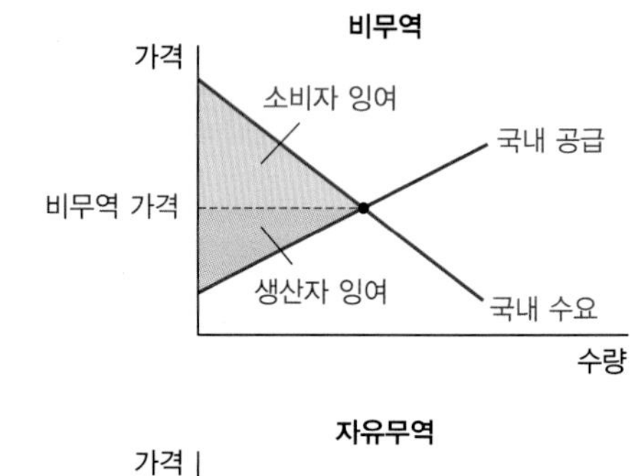

자유무역
가격
소비자 잉여
국내 공급
국제가격
생산자 잉여
국내 수요
수량

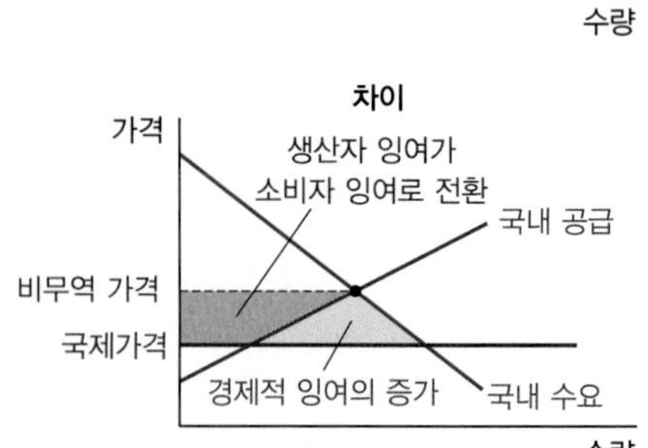

교역이 없을 때의 경제적 잉여를 기준점으로 설정 교역이 없다면, 국내시장의 시장균형은 국내 공급과 수요곡선이 교차하는 곳에서 발생한다. 국내 구매자는 한계편익보다 낮은 가격으로 셔츠를 구입할 때 소비자 잉여를 얻을 수 있다. 국내 수요곡선은 이러한 한계편익을 보여주기 때문에 소비자들의 총 소비자 잉여는 국내 수요곡선 아래에 있고 균형가격보다 높은 영역이 된다. 이것은 그림 9-4에서 삼각형으로 표시된 영역 *A*이다. 국내 공급자는 가격이 한계비용보다 높을 때 생산자 잉여를 얻는다. 국내 공급곡선은 각 생산자의 한계비용을 반영하기 때문에 그들이 벌어들이는 총 생산자 잉여는 국내 공급곡선보다 높고 가격보다 낮은 영역이며, 그림 9-4에서는 삼각형 $B+C$로 표시된다.

따라서 무역이 없을 때, 경제적 잉여는 소비자 잉여와 생산자 잉여를 합한 $A+B+C$ 영역이다. 이것이 기준선이다. 그렇다면 수입을 허용하면 어떻게 될까?

낮은 가격의 수입으로 소비자 잉여가 증가한다. 수입을 허용하면 국내 구매자는 더 낮은 가격으로 더 많은 양의 저렴한 셔츠를 구매하게 된다. 결과적으로 국내 소비자의 소비자 잉여가 증가한다. 그림에서 소비자 잉여는 수요곡선의 아래이지만 구매자가 지불하는 가격보다 높은 영역이다. 구매자가 지불하는 가격은 국내시장 가격에서 국제가격으로 낮아졌고, 따라서 소비자 잉여는 큰 삼각형 $A+B+D$이다. 국내 소비자가 수입으로 인해 더 행복한 이유는 낮은 가격에 셔츠를 수입함에 따라 소비자 잉여가 삼각형 *A*에서 더 넓은 삼각형 $A+B+D$로 증가했기 때문이다.

외국의 경쟁자가 유입되면서 국내 생산자의 생산자 잉여는 감소한다. 국제가격은 국내 생산자가 국내시장 가격보다 낮은 가격에 셔츠를 팔아야 한다는 것을 의미하기 때문에 수입으로 인해 생산자는 손해를 보게 된다. 결과적으로 생산자는 낮아진 가격에서는 수입이 없을 때만큼의 셔츠를 공급하는 것은 이득이 되지 않는다는 것을 깨닫게 된다. 그림에서 수입 이후 생산자 잉여는 국내 공급곡선 위이지만 국내시장 가격보다 낮은, 즉 국제가격보다 낮은 영역이다. 국내 생산자가 수입으로 인해 덜 행복한 이유는 셔츠 가격이 낮아지면 생산자 잉여는 삼각형 $B+C$ 영역에서 삼각형 *C*의 영역으로 줄어들기 때문이다.

이득은 손실을 초과하고 따라서 수입은 경제적 잉여를 증가시킨다. 지금까지 수입은 미국 소비자의 소비자 잉여를 증가시키고 미국 생산자의 생산자 잉여를 감소시킨다는 것을 보았다. 그렇다면 순효과는 어떻게 되는가?

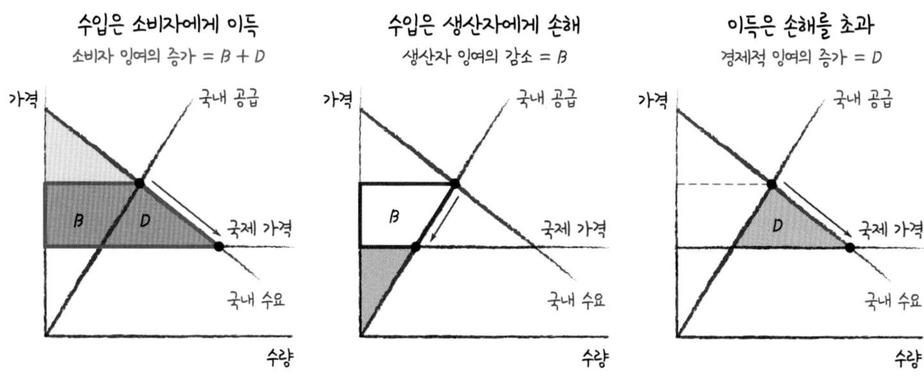

수입의 결과, 소비자는 B/D의 이득을 누리고 생산자는 그보다 적은 B를 잃게 된다. 이들을 종합하면 미국 국민(소비자와 생산자를 모두 고려한)의 경제적 잉여는 D만큼 증가하게 되며, 이는 수입의 순효과가 된다.

많은 사람들이 수입이 미국인에 득이 된다고 말하는 경제학자들에게 놀란다. 이는 사람들이 종종 '경제'를 생각할 때 경제적 잉여를 잃어버리는 공장이나 직장 혹은 노동자와 같은 생산자만을 상상하기 때문이다. 하지만 낮은 가격에 더 많은 상품을 소비할 수 있게 됨으로써 큰 혜택을 얻는 소비자가 있다는 것을 잊지 말아야 한다.

수입을 허용함으로써 구매자가 얻는 이득은 판매자의 손실을 초과한다. 이는 다음의 설명을 통해 직관적으로 설명할 수 있다. 수입의 주된 효과는 국내시장의 셔츠 가격을 낮추는 것이며, 만약 생산자들이 원한다면, 미국 생산자는 수입 이전만큼의 셔츠를 팔 수 있고 미국의 소비자들도 수입 이전만큼의 셔츠를 살 수 있다. 실제로 미국인이 구매하거나 생산한 셔츠량이 변하지 않는다면, 시장가격을 낮추는 수입으로 인해 미국 소비자가 얻는 소비자 잉여의 증가는 낮아진 가격으로 인해 미국 생산자가 잃게 되는 생산자 잉여와 정확히 일치한다. 그러나 가격이 하락하면서 미국 생산업체는 저렴한 셔츠를 더 적게 공급하여 손실을 최소화하려는 반면, 미국 구매자는 외국 판매자와 국내 생산자로부터 저렴한 셔츠의 구매를 늘림으로써 소비자의 이득을 늘린다(수입은 미국 판매자의 생산 감소와 미국 소비자의 구매 증가 사이의 격차를 메운다). 구매자의 증가한 이득이 생산자의 최소화된 손실을 초과함에 따라 수입으로 인한 미국인 전체의 경제적 잉여는 증가하게 된다.

요약 : 수입의 결과 우리가 수입에 대하여 배웠던 것들을 정리해보자. 먼저 수입이 가격에 미치는 영향부터 시작한다. 저렴한 가격으로 공급하는 외국 경쟁자들로 인해 수입 상품의 국내 가격은 하락한다. 가격이 하락하면 소비자들은 수요량을 늘리는 반면 국내 생산자들은 공급량을 줄인다. 수입은 국내 수요량과 공급량 간의 차이를 메운다. 낮아진 가격은 구매자의 소비자 잉여를 늘리지만 판매자의 생산자 잉여는 감소시킨다. 또한 소비자는 자신들의 이득을 늘리고 생산자들은 자신들의 손실을 최소화하면서 수입에 따른 순효과는 경제적 잉여를 증가시키게 된다.

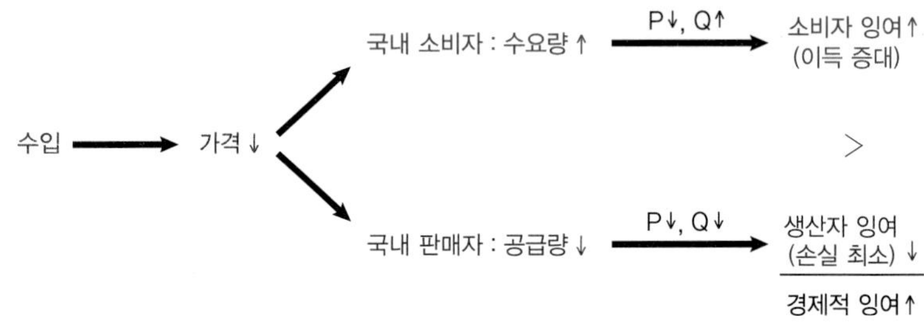

여기까지가 수입의 효과이다. 이제는 동일한 접근법을 사용하여 수출시장을 살펴보자.

수출의 효과

스노모빌은 재미있을 뿐만 아니라 자동차와 항공기 제조 분야의 기술이 사용되는 최첨단 엔지니어링 분야이다. 이는 미국이 스노모빌의 개발과 제조 그리고 수출에서 글로벌 리더가 되는 이유를 설명한다. 그림 9-5는 스노모빌의 국내 수요와 공급곡선을 보여준다. 무역이 없다면 시장균형은 수요와 공급의 두 곡선이 교차하는 곳에서 발생한다. 9,000달러의 가격으로 국내 구매자가 수요하는 5만 대의 스노모빌은 국내 판매자가 공급하는 5만 대의 스노모빌과 정확히 일치한다. 그러나 알틱캣이나 폴라리스와 같은 미국 제조업체가 스노모빌을 수출한다면 시장은 어떻게 될까?

수출이 국내시장에 미치는 효과 수입에서 살펴보았던 방식과 유사하게 3단계 과정을 통해 살펴보자.

그림 9-5 | 수출의 결과

무역이 없는 경우 :
무역이 없는 상황에서의 균형은 국내 구매자의 수요량이 국내 판매자가 공급한 공급량과 같아지는 곳에서 발생하며, 9,000달러에 총 5만 개의 스노모빌이 판매된다.

수출을 허용한 경우:
❶ 단계 : 수출품의 가격이 국제가격으로 상승한다.
❷ 단계 : 새로운 가격에서 국내 수요곡선을 확인하여 국내 소비자의 수요량이 감소하는 것을 알아내고, 국내 공급곡선을 확인하여 국내 생산자의 공급량이 증가하는 것을 알아낸다.
❸ 단계 : 수출이 국내 수요와 국내 공급 간의 차이를 채운다.

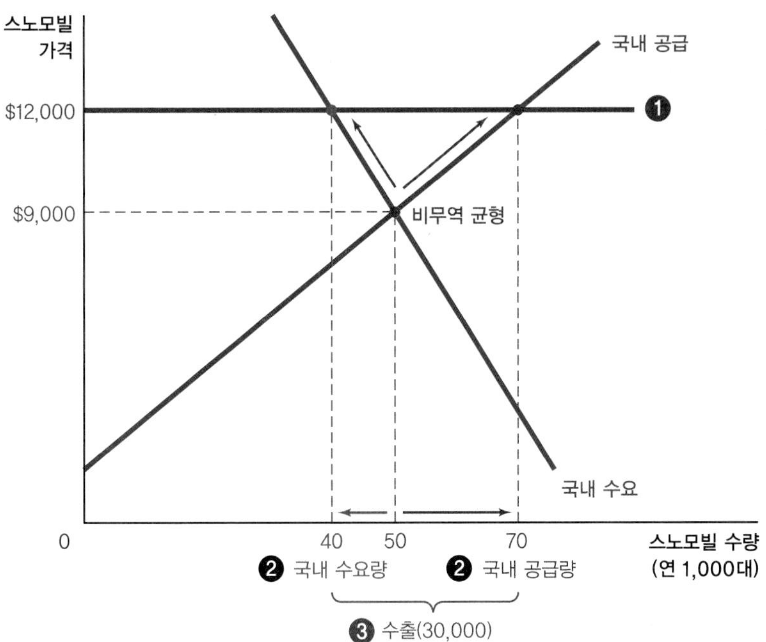

수출을 허용한 경우:

❶ 단계 : 수입가격=국제가격 ($12,000), 가격 상승

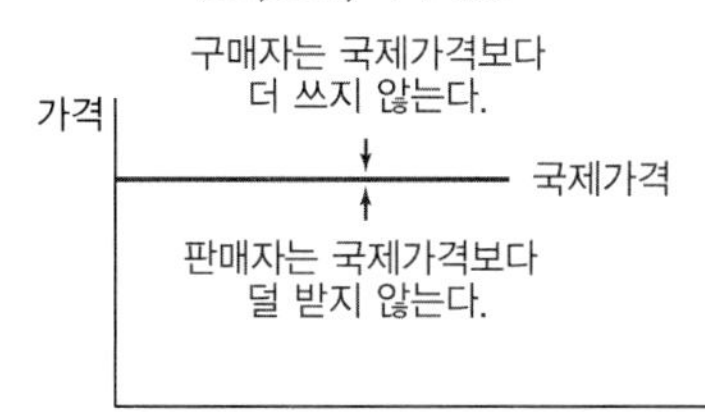

❷ 단계 : 새로운 가격에서
a) 국내 공급자의 공급량은 증가한다(70,000대).
b) 국내 구매자의 수요량은 감소한다(40,000대).

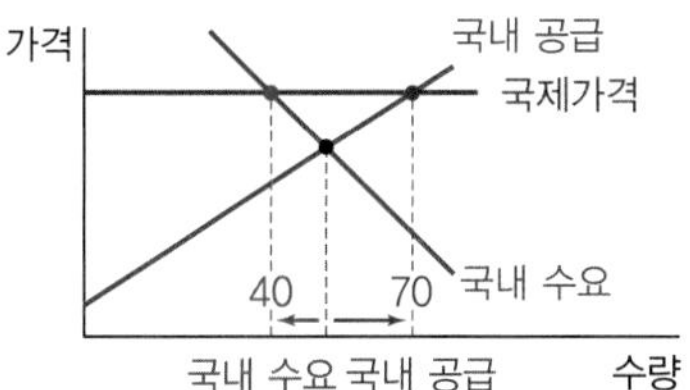

❸ 단계 : 차이는 수출로 채워진다(70,000−40,000=30,000대).

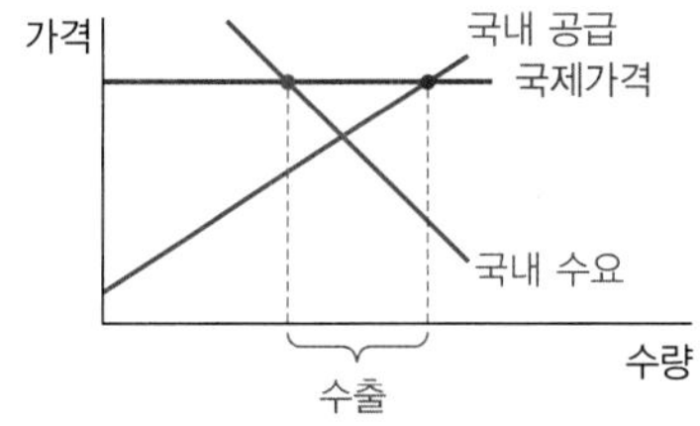

1단계 : 교역되는 상품의 가격은 얼마인가?

국제적으로는 스노모빌에 대한 수요가 많고 국제가격은 1만 2,000달러이다. 국제가격은 판매자가 세계시장에 스노모빌 한 대를 판매했을 때 받게 되는 가격으로, 이는 판매자가 1만 2,000달러 미만으로 미국의 국내 소비자에게 스노모빌을 판매하지 않는다는 의미이다. 또한 국제무역은 미국 소비자가 캐나다의 봄바디어와 같은 외국 판매자로부터 1만 2,000달러에 스노모빌을 수입할 수 있는 옵션을 가지고 있으며 국내 판매자에게 1만 2,000달러 이상을 지불하고 스노모빌을 사지 않는다는 의미이다. 공급자가 1만 2,000달러 미만으로 판매하지 않고 구매자가 1만 2,000달러 이상을 지불하지 않는다면, 균형가격은 1만 2,000달러가 된다. 거래된 상품의 경우 국내가격은 국제가격과 동일해진다.

2단계 : 새로운 가격에서 국내 소비자와 생산자의 수요량과 공급량이 얼마인가?

수직축에 새로운 스노모빌 가격인 1만 2,000달러에서 국내 수요곡선과 만나는 점을 살펴보자. 그 점에 아래로 내려오면, 1만 2,000달러에서 국내 소비자는 4만 대의 스노모빌을 구매할 것이다. 그렇다면 국내 생산자는 몇 대의 스노모빌을 공급하는가? 국제가격인 1만 2,000달러와 공급곡선이 만나는 점에 해당하는 공급량을 찾으면 국내 생산자는 국제가격에서 총 7만 대의 스노모빌을 공급한다.

3단계 : 교역량은 얼마인가?
국내적으로 수요량과 공급량이 일치하지는 않지만, 외국의 소비자에게 수출되는 스노모빌이 국내 수요량과 공급량을 메우면서 시장은 균형을 이룬다. 즉, 국내 공급자가 총 7만 대의 스노모빌을 생산하고 국내 소비자가 총 4만 대의 스노모빌을 소비한다. 국내 공급량과 수요량의 차이인 3만 대의 스노모빌은 외국으로 수출된다.

연결고리 살펴보기

수출의 효과는 무엇인가? → 국내가격 상승 (=국제가격) → 높아진 가격에서 국내 생산자의 공급량은 증가하고 국내 소비자의 수요량은 감소한다. → 수출은 국내 생산자의 공급량과 국내 소비자의 수요량의 차이를 메꾼다.

수출로 인해 가격은 상승하고, 국내 생산은 증가하지만, 국내 소비는 감소한다. 우리가 살펴본 바에 따르면, 국내 생산자가 생산된 제품을 수출했을 때

- 가격은 국제가격으로 상승한다.
- 가격 상승으로 국내 생산자의 공급량은 증가하지만 국내 소비자의 수요량은 감소한다.
- 수출은 국내 공급량과 국내 수요량의 차이를 메운다.

이처럼 수출은 국내 수요량과 공급량에 영향을 미친다. 그렇다면 수출국 국민은 수출의 결과로 더 나아지는가? 이는 당신이 스노모빌 생산자인지 아니면 소비자인지에 달렸다.

수출은 경제적 잉여를 증가시킨다

앞에서 우리는 수입이 미국의 경제적 잉여를 증가시킨다는 것을 살펴보았다. 그렇다면 수출의 경우는 어떠할까? 수출 또한 미국의 경제적 잉여를 증가시킨다. 그 이유를 살펴보기 위해 그림 9-6의 스노모빌 시장을 보도록 하자.

기준점으로 교역이 없을 때의 경제적 잉여를 평가한다. 스노모빌의 국제무역이 없다면 균형은 국내수요와 공급이 교차하는 지점에서 발생한다. 이러한 비교역 균형에서 소비자는 $A+B$ 영역에 해당하는 소비자 잉여를 얻으며 국내 생산자는 C 영역에 해당하는 생산자 잉여를 얻는다. 교역이 없을 때, 소비자 잉여와 생산자 잉여를 합한 경제적 잉여는 $A+B+C$가 된다. 그렇다면 수출이 발생했을 때, 어떠한 변화가 발생하는가?

수출에 따른 가격 상승은 생산자 잉여를 증가시킨다. 수출이 시작되면 국내 생산자가 스노모빌 한 대를 팔아 얻게 되는 가격은 상승하고, 국내 생산자의 생산량은 증가한다. 결과적으로 국내 생산자의 생산자 잉여는 증가한다. 생산자 잉여는 국내 공급곡선의 윗부분과 시장가격 사이의 영역으로 국내시장 가격이 국제가격으로 상승하면서 생산자 잉여는 $B+C+D$ 영역이 된다. 스노모빌의 높아진 가격으로 생산자 잉여는 C 영역에서 $B+C+D$ 영역으로 증가하며, 따라서 국내 생산자에게 수출은 만족스러운 기회이다.

외국의 소비자와 경쟁해야 하는 국내 소비자의 소비자 잉여는 감소한다. 수출로 외국 소비자와 경쟁해야 국내 소비자는 수출로 인해 손해를 본다. 국내 소비자가 지불하는 가격이 국제가격으

그림 9-6 | 수출에 따른 후생의 변화

수출의 경제적 잉여에 대한 효과

	비무역	자유무역	차이
소비자 잉여	$A+B$	A	$-B$
생산자 잉여	C	$B+C+D$	$B+D$
총잉여	$A+B+C$	$A+B+C+D$	$+D$

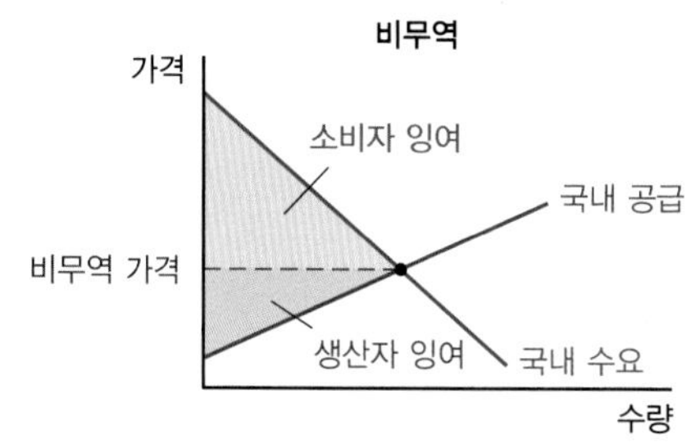

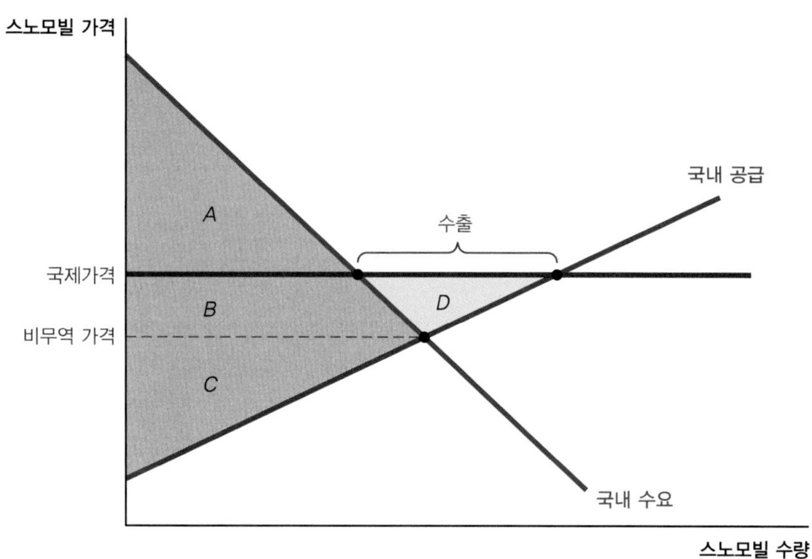

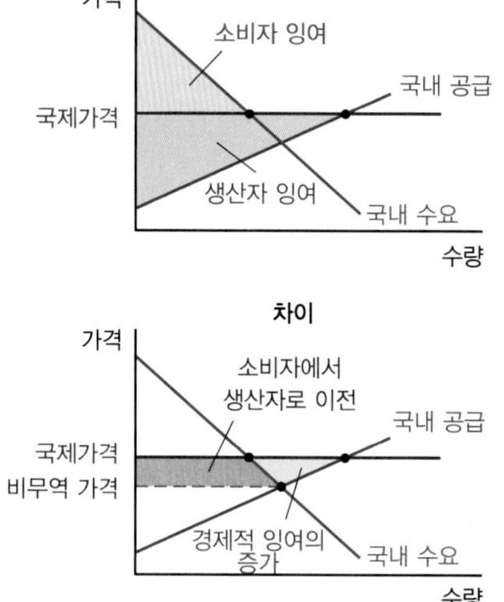

로 상승함에 따라 국내 소비자는 자신들의 구매량을 줄이게 된다. 수요곡선의 아래 부분과 가격 사이의 영역이 소비자 잉여는 수출이 없을 때 $A+B$ 영역에 해당하였으나 수출로 인해 A 영역으로 감소한다. 결국 수출로 인해 소비자의 이득은 감소한다.

이득은 손실을 초과하고 따라서 수출은 경제적 잉여를 증가시킨다. 지금까지 수출은 미국 생산자의 생산자 잉여를 증가시키고 미국 소비자의 소비자 잉여를 감소시킨다는 것을 보았다. 그렇다면 순효과는 어떻게 되는가?

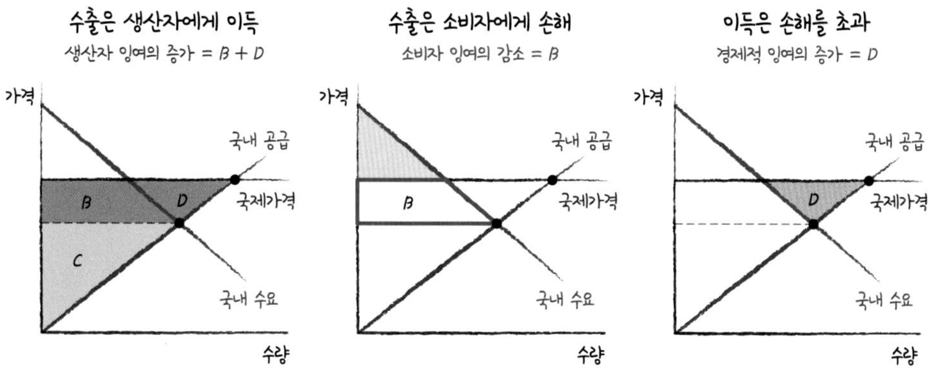

수입의 결과, 생산자는 [B+D]의 이득을 누리고 소비자는 그보다 적은 [B]를 잃는다. 이들을 종합하면 미국 국민(소비자와 생산자를 모두 고려한)의 경제적 잉여는 [D]만큼 증가하게 되며, 이는 수입의 순효과가 된다.

요약 : 수출의 결과 이제 수출에 대하여 배운 것들을 정리해보자. 국내 생산자는 외국 소비자가 국내가격보다 더 높은 가격을 지불할 용의가 있는 상품을 수출하고 이는 가격 상승으로 이어진다. 가격 상승으로 인해 국내 생산자의 생산량은 증가하는 반면 국내 소비자의 수요량은 감소한다. 수출은 이러한 국내 생산자의 공급량과 국내 소비자의 수요량의 차이를 메운다. 높아진 가격은 생산자 잉여를 증가시키고 국내 소비자의 소비자 잉여를 줄어들게 한다. 또한 국내 생산자는 더 높은 가격에서 더 많은 스노모빌을 판매하면서 생산자의 이득을 확대하고 소비자도 수요량을 줄여 자신들의 손실을 최소화하면서 생산자 잉여와 소비자 잉여를 합한 경제적 잉여는 수출을 통해 증가하게 된다.

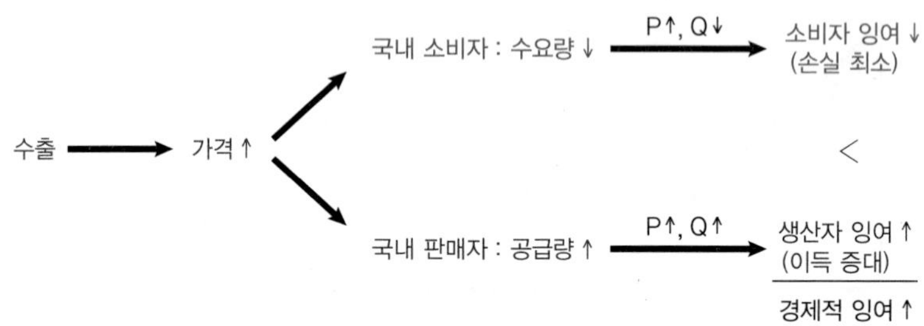

승자와 패자는 누구인가? 국제무역의 정치학

위에서 다루었던 내용을 근거로 변화하는 교역의 패턴이 어떻게 시장에 영향을 미치는가를 예측할 수 있다. 주요 결과는 그림 9-7에 요약하고 있다.

어떤 학생은 이 테이블 전체를 외우려고 할 수 있으나, 사실은 좀 더 간단한 트릭이 있다. 무역 관련 질문에서는 먼저 무역의 이유는 좀 더 나은 가격을 위해서라는 점을 기억해야 한다. 사람들은 더 낮은 가격으로 상품을 구입하기 위해 수입을 하며, 더 높은 가격을 받기 위해 수출을 한다. 이것을 정확하게 기억하고 있다면 나머지 문제들은 단순해진다. 높은 가격은 구매자의 수요량을 줄이고 생산자의 공급량을 늘린다(낮은 가격은 반대의 결과이다). 소비자와 생산자 잉여에 대한 결과는 단순히 소비자가 낮은 가격을 선호하고 생산자는 높은 가격을 선호한다는 것을 기억하면 이해가 된다.

국제무역으로 경제적 이득이 증가하지만 모든 사람이 이득을 얻는 것은 아니다. 지금까지 우리는 무역이 미국인들이 누리는 경제적 잉여를 증가시킨다는 것을 살펴보았고 이는 무역 옹호자

그림 9-7 | 국제무역의 효과

효과	허용 효과	
	수입	수출
국내가격	↓	↑
국내 공급량	↓	↑
국내 수요량	↑	↓
소비자 잉여(미국)	↑(크게)	↓(작게)
생산자 잉여(미국)	↓(작게)	↑(크게)
경제적 잉여(미국)	↑	↑

의 주장으로 사용된다. 미국 기업이 수출하는 스노모빌과 미국인이 수입하는 셔츠와 같은 상품의 사례를 통해 국경을 넘는 상품과 서비스의 자유로운 흐름은 미국인이 누리는 총 경제적 잉여를 증가시킨다는 것을 확인하였다. 우리가 다른 국가의 경우를 분석하더라도 동일한 결과를 볼 수 있을 것이다. 이는 국제무역이 미국과 교역 대상국 모두의 생활 수준을 높여준다는 것을 의미한다. 그리고 그것은 우리가 수출할 때나 수입할 때 모두 그러하였다.

그러나 무역은 단지 파이의 크기를 확장할 뿐만 아니라, 파이를 재분배한다. 이는 무역을 통해 모든 사람이 이득을 얻는 것은 아니라는 의미이다. 셔츠 가격의 하락(또는 스노모빌 가격의 상승)으로 인해 개인적으로 이익을 얻을 것인지는 내가 셔츠(또는 스노모빌)의 구매자인지 혹은 판매자인지에 따라 달라진다. 이와 같이 무역에 혼재된 효과는 무역에 대한 정치적 논쟁을 이해하는 데 매우 중요한데, 이는 사람들이 종종 국가 전체의 최선의 이익이 아닌 개인적 이익을 옹호하기 때문이다.

수입 경쟁 사업은 무역에 반대한다. 국제무역에 가장 격렬하게 반대하는 사람들은 일반적으로 무역으로 인해 손해를 보는 사람들이다. 이것이 미국 의류 제조업체와 같이 수입품과 경쟁해야 하는 업계의 비즈니스 리더가 종종 수입 감소를 위해 로비하는 이유이다. 이러한 업계에 종사하는 노동자들은 자신들의 직장을 잃을지 모른다는 걱정에서 자유무역에 대해 반대 의견을 표명할 수 있다.

수입 경쟁 사업 외에도 미국산 제품을 구매하기 위해 외국 구매자와 경쟁해야 한다는 사실로 인해 손해를 보는 사람들도 있다. 예를 들어 미국 기업이 스노모빌을 수출하면 가격이 상승하여 국내 스노모빌 구매자에게 타격을 입힌다. 따라서 스노모빌에 더 높은 가격을 지불하고 싶지 않은 알래스카 사람들은 스노모빌의 자유로운 무역에 반대할 수 있다.

수출업자와 수입 의존적 사업자는 국제무역을 지지한다. 비슷한 논리로 해외 시장에서의 경쟁으로 이득을 얻는 수 있는 사람들은 자유무역을 강력하게 지지한다. 알틱캣이나 폴리리스 스노모빌과 같이 수출 지향적 사업을 운영하는 기업들은 캐나다, 프랑스, 핀란드 등 새로운 시장 개척을 위한 노력을 지지한다. 또한 석유, 철강, 기계 및 소프트웨어와 같이 원자재를 수입하는 기업들도 수입 가격을 낮추는 무역을 지지한다.

소비자는 이러한 논쟁에서 거의 적극적인 목소리를 내지 않는다. 소비자는 무역으로 셔츠, 휴대폰, 노트북 컴퓨터 등을 더 저렴한 가격에 살 수 있게 됨으로써 이득을 얻는다. 그러나 소비자들은 이러한 이득이 국제무역의 결과라는 사실을 깨닫지 못하는 경우가 많다. 설사 소비자가 정확하게 이 사실을 알았더라도 소비자의 견해를 효과적으로 전달할 수 있는 로비 그룹의 부재로 인해 소비자의 목소리는 종종 정치적 논쟁에서 제외된다.

경제학 실습

다음에 언급된 내용에 대해, 각각의 사항이 가격에 미치는 효과와 국내의 소비자와 생산자에게 이득이 되는지 혹은 손해가 되는지를 설명하라.

a. 미국이 쿠바로부터의 설탕 수입을 재개하였다.
b. 스웨덴이 미국 메인주에서 수출되는 랍스터 구매를 거절하였다.
c. 미국과 일본 간의 무역협상을 통해 일본에 대한 미국 소고기 수출이 용이해졌다.
d. 중국산 저가 제조업 제품의 수입이 증가하였다.
e. 기술 발전으로 인해 인도에 있는 방사선사가 미국 환자의 엑스레이 판독이 가능해졌다. ■

정답
a. ↓, 이득, 손해; b. ↓, 이득, 손해;
c. ↑, 손해, 이득; d. ↓, 이득, 손해;
e. ↓, 이득, 손해

9.3 국제무역에 관한 논쟁

학습목표 국제무역의 찬반론에 대해 평가한다.

이제 국제무역이 미국에게 이득이 되는지 여부에 대한 논쟁에서 가장 자주 사용되는 주장을 살펴보도록 하자.

국제무역의 제한을 지지하는 다섯 가지 주장

국제무역의 제한을 지지하는 주장
1. 국가 안보 보호
2. 유치산업 지원
3. 불공정 경쟁 방지
4. 최소한의 규제 작동
5. 일자리 보호

수요–공급 분석에서 수입과 수출은 모두 미국의 경제적 잉여를 증가시키는 것으로 나타났다. 그러나 정부가 국제무역을 억제해야 하는 특별한 사례가 있다고 주장하게 만드는 몇 가지 중요한 세부 사항을 고려하지 않고 있다. 국제무역의 제한을 주장하는 사람들은 다섯 가지 주요 이유를 제시한다. 우리는 각각의 이유와 반론을 살펴보도록 한다. 어느 것이 가장 설득력이 있는지는 각자의 판단에 달려 있다.

주장 1 : 국가 안보적 차원에서 전략적으로 중요한 상품은 직접 생산해야 한다. 국제무역은 무역에 참여하는 국가들을 상호의존적으로 만들지만, 상대국이 우리의 최선의 이익을 염두에 두지 않는다면 좋지 않은 결과를 불러올 수 있다. 예를 들어, 무기 체계와 같은 전략적으로 중요한 상품은 국내에서 직접 생산하는 것이 국가 안보에 중요한 요인이 될 수 있다. 더 나아가 암호화와 같은 보안과 관련된 최첨단 기술 분야의 상품도 국내에서 생산해야 한다고 주장하기도 한다. 국가안보의 범위를 확대하면 오늘의 무역 상대국이 내일의 적이 되더라도 여전히 안정적으로 식량을 공급할 수 있도록 보호해야 한다는 식량 안보까지도 포함할 수 있다.

이에 반론을 제기하는 측은 이러한 우려가 종종 과장되었다고 주장한다. 예를 들어, 수십 개의 국가가 식량 및 기타 필수품을 미국에 수출하고 있으며 미국이 이 모두와 한꺼번에 전쟁을 벌일 가능성은 낮다. 국가 안보 주장은 미국 시계 제조 산업과 같은 산업에서 종종 인용되지만 시계 제조 산업은 국가 안보 문제와 실제적 연관성이 거의 없다. 그리고 때때로 무역 제한이 미국의 국가 안보를 약화시킬 수 있다. 예를 들어, 미국의 암호화 소프트웨어의 수출 제한은 미국 제품과의 경쟁이 줄어든 외국 경쟁 업체의 암호화 기술 개발에 도움이 되었다.

주장 2 : 정부의 보호는 유치산업 육성을 도울 수 있다. 유치산업 보호를 이야기하는 사람들은 정부가 신생 산업을 국제 경쟁으로부터 보호함으로써 새로운 산업을 육성하도록 도울 수 있다고 주장한다. 예를 들어, 브라질은 신생산업인 컴퓨터 산업을 육성하기 위해 수년간 컴퓨터 수입을 금지하였다. 브라질은 컴퓨터 수입의 금지로 브라질의 신생 컴퓨터 업체가 국내 수요를 감당하면서 기업을 확장하고, 시간이 지나면서 효율적인 생산방식을 개발할 수 있을 것으로 믿었다. 또한 이러한 기업들이 세계시장에서 경쟁할 수 있는 경쟁력을 갖추게 되면 컴퓨터 수입 금지 조치를 철폐할 수 있을 것으로 기대하였다.

그러나 유치산업이 모두 성공적으로 성장하지는 않는다. 브라질의 컴퓨터 제조업체들은 미국의 델과 같은 효율적인 기업으로 성장하지 못했다. 유치산업 보호를 위한 브라질의 노력은 브라질 국내의 높은 컴퓨터 가격과 결국 파산하고만 비효율적인 브라질의 컴퓨터 기업들만 남겼다. 이러한 브라질 컴퓨터 산업은 정부가 경쟁으로부터 보호할 때 성장할 수 있는 산업은 무엇인지를 판단하기 어렵다는 유치산업 보호에 대한 비판적 시각을 보여주는 사례가 된다. 또한 유치산업이 성장과 더불어 그들의 정치적인 힘도 증가하면서 '일시적'으로 시작한 보호가 지속적으로 유지될 수 있도록 정부에 압력을 행사할 수도 있다.

주장 3 : 반덤핑법은 불공정 경쟁을 막는다. 또 다른 측면에서는 무역정책을 통해 불공정한 경쟁으로부터 국내 기업을 보호해야 한다고 주장한다. 예를 들어, 외국 기업은 극단적으로 낮은 가격(실질적으로 자기들의 상품을 미국 시장에 '덤핑'하여)으로 미국에 수출함으로써, 시장에서 미국 기업을 몰아낼 수 있다. 이러한 전략이 성공을 거두면, 외국 기업은 시장에서의 경쟁을 줄이고 장기적으로 높은 가격을 부과할 수 있다. 이는 미국 소비자에게 해가 되는 행위로 반덤핑법은 이러한 불공정한 방식의 경쟁을 막기 위한 법적 조치이다.

이에 대해 반론을 제기하는 사람들은 실제로 외국 기업이 미국 기업을 몰아내기 위해 가격을 덤핑하는 것인지 아니면 외국 기업이 효율적인 생산자이기 때문에 미국에 낮은 가격으로 공급할 수 있는 것인지를 판단하기 어렵다고 지적한다. 실제가 무엇이든 자국 기업들은 수입된 낮은 가격의 상품이 불공정한 경쟁이라고 정부를 설득할 것이다. 때때로 이러한 자국 기업들의 주장이 옳을 수 있고, 그러한 경우 반덤핑법이 이를 시정하기 위해 작동한다. 그러나 종종 외국 기업이 해당 상품 생산에 있어 낮은 비용으로 생산이 가능한 비교우위를 가진 결과로 낮은 가격이 부과되기도 한다.

주장 4 : 무역은 규제를 피하는 방법이 되어서는 안 된다. 미국 유권자들은 기업은 자신들이 선출한 공무원이 제정한 최소한의 기준을 충족해야 한다는 데 동의한다. 예를 들어 미국의 공장에서는 아동을 고용할 수 없고 근로자에게 최저 임금을 지급해야 하며 환경 기준을 충족해야 하고 근로자와 소비자 모두를 보호하기 위해 특정 안전 예방 조치를 따라야 한다.

이러한 표준은 기업의 비용을 상승시키지만 그 대가로 안전한 제품, 깨끗한 환경, 모든 사람을 공정하게 대하는 시장 등을 얻는다. 무역은 이러한 사회적 합의를 피할 수 있는 방법을 제공한다. 예를 들어, 미국은 공장에서 환경에 민감한 폐기물을 처리하는 방법을 엄격하게 규제한다. 그러나 이러한 규제를 따르지 않는 외국 공장에서 생산된 상품을 사는 것은 미국 공장이 환경에 민감한 폐기물을 함부로 처리하는 것만큼 환경에 해롭다. 이러한 관점에서 사회가 합의한 규칙을 유지하기 위해 일정 정도의 무역을 제한하는 것이 합리적이다. 이러한 주장은 우리가 자국에서 안전하지 않거나 비윤리적인 관행을 제한한다면 외국도 동일한 기준을 적용해주기를 원한다는 것이다.

반대자들은 미국과 같은 부유한 국가에 적합한 노동 또는 환경 기준이 가난한 국가에 적합하지 않다고 주장한다. 그들은 가난한 나라에 대한 무역제한이 더 심각한 빈곤을 초래할 수 있다고 지적한다.

주장 5 : 외국 경쟁자들로 인해 실직이 증가할 수 있다. 자유무역에 반대하는 가장 일반적인 주장은 외국 기업과의 경쟁으로 일자리를 잃을까 봐 두려워하는 노동자들의 우려일 것이다. 앞의 분석에서 살펴본 바와 같이, 무역에 대한 개방성이 더 커지면 수입 경쟁산업의 비교우위가 부족한 기업은 근로자를 축소하고 해고할 수 있으며, 따라서 수입 경쟁 부문에서 일하는 근로자의 우려는 일리가 없는 것은 아니다.

외국과의 무역을 줄이면 수입 경쟁 부문에서의 일자리는 보존할 수 있지만 수입 투입물에 의존하는 기업의 일자리는 줄어들게 된다. 예를 들어 미국의 설탕 수입 제한은 국내 설탕 산업의 일자리를 유지하지만, 미국의 높은 설탕 가격(국제가격의 거의 두 배)으로 인해 미국 내 사탕제조회사는 다른 국가로 떠나게 된다. 또한 무역은 일반적으로 수출 부문에서 더 많은 일자리를 만들어내지만, 자국의 무역 보호조치에 반발한 외국이 보복적인 무역 제한으로 대응한다면, 일반적으로 더 높은 임금을 제공하는 자국 수출 부문에서의 일자리는 창출되기 어렵다.

일자리를 잃은 수입 경쟁분야의 많은 노동자는 재교육을 받고 새로운 일자리를 찾을 수 있다. 이것은 국제무역이 실업에 일시적인 영향만을 미친다는 것이다. 실제로 그림 9-8은 한 국가의 수입량과 실업률 사이에 관계가 없음을 보여준다.

그림 9-8 | 실업은 수입과 상관관계가 없다

각 점은 각 국가의 수입과 실업률을 나타낸다.

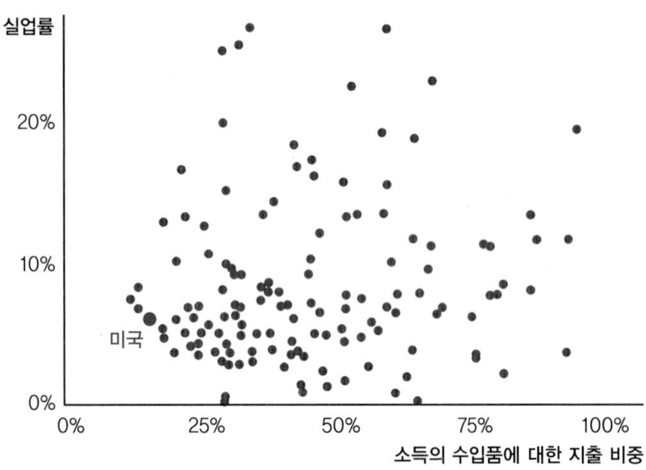

출처 : World Bank.

직업을 잃을 수 있다고 우려하는 노동자들은 무역으로 인한 '일시적' 조정이 오래 기간 지속된다고 반박한다. 이러한 주장은 핵심적인 부분을 말하고 있다. 중국 제조업 부문의 엄청난 성장과 그에 따른 중국의 수출 증가로 미국 제조업 부문의 고용과 임금은 감소하였다. 그리고 이러한 줄어든 일자리 중 상당수가 몇 년이 지난 지금도 다른 부문의 일자리로 대체된 것 같지는 않다. 따라서 무역은 실업에 일시적인 영향을 미칠 수 있지만 이러한 '일시적' 효과는 어떤 사람들에게는 사실상 영구적인 것처럼 느껴질 수 있다.

국제무역 논쟁에 대한 직관적 접근

살펴본 바와 같이 비교우위에 기초하여 더 큰 경제적 잉여를 만들어낼 수 있다는 교역을 지지하는 주장은 매우 기술적인 설명이 필요하다. 경제학자들은 이러한 교역의 이득을 더 쉽게 설명할 수 있는 방법을 고민하였다. 다음의 두 비유는 무역에 대한 정치적 논쟁에 등장하는 논리적 오류를 강조하면서 다른 관점을 제공한다.

Rebecca Cook/Reuters/Newscom

이는 차를 제작하는 한 가지 방법이다.

Isa Fernandez/EyeEm/Getty Images

Art Wager/E+/Getty Images

다른 방법 : 옥수수를 키워 해외에 수출하고 대신 차를 가져온다.

아이오와에서 자동차 작물을 추수한다? 자동차를 생산하는 두 가지 방법이 있다. 하나는 디트로이트의 생산라인에서 숙달된 제조업 노동자가 많은 장비의 도움을 받으면서 철강에서 시작해서 제너럴 모터스 자동차를 생산하는 것이다. 두 번째 방법은, 잘 알려지지 않았고 매우 놀라운 이야기일 수도 있지만, 아이오와에서 자동차를 재배하는 것이다.

자동차를 어떻게 재배할까? 먼저 옥수수 씨앗을 사서 뿌리고 물을 준다. 충분히 관리를 잘하면 밭에 가득한 옥수수를 얻을 수 있다. 이 옥수수를 추수한 다음 태평양으로 향하는 화물선에 선적해 보낸다. 몇 달 후에 옥수수를 실어 보낸 화물선은 도요타 자동차를 싣고 돌아올 것이다. 자동차를 보트에서 내리면, 이것이 옥수수 씨앗에서 시작해서 자동차를 추수한 것이 된다. 화물선이 옥수수를 자동차와 교환하기 위해 일본에 정차했기 때문에 이런 일이 일어났다는 사실은 중요한 것이 아니다. 중요한 것은 이렇게 얻어진 차는 아이오와에 있는 농부의 직접적인 노력의 결과라는 것이다.

자동차를 만드는 두 가지 방법 모두 많은 미국 노동자를 고용한다. 하나는 디트로이트의 제조업 공장에서 그리고 두 번째 방법의 경우에는 아이오와의 농장에서 노동자들을 고용한다. 두 곳 모두에서 노동자들은 질 좋은 자동차를 생산한다. 그렇다면 왜 차를 생산하는 한 가지 방법을 다른 방법에 비해 선호하고 고집하는가? 이는 무역 논쟁의 핵심이 되는 질문이다. 사람들이 미국 국내 산업을 국제 경쟁으로부터 보호해야 한다고 주장할 때 이는 실질적으로 미국이 디트로이트에서는 자동차를 만들고 아이오와에서 자동차 재배를 중단해야 한다고 주장하는 것과 다름없다. 그러나 이렇게 주장하는 것은 비효율적이다. 무언가를 만드는 다른 방법이 있을 때, 우리는 일반적으로 다른 생산자들이 서로 경쟁하게 하여 구매자가 가장 저렴한 생산자로부터 구매할 수 있도록 한다. 하지만 미국인들에게 디트로이트에서 생산된 자동차만 사도록 강요한다면, 아이오와에서 재배한 자동차가 더 저렴하더라도 더 많은 돈을 지불하고 디트로이트 자동차를 구입해야 한다. 이러한 효율성 손실은 국제무역을 제한하지 않는 주요 이유이다.

태양계에서의 자유무역? 그럼에도 불구하고 많은 사람이 국제무역이 '불공정'하다고 주장한다. 예를 들어, 중국 노동자의 임금이 미국 노동자의 12분의 1도 되지 않기 때문에 미국 노동자가 중국의 노동자와 경쟁하는 것이 불공정하다고 말한다. 또한 중국이 미국에서 사는 것보다 더 많이 미국이 중국으로부터 사는 것은 불공정하다고 말하기도 한다. 미국제조업연합은 뉴욕타임스에 보낸 서신(아래 왼쪽)에서 이러한 주장을 보여준다. 아마도 이러한 주장을 통해 미국 정부가 중국 수입을 줄여야 한다는 필요성에 공감하기를 바라고 있는 듯하다.

논쟁의 타당성을 평가하는 방법은 유사한 환경에서 그 의미를 고려해보는 것이다. 아래 오른쪽에는 미국 전구 제조업체가 태양에서 수입되는 값싼 빛에 대해 불평하면서 쓴 것이라고 상상한 편지를 보여주고 있다.

편집장에게

오늘날의 세계시장에서 중국의 역할을 인식하지 않고는 무역이 노동자, 소비자 및 미국의 경제적 미래에 미치는 영향에 대한 신중한 논의는 이루어질 수 없습니다.

많은 요인이 미국의 고용과 임금에 영향을 미치지만, 무역의 역할, 특히 중국과의 관계에서 무역의 역할을 최소화하거나 무시하지 말아야 합니다. 작년 한 해에만 2,600억 달러에 달하는 중국과의 무역적자는 보조금, 덤핑, 환율조작, 위조, 느슨한 노동 및 환경 기준 등에서 중국의 시장을 왜곡하는 관행에 따른 결과입니다.

경제정책연구소의 연구에 따르면 이러한 불공정한 거래 관행으로 인해 2001년 이후 180만 명의 미국 일자리가 사라졌습니다. 미국 소비자는 안전하지 않고 검사되지 않은 식품이나 장난감, 의약품을 소비하고, 국내 공장 폐쇄로 높아진 지방세 등 다른 방식으로 중국과의 교역에 따른 비용을 지불하고 있습니다. 중국이 그들의 약속을 준수할 때까지 미국 노동자들은 계속 일자리를 잃어갈 것입니다.

스콧 폴, 전무이사
미국제조업연합

편집장에게

오늘날의 국제 빛시장에서 태양의 역할을 인식하지 않고는 무역이 노동자, 소비자 및 미국의 경제적 미래에 미치는 영향에 대한 신중한 논의는 이루어질 수 없습니다.

많은 요인이 미국의 고용과 임금에 영향을 미치지만, 무역의 역할, 특히 태양과의 관계에서 무역의 역할을 최소화하거나 무시하지 말아야 합니다. 태양과의 교역에 따른 무역적자는 큰 문제입니다: 우리는 모든 자연광을 태양에서 수입하는 반면에 태양은 우리에게서 아무것도 수입하지 않습니다. 문제는 태양이 빛을 0달러라는 불공정한 가격에 수출할 수 있도록 만드는 태양의 시장을 왜곡하는 관행입니다. 또한 태양은 느슨한 노동 및 환경 기준을 가지고 있습니다.

이러한 불공정한 교역 관행으로 미국의 전구 제조업체는 비싼 대가를 치루고 있습니다. 밤뿐만 아니라 낮에도 인공조명을 사용했었더라면 우리 산업의 고용은 두 배가 되었을 것입니다. 소비자들의 경우, 태양은 암을 유발하고, 여름을 무더위로 만들며 전구 제조업체의 폐쇄에 따른 높은 지방세를 유발하는 등 다른 방식으로 비용을 지불하고 있습니다.

스콧 폴
미국전구제조업연합

미국제조업연합은 이 주장을 통해 대중국 수입을 금지하거나 세금을 부과하도록 미국 정부를 설득하고 싶었던 것으로 보인다. 이 주장이 설득력이 있다고 생각되는가? 그렇다면 왜 (가상의) 미국전구제조업연합도 유사한 보호를 받지 않아야 하는가? 태양의 '불공정한' 경쟁으로부터 전구 제조업체를 보호하기 위해서는 간단하게 모든 건물에 창문을 없애면 된다. 이상하게 들리겠지만, 이것이 이 이야기의 핵심이다.

이제 국제무역 정책에 대해 자세하게 살펴보자.

9.4 국제무역정책

학습목표 정부가 왜 그리고 어떻게 국제무역을 조정하는지 이해한다.

기업의 세계시장에서의 성공 여부는 외국 정부가 경쟁에서 자국 기업을 보호하기 위해 마련한 복잡한 미로와도 같은 정부 정책을 어떻게 헤쳐갈 것인지에 달려 있다. 따라서 국가가 무역을 규제하는 방식과 이러한 규제가 시장 상황에 어떤 영향을 미치는지 살펴볼 때이다. 또한 국가의 자국 기업 보호를 제한하는 국제무역협정을 검토하도록 한다.

무역정책의 도구

국제 비즈니스에 종사하는 관리자는 국제 비즈니스가 두 영역에서 경쟁한다는 것을 알고 있다. 첫 번째는 최저 가격으로 최고의 상품을 생산하기 위해 경쟁하는 (경제적)시장이다. 둘째는 외국 경쟁기업이 자신의 정부에 압력을 가하여 자신들을 보호하는 정책을 도입하도록 압력을 가하는 정치적 시장이다. 따라서 다음에서는 국제무역 정책이 시장에 어떤 영향을 미칠 수 있는지 살펴본다.

관세 수입품에 부과된 세금

관세는 수입 상품에 부과되는 세금이다. **관세**(tariff)는 수입품에 부과되는 세금으로 무역비용을 증가시킨다. 무역비용의 상승이 어떠한 결과를 초래하는지를 보기 위해 국내 수요곡선과 공급곡선을 사용하도록 하자.

예를 들어 정부가 수입 셔츠에 4달러의 관세를 부과하면 어떻게 될까? 앞서 살펴본 바와 같이 관세가 없을 경우 국내시장의 균형가격은 국제가격과 동일한 12달러가 된다. 이러한 결과는 그림 9-9에서 회색으로 표시하였다.

이제 3단계 과정을 통해 4달러의 관세 부과 효과를 살펴보자.

수입 관세는:
1. 가격을 올리고,
2. 국내 소비자의 수요량을 줄이고 국내 생산자의 생산량을 늘리며,
3. 수입을 줄인다.

1단계 : 새로운 시장가격은 얼마인가? 4달러의 관세는 수입자에게는 추가적인 비용이 된다. 국제가격인 12달러가 변하지 않는 상황에서, 수입자는 셔츠 한 벌을 수입하기 위해 12달러의 국제가격에 더해 4달러의 관세를 지불해야 한다. 따라서 셔츠의 가격은 4달러 상승한 16달러가 된다.

2단계 : 새로운 가격에서 수요량과 공급량은 각각 얼마인가? 국내 수요곡선과 공급곡선에 따르면 상승한 가격에서 국내 소비자의 수요량은 감소하며 국내 생산자의 생산량은 증가한다.

그림 9-9 | 수입관세의 효과

❶ 관세가 없을 때, 수입 셔츠의 가격은 12달러이다. 4달러 관세는 무역비용을 4달러 인상하여 가격을 16달러로 상승한다.
❷ 이러한 높은 가격으로 인해 국내 구매자의 수요량은 감소하고 국내 생산자는 더 많은 수량을 공급한다.
❸ 즉, 관세를 부과하면 수입이 감소한다.
❹ 관세는 소비자 잉여를 감소시키고 생산자 잉여 및 정부수입은 소폭 증가하게 되어 총 경제적 잉여는 감소한다.

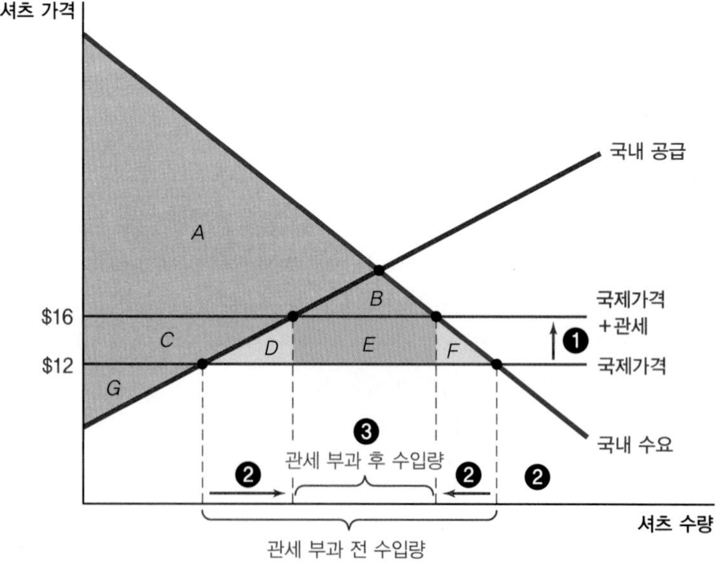

수입관세의 후생효과

		무관세	관세	차이 ❹
소비자 잉여	*수요곡선 아래, 가격의 위에 해당하는 영역*	*A+B+C+D+E+F*	*A+B*	*−(C+D+E+F)*
생산자 잉여	*공급곡선의 위, 가격의 아래에 해당하는 영역*	*G*	*C+G*	*+C*
정부 관세 수입	*셔츠당 4달러×수입량*	없다	*E*	*+E*
총잉여	*총계*	*A+B+C+D+E+F+G*	*A+B+C+E+G*	*−(D+F)*

3단계 : 얼마나 교역이 되는가? 수입은 수요량과 공급량의 차이를 메운다. 따라서 새로 상승한 가격에서 차이가 줄어듦에 따라 수입은 하락한다.

그렇다면 관세를 부과할 경우 누가 이득을 보고 누가 손해를 보는가?

셔츠당 4달러를 추가로 내거나 구매량을 줄여야 하는 국내 소비자는 손해를 본다. 소비자 잉여는 수요곡선의 아래 부분과 가격 사이의 영역으로 나타낸다. 관세 부과 이전에 소비자 잉여는 삼각형 $A+B+C+D+E+F$의 영역에 해당하였다. 그러나 관세 부과 이후 이러한 소비자 잉여는 삼각형 $A+B$의 영역으로 감소한다. 즉, 관세 부과로 인해 소비자 잉여는 $C+D+E+F$만큼 감소한다.

가격 상승으로 판매자의 셔츠당 이윤폭은 상승하며 판매자는 더 많은 셔츠를 판매할 수 있어 국내 생산자는 이득을 얻는다. 생산자 잉여는 공급곡선의 윗부분과 가격 사이의 영역이다. 관세가 없을 때, 생산자 잉여는 G 영역에 불과하였으나 관세 부과 후에 생산자 잉여는 $C+G$ 영역으로 증가한다. 즉, 관세 부과로 인해 생산자 잉여는 C만큼 증가한다.

정부는 수입되는 셔츠에 대해 셔츠당 4달러의 관세수입을 받음으로써 이익을 얻는다. 총 세수는 세금 4달러(사각형 E의 높이)에 총수입량(사각형 E의 너비)을 곱한 것과 같다. 따라서 관세는 높이×너비, 즉 사각형 E의 면적과 일치한다.

소비자와 생산자 그리고 정부를 함께 고려하면, 먼저 소비자는 $C+D+E+F$만큼의 잉여를 잃게 되지만 생산자는 C만큼의 추가적인 잉여를 얻는다. 또한 정부는 E만큼의 관세수입이 발생하여, 전체적으로 관세 부과는 미국의 경제적 잉여를 면적 $D+F$만큼 감소시킨다.

그림 9-9가 언뜻 보기에는 복잡해 보이지만 사실은 간단히 이해할 수 있다. 아래 차트는 그림 9-9가 어떻게 그려졌는지를 보여준다. 처음 그래프는 관세 없이 결과를 분석하고 있으며 다음 그래프는 관세 부과에 따른 새로운 가격과 이에 따른 소비자 잉여와 생산자 잉여 그리고 정부의 관세수입을 추적하여 보여주고 있다. 마지막의 그래프는 앞의 둘을 비교하여 무엇이 바뀌었는지를 보여준다.

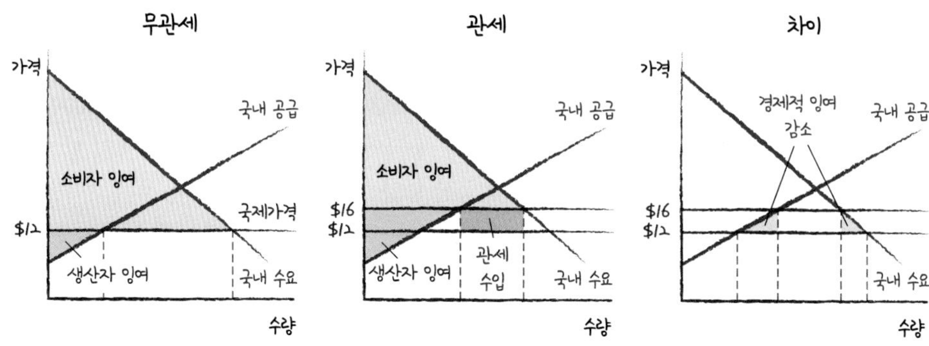

위 과정은 중요한 결과를 보여준다. 미국이 다른 나라에서 만든 상품에 세금을 부과하면 미국의 경제적 잉여가 감소하는 것을 발견하였다. 이러한 사실이 잘 이해가 되지 않는다면 직관적인 설명을 위해 다음과 같이 이야기할 수 있다: 관세 부과로 인한 정부수입은 미국 소비자가 수입하는 셔츠당 4달러를 추가적으로 지불한 결과로, 진정한 의미에서의 이득은 아니다. 즉, 관세는 한 무리의 미국인(소비자)에서 다른 무리(정부)로 돈을 이동시킬 뿐이다. 관세는 셔츠의 가격을 올리고 이는 소비자의 선택(셔츠를 적게 살 것임)과 생산자의 선택(효율적이지 않음에도 불구하고 생산하는 것)을 왜곡한다.

관료적 형식주의는 비용을 올린다는 점에서 관세와 유사하지만, 정부수입이 발생하지 않는다. 정부가 국제무역을 줄이기 위해 사용하는 도구는 관세만이 아니다. 부줌부라로 자전거를 수출

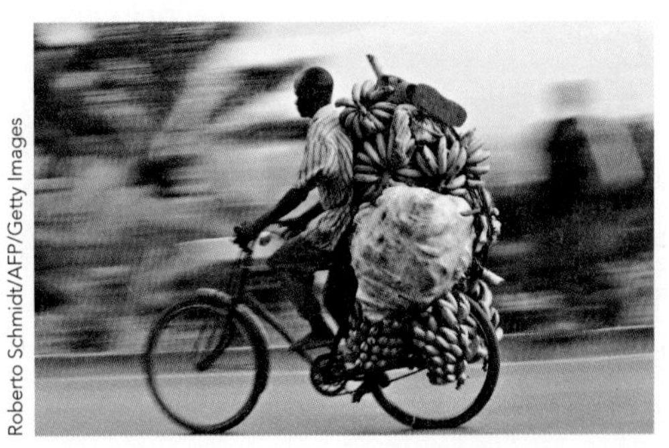

모든 규제를 고려할 때, 자전거가 부룬디에 도착한 건 기적이다.

하기 위해 얼마만큼의 시간이 얼마나 걸릴지를 생각해보자(부줌부라는 자전거가 택시로 사용되는 부룬디에 있는 도시이다). 자전거가 탄자니아의 근접한 항구에 도착했더라도, 도착 전 승인을 위해 50일, 항구 처리 8일, 통관 15일 그리고 기차에 실리기까지 한 달의 기간이 소요된다. 자전거가 브룬디 국경에 도착하면 다시 한 번 통관을 위해 12일이 소요되며, 바지선에 적재된 후에 부줌부라 항구에서 또다시 통관을 거쳐야 한다. 자전거를 부줌부라 항구까지 운송하는 데 필요한 총 124일의 기간과 19개 서류 그리고 55개 서명은 단순히 골치 아픈 작업이 아니라 엄청난 무역비용을 추가한다.

이 모든 관료적 형식주의(Red Tape)는 궁극적으로 관세와 동일한 효과를 갖는다. 이는 무역비용을 증가시키고 미국산 자전거의 가격을 상승시킨다. 관세 때문이든 관료적 형식주의 때문이든 상관없이 높은 가격은 국내 수요량을 줄이고 국내 판매자의 공급량을 늘려 국제무역을 줄인다. 하지만 관료적 형식주의는 관세와는 달리 정부수입이 발생하지 않는다는 점에서 관세보다 비효율적이다.

수입쿼터도 관세와 유사한 효과가 있지만, 정부수입이 발생하지 않는다. 관세와 관료적 형식주의는 모두 수입되는 외국 상품의 가격을 높이고 교역량을 감소시킨다. 그러나 **수입쿼터**(import quota)를 설정하는 것도 동일한 영향을 미친다. 수입쿼터는 수입되는 재화의 수량을 제한한다. 예를 들어, 그림 9-9에서 셔츠에 대해 4달러의 관세는 수입량을 직사각형 *E*의 가로 길이와 동일한 수량으로 줄인다. 만약 정부가 이 직사각형 *E*의 가로 길이와 동일한 수입쿼터를 설정하면, 정부는 가격과 수요량, 공급량 그리고 수입량에서 4달러 관세를 부과한 것과 정확히 동일한 결과를 가져올 수 있다. 그러나 수입쿼터는 관세 부과에 따른 관세수입이 발생하지 않는다(희소한 수입 라이선스를 경매하지 않는 한).

수입쿼터 수입량을 제한

환율조작은 외국 시장에서의 상품가격을 바꾼다. 외국 정부는 또한 환율을 조작하여 자국 기업에게 도움을 줄 수 있다. 이것이 보잉과 같은 미국 수출업자에게 어떤 영향을 미치는지 생각해보자. 보잉 737이 일반적으로 미화 6,000만 달러에 판매되고 미화 1달러를 사는 데 6위안(중국 통화)이 필요하다고 가정하자. 이러한 경우에 보잉 737 한 대를 구매하기 위해 중국 구매자는 3억 6,000만 위안을 지불해야 한다. 하지만 중국 정부가 환율을 미화 1달러당 7위안으로 설정하면 보잉 항공기 한 대를 구매하기 위해 중국 구매자가 지불해야 하는 가격은 미화 6,000만 달러×7위안/달러=4억 2,000만 위안으로 상승한다. 중국의 환율 변동으로 보잉 항공기 한 대당 6,000만 위안이 추가되면서 중국 항공사가 미국산 보잉 항공기를 구매할 가능성은 낮아졌다. 위안화 가격을 인위적으로 낮게 유지하면(1달러를 사는 데 더 많은 위안화가 필요하면 위안화 가격이 낮아진 것이다) 중국 구매자에게 미국 제품의 가격은 더 비싸진다.

위안화가 낮으면 미국인들이 중국에서 수입하는 물건은 더 저렴해진다. 중국 기업이 84위안에 판매하는 셔츠를 가정하자. 환율이 달러당 6위안인 경우 이는 84/6= 미화 14달러에 판매된다. 그러나 환율이 달러당 7위안으로 떨어지면 셔츠는 미화 12달러에 팔린다. 따라서 중국이 인위적으로 통화를 낮게 유지하면 수출산업과 수입 경쟁 산업의 미국 생산자들은 모두 손해를 보게 된다. 반대로 미국 소비자는 중국 제품을 저렴한 가격에 구매함으로써 이익을 얻는다. 과거 중국 정부는 수출을 늘리고 수입을 줄이기 위해 위안화를 인위적으로 약하게 유지하였는데, 이러한 중국의 정책은 일부 논란의 대상이 되고 있다.

현 무역정책

우리는 무역을 조정할 수 있는 여러 가지 정부 정책에 대하여 알아보았다. 이제는 현재의 무역정책에 대하여 살펴보도록 하자.

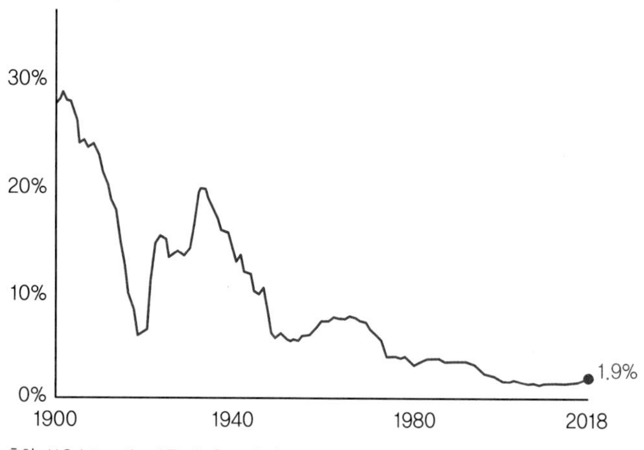

그림 9-10 | 미국의 평균 관세율

출처 : U.S. International Trade Commission.

미국 무역정책은 주로 자유무역을 추구한다. 미국의 무역정책에 관한 내용은 뜨거운 논쟁거리이지만(특히 도널드 트럼프 미국 대통령의 당선 이후), 미국은 여전히 국제무역을 장려한다. 그림 9-10에서 보여주고 있듯이, 미국으로 수입되는 수입품의 평균관세는 1세기 전 약 29%에서 2018년에는 1.9%로 감소하였다. 또한 미국은 거의 모든 교역 상대국에 비해 무역장벽이 낮다.

그러나 미국은 일부 특정 산업을 대외무역으로부터 보호한다. 특히 유제품, 담배 및 설탕 산업은 강력한 로비 활동을 통해 성공적으로 관련 품목에 대해 높은 관세를 유지하도록 정부를 설득하였다. 트럼프 대통령은 철강 및 기타 제품에 새로운 관세를 부과하였다. 경제학자들은 2017년의 주요 수입제한을 분석하면서 이러한 수입제한들로 인해 미국의 경제적 잉여가 약 33억 달러 감소하였다고 발표하였으며 이는 미국인 1인당 약 10달러에 해당하는 금액이다.

결론 : 미국은 대부분 자유무역을 받아들였다. 트럼프 대통령이 관세를 공격적으로 인상해야 한다고 주장하기도 하고 동시에 관세를 완전히 철폐해야 한다고도 주장하는 가운데 미래가 아주 명확하지는 않더라도 자유무역을 지지한다는 결론은 유효하다.

미국은 많은 자유무역협정에 서명하였다. 수출업자의 성패는 어느 정도 수출국의 무역정책에 달려 있다. 관세는 제품과 국가에 따라 다르다. 그림 9-11에서 볼 수 있듯이 세계 주요국의 평균 관세율은 일반적으로 매우 낮다.

미국은 여러 이웃 국가와 자유무역협정을 협상했기 때문에 많은 경우 여기에 표시된 것보다 더 낮은 관세의 적용을 받는다. 가장 중요한 협정은 캐나다와 멕시코를 포함하는 북미자유무역협정(NAFTA)이다. 미국과 캐나다, 멕시코 3국의 국내 비준이 완료되면 USMCA라는 새로운 협정이 NAFTA를 대체하게 되지만, 새로운 협정도 본질적으로는 기존의 북미자유무역협정의 연장선에 있다. 또한 미국은 코스타리카, 도미니카공화국, 엘살바도르, 과테말라, 온두라스, 니카라과와 함께 도미니카공화국-중앙아메리카 자유무역협정(CAFTA-DR)의 회원국이며 이스라엘, 요르단, 싱가포르, 칠레, 호주, 모로코, 바레인, 콜롬비아, 파나마, 한국과 양자 간 무역협정을 체결했다. 이를 종종 '자유무역협정'이라고 부르지만, 이러한 협정들이 대부분 무역장벽을 완전히 제거하기보다는 낮추는 데 그쳤다는 점에서 '보다 자유로운 무역협정'이라고 부르는 것이 정확하다.

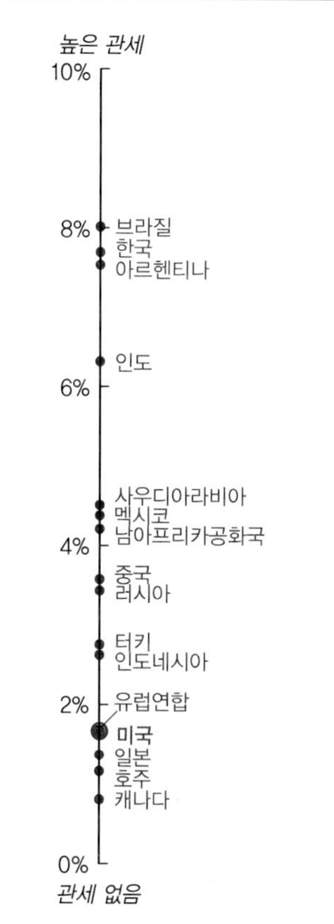

그림 9-11 | 평균 관세율

출처 : World Bank.

국제무역기구는 무역장벽을 줄이기 위한 국제협정포럼이다. 이러한 무역협정을 국가별로 협상하는 데에는 많은 시간이 소요된다. 이러한 점에서 대규모의 다자간(즉, 다국적) 무역협정이 의미를 갖는다. 오늘날 거의 모든 국가는 세계무역기구(WTO)의 회원국이다. WTO는 이들 국가가 무역장벽을 낮추거나 없애는 데 공동으로 합의할 수 있는 포럼을 제공한다. 그것은 전 세계 무역장벽을 낮추는 데 중요한 역할을 해왔다.

WTO 협정은 또한 개별 국가가 취할 수 있는 무역장벽의 범위를 제한한다. 여기에는 두 가지 중요한 원칙이 포함된다. 첫째로는 최혜국대우로 이는 모든 회원국은 다른 모든 국가를 동등하게 대우하면서 최고의 혜택을 제공해야 한다는 원칙이다(자유무역협정에는 예외가 적용된다). 두 번째는 내국민대우로 이는 수입품과 현지에서 생산된 상품이 수입국의 시장에서 동등하게 취급되어야 한다는 의미이다. 만약 이러한 원칙을 위반하는 무역장벽으로 인해 피해를 입는 경우에는 이를 구제하기 위한 유용한 조치가 있을 수 있다.

무역장벽을 더욱 낮추기 위한 회담은 '도하라운드' 이후 지속되고 있다(도하는 회원국이 다음 라운드에 동의한 중동의 도시 이름이다). 이 회담은 미국과 유럽의 농업 보조금을 줄이고 많은 저개발국의 제조업 제품에 대한 관세를 낮추는 것을 목표로 하였다. 불행히도 도하 라운드는 수년 동안 교착 상태로 남아 있다. 그러나 이번 라운드가 실패하더라도 이전에 진행된 무역장벽 감소는 국가 간 무역을 촉진하였고 그 효과는 전 세계적으로 나타나고 있다. 이제 이러한 국제적 연계가 우리 삶에 어떻게 영향을 미치는지를 살펴보자.

9.5 국제화의 효과

학습목표 국제화가 우리 삶을 어떻게 변화시키는지 고찰한다.

국제화 국가들 간의 경제적 · 정치적 · 문화적 통합의 증가

상호의존의 원리는 우리의 경제적 생활은 전 세계 다른 사람들의 결정에 달려 있다고 말한다. 경제, 문화, 정치 제도 및 아이디어의 국제적 통합이 진행되는 현상을 **국제화**(globalization)라고 한다. 낮아진 무역장벽, 정치적 통합의 강화, 전산화된 은행 업무, 통신 및 인터넷의 확산, 철도, 해상 및 항공운송의 개선으로 인해 무역비용은 감소하였다. 그리고 이러한 변화는 우리가 다른 국가들에 있는 사람들과 더욱 연계된 삶을 살도록 만들었다. 국제화가 오늘날 유행하는 유행어이지만, 새로운 것은 아니다. 국제무역은 수 세기 동안 성장해 왔다. 실제로 크리스토퍼 콜럼버스는 포르투갈에서 아시아에 이르는 무역 경로를 찾는 과정에서 처음으로 미국을 발견하였다.

국제화와 노동시장

당신이 보잉에서 항공기 제작에 종사한다고 생각해보자. 당신이 일하는 생산라인을 거쳐 생산된 비행기에는 당신이 제공한 노동이 체화되어 있다. 따라서 이러한 비행기가 중국으로 수출된다면 당신의 노동력도 중국으로 수출되는 셈이다. 마찬가지로 중국에서 수입하는 셔츠에는 중국 노동자의 노동이 체화되어 있다. 결과적으로 서로 다른 국가의 노동시장에서 일하고 있는 미국과 중국 노동자는 서로 직접적으로 경쟁하지는 않지만, 실제로는 두 국가 간에 거래되는 상품에 체화된 노동력을 통해 경쟁한다.

생산성은 평균임금을 결정한다. 이러한 점은 미국의 임금이 중국이나 인도, 멕시코 노동자의 임금 수준으로 하락할 수 있다는 염려를 불러일으킨다. 만약 모든 노동자가 유사하다면, 이것은 국제무역의 장기 결과가 될 수 있으며 높은 임금을 받는 미국의 노동자에게 이는 재앙이 될 것이다. 평균적으로 미국 제조업 노동자는 시간당 39달러를 받는 반면, 인도 노동자는 시간당 평균 1.69달러 중국은 4.11달러, 필리핀은 2.06달러 그리고 멕시코는 3.96달러의 평균임금을 받는다(일본의 경우는 시간당 26달러이며 독일의 시간당 평균임금은 43달러에 달한다).

다행히도 임금은 각 국가의 노동자들이 동일하지 않기 때문에 국가 간 임금이 금방 같아지지는 않는다. 평균적인 미국 제조업 노동자의 생산성은 중국 제조업 노동자의 평균적인 생산성보다 12배 높으며 이는 기업이 미국 노동자에게 중국 노동자보다 12배 높은 임금을 지급할 용의가 있다는 것을 의미한다. 그림 9-12는 높은 생산성을 가진 국가의 평균임금이 높다는 점을 보여준다.

국제무역은 미국 내 임금 격차를 벌린다. 국제무역은 일부 노동자의 임금을 올리지만 다른 노동자의 임금을 낮추는 결과를 초래할 수도 있기에 국제무역으로 모든 노동자가 이득을 얻는 것은 아니다. 미국은 컴퓨터 소프트웨어와 같은 기술집약적 상품을 수출한다. 무역비용 감소로

이러한 상품에 대한 해외 수요가 증가하면, 기술집약적 상품을 만드는 데 필요한 고학력 근로자에 대한 수요가 증가한다. 결과적으로 국제화는 고학력 근로자가 만드는 상품에 대한 수요를 증가시키기 때문에 미국에서 고등교육을 받은 노동자의 소득은 증가한다.

반면에 많은 미국의 교역 대상국들은 많은 비숙련 노동자(저학력 노동자)를 지니고 있으며, 의복과 같이 저학력 노동자를 많이 필요로 하는 상품을 수출한다. 이러한 국가들이 적극적으로 무역에 참여할수록 미국은 더 많은 의복을 수입하게 되어 국내에서 생산된 의류에 대한 수요는 줄어들게 된다. 결과적으로 주로 저학력, 저임금 노동자가 일하는 의류에 대한 수요 감소는 의류산업에서 일하는 노동자의 임금 감소로 이어진다. 일반적으로 국제화는 수입경쟁 산업에서 일하는 노동자의 임금을 떨어뜨리는데, 미국의 경우 이는 주로 저학력 노동자가 많이 고용되는 산업이다. 결과적으로 국제무역은 최근 몇십 년 동안 심화된 미국 소득불균형 문제를 일정 부분 설명할 수 있다.

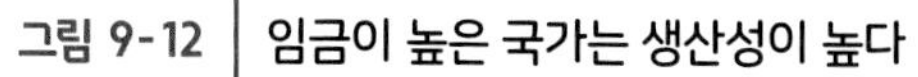
그림 9-12 | 임금이 높은 국가는 생산성이 높다

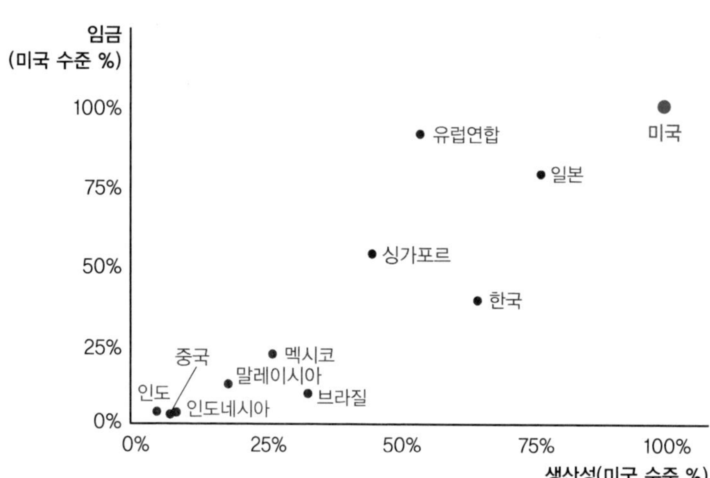

출처 : Ceglowski and Golub, "Just How Low Are China's Labour Costs?" *World Economy*, 30(4), 2007.

국제무역은 이민과 같은 효과를 가질 수 있다. 국제무역은 이민 정책에 흥미로운 영향을 미친다. 미국 정부는 국내 노동자를 보호하기 위해 미국으로 이주하는 외국인 이민자 수를 제한하고 있다. 그러나 외국인 노동자가 마음대로 미국으로 입국할 수는 없지만 적어도 외국인 노동자가 생산하는 수입품에 체화된 외국인의 노동력은 미국 국경을 자유롭게 넘는다. 따라서 상품무역은 미국 노동자와 경쟁하는 이민과 똑같은 영향을 미칠 수 있다.

외국 노동자는 착취당하는가 아니면 기회를 얻는가 국제화의 반대론자들은 국제화는 착취를 하는 것이라고 주장한다. 중국에서 수입한 셔츠를 살 때, 중국 노동자는 미국에서 법적으로 허용하는 최소한의 근로조건에 훨씬 못 미치는 열악한 환경 속에서 시간당 2달러 미만의 임금을 받을 것이다. 따라서 반대론자들은 이러한 열악한 환경에서 만든 값싼 셔츠를 사는 것은 부도덕하고 노동을 착취하는 것이라 주장한다. 이러한 주장에 동의하는가?

대답 전에 기회비용의 원리를 생각하면서 "아니면 무엇을?" 반론을 고려해보자. 미국인들이 셔츠 구입을 중단한다면, 중국에서 셔츠를 생산하는 노동자들은 어떻게 될까? 많은 중국 노동자들에게 차선책은 더 낮은 임금을 받는 것이다. 시간당 2달러는 미국인에게는 낮은 임금이지만 중국 시골의 많은 사람들에게는 삶의 질을 크게 향상시킬 수 있는 금액이다.

이 논쟁은 '공정무역' 대 '자유무역'에 대한 논쟁과 관련이 있다. 공정무역과 자유무역을 이야기하는 사람들은 모두 미국은 가난한 국가와 무역을 계속해야 한다는 데에는 동의한다. 그러나 '공정무역'을 주장하는 사람들은 미국은 수입품에 대해 가난한 수출국의 노동자가 적절한 삶의 질을 누릴 수 있을 정도의 높은 가격을 지불해야 한다고 주장한다. 또한 미국이 체결하는 새로운 무역협상에는 최소 노동기준에 관한 내용을 포함할 것을 요구한다. 공정무역 옹호자들은 미국에게 더 높은 가격이라는 비용이 발생하지만, 공정무역을 통해 외국 노동자에게 더 나은 작업환경과 높은 소득을 보장할 수 있다고 믿는다.

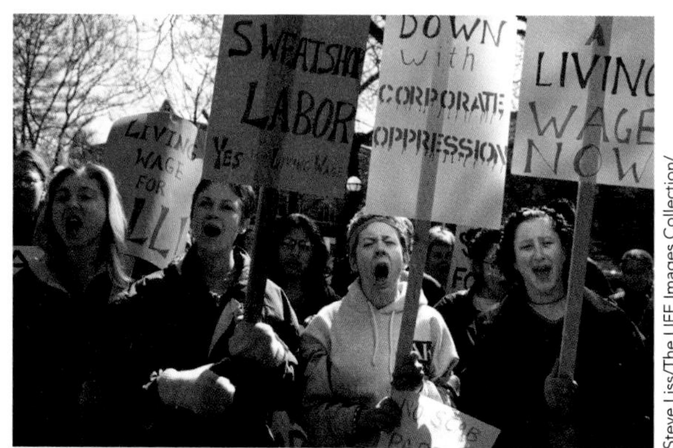

Steve Liss/The LIFE Images Collection/Getty Images

노동 착취에 반대하는 대학생들은 대학에 공정무역 구매정책을 채택하도록 압력을 가했다.

그러나 높은 가격은 수요량 감소를 초래한다. 따라서 공정무역에 따라 거래된 셔츠에 대한 수요는 감소하게 될 것이다. 결과적으로 공정무역으로 인해 공정무역 옹호론자가 도우려 했던 노동자들은 직장을 잃을 수 있다. 공정무역에 대한 당신의 생각은 무엇인가?

함께 해보기

세계는 점점 작아지고 있다. 국가들은 무역장벽을 허물고 있으며, 무역비용은 빠르게 감소하고, 통신기술은 극적으로 발전하고 있다. 우리의 삶은 인류 역사상 그 어느 때보다도 지구상의 다른 부분과 긴밀하게 통합되어 있다. 이 장에서는 국제무역이 국내시장을 어떻게 변화시키고 있는지 이해할 수 있는 도구를 제공하였고 국제화의 기회와 위협을 모두 살펴보았다.

일반 대중과 비교하여 경제학자들이 무역을 보는 방식에는 미묘하지만 중요한 차이가 있다. 경제적 관점을 독특하게 만드는 몇 가지 이유는 아래에서 설명하고 있다.

무역은 경쟁이 아닌 협력에 관한 것이다. 무역은 좋은 상대방을 찾으면 모두 행복해질 수 있다는 점에서 좋은 결혼과 같다. 자발적 교환의 마술은 사람들이 어디에 사는지에 상관없이 구매자와 판매자 모두 더 나아지도록 만든다. 그러나 무역은 종종 한 국가가 이기면 다른 국가는 지게 되는 경쟁으로 묘사되기도 한다.

무역을 경쟁으로 보는 시각은 무역을 고정된 파이를 놓고 싸우는 것으로 보는 오류를 범하는 것이다. 무역은 작업을 더 효율적으로 수행하도록 작업을 재배분하는 것이고 궁극적으로 모든 사람이 원하는 것을 더 많이 얻을 수 있도록 협력하는 것이다. 국제무역의 정수는 사과를 더 싸게 수입함으로써 더 큰 사과파이를 구울 수 있다는 것이다.

무역은 국가가 아닌 사람들이 하는 것이다. 무역에 관한 이야기에서 경제학자들은 국가가 아닌 사람에 대해 이야기한다. 이는 무역은 국가가 하는 것이 아니라 사람들이 하는 것이기 때문이다. 셔츠는 미국이 사는 것이 아닌 미국인이 사는 것이다. 무역은 전쟁이 아니라 수백만 명의 사람들이 더 나은 거래를 위해 한 번도 만난 적 없는 낯선 이들과 협력하는 것이다.

무역은 단지 사업에 관한 것은 아니다. 소비자도 중요하다. 비경제학자가 '경제'를 생각할 때, 다른 국가로 이주한 자동차 공장과 같은 사업에 집중하는 경향이 있다. 많은 사업이 저렴한 수입 제품들로 인해 위협받는다는 점에서 이러한 견해가 틀린 것은 아니다. 그러나 경제학자가 경제를 분석할 때는 생산자뿐만 아니라 소비자도 고려한다. 저렴한 수입상품은 일부 일자리를 위협할 수 있으나 미국 노동자에게 월급을 올릴 수 있는 기회를 제공하여 생활 수준을 높일 수 있다. 저렴한 가격에 노트북이나 휴대전화를 교체하거나 멋진 옷을 사게 된다면 이는 저렴한 수입품의 혜택을 누리는 것이다.

무역은 단지 위협이 아니라 기회이다. 자동차 공장의 일자리를 잃은 노동자에게 무역으로 인한 위협은 현실이다. 그러나 일부 자동차 공장이 문을 닫는 것처럼 수십 개의 새로운 사무실 건물이 생겨난다. 일부 기업은 축소되지만 다른 기업은 80억 명을 가진 세계시장에 판매할 수 있는 기회를 통해 이익을 얻을 수 있는 방법을 찾는다.

그러나 무역에 대한 경제적 사고가 명확성을 제공할 수 있듯이 사각지대도 존재한다.

무역은 단지 기회가 아니라 위협이다. 때때로 경제학자들은 비용-편익의 원리에 따른 결과에 너무 집중하기도 한다. 즉, 무역이 파이를 키운다는 점에만 집중하고 무역이 파이를 재분배한다는 사실을 놓친다는 것이다. 외국 공장의 노동자가 당신의 파이 한 조각을 받았다면 당신은 더 큰 파이만을 중요하게 여기는 경제학자의 생각을 이해하지 못할 것이다.

무역은 단기적으로 혼란을 야기한다. 경제학자들은 장기적인 효과에 집중한 나머지 단기적인 충격은 매우 다를 수 있다는 점을 간과한다. 무역은 장기적으로 파이의 크기를 키울 수 있지만 단기적으로 사람들을 다른 파이 만드는 역할에 재배치하는 데에는 많은 혼란이 따른다. 이러한 일시적인 효과가 어떤 사람들에게 거의 영구적이라고 느껴질 정도로 오래(때로는 수년) 지속될 수 있다는 점에서 경제학자들은 이러한 단기적인 혼란에 더 많은 주의를 기울일 필요가 있다.

무역은 단순히 경제에 관한 것이 아니다. 국제화에 대한 불안은 경제에만 국한되는 것은 아니다. 자동차 공장 폐쇄는 단순히 일자리를 잃는 것을 넘어 도시의 황폐화나, 특정한 삶의 방식의 절단, 또는 지역 전통의 상실을 의미할 수 있다. 세계가 더 통합됨에 따라 지역 및 국가 문화는 더욱 유사해지고 있다. 따라서 국제화는 파이의 크기나 파이의 분배 방식뿐만 아니라 파이의 맛에 관한 것이다.

국제통합은 우리 삶에서 중요한 요인으로 지속될 것이다. 당신의 앞날을 설계할 때, 국제통합이 가져올 엄청난 기회로부터 어떻게 이익을 얻을 수 있는지에 대한 방법을 생각해야 한다.

한눈에 보기

비교우위는 국제무역을 이끌어낸다.

비교우위의 원천 : 풍부한 자원 | 특화된 기술 | 대량생산

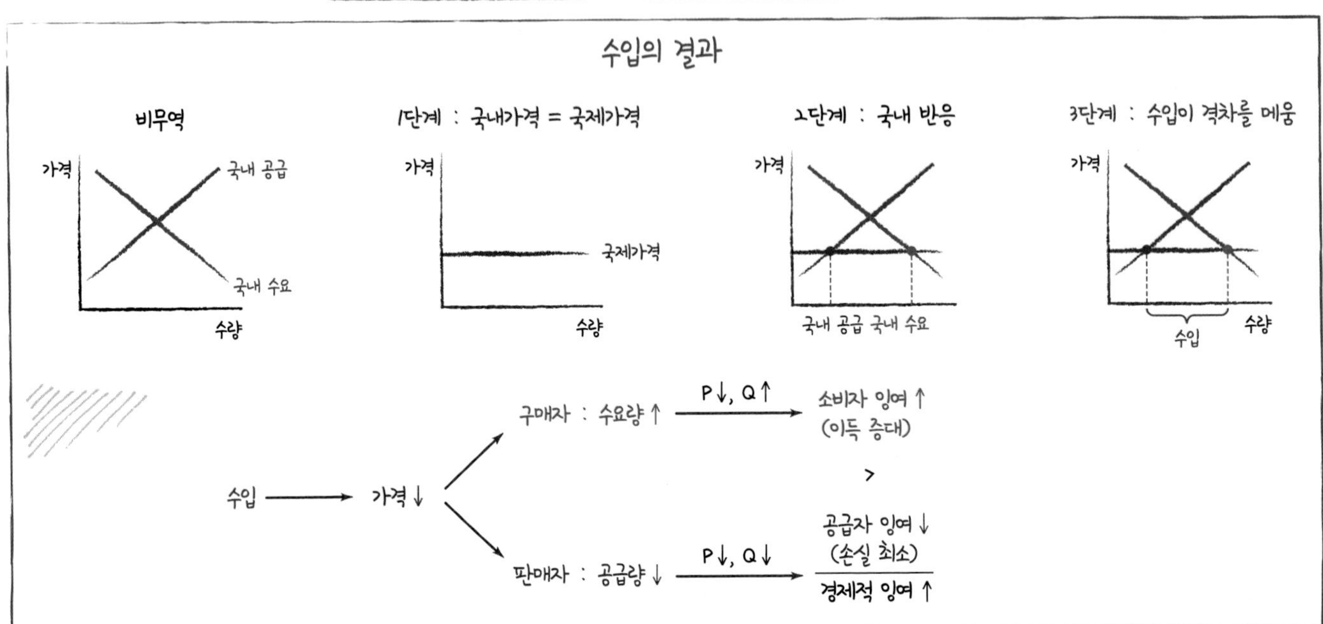

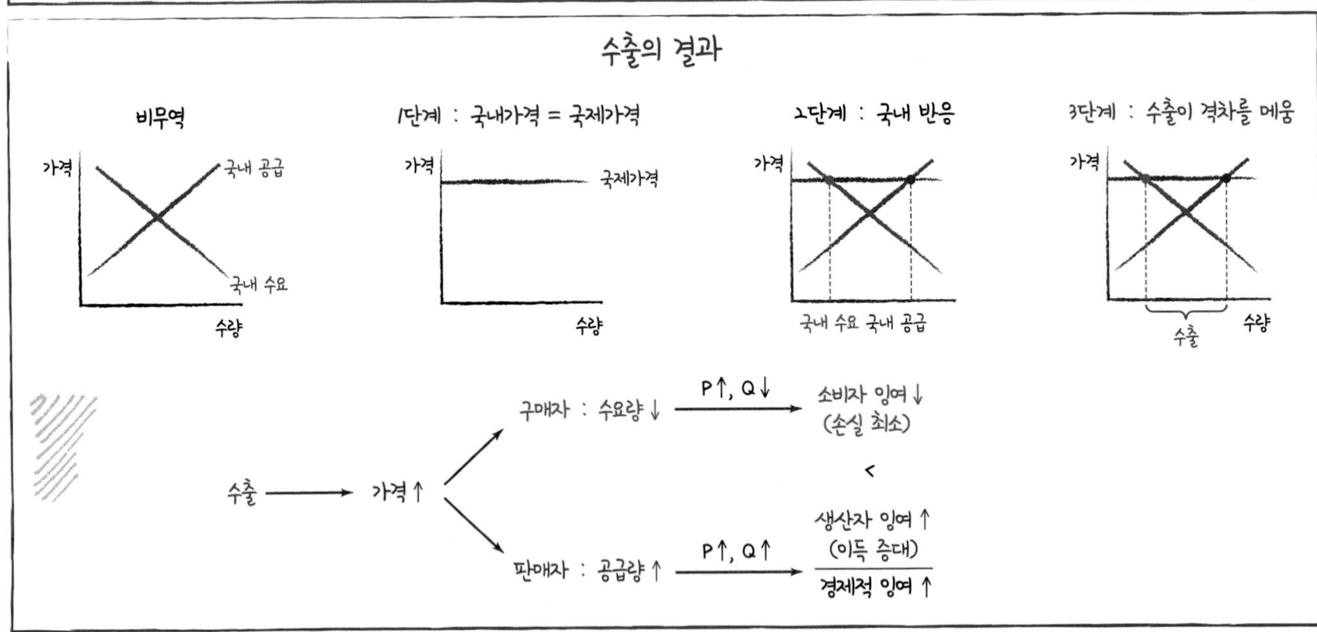

교역 제한에 대한 주장

1. 국가안보
2. 유치산업
3. 불공정 경쟁 방지
4. 최소한의 규제 작동
5. 일자리 보호

통상정책

1. 관세 : 수입품에 대한 세금
2. 수입쿼터
3. 관료적 형식주의
4. 환율조작
5. 자유무역협정(WTO)

국제화 : 다국가 간의 경제, 정치, 문화적 통합의 증가

핵심용어

관세	국제가격	수입
국내 공급곡선	국제화	수입쿼터
국내 수요곡선	무역비용	수출

토론과 복습문제

학습목표 9.1 왜 다른 국가와 교역을 하는지 살펴본다.

1. 새 집에 캐비닛을 설치하기 위해 고용된 메건은 캐비닛을 직접 만들지 아니면 동네 캐비닛 상점에서 구입할지를 결정해야 한다. 그녀의 결정에서 비교우위는 어떤 역할을 하는가? 그녀가 외국 공급 업체로부터 캐비닛을 구입해야 한다면 대답이 바뀌는가? 이것이 당신의 답변에 영향을 미치는 이유와 그렇지 않은 이유를 설명하라.
2. 왜 커피, 꽃, 바나나 그리고 열대과일이 콜롬비아의 주요 수출품목이 되고 있다고 생각하는가?
3. 아래 항목들에 대하여, 각각의 항목이 어떻게 비교우위의 원천이 되는지를 예를 들어 설명하라.
   a. 풍부한 자원
   b. 특화된 기술력
   c. 대량생산

학습목표 9.2 수요/공급 곡선을 이용하여 국제무역의 결과를 평가한다.

4. 1994년에 체결된 북미자유무역협정(NAFTA)은 미국, 캐나다 및 멕시코 간의 무역장벽을 감소시켰다. NAFTA 지지자들은 무역장벽을 줄이면 소비자 물가가 낮아지고 교역의 증가가 미국에서 더 많은 일자리를 창출할 것이라고 주장하였다. 왜 이것이 발생할 수 있는지 간단히 설명하라.
5. 2016년 대선 캠페인에서 민주당 후보인 버니 샌더스와 공화당 후보인 도널드 트럼프는 모두 NAFTA가 미국 일자리에 부정적인 영향을 미친다고 비난했다. 특히 그들은 제조업 일자리에 미치는 영향을 언급하였다. 자유무역협정이 미국의 일자리에 어떤 방식으로 부정적인 영향을 미칠 수 있는가?

학습목표 9.3 국제무역의 찬반론에 대해 평가한다.

6. 다음 각 국제무역 제한 사건에 대하여 무역 제한의 근거를 간략히 설명하고 반론을 제시한다. 가장 설득력 있는 주장은 무엇인가?
   a. 국가 안보를 위해서는 우리 자신에게 전략적으로 중요한 물건은 직접 생산해야 한다.
   b. 정부의 보호는 유치산업의 발전을 도울 수 있다.
   c. 반덤핑법은 불공정 경쟁을 방지한다.
   d. 무역은 규제를 피하는 방법이 되어서는 안 된다.
   e. 외국과의 경쟁은 일자리 손실로 이어진다.

학습목표 9.4 정부가 왜 그리고 어떻게 국제무역을 조정하는지 이해한다.

7. 2018년 1월 도널드 트럼프 대통령은 수입 가정용 세탁기에 20~50%의 관세를 부과했다. 이로 인해 미국에서 가정용 세탁기를 생산하는 월풀은 200명의 추가 근로자를 고용한다는 계획을 발표하였다. 수입 세탁기에 대한 관세가 월풀이 부과할 수 있는 가격과 세탁기 공급량에 어떤 영향을 미치는지 설명하라. 이러한 변화로 인해 월풀이 더 많은 근로자를 고용하는 이유는 무엇인가?

   두 달 후 트럼프 대통령은 철강 수입에 25% 관세를, 알루미늄 수입에 10% 관세를 부과하였다. 월풀은 이러한 관세가 생산비용에 미치는 영향을 빠르게 느꼈다. 6월에 미국 노동부는 세탁기 생산비용이 17% 증가했다고 추정하였다. 철강 관세가 월풀의 채용 계획에 어떤 영향을 미칠 수 있는지 설명하라.

학습목표 9.5 국제화가 우리 삶을 어떻게 변화시키는지 고찰한다.

8. 키말라는 인도네시아의 공장 노동자로 시간당 약 1달러를 받으며 미국으로 수출할 티셔츠를 생산한다. 어떤 사람들은 이 임금이 착취적이고 불공평하다고 주장하고 다른 사람들은 그녀가 자유무역의 혜택을 보여주는 훌륭한 예라고 주장한다. 경제적 사고를 사용하여 각각의 주장 뒤에 있는 경제적 추론을 설명하라.

학습문제

학습목표 9.1 왜 다른 국가와 교역을 하는지 살펴본다.

1. 미국으로 수입되는 다음 각 상품에 대해 비교우위의 세 가지 원천(풍부한 자원, 전문화된 기술 또는 대량생산) 중 해당 국가의 비교우위를 설명하는 것은 무엇인지 확인하라.
   a. 미국은 2017년 일본에서 398억 달러 상당의 승용차를 수입했다.

b. 미국은 2017년 스위스에서 30억 달러 상당의 시계와 보석을 수입했다.

c. 미국은 2017년 방글라데시에서 39억 달러 상당의 면 의류 품목을 수입했다.

학습목표 9.2 수요/공급 곡선을 이용하여 국제무역의 결과를 평가한다.

2. 미국에서 소비되는 대부분의 신선한 과일은 수입품이며 대부분 멕시코, 칠레, 과테말라, 코스타리카에서 생산된다. 수입되는 과일의 비율은 1975년 23%에서 2016년 53%로 증가하였다. 이러한 증가의 대부분은 개선된 운송 및 저장 기술과 관련된 운송 비용의 감소 때문일 수 있다.

   국내 공급 및 수요 그래프를 사용하여 미국 내 과일 시장에 대한 수입의 영향을 설명하라. 모든 관련 곡선에 적절하게 표시를 달고, 국제무역 이전의 시장 결과와 예상 결과를 표시하라. 또한 가격, 수요량, 공급량 및 수입량을 표시하라. 소비자가 과일에 지불하는 가격은 어떻게 되며 이것이 소비자 잉여에 어떤 영향을 미치는가? 그래프를 사용하여 답을 설명하라.

3. 2019년 초 미국은 평균 배럴당 57달러의 가격으로 매일 약 600만 배럴의 원유를 수입하였다. 미국 원유의 국내 수요와 공급은 아래 그래프와 같다.

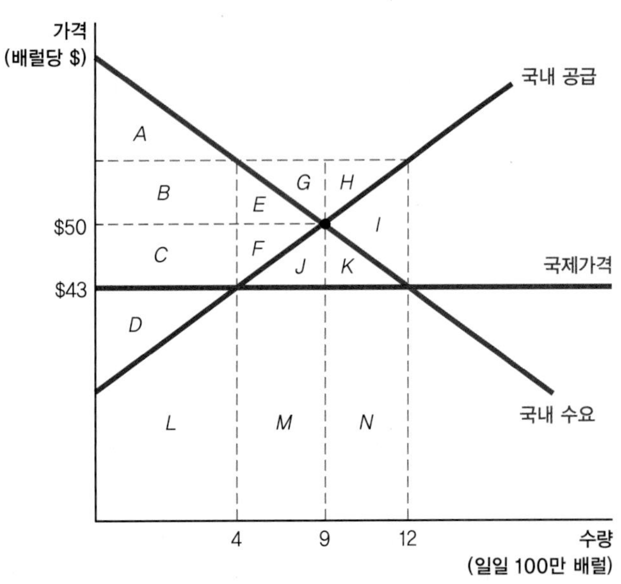

적절한 문자와 숫자를 사용하여 다음 표를 완성하라.

	무역이 없을 때	무역이 있을 때
국내 공급량		
국내 수요량		
수입량		
소비자 잉여		
생산자 잉여		

4. 아래 표의 데이터를 사용하여 미국 사과의 수요 및 공급곡선을 그리라.

가격 (사과당)	국내 수요량 (연간 100만 파운드)	국내 공급량 (연간 100만 파운드)
$0.15	9,300	7,580
$0.30	8,440	8,440
$0.45	7,580	9,300
$0.60	6,720	10,160

a. 무역이 없을 경우의 균형 가격과 수량은 얼마인가?

b. 세계시장에서 사과가 거래되는 가격이 국내 가격보다 사과당 0.15달러 높다면 사과의 국제가격은 얼마인가?

c. 미국이 국제무역을 허용하는 경우 미국에서 국내에서 생산되는 사과는 몇 개이고 미국에서 소비되는 사과는 몇 개인가?

d. 미국은 사과를 수입하거나 수출하는가? 얼마나 수입 혹은 수출하는가?

e. 무역으로 인해 소비자 잉여는 증가하거나 감소하는가? 생산자 잉여는? 총 경제적 잉여는?

학습목표 9.3 국제무역의 찬반론에 대해 평가한다.

5. 미국은 국내 자동차 산업이 존재함에도 불구하고 많은 자동차를 수입한다. 다음은 미국의 자동차 수입을 제한해야 한다는 주장이다. 각 주장이 반박하려는 미국 산업에 대한 위협과 그 주장이 맞을 경우에 포기해야만 하는 기회를 식별하라.

a. "외국 제조업체들은 안전하지 않고 건강에 해로운 공장에서 운영하는 값싼 외국 노동력으로 만든 자동차를 수출한다. 우리는 이러한 착취를 방지하기 위해 법을 통과시켜야 한다."

b. "우리는 자동차 산업을 진정으로 바꿀 수 있는 테슬라와 같은 소형 자동차 회사의 혁신을 육성해야 한다. 외국 전기차 제조업체가 미국에서 자동차를 판매하도록 허용하는 것은 이러한 자동차를 국내에서 생산할 기회를 낭비하게 된다."

c. "닛산이나 BMW에서 차를 사면 안 된다! 당신은 미국 노동자들을 직장에서 쫓아내고 있다."

학습목표 9.4 정부가 왜 그리고 어떻게 국제무역을 조정하는지 이해한다.

6. 미국은 세계에서 다섯 번째로 큰 설탕 소비국이자 다섯 번째로 큰 설탕 생산국이다. 미국 설탕산업은 1789년 의회가 외국산 설탕에 대한 최초의 관세를 제정한 이래로 외국 수입설탕으로부터 보호받고 있다.

   설탕의 국제가격은 2019년 초에 파운드당 약 0.12달러였다. 아래 표를 사용하여 얼마나 많은 설탕이 국제가격에서 국내에서 공급되고 수요되는지 알아보라. 얼마의 설탕이 미국으로 수입되는가?

그래프로 나타내라.

가격 (파운드당)	국내 수요량 (연간 100만 파운드)	국내 공급량 (연간 100만 파운드)
$0.06	36,000	4,500
$0.12	30,000	9,000
$0.18	24,000	13,500
$0.24	18,000	18,000

미국이 설탕 1파운드당 6센트의 관세를 부과할 경우, 그래프에 미국의 설탕 가격, 수입, 국내 소비자 잉여, 국내 생산자 잉여 및 정부수입이 어떻게 변할 것인지를 보이라.

7. 역사적으로 미국은 담배에 대해 수입 관세를 부과하였다. 이 관세가 담배 시장에 어떤 영향을 미치는지 살펴보라. 담배에 대한 국내 수요와 공급은 아래 그래프에서 보여주고 있다.

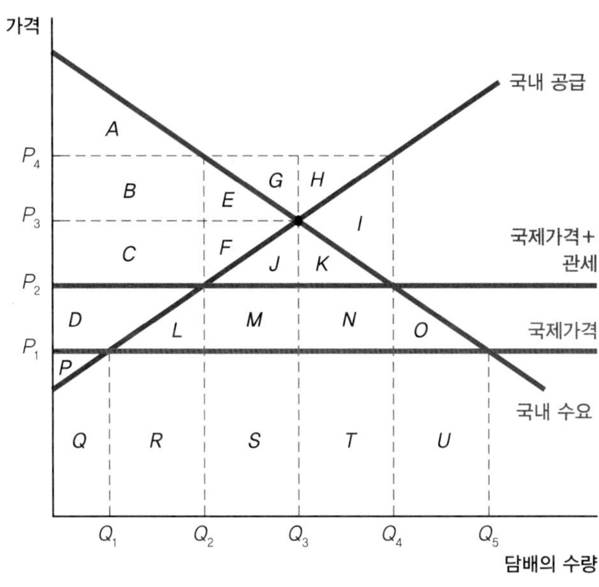

a. 적절한 문자와 숫자를 사용하여 아래 표를 완성하라.

	무관세	관세	차이
가격			
국내 수요량			
국내 공급량			
수입			
소비자 잉여			
생산자 잉여			
정부 관세 수입			
총 경제적 잉여 (정부 관세수입 포함)			

b. 정부가 관세 대신에 시장에 동일한 효과를 가지는 쿼터로 대체하기로 결정하였다면 수입을 얼마로 제한해야 하는가?

학습목표 9.5 국제화가 우리 삶을 어떻게 변화시키는지 고찰한다.

8. "Made in Indonesia" 태그가 있는 새 셔츠를 5달러에 구매하려고 한다. 당신은 인도네시아 섬유 노동자들의 근로조건이 얼마나 끔찍한지에 대해 말하면서 "셔츠에 10달러만 내면 모든 작업장 노동자들이 훨씬 나아질 것"이라고 말하는 친구와 쇼핑을 하고 있다. 이 주장의 결함은 무엇인가?

CHAPTER 10

외부성과 공공재

목표

당신의 선택이 다른 사람에게 영향을 미칠 때 어떤 일이 일어나는지 탐구한다.

10.1 외부성의 정의
외부성을 정의하고 외부성의 파급효과를 알아본다.

10.2 외부성의 문제
외부성이 어떻게 시장이 비효율적인 성과를 내게 하는지 분석한다.

10.3 외부성 문제 해결 방안
외부성 문제를 어떻게 해결하는지 배운다.

10.4 공공재와 공유지의 비극
사용을 배제할 수 없을 때 나타나는 외부성 문제를 해결하는 방법을 이해한다.

지구가 뜨거워지면서 빙하는 녹고 해수면은 상승하고 있다. 이러한 사태가 지구의 기후를 변화시켜 홍수와 가뭄 같은 극단적인 자연재해가 빈번해졌다. 결과적으로 수천 종의 생물은 서식지가 파괴되면서 멸종위기에 처했다. 기후변화는 농작물 작황에 악영향을 미쳐 인류도 위기에 처해 있다. 과학자들은 만약 지금 상황이 그대로 이어진다면 모든 도시는 결국 물속에 잠길 것이라고 주장한다.

온실가스의 비용은 모든 이들의 몫이 된다.

airphoto.gr/Shutterstock

이 모든 격변의 주된 원인은 온실가스의 증가이다. 사실 온실가스는 우리 행성을 담요처럼 덮어 우주 공간의 극단적인 온도로부터 우리를 보호해준다. 문제는 이 담요가 점점 두꺼워져서 지구를 데운다는 데 있다. 지난 150년 동안의 온실가스는 화석연료를 태우면서 증가하였다.

그러나 경제학자들은 과학의 영역을 벗어나 지구온난화의 보다 깊은 원인을 탐구하였으며, 그 뿌리에 시장 실패가 자리 잡고 있다는 점을 보았다. 문제는 여기에 있다: 우리 중 한 명이 화석연료를 태우는 결정을 할 때마다 뒤따르는 공해물질은 우리 모두에게 영향을 미친다. 이것이 의미하는 바는 화석연료를 사용한다는 어떤 이의 결정이 가져오는 모든 파급효과를 그 사람만이 짊어지지 않는다는 것이다. 사람들은 그들이 다른 사람들의 복지에 미치는 악영향에 대해 책임지지 않기 때문에 사회의 최적 수준보다 더 많은 화석연료를 사용하게 된다.

이러한 유형의 문제는 기후변화에 국한되지 않는다. 이 장에서는 사람들이 자신들의 행동이 초래하는 모든 비용과 편익을 부담하지 않을 때 그들은 종종 제3자의 이해관계를 무시하는 결정을 한다는 점을 발견할 것이다. 당신의 사적 이익과 사회 전체의 이익 간의 긴장을 해소하지 못하면 시장, 공동체, 기업은 바람직하지 못한 선택을 할 수 있다.

그러나 이러한 문제들이 피할 수 없는 것은 아니다. 이 장의 중반부터 우리는 사람들의 유인체계를 바꿔서 그들이 공공의 이익에 더 부합하는 방향으로 결정하게 만드는 방법들을 탐구하면서 해결 방안을 모색하고자 한다. 이를 통해 당신은 당신의 공동체, 회사, 그리고 지구에 더 유익한 결과를 끌어내기 위해 사용할 수 있는 일련의 정책도구들을 가지게 될 것이다.

10.1 외부성의 정의

학습목표 외부성을 정의하고 외부성의 파급효과를 알아본다.

차를 몰고 직장이나 학교를 가려는 결정은 다른 사람들에게도 영향을 주기 때문에 순전히 당신만의 문제가 아니다. 차를 운행할 때 사용하는 에너지는 공해물질을 배출한다. 만약 차가 휘발유로 운행된다면 해로운 가스를 내뿜을 것이고 다른 사람들이 들이마시는 공기를 더럽힐 것이다. 또한 차를 몰고 다니면 교통체증에 일조하여 다른 사람들의 출퇴근 시간을 더 길게 만든다. 그리고 자동차 사고로 매년 3만 명 이상의 미국인이 목숨을 잃고 있다. 차를 운전하는 도로마다 마모와 손상을 일으키면서도 수리비를 지불하지 않는다. 오히려 납세자 전체가 공동으로 부담하게 된다.

외부성 이해관계가 고려되지 않은 제3자에게 영향을 주게 되는 행위의 부수적인 효과

자동차 운전은 외부성을 포함하기 때문에 당신만의 문제가 아니다. **외부성**(externality)이란 이해관계가 고려되지 않은 제3자에게 영향을 주게 되는 행위의 부수적인 효과를 말한다. 외부성은 비효율적인 상태인 시장 실패를 야기하기 때문에도 중요하다. 시장 실패는 당신의 선택에 의해 영향을 받으면서도 그 선택에 쉽게 영향을 줄 수 없는 제3자가 있을 때 발생한다. 결과적으로 그 제3자의 이익은 무시되거나 경시된다. 이 장의 핵심적인 통찰력은 사람들이 자신의 행동의 파급효과를 완전히 인식하지 못하고 결정을 내릴 때 (즉, 외부성이 있을 때), 나쁜 결과가 도출될 수 있다는 것이다.

외부성의 유형

부정적 외부성 제3자에게 비용을 초래하는 행동

긍정적 외부성 제3자에게 편익을 주는 행동

제3자에게 비용을 초래하는 행동을 **부정적 외부성**(negative externality)이라고 부른다. 예를 들어, 배기관을 통해 뿜어져 나오는 것들은 그 오염물질을 들이마시는 다른 사람들에게 해를 끼치기 때문에 부정적 외부성이다. 반대로 어떤 행동들은 **긍정적 외부성**(positive externality)과 관련 있다. 이것은 제3자에게 편익을 가져오는 행동이다. 예를 들어, 독감 예방접종을 한다면 아프지 않게 해주는 것뿐만 아니라 당신이 독감을 옮길 수 있는 위험을 줄여 친구들을 보호하는 기능도 한다.

부정적 외부성은 다른 이에게 비용을 초래한다. 다음의 부정적 외부성의 예들은 어떻게 나의 선택이 부수적으로 다른 사람들에게 해를 끼치게 되는지를 잘 보여준다.

Roman Rvachov/Shutterstock

콘서트장에서 일어서 있는 사람은 부정적 외부성을 만든다.

- 만약 내가 콘서트장에서 계속 서 있다면 당신은 무대를 보기 어려울 것이다.
- 만약 내가 당신 근처에서 담배를 피운다면 당신은 간접흡연으로 암에 걸릴지도 모른다.
- 만약 내가 항생제를 남용하면 내성 있는 박테리아 변종이 생길 가능성이 높아져 당신에게는 항생제의 효과가 떨어지게 된다.
- 만약 내가 큰 SUV 차량을 운전하기로 결정했다면, 충돌 시 타인의 생명을 위협하는 중상을 입힐 수 있다.
- 만약 내가 경제학 원론 수업 시간에 시끄럽게 떠들면 당신이 습득할 내용은 줄어든다.
- 만약 내가 SNS에 가짜 뉴스를 퍼트리면, 당신은 불쾌하거나 시간 낭비를 할 것이다.

부정적 외부성은 사람들이 자신의 결정이 다른 사람에게 끼칠 손해를 완전히 고려하지 않고 결정하기 때문에 문제들을 야기한다. 예를 들어, 인터넷 공간에서 선동적이거나, 공격적이거나, 불쾌한 내용들을 지속적으로 유포하는 사람들은 다른 사람들을 생각하지 않기 때문에 악의 없이 그저 재미로 글을 올린다고 생각한다. 하지만 그들이 다른 사람들에게 초래한 비용을 강제로 보상하게 한다면 그들은 그런 행위를 줄일 것이다. 사람들은 자신들이 만든 부정적 외

부성이 초래한 비용을 책임지지 않을 때 사회적 최선 상태에서보다 그러한 행동을 더 많이 하게 된다.

긍정적 외부성은 다른 이에게 편익을 가져다준다. 긍정적 외부성도 제3자에게 영향을 미치지만 그 부수적 효과는 다른 이들에게 편익을 준다. 다음의 예들은 중요한 긍정적 외부성을 설명해준다.

- 당신이 나무를 심으면 나무는 이산화탄소를 산소로 바꾸어 주변의 공기 질을 좋게 만든다.
- 당신이 거실에 대형 텔레비전을 설치하면 가족이나 친구들은 영화를 잘 볼 수 있다.
- 당신이 열심히 일하여 돈을 많이 벌면 세금도 많이 내게 되므로 학교, 공원과 같이 주민들에게 혜택이 돌아가는 정부 서비스의 공급에 도움을 줄 것이다.
- 당신이 새롭고 혁신적인 발명을 하면 기업들은 그 아이디어를 이용하여 새로운 제품들을 출시할 수 있다.
- 당신이 스터디 모임을 열심히 준비하면 친구들은 당신 덕을 볼 것이다.
- 당신이 운동을 규칙적으로 하면 당신은 더 건강해지고 그러면 병원에 갈 일이 줄어들어 건강보험회사는 이익을 볼 것이다.

긍정적 외부성은 당신의 행동이 다른 이들에게 도움을 주기 때문에 좋은 것처럼 들린다. 그러나 사람들은 자신의 선택이 제3자에게 주는 긍정적 부수 효과를 모두 고려하지 않고 의사결정을 하기 때문에 이 또한 시장 실패로 이어진다. 결과적으로 사람들은 사회적 최선 상태에서보다 사회적으로 유용한 활동들을 적게 할 것이다. 이는 사람들이 사회로 돌아가는 혜택을 제대로 고려한다면 더 좋은 성과가 나타날 수 있다는 것을 의미한다.

예를 들어, 당신이 독감 예방접종을 할지 말지를 결정할 때 비용-편익의 원리를 적용하여 25달러라는 접종 비용과 독감 예방 효과라는 편익을 비교할 수 있다. 만약 당신이 독감에 걸릴 것 같지 않다고 생각한다면 올해 예방접종은 건너뛸 것이다. 이때 당신은 본인에게 예방접종의 편익이 25달러보다 크지 않다고 생각한 것이다. 그러나 이것은 당신 학급을 위한 최선의 선택은 아닐 수 있다. 결국 예방접종은 당신을 지켜줄 수 있을 뿐만 아니라 당신의 학급 급우들도 당신에게 독감이 전염될 위험을 줄여준다. 비록 당신 개인에게 예방접종의 비용이 25달러라고 하더라도, 학급 급우들에게 돌아가는 편익을 생각하면 총편익은 그 비용보다 크다. 당신에게 결정하라고 맡겨 놓으면 아마도 학급 전체의 이익보다는 당신 자신의 이익에 충실한 선택을 하게 될 것이다. 보다 일반화시켜 말한다면, 사람들이 긍정적 외부성과 관련된 편익을 제대로 고려하지 않을 때 사회적 최선 상태에서보다 그러한 행동을 더 적게 하게 된다.

경제학 실습

지금 당신이 듣고 있는 경제학 수업과 관련된 상호작용을 생각해보라. 학교에 가고 숙제를 하고 조별과제를 수행하고 중간고사를 준비하고 시험을 볼 때, 이러한 당신의 행동이 다른 사람들에게 영향을 미치는가? 누구에게 어떻게 미치는가? 당신은 다른 이들의 바람을 모두 반영하는가? 다시 말해서 여기서 무엇이 외부성인가? ■

정답

중요한 예 몇 가지를 들어 보면 다음과 같다. 당신이 수업시간에 떠들어대면 다른 학생들이 수업에 집중하기 어렵기 때문에 부정적 외부성을 발생시키는 것이다. 수업시간에 적절한 질문을 한다면 학급 전체가 보다 명확한 설명을 듣게 되고 이는 모두에게 이로운 긍정적 외부성이다. 만약 조별과제를 등한시 한다면 다른 조원들이 더 많은 짐을 지게 하는 것이므로 부정적 외부성을 발생시킨다. 친구들과 함께 공부하면서 어려운 개념들을 서로 이해시켜줄 때 긍정적 외부성이 나타난다. 한 학생이 시험에서 부정행위를 통해 A학점을 받았다면 다른 누군가는 억울하게 A학점을 박탈당하게 된다. 이것도 부정적 외부성이다.

가격 변화는 외부성이 아니다. 다음으로 넘어가기 전에 외부성에 대한 흔한 오해를 먼저 해소하고자 한다. 예를 들어, 집값이 오를 때 어떤 일이 발생하는가? 어떤 이들은 높은 집값이 무주택자들의 부담을 늘리기 때문에 부정적인 외부성이라고 불평하곤 한다. 그러나 그들은 한쪽 면만 보고 있다. 높은 집값은 구매자가 높은 가격을 지불하게 하지만 동시에 집을 파는 사람들이 얻게 되는 이익과 정확히 일치한다. 비록 당신이 갖고 싶은 집의 가격이 너무 비싸 구매를 포기하였다고 하더라도 누군가는 대신 그 집을 사게 된다. 이러한 전체적인 영향들을 모두 살펴보면 비용이나 편익을 발생시키지 않기 때문에 가격 변화를 외부성이라고 볼 수 없다. 가격 변화는 외부성이 아니라 구매자와 판매자 간의 재분배인 것이다.

이에 대해 또 다른 식으로 설명할 수 있다. 외부성은 고려의 대상이 되지 않았던 제3자에게 부수적 효과를 야기하는 것과 관련된다. 그러나 집을 얼마에 살 것인지를 결정할 때 구매자는 그와 관련된 자신의 이익을 충분히 따져보게 된다. 판매자도 마찬가지로 얼마에 집을 팔 것인지를 결정할 때 자신의 이익을 다 고려한다. 구매자와 판매자 모두 제3자가 아니라 의사결정자다. 가격 변화는 그들의 행동이 초래하는 부수적 효과가 아니라 협상의 주된 대상이다. 외부성은 시장을 통하지 않고 발생하는 부수적 효과이며 따라서 외부성이 시장 실패를 야기하는 것이다. 이와 대조적으로 판매자와 구매자의 행동에 따라 가격이 오르내릴 때는 시장이 정상적으로 작동하는 모습이 보일 뿐이다.

사적 이익과 공적 이익 간의 갈등

외부성은 사적 이익과 공적 이익 간의 긴장을 유발한다. 사적 이익은 개인적으로 얻게 되는 비용과 편익을 의미하지만 공적 이익은 사회 전체가 얻게 되는 모든 비용과 편익을 포함한다. 당신의 선택이 다른 사람들에게 영향을 미치지 않는다면 당신의 사적 이익이 공적 이익과 일치할 것이다. 그러나 만약 제3자에게 영향을 미친다면 사적 이익과 공적 이익 간의 갈등이 발생한다. 이러한 갈등으로 시장은 실패한다. 그 이유를 알아보기 위해 외부성이 구매자와 판매자의 의사결정을 어떻게 왜곡시키는지 살펴보자.

부정적 외부성은 외부비용을 유발한다. 휘발유를 만드는 과정에서 발생되는 외부성을 예로 들어보자. 석유정제시설이 원유를 자동차의 원료로 사용되는 휘발유로 변환시킨다. 제3장 공급편에서 석유정제회사가 휘발유를 얼마나 공급할지에 대한 의사결정과정을 살펴보았다. 여타 사업과 마찬가지로 휘발유 공급 결정은 추가적으로 한 단위 더 생산하기 위해 필요한 추가적인 비용을 의미하는 한계비용에 달려있다. 정유사는 비용–편익의 원리에 따라 추가적인 휘발유 생산으로 얻을 수 있는 수입이 한계비용보다 크거나 같을 때만 추가적인 생산에 들어간다.

그러나 정유사와 같은 판매자는 모든 한계비용을 감안하는 것이 아니라 회사가 지불하는 한계비용만을 보게 된다. 이 두 가지 한계비용의 개념을 구분해보자. 판매자가 지불하는 추가적인 비용을 **한계사적비용**(marginal private cost)이라고 부른다. 원유, 노동, 전기 등과 같은 정유사의 한계사적비용은 이윤에 직접적인 영향을 미치기 때문에 항상 관심의 대상이 된다. 하지만 정유사는 공해와 같은 부정적 외부성이 제3자에게 가하는 손해인 **외부비용**(external cost)을 치르지 않는다. 이것을 외부비용이라고 부르는 이유는 비용을 초래한 주체의 외부에 있는 대상에게 그 비용이 귀속되기 때문이다. 공급자는 외부비용을 지불하지 않기 때문에 공급 결정 과정에서 그 비용을 무시하는 경향이 있다. 그러나 외부성을 유발하는 생산은 한계사적비용뿐만 아니라 **한계외부비용**(marginal external cost), 즉 추가적인 생산으로 인해 제3자에게 발생하는 추가적인 외부비용도 초래한다.

한계사적비용 추가적으로 한 단위 생산물을 얻기 위해 판매자가 지불하는 추가 비용

외부비용 제3자에게 귀속되는 비용

한계외부비용 한 단위 추가함으로써 주변 제3자에 부과되는 추가적인 외부비용

지금까지 기업의 공급곡선은 그 기업의 한계비용곡선이라고 설명했었지만 기업이 한계외부비용을 감안하지 않을 때 공급곡선은 단지 한계사적비용 곡선일 뿐이다. 사회적 관점에서 보면 비용을 판매자가 지불하든지 제3자가 떠안든지 중요하지 않다. 사회적 관점에서 보면 추가적인 휘발유 1갤런을 생산하기 위한 적절한 한계비용의 개념은 **한계사회비용**(marginal social cost)이다. 한계사회비용은 판매자가 지불하는 한계사적비용과 제3자가 떠안게 되는 한계외부비용의 합이다.

한계사회비용 모든 한계비용의 합 = 한계사적비용 + 한계외부비용

한계사회비용 = 한계사적비용 + 한계외부비용

그림 10-1은 공급곡선과 한계사회비용곡선 간의 격차가 부정적 외부성임을 보여주고 있다. 판매자는 한계사적비용에 따라 생산하게 되어 공급곡선은 한계사적비용곡선이다. 한계사회비용은 한계외부비용도 포함한다. 따라서 한계사회비용곡선은 공급곡선 위에 놓이게 되고 그 간격은 한계외부비용만큼 벌어지게 된다.

그림 10-1 | 부정적 외부성

부정적 외부성은 공급곡선과 한계사회비용곡선 사이의 격차를 만들어낸다.

Ⓐ 공급곡선은 엄밀히 말해 한계사적비용곡선이다.
Ⓑ 한계외부비용은 제3자가 떠안게 되는 추가적인 비용이다.
Ⓒ 한계사회비용 = 한계사적비용 + 한계외부비용
그러므로 한계사회비용곡선은 공급곡선의 위에 위치하게 된다.

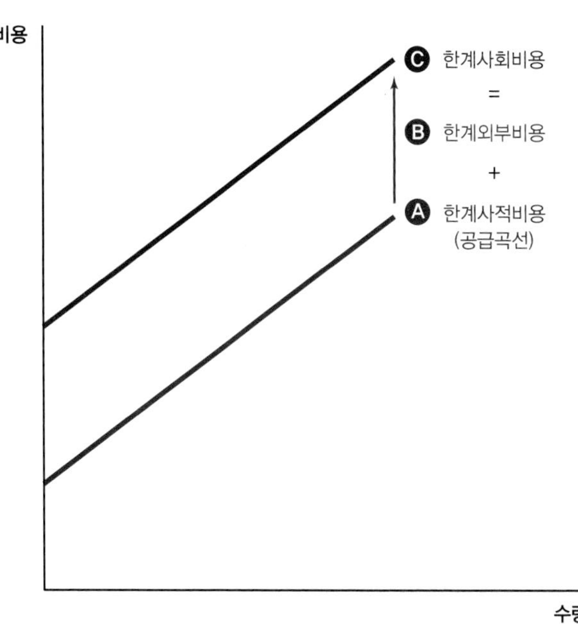

긍정적 외부성은 외부편익을 발생시킨다. 이제 긍정적 외부성을 비슷한 방법으로 분석해보자. 예를 들어, 독감 예방접종을 맞을지 말지를 결정할 때 그 비용과 편익은 명확하다. 예방접종을 하면 독감에 덜 걸리지만 시간을 들여 유쾌하지 않은 경험에 비용까지 지불해야 한다.

제2장에서 구매 결정은 한 단위 더 구매함으로써 얻게 되는 편익인 한계편익에 따라 이루어진다는 것을 배웠다. 그러나 판매자와 마찬가지로 구매자의 결정도 구매자에게 주어지는 추가적인 편익에 의해 이루어지기 때문에 엄밀히 말해 이 편익은 **한계사적편익**(marginal private benefit)이다. 이것은 구매자가 한 단위 추가로 구매한 것으로부터 얻게 되는 추가적인 혜택이다. 독감 예방접종의 경우 한계사적편익은 독감 예방 효과이다.

독감 예방접종으로 다른 사람에게 독감을 옮길 확률이 낮아져서 다른 사람들에게도 편익을 발생시킨다. 예방접종으로 주변 사람들이 더 안전하게 된 것은 긍정적 외부성이 제3자에게 가져다주는 편익인 **외부편익**(external benefit)이다. 긍정적 외부성이 있는 재화나 서비스를 추가적으로 한 단위 더 구입할 때, 그 추가적인 구매로 인해 제3자가 누리는 추가적인 외부편익인 **한계외부편익**(marginal external benefit)이 생긴다.

한계사적편익 추가적인 한 단위로부터 구매자가 얻게 되는 추가적인 편익

외부편익 제3자에게 귀속되는 편익

한계외부편익 추가적인 한 단위로부터 제3자에게 발생하는 추가적인 외부편익

한계외부편익을 받지 않는 구매자는 구매 결정을 할 때 외부편익을 고려하지 않을 개연성이 크다. 물론 만약 다른 사람들의 안전에 신경을 쓰는 사람이라면 예방접종이 다른 사람들에게 가져다주는 편익을 생각할 수도 있을 것이다. 상황이 어찌 되었든 간에 독감 예방접종을 하면 다른 사람들은 독감에 걸릴 확률이 낮아진다. 그러나 대부분의 사람들은 잘 모르는 다른 사람들이 받는 편익에 대해서는 별로 신경 쓰지 않는다. 즉, 개인적으로 누릴 수 있을 때만큼 다른 사람의 편익에 대해 관심을 갖지 않는 것이다. 솔직히 말해서 당신이 버스 안에서 독감을 옮길 수도 있는 어떤 낯선 사람에게 주어지는 그 편익에 대해 얼마나 많이 신경을 쓰는가?

이전 장에서 구매자의 수요곡선은 그들의 효용곡선이라는 것을 배웠다. 그런데 이 수요곡선은 그 구매자의 한계사적편익에 해당한다고 말하는 것이 더 정확하다. 그러나 사회적 관점에서 보면 편익이 누구에게 귀착되는지에 관계없이 편익은 좋은 것이다. 그래서 사회 전체에 관련된 한계편익을 **한계사회편익**(marginal social benefit)이라고 구분하고, 구매자에게 돌아가는 한계편익과 한계외부편익의 합으로 정의한다.

한계사회편익 누가 가져가느냐와 상관없이 발생하는 모든 한계편익으로 한계사적편익과 한계외부편익의 합이다.

한계사회편익 = 한계사적편익 + 한계외부편익

그림 10-2를 보면 긍정적 외부성은 독감 예방접종의 수요곡선과 한계사회편익의 차이에 해당함을 알 수 있다. 구매자는 한계사적편익에 따라 결정하기 때문에 수요곡선은 한계사적편익곡선이 된다. 그러나 사회적 관점에서 보면 외부편익도 고려해야 한다. 한계외부편익은 한계

그림 10-2 | 긍정적 외부성

긍정적 외부성은 수요곡선과 한계사회편익 간의 차이를 만들어낸다.

Ⓐ 수요곡선은 사실 한계사적편익곡선이다.
Ⓑ 한계외부편익은 제3자에게 돌아가는 추가적인 편익이다.
Ⓒ 한계사회편익 = 한계사적편익 + 한계외부편익
그러므로 한계사회편익곡선은 수요곡선보다 위에 위치한다.

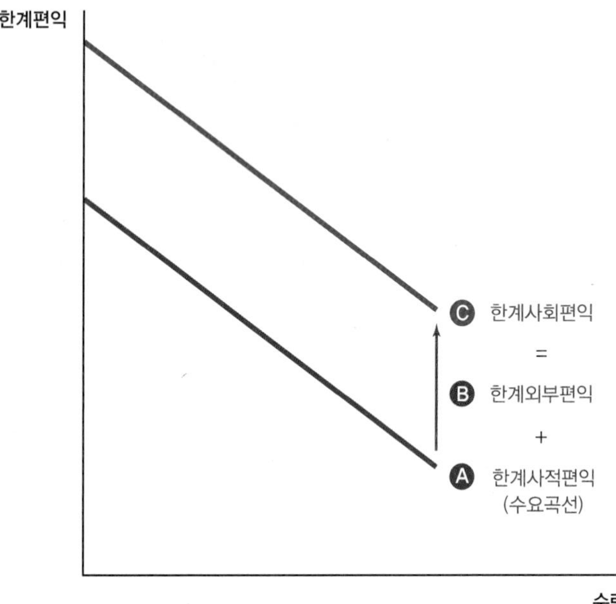

사회편익에 포함되어 한계사회편익곡선은 수요곡선 위에 위치하게 되고 그 간격은 한계외부편익의 크기에 비례한다.

지금까지 외부성이 어떻게 사회적 최선 상태와 판매자 · 구매자의 최선 상태 간에 차이를 만들어내는지 살펴보았다. 이제 이 차이 때문에 발생하는 문제점들을 살펴보도록 하겠다.

10.2 외부성의 문제

학습목표 외부성이 어떻게 시장이 비효율적인 성과를 내게 하는지 분석한다.

경제학의 핵심 주제는 수요와 공급이 만나는 시장은 최선의 결과를 가져다준다는 것이다. 이 주제는 너무도 중요해서 제7장에서 자세히 다루었다. 이제 여기에 제한적인 조건을 하나 추가해야 한다. 수요와 공급이 만나는 시장은 구매자와 판매자에게 최선의 결과를 가져다준다. 그러나 외부성이 있을 때, 고려해야 할 대상이 또 있다. 바로 다른 이의 의사결정에 의해 영향을 받는 제3자가 그들이다. 시장은 이 제3자의 이해관계를 무시하기 때문에 외부성이 있는 한 시장은 가장 효율적인 결과를 가져오지 못한다.

만약 시장이 사회에 최선의 결과를 가져다주지 못한다면 그렇게 되도록 만드는 것이 경제학자의 일이다. 이제 그 해결책을 찾아 가보자.

사회의 합리적 규칙

사회적으로 최적인 구매자, 판매자, 제3자의 모든 이해관계를 반영하여 사회 전체적으로 가장 효율적인 상태

구매자, 판매자, 제3자에게 발생하는 모든 비용과 편익을 감안하여 사회 전체적으로 가장 효율적인 결과인 **사회적으로 최적인**(socially optimal)을 찾아보자. 이 말은 가능한 한 경제적 잉여를 많이 가져다주는 재화의 수량을 찾는 것을 의미한다. 예를 들어, 휘발유 시장을 분석할 때 이렇게 묻는 것이다. 사회적 관점에서 볼 때 얼마나 많은 양의 휘발유를 생산해야 하는가?

이제 경제학의 핵심 원리들을 적용할 시간이다. 우리는 '얼마나 많이'라는 질문에서 출발했기 때문에 우선 한계의 원리를 적용해서 보다 간결한 질문에 초점을 맞춰보자: 만약 1갤런의 휘발유를 더 생산한다면 사회는 더 나아질 것인가?

다음으로 비용-편익의 원리를 적용하자. 휘발유를 1갤런 더 생산하는 것이 사회에 주는 편익은 한계사회편익이고, 비용은 한계사회비용이다. 비용-편익의 원리에 따르면 한계사회편익이 한계사회비용보다 크면 추가적으로 휘발유를 더 생산해야 한다.

기회비용의 원리는 비용과 편익을 계산하는 데 유용하다. 한계사회비용은 한계사적비용과 한계외부비용의 합이다. 한계사적비용은 기업의 공급곡선에서 알 수 있지만 한계외부비용은 무엇인가? 외부비용을 알기 위해서 기회비용을 고민해봐야 한다. 휘발유의 기회비용은 오염을 줄일 수 있는 기회가 사라지는 것이다. 한계사회편익은 수요곡선을 통해 알 수 있는 구매자의 한계사적편익을 포함하는 개념이며 긍정적 외부성이 있을 때는 한계외부편익을 포함한다.

지금 그녀의 과제는 휘발유를 넣고 출근하는 것이지 운전하면서 내뿜는 공해에 대한 것이 아니다.

한계사회편익이 한계사회비용과 같아질 때까지 생산하라. 이 모든 것을 종합하면 다음과 같은 지침을 얻을 수 있다.

사회의 합리적 규칙(Rational Rule for Society) : 한계사회편익이 한계사회비용과 같아질 때까지 해당 제품을 더 생산하라.

사회의 합리적 규칙 한계사회편익이 한계사회비용보다 크거나 같다면 해당 제품을 더 생산하라.

이 지침을 따른다는 것은 휘발유 생산은 한계사회편익이 한계사회비용을 넘어서지 않는 지점까지 지속적으로 늘어야 한다는 것을 의미한다. 결국 한계사회편익이 한계사회비용과 일치할 때가 바로 그 지점이 된다. 이 지침은 매우 중요한 내용이며 사회적으로 최적 지점을 찾는 간단한 방법이다. 사회적으로 최적인 상태는 다음의 조건을 만족하는 수량에서 실현된다.

한계사회편익 = 한계사회비용

이 지침을 통해 외부성이 존재할 때 사회적으로 최적 상태를 달성할 수 있는 방법을 알게 되었다. 이 논리는 제1장의 합리적 규칙(어떤 것이 가치 있다면 한계편익이 한계비용과 같아질 때까지 행하라)에서 이미 다루었기 때문에 낯설지 않을 것이다. 그러나 이번엔 이 지침을 사회적 관점에서 생산량을 결정하는 문제에 적용하였고, 한계사회편익과 한계사회비용을 일치하라는 지침을 도출한 것이다.

외부성을 분석하기 위해서 다음과 같이 세 단계를 밟아가라. 이제 외부성이 초래하는 문제를 분석하기 위해 필요한 도구들을 다 갖추었다. 이를 종합하여 다음의 세 단계를 따라 분석을 진행할 것이다.

1단계 : 시장의 균형점을 예측한다.

2단계 : 외부성을 확인한다.

3단계 : 사회적으로 최적인 상태를 찾아보고 시장의 균형과 비교한다.

이 3단계 방법을 사용하면 부정적 외부성과 긍정적 외부성의 파급효과를 분석할 수 있다.

부정적 외부성의 파급 효과

이제 위의 3단계 방법을 휘발유 시장에서의 부정적 외부성이라는 실제 사례에 적용해보자.

1단계 : 시장의 균형점을 예측한다.

첫 번째 단계는 무엇이 일어날 것인가를 예측하는 것이다. 여기서 우리는 다시 수요와 공급 분석으로 돌아가고자 한다. 시장에 맡겨 놓았을 때의 결과는 수요곡선과 공급곡선이 일치하는 균형점이다.

이 균형이 구매자(한계사적편익을 반영한 수요곡선을 통해)와 판매자(한계사적비용을 반영한 공급곡선을 통해)의 의사결정만을 반영한다. 이들의 선택에 의해 부수적으로 영향을 받게 되는 제3자는 이 과정에서 어떠한 역할도 하지 못한다. 여기에 뭔가 문제가 있다. 휘발유 소비의 부수 효과가 긍정적인지 부정적인지 그리고 그 효과가 큰지 작은지에 상관없이 시장의 균형은 동일할 것이라는 점이다.

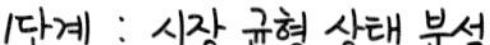

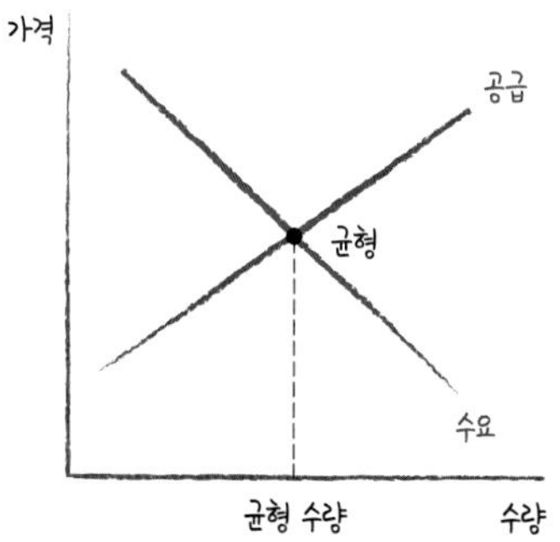

2단계 : 외부성을 확인한다.

다음으로 긍정적 외부성이 있는지 부정정 외부성이 있는지 그리고 있다면 외부성의 크기는 얼마나 되는지를 확인하고 평가하라. 관련된 모든 부수 효과들을 감안하고 다음과 같은 질문을 던지라: 휘발유는 제3자에게 이로운가 해로운가? 얼마나 그런가?

휘발유는 공기를 오염시키기 때문에 제3자에게 해를 준다. 이에 덧붙여 휘발유 소비와 연관된 외부성은 한계외부비용을 갖는다.

2단계 : 외부성의 영향 파악

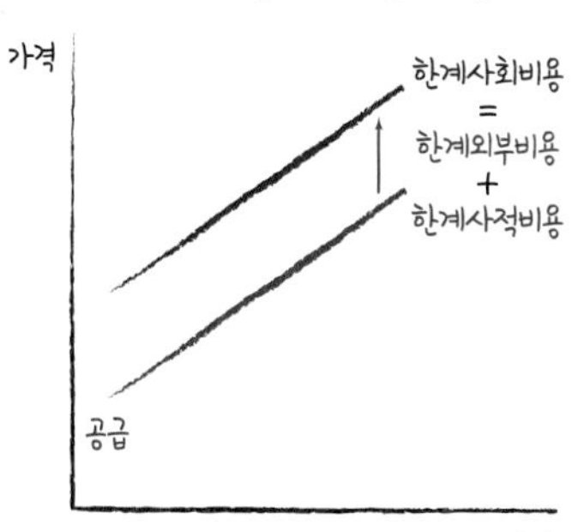

최근 연구에 따르면 1갤런의 휘발유의 한계외부비용은 2.10달러이다. 따라서 휘발유의 한계사적비용과 한계외부비용의 합인 한계사회비용은 공급곡선으로 나타난 한계사적비용보다 2.10달러만큼 더 높다. 그림 10-3에서 보면 한계사회비용곡선은 공급곡선 위에 있고 이 두 곡선 사이의 간격은 한계외부비용인 2.10달러에 해당한다. 사회적 관점에서 정유소의 공급곡선은 한계외부비용을 고려하지 않기 때문에 휘발유를 좀 더 생산하기 위해 발생하는 한계비용을 적게 평가한다.

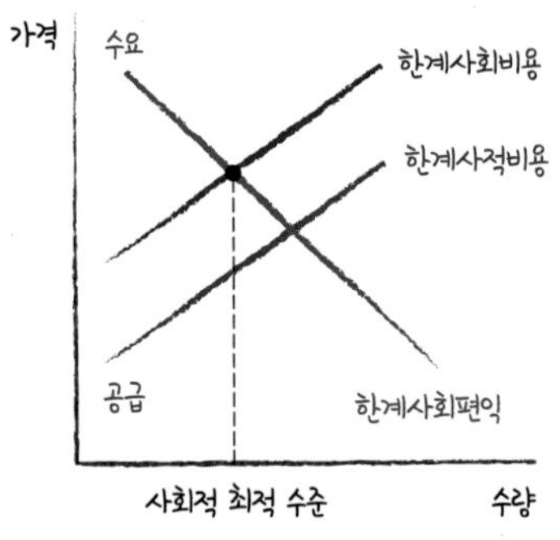

3단계 : 사회적으로 최적인 상태를 찾는다.

1단계에서 우리는 수요공급곡선상의 균형점을 분석하였고 시장에 맡겨 두면 이 지점이 현실이 될 것이라고 예측한 바 있다.

2단계에서 우리는 부정적 외부성이 공급곡선과 한계사회비용곡선 사이에 간격을 만들어내면서 어떻게 시장을 왜곡시키는지 살펴보았다. 이제 마지막 단계에서 어떤 상태가 사회적으로 최선의 상황인지를 찾아낼 것이다.

여기서 이제 사회의 합리적 규칙이 유용하게 사용된다. 사회적으로 최적 상태는 한계사회편익이 한계사회비용과 일치하는 거래량 수준에서 달성된다. 부정적 외부성의 경우 한계사회비용곡선은 공급곡선보다 위에 있다는 점은 이미 알고 있다. 긍정적 외부성이 없는 한 수요곡선 자체가 한계사회편익곡선이 된다. 그러면 한계사회비용곡선이 수요곡선과 만나는 지점이 바

그림 10-3 | 부정적 외부성은 과잉생산을 유발한다

Ⓐ 시장균형은 공급곡선(한계사적비용)과 수요곡선이 만나는 곳이다.
Ⓑ 한계사회비용 = 한계사적비용 + 한계외부비용. 따라서 한계사회비용곡선은 공급곡선의 위에 위치한다.
Ⓒ **사회적으로 최적인 상태**는 '한계사회비용 = 한계사회편익'이 만족되는 곳에서 달성된다.
Ⓓ 시장균형에서의 거래량은 **사회적 최적 수준**보다 크다. 따라서 부정적 외부성은 과잉생산을 유발한다.

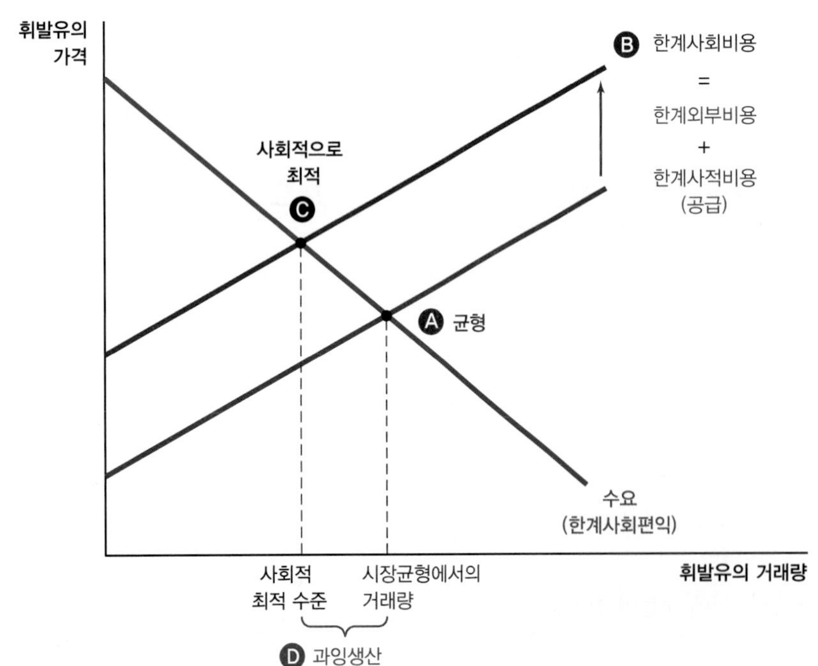

3단계 방법

1단계 : 시장의 균형점을 예측한다.

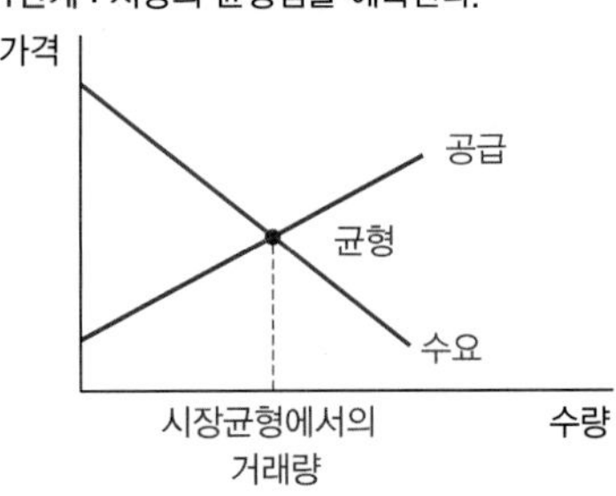

2단계 : 외부성을 확인한다.

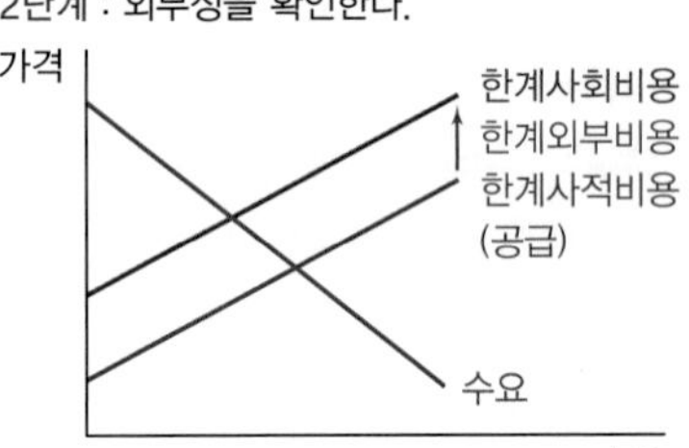

3단계 : 사회적으로 최적인 상태를 찾아본다.

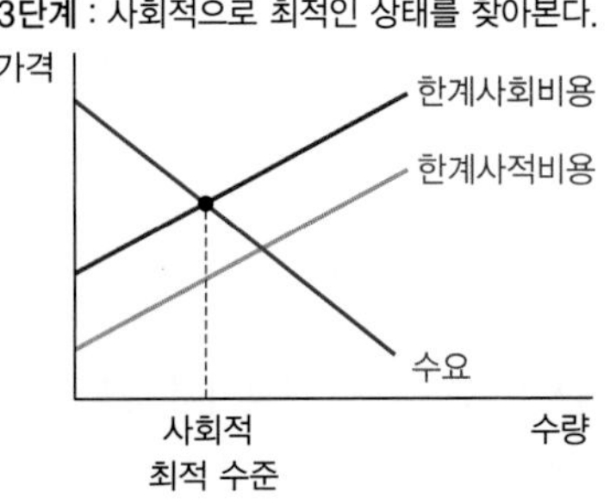

로 사회적으로 최적인 상태를 가리킨다.

부정적 외부성은 과잉생산을 유발한다. 끝으로 시장의 균형점과 사회적 최적 상태를 비교해보자. 그림 10-3에서 부정적 외부성으로 인해 휘발유의 균형 생산 지점은 사회적 최적 수준보다 높을 것이다. 다시 말해, 부정적 외부성을 초래하는 재화는 과잉생산된다.

여기에 중요한 직관이 담겨 있다. 기업이 공해배출의 비용을 고려하지 않을 때 더 많은 공해를 배출한다. 이것은 휘발유 사례에 국한된 이야기가 아니다. 동일한 논리를 통해 부정적 외부성을 수반하는 모든 제품은 과잉생산될 것이라는 점을 알 수 있다. 이 직관은 또한 정책적 함의를 지니고 있다. 오염물질을 배출하는 측이 공해라는 비용을 포함한 모든 종류의 비용을 지게 만들도록 제도를 설계해야 한다. 이러한 정책을 통해 비용이 높아진다면 부정적 외부성을 지닌 제품을 과잉생산하려는 유인을 억제할 수 있다.

만약 사람들이 자신의 행동이 초래하는 외부비용을 고려하지 않는다면 그들은 그 행동을 너무 자주 할 것이다.

사회적으로 최적 수준의 오염물질 배출량이 있다. 휘발유를 얼마나 생산해야 사회적으로 최적 수준에 도달할 수 있는가라는 질문은 휘발유와 관련된 오염물질을 얼마나 배출해야 사회적으로 최적인가라는 질문과 동일하다. 휘발유와 같은 공해유발 제품이 과잉생산된다는 결론에도 불구하고 그림 10-3은 또한 사회적으로 최적인 휘발유 생산량이 0이 아니라는 점을 보여준다. 다시 말해 사회적으로 최적 수준의 오염물질 배출량이 있다는 의미이다.

Vadim Petrakov/Shutterstock

공장 굴뚝의 매연을 얼마나 허용해야 사회적으로 최적일까?

누군가에게는 이러한 주장이 이상하게 들릴 것이다. 공해는 나쁜 것이기 때문에 사회적 관점에서 최선은 공해를 완전히 제거하는 것이라고 생각하는 것이다. 그러나 그 논리는 맞지 않다. 공해를 비용 없이 제거할 수 있을 때만 그 논리는 맞는 말이 된다. 하지만 현실적으로 공해를 없애는 데 비용이 들어간다. 공해를 유발하는 활동들을 줄임으로써만 공해를 줄일 수 있기 때문에 비용이 발생한다. 화석연료는 상충관계를 가진다. 화석연료는 공해를 만들어내는 오염원이지만 동시에 생활을 보다 편리하게 해주기도 한다. 분석의 핵심은 화석연료의 사용과 연관된 모든 비용과 편익을 고려하면서 정확한 균형을 잡아나가는 것이다.

위의 분석 결과는 오염물질 배출량을 줄이기 위해서 휘발유 생산을 줄여야 한다는 것이다. 여기서 휘발유 생산을 줄이는 것이지 생산을 중단하는 것이 아니다. 공해를 없애려면 휘발유를 사용하지 않아야 한다. 당신은 그럴 용의가 있는가? 대부분의 사람들은 아니라고 대답할 것이다. 이러한 태도는 어느 정도의 공해는 휘발유 자동차를 사용하는 편리함을 누리기 위해서 우리 사회가 지불해야 할 가격이라는 생각을 나타낸다. 위의 분석 결과에서도 휘발유를 없앨 필요는 없었다. 대신 우리는 휘발유 생산과 관련된 모든 비용을 정유회사가 짊어지지 않는다는 보다 깊은 문제를 해결해야 한다. 이것을 해결하면 휘발유의 과잉생산 문제도 해결하는 것이다.

일상경제학 n분의 1의 위험

여러 사람이 함께 외식을 하는 것은 비용이 많이 든다. 특히, 총비용을 n분의 1로 나눠 내는 경우는 더욱 그렇다. 이는 부정적 외부성 때문이다. 지인 여섯 명과 함께 외식하러 갔다고 상상해보라. 보통 때 같으면 디저트를 주문하지 않을 것이지만 6달러짜리 케이크를 여섯 명으로 나누면 1달러만 내면 되기 때문에 한계사적비용은 1달러이다. 다섯 명의 일행들이 각각 1달러를 추가로 부담해야 한다는 한계외부비용을 무시하는 문제가 발생한다. 디저트는 다른 사람의 지갑에 부정적 외부성으로 작용하여 총 식사 비용을 올리게 된다. 이 예는 또한 일행들이 서로 얼마나 위해 주는가에 따라 부정적 외부성을 줄일 수 있다는 점도 보여준다. 일행들이 서로서로 상대방을 배려할수록 자신이 다른 일행에게 지울 수 있는 비용을 염려할 개연성이 높다.

어떤 경제학자들은 실험을 통해 사람들이 얼마나 다른 사람들에게 부과되는 비용을 무시하는가를 측정하기 위해 일단의 사람들을 점심식사에 초대했다. 음식값을 각자 먹은 대로 내야 한다고 전해들은 사람들은 평균 9달러를 지출했다. 그러나 총음식값을 n분의 1로 나누어 지불한다는 설명을 들은 사람들은 평균 13달러를 썼다. 그런데 주최 측에서 모든 비용을 지불한다는 설명을 하자 평균 지출액이 22달러로 크게 올랐다. ■

DON EMMERT/AFP/Getty Images

주사 맞을 때의 고통을 생각하지 말고 긍정적 외부성에 집중하라.

긍정적 외부성의 파급효과

이제 의사결정의 부수효과가 제3자에게 편익을 가져다주는 긍정적 외부성의 파급효과를 분석할 차례이다. 여기서도 위에서 적용한 3단계 방법을 사용하겠지만, 독감 예방접종과 같이 제3자에게 외부편익을 가져오는 경우를 살펴보도록 하겠다.

시장에 맡겨 두면 긍정적 외부성이 너무 적게 발생한다. 현실적 예로 독감 예방접종을 살펴보자. 대형 제약사는 공급자이고 당신은 수백만의 잠재적 구매자 중 한 명이다.

1단계 : 시장의 균형점을 예측한다.

그림 10-4의 우측 상단의 그래프에서처럼 수요곡선과 공급곡선이 만나는 지점이 균형이다.

2단계 : 외부성을 확인한다.

수요곡선은 한계사적편익만을 측정한다. 절반가량의 미국인들이 25달러의 독감 예방접종을 한다고 할 때, 그들에게 접종으로 얻게 되는 면역력이라는 편익은 적어도 25달러의 가치가 있다고 유추해볼 수 있다. 그러나 한계외부편익이 존재한다. 만약 예방접종을 하지 않으면 제3자에게 독감을 옮길 수도 있기 때문이다. 만약 한계외부편익이 추가적으로 10달러라면 그림 10-4의 우측 중간 그래프처럼 한계사회편익곡선은 수요곡선에서 10달러만큼 위쪽에 위치하게 된다.

3단계 : 사회적으로 최적인 상태를 찾는다.

사회의 합리적 규칙을 따라 사회적으로 최적 상태는 한계사회편익이 한계사회비용과 일치하는 거래량 수준에서 달성된다. 2단계에서 한계사회편익곡선을 그렸다. 한계사회비용은 어떻게 그릴까? 공급곡선은 한계사적비용을 의미한다.

부정적 외부성이 없는 한 공급곡선 자체가 한계사회비용곡선이 된다. 그러면 그림 10-4의 우측 하단의 그래프처럼 한계사회편익곡선이 공급곡선과 만나는 지점이 바로 사회적으로 최적인 상태를 가리킨다.

끝으로 그림 10-4의 큰 그래프를 보자. 시장균형과 사회적 최적 지점을 비교해보라. 사회적으로 바람직한 수준보다 훨씬 적은 사람들이 독감 예방접종을 하게 됨을 알 수 있다. 즉, 긍정적 외부성을 가지는 재화는 과소생산된다.

여기에 중요한 직관이 담겨 있다. 사람들이 그들이 만드는 한계외부편익을 고려하지 않을 때 그 행동은 덜 하게 된다. 즉, 사회적으로 최적 상태에서보다 더 적은 사람들이 예방접종을 한다는 것이다. 이것은 예방접종의 예에 국한된 이야기가 아니다. 보다 일반적으로 말해 긍정적 외부성을 수반하는 모든 제품은 과소생산되는 경향이 있다. 다음의 사례에서와 같이 당신 자신의 생활 속에서 이러한 상황을 발견할 수 있을 것이다.

그림 10-4 긍정적 외부성은 과소생산을 유발한다

Ⓐ 시장균형은 공급곡선과 수요곡선(한계사적편익)이 만나는 곳이다.
Ⓑ 한계사회편익 = 한계사적편익 + 한계외부편익. 따라서 한계사회편익곡선은 수요곡선 위에 위치한다.
Ⓒ **사회적으로 최적인 상태**는 '한계사회비용 = 한계사회편익'이 만족되는 곳에서 달성된다.
Ⓓ 시장균형에서의 거래량은 **사회적 최적 수준**보다 작다. 따라서 긍정적 외부성은 과소생산을 유발한다.

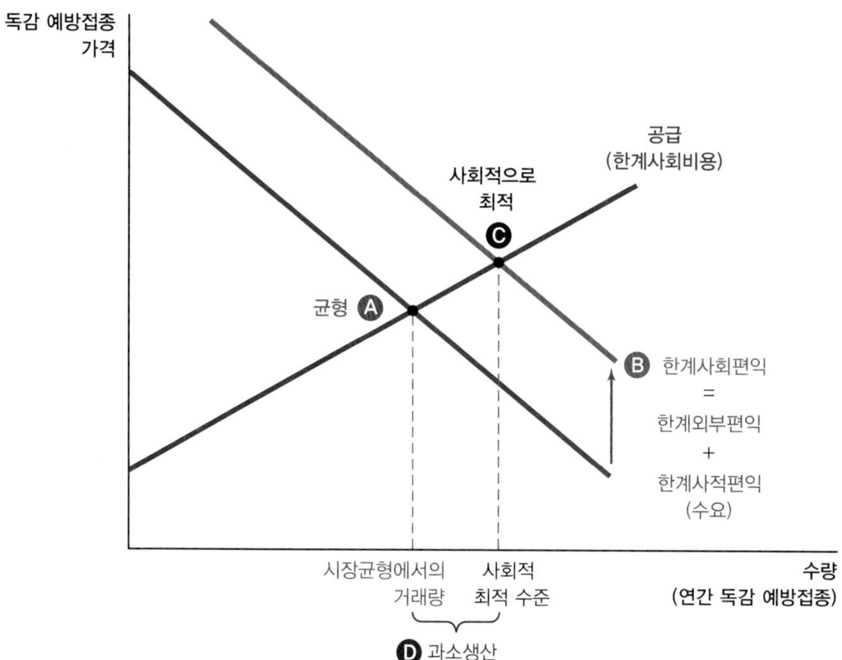

3단계 방법

1단계 : 시장의 균형점을 예측한다.

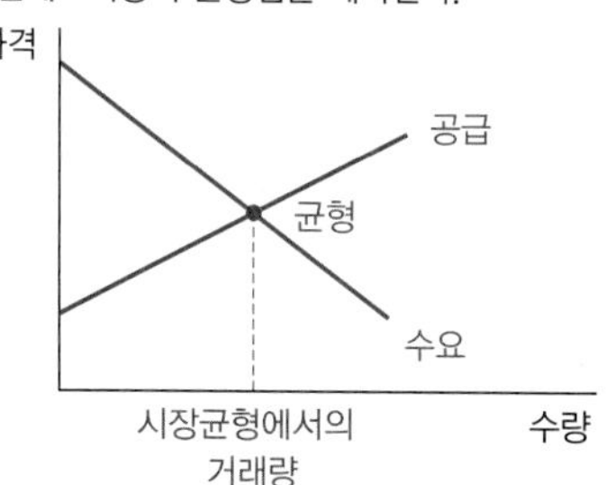

2단계 : 외부성을 확인한다.

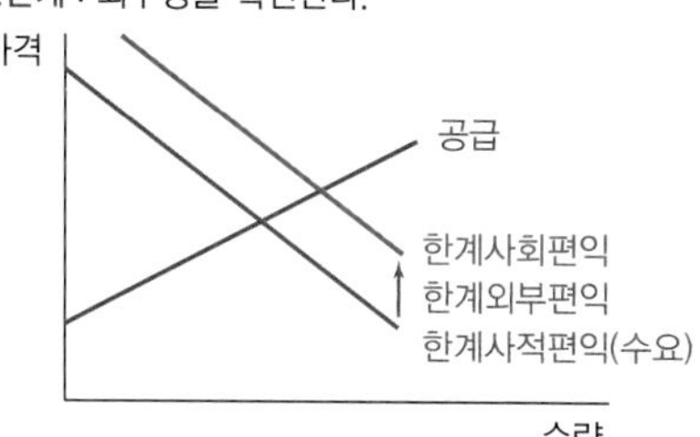

3단계 : 사회적으로 최적인 상태를 찾아본다.

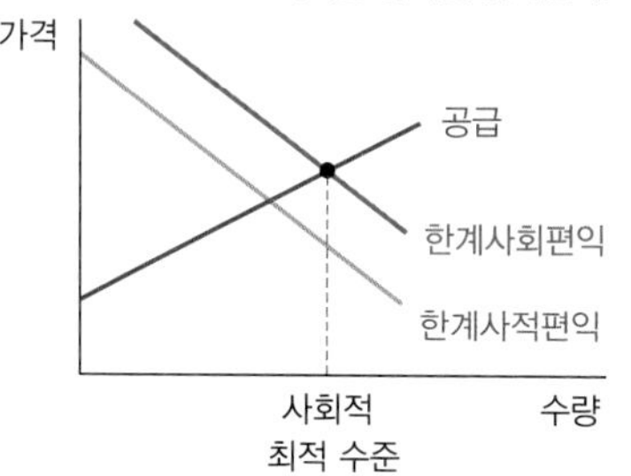

일상경제학 왜 충분히 운동을 하지 않거나 몸에 좋은 음식을 먹지 않거나 공부를 하지 않거나 또는 저축하지 않는가?

긍정적 외부성은 왜 당신들이 충분히 운동을 하지 않거나 몸에 좋은 음식을 먹지 않거나 공부를 하지 않거나 또는 저축하지 않는지를 설명해줄 수 있다. 심리학자들은 당신의 마음은 현재의 자아와 미래의 자아 간의 내적 투쟁에 휘말려있다고 본다. 현재의 자아를 의사결정자라고 보고 미래의 자아를 의사결정자의 결정에 영향을 받는 제3자라고 볼 수 있다.

이러한 관점에서 운동하러 나갈지 말지에 대한 결정이 어떻게 이루어지는가를 살펴보자. 현재 자아는 시간과 노력을 포함한 운동의 비용을 고려한다. 그러나 운동의 편익은 건강해진 미래의 자아에게 돌아간다. 이것은 현재 자아는 운동으로 인해 얻는 편익이 별로 없다는 것을 의미한다. 문제는 현재 자아가 미래 자아에게 귀속되는 편익을 외부성이라고 인식하여 별로 관심이 없다는 것이다. 현재 자아가 모든 결정을 내리기 때문에 현재 자아와 미래 자아를 모두 포함한 사회 전체의 관점에서 도출되는 최적 수준보다 현재 자아가 운동을 적게 할 것이다. 현재 자아가 비용을 부담하고 미래 자아가 편익을 누리는 모든 행동에 이와 같은 논리가 동일하게 적용된다. 그래서 이런 식으로 당신이 왜 건강한 음식을 충분히 먹지 않는지 그리고 왜 충분히 공부를 하지 않는지 또 왜 충분히 저축하지 않는지를 설명할 수 있다. ■

그림 10-5 | 외부성 효과 요약

외부성 유형	영향	문제	함의	예
부정적 외부성	해를 끼침	한계사적비용이 한계사회비용보다 작다.	과잉생산	너무 많은 온실가스가 배출된다.
긍정적 외부성	편익을 제공함	한계사적편익이 한계사회편익보다 작다.	과소생산	독감 예방접종률이 낮다.

요약 : 긍정적 외부성과 부정적 외부성. 지금까지 많은 내용을 학습했으니 잠시 시간을 가지고 그림 10-5를 통해 배운 내용을 복습해보자.

이제 당신은 긍정적 외부성과 부정적 외부성을 확인하고 그들의 파급효과를 분석하는 도구를 갖추었다. 다음 절에서는 어떻게 외부성이 일으키는 문제들을 해결하여 좀 더 좋은 상황을 만들 수 있을지에 대해 학습할 것이다.

10.3 외부성 문제 해결 방안

학습목표 외부성 문제를 어떻게 해결하는지 배운다.

외부성 문제는 사람들이 제3자의 이해관계를 고려하지 않을 때 발생하는 나쁜 상황이라고 요약할 수 있다. 그렇기 때문에 이제부터 이 문제를 해결하기 위한 방안을 고민하고자 한다. 우선 네 가지 구체적인 해결 방안(사적 협상, 가격을 바꿀 수 있는 교정과세와 보조금, 수량을 조정하는 배출권 거래, 규제)을 살펴볼 것이다. 이어서 다음 절은 공공재 및 공동 소유권과 관련된 외부성 문제를 다루면서 공공재의 정부 공급과 사적 소유권의 확립이라는 두 가지 해결 방안을 추가로 학습할 것이다. 각각의 해결 방안을 자세히 분석해보면 가장 효과적인 방안은 구체적인 상황에 따라 달라진다는 점이 분명해질 것이다.

외부성 문제의 해결책은 외부성의 내부화에 달려 있다.
1. 사적 협상
2. 교정과세와 보조금
3. 배출권 거래제
4. 법률, 규정, 규제
5. 정부의 공공재 공급
6. 사적 소유권의 부과

이 모든 해결 방안은 동일한 기본 목표를 공유한다. 그것은 구매자와 판매자가 마치 한계외부비용과 한계외부편익을 고려하는 것처럼 행동하게끔 유도한다는 것이다. 즉, 유인체계를 조정하여 사람들로 하여금 그들의 행동이 제3자에게 미치는 효과를 고려하도록 (즉, 내부화하도록) 하는 것이다. 그래서 이것을 외부성을 내부화한다고 표현하기도 한다. 이제부터 각각의 해결 방안을 차례대로 다루면서 어떻게 외부성을 내부화할 수 있는지 자세히 알아보도록 하자.

해결 방안 하나 : 사적 협상과 코즈 정리

간혹 사적 협상이 외부성 문제를 해결할 수도 있다. 어떻게 그럴 수 있는지 살펴보자. 이제 모든 이해당사자들(외부성을 일으킨 당사자와 외부성의 영향을 받는 제3자)을 한 방에 불러 모아라. 그다음, 서로 협상할 수 있는 기회를 제공하라. 외부성 문제로 인해 시장은 사회적으로 최적인 상태에 도달하지 못하리라는 점은 이미 다루었다. 이 말은 더 좋은 상황이 가능하며 그 방에 있는 이해당사자들에게 만족스럽고 창의적인 협상을 할 유인을 제공하는 이유는 바로 보다 나은 결과를 가져오리라는 희망이다. 창의적으로 협상하면 보상금, 전략적 투자, 합병을 통해 일부 흔히 발생하는 외부성 문제를 해결할 수 있을 것이다.

보상금은 외부성 문제를 해결할 수 있다. 해결방안으로 종종 일종의 보상금이 거론될 것이다. 만약 누군가 당신에게 해를 끼친다면, 당신은 그에게 보상금을 주면서 다른 일을 하도록 유도할 수 있다. 예를 들어, 당신의 이웃집에서 나오는 시끄러운 음악 소리 때문에 잠을 잘 수 없다면, 음악을 꺼주는 대신에 5달러를 주겠다는 제안을 할 수 있다. 만약 당신이 조용한 공간에 대해 적어도 5달러의 가치를 두기 때문에 5달러를 제안하였고 그러므로 당신은 이 계약으로부터 이익을 얻게 될 것이다. 이웃집 또한 이익을 볼 것이다. 왜냐하면 5달러가 볼륨을 올리는 것보다 더 가치 있을 때만 그 제안을 받아들일 것이므로 그 이웃집도 역시 이익을 보게 된다. 그래서 보상금을 주고 행위를 멈추게 하는 이 계약은 당신과 이웃 모두를 더 행복하게 만든다. 물론 당신은 밤에 조용히 지낼 권리가 있다고 느끼기 때문에 이 계약이 불공정하다고 생각할 수도 있다. 비록 이것이 불공정하더라도 이러한 사적 협상이 효과적일 때가 종종 있다. 보다 일반적으로, 만약 시끄러운 음악과 같은 부정적 외부성이 그 외부성을 일으키는 당사자에게 주는 행복보다 당신에게 더 큰 고통을 안겨준다면, 그 사람이 시끄럽게 하지 못하게 만들면서 당신도 기꺼이 지불하고자 하는 가격이 존재한다.

alarich/Deposit Photos

적절한 보상금으로 스피커 소리를 올리지 않을 수 있다.

긍정적 외부성의 경우에도 동일한 논리가 적용된다. 만약 누군가가 당신에게 편익을 주는 선택을 할 기회를 가지고 있다면 당신은 그에게 보상금을 주고 그 선택을 하게끔 유도할 수 있다. 예를 들어, 건강보험회사의 경영진은 그들의 고객이 좀 더 운동을 많이 하면 건강보험을 적게 집행할 수 있으리라고 생각했다. 그래서 고객들이 좀 더 많이 운동하게 유도하기 위한 방안을 고민하여 '가자 365'라는 신규 프로그램을 마련하였고, 고객들에게 금전을 지급하여 좀 더 운동하게끔 하는 데 성공하였다. 이러한 사적 협상은 고객들이 운동을 더 많이 하도록 유인하기 위해서 이 보험회사가 긍정적 외부성의 편익 일부를 고객들과 나누었다고 볼 수 있다.

코즈 정리는 왜 보상금이 작동하는지 설명해준다. 위의 이야기들은 모두 코즈 정리의 예다. **코즈 정리**(Coase Theorem)는 사람들이 서로 협상하는 데 비용이 들지 않고 법적 권리가 분명하고 잘 보장된다면 외부성 문제는 사적 협상을 통해 해결될 수 있다는 통찰력을 담고 있다. 예를 들어 시끄러운 음악이 그 이웃에게는 편익을 가져다주지만 이웃집이 볼륨을 올릴 때 당신이 잠들기 어렵다는 비용을 고려하지 않는다. 그런 이웃에게 5달러의 금전적 혜택을 줌으로써 시끄럽게 음악을 연주하는 기회비용을 효과적으로 올리게 된다. 왜냐하면 시끄러운 음악은 5달러의 보상금을 포기하는 것을 의미하기 때문이다. 이로써 당신은 그 이웃에게 그들의 행위가 초래하는 보다 넓은 의미의 비용을 고려할 유인을 제공한 것이다.

코즈 정리 사람들이 서로 협상하는 데 비용이 들지 않고 사유재산권이 확립되고 잘 보장된다면, 외부성 문제는 사적 협상을 통해 해결될 수 있다.

아마도 코즈 정리의 가장 놀라운 함의는 사적 협상이 사회적으로 최적인 상태를 회복할 수 있다는 점이다. 그 이유를 알기 위해서 당신의 이웃을 조용히 하게 하기 위해 지불해야 하는 보상금의 최대 크기에 대해 생각해보자. 당신은 그 외부성이 초래하는 한계외부비용의 크기만큼 지불하고자 하는 의향이 있을 것이다. 그렇다면 당신의 이웃의 생각은 어떠한가? 이제 소리를 크게 키우는 비용은 그들의 사적비용과 기회비용(당신이 제안하는 보상금을 받지 못할 가능성)을 모두 포함하게 되고, 이것이 바로 한계외부비용이다. 보상금을 받지 못할 가능성이 효과적으로 그 외부성을 내부화한 것이다. 이것은 그 이웃이 이제 그들의 선택이 초래하는 사회적 비용을 모두 고려할 수밖에 없다는 것을 의미하므로 그들은 사회적으로 최적 상태를 선택할 것이다.

여기서 중요한 점은 효율적인 상태가 정부의 개입이 아니라 사적인 협상을 통해 달성되었다는 것이다. 이 견해에 따르면 정부 개입은 불필요하다. 왜냐하면 보다 효율적인 상태에 도달할 것이라는 기대가 사람들로 하여금 협상을 시작하게 만들기 충분하기 때문이다. 그리고 협상이 시작되면 그 당사자들은 창의적인 방법들을 찾아낼 것이고 모든 이해당사자들이 동의하는 방식에 따라 협상의 이득을 나눌 것이다.

경제학 실습

여기에 실제 생활에서 겪게 되는 외부성 문제가 있다. 당신은 그 외부성을 내부화하기 위해서 보상금이 포함된 창의적인 사적 협상을 생각할 수 있는가?

a. 차량 도난 방지시스템을 설치하면 도난당할 위험을 줄이지만 그렇게 되면 자동차 보험 회사의 보험금 지급이 줄어들어 이익을 보게 된다.
b. 중소 점포들로 이루어진 쇼핑몰에 백화점이 입점한다고 한다. 그러면 그 쇼핑몰로 더 많은 고객들이 몰릴 것이고 이것은 그 쇼핑몰에 입점한 다른 점포들에게도 도움이 된다.
c. 양봉업자가 사과 과수원 근처에서 꿀벌을 키울 때 그 벌들이 사과나무의 수정을 도와 과수원의 소출을 증대시킨다.
d. 양봉업자가 귤 농장 인근에서 꿀벌을 키울 때 오렌지 꽃의 풍부한 꿀을 모을 수 있어서 꿀 생산량을 증대시킨다. ■

정답
다음은 해당 산업에서 널리 사용되는 실제 예들이다.
a. 차량 도난 방지장비를 설치하면 보험회사가 보험료를 할인해줄 수 있다.
b. 쇼핑몰 운영 기업은 그 백화점에게 임대료를 낮게 책정함으로써 보상을 할 수 있다. 왜냐하면 유동인구가 많아지면 중소 점포들에게 임대료를 더 많이 받을 수 있기 때문이다.
c. 사과 농장주는 양봉업자에게 돈을 지불하면서 벌통을 인근에 놓아달라고 부탁할 수 있다. 그러면 사과 소출이 커지기 때문이다.
d. 양봉업자는 오렌지 농장주에게 돈을 지불하면서 벌통을 인근에 놓게 해달라고 제안할 수 있다. 그러면 벌꿀의 소출이 늘어나기 때문이다.

전략적 투자는 외부성 문제를 해결할 수 있다. 지금까지 사적 협상에 보상금이 포함된다고 설명했다. 그러나 때로는 또 다른 형태의 사적 협상인 전략적 투자를 고려해볼 만하다.

광고를 주된 수입원으로 하는 구글의 경영진이 직면한 외부성 문제를 생각해보자. 구글의 입장에서 보면 보다 많은 사람이 인터넷에 접근할수록 광고를 더 많이 노출시켜 이윤이 증대할 수 있기 때문에 유리하다. 그러나 인터넷망을 제공하는 기업에게 그 이윤은 긍정적 외부성이다. 구글을 제3자로 보면 구글이 벌어들이는 추가적인 이윤은 인터넷망이 주는 긍정적 외부성이기 때문이다. 그 결과 인터넷망은 구글의 추가적인 이윤을 고려했을 때 비해 과소 공급된다. 인터넷망 기업이 이 외부성을 내부화할 방법이 있겠는가?

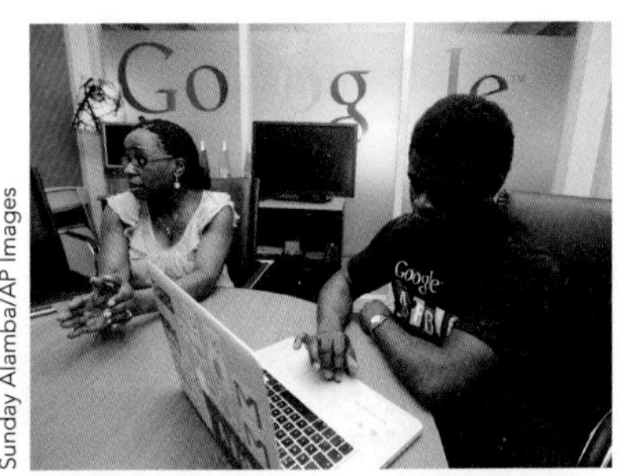
Sunday Alamba/AP Images

구글은 인터넷 접근이 보다 광범위하게 이루어질 수 있도록 지속적으로 투자를 해왔다. 이로써 구글 광고를 보는 사람들의 숫자를 늘려나갔다.

구글이 내부화시킬 수 있다. 구글은 아프리카 사하라 사막 이남 지역과 동남아시아의 주요 도시 외곽에 있는 사람들이 이용할 수 있도록 초고속 무선인터넷망을 설치하고 있다. 이러한 투자는 인터넷망 사업이 얻을 수 있는 수입과 더 많은 사람이 광고를 보게 됨으로써 얻게 되는 추가적인 광고 수입을 모두 벌어들이기 때문에 구글이 누리는 그 긍정적 외부성을 내부화할 수 있다.

합병은 외부성 문제를 해결할 수 있다. 구글이 고려할 수 있었던 또 다른 형태의 사적 협상은 바로 합병이다. 만약 구글이 인터넷망 공급 기업과 합병한다면 인터넷망 서비스로부터 벌어들이는 직접적인 수입과 구글이 벌어들이는 추가적인 광고 수입을 모두 감안하여 어디에 무선 인터넷망을 설치할지를 통일적으로 결정할 수 있을 것이다.

사실 이러한 이유로 많은 기업이 다양한 분야에 진출한다. 다양한 시장에 걸쳐서 이러한 외부성이 존재할 때, 중앙 본부가 관련된 모든 외부성을 내부화하는 결정을 할 수 있게 하면서 계열사들이 각기 맡은 시장에서 영업을 한다면 이윤은 더 높아질 것이다.

사적 협상의 비용이 낮을 때 사적 협상이 외부성 문제를 해결할 수 있다. 지금까지 제시한 사적 협상의 예들에 공통점이 있다. 협상 주체들이 명확하게 한정되어 있어서 협상에 수반되는 비용은 거의 없다는 것이다. 또한 그 협상에 달려 있는 이해관계가 중요하기에 당사자들에게 비용이 일부 발생한다고 하더라도 충분히 협상을 할 만하다는 것이다. 외부성 문제로부터 나오는 편익이 크고 협상의 비용이 작을 때 사적 협상이 성공할 확률이 더 높아진다는 것은 비용-편익의 원리가 잘 보여준다.

협상이 어려우면 외부성은 그대로 문제로 남아 있게 된다. 사적 협상이 늘 해결책이 되는 것은 아니다. 특히 협상 타결이 어렵거나 비용이 클 때 더욱 그렇다. 예를 들어, 지구온난화 문제를 생각해보자. 지구온난화를 억제시키는 것의 총편익은 그 비용을 훨씬 뛰어넘기 때문에 이론적으로 전 세계인들이 오염물질 배출원에서 온실가스를 적게 배출하게 하는 협상을 타결할 수 있는 방법이 있다. 그러나 현실적으로 전 세계에 흩어져 있는 수억 명의 사람들이 전 세계 수백만의 온실가스 배출원과 협상을 한다는 것은 불가능하다. 또한 지구온난화 방지로부터 편익을 누리는 많은 사람은 아직 태어나지 않아 미래의 지구를 지키기 위한 협상에 참여할 수 없기 때문에 온전한 협상이 불가능할 수 있다.

사실 다수의 환경 문제가 많은 사람에게 영향을 미치며, 그러한 이유로 협상 비용이 매우 높다. 더군다나 많은 환경 문제가 사회 전체적으로 매우 중요하지만 문제의 해결로 각 개인이 얻게 되는 편익은 작다. 멸종 위기에 처한 점박이 올빼미를 구하기 위한 사업에 당신은 개인적으로 얼마를 낼 의향이 있는가를 한번 생각해보라. 이러한 경우에 사적 협상이 외부성 문제를 해결하리라고 기대할 수 없다. 이렇듯 사적 협상이 문제를 해결하지 못할 때 다른 대안을 찾아야 한다. 이제부터 그 대안들을 탐구해보자.

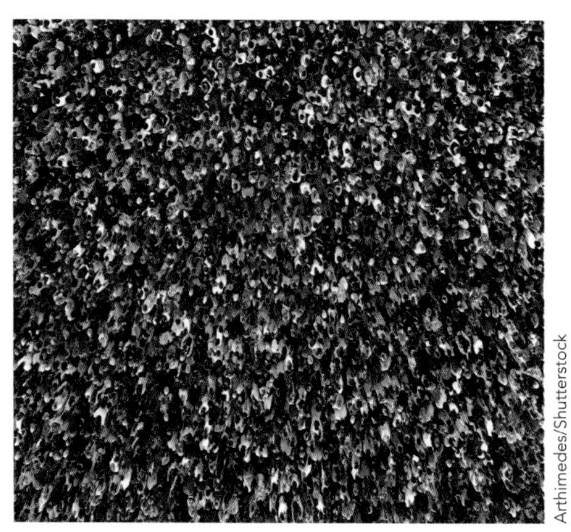
Arthimedes/Shutterstock

지구온난화에 의해 영향을 받는 모든 사람이 모여서 협상을 통해 해결책을 마련한다는 것은 거의 불가능하다.

해결 방안 둘 : 교정과세와 보조금

하나의 대안은 가격을 바꿔서 판매자와 소비자의 유인을 바꾸는 것이다. 즉, 조세와 보조금을 이용하여 한계외부비용과 편익을 내부화하도록 하는 방식으로 시장가격을 교정하는 것이다.

교정과세는 부정적 외부성을 해결할 수 있다. **교정과세**(corrective tax)는 부정적 외부성을 고려할 수 있게 한다. 즉, 사람들이 제3자에게 부과되는 외부비용은 무시하더라도 그들이 내는 세금에는 민감할 것이다. 한계외부비용과 동일한 크기로 단위당 세금을 부과하면 사람들은 자신이 발생시킨 한계외부비용을 감안하는 것처럼 선택하게 될 것이다. 교정과세를 제안한 경제학자인 피구의 이름을 따서 이를 피구조세(Pigouvian tax)라고 부르기도 한다.

교정과세 사람들로 하여금 그들이 초래한 부정적 외부성을 감안할 수 있도록 고안된 조세제도

그 원리를 알아보기 위해 이제 당신이 휘발유를 생산하는 정유소의 경영자로서 휘발유 생산량을 결정한다고 가정해보라. 우선 당신은 회사의 한계사적비용에 집중할 것이다. 왜냐하면 그 비용이 바로 이윤으로 직결되기 때문이다. 하지만 증가된 오염물질의 한계외부비용(갤런당 2.10달러)은 회사의 이윤에 영향을 미치지 않기 때문에 당신은 대개 무시하게 될 것이다.

그러나 갤런당 2.10달러라는 한계외부비용과 같은 크기의 세금 부과는 당신이 마치 그 한계외부비용을 고려하는 것처럼 반응하게 할 것이다. 그러므로 이 세금은 부정적 외부성이라는 비용을 공급자의 비용-편익 계산에 포함시킴으로써 효과적으로 외부성을 내부화한다.

그림 10-6은 그 원리를 잘 보여준다. 왼쪽은 부정적 외부성의 문제, 즉 공급곡선이 한계외부비용인 2.10달러만큼 실제 한계사회비용을 저평가하는 문제를 보여주고 있다. 이것은 그림 10-3과 동일하며 부정적 외부성이 과잉생산을 유발한다는 동일한 결과를 보여준다. 오른쪽은 어떻게 한계외부비용인 2.10달러를 부과하는 조세가 이 과잉생산문제를 해결하는지를 보여준다. 공급자가 그 조세를 납부해야 하는 경우 휘발유 생산의 한계사적비용을 정확히 2.10달러만큼 상승시킨다. 이로써 공급곡선은 2.10달러만큼 위로 이동한다. 왜냐하면 정유소 경영진은 그 세금을 내기 위해 어떤 생산량 수준에서도 모두 가격이 2.10달러만큼 더 높아야 공급할 이유가 있기 때문이다. 이렇게 이동한 공급곡선은 이제 정확히 왼쪽에서 보는 한계사회비용곡선과 일치하게 되고, 이 곡선이 수요곡선과 만나는 지점이 사회적으로 최적 생산량이 되는 것이다.

한계외부비용과 동일한 크기의 세금을 부과하면 공급자는 새롭게 계산된 한계비용(한계사적비용 + 갤런당 2.10달러의 세금)에 따라 결정을 하는데, 이제 이 한계비용은 한계사회비용(한계사적비용+2.10달러의 한계외부비용)과 일치한다. 즉, 이 조세로 인해 휘발유 생산자가 마

그림 10-6 | 교정과세는 부정적 외부성 문제를 해결한다

외부성 문제

Ⓐ 시장균형은 공급곡선과 수요곡선이 만나는 곳이다.
Ⓑ 부정적 외부성으로 인해 공급곡선이 휘발유 생산의 한계사회비용을 한계외부비용인 2.10달러만큼 과소평가한다.
Ⓒ 사회적으로 최적인 상태는 '한계사회비용 = 한계사회편익'이 만족되는 곳에서 달성된다.
Ⓓ 그 결과 과잉생산이 발생한다.

해결책으로서의 교정과세

Ⓔ 교정과세를 부과하면 공급곡선은 위로 수평이동한다. 한계외부비용(2.10달러)과 같은 크기의 교정과세는 '새로운 공급곡선 = 한계사적비용 + 2.10달러'를 의미하게 되므로 더 이상 공급곡선이 한계사회비용을 과소측정하지 않게 된다.
Ⓕ 교정과세가 부과된 이후의 균형은 사회적으로 최적 수준에 도달한다.

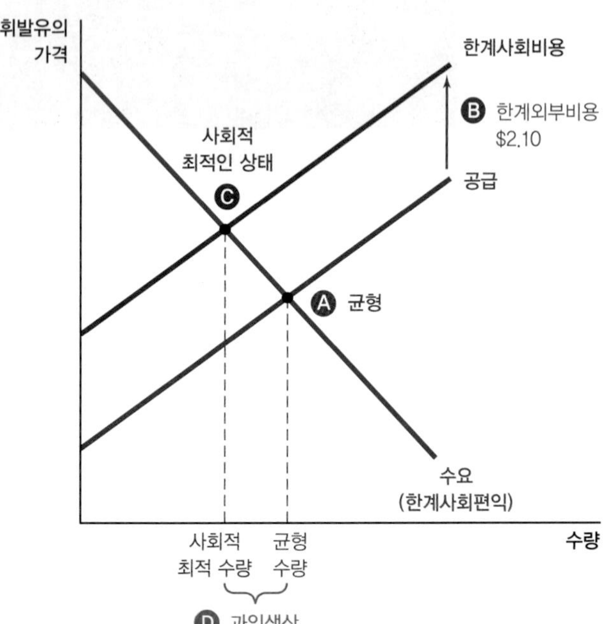

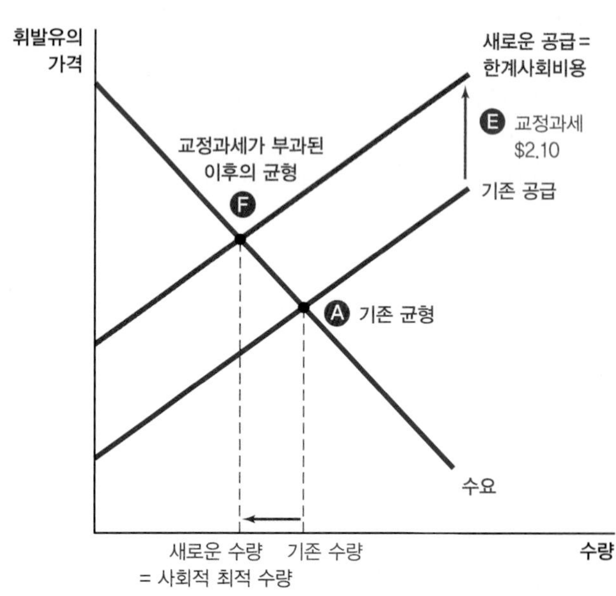

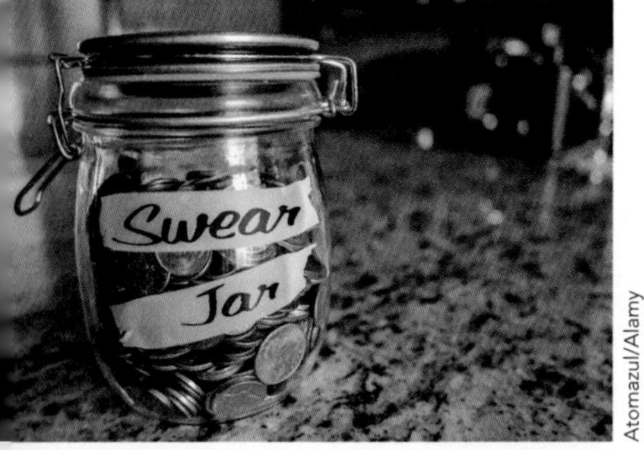

욕설 세금은 부정적 외부성을 줄이기 위한 유인이다.

치 자신의 사적비용뿐만 아니라 외부비용까지도 모두 감안하는 것처럼 행동하게 되기 때문에 외부성을 내부화하는 결과를 가져온다.

제6장에서 우리는 정부가 조세를 부과할 때 균형 거래량이 감소하는 것을 보았다. 부정적 외부성의 경우 거래량 감소가 바로 외부비용이 무시될 때 발생하는 과잉생산을 교정하고 있는 것이다. 제6장에서 판매자와 구매자 중 어느 편에 세금을 부과하더라도 결과는 동일하다는 점을 배웠다. 교정과세의 경우에도 마찬가지로 휘발유의 판매자와 구매자 중 어느 쪽에 세금을 부과하더라도 시장은 외부비용을 내부화하게 될 것이다.

교정과세는 외부성 문제를 해결하기 위해 널리 사용된다. 예를 들어, 정부는 담배 한 갑당 2.50달러의 담배세를 부과하여 흡연자들이 간접흡연으로 인한 한계외부비용의 일부를 내부화하게끔 유도한다. 일반 가정집에서도 나쁜 말을 내뱉을 때마다 '욕설 단지'에 1달러씩 벌금을 넣게 하는 경우도 있는데, 이때 그 나쁜 말을 가족 구성원들에게 미치는 부정적 외부성으로 보는 것이다. 통행료도 다른 이름의 교정과세이다. 왜냐하면 통행료를 부과함으로써 해당 도로에 진입하는 차량을 줄여 혼잡과 도로 손상이라는 부정적 외부성을 해결하는 것이다.

교정보조금 사람들이 자신이 가져오는 긍정적 외부성을 고려하게 만들기 위해서 고안된 보조금

교정보조금은 긍정적 외부성을 해결한다. 보조금도 다른 사람에게 가져다준 편익을 내부화하는 데 도움을 줄 수 있다. 교정과세와 비슷하게 **교정보조금**(corrective subsidy)은 사람들이 긍정적 외부성을 감안하도록 유도하기 위해 고안된 것이다. 예를 들어, 보험회사는 집이나 자동차에 경보장치를 설치한 고객들에게 보조금을 지급한다. 경보장치로 인해 도난 사고자가 줄어들

면 보험금 청구도 줄어들게 되기 때문에 보험회사도 혜택을 보게 된다. 보험회사는 고객들이 경보장치의 외부편익을 내부화하기 원하기 때문에 보조금을 지급한다. 이러한 보조금의 논리는 동일하다. 만약 긍정적 외부성의 문제가 사람들이 다른 사람에게 주는 한계외부편익을 고려하지 않는 것이라면 보조금은 긍정적 외부성을 일으키는 행동을 더 많이 하도록 유도할 수 있다.

소송, 규범, 사회적 제재도 교정과세와 같다. 교정과세의 논리는 또한 법률제도에도 적용된다. 법원이 내리는 형벌은 효과적인 교정과세로 볼 수 있다. 당신은 타인이 구체적인 해를 가할 때마다 그들을 고소할 법적 권리를 지닌다. 경제학의 언어로 말하면 이렇게 해를 끼치는 것은 부정적 외부성이다. 소송의 부담으로 인해 사람들은 자신들의 행동이 제3자에 미치는 영향에 신경 쓰게 된다. 즉, 외부성을 내부화하는 것이다.

명시적인 조세나 소송의 부담 이전에 규범과 사회적 제재도 교정과세와 똑같은 역할을 할 수 있다. 예를 들어, 사람들이 꽉 들어찬 승강기 안에서 방귀를 뀌는 행위는 부정적 외부성이라고 부를 수 있을 만큼 다른 사람들에게 불쾌감을 준다. 왜 사람들은 그렇게 하지 않는가? 한번 해보면 알 것이다. 사람들의 경멸의 눈초리는 일종의 교정과세 같은 것이다. 이와 유사한 사회규범들로 인해 사람들은 쓰레기를 버리지 않고 영화관에서 떠들지 않으며 약속에 늦지 않으려 한다.

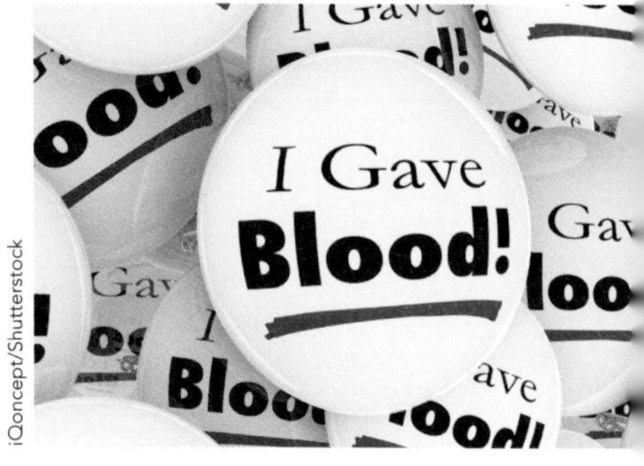

iQoncept/Shutterstock

비록 보조금은 아니지만 도움이 된다.

개인적 뿌듯함과 사회적 인정은 교정보조금과 같다. 좋은 일을 했을 때 느끼는 개인적 뿌듯함은 교정보조금과 매우 유사하여 긍정적 외부성의 과소 공급 문제를 해결한다. 예를 들어, 헌혈을 할 금전적 유인이 없지만 헌혈을 하게 되면 적십자사에서 헌혈증을 줄 것이고 나름 뿌듯할 것이다. 헌혈증을 SNS에 올리면 보조금 같은 "좋아요"라는 반응이 쌓일 것이다.

요약 : 교정과세와 보조금은 시장 실패가 초래하는 왜곡을 고친다. 만약 당신이 조세와 보조금 때문에 시장이 왜곡된다고 생각했다면 이제 그런 생각을 수정해야 할 때이다. 시장이 잘 작동하고 있을 때에는 조세와 보조금은 구매자가 지불하는 가격과 판매자가 받는 가격 간의 차이를 만들면서 시장을 왜곡한다는 것은 옳은 말이다. 그러나 시장 실패가 있을 때는 교정과세와 보조금이 사적 비용 및 편익이 갖는 사회적 비용 및 편익과의 격차를 메워주면서 이미 존재하는 왜곡을 해소할 수 있는 것이다.

해결 방안 셋 : 총량 제한 및 배출권 거래

교정과세라는 개념은 가격을 변동시킴으로써 부정적 외부성의 크기를 줄여 과잉생산을 없애자는 것이다. 다른 하나의 해결 방안은 수량 규제를 통해 해로운 행동을 바로 줄이는 것이다. 제6장에서 배운 쿼터(quota)를 떠올려보라. 쿼터는 거래될 수 있는 재화와 서비스의 최대 수량에 제한을 가하는 것이다.

쿼터가 제대로 작용하려면 수요와 공급이 일치하는 균형 거래량보다 수량이 더 적어야 한다. 그림 10-7은 휘발유 시장에서의 쿼터를 보여준다. 쿼터는 휘발유 생산량을 줄였고 부정적 외부성을 일으키는 재화의 과잉생산을 줄인다. 수량 제한을 사회적으로 최적인 수준에서 설정할 때 사회적 관점에서 가장 좋은 상태에 도달한다.

수량 규제와 교정과세 중의 선택은 가용한 정보에 달려 있다. 교정과세에서처럼 가격을 변화시키면서 얻을 수 있는 결과는 쿼터에서처럼 수량을 변화시키면서도 얻을 수 있다. 즉, 제6장에서 살펴보았듯이 정부는 동일한 사회적 최적 거래량을 얻기 위해서 여러 수단을 강구할 수 있다는 것을 의미한다.

교정과세와 수량규제 간의 선택은 알고 있는 정보에 달려 있다. 만약 한계외부비용을 알고

그림 10-7 | 쿼터는 부정적 외부성을 고칠 수 있다

Ⓐ 수요곡선과 공급곡선이 일치하는 시장균형에서 생산량은 부정적 외부성 때문에 사회의 최적 수준보다 많다.
Ⓑ 이러한 문제는 최대수량을 정하는 쿼터를 설정함으로써 해결될 수 있다.
Ⓒ 쿼터가 사회적으로 최적인 수준에서 설정된다면 **사회적으로 최적 상태**를 이룰 수 있다.

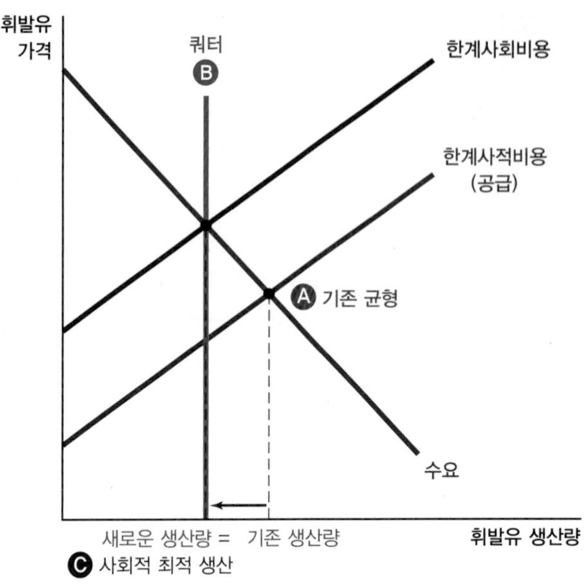

있다면 교정과세를 설계하는 데 사용할 수 있을 것이다. 만약 사회적으로 최적 수준의 거래량을 알고 있다면 쿼터라는 수단을 사용하면 된다.

기업들이 허가증을 거래할 수 있게 하면 효율성을 제고할 수 있다. 정부가 쿼터를 설정할 때에는 반드시 사회 최적 수준의 총생산량을 결정해야 할 뿐만 아니라 개별 공급자에게 허가할 생산량도 결정해야 한다. 한 가지 방법은 각 기업마다 특정 수량 제한을 두는 것이다. 그러나 만약 정부가 효율적인 기업과 그렇지 못한 기업에게 비슷한 쿼터를 준다면 전체적으로 비효율적이다. 불행히도 정부가 이 문제를 피하기는 어려운데, 어느 기업이 효율적인지를 쉽게 파악할 수 없기 때문이다(정실주의나 부패의 가능성이 없이 각기 다른 기업에게 각기 다른 수량 제한을 설정하는 것은 정치적으로 어려운 일이다).

경제학자들은 이 문제를 피할 수 있는 방안을 고안해냈다. 각 개별 기업에게 고정된 수량 제한을 설정하는 대신에 정부는 각 기업에게 생산 허가증을 교부하고, 허가증에 명시된 수량만큼만 생산할 수 있게 한다. 각 생산자에게 고정된 쿼터(수량 제한)와는 달리 기업들은 이 허가증을 사고팔 수(즉, 거래할 수) 있다는 차이점이 있다.

만약 당신의 회사가 나의 회사보다 더 효율적이라면(한계비용이 더 낮다면), 나보다 당신이 생산을 늘릴 때 더 큰 이윤을 얻게 될 것이라는 점을 생각해보면 이해가 쉬울 것이다. 이때, 당신이 나보다 그 허가증이 더 가치 있을 것이다. 즉, 나는 당신에게 내가 가진 허가증을 팔 수 있고 당신과 나의 이윤을 모두 증가시키는 균형가격이 존재한다는 것을 의미한다. 보다 일반적으로 이 거래는 보다 효율적인 기업이 그렇지 못한 기업으로부터 허가증을 구매할 때만 이윤을 증가시킬 수 있다. 이렇게 허가증 거래를 허용하면, 정부가 설정한 최대 생산량을 달성하면서도 생산활동이 생산적이지 못한 기업에서 생산적 기업으로 재분배되는 동시에 부정적 외부성을 교정한다는 장점이 있다.

정부는 배출권 거래제를 통해 공해를 줄일 수 있다. 우리는 최적 수준의 오염 총량이 있고 쿼터와 같은 수량 규제가 그 사회적 최적 생산량에 도달하는 데 도움을 줄 수 있다는 점을 살펴보았다. 또한 우리는 기업들이 생산허가증을 거래할 수 있도록 하여 시장의 힘이 생산활동을 기업들 간에 최적으로 배분할 수 있을 때 수량 규제가 더욱 효율적이라는 것도 배웠다. 이제 또 하나 중요한 시장의 역할을 살펴보자. 만약 기업들로 하여금 공해물질을 덜 발생시키는 혁신적인 생산 기술을 찾아내게 하는 유인을 만들고 싶다면 기업들이 얼마나 생산하는가를 규제하는 대신에 얼마나 오염물질을 배출할 수 있는가를 규제해야 한다. 기업들이 오염물질 배출 비용에 직면할 때 보다 저렴한 생산방법을 찾아내려고 노력할 것이다. 오염물질을 적게 배출하면 기업의 생산비용이 줄어들기 때문에 기업들은 저공해 생산기술을 개발하고자 할 것이다.

이러한 논리는 **배출권 거래제**(cap and trade)로 구체화되었다. '총량 제한'이란 정부가 배출할 수 있는 이산화황의 총량과 같이 오염물질 배출의 총량을 정한다는 것이다. '오염허가증 거래'란 정부가 이 제도를 거래 가능한 오염허가증을 발행하여 시행한다는 것이다.

배출권 거래제 거래가 가능한 일정 수의 오염 배출권을 배분함으로써 수량을 규제하는 방식이다.

각 배출권은 배출할 수 있는 구체적인 오염물질의 양을 명시하고 있다. 각 생산시설마다 다른 생산기술을 사용하고 있기 때문에 오염 배출권 하나의 가치는 기업마다 서로 다른 생산량에 해당된다. 상대적으로 친환경 기술을 사용하는 기업은 1톤의 오염물질당 더 많은 생산물을 만들어낼 수 있다. 이러한 기업에게 배출권 한 단위는 생산 수준을 상대적으로 더 많이 늘릴 수 있게 해주기 때문에 더 가치를 가진다. 반대로 생산단위당 더 많은 이산화항을 발생시키는 오래된 기술을 사용하는 생산자에게 배출권 한 단위는 생산을 상대적으로 적게 늘리게 해주기 때문에 그 가치가 상대적으로 작다. 이에 따라 친환경 기술을 이용하는 기업이 그렇지 못한 기업으로부터 배출권을 사게 된다. 결국 정부가 정한 오염물질의 배출 총량은 그대로 유지되면서 배출권 거래를 통해 생산활동이 친환경 기술을 사용하는 기업으로 집중될 것이다.

배출권 거래제도는 환경문제를 다루는 데 매우 중요하다. 예를 들어, 이 제도는 온실가스를 감축하자는 국제협약인 교토협약의 핵심 사항이다. 이 협약에 따라 온실가스를 배출할 수 있는 권리인 오염 배출권을 제한된 수량으로 발급하였고, 국제 거래 시장에서 배출권을 거래하고 있다. 하지만 미국은 이 협약에 동참하지 않은 몇 안 되는 국가 중 하나이다.

배출권 거래제는 교정과세와 같다. 만약 배출권 거래제도를 기회비용의 원리에 비추어 살펴본다면 이 제도가 교정과세와 매우 유사하다는 점을 발견할 수 있다. 교정과세는 휘발유를 더 생산하는 데 따르는 직접적인 금전적 비용을 증가시킨다. 배출권 거래제도는 기회비용을 올림으로써 동일한 효과를 가져 온다. 오염물질을 더 배출하려면 배출권을 팔지 못하고 사용해야 한다는 것이다. 이렇게 포기된 배출권 판매수입은 교정과세처럼 중요한 기회비용이 된다. 교정과세나 배출권 거래에서 오염물질을 더 배출하는 것은 세금을 더 내야 하거나 배출권 판매로 얻을 수도 있었던 수입을 포기하는 것을 의미하므로 비용을 발생시킨다. 이러한 비용발생의 효과로 공급자들이 마치 자신들의 한계외부비용을 고려하여 생산량을 결정하는 것처럼 행동하게 된다. 이를 통해 외부성을 효과적으로 내부화하는 것이다.

교정과세와 교정보조금 그리고 배출권 거래제도 모두 시장의 힘을 이용하여 외부성 문제를 가능한 한 효율적으로 해결하려는 시도이다. 이러한 시도가 불가능하다면 이제 법률, 규정, 직접규제를 대신 고려해볼 때이다.

해결 방안 넷 : 법률, 규정, 규제

부정적 외부성이 초래하는 문제들을 해결하기 위해 많은 법률 조항이 있다. 소음방지법은 시끄러운 소리로 이웃을 불편하게 만드는 행위를 제한하고, 도로교통법은 과속으로 다른 운전자를 위험하게 하는 행위를 금지시키고, 도시구획법은 주민들에게 불쾌감을 주는 건축물을 짓지 못하게 하며, 노동안전법은 고용주가 노동자들을 위험에 빠뜨리지 못하게 한다.

경제학 실습

다음의 법규가 해결할 수 있는 외부성은 무엇일까?

a. 공공장소에서 흡연을 금지하는 법
b. 자동차가 일정한 연비 수준을 달성하도록 만들어야 한다는 규제
c. 원치 않는 사람에게 광고를 위해 전화하는 행위는 위법이라고 규정한 법
d. 학생들은 예방접종을 반드시 해야 한다는 학교 규칙 ■

정답

a. 암 발생률을 높이는 간접흡연에 노출된다.
b. 높은 연비는 휘발유 사용과 그에 따른 오염 배출을 줄인다.
c. 원치 않는 광고 전화는 시간을 빼앗는다. 불행히도 이 법을 어기는 경우가 참 많다.
d. 예방접종은 학교에서 학생과 교직원에게 영향을 미칠 수 있는 전염병을 예방하는 데 도움을 준다.

기업 내규도 외부성을 해결할 수 있다. 외부성을 내부화하기 위해 규칙을 사용하는 것은 정부만이 아니다. 많은 기업이 외부성을 다루기 위한 내부 규칙과 행동 강령을 가지고 있다. 예를 들어, 직원 간 사내 연애를 하다가 헤어졌을 때 발생할 수 있는 부정적 외부성으로부터 동료 직원들을 보호하기 위해 사내 연애를 금지하는 경우도 있다. 거의 모든 회사의 IT 부서는 회사 네트워크를 바이러스와 해커로부터 안전하게 지키기 위하여 직원들에게 백신프로그램을 설치하도록 요구한다. 야후는 재택근무를 금지했다. 왜냐하면 직원들끼리 나누는 비공식적인 대화가 종종 새로운 아이디어와 같은 긍정적 외부성을 만들어낼 수 있기 때문이다.

성서의 황금률도 외부성에 관한 이야기이다. 아마 당신들이 어릴 때 부모님으로부터 황금률(다른 사람이 당신에게 해주길 원하는 바대로 다른 사람을 대하라)에 대해 배웠을 것이다. 황금률은 신약성서에 나오며, 거의 모든 종교에 비슷한 가르침이 있다. 이 가르침의 요점은 당신의 행동이 다른 사람에게 어떤 영향을 미치는가를 고려하라는 것이다. 경제학적 용어로 말하면 외부성을 내부화하라고 요구하는 가르침이다.

자료 해석 국제적 군축 협정, 선거비용 상한제, 약물복용 금지규정, 학교 교복의 공통점은 무엇인가?

때때로 혼자서 잘하는 것보다 경쟁자보다 더 잘하는 것이 중요한 경우가 있다. 예를 들어 미국은 다른 나라보다 더 강력한 미사일을 원한다. 그러므로 다른 나라가 조금이라도 더 좋은 미사일을 만들면 미국은 그보다 더 강력한 무기를 개발하기 위해 투자한다. 선거에서도 마찬가지로 어떤 한 후보가 광고에 많이 투자하면 다른 후보들도 따라서 광고에 힘쓴다. 많은 스포츠에서 선수들은 경쟁자들이 하는 것처럼 스테로이드제를 복용해야 할지 고민한다. 많은 고등학생이 다른 친구들만큼은 옷을 잘 입어야 한다는 압박을 느낀다. 이러한 예들은 당신의 이득이 상대방의 손해에서 오는 제로섬 게임이다. 즉, 한쪽 편의 행동은 일시적으로 그에 뒤쳐진 상대편에게 부정적 외부성을 일으킨다. 이러한 경합을 제거할 수 있다면 모두의 후생이 증진될 것이다. 국제적 군축 협정, 선거비용 상한제, 스테로이드제 복용 금지규정, 학교 교복은 모두 동일한 문제에 대한 유사한 해결책이다. 즉, 제로섬 경합 상황이 가져오는 부정적 외부성을 끝내는 것이다. ■

규칙은 무딘 도구이다. 많은 규칙은 좋은 결과를 가져온다. 그러나 규제들은 효율적인 기업들만 생존하게 만드는 경쟁의 역할을 약화시킨다. 그러므로 경제학자들은 교정과세, 교정보조금, 총량 제한 및 배출권 거래제와 같이 시장의 힘을 보완해주는 해결책을 선호하고, 이러한 해결방안을 사용하지 못할 경우에만 규제를 도입하고자 한다.

이것은 또한 규제가 무딘 정책수단이라는 사실을 반영한다. 특정한 부정적 외부성을 없애는 것이 아니라 줄이는 것이 중요한 경우라도 그 외부성을 모두 제거하는 규칙을 쓸 수밖에 없는 경우가 있다. 가령 관광객들이 국립공원 오리에게 먹이를 너무 많이 주지 못하도록 하는 것이 궁극적 목표임에도 규칙으로 정하려면 "오리에게 먹이를 주지 마시오"라는 표현이 집행할 수 있는 쉬운 규칙이다.

섬세하게 설계되지 않은 규제는 또 다른 문제들을 야기한다. 주어진 정책목표를 달성하기 위한 방법을 나열한 규칙은 비효율성을 초래할 수 있다. 예를 들어, 에너지 절약형 전구의 사용을 강제하는 규제는 괜찮아 보인다. 그러나 사람들이 값비싼 LED 전구로 모두 교체하는 대신에 에어컨을 적게 틀어 에너지 사용량을 줄이려고 한다면 이 규제는 비효율적이다.

더구나 규제는 외부성을 줄일 새로운 방법이나 혁신을 유도하기 어렵다. 예를 들어, 공장마다 집진기를 설치하게 하여 먼지 배출을 통제하려는 환경 규제는 기업이 그 배출을 줄이는 보다 효과적인 방법을 찾을 유인을 전혀 제공하지 못한다.

지금쯤 당신은 외부성 문제를 해결하는 네 가지 방안의 원리와 전제 조건들을 잘 이해했을 것이다. 이제 공공재라는 외부성에 대해 보다 구체적으로 알아보면서 새로운 해결 방안을 두 가지 더 제시하고자 한다.

10.4 공공재와 공유지의 비극

학습목표 사용을 배제할 수 없을 때 나타나는 외부성 문제를 해결하는 방법을 이해한다.

이제 마지막 남은 주제는 특별한 종류의 외부성 문제를 다루는 것이다. 우선 이 외부성을 특별하게 만드는 요인들이 무엇인지 알아볼 필요가 있다. 내가 새 차를 소유하고 있을 때 나는 차문을 잠가서 당신이 그 차를 이용하지 못하게 막을 수 있다. 그러나 재화가 **비배제적**(nonexcludable, 사람들이 그 재화를 이용하지 못하도록 막는 것이 어려울 때)일 때 특별한 문제가 발생한다. 비배재적 재화가 초래하는 구체적 문제는 다른 사람이 그 재화를 사용하는 것이 나에게 해가 되느냐에 달려 있다. 어떤 재화가 경합적이지 않을 때, 한 사람이 **비경합적 재화**(nonrival goods)를 사용하거나 소비한다고 해서 다른 사람의 사용과 소비가 줄어들지 않는다.

비배제적 어떤 것을 사용하지 못하게 하기 위해 어떤 이를 제외하는 것이 쉽지 않을 때

비경합적 재화 한 사람이 사용한다고 해서 다른 사람이 사용할 부분이 줄어들지 않는 재화

앞으로 살펴보겠지만 이러한 특징들 때문에 사업성을 해치는 외부성 문제가 발생할 수 있다. 외부성 문제를 해결하기 위한 두 가지 해결방안 (즉, 정부가 직접 공공재를 공급하는 방안과 소유권을 배정하는 방안)은 어떤 재화가 비배제적이거나 비경합적일 때 일어나는 외부성 문제를 해결하는 데 초점을 둘 것이다. 이제 이러한 특수한 외부성 문제를 다루어 보도록 하자.

공공재와 무임승차자 문제

사람들을 사용과 소비에서 쉽게 배제할 수 없을 때 나타나는 외부성 문제를 **무임승차자 문제**(free-rider problem)라고 부르는데, 어떤 사람이 비용을 지불하지 않고도 어떤 재화로부터 편익을 누릴 수 있는 상황이다. 예를 들어, 만약 당신이 아름다운 건축물을 즐기거나 깨끗한 공기를 마시거나 혹은 천연두의 위험 없는 삶을 누리고 있다면 당신은 다른 사람의 노력에 무임승차하고 있는 것과 다름없다. 아름다운 건축물, 깨끗한 공기 그리고 전염병의 종식은 모두 배제 불가능성이라는 특성을 갖는다(비용을 지불하지 않는 사람들이 그것들을 누리지 못하게 할 수 없다). 무임승차자는 그들이 받는 편익에 대한 비용을 지불하지 않으므로 긍정적 외부성을 누리는 제3자라고 볼 수 있다. 다른 종류의 긍정적 외부성에서처럼 시장은 제3자의 이해관계를 무시하고 그 결과 해당 재화는 과소생산되거나 전혀 생산되지 않게 된다.

무임승차자 문제 어떤 이가 비용을 지불하지 않고 편익을 누릴 수 있을 때

비경합적 재화의 경우 무임승차자는 다른 이에게 피해 주지 않으면서 긍정적 외부성을 누린다. 만약 당신이 집 청소를 한다면 같이 거주하는 사람들은 청소를 도왔는지에 상관없이 그 깨끗함을 누릴 것이다. 만약 당신이 공원에 꽃을 심는 일을 도왔다면, 그 일을 돕지 않았던 다른 사람들도 아름다운 그 공원에서 시간을 보내는 편익을 누릴 것이다.

만약 당신의 제안과 설득으로 혁신적인 경제 정책을 채택하게 되었다면, 당신의 노력에 도움을 주지 않았더라도 많은 기업이 혜택을 볼 것이다. 이 모든 경우에 무임승차자들은 기여한 바가 없음에도 불구하고 당신의 행동으로부터 혜택을 볼 것이다.

위의 예에서 무임승차자가 누리는 편익은 실제로 당신에게 해가 되지 않는다는 점을 눈여겨봐야 한다. 같은 집에 사는 사람들이 깨끗한 집을 누리듯이 당신도 그것을 그대로 누리고 있다. 당신도 여전히 아름다운 공원에 가서 쉴 수 있다. 그리고 더 좋은 경제정책은 기업들에게 도움을 주지만 그를 통해 당신에게도 도움이 된다. 즉, 깨끗한 집, 아름다운 꽃들, 그리고 더 좋은 경제정책은 모두 비경합적이다.

기여한 바는 없지만 당신의 행동으로부터 혜택을 보는 제3자가 있고(즉, 어떤 재화가 비배제적이고), 동시에 그 편익이 다른 사람이 누릴 편익을 줄이지 않을 때(즉, 소비가 비경합적일 때), 긍정적 외부성이 발생한다. 앞에서 보았듯이 긍정적 외부성이 수반되는 행동은 구매자와 판매자가 무임승차자의 편익을 고려하지 않기 때문에 과소생산된다.

경합적 재화 한 사람이 사용하면 다른 사람은 사용하지 못하는 것을 의미한다.

재화나 서비스가 경합적이고 비용을 지불하지 않는 사람을 배제하기 쉽다면 무임승차자 문제는 발생하지 않는다. 비경합적인 재화가 특별한 이유를 이해하기 위해서 **경합적 재화**(rival good)를 살펴볼 필요가 있다. 경합적 재화는 한 사람이 사용하면 다른 사람은 사용하지 못하는 것을 의미한다. 예를 들어, 당신이 탁자 위의 과자를 먹어버리면 나는 못 먹는다. 경합적이고 배제 가능한 재화를 판매하는 기업들에게 무임승차가 문제는 전혀 발생하지 않는다. 가격을 지불하지 않는 사람에게는 과자를 주지 않으면 그뿐이다. 과자를 파는 가게는 돈을 내지 않은 사람들이 과자로부터 편익을 누리는 것을 쉽게 막을 수 있기 때문에 그들은 무임승차자에 대해 걱정할 필요가 없다. 그리고 과자를 먹는 행위로부터 발생하는 외부성은 없기 때문에 최적 수량의 과자가 시장에서 거래된다.

공공재 무임승차자 문제를 수반하는 비경합적이고 비배제적 재화

공공재는 무임승차자 문제가 있는 비경합적 재화이다. 무임승차자 문제를 수반하는 비경합적이고 비배제적 재화는 다른 이름으로 명명할 만하다. 그것은 **공공재**(public good)이다.

공공재라는 이름을 붙인 이유는 국방 서비스의 예를 보면 짐작할 수 있다. 민간 기업이 국방 서비스를 제공하고 그 대가로 한 달에 국민 1인당 20달러씩을 받는다고 상상해보자. 이 기업은 가격을 지불하지 않은 사람들이 외부로부터 안전한 나라에서 산다는 편익을 받지 못하게 할 수 없다는 것을 바로 알아차리게 될 것이다. 아주 일부만이 그 비용을 지불하고 대다수 국민들은 대신에 무임승차할 것이다. 이 배제 불가능성은 너무나도 심각한 무임승차자 문제를 야기해서 국방 서비스를 제공하는 어떠한 민간기업도 이윤을 내지 못할 것이다. 또한 국방 서비스는 비경합적이다(국가 안보를 내가 누린다고 당신이 그것을 누리지 못하는 것은 아니다). 국방 서비스는 비배제적이고 비경합적이기 때문에 공공재이다. 여기서 문제는 우리 모두 국방 서비스로부터 혜택을 보지만 시장은 그 서비스를 제대로 공급하지 못할 것이라는 데 있다. 이 때문에 미국 정부는 연방정부 예산의 5분의 1을 이 목적에 사용하면서 국방 서비스를 제공하는 것이다.

해결 방안 다섯 : 공공재에 대한 정부의 지원

공공재는 기여하지 않은 사람들을 재화의 혜택으로부터 배제할 수 없기 때문에 그들에게 긍정

적 외부성을 만들어낸다. 무임승차자 문제의 핵심은 기업들이 혜택을 받고 있는 사람들에게 강제로 공공재의 비용을 지불하게 강요하지 못한다는 것이다. 긍정적 외부성에서처럼 이 경우 균형 생산량이 사회적으로 최적인 수준에 미치지 못하게 될 것이다. 여기서 외부성에 대한 다섯 번째 해결 방안이 필요한 것이다. 즉, 정부가 공공재의 비용을 지불하도록 돕는 것이다. 공공재의 과소공급에 대한 간단한 해결책은 정부가 조세수입으로 공공재를 구입해서 모든 사람들이 사용하게 하는 것이다.

이것은 매우 강력한 통찰력이다. 이것은 국방, 치안, 공원이 민간 기업에 의해 공급되지 않고 왜 국민의 세금으로 지불되는지 잘 설명해주기 때문이다. 이것은 또한 정부가 연구개발에 왜 그렇게 많은 지원을 하는지를 설명해준다. 이 모든 예들이 공공재의 경우이다. 또한 글을 읽을 수 있는 사람들이 있다는 것을 공공재라고 볼 수 있고, 이 때문에 정부가 공교육에 재원을 투입하는 것이다.

공공재에 대해서 알아야 할 세 가지 사실이 있다. 공공재는 구별되는 뜻을 가지고 있지만 제대로 이해하려면 다음의 세 가지를 명심해야 한다.

사실 하나 : 정부가 공급한다고 해서 반드시 그 재화나 서비스가 공공재를 의미하는 것은 아니다.

정부는 실제로 공공재가 아닌 재화를 많이 공급한다. 예를 들어, 우체국을 통해서 정부는 우편물을 배달한다. 그러나 우편물 배달은 배제 가능하고(비용을 내지 않으면 우편물을 붙일 수 없다), 경합적이다(집배원이 우리집에 우편물을 배달하고 있으면서 동시에 당신 집에 배달갈 수는 없다).

사실 둘 : 어떤 것이 공공재라고 해서 반드시 정부가 그 비용을 부담해야 하는 것은 아니다.

어떤 것이 공공재인지 판단하는 문제와 정부가 그것을 공급하기 위한 비용을 지불해야 한다는 문제는 별개이다. 비용-편익의 원리를 적용해보면 사회적 편익이 사회적 비용보다 커야 공공투자를 할 수 있다. 즉, 정부가 어떤 공공재 생산을 위해 재원을 투입해야 하는지에 대한 결정은 그 재화와 그 지역에 달려 있다. 어떤 지역의 사람들은 공원을 정말 좋아하는 반면에 다른 지역에서는 연구개발의 가치를 높이 평가할 수 있다. 그래서 어떠한 공공재에 정부가 비용을 마련해야 하는가를 두고 정치적 논쟁이 크게 일어나는 것은 그리 놀랍지 않다.

사실 셋 : 정부가 어떤 공공재의 비용을 지불해야 한다고 해서 반드시 정부가 직접 공급해야 하는 것은 아니다.

불꽃놀이 같은 공공재는 주요 국경일에 펼쳐지며, 만약 시장에 맡겨 놓으면 이 공공재는 과소공급될 것이다. 이 때문에 정부가 재원을 투입해서 사회적으로 최적인 수준까지 공급될 수 있도록 하는 것이 필요하다. 그러나 그렇다고 해서 공무원들이 직접 불꽃놀이의 화약을 만들고 쏘아 올리라는 주장은 아니다. 대신에 정부가 민간 기업에게 비용을 지불해서 불꽃놀이라는 공공재를 공급하게 하는 것이 더 쉬울 수 있다.

공공재는 지역사회에서 제공할 수 있다. 때때로 공공재는 훨씬 작은 규모로 나타나기도 하지만 동일한 원칙이 적용된다. 학교 근처에 있는 집에서 여러 학생들이 한데 모여 자취를 하는 상황을 생각해보자. 거실의 텔레비전은 공공재이다. 만약 당신이 무임승차자 문제를 해결하지 못하면 텔레비전 없는 집에서 살아야 할 수도 있다. 한 가지 해결책은 자취하는 학생들이 각자 100달러씩 내어 텔레비전을 한 대 사서 모든 학생이 볼 수 있게 하는 것이다. 마찬가지로 깨끗한 집안도 공공재이다. 그 학생들로 이루어진 공동체 정부는 부엌과 화장실을 정기적으로 청소하게끔 집안일 목록을 작성할 필요가 있다.

어떤 공공재는 보다 창의적인 방법으로 비용을 충당하고 있다. 예를 들어, 많은 라디오방송국이 광고에 의존하고 있다. 공공재인 국가 공영 라디오의 경우 사회 전체가 자발적인 기부를 독려함으로써 비용을 충당하고 있다. 이와 유사하게 학부모 참여라는 사회 규범 덕분에 많은 학교에서 운동장 청소나 수업 보조와 같은 공공재를 학부모들이 자발적으로 공급하고 있다.

기업들은 공공재를 클럽재로 변환시키려 노력한다. 공공재는 비배제적이고 비경합적이지만 기업들은 그들을 배제 가능하게 만드는 방법을 찾으려고 애쓴다. 예를 들어, 당신이 땅을 좀 사서 길을 내고 요금소를 만들어서 요금을 지불하는 차들만 통과하게 할 수 있다고 하자. 그 길은 이제 배제 가능하지만 여전히 상당히 비경합적이다. 물론 도로가 파손되기도 하고 너무 많은 차들이 몰려 도로가 혼잡할 수도 있다. 하지만 그렇게 번잡하지 않을 때 차 한 대가 지나가는 한계비용은 거의 0에 가깝다.

클럽재 비배제적이지만 소비에서 비경합적인 재화

경제학자들은 배제 가능하지만 소비에서 비경합적인 이러한 재화를 **클럽재**(club goods)이라고 부른다. 클럽재는 지역 독점의 형태이다. 모든 독점에서처럼 클럽재의 경우 높은 가격을 부과하여 사회적으로 최적 수량보다 적게 팔리게 된다. 이것이 의미하는 바는 기업이 클럽재를 공급할 때 과소공급한다는 것이다.

클럽재가 어떻게 관련되는지 생각해보자. 기업들은 사람들을 배제할 수 방법을 고안해냄으로써 공공재 문제를 해결하려고 한다. 만약 그 방법을 찾을 수 있다면 공공재를 클럽재로 바꿀 수 있다. 예를 들어, 케이블 방송은 방송이라는 공공재를 클럽재로 전환한 예이다. 케이블 방송사는 주파수를 변경해서 요금을 지불하는 고객들만 볼 수 있도록 함으로써 클럽재를 만들어 내었다.

그러나 케이블 텔레비전은 여전히 비경합적 재화이며 이는 추가적인 시청자의 한계비용이 0이라는 의미이다. 그래서 비록 고객들에게 제공하는 데 드는 한계비용이 고객들의 한계편익보다 낮은데도 불구하고 케이블 텔레비전의 가격은 한계편익보다 높은 경우가 많이 발생한다.

여기에서 기업들은 비용을 지불하지 않는 사람들을 배제하는 방법을 고안해냄으로써 공공재 문제를 풀려고 시도했지만 여전히 클럽재는 과소생산되기 때문에 공공재에 내재된 문제들은 해결되지 않았다.

해결 방안 여섯 : 공유지 문제 관련 소유권 부여

공유자원 경합적이지만 비배제적 재화

지금까지 우리는 비경합적 재화가 비배제적인 상황을 살펴보았다. 이제 경합적 재화가 비배제적일 때 어떤 일이 벌어지는지 알아보자. 경합적이지만 비배제적인 재화는 **공유자원**(common resources)이다. 공유자원의 이용은 개인적인 이득을 발생시키지만, 그 이용에 따른 비용은 사회 구성원 전체가 분담한다. 물고기를 잡았으면 그것으로부터 사적 편익을 얻는다. 하지만 남아 있는 물고기의 수가 줄어드는 비용은 모두가 분담하게 된다. 다른 이들에게 비용을 발생시키기 때문에 어로행위는 부정적 외부성을 가져온다. 이제 여섯 번째 외부성의 해결 방안인 사적소유권의 부여를 소개할 때이다. 그 전에 우선 오늘날에도 의미가 있는 짧은 우화를 통해 공유자원 문제를 보다 자세히 살펴보자.

공유지의 비극 공유자원을 남용하는 경향

공유자원은 공유지의 비극을 초래할 수 있다. **공유지의 비극**(tragedy of the commons)이라는 개념은 대부분의 마을이 '공유지'라는 방목초원을 두었던 때로 거슬러 올라간다. 이 공유지에서 양들에게 풀을 먹였던 양치기들은 풀로 인해 혜택을 보았으나 비용을 지불하지 않았다. 문제는 이렇게 공유지에서 양들이 풀을 먹게 하는 것에는 어떠한 비용도 들지 않았기 때문에 양치기들은 너무 많은 풀을 먹이게 되었다. 그 결과는 비극이다. 그 초원은 남용되어 더 이상 풀들이 자라지 않는다.

이러한 공유지의 비극은 사람들이 공유자원을 남용하기 때문에 일어난다. 다른 부정적 외부성에서와 마찬가지로 사람들이 자신의 행동이 가져오는 사회적 비용을 모두 지불하지 않을 때 그들은 그러한 행동을 너무 많이 하게 된다. 이것을 비극이라 부르는 이유는 만약 공유자원의 소비를 제한할 수 있었다면 모든 구성원들이 더 나아졌을 것이기 때문이다.

너무 많은 양들이 풀을 뜯으면, 땅은 곧 황폐해질 것이다.

경합적 재화가 비배제적일 때면 공유지의 비극이 발생한다. 이 이야기는 오늘날에도 여전히 유효하며 광범위한 부정적 외부성을 묘사하고 있다. 가령 양치기가 공유지를 남용한 것처럼 어부들이 어족자원을 남획하고 있어 절반 이상의 참치종이 멸종위기에 처하게 되었다고 환경보호 운동가들은 보고 있다. 남쪽 블루핀 참치의 전 세계적 어획량이 줄어든 것은 오늘날 남획의 문제를 잘 보여준다.

그리고 지구의 대기도 공유자원이다. 공해를 유발하는 공장들은 이 대기를 파괴하고 있다. 공유지의 비극은 환경문제뿐만 아니라 혼잡문제를 이해하는 데도 적합한 이야기이다. 교통체증은 추가적인 체증을 유발하는 것에 대한 비용을 지불하지 않는 운전자들이 도로를 남용하게 되는 공유지의 비극이다. 비슷하게 인터넷도 공유자원이며 스팸메일 발송자의 인터넷 남용은 모든 사람들에게 이메일을 통한 의사소통을 더 어렵게 만든다.

사적소유권을 부여하는 것이 공유지의 비극을 해결할 수 있다. 이제 외부성 문제에 대한 마지막 해결 방안(사적소유권의 부여)은 공유지의 비극을 어떻게 풀어갈 수 있을지를 말해준다. 모든 사람들이 공동으로 어떤 것을 소유할 때 누구도 그것을 소유하지 않은 것처럼 사람들은 행동하기 때문에 공유지의 비극이라는 문제가 발생한다. 사적소유권은 사적 협상을 쉽게 성사시킴으로써 도움을 줄 수 있다. 새로운 공유지의 소유권자는 일정 수준으로 제한된 수의 양들에게 풀을 먹일 수 있는 사용권을 양치기들에게 판매할 수도 있다. 중요한 것은 그 소유자는 그 공유지가 남용되지 않도록 주의를 기울인다는 것이다. 공유지가 남용되면 다음 해에 풀을 먹일 사용권을 팔 수 없기 때문이다. 공유지에서 풀을 먹이는 데에서 발생하는 비용과 편익은 소유권자 자신의 비용과 편익이 되며 이는 효과적으로 외부성을 내부화하게 한다.

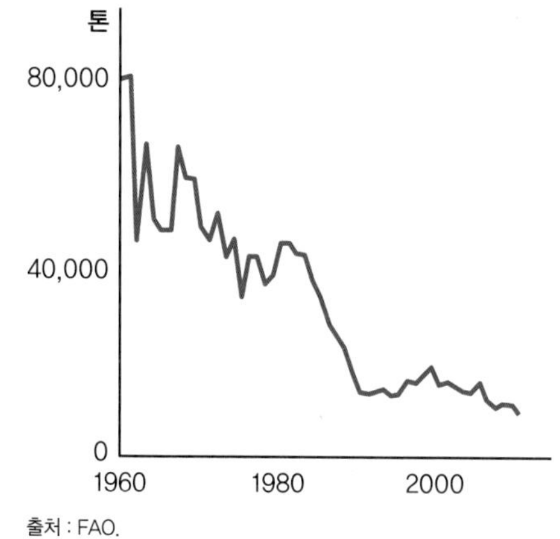

출처 : FAO.

요약 : 비배제적 재화는 외부성 문제를 야기한다. 배제 불가능한 재화에 대해 배운 내용들을 외부성이라는 보다 넓은 맥락에서 요약해보자. 가격을 지불하지 않은 사람들이 어떤 재화를 이용하지 못하게 할 수 없을 때 외부성이 발생한다. 외부성의 종류는 다루어지는 재화의 형태에 달려 있다. 비경합적인 재화일 때(그래서 무임승차자의 사용과 소비가 다른 사람에게 해가 되지 않는다), 그것은 공공재가 되어 긍정적 외부성을 가져온다. 대개 이러한 긍정적 외부성은 시장에 맡겨 두면 과소공급되게 마련이다. 만약 경합적인 재화라면 공유지의 비극이 나타난다. 즉, 한 사람이 공유자원을 사용하면 다른 사람들에게 돌아갈 부분이 줄어들게 되는 부정적 외부성을 가져오고 이것은 다시 이기적인 행동으로 이어진다.

	경합적	비경합적
배제적	사적재화 • 과자 • 자동차	클럽재 • 케이블 텔레비전 • 유료 도로
비배제적	공유자원 • 어족자원 • 공유지	공공재 • 국방 서비스 • 과학기술 연구개발

함께 해보기

지금까지 제3자에게 미치는 파급효과를 고려하지 않고 선택을 내릴 때마다 바람직하지 않은 결과가 도출된다는 것을 확인했다. 세상에는 제3자에게 해를 끼치는 부정적 외부성이 너무 많이 존재하는 동시에 제3자에게 이득이 되는 긍정적 외부성은 너무 적다.

지구온난화는 분명히 대표적인 외부성 문제지만, 일상의 모든 면면에 외부성이 존재한다

외부성을 다룰 때 명심해야 할 여섯 가지 원칙

1. 불필요하면 개입하지 말라.
2. 시장의 기능을 보완하는 것이 방해하는 것보다 낫다.
3. 가용한 정보에 따라 적합한 정책도구를 선택하라.
4. 규제나 공공재의 비용과 편익을 고려하라.
5. 과정이 아니라 성과에 집중하라.
6. 혁신할 수 있는 유인을 제공하라.

는 것도 인식해야 한다. 외부성은 당신의 자연환경뿐만 아니라 당신의 사업, 일터, 공동체, 그리고 당신 자신 안에서도 영향을 미친다. 지금까지 우리는 사적 협상, 교정과세와 보조금, 수량규제, 배출권 거래제, 정부 규제를 다루었고, 배제 불가능한 재화와 관련해서 공공재의 정부 공급이나 소유권 확립을 통한 공유지의 비극 방지를 살펴보았다.

이 방안들을 평가하면서, 어떤 해결 방안이 가장 좋은지 판단하는 데 도움이 되는 일반적 원칙들을 여섯 가지 발견하였다.

원칙 1 : 불필요하면 개입하지 말라.

사람들이 사적 협상을 통해 외부성 문제를 해결할 수 있다면 그렇게 할 수 있게 두어야 한다. 거래 비용이 작고 문제해결로 인한 혜택이 클수록 성공할 확률이 높아진다. 공유지의 비극의 경우 사적소유권 확립이 개인들 간의 사적 협상을 용이하게 한다.

원칙 2 : 시장의 기능을 보완하는 것이 방해하는 것보다 낫다.

만약 정부가 시장에 개입하고자 한다면, 교정과세, 보조금, 배출권 거래제도가 시장의 기능을 보완해준다. 이러한 해결 방안들은 시장의 기능을 방해하는 규제나 정부공급보다 보통 더 우월하다. 그 이유는 공급자들 간의 경쟁이 더 낮은 사회비용으로 생산할 수 있는 측이 공급할 수 있도록 유도할 것이며 구매자들 간의 경쟁이 그 생산물의 가치를 가장 높게 평가하는 측에게 배분될 수 있도록 이끌 것이다. 다시 말해 지금까지의 외부성 분석은 우리에게 사회 전체적으로 더 바람직한 목적지를 알려주었다. 경쟁은 바로 그곳에 도달하는 가장 효율적인 경로를 알려줄 수 있다.

원칙 3 : 가용한 정보에 따라 적합한 정책도구를 선택하라.

당신이 한계외부비용(편익)을 더 정확히 알고 있다면 교정과세(보조금)를 사용하라. 그러나 만약 사회적으로 최적인 생산량 수준을 더 잘 측정할 수 있다면 배출권 거래제와 같은 수량 제한을 사용하라.

원칙 4 : 규제나 공공재의 비용과 편익을 고려하라.

시장에 기반을 둔 해결책이 불가능할 때 규제나 정부공급을 고려하라. 그러나 그때에도 편익이 비용보다 커야만 한다.

원칙 5 : 과정이 아니라 성과에 집중하라.

만약 사람들에게 무엇을 하라고 지시하면 그냥 그대로만 할 것이다. 그러나 만약 성취 목표를 제시한다면 사람들은 그것을 달성할 수 있는 보다 효율적인 방법들을 찾아낼 수도 있다. 예를 들어, 휘발유에 대한 세금이나 휘발유 사용에 대한 쿼터제도는 온실가스 배출을 줄일 수 있다. 그러나 온실가스 감축이 목표라면 온실가스 배출에 대한 조세나 수량 제한이 훨씬 더 좋은 수단이다. 그 이유는 휘발유 사용량을 줄이는 것보다 기업들이 온실가스 배출을 더 작은 비용으로 줄이는 방법을 고안해낼 수 있기 때문이다.

원칙 6 : 혁신할 수 있는 유인을 제공하라.

기업들이 혁신을 통해 외부성 문제를 해결할 수 있는 새로운 방법들을 찾을 강력한 유인을 제공해야 한다. 기업들에게 정부의 목표를 제시하는 정책수단을 사용하면 기업들이 그 목표를 달성할 수 있는 방안들을 고민하면서 혁신할 수 있는 여지가 생긴다. 이와 반대로 기업 행위에 대한 규제나 생산과정에서의 조세나 수량 규제는 그러한 유인을 줄인다.

자 이제 요약해보자. 외부성은 시장 실패의 예이다. 시장 실패로 인해 수요와 공급의 시장 기능이 제대로 작동하지 않으면 최선의 결과가 도출되지 않는다. 이것은 분명 나쁜 소식이다. 하지만 외부성을 잘 이해하면 사람들이 외부성을 내부화하도록 유도함으로써 모든 사람들이 더 좋은 결과를 얻을 수 있도록 해주는 현실적인 해결책도 존재한다는 것은 좋은 소식이다.

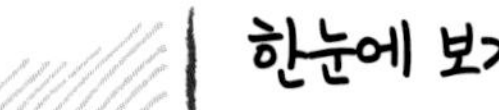

한눈에 보기

외부성은 이해관계가 고려되지 않는 제3자에게 영향을 미치는 행동이 가져오는 부수적 효과이다.

외부성 문제를 분석하기 위해 다음 3단계 접근법을 따르라.

1단계 : 시장의 균형점을 예측한다. 2단계 : 외부성을 확인한다. 3단계 : 사회적으로 최적인 상태를 찾는다.

부정적 외부성은 타인에게 해를 주는 외부비용을 갖는다. 공급곡선은 한계사회비용을 낮게 평가하여 과잉생산으로 이어진다.

1. 시장의 균형점을 예측한다.

가격 / 공급 / 균형 / 수요 / 시장 균형에서의 거래량 / 수량

2. 외부성을 확인한다.

가격 / 한계사회비용 = 한계외부비용 + 한계사적비용 / 수요 / 수량

3. 사회적으로 최적인 상태를 찾는다.

가격 / 한계사회비용 / 한계사적비용 / 수요 / 과잉생산 / 사회적 최적 수준 / 수량

긍정적 외부성은 타인에게 편익을 준다. 수요곡선은 한계사회편익을 낮게 평가하여 과소생산으로 이어진다.

1. 시장의 균형점을 예측한다.

가격 / 공급 / 균형 / 수요 / 시장 균형에서의 거래량 / 수량

2. 외부성을 확인한다.

가격 / 공급 / 한계사회편익 = 한계외부편익 + 한계사적편익 / 수량

3. 사회적으로 최적인 상태를 찾는다.

가격 / 공급 / 한계사회편익 / 한계사적편익 / 과소생산 / 사회적 최적 수준 / 수량

외부성의 해결은 외부성을 내부화할 수 있느냐에 달려있다.

1. 사적 협상과 코즈 정리	• 협상비용이 낮을 때 효과가 있다. • 협상이 어려울 때 외부성 문제는 그대로 남아있다.
2. 교정과세와 보조금	• 외부비용과 같은 크기의 교정과세를 부과한다. • 외부편익과 같은 크기의 보조금을 부과한다.
3. 수량 규제와 배출권 거래	• 사회적으로 최적인 수준을 파악한다. • 기업들이 배출권을 거래할 수 있게 하는 것이 효율성을 증진시킨다.
4. 법률, 규정, 규제	• 법규는 무딘 정책도구이고 경쟁의 기능을 약화시킨다.
5. 정부의 공공재 지원	• 공공재는 과소공급되기 때문에 정부가 조세수입으로 공공재를 조달하는 것이 하나의 해결책이 된다.
6. 공유지 문제 관련 소유권 부여	• 공유지의 비극은 경합적인 재화가 무임승차자 문제에 의해 영향을 받을 때 발생한다.

핵심용어

경합적 재화	부정적 외부성	클럽재
공공재	비경합적 재화	한계사적비용
공유자원	비배재적	한계사적편익
공유지의 비극	사회의 합리적 규칙	한계사회비용
교정과세	사회적으로 최적인	한계사회편익
교정보조금	외부비용	한계외부비용
긍정적 외부성	외부성	한계외부편익
무임승차자 문제	외부편익	
배출권 거래제	코즈 정리	

토론과 복습문제

학습목표 10.1 외부성을 정의하고 외부성의 파급효과를 알아본다.

1. 부정적 외부성과 긍정적 외부성이 가능한지 판단해보라.
   a. 집 뒷마당에 닭장을 지었다.
   b. 아파서 병원에 갔다. 의사는 박테리아 감염으로 진단하고 항생제를 처방하였다
   c. 도시농부가 옥상 농장에 식물의 수분작용을 돕기 위한 벌통을 설치하였다.

학습목표 10.2 외부성이 어떻게 시장이 비효율적인 성과를 내게 하는지를 분석한다.

2. 2016년에 25~34세 전일제 노동자 중 · 고등학교 졸업자의 중위소득은 3만 1,830달러였지만 대졸자의 중위소득은 4만 9,990달러였다. 결과적으로 대졸자들이 더 많은 소득세를 낸다.
   a. 대학교육을 받을 사적편익이 있는가?
   b. 학사학위를 받는 개인과 관련된 외부편익은 있는가?
   c. 대학교육을 시장에만 맡겨두었을 때 사회적 최적수준에 비해 대학 진학자의 수가 많은가 혹은 적은가?
   d. 시장이 사회적 최적수준을 달성하지 못한다면, 정부는 대학교육이라는 시장에서 사회적 최적수준을 달성하기 위해 무엇을 할 수 있는가?

학습목표 10.3 외부성 문제를 어떻게 해결하는지를 배운다.

3. 2018년 아이오와주에 있는 한 풍력발전회사는 최근에 지은 풍력발전기를 해체하라는 법원의 명령을 받았다. 지역 주민들이 발전기의 소음과 경관 훼손에 대해 동의한 적이 없다면서 소송을 했기 때문이다. 소송이 제기되기 전에 그 회사가 해당 소송의 피하고 궁극적으로 수백만 달러짜리 발전소를 해체하지 않기 위해 코즈 정리를 어떻게 이용할 수 있는가?
4. 지역 교육당국은 지난 2년 동안 학교 내 독감 확산을 지켜보았다. 그래서 예방접종률을 높이기 위해 접종비용을 보조해야 한다고 주장하고 있다.
   a. 지역 교육당국의 판단은 타당한가? 보조금 지급으로 접종률을 사회적 최적 수준으로 끌어올릴 수 있는가? 그래프를 그려보면 이 정책을 분석하는 데 도움이 된다.
   b. 한 보건교사가 이웃들의 시선을 이용해 접종률을 높일 방법으로 독감 예방접종을 하지 않은 학생의 실명을 공개하자고 제안했다. 이 방안은 잘 작동할 것 같은가? 그 이유는 무엇인가?
5. 사회규범이 교정과세나 교정보조금처럼 작동하는 외부성의 예를 들어보라.
6. 노벨경제학상 수상자인 올리버 하트가 "만약 우리가 공해배출의 한계사회비용을 안다면 조세부과가 더 낫지만 만약 우리가 사회적 최적 수준을 안다면 수량 규제 및 배출권 거래제도가 더 우월한 정책이다"라고 말하였다. 왜 이 명제가 맞는지 설명하라.

학습목표 10.4 사용을 배제할 수 없을 때 나타나는 외부성 문제를 해결하는 방법을 이해한다.

7. 공공재의 예를 들고 그 재화가 어떻게 배제 불가능하고 비경합적인지를 설명하라. 시간이 그 공공재를 과소공급하는가 아니면 과잉공급하는가? 그 이유는 무엇인가? 왜 정부가 공공재 마련을 위한 재원을 조달하거나 직접 공급해야 하는가? 정부를 통하지 않고 공공재를 공급할 수 있는 방법이 있는가?
8. 어떤 재화는 경합적이나 배제 불가능하고, 또 어떤 재화는 비경합적이나 배제 가능하다. 어떤 것이 클럽재인가? 또 어떤 것이 공유자원을 설명하는가? 또 공유지의 비극은 무엇이고 이것이 공유자원의 특성과 어떠한 관계를 갖는가?

9. 어떤 국회의원이 교통체증을 해결하기 위해서 도로에 대한 사적소유권을 인정하자고 주장한다. 만약 도로를 개인들이 소유하고 있다면 교통체증이라는 외부성은 완전히 내부화될 것이고 시장에 의해 제거될 것이다. 우선 교통체증을 가져오는 외부성 문제를 설명하고, 시장을 통해 효율적인 수준에 도달할 수 있을지 논하라.

학습문제

학습목표 10.1 외부성을 정의하고 외부성의 파급효과를 알아본다.

1. 긍정적 외부성이나 부정적 외부성이 존재하는가? 사회적 최적 수준에 비해 그 행위가 너무 적은가 아니면 너무 많이 일어나는가?
   a. 제롬은 예쁜 꽃으로 가득 찬 잔디정원을 갖고 있다.
   b. 데이브는 낮은 휘발유 가격으로 인해 연비가 좋지 않은 SUV 차량을 구매한다.
   c. 수잔은 자가용 운전 대신에 걸어서 출근하기로 결정한다.
   d. 아니타는 출근길에 버스에서 커피를 마시다가 옆 좌석 승객에게 커피를 쏟았다.

학습목표 10.2 외부성이 어떻게 시장이 비효율적인 성과를 내게 하는지 분석한다.

2. 아래의 그래프는 담배 시장을 묘사하고 있다. 이를 이용하여 다음의 질문에 답하라.

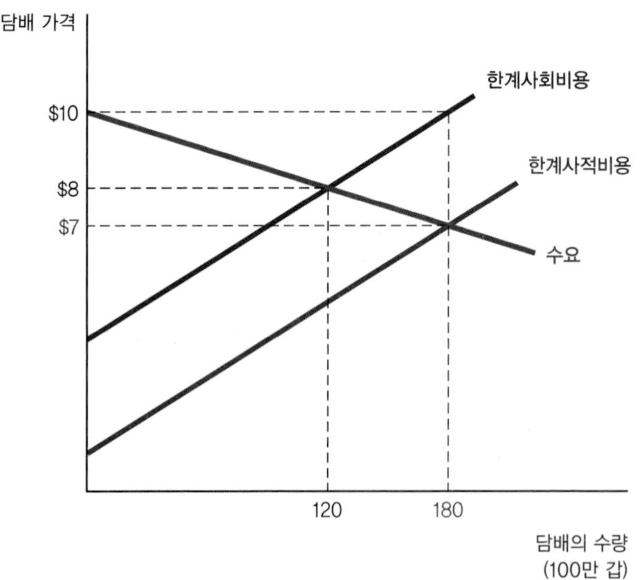

   a. 이 그래프에서 담배와 연관된 외부성이 있는지 설명하라.
   b. 이 시장에서 균형가격과 균형거래량을 보이라.
   c. 이 시장에서 사회적으로 최적인 거래량은 얼마인가?
   d. 이 그래프에 따르면 담배 한 갑의 한계외부비용은 얼마인가?

3. 아래의 그래프는 도색 서비스 시장을 보여준다. 이를 이용하여 물음에 답하라.

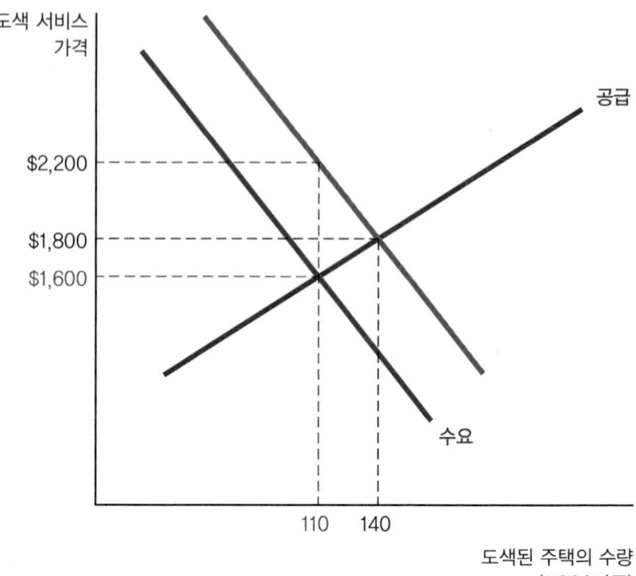

   a. 당신 집의 외벽을 칠하는 것은 이웃들에게 외부편익을 제공한다. 한계사적편익곡선과 한계사회편익곡선을 그리고 외부편익의 규모를 표시하라.
   b. 균형 가격과 균형 거래량은 얼마인가?
   c. 이 시장에서 사회적으로 최적인 거래량은 얼마인가?
   d. 이 시장은 사회적 최적 수준에 비해 거래량이 많은가 아니면 적은가? 얼마나 차이가 나는가?

4. 응급환자의 경우, 근처에 있는 훈련받은 누군가가 바로 응급처치한다면 그 환자의 결과는 더 좋아진다. 따라서 노약자를 대상으로 하는 직업은 응급처치 훈련과 자격증을 요구한다. 응급처치 훈련은 또한 훈련받은 친구와 가족들에게도 편익을 가져온다. 심지어 위급 시 응급처치를 할 수 있는 사람이 근처에 있을 확률을 높임으로써 같은 동네에 사는 모르는 사람에게도 편익을 제공한다.
   a. 수요공급곡선을 이용하여 가상적인 응급처치 시장을 그래프로 나타내라.
   b. 이 시장은 사회적으로 최적 수준의 응급처치훈련과 자격증을 가져올 것인가?
   c. 사회적 최적 수준의 응급처치훈련과 자격증을 그래프에서 표시하라.

학습목표 10.3 외부성 문제를 어떻게 해결하는지 배운다.

5. 담배시장을 보여준 연습문제 2의 그래프를 보자. 정부는 담배 한 갑당 세금을 부과함으로써 이 시장의 비효율을 제거하려 한다.

a. 이 시장이 사회적 최적 수준의 담배 소비량에 도달하려면 한 갑당 얼마의 세금을 매겨야 하는가?
b. 수량 제한도 외부성 문제를 해결할 수 있다. 정부의 목표가 사회적 최적 수준에 도달하는 것이라면 수량 제한으로 얼마를 설정해야 하는가?
c. 사회적으로 최적인 담배 소비량이 왜 0이 아닌가?

6. 아래의 예는 각각 외부성을 포함한다. 각각에 대해 외부성 문제를 찾아보고 사적 협상으로 해결될 수 있는지를 판단해보라.
   a. 혁신을 유도할 수 있는 과학 연구를 수행한다.
   b. 아주 멋진 음악 재생목록을 만든다.
   c. 한밤중에 잔디를 깎는다.
   d. 주변에 살고 있는 수백만 명의 주민들에게 영향을 미치는 공해물질을 배출하는 철 제품을 생산한다.
7. 이산화탄소 배출을 억제하기 위해서 정부는 트럭을 이용하는 화물운송회사를 대상으로 총량 제한과 배출권 거래제를 마련하였다. 어떤 회사는 이미 이산화탄소 배출량이 적은 트럭으로 교체하였거나 이산화탄소 배출량을 줄이는 연료기술까지 개발하고 있다. 다른 회사는 이산화탄소 배출을 줄이려는 투자를 전혀 하지 않았다. 어떻게 총량 제한과 배출권 거래제도가 이산화탄소 배출량을 줄일지 설명하라.
8. 일부 경제학자에 따르면 영유아 보육은 사회에 외부편익을 가져온다. 영유아 보육시장을 묘사한 아래의 그림을 보고 답하라.

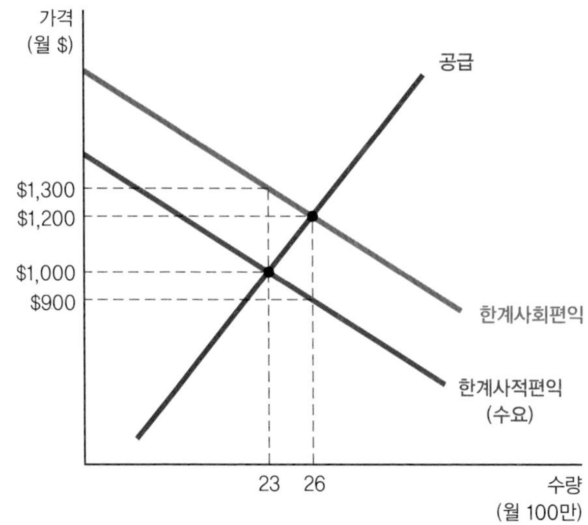

   a. 시장균형이 사회적 최적 상태와 어떻게 다른가?
   b. 정부가 사회적 최적 수준에 다다르기 위해 측정 단위당 보조금을 지급하고자 한다면, 보조금은 얼마가 되야 하는가?
   c. 사회적 최적 수준을 달성하기 위해 정부는 이 시장에서 매달 총 얼마를 지출해야 하는가?

학습목표 10.4 사용을 배제할 수 없을 때 나타나는 외부성 문제를 해결하는 방법을 이해한다.

9. 다음의 재화나 서비스에 대해 배제 불가능성과 경합성의 유무를 판별하고 그 이유를 설명하라. 또한 무임승차자 문제가 있는 경우는 어떤 것인지 밝히라.
   a. 일반도로와 고속도로를 따라 수십 개의 탐방로가 나있는 국립공원
   b. 옐로스톤 국립공원
   c. 국방 서비스
   d. 지하철
10. 수백 년 동안 알래스카 주민들은 연어와 민물 물고기에 크게 의존했다. 1950년대에 많은 관광객이 낚시를 하고자 몰려들었고 알래스카 연어의 개체수도 감소하기 시작했다. 환경과학자와 경제학자의 조언에 따라 미 농림부는 잡을 수 있는 물고기의 최소 크기(28인치)를 설정하고 하루에 다섯 마리의 연어만을 잡을 수 있도록 했다. 농림부의 관심사는 번식하기 전에 잡히는 어린 연어의 비중이 높다는 것이었다.
    a. 알래스카 연어는 사적재화, 공공재, 공유자원 중 어디에 해당되는가?
    b. 이 시장균형과 사회적 최적 수준의 어획량이 어떻게 다른가?
    c. 이 시장 실패를 다룰 수 있는 두 가지 정부의 정책적 개입은 무엇인가?

CHAPTER 11

노동시장

사라 블레이클리는 커뮤니케이션 학위 취득 후 변호사를 목표로 커리어를 시작하였다. 그러나 법학대학원 학업은 전혀 예상처럼 잘 풀리지 않았다. 몇 달 동안 디즈니랜드에서 일하고 잠시 스탠드업 코미디에도 기웃거려 본 후 안정적인 일자리를 찾아봐야겠다고 생각했다. 한 사무용품 회사에서 판매직으로 일을 했다. 그 일은 적성에 잘 맞았고 몇 번의 고속승진을 거쳐 20대 중반에 전국 영업사원 트레이너가 되었다. 불행하게도 견고해보였던 판매기술도 직업 안정성으로 연결되지는 않았다. 그녀의 사업에서 큰 비중을 차지하던 팩스기계 시장이 흔들리자 그녀의 일자리 전망도 같이 불안해졌다.

Bennett Raglin/Getty Images for Fast Company

사라 블레이클리는 29세에 스팽스를 창업하였다.

목표

고용주와 근로자로서 의사결정을 잘하는 방법을 학습하고 임금이 어떻게 결정되는지 파악한다.

11.1 노동시장 : 일터에서의 공급과 수요
공급과 수요의 힘에 의해 임금과 고용이 어떻게 결정되는지 이해한다.

11.2 노동수요 : 고용주처럼 생각하기
고용주들이 채용할 근로자 수를 어떻게 결정하는지 파악한다.

11.3 노동공급 : 일과 여가 사이에 균형을 맞추는 법
일과 여가에 얼마나 많은 시간을 나눠 쓸지 결정한다.

11.4 경제환경의 변화와 노동시장 균형
노동시장이 어떻게 경제환경 변화에 반응하는지 평가한다.

그러나 사라는 몇 년 동안 판매영업을 하면서 많은 것을 학습하였고 사업 아이디어가 있었다. 많은 여성들처럼 보기 좋은 몸매를 위해 옷 속에 팬티스타킹을 입었다. 하루는 바지를 입고 맨발에 끈달린 샌들을 신으려고 팬티스타킹 두 발을 잘랐다. 이렇게 입어보니 금방 히트 상품이 될 것 같았다. 소재도, 형태도 다르게 해보고 더 나은 상품이 나오기까지 실험을 거듭하였다. 이렇게 하여 그녀가 '스팽스'로 명명한 몸매 보정 속옷이 만들어진 것이다. 그녀는 이제 판매 역량과 커뮤니케이션 특기를 발휘하여 상점을 돌아다니면서 그녀가 발명한 상품을 진열 · 판매하도록 설득하였다.

스팽스는 히트상품이 되었다. 사라는 안정적인 일자리를 찾으려다 자기 사업을 창업하였고 직원들까지 고용하게 되었다. 오늘날 스팽스는 수천 명을 고용하는 글로벌 기업이 되었다. 억만장자가 된 사라는 회사가 성공할 수 있었던 결정적인 비결로 적시에 적합한 근로자를 채용해 배치할 수 있었던 그녀만의 요령을 꼽았다.

사라의 성공 이야기가 말해주는 것처럼 노동시장은 당신의 인생 이야기를 만드는 데 중요한 역할을 한다. 사라처럼 당신도 노동공급자로서 직업생활을 시작하게 될 것이고 또 일을 해나가면서 채용을 책임짐에 따라 노동수요자가 되기도 할 것이다. 당신이 내리는 각 의사결정이 당신의 미래 모습과, 당신이 어떤 기술을 습득하게 되고, 얼마나 많은 돈을 벌고, 당신의 회사가 얼마나 성공하게 될지를 결정할 것이다. 이 장에서는 당신이 알고 있는 수요와 공급의 원리를 응용하여 노동시장을 분석한다. 이것이 왜 중요한지는 사라의 성공 이야기가 잘 설명하고 있다.

먼저 노동시장 전체를 조망해본 다음, 노동수요 결정을 보다 자세히 살펴보고 마지막으로 노동공급으로 넘어가고자 한다. 이러한 시장의 힘은 당신에게 가장 좋은 기회가 어디에 있는지를 식별하고, 직업 경력을 시작할 때 합리적인 의사결정을 내릴 수 있게 하고, 변화하는 노동시장 환경에 적응하고, 나아가 스스로 성공적인 기업을 창업하게 하는 강력한 틀을 제공해줄 것이다.

11.1 노동시장 : 일터에서의 공급과 수요

학습목표 공급과 수요의 힘에 의해 임금과 고용이 어떻게 결정되는지 이해한다.

Africa Studio/Shutterstock

훌륭한 미용사는 당신의 머리를 아주 잘 잘라줄 것이다. 그런데 그들의 임금은 무엇이 결정하는가?

헤어커트 가격은 무엇이 결정하는가? 이것은 쉽다. 바로 공급과 수요이다. 미용실은 부단하게 새로운 고객을 확보하고자 애쓰는 공급자다. 그림 11-1의 왼쪽에 제시된 공급과 수요곡선이 만나는 점에서 헤어커트 가격이 정해진다.

그럼, 다음 질문으로 가자. 당신의 머리를 잘라주는 미용사에게 지불되는 임금을 결정하는 것은 무엇인가? 다시 이것도 모두 공급과 수요에 관한 문제이다. 이번엔 헤어커트 시장 대신에 미용사의 노동시장에 초점을 맞춰보자. 이 시장에서는 사람들이 미용사의 시간을 사고팔 수 있다. 그러므로 노동시장도 여느 다른 시장과 똑같고 단지 가격과 수량 축의 단위들만 조금 다를 뿐이다. 미용사의 시간으로 한 시간의 가격이 시간당 임금이다. 미용실이 구매하는 양은 미용사의 근로시간이다. 나머지는 모두 친숙한 내용이다. 미용사의 임금은 그림 11-1의 오른쪽에 보이는 것처럼 노동공급과 노동수요곡선이 만나는 점에서 결정된다.

어떤 사람들의 선택이 이 노동공급곡선과 수요곡선에 반영되어 나타나는가? 대부분의 다른 시장에서는 기업은 공급자이고 당신이나 나 같은 보통 사람들은 수요자라고 생각한다. 그러나 노동시장에서 우리는 역할을 바꾼다. 근로자로서 당신은 노동공급 측에 있고 당신이 벌 수 있는 최고 수준의 임금을 받고 노동력을 팔기 위해 노력한다. 그리고 기업들은 수요 측에 있고 가능한 한 낮은 가격에 최고 수준의 근로자를 채용하려고 노력한다.

그림 11-1 | 헤어커트 시장과 미용사의 노동시장

패널 A : 무엇이 헤어커트 가격을 결정하는가?
헤어커트 시장

헤어커트 가격은 다음의 교차점에서 결정된다.

Ⓐ 우상향하는 공급곡선
(미용실의 의사결정을 반영) 그리고

Ⓑ 우하향하는 수요곡선
(미용실 고객의 의사결정을 반영)

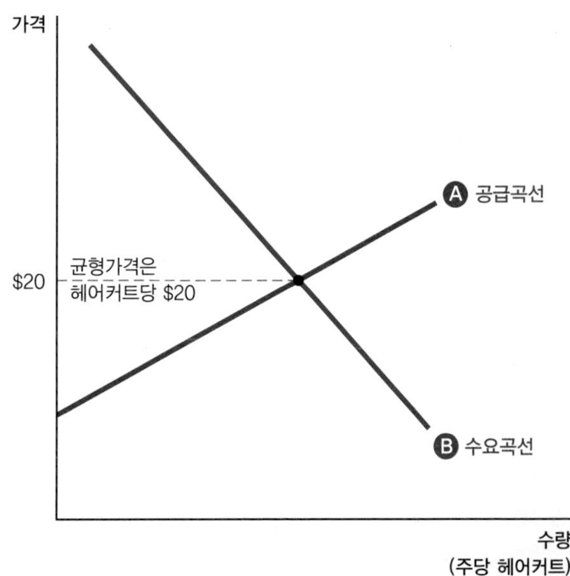

패널 B : 무엇이 미용사의 임금을 결정하는가?
미용사 노동시장

미용사의 임금은 다음의 교차점에서 결정된다.

Ⓐ 우상향하는 공급곡선
(미용사의 의사결정을 반영) 그리고

Ⓑ 우하향하는 수요곡선
(미용실의 의사결정을 반영)

Ⓒ 노동시장의 '가격'은 **시간당 임금**이고 '수량'은 **근로시간**으로 측정된다.

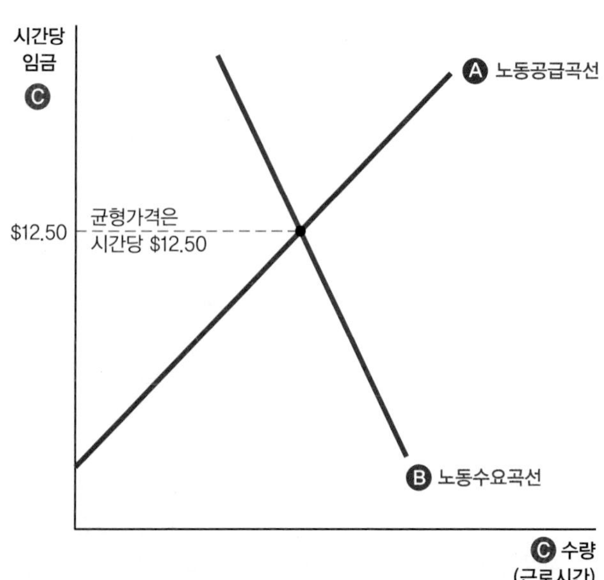

잠재적인 미용사인 크리스의 의사결정을 분석함으로써 왜 노동공급곡선이 우상향하는지를 생각해보자. 그는 미용사로 그의 노동을 공급할지 아니면 다른 일을 할지 선택을 해야 한다. 만일 미용사의 임금이 너무 낮다면 그는 아마 피부관리 전문가, 수의 조무사, 접수인 같은 다른 일자리를 알아볼 것이다. 아니면 아예 일하는 데 시간을 쏟을 가치가 없다고 생각할 수도 있다(기회비용의 원리가 여기에도 작용한다는 점을 기억하자 — 그는 한 시간 더 미용사로 일을 해야만 하는가, 아니면 어떻게 할 것인가?). 만일 임금을 더 많이 받을 수 있다면 많은 미용사들이 더 장시간 일을 하려고 할 것이다(그들은 한계의 원리에 따라 한계적으로 균형을 맞출 것이다). 그리고 임금이 높아질수록 더 많은 사람들이 다른 소매사업장보다 미용실에서 일을 하길 원할 것이다(여기서 당신은 상호의존의 원리가 적용됨을 알 수 있다). 이 모든 요소가 합쳐져 임금이 높아지면 크리스 같은 사람들이 더욱 더 많은 시간을 미용 업무에 할애하거나 다른 직업을 포기하고 미용 업무를 추구하게 될 것이다(이것은 비용-편익의 원리다). 그러므로 미용실 시장에 공급되는 근로시간은 전형적으로 임금과 함께 같이 증가한다. 우상향하는 노동공급곡선은 노동시장에 적용된 공급의 원리인 것이다.

수요 측면에서 우리는 미용실이 미용사를 채용하려고 노력한다는 점을 알고 있다. 임금이 너무 높으면 미용실에서는 미용사를 거의 채용하지 않을 것이고 이는 헤어커트 서비스 판매가 줄어드는 것을 의미한다(이는 고용을 덜 하는 결과를 잘 보여주는 기회비용의 원리다). 다른 한편으로 임금이 낮아지면 미용실은 장시간 문을 열어 놓아야(즉, 아침 일찍 문을 열고, 밤늦게 닫고, 영업 일수를 늘려야) 헤어커트 판매를 늘려서 수익성이 좋아진다는 것을 알 것이다(다시 한번 비용-편익의 원리). 그러므로 미용사 시장에서 필요로 하는 근무시간 수는 일반적으로 임금이 낮을 때 더 많다(관리자들은 정확히 얼마의 시간이 필요한지 한계의 원리를 통해 파악할 수 있다). 우하향하는 노동수요곡선은 다름 아닌 노동시장에 적용된 수요의 법칙에 지나지 않는다. 그리고 이 모든 계산은 미용실 사업에 들어가는 투입요소 비용, 예를 들어 미용실 임대료 등이 변할 때 영향을 받는다(상호의존의 원리).

우리는 노동시장의 큰 그림을 기술하였다. 임금과 고용은 우하향하는 노동수요곡선과 우상향하는 노동공급곡선의 교차점에서 결정된다. 이 장의 나머지 부분에서는 우리는 당신이 노동시장에서 보다 나은 결정을 내리기 위해 핵심 경제학 원리를 어떻게 적용하느냐에 초점을 맞출 것이다. 근로자로서 당신은 노동공급 결정을 잘 내리기 위한 방법을 알기 원할 것이다. 몇 시간을 일해야 하는지, 어떤 직업을 선택해야 하는지, 일을 해야 할지 아니면 추가적인 교육이나 다른 대안을 모색해야 할지에 관한 것이다. 그리고 미래 관리자로서 당신은 노동수요 결정을 잘 내리는 방법을 알기 원할 것이다. 몇 명의 근로자를 채용해야 할지 그리고 임금을 얼마나 지불해야 할지에 관한 것이다.

기억하라

임금은 노동의 가격이며 따라서 수직축에 나타난다. 근로시간은 노동의 수량을 재는 것으로 수평축에 표시된다(그리고 두 축에 단위를 표시하는 것을 잊지 말자).

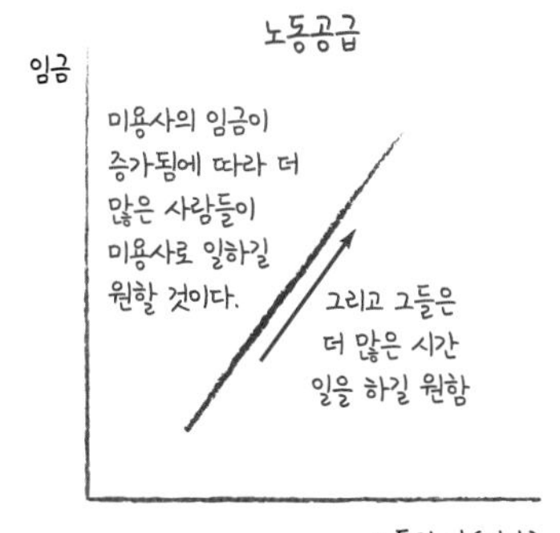

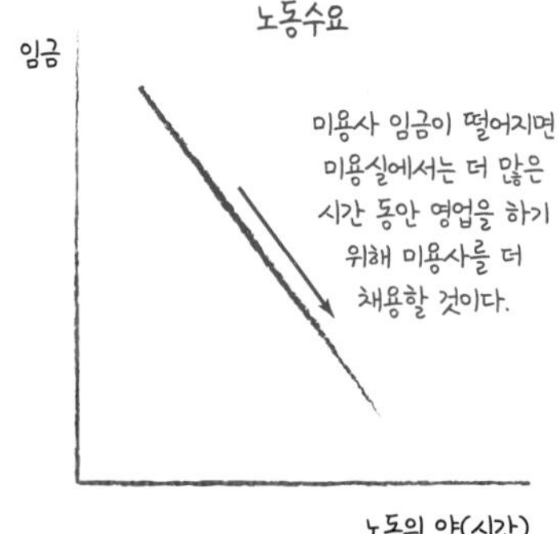

11.2 노동수요 : 고용주처럼 생각하기

학습목표 고용주들이 채용할 근로자 수를 어떻게 결정하는지 파악한다.

당신이 이미 아주 익히 잘 알고 있는 사업으로 시작을 해보자. 바로 당신 지역의 미용실이다. 가브리엘라는 오랫동안 성공적인 미용사로 활동해왔다. 한편으로는 그녀에게 서비스를 받기 원하는 많은 고객들을 관리하고 다른 한편으로는 신참 미용사들이 기술을 연마하고 고객기반을 구축할 수 있게 도움을 주었다. 여러 해 동안 친구들이 그녀에게 미용실을 개업하길 권유하였다. 그녀 스스로 자신이 미용실 사업 관리하는 것과 아울러 다른 미용사들의 성장을 돕고, 고객들이 믿고 일을 의뢰할 수 있을 만큼 경험을 쌓는 일을 좋아한다는 것을 알았다. 그렇게 헤드

FotoAndalucia/Shutterstock

미용사 시장의 판매자들

에어리어를 개업했다. 가브리엘라는 단순한 자영업자로 그치지 않고 이제 고용주이기도 하다. 처음에는 고용주였던 경험이 없었으므로 그녀 자신에 대해 확실히 믿지 못했다. 그러나 이제 고용주는 단순히 한 명의 구매자라는 것을 실감하고 있다. 매일의 일상생활에서 그녀는 여러 구매 결정을 잘하고 있다. 차이점이 있다면 이제는 청바지나 다른 소비재를 사는 것이 아니라 그녀가 채용하는 미용사들의 시간과 노력을 산다는 것뿐이다. 가브리엘라는 대학에서 경제학을 배울 때 현명한 구매 결정 방법을 공부하였다. 그러므로 그녀에게 필요한 것은 경제학의 가르침을 노동력을 구매하는 특정 사례에 적용하는 것이다(만일 제2장의 수요에 관한 기억이 녹슬었다면 지금이 다시 복습할 좋은 기회다).

근로자 몇 명을 얼마에 채용해야 하는가

가브리엘라가 첫 번째로 해결해야 했던 일은 미용사 몇 명을 고용할 것인지를 파악하는 것이었다. 헤드 에어리어는 많은 능력 있는 미용사를 채용하기 위해 경쟁하는 여러 고용주 중 한 명에 불과하다. 비슷한 숙련 수준을 지닌 여러 근로자들을 채용하고자 하는 기업들이 많을 경우 노동시장은 완전경쟁적이다.

> **기억하라**
> 완전경쟁 노동시장에서 상식적인 고용주는 시장임금을 지불한다.
> - 좋은 인력을 구할 수 있는데 왜 더 많이 지불하는가?
> - 그러나 만일 더 적게 지불한다면 좋은 근로자는 다른 기업으로 갈 것이다.

경쟁 노동시장에서 고용주들은 시장임금을 지급한다. 완전경쟁 노동시장에 속한 고용주의 입장이라면 당신은 근로자를 고용할 때 통상적으로 지급해야 하는 시장임금이 있다는 점을 알 것이다. 왜? 만일 당신이 시장임금보다 조금이라도 낮은 임금을 지급한다면 근로자들은 대신 당신의 경쟁 회사로 가버려서 근로자를 채용할 수 없기 때문이다. 쓸 수 있는 근로자는 많으므로 가브리엘라는 시장임금에 그녀가 필요로 하는 근로자를 모두 채용할 수 있다. 그러므로 그녀는 시장임금을 지급하기로 결정한다.

몇 명의 근로자를 채용해야 할지 파악하려면 핵심 경제학 원리를 적용한다. 당신이 완전경쟁 노동시장에서 사업을 하는 경영관리자라면, 몇 명의 근로자를 채용할지가 현실적으로 선택해야 하는 문제다. 당신은 이를 '얼마만큼'에 관한 의사결정의 문제로 인식해야 하고 따라서 한계의 원리에 따라 이 큰 결정을 더 작은 여러 한계적 선택으로 나누어야 한다. 그러므로 이제 스스로에게 이 질문을 던져야 한다: 한 명의 근로자를 더 채용해야 하는가? 그러고 나서 또다시 질문해야 한다. 내가 한 명을 더 채용해야 하는가? 그리고 이를 반복한다.

비용-편익의 원리는 다음과 같다. 들어가는 한계비용보다 창출하는 한계편익이 클 경우에만 근로자를 한 명 더 채용하라. 그래서 가브리엘라는 한 명 더 채용할 때의 한계비용과 한계편익을 파악할 필요가 있다.

근로자 한 명을 더 채용할 때 한계비용과 편익을 알아보려면 기회비용의 원리를 떠올리며 "이것이 아니라면 무엇을 하지?"라고 물어보자. 당신은 한 명의 근로자를 더 고용하든지 아니면 현 수준으로 비용과 생산을 고정시킬 수 있다. 그러므로 우리는 이 출발선과 한 명을 더 채용할 때 비용과 편익을 비교한다.

추가적인 근로자의 한계비용과 한계편익을 계산한다. 또 다른 근로자 한 명의 한계비용은 한 명을 추가적으로 채용함으로써 증가되는 당신의 사업비용이다. 이는 간단히 말해 그 근로자에게 지불해야 하는 주당임금이 된다. 한계편익은 당신이 추가적으로 얻게 되는 판매수입이다. 한 명을 더 채용해서 생산하는 추가적인 생산물을 **노동의 한계생산물**(marginal product of labor)이라고 부른다. 공급에 관한 제3장 내용에서 대부분의 기업들은 한계생산물 체감의 법칙을 경험한다는 점을 기억하라. 이는 어떤 점을 넘어서면 한 명 더 추가할 때 점점 수확물의 크기가 작아진다는 것을 의미한다.

노동의 한계생산물 근로자 한 명을 추가로 고용하여 발생하는 추가적인 생산

가브리엘라는 미용사 한 명을 더 고용한다면 고객들에게 헤어커트를 얼마나 더 판매할 수 있는지 계산하였다. 그러나 한 명의 미용사를 채용할 가치가 있는지 여부를 결정하려면 추가적인 헤어커트 수보다는 수입을 달러 기준으로 측정한 한계편익을 알고 싶었다. 그러므로 그녀는 **한계수입생산**(marginal revenue product), 즉 근로자 한 명을 더 채용해서 얻어지는 한계생산물에다 생산물 판매가격을 곱한 액수이다. 한계수입생산은 근로자 한 명을 더 고용해서 얻어지는 추가적인 판매수입이다. 예를 들면 가브리엘라가 미용사 한 명을 더 고용하면 일주일에 헤어커트를 40회 더 판매할 수 있는 것으로 계산한다. 만일 헤어커트당 요금이 20달러이면 미용사 한 명을 추가적으로 고용할 때 한계수입생산은 40회 헤어커트 곱하기 20달러 하면 일주일당 800달러가 된다.

한계수입생산 근로자를 추가적으로 고용하여 얻어지는 추가적인 판매수입을 측정한다. 이는 노동의 한계생산물에 그 생산물의 가격을 곱한 것이다.

$$MRP_L = MP_L \times P$$

고용주의 합리적 규칙

그렇다. 이러한 점들을 다 모아 가브리엘라가 참고할 수 있는 조언으로 정리해보자. 그녀는 한계편익이 한계비용보다 크다면 근로자 한 명을 더 고용해야 한다. 한계편익은 한계수입생산이다. 이는 한계생산물 곱하기 가격이다. 한계비용은 임금이다. 그러므로 그녀는 노동의 한계수입생산이 임금보다 크거나 같을 때 근로자 한 명을 더 고용해야 한다. 이로써 우리는 모든 현명한 관리자가 준수해야 할 기본 법칙을 도출하였다.

고용주의 합리적 규칙(Rational Rule for Employers) : 한계수입생산이 임금보다 크거나 같다면 근로자를 추가로 고용하라.

고용주의 합리적 규칙 한계수입생산이 임금보다 크거나 같다면 근로자를 추가로 고용한다.

당신은 이 규칙이 우리가 제2장 수요에서 다루었던 구매자의 합리적 규칙과 매우 유사하다는 점을 눈치챘을 것이다. 그 규칙은 어느 것을 한 단위 더 구매할 때 얻어지는 한계편익이 그 가격과 크거나 같을 경우 구입해야 한다는 것을 의미한다. 고용주로서 당신은 구매자다. 즉 근로자의 시간과 노력을 사는 구매자다. 그러므로 당연히 당신은 비슷한 규칙을 적용하는 것이다. 사실 고용주의 합리적 규칙은 단순히 이 규칙을 근로자를 고용하는 데 응용한 것에 지나지 않는다. 당신은 한계편익, 즉 한계수입생산이 가격, 즉 근로자에게 지급하는 임금보다 크거나 같다고 하면 근로자를 더 채용해야만 한다.

이제 이 규칙이 실제로 어떻게 작동하는지 알아보자.

경제학 실습

가브리엘라가 처음 미용실을 개업했을 때 단지 한 명의 미용사만을 고용하여 주당 40명분의 헤어커트 매출을 올렸다. 만일 그녀가 두 번째 미용사를 고용하면 주중에도 미용실을 더 늦게까지 열고 영업을 할 수 있을 것이다. 그녀는 두 번째 미용사를 채용하면 추가로 35명분의 헤어커트 매출을 올릴 거라고 생각한다. 나아가 만일 세 번째 미용사를 고용한다면 주말에도 영업을 할 수 있고 가장 바쁜 시간에 여분의 미용사를 확보하게 된다고 생각한다. 결과적으로 주변 미용실에서 예약 없이 오는 고객을 끌어올 수 있으므로 주당 30명분의 헤어커트 매출을 추가적으로 올릴 것으로 생각한다. 네 번째 미용사를 투입하면 대기시간 거의 없이 여러 명의 미용사를 동시에 쓸 수 있으므로 아무도 헤어커트를 위해 오랜 시간 기다릴 필요가 없어지고 주당 25명분의 매출을 추가하는 것이 가능하다. 다섯 번째 직원이 확보하면 늦은 시간까지 영업을 할 수 있고 상당한 시간 동안 여러 명의 미용사와 함께 일하는 것이 가능하다. 그러나 늦은 시간대는 그리 인기가 있는 것 같지는 않다. 따라서 많은 미용사가 바쁘게 움직이기는 어려울 것이다. 따라서 단지 주당 20명분의 추가 매출이 가능할 것이라고 생각한다. 이 숫자들, 즉 추가적인 미용사의 한계생산이 그림 11-2의 첫 두 열에 기록되어 있다.

그림 11-2 | 헤드 에어리어 미용실 미용사의 한계수입생산

	(A) 미용사 수	(B) 한계생산물 (주당 헤어커트 수)	(C) 한계수입생산 (한계생산물× 헤어커트당 $20)	(D) 미용사 1인당 임금 (주당 달러)
	1	40	$800	$500
	2	35	$700	$500
	3	30	$600	$500
임금이 한계수입생산과 같아질 때까지 계속 고용 →	4	25	$500	$500
	5	20	$400	$500

한계수입생산=임금

- 헤어커트당 판매가격이 20달러이다. 당신은 각 미용사의 한계수입생산을 알 수 있는가?
- 각 미용사의 주당 급여는 500달러이다. 가브리엘라는 미용사를 몇 명 고용해야 하는가?(힌트 : C열의 한계수입생산과 D열의 임금을 비교하라)

세 번째 열에 나타난 각 미용사의 한계수입생산은 각 추가적인 미용사의 한계생산물(헤어커트 수로 측정됨)에 헤어커트 가격 20달러를 곱한 것이다(한계생산은 미용사 한 명이 더 들어올 때 전체 미용실의 추가적인 헤어커트 수를 나타내고 각 미용사들이 수행하는 특정한 헤어커트 수를 나타내는 것이 아니라는 점을 유념하라. 실제로 신규 미용사는 전보다 더 많은 헤어커트에 더하여 다른 기존 미용사 업무의 일부를 나눠하길 원한다).

고용주의 합리적 규칙은 추가적인 근로자의 한계수입생산이 적어도 임금만큼은 높다면 계속 채용을 더 하라는 것이다. 처음 세 명의 미용사의 경우 한계수입생산이 임금보다 크다. 그러므로 가브리엘라는 이들을 고용해야 한다. 네 번째 미용사의 경우 한계수입생산이 정확히 임금과 같다. 앞의 장에서 어떤 결정의 한계비용이 정확히 한계편익과 같을 때 우리는 마지막 단위를 구입하는 것으로 가정했던 점을 기억하자. 근로자의 경우도 마찬가지다. 마지막 근로자가 임금을 충당하기에 충분한 만큼 벌어들이고 있다. 그러므로 가브리엘라는 이 네 번째 근로자를 채용한다. 이 규칙에 따라 우리는 가브리엘라가 전부 네 명의 미용사를 고용할 것이라고 예상할 수 있다. 당신은 다섯 번째 미용사는 고용하는 것이 합당하지 않다는 것을 이해할 것이다. 400달러를 벌지만 비용이 500달러이므로 이윤이 줄게 된다. ■

고용주의 합리적 규칙을 따르면 이윤이 극대화될 것이다. 고용주의 합리적 규칙을 따라야 사업상 현명한 선택이 되는 또다른 이유가 있다. 그래야만 기업 이윤이 최대가 되기 때문이다. 왜 그런지 알아보려면 가브리엘라의 헤드 에어리어 미용실 채용 결정으로 돌아가 이윤을 분석해보자.

경제학 실습

가브리엘라의 총판매량, 판매수입, 비용, 이윤이 미용사의 채용 인원수에 따라 어떻게 달라지는지 분석해보자. 그림 11-3에서 첫 두 열은 미용사 수가 증가할수록 가브리엘라의 생산량이 증가하는 것을 보여주고 있다. 이는 그림 11-2의 B열 자료를 누적하여 계산된다.

- 총판매액 : 헤어커트 수에 20달러를 곱한 액수
- 총비용 : 채용된 미용사 수에 500달러를 곱한 액수
- 최종적으로 가브리엘라의 이윤은 총수입에서 총비용을 뺀 것이다.

이윤 극대화를 위해 고용주의 합리적 규칙을 적용하라. 이는 다음 조건이 만족될 때까지 계속 채용을 하는 것이다:
임금=한계수입생산

그림 11-3 | 헤드 에어리어 미용실의 주당 총판매액, 비용과 이윤

(A) 미용사 수	(B) 총생산 (주당 헤어커트 수)	(C) 총수입 (가격($20) ×총생산)	(D) 총비용 (미용사당 $500)	(E) 이윤 (총수입－총비용)
1	40	$800	$500	$300
2	75	$1,500	$1,000	$500
3	105	$2,100	$1,500	$600
4	130	$2,600	$2,000	$600 ← 최대이윤
5	150	$3,000	$2,500	$500

고용주의 합리적 규칙을 따르면 이윤이 극대화된다. → (4)

가브리엘라의 이윤(마지막 열)은 네 명의 근로자를 고용할 때 가장 높아진다. 이는 바로 고용주의 합리적 규칙이 요구하는 것과 동일하다. 그러므로 이 규칙을 따르면 이윤을 극대화한다(세 명의 미용사로도 동일한 이윤을 얻지만 네 번째 미용사를 채용해도 충분히 그 가치가 있으므로 채용한다). ■

노동수요는 노동의 한계수입생산과 동일하다. 가브리엘라는 고용주의 합리적 규칙을 따르면 얻을 수 있는 이윤이 가장 커진다는 것을 알게 되었다. 그러므로 **"임금이 마지막으로 고용되는 근로자의 한계수입생산과 같아질 때까지 채용을 계속하라"**는 것을 기억하라. 이것이 노동수요는 노동의 한계수입생산을 이해하면 다 해결된다고 경제학자들이 주장하는 이유다.

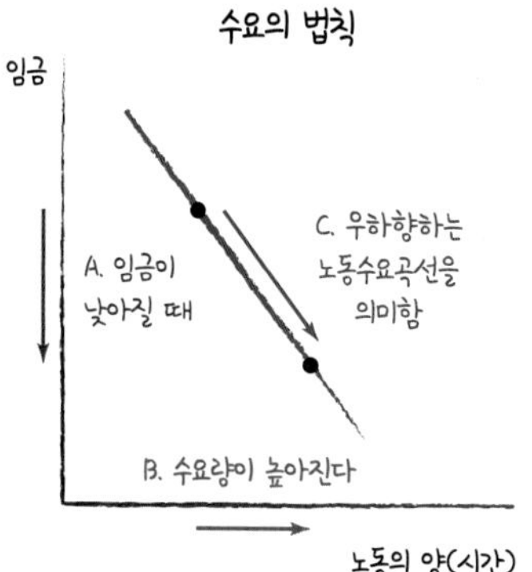

사실 당신 회사의 노동수요곡선은 한계수입생산곡선과 동일하다. 노동수요곡선이 보여주는 것은 각 노동량을 구입할 때 지불하는 임금이다. 고용주의 합리적 규칙이 말하는 것은 임금이 노동의 한계수입생산과 같을 때까지 계속 채용을 하라는 것이다. 그리고 노동수요곡선은 노동수요량에 따라 한계수입생산이 어떻게 변하는지를 보여준다.

노동수요는 한계생산물 체감현상 때문에 우하향한다. 노동수요곡선이 우하향한다는 점을 유념하라. 고용주들은 임금이 낮을 때 더 많은 노동량을 수요한다. 이는 가격이 하락할수록 수요량이 많아진다는 수요의 법칙의 한 예에 해당된다. 이것은 노동시장에서는 한계생산물 체감을 반영한다. 가브리엘라가 발견한 것처럼 근로자를 더 채용할수록 새로 추가되는 근로자의 생산성은 종전의 근로자보다 덜하다. 그러므로 고용주의 합리적 규칙이 말해주는 것은 임금이 낮을수록 더 많은 근로자를 채용하라는 것이다.

노동수요의 이동에 관한 분석

그렇다면 다시 한번 자세히 살펴보자. 우리는 노동수요의 배경이 되는 요점을 파악하였다. 채용될 마지막 근로자의 한계수입생산이 임금과 같아질 때까지 계속 채용해야만 한다. 이 법칙을 따르면 노동수요곡선이 도출되고 이는 시장임금이 오를 때 고용할 근로자의 수가 어떻게 감소하는지를 보여주는 한계수입생산곡선이다.

이제 상호의존의 원리로 넘어가보자. 이 원리는 최적의 채용 결정이 다른 시장에서의 결과에 따라 달라진다는 점을 상기시켜준다. 우리는 경제 조건이 변할 때 노동수요가 어떻게 이동하는지를 예측하기 위해 우리가 채용에 관해 알고 있는 심오한 지식을 활용할 수 있다. 노동수요곡선을 이동시키는 중요한 요인은 네 가지로 정리된다. 이를 살펴보자.

그림 11-4 | 헤어커트 수요 증가가 미용사 노동시장에 미치는 효과

가브리엘라의 **노동수요곡선**은 **노동의 한계수입곡선**이기도 하다.

Ⓐ 한계수입생산 = 한계생산×가격. 헤어커트 가격이 20달러일 때 노동수요=$20×한계생산

Ⓑ 헤어커트 가격이 30달러로 오를 때 헤어커트 수요의 증가는 미용사 노동수요곡선의 증가를 초래한다. 이는 미용사들이 하는 일의 가치가 더 커졌기 때문이다.

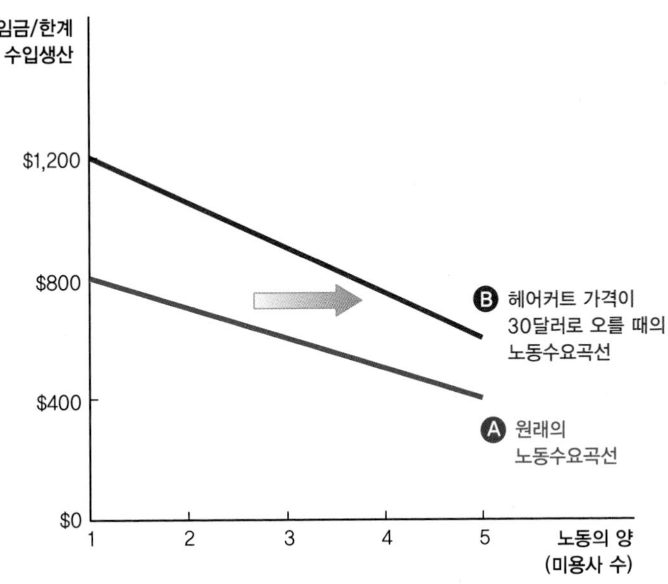

노동수요 이동요인 1 : 상품수요의 변화. 노동시장은 가스, 청바지 또는 다른 재화의 시장과는 한 가지 중요한 점에서 서로 다르다. 고용주가 근로자를 채용하는 것은 그들이 생산에 투입되는 생산요소이기 때문이다. 다르게 표현하면 당신이 소비하는 재화나 서비스와는 달리 노동수요는 노동을 수요하려는 욕망에 기반을 두고 있지 않다. 대신 이는 근로자가 만들어내는 것을 당신의 고객이 필요로 하기 때문에 나타나는 결과다. 경제학자들은 이를 **파생수요**(derived demand)라 한다. 이는 노동수요는 근로자가 만들어 파는 물건에 대한 수요에서 도출되기 때문이다. 가브리엘라 미용실에서는 헤어커트에 대한 고객의 수요가 가브리엘라의 미용사 수요로 연결된다.

그렇다면 당신이 파는 상품에 대한 수요가 증가하면 어떻게 되는가? 만일 수요 증가로 인해 당신이 판매하는 상품의 가격이 오르게 된다면 당신 회사의 모든 근로자의 한계수입생산이 증가한다. 왜? 근로자의 한계수입생산은 한계생산물에 그들이 만드는 상품의 가격을 곱한 것이라는 점을 기억하자. 가격이 오르면 한계수입생산도 오른다. 그림 11-4는 판매상품에 대한 수요가 증가할 때 기업의 노동수요가 증가하고 노동수요곡선이 오른쪽으로 이동하는 것을 잘 보여준다.

이러한 통찰력은 당신이 장래 직업을 생각할 때도 유용한 조언을 던져준다. 당신이 생산할 상품에 대한 수요가 장래에도 안전하고 강하게 유지될 것으로 확신하는 분야의 직업과 산업을 선택하라. 의약이나 컴퓨터 과학분야의 직업을 고려하는 것은 일리가 있다. 그러나 제조업에 근무하는 사람들은 그들의 서비스에 대한 수요가 쇠퇴하고 있다는 점을 발견할 것이다.

파생수요 생산요소에 대한 수요는 그 생산요소가 생산하는 것에 대한 수요로부터 파생된다.

노동수요 이동요인 2 : 자본가격의 변화. 노동시장은 기계장비와 같은 자본재 시장과 밀접하게 연관된다. 근로와 기계장비는 함께 상품을 제조한다. 때때로 이 두 가지는 서로 보완재이다. 마치 신문기자와 컴퓨터가 뉴스기사를 만들어내는 것과 같다. 그러나 때로 두 요소는 서로 경쟁관계다. 레스토랑에서 사람이 주문을 받거나 자동주문 키오스크를 쓰는 것이 예이다. 이 두 가지 다른 관계가 새로운 기술의 발명 또는 자본재 가격의 하락이 노동수요의 증가 또는 감소를 초래할 수도 있는 이유이다.

여기에는 두 가지 힘이 작용한다. 첫째로 규모효과다. 자본재(또는 다른 생산요소) 가격이 하락하면 더 많은 산출량 생산이 가능해진다. 그러므로 주어진 가격에 더 많은 양을 판매할 것이다. 즉, 당신의 생산규모가 커지고 이로 인해 더 많은 근로자를 필요로 하므로 회사의 노동수요가 증가한다. 두 번째로 이와는 반대로 대체효과도 있다. 과업 중에는 근로자나 기계 둘 중 하나만 있어도 수행이 가능한 것들이 존재한다. 그래서 기곗값이 떨어지면 기계가 근로자의 일을 대체할 수 있으므로 근로자에 대한 수요는 감소하게 된다.

어떤 힘이 더 크냐에 따라 노동과 자본이 보완재인가 대체재인가가 결정된다. 만일 규모효과가 지배적이라면 노동과 자본은 보완재가 되므로 자본가격의 하락은 노동수요곡선의 우측 이동을 유도할 것이다. 만일 대체효과가 압도적이라면 노동과 자본은 대체재가 되므로 자본가격의 하락은 노동수요곡선의 좌측 이동을 초래할 것이다.

어떤 효과가 더 클 것인지를 어떻게 알 수 있을까? 직업별로 다르다. 일반적으로 기계는 일

상적으로 판에 박힌 듯 반복적인 일을 계속하는 과업을 쉽게 대체한다. 그러므로 여러 패스트푸드 업무에서 보는 것처럼 반복적인 업무가 많은 직업의 경우 자본가격의 하락은 노동수요를 감소시키는 경향이 있다. 고숙련 일자리의 경우 반복적인 업무가 대부분 적기 때문에 자본장비와 서로 보완재가 될 가능성이 더 크다. 그러므로 컴퓨터과학자와 같은 고숙련 근로자의 노동시장에서는 컴퓨터와 같은 자본장비 가격이 내려가면 노동수요가 증가하는 경향이 있다.

잠재적인 직업을 고려할 때 장기적으로 사업용 기계의 가격은 하락하는 경향이 있다는 점을 인식해야만 한다. 그러므로 당신은 기술과 보완적 관계에 있는 직업에 투자하길 원하는 것이다. 일반적으로 이들 직업들은 학사학위를 요구하며 이러한 점이 대학 졸업자의 임금이 학사학위가 없는 경우와 비교할 때 매우 빠르게 증가해온 이유 중 하나다.

그림 11-5 | 미용사의 한계생산 증가가 노동시장에 미치는 효과

가브리엘라의 **노동수요**는 **노동의 한계수입생산곡선**이다.

Ⓐ 한계수입생산 = 한계생산×가격

Ⓑ 온라인 예약으로 각 미용사의 한계생산이 향상되면 이것이 한계수입생산의 증가로 연결되고 이에 따라 미용사의 노동수요가 증가한다.

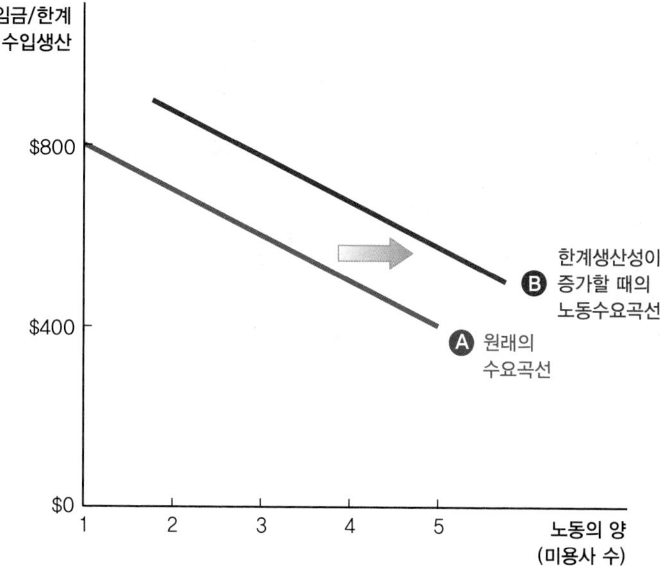

노동수요 이동요인 3 : 개선된 경영관리와 생산성 증가. 경영관리가 개선되고 노동생산성을 향상시키는 기술 변화가 있을 경우 이는 당신 기업의 직원들이 주당 더 많은 것을 생산할 수 있다는 것을 의미한다. 당신의 노동수요곡선은 당신 직원들의 한계수입생산과 같으므로 한계생산성 증가는 당신이 판매하는 상품의 가격이 변하지 않는다면 바로 노동수요 증가로 연결될 것이다. 다른 말로 근로자 한 사람 한 사람이 추가적으로 더 많은 수입을 창출한다면 당신은 더 많은 직원을 채용하길 원할 것이다. 그림 11-5는 가브리엘라가 직원들의 생산성을 향상시키는 몇 가지 경영관리의 변화를 시도할 때 무슨 일이 벌어지는지를 보여주고 있다. 예를 들어 그녀는 고객들이 온라인으로 예약할 수 있는 신기술을 채택하여 이 때문에 미용사들이 전화에 응대하는 시간을 절약할 수 있는 것이다. 전화 응대에 들이는 시간이 줄어들면 이는 각 미용사들이 헤어커트를 더 많이 할 수 있고 따라서 더 높은 수입을 올릴 수 있다는 것을 의미한다. 더 높아진 한계수입생산은 노동수요의 증가로 연결되고 이는 노동수요곡선을 오른쪽 위로 이동시킨다.

노동수요 이동요인 4 : 비임금 복지수당, 보조금과 세금. 지금까지 우리는 근로자를 채용할 때 들어가는 비용이 주당임금뿐인 것으로 가정하고 노동수요를 분석하였다. 그러나 실제로는 근로자를 채용하면 단순히 임금 이외에도 다른 비용이 더 많이 든다. 이는 많은 근로자들이 고용주로부터 비임금 복지혜택을 받으며 고용주들이 직원들을 위한 복지프로그램에 기여를 하기 때문이다. 고용주들이 채용결정을 할 때에는 추가적으로 직원을 뽑을 때 임금뿐만 아니라 이러한 비용도 고려하여 뽑는 것이다.

예를 들면 많은 근로자들이 의료보험, 퇴직금, 유급휴가 그리고 고용주가 제공하는 기타 수당을 받는다. 이에 더해 고용주들은 각 근로자를 위해 종종 실업보험이나 사회보장에 대한 기여금을 세금 형태로 지불해야만 한다. 이들 기타 비용 중에 어느 하나가 변하면, 예를 들어 의료보험이 더 비싸지면 노동수요곡선이 이동할 것이다. 구체적으로 말하면 비임금 비용이 증가하면 특정 임금 수준에서 노동수요가 감소하므로 노동수요곡선이 왼쪽으로 이동한다. 만일 비임금 비용이 감소하면 특정한 임금 수준에서 노동수요는 증가하므로 노동수요곡선은 오른쪽으로 이동한다.

시장 노동수요곡선은 다음 요인으로 인해 이동한다.

1. 상품수요의 변화
2. 자본가격의 변화
3. 개선된 경영관리기술과 생산성 향상
4. 비임금 복지수당, 보조금과 세금

로봇이 당신의 일자리를 빼어갈 것인가

대부분의 다른 사람들처럼 당신도 노동과 기술에 관한 두 가지 큰 의문을 지니고 있을 것이다. 첫 번째는 고임금으로 인해 기계가 노동을 대체할 가능성이 커질지 여부이다. 두 번째는 기술이 의미하는 바가 궁극적으로 경제에 사람들을 위한 일자리가 남지 않게 되는지 여부이다. 이 두 가지를 하나씩 살펴보자.

Joshua Lott/Bloomberg/Getty Images

주문하시겠어요?

고임금은 자본에 투자할 유인을 만든다. 지금까지 우리는 고임금의 경우 이 임금만큼 높은 한계수입생산을 벌 수 있는 근로자 수가 더 적으므로 고용규모가 작아지게 된다는 것으로 생각해왔다. 그러나 고임금은 당신의 생산방식도 바꾸도록 하여 노동 대신 기계를 쓰게 유도할 수 있다. 예를 들어 패스트푸드 직원들의 시장임금이 증가할 경우 맥도날드는 셀프서비스 키오스크를 설치할 수 있다. 키오스크가 근로자를 대체하므로 키오스크를 설치하면 맥도날드의 노동수요는 감소하게 된다. 다른 한편으로 임금 수준이 낮은 지역에서 맥도날드는 비싼 기계 대신에 근로자를 계속 활용한다.

기업들이 자본장비 배치를 바꾸는 데에는 보통 몇 년이 걸리므로 이 효과는 매우 천천히 나타난다. 생산방식의 장기변화에 따라 노동수요는 한계수입생산 곡선이 말해주는 것보다 장기적으로 임금에 훨씬 탄력적이 되는 경향이 있다. 이러한 점을 이해하는 것, 즉 사람들이 장기에는 보다 더 탄력적으로 대처함에 따라 대부분의 재화에 대한 수요의 가격탄력성은 장기에 더 탄력적이 된다는 점을 제5장에서 다루었으므로 낯설지 않을 것이다. 이는 근로자에 대한 수요의 가격탄력성에도 적용된다.

자료 해석 최저임금의 장기효과

제5장에서 당신은 탄력성을 배웠으며 최저임금 증가가 일자리에 미치는 영향은 부분적으로는 노동수요가 얼마나 탄력적인가에 따라 다르다는 것을 배웠다. 많은 연구에서 최저임금의 변화가 저임금 근로자의 고용에 거의 영향이 없다는 것이 발견되었다. 이는 노동수요가 매우 비탄력적이라는 것을 시사하는 것이다. 일반적으로 이러한 결론은 최저임금이 인상된 지역과 최저임금이 인상되지 않은 인근의 주나 국가에서의 고용을 서로 비교하여 도출된다. 이들 연구는 수개월 또는 1~2년 사이에 나타난 고용의 변화에 초점을 맞추는 경향이 있다.

그러나 최근 연구들은 장기적으로 높은 최저임금이 기업들로 하여금 천천히 혁신적인 노동절약적 기술이나 경영 관행을 채택하도록 부추긴다는 것을 보여주었다. 이는 최저임금의 부정적인 장기효과가 최저임금이 인상된 직후 우리가 관찰하는 것보다 더 클 수 있다는 것을 시사한다. ■

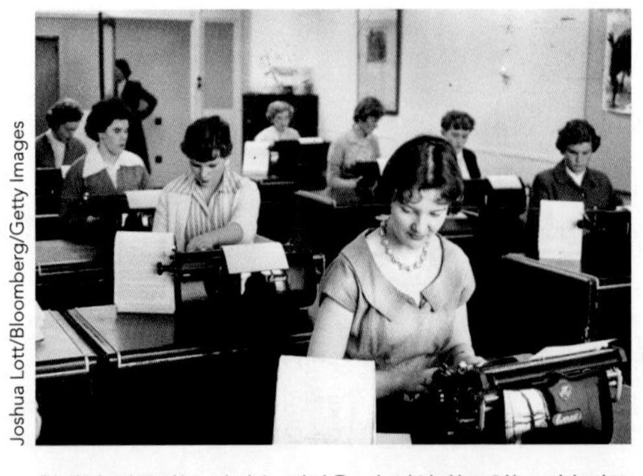
Joshua Lott/Bloomberg/Getty Images

현대식 컴퓨터는 타자수 집단을 더 이상 쓸모없는 기술자로 만들었다.

신기술은 근로자를 희생시키고 로봇 소유주를 돕는다. 셀프서비스 키오스크의 등장은 보다 범위를 넓혀 노동을 대체하는 로봇이 초래하는 문제를 은유적으로 잘 표현하고 있다. 만일 키오스크 형태의 단순한 로봇이 맥도날드에서 노동을 대체한다면 당신의 일자리를 보다 세련된 로봇이 대체하게 될 때까지 얼마나 시간이 걸릴지 궁금할 것이다. 새로운 노동절약적 기술의 등장이 근로자들에게 손해를 가져다 주면서 미래 경제에 있어 더 적은 규모의 일자리를 의미하는 것인가?

이 문제를 생각하는 한 가지 방법은 맥도날드 계산원이 주문용 로봇의 소유주가 되는 상황을 상상해보는 것이다. 맥도날드 계산원들은 자기가 직접 일하는 대신 로봇이 대신 일하는 것을 좋아할 것인가? 물론 좋아할 것이다! 생각해보라. 계산원은 새로운 기술을 익히기 위해 학교에 다니거나, 자녀들을 돌보거나 또는 대단한 소설을 집필하는 일을 할 수 있을 것이다. 이 모든 일은 그들이 소유한 로봇이 한 '업무'에 대한 보수를 받으며 하는 것이다. 그러므로 패스트푸드 업체 직원들 입장에서 볼 때 문제는 그들이 하던 일을 로봇이 대신한다는 데 있지 않다. 오히려 문제는 직원들이 그들의 업무에 대한 보수를 받지 못한다는 데 있고, 업무에 대한 보수를 받지 못하는 것은 근로자가 로봇을 소유하지 못하기 때문이다. 이 소유권의 문제는 새로운 기술이 일반적으로 자신의 사업이나 로봇을 소유하는 기업가에게 이득이 되고 저임금 근로자에게 손해가 되는 이유가 되는 것이다.

기술은 일자리를 소멸시키는 동시에 창출한다. 로봇을 제조하는 공장 자체도 종업원을 필요로 하고, 로봇도 서비스를 받아야 하므로 기술변화는 새로운 일자리를 창출한다. 결과적으로 신기술이 종종 패스트푸드 근로자에 대한 수요를 감소시키지만 동시에 고숙련 근로자에 대한 수요를 증가시킬 수 있다. 오래된 일자리가 사라지고 새로운 일자리가 탄생하는 것이다. 장기적으로 고숙련 · 고소득 일자리에 대한 수요가 증가하는 것은 좋은 현상이다. 그러나 단기적으로는 기술수준이 높은 노동시장에서 요구되는 기술이 부족한 근로자의 경우 일자리를 찾는 데 어려움을 겪을 수 있다.

상호의존의 원리가 로봇의 등장이 로봇산업을 넘어서 더 많은 새로운 일자리를 창출할 수 있는지를 이해하는 열쇠가 된다. 기술 변화는 전반적인 생산성을 향상시키고 바로 이 점이 우리가 오늘날 우리 조상들보다 더 많은 것을 생산하고 소비할 수 있는 핵심요소이다. 우리가 더 적은 자원으로 더 많은 것을 생산하기 때문에 다른 재화와 서비스에 대한 수요가 증가한다. 예를 들면, 레스토랑 키오스크는 레스토랑의 생산성을 높이고 패스트푸드의 공급을 증가시킨다. 공급곡선이 오른쪽으로 이동하여 가격이 인하된다. 패스트푸드가 보다 저렴해지면 소비자가 다른 데 쓸 수 있는 돈이 더 많아진다. 다른 재화나 서비스에 대한 수요 증가가 새로운 일자리를 창출한다.

시사점은 다음과 같다. 로봇이 근로자를 대체하는 직업의 경우 일자리가 사라진다. 그러나 다른 분야에서 다른 일자리가 새롭게 등장한다. 결과적으로 당신은 미래기술의 위협을 받는 상태에 있는 직업에 투자하지 않길 원한다는 것이다. 로봇은 단순 반복적인 업무를 매우 잘하므로 이는 자료입력, 운전 또는 대량생산처럼 대부분 반복적인 업무를 수행하는 직업을 피할 것을 시사하고 있다.

일상경제학 경제학을 공부하는 것이 좋은 생각인 이유

신기술의 등장은 경제학도들에게 좋은 소식이 될 수 있다. 왜 그런가? 구글 수석 이코노미스트의 말을 인용해보자.

> 수요가 높은 직업을 찾고 있다면 흔하고 저렴해지는 것에 자신이 희귀하면서 보완적인 서비스를 제공하는 분야가 어디인지를 알아내야 한다. 그렇다면 흔하고 저렴해지는 것이 무엇인가? 자료(data)이다. 그리고 자료에 보완적인 것이 무엇인가? 분석(analysis)이다.

자료를 분석하고 해석하는 주된 체계는 무엇인가? 경제학이다. 사실 경제학 전공자는 대부분 다른 전공자보다 이미 소득이 높다. 자료는 분야를 막론하고 더욱 더 많아지므로 경제학을 이해하기 위한 당신의 투자는 더욱 가치가 높아질 것이다. 그러므로 계속 읽어보자. 이는 경제학을 공부하는 것이 당신 경력에 좋은 투자가 되기 때문이다. ■

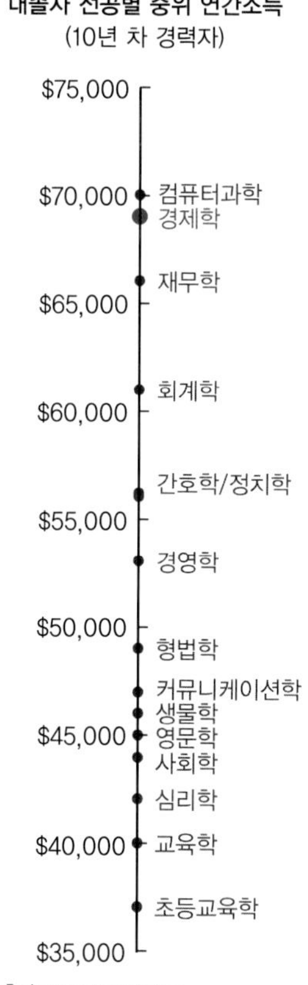

출처 : Hamilton Project.

11.3 노동공급 : 일과 여가 사이에 균형을 맞추는 법

학습목표 일과 여가에 얼마나 많은 시간을 나눠 쓸지 결정한다.

노동공급 당신이 시장에서 일을 하는 데 쏟는 시간

당신의 **노동공급**(labor supply)은 당신이 시장에서 일하면서 보내는 시간이다. 일은 당신 생활의 큰 부분을 차지하게 될 것이다. 당신이 65세에 은퇴하기 전에 40년 동안 연간 48주 주당 정규 40시간 일을 한다고 하자. 그렇다면 당신은 노동공급자로서 7만 6,800시간 또는 460만 분 넘게 시간을 쏟을 것이다. 이런 상태가 주어졌을 때 현명한 노동공급 선택을 하는 것이 매우 중요하다.

개별 노동공급 : 시간을 노동과 여가 사이에 배분한다

얼마의 시간을 일에 배분해야 하는가? 매일 단지 24시간이 주어져 있다. 이 시간을 어떻게 잘 배분하느냐에 대한 결정은 당신에게 달려 있다. 그러므로 시간을 희소한 자원으로 간주하여 당신이 내릴 수 있는 최선의 선택을 하는 것이 최선이다.

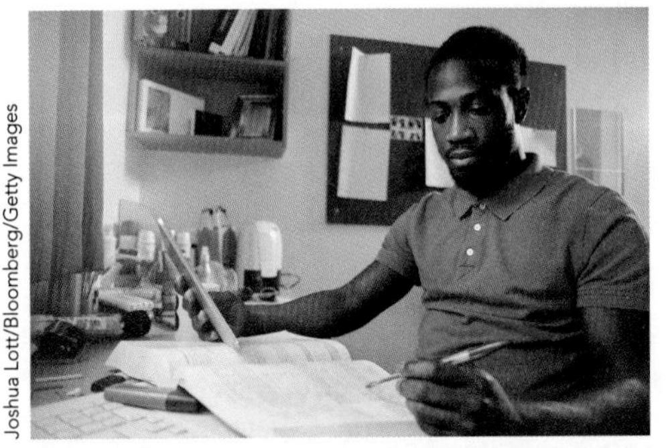

Joshua Lott/Bloomberg/Getty Images

이것이 여가처럼 보이지 않을 수 있다. 그러나 이것은 그가 만일 일을 한다면 포기해야 할 것이다.

일을 하는 것의 기회비용은 일을 하지 않을 때 할 수 있는 모든 것이다. 일을 하는 데 쏟는 모든 시간은 유급업무 이외에 다른 일에 쓸 수 있는 시간을 제외한 나머지이다. 경제학자들은 이 시간을 '여가'라고 하는데 이는 편히 쉬기, 친구와 시간 보내기, 아주 좋아하는 취미생활에 몰입하는 것을 포함한다. 그러나 여기에는 모든 종류의 무급 활동, 예를 들면 돌봄, 수업 및 학습, 요리와 청소 등 많은 사람들이 여가로 간주하지 않는 것도 같이 포함된다. 그러나 우리는 이들 모두를 (수면과 함께) 같이 묶어서 여가라 칭하고 이를 유급업무에 쏟은 시간과는 구별을 한다.

기회비용의 원리에 따르면 일의 비용은 다른 일을 하는 데 들어가는 시간을 포기하는 것이다. 이는 당신이 몇 시간 일할지 선택하는 것이 여가시간을 선택하는 것과 같음을 의미한다. 이 때문에 경제학자들은 노동공급을 노동과 여가 사이의 선택의 문제로 묘사하는 것이다.

한계적으로 생각하여 몇 시간 일할지 선택한다. 몇 시간 일을 할지 결정하는 것은 분명히 '얼마나 많이'에 관한 선택이다. 한계의 원리는 이러한 결정을 일련의 더 작고 또는 한계적 질문으로 나누어 다음과 같이 질문해보라는 것이다. 내가 한 시간 더 일을 해야 하는가?

이것은 한계의 원리가 약간 비현실적인 것처럼 들리는 사례 중 하나이다. 결국 당신은 정말로 한 시간 더 일을 할지 여부를 결정하게 된 것인가? 그렇다. 당신이 만일 가정교사나 육아도우미와 같은 자영업자일 때 자신의 시간을 직접 통제할 수 있고 더 많은 고객을 받을지 말지 결정할 수 있다. 그러나 많은 일자리는 업무 시간이 고정적이다. 예를 들어 일주일에 5일 9시부터 5시까지 근무하는 것을 요구하는 사무직 일자리를 들 수 있다. 이 경우에도 한계의 원리는 유용하다. 예를 들면 당신이 더 오랜 시간 일을 하길 원한다면 근무시간이 긴 다른 일자리를 알아보거나 부업을 택할 수도 있다. 만일 당신이 시간 단위로 급여를 받는다면 때때로 초과근무를 할 수 있다. 여러 직업에서 당신은 몇 시간 일하느냐에 상관없이 주급을 받는다. 그러나 그 경우에도 당신은 더 긴 시간 근무를 선택할 수 있다. 그에 대한 보상이 금주의 봉급 증가로 나타나지 않을지 모르지만 열심히 노력한 것이 미래 급여 인상이나 승진에 반영될 가능성을 높이기 때문에 미래소득 증가로 연결될 것이다.

간단히 말해 이러한 모든 한계적인 조정요소를 고려한다면 당신이 시간급으로 지급받지 않더라도 몇 시간 일할지 선택하고 있다고 말하는 것도 일리가 있다. 따라서 다음과 같은 한계적 질문은 적절한 것이다. 당신은 한 시간 더 일해야 하는가?

근로자의 합리적 규칙

비용–편익의 원리는 한 시간 더 일할 때의 비용과 편익을 측정할 것을 제안하고 있다. 한 시간 더 일할 때의 편익은 당신이 버는 임금이며 비용은 포기해야 하는 여가시간이다. 그러므로 답은 다음과 같다. 사실 이는 매우 유용한 규칙의 기반이 된다.

근로자의 합리적 규칙(Rational Rule for Workers) : 임금이 여가의 한계편익보다 크다면 한 시간 더 일해야 한다.

근로자의 합리적 규칙 임금이 최소한 추가적인 한 시간의 여가가 가져다 주는 한계편익보다 크다면 한 시간 더 일을 한다.

만일 당신이 이 규칙을 따른다면 한 시간의 여가가 주는 한계편익이 임금과 같아질 때까지 계속 일을 더하고 여가를 줄이는 선택을 하게 될 것이다. 핵심사항 : 노동수요가 당신의 한계수입생산인 것과 마찬가지로, 노동공급은 여가의 한계편익을 말해준다.

근로자의 합리적 규칙은 당신의 노동공급곡선의 모양에 대한 몇 가지 흥미로운 시사를 하고 있다. 왜 그런가를 이해하려면 노동공급이 두 가지 요소, 즉 임금과 여가의 한계편익에 의존한다는 점을 주목해야 한다. 이는 여기에 두 가지 힘이 작용하고 있다는 것을 의미한다. 사실 임금이 오르면 두 가지 효과가 서로 반대 방향으로 작용한다.

대체효과 : 높은 임금은 상대적으로 일을 더 매력적으로 만든다. **대체효과**(substitution effect)는 사람들이 상대가격 변화에 어떻게 반응하는가를 측정한다. 임금이 올라가면 한 시간의 여가에 대한 기회비용이 올라간다. 한 시간 여가를 취하려면 더 많은 돈을 포기해야 하므로 여가가 더 비싸지는 것을 의미한다. 임금이 높으면 여가를 덜 취하는 대신 일을 더 하는 것으로 대체할 유인이 발생하므로 우리는 이를 대체효과라 부른다. 대체효과는 임금이 오를 때 사람들이 더 오랜 시간 일을 하는 이유가 되며 이에 따라 그림 11–6의 패널 A에 나타난 것처럼 노동공급곡선이 우상향하게 된다.

대체효과 사람들이 상대가격 변화에 어떻게 반응하는가를 측정한다. 높은 임금은 여가보다 일에 대한 보수를 상대적으로 크게 하므로 당신으로 하여금 일을 더하게 유도한다.

소득효과 : 높은 소득은 여가를 더 매력적으로 만든다. **소득효과**(income effect)는 소득이 높아질 때 사람들의 선택이 어떻게 변하는가를 측정한다. 당신은 제2장에서 소득이 오를 때 정상재의 수요가 오른쪽으로 이동한다는 것을 배웠다. 당신의 수요곡선은 동시에 한계편익곡선이므로 소득이 오를 때 정상재의 한계편익이 증가한다는 것을 의미한다. 그러므로 이것이 여가에 대해 의미하는 바는 무엇인가? 대부분의 사람들에게 여가는 정상재이다. 따라서 소득의 증가는 여가의 한계편익의 증가를 의미한다. 따라서 근로자의 소득을 향상시키는 높은 임금은 근로자들이 더 많은 여가를 취하게 유도한다. 이는 결국 일하는 시간을 줄인다는 것을 의미한다.

소득효과 소득이 높아질 때 사람들의 선택이 어떻게 변하는가를 측정한다. 높은 임금은 소득을 향상시키고 더 많은 여가를 선택하게 함으로써 일을 더 적게 하도록 한다.

이 문제를 바라보는 또 다른 방법이 있다. 높은 임금은 더 많은 소득을 번다는 것을 의미한다. 더 많은 소득으로 무엇을 사야 하는가? 시간당 임금이 오를 때 당신은 전에 구매하였던 물품을 구매하기 위해 많은 시간을 일할 필요가 없다. 인상된 급여를 더 많은 물품을 구매하는 데 쓰는 대신 더 많은 여가를 확보하는 데 쓸 수도 있다. 다소 역발상적인 결과는 소득효과가 근로자들로 하여금 임금 인상 시 근무시간을 줄일 수 있는 단초를 제공해주게 된다. 그림 11–6의 패널 B에 보이는 것처럼 소득효과는 노동공급곡선이 우하향하게 유도한다.

노동공급곡선은 소득효과와 대체효과 중 어느 쪽이 더 크냐에 달려 있다. 이들 조각들을 하나로 묶어보자. 근로자의 합리적 규칙은 한 시간 추가로 일할 때 얻는 한계편익(당신이 벌어들이는 임금)과 비용을 비교해볼 것을 요구한다. 비용은 다름 아닌 당신이 포기해야 하는 여가시간이 주는 한계편익이다. 임금이 상승하면 두 가지 효과가 있다. 임금이 높아지면 한 시간 더 일하는 것의 한계편익이 커진다(대체효과). 아울러 여가는 정상재이므로 한 시간 추가적인 여가가 주는 한계편익도 커진다(소득효과). 이 두 가지 힘이 반대 방향으로 작용한다.

그림 11-6 | 개별 노동공급곡선

패널 A : 대체효과가 압도하는 경우

대체효과 : 높은 임금이 일에 대해 더욱 강한 인센티브를 제공하여 더 많은 시간 일을 하도록 유도한다.

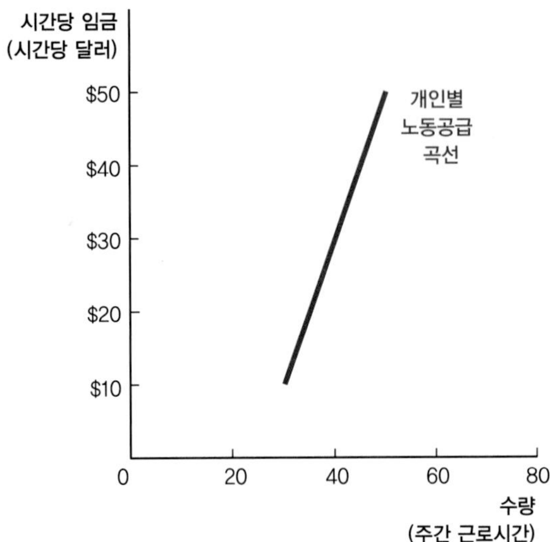

패널 B : 소득효과가 압도하는 경우

소득효과 : 높은 임금이 소득을 증가시키고 이 추가적인 소득을 더 많은 여가를 구매하는 데 쓴다. 따라서 일하는 시간이 줄어든다.

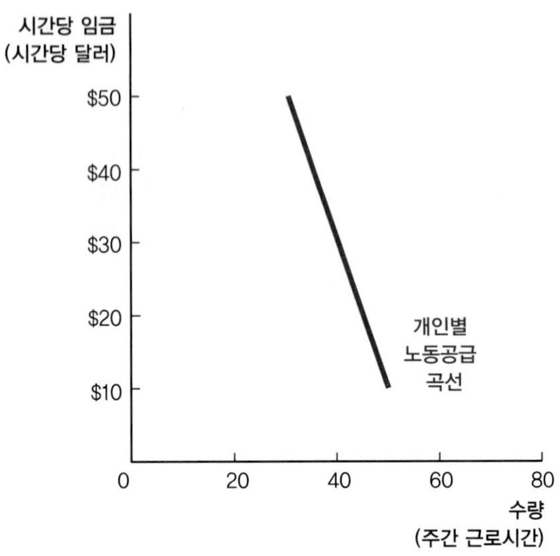

패널 C : 소득효과와 대체효과가 서로 상쇄되는 경우

임금이 높을 때 대체효과는 일을 더 많이 하게 하고 소득효과는 일을 더 적게 하도록 유도한다.

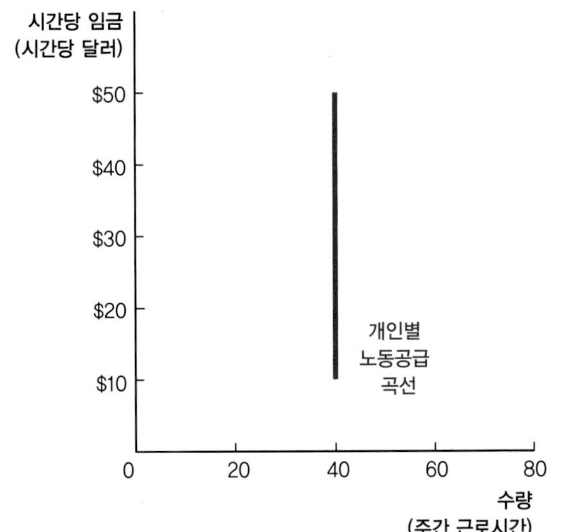

패널 D : 후방굴절 노동공급곡선

임금이 낮을 때 대체효과가 압도한다. 그러나 임금이 높을 때는 소득효과가 더 중요해진다.

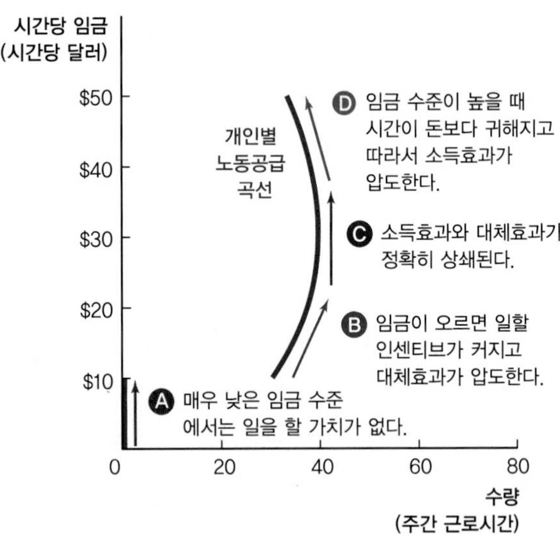

이들 두 가지 상쇄되는 효과가 실제로는 어떻게 작용하는가? 만일 대체효과가 압도한다면 개인별 노동공급곡선은 그림 11-6의 패널 A와 같이 우상향한다. 만일 소득효과가 압도한다면 개인별 노동공급곡선은 패널 B와 같이 우하향(!)한다. 그리고 이 두 가지 효과가 서로 정확히 상쇄된다면 개인별 노동공급곡선은 패널 C와 같이 수직선이 된다. 또는 임금이 높아짐에 따라 소득효과가 점점 더 중요해지면 개인별 노동공급곡선은 임금이 낮을 때의 우상향 형태로부터 수직 형태로 그리고 패널 D에서 보는 것처럼 임금이 높을 때의 우하향 형태로 변할 수 있다. 돈과 시간 중에서 무엇을 더 높이 평가하느냐에 따라 매우 다른 형태의 개인별 노동공급곡선을 지니게 된다.

경제학 실습

이제 당신의 개인별 노동공급곡선을 알아보자. 그림 11-7의 패널 A에서는 다른 임금이 주어질 때 매주 몇 시간 일을 할 의사가 있는지 묻는 노동공급 설문조사에 응답하는 것으로 시작한다. 응답할 때 소득효과와 대체효과가 어떻게 당신의 대답에 영향을 주는지 생각해보라. 그러고 나서 패널 B에 당신의 응답을 그려보라.

당신은 무엇을 알아냈는가? 많은 학생들은 임금이 너무 낮을 때 전혀 일을 안 하겠다고 생각한다. 궁극적으로 임금이 충분히 높다면 일할 가치가 있다는 것을 알게 된다. 임금이 더 오르면 어떤 학생들은 더 많은 시간 일을 하기로 결정한다. 그러나 어떤 점에 다다르면 임금이 상당히 높아 어떤 학생들은 근로시간을 줄이는 쪽으로 선택한다. 왜? 임금이 높으면 일을 적게 해도 필수적인 것에 대해 다 지불이 가능하고 나머지 시간을 학업을 성공적으로 수행할 가능성을 높이는 쪽으로 활용할 수 있기 때문이다. 이것이 바로 소득효과가 작동하는 것이다. 이러한 패턴을 따라간다면 당신은 그림 11-6의 패널 D에 보이는 것처럼 후방굴절 노동곡선을 그릴 수 있게 될 것이다. ■

노동공급의 가격탄력성은 근로자의 임금에 대한 반응 정도를 측정한다. 제5장에서 당신은 공급의 가격탄력성이 판매자들이 가격변화에 대해 얼마나 민감하게 반응하는가를 측정한다고 배웠다. 우리는 이러한 개념을 당신이 시간을 공급하고 그 가격이 임금인 노동공급에 적용할 수 있다. 노동공급의 임금탄력성은 임금 변화에 대해 노동공급의 양이 어떻게 반응하는가를 측정한다. 수량이 비교적 덜 민감하게 반응하는 경우 우리는 공급이 비탄력적이라고 표현한 것을 기억하라. 노동공급의 탄력성에 대한 정확한 추정치가 얼마인지에 대해서 경제학자들 사이에 일치된 의견이 없다. 그러나 대부분의 경제학자들은 노동공급이 비교적 비탄력적이라는 데에는 의견을 같이한다. 당신 자신의 추정치를 돌이켜 생각해보라. 한 시간에 80달러를 벌 수 있다

그림 11-7 | 개인별 노동공급곡선을 알아보자

패널 A : 개인별 노동공급

현재의 파트타임 일자리를 생각해보라. 만일 당신의 임금이 다음과 같을 경우 주당 몇 시간을 일할 것인가?

시간당 임금	노동공급(주당 시간)
시간당 $0.50	
시간당 $10	
시간당 $20	
시간당 $40	
시간당 $60	
시간당 $80	
시간당 $100	

(기억하라 : 당신은 주당 168시간을 초과하거나 0시간보다 적게 일할 수 없다)

패널 B : 개인별 노동공급곡선

각 임금 수준에서 몇 시간 일을 하고자 하는가? 개인별 노동공급곡선을 도출하기 위해 당신의 응답을 그래프에 표시하자.

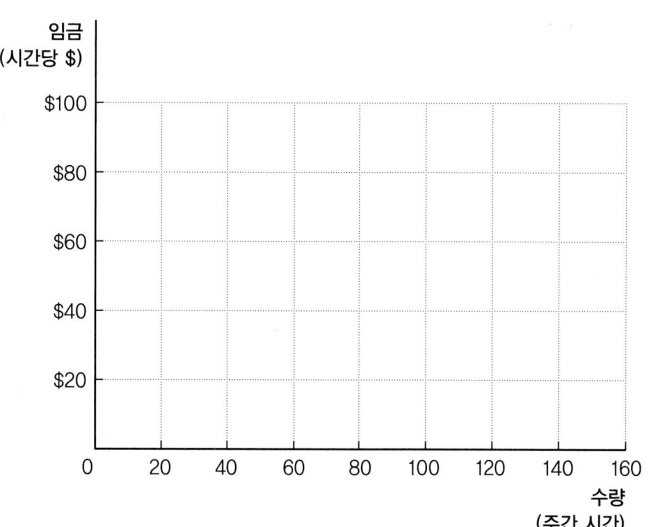

면 몇 시간 더 일을 하겠다고 말했는가? 임금이 만일 40달러일 때와 비교하면 두 배보다 적었는가? 만일 그렇다면 당신의 노동공급은 임금이 한 시간당 40달러에서 80달러 사이일 때 비탄력적이다. 노동공급곡선의 형태에 대한 증거를 살펴보자.

자료 해석 **개인별 노동공급곡선은 우상향하는가 우하향하는가?**

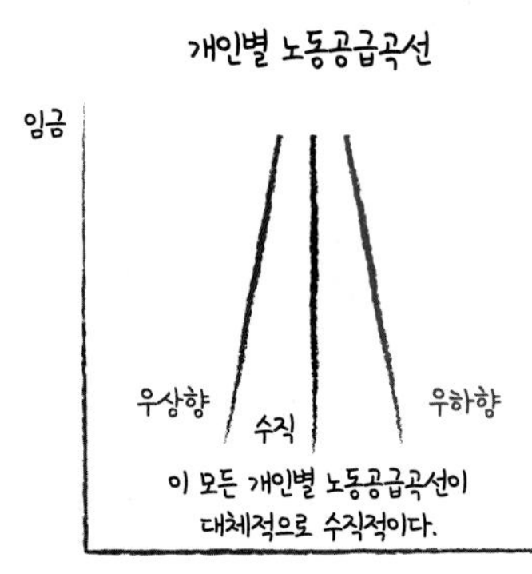

대표적인 개별 노동공급곡선의 기울기는 논의의 대상으로 남아 있다. 일부 경제학자들은 사람들이 세후임금이 변할 때 근로시간을 어떻게 조정하는가를 관찰하여 노동공급의 가격탄력성을 추정하였다. 의회에서 소득세 경감 법안을 통과시키면 당신의 세후임금은 증가하고 이에 따라 사람들은 근로시간을 약간 늘리는 경향이 있다. 대부분 추정치에 따르면 사람들이 근로시간을 1~3% 늘리게 하기 위해서는 세후임금을 약 10% 늘려주어야 한다. 이 증거는 노동공급곡선이 우상향하지만 비탄력적이라는 것을 시사한다.

또 다른 접근방식은 다른 직업군에 있는 사람들의 임금 차이를 보는 것이다. 고소득 직업군 근로자들의 평균 근로시간은 저소득 일자리와 거의 비슷하다. 이는 노동공급곡선이 거의 수직적이라는 것을 증명한다.

마지막으로 장기간에 걸쳐 임금 변화를 분석해보면 이야기가 달라진다. 지난 100년간 임금은 상당히 많이 증가하였고 일반적으로 주간 근로시간도 감소하였지만 그렇게 많이 줄어든 것은 아니다. 고임금이 더 적은 근로시간을 유도했다는 증거는 노동공급이 우하향한다는 것을 시사한다.

이들 서로 다른 형태의 분석이 질적으로 다른 결론을 이야기하지만, 양적으로는 비슷하다. 이러한 관찰 결과에서 공통적인 요소는 임금 변화가 개별 노동공급에 미치는 영향이 비교적 작다는 것이다. 그러므로 개인별 노동공급곡선은 거의 모든 사람들에 있어서 수직적이다. 그러나 어떤 사람들은 임금이 너무 낮다면 전혀 일을 하지 않는다는 점을 기억하라. 사실 임금이 더 높아지면 사람들이 일을 할 가능성을 높인다. 이는 우리가 바로 다음에 다룰 주제다. ■

외연적 한계 : 일을 할지 말지 선택한다

전체 노동공급은 각 근로자가 몇 시간 공급하는가뿐만 아니라 몇 명의 사람들이 노동력을 제공하느냐에도 의존한다. 사실 성인의 3분의 2 정도만 일을 하거나 일자리를 찾고 있다. 그리고 나머지 3분의 1중 많은 사람들은 주부이거나, 은퇴자이거나 전일제 학생들이다. 그러므로 이제 우리의 초점을 내부적 한계(이는 각 근로자가 몇 시간 노동공급을 하느냐, 즉 기존 근로자가 얼마나 집중적으로 노동력을 공급하는지 측정한다)로부터 외연적 한계(경제활동인구에 포함되는 사람 수, 즉 일의 범위를 나타내는 척도)로 이동시킨다[노동력(workforce)과 경제활동인구는 서로 같은 의미로 쓰이는 전문용어이고 이에는 취업자와 구직자가 모두 포함된다-역자 주].

그렇게 하기 위해서는 경제활동 참여 여부를 결정하는 다른 사람의 입장이 되어 시작해보자. 근로자의 합리적 규칙은 만일 일을 한다면 몇 시간 일을 해야만 하는가에 초점을 맞추지만, 일을 할지 여부에 관한 의사결정은 양자택일의 문제이고 따라서 한계의 원리가 적용되지 않는다. 대신 편익이 비용을 능가하면 경제활동에 참여한다고 말하는 비용-편익의 원리로 시작한다.

일을 할 때 발생하는 넓은 의미의 기회비용과 편익을 고려한다. 일을 할 때의 편익은 당신이 버는 임금뿐만 아니라 일자리에 따라오는 건강보험과 같은 비임금 복지혜택 그리고 현재의 근무 경험이 미래 소득 향상에 도움이 된다는 사실까지도 포함한다.

일하는 것의 비용을 알아보려면 기회비용의 원리를 적용하여 "아니면 무엇을?"이라고 질문을 던져보라. 이 질문은 여러 가지를 아주 분명하게 밝혀준다. 시간을 이용하여 꼭 해야 할 다른 일이 없는 상태에 있는 사람에게는 이 기회비용이 매우 작다. 그러나 어린 자녀들이 있는 부모에게는 일하는 것의 기회비용은 집에서 자녀를 양육하지 못하는 것이다. 많은 나이 든 분들은 기회비용이 오래 기다려온 은퇴가 된다. 그리고 학생들에게 기회비용은 전일제 수업분량을 전부 소화하지 못하는 것이다. 이 높은 기회비용은 왜 이러한 사람들이 노동력을 제공하지 않기로 선택하는 이유를 설명한다.

직업 탐색 비용, 비즈니스 정장 구입 비용, 장거리 통근의 괴로움과 단조로움, 그리고 육아 돌봄 조정의 어려움 등이 모두 일을 함으로써 치르게 되는 고정비용이다. 이러한 고정비용 때문에 어떤 사람들은 일주일에 몇 시간이라도 일하는 것보다 아예 전혀 일을 하지 않는 쪽을 택하게 된다.

높은 임금은 더 많은 사람이 경제활동인구에 포함되도록 유도한다. 임금이 높아지면 경제활동인구에 속할 때 얻는 편익이 비용보다 커지는 인구의 비중이 더 커진다. 결과적으로 임금이 더 높으면 더 많은 사람이 시장에 노동을 공급하기로 결정한다.

그렇다. 지금까지 우리는 일을 하느냐 마느냐 그리고 일을 한다면 몇 시간 일을 하느냐의 선택을 분석하였다. 당신이 할 수 있는 또 한 가지 중요한 선택이 있다. 일자리의 형태이다. 이 선택은 당신이 노동을 공급할 특정 노동시장을 결정한다.

직업 선택하기

어렸을 적 사람들이 당신에게 성인이 되었을 때 뭐가 되고 싶은지 물었던 것을 기억하는가? 당신이 많은 아이들과 같았더라면 아마 가능한 직업에 대해 매우 좁은 식견을 지니고 있었을 것이다. 아마 당신은 선생님이나, 소방수, 의사, 그리고 운동선수가 되고자 했을지도 모른다. 현실 세계에는 실제 당신이 택할 수 있는 수백 가지의 직업이 있다. 당신은 어떻게 결정할 것인가?

직업을 선택할 때 먼저 고려하는 것 중 하나는 소득이다. 왼쪽의 그림에서 보면 여러 직업들 간에 연간소득이 매우 현격한 차이를 보이고 있다. 당신은 여러 다른 직업의 임금에 대해 잘 알 필요가 있고 그래야 어떤 경력을 추구할지 잘 선택할 수 있는 것이다.

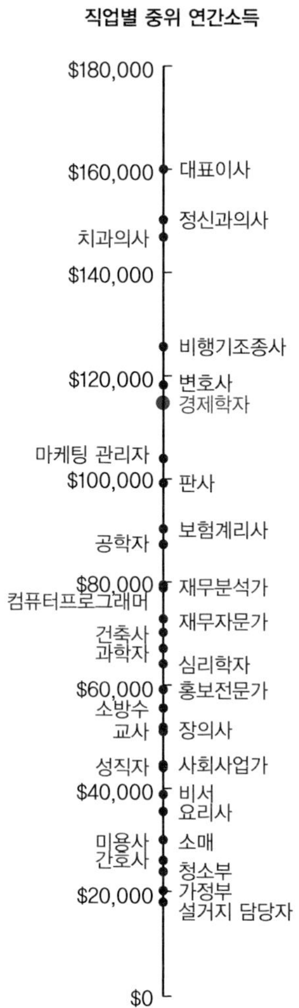

출처 : Bureau of Labor Statistics.

당신에게 맞는 직업을 알아보려면 비용-편익의 원리를 적용한다. 어떤 직업을 선택하느냐에 영향을 주는 주요 요인은 시장임금이다. 이것이 바로 비용-편익의 원리가 작동하는 것이다. 임금이 높을수록 바로 그 직업을 가질 때 편익이 커지는 것이다. 그러므로 임금은 근로자들을 여러 다른 직업으로 유도하는 중요한 신호로 작용한다. 임금이 높을수록 더 많은 사람들이 그 직업을 갖고자 한다.

그러나 직업 결정에 있어 임금이 중요한 요소이지만 그것이 전부가 아니다. 비용-편익의 원리는 해당되는 비용과 편익을 폭넓게 고려해야 한다는 것을 의미함을 기억하라.

편익을 고려하라

당신이 사랑하는 것을 하라 : 이 오랜 속담에 진리가 있다. 결국 당신의 직장생활은 은퇴 시까지 당신 일생에서 매주 40시간을 차지할 것이다. 만일 당신이 하는 일을 싫어한다면 일은 당신을 매우 불행하게 만드는 것은 물론이고 그렇게 많은 시간에 걸쳐 당신의 모든 것을 일에 쏟기 힘들 것이다. 묘수는 당신의 관심사와 어울리는 직업을 찾는 것이다. 당신이 바다를 좋아하고 과학을 흥미롭게 생각한다면 해양생물학자가 당신에게 잘 맞는 직업일 수 있다. 당신이 사람 만나는 것을 좋아한다면 영업을 즐길 수 있을 것이다. 당신이 숫자를 처리하기 좋아한다면 애널리스트가 되라. 당신이 사랑하는 일을 한다면 성공 가능성이 높아진다. 이는 통속 심리학이 아니다. 이것은 심각한 경제학이다. 당신이 일을 좋아할 때 성공을 위해 요구되는 노력의 기회비용이 낮아지게 된다.

편익에 대해 물어보라 : 당신이 건강보험, 연례휴가, 주택보조 또는 평생교육훈련의 기회를 갖게 되는가? 이들 편익은 저임금 일자리를 더 매력적으로 만든다. 이는 군대에 종사하는 사람들이 잘 알고 있는 사실이다.

미래를 생각하라 : 오늘 축적하고 있는 기술은 당신의 전문직 생활 내내 당신을 지탱할 것이다. 그러므로 지속적으로 가치 있는 기술을 개발해 나아가며 당신의 경력을 계획하라.

당신의 비교우위를 따라가라 : 당신이 무엇을 잘하는지 또는 다른 사람들에 비해 더 낮은 기회비용으로 할 수 있는 것이 무엇인지 생각해보라. 그것이 당신이 성공할 가능성이 제일 높은 직업이다. 그리고 그 성공으로 인해 더 나은 임금성장 경로로 연결될 것이다.

경로에 대해 질문하라 : 당신의 초봉은 단순한 시작에 불과하다. 의대생처럼 어떤 직업에서는 처음 몇 년 동안 저임금과 장시간 근로가 있을 수 있다. 그 후 큰 돈이 흘러 들어온다. 초봉에 대해서만 묻지 말고 근무경력 10년 후 얼마나 버는지 알아보라.

비용을 고려하라

위험을 추정하라 : 이 직업은 음악가나 배우처럼 단지 소수의 뛰어난 스타들이 정상으로 등극하고 나머지는 소득이 매우 낮은 직업인가? 만일 그렇다면 성공의 가능성을 과다 추정하는 함정에 빠지지 말라.

변동성을 고려하라 : 만일 보너스와 수수료가 급여의 큰 부분을 차지한다면 당신은 실적이 나쁜 해에도 생활할 수 있는가? 경제가 바닥을 친다면 당신의 직업이 위험에 처하게 되는가? 만일 그렇다면 이러한 위험을 잘 처리할 수 있는가?

시간을 망각하지 말라 : 당신의 고용주는 일주일 40시간에 대해 당신에게 급여를 기계적으로 지급하는 반면 어떤 직업에서는 사람들이 훨씬 장시간 근무하는 것이 정상이다. 회사 변호사나 경영관리 컨설턴트에게 물어보라. 그러면 그들이 종종 주당 80시간 또는 심지어 100시간도 일을 한다는 이야기를 들을 것이다. 당신이 추가적인 여가에서 얻는 편익이 크다면 이는 당신에게 좋은 생활이 아니다.

요약 : 노동공급 결정은 일을 해야 하는지 여부, 얼마나 해야 하는지, 그리고 무엇을 해야 하는지를 포괄한다. 당신은 일생을 살면서 이 세 가지 핵심적인 노동공급 결정을 하게 될 것이다. 먼저 당신은 일을 할지, 말지를 결정해야 한다. 두 번째는 몇 시간 일할지를 결정해야 한다. 그리고 세 번째는 어떤 종류의 일을 할 것인지에 대해 결정해야만 한다. 이 모든 결정은 결국 비용-편익의 원리를 응용하고 기회비용을 고려하는 것으로 귀결된다. 당신은 또한 이 세 가지 질문 중 하나가 다른 두 문제를 답하는 데 영향을 주는 경우 상호의존의 원리가 관련되어 있다는 것을 알 수 있을 것이다.

그러므로 이제 당신은 근로시간 정하기, 일을 하느냐에 관한 결정, 그리고 어떤 직업을 추구할지 스스로 생각하는 법을 알게 되었다. 우리의 다음 과업은 미용사 시장처럼 특정 직업의 노동시장에서의 노동공급에 대해 생각하기 위해 이러한 요소를 모두 종합하는 것이다.

시장노동공급곡선

이 장의 앞부분에서 당신은 시장노동수요곡선이 우하향한다고 배웠다. 시장노동공급곡선은 어떠한가? 시장노동공급곡선은 우상향한다. 이는 특정 직업에 있어서 임금이 높아질수록 그 직업에서 일을 하고자 하는 사람들이 더 많아진다는 것을 의미한다. 시장노동공급곡선이 우상향하는 데는 세 가지 이유가 있다.

> 시장노동공급곡선은 다음 세 가지에 의존한다.
> 1. 얼마나 많은 사람이 일을 하기로 결정하는가
> 2. 기존 근로자들이 얼마나 많은 시간을 일에 투입하는가
> 3. 사람들이 어떤 직업을 선택하는가

첫 번째 이유 : 새로운 사람들이 경제활동인구로 진입할 유인이 있다. 임금이 더 높아지면 더 많은 사람들이 학업, 은퇴 또는 주부의 가사와 같은 다른 것을 추구하는 것보다 일을 하는 편이 낫다는 확신을 갖게 된다. 미용사의 임금이 오르면 일을 하지 않고 있던 사람들로 하여금 미용사로 일자리를 찾아보도록 유도한다. 예를 들면 미용사 일을 그만두고 아이들과 집에서 지내던 부모가 미용사 임금이 높게 올라가면 노동시장으로 복귀할 유인을 느끼는 것이다.

두 번째 이유 : 기존 근로자들이 더 많은 시간 일을 한다. 임금이 오르면 이미 그 직업에서 근무를 해오고 있던 사람들이 근무시간을 증가시킬 수 있다. 당신은 이 효과가 적을 가능성이 있다고 생각할 것이다. 왜냐하면 높은 임금은 근무를 더 할 큰 유인을 제공하지만(대체효과), 다른 한편으로 여가수요를 증대시킨다(소득효과). 따라서 미용사 임금이 오르면 평균적으로 기존 미용사의 근로시간은 소폭 증가한다.

세 번째 이유 : 어떤 사람들은 직업을 바꿀 수도 있다. 임금이 오르면 사람들이 어떤 직업을 택할지 정할 때 도움이 된다는 것을 기억하라. 그러므로 미용사의 임금이 오르면 더 많은 사람들이 소매업이나 식당 종업원이 되는 것보다는 미용사 일자리를 지원하게 될 것이다. 이렇게 높은 임금에서는 잠재적인 새로운 미용사 대기자들이 많아지게 된다.

이를 종합하면 이러한 세 가지 이유는 사람들이 내리는 세 가지 다른 의사결정을 반영한다.

- 얼마나 많은 사람이 일을 하기로 결정하는가
- 기존 근로자들이 얼마나 많은 시간을 일에 투입하는가
- 사람들이 어떤 직업을 선택하는가

거의 모든 직업에서 시장노동공급곡선이 우상향한다는 것을 보장할 수 있을 만큼 세 번째 이유가 매우 중요하다. 이것은 설사 기존 근로자의 개인별 노동공급곡선이 우상향하지 않더라도 성립할 수 있다. 왜? 높은 임금이 당신에게 더 이상 근로시간을 증가시킬 유인이 되지 않을지라도 또는 많은 사람들로 하여금 일을 하도록 유인하지 못하더라도, 높은 임금을 벌기 위해 이 직업으로 진입하도록 다른 사람들을 유인하기 때문이다. 이 때문에 미용사 또는 다른 직업의 노동시장에 공급되는 총시간은, 그림 11-8의 우상향하는 시장노동공급곡선이 말해주는 것처럼, 임금이 오르면 같이 증가한다는 것이 확실히 보장된다.

그림 11-8 | 미용사의 시장노동공급곡선

시장노동공급곡선의 세 가지 영향을 반영한다. 임금이 더 높아지면

1. 기존 미용사들이 더 많은 시간 동안 일하기를 선택할 수 있다(대체효과). 일부는 (소득효과로) 더 적은 시간 일을 할 수도 있다.
2. 학생, 은퇴자 또는 주부들이 경제활동인구로 돌아갈 수 있다.
3. 사람들이 다른 직업보다는 미용사가 되는 쪽을 선택하게 된다.

결과적으로 더 높은 임금은 더 많은 노동공급량으로 연결되며 이에 따라 우상향하는 노동공급곡선이 된다.

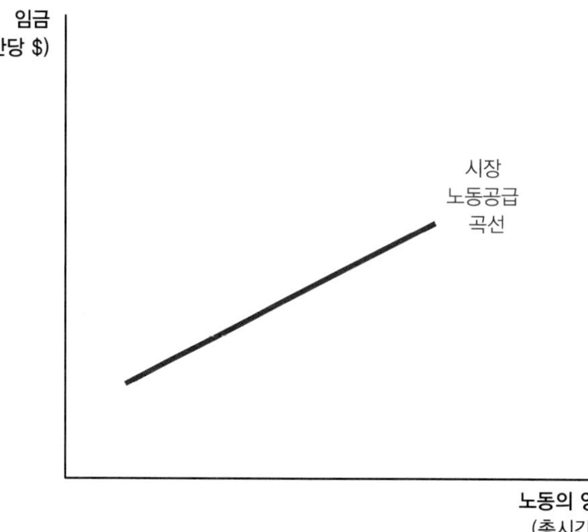

노동공급의 이동에 관한 분석

노동공급에 대해 보다 심층적으로 이해하였으니 이제 이러한 지식을 활용해 경제환경의 변화가 어떻게 노동공급곡선을 이동시키는지 예상하여 보자. 핵심은 상호의존의 원리이고 이 원리는 우리에게 노동공급에 관한 의사결정이 다른 시장이나 정부 정책과 연관되어 있다는 점을 상기시켜준다. 노동공급곡선을 이동시키는 네 가지 요소를 다룰 때 노동공급의 증가는 노동공급곡선을 오른쪽으로 이동시키고, 노동공급의 감소는 노동공급곡선을 왼쪽으로 이동시킨다는 점을 기억하라.

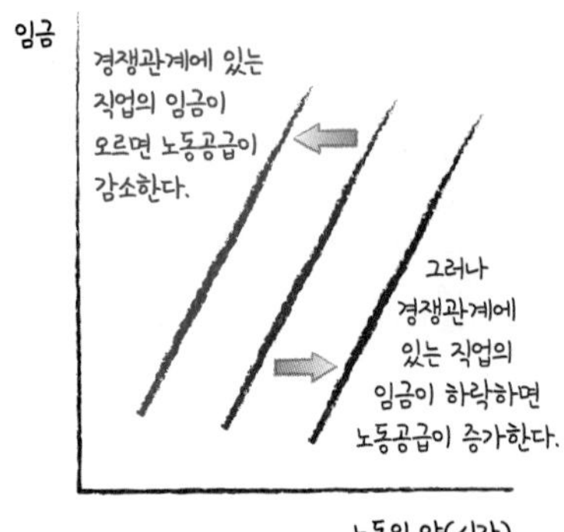

노동공급 이동요인 1 : 다른 직업의 임금 변화. 미용사 시장은 피부관리업소 근로자 시장과 연결되어 있다. 피부관리 전문가의 임금이 오르면 일부 미용사들은 대신 피부관리업소에서 일자리를 찾아볼 것이다. 결과적으로 유사한 근로자를 확보하기 위해 경쟁하는 다른 일자리에서 임금이 오르면 노동공급이 감소하고 노동공급곡선이 왼쪽으로 이동한다. 그리고 이들 다른 직업에서 임금이 하락하면, 피부관리업소 근로자들이 대신 미용사가 되고자 하므로 미용사로 일할 수 있는 노동공급을 증가시킨다(미용사 노동공급곡선을 오른쪽으로 이동시킨다).

노동공급 이동요인 2 : 잠재적 노동자 수의 변화 노동시장에 참여하는 사람들의 총수는 한 사회에 속한 사람 총수의 부분집합이다. 이는 인구가 증가하면 잠재적인 노동공급이 증가한다는 것을 의미한다. 인구는 새로 태어나는 사람이 죽는 사람보다 많기 때문에 성장한다. 이는 출생의 증가 또는 기대수명의 연장으로 가능하다. 인구는 또한 이민에 의해 증가할 수 있다. 인구 증가는 일반적으로 노동공급을 증가시킨다. 반면 인구의 감소는 노동공급을 감소시킨다.

인구의 연령 분포도 중요하다. 일을 하는 어린이나 연로자는 거의 없다. 사람들은 30~40대에 일할 가능성이 제일 높다. 따라서 이 연령대의 인구 증가는 노동공급을 크게 한다. 그러나 미국이나 다른 선진국에서와 같이 인구 분포가 은퇴 연령 방향으로 이동하면, 노동공급 감소로 연결되고 더 적은 사람들이 일을 하게 되므로 노동공급이 왼쪽으로 이동하게 된다.

노동공급 이동요인 3 : 비근로활동이 주는 편익의 변화. 일을 할지 말지에 관한 의사결정은 임금과 일을 하지 않으므로써 포기한 편익을 비교하여 이루어진다. 그러므로 일을 하지 않을 때 얻을 수 있는 편익을 변화시키는 것은 무엇이든 노동공급곡선을 이동시킨다. 예를 들면, 대학을 다니는 비용을 좀 더 감당할 만하게 만드는 정부 프로그램은 많은 사람들이 일 대신 교육 받기를 선택하게 하므로 젊은이들의 노동공급을 감소시킬 것이다(그리고 학생들이 예를 들어 회계학 학위를 받고 졸업한 이후에는 회계사 노동공급이 증가할 것이다).

육아 비용을 낮추는 것은 무엇이든 부모들이 집에 있으면서 육아를 담당하는 것이 주는 편익을 줄임으로써 부모들의 노동공급을 늘릴 것이다. 그리고 만일 의회가 고령자에게 주는 사회보장 연금을 줄인다면 60세 이상 고령자의 노동공급이 늘어날 것이다.

마찬가지로 실업보험, 장애보험, 식량 지원, 그리고 웰페어[공식적으로 '결핍가정 일시지원 프로그램(Temporary Assistance for Needy Families, TANF)']와 같이 일자리가 없는 사람들을 돕는 여러 가지 정부지원 프로그램들은 의도하지 않은 부작용을 가지고 있다. 즉, 일하는 것의 기회비용을 높인다. 결과적으로 이러한 프로그램은 사람들이 일을 적게 하거나 또는 전혀 안 하도록 유도하여 노동공급을 줄인다. 일부 국가에서 이러한 복지프로그램들이 매우 관대하여 일자리를 잡는 것이 소득을 아주 적게 인상시킬 뿐이다. 미국의 정부프로그램은 일반적으로 훨씬 덜 관대하다. 그러므로 일에 대한 역유인은 작은 편이다. 이 역유인 효과는 프로그램을 규정하는 엄격한 규칙에 의해 봉쇄될 수 있다. 당신이 적극적으로 훈련을 받거나 구직활동을 하지 않는다면 실업보험이나 웰페어를 받을 수 없다. 아울러 의사가 특정 조건을 증빙하지 않으면 장애보험을 받을 수 없다. 그리고 당신이 소득이 낮거나 일을 하고 있는 상태가 아니라면 (혹은 고령자이거나 또는 장애를 지니고 있지 않다면) 식량지원을 받을 수 없다.

 노동공급을 이동시키는 네 가지 요소

1. 다른 직업의 임금 변화
2. 잠재적인 근로자 수의 변화
3. 비근로활동의 편익 변화
4. 비임금 복지혜택, 고용보조금 그리고 소득세

노동공급 이동요인 4 : 비임금 복지혜택, 보조금 그리고 소득세. 이제까지 우리는 임금이 일에 대한 전체 편익을 대변하는 것으로 간주하고 논의를 전개하였다. 그러나 현실적으로 고려해야 할 다른 요소들이 있고 이것 때문에 근로자들은 비임금 복지혜택, 세금, 보조금 등을 모두 고려한 세후 총보수를 중요시한다. 예를 들어 대부분의 고용주들은 건강보험, 정년퇴직금, 유급휴가, 식비, 그리고 교통보조 등 비임금 복지혜택을 제공한다. 아울러 일한 경력이 있으면 당신이 은퇴를 하면 사회보장연금을 그리고 실직 시에는 실업보험을 통해 복지혜택을 받게 된다. 아울러 일부 정부프로그램은 당신이 버는 것에 비례하여 정부가 당신이 받는 급여를 효과적으로 보충해주는 임금 보조금을 지급한다. 이들 비임금 혜택과 보조금은 한 시간 더 일하는 것이 주는 편익을 증가시킨다. 반대로, 소득세는 일하는 것의 편익을 감소시킨다. 이는 당신이 추가적으로 버는 것의 일정 부분만 소득으로 가져가기 때문이다. 소득세율의 증가는 추가적으로 일하는 것의 편익을 감소시킨다.

비임금 복지혜택, 보조금, 그리고 소득세의 변화는 근로자가 정해진 임금 수준에서 얻을 수 있는 총보수를 변화시키고 이는 근로자의 일할 의사, 즉 노동공급곡선을 이동시키게 된다. 개인 수준에서 이들 요소의 변화가 노동공급을 증가시킬지 또는 감소시킬지 여부는 소득효과와 대체효과 중 어느 것이 큰가에 따라 다르다. 경제 전체적으로 이는 약간 더 간단하다. 시장노동공급곡선은 우상향한다. 결과적으로 비임금 복지혜택이나 보조금의 증가 또는 소득세 감소는 노동공급의 증가를 유도하여 공급곡선을 오른쪽으로 이동시킨다. 반대로 비임금 복지혜택의 감소, 보조금의 감소, 소득세의 증가는 노동공급의 감소를 야기하고 이에 따라 노동공급곡선이 왼쪽으로 이동한다.

11.4 경제환경의 변화와 노동시장 균형

학습목표 노동시장이 어떻게 경제환경 변화에 반응하는지 평가한다.

이제 이 장의 여러 맥락과 내용의 가닥들을 하나로 묶을 때이다. 이제 당신은 노동시장이 어떻게 작동하는지 이해하는 데 필요한 강력한 틀을 갖추게 되었다. 이 틀은 각 직업에서 임금과 고용되는 사람 수가 노동수요와 노동공급에 의해 어떻게 결정되는지 잘 보여준다.

3단계 조치법

노동수요나 노동공급의 이동을 일으키는 것은 무엇이든지 당신의 임금이나 고용기회의 변화를 가져온다. 그렇기 때문에 당신의 직업경력을 쌓아가면서 이 분석 틀을 유용하게 쓸 수 있다. 즉, 당신이 고려 중인 어느 일자리의 임금, 고용 그리고 다른 여건에 장단기 변화가 어떠한 영향을 미치는지 예측하는 데 이 분석 틀을 활용할 수 있다. 앞을 내다보라. 그러면 긍정적인 변화를 잘 활용할 수 있도록 당신의 직업경력을 조정할 수 있을 것이다. 아울러 당신이 좀 더 민첩하다면 부정적인 여건 변화가 가져올 영향을 최소화할 수 있을 것이다.

시장 여건이 변화할 때 그 효과를 예측하기 위해 우리가 전에 수요와 공급의 이동이 초래하는 결과를 평가할 때 사용하였던 3단계 조치법을 활용하라. 스스로 당신 자신에게 질문하라.

1단계 : 이동하는 것이 노동공급인가 노동수요인가?(또는 둘 다인가?)

노동수요는 바로 한계수입생산이다. 즉, 추가적인 근로자가 발생시키는 추가적인 판매수입이다. 그러므로 근로자의 생산성이나 상품의 가치를 변화시키는 모든 것이 노동수요를 바꿀 것이다. 그리고 노동공급은 바로 기회비용이다. 일하는 것의 기회비용은 일을 하지 않는 것이다. 즉 교육, 노동시장 밖의 일, 은퇴 등이다. 한 직업에서 일을 하는 기회비용은 다른 직업에서 일하지 않는 것이다. 그리고 한 시간 추가해서 일하는 것의 기회비용은 한 시간의 여가이다. 그러므로 이들 기회비용을 변화시키는 것은 무엇이든지 간에 노동공급을 변화시킨다.

2단계 : 그 이동은 증가인가 감소인가?

노동수요의 증가 또는 노동공급의 증가는 해당 곡선을 오른쪽으로 이동시킨다. 노동수요의 감소와 노동공급의 감소는 해당 곡선을 왼쪽으로 이동시킨다.

3단계 : 새로운 균형에서 임금과 일자리 수는 어떻게 변하는가? 새로운 균형과 이전의 균형을 비교하라.

경제 여건의 변화가 어떻게 당신의 노동시장을 흔들어 놓는지 알아보는 것으로 연습을 시작해보자.

경제학 실습

통계 소프트웨어와 고성능 컴퓨터의 가격이 하락한다. 자료분석가의 노동시장에 무슨 일이 생기는가?

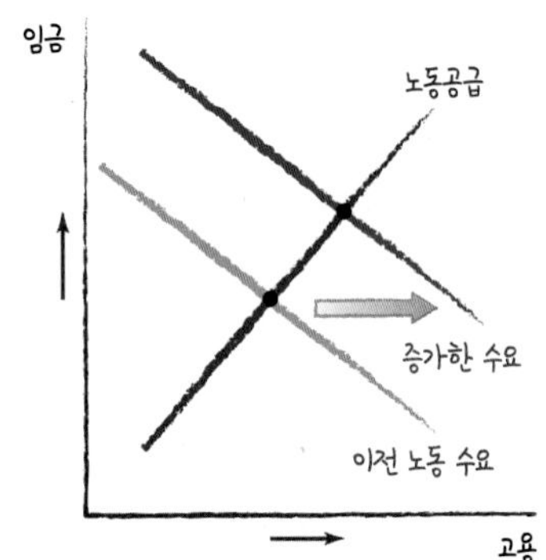

보완적인 자본재의 더 저렴한 가격
→ 노동수요의 증가
결과 : 임금 상승, 고용 증가

맥도날드가 모든 매장에 새로운 키오스크를 설치하지만 버거의 가격은 그대로 유지한다(따라서 규모의 효과가 없다). 계산원 수요에 무슨 일이 생기는가?

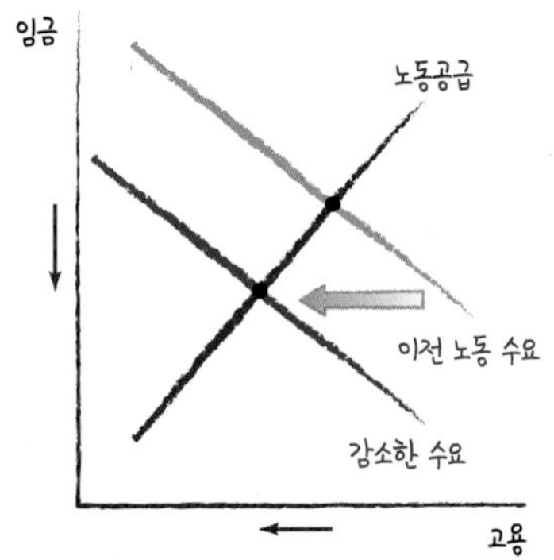

노동 대신 자본으로 대체
→ 노동수요의 감소
결과 : 임금 하락, 고용 감소

의회에서 미국으로 이주할 수 있는 컴퓨터과학 학위를 지닌 외국인의 수를 줄이는 이민법을 통과시킨다. 컴퓨터 프로그래머 노동시장에 무슨 일이 생기는가?

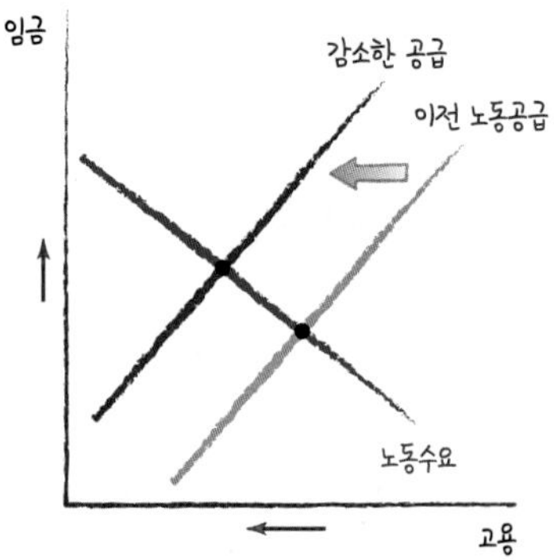

잠재적인 근로자 수 감소
→ 노동공급의 감소
결과 : 임금 상승, 고용 감소

소고기 산업이 위축됨에 따라 대형동물 수의사의 임금이 감소하였다. 소형동물 수의사의 노동시장에 무슨 일이 생기는가?

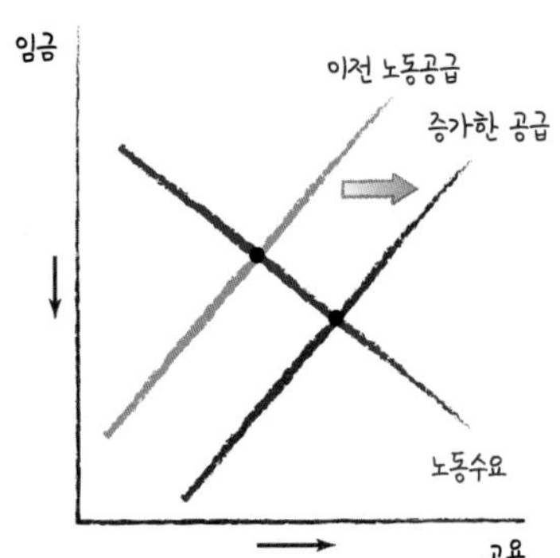

대형동물 수의사가 소형동물 일자리로 이동
→ 노동공급의 증가
결과 : 임금 하락, 고용 증가

의회가 실업보험 수급조건을 완화한다. 대부분 직업의 노동시장에 무슨 일이 생기는가?

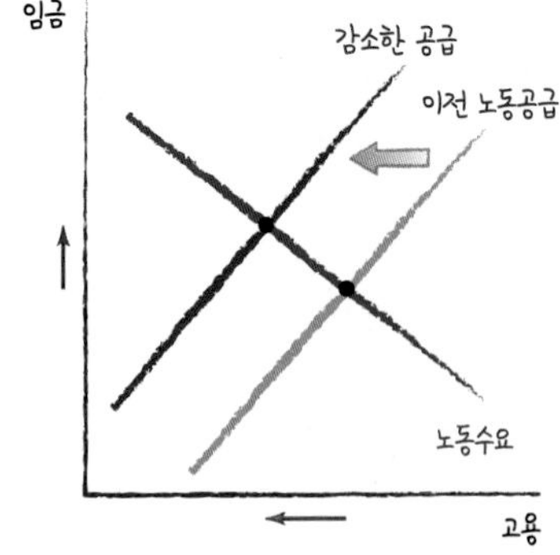

일하는 것의 기회비용이 증가
→ 노동공급의 감소
결과 : 임금 상승, 고용 감소

음성인식 소프트웨어의 향상은 법원 속기사가 더 이상 필요하지 않다는 것을 의미한다. 속기사 노동시장에 무슨 일이 생기는가?

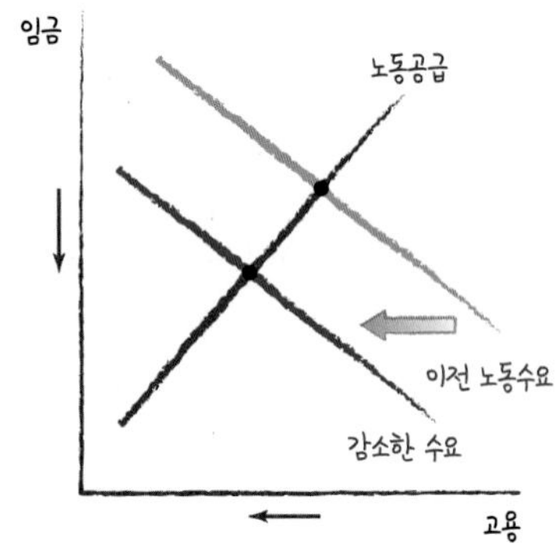

속기사를 대체하는 신기술
→ 노동수요의 감소
결과 : 임금 하락, 고용 감소

베이비부머들의 고령화로 많은 사람이 연세 많으신 부모를 위해 재택노인돌봄서비스를 찾는다. 가내건강도우미 노동시장에 무슨 일이 생기는가?

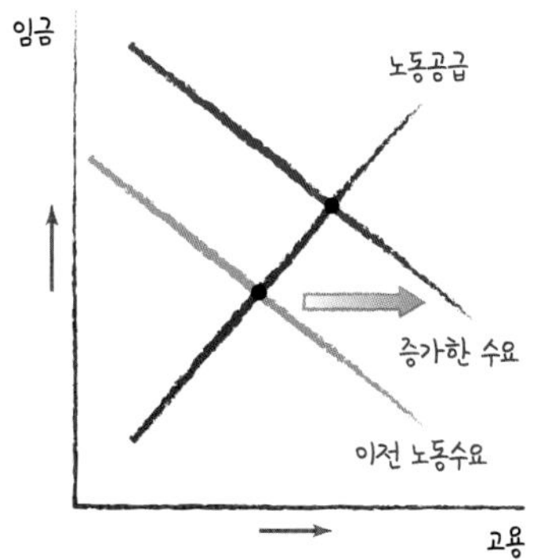

가내노인돌봄 수요 증가로 한계수입생산이 증가하고 가격이 인상 → 노동수요의 증가

결과 : 임금 상승, 고용 증가

일부 경제학자들은 새로운 비디오 게임이 여가시간을 훨씬 더 재미있게 만들었다고 믿는다. 이는 젊은 사람들의 노동시장에 어떤 영향을 주는가?

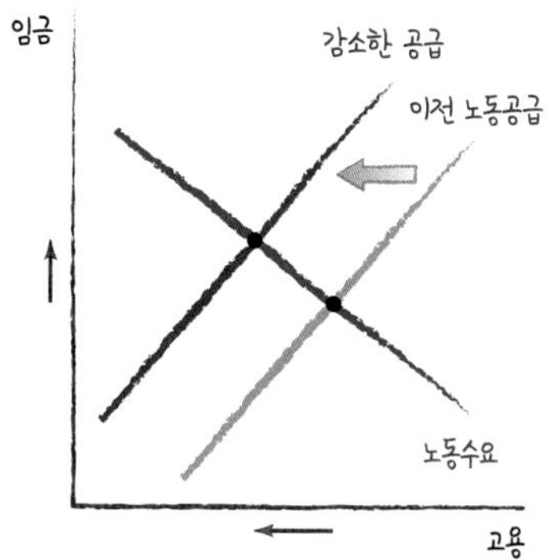

여가시간이 더 즐길 만하다는 것은 일의 기회비용이 높아진다는 것을 의미

→ 노동공급의 감소

결과 : 임금 상승, 고용 감소

연방정부가 사회보장 복지혜택 개시 연령을 62세에서 65세로 높였다. 고령근로자 노동시장에 무슨 일이 생기는가?

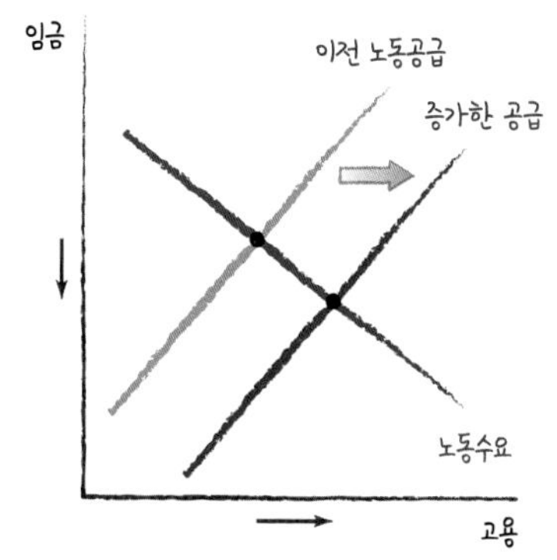

일의 기회비용이 감소(사회보장이 없다면 은퇴는 견디기 힘들어진다)

→ 노동공급의 증가

결과 : 임금 하락, 고용 증가

전국적인 예산 부족으로 많은 주에서 공립학교 교사 급여를 삭감할 수밖에 없다. 사립학교 교사 노동시장에 무슨 일이 생기는가?

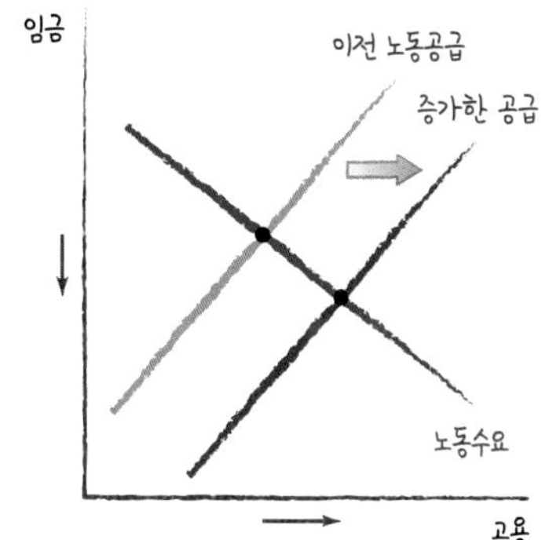

다른 직업에서 부정적인 기회 → 노동공급의 증가

결과 : 임금 하락, 고용 증가

우버가 초래한 경쟁이 리무진 택시회사로 하여금 가격을 인하할 수밖에 없도록 한다. 리무진 택시 기사의 노동시장에 무슨 일이 생기는가?

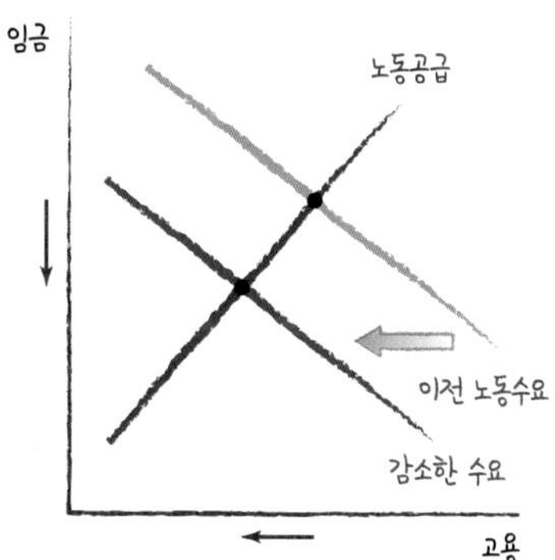

상품가격 인하로 한계수입생산 감소 → 노동수요의 감소

결과 : 임금 하락, 고용 감소

경기침체로 많은 대학이 신입생에게 제공하는 재정지원을 감축하게 되었다. 청년 노동시장에 무슨 일이 생기는가?

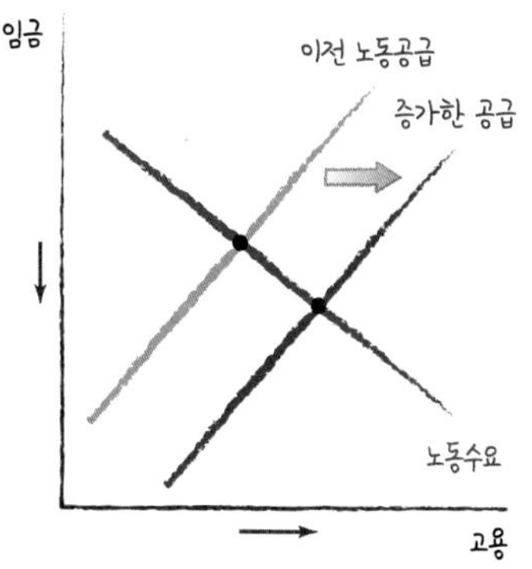

비싼 대학 등록금이 일하는 것의 기회비용을 낮춘다 → 노동공급의 증가

결과 : 임금 하락, 고용 증가 ■

함께 해보기

이 장에서 우리는 노동의 수요와 공급을 이해하기 위한 논리적인 분석 틀을 구축하였다. 사실 우리는 많은 것을 달성하였다.

왜 그런지 이해하기 위해 먼저 노동시장이 다른 것은 노동이 생산에 들어가는 투입물이라는 것을 인식하자. 더구나 노동은 생산에 투입되는 유일한 투입물이 아니며 노동시장을 이해하기 위해 사용한 여러 논리는 다른 투입물 시장에도 같이 적용된다. 토지나 자본과 같은 이러한 투입물 시장은 종종 요소시장이라 불린다. 이는 이들이 생산요소를 거래하는 시장이기 때문이다.

생산과정에 투입물로 쓰이는 기계장치, 공구 그리고 구조물과 같은 자본재의 시장을 고려하자. 관리자는 사람을 한 명 더 고용하거나 같은 원리를 적용해 한 대의 로봇(사실 추가적인 렌치나 컴퓨터)을 채용할 것이다. 관리자들은 한계적으로 생각하여 비용과 편익을 고려하고 기회비용을 계산한다. 이러한 과정을 통해 한계비용보다 더 큰 추가적인 수입을 올린다면 추가적인 근로자, 로봇, 렌치 또는 컴퓨터를 채용할 것이다. 노동수요가 한 명의 근로자를 채용할 때 얻어지는 한계수입생산이 그 근로자를 채용할 때 드는 비용을 초과하느냐 여부에 의존하는 것처럼 자본수요도 한 대의 기계장치를 '채용'하여 얻는 한계수입생산이 그 비용을 초과하느냐에 의존한다. 당신은 같은 논리를 토지에 적용할 수 있다. 만일 추가적인 사무실 공간의 한계수입생산이 연간 임대료를 초과한다면 그 기업은 사무실 공간을 추가로 임대해야 한다. 기업은 어떤 생산요소이건 한계수입생산이 연간 채용비용과 같아질 때까지 계속 채용해야 한다.

이 분석 틀이 로봇시장에 적용된다는 생각은 우리에게 좀 더 해결해야 할 문제가 있다는 것을 암시한다. 사람은 로봇과 똑같지는 않다. 실제 사람은 로봇과는 달리 감정이 있다. 사람은 모두 같지 않고, 다른 욕망, 다른 교육배경, 다른 기술을 지니고 있다. 사람은 노동조합을 조직한다. 근로자의 작업조건은 종종 엄격한 규제의 대상이다. 사람들은 상사가 보지 않으면 게으름을 부릴지 모른다. 그리고 사람들은 동기부여가 될 때 생산성이 더 높다. 노동시장을 완전히 이해한다는 것은 이러한 현실적인 문제를 고려할 필요가 있다. 바로 이 점이 우리가 다음 장에서 다룰 과제가 노동력의 복잡성과 차별, 동기부여 문제, 당신이 보유한 기술과 고용주가 원하여 기술 간의 불일치를 자세히 살펴봐야 하는 이유다. 이는 임금과 고용을 결정하는 데 노동수요와 공급이 중심적인 역할을 할 수 없다는 것을 의미하지는 않는다. 오히려 이 요소들은 무엇이 노동공급과 노동수요를 움직이는가에 대한 우리의 이해를 더욱 풍부하게 하는 데 도움을 줄 수 있다.

한눈에 보기

노동시장

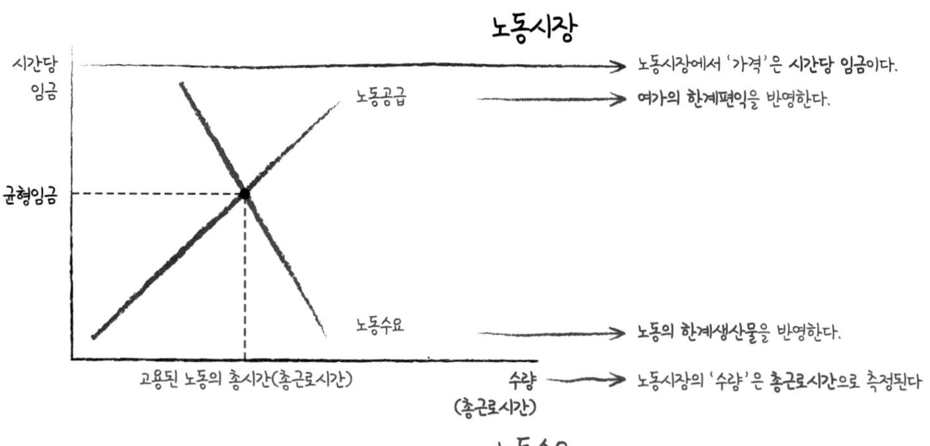

노동수요

한계생산(MP_L) : 한 명의 근로자를 추가로 채용하여 발생하는 추가적인 생산

한계수입생산(MRP_L) : 한 명의 근로자를 추가로 채용하여 얻어지는 한계수입을 측정한다.

한계수입생산 = 노동의 한계생산물에 상품가격을 곱한 것

$$MRP_L = MP_L \times P$$

고용주의 합리적 규칙 : 한계수입생산이 임금보다 크거나 같아질 때까지 계속 근로자를 추가로 채용하라.

시장노동수요곡선은 다음 요인에 의해 이동한다.

1. 상품수요의 변화
2. 자본가격의 변화
3. 경영관리기법과 생산성 향상
4. 비임금복지혜택, 보조금과 세금

개인별 노동공급

근로자의 합리적 규칙 : 임금이 적어도 추가적인 여가 한 시간의 **한계편익**만큼 크다면 일을 계속하라.

대체효과 : 사람들이 상대가격 변화에 어떻게 반응하는지를 측정한다. 높은 임금은 여가에 비해 일로부터 얻는 수확을 크게 하여 더 오래 일하도록 유인한다.

소득효과 : 소득이 더 많아질 때 사람들의 선택이 어떻게 변하는지를 측정한다. 높은 임금은 소득을 상승시키고 더 많은 여가를 택하게 하므로 일하는 시간은 줄어든다.

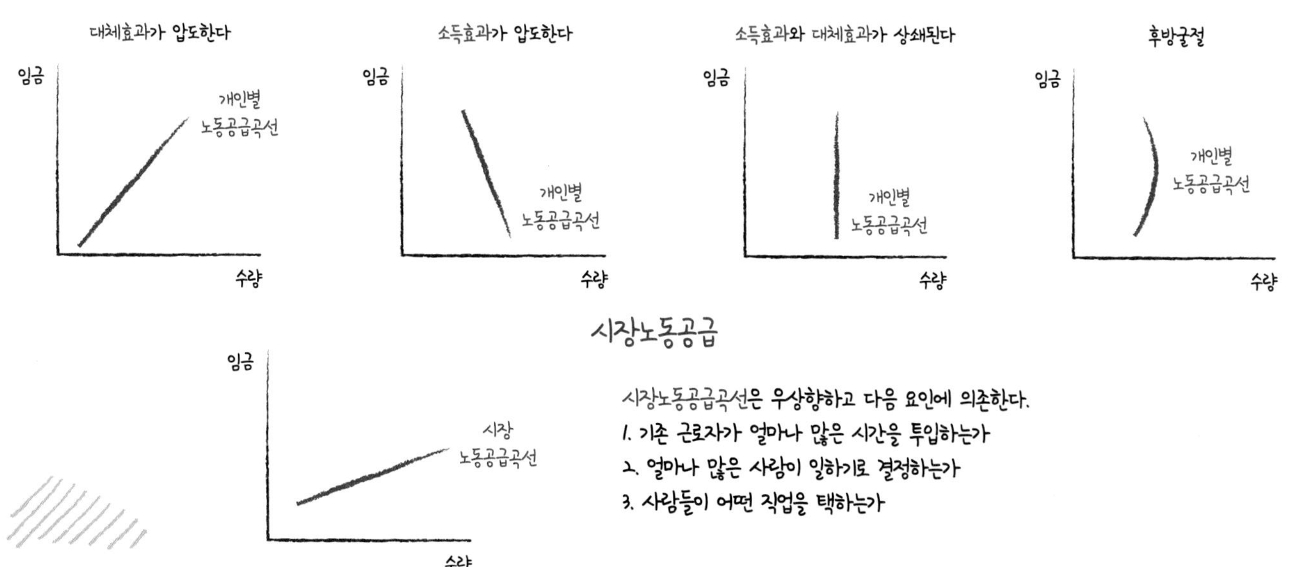

시장노동공급곡선은 우상향하고 다음 요인에 의존한다.

1. 기존 근로자가 얼마나 많은 시간을 투입하는가
2. 얼마나 많은 사람이 일하기로 결정하는가
3. 사람들이 어떤 직업을 택하는가

핵심용어

고용주의 합리적 규칙	노동의 한계생산물	파생수요
근로자의 합리적 규칙	대체효과	한계수입생산
노동공급	소득효과	

토론과 복습문제

학습목표 11.1 공급과 수요의 힘에 의해 임금과 고용이 어떻게 결정되는지 이해한다.

1. 한계비용, 기회비용, 비용-편익, 상호의존의 원리들을 이용하여 왜 대부분의 직업에 있어서 시장노동공급곡선이 우상향하는지 설명하라.
2. 한계비용, 기회비용, 비용-편익, 상호의존의 원리들을 이용하여 왜 시장노동수요곡선이 일반적으로 우하향하는지 설명하라.

학습목표 11.2 고용주들이 채용할 근로자 수를 어떻게 결정하는지 파악한다.

3. 주지사가 주의 빈곤문제를 걱정하여 주의 최저임금을 시간당 7.25달러에서 15.00달러로 인상을 제안하였다. 그는 이것이 저소득 가정을 지원하는 효과적인 방안이라고 주장한다. 그러나 그는 결과적으로 많은 일자리가 사라질까 걱정한다. 그의 주장을 노동공급과 수요곡선을 이용하여 간략히 평가하라. 최저임금의 장기효과가 단기효과와 어떻게 다를 수 있는지 설명하라.

학습목표 11.3 일과 여가에 얼마나 많은 시간을 나눠 쓸지 결정한다.

4. 대학 졸업 후 종사하길 원하는 직업에 대해 생각해보라. 소망하는 연간소득은 어느 정도이며 주당 몇 시간 일하기를 원하는가? 당신의 미래 임금을 알아보기 위해 이 정보를 활용하라. 한계원리를 이용하여 임금이 예상 밖으로 50% 인상되면 근무시간을 어떻게 바꿀 것인지 설명하라. 이들 수치를 노동공급곡선에 그리라. 그리고 소득효과와 대체효과가 당신 임금에 미치는 영향을 설명하라.

학습목표 11.4 노동시장이 어떻게 경제환경 변화에 반응하는지 평가한다.

5. 2007년부터 2009년까지의 기간 동안 미국에서 팔린 자동차 대수는 1,600만 대에서 1,040만 대로 떨어졌다. 자동차 수요 감소가 자동차 가격에 어떠한 영향을 미칠지 설명하라. 동 기간 동안 자동차와 부품제조업 고용이 100만 명에서 62만 2,000명으로 떨어졌다. 왜 자동차 수요 감소가 자동차 근로자 수요 감소로 연결되는지 설명하라.

학습문제

학습목표 11.1 공급과 수요의 힘에 의해 임금과 고용이 어떻게 결정되는지 이해한다.

1. 식료품점 계산원의 노동시장을 고려하라. 시장에서 누가 수요자이고 누가 공급자인가? 계산원의 평균 시간당 임금은 10.93달러이다. 노동공급곡선이 우상향할 경우 그래프를 이용해 식료품점 계산원 노동시장을 도해하라. 축, 곡선, 그리고 균형임금을 적절히 표시하는 것을 잊지 말라. 네 가지 핵심 원리를 이용해 계산원 노동공급곡선이 왜 우상향할 수 있는지 기술하라.
2. 법원 서기들은 법정에서 판사를 보조하고, 판사를 위해 연구조사를 실시하고 법률 문서를 준비한다. 다음 표는 법원 서기 노동공급량과 노동수요량을 보여주고 있다.

시간당 임금 (시간당 $)	노동공급량 (근로자 1,000명)	노동수요량 (근로자 1,000명)
$24	11	19
$26	13	17
$28	15	15
$30	17	13
$32	19	11

자료를 이용해 법원 서기의 수요와 공급곡선 그래프를 그리라. 표에 축, 곡선 그리고 표에서 제공된 값들을 적절히 표시하는 것을 잊지 말라. 시장 법원 서기의 균형수량과 균형임금은 얼마인가?

학습목표 11.2 고용주들이 채용할 근로자 수를 어떻게 결정하는지 파악한다.

3. 당신이 최근 웹사이트 디자인 사업을 개시하였다. 당신은 고객들에게 프로젝트당 500달러를 부과하고 있으며 사업을 확장하려고 당신을 보조할 근로자를 추가 채용하는 것을 고려 중이다.

표에는 추가로 고용하는 웹사이트 디자이너의 한계생산에 대한 자료를 제공하고 있다. 정보를 이용해 각 종업원 수에 상응하는 한계수입생산, 총생산, 그리고 총판매수입을 계산하라. 웹사이트 디자이너의 시장임금은 월 2,800달러이다. 이것이 추가적인 근로자를 채용할 때 발생하는 유일한 비용이라면 각 추가적인 근로자에 대한 한계비용과 이윤을 계산하라. 근로자의 합리적 규칙을 활용한다면 매달 몇 명의 근로자를 채용해야 하는가? 이윤을 극대화하는 근로자 수는 몇 명인가?

웹사이트 디자이너 수	한계생산(월별 프로젝트 완료 건수)
1	10
2	9
3	8
4	7
5	6
6	5

4. 헤드 에어리어에 채용된 각 근로자에 대한 가브리엘라의 한계수입생산을 고려하라.

미용사 수	한계생산 (주당 헤어커트 수)	한계수입생산 (한계생산 : 헤어커트당 $20)
1	40	$800
2	35	$700
3	30	$600
4	25	$500
5	20	$400

만일 임금이 근로자당 700달러라면 가브리엘라는 근로자 몇 명을 채용해야 하는가? 만일 임금이 근로자당 400달러가 되면 가브리엘라는 몇 명을 고용해야 하는가? 여러 임금 수준에서 가브리엘라의 노동수요를 나타내는 다음 표를 완성하라. 그리고 그녀의 노동수요곡선을 그리라.

임금(주당 근로자당 $)	근로자 수요량
$900	
$800	
$700	
$600	
$500	
$400	

5. 2017년에 애플은 부품 공급자들에게 아이폰 1억 대 판매를 위한 준비를 하라고 했다. 그러나 2018년 예측을 최신화하여 부품 공급자에게 예상되는 아이폰 수요가 더 낮아질 것이라고 했다. 아이폰 수요의 이와 같은 감소가 정해졌다고 할 때 아이폰을 판매하는 상점 근로자의 한계수입생산은 어떻게 변하는가? 그래프를 이용해 이 변화가 아이폰 영업사원들의 노동시장에 미치는 영향을 도해하라.

6. 다음의 각 사건들이 제너럴모터스(GM)의 미국 내 자동차 공장 근로자의 노동수요곡선상의 움직임을 초래하는가 아니면 노동수요곡선의 이동(그리고 어느 방향으로)을 초래하는지 여부를 설명하라. 그리고 당신이 예측하는 변화를 설명하는 그래프를 그리라.
   a. 기술의 새로운 진보가 GM이 제조공장에서 사용하는 기계에 들어가는 비용을 낮춘다. 대체효과 또는 규모효과 중 어느 쪽이 큰지 여부가 왜 중요한가? 대체효과가 더 크면 어떤 일이 생기는가? 규모효과가 더 크다면 어떤 일이 생기는가?
   b. 자동차 메이커들이 근로자들의 생산성을 증대시키는 새로운 생산공정을 채택한다.
   c. 자동차 제조부문 근로자의 시장임금이 증가한다.

7. 현금자동지급기(ATM)가 인간 금전출납원을 대체하면서 은행 창구 직원 수는 1988년 지점당 평균 20명에서 2004년 13명으로 감소하였다. 이는 각 지점 운영비가 하락하였다는 것을 의미한다. 은행들은 같은 기간 동안 도시 지역 지점 수를 43% 늘리는 것으로 반응하였다. 이에 따라 전체 은행 직원 수는 증가하였다. 따라서 ATM이 근로자의 업무를 금전 출납과 같은 단순반복적 과업에서 예를 들면 판매나 고객서비스와 같은 기계가 제공할 수 없는 숙련업무로 전환시킨 것이다.

   ATM 사용이 좀 더 광범위해짐에 따라 노동에 대한 영향의 관점에서 본 전반적인 은행의 비용이 감소할 때 규모효과가 압도하는가 아니면 대체효과가 압도하는가? 순효과로 볼 때 노동과 자본은 이 산업에 있어 대체재 혹은 보완재로 간주되는가?

학습목표 11.3 일과 여가에 얼마나 많은 시간을 나눠 쓸지 결정한다.

8. 니콜은 연구조교로 일하고 있다. 그녀의 임금이 시간당 20달러일 때 그녀는 주당 35시간 일했다. 임금이 시간당 30달러로 올랐을 때 그녀는 주당 40시간 일하기로 결정하였다. 임금이 더 올라 40달러가 되었을 때 그녀는 주당 30시간 일하기로 하였다. 니콜의 개인별 노동공급곡선을 그리라. 그래프에 소득효과가 압도하는 임금구간과 대체효과가 압도하는 임금구간을 표시하라.

학습목표 11.4 노동시장이 어떻게 경제환경 변화에 반응하는지 평가한다.

9. 소형선박을 건조하는 근로자의 노동시장을 고려하라. 다음의 각 시나리오가 소형선박 건조 근로자의 노동시장에 미치는 효과를 나타내는 그래프를 그리라. 소형선박 건조 근로자의 균형임금과 수는 어떻게 변하는가?
   a. 선박 건조 회사가 조립라인에서 보다 효율적인 로봇을 사용하기 시작하고 대체효과가 규모효과를 압도한다.
   b. 자동차 제조부문 근로자의 임금이 상승한다(소형 선박 건조근로자와 자동차 근로자들이 비슷한 기술을 지니고 있으며 양쪽 산업에서 다 근무할 수 있다고 가정하라).
   c. 실업급여가 감소되었다.

10. 다음의 각 사건이 패스트푸드 산업의 시장노동공급곡선상의 움직임을 초래하는지 아니면 시장노동공급곡선을 이동시키는지를 밝히라. 아울러 만일 공급곡선이 이동한다면 그 방향이 왼쪽인지 오른쪽인지 나타내라.
   a. 소매업의 임금이 오른다(패스트푸드 산업은 소매업과 유사한 기술을 요구한다고 가정하라).
   b. 새로운 입법으로 18세 미만 근로자의 주당 근로시간이 감소한다.
   c. 저소득 가정의 기회를 증진시키기 위해 정부가 대학교육을 추구하는 개인에게 주는 보조금이 증가한다.

임금, 근로자, 경영관리

CHAPTER 12

비욘세는 2017년 1억 500만 달러를 벌었다. 이는 주당 200만 달러이고 그녀가 일주일에 80시간씩 일하고 있긴 하지만 한 시간당 약 2만 5,000달러에 해당한다. 당신이 이 한쪽을 다 읽을 시간에 비욘세는 약 400달러만큼 더 부유해진다. 그러나 페타 밀로프스키에게 이는 완전히 다른 이야기로 들린다. 그녀는 노인돌봄 도우미로 근무하고 있으며 이 일을 하고 최저임금을 받는다. 전일제로 일하지만 그녀는 일주일당 단지 290달러만을 벌고 1년이면 약 1만 5,000달러를 번다. 교통비와 육아 비용을 빼고 나면 그녀는 일주일에 단지 189달러를 가지고 어떻게 임대료를 지불하고 그녀의 두 자녀를 부양해야 할지 고민해야 한다.

Kevin Mazur/Parkwood Entertainment/Getty Images

비욘세만큼 빠르게 돈을 무더기로 버는 근로자는 드물다.

많은 사람들은 대중음악보다 노인돌봄이 더 중요하다고 생각할 것이다. 그렇다면 왜 가수가 노인돌봄 근로자보다 소득을 7,000배나 더 많이 받는가? 이 두 가지는 양극단에 해당되고 이 둘 사이의 소득분포를 보면 엄청난 다양성이 존재한다. 공급과 수요는 무엇이 이러한 차이를 야기시키는지 분석할 수 있는 틀을 제공한다. 그렇다면 이러한 격차를 초래하는 가수와 노인돌봄의 공급과 수요는 정확히 무엇을 의미하는가? 사용자가 근로자로부터 얻고자 하는 것은 무엇인가? 근로자는 일자리를 통해 무엇을 얻고자 하는가? 그리고 이들 요소들이 함께 작용하여 어떤 사람들이 다른 사람들보다 어떻게 더 많이 벌게 하는가?

공급과 수요 이외에도 정부와 다른 제도들도 노동시장 결과에 영향을 준다. 만일 당신이 최저임금 일자리에서 일해본 경험이 있다면 당신의 임금을 정하는 것은 공급과 수요의 법칙이 아니라 정부라는 것을 알 것이다. 정부는 또한 특정 직종에서 일을 하는 데 필요한 훈련과 경력 요건을 설정하여 노동시장에 영향을 주고 있다. 정부는 또한 근로자와 사용자가 임금과 근로조건에 관한 협상을 할 수 있는 법을 정한다. 그 결과 근로자들이 노동조합을 설립할 수 있고 이는 다시 노동시장 결과를 변화시킬 수 있는 또 다른 형태의 제도에 해당된다. 마지막으로 모든 기업들은 생산성이 높은 근로자를 채용하길 원한다. 그러나 기업이 보다 나은 경영관리를 통해 생산성이 더 높은 근로자를 양성할 수도 있는 것이다. 그러므로 우리는 잘 작동하는 경영관리기법과 오히려 역효과를 내는 경우를 살펴보는 것으로 이번 장을 마무리하고자 한다.

목표

임금이 왜 다른지를 이해한다.

12.1 노동수요 : 사용자가 원하는 것
기업이 근로자로부터 원하는 기술이 무엇인지 학습한다.

12.2 노동공급 : 근로자가 원하는 것
임금이 일자리 속성에 따라 어떻게 다른지 알아본다.

12.3 임금 차이를 해명해주는 제도적 요인
규제와 제도가 임금에 어떠한 영향을 미치는지 평가한다.

12.4 차별이 임금에 어떠한 영향을 미치는가
차별이 노동시장의 결과에 어떠한 영향을 미치는지 평가한다.

12.5 인사경제학
현명한 사용자가 어떻게 근로자로 하여금 더 적은 비용으로 더 많은 일을 할 수 있게 하는지 알아본다.

12.1 노동수요 : 사용자가 원하는 것

학습목표 기업이 근로자로부터 원하는 기술이 무엇인지 학습한다.

먼저 노동수요, 즉 사용자가 원하는 바가 어떻게 당신의 임금을 형성시키는지 고려해보는 것으로 시작하자. 우리가 학습한 노동수요로부터 얻는 핵심적인 통찰력은 당신의 사장이 당신에게 얼마를 지급할지 결정할 때 중심적인 역할을 하는 것은 바로 당신의 생산성이라는 점이다. 특히 사용자의 근로자 수요는 각 근로자가 생산하는 것의 가치에 의해 결정되며, 이것이 바로 현명한 경영자라면 한계수입생산이 시장임금과 같을 때까지 근로자를 채용하는 이유다. 이에 따라 당신이 높은 임금을 받으려면 당신이 가치 있는 산출물을 많이 생산할 것이라고 믿어줄 수 있는 잠재적인 사용자들이 있어야 한다는 것을 의미한다. 그리고 이 절에서 우리는 무엇이 근로자로 하여금 다른 사람보다 더 생산성이 높게 하며 사용자들은 어떤 근로자가 더 생산성이 높을 가능성이 있는지를 판별하기 위해 무엇을 살펴보는지 분석할 것이다.

인적자본

당신은 아마도 대학 졸업자가 더 많은 소득을 얻는 것으로 기대하기 때문에 대학에 왔을 것이다. 사실 당신은 심지어 경제학 전공자가 다른 대학 졸업자들보다 소득이 더 높다고 들었기 때문에 이 과목을 수강할지도 모른다. 당신에게 좋은 소식은 이 두 가지가 모두 사실이라는 점이다. 보통 대졸자는 평생에 걸쳐 고졸자에 비해 100만 달러를 더 벌게 될 것이다. 그리고 경제학 전공자의 소득은 이보다 더 높을 것이다.

인적자본 근로자의 생산성을 높이는 축적된 지식과 숙련기술

그림 12-1 | 교육과 소득

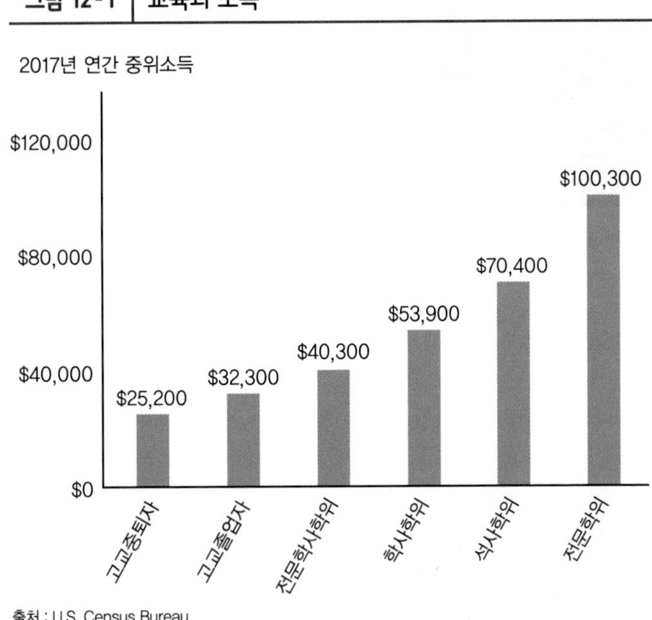

출처 : U.S. Census Bureau

교육은 생산성을 높인다. 경제학자들은 당신에게 축적되어 있는 생산기술을 가리켜 **인적자본**(human capital)의 양이라고 일컫는다. 인적자본이 더 많으면 생산성이 높을 수 있으므로 인적자본이 더 많은 근로자가 더 높은 보수를 받는 경향이 있다.

실제로 그림 12-1은 교육수준이 다른 사람들의 연간 중위소득을 나타낸다(중위값은 해당 교육수준을 지닌 사람들의 절반은 최소한 이 수준의 임금을 받는다는 것을 의미한다). 의사와 변호사처럼 전문학위를 소지한 중위소득은 대략적으로 학사학위 소지자의 두 배에 해당한다. 그리고 학사학위 소지자의 중위소득은 대략적으로 고교중퇴자의 두 배이다. 이렇게 차이가 나기 때문에 당신들은 현재 학업에 따른 보수를 아주 좋게 생각할 것이다. 실제로 보통 사람들의 임금은 학교에 다니면서 인적자본을 쌓는 데 1년을 더 투자할 때마다 더 높아진다.

일상경제학 **대학 가는 것이 정말 중요한가?**

어떤 사람들은 교육에 따른 소득격차에 관해 다음과 같이 해석하고 말한다. "좋다. 대졸자가 고졸자보다 소득이 더 높다. 그래서 어떻다는 것이냐? 이것은 단순히 머리 좋은 사람들이 대학에 갈 가능성이 더 높기 때문인 것은 아니었는가? 이런 사람들은 대학을 나오지 않았어도 여전히 그만큼은 벌었을 것이다. 이들이 질문하는 것은 이러한 것이다. 즉, 교육을 더 받는 것이 높은 임금의 원인이냐 아니면 태생적인 지능이나 가정교육처럼 다른 요인이 고소득과 높

은 교육수준 둘 다에 대한 원인인 것은 아닌가?

경제학자들은 이 문제를 잘 따져보기 위해 매우 신중한 연구를 실시하였다. 비슷한 IQ 점수를 받은 사람들을 비교한 결과 대학을 나온 사람들이 그렇지 않은 사람들보다 소득이 더 높았다. 동일한 유전자와 같은 가정에서 자라난 일란성 쌍생아에 대한 비교분석에서도 같은 결론이 나왔다. 아울러 대학 근처에서 성장하여 대학에 갈 가능성이 더 높은 사람들이 대학에서 멀리 떨어진 곳에서 성장하여 대학에 갈 가능성이 더 낮은 다른 면에서는 비슷한 사람들보다 더 소득이 높았다. 이 모든 결과들이 시사하는 것은 다음과 같다. 그렇다. 대학을 가는 것이 정말 차이를 낳는다. 그것도 큰 차이이다. ■

교육은 또한 당신의 능력에 대한 신호로 작용한다. 왜 교육이 더 높은 급여로 연결되는가? 이제까지 우리는 더 많이 교육을 받으면 생산성이 더 높아지고, 생산성이 더 높아지면 소득이 더 높다고 하였다. 대부분의 경제학자들은 교육이 사람들의 생산성을 높인다는 점에 동의를 한다. 이 점은 당신이 당신보다 교육을 덜 받은 사람들보다 일반적으로 높은 소득을 벌 가능성이 높은 이유의 큰 부분이다. 그러나 교육은 또다른 역할도 하는 것이다. 당신에게 유용한 기술을 가르치는 것 이외에 당신의 학위는 당신의 사용자에게 당신이 훌륭한 근로자라는 정보를 전달하며 신호를 발송하는 것이다.

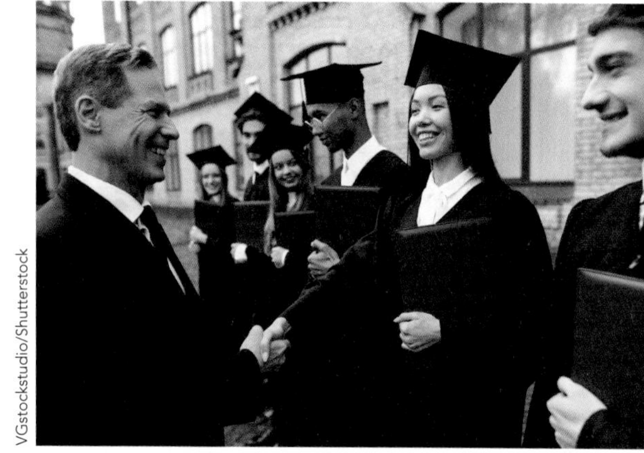

대학 졸업장은 소중한 신호가 된다.

이러한 생각은 다음과 같다. 사용자들은 영리하고 인내력 있는 근로자를 높이 평가한다. 그러나 면접에서 사용자들은 누가 실제로 이러한 속성을 지니고 있으며, 누가 단지 말로만 자신이 그렇다고 말하고 있는지를 쉽게 식별할 수 없다. 따라서 현명한 사용자들은 교육처럼 이러한 정보를 전달할 수 있는 당신의 과거 업적을 보는 것이다. 이러한 견해에 의하면 학위를 취득하려면 열심히 공부를 해야 하기 때문에 오직 두뇌와 근면성을 겸비한 사람들에게만 대학학위를 수료하는 것이 그만한 가치가 있게 된다(비용-편익의 원리를 적용하면 인내력이 떨어지는 사람들에게 비용이 너무 크다). 따라서 영리하고 인내력 있는 근로자를 찾는 사용자들은 대학 졸업자를 채용해야 한다는 점을 인식하게 된다.

그러나 사용자들이 이렇게 하는 이유는 반드시 당신이 대학에서 배운 특정한 기술을 높이 평가하기 때문인 것은 아니다. 대신 당신이 다른 사람들은 너무 어렵다고 생각하는 일을 해냈으며 바로 이 점이 당신의 생산성에 관하여 달리 알아낼 수 없는 정보를 전달해주기 때문이다.

말보다 행동이 더 많은 것을 말해준다는 생각이다. 당신은 스스로가 얼마나 열심히 일하고 인내력이 있는지 잠재적인 사용자에게 단순하게 이야기할 수 없다. 이는 누구라도 면접에서 그렇게 이야기할 수 있기 때문이다. 교육이 신호 발송 장치로 작용하는 것이다. 여기서 **신호**(signal)라고 하면 잠재적인 사용자와 같은 타인이 다른 방식으로 진위를 확인하기 힘든 정보를 신빙성 있게 전달하기 위하여 취하는 비용이 많이 드는 행동을 말한다. 유익한 신호는 사용자로 하여금 어떤 근로자가 더 생산성이 높은지 식별할 수 있게 해준다. 그러나 교육이 신호로 작동하기 위해서는 생산성이 높은 근로자보다는 생산성이 낮은 근로자가 대학학위를 받는 데 드는 비용이 훨씬 더 비싸야만 한다. 대학은 정말로 졸업하기 힘들고 인내력이 없고 열심히 공부하지 않는 자가 졸업하기는 더욱 힘든 것이 사실이기 때문에 유용한 신호로 작용한다.

신호 타인이 진위를 확인하기 힘든 정보를 신빙성 있게 전달하기 위한 활동

일상경제학 **당신은 고용주에게 어떤 관심사를 이야기해야 하는가?**

취업 면접 시 잠재적인 고용주들은 종종 다음과 같은 질문을 한다. 자유시간이 주어진다면 무엇을 하고 싶은가? 이는 냉랭한 분위기를 전환시키려는 질문이 아니다. 당신의 답변은 다른

방식으로는 간파하기 어려운 당신의 특성에 대한 신호를 보낼 수 있다. 따라서 어떤 관심사와 취미를 언급해야만 하는가? 업무와 연관되는 적절한 특성을 나타낼 수 있는 것들에 초점을 맞추도록 하라. 만일 당신이 나이 어린 형제자매들을 돌보아주면서 부모님을 돕는 일에 많은 시간을 쓴다면 그것을 이야기하라. 이는 당신이 단체활동을 잘하고 책임감이 있다는 신호로 보인다. 다른 사람을 개인교습하는 데 시간을 쓴다고 이야기하면 고용주들은 당신이 동료들에게 도움이 되는 사람일 수 있다는 점을 알게 될 것이다. 당신이 마라톤을 하고 고용주들에게 이를 이야기하면 당신이 인내력이 강하고 단련된 사람이라는 것을 밝히는 셈이다. 스카이 다이빙을 즐기는가? 조심하라. 이는 당신이 겁이 없다는 신호로 보일 수 있으므로 군대에 지망한다면 좋은 속성이 되지만 육아업무에 지원한다면 나쁜 속성에 해당된다. ■

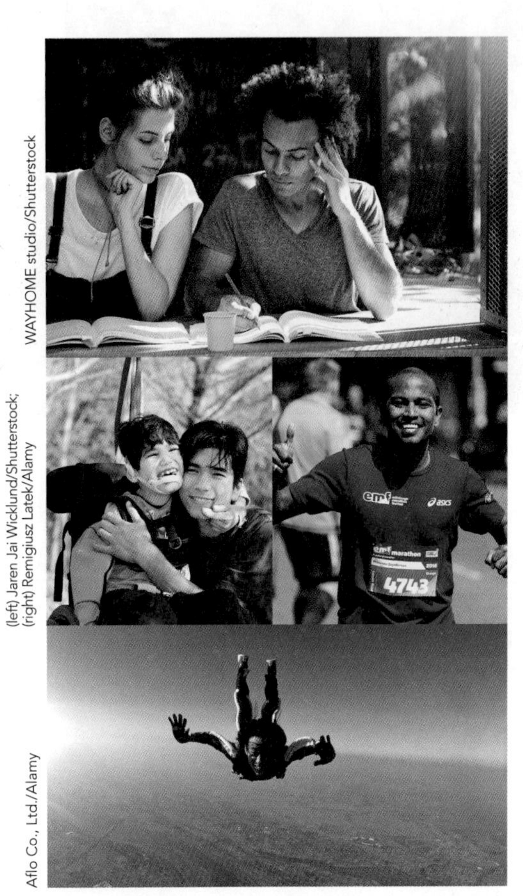
WAYHOME studio/Shutterstock
(left) Jaren Jai Wicklund/Shutterstock; (right) Remigiusz Latek/Alamy
Aflo Co., Ltd./Alamy

당신의 취미생활은 어떤 신호를 보내는가?

교육이 생산성을 높이는가 아니면 능력을 나타내는가 경제학자들은 왜 교육을 더 받으면 더 높은 임금을 받게 되는지를 설명하기 위해 서로 대립되는 견해로 볼 수 있는 신호발송과 인적자본에 관한 견해를 종종 제시한다. 실제 이 두 가지 견해는 어느 정도 타당성을 지니고 있다. 고용주로서 당신은 가장 생산성이 높을 가능성이 있는 근로자를 선택하려고 인적 정보를 활용하길 원할 것이다. 대학 졸업생은 평균적으로 (학교에서 배운 것 이상으로) 학사학위를 소지하지 않는 사람들에 비해 다른 특성을 지니고 있기 때문에 대학은 유용한 신호가 된다. 예를 들면 욕구 충족을 늦추는 일을 더 잘하는 사람들이 대학에 진학할 가능성이 높다. 그리고 욕구 충족을 늦출 수 있는 근로자가 대형사업을 시간에 맞춰 완료하는 장기적인 편익을 위해 저녁 식사 시간에도 일하는 것에서 발생하는 단기적인 희생을 감내할 수 있기 때문에 직장에 더 소중한 종업원이 된다. 그러나 인적자본도 중요하다. 고용주는 당신이 대학을 다니는 동안 글짓기, 수량 분석, 추리의 기술을 쌓아온 것을 알고 있다. 고용주들은 이를 가치있게 생각하고 이러한 능력이 당신으로 하여금 직무상 더 훌륭한 의사소통, 문제해결, 전략적 사고를 할 수 있게 하므로 더 높은 임금을 지급할 것이다.

효율임금

지금까지 우리는 사용자가 생산성이 더 높은 근로자에게 더 많이 지급한다는 것을 살펴보았다. 그러나 때로는 사용자들이 근로자들의 생산성을 더 높게 만들려고 더 많은 것을 지급하기도 한다. 이에 대해 설명하고자 한다. 당신이 영리하고 교육받은 사람이고 당신의 직무에서 진정 생산성이 높은 사람이라고 하자. 그러나 당신은 아울러 싫증도 느끼고 스낵을 즐기며 다른 친구들이 소셜미디어에서 무엇을 하고 있는지 궁금해 하기도 한다. 대부분의 사람들은 항상 일에 몰두하기가 어렵다는 것을 알게 된다. 당신이 한계의 원리를 따른다면 한 시간 더 열심히 일하는 것이 가치가 있는지 스스로에게 묻게 된다. 기회비용의 원리는 대안이 좀 게으름을 부리는 것이라고 당신에게 상기시켜준다. 그리고 비용-편익의 원리는 열심히 일하는 것의 한계비용보다 한계편익이 적다면 그 시간에 좀 게으름을 피울만한 가치가 있다고 말해준다. 그러므로 노력의 한계비용이 한계편익을 초과한다면 당신은 게으름을 피우게 될 것이다.

높은 임금은 일을 계속 열심히 할 유인을 제공한다. 당신의 상사는 이 점을 잘 이해하고 이 때문에 많은 공장의 일자리에서 고용주들은 직원이 무슨 일을 하고 있는지 면밀히 감독을 하고 있다. 그러나 상사들이 당신의 노력을 면밀히 감독할 수 없다면 다른 전략을 시도하여 당신이 지속적으로 열심히 근무하도록 당신의 비용과 편익 구조를 수정한다. 그렇다면 아무도 보고 있는 사람이 없을 때 고용주는 어떻게 당신이 쉬지 않고 죽어라 일만 한다는 것을 확신할 수 있는가? 대답은 당신이 다른 데서 벌 수 있는 것보다 높은 임금을 지급하는 것이다. 고용주들은 당신의 임금이 높으면 높을수록 당신이 일자리의 가치를 더 높게 여긴다고 생각하는 것이다(기회비용의 원리가 강조하는 것처럼 직무를 얼마나 가치 있게 생각하는가는 차선책에 비해 현재 얼마나 지급받고 있는가에 달려 있다). 당신이 현재 일자리를 더 귀하게 생각할수록 게으름을 피워 그 일자리를 잃는 모험은 덜 하길 원할 것이다. 고임금 근로자는 또한 자존감을 느끼면서 스스로 고무되어 더 큰 노력으로 보상하고자 한다.

실제 고용주들은 높은 임금이 당신들을 고무시켜 임금에 상응하는 충분한 성과가 나올만큼 더 열심히 일한다고 추산하였다. 경제학자들은 이를 가르켜 **효율임금**(efficiency wage)이라고 부른다. 이는 근로자 노력 수준을 끌어올리고 이직을 낮추어 생산성을 더 높게 하도록 장려하기 위해 지급되는 높은 수준의 임금을 말한다.

효율임금 근로자의 생산성을 장려하기 위해 지불하는 높은 임금

어떤 일자리에서는 노력에 대한 감독 비용이 크기 때문에 고임금을 지불한다. 이것이 뜻하는 것은 고용주가 당신의 노력을 감독하기 어려운 일자리에서는 임금을 좀 더 많이 지급하는 경향이 있다는 것이다. 이는 아이들의 집에서 일하는 유모들이 보육시설의 종사자들보다 더 높은 임금을 받는 이유에 해당한다. 부모들은 보육센터의 관리자들이 하는 것처럼 유모들을 감독할 수 없다. 따라서 부모들은 보육시설에서 거의 하지 않는 효율임금을 지급한다.

슈퍼스타 시장

인적자본, 신호 보내기, 효율임금이 왜 비욘세가 2017년 1억 500만 달러를 벌었는지 모두 다 완전하게 설명할 수는 없다. 이는 중위권 가수나 음악가보다 2,000배를 넘는 수준이다. 그녀의 재능이 2,000배 더 큰 걸까? 비욘세는 훌륭한 가수이지만 그 정도는 아닐 수도 있다.

수백만의 사람들이 동시에 당신의 재능을 즐길 수 있는 상황에서 재능의 작은 차이는 큰 효과를 가져올 수 있다. 그 이유에 대한 설명을 듣기 전에 당신이 현재 가장 듣고 싶은 노래를 생각해보라. 자 그러면 그 노래를 누가 불렀는가? 수백만의 팬을 지닌 슈퍼스타인가 아니면 당신 동네의 지역 가수인가? 인디음악 애호가를 제외하고는 대부분의 사람들은 슈퍼스타의 노래를 듣기 원할 것이다. 결국 당신이 가장 훌륭한 음악가의 노래를 들을 수 있을 때 100번째로 우수한 음악가에 귀를 기울인다는 것은 의미가 없다. 오늘날 톱스타들은 훨씬 넓은 영역을 장악한다. 예를 들어 비욘세는 3,500만 장을 넘는 앨범을 판매하였고 노래의 스트리밍 조회 수는 수십억 회에 달한다. 당신들이 세계 최고 가수의 노래를 들을 수 있을 때 100번째 우수 가수의 노래를 들을 이유는 그리 많지 않다.

기술이 슈퍼스타의 영역을 확장시킨다. 비욘세와 같은 슈퍼스타의 존재는 두 가지 사실을 반영한다. 사람들은 최고 가수의 노래를 듣기 원하고, 관련 기술은 최고 가수가 수백만 명의 고객에게 접근하는 것을 용이하게 만든다는 것이다. 이것이 중요한 이유를 알고 싶다면 1세기 이전의 음악계를 되돌아보라. 그때는 대부분의 음악이 라이브 콘서트를 청취하는 방법으로 소비되었다. 당시에는 자신의 도시에 있는 가장 큰 콘서트홀을 관객으로 채우는 방법으로 생계를 유지하는 수백만 명의 음악가가 있었다. 최고 가수의 접근 가능성도 이용 가능한 콘서트홀의 크기에 의해 제한되었다. 그 결과 최고 가수와 100위 가수 간의 보수에 큰 차이가 없었다. 이제 음반과 온라인 스트리밍의 현대 음악계로 돌아와 보자. 오늘날의 최고 가수는 훨씬 더 큰 접근 범위를 가지게 된다. 예를 들어 비욘세는 3,500만 장의 앨범을 팔았고, 그의 노래는 인터넷을 통하여 수십억 회 스트리밍되었다. 세계 최고 가수의 노래를 들을 수 있는데, 100위 가수의 노래를 들을 이유는 거의 없다.

비욘세의 경력은 당신이 수백만의 고객을 접할 수 있고 각각의 고객이 최고에 대한 약간의

선호도를 지니고 있다면 노동시장은 승자독식 시장과 같아진다는 것을 보여준다. 이 시장에서 최고의 공연자가 큰 몫 또는 거의 모든 보수를 차지하고 능력이 단지 조금 떨어지는 자에게 남겨지는 것은 거의 없게 된다. 이와 같은 승자독식의 원리가 작동되는 직업에는 배우, 저자, 운동선수가 있다. 이러한 시장에서 개인은 차기 글로벌 센세이션을 일으키는 사람이 되려고 경쟁한다. 이러한 분야에서 경력을 추구하는 것은 매우 수익성이 좋을 수 있지만 동시에 위험성도 크다. 이는 단지 소수의 사람들만 정상에 오를 수 있기 때문이다.

자료 해석 **대표이사의 연봉은 왜 그리 높은가?**

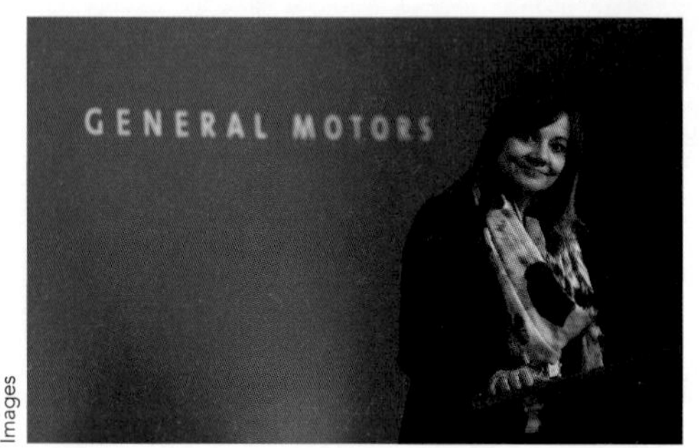

Bill Pugliano/Getty Images News/Getty Images

제너럴모터스의 대표이사인 메리 배라의 연봉은 수백만 달러에 달한다.

당신이 주요 주식회사의 이사회에 속해 있다면 회사를 가장 유능한 사람이 경영하게 하기 위해 연봉을 얼마나 지불할 수 있는가? 대답을 하기 전에 최근의 연구결과를 공유한다. 가장 유능한 대표이사를 선임한다면 당신의 회사 가치는 250번째 우수기업에 비해 0.016%만큼 증가하게 될 것이다. 이는 그리 크게 여겨지지 않을 수도 있다. 그러나 당신의 회사가 회사가치가 500억 달러에 달하는 제너럴모터스라면 이 매우 작은 차이는 추가적으로 800만 달러를 의미한다. 이것이 대기업들이 최고 유능한 경영자를 얻기 위해 수백만 불을 기꺼이 지급하고자 하는 이유이다.

여기 중요한 아이디어가 있다. 당신의 재능을 더 넓게 펼쳐서 예를 들어 하나의 대기업 또는 큰 시장을 대상으로 활용할 수 있다면, 경쟁자보다 약간만 더 우수하다는 것은 수백만 달러 연봉 거래를 만들어 내기에 충분하다는 것이다. ■

12.2 노동공급 : 근로자가 원하는 것

학습목표 임금이 일자리의 속성에 따라 어떻게 다른지 알아본다.

보상 격차 일자리가 지닌 바람직하거나 바람직하지 못한 측면을 상쇄시키기 위해 필요한 임금의 차이

지금까지 다른 속성을 지닌 근로자에 대한 수요가 다른 수준의 임금을 초래하는 것을 살펴보았다. 이제 노동공급 쪽으로 넘어가보자. 관심의 초점을 근로자가 무엇을 원하는가에 대한 질문으로 모아보자. 따라서 우리가 근로자의 다른 속성에 주목해왔던 것에서 일자리의 다른 속성으로 옮길 것이다.

보상 격차

Stocked House Studio/Shutterstock

KatarzynaBialasiewicz/iStock/Getty Images

당신이라면 어떤 일을 하겠는가?

미용사가 되기로 생각해본 적이 있는가? 그렇다면 당신이 해볼 수 있는 훌륭한 일이 있다. 미용사와 비슷한 훈련을 필요로 하는 일자리다. 역시 사람을 아름답게 꾸며주는 대가로 돈을 받는 일인데 훨씬 많이 번다. 그리고 고객들이 당신에게 결코 무례하게 행동하지 않으며 당신이 작업을 하는 동안 몸을 꿈틀대지도 않는다. 무슨 일이냐고? 장의사이다. 관심이 있는가? 아마 아닐 것이다. 당신이 예약일 첫날마다 하루 종일 어떤 일을 하는지 설명해줄 때 겪을 어색함을 상상해보라.

장의사와 미용사는 비슷한 훈련을 필요로 한다. 둘 다 직업훈련과정을 이수해야 한다. 우리는 급여의 차이가 인적자본의 차이가 아니라는 것을 추론할 수 있다. 대신 그것은 당신이 시신을 돌보면서 하루 일을 한다는 것이 유쾌하지 않기 때문인 것이다. 결국 당신, 아니면 누구라도 좀 더 많은 보수를 받지 않는다면 왜 그렇게 유쾌하지 못한 일을 맡아서 하겠는가? 당신이 장의사로 벌어들이는 추가 임금 증가분을 **보상 격차**(compensating differential)라 부른다. 이는 직무의 바람직하지 못하거나 (또는 바람직

한) 측면을 보상하는 데 필요한 임금 차이를 말한다. 이는 일자리 속성에 대해 보상을 해주므로 보상적이다. 그리고 이는 유사한 인적자본을 지닌 사람들로 하여금 다른 임금을 받게 하기 때문에 격차이기도 하다.

바람직하지 못한 속성을 지닌 일자리의 보수가 더 많다. 어떤 일자리의 속성이 더 열악할수록 당신 또는 다른 근로자를 그 직업으로 유인하는 데 필요한 임금 수준이 더 높아진다. 일자리를 바람직하지 못하게 만드는 속성은 많다. 예를 들면 건설현장 일자리는 땡볕에 등골이 빠지는 힘든 일을 수반한다. 부동산 중개인의 경우 주택 매매를 몇 건 하여 얼마의 수입을 올릴 수 있을지 모르기 때문에 불안정성이 높다. 투자은행가와 기업변호사들은 종종 일주일에 80시간 이상 근무를 한다. 경영컨설턴트들은 종종 매주 출장을 간다. 식당 주방요리사는 전형적으로 야간과 대부분 주말에 근무를 하기 때문에 사회활동이나 가정생활을 할 시간이 거의 없다. 탄광 광부들은 매일 일을 하러 갈 때마다 문자 그대로 목숨을 거는 것이다.

이러한 열악한 특성은 노동공급을 감소시키므로 그림 12-2에서 보듯이 이들 일자리에 대한 보상을 높이는 쪽으로 유도한다. 간단하게 말해서 많은 사람들은 낮은 임금에는 기꺼이 노동을 공급하려 하지 않을 것이다. 예를 들어 야간 근무를 하는 간호사는 주간 근무를 하는 간호사들보다 보수가 높다. 왜? 야간근무는 가정생활과 육체적 건강을 크게 해칠 수 있기 때문이다. 주간 근무조와 야간 근무조의 보수가 같다면 대부분의 근로자는 주간업무를 택하게 되고 야간업무를 자원하는 사람들은 거의 없을 것이다. 대신 병원들은 야간조에 높은 임금을 지급하여 충분한 수의 간호사들이 야간근무를 기꺼이 하도록 유인하고 있다.

그림 12-2 | 보상 격차

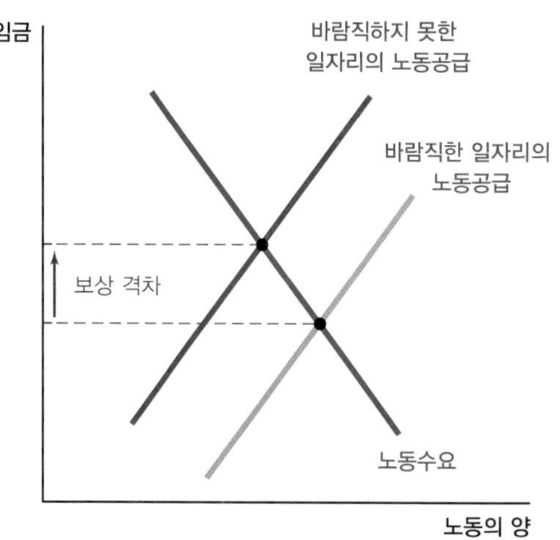

바람직한 속성을 지닌 일자리의 보수는 적다. 반대쪽을 보면 어떤 일자리에는 매우 훌륭한 부수편익이 따라온다. 교사들은 여름에 대부분 일을 쉰다. 수의사들은 강아지들과 논다. 언론인들은 진실을 밝히는 일에 만족감을 느낀다. 설교자들은 마치 자신들이 하느님의 사역을 담당하고 있는 것 같은 느낌을 받는다. 그래서 사람들이 다른 일에서 보다 적게 벌더라도 이러한 일들을 기꺼이 하려고 한다. 결과적으로 이러한 바람직한 직업의 임금은 이러한 비금전적 편익을 상쇄시키기 위해 다소 낮은 경향이 있다. 즉, 어떤 일자리에서는 보상 격차가 임금을 낮추는 쪽으로 작용을 한다. 이는 근로자들이 기본적으로 직무의 좋은 면을 즐기는 대가를 지불하는 셈이다.

자료 해석 생명은 얼마나 가치가 있는가?

당신이 목숨 걸고 일을 하게 하려면 당신에게 얼마나 많은 돈을 지불해야만 할까? 당신은 이미 매번 자동차를 탈 때마다 죽을 위험을 감수하고 있으므로 목숨 거는 일은 결코 하지 않을 거라고 할 수는 없을 것이다. 그렇다면, 얼마인가? 이는 매우 중요한 질문이다. 이 질문은 정책 입안자에게 위험을 줄이기 위해서 얼마나 투자해야 하는지를 알려주기 때문이다. 그리고 이는 보상 격차와 밀접히 연관되어 있다.

한 가지 가능한 대답은 사람들이 직업을 선택하면서 목숨 거는 일에 대해 자원의사를 얼마나 표출하는지 분석하면 나온다. 즉, 당신은 광업처럼 위험한 업종의 일을 할 때 요구하는 보상 격차와 덜 위험한 직업의 보상 격차를 서로 비교할 수 있는 것이다. 최근의 연구결과에 따르면 치명적인 업무 부상 가능성이 0.1%포인트 높아지는 것에 대한 보상으로 근로자들이 추가로 6,000달러 내지 1만 달러를 요구하는 것으로 나타났다. 이는 종합적으로 고려할 때 1,000명의 근로자들은 이 중 한 명의 사망 가능성에 대한 대가로 600~1,000만 달러를 추가로

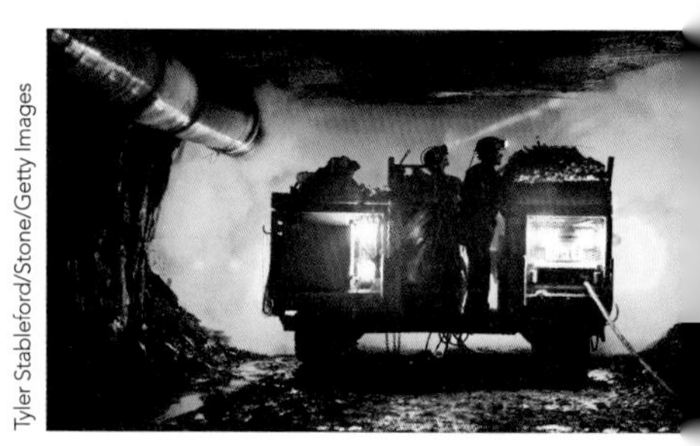
Tyler Stableford/Stone/Getty Images

이러한 위험을 감수하려면 얼마를 받아야 한다고 생각하는가?

받는다는 뜻이다. 이러한 방식으로 주장한다면 우리는 근로자들이 한 명의 통계적 생명에 대해 600만에서 1,000만 달러의 가치를 매기고 있다고 말할 수 있다. ■

Jason Ogulnik/Alamy

시간당 15달러의 임금과 노동조합설립권을 요구하며 일자리를 그만두고 나온 200명의 패스트푸드 근로자들이 '15달러를 위한 투쟁'을 시작하였다. 이는 최저임금 인상을 위한 사회운동이 되었다.

12.3 임금 차이를 해명해주는 제도적 요인

학습목표 규제와 제도가 임금에 어떠한 영향을 미치는지 평가한다.

노동시장은 공급과 수요의 힘을 조절하는 법과 제도에 의해 형태를 갖추게 된다. 우리는 이제 법과 제도를 조사해보면서 이것이 임금에 주는 시사점에 초점을 맞추고자 한다. 그러나 임금을 시장균형수준보다 높게 끌어올리는 힘은 그것이 어떤 것인지 상관없이 노동공급량이 노동수요량을 초과하게 유도한다는 점을 유념할 필요가 있다. 사실 시장임금이 균형수준보다 높게 고정되어 있을 때 실업이 야기된다는 견해가 우리가 거시경제학에서 다루게 될 핵심 주제이다.

정부 규제

정부는 여러 가지 다양한 방식으로 노동시장을 규제한다. 정부는 고용주가 근로자에게 지급해야 하는 최저임금을 정한다. 일주일에 40시간보다 더 오래 근무할 때 근로자에게 초과수당을 지급해야 한다는 것도 포함된다. 정부는 여러 가지 일자리에 필요한 최소한의 교육이나 훈련을 정한다. 정부는 안전기준을 정한다. 그리고 정부는 근로자의 근무 중 부상 내용과 남녀 근로자 간 평균 급여 차이와 같은 정보가 공개되길 요구한다. 이러한 법률은 노동시장을 형성시키고 몇 명의 근로자가 고용되고 얼마의 임금을 받는지가 결정되는 것을 돕는다.

thierry PRAT/Sygma/Getty Images

별 X 같은 일이 벌어진다. 그러나 이것도 면허가 있어야 한다.

면허법은 공급을 제한한다. 당신은 아마도 의사로 개업하기 위해서는 면허를 따야 한다는 것을 알 것이다. 이유는 면허가 환자들이 돌팔이 의사한테 수술받지 않도록 보호한다는 것이다. 의사의 경우 그러한 자격요건이 당신을 안전하게 할 것이다. 그러나 이에는 또 다른 효과도 있다. 만일 면허를 획득하는 것이 어렵다면 의사의 수가 더 적어질 것이다. 그리고 면허법은 의사에게만 적용되는 것이 아니다. 인테리어 장식가, 분뇨처리사, 심지어는 점쟁이를 포함하여 전 노동력의 약 3분의 1에 적용된다. 그림 12-3에서 보는 바와 같이 이들 면허 조건은 노동공급을 줄이고 이에 따라 면허 소지자의 임금을 15%까지 높인다. 따라서 면허법은 안전성을 향상시키는 동시에 비용을 증가시킨다. 이럴 만한 가치가 있는가? 이에 대한 대답은 일자리와 질문을 누구에게 하느냐에 따라 다를 것이다.

그림 12-3 | 직업 면허

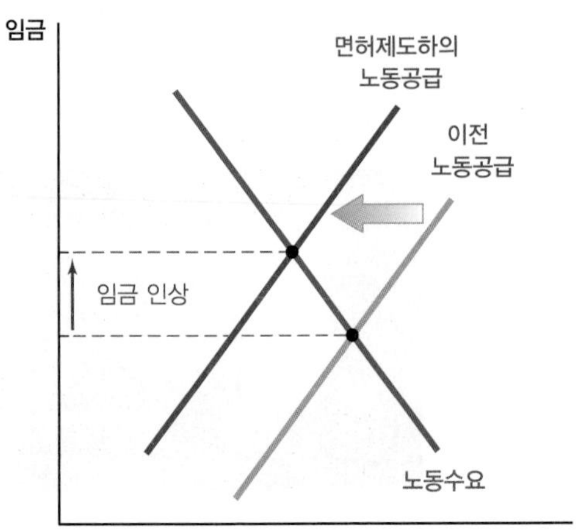

최저임금법은 임금을 균형보다 높게 인상시킨다. 연방최저임금법은 2018년 현재 고용주는 임금을 시간당 7.25달러보다 낮게 지불할 수 없도록 규정하고 있다. 그러나 몇 가지 예외가 있다. 주로 식당 서빙처럼 팁을 받아 보충할 수 있는 일자리에 해당된다. 몇몇 주에서는 연방 최저임금보다 높은 임금을 지불할 것을 의무화하고 있다. 2018년 말 현재 미국에서 가장 높은 최저임금은 버클리, 에머리빌, 그리고 샌프란시스코와 같은 캘리포니아주의 도시들에서 요구되는 15달러이다. 전반적으로 캘리포니아의 경우 최저임금은 11달러이다. 워싱턴 DC의 경우 최저임금이 13.25달러이긴 하지만, 주별 최저임금이 가장 높은 곳은 워싱턴주로 11.50달러이다(워싱턴주는 미국 북서부에, 워싱턴 DC는 동부에 있다. 미국의 수도인 워싱턴 DC는 도시이지만 미국 51개 주 중 하나에 해당한다_역자 주). 여러 주에서는 장기적으로 최저임금이 인상되도록 의무화하는 것을 입법화하였다. 최저임금은 우리가 제7장에서 공부한 가격하한제의 사례다.

충분히 높은 수준으로 책정된 최저임금은 임금을 시장균형임금보다 높게 끌어올린다. 그림 12-4에서 보듯이 경쟁노동시장에서 이는 노동수요량을 감소시키고 노동공급량을 증가시켜 실업을 일으킨다.

그림 12-4 | 최저임금의 효과

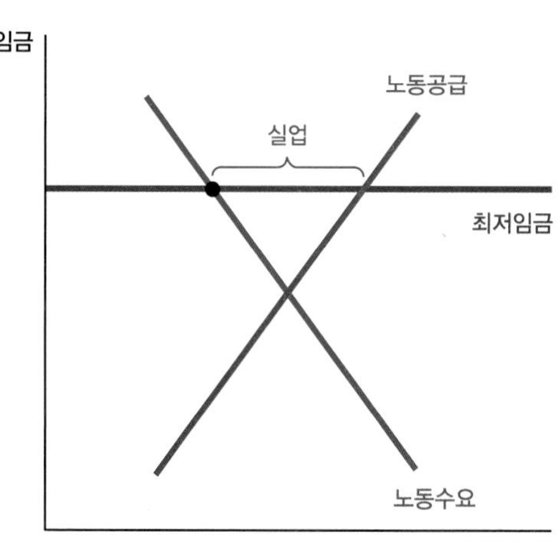

최저임금은 논란이 많은 치열한 정치적 이슈다. 높은 최저임금에 대한 반대론자들은 최저임금을 너무 높게 설정하면 실업이 발생되어 저임금 일자리보다 더 문제가 악화된다고 주장한다. 옹호론자들은 많은 근로자는 협상능력이 떨어져서 저임금을 받는다고 주장한다. 최저임금은 협상력의 불균형을 상쇄시키고 근로빈곤층이 가난에서 벗어날 만큼의 높은 임금을 확실히 벌 수 있게 한다.

경제학자들은 최저임금 인상 효과를 평가하려고 수많은 연구를 실시하였다. 아직도 실증에 관한 토론이 진행되고 있다. 평균적으로 볼 때 이들 연구들은 높은 수준의 최저임금이 고용을 감소시킨다는 것을 보여주고 있다. 그러나 상당히 많은 연구에서 이러한 고용감소의 규모는 매우 작고 어떤 경우에는 간신히 판별할 수 있을 정도로 미미하다. 그러나 기업이 높은 임금에 반응하는 데에는 시간이 소요되므로 단기적으로 관찰되는 것보다 장기적 효과가 더 클 수 있다는 연구들도 있다. 최저임금이 고용에 큰 영향을 미치는가 또는 작은 영향을 주는가는 노동수요의 탄력성에 달려 있다. 지금까지의 증거를 보면 노동수요는 비교적 비탄력적이다. 그러나 시간이 갈수록 탄력적으로 변할 수 있다. 이러한 점을 우리가 제5장에서 학습했던 것을 기억하라. 수요는 장기보다 단기에 더욱 비탄력적이다. 그러나 장기적으로도 노동수요가 얼마나 탄력적인지는 불명확하며 이에 따라 노동수요의 탄력성은 최저임금 논쟁의 주요 쟁점으로 남아있다.

많은 연구에서 아울러 최저임금제도가 수혜 대상 설정이 잘못된 빈곤퇴치정책이라는 것을 지적하고 있다. 이는 최저임금 근로자의 상당수가 고임금 가구에 속해 있던지 아니면 조속한 시기에 최저임금 일자리를 떠나 고임금 일자리를 구해 떠나기 때문이다. 그러므로 최저임금 논쟁의 핵심은 일부 근로자를 위한 다소 높은 임금과 다른 근로자들에 대한 다소 높은 실업의 위험을 서로 맞바꿀만한가 하는 가치 판단이다.

노동조합과 근로자의 협상력

정부의 규제는 근로자들이 더 나은 보수와 근로조건을 목표로 단체교섭할 수 있는 권리를 부여한다. 이로써 노동조합이 등장하게 된다. 이는 사용자와 단체로 교섭하기 위해 함께 연대하는 근로자들을 대표하는 조직이다.

노동조합은 조합원의 임금을 인상시킨다. 노동조합의 논리는 근로자들이 함께 연대할 때 협상력이 커져 더 나은 합의를 성사시킬 수 있다는 것이다. 생각해보라. 당신이 혼자서 사장에게 임금을 올려주지 않으면 파업을 하겠다고 위협한다면 사장은 아마 당신을 당장 해고할 수도 있다. 그러나 당신 회사의 모든 근로자가 이 일을 함께 한다면 사장은 좀 더 관심을 보이고 호응을 할 가능성이 있다. 노동조합은 조합원들이 노동을 공급할 때 받고자 하는 임금을 인상시키는 일에 더 효과적이다. 그림 12-5에서 보듯이 노동공급곡선을 위로 또는 왼쪽으로 이동시켜 노동조합은 조합원의 임금을 인상시킨다.

그림 12-5 | 노동조합의 효과

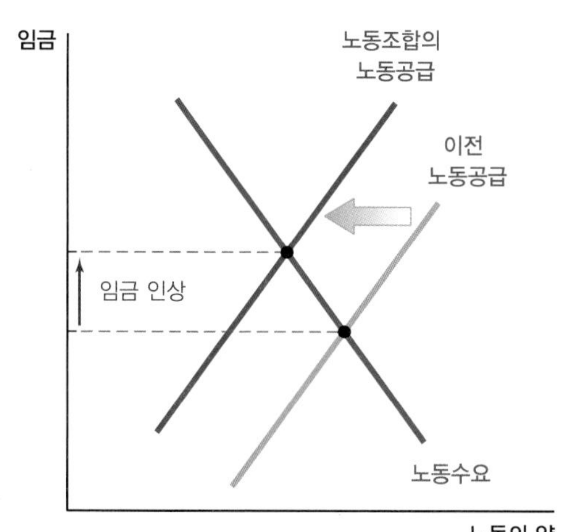

평균적으로 조직화된 근로자들은 유사한 비노조 일자리를 지닌 근로자에 비해 10~20% 높은 임금을 받는다. 노동조합 계약은 대체적으로 고임금 근로자와 저임금 근로자 간의 임금 격차를 적게 할 것을 의무화한다. 그러나 미국 근로자의 11% 정도만이 노조에 가입되어 있다. 이는 1950년대의 세 배 이상 높은 수준에서 하락한 것이다. 노동조합은 공공서비스, 교육, 운수, 전기 · 수도 · 가스, 건설, 통신 등의 분야에서는 중요한 위세를 유지하고 있다. 노동조합은 아울러 프랑스, 독일, 이탈리아, 스웨덴 등 여러 유럽국가에서 더 큰 역할을 하고 있다.

노동조합은 기업들을 더 생산적으로 변화시킬 수 있다. 경영자들은 근로자들의 교섭력이 더 커지면 이윤을 감소시킬 수 있다는 것을 우려하기 때문에 종종 노동조합에 반대한다. 그러나 노동조합은 조합원의 목소리를 전달하여 경영자와 근로자 간의 의사소통을 개선시킬 수 있으며 이로써 기업의 이윤을 크게 할 수 있다. 그러므로 당신이 전통적으로 호전적인 노사관계를 지닌 기업을 운영하고 있다면 좀 더 생산적인 관계로 전환하는 것이 큰 도움이 될 것이다.

근로자의 교섭력을 고려해보았으니 이제 고용주의 교섭력을 고려해보기로 하자. 이를 위해 우리는 한때 미국에서 초콜릿 타운이라고 불리던 곳으로 돌아가볼 필요가 있다.

수요독점과 고용주의 교섭력

펜실베이니아주의 허쉬는 허쉬 키스의 고향으로 주민 수는 1만 4,000명 정도다. 당신이 허쉬 주민이라면 직업을 어떻게 선택할지 고려해보라. 당신은 허쉬 초코릿 공장이나 허쉬 본사(약 4,500명 고용) 또는 허쉬 놀이공원(약 8,000명까지 고용), 허쉬 초콜릿 월드, 허쉬 학원, 허쉬 박물관, 그리고 허쉬 가든에서 근무할 수 있다. 각각의 경우에 당신은 허쉬 계열을 위해 직간접적으로 일을 하게 되는 것이다. 도시에는 몇몇 다른 고용주들도 있지만 그리 많지는 않다.

수요독점력은 임금을 감소시킨다. 이는 허쉬 계열이 막강한 교섭력을 지닌다는 것을 의미한다. 만일 허쉬 계열이 임금을 낮추기로 한다면 당신의 유일한 선택안은 저임금을 받아드리던지 아니면 직장이나 도시를 떠나야 한다. 그러므로 당신의 한계수입생산이 일주일당 약 1,000달러일지라도 일주일당 600달러를 지급하는 일자리를 수락할 것이다. 이는 **수요독점력**(monopsony power)의 사례다. 이는 주력 구매자로서의 교섭력을 이용하여 낮은 임금을 포함해 낮은 가격을 지불하는 기업을 말한다(그리고 만일 수요독점이 다소 이상한 단어로 들린다면 공급독점은 재화를 공급하는 자가 1인이고 수요독점은 유일한 구매자라는 점을 상기하라).

수요독점력 노동의 주력 구매자로서 낮은 임금을 포함하여 낮은 가격을 지불하기 위해 교섭력을 활용하는 회사

허쉬 사례가 매우 이례적이지만 같은 논리가 다른 노동시장에도 적용된다. 연방정부는 워싱턴 DC 지역의 유력한 고용주이다. 앤아버, 이타카, 채플힐 같은 도시에서는 대학이 주요 고용주들이다.

구글이나 페이스북 그리고 애플 같은 몇몇 거대 하이테크 회사들은 실리콘 밸리에서 하이테크 기술자 채용 시 주요 역할을 담당한다. 그리고 수요독점력은 경제의 특정 분야에서 더 중요성을 띠는 것 같다. 예를 들면 소매 부문에서 부부가 경영하는 영세 상점들은 가장 우수한 인재를 채용하기 위해 서로 경쟁을 하여 임금 수준을 높게 올린다. 그러나 오늘날 많은 도시에서는 월마트와 같은 대형 상점 한두 개가 압도하고 있다. 이러한 대기업들은 수요독점력을 이용해 낮은 임금을 지급한다.

수요독점력이 좀 더 광범위한 노동시장에서 얼마나 중요성을 갖는가에 대해서는 활발한 논의가 진행되고 있고 양측이 일리 있는 주장을 하고 있다. 예를 들면 교사의 시장을 고려해보라. 한 가지 견해로는 지역의 교육위원회는 허쉬와 매우 유사하여 막강한 수요독점력을 발휘한다. 이는 그 지역의 거의 대부분의 교사를 채용하고 있기 때문이다. 다른 한 가지 대립되는 견해는 교사들은 아직 교섭력이 강한 상태이며 이는 임금과 근로조건에 불만족한다면 다른 학군으로 옮기거나 직업을 바꾸는 것으로 위협할 수 있기 때문이다.

수요독점력은 최저임금이 고용을 해치는지 여부에 영향을 준다. 수요독점력의 중요성은 최저

임금 논의를 변경시킬 수 있다. 수요독점력이 임금을 억제한다면 기업으로 하여금 임금을 높이도록 압박하는 최저임금제도는 더 이상 반드시 고용감소를 초래하지는 않을 것이다. 대신 이들 법률안은 단순히 근로자들이 사장과 더 나은 합의를 확실하게 도출할 수 있게 한다. 사실 수요독점력은 어떤 회사들로 하여금 임금을 낮게 유지하기 위하여 고용을 감소시킨다. 비교적 높은 수준의 최저임금은 이 유인을 제거시킬 수 있게 하고 따라서 고용을 증진시킨다.

일상경제학 **임금 인상 요구의 중요성**

많은 근로자 — 특히 여성 — 는 노동조합이 없는 경우 높은 임금을 받으려는 협상을 꺼린다. 그러나 그래서는 안 된다. 카네기멜론대학교의 교수인 린다 밥콕은 남학생들의 초봉은 여학생들보다 약 4,000달러 더 높다는 점을 주목하였다. 그녀는 수업에서 여학생들이 일반적으로 적어도 남학생만큼은 재능이 있었다는 점을 고려할 때 이 점을 놀라운 결과라고 생각했다. 그래서 그녀는 급여에 대해 어떻게 협상을 했는지에 대해 질문하였다. 남학생은 대다수, 정확히 하면 57%는 처음 제안을 받은 것보다 더 높은 급여를 받으려고 협상을 하였지만 여성의 경우 단지 7%에 불과하였다. 협상을 한 학생들은 평균적으로 약 4,000달러만큼 임금 제안을 높이는 데 성공하였다. 잠재적인 협상력의 차이가 남녀 임금 격차의 일부를 설명한다. 이 결과는 밥콕이 현재 모든 학생들을 위해 제공하는 조언의 밑바탕이 되고 있다. 만일 높은 임금을 원한다면 이를 요구하라! ■

12.4 차별이 임금에 어떠한 영향을 미치는가

학습목표 차별이 노동시장의 결과에 어떠한 영향을 미치는지 평가한다.

노동시장 **차별**(discrimination)은 사람들이 성별, 인종, 민족, 성적 성향, 종교, 장애, 사회계급 또는 다른 요소 등과 같은 특성에 따라 다르게 취급될 때 발생한다. 많은 연구결과에서 차별은 임금에 영향을 주고 있다는 것이 나타난다. 그래서는 안 된다. 그러나 그것이 현실이다. 차별금지법은 인종, 종교, 국적, 연령, 성별, 퇴역 상태 또는 장애를 근거로 사람들에게 차별하는 것을 금지하고 있다. 그럼에도 차별은 지속되고 있다. 법에 의해 차별이 명확하게 금지되지 않고 있는 몇몇 그룹이 존재한다. 전부는 아니지만 몇몇 주에서 합법화되고 있는 성적 성향에 근거한 차별과 같은 것이다.

차별 성별, 인종, 민족, 성적 성향, 종교, 장애, 사회계급 또는 다른 요소 등과 같은 특성에 따라 사람들을 다르게 취급하는 것

적어도 일부는 차별로 인한 것일 수 있는 그룹 간 상당히 큰 결과의 차이가 존재한다. 그림 12-6은 여성이 남성보다 급여가 낮으며 흑인과 히스패닉 근로자는 백인 그리고 아시아계 근로자보다 급여가 낮다는 것을 보여준다. 흑인 근로자의 실업률은 일반적으로 백인보다 두 배 정도 높다. 미국의 최상위 대기업 중 단지 5%만이 여성 대표이사에 의해 지휘되고 있다.

그러나 우리는 조심해야 한다. 노동시장에서 어느 한 그룹이 다른 그룹보다 덜 성공적이라고 해서 반드시 차별의 증거가 되는 것은 아니다.

그림 12-6 인구통계학적 그룹별 임금

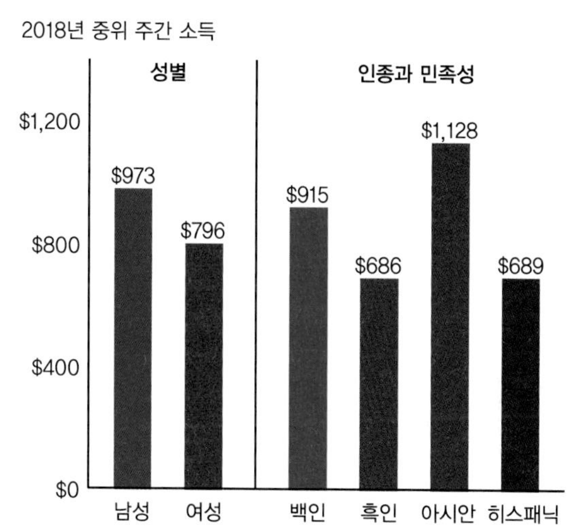

출처 : U.S. Bureau of Labor Statistics.

차별 측정

임금은 근로자들의 속성(그들의 인적자본)과 일자리의 속성(보상 격차 포함) 그리고 임금 교섭방식을 결정하는 노동시장 제도들을 반영한다는 점을 기억하라. 그룹 간 임금 차이의 일부는 이 요인들의 영향을 반영한다. 예를 들면 인종

별로 평균적인 교육성취도의 차이가 있다. 이들 차이를 고려하면 인구통계학적 그룹별 임금 차이는 어느 정도 감소한다.

인적자본과 일자리 차이가 격차를 어느 정도 설명한다. 이것이 시사하는 바는 차별에 의한 격차를 정확히 선별해 내기 위해서 우리는 인적자본이 유사한 사람, 유사한 일자리를 지닌 사람, 그리고 유사한 제도의 규제를 받는 사람들을 비교해야 한다. 그러므로 더 복잡한 분석을 통해 다음 요소들의 영향을 통제하면서 그룹 간 임금을 비교 · 분석한다: 인적자본의 차이(경력과 교육), 일자리 속성(산업과 직업), 그리고 제도의 영향(노동조합 가입). 일반적으로 이러한 비교분석에 따르면 그룹 간에는 비교적 작기는 하지만 중요한 임금 격차가 존재하는 것으로 나타난다.

남아 있는 격차는 차별 또는 다른 관측 불가 요인의 영향을 반영할 수 있다. 일단 이들 요소가 감안되고 나면 남아 있는 소득 격차가 분명 차별에 기인한다고 주장하고 싶을 것이다. 그러나 가장 신중한 연구에서조차 명확한 증거를 제시하지 않고 있다. 왜? 그것은 어떤 연구도 능력, 노력, 인적자본, 일자리 속성, 또는 교섭력 등의 차이를 완전하게 통제할 수 없기 때문이다. 이들 관측 불가 요인들이 인구통계학적 그룹 간 임금 격차가 나타나는 이유일 수도 있다. 예를 들면 많은 연구에서 학사학위가 있는지 여부를 통제하지만 대학교육의 질을 설명하지는 않고 있으며 직업을 통제하지만 일자리에 대한 구체적인 정보는 없기 때문이다. 그룹 간 소득 격차는 차별보다는 이러한 측정하기 어려운 속성들의 영향으로 나타날 수 있는 것이다.

차별은 일부 직업을 저임금 부문으로 취급할 수 있다. 이러한 식으로 비교분석을 하는 것은 만일 차별이 어떤 그룹을 저임금 직종으로 분리시키는 방향으로 작동된다면 차별의 정도를 과소평가할 수도 있다. 예를 들면 남성 간호사와 여성 간호사들은 대략적으로 비슷한 급여를 받기 때문에 이것이 차별이 없다는 증거로 여겨질 수 있다. 그러나 일부 학자들은 실제 문제는 전통적으로 여성들이 담당하는 것으로 여겨온 업무를 병원들이 과소평가하기 때문에 간호 직종에 (그리고 다른 여성 우세 직업에) 임금이 적게 지급되는 것이라고 주장한다.

자료 해석 **성별 임금 격차는 얼마나 큰가?**

평균적으로 2017년 1년 동안 전일제로 일한 여성은 같은 기간 전일제로 일한 남성에 비해 20% 적게 벌었다. 종종 성별 임금 격차로 불리는 이 차이는 많은 사람들이 남성이 1달러를 벌 때 여성은 단지 80센트만 버는 것은 차별 때문이라고 항의를 하게 한다. 그러나 이 급여 격차가 전적으로 차별 때문인 것은 아닐 수 있다. 일부는 남성과 여성의 속성이 다르다는 점과 다른 선택을 한 것을 반영하고 있다.

평균적으로 여성은 남성만큼이나 교육을 받아왔기 때문에 성별 임금 격차가 교육 때문이지는 않다. 그러나 다른 차원에서 보면 중요한 격차가 존재한다. 여성들은 저임금 직종에서 일을 하는 경향이 있고 아울러 부분적으로는 가정의 의무를 위해 연중 근무시간과 근무주가 적은 편이다. 나아가 여성들은 출산 또는 가족 돌봄을 위해 근무에서 벗어나는 시간 때문에 경력단절이 발생할 가능성이 더 높다. 경제학자들이 이러한 (그리고 여러 다른) 차이점을 통제해 보았는데 여전히 여성은 남성보다 일반적으로 8~9% 낮은 급여를 받고 있는 것으로 나타난다.

그러나 이것이 전부가 아니다. 남성과 여성 그리고 그들이 선택하는 일자리의 속성에는 다른 많은 차이가 여전히 존재한다. 이들 차이점을 모두 고려한 연구가 진행될 수 있었다면 성별 임금 격차가 더 크게 또는 작게 판명될 수 있었을 것이다. 이와는 반대로 여성이 다른 선택을 하고 있다는 자체가 차별의 결과일 수도 있다. 이러한 견해에 따르면 여성이 저임금 직종을 선택하는 이유가 차별에 기인하므로 차별로 인해 여성이 8~9% 낮은 임금을 받는다는 것이다. 예를 들어 여성이 컴퓨터 과학 일자리를 떠나는 가장 큰 이유로 인용하는 것은 적대적인 근무환경이다. 이 여성들의 일부는 이러한 적대적 요소를 덜 접하기 위해 저임금 일자리를 찾아간다. ■

차별의 유형

그렇다면 차별은 왜 발생하는가? 사람들이 차별을 행하는 세 가지 이유가 있다. 어떤 그룹의 사람들을 명시적으로 싫어할 수도 있고, 심지어 무의식적으로 일단의 그룹에 적대적인 차별을 가할 수도 있으며 또는 다른 식으로는 관찰하기 힘든 개인의 능력에 대해 무언가를 추론하기 위해 그룹에 관한 정보를 사용할 수도 있다. 이들 차별의 유형을 보다 자세히 살펴보자.

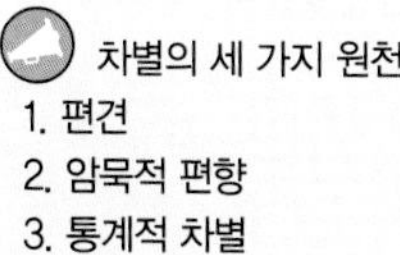
차별의 세 가지 원천
1. 편견
2. 암묵적 편향
3. 통계적 차별

차별 유형 1 : 편견. 대부분의 사람들은 차별을 생각할 때, 어떤 그룹에 대한 증오로 그들에게 심각한 피해를 끼치는 고집불통 사람들의 모습을 떠올린다. 이것이 **편견**(prejudice)의 문제이다. 이는 타당한 근거나 경험에 의한 것이 아닌 어떤 그룹에 대하여 사전에 형성된 성향을 지칭한다. 미국의 대부분 지역에서 편견의 정도(특정 그룹에 대한 증오 또는 다른 그룹에 대한 노골적인 편애를 포함하여)는 전보다 점차 줄어드는 듯하다.

편견 타당한 근거나 경험에 의한 것이 아닌 어떤 그룹에 대하여 사전에 형성된 성향

경제학자들은 때로 편견을 취향에 기반한 차별이라고 한다. 이는 논리적 근거에 기반한 것이 아니라 오히려 어떤 그룹을 타 그룹보다 더 채용하려는 사람들의 선호 또는 취향에 기반하고 있기 때문이다. 편견은 비용을 야기한다. 이는 차별의 희생자에게뿐만 아니라 편견을 지닌 고용주에도 마찬가지다. 왜? 기업은 가장 생산성이 높은 사람을 가능한 한 가장 낮은 임금을 주고 채용해야 수익성이 제일 좋게 된다. 만일 당신이 특정 그룹의 사람들에게 적대적인 편견을 지니고 있다면 당신은 채용할 수 있는 인재 풀을 제한하고 있는 것이다. 더 작은 규모의 인재 풀에서 사람을 고른다는 것은 어떤 일자리를 두고 경합하는 노동공급을 제한하는 것이므로 (임금을 높게 하고) 가장 생산성이 높은 근로자를 발견할 가능성이 줄어들 수 있다. 결과적으로 편견이 있으면 비용이 들게 된다.

사실 이것이 잠재적으로 수익성이 있는 채용전략이 무엇인지 말해준다. 만일 노동시장에 성별, 인종, 민족성, 종교 또는 성적 성향 때문에 편견을 지닌 고용주가 많다면 아직 모든 재능을 완전히 쓸 수 있는 일자리를 찾고 있는 인재들이 많이 있을 가능성이 있다. 따라서 현명한 고용주는 다른 고용주가 편견의 대상으로 삼고 있는 사람들을 채용한다면 특별히 유능한 근로자를 구할 수 있는 것이다.

이러한 접근방식이 먹힐 수 있는가? 월가 기업의 소유자는 그의 경쟁자들이 여성에 대한 편견을 지니고 있기 때문에 좀 더 낮은 비용으로 더 많은 인재들을 채용할 수 있겠다고 생각하여 많은 여성을 채용하였다고 말하였다. 충분히 많은 고용주가 이 전략을 따른다면 일부 편견의 효과를 상쇄시킬 수 있을 것이다. 이러한 방식으로 경쟁시장 압력은 편견이 노동시장에서 하는 역할을 줄이는 데 도움이 될 수 있다.

이러한 논리는 또한 편견이 때로 어떻게 분리(segregation)를 초래할 수 있는지 보여준다. 예를 들어 1세기 전에 대부분의 자동차 제조업자들은 흑인 근로자를 채용하지 않으려 하였으나 포드자동차는 다른 경쟁사들이 간과하였던 재능 있는 근로자들을 채용할 수 있는 기회로 보았다. 결과는 노동력의 분리였다. 대부분 백인 근로자는 제너럴모터스에 근무하고 포드에는 주로 흑인 근로자들이 근무하였다.

차별 유형 2 : 암묵적 편향. 심리학자들은 최근 사람들이 편파적이지 않으려고 매우 열심히 노력한다는 점을 인식하고 차별을 보다 교묘하게 파악할 수 있는 법을 개발하였다. 사람들은 편

파적이지 않으려고 노력하지만 신속한 판단을 해야 할 경우 두뇌 회전을 위한 충분한 시간이 없기 때문에 완전한 분석을 하지 못한다. 따라서 의식적인 지식이 없다면 단편적인 판단은 암묵적 또는 무의식적 연상을 반영할 수 있다. 예를 들면 당신의 두뇌는 남성은 공격, 여성은 육아와 결부시킬 가능성이 높다. 심지어는 특정 그룹과 정직, 끈기, 통솔력을 서로 결부시킬 수도 있다.

암묵적 편향 특별한 자질을 무의식적으로 특정 그룹과 결부시킴으로써 형성되는 판단

결과는 **암묵적 편향**(implicit bias)에 기초한 차별의 한 유형이 된다. 이는 고용주들의 판단이 그들이 어떤 특별한 자질을 무의식적으로 특정 그룹 구성원과 결부시키기 때문에 형성되는 것이다. 문제는 이렇게 주먹구구식으로 결부시키면 당신 스스로 이러한 결정을 한다는 것조차 인지하지 못할 수 있기 때문에 이를 방지하기 더 힘들 수 있다는 것이다. 예를 들면 사람들이 택시 운전사에게 팁을 줄 때 의도적으로 차별하는 것은 아닐지라도 사람들이 저지르는 조급한 판단은 왜 흑인 택시 운전사가 백인 택시 운전사보다 팁을 적게 받는지를 설명하는 데 도움이 된다.

고용주로서 당신은 일자리에 맞는 가장 우수한 사람을 채용하길 원하고 당신의 무의식적 태도로 말미암아 어리석게 이들을 간과하지 않길 원한다. 당신은 직감보다는 개별 후보자들에 대한 주의 깊게 구조화된 평가서에 기초하여 채용을 결정함으로써 암묵적 편향의 영향을 최소화할 수 있다.

자료 해석 불편부당 연주조율

Nataly Studio/Shutterstock

단지 달라 보인다는 이유만으로 다르게 취급되어서는 안 된다.

차별을 제거하는 한 가지 전략은 고용주들이 취업 희망자들의 성별과 인종을 문자 그대로 보지 않는 것이다. 결국 고용주는 그들이 알 수 없는 속성에 기초하여 차별할 수는 없는 것이다. 실제로 미국의 주요 관현악단의 경험에 의하면 이 방식이 실제 도움이 된다고 하지만 이를 실천하는 채용 관리자는 거의 없다. 음악 지휘자가 재능 있는 여성을 간과하고 있다는 우려에 대응하여 미국의 여러 유명 오케스트라들이 오디션을 위한 단순하지만 과격한 새 접근방식을 채택하였다. 어떤 파트를 지망하여 시험을 치르는 음악가들로 하여금 스크린 뒤에서 음악을 연주하게 하는 것이다. 이 스크린은 연주 지망자의 신분을 평가단으로부터 은폐하므로 평가자들이 각 지망자들의 성별이나 인종을 알 수 없고, 따라서 이들 요인에 의해 편향적 영향을 받을 수 없게 된다. 클라우디아 골딘과 체칠리아 라우스 두 연구자는 이러한 '블라인드' 오디션을 연구하여 평가단이 단지 음악을 질에 대해서만 '알' 수 있을 때 그들이 여성을 고용할 가능성이 훨씬 높아진다는 점을 발견하였다. 연구자들은 이 결과를 '불편부당 연주조율'이라고 기술하였다. ■

차별 유형 3 : 통계적 차별. 고용주들이 일자리 지망자들에 대한 많은 정보를 가지고 있지 않아서 대신 정형화된 고정관념에 의존할 때 또 다른 유형의 차별이 발생한다. 왜? 종종 이러한 정형화된 고정관념이 특정 개인들에게는 부정확할지라도 평균을 보면 통계적으로 정확하기 때문이다. 어떤 개인에 대한 추론을 위해 어떤 그룹의 평균적인 속성에 관한 정보를 활용하는 것을 **통계적 차별**(statistical discrimination)이라 칭한다. 이는 그룹의 평균 속성에 기초하기 때문에 통계적이다. 그리고 이는 고용주들로 하여금 어떤 그룹에 속한 사람을 채용하는 것을 꺼리게 유도하므로 차별이다.

통계적 차별 어떤 개인에 대한 추론을 위해 어떤 그룹의 평균적인 속성에 관한 정보를 활용하는 것

경쟁을 잘하는 근로자를 채용하려는 고용주를 고려해보자. 고용주들은 일자리 지망자들의 경쟁심을 쉽게 관찰할 수 없다. 그러나 고용주들은 지망자들의 성별을 관찰하므로 이를 바탕으로 지망생들의 경쟁력에 대한 판단을 할 수 있다. 경험상 일반적으로 여성이 덜 경쟁력이 있다고 생각하는 고용주는 현재 면접을 하고 있는 여성에 대해 잘 알지도 못하면서 경쟁을 잘 할

가능성이 낮다고 추론한다. 이러한 추론에 의거하여 고용주는 동일한 자질을 가진 여성보다는 남성을 채용하게 되는 것이다.

이는 부분적으로는 목적 달성에 성공하고 부분적으로는 실패하는 전략이다. 남성을 채용하는 것이 평균적으로 더 경쟁력 있는 노동력을 확보하는 데 정말 도움이 되느냐에 따라 성공의 정도가 달라진다. 경쟁력 있는 근로자를 식별할 수 있는 더 나은 방식이 없다면 이것이 최선의 방식일지 모르겠다. 그러나 남성만큼 우수한 자질을 갖추고 동시에 경쟁력도 있는 여성을 채용하지 못하는 정도에 따라 이 전략은 실패하게 된다. 실패하는 이유는 이 방식이 경쟁을 잘할 수 있는 여성에 불리하게 차별을 효과적으로 하기 때문이다. 문제는 고용주들이 단순하게(통계적 평균에 기초하여) 여성들은 경쟁을 즐기지 않는다고 가정한다는 것이다. 정형화된 고정관념이 평균적으로 틀린 것은 아니다(고정관념이 적용되지 않는 사람들에게는 틀리다는 것인데 그런 사람들이 많을 수 있다).

일상경제학 **대학 캠퍼스의 통계적 차별**

당신이 캠퍼스 현장 채용에서 유사한 문제를 발견했는지 모르겠다. 일부 고용주들은 최고 명문 대학들의 학생들이 다른 대학 학생들보다 더 생산성이 높다고 믿고 있다. 이들 고용주들은 캠퍼스 현장 채용을 명문대학에 집중하고 있다. 비록 이 방식이 채용자들의 일을 용이하게 만들 수 있지만 결과는 다른 대학의 많은 자질 있는 학생들이 간과될 수 있다는 점이다. ■

시각을 달리하면 통계적 차별에 대해 다른 판단을 할 수도 있다. 고용주들은 때때로 이러한 관행을 두둔하면서 최선의 근로자를 채용하려고 가용한 정보를 활용할 뿐이라고 주장한다. 그것이 사실일 수도 있지만 고용주들이 그들의 성별, 종교, 대학 그리고 다른 속성을 활용했기 때문에 경력 관리상 피해를 본 사람들에게는 전혀 위안이 되지 않는다. 통계적 차별에 대한 반대론자들은 만일 채용 담당자들이 최고의 근로자들을 식별하는 데 더 많은 노력을 쏟는다면 근로자의 능력에 대한 식별 장치로서 인적사항에 더 이상 의존할 필요가 없다고 주장한다. 이것이 잠재적인 해결책을 제시한다: 각 지망자들의 실제 능력에 관한 더 많은 정보를 제공한다면 채용담당자들이 공란을 메꾸기 위해 정형화된 고정관념에 덜 의존하게 될 것이다.

차별의 원천은 고용주, 고객 또는 동료 직원이 될 수 있다. 잠시 멈추어 차별의 원천을 고찰해 볼 필요가 있다. 지금까지 우리는 차별이 고용주의 판단을 반영한다고 기술해왔다. 이는 많은 경우 옳다. 그러나 유사한 요인들이 고객에 영향을 미친다. 만일 고객들이 차별을 하여 당신과 같은 사람들한테 시중받기 원치 않는다면 이것이 사장에게 압력을 주어 여려분을 채용하지 않게 할 수 있을 것이다. 혹은 만일 당신의 동료 직원들이 당신에 대하여 차별을 한다면 그들이 당신의 삶을 절망스럽게 하거나 사장에게 압력을 가해 당신을 채용하지 않도록 할 것이다. 이 모든 것이 뜻하는 것은 고용주, 동료 직원 또는 고객이 계속 차별을 하는 한 차별은 지속될 것이라는 점이다.

요약 : 임금 격차는 노동수요, 노동공급, 제도 그리고 차별을 반영한다. 배운 것을 점검해볼 시간이다. 지금까지 이 장에서 우리는 당신의 임금이 친구 임금과 다른 네 가지 주요 요인을 분석하였다. 첫째는 노동수요다. 이는 사용자가 무엇을 원하는가에 대한 것이다. 대답은 생산성 있는 근로자들이다. 그리고 생산성은 당신의 인적자본에 의해 형성되는 것이다. 두 번째로 우리는 노동공급으로 넘어가서 근로자가 무엇을 원하지를 물었다. 대답은 즐길 수 있는 일자리다. 즉, 근로자들은 덜 즐거운 일자리를 받아들이도록 더 높은 임금(즉, 보상 격차)을 요구한다. 셋

임금이 다른 것은 다음의 차이 때문이다.

1. 노동수요와 인적자본
2. 노동공급과 보상 격차
3. 제도적 요인
4. 차별

째로 당신의 임금은 일련의 노동시장 제도들과 당신의 협상력에 영향을 받는다. 넷째, 차별은 지속적으로 중요한 요인이 될 수 있다.

지금까지 우리는 대부분 근로자의 시각에서 바라보았다. 그러므로 우리의 다음 과업은 우리가 학습한 것을 지렛대 삼아 경영관리자로서 좀 더 나은 인사관리 의사결정을 하는 방법을 살펴보는 것이다.

12.5 인사경제학

학습목표 현명한 사용자가 어떻게 근로자로 하여금 더 적은 비용으로 더 많은 일을 할 수 있게 하는지 알아본다.

인사경제학의 주장
1. 근로자들이 일자리에 맞는 기술을 갖췄는지 확인한다.
2. 근로자들을 유인책으로 동기부여한다.
3. 기업문화를 만든다.
4. 올바른 복리후생을 제공한다.
5. 더 나은 근로자들을 모집하고 잘 관리한다.

당신의 승진을 축하한다! 이제 당신은 사장이다. 지금까지 형편없는 사장을 위해 일했지만 당신은 다를 것이다. 어떻게 해야 할지 꼭 파악해야만 한다. 사장으로서 당신은 회사의 인사 정책을 책임진다. 목표는 회사의 비용을 너무 많이 쓰지 않으면서 직원들이 더 열심히 일하게 하는 것이다. 우리는 실제 경영관리자들이 활용하는 다섯 가지 중요한 아이디어를 살펴볼 것이다.

1. 근로자들이 일자리에 맞는 기술을 갖췄는지 확인한다.
2. 근로자들을 유인책으로 동기부여한다.
3. 기업문화를 만든다.
4. 올바른 복리후생을 제공한다.
5. 더 나은 근로자들을 모집하고 잘 관리한다.

이러한 아이디어를 살펴보면서 경제학적 사고를 통해 근로자를 어떻게 좀 더 효과적이도록 할 수 있는지 몇 가지 기대하지 않았던 통찰력을 발견하게 될 것이다. 이를 차례로 하나씩 탐구해보자.

근로자들이 일자리에 맞는 기술을 갖췄는지 확인한다

당신은 근로자들이 자신의 일자리에 맞는 교육과 기술을 갖췄는지 확인하기 원한다. 그러나 어떻게? 자체적으로 훈련을 시켜야 하는가 아니면 이미 필요한 기술을 지니고 있는 사람을 채용해야 하는가? 대답은 아마 당신을 놀라게 할 것이다 이는 필요한 기술의 유형에 따라 다르다는 것이다.

일반 기술 많은 고용주에게 유용한 기술

일반 기술에 투자하는 것은 근로자들이 다른 곳에서 더 나은 일자리를 구하는 데 도움을 줄 것이다. 당신이 대학에서 배운 것의 대부분은 **일반 기술**(general skills)로 분류될 것이다. 이는 많은 고용주에게 유용한 기술을 의미한다. 이는 정확히 이들 기술이 다른 회사로 옮겨 갈 수 있으므로 당신의 회사가 일반기술 훈련을 제공하는 것은 이치에 맞지 않다. 왜? 만일 당신이 스타 직원에게, 예를 들어 경제학 수업에서 배운 기술을 제공한다면 그들은 이 기술을 다른 회사에서 더 나은 일자리를 얻는 데 활용할 수 있다. 당신의 회사는 훈련비용은 부담하지만 편익을 거의 얻지 못하기 때문에 이는 나쁜 투자가 된다.

직무특화 기술 한 특정 고용주의 일자리에서만 유용한 기술

직무특화 기술에 투자하는 것은 근로자가 당신을 위해 일을 더욱 잘하게 돕는다. 이를 **직무특화 기술**(job-specific skill)과 대조해보라. 이는 오로지 하나의 특별한 고용주의 일자리에서 유용한 기술이다. 이에 해당하는 사례로는 자기 회사의 예측모형을 사용하는 데 필요한 기술, 공장 근로자가 그 공장 특유의 장비를 가동하는 데 필요한 기술 또는 인적자원 관리자가 회사의 고

용 절차를 학습할 때 필요한 지식 등을 들 수 있다. 이에 정확히 대응되는 기술을 지닌 근로자를 외부 시장에서 발견할 가능성은 거의 없으므로(왜 외부 직원들이 이를 알고자 하겠는가?) 당신은 이러한 훈련을 내부적으로 제공할 필요가 있다. 그리고 이들 기술은 당신 회사에만 특화된 것이므로 이를 습득한다고 해서 다른 데에서 더 나은 일자리를 찾는 데 도움이 되지 않을 것이다.

근로자들을 유인책으로 동기부여한다

인사담당자의 핵심 도전과제는 어떻게 근로자에게 동기부여하여 은밀히 소셜미디어를 체크하고, 정수기 근처에서 남 얘기로 수다를 떨거나, 게으름 부리면서 시간을 쓰는 대신 업무에 몰두하게 하는가다. 한 가지 방법은 바른 선택을 하도록 유인책을 제공하는 것이다. 이는 비용-편익의 원리를 작동시키는 것이다. 당신의 직원들이 당면하는 비용과 편익을 수정하여 회사에 가장 좋은 것이 직원들에게도 좋은 선택이 되도록 만드는 것이다.

우월한 성과에 대해서는 우월한 급여를 제공하라. 만일 당신이 직원들이 일을 얼마나 많이 수행하든지 상관없이 동일한 주급을 지급한다면 그들이 열심히 일할 유인이 있는가? 직원들이 스스로 동기유발되지 않는 한 그렇지 않을 것이다. 얼마 지나지 않아 그들은 일을 열심히 하든 그렇지 않든 동일한 주급을 받는다는 것을 깨닫게 될 것이다. 대신, 당신은 각 근로자의 소득을 일자리에서의 성과와 연계하는 **성과급**(pay-for-performance) 계획을 제시할 수 있다.

성과급 근로자가 버는 소득을 그들의 성과 척도에 연결하는 것. 사례에는 수수료, 능률급, 상여금, 그리고 진급이 포함된다.

당신의 목표는 직원들의 동기와 당신 사업의 동기를 일치시키는 것이다. 이를 실행하는 많은 방법이 있다. 판매직 일자리에서는 일반적으로 기본급의 비중을 낮추고 대신에 수수료(commission)의 비중을 높이는 것이다. 수수료는 각 근로자가 올리는 총매출액의 일정 비율이다. 이는 당신의 직원들이 게으름 피우는 대신 계속 매출을 올리도록 하는 유인으로 작용한다. 혹은 당신은 직원들에게 능률급(piece rate)을 지급할 수 있다. 이 급여방식은 직원들에게 출석 대가로 지급하는 것이 아니라 실제 한 일에 대하여(생산 단위별로) 지급하는 것이다. 예를 들어 세이프라이트 오토글라스사는 유리 설치원에게 시간당 고정급을 지급하는 대신, 직원이 유리창 1개를 설치할 때마다 고정된 액수를 지급하는 방식으로 전환하였다. 이것이 근로자들로 하여금 작업에 몰두할 유인을 증대시켰고 각 직원이 설치하는 유리창 수는 44%나 증가하였다!

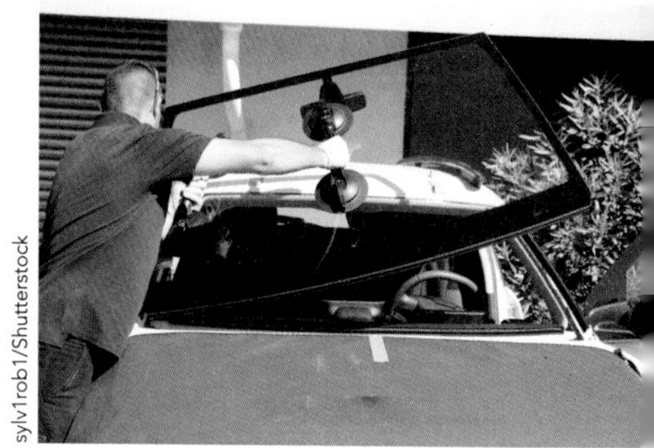
sylv1rob1/Shutterstock

자동차 앞 유리창을 빨리 설치하길 원하는가? 직원에게 급여를 시간당 대신 유리창당 지급하라.

만일 능률급이 실행 가능하지 않다면(아마도 당신이 각 직원이 얼마나 생산할 수 있는지 객관적으로 측정할 수 없기 때문에) 당신은 유인을 제공할 상여금(bonus)을 활용할 수 있다. 예를 들면 여러 금융회사에서는 젊은 애널리스트들에게 비교적 낮은 기본급을 제공한다. 하지만 동시에 수익을 크게 올릴 경우 수만 달러의, 때로는 수십만 달러의 연간 상여금을 받을 수 있게 한다. 당연히 그들은 아주 열심히 일한다!

당신의 직원들에게 유인을 제공하는 또 한 가지 교묘한 방법이 있다. 그들에게 명확하게 정의된 승진경로를 제공하라. 그리고 이와 함께 높은 성과를 올린 직원을 항상 진급시키는 문화를 결합시키라. 이렇게 한다면 열심히 일하게 만드는 유인은 수수료, 능률급 또는 상여금이 아니라 오히려 승진과 급여 인상이 된다.

열심히 일하는 것만 아니라 훌륭한 의사결정에 대해서도 보상하라. 대부분 고위 관리자들은 이미 장시간 근무를 한다. 그러나 그들도 다른 의미로 게으름을 피운다. 경영자들은 회사의 이윤을 증대시킬 힘든 결정을 하는 대신 인기를 얻을 수 있는 의사결정을 하려는 유혹을 받는다(전 직원 급여 인상! 공짜 음식! 평상복 금요일!). 고위 관리자에게 회사 이익의 일부를 제공함으로써(예를 들면, 회사 주식을 지급함으로써) 그들에게 회사 사업의 기본을 더 충실하게 하는 어려운 결정을 하도록 개인적 유인을 준다. 일부 회사는 스톡옵션을 제공한다. 이는 회사 주가를 올릴 수 있는 관리자에게 큰 보수를 제공하는 금융수단이다.

INSADCO Photography/Alamy

당신은 직원들을 당근이나 채찍으로 동기부여시킬 수 있다.

유인책은 당근과 채찍 모두를 포함할 수 있다. 당신은 근로자의 훌륭한 성과를 포상('당근' 지급)하거나 또는 형편없는 성과에 대해 징벌('채찍' 사용)함으로써 유인을 제공할 수 있다. 지금까지 우리는 당근에 초점을 맞춰왔다. 그러나 근로자로 하여금 집중력을 잃지 않게 하는 매우 중요한 채찍이 있다. 이는 해고의 위협이다. 잭 웰치가 제너럴일렉트릭의 대표이사였을 때 매년 하위 10%를 해고했었다. 이는 직원들로 하여금 정신을 바짝 차리게 만드는 효과가 있었다.

근시안적인 관리자는 때때로 당근을 사용하는 것보다는 채찍을 사용하는 것이 비용이 덜 든다고 믿는다. 이들은 당근은 비싼 대가를 치러야 하지만 채찍은 비용이 드는 것이 아니라고 주장한다. 그러나 이 주장은 근로자들도 다른 대안이 있다는 점을 잊고 있는 것이다. 기억하라. 훌륭한 근로자를 유인하려면 당신이 제시하는 전체 보수 패키지(기본급여에 당근 혜택을 더하고 채찍비용을 뺀 것)가 최소한 다른 일자리에서 얻을 수 있는 것보다는 커야 한다. 이것이 아니라면 가장 훌륭한 직원들은 다른 데로 이직할 것이다. 그러므로 당신이 직원을 동기부여시키기 위해 채찍을 쓴다면 동시에 기본급을 올려주든지 당근을 더 주든지 이를 보상해줘야 할 것이다. 제너럴일렉트릭은 당근을 더 많이 사용하였다. 매년 근로자의 25%는 회사 주식을 상여금으로 보상받았다.

그러나 조심하라. 유인은 노력을 왜곡할 수도 있다. 그렇다. 지금까지 다 좋다. 유인책을 활용할 때의 단점은 무엇인가? 문제는 단순하다. 돈을 지급하고 받으려 한 것을 받는 것이다. 통상적으로 이것은 좋은 일이다. 그러나 만일 돈을 지급하고 받으려 한 것이 정확히 원하는 것이 아닐 때 문제가 될 수 있다.

최근 수년간 정부는 교사들의 성과 향상을 위해 유인을 증가시켰다. 이러한 정책들은 일반적으로 학생들의 표준화 시험 성적이 형편없는 경우 학교를 폐쇄한다고 위협하는 것이다. 이 정책은 교사들로 하여금 학생들의 표준시험 평균성적을 제고시키려는 강한 유인을 제공한다. 그러나 이것이 반드시 교육 개선을 의미하는 것은 아니다. 일부 학교에서는 쉬는 시간, 사회학습, 또는 시험에 출제되지 않는 과목에 할당된 시간을 줄이는 것으로 대처하였다. 일부 교사들은 학생을 위한 진정한 학습보다는 '시험을 위한 교육'에 더 집중하였다. 또 다른 학교에서는 성적이 나쁜 학생들을 쫓아내거나, 일부 학생들을 학습장애로 재분류하여 학교 평균에 산입되지 않도록 하거나 또는 약한 학생들은 시험 당일 집에 머물게 하는 방식으로 시험성적의 향상을 시도하였다. 심지어 일부 교사들은 학생들의 오답을 지우고 대신 맞는 동그라미를 기입하는 부정행위를 하다가 적발되기도 하였다.

유사한 문제점들이 기업 세계에서도 발생하고 있으며 이는 웰스파고사가 얻은 값비싼 교훈이다. 이 은행은 직원들에게 계좌를 신규로 개설할 경우 금전적인 유인을 제공하였다. 새로운 고객들이 신규 계좌를 개설하도록 설득하는 대신 수천 명의 직원들은 기존 고객에게 300만 개 이상의 가짜 계좌를 만들었다. 결국 모두 들통이 나고 웰스파고는 벌금으로 수백만 달러를 지불해야 했다.

중요한 점은 '당신이 돈을 내고 얻으려는 것'이 '당신이 원하는 것'과 많이 다를 때 강력한 유인이 진짜로 문제가 될 수도 있다는 것이다. 근로자들이 당신이 '돈을 지불하고 얻으려는 것을 더 많이' 하고 '당신이 원하는 다른 것은 더 적게' 한다는 것이 문제다.

기업문화를 만든다

외적 동기부여 높은 급여와 같은 외부적 보상을 위하여 어떤 일을 하려는 욕구

금전적 유인에 대한 경제학적 사고는 직원들의 **외적 동기부여**(extrinsic motivation), 즉 높은 급여와 같은 외적인 보상을 얻도록 동기부여하는 것을 호소하는 데 유용하다. 그러나 심리학자들은 아울러 내적 동기의 중요성을 기술하였다. 이는 좋은 일을 하면서 얻는 즐거움과 자존심

처럼 내적인 이유로 어떤 일을 하려는 욕구를 말한다. 예를 들면 수많은 사람이 지역의 혈액 은행에 헌혈을 한다. 이 사람들이 헌혈을 하는 것은 공짜 도너츠를 얻으려는 것이 아니라 옳은 일이라는 믿음이 있기 때문이다. 마찬가지로, 회사의 기업문화는 **내적 동기부여**(intrinsic motivation)를 고취시키는 강력한 수단이 될 수 있다. 직원들이 회사가 추구하는 주요 이상에 공감대를 지니고 있는 기업은 열심히 일을 하고, 서로 협력하며, 회사의 성장을 돕는 노동력으로 보상을 받을 것이다. 사람들은 자신이 하고 있는 일이 옳고 바람직하다고 믿을 때 그 일을 더 잘하는 것이다.

내적 동기부여 활동 자체의 즐거움을 위하여 어떤 일을 하려는 욕구

당신의 직원들이 지니고 있는 가치를 생각해보는 것이 도움이 될 수 있다. 많은 근로자는 호혜정신을 지니고 있다. 그리고 자신이 잘 대접받고 있다고 생각하면 반대 급부로 열심히 일을 하여 회사에 보답을 할 가능성이 높다. 그러므로 직원들에게 높은 임금을 지급하면 근로자들이 이에 대한 보답으로 더 열심히 일을 하여 노동 생산성을 높이는 결과를 낳을 수 있다. 공정성도 실제로 매우 중요하다. 이는 근로자들이 불공정하게 대접받고 있다고 생각할 때 느슨해지고 게으름을 피우는 경향이 있기 때문이다. 이를 방지하기 위해서는 인사정책이 명확하고 투명한 승진 및 급여 인상 절차를 포함하고 있어야 한다. 아울러 사람들은 가치를 인정받는 것을 좋아한다. 기억하라, 칭찬은 공짜이지만 직원들의 사기를 진작시키고 이에 따라 생산성을 올리는 데 도움이 된다.

기업문화는 근로자들이 서로 교류하게 만든다. 한 신중한 연구에 따르면 슈퍼마켓 계산원들은 생산성이 매우 높은 다른 계산원들과 함께 일할 때 더 생산성이 향상된다는 것이다. 왜? 동료들이 자신을 어떻게 생각하는지에 대해 신경을 쓸 때 당신은 열심히 일을 할 더 큰 유인을 느끼는 것이다.

일상경제학 **자선사업은 왜 무보수인가?**

설계가 잘못된 유인체계는 내적인 동기부여를 약화시킬 수 있다. 한 가지 유명한 실험에서 자선기부를 모집하기 위해 고등학생들이 선발되었다. 한 그룹에게는 이들이 할 일의 유익을 상기시키는 연설을 하였다. 이는 그들의 내적 동기부여를 활성화시키는 것이다. 두 번째 그룹에게는 모금액의 1%를 인센티브로 지급하였다. 이는 그들의 외적 동기부여를 활성화시키는 것이다. 이들 강력한 인센티브에도 불구하고 두 번째 그룹은 실제도 모금을 적게 하였다. 이 실험이 주는 교훈은 때로는 내적 동기부여가 진정 최선의 인센티브가 된다는 것이다. 금전적 동기에 호소하는 것은 내적 동기부여를 감소시킬 수 있다. ■

올바른 복리후생을 제공한다

최고의 직원들을 회사로 끌어드릴 수 있는 능력은 당신이 제공하는 전체 보수 패키지(연간 상여금뿐만 아니라 복리후생도 포함된다)에 의존한다. 이것이 제대로 된 복리후생 세트를 제공하는 것이 중요한 이유이다. 일반적으로 말하면 근로자들은 추가적인 복리후생보다는 추가적인 임금을 선호한다. 결국 이 추가적인 임금을 써서 추가적인 복리후생 혜택도 구입할 수 있기 때문이다. 그러나 때로는 현금을 더 지급하는 것보다 복리후생을 제공하는 편이 나은 이유가 있다. 이를 살펴보자.

일부 복지혜택은 과세되지 않는다. 많은 종업원 복지혜택은 임금보다는 낮은 세율이 적용된다. 예를 들면 근로자 연금저축이나 건강보험료에 대한 회사 기여분 그리고 회사가 자체적으로 퇴직금, 보건, 육아, 그리고 심지어 주차 등에 세전소득을 지출할 경우 이에 대해서는 세금감면

이 있다. 이러한 세금 감면은 회사가 근로자를 위해 많은 프로그램을 근로자들이 스스로 마련하는 것보다 더 저렴하게 제공할 수 있다는 것을 뜻한다.

특별한 세금 감면이 없더라도 종종 후생복지 혜택을 제공하는 것이 합리적이다. 결국은 회사가 직원에게 커피를 사주는 것이 회사가 직원에게 소득을 더 지급한 다음 직원이 소득세를 내고 남는 돈으로 커피를 사는 것보다 비용이 더 적게 든다. 이것이 구글이나 페이스북 같은 하이테크 기업들이 직원들에게 무료 스낵을 제공하는 부분적인 이유다. 그러나 미국 국세청은 복리후생제도가 인기 있는 조세회피 수단이라는 점을 잘 파악하고 있다. 이에 따라 미 국세청은 조세가 면제되는 복지혜택을 가급적 제한하고 근로자를 위한 무료 스낵에 대한 세금을 인상하였다.

고용주들은 구매력이 있다. 많은 회사에서 건강보험을 제공하는 또 다른 이유가 있다. 이는 근로자들이 하는 것보다 회사가 거래를 더 잘할 수 있기 때문이다. 왜? 건강보험회사는 병이 있는 사람이 건강보험을 구매할 가능성이 가장 높다는 점을 우려한다. 그렇다. 당신이 스스로 건강보험을 구매하려고 하면 보험회사에서는 당신에게 질병이 있다고 생각하고 따라서 더 높은 보험료를 부과하려고 한다. 그러나 회사에서 전체 직원에 대한 보험을 든다면 이야기가 달라진다. 모든 직원이 동시에 질병이 있을 가능성은 없기 때문이다. 결과적으로 근로자들 모두를 위한 건강보험을 구입하는 것이 각 개인 근로자가 스스로 사는 것보다는 저렴해진다.

보완재(complements)는 도움이 될 수 있지만 대체재는 손해이다. 당신은 아마 이 제목이 '칭찬(compliments)은 도움이 될 수 있다'이므로 직원들에게 상냥해야 한다고 생각할지 모른다. 물론 그래야 한다. 그러나 경제학자들은 아울러 보완재(영문 철자 i 대신 e)를 생각한다. 이는 서로 함께 쓰이는 것들이다. 특히 당신이 직원들을 더 생산성 높이는 쪽으로 유도하기 위해 근면에 대한 보완재를 제공해야 한다. 예를 들어 우리 직장에서는 공짜 커피를 하루 종일 제공하는데 그 이유는 직원들이 맑은 정신을 유지하기 바라는 마음에서다. 시스코는 직원들에게 값싼 데스크톱보다 노트북 컴퓨터를 사주는데 이는 직원들이 주말 동안 업무를 집에서도 계속 할 수 있기를 바라는 것이다. 아웃도어 상품 매장 REI의 관리자는 직원들에게 300달러 상당의 아웃도어 복장이나 장비를 무료로 제공한다. 왜? 직원들이 장비에 대해 더 잘 알게 되면 더 훌륭한 판매사원이 될 것이라고 파악하기 때문이다. 소프트웨어 회사 SAS는 직장 내 의료서비스, 세차 그리고 미용실 서비스를 제공한다. 이 모든 것이 직원들로 하여금 직장을 벗어날 사유를 줄이기 위함이다. 지역 슈퍼마켓 체인 웨그먼스는 모든 직원에게 독감예방주사를 제공한다. 이것도 병가를 줄인다. 이러한 각각의 복지혜택은 근면에 대한 보완재이다.

아울러 당신은 근면에 대한 대체재는 확실히 줄여야 한다. 그러므로 공짜 커피는 좋지만 무료 슬리피 타임 차는 아니다. 편안한 사무용 의자는 좋은 아이디어이지만 오후에 낮잠을 잘 수 있는 긴 소파는 피해야 한다. 흡연자를 위한 지붕이 덮혀 있는 좋은 옥외공간을 찾아보기 힘들다는 점을 간파했는가? 이는 비생산적인 흡연 휴식을 억제하기 위함이다.

최고 근로자를 끌어들인다

회사의 인사정책을 생각할 때마다 당신은 그 정책이 모집하여 계속 확보하고 있어야 할 근로자의 유형에 어떤 영향을 줄 것인지를 고려해야 한다. 예를 들어 근로자에게 훌륭한 성과에 대해 강한 유인책을 제공한다면, 당신 회사는 성과가 좋은 근로자에게 더 매력적인 반면 게으름 피우기 좋아하는 근로자들에게는 덜 매력적인 회사가 된다. 그리고 이는 대단한 것일 수 있다. 세이프라이트 오토글라스사의 생산성이 44% 증대된 사례를 상기하라. 이 중 절반은 능률급이 더 유능한 근로자를 회사가 선발해 계속 확보할 수 있었다는 사실에 기인한다. 마찬가지로 당신은 직원들에게 훈련을 실시할 때 추가적인 편익이 있다는 점을 발견할 것이다. 이는 직원들의 생산성만 높이는 것이 아니라 동시에 회사에 특정 유형의 근로자를, 예를 들어 새로운 것을 배우는 일에 동기부여되어 있고 해당 분야에서 계속 앞서 가길 원하는 근로자들을 끌어들인다.

좀 더 일반적으로 당신이 회사가 어떤 복지혜택을 제공할 것인지 고민할 때 그것이 어떤 근로자를 회사로 끌어들여 남아 있게 할지 생각하라. 예를 들면 실내체육관을 제공하면 건강 광신자들을 끌어들이고, 건강보험을 제공하면 나이가 든 근로자들, 그리고 재택근무를 할 수 있는 유연성을 허용하면 자녀를 둔 부모를 끌어들이는 데 도움이 될 것이다.

함께 해보기

임금은 생애 경력기간 동안 윤택한 삶에 있어 핵심적 요소이다. 진실로 그것은 개인의 윤택한 삶에 가장 중요한 가격일 수 있다. 훌륭한 임금소득을 버는 것이 모든 것을 다르게 만들 수 있다. 당신은 음식, 의복, 집과 같은 필수품뿐만 아니라 여러 사치품도 장만할 여유가 생긴다. 이 때문에 우리는 전체 장을 무엇이 임금을 결정하며, 왜 어떤 사람들은 다른 사람보다 많이 버는지를 살펴보는 데 할애한 이유다. 이제는 시각을 전환하여 다시 큰 그림을 볼 시간이다. 우리의 분석은 임금을 결정하는 네 가지 핵심 요인을 판별하였다.

첫째, 노동수요에 관한 의문이 있다. 이는 다음과 같은 질문을 한다. 고용주는 무엇을 원하는가? 기업은 여러 근로자들 중에서 일부를 선택해야 하는데 이때 채용을 결정하는 핵심 요소는 생산성이다. 교육은 인적자원을 쌓는 것을 돕고, 생산성을 더 높게 만든다. 그러므로 당신이 이 장을 학습하는 데 들이는 노력은 더 높은 임금의 형태로 미래 수익을 낳을 수 있다.

둘째, 노동공급에 관한 의문이 있다. 이는 다음과 같은 질문을 던진다. 근로자가 원하는 것은 무엇인가? 근로자들도 선택을 해야 한다. 예를 들어, 더 혹은 덜 즐거운 여러 다른 직업 중에서, 다른 복지후생 패키지를 제공하는 여러 고용주 중에서 하나를 정한다. 결과적으로 불편한 일자리는 좀 더 높은 임금을, 즉 상쇄시키기 위한 보상 격차를 지급한다.

셋째, 노동시장은 물건을 매매하는 시장과 같지 않다. 이는 실제 사람과 이들의 생계가 걸려 있는 시장이다. 이것이 정부가 노사관계의 여러 측면을 규제하는 이유이며 최저임금, 노동조합, 직업면허제 그리고 교섭력과 같은 제도적 요인들도 임금에 영향을 미친다.

넷째, 차별에 관한 의문이 있다. 여성은 남성보다 급여가 적은 경향이 있다. 아프리카계 미국인, 히스패닉, 그리고 다른 소수집단은 백인보다 급여가 적은 편이다. 바라건대, 이에 대하여 얼마나 최선의 평가를 하고 있는지 그리고 배경이 되는 원인이 무엇인지에 관하여 우리가 살펴본 것이 당신이 진행 중인 정치적 논란을 더 잘 이해하는 데 도움이 되길 원한다.

최종 결과는 하나의 큰 틀이고 체계이다. 이것이 제시하는 것은 임금이 근로자의 속성, 일자리 속성, 그리고 근로자와 고용주 간 교섭을 규율하는 제도적 장치, 나아가 차별 문제와 관련된 다른 개인적인 속성을 반영하고 있다는 것이다.

한눈에 보기

노동수요 : 고용주가 원하는 것

인적자본 : 근로자를 더 생산성이 높게 만드는 축적된 지식과 기술
신호 : 다른 사람이 진위를 확인하기 힘든 정보를 신빙성 있게 전달하기 위해 취하는 행동
효율임금 : 근로자의 노력 수준을 끌어 올리고 이직을 줄여 근로자의 생산성을 더 높게 장려하기 위해 지급되는 높은 임금

노동공급 : 근로자들이 원하는 것

보상 격차 : 일자리가 지닌 바람직하거나 바람직하지 못한 측면을 상쇄시키기 위해 필요한 임금의 차이. 바람직하지 못한 속성을 지닌 일자리의 보수가 더 많다. 바람직한 속성을 지닌 일자리의 보수는 더 적다.

임금 차이를 해명해주는 제도적 요인

면허법
어떤 직무에 의무적으로 요구되는 교육과 훈련을 규정함. 노동공급을 감소시키므로 면허 의무화는 면허를 취득한 사람들의 임금을 인상시킴.

최저임금법
고용주들이 지급할 수 있는 최저수준의 임금. 일부 근로자는 균형임금보다 더 많이 받을 수 있음을 의미함.

노동조합과 단체협상제도
근로자들이 공동으로 나은 근로조건과 급여를 목표로 교섭하도록 도움.

수요독점과 고용주의 교섭력
기업이 노동력을 구매하는 소수의 구매자들 중 하나라면 큰 교섭력을 누림. 이는 근로자들에게 다른 선택이 제한되기 때문임.

차별이 임금에 어떠한 영향을 미치는가

차별의 원인이 될 수 있는 그룹 : 고용주, 동료 직원 혹은 고객

차별의 세 가지 원천

편견	암묵적 편향	통계적 차별
타당한 근거나 경험에 의한 것이 아닌 어떤 그룹에 대하여 사전에 형성된 성향	특별한 자질을 무의식적으로 특정 그룹과 결부시킴으로써 형성되는 판단	어떤 개인에 대한 추론을 하기 위해 어떤 그룹의 평균적인 속성에 관한 정보를 활용하는 것

인사경제학

1. 근로자들이 일자리에 맞는 기술을 갖췄는지 확인한다.
당신은 어떻게 인적자본을 배양시켜야 하는가? 올바른 의사결정은 필요로 하는 기술의 유형에 따라 다르다.
    일반 기술 : 여러 고용주에게 유용한 기술
    직무특화 기술 : 현재의 일자리에서만 유용한 기술

2. 직원들을 유인책으로 동기부여한다.
    성과급 : 근로자들이 버는 소득을 그들의 성과척도와 연계시킴

3. 기업문화를 개선한다.
    외적 동기부여 : 높은 급여와 같이 외부적 보수를 위하여 어떤 일을 하고자 하는 욕구
    내적 동기부여 : 일 그 자체가 주는 즐거움 때문에 어떤 일을 하고자 하는 욕구

4. 올바른 복리후생제도를 제공한다.
근로자들은 회사가 제공하는 전체 보수 패키지에 의해 당신의 회사에 매력을 느끼게 될 것이다.

5. 더 나은 근로자들을 모집하고 잘 관리한다.
당신이 제공하는 인센티브가 끌어들일 근로자들의 유형을 생각해보라.

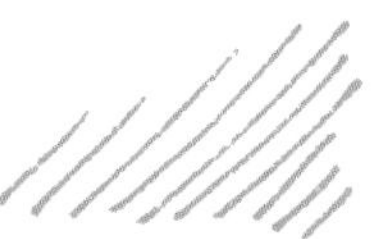

핵심용어

내적 동기부여	암묵적 편향	차별
보상 격차	외적 동기부여	통계적 차별
성과급	인적자본	편견
수요독점력	일반 기술	효율임금
신호	직무특화 기술	

토론과 복습문제

학습목표 12.1 기업이 근로자로부터 원하는 기술이 무엇인지 학습한다.

1. 평균적으로 대학 졸업생들은 고교 졸업생들보다 더 많이 번다. 이 장에서 논의된 이 차이에 대한 두 가지 경제학적 설명과 각각 대학 학사학위가 평균 소득을 증가시키는지 이유를 설명하는 방식을 간단히 기술하라.
2. 당신이 졸업 후 갖기 원하는 일자리에 대한 면접을 지금 받고 있다고 상상하라. 면접관이 당신에게 자유롭게 쉬는 시간에 무엇을 하고 싶은가를 묻는다면 무엇을 이야기할 것인가? 당신의 답변에 대해 설명하라.

학습목표 12.2 임금이 일자리 속성에 따라 어떻게 다른지 알아본다.

3. 보상 격차의 개념에 대해 간략히 설명하라. 하나는 높은 임금을 초래하는 경우와 다른 하나는 낮은 임금을 초래하는 경우에 대한 두 가지 사례를 제시하라. 각각에 대해 당신의 논리를 간략히 설명하라.

학습목표 12.3 규제와 제도가 임금에 어떠한 영향을 미치는지 평가한다.

4. 기업이 수요독점력을 지닌다는 것이 무엇을 의미하는가? 수요독점력의 개념이 간호사 시장과 밀접하게 관련이 있는가? 왜 그러한가 또는 그렇지 않은가?
5. 노동조합은 근로자에게 무슨 편익을 제공하는가? 노동조합은 시장에 고용주가 적어 이들이 수요독점력을 지니고 있는 노동시장에서 활동하는 경우가 일반적이다. 왜 이렇게 된다고 생각하는가?

학습목표 12.4 차별이 노동시장의 결과에 어떠한 영향을 미치는지 평가한다.

6. 연구자들이 노동시장에서 성차별에 대하여 추정할 때 임금에 영향을 주는 것으로 생각되는 여러 관측 가능한 요인들을 고려한다. 예를 들어 남녀 간 교육, 직업, 경험, 거주지 등의 차이 때문에 임금이 조정될 수 있다. 물론 소득에 영향을 주는 모든 요인을 전부 다 통제한다는 것은 불가능하지만 여러 관측 가능한 차이를 통제한 후에 연구자들은 일반적으로 남성이 여성보다 임금을 더 많이 받는 것을 발견하였다. 당신은 이러한 방식이 차별이 임금에 미치는 총효과를 과대평가한다고 생각하는가 아니면 과소평가한다고 생각하는가? 당신이 노동시장 차별에 관해 배운 것을 활용하여 왜 그런지 설명하라.
7. "작업장 차별이 존재하는 기업들은 차별을 행하지 않는 기업들과 경쟁할 때 수익성이 낮을 가능성이 많다." 이 주장을 평가하고 당신의 논리를 설명하라. 시장에서 경쟁을 촉진시키는 것을 목표로 하는 (시장을 국제무역에 개방하는 것과 같은) 정부정책이 지속적으로 특정 그룹에 대해 차별을 하는 기업의 역량에 어떠한 영향을 줄 수 있는가?
8. 통계적 차별의 개념을 간략히 설명하고 노동시장에서 볼 수 있는 적절한 사례를 기술하라. 채용 담당자들은 왜 전적으로 각 근로자의 개인적 능력을 바탕으로 의사결정을 하는 대신 통계적 차별을 행하는가?

학습목표 12.5 현명한 사용자가 어떻게 근로자로 하여금 더 적은 비용으로 더 많은 일을 할 수 있게 하는지 알아본다.

9. 일반 기술과 직무특화 기술의 차이는 무엇인가? 기업들은 왜 직원들에게 일반 기술 훈련보다는 직무특화 기술 훈련을 더 제공하는가?

학습문제

학습목표 12.1 기업이 근로자로부터 원하는 기술이 무엇인지 학습한다.

1. 그림 12-1에서 기술된 2017년의 연간 소득자료를 고려하라.

   학사학위를 지닌 대졸자의 중위소득은 연간 5만 3,900달러인 데 반해 고졸은 3만 2,300달러이다. 전형적인 대학 졸업생은 43년 동안 일을 하여 230만 달러의 평생소득을 올린다. 고졸자들은 추가로 4년을 더 (전체 47년) 일하고 평생 150만 달러의 소득을 올리는 것으로 예상할 수 있다.

   컬리지보드에 따르면 거주지 소재 주립대학을 다니면서 학내 기숙사에서 생활하는 학부생의 경우 연간 학비가 2만

5,290달러(등록금, 수수료, 숙식비, 교재, 교통비 및 기타 비용 포함)에 달한다. 대학교육에 드는 높은 비용이 그만큼 지출할 가치가 있는지 의문을 지닌 사람에게 당신은 무슨 이야기를 해줄 수 있는가?

2. 당신이 독립적인 체육관을 소유하고 운영하고 있다고 하자. 개업을 할 때 당신이 전일제로 일하면서 함께 일할 트레이너 몇 명을 채용하였다. 사업이 잘되어 옆 동네에 두 번째 체육관을 개업하기로 하였다. 이제 시간을 두 업소 간 나누어 써야 하므로 모든 직원을 직접 감독할 수 없게 되었다. 효율임금을 지불하면 어떻게 두 업소의 직원들이 당신이 곁에 없을 때도 확실하게 지속적으로 열심히 근무를 하게 하는 데 도움이 되는가?

3. 2018년 제너럴다이나믹스(항공방위회사)의 대표이사, 피비 노바코비치는 총보수로 약 2,070만 달러를 받았다. 이는 제너럴다이나믹스 근로자 중위연봉의 약 240배에 해당되는 것으로 추정된다. 2018년 제너럴다이나믹스의 시장가치는 약 470억 달러였다. 훌륭한 대표이사가 회사 가치에 미치는 효과를 당신이 잘 알고 있다고 전제할 때 피비 노바코비치는 연간 2,070만 달러를 받을 가치가 있다고 보는가?

학습목표 12.2 임금이 일자리 속성에 따라 어떻게 다른지 알아본다.

4. 다음 각각의 시나리오에 대하여 그것이 보상 격차에 사례가 되는지 여부를 표시하라.
   a. 고층건물 건설 일자리가 다른 형태의 건설 일자리에 비해 더 많은 보수를 받는다.
   b. 노동조합 가입 근로자가 비조합원 근로자보다 더 많은 보수를 받는다.
   c. 야간에 근무하는 가정건강 도우미가 주간에 근무하는 도우미에 비해 보수를 더 많이 받는다.

학습목표 12.3 규제와 제도가 임금에 어떠한 영향을 미치는지 평가한다.

5. 미시간주 의원 중 일부는 인테리어 디자이너들로 하여금 이 분야에서 일을 하려면 의무적으로 면허를 취득하도록 하는 법안을 발의하였다. 법안이 입법화된다면 인테리어 디자이너의 균형 임금과 고용수준에 어떤 일이 발생하는가? 이 정책의 결과 인테리어 디자인 서비스의 균형가격은 어떻게 되는가?

6. 2018년 현재 미국의 연방 최저임금은 7.25달러다. 연방최저임금의 구속력이 있는 것은 단지 21개 주에서이다. 이는 다른 29개 주는 연방 최저임금보다 높은 주 최저임금이 적용되기 때문이다. 일부의 주와 도시에서 다른 지역에 비해 더 높은 최저임금을 설정하는 것이 왜 일리가 있는가?

학습목표 12.4 차별이 노동시장의 결과에 어떠한 영향을 미치는지 평가한다.

7. 다음 각각의 항목을 차별의 유형에 대한 정의와 짝을 맞춰보라: 편견, 암묵적 편향, 통계적 차별
   a. 고용주들이 개인별 숙련기술을 추론할 때 그룹의 속성을 활용함
   b. 어떤 개인이 특정 그룹에 속한 사람들을 싫어하기 때문에 초래되는 차별
   c. 무의식적으로 우리의 이해력, 행동, 그리고 의사결정에 영향을 미치는 태도 또는 정형화된 고정관념

8. 당신이 어떤 특정 산업의 고용주들이 여성 직원을 차별하는지 여부를 결정하기 위해 경제 컨설턴트를 영입하였다. 이 산업에서 일하는 평균적인 남성은 시간당 15달러를 받고 있고 여성은 시간당 13달러를 받는다는 것을 관찰하였다. 다음 각각의 관찰에 대해 이것이 여성에게 높은 임금을 초래할지 아니면 낮은 임금을 초래할지 그리고 이에 따라 이 산업에서 남녀 간 임금 격차에 영향을 주는 하나의 요소로 차별의 증거가 되는지 판별해보라.
   a. 이 산업에 종사하는 여성들은 평균적으로 이 산업의 남성들보다 교육연수가 많다.
   b. 이 산업에 종사하는 여성들은 평균적으로 이 산업의 남성들과 경력연수가 같다.
   c. 이 산업에 종사하는 남성들은 여성들보다 좀 더 스트레스가 많은 일자리에서 일을 하는 경향이 있다.

학습목표 12.5 현명한 사용자가 어떻게 근로자로 하여금 더 적은 비용으로 더 많은 일을 할 수 있게 하는지 알아본다.

9. 당신이 최근 애플 점포의 관리자로 채용되었다. 당신의 첫 번째 우선과제는 근로자의 생산성을 높이는 일이다. 간단히 다음 각각의 아이디어가 근로자의 생산성을 높일 수 있는지 간략히 설명하라.
   a. 고정된 시간당 임금 대신에 근로자에게 매번 판매를 할 때마다 수수료를 지급한다.
   b. 각 근로자에게 애플 주식을 낮은 가격에 구입할 수 있는 기회를 제공한다.
   c. 당신의 직원들에게 공짜 커피와 독감 예방주사를 제공한다.

CHAPTER 13

불평등, 사회보험, 그리고 소득 재분배

목표

불평등, 빈곤, 이를 해소하려는 정부가 활용하는 장치, 그리고 효율과 형평 간의 상충관계를 이해한다.

13.1 불평등 측정
미국의 경제적 불평등 정도를 측정한다.

13.2 빈곤
빈곤의 정도와 영향을 측정한다.

13.3 사회보험, 사회안전망, 재분배 조세
정부의 재분배 방식을 알아본다.

13.4 소득 재분배에 관한 토론
소득 재분배에 관한 토론을 준비한다.

Jacob Lund/Shutterstock

이들은 같은 시험을 보려고 공부하고 있다. 하지만 이들은 모두 동등한가?

자믈과 알렉시스는 둘 다 일리노이대학교의 2학년생이다. 모두 경제학과 심리학을 복수전공하고 있다. 그들은 각각 훗날 언젠가 자신의 사업을 꿈꾸고 있으며 둘 다 비디오게임을 사랑한다. 아울러 이번 여름방학에 이력서 작성에 도움이 될 경험을 쌓고자 한다.

여러 면에서 자믈과 알렉시스는 비슷하다. 그러나 여기에는 중요한 차이가 있다. 자믈의 부모는 성공적인 내과의사이다. 그는 자라면서 한 번도 재정적으로 어려움을 겪어보지 않았다. 부모님들은 항상 반복적으로 대학이 큰 투자라는 점을 말해주었고 그의 학비를 지불하고 있다. 그는 학생대출을 받아야만 되는 상황은 한 번도 없었다. 그리고 여름에 취업할 것을 선택사항으로 생각하면서 직업경력상 장기적 편익에 초점을 맞출 수 있는 형편이다.

알렉시스는 생계를 꾸려 나아가기 위해서 두 가지 일을 하는 미혼모 밑에서 성장하였다. 나이가 들면서 곧바로 알렉시스는 파트타임 일을 하였다. 그녀의 어린 시절 최악의 기억은 살던 집에서 쫓겨난 일이다. 그녀는 가능한 재정지원을 받아 대학 학비를 충당하고 있지만 쌓이는 빚을 걱정하고 있다. 그녀가 여름에 취업할 것을 고려하는 데 가장 중요한 요소는 얼마나 버는가이다. 무급인턴은 당연히 고려 대상이 안 된다.

여러 가지 면에서 자믈과 알렉시스는 동등한 교육기회를 지니고 있지만 둘 사이에 경제적 불균형은 그들이 취할 선택을 제한하고 있다. 불평등에 관한 다양한 견해들이 우리에게 가장 큰 논쟁거리가 되는 공공정책 토론을 이끌어 가고 있으며, 동일한 이슈들이 대학, 사업장, 그리고 여러 공동체 내부의 선택을 둘러싼 의견 불일치의 밑바닥에 흐르고 있다.

이 장을 통하여 불평등에 관한 몇 가지 중요한 사실에 관한 식견을 갖추게 될 것이다. 우리는 아울러 불평등에 관한 사고의 틀을 발전시키고 정부가 불평등과 빈곤을 줄이기 위해 활용하는 도구를 살펴볼 것이다. 불평등과 빈곤을 이해하는 것은 아울러 건전한 재무적 의사결정을 하는 데 중요하다. 그렇다. 대학 졸업자의 평균소득은 매우 좋은 편이다. 그러나 평균소득을 버는 사람들은 드물다. 대신 대학생들의 소득분포는 다양하다. 일부는 많이 버는 반면 다른 사람들은 어려움을 겪고 있다. 당신의 일생은 풍요와 결핍의 기간을 모두 거칠 수 있다. 그러므로 불평등과 빈곤에 관한 지식으로 무장하는 것은 당신이 더 잘 준비하는 데 도움이 될 것이다.

13.1 불평등 측정

학습목표 미국의 경제적 불평등 정도를 측정한다.

많은 정치 토론은 결국 불평등과 빈곤이 어느 정도 존재하며 그리고 이에 대해 무엇을 할 것인지에 대한 의견 불일치로 귀결된다. 일가견을 가지려면 사실을 잘 이해하고 있어야 한다. 그러므로 우리의 다음 과업은 자료를 조사하는 일이다. 숫자를 파고들면서 우리는 불평등과 빈곤의 정도를 평가하는 여러 방식이 있고, 이들은 서로 다른 통찰력을 줄 수 있다는 것을 파악하게 될 것이다. 우리의 목표는 일련의 다른 척도를 제시하는 것이다. 이로써 당신은 전체 그림을 볼 수 있고 당신 자신의 판단을 내릴 수 있을 것이다.

소득 1년이나 특정 기간 동안 받는 돈

그림 13-1 | 미국의 소득분포

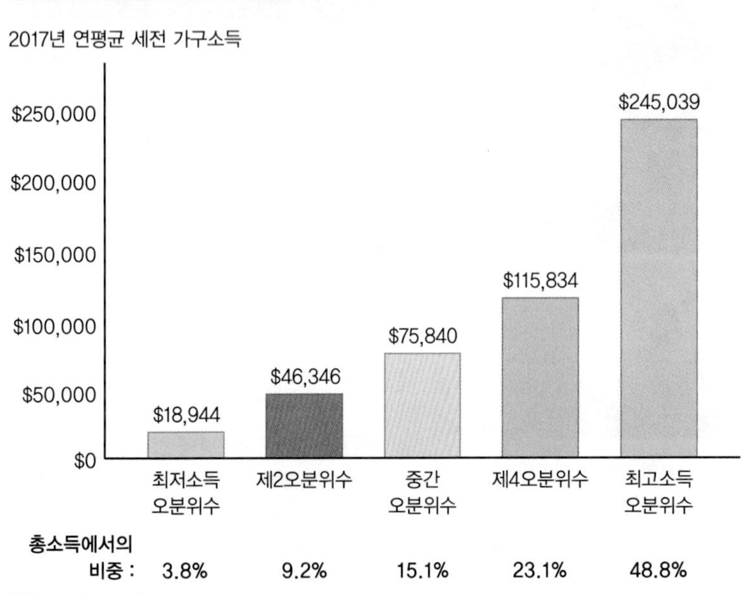

출처 : U.S. Census Bureau.

그림 13-2 | 소득분포 변화 추이

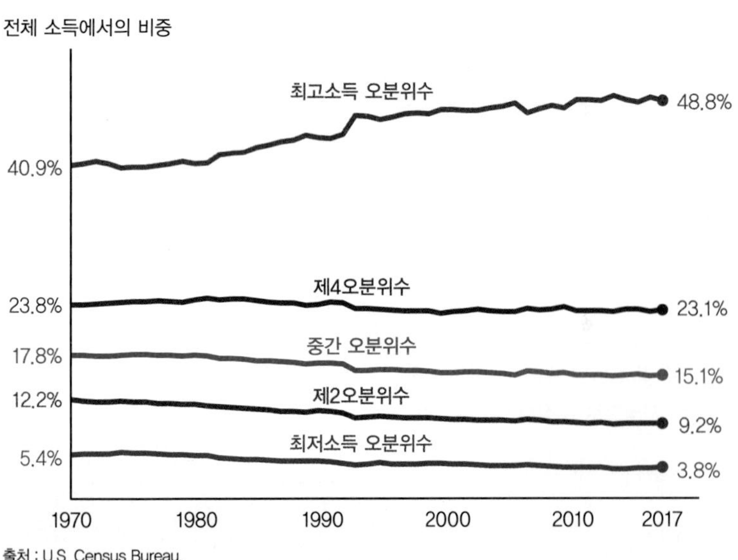

출처 : U.S. Census Bureau.

소득불평등

미국에 어느 정도의 소득불평등이 존재하는지와 이것이 어떻게 변화하고 있는지를 파악하기 위해 자료를 보자. 다음에 우리는 전 세계의 불평등을 살펴볼 것이다.

소득은 불평등하게 분포되어 있다. 소득(income)이 의미하는 바가 무엇인지 분명히 해보자(소득은 당신이 1년이나 특정 기간 동안 받는 돈이다). 소득분포를 분석하기 위해 우리는 가구를 저소득부터 고소득으로 분류한 다음 이를 5개의 오분위수라는 동일 크기의 그룹으로 나눈다. 그림 13-1에서 가장 왼쪽의 막대는 저소득 오분위수 가구의 연평균 소득이 1만 8,944달러라고 보여준다. 이들을 다 합치면 최하위 오분위 그룹은 전체 소득의 3.8%를 받는다. 또 다른 극단에서 가장 오른쪽 막대기는 최상위 소득 오분위수의 연평균 가구소득이 24만 5,039달러라는 것을 보여준다. 이들의 소득을 모두 합치면 최상위소득 오분위수는 미국 전체 소득의 거의 절반(48.8%)을 벌고 있다.

소득불평등은 증가세를 보인다. 그림 13-2는 각 오분위수의 소득 비중이 1970년대 이후 어떻게 변해왔는지를 보여준다. 가장 큰 변화는 최고 소득계층에서 나타난다. 최고소득 오분위수의 소득 비중은 1970년 40.9%에서 2017년 48.8%로 증가하였다. 다른 오분위수의 소득 비중은 감소하였다.

최저 오분위수의 소득 비중은 많이 변하지 않은 것 같지만 압축된 척도가 당신의 눈을 속이지 않도록 조심하라(이 비중은 5.4%에서 3.8%로 거의 3분의 1이 떨어졌다). 그러나 이것이 소득이 실제로 감소했다는 의미는 아님을 인식하는 것이 중요하다. 이는 비중은 낮아졌지만 파이의 크기가 커졌기 때문이다. 이 기간 동안 많은 가정의 소득은 증가하였지만 소득분포 상위에 있는 가정의 소득이 가장 빠르게 증가하였다. 이는 미국에서 거둔 전체 소득에서 이들이 차지하는 비중이 증가했음을 의미한다.

부익부 현상이 나타난다. 부자는 인구 비중이 낮지만 전체 소득에서는 눈에 띄게 높은 비중을 차지한다. 상위 5% 가구가 전체 소득의 3분의 1 이상(정확히 38.1%)의 소득을 받는다. 상위 1%는 5분의 1 이상을 받으며, 상위 0.1%는 전체 소득의 10분의 1 이상을 벌고 있다.

그림 13-3은 역사적 렌즈를 넓혀 지난 1세기 동안 분포 상위 계층의 소득 비중을 추적하고 있다. 현재의 불평등 수준은 역사적으로 정상치에 비해 높으며 우리는 1920년대에 유사한 불평등 수준을 목격한 바 있다. 불평등은 1950년대까지 연속적으로 감소하였으나 1980년대부터 최근의 장기적인 증가세가 시작되었다.

미국은 다른 선진국보다 불평등이 심하다. 미국의 소득분포를 다른 선진국가와 비교해보자. 그림 13-4의 각 막대그래프는 열 번째 백분위수(국가 인구의 10%만이 더 낮은 소득을 갖는다는 의미)에 있는 사람들의 소득에서부터 90번째 백분위수(이는 단지 인구의 10%만이 더 높은 소득을 갖는다는 의미)의 소득까지 나타내고 있다. 이들 국가 중에서 이 두 극단의 소득 격차가 가장 큰 나라는 미국이다. 미국은 다른 국가에 비해 부익부 현상이 두드러진다.

세계 소득분포는 더 불평등하다. 지금까지 우리는 한 국가 내에서 고소득 가구와 저소득 가구 간의 격차에 초점을 맞춰왔다. 그러나 고소득 국가와 저소득 국가 간의 격차는 훨씬 더 크다. 결과적으로 전 세계의 소득불평등 수준은 개별 국가 내에서 나타난 것보다 훨씬 더 크다. 그림 13-5는 세계 소득분포를 보여주고 있다. 각 연간 소득 수준에 따라 세계 인구 비중을 그래프로 그린 것이다. 이 그림을 읽을 때 조심해야 하는 점은 수평축이 절대 척도가 아니라 비례 척도(ratio scale)라는 것이다. 세계 인구의 상당수가 연간 1,000달러보다 낮은 소득으로 살아가고 있다. 사실 많은 사람은 연간 단지 몇백 달러를, 또는 하루나 이틀에 1달러를 벌고 있다. 이러한 세계적인 맥락에서 살펴볼 때 미국의 극빈층조차도 인도, 중국 그리고 다른 개발도상국 국가의 근근이 살아가는 수십억 인구에 비하면 유복한 편이다.

불평등에 대한 대안적 척도

지금까지 우리는 연간소득을 기준으로 불평등을 살펴보았다. 그러나 연간소득이 생활 수준이나 구매력 또는 기

그림 13-3 | 소득 비중의 증가는 상위계층 몫이다

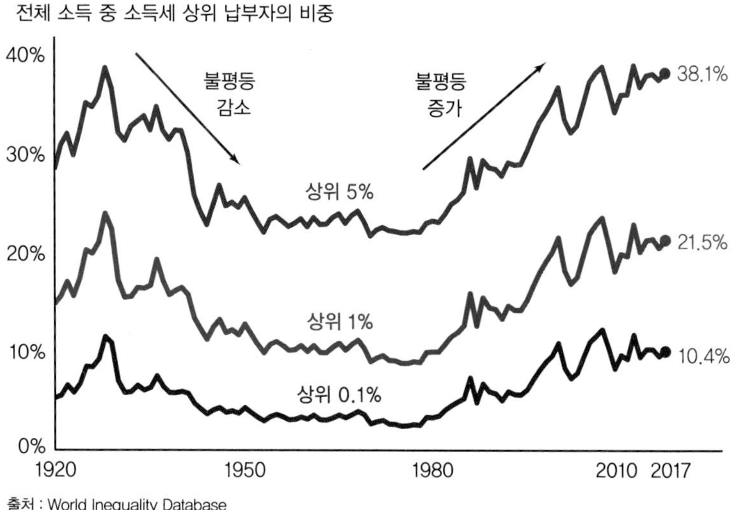

출처 : World Inequality Database

그림 13-4 | 국제 소득불평등 비교분석

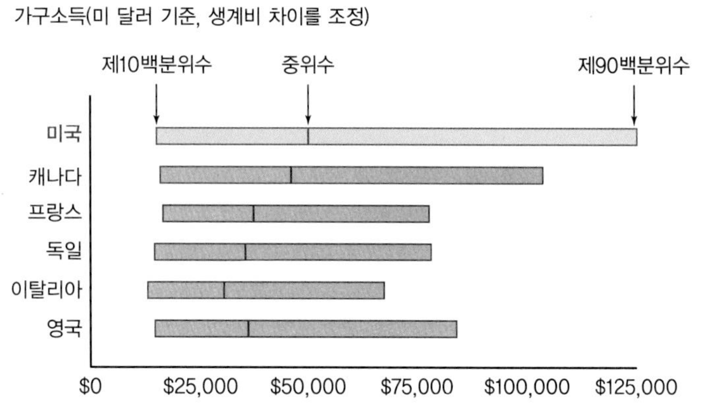

출처 : Luxembourg Income Study, Wave IX(~2013).

그림 13-5 | 세계 소득분포

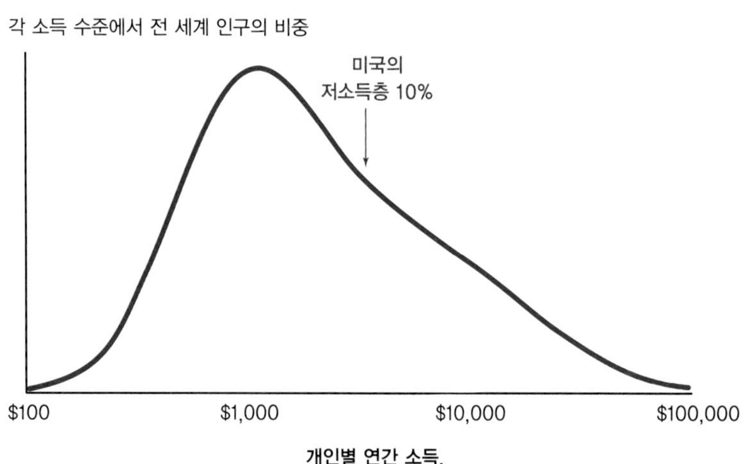

2016년 자료 출처 : Branko Milanovic, Global Inequality : A New Approach for the Age of Globalization, 2018.

회를 나타내는 최선의 지표는 결코 아니다. 소득은 많은 사람들의 경우 매년 바뀌며 사람들은 저축액이나 미래에 더 벌 수 있는 능력 등에서 차이가 난다. 예를 들어 당신이 대부분의 학생들과 같다면 쌓아놓은 저축은 거의 없고 현재 소득은 낮다. 그러나 지금으로부터 5년 후 당신은 아마 지금보다는 훨씬 많이 벌고 있을 것이다. 오늘날 학생으로서 당신은 당신의 숙련기술 세트를 쌓는 일에 초점을 맞추고 있다. 이는 당신이 앞으로 더 많이 벌 것으로 기대하기 때문이다. 당신은 또한 많은 업무경험이 없고 젊다. 18세부터 전일제로 일하여온 50대 어른을 만난다고 상상해보라. 만일 그분들이 당신이 올해 버는 것과 같은 연간 소득을 벌고 있다면 두 사람 간 불평등이 존재한다고 생각하는가? 만일 그분들이 소득은 없고 200만 달러 상당의 가치가 있는 포트폴리오 투자와 저축을 하고 있다면 어떠한가?

이 질문에 대한 정답은 존재하지 않는다. 이 질문들은 단지 불평등에 대한 다른 사고방식을 대변하고 있는 것이다. 이를 자세히 살펴보자.

재산 현재 보유하고 있는 저축, 자동차, 주택 등을 포함한 모든 자산

재산불평등은 소득불평등보다 훨씬 심하다. 당신의 전체 구매력과 경제적 자원은 소득보다는 재산(또는 부)이 더 잘 대변해준다. **재산**(wealth)은 당신이 현재 보유하고 있는 모든 자산(저축, 자동차, 주택 등을 모두 포함)을 가리킨다. 재산은 저량(stock)으로 간주된다. 이는 어떤 특정 시점에 측정되고 그 당시에 보유하고 있는 재산의 액수를 나타낸다. 반면 소득은 돈이 시간이 지나면서 흘러들어오는 것이므로 유량(flow)이다.

그림 13-6 | 재산분포

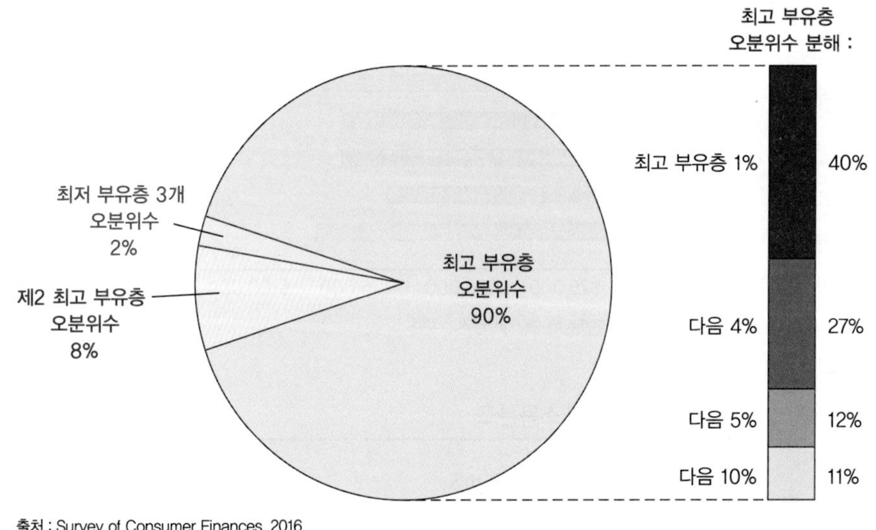

출처 : Survey of Consumer Finances, 2016.

재산은 소득보다 훨씬 불평등하게 분포되어 있다. 그림 13-6은 모든 가구를 재산 기준으로 정리하고 있다. 하위 3개 오분위수는 전체 재산의 단지 2%만을 차지한다. 반대쪽 극단을 보면 전체 재산의 90%는 최고 부유층 오분위수가 보유하고 있다. 심지어 이들 최고 부유층 내에서도 재산은 극히 불평등하게 분포되어 있다. 사실 전체 가구 중 최고 부유층 1%(평균 재산액이 2,500만 달러)가 전체 재산의 40%를 보유하고 있다. 다음 그룹을 합하면 최고 부유층 5%는 전체 재산의 67%를 차지한다. 모두 합하여 볼 때 백만장자(최고 부유층 10%)들은 전체 재산의 약 79%를 보유하고 있다. 이러한 불평등은 재산이 축적되며 다음 세대로 전수된다는 사실을 반영하는 것이다.

평생소득 평균적인 생애소득

평생소득이 생활 수준을 측정하는 더 나은 척도일 수 있다. 경제학자들은 사람들의 생활 수준은 대개 어떤 한 해의 소득보다는 **평생소득**(permanent income)을 반영하고 있다고 믿는다. 이는 당신의 평균적인 생애소득이다. 일부 소득불평등은 당신의 장기적 경제 상황을 반영하지 않는 일시적인 부침을 반영하므로 연간 측정된 소득에서보다는 평생소득에서 불평등이 적다. 아울러 해가 거듭하면서 명백한 패턴이 생긴다(사람들은 젊었을 때 적게 벌고 더 나이가 들고 경험이 많아지면 더 많이 번다). 그러므로 일부 불평등은 젊은 사람들과 나이 든 사람들 간의 차이를 반영한다.

사람들은 돈을 빌리고 저축하기도 하기 때문에 연간소득은 평생소득에 비하면 당신이 얼마나 소비할 형편이 되는지를 미리 말해주는 훌륭한 예언가는 아니다. 예를 들면 대학생으로서

당신은 50대에 당신과 같은 소득을 버는 사람에 비해 돈을 빌리는 것이 더 일리가 있다. 이는 최고 높은 소득을 벌 수 있는 시기가 당신 앞날에 놓여 있기 때문이다. 이는 당신은 미래로부터 돈을 빌려 현재 더 많이 소비할 수 있으며, 그래도 미래에는 여전히 더 많은 소비를 할 수 있다는 것을 뜻한다. 비슷하게 당신은 재정적으로 형편이 좋을 때 항상 저축을 해야 한다. 이는 상황이 좋지 않을 때 당신은 저축을 쓸 필요가 있기 때문이다. 저축은 우리 모두가 직면하는 소득 충격을 평탄화하는 것을 도와준다.

소득보다는 지출 불평등이 덜하다. 대안적인 접근방식은 당신의 생활 수준이 실제로 구매하여 소비하는 재화와 서비스에 의해 결정되므로 생활 수준의 불평등은 사람들이 벌어들이는 것보다는 지출에 초점을 맞출 때 더 잘 측정될 수 있다. 그림 13-1에서 우리는 인구 중 제1 오분위수가 최저 오분위수보다 13배 많은 소득을 받는다는 것을 보았다. 그러나 지출의 차이는 이보다 훨씬 덜 극명하다. 최고 오분위수는 최저 오분위수보다 약 네 배 지출이 많다. 당신은 아마 이 이유가 최고 소득 가구들이 저축을 더 많이 하기 때문이라고 생각할 것이고, 이는 옳다. 그러나 측정되는 소득불평등의 상당 부분을 소득이 일시적으로 많거나 적은 사람들이 이끌고 있다. 일시적으로 높은 소득을 올리는 사람들은 좋은 시절이 오래 지속되지 않을 것이라는 점을 잘 알기 때문에 저축을 한다. 이러한 사람들이 더 절제된 지출 습관을 유지하므로 소비 불평등이 덜한 것이다.

세대 간 이동과 기회의 불평등 현재소득, 평생소득, 소비, 그리고 재산의 불평등은 모두 결과의 불평등에 관한 사례들이다. 우리는 기회의 불평등을 어떻게 측정할 수 있는가? 많은 사람들은 당신이 빈곤층, 중산층, 상류층 가족에 태어났는지 여부와 상관없이 성공을 위한 동일한 기회가 있어야 한다고 믿는다. 이는 당신의 경제적 환경이 부모의 경제환경으로부터 독립적인 정도를 나타내는 **세대 간 이동**(intergenerational mobility)에 초점을 맞추는 것을 제안한다. 신중한 연구들에 의하면 부모님들이 누린 경제적 우위 또는 열위의 약 절반은 당신에게 전달된다는 것이다. 예를 들면, 당신의 부친이 전형적인 아빠보다 약 80% 더 소득이 높다면, 평균적으로 당신과 같은 자녀들은 전형적인 자녀에 비해 40% 소득이 더 높을 것이다. 경제적 열위도 비슷하게 부모로부터 자녀에게 전달된다. 그러므로 당신의 부모가 중요하다. 그러나 당신 자신의 노력, 투자 그리고 행운도 역시 중요하다. 당신은 아마 미국이 '기회의 나라'라고 묘사된다고 들었을 것이다. 그러나 이러한 자화상에도 불구하고 미국은 호주, 캐나다, 프랑스, 독일, 또는 스웨덴보다 세대 간 이동이 덜하고 영국과 대략적으로 비견할 만한 수준이다. 그러나 미국 내에서조차도 세대 간 이동은 차이가 많이 나고 있다. 연구 결과에 따르면 저소득층 가구에서 성장한 자녀가 소득 분포상 최고 소득 오분위수가 될 가능성은 미국의 도시 간, 심지어는 도시 내 이웃에 따라 다르다. 이 연구는 당신의 성장기의 이웃이 당신의 성인 시점의 결과에 큰 영향을 미칠 수 있다. 당신의 성장기의 이웃의 세대 간 이동에 대해서는 알아보려면 opportunityatlas.org를 찾아볼 수 있다.

세대 간 이동 자녀의 경제적 지위가 부모의 경제적 지위로부터 독립적인 정도

자료 해석 **사람들은 왜 불평등 정도에 관해 의견이 불일치하는가?**

당신은 이제 미국의 경제적 불평등 정도에 대하여 탄탄한 이해력을 갖추고 있다. 그리고 이 이해력은 우리 시대 가장 치열한 정치적 논쟁의 일부를 해결하는 데 매우 중요하다.

그림 13-7의 맨 윗부분 막대기는 실제 재산 분포를 보여주고, 다음의 막대기는 사람들에게 재산 분포가 어떠할 것으로 생각하는지 설문조사한 결과를 보여준다. 이 막대기를 비교해 보면 우리는 사람들이 재산 불평등의 정도를 정확히 인식하지 못하고 있다는 것을 알게 된다.

그림 13-7 | 재산 분포

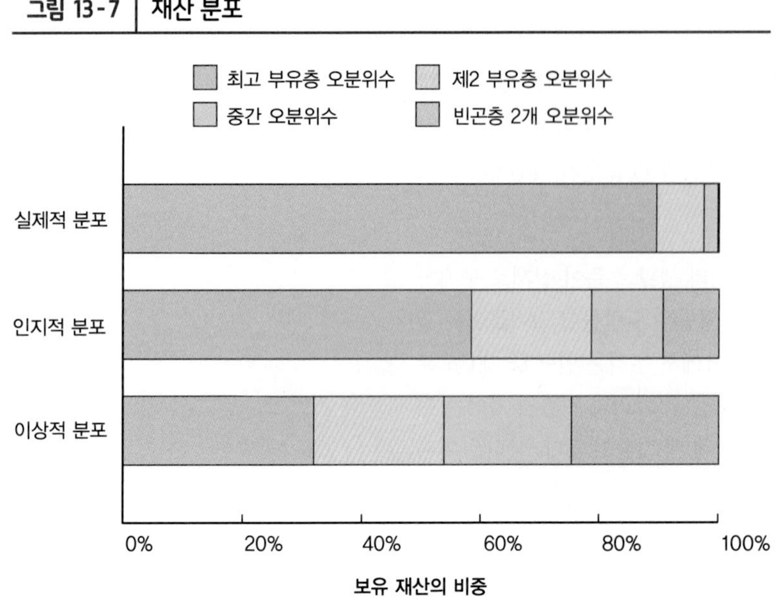

출처 : "Building a Better America-One Wealth Quintile at a Time," by Michael A. Norton and Dan Ariely, 2011.

사람들은 부유층이 전체 재산의 큰 몫을 지니고 있다는 것은 알지만 그 비중이 얼마나 한쪽으로 치우친 상태인지에 대해서는 과소평가하고 있는 것이다.

동일한 설문조사에서 사람들이 생각하는 이상적인 재산 분포를 물었고 이 맨 아래 막대기에서 사람들은 재산이 사람들 사이에서 동등하게 분배되길 선호한다는 것을 시사하고 있다. 종합해보면 우리는 한편으로 불평등 논쟁이 사람들이 원하는 것에 대한 차이로 촉발되기도 하지만 일부는 사람들의 사실에 대한 지식 부족에 의한 것이라는 점을 알 수 있다. ■

메타 관찰(종합적 관찰)에 의한 복습 : 경제학자들이 사실을 조사하는 방법 이 시점에서 생각할 때 불평등을 측정한다는 것이 쉬운 과업이 아니라는 것이 명백하며 이 때문에 사람들이 단지 한 가지 통계만을 보거나 들으면 쉽게 오도될 수 있다. 사실 만일 당신이 누군가에게 당신의 견해를 설득하길 원한다면 어떤 통계가 다른 것보다 당신의 입장에서 볼 때 더 나은 것을 알게 될 것이다. 이 점이 사람들이 종종 자신에게 유리한 통계를 좋은 것으로 선별하는 이유인데 바로 이 때문에 당신이 읽고 듣는 것을 항상 믿을 수는 없는 것이다.

경제학자들이 새로운 분야를 배우고자 할 때 종종 사용하는 다음의 처방전을 적용함으로써 당신이 불평등에 대한 훌륭한 이해를 얻을 수 있었음에 주목하라.

- 불평등의 현 수준을 조사하였다.
- 누가 불평등으로 더 또는 덜 영향을 받는지를 알기 위해 더 심층 분석하였다.
- 불평등이 시간이 흐름에 따라 어떻게 달라졌는지 분석하였다.
- 국가별로 불평등을 비교하였다.
- 우리 결론의 강건성을 대안적인 개념화, 정의 그리고 불평등 척도를 사용해 재검증하였다.

이것은 당신이 평생 직업활동을 하는 동안 엄청나게 도움이 될 처방전이다. 이 처방전에 쓰인 '불평등'이란 단어 대신 임금, 국제무역, 조세, 자전거 통근, 채식주의, 또는 당신이 배우고자 하는 새로운 이슈로 대체하라. 그러면 당신은 금방 전문가가 될 것이다.

13.2 빈곤

학습목표 빈곤의 정도와 영향을 측정한다.

좋다. 지금까지 우리는 불평등을 분석하였다. 그러나 불평등은 두 가지 현상, 즉 부자의 풍요와 빈자의 빈곤을 반영한다. 많은 사람은 빈곤이 더 중요한 현상이라고 주장한다. 그러므로 이제 우리의 처방전을 빈곤의 핵심 사실을 이해하는 데 적용해보자.

빈곤의 정의

만일 우리가 빈곤을 측정한다면 우리는 그것에 대한 정의부터 시작해야 한다. 그러나 빈곤을 정의하는 것은 단순한 작업이 아니다. 사실, 이는 놀라울 정도로 논란이 많다. 모든 국가는 빈곤을 다소 다르게 정의하며 심지어 미국 내에서도 하나 이상의 정의가 존재한다.

공식적으로 미국에서 당신 가족의 소득이 **빈곤선**(poverty line)보다 아래에 있으면 당신은 빈곤에 처해 있는 것이다. 이 빈곤선은 다소 자의적인 문턱이다. 그것은 원래 1963년에 설정되었고 1955년의 식품 구매자료를 사용하였다. 그 당시에 가족 소득의 3분의 1을 식품에 지출하였고 따라서 빈곤선은 저비용 식단을 꾸리는 비용의 세 배로 설정되었다. 이후 빈곤선은 인플레이션을 감안하여 갱신되었다. 2018년 4인 가족의 연방 빈곤선은 가구소득 2만 5,700달러이며, 2인 가족의 경우 1만 6,300달러이다. 이 선은 부양하는 가구원 수에 따른 비용을 반영하도록 다르게 설정된다.

빈곤선 이보다 낮으면 가구가 빈곤에 처하는 것으로 정의되는 소득수준

얼마나 많은 사람이 빈곤에 처해 있는가 공식적인 **빈곤율**(poverty rate)은 가구소득이 빈곤선보다 밑에 있는 사람들의 비중이다. 2017년 빈곤율은 전체 인구 중 12.3%였다. 이는 약 8명 중에 한 명은 빈곤에 처해 있다는 것을 의미한다.

빈곤율 가구소득이 빈곤선보다 낮은 사람들의 백분율

공식 빈곤율은 시간에 따라 크게 변하지 않았다. 비록 지난 40년 동안 전체 인구의 평균소득은 두 배가 되었지만, 그림 13-8은 소득이 공식적인 빈곤선보다 적은 사람들의 비중이 같은 40년 동안 약 7분의 1의 수준에서 대체적으로 안정적인 것을 보여준다. 이는 소득분포의 최저 수준에 있는 사람들은 지난 40년간 번영을 함께 누리지 못했다는 것을 시사한다.

공식적인 빈곤율은 주로 시장에서 벌어들이는 소득의 척도를 사용하여 계산된다. 이 때문에 공식적인 빈곤율은 세액공제와 빈곤층 지원을 위한 정부 정책상의 여러 가지 혜택들을 반영하지 못한다. 결과적으로 공식적인 빈곤율은 빈곤층에 주어지는 가용자원을 적절히 포착하지 못한다. 그러나 공식빈곤율은 정부 개입이 없다면 무슨 일이 생길 수 있는지를 나타내는 유용한 정보를 제공한다.

그림 13-8 | 공식 빈곤율

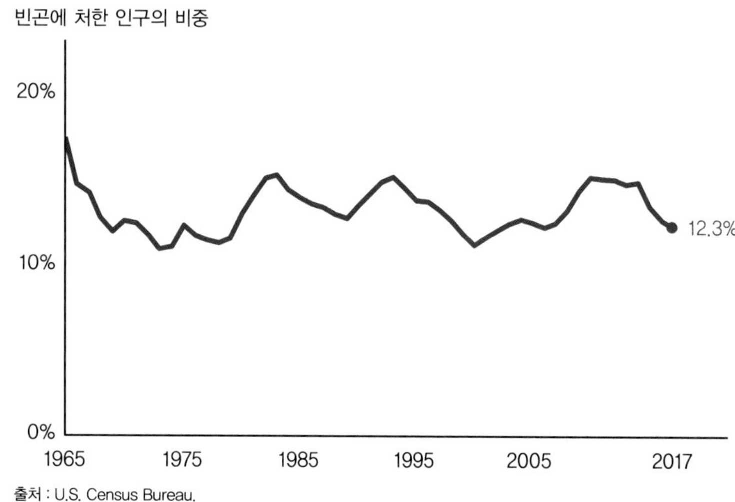

출처 : U.S. Census Bureau.

절대빈곤과 상대빈곤

공식적인 미국 빈곤율은 오늘날의 사람들을 1950년대의 생활 수준과 비교한다. 장기간에 걸쳐 비교분석을 할 때 이것이 무엇을 의미하는지 이해하기 위해서 빈곤을 측정하는 다른 두 가지 방법을 살펴보자. **절대빈곤**(absolute poverty)은 절대적 또는 불변 기준에 의해 자원의 적정성을 판단한다. 이러한 견해를 따르면 전 세계적으로 보편적이고 시간이 흘러도 변하지 않는 기초적 필수 요구사항의 기준을 가정하고, 빈곤선은 사람들의 기초적 필수 사항들이 해소되었는지 여부를 측정한다. 이 견해를 따르면 빈곤선은 미국에서나 잠비아에서나 같아야만 하고 오늘날이나 선사시대나 같아야 한다.

절대빈곤 절대적 생활수준과 비교하여 자원의 적정성을 판단한다.

다른 견해는 **상대빈곤**(relative poverty)으로 이는 당신이 살고 있는 동시대 사회의 물질적 생활 수준과 비교하여 상대적인 빈곤을 판단한다. 이 견해를 따르면 빈곤은 필요욕구에 대한 물리적 척도에 관한 것만은 아니고 당신이 사회에 참여하기 위해 필요한 자원을 확보하고 있는지 여부에 관한 것이다. 필수적이라고 생각되는 것은 공동체의 다른 모든 사람들이 확보하고 있는 것에 따라 다른 것이다.

상대빈곤 당신과 동시대 사회의 물질적 생활수준과 비교하여 빈곤을 판단한다.

사실 대부분의 사람들은 빈곤을 측정하는 합리적 방안으로 절대와 상대 사이의 것을 고려하고 있다. 그러나 이 두 가지 사이의 어디에 선을 그어야 하는지는 열띤 토론의 주제이다.

그림 13-9 | 4인 가족의 대안적인 빈곤선

빈곤을 회피하기 위해 필요한 연간소득, 인플레이션 조정

$60,000
$40,000
$20,000
$0
1947 1957 1967 1977 1987 1997 2007 2017

일반 공공 의견 : 여러분 동네에서 4인 가족이 살아가는 데 필요한 최소 금액은 얼마인가? $61,000

4인 가족을 위한 중위 가족소득의 절반 $38,000

공식 빈곤선 $25,700

출처 : Census Bureau; Gallup.

미국의 빈곤선은 절대적인가 아니면 상대적 기준인가 공식적인 미국의 빈곤선은 상대적 그리고 절대적 기준의 두 가지 속성을 모두 지니고 있다. 이는 미국이 부자 국가라는 사실을 반영하는 수준에 설정되어 있다는 점에서 상대적이다. 그러나 기술적으로 이것은 절대빈곤선이다. 왜냐하면 그림 13-9가 보여주듯이 그것이 50여 년 전의 절대적 수준으로 설정되어 있기 때문이다. 이것이 1963년에 설정된 이후 오직 인플레이션에 대해서만 조정되었다. 이는 1963년 살 수 있었던 동일한 재화 묶음을 살 수 있다는 것을 의미한다. 이러한 접근의 장점은 이것이 시간을 통틀어 얼마나 많은 사람이 이 불변 기준 이하에 처해 있는지를 추적한다는 점이다. 단점은 생활수준이 시간이 흐름에 따라 개선되었고 우리 사회가 점점 더 번영함에 따라 이 기준은 적정성이 감소한다는 점이다. 예를 들어 1960년대에 빈곤하지 않은 사람들 중 일부는 집에 전화나 수도가 없었다. 그러나 이러한 현대 편의설비는 오늘날 훨씬 더 흔하게 주어져 있다.

상대적 빈곤 척도에 따르면 더 많은 사람이 빈곤에 처해 있다. 그렇다면 우리는 어떻게 우리의 향상되는 번영 수준에 맞춰 상대적 빈곤선을 설정할 것인가? 한 가지 일반적인 상대빈곤 척도에 의하면 당신 가족소득이 중위 가족소득 절반 아래에 있다면 당신은 빈곤에 처해 있다고 말한다. 사실 그림 13-9에서 보듯이 4인 가족 공식 빈곤선이 설정된 시점에 이는 대략적으로 중위 가족소득의 절반과 같았다. 시간이 흐르면서 중위 가족소득이 증가했다는 사실은 중위소득의 절반이 3만 8,000달러까지 지속적으로 증가했다는 것을 의미한다. 미국의 공식 빈곤선이 1960년대 중반 중위소득의 절반이라는 사실은 공식 빈곤선을 상대척도로 만드는 것이다. 공식 빈곤선이 그 수준에 고정되어 있고 미국 소득이 계속 성장했다는 사실은 공식 빈곤선을 절대척도로 만드는 것이다.

상대빈곤을 측정하는 또 다른 접근방식은 사람들이 '살아가는 데 필요한' 적정 수준을 무엇이라 생각하느냐에 관해 일반 대중 대상으로 설문조사를 하는 것이다. 그림 13-9는 평균 반응은 우리 사회가 더 부유해지면서 증가했다는 것을 보여준다. 이는 대부분의 사람들은 최저 소득요구액을 그들이 살고 있는 동시대 사회 기준에 비교하는 상대적인 것으로 보고 있다는 것을 시사한다.

이들 대안적인 빈곤선 중에서 어느 것이 당신에게 가장 일리가 있다고 생각하는가?

Ann Kirby-Payne

이 금액으로 살아간다는 것이 무엇을 의미하는지 생각해 보라.

범세계적 시각에서 절대빈곤 국제연합과 세계은행은 일당 1.90달러를 절대빈곤선으로 초점을 맞추고 있다. 그들은 이것이 현대에 있어서 인간 생존에 필요한 최소한이라고 계산한다. 범세계적으로 8억 9,600만 명(개발도상국 국민의 15%를 포함)이 빈곤선 아래에 있다. 또 다른 대안 빈곤선인 일당 3.10달러 아래로 하면 빈곤층에 속하는 전 세계 사람들의 수는 21억 명으로 전 세계 인구의 약 3분의 1까지 증가한다.

자료 해석 **가난한 사람들의 삶**

이렇게 가난하다는 것이 무엇을 의미하는가? 인도 우다이푸르라는 곳에서 가난한 사람들을 대략적으로 대표하는 부부인 아누퍼나와 라자의 경제적 삶을 조사해보자. 아누퍼나와 라자는 둘 다 그들의 토지를 경작하고 있다. 라자도 역시 노동자로서 일을 하고 있다. 근처에 일거리가 없을 경우 그는 몇 달 동안 다른 곳으로 떠돌면서 일을 하여 변변치 않은 임금을 집으로 보내주고 있다. 아누퍼나도 아울러 사업가로서 사리를 만들어 팔고 있다. 둘 다 문맹이다. 그들은 세 자녀 그리고 라자의 어머니와 같이 전기, 화장실, 수돗물이 모두 없는 방 2개 있는 집에 살고 있다. 그들 가구소득의 3분의 2는 식비에 들어가므로 다른 데에 쓸 돈은 거의 없다. 침대가 하나 있으나 의자도 탁자도 없다. 그들의 잘 사는 이웃은 라디오와 자전거가 있지만 이들에겐 없다. 기근이 주요 걱정거리이며 버는 것이 거의 없을 때 하루 종일 음식 없이 지내게 된다. 점점 더 자주 그들은 배고픔을 피하기 위해 필요한 양보다 적게 먹으면서 살아가고 있다. 가난이 주는 결핍 중에 이것이 가장 힘든 것이고 아누퍼나는 배가 고플 때 맑은 정신을 갖기 힘들다고 말한다. 아누퍼나는 과소체중에 빈혈이 있다. 그녀와 라자 그리고 아이들은 자주 병에 걸리거나 약하다. 그러나 그들은 비용이 비싸서 치료를 받을 생각을 거의 못한다. 불평하는 대신 라자는 마을의 아이들 중 8분의 1은 5세 이전에 사망하는 것을 감안하여 자녀들의 건강에 대해 감사하게 생각하고 있다. ■

raffaele meucci/AGE Fotostock

그녀는 열심히 일하지만 가진 것이 거의 없다.

미국 빈곤층은 세계 빈곤층에 속하지 않는다. 범세계적 빈곤선인 하루 1.90달러는 극심한 빈곤의 척도이다. 이 척도는 또한 미국에 유용한 벤치마크이기도 하다. 연구자들은 미국에서 그러한 극단적 빈곤은 최근 수십 년 동안 증가하였다는 점을 보여주고 있다. 그러나 극단 빈곤층에 있다는 대부분의 미국 가족들은 여러 종류의 지원을 받거나 또는 그러한 극단적 빈곤 상태에서 단지 몇 개월만 보낼 뿐이다.

대부분 미국과 다른 선진국에서 빈곤과 싸우는 사람들은 개발도상국 세계에서 싸우고 있는 사람들에 비해 잘 사는 편이다. 사실 개발도상국 세계에 사는 사람의 95% 이상은 미국의 공식 빈곤선보다 낮은 소득으로 살아가고 있다. 더구나 대부분의 인류 역사를 통틀어 거의 모든 사람(심지어 부유한 국가의 사람들조차)은 공식적인 미국 빈곤선보다 적은 소득으로 살았다. 범세계적 또는 역사적 맥락에서 볼 때 미국 소득분포의 맨 아래에 있는 사람들조차 많은 것을 보유하고 있다. 이 점은 미국에서는 상대빈곤에 초점을 맞추는 것이 일리가 있다는 점을 시사한다.

경제학 실습

빈곤선은 '살아가는 데 필요한' 것에 관한 일반인의 의견에 기초해야 한다고 믿는다면, 공식적인 통계가 측정하는 것보다 빈곤 상태에 처해 있는 사람이 더 많은가 아니면 더 적은가? ■

정답 : 더 많다. 대안적인 빈곤선인 6만 1,000달러는 공식적인 빈곤선 2만 5,700달러보다 더 높고(그림 13-9를 참고하라) 따라서 더 많은 사람이 그보다 아래에 속한다. 대략적으로 미국인 여덟 명 중 한 명은 공식적 빈곤선 아래에 속하지만 약 세 명 중 한 명이 이 대안선 아래에 속한다.

미국의 빈곤 발생 정도

미국에서 빈곤 측정 방식에 대한 의견 불일치가 있지만 어느 빈곤 척도를 사용하느냐에 상관없이 적용되는 몇 가지 사실이 있다. 첫째, 빈곤 상태에 있는 사람들의 대부분은 나머지 여생의 상당 기간도 빈곤 속에 보낸다는 것이다. 그러나 대부분의 사람들은 생애기간 동안 일부의 시간만 빈곤 속에 보낸다. 둘째, 어린이들과 미혼모들이 빈곤에 처할 가능성이 제일 높다. 셋째, 유색인종들은 가난을 경험할 가능성이 더 높다. 이들 각각의 사실을 좀 더 자세히 살펴보자.

대부분의 빈곤은 단기적이다. 그러나 가장 빈곤한 사람들은 장기 빈곤 상태에 있다. 매년 수백만의 사람들이 빈곤 상태에 진입하거나 빈곤에서 탈출한다. 일부 사람들은 많은 시간을 빈곤 상태에서 보내지만 다른 일부는 어려운 시간에 잠시 떨어지거나 심지어 단기적으로 희생을 선택하기도 한다. 예를 들어 더 많은 교육을 추구하기 위해 소득을 포기하는 것을 들 수 있다(기숙사에 사는 대학생들은 자동적으로 공식 빈곤율에서 제외된다. 그러나 스스로 삶을 꾸려가는 대학생의 약 절반은 미국 공식 빈곤선 이하의 소득을 벌고 있다).

빈곤을 경험하는 기간과 평생 빈곤 사이에는 큰 차이가 있다. 대부분 빈곤 지속기간은 일시적이며 약 절반 정도는 1년 미만이다. 그러나 어느 특정 시점에서 장기 빈곤은 중요한 문제이다. 소득이 현재 미국 공식 빈곤선 미만인 사람들의 절반 이상은 빈곤 지속 기간이 8년 이상이 될 것이다. 즉, 장기 빈곤자는 작은 비중의 신참 빈곤자와 큰 비중의 기존 빈곤자로 구성된다. 일시적 빈곤과 장기적 빈곤 간의 구분은 빈곤이 재발된다는 사실에 의해 좀 더 복잡해진다. 빈곤을 탈출하는 사람들의 절반은 5년 이내에 빈곤으로 다시 복귀할 것이다.

그림 13-10 | 누가 빈곤에 처해 있는가

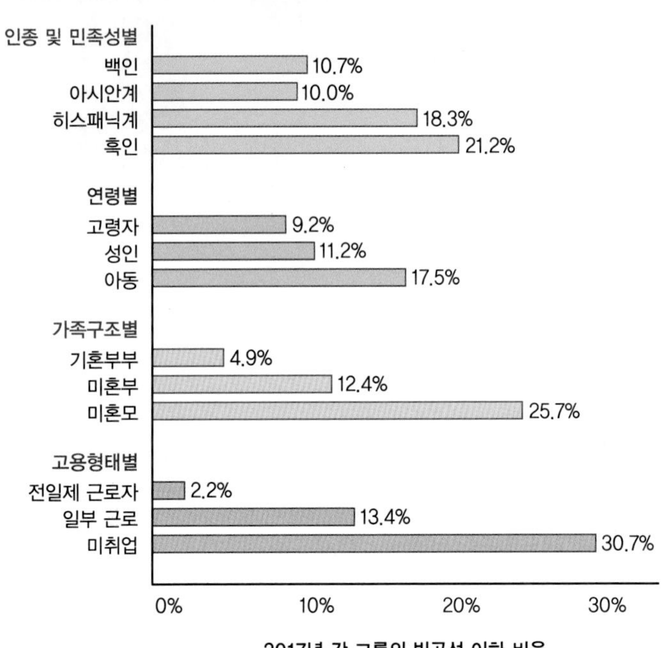

출처 : U.S. Census Bureau.

누가 빈곤에 처해 있는가 그림 13-10은 어떤 사람들이 다른 사람들보다 빈곤의 피해를 더 보고 있지만 어느 그룹도 빈곤으로부터 자유롭지 않다는 것을 보여주고 있다. 상단부의 막대그래프는 미국 공식 빈곤선 미만 소득을 지닌 사람들은 흑인이나 히스패닉계 중에서 비율이 더 높다. 이들은 백인이나 아시안계에 비해 두 배 이상 빈곤에 처할 가능성이 높다. 그렇다손 치더라도 당신은 빈곤한 사람들이 모두 소수집단이라는 정형화된 고정관념을 믿어서는 안 된다. 빈곤 상태에 있는 사람들의 약 5분의 3은 비히스패닉계 백인들이다.

그림 13-10의 두 번째 막대그래프 묶음은 빈곤이 연령에 따라 변한다는 것을 보여준다. 65세 이상 고령자는 사회보장연금이 소득을 측정할 때 포함되고 대부분 은퇴자들은 빈곤선 이상의 소득이 있기 때문에 빈곤율이 낮다. 반면 어린이들의 빈곤은 매우 보편적이며 아동 여섯 명 중 한 명은 빈곤가정에 속한다. 이는 당신과 당신의 어린 시절 친구들의 일부는 빈곤 상태에서 성장하였다는 것을 의미한다. 사람들이 이를 숨기고 있으나 상당수의 어린이들이 빈곤 상태에 있다는 사실은 대부분 공동체에서 현실이다.

세 번째 막대그래프군은 아동 빈곤의 한 요소를 보여준다. 편부모, 특히 편모는 매우 높은 빈곤율을 겪는다. 이는 단지 외벌이 소득만의 문제가 아니라 편부모의 경우 일과 육아 의무를 공 섞어 돌리기 묘기 부리듯 꾸려나가기 어려운 실행 계획상의 문제에 직면한다. 편부모 가정을 위한 소득기반 정부보조금은 이들이 가난에서 벗어날 만큼 관대하지 않다. 그림 13-10에 보인 빈곤의 인종, 민족성, 연령, 그리고 가정 구조별 집중은 오래 지속되는 현상이다.

더군다나 이러한 불리함은 누적되기 때문에 흑인 또는 히스패닉계 편부모 자녀의 거의 절반이 빈곤 상태에서 생활하고 있다. 빈곤의 원인을 좀 더 심층분석하면 전일제 고용의 부족이다. 그림 13-10의 아래 막대그래프군은 연중 전일제 일자리가 있는 성인의 경우 단지 2%만 빈곤 상태이다. 미취업이나 파트타임 또는 연중 한시 일자리를 지닌 경우 빈곤에 처할 가능성이 훨씬 더 높다.

빈곤은 언제 발생하는가 무엇이 빈곤의 지속을 촉발시키는가? 가장 큰 위험은 일자리를 잃는 것이다. 또 하나의 중요한 도화선은 이혼이나 별거이다. 이는 가구소득을 두 가정으로 나뉘게 한다. 어린이의 출생, 소득원의 죽음, 또는 청년의 자립 시도 등의 가구의 변화도 빈곤의 도화선이 될 수 있다.

이들 모두는 우리에게 정신이 번쩍 들게 하는 통찰력을 건네주고 있다. 우리 모두는 일자리 상실과 가족 구조의 변화를 포함하여 빈곤을 초래하는 위험에 취약하다는 것이다. 이들 위험은 충분한 경고 없이 닥칠 수 있다. 사실 모든 미국인의 절반 이상이 인생의 한 시점에서 빈곤을 경험할 것이다. 사회보험은 소득이 매우 적은 기간 동안 겪는 고통의 일부를 줄이기 위해 고안된 것이다. 다음으로 사회보험이 무엇이며 이것이 어떻게 작동하는지 살펴보자.

13.3 사회보험, 사회안전망 그리고 재분배 조세

학습목표 정부의 재분배 방식을 알아본다.

지금까지 보아온 숫자는 사람들의 세전소득에 관한 자료다. 일단 우리가 세금과 이전소득(정부가 일부 사람들에게 제공하는 현금, 재화 그리고 서비스)을 감안하면 불평등과 빈곤 모두 줄어든다. 이는 대부분의 정부들은 정부가 없었더라면 발생할 불평등과 빈곤을 줄이는 데 도움이 되는 활동을 하기 때문이다.

정부가 불평등과 빈곤을 줄이는 방식에는 여러 가지가 있다. 정부는 **사회안전망**(social safety net, 이는 정부가 소득분포 바닥에 있는 사람들의 삶을 지원하기 위해 제공하는 현금 지원, 재화와 서비스)을 위한 자금을 지원한다. 안전망의 일부는 당신을 실업, 질병, 장애 또는 저축 소진 등 불의의 결과에 대해 보증하는 정부 프로그램이다. 이들 프로그램은 보험이면서 민간 보험회사가 아니라 사회에 속한 모든 사람들에 의하여 사회적으로 제공되기 때문에 **사회보험**(social insurance)이라 불린다. 정부는 안전망(그리고 이것이 하는 모든 것)을 위한 자금을 조세를 통해 모은다. 이는 우리의 전체 조세체계가 누진적이므로 자체적으로 균등화시키는 힘을 발휘한다. **누진세**(progressive tax) 체계는 소득이 더 많은 사람이 소득의 더 많은 비율을 조세로 납부하는 경향이 있는 제도이다.

사회안전망 정부가 소득분포 바닥에 있는 사람들의 삶의 개선을 위해 제공하는 현금 지원, 재화와 서비스

사회보험 실업, 질병, 장애 또는 저축 소진 등 불의의 결과에 대비하기 위한 정부 제공 보험

누진세 소득이 많을수록 세율이 올라가는 세금

안전망, 사회보험 그리고 조세가 미국의 소득을 어떻게 균등화시키는지 살펴보자.

사회안전망

소득분포 밑바닥에 있는 사람들의 최소한의 물질적 생활 수준 확보에 도움이 되도록 정부는 사회안전망을 통해 이들에게 좀 더 명시적인 재분배를 실시한다. 주요 프로그램은 그림 13-11에 나열되어 있다.

이제 미국 사회안전망의 주요 특징을 분석해보자.

안전망은 재력 조사를 거친다. 혜택이 진정으로 궁핍한 사람에게 전달되도록 확인하기 위해 사회안전망 프로그램들은 **재력 조사**(means-tested)를 거친다. 이는 수혜 가능성이 당신의 소득에 의존한다는 뜻이다. 추가적으로 어떤 프로그램은 일은 없지만 재산이 많은 자들이 혜택을 받지 않도록 자산 조사도 한다.

재력 조사 소득 때로는 재산에 기초한 수혜 가능성 조사

연로자와 장애인은 추가보장소득(SSI)으로 보호된다. 근로가정은 근로장려세 세액공제(EITC)의 도움을 받는다. 편부모는 종종 복지제도에 의존하며 많은 실직자는 추가 영양지원 프로그램(SNAP, 많은 사람들이 이를 '식권'이라 부른다)의 도움을 받고 살아가고 있다. 메디케이드(Medicaid, 의료보호제도)는 각각 이들 그룹을 돕고 있다. 이론상으로 빈곤 상태에 있는 많은 사람이 주택 보조의 대상이 된다. 그러나 실질적으로는 긴 대기자 명단 때문에 실제로 이 혜택을 받는 사람은 드물다.

그림 13-11 | 미국 정부의 주요 재분배 프로그램

프로그램	내용	목표집단	수혜자 (100만)	수혜자 1인당 월 지출액
메디케이드 (Medicaid)	보건	부양 아동, 장애인, 고령자를 지닌 빈곤가정	80	$456
근로장려세 세액공제(EITC)	세금 환급	아동을 지닌 근로가족	27	$256
추가영양지원제도 (SNAP)	식품 구입용 현금인출 카드	모든 저소득 계층	46	$125
추가보장소득(SSI)	화폐	저소득 연로자 또는 장애인	8.4	$539
주택보조	임대료 보조	저소득 계층, 특히 연로자와 장애인 가족	5.1	$529
복지제도 (TANF)	화폐	아동을 둔 저소득 가족에 대한 일시 지원	4.1	$172

수혜자 및 비용 자료는 2014~2015년 기준이다. 프로그램은 총지출액 순이다.

이런 프로그램이 조각처럼 나뉘어져 있어 어떤 사람들은 틈새로 빠져 아무런 지원도 받지 못하는 반면 어떤 경우에는 여러 프로그램에 대한 수혜 자격을 지닌다.

안전망은 많은 가족을 도와 지원한다. 일단 프로그램 중복을 감안하면 3인 중 1인 내지 4인 중 1인은 현재 어떤 형태이건 지원을 받고 생활하고 있다. 더 큰 비율의 사람들이 생애 일정 시점에서 이 도움을 필요로 할 것이다. 만일 당신이 한 번도 혜택을 받아본 적이 없거나 주변이 이를 받는 사람을 알고 있지 않다면 이러한 점이 당신을 놀라게 할 것이다. 그러나 이는 아마도 많은 사람이 안전망에 의존하고 있는 것이 낙인이 된다고 생각하여 친구나 가족에게 이를 말하지 않기 때문이다.

안전망은 최소한의 지원을 제공한다. 그림 13-11의 전형적인 월 지급액이 특별히 관대한 것은 아니라는 점을 유념하라. 그러나 이들 안전망 프로그램은 종종 자녀를 둔 가족을 빈곤선 이상으로 높이기 충분할 만큼 지원을 제공한다. 빈곤율이 대부분의 이들 혜택을 제외하고 산정된다는 점을 기억하라[복지제도(TANF)나 추가보장소득(SSI) 같은 직접 현금지급은 포함된다. 그러나 다른 혜택은 제외된다]. 모든 혜택의 가치를 포함하면 빈곤에 처해 있는 자 중 3분의 1은 빈곤선 이상으로 올라간다.

안전망은 현금보조, 세액공제, 그리고 현물이전을 포함한다. 어떤 안전망 프로그램은 소득 또는 세금 감면을 제공하는 반면 특별한 재화를 제공하는 프로그램(때로 '현물이전'이라 부름)도 있다. 예를 들어 SNAP이라 알려진 식품지원 프로그램은 식품구매에만 사용 가능한 현금인출 카드를 제공한다. 주택바우처는 주거비 지출로만 쓸 수 있다. 그러나 많은 경제학자들은 이에 대해 의아하게 생각한다. 왜 동일한 혜택을 주는 현금지급 대신 현물급여로 사람들을 지원하는가? 결국 수혜자들은 식품이건 주택이건 그들이 가장 필요로 하는 것이 무엇이든 이를 구매하는 데 현금을 사용할 수 있다.

정부가 현금혜택 대신 현물급여를 제공하는 핵심 이유는 네 가지다. 첫째, 현금 대신 재화를 주는 것은 수혜자가 도박으로 돈을 허비하는 것과 같은 나쁜 선택을 하는 것을 방지한다. 둘째,

납세자는 수혜자가 더 행복하게 하는 것이 무엇일까보다는 무주택과 기근을 감소시키는 데 더 많은 관심을 갖는다. 셋째, 공공주택처럼 단지 빈곤한 사람들만 가치 있다고 생각하는 현물급여를 제공하는 것이 지원을 진정 필요로 하는 사람들만 그것을 얻게 할 가능성이 더 높다. 넷째, 육아지원와 같은 현물급여는 일에 대한 보완재이고 이는 수혜자가 일보다 안전망에 의존하게 할 유인을 상쇄시키는 데 도움이 된다.

일상경제학 **왜 부모들은 현금 대신 선물을 주는가?**

생일이 다가오면 많은 부모는 다소 정부와 같아져서 현금 대신 선물을 주는 것을 선호한다. 현금을 준다면 이를 완벽한 선물을 구입하는 데 쓸 수 있다는 사실에도 불구하고 말이다. 부모들이 이렇게 하는 데에는 몇 가지 이유가 있다. 아마 당신의 부모님들은 당신이 나쁜 선택을 하여 현금을 따스한 새 코트보다는 파티에 써버릴 것을 우려한다. 또는 행복보다는 성공을 더 중시한다. 아울러 부모님들이 보완재를 이해하고 종종 당신의 성공을 '책임질 수 있는' 인터뷰 복장이나 노트북 같은 선물을 제공한다. 결국은 성공한다는 것은 당신이 나이가 들어서 부모님 지원에 의존할 필요가 없어진다는 것을 의미한다. ■

사회보험 프로그램

어떤 안전망 프로그램은 부자나 가난한 사람 모두에게 혜택이 가도록 설계된 보험 프로그램이므로 재력 조사를 실시하지 않는다. 당신은 아마 임차인보험, 주택소유자보험 그리고 자동차보험 등을 알고 있을 것이다. 당신은 매달 보험회사에 소액을 지불하고 만일 불행이 닥치면 분실된 노트북 컴퓨터가 대체되고, 불난 집이 재건축되며, 망가진 자동차는 수리될 것이다. 보험을 구입한다는 것은 이와 같은 위험으로부터 당신을 보호할 수 있는 좋은 방법이다. 같은 논리로 당신이 일자리를 잃고, 장애를 갖게 되고, 엄청난 의료비가 청구되거나, 저축의 소진 같은 재정적인 위험에 대비해 보험을 드는 것은 좋은 생각이다. 문제는 우리가 보험 들고자 하는 많은 것을 민간보험회사가 이윤을 내면서 제공하는 것이(제20장에서 그 이유를 더 다룬다) 어렵다는 점이다.

민간보험시장의 시장 실패 때문에 정부가 개입하여 모든 사람이 확실히 어떤 형태의 보험에 가입할 수 있도록 한다. 이것이 '사회'보험으로 알려져 있다. 이는 민간보험회사들보다는 당신의 동료 납세자들에 의해 '사회적'으로 제공되기 때문이다. 그림 13-12는 미국의 주요 사회보험 프로그램의 개요를 기술하고 있다.

Rick Friedman/Corbis Historical/Getty Images

걱정 마세요. 보험 들어 놓았어요.

그림 13-12 | 미국 최대 규모의 사회보험 프로그램

프로그램	대상	지급 원천	수혜자 수(100만)	평균 월 혜택
사회보장 연금	저축 소진, 자녀 성장 전 사망	근로자와 고용주의 세금	52	$1,337
실업보험	본인 과실이 아닌 실직	고용주의 세금	2.9	$300
장애보험	업무수행을 제한하는 장애 발생	근로자와 고용주의 세금	10	$1,060
산재보상	근무 중 부상	고용주의 보험구입 의무	3.0	$2,067
메디케어	65세 이상자의 건강보험	근로자와 고용주의 세금	55	$857

주 : 산재보험 평균 수혜액은 2015년 고용주가 지급한 총수혜액을 신청 수로 나눈 것이다.

혜택은 어떤 나쁜 결과를 근거로 한다. 민간보험처럼 사회보험은 당신이 나쁜 결과를 경험할 때 지급된다. 실업보험은 일시적인 실업기간에 대한 보호를 제공하기 위해 존재한다. 산재보험은 당신이 근무 중 부상을 당할 때 보험금과 의료혜택을 제공한다. 장애보험은 당신에게 업무 수행을 제한시키는 장애가 생길 때 보험금을 지급한다. 사회보장연금은 은퇴 시 소득을 제공하며 따라서 사람들이 저축을 소진할 경우에 대비하여 보험을 드는 것이다. '나쁜' 결과라 하면 예상보다 오래 사는 것이고 혹은 주식시장 위축 또는 예상보다 높은 인플레이션으로 저축이 부족해지는 것이다(이는 당신의 돈으로 당신이 예상했던 것만큼 많이 구입하지 못한다는 것을 의미한다). 사회보장연금은 연로자에게 남은 여생 동안 소득 흐름을 제공하여 저축이 소진되어 살아가기 힘든 형편이 발생하지 않게 한다. 사회보장연금은 또한 사람들이 사망 시 일부 유족에게 혜택을 제공한다. 어떤 사람이 성장 중에 부모를 잃는다면 그들이 18세가 되기까지 그들을 도와 지원하는 사회보장 혜택을 받을 수 있다. 이런 방식으로 사회보장연금은 또한 부모에게 생명보험을 제공한다. 마지막으로 메디케어는 65세 이상의 사람들에게 건강보험을 제공한다. 따라서 이들이 건강에 문제가 있을 때 의료비용의 일부를 보장한다.

사람들은 사회보험 프로그램에 납부를 한다. 당신들이 자동차보험을 위해 보험회사에 자동차 보험료를 매달 납부하는 것처럼 사람들은 사회보험프로그램에 정기적으로 납입을 한다. 때때로 이 돈은 근로자의 급여로부터 원천징수되기도 하며 때로는 고용주가 지불하기도 한다. 예를 들어 사회보장연금, 장애보험 그리고 메디케어의 경우 당신은 임금의 7.65%를 프로그램에 지불하고, 당신의 고용주도 동일한 액수를 납입한다. 고용주들은 근로자의 임금을 기준으로 고용보험세금을 내고 근로자들이 산업재해보험의 보장을 확실히 받도록 근로자 1인에 대해 일정 금액을 납입하는 것이 요구되고 있다.

> 당신이 은퇴하면 얻게 되는 사회보장연금 혜택이 무엇인지 파악하기 원하는가? 이는 가장 소득이 높은 35개 연도, 은퇴 연령, 그리고 인플레이션 등을 포함하는 복잡한 산식이다. 이 온라인 계산기가 좋은 추정치를 제공한다. www.ssa.gov/planners/calculators

일상경제학 **나쁜 의사결정에 대한 보험**

사회보장연금은 우리를 위해 저축이 소진된 이후의 삶에 대해 보험을 들어준다. 이 방식은 또한 우리를 은퇴에 관해 나쁜 의사결정을 할 가능성으로부터 보호한다. 설계를 잘 못하는 사람들은 노령 시기의 저축보다는 오늘의 재미를 위해 소득을 지출한다. 그들은 고령이 되어 빈곤에 처했을 때야 비로소 이 생각이 나쁘다는 것을 발견하게 된다. 다행스럽게도 사회보장연금은 그러한 근시안적 결정을 할 위험에 대비하여 보험을 들고 바라건대 빈곤을 피해 충분히 살아갈 수 있도록 보장한다. 그러나 사회보장연금이 편안한 은퇴를 보장하는 것은 아니다. 이에 따른 나의 조언은 다음과 같다. 당신의 첫 일자리를 시작할 때 은퇴계획에 관해 알아보고 당장 저축을 시작하라. ■

혜택은 당신의 과거 소득을 기초로 주어진다. 사회보장연금, 실업보험, 산재보험, 그리고 장애보험 지급금은 모두 부분적으로는 당신의 과거 소득의 함수이다. 더 많이 번 사람들이 더 많은 보험료를 내고 따라서 더 많은 혜택을 받을 자격이 있는 것이다. 사회보험 프로그램들은 명시적인 재력 조사를 실시하지 않는다. 간혹 의회에서는 세금 신고 기록에 의하면 전년도 소득이 100만 달러를 넘는 것으로 보이는 사람이 실업보험 혜택을 받고 있다는 사실에 대해 항의한다. 그러나 사회보험의 핵심은 얼마를 벌고 있느냐에 상관없이 모두가 보호 대상이 된다는 점이다.

일상경제학 **결혼이 어떻게 보험을 제공하는가?**

결혼의 중요한 혜택은 바로 이것이다. 결혼이 사회보험과 유사한 것을 제공한다는 것이다. 전통적인 결혼서약을 생각해보라. 부부들은 '좋을 때나 나쁠 때나, 부유할 때나 가난할 때나, 아플 때나 건강할 때나' 서로를 돌보기로 약속한다. 이는 실업보험, 장애보험, 그리고 건강보험을 제공하겠다고 약속하는 것처럼 들린다. 실업보험이 실직을 당할 때 살아갈 수 있는 보장을 제공하는 것처럼 일을 하는 배우자는 동일한 보험을 효과적으로 제공할 수 있다. 두 가지 경우 모두 일방이 — 배우자나 정부 — 당신이 직장을 잃었을 때 식료품 비용을 지불할 수 있게 도와주는 것이다. 배우자가 당신과 동일한 위험에 처하지 않는다면 당신에게 보험을 제공하는 일을 더 잘할 수 있다. 바로 이 점이 다른 직업이나 적어도 고용주가 다른 직장에서 일하는 배우자와 결혼하는 한 가지 이유다. 이는 같은 직장에 근무하지 않는다면 둘 다 실업을 당할 가능성이 적기 때문이다.

그러나 결혼은 불완전한 보험을 제공하는 것이다. 이는 당신의 배우자도 아울러 실직을 당할 위험이 여전히 남아 있기 때문이다. 이혼 역시 나쁜 일이 발생할 때 당신의 배우자가 약속한 보장을 제공하지 못하는 도피수단으로 작용한다. ■

kangwan nirach/Shutterstock

당신들은 많은 공통점을 가지고 있을지 모른다. 그러나 당신과 똑같은 사람과 결혼한다면 보험을 적게 누리게 될 것이다.

지금까지 우리는 정부 지출의 재분배 효과를 살펴보았다. 이제 조세가 담당하는 재분배 역할을 분석해보기로 하자.

조세제도

정부가 지원하는 모든 재화와 서비스, 사회보험 그리고 안정망 프로그램은 납세자들이 지불한다. 당신은 지금까지 불평등을 줄이고 빈곤에 대처하기 위해 정부 지출이 어떻게 사용되는지를 보았다. 세금이 이 모든 것을 지급한다. 그러나 우리 모두가 동일한 액수를 세금으로 지급하는 것은 아니기 때문에 조세제도 자체가 불평등을 감소시킨다.

연방소득세는 누진적이다. **소득세**(income tax)는 원천에 상관없이 모든 소득에 대해서 걷는 세금이다. 소득에는 임금으로부터 얻는 근로소득과 투자소득, 연금, 그리고 증여와 같은 불로소득이 포함된다. 미국에서 미혼 개인의 2019년 연방소득세 구간이 그림 13-13에 기술되어 있다. 보는 바와 같이 소득이 높을수록 추가적인 소득분에 대해 지급해야 할 세율이 높아진다.

소득세 원천에 상관없이 모든 소득에 대해 부과되는 세금

그림 13-13 2019년 연방 세율

소득구간($)	세율(%)
0~9,699	10
9,700~39,474	12
39,475~84,199	22
84,200~160,724	24
160,725~204,099	32
204,100~510,299	35
510,300 이상	37

이는 고소득자들이 소득의 더 많은 부분을 확실히 세금으로 내도록 설계된 조세제도라는 것을 시사하지만(즉 이것은 누진적이다) 이것이 이야기의 전부가 아니다. 수십억 달러 투자가인 워렌 버핏은 종종 세계에서 제일 성공적인 투자가로 묘사된다. 그러나 그는 스스로 자신이 내는 세율이 그의 비서보다 낮은 수준이라고 지적한 것으로 유명하다. 그가 계산한 바에 따르면 소득의 단지 18% 정도만을 연방소득세로 납부하였으나 그의 접수 담당 비서는 30% 정도를 납부하였다. 이것이 만연한 문제인가? 버핏은 그렇다고 생각하고 있다. 그는 다음과 같이 말한다.

> 포브스 400 회원(경제지 포브스가 발표하는 미국 400대 부자- 역자 주) 중에서 소득세와 포브스 400 기업 급여세를 포함한 평균 연방세율이 자신들의 접수 담당 비서들의 평균보다 낮을 것이라는 나의 주장에 대해 이의를 제의하는 사람에게 100만 달러 내기를 건다.

아무도 버핏의 이 내기 제안을 받아들이지 않았다. 그 이유를 살펴보자.

일부 투자 이득은 소득세에서 제외된다. 당신이 2,000달러에 어떤 자산을 구입하여 1년 후

3,000달러에 판다면 당신이 번 1,000달러의 이득은 다른 소득과는 달리 취급된다. 그러한 이득에 대한 세금은 복잡하다. 2018년 자본이득세는 당신이 자산을 팔기 전에 몇 년을 보유했느냐와 당신의 과세 대상 소득과 비과세 대상 소득에 따라 0%, 15% 또는 20%에 해당되었다. 그러나 문제는 다음과 같다. 워렌 버핏 같은 초고소득자들은 높은 소득에도 불구하고 종종 낮은 세율로 납부할 수 있는 방법을 찾을 수 있다. 소득세보다는 자본이득세가 낮으므로 투자를 통해 상당히 많은 소득을 버는 사람들은 결과적으로 대부분의 소득을 임금으로 버는 사람들보다 낮은 평균 세율로 납부하게 된다.

고소득자일수록 조세감면이 크다. 소득세율에는 교묘한 수법이 있다. 이것이 단지 당신의 '과세 대상(taxable)' 소득에 적용된다는 것이다. 소득의 많은 부분을 과세 대상에서 제외시키는 특별면세가 많이 있다. 은퇴를 위해 저축한다면 정부는 당신이 저축한 것을 과세 대상 소득에서 제외시켜줌으로써 보상을 한다. 주택을 구입하면 정부는 주택대출 이자를 과세 대상에서 제외시켜줌으로써 보상을 한다. 당신이 학생이라면 납부하는 수업료를 과세 대상 소득에서 공제할 수 있다.

이 모든 것을 합치면 이 예외 조치들은 최고 소득자들의 과세 대상 소득을 가장 많이 감소시킨다. 이는 이들이 특별 면제 대상이 되는 유형에 소득의 더 많은 부분을 지출하기 때문이다. 이는 예외사항이 조세제도의 누진성을 감소시킨다는 것을 의미한다.

다른 많은 세금은 누진적이 아니다. 소득세 이외에는 모두 합쳐서 보면 대개 역진적인 다른 조세들이 아주 많다. **역진세**(regressive tax)는 소득이 낮은 사람들이 소득이 높은 사람들에 비해 자신들의 소득의 더 많은 비율을 세금으로 납부하는 조세제도이다. 당신이 버는 소득보다 구매하는 물건에 대해 부과되는 세금들은 역진적이다. 그 이유는 부자들은 그들의 소득에서 적은 몫을 지출하는 경향이 있기 때문이다. 주정부 그리고 지방자치정부들은 사람들이 구매하는 것을 더 과세하므로 이들 세율은 평균적으로 역진적이다. 가구 중 최빈곤층 오분위수는 소득의 약 11% 정도를 주세 및 지방세로 납부하는 데 반해 최고부유층 오분위수는 약 7%를 납부한다.

역진세 소득이 더 적은 사람들이 자신의 소득에서 더 높은 비율을 세금으로 납부하는 경향이 있는 조세

사회보험프로그램을 지원하는 대부분의 세금은 누진적이 아니다. 사회보험 프로그램들을 지원하는 세금들은 우리 조세제도에 누진성을 더하지 않는다. 이들 세금들은 대부분 비례세로 적게 버는가 많이 버는가에 상관없이 모두 소득의 동일한 비율을 납부한다. 이들은 사실상 맨 위로 가면 역진적이 된다. 이는 이 프로그램들은 많은 경우 과세 대상 소득의 상한선을 정하고 있기 때문이다. 예를 들면 사회보장세는 대략 임금의 첫 13만 달러에 대해서만 적용된다. 이를 초과하여 버는 것은 사회보장세에 적용을 받지 않는다.

전반적으로 세금은 누진적이다. 여러 가지 조각을 한데로 묶어보자. 그림 13-13에 나타난 기본적인 소득세율은 누진적이며 빈자보다는 부자들에게 높은 세율을 적용한다. 그러나 악마는 세부사항에 있고 이 세부사항들이 부자들에게 유리하긴 하지만 조세제도는 여전히 누진적이 되는 것이다. 전반적으로 보면 가구 중 최고빈곤층 오분위수는 소득의 16%를 세금으로 납부하고 최고부유층 오분위수는 30% 가까이 납부한다. 최고부유층 오분위수 중에서 최고부유층 1%는 다른 가구보다 세율이 다소 낮기는 하다.

13.4 소득 재분배에 관한 토론

학습목표 소득 재분배에 관한 토론을 준비한다.

지금까지 읽은 모든 것을 감안할 때 당신은 정부가 불평등과 빈곤에 대처하기 위해 재분배를 더 할 필요가 있다고 생각하는가 아니면 이미 재분배를 너무 많이 하고 있다고 생각하는가? 이 질문은 우리 시대의 가장 치열한 정치적 토론들의 근원에 해당된다. 그리고 일반적으로 더 많은 재분배를 주장하는 좌익 또는 진보 정치인과 더 적은 것을 주창하는 우익 또는 보수 정치인으로 분리시킨다.

재분배의 경제적 논리

먼저 재분배에 관한 단순한 논리로 시작해 보고 그것이 전체 편익 또는 후생을 향상시킬 수 있는지 살펴보자. 돈은 목적을 위한 수단이다. 따라서 돈을 재분배하는 것이 좋은 생각인지 아닌지를 고려할 때 돈이 사람들의 후생에 영향을 주는지 묻는 것은 유용하다. 경제학자들은 당신이 느끼는 후생수준을 **효용**(utility)이라고 부른다. 한계의 원리는 당신이 한계적으로 생각해야 한다고 상기시켜준다. 한계편익체감에 관한 생각도 돈에 적용된다. 즉 5만 번째 달러(여흥을 위해 쓸 수도 있다)는 1만 번째 달러(식품이나 주거비에 쓸 수 있다)보다 효용을 진작시키는 폭이 적다. 정확히 표현하면 **한계효용**(marginal utility)은 추가적인 1달러로 얻을 수 있는 효용 증가이다. 각 추가적인 달러는 후생을 증가시키는 폭이 더 적게 되므로 당신은 **한계효용체감**(diminishing marginal utility)을 경험하게 된다. 이는 당신의 한계효용이 가난할 때는 클 수 있어도 더 부유해질수록 더 적어진다는 것을 의미한다.

효용 웰빙의 수준

한계효용 한 단위 더 지출할 때 얻는 추가적인 효용

한계효용체감 추가적인 지출로 효용을 올리는 앞선 지출보다 효과가 작다. 즉 한계효용이 적다.

구체적으로 오하이주에서 그녀와 아들의 알레르기와 천식 약값을 지불하기 위해 고생하는 미혼모 앨리슨 스타인을 고려해보자. 만일 그녀에게 100달러가 있다면 천식환자를 위한 흡입기를 또 하나 구입할 수 있다. 이제 대신 억만장자 마이클 조던을 추가적인 100달러로 무엇을 할 수 있을지 상상해보라. 그는 질 좋은 시가를 좋아한다. 그래서 아마도 그는 또 하나의 100달러짜리 시가를 구입할 것이다. 누가 추가적인 100달러로부터 더 높은 한계효용을 얻겠는가?

Shutterstock

silentalex88/Shutterstock

누가 추가적인 100달러로 가장 큰 혜택을 얻겠는가? 억만장자 마이클 조던인가 아니면 이 가족인가?

재분배는 총후생을 높일 수 있다. 후생에 기여하는 돈의 역할을 잘 파악하기 위해 연구자들은 수천 명의 미국인에게 자신의 후생에 대해 0~10점으로 평가하라고 질문하였다. 그림 13-14는 각 소득 수준(수평축)에 따른 보고된 평균 후생 수준(수직축)을 보여주는 최적의 적합도를 지닌 선을 보여주고 있다. 이 선이 기울기가 양(+)이라는 사실은 소득이 더 많은 사람들이 더 낮은 사람들에 비해 더 행복하다는 것을 보여준다. 더 중요한 것으로 이 곡선의 기울기에 초점을 맞춰보라. 기울기는 소득 변화와 연관된 후생의 변화(추가적인 소득으로부터 추가적인 편익)를 잘 설명하고 있다. 이 곡선은 소득이 증가함에 따라 평편해진다(기울기가 점점 작아진다). 이는 추가적인 1달러가 가져다주는 추가적인 편익은 당신이 더 가난할수록 크다(기울기는 저소득에서 더 크고, 고소득에서는 더 작다는 의미다). 즉, 이 자료는 추가적인 1달러로부터의 한계효용체감 현상을 잘 보여준다.

이제 한계효용체감의 정도를 측정하였으므로 우리는 그림 13-14를 이용해 재분배로부터 이득을 계산할 수 있다. 소득분포 상위 오분위수에 속하면서 소득이 20만 달러인 한 사람과 하위 오분위수에 속하면서 소득이 2만 달러인 사람을 고려해보자. 후생곡선을 보면 이들의 후생 점수가 각각 7.45와 5.7이 될 것으로 예상할 수 있다. 이 둘의 후생 점수를 더하면 13.15가 된다. 만일 당신이 고소득자로부터 저소득자에게 2만 5,000달러를 재분배한다면 고소득자의 후

그림 13-14 | 소득과 후생

소득 재분배는 어떻게 후생에 영향을 주는가?

Ⓐ 후생곡선은 각 소득 수준에서 평균 만족 수준을 보여준다. 기울기는 소득이 증가할수록 평편해지며 이는 한계편익체감 현상을 반영한다.
Ⓑ 만일 우리가 2만 5,000달러를 부자로부터 가난한 자로 **재분배**할 경우
Ⓒ 가난한 사람의 소득은 2만 달러에서 4만 5,000달러로 증가하고 이들의 **후생은 대폭 증가**한다(5.7에서 6.5로).
Ⓓ 부유한 사람의 소득은 20만 달러에서 17만 5,000달러로 감소하고 이들의 후생은 소폭 감소한다(7.45에서 7.40으로).

} 총후생 증가

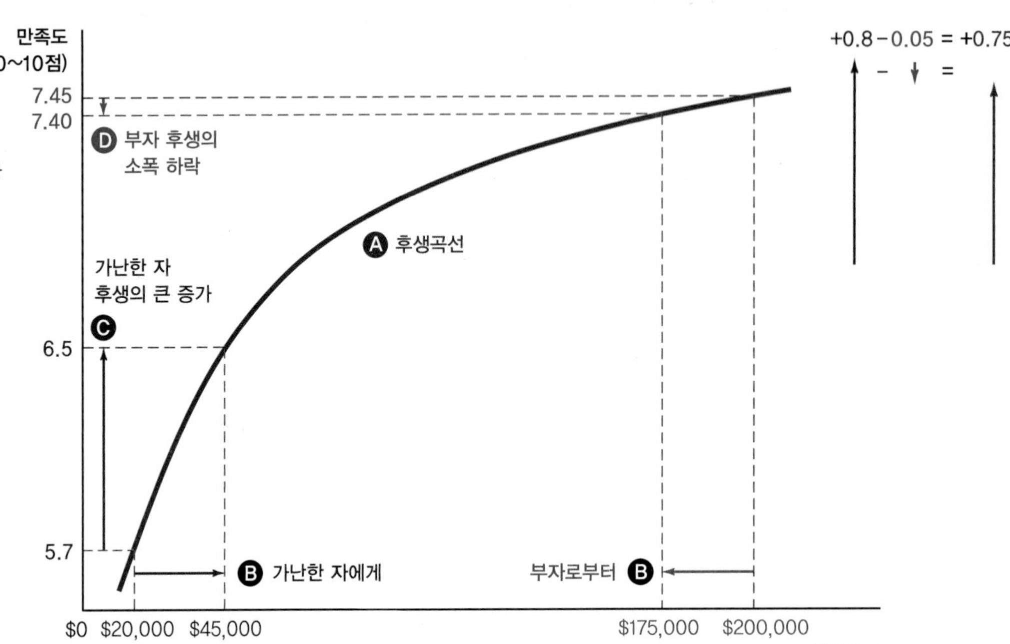

생은 0.05만큼 감소하나 저소득자의 후생은 0.8만큼 증가한다. 결과적으로 재분배는 총후생이 0.75만큼 증가하게 한다(13.15로부터 6.5+7.4=13.9).

공리주의 정부가 사회 전체의 효용을 최대화하는 시도를 해야만 한다는 정치적 철학

총후생을 극대화하는 생각은 공리주의로부터 유래한다. 정부가 사회의 총효용을 극대화해야 한다는 정치철학은 **공리주의**(utilitarianism)로 알려져 있다. 이 신념은 정부의 재분배는 마이클 조던 같은 많은 자원을 지닌 사람의 100달러를 앨리슨 스타인같이 자원이 적은 사람에게 이전하는 것은 더 높은 수준의 후생 또는 효용을 지닌 사회로 이끌기 때문에 유익하다고 주장한다. 이 이득은 마이클 조던 소득 중 100달러의 세금을 걷을 때 감소되는 효용이 그 100달러를 받는 앨리슨 스타인이 받아 즐기는 것에 비하면 작은 수준이기 때문에 발생하는 것이다. 이로써 정부는 부자로부터 가난한 자로 자원을 재분배하여 총효용을 높일 수 있다.

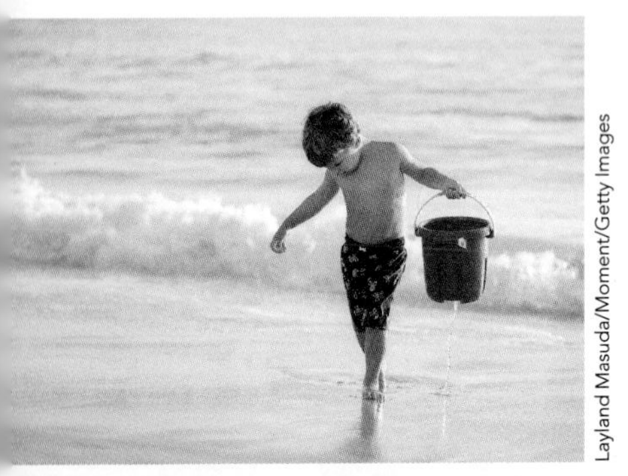
Layland Masuda/Moment/Getty Images

새는 물통은 재분배를 덜 효과적으로 만든다.

재분배의 비용 : 새는 물통

당신이 스스로 공리주의자라고 할지라도 문제에 직면할 수 있다. 부자로부터 가난한 자한테 돈을 재분배할 수 있는 쉬운 방법이 없기 때문이다. 재분배는 돈이 새는 물통을 사용해 돈을 옮기는 것과 같다. 즉, 돈의 일부는 도중에 분실된다. 다음은 왜 돈의 일부가 분실되는지를 알아보기 위해 재분배의 비용을 살펴보기로 한다.

당신이 재분배할 수 있는 것에서 행정비용을 뺀다. 첫 번째 비용은 물통 그 자체이다. 사회보험과 안전망 프로그램을 운영하는 데 수반되는 간접비가 있다. 혜택에 대해 새로운 신청 절차가 진행되어야 한다. 감사들은 부적절한 지급이 발생되지 않는지를 확인해야 한다. 정책은 반드시

집행되어야 하고 지급도 반드시 이루어져야 한다. 이 모든 것은 정부 공무원들이 행해야 하고 이들에게 급여를 지불해야 한다. 이러한 행정비용은 재분배 프로그램의 가장 명백한 금융비용이며 비교적 작다. 우리가 곧 살펴보겠지만 더 중요한 비용은 사회안전망이 근로 유인을 어떻게 왜곡시키는가에서 초래된다.

재분배는 다음과 같은 비용이 든다.
1. 행정비용
2. 근로유인을 줄이는 높은 세금과 혜택 감소
3. 조세회피, 탈세, 사기
… 이 모든 것이 새는 물통을 초래한다.

조세와 재력조사 프로그램은 근로 유인을 감소시킨다. 일부 누수는 돈이 걷히기 전에 실제로 손실되는 돈을 말한다. 문제는 소득세를 통하여 재분배에 쓸 돈을 걷는다는 점이다. 제11장에서 학습한 것처럼 높은 소득세는 근로 보수를 감소시킨다. 일을 하여 얻는 것이 더 적어질 때 당신은 더 적게 일하는 쪽을 선택하게 된다. 이는 정부가 고소득자들을 과세하여 얻어진 돈을 재분배하려고 한다면 고소득자들은 일을 더 적게 하는 것으로 대응할 수도 있다. 이로써 재분배에 쓰일 돈은 더 적게 남을 것이다.

새는 물통의 존재는 아울러 근로유인을 줄인다. 기회비용의 원리는 근로에 대한 중요한 비용은 일하기 위해 포기해야 하는 것임을 상기시켜준다. 우리 모두는 일하기 위해 시간을 포기한다. 당신의 일에 대한 기회비용은 대신 할 것, 예를 들어 공부하거나 친구들과 놀거나, 아이들 또는 돌봄을 원하는 다른 사람을 돌보기 등으로 얻는 편익을 말한다. 근로의 편익은 당신이 근로를 통해 얻는 임금이다. 안전망은 일에 대한 기회비용에는 시간뿐만 아니라 현금이나 현물편익을 잃을 가능성도 포함된다는 것을 의미한다. 당신이 일자리를 받아들일지 말지를 결정할 때 비용-편익의 원리를 활용한다면, 안전망의 존재는 당신으로 하여금 일자리를 거절할 가능성을 더 크게 만들 것이다.

안전망은 또한 사람들로 하여금 더 높은 급여를 제공하는 일자리를 찾아볼 유인을 줄일 수 있다. 문제는 재력 조사를 통해 얻는 혜택은 사람들이 더 높은 소득을 얻으면 박탈된다는 사실이다. 이는 수혜자들은 모든 추가적 소득분 1달러에 대하여 세금을 빼앗기는 것뿐만 아니라 혜택도 잃는다는 것이다. 더 높은 세금과 추가적인 소득분 때문에 감소되는 누적 혜택의 합을 **한계유효세율**(effective marginal tax rate)이라고 부른다. 다음 사례가 보여주듯이 저소득자들은 높은 한계유효세율에 적용을 받을 수 있어서 일을 통해 더 많은 소득을 벌고 있음에도 불구하고 생활 수준은 좀처럼 개선되기 어렵다.

한계유효세율 추가적인 소득분 중에서 더 높은 세금과 더 낮은 정부 혜택으로 잃게 되는 비율

일상경제학 더 많은 돈을 벌어도 도움이 되지 않는 경우

어떤 경제학자는 그에게 높은 한계유효세율의 문제점에 대해 가르쳐준 한 저소득 여성을 만났던 이야기를 들려주고 있다.

> 그녀는 연간 2만 5,000달러 일자리에서 연간 3만 5,000달러 일자리로 옮겼고 갑자기 더 이상 생활비 수지 균형을 맞출 수 없었다. 그녀는 내게 그녀의 모든 급여명세서를 보여주었다. 그녀는 정말로 매달 몇백 달러만큼 받았다. 그녀는 무료 건강보험을 잃고 대신 고용주 제공 건강보험으로 매달 230달러를 지불해야 했다. 그녀의 8조 바우처[주택보조금]와 연관된 임대료는 소득 증가분의 30%만큼 올랐다(이것이 법이다). 그녀는 자녀의 방과후 돌봄을 위해 사용했던 자녀양육 바우처(한 달에 280달러)를 잃었다. 근로장려세(EITC) 혜택은 연간 1,600달러를 잃었다. 그녀는 추가된 소득에 대한 급여세를 납부했다. 마지막으로 그녀의 새 일자리는 보스턴에 있었고 그녀는 교외에 살았다. 그래서 이제 한 달에 추가적으로 300달러씩 휘발유 비용과 주차료가 든다.

이 여성은 추가로 1만 달러를 더 벌지만 1만 달러가 더 넘는 혜택을 잃었다. 그녀의 급여세도 추가됨에 따라 한계유효세율은 100%를 초과한다. 그녀에게 3만 5,000달러의 소득보다 2만

5,000달러의 소득이 더 낫다는 사실은 빈곤 함정(poverty trap)이라고 알려져 있다. 더 벌어도 덜 벌어도 그녀의 생활이 크게 달라지지 않기 때문에 함정이다. ■

더 높은 세금은 더 많은 세금회피, 탈세, 그리고 사기를 의미한다. 안전망 지급은 소득에 기초하므로 소득을 가능한 한 적게 만들고자 하는 유인이 있다. 마찬가지로 재분배를 지원하기 위해 필요한 더 높은 조세는 세금고지서 액수를 낮추기 위한 복잡한 회계 묘책을 동원할 강한 유인을 제공한다. 이들 유인은 합법적이면서 낭비적인 조세회피(조세제도의 빠져나갈 구멍을 이용해 명시적으로 세금을 낮추려고 시도하는 것), 불법적인 탈세('장부 외 거래'와 미 국세청 소득보고를 하지 않는 등 소득을 부정직하게 보고하는 것을 의미)를 초래한다. 혜택이 특정 그룹에만 주어질 때 이는 당신을 근로불능자로 분류해줄 의사를 찾는 일 또는 실제 전 배우자와 살고 있는 자녀들을 위한 혜택을 신청하는 등 낭비적이고 사기에 해당하는 행위에 대한 유인을 추가적으로 발생시킨다. 새는 물통의 비유를 계속하면 문제는 물통이 새는 것에만 있지 않고 어떤 사람은 열심히 물통에 구멍을 내려고 시도한다는 데 있다.

물통의 물이 얼마나 새는가 좋다. 우리는 재분배 프로그램의 비용이 큰 네 가지 다른 이유를 조사했다. 첫 번째(행정비용)는 매우 적다. 나머지 세 가지 비용이 더 중요하다. 그리고 그것들은 모두 한 가지 공동 주제(재분배가 유인을 왜곡하기 때문에 발생한다)와 연결된다. 사람들이 이러한 유인에 더 반응하면 할수록 재분배 비용은 더 커진다. 그러므로 재분배에 관한 토론의 상당 부분은 사람들이 금전적 유인에 영향을 많이 받으므로 비용이 높다고 믿는 자들과 사람들이 이들 유인에 적게 반응하므로 비용이 낮다고 믿는 자들 간에 벌어진다.

효율과 형평 사이의 상충관계

배운 것을 점검해 보자. 소득분배를 균등화하려는 노력은 돈을 가장 가치 있게 평가하는 사람들의 수중에 들어가게 하는 것을 도울 수 있다. 이는 총후생을 증가시킬 것이다. 그러나 조세와 재분배 프로그램은 유인을 왜곡시키므로 비용이 많이 든다. 이에 따라 근로 노력을 감소시킨다. 그러므로 더 평등한 소득은 더 낮은 평균소득이라는 비용을 치르면서 얻어질 수 있다. 경제학자들은 이를 '형평－효율 상충관계'라 부른다.

canbedone/Shutterstock

canbedone/Shutterstock

당신은 더 큰 파이를 선택할 것인가? 아니면 더 공평한 조각을 원하는가?

상충관계를 이해하려면 극단적인 경우를 생각해보라. 얼마를 벌건 모두 다 소득이 같아질 때까지 정부가 재분배를 한다면 어떤 일이 생길까? 그렇다면 어떤 노력을 해도 높은 소득으로 보상받지 못하게 되므로 열심히 일하고, 새로 창업을 하고, 심지어 신경을 써가며 일할 아무런 유인이 존재하지 않을 것이다. 결과적으로 경제의 총생산은 급락할 것이다. 궁극적으로 우리는 매우 작은 파이의 동일한 조각을 부여받게 될 것이다.

또 다른 극단으로 소득 재분배가 없는 세상을 상상해보라. 지원해야 할 아무런 안전망 프로그램이 없으므로 세금은 감소하고 열심히 일을 하고, 투자를 하고, 새로운 사업을 시작할 유인이 커질 것이다. 파이의 크기가 커질 수 있으나 재분배가 없으므로 아프거나, 장애가 있거나, 연로하거나, 실직한 사람들은 궁핍해질 것이다. 파이가 더 커져도 부스러기로 연명하는 사람들에게는 위안이 되지 않는다.

따라서 극단의 효율은 가공할 불평등이라는 비용을 대가로 얻어지며 완전한 평등은 가공할 비효율이라는 희생을 치러야 달성된다. 현실적으로 아무도 이 극단들이 일리가 있다고 생각하지 않는다. 대신 우리들의 정치적 토론은 전형적으로 각자에게 좀 더 공평한 몫을 주려면 얼마나 큰 파이를 포기해야 하는가에 관한 것이다.

더 큰 형평이 반드시 더 작은 효율을 의미하는 것은 아니다. 그러나 이 상충관계는 견고한 불변의 법칙인 것은 아니며 형평을 증진하기 위해 효율의 비용을 치르지 않아도 되는 경우도 있다. 예를 들면 더 심한 소득불평등을 지닌 사회는 전형적으로 신용, 용서 그리고 공동체 참여가 적고 범죄가 많다. 결과적으로 초래되는 폭력과 정치적 불안정은 관리하는 데 비용이 클 수 있다. 이는 자원을 보험, 교도소, 안전제도, 그리고 기타 비생산적 일거리로 전용케 하기 때문이다.

소득불평등은 아울러 정치적 권력을 집중시킨다. 이는 부자들을 위한 조세감면처럼 불평등을 더 크게 할 수 있는 정책입안으로 연결될 수 있다. 이들 요인들은 정부의 교육, 사회간접자본, 청정 환경 등에 대한 공공투자에 대한 국민들의 지지를 약화시킴으로써 정부가 좋은 정책을 입안하는 것을 어렵게 한다. 이러한 불리한 결과들은 궁극적으로 약한 경제 성장으로 연결될 수 있다.

사회안전망의 혜택이 개인들에 대한 더 큰 장기투자를 장려할 수 있는 경우도 있다. 예를 들면 유급모성휴가는 여성의 노동시장 참여를 증진시킬 수 있다. 배움에 있어서 인종 간 차이를 좁히는 것은 좀 더 여러 그룹의 사람들에게 교육에 대한 추가적인 투자를 장려함으로써 장기적 경제 성장을 증진시킬 수 있다. 좀 더 일반적으로 말하면, 조기 아동교육과 대학교육은 모두 근로자의 생산성을 향상시킨다.

어떤 경우에는 우리 경제를 더 평등하고 효율적으로 만들 수 있지만, 이러한 경우들은 쉬운 선택을 제시한다. 하지만 이러한 쉬운 선택들을 모두 소진하고 나면, 우리는 어려운 균형에 얽매이게 될 것이다. 이러한 상충관계는 어떤가?

경제학 실습

소득불평등에 관한 견해를 정리하는 데 도움이 될 수 있는 앞에서 소개한 사고실험으로 돌아가 보자. 그림 13-14에서 우리는 (20만 달러를 벌고 있는) 최고 오분위수 각 가구로부터 2만 5,000달러를 (단지 2만 달러를 버는) 최저 오분위수의 가정으로 재분배한 정책을 평가했던 것을 기억하라. 그러나 우리는 새는 물통을 감안하지 않았다. 현실에서는 가난한 가구들은 2만 5,000달러보다 적게 받을 것이고 따라서 평등을 확대하는 것은 비용이 든다.

- 20%가 누출된다고 가정하라. 그러면 이는 가난한 가구들에게 2만 달러의 보조금을 남기게 된다. 당신은 사회 전체적으로 나아졌다고 생각하는가?
- 40%가 누출되어서 각 가난한 가정이 추가적으로 단지 1만 5,000달러를 받는다면 어떠한가?
- 60%가 누출되어서 각 가난한 가정이 추가적으로 단지 1만 달러를 받는다면 어떠한가?
- 80%가 누출되는 경우는 어떠한가? 2만 5,000달러가 부자 가정에 도움이 되는 것보다 추가적인 5,000달러가 가난한 가정에 더 혜택이 되는가?
- 당신은 어느 곳에 선을 그을 것인가?

이는 흥미로운 사고실험이다. 당신이 그림 13-14에서처럼 총후생을 최대화라는 공리주의 논리를 따른다면 90% 누출조차도 사회의 총효용을 증가시킬 것이다. 당신의 답은 무엇인가? 당신이 택한 답과 친구의 답을 비교해보면 사람들의 불평등에 대한 견해가 얼마나 다른지 감을 잡을 수 있을 것이다. ■

공평과 재분배

경제학자들이 세상일을 총비용과 편익을 기준으로 논의하는 것만큼이나 재분배에 관한 논의는 공정성에 관한 논의이기도 하다. 사실 경제학자들은 종종 형평(공평 혹은 공정한 것)과 효율 사이의 상충관계에 대해 이야기한다. 그러나 그러한 토론은 공정성의 개념 설정을 요구하며

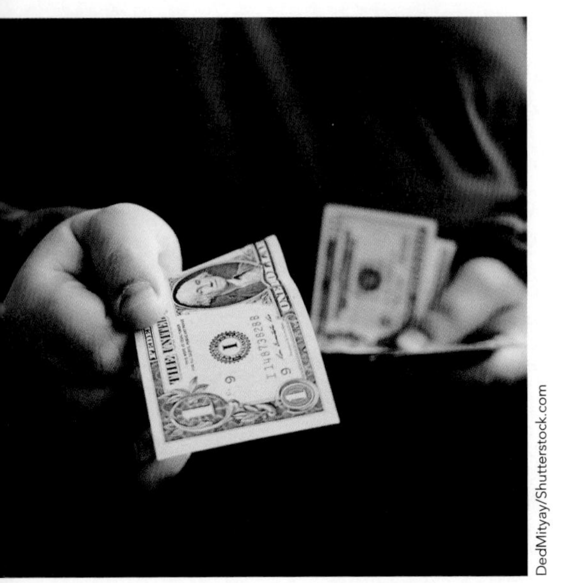

DedMityay/Shutterstock.com

그들은 당신에게 공정한 몫을 제안하고 있는가?

여러 경쟁적인 공정성 개념이 존재한다. 사람들이 지니는 공정성의 개념은 다수의 상이한 직관들에 의해 영향을 받는다. 이들 직관들을 이해하는 것이 중요한 이유는 이에 따라 우리가 매일 직면하는 실제 생활 속 의사결정과 직결되기 때문이다. 우리가 다른 생각들을 검토해볼 때 이들 각각이 당신 자신의 선택에 영향을 주는지 알아보라. 다른 생각들은 서로 공존할 수 있으며 정도의 차이가 있고 경우에 따라 다르겠지만 각각이 당신에게 중요할 수 있다.

공정성은 결과의 형평에 관한 것인가 한 가지 공유하는 믿음은 더 평등한 결과가 더 공정하다는 것이다. 다음의 간단한 실험이 잘 보여준다. 내가 당신 친구에서 10달러를 주고 이를 적절하다고 생각하는 대로 둘로 나누라고 한다. 그러나 여기에 한 가지 조건이 있다. 친구들이 제안하는 거래에 당신이 동의하지 않는다면 당신들은 아무것도 얻지 못한다. 친구들이 당신에게 단지 1달러를 제안한다면 어떻게 할 것인가? 계속하라. 다음 문단을 읽기 전까지 이를 생각해보라. 어떻게 대응할지 결정하였는가? 그렇다면 계속 읽어보라.

당신의 회계사는 1달러 제안을 수락하라고 강권할 것이다(결국 당신이 제안을 거절해서 0달러, 즉 아무것도 얻지 못하는 것보다 제안을 수락하는 것이 나을 것이다). 그러나 대부분의 사람들처럼 행동한다면 당신은 제안을 거절할 것이다. 실험을 반복해보면 많은 사람은 그들이 공정한 몫보다 낮은 수준이라고 생각하는 제안들을 거절하는 결과를 보여준다. 대부분의 사람들에게 이러한 공정성 생각이 매우 중요하기 때문에 너무 불균등하다고 여기는 결과를 수락하기보다는 너무 작은 몫으로 생각하는 것을 포기하게 된다. 당신은 어떠한가? 당신은 1달러를 수락하는가? 2달러? 3달러? 당신의 커트라인이 높을수록 당신의 공정성에 대한 지불 의사는 더 큰 것이다. 이 실험에서 당신이 적용한 것과 같은 논리가 가난한 사람들에게 소득을 재분배하는 정책을 옹호하도록 유도할 수 있다.

공정성은 기회의 형평에 관한 것인가 공정성에 대한 또 다른 견해는 결과의 형평보다는 기회의 형평을 강조한다. 기본적인 생각은 공정성은 동일한 태생적 재능과 야망을 가진 사람들이 높은 소득을 위해 동일한 조건에서 경쟁할 수 있다는 것을 확실히 할 수 있는 평평한 경기장을 필요로 한다. 결과적으로 공정성은 인종, 성별, 또는 민족성에 근거한 차별을 제거하는 것을 필요로 한다. 아울러 이는 저소득 가정과 빈곤 공동체에 소속된 자녀들이 부모들로부터 사립학교, 가정교사, 그리고 가족연계를 제공받는 자녀들과 같은 조건에서 경쟁할 수 있도록 보장하는 것을 필요로 한다. 일반적으로 이것은 모든 어린이들에게 공정한 대우를 보장하기 위한 재분배 자원(중단 없는 공공교육 지원과 같은)을 필요로 한다.

공정성은 과정에 관한 것인가 공정성에 대한 당신의 인식은 불공평이 발생되는 과정이 얼마나 공정하다고 생각하는지에 따라 다를 수 있다. 예를 들면, 채점을 생각해보라. 대부분의 학생들은 과정이 공정하다면 — 시험이 명확하고, 채점에 일관성이 있고, 아무도 부정행위를 안 한다면 — 잘 한 사람이 그렇지 못한 사람보다 높은 점수를 받는 것이 공정하다는 것이다. 당신이 이러한 공정성 의식을 지니고 있다면 당신은 불공정한 과정이 — 누군가 도둑질을 하여 부자가 되는 것처럼 — 소득 차이를 초래한 것이 아니라면, 소득 차이가 나는 것도 무방하다고 생각할 것이다.

공정성은 받을 만한 자격이 있는 것에 관한 것인가 어떤 사람들은 공정성을 사람들이 받을 만한 자격이 있는가 또는 사회에 무엇을 기여했는가를 기준으로 생각하고 있다. 불행하게도 가장 높은 보수를 받는 사람들이 항상 가장 받을 만한 자격이 있는 것은 아니다. 예를 들면 두 백만장자, 패리스 힐튼은 형사 전과 기록이 있는 고교 중퇴자다. 그녀는 증조할아버지가 힐튼호텔을 창업했고 그녀는 그 재산의 일부를 상속했기 때문에 부자다.

반면 알렉사 폰 토벨은 재무적 성공에 이르는 다른 경로를 거쳤다. 2006년 하버드대학교를 졸업한 후 투자은행에서 2년 동안 장시간 근무하면서 직장생활을 했다. 경영대학원을 다닐 때 젊은 기업가를 위한 권위 있는 사업계획 경연대회에서 수상을 하였다. 그녀의 아이디어는 젊은 여성을 대상으로 사적인 금융조언을 하는 웹사이트였다. 그녀는 새 회사를 설립하기 위해 저축을 투자했고 많은 시간을 투입했다. 그녀는 아직도 장시간 일을 하지만 이제 런베스트라는 성공적인 스타트업의 대표이사다.

Michael Tullberg/Getty Images

패리스 힐튼은 그만한 자격이 있는 백만장자인가?

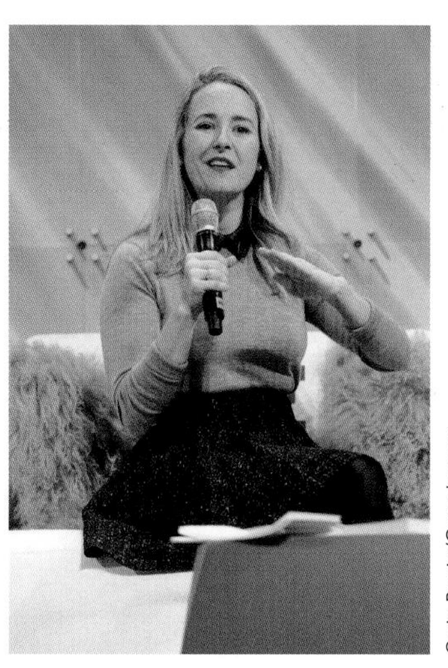
Craig Barritt/Getty Images

알렉사 폰 토벨은 어떠한가?

패리스 힐튼과 알렉사 폰 토벨은 그들의 재산을 같은 척도로 볼 때 "받을 만한 자격이 있는가?" 두 사람 사이의 큰 차이는 성공을 결정하는 데 있어서 행운과 노력이다. 만일 패리스 힐튼이 많은 돈을 가진 자들의 대표라면 우리는 부자로부터 가난한 사람들에게 얼마만큼을 재분배해야 하는가? 알렉사 폰 토벨이 돈을 많이 가진 자들의 대표라면 당신은 다르게 생각할 것인가?

자료 해석 무엇이 사회적 지출의 차이를 설명하는가?

대부분의 선진국에서 인구의 많은 부분은 행운이 소득을 결정하는 주요 역할을 한다고 믿는다. 대조적으로 미국에서는 인구의 40% 미만이 이런 믿음을 지니고 있다. 미국인들은 성공의 원인을 노력에 두는 경향이 더 강하다. 그림 13-15에서 보듯이 연구자들은 사회적 지출과 인구 중 행운이 소득을 결정한다고 믿는 비율 사이에 명확한 관련이 있다는 것을 발견하였다. 행운을 믿는 사람들이 더 많을수록 국가는 더 많은 재분배를 하는 경향이 있다. ■

그림 13-15 | 신념이 사회적 지출을 결정한다

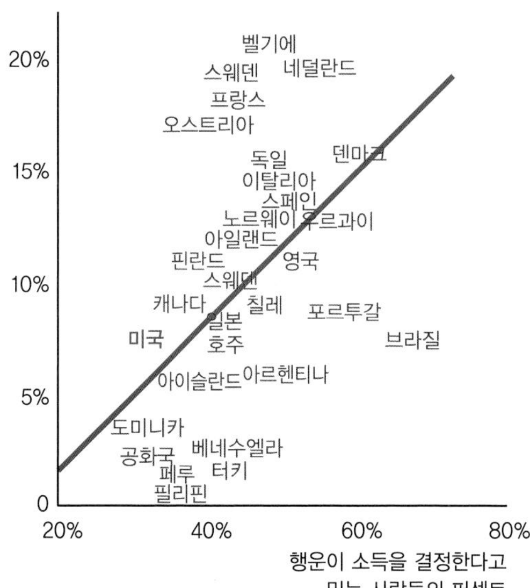

출처 : Alberto Alesina and George-Marios Angeletos (2005), "Fairness and Redistribution."

공정성은 무지의 장막 뒤에서 가장 잘 판단되는가 알렉사 폰 토벨의 성공은 그것이 놀라운 만큼 또 다른 형태의 행운 덕일 수도 있다. 그녀가 지능, 열정 그리고 기업가적 정신을 지니고 태어난 것, 그녀가 이런 재능을 잘 키우도록 도와준 가정과 공동에서 태어난 것, 적절한 때 그리고 적절한 곳에서 그녀의 특별한 기술이 높게 평가받았던 것 모두가 행운이다. 만일 이러한 행운이 없었다면 그녀는 아마도 인도 뭄바이의 가난한 거지, 노스다코다주의 파고에 고생하며 사는 미혼모, 또는 아프리카의 유목 부족 구성원일 수도 있다. 억만장자 워렌 버핏은 이러한 행운을 "난자 복권이 당첨되는 것"으로 묘사하였다. 버핏은 그의 엄청난 재산이 가능했던 것이 단지 금융 수완가로서뿐만 아니라 남성으로, 이러한 기술을 개발할 수 있게 아낌없이 지원해준 가족 속에서, 그리고 이들을 보상해준 사회 속에서 태어났다는 행운에 기인한다고 기술하였다.

사람들은 태어나기 전에 훌륭한 삶 또는 형편없는 삶을 누리기에 합당한 어떤 일도 하지 않는다. 사실 우리는 우리가 태어나게 될 삶의 환경을 모른다. 우리가 선택할 수 있다면 많은 사람들은 유복한 환경 속에 태어나길 선택했을 것이다. 그러나 우리는 선택할 수 없다. 사회가 좀

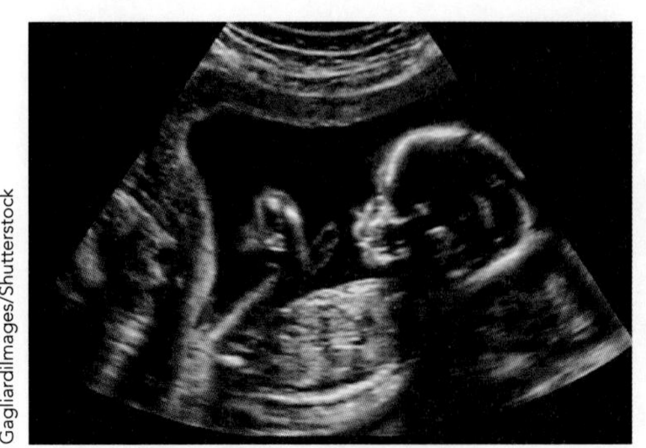
Gagliardilmages/Shutterstock

당신의 환경이 무엇이 될지 판별할 수 없다.

더 또는 조금 덜 공평해져야 하는가를 판단하는 한 가지 방법은 우리가 태어났을 환경을 무시하는 것이다. 대신 스스로 우리가 어떤 환경 속에 태어날지 모른다면 무엇을 원하지 스스로 묻는 것이다. 어느 철학가가 "무지의 장막" 뒤에서라고 부른 것이다. 이는 무엇이 공정한 사회인가를 명확히 생각할 수 있는 강력한 방법이다. "무지의 장막" 뒤에서 당신은 어떤 종류의 재분배를 선택하겠는가?

공정성은 권력과 계급 차이에 관한 것인가 경제학자들은 개인에 초점을 맞추는 반면 사회학자들은 렌즈를 넓혀 계급과 집단 구조를 고려한다. 이는 그들로 하여금 '권력'이 어떻게 특정 집단에 내재할 수 있으며 권력 분포의 불평등이 얼마나 소득불평등의 원인이자 결과로 나타나는지를 분석할 수 있게 하였다. 이러한 견해에 따르면, 상위계층, 즉 재산이 많고, 서로 연계가 잘되어 있고, 권력 있는 지위에 있는 사람들은 정치적 과정에 대해 상당한 통제력을 행사한다. 아울러 이를 이용해 자신들의 이익을 더욱 추구한다. 비록 당신이 이 주장을 납득하지 못한다 하더라도 더욱 심오한 뜻은 공정성에 대한 당신의 선택이나 인식은 당신의 사회경제적 계층, 인종, 민족성, 종교, 성별 그리고 어디 출신인지와 결부되는 정체성에 의해 영향을 받아 형성될 가능성이 있다는 점이다.

좋다. 그렇다면 공정성에 대한 이렇게 다양한 관점 중에서 어느 것이 "옳고" 또는 "그른가?" 불행하게도 간단한 정답은 없다. 철학자들과 다른 사람들은 아직도 이들 이슈에 대해 토론 중이다. 따라서 다른 여러 공정성에 대한 개념을 얼마만큼 강조를 할 것인가에 대한 결정은 당신에게 달려있다.

함께 해보기

평균 깊이가 6인치에 불과한 개울을 건너다 익사한 사람에 관한 옛날이야기가 있다. 확실히 개울의 대부분은 얕았지만 일부는 사람들이 익사할 만큼 깊었다. 강의 깊이가 변하듯이 소득도 마찬가지다. 사람들이 평균적으로 얕은 강을 건너다 익사할 수 있듯이 평균소득이 높은 국가에서 빈곤에 처할 수도 있다. 우리가 당면하는 경제적 위험을 이해하기 위해서는 소득불평등과 빈곤을 반드시 이해해야 한다. 우리가 본 바와 같이 경제 전체의 평균 소득이 높아도 그 이면에는 개인별 또는 그룹별 소득, 재산, 후생 그리고 기회에 큰 차이가 난다는 점이 감춰져 있다. 더구나 이들 불평등은 증가하는 추세이다.

불평등, 빈곤 그리고 재분배는 우리의 여러 공공 논쟁의 기저를 이루는 중심 이슈이다. 유권자로서, 고용주로서 그리고 공동체 구성원으로서 당신은 이 논쟁에 참여자가 될 것이다. 이 장에서는 재분배에 관한 당신의 견해를 형성시킬 세 가지 핵심 요소를 별도로 살펴보았다.

첫째, 재분배의 논리는 가장 혜택을 많이 볼 수 있는 사람에게 돈을 재분배함으로써 사회 전체 총후생을 증가시킬 수 있다는 것이다. 거의 모든 사람들이 이 기본적인 논리에 동의를 하지만 이것이 얼마나 중요한지에 대해서는 다양한 견해의 스펙트럼이 존재한다. 당신이 소득분포의 아랫부분에 있는 사람들이 근근이 살아가고 있고 추가적인 돈으로부터 많은 혜택을 볼 수 있다고 생각한다면 이는 재분배를 강력히 옹호하도록 할 것이다. 그러나 아마도 이 주장은 그리 설득력이 없다고 생각할 수도 있다. 결국 미국 소득분포의 밑바닥은 아직 세계 다른 많은 나라에 비해 높은 물질적 생활 수준을 누리고 있다. 그리고 우리가 궁핍한 가족에 재분배하는 모든 달러는 다른 가족으로부터 나온 것이라는 것을 상기하라. 소득을 포기하라고 부탁받는 가족들에게 추가적인 1달러의 한계효용이 높을수록 재분배의 논거는 약해진다. 당신은 이제 이 논의에서 정통한 토론자이다. 당신은 소득분포에 관한 실제 자료를 보았다. 그렇다면 이 견해의 스펙트럼 중에서 당신의 견해는 어느 지점에 있는가?

둘째, 재분배는 새는 물통을 통해 이루어진다. 재분배의 비용(물통이 새는 것)은 재분배가 근로노력을 감소시키고 유인을 왜곡하기 때문에 존재한다. 다시 물통이 얼마나 새는가에 관한 다양한 견해의 스펙트럼이 존재한다. 만일 사람들이 이러한 왜곡된 유인구조에 대해 강하게 반응한다면 물통은 심하게 새는 것이다. 그러나 아마도 사람들은 이러한 역유인에 대해 단지 희미하게 인식하고 있거나 아니면 재정적 유인은 사람들이 노력할 것을 동기부여하는 핵심요소가 아닌 것이다. 만일 그렇다면 물통은 그다지 누출이 심하지 않을 수 있다. 지금까지의 실증연구는 이 논쟁을 완전히 해결하지 못하였다.

셋째, 재분배에 대한 견해는 당신의 가치관에 의존한다. 이는 당신이 공정성을 얼마만큼 평가하느냐뿐만 아니라 공정성에 대한 어떤 개념이 당신에게 가장 중요한가에 따라 다르다. 공정성에 대한 어떤 관점은 재분배를 더 강조하는 반면 다른 경우에는 재분배를 덜 강조한다. 당신은 결과의 공정성 대비 기회의 공평성에 얼마나 비중을 두는가? 비록 기회의 공정성에 동의를 하더라도 그것이 구체적으로 무엇을 의미하느냐에 대해서는 다양한 견해의 스펙트럼이 존재한다. 우리 모두 어느 정도로 성공할 기회를 지니고 태어났는가 혹은 얼마만큼 소득불일치가 불공정 기회를 발생시키는가? 또 이것이 시정될 필요가 있는가? 아니면 노력 대비 행운의 역할을 고려해보라. 소득불일치가 얼마만큼 행운(부자의 물려받은 특권 또는 빈자의 불행)을 또는 노력을 반영하는가? 소득불일치로 이끄는 과정은 공정한가?

이 세 가지 질문 중 각각에 대하여 어떻게 답할 것인가에 대해 다른 견해가 존재한다. 그러나 그 논쟁이 더 광범위한 진리로부터 당신을 산만하게 만들지 않도록 하라. 재분배를 분석하는 올바른 틀은 다음의 질문을 하는 것이라고 거의 모든 사람들이 동의한다: (1) 가장 큰 혜택을 보는 사람들에게 소득을 재분배하는 것의 편익은 얼마나 큰가? (2) 새는 물통으로 인한 비용은 얼마나 큰가? (3) 이러한 재분배는 얼마나 공정한가? 이제 당신은 이러한 분석적인 틀로 무장을 하고 자료에 대한 좋은 감을 잡았으므로 스스로 결론을 내릴 때가 되었다. 열심히 생각해보라. 이 이슈들은 당신이 앞으로 가정 내에서, 직장생활에서, 그리고 당신의 공통체 내에서 당면하게 될 중요한 선택을 구체화시킬 것이다.

한눈에 보기

소득불평등 : **사람들 간 연간 소득의 차이**

불평등에 관한 대안적 척도

- **평생소득 : 생애 평균소득**
- **기회의 불평등 : 세대 간 이동의 부족**
- **재산**
- **소비**

빈곤

빈곤선 : 이보다 적을 경우 가구가 빈곤에 처해 있는 것으로 정의되는 소득 수준
절대빈곤 : 절대적인 생활 수준에 비하여 자원이 적당한지를 판단한다.
상대빈곤 : 동시대 사회의 물질적 생활 수준에 비하여 빈곤을 판단한다.
기간 대 사람 : 높은 비중의 사람들이 짧은 기간 빈곤을 경험하지만 현재 빈곤 상태에 있는 사람들의 대부분은 장기간 빈곤에 처해 있다.

정부가 재분배하는 방식

사회안전망 : 소득분포 밑바닥에 있는 사람들에게 주어지는 현금보조, 재화, 그리고 서비스

↓

- 재력 조사 ⟶ 수혜자격이 소득 그리고 때로는 재산을 기반으로 부여된다.
- 최저지원 ⟶ 빈곤 가운데 살고 있는 사람들의 약 3분의 1을 빈곤에서 벗어나게 한다.

사회보험 : 실업, 질병, 장애 또는 저축 소진 등 나쁜 결과에 대비한 정부제공보험

↓

- 혜택은 불확실한 결과를 바탕으로 한다.
- 모두 사회보험료를 납입한다.
- 혜택은 과거 소득을 바탕으로 한다.

조세 : 안전망과 사회보험의 재원이 된다.
누진세 : 소득이 더 많은 사람들이 소득의 더 큰 몫을 세금으로 내는 경향이 있는 조세

↓

연방소득세는 누진적이지만 몇 가지 사항이 조세제도의 누진성을 감소시킨다.
- 투자이득은 낮은 세율로 과세된다.
- 고소득자들은 더 큰 조세감면을 받는다.
- 다른 많은 세금은 누진적이 아니다.

재분배 분석

질문 1 : 소득 재분배로 가장 혜택을 볼 사람에게 재분배하는 것의 편익은 얼마나 큰가? → 재분배의 편익

A. 후생곡선의 기울기는 한계편익체감현상을 반영하여 소득이 커지면 점점 평편해진다.
B. 우리가 부자들로부터 가난한 사람들에게 재분배를 하면:
C. 부자들의 후생은 조금 떨어진다.
D. 가난한 사람들의 후생은 크게 증가한다.

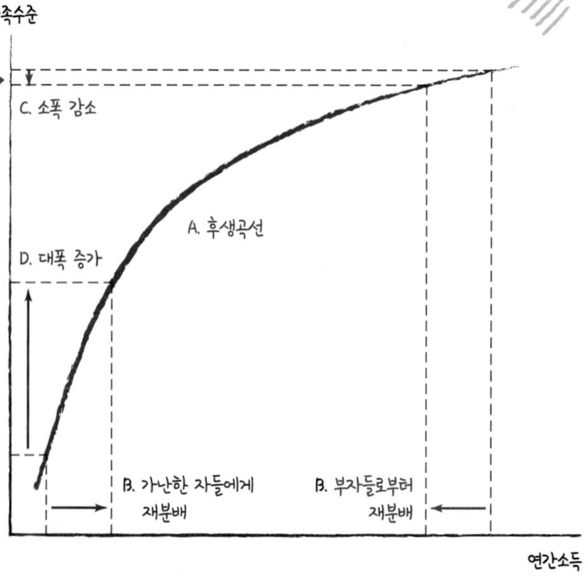

질문 2 : 새는 물통으로 인한 비용은 얼마나 큰가? 다음을 고려하라.
- 행정비용
- 혜택 감소라는 비용
- 높은 세금 근로유인 ↓
- 조세회피, 탈세, 사기

질문 3 : 이 재분배는 얼마나 공정한가? 다음을 고려하라.
- 결과의 형평
- 받을 자격
- 기회의 형평
- 무지의 장막
- 공정한 절차
- 권력과 계급

핵심용어

공리주의	세대 간 이동	평생소득
누진세	소득	한계유효세율
빈곤선	소득세	한계효용
빈곤율	역진세	한계효용체감
사회보험	재력 조사	효용
사회안전망	재산	
상대빈곤	절대빈곤	

토론과 복습문제

학습목표 13.1 미국의 경제적 불평등 정도를 측정한다.

1. 불평등에 관한 토론들은 종종 소득불평등에 초점을 두고 있다. 불평등을 측정하는 두 가지 다른 척도는 무엇이며 왜 하나 이상의 척도를 고려하는 것이 중요한가?
2. 미국 최부유 오분위수는 최빈곤 오분위수에 비해 열세 배 많은 소득을 벌고 있다. 그러나 최부유 오분위수는 최빈곤 오분위수에 비해 네 배 많은 소비를 하고 있다. 소득불균형과 소비불균형 사이에 이러한 극명한 차이가 있는 이유로 들 수 있는 것은 무엇인가?
3. 당신의 경험과 이 장에서 배운 바에 의하면 고소득을 가능하게 하는 것은 어떤 요소들인가? 어떤 것을 통제할 수 있고 어떤 것을 그렇게 하지 못하는가?

학습목표 13.2 빈곤의 정도와 영향을 측정한다.

4. 미국의 빈곤선이 절대적인 척도인지 아니면 상대적인 척도인지 설명하라.
5. 원래의 빈곤선이 만들어졌을 때, 빈곤에 처해 있던 사람들이 모두 가정에 전화나 수돗물이 있었던 것은 아니다. 오늘날 적절한 생활 수준을 즐기기 위해 필요하다고 생각하는 것들은 무엇인가? 이 적절한 생활 수준을 달성하는 데 비용이 얼마나 든다고 생각하는가?

학습목표 13.3 정부의 재분배 방식을 알아본다.

6. 당신의 두 친구들이 열띤 토론 중에 있다. 엘레나는 부자들이 높은 세율을 납부한다고, 워렌은 부자들이 제도를 속임으로써 사실 낮은 세율을 낸다고 주장한다. 이들 중 누가 옳은가? 이 주장 모두 부분적으로 옳을 수 있는 길이 있는가? 토론하라.

학습목표 13.4 소득 재분배에 관한 토론을 준비한다.

7. 여러 연구결과들에 따르면 무료 또는 저렴한 육아돌봄서비스가 있어서 노동시장 참여가 증가하고, 이 현상은 특히 엄마들에게 그렇다고 한다. 다른 말로 표현하면 저소득 엄마들에게 저비용 육아돌봄서비스를 받게 하는 것은 그들로 하여금 더 많은 시간 일을 할 수 있게 한다. 이 통찰력은 더 큰 형평성은 낮은 효율이라는 비용을 치르고 얻어지는지 여부에 대해 무엇을 말해주고 있는가?
8. 당신이 유언을 준비하고 있고 장성한 두 자녀에게 재산을 어떻게 나눠줄지 결정하고자 한다고 상상하라. 딸 토냐는 높은 소득을 버는 화학 공학자이다. 아들 테리는 대학을 가지 않기로 하고 고등학교 졸업 후 공장 직장을 선택했다. 이제 테리는 건설업에서 일을 하고 있다. 그는 토냐만큼 열심히 일을 하지만 그녀보다는 덜 풍요롭다. 이 장에서 설명된 공정성과 분배에 관한 다음의 각 개념에 대해 상술하라.
   a. 당신이 항상 두 자녀를 똑같이 취급하므로 테리와 토냐 사이에 재산을 똑같이 양분한다.
   b. 두 사람 간의 소득 차이를 상쇄하기 위해 테리에게 당신의 재산을 물려준다.
   c. 자녀들에게 당신이 나이가 들었을 때 당신을 가장 잘 돌봐주는 사람에게 돈을 물려줄 거라고 말한다.
   d. 당신의 돈을 자선단체에 맡긴다.

학습문제

학습목표 13.1 미국의 경제적 불평등 정도를 측정한다.

1. 다음 표는 5개 주의 소득분포에 관한 자료를 포함한다. 이 중에서 하나를 골라 그림 13-1과 비슷한 소득분포표를 그리라. 최고소득 오분위수는 전체 소득 중 몇 퍼센트를 벌고 있는가? 책에서 배운 것을 활용한다면 20년 후에 최고소득 오분위수의 몫으로 몇 퍼센트의 소득이 돌아갈 것으로 예상하는가?

연평균 가구소득

주	최저소득 오분위수	제2 오분위수	중간 오분위수	제4 오분위수	최고소득 오분위수
캘리포니아	$14,300	$39,000	$67,700	$109,100	$250,400
플로리다	$11,900	$30,900	$51,100	$80,600	$190,500
뉴욕	$12,200	$35,100	$63,300	$103,500	$253,100
미네소타	$15,900	$40,300	$66,100	$100,100	$211,600
텍사스	$12,900	$34,100	$57,600	$91,700	$208,100

2. 요한나의 부모님들은 평균 가구보다 약 30%를 더 벌고 있다. 이 사실이 이 장에서 논의한 세대 간 소득 이동성 추정치로 주어졌을 때 성인으로서 요한나의 가능한 소득에 대해 무엇을 말해주는가?
3. 미국에서 우리는 매일 통계적 주장과 정보(정치, 미디어 광고)의 홍수 속에 파묻혀 있다. 당신은 통계가 유용하다고 생각하는가? 아니면 오도한다고 생각하는가? 당신의 논리를 설명하라.

학습목표 13.2 빈곤의 정도와 영향을 측정한다.

4. 당신의 급우인 데이비드는 대부분의 빈곤 기간이 단기적이므로 빈곤에 처해 있는 사람들을 염려할 필요가 없다고 말하고 있다. 그가 빈곤에 대해 잘못 이해하는 점을 설명하라.
5. 레니카는 재산으로 6만 달러를 지니고 있지만 공식 빈곤 통계는 그녀를 빈곤에 처해 있는 것으로 산입한다. 왜 이러한지 설명하라. 만일 레니카가 대학원에 진학하기 위해 그녀의 일자리를 그만둔다 하고 6만 달러가 그녀의 저축이라고 한다면 당신은 그녀가 빈곤에 처해 있다는 데 동의하는가? 만일 레니카가 연로하고 그녀의 농촌 가옥의 가치가 6만 달러라고 한다면 대답은 어떻게 되는가?

학습목표 13.3 정부의 재분배 방식을 알아본다.

6. 추수감사절에 당신의 삼촌이 정부가 현금을 받을 만한 자격이 없는 사람들에게 현금을 지급하기 때문에 비합리적인 세금을 내고 있다고 불평한다. 그러고 나서 그는 "만일 도움을 받는 사람들이 정말 도움이 필요한 사람이라는 것을 확실히 했다면 이 제도는 효과가 있을 것이다"라고 말한다. 당신이라면 삼촌에게 안전망 제도를 어떻게 객관적으로 설명할 수 있는가?
7. 당신의 친구들이 당신이 경제학을 공부한다는 것을 알고 몇 가지 조언을 구하고자 질문을 하기 시작했다. 다음 각각의 시나리오에서 그들이 활용할 수 있는 정부보조금 선택사항을 간략히 설명하라.
   a. 당신의 친구 클라라는 동일한 회사에 2년 동안 고용되어 있었으나 최근 해고되었다.
   b. 당신의 사촌 사이먼은 항상 임대료를 제때 지불하고 있다. 그러나 그의 벌이가 시원치 않아 월말에 종종 충분한 식품을 확보하지 못한다.
   c. 당신의 룸메이트 첼시는 근무 중 넘어져 그녀 다리에 골절상을 입었다. 그녀는 직장으로 복귀할 수 없으며 상처가 완전히 치유될 때까지는 업무를 적절히 수행할 수 없다.
   d. 당신의 친구 제이든과 섄디는 잘 지내고 있다. 그러나 그들의 새 자녀가 태어난 이후 그들의 소득은 쪼들린다. 그들은 아기의 의료돌봄을 제공하는 것에 대해 걱정하고 있다.
8. 사람들이 구매하는 것에 조세를 부과하는 한 가지 방법은 판매세(일반적으로 구매액의 일정 퍼센트인 구매에 과세되는 세금)를 활용하는 것이다. 예를 들어 미시간주에서는 소득에 상관없이 구매액의 6%를 판매세로 납부한다. 이 세금은 누진적인가? 역진적인가? 아니면 아무것도 아닌가? 이 세금이 저소득 가구나 고소득 가구에 같은 영향을 준다고 생각하는가?

학습목표 13.4 소득 재분배에 관한 토론을 준비한다.

9. 학급 휴일 파티에서 레몬네이드가 약간 부족하여 줄 앞부분에 서 있는 사람들이 컵을 가득 채우면 세 명은 남는 것이 없어 못 마시게 된다.
   a. 어떤 부모님이 학생들에게 모두 잔을 3분의 2만 채우라고 한다. 이 경우 모든 사람이 약간의 레몬네이드를 받을 수 있다. 이는 어떠한 개념의 공정성에 입각하여 볼 때 공정한 결과가 되는가?
   b. 줄 앞에 있는 한 학생이 모든 사람이 줄을 설 수 있는 동일한 기회가 있었으므로 딴 짓하며 놀다가 늦게 줄 선 사람들은 기회를 잃고 대신 생수를 마셔야 한다고 말한다. 이는 어떠한 개념의 공정성에 입각하여 볼 때 공정한 결과가 되는가?
10. 다음 그림을 이용하여 소득이 10만 달러인 가구로부터 소득이 5만 달러인 가구로 2만 5,000달러를 재분배하는 것으로부터 얻게 되는 편익을 계산하라. 당신은 후생의 이득이 이 장의 사례에 나오는 재분배보다 작다고 생각하는가? 이때 재분배는 20만 달러를 벌고 있는 사람으로부터 2만 달러를 버는 사람에게 재분배하는 것을 말한다. 이 재분배 계획이 지닌 잠재적인 문제점은 무엇인가?

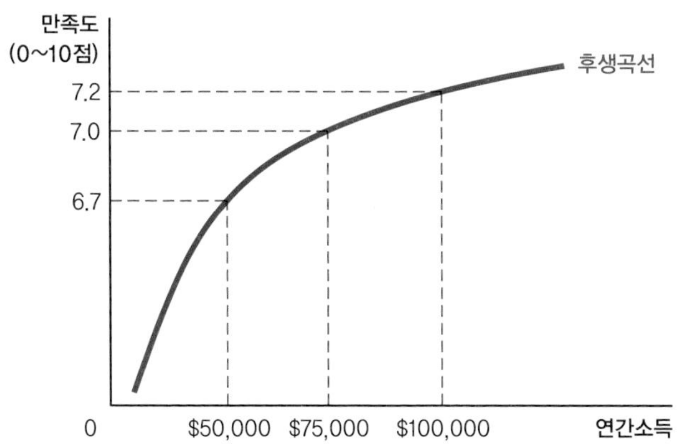

11. 당신의 친구 버렐은 정부가 연방보조금 프로그램의 비용을 줄이려면 사회복지사를 더 적게 뽑아야 한다고 말한다. 그는 행정비용을 줄여야 세금을 적게 낼 수 있다고 말한다. 그의 주장의 허점은 무엇인지 찾아보라.

제 4 부

시장구조와 경영 전략

전체 그림

제4부는 독점, 과점, 독점적 경쟁처럼 **시장지배력**이 중요한 역할을 하는 **불완전경쟁** 시장을 설명한다. 기업이 시장지배력을 중시하는 이유와 시장지배력이 있을 때 **가격을 설정**하는 방식 그리고 시장지배력이 해당 기업에게는 가장 좋은 결과를 가져다주지만 사회적으로는 그렇지 않은 이유를 살펴본다.

또한 기업의 경영진이 직면하는 가장 중요한 결정들에 대해서도 알아본다. 새로운 경쟁기업의 시장**진입**이 어떻게 해당 산업을 뒤흔드는지를 알아보고 기업들이 이윤을 지키기 위해 취하는 전략들을 제시한다. 또한 **제품 포지셔닝**이 기업이 직면한 경쟁의 종류와 정도에 미치는 영향을 분석한다. 그리고 거래기업 및 소비자와의 협상 시 **협상력**을 유지하는 방법을 탐색한다. 이 모든 것들이 성공적인 **기업전략**을 만드는 데 중요한 내용이다. 이 모든 아이디어를 종합하여 기업의 장기 수익성을 평가하는 방법을 고찰해본다.

그런 다음에 기업들이 시장지배력을 활용하기 위해 사용할 수 있는 보다 **정교한 가격전략**을 알아본다. 끝으로 기업의 전략은 경제적 의미에서의 체스경기와 같다. 이런 전략적 상호작용에서 기업이 최선의 선택을 하기 위해 필요한 **게임이론**이라는 분석 도구를 살펴본다.

14 시장구조와 시장지배력

시장지배력이 있을 때의 가격설정전략에 대해 학습한다.

- 시장의 경쟁구조가 어떻게 기업의 시장지배력에 영향을 미치는가?
- 이윤극대화를 위한 가격설정전략은 무엇인가?
- 시장지배력은 어떻게 시장의 기능을 왜곡시키는가?
- 정부정책은 어떻게 시장지배력의 오남용을 제한할 수 있을까?

15 진입, 퇴출, 그리고 장기 수익성

장기에도 이윤을 확보하는 방법에 대해 학습한다.

- 기업의 장기 이윤율을 결정하는 요인들은 무엇인가?
- 경쟁기업들의 진입이나 퇴출이 시장과 기업의 이윤에 어떤 영향을 미칠 것인가?
- 신규기업이 시장에 새로 진입하는 것을 어렵게 하는 진입장벽은 무엇이며, 어떻게 그 장벽을 극복할 수 있을까?

16 비즈니스 전략

경영진의 전략적 의사결정에 도움을 주는 방법을 학습한다.

- 기업의 장기 수익성을 결정하는 다섯 가지 요인은 무엇인가?
- 경쟁기업에 비해 자사 제품을 어떻게 포지셔닝하는 것이 최선인가?
- 더 나은 거래를 얻기 위한 협상력을 증진시킬 수 있는 방법은 무엇인가?

17 정교한 가격 전략

정교한 가격 전략에 대해서 학습한다.

- 기업들은 구매하는 사람에 따라 다른 가격을 매기는가?
- 할인을 해줄 수 있는 적합한 구매자를 구분하는 일이 왜 중요한가?
- 기업이 가장 효과적으로 시장을 분할하는 방법은 무엇인가?
- 기업은 왜 종종 더 나은 거래를 제안하면서, 그러한 거래를 번거롭게 만드는가?

18 게임이론과 전략적 선택

기업경영과 일상생활의 전략적 결정을 인도하는 방법을 학습한다.

- 올바른 전략적 결정을 하기 위한 단계는 무엇인가?
- 이기적인 행동이 사회 전체적인 입장에서는 최선이 아닐 수 있는 이유는 무엇인가?
- 같은 편이 서로 협조하여 보완적 선택을 하는 것이 왜 어려울 수 있는가?
- 언제 선행자의 이점이 발생하고, 또 언제 추종자의 위치가 유리한가?
- 반복적인 상호작용이 보다 협조적인 환경을 만들 수 있는가?

CHAPTER 14

시장구조와 시장지배력

부모님 집 창고에서 전자기기를 가지고 이런 저런 실험을 하던 21세 스티브의 이야기로 이 장을 시작해보자. 결국 스티브는 컴퓨터를 개발하기 위해 친구들과 회사를 설립하게 되었다. 과일 다이어트를 해본 경험 때문에 회사의 이름을 애플이라고 정했다고 하니 이상하지만은 않다. 창고에서 시작한 이 기업의 가치는 최초로 1조 달러를 넘겼다. 애플은 삼성, IBM, HP를 모두 합친 가치보다 더 크다. 무엇이 애플에게 이런 이윤을 가져다주었는가?

John Greim/LightRocket/Getty Images

이 모든 것들이 스티브 잡스의 창고에서 시작되었다.

사람들은 주로 스티브 잡스의 완벽에 대한 집착, 혁신을 향한 도전, 그의 비전, 그리고 아름다운 기기를 만들려는 그의 헌신을 그 이유로 든다. 그러나 아마 가장 중요한 요인은 잡스가 경제학을 제대로 이해하고 있었고 전략적 결정에 경제학을 이용하였다는 것이다.

결정적으로 잡스는 기존 기업들과 경쟁하려고 하는 대신에 새로운 시장의 개척과 장악에 전략을 집중시켰다. 아이폰을 예로 들어 보자. 아이폰이 스마트폰 시장을 창출하였다. 현재, 삼성, 모토로라, HTC 모두 안드로이드 스마트폰을 만들면서 경쟁하고 있지만 애플만 아이폰을 생산할 수 있다. 태블릿 PC에서도 비슷한 상황이다. 애플의 아이패드라는 혁신이 태블릿 PC 시장을 주도하였다. 비록 안드로이드 태블릿 PC 제조자들도 튼튼한 기반을 다졌지만 오직 애플만이 아이패드를 판매한다. 또한 레노보, 델, HP 등 모든 회사가 윈도우용 컴퓨터를 생산하기 때문에 macOS를 사용하려면 애플컴퓨터 외의 대안은 없다.

그 결과 애플은 직접적인 경쟁에 직면하는 일이 거의 없어서 높은 가격을 유지할 수 있고 그로 인해 높은 이윤을 얻을 수 있었다. 다시 말해서, 애플의 성공은 시장지배력을 만들어내고 이용했기 때문이다.

이 장은 시장에서의 경쟁구조를 이해하고 그 구조가 시장지배력과 가격설정전략에 미치는 영향을 이해하는 데 목적이 있다. 아울러 정부가 개입하여 경쟁의 힘을 보호하는 것이 어떻게 중요해질 수 있는지를 살펴볼 것이다.

목표

시장지배력이 있을 때의 가격설정전략에 대해 학습한다.

14.1 독점, 과점 그리고 독점적 경쟁
시장의 구조와 기업의 시장지배력이 어떠한 관계가 있는지 분석한다.

14.2 시장지배력이 있을 때의 가격 설정
시장지배력이 있는 기업의 최적 가격 수준을 계산한다.

14.3 시장지배력의 문제점
시장지배력이 시장의 기능을 왜곡시키는 이유를 분석한다.

14.4 시장지배력을 제한하기 위한 공공정책
시장지배력이 초래하는 문제들을 제한할 정책들을 평가한다.

14.1 독점, 과점 그리고 독점적 경쟁

학습목표 시장의 구조와 기업의 시장지배력이 어떠한 관계가 있는지 분석한다.

기업전략을 구체적인 경쟁환경에 맞게 수정하는 것은 매우 중요하다. 당신 기업은 경쟁자가 많은가, 조금밖에 없는가, 아니면 독점인가? 당신은 새로운 경쟁자가 시장에 진입해서 시장점유율을 뺏어갈 것으로 예상하는가? 당신의 제품이 경쟁사 제품과 동일한가? 아니면 다른 제품인가? 혹은 품질에서 차이가 있는가? 이러한 요소들은 당신이 속해 있는 시장의 구조를 설명하는 동시에 당신이 직면한 경쟁의 정도와 형태를 규정하게 된다.

시장지배력 판매자가 경쟁기업에게 거래를 뺏기지 않으면서 높은 가격을 매길 수 있는 정도

시장구조는 판매자가 경쟁기업에게 거래를 뺏기지 않으면서 높은 가격을 매길 수 있는 정도를 나타내는 **시장지배력**(market power)을 결정하기 때문에 매우 중요하다. 시장지배력이 클수록 가격을 높이 매길 수 있다.

예를 들어, 만약 당신이 한적한 교외 지역에 주유소를 운영 중이라면 저렴한 주유소가 수십 킬로미터 떨어져 있기 때문에 어느 정도 시장지배력을 가질 것이다. 그러나 그것이 여러 개의 주유소가 인접해 있는 교차로에 있다면 시장지배력은 거의 존재하지 않을 것이다. 주위의 다른 주유소보다 조금이라도 비싼 가격을 제시했다가는 손님들을 모두 빼앗길 것이기 때문이다.

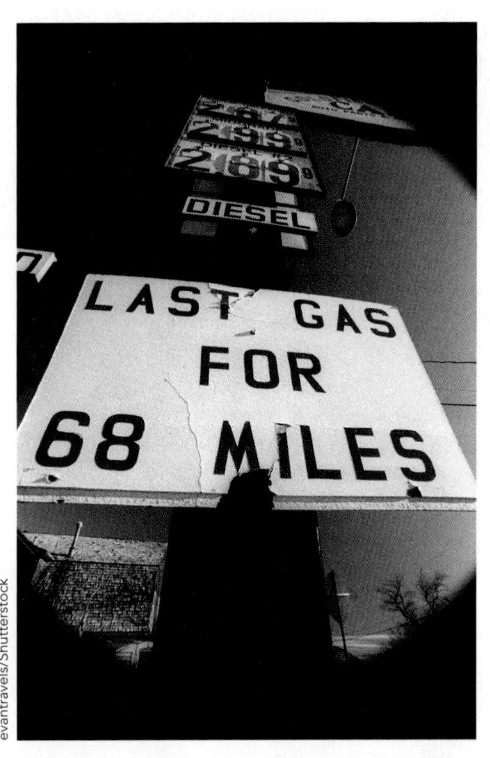

evantravels/Shutterstock

협상의 여지가 없음

완전경쟁

여러 개의 주유소가 인접한 교차로에 있는 주유소는 완전경쟁시장에 있다고 볼 수 있다. 제3장의 공급 측면의 분석을 포함하여 지금까지의 논의는 모두 완전경쟁에 초점을 두었다. **완전경쟁**(perfect competition)은 모든 기업들이 동일한 재화를 판매하고, 판매자와 구매자가 무수히 많기 때문에 개별 주체들의 거래량은 시장규모와 비교하면 매우 작을 때 발생한다.

만약 완전경쟁시장에서 사업을 하고 있다면 시장지배력은 기대할 수 없다. 시장가격보다 높은 가격을 제시했다가는 동일한 제품을 더 낮은 가격에 판매하는 경쟁사에게 모든 고객을 뺏길 것이기 때문이다. 또한 시장가격보다 낮은 가격을 제시할 수도 없다. 단지 전체 시장규모에 비하면 아주 미미한 공급량이기 때문에 주어진 시장가격에서 원하는 만큼 판매할 수 있을 따름이다. 낮은 가격은 이윤을 낮출 뿐이다. 결과적으로 가장 좋은 선택은 가격수용자가 되는 것이다. 즉, 시장가격을 주어진 것으로 보고 그 가격을 매기면 된다.

위에서 언급한 교차로에 있는 주유소 이외에 전형적인 완전경쟁시장으로 몇 가지 더 예를 들 수 있다. 농산물 시장(예를 들어 동일한 재화를 판매하는 소규모 옥수수 농부), 금, 원유, 밀, 가축과 같은 원자재 시장(전 세계적으로 생산자가 많으면서 각각 거의 동일한 제품을 세계 시장에 내놓는다), 주식시장(수천 명의 사람들이 애플, GE, 포드의 주식을 거래한다)이 대표적이다.

완전경쟁 시장이 다음의 조건을 만족할 때 완전경쟁이 가능하다. 1) 한 산업의 모든 기업이 동일한 재화를 판매한다. 2) 판매자와 구매자가 무수히 많기 때문에 개별 주체의 거래량은 시장규모와 비교하면 매우 작다.

그러나 현실적으로 완전경쟁은 매우 드물다. 대부분의 재화는 동일하지 않고 경쟁자 수가 극히 제한적인 경우가 일반적이다. 완전경쟁의 부족은 기업들이 제품을 차별화하고 경쟁자를 밀어내고 새로운 기업의 진입을 막음으로써 시장지배력을 쌓기 위해 분투한 결과이다.

그러면 왜 완전경쟁시장에서부터 배웠는가? 한편으로는 가격설정의 문제를 함께 다룰 필요가 없을 때 기업의 생산결정을 파악하기가 더 쉽기 때문이다. 그리고 완전경쟁의 토대 위에서 구축된 수요공급 분석은 경쟁에 대한 유용한 통찰을 제공해준다. 또한 모든 시장은 나름대로 어느 정도의 경쟁을 포함하고 있어서 완전경쟁은 기업전략을 세울 때도 여전히 중요할 것이다.

완전경쟁에 대한 논의는 이제 충분하다. 이제부터 이 책의 초점은 불완전경쟁에 있기 때문에 새로운 핵심 개념은 이제 시장지배력이다. 당신이 시장지배력을 가진다면 시장가격을 수동적으로 따르는 가격수용자로 만족할 필요가 없다. 대신에 당신의 시장지배력을 최대한 활용할 수 있는 가격수준을 알아내야 한다. 그래서 이제부터 당신이 처한 경쟁 지형이 어떻게 시장지배력을 결정하고 그 시장지배력이 어떻게 다른 가격 결정으로 이어지는지를 분석해보자.

독점과 과점을 분석한 다음 독점적 경쟁을 다룰 것이다. 그러나 이러한 시장의 종류에 너무 얽매이진 않기 바란다. 대부분의 기업은 연속적인 스펙트럼의 어딘가에 위치한 그들의 시장지배력에 관심이 있기 때문이다.

독점 : 직접적 경쟁의 부재

독점 시장에 판매자가 오직 하나인 경우

과점 소수의 거대한 판매자만 있는 경우

여러분의 바지를 한번 보라. 지퍼가 있는가? 그렇다면 거기에 YKK라고 써져 있을 것이다. 이것은 요시다 코교 카부시키카샤의 약자인데, 거의 모든 지퍼를 생산하는 기업의 이름이다. 이 YKK가 **독점**(monopoly)의 예이다. 즉, 이 시장에는 공급자가 하나뿐이다. 독점기업은 경쟁업체에게 고객을 빼앗길 염려가 없기 때문에 상당한 시장지배력을 지닌다. 즉, 직접적인 경쟁자가 존재하지 않는다.

Mark Collinson/Alamy

이것이 독점의 모습인가?

과점 : 소수의 전략적 경쟁자가 존재

자 이제 당신의 주머니를 들여다보라. 휴대전화가 아마 있을 것이다. 미국의 경우 휴대전화 서비스는 버라이즌, AT&T, T-모바일, 스프린트가 제공한다. 이것이 공급자가 소수인 **과점**(oligopoly)의 예이다.

과점시장의 기업들은 시장점유율을 두고 전략적 전쟁을 치를 수밖에 없다. 경쟁기업이 몇 개 안 되기 때문에 경쟁자의 결정은 그 기업 성과에 직접적인 영향을 줄 수 있다. 이것이 의미하는 바는 당신의 경쟁자가 당신의 선택에 어떻게 반응할 것인가를 예상하는 것이 매우 중요하다는 것이다. 당신에게 최선의 선택이란 그 선택이 경쟁자들에게 어떠한 영향을 미치는가에 달려 있을 뿐만 아니라 경쟁자들이 당신의 결정에 어떻게 반응하는가에 달려 있다.

과점기업은 독점기업만큼은 아니더라도 일정 수준의 시장지배력을 갖는다. 왜냐하면 버라이즌이 요금을 올릴 때 고객을 좀 잃겠지만 전부는 아니다. 동시에 경쟁기업들도 가격을 올린다면 버라이즌은 여전히 기존 고객 중 상당수를 붙잡아 높을 수 있다. 혹은 다른 기업의 서비스가 썩 마음에 들지 않아 계속해서 버라이즌을 사용할 수도 있다. 또 어떤 고객들은 버라이즌에 대한 높은 선호도로 인해 혹은 그냥 귀찮아서 통신사를 변경하지 않을 수도 있다.

휴대폰 시장 점유율

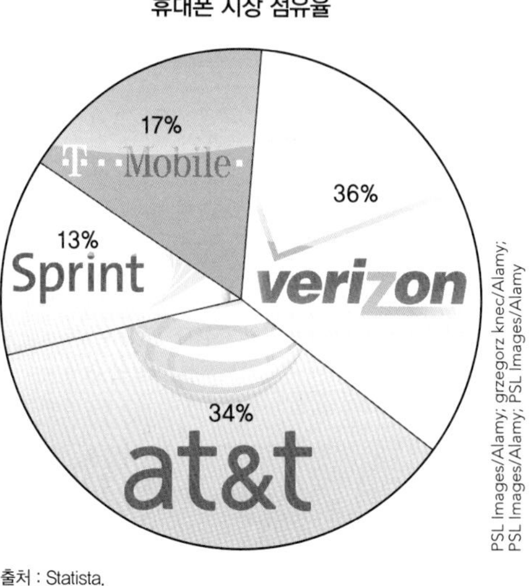

PSL Images/Alamy; grzegorz knec/Alamy; PSL Images/Alamy; PSL Images/Alamy

출처 : Statista.

독점적 경쟁 : 차별화된 제품을 판매하는 많은 경쟁자가 존재

이제 바지로 돌아가 보라. 수천 가지의 서로 다른 바지가 존재한다. 청바지를 생각해보라. 수많은 청바지들은 색상, 형태, 크기, 모양, 기능 면에서 서로 다르다.

제품 차별화 판매자가 제품을 다른 경쟁업체의 제품과 다르게 하려는 노력

이렇게 다양한 종류의 청바지는 판매자가 **제품 차별화**(product differentiation)라고 불리는 전략을 통해 시장지배력을 확보하려는 과정에서 만들어졌다. 경쟁업체의 제품과 살짝 다르게 만듦으로써 판매자는 각각의 제품이 특정 고객들에게 더 관심을 끌 것으로 기대한다. 그러면 고객들은 더 마음에 드는 제품에 더 많은 돈을 지불할 것이다. 비록 가격은 높지만 특정 상표나 스타일을 찾는 고객들은 그것을 고집하기 때문에 그 판매자는 시장지배력을 갖는다. 제품 차별화는 단지 제품에만 해당되는 것이 아니다. 상표의 이미지, 품질, 매장의 위치, 고객서비스,

starkovphoto/Deposit Photos

제품 차별화는 시장지배력을 낳는다.

독점적 경쟁 차별화된 제품을 판매하면서 경쟁하는 소규모 기업들이 많이 있는 시장

환불정책, 그리고 포장과 같은 부분에서도 차별을 둘 수 있다. 성공적인 제품 차별화는 고객들이 특정 제품을 원하게 하여 더 많은 가격을 지불하도록 하기 때문에 수백 개의 경쟁자가 존재하는 경우라도 시장지배력을 만들어낼 수 있다. 다른 말로 당신의 제품이 특별하면 할수록 경쟁자들의 제품은 가까운 대체재에서 멀어질 것이다.

청바지 시장은 독점적 경쟁의 예이다. 많은 경쟁 기업이 존재하고 그들이 서로 차별화된 제품들을 판매할 때 **독점적 경쟁**(monopolistic competition)이 발생한다. 그러한 시장은 독점적인 동시에 경쟁적이기도 하다는 사실을 잘 표현한 용어이다. 차별화된 특정 청바지를 판매하는 곳은 하나뿐이니 청바지 시장이 독점적이라는 것이다. 그러나 청바지를 판매하려고 경쟁하는 수십 개의 기업들이 존재하기 때문에 경쟁적이라고 하는 것이다.

시장구조가 시장지배력을 결정한다

시장구조가 시장지배력을 결정하기 때문에 중요하다. 그림 14-1이 보여주듯이 시장지배력이 가장 작은 시장구조는 무수히 많은 기업이 동일한 제품을 판매하는 완전경쟁이다. 반면에 독점에서는 특정 제품을 다루는 판매자가 하나밖에 없기 때문에 독점자는 가장 큰 시장지배력을 갖는다. 이러한 시장구조 간의 명확한 구분에 초점을 두기보다는 시장지배력의 정도와 차이를 연속적으로 파악해야 한다.

그림 14-1의 아랫부분은 네 가지 시장구조를 시장지배력의 원천을 중심으로 구분하고 있다. 경쟁자 수가 적을수록 그리고 제품이 보다 특별할수록, 더 큰 시장지배력이 존재한다는 사실을 잘 보여주고 있다.

NearTheCoast.com/Alamy

지퍼 시장의 독점기업은 보다 넓은 시장의 범주인 '잠그는 기능을 하는 제품' 시장에서는 경쟁에 직면한다.

불완전경쟁 적어도 몇몇의 경쟁자가 있거나 차별화된 제품을 판매하는 경우로서 독점적 경쟁과 과점이 불완전경쟁에 해당한다.

완전경쟁과 독점은 모두 드물다. 실제로 그 스펙트럼의 양극단에 있는 완전경쟁과 독점에 해당하는 기업은 많지 않다. 경쟁자들이 모두 동일한 제품들을 판매하는 경우가 흔하지 않기 때문에 완전경쟁은 드물다. 예를 들어, 주유소가 비록 매우 동질적인 제품을 판매한다고 하더라도 거리와 같은 편의성과 화학첨가물의 차별성, 그리고 차별화된 고객 서비스 측면에서 서로 다르다. 이와 유사하게 순수독점도 매우 드물다. 시장의 정의를 조금씩 넓혀보면 모든 기업이 적어도 약간의 경쟁은 받고 있다는 점을 알 수 있다. 예를 들어, YKK가 지퍼시장을 지배하고 있지만 그 고객들은 버튼으로 된 잠금장치를 대신 사용할 수 있다. 즉, YKK는 보다 넓은 시장의 범주인 '잠그는 기능을 하는 제품' 시장에서는 경쟁에 직면한다.

대부분의 기업은 불완전경쟁시장에 속한다. 대부분의 기업은 독점적 경쟁과 과점과 같이 중간 정도의 시장지배력을 지니는 **불완전경쟁**(imperfect competition) 구간에 속한다. 기업들은 경쟁

그림 14-1 | 시장지배력의 범위

완전경쟁 | 불완전경쟁 (독점적 경쟁과 과점) | 독점

가장 적은 시장지배력 → 가장 큰 시장지배력

시장지배력의 원천

경쟁자 무한 → 적은 수의 경쟁자 (과점) → 경쟁자 부재

동일한 제품 → 차별화된 제품 (독점적 경쟁과 과점 일부) → 유일한 제품

에 직면하지만 경쟁자의 수가 적거나 차별적인 제품을 판매하기 때문에 그 경쟁은 불완전하다.

초창기에 경제학자들은 독점적 경쟁, 과점, 그리고 독점 시장을 서로 엄격히 구분 지었다. 그러나 시간이 흐르면서 경제학자들은 시장구조는 지속적으로 진화하기 때문에 어떤 시장을 하나의 시장구조에 속한 것으로 결론짓기는 어렵다는 것을 이해하게 되었다.

우리는 최근의 견해를 취하여 모든 불완전경쟁시장에 적용되는 광범위한 특성에 초점을 두고자 한다. 이 견해에 따르면, 경쟁자의 수와 형태 그리고 제품 차별화 정도를 반영하는 시장지배력이라는 스펙트럼이 있다. 그리고 기업은 하나의 정태적 시장구조 속에 고정되어 있는 것이 아니라 경쟁기업들이 취하는 전략에 대응하여 변하는 경쟁적 환경에 놓여있다는 점을 강조하고 있다. 또한 최선의 전략은 해당 시장의 특수성에 따라 달라진다. 이러한 이유 때문에 우리는 시장구조 자체보다 기업의 시장지배력과 전략에 영향을 미치는 근원적 동력에 중점을 둘 것이다.

불완전경쟁의 다섯 가지 주요 특성

이제부터 우리는 경영전략을 이해하기 위해 필요한 다섯 가지 특성을 논의하겠다.

특성 1 : 시장지배력으로 인해 독립적인 가격설정전략을 실행할 수 있다. 불완전경쟁하에서의 가격설정전략은 시장가격을 주어진 것으로 받아들일 수밖에 없는 완전경쟁하에서의 가격과는 현격히 다르다. 시장지배력이 있으면 독자적인 가격을 설정할 수 있게 되지만 다음과 같은 어려운 균형잡기를 해야 된다: 가격을 올리면 단위당 이윤 폭은 커지지만 판매량은 줄어든다. 이 둘 사이의 균형잡기가 건실한 이윤 확보에 결정적이다. 이러한 중요성 때문에 이 장의 대부분이 불완전경쟁시장에서 가격을 어떻게 설정해야 하는지를 다루고 있다.

시장지배력을 이용하면 고객별로 서로 다른 가격을 제시할 수 있게 된다. 이를 통해 시장점유율을 확대하고 충성도가 가장 높은 고객들로부터 벌어들이는 이윤을 증대시킬 수 있을 것이다. 이에 대한 자세한 내용은 제17장에서 별도로 다룬다.

특성 2 : 경쟁자가 많을수록 시장지배력은 작아진다. 경쟁자가 많을수록 시장지배력은 줄어든다. 이 논리는 간단하다. 만약 대체재로 인식되는 유사한 제품들을 판매하는 기업들의 수가 많다면 가격을 인상한 기업은 결국 고객을 잃을 것이다. 새로운 기업이 진입했을 때 그 기업은 이미 존재하는 기업들의 시장점유율을 잠식할 것이며 시장지배력을 약화시킬 것이다. 만약 경쟁이 매우 치열하다면, 경쟁자들의 존재로 인해 모든 이윤이 사라져버릴지도 모른다.

따라서 장기수익성은 얼마나 많은 경쟁 기업들이 시장에 진입하는지에 달려있다. 이것은 다시 진입을 저지하는 진입장벽의 존재 유무와 그 진입장벽의 견고성 여부에 달려있다. 그러나 그 진입장벽은 즉흥적인 방어로서 나타날 수도 있지만 어느 정도 기존 기업들의 전략적 선택의 결과이기도 하다. 이 전략적 선택은 장기 수익성에 매우 큰 영향을 미치기 때문에 제15장에서 별도로 다루면서 신규 기업들이 기존 기업들의 이윤을 잠식시키는 것을 막을 수 있는 전략들을 살펴볼 것이다.

특성 3 : 제품 차별화에 성공하면 시장지배력은 증가한다. 당신의 제품이 경쟁자들의 제품과 많이 다를수록 가격을 올릴 때 당신의 고객들은 다른 기업의 제품을 가까운 대체재로 여기지 않을 것이다. 그 결과 성공적인 제품 차별화는 당신에게 보다 큰 시장지배력을 선사한다.

이러한 제품차별성은 해당 시장에 내재한 속성은 아니라는 점을 이해할 필요가 있다. 기업들이 제품의 차별화를 고민할 때, 고객들이 그 제품을 무엇으로 인식하게 만드느냐라는 중요한 전략적 선택을 내려야 한다. 이러한 제품의 포지셔닝(positioning)을 성공한다면, 시장지배력과 수익성을 제고시킬 수 있다. 이러한 결정은 대부분 기업에서 마케팅 부서의 핵심 과제이고, 그것이 매우 중요하기 때문에 우리도 제16장 내용의 앞 절반을 이 주제에 할당할 것이다.

특성 4 : 구매자들 간의 불완전경쟁은 협상력을 제고한다. 지금까지 우리는 판매자 간의 불완전경쟁에 초점을 맞추었다. 그러나 많은 경우에 소수의 구매자들 간의 불완전경쟁이 발생하여 판매자들이 중요한 고객을 지키는 일이 중요해진다. 이는 구매자들에게 가격 인하를 요구할 수 있는 협상력에 힘을 실어준다.

이러한 특성을 활용하여 공급자와의 협상에서 유리한 결과를 도출하고 싶을 것이다. 이러한 상황에서 고객의 가치는 더욱 높아진다. 그러나 판매자의 입장에서 보면 이러한 고객들이 그 협상력을 이용해 이윤을 잠식하는 것이다. 결국 판매자의 이윤은 이 갈등을 잘 조정하는 것에 달려있다. 즉, 구매자는 높아진 협상력을 통해 가격 인하를 요구할 것이고, 판매자는 이러한 가격 인하 요구를 잘 막아내야 하는 것이다. 협상력을 높이는 방법에 대해서는 제16장의 뒷부분에서 자세히 다룰 것이다.

특성 5 : 최선의 선택은 경쟁자의 행동에 따라 달라진다. 상호의존의 원리는 불완전경쟁시장에서 특히 중요하다. 왜냐하면 당신이 내리는 최선의 선택은 경쟁자가 내리는 결정에 따라 달라지는 동시에 그들이 내리는 최선의 선택도 당신의 선택에 따라 달라지기 때문이다.

이러한 상호의존성은 위에서 언급한 가격 설정, 시장 진입, 제품 포지셔닝, 가격 협상과 같은 모든 전략적 결정에서 나타난다. 예를 들어, 어떤 재화의 최적 가격은 경쟁자들이 신규 고객을 유치하려고 하는지의 여부와 그에 따라 그들이 제시한 가격에 따라 결정된다. 이러한 상호의존성은 경영전략에 핵심적인 내용이므로 제18장에서 별도로 다루면서 전략적 상호작용을 분석하게 해주는 게임이론이라는 도구를 익힐 것이다.

경제학 실습

다음 제품의 판매자가 가지는 시장지배력을 평가해보라.

Gado Images/Alamy

당신의 케이블 TV 혹은 인터넷서비스 공급업체

rvlsoft/Alamy

안드로이드폰과 경쟁하는 아이폰의 제조사인 애플

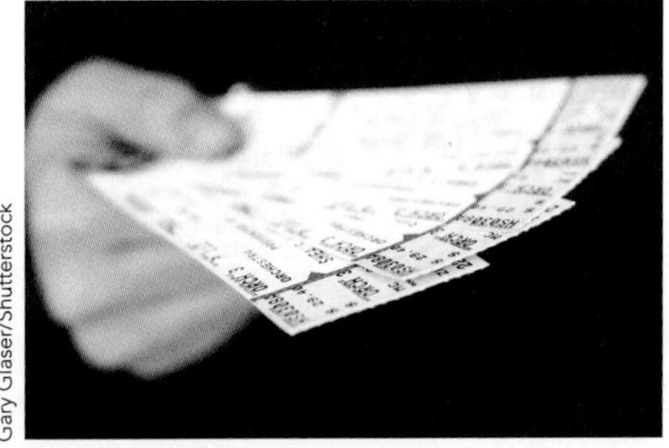

Gary Glaser/Shutterstock

인터넷 공간에서 콘서트 티켓을 판매하는 암표상 ■

정답

1. 오직 하나의 공급업체만 있는 곳에서는 이 기업은 상당한 시장지배력을 지닌다. 2. 애플은 안드로이드와 경쟁하지만 휴대폰 생산자는 몇 개 안 되기 때문에 과점시장을 만들고 일정 부분 시장지배력을 허용한다. 3. 보통 수백 장의 티켓이 발행되고 같은 티켓의 가격은 동일하므로 어떠한 개인 판매자라도 시장지배력이 크다고 볼 수 없다.

지금까지 앞으로 여러 장에 걸쳐 논의할 내용들을 간략하게 살펴보았으니, 이제부터 첫 번째 주제인 시장지배력이 존재할 때의 가격설정전략에 대해 자세히 알아보자.

14.2 시장지배력이 있을 때의 가격 설정

학습목표 시장지배력이 있는 기업의 최적 가격 수준을 계산한다.

가격을 어디에서 설정해야 하는가라는 문제는 가장 중요한 경영상의 결정 중 하나이다. 또한 그 결정은 어려운 균형잡기를 요구한다. 가격을 너무 낮게 설정하면 이윤은 사라질 것이다. 그리고 가격이 너무 높으면 판매가 부진할 것이다. 즉, **판매량을 늘리느냐와 단위당 마진을 높이느냐 간의 상충관계가 나타나게 된다.**

이러한 상충관계를 평가하기 위해서 우리는 다음과 같은 두 가지 새로운 분석틀을 소개하고자 한다. 그것은 시장지배력을 나타내는 기업의 수요곡선과 생산을 늘리는 유인을 측정하는 한계수입곡선이다. 이 두 가지 분석틀을 학습하면 가격 설정을 위한 직관적인 접근법을 발견할 수 있을 것이다.

기업의 수요곡선

기업의 수요곡선(firm's demand curve)은 개별 기업의 제품에 대한 구매자의 수요량이 가격이 변하면서 어떻게 달라지는지를 요약하고 있다. 기업의 수요곡선은 특정 기업의 제품에 대한 수요량에 초점을 둔 개념이다. 그에 반해 시장수요곡선은 시장 내 모든 기업을 대상으로 한 수요량을 나타낸다. 그리고 개별수요곡선(individual demand curve)은 개별 구매자의 수요량을 나타낸다.

기업의 수요곡선 개별 기업이 직면한 수요곡선으로서 그 기업의 제품에 대한 구매자의 수요량이 가격이 변하면서 어떻게 달라지는지를 요약하고 있다.

시장지배력은 기업의 수요곡선 모양을 결정한다. 완전경쟁에서와 같이 시장지배력이 없을 때를 생각해보자. 이 상황은 그림 14-2의 가장 좌측에 해당된다. 시장지배력이 없기 때문에 가격을 조금 올리기라도 하면 모든 고객을 잃게 될 것이다.

이와 유사하게 가격을 조금이라도 낮추면 판매량이 급증하고 경쟁자들은 모든 고객을 잃게 된다. 결과적으로 기업의 수요곡선은 평평하게 된다. 왜냐하면 완전경쟁하에서 동일한 재화를 수많은 경쟁자가 판매할 때 가격의 작은 차이가 거의 무한대에 가까운 수요량의 변화를 가져오기 때문이다.

그림 14-2의 가장 우측은 또 다른 극단적 경우인 독점을 나타낸다. 독점에서는 오직 하나의 판매자가 시장에 제품을 공급하기 때문에 그 기업이 직면한 수요량은 시장 전체의 수요량과 같다. 그래서 독점 기업의 수요곡선은 시장수요곡선 자체인 것이다. 비록 경쟁자가 없다고 하더라도 가격을 높이면 일부 고객은 구매를 포기하므로 수요량은 작아진다.

그림 14-2는 시장구조, 시장지배력, 그리고 기업의 수요곡선상의 가격탄력성 간의 밀접한 관계를 요약하고 있다. 완전경쟁과 독점 사이에 불완전경쟁이라는 보다 현실적인 형태의 시장이 자리 잡고 있다. 완전경쟁과 달리 불완전경쟁하에서 시장지배력이 일부 존재하므로 기업이 가격을 올리더라도 모든 고객을 잃지 않을 수 있다. 그리고 독점과 달리 경쟁자들이 존재하므로 가격을 인상한다는 것은 시장점유율을 일부 포기한다는 것을 의미한다. 기업의 수요곡선은 상대적으로 평평하거나 가파른데, 그 정도는 그 기업이 지닌 시장지배력의 크기에 달려있다. 만약 시장지배력이 크지 않다면 가격인상은 판매량의 급감으로 이어지므로 기업의 수요곡선은 상대적으로 평평할 것이다. 즉, 기업이 직면한 수요곡선이 매우 탄력적이다. 이와 대조적으로 만약 시장지배력이 크다면 가격을 올려도 판매량 감소는 적을 것이기 때문에 그 기업의 수요곡선은 상대적으로 가파르다. 즉, 기업의 수요곡선이 매우 비탄력적이다.

기업의 수요곡선을 알아보려면 가격을 변동시키면서 관찰해보라. 시장지배력이 얼마나 존재하는지, 즉 기업의 수요곡선 모양이 어떠한지를 어떻게 알 수 있을까? 실제로 기업들이 하고 있는

그림 14-2 | 기업의 수요곡선은 경쟁의 종류에 따라 달라진다

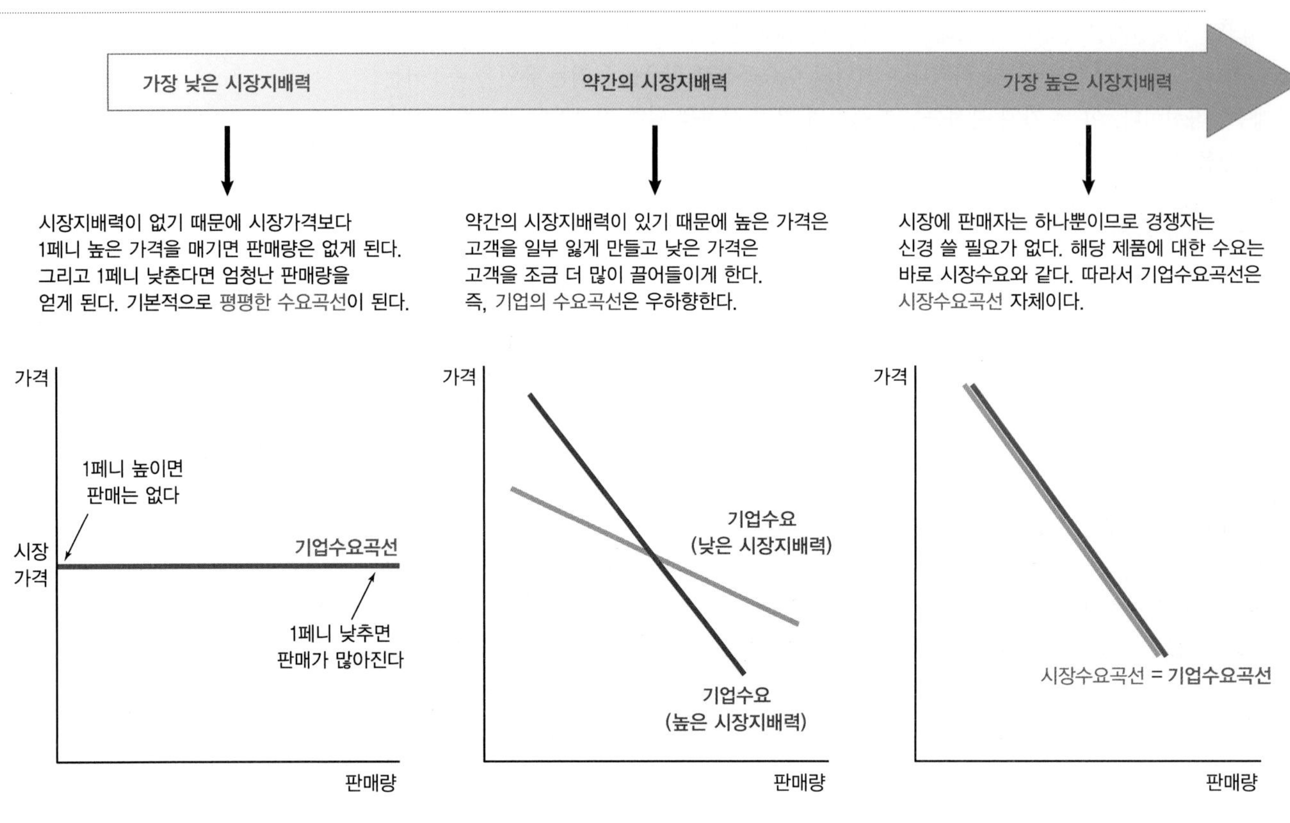

그림 14-3 | 자니 브레이니라는 기업의 수요곡선

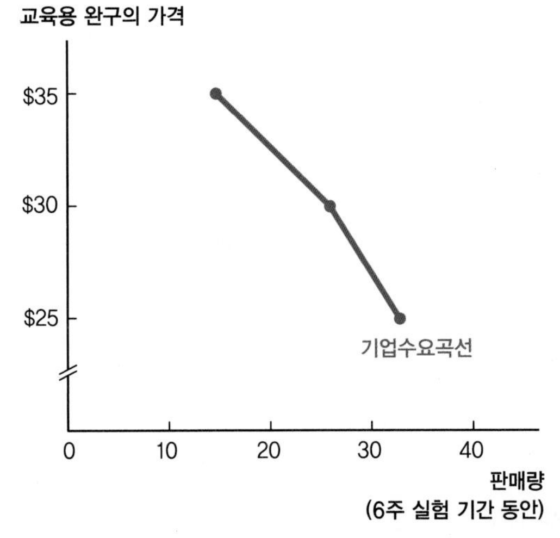

방법은 다음과 같다. 그들은 가격으로 실험을 하면서 가격 변화에 대응한 수요량의 변화를 측정한다. 미국의 대형 소매업체들 중에서 90%가 가격-수요량 실험을 수행하는 것으로 조사된 바 있다.

때로는 고객을 분류하여 집단별로 서로 다른 가격을 제시하는 실험을 하기도 한다. 예를 들어 아마존이 유명한 영화들에 대한 수요곡선을 알고 싶었을 때, 아마존 웹사이트의 프로그램을 통해 고객마다 서로 다른 가격을 보여주었다. 높은 가격을 제시받은 고객의 수요량과 낮은 가격을 제시받은 고객의 수요량을 비교함으로써 아마존은 기업의 수요곡선을 그릴 수 있었다(높은 가격을 제시받았음을 나중에 알게 된 고객들은 크게 화를 내었다).

어떤 소매기업들은 고객집단 대신에 지역별로 다른 가격을 매기는 실험을 수행한다. 예를 들어, 교육용 완구 소매기업인 자니 브레이니는 비슷한 유형의 매장들을 모아 세 집단으로 분류하고 그 집단별로 다른 가격($24.99, $29.99, $34.99)에 어떤 장난감을 판매하였다. 매장 집단별 판매수량은 각각 33개, 26개, 15개로 나타났다. 이를 통해 그림 14-3은 기업의 수요곡선을 추정하여 각 가격에 해당하는 수

요량을 그려놓은 것이다.

만약 매장이 지역별로 다른 매장이 없는 경우에는 시간에 따라 다른 가격을 붙여놓을 수도 있다. 이를 통해 가격이 낮아질 때 수요량은 얼마나 늘어나는가를 평가할 수 있다.

고객, 매장, 시간에 따라 가격을 조정하는 실험을 통해 기업의 수요곡선을 도출할 수 있다. 물론 이런 실험을 위해 많은 비용이 들 수도 있지만 그만큼의 가치를 가지고 있다. 왜냐하면 적절한 가격을 정하지 못하면 더 큰 비용을 치러야 하기 때문이다.

경제학 실습

소피아는 내슈빌이라는 도시에서 포드 자동차 대리점을 운영한다. 포드의 신차 포커스를 2만 3,000달러에 광고했을 때 그녀는 주당 2대의 차를 판매하였다.

그런데 가격을 2만 2,000달러로 낮추는 할인을 적용하자 주당 3대의 차를 판매할 수 있었다. 더 나아가 자동차 가격을 2만 1,000달러로 낮추자 주당 4대의 차를 판매하였다. 그리고 가격을 2만 4,000달러로 올린 실험을 한 주에는 오직 1대만 판매되었다.

그 대리점이 직면한 수요곡선을 알기 위해 소피아가 수행한 가격 실험의 결과를 우측에 제시된 평면에 그래프로 나타내라. ■

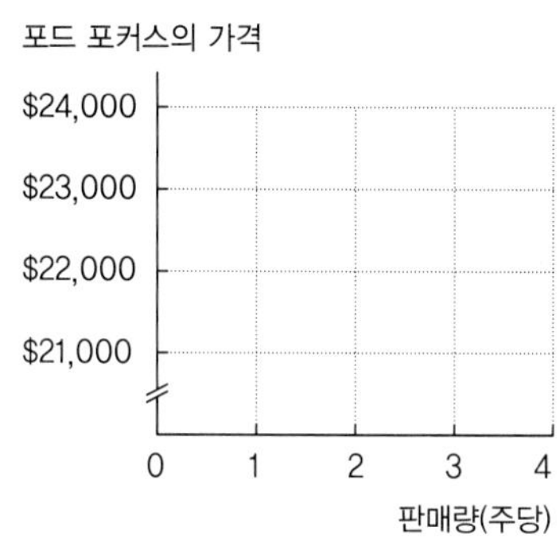

한계수입곡선

기업의 수요곡선은 저가의 대량 판매와 고가의 소량 판매 간의 상충관계를 설명하기 때문에 현명한 가격 설정을 위한 핵심 정보이다. 그럼 기업의 수요곡선을 이용하여 각각의 경우가 총수입에 영향을 미치는 정도를 구해보도록 하자.

현명한 결정은 한계수입에 초점을 둔다. 소피아는 그녀의 가격 실험에서 얻은 데이터를 이용하여 얼마나 많은 차를 어떤 가격에 파는 것을 목표로 해야 하는지를 알아내기를 원한다.

우선 한계의 원리에 따라 큰 결정은 보다 작은 한계결정으로 분해해볼 필요가 있다. 즉, 얼마나 많은 차를 팔아야 하는가가 아니라 한 대를 추가적으로 더 팔아야 하는가를 물어야 한다. 이에 대답하기 위해 소피아는 차를 한 대 더 팔았을 때 얻게 되는 추가적인 수입인 **한계수입**(marginal revenue)을 알아야 한다.

한계수입 한 단위 더 판매했을 때 얻게 되는 추가적인 수입

한 단위를 추가적으로 판매함으로써 얻게 되는 총수입의 증가로서 한계수입을 계산한다. 소피아가 수집한 데이터를 이용해 한계수입을 계산할 수 있다. 이를 위해 세 단계를 거친다. 첫째, 가격(P)과 판매량(Q)의 곱인 총수입을 계산하라. 둘째, 차를 추가로 한 대 더 판매했을 때 얻는 한계수입을 계산하라. 셋째, 그 결과를 그리면 그림 14-4와 같이 한계수입곡선을 얻을 수 있다.

한계수입은 산출효과에서 할인효과를 빼준 것을 반영한다. 그림 14-4의 표와 그래프를 자세히 살펴보면 우리가 중요한 어떤 것을 발견했다는 것을 알아차릴 것이다. 즉, 소피아가 차를 추가로 판매하여 얻은 한계수입은 수요곡선상의 가격보다 작다는 점이다. 이는 불완전경쟁하의 모든 기업에게 적용된다. 그 이유를 알기 위해서 한계수입에 영향을 미치는 두 가지 상반된 힘이 있다는 것을 알아야 한다.

- 산출효과(the output effect) : 만약 소피아가 차를 한 대 더 판매한다면 그녀의 수입은 그 차 가격만큼 올라간다. 이것이 산출효과이다. 즉, 추가적인 산출물 한 단위는 그 가격에 해당하는 만큼 수입을 증가시킨다.
- 할인효과(the discount effect) : 추가적으로 한 대의 차를 더 판매하기 위해서 소피아는 가격을 조금 낮춰야 하며 이는 총수입의 감소로 나타난다. 이 낮은 가격은 그녀가 판매하는

한계수입 = 산출효과(*P*)(추가적으로 판매하는 한 단위의 가격) − 할인효과(ΔP×Q)(가격 인하 폭×가격 인하로 인한 판매량)

그림 14-4 | 한계수입곡선을 구하는 방법

기업의 수요곡선을 사용하여 한계수입을 계산한다.

❶단계. 총수입을 계산한다. 총수입은 부과하는 가격(P)과 판매량(Q)의 곱이다.
❷단계. 한계수입을 계산한다. 이것은 추가로 한 대의 차를 더 판매했을 때 얻는 추가적인 수입이다.
❸단계. 한계수입곡선을 그린다. 한계수입곡선은 기업의 수요곡선의 아래쪽에 있다는 점을 발견할 것이다.

소피아의 가격설정실험

소피아의 실험을 통해 구매자가 그 대리점에서 수요하는 수요량을 각 가격별로 구할 수 있다.

가격 (P)	수요량 (Q)	❶ 총수입 (P×Q)	❷ 한계수입 (총수입 변화)
$24,000	1	$24,000	$24,000
$22,000	2	$46,000	$22,000
$23,000	3	$66,000	$20,000
$21,000	4	$84,000	$18,000

기업의 수요곡선과 한계수입곡선

수요곡선 : 각 가격에서 구매자들은 얼마나 많은 차를 소피아로부터 구매하는가?
한계수입 : 자동차를 한 대 더 판매할 때 얻을 수 있는 추가적인 수입은 무엇인가?

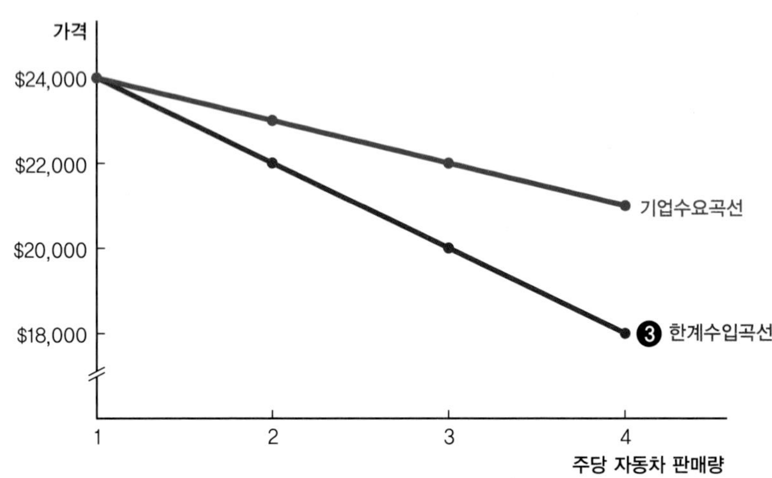

모든 차에 적용되기 때문에 아주 작은 할인이라고 하더라도 총수입은 크게 감소할 수 있다. 이것이 할인효과이며 가격 하락 폭과 판매량의 곱으로 계산된다(완전경쟁에서는 가격을 바꿀 필요 없이 원하는 만큼 판매할 수 있기 때문에 이 할인효과는 0이 된다).

우리가 이 절을 시작할 때 저가의 대량 판매와 고가의 소량 판매 간의 상충관계를 설명한 바 있다. 한계수입곡선은 이 상충관계를 간단하게 표현한다. 그 곡선은 가격 인하로 판매량이 늘어나지만(이 부분을 산출효과라고 부른다) 수입은 줄어드는(이 부분은 할인효과라고 부른다) 정도가 얼마인지를 말해준다. 한계수입은 산출효과에서 할인효과를 차감한 것이므로 이 두 효과를 모두 반영하고 있다.

한계수입은 수요곡선의 아래에 위치하며 더 빠르게 감소한다. 기업의 수요곡선과 한계수입에 대해 학습한 내용을 종합해보자.

1. 시장지배력이 있는 경우 고객을 모두 잃지 않으면서 가격을 올릴 수 있다. 즉, 그 기업의 수요곡선이 우하향한다는 것이다.
2. 한 단위 더 판매하려면 가격을 낮출 필요가 있다는 할인효과로 인해 한 단위 더 판매함으로써 얻게 되는 수입인 한계수입은 가격보다 작다. 즉, 한계수입곡선은 할인효과의 크기만큼 기업의 수요곡선보다 아래에 위치하게 된다.
3. 판매량이 많을수록 할인효과도 커진다. 왜냐하면 많은 고객에게 할인혜택을 줄 경우가 적은 고객들을 대상으로 가격을 낮출 때보다 수입을 더 크게 줄이기 때문이다. 따라서 기업의 수요곡선과 한계수입곡선 간의 간격은 판매량이 늘어날수록 커지는 것이다. 즉, 한계수입곡선은 기업의 수요곡선보다 더 가파르게 감소하게 된다.

그림 14-5는 그래프를 그릴 때 도움이 되는 요령을 하나 알려준다. 수요곡선이 직선일 때 그 한계수입곡선은 같은 점(수량이 1일 때)에서 출발하는 직선이며 두 배로 가파르게 감소한다.

끝으로, 한계수입이 기업의 수요곡선과 관련 있다고 하더라도 그 둘은 엄연히 다르다는 것을 명심해야 한다.

그림 14-5 | 한계수입곡선

Ⓐ 기업의 수요곡선은 우하향한다.
Ⓑ 한계수입곡선은 할인효과로 인해 기업의 수요곡선상의 가격보다 아래에 위치하게 된다.
Ⓒ 판매량이 늘어날수록 할인효과가 커지기 때문에 한계수입곡선은 기업의 수요곡선보다 더 가파르게 감소하게 된다.

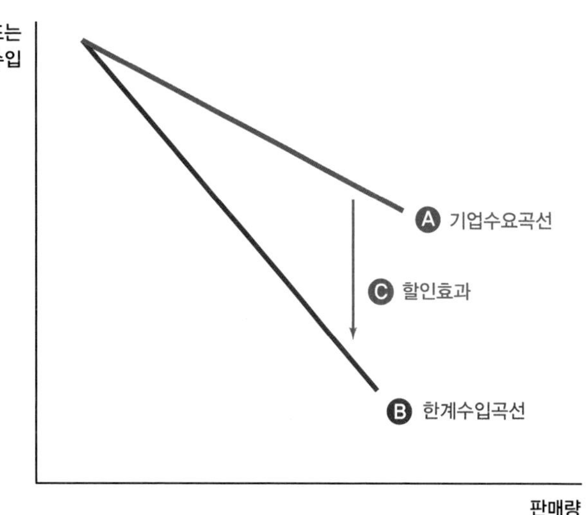

판매자의 합리적 규칙

이제 당신들이 소피아가 되어 중요한 경영상의 의사결정을 해볼 차례이다. 다음 그림 14-6에서 설명한 두 단계를 따라가 보자. 1단계는 얼마나 생산할 것인가를 결정하고 2단계는 가격을 어디서 설정할 것인가를 결정한다.

(학습 요령 : 생산량을 우선 계산하고 그다음 가격을 결정하라. 왜 그런지는 간단하다. 가격을 먼저 분석하는 것도 가능하지만 훨씬 더 복잡하다.)

1단계 : 한계수입이 한계비용과 일치할 때까지 계속 판매한다. 그래서 차를 얼마나 판매해야 하는가? 이것은 "얼마나?"라는 양적 질문이므로 한계의 원리를 이용해서 단순화해야 한다. 즉, 한 대를 더 팔아야 할까? 이제 비용-편익의 원리를 적용하여 만약 한 단위를 더 판매하는 것으로부터 오는 한계편익(이 경

1단계 : 한계수입 = 한계비용일 때 수량을 정한다.
2단계 : 수요곡선상에서 해당 가격을 찾는다.

그림 14-6 | 시장지배력이 있는 경우의 가격 설정과 거래량

소피아는 차를 얼마나 많이 판매해야 하는가? 그리고 그녀는 가격을 얼마로 정해야 하는가?

1단계 : 얼마나 많이 생산해야 하는가?

Ⓐ 판매자의 합리적 규칙에 따르면 한계비용이 한계수입과 일치할 때까지 계속 생산해야 한다.
Ⓑ 아래의 그래프에서 그 판매량은 3이다.

2단계 : 얼마를 가격으로 책정해야 하는가?

Ⓒ 기업의 수요곡선에서 해당 수량을 판매할 수 있게 해주면서 가장 높은 가격을 찾는다.
Ⓓ 그러한 가격은 2만 2,000달러이다.

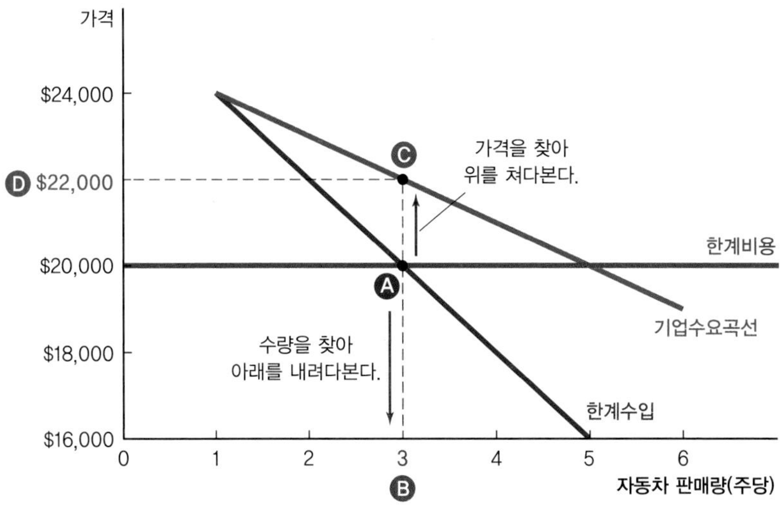

우에는 한계수입)이 한계비용보다 크거나 같다면 그렇게 해야 한다. 이제 당신은 판매자의 합리적 규칙을 발견하였다.

판매자의 합리적 규칙 한계수입이 한계비용과 크거나 같다면 한 단위를 더 판매하라.

판매자의 합리적 규칙(The Rational Rule for Sellers) : 한계수입이 한계비용과 크거나 같다면 한 단위를 더 판매하라.

이 규칙은 매우 직관적이다. 차를 한 대 더 판매하는 것이 적어도 거기에 수반되는 비용만큼 수입을 올릴 경우에 그렇게 하라는 것이다. 그러면 그 추가적인 차 판매로 인해 이윤이 증가할 것이다(한계수입과 한계비용이 정확히 일치한다면 이윤은 변하지 않을 것이다. 그러나 이 경우에도 한 단위 더 판매하라고 하는 것은 전체적인 분석을 단순하게 만들기 위해서이다).

만약 당신이 이 규칙을 따라 차를 판매할 모든 기회를 잡으려면 다음의 조건이 만족될 때까지 판매를 계속해야 한다.

$$한계수입 = 한계비용$$

이것이 제1장에서 발견한 합리적 규칙과 동일하다는 점을 알아차렸을 것이다. 제1장의 합리적 규칙은 "어떤 행위가 가치를 가진다면 한계편익과 한계비용이 일치할 때까지 계속 행하라"였다. 이 개념을 판매자에 적용하면, "자동차 판매가 이윤을 최대한 창출하려면 한계수입과 한계비용이 일치하는 지점까지 계속 판매하라"가 된다.

사실 이것은 모든 판매자에게 적용되는 가장 중요한 충고이기 때문에 다시 한번 반복하고자 한다. 얼마나 많이 판매할 것인가라는 질문에 대한 대답은 한계수입이 한계비용과 같아질 때까지 계속 판매하라는 것이다. 이 조건은 그림 14-6에서 한계수입곡선과 한계비용곡선이 서로 만나는 지점에서 충족된다.

2단계 : 한계수입곡선이 아니라 수요곡선 위에서 가격을 설정한다. 얼마나 생산해야 하는가라는 질문이 해결되었으니 이제 가격을 설정할 차례이다.

1단계에서 결정한 수량을 팔 수 있게 해주면서 가장 높은 가격을 선택해야 한다. 이것은 기업의 수요곡선을 보면 찾을 수 있다. 생산하기로 결정한 특정 수량에서 위로 쭉 올라가면 수요곡선을 만나고 그 지점이 바로 그 가격이다.

여기서 그래프들이 서로 만나는 지점을 찾는 실수를 하지 않도록 주의해야 한다. 한계수입과 한계비용이 만나는 지점은 생산량 결정과 관련이 있다. 한계수입곡선을 따라 가격을 찾는 실수를 하지 않도록 주의해야 한다. 가능한 최고 수준의 가격은 고객들이 지불하고자 하는 내용과 관련 있다. 그러므로 주어진 판매량에 대응하여 설정해야 하는 가격을 찾을 때는 수요곡선을 응시해야 한다.

이러한 두 단계를 쉽게 기억하게 해주는 요령이 하나 있다. 한계수입과 한계비용이 만나는 지점이 가리키는 수량을 찾으려면 아래에 있는 x축을 보고 그리고 그 수량이 가리키는 수요곡선상의 가격을 찾으면 된다.

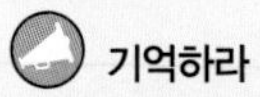
기억하라
1. 수량을 찾으려면 아래를 내려다본다.
2. 가격을 찾으려면 위를 쳐다본다.

이제 기업이 시장지배력을 가질 때마다 가격을 어떻게 설정해야 하는지 알게 되었다. 이러한 두 단계를 통해 이윤이 가장 크게 되리라는 점을 확인하고 싶은가? 소피아의 손익계산서를 통해 증명해보자.

경제학 실습

다음의 가격과 판매량 조합에 따라 소피아가 매주 얻는 이윤을 계산하라. 이윤은 총수입(가격×판매량)−총비용이다. 한 대당 구입비용이 2만 달러라고 하면 총비용은 판매량×2만 달러가 된다.

소피아의 손익계산서

수량 (Q)	가격 (P)	총수입 (P×Q)	총비용 (Q× $20,000)	한계수입 (총수입의 변화분)	한계비용 (총비용의 변화분)	이윤 (총수입-총비용)
1	$24,000	$24,000	$20,000	$24,000	$20,000	$4,000
2	$23,000	$46,000	$40,000	$22,000	$20,000	$6,000
3	$22,000	$66,000	$60,000	$20,000	$20,000	$6,000
4	$21,000	$84,000	$80,000	$18,000	$20,000	$4,000

한계수입과 한계비용이 같다. 최대이윤

만약 소피아가 판매자의 합리적 규칙을 따른다면 한계수입과 한계비용이 같아지는 지점까지 계속 판매할 것이고 이때의 수량은 3대이다. 이러한 결정으로 주당 6,000달러의 이윤을 얻게 된다.

이것이 최선의 선택이라는 점을 확인하기 위해서 맨 우측 열에 있는 총이윤을 살펴보라. 판매자의 합리적 규칙을 따를 때, 그녀는 가장 높은 이윤을 얻는다는 점을 확인할 수 있다. ■

소피아의 결정과 관련하여 언급할 만한 사실이 한 가지 더 있다. 가격을 2만 1,000달러로 더 낮추면 한 대를 더 판매할 수 있다. 이것이 의미하는 바는 그 차를 구매함으로써 2만 1,000달러의 편익을 얻는 구매자가 있다는 것이다. 반면에 차 한 대의 비용은 2만 달러이다. 만약 추가적으로 한 대 더 판매되었다면 사회후생은 더 높아졌을 것이다. 그러나 소피아는 이 네 번째 차는 팔지 않기로 결정한다. 왜냐하면 그 결정은 그녀에게 이득이 되지 않기 때문이다. 이것은 매우 중요한 사실을 하나 말해준다. 기업이 시장지배력을 가질 때 시장 결과는 총 경제적 잉여를 극대화하지 않는다. 이러한 문제를 보다 생생하게 살펴보기 위해서 아프리카로 눈을 돌려야 할 것이다. 그곳에서는 시장지배력으로 인해 수백만 명의 사람들의 생명이 위태롭기 때문이다.

14.3 시장지배력의 문제점

학습목표 시장지배력이 시장의 기능을 왜곡시키는 이유를 분석한다.

과학자들이 에이즈(후천성면역결핍증) 바이러스에 감염된 환자들의 생존율을 극적으로 높여 줄 수 있는 항레트로바이러스제를 개발했을 때 세계는 환호했다. 그러나 그러한 환호는 너무 섣불렀다. 의학적 문제가 해소되었지만 곧 이보다 더 큰 문제가 나타났다. 에이즈 치료제의 가격은 연간 1만 달러로 책정되었다. 이는 제약회사가 비용을 지불할 수 있는 사람들에게 치료제를 판매함으로써 막대한 이윤을 남긴다는 의미이다. 한편 아프리카 사하라 이남 지역에 거주하는 수백만 명의 에이즈 희생자들에게 그 가격은 너무 비싸서 마치 사망 선고와도 같다.

오늘날 그 치료제는 개발도상국에서 연간 100달러에 판매되고 있어 수백만 명의 생명을 구하고 있다. 이러한 변화는 생명을 구하기 위해 경제학 및 시장지배력의 지식을 이용한 혁신적인 보건활동가들의 헌신이 있었기 때문에 가능했다. 또한 이 예는 시장지배력을 제한하는 것이 최선일 수 있음을 잘 보여준다.

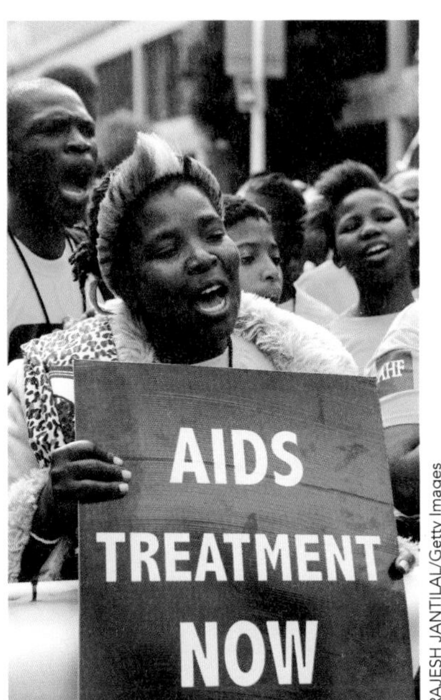

RAJESH JANTILAL/Getty Images

에이즈 치료제는 수백만 명의 환자들에게 너무 비싸다.

시장지배력은 열등한 결과를 초래한다

파티마는 자신이 대학에서 배운 것들을 이용하여 세상을 바꾸고 싶었다. 그녀는 에이즈 재앙을 가슴 깊이 염려하였다. 그녀는 졸업 후 천문학적 에이즈 치료제의 가격으로 죽기를 기다리는 수백만 명의 환자들을 돕는 비영리단체에서 일할 기회를 잡았다.

그녀의 팀은 여러 가지 전략을 고민했다. 예를 들어, 1만 달러를 모금할 때마다 환자 한 명에게 치료제를 1년 동안 공급할 수 있었다. 그러나 수백만이 여전히 죽을 처지에 놓여있었다. 그 단체는 보다 저렴한 신약을 개발하기 위해 노력해야 한다는 입장을 견지했다. 그러나 오래지 않아 그들은 신약 개발을 위해서 수십억 달러의 투자가 필요할 수도 있다는 것을 깨달았다. 성교육이 에이즈의 확산을 억제하는 데 도움을 줄 수 있겠지만 이미 감염된 사람들에게는 무의미하다. 그 어떠한 방안도 에이즈 재앙을 획기적으로 해결하지는 못하였다.

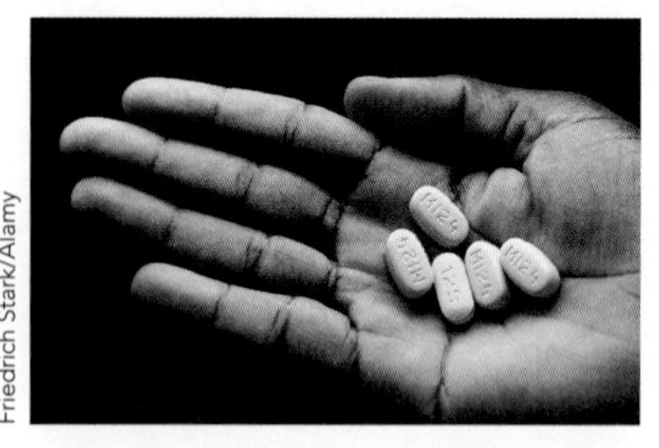
Friedrich Stark/Alamy

생명을 구할 수 있는 이 약의 제조단가는 아주 저렴함에도 불구하고 왜 가격은 그리도 높을까?

너무 화가 난 파티마는 우선 경제학을 공부하기로 결심하고 왜 에이즈 치료제가 그렇게 비싼 것인지 조사하였다. 그러나 그 답은 그녀를 깜짝 놀라게 하였다: 새로운 약의 개발에는 수십억 달러가 들어갈 수 있다. 그러나 일단 효과적인 치료약의 제조법이 개발된 후에는(에이즈 치료약의 경우, 그 약의 제조법은 이미 개발되었다) 그 치료약 하루분의 생산에 필요한 비용은 매우 싸다. 사실 생명을 구할 수 있는 그 에이즈 치료제 하루분 생산의 한계비용은 1달러 미만이다. 그러면 왜 생명을 구하는 에이즈 치료제를 더 낮은 가격에 살 수 없는가? 이에 대한 답은 시장지배력에 관한 것이다.

판매자는 그들이 가진 시장지배력을 활용한다. 제약회사의 주장에 따르면 경쟁사들이 어렵게 개발한 신약을 복제할 수 있다면 수십억 달러가 필요한 신약 개발을 추진할 유인이 없어진다. 그래서 미국을 포함한 전 세계 모든 국가들은 특허권을 허용하고 있다. 특허권은 통상 20년 동안 신제품, 신약, 혹은 신규사업모델을 개발한 기업에게 배타적 판매권을 주는 것이다. 이 권리로 인해 제약회사가 신약 개발에 성공하면 큰 수익을 얻을 수 있고, 이렇게 큰 수익을 기대하면서 신약 개발에 박차를 가하는 것이다.

파티마는 현재 에이즈 치료제를 생산하는 제약회사가 안정적인 독점공급자이며 그 시장지배력을 이용하여 높은 가격을 부과하고 있다는 점을 빨리 알아차렸다. 실제로 그 회사는 그 어떤 독점의 경우에서보다 큰 시장지배력을 가지고 있다. 왜냐하면 가격이 높다고 생존에 필수적인 치료제를 구매하지 않을 환자는 거의 없기 때문이다.

시장지배력과 완전경쟁을 비교하라. 이와 같은 시장지배력이 어떠한 결과를 가져오는지 이해하기 위해서 파티마는 자신이 그 제약회사의 최고경영자라고 가정하고 가격을 어떻게 설정해야 하는가를 스스로에게 질문하였다.

이윤을 극대화하기 위해서는 판매자의 합리적 규칙을 따라야 한다. 즉, 한계수입이 한계비용과 같아질 때까지 생산해야 한다. 그런 다음에 해당 판매량에 기업이 직면한 수요곡선에서 제시하는 최고 가격을 선택해야 한다. 그림 14-6과 비슷한 논리로 그려진 그림 14-7은 시장지배력의 결과를 잘 보여준다.

이제 이러한 결과를 완전경쟁하에서의 결과와 비교해보자. 제3장에서 다루었듯이 기업은 가격이 한계비용과 같아지는 지점까지 생산하게 된다. 이것은 그림 14-7의 B점으로 완전경쟁 성과(perfect competition outcome)로 표시되어 있다.

이번 분석을 통해 얻은 네 가지 통찰은 다음과 같다.

통찰 1 : 시장지배력은 가격을 높인다. 시장지배력이 있을 때의 가격은 한계비용보다 높다. 완전경쟁하에서의 공급을 다룰 때 우리는 가격이 한계비용과 같다는 점을 발견했다. 따라서 시장

그림 14-7 | 시장지배력과 완전경쟁의 비교

시장지배력이 있을 때의 가격 설정이 완전경쟁하에서는 어떻게 바뀌는가?

Ⓐ 시장지배력 : 한계수입 = 한계비용을 만족하는 생산량을 구한다. 그런 다음 수요곡선을 따라 해당 가격을 찾아보라.
Ⓑ 완전경쟁 : 가격 = 한계비용을 만족할 때까지 생산을 계속한다. 이 지점은 수요곡선과 한계비용곡선이 만나는 곳이다.

이 두 결과를 비교해보자.

통찰 ❶ : 시장지배력이 있을 때의 가격은 경쟁시장에서의 가격보다 높다.
통찰 ❷ : 시장지배력이 있을 때의 수량은 경쟁시장에서의 수량보다 작다.
통찰 ❸ : 시장지배력을 지닌 기업은 '시장지배력이 있을 때의 가격 − 평균비용'에 해당하는 이윤을 얻게 된다.
통찰 ❹ : 이러한 이윤 덕분에 시장지배력을 지닌 기업은 비록 내부적으로 비효율적인 비용구조를 가지고 있더라도 계속 생존하게 된다.

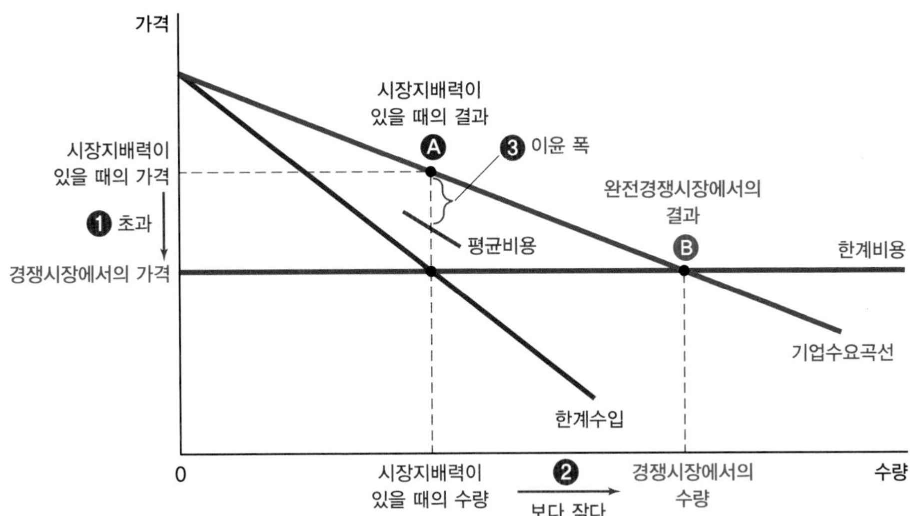

지배력이 있을 때의 가격은 완전경쟁에서보다 더 높다.

시장지배력을 지닌 기업은 단위당 높은 이윤 폭과 높은 판매량 사이의 상충관계를 풀어야 한다. 이 상충관계는 시장지배력을 지닌 기업이 고객을 일부 잃더라도 가격을 높여 이윤 폭을 확대한다는 것을 의미한다.

통찰 2 : 시장지배력은 비효율적 수준으로 산출량을 줄인다. 에이즈 치료제의 가격을 높이면 구매할 수 있는 환자가 줄어든다. 따라서 수요량은 감소할 것이다. 그림 14-7에서처럼 시장지배력이 있을 때의 거래량은 완전경쟁의 경우보다 작다.

시장지배력이 있을 때의 결과를 보면 수요곡선이 한계비용곡선의 위쪽에 위치한다. 수요곡선은 구매자의 한계편익을 측정한다는 점을 떠올려보면 왜 이것이 문제인지 알 것이다. 이는 에이즈 치료제로부터 오는 한계편익이 한계비용보다 높다는 것을 의미한다. 만약 거래량이 좀 더 늘어난다면 경제적 총잉여가 높아져 사회 전체적으로 보다 더 좋아질 것이라는 의미이다. 즉, 시장지배력을 지닌 기업들은 효율적인 수준보다 적게 공급하게 되는데, 이를 두고 과소생산 문제라고 한다. 반대로 완전경쟁하에서는 기업들이 구매자의 한계편익과 한계비용이 같아지는 지점까지 생산을 하기 때문에 효율적인 거래량에 도달하게 된다.

시장지배력이 있는 경우에 할인효과로 인해 공급량이 줄어든다. 즉, 가격 인하는 수입 감소를 의미하므로 꺼리게 된다. 그러나 사회 전체적인 입장에서 보면 기업이 이러한 할인효과를 감안하지 않을 때 더 좋은 결과를 얻을 수 있다. 가격 인하로 인해 그 독점기업이 보게 되는 손실은 현재의 고객들이 낮아진 가격 덕에 얻게 되는 편익과 정확히 일치하기 때문에 할인효과가 사회적 순비용은 아니다. 반면에 완전경쟁시장에서의 기업들은 할인효과를 고려하지 않는다. 왜냐하면 개별 기업은 극히 일부만 공급하고 있으므로 주어진 시장가격에서 판매하고 싶은 만큼을 팔 수 있고 따라서 가격 인하를 통해 판매량을 높일 이유가 없기 때문이다. 결국, 완전경쟁하에서 경제적 잉여는 최대가 된다.

통찰 3 : 시장지배력은 큰 경제적 이윤을 가져온다. 단위당 이윤은 가격에서 생산의 평균비용을 뺀 값이다. 그림 14-7에서 시장지배력이 있을 때의 가격은 평균비용보다 크고 이것은 제약회사의 이윤으로 이어진다.

그 이윤은 완전경쟁하에서보다 훨씬 크다. 결국 시장지배력을 지닌 기업은 완전경쟁 수준만큼 생산할 수도 있지만 그렇게 하지 않는다. **시장지배력이 있을 때 이윤이 더 크기 때문에** 그 기업은 높은 가격에 적은 물량을 판매하게 된다. 시장지배력을 지닌 기업은 완전경쟁하에서 경쟁하게 되는 경우보다 더 많은 이윤을 얻게 된다. 이러한 이유로 기업은 시장지배력을 유지하고 강화하려고 하는 것이다.

시장지배력으로 인해 기업들은
1. 가격을 인상한다.
2. 판매량을 줄인다.
3. 높은 이윤을 얻는다.
4. 비효율적이라도 생존한다.

통찰 4 : 시장지배력을 지닌 기업은 비용이 비효율적으로 높더라도 생존할 수 있다. 시장지배력이 보장하는 수익성 때문에 기업들은 비용절약형 기술을 적극적으로 개발하지 않게 된다. 완전경쟁하에서 기업이 비효율적이라면 손해를 보게 되고 결국 퇴출되기 마련이다. 그러나 비효율적이지만 이윤을 내는 독점기업이라면 계속 생존할 수 있다.

요약 : 시장지배력의 파급효과. 위의 통찰들을 종합해보면 다음과 같다. 첫째, 에이즈 치료제를 저렴하게 판매할 수 있다. 완전경쟁이라면 가격은 한계수입과 같아져 가격이 현재의 1만 달러에서 100달러로 낮아질 수 있다. 둘째, 시장지배력으로 인한 높은 가격은 수요량을 줄인다. 이것은 추상적인 경제학적 사고가 아니라 실제로 왜 수많은 사람이 에이즈로 목숨을 잃고 있는지를 잘 설명해준다. 셋째, 파티마는 제약회사가 시장지배력을 이용해 높은 이윤을 얻고 있기 때문에 과소생산 문제가 저절로 해결되지 않을 것이라는 점을 발견했다. 넷째, 경쟁이 없다면 에이즈 치료제는 아마도 비효율적으로 생산될 수도 있을 것이다.

이러한 네 가지 통찰들은 문제해결을 위한 중요한 처방을 알려준다. 에이즈는 의학적 고통일 뿐만 아니라 시장지배력이라는 경제적 질병이기도 하다. 이러한 통찰들은 파티마가 해결책을 찾게 해준다.

경쟁을 통해 보다 좋은 결과를 얻을 수 있다

시장지배력의 역할을 파악한 파티마는 해결책을 제시하였다: 제약회사가 가진 시장지배력을 줄일 방법을 찾으라. 그녀는 만약 특허를 보호하지 않는다면 신규 제약사들이 시장에 진입함으로써 경쟁이 촉진됨을 인식했다. 이러한 진입은 완전경쟁으로 이어져 수많은 경쟁업체가 화학적으로 동일한 제품을 판매할 것이다. 또한 이는 가격 인하를 가져와 보다 많은 사람이 이 절실한 치료제를 구입할 수 있게 될 것이다.

Kalpak Pathak/Hindustan Times/Getty Images

에이즈 치료제에 대한 특허권을 박탈함으로써 가격을 낮추자는 캠페인. 이 특허권의 박탈은 에이즈 치료제의 복제약 제조를 가능하게 한다.

경쟁은 가격을 낮추고 거래량을 늘린다. 이러한 경제학적 분석을 기반으로 파티마는 에이즈 치료제의 특허권을 종료시키자는 캠페인을 공격적으로 펼칠 것을 그녀가 몸담고 있는 비영리단체에 제안했다. 이 캠페인은 다양한 활동단체들과 함께 한 길고도 복잡한 투쟁이었다. 결국 이들의 노력은 성공했으며, 남아프리카 정부로 하여금 국제특허협약의 내용 중 거의 알려지지 않았던 조항을 꺼내들게 했다. 그것은 정부가 인도주의적 위기상황에서는 경쟁회사들도 해당 약품들을 공급할 수 있게 허용하는 권리를 가진다는 조항이었다.

이 변화로 경쟁이 촉발되었으며 에이즈 치료제의 가격은 한계비용 수준인 연간 100달러로 낮아졌다. 결국, 수백만 명의 사람들은 에이즈 치료제를 구할 수 있었다. 시장지배력이 초래하는 문제를 이해함으로써 수백만의 생명을 구할 수 있었다고 해도 과언이 아니다.

왜 시장지배력은 사회에 해가 되는가 : 과소생산의 문제. 시장지배력이 사회에 해가 되는 이유를 이해하는 것이 중요하다. 시장지배력의 문제는 단순히 가격이 높다는 데 그치지 않는다. 물론 높은 가격은 소비자들에게 부담이 되니 실질적인 문제이다. 그러나 높은 가격은 구매자들에게는 비용이지만 판매자들에게는 편익이다. 한쪽이 많이 지불하고 다른 쪽이 많이 받으면 사회 전체적으로 손실은 없다.

대신에 문제는 시장지배력이 최적 거래량보다 적게 생산하게 만들기 때문에 시장 실패를 초래한다는 것이다. 즉, 시장지배력은 과소생산으로 이어진다. 파티마가 이해했듯이, 진짜 비극은 수요가 있는 사람들의 일부가 높은 비용을 지불한다는 것이 아니라 그 높은 가격을 지불할 여력이 없어 필요한 재화와 서비스를 얻지 못하는 상황이다.

특허는 과소생산과 혁신 간의 상충관계를 나타낸다. 에이즈 치료제 시장은 시장지배력을 지닌 기업이 어떻게 시장의 기능을 왜곡시킬 수 있는지를 생생하게 보여주는 예이다. 시장지배력이 높은 가격과 과소생산의 문제를 가져온다는 교훈은 일반적으로 모든 시장에 적용될 수 있다.

그러나 이 경우에 파티마가 추구했던 해결책인 특허권의 중지는 일반적이지 않다. 일반적으로 그 방법은 좋은 해결책이 아닐 수 있다. 비록 특허권이 시장지배력을 창출하여 높은 가격과 과소 생산의 문제를 야기하더라도 사회적으로 특허권을 보장하는 것이 좋을 수 있다. 왜냐하면 특허권의 보장은 연구활동을 촉진하기 때문이다. 외부성의 문제로 돌아가 보자. 연구활동에 투자를 하지 않은 사람들도 그 결과로부터 혜택을 보기 때문에 연구활동은 긍정적 외부성을 가진다. 연구개발의 과소생산 문제를 해결하는 한 가지 방법은 비용을 지불하지 않고 그 과실을 이용하지 못하게 하면서 투자에 대해 보상할 적절한 방안을 찾는 것이다. 그것은 바로 특허권이 하는 일이다.

파티마의 접근법을 비판하는 측은 만약 정부가 특허권을 습관적으로 무시한다면 제약사들이 혁신을 통해 생명을 구하는 신약 개발을 할 유인이 사라질 것이라고 주장한다. 이에 대해 파티마와 같은 활동가들은 에이즈 치료제의 경우 대규모의 인도주의적 비극을 막음으로써 얻게 되는 편익은 미래의 신약 개발을 어렵게 한다는 비용보다 훨씬 크다고 주장한다. 이 문제는 결론 내기 어려운 상충관계이며, 대부분의 경제학자들은 만약 정부가 새로운 치료법 개발에 제약사들이 계속 투자하기를 원한다면 특허권을 박탈하는 정책을 매우 신중하게 채택해야 한다는 데 동의한다.

때로는 정부가 특허와 같은 방법으로 시장지배력이 생기도록 도움을 주기도 하지만, 시장지배력으로 인한 문제들을 최소화할 수 있는 방법들도 많이 있다. 이제부터 그러한 방법들이 기업의 선택에 어떠한 영향을 미치는지를 이해하면서 그것들에 대해 학습하도록 하겠다.

14.4 시장지배력을 제한하기 위한 공공정책

학습목표 시장지배력이 초래하는 문제들을 제한할 정책들을 평가한다.

시장이 작동하는 방식에는 근본적인 긴장이 있다. 경쟁이 촉진되면 사회 전체적으로 더 좋은 결과가 도출되지만, 경쟁이 제약을 받고 시장지배력이 커지면 기존 기업들의 이윤이 커진다. 그러므로 비록 시장지배력이 사회에 해롭기는 하지만 기업들은 그들의 시장지배력을 극대화하려고 노력한다.

이에 대응하여 정부는 시장을 규제함으로써 시장이 공공의 이익에 봉사할 수 있도록 하고자 한다. 대개 정부는 다음과 같은 두 가지 법률을 통해 이러한 목적을 달성하고자 한다.

- 경쟁을 촉진시키는 법률
- 시장지배력을 지닌 기업들의 해로운 행위를 최소화하는 법률

이러한 법률들은 당신이 선택할 수 있는 경영전략의 형태에 영향을 미칠 것이기 때문에 어떻게 그 법률들이 적용되는지 알아둘 필요가 있다.

경쟁을 촉진시키는 법률

경쟁정책(competition policy)은 시장에서 경쟁을 촉진시키게 해주는 일련의 법률을 가리킨다. 이러한 법률이 해결하고자 하는 기업전략들을 살펴보자.

담합금지법률은 기업들이 서로 경쟁을 제한하는 행위를 금지한다. 같은 시장에서 경쟁하는 기업들이 서로 가격을 낮추거나 품질을 높이지 않을 것을 약속함으로써 그들 간의 경쟁에 제한을 만든다면 시장지배력이 생긴다. 경쟁을 제한하자는 약속을 **담합**(collusion)이라고 부른다. 담합은 동참한 경쟁기업들이 마치 하나의 독점기업처럼 행동하자고 약속하는 것이므로 시장지배력을 만든다. 이것은 소비자의 비용을 증가시켜 해당 기업들의 이윤을 증가시킨다.

담합 경쟁을 제한하는 약속

경쟁이 잘 작동하게 하기 위해서 정부는 다양한 종류의 담합을 불법으로 규정하고 있다. 불법적 담합의 예로 가격을 높게 유지하는 것, 생산량을 낮게 유지하는 것, 입찰담합, 시장 나눠먹기 등이 있다.

Andrew Harrer/Bloomberg/Getty Images

그들이 합병하려는 이유가 합병으로 보다 효율적인 항공사가 되기 때문인가, 아니면 그들이 시장지배력을 얻기 때문인가?

합병에 관한 법률은 경쟁기업이 통합하여 시장지배력을 공고히 하는 것을 방지한다. 아메리칸 항공사와 US 에어웨이 항공사 간의 합병으로 그들은 세계 최대 규모의 항공사가 되었다. 이와 같은 합병이 기업에 이익이 된다고 경영진들이 판단한 두 가지 이유가 있다. 소비자의 입장에서 보면 좋은 이유는 합병으로 비용이 절약되고 결국 가격이 낮아질 것이라는 점이다. 나쁜 이유는 합병으로 인한 시장지배력의 확장은 두 항공사가 더 이상 가격을 인하할 필요가 없게 만든다는 점이다. 합병은 비용 절감이라는 사회적 편익을 주는 반면에 확대된 시장지배력은 사회에 해가 된다.

유익한 합병만을 허용하고자 미법무부는 합병으로 경쟁이 상당히 제한되거나 독점기업이 나오게 된다면 그러한 합병은 승인하지 않는다. 실제로 미법무부는 위의 두 항공사가 합병하더라도 중소 규모의 다른 항공사들이 그 거대 항공사와 경쟁할 수 있는 방법들을 찾았고 이로 인해 시장지배력이 지나치게 높아지지 않을 것을 확인하였기 때문에 그들 간의 합병을 승인했다.

자료 해석 아메리칸 항공사와 US 에어웨이 항공사 간의 합병은 반경쟁적이었는가?

합병이 소비자에게 이로운지 해로운지 어떻게 판단할 수 있는가? 두 항공사 고객의 이해는 그들의 경쟁 항공사들의 이해와 정확히 반대이다.

만약 두 항공사의 합병이 보다 효율적인 기업을 만드는 것이라면 고객들에게는 좋은 소식이지만 보다 무서운 적과 싸워야 하는 유나이티드나 델타와 같은 경쟁 항공사들에게는 나쁜 소식이다.

그러나 이 합병이 단지 항공사의 숫자를 줄이는 효과만 있다면 모든 항공사들은 보다 큰 시장지배력을 누릴 수 있을 것이고 이는 소비자에게 나쁜 소식이지만 경쟁 항공사들에게는 좋은 소식이다.

따라서 합병이 좌절되는 것이 경쟁 항공사에게 어떤 의미인지를 관찰함으로써 소비자에게 어떤 영향을 줄 것인지를 이해할 수 있다. 사실 미법무부가 그 합병을 불허하리라는 예상이 팽배했던 시점이 있었다. 그림 14-8은 이때의 주식시장의 반응을 보여준다. 델타와 유나이티드 항공사의 장래 예상 수익률을 반영하는 주가가 급락하였다. 즉, 시장에서는 합병이 좌절되면 델타와 유나이티드 항공사의 수익률이 떨어질 것이라고 예측한 것이다. 합병 불허가 이들 경쟁 항공사들에게 나쁜 소식이라는 사실은 합병 허가는 시장지배력을 높여주기 때문에 좋은 소식이라는 것이다. 이것은 소비자들에게 나쁜 소식인 것이다.

만약 항공권 값이 비싸다고 느껴진다면, 위의 분석에 따라 당신은 정부가 최종적으로 이 합병이 진행되도록 허가했다는 점을 비난해야 한다. ■

그림 14-8 아메리칸 항공사와 US 에어웨이 항공사 간의 합병이 허용되지 않을 수도 있다는 뉴스보도에 대한 경쟁 항공사들의 반응

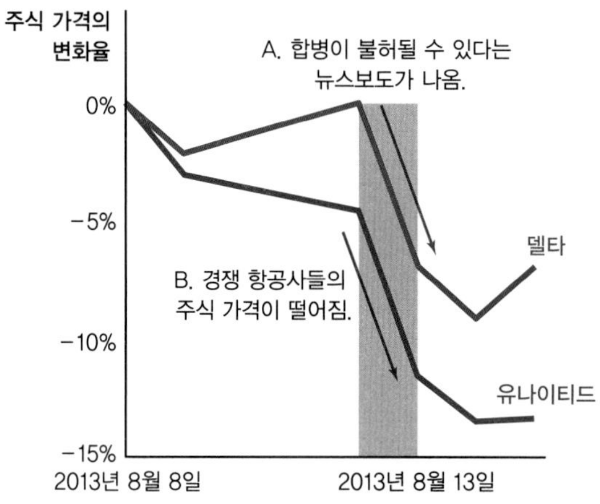

출처 : Bloomberg.

독점은 합법이지만 시장을 독점화하는 것은 그렇지 않다. 어떤 기업이 독점기업이어서 시장지배력을 갖고, 심지어 높은 가격을 부과하는 것은 불법이 아니다. 어떤 대기업은 낮은 가격에 좋은 서비스를 제공함으로써 경쟁자들을 물리치고 우월적 지위를 얻는다(아마 아마존이 그러할 것이다). 그러나 경쟁기업을 배제하거나 신규기업의 진입을 방해함으로써 그 산업을 독점화하려는 것은 불법이다. 명사로 쓰이는 독점은 합법적이지만 동사로 쓰이는 독점화는 그렇지 않다. 그 이유는 배타적이고 약탈적인 기업행위가 불법이기 때문이다. 대표적인 예로는 당신의 공급자에 대하여 당신의 경쟁기업에게는 물건을 공급하지 못하도록 압력을 가하거나 당신의 제품을 판매하고자 하는 자에게 다른 경쟁사 제품들을 취급하지 못하게 하는 행위 등이 있다. 또한 한 시장에서의 시장지배력을 이용하여 다른 시장에서 시장지배력을 얻으려고 하는 행위도 불법이다.

당신의 경쟁자가 당신을 시장에서 쫓아내려고 가격을 너무 낮게 책정함으로써 그 시장지배력을 남용하고 있다고 느낄 때도 있을 것이다. 드물긴 하지만 이러한 종류의 약탈적 가격 설정이 나중에 다시 가격을 올릴 목적으로 경쟁자를 제거하려는 명백한 전략의 일환으로 실행되었다면 불법일 수 있다. 그러나 가격 인하는 종종 공격적인 가격 경쟁의 결과이기도 하고 이는 다시 소비자들에게 이익이 되므로 보통 합법적이라고 판결된다.

국제무역의 증대는 경쟁을 촉진시킬 수 있다. 국제무역은 어떠한 특정 기업이 시장지배력을 크게 쌓아올리지 못하게 한다. 자동차 시장을 생각해보라. 그림 14-9가 보여주듯이 미국 기업은 3개밖에 없다.

그러나 어떤 기업도 시장지배력이 크지 않다. 그 이유는 미국 기업들이 일본, 독일, 한국의 자동차 제조사들과 경쟁하기 위해서 가격을 지속적으로 낮춰야 하기 때문이다.

그림 14-9 자동차의 국제무역은 경쟁을 유지한다

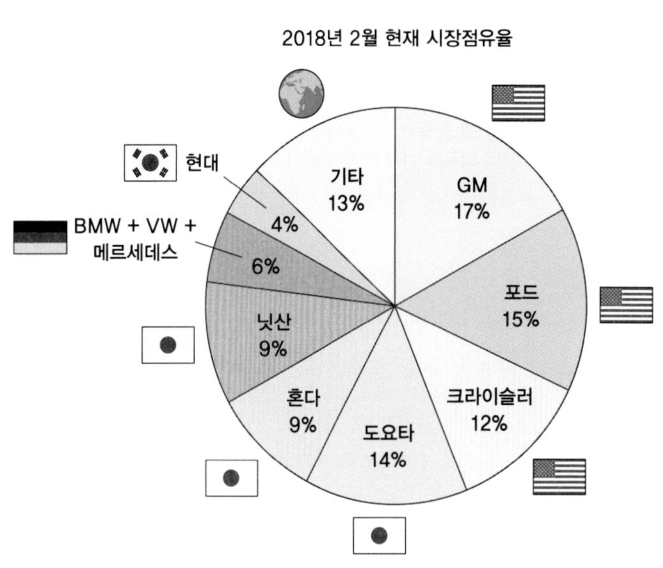

출처 : Motor Intelligence.

시장지배력 행사의 해악을 최소화하는 법률

경쟁을 촉진시키려는 정부의 노력에도 불구하고 기존의 기업들이 상당한 수준의 시장지배력을 가진 경우는 항상 있을 것이다. 어떤 경우에는 정부가 소비자 피해를 줄이기 위해 기업행동 방식을 규제할 수도 있다.

가격상한제는 시장지배력의 남용을 막는다. 정부는 가격상한제를 통해 독점기업이 시장지배력을 남용하는 것을 제한할 수 있다. 예를 들어, 지역 내 케이블TV 서비스 제공 기업이 한 곳뿐인 경우가

있다. 그러나 기본 케이블TV 서비스의 가격은 정부 규제로 인해 그리 높지 않다.

가격상한제도는 가격을 지나치게 높이는 행위를 불법으로 규정함으로써 생산량을 줄이는 유인을 제거하고자 한다. 만약 가격상한선을 한계비용과 동일하도록 정확히 설정한다면, 정부는 시장지배력을 지닌 기업들도 완전경쟁시장하에서의 생산량과 똑같은 양을 생산하게 유도할 수 있다.

일상경제학 감옥에서의 전화 통화

Jim West/imageBROKER/Shutterstock

전화요금은 징벌적이다.

수감생활에는 많은 불편이 뒤따르지만 당신이 생각지도 못했던 것이 있다. 바로 전화요금이다. 감옥에서의 전화요금은 기본요금으로 5달러를 내야 하고 분당 거의 1달러를 내야 한다. 감옥 밖이라면 공중전화에서 50센트면 동일한 전화통화를 할 수 있고 휴대폰이라면 훨씬 적은 비용이 들 수 있다는 점을 감안해 보면 감옥에서의 통화요금은 놀라울 정도로 높은 이윤율을 의미한다. 여기다가 여러 추가 비용이 들기 때문에 15분 정도의 전화통화는 그 콜렉트콜을 받으며 비용을 지불해야 하는 수감자의 가족들에게 금전적으로 큰 부담일 수 있다. 그 가족들 중 상당수는 전화통화와 생활필수품 구매 간의 고통스러운 상충관계를 토로한다.

여기서 문제는 보안과 관련된 것이 아니라 시장지배력이 원인이다. 교도소마다 특정 전화 서비스 제공 회사 한 곳과 독점계약을 맺는다. 수감자들은 휴대폰을 소지할 수 없다. 그러므로 경쟁 자체가 없다. 그래서 수감자들은 교도소 내의 비싼 전화요금은 분명히 시장지배력 남용이라고 주장하면서 정부가 가격상한선을 설정해야 한다고 요청하고 있다. ■

여기서 가격상한제를 도입하자는 주장은 시장지배력의 남용을 제거하자는 것일 뿐이다. 그래서 이러한 논리는 불완전경쟁시장과 독점에만 해당된다. 이와 반대로 제6장에서 다룬 완전경쟁시장에서의 가격상한(예를 들면 임대료 통제)들은 일반적으로 좋지 못한 방법이다. 왜냐하면 완전경쟁시장에서의 가격상한제는 공급량을 경제적으로 효율적인 수준보다 낮게 만들고 수요량은 최적 수준 이상으로 높임으로써 초과수요를 만들어낸다.

가격상한제를 적용할 때 발생하는 현실적 어려움도 있다. 대개 규제당국은 기업들이 비용과 약간의 이윤 폭의 합으로 가격을 정하도록 한다. 그러나 이 경우 기업이 비용을 낮출 유인은 줄어든다. 그 결과 이 기업은 비효율적으로 높은 비용을 높은 가격의 형태로 소비자들에게 전가할 수 있다. 이 문제는 만약 기업이 고품질 제품에 높은 가격을 매기지 못한다면 품질을 높일 이유가 없다는 문제와 연관되어 있다.

자연독점 전체의 수요를 충족시키기 위해서 한 기업만 생산하는 것이 비용을 가장 적게 발생시키는 시장

자연독점으로 인해 종종 정부가 개입하게 된다. **자연독점**(natural monopoly)에서는 여러 기업이 생산하는 것보다 한 기업이 생산하여 전체 시장에 공급하는 것이 가장 비용이 낮을 수 있다. 자연독점은 생산량이 증가하면서 한계비용은 지속적으로 감소할 때마다 발생한다. 자연독점이 있을 때는 경쟁은 절대로 작동하지 않는다. 신규 기업이 기존 기업에 비해 비용 측면에서 항상 불리하다는 것이 문제이다. 결과적으로 사회적으로 최적 수준을 달성하기 위해서는 정부 개입이 필요할 수 있다.

예를 들어, 수도, 가스, 전기 시장은 모두 자연독점이다. 왜냐하면 신규 기업이 파이프와 전선을 다시 설치하는 것은 결코 비용 측면에서 효과적이지 않기 때문이다. 자연독점을 규제하는 것은 어려운 상충관계에 직면한다. 정부는 가격을 한계비용과 일치시키게 함으로써 자연독점이 시장지배력을 악용하지 못하게 막을 수 있다. 그러나 그러면 자연독점은 손실을 낼 수도 있다(가격은 생산되는 마지막 단위의 한계비용은 충당하지만 만약 나머지 그 이전 생산물의 한계비용이 더 높다면 가격이 비용을 모두 충당하지 못한다). 이러한 손실로 인해 자연독점기

업은 생산을 포기할 수도 있다. 이러한 상황을 막기 위해서 정부가 직접 이러한 서비스를 제공하기도 하며, 정부의 세수입으로 그 손실을 보전한다.

요약 : 공공정책은 시장지배력을 제거할 수 없지만 오남용을 제한할 수는 있다. 시장지배력은 어려운 공공정책의 과제이다. 우리는 지금까지 기업들이 시장지배력을 이용하여 가격은 높이고 생산량은 최적 수준보다 적게 생산한다는 점을 살펴보았다. 그러므로 시장지배력의 집중은 해롭다. 그러나 경쟁을 통해서 일부 기업은 우월적인 위치를 점하게 된다. 그들은 경쟁을 통해 낮은 가격에 더 좋은 서비스를 제공하며 경쟁자들을 따돌린 것뿐이다. 이런 경우에 제한을 가한다는 것은 적절하지 않다. 따라서 정부 규제당국은 어려운 균형잡기를 해내야 한다. 즉, 시장지배력의 오남용을 제한하려는 노력을 경주하는 동시에 보다 생산적인 기업이 그 경쟁자들을 물리칠 수 있게도 해줘야 한다.

함께 해보기

이 장에서 다루었던 모든 것을 이제 종합해보자. 경제학 수업은 대개 단순하면서도 직관적 통찰을 얻을 수 있는 완전경쟁에서부터 시작한다. 학기 초반 수업에서는 완전경쟁시장이 거의 존재하지 않는다는 사실을 일단 무시한다. 우리도 제3장에서 공급곡선을 배울 때 기업들이 시장지배력을 지니지 않는 완전경쟁을 전제로 논의를 진행했다. 그러나 현실에서는 대부분의 기업들이 시장지배력을 지닌다. 그래서 어떤 기업을 보더라도 시장지배력을 염두에 두고 의사결정을 해야 하는 복잡한 상황이 있기 마련이다.

이러한 현실에서 박리다매를 할 것인지 아니면 높은 가격으로 조금만 판매할 것인지를 결정해야 한다. 이 장의 내용은 이러한 상충관계를 이해할 수 있는 도구들을 제시하였다. 우리가 얻은 결론들은 차별적 제품들을 판매하는 경쟁자가 많은 상황(독점적 경쟁), 소수의 기업들이 전략적으로 행동하는 상황(과점), 혹은 직접적 경쟁이 전무한 상황(독점)에서 유용하게 적용될 것이다. 이 모든 경우에 기업들은 한계비용이 한계수입과 같아질 때까지 생산할 것이며, 그 생산량 수준과 기업의 수요곡선을 함께 고려하여 가장 높은 가격을 책정한다.

아울러 시장지배력의 이해는 사업 기회를 찾는 데도 핵심적이다. 시장지배력이 클수록 높은 가격에 많이 판매할 수 있으므로 높은 가격과 많은 판매량 간의 상충관계가 약화된다. 이렇게 되면 이윤은 더욱 커진다. 만약 당신이 창업을 생각 중이라면 경쟁자가 거의 없는 시장을 선점하도록 노력해야 한다. 만약 현명한 경영자라면 제품 차별화를 통해 시장지배력을 제고할 수 있다. 또한 만약 당신이 투자자라면 시장지배력을 계속 유지할 수 있는 기업에 투자해야 한다. 이러한 여러 주제들에 관하여 다음 장에서부터 자세히 다룰 것이다.

시장지배력의 존재는 중요한 경제학적 논쟁의 대상으로서 시장의 유효성을 이해하기 어렵게 만든다. 제7장에서 우리는 완전경쟁하에서의 시장이 경제적으로 효율적인 결과를 가져옴을 확인하였다. 그 이후에 우리가 다룬 주제는 여러 형태의 시장 실패들이었고, 이 장에서 하나를 더 추가했다: 일반적으로 시장지배력을 지닌 기업은 사회적으로 최적인 수준보다 가격을 높이고 산출량을 줄인다. 시장지배력은 경쟁의 순기능을 방해한다.

이 모든 내용은 다음과 같은 중요한 함의를 지닌다: 시장이 저절로 좋은 성과를 가져오진 않는다. 대신에 그 성과는 시장이 어떻게 조직되어 있는가에 전적으로 달려있다.

한눈에 보기

시장지배력 : 판매자가 경쟁기업에게 거래를 많이 뺏기지 않으면서 높은 가격을 매길 수 있는 정도

시장지배력의 범위

		불완전경쟁		
시장 형태	완전경쟁	독점적 경쟁	과점	독점
경쟁자 + 제품	다수 + 동질적 재화	다수 + 차별적 재화	소수 + 동질적이거나 차별적 재화	전무 + 유일한 재화
	가장 작은 시장지배력	약간의 시장지배력		가장 큰 시장지배력
	기본적으로 평평한 수요곡선	우하향하는 기업수요곡선		시장수요곡선과 동일한 기업수요곡선

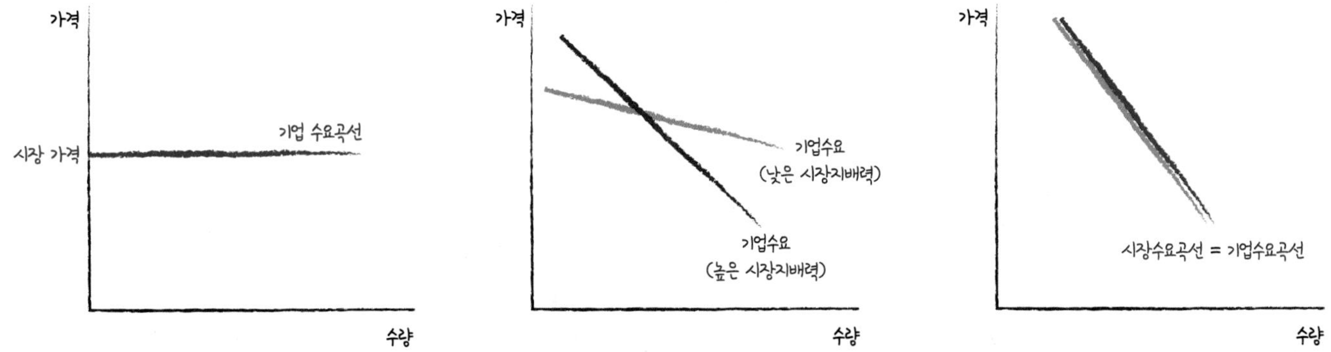

가격 / 시장 가격 / 기업 수요곡선 / 수량

가격 / 기업수요 (낮은 시장지배력) / 기업수요 (높은 시장지배력) / 수량

가격 / 시장수요곡선 = 기업수요곡선 / 수량

시장지배력이 있을 때의 한계수입

한계수입	=	수량효과(P)	−	할인효과(ΔP×Q)
한 단위 더 판매함으로써 총수입의 추가분		당신이 추가로 판매한 재화의 가격		당신이 제공해야 할 가격의 할인× 할인된 가격으로 얻게 된 수량

시장지배력이 있는 경우의 가격과 수량의 결정

1단계 : 얼마나 많이 생산해야 하는가?

A. 판매자의 합리적 규칙에 따르면 한계비용이 한계수입과 일치할 때까지 계속 생산해야 한다.

B. 수량을 찾으려면 아래를 내려다본다.

2단계 : 얼마를 가격으로 책정해야 하는가?

C. 기업의 수요곡선에서 해당 수량을 판매할 수 있게 해주면서 가장 높은 가격을 찾으라.

D. 그것이 바로 설정해야 하는 가격 수준이다.

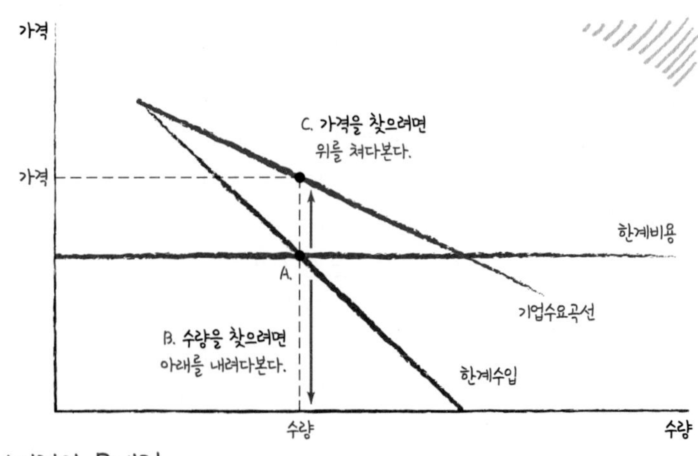

시장지배력의 문제점

시장지배력이 있는 기업은

1. 가격을 인상한다. 2. 판매량을 줄인다. 3. 높은 이윤을 얻는다. 4. 비용이 비효율적으로 높아도 생존한다.

공공정책은 시장지배력을 제거할 수 없지만 시장지배력의 오남용은 제한할 수 있다.

핵심용어

과점	독점적 경쟁	자연독점
기업의 수요곡선	불완전경쟁	제품 차별화
담합	시장지배력	판매자의 합리적 규칙
독점	완전경쟁	한계수입

토론과 복습문제

학습목표 14.1 시장의 구조와 기업의 시장지배력이 어떠한 관계가 있는지 분석한다.

1. 시장지배력의 의미는 무엇인가? 시장지배력을 결정하는 요인은 무엇인가? 완전경쟁시장에서 기업은 시장지배력을 갖지 못하는 이유를 간략하게 설명하라.
2. 다음의 시장구조에 해당되는 예를 판매자와 구매자의 입장에서 각각 찾아보라.
   a. 완전경쟁
   b. 독점적 경쟁
   c. 과점
   d. 독점

학습목표 14.2 시장지배력이 있는 기업의 최적 가격 수준을 계산한다.

3. 시장지배력을 지닌 기업의 경우 한계수입곡선이 기업의 수요곡선의 아래에 위치하게 되는 이유는 무엇인가? 완전경쟁시장의 경우에도 그런가?

학습목표 14.3 시장지배력이 시장의 기능을 왜곡시키는 이유를 분석한다.

4. 특허권으로 인해 기업은 일정 기간 동안 독점기업처럼 행동할 수 있다. 특허권이 보장하는 시장지배력은 소비자에게 해로우므로 그러한 권리를 인정하면 안 된다는 주장이 있다. 이에 대해 일각에서는 특허권은 기업들의 연구와 혁신을 촉진하기 때문에 필요하다는 반론을 제기한다. 특허권을 둘러싼 이러한 논쟁에 대해 간략하게 설명하고 각각의 주장의 근거로서 구체적인 시장의 사례를 들어보라.

학습목표 14.4 시장지배력이 초래하는 문제들을 제한할 정책들을 평가한다.

5. 미국의 공정거래위원회는 2개의 거대 정유사(엑손과 모빌) 간의 합병을 승인하여 세계 최대 규모의 정유사가 탄생했다. 합병의 조건으로 2,431개의 주유소를 처분하기로 합의했다. 그 중 1,740개는 중부 대서양 안에 있었고, 360개는 캘리포니아에, 319개는 텍사스에, 그리고 12개는 괌에 있었다. 왜 공정거래위원회는 합병의 조건으로 특정 지역 내 이렇게 많은 주유소를 처분하도록 요구했을까?
6. 많은 판매자가 있는 완전경쟁보다 독점이 더 효율적일 수 있는 상황을 설명해보라.

학습문제

학습목표 14.1 시장의 구조와 기업의 시장지배력이 어떠한 관계가 있는지 분석한다.

1. 아래의 예에서 판매자가 지니는 시장지배력의 정도를 설명하라. 그 시장지배력은 어떤 요인으로 인해 발생하는가? 경쟁제한인가? 제품 차별화인가? 아니면 둘 다인가?
   a. 2017년에 최대 판매 승용차인 도요타의 코롤라 자동차
   b. 캔자스의 위치타 카운티의 하트랜드밀이라는 밀 농장주
   c. 농부들이 사료에 첨가하는 아미노산의 최대 규모 생산자인 ADM(Archer Daniels Midland). ADM의 경쟁업체는 몇 개가 되지 않는다.
   d. 미국에서 가장 유명한 패스트푸드업체인 맥도날드
2. 다음의 시장이나 산업은 완전경쟁, 독점, 과점, 독점적 경쟁 중에 어디에 해당하는지 간단히 설명하라.
   a. 시애틀전력회사(시애틀 대도시권에 전력을 공급하는 유일한 공급자)
   b. 항공기 산업
   c. 세탁소 산업
   d. 스마트폰 산업
   e. 호텔 산업
3. 다음 그림은 비디오스트리밍 서비스 시장에서의 점유율을 보여준다.
   그림의 정보에 근거하여 다음 질문에 답하라.
   a. 주문형 비디오스트리밍 서비스 시장은 독점, 과점, 독점적 경쟁, 완전경쟁 중 어떤 구조를 갖는가?
   b. 넷플릭스와 아마존이 시장지배력을 갖는 이유를 설명하라. 그들은 경쟁제한이나 제품 차별화로 인해 이득을 보는가?

2017년 미국의 주문형 비디오스트리밍 서비스의 구독자 비중

12세 이상 소비자 점유율

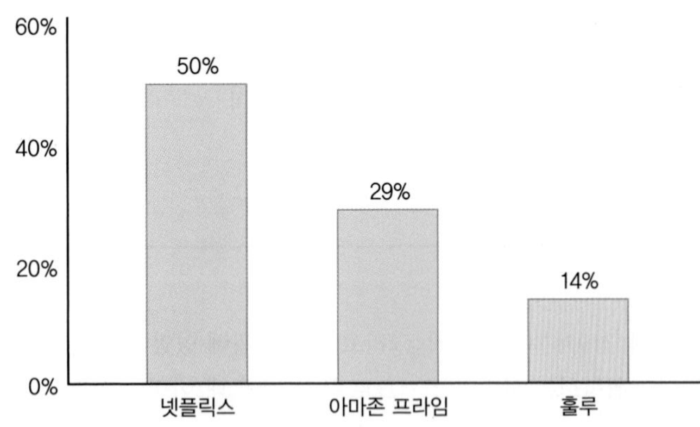

출처 : Satista.com.

학습목표 14.2 시장지배력이 있는 기업의 최적 가격 수준을 계산한다.

4. 당신은 스포츠 매장에 부점장으로 고용되었다고 하자. 당신의 첫 번째 과제는 새로 출시된 제품의 수요곡선과 한계수입곡선을 추정하는 것이다. 가격실험 결과 아래의 데이터를 얻었다.

주	가격	판매량
1	$1,000	1
2	$700	4
3	$800	3
4	$500	6
5	$600	5
6	$900	2

a. 우선 위의 표를 판매량으로 정렬하고 기업의 수요곡선을 그려보라.

b. 각각의 판매량에서 총수입과 한계수입을 계산하고 한계수입곡선을 수요곡선과 나란히 그려보라.

c. 당신은 적정 가격을 추정할 수 있을 만큼 정보가 충분한가? 만약 그렇다면 이윤을 극대화해주는 가격은 얼마인가? 만약 정보가 충분치 않다면 어떤 정보가 추가적으로 더 필요한가?

5. 리첼라는 작가이다. 그녀의 작품에 대해 다음과 같은 수요가 있다. 다음 표를 완성하고 제시된 정보를 이용하여 이윤극대화 가격과 산출량 수준을 구하라.

그림당 가격	수량	총수입	한계수입	한계비용
$9,000	1			$2,000
$8,000	2			$1,000
$7,000	3			$2,000
$6,000	4			$3,000
$5,000	5			$4,000

학습목표 14.3 시장지배력이 시장의 기능을 왜곡시키는 이유를 분석한다.

6. 2004년 10월 영국의 규제당국은 박테리아 오염에 대한 우려 때문에 리버풀에 있는 독감백신 생산 공장의 허가를 정지시킬 수밖에 없었다. 이 백신 시장은 덜 경쟁적이 되었으며 백신을 공급하는 다른 기업들의 시장지배력은 증가하게 되었다. 이제 당신은 그중 한 제약회사의 임원이라고 하자. 다음 그래프는 당신 회사가 직면한 시장을 표현하고 있다.

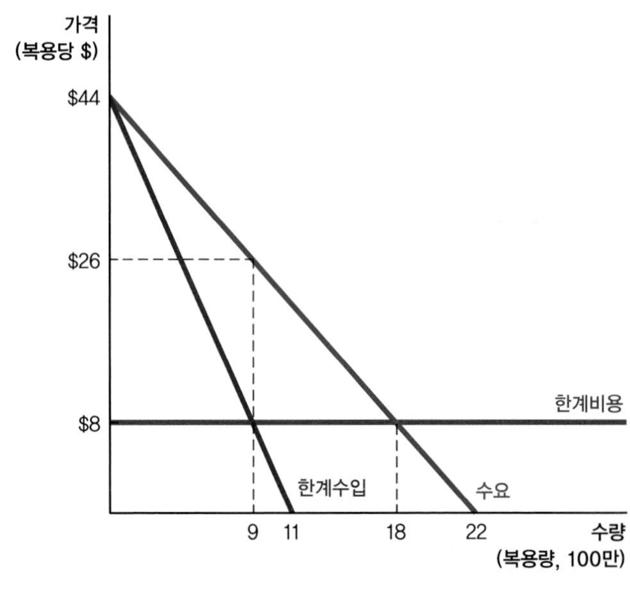

a. 이윤을 극대화하는 가격과 생산량은 무엇인가?

b. (a)에서 찾은 이윤극대화 가격은 생산의 한계비용보다 큰가?

c. 이윤극대화 생산량 수준에서 한계편익과 한계비용은 서로 같은가?

d. 만약 이 시장이 완전경쟁시장이라면 균형 가격과 생산량은 얼마가 되겠는가?

e. 만약 이 시장이 완전경쟁시장이라면 효율적인가?

7. 린은 대학 입시학원을 운영 중이다. 수요곡선, 한계수입곡선, 그리고 한계비용은 다음 그림과 같이 표현된다.

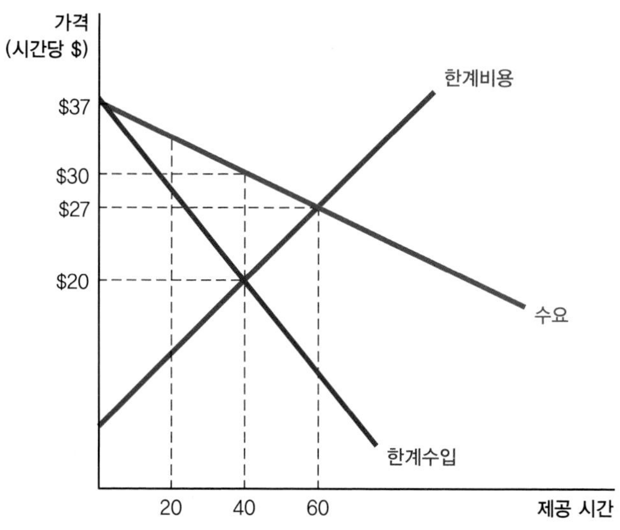

a. 린의 학원은 시장지배력이 있는가? 간략하게 설명하라.
b. 그녀의 이윤을 극대화하려면 어떤 가격에 얼마나 많은 수업을 제공해야 하는가?
c. 이 시장에서 사회적으로 효율적인 거래량은 얼마인가?
d. 이윤극대화의 결과가 비효율적인 이유는 무엇인가?

학습목표 14.4 시장지배력이 초래하는 문제들을 제한할 정책들을 평가한다.

8. 아래의 기업활동 중에 불법적이라고 볼 수 있는 것은 무엇인가?
   a. 델타, 유나이티드, 사우스웨스트 그리고 아메리칸 항공사는 미국 국내선에서 운행하는 항공기 편수를 제한하자고 서로 담합하였다.
   b. ADM과 아지노모토라는 일본기업은 리신이라는 가축사료의 첨가물의 가격을 인상하기로 담합했다.
   c. 케이블 TV 회사인 컴캐스트사와 차터 커뮤니케이션사는 특정 지역에서 서로 경쟁하지 않기로 합의했다.
   d. 델타 항공사와 코카콜라는 협의를 맺어 코카콜라가 델타 항공사의 기내에서 제공되는 음료수의 배타적 공급자가 되었다.

9. 컴캐스트사는 텍사스의 베이타운의 케이블 서비스의 독점 공급자이다. 다음의 그래프가 이 지역의 케이블 서비스의 월간 수요량과 컴캐스트사의 한계수입과 한계비용곡선을 보여준다. 이 그래프를 이용하여 다음의 질문에 답하여라.

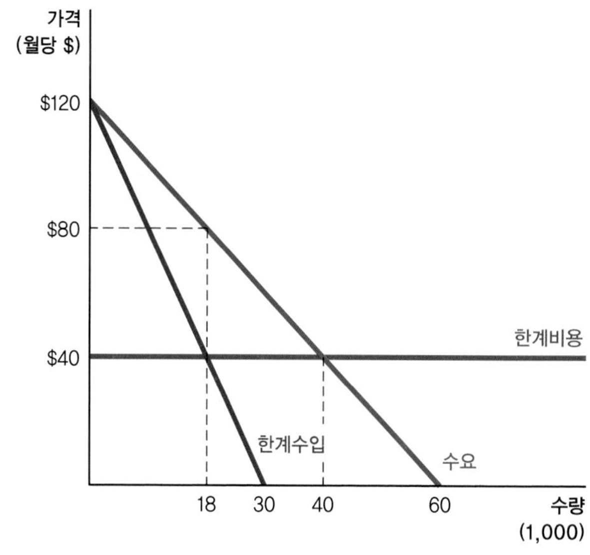

   a. 당신이 컴캐스트사의 데이터 분석가라고 하자. 요금을 얼마로 설정하는 것이 좋다고 권고하겠는가? 또 그 가격에 매달 얼마나 많은 고객들을 유치할 수 있는가?
   b. 독점은 이 시장에서 효율적인 성과를 가져오는가?
   c. 이제 당신은 정부의 정책담당관이라고 하자. 그 지역 주민들이 보다 저렴하게 케이블 서비스를 이용할 수 있는 방법을 찾아야 한다. 이 시장이 효율적인 성과를 가져오게 하려면 정부는 가격상한으로 얼마를 제시해야 하는가?

CHAPTER 15

진입, 퇴출, 그리고 장기 수익성

목표

장기에 지속적으로 수익을 내려면 어떻게 해야 하는가를 알아본다.

15.1 수입, 비용, 경제적 이윤
기업의 경제적 수익성을 평가한다.

15.2 장기의 자유로운 진입과 퇴출
신규기업의 시장진입은 장기에 가격과 수익률을 어떻게 변화시킬지를 예측한다.

15.3 진입장벽
신규기업의 시장진입을 저지하여 이윤을 유지하는 전략을 학습한다.

Randy Duchaine/Alamy

경쟁은 정상을 지키기 어렵게 한다.

"IBM을 구매했다는 이유로 해고당한 사람은 없다." 이 표어는 수십 년 동안 사무직 관리자들 사이에서 회자된 말이면서, IBM이 컴퓨터산업의 초기에 누렸던 시장지배력을 집약하고 있다. IBM은 전 세계적으로 가장 규모가 크고 명성을 누렸던 회사였다. 그곳에서 만든 컴퓨터는 다른 어떤 경쟁사 제품보다 빠르고 탁월했다. 기술력 또한 우수했다. 연구개발에도 활발히 투자하여 사내 과학자들이 2년 연속으로 노벨물리학상을 수상하였다. IBM은 미국 주식시장에서 가장 가치 있는 회사였을 뿐 아니라 그 어떤 회사의 가치도 IBM의 절반에 미치지 못했다.

그러나 이제는 더 이상 그렇지 않다. 매우 높은 이윤은 많은 관심을 끌었고, 스티브 잡스, 마이클 델, 빌 게이츠 등과 같은 많은 기업가들이 기회의 가능성을 엿보았다. 그들의 혁신으로 애플, 델, 그리고 마이크로소프트가 성장하였고 IBM의 시장점유율은 상당 부분 잠식되었다. 오늘날 IBM의 가치는 세계적인 선도기업의 위치를 계속 유지했다고 가정할 경우보다 무려 수천억 달러 줄어들었다.

애플, 델, 마이크로소프트는 자신들의 우월적 지위를 유지하는 것이 쉽지 않다는 것을 잘 알고 있다. IBM처럼 그들의 성공은 새로운 세대의 혁신적 기업가들이 도전장을 내게끔 할 것이다. 오늘날 구글, 삼성, 아마존과 같은 기술력이 뛰어난 기업들이 그들의 시장점유율을 빠르게 잠식하고 있다. 야심찬 스타트업(신생 창업기업)들이 현재의 하이테크 대기업들을 능가하려고 노력하면서 이러한 창조적 파괴의 과정은 지금도 계속되고 있다.

IBM의 몰락은 모든 기업들에게 분명한 교훈을 주었다: 경쟁적 시장에서 오랫동안 정상을 유지하는 것은 어렵다. 현재의 경쟁자들뿐만 아니라 신규기업들이 항상 시장에 진입하려고 기회를 엿본다는 점도 인식할 필요가 있다. 앞 장에서 우리는 시장의 경쟁구조에 맞게 전략을 조정하는 방법을 분석하였다. 그러나 새로운 경쟁자가 쉽게 진입할 수 있을 때 현재의 독점적 지위는 미래의 치열한 경쟁으로 쉽게 전환될 수 있다. 이러한 이유로 이번 장은 기업들의 전략적 선택이 경쟁의 구조를 어떻게 형성하는지에 대해 분석하고자 한다.

기업 경영진은 기업의 장기 수익성에 초점을 둔다. 따라서 이 장에서는 경쟁적 위협의 평가와 신규진입기업이 두려운 경쟁자가 되기 전에 물리칠 수 있는 전략적 선택을 가능케 하는 도구들을 개발하고자 한다.

15.1 수입, 비용, 경제적 이윤

학습목표 기업의 경제적 수익성을 평가한다.

이제 몇 년 후로 가보자. 대학을 졸업하고 취업을 했다. 현재의 직장에 만족하지만 그래도 자기 사업을 하고 싶다는 꿈은 여전하다. 당신은 신규 사업에 대한 좋은 아이디어를 생각해놓았다. 유기농 농장과 고객들을 연결해주는 웹사이트를 개발하여 클릭 몇 번으로 사람들이 지역 내 유기농 채소를 손쉽게 구입할 수 있도록 하는 사업이다.

경제적 이윤 대 회계적 이윤

당신의 신규 사업에 대한 아이디어가 무엇이든 간에 이 사업을 추진할 만한 가치가 있다고 어떻게 확신할 수 있는가? 당신은 사업계획서를 작성하면서 다음과 같이 예측하였다.

- 수입으로 연간 50만 달러가 들어올 것이다.
- 비용으로 연간 40만 달러를 지출해야 할 것이다.

회계적 이윤 기업이 받는 총수입에서 명시적 재무비용을 차감한 것=총수입−명시적 재무비용

회계적 이윤은 총수입에서 재무비용을 차감한 것이다. **회계적 이윤**(accounting profit)은 총수입에서 명시적인 재무비용(explicit financial costs)이라고 불리는 총지출을 차감한 것이다. 총수입은 모든 종류의 수입을 합친 것이다. 마찬가지로 명시적인 재무비용에는 임대료, 임금, 그리고 원자재 비용을 포함하여 사업상의 모든 비용이 포함된다. 회계적 이윤은 이 두 가지 개념의 차이로 측정한다. 이것은 또한 기업의 손익계산서와 회계보고서에서 찾을 수 있는 수치이다.

회계적 이윤=총수입−명시적 재무비용

앞에서 수입이 연간 50만 달러이고 명시적 재무비용이 40만 달러라고 예측하였으므로 예상되는 회계적 이윤은 10만 달러이다.

이러한 정보를 바탕으로 생각했을 때 이 사업을 추진해야 하는가?
지금 당장 답하지 말고 잠시 생각해보자.
좀 더 깊이 생각해봐라.
좀 더 길게.
(힌트 : 기회비용의 원리를 사용할 때까지 생각을 계속하라)
대답은 '상황에 따라서'이다.

기업을 운영하는 기회비용은 포기한 임금과 이자이다. 그렇다면 왜 상황에 따라서 달라지는가? 사업을 시작하기 위해서는 우선 현재 다니는 직장을 그만둬야 한다. 만약 현재 연봉이 15만 달러라면 그 사업으로 10만 달러의 이윤을 얻기 위해 현재의 연수입인 15만 달러를 포기하게 된다. 즉, 그 사업은 포기하는 것이 좋다. 그러나 만약 현재 연봉이 4만 달러라면 직장을 그만두고 그 사업에 뛰어드는 것은 10만 달러를 얻으려고 4만 달러를 포기하는 것이므로 좋은 결단이다.

여기서 핵심은 신규사업의 추진 여부는 기회비용에 달려있다는 것이다. 기회비용의 원리를 적용해야 한다. 당신에게 지금 신규 사업을 추진하는 것 이외의 대안은 무엇인가? 신규 사업에 착수하려면 많은 시간과 돈을 쏟아부어야 한다.

그래서 명시적 재무비용 이외에도 묵시적 기회비용도 고려할 필요가 있다.

- 포기한 임금 : 만약 사업을 시작하면 차선의 직업 선택을 통해 얻을 수 있는 임금은 얼마인가?

- 포기한 이자 : 만약 사업에 투자하지 않는다면 그 자금을 다른 곳에 투자함으로써 얻을 수 있는 연간 이자는 얼마인가?

만약 고려해야 할 다른 기회비용들이 있다면(현재의 직장을 그만두는 것은 그 일을 통해서 얻을 수 있는 만족감과 의료보험과 같은 혜택을 포기하는 것을 의미한다) 그것들도 고려해야 한다. 즉, 창업에 시간과 돈을 투자할 가치가 있는지 판단하기 위해서는 모든 기회비용의 총합을 연간 지출로서 고려해야 한다. 금전적인 이해득실만 따지지 말라. 그렇지 않으면 현재보다 더 못한 상황을 맞이할 것이다.

경제적 이윤은 명시적 재무비용과 묵시적 기회비용을 모두 고려한다. 묵시적 기회비용이 명시적 재무비용만큼이나 중요하다는 점을 인식하면 수익성이 새롭게 보일 것이다. 경제학자들은 **경제적 이윤**(economic profit)에 관심을 갖는다. 경제적 이윤은 회계사들이 관심을 갖는 명시적 재무비용과 기업가의 시간과 자금이 갖는 묵시적 기회비용을 모두 합쳐서 총수입에서 차감한 것이다.

경제적 이윤 명시적 재무비용과 기업가의 묵시적 기회비용을 모두 합쳐서 총수입에서 차감한 것=총수입−명시적 재무비용−묵시적 기회비용

경제적 이윤=총수입−명시적 재무비용−묵시적 기회비용

기업가들은 경제적 이윤에 초점을 맞춘다. 왜냐하면 신규 사업을 추진할 가치가 있는가라는 질문은 경제적 이윤을 통해 해결될 수 있기 때문이다. 즉, 경제적 이윤이 양수일 때만 그 사업을 추진해야 한다.

경제학 실습

이제 위의 예에서 묵시적 기회비용을 포함시켜보자. 창업에 뛰어들기 위해서 당신은 현재의 직장을 관두고 자금을 투입해야 한다.

- 연봉 6만 달러인 현 직장을 그만둔다.
- 연이자 5%가 생기는 은행예금 10만 달러를 인출하여 투자한다.

a. 묵시적 기회비용은 얼마인가?

묵시적 기회비용 = $60,000 (포기된 임금) + 5% × $100,000 (포기된 이자) = $65,000

b. 경제적 이윤은 얼마인가?

경제적 이윤 = $500,000 (총수입) − $400,000 (재무비용) − $65,000 (묵시적 기회비용) = $35,000

c. 창업에 도전할 만한가?

그렇다.

어떤 학생들은 이윤으로 겨우 3만 5,000달러를 번다면 굳이 어렵게 창업할 필요가 있을까 의문을 가질 것이다. 그러나 이것은 경제적 이윤을 잘못 이해한 것이다. 경제적 이윤은 재무비용과 기회비용을 모두 제하고 남는 것이다. 그래서 3만 5,000달러라는 경제적 이윤은 당신에게 차선책인 창업 이전의 현재 상황에서보다 창업 시 3만 5,000달러만큼 더 풍족하게 된다는 것을 의미한다. 이 정도면 할만하지 않은가! ■

왜 회계사와 경제학자는 서로 동의하지 않는가 이 지점에서 다음과 같은 의문이 들 수도 있다. 이윤과 비용의 구체적인 내용에 대해 회계사와 경제학자는 서로 다른 정의를 사용하는가?

그림 15-1에서 보여주듯이 그들은 각자 다른 질문에 대한 대답을 하고자 하기 때문이다. 회계사는 "작년에 내 돈이 어디로 갔지?"라고 묻는다. 그래서 회계사는 임대료, 임금, 기자재 비

그림 15-1 | 이윤에 관한 두 가지 견해

회계적 이윤은 자금의 흐름을 따라간다.

총수입

빼기

명시적 재무비용

은 바로

회계적 이윤이다.

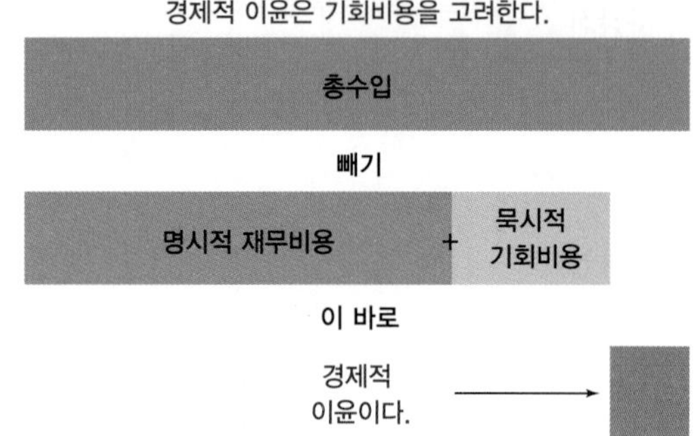

용, 전기요금처럼 자금의 이동을 보여주는 명시적 재무비용에 초점을 둔다.

반면에 경제학적 분석의 목적은 최선의 선택을 하도록 돕는 것이다. 창업을 할지 말지를 결정할 때 기회비용을 감안해야 좋은 결정을 할 수 있다. 결국 경제학자의 분석은 회계사들의 명시적 재무비용과 포기한 기회들이 갖는 묵시적 기회비용을 모두 포함하는 비용 개념을 강조한다. 경제적 이윤을 계산한다는 것은 그 사업이 당신의 시간과 돈을 보상해야 한다고 주장하는 것과 같다.

창업 여부의 결정은 경제적 이윤에 달려있다. 기업 이윤에 관한 보고서나 손익계산서를 볼 때 보통 회계적 이윤을 보고하게 되어 있다. 그러나 당신 자신이 창업을 할 것인지를 결정할 때는 경제적 이윤에 초점을 둬야 한다. 마찬가지로 현재 영업 중인 기업의 경영진도 경제적 이윤을 얻을 수 있을 때만 현재의 사업을 계속 유지해야 한다.

이 장의 목적은 신규 기업이 시장에 진입할 시기와 기존 기업이 시장에서 철수할 시점을 알아보고자 하는 것이므로 당신이 여기서 이윤이라는 단어를 보게 되면 그것은 경제적 이윤을 의미한다는 점을 기억하기 바란다. 실제로 이윤에 대한 경제학자들의 논의를 듣게 되거든 그 이윤이 경제적 이윤을 의미한다고 생각해도 무방하다. 마찬가지로 비용이라는 용어를 보게 되면 명시적 재무비용뿐만 아니라 묵시적 기회비용까지도 모두 포괄하는 개념이라는 점을 상기하기 바란다.

경제학 실습

아래의 각 사례에 대해서 회계적 이윤, 묵시적 기회비용, 경제적 이윤을 구해보고 신규 사업을 추진해야 하는지의 여부를 판단해보라.

a. 키아라는 명품 치즈 가게를 열 생각이다. 그녀는 연간 20만 달러의 수입을 예상하고 명시적 재무비용은 12만 달러라고 한다. 이 사업을 하려면 우선 현재의 교사직을 그만두어야 하며 그러면 4만 달러의 연봉을 포기해야 한다. 초기 투자비용으로 10만 달러가 필요하다. 대신에 투자금을 주택담보대출의 상환으로 사용한다면 연간 8%의 이자 비용을 줄일 수 있을 것이다.

b. 사비에르는 유명 출판사에서 편집자로 일하고 있다. 그는 그 일을 그만두고 프리랜서 편집자로 활동할지 고민 중이다. 현재 그는 8만 5,000달러의 연봉과 1만 5,000달러 상당의 부가급여를 받고 있다. 프리랜서로서 일한다면 연간 수입은 14만 달러가 될 것이며 재무비용이 4만 달러에 이를 것으로 예측된다. 그러나 프리랜서로 일하려면 현재 연리 5%로 은행에 예금되어 있는 2만 달러를 인출하여야 한다.

c. 자스민은 현재 미시간대학병원에서 의사로 일하면서 연간 16만 달러를 벌고 있다. 그녀는 자신의 병원을 개업하고 싶었다. 개인병원에서 연간 50만 달러의 수입이 예상되는 한편 명시적인 재무비용으로 연간 30만 달러가 발생할 것이다. 초기 투자비용으로 현재 예금통장에 있는 20만 달러를 사용해야 하므로 4%의 연이자를 포기해야 할 것이다. ■

정답

a. 회계적 이윤 : $200,000 − $120,000 = $80,000; 묵시적 기회비용 : $40,000 + 8% × $100,000 = $48,000; 경제적 이윤 : $32,000; 결론 : 창업하라.

b. 회계적 이윤 : $140,000 − $40,000 = $100,000; 묵시적 기회비용 $85,000 + $15,000 + 5% × $20,000 = $101,000; 경제적 이윤 : −1,000; 결론 : 프리랜서로 전업하지 말라.

c. 회계적 이윤 : $500,000 − $300,000 = $200,000; 묵시적 기회비용 : $160,000 + 4% × $200,000 = $168,000; 경제적 이윤 : $32,000; 결론 : 병원을 개업하라.

평균수입, 평균비용, 이윤 폭

기업이 경제적 이윤을 얻을 수 있는지를 판단하려면 평균수입과 평균비용을 알아야 한다.

평균수입 단위당 수입으로, 총수입을 공급량으로 나누어서 구한다. 만약 모든 사람들에게 동일한 가격을 제시한다면, 평균수입은 가격과 같다.

평균수입은 바로 가격이다. **평균수입**(average revenue)은 단위당 수입이고 제품의 판매로부터 들어오는 총수입을 공급량으로 나누어서 구한다. 만약 모든 고객들에게 동일한 가격을 제시한다면, 평균수입은 단위당 가격이 된다.

$$\text{평균수입} = \frac{\text{총수입}}{\text{공급량}} = \text{가격}$$

이것은 기업이 부과하는 가격을 나타내는 기업의 수요곡선이 평균수입곡선이라는 것을 의미한다.

평균비용은 단위당 비용으로, 총비용을 수량으로 나눈 것이다. **평균비용**(average cost)는 단위당 비용이며 총비용을 생산량으로 나누어 구한다.

평균비용 단위당 비용이며 고정비용과 가변비용을 모두 포함하는 총비용을 생산량으로 나누어 구함

$$\text{평균비용} = \frac{\text{총비용}}{\text{총생산량}} = \underbrace{\frac{\text{고정비용}}{\text{총생산량}}}_{\text{단위당 고정비용}} + \underbrace{\frac{\text{가변비용}}{\text{총생산량}}}_{\text{단위당 가변비용}}$$

단위당 평균비용은 총비용으로부터 나오므로, 원자재, 전기, 노동비용과 같은 가변비용뿐만 아니라 토지와 자본설비와 같이 생산량에 따라 변하지 않는 비용인 고정비용까지를 모두 포함한다. 고정비용은 기업가의 시간과 돈이라는 기회비용을 포함하고 있다.

그림 15-2는 평균비용곡선의 예를 보여준다. 즉, 생산량에 따라 평균비용이 어떻게 변하는지를 나타낸다. 구체적인 그래프의 모습은 기업마다 다르겠지만, 두 가지 힘이 작용하기 때문에 공통적인 U자 형태로 나타난다.

고정비용의 분산 : 생산량이 증가하기 시작하면서 초기 평균비용은 감소한다. 창업하기 위해서는 고정비용을 지불해야 하기 때문이다. 생산량이 적으면 판매 단위당 고정비용은 상대적으로 크다. 그러나 생산량이 늘어나면서 고정비용은 점점 더 많은 생산단위로 '분산'되면서 생산단위당 고정비용은 상대적으로 작아진다. 즉, 단위당 고정비용의 감소로 인해 평균비용도 하락하게 된다.

가변비용의 증가 : 결국 가변비용은 평균비용에서 더 중요한 부분이 된다. 어느 시점부터는 비효율성으로 인하여 생산량을 증가하려면 비용이 더욱 많이 들기 때문에 평균비용이 증가하게 된다. 이것은 단위당 투입비용이 증가하기 때문이다. 이때, 단위당 투입비용의 증가는 초과근무수당, 생산성을 떨어뜨리는 한계생산체감, 조정과정에서의 문제, 또는 다른 비효율성 등을 반영한다. 그래서 어떤 생산량 수준부터는 평균비용이 생산량과 함께 증가할 것이다.

그림 15-2 | 평균비용곡선

Ⓐ 생산량을 점점 증가시키면 늘어나는 생산량이 고정비용을 분담하게 되므로 평균비용은 하락하기 시작한다.
Ⓑ 생산량이 증가하면서 비효율성이 단위당 가변비용을 증가시키므로 어떤 생산량 수준을 넘어서면 평균비용은 생산량이 증가하면서 함께 커지기 시작한다.
Ⓒ 그 결과로서 평균비용곡선은 U자 형태를 가진다.

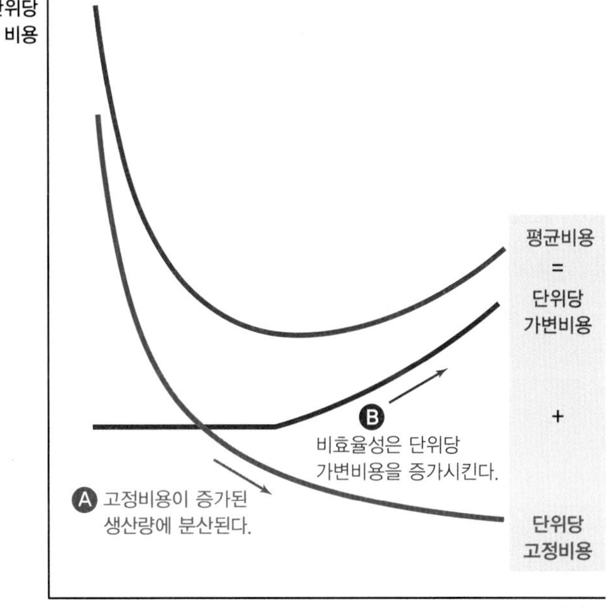

단위당 이윤 폭은 가격에서 평균비용을 뺀 것이다. 가격과 동일한 평균수입과 평균비용이 함께 판매 단위당 이윤을 의미하는 **이윤 폭**(profit margin)을 결정한다.

이윤 폭 판매 단위당 이윤 = 평균수입 − 평균비용

$$\text{이윤 폭} = \underbrace{\text{가격}}_{\text{평균수입}} - \text{평균비용}$$

이윤 폭은 기업의 성공에 필수적이다. 기업의 총이윤은 단위당 이윤 폭과 판매량의 곱이다. 만약 가격이 평균비용보다 높다면 경제적 이윤을 얻게 된다.

그림 15-3은 기업의 수요곡선(이는 평균수입곡선임을 기억하라)과 평균비용곡선을 통해 이 그래프상에서 이윤의 기회를 어떻게 찾을 수 있는지를 보여준다. 즉, 주어진 생산량에서 단위

그림 15-3 | 이윤 폭

단위당 이윤 폭 = 가격 − 평균비용

Ⓐ 기업의 수요곡선은 평균수입곡선이다. 왜냐하면 단위당 평균수입이 가격이기 때문이다.

Ⓑ 단위당 이윤 폭은 평균수입과 평균비용의 차이다.

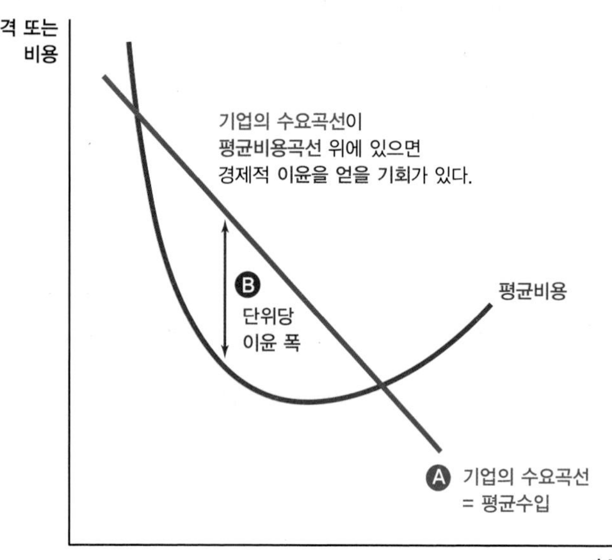

당 이윤 폭은 기업의 수요곡선과 평균비용곡선 간의 차이를 의미한다.

평균비용곡선 위에 놓인 기업의 수요곡선을 볼 때마다 경제적 이윤을 얻을 수 있는 기회가 있다. 가서 잡아라.

요약 : 경제적 이윤이 기업의 진입과 퇴출을 장기적으로 분석하는 데 중요하다. 지금까지 살펴본 내용의 핵심은 기업이 진입이나 퇴출을 결정할 때 반드시 경제적 이윤에 집중해야 한다는 것이다.

이 장의 내용은 단기적 분석에서 장기적 분석으로 전환하는 것이므로 수익성에 초점을 두는 것이 중요하다. **단기**(short run)에는 일정 수준의 생산설비를 가진 경쟁자들이 이미 정해져 있어서 각 기업은 눈에 보이는 경쟁자들을 경쟁에서 이기기 위해 노력하면 되었다. 이러한 단기의 의사결정은 그 나름대로의 중요성을 가지고 있기 때문에 이 책 전반에 걸쳐 다룬다. 그러나 장기적 역동성은 지속가능성을 결정한다. 그래서 이제 장기에 일어날 일들에 대해서 논의하고자 한다. **장기**(long run)는 신규 경쟁자들이 시장에 진입하고 기존의 경쟁자들은 위축되거나 그 시장에서 나갈 수 있고 그리고 기존 기업들은 생산설비의 규모를 조정할 수 있는 시간적 길이를 의미한다. 따라서 경제적 이윤은 장기적 분석에서 핵심 역할을 한다.

단기 생산설비의 규모, 경쟁자의 숫자, 그리고 경쟁자의 유형이 변할 수 없는 기간

장기 생산설비의 규모를 확장하거나 축소할 수도 있고, 새로운 경쟁자들이 시장에 진입하거나 기존 기업들이 시장에서 나갈 수 있을 정도의 기간

학생들은 종종 다음과 같은 질문을 던진다: 장기라는 기간은 어느 정도인가요? 불행히도 이에 대한 간단한 답은 없다. 정유업의 경우 기업이 진입하거나 퇴출하려면 10년은 걸릴 것이다. 그러나 과일을 파는 노점상의 경우에는 길 건너편에서 경쟁자들이 좌판을 언제든지 설치할 수 있다. IBM은 하이테크 산업에서 장기란 수년 정도밖에 되지 않는다는 사실을 깨달았다. 일반적으로 단기분석은 현재 주어진 가격에서 기업의 공급량을 결정하는 데 유용하다. 장기분석은 사업 확장을 위해 신규 공장과 설비에 얼마를 투자할 것인지를 계획할 때 혹은 창업을 할 것인지의 여부를 결정할 때 유용하다. 다음 절에서 자세히 다루도록 하자.

15.2 장기의 자유로운 진입과 퇴출

학습목표 신규기업의 시장진입은 장기에 가격과 수익률을 어떻게 변화시킬지를 예측한다.

새로운 경쟁자들이 등장하여 컴퓨터산업의 판도를 바꿔놓을 것이라는 것을 IBM이 제대로 예상하지 못한 것은 현대 기업 경영의 대표적인 실패 사례로 거론된다. 그러면 이제부터 그 당시에 IBM이 새로운 경쟁자의 시장진입을 예측할 수도 있었는지를 다시 따져보고 이후 격화된 경쟁의 결과를 평가해보자.

진입은 수요와 이윤을 줄인다

신규 기업이 어떤 시장에 진입할 것인지를 예상하는 가장 단순한 방법은 스스로 경쟁기업의 입장이 돼보는 것이다. 이제 당신이 창업을 준비하는 혁신적 기업가라고 상상해보자. 아니면 사업 확장의 기회를 엿보고 있는 기존 기업의 경영자라고 상상해보자. 어떤 특정 시장에 왜 진입하려고 하는가?

이윤을 내는 시장에는 새로운 경쟁자들이 들어온다. 비용-편익의 원리가 분명한 길잡이가 되어준다: 만약 편익이 비용보다 크다면 새로운 시장에 진입할 만하다. 어떤 시장에 진입하거나 혹은 계속 머무는 데서 오는 편익은 바로 수입이다. 그리고 기회비용의 원리에 따라 관련 비용은 명시적 재무비용과 묵시적 기회비용의 합이다. 경제적 이윤은 이 편익과 비용의 차이로 측정된다. 그러므로 만약 경제적 이윤을 얻을 수 있다면 새로운 시장에 진입하는 것이 좋다. 이것이 기업가들에게 유용한 길잡이가 된다.

진입의 합리적 규칙 만약 양의 경제적 이윤을 예상할 수 있다면 새로운 시장에 진입해야 한다. 이때 경제적 이윤은 가격이 평균비용보다 높을 때 발생한다.

진입의 합리적 규칙(Rational Rule for Entry) : 만약 경제적 이윤을 예상할 수 있다면 새로운 시장에 진입해야 한다. 이때 경제적 이윤은 가격이 평균비용보다 높을 때 발생한다.

이 간단한 규칙은 경제적 이윤의 기회가 있으면 가서 잡으라는 것이다.

IBM의 사례에서 살펴보았듯이 그 당시 혁신적 기업가들은 이 규칙을 실제로 따랐다. 이윤은 새로운 경쟁자를 끌어들이는 강력한 동기를 부여한다. 그리고 이러한 동기에 응할 수 있는 잠재적 경쟁자들은 많이 있다. 미래의 경쟁자는 신규 사업을 시작하려는 기업가, 사업을 확장하려는 기존 경쟁자, 또는 신제품을 출시해 새로운 경쟁자로 나타난 관련 산업 내 기존 기업들을 모두 포괄한다. 사실 정말 너무 많은 잠재적 진입자들이 있어서 그들 모두를 미리 파악하는 것은 어렵다. 만약 어떤 산업에서 초과 이윤이 발생한다면 그 이윤은 새로운 경쟁자를 불러올 것이라고 예상해야 한다.

이렇게 보면 IBM을 향한 위협은 분명했었다. 이제 시장에 진입하는 새로운 경쟁자들이 가져온 결과들을 따라 가보자.

Arco/A. Skonieczny/AGE Fotostock

꽃가루가 벌들을 유인하듯이 이윤은 새로운 경쟁자들을 끌어들인다.

신규기업의 시장진입은 그 시장의 수익성을 떨어트린다. 새로운 공급자가 어떤 시장에 진입하거나 기존 경쟁자가 사업을 확장할 때 소비자들은 신규 진입기업으로부터 제품을 구입할 수 있기 때문에 기존 기업들은 시장점유율을 일부 잃게 된다. 이 수요의 감소로 주어진 가격에서 판매량을 줄일 것이며 따라서 기업의 수요곡선은 왼쪽으로 이동하게 된다.

신규 경쟁기업의 진입으로 고객들에게 선택의 폭은 넓어지며 이는 가격을 인상하면 고객들은 더 쉽게 떠날 수 있다는 것을 의미한다(앞의 제5장에서 살펴보았듯이 수요의 가격탄력성은 대체재의 가용성에 달려있다는 것을 아마 기억할 것이다). 결국 기업들의 시장지배력은 줄어든다. 즉, 기업의 수요곡선은 더 평평해지면서 상대적으로 더 탄력적이 된다. 시장지배력이 적은 기업들은 보통 가격을 낮추고 이는 이윤 폭을 줄인다. 그림 15-4의 왼쪽 그림은 이러한 파급효과를 설명하고 있다.

새로운 경쟁자의 진입으로 인해 기존 기업의 수요가 감소해 판매량은 줄어들고 시장지배력이 작아짐에 따라 이윤 폭과 가격이 떨어지게 된다. 실제로 새로운 경쟁기업들이 컴퓨터 산업에 진입했을 때, IBM은 수익률을 유지하려고 고군분투하였다.

퇴출은 수요와 이윤을 높인다

진입의 경우와 정반대의 상황이 있다. 이윤이 새로운 기업을 끌어들이듯이, 손실은 기존 경쟁자들을 시장에서 나가게 만든다.

수익성이 없는 시장에서 기존 경쟁자들은 나가게 되며 이는 수익성을 회복시켜준다. 이제 당신은 어떤 시장에서 계속 사업을 해야 하는가를 고민하는 기업의 경영자라고 상상해보라. 비용-편익의 원리는 그 산업에서 계속 사업을 영위하는 것이 가져오는 비용이 편익보다 크다면 그 산업에서 나가라고 말해준다. 경제적 이윤은 이 비용과 편익의 균형을 측정하고, 만약 그 이윤이 음수이면 시장에 남는 비용이 편익을 초과하는 것이다. 이것은 다음과 같은 충고로 나타난다.

그림 15-4 | 진입과 퇴출에 따른 기업의 수요곡선

패널 A : 새로운 진입으로 기존 기업이 직면한 수요는 줄어든다.

새로운 경쟁자가 진입하게 되면…

Ⓐ 고객을 잃게 되고 수요의 감소는 기업의 수요곡선을 왼쪽으로 이동시킨다.
Ⓑ 시장지배력이 약화되어 기업의 수요곡선은 더 평평해진다.

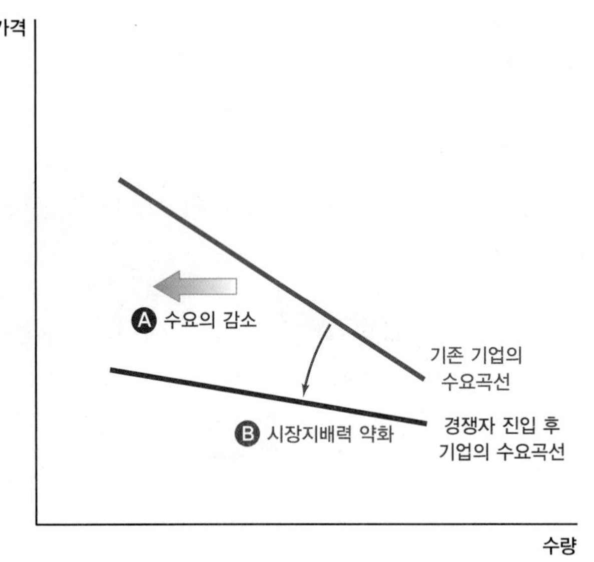

패널 B : 기존 기업의 퇴출로 남아 있는 기업이 직면한 수요는 늘어난다.

기존 기업이 시장에서 나가게 되면…

Ⓐ 고객을 얻게 되고 수요의 증가는 기업의 수요곡선을 오른쪽으로 이동시킨다.
Ⓑ 시장지배력이 강화되어 기업의 수요곡선은 더 가팔라진다.

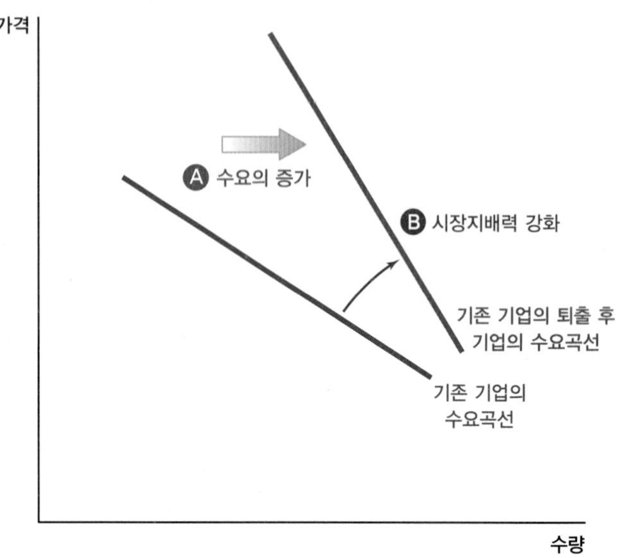

퇴출의 합리적 규칙 경제적 이윤이 음수라고 예상된다면 시장에서 나가라. 경제적 이윤이 음수라는 것은 가격이 평균비용보다 낮다는 것을 의미한다.

퇴출의 합리적 규칙(Rational Rule for Exit) : 경제적 이윤이 음수라고 예상된다면 시장에서 나가라. 경제적 이윤이 음수라는 것은 가격이 평균비용보다 낮다는 것을 의미한다.

이 간단한 규칙은 만약 경제적 이윤이 음수라면 어떻게든 그 시장에서 철수하여야 한다고 말한다.

경쟁자들 중에 한 기업이 시장에서 철수할 때, 남아 있는 기업들에게 주어지는 조건들은 변한다. 아마도 철수한 기업의 고객들 중 일부를 흡수하여 시장점유율을 높일 수 있을 것이다. 이러한 수요의 증가는 기업의 수요곡선을 오른쪽으로 이동시킨다. 경쟁자가 줄어들면서 남은 기업들의 시장지배력도 커진다. 이것은 기업의 수요곡선이 보다 더 가팔라져 상대적으로 더 비탄력적이 된다는 것을 의미한다. 그림 15-4의 우측 패널은 이러한 파급효과를 보여준다.

결국 경쟁자가 시장을 떠나면 남아 있는 기업들의 이윤은 회복된다. 왜냐하면 수요 증가로 인해 판매량이 증가하고 시장지배력의 강화로 인해 가격이 올라가기 때문이다.

경제적 이윤은 0으로 수렴한다

자, 이제 네 가지 중요한 사실을 정리해보자. 첫째, 만약 어떤 산업에서 현재 수익성이 있다면 신규 경쟁자들은 그 기회를 눈치 채고 그 시장에 진입할 것이다. 둘째, 이렇게 추가적인 경쟁은 기존에 있던 기업들의 시장점유율과 시장지배력을 약화시킬 것이다. 이에 따라 각 기업은 전보다 적은 양을 낮은 가격에 판매하게 되고 결국 수익률을 떨어뜨리게 된다.

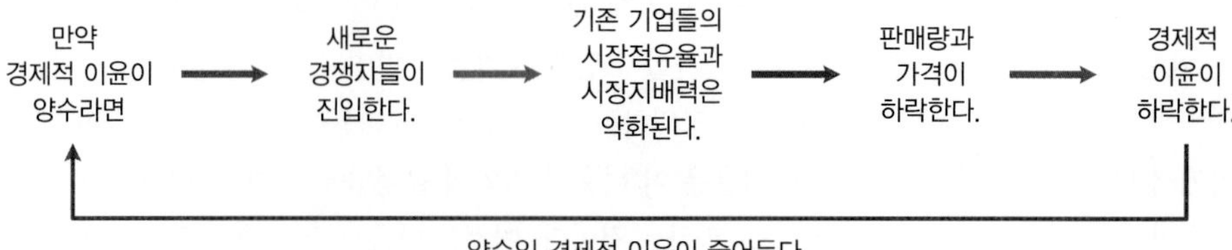

셋째, 경제적 이윤이 음수일 때 그 시장에서 철수하는 생산자가 나오면서 위와 동일한 역동적 변화가 반대 방향으로 작동한다. 넷째, 경쟁기업의 퇴출은 경쟁을 줄이고 남아 있는 기업들의 시장점유율과 시장지배력을 높임으로써 각 기업은 전보다 많은 양을 높은 가격으로 판매하게 되어 수익성을 회복하게 된다.

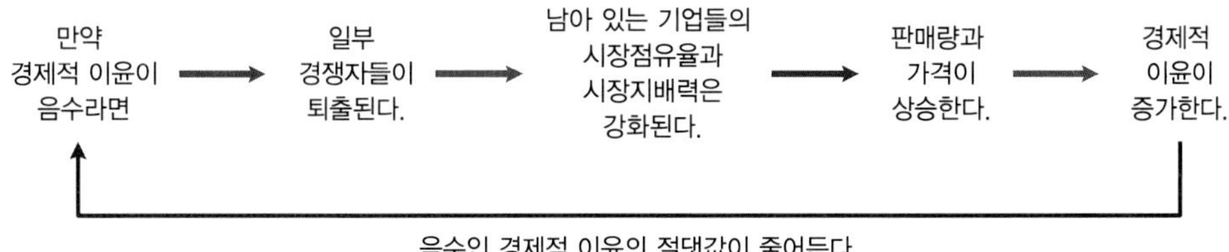

이제 장기에 이러한 조정이 어떻게 펼쳐지는지 자세히 살펴보자.

자유로운 진입은 경제적 이윤을 장기에 0으로 수렴시킨다. 현재 어떤 산업의 기업들이 상당한 경제적 이윤을 얻고 있다고 하자. 그 산업에서 **자유로운 진입**(free entry)이 가능하다면, 즉 신규 기업이 그 시장으로 진입하는 것이 특별히 어렵거나 혹은 비용이 많이 들게 하는 요인이 없다면, 어떤 일이 일어날 것으로 예상하는가?

자유로운 진입 신규 기업이 그 시장으로 진입하는 것이 특별히 어렵거나 혹은 비용이 많이 들게 하는 요인이 없을 때

그러한 이윤을 보고 야심찬 기업가들이 진입의 합리적 규칙에 따라 그 시장에 진입할 것이다. 이제 경쟁은 심해지고 모든 기업의 이윤은 조금 감소할 것이다. 그다음은 어떻게 되는가? 아직 그 산업에서 이윤을 낼 수 있다면 계속해서 새로운 기업들이 진입하리라 예상할 수 있다. 경제적 이윤이 양수인 한 새로운 경쟁자들은 계속 진입할 것이다. 이런 식으로 경쟁자가 늘어나면 이윤은 조금씩 낮아질 것이다.

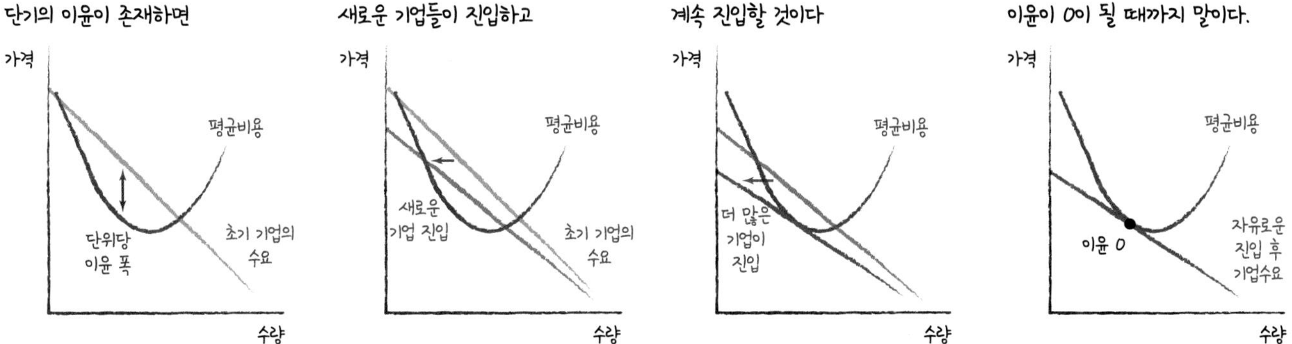

이제 새로운 기업들이 이 시장에 들어올 유인이 사라질 때까지 이 과정은 계속될 것이다. 즉, 신규 진입기업이 얻을 수 있는 경제적 이윤이 0으로 떨어질 때까지 진입은 계속 일어날 것이다.

자유로운 퇴출로 인해 현재는 수익성이 없는 산업이 장기에는 수익성을 회복할 수 있다. 정반대로 그 산업의 수익성이 없다면 현재의 경쟁자가 퇴출되거나 철수할 가능성이 커진다. 왜냐하면 계속해서 손실을 볼 것으로 예상되는 경쟁기업들은 퇴출의 합리적 규칙에 따라 그 시장을 떠날 것이다. 경쟁자가 줄어들면 남아 있는 기업들의 수익성은 향상될 것이다. 만약 그 시장에서 여전히 수익성이 없다면 추가적인 퇴출이 있을 것이고, 이는 다시 남아 있는 기업들의 수익성을 향상시킬 것이다. 이렇게 경제적 이윤이 음수를 유지하는 한 기업들은 계속 떠날 것이고, 그 결과로 남아 있는 기업들의 수익성은 조금씩 나아질 것이다.

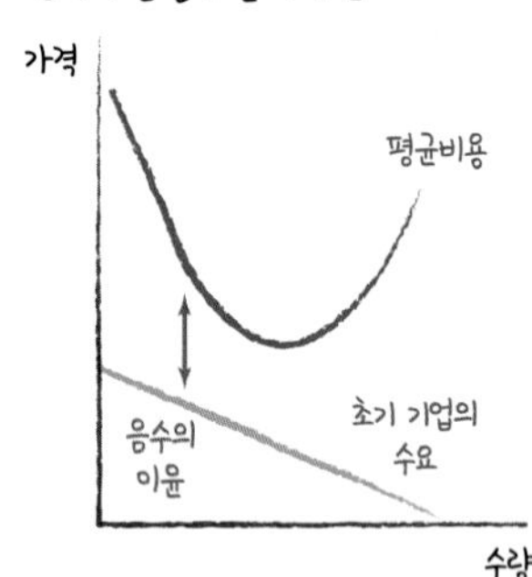

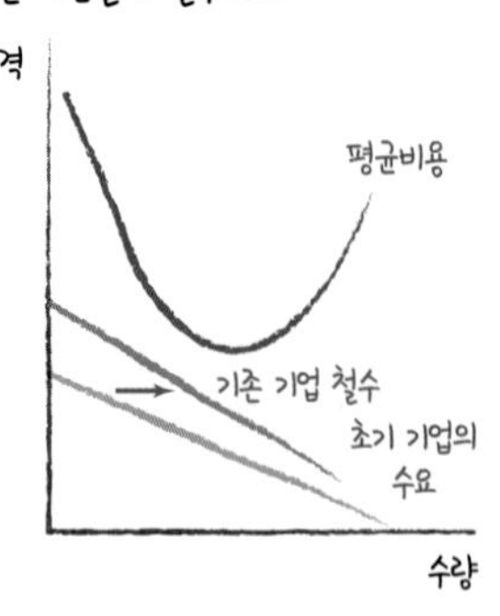

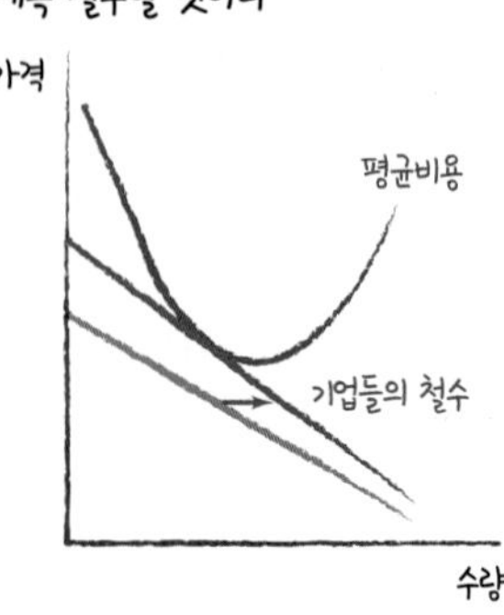

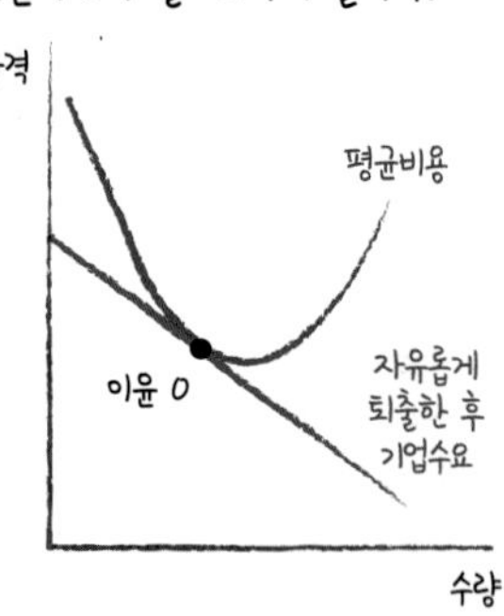

손실을 보는 기업들이 시장에서 철수하는 이러한 과정은 그 시장에서 더 이상 손실이 나지 않을 때까지 계속된다. 즉, 남아 있는 기업들의 경제적 이윤이 0이 될 때까지 말이다.

경제적 이윤은 장기에 0이 되는 경향이 있다. 이를 종합하면 시장에 기업들의 자유로운 진입과 퇴출(경쟁기업들이 사업을 확장하거나 축소하는 것을 포함)은 장기에 경제적 이윤을 0으로 수렴시킨다. 이것은 좋은 소식이 아닌 것처럼 들린다. 그러나 여기서 경제적 이윤이 0이라고 할 때 경제적 이윤은 기업가의 시간과 돈을 충분히 보상하고 있다. 만약 장기에 어떤 기업의 경제적 이윤이 0이라면 그 기업은 차선책에서 얻을 수 있을 만큼은 현재의 사업에서 얻고 있는 것이다.

탐나는 기회는 사라지게 마련이다. 사실 여기에 보다 넓은 의미가 내포되어 있다. 경제적 이윤이 양수라는 것은 좋은 기회의 한 예일 뿐이고 자유로운 진입은 이러한 좋은 기회를 제거하는 경향성을 지닌다.

이와 같은 현상을 슈퍼마켓에서도 관찰할 수 있다. 여러 계산대에 줄을 길게 서있을 때 어떤 한 곳의 줄만 짧다면 어떤 일이 벌어지는가? 짧은 줄에 서는 것이 시간이라는 이윤을 얻는 방법이라는 것은 거기 있는 모든 사람이 알고 있다. 그 짧은 줄이 다른 줄과 비슷하게 길어질 때까지 사람들은 그 줄로만 모일 것이다. 이러한 역동적 변화가 의미하는 바는 장기에 모든 줄은 거의 같아진다는 것이다.

불행히도 슈퍼마켓의 줄은 우리 인생에 대한 비유이다. 다음의 사례연구가 보여주듯이 장기에 진입과 퇴출을 거치면서 좋았던 기회들이 사라지게 되는 경우가 많다.

일상경제학 자유로운 진입과 퇴출이 영향을 미치는 일상적 사례

자유로운 진입은 우리의 삶속에서 큰 영향을 미친다. 특별한 기회는 모두 이윤과 같은 역할을 한다. 즉, 그러한 기회는 새로운 경쟁자들을 손짓하여 부르는 신호이며, 그들이 진입하면서 그 이윤은 흩어지고 만다. 이윤을 얻는다는 의미를 넓게 해석하면 이러한 통찰이 적용되는 예들을 많이 발견할 수 있을 것이다.

Andrew Shield/redbrickstock.com/Alamy

거기에 더 이상 가지 않아요. 이제 너무 복잡해요.

- 저렴한 가격에 아주 맛있는 훌륭한 식당을 발견했다고 하자. 음식들이 너무 만족스러워서 당신은 요리라는 '이윤의 기회'를 얻은 것이다. 여기서 자유로운 진입의 역할이 시작된다. 다른 사람들도 이 식당을 발견할 것이고 당신을 매료시켰던 동일한 요인으로 그 식당은 사람들을 끌어들일 것이다. 점점 많은 사람이 당신만 알고 있었던 그 맛집을 알게 되면서 그곳은 이제 손님으로 가득 찬다. 대기시간이 길어져 불편할 것이며 유명세를 치르며 음식 가격이 오를 수도 있다. 그럼에도 이 식당이 다른 곳보다 더 좋다면 더욱 더 많은 사람들이 계속해서 몰릴 것이다. 이제 가격이 너무 비싸거나 대기 시간이 너무 길거나

혹은 종업원이 너무 불친절해질 수도 있다. 그럼에도 더 이상 그 식당이 다른 곳보다 좋다고 볼 수 없을 때까지 사람들은 계속 올 것이다. 새로운 손님의 자유로운 진입은 당신의 요리가 주는 이윤을 0으로 낮출 것이다.

- 동일한 역동적 변화로 파도타기 명소들이 다 망가졌다. 드물게 좋은 곳을 발견했다면 파도타기라는 이윤을 지금 즐기라. 왜냐하면 그것은 오래가지 못한다. 다른 사람들도 그곳을 발견하면서 그 장소는 이제 북적거리게 되고 곧 파도를 두고 다른 서퍼들과 다툼이 벌어질 것이다. 서퍼들의 자유로운 진입으로 당신의 파도타기 이윤은 0으로 떨어진다.
- 수강신청에서도 비슷한 상황이 연출된다. 대학마다 인기 있는 교수들이 있어서 그분들의 수업을 듣는 것은 큰 기회이다. 그러나 이러한 교육이라는 이윤의 기회는 지속되지 않는다. 내년에 보다 많은 학생이 그 교수의 수업에 들어올 것이고 여전히 수업이 인기 있으면 그 다음 해엔 더 많은 학생이 몰릴 것이다. 몇 년 지나서 보면 이제 그 강의를 수강신청하기가 너무 어렵거나 아니면 대형 강좌로 바뀌어서 수업시간에 자칫 늦게 오게 되면 뒤쪽에 앉아 천장에 매달린 스크린으로 수업을 쳐다보아야 할 것이다. 이렇게 인기 많은 강의에 학생들이 몰리는 현상은 이러한 환경에서 그 수업을 듣는 것이 다른 수업보다 더 좋지 않을 때까지 계속된다.
- 이제 당신이 졸업하게 되면 어떤 도시에서 살지를 결정해야 한다. 만약 동부 해안가 지역에 일자리가 많다면 졸업생들은 이러한 기회를 잡으려 할 것이다. 많은 구직자가 동부 해안가 지역으로 몰리면서 그곳에서 취업하는 것이 점점 더 어려워질 것이다. 구직자들의 자유로운 이주는 동부 해안 지역에서의 취업 기회가 더 이상 다른 지역만큼 많지 않을 때까지 계속 될 것이다. 시간이 흐르면서 이와 같은 구직자들의 자유로운 진입은 양질의 일자리가 많다는 이윤의 기회를 없애는 경향이 있다. 실제로 장기에 취업기회는 전국에 걸쳐서 엇비슷해지는 경향을 보인다. ■

가격은 평균비용과 같다

지금까지 자유로운 진입과 퇴출이 기업의 장기 수익성에 미치는 영향을 알아보았다. 이제 이것이 장기 가격 수준에 어떠한 의미를 가지는지를 살펴보자.

자유로운 진입으로 가격은 평균비용 수준으로 떨어진다. 만약 가격이 평균비용보다 높다면 경제적 이윤이 발생한다. 경제적 이윤은 새로운 기업가들을 그 시장으로 유인하는 신호이다. 신규기업의 진입은 고객을 유치해가고(기업의 수요곡선을 왼쪽으로 이동시킴), 시장지배력을 약화시키기 때문에 기존 기업의 이윤은 줄어든다. 이러한 신규 기업의 진입과 수익성 악화는 진입의 합리적 규칙에 따라 그 산업에 진입할 가치가 없어질 때까지 계속될 것이다. 그리고 가격이 평균비용과 같아질 때 경제적 이윤은 0이 된다.

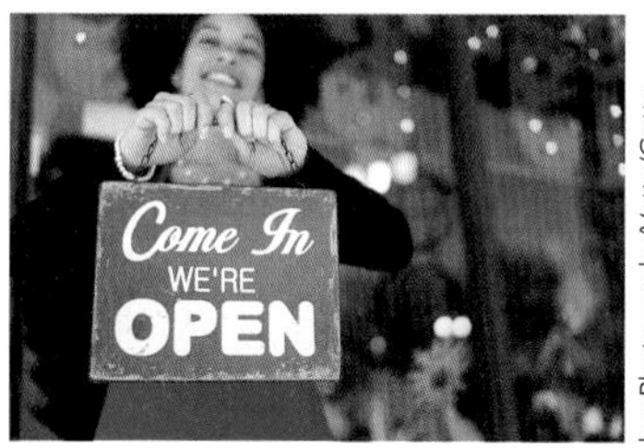

huePhotography/Vetta/Getty Images

그녀가 식당을 열게 됨으로써 기존 식당들이 누리고 있었던 높은 이윤은 이제 끝나간다.

자유로운 퇴출로 가격은 평균비용 수준으로 올라간다. 그러나 만약 가격이 평균비용보다 낮다면 현재 손실이 발생한다. 이러한 경제적 손실은 기업들이 그 시장을 떠나게 한다. 일부 기업이 퇴출되면 남아 있는 기업들의 수익성은 높아진다. 왜냐하면 퇴출된 기업들의 고객들을 유치할 수 있고(남아 있는 기업들의 수요곡선을 우측으로 이동시킴) 그리고 시장지배력을 조금씩 더 강화할 수 있기 때문이다. 이런 기업의 퇴출을 통해 남아 있는 기업들의 수익성이 증가하게 된다. 이러한 과정은 퇴출의 합리적 규칙에 따라 더 이상 그 시장을 떠나는 것이 가치가 없어질 때가지 계속된다. 즉, 가격이 평균비용과 같아질 때 경제적 이윤은 0이 된다.

Carolyn Franks/Shutterstock

이러한 폐점으로 인해 남아 있는 매장이 높은 가격을 매기기가 수월해진다.

자유로운 진입과 퇴출을 거치면서 장기에 가격은 평균비용과 같아진다. 종합하면 기업들이 자유롭게 진입과 퇴출을 할 수 있다면 신규 진입기업이 이윤을 얻을 수 없고 기존 기업들이 손실을 보지 않을 때까지 그렇게 할 것이다. 그러므로 장기에 다음의 관계가 성립된다.

장기에 기업들이 자유롭게 진입하고 퇴출되면 가격은 평균비용과 같아진다.

가격 = 평균비용

여기서 중요한 것은 장기에 가격은 진입과 퇴출이라는 기업동학에 의해 결정된다는 점이다. 다시 말해서 이 식은 평균비용이 장기에 가격 수준을 결정하는 핵심 요인이라는 것을 의미이기 때문에 중요한 통찰이 된다.

이러한 통찰은 제14장의 단기분석을 조금 달리 보게 만든다. 거기에서 우리는 시장지배력이 있는 기업들은 비용보다 높은 가격을 매겨서 높은 이윤을 확보할 수 있었다는 점을 발견했다. 그러나 장기분석의 시각에서 보면 기업들이 자유롭게 해당 시장에 진입할 수 있다면 높은 이윤을 가져오는 높은 가격은 오래 유지되지 않는다. 왜냐하면 새로운 기업들이 들어와 가격을 인하하면서 기존 기업의 이윤을 잠식하기 때문이다.

자료 해석 **진입과 퇴출은 강력한 추진력이다**

장기분석은 지속되는 진입과 퇴출이 기업의 경쟁환경을 어떻게 재형성하는가를 강조한다. 실제로 많은 산업은 새로운 기업들이 진입하고 낡은 기업들이 퇴출되면서 지속적으로 요동치고 있다. 이러한 과정은 창조적 파괴라고 알려져 있다.

전체적으로 700만 개의 기업들이 생겨난다. 보통 약 9%의 기업들이 폐업하며 이와 비슷한 숫자의 신규 기업들이 그들을 대신해 시장에 들어온다. 진입률과 퇴출율은 산업별로 큰 차이가 없다. 이것은 기업의 경쟁 지형이 항상 변화 속에 있다는 것을 의미한다. 즉, 경쟁자들이 일부 사라지는 동시에 새로운 경쟁자들이 생겨나는 것이다. ■

기업의 수요곡선은 평균비용곡선에 접한다. 그림 15-5는 자유로운 진입이 가능할 때의 장기균형을 보여준다. 이러한 장기균형은 기업의 수요곡선이 왼쪽 혹은 오른쪽으로 이동하여 그 곡선이 평균비용곡선과 접할 때 달성된다. 두 곡선이 만나는 지점(손실을 피할 수 있는 수요곡선 상의 유일한 한 점)에서 기업이 할 수 있는 가장 좋은 선택은 가격을 평균비용과 같게 설정하는 것이다.

이 두 곡선이 왜 접하는지 알아보자. 만약 수요곡선의 어떤 부분이 평균비용보다 높다면 이윤을 얻을 기회가 존재한다. 왜냐하면 가격이 평균비용보다 크기 때문이다. 자유로운 진입은 이러한 기회가 제거될 때까지 계속될 것이다. 그리고 만약 수요곡선 전체가 평균비용의 아래쪽에 위치한다면 기업들은 손실을 볼 수밖에 없다. 왜냐하면 가격이 항상 평균비용보다 작기 때문이다. 기존 기업들은 이러한 손실이 발생하지 않을 때까지 계속해서 이 시장을 떠날 것이다. 이 두 곡선이 접할 때, 경제적 이윤은 0이 되고 이것이 바로 장기 균형이다. 왜냐하면 이 경우에 그 산업은 진입을 통해 확장되지도 않고 퇴출을 통해 수축되지도 않을 것이기 때문이다.

만약 수요곡선이 평균비용곡선을 가로지르면 경제적 이윤은 기업의 진입을 부른다.

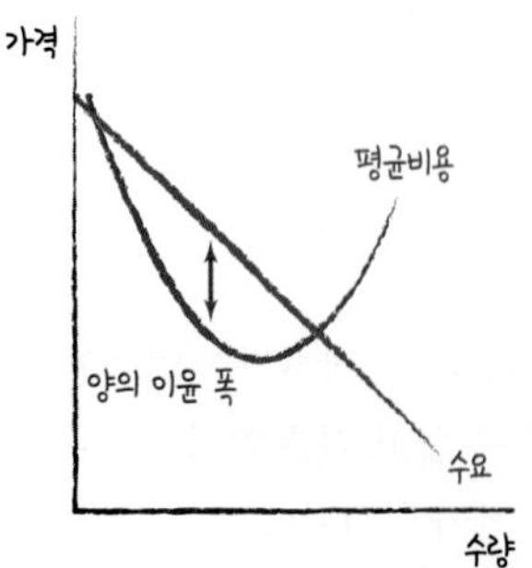

만약 수요곡선이 평균비용곡선과 전혀 만나지 않는다면, 손실이 발생하고 일부 기업을 퇴출시킬 것이다.

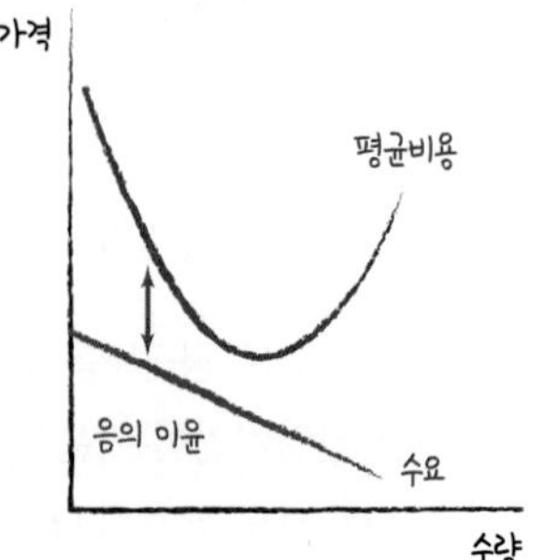

만약 수요곡선이 평균비용곡선과 접한다면 이윤은 0이 되고 이는 장기균형이다.

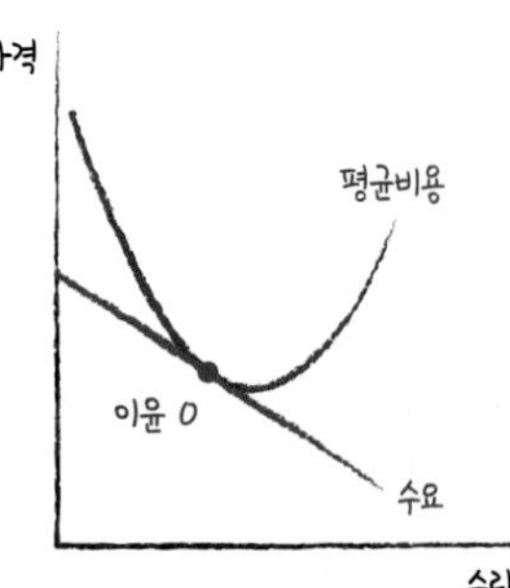

그림 15-5 | 자유로운 진입은 가격이 평균비용과 같아질 때까지 계속된다

Ⓐ 단기에 가격이 평균비용을 상회할 때 기업들은 이윤을 얻을 수 있다.
Ⓑ 이윤은 신규진입을 유도하여 기업의 수요곡선을 왼쪽으로 이동시키고 그 곡선을 보다 탄력적으로 만든다.
Ⓒ 진입과 퇴출은 **이윤이 0**이 될 때까지 계속된다.
Ⓓ 장기 균형에서 가격은 평균비용과 같아진다.

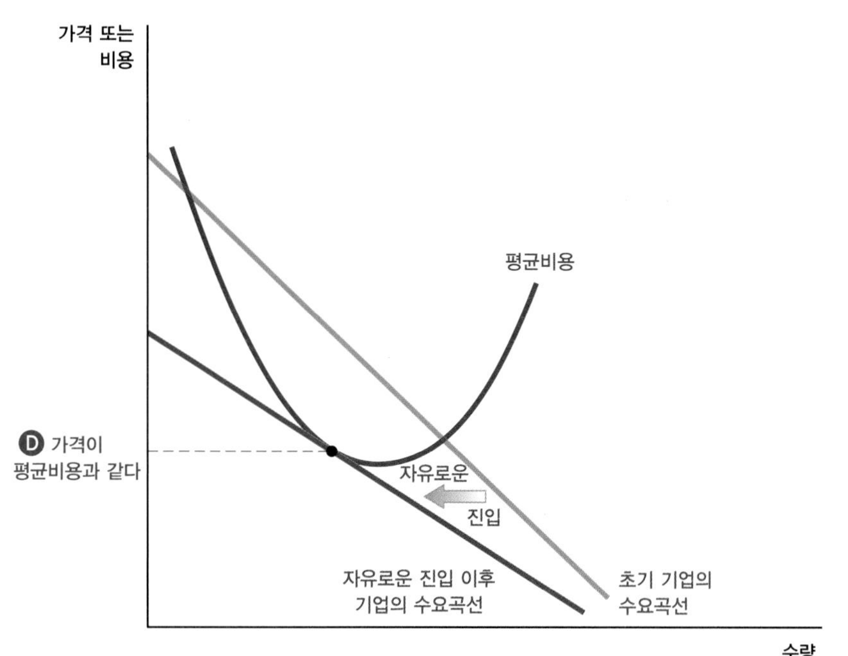

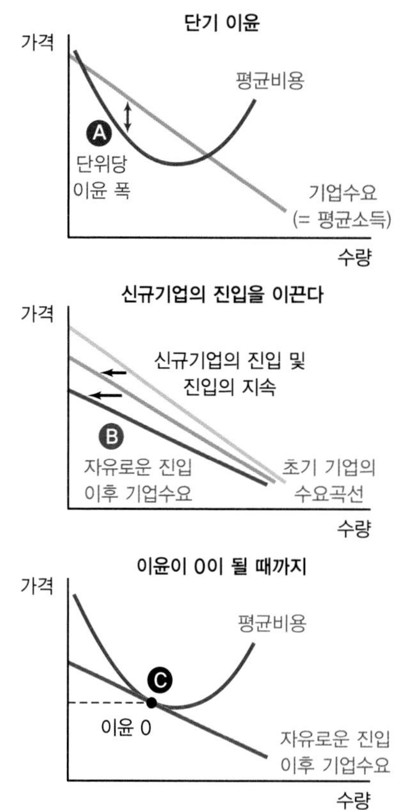

한계기업의 수익성을 결정하기 때문에 평균비용이 중요하다. 장기의 가격 결정에서 평균비용이 중심적 역할을 하는 것이 다소 놀라울 수 있다. 왜냐하면 한계의 원리는 한계비용에 더 큰 의미를 부여하기 때문이다. 그러나 사실 이렇게 평균비용이라는 개념이 중심에 놓인 것은 한계의 원리를 장기분석에 적용함으로써 도출된 것이다.

그 이유를 알기 위해서, 단기와 관련된 질문은 한 단위를 더 생산해야 하는가, 말아야 하는가의 여부라는 점을 상기하라. 따라서 단기에 중요한 것은 추가적인 단위가 가져오는 한계비용과 한계편익이다. 그러나 장기와 관련된 질문은 한계기업(진입하거나 철수하려고 하는 기업)의 수익성이고 그 한계기업의 이윤 폭이 평균비용에 달려 있다는 것이다. 그래서 이렇게 우리를 평균비용으로 이끈 것은 사실 한계의 원리이다.

자료 해석 단지 진입한다는 위협만으로 가격을 낮추기에 충분한가?

다음번에 비행기를 타게 된다면 어떤 항공사를 이용하던지 간에 사우스웨스트 항공사에 감사해야 할 것이다. 사우스웨스트 항공사는 공격적으로 가격을 낮춘다. 너무 공격적이라서 사우스웨스트 항공사가 신규 노선에 취항하게 되면 기존의 항공사들(아메리칸, 델타, 유나이티드)은 경쟁하기 위해 가격을 덩달아 낮춘다. 사실 사우스웨스트 항공사가 운항하고 있는 노선에서 다른 항공사들은 30%가량 가격을 인하한다.

그러나 때로는 사우스웨스트 항공사가 취항하지 않은 노선에서도 가격 인하 효과가 나타난다. 구체적으로 경제학자들은 사우스웨스트 항공사의 본부가 있는 임의의 두 도시 간의 항공료를 분석하였다. 이때 사우스웨스트 항공사가 그 두 도시 사이의 노선을 운행하지 않더라

chanceb737/iStock Editorial/Getty Images

사우스웨스트 항공사가 취항할 수 있다는 것 만으로도 가격 하락의 위협이 된다.

도 이 분석에는 포함되었다. 분석 결과에 따르면, 사우스웨스트 항공사의 경쟁자들은 해당 노선들에서 큰 폭의 할인을 제공하였다. 왜냐하면 경쟁사들은 향후 사우스웨스트 항공사가 해당 두 도시 사이를 운항하는 서비스를 제공할 수 있다는 점을 우려했기 때문이다. 즉, 시장진입이라는 위협이 사우스웨스트 항공사의 경쟁사들로 하여금 가격을 인하하게 만든 것이다. 이 시장진입의 위협으로 경쟁사들은 사우스웨스트 항공사가 실제로 진입하여 그들과 경쟁하기 시작한다면 제공했을 할인의 3분의 2 수준으로 실제 할인을 제공했다. ■

요약 : 장기 수익성은 진입장벽에 달려있다. 지금까지 멀리 달려왔다. 이제 좀 숨을 돌리고 큰 그림을 떠올릴 시간이다. 요컨대 만약 자유로운 진입과 퇴출이 가능하다면, 장기에 경제적 이윤은 사라지고 가격은 평균비용과 동일하다.

이제부터는 위 문장의 한 글자인 '만약'에 대해서 논의하고자 한다. 이 단어는 장기 수익성을 유지할 수 있는 확률을 나타낸다. 즉, 만약 신규 경쟁자가 진입하지 않는다면 아마도 경쟁을 통해 이윤이 사라지지 않을 것이다.

이러한 통찰은 기업전략에 대한 생각을 바꿀 수 있다. 이제 현재의 경쟁자를 이기는 전략에서 벗어나 새로운 경쟁자가 아예 시장에 진입하지 못하도록 저지하는 전략을 살펴볼 필요가 있다. 잠재적 진입기업은 장기 수익성에 위협이 되므로 먼저 선수를 치는 방법을 찾아야 이윤을 유지할 수 있다. 잠재적 경쟁자들이 시장에 진입해서 이윤을 잠식하지 못하도록 막는 전략적 선택의 현실적 예들이 많이 있다. 그래서 이제부터 당신들이 그 전략들을 익혀 상황에 맞게 적용할 수 있도록 하기 위해서 그 근원적인 논리들을 설명하고자 한다.

15.3 진입장벽

학습목표 신규기업의 시장진입을 저지하여 이윤을 유지하는 전략을 학습한다.

애플, 엑손모빌, 그리고 월마트는 모두 수십 년간 우리 주변에 있다. 각 기업은 상당한 시장지배력을 지니고 어마어마한 이윤을 얻고 있다. 그러나 진입과 퇴출이 그 경제적 이윤을 0으로 낮추고 있는 것 같아 보이지 않는다. 왜 그런가?

진입장벽 신규 기업이 시장에 진입하기 어렵게 만드는 장애물

이 기업들의 지속적인 이윤 창출은 **진입장벽**(barriers to entry, 신규 기업이 시장에 진입하기 어렵게 만드는 장애물)을 반영하는데, 이 진입장벽은 신규 진입기업들이 경쟁을 통해 기존 기업의 이윤을 잠식하지 못하게 막는다.

이들이 단지 운이 좋아서가 아니다. 그들은 전략적이었다. 각 기업은 신규 경쟁자들이 자신의 시장에 진입하지 못하도록 막는 데 많은 자원을 투입하고 있다. 그들의 성공에서 얻을 수 있는 교훈은 진입장벽이 자연적으로 발생한 것이 아니라는 것이다. 오히려 진입장벽은 기업이 내리는 전략적 의사결정에 의해서 형성된다.

장기에도 계속해서 이윤을 얻기 위해서는 잠재적 진입기업들이 주는 위협에 집중해서 경쟁에서 이기고 그들이 들어오지 못하도록 막을 방법을 찾을 필요가 있다.

 신규 진입기업들을 저지하는 네 가지 전략

1. 수요 측면 : 고객봉쇄 장치를 고안한다.
2. 공급 측면 : 비용우위를 점한다.
3. 규제 측면 : 정부규제를 활용하여 진입을 막는다.
4. 진입 저지 : 진입하면 치열하게 경쟁할 것이라는 점을 잠재적 진입기업에게 확신시킨다.

기업들은 서로 다른 전략들을 사용하지만 그 모든 전략은 다음의 네 가지 방법으로부터 나왔다.

1. 고객봉쇄 장치를 고안한다(수요 측면 전략).
2. 유일한 비용우위를 점한다(공급 측면 전략).
3. 정부규제를 활용하여 진입을 막는다(규제 전략).
4. 진입하면 치열하게 경쟁할 것이라는 점을 잠재적 진입기업에게 확신시킨다(저지 전략).

이제 이 네 가지 전략에 대해서 자세히 살펴보자.

수요 측면 전략 : 고객봉쇄 장치를 고안한다

신규 진입기업들을 막는 한 가지 방법은 고객을 빼앗기지 않는 것이다. 그래서 당신이 고객봉쇄 장치(customer lock-in)를 고안해 내는 것이 필요하다.고객을 대상으로 하는 전략은 자사 제품과 경쟁 제품의 수요를 형성하기 때문에 수요 측면에서의 전략이라고 부른다. 핵심 전략은 다음과 같다.

전환비용이 고객들을 계속 잡아둔다. **전환비용**(switching costs)은 고객들이 다른 기업으로 옮겨가는 것을 어렵게 하거나 혹은 비용을 발생하게 하는 방해물을 가리킨다. 예를 들어 아이폰을 사용하던 이용자의 75%가량은 휴대폰을 바꿀 때 다시 아이폰을 구매한다. 이것은 단순히 브랜드에 대한 충성 때문만은 아니라 전환비용도 역할을 한다. 만약 안드로이드 폰으로 바꾼다면 유료 앱들은 새로 구입해야 할 것이고 데이터를 옮기는 번잡한 작업들을 해야 한다.

전환비용 고객들이 다른 기업으로 옮겨가는 것을 어렵게 하거나 혹은 비용을 발생하게 하는 방해물

노련한 경영진은 적극적으로 전환비용을 만들어 경쟁자들의 진입을 저지한다. 예를 들어, 은행은 보통 공과금과 후원금 등의 자동이체 서비스를 제공한다. 그 이유는 고객들의 생활을 더 편리하게 하려는 것이 아니라 그들을 잡아두려는 것이다. 일단 통장에서 자동이체로 주기적으로 빠져나갈 곳들을 일일이 신청하고 나면 그 일을 또 다시 하고 싶지는 않을 것이다. 마찬가지로 항공사가 마일리지를 적립해주는 것은 계속 그 항공사를 이용하는 것이 더 이익이 되게 하면서 다른 경쟁 항공사로 옮겨 가는 비용을 높이기 위함이다. 그리고 케이블 TV 서비스 회사를 한번 변경해본 경험이 있다면 그 과정이 얼마나 번거로운지 잘 알 것이다.

이러한 예들은 전환비용이 현재의 고객들을 효과적으로 잡아둘 수 있으며 새로운 경쟁자가 진입하는 것을 더 어렵게 만든다는 사실을 잘 보여준다.

명성과 신용은 고객들의 충성도를 유지시킨다. 의사, 기술자, 배관공, 그리고 전기기사가 좋은 명성을 쌓기 위해 노력하는 이유는 고객을 잡아두는 데 도움이 되기 때문이다. 이러한 신용으로 기존 기업들은 아직 고객들과 그러한 관계를 맺지 못한 잠재적 경쟁자들을 따돌릴 수 있게 된다.

기본 아이디어는 다음과 같다. 당신이 다음에 아프게 되면 어떻게 할 것인지 생각해보라. 아마도 당신은 오랫동안 알고 지내던 의사를 찾아갈 것이다. 이러한 고객의 충성은 갓 개업한 의사들이 초기에 경쟁력을 갖기 어렵게 만든다.

네트워크 효과는 어떤 제품을 많은 사람이 사용할수록 그것이 더욱 유용해짐을 의미한다. 문자로 연락을 주고받게 해주는 앱은 정말 많다. 그러나 사용자가 매우 적은 앱이 대부분이다. 반면 왓츠앱은 너무 인기가 많아서 페이스북이 190억 달러에 인수했다(그리고 많은 시장분석가는 그것보다 수십억 달러 더 가치가 있다고 생각한다). 놀랍게도 그 앱의 기술은 별것 아니라서 기술자들이 마음만 먹으면 몇 주만에 만들어낼 수 있는데도 불구하고 그 정도의 가치가 있다고 한다. 그러나 왓츠앱이 그렇게 가치가 높은 이유는 많은 사람이 사용하고 있기 때문이다. 그래서 새로운 앱은 경쟁 상대가 되지 못한다. 사람들은 다른 사람들이 그 앱을 사용하고 있기 때문에 자신들도 계속 사용하는 것이다. 결론적으로 신규 앱이 왓츠앱을 이기는 것은 거의 불가능에 가깝다.

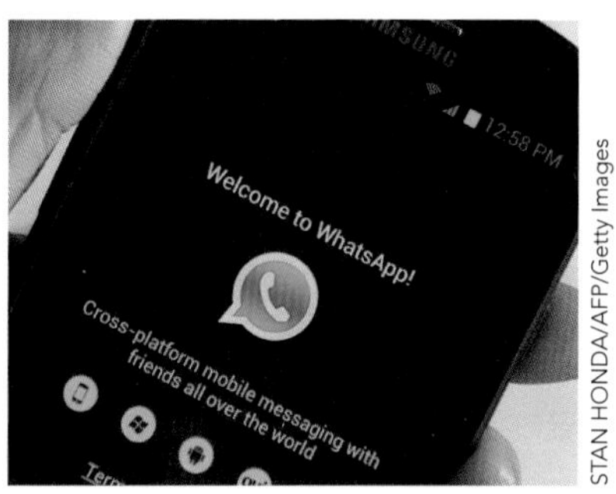

STAN HONDA/AFP/Getty Images

이 앱을 쓰는 이유는 친구들이 쓰기 때문이다.

이것은 사용하는 사람들이 늘어날수록 그 제품의 유용성이 커질 때 발생하는 네트워크 효과(network effect)의 예이다. 네트워크 효과는 잠재적 진입기업들이 경쟁력을 갖는 것을 어렵게 하므로 기업들은 이러한 네트워크 효과를 만들기 위해 노력한다. 가령, 많은 사람이 아마존

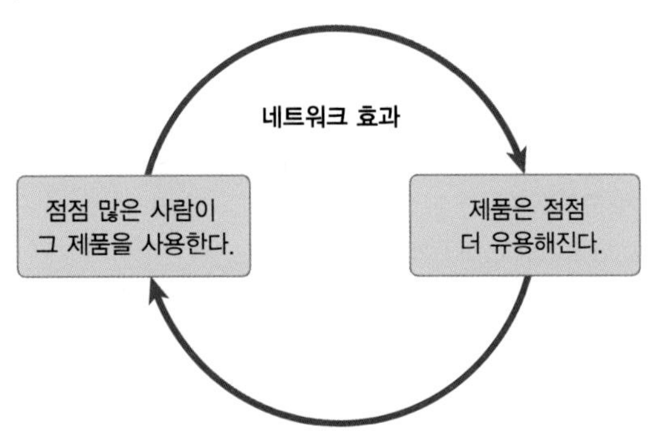

을 이용할 때 그것은 더욱 유용한 사이트가 된다. 왜냐하면 이전 고객들이 작성한 후기는 미래의 고객들에게 도움이 되기 때문이다. 따라서 아마존은 비교 쇼핑(comparison shopping)에 정말 좋으며, 아마존에 있는 수백만 건의 후기는 신규 진입기업이 쉽게 복제할 수 없는 강점이 된다.

네트워크 효과는 하이테크 제품에만 적용되지 않는다. 네트워크 효과는 자동차 회사의 성공에도 중요한 요인이다. 어떤 자동차 회사의 자동차들을 타는 사람들이 많으면 많을수록 그 차가 고장 났을 때 구할 수 있는 중고 부품들이 많아지고 또 그 차를 수리할 수 있는 정비소들도 많아진다. 반면에 이러한 정비소라는 네트워크가 부족한 신규 자동차 회사는 고객들을 유치하기가 어려울 것이다.

이러한 네트워크 효과는 너무나도 강력해서 성능이 나쁜 제품들도 성공하게 만들 수 있다. 수백만 명의 사람들과 애증의 관계를 맺고 있는 윈도우 운영 체제를 생각해보라. 그러나 유용한 많은 프로그램들이 윈도우용으로만 출시되기 때문에 운영체제가 마음에 들지 않는 사람들이라도 계속 사용하고 있다. 윈도우를 경멸하는 프로그래머마저도 너무 많은 사람이 윈도우를 사용하고 있기 때문에 어쩔 수 없이 윈도우용 프로그램을 만들게 된다. 윈도우에 대한 불만이 크지만 애플을 제외하면 경쟁자가 없다. 왜냐하면 구동할 수 있는 프로그램이 얼마 없는 운영체제를 구매할 소비자는 없으며 또 거의 사용하지 않는 운영체제에서 구동되는 프로그램을 만들 프로그래머도 없을 것이기 때문이다.

공급 측면 전략 : 비용우위를 점한다

다른 기업이 쉽게 모방할 수 없는 비용우위를 확보함으로써 경쟁자의 진입을 막을 수 있다. 그 이유는 한계의 원리에 있다. 새로운 경쟁자들은 마지막 들어온 경쟁자인 한계생산자의 경제적 이윤이 0이 될 때까지 계속 진입할 것이다.

그러나 그렇다고 기존 기업의 경제적 이윤이 0이 되는 것을 의미하지 않는다. 그림 15-6은 장기 균형에서 가격이 한계생산자의 평균비용과 같아지고 그래서 더 이상 기업이 진입하지 않을 것이라는 것을 보여준다. 그러나 만약 기존 기업의 비용이 한계공급자의 비용보다 낮으면, 한계공급자의 이윤은 0이더라도 기존 기업은 계속 경제적 이윤을 볼 것이다.

그림 15-6 | 비용우위는 이윤을 지속적으로 창출한다

자유로운 진입은 한계생산자의 가격이 평균비용과 같아질 때까지 계속될 것이다.

Ⓐ 장기 균형에서 진입을 고민하는 한계공급자는 0의 경제적 이윤을 얻는다.
Ⓑ 만약 기존 기업의 평균비용이 한계공급자의 평균비용보다 낮다면 기존 기업은 여전히 경제적 이윤을 얻을 수 있다.

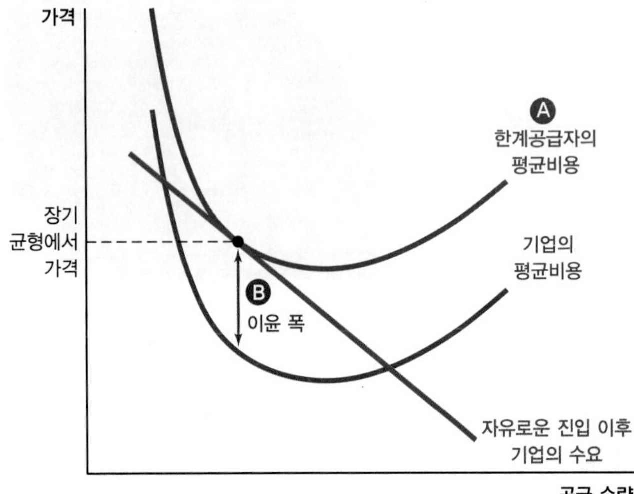

만약 그 기존 기업의 비용우위가 충분이 크다면 효과적으로 진입을 차단할 수 있다. 이미 기존 기업의 비용이 낮은 상황에서 그 시장에 진입해 그 기업과 경쟁하고자 하는 기업은 없을 것이다. 기업의 비용이 낮으면 가격 전쟁에서 이길 확률이 높다는 의미이다. 왜냐하면 경쟁자가 손실을 보면서도 견딜 수 있는 기간보다 훨씬 더 오랫동안 적은 이윤이라도 계속 얻을 수 있기 때문이다.

장기수익성은 비용우위를 유지할 수 있느냐에 달려있고, 그것은 비용을 낮게 유지할 수 있게 해주는 기술을 경쟁자가 쉽게 모방할 수 없을 때 가능하다. 그렇게 때문에 기업들은 다른 기업이 따라할 수 없는 유일무이한 비용우위를 개발해야 한다. 이제 이러한 비용우위의 개발을 위한 핵심 전략을 살펴보자.

학습효과는 경험이 효율성 증대를 가져온다는 것을 의미한다. 기업들은 제품을 만드는 경험을 통해 공정을 효율적으로 만드는 방법을 익힌다. 실제로 기업의 생산이 두 배가 될 때마다 비용을 20~30%가량 줄일 수 있는 방법을 알게 된다. 이러한 학습효과는 매우 강력한 비용우위를 만들어낼 수 있다. 반면에 신규기업의 경험 부족은 비용이 더 높다는 것을 의미한다.

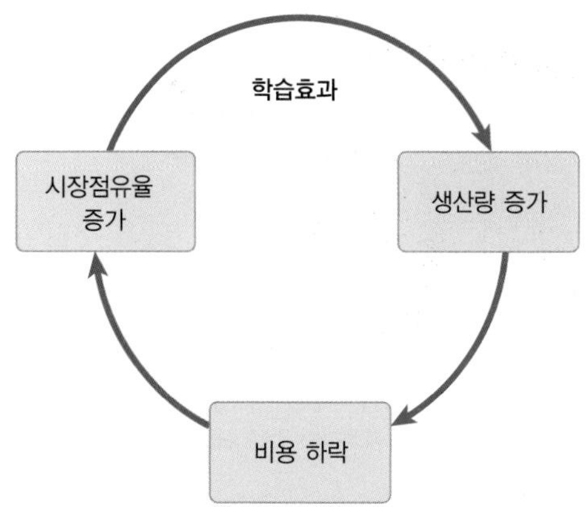

이와 같은 통찰은 전략적 함의를 갖는다. 스스로 강화되는 비용우위를 얻으려면 시장선도자가 되기 위해 적극적으로 행동하라는 것이다. 만약 어떤 기업이 시장선도자가 된다면 생산량이 가장 많을 것이고 이를 통해 학습효과를 누릴 기회도 가장 많을 것이며 이는 그 기업의 비용을 가장 많이 낮춰주면서 시장선도자의 위치를 더욱 더 강화할 것이다. 그래서 이러한 선순환 구조를 만들기 위해서 단기에 낮은 가격으로 이윤을 포기하는 것은 의미 있을 수 있다.

대량생산의 장점은 경쟁자가 될 소규모 기업의 진입을 막는다는 것이다. 대량생산은 기계설비에 들어가는 고정비용이 크지만 적은 양을 생산할 때보다 더 효율적이다. 이렇게 큰 고정비용은 신규 진입기업이 경쟁하기 어렵게 만들 수 있다. 특히, 중소기업은 이러한 투자를 할 여력이 부족하기 때문에 대기업에 비해 상당한 비용열위 상태에서 생산을 할 것이다.

엣시를 예로 들어 보자. 이 기업은 목수들이 모여 손수 가구를 만들어 판매하는 곳이다. 그러나 손으로 직접 탁자를 만드는 것은 수천 개의 탁자를 만들어내는 대량생산보다 훨씬 비효율적이다. 그래서 엣시의 가구들은 크레이트앤드배럴의 가구보다 생산비용이 높은 것이다. 그리고 이러한 비용에서의 열위가 의미하는 것은 엣시가 대형 가구 제조사에게 심각한 위협이 되지 않는다는 점이다.

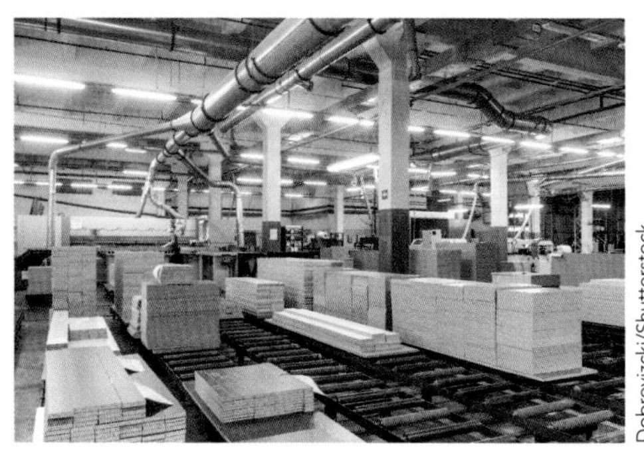
Dobrovizcki/Shutterstock

대량생산은 경쟁적 우위를 가능하게 한다.

연구개발은 비용우위를 창출한다. 기업들은 신제품 개발을 위한 연구개발을 자주 추진한다. 그러나 기존 제품을 더 저렴하게 만들 수 있는 방법을 개발하는 것도 잠재적 경쟁자에 대해 비용우위를 지키게 해주기 때문에 신제품 개발만큼 가치가 있다. 사실 경영과학의 많은 부분은 비용절감을 위해 작업장을 새롭게 조직하는 방법과 관련 있다. 그리고 이러한 면에서 크게 성공한 경우도 있다. 월마트는 아주 탁월한 물류 시스템을 개발하여 제품을 보다 신속하고 빠르게 진열할 수 있게 되었다. 도요타는 혁신적인 경영 기법으로 유명하다. 즉, 도요타는 경쟁기업보다 자동차를 더 저렴하게 만들 수 있다는 의미이다. 또한 아마존은 신기술 연구를 통해 자사 웹사이트를 다른 경쟁 사이트보다 더 효과적으로 관리한다.

공급자와의 관계에 따라 생산요소를 저렴하게 구할 수 있다. 원자재나 중간재를 공급하는 기업과 가까운 관계를 형성해야 한다. 기업이 성장하면서 그 기업은 생산요소의 공급처에게 더 중요한 고객이 될 것이고, 그 공급처는 그 기업을 위해 많은 투자를 할 것이다. 그 기업은 이제 구매협상력을 이용하여 원자재, 도매제품, 그리고 여러 가지 생산요소의 가격을 낮출 수도 있을 것이다.

이것이 월마트의 성공 비결이다. 월마트는 대형마트이므로 그곳에 납품하는 공급처와의 거래에서 구매협상력이 크다. 월마트가 이를 적극적으로 이용한 결과 월마트가 지불하는 도매가격은 가장 낮다. 이러한 비용우위 덕분에 월마트는 경쟁자들을 몰아내고 많은 신규 기업의 진입을 저지할 수 있었다.

Patrick Fallon/Bloomberg/Getty Images

월마트는 대규모 구매자의 협상력을 이용해 가장 저렴하게 판매할 수 있다.

핵심 생산요소의 접근성은 경쟁자들을 몰아낼 수 있다. US 에어웨이 항공사가 필라델피아국제공항의 비행기 탑승구를 32년 장기임대하는 계약을 맺음으로써 그 항공사는 사업의 장기 예측 가능성을 높였을 뿐만 아니라 새로운 항공사가 진입하지 못하도록 막아버렸다. 버짓항공사는 그곳에서 승객들을 싣고 내릴 탑승구를 구하지 못했기 때문에 진입을 포기했다.

장기계약을 통해서 핵심 생산요소를 잡아 놓음으로써 기존 기업은 신규 진입기업이 성공하

Jeff Haynes/Invision for Facebook/AP Images

신규 기업의 창업자가 우수한 인재를 영입하기 위해서 페이스북과 경쟁하는 것은 쉬운 일이 아니다.

기 어렵게 만들 수 있다. 어떤 경우에는 이러한 장기계약이 정부 규제의 대상이 되기도 한다. 그러나 또 다른 경우에는 그 효과가 그렇게 직접적이지 않다. 예를 들어, 실리콘밸리의 창업기업들은 소프트웨어 기술자들을 구하지 못하는 것이 가장 큰 어려움이라고 토로한다. 왜냐하면 대부분의 뛰어난 기술자들은 이미 구글이나 페이스북과 같은 대기업에서 일하고 있기 때문이다. 프로그래머라는 핵심 생산요소를 꽉 붙들고 있음으로써 그들은 신규기업들이 경쟁에서 어려움을 겪게 만든다.

규제 측면 전략 : 정부 정책

정부가 신규 기업이 시장에 진입할 수 있는 여건을 제공하기도 한다. 정부는 시장 실패를 교정하기 위해서 시장에 진입할 수 있는 자격을 세우기도 하고 또 때로는 로비스트의 영향을 받는 정치인들의 요청으로 진입장벽을 치기도 한다. 이제 이러한 정부 주도의 전략을 살펴보자.

특허권은 생산자를 유일하게 만든다. 기업이 신제품을 개발하면 정부는 특허권을 부여할 것이다. 이것은 다른 회사들이 허가 없이 그 제품을 만들지 못한다는 것을 의미한다. 특허권으로 독점기업이 생겨난다. 정부는 혁신을 위한 유인책의 일환으로 특허권을 제공한다.

이 진입장벽이 있었기 때문에 애플은 다른 기업들이 아이폰을 생산하지 않을까 걱정할 필요가 없다. 또한 머크도 다른 제약사가 특허받은 비만 치료제인 자누비아를 만들까 걱정하지 않는다. 그리고 도요타도 역시 다른 기업이 프리우스를 만들지 않을까 걱정할 필요 없다. 특허를 신청하는 대신에 해당 발명에 대한 기밀을 유지할 수도 있다. 이런 이유로 코카콜라에서는 콜라를 만드는 비법을 일부 고위 임원들만 알고 있다. 그러므로 경쟁자들이 다른 콜라를 만드는 데도 불구하고 코카콜라라는 특정 제품의 시장에는 진입할 수 없는 것이다.

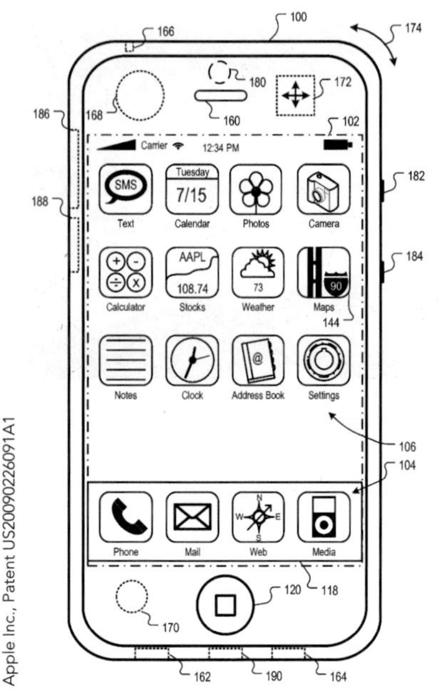

Apple Inc., Patent US20090226091A1

이 특허는 애플이 새롭게 개발한 발명품을 묘사한다.

규제는 신규기업의 시장 진입을 어렵게 한다. 정부 규제는 창업을 어렵게 하기도 한다. 예를 들어, 어떤 나라에서는 기업을 설립하는 데 3개월 이상 걸리기도 하고, 신고 비용이 그 기업의 1년 수입보다 큰 경우도 쉽게 발견할 수 있다. 미국에서는 일주일이면 기업 설립이 가능하므로 이와 같은 장벽은 그리 높지 않다.

그러나 미국에서도 일부 업종의 경우 여러 가지 명분을 들어 정부가 규제를 강하게 하기도 한다. 영유아 보육센터, 병원, 마리화나 판매점, 혹은 사립학교의 경우 진입장벽이라고 여겨질 만큼 규제와 관련된 부담이 크다.

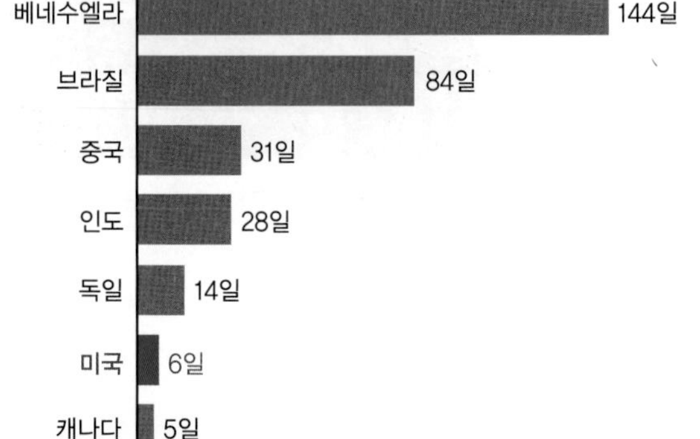

출처 : World Bank

정부의 자격증 제도는 경쟁을 제약한다. 특정 시장의 경우 정부가 진입을 직접적으로 규제하기도 한다. 정부가 발급한 자격증이나 허가증을 획득해야 한 해당 사업과 직무를 수행할 수 있는 경우를 말한다. 예를 들어, 정보통신위원회의 허가 없이 라디오나 TV 방송국을 운영할 수 없다. 이 허가증은 쉽게 발급되지 않으며 또 그것을 얻으려면 준비해야 할 것들이 많기 때문에 진입장벽으로 작용한다. 그것은 전자파 방해를 최소화하는 데 도움을 주지만 동시에 라디오 방송국 간의 경쟁도 제한한다. 불행히도 이러한 진입장벽 때문에 흥미로운 음악을 들려주는 라디오 방송국을 찾기 어려운 것이다.

로비는 새로운 규제장벽을 만들 수 있다. 대기업들은 정부를 대상으로 로비를 하는 데 수백만 달러를 지출한다. 때론 그들은 낡은 법규를 바꾸도록 설득하는 등 공공의 이익을 위해서 로비를 한다. 그러나 일반적으로 잠재적 신규 진입의 계획을 방해할 규제를 도입하도록 정부를 설득할 요량으로 로비를 한다. 놀랍게도 기존 기업들이 자신들의 시장에 더 많은 정부 규제를 요구하는 상황을 종종 목격하게 된다. 이것은 로비스트가 따르는 가장 전통적인 방식 중 하나이다. 자세히 보면 이렇게 강화된 규제는 기존 기업들보다는 잠재적 진입기업에게 더 큰 비용을 치르게 한다. 즉, 기존 기업들은 보다 강력한 규제가 비용을 발생하겠지만 경쟁을 막아줄 것이라고 기대한다.

물론 기업의 로비스트들은 절대 이런 식으로 말하지 않는다. 그들은 강화된 규제나 진입 제한은 공익을 위해 필요하다고 주장한다. 그리고 비록 그러한 규제가 가격을 낮추고 선택의 폭을 넓혀 공공의 이익을 증진할 수 있는 경쟁을 명백히 제한하고 있음에도 불구하고 동일한 주장을 펼친다. 그러나 우리는 그들의 걱정이 무엇인지 잘 안다. 새로운 경쟁자가 시장에 진입하면 기존에 있던 기업들은 그들의 이윤이 줄어들까 봐 우려한다.

정치인들은 정치적 비대칭성 때문에 위와 같은 주장을 잘 받아들인다. 어떤 정치인이 기존 기업들을 경쟁으로부터 보호해주면 그 기업의 임원들과 노동자들의 감사를 받게 된다. 그러나 시장에 진입하여 새로운 일자리를 만들 수 없었던 숨겨진 잠재적 진입기업은 이 과정에서 전혀 고려되지 않는다. 정치적으로 이러한 비용은 잘 보이지 않는다. 왜냐하면 잠재적 진입기업에 의해서 창출될 뻔했던 새로운 일자리는 아직 생겨나지 않아서 적극적인 로비를 할 수 없기 때문이다.

진입 저지 전략 : 시장에 진입하면 응징할 것이란 확신을 준다

마지막으로 잠재적 경쟁자들에게 만약 그들이 시장에 진입하면 기존 기업들이 아주 공격적으로 대응함으로써 진입을 후회하게 만들 것이라는 확신을 주는 것도 진입 저지 전략으로 유효하다.

여기서 문제는 기존 기업이 진입하는 경쟁자를 응징할 계획을 세우고 있다고 말하는 것을 신뢰할 수 있느냐는 것이다. 잠재적 진입기업들은 그 말을 믿지 않을 수도 있다. 그래서 이렇게 진입을 저지하는 전략의 목표는 그 위협을 믿게 만드는 것이다. 잠재적 경쟁자들이 시장에 진입하면 기존 기업이 가만두지 않을 것이라는 점을 확신시킬 수 있어야 한다. 따라서 효과적인 진입 저지 전략의 핵심은 기존 기업이 적극적으로 경쟁할 수밖에 없도록 만드는 구체적 단계를 밟는 것이다. 응징하겠다는 위협을 믿게 하는 것은 그 단계들을 이행하겠다는 의지의 표명이다.

이제 이와 관련된 구체적인 전략들을 살펴보도록 하자.

초과설비를 갖추면 경쟁자들은 경쟁이 치열해진다고 예상한다. 실제로 필요한 수준보다 더 많이 생산설비를 확충해 놓는 것도 고려해볼 만하다. 그 효과는 다음과 같이 세 가지로 요약된다. 첫째, 생산설비 확충으로 기존 기업은 만약 새로운 경쟁기업이 시장에 들어오면 생산량을 늘려 가격을 떨어뜨릴 역량이 있다는 점을 분명히 할 수 있다. 이로써 기존 기업은 가격전쟁을 벌여 이기기 위해 필요한 생산설비에 이미 투자했다는 것을 효과적으로 보일 수 있다. 둘째, 만약 초과설비에 대한 투자가 현재의 고정비용을 발생시키지만 미래에는 한계비용을 낮춘다면 그 투자는 특히 유용하다. 한계비용이 낮아지면 신규 경쟁기업이 진입했을 때 기존 기업이 바로 가격을 낮출 수 있기 때문이다. 결국 잠재적 경쟁기업들은 진입 시 치열한 경쟁을 예상할 수밖에 없을 것이다. 셋째, 이와 같은 초과설비가 회수할 수 없는 매몰비용의 형태라면 기존 기업은 이미 투자된 자원을 다른 용도로 전용할 수 없으므로 잠재적 경쟁자들에 맞서 싸우면서 시장에 계속 남아 있을 것이라는 점을 효과적으로 전달하게 된다. 그 기존 기업은 경쟁밖에 다른 선택지가 없어서 치열하게 경쟁할 것이므로 진입기업도 치열한 경쟁을 예상할 수밖에 없다. 위와 같은 이유로 인해 초과설비 투자는 잠재적 경쟁자들에게 시장진입은 결코 녹록하지 않을 것이라는 사실을 확신시킬 수 있다.

재무자원은 치열한 경쟁에서도 생존할 수 있다는 신호를 보낸다. 2018년 중순 애플은 2,440억 달러라는 어마어마한 현금을 가지고 있었다. 그것은 마이크로소프트, 구글 그리고 아마존의 현금 보유액을 다 합친 규모보다 큰 것이었다. 왜 애플이 그 자금을 주주들에게 돌려주거나, 신규 사업에 투자하거나, 아니면 보다 생산적인 일에 사용하지 않는지 많은 사람들은 의아해했다.

그러나 전략가들은 그 이유를 안다: 애플의 산더미 같은 현금, 즉 재무자원(financial resources)은 잠재적 진입 기업들에 대한 일종의 신호이다. 애플은 시장점유율을 지키기 위한 길고도 값비싼 경쟁에서 살아남을 수 있는 자원을 지니고 있다는 신호인 것이다. 애플에 대해서 잘 모르는 기업들이라도 그 정도의 현금 보유액을 보면 두려울 것이다. 건실한 재무 상태는 잠재적 진입기업들이 다른 경쟁자를 찾아보는 게 더 나을 것이라는 강력한 신호이다.

Chuck Savage/Corbis Documentary/Getty Images

많은 선택지 그러나 적은 수의 경쟁자

브랜드 확산을 통해 경쟁기업에게 수익성 있는 틈새시장을 허용하지 않을 수 있다. 슈퍼마켓의 시리얼 제품 코너는 아주 길고 수십 종의 다양한 제품을 진열해 놓고 있다. 이 모든 것이 진입 저지를 위한 것이다.

사실 그와 같은 수십 종의 다양한 시리얼은 모두 소수의 기업이 생산한다. 이러한 브랜드 확산(brand proliferation)은 신규 진입기업이 이윤을 내는 틈새시장을 찾는 것은 거의 불가능하다는 점을 확신시키는 치밀한 전략이다. 그리고 그 전략은 잘 통한다. 다음번에 시리얼 제품 코너를 가게 되거든 자세히 살펴보라. 그러면 새로운 신규 기업이 발붙일 곳이 없었을 것이라는 점을 알게 될 것이다.

치열하게 경쟁한다는 기업의 명성도 도움을 줄 수 있다. 아마존의 창업자인 제프 베조스는 다이퍼닷컴이라는 신생기업에 대해 알았을 때, 아마존은 기저귀 시장에서 새로운 경쟁자들을 용납하지 않겠다는 메시지를 전달하였다. 곧 아마존은 기저귀 가격을 30% 인하했다. 가격전쟁이 시작된 것이다.

다이퍼닷컴은 자사가 가격을 바꿀 때마다 아마존도 따라 바꾼다는 것을 알아차렸다. 아마존은 가격 설정 프로그램을 이용하여 다이퍼닷컴에서의 가격을 검색하고 그 가격보다 싼 가격을 매겼다. 아마존이 제시한 할인은 너무 커서 아마존에게 그다음 3개월 동안 1억 달러 이상의 비용이 발생하였다고 추정된다. 동시에 이 할인은 다이퍼닷컴의 성장을 정체시켰다. 성장이 멈추자 다이퍼닷컴의 투자자들은 향후 손실을 볼까 봐 전전긍긍하기 시작했다. 다이퍼닷컴은 결국 아마존에게 자사의 인수를 제안할 수밖에 없었다. 이제 검색창에 '다이퍼닷컴'을 쳐보면 아마존으로 연결될 것이다.

이러한 전례를 들어서 잘 알고 있다면 누가 다이퍼닷컴의 전처를 밟아서 아마존과 경쟁하려고 시장에 뛰어들겠는가? 치열한 경쟁을 한다는 명성이 있는 기업은 잠재적 경쟁자들을 겁주어 쫓아낸다. 그리고 아마존에게 그 명성이 지니는 가치는 꽤 높기 때문에 아마존이 그 명성을 지키기 위해서 앞으로도 똑같이 행동하도록 만든다. 다이퍼닷컴과의 가격전쟁은 단지 하나의 경쟁자를 없앤 것에 그치지 않고 다른 잠재적 기업이 진입을 시도조차 못하도록 저지하였다.

진입장벽을 극복하기

진입장벽의 네 가지 종류를 그림 15-7에 요약하였다. 어떤 도구를 사용할 것인지는 시장의 구조와 설치하기 가장 쉬운 진입장벽의 형태에 달려 있다. 전략들을 잘 이해한다면 지속적으로 높은 이윤을 얻을 수 있을 것이다.

지금까지의 논의는 모두 기존의 기업들이 어떻게 진입장벽을 만들 것인지에 관한 것이었다. 그러나 시장에 진입하려는 기업의 입장에서는 그 진입장벽들을 극복하고 싶을 것이다. 여기서 좋은 소식은 지금까지 배웠던 내용들을 잘 이해하는 것이 새로운 시장에 진입하기 위한 전략

그림 15-7 | 진입장벽

당신의 전략적 선택은 새로운 경쟁자가 당신의 시장에 들어오는 것을 막을 수 있다.

을 개발하는 것만큼 유용하다는 사실이다. 이것은 다음의 마지막 사례연구가 잘 보여주는 내용이다. 이제 자동차 시장에서 넘을 수 없을 것 같았던 진입장벽을 어떻게 극복했는지를 이야기하고자 한다.

기업가는 진입장벽을 극복할 필요가 있다. 최근 몇 년 동안 전기차 생산기업인 테슬라는 미국에서 가장 유명한 브랜드 중 하나가 되었다. 테슬라가 이렇게 되기 전에 창업자인 엘론 머스크는 뚫을 수 없는 자동차 시장에 어떻게 진입할 것이지 고민할 수밖에 없었다. 자동차 산업의 분석가들은 이 시장의 진입장벽이 너무 견고해서 신규 기업이 포드, 도요타, 폭스바겐과 같은 대기업과 경쟁하는 것은 불가능하다고 생각했었다. 그러므로 엘론 머스크의 업적은 단지 전기차라는 새로운 자동차를 개발했다는 것뿐만 아니라 다른 기업들은 시도도 하지 못했던 자동차 시장의 진입장벽을 부쉈다는 사실이다.

고객봉쇄 장치를 부수는 수요 측면의 전략 기존 대기업을 이기기 위해서 테슬라가 직면한 가장 큰 장애물 가운데 하나는 전통적인 휘발유 자동차가 가진 네트워크 효과였다. 휘발유 차를 몰고 나가면 당연히 주유소를 쉽게 찾을 수 있을 것이다. 테슬라의 잠재적 고객에게는 자동차를 충전할 장소들이 부재하여 전기자동차를 소유하는 것은 매우 불편하였다. 이러한 고객봉쇄 효과를 끊기 위해서 테슬라는 주차장, 호텔, 음식점 등에 보조금을 주면서 수천 개의 전기차 충전기를 설치하게 하였다.

그러나 전국적인 충전망을 구축하는 것은 일개 기업이 할 수 없는 일이었기 때문에 머스크는 다른 기업들이 테슬라의 특허 기술을 사용하도록 허용하였다. 이 조치로 다른 전기차 제조업체가 테슬라와 경쟁하는 것이 더 쉬워졌기 때문에 이것은 좀 이상하게 들릴 수도 있다. 그러나 머스크는 네트워크 효과를 창출하는 것이 지닌 가치를 이해하고 있었다. 전기차 산업이 번창해야만 충전소와 정비소의 전국적인 네트워크가 조밀하게 형성될 것이고, 이러한 네트워크가 없다면 테슬라가 성공할 수 없었다.

비용열위를 극복하는 공급 측면의 전략 머스크 이전의 기업가들은 연구개발과 제조과정에서 기존의 자동차 제조업체들이 지닌 비용우위를 두려워하였다. 그러나 실리콘밸리에서의 자신의 경험에 근거해서 머스크는 그들의 연구개발 비용의 일부만 써서 테슬라 자동차를 시장에 내놓을 수 있을 것이라고 생각했다. 그는 경험이 풍부한 영국 자동차 제조업체인 로터스사와 제휴하여 초기 비용을 줄였고 또한 로드스터라는 이름의 소형 고급 모델을 빠르게 시장에 내놓았다. 로드스터의 출시로 테슬라는 학습효과를 누릴 기회를 가질 수 있었고 기술을 더 정교하게 다듬어 비용을 줄여서 더 저렴한 모델을 개발할 수 있었다.

비록 테슬라가 초기 4년 동안 로드스터를 고작 2,500대 생산하여 판매하였지만 전기차를 성공적으로 만들 수 있다는 점을 증명해보였다. 이 초기 성공으로 투자자들은 테슬라를 계속 지원할 만하다는 확신을 가지게 되었다. 테슬라는 그 투자금을 연구에 투자하여 테슬라 특유의 비용우위를 창출했다. 이를 통해 마침내 더 적은 비용으로 전기차를 생산하여 더 많은 고객에게 다가갈 수 있었다.

Ian Shaw/Alamy

정부가 보조금을 줄 수 있을 정도로 친환경적인 전기차

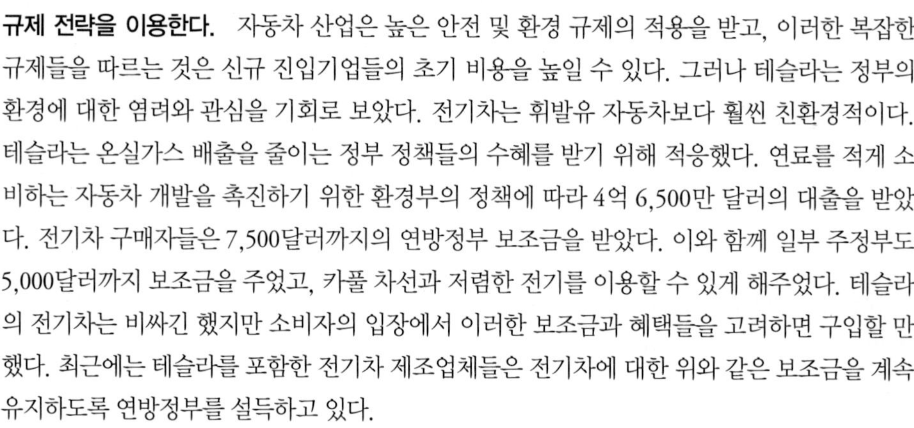

규제 전략을 이용한다. 자동차 산업은 높은 안전 및 환경 규제의 적용을 받고, 이러한 복잡한 규제들을 따르는 것은 신규 진입기업들의 초기 비용을 높일 수 있다. 그러나 테슬라는 정부의 환경에 대한 염려와 관심을 기회로 보았다. 전기차는 휘발유 자동차보다 훨씬 친환경적이다. 테슬라는 온실가스 배출을 줄이는 정부 정책들의 수혜를 받기 위해 적응했다. 연료를 적게 소비하는 자동차 개발을 촉진하기 위한 환경부의 정책에 따라 4억 6,500만 달러의 대출을 받았다. 전기차 구매자들은 7,500달러까지의 연방정부 보조금을 받았다. 이와 함께 일부 주정부도 5,000달러까지 보조금을 주었고, 카풀 차선과 저렴한 전기를 이용할 수 있게 해주었다. 테슬라의 전기차는 비싸긴 했지만 소비자의 입장에서 이러한 보조금과 혜택들을 고려하면 구입할 만했다. 최근에는 테슬라를 포함한 전기차 제조업체들은 전기차에 대한 위와 같은 보조금을 계속 유지하도록 연방정부를 설득하고 있다.

자동차 시장에서의 신생 기업으로서 테슬라는 한 가지 이점이 더 있었다. 즉, 어느 지역에 공장을 지을지를 결정할 수 있었다. 테슬라는 주정부들이 기업을 유치하려고 서로 경쟁한다는 것을 잘 알고 있었다. 배터리 공장을 지을 곳을 결정하기 전에 머스크는 텍사스, 애리조나, 뉴멕시코, 캘리포니아와 협상을 했으며 최종적으로 네바다를 선택했다. 네바다 주정부가 세금 감면과 기타 혜택으로 13억 달러를 제공하였기 때문이다.

대기업들과 겨루기 위해서는 진입 저지 전략을 극복한다. 포드나 제너럴모터스와 같은 기존 자동차 제조사들은 수십억 원의 현금을 보유하고 있다. 그러나 머스크는 테슬라의 성공 확률이 10%라고 생각했음에도 이에 굴하지 않았다. 머스크는 사실 모든 기업가가 가지지 않은 이점을 지니고 있었다. 즉, 그는 온라인 결제 시스템인 페이팔을 만들었고 페이팔의 매각 대금으로 이미 현금을 많이 보유하고 있었다. 또한 실리콘밸리의 투자자들과의 긴밀한 관계 덕분에 테슬라가 충분한 자금을 공급받아 기존 자동차 제조사들과 경쟁할 수 있었다.

테슬라의 성공 스토리를 자세히 보면, 엘론 머스크가 이 장에서 우리가 배운 경제학적 지식들을 잘 알고 있었기 때문에(그는 물리학과 경제학을 전공했다) 높은 진입장벽을 극복할 전략들을 성공적으로 개발할 수 있었다는 점을 알 수 있다. 테슬라가 장기에도 성공적일지는 아직 확실하지 않기 때문에 이 사례 연구는 아직 미완성이다: 전기차는 여전히 전체 자동차 시장에서 아주 작은 부분을 차지한다. 그러나 이미 효과를 보고 있다. 2018년을 기준으로 테슬라의 가치는 620억 달러였다. 이 정도의 가치는 포드나 제너럴모터스보다 더 큰 규모이다. 오늘날 전통적인 자동차 산업의 강자들은 혁신적인 신생기업인 테슬라의 성공을 모방하면서 전기차 시장에서 테슬라를 추격하고 있다.

함께 해보기

이 장에서 우리는 단기에서 장기로 시선을 옮겨 보았다. 장기는 시장구조를 보다 유기적으로 이해할 수 있게 하였다. 단기의 경쟁환경에서 경쟁자의 숫자는 정해져 있다. 그러나 장기로 가면 새로운 경쟁자들이 진입하여 시장을 잠식할 수 있다. 그러는 과정에서 경쟁구조가 바뀌고 시장지배력이 변한다. 그러나 기존 기업들은 이러한 변화를 수동적으로 지켜보지만은 않는다. 그들 또한 전략적 행위자로서 가용한 방법들을 이용하여 진입장벽을 세우고 경쟁을 줄이고자 한다. 이와 유사하게 테슬라와 같은 신규 진입 기업은 이와 동일한 통찰들을 이용해서 진입장벽을 극복하려 노력한다. 이러한 전략적 상호작용이 활발히 일어나면서 경쟁환경은 진화해나간다.

경쟁자의 진입을 저지할 수단과 그렇게 할 유인이 존재할 때, 대부분의 시장들은 불완전경쟁의 구조를 지니며 또 대부분의 기업들은 일정 수준의 시장지배력을 유지하려고 노력한다. 이러한 동태적 변화가 시장에서의 핵심적 긴장 상태를 잘 설명해준다. 소비자들의 이익은 새로운 기업이 진입하여 기존 기업과 경쟁함으로써 가격이 낮아지는 활발한 경쟁을 통해 확보된다. 새로운 진입 기업은 비효율적 기업들을 시장에서 퇴출시키고 지속적인 쇄신의 원천을 제공한다. 그러나 기존 기업들은 자신들의 경제적 이윤을 지켜야 하기 때문에 진입을 방해하고 경쟁을 줄이고자 노력한다. 활발한 경쟁이 있을 때 시장은 가장 효율적으로 작동하지만 기업들은 그 경쟁을 억누르기 위해서 할 수 있는 모든 것을 할 것이다.

이러한 이유 때문에 '자유로운 시장'의 진정한 의미에 대한 논쟁이 일어나기도 한다. 정부는 물러나고 기업들이 진입장벽을 세우도록 허용하는 것을 의미하는가? 아니면 정부는 기업들이 너무 크고 강해지지 못하도록 적극적으로 막음으로써 더 많은 기업이 그 시장에 진입할 수 있게 노력해야 하는가? 이러한 긴장은 소비자가 경쟁의 혜택을 누릴 수 있도록 개입하는 친시장 정책(pro-market policies)과 잠재적 진입 기업의 기회를 희생 삼아 현재의 기업들을 돕는 친기업 정책(pro-business policies) 간의 차이점을 극명하게 보여준다.

한눈에 보기

회계적 이윤 :
기업이 받는 총수입에서 명시적 재무비용을 차감한 것 = 총수입 - 명시적 재무비용

경제적 이윤 :
명시적 재무비용과 기업가의 묵시적 기회비용을 모두 합쳐서 총수입에서 차감한 것 = 총수입 - 명시적 재무비용 - 묵시적 기회비용

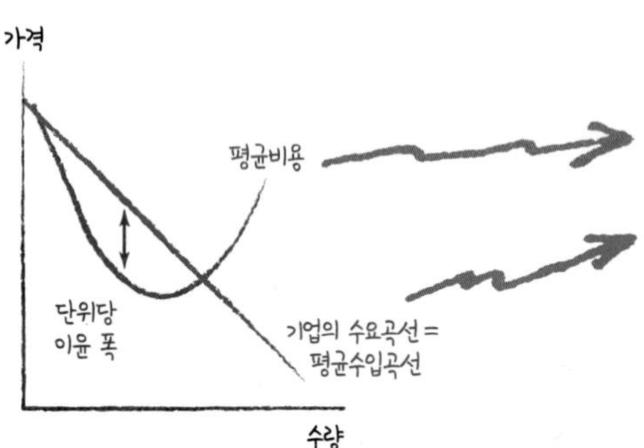

이윤 폭

평균비용은 단위당 비용이며 고정비용과 가변비용을 모두 포함하는 총비용을 생산량으로 나누어 구함.

기업의 수요곡선은 평균수입곡선이다. 왜냐하면 단위당 평균수입이 가격이기 때문이다.

단위당 이윤 폭은 평균수입과 평균비용의 차이다.

✱ 장기의 자유로운 진입과 퇴출

진입의 합리적 규칙 : 만약 경제적 이윤을 예상할 수 있다면 새로운 시장에 진입해야 한다.
이때 경제적 이윤은 가격이 평균비용보다 높을 때 발생한다.

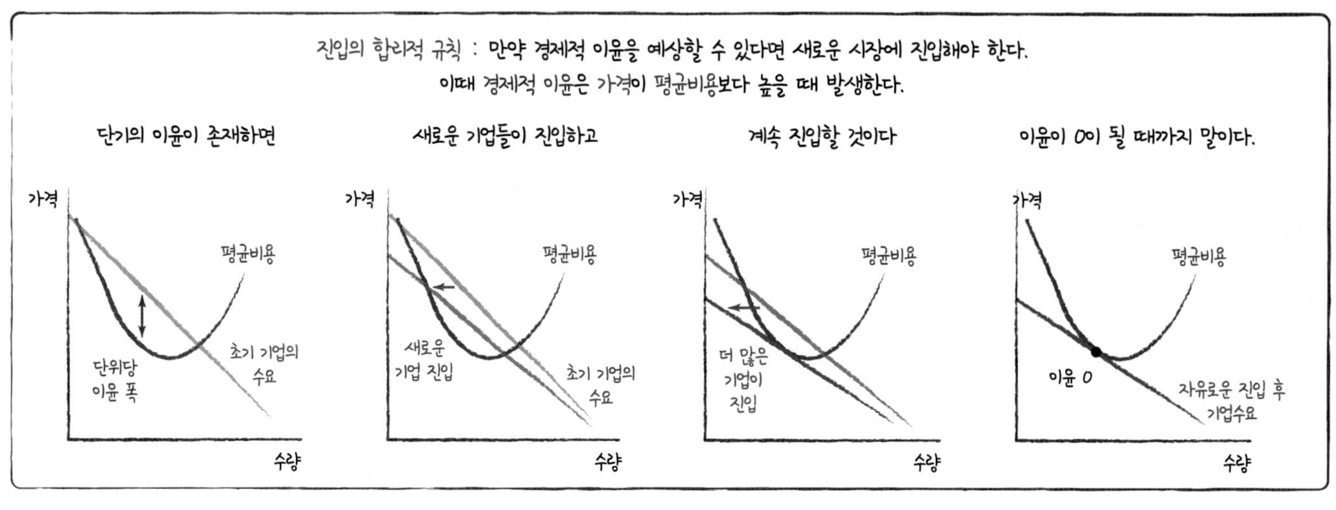

장기에서 가격 = 평균비용

퇴출의 합리적 규칙 : 경제적 이윤이 음수라고 예상된다면 시장에서 나가라.
경제적 이윤이 음수라는 것은 가격이 평균비용보다 낮다는 것을 의미한다.
단기의 손실은 기존 기업들을 시장에서 퇴출시키고 이윤이 0이 될 때까지 퇴출은 계속된다.

진입장벽 : 신규기업이 시장에 진입하는 것을 어렵게 만드는 장애물

수요 측면
고객봉쇄 장치를 만든다.

- 전환비용을 추가한다.
- 신용을 얻고 명성을 쌓는다.
- 네트워크 효과를 만든다.

공급 측면
비용우위를 점한다.

- 학습효과를 쌓는다.
- 대량생산의 이점을 활용한다.
- 연구개발에 투자한다.
- 생산요소 공급자와 긴밀한 관계를 만든다.
- 핵심 생산요소로의 접근을 제한한다.

규제 측면
정부규제를 활용하여 진입을 막는다.

- 특허권을 획득한다.
- 규제를 만든다.
- 강제적인 면허를 도입한다.
- 정치인들에게 로비한다.

진입 저지
진입하면 치열하게 경쟁할 것이라는 점을 경쟁기업에 확신시킨다

- 초과설비를 구축한다.
- 현금보유고를 늘린다.
- 브랜드를 확립한다.
- 격렬한 경쟁자로서의 명성을 쌓는다.

핵심용어

경제적 이윤	장기	퇴출의 합리적 규칙
단기	전환비용	평균비용
이윤 폭	진입의 합리적 규칙	평균수입
자유로운 진입	진입장벽	회계적 이윤

토론과 복습문제

학습목표 15.1 기업의 경제적 수익성을 평가한다.

1. 창업이라는 결정과 대학 진학이라는 결정의 공통점은 무엇인가? 명시적 재무비용은 제외하고 이러한 결정을 할 때 고려해야 할 묵시적 기회비용은 무엇인가?
2. 루키아는 TV뉴스 편집인이라는 직업을 그만두고, 비디오를 편집하여 언론사에 제공하는 프리랜서로 전향하고 싶어 한다. 그녀의 회계적 이윤과 경제적 이윤이 어떻게 다른지 설명하라. 경제적 이윤의 분석으로 그녀의 결정은 어떻게 달라지는가?

학습목표 15.2 신규기업의 시장진입은 장기에 가격과 수익률을 어떻게 변화시킬지를 예측한다.

3. 페트라가 운영하는 개인투자회사는 큰 이윤을 내고 있는 크로스핏이라는 체육관에 대한 투자를 고려 중이다. 그러나 그 지역 체육관 시장에 대해 조사해본 결과, 장기에 경쟁 체육관들의 진입과 퇴출이 용이하다고 예상할 수 있다. 장기로 가면 대상 체육관의 경제적 이윤이 0으로 떨어질 것이라고 예상할 수 있는 이유를 어떻게 투자자들에게 설명해야 하는가?

학습목표 15.3 신규기업의 시장진입을 저지하여 이윤을 유지하는 전략을 학습한다.

4. 반세기 전에는 외국계 은행들이 영국중앙은행에서 도보로 이동할 수 있는 거리에 사무실을 두지 않으면 영국에서 영업을 할 수 없다는 규제를 받았었다. 이러한 규제가 어떤 방식으로 영국의 은행산업에서 진입장벽으로 작동했을까?
5. 다음의 각 상황이 어떻게 기업에게 비용 측면에서의 우월성을 가져다주는지에 대해 간단히 설명하라.
   a. 학습효과
   b. 대량생산
   c. 연구개발

학습문제

학습목표 15.1 기업의 경제적 수익성을 평가한다.

1. 조슈아는 소규모 하이테크 기업을 세워 교육청의 데이터를 분석하고 있다. 다음의 항목들 중 그 기업의 회계적 이윤을 계산하는 데 포함해야 하는 것은 무엇인가?
   a. 그는 연봉제 분석가를 여러 명 채용했다.
   b. 그는 그 기업의 일상적 업무를 담당한다.
   c. 그는 자기가 소유한 빌딩의 꼭대기 층을 사용한다. 그 장소의 연간 임대료는 10만 달러이다.
   d. 그는 창업 초기 투자금으로 20만 달러를 지출했다. 만약 그 자금을 주식시장에 투자했더라면 작년에 2만 달러의 수익이 생겼을 것이다.
2. 당신은 작은 꽃가게를 열어볼까 고민 중이다. 매년 10만 달러의 수입이 예상되고, 임대료로 3만 달러가 나간다. 도매로 꽃을 사오는 비용과 꽃가게를 운영하는 데 필요한 각종 공과금의 합계는 연간 1만 달러이다. 당신은 이제 막 경제학 학위를 받고 졸업했는데, 어떤 회사에서 7만 달러의 연봉을 준다는 제안을 받은 상태이다. 당신은 꽃가게를 열어야 할까?
3. 샤니는 1년 전 대학을 졸업하면서 소프트웨어 회사를 창업하기로 결정했다. 지난 1년 동안 그녀의 수입은 50만 달러였다. 두 명의 기술자를 고용했기 때문에 각각 15만 달러를 지급했다. 또한 3만 달러를 지불하고 웹호스팅 서비스를 구입했다. 돈을 절약하기 위해서 샤니는 자기 집 지하실에 사무실을 두었다. 이전에 그 공간은 연간 6,000달러를 받고 임대하던 곳이다. 창업 대신에 그녀는 마이크로소프트사에 취업할 수도 있었는데 그랬다면 작년에 20만 달러를 받았을 것이다.
   a. 지난 1년간 샤니의 회계적 이윤은 얼마였는가?
   b. 지난 1년간 샤니의 경제적 이윤은 얼마였는가?
   c. 위의 정보를 바탕으로 판단했을 때, 샤니는 창업을 했었어야 했는가?
4. 라키샤는 경제학과 교수이다. 현재 교수 연봉으로 10만 달러를 받고 있다. 그녀는 교수직을 내려놓고 컨설팅 기업을 창업하기로 했다. 이를 위해 그녀는 은퇴자금에서 20만 달러를 인

출하였다. 그 은퇴자금은 매년 10%의 이자를 벌어들이고 있었다. 1년 후 그녀는 12만 달러의 회계적 이윤을 벌었다. 그렇다면 경제적 이윤은 얼마인가?

5. 아래의 비용들 중 회계적 이윤과 경제적 이윤을 계산할 때 포함해야 할 것은 무엇인가?
   a. 애나는 포드자동차회사에서 버는 10만 달러의 연봉을 포기하고, 그녀가 운영하는 자전거 수리점을 열었다.
   b. 노드스톰이라는 백화점이 제곱피트당 50달러의 임대료를 내기로 하고 어떤 쇼핑몰에 입점하였다.
   c. 아마존은 2018년 시애틀 시내에 신사옥을 지어 사용 중이다. 만약 아마존이 그 빌딩을 임대했더라면 연간 층당 25만 달러를 임대료로 받았을 것이다.
   d. 보잉사는 2018년 워싱턴주의 직원들에게 거의 6억 달러의 보너스를 지급하였다.

학습목표 15.2 신규기업의 시장진입은 장기에 가격과 수익률을 어떻게 변화시킬지를 예측한다.

6. 당신은 작지만 이윤을 내는 회계사무실을 운영하고 있다. 사업을 시작할 때 경쟁자들은 별로 없었다. 그러나 최근에 여러 경쟁업체들이 이 시장에 들어올 것이라는 것을 알게 되었다.
   a. 그래프를 이용하여 경쟁자가 시장에 진입했을 때 당신의 회사가 직면한 수요곡선은 어떻게 변하는지를 나타내고 그 수요의 변화를 일으킨 원인이 무엇인지 설명하라.
   b. 이제 현재 이 시장에서 영업 중인 대부분의 기업들이 손실을 보고 있다고 하자. 그러면 이 수요곡선에 대한 질문에 대한 답은 어떻게 바뀌는가?
   c. 경쟁기업들이 이 시장에 진입한 결과 당신의 연간 수입은 30만 달러가 되고 명시적 재무비용이 27만 달러이다. 회계적 이윤은 얼마인가? 경제적 이윤을 구하기 위해서 어떠한 정보가 더 필요한가?

7. 린지는 어떤 쇼핑몰에서 강아지 사료를 판매하는 작은 펫숍을 운영 중이다. 그녀는 다른 두 지역으로 사업을 확장하려고 한다. 다음 그래프는 이 사업의 평균비용과 각 지역의 수요곡선을 보여준다.
   a. 클리블랜드에서의 수요곡선을 따르면 린지의 경제적 이윤의 부호는 어떻게 되는가? 장기에 다른 경쟁자들이 클리블랜드 시장에 진입하겠는가?
   b. 아크론 지역의 수요곡선에 따르면 린지의 경제적 이윤의 부호는 어떻게 되는가? 장기에 다른 경쟁자들이 아크론 시장에 진입하겠는가?
   c. 톨레도 지역의 수요곡선에 따르면 린지의 경제적 이윤의 부호는 어떻게 되는가? 장기에 다른 경쟁자들이 톨레도 시장에 진입하겠는가?

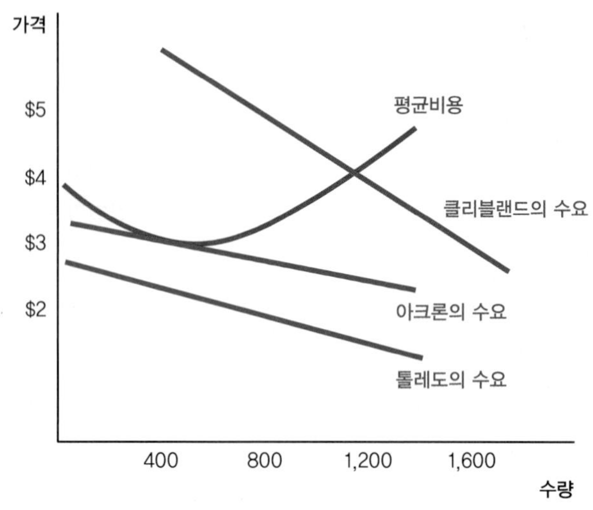

8. 다음은 라떼 시장을 나타낸다.

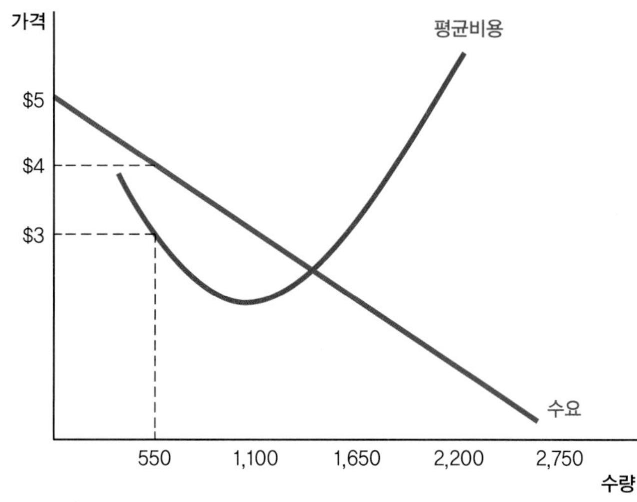

   a. 라떼 한 잔의 가격이 4달러라면 판매 단위당 이윤 폭은 얼마인가? 이윤 폭을 계산하고 그것을 그래프에 표시하라.
   b. 자유로운 진입과 퇴출을 가정하면 이 시장에 경쟁업체들이 진입할 것으로 예상하는가? 그 이유는 무엇인가?

학습목표 15.3 신규기업의 시장진입을 저지하여 이윤을 유지하는 전략을 학습한다.

9. 투자자로서 당신은 장기에 수익성이 있는 사업에 투자를 하고 싶을 것이다. 각 시장에서의 진입장벽을 평가해보고 장기에 경제적 이윤을 창출할 수 있을지 예측해보라.
   a. 잔디밭 관리 서비스 시장
   b. 휴대폰 서비스와 같은 무선통신시장
   c. SUV 시장
   d. 특허권이 만료된 아스피린 시장

10. 다음의 각 시나리오에 대해 경쟁을 제한하는 네 가지 전략(수요 측면, 공급 측면, 규제 측면, 저지 전략) 중에서 어느 것에

해당하는지 밝히라.

a. 델타항공사가 마일리지를 자주 제공한다. 이 마일리지는 항공권과 좌석승급에 사용할 수 있다.

b. 도요타, 포드, 제너럴모터사는 매년 수백만 대의 자동차를 효율적으로 생산하는 데 도움이 되는 대규모 공장에 대한 투자를 단행했다.

c. 2017년 전 세계에서 가장 많이 팔린 의약품은 류머티스 관절염 치료제인 후미라였다. 애비사가 후미라의 특허를 가지고 있다.

d. 2015~2018년 사이에 페이스북의 월간 이용자 수가 14억 명에서 21억 9,000명으로 증가했다.

11. 경쟁을 제한하기 위해서 마이크로소프트사가 사용한 다음의 각 전략에 대해 경쟁을 제한하는 세 가지 전략(수요 측면, 공급 측면, 저지 전략) 중에서 어느 것에 해당하는지 밝히라.

a. 2018년 전 세계 개인용 데스크톱 컴퓨터의 80% 이상이 마이크로소프트사의 윈도우스 운영체제를 사용하였다.

b. 마이크로소프트사는 독립적인 소프트웨어 개발자들이 윈도우스 운영체제에서 구동되는 프로그램과 앱을 개발하도록 하는 데 많은 양의 자원을 지출한다.

c. 마이크로소프트사는 델과 HP와 같은 PC 제조업체에 판매되는 윈도우스 운영체제의 가격을 독점일 때의 이윤 극대화 가격인 1,800달러가 아닌 평균 40~60달러로 책정하였다.

CHAPTER 16

비즈니스 전략

스타벅스에서는 커피만 정성 들여 만드는 것이 아니다. 스타벅스는 고객의 재방문율을 높이기 위해 아주 섬세한 고객경험(customer experience)까지 정성 들여 고민한다. 메뉴판을 보면 에스프레소부터 프라푸치노까지 다양한 커피음료를 볼 수 있는데, 당신이 원하는 대로 맞춤 주문을 할 수 있다. 이는 스타벅스가 단순히 새로운 음료만을 개발하는 것이 아니라 고객이 바라는 이상적인 음료를 제공함으로써 더 높은 가격을 지불하게끔 만들기 위한 것이다.

Antonia Märzhäuser/picture alliance/Getty Images

그들이 당신 이름의 철자는 틀릴 수 있지만, 당신이 주문한 그란데 아이스 스키니 바닐라 소이 라떼는 완벽할 것이다.

당신은 바리스타가 새로운 원두 패키지를 열고 커피를 내리는 것을 보더라도, 최근 원두 가격이 올랐는지 알 수 없을지도 모른다. 커피 원두 가격은 세계 시장에서 크게 변동하지만, 스타벅스는 원두를 고정된 가격에 구매한다. 따라서 원두 가격이 변동해도 커피 가격은 변동하지 않는다. 또한 스타벅스는 엄격한 훈련을 통해 바리스타에게 빠르고 정확하게 커피를 만들도록 요구한다. 그리고 스타벅스는 고객들에게 은은한 조명, 무료 와이파이, 충전 포트, 아늑한 소파 등 편의시설과 편의품을 제공한다. 스타벅스는 당신과 당신의 친구들이 스타벅스에 매료되어 더 많은 커피를 사러 와 그곳에서 즐기기를 바란다.

이 모든 전략의 결과는 과연 어땠을까? 결과적으로 스타벅스는 커피 사업 경쟁에서 우위를 차지하고 있다. 이는 대부분 사람이 자신에게 맞는 더 맛있는 커피를 경험하기 위한 추가 비용 지불을 꺼리지 않기 때문이다. 새로운 커피숍이 생겨 더 낮은 가격이나 더 좋은 커피를 제공한다고 하더라도 당신이 스타벅스에 만족한다면 굳이 새로운 시도를 할 필요를 느끼지 못할 것이다.

오늘날 스타벅스는 전 세계에서 가장 큰 커피숍 체인이며 수익성도 아주 높다. 커피처럼 겉으로 보기에 단순해 보이는 시장을 어떻게 한 대형 체인점이 전 세계를 지배할 수 있게 되었는지 신기하기도 하다. 하지만 스타벅스는 그들이 직면한 경쟁 세력에 효과적으로 대처함으로써 경쟁에서의 우위를 점유하고 있다. 우리는 이 장의 후반부에서 스타벅스의 경쟁 상황에 대해 자세히 알아볼 것이다. 먼저, 우리는 스타벅스의 경영진이 온종일 집중하는 핵심 경쟁력을 분석하기 위한 도구를 개발할 것이다. 이를 위해 우선 커피 한 잔을 마시고 시작하자.

목표

경영자로서의 당신이 내릴 전략적 결정을 분석한다.

16.1 **기업 수익성을 결정하는 다섯 가지 영향력**
기업 수익성을 결정하는 다섯 가지 영향력을 분석하여 비즈니스 기회를 파악한다.

16.2 **비가격 경쟁 : 제품 포지셔닝**
경쟁사와 비교하여 제품을 포지셔닝하는 방법을 이해한다.

16.3 **구매자와 판매자의 협상력**
더 나은 거래를 위해 당신의 협상력을 사용할 준비를 한다.

16.1 사업 수익성을 결정하는 다섯 가지 영향력

학습목표 사업 수익성을 결정하는 다섯 가지 영향력을 분석하여 비즈니스 기회를 파악한다.

만일 당신이 당신의 경력을 강화할 마법적인 능력이 있다면, 그것은 어느 시장이 수익성이 있을지 알아내는 능력일 것이다. 그 능력이 얼마나 유용하게 쓰일지를 한번 생각해보자. 한 기업가로서, 당신은 장기적인 이윤을 유지할 기회를 알아내길 원할 것이다. 또한 한 경영자로서 당신은 사업의 어떤 부분을 확장하고 어떤 부분을 축소해야 할지를 알고 싶을 것이다. 그리고 한 투자자로서 다른 누구보다 먼저 수익성 있는 회사를 식별할 수 있기를 원할 것이다.

현실적으로 이러한 마법은 일어나지 않겠지만, 당신은 차선책으로 모든 사람의 장기적인 수익성을 형성하는 핵심요소에 초점을 맞춘 프레임워크를 활용할 수 있다. 주로 미시경제학의 주요 통찰력에서 가져온 이 프레임워크는 사업 전략가, 기업가와 투자자가 새로운 산업을 평가하는 데 실제로 사용하는 도구이다. 사실 이것은 비즈니스 전략에 대한 MBA 과정에서 배우는 것과도 유사하다.

다섯 가지 영향력 프레임워크

만일 누군가가 당신 회사의 장기적인 수익성을 결정하는 요인이 무엇인지를 당신에게 묻는다면 당신은 어떻게 대답할 것인가? 제품의 품질, 직원의 재능, 혹은 사업 규모와 명성을 말할 수 있을 것이다. 이러한 것들은 확실히 도움이 되긴 하겠지만, 경쟁으로 인해 이윤이 0으로 수렴할 때, 이것들이 장기에 걸쳐 이윤을 창출할 것인지는 보장하지 못한다.

이것이 바로 다섯 가지 영향력 프레임워크를 언급하게 된 이유이다. 이것의 핵심은 당신의 장기 수익성이 시장의 경쟁력에 의해 그리고 이러한 영향력에 당신이 어떻게 적응하느냐에 의해 대부분 결정된다는 것이다. 여기서는 비즈니스 전략을 분석하는 데 강력한 통찰력을 제공하면서, 동시에 시장의 경쟁 구조를 결정하는 다섯 가지 영향력에 관해 주의 깊게 살펴볼 것이다. 비록 모든 산업이 다르더라도, 동일한 경제적 요인은 불완전하게 경쟁하는 모든 시장에서 수익성을 결정하기 때문에 유용하다.

다섯 가지 영향력 프레임워크 시장의 경쟁구조는 다음과 같은 다섯 가지 영향력으로 설명할 수 있다.

1. 기존 경쟁자와의 경쟁
2. 잠재적 진입자의 위협
3. 대체상품의 위협
4. 공급자의 협상력
5. 고객의 협상력

경쟁자들에 대해 광범위하게 생각해보기. **다섯 가지 영향력 프레임워크**(five forces framework)는 시장의 경쟁력을 체계적으로 설명한다. 경쟁을 좁게만 생각하는 경영자들은 현재 그들의 직접적인 경쟁자들에게만 초점을 맞춘다. 다섯 가지 영향력 프레임워크는 이러한 경향을 교정하는 데 도움이 될 뿐만 아니라 경쟁에 대해 폭넓은 관점을 가지도록 한다. 이 프레임워크를 사용하면 기존 경쟁자뿐만 아니라 잠재적 진입자, 대체상품, 공급자와 고객과 같이 네 가지 다른 경쟁적 요인도 분석할 수 있다. 모두 합하여 이 다섯 가지 영향력은 장기적인 수익성을 결정하는 경쟁의 압력을 제대로 기술하고 있다.

다섯 가지 영향력은 다섯 가지 전략적 행위자들과 연관되어 있다. 그림 16-1에 나와 있는 다섯 가지 경제적 영향력은 각각 수익성에 영향을 미친다. 기존 경쟁자는 기존 경쟁의 유형과 경쟁의 강도를 결정한다. 잠재적 진입자는 미래 경쟁의 성격을 정한다. 잠재적 대체품 생산자는 미래의 경쟁자가 될 수 있다. 공급자는 판매자로서 자신의 협상력을 이용하여 더 높은 가격을 제시한다. 그리고 고객은 구매자로서 그들의 협상력을 이용하여 더 낮은 가격을 요구한다. 이윤이 있을 때마다 이 다섯 행위자는 자신이 할 수 있는 가장 큰 몫을 차지하려고 노력할 것임에 유의해야 한다.

시장구조는 장기적인 수익성을 결정한다. 실제 유용한 프레임워크는 모든 제품에 적용될 것이

그림 16-1 | 경쟁과 수익성을 형성하는 다섯 가지 영향요인

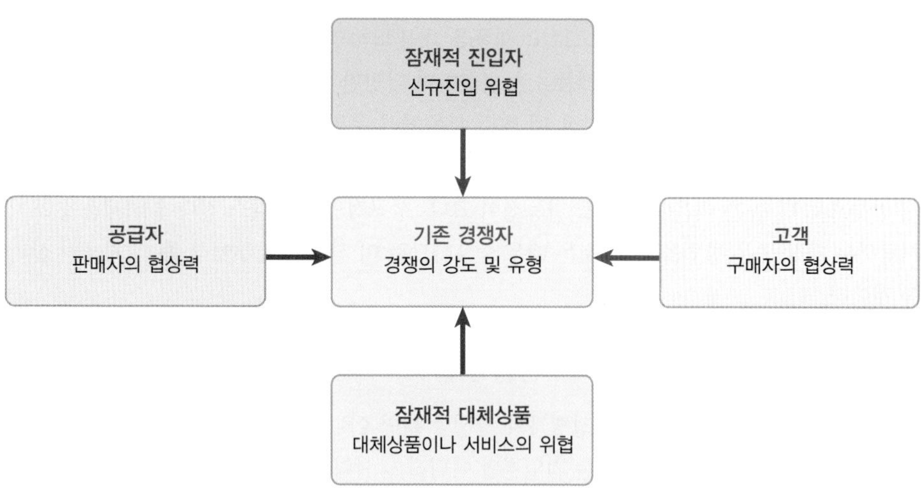

므로 우리는 당신이 판매하는 상품이나 서비스의 유형에 초점을 맞추지 않는다. 대신, 우리는 장기적인 수익성이 시장의 경쟁 구조에 의해 형성된다는 아이디어에 초점을 맞출 것이고, 이는 다섯 가지 영향력으로 요약된다. 이러한 접근 방식은 산업의 수익성과 잠재적 위협의 원천을 모두 보여준다. 그 결과 경쟁과 수익성이 시간이 지남에 따라 어떻게 진화할 것인지를 예측하고 해결할 수 있는 프레임워크를 제공한다. 이제 좀 더 심화하여 우리는 다섯 가지 영향력을 먼저 살펴보고, 이어서 이 장의 후반부에서 이들이 의존하는 새로운 아이디어를 좀 더 상세히 살펴볼 것이다.

첫 번째 영향력 – 기존 경쟁자 : 기존 경쟁의 강도 및 유형

첫 번째 영향력은 당신이 가장 잘 알고 있어야 하는 기존 경쟁자들이다. 산업 내 경쟁 정도가 클수록 이윤은 낮아진다. 따라서 당신은 경쟁의 강도와 유형이라는 두 가지 측면을 모두 고려할 필요가 있다.

경쟁자가 많을수록 경쟁은 심해진다. 일반적으로 유사한 상품을 생산하는 많은 경쟁자가 있을 때 경쟁은 더욱 치열하다. 이것은 이미 제14장에서 시장구조와 시장지배력에 관해 배웠으므로 익숙한 주제이다. 독점기업은 직접적인 경쟁자가 없으므로 경쟁 압박을 거의 받지 않는다. 불완전경쟁시장에서 경쟁의 정도는 얼마나 많은 경쟁자가 있고 제품이 얼마나 유사한지에 달려 있다. 동일한 상품을 판매하는 많은 기업이 있는 완전경쟁시장에서는 경쟁이 너무 치열해서 시장지배력을 가지지 못한다.

당신은 가격과 제품에 대해 경쟁할 수 있다. 이처럼 경쟁의 유형 또한 중요하다. **가격 경쟁**(price competition)은 기업이 더 낮은 가격을 제안하여 고객을 확보하려 할 때 발생한다. 여기서 가격 경쟁의 문제는 경쟁자가 낮은 가격으로 반응하면 반복되는 가격 인하로 당신의 이윤을 훼손시켜 이윤이 거의 발생하지 않을 수 있다는 것이다. 가격 경쟁은 주로 다음과 같은 경우에 발생한다.

가격 경쟁 낮은 가격을 제시함으로써 고객을 확보하려는 경쟁

- 당신과 당신의 경쟁자가 아주 유사한 제품을 판매한다.
- 가격을 쉽게 확인할 수 있다.
- 전환 비용이 낮다.

위의 세 가지 경우는 고객의 상품에 대한 충성도를 약화시켜 차별화의 가장 큰 영향을 주는 요인인 가격에 집중하도록 유인한다.

비가격 경쟁 제품을 차별화함으로써 고객을 확보하려는 경쟁

경영자들은 가격 이외의 요인으로도 제품을 차별화하려고 한다. **비가격 경쟁**(non-price competition)을 하는 기업은 자사 제품을 차별화하여 다양한 기능, 서비스 또는 브랜드 평판을 제공하고, 제품을 포지셔닝하여 시장 내 여러 부문에서 우위를 확보하고자 노력한다. 성공적인 제품 포지셔닝은 경쟁자가 가격 인하 전략으로 당신의 고객을 확보하려고 하는 것을 어렵게 만듦으로 더 높은 이윤이 지속될 가능성이 크다. 성공적인 비즈니스 전략에서 제품을 포지셔닝하는 가장 좋은 방법을 찾는 것은 매우 중요하므로 이 장의 후반부에서 좀 더 자세히 살펴볼 것이다.

두 번째 영향력 – 잠재적 경쟁자 : 진입 위협

장기적으로 볼 때 당신은 지금의 경쟁자와 경쟁할 뿐만 아니라 새로운 진입자와도 경쟁한다. 진입 위협은 신규 창업을 할 수 있는 기업뿐만 아니라 당신의 시장으로 확장할 수 있는 기존 기업과 새로운 유통 채널에 진입할 수 있는 현재의 경쟁자에게도 해당한다. 진입 위협은 경쟁을 심화시켜 가격과 이익을 떨어뜨릴 수 있다.

진입 위협은 기존 기업이 진입장벽을 통해 신규 진입자의 경쟁을 얼마나 방어하느냐에 따라 달라진다. 전략적 경영은 진입을 저지하는 데 도움이 되므로 이 영향력을 약화시킬 수 있다. 우리는 제15장에서 경쟁자의 진입을 저지하기 위한 전략을 살펴보았다.

세 번째 영향력 – 다른 시장의 경쟁자 : 잠재적 대체상품의 위협

현재 산업 이외에도 당신은 자신의 제품을 대체할 수 있는 다른 산업의 기업들과 경쟁하게 될 것이다. 예를 들어, 많은 사람은 요즘 텔레비전 뉴스를 보는 대신에 온라인 뉴스를 본다. 화상회의는 항공 여행을 대신한다. 그리고 터보택스와 같은 세금계산 소프트웨어는 회계사를 대체한다.

잠재적인 대체품에 대해 폭넓게 생각해보라. 이러한 경쟁력을 평가하는 핵심은 잠재 대체품이 관련 없는 산업에서도 나올 수 있다고 인식하는 상호의존의 원리를 적용하여 폭넓게 생각하는 것이다. 예를 들어, 꽃집 주인은 장미가 수선화뿐만 아니라 초콜릿이나 란제리를 대체할 수 있다는 것을 이해해야 한다.

때때로 대체품은 구형 진공청소기의 판매를 방해하는 로봇청소기 룸바와 같이 더 나은 성능을 제공하는 혁신에서 비롯된다. 그러나 종종 그 혼란은 더 싼 대안의 형태로도 나타난다. 예를 들어, 휴대폰에 있는 카메라는 값비싼 캐논이나 니콘만큼은 좋지 않지만, 휴대폰을 항상 들고 있다는 것을 감안할 때 별도의 카메라를 구입하려는 사람을 줄이는 유인을 발생시킨다. 대체품에 의해 제기되는 위협은 대안이 더 나은지 저렴한지에 관한 것뿐만 아니라 가성비가 좋은지 또는 나쁜지와도 관련이 있다.

Bulgac/Getty Images

스타벅스는 정통한 홈 바리스타와의 경쟁에 직면해 있다.

몇몇 대체품들은 대부분 시장과 관련이 있다. 중고시장에서 구매하는 것은 새로운 구매를 대체한다. 직접 만드는 것은 시장에서 구매하는 것을 대체한다. 또한 미래의 구매는 현재 구매의 대체품이다. 그리고 때때로 가장 간단한 대체품은 아무것도 하지 않는 것이기도 하다.

대체품은 전환 비용이 낮을수록 더 큰 위협이 된다. 특히 고객이 전환 비용을 낮게 부담할 경우 대체품의 위협이 크다. 예를 들어, 반스앤노블에서 책을 사던 것을 아마존에서 사는 것은 쉽지만, 맥에서 작업하는 것을 윈도우로 바꾸는 것은 아주 어렵다. 이는 새로운 소프트웨어를 사야 하고 파일이 어디에 저장되어 있는지 다시 알아야 하기 때문이다.

보완재는 새로운 기회를 만들 수 있다. 현명한 경영진은 새로운 대체품이 나타날 때 그들의 제품의 포지셔닝을 다시 하기 위해 다른 산업을 모니터링한다. 새로운 대체품의 위협 외에도 새로운 보완재가 제공하는 기회를 지속해서 파악해야 한다. 예를 들면, 미국 우체국은 일반 우편을 대체하는 이메일의 등장으로 편지 배송에 대한 수요가 훨씬 줄어들어 이메일이 일반 우편 배송을 추월하였다. 오늘날에는 온라인 쇼핑 증가로 택배 배송에 대한 수요가 급증하면서 택배 서비스에 더 집중하고 있는 추세이다.

이메일 때문에 줄어든 일반 우편 메일 수요

10억 통의 발송 편지 건수

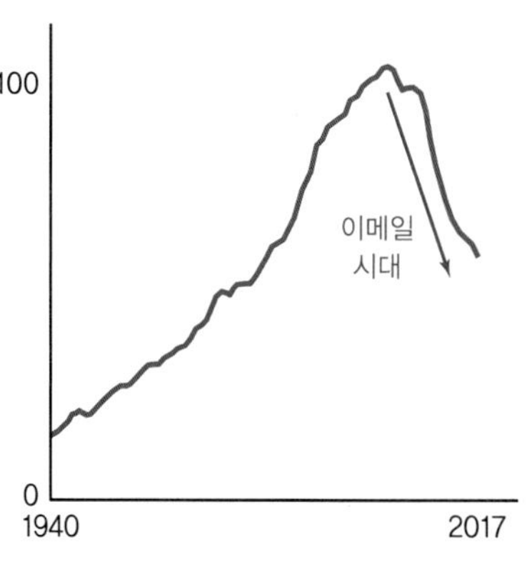

전략은 대체품이 만들어내는 위협을 조정할 수 있다. 숙련된 전략가는 대체품의 유용성을 조정할 수 있음을 이해한다. 예를 들어, 터보택스는 세금 신고를 더 쉽게 하려는 정부의 노력을 중단시키기 위해 수백만 달러를 로비로 지출해 왔다. 납세자로서 당신은 이것이 짜증나는 일이며 터무니없는 일이라 여길 수 있다. 하지만 터보택스는 쉬운 세금 시스템이 자신들의 세금계산 소프트웨어를 대체할 것이라고 보았기 때문에 이런 일을 하였고, 공격적인 대응으로 자신의 사업을 살릴 수 있었다.

네 번째 영향력-공급자의 협상력

당신의 성공이 다른 공급자들의 성공에 기여하기 때문에 당신은 그들을 일반적으로 파트너라고 생각할지도 모른다. 그러나 그들은 당신에게 더 높은 가격을 부과함으로써 당신의 성공을 위협하거나 이윤을 압박할 수도 있다. 많은 전문점 주인들은 이러한 사실을 알고 있는데, 성공의 첫 번째 조짐으로 종종 건물주가 상점의 임대료를 올린다는 것이다.

당신의 성공이 공급자에 얼마나 의존하는지 분석할 가치가 있다. 사업이 특정 공급자에 전적으로 의존할 경우, 그들은 공급가를 인상할 수 있으며 당신은 그 가격을 받아들이거나 아니면 사업을 접을지를 결정해야 한다. 무자비한 공급자들은 당신의 이윤을 효과적으로 추출할 때까지 공급가를 인상함으로써 자신의 영향력을 드러내려 할 수 있다. 대개 공급자가 높은 가격을 부과하는 능력은 그들이 보유한 영향력이나 협상력에 달려있다.

다섯 번째 영향력-구매자의 협상력

공급자가 높은 공급가를 강요할 수 있는 것처럼 자금력이 있는 구매자도 판매가를 낮추도록 강요할 수 있다. 이것은 자동차 부품 제조업체들이 잘 알고 있는 문제이다. 디트로이트라는 미국 도시에는 제너럴 모터스의 전문 자동차 부품을 만드는 회사들이 많다. 그러나 제너럴 모터스는 이들 회사로부터 매입할 의무가 없으므로 자체적으로 부품을 생산하거나 다른 공급업체를 이용하겠다고 위협할 수 있다. 이러한 위협은 구매자인 제너럴 모터스에 많은 협상력을 부여하고 이 수단을 이용해서 낮은 판매가를 요구한다. 자동차 부품 제조업체들 또한 잘 알고 있듯이 많은 협상력을 가진 고객들은 당신의 수익성을 제한할 수 있다.

요약 : 다섯 가지 영향력과 앞으로 나아갈 길

이제 당신은 이 다섯 가지 영향력 프레임워크를 통해 어떤 경쟁력들을 중점으로 관리해야 하는지를 알게 되었을 것이다. 하지만 개별 영향력의 강도를 평가하고, 어떻게 변할지를 예측하고, 전략적으로 안전하게 대응하기 위해 당신은 우선적으로 경제학을 깊이 이해할 필요가 있다. 다행히 우리는 지난 몇 장을 통해 많은 사안들을 다루어왔다. 그래서 당신은 이들 사안을 체계적으로 종합하는 기준으로 다섯 가지 영향력 프레임워크를 생각할 수 있다. 이 프레임워크는 또한 이 장의 나머지 부분에서 깊이 알아보아야 할 남은 과제이기도 하다.

첫 번째 영향력은 현재 경쟁자들 사이의 경쟁이다. 이 경쟁은 가격 · 비가격 경쟁이라는 두 가지 관점을 가진다. 우리는 이미 제14장에서 가격 경쟁과 시장지배력이 어떻게 관리자가 설정하는 가격을 결정하는지에 대해 살펴보았다. 남은 것은 비가격 경쟁으로 이번 장에서 경쟁자와 비교하여 제품을 포지션닝하는 가장 좋은 방법을 알아보고자 한다. 두 번째 영향력은 잠재적 진입자들에 의한 위협으로 이것은 너무 중요해 제15장에서 이미 다루었다. 세 번째 영향력은 잠재적인 대체품이며 우리가 이미 이 문제에 관해 꽤 오랫동안 공부했으므로 더 이상 반복하지 않을 것이다. 네 번째와 다섯 번째 영향력은 공급자와 구매자의 협상력이다. 구매자의 협상력을 결정하는 요소들이 공급자의 협상력도 결정하므로 우리는 이 두 가지 영향력을 동시에 다룰 것이다. 이 장을 마치면 우리는 통찰력 있는 다섯 가지 영향력을 분석하는 데 필요한 모든 도구를 갖출 것이다.

16.2 비가격 경쟁 : 제품 포지셔닝

학습목표 경쟁사와 비교하여 제품을 포지셔닝하는 방법을 이해한다.

당신이 판매하는 제품이 일부 경쟁사에서 판매하는 제품과 상당히 유사하거나 다를 수 있다. 경영자들은 종종 이러한 유사점과 차이점들을 자신의 제품(그리고 경쟁사 제품)에 내재되었다고 생각하지만 사실은 그렇지 않다. 당신은 기술, 제공하는 서비스의 종류, 제품 디자인, 스타일, 판매장소, 광고하는 방법 등 다양한 기능 중 어떤 것을 포함할지 선택할 수 있다. 이러한 선택으로 당신의 제품을 경쟁자의 제품과 효과적으로 차별화할 수 있다. 또한 최선의 제품 포지셔닝을 위한 선택은 시장지배력과 수익성을 형성하는 핵심 전략 결정이 된다.

제품 차별화의 중요성

제품 차별화의 중요성을 인식하는 가장 쉬운 방법은 그것이 없을 때 어떤 일이 일어나는지 확인하는 것이다. 예를 들어, 지방 고속도로에 있는 쉘 주유소를 소유하고 있는 힐다 페레즈의 입장이 되어보도록 하자. 그녀의 주유소는 BP 주유소의 바로 길 건너편에 있지만, 이 경쟁 상대를 제외하고는 수 킬로미터에 걸쳐 다른 주유소가 없으므로 큰 경쟁에 직면하지 않는다. 힐다는 당신이 그녀의 주유소에서 구매하든 BP 주유소에서 구매하든 거의 똑같은 휘발유를 판다. 이것은 동일한 화학물질로 같은 장소에서 판매되며, 두 주유소 모두 신용카드를 받고 비슷한 서비스를 제공한다. 이렇게 제품 차별화가 없는 상태에서 경쟁이 어떻게 진행되는지 알아보자.

Scott Olson/Getty Images News/Getty Images

가격 경쟁

순수한 가격 경쟁은 당신의 경제적 이윤을 '0'으로 만들 수 있다. 처음에 쉘과 BP는 둘 다 휘발유를 도매가격인 갤런당 3.65달러에 사들여 갤런당 3.90달러에 판매하고 각자 순이익을 내고 있다. 둘 다 같은 가격을 청구한다는 점을 고려하면 아마도 절반의 고객에게 각각 판매될 것이다. 이제 힐다의 입장으로 생각해보자. 가격을 3.89달러로 낮추면 경쟁자의 고객을 확보할 수 있고 두 배의 매출을 올리면 이윤도 거의 두 배로 늘어날 것이다. 좋은 생각이지만 고객을 뺏긴 경쟁자도 3.89달러로 낮추면 고객을 되찾을 수 있고 심지어 3.88달러로 인하하면 모든 고객을 확보할 수 있다고 생각할 수 있다. 이제는 당신의 휘발유가 판매되지 않으므로 3.87달러로 인하하여 고객을 되찾아와야 한다. 그러면 또다시 경쟁자는 가격을 인하하여 3.86달러로 대응한다.

이렇게 점점 가격을 낮추다 보면 결국 BP는 한계비용보다 겨우 0.01달러 높은 3.66달러를 부과하게 된다. 그때도 힐다의 최선의 선택은 가격을 3.659달러로 인하하는 것이다. 이 가격 경쟁은 결국 가격이 한계비용과 같을 때까지 또는 그보다 약간 위에 있을 때까지 계속될 것이다. 그러나 그 이상은 손실을 보게 되므로 둘 다 가격을 인하하지 않을 것이다. 하지만 고객을 모두 잃을 수도 있으므로 가격을 올리지도 못한다. 이런 가격이면 쉘과 BP 모두 경제적 이윤을 얻지 못한다. 여기서 주목할 점은 힐다의 경쟁 상대는 BP 주요소뿐이지만 이들 간 치열한 가격 경쟁으로 그녀는 이윤을 얻지 못한다는 것이다.

힐다의 사례는 모든 경영진에 대한 경고가 내포되어 있다. 제품을 차별화하지 않는 동일한 상품을 판매하는 경우 단 하나의 경쟁 상대와의 경쟁으로 인해 가격이 너무 낮아져 경제적 이윤이 사라질 수도 있다는 것이다.

제품 차별화를 통한 비가격 경쟁은 시장지배력을 가져온다. 힐다의 문제는 경쟁 주유소가 가격을 인하하면 모든 고객을 잃게 될 것이고, 그녀의 경쟁자는 이것을 거부할 수 없는 것으로 여긴다는 것이다. 일반적으로, 동일한 상품을 판매하는 기업들은 경쟁자가 가격을 낮출 수도 있다는 위험이 존재한다. 이러한 위험은 경쟁자들이 동일한 제품을 판매할 때 더욱 커지는데, 이는 작은 가격 우위로 큰 수요량의 변화를 만들어낼 수 있기 때문이다. 이것은 가격 경쟁을 피하기 위한 핵심이 당신의 경쟁자가 가격을 낮추지 못하도록 하는 것에 있음을 제시한다.

이것이 바로 비가격 경쟁이 시작되는 지점이다. 만약, 일부 고객에게 더 잘 맞도록 제품을 차별화하면, 최저 가격이 아니더라도 해당 고객은 계속 구매할 것이다. 성공적인 제품 차별화를 통해 시장지배력을 확보할 수 있다.

쉘 · BP의 경쟁과 코카콜라 · 펩시 간의 경쟁 방식을 비교해보면 이것이 얼마나 중요한지 알 수 있다. 휘발유와 콜라 시장 모두 개별 공급자는 유사한 제품을 판매하고 있고 치열한 경쟁을 벌이고 있다. 차이점은 경쟁의 유형이다. 많은 주유소가 고만고만한 가격으로 치열하게 경쟁하지만, 코카콜라나 펩시의 광고는 거의 가격을 언급하지 않는다.

Ronald W. Erdrich/The Abilene Reporter-News/AP Images

펩시의 가격 인하는 코카콜라에게 아무런 의미가 없다.

그것은 코카콜라와 펩시가 단지 가격만을 놓고 경쟁하는 것이 아니기 때문이다. 코카콜라는 "느낌을 맛봐(Taste the feeling)"라는 광고 캠페인을 하고(마치 느낌을 맛볼 수 있는 듯) 펩시는 "지금, 이 순간(Live for Now)"이라는 광고를(마치 삶에 다른 시간이 있는 듯) 한다. 그들은 각자 제품을 차별화하여 제품의 성분은 유사하지만, 개별 콜라에 대한 열성적인 추종자를 가지고 있다. 펩시가 더 저렴하더라도 코카콜라를 고수하는 사람들이 있을 것이다(코카콜라가 더 저렴해도 펩시를 고수하는 사람들이 있듯이). 그 결과, 그들의 고객은 마치 그것이 그들의 음료수인 것처럼 다소 집착한다.

이것은 경쟁이 진행되는 방식에 큰 영향을 미친다. 가격 인하가 많은 신규 고객을 확보하지 못하기 때문에 코카콜라보다 가격을 낮추려는 펩시의 동기는 많이 약화된다. 당신과 경쟁자의 제품이 서로 불완전한 대체 관계에 있다면 가격을 낮추려는 동기가 무뎌진다. 이것은 가격 경쟁을 덜 치열하게 만들고 펩시와 코카콜라 둘 다 한계비용보다 훨씬 높은 가격에 팔 수 있게 한다.

주유소 시장의 치열한 가격 경쟁과 콜라 시장의 상대적으로 높은 이윤 창출 간의 차이는 제품을 차별화하는 방법을 찾는 것이 아주 중요함을 강조한다.

제품을 차별화하는 방법은 여러 가지다. 제품 차별화는 고객을 확보하고 유지하기 위해 저렴한 가격 이외의 다른 방법을 찾는 것으로 여러 가지 방법이 있다. 메모리, 하드디스크 드라이브 크기 및 프로세서 속도 등 서로 다른 조합을 가진 컴퓨터로 경쟁하는 HP와 델처럼 상이한 특징을 제공할 수 있다. 품질이 중요한 깁슨은 기타를 직접 제작하여 공장에서 만든 것보다 더 좋은 소리를 낸다. 고객 서비스가 중요한 노드스트롬은 월마트보다 쇼핑을 도와줄 사람을 더 많이 고용한다. 디자인을 중요하게 여기는 타깃은 케이마트보다 더 흥미로운 가정용품을 만들기 위해 앞서가는 디자이너들과 협력한다. 디젤은 스타일에 차별화를 두어 더 세련된 청바지로 리바이스와 경쟁한다. 엘엘빈은 신뢰성을 주기 위해 인상적인 환불 정책을 보증하여 아웃도어 장비를 지원한다. 은행 간 경쟁의 핵심은 위치와 편리함이 주는 시간의 절약이다. 그리고 이러한 객관적인 차이를 넘어서 광고로도 일부 고객을 확보할 수 있으므로 펩시와 코카콜라가 자신의 선호도를 높이기 위해 돈을 많이 쓴다.

특징, 품질, 서비스, 디자인, 스타일, 신뢰성, 위치, 브랜드 이미지 등 각 분야에서 치열한 경쟁이 벌어지고 있다. 그러므로 이러한 특성을 제품의 고정된 특성으로 생각할 것이 아니라 제품을 가장 잘 포지셔닝하기 위한 전략적 선택으로 생각해야 한다. 성공적인 전략을 통해 충성도가 높은 고객을 많이 확보하여 수요곡선을 다시 이동시킴으로써 수익성을 높일 수 있다. 우리의 다음 과제는 제품 포지셔닝을 위한 최선의 방법을 찾는 데 필요한 도구를 개발하는 것이다.

제품 포지셔닝

제품 차별화는 고객의 요구에 더 맞는 제품을 제공하는 것이다. 이것을 잘하면 당신이 경쟁자보다 좀 더 높은 가격을 제시하더라도 고객들은 여전히 당신의 제품을 구매할 것이다.

차별화가 중요하다는 것은 알지만 자신의 것을 차별화하는 가장 좋은 방법을 당신은 어떻게 결정해야 하는가? 이것은 제품의 특징, 서비스, 브랜드 이미지 등의 속성 조합을 선택하는 당신의 영역이다. 그 해답은 경쟁자의 제품과 비교하여 당신의 제품을 어떻게 가장 잘 포지셔닝할 수 있는가에 달려있다. 앞으로 살펴보겠지만, 제품 포지셔닝은 가능한 많은 고객에게 매력적으로 보이도록 상품을 포지셔닝하는 수요 측면의 고려사항과 가능한 당신의 경쟁자와 차별화하고자 포지셔닝하는 공급 측면 간의 까다로운 절충 관계가 내포되어 있다. 당신의 제품을 경쟁자의 제품과 너무 유사하게 만들면 쉘과 BP 간의 경쟁처럼 가격 경쟁이 치열하여 가격 하락으로 인해 수익도 낮아진다. 혹은 너무 특이한 기능을 포함하여 경쟁자의 제품과 너무 다르게 만들면 경쟁자로부터 고객을 확보하기가 어렵다는 것을 알게 된다.

이 절충안을 전략적으로 분석하기 위해 우리는 은유적인 표현으로 설명할 것이다. 억지스러워 보일지도 모르지만, 우리는 기업들이 제품을 가장 잘 포지셔닝하는 방법을 알아보기 위해 호텔링 모델(창시자인 해럴드 호텔링의 이름을 딴)이라는 프레임워크를 사용하는 방법을 살펴볼 것이다.

비가격 경쟁에 대한 은유적 표현으로서 해변. 비가격 경쟁을 설명하는 간단한 이야기가 있다. 날씨가 몹시 더운 날, 해변에 많은 사람이 있다. 만약 당신이 아이스크림 장사를 하고 있다면 어디서 아이스크림 장사를 해야 할지 결정해야 한다. 당신은 유일한 판매자가 아니며 사람들은 가까운 아이스크림 카트에만 갈 것이기 때문에 이 결정은 아주 중요하다. 단순하게 사람들이 해변을 따라 일정한 간격을 두고 있고, 당신에게 오직 한 명의 경쟁자만이 있다고 가정해보자.

아이스크림 카트를 어디에 배치할 것인가? 그림 16-2는 경쟁자의 위치와 당신에게 주어진 두 가지 선택지를 보여준다.

그림 16-2 | 제품을 어떻게 포지셔닝해야 하는가?

Ⓐ 경쟁자의 왼쪽을 선택한다면, 당신의 왼쪽 모두와 당신과 경쟁자 사이 중 절반의 사람들이 당신에게서 살 것이다.
Ⓑ 경쟁자의 오른쪽을 선택한다면, 당신의 오른쪽 모두와 당신과 경쟁자 사이 중 절반의 사람들이 당신에게서 살 것이다.

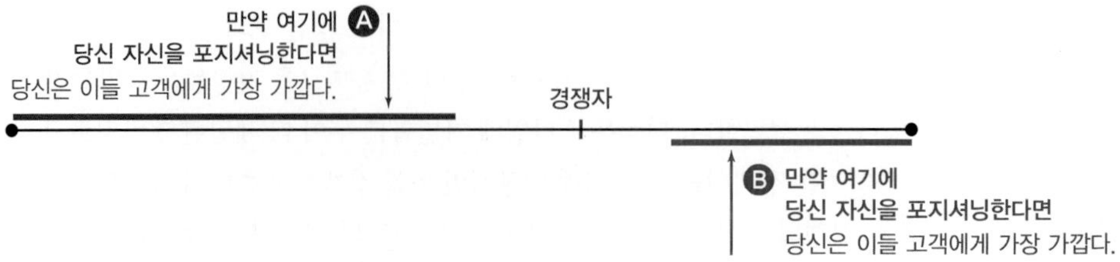

우선, 당신의 경쟁자가 어디에 있는지 주목하라. 당신은 경쟁자와 비교하여 가장 좋은 자리를 선택하기를 원하기 때문이다. 가장 많은 매출을 얻으려면 당신은 가능한 한 많은 고객에게 가장 편리하도록 카트를 배치하길 원할 것이다. 이 경우, 경쟁자는 해변의 오른쪽 끝에 있으므로 시장에서 서비스가 부족한 해변의 왼쪽 끝에 공급할 수 있도록 당신의 카트를 배치해야 한다. 이렇게 하면 왼쪽에 있는 모든 고객은 물론, 당신과 경쟁자 사이에 있는 고객의 절반이 당신에게 확보된다. 이는 경쟁자의 오른쪽에서 함께 경쟁할 때보다 더 많은 고객을 확보할 수 있으므로 이것이 더 나은 결과임을 알 수 있다.

아이스크림 카트의 위치는 당신이 판매하는 제품 유형에 관한 은유적 표현이다. 좋다. 그럼 당신은 스스로 첫 번째 제품 포지셔닝 결정을 지금 내렸다. 그리고 이러한 예는 위치 선정을 가장 중요한 전략적 포지셔닝으로 간주하는 많은 비즈니스에 적용될 수 있다. 하지만 이 포지셔닝은 위치를 선정하는 것 이외에도 적용된다. 경쟁자에 비해 다른 많은 제품의 포지셔닝을 고려하는 데 도움이 되도록 이러한 은유를 확장하는 방법을 살펴보겠다. 각각의 경우에, 그 요령은 당신과 당신의 경쟁자가 다른 중요한 차원을 분류하는 데 있다.

- 켈로그 제품 관리자는 아이스크림 장사처럼 카트를 해변 어디에 두어야 할지를 선택하는 것이 아니라, 한쪽 끝에는 달콤한 맛, 다른 한쪽 끝에는 건강한 맛으로 이루어진 스펙트럼 어딘가에 새로운 아침 식사용 시리얼을 배치할지 선택한다.

달콤한 맛 건강한 맛

- 식당 경영자는 해변의 왼쪽 끝과 오른쪽 끝(혹은 이들 사이의 어느 한 지점) 사이에서 결정하지 않고, 오히려 편리한 패스트푸드를 제공하거나 아주 공들여 만든 식사 체험(또는 이들 사이의 어느 한 지점)을 제공하는 것 사이의 스펙트럼 어딘가에서 식당을 결정한다.

편리함 식사 체험

- 자동차 엔지니어는 한쪽 끝에는 소형이면서 연료 효율이 높은 자동차와 다른 한쪽 끝에는 연료 소비가 많은 더 크고 더 강력한 자동차 사이의 스펙트럼 어딘가에서 신차 모델을 설계한다.

연료 효율이 높은 소형 자동차 연료 소비가 많은 강력한 자동차

From second car left Alamy Images

- 심지어 예술에서도, 제품 포지셔닝은 중요하다. 작가들은 그들의 작품을 가볍게 읽기 좋은 책과 도전적인 지적 작품 사이의 스펙트럼 어딘가에서 작품을 설계한다.

가볍게 읽기 지적 도전의 읽기

다시 해변으로 돌아가서, 아이스크림 카트를 어디에 둘지 결정하자. 고객분들께 어필할 수 있도록 제품을 포지셔닝하는 방법을 파악해보고자 우선 수요 측면의 고려사항을 살펴본 다음 공급 측면의 고려사항을 살펴보도록 하자.

수요 측면 : 가장 많은 고객을 확보하기 위해 경쟁자 옆에 제품을 배치하기. 우리는 이미 시장의 소외된 부분을 충족시킬 수 있도록 경쟁자 왼쪽에 아이스크림 카트를 두기로 했다. 그러나 얼마나 가까이 둘지에 관한 문제도 남아있다. 그림 16-3에 나와 있는 대답은 당신을 놀라게 할 것이다.

만약 경쟁자가 한 명일 경우, 당신은 상대와 가능한 가까운 곳에 제품을 배치하는 것이 좋다. 당신이 경쟁자의 왼쪽에 있다면, 당신의 왼쪽에 있는 고객들은 모두 당신을 선호한다. 그러나 당신과 경쟁자 사이에 있는 고객은 그 절반만이 당신을 선호한다. 그 사람들은 당신이 조금 더 가까이 다가가면 얻을 수 있는 한계고객이다. 경쟁자와 가까워질 때마다 더 많은 한계고객을 확보할 수 있다. 당신 왼쪽에 있는 고객들은 더 나은 선택권이 없으므로, 당신이 조금 더 멀리 이동하더라도 그들은 여전히 당신의 카트로 올 것이다. 결국, 당신은 경쟁자 바로 옆에 있을 때 가장 많은 고객을 확보할 수 있다. 해변의 왼쪽 끝에 있는 고객들은 더 멀리 걸어와야 하므로 좋아하지 않지만 다른 선택지가 없다.

여기서 중요한 것은 수요 측면의 고려사항에서 가능한 많은 고객을 확보하려면 경쟁자 바로 옆에 자신의 제품을 포지셔닝해야 한다는 것이다.

자료 해석 정당은 왜 이렇게 비슷한가?

어떤 사람들은 정치에 환멸을 느끼기 쉽고, 선거가 진정한 선택을 반영하지 않는다고 말한다. 그들은 두 개의 정당이 있지만, 많은 쟁점에서 너무 비슷해서 누가 이기든 상관없다고 말한다. 그러나 정강 · 정책을 제품 포지셔닝의 예로 든다면, 충분히 예측 가능한 결과이다. 이 경우, 해변의 왼쪽 끝은 좌파적 입장(예 : 사회 안전망에 대한 정부 지출 증가 및 세금 인상)을 나타내고, 오른쪽 끝은 우파적 입장(예 : 정부 지출 감소 및 세금 인하)을 나타낸다. 해변을 따

그림 16-3 | 제품을 경쟁자와 얼마나 가깝게 배치해야 하는가?

Ⓐ 경쟁자와 약간의 거리를 둘 수 있다.
Ⓑ 하지만 일부 고객을 경쟁자에게 양보해야 한다.
Ⓒ 경쟁자 바로 옆에서 가장 많은 고객을 확보할 수 있다.

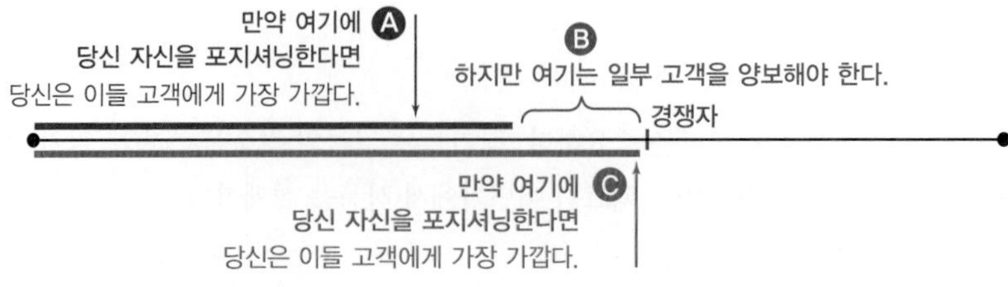

라 흩어져 있는 해수욕객 대신, 좌파/우파 스펙트럼을 따라 흩어져 있는 유권자들의 선호 정책을 생각해보라.

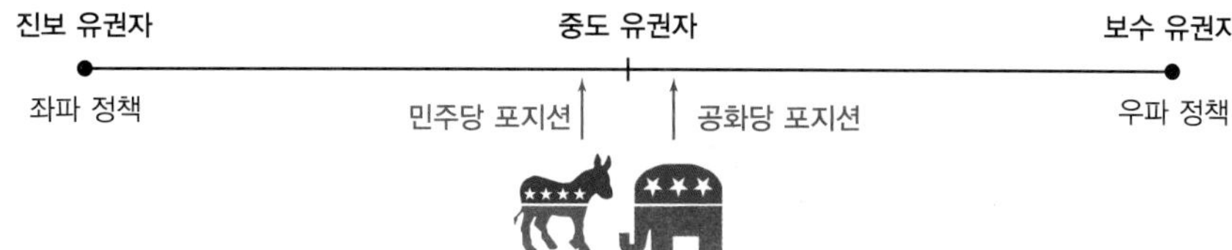

아이스크림 업체가 가능한 한 많은 해수욕객을 확보하고 싶어 하는 것처럼, 정치인들은 그들의 정책이 가능한 많은 유권자의 선호에 근접하기를 원한다. 그래야 더 많은 사람이 자신의 정당에 투표하기 때문이다. 그 결과 민주당과 공화당 후보들은 각자 자신들의 정책 입장을 반대자들의 입장과 상당히 가깝게 설정하면 당선되기가 더 쉽다는 것을 알고 있다. 두 정당은 과반수의 득표를 얻기 위해 중간 정강 · 정책을 제시하며 중도 유권자를 얻으려고 한다. 이를 '중위 투표자 정리'라고 한다.

물론, 두 정당은 조금씩은 다르다(어떤 사람들은 상당히 다르다고 말한다). 아마도 이것은 그들이 더는 많이 다르지 않은 이유를 설명해주는 좋은 사례라 할 수 있다. ■

공급 측면 : 가격 경쟁을 줄이기 위해 제품을 경쟁자로부터 멀리 배치시키기. 지금까지는 시장의 수요 측면과 고객에게 최대한 가까워지려는 유인만 분석해왔다. 그러나 이제는 공급 측면과 경쟁자가 어떻게 대응할지도 고려해볼 필요가 있다. 이제 상호의존의 원리를 발동하여 제품 포지셔닝이 경쟁자가 설정한 가격에 어떤 영향을 미치는지를 적용해볼 때다.

우리가 인접한 주유소들에서 배운 것처럼, 본질적으로 동일한 상품을 제공하기 위해 상대방 바로 옆에 자리를 잡으면 치열한 가격 경쟁이 가격과 이윤을 떨어뜨릴 것이다. 즉, 당신의 상품 위치가 경쟁자와 거의 동일하다면 당신은 그 상품에 대한 시장지배력을 갖지 못한다.

반대로 경쟁자와 멀리 떨어진 곳에 당신의 제품을 위치시킨다면, 다수의 당신 고객들은 경쟁자의 제품이 당신 제품의 대체재로서 덜 유용하다는 사실을 알게 되어 시장지배력을 어느 정도 확보할 수 있다. 그 결과 가격 인하의 압력이 줄어들 것이다. 예를 들어, 경쟁자의 길 건너편에 주유소를 여는 대신 다음 도시에 주유소를 열 수 있다. 그러면 그 도시의 고객 대부분을 당신이 확보할 가능성이 크고, 경쟁자는 기존 도시의 고객 대부분을 차지할 수 있다. 주유소를 약간 떨어진 곳에 위치시키는 이점은 상대방의 가격 인하로 인해 많은 고객을 빼앗길 가능성이 줄어들기 때문에 서로 간의 가격 인하의 유인이 낮아진다는 것이다.

여기서 중요한 것은 경쟁자들이 가격을 낮추도록 하는 유인을 줄이기 위해 제품을 포지셔닝하고 싶다는 것이다. 경쟁자가 제공하는 제품과 다르게 제품을 더 많이 포지셔닝할수록 더 많은 시장지배력을 갖게 되어 더 높은 가격을 책정함에 따라 더 큰 이윤을 누릴 수 있다. 예를 들어, HP와 델은 매우 유사한 윈도우 기반 컴퓨터를 판매하기 때문에 이들 간의 치열한 경쟁으로 이윤이 아주 많이 감소해 왔다. 하지만 애플은 완전히 다른 유형의 컴퓨터 제공을 선택함에 따라 가격과 이윤이 훨씬 더 높다.

일상경제학 당신은 비행기 시장을 위축시킬 충격을 줄 수 있나요?

PAULO WHITAKER/REUTERS/Newscom

작지만, 수익성 높은 엠브라에르 중형 비행기

비행기 제조와 관련해서 우리는 미국에 본사를 둔 보잉과 유럽 소유의 에어버스라는 두 대기업을 주목해 보고자 한다. 이 두 기업은 모두 수백 명의 승객을 수용할 수 있는 대형 제트기를 만든다. 캐나다 회사인 봄바디어는 기업용 제트기로 주로 사용되는 리어 제트기와 기타 소형 비행기들을 주로 만든다. 세스나는 12명 이하의 사람이 앉을 수 있는 소형 비행기를 만들고, 시러스는 주로 취미 조종사들을 위한 비행기를 만든다. 브라질 회사인 엠브라에르의 CEO는 회사의 비행기를 배치하는 방법을 결정하려고 한다. 당신은 어떤 조언을 할 수 있을까?

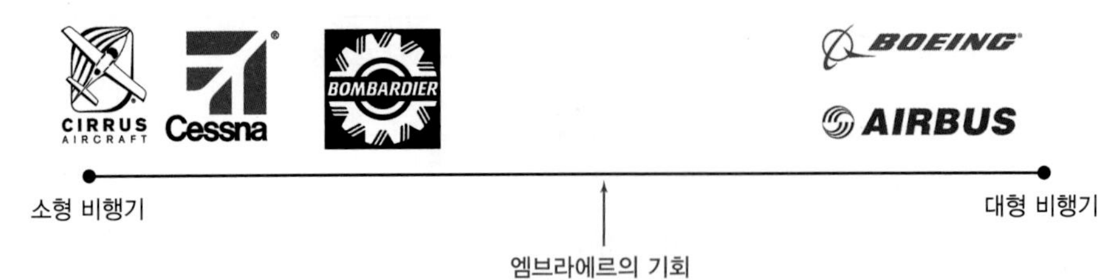

위의 대략적인 그림은 엠브라에르가 시장을 어떻게 보았는지를 보여준다. 보잉과 에어버스는 대형 비행기 부문에서 치열한 가격 경쟁을 벌이고 있으며 그 경쟁에 참여하는 것은 의미가 없다. 대신, 취약한 틈새시장을 찾아 나섰다. 엠브라에르는 이 거대기업 중 어느 기업도 70~118석의 중형 비행기를 만들지 않고, 기존의 소형 제트기 제조업체들은 그렇게 큰 비행기를 만들 능력이 없다는 사실을 발견했다. 따라서 엠브라에르는 아메리칸 이글과 같은 지역 항공사들 사이에서 매우 인기 있는 것으로 증명된 중형 제트기를 제작하면서 이 틈새시장을 장악할 수 있었다. 중형 제트기를 대체할 수 있는 기업이 없었으므로 가격 경쟁도 심하지 않아 이 틈새시장은 엠브라에르에 매우 이익이 되는 것으로 입증되었다. ■

요약 : 제품 포지셔닝에 대한 상충관계가 있다. 이 모든 것을 통해 배운 내용을 정리해보자. 제품을 어떻게 차별화할 것인가에 대한 질문은 실제로 제품을 어떻게 가장 잘 포지셔닝할 것인가로 점철된다. 여기에는 다음과 같이 고려해야 할 두 가지 경쟁 요소가 있다.

1. 수요 측면 : 고객을 고려하라. 당신은 경쟁자보다 가능한 한 많은 고객의 선호에 더 근접하도록 제품을 포지셔닝하려 한다. 즉, 서비스가 부족한 시장에 제품을 포지셔닝하는 것을 의미한다. 그러나 시장에 이 부분을 서비스하게 되면 당신의 제품을 선호하는 고객의 수를 극대화하기 위해 경쟁사와 더 가까이 위치하고 최대한 제품을 유사하게 만들어야 한다는 논리에 직면한다.
2. 공급 측면 : 경쟁자를 고려하라. 당신은 경쟁자와 가격 경쟁을 최소화하도록 제품을 포지셔닝하려고 한다. 이는 경쟁자로부터 제품을 멀어지게 하는 것으로, 즉 제품을 차별화하고 가격 경쟁을 완화하여 시장지배력과 더 큰 이윤을 창출하는 것이 바로 당신의 대항력이 되는 것이다.

이를 종합하면 제품을 경쟁자에 더 가깝게 포지셔닝하면 판매량을 늘리는 데 도움이 될 수 있으며, 더 멀리 포지셔닝하면 시장지배력이 높아져 제품의 이윤을 높일 수 있다. 판매량과 이윤 모두 중요하므로 관리하기 어려운 절충안이다. 이에 대해 정형화된 틀과 바로 해결되는 빠른 규칙은 없지만, 여기에도 몇 가지 기본적인 경험의 규칙이 있다.

- 인접 주유소 간의 경쟁처럼 가격 경쟁이 특히 치열한 경우 코카콜라와 펩시처럼 제품을 차별화해야 한다.
- 정치인이 투표권을 구매할 수 없는 선거에서와 같이 가격 경쟁이 약화되면 가능한 한 많은 사람에게 어필할 수 있도록 타 정당과의 차이를 최소화해야 한다.

제품을 포지셔닝하는 접근 방식 중 하나는 광고를 활용하는 것으로, 다음 과제는 이러한 아이디어를 광고 캠페인에 효과적으로 적용하는 것이다.

광고의 역할

광고는 성공적인 제품포지셔닝 전략에서 필수적인 부분이다. 기업이 매년 광고에 수천억 달러를 지출하는 것은 매우 중요하며, 이 돈은 여러분이 시청하는 TV 프로그램, 구독 신문, 좋아하는 웹 콘텐츠를 지원하기에 충분하다.

광고는 기업의 수요곡선을 이동시키고 가파르게 만드는 것을 목표로 한다. 성공적인 광고 전략은 그림 16-4에 나와 있는 두 가지 중요한 방식으로 기업의 수요곡선을 변화시킬 것이다. 첫째, 더 많은 사람이 특정 가격으로 제품을 구매하도록 설득함으로써 제품에 대한 수요를 증가시킨다. 이렇게 하면 수요곡선이 오른쪽으로 이동하므로 더 많은 양을 판매할 수 있다. 둘째, 광고 캠페인이 브랜드 충성도를 높인다면, 가격을 올려도 고객들은 그 브랜드를 고집할 것이다. 가격에 민감하지 않은 고객은 기업의 시장지배력을 높이고, 이는 더 가파르거나 더 비탄력적인 수요곡선을 유인하여 더 큰 수익률로 이어진다. 이 두 가지 변화 모두 당신의 이윤을 증대시킬 것이다.

그림 16-4 | 광고가 기업수요를 변화시킨다

Ⓐ 가격마다 확보할 수 있는 고객의 수가 있다. 이러한 수요 증가는 기업의 수요곡선을 오른쪽으로 이동시킨다.
Ⓑ 가격을 올릴 때 더 많은 충성 고객이 당신을 지지한다. 시장지배력을 확보하여 기업의 수요곡선을 더 가파르게 만든다.

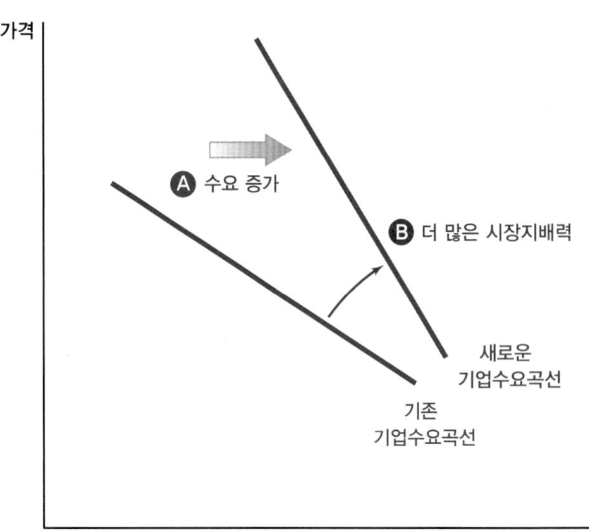

시장구조는 광고 전략을 결정한다. 시장의 경쟁 구조에 따라 다양한 유형의 광고가 미치는 영향이 결정되며, 그에 따라 강조할 메시지가 결정된다.

완전경쟁시장에서 개별 기업의 광고는 의미가 없다. 당신의 기업이 시장의 아주 작은 부분일 때, 사람들에게 "소고기를 더 많이 먹어라"라고 설득하는 캠페인은 당신에게 이득이 되기보다 농부들에게 도움이 될 것이다. 이 광고가 의미있게 되는 유일한 방법은 모든 육우 농가가 기여하는 'Cattlemen's Beef Board'와 같은 업계 협회에서 "소고기는 저녁 식사를 위한 것입니다"라는 메시지 광고를 함께 조정하고 비용을 지급할 때이다.

독점기업은 광고를 이용하여 제품에 대한 시장수요 곡선을 이동시킨다. 오랫동안 다이아몬드 시장의 독점자였던 드비어스는 마케팅을 활용하여 커플들에게 다이아몬드 반지로 약혼을 축하하는 현대적인 관습을 만들었다. 다이아몬드 수요의 증가는 드비어스에 독점적으로 이득을 주었고, 이 광고는 유명 슬로건인 "다이아몬드는 영원하다"처럼 브랜드보다 제품에 초점을 맞추었다.

불완전한 경쟁에서는 제품에 대한 수요 증가 이상으로 추가적인 인센티브가 일반적으로 발생하므로 훨씬 더 공격적으로 광고할 가치가 있다. 광고는 또한 경쟁자로부터 고객을 빼앗는 데도 도움이 된다. 이를 효과적으로 수행하려면 특정 제품 포지셔닝과 제품이 제공하는 고유한 가치를 강조해야 한다. 예를 들어, 엠엔엠은 초콜릿이 맛있다고 주장하기보다 "손이 아닌 입에서 녹는" 유일한 초콜릿이라는 것을 강조한다. 마찬가지로 비자는 신용카드가 얼마나 유용한지를 설명하는 것이 아니라 "원하는 곳이라면 어디든지"라는 슬로건으로 세계에서 가장 널리 사용되는 신용카드라는 것을 강조한다. 그리고 서브웨이의 슬로건인 "신선하게 드세요"는 패스트푸드 경쟁자의 품질을 절묘하게 파헤친 좋은 사례라 할 수 있다.

탐색재는 설명적 광고에 적합하다. 제품의 특성은 당신이 취해야 할 광고의 유형에도 영향을 준다. **탐색재**(search good)는 구매하기 전에 쉽게 평가할 수 있는 상품이다. 예를 들어, 데스크톱 컴퓨터는 사용하는 프로세서 유형, 하드디스크 드라이브의 크기 및 속도, 메모리 양과 같은 사양 목록을 읽으면 비용 대비 가치가 높은지 여부를 파악할 수 있다. 반대로, 펩시는 직접 맛을

탐색재 구매하기 이전에 쉽게 평가해볼 수 있는 재화

봐야 평가할 수 있으므로 탐색재에 적합하지 않다.

설명적 광고 제품과 속성에 대한 정보를 제공하는 광고

탐색재는 제품에 대한 정보를 제공하는 것을 목표로 하는 **설명적 광고**(informative advertising)라는 광고 전략 유형에 적합하다. 이 아이디어는 잠재 고객에게 제품의 특정 속성에 대한 확실한 데이터를 제공하는 것이다. 당신은 회사 홈페이지를 클릭할 때마다, 유익한 광고를 발견할 것이다. 컴퓨터 회사들은 그들이 사용하는 구성 요소의 목록을 분류하고, 법무 법인은 직원들의 자격을 나열하며, 투자회사는 최근 실적을 설명한다. 일반적으로, 경제학자들은 더 나은 정보가 사람들에게 더 나은 선택을 하도록 이끌기 때문에 설명적 광고가 도움이 된다고 믿는다.

고객이 품질에 대한 확신이 없을 때, 브랜딩은 도움이 될 수 있다. 브랜딩은 구매자들이 품질을 쉽게 구별할 수 없는 상품 광고에서 특히 중요한 부분이 될 수 있다. 지난번 자동차 여행에서 배가 고팠을 때 알게 된 교훈이다. 당신은 집에서 멀리 나와 식당을 찾을 때, 현지 식당에서 양질의 햄버거를 제공하는지, 혹은 상추와 토마토를 토핑함에 있어 건강법 위반이 있는지를 알 수 없음을 바로 깨닫게 된다. 햄버거 품질에 대한 이러한 불확실성으로 인해 수백만 명의 사람들은 가장 가까운 맥도날드를 선택하고 있다.

이러한 사례들은 매일 수천 개의 고속도로 휴게소에서뿐만 아니라 고객이 구매하는 상품의 품질에 대해 불확실한 모든 시장에서 나타나고 있다. 그리고 효과적인 브랜딩이 어떻게 상품의 품질에 대한 정보를 고객들에게 제공하는지를 보여준다. 신중한 브랜드 관리를 통해 맥도날드는 자신의 햄버거가 안전할 것이라는 확신을 주며, 티파니는 자신의 다이아몬드가 가짜가 아님을 고객들에게 확신하게 하며, 애플은 자신의 휴대폰에는 결함이 없다는 신뢰를 고객들에게 심어주려 한다. 더 좋은 점은 자체 강화 주기가 있다는 것인데, 이는 품질에 대한 브랜드 평판이 강하면 강할수록 그 명성을 유지하는 데 있어 더 많은 이해관계를 갖기 때문이다.

설득성 광고 특정 제품을 이용하면 행복해진다고 믿도록 설득하거나 조작하려는 광고

설득성 광고는 설득하는 것에 목표를 둔다. 광고는 종종 매우 적은 정보를 포함하고 있다. 대신 **설득성 광고**(persuasive advertising)는 특정 제품을 좋아할 것이라고 믿도록 설득하거나 조작하려고 한다. 이 광고는 종종 당신의 감정을 이용하며, 숨은 의미를 사용하여 실제로는 사실이 아닌 주장을 암시한다.

펩시가 "지금, 이 순간"이라 말하고 코카콜라가 "미래를 맛봐라"라고 말할 때, 둘 다 더 맛있거나 덜 해로운 음료를 고르는 데 도움이 되는 정보를 제공하지 않는다. 이 광고가 구매자에게 더 나은 의사결정을 하기 어렵게 하고 더 나쁜 결정을 내리게 할 수도 있다.

당신은 설득을 당했는가?

많은 광고는 낭비일 수 있다. 사실 펩시 광고의 주된 효과는 코카콜라로부터 사업을 빼앗는 것이다. 이를 비즈니스 도용 효과라고 한다. 펩시가 광고하는 것은 사적으로 이득이 되지만, 사회적으로는 펩시의 이익이 코카콜라의 손실로 상쇄되기에 낭비라는 의미이다. 마찬가지로 코카콜라의 광고가 펩시로부터 사업을 빼앗는 데에만 도움이 된다면, 코카콜라의 광고 캠페인도 사회적으로 낭비된다.

심지어 이보다 더 나쁠 수도 있다. 펩시가 광고에 많은 비용을 지출하는 이유 중 하나는 코카콜라가 광고할 때 시장 점유율을 잃을 수도 있기 때문이다. 마찬가지로 코카콜라도 펩시가 광고하기 때문에 광고를 한다. 그 결과 개별 브랜드가 경쟁사의 광고량을 따라잡기 위해 광고를 해야 하는 광고 경쟁이 발생한다. 이는 매년 광고에 소비되는 1,800억 달러의 상당액이 사회적으로 낭비일 수 있음을 시사한다.

요약 : 제품 포지셔닝은 비가격 경쟁에 관한 것이다. 이제 큰 그림으로 돌아가 보자. 이 시점에서 당신은 다섯 가지 영향력 중 첫 번째 영향력인 가격 경쟁과 광고를 포함한 전략적 제품 포지셔닝을 통해 경쟁자와 경쟁하는 방법을 잘 알게 되었다. 두 번째 영향력인 신규 진입자들의 위

협은 지난 장에서 중점적으로 다루었고, 세 번째 영향력인 대체 상품의 위협도 앞서 자세히 언급하였다. 이제 네 번째와 다섯 번째 영향력인 고객과 공급자의 협상력에 의해 초래되는 위협을 살펴보자.

16.3 구매자와 판매자의 협상력

학습목표 더 나은 거래를 위해 당신의 협상력을 사용할 준비를 한다.

애플이 아이패드를 공개하기 일주일 전에 하퍼 콜린스와 애플 간의 팽팽한 신경전으로 긴장감이 맴돌았다. 아이북스토어는 아이패드에 친화적인 전자책을 파는 시장이며, 이 스토어는 아이패드 출시의 필수요소였다. 애플의 최고 경영자인 스티브 잡스는 모든 주요 출판사들이 그들의 책을 자신의 플랫폼에서 판매하도록 설득하기로 결정했다. 그러면서도 잡스는 자신의 조건에 따라 거래가 이루어지길 원했다. 전자책은 한 권당 12.99달러의 가격으로 아마존보다 높았으며, 애플이 판매당 30%의 수수료를 가져가는 조건이었다. 하퍼 콜린스라는 한 출판사는 가격과 수수료 모두가 너무 비싸다고 주장하며 이 제안에 주저했다. 이 출판사는 4대 주요 출판사 중 유일하게 그 제안을 받아들이지 않고 있었다.

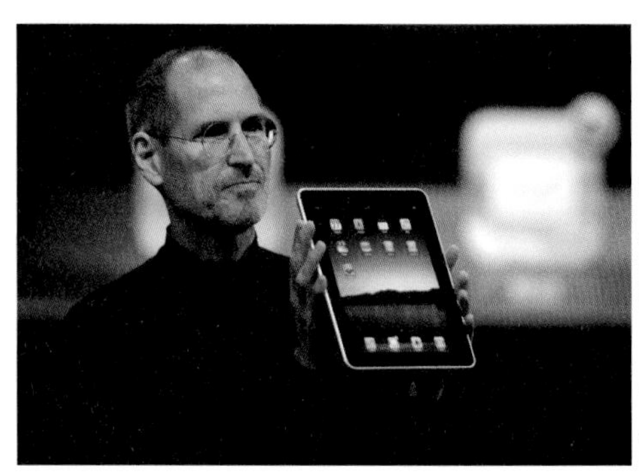

스티브 잡스와 제임스 머독 사이의 협상은 모두 협상력에 관한 것이었다.

하퍼 콜린스를 소유하고 있는 뉴스 코퍼레이션의 임원인 제임스 머독은 잡스에게 제안된 조건하에서는 전자책의 '전체 가상적 이익이 모두 애플에게만 발생한다'고 주장하는 이메일을 썼다. 애플이 제안한 거래는 하퍼 콜린스에 어떠한 이윤을 주지 않기 때문에 거래에 동의하지 않으며 '어쩌면 미래에는'이라는 표현으로 정중히 거절하였다.

그러나 잡스는 계속 하퍼 콜린스를 압박해 갔다. 이어진 이메일에서 그는 하퍼 콜린스에게 남은 선택지는 세 가지뿐이고, 그중 어느 것도 좋을 게 없다고 주장하였다. 하퍼 콜린스가 애플의 약관에 동의한다면 잠재적으로 대중판매 시장에 도달할 수 있다. 하퍼 콜린스가 애플보다 아마존의 곁에 있다면, 아마존은 결국 더 나쁜 조건을 제공할 것이다. 또한 하퍼 콜린스가 전자책 판매를 거부한다면 그 책이 불법 복제되는 것을 볼 수도 있을 것이다. 그는 이메일을 끝맺으며, "아마도 뭔가 빠졌을 수도 있는데 다른 대안이 보이지 않는다. 당신은 다른 대안이 보이는가?"라고 썼다.

잡스의 책략이 통하였다. 머독은 수긍하였고, 하퍼 콜린스는 출시 전날 애플의 조건에 동의하였다. 나머지는 역사에서 보이는 대로이다.

당신은 이 거래에서 숙련된 협상가를 보았을 것이다. 그러나 이 이야기는 협상력이 어떻게 궁극적으로 협상을 형성하고 제한하는지에 대해 좀 더 깊은 내용을 보여준다. 머독은 기꺼이 거절할 용의가 있다는 신호를 보냈는데, 이는 종종 좋은 거래를 위한 최선의 전략이기도 하다. 하지만 좋은 대안이 없을 때 이 위협은 별로 도움이 되지 않는다. 비록 많은 출판사가 있었지만, 전자책 판매자는 아마존과 애플 두 곳뿐이었다. 궁극적으로 하퍼 콜린스는 애플이 그들을 필요로 하는 것보다 더 애플이 필요하였다. 그래서 잡스는 이를 머독의 허세라고 불렀다. 더 나은 옵션이 없는 상황에 직면한 하퍼 콜린스는 결국 애플이 원하는 것을 받아들여야 하는 거래에 서명하였다.

협상력

우리의 다음 과제는 당신의 협상력을 평가하는 것이다. 협상의 결과는 고객과 판매자 양측의 협상력에 의해 결정되므로 둘을 동시에 분석하는 것이 좋다. 이 절에서는 더 나은 거래를 위해 협상력을 사용하는 방법과 경쟁자들이 더 유리한 가격을 끌어내기 위해 협상력을 사용하는 방법에 대해 살펴보고자 한다. **협상력**(bargaining power)은 자신을 위해 더 나은 거래를 협상할 수 있는 능력이다. 판매자는 더 높은 가격으로 판매하기 위해 협상하고, 구매자는 더 낮은 가격으로 구매하기 위해 협상한다.

협상력 더 나은 거래를 협상할 수 있는 능력

당신의 차선책이 협상력을 결정한다. 기회비용의 원리는 협상력의 근원을 이해하는 데 중요하다. 이 원리는 항상 '이것이 아니면 무엇을 선택할지'를 물어야 한다고 말한다. 협상 테이블에 있을 때, 당신은 거래를 해야 할지 아니면 이 거래 이외의 최선의 선택가치인 **차선책**(next best alternative)을 추구해야 하는지 자신에게 물어봐야 한다. 구매자로서, 당신의 차선책은 다른 사람에게서 구매하거나, 약간 다른 상품을 구매하거나, 단순히 아무것도 하지 않는 것이다. 마찬가지로, 판매자로서 차선책은 다른 사람에게 판매하거나, 다른 제품을 만들거나, 생산을 줄이는 것이다.

차선책 이 거래 이외의 최선의 선택가치

차선책이 협상력을 결정하게 되면 대안이 좋을수록 협상력이 높아진다. 최소한 안 좋은 거래를 하지 않겠다고 할 수 있기 때문이다. 이 때문에 바로 제임스 머독이 스티브 잡스가 제안한 거래를 최종적으로 수락했던 것이다. 비록, 하퍼 콜린스에게 좋은 조건은 아니었지만, 차선책이 더 나빴기 때문에 이 거래를 하지 않겠다고 할 수 없었던 것이다. 스티브 잡스는 이것을 알고 버텼던 것이다.

이 아이디어를 연봉 협상에서도 사용할 수 있다. 당신이 딜로이트에서 자문위원으로 일하고 있을 때 PwC(프라이스워터하우스쿠퍼스)에서 스카우트하려고 할 수도 있다. PwC와의 협상에서 차선책은 딜로이트에서 계속 일하는 것이다. 딜로이트의 현재 연봉이 높을수록 PwC와 협상할 때 협상력이 높아진다.

상대편의 차선책이 협상력을 결정한다. 여기에는 중요한 대칭이 있다. 당신이 협상 중인 사람들은 그들의 차선책이 더 나을수록 더 많은 협상력을 가진다. 그들의 차선책이 그들이 떠날 시점을 결정한다, 예를 들어 PwC가 당신을 고용하는 것에 대한 차선책은 최근 대학 졸업자를 고용하는 것이다. 대학을 졸업하고 연봉이 낮을수록 PwC의 협상력은 더 향상된다.

가능한 결과의 범위는 양측의 차선책을 반영한다. 종합하면 구매자와 판매자의 차선책이 가능한 결과의 범위를 결정한다. 가격은 판매자의 차선책보다 높아야 하며, 구매자의 차선책보다 낮아야 한다. 협상력이 결과를 어떻게 결정하는지 바로 확인할 수 있다.

예를 들어, 현재 딜로이트가 연봉으로 7만 달러를 주고 있다면 PwC가 7만 달러 이상을 지급해야 이동할 것이다. 그리고 PwC의 경우 당신과 똑같이 유능한 자문위원과 9만 달러의 연봉에 협상 중이라면, PwC는 당신을 9만 달러 이하의 연봉으로 고용할 의향이 있을 것이다.

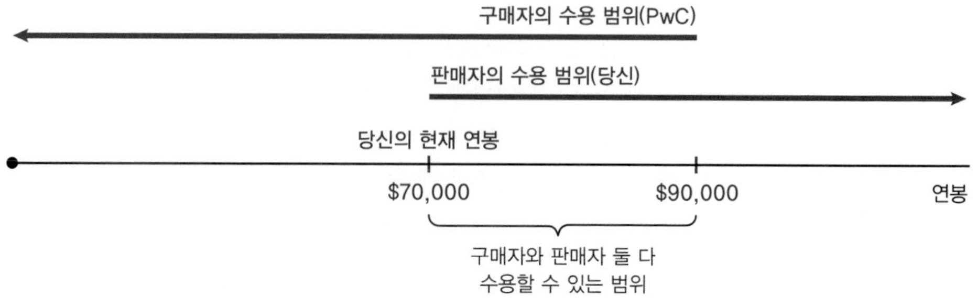

따라서 협상력은 당신의 연봉을 최소 7만 달러까지 올리는 반면, PwC가 지급할 연봉은 9만 달러 이상으로 오르지 않도록 보장해야 할 것이다. 그 결과 PwC와의 협상으로 7만 달러에서

9만 달러 사이의 어느 지점에서 연봉이 제시될 것이다.

차선책을 개선하여 협상력을 향상시킬 수 있다. 이 분석은 더 많은 협상력을 원한다면 차선책을 개선해야 한다는 한 가지 분명한 조언을 제공한다. 이를 수행하는 방법에 대해 창의적으로 생각하는 것은 당신에게 달려있다. 예를 들어, PwC에서 일하기 위해 인터뷰하는 컨설턴트는 언스트앤드영과도 일하기 위해 인터뷰를 함으로써 임금 협상이 잘될 것이다. 만약 언스트앤드영이 당신에게 8만 달러에 고용할 용의가 있다고 말하면 이것이 당신의 차선책이 될 것이다.

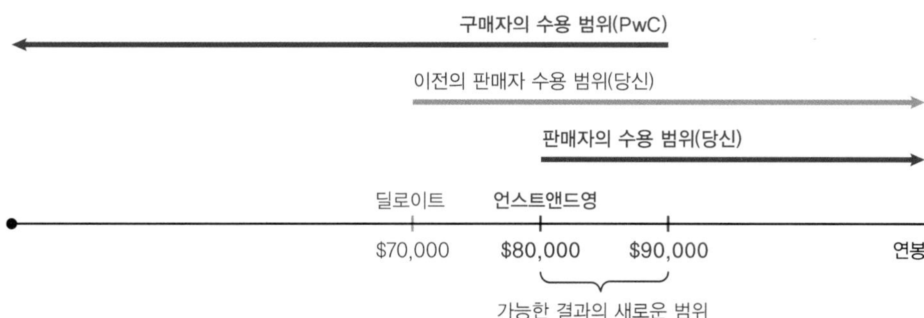

하지만 이 대안을 비밀로 유지하지 말아야 한다. PwC가 그것을 알고 있는 경우에만 당신은 더 강한 협상 위치에 대응할 수 있다. 그리고 PwC가 똑똑하다면, 그 기업은 경쟁력을 갖추기 위해 최소한 8만 달러를 당신에게 제시해야 함도 바로 깨달을 것이다. 그 결과, 예측 가능한 연봉 협상의 범위가 훨씬 더 좋아지고, PwC의 연봉 제안은 8만 달러에서 9만 달러 사이가 될 가능성이 클 것이다.

일상경제학 가계 수리비용을 절감하는 방법

지붕에 물이 새기 시작하고 파이프가 터지거나 전기 배선이 끊겼을 수도 있다. 가정에서 일어난 사고가 무엇이든지 간에 당신은 수리하길 원할 것이다. 한 시공자에 전화해서 수리를 요청하면 그 시공자는 높은 가격을 청구할 가능성이 크다. 시공자는 대피소, 물 또는 전기 없이 사는 차선책이 매우 끔찍함을 알기에 자신들에게 협상력이 많을 것으로 생각한다.

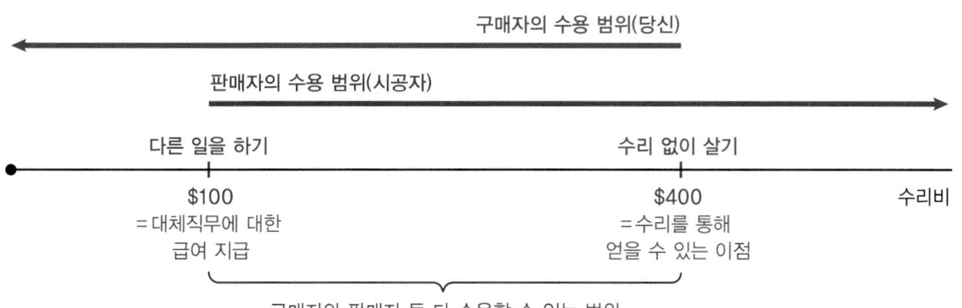

Sue Barr/Image Source/Getty Images

다른 시공자에게도 전화해서 견적을 낼 예정이라고 그에게 말하세요.

그러나 당신이 두 명의 다른 시공자에게도 전화를 걸어 견적을 요청하면 최선의 대안이 다른 시공자에게 수리를 요청하는 것임을 바로 알 수 있을 것이다. 이것은 당신의 협상력을 엄청나게 향상시키게 된다.

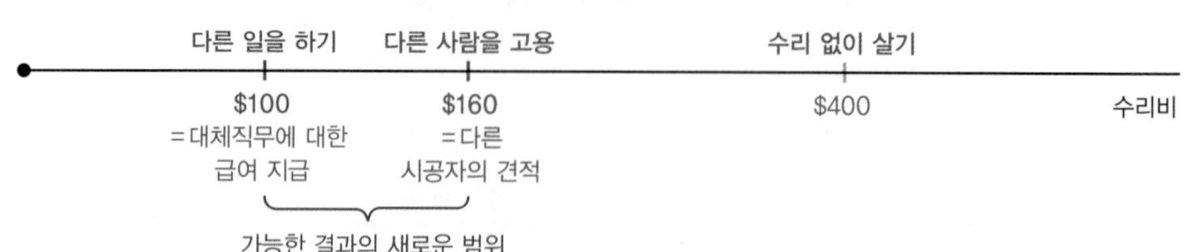

이러한 협상의 개선은 각자 일을 원하는 경쟁 시공자들이 서로 더 낮은 가격을 제시하도록 이끈다. 단지 한 시공자에게 전화를 걸어 견적을 받으면서 다른 두 가지 견적을 더 받을 것이라고 말하면 그만이다. 그 시공자는 당신이 실제로 전화를 걸었는지 알지 못하지만, 당신이 다른 업체도 고려하고 있다는 그 사실 때문에 당신에게 좀 더 합리적인 가격을 제안하도록 이끌게 된다. ■

협상은 당신의 제시 선보다 더 큰 지분을 받도록 도울 수 있다. 차선책에 초점을 맞추면 양측의 협상력을 상당히 잘 이해할 수 있다. 당신은 당신의 차선책보다 낮은 연봉을 받지 않을 것이고, PwC는 그들의 차선책보다 더 높은 연봉을 지급하지 않을 것이다. 거래가 성사되려면 두 사람 모두 두 수용범위 안의 연봉에 합의해야 한다.

따라서 차선책에 집중하면 가능한 다양한 결과를 얻을 수 있다. 그렇다면 다음 단계는 무엇일까? 당신은 서로가 제시한 중간 금액에서 동의할 경우가 많을 것이며 이는 8만 5,000달러의 연봉이 될 것이다. 아니면 당신은 8만 9,000달러 이하로는 계약하지 않겠다고 강경하게 버틸 수도 있다. 하지만 이 선택은 성공할 수도 있고 실패할 수도 있으므로 조심해야 한다. PwC 또한 8만 1,000달러 이상은 지급할 수 없다고 강경하게 나올 수 있다. 이처럼 당신의 요구는 그들의 요구만큼이나 받아들이기 어렵고 이러한 행동 때문에 거래가 되지 않는 것보다 중간 금액에서 합의하는 게 더 낫다는 사실을 앎에도 이들 서로는 그들의 강경한 태도로 인해 합의에 도달하기 어려울 수 있다.

궁극적으로 그것은 협상력으로 귀결된다. 아마도 당신은 PwC에 당신의 차선책이 실제보다 훨씬 낫다고 설득할 수 있을 것이다. 아마도 당신은 다른 누군가가 와서 당신에게 8만 6,000달러를 제안할 수 있다고 그들에게 설득할 수도 있을 것이다. 아니면, 그들의 차선책이 더 나쁘다고 설득할 수 있을지도 모른다. 예를 들어, 당신이 그들이 제안한 그 연봉 범위 내에서 고용할 수 있는 다른 누구보다도 그 일에 훨씬 더 능숙하다고 주장할 수 있다. 아마도 당신은 불쾌한 협상을 더 오래 할 용의가 있을 것이고 결국 그들은 지치게 될 것이다. 이런 관점에서 볼 때, 지금 거래를 체결하는 것의 차선책은 내일로 그 협상을 지연시켜 계속하는 것이다. 그리고 계속 협상할 의향이 클수록 차선책은 더 좋으므로 협상력이 더 향상된다. 이제 시간이 지남에 따라 협상력이 변화할 때 발생할 수 있는 특정 문제를 살펴보자.

홀드업 문제

당신은 제대로 된 아파트를 찾느라 3주를 보냈고 마침내 완벽한 장소를 찾았다. 월세는 1,200달러로 크기는 조금 작지만 아기자기해서 행복하리라 생각했다. 소지품을 챙기고 이삿짐 센터를 고용하고 일주일 동안 휴가를 내어 짐을 풀고 인터넷을 설치했다. 그리고 당신은 집에 딱 맞는 가구를 사는 데 시간과 돈을 투자했다. 아마도 당신은 부엌의 어색한 자리에 딱 맞는 작은 아침 식사용 테이블이 필요할 것이다. 그리고 노출된 벽돌 벽 옆으로 튀어나올 것을 생각하여 다소 특이한 소파를 살 것이다. 새 아파트에서 보내는 첫해는 행복하게 지나간다.

그런데 집주인이 월세를 1,600달러로 갑자기 인상하겠다고 한다. 당신은 그 소식에 화가 났으며, 만일 1년 후에 월세 인상이 있을 것을 알았다면 당신은 1년 전에 이사하지 않았을 것이다. 하지만 그때는 그때였고, 지금은 지금이다. 이제 이 아파트에 세 들어 살고 있으니 다른 데로 이사를 하려면 비용이 많이 들 것이다. 만일 이 아파트가 아닌 다른 아파트를 찾는다면 아마도 시간이 걸릴 것이고, 이삿짐 센터를 다시 찾아 이사하는 데 수천 달러를 더 쓰게 될 것이며, 다른 아파트로 이사하면 또 다른 소파를 구매해야 할지도 모른다. 1년 전이라면 당신은 월세로 1,600달러를 지불하는 데 동의하지 않았을 것이지만, 지금은 이 아파트에 살고 있으므로 주인이 요구한 높은 월세지만 이곳에 머무르는 것이 최선의 선택임을 당신은 알 것이다. 집주인은 사실상 당신에게 더 좋은 옵션이 없다는 것을 알고 있으므로 자신에게 더 나은 거래를 요구하고 있다. 경제학자는 당신이 이런 일이 닥칠 수 있다는 것을 예측했어야 했다고 말할 것이다.

asbe/iStock/Getty Images

이 아기자기한 스튜디오 아파트는 집주인이 월세를 올리면 이 전보다 덜 멋져 보인다.

홀드업 문제는 관계-특유 투자에서 비롯된다. 이삿짐 센터를 이용하고, 작은 아침 식사용 테이블을 사고, 특이한 소파를 구매하는 데 투자한 것은 모두 **관계-특유 투자**(relationship-specific investment)이다. 관계-특유 투자란 특정 비즈니스 관계와 관련하여 더 가치가 있는 투자를 말하는 것이고, 이 경우 특정 비즈니스 관계란 집주인과 계속 임대계약을 맺는 것이다. 만약 당신이 소파와 테이블이 쓰이지 않는 다른 아파트로 이사하면 낭비되는 돈이 이 경우의 관계-특유 투자이다.

관계-특유 투자 현재의 비즈니스 관계가 지속되면 가치가 올라가는 투자

집주인과의 문제는 **홀드업 문제**(hold-up problem)의 한 예시이다. 일단 당신이 관계-특유 투자를 하면 협상력을 잃고, 상대방은 당신에게 더 나쁜 거래를 받아들이도록 강요할지도 모른다. 아파트의 경우, 당신이 이사해서 가구를 멋지게 꾸미고 나면 이사를 하는 차선책보다 계속 머무르는 것이 훨씬 더 가치 있게 된다(이것이 관계-특유 투자이다). 만약 당신이 이사한다면 많은 것을 잃을 것이고 이것이 당신의 협상력을 감소시킨다. 집주인은 당신이 관계-특유 자본에 투자한 돈을 이용하고 있다.

홀드업 문제 관계-특유 투자를 하면 다른 상대방은 더 좋은(당신은 불리한) 조건을 얻고자 재협상하려고 한다.

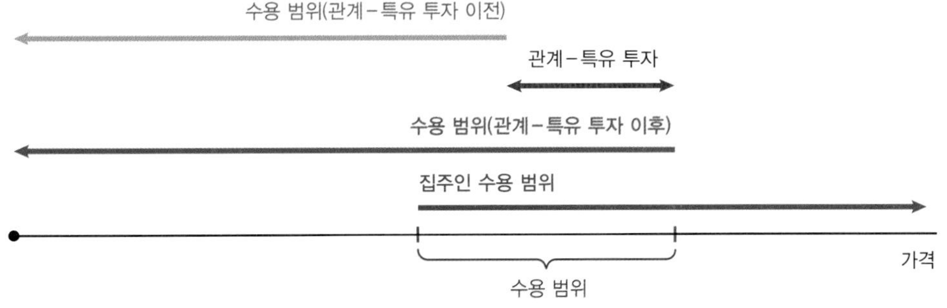

1년 전만 해도, 당신의 차선책은 1,300달러 월세의 다른 비슷한 아파트였다. 현재 당신의 차선책은 비싼 이사 비용을 지불하고 기존 가구를 팔아야 하는 더 나쁜 선택이다. 그 결과 많은 협상력을 잃어버렸고 원하지는 않지만, 현재 더 높은 임대료를 지불하는 것보다 더 나은 선택이 없다고 느낀다.

많은 기업은 관계-특유 투자를 할 필요가 있다. 홀드업 문제는 당신이 관계-특유 투자를 할 때마다 발생할 수 있다. 다음 예에서 알 수 있듯이 이러한 투자는 비즈니스 세계에서 매우 흔하다.

- 가장 큰 고객이 인접한 곳에 당신의 공장을 둔다.
- 당신의 주요 공급업체가 사용하고 있는 컴퓨터 시스템과 연계될 수 있도록 당신의 재고

관리시스템을 통합한다.

- 주요 고객의 특정 요구 사항을 충족하는 데 필요한 특수 기계에 투자한다.
- 회사에서 판매하는 제품에 대한 모든 기술적 세부 사항을 알 수 있도록 영업 인력을 교육한다.

이러한 것들은 기업이 효율적으로 운영되는 데 필요한 투자이다. 그러나 각 사례는 당신이 특정 고객, 공급업체 또는 근로자와의 협력을 중단하면 가치가 하락하는 투자이기도 하다.

홀드업 문제는 투자 부족으로 이어질 수 있다. 홀드업 문제가 미래에 발생할 수 있기 때문에 당신은 관계-특유 투자를 하지 않을 수도 있다. 결국 고려 중인 투자가 생산성이 높다고 하더라도 이후의 재협상에서 더 나쁜 거래를 하게 된다면 많은 이익을 얻지 못할 것이다. 그래서 단순히 홀드업의 가능성은 사람들로 하여금 생산적인 투자를 꺼리게 한다.

홀드업 문제는 관계-특유 투자를 하지 않는 동기이다.

예를 들어, 당신의 아파트와 완벽하게 어울리는 독특한 소파를 사는 것보다 당신은 오래된 중고차를 살 수도 있다. 이 아파트에 어울리는 소파를 사고 싶지만 이사해야 할 때 가치가 없을 수도 있다. 게다가 그것을 구매하면 집주인의 협상력이 향상되기 때문에 월세를 인상할 가능성이 커진다. 당신이 아파트를 바꿔야 할 때 쓸모없는 큰 투자를 피할 수 있으므로, 당신은 아파트에 어울리는 소파 대신에 저렴한 소파를 구매한다.

이 문제는 비즈니스 세계에서도 항상 발생한다. 예를 들어, 델파이 테크놀로지스는 포드의 스티어링과 서스펜션 부품을 만든다. 델파이는 포드의 요구에 가장 잘 맞도록 생산 공정을 최적화할 수 있으며, 델파이가 포드에 계속 판매하는 한, 이 관계-특유 투자는 가치가 있다. 하지만 델파이가 다른 자동차 회사들에 부품을 판매하는 데 있어 델파이의 효율성은 떨어질 것이다. 전략적 문제는 이러한 관계-특유 투자가 포드 외에 다른 기업에 부품을 파는 델파이의 차선책을 약화시켜 델파이의 협상 위치를 약화시킬 수 있다는 것이다. 그래서 델파이는 포드가 이를 유지하고 부품에 대해 더 낮은 가격으로 재협상할 가능성을 피하고자 이러한 관계-특유 투자를 하지 않기로 선택할 수 있다.

Milkos/Getty Images
베이지색은 어디든 어울린다.

홀드업 문제는 비생산적인 투자로 이어질 수 있다. 홀드업 문제는 또한 당신의 협상력을 보호하기 위해 비생산적인 투자로 이어질 수 있다. 예를 들어, 새 아파트의 노출 벽돌과 잘 어울리는 소파를 사기 위해 대담한 색상 대신 베이지색을 살 수 있다. 아무도 베이지색을 좋아하지는 않지만, 베이지색은 어떤 아파트의 카펫과도 충돌하지 않기 때문에 어쨌든 그것을 구매할 것이다. 베이지색의 무언가를 구매함으로써 당신은 비생산적인 투자를 하였지만, 그것은 그만한 가치가 있다. 당신이 아파트를 바꿔야 하는 경우에도 그 가치를 유지할 수 있기 때문이다. 그리고 이것은 집주인과의 협상력을 높여준다. 차선책인 이사를 하는 경우에도 베이지색 소파는 비용을 절약하게 되고, 더 나은 대안이 되기 때문이다.

이 부분을 좀 더 다루어보면, 때때로 회사들은 그들의 현재 사업 파트너들과의 협상력을 높이고자 다른 회사들과의 비즈니스 관계에 낭비적인 투자를 하기도 한다. 예를 들어, 델파이는 트랙터 회사와 거래할 계획이 없더라도 트랙터 부품을 보다 효율적으로 생산하는 데 투자할 수 있다. 그것은 낭비적으로 보이지만, 델파이는 이 투자가 자동차 제조회사와의 협력에 대한 차선책을 개선하기에 수익성이 있다고 생각한다. 이것은 포드와의 향후 협상에서 더 나은 조건을 요구하는 데 사용할 수 있는 협상력을 높여준다.

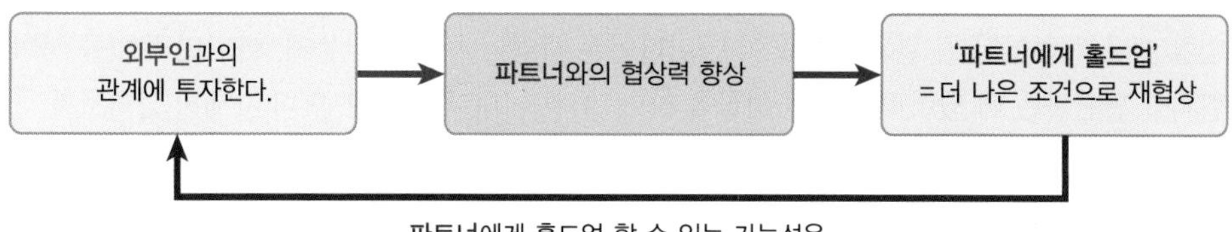

파트너에게 홀드업 할 수 있는 가능성은
외부관계에서 낭비적인 투자를 하도록 하는 유인이다.

이상으로 홀드업 문제는 델파이가 사용하지 않을 기술(예 : 트랙터 부품 제작)에 과잉 투자를 하고, 기존 일상적인 생산에 사용하는 기술에 과소 투자할 수 있다. 업계의 이사들은 이러한 유사 문제로 인해 회사의 실적이 저조해졌다고 보고한다. 이 때문에 경영진은 홀드업 문제에 대한 현명한 솔루션을 찾게 되었고, 이는 우리를 계약 이론이라고 하는 새로운 경제 영역으로 이끌었다.

계약 이론

홀드업 문제를 해결하기 위한 가장 간단한 방법은 관련 기간 동안 양측이 특정 조건을 준수하도록 하는 장기 계약서를 작성하는 것이다. 중요한 것은, 당신의 사업 파트너가 일방적으로 어떤 조건들로 재협상하는 것을 막으려 하더라도 그들은 당신을 막지 못할 것이다. 예를 들어, 임대료 인상 상한선을 협상함으로써 집주인이 임대료를 인상하지 못하도록 당신 자신을 보호할 수 있다. 마찬가지로 델파이는 포드와 장기계약을 맺어 포드가 부품에 대해 지불할 가격을 명시하고, 포드가 다른 공급업체가 아닌 델파이에서 구매하도록 계약할 수 있다.

완벽한 계약서를 쓰는 것은 어렵다. 홀드업 문제를 계약으로 해결하는 것은 이론적으로는 좋은 생각이지만 실제로 그것이 매번 이론처럼 이루어지지는 않는다. 완벽한 계약서를 작성하는 것은 어려운 작업이며, 능숙한 변호사는 종종 전문성을 기반으로 계약을 파기하는 방법을 찾을 수 있다(델파이가 부품을 하루만 10분 늦게 배송하면 어떻게 될까? 또는 부품 하나가 불량이라면 어떻게 될까?). 이로 인해 기업은 홀드업 문제에 대한 두 가지 대안을 모색하게 되었다.

sumire8/Shutterstock

도요타는 제조업체와의 약속을 잘 지키는 것으로 유명하다.

대안 1 : 평판과 반복적 상호작용. 신뢰 또는 평판을 기반으로 한 지속적인 관계는 사업 파트너가 당신 회사를 홀드업하려는 동기를 감소시킬 수 있다. 예를 들어, 많은 자동차 부품 제조업체는 도요타와 지속적인 관계를 맺고 있으며, 많은 경우 도요타가 원하는 부품을 정확하게 생산하기 위해 생산라인을 설정할 때 대규모 관계-특유 투자를 수반한다. 그들은 도요타가 부품 가격 인하의 재협상을 하지 않는 회사라는 평판을 쌓아왔기 때문에 이러한 관계-특유 투자를 하는 데 거부감이 없다. 그리고 그들은 도요타가 공정한 사업 파트너로서의 명성을 잃는 데 드는 비용이 공급업체 중 하나를 홀드업 함으로써 얻는 이익보다 더 클 것이기 때문에 계속해서 그들을 잘 대할 것으로 확신한다.

대안 2 : 수직적 통합. **수직적 통합**(vertical integration)은 생산 체인의 다른 단계에 있는 두 회사가 결합하여 하나의 회사를 형성할 때 발생한다. 이것은 생산 체인의 상하로 사업을 포함하므로 수직적이며, 이 두 사업이 하나의 통합된 단위로 작동하므로 통합적이다. 수직적 통합은 홀드업 문제를 해결하는 또 다른 방법이다.

수직적 통합 2개(또는 그 이상)의 회사가 생산 체인에 따라 하나의 회사로 결합한 경우

도요타는 자동차 부품 제조업체와의 평판에 의존했지만, 포드는 수년 동안 수직적 통합에

의존했다. 다양한 공급자로부터 자동차 부품을 구매하는 대신 포드는 대부분 해당 공급업체를 인수하거나 투입물 자체를 생산해왔다. 자동차 제조업체와 공급업체가 모두 합쳐지면, 사업 전체에 추가 이익을 주거나 더 큰 이익을 가져오지 않기에 더 이상 한 회사가 다른 회사를 홀드업할 이유가 없어진다. 결과적으로 이 아이디어는 사업이 무엇을 만들지, 아니면 무엇을 사야 할지를 판단하는 데 있어 핵심적인 역할을 한다. 이 아이디어에 대해 좀 더 자세히 살펴보자.

무엇을 만들고, 무엇을 사야 할까

이 시점에서 우리는 협상력을 행사하는 공급자와 고객에 의해 당신의 이윤이 취약해지는 여러 가지 방법을 살펴보았다. 수직적 통합의 논리는 사업 파트너와 힘을 합쳐 더 큰 통합회사를 설립함으로써 이러한 문제를 해결할 수 있다는 것이다. 하지만 이 논리는 얼마나 갈까? 즉 당신의 회사는 무엇을 만들어야 하고 무엇을 사야 할까?

이 질문에 대한 답에 따라 사업의 규모, 범위, 형태가 결정된다. 당신은 가장 가공되지 않은 원자재부터 시작해서 다양한 생산 단계를 거쳐 판매할 것인가? 아니면 공급자에 의존하고 생산 공정의 한 부분을 전문화한 다음 당신의 제품을 다음 생산 단계로 판매할 것인가?

비용-편익의 원리는 '제조 비용', '구매 비용', '편익'의 비중에 따라 무엇을 만들고, 무엇을 구매해야 하는지에 대한 해결책이 달라진다는 것을 의미한다.

'제조'의 이점은 공급자가 당신의 회사를 부당하게 이용하지 않도록 한다. 포드의 임원들이 처음에 외부 공급자로부터 자동차 부품을 구매하기보다는 회사 내에서 많은 자동차 부품을 만들기로 했을 때, 부품 생산의 상당한 이점이 있다고 판단했다. 이러한 이점은 다음과 같다.

- 홀드업 문제 해결 : 앞서 논의했듯이 수직적 통합은 포드와 공급자 간의 홀드업 문제를 해결한다. 포드는 이러한 공급자들을 합병하면서 이들이 가치 있는 포드-특유 투자를 할 수 있는 강력한 유인을 만들어냈다. 그것은 또한, 공급자들이 그들의 협상력을 강화하기 위해 비생산적인 투자를 하도록 하는 유인을 제거했다.
- 거래비용 절감 : 공급자들과 협상하여 지불할 가격을 정하고 상세한 계약서를 작성하는 과정은 비용이 많이 든다. 경제학자들은 이를 거래비용이라고 부르며 공급자가 회사의 다른 부서일 경우 이러한 비용 중 많은 부분을 절감할 수 있다.
- 공급자 시장지배력 제거 : 당신의 공급자가 시장지배력을 가지고 있다면, 그들은 당신에게 높은 가격을 부과하여 더 큰 이윤을 남기려 할 것이다. 이는 공급자가 이윤을 높여 사익을 높이기 위한 선택이지만, 공급자의 높은 이윤은 곧 당신의 이윤을 줄임으로써 상쇄되므로 당신에게 있어 최선의 결합 이윤은 아니다. 즉 가격이 비싸면 당신은 적은 양을 구매해야 하므로 이것은 비효율적이다. 하지만 당신이 통합하면 사업 전체로서 통합적 사업의 관점에서 그들은 최선의 결정을 내릴 것이다.
- 브랜드 내 경쟁 감소 : 수직적 통합은 브랜드 내 경쟁을 감소시켜 광고 및 고객 서비스 비용을 낮출 수 있다. 예를 들어, 애플은 수직적으로 통합하여 컴퓨터와 운영체제 모두를 만듦으로 애플로만 광고한다. 그러나 델의 윈도우 운영체제, 인텔의 칩 및 다른 회사의 구성요소를 사용하여 설치한 PC에는 많은 종류의 스티커가 붙어있으며 회사마다 중복되는 광고 예산이 많다. 맥이 고장 나면 애플의 서비스 센터에서 하드웨어와 소프트웨어 문제를 모두 처리할 수 있지만, 고장 난 PC는 델로 반품하거나 인텔의 새 칩으로 복구하거나 윈도우에서 문제를 해결하기 위해 마이크로소프트에 전화해야 할 수도 있다.

한국의 수직적 통합 계약 이론 2010년 현대제철의 일관제철소 완공을 끝으로 현대기아차그룹은 수직적 통합을 완성했다. 현재 현대기아차그룹은 현대제철로부터 자동차용 강판을, 현대모비스 · 현대위아 등으로부터 엔진 · 변속기 등 부품을 공급받아 완성한 후 물류 계열사인 현대글로비스가 운송하는 구조를 갖추고 있다. 현대기아차그룹은 일사불란한 의사결정과 자동차 산업 전문화를 통한 원가 경쟁력 확보 등 수직적 통합의 장점을 활용해 5대 글로벌 자동차 업체로 급성장했다. 그러나 이러한 수직적 통합은 완성차 판매가 흔들리면 그룹 전체 수익성이 동시에 악화되는 구조적 취약함을 가지고 있다. 실제로 2017년 1분기 '사드 보복'으로 중국 판매가 급감하면서 현대기아차의 영업이익률이 크게 감소하자 같은 계열사인 현대모비스, 현대위아, 현대글로비스도 마찬가지로 영업이익이 감소하였다.[1]

'제조'의 비용은 대기업의 유인을 약화시킨다. 수직적 통합의 이러한 모든 이점을 고려할 때, 수직적으로 통합하여 하나의 거대한 회사를 만드는 것은 어떨까? 사실 먼 이야기지만 이 논리를 충분히 따라가보자. 왜 경제 전체가 하나의 대기업으로 통합되지 않았는지 궁금할 것이다.

문제는 수직적 통합에 비용이 든다는 것이다. 결국 수직적 통합은 전문화의 역행으로, 전문화에는 실질적인 이점이 있다. 예를 들어 도요타는 자동차를 잘 만들기는 하지만 자동차 부품을 잘 만들지는 못하기 때문에 전문 부품업체에 의존한다. 도요타는 '핵심 역량'에 집중하라는 경영진의 조언을 따르고 있다.

수직적 통합의 핵심 비용은 유인을 무디게 할 수 있다는 것이다. 자동차 부품업체들의 효율성이 높은 이유 중 하나는 이들 중 상당수가 비교적 소규모 사업들이고 이윤을 얻고자 하는 동기로 인해 비용을 낮추고 수입을 증가시키기 위해 열심히 일하기 때문이다. 하지만 당신이 그 사업을 합병하여 대기업의 일부로 만들게 되면 이러한 개인의 이윤 창출 동기는 약해진다. 즉 경쟁의 유인이 약해지며 효율성도 저하된다.

요약 : 균형 달성. 다시 요약해보자. 고객 또는 공급자의 협상력이 걱정된다면 수직적 통합을 고려할 수 있다. 즉, 당신은 구매하는 것이 아니라 만드는 것을 선택할 수 있다. 당신이 홀드업 문제에 관해 걱정한다면, 이러한 선택이 좋은 생각일 수 있다. 반대로, 만드는 것보다 시장에 의존하여 구매를 선택하는 것은 근로자들이 열심히 일하도록 하는 강한 동기부여를 제공한다는 측면에서 좋은 선택이다. 경제 전반에 걸쳐 경영자들은 각기 다른 선택을 하고 있으며, 일부 공급망에는 전문화된 수백 개의 소규모 기업들이 포함되는 반면 다른 공급망에는 모든 생산 단계에 관여하는 거대한 대기업이 지배하기도 한다. 적절한 균형은 현재 상황과 사업 능력에 따라 달라진다.

함께 해보기

우리는 사업 전략으로 수십억 달러 규모의 체인점을 보유한 커피 전문점인 스타벅스의 이야기로 이 장을 시작했다. 이제 당신은 스타벅스의 전략을 이해하고 성공으로 이끄는 방법을 이해하는 데 필요한 도구인 다섯 가지 영향력 프레임워크를 배웠다. 자, 그럼 스타벅스가 성공을 위해 다섯 가지 영향력을 각각 어떻게 다루었는지 평가하여 이 모든 것을 하나로 묶어보자.

첫 번째 영향력 : 기존 경쟁자들과의 경쟁. 스타벅스는 미국 커피숍 시장의 거의 40%를 점유하고 있으며, 다음으로 큰 경쟁자인 던킨은 약 20%를 점유하고 있다. 스타벅스는 또한 팀 홀튼,

---

1 출처 : NH Research Center(2010.02.04.). 현대기아차그룹-수직적 통합의 완성
레디앙(2018.11.12.). 현대기아차의 수직계열화(http://www.redian.org/archive/126912)
비즈조선(2017.05.04.). 수직계열화 '덫'에 걸려… 현대 · 기아차그룹 급브레이크(https://biz.chosun.com/site/data/html_dir/2017/05/03/2017050302227.html)

피츠, 맥도날드 같은 체인점은 물론 수많은 독립 커피숍과 레스토랑과도 경쟁한다. 이렇게 치열한 경쟁 속에서 스타벅스는 어떻게 지배적인 위치를 유지할 수 있을까?

간단히 말해서, 스타벅스는 제품을 차별화하고 신중하게 제품을 포지셔닝 한다. 스타벅스가 1980년대 말 확장하기 시작했을 때 커피를 마시기 위한 최선의 선택은 보통 지역 내 식당이었다. 스타벅스는 커피를 더 신선하고, 진하고, 좋게 만들어 차별화하였다. 스타벅스는 확장하면서 자사 제품을 더욱 차별화하여 설탕을 거의 넣지 않는 블랙커피부터 설탕이 많이 들어간 프라푸치노에 이르기까지 다양한 음료를 제공하였다. 또한 스타벅스는 커피뿐만 아니라 분위기도 판매하고 있으며 편안한 소파는 던킨의 딱딱한 나무 의자보다 더 매력적이다. 스타벅스는 커피를 빨리 구입할 수 있는 장소이기도 하다. 그곳은 변화하고 편리한 지역에 있고 바리스타들은 효율적으로 움직인다. 스타벅스는 또한 지속해서 좋은 커피에 대한 명성을 쌓기 위해 열심히 노력해 왔다. 당신이 이동 중일 때 맥도날드가 신뢰할 수 있는 치즈버거를 제공한다고 믿는 것처럼 스타벅스가 믿을 수 있는 커피를 제공한다고 신뢰할 수 있다.

효과적인 비가격 경쟁을 통해 제품의 모든 측면을 차별화함으로써 스타벅스는 높은 가격을 책정하면서도 여전히 충성도가 높은 대규모 고객 기반을 유지하고 있다.

sumire8/Shutterstock

모두가 스타벅스에 가기 때문에 당신은 스타벅스에 간다.

두 번째 영향력 : 잠재적 진입자들의 위협. 당신은 스타벅스를 능가할 우수한 커피숍 체인을 시작해야 한다고 생각할지도 모른다. 글쎄, 스타벅스는 수요 측면의 전략을 사용하여 자신의 고객을 확보하기 위해 진입 장벽을 만들어 경쟁을 어렵게 해왔다. 스타벅스는 자체 보상 프로그램을 통해 전환 비용을 만들어왔다. 즉, 사람들이 모르는 곳보다는 사람들이 모두 아는 스타벅스에서 당신이 친구를 만나자고 제안하기 쉽게 만드는 네트워크 효과를 만들어왔다. 또한 많은 고객이 새로운 경쟁자에게 쉽게 넘어가지 않도록 브랜드 충성도를 높여왔다.

스타벅스는 또한 자신만의 독특한 비용 이점을 개발하기 위해 공급 측면의 전략을 채택해왔다. 스타벅스는 수십 년의 경험을 통하여 학습효과를 습득하였다. 스타벅스는 큰 규모를 효율적으로 운영하는 방법을 알고 있으며, 개별 매장이 항상 재료를 충분히 가지고 있는지를 확인하며, 모든 직원이 개별 음료를 올바르게 추출하는 방법을 알고 있다.

스타벅스는 진입 억제를 중요하게 여기고 있으며, 현금 10억 달러 이상의 활동 자금은 새로운 경쟁자와의 치열한 경쟁에서 이길 수 있는 수단으로 사용되었다. 그리고 이것이 시장 진입자들을 막을 수 있다는 것을 역사적으로 증명했다.

마지막으로, 스타벅스는 정교한 규제 전략을 쓰고 있으며, 로비스트는 다양한 문제에 대해 정부와 지속적으로 대화하고 있다. 이러한 진입 장벽의 결과로 새로운 경쟁자는 실제로 스타벅스에 도전할 수 없었다.

세 번째 영향력 : 대체상품의 위협. 스타벅스는 대체상품들에 대해서도 걱정해야 한다. 누군가를 만나고 싶을 때 꼭 커피를 마실 필요 없이 레스토랑이나 술집에 갈 수도 있다. 정말 커피를 원한다면 편의점이나 식당에서 구매할 수도 있다. 아니면 집에서 커피를 만들 수도 있고 직장에서는 당신이 사용할 수 있는 커피머신이 있을 수도 있다. 그리고 당신이 주로 찾는 것이 카페인 부스터라면 커피가 아닌 차나 레드불을 마실 수 있다.

이에 대응하여 스타벅스는 이러한 대체품 대부분을 자사 제품으로 통합했다. 차, 핫초코, 딸기크림프라푸치노, 더블 샷 에너지 드링크, 그리고 샌드위치에서 스콘에 이르기까지 다양한 음식을 판매한다. 또한 스타벅스는 가정이나 사무실에서 스타벅스 커피를 만들기 위한 재료를 판매할 뿐만 아니라 커피숍과 다양한 소매점에서 병에 든 커피 음료를 판다.

네 번째 영향력 : 공급자의 협상력. 스타벅스의 공급자들 또한 선택권을 가지고 있다. 커피 원두 공급자라면 스타벅스뿐만 아니라 거의 모든 커피 구매자에게도 원두를 팔 수 있다. 마찬가

지로 사실상 거의 동일한 제품을 판매하는 많은 커피 원두 공급자들이 있으므로, 스타벅스가 개별 공급업체와 협상할 때 차선책은 상당히 좋다. 대신 다른 커피 공급자의 거래는 삭감하는 것이다. 스타벅스는 이 레버리지를 사용하여 커피 원두에 대해 매우 경쟁력 있는 가격협상을 한다. 스타벅스는 특정 프리미엄 커피를 제공하는 데 투자할 공급자들을 찾고 있으며, 이를 위해서는 농부들이 관련된 농업 기술에 투자를 해야 한다. 이 때문에 농부들은 홀드업 문제가 생겨 투자를 꺼릴 수 있지만, 스타벅스는 장기계약과 반복적인 상호작용을 통해 그 문제를 해결한다.

스타벅스는 선택할 수 있는 수백만 명의 잠재 근로자들이 있으므로 노동력에 관한 많은 협상력을 가지고 있다. 그 결과 일반적인 스타벅스 바리스타들은 최저임금보다 겨우 몇 달러만 더 번다. 하지만 잠재 고용주들도 많으므로 노동시장이 강해질수록 좋은 근로자들을 끌어들이기 위해 스타벅스의 임금은 더 높아져야 한다.

스타벅스는 부동산과 관련하여 더 어려운 상황에 직면해 있다. 많은 임대인이 스타벅스를 세입자로 두고 싶어 한다. 그러나 괜찮은 지역에는 적합한 상점이 적고 많은 소매점이 경쟁하고 있다. 한 지역의 전체 점포 수는 상대적으로 고정되어 있으므로 임대인에게 많은 협상력이 있다. 그들은 또한 눈에 잘 띄고 편리한 위치가 시야에서 벗어난 근처보다 훨씬 수익성이 높으므로 스타벅스의 지불의사가 높다는 것을 알고 있다. 결과적으로 스타벅스는 임차료로 상당한 돈을 지불한다.

다섯 번째 협상력 : 고객의 협상력. 고객들도 협상력을 가지고 있다. 가격이 맞지 않으면 고객들은 스타벅스에 가지 않고 다른 커피숍의 커피나 아이스티로 바꿀 수 있다. 하지만 스타벅스는 제품을 차별화하기 위한 선택들 덕분에 여전히 많은 이점을 가지고 있다. 당신은 매일 가는 편리한 장소의 커피가 맛있다는 것을 알고 있다. 조금 더 저렴하고 품질이 의심스러운 커피를 마시려고 두 블록을 걸어가는 이유가 무엇인가? 당신은 스타벅스에게 가격을 낮추지 않으면 사지 않겠다고 위협할 수는 있지만, 스타벅스는 당신이 다른 곳에 가더라도 수익에 거의 영향을 미치지 않기 때문에 이에 대응하지 않을 것이다.

결과적으로 스타벅스는 보통 2~5달러 사이의 꽤 높은 가격을 부과하며 필요시에는 가격을 올릴 수 있는 충분한 시장지배력을 가지고 있다. 하지만 스타벅스는 당신과 다른 많은 정기 고객들에게 자신의 명성을 유지하고자 가격을 너무 자주 올리지는 않는다.

또한 스타벅스는 기본적으로 습관화된 제품을 판매한다. 미국 성인의 거의 3분의 2가 매일 커피를 마시고 하루 평균 세 잔을 마신다. 이것의 큰 이유는 카페인이 당신을 더 기민하게 만들 수 있기 때문만은 아니다. 카페인에는 또한 피로, 두통, 수면 방해와 같은 불쾌한 금단 증상이 있기도 하다. 그래서 커피를 마시고 평범한 기분을 느끼거나, 그것을 마시지 않고 무미건조한 기분을 느끼는 것을 두고 선택하는 것에는 협상력이 별로 없다. 반면, 갑자기 커피 한 잔에 4달러가 좋은 거래인 것처럼 보이면, 이것은 스타벅스에게 좋은 소식이다.

다섯 가지 영향력을 함께 묶어 생각해보자. 우리의 다섯 가지 영향력 분석에 따르면 스타벅스의 성공은 우연이 아니다. 다른 기업과 마찬가지로 스타벅스는 기존 경쟁자, 잠재적 진입자, 대체상품, 공급자 협상력, 고객 협상력에 대해 우려한다. 하지만 스타벅스는 다섯 가지 영향력을 모두 성공적으로 대처할 수 있었기 때문에 커피숍 시장을 계속 지배하고 있다.

다섯 가지 영향력은 도전적인 관리 역할을 성공적으로 해내기 위해 당신이 숙달해야 하는 도구들이다. 우리는 이전 장에서 이러한 이슈들을 많이 분석했고, 이번 장에서는 비가격 경쟁과 협상력에 대한 세심한 분석을 추가하여 작업을 완료하였다. 이제 당신은 밖으로 나가서 다섯 가지 영향력 프레임워크를 사용하여 기회를 식별한 다음 스타벅스와 유사한 전략적인 방식으로 실행할 수 있다.

한눈에 보기

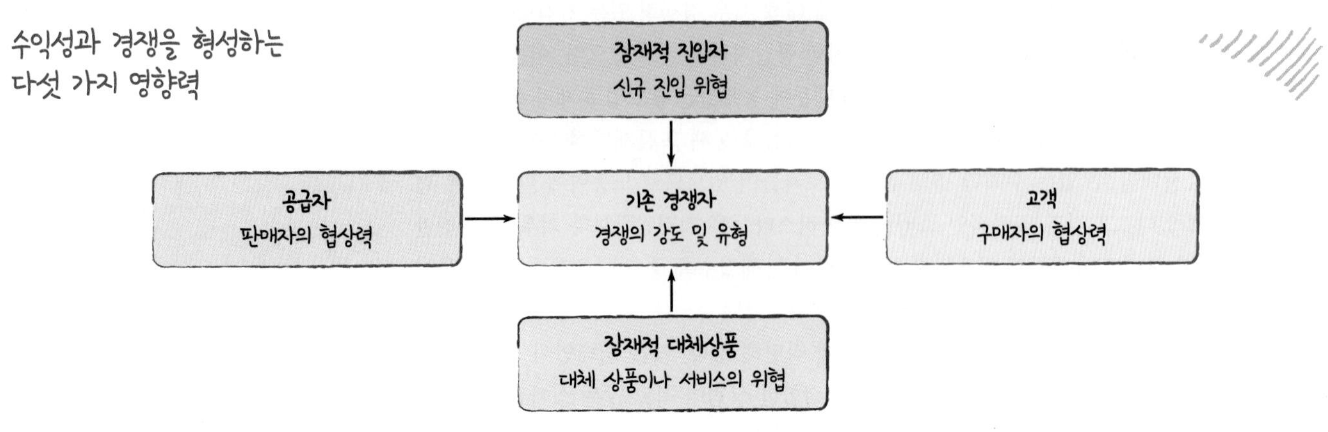

기존 경쟁자

가격 경쟁 : 낮은 가격으로 고객을 유치하기 위한 경쟁 → 순수가격 경쟁은 당신의 경제적 이윤을 '0'으로 만든다.

비가격 경쟁 : 제품 차별화로 고객을 유치하기 위한 경쟁 → 제품 차별화를 통한 비가격 경쟁은 시장지배력을 만든다.

제품 포지셔닝의 균형

1. 수요 측면 : 경쟁자와 가까이 위치하면 당신의 제품을 선호하는 고객이 최대가 된다.

만약 여기에 위치한다면 이 고객들에게 가장 가깝다.

하지만 여기는 일부 고객을 양보해야 한다.

경쟁자

만약 여기에 위치한다면 가장 많은 고객에게 가깝다.

2. 공급 측면 : 시장지배력과 더 큰 이윤을 창출하도록 가격 경쟁을 완화하기 위해 경쟁업체의 제품과 차별화한다.

광고 : 광고는 수요 및 시장지배력 증가를 목표로 한다.

공급자와 고객의 협상력

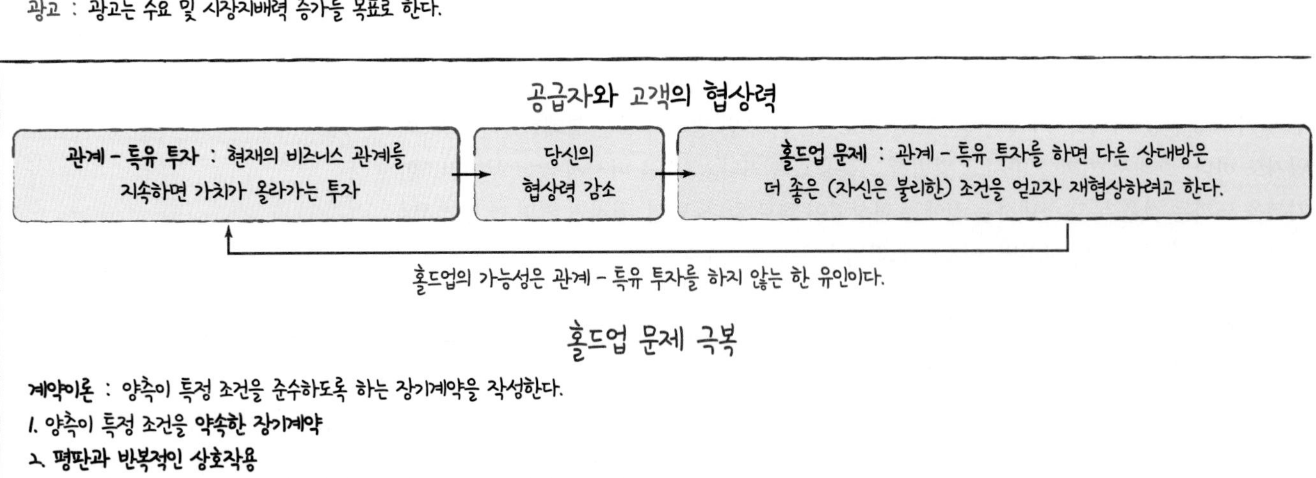

홀드업 문제 극복

계약이론 : 양측이 특정 조건을 준수하도록 하는 장기계약을 작성한다.

1. 양측이 특정 조건을 약속한 장기계약

2. 평판과 반복적인 상호작용

3. 수직적 통합 : 2개 또는 그 이상의 회사가 생산사슬에 따라 합쳐 하나의 회사가 되는 경우

편익 :
- 홀드업 문제 해결
- 공급업체 시장지배력 제거
- 거래비용 절감
- 브랜드 내 경쟁 감소

비용 : 수직적 통합은 유인을 무디게 할 수 있다.

핵심용어

가격 경쟁
관계-특유 투자
다섯 가지 영향력 프레임워크
비가격 경쟁
설득성 광고
설명적 광고
수직적 통합
차선책
탐색재
협상력
홀드업 문제

토론과 복습문제

학습목표 16.1 기업 수익성을 결정하는 다섯 가지 영향력을 분석하여 비즈니스 기회를 파악한다.

1. 특정 커뮤니티, 일례로 당신의 대학교, 당신의 이웃, 또는 심지어 인스타그램 팔로워 등에 서비스를 제공하는 소규모 사업에 대해 생각해보자. 다섯 가지 영향력 각각을 사용하여 당신이 진출하고자 하는 시장에 대해 간단히 분석하라. 당신의 사업이 장기적으로 수익성이 있다고 생각하는가? 그렇다면 혹은 그렇지 않다면 그 이유는 무엇인가?
2. 시어즈는 1990년대까지 수입 측면에서 미국에서 가장 큰 소매업체였다. 그러나 2018년 시어즈는 파산 신청을 했다. 다섯 가지 영향력 각각을 사용해서 지난 수십 년 동안 백화점의 장기적인 수익성을 잠식한 경쟁 압력을 분석하라.

학습목표 16.2 경쟁사와 비교하여 제품을 포지셔닝하는 방법을 이해한다.

3. 지난 며칠 동안 모든 매개체, 일례로 앱, 온라인 스트리밍, TV, 빌보드 등에서 본 광고의 세 가지 예를 설명하라. 그 광고는 설명적 광고인가 아니면 설득성 광고인가? 그것이 둘 다의 예가 될 수 있을까? 그것에 대한 당신의 추론을 간단히 설명하라.

학습목표 16.3 더 나은 거래를 위해 당신의 협상력을 사용할 준비를 한다.

4. 홀드업 문제로 분류될 수 있는 당신이 경험한 한 시나리오를 설명하라. 당신은 누군가를 홀드업 했는가 아니면 홀드업 당했는가? 문제가 해결되었는가? 그렇다면 어떻게 해결되었는가?

학습문제

학습목표 16.1 기업 수익성을 결정하는 다섯 가지 영향력을 분석하여 비즈니스 기회를 파악한다.

1. 재무 예측 회사인 트레피스는 미국의 활동적인 의류 회사인 언더아머에 대해 다섯 가지 영향력을 분석하고, 다음 개별 항목을 언더아머의 미래 수익성에 대한 위협으로 파악했다. 다섯 가지 영향력 중 어느 것이 개별 위협에 적용되는지 판단하라.
   a. 언더아머 제품은 여러 국가에 있는 다양한 제조업체에서 제조한다.
   b. 스포츠 의류 시장은 브랜딩, 광고 및 제품 수요 창출을 위한 자본 비용에 상당한 투자가 필요하다.
   c. 언더아머는 제품 대부분을 딕스 스포팅 굿즈 또는 메이시스와 같은 대형 소매점에 판매하며 소매점에서 최종 소비자에게 판매된다. 이러한 대형 소매점들은 나이키와 기타 다른 스포츠 의류 회사들로부터도 구매한다.
   d. 나이키와 아디다스 같은 브랜드도 운동화와 의류를 판매한다.
2. 1990년대 후반, 마이크로소프트의 경제학자들은 회사가 윈도우 운영체제를 거의 독점하고 컴퓨터가 운영체제 없이는 작동할 수 없다는 점을 감안할 때, 이들은 윈도우를 약 1,800달러로 청구할 경우 시장지배력을 이용하여 최대의 이익을 얻을 수 있다고 추정했다. 그러나 마이크로소프트는 운영체제의 가격을 사본당 평균 40~60달러로 책정했다. 이 가격 책정 전략을 정당화하기 위해 마이크로소프트가 다섯 가지 영향력 중 어떤 영향력에 대응하였는가? 당신의 추론을 간략히 설명하라.

학습목표 16.2 경쟁사와 비교하여 제품을 포지셔닝하는 방법을 이해한다.

3. 노드스트롬은 다른 소매점과 경쟁하기 위해 많은 전략을 구현했다. 다음 전략 각각에 대해 백화점이 어떻게 가격, 고객서비스, 편의성 또는 디자인에서 경쟁하고 있는지 식별하라.
   a. 백화점 외에도 노드스트롬은 노드스트롬랙이라는 아울렛 체인을 소유하고 운영하고 있다.
   b. 노드스트롬은 고객이 현지 노드스트롬의 재고를 쉽게 검색하고, 교통체증이 많은 시간을 피하고자 단 1시간 이내에 픽업할 항목을 예약할 수 있는 온라인 상점용 겟잇패스트 옵션을 개발하였다.
   c. 노드스트롬은 유망한 신진 디자이너를 갖춘 스페이스라고 불리는 매장 및 온라인 부서를 만들었다. 이 웹 사이트는 호평을 받는 웹 디자이너와 아티스트에 의해 만들어졌다.

4. 세실은 커피숍을 열고 싶어 한다. 시장 조사를 한 후 그는 사람들이 어느 커피숍에 가야 할지 결정할 때 두 가지 중 하나를 중요하게 생각한다고 결론을 내린다: (1) 커피 기반 음료를 다양하게 선택할 수 있는 편리함, (2) 공부, 작업 또는 회의할 수 있는 공간이 있는 고품질의 커피. 세실이 운영할 예정인 지역에는 이미 드라이브 스루가 가능하고 좌석이 한정되어 있지만 다양한 종류의 커피 메뉴가 있는 콰이크 커피라는 커피숍이 있다.

   커피숍에 대한 소비자 선호도와 시장 내 기존 카페 위치의 차이를 나타내는 스펙트럼을 사용하여 다음 질문에 답하라. 소비자가 스펙트럼을 따라 균등하게 분포되어 있으므로 많은 소비자가 중간 어디에서나 고품질 옵션보다 편리한 옵션을 선호한다고 가정하자.

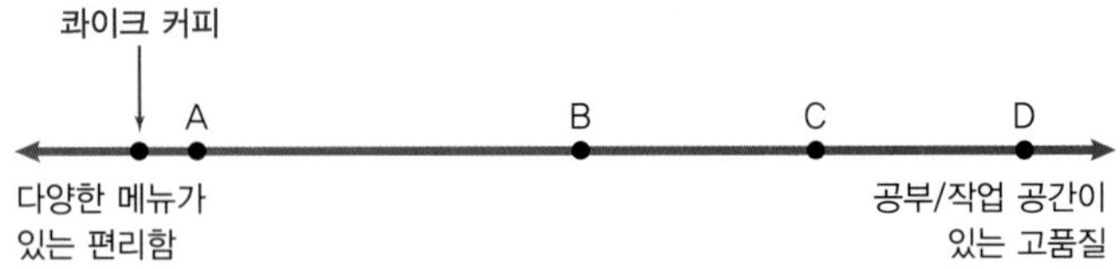

   a. 만약 세실이 커피시장에서 가장 많은 수의 고객을 확보하는 데에만 관심이 있다면, 그는 어느 지점에서 자신의 커피숍을 스펙트럼에 위치시켜야 하는가?
   b. 만약, 세실이 가게를 열 때 콰이크 커피가 자신보다 낮은 가격에 팔릴 수 있다는 것을 우려한다면 세실은 어느 지점에 커피숍을 포지셔닝해야 하는가?

5. 델타 항공 광고는 이국적인 장소에서 휴식을 취하고 있는 커플 사진을 보여준다. 수반되는 문구에는 다음과 같이 적혀 있다. "누가 1달러가 예전만 못하다고 하나요? 새로운 스카이마일스 프로그램으로 여행당 최대 7만 5,000마일까지"
   a. 이 광고가 델타 항공편의 수요곡선에 어떤 영향을 미칠 수 있을까?
   b. 이 광고가 델타 항공편에 대한 수요의 가격 탄력성에 어떤 영향을 미칠 수 있을까?
   c. 델타의 수요곡선에 대한 광고의 영향을 그래프를 사용하여 설명하라.

6. 다음 중 자사 제품 광고로 이익을 얻을 수 있는 회사는 어디인가? 만약 그들의 광고가 성공적이라면 수요곡선은 어떻게 변할 것인가?
   a. 질레트 퓨전 면도날 제조사 질레트
   b. 미시간주의 우유 생산업체인 쿡 농장
   c. 포드 머스탱의 제조사 포드 자동차 회사
   d. 워싱턴주에서 가장 큰 사과 재배지 중 하나인 에반스 과일 회사

7. 애플의 상징적인 광고 캠페인 "맥을 가져라(Get a Mac)"에서는 몸에 맞지 않는 양복을 입은 중년 배우가 윈도우 PC를, 패셔너블하면서도 캐주얼한 옷을 입은 젊은 배우가 맥을 묘사했다. 맥은 탐색재인가? 그렇다면 혹은 그렇지 않다면 그 이유는 무엇인가? 애플은 윈도우 PC와 맥 컴퓨터를 차별화하기 위해 어떤 유형의 광고를 사용하는가?

학습목표 16.3 더 나은 거래를 위해 당신의 협상력을 사용할 준비를 한다.

8. 사라는 수년 동안 알비에서 교대 관리자로 일해 왔다. 그곳에서 일하는 동안, 사장은 자신의 근무 시간뿐만 아니라 모든 교대 근무에 대한 급여 및 일정을 그녀에게 맡겼다. 사라는 추가 책임에 대한 대가를 받지 못하고 있다고 느끼고 사장과 함께 임금 인상에 대해 논의하였다. 그녀의 사장은 급여 및 일정 관리를 위해 계약자를 고용할 필요가 없기 때문에 사라가 그에게 연간 1만 5,000달러를 절약시키고 있다고 여러 차례 말했다. 사라는 현재 연간 2만 5,000달러를 벌고 있으며, 최소 연간 5,000달러의 임금 인상이 받아들여질 것이다.
   a. 사라의 사장이 아주 정직하고 다른 대안이 없다고 가정한다면, 기대 가능한 최종 연봉의 범위는 얼마인가?
   b. 연봉 재협상을 예상하고 사라가 길 건너편 경쟁사의 매니저 자리에 지원한 것이 자신에게 행복할 정도로 완벽하고, 그곳에서 초봉으로 3만 8,000달러를 제안했다고 가정하자. 사라나 사장의 협상력이 바뀌었는가? 사라가 연봉 협상에서 기대할 수 있는 새로운 연봉 범위는 얼마인가?

9. 마이크로 칩 제조회사의 CEO인 조세핀은 세계 최대 스마트폰 제조사 중 하나인 화웨이의 제안을 평가하고 있다. 화웨이 구매 담당자는 조세핀의 회사가 화웨이에 더 나은 서비스를 제공하기 위해 공장을 개조할 의사가 있다면, 화웨이는 더 많은 칩을 더 높은 가격에 구매할 것이라고 말한다. 단점은 새로운 칩이 삼성의 사양과 맞지 않기 때문에 조세핀의 제조회사가 삼성에 칩을 판매할 수 없다는 것이다.

   공장 개조 여부와 관계없이 화웨이와 삼성에 판매하는 수입은 다음 표에 나와 있다. 단순화를 위해 다른 모든 비용은 두 사례 모두 동일하다고 가정하자.

	수입(100만 달러)	
	화웨이 판매	삼성 판매
화웨이의 특정 부품 생산에 대한 투자 없음	$59	$33
화웨이의 특정 부품 생산에 대한 투자 있음	$105	$0

a. 만약 조세핀이 공장 개조를 위한 투자를 하지 않기로 하면, 제조사는 얼마나 많은 수입을 올릴 수 있는가? 또한 그녀가 투자했다면 어떻게 되었을까?
b. 조세핀이 투자에 기꺼이 지출할 수 있는 최대 금액은 얼마인가? 그녀가 회사를 악화시키지 않는 범위 내에서 투자한다고 가정하라.
c. 한번 투자가 이루어지면, 화웨이의 공급자로서 그녀의 협상력이 증가하거나 감소할까?
d. 조세핀이 1,000만 달러의 비용으로 투자를 진행한다고 가정하자. 그 후 화웨이는 그들이 말한 초기 가격을 지불할 의향이 없으며 더 낮은 가격만 지불하려 해서 수입이 1억 달러에 불과하다고 말한다. 돌이켜 볼 때, CEO가 투자를 해야 했을까?
e. 조세핀은 회사가 이러한 문제를 겪지 않도록 하기 위해 어떤 조치를 했어야 했을까?

CHAPTER 17

정교한 가격 전략

목표

정교한 가격 전략을 시행한다.

17.1 가격 차별
개개인이 지불할 가격을 다르게 부과함으로써 이윤을 높인다.

17.2 그룹 가격 설정
그룹 할인을 제공하여 이윤을 증대시키는 방법을 배운다.

17.3 허들 방법
할인을 가치 있게 여기는 사람들에게만 할인을 주는 허들 방법을 적용한다.

허리케인 어마는 카리브해를 지나면서 시속 185마일의 강풍을 일으켜, 상륙하는 곳곳마다 치명적인 피해를 입혔다. 어마는 버진아일랜드의 대부분을 파괴하였고, 버진아일랜드에 여러 사람이 어마로 인해 목숨을 잃었다. 그 후 어마는 북서쪽으로 방향을 바꿔 플로리다로 향했다. 이 소식을 들은 플로리다 주지사는 비상사태를 선포하고, 수천 명의 사람들에게 대피령을 내렸다.

어디까지 갈 수 있을까? 소프트웨어 달려있다.

Sjo/iStock/Getty Images

기술 애호가인 테슬라 전기자동차 소유주는 어마가 북상했을 때 한 문제를 발견했다. 테슬라 모델 S60은 최대 200마일을 주행할 수 있는 배터리를 가졌지만, 위험지역을 벗어나기 위해서는 230마일을 주행해야만 했다. 위험지역에 있는 사람들이 테슬라에게 급히 전화를 걸어 도움을 요청했는데, 이는 놀라운 결과를 가져왔다. 테슬라는 외부로 알려지지 않게 조용히 고립될 가능성이 있는 차주에게 컴퓨터 코드 일부를 전송하여 일시적으로 좀 더 주행할 수 있도록 자동차의 잠재 능력 잠금을 해제하였다.

보시다시피, 테슬라는 두 가지 버전의 자동차 S 모델을 판매했다. 모델 S75는 75kWh 배터리를 탑재하여 250마일의 주행거리를 제공하였다. 모델 S60은 6,500달러 더 쌌으며, 기대한 바와 같이 60kWh 배터리를 탑재했다면 200마일의 주행거리를 제공했을 것이다. 그러나 실제로는 모델 S60도 더 비싼 모델과 동일한 75kW 배터리를 탑재하고 있었다. 실제 차이는 단지 테슬라가 더 싼 차에 코드 스니펫을 추가했다는 점과 이 때문에 주행거리가 물리적 배터리의 제한이 아닌 코드 라인에 의해 짧아졌다는 것이다.

테슬라는 왜 의도적으로 일부 자동차의 성능을 하락시켰을까? 그 해답은 이것이 정교한 가격 설정 전략의 일부라는 것이다. 테슬라는 동일한 상품에 대해 고객들이 다른 가격을 지불하는 방법을 고안했다. 가격에 민감한 고객들은 짧은 주행거리에도 기꺼이 감수할 수만 있다면 모델 S60에 6만 8,000달러를 지불할 수 있다. 그리고 가격에 민감하지 않은 고객들은 모델 S75에 7만 4,500달러를 지불하고, 자동차를 더 자주 충전해야 하는 번거로움을 피할 수 있다.

많은 경영진이 묻는 "어떻게 하면 개별 고객으로부터 최대한 많은 돈을 벌 수 있을까?"라는 질문에 대한 테슬라의 대답은 일부 고객에게 다른 고객보다 더 많은 요금을 부과하는 것이다. 이제 곧 알게 되겠지만, 이를 위해 사용할 수 있는 정교한 가격 설정 전략이 많이 있다. 가격 설정 전략을 바르게 사용하면 당신은 이윤을 높일 수 있다.

17.1 가격 차별

학습목표 개개인이 지불할 가격을 다르게 부과함으로써 이윤을 높인다.

asiseeit/Getty Images

그들은 거기에 있기 위해 각자 다른 가격을 지불하고 있다.

당신의 대학 등록금은 얼마인가? 당신의 반 친구들에게 얼마를 지불하는지 물어보라. 아마도 당신이 지불하는 등록금을 그 친구들과 비교해보면 상당히 다를 수 있다. 당신의 대학이 공립대학이라는 가정하에 주 내 학생들에게 적어도 동일한 등록금이거나 모든 학생이 단지 하나의 등록금이라고 알려져 있을지라도 그것은 사실이 아니다. 물론 대학은 모든 학생에게 동일한 연간 등록금을 부과한다. 그러나 실제 등록금은 그렇지 않다. 당신이 실제로 대학에 지불하는 등록금은 당신이 받는 보조금과 장학금을 뺀 연간 등록금이다. 보조금과 장학금은 특정 학생에게 주어지는 할인 혜택이다. 이러한 할인 혜택을 고려한다면 당신이 대학에 지불하는 가격은 경제학 수업을 함께 듣는 옆자리 다른 학생들보다 수천 달러 더 높거나 낮을 수 있다. 따라서 비록 당신이 반 친구들과 같은 교육을 받고 있다고 할지라도 각자 매우 다른 가격을 지불하고 있음을 알 수 있다.

당신의 대학은 정교한 가격 설정 전략을 따르고 있다. 이들은 동일한 제품을 구매하더라도 사람들에게 다른 가격을 부과함으로써 더 많은 수입을 얻고 더 나은 학생들을 유치할 수 있다는 것을 알아냈다. 이전 장에서 본 분석은 기업이 모두에게 동일한 가격을 부과하는 경우에 초점을 맞추었다. 이제는 기업이 동일한 상품에 대해 사람들에게 서로 다른 가격을 부과함으로써 어떻게 고객 기반을 늘리고 더 높은 이윤을 얻는지에 대해 알아보고자 한다.

가격 차별

가격 차별 동일한 재화를 다른 가격으로 판매하는 전략

가격 차별(price discrimination)은 동일한 제품을 다른 가격으로 판매하는 전략이다. 예를 들어 일단 우리가 보조금과 장학금의 형태로 주어진 '할인'을 고려한다면, 일류 사립대학들이 일반 신입생에게 부과하는 등록금은 저소득층 가정의 영재 학생의 경우 0달러까지 낮거나, 고소득 가정의 신입생에게는 연간 거의 6만 달러 가까이 될 수도 있다.

유보가격 고객이 제품에 대해 지불할 용의가 있는 최대 가격, 그것은 한계편익과 같다.

자료 해석 **대학에서 얼마만큼의 가격 차별이 있는가?**

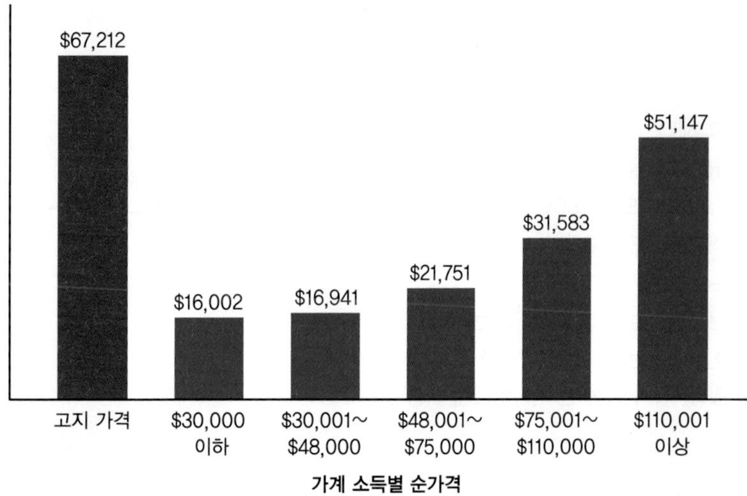

2015~2016학년도 데이터 : Tuitiontracker.org

대학의 학비는 천차만별이다. 왼쪽 그림에서 알 수 있듯이, 남부 캘리포니아의 '고지 가격'은 6만 7,212달러이다. 그러나 실제로 그 가격을 지불하는 사람은 거의 없다. 상대적으로 가족 소득이 3만 달러 이하인 저소득층 학생은 평균적으로 1만 6,002달러를 지불한다. 이와 대조적으로, 가족 소득이 11만 달러 이상인 고소득층 학생은 평균 5만 1,147달러를 지불한다. 그리고 심지어 동일한 소득계층 내에서도 차이가 있는데, 일부는 더 많이 내고, 일부는 더 적게 낸다. ■

한계편익에 가깝거나 바로 아래에 가격을 설정하라. 이윤 지향적인 경영자로서 가격 차별 전략의 목표는 개별 고객에게 최대한 높은 가격을 부과하는 것이다. 이때 고객이 지불하고자 하는 최대가격을 **유보가격**(reservation price)이라고 부른다.

고객의 유보가격은 어떻게 결정될까? 만약 고객들이 비용-편익의 원리를 따른다면, 각자가 무언가에 대해 기꺼이 지불하려는 것 중 가장 큰 것이 그들의 한계편익이다.

따라서 당신의 목표는 고객의 한계편익인 유보가격에 아주 가까우나, 유보가격의 바로 아래 가격을 개별 고객들에게 부과하는 것이다. 당신은 고객들이 당신의 제품을 기꺼이 구매하도록 —간신히 그렇게 되겠지만— 이끌 것이다. 당신이 그 대상을 정확하게 지목하여 개별 고객에게 유보가격을 부과하는 경우를 **완전가격 차별**(perfect price discrimination)이라고 한다. 이것이 성공하면, 당신은 두 가지 이윤-증대 목표를 달성할 것이다.

완전가격 차별 개별 고객에게 유보가격 부과

- 개별 판매에 있어 가능한 가장 높은 가격을 부과한다.
- 한계편익이 한계비용을 초과하는 고객이 있는 곳에서 가능한 모든 판매를 한다.

성공적인 가격 차별 전략을 구현하는 데 있어 실질적인 과제는 제품을 구매하기 위해 낮은 가격만 지불할 용의가 있는 고객과 높은 가격을 지불할 용의가 있는 고객을 구분하는 것이다. 문제는 유보가격이 더 높은 경우에도 고객들이 당신에게 알려주지 않는다는 것이다. 우리는 개별 고객의 유보가격을 이해하고자 몇 페이지에 걸쳐 그것을 설명하고 나머지 부분은 그것을 해결하는 데 할애할 것이다.

현재로서는 수요곡선이 한계편익곡선이기 때문에 개별 고객의 한계편익, 즉 유보가격을 나타낸다. 따라서 고객에게 유보가격 바로 아래 가격으로 부과하는 것은 수요곡선 바로 아래에 가격을 설정하는 것을 의미한다. 그림 17-1에서는 고객에게 부과되는 가격이 한계편익에 약간 못 미치는 거의 완벽한 가격 차별 전략을 보여준다.

한국 놀이공원의 가격 차별 에버랜드나 롯데월드와 같은 놀이공원은 가격 차별을 잘하는 곳 중 하나이다. 노인, 성인, 어린이 등 연령대에 따라 서로 다른 요금을 부과한다. 이는 놀이공원의 주 이용자가 아닌 연령대의 가격을 할인해 주 이용자들과 함께 놀이공원을 이용하도록 하는 데 그 목적이 있다. 또한, 늦은 시간대만 이용하는 대신 가격을 할인해주는 요금제를 만들어 가격에 민감하거나 저녁에만 이용 가능한 고객을 끌어 모아 기업의 이윤을 늘렸다.

가격 차별은 어떤 것은 가격을 더 올리고 다른 것은 가격을 더 낮추게 한다. 모든 고객에게 동일한 가격을 부과하는 가격 차별이 없는 단순한 대안과 정교한 가격 전략은 서로 비교할 가치가 있다. 이는 제14장에서 분석한 사례이다. 당신은 시장지배력을 가진 경영자가 한계비용과 한계수입이 만나는 지점에서 먼저 공급량을 결정하고 파란색 수요곡선에서 가격을 정한다는 것을 알고 있다. 결과적으로, 가격 차별이 없다면 모든 사람은 그림 17-1의 회색 선과 같이 동일한 가격을 지불한다.

성공적인 가격 차별 전략 :
1. 높은 가격을 지불하려는 사람에게 더 높은 가격을 부과한다.
2. 신규 고객의 구매를 유도하기 위한 선택적 할인을 제공한다.

이에 반해, 그림 17-1의 계단 선은 성공적인 가격 차별 전략이 두 가지 부분으로 나타남을 보여준다. 녹색 계단 선의 고객에게 회색 선보다 더 높은 가격을 부과하고 보라색 부분은 고객에게 더 낮은 가격을 부과한다. 이를 분석하면 다음과 같다.

파트 1 : 높은 가격을 지불하려는 사람에게 더 높은 가격을 부과한다. 한계편익이 높은 고객은 유보가격이 높은 고객이기 때문에 더 높은 가격을 부과할 수 있다. 높은 한계편익을 가진 고객에 대한 가격은 그림 17-1의 녹색 계단 선을 통해 알 수 있듯이, 높은 가격이 고객의 한계편익을 초과하지 않는 한, 고객은 여전히 제품을 구매할 것이고, 당신은 판매할 때마다 더 높은 이윤을 누리게 될 것이다.

이러한 높은 가격으로 인한 당신의 이득은 고객의 비용에 의해 발생한다. 고객이 더 많이 지불하기에 당신의 이윤이 증가한 것이다. 이것은 고객의 한계편익과 지불하는 가격 사이의 격

그림 17-1 | 가격 차별

왜 기업은 동일한 제품을 고객들에게 다른 가격으로 부과하는가?

Ⓐ 가격 차별 없는 경우 : 모든 사람이 같은 가격을 지불한다. 한계수입=한계비용인 곳에서 생산량과 가격을 찾을 수 있다.
가격차별 :
Ⓑ 파트 1 : 높은 가격을 지불할 용의가 있는 사람들에게 더 높은 가격을 부과한다.
- 판매된 개별 품목에서 당신이 얻는 이윤이 증가한다.
- 가격과 한계편익의 격차인 소비자 잉여가 동일한 양으로 줄어든다.
Ⓒ 파트 2 : 신규 고객의 구매를 유도하기 위해 선택적 할인을 제공한다.
- 판매 수량을 늘려 이윤을 높인다.
- 제품을 구매할 여유가 있는 고객에게 혜택을 제공한다.

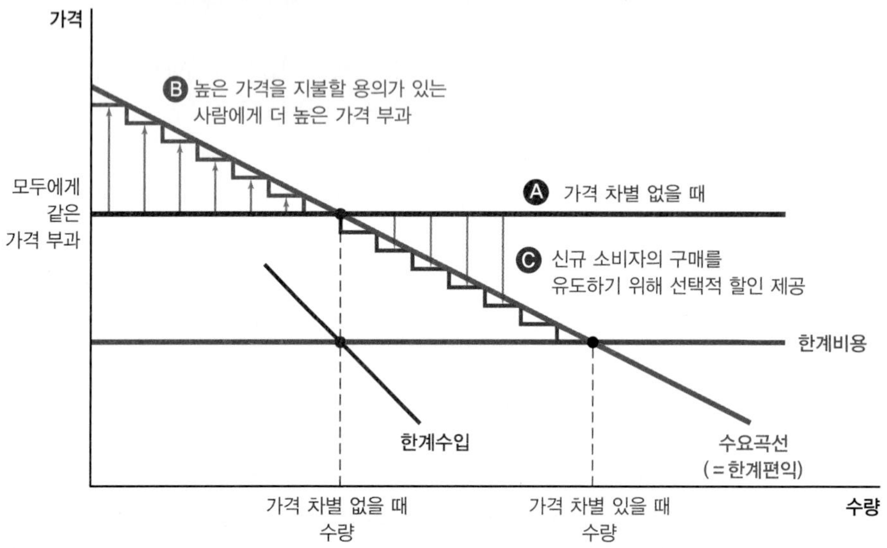

차인 소비자 잉여를 감소시킨다. 고객의 손실은 당신의 이윤이 되며 이는 생산자의 한계비용과 고객이 지불하는 가격 사이의 격차인 생산자 잉여를 증가시킨다. 따라서 가격 차별 전략의 '높은 가격' 부분은 경제적 잉여를 고객에서 생산자로 재분배하지만 경제적 잉여 총량을 증가시키지는 않는다.

파트 2 : 신규 고객의 구매를 유도하기 위해 선택적 할인을 제공한다. 또한 제품을 구매할 의향이 없는 잠재 고객에게 할인 혜택을 제공해야 한다. 이러한 잠재적 신규 고객에 대한 낮은 가격은 그림 17-1의 보라색 계단 선을 통해 확인할 수 있다. 만약 당신이 잠재 고객의 유보가격과 한계비용 사이의 가격으로 낮춘다면 판매량이 늘어날 것이다. 그리고 한계비용 아래로 가격을 낮추지 않는 한 이러한 추가 판매는 기업의 이윤을 증가시킨다.

추가 판매를 유도하기 위해 선택적 할인을 사용하면 기업과 고객 모두 누리는 경제적 잉여가 증가한다. 기업은 한계비용보다 높은 가격으로 팔기에 생산자 잉여가 증가하고, 추가 판매는 가격이 한계편익의 지점에서나 그 이하일 때만 고객이 제품을 구매하도록 유도하기에 약간의 소비자 잉여를 생성하게 된다.

가격 차별의 효율성

제14장에서 기업이 시장지배력을 활용하여 더 높은 가격을 책정한다면 효율적인 수량보다 더 적게 판매하는 과소생산 문제가 생긴다고 배웠다. 가격 차별은 이 문제를 해결하는 데 도움을 줄 수 있다.

가격 차별은 기업의 판매량을 증가시킨다. 가격 차별에는 추가 판매를 유도하기 위해 선택적 할인을 제공하는 것이 포함되어 있다. 실제로 그림 17-1은 이러한 유형의 가격 차별이 모든 사람에게 동일한 가격을 부과하는 경우보다 더 많은 양을 판매하도록 유도한다는 것을 보여준다. 가격 차별은 시장지배력이 부족한 기업들의 문제를 부분적으로 해결한다.

선택적 할인은 과소생산 문제를 해결하는 데 도움이 된다. 가격 차별이 시장지배력에서 비롯되는 과소생산 문제를 해결하는 데 도움이 되는 이유를 알기 위해 한계의 원리를 적용하고 한계수입에 초점을 맞출 필요가 있다. 다음 두 가지 시나리오는 제품을 구매하지 않을 한계 고객에게 제품을 하나 더 판매한 결과를 평가한다.

가격 차별이 없는 경우 기업은 모든 사람에게 동일한 가격을 청구하므로 추가 판매를 얻기 위해 제공하는 할인은 모든 기존 고객에게도 적용된다. 한계수입은 한계 구매자에게 청구하는 가격으로 모든 고객에게 할인을 제공하여 손실된 수입을 뺀 것이다. 이 수입 손실은 한계수입을 크게 감소시킨다. 제14장에서 우리는 이것을 '할인 효과'라고 불렀는데, 이것은 시장지배력을 가진 기업들이 사회의 최적 선택보다 과소 생산하게 만든다는 것을 언급한 바 있다.

가격 차별이 있는 경우 기업은 어떤 고객에게 할인을 제공할지 선택할 수 있다. 기업은 적절한 고객에게 적절한 할인을 제공하면 다른 방법으로는 만들지 못했던 추가 판매를 할 수 있다. 이 추가 판매에서 얻는 한계수입은 한계 구매자에게 부과하는 가격이며, 이 가격에는 해당 구매자 또는 소수 구매자에게만 제공되는 소액의 할인이 포함될 수 있다. 가격 차별 전략이 할인을 더 정확하게 겨냥할수록 할인 효과는 더 작아지고, 사회적으로 최적 이익 상태의 공급량보다 과소생산하는 문제는 더 줄어들 것이다. 실제로 그림 17-1의 사례에서 알 수 있듯이, 완벽한 가격 차별의 경우에는 할인을 계속 제공하고 한계비용이 마지막 고객의 한계편익과 동일한 시점까지 신규 고객을 유도하므로 효율적인 수량을 산출할 수 있다. 기업이 선택적 할인을 사용하여 판매 수량을 늘리면 과소생산 문제를 줄일 수 있다.

자료 해석 대학 등록금이 정말 치솟고 있는가?

대학 등록금이 치솟고 있다는 많은 우려가 있다. 하지만 진짜로 그럴까?

대학들이 홈페이지에 올리는 '고지가격'에 초점을 맞추면 그렇게 느낄 수 있다. 예를 들어, 사립 4년제 대학의 평균 고지가격은 물가 상승을 반영하여 비교했을 때 1990년 1만 8,050달러에서 2018년 3만 5,830달러로 거의 두 배 가까이 올랐다(이 비교는 인플레이션에 따라 조정되므로 이들 가격은 모두 현재의 달러로 측정된다). 이러한 높은 가격은 많은 학생이 대학을 그만두게 하여 적은 졸업생 수로 이어질 것이다.

그러나 '순가격'(장학금과 보조금을 제외한 학생들이 실제로 내는 연간 등록금)에 초점을 맞추면 다른 양상이 보인다. 학생들이 대학에 지불하는 순가격은 훨씬 더 낮아 평균적으로 1990년 1만 2,390달러에서 2018년 1만 4,610달러로 소폭 상승했다.

현재 대학들은 훨씬 더 많은 가격 차별을 실제로 하고 있다. 특히 그들은 성공적인 가격 차별 전략의 두 부분을 모두 잘 수행하고 있다.

첫 번째 부분 : 높은 가격을 지불하려는 사람에게 더 높은 가격을 부과한다. 대학 행정가들은 부유한 가정들이 높은 유보가격을 가지고 있다는 것을 알고 있으므로 더 많은 등록금을 부과하기 위해 고지가격을 인상했다. 그리고 다른 가정들에 대해 가격을 올리지 않기 위해 이들은 이러한 높은 고지가격을 중산층 가정의 학생들을 위해 종종 학비 지원이라고 불리는 상쇄 할

4년제 대학교 학생의 개인별 등록금의 고지가격과 순가격

조정된 인플레이션

고지가격
$35,830
$18,050
$14,610
$12,390
(할인을 고려한)
순가격
1990 2000 2010 2018

출처 : College Board

인과 결합하여 순가격이 거의 오르지 않도록 했다.

두 번째 부분 : 신규 고객의 구매를 유도하기 위해 선택적 할인을 제공한다. 대학은 등록금을 극도로 낮추거나 무료로 만들면 저소득층 학생들을 유치할 수 있다는 것을 알고 있다. 그래서 그들은 실제로 인상된 고지가격을 상쇄할 수 있을 만큼 저소득층 학생들에게 제공하는 할인(또는 보조금)을 많이 늘렸다. 이렇게 저소득층 가정의 순가격이 낮아짐에 따라 대학에 지원하는 저소득층 학생들의 수를 증가시켰다.

이 모든 결과로 대학이 받는 평균 순가격은 거의 변화가 없음에도 불구하고, 고소득층의 등록금 상승, 저소득층의 등록금 하락, 저소득층 학생 지원자 수의 증가가 나타난다. 대학이 더 많은 지원자 풀에서 학생을 선발하기 때문에 학생 단체는 아마도 이제 더 강해질 것이다. 그리고 이러한 선택적 할인은 이전에 소외되었던 그룹의 사람들을 대학에 진학하도록 유도하여 학생단체 내에서 더 큰 사회경제적 다양성을 만들어내게 된다. ■

가격 차별 전략의 전제조건

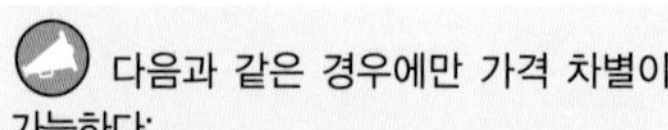

다음과 같은 경우에만 가격 차별이 가능하다:

1. 기업은 시장지배력을 가지고 있다.
2. 기업은 재판매를 방지할 수 있다.
3. 기업은 적절한 고객에게 적절한 가격을 제시할 수 있다.

가격 차별을 통해 얻을 수 있는 추가 이윤은 이것이 어떤 경영자의 전략적 무기의 일부가 될 수 있다는 것을 암시한다. 하지만 모두에게 해당하는 것은 아니다. 가격 차별은 사람들에게 서로 다른 가격을 부과할 수 있다는 전제를 가지고 있고, 세 가지 특정 조건이 충족되어야만 가능하다.

조건 1 : 기업은 시장지배력을 가지고 있다. 완전경쟁시장처럼 당신의 사업에 시장지배력이 없는 상황에서는 고객에게 다른 가격을 부과하려고 하면 아무런 효과가 없다. 일부 고객들에게 가격을 인상해볼 수는 있지만 대신 고객들은 다른 기업에게서 구매할 것이다. 그리고 완전경쟁에서는 원하는 수량을 정상가격으로 판매할 수 있으므로 신규 고객을 유치하기 위해 할인을 제공할 이유가 없다. 그렇기에 밀 농부나 석탄 회사와 같이 가격 수용적인 기업들이 가격 차별을 하지 않는 것이다. 반대로, 시장지배력이 있다면 가격 차별이 이를 활용하는 데 도움이 될 수 있으므로 고려해볼 충분한 가치가 있다.

조건 2 : 기업은 재판매를 방지할 수 있다. 가격 차별 전략은 재판매를 방지하는 방법을 찾은 경우에만 성공할 수 있다. 그렇지 않으면, 고객은 가격이 낮은 시장에서 상품을 구매해 가격이 높은 시장에서 되파는 행위를 할 것이다. 재판매를 방지할 수 없는 경우, 낮은 가격으로 살 수 있는 고객이 재판매자에게 대량 판매하고 재판매자가 높은 가격을 낼 용의가 있는 고객에게 판매하므로 기업은 높은 가격으로 많은 양을 판매할 수 없게 될 것이다.

그 결과, 많은 회사들은 제품이 재판매되는 것을 막기 위한 방법을 찾는 것을 전략적 우선 과제로 삼고 있다. 이는 영화 및 비디오 게임 산업의 주요 업체인 소니의 최우선 과제이기도 하다. 영화 DVD와 비디오 게임 디스크와 같은 물리적 디스크는 재판매가 쉽기 때문이다. 즉, 재판매의 용이성 때문에 소니는 경제학 교수인 나에게 더 높은 가격을 부과하지 못한다. 만일 그들이 그렇게 한다면, 나는 소니로부터 더 낮은 가격으로 살 수 있는 친구에게 가장 좋아하는 영화나 비디오 게임을 사달라고 부탁함으로써 더 높은 가격을 지불하지 않을 수 있다. 그리고 그것이 또한 소니가 재정적으로 어려움을 겪고 있는 경제학 학생들에게 할인을 제공하지 않는 이유이기도 하다. 소니는 당신이 이베이에서 제품을 재판매함으로써 이윤을 남기고 다른 고객들에게 더 높은 가격을 부과할 수 있는 능력을 훼손할 것을 우려하고 있다.

Tony Cordoza/Alamy

아시아에서는 좀 더 싼 게임이 미국 플레이스테이션에서는 작동하지 않을 수 있다.

소니는 이 문제를 해결하기 위해 기술을 사용하고 있다. 예를 들어, 인도보다 미국의 디스크 가격이 더 비싸지만 개별 디스크에 지역 코드를 포함해 값싼 디스크가 미국에 수입되는 것을 막는다. 이 코드는 인도에서 구매한 저가 게임이나 영화가 미국에서 구매한 게임기나 DVD 플

레이어에서 작동되지 않도록 한다. 소니는 재판매를 막기 위해 훨씬 더 좋은 방법을 찾고 있으며, 온라인 스트리밍은 복사하거나 재판매할 수 없으므로 소니는 영화와 비디오 게임 배포를 디스크 판매에서 온라인 스트리밍으로 전환하려 노력하고 있다.

다른 기업들은 재판매를 막기 위해 좀 더 간단한 전략을 사용한다. 상점은 때때로 특별 행사를 할 때 개수 제한을 둔다. 이 전략은 사람들이 나중에 재판매하기 위해 사재기하는 것을 방지한다. 항공사는 항공권의 이름과 일치하는 신분증을 제시하도록 요구하여 재판매를 방지한다. 또한 회계사나 의사와 한 시간 동안 상담하는 등의 서비스 부문에서는 직접 방문해야 하므로 재판매하는 것을 비교적 쉽게 방지할 수 있다.

당신의 기업이 가격 차별을 공격적으로 하면 할수록 재판매를 방지하는 것이 더 중요하다. 이것은 사하라 사막 이남의 아프리카에서는 1년치 에이즈 치료에 약 100달러를 청구하지만, 미국에서는 1만 달러를 청구하는 제약회사에게 특히 중요하다. 그렇기 때문에 제약회사 임원진은 정부와 협력하여 아프리카에서 미국으로 많은 알약을 수입하는 것을 불법으로 규정하고 있다. 그들은 또한 국외에서 판매하는 알약을 다른 색깔이나 모양으로 만들어 밀수업자들이 이것들을 미국 약국에 넘겨주지 못하도록 막는다. 재판매를 방지하기 위한 이러한 노력은 소비자마다 다른 가격을 유지하는 데 도움이 된다.

조건 3 : 기업은 적절한 고객에게 적절한 가격을 제시할 수 있다. 한 가지 더 해결해야 할 과제가 있다. 어떤 고객이 더 높은 가격을 지불할 수 있는지 혹은 어떤 고객이 제품을 구매하기 위하여 할인이 필요한지를 파악할 수 있어야 한다. 고객에게 물어볼 수도 있지만, 일반적으로 그들은 너무 영리하여 판매자에게 더 높은 가격을 지불할 용의가 있다는 것을 인정하지 않을 것이다.

최적의 고객에게 최적의 가격을 어떻게 제시할 것인지를 찾아내는 것이 성공적인 가격 차별의 핵심이다. 그러므로 우리는 이 장의 나머지 대부분을 최적의 고객에게 최적의 가격을 제시하는 전략을 찾는 데 할애할 것이다. 이제 우리는 식별 가능한 서로 다른 그룹의 사람들에게 서로 다른 가격을 제공하는 간단하고 친숙한 전략부터 설명을 시작할 것이다.

17.2 그룹 가격 설정

학습목표 그룹 할인을 제공하여 이윤을 증대시키는 방법을 배운다.

다음에 여러분이 영화를 보러 가면 나보다 여러분이 더 낮은 가격을 지불할 것이라 장담한다. 이는 대부분의 학생이 학생 할인을 받을 수 있으므로 일반적으로 성인보다 싼 가격에 영화를 볼 수 있기 때문이다. 또한 영화관은 어린이와 노인에게 더 싼 요금을 부과한다. 이는 마치 그들이 영화를 보고자 하는 사람들을 도우려는 것처럼 보이지만 사실은 영화관 수익을 높이기 위해서이다.

영화관은 **그룹 가격 설정**(group pricing)이라고 알려진 일종의 가격 차별을 운영하여 다른 그룹의 사람들에게 다른 가격을 부과하고 있다. 영화관은 개별 고객의 유보가격을 알지 못하기 때문에 학생, 어린이, 노인 그룹이라는 대리지표를 사용하여 다양한 고객 그룹에 맞게 가격을 조정한다.

그룹 가격 설정 다른 그룹에 다른 가격을 부과하는 가격 차별

일반적으로, 그룹 가격 설정은 연령, 위치, 구매 이력 또는 기타 식별 가능한 특성에 따라 다른 그룹에 다른 가격을 제공한다. 그룹 가격 설정의 예는 다음과 같다.

- 당신 대학의 컴퓨터 상점은 마이크로소프트 오피스에 대해 '교육용 가격'을 설정하여 학생들에게 저렴하게 제공한다.

- 인도에서는 미국보다 책이 더 저렴하다.
- 인터넷 회사는 사무용 서비스보다 주거용 서비스에 대해 낮은 가격을 부과한다.
- 미용사는 남성보다 여성 머리에 (심지어 비슷한 커트라 하더라도) 비용을 더 많이 부과한다.
- 휴대폰 회사들은 신규 고객에게 할인을 제공한다.
- 마이크로소프트사는 업그레이드를 제공하여 기존 고객에게 낮은 가격을 제공한다.
- 건축자재 업체인 홈 디포와 로우스는 군인에게 할인된 가격을 제공한다.

실제로 회사가 한 그룹에 다른 그룹보다 높거나 낮은 가격을 제시할 때마다 그룹 가격 설정에 참여하게 된다. 그러나 힌트 하나를 제시하자면, 구매자는 더 높은 가격을 지불하는 그룹에 속하는 것에 대해 불만을 가질 수 있다. 일례로 영화관은 교수들에게 학생들보다 4달러를 더 부과하는 것을 언급하지 말아야 한다. 대신에 그룹 할인의 측면에서 그룹 가격 설정의 전략을 설명하여 학생들에게 할인하여 4달러 적은 비용을 부과한다고 알린다. 분명히 그 결과는 동일하다. 그러나 할인을 받지 못한 사람들은 할인을 받는 사람들보다 더 높은 가격을 지불하지만 그렇다고 해서 마케팅 전략이 실패하지는 않을 것이다.

일상경제학 **현명한 온라인 쇼핑객이 되는 방법**

온라인 쇼핑의 부상은 그룹 가격 설정에 기반한 매우 정교한 가격 차별 전략으로 이어졌다. 예를 들어, 스테이플스는 인터넷 연결 사이트에 따라 서로 다른 그룹의 고객에게 동일 스테이플러를 다른 가격으로 제공하는 것으로 밝혀졌다. 이러한 상술은 논란의 여지가 있지만, 그래도 그것은 아주 합법적이다.

그러나 현명한 쇼핑객이라면, 당신은 이것을 유리하게 활용할 수 있다. 주요 구매를 하기 전에 다른 쇼핑 사이트도 로그인해보라. 아니면 개인이나 시크릿 모드에서 쇼핑 사이트를 열어보라. 이 경우 온라인 업체가 온라인 스토어를 통해 쇼핑하는 당신을 추적하지 못할 것이다. 또 다른 요령으로 장바구니에 물건을 찜해두되 사지는 말라. 소매업체 중 일부는 이러한 행동을 하는 고객들에 대해 구매 여부를 확신할 수 없는 유보가격이 낮은 고객 그룹에 속할 것으로 판단한다. 대부분의 경우에 있어 이들 업체는 거래를 성사시키기 위해 그 주 후반에 할인 정보를 당신에게 이메일로 보낼 것이다. ■

그룹 가격 설정

그룹 가격 설정은 영화 시장과 같이 하나의 시장을 개별 그룹에 대한 별도의 시장으로 효과적으로 분할한다. 이는 영화관이 현재 별도의 여러 시장에서 여러 다양한 제품을 공급하고 있음을 의미한다. 영화관은 학생들이 영화를 볼 수 있는 시장에서의 티켓을 판매하고 있을 뿐만 아니라 어린이, 노인, 학생을 제외한 성인들을 위한 별도의 시장에서의 티켓을 판매하고 있다. 이러한 개별 시장에서 영화관은 서로 다른 수요곡선을 마주하고 있으며, 그 결과 가격도 서로 다르게 설정된다.

개별 그룹에 대해 별도로 가격을 설정한다. 이제 AMC 영화관의 경영진 입장이 되어보자. 그룹 가격 설정 전략을 따르기로 함에 따라 당신은 이제 개별 그룹에 얼마의 가격을 부과해야 하는지를 파악해야 한다. 여러 다른 그룹에 서로 다른 여러 가격을 부과할 수 있으므로 학생들은 성인들보다 적은 관람료를 내지만 AMC 영화관은 그 그룹 내의 모든 사람에게는 동일 가격을 부과한다.

학생 관람을 위한 시장과 같은 그룹 내 별도의 시장에서 당신은 이제 익숙한 질문을 마주하게 된다. 과연 당신은 최대로 가능한 이윤을 얻기 위해 학생들에게 티켓 가격으로 얼마를 부과해야 할까? 그리고 당신은 유사한 질문을 성인, 어린이, 노인에게도 적용해보라. 이러한 접근은 당신이 시장지배력을 가지고 있을 때 최적의 가격을 결정하는 것이기 때문에 모두 익숙한 질문이다. 각각의 경우에 있어 우리가 제14장에서 살펴본 2단계 절차를 따라야 한다.

1단계 : 어느 정도의 수량을 생산해야 할까? 판매자의 합리적 규칙을 따르고, 그룹내 별도 시장에서 한계수입과 한계비용이 일치할 때까지 계속 판매하라.
2단계 : 당신은 얼마를 부과해야 할까? 당신 기업의 수요곡선을 참고하여 동일한 양을 팔 수 있는 범위 내에서 부과할 수 있는 최고 가격을 알아내라.

개별 그룹의 수요곡선이 서로 다르므로 당신은 별도 개별 시장에 대한 이 두 단계 절차를 따로따로 수행하기를 원할 것이다.

그룹마다 가격을 서로 다르게 설정하라. 그림 17-2는 두 그룹에 대한 가격 설정 과정을 보여준다. 왼쪽 그래프는 성인용 영화 티켓 시장을, 오른쪽 그래프는 학생용 영화 티켓 시장을 보여준다. 학생의 수요곡선은 성인보다 더 낮게 위치한다. 이는 영화를 보기 위해 많은 돈을 지불할 수 있는 학생이 적기 때문이다. 그리고 학생이 티켓 가격에 더 잘 반응하기 때문에 완만하다. 이외에 위의 두 그룹은 서로 비슷하다. 당신이 그룹의 가격 설정에 참여하고, (성인은 영화관에 얼마나 많은 학생이 있는지 상관하지 않고 그 반대의 경우도 마찬가지인 것처럼) 고려해야 할 누출 효과가 없는 경우 이들 각각은 사실상 별도의 시장이므로 별도로 개별 시장을 분석할 수 있다. 이러한 수요의 차이로 인해 영화관이 어떻게 학생들에게 더 낮은 가격을 부과하게 되었는

그림 17-2 | 그룹 가격 설정

당신은 개별 그룹에 얼마를 부과해야 하는가?

1단계 : 당신은 어느 정도의 수량을 생산해야 하는가?
한계수입 = 한계비용인 지점에서 수량을 생산하라.

2단계 : 당신은 얼마를 부과해야 하는가?
당신은 이 수량을 판매할 수 있는 최고 가격을 찾기 위해 수요곡선을 살펴보라.

성인용 영화 티켓 시장
성인 요금 12달러

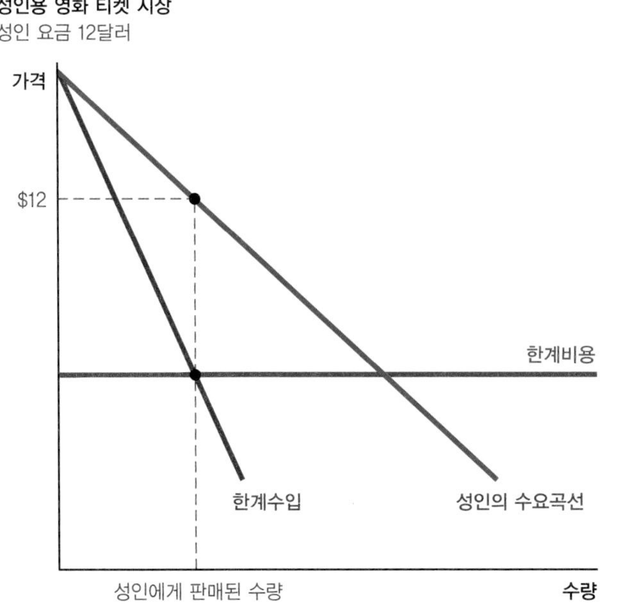

학생용 영화 티켓 시장
학생 요금 8달러

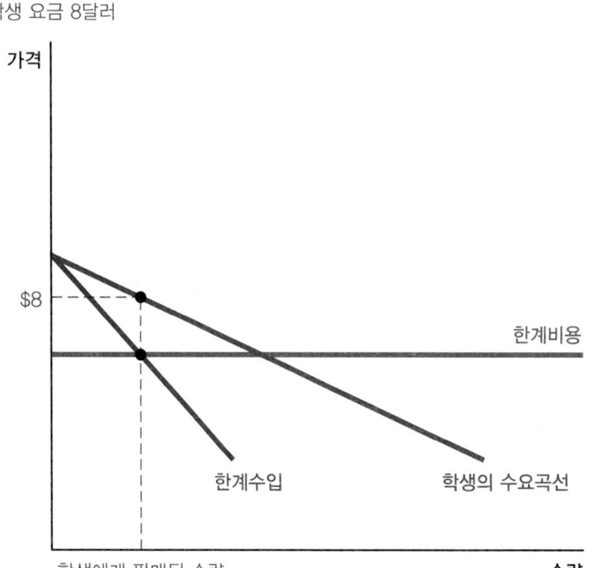

지를 알아보자.

개별 그룹에 대해 한계수입과 한계비용이 일치하는 지점에서 공급량을 결정해야 한다. 개별 경우에 있어 다음 단계는 해당 공급량에서 수요곡선과 만나는 지점의 가격을 찾는다. 이 사례에서, AMC 영화관의 최적 선택은 성인용 영화 티켓 가격을 12달러로, 학생용 영화 티켓을 8달러로 설정하는 것이다.

다른 시장에서 다른 가격을 설정하는 것처럼 개별 그룹에 대한 가격을 설정하라. 개별 그룹은 사실상 별도의 시장이기 때문에 개별 그룹을 따로따로 분석할 수 있다. 다음은 당신이 명심해야 할 두 가지 핵심 아이디어를 살펴본다.

- 당신의 제품이 가치 있다고 생각하는 그룹에 더 높은 가격을 부과하라. 이것은 고객의 유보가격인 한계편익이 높으면 높을수록 당신은 고객에게 더 높은 가격을 부과할 수 있다는 생각에서 비롯된다.
- 특히, 가격에 민감한 그룹에 더 낮은 가격을 부과하라. 이것은 시장지배력이 중요하다는 생각에서 비롯된다. 가격에 민감한 그룹은 가격이 조금만 인상되어도 구매하지 않기 때문에 시장지배력이 별로 없다. 따라서 수요의 가격 탄력성이 큰 가격에 민감한 그룹일수록 당신이 고객에게 부과할 가격은 더 낮아진다.

이 두 가지 아이디어는 많은 회사가 제공하는 그룹 할인의 패턴을 설명한다. 예를 들어, 미국 소비자의 가처분소득이 높아서 유보가격도 높은 경향이 있기 때문에 기업은 종종 해외보다 미국에서 더 높은 가격을 부과한다. 그러고 학생과 그 외 가격에 민감한 그룹들에게는 더 낮은 가격을 부과한다. 이는 기업이 그들이 더 낮은 유보가격을 가지고 있다는 것을 알기 때문이다.

자료 해석 그룹 가격 설정 논란

대학 과제가 기업적 논란을 불러일으키는 경우는 흔하지 않다. 그런데 경제학 전공자인 크리스티안 헤이가 '세상을 구하기 위한 데이터 과학'이라는 수업을 할 때 그의 컴퓨터에서 그런 논란이 실제로 일어났다. 그는 온라인 SAT 과외 가격을 확인하려고 프린스턴 리뷰 사이트를 클릭했고, 그 사이트는 자신의 우편 번호를 요청했다. 그래서 그는 몇 가지 다른 우편 번호를 입력해보았고, 온라인 SAT 과외 가격이 지역별로 가격이 다르다는 사실을 바로 알게 되었다.

이 사실을 알게 된 크리스티안과 반 친구들은 이에 대해 더 깊게 파고들었다. 그들은 미국에 있는 3만 2,989개의 우편 번호에 대한 온라인 SAT 과외 가격을 수집하기 위해 문서를 작성했고, 그 가격에 상당히 큰 차이가 있음을 발견했다. 북동부 대부분 지역은 높은 가격을 지불했고, 캘리포니아, 텍사스, 일리노이, 위스콘신, 코네티컷, 와이오밍의 일부는 중간 가격을 지불했으며, 나머지 대부분은 낮은 가격을 지불했다.

프린스턴 리뷰는 부유한 지역의 우편 번호에 더 높은 가격을 부과하는 것으로 나타났다. 추가적인 분석을 통해 아시아인 인구 밀집도가 높은 지역은 소득의 영향을 감안한 후에도 더 높은 가격이 부과될 가능성이 거의 두 배나 높은 문제의 소지가 있음을 알 수 있었다. 이들 우편 번호는 다른 방식에서도 가격에 차이가 있었기 때문에 그 차이가 고의적인 인종 차별의 결과가 아닐 수도 있다. 그러나 의도적이든 아니든 아시아 학생들이 평균적으로 더 높은 가격을 부과받았다는 사실이다. 이러한 사업으로부터 얻은 교훈은 컴퓨터 알고리즘이 가격을 차별하는 데 도움을 줄 수 있지만, 이것이 종종 호의적이지 않고 불법적인 방법으로 변질될 수도 있다는 것이다. 그러므로 이런 일이 발생하지 않도록 조심해야 한다. ■

당신의 시장을 세분화하는 방법

지금까지 우리는 당신이 개별 그룹에 얼마를 부과해야 하는지를 파악해보았다. 이것이 그룹 가격 설정 전략의 절반이다. 나머지 절반은 어떤 그룹을 대상으로 정할지를 파악하는 데 있다. 여기서 주요 아이디어는 성공적인 가격 전략은 시장을 그룹으로 세분화하는 데 있다는 것이다. 하지만 어떻게 세분화해야 할까? 시장을 성공적으로 세분화하기 위해 따라야 할 세 가지 기준은 다음과 같다. 우선, 서로 다른 수요곡선을 가진 그룹을 찾고, 다음으로 회원 자격을 쉽게 확인할 수 있는 이들을 찾고, 끝으로 회원 자격을 변경하기 어려운 이들을 찾는 것이다.

이제 이 아이디어를 차례로 하나씩 살펴보자.

성공적인 세분화 전략을 위한 세 가지 기준에는 다음의 그룹들을 식별하는 것이 포함된다:

1. 수요가 다르며
2. 검증할 수 있는 특성에 기초하고
3. 변경하기 어려운 특성에 기초하는 그룹

기준 1 : 시장을 수요가 다른 그룹으로 세분화한다. 성공적인 가격 차별 전략의 목표는 개별 고객에게 부과하는 가격을 가능한 유보가격에 근접하게 설정하는 것이다. 따라서 그룹 가격 설정의 기본 개념은 '학생'과 같이 개별 고객의 유보가격과 관련된 관찰 가능한 대리변수를 사용하는 것이다. 대리변수가 더 좋을수록, 다시 말해 대리변수가 유보가격의 차이를 더 정확하게 반영할수록 가격차별정책은 더 성공적으로 될 것이다.

영화관은 학생의 수요와 학생 외 다른 성인의 수요가 다르다고 생각하기 때문에 학생에게 더 낮은 가격을 부과한다. 실제로, 학생들은 지출할 수 있는 돈이 적고 가격에 더 민감하게 반응하기 때문에 일반적으로 유보가격이 더 낮다. 이러한 수요의 차이로 인해 다른 성인들보다 학생에게 더 낮은 가격을 부과하는 것이 더 이득이다.

그러나 어떤 영화관도 남성과 여성에 대해 다른 가격을 부과하지 않는다는 사실에 주목하라. 이는 어떤 부분에서는 대중의 분노를 피하려는 것이지만, 또 다른 부분에서는 경제학적 측면에서 그렇게 한 것이기도 하다. 남성과 여성은 영화에 대한 수요가 상당히 비슷하기 때문에 구매자의 성별은 유보가격에 대한 유용한 대리변수가 되지 못한다. 다시 말해, 수요가 다르지 않은 그룹으로 시장을 세분화할 필요가 없다는 것이다.

당신은 시장을 얼마나 세분화해야 하는가? 세분화 정도는 사용 가능한 정보에 따라 달라진다. 영화관은 자신의 고객에 대해 잘 알지 못한다. 기본적으로 그들은 지갑에 학생증이 있는지 아니면 주민등록증이 있는지만 알 뿐이다. 결과적으로, 그들은 단지 몇 개의 다른 그룹에 서로 다른 가격을 부과하면서 상당히 개략적으로 시장을 세분화할 뿐이다. 이와는 대조적으로, 대학은 학생에 대해 훨씬 더 많이 알고 있으므로 대학은 개별 학생의 상황에 맞게 학비 지원 패키지를 조정하면서 아주 상세히 시장을 세분화한다. 전형적인 대학은 가족 소득, 주택 소유, 저축, 가족 규모와 구조, 주 거주지 그리고 그 외 다른 변수들로 시장을 세분화한다. 이 모든 정보는 대학에 납부해야 할 실제 금액인 순 가격을 개별 가구의 유보가격에 훨씬 더 가깝게 맞추는 데 도움이 된다.

그룹별 특정 가격을 어느 그룹에 제공할지를 결정할 때, 당신의 목표는 시장을 상이한 수요 유형을 갖는 그룹으로 가장 잘 분할하는 '틈새'를 찾는 것이어야 한다.

자료 해석 같은 약이 프레디보다 피도에서 더 저렴한 이유

당신은 사람과 개가 같은 약을 자주 복용한다는 사실에 놀랄 수도 있다. 어떤 경우에는 개와 사람이 복용하는 약이 동일하다. 그 약은 같은 활성 성분을 사용하고, 품질과 순도에 대해 같은 FDA 규정을 준수하며, 같은 제약회사의 같은 공장에서 제조되는 경우가 많다. 개와 사람 약의 주요 차이점은 사람들은 소매 약국에서 그들의 처방약을 조제하는 반면, 개는 수의 약국에서 처방약을 조제한다는 것뿐이다.

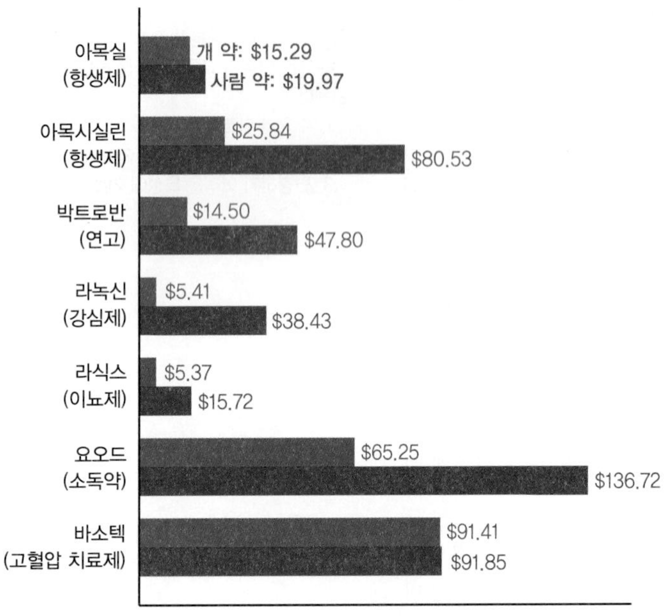

출처 : "Prescription Drug Price Discrimination in the 5th Congressional District in Florida."

8종의 개와 사람의 약을 조사한 연구에서, 사람의 약을 제조하는 약국이 일반적으로 수의 약국보다 약 두 배 높은 가격을 부과한다는 사실이 밝혀졌다. 이렇게 정확히 같은 약품에 대해 서로 다른 가격을 부과하고 있는 것이 가격 차별의 단순한 사례일 것이다. 이 가격 차이는 유보가격의 차이를 겨냥한 것으로, 사람들은 자신의 반려동물보다 자신의 건강에 더 신경을 쓴다는 것을 의미한다. ■

기준 2 : 검증할 수 있는 특성을 기준으로 그룹 할인을 설정한다. 서로 다른 그룹에 서로 다른 가격을 제시하면, 당신은 구매자들이 높은 가격을 지불하지 않기 위해 교활한 방법을 생각해 내려고 한다는 것을 금방 알게 된다. 그렇기 때문에 고객의 연령, 학생 신분 또는 주소와 같은 확인 가능한 특성에 그룹 할인을 연결하는 것이 중요하다. 이렇게 하면 사람들이 할인을 받기 위해 자신의 신분을 속일 수 없게 된다.

검증할 수 있는 특성은 산업에 따라 조금씩 다르다. 영화관에서는 학생증을 확인하여 고객이 학생인지 아닌지를 검증할 수 있다. 그러나 온라인 소매업체는 그렇게 할 수 없다. 대신, 많은 웹 사이트에서 '.edu'로 끝나는 이메일 주소를 가진 사람들에게 할인을 제공한다(교수들도 권장할 만한 것은 아니지만 이러한 이메일 주소를 이용해 할인 혜택을 받을 수 있으므로 이 방식을 좋아한다).

고객의 소득을 확인할 수 있는 기업은 거의 없다. 따라서 소득이나 재산에 따라 할인을 받는 경우는 거의 드물다. 대학은 아주 예외적인데, 대학이 가족의 소득에 따라 학비 지원을 제공하기 때문이다. 대학이 이렇게 할 수 있는 것은 정부가 가족의 소득을 확인할 수 있도록 도와주기 때문이다. 당신이 연방무료 학자금 보조신청(FAFSA) 서류를 작성하면, 정부는 당신의 선택 대학에 당신의 세금 기록을 공유할 수 있도록 권한을 부여한다.

기준 3 : 변경하기 어려운 특성에 기반을 둔 그룹 할인을 제시한다. 마지막으로, 검증할 수 있을 뿐만 아니라 변경하기 어려운 특성에 따라 시장을 세분화해야 한다. 이는 고객이 더 낮은 가격을 지불하기 위해 다른 그룹으로 전환할 가능성을 피하기 위한 것이다.

사람들은 일반적으로 당신이 실제로 어린이인지 아닌지 알 수 있기 때문에 어린이 할인은 이 검증을 통과한다. 또한 영화표 가격 4달러를 할인받기 위해 대학을 다닐 가능성은 거의 없기 때문에 학생 할인도 이 검증에 통과한다. 그러나 너무 많은 사람들이 이전 학생증을 사용하여 의도하지 않은 할인을 받기 시작하면, 이것은 더 이상 그 검정에 통과하지 못할 것이다.

대부분의 사람들은 할인을 받기 위해 노골적으로 거짓말을 하는 것이 옳지 않다고 생각한다. 그러나 경제학자들은 할인 혜택이 있을 때마다 사람들이 그들의 특성을 변경할 가능성이 높다는 사실을 발견했다. 일례로 영화관이 시력 문제가 있는 사람들에게 할인을 제공하기 시작하면 당신은 더 많은 사람들이 안경을 쓰고 나타나는 현상을 볼 수 있을 것이다.

일상경제학 **대학원이 더 적은 등록금을 지불한다**

미국의 주 내의 등록금은 그룹 할인의 한 형태이다. 그러나 그 할인은 변경하기 그렇게 어렵지 않은 특성인 당신의 공식적인 거주지에 기반한다. 이것에 대한 규칙을 알고 있다면 당신은 엄청난 돈을 절약할 수 있다. 예를 들어, 세계 일류의 경영학, 법학, 의과 대학들과 세계 최고 수준의 박사 과정을 포함한 캘리포니아대학교 시스템은 당신이 캘리포니아주에 1년 동안 머물렀을 때, 특정 자격요건을 충족하고 적절한 서류를 작성할 경우, 캘리포니아주의 공식 거주자가 될 수 있도록 당신을 도와준다. 즉, 캘리포니아 출신이 아니더라도 대학원 2학년이 되면 주 내 등록금을 받을 수 있다는 것이다. 규칙은 주마다 다르지만 확인해볼 가치가 있다. ■

요약 : 그룹 할인은 아주 훌륭한 가격 차별 전략이다. 고객의 집 주소는 확인할 수 있고 변경하기 어려운 요소이다. 그룹 가격 설정은 이런 요소를 통해 유보가격이 높은 구매자를 잘 가려낼 수 있다면, 효과적인 가격 차별 전략이 될 수 있다.

그러나 관찰 가능한 특성에 부과된 가격이 고객의 유보가격을 잘 대리하지 못한다면 어떻게 해야 하는가? 다음 예시들이 이에 대한 답이 될 수 있다. 지금부터 우리는 고객의 특성에 대해 전혀 알 필요가 없는 가격 차별에 대한 접근 방식을 살펴볼 것이다.

17.3 허들 방법

학습목표 할인을 가치 있게 여기는 사람들에게만 할인을 주는 허들 방법을 적용한다.

다른 전략을 이용하면 고객이 스스로 유보가격이 높은 그룹 혹은 낮은 그룹으로 나뉘도록 유도할 수 있다. 이 전략은 고객이 당신에게 유보가격을 알려주지 못하는 문제를 해결하기 위해 고안되었다. 구매자들은 기꺼이 돈을 더 내겠다고 자원하지는 않지만, 때때로 구매자들이 하는 선택으로 그들의 유보가격을 알 수 있다. 이 전략은 **허들 방법**(hurdle method)이라는 아주 기발한 속임수에 의존한다.

허들 방법 허들 또는 장애물을 기꺼이 넘으려는 구매자에게만 더 낮은 가격을 제공한다.

허들 방법의 이면에 있는 아이디어는 간단하다. 허들이나 장애물을 기꺼이 넘으려고 하는 구매자에게만 더 낮은 가격을 제공하는 것이다. 이 아이디어가 기발한 이유는 유보가격이 높은 고객들이 문제를 해결하기에는 비용이 너무 많이 든다고 생각하도록 허들을 설계하기 때문이다. 이 방법이 성공한다면 고객들은 스스로 나뉘어서 유보가격이 낮은 사람들은 더 낮은 가격을 지불하기 위해 허들을 뛰어넘고, 유보가격이 높은 사람들은 허들을 넘지 않아서 더 높은 가격을 지불하게 된다.

Nathan Stirk/Getty Images

허들을 넘을 수 있는 구매자를 위해 더 낮은 가격이 기다리고 있다.

이제 우리는 기업들이 실제로 어떻게 허들 방법을 적용하는지를 살펴볼 것이다. 여기서 우리는 가격 전략을 통해 고객이 높은 유보가격과 낮은 유보가격 그룹으로 분류할 수 있는 독창적인 방법을 발견할 수 있다. 우리는 그 논리를 보기 위해 우회하여 호그와트의 사례를 살펴볼 것이다.

대체 버전과 타이밍

해리포터와 죽음의 성물이 출시되었을 때, 그 책은 원래 하드커버로만 35달러에 팔렸다. 몇 달 후, 문고판이 17달러에 출시되었다. 문고판이 더 싼 이유는 무엇인가? 이는 책을 하드커버로 인쇄하는 것이 더 비싸기 때문이라고 생각할 수도 있지만, 사실 둘 사이의 가격 차이는 실제로 적다. 대신, 이것은 가격 차별 허들 방법의 교활한 예이다.

$35

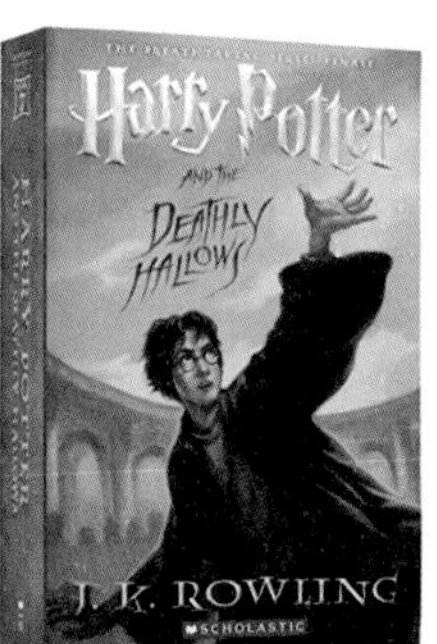

$17

가격이 아주 다른 이유가 무엇인가?

세상에는 두 가지 유형의 사람들이 있다. 한쪽은 해리포터를 광적으로 사랑하고, 나머지는 단순히 그를 좋아한다. 해리포터의 광신도들은 책으로부터 높은 한계편익을 얻기 때문에 유보가격이 높다. 또한 그들은 최신 연재물을 받기 위해 단지 며칠만 기다리는 것도 매우 꺼린다. 하지만 해리포터를 단순히 좋아하는 사람들은 유보가격이 낮다. 그리고 그들은 돈을 절약할 수 있다면 기꺼이 책을 받을 때까지 기다릴 것이다. 출판사들은 광신도들이 책을 빨리 읽고 싶어 하고 높은 가격을 지불할 것이라는 사실을 안다. 따라서 처음 하드커버로 책을 출판할 때 많은 비용을 부과한다. 몇 달 후, 출판사는 해리포터를 단순히 좋아하는 사람들도 책을 구입할 만한 가격으로 문고판을 내놓는다.

이 상황에서 더 저렴한 가격을 받기 위한 허들은 다음 해리포터 책을 위해 몇 달 동안 기다리는 것이다. 이 허들은 모든 사람이 더 저렴한 문고판이 나온다는 것을 알고 있음에도 불구하고 효과가 있다. 진정한 광신자에게 저렴한 가격을 위해 6개월을 기다리는 것은 그들이 넘지 못할 장애물이기 때문이다. 그러나 덜 광적인 독자들은 책을 반값에 읽을 수 있다면 몇 달을 기다리는 것에 만족할 것이다.

하드커버와 문고판은 사실상 동일한 제품의 두 가지 대체 버전이다. 이 둘의 중요한 차이점은 표지의 단단함이 아니라 이용 가능한 시점이다. 영화 산업에서도 동일한 전략이 사용된다. 영화관에서 새로 개봉하는 영화를 보려면 약 8~12달러가 든다. 그러나 몇 달 후에 아이튠즈, 구글 플레이, 아마존을 통해 4달러에 볼 수 있다. 아직도 너무 비싸다고 생각하는가? 조금만 더 기다리면 넷플릭스, HBO, 스타즈와 같은 구독 서비스에도 볼 수 있을 것이다. 좀 더 참을성이 있다면 결국 TV에서 시청할 수 있고 비용은 0달러이다. 각각의 대체 버전은 유보가격이 낮고 덜 광적인 팬들에게 매력적이다.

BFA/Alamy stockphoto

다음 마블 블록버스터 영화를 보기 위해 지불하게 될 가격은 당신이 얼마나 오래 기다릴지에 따라 다르다.

대체 버전은 허들을 만들 수 있다. 허들 방법이 많이 응용되는 이유는 판매자들이 다른 버전의 제품을 만들어내기 때문이다. 예를 들어, 아메리칸 항공은 일반적으로 유보가격이 높은 비즈니스 출장자에게 높은 가격을 부과하길 원한다. 왜 그렇지 않겠는가? 사장이 그것을 지불하는데! 그러나 아메리칸 항공사는 가격에 민감한 휴가 여행객에게는 더 낮은 가격을 부과한다. 문제는 비즈니스 출장자가 여가를 위해 여행한다고 말할 수 있다는 것이다. 그래서 아메리칸 항공은 시카고로 가는 왕복 항공료에 두 가지 가격 버전의 항공권을 판매한다.

수요일에 출발하여 금요일에 돌아오는 항공권에는 높은 가격을 부과한다. 주중에 회의 일정을 잡고, 가족과 주말을 보내기 위해 제시간에 귀국하려는 출장자에게는 그 시점이 편리하기 때문이다. 그리고 금요일에 출발해서 일요일에 돌아오는 항공권에 대해서는 저렴한 가격을 부과한다. 이는 주중에 회사를 쉴 수 없는 휴가 여행객에게 적합하기 때문이다. 이 선택적 할인이 효과적인 이유는 출장자들이 더 저렴한 항공료를 내기 위해 토요일 밤에 다른 도시에서 머무는 허들을 넘지 않을 것이기 때문이다. 다시 말해 이들은 토요일 밤을 다른 도시에서 머물지 않으려 한다는 것이다.

제품을 비교하며 쇼핑하기

만약 당신이 할인과 판촉 행사를 추적하거나 탄산음료 여섯 팩과 큰 병 하나 중에 어느 것이 더 저렴한지를 알아내고자 슈퍼마켓의 통로를 샅샅이 뒤지고, 화장지가 저렴할 때 그것을 비축하고, 그 주에만 하는 할인 행사를 이용하고자 가게에 더 자주 방문하고, 편리할 때보다 휘발유가 저렴할 때 연료 탱크를 채운다면 당신은 많은 돈을 절약할 것이다.

그렇게 한다면 당신은 돈을 절약할 것이다. 그러나 그것은 쉽지 않은 어려운 일이다. 그리고 그것은 부분적으로 고안된 것이다. 이러한 추가적인 번거로움은 가격에 민감하지 않은 많은 고객들이 넘으려 하지 않는 허들이다. 따라서 가격에 민감하지 않은 고객은 좋은 거래를 하지 못하는 반면에 가격에 민감한 고객들은 평균적으로 더 낮은 가격을 지불하려 하기 때문에 슈퍼마켓이 효과적으로 가격을 차별할 수 있는 것이다.

가격 변동은 허들이다. 식료품 가격이 크게 변동하는 이유는 무엇인가? 예를 들어, 지난주에 펩시를 할인하고, 이번 주에는 코카콜라를 할인하는 이유는 무엇인가? 그 답은 허들 방법에서 찾을 수 있다. 코카콜라를 좋아한다면 그에 대한 유보가격이 높기에 할인 여부와 상관없이 그것을 구입할 것이다. 그 결과, 코카콜라 구매자들은 그것의 절반 정도만 할인 가격으로 구매하게 된다. 반면에 탄산음료 브랜드에 그다지 관심이 없는 사람들, 즉 콜라에 대해 낮은 유보가격을 가진 사람들은 할인할 때를 기다려 할인 중인 제품을 구매하려 하기에 평균적으로 돈을 더 절약할 수 있다.

이 경우에 가장 낮은 가격을 받기 위한 허들은 펩시가 저렴할 때 그것을 더 마시는 것이다.

일상경제학 아마존을 역이용하기

당신은 온라인에서 가격이 얼마나 크게 변동하는지를 알게 되면 놀랄 수 있다. 예를 들어, 아마존의 새로운 슈윈 디스커버 하이브리드 자전거(정가 : 329.99달러)의 가격은 167.49달러에서 379.99달러 사이에서 자주 변동한다. 매일 확인해야 하는 번거로움 없이 가격이 다시 떨어질 때 큰 거래를 재빨리 하고 싶어 하는가? 가격 추적 웹사이트인 camelcamelcamel.com은 모든 항목의 가격을 감시하고, 가격이 목표 수준에 도달할 때마다 자동으로 당신에게 이메일을 전송한다. ■

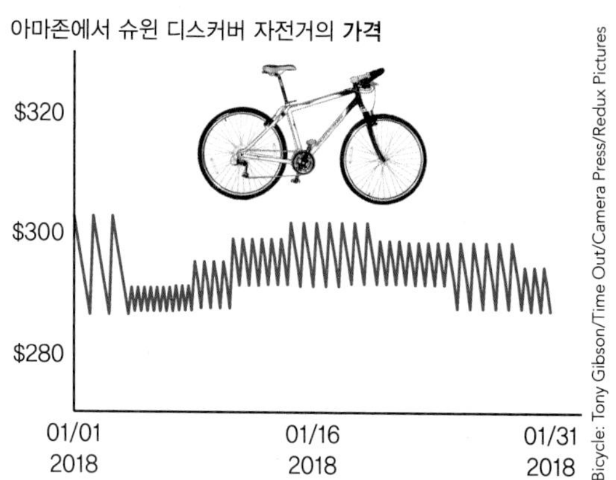

흥정은 허들이다. 당신은 새 차에 대한 실제 고지가격을 지불해서는 안 된다. 대신에, 당신은 모두가 그렇게 하듯 영업 사원과 흥정을 해야 한다. 만약 당신이 판매 직원에게 유보가격이 너무 낮아서 2,000달러를 더 낮추어야 차를 살 수 있다는 것을 납득시킬 수 있다면, 결국 당신은 진짜 흥정을 하게 될 수 있을 것이다.

판매자는 흥정이 매우 강력한 가격 차별이 될 수 있기에, 이들은 흥정을 하여 개별 고객에게 제공하는 가격을 조정할 수 있다. 자동차 판매자는 당신이 입고 있는 옷, 휴대 전화, 그리고 당신의 유보가격을 알 수 있는 다른 신호들을 자세히 살펴본다. 판매자는 당신이 고지가격을 지불할 용의가 있다고 생각하면 그들은 꿈쩍도 하지 않을 것이지만, 판매에 필요하다고 생각하면 큰 가격 인하를 제안할 것이다.

결과적으로, 현명한 구매자가 되려면 판매자에게 당신의 유보가격이 낮다는 것을 납득시켜야 한다. 가장 지저분한 옷을 입고 제출기한이 도래한 숙제들에 대해서 말하라. 판매자는 당신을 부유한 상류층이 아니라 학생이라고 생각할 것이다. 돈을 절약하는 것보다 더 중요한 것은 없다는 태도로 협상하는 데 오랜 시간을 들일 준비를 하라. 그리고 당신이 사려는 차가 마음에 든다는 것을 말하지 말라. 대신에, 당신은 판매자가 당신이 어떤 차를 사도 만족한다고 믿기를 원한다. 즉, 당신이 다른 어떤 차보다 이 차를 사서 얻을 한계편익이 작다는 의미이다. 당신이 계속 다른 중고차도 둘러볼 것이라는 점을 분명히 하여 이 중고차를 구입함으로써 얻을 수 있는 한계편익이 작다는 신호를 주라. 잘 처신한다면 좋은 거래를 할 수 있을 것이다.

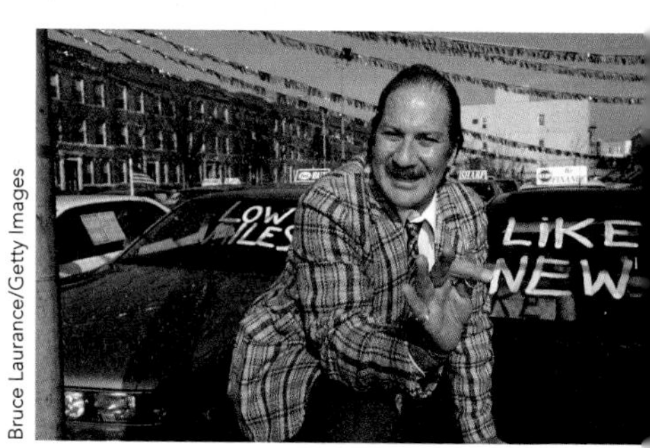

당신이 낮은 지불용의를 가졌다는 것을 이 영리한 가격차별자에게 납득시키고 싶어 한다.

자동차 구입에서 가장 성가신 부분 중 하나는 흥정이다. 그러나 그것이 바로 핵심이다. 흥정은 저렴한 가격에 구입하기 위해 넘어야 하는 허들이다. 판매자는 유보가격이 높은 사람들이 더 나은 거래를 위해 시간과 에너지를 소비하는 것을 피하려고 더 많은 돈을 지불하는 것을 선호한다고 장담한다.

일상경제학 당신은 생각하는 것보다 더 자주 흥정할 수도 있다

흥정은 당신이 아는 것보다 더 흔하게 일어난다. 대부분의 매트리스 상점 판매원은 흥정을 할 것이라 기대한다. 크레이그리스트나 벼룩시장, 차고에서 하는 중고 물품 세일에서 중고품을 살 때는 항상 흥정을 해야 한다. 흥정은 어떤 국가에서는 더 흔하기 때문에 여행하기 전에 방문하려는 국가의 규범을 배워두라.

심지어 당신은 대기업과도 흥정할 수 있다. 많은 병원에서 단지 당신이 요청했다는 이유로 엄청난 할인을 제공하기도 한다. 이것은 당신이 만일 상당한 의료비를 내야 하는 상황이라면 정말 중요할 수 있다. 따라서 당신의 병원 청구비가 마음에 들지 않으면 흥정할 준비를 하라. 마찬가지로, 당신은 케이블, 전화 또는 인터넷 제공 업체와도 협상할 수 있다. 당신은 고객 서비스 센터에 전화를 걸어 이동 통신사 전환을 고려하고 있다고 알려주라. 만일 당신이 헬스장에 등록할 생각이라면 선납 등록비를 면제해줄 수 있는지 물어보라. 당신의 신용카드 회사에 전화하여 다른 카드사들이 더 잘하는 서비스를 말하라. 그리고 결제를 놓쳐 연체료가 발생한 경우 전화를 걸어 연체료를 무료로 면제해 달라고 요청하라. 아주 일반적으로 당신은 고객 서비스 담당자가 가격 차별을 할 수 있는 권한이 있음을 알게 될 것이다. 즉, 그들은 당신을 고객으로 유지하기 위해 더 저렴한 청구서, 더 적은 선납금, 더 저렴한 호텔 객실 또는 이자율 인하 등의 기회를 제공할 것이다. ■

George Sheldon/Alamy

이 아울렛이 필라델피아 시내에서 80마일 떨어진 곳에 위치한 이유는 무엇인가?

추가적인 번거로움, 불편한 서비스, 불완전 상품

당신은 판매자들이 상품 구매를 자주 번거롭게 만든다는 사실에 놀랄 것이다. 그러나 이는 단지 가격 차별이며 허들이다. 예를 들어, 당신이 기꺼이 아울렛에서 쇼핑을 한다면 디자이너의 옷을 싸게 살 수 있다. 그러나 디자이너 브랜드는 아울렛 매장을 의도적으로 주요 도시에서 40마일 떨어진 곳에 배치해서 찾아가기 번거롭게 만든다. 그 결과, 저렴한 가격을 위해 먼 길을 가야 하는 허들을 넘을 수 있는 사람들, 즉 일반적으로 유보가격이 낮은 사람들만이 더 저렴한 가격에 구매할 수 있다. 반대로 말하면 흥정에 관심 없는 고객들은 시내에 있는 본점에서 더 높은 가격으로 상품을 구매하게 된다.

쿠폰과 환불은 허들이다. 비슷한 논리로 슈퍼마켓은 쿠폰을 잘라 모으는 사람들에게 가장 큰 할인 혜택을 준다. 또한 전자제품 매장은 환불을 요구할 의향이 있는 사람에게 더 낮은 가격으로 판매한다. 쿠폰을 모으거나 환불을 신청하는 번거로움은 저렴하게 구매하기 위한 허들이기 때문이다. 이렇게 하면 일반적으로 유보가격이 높고 가격에 민감하지 않은 고객 중 대부분이 번거로움을 피하고 높은 가격을 내도록 할 수 있다. 따라서 가격에 민감한 구매자는 쿠폰과 환불을 통해 효과적으로 가격을 인하할 수 있다.

약간 불편한 서비스는 허들이다. 비슷한 논리로 많은 판매자가 약간 더 나은 서비스에 대해 엄청난 금액을 부과하는 이유를 설명한다. 당신이 번거로움을 피하기 위해 비용을 지불할 용의가 있다면, 대부분의 나이트 클럽은 VIP 테이블에 수백 달러를 부과하여 당신이 밖에서 줄을 서지 않고 입장하게 할 것이다. 항공사는 비즈니스석에 수백 달러를 부과해서 이코노미클래스 탑승자를 비참하게 만들려고 하는 것처럼 보인다. 아마존과 아이튠즈는 추가 대역폭이 거의 필요하지 않음에도 불구하고 표준 화질의 영화보다 고화질에 더 많은 비용을 부과한다. 각각의 경우에 더 저렴한 가격을 얻기 위한 허들은 보통 이하의 서비스를 고객들로 하여금 불평 없이 그것을 받아들이도록 유도한다. 판매자의 관점에서 볼 때, 위의 사례들은 저렴하게 구입하기 위한 할인 동기를 가진 고객만이 더 낮은 가격을 얻는 데 필요한 허들을 넘게 하고, 반대로 유보가격이 높은 고객은 더 많은 비용을 지불하게 만드는 것이 이치에 맞다고 생각한다.

불완전 상품은 허들이다. 이제 당신은 테슬라가 두 가지 버전의 동일한 자동차를 판매한 이유를 알 수 있을 것이다. 여기에도 허들 방법이 작동한다.

테슬라는 유보가격이 높은 고객에게는 높은 가격에, 유보가격이 낮은 고객에게는 낮은 가격에 자동차를 판매하고 싶었다. 그래서 7만 4,500달러인 S75와 6만 8,000달러인 S60의 두 가지 버전을 만들었다. 하지만 이 버전들이 완전히 동일하다면, 모든 사람들이 더 저렴한 버전을 살 것이다. 그래서 테슬라는 S60에 배터리 범위를 인위적으로 줄인 컴퓨터 코드를 추가했다. 차를 더 자주 충전해야 하는 번거로움은 구매자들이 차를 저렴한 가격에 구매하기 위한 허들이다. 가격에 민감한 테슬라의 고객에게 이 허들은 넘을 가치가 있다. 따라서 그들은 더 낮은 가격을 지불한다. 그러나 더 부유하고, 더 바쁘고, 테슬라에 더 헌신적인 고객들에게 이 허들은 넘을 가치가 없다. 따라서 그들은 S75를 구매해 더 높은 가격을 지불한다.

Stephen Coburn/Shutterstock

번거롭게 할 가치가 있는가?

수량 할인

어느 동네 약국에서는 두 가지 제품을 구매할 때 두 번째 제품을 반값에 준다. 이는 대량 구매 시 단가가 낮아지는 **수량 할인**(quantity discount)의 한 예시로, 또 다른 형태의 가격 차별이다. 두 번째 제품을 할인하면 이미 첫 제품을 구매하여 지불용의가 낮아진 고객을 효과적으로 겨냥할 수 있다. 두 번째 제품을 저렴하게 구입하기 위한 허들은 첫 번째 제품을 구매하는 것이다.

수량 할인 대량으로 구매하면 단위당 가격이 떨어지는 경우

수량 할인을 하는 이유는 다양한 유형의 고객이 다른 수량을 구매하기 때문이다. 예를 들어, 코스트코나 샘스클럽과 같은 상점에서는 하인즈 케첩을 저렴한 가격에 판매한다. 가격에 민감한 대가족들에게 이 케첩은 좋은 거래가 될 것이지만, 저장 공간이 부족한 아파트 거주자들은 좀 더 합리적인 크기의 케첩을 사는 것을 선호할 것이다. 따라서 갤런 용기의 온스당 가격을 낮춘 것은 가격에 민감한 고객을 위한 것이다. 그리고 케첩을 저렴하게 구입하기 위한 허들은 케첩을 보관하고 변질되기 전에 사용하는 것이다.

(left) Chicago Tribune/Getty Images

14 oz. $2.58 | 144 oz. $5.82

당신은 어떤 크기의 케첩을 더 살 것 같은가?

묶음판매는 두 번째 제품을 저렴하게 구매하는 데 허들을 만든다. 수량 할인의 다른 형태인 **묶음판매**(bundling)는 서로 다른 상품을 패키지로 함께 판매하는 것이다. 묶음판매 상품은 일반적으로 제품을 별도로 구입할 때보다 저렴한 가격에 판매된다. 가격이 저렴하지 않으면 아무도 묶음판매 상품을 구매하지 않을 것이기 때문이다. 따라서 그 저렴한 가격은 가격 차별의 한 형태이다.

묶음판매 서로 다른 제품들을 패키지로 묶어서 판매하는 것

이를 알아보기 위해 마이크로소프트 마케팅 팀이 겪고 있는 문제를 살펴보자. 워드와 엑셀은 마이크로소프트에서 가장 많이 팔리는 제품으로, 단독으로 구매할 경우 개별 프로그램의 가격은 110달러이다. 문제는 주로 시인처럼 글 쓰는 작업을 하는 사람들이 엑셀이 아닌 워드를 구입한다는 것이다. 그리고 금융시장 분석가처럼 숫자를 처리하는 데 대부분의 시간을 보내는 사람들은 엑셀은 구입하지만 워드는 구입하지 않는다. 마이크로소프트는 더 많은 소프트웨어를 팔기 위해 시인에게는 엑셀을 더 낮은 가격에 팔고, 금융시장 분석가에게는 워드를 더 낮은 가격에 팔 수 있는 방법을 찾아야 한다. 그러나 어떻게 시인이나 금융시장 분석가만 겨냥해서 가격을 인하할 수 있을까?

마이크로소프트는 현명한 가격 차별을 위해 엑셀과 워드가 모두 포함된 묶음판매 상품을 140달러에 판매하기로 했다. 실제로, 이 묶음판매 상품은 시인을 위해 엑셀을 크게 할인해준다. 생각해 보라. 워드를 사는 데 110달러를 지출한 시인의 경우 30달러만 추가하면 엑셀을 구매할 수 있다. 엑셀을 할인가에 구매하기 위한 허들은 어찌 되었건 워드를 사야 한다는 것이고, 워드를 구매한 시인만이 이 허들을 넘을 수 있다. 마찬가지로, 금융시장 분석가의 관점에서 묶음판매 상품은 사실상 워드를 크게 할인해주는 것이다. 이미 엑셀에 110달러를 쓸 예정이었다면 이제 묶음판매 상품을 통해 단 30달러를 더 지불해 워드를 구매할 수 있다. 워드를 저렴하게 구매하기 위한 허들은 엑셀을 구매하는 것이고, 오직 엑셀을 구매한 금융시장 분석가만이 이 허들을 넘을 수 있다.

묶음판매 상품 중 한 상품에서 얻는 한계편익이 낮아서 할인이 필요한 사람은, 할인을 받기 위한 허들을 넘음으로써 나머지 상품으로부터 높은 한계편익을 얻는다. 이는 허들 방법을 기발하게 적용하기 위한 핵심이다. 이것이 회사가 종종 당신이 좋아하는 제품을 당신이 원하지 않거나 당신에게 필요 없는 제품을 함께 묶어 판매하는 이유인 것이다.

이와 같은 논리로 케이블 TV 가격을 설명할 수 있다. 케이블 채널을 구독할 때는 원하는 채널만 구매할 수 없다. 대신에, 당신이 정말 원하는 소수의 채널과 그다지 관심 없는 채널이 모두 포함된 '기본 케이블'을 구매하게 된다. 케이블 회사는 이 묶음판매를 통해서 몇 달러의 추가 비용을 내면 당신이 좋아하는 채널을 보게 해주면서 결국 더 많은 비용을 요구한다. 케이블 회사는 이런 방식으로 가격 차별을 한다. 이 방식은 당신이 좋아하는 채널을 그냥 구입할 때보다 조금 더 지불하게 만들기 때문에 효과가 있다.

함께 해보기

상거래의 본질과 구매자와 판매자 간의 관계를 변화시킬 혁명이 일어나고 있다. 두 가지 힘이 융합되고 있는 것이다. 첫 번째는 이번 장에서 분석한 아이디어들이다. 기업은 개별 고객의 유보가격에 최대한 가까운 가격을 부과함으로써 수익을 높일 수 있다. 두 번째는 기술의 발전이다. 삶의 많은 부분이 온라인으로 이동함에 따라, 마우스를 클릭할 때마다 당신의 삶을 적나라하게 보여주는 인터넷 활동기록을 생성하여 당신의 사회 · 경제적 관계들을 대략적으로 보여주게 된다.

기업은 이런 방대한 데이터를 마이닝하면서, 그들은 그 어느 때보다 고객에 대해 더 많은 정보를 얻을 것이다. 이것은 당신의 다음 구매에 대해 소매업자가 부과할 수 있는 최고 가격을 파악하기 위해서 당신이 다음에 어떤 유튜브 동영상을 볼지 알아내는 것과 같은 알고리즘일 것이다.

즉, 이 장에서 살펴본 아이디어들 즉, 시장 세분화, 그룹 가격 설정, 허들 방법 적용 등이 중요한 이유는 빅데이터를 통해 더 정교한 가격 전략으로 이어질 것이기 때문이다. 미래에는 훨씬 더 정교하게 개별화된 가격이 적용될 가능성이 높다. 극단적으로 말하면, 더 이상 '가격'에 대해 이야기하는 것은 타당하지 않다. 대신에 '나의 가격'과 다를 수 있는 '당신의 가격'에 대해 이야기해야 한다. 심지어 '당신의 가격'은 현재 온도, 집이나 직장에서 로그인하는 시간, 또는 커서가 고양이 사진 위에 얼마나 오래 머무는지에 따라 시시각각 달라질 수 있기에 그 가격조차 순식간에 구식이 될 수 있다.

실제로 많은 기업이 이미 데이터, 머신 러닝 도구, 그리고 이를 실현할 수 있는 기술 역량을 지니고 있다. 넷플릭스가 이미 당신에 대해 얼마나 많이 아는지 생각해보라. 그들은 당신이 로맨스 코미디, 스릴러 그리고 애니메이션을 좋아하는지, 한입 크기의 음식을 먹는지 폭식을 하는지, 주말에 외출을 하는지 집에서 TV를 보는지 이미 알고 있다. 그들이 이 정보를 이용해 더 높거나 낮은 구독료를 부과하지 않는 이유는 무엇인가?

공정성에 대한 우려가 그 대답이 될 수 있다. 아마존이 사람들에게 각기 다른 가격을 제시한 실험이 언론에 폭풍을 불러일으킨 이유는 사람들이 부당함을 인식하여 분노했기 때문이다. 소비자의 반발이 커지자 아마존은 뒤로 물러나게 되었다. 따라서 사업을 하면서 정교한 가격 전략을 도입하려고 한다면 고객이 어떻게 반응할지 신중하게 생각해야 한다.

또한 민감한 윤리적 문제도 관련되어 있다. 구매자의 성별, 인종, 민족성, 성별 또는 종교를 추적하지 않도록 설계된 컴퓨터 알고리즘조차도 결국 한 인구통계학적 집단의 가격을 다른 집단에 비해 더 크게 인상할 수 있다. 예를 들어, 만약 어떤 알고리즘이 립스틱을 사는 사람들의 샴푸에 대한 유보가격이 더 높다는 것을 알게 된다면, 결국 여성이 남성보다 샴푸에 더 많은 비용을 지불하게 될 가능성이 높다. 이를 젠더 블라인드 시장의 힘으로 인한 무해한 결과라고 볼지, 아니면 컴퓨터가 만들어낸 악의적인 성차별로 볼지는 당신의 몫이다.

당신의 견해가 무엇이든, 규범은 종종 경제가 변화함에 따라 진화한다는 것을 인식하라. 우버의 가격 알고리즘은 고급 식당까지 8킬로미터를 이동하는 데 드는 비용과 비슷한 거리의 저렴한 식당으로의 이동 비용을 다르게 부과했다. 그러나 수백만 명의 사람들이 여전히 우버와 거래를 하고 있다. 이러한 논란을 고려해보면 역사는 사람들이 개별화된 가격 책정에 익숙해질 수 있음을 시사한다. 결국, 모든 사람에게 적용되는 균일가를 나타내는 기호인 가격표는 비교적 새로운 혁신이다. 가격표는 1870년대에 워너메이커와 메이시스 같은 백화점에 의해 대중화되었다. 실제로 대부분의 시장 역사를 보면 개별 구매자들은 판매자와 흥정을 했고, 사람들마다 각기 다른 가격을 지불했다. 이 점에서, 미래는 과거와 많이 비슷할지도 모른다.

한눈에 보기

가격 차별 : 동일한 제품을 다른 가격으로 판매

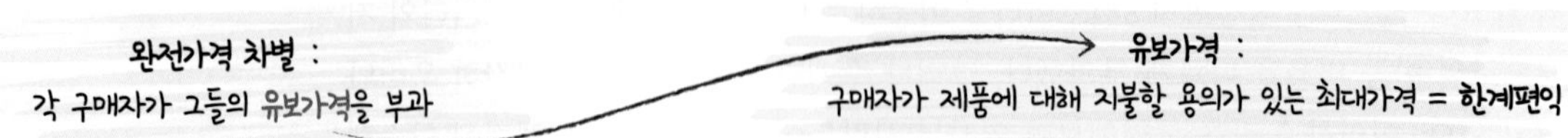

기업이 동일한 제품에 대해 다른 고객에게 다른 가격을 부과하는 이유는 무엇인가?

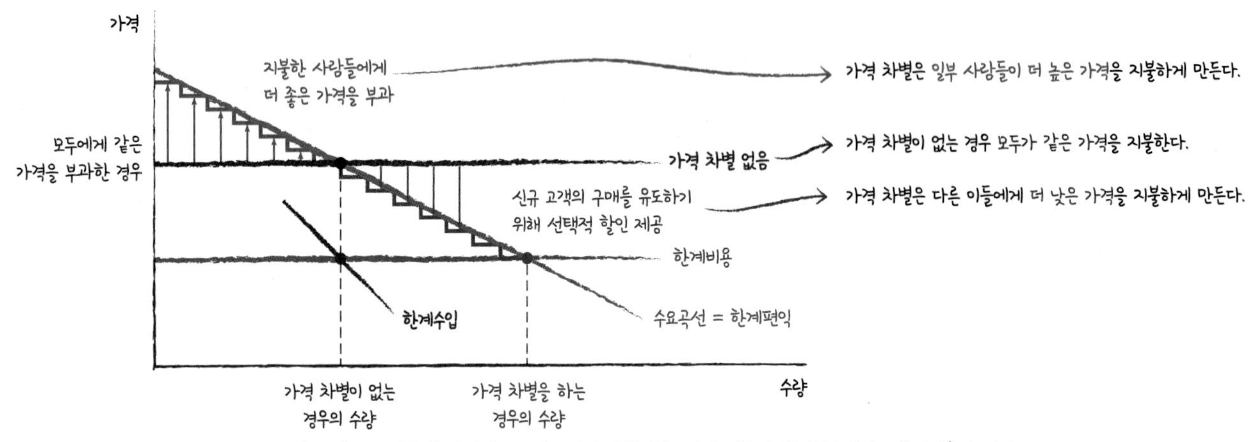

가격 차별은 판매 수량을 증가시킨다. => 선택적 할인은 생산 부족의 문제 해결에 도움이 될 수 있다.

다음과 같은 경우에만 가격 차별화가 가능하다. 1. 기업은 **시장 지배력**을 가지고 있다. 2. 기업은 **재판매**를 방지할 수 있다. 3. 기업은 적절한 고객에게 적절한 가격을 제시할 수 있다.

그룹 가격 설정

시장을 세분화하는 방법

1. 시장을 수요가 다른 그룹으로 세분화한다.
2. 검증할 수 있는 특성을 기준으로 그룹 할인을 설정한다.
3. 변경하기 어려운 특성에 그룹할인의 근거를 둔다.

그룹별로 다른 가격을 설정한다:

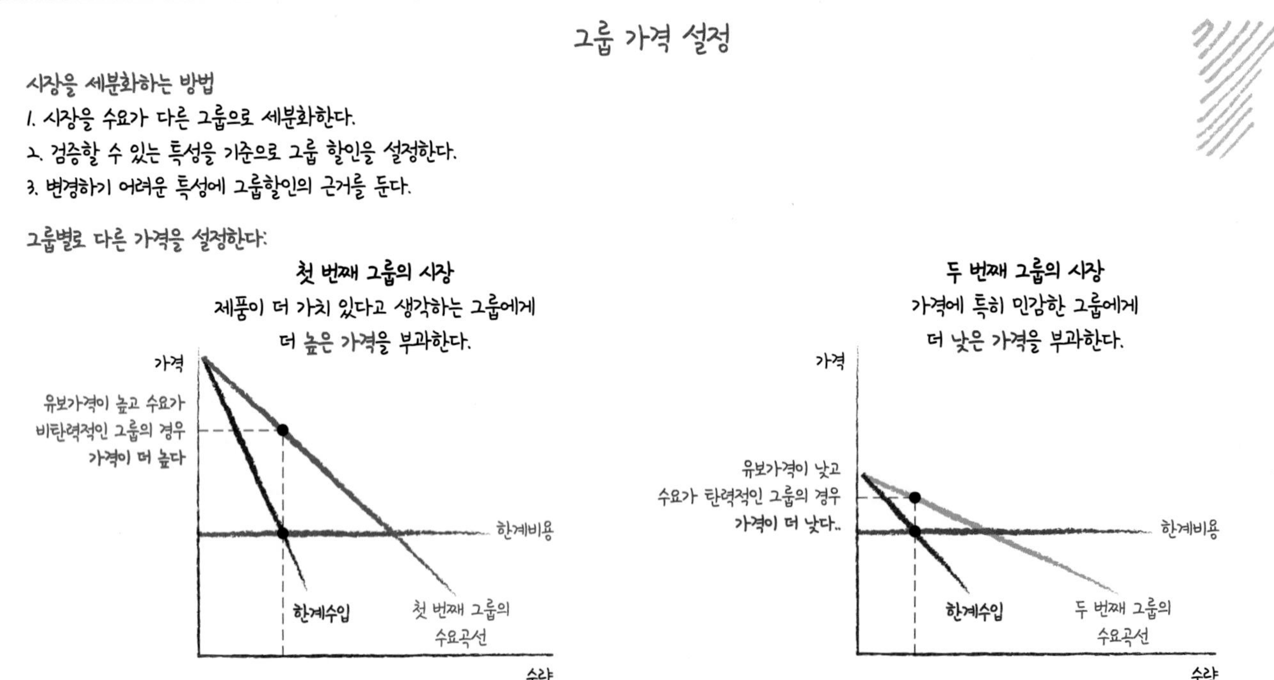

허들 방법

일부 허들을 기꺼이 넘으려는 구매자에게만 낮은 가격을 제시한다.

- 대체 버전과 타이밍
- 가격 변동
- 흥정
- 추가적인 번거로움, 불편한 서비스 그리고 불완전 상품
- 수량 할인
- 묶음판매

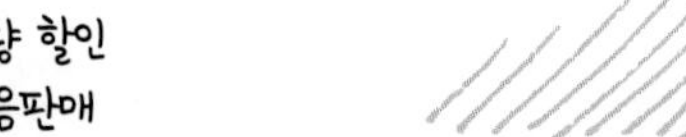

핵심용어

가격 차별
그룹 가격 설정
묶음판매
수량 할인
완전가격 차별
유보가격
허들 방법

토론과 복습문제

학습목표 17.1 개개인이 지불할 가격을 다르게 부과함으로써 이윤을 높인다.

1. 당신은 자주 방문하는 올드네이비라는 웹 사이트에서 몇 가지 새로운 스타일을 탐색하고 있다. 그리고 가상 장바구니에 몇 가지 좋은 아이템을 담았지만, 당신은 구매를 완료하지 않고 사이트를 떠난다. 며칠 후, 올드네이비는 제한된 시간 내에 당신의 장바구니에 적용할 수 있는 10% 할인 코드를 당신에게 이메일로 보낸다. 올드네이비와 같은 회사들이 이렇게 특화된 제안을 하는 이유는 무엇인가?

학습목표 17.2 그룹 할인을 제공하여 이윤을 증대시키는 방법을 배운다.

2. 관광산업이 호황을 누리는 도시에서 기업들은 종종 지역 주민들에게 할인을 제공한다. 예를 들어, 네바다주 라스베이거스 거주자는 다양한 쇼와 놀이공원의 놀이기구를 할인받을 수 있다. 라스베이거스가 관광을 통해 많은 돈을 벌어들인다면 지역 주민들에게 할인을 해주는 이유는 무엇인가? 지역 할인은 어떤 종류의 할인이며, 기업은 자격을 갖춘 사람을 어떻게 확인할 수 있는가?
3. 2018년에 스포티파이는 전 세계 여러 국가에서 사용할 수 있었다. 같은 해, 스포티파이는 스포티파이 프리미엄, 인기 오리지널 시리즈와 수천 개의 프로그램 및 영화, 라이브 및 온디맨드를 제공하는, 그리고 추가 수수료를 받고 케이블 약정 없이 쇼타임과 같은 프리미엄 채널을 학생들에게만 이용할 수 있는 매력적인 거래를 한 달에 4.99달러의 가격에 모두 제공했다. 4.99달러는 기본 스포티파이 프리미엄 계정에 청구되는 결제 요금의 절반 가격이다. 거래 자격을 얻기 위해서는 스포티파이와 스포티파이의 타사 파트너인 쉬어아이디에 이름과 생년월일 같은 정보를 제공해야 한다. 쉬어아이디는 기업이 다양한 개인의 속성과 자격을 확인하는 데 활용하는 인증 서비스다. 즉, 쉬어아이디가 접근할 수 있는 데이터베이스를 통해 당신이 현재 학생 신분인지 확인할 수 있다.
   a. 스포티파이는 그룹 가격 설정을 이용하고 있는가? 그렇다면, 시장 내 세분화된 별도 시장은 무엇인가?
   b. 스포티파이가 다른 많은 소매업체처럼 학생 자격을 확인하기 위해 단순히 '.edu'가 붙은 이메일 주소를 요구하는 것이 아니라 할인을 위해 제3의 기관의 검증을 요구하는 이유는 무엇인가?
   c. 이러한 검증 절차에 대해 당신은 어떻게 생각하는가? 이러한 검증이 새로운 기준이 될 것이라 생각하는가?

학습목표 17.3 할인을 가치 있게 여기는 사람들에게만 할인을 주는 허들 방법을 적용한다.

4. 대부분의 매장에서는 다양한 상품을 할인해주는 순환 프로모션을 제공한다. 그러나 대부분의 경우에 그런 서비스를 이용하기 위해서는 그 매장의 회원이 되어야 한다. 이때 멤버십의 가격은 무료이다. 당신은 아마 식료품점, 약국, 심지어 애완동물 체인점에서도 이러한 과정을 익숙하게 보았을 것이다. 프로모션 거래를 하기 위한 허들은 무엇인가? 멤버십은 매장에 어떤 혜택을 주며, 당신은 어떤 이득을 얻을 수 있는가?
5. 듀오링고는 널리 사용되는 외국어 어플로 2018년의 이용자가 3억 명에 이른다. 무료 버전도 있지만, 프리미엄 듀오링고를 구독하면 언어 연습 중에 광고가 사라지고 오프라인 사용을 위해 수업을 저장할 수 있는 새로운 퀴즈들이 제공된다. 듀오링고가 사용자들이 스스로 '무료' 사용자(듀오링고가 광고를 통해 수익을 얻고 있는 사용자)와 '프리미엄' 사용자(광고 없는 어플을 사용하기 위해 비용을 지불한 사용자)로 나뉠 수 있도록 어떻게 허들 방법을 사용했는지 설명하라.

학습문제

학습목표 17.1 개개인이 지불할 가격을 다르게 부과함으로써 이윤을 높인다.

1. 미셸은 독립 서점을 소유하고 있으며, 대학을 졸업한 사람들이 학위가 없는 사람들보다 책을 더 많이 읽는다는 것을 관찰했다. 그녀는 고등 학위를 소지한 고객에게는 책 구매 시 10% 할인을 제공하는 것을 고려하고 있다. 가격 차별에 필요한 세 가지 조건과 시장 세분화를 위한 세 가지 핵심 아이디어를 사용하여, 미셸의 가격 전략이 그녀의 사업에 어떤 도움을 주거나 피해를 줄 수 있는지 설명하라.

2. 당신은 구글 홈 스마트 스피커 구매를 고려하고 있다. 100달러 정도를 지불하기로 결정했지만, 그 이상은 지불하지 않을 것이다. 이 장에서 배운 용어를 사용하여 아래의 개별 질문에 대한 추론을 논의하라.
   a. 당신은 금요일에 구글 홈 스마트 스피커의 가격이 129달러인 것을 확인했다. 당신은 스피커를 구매할 것인가? 구매하거나 구매하지 않는다면 그 이유는 무엇인가?
   b. 그다음 일요일에 당신은 친구와 함께 구글 홈 스마트 스피커 매장에 간다. 그녀는 129달러를 지불할 용의가 있으므로 스피커를 구매할 계획이다. 매장에 도착하자 스피커가 99.99달러에 판매되고 있다. 당신과 당신의 친구는 스피커를 구매할 것인가? 구매하거나 구매하지 않는다면 그 이유는 무엇인가?
   c. 기업이 모든 사람에게 각자 알맞은 유보가격을 부과하지 않는 이유는 무엇인가? 앞선 예시들이 기업이 가격 차별을 시도할 때 겪게 되는 문제를 어떻게 설명하는가?

학습목표 17.2 그룹 할인을 제공하여 이윤을 증대시키는 방법을 배운다.

3. 현재, 각 개인에게 유보가격보다 약간 낮은 가격을 부과한다는 완벽한 가격 차별은 대부분 가상의 시나리오다. 그러나 데이터 마이닝이 보편화됨에 따라 개별 가격 책정을 통해 완벽한 가격 차별 시장과 더욱 가까워지고 있다. 그래프를 이용하여 완벽한 가격 차별을 설명하라. 완벽한 가격 차별이 판매자와 구매자에게 어떻게 이득이 되는지 설명하라. 그다음, 완벽한 가격 차별이 전체 시장의 수량에 어떤 영향을 미치는지 설명하라.
4. 지역 영화관은 이 장에서 설명된 것과 동일한 그룹 가격 설정 전략을 사용한다. 즉, 성인, 어린이, 노인, 학생에 대해 다른 가격을 부과한다. 그러나 이 영화관은 한 가지 전략을 더 추가한다. 화요일에 모든 영화 티켓을 일반 성인 입장료 절반 가격으로 할인한다. 그 가격은 단체 할인보다도 저렴하다. 따라서 화요일에는 영화관이 항상 붐빈다. 화요일의 가격 책정 전략이 효과적이라면, 영화관이 티켓의 가격을 매일 절반으로 낮추지 않는 이유는 무엇인가?
5. 디즈니 월드 성인과 어린이의 일일 공원 입장료에 다른 가격을 부과한다. 성인 입장료는 122달러이고, 어린이(3~9세)는 117달러이다. 공원은 이미 설립되어 운영되고 있기에, 각각 추가 입장의 한계비용은 90달러로 일정하다고 가정하자. 위의 정보를 통해 디즈니가 어떻게 시장을 세분화하는지 각 세분화에 대한 한계편익, 한계비용, 수요곡선을 나타내라.

학습목표 17.3 할인을 가치 있게 여기는 사람들에게만 할인을 주는 허들 방법을 적용한다.

6. 당신은 앞바퀴 2개를 교체하기 위해 쇼핑을 하던 중, 타이어 판매의 패턴을 발견했다. 대부분의 타이어 가게에서는 타이어 4개를 살 때 적용되는 프로모션을 제공한다. 예를 들어, 당신이 방문한 한 가게는 타이어 4개를 구입하면 무료 장착 및 평생 정비 서비스를 제공한다. 또 다른 가게에서는 타이어 4개를 구입하면 타이어당 15달러 할인을 제공한다. 세 번째 가게에서는 타이어 3개를 구매하면 네 번째 타이어를 무료로 준다. 타이어 가게가 수량 할인을 제공하는 이유를 설명하라.
7. 2018년, 애플은 아이폰 X의 세 가지 업데이트 버전인 XS(999달러), 유사하지만 더 큰 XS 맥스(1,099달러), 그리고 더 저렴한 XR(749달러)을 출시했다. 프리미엄 가격의 XS 모델은 모두 애플의 최고급 디스플레이와 XR보다 우수한 카메라를 장착했다. 모든 휴대폰이 동일한 운영 체제를 사용하지만, 고급 모델이 속도가 더 빠르다. 애플은 5년 전에도 비슷한 전략을 사용했는데, 그 당시 폴리카보네이트와 강철로 만든 저가형 아이폰 5C 그리고 알루미늄 구조, 더 발전된 사진 기능을 가진 5S를 함께 출시했다. 애플이 여러 버전의 휴대폰을 출시하는 이유는 무엇인가?
8. 지난 주, 학교로 가는 길에 커피를 마시기 위해 던킨도너츠에 방문했다고 가정해보자. 계산원은 영수증에 인쇄된 링크에 접속해서 설문조사에 답하면 도넛을 무료로 받을 수 있다고 말했다. 링크가 있는 영수증을 받은 사람들 모두가 무료로 도넛을 받는가? 받거나 받지 않는다면 그 이유는 무엇인가?

게임이론과 전략적 선택

CHAPTER 18

장면 1 : 주디트 폴가는 앞에 있는 남자들을 살펴보았다. 역대 최강의 여성 체스 고수인 그녀는 이제 헝가리 남자 국가대표팀을 코치하고 있다. 그녀에게 도전은 이들 남자 선수들에게 그녀가 직관적으로 아는 것을 가르쳐주는 것이다. 상대방을 이기려면 상대방이 자신들을 아는 것보다 내가 상대방을 더 잘 알아야만 한다.

장면 2 : 소비에트 지도자 니키타 흐루쇼프는 비밀리에 핵미사일을 플로리다 해변에서 90마일밖에 떨어져 있지 않은 쿠바로 선적하였다. 케네디 대통령은 흐루쇼프에게 미사일을 철수시키라고 요구한다. 흐루쇼프는 이를 거절한다. 서로 상대방을 파괴하는 데 충분한 핵무기를 보유하고 있기 때문에 판을 더 키울 수 없었다. 협상이 난관에 봉착하자 케네디 대통령은 세계가 파멸적인 핵전쟁 위기에 봉착한 것을 감지하고 서둘러 참모들과 작전회의를 하였다.

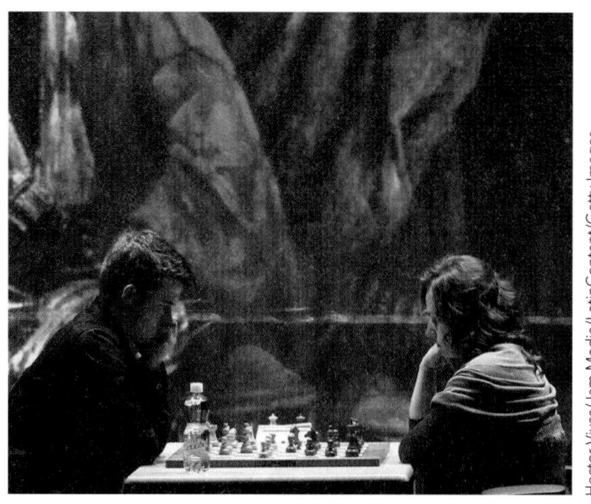

Hector Vivas/Jam Media/LatinContent/Getty Images

그녀는 아마도 그가 무슨 생각을 하는지 벌써 간파하였다.

장면 3 : 매리 배라의 할 일과 일정은 꽉 차있다. 그녀는 제너럴모터스(GM)를 운영하고 여러 회의를 준비하였다. 전기차 출시 여부를 결정해야 하고, 어떤 기술을 GM 자동차에 적용할지에 관한 결정, 노동조합과 다음 교섭 계획, 중국시장 확장 속도 등을 파악해야 한다. 그녀가 이런 각각의 사안들을 고려할 때 포드에 있는 그녀의 경쟁자가 어떻게 반응을 할지 궁금해한다.

경제학자들은 이 세 가지 장면 모두에 작동하는 기본적으로 동일한 논리를 잘 알고 있다. 각 전략가들은 그들의 경쟁자보다 몇 수 앞서가길 원한다. 각자 다음 행동을 골몰히 생각하면서 그들 모두는 같은 아이디어 조합에 의존하고 있는 것이다. 이러한 아이디어는 게임이론에서 나온다. 이는 어떠한 형태이든지 전략적 상호작용이 있을 때 의사결정을 하는 기본 뼈대를 제공해준다.

우리는 전략적 상호작용을 분석할 때 필요한 분석도구로 시작한다. 그러고 나서 두 가지 큰 주제를 강조할 것이다. 바로 사람을 협력하게 하는 것, 그리고 그들을 조정하도록 하는 것이다. 어떤 학생들에게는 바로 여기까지가 게임이론으로 파악할 내용이다. 그러나 당신이 좀 더 고급 내용까지 파고들길 원한다면, 우리는 시간이 경과함에 따라 전개되는 전략적 상호작용을 처리하는 방법을 검토해볼 것이다.

나는 게임이론이 당신 자신의 삶 속에 일어나는 전략적 문제들을 처리할 때 믿기 힘들 정도로 유용하다는 사실을 알게 될 것이라고 장담한다. 아니면 아마 내가 이런 이야기를 하는 것은 당신이 계속 이 책을 정독하도록 하기 위한 전략일 수도 있다. 당신은 이를 어떻게 알 수 있을까?

목표

직장생활과 일상생활을 하면서 줄곧 내리게 될 전략적 의사결정을 분석한다.

18.1 전략적으로 생각하는 법
좋은 전략적 의사결정을 위한 4단계 절차를 밟는다.

18.2 죄수의 딜레마와 협력 도전
사람들이 협력할 때 발생할 수 있는 문제점을 죄수의 딜레마가 어떻게 흥미롭게 표현하는지 이해한다.

18.3 다중균형과 조정의 문제
상호보완적인 선택을 위해 협력자들과 가장 잘 조정할 수 있는 방법을 알아본다.

18.4 고급 전략 : 선발자와 후발자의 이점
가장 유리한 시점에 행동한다.

18.5 고급 전략 : 반복게임과 보복
상호작용이 반복될 때 보복을 위협함으로써 협력을 이끌어낸다.

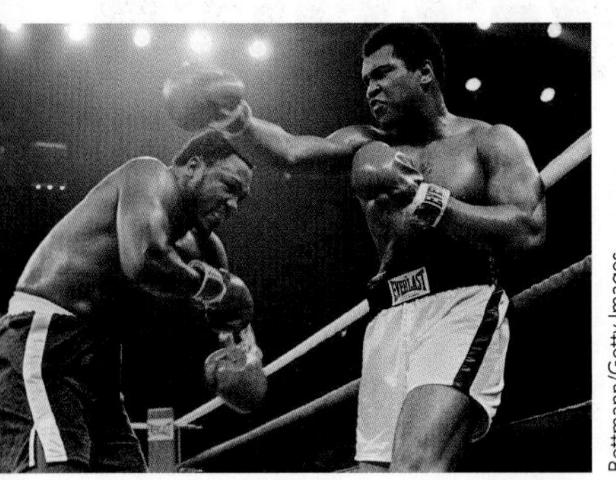

Bettmann/Getty Images

이 두 가지 중 하나에는 게임이론이 적용되고 있다.

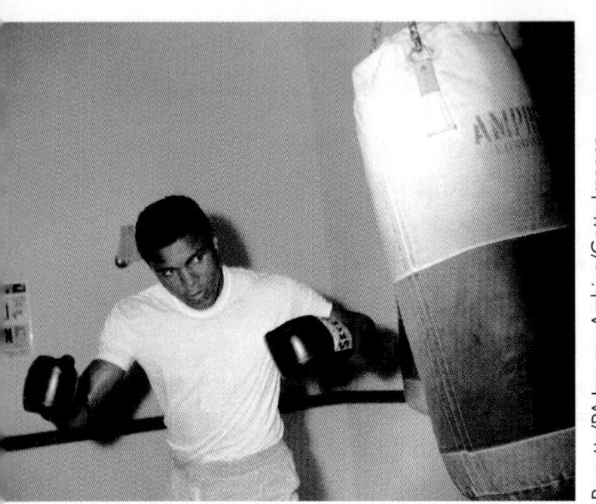
Barratts/PA Images Archive/Getty Images

다른 하나에는 아니다.

전략적 상호작용 당신의 최선의 선택은 다른 사람들이 무엇을 선택하느냐에 달려 있을 수 있다. 그리고 그들의 최선책은 당신이 무엇을 선택하느냐에 달려 있을 수 있다.

18.1 전략적으로 생각하는 법

학습목표 좋은 전략적 의사결정을 위한 4단계 절차를 밟는다.

샌드백과 권투선수 간의 차이를 생각해보라. 샌드백을 치기 위해서는 그것을 줄 세워 조준하고, 자세를 잡기 위해 전후좌우 몸을 흔들다가 빵! 강타한다. 그러나 권투선수를 치는 건 훨씬 어렵다. 권투선수는 상체를 낮췄다 옆으로 흔들면서 한쪽은 속이는 동작을 하고 다른 쪽으로는 움직인다. 치는 것을 막으려고 글러브를 올리고 카운터 펀치를 날리기도 한다. 샌드백은 전략적이지 않으나 권투선수는 전략적이다 – 권투선수는 당신의 움직임을 예상하고, 반응하며, 또 이에 영향을 주려고 노력한다. 두 권투선수가 만나면 결과는 그들의 기술이나 힘에 의해서만 결정되는 것이 아니라 경쟁전략을 서로 주고받는 것에 의해 결정된다.

사업 파트너, 정치적 경쟁자, 친구 혹은 연애 중인 파트너를 만나면 당신은 그들이 샌드백 같은지 아니면 권투선수 같은지 파악할 필요가 있다. 만일 그들이 권투선수 같다면, 당신은 게임이론의 영역에 있는 셈이다. 그리고 당신은 KO패 당하지 않으려면 게임이론가처럼 생각하는 법을 배울 필요가 있다.

게임이론 소개

게임이론은 **전략적 상호작용**(strategic interaction)들이 내재된 상황하에서 훌륭한 의사결정을 하는 과학이다. 이는 당신의 최고 선택은 다른 사람들의 선택에 의존할 수 있고 마찬가지로 그들의 최선의 선택은 당신이 무엇을 선택하는가에 따라 다를 수 있다는 것을 의미한다. 최고의 선택은 적대자들의 선택만큼이나 동맹자의 선택에도 의존할 수 있다. 따라서 전략적 상호작용이 갖는 이러한 개념은 경쟁만큼이나 협력도 포괄한다.

게임이론이 이렇게 명명된 것은 권투나 체스 같은 전략적 게임을 어떻게 할 것인가를 알려주는 것과 동일한 아이디어들이 사업전략들과 아울러 실제로 일상적인 인생사에서도 일어나는 많은 전략적 상호작용에 적용될 수 있다는 관찰에서 유래하였다. 기저를 이루는 아이디어는 상호의존의 원리를 적용하는 데에서 온다. 이는 당신의 의사결정이 다른 사람들의 의사결정과 어떻게 결부되어 있는가에 초점을 맞추는 것이다. 이러한 상호작용을 '게임'이라 부르는 것은 다소 특이하게 보일 수도 있다. 그러나 당신은 금방 주변의 모든 사람이 '게임을 한다'는 것을 그리고 때로는 판이 크게 걸린 게임을 한다는 것을 알게 될 것이다.

스토리텔링과 비유는 당신이 게임이론을 쉽게 배울 수 있게 돕는다. 우리는 전략적 상호작용의 과학을 탐구해나가면서 일련의 스토리를 통해 작업을 할 것이다. 이 스토리를 너무 심각하게 생각해서는 안 된다. 오히려 각 스토리가 훨씬 더 광범위하게 적용될 심층적인 논리를 어떻게 돋보이게 하는지 주의를 기울여야 한다. 각 스토리를 비유로 생각하라. 당신의 과업은 이 비유들을 다른 사람과의 상호작용에 적용하는 다른 방식을 찾는 일이다. 이 일에 점점 익숙해지면 사업 결정부터 연애 생활에 이르기까지 모든 것에 게임이론의 통찰력을 적용하고 있다는 것을 알게 될 것이다.

게임은 전략적 상호작용이다. 그리고 이는 항상 우리 주변에 있다. 전략적 상호작용은 우리의 경제적 그리고 사회적 생활의 중심에 있다. 예를 들면, 당신이 경쟁자들과 특히 소수의 경쟁자들만 있는 과점시장에서 전략적 상호작용을 (즉 '게임을') 하고 있다. 사업에 관한 의사결정은 예를 들면 가격 인하에 대한 보상이 경쟁자가 가격 인하에 대응을 하느냐 여부에 달려 있기 때문에 전략적 상호작용이다. 마찬가지로 당신이 상품 포지셔닝을 어떻게 하는 것이 최선인가를 결정하는 것은 특정 세분화 시장을 목표로 할 때의 수익성이 경쟁자들이 자신의 상품을 어떻게 포지셔닝하느냐에 달려 있다. 그리고 당신이 신시장에 진입하는 결정은 수익성이 기존 기업이 가격전쟁으로 응수하느냐 여부에 따라 다르기 때문에 전략적 상호작용을 수반한다. 전략적 상호작용은 경쟁자뿐만 아니라 협력파트너들도 포함한다. 따라서 신규투자의 수익성은 당신의 협력파트너가 프로젝트에 얼마나 투자하는냐에 따라 다를 수 있다.

정치는 게임이론으로 가득 차 있다. 정치적 경쟁자들 사이와 동맹자들 사이 둘 다 전략적 상호작용이 존재한다. 이는 어떤 법안에 찬성하는 것의 보수가 다른 사람들이 이에 찬성하는지 여부에 따라 역시 다르기 때문이다. 아울러 국가들이 무기 경쟁에 연루되는가 또는 국경에 군인 병력을 집중시키는가를 결정할 때 중대한 상호작용들이 발생한다.

전략적 상호작용은 또한 친구들 사이에서도 일어난다. 이러한 상호작용은 때로는 전략이 경쟁보다는 협력과 조정에 관한 것임을 잘 보여준다. 예를 들면 파티는 당신의 친구도 같이 가면 더 재미있다. 그러므로 당신의 파티 참석 여부에 대한 결정은 당신 친구가 파티에 참석할지에 대해 당신이 어떻게 생각하느냐에 달려있다.

바라건대 이러한 설명이 당신에게 전략적 상황(게임)은 우리 삶의 구석구석에 만연되어 있다는 인식을 심어주었으면 좋겠다. 그리고 그것이 전부 다 다르더라도 모든 전략적 상호작용에 공통적 기본 논리(훌륭한 선택을 하는 일은 당신이 다른 사람들이 어떻게 할지 예상하는 것을 필요로 한다)가 존재한다. 이것이 우리의 다음 과업이 모든 게임에서 훌륭한 결정을 하는 데 도움이 되는 통찰력을 계발해야 하는 이유이다.

훌륭한 의사결정의 네 가지 단계

훌륭한 결정의 네 단계
1. 모든 가능한 결과를 고려한다.
2. 별도로 '만일 …라면 어떡하지?'에 관해 생각해본다.
3. 당신의 최선반응을 게임에 활용한다.
4. 상대방의 입장에서 생각한다.

훌륭한 전략적 의사결정은 다음 네 가지 간단한 단계를 따르는 일로 축약된다. 영리한 전략가들은 이러한 사고방식을 내재화하여 정신적 습관이 되게 한다. 이는 당신의 목표가 되어야 한다. 지금은 네 단계를 배우는 것으로 시작하고 나중에 이들 습관이 당신이 더 심층적인 전략적 통찰력을 얻는 데 어떻게 도움을 주는지 알아보기 위해 몇 가지 특정 게임을 보기로 한다.

1단계 : 모든 가능한 결과를 고려한다. 세련된 선택을 하기 위해서는 발생할 수 있는 모든 결과를 고려할 필요가 있다. 이는 당신과 다른 경기자들이 할 수 있는 모든 선택 조합을 고려해야 한다는 것을 의미한다.

2인 게임의 모든 가능한 결과를 열거하는 간단한 요령이 있다. 당신의 각각 가능한 행동을 하나의 별도의 행에 열거하고 상대방의 각각 가능한 행동을 별도의 열에 열거하는 표를 작성하라. 이 표의 칸들은 이제 모든 가능한 결과를 보여준다. 보통 각 칸에 두 경기자에게 돌아가는 보수를 나열하기 때문에 이를 **보수표**(payoff table)라고 부른다. 예를 들어 당신은 이제 두 가지 선택을 할 수 있다. 이 장을 계속 읽느냐 마느냐. 그리고 당신의 교수도 역시 두 가지 선택을 할 수 있다. 게임이론을 시험에 내느냐 마느냐. 우리는 가능한 결과를 다음과 같이 요약할 수 있다.

보수표 당신의 선택을 각 행에, 다른 경기자의 선택을 각 열에, 그리고 모든 가능한 결과를 열거하고 각 칸에 보수를 나열하는 표

그림 18-1은 말("당신은 시험을 제일 잘 본다")로 여러 다른 보수를 나열하고 있다. 그렇지만 대부분의 경우 우리는 당신의 성적, 사업이윤, 또는 각 결과로부터 얻는 보수에 대한 몇몇 다른 척도와 같은 숫자를 사용할 것이다.

그림 18-1 | 보수표

	교수는 게임이론을 시험에 출제한다.	교수가 게임이론을 시험에 생략한다.
학생들이 이 장 나머지를 읽는다.	시험을 제일 잘 본다.	합격에 필요한 것보다 더 많이 공부한다.
학생들이 이 장 나머지를 읽지 않는다.	시험을 망쳐 과락을 한다.	시간을 절약하고 좋은 성적을 받는다.

2단계 : 별도로 '만일 …라면 어떡하지?'에 관해 생각해본다. 일단 당신이 전략적 상호작용에 대해 생각을 시작한다면 쉽게 이 모든 것의 복잡함에 압도될 것이다. 예를 들면 이 장의 나머지 부분을 읽느냐 여부는 부분적으로 당신이 교수가 시험에 게임이론을 낼지에

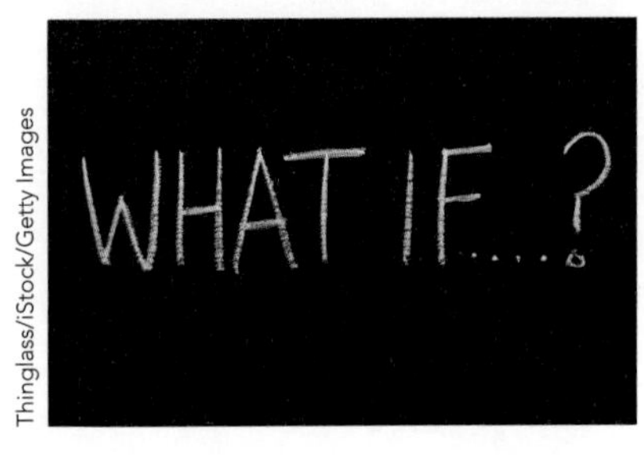

Thinglass/iStock/Getty Images

대해 어떻게 생각하느냐에 달렸다. 그리고 교수가 게임이론을 출제할지 여부는 교수가 학생들이 이 장의 나머지를 읽을 것으로 예상하느냐 여부에 따라 다를 것이다. 그러므로 당신의 선택이 당신이 교수가 무엇을 선택할 것으로 예상하느냐에 따라 다르고, 당신은 교수의 선택은 학생들이 무엇을 선택한다고 예상하느냐에 따라 다르다는 것을 알고 있다. 이런 식으로 계속 구멍을 파다 보면 당신은 토끼굴 속으로 사라지게 될 것이다. '나는 생각하기를 교수가 생각하기를 내가 생각하기를 교수가 생각하기를…' 당신을 토끼굴에서 벗어나게 돕는 길은 다음 간단한 방법을 알려주는 것이다.

아이디어는 이렇다. 문제를 좀 더 간단한 요소로 나누라. 여기서 요소라 하면 다른 사람이 할 수 있는 여러 선택을 뜻한다. '만일 …라면 어떡하지?'를 기준으로 생각하라. 그리고 각각의 '만일 …라면 어떡하지?'를 별도로 적으라. 이 경우 당신은 다음을 질문하기 원한다: 교수가 시험에 게임이론을 포함시키면 어떡하지? 그리고 포함시키지 않으면 어떡하지? 당신이 이것들을 별도로 생각할 때 당신은 훨씬 단순한 두 가지 문제를 접하게 된다. 그러고 나서 다음 단계로 넘어간다.

최선반응 다른 경기자들의 선택이 주어졌을 때 가장 높은 보수를 가져다주는 선택

3단계 : 당신의 최선반응을 게임에 활용한다. 당신의 목표는 각각의 '만일 …라면 어떡하지?'에 대하여 당신의 **최선반응**(best response)을 게임에 활용하는 것이다. 최선반응이라 함은 다른 경기자들의 선택이 주어졌을 때 당신에게 가능한 한도 내에서 가장 높은 보수를 가져다주는 선택이다. 만일 교수가 게임이론을 시험에 포함시킬 경우 당신의 최선반응은 무엇인가? (아마 이 장을 계속 읽는 것이다) 그리고 만일 그렇지 않다면 당신의 최선반응은 무엇인가? (나는 게임이론이 유용하므로 계속 읽으라고 이야기하지만 당신이 오직 시험 성적만 신경 쓰는 거라면 이제 그만 둘 수 있다.)

알아두면 좋은 사항이 한 가지 더 있다. 최선반응을 발견하면 그 옆에 체크표시를 해두라. 이 표시는 당신의 최선반응을 기억하는 데 도움이 될 것이고 우리가 곧 보게 될 유용한 요령의 일부분이 될 것이다.

4단계 : 상대방의 입장에서 생각한다. 모든 전략적 상호작용에 있어서 당신의 결과는 다른 사람이 내린 선택에 의존한다. 이는 당신이 먼저 남들이 내릴 선택에 대해 파악해보지 않으면 당신의 최선의 선택을 알 수 없다는 것을 의미한다. 남의 선택을 파악하려면 제1장에서 배운 남의 신발 기술을 적용할 필요가 있다(영어 표현 Put yourself in someone else's shoes를 응용한 것으로 남의 입장에서 생각하라는 뜻임 – 역자 주). 이 기술은 다른 사람들이 자극을 받을 때 어떤 결정을 할지 파악하기 위하여 남의 입장에서 생각하라고 말해준다.

당신이 적의 입장에서 생각할 때 종종 그들도 역시 전략적으로 생각한다는 것을 알게 된다. 바로 당신이 하는 것과 똑같이 그들도 모든 가능한 경우의 수를 고려하고 여러 가지 '만일 …라면 어떡하지?'를 통해 생각하고 그들의 최선반응을 검토한다. 당신이 다른 사람의 사고 과정을 끝까지 살펴볼 때 그들의 선택을 예측하기가 더 쉽다는 것을 알게 될 것이다. 예를 들면 교수의 입장에서 생각하라. 교수는 시험을 출제할 때 모든 내용을 읽은 학생들이 확실히 보상받길 원한다. 이를 이해한다면 이 장을 끝까지 다 읽는 것이 좋은 생각임을 깨닫게 될 것이다.

이제 전략적 상호작용을 위한 네 가지 단계로 무장되었으므로 몇 가지 특정 게임에 네 단계를 적용해보기로 하자. 우리는 게임이론에서 가장 유명한 사례인 죄수의 딜레마로 시작할 것이다.

SUKJAI PHOTO/Shutterstock

그녀는 전략적으로 생각하고 있다.

18.2 죄수의 딜레마와 협력 도전

학습목표 사람들이 협력할 때 발생할 수 있는 문제점을 죄수의 딜레마가 어떻게 흥미롭게 표현하는지 이해한다.

코카콜라는 전형적으로 한 분기에 거의 10억 달러를 마케팅에 지출하고 있다. 펩시도 거의 비슷한 금액을 지출한다. 코카콜라는 최근 시장조사를 통해 광고가 펩시로부터 시장점유율을 얻어오는 데 도움이 된다는 것을 알게 되었다. 그러나 펩시도 잃었던 시장점유율만큼을 광고로 다시 되찾는다. 광고에 쓰이는 수십억 달러가 사람들로 하여금 전반적으로 콜라를 더 마시게 확신시키는 역할을 잘 수행하지 못하고 있는 것이다.

이러한 통찰력을 무기로 코카콜라의 대표이사는 당신에게 전략적 자문을 요청한다. 당신은 그의 사무실에 도착했고 그가 자신의 새로운 아이디어에 들떠 초조히 서성이고 있는 것을 보았다. 그는 자신의 과격한 생각을 설명하면서 빠르게 이야기한다: "우리가 그냥 광고예산을 모두 없애버리면 어떨까요?" 그는 그의 생각을 설명한다: "만일 펩시도 같은 일을 한다면 우리 두 회사는 쓸모없는 광고에 수입억 달러를 쓰지 않고 거의 비슷한 양의 콜라를 판매하기 때문에 더 높은 이익을 올릴 겁니다. 물론 이러한 계획은 펩시의 대표이사가 협력하기로 선택을 할 경우에만 작동할 것이다. 대신 펩시 대표이사가 배반을 해서 계속 광고를 한다면 코카콜라가 광고를 중단하기로 한 결정은 펩시에 고객을 잃는 결과를 초래하게 될 것이다. 이 문제가 좀 다루기 어려운 것은 다음 분기 광고 구매에 대한 결정을 사전에 해야만 하고 그후에야 펩시가 동조할지 여부를 알 수 있기 때문이다. 당신의 조언은 무엇인가?

죄수의 딜레마 이해하기

당신은 코카콜라의 보수가 펩시의 협력 여부에 달렸음을 유념하고 있다. 마찬가지로 펩시의 보수도 코카콜라의 선택에 따라 다를 것이다. 즉각적으로 당신은 이 문제가 전략적 상호작용, 즉 일종의 게임이론을 적용해야 하는 설정임을 알아차린다. 우리의 네 가지 단계의 처방전을 하나하나 써 볼 시간이다.

1단계 : 모든 가능한 결과를 고려하여 보수표를 작성한다. 게임이론 분석의 1단계로 시작하자. 가능한 모든 결과를 고려하라. 당신은 그림 18-2에서처럼 코카콜라의 가능한 행동들을 각 행에 열거하고 펩시가 취할 수 있는 가능한 행동을 하나하나 열에 열거하면서 모든 가능한 결과를 보여주는 보수표를 만들 수 있다. 그리고 각 기업의 선택을 '광고 중단 계획에 협력한다' 아니면 '광고 중단 계획을 배반한다'로 기술한다. 이 표의 4개의 빈칸은 각각 가능한 결과를 묘사한다.

각각의 가능한 결과에 대하여 당신은 코카콜라와 펩시 모두의 이윤을 고려할 필요가 있다. 그리고 시장조사 부서에 도움을 의뢰한다. 다음은 그들이 알려준 내용이다.

- 현재 펩시와 코카콜라는 모두 광고를 하고 있다. 각각 매 분기 약 10억 달러의 이윤을 벌고 있다[코카콜라 배반-펩시 배반(오른쪽 하단) 칸].
- 만일 펩시 대표이사가 코카콜라의 계획에 협력해서 광고를 중단한다면 두 회사 모두 분기당 각각 10억 달러를 절약할 것이다. 이에 따라 각 사의 분기별 이윤은 20달러로 올라갈 것이다[코카콜라 협력-펩시 협력(왼쪽 상단) 칸].
- 위험이 있다: 만일 코카콜라가 협력을 해서 중단을 하지만 펩시가 계획을 배반하여 계속 광고를 한다면 펩시는 코카콜라의 많은 고객을 얻을 것이다. 이로 인해 코카콜라의 이윤은 0달러가 되는 반면 펩시의 이윤은 분기당 30억 달러로 오를 것이다[코카콜라 협력-펩

시 배반(오른쪽 상단) 칸].

- 펩시도 유사한 위험에 처한다: 만일 펩시가 이 계획에 협력하지만 코카콜라가 배반을 하면 코카콜라의 이윤은 분기당 30억 달러로 오르지만, 펩시의 이윤은 0달러로 하락할 것이다[코카콜라 배반-펩시 협력(왼쪽 하단) 칸].

그림 18-2 | 죄수의 딜레마

	펩시 협력(광고 안 함)	펩시 배반(광고함)
코카콜라 협력 (광고 안 함)	코카콜라 이윤 $20억 펩시 이윤 $20억	코카콜라 이윤 $0 펩시 이윤 $30억 ✔
코카콜라 배반 (광고함)	코카콜라 이윤 $30억 ✔ 펩시 이윤 $0	코카콜라 이윤 $10억 ✔ 펩시 이윤 $10억 ✔

다음으로 이 모든 정보를 그림 18-2와 같은 보수표에 옮겨 적으라. 이는 모든 가능한 결과를 요약하고 각각의 결과에 대해 각 경기자의 보수를 열거한다.

2단계 : '만일 …라면 어떡하지?'를 기준으로 생각해본다. 그리고 3단계 : 당신의 최선반응을 게임에 쓴다. 좋다. 당신은 무엇을 해야 하는가? 코카콜라의 최선 선택은 펩시가 무엇을 하느냐에 달려 있고 펩시의 최선 선택은 코카콜라가 무엇을 하느냐에 달려 있다. 2단계는 다른 '만일 …라면 어떡하지?'에 대해 별도로 생각하라고 한다. 그러므로 코카콜라는 펩시가 협력하면 무엇을 할지와 펩시가 배반을 하면 무엇을 할지를 별개로 검토해볼 필요가 있다. 이들 각각의 시나리오에 3단계는 당신이 당신의 최선반응을 게임에 쓰길 원한다고 말해주고 있다.

2단계와 3단계를 동시에 적용하면 당신은 펩시가 할 수 있는 어떤 선택에 대하여 당신의 최선반응에 관해 생각할 필요가 있다.

- 만일 펩시가 협력을 한다면, 코카콜라는 협력하여 20억 달러를 벌거나 혹은 배반하여 30억 달러를 번다. 만일 펩시가 협력한다면 코카콜라의 최선반응은 배반하는 것이다.
- 만일 펩시가 배반을 한다면, 코카콜라는 협력하여 0달러를 벌거나 혹은 배반하여 10억 달러를 번다. 만일 펩시가 배반한다면 코카콜라의 최선반응은 배반하는 것이다.

펩시가 무엇을 선택하던지 상관없이 당신은 코카콜라의 대표이사에게 그의 최선반응은 배반하는 것이라고 조언해야 한다. 한 가지 사항에 더 유념하라. 그림 18-2에서 이들 각각의 최선반응 옆에 붉은 체크표시를 하였다. 이는 당신이 습관 들여야 할 사항이다. 금방 도움이 된다는 것을 알 수 있을 것이다.

4단계 : 상대방의 입장에서 생각한다. 그리고 그들의 최선반응을 파악한다. 펩시가 무엇을 할지 파악하기 위해 우리 분석의 4단계로 옮겨가서 남의 입장에서 생각해보라. 펩시는 코카콜라가 취할 수 있는 모든 선택에 대해서 그들의 최선반응을 검토할 것이다.

- 만일 코카콜라가 협력을 한다면, 펩시는 협력하여 20억 달러를 벌거나 혹은 배반하여 30억 달러를 번다. 만일 코카콜라가 협력한다면 펩시의 최선반응은 배반하는 것이다.
- 만일 코카콜라가 배반을 한다면, 펩시는 협력하여 0달러를 벌거나 혹은 배반하여 10억 달러를 번다. 만일 코카콜라가 배반한다면 펩시의 최선반응은 배반하는 것이다.

이를 함께 묶는다면 우리는 코카콜라가 무엇을 선택하던지 상관없이 펩시는 배반을 선택할 것으로 보인다(그리고 당신은 내가 그림 18-2에 이들 최선반응 옆에 체크한 푸른색 표시를 인식할 것이다).

내쉬균형

좋다. 그러면 이 게임은 어떻게 될까? 이 상황에서 펩시도 코카콜라도 모두 상대방이 마음이 변할 것으로 예상하지 않는다면 자신의 전략을 바꿔서 득이 될 것은 없다. 결과적으로 유력한 결과는 단순히 각 사람이 경쟁자의 최선반응에 자신의 최선반응으로 게임을 하는 것이다.

내쉬균형은 둘 다 최선반응을 선택할 때 달성된다. 모든 사람이 다른 사람이 선택한 것들에 대하여 최선반응으로 게임을 할 때 초래되는 균형결과를 우리는 **내쉬균형**(Nash equilibrium)이라 부른다. 내쉬균형에서 모든 경기자들은 자신들의 최선반응을 선택한다. 즉 각자는 상대방의 선택들이 주어져 있을 때 자신이 할 수 있는 최선의 선택을 하고 있는 것이다. 자신의 선택을 혼자만 바꿔서는 아무도 더 좋은 결과를 얻을 수 없기 때문에 균형이 된다.

내쉬균형 각 경기자의 선택이 바로 다른 경기자의 여러 선택에 대한 자신의 최선반응이 되는 균형

내쉬균형을 찾으려면 체크표시방법을 활용한다. 어느 경기자의 최선반응을 발견할 때마다 바로 옆에 체크 표시를 하라고 제안했던 것을 기억하는가? 이 방법이 내쉬균형을 쉽게 찾을 수 있게 하기 때문이다. 두 개의 체크 표시가 되어 있는 결과를 찾으라. 그것이 바로 내쉬균형이다. 결국 내쉬균형은 두 경기자가 모두 자신들의 최선반응을 선택할 때마다 발생한다. 그러므로 각 경기자의 최선반응에 체크표시를 하면 모든 경기자에 체크표시가 있는 결과가 내쉬균형이다. **체크표시방법**(check mark method)이라 부르는 이 간단한 요령은 매우 유익하므로 이 장 내내 계속 활용할 것이다.

체크표시방법 만약 각 경기자의 최선반응 옆에 체크표시를 한다면 각 경기자 모두로부터 체크표시를 받는 결과가 내쉬균형이다.

죄수의 딜레마는 협력 실패를 초래한다. 죄수의 딜레마의 내쉬균형을 파악하기 위해 체크표시방법을 사용해보자. 그림 18-2는 펩시와 코카콜라 둘 다 배반하는 칸에 두 개의 체크표시가 되어 있는 것을 보여준다. 따라서 이것이 바로 내쉬균형이다.

그러므로 이 게임에서 가장 유력한 결론은 어느 기업도 광고를 중단하는 계획에 협력하지 않는다는 것이다. 비록 두 회사 모두 둘 다 소모적인 광고를 중단하면 더 득이 되지만 코카콜라와 펩시 각각은 계속 광고를 한다. 이러한 예상의 배경 논리는 다음과 같다. 만일 코카콜라가 예상하기를 펩시가 배반할 것이라고 하면 코카콜라의 최선반응은 배반하는 것이다. 마찬가지로 펩시가 예상하기를 코카콜라가 배반할 것이라고 하면 펩시의 최선반응은 배반하는 것이다. 따라서 균형에서 각 기업의 이사진들은 상대방이 배반할 것으로 예상하며 이는 결과적으로 차례차례 배반을 선택하는 결과를 초래할 것이다.

내쉬균형에서 다음 두 가지 사항이 적용된다는 것을 유념하라.

- 최선반응 : 각 경기자의 선택은 상대방이 선택할 것으로 예상하는 것에 대한 최선반응이다.
- 정확한 예상 : 상대방 경기자가 무엇을 선택할 것인가에 대한 각 경기자의 예상은 정확히 맞다.

죄수의 딜레마와 협력 실패

한 걸음 물러나서 이를 좀 더 광범위한 맥락에 적용해보자. 코카콜라와 펩시는 그들이 협력하여 광고를 중단하면 공동으로 득이 된다는 것을 알고 있지만 둘 다 계속하여 소모적인 광고에 수입억 달러를 지출하고 있다. 비록 이는 어느 기업에도 최선의 결과는 아니지만 각 기업이 다른 기업이 취할 선택이 주어질 때 자신이 할 수 있는 최선의 선택을 하고 있으므로 실제 나타나는 결과가 될 것이 유력하다.

협력하자는 합의는 신빙성이 없다. 당신은 왜 펩시와 코카콜라가 둘 다 소모적인 광고를 하지 않기로 협력할 방안을 알아보지 않는지 의아하게 생각할지 모른다. 코카콜라의 대표이사가 펩시의 대표이사에게 전화하여 "만일 광고하지 않기로 협력한다면 나도 그렇게 협력할 것이다"라고 말할 수 있다. 문제는 펩시의 대표이사는 만일 자신이 협력을 하면, 코카콜라의 최선반응은 배반이라는 점을 잘 알고 있다는 것이다(보수를 체크하라: 30억 달러는 20억 달러를 능가한

다). 더군다나 펩시의 대표이사는 단순한 말보다는 수십 억 달러가 훨씬 더 설득력이 있다는 것을 잘 알고 있다. 따라서 그는 코카콜라 대표이사의 약속이 신빙성이 있다고 보지 않는다. 유사한 논리로 코카콜라 대표이사도 펩시 대표이사가 협력한다는 약속을 전혀 믿으려 하지 않을 것임을 알 수 있다. 문제는 어느 쪽도 협력하는 것을 신빙성 있게 공약할 수 없다는 점이다. 따라서 어느 쪽도 상대방이 실제 협력하리라고 예상하지 않고 이에 따라 배반이 최선반응이 되는 것이다(이것도 가능하다: 광고를 안 하기로 합의하는 것은 경쟁을 제한하는 것이므로 불법적인 담합일 수 있다).

죄수의 딜레마는 시장이 나쁜 결과를 낳을 수도 있음을 보여준다. 우리는 방금 게임이론이 주는 가장 중요한 통찰력에 해당되는 것을 발견하였다. 이는 두 가지 사실의 병존이다.

- 최선의 결과는 펩시와 코카콜라가 둘 다 협력하여 광고를 중단하는 것이다. 이 결과에 따르면 두 기업은 도달 가능한 최고 수준의 공동 이윤(40억 달러 또는 각각 20억 달러)을 올릴 수 있다.
- 그러나 이것은 균형을 이루는 결과는 아니다. 대신 펩시와 코카콜라가 둘 다 그들이 사익을 추구하여 최선의 반응으로 게임에 임할 때 둘 다 계획을 배반하는 것을 선택한다. 이 결과 각각 20억 달러 대신 10억 달러를 벌기 때문에 둘 다 손해를 보는 것이다.

즉, 균형을 이루는 결과는 최선의 결과는 아니다. 사실 죄수의 딜레마에서 균형을 이루는 결과는 심지어 좋은 결과일 필요도 없다. 죄수의 딜레마는 자유시장이 최선의 결과를 내놓는다는 생각과 극명한 대조를 이룬다. 코카콜라와 펩시가 각각 자신들의 사익을 추구하지만 두 기업 모두에 더 나쁜 균형에 도달하는 결론이므로, 사실 죄수의 딜레마는 정반대 결과를 낳는다.

죄수의 딜레마

	상대방이 협력	상대방이 배반
당신이 협력	상호협력이 우리 모두에게 최선의 결과	상대방이 당신을 이용 ✔
당신이 배반	당신이 상대방을 이용 ✔	배반이 둘 다 협력하는 것보다 나쁘다 ✔✔

우위를 점하려는 유혹은 협력의 기반을 약화시킨다. 죄수의 딜레마는 단지 코카콜라와 펩시만이 아니라 훨씬 더 광범위하게 적용되는 하나의 우화다. 특히 대단한 통찰력은 사람들이 모두에게 더 득이 될 수 있는 프로젝트가 있을 때조차도 종종 협력하지 못한다는 것이다(이 사례에서는 프로젝트는 광고를 중단하는 것이다). 죄수의 딜레마에서 협력의 편익이 배반의 편익을 능가함에도 불구하고, 협력적인 경쟁자를 이용하기 위해 배반하는 것이 훨씬 더 크고 탐나는 보수를 가져다 준다. 바로 그 유혹이 협력의 실패를 초래한다.

사익 추구가 최선의 결과를 낳는 데 실패하는 것과 일반적으로 경쟁시장은 효율적인 결과를 낳는다는 제7장의 분석이 어떻게 서로 조화를 이룰 수 있는가? 제7장의 분석은 완전경쟁의 경우에 초점을 맞추었다는 데 그 답이 있다. 완전경쟁에서는 모든 구매자와 모든 판매자가 아주 소규모이고 하나의 기업이 내리는 선택이 다른 사람들의 보수에 큰 영향을 미치지 못한다는 것이다. 즉, 우리가 앞에서 한 분석은 전략적 상호작용이 수반되지 않는다. 그러나 펩시와 코카콜라는 둘 다 대기업이고 펩시의 선택은 코카콜라의 보수에 영향을 미친다. 따라서 이는 전략적 상호작용을 만들어낸다. 이 상호작용이 사람들로 하여금 비효율적인 결과를 초래할 수 있는 전략적 선택을 하도록 하는 것이다. 그러므로 상호작용이 가득한 세계에서는 자유시장이 좋은 결과를 낳는다고 가정할 이유가 없다.

왜 죄수의 딜레마라고 부르는가 좋다. 여기서 진정한 문제가 어떻게 하면 사람들이 협력하게 하는 것이라고 한다면 왜 사람들은 이를 '협력의 딜레마'가 아닌 '죄수의 딜레마'라고 부르는가? 그것은 가장 명료한 협력의 딜레마 사례에서 경찰이 두 은행 강도로부터 자백을 받아내는 시나리오를 동원하기 때문이다.

경찰이 은행강도 용의자인 보니와 클라이드를 잡아 심문했다. 만일 자백을 받아낼 수 없다면 보니와 클라이드에게 현장에서 도망을 간 것에 대해서만 기소할 수 있다. 이 경우 단지 1년의 징역형을 받을 것이다. 보니와 클라이드는 이 가벼운 협의가 두 사람 모두에게 최선의 결과라는 점을 인식하고 둘 다 죄를 부인하기 위한 계획을 꾸몄다.

그러나 경찰은 영리한 게임이론가들이다. 그래서 보니와 클라이드를 각각 별도의 심문실에 집어넣고 각자에게 구미가 당길만한 거래를 제안하였다: "나는 당신과 멋진 거래에 합의할 수 있다. 만일 당신 친구가 계속 죄를 부인하는데 당신이 나를 도와서 그에게 불리하게 진술을 하면 당신은 징역을 거의 살지 않을 것이다." 그러나 경찰이 덧붙여 이야기를 한다. "만일 당신 친구는 자백을 하는데 당신이 안 하면 우리는 당신을 엄벌에 처해 3년 형을 살게 할 것이다." 마지막으로 추가하여 "그런 일이 벌어지기 힘들겠지만 만일 둘 다 자백한다면, 당신들은 각각 2년 형을 받을 것이다."

당신이 만일 보니의 입장이라면 어떻게 하겠는가? 이 경우 어떤 일이 벌어질까? 당신이 게임이론가로서 새로 습득한 기술을 활용할 때다.

GL Archive/Alamy stock photo

실제의 보니와 클라이드는 자백할 기회가 전혀 없었다.

경제학 실습

이제 죄수의 딜레마를 당신이 해결할 차례이다. 보니의 입장이 되어 전략적 상호작용을 분석하는 네 가지 단계를 끝까지 밟으라.

첫째, 보수표를 그려 가능한 모든 결과를 고려한다.

둘째, '만일 …라면 어떡하지?'에 대해 별도로 생각해본다.

셋째, 이들 각각의 경우의 수에 대해 당신의 최선반응으로 게임을 한다. 클라이드가 죄를 부인하면 어떻게 해야 하는가? 보니의 최선반응은 자백을 하여 1년 대신 0년 형을 받는 것이다. 먼저 하단-왼쪽 칸에 체크표시를 하라. 그리고 클라이드가 자백을 하면 어떻게 해야 하는가? 보니의 최선반응은 자백을 하는 것이다(이래야 3년 대신 2년형을 받는다). 그러므로 당신은 하단-오른쪽 칸에 체크표시를 해야 한다.

넷째, 상대방의 신발(입장) 기술을 적용한다. 보니가 클라이드의 입장에서 그가 무엇을 할지 생각해볼 시간이다. 클라이드가 모든 '만일 …라면 어떡하지?'에 대해 별도로 생각하면서 가능한 결과를 고려한 것처럼 그는 다음과 같이 질문할 것이다: 보니가 죄를 부인하면 어떻게 해야 하는가? 그렇다면 클라이드의 최선반응은 부인을 해서 1년을 받는 것보다 자백을 해서 0년을 받는 것이다. 이때 당신은 상단-오른쪽 칸에 체크표시를 해야 한다. 보니가 죄를 자백하면 어떻게 해야 하는가? 그렇다면 클라이드의 최선반응은 부인을 해서 3년을 받기보다는 자백을 해서 2년을 받는 것이다. 하단-오른쪽 칸에 체크표를 추가하라.

다음과 같은 실수를 확실히 피하도록 하라 : 당신이 적절한 비교를 하는지 이중으로 점검하라. 최선의 행을 찾아야 하는 경기자(이 경우 보니)에 대하여 생각할 때 당신은 경쟁자가 할 각 선택에 대한 당신의 최선반응을 발견하고자 하는 것이다. 따라서 당신은 각 열의 결과를 비교해야 한다. 같은 행에 있는 두 칸을 비교하는 실수를 범하지 말라! 그리고 열 중에서 선택하는 경기자(클라이드)는 각 행 안에 있는 결과들을 비교할 필요가 있다(그리고 그는 같은 열에 있는 두 칸을 비교해서는 안 된다!).

균형 : 좋다. 이제 내쉬균형을 찾을 시간이다. 두 개의 체크표시가 되어 있는 칸을 찾으라. 이는 하단-오른쪽 칸으로 보니와 클라이드 둘 다 죄를 자백한다. ■

죄수의 딜레마

	클라이드 부인	클라이드 자백
보니 부인	보니 1년형 클라이드 1년형	보니 3년형 클라이드 0년형 ✔
보니 자백	보니 0년형 ✔ 클라이드 3년형	보니 2년형 ✔ 클라이드 2년형 ✔

이는 상당히 놀라운 게임이론의 활용에 해당된다. 그들이 모두 끝까지 버텨 죄를 부인하였다면 보다 가벼운 형을 받았을 것이라는 사실에도 불구하고 경찰은 보니와 클라이드 둘 다 자백으로 이끌 함정을 설치한 것이다. 각 범죄자들에게 상대방을 버리고 달아나는 달콤한 거래

를 제시함으로써 경찰은 두 자백을 이끌어낸 것이다. 이 달콤한 거래가 매우 유혹적이라서 보니는 클라이드가 죄를 부인하기로 한 그들의 원래 계획에 협력한다는 것을 신뢰할 수 없다고 생각한다. 이는 클라이드도 역시 보니가 원래 계획에 협력하는 것을 신뢰할 수 없다고 생각하는 것과 같다. 이러한 협력의 실패는 두 사람 모두에게 더 나쁜 결과를 초래한다. 여기서 경찰이 진정한 승리자이고 보니와 클라이드를 모두 자백하게 하는 전략 때문에 그들은 보니와 클라이드 어느 누구에게도 달콤한 거래를 해주지 않아도 되는 결말을 보게 된 것이다. 분명히 영리한 게임이론가가 되는 것은 전략적 우위를 가져다 준다.

죄수의 딜레마 사례

죄수의 딜레마는 사람들이 협력하기 어렵다는 것을 분명하게 잘 보여준다. 이것이 보여주는 힘은 펩시와 코카콜라의 광고 전쟁 또는 보니와 클라이드 이야기를 넘어서 확장된다. 당신이 게임이론가처럼 생각하기 시작하면 죄수의 딜레마 현상을 도처에서 목격하게 될 것이다.

공유지의 비극

	다른 사람들이 며칠에 한 번 방목	다른 사람들이 매일 방목
당신이 며칠에 한 번 방목	**모든 양떼가 적절한 목초를 향유**	당신 양에게 남은 목초가 없음 다른 사람 양은 많이 먹음 ✔
당신이 매일 방목	당신의 양은 많이 먹음 ✔ 다른 사람 양에게 남는 목초가 없음	**지나친 방목으로 모든 양에게 목초가 남지 않음 ✔✔**

공유지의 비극은 공유된 자원의 남용을 초래한다. 제10장의 '공유지의 비극'은 어떻게 공유된 자원이 모든 사람에게 손해가 되는 방향으로 남용되는 경향이 있는지를 보여주는 이야기였다. 이는 '코먼스'라 불리는 풀로 덮혀 있는 동네 광장에서 양을 방목하는 것이 허용된 두 농부에 관한 이야기가 말해주는 통찰력이다. 최선의 결과는 두 농부가 며칠에 한 번만 코먼스에 양들을 방목하여 풀이 다시 자랄 수 있도록 시간적 여유를 충분히 주는 것이다. 그러나 당신은 코먼스에는 양떼를 매일 방목하고 싶은 욕구를 자극하는 유혹이 도사리고 있다. 이 경우 당신의 양들은 풀을 더 많이 뜯지만 다른 농부의 양떼에게 남겨진 것이 없을 수도 있다. 비극은 이러한 유혹이 내쉬균형을 초래한다는 것이다. 즉 두 농부가 모두 양떼를 매일 코먼스에 방목하면 이 지나친 방목이 풀을 죽이고 코먼스에는 누구의 양도 뜯을 목초가 없어지는 불행한 결과이다.

이 이야기는 죄수의 딜레마의 사례이다. 아울러 이는 많은 환경 문제처럼 공유자원이 있을 때 종종 발생하는 문제들에 대한 비유이기도 하다. 농부들이 마을 코먼스에 지나칠 정도로 방목을 하고 싶은 유혹에 흔들리는 것처럼 바다는 과도한 남획을 하는 어부들에 의해 고갈되고 대기는 너무 많은 오염물질을 방출하는 공장들에 의해 파괴된다. 자연 조건을 초월하여 공공도로를 과도하게 사용하는 운전자들은 교통혼잡을 야기하고, 특별한 이익집단을 신경 쓰는 정치인들은 과도한 지출을 하고, 청구서를 분할 지불할 때 과잉 주문하는 친구는 당신 모임의 식당 지출 청구액이 너무 커지는 원인을 제공한다. 각각의 경우 공유자원이 과잉 사용되는 비극은 협력하여 당신의 공평한 몫만 받는 것을 하지 못하기 때문이다.

일상경제학 정치에서 돈을 배제시키는 데 게임이론이 도움이 될 수 있는가?

정치에서 돈의 역할을 줄이려는 노력을 거의 해오지 않은 이유 중 하나는 기존의 정치가들이 기부금을 잘 활용하고 있으며 의회 의원들 중 실제로 선거 기여금을 제한시킬 개혁법안 통과를 원하는 사람들이 거의 없기 때문이다.

어떤 괴짜 억만장자가 선거자금 개혁법안이 통과되는 걸 보고 싶어 한다고 하자. 그는 만일 개혁법안이 통과되지 않는다면 10억 달러를 기부하여 개혁안에 찬성표를 가장 적게 한 정당이 어느 당이건 싸우겠다고 간단히 약속할 수 있다. 결과는 민주당이 개혁안 부결에 대한 책임을 질 소수정당이 될만한 여유가 없다는 것이다. 그래서 그들은 전부 개혁안에 찬성표를 던진다. 마찬가지로 공화당도 개혁안 부결에 대해 책임을 질 소수정당이 될 형편이 안 된다는 것이다. 그래서 그들도 개혁안에 찬성표를 던질 것이다. 결과는 개혁안이 통과되는 것이다. 그리고 압권은 억만장자는 돈을 하나도 쓰지 않고 단지 법안이 부결되면 큰 액수의 기부금을 내겠다고 약속했을 뿐이라는 점이다. 게임이론은 그의 법안이 통과될 것을 시사한다. ■

당신은 아마 이 모든 게임에서 유사점을 발견했을 것이다(내쉬균형은 두 경기자가 모두 배반하는 것을 내용으로 한다). 이 점 때문에 모든 전략적 상호작용에서 항상 배반해야 한다고 생각하는 우를 범하지 않도록 하라. 오히려 위에서 본 각 사례는 정확히 동일한 죄수의 딜레마 게임의 변형이다. 우리가 다음에 다른 게임을 살펴보게 되면 당신은 많은 다른 결과가 나타나는 것을 알 수 있을 것이다.

18.3 다중균형과 조정의 문제

학습목표 상호보완적인 선택을 위해 협력자들과 가장 잘 조정할 수 있는 방법을 알아본다.

여러분은 동료와 중요한 통화 중이다. 갑자기 전화가 끊어진다. 짜증난다! 그러나 이제 당신은 간단한 선택에 접하게 된다. 당신이 전화를 다시 해야 하는가 아니면 동료가 다시 전화 걸기를 기다려야 하는가? 만일 당신 둘 다 즉각적으로 전화를 다시 하면 둘 다 튕겨져서 음성메일로 안내된다. 둘 다 다시 전화하지 않으면 결코 연결되지 않을 것이다. 연결되는 길은 당신 중 한 명만 전화를 하고 다른 한 명은 기다리는 것이다. 그러나 누가 걸고 누가 기다려야 하는가?

이 상황은 그냥 짜증스럽기만 한 것이 아니라, 우리의 경제 및 사회 생활의 더 깊숙한 문제를 드러낸다. 이는 사람들이 조정하기가 힘들 수 있다는 것이다. 죄수의 딜레마는 협력의 문제에 관한 것이다. 그러나 이번에는 우리 모두 협력하기를 원하는데, 문제는 그렇게 하려면 누가 무엇을 할지 조정이 필요하다는 것이다.

조정게임

이 전화연결 게임에서 조정 문제가 존재하는 이유는 하나 이상의 균형이 있다는 점이다. 첫 번째 균형에서 당신의 동료가 전화를 건다면 당신의 최선반응은 기다리는 것이다. 두 번째에서는 대신 동료가 전화를 기다린다면 당신의 최선반응은 전화를 거는 것이다. **다중균형**(multiple equilibria)이라는 용어는 이처럼 하나 이상의 균형이 있는 상황을 묘사한다.

다중균형 하나 이상의 균형이 있을 때

전화연결 게임을 할 때 하나 이상의 균형이 존재한다. 이 게임을 좀 더 자세하게 해보자. 다시 한번 당신은 네 가지 단계의 처방전을 따라하길 원한다. **첫째**, 그림 18-3 같은 보수표를 그려보면서 발생 가능한 모든 결과를 고려한다.

그림 18-3 | 조정게임 : 전화연결 게임

	동료가 전화를 건다	동료가 기다린다
당신이 전화를 건다	음성메일	전화연결 ✔✔
당신이 기다린다	전화연결 ✔✔	둘 다 기다린다

둘째, 각각의 '만일 ~라면 어떡하지?'를 별도로 생각한다. 동료가 즉각 전화를 다시 하면 어떻게 하지? 동료가 당신이 전화하길 기다린다면 어떻게 하지? **셋째**, 당신의 최선반응을 게임에 쓴다. 만일 동료가 전화하면 당신의 최선반응은 기다리는 것이다. 그리고 동료가 기다리면 당신의 최선반응은 전화를 거는 것이다. 당신의 최선반응 옆에 체크표시를 하는 것을 잊지 말라. **넷째**, 동료의 입장에서 생각한다. 당신이 전화를 하면 동료의 최선반응은 기다리는 것이고, 당신이 기다리면 동료의 최선반응은 전화를 거는 것이다. 이들 각각에 체크표시를 하라.

체크표시방법에 따르면 내쉬균형은 2개의 체크표시가 있는 곳이면 발생한다. 이것이 당신이 전화를 하고 동료가 기다리는 상단-오른쪽 칸과 당신이 기다리고 동료가 전화를 하는 하단-왼쪽 칸에서 발생한다는 점을 유념하라. 당신은 이 게임에는 다수의 균형이 있다는 것을 발견하였다!

조정게임 모든 경기자가 그들의 선택 조정에 공동 관심을 가질 때

조정은 득이 되지만 어렵다. 경제학자들은 경기자들이 선택을 조정하면 모두에게 득이 되므로 이를 **조정게임**(coordination game)이라고 부른다. 문제는 하나 이상의 균형이 존재하므로 조정이 어렵다는 점이다. 어려움이 발생하는 것은 당신이 나의 선택과 보완적인 선택을 하기를 진심으로 원하지만 당신이 내가 할 선택(이는 당신이 무엇을 선택할 것이라고 내가 예상하는가에 달려 있다)이 무엇인지 모르므로 당신도 어떤 선택을 해야 보완적인 선택으로 결말을 맺게 될지 모르기 때문이다. 우리가 동시에 전화하기 회로에 걸리게 되면 우리들이 각자 즉시 전화를 걸어서 전화가 연결되지 않을 것이다. 또는 우리는 각자 다른 사람이 먼저 전화하기를 무한정 기다리면 시간만 보내버릴 수도 있다.

조정게임 사례

전화 연결하기는 훨씬 광범위한 문제의 한 예에 불과하다. 심지어 우리 모두 같은 결과를 원할 경우에도—이 경우 전화로 통화하는 것—조정문제는 이를 달성하기 어렵게 만든다. 사실 다중균형을 갖는 조정문제는 경제생활에 반복적으로 일어난다. 우리가 여러 가지 중요한 사례를 살펴보는 동안 바라건대 당신이 자신의 삶에서 다른 사례들을 인식할 수 있을 것이다.

기술 채택

	당신 친구가 엑스박스 구입	당신 친구가 플레이스테이션 구입
당신이 엑스박스 구입	당신이 동일 게임 플레이 가능 ✔✔	시스템이 함께 작동하지 않음
당신이 플레이스테이션 구입	시스템이 함께 작동하지 않음	당신이 동일 게임 플레이 가능 ✔✔

기술은 조정할 때 더 잘 작동된다. 신기술의 채택은 조정게임을 수반한다. 당신의 사업은 여러 경쟁적인 기술들—iOS 또는 안드로이드를 위한 코딩, 플래시 또는 html5를 사용한 웹사이트 설계, AM 또는 FM 방송, 달러 또는 유로 기준으로 주식 가격 추적, 영어 또는 포르투갈어로 말하기, 혹은 건축설계자에게는 피트 또는 미터—사이의 선택에 직면하고 있다. 당신은 각 경쟁적인 선택에 대해 장점과 단점을 강조할 수 있지만 현실적으로 가장 중요한 것은 당신이 사용하는 기술이 당신의 부품공급자나 고객이 사용하는 것과 같이 작동하는지 여부를 확인하는 것이다. 당신의 부품공급자나 고객이 어느 시스템을 구입하든지 상관없이 당신의 최선반응은 호환 가능한 시스템을 사용하는 것이기 때문에 여기에는 여러 가지 가능한 균형들이 존재한다.

사실 당신은 이것이 엑스박스나 플레이스테이션을 구입하느냐를 결정할 때 해야만 했던 것과 동일한 것이므로 이 게임을 알고 있을 수 있다. 만일 당신이 친구와 시합을 한다든지 게임을 공유하길 원한다면 당신의 최적반응은 친구가 선택하는 것을 그대로 택하는 것이다. 그러므로 당신의 친구들 중 일부 그룹은 모두 엑스박스를 구입할 때 균형을 이루는 반면 다른 친구들은 플레이스테이션으로 조정을 하는 것이다.

사업 조정

	구매자들 일찍 쇼핑	구매자들 늦게 쇼핑
매장 일찍 오픈	구매자와 판매자 만남 ✔✔	주변에 구매자 거의 없음 열린 매장 거의 없음
매장 늦게 오픈	주변에 구매자 거의 없음 열린 매장 거의 없음	구매자와 판매자 만남 ✔✔

사업을 관리하려면 조정이 필요하다. 관리자로서 당신 업무의 상당 부분은 회사의 활동을 고객, 근로자, 부품공급자와 조정하는 것이다. 고객들은 매장이 열려 있을 때 쇼핑하기 원하고, 당신은 고객들이 쇼핑하러 나왔을 때 문을 열기를 원한다. 부품공급업자는 당신이 필요로 하는 투입물을 제공하길 원하고, 당신은 여러 군데서 구할 수 있는 투입물을 사용하고자 한다. 근로자는 당신 회사가 제공하는 일자리에 맞는 기술을 습득하길 원하고 기업은 근로자들이 지닌 기술을 활용하는 일자리를 만들기를 원한다.

이러한 것들은 각각 하나의 조정게임이다: 개장 시간, 투입물 수요, 기술 요구사

항은 다양하게 설정될 수 있지만 각각의 경우 가장 중요한 것은 당신의 선택이 사업파트너가 하는 선택들과 상호보완적인지 확인하는 것이다.

정치혁명은 조정이 필요하다. 세계 수백만의 사람들이 인기가 없음에도 오래 존속하고 있는 독재자들의 압제하에 살고 있다. 이는 모두 조정의 문제 탓이다. 그러한 사회에 살고 있을 때 당신이 접할 딜레마를 상상해보라: 당신은 압제적인 독재자에게 항의시위를 하고 싶어 한다. 그러나 당신이 유일한 항의시위자라면 징역에 처해진다. 결과는 압제적 균형으로 이 상태에서 각 시민은 다른 사람들이 항의시위를 하지 않으면 자신의 최선반응도 항의시위를 하지 않는 것이다. 그리고 아무도 항의시위 하지 않을 때 인기 없는 독재자는 권좌에 머물러 있게 된다.

그러나 혁명에 이르게 되는 또 하나의 균형이 존재한다: 압제받는 시민들이 모두 동시에 항의시위를 한다면 경찰 병력이 절대 부족하므로 당신은 모두 안전할 것이다. 당신은 수천 명의 다른 활동가와 전략게임을 하고 있는 것이며 다른 많은 사람들이 항의시위를 한다면 당신의 최선반응도 항의시위 하는 것이다. 이는 수천 명의 사람들 간의 내쉬균형이다. 그리고 이 또 다른 균형에서 독재자가 국가 통제력을 잃고 궁극적으로 목숨을 두려워해 도주하면서 혁명은 정부 전복에 성공한다.

항의와 혁명

	다른 사람들이 항의시위 안 함	다른 사람들이 항의시위 함
당신이 항의시위 안 함	압제적 균형 : 아무도 항의시위 안 함 ✔✔	당신은 집에 머묾 다른 사람들은 체포됨
당신이 항의시위 함	당신은 체포됨 다른 사람들은 집에 머묾	혁명 성공 : 모두 항의시위하여 누구도 체포되지 않음 ✔✔

조정관계 : 우정인가 로맨스인가? 당신은 정말 잘 지내고 있고 함께 보내는 시간을 좋아한다. 당신은 플라토닉한 친구 사이로 머물러야 하는가 아니면 관계를 한 단계 높이길 원하는가? 이는 조정게임이다: 친구가 그냥 친구 사이로 머물기 원한다면 당신의 최선반응도 역시 우정을 택하는 것이다. 그러나 친구가 애정을 바란다면 당신의 최선반응도 애정이다. 그렇다면 당신은 무엇을 선택할 것인가? 이 사례는 조정게임의 문제를 잘 보여준다: 당신이 다른 상대방이 무엇을 할지 모를 때 당신은 종국적으로 두 사람 모두에게 잘못된 선택을 하게 될 수도 있다.

우정인가 애정인가?

	다른 사람은 우정	다른 사람은 애정
당신은 우정적	최선의 친구 사이 ✔✔	일방적인 짝사랑
당신은 애정적	일방적인 짝사랑	애정 ✔✔

Monkey Business Images/Shutterstock

반조정게임

우리가 지금까지 고려한 대부분의 사례에서 당신의 최선반응은 조정을 하여 다른 사람이 한 것과 같은 선택을 하는 것이다. 같은 기술을 구매하고, 고객 그리고 부품공급자와 유사한 선택을 하고, 같은 날 시위를 하는 것들이다. 그러나 최선의 결과가 다른 (보완적인) 행동을 선택하는 것을 수반할 때, 또 다른 형태의 조정게임[때때로 **반조정게임**(anti-coordination game)이라 불린다]이 존재한다. 사실 우리는 이미 하나의 반조정게임(당신이 기다리면 내가 전화를 걸고, 당신이 내게 다시 전화할 경우 내가 기다려야 하는 전화연결 게임)을 공부하였다. 몇 가지 중요한 사례를 고려해보자.

반조정게임 당신의 최선반응은 다른 경기자와 다른 (그러나 보완적인) 행동을 취하는 것이다.

다른 기업들이 진입하지 않은 신시장에 진입하기 원한다. 어느 신시장이 하나의 기업을 더 받아들일 수 있을 만큼만 확장 가능성이 있다고 하자. 이 신시장에 당신이 진출하는가? 아니면 내가 할 것인가? 둘 다 진입하면 경쟁이 너무 심해서 둘 다 손해를 볼 수 있다. 종합하여 생각하면 우리는 최선의 결과는 둘 중 하나는 시장에 들어가 안정적으로 이윤을 벌고 다른 하나는 시장에 들어가지 않는 것이라고 동의한다. 그러나 이 두 균형이 주어졌을 때 우리는 둘 중 누가 진입하고 누가 진입하지 않는가를 조정해야 한다.

시장 진입

	경쟁자 진입	경쟁자 진입 안 함
당신이 진입	치열한 경쟁으로 둘 다 손실	당신은 이윤 ✔ 경쟁자는 이윤 없음 ✔
당신이 진입 안 함	당신은 이윤 없음 ✔ 경쟁자는 이윤 ✔	아무도 이윤을 벌지 못함

다른 사람들이 택하지 않는 노선을 선택하여 교통체증을 피한다. 귀가할 때 당신은 아마 가장 빠른 길을 택하려 할 것이다. 즉 다른 사람들이 고속도로를 택

교통체증 게임

	다른 사람들이 고속도로 택함	다른 사람들이 배후도로 택함
당신이 고속도로 택함	고속도로 교통체증	원만한 여행 ✔✔
당신이 배후도로 택함	원만한 여행 ✔✔	배후도로 교통체증

하면 당신의 최선반응은 배후도로로 가는 것이다. 그리고 다른 사람들이 배후도로를 택하면 당신의 최선반응은 고속도로를 택하는 것이다. 이는 당신과 다른 운전자들은 반조정게임에 임하고 있어 당신은 다른 사람들이 택하지 않는 것을 선택하길 원한다는 것을 의미한다. 교통체증에는 어떤 일이 발생하는가? 그것은 반조정게임의 실패다. 여기서 당신은 다른 사람들이 배후도로를 택한다고 생각해 고속도로를 택하고, 다른 사람들은 당신이 배후도로로 간다고 생각해 고속도로를 택한 것이다.

상사와 협상

	상사가 공격적	상사가 수동적
당신이 공격적	**협상타결 실패** 당신의 소득 없음 상사의 소득 없음	당신의 고임금 ✔ 상사의 낮은 이윤 ✔
당신이 수동적	당신의 저임금 ✔ 상사의 높은 이윤 ✔	당신의 중간 임금 상사의 중간 이윤

상대편이 수동적이면 당신이 공격적으로 협상하길 원한다. 당신의 임금을 두고 당신이 상사와 협상할 때 어떤 전략을 택해야만 하는가? 당신은 공격적 또는 수동적으로 협상할 수 있으며 당신의 상사도 마찬가지로 공격적 또는 수동적일 수 있다. 만일 둘 다 공격적이면 결코 협상 타결이 안 되어 당신은 일자리가 없어지고 회사는 일꾼을 잃게 된다. 이는 반조정의 유인을 창출한다—이는 둘 중에 한쪽만 공격적으로 협상하는 것을 확인하는 것이다. 하나의 균형은 당신의 상사가 공격적이고 당신은 낮은 임금으로 합의를 보는 것이다. 이는 상사가 높은 이윤을 얻는 것이다. 또 다른 균형은 당신이 공격적으로 협상하고 상사는 수동적으로 협상하여 서로 높은 임금으로 합의를 보는 것이다. 이는 상사가 낮은 이윤을 얻는 것이다. 그러나 여기에 조정의 문제가 있다: 당신의 상사가 무엇을 할지 모를 때 당신은 공격적으로 해야 하는가 아니면 그러지 말아야 하는가?

이 상황에서 당신과 상사가 비슷한 유인에 접해 있다고 하더라도(같이 함께 일하기로 협상을 타결하면 두 사람 모두에게 득이 된다), 이들 균형에서 당신과 상사는 다른 보수를 얻게 된다는 점을 유념하라. 한 사람은 큰 몫을 얻고 다른 사람은 작은 몫을 견뎌야 한다. 이러한 다른 결과는 싸움을 회피할 수 있다는 면에서는 좋다. 그러나 공동으로 최선의 결과(둘 다 성과를 공유하고자 합의하는 것)는 발생하지 않는다.

좋은 균형과 나쁜 균형

다중균형이 제기하는 문제는 언급한 것보다 더 나쁠 수 있다. 특히 좋은 균형과 나쁜 균형이 병존하는 상황이 있고 나쁜 균형은 모든 사람에게 더 나쁘다. 문제는 이러한 나쁜 균형의 발생을 방지하기 어렵다는 점이다.

좋은 일자리와 나쁜 일자리

	기업이 미숙련 일자리 창출	기업이 숙련 일자리 창출
근로자가 훈련받지 않음	저숙련 노동시장 ✔✔	숙련 근로자 부족
근로자가 훈련받음	숙련 일자리 부족	고숙련 노동시장 ✔✔

고숙련 노동시장이 저숙련 노동시장보다 낫다. 그러나 둘 다 생길 수 있다. 사실 조정게임은 왜 어떤 나라는 부유하고 다른 나라는 가난한지조차도 설명할 수 있다. 기업과 근로자 간의 게임을 고려하라. 근로자는 훈련에 투자할지 결정해야만 하고, 기업은 이러한 훈련을 요하는 숙련 일자리를 창출할지를 또는 미숙련 일자리를 창출할지 결정해야 한다. 좋은 균형에서 기업이 숙련 일자리를 창출하는 것에 대한 근로자들의 최선반응은 훈련에 투자하는 것이고, 훈련을 받는 근로자에 대한 기업의 최선반응은 숙련 일자리를 창출하는 것이다. 아마 이 균형은 부유한 산업화된 경제를 묘사한다.

그러나 나쁜 균형도 존재한다. 여기서는 기업이 미숙련 일자리를 창출하는 데 대한 근로자의 최선반응은 훈련을 받지 않는 것이다. 그리고 훈련을 받지 않은 근로자들에 대한 기업의 최선반응은 미숙련 일자리를 창출하는 것이다. 아마 저개발 국가들이 이러한 또다른 균형에 잡혀 있을 것이다. 물론 모든 당사자(기업이나 근로자나)들은 고소득-고숙련 균형에서 더 이득을 볼 것이다. 문제는 기업이 미숙련 일자리를 만든다고 근로자들이 믿거나 또는 근로자들이 훈련을 받지 않는다고 기업이 믿는다면 나쁜 균형에 빠져들게 된다. 이는 각 당사자가 상대방이 어떤 선택을 할 것이라는 예상이 주어진 상태에서 그들의 최선반응에 따라 행동하기 때문이다.

뱅크런은 모든 사람이 뱅크런이 발생한다고 믿을 때 발생한다. 뱅크런은 다중균형의 또 다른 예이다. 문제는 이런 것이다: 당신이 저축을 은행에 맡길 때 은행은 이를 그냥 금고에 보관하는 것이 아니라 대출에 활용한다. 이는 만일 동시에 너무 많은 사람이 인출을 원하면 금고가 금방 텅 비게 되므로 뒤에 줄 선 사람들은 지급을 받지 못할 것이다. 좋은 균형에서 은행제도는 완벽하게 작동한다: 모든 저축자는 돈을 은행에 맡겨두고 이자를 받는 것을 행복해 한다. 왜냐하면 이것이 다른 모든 사람들이 돈을 은행에 맡겨둘 때 각자가 할 수 있는 최선반응이기 때문이다.

뱅크런

	다른 사람들이 돈을 인출	다른 사람들이 돈을 은행에 저축
당신이 돈을 인출	**뱅크런 : 모두가 먼저 돈을 인출하려고 경쟁** ✔✔	당신이 이자를 얻지 못함 다른 사람들이 저축을 잃음
당신이 돈을 은행에 저축	당신이 저축을 잃음 다른 사람들이 이자를 얻지 못함	**안정 : 모두 이자를 얻음** ✔✔

그러나 뱅크런에 해당하는 나쁜 균형도 존재한다: 다른 많은 사람이 돈을 인출할 것이라고 당신이 믿는다면 당신의 최선반응은 은행으로 달려가 금고가 고갈되기 전에 당신의 저금을 인출하는 것이다. 뱅크런은 모든 사람이 자신들의 돈을 다른 사람들보다 먼저 인출하려고 하기 때문에 발생하며 이는 다른 모든 사람이 돈을 인출하고자 한다는 것이 주어진 상태에서 각자가 할 수 있는 최선반응이다. 이러한 형태의 뱅크런은 해당 은행을 무너지게 하고 더 큰 경제적 재앙에 대한 촉매 역할을 할 수 있다.

경제의 호황과 불황은 자기실현적 예언일 수 있다. 다중균형은 경제가 전체적으로 왜 호황과 불황의 기간 사이를 왔다 갔다하는지 설명하는 데 도움이 될 수 있다. 경제 호황일 때 기업들은 많은 것을 생산하고 고용한다. 따라서 가계의 최선반응은 일자리가 많으므로 지출을 많이 하는 것이다. 마찬가지로 가계가 지출을 많이 할 때 기업의 최선반응은 생산과 고용을 많이 하는 것이다. 이렇게 초래되는 경제 호황은 좋은 균형이다.

호황과 불황

	기업 생산과 고용 많음	기업 생산과 고용 감축
근로자 지출 많음	근로자 지출 많음 ✔ 기업 매출 많음 ✔	근로자 과다 지출 기업 과소 생산
근로자 지출 감축	근로자 과소 지출 기업 과다 생산	근로자 지출 적음 ✔ 기업 매출 적음 ✔

그러나 경제 불황에 해당하는 나쁜 균형도 있다. 경제 불황 시 가계는 기업이 생산과 일자리를 줄일 것이라고 믿는다. 그리고 일자리가 적어질 것이라고 걱정하기 때문에 그들의 최적반응은 지출을 줄이는 것이다. 마찬가지로 가계가 지출을 줄인다고 기업들이 믿을 때 그들의 최선반응은 생산과 고용을 줄이는 것이다. 불황기간에 정부는 기업이 고용을 할 것이라고 가계에 확신을 주고, 가계가 지출을 할 것이라고 기업에 확신을 주기 위해 경기를 진작시키려고 할 것이다.

조정문제 해결하기

조정게임과 반조정게임에서 당신은 일반적으로 다른 경기자들의 선택을 보완하는 선택을 하길 원한다. 그러나 다중균형을 접할 때 당신은 특정한 균형에 관해 다른 경기자와 어떻게 조정할 수 있는가? 세 가지 가능한 해결책을 살펴보자.

조정문제에 대한 세 가지 해결책
1. 의사소통
2. 초점, 문화, 규범
3. 법과 규제

조정해법 1 : 의사소통. 전화연결 게임을 해결하는 간단한 방법이 있다: "만일 이 전화가 끊기면, 전화하지 마. 내가 전화할게" 우리는 둘 다 같은 것(통화를 마무리하는 것)을 원한다. 그리고 당신이 나의 성실성을 의심할 이유는 없다. 그러므로 의사소통은 내가 전화를 다시 하고 당신이 내가 전화하길 기다리는 균형점으로 조정하는 것을 도울 수 있다.

전화연결 게임에서 의사소통이 작동하는 이유는 우리 둘 다 같은 것(같은 균형으로 조정하는 것)을 원한다는 것이다. 그러나 다른 많은 전략적 게임에서 경기자는 반대되는 유인을 지니고 있으며 따라서 다른 경기자들이 당신을 골탕 먹이려 할지 모른다고 의심하기 때문에 의사소통이 작동하지 않을 수 있다. 이는 우리가 죄수의 딜레마에서 많이 본 바와 같다.

점심모임

		다른 사람들이 만나는 시간		
		11:30	정오	12:30
당신이 만나는 시간	11:30	모임 성사 ✔✔	불발	불발
	정오	불발	모임 성사 ✔✔	불발
	12:30	불발	불발	모임 성사 ✔✔

조정해법 2 : 초점, 문화, 규범 때로는 어떤 것이 가장 자연스러운가를 그냥 생각해보는 것만으로도 우리의 행동을 조정하는 법을 파악한다. 예를 들어 점심식사 동안 누굴 만날 계획을 세운 후 무엇을 할지를 생각하라. 그런데 만나는 구체적인 시간을 잊어버렸다. 점심을 위한 만남은 여러 균형점을 가지고 있다: 우리 둘 다 상대방이 오전 11시 30분에 만나는 것으로 계획하는 편이라면 오전 11시 30분에 만나는 것이 최선반응이다. 마찬가지로 당신의 점심 파트너가 정오에 만나는 것으로 계획하는 편이라면 정오에 만나는 것이 당신의 최선반응이다. 또 보통 오후 12시 30분에 만남을 갖는 상대방에 대한 최선반응은 오후 12시 30분에 만나는 것이다. 같은 논리로 당신이 점심을 먹을 수 있다고 생각하는 시간에 다른 여러 균형이 존재한다. 그러므로 당신은 각각 균형이 될 수 있는 많은 전략을 가지고 있다. 어느 것을 선택할 것인가?

많은 사람에게 이 질문을 하면 사람들은 정오에 만날 거라고 한다. 이는 그 시간이 사람들에게 점심식사 하기에 가장 자연스러운 시간인 듯하기 때문이다. 이는 어떤 특정 균형을 조정하는 데 도움이 되는 **초점**(focal point), 즉 게임 외부로부터의 단서를 사용하는 한 예이다.

초점 어느 특정한 균형으로 조정하도록 도와주는 게임 밖으로부터의 단서

사회적 통념(정오가 통상적인 점심시간이라는 사실)은 공동의 초점을 제공하여 준다. 그리고 이는 문화와 규범에 대한 경제적 이해를 가능하게 한다. 즉 이들이 일상적인 조정게임에 대한 초점을 제공한다는 것이다. 미국에서 정오에 점심을 먹는 규범은 점심시간 조정문제에 대한 초점으로 역할을 한다. 반면 스페인에서는 오후 2시 규범이 동일한 역할을 한다.

인사 또는 악수?

	다른 사람이 악수	다른 사람이 인사
당신이 악수	서로 악수를 한다 ✔✔	둘 다 당황한다
당신이 인사	둘 다 당황한다	서로 인사를 한다 ✔✔

마찬가지로 당신이 업무회의를 하려고 걸어 입장할 때 당신은 머리 숙여 인사를 해야 하는가 아니면 악수를 해야 하는가? 사실은 둘 다 중요하지 않다. 그러나 당신이 회의에서 만나는 사람이 하는 행동을 따라 한다면 당신의 업무회의는 좀 더 부드럽게 시작할 수 있을 것이다. 이 조정게임에서 악수 균형과 인사 균형이 둘 다 존재한다. 그러나 당신은 인사할지 혹은 악수할지를 어떻게 알 수 있는가? 문화가 이 조정게임을 푸는 데 도움이 된다. 그리고 미국에서 우리는 종종 악수를 한다. 반면 일본에서는 종종 간단한 목례로 시작을 한다.

lkpro/Shutterstock.com

법은 어느 방향이 균형인지 결정하는 것을 도와준다.

조정해법 3 : 법과 규제 초점과 사회통념이 자연스럽게 형성되지 않을 경우 조정을 집행하는 정부의 법과 규제의 자연스러운 역할이 존재한다. 간단한 예를 들면 만일 다른 사람들이 도로의 왼쪽으로 차를 운전한다면 당신의 최선반응은 역시 왼쪽으로 차를 운전하는 것이다. 그러나 다른 사람들이 오른쪽으로 차를 운전한다면 당신의 최선반응은 역시 오른쪽으로 차를 운전하는 것이다. 그렇다면 당신은 차를 도로의 왼쪽으로 몰아야 하나 아니면 오른쪽으로 몰아야 하는가?

어느 쪽도 좋은데 중요한 것은 우리가 모두 같은 쪽을 선택해야 한다는 것이다. 그리고 이 점이 바로 우리가 교통법을 제정한 이유다. 기억할 것은 여기에 정말 복수의 균형이 존재한다는 것이다. 호주, 일본, 인도, 아일랜드, 영국은 법이 왼쪽으로 차를 운전할 것을 명문화하고 있다. 반면 미국을 비롯한 대부분 다른 나라에서는 법이 우측 운전을 명문화하고 있다.

요약 : 조정게임은 시장이 나쁜 결과를 낳도록 유도할 수 있다. 죄수의 딜레마와 조정게임은 게임이론에서 가장 중요한 두 가지 아이디어이다. 그리고 이것이 주는 시사점은 기본적으로 경제학자들의 효율에 대한 생각에 영향을 준다. 이 둘을 합치면 시장이 궁극적으로 효율을 초래한

다는 생각에는 나쁜 소식이 된다 — 사익추구가 협력과 조정을 달성하기 어렵게 한다는 것을 보여주기 때문이다. 그리고 대신 협력을 유지하고 사람들이 좋은 결과로 조정하는 것을 돕는 데 정부정책의 역할이 중요하다는 것을 시사한다.

많은 사람들에게 이들 아이디어는 게임이론을 탐구할수록 대단하다. 그러나 전략적 상호작용을 분석하기 위한 장비를 좀 더 갖추길 원한다면 계속하여 정독하라. 우리는 시간이 경과함에 따라 전개되는 상호작용에 대해 분석하는 방법을 탐구할 것이다. 그러나 주의하라. 이 장의 마지막 두 장은 좀 더 고급 내용을 다룬다.

18.4 고급 전략 : 선발자와 후발자의 이점

학습목표 가장 유리한 시점에 행동한다.

우리가 지금까지 분석한 게임에서 당신은 다른 경기자들이 무엇을 선택하는지 모르면서 자신의 선택을 한다. 이는 당신이 동시에 선택하는 것과 같다. 우리는 이제 시간이 경과되면서 전개되는 전략적 상호작용에 대해 분석할 차례다. 따라서 당신이 선택을 하기 전에 경쟁자의 행동을 알 수 있거나 혹은 경쟁자들이 자신들의 선택을 하기 전에 당신의 행동을 알 수 있다. 우리가 곧 알게 되겠지만 선택을 하는 순서는 정말 중요하다.

시간이 경과하면서 전개되는 게임

항공노선 일정표에 대해 많은 생각을 해보지 않았을 것이다. 그러나 그것은 복잡한 전략적 게임의 결과이다. 예를 들어 아메리칸항공사의 항공일정부서 관리자의 입장에서 생각해보라. 당신은 시카고와 워싱턴 DC 간에 하루 몇 편의 항공 일정을 계획할지 결정해야 한다. 이는 단순한 수송에 관한 질문이 아니라 전략적 질문이다. 이는 수익성이 당신의 선택과 아울러 경쟁사인 유나이티드항공사가 어떻게 대응하는가에 달려 있기 때문이다.

상대 경쟁자의 선택을 모르면서 당신이 선택을 하는 동시게임의 경우. 만일 아메리칸항공사와 유나이티드항공사가 모두 상대방의 선택을 모른 상태로 자신의 선택을 한다면 결과가 어떻게 될까? 우리의 분석 단계를 밟아보자. **첫째**, 모든 가능성을 고려한다: 그림 18-4의 보수표는 각 항공사가 하루에 하나, 둘, 세 번의 항공편을 계획할 수 있음을 보여준다. 보수는 사업에서 흔히 볼 수 있는 긴장관계를 반영하고 있다: 만일 두 항공사가 양을 줄인다면, 즉 운영하는 항공편수를 제한함으로써 그들은 높은 가격을 부과할 수 있다. 이는 산업의 이윤을 증가시킬 것이다. 그러나 각 항공사는 아울러 더 많은 항공편을 늘려 전체 업계 이윤에서 더 큰 몫을 차지하기

그림 18-4 | 항공일정 게임

	유나이티드 하루 1편 운행	유나이티드 하루 2편 운행	유나이티드 하루 3편 운행
아메리칸 하루 1편 운행	아메리칸 이윤 $4,000만 유나이티드 이윤 $4,000만	아메리칸 이윤 $2,500만 유나이티드 이윤 $5,000만 ✔	아메리칸 이윤 $1,500만 ✔ 유나이티드 이윤 $4,500만
아메리칸 하루 2편 운행	아메리칸 이윤 $5,000만 ✔ 유나이티드 이윤 2,500만	아메리칸 이윤 $3,000만 ✔ 유나이티드 이윤 $3,000만 ✔	아메리칸 이윤 $1,200만 유나이티드 이윤 $1,800만
아메리칸 하루 3편 운행	아메리칸 이윤 $4,500만 유나이티드 이윤 $1,500만 ✔	아메리칸 이윤 $1,800만 유나이티드 이윤 $1,200만	아메리칸 이윤 $0 유나이티드 이윤 $0

를 원할 것이다.

이러한 보수가 주어질 때 무엇이 균형인가? **둘째** 단계에서 각각 '만일 ~라면 어떡하지?'를 고려하고 **셋째**, 당신의 최선반응을 사용하여 경기를 하고 각 최선반응 옆에 체크표시를 하라. **넷째**, 당신이 유나이티드사의 입장이 되어 각 '만일 ~라면 어떡하지?'를 고려하고 최선반응에 체크표시하는 것을 유념하라.

내쉬균형(2개의 체크표시가 있는 곳)은 양 항공사가 하루 두 편의 항공편을 운항하는 것이다. 그리고 그들은 각각 3,000만 달러의 이윤을 번다. 지금까지는 다 좋다.

아메리칸항공사가 먼저 행동

	유나이티드 일정		
	1편	2편	3편
아메리칸 3편 선택	$4,500만 $1,500만 ✔	$1,800만 $1,200만	$0 $0

선발자의 이점 상대방이 덜 공격적으로 반응하도록 강요하는 선제적 행동으로부터의 전략적 이득

당신이 공격적으로 자기구속을 하면 선발자의 이점이 생긴다. 아메리칸항공사가 먼저 행동할 경우 무슨 일이 벌어지는지 고려해보자. 특히 아메리칸항공사 대표이사는 다음 해의 자기 회사 항공일정의 공표를 고려하고 있다. 예를 들어 아메리칸항공사는 하루 3편을 운항한다. 유나이티드는 어떻게 반응을 할까? 유나이티드의 최선반응은 하루 단지 1편을 운영하는 것이다. 먼저 행동을 함으로써 아메리칸항공사는 이윤을 3,000만에서 4,500만 달러로 증가시킬 수 있다. 이 게임에는 선제적 행동으로부터의 전략적 이득인 **선발자의 이점**(first-mover advantage)이 존재한다. 그리고 이는 아메리칸항공사의 공격적인 선택이 유나이티드로 하여금 순응을 하고 공격적으로 반응을 덜 강요하기 때문에 발생하는 것이다.

그러나 아메리칸항공사가 회사의 새로운 선택에 관해 그냥 발표하는 것만으로는 충분치 않다. 이는 유나이티드사가 이것이 관철될 것이라고 믿지 않을 수 있기 때문이다. 이러한 선발자의 이점을 얻기 위해서 아메리칸항공사는 하루에 3편의 항공편을 운행하는 것에 신빙성 있게 자기구속을 해야만 한다. 이는 다른 선택을 할 경우 비용이 많이 드는 구체적인 행동을 취할 필요가 있다는 것이다. 신뢰를 주기 위해 아메리칸 항공사는 신규 제트기 투자, 추가적인 공항게이트 임대, 그리고 취소 시 페널티가 큰 항공권 예약 판매 등을 할 필요가 있다. 일단 아메리칸항공사가 3회의 항공편을 운영한다는 공격적인 선택을 관철하기 위한 신빙성 있는 자기구속을 한다면 유나이트사는 그의 최선반응이 적은 수의 항공편을 계획하는 것이라는 것을 납득할 것이다.

나무 논리 활용

이제 이 게임을 보는 다른 방식을 시도해보자. 이는 한 기간 이상에 걸쳐 전개되는 게임에 더 적합한 방식이다.

게임나무 게임이 시간에 따라 어떻게 전개되는지 보여준다. 첫 번째 행동이 나무 몸통을 형성하고 이어지는 각 선택들이 가치치기를 하여 마지막 잎사귀들이 가능한 모든 결과를 보여준다.

게임나무는 가능한 모든 결과들을 보여준다. **게임나무**(game tree)는 시간이 경과함에 따라 어떻게 모든 가능한 결과들이 전개될 수 있는지 보여준다. 이것은 첫 번째 사람이 결정을 하는 곳에 해당하는 나무의 몸통부터 시작한다. 이 몸통으로부터 각각의 가능한 행동마다 하나의 줄기 형태를 갖출 수 있다. 각 줄기에서는 두 번째 사람이 할 수 있는 가능한 모든 선택에 대하여 새로운 줄기 세트가 나오게 한다. 그리고 나무는 계속해서 누군가가 다른 결정을 할 때마다 가지치기를 한다. 끝부분의 잎사귀는 가능한 모든 결과와 그 각각의 결과에 대한 보수를 보여준다.

앞을 살피기 시간이 흐름에 따라 전개되는 게임에서 당신의 결정이 가져올 수 있는 결과를 예상하기 위해서 앞을 살펴야 한다.

그림 18-5는 그림 18-4의 항공일정 게임과 같은 보수를 보여준다. 그러나 이번에 이것이 게임나무로 보여지고 있다. 이 게임나무를 읽기 편하게 우리는 나무를 옆으로 뉘어 보여준다.

역방향으로 판단하기 게임의 마지막을 분석하는 것으로 시작하라. 이를 이용해 끝에서 두 번째에 일어날 것을 알아보고 오늘의 결정이 초래할 모든 결과를 파악할 수 있을 때까지 계속 판단하라.

앞을 살펴보면서 역방향으로 판단한다. 시간이 흐름에 따라 전개되는 게임에서 게임나무가 도움이 되는 것은 당신의 최선반응을 찾을 때 당신이 **앞을 살펴보면서**(look forward) **역방향으로 판단**(reason backward)하는 것이 필요하기 때문이다. 앞을 살펴본다는 부분은 당신의 결정이 앞으로

그림 18-5 | 게임나무

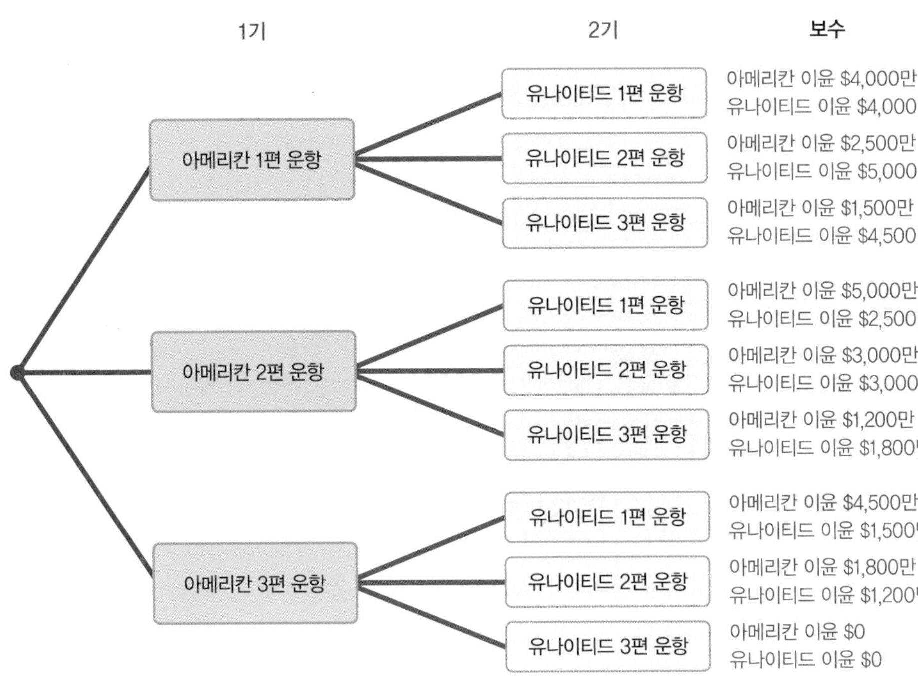

초래할 수 있는 결과를 예상하는 것을 말한다. 역방향으로 판단하라는 부문은 일단 당신이 게임이 전개될 수 있는 모든 잠재적 통로를 파악한 후 당신은 끝(나무의 맨 오른쪽)에서부터 시작하여 역방향으로 판단해야 한다는 것을 뜻한다. 이 두 가지 아이디어를 좀 더 탐구해보자.

오늘 취할 수 있는 최선반응만 생각하는 것은 불충분하다(아울러 당신의 선택이 다른 경기자들이 내일 내릴 결정을 어떻게 변화시킬지를 고려할 필요가 있다). 그러나 그때 다른 사람들의 반응에 당신이 어떻게 반응할 것인지, 그리고 그것이 또 다른 사람들의 연속되는 선택을 어떻게 변화시킬지, 계속 이런 식으로 고려해야만 한다. 사실 오늘의 선택이 미래의 선택들을 형성시키는 데 파장을 미칠 수 있는 모든 통로를 확실히 파악하기 위해 당신은 마지막 기점의 결과에 이르기까지의 모든 길을 끝까지 살펴볼 필요가 있다.

이렇게 할 수 있는 가장 쉬운 방법은 베테랑 탐정 셜록 홈즈의 조언을 따르는 것이다. 그는 "이런 종류의 문제를 해결하는 데 가장 중요한 것은 역방향으로 판단하는 것이다"라고 말한다. 게임의 마지막 행동을 마음속에 상상하는 것으로 시작하라. 일단 당신이 마지막에 무슨 일이 벌어질지 파악했다면 이 지식을 이용해 사람들이 그 전에 무슨 선택을 할지 예측하는 것이다. 다음으로, 마지막 두 기간에 벌어질 결과에 대한 당신의 평가는 끝에서 세 번째 기간에 내려질 유력한 선택을 예측할 때 도움이 될 것이다. 당신의 분석이 마지막 기간에서 역방향으로 굴러, 그 전으로, 그 전전으로, 계속 역방향으로 가며, 이러한 과정은 마침내 첫 번째 기간에 이르기까지 끝까지 역방향으로 굴러가는 것이다. 당신이 분석을 끝까지 역방향으로 굴렸을 때 첫 번째 기의 최선의 선택을 할 수 있을 것이다.

© CBS/Photofest

"이런 종류의 문제를 해결하는 데 가장 중요한 것은 역방향으로 판단하는 것이다." – 셜록 홈즈

이는 당신이 그 선택이 가져올 결과들을 이미 전부 파악한 상태로 무장되어 있기 때문이다. 당신의 평가를 맨마지막 기간에서 첫 번째로 역방향으로 굴리는 이러한 과정은 '역진 귀납법'으로도 불린다.

경제학 실습

우리 분석의 첫 번째 단계(모든 가능성을 고려하라)는 우리로 하여금 그림 18-5의 게임나무를 그리도록 하였다. 이제 우리는 계속하여 2단계로 간다. 이는 몇 가지 '만약 ~라면 어떡하지?'라는 생각을 하게 한다. 이것이 시간이 흐름에 따라 전개되는 게임이므로 당신의 '만약 ~라면 어떡하지?'라는 생각은 앞을 살펴보면서 역방향으로 판단해야 한다. 이것이 의미하는 바는 당신은 게임의 마지막 기간을 분석하는 것으로 시작한 다음 거기로부터 분석을 역방향으로 굴리는 것이다. 만일 아메리칸항공사가 1편을 선택하면 어떻게 하지? 마지막 기간을 향하여 살펴보아라. 그리고 유나이티드사의 최선반응은 2편을 계획하는 것임을 파악하라. 따라서 아메리칸항공사의 이윤은 2,500달러가 될 것이다. 만일 아메리칸항공사가 2편을 선택하면 어떻게 하지? 마지막 기간을 살펴보면 유나이트항공사의 최선반응이 2편인 것을 알게 될 것이고 아메리칸항공사의 이윤은 3,000만 달러가 될 것이다. 만일 아메리칸항공사가 3편을 선택하면 어떻게 되는가? 다시 맨마지막 기간을 보면 당신은 유나이티드사의 최선반응으로 1편이고 이 때의 아메리칸항공사의 이윤은 4,500만 달러일 것이다.

이제, 3단계를 할 시간이다. 이는 당신의 최선반응을 검토하는 일이다. 당신은 이를 역방향으로 판단해야 한다. 유나이티드항공사가 마지막 기간에 할 수 있는 반응들이 주어져 있으므로 가장 높은 이윤은 당신이 첫 기간에 3편을 계획할 때 발생할 수 있다. 이는 아메리칸항공사에 분명한 조언을 제공한다: 이 회사는 재빨리 시카고-워싱턴 DC 노선에 3회 운항에 대해 자기구속을 해야 한다. 그래야 유나이티드사는 단지 1회만 운영하는 것으로 반응할 것이다. 이는 아메리칸항공사에 4,500만 달러의 이윤을 가져다 줄 것이다. ■

앞을 살펴보고 역방향으로 판단하는 논리에 익숙해지면 나무를 명시적으로 그릴 필요는 없지만, '나무논리'가 일상생활에서 믿을 수 없을 정도로 도움이 된다는 것을 발견할 것이다.

나무전지법 게임나무를 푸는 한 방법으로, 마지막 기간을 살펴보고 상대방의 최선반응을 강조 표시하는 것으로 시작한다. 그다음 상대방이 결코 선택하지 않을 선택지('죽은 잎사귀들')를 게임나무에서 잘라낸다.

일어날 수 있는 것을 파악하려면 나무의 가지를 잘라낸다. 여기 게임나무를 해결하는 간단한 방법이 있다. 우리는 이를 **나무전지법**(prune the tree method)이라고 한다. 이는 게임나무에서 죽은 잎사귀를 자르는 것을 수반하기 때문이다. 다시 한번, 당신은 마지막 기간(여기서는 2기)을 살펴보고 상대방의 최선반응을 파악하는 것으로 시작한다. 그 최선반응을 강조 표시한다. 이제 나머지 잎사귀를 전지할 수 있다: 당신은 유나이티드가 이들을 결코 선택하지 않을 것이므로 이들이 사실상 적절하지 않다는 것을 파악했다. 그림 18-6은 유나이티드가 결코 선택하지 않을 것이라고 파악한 잎사귀에 선을 그어 '전지'한 것을 보여주고 있다.

다음으로 나무의 몸통 부분으로 한 단계 더 나아감으로써 역방향으로 판단한다. 이렇게 할 때 도달하게 되는 남아 있는 가지와 잎새들이 주어진 상태에서 당신은 어떤 선택을 할 것인가? 그 선택을 강조 표시하고 그러고 나서 그림 18-7에서 보는 바와 같이 다른 선택지를 전지하라. 이 과정을 계속하여 오늘의 결정에 이를 때까지 역방향으로 판단한다.

보는 바와 같이 전지를 모두 표시하다 보면 아주 지저분해질 수 있다. 그러므로 당신은 일단 최선반응에 해당되는 게임나무의 부분을 강조 표시하면 쉽게 강조 표시된 경로를 찾을 수 있음을 알아차릴 수 있다. 마지막 기간의 잎새부터 첫 기간의 몸통까지 전 과정의 강조 표시된 경로를 찾는다면 그것이 바로 균형이다. 이는 균형이 각 경기자가 게임의 각 단계에서 최선반응을 한다는 것을 수반하고 있기 때문이다.

선발자와 후발자의 이점

아마 당신은 선발자의 이점이 직관적으로 이해하기 매우 쉽다는 것을 알고 있을 것이다. 그러나 어떤 의미에서는 다소 특이한 면도 있다. 생각해보라. 후발자는 유나이티드사, 선발자(아메

그림 18-6 | 나무 전지

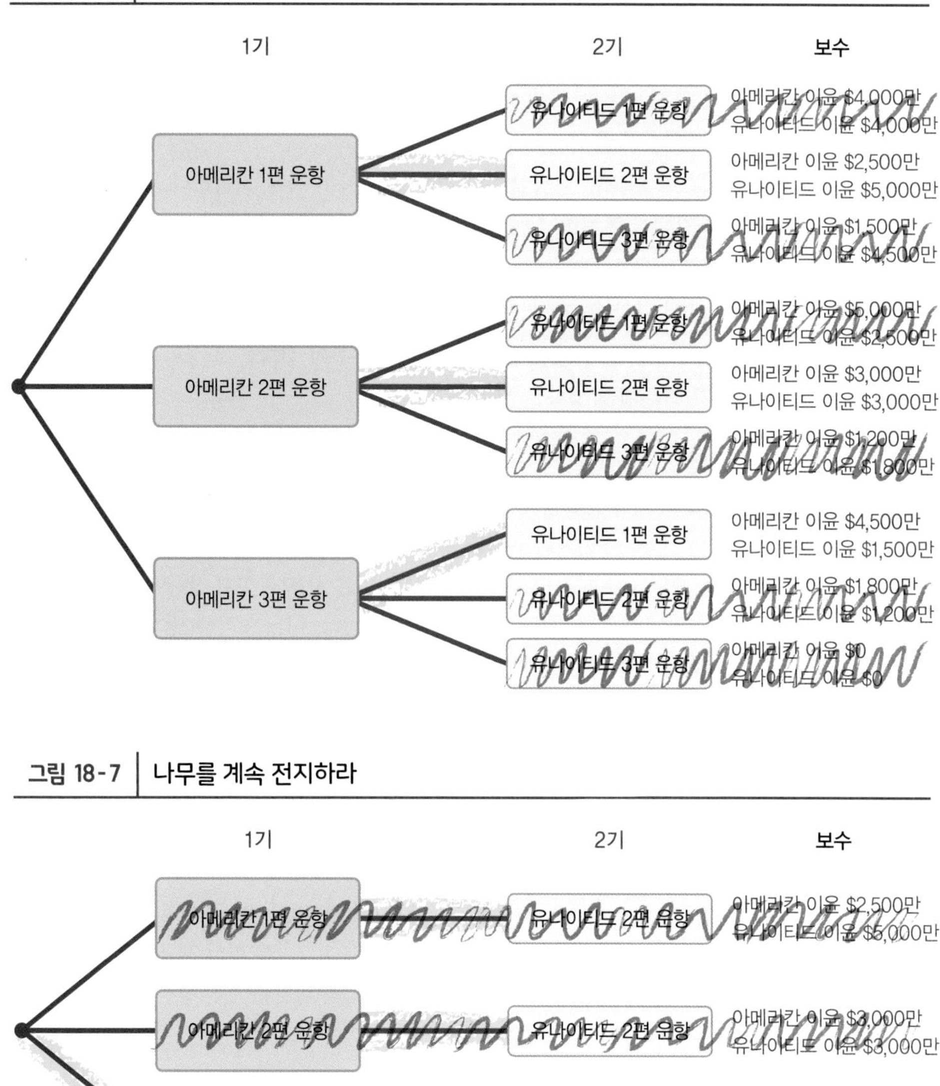

그림 18-7 | 나무를 계속 전지하라

리칸항공사)보다 결정을 할 때 더 많은 것을 알 수 있다. 즉, 유나이티드는 자신의 경쟁사가 무엇을 하는지 알고 있다. 반면 아메리칸항공사는 모른다. 우리는 보통 사람들이 더 많은 내용을 알고 있을 때 더 나은 결정을 한다고 생각한다. 그러나 선발자의 이점은 이러한 직관이 전략적 상호작용하에서는 불완전하다는 점을 보여준다.

선발자의 이점은 자기구속의 편익이다. 선발자의 이점은 당신이 선제적으로 공격적인 위치로 자기구속을 하여 경쟁자의 최선반응이 덜 공격적이 될 때 발생한다. 3편의 항공편 일정을 계획함으로써 아메리칸항공사는 실제적으로 시장의 '대부분'을 차지하기로 자기구속하고 이 때문에 단지 1편만 운행하는 것이 유나이티드의 최선의 이익이 되게 하는 것이다. 대조적으로 만일 아메리칸항공사가 이러한 공격적인 자세로 자기구속을 할 수 없다면 이 게임은 동시행동 게임이 된다. 이 경우 아메리칸항공사는 단지 2편 운행을 계획할 것이다. 이는 유나이트도 2편의 항공편을 제공할 것으로 아메리칸항공사가 예상하기 때문이다.

후발자의 이점 경쟁자의 선택에 맞춰 행동을 취하는 데 따르는 전략적 이점

후발자의 이점은 유연성의 편익이다. 모든 상황에서 선발자 이점이 있는 것은 아니다. 사실 어떤 경우에는 **후발자의 이점**(second mover's advantage)이 있을 수 있다. 예를 들면 만일 월마트가 크리스마스 특별 판매를 설명하는 전단을 처음 인쇄한다면 타깃은 후발자의 이점을 누릴 것이다. 이는 타깃이 이보다 다소 낮은 가격에 동일한 상품을 제공하는 것으로 대응할 수 있고 이 경우 월마트로부터 고객을 빼앗아 올 수 있기 때문이다.

정치에서 한 가지 이슈에 확고한 입장을 견지하는 후보자는 특히 취약하다. 이는 그의 경쟁자가 좌익 또는 우익 관점에서 공격할 수 있는 선택권을 주기 때문이다. 마찬가지로 상품 포지셔닝 게임에서 후발자는 시장의 어떤 부분이 아직 공략되지 않고 남아 있는지 파악하게 된다. 이에 따라 자신들의 상품이 가장 큰 고객 기반을 확보하도록 포지셔닝한다.

각각의 경우, 후발자의 이점은 선발자가 내린 선택에 비추어 전략을 조정할 수 있는 유연성이 후발자에게 주어지기 때문에 발생하는 것이다.

자료 해석 **월마트의 최저가 보상제도는 어떻게 더 높은 가격을 초래하는가?**

월마트는 최저가 보상제도(price-matching)로 유명하다. 이는 고객이 어떤 상품에 대해 더 낮은 가격을 발견한다면 월마트가 그 낮은 가격에 판다는 것이다. 이는 영리한 사업전략으로 후발자의 이점을 다시 찾도록 설계된 것이다. 논리는 이렇다: 월마트의 많은 경쟁자는 타깃처럼 최근 월마트의 전단지에 적힌 가격보다 낮은 가격을 제공하여 후발자의 이점을 얻으려고 한다. 그러나 월마트의 최저가 보상제도는 타깃의 이점을 무력화시킨다. 왜냐하면 더 낮은 가격을 약속한 타깃으로 끌려갈지도 모를 고객들에게 동일한 수준의 낮은 가격을 자동으로 제공하기 때문이다. 따라서 월마트의 최저가 보상제도는 실제적으로 대형마트 가격 설정게임에서 월마트가 최후발자가 되도록 보장하는 것이다.

어떻게 이것이 더 높은 가격을 초래할 수 있는가?

이제 이것이 주는 시사점을 끝까지 생각해보자. 타깃의 이사진들은 큰 폭의 할인을 해도 더 이상 신규 고객을 끌어올 수 없다는 것을 인식한다. 따라서 그들은 할인 제공을 멈출 것이다. 이는 다시 월마트에 낮은 가격 제시 압력을 줄인다. 종국의 결과는 가격 경쟁은 덜 치열해지고 당신 같은 쇼핑객에게는 더 높은 가격이 주어진다. ■

요약 : 선발 또는 후발 여부는 자기구속 대비 유연성의 가치에 달려 있다. 이것이 결국 우리를 어느 위치에 서게 하는가? 선발자 이점과 후발자 이점은 존재하는가? 확고부동한 철칙은 존재하지 않는다. 당신이 처한 상황의 구체적인 것들을 파악하기 위해 잘 판단해야 한다. 당신이 특별히 공격적 전략으로 자기구속하길 원한다면 먼저 행동하는 것이 유용하다. 그러나 유연성이 중요할 때는 후발자에게 이점이 있다. 이 경우 당신의 전략을 경쟁자의 선택보다 개선하기 위해 조정할 수 있다. 선발 대비 후발의 가치는 자기구속 대비 유연성의 가치에 달려 있다.

18.5 고급 전략 : 반복게임과 보복

학습목표 상호작용이 반복될 때 보복을 위협함으로써 협력을 이끌어낸다.

이제까지 우리는 다른 경기자와 단지 한 번만 상호 교류하는 상황에 초점을 맞춰왔다. 누군가를 다시 보지 않을 거라면 가능한 한 최대로 공격적이 될만한 충분한 이유가 있다. 그러나 반복적으로 상호교류한다면 오늘 내리는 결정이 미래의 상호교류에 영향을 끼칠 수 있을 것이다. 앞으로 보게 되겠지만 이러한 점이 훨씬 풍부한 전략이 만들어질 무대를 제공한다. 우리는 보복의 위협이 실질적으로 더 많은 협력을 유도한다는 것을 알게 될 것이다.

담합과 죄수의 딜레마

죄수의 딜레마로 돌아가서 다른 경기자들이 협력하도록 유인하는 것이 가능한지 살펴보자. 우리는 담합이라 하는 협력의 한 극단적인 사례에 초점을 둘 것이다. **담합**(collusion)은 경쟁자들이 서로 경쟁을 중단하기로 합의하는 것이다. 각자 더 낮은 가격을 제시해 시장 점유를 더 얻으려고 하는 대신 기업들이 담합을 하면 모두가 더 높은 이윤을 얻을 것을 바라며 더 높은 가격을 부과하기로 합의한다. 우리가 담합을 분석하는 이유는 이것이 죄수의 딜레마의 흥미로운 사례를 제시하기 때문이다.

담합 서로 경쟁을 하지 않고 대신 모두 높은 가격을 부과하기로 하는 경쟁자들의 합의

경쟁자들이 담합하여 가격을 인상할 때 이윤을 크게 한다. 2009년 여러 주요 출판사의 이사들이 뉴욕의 여러 레스토랑에서 일련의 사적 오찬을 계획하였다. 이들의 목적은 새롭게 떠오르는 전자책 시장에서 어떻게 수익성을 유지할 수 있는지 파악하기 위함이었다. 전자책 판매시장에서 주도적 역할을 하는 아마존에 대항하길 원하는 애플사의 재촉을 받아 이들은 한 계획을 만들어냈다: 각자 최저가격을 제시하려고 경쟁하기보다는 모두 전차책에 대해 높은 단일 가격을 부과하기로 합의하였다.

즉 그들은 담합에 합의하였고 실제로 각자 베스트셀러 가격을 9.99달러에서 12.99달러로 올리기로 약속하였다. 이처럼 가격을 고정시키기로 담합하는 것은 소비자를 해치므로 불법이다. 그러나 출판업자들은 좀 더 직접적인 것에 관심이 있었다: 이러한 합의는 작동을 할 것인가?

담합은 죄수의 딜레마다. 예상되는 결과를 살펴보기 위해 펭귄북스의 대표이사인 데이비드 생크스의 입장에서 생각해보라. 그는 가격을 12.99달러로 인상키로 한 계획대로 해야 하는가?

그림 18-8 | 경쟁사들은 담합할 것인가?

	하퍼콜린스 협력 ($12.99 부과)	하퍼콜린스 배반 ($9.99 부과)
펭귄 협력 ($12.99 부과)	펭귄 중간 이윤 하퍼콜린스 중간 이윤	펭귄 적자 하퍼콜린스 큰 이윤 ✔
펭귄 배반 ($9.99 부과)	펭귄 큰 이윤 ✔ 하퍼콜린스 적자	펭귄 이윤 0 ✔ 하퍼콜린스 이윤 0 ✔

게임이론은 특히 과점산업에서 종종 발생하는 이러한 종류의 규모가 큰 전략적 상호작용에 특히 유용하다. 우리의 4단계 처방전을 따라 먼저 가능한 모든 결과에 대해 고려해보는 것으로 시작하자. 펭귄은 가격을 인상키로 한 이 계획에 협조할 수도 있고, 배반하여 계속 9.99달러를 부과할 수 있다. 다른 출판업자들도 유사한 대안들을 접하고 있다. 문제를 단순화하기 위해 실제는 5개의 출판사가 참여하고 있지만 그림 18-8의 보수표는 단지 두 출판사(펭귄과 하퍼콜린스)가 참여하는 게임으로 구성되어 있다. 그러나 이 단순화 게임은 연관된 핵심요소를 잘 보여주기에 충분하다.

원래 각 출판사는 책 한 권에 9.99달러를 부과하고 있었고 각각 영(0)의 경제적 이윤을 벌고 있었다. 그들은 희망은 만일 그들이 모두 가격을 12.99달러로 인상하는 계획에 협력을 한다면 그들이 모두 이득을 보고 중간 수준의 이윤을 벌 수 있다는 것이다.

그러나 담합은 죄수의 딜레마의 사례다. 이는 우리가 출판업자들이 협력에 실패할 것으로 예상해야 한다는 것을 의미한다. 이 점을 이해하려면, 2단계로 이동하여 '만일 ~하면 어떡하지?'를 고려하라. 만일 당신의 경쟁사가 12.99달러를 부과하면 그러면 (3단계!) 당신의 최선반응은 배반을 하여 9.99달러를 부과하는 것이다. 이는 충분한 시장점유를 하고 큰 이윤을 벌기 때문이다. 만일 경쟁사가 배반하는 경우, 당신은 12.99달러에 판매하는 유일한 회사가 되길 원치 않는다. 이는 만일 그렇다면 많은 시장점유율을 잃고 손실을 보기 때문이다. 이제 4단계에서 경쟁사의 입장이 되어 생각하는 것이다. 펭귄이 담합 계획에 협력을 할지라도 하퍼콜린스는 배반할 것이고 이에 따라 펭귄사가 적자를 보게 될 것이다. 내쉬균형은 각 기업이 공동으로 높은 가격을 부과한다는 합의를 위반하는 것을 선택하는 것이다.

Lukia Kliossis

단지 몇 번만 클릭하면 전자책의 가격을 변경할 수 있다.

이러한 분석에 따르면 당신은 담합이 작동하기 않을 것으로 예상할지 모른다. 이 분석은 펭귄이 담합 합의로부터 위반하고, 설사 이 기업이 위반하지 않을지라도 경쟁사가 위반할 것이

라고 한다. 이것은 죄수의 딜레마에서 협력 실패가 사회 전체적으로는 좋은 사례이다. 이는 그것이 담합의 발생을 방지하기 때문이다.

이는 위로가 되는 생각이다. 그러나 현실적으로 모든 주요 출판사들은 담합으로 결말을 맺고 전자책에 대하여 12.99달러를 부과하고 있다. 왜?

유한반복게임

일회게임 1회만 발생하는 전략적 상호작용

우리는 펭귄의 선택을 마치 그 기업이 **일회게임**(one-shot game)을 하고 있는 것처럼 취급하였다. 여기서 일회게임은 이러한 전략적 상호작용이 단지 한 번만 발생한는 것을 의미한다. 일회게임에서는 오늘의 결정이 어떻게 미래에 다른 사람들이 당신을 취급하는 방식을 변화시킬지를 걱정할 필요가 없다. 그러나 현실에 있어서 펭귄은 실제로 그림 18-8과 같은 게임을 매일 하고 있다. 즉, 펭귄은 연속되는 기간에 동일한 경쟁사와 동일 보수를 접하고 있는 것이다. 즉 우리가 **반복게임**(repeated game)이라고 부르는 상황이다.

반복게임 연속되는 기간에 동일한 경쟁자들과 동일한 보수를 지닌 전략적 상호작용을 접할 때

유한반복게임 고정된 횟수만큼 동일한 전략적 상호작용을 접할 때

앞을 바라보고 역방향으로 판단하여 유한반복게임의 해결책을 구한다. **유한반복게임**(finitely repeated game)에서 경기자들은 고정된 횟수만큼 상호교류한다. 예를 들어 만일 펭귄과 하퍼콜린스가 정확히 세 번 교류할 것으로 생각한다면 그것이 유한반복게임의 사례가 되는 것이다. 그것이 실제 그들이 처한 상황이 아닐지라도, 그 게임이 3개의 기간 동안 어떻게 전개될지 알아보기 위해 이러한 가정하에 분석할 수 있다.

시간이 흐름에 따라 전개되는 게임에서는 앞을 바라보고 역방향으로 판단해야 한다는 것을 기억하라. 그러므로 맨마지막 교류를 바라보자. 마지막 기간에 두 경기자는 더 이상 교류하지 않을 것을 알고 있다. 따라서 그들은 실제 일회 죄수의 딜레마에 접해 있다. 일회 죄수의 딜레마에서는 둘 다 배반을 선택할 것이다. 이제 마지막에서 두 번째 기간으로 거슬러 올라가 판단해보자. 두 경기자 모두 그들이 어떻게 하든지 상관없이 다음 기간에는 모두 배반한다는 것을 알고 있다. 그렇다면 마지막에서 두 번째 기간도 역시 실제로는 일회게임이고 따라서 다시 두 경기자는 똑같이 배반할 것이다. 그러므로 분석을 앞 기간으로 거슬러 계속 굴려가면 당신은 어떤 출판사이건 어떤 기간에도 협력하지 않을 것이라고 결론 내릴 것이다.

즉, 죄수의 딜레마는 그것이 고정된 횟수나 유한 횟수로 반복될 때 계속 비협조적 결과를 초래한다는 것이다. 이는 알려진 마지막 기간이 있을 때 두 경기자는 마지막 기간에 그들이 속임수를 쓸 것임을 알고 있다. 마지막 기간에 배반을 하는 유인은 그후에 마지막의 바로 전 기간으로 거슬러 굴러가고, 이 과정은 처음 기간까지 역방향으로 계속 된다. 이 모든 단계에서 협력할 유인은 기반이 약해진다.

무한정 반복게임

펭귄북스의 대표이사는 그가 경쟁사와 한정된 횟수만큼 상호교류하는 것이 아니라는 것을 인식하고 있다. 알려진 종료 일자는 없다. 그래서 유한반복게임의 논리는 그에게 도움이 되지 않는다. 그리고 알려진 종료일이 없다고 해서 반드시 협력이 시작되어야 하는 이유는 없다.

무한정 반복게임 알려져 있지 않은 횟수만큼 동일한 전략적 상호작용을 접할 때

사실 그는 **무한정 반복게임**(indefinitely repeated game)을 직면하고 있다. 이는 당신이 다른 경쟁자와 상당한 기간 동안(아마 둘 중 하나 사업을 그만 둘 때까지) 계속 상호교류할 것으로 예상할 때 발생하는 것이다. 그러나 당신은 정확히 얼마나 오래가 될지는 모른다. 결과는 게임이 무한정 횟수만큼 반복된다는 것이다. 이것이 중요한 것은 상호교류가 언제 끝날지 모른다면 당신과 경쟁자가 분명하게 배반할 유혹을 받는 마지막 기간이 없기 때문이다. 이것은 당신이 전기에 배반하도록 유도하는 논리의 기반을 약화시킨다. 협력을 유지할 수 있다는 것이 더 낙

관적인 이유는 바로 이것이다.

전략은 지시사항 목록이다. 이러한 유형의 반복되는 상호작용에 있어서 당신은 어떤 가능한 상황에 어떻게 대응할지를 기술하거나 열거하는 **전략계획**(strategic plan)을 필요로 할 것이다. 당신은 이를 변호사에게 발생할 수 있는 어떤 상황에 정확히 어떻게 대응할지 말해주면서 넘겨줄 수 있는 지시사항 목록이라고 생각할 수 있다. 시간이 흐름에 따라 전개되는 게임에서 지시사항 목록은 매우 복잡할 수 있다. 여러 우발적 상황에 어떻게 대응할지를 기술하기 때문이다. 중요한 것은 전략계획은 다른 경기자가 취한 과거의 선택에 따라 달라질 수 있다는 것이다. 이는 전략계획이 만일 다른 경쟁자들이 담합 합의를 배반한다면 보복할 것이라는 위협을 포함할 수 있다는 것을 의미한다. 만일 그 위협이 신빙성이 있다면 무한정으로 반복되는 죄수의 딜레마에서 협력을 이끌어내기에 충분할 수 있다.

전략계획 특정 상황에 어떻게 대응할지를 정확하게 기술하는 지시사항의 목록

엄격한 방아쇠 전략은 경쟁자가 협력하지 않은 것을 보복한다. 무한정 반복게임을 분석하는 데 있어서의 어려움은 고려할 수 있는 수백만의 가능한 전략계획들이 존재한다는 점이다. 이들을 다 검토하는 대신 특별히 협력을 이끌어낼 수 있는 한 특정 계획에 초점을 맞출 것이다.

엄격한 방아쇠 전략(grim trigger strategy)은 비교적 간단하고 단지 두 가지 지시사항이 포함된다.

엄격한 방아쇠 전략 다른 경기자가 과거의 모든 라운드에서 협력했다면 협력할 것이다. 그러나 어떤 경기자이건 과거에 배반한 적이 있으면 배반할 것이다.

1. 다른 경기자가 과거의 모든 라운드에 협력을 했다면 협력한다.
2. 어느 경기자가 과거의 어떤 라운드에 배반을 했다면 배반한다.

실제로 이 전략이 말하는 것은 다음과 같다: 나는 협력할 의사가 있다. 그러나 당신이 동의에 따르지 않는다면 나는 당신을 영원히 배반하는 것으로 보복할 것이다. 당신은 이것이 어떻게 당신의 경쟁자에게 협력할 강한 유인을 제공할 수 있는지 알 수 있다!

협력은 균형이 될 수 있다. 당신과 경쟁자가 엄격한 방아쇠 전략을 구사하며 경기를 한다면 균형은 어떤 것이 될까? 우리는 이를 4단계 처방전을 이용해 분석할 수 있다.

1단계로 시작하자: 모든 다른 가능성을 고려한다. 우리는 어느 누구도 아직까지 배반하지 않았을 때 무엇이 일어나는지를 고려하는 것으로 시작할 것이다. 당신은 두 가지 선택이 있다: 당신의 전략계획에 따라 계속한다. 이는 아무도 배반한 적이 없다면 협력을 하고 또는 일방적으로 배반함으로써 전략계획으로부터 이탈하는 것이다. 마찬가지로 당신의 경쟁자도 동일한 두 가지 선택지를 지닌다. 우리는 대안들을 그림 18-9에서 볼 수 있다.

보수표에서 다른 점을 유념하라: 두 가지 선택이란 것은 당신의 전략계획을 계속 준수하느냐 또는 아니면 이로부터 이탈하느냐이다. 그리고 보수표는 오늘 일어날 것과 아울러 이것이 미래에 어떻게 변화되는가를 고려한다.

좋다. 2단계 : '만일 ~라면 어떡하지?'를 고려하고, 3단계 : 당신의 최선반응을 사용한다.

경쟁자가 그들의 전략계획을 준수하여 계속 협력을 한다면 어떻게 하는가?

- 협력할 수 있다: 당신은 오늘 중간 수준의 이윤을 벌 것이다. 또한 미래를 고려할 필요가 있다. 오늘 모두 협력을 한다면, 내일도 계속 협력할 위치에 있을 것이다. 이는 미래에 당신이 계속 중간 수준의 이윤을 벌 수 있다는 것을 보장한다.
- 혹은 배반할 수도 있다: 당신은 오늘 높은 수준의 이윤을 얻을 것이다. 그러나 단점은 경쟁자가 당신과 다시는 협력하지 않을 것이다. 따라서 당신은 미래 전 기간에 걸쳐 0의 이윤을 얻을 것이다.

이들을 어떻게 비교하는가? 당신이 미래 이윤을 충분히 높게 평가한다면 계속 협력하는 것

그림 18-9 | 두 기업이 과거에 계속 협력해온 경우의 보수표

	하퍼콜린스 엄격한 방아쇠 전략 준수 (계속 협력)	하퍼콜린스 전략으로부터 이탈 (오늘 배반)
펭귄 엄격한 방아쇠 전략 준수 (계속 협력)	펭귄이 버는 것 : - 오늘 중간 수준의 이윤, 그리고 - 미래에 중간 수준의 이윤을 올리며 협력할 기회 ✔ 하퍼콜린스가 버는 것 : - 오늘 중간 수준의 이윤, 그리고 - 미래에 중간 수준의 이윤을 올리며 협력할 기회 ✔	펭귄이 버는 것 : - 오늘 손실, 그리고 - 미래 0의 이윤 하퍼콜린스가 버는 것 : - 오늘 높은 수준의 이윤, 그리고 - 미래 0의 이윤
펭귄 전략으로부터 이탈 (오늘 배반)	펭귄이 버는 것 : - 오늘 높은 수준의 이윤, 그리고 - 미래 0의 이윤 하퍼콜린스가 버는 것 : - 오늘 손실, 그리고 - 미래 0의 이윤	펭귄이 버는 것 : - 오늘 0의 이윤, 그리고 - 미래 0의 이윤 ✔ 하퍼콜린스가 버는 것 : - 오늘 0의 이윤, 그리고 - 미래 0의 이윤 ✔

이 낫고 이에 따라 우리는 상단-왼쪽 구석에 붉은 체크표시를 하였다.

경쟁자가 계획으로부터 이탈하여 배반을 한다면 어떻게 하는가?

당신이 계속 협력하여 오늘 손실을 보거나(그리고 미래에 0의 이윤이다), 아니면 배반을 하고 오늘 0의 이윤을 번다(그리고 미래에 0의 이윤이다). 이를 비교하면 당신의 최선반응은 배반하는 것이다. 그리하여 하단-오른쪽 상자에 붉은 체크표시를 한다.

4단계를 할 시간이다: 경쟁자의 입장을 고려한다. 경쟁자는 다음 두 가지 '만일 ~하면 어떡하지?'를 고려할 것이다.

만일 당신이 전략계획을 준수하여 협력한다면 경쟁자는 다음 중에서 선택할 것이다.

- 당신과 협력하는 전략계획을 계속 준수한다: 이는 경쟁자가 오늘 중간 수준의 이윤을 얻고 미래에 계속 협력하여 중간 수준의 이윤을 벌 가능성을 살려 둔다.
- 오늘 배반함으로써 전략계획에서 이탈한다: 이는 경쟁자가 오늘 높은 수준의 이윤을 벌지만 미래 협력 가능성을 없애 미래 전 기간 0의 이윤을 초래한다.

경쟁자가 미래 편익을 충분히 높게 평가한다면 협력을 선택할 것이다. 따라서 우리는 상단-왼쪽 상자에 파란색 체크표시를 하였다.

만일 당신이 전략계획에서 이탈하여 배반하면 어떻게 하는가?

경쟁자는 계속 협조하여 오늘 손실을 보거나(그리고 내일 0의 이윤), 또는 배반을 하여 오늘 0의 이윤을 번다(그리고 미래에도 0의 이윤이다). 이에 따라 우리는 하단-오른쪽 구석에 파란색 체크표시를 해둔다.

이제 내쉬균형을 찾는다. 당신은 상단-왼쪽에서 2개의 체크 표시를 발견할 것이다. 당신과 경쟁자 둘 다 계속 엄격한 방아쇠 전략을 준수하는 것(그리하여 계속 협력하는 것)이 내쉬균형이다(유일한 균형은 아니다). 죄수의 딜레마의 전체 요점은 일회게임(유한반복게임)에서 협력이 균형이 아니라는 것을 강조하여 보여주는 것이긴 하지만, 이제 게임이 무한정 반복될 때 이는 하나의 균형이 될 수 있다.

이는 엄청난 것이다! 이로 인해 알려지지 않은 횟수만큼 사람들이 계속 상호교류하는 한 협

력이 가능하다는 믿음이 회복될 것이다. 항상 발생하는 것은 아니지만 그러나 발생할 수 있다는 것이다.

협력은 정확히 발생한 실체로, 출판사들이 담합하기로 한 공동계획에 협력하였고 계속 전자책에 12.99달러를 부과하는 것이다. 궁극적으로 그들은 다른 문제점에 봉착했다. 이와 같은 담합은 불법이고 이 사실이 발견되었을 때 각 회사는 정부에 벌금으로 수백만 달러를 지불하게 된 것이다.

보복이 협력으로 내몬다. 죄수의 딜레마의 논리(적어도 일회게임 부분)는 협력하는 것보다는 배반하는 것이 단기적으로 매력적인 선택지다. 당장 높은 수준의 이윤을 얻기 때문이다. 그러나 무한정 반복되는 게임의 경우에는 배반이 장기적으로 좋은 선택은 아니다. 이는 배반은 큰 보복을 촉발시키기 때문이다: 경쟁자는 미래에 다시 당신과 같이 협력하는 것을 거부할 것이다. 그리고 이 미래 이윤을 잃는 것보다는 협력하는 것이 더 나은 선택이 되는 것이다.

보복위협은 단지 신빙성이 있을 경우에만 작동한다. 물론 상대방이 협력하지 않으면 보복한다고 위협하는 것은 경쟁자가 당신이 이를 끝까지 실행할 것으로 믿는 경우에만, 즉 그것이 신빙성 있는 위협일 경우에만 작동할 것이다. 위협이 신빙성을 가지려면 위협적인 행동을 실행하는 것이 당신에게 최선의 이익이 되어야만 한다. 만약 경쟁자가 엄격한 방아쇠 전략을 구사한다면 경쟁자가 이미 배반한 이후에 당신이 영구적으로 배반하는 것은 최선의 선택이 된다. 이것은 신빙성이 있다. 이는 둘 중 한 경기자가 배반한 이후에 경쟁자는 영원히 배반할 것이고 따라서 당신의 최선반응은 배반하는 것이기 때문이다. 엄격한 방아쇠 전략에서 배반은 여하간 미래 협력의 가능성을 없애고 따라서 당신은 다시 이것이 최선반응이 배반인 일회게임인 것처럼 행동할 것이다.

아울러 강조할 만한 좋은 소식들도 존재한다: 만일 보복이 배반을 저지할 만큼 충분히 강력하다면 이는 실제로 가해질 필요가 전혀 없다. 우리는 단순하게 둘다 영원히 협력할 수 있다.

반복 실행은 죄수의 딜레마를 해결하는 데 도움이 된다. 이로써 우리는 어디로 왔는가? 죄수의 딜레마가 주는 핵심 통찰력은 전략적 상호작용에서 협력을 유지하기 어렵다는 점이다. 그러나 그것이 반드시 장애요인인 것은 아니다. 상호교류를 계속하면, 즉 이를 무한정으로 여러 번 반복한다면 이를 해결할 수 있도록 돕는 또 하나의 도구를 갖게 된다: 미래보복이라는 위협이다. 그리고 이 위협은 협력을 유지시키는 충분조건이 된다.

함께 해보기

두 친구가 알래스카의 국립공원을 방문했다. 그들은 갈색 곰을 조우했고 둘 다 꼼짝 못한다. 한 명은 곰 스프레이를 찾으려고 배낭을 다 뒤지기 시작했다. 다른 한 명은 운동화를 신는다. 친구가 외쳤다: "뭐하는 거야? 넌 곰보다 빨리 달릴 수 없어!" 그러자 다른 친구가 대답한다 : "내가 곰을 앞지를 필요는 없어. 너보다만 빨리 뛰면 돼"

이것은 농담이다. 그러나 여기에 숨어 있는 진리가 있다는 것을 말해준다. 전략적 상호작용(당신의 최선 선택이 내가 무엇을 선택하느냐에 달려 있는 상태)은 등산 코스부터 이사회실 결정에 이르기까지 모든 곳에서 전개된다. 게임이론은 때로 예기치 않은 통찰력(당신이 곰이 아니라 친구보다 빨리 뛰어야 한다)을 우리에게 알려준다. 바로 당신에게 보다 나은 전략적 결정으로 안내할 수 있는 통찰력이다. 상호의존의 원리는 우리에게 경제적 결정이 서로 연결되어 있다는 점을 상기시켜주고, 게임이론은 그러한 상호작용을 감안하는 보다 나은 의사결정을 하는 로드맵을 제공한다.

Design Pics Inc/Alamy

게임이론은 당신이 곰보다 빨리 뛸 필요가 없다는 것을 상기시켜준다.

그 로드맵은 네 가지 간단한 단계로 구성되어 있다: 모든 가능한 결과들을 고려하라, '만약 ~라면 어떡하지'를 별도로 생각해본다, 각각에 대해 당신의 최선반응을 구사한다, 다른 사람의 입장에서 고려한다.

다른 사람의 입장을 고려하라는 아이디어는 어떤 상호작용이 전개되는지를 이해하는 데 핵심적이다. 이 장의 처음부터 끝까지 우리는 당신의 경쟁자가 당신이 행한 것과 똑같은 4단계 과정을 따라할 것이라고 언급하였다. 즉 우리는 다른 경기자들이 당신과 똑같은 세련된 전략가로 묘사하였다. 이것이 현실적인가? 항상 완벽한 전략가가 되려면 할 일이 엄청 많은 것은 분명한 사실이다. 그러나 공식적으로 게임이론을 전혀 훈련받지 않은 사람들 조차도 자신에게 최선의 이익이 되는 것이 무엇인지 파악하는 일을 매우 잘 수행하고 있다. 이는 당신의 최선반응은 보통 경쟁자를 전략적이라고 간주하는 것임을 의미한다. 궁극적으로 경쟁자가 얼마나 똑똑한지를 파악하는 것은 당신의 몫이다. 그러나 나의 경험으로는 경쟁자를 과대평가하는 것보다 과소평가하여 나쁜 결정을 내리는 경우가 훨씬 더 흔하게 발생한다.

우리가 이 장에서 택한 접근방법은 게임이론에 대한 통일된 관점을 제공하는 것이었다. 이 과정에서 간단한 아이디어 세트가 어떻게 많은 전략적 상황을 알려주는지를 설명하였다. 우리는 어떤 전략적 상호작용의 결과도 결정적으로 게임법칙에 의존한다는 것을 보았다. 결과는 경기자들이 동시에 행동하느냐의 여부, 게임이 반복될 때 누가 먼저 행동을 하는가 그리고 얼마나 자주 하느냐 등처럼 세부사항에 따라 달라질 수 있다. 이는 전략가에게는 좋은 소식일 수 있다. 왜냐하면 이는 당신이 영리하다면 게임의 법칙을 우리에게 유리하게 만들기 위해 배운 것을 활용할 수 있다는 것을 의미하기 때문이다.

한눈에 보기

전략적 의사결정을 위한 4단계

1. 모든 가능한 결과를 고려한다. → 2. '만약 ~라면 어떡하지?'를 별도로 생각한다. → 3. 당신의 최선반응을 게임에 활용한다. → 4. 상대방의 입장에서 생각한다.

내쉬균형 : 각 경기자의 선택이 바로 다른 경기자의 여러 선택에 대한 자신의 최선반응이 되는 균형

4단계 **적용하기**

1. 죄수의 딜레마

- 죄수의 딜레마는 협력 실패를 초래한다.
- 우위를 점하려는 유혹이 협력의 기반을 약화시킨다.
- 최선의 결과는 협력이지만 이것이 균형은 아니다.

2. 조정게임

- 조정게임과 반조정게임에서 전형적으로 다른 경기자들의 선택과 보완적인 관계에 있는 선택을 하길 원한다.
- 조정은 하나 이상의 균형이 존재하기 때문에 어렵다.
- 의사소통, 초점, 문화와 규범, 그리고 법과 규제가 조정문제를 해결하는 데 도움이 된다.

3. 시간이 경과하면서 전개되는 게임 (유한반복게임)

게임나무는 어떻게 가능한 모든 결과가 시간이 경과하면서 전개되는지를 보여준다.

시간이 경과하면서 전개되는 게임에서 '만약 ~라면 어떡하지?'라고 생각할 때 반드시

앞을 살펴본다. **그리고** 역방향으로 판단한다.

당신의 선택이 초래할 유력한 결과를 예상하기 위하여

게임의 마지막 기간을 분석하는 것으로 시작한다. 이를 이용해 끝에서 두 번째 기간에 일어날 것을 파악하고 오늘 결정의 결과들을 모두 알 수 있을 때까지 역방향으로 판단한다.

선발자 이점 : 경쟁자를 덜 공격적으로 반응하도록 강제하는 선제적 행동으로부터 얻는 전략적 이득

후발자 이점 : 경쟁자의 선택에 맞춰 행동함에 따라 얻어지는 전략적 이점

4. 무한정 반복게임

무한정 반복게임 모르는 횟수만큼 반복되는 동일한 상호작용을 접할 때

엄격한 방아쇠 전략은 협력하지 않은 것에 대하여 경쟁자를 보복한다.

보복이 협력을 이끈 무한정 반복되는 경기는 죄수의 딜레마를 해결한다.

핵심용어

게임나무	보수표	전략적 상호작용
나무전지법	선발자의 이점	조정게임
내쉬균형	앞을 살피기	체크표시방법
다중균형	엄격한 방아쇠 전략	초점
담합	역방향으로 판단하기	최선반응
무한정 반복게임	유한반복게임	후발자의 이점
반복게임	일회게임	
반조정게임	전략계획	

토론과 복습문제

학습목표 18.1 좋은 전략적 의사결정을 위한 4단계 절차를 밟는다.

1. 최근 자신의 이익과 다른 사람들의 결정을 기초로 의사결정을 하면서 경험한 상황들을 생각해보라. 상호의존의 원리를 활용해 어떻게 당신의 최선의 선택이 다른 사람들이 선택한 것에 의존하는지 설명하라.

학습목표 18.2 사람들이 협력할 때 발생할 수 있는 문제점을 죄수의 딜레마가 어떻게 흥미롭게 표현하는지 이해한다.

2. 2018년 미국과 중국은 서로 상대방 국가에서 수입되는 상품에 대하여 무역관세를 부과하는 무역전쟁을 하였다. 트럼프 행정부는 당해연도 6월 미국이 '곧' 중국에서 수입되는 500억 달러 상당의 상품에 관세부과를 개시할 것임을 공표하였다. 중국도 재빨리 농산물, 자동차, 그리고 다른 미국으로부터의 수입품에 대한 관세 부과로 대응하였다. 트럼프 대통령은 추가적으로 2,000억 달러 상당의 중국 상품에 대하여 추가 관세를 위협함으로써 맞대응하였다. 중국은 이와 같은 어떤 유형의 조치에도 대응할 것이라는 성명서로 대응하였다.
   이것이 어떻게 죄수의 딜레마의 사례가 되는지 간략히 설명하라.

학습목표 18.3 상호보완적인 선택을 위해 협력자들과 가장 잘 조정할 수 있는 방법을 알아본다.

3. 교수가 당신의 향학열을 진작시키기 위해 숫사슴 사냥이라는 고전적 경제학 사고실험 문제를 풀게 한다: 당신과 사냥 파트너가 상점, 농장, 교역이 없는 후기종말론적 세상에서 가족을 먹일 식량을 구하기 위해 사냥 중이라고 상정하라. 당신은 두 가족이 계속 생존할 수 있을 만큼 많은 칼로리를 제공할 사슴 한 마리를 잡기 위해 덫을 놓는다. 기다리는 도중 당신은 덫으로 달려가는 토끼 한 마리를 발견하였다. 만일 당신이 토끼를 쫓아가면 그것을 잡을 수는 있지만 지역 내에 있는 모든 야생동물을 놀라게 하여 기다리고 있던 사슴을 잡지 못할 것이다. 토끼는 단지 당신 가족만을 위한 적은 칼로리만 제공할 수 있고 파트너 가족에게 줄 것은 없게 된다. 당신은 토끼를 잡겠는가 아니면 숫사슴을 계속 기다리겠는가?
   이 사례를 잘 도해하는 보수표를 만들라. 당신은 위에 언급된 결과와 잘 맞다면 어떤 가치척도이건 원하는 대로 사용할 수 있다. 4단계 처방전을 사용하고 당신과 파트너의 최선반응을 구하기 위해 체크표시방법을 활용하라. 당신은 무엇을, 왜 선택하는가?

학습목표 18.4 가장 유리한 시점에 행동한다.

4. 월트디즈니사와 유니버설 스튜디오는 둘 다 텍사스에 새로운 테마파크 건설을 고려 중이다. 그들은 각각 새로운 입지를 위한 경쟁적인 옵션을 가지고 있다: 댈러스 또는 샌안토니오. 예상 이윤은 다음 보수표에 제시되어 있다.

	유니버설 댈러스 건설	유니버설 샌안토니오 건설
디즈니 댈러스 건설	디즈니 \$60억 이윤 유니버설 \$30억 이윤	디즈니 \$90억 이윤 유니버설 \$80억 이윤
디즈니 샌안토니오 건설	디즈니 \$120억 이윤 유니버설 \$50억 이윤	디즈니 \$60억 이윤 유니버설 \$60억 이윤

   a. 만일 디즈니와 유니버설이 이 결정을 동시에 한다면 이 게임의 내쉬균형은 무엇이 되는가?
   b. 결정나무를 이용하여 왜 디즈니의 최선 이익이 먼저 건설하는 것인지를 설명하라.

학습목표 18.5 상호작용이 반복될 때 보복을 위협함으로써 협력을 이끌어낸다.

5. 2014년 타이어회사 브리지스톤은 토요타이어를 비롯한 26개

자동차부품 공급사들이 연루된 미 법무부의 가격담합 소송에서 유죄를 인정하였다. 브리지스톤, 토요타이어 그리고 다른 자동차부품 공급사들은 높은 가격을 부과하여 높은 이윤을 얻기 위해 담합을 하였다. 브리지스톤사는 가격담합 음모에 가담한 역할에 대하여만 벌금 4억 2,500달러를 받았다. 다음 보수표를 고려하라.

	브리지스톤 높은 가격 부과(음모)	브리지스톤 낮은 가격 부과(배반)
토요 높은 가격 부과(음모)	토요 $150억 이윤 브리지스톤 $150억 이윤	토요 $100억 이윤 브리지스톤 $180억 이윤
토요 낮은 가격 부과(배반)	토요 $180억 이윤 브리지스톤 $100억 이윤	토요 $120억 이윤 브리지스톤 $120억 이윤

a. 브리지스톤사와 토요사가 한 기간 동안에만 적용될 가격을 설정하고 있다. 무엇이 내쉬균형인가? 당신의 판단을 간략히 설명하라.

b. 만일 대신에 브리지스톤사와 토요사가 이 게임을 계속 반복한다면 그들은 어떻게 서로 협력할 방안을 찾을 것인가? 보수표를 활용하여 당신의 답변을 잘 설명하라.

학습문제

학습목표 18.1 좋은 전략적 의사결정을 위한 4단계 절차를 밟는다.

1. 다음의 각각의 시나리오를 읽고 여기에 전략적 상호작용이 포함되어 있는지 여부를 식별하라.
   a. 저녁식사 시간이라서 당신의 다섯 살 딸과 저녁 식탁을 준비하고 있다. 그녀는 야채를 먹기를 거부하고 있고 당신은 그녀에게 야채를 먹지 않으면 디저트를 안 줄 거라고 설명하고 있다.
   b. 당신은 테네시주에서 미국 상원의원으로 선출되었다. 한 동료는 저소득층 가구에 의료서비스 비용을 지원하는 재원 마련을 위해 담배에 부과되는 세금을 인상하는 법안을 입안하였다. 당신은 이 법안에 찬성하지만 담배 농가의 부정적 반응으로 당신의 재선 확률이 떨어질 것을 우려하고 있다.
   c. 당신이 스포티파이의 월간 구독권을 구입한다.
   d. 경제학은 당신이 좋아하는 과목이고 앞 좌석을 확보하기 위해 얼마나 일찍 강의실에 도착할 필요가 있는지 정하려고 한다.

2. HBO와 쇼타임이 둘 다 새로운 TV쇼 제작을 고려하고 있다. 그들은 로맨스 코미디 또는 역사 드라마를 제작할 수 있다. 다음 보수표에 이윤이 설명되어 있다.

	쇼타임 로맨스 코미디 제작	쇼타임 역사 드라마 제작
HBO 로맨스 코미디 제작	HBO $1,900만 이윤 쇼타임 $1,300만 이윤	HBO $2,200만 이윤 쇼타임 $1,000만 이윤
HBO 역사 드라마 제작	HBO $3,000만 이윤 쇼타임 $1,400만 이윤	HBO $2,500만 이윤 쇼타임 $800만 이윤

제시된 정보를 이용하여 다음 각 주장이 옳은지 틀린지 판별하라.

a. 만일 HBO가 로맨스 코미디 제작을 선택하면, 쇼타임의 최선반응은 역사 드라마를 제작하는 것이다.

b. HBO의 최선반응은 항상 역사 드라마를 제작하는 것이다.

c. 쇼타임의 최선반응은 항상 로맨스 코미디를 제작하는 것이다.

학습목표 18.2 사람들이 협력할 때 발생할 수 있는 문제점을 죄수의 딜레마가 어떻게 흥미롭게 표현하는지 이해한다.

3. 1960년에 설립된 석유수출국기구(OPEC)는 14개 국가의 정부간기관으로 정기적으로 회합해 전반적인 이윤 제고를 위해 각 회원국의 석유생산할당량을 정하고 있다. 그러나 OPEC은 자신이 정한 석유쿼터 상한을 집행하는 데 실패한 역사가 있다. 베네수엘라와 쿠웨이트 두 국가로 단순화된 사례를 고려하라. 이 두 국가는 현재 하루 250만 배럴을 생산하고 있다. 만일 두 국가가 서로 협력하기로 하면 1일 생산량을 각각 200만 배럴로 제한할 것이고 이로써 원유가격이 상승할 것이다. 만일 한 국가가 배반을 하면 그 나라는 250만 배럴을 생산하고 전체 생산량은 400만 배럴에서 450만 배럴로 증가할 것이다. 결과적으로 가격은 다소 하락할 것이다.

   만일 두 국가가 협정을 배반한다면 각각 250만 배럴을 생산하고 가격은 원래 상태로 돌아갈 것이다. 각각의 가능한 결과에 대한 보수는 다음 보수표에 설명되어 있다.

	베네수엘라 협력	베네수엘라 배반
쿠웨이트 협력	쿠웨이트 $6,000만 이윤 베네수엘라 $6,000만 이윤	쿠웨이트 $4,000만 이윤 베네수엘라 $7,000만 이윤
쿠웨이트 배반	쿠웨이트 $7,000만 이윤 베네수엘라 $4,000만 이윤	쿠웨이트 $5,000만 이윤 베네수엘라 $5,000만 이윤

a. 두 국가의 통합이윤을 기준으로 볼 때 쿠웨이트와 베네수엘라의 최선의 결과는 무엇인가?

b. 내쉬균형 결과는 무엇인가? 체크표시방법을 이용하여 당신의 답변을 그림으로 설명하라.

c. 보수표에 설명된 가능한 결과 중 통합이윤을 기준으로 볼 때, 내쉬균형 결과는 쿠웨이트와 베네수엘라에 최악의 결

과에 해당되는가?

학습목표 18.3 상호보완적인 선택을 위해 협력자들과 가장 잘 조정할 수 있는 방법을 알아본다.

4. 올드 파밀리아와 더 비하이브는 마을에 있는 단 2개의 작은 식당이다. 각 식당은 지역신문에 광고를 할지 여부를 결정하고자 한다. 다음 보수표는 각각의 가능한 결과 시 얻는 주당 이윤이다.

	더 비하이브 광고함	더 비하이브 광고 안 함
올드 파밀리아 광고함	올드 파밀리아 $X 이윤 더 비하이브 $Y 이윤	올드 파밀리아 $3,500 이윤 더 비하이브 $2,250 이윤
올드 파밀리아 광고 안 함	올드 파밀리아 $2,000 이윤 더 비하이브 $4,000 이윤	올드 파밀리아 $2,500 이윤 더 비하이브 $3,500 이윤

X와 Y의 네 가지 조합은 다음과 같다.

i. X=$1,500; Y=$2,500

ii. X=$2,500; Y=$2,000

iii. X=$1,200; Y=$1,500

iv. X=$3,300; Y=$1,250

a. X와 Y의 조합 중 어떤 것이 내쉬균형에서 올드 파밀리아는 광고를 하지 않고 더 비하이브는 광고를 하는가?

b. X와 Y의 조합 중 어떤 것이 이 게임에 다중 내쉬균형을 초래하는가?

학습목표 18.4 가장 유리한 시점에 행동한다.

5. 화이자는 세계 최대 제약회사 중 하나이고 속쓰림 치료제 특허를 지니고 있다. 만일 특허가 만료되면 화이자는 두 가지 선택권이 있다: 그 제품에 대해 계속 높은 가격을 부과하던지 아니면 낮은 가격을 부과하는 것이다. 특허가 만료된 이후 일반(generic) 약품을 제조하는 어느 회사가 이 시장에 진입할지 여부를 결정해야만 한다. 이와 연관된 보수표는 다음과 같다.

	일반약품 제조사 시장진입	일반약품 제조사 시장진입 안 함
화이자 높은 가격 부과	화이자 $150억 이윤 일반약품 제조사 $100억 이윤	화이자 $500억 이윤 일반약품 제조사 $0억 이윤
화이자 낮은 가격 부과	화이자 $100억 이윤 일반약품 제조사 $20억 이윤	화이자 $250억 이윤 일반약품 제조사 $0억 이윤

a. 만일 화이자와 일반약품 제조사가 이들 결정을 동시에 한다면 내쉬균형은 무엇이 되는가? 정답을 어떻게 구했는지 간략히 설명하라.

b. 화이자가 일반약품 제조사에게 먼저 의사결정을 하도록 허락하는 것이 가능하고, 그다음 가격전략으로 대응하다면 동시게임과 비교할 때 화이자는 기다리면 후발자의 이점을 얻을 수 있는가? 당신의 판단을 간략히 설명하라.

c. 만일 화이자가 가격전략을 먼저 선택할 수 있고 일반약품 제조사에게 이 결정에 대응하도록 할 수 있다면, 동시게임과 비교할 때 화이자는 선발자의 이점을 누리는가? 당신의 판단에 대해 간략히 설명하라.

d. 순차게임에서 화이자는 일반약품 제조사가 시장에 진입하지 않는 것을 보장하기 위해 얼마를 지불할 의사가 있다. 그렇다면 화이자의 지불의사 최대금액은 얼마인가?

6. 미국 정부는 캘리포니아주의 주간(interstate) 고속도로 5번에 출구를 건설하기로 하였다. 엑손과 쉘사는 모두 새로운 출구 근처 주유소 건립에 관심이 있다. 그들은 주유소를 남쪽으로 향하는 차로의 출구 근처 또는 북쪽 방향으로 향하는 차로의 출구 근처에 세울 수 있다. 각 결과에 따른 이윤이 다음 보수표에 기록되어 있다.

	쉘 북쪽 출구 근처 건립	쉘 남쪽 출구 근처 건립
엑손 북쪽 출구 근처 건립	엑손 $6만 이윤 쉘 $5만 이윤	엑손 $11만 이윤 쉘 $10만 이윤
엑손 남쪽 출구 근처 건립	엑손 $8만 이윤 쉘 $12만 이윤	엑손 $5만 이윤 쉘 $5만 이윤

a. 만일 엑손과 쉘이 이 결정을 동시에 한다면 내쉬균형은 무엇인가? 체크표시방법을 이용해 당신의 대답을 그림으로 표현하라.

b. 만일 엑손이 먼저 행동을 하여 쉘보다 먼저 주유소를 세운다면 무슨 일이 생기는가? 이 순차게임의 게임나무를 그리라. 도표는 명확한 제목을 붙이고 모든 적절한 정보가 포함되어 있어야 한다.

c. 이 순차게임의 내쉬균형을 그림으로 설명하기 위해 나무전지법을 활용하라.

d. 쉘이 먼저 행동하여 엑손보다 먼저 주유소를 건립하면 무슨 일이 생기는가? 도표는 명확한 제목을 붙이고 모든 적절한 정보가 포함되어 있어야 한다.

e. 이 순차게임의 내쉬균형을 그림으로 설명하기 위해 나무전지법을 활용하라. 이 경우 내쉬균형은 무엇인가?

7. 당신이 새로운 컴퓨터 운영체제를 개발하였고 이제 시장에 진

입하여 마이크로소프트사와 경쟁할지 여부를 고려 중이다. 마이크로소프트사는 자신들의 운영체제에 높은 가격을 제시하거나 또는 낮은 가격을 제시할 선택권을 지니고 있다. 일단 마이크로소프트사가 가격을 정하면, 당신은 시장에 진입할지 아니면 진입을 하지 않을지 결정할 것이다. 만일 마이크로소프트사가 높은 가격을 부과하고 당신이 시장에 진입하면 마이크로소프트사는 3,000만 달러의 이윤을 벌고 당신은 1,000만 달러의 이윤을 번다. 만일 마이크로소프트사가 높은 가격을 부과하고 당신이 시장진입을 하지 않으면 마이크로소프트사는 6,000만 달러의 이윤을 벌고 당신은 0달러를 번다. 만일 마이크로소프트사가 낮은 가격을 부과하고 당신이 시장에 진입하면 마이크로소프트사는 2,000만 달러의 이윤을 벌고 당신은 500만 달러의 손실을 본다. 만일 마이크로소프트사가 낮은 가격을 부과하고 당신이 시장진입을 하지 않으면 마이크로소프트사는 5,000만 달러의 이윤을 벌고 당신은 0달러를 번다.

a. 제시된 정보를 이용하여 당신과 마이크로소프트사의 보수표를 작성하라.
b. 만일 당신과 마이크로소프트사가 둘 다 동시에 의사결정을 한다면 내쉬균형은 무엇인가?
c. 만일 마이크로소프트사가 가격을 먼저 선택하고 그다음 당신이 진입 여부를 결정한다면 무슨 일이 벌어지는가? 이 순차게임을 위한 게임나무를 그리라. 당신의 도표는 명확한 제목을 붙이고 모든 적절한 정보가 포함되어 있어야 한다.
d. 이 순차게임의 내쉬균형을 그림으로 설명하기 위해 나무전지법을 활용하라. 이 경우 내쉬균형은 무엇인가?

학습목표 18.5 상호작용이 반복될 때 보복을 위협함으로써 협력을 이끌어낸다.

8. 단지 두 항공사, 아메리칸과 유나이티드가 지배하는 시장을 고려하라. 각각은 항공 편수를 제한하고 높은 가격을 부과할지 아니면 항공 편수를 늘리고 낮은 가격을 부과할지 선택할 수 있다. 만일 두 항공사 중 한 회사가 항공 편수를 확장하고 가격을 낮추는데 다른 항공사는 이렇게 하지 않는다면 가격을 내린 항공사는 다른 항공사로부터 고객을 확보할 수 있다. 각 결과의 경제적 이윤은 다음 보수표에 도해되어 있다.

	유나이티드 높은 가격 부과	유나이티드 낮은 가격 부과
아메리칸 높은 가격 부과	아메리칸 이윤 $200억 유나이티드 이윤 $150억	아메리칸 손실 $50억 유나이티드 이윤 $200억
아메리칸 낮은 가격 부과	아메리칸 이윤 $250억 유나이티드 손실 $50억	아메리칸 이윤 $0 유나이티드 이윤 $0

a. 만일 아메리칸과 유나이티드가 동시게임을 한다면 내쉬균형은 무엇인가? 체크표시방법을 사용하여 당신의 대답을 설명하라.
b. 이 게임은 죄수의 딜레마의 한 사례인가?
c. 만일 유나이티드와 아메리칸항공사가 이 게임을 두 기간 동안 반복하여 경기를 한다면 두 번째 기간에 어떤 결과가 발생하는가?
d. 첫 번째 기간에는 어떤 결과가 발생하는가?
e. 만일 유나이티드와 아메리칸이 이 게임을 무한정 기간 동안 경기하여 아메리칸과 유나이티드 모두 게임이 언제 끝날지 실제로 모른다고 하며 각각은 엄격한 방아쇠 전략을 구사한다고 한다. 이 경우 보수표는 다음과 같을 것이다.

	유나이티드 높은 가격 부과 (계속 협조)	유나이티드 낮은 가격 부과 (협조로부터 이탈)
아메리칸 높은 가격 부과 (계속 협조)	아메리칸 오늘과 미래 매기마다 이윤 $200억 유나이티드 오늘과 미래 매기마다 이윤 $150억	아메리칸 오늘 $50억 손실과 미래 매기마다 이윤 $0 유나이티드 오늘 $200억 이윤과 미래 매기마다 이윤 $0
아메리칸 낮은 가격 부과 (협조로부터 이탈)	아메리칸 오늘 $250억 이윤과 미래 매기마다 이윤 $0 유나이티드 오늘 $50억 손실과 미래 매기마다 이윤 $0	아메리칸 오늘과 미래 매기마다 이윤 $0 유나이티드 오늘과 미래 매기마다 이윤 $0

내쉬균형은 무엇인가? 당신의 정답을 그림으로 표현하기 위해 체크표시방법을 이용하라.

제5부

고급 의사결정

전체 그림

매일 마주하는 복잡한 문제를 해결하기 위해 의사결정 도구를 확장해볼 때이다: 당신은 완벽한 결정을 내리는 데 필요한 모든 정보를 항상 가지고 있는 것은 아니다.

우리는 선택의 **결과가 불확실할 때** 당신이 결정을 내리는 데 사용할 수 있는 프레임워크를 소개한다. 우리는 위험을 줄이고 재분배하는 데 있어 금융 부문이 수행하는 중요한 역할을 알아볼 것이다. 그리고 우리는 사람들이 의사 결정할 때 그 선택을 왜곡시킬 수 있는 심리적 편향을 탐구하고, 그 영향을 줄이는 방법을 보여줄 것이다.

다음으로 우리는 정보의 수준이 사람들마다 달라서 발생하는 문제에 대해 알아볼 것이다. 우리는 이러한 **정보의 비대칭성**이 서로 불신의 씨앗을 만드는 것을 다음의 예로 설명할 수 있다. 크레이그 리스트(중고거래 사이트)에 올라온 중고차는 주인이 반드시 팔아야 할 이유가 있기에 판매하는 것일까, 아니면 좋지 않은 차라는 사실을 알기에 판매하는 것일까? 보험회사는 당신이 들고 있는 보험이 나중에 과다한 보험금 청구를 위해 유지하는 것인지늘 모니터링하고 싶어 할 것이다. 당신의 상관은 당신이 열심히 일하고 있는지, 그렇지 않은지를 궁금해 할 것이다. 이러한 정보 비대칭의 문제들로 인해 시장을 왜곡시키거나 심지어는 완전히 붕괴시킬 수도 있다. 당신은 다른 누구보다도 당신의 건강에 대해 더 많이 알고 있다. 그래서 우리는 이러한 이슈들이 건강보험 시장에서 특히 큰 문제임을 알게 될 것이다.

19 불확실성이 수반된 의사결정

어떤 일이 일어날지 모를 때 올바른 결정을 내리는 방법을 알아본다.

- 사람들은 왜 위험을 싫어하는가?
- 선택의 결과가 불확실한 상황에서 어떻게 올바른 결정을 내릴 수 있는가?
- 삶에서 직면하는 다양한 위험을 어떻게 줄일 수 있는가?
- 심리적 지름길은 어떻게 사람들이 위험과 그 결과를 잘못 평가하도록 유도하며, 당신은 어떻게 이러한 심리적 함정을 피할 수 있는가?

20 사적 정보가 수반된 의사결정

모든 사실을 알지 못할 때 결정을 내리는 방법에 대해 알아본다.

- 양질의 중고차를 사는 것이 왜 어려운가?
- 모든 사람이 건강보험을 원하는 경우, 왜 기업이 보험을 제공하기가 어려운가?
- 당신이 보지 않을 때 직원이 왜 업무를 소홀히 하며, 이것에 대해 당신은 무엇을 할 수 있는가?
- 보험은 왜 사람들로 하여금 더 많은 위험을 부담하도록 하는가?

CHAPTER 19

불확실성이 수반된 의사결정

불확실성은 삶의 모든 부분에 퍼져 있다. 당신은 1교시 수업에 늦지 않기 위해 알람을 맞춰 놓았지만, 듣지 못하고 늦잠을 잘 수도 있다. 일어난 뒤 평상시 날씨에 맞춰 옷을 입지만, 밖의 날씨는 내가 차려입은 것보다 더 춥거나 더 덥거나 더 습할 수도 있다. 제시간에 수업에 도착하기를 기대하면서 차에 뛰어들었지만, 도중에 교통사고로 인해 지각할 수도 있다. 강의를 들으면서 아침을 먹을 수 있기를 기대하고 수업에 도착하였지만, 교수님이 쪽지 시험을 내서 당신을 놀라게 할 수 있다. 수업 후 점심식사를 위해 친구들을 만나러 가지만, 거기에도 위험이 있을 수 있다. 식사를 하는 친구 중 한 명이 감기에 걸렸다면 함께 식사하던 도중 그 감기가 당신에게 옮을 수도 있다. 이처럼 위험은 어디에나 있다.

bernie_photo/Getty Images

매일 당신은 수많은 결정에 주사위를 굴린다.

이제 몇 가지 중요한 의사결정에 대해 생각해보자. 장래 직업을 결정하는 데 있어 당신은 대학교를 졸업한 후에도 여전히 앱 디자이너 인력 수요가 많을지 어떻게 알 수 있겠는가? 만약 당신이 사업을 시작한다면, 당신의 제품이 얼마나 대중들에게 인기가 있을지, 혹은 다른 사업체들과의 경쟁을 시작해야 할지를 확실하지 않은 상태에서 소신을 가지고 시작해봐야 한다. 당신이 어디서 살 것인지를 결정해야 하지만, 세인트루이스에서 사는 것이 어떨지를 실제로 잘 모른다. 그래서 그곳에서 당신이 훌륭한 직업을 제안받게 되면, 그곳에서 사는 것을 별로 좋아하지 않을 위험에 직면하게 된다. 당신이 결혼에 대해 심사숙고할 때 40년 후에도 여전히 잘 어울리는 부부로 있을지 궁금할 것이다. 결혼 후에는 결국 자녀 계획과 양육에 대해 고민하겠지만, 당신이 부모가 되는 것을 좋아할지 아니면 당신의 아이들이 어떤 모습일지 알 수 없다. 당신은 은퇴를 위해 저축을 해야 하지만, 은퇴하기까지 내 소득이 얼마가 될지, 투자 수익률이 어떻게 될지, 또 은퇴 후 몇 년을 더 살아갈지는 알 수 없다. 이러한 모든 불확실성 때문에 얼마를 저축해야 할지를 결정하는 것이 힘들다.

이처럼 당신은 매일 그 결과들을 부분적으로 모르는 상태에서 결정을 내려야 한다. 따라서 이 장에서는 위험한 선택을 하는 최선의 방법을 평가하는 도구와 위험을 줄이는 데 사용할 수 있는 전략에 대하여 알아볼 것이다.

목표

어떤 일이 일어날지 모를 때 올바른 결정을 내리는 방법을 알아본다.

19.1 위험 회피
결과가 불확실할 때 올바른 결정을 내리는 방법을 배워본다.

19.2 위험 줄이기
위험을 줄이기 위한 다섯 가지 전략을 적용할 준비를 한다.

19.3 행동경제학 : 불확실성으로 인한 사람들의 실수
불확실성에 직면했을 때 흔한 함정에서 빠져나오도록 준비한다.

19.1 위험 회피

학습목표 결과가 불확실할 때 올바른 결정을 내리는 방법을 배워본다.

대학을 졸업한 후, 당신은 기업에서 안정적인 월급을 받을지, 큰 성공과 실패의 위험을 수반하는 창업을 할지 결정해야 한다. 이는 매우 어려운 의사결정이지만, 당신이 내려야 할 위험이 있는 수많은 의사결정 중 하나일 뿐이다.

인생이란 불확실함의 연속이다. 스키를 타든, 투자를 하든, 아니면 무단횡단을 하든, 어떤 일이 발생할지 미리 아는 것은 매우 힘들다. 이처럼 개별 선택의 결과가 불확실한 상황에서도 당신은 올바른 의사결정을 내려야 할 것이다. 따라서 우리는 비용-편익의 원리를 확장하여 결과가 불확실한 상황에서도 의사결정 시 적용할 수 있는 유용한 도구를 살펴볼 것이다.

위험 이해하기

위험은 의사결정에 따른 결과가 불분명할 때 수반되며, 당신의 삶에서 위험을 제거하기란 매우 힘든 일이다. 오히려 위험을 제거하려는 노력보다는 이러한 위험을 고려해 최선의 의사결정을 내리는 것이 현명한 일이다.

위험은 확률과 보상의 집합이다. 개별 위험을 자세히 살펴보면 각각 다른 성질을 가지고 있지만, 당신은 일반적으로 위험을 확률과 보상이라는 두 가지 요소로 단순화할 수 있다. 즉, 당신은 개별 결과가 발생할 확률과 해당 결과로 얻을 수 있는 보상을 살펴보아야 한다.

예를 들어, 당신은 전도유망한 기술회사인 샤크필드에 투자할 기회가 있다고 가정하자. 하지만 아직 회사 설립의 초기 단계이기에 사업의 성공 여부는 불확실하다. 이 회사에 투자할 경우, 2만 달러 이상의 수익을 달성할 수도 있으나, 불확실성과 그에 따른 위험으로 기업 부도 시 2만 달러보다 많은 투자금의 손실이 발생할 수도 있다. 당신은 투자하기에 앞서 기업분석을 통해 샤크필드의 성공 확률이 50%라고 판단하였다. 당신은 이제 어떠한 투자 결정을 내리겠는가?

만약 평균적으로 수익이 손실을 상쇄하는 경우 공정한 도박이 될 것이다. 샤크필드에 대한 투자 결정은 불확실성에 대한 당신의 선호 차이에 기인한다. 샤크필드에 대한 투자 결정은 마치 동전 던지기를 하는 것과 같다. 동전의 앞면이 나오면 당신은 2만 달러 이상의 수익을 달성하지만, 뒷면이 나오면 2만 달러보다 많은 재산을 잃게 된다. 사실, 이는 **공정한 도박**(fair bet)의 한 예로서, 평균적으로 당신에게 같은 액수의 재산을 남긴다. 어떤 경우라도 당신의 재산은 바뀔 것이다. 즉, 50%의 확률로 2만 달러의 수익이 발생하거나, 나머지 50%의 확률로 2만 달러의 손실이 발생하는 것이다. 하지만 평균적으로 이러한 손익은 상쇄되어 당신의 재산에 영향을 끼치지 않는다.

공정한 도박 평균적으로 당신에게 같은 액수의 돈을 남길 수 있는 도박

위험 회피자들은 공정한 도박을 거부한다. 사람들은 불확실성을 싫어하고 이를 회피하고자 한다. **위험 회피**(risk averse)자들은 공정한 도박을 하지 않을 가능성이 농후하다. 그 이유는 공정한 도박은 단지 당신이 가진 현재의 재산에 불확실성을 더하기 때문이다. 사실, 위험 회피자들은 위험을 피하고자 많은 금액을 보험료로 내는 편이다. 이것이 바로 보험시장이 있는 이유의 전부다.

위험 회피 불확실성을 싫어하는 현상

이제 비용-편익의 원리에 따라 위험 회피자들의 성향을 살펴보자. 위험 회피자의 시각에서는 비용이 편익을 초과하면 공정한 도박을 거부해야 한다. 이 도박에 발생하는 비용은 50%의 확률로 재산이 2만 달러 감소하는 것이며, 편익은 50%의 확률로 재산이 2만 달러 증가하는 것이다. 즉, 두 경우 모두 확률과 금액이 같다. 그러나 위험 회피자들은 2만 달러 손실로 인해 감

소한 효용이 2만 달러 수익으로 인해 증가한 효용보다 크다. 그 까닭은 무엇일까?

여기서 당신이 살펴봐야 할 사실은 단지 금전적 비용과 편익을 비교하는 것이 아니라, 자신의 효용에 대한 비용과 편익을 계산해야 한다는 점이다. 이제, 위험 회피자들에 있어 2만 달러 손실에 대한 한계효용의 감소가 2만 달러 이득에 대한 한계효용 증가보다 더 크게 나는 이유와 원리를 알아보자.

한계효용체감

불확실한 의사결정을 평가하기 위해 당신은 단지 금전적 득실보다는 한계편익의 관점에서 접근해야 한다. 다시 말해, 금전이란 단지 나은 삶을 즐기기 위한 수단에 불과하지만, 1달러의 한계편익이란 그 1달러가 얼마나 당신이 나은 삶을 즐기는 데 도움을 주는지, 즉 얼마나 당신의 행복 향상에 이바지했는지를 의미한다. 만약 당신의 궁극적인 삶의 목표가 가능한 만족감이 가장 큰 삶을 사는 것이라면, 의사결정 과정에서 표면적인 액수보다는 **효용**(utility)에 중점을 두어야 한다.

효용 만족감의 수준

한계효용은 경제적 여유가 없을 때 가장 높고 재산이 커질수록 감소한다. 효용은 재산과 밀접한 관련이 있다. 예를 들어, 재산 증가는 더욱 많은 물건을 사든, 당신의 노동시간을 줄이든, 당신이 사랑하는 사람들을 돕거나 자선단체에 기부하는 등 당신이 더 행복해지고 보다 큰 효용을 누릴 수 있도록 도와준다. 결과적으로, 더 많은 재산은 더욱 큰 효용을 가져다준다. 하지만 효용과 부는 1:1 대응을 하며 상승하지는 않을 것이다. 즉, 경제적 여유가 없을 때 2만 달러라는 금액은 당신의 삶의 질과 그에 따른 효용에 큰 변화를 가져다주겠지만, 재산이 많아질수록 2만 달러에 대한 효용은 이전만큼 크지 않다. 그림 19-1은 이러한 내용을 구체화한 효용함수이다. 효용함수의 기울기는 처음에는 가파르다가 (즉, 추가적인 달러가 효용을 크게 증가시키다가) 나중에는 그 기울기가 평평해진다. 왜냐하면 경제적 여유가 있을 때 재산증가는 이전만큼의 효

그림 19-1 | 당신의 효용함수

효용함수는 재산 수준에 따라 느끼는 만족감의 변화를 나타낸다.

한계효용체감이란 재산 수준이 증가할수록 그에 따른 효용은 재산 증가분보다 적게 증가한다는 것을 뜻하고, 이로 인해 효용함수가 평평해진다. 그 결과:

Ⓐ 2만 달러 이득으로 발생하는 효용 증가분이
Ⓑ 2만 달러 손실로 잃게 되는 효용 감소분보다 적다.

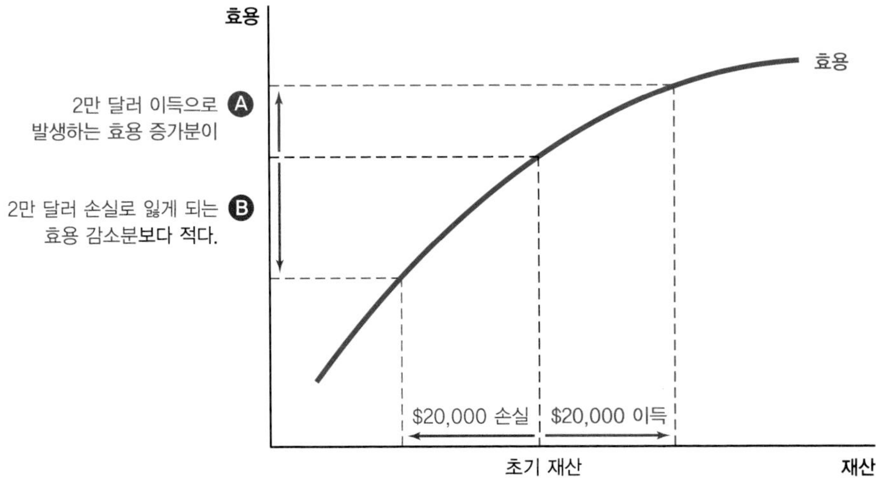

용을 증가시키지 않기 때문이다.

한계의 원리는 한계점에서 생각하도록 하며, 1달러 추가분에 대한 한계효용체감을 상기시킨다. 마치, 세 번째로 산 청바지가 두 번째로 산 청바지보다 더 적은 편익을 주는 것처럼, 3만 번째 추가로 늘어난 1달러는 2만 번째 추가로 늘어난 1달러에 비해 그 유용성이 덜하다. 정확히 말하면, **한계효용**(marginal utility)은 1달러가 추가로 인해 증가하는 효용의 속도이다. 그리고 각각 추가되는 달러는 효용을 증가시키는 속도를 줄이기에, 당신의 한계효용을 감소시키고 있다. 즉, 경제적 여유가 없을 때는 1달러 추가에 대한 한계효용이 클 수 있지만, 여유가 생길수록 한계효용이 작아진다는 것을 의미한다. 더 높은 재산 수준에서 효용함수의 기울기가 감소하는 이유는 **한계효용이 체감**(diminishing marginal utility)하기 때문이다.

한계효용 1달러 추가될 때 얻게 되는 추가적 효용

한계효용체감 1달러가 매번 추가될 때마다 증가하는 효용의 크기는 점점 감소하게 된다.

한계효용체감으로 인해 당신은 위험 회피 성향이 있다. 한계효용체감은 당신이 위험 회피 성향을 갖게 되는 이유를 설명한다. 다시 한번 샤크필드 투자 건을 생각해보되, 이번에는 표면적인 액수보다는 효용에 초점을 맞춰보자.

그림 19-1은 초기 재산에서 2만 달러 이득으로 인한 효용 증가가 초기 재산에서 2만 달러 손실에 의한 효용 감소보다 작다는 것을 나타낸다. 따라서 효용 측면에서 비용-편익의 원리를 평가한다면 공정한 도박의 비용은 편익을 초과한다. 투자 손익의 금액보다 효용을 고려한다면 잠재 편익은 잠재 비용을 상쇄시키기에 충분하지 않다.

위험 회피 성향에 있어 중요한 역할을 하는 한계효용체감에 대해 다시 한번 강조하면 다음과 같다. 당신은 위험을 싫어한다. 그 이유는 상대적으로 낮은 효용을 얻는 수익보다 손실이 나는 경우 잃게 되는 한계효용이 더 크기 때문이다.

위험-보상 상충관계

위험 회피 성향이 있다고 해서 반드시 모든 위험을 피하는 것은 아니다. 오히려 편익이 비용을 초과할 때 당신은 그 위험을 감수해야 하며, 반드시 효용의 측면에서 비용-편익을 측정해야 한다. 이는 일반적으로 높은 위험과 보상이 동시에 나타나는 경우가 많기 때문이다.

모든 위험을 제거하고 싶지는 않다. 인생에서 모든 위험을 제거하는 게 임무였던 I.M. Scared("나 겁먹었어요" 씨)에 대해 이야기하자면, 그녀는 라스베이거스에서 도박하지 않았고, 위험한 주식에 투자하지도 않았으며, 스카이다이빙도 하지 않았다. 나아가 자신의 달걀이 살모넬라균에 오염되었을까 봐 아침에는 달걀을 먹지도 않았다. 그녀의 행동을 다시 떠올려보니, 음식물에 질식할까 봐 식사도 하지 않았다. 또한 그녀는 식수 오염을 우려하여 물도 마시지 않았다. 그녀는 해고당할 위험을 피하고 싶어 직장을 갖지도 않았다. 또한 그녀는 피부암을 유발할 수 있는 자외선 노출과 교통사고의 위험을 피하고자 집에만 머물렀다. 그리고 그녀는 이별 후 가슴앓이를 피하고자 멋진 이성과 사랑에 빠지지도 않았다.

Classen Rafael/EyeEm/Getty Images

ZUMA Press, Inc./Alamy Stock Photo

모든 일은 위험을 내포하고 있다.

독자들은 이 이야기가 어떻게 끝날지 충분히 예상할 수 있을 것이다. 삶에서 모든 위험을 제거했을 때, 당신에게 남는 한 가지 확실한 것은 빠르고 외로운 죽음이다.

위험과 보상 간에는 상충관계가 있다. 위험 중 일부는 회피하고 싶지만, 계산된 위험은 충분히 감수할 가치가 있기에 모든 위험을 제거하려 해선 안 된다. 단순히 당신은 위험보다 보상이 더 큰지를 살펴보면 된다. 즉, 위험한 선택에 충분한 보상이 따르는 경우, 당신은 위험-보상의 상충관계의 관점에서 의사결정을 내려야 한다.

우리는 앞서 위험 회피 성향을 다루었을 때, 잠재 이득과 잠재 손실의 크기가 같은 경우 샤크필드에 투자를 하지 않을 것이라 결론 내렸다. 즉, 그림 19-1에서 얻은 교훈은 이제 그림

그림 19-2 | 위험 - 보상의 상충관계

당신은 보상이 클수록 기꺼이 위험을 더 감수하려고 한다.

높은 위험, 낮은 보상
위험회피는 공정한 도박을 거부하게 만든다.
공정한 도박은 비용-편익 검정 과정을 통과하지 못하게 되는데, 그 이유는:
Ⓐ 2만 달러 이득으로 발생하는 효용은
Ⓑ 2만 달러 손실로 잃게 되는 효용보다 작기 때문이다.

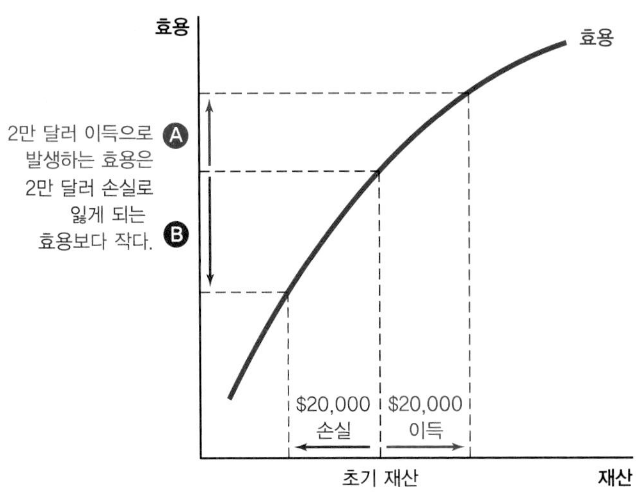

같은 위험, 높은 보상
보상이 클수록 도박을 할 가치가 있다.
이 높은 보상이 걸린 도박은 비용-편익 검정 과정을 통과하게 되는데, 그 이유는:
Ⓒ 3만 달러 이득으로 발생하는 효용은
Ⓓ 1만 달러 손실로 잃게 되는 효용보다 크기 때문이다.

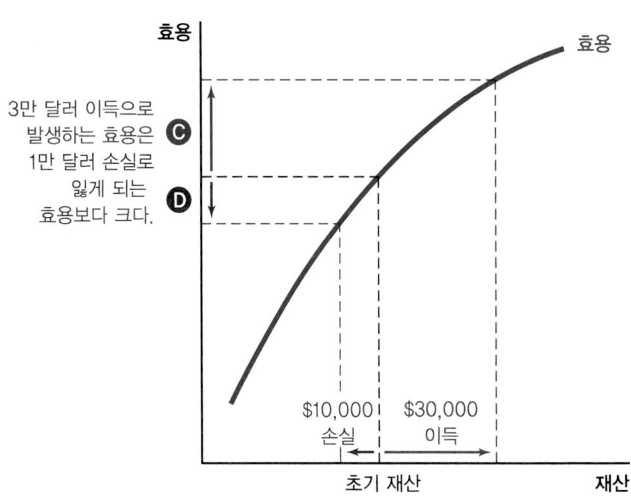

19-2의 왼쪽 그래프로 설명되어 있다. 이제 샤크필드가 원래 생각했던 것보다 전망 있는 기업이라 가정하고 다시 한번 투자 결정을 내려보자. 이번에는 투자 성공 시 재산이 3만 달러 증가할 것이고, 실패 시 재산이 1만 달러 감소한다. 아직 성공할 확률은 50%에 불과하다. 그러나 지금 당신은 재산 수준이 3만 달러 더 높은 경우의 효용과 재산 수준의 1만 달러 더 낮은 경우의 효용을 비교하고 있다.

이 투자는 이전과 마찬가지로 이득이 났을 경우와 손실이 났을 경우 사이의 차이는 여전히 4만 달러로 위험하다. 하지만 이번 투자 안의 보상은 이전보다 1만 달러 더 높다. 이제 좀 더 투자할 마음이 생겼는가? 그림 19-2의 오른쪽 그래프는 3만 달러 이득 증가로 인한 효용 증가가 1만 달러에 손실에 대한 효용 감소를 초과하는 것을 나타낸다. 즉, 이제 비용-편익의 원리에 따라 투자하는 쪽으로 의견이 기울여진다. 여기서 중요한 점은 보상이 클수록 더 많은 위험부담을 감수해야 한다는 것이다.

자료 해석 위험 - 보상의 상충관계

위험-보상의 상충관계는 다음을 의미한다. 사람들은 잠재 수익률이 충분히 높은 경우에만 위험한 투자를 결정할 것이며, 과거 투자 수익의 역사가 이를 증명한다.

그림 19-3은 주요 투자 유형별 평균적인 위험과 수익의 과거 자료를 나타낸다. y축은 100달러 투자 시 달성한 연평균 수익률을 나타내고, x축은 개별 투자의 위험성을 나타낸다. 표준편차는 매년 투자 가치가 얼마나 상승 또는 하락하는지를 측정하는 척도다. 가장 위험성이 적은 투자는 미국 단기채를 사들이는 것으로 미국 정부에 몇 주 동안 효과적으로 대출해주는 것이다. 미 정부가 몇 주 내로 파산하고 대출금을 갚지 않을 가능성은 매우 낮기에 당신이 미국

그림 19-3 | 투자를 위한 위험 - 보상의 상충관계

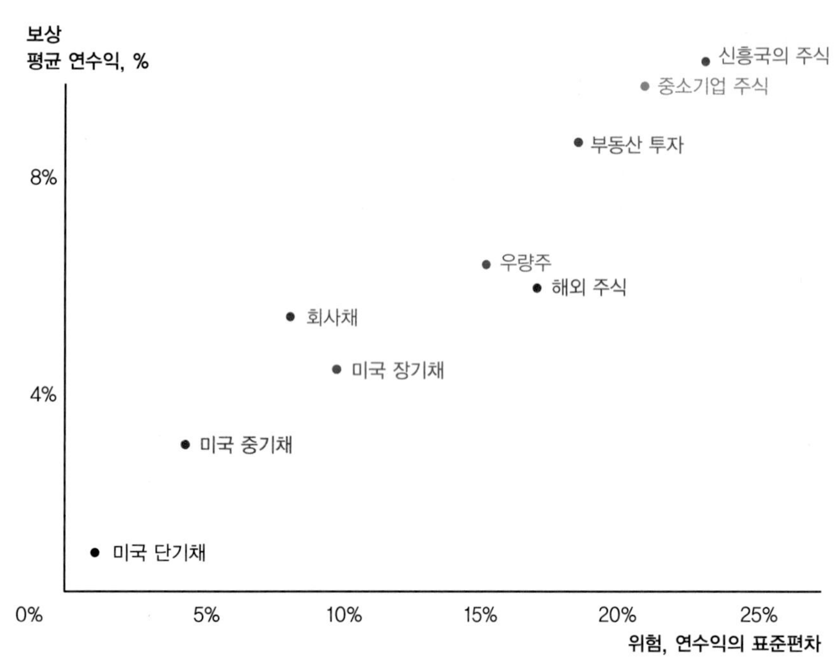

단기채 투자로 손실을 보게 될 가능성은 거의 없다. 이런 안정성으로 인해 투자자들은 연평균 수익률이 상대적으로 낮음에도 불구하고 미국 단기채에 투자하고자 한다. 이와는 대조적으로 신흥국의 주식이나 중소기업의 주식을 사는 것은 매우 위험하다. 대부분 투자금을 잃지만, 수익이 발생하면 높은 수익률을 동반한다. 즉, 투자자들이 평균적으로 높은 수익을 기대하는 경우에만 이 정도의 위험을 감수하기 때문이다.

개개인은 각자 위험 회피 성향이 다르다는 것에 주의하자. 그래서 자신의 투자 전략에 대해 생각할 때, 당신은 합리적인 거래를 할 수 있을 만큼 위험 투자에 대한 보상이 충분히 높은지를 생각해야 한다. ■

더 많은 위험 회피자들은 더 적은 위험을 수락할 것이다. 개인의 위험 회피 수준에 따라 주어진 위험-보상 조합을 받아들이고자 하는 의지가 나타나는데, 이것은 결국 당신의 성향과 주어진 환경에 연관되어 있다. 앞서 살펴본 50%의 확률로 재산이 3만 달러 증가할 가능성과 50%의 확률로 재산이 1만 달러 감소할 가능성을 가진 예시로 돌아가보자. 단, 이번에는 서로 다른 환경에 놓인 두 사람을 예로 들어, 각각 다른 의사결정에 대해 알아본다.

AF archive/Disney/mrk movie/MARKA/Alamy

AF archive/Disney/Alamy

누가 더 위험한 투자 결정을 할까?

아이마니는 비영리단체의 임원으로 일하고, 부채가 없으며, 적당한 가격의 원룸에 살고 있다. 그녀는 꾸준한 저축을 통해 2만 달러의 종잣돈을 마련했고, 적극적이며 긍정적이지만 가끔 가볍기도 한 성격을 가지고 있다. 그녀는 새로운 기술 회사인 샤크필드에 투자를 고려하고 있으며 손실이 클 것으로 생각하지 않는다. 만약 1만 달러 손실 시 그녀는 당분간 외식비는 줄여야 하겠지만, 소비 습관에 큰 변화를 줄 필요는 없다. 반면, 투자에 성공한다면, 원룸에서 벗어나 더 좋은 아파트로 이사하고, 해외여행도 다녀올 계획이다. 즉, 그녀의 한계효용은 체감하지만, 그 속도는 빠르지 않다는 점이다. 구체적으로, 재산이 적을 때의 한계효용이 재산이 많을 때에 비해 제한적으로 높을 뿐이다. 이는 그녀의 위험 회피 성향이 크지 않다는 것을 의미하며, 그림 19-4의 왼쪽 그래프처럼 그녀의 효용함수가 많이 평평해지지 않는다는 것을 보여준다. 정리하자면, 아이마니에게 3만 달러 이득으로 인한 효용 증가는 1만 달러 손실에 대한 효용 감소를 넘어서게 된다. 즉, 비용-편익의 원리에 따르면, 그녀가 위험을 감수하더라도 샤크필드에 투자하는 것은 올바른 선택이라는 것을 나타낸다.

이제 루카스를 만나보자. 그는 대기업의 지역 매니저이면서 싱글 대디로 혼자 두 아이를 돌보고 있다. 양육비, 생활비 등 매달 고정비용 지출이 많지만, 꾸준히 저축하여 2만 달러라는 종잣돈을 마련하는 데 성공했다. 만약 직장을 잃게 되는 최악의 경우까지 대비하고자 한다면, 루카스는 이 종잣돈이 얼마나 소중한 것인지 알고 있다. 그는 항상 최악의 일이 일어날까 봐 걱정하고 대비하는 성향을 가지고 있다. 아이마니에 비해 루카스는 두 아이에게 각자 방을 줄 만큼 큰 집에 살고 있다. 또한 아이마니만큼 급여를 받지만, 음식, 주거, 출퇴근, 아이 돌봄 등에 드는 비용이 많은 편이다. 이는 루카스 가족의 재산이 감소할 경우, 그의 가족은 생활고를 겪을 수 있다는 뜻이다. 즉, 루카스는 위험 회피 성향이 매우 크다는 것을 알 수 있다. 그림 19-4의 오른쪽 그래프에 나타난 그의 효용함수를 살펴보면 처음에 기울기가 매우 가파르다. 이는 1만

그림 19-4 | 위험을 감수하고자 하는 의지는 당신의 위험 회피 성향에 영향을 받는다

위험 회피 성향이 클수록, 더 적은 위험을 감수하려고 한다.

아이마니는 낮은 수준의 위험 회피 성향을 가지고 있다.
한계효용체감의 수준이 낮다.
이 경우 공정한 도박은 비용-편익 검정 과정을 통과하게 되는데, 그 이유는:
Ⓐ 3만 달러 이득으로 발생하는 효용은
Ⓑ 1만 달러 손실로 잃게 되는 효용보다 크기 때문이다.

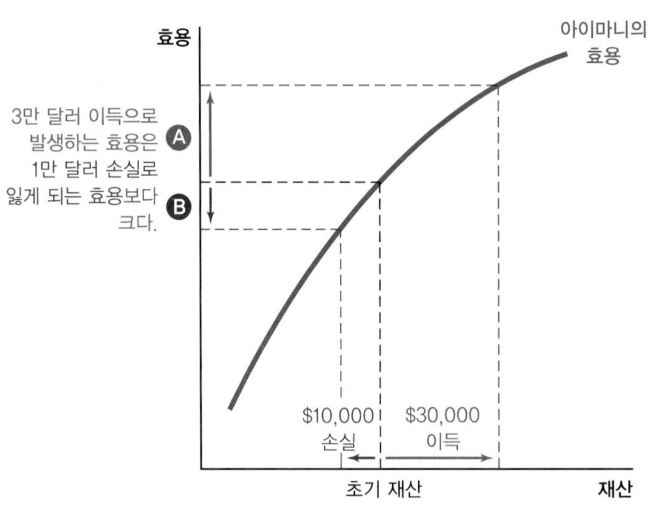

루카스의 위험 회피 성향은 매우 높다.
보상이 크다면 공정한 도박을 할 가치가 있다.
높은 보상이 걸린 도박은 비용-편익 검정 과정을 통과하게 되는데, 그 이유는:
Ⓒ 3만 달러 이득으로 발생하는 효용은
Ⓓ 1만 달러 손실로 잃게 되는 효용보다 작기 때문이다.

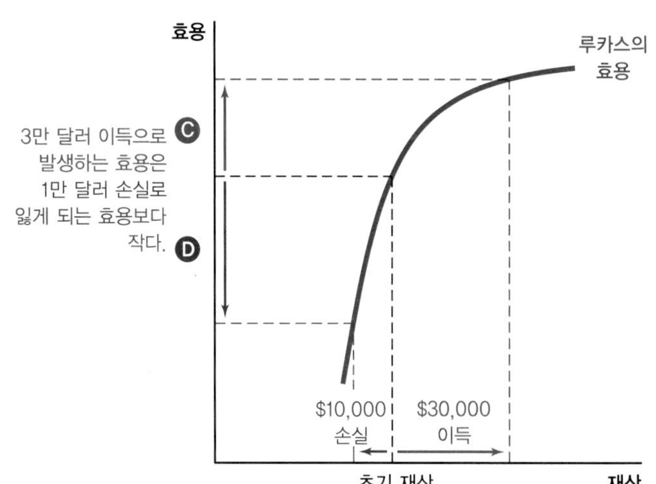

달러의 손실을 상쇄시키기가 얼마나 어려운 것인지를 보여준다. 루카스에게 3만 달러 이득에 대한 효용 증가는 1만 달러 손실에 대한 효용 감소를 상쇄시키지 못한다. 즉, 비용-편익의 원리에 따르면, 루카스는 위험한 투자 결정을 내려서는 안 된다.

당신의 성향은 아이마니와 같은가 아니면 루카스 같은가? 위험 회피 성향이 클수록, 위험을 감수하고자 하는 의지는 적을 것이다. 앞서 아이마니와 루카스의 예에서 살펴보았듯이 의사결정에 있어 위험에 대한 자신의 성향과 주변 상황과 포함하고 있는 위험 회피 성향을 아는 것이 중요하다.

일상경제학 당신은 얼마만큼 위험을 회피하려 하는가?

다른 사람에 비해 본인의 위험 회피 성향이 어느 정도인지 평가하기 위해 아래의 간단한 퀴즈를 풀어보자.

당신은 은퇴할 때까지 현재 연봉이 보장된 안정된 직장에 근무한다고 가정해보자. 어느 날 동종업계에서 50:50의 확률로 현재 연봉의 두 배를 평생 받게 되거나 30%가 감소한 수준으로 받는 스카우트 제의가 왔다고 하자. 이때 당신은 새로운 직장으로 이직할 것인가?

- 이직한다 → 만약 50:50의 확률로 현재 연봉의 두 배를 평생 받게 되거나 50%가 감소된 수준으로 받는 스카우트 제의가 왔다고 하자. 이때 당신은 새로운 직장으로 이직할 것인가?
  - 이직한다 → 위험 회피 성향이 낮다.
  - 이직하지 않는다 → 위험 회피 성향이 일부 있다.
- 이직하지 않는다 → 50:50의 확률로 현재 연봉의 두 배를 평생 받게 되거나 20%가 감소된 수준으로 받는 스카우트 제의가 왔다고 하자. 이때 당신은 새로운 직장으로 이직할 것인가?
  - 이직한다 → 위험 회피 성향이 꽤 높다.
  - 이직하지 않는다 → 위험 회피 성향이 매우 높다. ■

위험 회피는 의사결정의 중요한 도구가 된다. 위험 회피는 당신의 경제적 의사결정 과정에서 사용되는 도구일 뿐만 아니라, 삶의 다양한 면에서 당신이 직면하게 되는 의사결정 과정에서도 사용된다. 실제로 연구에 따르면, 위험 회피 성향이 큰 사람일수록, 흡연, 폭음, 과체중, 안전띠를 착용하지 않는 등의 위험을 회피하고자 한다. 위험 회피 성향이 큰 사람들은 자신의 사업을 시작할 가능성이 작고 주식에 투자할 가능성도 작다. 또한 직업을 바꾸거나, 다른 지역으로 이사하거나, 이민 갈 가능성도 작다. 반면, 이들은 보험에 가입할 가능성이 더 크고, 자신의 집을 소유할 가능성이 더 크다. 이들은 안정적인 임금이 보장되고 해고될 위험이 거의 없는 공공부문에서 일할 가능성이 더 크다. 개별 경우의 논리는 앞서 논의한 바와 동일하다. 만약 당신의 위험 회피 성향이 크다면, 부정적 결과로 인한 효용 감소분은 긍정적 결과로 인한 효용 상승분보다 커진다.

기대효용

지금까지 배운 내용을 정리해보자. 위험을 감수할지를 결정할 때 고려해야 할 요인은 ① 보상 대비 위험의 크기, ② 투자금의 크기 ③ 위험 회피 정도 등 세 가지 정도로 정리할 수 있다. 개인마다 위험 회피 수준이 다르기에 한 사람에게 좋은 선택은 다른 사람에게는 나쁜 선택이 될 수 있다.

이는 투자 방법의 선택, 직업 선택 및 커리어의 추구, 새로운 사업의 시작 등에 있어 다른 사람의 조언에 의존하여 의사결정을 할 수 없다는 것을 의미한다. 의사결정을 내려야 하는 당사자의 효용함수를 알지 못한 상태에서는 어떤 외부 전문가도 내가 어느 정도의 위험을 감수해야 하는지 판단할 수 없다. 이처럼 전문가에게 의존할 수 없다면, 스스로가 위험한 선택을 평가할 수 있도록 하는 체계적인 접근법을 알아야 할 것이고, 바로 그것이 우리의 다음 과제다.

기대효용은 단지 당신의 평균적인 효용을 의미한다. 예를 들어, 당신이 펩시와 코카콜라와 같이 위험 부담이 없는 선택을 할 경우 당신을 가장 행복하게 하는 선택을 할 것이다, 즉 당신의 효용을 가장 높일 수 있는 선택을 하게 될 것이다.

하지만 위험을 내포하고 있는 의사결정을 할 때, 그에 따른 결과를 예측하기란 쉬운 일이 아니다. 예를 들어, 만약 당신의 새로운 사업이 성공하면 그에 따른 효용은 꽤 높을 수도 있고, 실패하면 낮을 수도 있다. 선택한 사항에 대한 정확한 효용의 크기는 알 수 없지만, 평균적으로 효용이 얼마쯤 되리라는 것은 계산할 수 있다.

기대효용 특정 결과를 선택할 때 평균적으로 효용이 얼마만큼 되는지를 나타낸다.

기대효용(expected utility)은 특정한 사안을 선택할 때 평균적으로 가져다주는 효용의 크기를 측정한다. 구체적으로, 기대효용은 개별 사안의 선택 시 그 결과에 대한 효용의 결과로 발생할 확률을 가중평균한 값이다. 예를 들어, 새로운 사업을 시작함으로써 얻을 수 있는 두 가지 결과가 있는 경우 예상되는 효용은 다음과 같다.

기대효용＝사업 성공 확률×사업 성공 시 효용＋사업 실패 확률×사업 실패 시 효용

경제학 실습

당신은 현재 5만 달러를 가지고 있고 위험한 회사에 투자 권유를 받았다. 투자하기로 한다면, 50%의 확률로 다음 해에 3만 달러의 수익을 얻어 총재산이 8만 달러로 증가하는 반면, 50%의 확률로 1만 달러의 손해를 입어 재산이 4만 달러로 줄어들 수도 있다. 이에 대한 기대효용은 다음과 같다.

$$\text{기대효용} = 50\% \times U(\$80{,}000) + 50\% \times U(\$40{,}000)$$

주 : U($80,000)는 '재산이 8만 달러일 때 효용'을 의미한다.

위 문제의 답은 당신의 효용함수에 따라 결정된다. 효용을 측정할 수 있는 정해진 단위가 없기에 0~10점 척도로 어떻게 느끼는지의 측정해볼 것이다. 만약에 당신은 8만 달러의 재산

에 따른 효용을 10점 만점에 8점으로 평가한다고 가정해보자. 또한 만약에 당신은 4만 달러에 따른 효용을 10점 만점에 6점이라고 평가한다고 가정해보자. 이 경우 기대효용은 다음과 같다.

$$\text{기대효용} = 50\% \times 8 + 50\% \times 6 = 7$$

반면, 당신은 현재 5만 달러의 재산에 대한 효용을 10점 만점에 6.5점으로 평가한다고 가정하자. 그 결과, 투자로 인한 기대효용이 현재의 효용보다 높기에 투자를 해야 할 것이다.

만약 투자 성공 확률이 20%밖에 되지 않는다면 그 결과는 어떻게 될까?

$$\text{기대효용} = 20\% \times 8 + 80\% \times 6 = 6.4$$

앞서 가정한 바와 같이 현재 가진 재산 5만 달러에 대한 효용이 6.5이므로, 투자하지 않는 편이 당신에게 더 행복한 결정이다.

예제로, 성공 확률이 최소한 25%인 경우 이 회사에 투자하는 편이 낫다는 사실을 풀어보아라. ■

달리 말하면, 당신은 기대효용이 가장 큰 대안을 선택해야 한다. 이 법칙을 따른다면, 당신의 선택은 평균적으로 더 높은 수준의 효용을 준다.

사람들은 왜 도박을 할까 위험 회피는 불필요한 위험을 피하려고 노력하는 것이 왜 좋은 생각인지를 설명하는 유용한 개념이다. 하지만 어떤 사람들은 위험 회피보다 도박이나 복권 등의 구매를 통해 되레 **위험 선호**(risk loving)를 택한다. 사람들은 왜 위험을 찾을까? 일부에서는 도박꾼들이 위험을 선호한다고 추측하는데, 달리 말하자면 이들은 불확실성을 선호한다. 위험 선호자들은 불확실성에 대해 만족할 뿐만 아니라, 재산을 잃어도 좋을 만큼 위험을 경험해보고 싶어 한다(그리고 평균적으로 봤을 때 그들은 돈을 잃게 된다).

위험 선호 불확실성을 좋아하는 것

하지만 나는 이것이 도박에 대해 설득력 있는 설명이라 생각하지 않는다. 복권을 구매하는 사람들 또한 위험을 줄이기 위해 화재보험, 자동차 도난보험, 건강보험 등의 보험료를 낸다. 따라서 그들은 일상생활 속에서는 마치 위험을 선호하지는 않는 것처럼 보인다. 도박 이유에 대한 보다 설득력 있는 답은 도박 자체가 여가나 오락의 한 형태라는 것이다. 카지노에서 즐기는 시간은 콘서트에서 즐기는 시간만큼 재미있을 수 있다. 경마장에서의 내기는 마치 당신이 야구 경기에서 특정한 운동선수를 응원하는 것과 같을 수 있다. 복권의 경우, 공상 과학 소설이 더 나은 미래에 대한 환상을 제공하는 것처럼, 언젠가 부자가 될 것이라는 환상을 제공해준다. 이런 견해에 따르면, 많은 사람을 도박으로 몰아넣는 이유는 위험 선호라기보다 단순히 즐거움 때문이다.

ZUMA Press, Inc./Alamy stock photo

즐거움의 일부란 경주마가 이길 때 당신도 이긴다는 사실이다.

19.2 위험 줄이기

학습목표 위험을 줄이기 위한 다섯 가지 전략을 적용할 준비를 한다.

이제 우리는 사람들이 왜 위험을 기피하는지에 대해 이해하게 되었다. 하지만 만약 당신이 삶에서 위험이 하는 역할을 줄이고 싶다면, 위험을 줄일 방법을 학습할 필요가 있다. 여기서 우리는 위험 분산, 다각화, 보험, 헤지, 정보수집 등 위험을 줄일 수 있는 다섯 가지 전략을 모색한다. 개별 전략을 통해 당신은 어떻게 자신의 삶에 그것을 적용할 수 있을지를 생각해야 한다. 이러한 전략은 당신이 직면하게 될 거의 모든 위험한 결정에 적용할 수 있다.

 위험을 줄일 수 있는 다섯 가지 방법

1. 위험 분산
2. 다각화
3. 보험
4. 헤지
5. 정보 모으기

첫 번째 전략 : 위험 분산-큰 위험을 작은 위험으로 변환하기

당신은 훌륭한 아이디어로 새로운 앱을 개발하고자 한다. 하지만 프로그래머를 고용하는 것은 비용이 많이 들고, 새로운 앱이 성공할 것이라는 보장이 없다. 당신의 앱이 유명해질 확률은 50%이고, 그에 대한 보상으로 20만 달러의 수익이 발생할 것이다. 반대로 실패할 확률도 50%이며, 이때 앱 개발비로 지출한 10만 달러를 모두 잃게 될 것이다. 당신이라면 이런 위험한 투자를 할 것인가? 비록 현재 예시가 앞서 공부한 공정한 도박보다는 낫지만, 아마 학생들 대부분은 10만 달러의 재산 감소로 잃게 되는 효용이 너무 크기 때문에 투자하지 않을 것이라고 말할 것이다.

이제, 다른 방식으로 접근해보자. 당신은 직접 사업을 시작할 수도 있지만, 재정적 위험을 함께 부담하는 소유주들, 즉 주주로부터 투자금을 유치하여 재정적 위험을 줄일 수도 있다. 만약 당신이 1,000주의 주식을 발행한다면, 개별 주주는 20만 달러가 아닌, 200달러를 늘리거나 100달러를 줄여야 하는, 보다 작은 의사결정에 직면하게 된다. 이 경우 더 많은 학생이 기꺼이 투자하고자 할 것이다.

단순히 20만 달러라는 큰 도박을 200달러라는 다수의 작은 도박으로 바꾸는 것만으로도, 당신은 한 개인이 부담하기에 너무 큰 위험을 많은 사람과 공유를 통해 적절한 투자로 바꿀 수 있다. 이것이 바로 **위험 분산**(risk spreading)의 주요 아이디어다. 즉, 큰 위험을 더 많은 사람에게 퍼뜨려 그 크기를 분산시키는 것이다. 이로써 당신은 각 개인이 가진 지분, 즉 낮은 위험 부담을 보장하고, 이에 따라 발생하는 위험을 기꺼이 분담할 수 있도록 한다. 위험을 충분히 분산시키는 경우 위험이 수익성 있는 투자를 막지 못할 것이다.

위험 분산 큰 위험을 여러 개의 작은 위험으로 나누어 많은 사람에게 분산하는 것

위험 부담이 큰 경우 위험 회피를 선택한다. 투자금이 큰 경우, 대부분은 위험한 투자를 꺼린다. 하지만 개인이 부담하는 투자금의 크기가 충분히 적은 투자를 제공받으면 더 많은 사람이 기꺼이 투자하고자 할 것이다. 그 이유에 대해 생각해보자.

투자금이 큰 경우 투자에 따른 결과는 당신의 경제적 상황에 큰 영향을 미친다. 이는 부유함과 빈곤함의 차이를 의미하기도 한다. 즉, 평균적으로 1달러를 잃을 경우의 한계효용이 1달러를 얻을 경우의 한계효용보다 큰 것을 의미한다. 성패를 건 모험에 있어 1달러당 잃는 고통이 1달러당 얻는 만족감보다 훨씬 더 크다. 10만 달러의 재산 감소는 당신의 전 재산을 탕진하고 빚을 남길 수도 있다. 매일 라면을 먹어도 월세를 충당하기 힘들 수도 있다. 물론, 20만 달러의 재산 증가로 집을 구매할 수도 있지만, 10만 달러의 손실은 최소한의 음식 및 주거공간 확보도 힘들게 하기에 주택구매 기회를 가지는 것이 가치 있는 의사결정이라 보기 어렵다. 따라서 금전적 이득이 손실보다 더 크더라도, 20만 달러의 재산증가로 인한 효용증가가 10만 달러의 재산 감소로 인한 효용감소보다 적을 가능성이 크다. 이는 대부분 사람이 투자금이 큰 경우를 회피하는 결정을 내리는 이유이기도 하다.

위험 부담이 적을 때는 거의 위험 중립적인 선택을 한다. 위험 부담이 작은 경우에는 위험 부담이 큰 경우에 비해 왜 다른 선택을 하게 될까? 이는 투자 성패가 당신의 재산에 크게 영향을 주지 않기 때문에 한계효용은 어떠한 투자 결과에도 비슷한 결과를 가져다줄 것이다. 예를 들어, 4만 달러의 재산에서 50% 확률로 투자에 성공하여 재산을 4만 2달러로 만들 수 있고, 50% 확률로 투자에 실패하여 3만 9,999달러가 되는 경우의 투자 권유를 받았다 가정하자. 두 가지 모두 당신의 삶에 큰 변화를 주지 못한다. 따라서 4만 1달러와 4만 2달러의 한계효용은 3만 9,999달러의 한계효용과 정확하게 같지 않지만, 매우 유사하다. 결과적으로, 각 달러의 한계효용은 적은 금액을 얻든 잃든 거의 같다. 이는 2달러를 얻었을 때보다는 1달러를 잃었을 때 두 배 가까이 많은 효용을 얻는다는 것을 의미한다(만약, 한계효용이 전혀 변하지 않았다면, 정확히 두 배 더 클 것이다). 따라서 효용의 측면에서 측정했을 때도, 이 소액 도박에 이길 때 얻게 되는 편익은 도박에 질 때 잃게 되는 비용의 거의 두 배가 되므로 이 정도의 위험은 기꺼이 감수해야 한다.

비록 위험 회피자라 할지라도, 이처럼 매우 낮은 수준의 도박을 받아들이는 것은 합리적이다.

이 논리를 조금 확장해, 위험 부담이 적어 이기는 경우와 지는 경우의 한계효용이 거의 비슷하다면, 당신은 불확실성을 싫어하지도, 좋아하지도 않는 **위험 중립**(risk neutral)적 성향으로 행동해야 한다. 만약 위험에 대해 무차별적인 위험 중립적 성향이라면, 당신이 고려해야 할 점은 어떤 선택이 평균적으로 긍정적인 재정적 수익을 제공하는지에만 관심을 가지면 된다. 따라서 위험 부담이 충분히 작을 때는 공정한 도박보다 더 나은 수익을 제공하는 위험을 감수하는 편이 낫다.

위험 중립 불확실성에 무차별한 성향

일상경제학 **왜 보증기한 연장서를 구입하지 말아야 하는가?**

당신이 TV, 노트북, 프린터 또는 거의 모든 전자 기기를 구매할 때마다 영업 사원은 제품 무상수리 보증기한 연장서를 구입하도록 설득하려 할 것이다. 영업 사원은 제품의 유지 및 보수에 있어 큰 장점이라는 감언이설로 설득하려 할 것이다.

하지만 상술에 속지 말자. 이러한 보증기한 연장서는 바가지다. 보증기한 연장서를 판매할 경우, 그렇지 않을 경우에 비해 약 두 배가량 많은 수익이 발생한다. 영업 사원들은 당신을 진심으로 걱정하기보다는, 보증기한 연장서 판매 시 더 많은 인센티브가 지급되기에 제품 판매 시 자연스레 보증기한 연장서를 구매하도록 유도한다. 사실, 수익성이 좋은 보증기한 연장서 판매는 베스트바이(전자제품점) 전체 수익의 약 절반을 차지하기도 한다.

다음 사항을 주의하자. 위험 부담이 클 때는 위험을 회피하는 것이 타당하다. 하지만 프린터를 교체해야 하는 경우 위험이 그리 크지 않다. 지불금이 작을 때는 위험을 너무 걱정하지 말아야 한다. 보증기한 연장에 지불한 돈을 차라리 새로운 통장에다 넣어두고 차곡차곡 모으자. 만약 당신이 보급형 소비재 구매와 관련하여 보증기한 연장서 구매 권유를 받을 때마다 보증기한 연장서 구매에 드는 비용을 차라리 저금해 둔다면, 고장 난 소비재를 새로 교체하고도 남을 만큼 충분히 큰 금액이 저금되어 있을 것이다. ■

위험 분산은 왜 큰 자본에 투자 시 많은 주주가 필요한지를 설명한다. 위험 분산은 어떻게 기업의 자금을 조달하는가를 살펴보면 된다. 시스코의 설립자 레오나드 보삭과 그의 아내인 샌디 러너가 처음 인터넷 사업을 공격적으로 확장하기 위해 투자금을 마련할 때 직면한 위험에 대해 생각해보자. 먼저, 사업에 필요한 돈을 오로지 본인 명의의 대출을 통해 마련할 수 있다. 하지만 이 경우에 위험 분산이 제대로 이루어지지 않기에 부부는 너무 큰 위험이라 여겨 이러한 자금 마련은 합리적인 투자금 유치 방법은 아니라고 생각할 것이다.

대신 경제학 학위가 있는 부인 러너와 그녀의 남편 보삭은 시스코의 증시 상장을 통해 투자금을 조달했다. 이 경우 전 세계의 수천 명의 사람이 해당 사업의 일부를 살 수 있게 한다. 이 주식은 사업의 위험성을 효과적으로 여러 사람으로 나누고, 더 작은 위험으로 분산시킨다. 시스코의 사업확장 투자금 대출을 통해 마련했을 경우 두 사람만이 감당하기에 위험이 매우 컸지만, 그 위험을 수천 명의 소유주에게 분산시켜 개별 주주가 위험을 감수할 수 있도록 만들었다. 즉, 주식시장은 많은 주주에게 위험을 분산시킴으로써 위험할 수도 있는 다양한 사업 확장을 가능하게 한다. 실제로 수백만 명의 미국인들은 그들의 퇴직연금 계좌에 시스코와 같은 주요 회사들의 주식을 가지고 있다.

두 번째 전략 : 다각화

경제학 기말고사를 위해 학생들은 5개의 객관식 문제가 출제된 시험지와 50개의 객관식 문제가 출제된 시험지 중 하나를 선택해야 한다고 하자. 어떤 문제가 시험에 나올지 모르기에 사

그림 19-5 | 시험 성적 분포도

학점	5 문제	50 문제	500 문제
A	66%	79%	95%
B	29%	21%	5%
C	0%	0%*	0%*
D 또는 그 이하	5%	0%*	0%*

*<1/500 확률

500문제
50문제
5문제
문항이 많을수록 높아지는 분포
40% 60% 80% 100%
시험 성적

실 두 경우 모두 위험하다. 하지만 학생 대부분은 상대적으로 덜 위험한 50개의 문항으로 이루어진 기말고사를 선호한다. 그림 19-5는 그들의 선택이 옳다는 것을 보여준다.

이제, 학생들이 열심히 기말고사를 준비하여 평균적으로 모든 시험 문제의 92%에 대한 정답을 알고 있다고 가정하자. 이 경우 충분히 A(혹은 A-) 학점을 받을 수 있을 것이다. 하지만 실제 시험지에 고난도의 문제가 예상보다 많을 수 있는 위험이 있다. 만약, 5문제가 출제된 기말고사를 선택한다면, 2문제 이상 틀릴 확률이 5%로 D학점 이하가 된다. 반면, 50문제가 출제된 기말고사를 선택한다면, D 이하의 학점을 받을 확률이 1/1,000,000로 줄어든다. 아울러, 50문제가 출제된 기말고사를 선택할 경우 79%의 확률로 A학점을 받을 수 있지만, 만약 500문제가 출제된 기말고사를 선택한다면, A학점을 받을 확률이 95%로 높아진다. 즉, 시험 문제가 많아질수록, 당신이 공부한 만큼 받는 학점보다 낮은 학점을 받을 위험이 줄어든다. 따라서 사실 교수님들은 시험 문제를 일부러 길게 만들어 공부한 만큼 성적이 나오도록 당신을 배려하고 있다.

다각화 결과가 밀접하게 연관되지 않은 여러 작은 위험을 결합해 전체 위험을 줄이는 것

다각화는 위험을 감소시킨다. 이것은 결과의 상호 연관성이 낮은 여러 작은 위험을 결합해 전체 위험을 줄이는 것을 의미하는 **다각화**(diversification)의 장점을 보여주는 사례이다. 당신은 어떤 한 회사에 의존하는 투자를 줄이고 있기에, 당신의 전체적인 위험은 하락할 것이다.

한 문항만 있는 기말고사는 하나의 회사에 전 재산을 베팅하는 것과 같으며, 이는 대단히 위험한 의사결정이다. 5문항이 출제된 기말고사는 5개의 회사에 자신의 재산을 각각 5분의 1씩 베팅하는 것과 같다. 5개 회사가 모두 파산할 가능성은 적기에 상대적으로 덜 위험한 투자이다. 마찬가지로, 50문항이 출제된 기말고사는 50개 회사에 자신의 재산을 각각 50분의 1씩 베팅하는 것, 즉 다각화된 포트폴리오와 같다. 상호 독립적인 위험에 부를 다각화해둘수록 전체적인 위험은 줄어들 것이다.

그림 19-6 | 다각화는 위험을 줄인다

투자 포트폴리오에 더 많은 주식 종목을 담을수록 위험은 줄어든다.

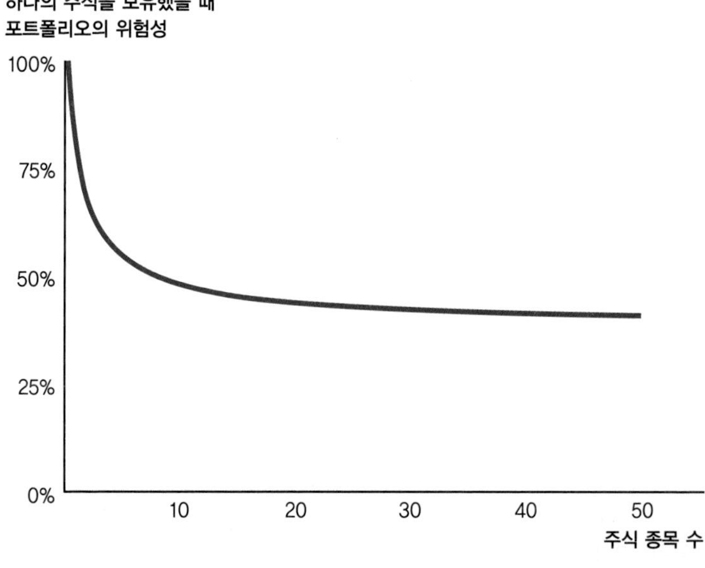

투자자들은 주식 투자의 위험을 줄이기 위해 다각화를 이용한다. 다각화는 여러 위험을 감수하는 동시에 각각의 위험을 조금씩 합쳐 전체 위험을 낮춘다.

투자자들에게 있어 다각화는 마치 위험을 사라지게 하는 마법과 같다. 당신은 '다각화로 인한 편익에 대해 지불해야 할 비용이 없다'라는 경제학에서 상상하지 못한 상황을 맞이하게 된다. 단지 다양한 주식을 보유하는 것만으로도 당신은 다각화의 편익을 충분히 누릴 수 있다. 그림 19-6은 다변화의 이점을 충분히 얻기 위해 자신의 투자 포트폴리오에 약 30~40개의 각각 다른 주식만 구성한다면 된다는 연구 결과를 보여준다.

위험이 상호 간에 밀접하게 연관되어 있지 않음을 확인하자. 다각화는 여러 가지 다른 위험을 함께 결합해 놓을 때 빛을 발한다. 만약 당신이 공통의 위험을 갖는 투자들을 결합해 놓으면 이러한 다각화는 공통의 위험을 제거할 수 없다. 예를 들어, 금광 회사인 바릭 골드, 골드코프, 뉴몬트마이닝을 투자 포트폴리오로 구성하는 일은 금 가격이 하락하면 세 회사의 주가가 동시에 급락할 것이기에 매우 위험하다. 즉, 바릭 골드의 주식에 투자하려면, 해당 회사와 다른 사업을 영위하는 GE와 월마트 등에 투자하는 것이 더 현명한 선택이다. 이 경우 금값이 하락한다 해도 내가 구성한 포트폴리오에 주는 영향이 제한적이기 때문이다. 정리하자면, 다각화는 각각 다른 위험에 노출된 투자자산을 결합할 때 더 큰 이득을 가져다줄 것이다.

일상경제학 분산투자를 위해 인덱스펀드를 활용하자

인덱스펀드(index fund)는 수천 명의 다른 투자자들과 함께 매우 다각화된 투자를 가능케 한다. 예를 들어, 많은 경우 인덱스펀드의 투자 대상이 되는 재산은 S&P 500에 포함된 미국의 500개 초우량 기업인데, 인덱스펀드 하나에 투자하는 것만으로도 이미 대부분의 미국 주요 기업들을 포함하는 다각화된 포트폴리오를 가지고 있는 것과 동일하다. 내가 알고 있는 경제학자 대부분은 이러한 인덱스펀드에 투자하고 있다. 이는 인덱스펀드 자체가 위험을 줄일 수 있도록 구성되어 있으며 직접 위험을 분산하지 않아도 되기에 위험 분산에 대한 비용이 매우 낮기 때문이다.

인덱스펀드 이미 포트폴리오에 설정된 종목에 자동으로 투자되는 것

인덱스펀드는 낮은 수수료를 부과하는데 이는 기계적 투자전략을 따르기 때문이다. 펀드 매니저는 단순히 투자 대상이 되는 인덱스에 상장된 주식을 매입하기만 한다. 여기서 당신은 수익률이 높은 회사들의 주식만으로 포트폴리오를 다각화했을 때 인덱스펀드에 비해 높은 수익을 얻을 수 있다고 생각할지도 모른다. 그러나 사실 시장 평균을 능가할 종목을 고르는 일은 보기보다 매우 까다롭다. 우리 주위에는 시장 지수보다 높은 수익을 달성할 수 있다고 말하는 많은 투자 자문가들이 있지만, 인덱스펀드보다 '꾸준히' 높은 수익을 올리는 전문가를 찾는 것은 사실상 불가능하다는 연구 결과가 있다. 또한 연구자들은 올해 좋은 성적을 거둔 투자 자문가들의 내년 성과가 올해 좋지 않은 성적을 거둔 투자 자문가들의 성과보다 낮을 가능성이 크다는 사실을 밝혀냈다. 법에서는 투자 자문가들에게 그들의 과거 성과가 미래의 성과를 보장하는 것이 아니라고 안내하도록 제도화하고 있지만, 현실은 그보다 훨씬 더 단정적으로 말할 수 있다: 과거의 성공은 사실상 미래의 성과와 무관하다. ■

다각화는 단지 투자에 관한 것만은 아니다. 다각화라는 개념은 투자에만 적용되는 것이 아니라 삶의 전 분야에 적용된다. 당신은 대학 입시에 있어서 아마 상향 지원, 적정 지원, 안전 지원 등 다양한 학교를 포트폴리오로 구성하여 좋은 대학에 입학하지 못할 위험을 줄였을 것이다. 이제 대학에 진학하여, 다양한 수업을 포트폴리오로 구성하여 모든 수업이 듣기 싫은 위험을 줄였을 것이다. 더구나 이러한 수업 다각화로 배양한 다양한 기술은 변화하는 노동 시장에서도 탄력적으로 대응하여 취직할 가능성을 커지게 한다. 교우 관계에서도 많은 친구를 사귀는 것은 포트폴리오를 다각화하는 것과 마찬가지다. 즉, 가장 친한 친구가 바쁘더라도 여전히 함께 어울릴 수 있는 다른 친구가 있을 것이다. 스웨터 밑에 티셔츠를 한 장 입고 있다면 갑자기 더워지거나 추워진 날씨에 대응할 수 있는 의복 포트폴리오를 갖춘 것과 마찬가지다. 마찬가지로 다양한 음악 플레이 리스트를 가지고 있다면, 다양한 감정에 맞춰 음악을 즐길 수 있을 것이다.

특히 포트폴리오 다각화는 비즈니스 세계에서 중요하다. 농부들은 병충해를 피하고자 다양한 농작물을 심는다. 상점은 일시적 유행에 대비하여 다양한 상품을 가지고 있다. 회계사, 건축가, 변호사들은 수많은 고객을 확보하고 있기에 한 명의 고객이 떠나더라도 폐업하지 않을

Mehrdad Pazhouhandeh/Shutterstock

다각화는 "달걀을 한 바구니에 모두 담으면 안 된다"로 간략히 설명할 수 있다.

체계적인 위험 경제 전반에 걸쳐 발생한 공통적인 위험

수 있다. 그리고 기업은 다양한 능력을 갖춘 사람들을 고용하여 발생할 수 있는 어떠한 위기에도 대응할 수 있도록 한다.

다각화는 위험을 줄이지만 제거하지는 않는다. 다각화는 위험을 줄일 수는 있지만, 완전히 제거하지는 못한다. 이는 모든 투자가 **체계적인 위험**(systematic risk), 즉 경제 전반에 걸쳐 발생한 공통적인 위험에 노출되기 때문이다. 예를 들어, 불황기에는 거의 모든 투자자산의 가치가 떨어질 것이다. 불황기에는 돈이 적기 때문에 물건을 덜 사게 되고, 거의 모든 산업에서 기업의 가치가 하락한다. 불황기 이외에 또 다른 체계적인 위험으로는 전쟁, 자연재해, 재정위기가 있는데, 이 모든 것들은 경제를 붕괴시킨다. 다각화는 이런 체계적인 위험을 해소하지 않기에 체계적 위험을 줄일 수 있는 전략도 모색하고자 한다.

세 번째 전략 : 보험

보험 특정한 손해가 발생했을 경우 보상에 대한 약속

보험료 보험의 가격

허리케인이라는 자연재해가 당신의 집을 덮칠 수 있지만, 홍수보험에 가입되어 있다면 보험회사가 보험금을 지급할 것이기 때문에 손상 입은 집을 재건하는 데 있어 일부 도움이 될 것이다. **보험**(insurance) 가입 행위는 보험증서에 기재된 특정한 악재가 발생하면 보상금을 받겠다는 약속을 사는 것이다. 보험 가입에 대한 가격을 **보험료**(premium)라고 한다. 보험에 가입하는 대가로, 만약 보험증서에 기재된 특정한 일이 일어난다면, 보험 회사는 당신에게 보험금을 지급할 것이다. 이처럼 보험은 당신이 직면하고 있는 위험을 완화하는데, 이는 당신이 최악의 결과에 대처하는 데 도움이 되는 보험금 지급을 약속하기 때문이다.

보험통계적 공정성 평균적으로 지불한 보험료만큼 보상금이 지급될 것으로 예상되는 경우

위험 회피자들은 보험통계적 공정성이 있는 보험에 가입해야 한다. 지불한 보험료만큼 평균적으로 보상금이 지급될 것으로 예상하면, 보험 정책은 **보험통계적 공정성**(actuarially fair)이 있다고 한다. 간략히 보험을 공정한 도박에 해당한다고 생각해보자. 공정한 도박처럼 보험통계적 공정성이 있는 보험은 평균적으로 당신의 재산을 변화시키지 않을 것이다. 그러나 공정한 도박은 위험을 높이는 반면, 보험통계적으로 공정한 보험은 위험을 감소시킨다.

공정한 도박을 거부하게 하는 위험회피 논리와 동일한 논리(추가적인 수익 없이는 추가적인 위험을 부담하기를 원하지 않는다는 것)가 보험통계적으로 공정한 보험을 구입해야 한다고 말한다. 왜냐하면 공정한 보험은 당신의 위험을 줄여주며, 줄어든 위험에 대해 평균적으로 추가 금액을 지불할 필요가 없기 때문이다.

보험은 위험과 보상 간의 상충관계를 나타낸다. 사실 대부분의 보험은 보험통계적으로 공정하지 않은데(즉, 보험회사들이 보상금으로 지급하는 금액보다 보험료를 더 많이 받는데), 이는 보험회사의 행정비용 지급과 이윤 적립을 고려해야 하기 때문이다. 이러한 이유로 보험을 구입하는 행위는 위험과 보상 간의 상충관계를 내포한다: 보험은 당신의 위험을 감축시킨다. 그러나 보험이 보험통계적으로 공정하지 않다면 감축된 위험은 음(−)의 보상과 연결되어 있다. 당신이 지불한 금액이 평균적으로 당신이 받는 금액보다 더 많기 때문이다. 그래서 당신은 이러한 감축된 위험이 감축된 보상만큼 가치가 있는지를 결정해야 한다. 이는 보험이 다음 세 가지 경우에 좋은 생각임을 의미한다.

- 보험통계적 공정성에 점점 가까워질수록
- 위험 기피 성향이 높을수록
- 보호해야 할 지분이 많을수록

보험의 기회는 여러 가지 다른 모습으로 존재한다. 제20장에서는 시장 실패로 인해 민간 부문이 특정 형태의 보험을 제공하지 않는 메커니즘을 살펴보기로 한다. 민간부문이 보험을 제공하

지 않을 때, 정부가 종종 그 역할을 대신한다. 실업보험은 정부가 민간 대신에 제공하는 보험의 대표적 사례이다. 또한 미국의 시민권자는 나이가 들면 정부가 민간을 대신하여 제공하는 건강보험인 메디케어의 혜택을 받을 수 있다. 직장 생활을 하는 동안 발생한 소득 중 일부를 사회보장 프로그램에 꾸준히 지불해왔다면, 노후에 걸쳐 매달 일정 수준의 연금을 받을 자격이 주어지며, 이는 당신이 평생 저축을 하지 않아도 되도록 효과적으로 보장한다.

당신이 직면하고 있는 가장 큰 위험은 앞으로 종사하고자 하는 분야에서 얼마나 더 오래 근무하고, 승진할지 모른다는 것이다. 따라서 누진제를 통한 부의 재분배는 일종의 사회적 보험과 같다. 만약 소득이 낮은 근로자라면, 근로소득공제 및 세액공제 등의 혜택을 통해 수입 일부를 보전받을 수 있다. 한편 고소득 근로자라면, 누진세는 이러한 사회적 보장 장치의 유지를 위해 매년 지불하는 일종의 보험료와 같다.

한편, 가족은 당신의 삶에 있어 정부보다 더 중요한 보험 메커니즘이 될 수 있다. 만약 당신이 어려운 상황에 놓인다면, 부모님이나 형제자매가 도와줄 가능성이 있다. 이런 보험에 대해 지불하게 되는 보험료는 그들이 어려운 시기에 처했을 때 그들을 도와주는 것이다. 일단 보험에 대해 폭넓게 생각하기 시작하면, 일상생활 어디서나 보험과 같은 제도가 보이기 시작할 것이다. 하지만 때로는 당신에게 꼭 맞는 형태의 보험을 설계해야 할 때가 있는데, 다음 전략에서 살펴보도록 하자.

네 번째 전략 : 헤지-위험의 상쇄

항공기라는 큰 쇳덩어리를 비행시키는 데는 많은 연료가 필요하다. 사실 연료비는 일반적으로 항공사의 가장 큰 운영 비용이며, 항공사의 지출의 3분의 1까지 차지한다. 이렇듯 항공사가 직면하는 주요 위험은 연료 가격의 상승이다. 지난 몇 년간의 연료비 상승은 항공사의 수익성을 악화시켰지만, 미국 사우스웨스트 항공사만은 예외였다. 그 이유를 한번 알아보자.

헤지는 위험 상쇄를 통해 위험을 감소시킨다. 사우스웨스트의 혁신은 직면하는 위험을 **헤지**(hedge)하는 것이었다. 즉, 사우스웨스트의 주요 임직원들은 연료비 상승을 상쇄시킬 수 있는 상쇄 위험을 획득했다. 구체적으로, 정교한 자본 거래를 통해 사우스웨스트는 연료비가 상승하리라는 것에 수억 달러를 걸었다. 이를 통해 실제로 연료비가 상승했을 때 사우스웨스트의 연료비 지출도 상승했지만, 자본시장을 통한 헤지 역시 효과가 있어 위험의 일부를 상쇄시켜 수익성 악화를 제한할 수 있었다. 이 전략은 연료비 상승 시 위험을 줄여주지만, 반대로 연료비 하락 시에도 같은 메커니즘이 작용하기 때문에 사우스웨스트의 수익은 타 항공사보다 크게 높지 않았다. 이는 연료비 상승에 베팅했기에 하락할 경우 베팅한 금액을 잃기 때문이다. 하지만 사우스웨스트 항공의 이러한 위험 회피 전략은 연료비 변화에 취약하여 존폐 위기까지 놓일 수 있는 타 항공사보다 안정적 수익의 지속적 달성이 가능하였고, 안정적 수익은 항공사의 미래 사업 계획을 세우는데 용이하였다.

헤지 상쇄할 수 있는 위험을 구매하는 것

위험을 줄이기 위해 다른 위험을 감수하는 헤지는 일반적으로 이해하기 어려운 부분도 일부 존재한다. 하지만 사우스웨스트의 위험 회피 전략과 같은 베팅이 연료비 상승 위험을 상쇄했기 때문에 헤지의 효과가 있었다.

Justin Sullivan/Getty Images

이것은 마치 그가 돈을 펌프질하고 있는 것과 같다.

실제 헤지의 예시를 알아보자. 헤지는 위험을 줄이는 효과적이고 경제적인 방법이 될 수 있다. 헤지를 효과적으로 사용하기 위해, 당신은 상쇄 위험을 창의적으로 식별할 필요가 있다. 헤지의 실제 몇 가지 적용 사례는 다음과 같다.

- 내가 가장 좋아하는 스포츠팀이 결승전에 오를 때마다, 나는 상대 팀이 이기는 것에 베팅

함으로써 내가 응원하는 팀이 패배할 경우의 실망감을 헤지한다. 이 내기는 경기 후에 내가 좋아하는 팀의 우승을 축하하거나 혹은 그 팀이 우승하지 못할 때도 이미 상대 팀이 이기는 것에 베팅하였기에 금전적인 보상을 통해 내가 실망할 위험을 상쇄한다.

- 만약 기름값이 오를까 봐 걱정된다면, 엑손모빌 등의 석유 및 정유회사 주식을 헤지 삼아 살 수 있다. 이러한 헤지 전략은 엑손모빌 주가 상승을 통해 차량 유지비 증가 위험을 상쇄시켜 유류비 상승에 따른 경제적 부담을 줄일 수 있도록 한다.
- IT 및 사무자동화가 당신의 일자리를 위협할 것으로 생각한다면, 컴퓨터 공학 수업을 통해 이러한 위험을 헤지할 수 있을 것이다. 이 전략은 실제로 IT 및 사무자동화 등의 기술 진보에 따라 컴퓨터 관련 기술이 더 가치 있게 될 것이고, 이는 과거의 기술이 쓸모없어질 위험을 상쇄하기 때문이다.
- 물가 상승, 즉 인플레이션에 대해 걱정하는 사람들은 쉽게 변질하지 않는 상품을 현재 많이 구매함으로써 위험을 헤지할 수 있다. 예를 들어 물가가 오르면, 당신이 저장해둔 스팸 캔의 가치가 더 높아져 급여 가치 하락에 기인한 구매력 저하를 상쇄하기 때문이다.
- 불황으로 인해 대학 졸업 시 구직난이 예상된다면, 대학원 진학도 하나의 헤지 방법이 될 수 있다. 대학원 진학을 통해 구직하지 못하는 위험을 상쇄하기 때문이다. 즉, 내년에 일하거나 더 높은 수준의 교육을 추구하면서 생산적인 일을 할 수 있도록 보장한다.

일상경제학 **자사주를 보유하지 말아야 하는 이유**

스타벅스는 근로자에게 자사주 매입의 기회를 제공한다. 일반적으로 주식시장에서 거래되는 가격보다 낮은 가격으로 제시하곤 하는데, 자사주 매입은 근로자들이 회사 실적을 높이는 데 집중할 수 있는 인센티브를 제공한다. 만약에 주식시장에서 거래되는 가격에 비해 회사에서 제시한 자사주의 가격이 충분히 저렴하다면, 자사주 매입도 좋은 결정이다. 하지만 곰곰이 생각해보면 이렇게 매입한 자사주는 가능한 주식시장에 빨리 매도하는 것이 올바른 선택이다.

그 이유는 자사주 매입은 위험 회피와는 정반대의 의사결정이기 때문이다. 만약 당신이 다니는 회사가 파산할 경우, 직장을 잃을 뿐만 아니라 매입한 자사주 역시 휴지조각이 되기 때문이다. 회사 파산을 대비해 재산을 다른 곳에 투자하는 그것이 더 나은 선택이다. 이러한 사실을 에너지 회사인 엔론의 수천 명의 근로자가 미리 알았더라면, 적어도 금전적 손해는 제한적으로 입었을 것이다. 참고로 엔론은 분식회계와 금융사기를 통해 손실을 감추려다 결국 파산하였다.

이러한 기업의 부정이 세상에 알려지게 되자 엔론의 주가가 폭락했다. 결국 엔론은 파산을 선언하면서 수천 명의 근로자가 일자리뿐만 아니라 퇴직연금 계좌에 저렴한 가격으로 많이 매입해둔 자사주로 인해 경제적 손해까지 입는 이중고를 겪게 되었다. 따라서 자사주 매입은 좋을 수도 있지만, 혹시 모를 임직원의 부정 경영 위험을 헤지하기 위해 잘 나가는 다른 기업에 투자하는 것이 더 나은 선택이라는 것을 기억해두자. 이는 엔론 직원들이 회사가 파산할 경우 시장점유율 상승을 통해 반사이익을 얻는 동종업계 내 경쟁기업의 주식을 보유하는 것이 위험회피 관점에서 더 나은 선택이라는 것을 의미한다. ■

다섯 번째 전략 : 위험 감소를 위해 정보 모으기

아침에 8시까지 등교하기 위해 당신은 일찍 일어나서 외출 준비를 한다. 이때 당신이 입게 되는 옷은 오늘 첫 번째로 겪는 위험 요소이다. 예를 들어 청바지에 스웨터를 입는다고 가정해보자. 만약 외투가 필요한 날씨라면 온종일 추위에 떨면서 보낼 것이고, 그리고 날씨가 계절에 맞지 않게 덥다면 땀을 흘리며 하루를 보낼 것이기 때문이다. 만약 예상치 못하게 나중에 비라도 온다면 온몸이 비에 젖을 것이다. 이렇듯 날씨로 인한 위험을 실질적으로 제거할 수 있는 간단한 방법이 있다. 날씨 앱을 확인해보면 평소보다 추운 날이 될지 따뜻한 날이 될지, 나아가 강우 여부도 알게 될 것이다. 날씨 앱에 따라 옷을 적절하게 입고 필요한 경우 우산을 챙긴다면 날씨에 어울리지 않은 복장을 할 가능성이 매우 작아질 것이다. 이처럼 단순히 더 많은 정보를 모음으로써 당신은 추위에 떨거나 더위에 땀을 흘리거나 비에 흠뻑 젖을 위험을 줄일 수 있게 된다.

위험 대부분은 단순히 불충분한 정보에 기인한다. 직업 선택에서도 큰 위험요소가 있지만, 직업을 미리 탐구한 후 선택한다면 나쁜 선택을 하게 될 위험은 줄어들 것이다. 고등학교와 대학교가 진로 · 지도 상담사를 고용 혹은 임명하는 것도 이 때문이다. 미래의 배우자를 선택하는 것도 위험요소가 있지만, 내가 선택한 배우자가 정말 '바로 그 사람'인지 알아내는 데 큰 노력을 한다면 나쁜 선택을 할 위험이 줄어든다. 이는 많은 예비부부가 결혼하기 전에 약혼하거나 동거하는 시간을 오랫동안 보내는 까닭이다. 창업은 위험하지만, 먼저 당신이 제품에 대한 수요, 비용, 그리고 향후 경쟁자들에 대해 시장조사 및 연구를 한다면 그 위험은 줄어들 것이다. 위에서 예를 든 각각의 경우, 더 많은 정보 수집을 통해 당신이 직면할 위험을 줄인다.

정보는 위험을 줄이기 때문에 위험 회피자들에게 매우 중요하다. 정보는 불확실성을 줄이는 열쇠다. 당신이 더 많은 정보를 모을수록, 가능한 결과에 대해 더 확신할 수 있다. 결과적으로, 이것은 당신이 직면하는 위험을 줄이고 보다 나은 선택을 쉽게 하도록 만든다.

하지만 정보의 수집에는 비용이 따르고, 비록 가치가 있는 정보라 할지라도 그 비용을 내고자 하는 사람들을 찾기 어렵기에 종종 시장에서 충분한 정보가 유통되지 않는다(제10장에서 배운 바에 따르면, 정보는 공공재이다). 따라서 정부가 종종 이러한 귀중한 정보를 제공한다. 예를 들어, 정부는 과학 기관인 국립해양대기청(NOAA)에 날씨에 대한 정보를 수집하고 발표하도록 자금을 지원한다. NOAA는 미국인에게 1인당 약 3달러를 지출하여 당신이 자주 이용하는 날씨 앱을 통해 일기예보를 제공한다.

이제 당신이 날씨 정보를 얻는 데 드는 비용이 얼마인지 알았으니, 이 정보가 가치가 있는지 알아보자. 단순히 날씨 앱 사용만으로 날씨에 맞지 않은 옷을 입을 가능성을 30%에서 10%로 줄일 수 있다. 이 경우 1년 동안 날씨에 맞지 않은 옷을 입는 일수가 109.5일(30%×365일)에서 36.5일(10%×365일)로 줄어들게 되고, 이는 당신이 땀 흘리거나 추위에 떨거나 비에 흠뻑 젖은 채 보내는 날이 73일 줄어드는 것을 의미한다. 만약 당신이 날씨에 맞지 않는 옷을 입는 불편함을 피하기 위한 지불 의사액이 하루에 1달러라면, 날씨 앱에 있는 정보는 연간 73달러의 편익을 창출한다. NOAA가 날씨 자료 수집에 있어 미국인 1인당 연간 3달러의 비용이 소비되는 것과 비교해볼 때 꽤 괜찮은 거래다.

다음의 경우 정보의 가치가 더 커진다는 것에 주목하라.

- 불확실성을 줄일수록
- 의사결정 시 관여된 지분이 높을수록

만약 단순한 날씨 정보가 당신에게 연간 73달러의 편익을 준다면, 더 정확한 경제 전망에 대한 정보의 가치가 수십억 달러의 투자 결정을 하는 기업에 얼마만큼의 편익을 제공할지 상상해보자. 정보는 이처럼 실질적인 가치가 있다. 그 결과, 여러 데이터를 다루어 더 나은 정보를 만들어내는 경제학자들에 대한 수요가 많으며, 이들이 제공한 정교한 예측법을 통해 사업의 위험을 줄인다. 이는 경제학이라는 학문에 정보 처리가 요구되는 까닭과 경제학 전공자들이 다른 전공 졸업생들보다 대부분 더 높은 연봉을 받는 까닭이다.

경제학 실습

컴퓨터 과학자들과 기상학자들이 함께 일해왔고 그들은 더욱 정교한 일기예보를 만들 수 있다고 생각한다. 그들의 새로운 알고리즘은 현재 앱이 가지고 있는 부정확한 일기예보의 위험을 10%에서 9%로 줄인다. 이 정보의 연간 가치는 얼마일까?

날씨에 맞지 않는 옷을 입은 날의 변화 = 10% × 365일 − 9% × 365일 = 연간 3.65일

만약 날씨에 맞지 않는 옷을 입을 때 비용이 1달러라 가정하면, 이 정보에 대한 가치는 3.65달러이다. ■

일상경제학 대학 생활 중 맞이하게 되는 위험 줄이기

대학 생활 중 직면하게 되는 다양한 위험이 있지만, 더 많은 정보를 수집하는 것은 위험을 줄이는 데 도움이 될 수 있다. 고등학생들은 대학 가이드, 재학생, 졸업생들이 들려주는 대학 생활 경험담과 직접 캠퍼스 방문 등의 정보수집을 통해 자신과 맞지 않는 대학으로 진학하는 위험을 줄일 수 있다. 대학 졸업 시 취직에 대해 걱정된다면, 일반적으로 개별 전공자가 졸업 후 취직하는 직종에 대한 정보를 수집하여 그 위험을 줄일 수 있다. 자신의 능력과 관심사에 맞지 않는 과목을 선택하는 것이 걱정된다면, 수업을 선택하기 전에 해당 과목 교수의 정보를 수집함으로써 그 위험을 줄일 수 있다. 교수님이 강의 및 목소리가 너무 따분하지 않을까 걱정된다면, 수강신청 정정기간 동안 미리 수업을 수강해 그 위험을 줄일 수 있다. 만약 당신이 위험이 있는 선택 시 잘못된 결정을 내릴까 걱정된다면, 이 장을 다시 읽음으로써 그 위험을 줄일 수 있다. ■

19.3 행동경제학 : 불확실성으로 인한 사람들의 실수

학습목표 불확실성에 직면했을 때 흔한 함정에서 빠져나오도록 준비한다.

행동경제학 사람들이 어떻게 경제적 의사결정을 내리는지를 평가할 때 심리적 요인을 포함하여 분석하는 경제학의 한 분야

당신은 앞서 불확실성이 있는 경우 적절한 의사결정을 내리는 방법과 위험을 줄일 수 있는 몇 가지 전략을 살펴보았다. 하지만 위험은 어려운 개념이라 실제로 의사결정에 적용하기에 어려울 때도 있다. 2018년 노벨 경제학상 수상자인 리처드 탈러는 "내 동료들과 달리 나는 일상생활 속에도 경제학이 녹아 있는 것을 발견했기에 이 상을 받을 수 있었다"라고 수상 소감을 전했다. 그를 비롯한 많은 경제학자는 지난 수십 년 동안 인간이 경제적 의사결정을 위해 어떻게 정보를 처리하는지 연구해왔다. 이는 **행동경제학**(behavioral economics)이라 불리며, 주로 경제적 의사결정을 내릴 때 영향을 미치는 사람들의 심리적인 요소를 연구한다. 모든 경제학은 인간의 행동에 관한 것이다. 최근 수십 년 동안 경제학자들은 실제 인간의 행동에 대해 더 잘 이해하게 되었다.

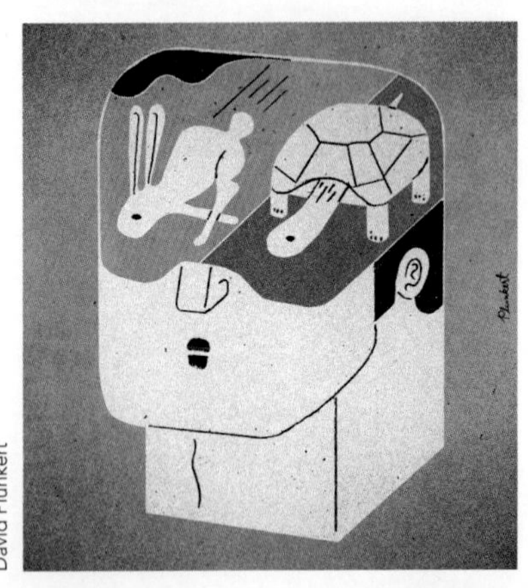

David Plunkert

시스템 1과 시스템 2

사람들은 불확실성의 확률과 그에 따른 보상을 평가할 때 흔히 몇 가지 실수를 범한다. 이러한 실수는 이성적인 판단보다는 즉흥적인 판단에 기인한다. 심리학자들은 크게 두 가지 유형으로 사고를 구별한다. 첫째, '시스템 1'은 직관적인 사고이다. 직관적 사고는 빠르게, 힘들이지 않고, 거의 자동으로 당신의 의사결정 과정에 개입한다. 이러한 사고는 당신의 직관과 눈대중의 법칙에 의존하지만, 한편으로 꽤 정확하기도 하다. 노벨 경제학상을 받은 최초의 심리학자 대니얼 카너먼은 시스템 1을 '빨리 생각하기'라 부른다. 이와는 대조적으로 '시스템 2'는 상

대적으로 심사숙고하여 상황을 논리적으로 분석하는 등 방법론적인 사고방식을 이용한다. 이는 예상하였듯이 '천천히 생각하기'라 부른다. 예를 들어 의사결정 시 기대효용을 계산한다면 당신은 천천히 생각하고 있는 것이다. 하지만 당신은 대부분 시스템 1을 사용하고 빠르게 사고하고자 한다. 인생은 매번 느리게 생각하기엔 너무 짧다. 그렇다 하더라도, 특히 불확실성에 있어 빠르게 생각하는 것은 우리가 좋은 의사결정을 내리는 것과 멀어지게 하기도 한다.

훌륭한 의사결정을 하는 사람들은 직관 및 빠른 판단을 무시하고 천천히 생각해야 할 때가 언제인지 알고 있다. 여기서 당신은 '그 언제가 바로 이때인지'를 알려주는 도구가 있으면 좋다고 생각할 것이다. 이 도구는 '빠르게 생각하기'가 나쁜 결과를 가져올 때, 직관에 의존한 사고방식을 잠시 멈추고 신중한 접근법인 '천천히 생각하기'를 적용하는 데 도움이 될 것이다.

과잉 확신

아래의 퀴즈를 한번 풀어보자. 다음 10개의 질문에 대해 온라인에서 답을 찾기보다 최선을 다해 추측해보자. 아래의 질문 중 당신이 전혀 답을 상상할 수 없는 질문이 있더라도 어림짐작으로나마 답을 해보자. 여기서 알고자 하는 것은 당신이 불확실성에 직면할 때 어떻게 반응하는지를 탐구하는 것이다. 아래 퀴즈에서 가장 중요한 것은 당신이 예상하는 추정치 주위에 하한과 상한선을 두어, 실제 값이 이 범위 내에 있다는 것을 95% 수준으로 확신하는 것이다. 도저히 추정치를 예상할 수 없는 경우 불확실성을 반영하기 위해 이 신뢰구간을 좀 더 넓게 만들어보자.

		95% 신뢰수준	
	추정치	하한선	상한선
Q1. 뉴욕증권 시장에서 하루 동안 얼마나 많은 주식이 매도될까?	______	______	______
Q2. 전 세계 인구는 얼마일까?	______	______	______
Q3. 아이다호주의 인구는 얼마일까?	______	______	______
Q4. 미국에는 스타벅스 매장이 총 몇 개 있을까?	______	______	______
Q5. 애플의 총매출액은 얼마일까?	______	______	______
Q6. 미국 월마트에 근무하는 사람은 총 몇 명이나 될까?	______	______	______
Q7. 뉴질랜드에는 몇 마리의 양이 있을까?	______	______	______
Q8. 전혀 다른 책은 몇 권이나 쓰였을까?	______	______	______
Q9. 오늘날과 1913년 물가는 그 비율이 얼마 정도 될까?	______	______	______
Q10. 서기 1,500년 이후 북미에 서식하는 포유류 중 사라진 종은 얼마나 될까?	______	______	______

정답

1. 12억 주; 2. 74억 명; 3. 170만 명; 4. 1만 4,606점포; 5. 2,650억 달러; 6. 140만 명; 7. 3,000만 마리; 8. 1억 3,000만 권; 9. 24:1; 10. 30종.

아마 당신은 과잉 확신에 차 있을 것이다. 이제 오른쪽에 있는 답과 비교해보자. 실제 답이 내가 설정한 하한선과 상한선 사이에 몇 번이나 놓여 있는가? 만약 당신이 실제 답을 95%의 범위 안에 포함하도록 잘 구성했다면, 총 10개의 문제 중 실제 답은 당신이 설정한 상한선과 하한선 사이에 9~10번은 맞아떨어져야 한다.

하지만 사람들 대부분은 자신의 예상 범위 내에 실제 답이 3~7번밖에 들어가지 않았음을 발견한다. 만약 당신의 정답 개수가 이처럼 9~10번 미만이라면, 당신은 **과잉 확신**(overconfidence)하고 있다는 것을 알 수 있다. 당신이 정한 범위 안에 실제 답이 포함될 확률이 95%라 평가했지만, 실제로는 당신이 틀릴 확률이 훨씬 높은 것이다.

과잉 확신 당신의 예측력을 과대 평가하는 경향

하지만 미리 너무 걱정하지는 말자. 당신에게만 이런 결과가 발견되는 것은 아니다. 학자들은 수천 명의 사람이 만든 위의 예측 표를 분석했고, 그들 사이에서 공통으로 과잉 확신의 문제가 발생하는 것을 발견했다. 실제로 세계 유수의 경영진들에게 자신이 80% 정도 확신하는 경제 전망에 대한 자료를 요청했을 때, 실제로 그 결과가 신뢰 구간 안에 든 확률은 36%에 불과했다.

과잉 확신은 위험을 과소 평가하고 나쁜 결정을 내리게 할 수 있다. 예를 들어 기업가들은 수익과 비용의 구체적인 추정치를 가지고 새로운 사업에 뛰어들지만, 추정치 모두가 잘못되었을 위험을 충분히 고려하지 않는다. 결과적으로, 너무 많은 기업가가 궁극적으로 실패할 사업으로 인해 그들이 평생 축적해 놓은 재산을 잃게 된다. 주식 거래자들은 시장이 어디로 가는지 예측할 수 있다는 확신에 따라 주식을 매매한다. 하지만 일반적으로 매매를 너무 자주 하는 투자자들의 수익률은 이들 중 가장 나쁜 편에 속한다. 일이 계획대로 진행될 것이라는 과잉 확신은 우주왕복선 챌린저호의 폭발, 체르노빌 원전 폭발, 허리케인 카트리나 참사로 이어진 주요 원인이었다.

공부를 제대로 하지 않거나, 취직 활동이 쉽다고 여기거나, 혹은 새로운 벤처기업이 잘 될 거라고 믿는 등 자신의 성공에 대해 지나치게 자신하는 것이야말로 실패의 지름길이다. 과잉 확신은 다른 사람의 평가보다 자신의 평가가 더 낫다고 생각하도록 당신을 속이기에 다른 사람들의 진심 어린 조언을 귀담아듣지 않게 만든다.

여기서 당신이 얻을 수 있는 교훈은 분명하다: 당신은 대부분 불확실성을 과소 평가한다. 의사결정의 단계에서는 항상 좋은 결과와 나쁜 결과가 공존하기에, 마치 예전에 간디가 "자신의 지혜를 너무 확신하는 것은 현명하지 못하다"라고 말한 것과 같이 '천천히 생각하기'를 통해 심사숙고의 과정을 거칠 필요가 있다.

확률 평가 문제

불확실한 상황에서 좋은 선택을 하려면 개별 결과의 가능성을 정확하게 평가해야 할 것이다. 불행히도, 당신의 마음속을 계산기를 통해 완벽히 예측하는 일은 거의 불가능에 가깝다. 대신에, 일종의 지름길을 사용해보도록 하자. 이 지름길은 일반적으로 고통스러운 사고의 과정 없이도 꽤 타당한 결과를 내도록 도와주지만, 때로는 당신의 목표에서 조금 벗어난 방향으로 안내할 수도 있다. 무엇보다, 비용-편익의 원리는 추가적인 심사숙고의 과정을 통해 더 좋은 추정치를 산출할 때만 더 깊이 생각해야 한다고 말한다. 만약 지름길의 사용이 당신이 원하는 결과와 멀어지게 한다면, 이를 뒤엎을 수 있는 추가적인 심사숙고의 과정을 거치는 것은 가치가 있는 일이라는 것을 당신은 깨닫게 될 것이다.

가용성 편향은 머릿속에 쉽게 기억되는 결과를 과대 평가하게 만든다. 빠르게 답변해보자 : *r*자로 시작하는 단어가 더 많을까, 아니면 한 단어에서 *r*이 세 번째 순서로 오는 단어가 더 많을까? 실제로 *r*이 세 번째로 오는 단어가 두 배 이상 많음에도 불구하고, 사람들 대부분은 *r*로 시작하는 단어(running, racing, riding)가 떠올리기 편리하기에 더 많다고 생각한다. 당신의 기억 속에서 *r*로 시작하는 단어에 접근하고 찾아내기가 더 편리하기에 위와 같은 판단을 한 것이다.

가용성 편향 쉽게 회상되는 사건의 빈도를 과대 평가하고, 기억에서 멀어진 사건의 빈도를 과소 평가하는 경향을 말한다.

당신의 생각은 자주 심사숙고의 과정을 거치기보다는 얼마나 쉽게 사건이 떠오르는지에 따라 사건의 빈도나 확률을 평가한다. **가용성 편향**(availability bias)은 쉽게 회상되는 사건의 빈도를 과대 평가하고, 기억력이 떨어지는 사건의 빈도를 과소 평가하는 경향을 말한다. 예를 들어, 언론에서 비치는 눈에 띄는 모습을 생각한다면, 당신은 세계보건기구가 호흡기 감염보다 기아를 예방하는 역할을 하는 것이 더 중요하다고 주장하도록 만들지도 모른다. 그러나 실제 호흡기 감염으로 인한 사망자가 기아로 인한 사망자보다 전 세계에 약 일곱 배 이상 많기에 이는 매우 잘못된 주장이다.

비즈니스 세계에서도 가용성 편향은 당신을 잘못된 길로 이끌 수 있다. 만약 당신이 부와 명예를 위해 대학 중퇴를 생각한다면, 대학 중퇴 후 자신의 분야에서 성공한 마크 저커버그, 엘렌 드제너러스, 오프라 윈프리 또는 빌 게이츠를 떠올릴 수 있다. 반면에, 취업난에 허덕이고 한순간의 결정에 대해 후회 속에 살아가는 수천 명의 대학 중퇴자들은 떠올리기 힘들 것이다. 이처럼 가용성 편향은 당신의 성공 가능성을 극적으로 과대 평가할 수 있다.

Mogens Trolle/Shutterstock

통계적으로 상어는 그렇게 무섭지 않다.

더욱 일반적인 가용성 편향은 뉴스에 자주 나오지만 실제로는 매우 드문 위험에 대해 걱정하느라 너무 많은 시간을 소비하도록 만든다. 상어를 예로 들어보자. 상어에게 죽을 가능성은 사실상 거의 없다. 전 세계적으로 매년 약 6명만이 상어로 인해 사망한다. 하지만 영화 '조스'와 상어 공격에 초점을 맞춘 일부 뉴스 보도는 상어가 항상 존재하는 위협인 것처럼 많은 사람을 기만해왔다. 마찬가지로, 정부가 테러를 막기 위해 취하는 과도한 예방적 조치는 발생 가능성이 더 크고 공공안전에 더 치명적인 위협을 가하는 독감 등을 막기 위한 노력을 방해한다. 일부 사람들은 항공기 추락을 매우 두려워하여 비행기 타기를 꺼리지만, 실제로 자동차 장거리 운전의 사망 확률이 훨씬 더 높다. 가용성 편향은 또한 더 쉽게 떠올릴 수 있는 최근의 사건들이 당신의 결정에 더 많은 영향을 미치도록 한다. 예를 들어, 사람들은 지진이 일어난 직후에 지진 보험에 가입할 가능성이 더 크다. 사실 차라리 지진 전에 사는 게 나았을 텐데 말이다!

확률평가를 왜곡하게 만드는 요인을 인식할 수 있다면, 당신은 직관에 의존하기보다 논리적이고 날카로운 판단을 할 수 있게 도와주는 공신력 있는 통계를 찾아보는 등 '천천히 생각하기' 과정을 통해 의사 결정을 하는 편이 더 낫다는 것을 깨닫게 된다.

기준점 편향은 초기 추정치에 지나치게 집중하게 만든다. 주요 회계법인에 근무하는 회계 감사인들에게 1,000여 개 사업체 중 10여 개 이상에서 유의미한 경영진 수준의 기업 부정이 있었다고 생각하는지 물었다. 그 후 그들에게 기업 부정 비율에 대한 정확한 추정치를 제출할 것을 요구했다. 또 다른 별도의 회계감사인 그룹에도 비슷한 질문을 줬는데, 이번에는 1,000개 기업 중 10개 이상이 아니라 200개 이상의 기업에서 부정이 있었는지 물어보았다.

두 그룹에 근본적으로 기업의 부정 가능성이 같다는 점을 고려할 때, 모두 비슷한 추정치를 제시할 것으로 예상할 수 있다. 하지만 첫 번째 그룹은 평균적으로 1,000개당 17개의 회사에서 기업 부정이 발생한다고 추정했고, 두 번째 그룹은 평균적으로 1,000개 43개의 회사에서 기업 부정이 발생한다고 추정했다. 이 결과는 **기준점 편향**(anchoring bias)의 한 예시로, 사람들이 기준점(일종의 출발점)을 설정하고 그 기준점에서 빠르게 움직여 판단하는 경향 때문에 나타난다. 문제는 사람들이 이렇게 정해진 기준점에서 충분히 움직이지 못한다는 점이다. 이를 증명하기 위해 회계 감사인들에게 10개 기업과 200개 기업이라는 서로 다른 2개의 '기준점'이 주어졌다. 더 큰 '기준점'에서 충분히 조정되지 않았기에 더 큰 추정치를 제시하는 결과로 이어졌다.

기준점 편향 사람들이 기준점(일종의 출발점)을 설정하고 그 기준점에서 빠르게 움직여 판단하는 경향

이러한 편향은 많은 것을 함의하고 있다. 대표적으로 이는 우리에게 첫인상이 얼마나 중요한지를 말해준다. 누군가가 당신을 한 번이라도 어리숙한 사람이라 생각하거나 당신의 일에 능숙하지 않다고 판단하면, 그런 견해를 벗어나는 것이 어렵기 때문이다. 기준점 역시 큰 실수를 불러올 수 있다. 경험 많은 부동산 중개업자들에게 같은 매물을 보여준 경우를 예로 들어보자. 이들 중 한 그룹에는 매도자가 시세에 비해 높은 가격에 집을 판매하고 싶다고 알려줬지만, 다른 그룹에는 매도자가 시세보다 저렴하게 집을 판매하고 싶다고 알려줬다. 매도자가 시세에 비해 높은 가격을 요구한다는 말을 들은 중개인들은 그렇지 않은 그룹의 중개인들에 비해 해당 매물의 가치가 11% 정도 더 있다고 생각한 것으로 나타났다. 그들은 오랫동안 부동산 중개업에 몸담아 쌓아온 전문성에도 불구하고 매도자가 제시한 첫 번째 호가에 따라 자신의 판단이 영향을 받은 것이다.

기준점 편향은 확률을 과대평가하게 할 것이다. 기준점은 확률을 추정하는 데 있어 방해 요소가 될 수 있다. 한 가지 예를 들어보자. 직장 상사가 당신이 현재 진행 중인 프로젝트의 예상 마감 기한 보고를 요구한다. 8개의 독립적인 업무 단계를 거쳐야 해당 프로젝트가 완성되며, 각 단계가 제시간에 마감될 확률은 80%이다. 계산기를 사용하지 않고 당신 팀이 최종 마감 기한에 맞춰 업무를 수행할 확률을 추정해보자: __%

정답은 확률법칙에 따라 80%×80%×80%×80%×80%×80%×80%×80%로 16.8%에 해당한다. 나는 위에서 적은 추정치가 16.8%보다 높을 것이라고 장담한다. 그 이유는 기준점 때문이다. 당신은 확률 추정과정 중 80%라는 기준점에 고정되어 있어 추정치를 충분히 움직이지 않았다. 이는 일상생활 속에 쉽게 발견할 수 있는 문제인데, 기준점 편향은 신제품 출시의 잦은 지연, 기반시설 건설 프로젝트의 지연, 리모델링 공사의 지연에 대한 이유를 설명한다. 계획의 각 단계가 성공해야 할 때, 기준점 편향은 전체적인 프로젝트가 성공할 가능성을 과대평가하게 할 가능성이 있다.

기준점 편향은 일부 확률을 과소평가하게 할 것이다. 이와는 대조적으로, 단 하나의 사건이 큰 문제를 발생시킬 수 있는 경우, 당신은 그 확률을 과소평가할 가능성이 있다. 예를 들어, 단 하나의 부품이 잘못되어 원자로가 고장 나거나, 우주 비행이 잘못되거나, 컴퓨터가 오작동할 수 있다. 다행히 하나의 개별 부품이 고장 날 가능성은 매우 낮다. 만약 8개의 부품 중 개별 부품의 고장 확률이 1%에 불과한 경우, 큰 재난이 발생할 가능성은 얼마나 될까? 이번에도 계산기를 사용하지 말고 추정치를 한번 적어보자: __%.

이번 경우에 있어 나는 당신이 적은 추정치가 과소평가됐을 거라 장담한다. 여기서 정답은 확률법칙에 따라 1−99%×99%×99%×99%×99%×99%×99%×99%로, 7.7%에 해당한다. 당신이 1%라는 기준점에 고정되어 있기에 추정치를 충분히 움직이지 못했고 그 결과 실패확률을 과소평가하였다. 위 예시처럼 복잡한 시스템 속 하나의 부품(혹은 사건)이 고장을 일으킬 경우, 기준점 편향은 프로젝트가 실패할 확률을 과소평가한다.

앞으로 이와 같은 상황에 직면하면 당신은 기준점 편향의 함정에 빠지는 것을 염두하고 천천히 생각하기를 통해 더 논리적이고 현실적인 평가를 할 수 있어야 한다.

대표성 편향은 유사성을 지나치게 강조한다. 유명한 심리학 실험에서, 누군가 자신의 이웃을 사라라고 부르며, 그녀는 "아주 수줍어하고, 내성적이며, 안정적으로 도움을 주는 성향이지만, 현실 세계나 사람들에 관해서는 거의 관심이 없다"라고 평가한다. 게다가 사라는 무엇이든 "질서 정연하고 세부적으로 구조가 짜인 것을 필요로 한다"라고 평가한다. 그 후 실험 대상자들에게 사라가 도서관 사서와 선생님 중 어떤 직업에 종사할 가능성이 큰지 질문했다.

사람들 대부분은 사라가 도서관 사서라고 추측한다. 여기서 사람들은 그들이 생각하는 도서관의 사서의 이미지에 사라가 얼마나 부합하는가에 따라 이 확률을 판단하고 있다. 이는 어떤 사건이나 어떤 사람(사라)이 한 범주(도서관 사서)에 속할 가능성을 평가할 때, 그 범주에 대한 당신의 인식과 그 사람이 얼마나 유사한지 판단을 통해 나타나는 **대표성 편향**(representative bias)이 한 사례이다.

대표성 편향 무엇인가를 자신이 생각하는 범주에 얼마나 부합하는지 보고 판단하는 경향

하지만 생각한 것과 달리 도서관 사서는 거의 없고, 사라처럼 수줍고 내성적인 성격을 가진 사람들은 매우 다양한 직종에서 일한다는 사실이다. 일례로 미국의 교사 수는 500만 명 이상인 반면, 도서관 사서는 13만 2,000명에 불과하다. 즉, 확률상 사라는 사서보다는 교사일 가능성이 훨씬 크다. 사라와 같은 성격을 가진 사람들이 도서관 사서를 직업으로 선택할 확률이 다른 사람들에 비해 열 배가 높고 교사직을 선택할 확률이 절반이라고 해도 여전히 사라는 도서관 사서보다 선생님일 확률이 두 배 이상 높다. 사람들 대부분은 이러한 전체적인 그림을 고려

하지 않는 실수를 저지른다.

보다 일반적으로 말하자면, 사람들은 누군가가 그들이 생각하는 그룹의 모습과 얼마나 비슷한지에 따라 해당 그룹에 속할 가능성이 있다고 판단한다. 예를 들어, 실리콘밸리 벤처 투자가들은 종종 자신의 새로운 아이디어가 과거에 성공한 아이디어와 얼마나 유사한지를 비교하므로 사업을 평가한다. 일례로 당신이 우버를 이용할 때와 같이 고객들이 스마트폰 터치 한 번만으로 배달용 피자를 주문할 수 있는 새로운 앱에 투자금을 유치한다 하자. 이 경우, 당신은 피자 배달 사업에 있어 합리성을 추구하기보다 대표성 편향이 투자자들을 우버의 성공 사례와 같이 미래에 10억 달러짜리 다국적 기업이 될 가능성이 크다고 판단하게끔 하고자 할 것이다. 마치 사람들이 기본 틀에 대한 사고 없이 사라를 도서관 사서라고 판단하는 것처럼, 당신은 투자자들을 여태까지의 실패한 피자 배달회사들의 사례에 집중하기보다는 우버와 같은 성공사례와 얼마만큼 비슷할지 생각하게 하고 싶을 것이다.

당신이 상상하는 '성공한 경영자'의 이미지에 부합하는가?(실제로 위 사람은 성공한 경영자이다)

취업시장에서도 대표성 편향은 무의식적으로 차별 요소가 될 수 있다. 만약 훌륭한 임원진에 대한 당신의 이미지가 줄무늬 정장을 입은 나이 든 백인 남성이라면, 젊은 히스패닉계 여성이 면접 대상자라면 정서적 괴리감이 발생할 수 있다. 단순히 당신이 그려 놓은 성공한 경영자의 이미지에 그녀가 얼마만큼 부합한지를 기준으로 그녀의 잠재력을 판단한다면 당신은 그녀의 능력을 과소평가하게 될지도 모른다. 비록 차별하려는 의도가 아닐지라도 대표성 편향은 무의식적으로 당신을 차별하도록 이끈다.

만약 확률을 판단하면서 가지고 있는 이미지에 얼마나 부합하는지를 비교하는 당신의 모습을 발견한다면, 천천히 생각하기를 통해 더 논리적이고 현실적인 평가를 할 수 있어야 한다.

보상 평가 문제

지금까지 우리는 각각 다른 시나리오가 일어날 확률을 평가할 때 사람들이 범하는 실수에 대해 알아보았다. 앞으로 사람들이 자신의 만족감을 예측하는 과정에서 저지르는 오류에 대해 살펴볼 것이다.

초점화 착각은 당신의 만족감을 잘못 예측하게 한다. 당신이 살면서 직면하게 될 가장 큰 결정 중 하나는 어느 지역에 거주할지를 선택하는 것이다. 캘리포니아로 이사하면 얼마나 만족할까? 미국 중서부 지역으로 이사하면 어떨까? 이에 대답하기 위해 장소마다 내가 얼마만큼의 만족감을 얻을지 상상해야 한다. 독자들은 이 두 지역에 살 때 얼마만큼의 만족감을 얻을 수 있으리라 생각하는가?

학생들에게 캘리포니아와 중서부에 사는 사람들의 삶이 어떨지 상상해보도록 한 후 설문조사를 실시했다. 학생들 대부분은 캘리포니아에서 살 때 더 큰 만족감을 얻을 것으로 기대했다. 무엇보다 캘리포니아 주변은 1년 내내 날씨가 맑고 따뜻하지만, 중서부 지역은 겨울에 매우 춥고 눈이 많이 온다. 그러나 실제로 중서부 지역의 학생들에게 설문 조사한 결과 그들은 캘리포니아의 학생들만큼 그들의 삶에 대해 만족하고 있었다. 이로써 캘리포니아의 삶이 더 낫다는 일반적인 예측은 틀린 것으로 판명되었다. 이러한 잘못된 판단은 **초점화 착각**(focusing illusion)에 기인한다. 즉, 초점화 착각은 사람들을 다양한 장점보다 소수의 단점에만 집중시켜 그들의 만족감을 잘못 예측하게 만든다.

초점화 착각 다양한 장점보다 소수의 단점에만 집중시켜 자신의 만족감을 잘못 예측하는 경향

이는 흔히 발생하는 오류다. 대학생들은 그들이 원하는 기숙사에 배정되면 얼마나 행복할지 과대평가한다. 축구 애호가들은 자신이 응원하는 팀이 우승한 다음 날 팬으로서 얼마나 행복할지 과대평가한다. 사람들은 이별한 지 두 달이 지나고 나서 느끼게 될 비참함을 과대평가한다. 그리고 대학교수들은 승진에서 탈락하면 몇 년 후에 그들이 얼마나 불행해질지 과대평

telesniuk/Shutterstock

Igumnova Irina/Shutterstock

단순히 두드러진 차이만 생각하지 말자.

가한다. 이 중 그 어느 것도 사람들이 생각했던 것만큼 만족감을 주거나 불행함을 주지 않지만, 당신은 이와 비슷한 오류에 빠질 가능성이 크다.

당신이 초점화 착각에 빠져있다는 사실을 깨닫는다면, 더 나은 선택을 할 수 있을 것이다. 캘리포니아와 중서부 지역의 삶을 비교할 때, 당신은 아마도 가장 먼저 떠오르는 차이인 온화한 날씨로 인해 캘리포니아에서의 생활이 전반적으로 더 좋을 것이라고 결론지었을 것이다. 하지만 날씨는 현실적으로 당신의 삶에서 단지 배경음 중 일부에 불과하다. 당신의 효용은 당신의 친구, 직장, 재정, 안전, 가족 등 수많은 것에 달려 있다. 캘리포니아의 따뜻한 태양과 중서부 지역의 눈이라는 두드러진 차이에 지나치게 초점을 맞추다 보면, 행복을 결정하는 다른 많은 요인에 대해 과소평가하게 된다.

초점화 착각에 대한 해결책은 '천천히 생각하기'이고, 당신이 쉽게 생각했을 때 떠오르지 않는 다른 요인을 찾기 위해 더 신중하게 접근해야 한다. 심지어 당신의 감정으로 캘리포니아에서의 삶을 예측하기보다 실제로 거기에 사는 사람들에게 그들의 감정이 어떤지 물어보는 편이 낫다.

손실 회피는 현 상황을 인지하는 데 왜곡을 가져온다. 사람들은 종종 이익보다는 손해에 더 민감하게 반응하는 경향이 있다. 심리학자들은 사람들이 실제로 이익보다 손실에 약 두 배 정도 더 민감하다는 사실을 밝혀냈다. 이런 **손실 회피**(loss aversion) 현상은 당신의 의사결정을 왜곡시킬 수 있다. 주의할 점은 손실 회피는 위험 회피와 다른 개념이다. 위험 회피는 사람들이 현재의 재산에서 1달러 증가할수록 한계효용이 감소하는 것이고, 손실 회피는 지금 내가 독자에게 10달러를 주었을 때, 이 10달러를 잃어서 느껴질 고통이 얻었을 때의 기쁨보다 더 크다는 개념이다.

손실 회피 얻는 것보다 잃은 것에 더 민감한 성향

손실 회피가 일리노이주 교사들의 행동을 어떻게 변화시켰는지 살펴보자. 모든 교사들은 정해진 학습목표에 학생들이 도달하면 8,000달러의 인센티브 지급을 약속받았다. 여기서 첫 번째 교사 그룹은 학생들이 정해진 학습목표에 도달해야지만 다음에 인센티브를 받을 수 있다고 안내받았고, 두 번째 교사 그룹은 인센티브를 선지급받은 후 학생들이 정해진 학습목표에 도달하지 못하는 경우 돌려내야 한다고 안내받았다. 두 그룹 모두 8,000달러의 인센티브를 받는 사실은 동일하다. 그러나 첫 번째 교사 그룹에서 실적이 저조할 경우, 추후 8,000달러라는 금액 중 일부만 자신의 계좌에서 볼 수 있을 것이고, 두 번째 그룹의 경우에서 실적이 저조할 경우, 이미 지급된 8,000달러 일부를 돌려주는, 즉 손실을 본다는 차이점이 있다. 이러한 두 번째 그룹의 손실은 효과적 학업 성취를 위해 학생들을 이끄는 등 좋은 동기 부여가 되었다.

손실 회피는 또한 당신이 나쁜 선택을 하도록 동기를 부여할 수 있다. 제1장에서 배운 바와 같이 좋은 의사 결정을 하는 사람들은 매몰비용을 무시한다는 사실을 상기해보자. 주택 매도 시 소유자들은 이미 매수한 금액을 무시해야 한다. 즉, 과거에 이미 지급한 주택대금은 매몰비용이므로 현재의 의사결정과는 무관하다. 손실 회피는 많은 사람에게 매몰비용의 교훈을 잊게 만들기에 집을 구매했을 때 가격보다 더 낮은 가격에 팔기를 거부한다. 주택 매도가 불가능한 불황기에는 집에 묶여 있는 돈을 다른 곳에 투자할 기회마저 놓치게 되어 종국적으로 비용이 많이 드는 실수를 범하게 된다.

Feverpitch/Deposit Photos

누가 당신이 10년 전에 지급한 가격에 대해 신경을 쓰겠는가?

보상 평가 시 손실과 이익을 합리적이지 않은 임의의 기준점에 비교하는 것은 의사결정의 왜곡을 가져온다. 당신이 손실에 집착하는 것을 발견했을 때는 근본적인 보상에 집중할 수 있도록 천천히 생각하기를 시작할 때이다.

요약 : 가끔 사람들이 저지르는 실수는 항상 반복되는 것은 아니다. 앞서 다양한 오류를 살펴본 당신은 불확실성에 직면한 사람들의 합리적인 의사결정능력 자체에 대해 의구심이 들지도 모른다. 앞서 살펴본 바와 같이 사람들이 확률과 보상에 대해 체계적으로 실수를 저지르는 것

은 사실이다. 하지만 놀랍게도 당신 머릿속 양쪽 귀 사이에 있는 3파운드의 질량을 가진 회색질(grey matter)은 많은 경우에 정확하게 확률을 평가하고 의사를 결정한다. 여태까지 나는 평가 과정 중 저지를 수 있는 다양한 실수에 대해 살펴보았지만, 매우 복잡한 상황에서 얼마만큼 정확한 평가를 하는지를 주목해보는 것도 중요하다. 당신의 머릿속에 있는 3파운드의 회색질은 완벽하지는 않지만, 여전히 세계에서 가장 우수한 컴퓨터이다. 그리고 우리는 그 기능을 좀 더 잘 발휘할 수 있도록 몇 가지 팁을 당신들이 알아내기를 바란다.

함께 해보기

경력, 대인관계, 경제력, 미래 등 일상에서 불확실성은 쉽게 발견할 수 있기에 위험은 어디에나 있다. 즉, 당신은 위험을 피할 수 없는 운명이기에 그 안에서 좋은 결정을 내려야 하는 도전 과제에 직면한다. 불확실성은 단순히 위험뿐 아니라 혼란을 일으킨다. 당신의 첫 번째 직관은 다양한 결과의 확률이나 그 결과로부터의 효용을 추측하기 위해 심리적 지름길을 이용하는 것이다. 하지만 이러한 직관은 종종 잘못된 의사결정 과정 및 결과를 가져온다. 당신의 임무는 의사결정 과정 시 당신을 잘못된 길로 인도하는 지름길에 빠지지 않는 법을 배우는 것이고, 일상적인 직관 대신 신중한 이성을 활용하여 상황을 판단하는 것이다. 이 임무에 도달하기 위해 위험을 더 신중하게 생각하도록 도와주는 몇 가지 도구를 개발해보았다.

위험의 주요 문제는 나쁜 결과로 인한 고통이 좋은 결과가 주는 만족감을 넘어서는 것이다. 이는 사람들 대부분의 한계효용이 감소하는 사실에 기인하고, 한계효용체감은 왜 사람들이 위험보다는 확실한 것을 선호하는지 설명한다. 오직 금전적 손익만으로 평가하면 사람들이 얻는 효용 및 만족감을 고려하지 못하기에 돈보다는 효용을 생각하는 쪽으로 관점을 옮겨야 한다. 결국, 당신은 인생을 최대한 즐기려는 것이지 가장 효율적으로 금전적인 이득을 취하려는 것이 아니다. 위험을 줄이면 평균효용이 높아지거나 기대효용이 높아진다. 불필요한 위험은 피해야 하지만, 그것을 완전히 제거할 수는 없다.

그렇다면 언제 위험을 감수해야 하는가? 궁극적으로, 위험보다 보상이 충분히 큰 경우 당신은 위험을 감수해도 된다. 위험과 보상은 일종의 동시에 잡을 수 없는 두 마리의 토끼인 셈이다. 즉, 위험이 클수록 잠재적 비용이 증가하지만, 이를 상쇄시키는 이익이 충분히 크다면 여전히 위험을 감수할 가치가 있다. 하지만 투자금이 클 때 당신은 위험부담을 꺼릴 것이다. 이는 더 큰 투자금이 효용의 관점에서 성공했을 때는 약간 더 큰 이득을 주지만 실패했을 때에는 훨씬 더 큰 고통을 주기 때문이다. 반대로 투자금이 작을 때 당신은 위험부담을 별로 꺼리지 않을 것이다. 왜냐하면 이 경우에는 실패했을 때의 고통이 성공했을 때의 이익과 크게 다르지 않기 때문이다.

금융시장은 특히 위험을 줄일 기회를 제공한다. 다른 투자자들이 기꺼이 감수할 수 있을 정도의 낮은 수준으로 위험을 분산시킴으로써 줄일 수 있다. 포트폴리오를 다각화하면 다양한 독립적인 투자자산이 동시에 안 좋은 결과를 가져다줄 가능성이 작기에 위험을 줄일 수 있다. 보험에 가입하면 위험을 줄일 수 있다. 또한 헤지를 활용하면 위험을 맞이하는 동시에 위험을 상쇄시킬 수도 있다. 그리고 더 많은 정보를 모음으로써 당신이 직면하는 많은 불확실성을 해결할 수 있다.

이제 이 장을 마치면서 삶에서 불확실성에 직면했을 때 어떻게 대처하는 것이 가장 좋을지 꼭 알아가길 바란다.

한눈에 보기

모든 선택은 위험을 내포하고 있다. 당신은 결과가 불확실할 때마다 위험에 직면하게 된다.

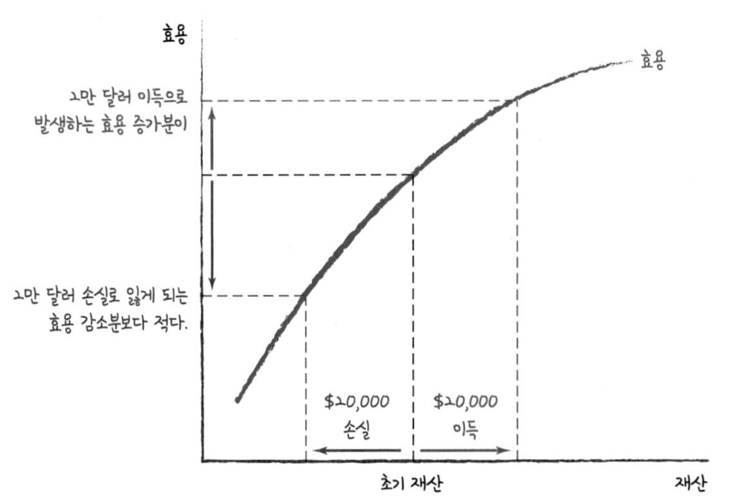

한계효용체감
(각 1달러가 추가될 때마다 효용 증가가 줄어듦)
↓
공정한 도박 거부
(도박에 이기거나 졌을 때 얻거나 잃는 금액은 같지만, 손실의 경우 잃는 효용이 더 큼)
↓
위험 회피
↓
기대효용에 집중
$= p_a \times U_a + p_b \times U_b + \cdots$
↓
위험은 다음에 해당할수록 기꺼이 감수할 가치가 있다.

a. 보상이 큰 경우
b. 투자금이 적은 경우
c. 위험 회피 성향이 크지 않은 경우

위험 감소를 위한 다섯 가지 전략

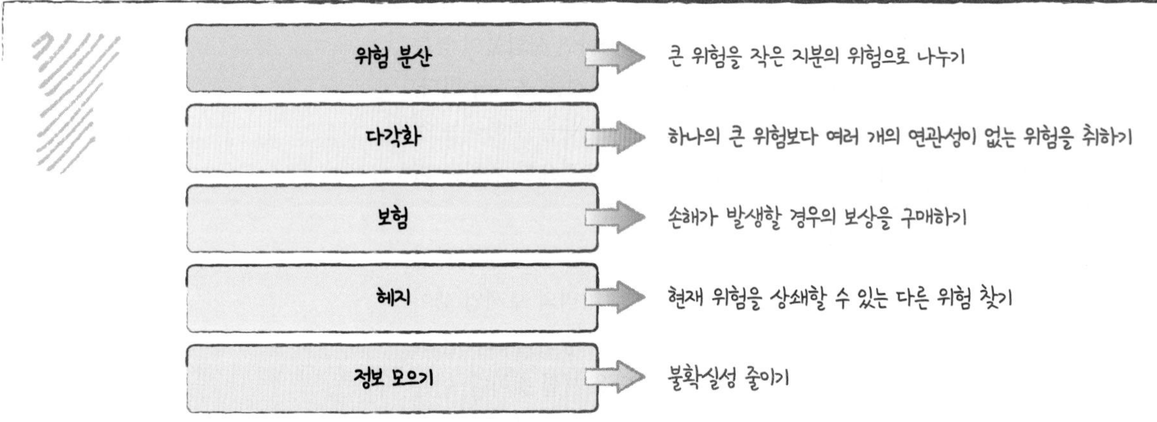

위험 분산	큰 위험을 작은 지분의 위험으로 나누기
다각화	하나의 큰 위험보다 여러 개의 연관성이 없는 위험을 취하기
보험	손해가 발생할 경우의 보상을 구매하기
헤지	현재 위험을 상쇄할 수 있는 다른 위험 찾기
정보 모으기	불확실성 줄이기

아래의 편향을 피하면서 보상과 확률 평가하기

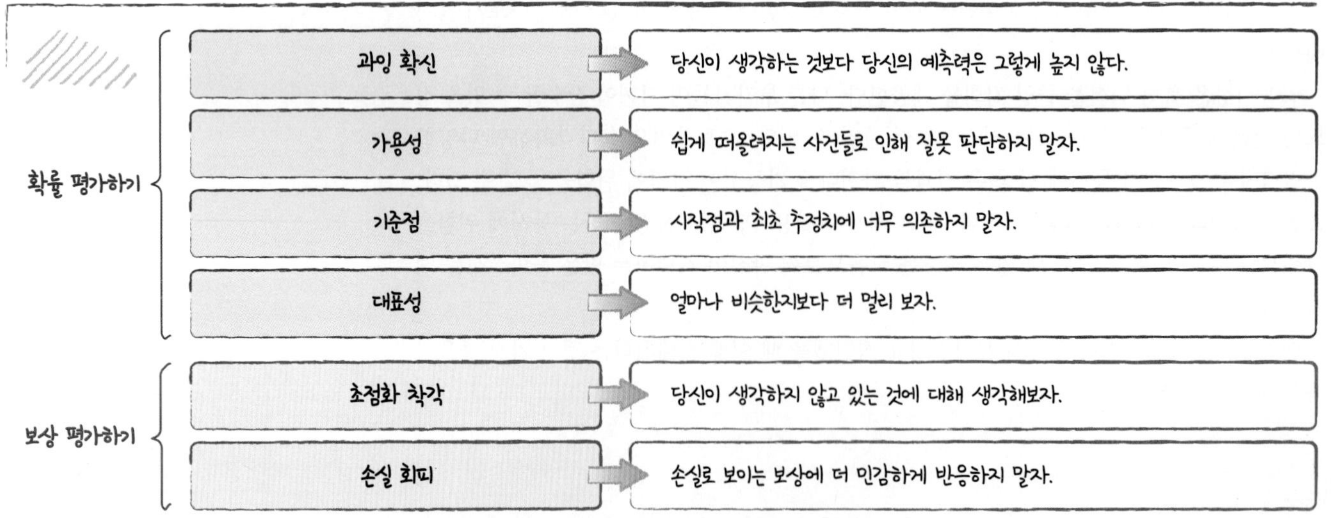

확률 평가하기	과잉 확신	당신이 생각하는 것보다 당신의 예측력은 그렇게 높지 않다.
	가용성	쉽게 떠올려지는 사건들로 인해 잘못 판단하지 말자.
	기준점	시작점과 최초 추정치에 너무 의존하지 말자.
	대표성	얼마나 비슷한지보다 더 멀리 보자.
보상 평가하기	초점화 착각	당신이 생각하지 않고 있는 것에 대해 생각해보자.
	손실 회피	손실로 보이는 보상에 더 민감하게 반응하지 말자.

핵심용어

가용성 편향	보험료	체계적인 위험
공정한 도박	보험통계적 공정성	초점화 착각
과잉 확신	손실 회피	한계효용
기대효용	위험 분산	한계효용체감
기준점 편향	위험 선호	헤지
다각화	위험 중립	행동경제학
대표성 편향	위험 회피	효용
보험	인덱스펀드	

토론과 복습문제

학습목표 19.1 결과가 불확실할 때 올바른 결정을 내리는 방법을 배워본다.

1. 125달러 지불 용의가 있는 기계식/디지털식이 혼합된 달력에 크라우드펀딩을 통해 투자하고자 한다. 회사는 당신에게 달력을 받기 위해서는 100달러를 투자하라 요구했다. 당신은 회사의 성공 확률이 80% 정도라고 생각하지만 실패할 경우 내가 투자한 금액은 회수할 수 없다. 이것은 공정한 도박에 속하는 예시인가? 100달러를 투자할 것인가? 힌트 : 이 도박에 대해 정확히 평가하고 싶다면 소비자 잉여를 활용해보자.
2. 당신은 2,000달러를 주식시장에 투자하고자 한다. 이때 투자금액이 3,000달러가 될 확률은 30%이고 1,600달러가 될 확률은 70%이다. 대신에, 주식시장에 투자하지 않았다면, 2,000달러는 계좌에 고스란히 남는다. 당신은 어떤 투자 결정을 내리겠는가? 당신이 내린 결정에 따르면 당신이 위험을 대하는 성향은 어떠한가?

학습목표 19.2 위험을 줄이기 위한 다섯 가지 전략을 적용할 준비를 한다.

3. 지금 당신은 전공을 선택하려고 준비하고 있다(이미 전공을 선택한 경우, 당신의 선택이 여전히 좋은 결정인지를 확인할 수 있을 것이다). 위험을 줄이기 위한 다섯 가지 전략을 여기에 적용해보자. 잘못된 전공을 선택하는 위험을 줄이기 위해 어떤 전략을 사용하고 어떻게 적용할 것인가?
4. 2017년 미국에는 약 1억 2,600만 가구가 있었고, 이 중 38만 3,974건의 주택 화재가 발생했다. 따라서 가구당 1년 내 화재 발생 확률이 0.30%로 집계되었다. 당신은 매년 100달러를 보험료로 납부하고, 화재 발생 시 연간 2만 달러의 보험 혜택을 받는 세입자 보험을 구매하고자 한다. 이 보험은 보험통계적 공정성이 있는가? 당신은 이 보험에 가입할 것인가? 가입한다면 혹은 가입하지 않는다면 그 이유는 무엇인가?

학습목표 19.3 불확실성에 직면했을 때 흔한 함정에서 빠져나오도록 준비한다.

5. 당신은 5개의 앱 개발팀을 관리하는 프로젝트 매니저이다. 연말까지 앱을 출시하려면 각 팀이 7월 1일까지 작업을 완료해야 한다. 당신은 업무진행과정 검토를 통해 각 팀이 제 시간 내에 개발을 완료할 확률이 약 75%라는 것을 알고 있다.
   a. 주간 회의에서 CEO는 당신에게 "어림짐작으로 연말까지 앱 개발을 끝낼 가능성은 얼마나 되는가?"라고 물었다. 당신은 어떻게 대답할 것인가?
   b. 이제 계산기를 사용해보자. 0.75를 다섯 번 곱하거나 0.75의 다섯 제곱으로 계산할 수 있다. 당신의 어림짐작이 정확했는가? 혹은 너무 높거나 너무 낮았는가? 행동경제학의 측면에서 위 질문에 대한 답은 어떻게 설명할 수 있는가?

학습문제

학습목표 19.1 결과가 불확실할 때 올바른 결정을 내리는 방법을 배워본다.

1. 당신은 두 가지 주식투자 전략을 분석하게 될 것이다. 다음 개별 항목에 대해 공정한 도박인지 아닌지를 판단해보자. 위험회피자들은 두 가지 투자안 중에서 어떤 것을 선택할까? 그 이유는 무엇일까?
   a. 한 가지 전략은 마이크로소프트와 같이 검증된 블루칩 주식에 투자하는 것이다. 회사가 꾸준한 성장을 지속하고 당신의 재산이 3만 달러 증가할 가능성은 25%이며, 회사의 수익성이 하락하고 당신의 재산이 1만 달러 감소할 가능성은 75%이다.

b. 또 다른 전략은 스타트업 기업에 투자하는 것이다. 회사가 성공하여 당신의 재산이 10만 달러 증가할 가능성은 10%인 반면, 회사가 폐업하여 당신의 재산이 2만 달러 감소할 가능성은 90%이다.

2. 데본이 부의 증가를 경험할 때, 그녀의 총효용 증가는 아래의 표와 같다.

재산 수준	효용
$20,000	2.0
$40,000	3.8
$60,000	5.4
$80,000	6.8
$100,000	8.0

a. 데본의 효용함수를 그려보자. 한계효용 감소를 나타내고 있는가?

b. 그녀의 재산은 현재 6만 달러다. 만약 그녀의 재산이 2만 달러 증가한다면 그녀의 총효용은 얼마나 변할까? 만약 2만 달러가 감소한다면 어떻게 되는가?

c. 데본의 성향을 위험 기피자, 위험 중립자, 위험 선호자 중 한 가지를 선택하고, 그 이유를 설명하라.

3. 다음 그래프는 같은 크기의 재산을 가진 라숀과 줄리아나의 효용함수를 보여준다.

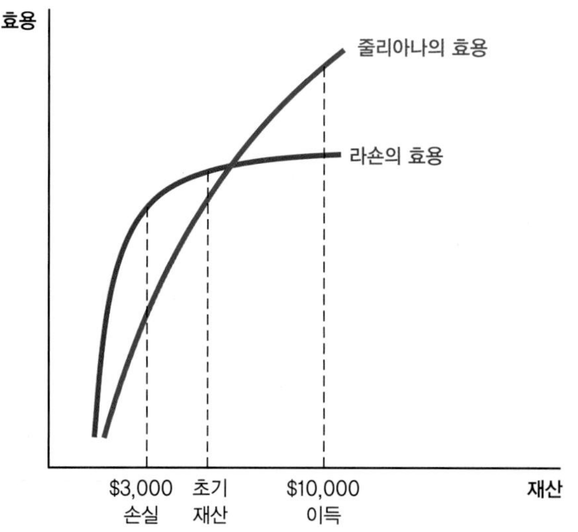

a. 위 그래프에 따르면 라숀과 줄리아나 중 누가 더 위험 회피적인가?

b. 두 사람은 같은 회사에서 일하고 있으며, 회사는 퇴직연금계좌에 운영할 수 있는 새로운 금융상품을 안내했다. 새로운 상품은 두 사람의 재산을 50%의 확률로 1만 달러 증가시키거나, 50%의 확률로 3,000달러 감소시킨다. 두 사람의 효용함수에 기초했을 때, 현재 퇴직연금계좌에서 운용 중인 상품을 새 상품으로 옮길 사람이 있는가?

4. 현재 당신은 1만 달러의 재산이 있으며, 이에 대한 효용을 4.25로 평가하고 있다. 당신은 이 재산을 친구가 운영하는 자동차 수리점에 투자해야 할지를 고민 중이다. 친구의 사업이 성공하여 재산이 증가할 확률은 50%이고, 이 경우 당신의 총효용은 6이 된다. 반면, 친구의 사업이 실패하고 가진 재산 전부를 잃을 확률은 50%이고, 이때 당신의 총효용은 2.5가 된다.

a. 친구 회사에 투자할 경우, 기대효용은 얼마인가?

b. 만약 당신이 위험 회피자라면 친구의 회사에 투자하겠는가?

c. 친구의 사업에 투자하여 재산을 두 배로 늘릴 확률이 75%라면, 파트 (b)의 결정이 달라지겠는가?

학습목표 19.2 위험을 줄이기 위한 다섯 가지 전략을 적용할 준비를 한다.

5. 당신은 결혼식이나 여러 행사를 전문으로 하는 스튜디오를 운영하고자 한다. 사업이 성공하여 6만 달러의 이득을 얻을 수 있는 확률을 40%이고, 사업이 실패하여 투자금액을 모두 잃을 확률은 60%이다. 아래는 당신의 재산과 효용 사이의 관계를 나타낸 표이다.

재산	효용
$0	0
$15,000	4.1
$20,000	5.8
$30,000	7.3
$35,000	8.5
$60,000	9.6

현재 가진 2만 달러의 재산으로 이 사업에 투자하고자 한다.

a. 만약 효용 극대화가 목표라면 지금 사업을 시작하는 것이 옳은 결정일까?

또 다른 투자 방법은 새로운 투자자 세 명을 데려오는 것이다. 즉, 혼자서 2만 달러의 사업 자금을 마련하는 대신에 네 명이 각 5,000달러씩 균등하게 투자하는 것이다. 만약 해당 사업이 성공한다면, 1만 5,000달러의 이익을 얻지만, 실패한다 해도 5,000달러만 잃게 되어 결국 1만 5,000달러의 재산이 남게 된다.

b. 효용을 극대화하는 것이 목표라면 새로운 세 투자자와 함께 사업을 시작하는 게 옳은 선택일까?

c. 위험을 분산하는 능력이 개업 결정에 영향을 미치는가?

6. 알렉산드리아는 개인 언어 치료 활동을 통해 8만 달러를 저축했다. 그녀는 향후 15년 더 일할 계획이며 그동안 치료가 잘못되어 환자들로부터 소송을 당할 가능성이 5%에 달할 것으로 예상하고 이때 그녀의 재산은 법적 분쟁 소요 비용을 제한 2만 달러만 남을 것으로 예상한다. 만약 이러한 소송에 직면하지 않는다면, 그녀의 재산은 12만 달러까지 증가할 것으로 예상한다. 그녀는 소송에 대비하기 위해 보험통계적 공정성이 있는 보험료인 2,800달러보다 비싼 매년 3,200달러짜리의 법률비용보험에 가입하기로 했다. 그녀가 보험통계적 공정성이 있는 보험보다 더 많이 보험료를 지불하는 보험에 가입하는 이유는 무엇인가?
7. 당신은 500달러로 주식시장에 투자하고자 하며, 각각 한 주당 50달러에 거래되고 있는 월마트와 타깃의 주식 매수를 고려하고 있다. 애널리스트들은 경제의 호황과 불황 가능성이 각각 50%라 믿고 있다. 만약 경제가 호황이라면 월마트의 주가는 주당 40달러까지 하락하고 타깃의 주가는 주당 70달러까지 상승하는 반면, 경제가 불황이라면 월마트의 주가는 주당 70달러까지 상승하고, 타깃의 주가는 주당 40달러까지 하락한다. 아래의 개별 포트폴리오의 기대 가치를 구하라.
   a. 500달러로 월마트 주식만 매수한 경우
   b. 500달러로 타깃 주식만 매수한 경우
   c. 불황을 예상하고 월마트와 타깃 주식을 각각 250달러씩 매수했지만, 실제로 경제가 호황이라면 기대가치는 변하는가?
   d. 이상의 세 가지 투자가 모두 동일한 기대 가치를 나타내는가?
   e. 이상의 세 가지 투자가 모두 동일한 수준의 위험을 초래하는가?

학습목표 19.3 불확실성에 직면했을 때 흔한 함정에서 빠져나오도록 준비한다.

8. 아래의 개별 시나리오 중 과잉 확신, 가용성 편향, 기준점 편향, 대표성 편향, 초점화 착각, 손실 회피 중 가장 잘 설명한 것을 찾아보자.
   a. 도로시는 강력한 위력을 가진 토네이도가 인근 주에서 발생했다는 소식을 뉴스에서 보았고, 이에 대응하기 위해 현재 지불하고 있는 주택보험의 보험료를 네 배 늘리기로 했다.
   b. 데이비드는 주택담보 대출회사의 위험관리 매니저이다. 2007년 그는 사장으로부터 채무자의 20%가 동시에 연체할 확률 추정을 지시받았다. 데이비드는 이런 일이 발생할 가능성이 매우 희박하므로 회사는 신용등급이 낮은 사람들에게 대출하는 것을 걱정할 필요가 없다고 주장했다. 하지만 1년 뒤, 주택담보대출 연체율이 사상 최고치를 기록했다.
   c. 멘디는 불황으로 직장을 잃기 전에 포천지가 선정한 500대 회사 중 한 곳에서 매년 20만 달러의 연봉을 받고 있었다. 경제는 어느 정도 회복되었고 멘디는 몇 번의 스카우트 제의를 받았지만, 연간 20만 달러 이하의 연봉을 제시하는 일자리를 모두 거부하기 때문에 여전히 실업 상태에 있다.

CHAPTER 20

사적 정보가 수반된 의사결정

다른 이들은 모르는 것을 당신이 알게 되면 무슨 일이 일어날까? 혹은 당신이 모르는 일을 다른 이들이 알게 되면 무슨 일이 일어날까? 예를 들어, 당신은 자신이 직장에서 시간을 보내는 법(일을 계속 하는지, 페이스북을 하느라 빈둥거리는지)을 직장 상사보다 더 잘 알고 있다. 당신이 중고차를 살 때, 중고차 주인은 당신이 모르는 것들(차를 잘 관리했는지, 추운 아침에 시동을 걸 때 덜덜 소리를 내는지, 또는 사고가 난 적이 있는지)을 안다. 그리고 당신은 건강보험회사보다 당신이 건강한지, 얼마나 치료가 필요할 것 같은지를 더 잘 안다.

Pcess609/Shutterstock

당신은 모든 진실을 알고 있는가?

목표

모든 사실을 모르더라도 결정을 내리는 법을 배운다.

20.1 판매자가 구매자보다 정보가 많을 때의 역선택
판매자의 사적 정보가 어떻게 판매 상품의 품질을 저하시키고, 시장 결과를 왜곡시킬 수 있는지 알아본다.

20.2 구매자가 판매자보다 정보가 많을 때의 역선택
구매자의 사적 정보가 어떻게 판매자의 비용을 증가시키고, 시장 결과를 왜곡시킬 수 있는지를 알아본다.

20.3 도덕적 해이 : 감추어진 행동의 문제
어떤 행동이 감추어져 있을 때 발생하는 문제를 인식하고 해결한다.

문제는 주로 정보의 차이가 서로 다른 이해관계와 충돌할 때 발생한다. 당신의 상사는 당신이 열심히 일하기를 바라고, 당신은 쉬엄쉬엄 일하기를 원한다. 당신은 좋은 차를 원하지만, 판매자는 그저 거래가 빨리 성사되기만을 바란다. 당신의 보험회사는 당신이 건강하기를 바라지만, 당신은 자신의 건강이 보험회사가 바라는 만큼은 아니라는 걸 알고 있다. 누군가가 당신에게 진실을 말하고 있을 때 당신은 그것을 확실히 알 수 없고, 상대방도 당신에 대해 동일하게 생각할 수 있다. 이러한 상황은 아주 광범위하게 영향을 미치는 정보 오류의 혼란을 초래한다. 이러한 혼란은 수요와 공급을 왜곡시키고 비효율적인 결과를 야기한다. 당신은 정직한 구매자일 수도 있고, 당신이 좋은 상품을 판매할 수도 있겠지만, 다른 이들이 그것을 어떻게 알 수 있겠는가? 다른 이들은 그 사실을 알지 못한다. 이처럼 정보 문제는 시장을 붕괴시키고, 당신이 원하는 물건 구매를 어렵게 하며, 판매자가 정직한 구매자를 만나길 어렵게 한다.

이 장에서 우리의 임무는 구매자나 판매자가 상대방이 쉽게 얻을 수 없는 정보를 가지고 있을 때, 비즈니스를 위한 최선의 방법을 알아내는 것이다. 이러한 정보의 불균형 상황에서 가능한 한 최선의 선택을 만들어내는 방법을 우리는 이 장에서 알아볼 것이다. 또한 우리는 당신의 사업 수행에 필요한 투명성과 신뢰를 회복하기 위한 몇 가지 전략을 개발해볼 것이다. 여러분은 자신과 상사 모두에게 더 나은 고용 관계를 더 잘 협상할 수 있고, 더 잘 절약하는 현명한 쇼핑객이 될 수 있으며, 가능한 최고의 보험료를 받을 수도 있을 것이다. 우리는 이제 앞서 언급한 이 세 부분에 대해 계속 설명해 나갈 것이다. 우선, 판매자의 입장에서 구매자가 모르는 무언가를 알고 있는 상황에 대해 알아볼 것이다. 다음으로, 구매자의 입장에서 판매자가 모르는 구매자 자신에 관한 무언가를 알고 있는 상황에 대해 알아볼 것이다. 끝으로, 행동을 관찰할 수 없을 때 일어날 수 있는 일들에 대해 분석해볼 것이다. 이 장을 마치면 당신은 원하는 정보가 모두 없을 때도, 올바른 선택을 하는 데 필요한 모든 정보를 얻을 수 있을 것이다.

20.1 판매자가 구매자보다 정보가 많을 때의 역선택

학습목표 판매자의 사적 정보가 어떻게 판매 상품의 품질을 저하시키고, 시장 결과를 왜곡시킬 수 있는지 알아본다.

누가 진실을 말하고 있는지를 어떻게 아는가? 자동차 정비사에게 그가 정직한지를 물어볼 때, 그가 정직하다면, 그는 "예"라고 말할 것이다. 그러나 그가 정직하지 않아도, 그는 여전히 "예"라고 아마도 말할 것이다. 당신이 제품이나 서비스를 어떤 사람으로부터 구매하려 할 때 그 사람이 당신이 모르는 정보를 가지고 있다면, 그 사람과 거래할 것인지를 결정하기가 어려울 수 있다. **사적 정보**(private information)는 거래의 한 당사자가 다른 당사자가 모르는 것을 알고 있을 때 발생한다. 이를 '비대칭 정보'라고도 하는데, 이는 당신의 사적 정보가 당신과 상대방 사이에 비대칭을 만들어내기 때문이다. 이 절에서는 판매자가 상품의 품질에 대한 사적 정보를 가지고 있을 때 발생하는 문제에 초점을 맞출 것이다. 이런 상황에서 구매자는 바가지를 쓰지 않도록 주의할 필요가 있다.

사적 정보 거래의 한 상대가 다른 이들이 모르는 무언가를 알고 있을 때

Photo 12/Alamy

그럼, 나는 왕자야!

감추어진 품질 그리고 레몬을 얻을 위험성

중고차를 사 본 적이 있다면, 당신은 판매자가 알고 있는 이 차의 정보(결함, 내력, 신뢰성)에 대해 아마도 궁금해본 적이 있을 것이다. 중고차를 구매하는 것에는 위험이 뒤따르기 마련이다. 왜냐하면 당신이 레몬(연달아 문제를 일으키는 고철 덩이 같은 차)을 사게 될 지도 모르기 때문이다. 안타깝게도, 자동차를 오랫동안 많이 다루어 보지 않고서는 이러한 문제들을 알아차리기가 쉽지 않다.

중고차를 살 때의 문제는 판매자가 사적 정보를 가지고 있다는 것이다. 판매자는 자신이 레몬을 가지고 있는지를 경험으로 알고 있다. 그들은 아주 급하게 제동 혹은 가속을 하는 것과 같이 유지보수에 비용이 많이 드는 방식으로 운전했는지 아니면 정상적으로 운전을 했는지를 알고 있다.

Konstantinos Moraitis/Alamy

이것은 레몬인가?

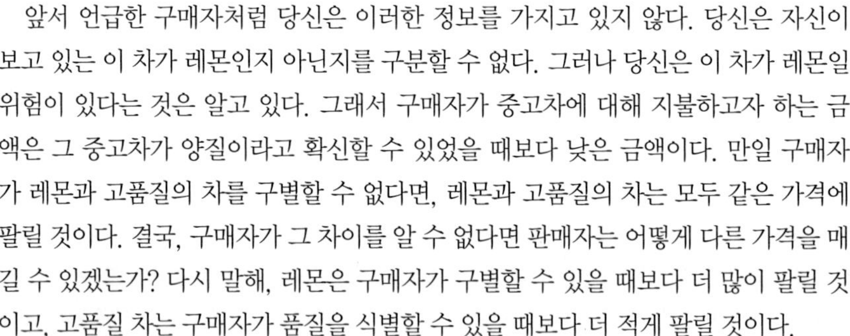

앞서 언급한 구매자처럼 당신은 이러한 정보를 가지고 있지 않다. 당신은 자신이 보고 있는 이 차가 레몬인지 아닌지를 구분할 수 없다. 그러나 당신은 이 차가 레몬일 위험이 있다는 것은 알고 있다. 그래서 구매자가 중고차에 대해 지불하고자 하는 금액은 그 중고차가 양질이라고 확신할 수 있었을 때보다 낮은 금액이다. 만일 구매자가 레몬과 고품질의 차를 구별할 수 없다면, 레몬과 고품질의 차는 모두 같은 가격에 팔릴 것이다. 결국, 구매자가 그 차이를 알 수 없다면 판매자는 어떻게 다른 가격을 매길 수 있겠는가? 다시 말해, 레몬은 구매자가 구별할 수 있을 때보다 더 많이 팔릴 것이고, 고품질 차는 구매자가 품질을 식별할 수 있을 때보다 더 적게 팔릴 것이다.

품질을 알 수 없는 차에 대해 구매자가 지불하고자 하는 금액도 판매자가 판매를 위해 시장에 내놓을 차의 종류에 영향을 준다. 중고차 시장의 잠재적 판매자로서, 당신이 내릴 수 있는 결정의 유형을 알아보기 위해 시간을 빨리 돌려보자.

고품질 상품의 판매자는 팔지 않는 걸 선택할 수 있다. 아마도 당신은 졸업 후에 대중교통이 발달된 도시에 취직할 것이다. 출근하기 위해 차가 필요하지 않을 것이고, 당신의 차를 그곳으로 옮기게 되면 비용이 많이 들 것이다. 그래서 당신은 차를 팔아야 할지를 고민할 것이다. 중요한 것은, 당신은 이 차가 아주 좋은 상태이고 잘 관리되었다는 것을 안다는 것이다. 그러나 당신이 그 차를 팔 때, 구매자는 그 차가 좋은 상태의 차인지 레몬인지를 구별할 수 없다는 것이다. 결과적으로, 그들은 당신의 차에 낮은 가격을 제시할 것이다. 따라서 당신은 그 차를 팔고 얻을

수 있는 가격과 당신이 생각하는 대체 가치를 비교하게 될 것이다. 새로운 도시로의 로드 여행은 재밌을 것 같고, 차가 필요하지 않을 때도 있지만, 그래도 있으면 편리할 것이다. 고품질의 차를 가지고 있을 때의 이점과 차를 팔았을 때 얻게 될 낮은 가격을 비교하면서 당신은 결국 그 차를 그대로 가지고 있기로 결정할 것이다. 당신과 같은 고품질의 차를 처분하려는 잠재적 판매자는 차의 가치를 상쇄할 만큼의 충분한 금액을 받지 못한다고 판단될 때 차를 팔지 않기로 결정함에 따라 중고차 시장에는 고품질의 차들이 더 적게 나올 수밖에 없을 것이다.

레몬의 판매자는 더 팔려고 한다. 이번에는, 같은 상황에서 당신의 차가 레몬이라는 것을 알 때의 선택을 고려해보자. 그 차는 연료 타는 냄새가 나고, 당신은 때때로 변속기가 미끄러지는 것을 느낄 수 있다. 이 차는 당신에게 그다지 가치가 없다. 즉, 당신은 이 차가 새로운 장소로 두루 다닐 수 있을 거라고 믿지 않으며, 이 차를 이용하는 것보다는 오히려 수리에 더 많은 시간이 소요될 것으로 생각할 것이다. 당신이 이 차를 팔려고 할 때, 구매자는 이 차가 레몬이라는 것을 모른다. 구매자가 당신에게 왜 이 차를 파느냐고 묻는다면, 당신은 아마도 새로운 직장 때문에 이사를 해야 해 이제는 이 차가 필요하지 않다고 말할 것이다. 어쨌든 이러한 일들은 사실이다! 당신은 이 차가 레몬임을 언급해야 한다는 것을 알지만 언급하지 않는다. 아마 당신은 그 중고차가 다음 구매자에게도 별 문제가 없을 거라고 스스로에게 확신시키고 있을지도 모른다.

구매자는 당신의 차가 고품질의 차인지, 레몬인지 구별하지 못한다. 하지만 그 차가 고품질일 수도 있기에, 그 차가 레몬이라고 확신할 때보다 높은 값을 지불할 것이다. 당신은 이러한 제안들이 훌륭하다고 생각하지만, 결국 당신은 구매자에게 레몬을 떠넘기고 있는 것이다! 이는 구매자가 지불하려는 차에 대한 가격이, 당신이 생각하는 차의 가치보다 높다는 것을 의미한다. 그래서 당신은 그 제안을 받아들인다. 당신과 같은 신뢰할 수 없는 차를 떠넘기려 하는 판매자가 레몬의 가치보다 높은 값을 받을 수 있다는 이유로 차를 팔기로 한다면, 중고차 시장에는 더 많은 레몬이 있을 수밖에 없을 것이다.

판매자의 역선택은 시장을 붕괴시킬 수 있다. 레몬 소유주는 자동차의 실제 가치보다 비싼 값을 받고, 고품질 자동차 소유주는 실제 가치보다 싼 값을 받는 이 두 가지 사례를 종합해보면, 모든 사람이 같은 정보를 가지고 있을 때보다 정보의 비대칭성이 있을 때 중고차 시장에서 레몬이 더 많이 팔릴 수 있음을 확인하였다. 따라서 일반 주차장에서보다 중고차 판매점에서 레몬을 보게 될 가능성이 더 커진다. 이것이 **판매자의 역선택**(adverse selection of sellers)으로, 구매자가 품질을 알 수 없을 때, 판매되는 상품들이 주로 낮은 품질의 상품으로 구성되는 경향을 보인다. 이는 판매자가 제공할 상품을 선택하므로, 판매자가 낮은 품질의 상품을 제공함에 따라 구매자에게 불리한 역선택이 발생하는 것이다.

판매자의 역선택 구매자가 품질을 알 수 없을 때, 상품 혼합이 더 낮은 품질의 상품으로 치우치는 경향

그림 20-1은 판매자의 역선택의 문제를 강조한다. 낮은 품질의 물건을 살 위험성은 구매자가 지불하려고 하는 금액을 낮추고, 낮은 가격이 형성된 시장은 고품질을 제공할 판매자를 더 적게 만든다. 즉, 판매되는 상품들이 더 낮은 품질로 구성된다는 것을 의미한다. 그리고 시장에서 낮은 품질의 상품 비중이 높아지면, 더 큰 가격 하락을 유발하는 현상은 지속되어 나중에는 고품질 상품을 퇴출시키게 된다.

이러한 순환은 낮은 품질의 상품만 시장에 남을 때까지 계속된다. 그래서 종종 이것을 '역선택의 악순환'이라고 부르기도 한다. 이렇게 되면 시장의 가격은 레몬의 가격이 될 것이고, 시장에서는 레몬만 팔리게 될 것이다. 예를 들어, 뉴욕 거리의 상인들이 파는 진짜 롤렉스 시계나 진짜 코치 가방은 과연 몇 개나 될 것인가?

그림 20-1 | 판매자의 역선택

구매자가 품질을 알 수 없을 때,
상품 혼합이 더 낮은 품질의 상품으로 치우치는 경향

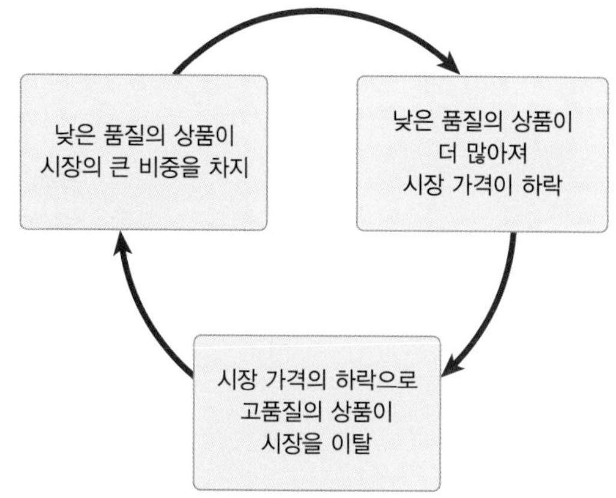

주요 예시 : 중고차 시장의 레몬

시장에 모조품이 너무나 만연하다 보니 구매자는 판매자가 진짜 상품을 공급할 수 없을 정도로 낮은 가격에 구매하려 함에 따라 이곳은 가짜만을 위한 시장이 되고 만다.

경제학 실습

이 모든 것이 어떻게 작동하는지를 알아보기 위해 중고차 시장을 좀 더 자세히 분석해보자. 우리는 구매자가 지불하고자 하는 가격이 어떻게 자동차 판매 결정에 도움을 주는지를 알아본 다음, 그것이 어떻게 구매자가 지불하고자 하는 금액으로 돌아가는지를 알아본다.

구매자의 입장에서 시작해보자. 이 예시에서, 구매자는 레몬의 가치를 2,000달러로 두고, 좋은 차를 1만 2,000달러라고 가정하자. 또한 구매자는 위험에 무차별한 위험 중립적이라고 가정하자.

만약 판매되는 자동차의 20%가 레몬이라면, 구매자가 지불하고자 하는 가격은 얼마인가?

먼저, 중고차의 평균 가격을 알아보자. 판매되는 자동차 중 20%가 레몬이기 때문에, 이 차들은 구매자에게 2,000달러의 평균 가치를 갖게 된다. 반면, 80%는 고품질의 차이므로, 이 차들은 구매자에게 1만 2,000달러의 평균 가치를 갖게 된다.

구매자에게 중고차의 평균 가격 = 20% × $2,000 + 80% × $12,000 = $10,000

이제 판매자의 입장에서 생각해보자. 차를 팔려고 하는 100명의 사람이 있다. 그들 중 20명은 2,000달러 정도에 레몬을 팔려고 하는 사람들이다. 30명은 차를 팔아야 할 사정이 있지만, 적어도 5,000달러는 받으려고 하는 고품질의 차를 가진 사람들(이들은 더 낮은 가격을 받을 바에는 차를 친척에게 주려고 할 것이다)이다. 그리고 나머지 50명의 사람은, 자신의 좋은 차를 굳이 차를 팔 필요가 없으므로 적어도 1만 1,000달러를 받아야 차를 팔려고 할 것이다.

모든 중고차 중 레몬의 비율을 얼마나 되는가?

100대의 자동차 중 20대의 레몬 = 자동차의 20%가 레몬이다.

구매자가 중고차 구매에 1만 달러를 지불할 용의가 있다면, 판매될 자동차 중 레몬의 비율은 어떻게 되는가?

레몬을 파는 20명의 판매자와 팔아야 할 사정이 있는 고품질의 차를 가진 30명의 판매자가 있다. 고품질의 차를 가진 나머지 50명은, 최소 판매금액이었던 1만 1,000달러 밑으로는 팔지 않을 것이므로 판매하지 않는다.

레몬의 비율 = 20/(20 + 30) = 20/50 = 40%

구매자가 어떻게 반응할지 알아보자.

판매되는 자동차 중 40%가 레몬이라면, 위험 중립적인 구매자는 중고차 구매에 얼마나 지불할 용의가 있는가?

중고차의 평균 가격 = 40% × $2,000 + 60% × $12,000 = $8,000

중고차 시장 가격은 구매자가 8,000달러까지 지불할 용의가 있고, 판매되는 차들 중 40%가 레몬인 상태에서 안정화된다.

확장 : 만약 중고차의 75%가 레몬이라면 어떻게 되는가?

구매자 : 중고차의 평균 가격 = 75% × $2,000 + 25% × $12,000 = $4,500

판매자 : 오직 레몬의 판매자가 자동차를 판매할 것이다.

구매자의 반응 : 만약 모든 차가 100% 레몬이라면, 가격 = $2,000

첫 번째 예시에서, 시장 가격은 8,000달러에서 안정화되고 그 가격은 평균 중고차의 가격보다 낮다. 판매되는 중고차의 대다수가 레몬처럼 보이지만, 일부 고품질의 차들도 여전히 팔리고 있다. 그러나 앞의 확장에서 살펴본 것처럼 레몬의 비율이 높으면 고품질 중고차는 시장에서 퇴출되게 된다. 구매자가 레몬과 고품질의 차를 구별하지 못하기 때문에 중고차 시장은 붕괴된다. 이런 과정을 통해 시장에서 판매되는 차들이 모두 레몬이 되는 것이다. ■

일상경제학 **당신이 친척이나 친구로부터 중고차 사는 것을 고려해야 하는 이유**

중고차 시장의 문제는 고품질의 차를 제값에 팔 수 없다는 것이다. 즉, 가족이나 친한 친구처럼 당신이 신뢰할 수 있는 사람이 차를 팔려고 생각 중이라면, 그것은 당신이 좋은 거래를 할 수도 있다는 것을 의미한다. 비록 당신이 가족에게 일반적인 중고차 시장의 가격보다 더 많은 돈을 지불한다고 해도, 당신은 이 차가 레몬이라면 가족이 진실을 말할 것이라는 사실을 알기 때문에 이익이 된다. 그래서 중고차는 종종 가족이나 친구에게 팔린다. 이러한 판매는 양쪽 모두에게 이익이다. 만약 당신이 여동생으로부터 자동차를 구매한다면, 동생은 당신에게 차의 상태에 따른 적절한 가격을 청구할 수 있다. 그리고 당신은 믿을만한 차를 운전한다는 사실에 위안을 얻을 수 있다. 따라서 신뢰하는 사람에게 중고차를 구매함으로써 레몬 문제를 해결할 수 있다. ■

Car Collection/Alamy Stock Photo

멋지지 않을 수도 있지만, 당신은 적어도 이 차가 레몬이 아니라는 것은 안다.

역선택과 고품질의 제품을 구매할 능력

지금까지 품질을 알기 힘든 경우에는 판매자가 낮은 품질의 상품을 공급할 가능성이 크다는 것을 알아보았다. 이는 결국 구매자의 지불용의액을 낮추고 고품질의 상품을 파는 판매자가 시장을 떠나도록 만든다.

따라서 수요와 공급의 힘이 비효율적인 결과로 나아가는 시장 실패가 나타난다. 많은 사람이 시장 실패로 인해 어떤 제품을 사거나 팔지 못하게 된다. 특히 고품질의 제품도 그렇다. 심지어 고품질의 물건을 사는 구매자의 한계편익이 그것을 공급하는 판매자의 한계비용을 초과할 때도 마찬가지이다. 구매자는 고품질의 제품을 파는 믿을만한 판매자를 찾을 수 있다면 이득을 본다. 또한 그 구매자는 기꺼이 마땅한 가격을 지불하려고 할 것이다. 고품질의 제품을 파는 판매자도 좋은 가격에 물건을 사려는 구매자를 만날 수 있다면 이득을 보게 된다. 그러나 구매자가 자신이 레몬을 사는지 구별할 수 없기에, 판매자는 제품의 품질에 맞는 높은 가격에 물건을 팔 수 없다. 구매자가 레몬을 구별할 수 없다면, 이들이 고품질의 상품을 구매하기 위해 많은 돈을 지불하기를 꺼리는 것은 당연하다. 판매자는 구매자가 레몬을 사도록 속일 수 있기에, 구매자가 걱정하는 것 또한 당연하다. 문제는 그들이 제대로 된 제품을 얻을 수 있을지 확신할 수 없다는 것이다. 판매자에게 구매자보다 품질에 대한 더 많은 정보가 있을 때, 불신은 시장이 제대로 기능하지 못하여 많은 판매자와 구매자에게 불이익을 준다.

역선택 문제는 판매자가 사적 정보를 가지고 있다면 언제든 발생한다. 레몬 문제는 단순히 중고차에서 그치지 않는다. 문제는 판매자가 구매자보다 더 많은 정보를 가지고 있을 때 언제든지 발생한다. 구매자로서, 당신은 본인이 가지고 있는 것이 무엇인지 알기 위해 역선택 문제를 조심해야 한다. 다음은 몇 가지 실제 사례이다.

- 온라인에서 티파니 목걸이를 사고 싶을 때 목걸이가 가짜인지 어떻게 알 수 있는가? 이베이의 쇼핑객들은 판매되는 목걸이 중 일부가 가짜라고 의심하기 때문에 할인을 요구한다. 하지만 진짜 티파니 목걸이를 판매하는 사람들은 이 할인된 가격으로 판매하는 것을 꺼린다. 결과적으로 진짜 티파니 목걸이 판매가 줄어들면서 가짜 상품이 상대적으로 더 많

이 퍼지게 되고, 이로 인해 이베이에서 판매되는 70%의 티파니 제품이 가짜로 드러났다.

- 당신은 건강 보조제를 사고 싶어 한다. 하지만 그 캡슐 안에 무엇이 들어있는지 어떻게 아는가? 약속한 재료 대신에 값싼 내용물을 사용하는 공급자는 더 낮은 가격에 더 많은 이익을 얻을 것이므로 가짜 제품을 파는 판매자가 더 늘어날 것이다. 실제로, 뉴욕 검찰총장실에서 약초 보조식품을 검사했을 때, 5개 중 4개는 약속한 재료들을 포함하고 있지 않았고, 많은 보조 식품들이 실내 화초 같은 값싼 내용물로 채워져 있다는 것을 발견했다.
- 당신은 자연산 연어를 사고 싶어 한다. 하지만 이 연어가 자연산 연어인지 양식 연어인지를 어떻게 아는가? 소비자들은 값싼 물고기가 비싼 물고기로 위장되었는지 구별할 수 없다. 그래서 가짜들이 판매되면서 가격은 하락한다. 하지만 가격이 하락하면 해면어업의 어업인들이 진짜 자연산 연어를 공급하여 수익을 남기기가 어렵게 된다. 한 변호 단체인 오세아나는 전국 수백 개의 소매점으로부터 1,000개 이상의 해산물 샘플에 대한 DNA 검사를 실시했고, 이 중 3분의 1이 그들이 말한 것과 다르다는 것을 발견했다.
- 당신은 회사의 주식을 사서 돈을 투자하고 싶을지도 모른다. 그러나 조심하라. 기업의 임원들은 회사의 주가가 과대평가 되었다고 생각할 때 신주를 더 발행하려고 한다. 매수자들은 그 회사의 임원들보다 정보가 적기 때문에, 이 주식이 과대평가 되었는지 알아내기 힘들다. 따라서 매수자들이 지불하려는 금액은 낮아진다. 금액이 낮아지면 저평가되거나 올바르게 평가된 기업들이 주식을 발행하는 것이 어려워진다. 결과적으로, 새로 발행된 주식은 불균형적으로 과대평가된 회사들로 구성된다.

James Baigrie/Getty Images

어떤 것이 자연산 연어인지 구별할 수 있는가?

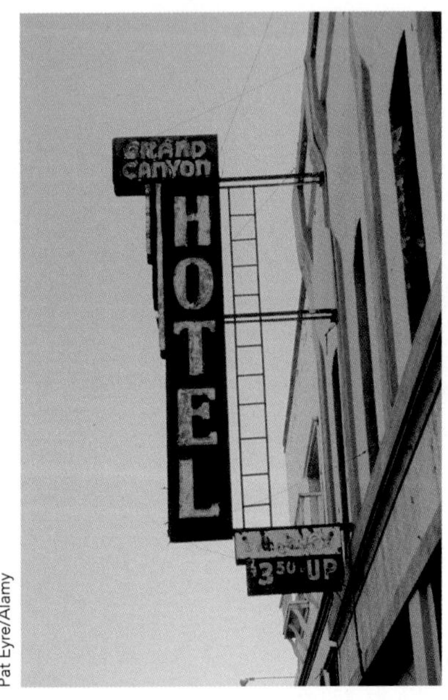

Pat Eyre/Alamy

그러나 웹사이트에서는 이곳이 멋진 호텔이라고 언급했다.

이러한 상황에서, 단순히 일부 제품의 품질이 다른 제품보다 높다는 것만이 문제가 아니다. 판매자는 제품의 품질을 알지만, 구매자는 그들이 구매하려는 제품의 품질을 정확히 알 수 없다는 것이 문제이다. 이는 구매자의 지불용의액을 낮추며, 고품질 제품의 판매자를 퇴출시키는 동시에 낮은 품질의 상품 판매자가 시장 대부분을 점유하게 만든다. 역선택 문제가 심각해진다면 시장은 낮은 품질 제품을 공급하는 판매자로만 구성될 것이다.

가격이 믿을 수 없을 정도로 저렴하다면, 회의적으로 생각하라. 구매자가 낮은 품질의 제품을 파는 판매자가 몇 명이나 되는지 항상 알 수는 없다. 그래서 많은 사람은 품질의 지표로 가격을 이용한다. 만약 가격이 믿을 수 없을 정도로 저렴하다면, 그것은 실제로 고품질이 아닐 가능성이 크다. 가격이 낮게 형성되어 있다면 그것은 시장에 질 낮은 상품과 서비스가 많다는 지표이기도 하다. 그러나 주의하라. 가격이 높다고 해서 품질이 좋은 것은 아니다. 당신이 높은 가격을 보고 해당 상품이 좋을 것으로 생각한다면, 낮은 품질의 제품을 파는 판매자는 단순히 높은 가격을 책정하여 당신을 속이려 할 것이다. 제품의 품질을 알 수 없을 때 가격으로 품질을 구별하려고 해서는 안 된다.

판매자의 역선택을 해결하는 법

다행히도, 판매자가 사적 정보를 가지고 있을 때 발생할 수 있는 역선택 문제를 해결할 방법이 있다. 당신이 판매자일 때, 아래의 방법들은 당신이 더 나은 정보를 제공하게 하여 구매자가 당신의 물건을 더 마음 편히 구매할 수 있도록 한다. 그리고 당신이 구매자일 때, 아래의 방법들은 당신이 고품질과 낮은 품질 상품을 구별할 수 있게 해준다.

> 해결책 :
> 1. 구매자는 제3의 인증기관에게 알아볼 수 있다.
> 2. 판매자는 제품의 품질에 대한 신호를 보낼 수 있다.
> 3. 정부는 정보를 늘리거나 품질이 낮은 상품을 제거할 수 있다.

해결책 1 : 구매자는 제3의 인증기관에게 알아볼 수 있다. 지금까지 살펴본 바와 같이, 정보의 격차는 구매자와 판매자 모두에게 비용을 유발한다. 현명한 기업가라면 이러한 격차를 해결하기 위한 사업을 할 수도 있다. 예를 들어, 카팩스는 수만 개의 자료를 검사하여 자동차의 소유권

기록, 유지관리 기록, 자동차의 사고 여부를 확인하는 웹 기반 회사이다. 개인 구매자가 이것을 스스로 하는 것은 어렵겠지만, 신뢰할 만하고 독립적이며 제3의 인증기관인 카팩스 같은 기업은 효과적으로 정보를 수집하고 공유하면서 역선택 문제를 해결하는 데 도움이 될 수 있다. 이는 판매자만이 보유한 사적 정보의 양을 줄이면서 제3의 인증기관으로 운영되는 사업의 예이다. 제3의 인증기관은 신뢰할 수 있는 정보를 수집하고 그것을 잠재적 구매자들에게 제공하므로, 그들이 고품질의 제품을 쉽게 알아볼 수 있게 한다.

Betty LaRue/Alamy Stock Photo

제3의 검증자는 레몬을 찾는 데 도움이 될 수 있다.

제3의 인증기관은 구매자가 제품의 품질에 대해 아는 데 도움을 준다. 정비사는 당신이 구매하려는 자동차의 현재 상태에 대한 정보를 줄 수 있는 또 다른 정보원이므로, 정비사도 제3의 인증기관이다. 당신이 중고차를 살 때, 카팩스와 같은 제3의 인증기관의 보고서를 확인하거나, 정비사에게 점검을 받는 것이 좋다.

제3의 인증기관은 여러 상품을 위해 존재한다. 컨슈머 리포트는 자전거 헬멧부터 주방 싱크대까지 모든 제품의 신뢰도를 검사하고 그것의 품질에 대해 보고한다. 유에스 뉴스 앤드 월드 리포트는 입학 희망자들이 스스로 모으기 힘든 데이터를 이용하여 대학들의 순위를 매긴다. 무디스는 돈을 빌리려는 기업들의 신용도를 평가한다. 따라서 당신은 어떤 회사채가 가장 안전한지 알 수 있다.

다른 기관들은 전문 서비스 종사자에 대해 유용한 정보를 공개하는 인증서를 제공한다. 예를 들어, 당신의 가장 큰 관심사를 알고 있는 박학다식한 재정 자문가를 찾고 싶다면, 전국 개인 재정 고문 협회에서 찾아볼 수 있다. 이 협회에서는 특정 투자를 추천한 대가로 어떤 뇌물도 받지 않도록 잘 훈련된 재정 고문만을 인증한다.

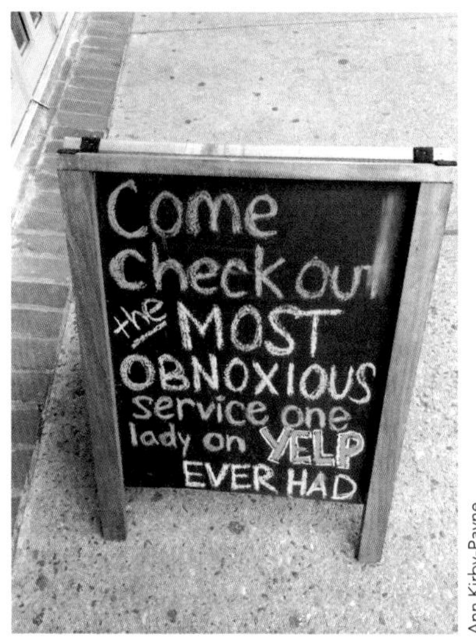

Ann Kirby-Payne

경고받지 않았다고 말하지 말라.

제3의 인증기관은 구매자가 과거 고객의 경험에 대해 알 수 있도록 도와준다. 일부 제3의 인증기관들은 과거 고객의 경험을 종합한다. 인터넷 덕분에 경험을 더 쉽게 공유할 수 있게 되면서, 많은 회사는 고객들에게 어떤 판매자가 고품질의 상품과 서비스를 제공하는지 알리기 위해 인터넷을 사용하고 있다. 앤지스 리스트, 옐프, 트립어드바이저, 아마존과 같은 회사는 제품 및 서비스에 대해 고객이 매긴 등급과 리뷰를 제공한다. 당신이 중요한 구매를 앞두고 있다면 다양한 출처의 리뷰를 집계하는 와이어커터라는 웹사이트를 참조하는 것도 좋다. 잠재적인 구매자가 과거 고객의 경험에 쉽게 접근할 수 있다면, 조잡한 제품을 제공한다는 평판이 빠르게 퍼질 수 있기에 고객을 잘 대할 유인이 더 커진다.

해결책 2 : 판매자는 제품의 품질에 대한 신호를 보낼 수 있다. 특히 사적인 정보가 있을 때, 말보다는 행동이 중요하다. 판매자가 단순히 자신의 제품이 얼마나 훌륭한지 말하는 것은 의미가 없다. 이는 그들의 말을 믿어야 할 이유가 없기 때문이다. 그러나 그들은 어떤 행동을 함으로써 그들의 사적 정보를 드러낼 수 있다. **신호발송**(signal)은 사적 정보를 확실하게 전달하기 위한 행동이다. 제12장에서 우리는 교육이 어떻게 근로자들이 유능하고 끈기 있는 자들임을 고용주에게 신뢰할 수 있게 알리는 유용한 방법이 될 수 있는지를 살펴보았다. 사적 정보는 노동시장의 문제이다. 노동자(노동의 판매자)는 그들이 얼마나 유능하고 끈기가 있는지 알지만, 구매자(고용주)는 그렇지 않기 때문이다. 고용주는 단지 질문하는 것만으로 이를 알아낼 수가 없다. 구직 면접에서 "물어봐주셔서 감사합니다. 저는 능력도 없고 끈질기지도 않아요"라고 대답하는 사람은 없기 때문이다. 따라서 고용주들은 그러한 질문 대신에 학위 취득 같은 정보에 의존한다.

신호발송 자신의 사적 정보 또는 다른 사람이 확인하기 힘든 정보를 신뢰하도록 전달하는 행동

판매자가 자기 상품의 진정한 품질을 알리기 위해 사용할 수 있는 신호들이 있다. 유용한 신호는 좋은 제품과 나쁜 제품을 구별하는 데 도움이 된다. 그러나 신호가 잘 작동하려면, 고품질 제품의 판매자가 신호를 보내는 것보다 낮은 품질 제품의 판매자가 신호를 보내는 것이 훨씬

비싸야 한다. 그렇게 해야 오직 고품질 제품 판매자만이 신호를 보낼 것이다.

예를 들어, 자신이 좋은 중고차를 판매한다는 신호를 보내고 싶은 자동차 딜러는 첫 구매 후, 필요한 수리비용을 지불하겠다는 보증서를 제공한다. 레몬을 파는 사람이 그런 보증서를 제공한다면 비용이 많이 들게 될 것이다. 만약 레몬 판매자가 보증서를 제공하는 데 돈이 많이 든다면 고품질의 중고차에는 보증서가 제공되고 레몬에는 제공되지 않게 될 것이다. 비슷한 이유로, 고품질의 중고차를 제공하려는 사람은 정비 기록을 보여주고, 정비 검사 비용을 지불해주기도 하고, 카팩스 보고서를 줄 수도 있다.

이런 신호는 구매자가 레몬을 사는지, 고품질의 제품을 사는지를 구별하는 데 도움이 된다. 또한 이런 신호는 고품질 제품의 판매자가 신호를 보낼 가치가 훨씬 클 때만 신뢰할 수 있다. 이로 인해 신뢰할 수 있는 고품질의 제품이라고 신호를 보내는 제품과 그렇지 않은 제품 간의 가격 차이가 발생한다. 예를 들어, 보증서가 있는 자동차는 보증서가 없는 자동차에 비해 더 많이 팔린다. 중요한 것은 이러한 가격 차이는 보증서의 가치를 반영할 뿐만 아니라 품질 보증이 구매자에게 이 차가 고품질 자동차라는 신호를 보내는 사실도 반영한다는 점이다. 레몬 소유자가 보증서를 제공하기에는 너무 큰 비용이 든다면, 보증서의 유무를 통해 당신은 고품질 중고차를 고려할지, 레몬을 고려할지를 효과적으로 알 수 있다.

해결책 3 : 정부는 정보를 늘리거나 품질이 낮은 상품을 제거할 수 있다. 정부 정책은 세 가지 방법으로 도움을 준다. 첫 번째는 구매자에게 직접적인 정보를 주는 것이다. 두 번째는 판매자에게 진실한 정보를 공개하도록 동기를 부여하는 것이다. 세 번째는 품질을 규제하여 최저 품질의 제품을 판매하는 사람을 시장에서 배제하는 것이다.

정부는 정보를 공개한다. 당신은 유기농 농산물을 구입할 가치가 있는지 궁금해본 적이 있는가? 대답하기 전에, 당신이 구매했던 '유기농' 농산물이 실제로 유기농으로 재배되었는지 여부를 알 수 있는지를 생각해보자. 수년 동안 그것은 사실상 불가능했다. 하지만 미국 농무부는 유기농 상표를 붙이기 위해 농부들이 해야 할 일을 정의하는 규정을 제정하였다. 이제 정부의 공식적인 유기농 인증 표시를 볼 때, 당신이 사고 있는 제품에 대해 알 수 있다.

Byron Hirsch/EyeEm/Getty Images

끔찍한 과거가 있는 집을 사고 싶은가?

정부는 판매자가 사적 정보를 공개하도록 장려책을 사용한다. 정부는 판매자가 알고 있는 정보를 밝히도록 장려책을 사용하여 정보 격차를 해소하려고 한다. 예를 들어, 당신이 집을 팔고 싶다면, 법에 따라 당신이 알고 있는 어떤 문제, 즉 지붕을 교체해야 한다거나 석면을 제거해야 하는 것 등을 공개해야 한다. 일부 주에서, 판매자는 그 집에서의 사망한 이력이나 유령의 집이라는 평판과 같은 특이사항 또한 공개해야 한다. 이러한 아이디어는 유령이 있는지가 중요한 것이 아니라, 구매자의 지불용의에 영향을 미칠 수 있는 정보라면 어떤 정보라도 공개해야 한다는 취지에서 출발하였다.

정부는 최저 품질의 제품을 금지할 수 있다. 저품질 상품을 파는 판매자를 단순히 제거하는 것이 가장 좋을 수도 있다. 예를 들어, 당신은 약에 대해 아무것도 모르는 의사를 원하지 않을 것이다. 그러므로 최소한의 서비스 품질을 보장하기 위해, 의학을 포함한 많은 직업군에서 직업 면허를 요구한다. 마찬가지로, 미국 식품의약국 및 소비자 제품 안전 위원회와 같은 연방 및 주 기관은 시장에서 저품질 제품을 효과적으로 제거하기 위해 일부 세품에 대해 최소 품질 수준을 설정했다. 만약 공급자들이 품질이 낮은 제품을 판매하는 것이 허용되지 않으면, 그들의 사적 정보와 그에 따른 역선택 문제는 사라진다.

20.2 구매자가 판매자보다 정보가 많을 때의 역선택

학습목표 구매자의 사적 정보가 어떻게 판매자의 비용을 증가시키고, 시장 결과를 왜곡시킬 수 있는지를 알아본다.

앞의 내용에서 구매자가 모르는 정보를 판매자만 알고 있을 때 어떤 일이 일어나는지 살펴보았다. 이번에는 반대로 판매자는 모르는 정보를 구매자가 알고 있을 때, 어떤 일이 일어나는지 살펴보자. 이런 정보 격차는 비슷한 문제를 야기하지만, 이번에는 구매자가 역선택을 하는 경우이다. 이 경우는 고품질의 제품이 너무 적은 것이 문제가 아니라 고객의 질이 문제가 된다.

고객의 '품질'이 어떻게 다를 수 있는가? 일부 고객은 다른 고객보다 판매자에게 더 적은 비용을 발생시킨다. 예를 들어, 돈을 빌린 고객들은 돈을 갚을 가능성이 다 다르다. 따라다니며 괴롭혀야 빌려준 돈을 갚는 사람보다, 제때 돈을 갚는 사람에게 돈을 빌려주는 것이 비용이 덜 든다. 에어비앤비에서 방을 구하는 사람들은 그들이 얼마나 깔끔하고 단정한지에서나 재산에 피해를 줄 수 있는지에서 차이가 있다. 따라서 일부 임차인은 다른 임차인보다 임대로 인한 비용이 적게 든다. 그리고 건강보험 시장에서, 건강한 사람들은 많은 치료가 필요한 아픈 사람들에 비해 비용이 적게 든다. 공급자의 문제는 고객이 사적 정보를 가지고 있다는 것이다. 판매자는 알 수 없지만, 고객은 자신이 비용을 많이 발생시킬지 그렇지 않을지를 알 수 있다. 이것이 어떻게 시장을 형성하는지 알아보자.

감추어진 품질 그리고 비용이 많이 드는 고객의 위험성

한나 존슨은 소규모 비영리 의료보험협회의 CEO이다. 비영리사업을 하고 있기 때문에, 그녀의 목표는 보험에 가입한 사람들의 의료비 충당에 필요한 만큼만 지불금을 받는 것이다. 그녀는 평균적인 의료비 지출보다 조금 더 높은 가격으로 보험을 팔기 위해, 지역의 평균적인 연간 의료비를 알아내고자 연구팀을 고용했다. 예를 들어, 만약 그녀가 사는 마을의 연간 평균 의료비가 1인당 5,000달러라면, 그녀는 5,000달러보다 조금 높은 가격에서 건강보험을 판매하여 자신의 간접비를 충당할 수 있기를 기대한다.

많은 의료비를 예상하는 사람들은 보험을 더 많이 구입한다. 한나는 그 지역의 평균 의료비만 알고 있지만, 그녀의 고객들은 그녀가 모르는 것들을 알고 있는 것으로 나타났다. 고객 중 일부는 그들이 유전적으로 암에 걸리기 쉽다는 것을 알고 있고, 일부는 당뇨병에 걸렸다고 의심하고 있고, 이밖에 임신을 계획하는 사람도 있다. 이러한 잠재적 고객들은 각각 평균보다 높은 의료비용을 발생시킬 사적 정보가 있다. 만약 한나가 평균적인 의료비로 그녀의 보험을 판매한다면, 그녀의 보험은 이 사람들에게 큰 도움이 될 것이다. 평균보다 높은 의료비용이 들 것으로 예상하는 사람이라면 누구나 한나의 비영리 단체의 의료보험에 가입할 수 있어 좋아할 것이다.

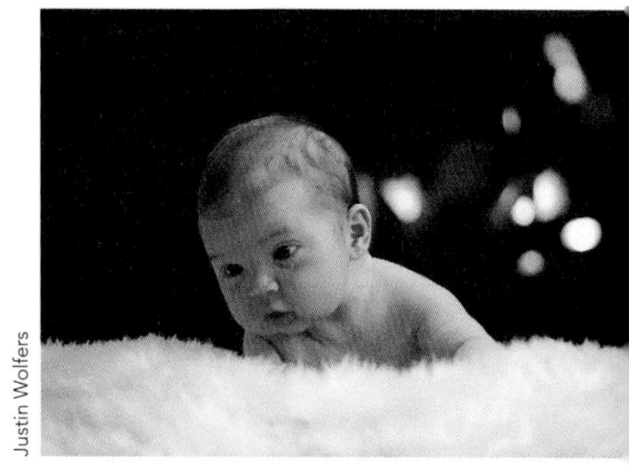
Justin Wolfers

모든 것이 계획대로 진행된다고 가정해도 출산에는 1만 달러 이상의 비용이 든다.

의료비가 거의 들지 않을 것이라고 예상하는 사람들은 보험을 더 적게 구입한다. 자신의 건강하다는 것을 아는 사람들도 있다. 그들은 젊고 건강하며 안전하게 운전한다. 물론 누구나 암에 걸릴 수 있고 사고를 당할 수도 있지만, 이 사람들은 자신이 비용을 많이 발생시키는 고객이라고 생각하지 않는다. 건강한 사람들은 보험을 소중하게 생각하지만, 예상되는 의료비용이 연간 2,000달러에 불과하다면 지역사회 평균 비용인 5,000달러로 책정된 보험료가 실제로 가치가 있는지에 대해 의문을 제기한다. 그들은 보험료를 지불할 용의는 있지만, 비교적 저렴한 경우에만 보험에 가입하려 할 것이다. 즉, 이러한 건강한 사람들 중 일부는 지역사회 평균 의료비로 보험료를 책정할 때 그것은 너무 비싸서 그들에게 가치가 없다고 여길 것이다. 결과적으로, 그들은 건강보험에 가입하지 않을 것이다.

구매자의 역선택은 시장을 붕괴시킬 수 있다. 한나가 누구의 의료비 지출이 클지 알 수 없다면, 그녀는 모두에게 똑같은 건강보험 비용을 청구할 것이다. 그 비용은 지역사회 평균 비용인 5,000달러를 약간 상회하는 수준으로 형성된다. 그렇게 된다면 일부 건강한 사람들은 보험에 가입하고 싶어 하지 않을 것이다. 반면에 값비싼 의료서비스를 받을 가능성이 아주 높은 사람들은 이를 좋은 거래로 여길 것이다. 이로 인해, 지역사회 평균에 비해 높은 건강보험 비용을 발생시키는 고객들이 더 많이 가입하게 될 것이다. 이것이 **구매자의 역선택**(adverse selection of buyers, 구매자가 그들이 발생시킬 비용에 대한 사적 정보가 있을 때, 구매자가 주로 비용을 많이 발생시키는 사람들로 구성되는 경향)이다. 이 문제는 사적 정보(보험에 가입하는 사람들은 판매자가 모르는 자신의 건강에 대해 알고 있는 것)로 인해 발생한다. 그리고 이 경우에서 한나의 고객들은 역선택 고객들이다. 즉, 그녀에게 많은 의료비를 지출하게 할 사람들이 그녀의 보험에 가입할 가능성이 높다.

구매자의 역선택 판매자가 구매자의 유형을 모를 때, 구매자 집단이 주로 많은 비용을 유발하는 구매자로 구성되는 경향

한나가 사람들의 예상되는 의료비를 구별할 수 있다면, 평균적으로 의료비가 적게 드는 건강한 사람에게는 저렴한 가격으로 보험을 계약하고, 많은 의료비가 예상되는 사람에게는 높은 가격에 보험을 계약할 수 있다. 하지만 그녀는 구별할 수가 없으므로 모두에게 같은 가격을 부과해야 한다. 따라서 구매자의 역선택으로 인해 판매자가 원하는 적은 비용이 드는 고객을 얻을 수 없다는 문제가 생긴다.

그림 20-2 | 구매자의 역선택

판매자가 구매자의 유형을 모를 때, 구매자 집단이 주로 많은 비용을 유발하는 구매자로 구성되는 경향

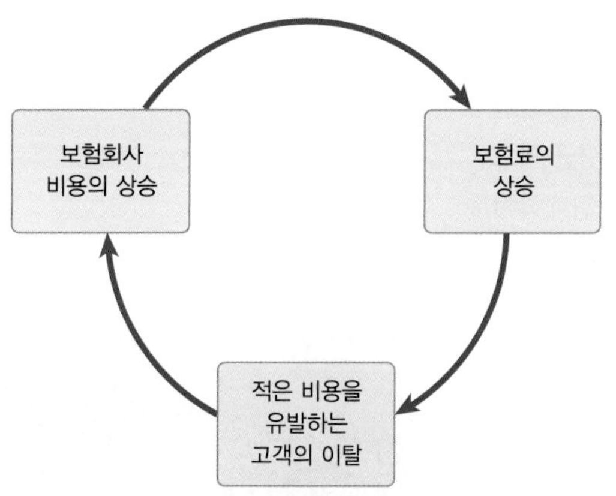

주요 예시 : 건강보험의 악순환

그림 20-2는 문제가 발생하는 과정을 나타낸다. 문제는 구매자는 판매자가 모른다는 사실을 알고 그것을 자신의 이익을 위해 사용한다는 것이다. 적은 비용을 유발하는 사람들이 의료 보험에 가입하지 않아서, 한나가 의료비로 지출하는 평균 금액은 지역사회 평균 이상이 된다. 그래서 그녀는 손익분기점에 도달하기 위해 더 높은 가격을 책정해야 한다. 그러나 가격이 오르면 더 많은 사람(특히 의료비가 다소 낮을 것으로 예상되는 사람들)이 시장에서 빠져나가게 된다. 이는 결국 그녀가 사람들에게 평균적으로 청구한 것보다 더 높은 보험료를 청구해야 한다는 것을 의미한다. 그리고 이러한 악순환은 계속 반복될 수 있다.

사실 보험회사들은 손익분기점에 도달하기 위해 더 높은 비용을 청구하는 역선택의 악순환에 직면할 수 있다. 그것은 상대적으로 낮은 의료비를 발생시키는 많은 사람이 보험에 가입하는 것을 막아 결국 그들의 평균 지급액만 인상하게 된다. 이 악순환은 가장 비용을 많이 유발하는 구매자만 남을 때까지 끝나지 않는다.

역선택은 일부 구매자가 원하는 제품을 사기 힘들게 한다. 구매자로서 적은 비용을 발생시킬 사적 정보를 가진(건강하고 값비싼 의료서비스가 필요하지 않은) 고객이라면, 당신은 적절한 가격의 보험을 찾지 못할 수도 있다. 문제는 보험회사들이 적은 비용을 유발하는 당신과 건강이 좋지 않아 많은 비용을 유발하는 고객을 구별할 수 없다는 것이다. 따라서 당신이 많은 비용을 유발할 고객일 것이라는 우려 때문에, 당신에게 더 높은 가격을 요구할 수밖에 없다는 것이다. 그리고 이런 높은 가격으로 인해 당신은 아마도 보험에 가입하지 않기로 결정할 수 있다.

그 결과는 시장 실패로 나타난다. 일부 사람들이 보험에 가입하지 않는다고 해서 그들이 보험의 혜택을 받지 못한다는 것을 의미하지 않는다. 비교적 건강한 사람도 보험에 가입하기를 원한다. 그리고 보험회사는 특히 적은 비용을 유발할 고객에게 더 많은 보험을 팔고 싶어 한다. 문제는 그 보험상품의 수익성을 떨어뜨리는 많은 비용을 유발할 고객들을 끌어들이지 않으면서, 적은 비용을 유발하는 고객들에게만 매력적인 보험상품을 제공할 수 없다는 것이다. 보험시장에서의 역선택은 시장 가격을 상승시켜 적은 비용을 유발하는 고객들이 자신에게 적합한 보험을 찾지 못하게 한다.

자료 해석 **하버드 건강보험 플랜의 역선택**

역선택을 이해한다고 생각하는가? 만약 그렇다면, 똑똑한 하버드 학생들에게 그것을 설명해야 할지도 모른다. 하버드는 직원들에게 두 종류의 건강보험을 제공했다. 그중 보험료 지급이 후한 건강보험을 선택하는 사람들은 더 큰 보조금을 받을 수 있었기 때문에 많은 사람이 그 보험에 가입했다. 하버드가 두 보험 전반에 걸쳐 보조금을 균등화하기로 결정했을 때(그리하여 더 후한 보험의 가격이 실질적으로 인상되었을 때), 그들은 곧 역선택에 대한 교훈을 얻게 되었다. 하버드의 젊고 건강한 직원들은 후한 보험이 그다지 필요하지 않았기 때문에 곧 보험을 해약했다. 이 후한 보험에는 상대적으로 건강하지 않은 직원들만 남게 되었고, 보험료는 급증했다. 결과적으로, 하버드는 이 후한 보험의 가격을 더 올려야 했다. 그러나 가격이 상승하자 더 많은 건강한 사람들이 후한 보험을 해약하게 되었다. 그리고 남은 직원들은 비교적 건강이 나빴기 때문에, 직원 1인당 비용은 다시 상승했고, 해당 보험은 더 많은 손실을 보게 되었다. 3년이 채 지나지 않아, 이 악순환(상승한 가격이 건강한 사람들을 탈퇴하게 만들면서 또 다시 평균 비용을 상승시키는 순환)은 하버드대학교의 사람들에게도 명백해졌고, 이 건강보험을 해약하게 만들었다. ■

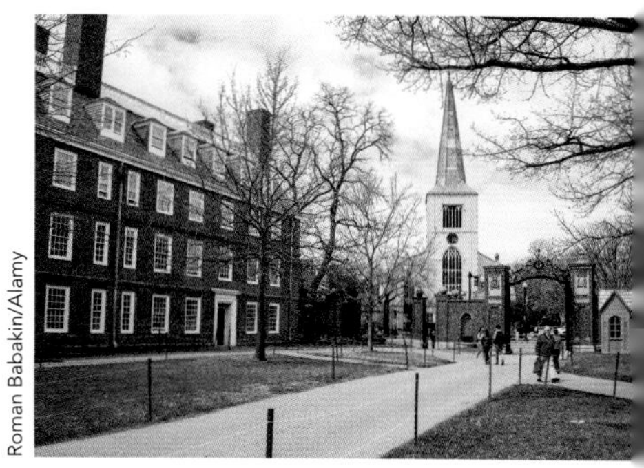
Roman Babakin/Alamy

하버드 역시 역선택에서 벗어날 수 없다.

보험시장에서는 모두가 모르는 게 약이다. 역선택의 문제는 구매자와 판매자 사이의 정보 격차가 얼마나 큰가에 달려있다. 예를 들어, 당신은 집에 강도가 들거나 전기로 인해 화재가 발생할 가능성에 대한 사적 정보가 많지 않다. 당신이 보험을 청구할 가능성은 주로 이웃이 얼마나 위험한지, 집의 연식이 얼마나 되었는지, 집을 만들 때 어떤 재료가 사용되었는지와 같은 요인에 의해 결정된다. 보험회사들은 이 정보를 알 수 있기에, 주택 소유자 보험료를 당신의 특정한 상황에 맞게 조정할 수 있다. 당신이 가진 사적 정보가 많지 않기 때문에, 당신이 전기 문제 인해 화재를 당할 가능성에 대해 최대한 추측해본 결과는 보험회사의 추측과 비슷하다. 결과적으로, 역선택은 주택 소유자들의 보험시장에서 큰 문제가 되지 않는다. 그러나 보험은 어느 쪽도 보험을 청구할만한 사건이 일어날 가능성을 모를 때 가장 효과적이라는 것을 유의해야 한다.

사람들이 필요할 때 보험에 다시 가입할 수 있도록 내버려 두는 것은 역선택을 악화시킨다. 종종 보험에 가입하거나 탈퇴할 수 있는 시기에 제한이 있는 경우가 있다. 그 이유는 사적 정보가 거의 없을 때 보험시장이 가장 잘 작동하기 때문이다. 예를 들어, 연기 냄새를 맡자마자 화재보험에 가입할 수 있다면, 이미 집에 불이 난 사람들만 보험에 가입할 것이다. 시장을 붕괴시키는 이러한 위험을 감수할 보험회사는 없을 것이다. 따라서 사람들이 정보상의 이점을 악용하는 것을 방지하기 위해 구매자가 더 많은 정보를 확보한 후 보험에 가입하는 것을 제한하는 규정이 종종 있다.

이는 건강보험시장에서 큰 문제이다. 만약 고객들이 건강할 때 건강보험에서 탈퇴할 수 있고, 병에 걸리자마자 다시 가입할 수 있다면, 결국 아프고 비싼 치료가 필요한 고객들만 보험에 남아있을 것이다. 이는 역선택을 더욱 악화시킨다. 따라서 건강보험회사는 정부 규정에 의해 요구되지 않는 한 이전 조건으로 인해 발생하는 의료비용을 부담하는 것을 종종 거부한다. 그들은 당신이 다시 보험에 가입할 수 있게 해줄 것이지만, 보험에 가입하기 전에 당신에게 발생한 이전 조건은 보장하지 않을 것이다. 보험회사의 이런 조치는 당신이 아프고 난 후에만 보험에 가입하려고 하는 유인을 없애고 역선택을 제한한다. 하지만 보험에 들지 않은 상태(아마도 실직 상태이거나 일시적으로 보험을 감당할 수 없는 상태)에서 질병에 걸리는 사람들은 많은 위험에 직면하게 된다. 그렇기에 이전 조건을 어떻게 처리해야 하는지에 관한 질문이 그토록 논쟁의 여지가 있는 것이다. 그래서 정부 규정에 따라 이전 조건을 보장해야 하는 보험회사가 일반적으로 모든 사람이 보험에 가입하도록 하는 정책을 원하는 것이다. 모두가 보험에 가입해야 한다면 보험회사들은 더 이상 고객이 아플 때만 보험에 가입하는 것을 걱정하지 않아도 되기 때문이다.

위험 회피는 일부 역선택 문제를 해결하는 데 도움이 될 수 있다. 대부분의 사람들은 무언가를 걸고 도박하는 것을 좋아하지 않는다. 특히, 그들의 건강과 관련된 것이라면 더욱 그렇다. 그들은 위험을 회피하려고 한다. 즉, 불확실성을 싫어하고 그것을 피하려고 돈을 지불하기까지 한다. 위험 회피형 사람들은 적정 보험료보다 더 많은 보험료를 지불한다. 즉, 그들이 평균적으로 돌려받게 될 금액보다 더 많은 돈을 지불한다는 것이다. 그들은 더 많은 비용을 지불함으로써 보험시장이 잘 작동하게 한다. 심지어 자신이 평균적으로 적은 비용을 유발하는 고객이라는 사적 정보가 있음에도 불구하고, 보험회사는 일부 위험 회피 성향의 건강한 사람들에게 보험을 팔 수 있다. 이는 역선택을 막는 데 도움이 된다.

역선택 문제는 구매자가 사적 정보를 가지고 있다면 어느 시장에서나 발생할 수 있다. 역선택 문제는 보험시장을 넘어서까지 확장된다. 여기서 핵심적인 통찰은, 구매자가 그들이 유발할 비용에 대한 사적 정보를 가질 때마다, 사업자는 그들이 원하는 고객을 확보하기가 어렵다는 것이다. 적은 비용이 드는 고객은 당신이 판매하는 제품이 너무 비싸다고 판단할 가능성이 큰 반면, 많은 비용을 유발하는 고객은 그 제품을 사는 것이 좋은 거래라고 간주할 가능성이 더 크다. 다음은 몇 가지 실제 사례이다.

- 당신이 죽으면 당신이 사랑하는 사람들에게 보험금을 주는 생명보험회사는 자신의 건강을 잘 관리하지 않는 사람이 생명보험에 가입할 가능성이 더 높다는 것을 안다.
- 자동차 보험회사들은 가장 난폭하게 운전하는 사람들이 충돌보호장치를 사는 것에 관심이 있다는 것을 안다.
- 이혼보험을 제공하는 사업가는 결혼이 위태로운 사람들만이 이혼보험에 가입하는 데 관심이 있다는 것을 안다.
- 임차인은 대개 재정적으로 책임지는 것을 꺼려하고 생활공간을 관리하는 데 관심이 없는 사람들로 구매보다 임차에 관심이 있다는 것을 안다.
- 레스토랑 관리인은 식욕이 정말 많은 사람이 마음껏 먹을 수 있는 뷔페에 가장 관심이 있다는 것을 안다.

앞서 언급한 것들이 당신이 원하는 고객들을 얻지 못할 수 있는 상황들에 속한다. 반대로, 이러한 상황에서 당신이 구매자일 경우라도 당신은 원하는 것을 살 수 없을 수도 있다. 당신은 다양한 음식을 먹을 수 있는 뷔페를 선호할 수도 있다. 하지만 대학 축구팀의 엄청난 식욕 때문에 뷔페 가격을 올렸다면, 적은 식욕을 감안할 때 당신은 그만한 돈을 지불하는 것이 합리적이지 않을 수 있다.

그렇다면 어떻게 할 수 있을까? 지금부터 구매자 사이에서의 역선택에 대한 해결책을 생각해보자.

구매자의 역선택을 해결하는 법

다행히도, 구매자가 사적 정보를 가지고 있을 때 발생하는 역선택을 해결할 수 있는 방법이 있다. 이러한 해결책으로 고객에 대한 더 많은 정보(비용이 많이 드는 고객과 적게 드는 고객을 구분할 수 있는 정보)를 얻을 수 있다.

해결책 :

1. 판매자는 구매자가 발생시킬 예상 비용과 관련된 정보를 사용할 수 있다.
2. 판매자는 구매자에게 다른 계약을 제안해 구매자가 스스로 나뉘도록 할 수 있다.
3. 정부는 정보를 늘리거나, 보조금을 제공하거나, 명령을 집행하거나, 보험을 제공할 수 있다.

해결책 1 : 판매자는 구매자가 발생시킬 수 있는 예상 비용과 관련된 정보를 사용할 수 있다. 보험회사는 사적 정보를 악용하는 구매자를 항상 경계한다. 그러므로 보험회사는 보험료가 얼마인지 또는 보험 가입 권유 여부를 말하기 전에 당신에게 많은 질문을 한다. 자동차 보험회사는 당신의 운전기록은 물론이고 당신의 나이, 성별, 결혼 여부, 신용 등급, 학력, 자동차 안전 등급, 거주지역에 관한 정보를 이용한다. 마찬가지로, 건강보험회사는 당신의 흡연 여부나 운동 여부를 요청한다. 그러나 법은 보험회사가 이용할 수 있는 정보 특성을 제한한다. 예를 들어, 남성과 여성의 의료비가 다를 수 있지만, 건강보험에 대해 서로 다른 가격을 부과하는 것은 불법이다.

렌터카 업체는 특정 연령 미만의 고객에게 차를 빌려주지 않는다. 업체 측에서는 그들이 사고를 낼 가능성이 커서 큰 비용을 유발할 고객은 아닐지 걱정한다. 또한 공유숙박업체는 '가족 전용'이라고 명시하여 친구 모임 같은 가족이 아닌 사람들의 모임을 실질적으로 거부할 수 있다. 이는 친구들끼리 모이게 될 때 그 장소를 망가뜨리는 파티를 열 가능성이 더 크다고 생각하기 때문이다. 그리고 건강보험회사는 흡연자들이 더 높은 의료비를 내야 할 가능성이 크다고 생각하기에, 이들에게 더 많은 보험료를 부과한다.

해결책 2 : 판매자는 구매자에게 다른 계약을 제안해 구매자가 스스로 나뉘도록 할 수 있다. 적은 비용을 유발하는 고객에게 그들만이 원하는 제품을 제공하면 원하는 고객을 확보할 수 있다. 예를 들어, 보험회사는 공제액의 크기를 다르게 해서 많은 비용을 유발하는 고객과 적은 비용을 유발하는 고객을 차별할 수 있다. 여기서 공제액은 보험에 가입하기 전에 지불한 금액을 말한다. 예를 들어, 보험회사는 출산 관련 비용의 첫 2,000달러(이는 보험의 공제액이다)를 당신이 지불하라고 요구할 수 있다. 그리고 그들은 2,000달러가 넘는 비용에 대해서만 보험금을 지원한다.

만약 보험을 청구할 필요가 없다고 생각하는 사람이라면 공제액이 큰 보험을 매력적이라고 생각할 것이다. 결과적으로, 이런 보험들은 적은 비용을 유발하는 고객을 끌어들인다. 따라서 보험회사들은 고액 공제 보험을 낮은 가격에 제공할 수 있게 된다. 이와 반대로, 보험을 많이 청구할 수도 있다고 생각하는 고객들은 공제액이 적기를 바랄 것이다. 따라서 사람들이 저가 공제 보험을 선택하면 그들은 사실상 자신의 사적 정보를 드러내는 셈이 된다. 즉, 저가 공제 보험에 가입하는 것은 보험회사에 자신이 큰 비용을 유발할 고객이 될 것이라고 알리는 것이다. 결과적으로, 보험회사는 해당 보험에 더 높은 보험료를 받을 필요가 있다는 것을 알게 된다. 그래서 공제액이 낮은 보험은 보험료가 비싼 것이다.

이에 따라 몇 가지 조언을 얻을 수 있다. 만약 당신이 스스로 적은 비용을 유발하는 고객이라고 생각한다면, 공제액이 높은 보험을 선택하는 것이 더 좋은 거래일 것이다. 하지만 이것이 역선택의 문제를 완전히 해결하지는 못한다는 것을 알아야 한다. 좋은 거래를 하기 위해서는 자신의 돈 일부를 잃을 위험(문제가 발생하면 높은 공제액을 지불해야 하는 것)을 감수해야 한다. 즉, 부분적으로만 보험료를 지급받을 수 있다는 것이다.

일부 경영자들은 관련 접근 방식을 이용해서 적은 비용을 유발하는 고객들만이 원하는 상품들로 상품을 묶어서 판매한다. 예를 들어, 부모들이 대학생들에 비해 뷔페에서 적게 먹는다고 생각한다면, 아이들이 가지고 놀 수 있는 레고 세트를 제공하는 것이 더 나을 수 있다. 레고 세트는 적은 비용을 유발하는 가족 손님을 레스토랑으로 끌어들일 것이므로 수익성을 높일 수 있다.

일상경제학 **운전 습관이 나쁘다면 바로 더 많은 돈을 지불할 것인가?**

수십 년 동안 보험회사는 젊은이들에게 훨씬 더 높은 자동차 보험료를 부과해왔다. 그들의 논리에 따르면 젊은이들이 운전 중에 더 많은 위험을 감행하여 많은 사고를 유발한다는 것이다. 하지만 모든 젊은이가 운전을 나쁘게 하는 것은 아니다. 그리고 당신이 운전을 잘한다면, 당신은 더 나은 대우를 받을 자격이 있다고 느낄 것이다. 문제는 사적 정보이다. 보험회사는 당신이 운전을 잘하는지 못하는지 모르기 때문에, 당신이 운전을 못 할 수 있다는 위험을 감안해서 보험료를 청구한다. 하지만 자동차 보험회사가 이 정보 격차를 줄이는 기술을 사용할 수 있다면 어떤가?

프로그레시브, 올스테이트, 스테이트팜과 같은 자동차 보험회사는 간단한 어플을 이용해 운전을 추적할 수 있는 프로그램이 있다. 보험회사가 당신의 움직임을 추적하기를 원하는 이유는 간단하다. 그들이 수집한 데이터가 당신이 안전하게 운전한다는 것을 보여준다면, 그들은 당신에게 좀 더 저렴한 보험을 제공할 것이기 때문이다. 또한 이 프로그램은 보험회사가 운전을 잘하지 못하는 사람을 파악하는 데 도움을 준다. 운전을 잘 못하는 사람들은 당연히 어플에 가입하지 않는 사람들일 것이다.

이어서 생각해보자. 운전을 잘하는 사람들이 모니터링 되지 않는 자동차 보험에 거의 가입하지 않으면, 보험회사들은 모니터링 되지 않는 보험의 가격을 인상해야 한다. 운전을 잘 못하는 사람에게 들어가는 높은 평균 비용을 충당해야 하기 때문이다. 가격이 높아지면 운전을 잘하는 사람들이 모니터링 어플을 더 많이 사용하게 될 것이다. 결국에는 운전을 잘 못하는 사람만이 모니터링이 되지 않는 자동차 보험에 가입하게 되는 것이다. 따라서 보험회사는 어플 관련 데이터를 통해 운전 잘하는 사람을 식별할 수 있다. 또한, 어플 사용을 거부하는 운전을 잘 못하는 사람들도 식별할 수 있다. 보험회사는 이 정보를 사용하여 각 개인의 운전 실력에 맞는 보험료를 제공할 수 있다. 결과적으로, 구매자의 역선택을 줄이는 기술은 운전을 잘하는 운전자에게는 보험료를 낮추고, 잘 못하는 운전자에게는 보험료를 높인다. ■

해결책 3 : 정부는 정보를 늘리거나, 역선택을 직접적으로 줄일 수 있다. 정부가 보험시장의 역선택 문제를 해결하는 네 가지 방법이 있다. 구매자가 자신의 사적 정보를 공개할 유인을 제공하거나, 보험에 보조금을 지급하거나, 모든 사람이 보험에 가입하도록 의무화하거나, 직접보험을 제공하는 것이다.

정부는 구매자가 사적 정보를 드러낼 유인을 준다. 정부는 사람들이 진실을 말하도록 유인을 제공할 수 있고, 그에 따라 사적 정보를 공개할 수 있다. 만약 보험회사에 거짓말한다면 그것은 보험 사기라고 불리는 범죄가 된다. 정부는 구매자가 보험회사에 진실을 말할 수 있도록 보장함으로써 보험시장이 잘 작동하도록 돕는다. 당신은 "당신이 곧 죽을 것으로 생각하는가?"라는 질문은 받지 않을 것이다. 당신이 거짓말을 한다면 누구라도 그것을 증명하기 어렵기 때문이다. 하지만 보험회사들은 종종 당신이 흡연자인지, 마약을 하는지, 또는 스카이다이빙 같은 위험한 취미가 있는지를 묻는다. 당신은 거짓말을 해서 처벌을 받을 위험 때문에 진실을 말하게 된다. 그리고 이러한 질문에 대한 진실된 답변으로 사적 정보를 줄이고 역선택을 막을 수 있다.

정부는 보험에 보조금을 지급할 수 있다. 정부는 또한 더 많은 사람이 좋은 거래를 할 수 있도록 보험에 보조금을 지급할 수 있다. 따라서 당신은 건강보험 비용의 일부만 지불할 수 있게 된다면 보험에 더 가입하려고 할 것이다. 이러한 유인책은 건강하고 비용을 적게 유발하는 고객들이 보험에 가입하도록 만들어 역선택을 줄일 수 있다. 이러한 보조금에는 여러 형태가 있는데, 미국에서는 정부가 직접(자신이 건강보험에 가입하는 경우), 그리고 세금 감면을 통해서(고용주를 통해 건강보험에 가입하는 경우) 보조금을 지급한다.

정부는 모든 사람이 보험에 가입하도록 요구할 수 있다. 정부는 모든 사람이 보험에 가입하도록 요구함으로써 역선택을 제거할 수 있다. 정부가 모든 사람에게 보험에 가입하도록 강요하면, 판매자는 비용을 많이 유발하는 고객만 보험에 가입할 것을 더 이상 걱정하지 않아도 된다. 따라서 더 높은 보험료를 책정해야 한다는 부담도 사라진다. 구매자와 판매자 간의 정보 격차는 여전히 존재하지만, 구매자가 보험 가입 여부를 선택할 수 없기에 구매자는 그 정보를 자신의 이익을 위해 이용할 수 없다. 그래서 대부분 주에서 모든 운전자에게 자동차 보험을 요구하는 것이다. 그리고 이는 보험료를 낮추는 데 도움이 된다. 또한 이는 건강보험이 요구되었던 이유이기도 하다. 정부가 사람들이 아프든 건강하든 모두 다 건강보험에 가입하도록 의무화하면, 역선택은 사라질 것이다.

실제로 한국은 '국민건강보험'이라는 사회보장제도를 운영하고 있다. 이는 공공의료보험에 속하는 것으로 전 국민 의무 가입을 원칙으로 하여 보험료 납부를 의무화함에 따라 역선택을 줄이고 있다.

정부는 보험을 제공할 수 있다. 마지막으로, 정부는 보험 자체를 제공해서 자격을 갖춘 모든 사람에게 보험을 제공함으로써 모든 사람이 보험에 가입하도록 할 수 있다. 정부가 보험을 제공하면 일반적으로 세금으로 그 비용을 충당한다. 특정 집단의 모든 사람이 정부가 제공하는 보험의 적용을 받는 이상 아무도 탈퇴할 수 없기 때문에 역선택의 문제는 없다. 정부는 65세 이상(메디케어라고 알려진 정부 제공 의료보험 프로그램을 받을 자격이 있는 사람)과 많은 저소득층(메디케이드라고 알려진 의료보험을 받는 사람)을 포함한 전체 미국인의 약 5분의 2에게 직접적으로 건강보험을 제공한다. 건강보험 외에도 실직을 대비한 실업보험, 장애를 유발하는 부상이나 질병에 대해 보상받는 장애보험, 그리고 저축에 얽매이지 않고도 노후를 보장할 수 있는 사회보장보험도 제공한다.

지금까지 두 가지 유형의 사적 정보에 대해 분석해보았다. 우선 판매자가 구매자가 모르는 것을 알 때 레몬 문제를 들어 어떤 일이 발생하는지를 살펴보았다, 다음으로 이 절에서는 구매자가 판매자는 모르는 것을 알면 어떻게 되는지를 살펴보았다. 이제 우리의 마지막 임무는 사적 정보를 의미하는 당신의 행동이 관찰될 수 없을 때 발생하는 문제를 인식하고 해결하는 것이다.

20.3 도덕적 해이 : 감추어진 행동의 문제

학습목표 어떤 행동이 감추어져 있을 때 발생하는 문제를 인식하고 해결한다.

소규모 비영리 의료보험회사의 CEO인 한나 존슨의 사례로 돌아가 보자. 그녀의 마을은 모든 사람이 건강보험에 가입하도록 하는 투표를 진행해 역선택 문제를 제거했다. 그녀는 자신의 분석가들에게 작년에 지역사회의 평균 의료비를 추정해 달라고 요청했고, 건강보험의 가격을 평균 의료비보다 약간 높게 책정했다. 그녀는 이러한 방식으로 모든 사람의 의료비를 지불하고도 간접비를 충당할 수 있는 충분한 수익을 기대했다.

사업의 첫해가 거의 끝나갈 무렵, 그녀는 자신이 심각한 적자를 보고 있다는 사실을 깨달았다. 그녀가 지불하는 의료비가 그녀가 징수하는 보험료를 초과한 것이다. 그녀는 분석가들에게 전화를 걸어 올해 지역사회 의료비가 훨씬 더 높은 이유를 물어보았다. 연구자들은 데이터를 면밀히 조사한 후 그 원인을 분석하여 보고했다. 작년에 건강보험에 가입하지 않은 사람들의 의료비용이 급격하게 증가한 것이 그 원인이었다. 왜 이러한 결과가 나타났는지 알아보자.

감추어진 행동과 당신의 결정

건강보험에 가입한 사람들이 더 많은 의료비를 발생시킨 것은 우연이 아니다. 한나가 발견한 사실은 사람들이 의료비를 지불할 필요가 없을 때 더 많은 의료비를 발생시킨다는 것이다. 그들은 병원에 더 자주 가고, 의사가 불필요한 검사를 요구할 때도 반대할 가능성이 적다. 또한, 처방전을 작성할 때 더 저렴한 일반 대체 의약품이 있는지 물어보지 않는다. 그리고 그들은 건강을 회복하기 위해 집으로 절룩거리며 돌아가는 대신 하루 동안 병원에 머문 후 퇴원할 수도 있다.

문제는 보험이 사람들의 행동 유인을 변화시킨다는 것이다. 보험회사가 비용 일부를 지불하기에 사람들은 더 이상 선택에 따른 모든 결과를 부담하지 않는다. 결국 다른 사람들이 비용을 지불한다면 비용을 신경 써야 할 이유가 적어진다. 보험회사는 당신이 병원에서 하루를 더 보낸 것이 의학적으로 필요했기 때문인지 아니면 단지 집에서 몸조리하는 불편함을 피하고 싶었기 때문이지 알 수 없다. 꼭 필요하지 않더라도 의료서비스에 더 큰 비용을 지출하는 것과 같은 당신의 행동은 당신의 사적 정보이다(당신의 의료비 지출은 관찰할 수 있지만, 당신이 정말로 그렇게 큰 비용을 지출해야 하는지 여부는 사적 정보이다). 경제학자들은 당신의 행동이 완전히 관찰되지 않고, 당신이 행동의 결과로부터 부분적으로 보호받을 수 있도록 분리되어 있기 때문에 당신이 취하는 선택을 **도덕적 해이**(moral hazard)라고 부른다. 도덕적 해이의 문제는 사람들이 더 낭비적이고 위험한 선택을 하도록 이끌 수 있다는 것이다.

도덕적 해이 당신의 행동이 완전히 관찰될 수 없고, 당신은 그 결과로부터 부분적으로 보호받을 수 있도록 분리되어 있기 때문에 당신이 취하는 행동

행동으로부터 얻는 한계편익이 분담되면 다른 선택을 한다. 보험은 단지 나쁜 일로부터 당신을 보호할 뿐만 아니라, 당신의 행동으로 인한 모든 결과로부터 당신을 보호한다. 병원에 하루 더 입원할 것인지를 결정할 때, 당신은 하루 더 입원하는 것에 대한 한계편익과 그 비용을 비교할 것이다. 하루를 더 입원하는 데 드는 비용은 보통 수백 달러이지만 수천 달러가 될 때도 있다. 하지만 당신이 보험에 가입한 상태라면, 당신이 그 비용을 지불하지 않고 보험회사가 그 비용을 지불한다. 건강보험은 의료서비스를 받는 데 드는 한계비용은 낮추는 반면, 한계편익은 동일하게 유지된다. 따라서 비용-편익의 원리를 적용하면 보험에 가입했을 때 더 많은 의료비용이 발생한다.

비슷한 논리로 보험은 사람들이 더 위험한 선택을 하게 하고, 예방 조치를 덜 취하도록 한다. 예를 들어, 스마트폰이 손상되었을 때 다시 교체해주는 보험에 가입했다면, 보호 케이스를 구매할 가능성이 적어진다. 만약 자전거 보험에 가입했다면, 저렴하고 덜 튼튼한 자물쇠 대신에 100달러짜리 크립토나이트 뉴욕 파헤타부딧의 자전거 자물쇠를 살 이유는 없다. 세입자 보험에 가입했다면 문과 창문을 보호할 유인이 줄어들게 되고, 자동차 보험에 가입했다면 주의 깊게 운전하지 않을 수 있다. 건강보험은 의료비를 줄이도록 예방 조치(금연하거나 건강한 음식을 먹거나 규칙적인 운동을 하는 것)를 취하려는 유인을 줄인다. 그러한 예방 조치는 보험회사가 지급해야 할 보험료를 줄여주기 때문에 도움이 된다. 따라서 비용-편익의 원리를 적용하는 것은 보험에 가입했을 때 예방 조치를 덜 취하게 만든다.

wk1003mike/Shutterstock

방수 케이스가 없는가? 당신이 기기 보험에 가입했다면 … 문제없다

행동이 관찰될 수 없을 때 다른 선택을 한다. 도덕적 해이는 사적 정보가 있을 때 문제를 일으킨다. 나쁜 결과를 방지하기 위해 취하는 예방 조치는 감추어진 행동이다. 그 행동은 다른 사람들이 쉽게 관찰할 수 없으므로 사적 정보가 된다. 예를 들어, 자동차 보험회사는 당신이 조심히 운전하는지 난폭하게 운전하는지 모른다. 보험회사가 당신의 행동을 관찰할 수 있다면, 조심히

운전하고 적절한 예방 조치를 취하는 고객만 보험에 가입하게 함으로써 도덕적 해이의 문제를 해결할 수 있었을 것이다. 문제는 당신의 행동이 사적 정보라는 것이다. 당신이 어떤 행동을 했는지는 오직 당신만이 알 수 있다. 보험회사는 당신이 다른 차에 바짝 따라붙었는지 아닌지 알 수 없기에, 사고가 나면 비용을 지불해야 한다. 그래서 당신이 보험에 가입하지 않았을 때보다, 가입했을 때 비용이 많이 드는 예방 조치를 덜 취하게 되는 것이다.

일상경제학 **보험회사가 당신의 운전을 모니터링하려는 또 다른 이유**

보험회사가 당신의 운전을 모니터링할 수 있을 때, 보험회사는 좋은 운전자와 나쁜 운전자를 더 잘 구분할 수 있다는 것을 당신은 이미 살펴보았다. 보험회사가 운전을 모니터링하려는 또 다른 이유가 있다. 이는 당신이 신중하게 운전하도록 하는 추가적인 유인을 제공한다는 것이다. 당신의 보험회사가 내년 보험 가격을 회사의 모니터링 기술이 관찰하는 결과와 연결하면 더 신중하게 운전하는 것이 실질적으로 당신에게 도움이 된다. 모니터링으로 인해 당신은 더 낮은 가격을 지불하기에 과속하거나, 늦은 밤에 운전하거나, 급제동하는 횟수가 줄어들 것이다. 이 모니터링 기술은 감추어진 행동(안전하게 운전하려는 노력)을 관찰 가능한 행동으로 바꾼다. 보험회사는 당신이 자동차 사고를 피할 때마다 비용을 절약할 수 있기에, 당신이 더 조심스럽게 운전하도록 유인을 제공하는 것이 이득일 수 있다. ■

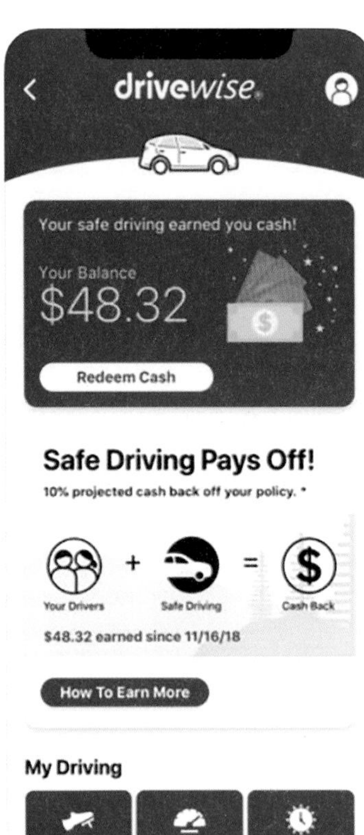

더 이상 감추어진 행동은 없다.

모든 사람이 보험에 가입했을 때 의료비가 더 높은 이유는 도덕적 해이로 설명할 수 있다. 한나 존슨의 건강보험회사가 그녀의 예상보다 더 많은 의료비를 지불한 이유는 도덕적 해이로 설명할 수 있다. 도덕적 해이로 인해 그녀의 보험에 가입한 사람들은 더 이상 모든 진료비를 다 부담하지 않아도 된다는 이유로 더 많은 치료를 받았다. 그리고 그들은 질병을 예방할 수 있는 예방 조치도 덜 취했다. 결과적으로, 그녀는 사람들이 보장받을 때 발생하는 실제 비용을 충당하기 위해 더 많은 보험료를 청구해야 한다.

결국 이러한 높은 가격은 고객을 불만스럽게 만들고, 아마도 그들 중 일부는 건강보험을 해약하고 싶어 할 것이다. 문제는 보험이 일부 사람들에게 나쁜 거래가 되었다는 것이다. 나쁜 거래가 되는 이유는 일단 보험에 가입하면 더 많은 의료비가 발생하기 때문이다. 치료를 덜 받는 것이 보험료 인하로 연결된다면 치료를 덜 받는 것을 약속할 가능성도 있지만, 그들이 자신의 의료 수요에 대한 사적 정보를 가지고 있다는 사실은 그 거래를 성사시키기 어렵게 만든다.

도덕적 해이는 시장을 붕괴시킬 수 있다. 보험 시장에서 도덕적 해이가 제기하는 문제는 일단 나쁜 일에 대비해 보험에 가입하면 그 나쁜 일이 발생할 가능성이 더 커진다는 것이다. 일단 보험에 가입하게 되면, 당신은 위험을 높이는 관찰할 수 없는 행동이나 감추어진 행동을 더 많이 취하게 되고, 위험을 낮추는 관찰할 수 없는 예방 조치를 덜 취하게 된다. 반대로 보험에 가입하지 않았을 때는 모든 문제에 대한 비용을 자신이 부담해야 하므로 더 조심하게 된다. 문제는 보험에 가입했을 때는 그만큼 조심해야 할 유인이 없다는 것이다. 그림 20-3은 보험에 가입했을 때 예방 조치를 덜 취하게 되고 그것이 결국 보험료를 올리게 되는 과정을 보여준다. 때때로 그 보험료는 사람들이 더 이상 보험에 가입하고 싶지 않을 정도로 올라간다.

예를 들어, 자동차 보험에 가입하고 나서 덜 조심스럽게 운전한다면, 보험에 가입하지 않았을 때보다 접촉 사고를 낼 가능성이 커진다. 이로 인해 자동차 보

그림 20-3 | 도덕적 해이

당신의 행동이 완전히 관찰될 수 없고, 당신은 그 행동의 결과로부터 보호받을 수 있도록 분리되어 있기 때문에 취하는 행동

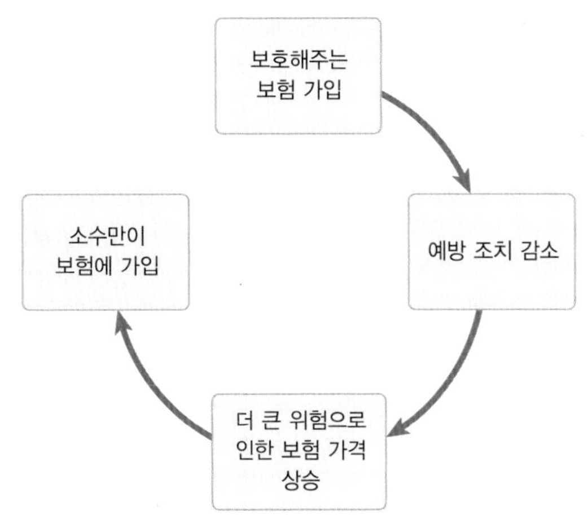

주요 예시 : 자동차 보험

험료가 상승하여 자동차 보험에 대한 사람들의 관심이 줄어들게 된다.

결과를 결정하는 데 감추어진 행동의 영향이 클수록 그 비용은 더 많이 증가한다. 감추어진 행동으로 인해 비용이 계속 증가하면 아무도 보험료를 감당할 수 없으므로 일부 유형의 보험이 왜 존재하지 않는지를 설명하는 데 도움이 된다. 예를 들어, 당신은 급우들에게 경제학 과목에 A를 받지 못하면 1,000달러의 보상금을 받을 수 있도록 성적 보험을 제공할 의향이 있는가? 아니면 큰 보상금으로 인해 급우들이 열심히 공부하지 않을까 봐 걱정되지는 않는가? 일반적으로 도덕적 해이는 시장 실패로 이어진다. 이러한 실패는 보험으로 인해 사람들이 더 낭비적이고 더 위험한 선택을 하게 하므로 보험료는 높아지고 보험에 가입하는 사람들은 적어진다는 것이다.

관계의 도덕적 해이 : 주인-대리인 문제

주인-대리인 문제 주인이 자신을 위해 일해 달라고 대리인을 채용하지만, 주인은 대리인의 행동을 완벽하게 관찰하지 못하기 때문에 생기는 문제

지금까지 도덕적 해이가 보험회사와의 관계에 미치는 영향을 분석해보았다. 그러나 도덕적 해이는 정보와 유인이 서로 다른 경우에 어떤 관계를 변화시킨다. 당신은 자신을 대신할 누군가를 고용하고 싶지만 그 사람이 실제로 무엇을 하는지 알 수 없을 때마다 고용된 사람은 일을 제대로 하지 않을 유인이 생긴다. 경제학자들은 이것을 **주인-대리인 문제**(principal-agent problem)라고 부른다. 주인인 당신은 당신을 대신해 어떤 일을 하도록 당신의 대리인인 누군가를 고용하기를 원할 때 문제가 발생하고, 대리인의 행동은 당신에게 감추어진다. 차를 수리하기 위해 정비사를 고용할 수도 있지만, 차를 정비소에 맡기고 나면 그들이 차를 어떻게 다루는지 알 수 없다. 정비사의 행동은 사적 정보이기 때문에 정비사는 하지 않은 작업에 대해 비용을 청구하거나, 비싸지만 불필요한 수리를 제안할 수도 있다. 따라서 일부 사람들은 정비사에게 가는 것을 피하고, 아마도 어쩌면 스스로 수리를 할 수도 있다.

도덕적 해이는 당신이 일을 게을리 하도록 만들 수 있다. 직장 생활에서도 비슷한 문제가 발생하는데, 여기서 당신의 상사는 주인이고 당신은 대리인이라고 하자. 당신은 매일 얼마나 열심히 일할지 결정해야 하고, 당신의 상사는 당신이 일에 얼마나 많은 노력을 기울이고 있는지 모른다. 집중해서 일하면 당신은 현재 작업 목록에 있는 일을 몇 시간 안에 끝낼 수 있다. 하지만 당신이 계속 인스타그램을 확인한다면, 그 일을 하루 종일 해야 할 것이다. 상사가 계속 어깨 너머로 지켜보지 않는 이상 당신이 얼마나 열심히 일할지는 사적 정보이다. 그리고 당신이 열심히 일해도 급여에 차등이 없다면 당신이 더 열심히 일할 유인이 없다. 물론, 고용될 때는 당신이 근면하다고 말했을지라도 말이다. 친구의 휴가 사진을 본 이후 주의가 흐트러지기 시작하면서 당신은 더 열심히 일할 수 없게 된다. 결국 도덕적 해이는 당신이 일을 게을리 하도록 만들 것이다.

도덕적 해이의 문제는 일단 당신이 계약을 체결하면 당신의 행동 유인이 바뀐다는 것이다. 면접에서 당신이 열심히 일하겠다고 약속한 것은 진심이었을 것이다. 하지만 일단 직장을 잡아 일을 시작할 때 급여가 당신이 수행한 일에 따라 달라지지 않으면 열심히 일할 유인은 사라진다. 이렇게 느슨하게 일하는 경향을 이해한다면, 비록 당신이 공정한 임금을 받는 대가로 열심히 일하는 거래를 맺으면 고용주와 당신 두 사람 모두 더 좋아질 수 있다고 하더라도, 당신의 잠재적인 고용주는 당신을 고용하지 않을지도 모른다.

도덕적 해이는 당신이 다른 사람의 감추어진 행동에 의존해야 할 필요가 있을 때마다 문제를 일으킬 수 있다. 도덕적 해이는 외부성을 유발한다: 대리인의 행동은 주인에게 영향을 주지만, 대리인의 행동을 주인이 관찰할 수 없기에 대리인이 주인의 결정을 충분히 고려할 유인이 없다. 그 결과로 시장 실패가 나타난다. 다음 예시에서 알 수 있듯이 주인-대리인 문제는 삶의 많은

영역에서 발생한다.

- 세입자는 집주인의 소유물을 관리할 책임이 있지만, 집주인은 자신의 소유물인 마루판이 낡아서 긁혔는지 세입자의 부주의로 인해 긁혔는지를 알 수 없다. 이로 인해 세입자들은 감추어진 사적 정보로 인해 덜 조심하는 경향이 있으며, 세입자들은 그들의 소유물을 관리할 때보다 더 많은 피해를 입힌다.
- 주주는 사업을 효율적으로 운영하고 큰 수익을 내기 위해 CEO를 고용한다. 그러나 CEO는 종종 다른 목표도 가지고 있다. 예를 들어, 그녀는 수익성이 없더라도 영속적인 개인 유산을 남길 수 있는 허영심을 충족시킬 프로젝트, 아마도 자신을 기리기 위해 새로운 사무실 건물을 짓는 것을 하고 싶어 할 수도 있다. 주주들은 그 프로젝트가 이윤 극대화 전략에 의해 추진되는지 아니면 CEO의 허영심을 충족시키기 위해 추진되는지 알 수 없기에, CEO는 주주가 원하는 프로젝트보다 허영심을 충족시킬 프로젝트에 더 많은 시간과 돈을 소비한다.
- 주택담보대출 중개인의 역할은 사람들이 주택담보대출을 받을 수 있도록 돕는 것이지만, 일단 주택담보대출 계약이 체결되면 대출 상환 여부에 대한 책임은 지지 않는다. 결과적으로, 그들은 다른 사람들이 쉽게 관찰할 수 없는 잠재적 대출의 문제 징후를 무시하게 된다. 이 도덕적 해이의 문제가 2008년 금융 위기의 중요한 원인이었다.
- 레스토랑은 종종 열량이 너무 높은 식사를 제공한다. 이는 레스토랑의 손님들은 자신이 한 끼에 얼마나 많은 열량을 섭취하는지를 쉽게 관찰할 수 없고, 고객들의 허리둘레가 늘어난다고 해도 식당이 책임질 필요가 없기 때문이다.
- 일부 은행은 상황이 잘못되면 정부가 구제금융으로 그들을 도와줄 것이라 기대하기 때문에 너무 많은 위험을 선택한다.

이러한 각각의 경우에, 대리인은 주인의 최대 이익에 부합하지 않는 관찰할 수 없는 선택을 한다. 그래서 도덕적 해이는 비효율적인 결과로 이어진다.

JeniFoto/Shutterstock

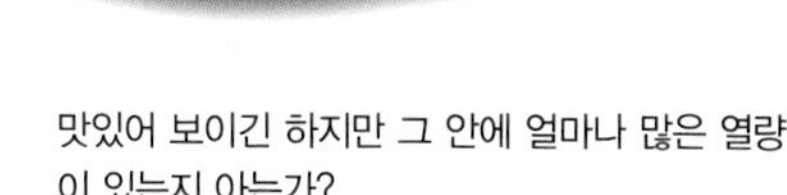

맛있어 보이긴 하지만 그 안에 얼마나 많은 열량이 있는지 아는가?

도덕적 해이 문제의 해결

도덕적 해이 문제를 해결하는 방법을 알아내거나 그로 인한 피해를 적어도 최소화하면 더 나은 결과를 얻을 수 있다. 실제로, 이것에 대해 터득한 관리자는 이것이 경쟁 우위의 중요한 원천이 될 수 있다는 것을 안다. 이제 다섯 가지 주요 해결 방법을 살펴보자.

해결책 :

1. 모니터링을 통해 감추어진 행동을 관찰할 수 있게 만들라.
2. 당신이 원하는 행동과 어울리는 것에 대해 보상을 제공하라.
3. 행위자에게 '내기에서의 상금' 혹은 결과물에 대한 지분을 제공하라.
4. 정부 규칙과 사회적 규범은 행동 유인을 일치시키는 데 도움이 될 수 있다.
5. 적합한 대리인을 선택하라.

해결책 1 : 모니터링을 통해 감추어진 행동을 관찰할 수 있게 만들라. 감추어진 행동의 문제는 그것들이 숨겨져 있다는 것이다. 따라서 그 행동을 밝히는 것이 한 가지 해결책이 될 수 있다. 자동차 보험회사는 보험에 가입한 사람이 속도를 높이고 싶은 유혹에 빠질 때 어떻게 대처하는가? 보험회사는 주로 운전기록을 모니터링하고, 속도위반 딱지를 받으면 요금을 인상한다. 마찬가지로, 당신이 보안 시스템을 설치하는 등 추가적인 예방 조치를 취했다는 증거를 제시하면, 주택 소유자 보험료를 할인받을 수 있을 것이다. 기술은 더 많은 정보를 이용 가능하게 함으로써 사적 정보 문제를 해결한다. 당신은 자동차 보험회사들이 운전 행동을 잘 감시하기 위해 기술을 어떻게 사용하는지 이미 알고 있다. GPS 칩을 이용하면 개의 주인들은 그들의 개를 산책시키기 위해 고용한 사람들이 실제로 산책을 시키고 있는지 확인할 수 있다. 그리고 일부 고용주는 직원이 방문하는 웹사이트를 모니터링하여 직원이 직장에서 너무 산만하게 시간을 낭비하지 않도록 한다.

이것들은 모두 모니터링을 통해 도덕적 해이 문제를 줄일 수 있는 방법들이다. 효과를 보기 위해 주인은 매일 1분마다 대리인을 모니터링할 필요는 없다. 수시 모니터링도 효과적일 수 있다. 하지만 잘못된 일을 하다가 적발될 경우 이러한 나쁜 행동을 주저하게 할 만큼 엄한 처벌을 할 경우에만 효과가 있다. 즉, 드물게 모니터링하는 경우에는 적발 시 엄한 처벌을 해야만 효과적이라는 것이다. 당신은 모니터링을 다소 예측 불가능하게 만들 필요가 있다. 결국 당신은 매일 오전 10시에 직원들을 확인한다면, 그들은 오전 10시에 열심히 일해야 한다는 것은 빠르게 알아차릴 수 있어 다른 시간에는 빈둥거릴 수도 있다. 하지만 당신이 랜덤하게 아무 때나 모니터링을 한다면, 그들은 항상 열심히 일해야 할 것이다.

자료 해석 **레스토랑용 위생 등급 카드가 식중독으로부터 고객을 보호하는 방법**

James Leynse/Getty Images

위생 등급이 'B' 등급이라면 당신은 그곳에서 식사할 것인가?

매년 대략 6명 중 1명의 미국인이 식중독에 걸린다. 레스토랑은 고기를 적절한 온도로 유지하고, 직원이 손을 씻도록 하고, 그들이 제공하는 음식이 누군가를 아프게 할 가능성을 줄이기 위해 주위를 깨끗하게 유지하는 등의 조치를 취함으로써 이러한 질병을 예방할 수 있다. 문제는 이러한 행동을 관찰하기 어렵고, 고객이 매 식사 전에 레스토랑 주방을 점검할 수 없다는 것이다. 일부 도시에서는 레스토랑의 창문에 위생 등급 카드를 게시하도록 요구함으로써 레스토랑의 행동을 고객이 더 잘 볼 수 있도록 하고 있다. 이러한 A, B 또는 C로 구분된 등급은 공중 보건 검사관이 기습 검사 중에 관찰한 내용을 요약한 것이다. 로스앤젤레스 카운티가 레스토랑의 창문에 위생 등급 카드를 게시하도록 요구하자 고객들은 더 위생적인 레스토랑에서 식사를 선택했을 뿐 아니라, 레스토랑들도 식품 안전 관행을 개선함으로써 이러한 유인에 대처했다. 이렇듯 정보가 개선되면서 궁극적으로 식품 관련 입원이 20% 감소하는 결과를 가져왔다. ■

해결책 2 : 당신이 원하는 행동과 어울리는 보완재를 제공하라. 누군가의 행동을 관찰할 수 없기에 그 사람의 행동에 직접적으로 영향을 미칠 수는 없다. 하지만 그들의 선택에 간접적으로 영향을 줄 수는 있다. 당신이 장려하고 싶은 행동과 어울리는 보완재를 제공하면 된다. 그래서 고객이 더 건강한 생활 습관을 가질 때 혜택을 받는 건강보험회사는 고객에게 헬스클럽 회원권을 할인해주고, 건강을 유지하고 건강한 식생활을 할 수 있는 온라인 도구를 제공하며, 활동적으로 생활하도록 현금으로 장려금을 제공하는 것이다. 이와 유사하게, 자동차 보험회사는 자동차 안전 과정 수강 시 고객들의 수강료를 할인해줄 수도 있다. 마찬가지로, 직원이 업무에 방심하지 않고 집중하기를 원하는 고용주들은 종종 휴게실에 무료 커피를 제공해 주기도 한다.

해결책 3 : 사람들에게 내기에서의 상금 혹은 결과물에 대한 지분을 제공하라. 당신은 또한 사람들에게 '내기의 상금(skin in the game)'을 제공함으로써 도덕적 해이를 줄일 수 있다. 즉, 그들이 위험을 일부 공유하고, 결과물에 대한 더 큰 지분을 가지도록 한다. 내기에서 상금을 갖도록 하면 당신의 행동 유인이 더 잘 일치하도록 도울 수 있다. 집주인이 임대 보증금을 요구하는 것은 내기에서 상금을 제공하는 것과 같다. 왜냐하면 임대인 아파트를 훼손하면 보증금을 잃을 수 있기 때문이다. 이러한 보증금은 당신에게 좀 더 조심하도록 유인을 제공한다. 마찬가지로, 당신의 건강보험회사는 당신이 발생시키는 의료비용의 일부를 당신이 지급해야 한다고 주장한다. 이러한 공동 부담은 불필요한 의료서비스를 피하게 하는 유인이 된다. 또한 당신의 자동차 보험에는 보험이 적용되기 전에 지급해야 하는 금액인 공제액이 있을 수 있다. 이는 사고 비용의 일부를 고객이 부담하기 때문에 과속하거나 다른 차에 바짝 따라붙지 않고 안전하게 운전하는 유인이 된다.

고용 상황에서 근로자의 소득을 성과와 연동시키는 **성과급**(pay-for-performance)을 제공하면 사람들이 직접적인 관심을 가지게 된다. 이는 당신이 원하는 결과가 나오면 사람들에게 직접 돈을 주는 것을 말한다. 예를 들어, 당신이 누군가를 고소할 때 만일의 사태에 대비하기 위해 변호사를 고용할 경우, 그들이 승소할 경우에만 돈을 지급한다는 것이다. 당신은 변호사에게 판결이나 합의금의 3분의 1을 지불할 것인데, 이는 그들과 당신의 행동 유인을 일치시키는 데 도움이 된다. 집을 팔 때 부동산 중개인에게 수수료를 지불하는 것도 비슷한 이유이다. 또한 판매 목표 달성과 같은 특정 목표를 달성하기 위한 보너스를 제공함으로써 직원들이 열심히 일할 유인을 제공할 수도 있다.

성과급 근로자의 소득을 성과 측정과 연동시키는 것

그러나 여기에는 간과하지 말아야 하는 중요한 주의사항이 있다. 특정 결과에 대해 당신이 더 많이 보상할수록, 비록 당신이 원하는 다른 것에 비용이 들어가겠지만, 당신은 더 많은 것을 얻을 수 있다. 하지만 이는 문제를 일으킬 수도 있다. 예를 들어, 웰스파고는 계좌 관리자들이 더 많은 고객을 확보할 수 있도록 더 열심히 일하기를 바라면서 그들에게 새로운 계좌를 개설하도록 유인을 제공했다. 그러나 그들은 그 목표를 달성하기 위해 가짜 계좌를 개설했다. 이 예시에서 유인은 끔찍한 잘못을 야기해 가짜 계좌를 개설하는 불법으로 이어졌다. 일반적으로, 유인을 완벽하게 일치시키는 것이 거의 불가능한 것으로 유인을 제공한 것이 의도하지 않은 결과를 가져오는 역효과를 쉽게 일으킬 수 있다.

또 다른 단점은 당신이 사람들에게 '내기의 상금'을 제공할 때 당신은 그들에게 위험도 함께 준다는 것이다. 공제액이 있는 보험에 가입했다면 자동차 사고의 위험 중 일부를 부담하게 된다. 만일의 사태에 대처하는 변호사는 승패에 따라 소득이 엄청나게 변동될 수 있다. 그리고 어떤 직업은 보너스 여부에 따라 소득이 오르거나 내릴 것이다. 위험 회피형 근로자는 일반적으로 이러한 위험을 보상하기 위해 평균적으로 더 높은 임금을 요구한다.

해결책 4 : 정부 규칙과 사회적 규범은 행동 유인을 일치시키는 데 도움이 될 수 있다. 도덕적 해이의 최악의 예시는 노골적인 사기와 범죄행위이다. 거짓말, 속임수, 절도는 모두 도덕적 해이의 예시이다. 즉, 모든 결과를 부담하지 않을 것이기 때문에 관찰되지 않은 행동을 하는 것이다. 정부는 절도와 사기를 불법화함으로써 이 문제를 해결하려고 한다.

투명성을 높이기 위한 정부의 규제도 도덕적 해이를 줄일 수 있다. 예를 들어, 미국 식품의약국은 체인 레스토랑에 개별 요리의 열량 목록을 작성하도록 요구했다. 그리고 모든 식품은 특정 안전 기준을 충족하도록 해서 오염되지 않았다고 믿을 수 있게 했다. 유사하게, 그들은 처방약이 함유하고 있다고 주장하는 것을 포함하도록 했다. 그래서 200mg의 이부프로펜 알약에는 실제로 200mg의 이부프로펜이 포함되어있고 다른 것은 들어있지 않다고 믿을 수 있다. 정부 조사관은 건강과 안전 기준을 충족하지 않는 회사에 벌금을 부과한다.

정부 외에도, 사회적 규범도 도덕적 해이를 줄이는 데 도움이 된다. 예를 들어, 당신은 아마도 정직함이 미덕이라고 믿으며 자랐을 것이다. 정직과 신뢰의 규범은 도덕적 해이를 줄이는 데 도움을 준다. 그 이유는 단지 그렇게 하는 것이 옳다고 믿기 때문에, 다른 사람들이 약속한 것을 지킬 것이라고 쉽게 확신하기 때문이다.

해결책 5 : 적합한 대리인을 선택하라. 사람들이 정보 격차를 자신의 이익을 위해 이용할 때 도덕적 해이가 발생한다. 정보 격차를 해결할 수 없을 때는 정보의 이점을 부당하게 이용하지 않는 사람들과만 거래하는 다른 접근 방식을 취할 수 있다. 당신에게 가장 이익이 되는 행동을 할 가능성이 높은 사람들을 찾는 것이다. 당신은 더 정직하고 믿을 수 있는 사람들을 찾고 싶어 한다. 따라서 당신의 개인적인 네트워크에 있는 사람들을 신뢰하는 것이 유용할 수 있다. 또한 내재적인 동기를 가진 사람들을 신뢰하는 것도 도움이 될 수 있다. 그 사람들은 훌륭히 임무를 완

수하는 것에 대한 즐거움과 자부심과 같은 내면의 이유로 무언가를 하고 싶어 한다. 내재적인 동기는 결과에 대한 뚜렷한 보상이 없을 때에도 주인과 대리인의 행동 유인을 일치시킬 수 있다. 이런 이유로 경영진은 직원들이 회사의 큰 사명을 이해하고 헌신적으로 일하도록 만드는 데 투자한다. 사람들은 자신이 하고 있는 일을 더 많이 믿어 줄수록 더 일을 잘한다.

마지막으로, 어떤 사람들은 다른 사람들보다 자신의 평판에 더 많이 투자한다. 예를 들어, 고객과 판매를 유도하기 위해 리뷰에 의존해야 하는 사업을 운영하는 경우에는, 잘못된 행동을 하다가 적발되지 않도록 더욱 주의해야 한다. 이와 같은 이유로 사람들은 체인점을 선호한다. 만약 나쁜 일이 일어나면 브랜드에 투자한 회사가 잃을 것이 많다는 것을 알고 있기 때문이다. 그러므로 맥도날드의 주방을 검사할 수 없을지라도 위생 위기가 브랜드에 심각한 피해를 줄 수 있다는 사실만으로도 도덕적 해이 문제를 해결할 수 있다. 치포틀레 멕시칸 그릴은 쓰라린 경험을 통해 이 교훈을 배웠다. 2015년, 이 패스트푸드 체인점은 노로바이러스 발생으로 수십 명의 고객이 병에 걸리기 전까지는 인기몰이를 하고 있었다. 많은 손님은 노로바이러스가 발생한 것이 체인점의 식품 안전 보장 조치가 부적절했기 때문이라고 받아들였다. 그 이후로 치포틀레는 식품 안전 기준을 개선하는 데 투자를 해왔지만, 문제가 생길 때마다 고객은 그것이 운이 나빠서인지 그 체인점의 부주의에 의한 것인지 구별하기 어렵게 되었다. 2018년 치포틀레의 가치는 90억 달러로 평가되었는데, 이는 사건 발생 전 최고치보다 140억 달러 적은 수치였다.

함께 해보기

수요와 공급의 마법은 구매자와 판매자가 서로 거래함으로써 서로의 상황이 더 나아지고, 시장 힘이 유익한 거래가 일어나도록 보장한다는 것이다. 그러나 공급과 수요의 마법에서 중요한 재료는 좋은 정보이다. 그것이 없으면 모든 것이 무너지기 시작한다.

다른 사람이 모르는 것을 누군가가 알게 되면, 수요와 공급의 힘은 붕괴된다. 구매자는 누가 고품질의 상품을 판매하고 있는지 알 수 없다면, 고품질의 상품을 판매하는 사람들은 상품을 팔 유인이 적어지고, 구매자는 결국 그들이 이용할 수 있는 낮은 품질의 상품에 관심이 없어질 수 있다. 결과적으로 가격이 낮아지고 판매량은 줄어든다. 또한 개별 고객이 얼마의 비용을 발생시킬지 알 수 없다면, 결국 비용을 많이 유발하는 고객이 더 많이 생겨나서 비용이 증가할 것이다. 이에 따라 가격이 인상되고, 비용을 적게 유발하는 고객은 사라진다. 결과적으로 가격이 오르고 판매량은 줄어든다. 그리고 누군가를 고용하고 싶지만 그들이 얼마나 열심히 일할 것인지 알 수 없다면, 그들이 당신이 원하는 것보다 적게 일할 거라고 예상할 수 있다. 이는 당신을 대신하여 일할 사람을 고용하고자 하는 의지를 줄인다. 그 결과 고용은 감소한다.

이러한 각각의 경우, 사적 정보로 인해 구매 및 판매 수량이 줄어든다. 또한 서로 이익이 되는 거래나 협력의 기회도 잃게 된다. 최악의 경우에는 시장이 완전히 붕괴될 수도 있다. 하지만 대부분의 경우 시장이 완전히 붕괴되지는 않는다. 대신에 모든 사람이 비슷한 정보를 가지고 있을 때보다 덜 효율적으로 작동한다.

정보상의 이점을 가진 사람들이 반드시 다른 사람을 이용하려고 하는 것은 아니다. 그들은 단지 유인에 반응하고 있는 것이다. 아침에 일어나서 자동차 보험이 만료되었다는 것을 알았다고 상상해보자. 당신은 더 조심히 운전할 것인가? 또한 당신이 범죄율이 높은 동네에서 많은 시간을 보내기 시작했다면, 자동차 보험회사에 자동차 도난 위험이 증가한다고 말할 것인가? 당신이 차를 팔게 된다면 이 모든 문제를 다 털어놓을 것인가?

모두가 항상 진실을 말하고 서로를 신뢰한다면 시장은 더 나은 결과를 낳을 것이다. 정보 문제가 우리의 상호 작용에 널리 퍼져있기 때문에, 신뢰 수준이 높은 사회에서는 경제가 더 잘 작동한다. 이는 사람들이 직업에서 주택, 쇼핑에 이르기까지 모든 것을 개인적 네트워크에 많이 의존하는 이유의 일부이기도 하다. 개인적 네트워크 내에서, 사람들은 자신이 알고 있는 것에 대해 정직해야 하고 약속을 지켜야 한다는 압박을 받는다. 즉, 사적 정보의 문제를 줄이는 압박을 받는 것이다.

신뢰 이외에 정보를 개선하거나 유인을 더 잘 일치시키면, 시장이 원활하게 작동해서 더 많은 사람이 원하는 것을 사고팔 수 있다. 사적 정보가 있을 때 민간 부문과 정부 모두 진실 규명을 장려하거나, 직접 정보를 제공하거나, 적절히 결합된 시장 참여자에 대한 유인을 만들어 시장이 더 잘 작동하도록 도울 수 있다.

사적 정보로 가득 찬 세상에서 현명한 고객이 되려면 모르는 것을 찾아내고, 그것이 판매자의 행동 유인을 형성하는 법을 이해하고, 정보 격차를 해소하기 위한 행동을 취해야 한다. 그리고 사적 정보를 가진 사람은 자신의 자질을 드러내거나, 사적 정보를 공개할 신뢰할 수 있는 방법을 찾는다면 더 나은 거래를 할 수 있다. 예를 들어, 자동차 보험료를 덜 내고 싶다면 보험회사에서 당신의 운전을 모니터링하도록 하라. 그리고 만약 당신이 직장에서 최선을 다하고 싶다면, 당신의 매니저가 당신의 노력을 관찰할 방법을 찾도록 도와라.

이 장을 시작하며 우리는 정보의 차이에 대해 말했다. 나는 도덕적 해이와 역선택에 대해 알고 있었지만, 독자는 몰랐을 것이다. 지금까지 정보 문제를 해결했고, 이제 당신은 다른 정보 문제도 해결할 수 있는 도구를 갖게 되었다.

한눈에 보기

판매자의 역선택	구매자의 역선택	도덕적 해이
구매자가 품질을 관찰할 수 없을 때, 판매용으로 제공되는 상품의 조합이 더 낮은 품질의 상품으로 치우치는 경향	판매자가 구매자의 유형을 모를 때, 구매자 조합이 더 높은 비용을 유발하는 구매자로 치우치는 경향	당신의 행동이 완전히 관찰될 수 없고, 당신은 그 행동의 결과로부터 보호받을 수 있도록 부분적으로 분리되어 있기 때문에 당신이 취하는 행동

당신이 당신은 알지만 다른 사람은 모르는 사적 정보를 가지고 있다면, 그것은 구매되는 것과 판매되는 것을 왜곡시킨다.

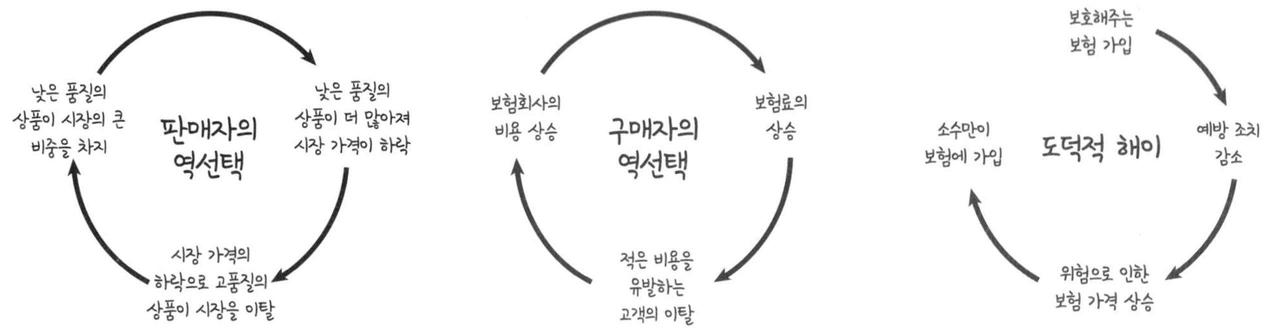

사적 정보 문제

	판매자의 역선택	구매자의 역선택	도덕적 해이
문제의 원인	구매자는 상품의 질을 모른다.	판매자는 그들의 구매자가 비용을 얼마나 유발할지 모른다.	주인은 대리인이 도움이 되지 않는 선택을 할지 안 할지 모른다.
발생하는 경우	판매자는 사적 정보를 가지고 있다	구매자는 사적 정보를 가지고 있다.	대리인의 행동은 주인에게 감추어진다.
결과	판매되는 상품들의 혼합이 주로 낮은 품질의 상품으로 편향될 것이다.	구매자의 혼합은 주로 비용을 많이 발생시키는 사람들로 편향될 것이다.	대리인의 행동은 주인의 최대 이익에 부합하지 않는다.
예시	중고차 시장	건강보험	직장에서 직원의 노력
해결책 • 정보의 개선 • 유인의 일치 • 규제	1. 구매자는 **제3의 인증기관**에게 알아 볼 수 있다. 2. 판매자는 제품의 품질에 대한 신호를 보낼 수 있다. 3. 정부는 **정보를 늘리거나** 품질이 낮은 상품을 **제거**할 수 있다.	1. 판매자는 구매자가 발생시킬 예상 비용과 관련된 **정보**를 사용할 수 있다. 2. 판매자는 개별 구매자에게 다른 계약을 제안해 구매자가 스스로 **나뉘도록** 할 수 있다. 3. 정부는 **정보를 늘리거나**, 직접적으로 역선택을 줄일 수 있다.	1. **모니터링**을 통해 감추어진 행동을 **관찰**할 수 있게 만든다. 2. 당신이 원하는 행동과 어울리는 **보완재**를 제공한다. 3. 행위자에게 '내기의 상금' 혹은 **결과물에 대한 지분**을 제공한다. 4. **정부 규칙과 사회적 규범**은 행동 유인을 일치시키는 데 도움이 될 수 있다. 5. 적합한 대리인을 **선택한다.**

핵심용어

구매자의 역선택	성과급	판매자의 역선택
도덕적 해이	신호발송	
사적 정보	주인-대리인 문제	

토론과 복습문제

학습목표 20.1 판매자의 사적 정보가 어떻게 판매 상품의 품질을 저하시키고, 시장 결과를 왜곡시킬 수 있는지 알아본다.

1. 이베이, 크레이그리스트, 아마존 또는 중고 제품을 구매할 수 있는 기타 사이트로 이동하여 구매하고 싶은 제품을 찾으라. 판매자가 상품의 품질에 대한 사적 정보를 가지고 있는가? 당신은 제품에 얼마를 지불할 용의가 있는가? 판매자의 사적 정보가 결제 의사에 어떤 영향을 미치는지 설명하라. 구매하기 전에 중고 제품의 품질을 판단하는 데 사용할 수 있는 전략은 무엇인가?
2. 다음 개별 항목이 어떻게 중고 주택 시장의 사적 정보 문제를 해결할 수 있는지 설명하라.
   a. 주택 보증 계약
   b. 주택의 구조적 무결성, 배관 및 전기 회로를 주의 깊게 살펴볼 가정 검사관 고용
   c. 판매자가 알려진 결함을 공개하도록 요구하는 법률

학습목표 20.2 구매자의 사적 정보가 어떻게 판매자의 비용을 증가시키고, 시장 결과를 왜곡시킬 수 있는지를 알아본다.

3. 건강보험 시장을 고려해보자.
   a. 이 시장과 관련이 있는 역선택의 개념을 설명하고, 그것이 민간 시장에서 '악순환'을 초래할 수 있는 이유를 설명하라.
   b. 역선택으로 인해 발생할 수 있는 시장 실패를 완화하기 위해 정부가 취할 수 있는 조치는 무엇인가?
   c. 역선택으로 인해 발생할 수 있는 시장 실패를 줄이기 위해 민간 보험회사가 취할 수 있는 조치는 무엇인가?

학습목표 20.3 어떤 행동이 감추어져 있을 때 발생하는 문제를 인식하고 해결한다.

4. 베로니카는 집에서 근무하며 시간당 급여를 받는 의료 기록부팀을 관리한다. 원격 팀원들이 생산적으로 일하게 하는 데 어떤 잠재적 문제가 있을 수 있는가? 그 문제에 대한 해결책은 무엇인가?
5. 당신이 아파트나 집을 임차할 때, 대부분의 집주인은 당신에게 환불 가능한 보증금을 지불하도록 요구할 것이다. 집주인이 그렇게 하는 이유가 무엇이라고 생각하는가? 그들의 행동을 도덕적 해이로 발생할 수 있는 문제와 연관시켜라.

학습문제

학습목표 20.1 판매자의 사적 정보가 어떻게 판매 상품의 품질을 저하시키고, 시장 결과를 왜곡시킬 수 있는지 알아본다.

1. 잭은 그의 운동기구를 파는 것을 고려하고 있다. 그 기구는 한 번도 사용하지 않았고, 고품질이며 그의 여분의 침실에서 공간을 차지하고 있다. 그는 페이스북 마켓플레이스에 '1,200달러 또는 절충 가능'이라고 등록하지만 실제로 1,000달러 이하로는 팔지 않을 것이다. 리나는 중고 운동기구를 사려고 한다. 품질이 좋을 경우, 1,300달러까지 지불할 수 있고, 품질이 낮은 경우에는 600달러까지 지불할 용의가 있다.

   리나는 위험 중립적이지만 운동기구의 품질이 좋은지 아닌지 알 수 없다. 그녀가 중고 운동기구의 60%가 고품질이고 40%가 낮은 품질이라고 생각한다면, 리나가 지불할 최대 가격은 얼마인가? 잭은 그 가격에 동의하는가?
2. 카팩스는 중고차의 보유이력, 주행거리, 과거 사고 등을 포함한 차량이력 보고서를 제공하는 서비스이다. 중고차 산업에서 카팩스가 제3의 검증자로서 존재한다면 다음 중 어떤 결과가 발생할 수 있는가?
   a. 중고차에 대한 구매자의 지불용의액 증가
   b. 중고차 시장에서 구입할 수 있는 자동차 수의 증가
   c. 중고차 시장에서의 더 효율적인 결과
3. 소피아는 자신의 회계 사무소를 운영하고 있으며 두 명의 신입 회계사를 고용하려 한다. 생산성이 높은 근로자는 연간 9만 달러의 수익을 창출하고, 생산성이 낮은 근로자는 연간 6만 달러를 창출한다. 타시아는 생산성이 높은 근로자이며 최소한 8만 달러의 급여를 원한다. 릭은 생산성이 낮은 근로자이며 적어도 5만 5,000달러의 급여를 원한다.
   a. 소피아가 타시아와 릭의 생산성을 파악할 수 있다면 누구를 고용해야 하며 그녀의 이윤은 얼마인가?
   b. 소피아는 면접에서 누가 생산성이 높고 낮은 근로자인지 알 수 없을 것이다. 그러나 자신의 경험을 바탕으로, 그녀

는 근로자의 65%는 생산성이 낮고 35%는 생산성이 높다고 생각한다. 그녀가 지불할 용의가 있는 최대 급여를 찾고 누가 일자리 제안을 수락할지 알아내라. 이것이 그녀가 생산성을 알 수 없는 회계사에게 지불할 최대 지불용의액에 변화를 가져왔는가?

c. 고용주는 채용하기 전에 구직자의 생산성을 어떻게 알아내는가?

학습목표 20.2 구매자의 사적 정보가 어떻게 판매자의 비용을 증가시키고, 시장 결과를 왜곡시킬 수 있는지를 알아본다.

4. 다음 각각의 상황이 구매자의 역선택과 관련된 문제를 어떻게 줄이거나 늘리는지 확인하라.
   a. 기술이 발전함에 따라, (그들의 보험회사를 제외한) 사람들은 다양한 질병에 걸릴 위험에 대한 정보를 제공하는 DNA 검사를 받는 데 비용이 적게 든다.
   b. 정부는 모든 운전자가 자동차 보험에 가입하도록 의무화한다.
   c. 구글은 직원들에게 여러 가지 의료 제도를 제공하기로 결정했다. 한 제도는 공제액이 높지만 월 보험료는 낮다. 다른 제도는 공제액이 낮지만 월 보험료는 높다.
5. 달리아는 소규모 홍보 회사를 소유하고 있으며 보험회사와 계약을 맺고 직원들에게 단기 장애보험을 구입할 수 있는 선택권을 제공하려고 한다. 이 보험은 직장 밖에서 발생한 질병이나 사고로 인해 최소 3주 연속으로 결근해야 하는 모든 근로자에게 5,000달러를 지급한다. 회사 직원들의 연도별 보험사용 확률은 다음 표와 같다.

고용인	보험 이용 확률
캐롤	20%
호세	50%
팬	15%
안드레	85%
비랏	40%

   a. 보험회사가 단기 장애보험을 사용하는 개별 직원의 확률을 쉽게 파악할 수 있고, 고객마다 가격을 조정할 수 있다면, 개인에게 각각 부과할 수 있는 최저 가격은 얼마인가?
   b. 이제 달리아의 개별 직원들은 자신의 보험사용 확률을 알고 있지만, 보험회사는 근로자가 조건에 맞는 부상이나 질병을 앓을 확률이 평균적으로 약 40%라는 것만 알고 있다고 가정하자. 이를 바탕으로 모든 사람이 보험을 구매할 경우 보험회사는 보험당 평균적으로 얼마를 지불할 것으로 예상하는가?
   c. (b)에서 계산한 가격으로 보험을 구매할 사람은 누구이며, 보험회사가 얻을 수 있는 예상 이윤은 얼마인가?
   d. 보험회사는 손실을 피하기 위해 각 개인에게 부과하는 보험료를 얼마나 인상해야 하는가? 누가 보험을 계속 구매할 것이며 보험회사는 이제 얼마의 이윤을 얻을 수 있는가?
   e. 보험회사의 이윤이 0이 되기 위해서 보험회사는 각 개인에게 부과되는 보험료를 얼마나 인상해야 하는가? 그 경우 누가 그 보험을 계속 구매할 것인가?
   f. 피보험자의 규모는 어떻게 변화하는가? 이를 뭐라고 부르는가?

학습목표 20.3 어떤 행동이 감추어져 있을 때 발생하는 문제를 인식하고 해결한다.

6. 당신은 광고 판매 마케팅 회사에서 일하고 있다. 당신의 매니저는 영업 담당자가 만날 잠재 고객을 증가시키기 위해 인센티브 제도를 시작한다고 발표했다. 직원은 자신이 제출한 모든 잠재 고객에 대해 다음번 급여에서 10달러를 받게 된다.

   일주일 후, 영업 매니저는 직원들이 이름당 10달러씩을 받기 위해 그들이 아는 모든 사람의 이름 명단을 제출하고 있다는 것을 깨달았다. 이런 잠재 고객은 대부분 쓸모가 없기 때문에 회사에 손실을 초래한다. 다음 각각의 변화가 문제를 해결할 수 있는지 설명하라.
   a. 개별 잠재 고객에 대해 10달러를 제공하는 대신에 25달러를 제공한다.
   b. 개별 잠재 고객에 대해 10달러를 제공하는 대신에 5달러를 제공한다.
   c. 개별 잠재 고객에 대해 10달러씩 지급하는 대신에 직원이 제출하는 잠재 고객으로부터 실제로 벌어들인 수익의 일정 비율을 지급한다.
   d. 자문위원을 고용하여 잠재 고객을 선별하고, 유용한 잠재 고객만 영업팀에 전달한다.
7. 다음 각각의 상황이 판매자의 역선택에 대한 예시인지, 구매자의 역선택에 대한 예시인지, 도덕적 해이에 대한 예시인지 확인하라. 또한 개별 문제에 대한 해결책을 제시하라.
   a. 당신은 일주일간 여행을 하는 동안 매일 고양이를 확인해 줄 이웃을 고용했다. 하지만 그 이웃은 이틀에 한 번씩 고양이를 확인했다.
   b. 지역 해산물 가게는 신선한 해산물을 광고하지만, 해산물이 실제로 신선하거나 냉동보관되었는지는 확실하지 않다.
   c. 천식이 있는 사람들은 건강보험에 가입할 가능성이 더 높다.

제 6 부

거시경제 기반과 장기

제6부 : 거시경제 기반과 장기

전체 그림

미시경제에서의 모든 결정이 거시경제에서 무엇을 의미하는지 알려면 이제 초점을 미시경제에서 거시경제로 옮겨야 한다. 곧 배우겠지만, 거시경제의 결과는 수많은 미시경제 주체가 내린 개별적인 결정을 반영하기 때문에 거시경제와 미시경제는 밀접한 연관이 있다. 또 거시경제는 미시경제에 기반하며, 동시에 이러한 모든 의사결정 사이의 상호의존성에 보다 초점을 두고 있다.

바로 다음 장에서는 경제 건전성을 평가하는 주요 방법을 살펴본다. 또한 거시경제학은 경제 주체들이 더 나은 삶을 살 수 있도록 연구하는 학문이므로, 경제성장에 장기적으로 영향을 미치는 요인을 알아볼 것이다. 먼저 우리는 **국내총생산**(gross domestic product, GDP)이 무엇인지, 경제의 건전성을 나타내는 수치로서 왜 이것을 주의 깊게 관찰해야 하는지 살펴본다. 그다음 **경제성장**을 이끄는 요인이 무엇이고 왜 어떤 국가는 부유하고 어떤 국가는 가난한지 알아본다. 이러한 분석이 중요한 이유는 경제성장률을 높이는 통찰력이 수십억 명의 사람들을 빈곤에서 벗어날 수 있게 해주기 때문이다. 그다음엔 **실업**으로 넘어가 실업의 원인과 누구에게 영향을 미치는지, 사회에 얼마나 많은 비용을 들게 하는지를 분석한다. 마지막으로, **인플레이션**과 **물가수준의 변화**가 어떻게 측정되는지, 그리고 개인, 기업, 경제 전반에 무엇을 의미하는지 살펴본다.

21 GDP를 활용한 경제 평가

모든 경제활동을 측정하고 분석한다.

- 거시경제학이란 무엇인가?
- 국내총생산이란 무엇이며, 어떻게 측정하는가?
- 경제학자들은 얼마나 효과적으로 국민 생활수준을 측정할 수 있는가?
- 가격이 변화하고 있을 때 산출과 소득을 시간에 따라 어떻게 측정할 수 있는가?
- 상상할 수 없는 큰 단위의 숫자들을 이해하는 데 묘수가 있는가?

22 경제성장

무엇이 경제성장률을 결정하는지 이해한다.

- 경제성장은 현대 생활을 어떻게 형성했는가?
- 총산출을 결정하는 요소는 무엇인가?
- 경제는 영원히 계속 성장할 수 있는가?
- 새로운 아이디어는 어디에서 나오고, 경제성장을 어떻게 형성하는가?
- 경제성장에 있어 정부의 제도는 어떤 역할을 하는가?

23 실업

실업의 원인과 비용을 평가한다.

- 누가 실업자이고, 누구는 아닌가?
- 실업자는 왜 항상 존재하는 것인가?
- 무엇이 실업을 야기하는가?
- 실업이 사회와 경제에 미치는 결과는 무엇인가?
- 어떻게 실업의 해로운 영향으로부터 당신을 지킬 수 있는가?

24 인플레이션과 화폐

인플레이션과 그 결과에 대해 평가한다.

- 인플레이션이란 무엇이고, 어떻게 측정되는가?
- 인플레이션의 효과를 고려하기 위해 달러의 양을 어떻게 조정할 수 있는가?
- 화폐는 무엇이고, 무엇을 하며, 어떻게 인플레이션에 영향을 받는가?
- 인플레이션의 결과는 무엇인가?
- 인플레이션은 어떻게 사람들을 잘못된 선택으로 유도하는가? (그리고 이것을 어떻게 피할 수 있는가?)

CHAPTER 21

GDP를 활용한 경제 평가

목표

모든 경제활동을 측정하고 분석한다.

21.1 GDP와 거시경제
국내총생산(GDP)을 활용한 경제규모 측정 방법을 이해한다.

21.2 GDP는 총지출, 총생산, 총소득을 측정한다
GDP를 총지출, 총산출, 총소득의 척도로 분석한다.

21.3 GDP 활용의 이점과 한계
생활수준의 평가척도로 GDP를 활용한다.

21.4 실질 GDP와 명목 GDP
실제 수량 변화와 가격 변화 효과를 구분한다.

21.5 수백만, 수십억, 수조
단위를 조절하여 큰 단위의 수를 쉽게 다룬다.

Katja Kuhl

GDP 통계는 잉가 코스터가 어떤 시장이 스무디를 파는 데 적합한지 파악하는 데 도움을 줄 수 있다.

잉가 코스터는 경영학과 학생으로 한 학기를 스코틀랜드에서 즐기기로 했다. 그녀는 모국인 독일에서 한 번도 접해보지 못했던 즐거움을 발견했다. 그건 스무디를 파는 대학의 한 상점이었다. 신선한 과일과 야채를 혼합한 맛있는 주스였다. 게다가 풍부한 비타민이 으스스한 스코틀랜드의 날씨 속에서 반갑게 격려해주었다.

6개월 후 그녀는 독일로 돌아와, 앞으로 남은 인생을 어떻게 보낼 것인가 생각해보려고 했다. 그의 관심은 곧 그 스무디로 돌아왔다. 근처 슈퍼마켓에서 비슷한 제품을 찾을 수 없었고, 사업 아이디어가 생겨났다. 그녀는 친구 2명과 함께 팀을 짜 사업계획서를 썼고, 트루후루츠를 설립했다. 오늘날 이 회사는 연간 4,000만 달러 이상의 매출을 올리는 성공적인 스무디 회사다.

트루후루츠는 이제 잉가와 팀원들이 국제적으로 확장할 길을 찾을 정도로 성장했다. 그렇다면 어느 국가가 좋을까? 트루후루츠 스무디는 일상에서 즐기는 작은 사치품이라, 소득이 높은 국가에서 잘 팔릴 가능성이 높다. 그래서 잉가 팀은 어떤 국가가 소득이 높은가를 말해줄 데이터를 검색했다. 이때 필요한 개념이 국내총생산(GDP)이다.

이번 장에서 우리의 과제는 전체 경제의 규모를 어떻게 측정하는가를 이해하는 것이다. GDP, 즉 국가의 총소득을 측정하는 척도에 초점을 맞출 것이다. 이것은 거시경제 성과를 가장 밀접하게 추적하는 척도다. GDP는 얼마나 많이 생산하고 소비하며 벌고 있는지에 대한 소중한 통찰력을 제공하기 때문에 이를 추적한다. 그 정보는 정책 결정자, 투자자, 그리고 잉가 코스터와 같은 기업가들이 올바른 결정을 내리는 데 도움을 줄 수 있다. 우리는 또한 시간이 지남에 따라 경제 규모가 어떻게 변화하는지를 추적하는 데 GDP가 어떻게 이용되는지를 살펴볼 것이다. 다음 장에서는 그러한 변화의 결정요인을 찾아볼 것이다. 첫 번째 단계는 경제의 규모를 어떻게 측정하는지를 배우는 것이다.

당신은 이런 숫자들이 말해주는 것을 어떻게 해석해야 할지 알 필요가 있다. 우리는 GDP가 무엇을 계산하고, 무엇을 놓치는지, 그리고 정말로 중요한 문제로 GDP가 생활수준의 척도로 얼마나 유용한지를 평가할 것이다. 마지막으로, 이 장은 경제를 평가하는 가장 적합한 방법을 다루기 때문에, 경제적 수치를 보다 잘 이해하는 데 도움이 되는 몇 가지 방법을 개발할 것이다.

21.1 GDP와 거시경제

학습목표 국내총생산(GDP)을 활용한 경제규모 측정 방법을 이해한다.

거시경제학 경제 전반에 대한 연구

이제 우리의 관심을 특정한 시장에서 개별 주체의 의사결정을 연구하는 미시경제학에서 경제 전체를 연구하는 **거시경제학**(macroeconomics)으로 전환할 시점이다.

미시경제학에서 거시경제학으로

이것은 중요한 전환점이지만, 차이를 너무 예리하게 두어서는 안 된다. 거시경제, 즉 경제 전체는 개별 경제 주체들의 결정과 상호작용의 결과일 뿐이다. 미시경제학과 거시경제학을 경제학의 서로 다른 절반으로 생각해서는 안 된다. 오히려 미시경제학에 대한 이해를 바탕으로 거시경제학을 생각해야 한다. 지금까지 공부했던 경제학 도구, 즉 경제학의 핵심원리, 공급, 수요, 균형을 분석하는 프레임워크, 시장 실패에 대한 인식 등은 거시경제학을 공부하는 데도 계속 유용할 것이다.

초점을 정말로 옮겨야 할 곳은 그림 21-1에서 보듯이 개별 경제주체의 소득, 산출 혹은 지출에 대한 의사결정 및 개별 시장에 대한 시사점에서 경제 전체를 구성하는 모든 가계, 기업, 정부에 걸친 총소득, 총산출, 총지출이다. 따라서 당신 개인의 소득보다, 국가 전체의 총소득을 분석할 것이다. 그리고 당신의 기업이 만드는 산출에 집중하기보다, 국가의 모든 기업에 대한 총산출을 분석할 것이다. 마지막으로, 개인의 지출 대신에 모든 소비자, 기업, 그리고 정부의 총지출을 분석할 것이다.

Justin Case/The Image Bank/Getty Images

미시경제에서의 결정이…

이번 장의 과제는 어떤 국가 내에서 총소득, 총산출, 총지출을 측정하는 방법을 이해하는 것이다. 각각을 탐구하는 경로는 동일한 목표, 즉 국내총생산, 또는 GDP로 이끈다. 우선 GDP가 무엇인지를 말할 것이다. 그러나 먼저 이 핵심적인 통계가 어떻게 세 가지 다른 질문에 답하는지 조금 더 깊이 알아볼 필요가 있다.

경제순환

상호의존의 원리는 거시경제학의 핵심이다. 전체 경제에서 개인의 결정, 사람, 시장, 그리고 기간을 서로 잇는 중요한 연결이 많기 때문이다. 이런 의미에서 거시경제학은 교통과 매우 유사하다. 도로에서 재미나는 것을 얼빠진 듯이 바라보느라고 속도를 늦춘 운전자는 짧은 시간 동안 흐름을 지연시켰다고 생각할 수 있지만, 그 뒤에 있는 차량들도 정지하게 되고, 그 뒤에 오는 차도 속도를 늦춘다. 한 대의 짧은 감속은 연쇄 반응을 일으켜 효과는 폭포처럼 일어나 상호의존적 시스템을 만든다.

burwellphotography/E+/Getty Images

…거시경제의 결과로.

경제순환은 거시경제에서의 상호의존성을 보여준다. 거시경제학에서는, 교통처럼 당신의 선택이 다른 사람들의 행동에 좌우되고, 그리고 다른 사람들의 행동은 당신과 같은 사람들의 행동

그림 21-1 미시경제적 관점에서 거시경제적 관점으로의 전환

	미시경제	거시경제
소득	개인의 소득	한 나라 전체에서 총소득
산출	한 기업의 산출	한 나라 전체 기업의 총산출
지출	개인 혹은 한 기업의 소비	한 나라 모든 국민, 기업 그리고 정부의 총지출

에 좌우된다. 당신은 상호의존의 원리를 깨달을 수 있을 것이다. 당신의 가계 소득은 기업이 얼마나 많은 사람을 채용하느냐에 의존하고, 이는 기업들이 얼마나 많은 산출을 하는가에 좌우되고, 가계가 얼마나 많이 지출하는가에 좌우되며, 다시 가계가 얼마나 소득을 버는가에 좌우된다. 당신의 소득은 시스템의 산출물로 보일 수 있지만, 상호의존적 순환의 투입이기도 해서 거시경제적인 조건에 영향을 미치고 동시에 영향을 받는다.

경제순환의 흐름도는 거시경제적인 상호의존성을 개념화하는 프레임워크를 제공한다. 그림 21-2에서 보듯이, 이 도표는 경제에서 가계와 기업의 연결을 강조하면서 돈과 자원의 흐름을 설명한다(쉬운 설명을 위해 당분간은 정부, 금융부문, 해외 부문은 생략할 것이다).

기업과 가계는 투입과 산출 시장 모두에서 상호작용한다. 경제순환 흐름도는 상호작용의 두 가지 유형에 주목한다. 도표 상단은 산출 시장에서, 당신들과 같은 소비자들이 식품, 자동차, 그리고 다른 완성재를 원하고, 기업은 공급한다. 당신의 지출은 이러한 산출물을 사는 데 쓰인다. 도표 하단은 기업이 노동과 자본을 수요하고, 그리고 가계는 임금과 이윤을 대가로 노동과 자본을 제공한다.

모든 자원의 흐름은 반드시 돈의 흐름과 일치한다. 경제순환 흐름도는 경제가 어떻게 돌아가는지 추적하는 데 두 가지 방법이 있음을 보여준다. 첫째, 초록색 화살표는 실물 자원의 흐름. 즉 가계가 기업에 파는 노동과 같은 실질 요소의 흐름과, 기업이 가게에 파는 재화와 서비스와 같은 실질 산출의 흐름을 보여준다. 둘째, 보라색 화살표는 자원으로 교환되는 돈의 흐름과 이러한 자원 흐름의 시장 가치를 보여준다. 실물 자원의 각 흐름은 동일하면서 반대 방향인 돈의 흐름과 일치한다.

그림 21-2 | 소득과 자원의 경제순환

경제순환은 **산출의 시장가치 = 산출에 대한 지출 = 받은 소득 = 임금 + 이윤**을 보여준다. GDP는 이러한 흐름의 가치로 정의된다.

초록색 화살표는 제품 또는 서비스의 한 방향으로의 흐름을 보여주고, 보라색 화살표는 그에 상응하는 다른 방향으로의 돈의 흐름을 보여준다.

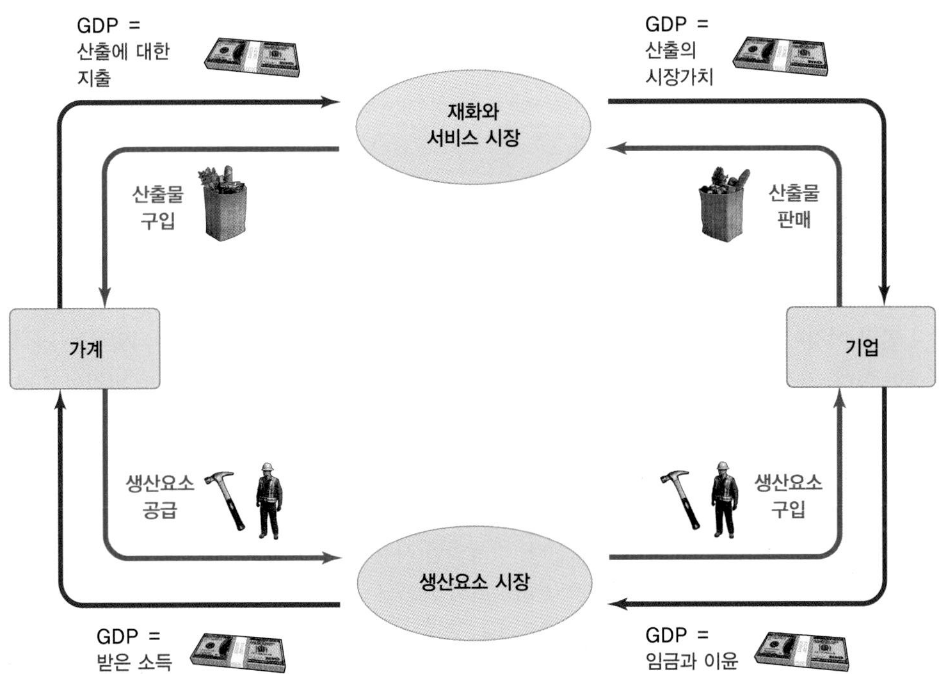

총소득, 총산출, 총지출은 모두 동일하다. 돈의 흐름은 사고, 팔고, 생산하고 그리고 벌어들이는 자원의 시장가치의 척도이다. 이것이 보여주는 것은:

- 생산된 모든 산출은 시장가격에 팔린다. 그래서 총산출의 시장가치는 총지출과 같아야 한다.
- 누군가가 지불한 1달러는 다른 누군가의 소득 1달러이다. 그래서 총지출과 총소득은 같아야 한다.

따라서 한 경제에서 총산출, 총지출, 총소득은 모두 동일한 가치를 가진다. 그 값이 일국 경제의 GDP다.

GDP의 정의를 자세히 알아보기

국내총생산(GDP) 한 국가 내에서 1년 내에 생산된 모든 최종재와 서비스의 시장 가치

국내총생산(gross domestic product)을 뜻하는 GDP는 경제활동의 핵심 척도이다. 구체적으로 말하자면, 한 국가에서 1년 동안 생산된 모든 최종 상품과 서비스의 시장가치다. 개념적으로 보자면, 미국에서 1년 동안 사람들이 돈을 지급받고 일한 모든 것들로 생각할 수 있다. 만일 사람들이 만든 재화와 서비스를 모두 집계하면, 당신은 산출이 얼마인지 또 무엇인지를 알 수 있을 것이다. 2018년에 생산된 사과, 오렌지, 핫도그, 할리우드 영화, 교육, 주택, 자동차, 신발 그리고 나머지 모든 것들을 더하면 20조 5,000억 달러가 된다.

1인당 GDP 총 GDP를 인구로 나눈 값

이렇게 너무 큰 단위의 숫자는 우리에게 크게 와 닿지 않기 때문에, 총 GDP를 1인당 기준으로 분석하는 것이 일반적이다. 1인당 숫자는 GDP 흐름을 더 쉽게 이해하도록 해줄 뿐만 아니라, 국가 간 비교에도 유용하게 사용된다. 이러한 이유로 우리는 **1인당 GDP**(GDP per person 때로는 1인당 GDP per capita)에 초점을 맞추고, 이는 총 GDP를 인구로 나눈 값이다. 연간 20조 5,000억 달러를 인구 3억 2,740만 명으로 나누면 1인당 GDP는 2018년 6만 2,600달러가 된다. 이것은 다음과 같은 의미를 지닌다.

- 1인당 평균 소득은 6만 2,600달러
- 1인당 평균 산출은 6만 2,600달러
- 1인당 평균 지출은 6만 2,600달러

좋다, 이건 큰 그림이다. 이제 좀 더 세밀하게 보자. GDP의 정의는 한 국가 내에서 한 해 동안 생산된 모든 최종재 및 서비스의 시장가치다. 이 정의는 한 번에 이해하기에는 너무 거창한 개념이다. 색깔별로 나누어 이해해보자.

"시장가치 …" 20조 5,000억 달러는 2018년도에 미국에서 생산된 모든 상품 및 서비스 시장가치의 총합이다. 이러한 총합을 만들려면 수천 명의 팔걸이 의자부터 수백 만 개의 지퍼에 이르기까지 생산된 모든 것의 가치를 더해야 한다.

만일 이것이 사과와 오렌지를 비교하는 것과 좀 비슷하다면, 옛 표현이 잘못되었음을 인식해야 한다: 사실 당신이 공통 단위를 찾는다면 사과와 오렌지를 비교할 수 있고 또 턱걸이 의자와 지퍼도 가능하다. 경제학의 많은 척도처럼 GDP의 공통 단위는 달러다. GDP는 턱걸이 의자에 지출된 달러를 지퍼에 지출된 달러에 더하고, 그리고 중간에 있는 모든 것들에 대한 지출을 더한다. 이것은 GDP가 시장가격에 따라 각 재화의 가치를 매기고(3달러 지퍼 하나의 100배로 턱걸이 의자 하나에 300달러를 매긴다) 경쟁적인 시장에서는 제품의 가격이 한계편익과 같아, 시장가격으로 가치를 매기는 것은 소비자들이 가치를 매기는 것처럼 효과적이다.

"… 모든 …" GDP는 포괄적인 척도를 목표로 삼기 때문에, 가능한 시장에서 생산되고 판매되

는 모든 것을 포함하고 있다. 여기에는 턱걸이 의자와 같은 재화와 동물원 구경 같은 서비스를 포함한다. 당신이 자신을 위해 구입한 물품뿐 아니라 공교육과 국방처럼 정부가 당신을 위해 구입한 것도 포함된다.

GDP가 가능한 모든 것들을 포괄하려 하지만, 시장 밖에서 일어나는 경제활동은 포함하지 않는다. 월마트에서 구입한 청소기는 GDP의 일부지만, 당신이 그 청소기를 이용해 청소하는 것은 아니다. 역설적이지만, 그 청소기를 이용해 당신의 방을 청소하는 사람을 고용한다면 GDP에 계산되지만, 당신이 직접 하면, 그 일은 계산되지 않는다.

"… 최종재 및 서비스 …" GDP는 **최종재와 서비스**(final goods and services), 즉 최종 재화 및 서비스만을 계산한다.

당신이 크레이트앤배럴에서 소파를 사면, 당신이 최종소비자이기 때문에 최종 재화로 간주되고, 소파의 가격 1,500달러는 GDP에 포함된다. 즉, 가격 1,500달러에는 소파를 만드는 데 사용된 나무, 나무를 쓰러뜨린 나무꾼, 소파를 조립한 제조업자, 소파를 가게로 운송한 운전사, 당신에게 그것을 판매한 세일즈맨이 기여한 가치가 모두 포함되어 있다. 최종재의 가격은 생산 전 모든 단계의 기여도를 포함하기 때문에 생산된 최종재의 가치만 계산해도 충분하다.

sumire8/Shutterstock

중간재 : 소파를 만들기 위해 투입되는 나무처럼 다른 제품의 생산을 위해 투입되는 제품

중요한 점은, GDP를 계산할 때 다른 제품의 생산에 투입되는 재화와 서비스, 즉 **중간재와 서비스**(intermediate goods and services)는 별개로 포함하지 않는다. 만일 소파의 가치와 소파 만드는 데 들어간 나무의 가치를 모두 계산하면, 실제로는 중복 계산하는 셈이 된다. 이것이 경제에서 얼마나 생산되는지를 알고자 할 때, 크레이트앤배럴에서 구입한 소파처럼 최종적인 재화와 서비스에 초점을 맞추는 이유다.

"… 생산된 …" GDP는 생산을 측정하기 때문에 기존 최종재의 재판매를 계산에 포함시키지 않는다. 만일 당신이 크레이트앤배럴에서 소파를 사면, 그 소파는 방금 생산되었기 때문에 그 판매는 GDP에 더해진다. 그러나 만약 크레이그리스트나 이베이에서 중고 소파를 사면, 새로운 생산이 아니기 때문에 그 구매는 GDP에 포함되지 않는다. 중고판매는 이미 첫 구매 시 GDP에 계산되었고 단순히 소유권만 바뀐다.

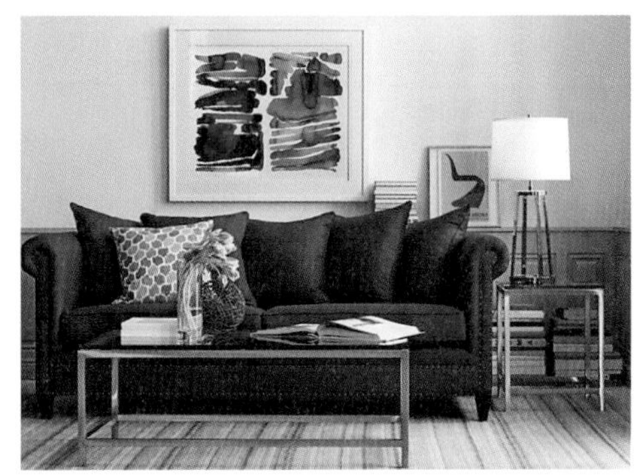

최종재 : 최종적으로 생산되어 구입되기를 기다리는 제품

"… 한 국가 내에서 …" GDP는 국내에서 생산되는 모든 가치의 합이기 때문에 미국 안에서를 의미한다. 미국에 있는 사업장에서 생산된 모든 것을 포함해 비록 외국인이 소유한 기업이 만들거나, 미국 내에서 만들어진 재화가 미국 바깥에 있는 사람에게 팔리더라도 그렇다. 또한 다른 국가에서 생산된 어떤 것도 포함되지 않는다. 그래서 미국인 소유 기업이 외국에서 생산한 재화, 또는 미국 소비자에게 실려 오는 외국에서 생산된 재화는 제외한다.

최종재와 서비스 생산 단계의 제일 마지막 단계에서 생산된 재화와 서비스

중간재와 서비스 다른 상품의 생산 단계에 투입되는 재화와 서비스

"… 한 해 동안 …" GDP를 측정할 때, 주어진 기간 동안 발생한 모든 경제활동을 합한다. 대부분의 국가들은 1년 이내에 발생하는 모든 활동을 합친다. 최신 정보를 유지하기 위해서, 일반적으로 대부분의 국가는 1년에 네 번 측정해 3개월마다 한 번씩 분기별로 측정한다. 전체 1년 동안 생산된 것을 알기 위해서 4분기의 생산을 더한다(정부가 단 1분기의 GDP를 보고하면, 여기에다 보통 4를 곱해 연간 성장률을 발표한다).

GDP가 1년 이내에 생산된 새로운 산출을 측정하는 유량(flow)이라는 점에 주목해야 한다. 바꿔 말하면 올 한 해 동안 새로운 지출이나 새로 벌게 되는 소득이다. 소득의 흐름과 부, 즉 특정 시간에 측정된 자산을 당신이 가진 모든 것과 혼돈해서 안 된다.

요약 : GDP는 한 해 동안 한 국가 내에서 생산되는 최종재와 서비스의 시장 가치다. GDP는 총지출, 총산출, 총소득을 동시에 측정한다. 이 때문에 경제학자들이 종종 이 세 용어를 호환하여 사용한다. 총지출, 총산출, 총소득이란 말이 들린다면 이것들 모두 GDP와 관련된 이야기임을 알아야 한다. 자, 이제 종합해보자.

GDP란…

시장가치	⟶	시장에서의 각 상품들의 가치
모든	⟶	모든 재화와 서비스를 포괄적으로 아우르는
최종재와 서비스	⟶	오직 마지막 단계에서 생산된 제품과 서비스만을 계산에 포함
생산된	⟶	재판매되는 상품을 제외한
한 국가 내에서	⟶	해당 국가 내에서 생산된 모든 생산품
한 해 동안	⟶	한 해 동안 생산된 생산량

21.2 GDP는 총지출, 총산출, 총소득을 측정한다

학습목표 GDP를 총지출, 총산출, 총소득의 척도로 분석한다.

앞서 배웠듯이 GDP가 세 가지, 즉 총지출, 총산출, 총소득을 한 번에 보여준다는 사실은 놀라운 통찰이고 유용하기도 하다. 이것은 GDP를 측정하는 세 가지 방법이 있다는 의미다.

GDP 측정법:
1. 총지출을 통해
2. 총생산을 통해
3. 총수입을 통해

- 지출에 사용된 모든 달러를 합한다.
- 생산된 산출의 모든 달러 가치를 합한다.
- 벌어들인 소득의 모든 달러를 합한다.

경제 상황을 정확하게 진단하려면 정부는 위의 세 가지 방법을 모두 사용한다. 그래서 우리는 다음 과제로 이 세 가지 방법이 어떻게 산출되는지 살펴보고, 각각이 보여주는 유용한 비즈니스 정보를 어떻게 조사할지 알아본다. 제일 간단한 방법은 경제에서 단일 제품을 추적해보는 것인데, 이는 우리가 소파에 대한 이야기로 시작한 이유다.

이야기는 워싱턴에 사는 한 가족 소유의 목재 회사인 베넷 럼버로 시작한다. 베넷 럼버는 가구용 나무를 베고 다듬는다. 이 회사는 노스캐롤라이나 가구 제조업체인 맥크레리 모던에 400달러 상당의 목재를 판매한다. 맥크레리 모던은 목재를 소파로 만들어 크레이트앤배럴과 같은 소매업자에게 1,000달러에 판매한다(소파는 직물, 쿠션 속, 못, 아교가 필요하지만 간단한 설명을 위해 이 부분은 우선 넘어간다). 크레이트앤배럴은 소파를 마케팅하고 행복한 고객에게 1,500달러에 판매한다.

알아차렸겠지만 이 작은 이야기 속에 GDP를 얼마나 만들었는지를 이해하는 세 가지 방법이 들어있다. 그리고 세 가지 모두 동일한 답으로 향해간다.

관점 1 : GDP는 총지출을 측정한다

GDP에 대한 첫 번째 관점은 GDP를 총지출의 합으로 본다. 지출 추적은 기업이든 가계든 정부든 외국인이든, 누가 무엇을 샀는지를 모두 이해할 수 있기 때문에 유용하다.

GDP는 최종재에 대한 총지출이다. 이 방법은 경제에서 총지출을 단순히 더함으로써 GDP를 측정한다. 그러나 기억하라 : GDP는 오직 최종재에 대한 지출을 포함하고, 그래서 핵심 거래는 최종 소비자가 크레이트앤배럴에서 소파를 살 때 일어난다. 우리는 최종재(크레이트앤배럴

소파)에 초점을 맞추는데 그 이유는 소파 가격이 베넷 럼버와 맥크레리 모던에서 생산 초기 단계의 노력을 반영하기 때문이다. 결과적으로, 최종재에 대한 총지출은 생산 사슬에 의해 만들어진 것으로 1,500달러다.

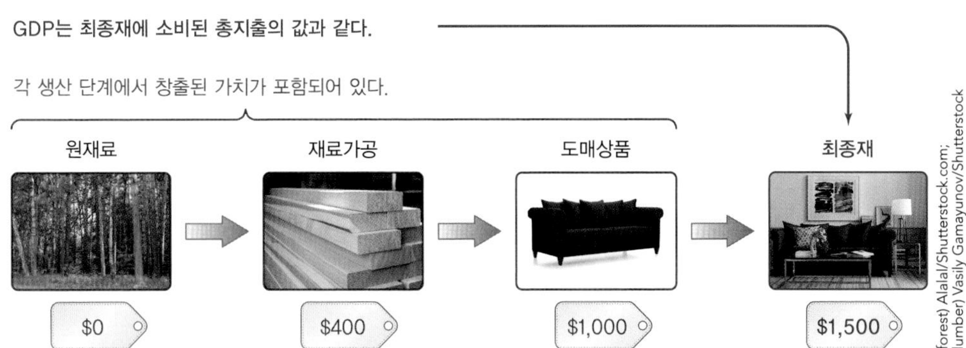

GDP는 새로운 재고품을 포함한다. GDP는 생산의 척도이기 때문에[GDP의 P는 생산(production)에 있다], 한 해에 팔린 것과 상관없이 만들어진 것을 계산한다. 새로운 재고(생산되었으나 팔리지 않은 것)를 GDP의 일부로 계산한다는 점도 중요하다. 그래서 크레이트앤배럴의 쇼룸이나 창고에서 안 팔린 소파가 많아져도, 생산되었기에 GDP에 포함된다. 이를 지출의 한 형태로 볼 수 있다. 만약 크레이트앤배럴의 재고 부서가 소파 부서에서 소파를 사왔다고 생각한다면, 생산된 모든 것은 금년도에 팔리거나 또는 재고로 축적된다. 따라서 GDP에 재고를 포함하는 것은 총지출과 총산출이 같아지도록 만든다.

GDP는 소비, 투자, 정부구매, 순수출의 합이다. 지출을 추적함으로써 GDP를 측정하면 많은 정보를 얻을 수 있다 : 누가 무엇을 사는지 추적할 수 있다. 실제로 총 GDP는 서로 다른 형태의 지출의 가치를 합산해 산출된다.

경제학자들은 각 지출 유형을 설명하기 위해 보통 약어를 사용한다. 소비는 *C*, 투자는 *I*, 정부구매는 *G*, 순수출은 *NX*, GDP는 *Y*를 사용한다.

GDP는 각 지출 유형의 합이므로 다음과 같이 계산된다.

$$\underbrace{Y}_{\text{GDP}} = \underbrace{C}_{\text{소비}} + \underbrace{I}_{\text{투자}} + \underbrace{G}_{\text{정부구매}} + \underbrace{NX}_{\text{순수출}}$$

이 방정식은 항등식이고, GDP의 정의를 말하므로 언제나 맞다. 그 이유는 소비와 투자(재고에 대한 투자도 포함), 정부구매, 순수출은 일국의 경제에서 생산되는 모든 재화와 서비스를 집약적으로 정의하기 때문이다.

그래서 우리는 소비, 투자, 정부구매, 순수출을 포함한 모든 지출을 합산하여 GDP를 측정한다. 그림 21-3은 이러한 계산을 보여준다.

자, 이게 큰 그림이다. 이제 지출의 각 유형을 자세히 살펴보자.

가계의 구매는 보통 소비라고 불린다. 당신이 재화와 서비스를 구입할 때, **소비**(consumption)로 GDP에 계산된다. 당신은 음식, 옷, 가스와 같은 재화뿐 아니라 병원 진료, 버스 요금, 휴대폰 요금과 같은 서비스도 소비한다. 여기에는 물론 자동차, 소파, 세탁기처럼 오래 지속되는 내구재도 포함된다. 내구재는 오랜 기간 이용되지만, 구매 당시의 해당 연도에 소비한 것으로 계산된다.

당신이 월세로 내는 임대료 또한 소비의 한 형태로 GDP에 반영된다. 이는 조

소비 가계에서 최종재 및 서비스에 하는 지출

그림 21-3 GDP는 최종재와 서비스에 대한 모든 지출의 합이다…

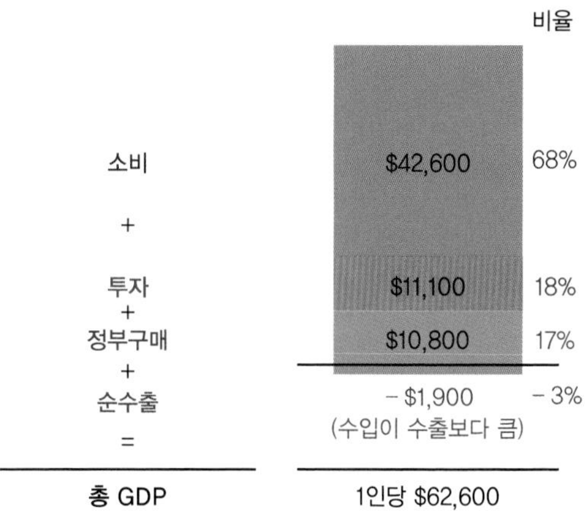

2018년 자료 출처 : Bureau of Economic Analysis.

금 복잡한 측면이 있는데 주택 소유자들은 주거와 안락함이라는 비슷한 편익을 누리지만 집세를 내지 않기 때문이다. 모든 주거 서비스를 동등하게 취급하고자 GDP는 귀속임대료(주택의 임대 가치 추정치)를 계산하는데 이는 당신(주거 서비스의 소비자)이 당신 자신(주택 소유자)에게 임대료를 지불하는 것으로 볼 수 있다. 우리는 제25장에서 소비를 보다 깊게 다룰 것이다.

투자 경제의 생산력을 높이는 새로운 자본 자산에 대한 지출

투자는 기업의 구매를 지칭한다. 경제학자들은 **투자**(investment)라는 단어를 경제의 생산력을 높이는 새로운 자본 자산에 대한 지출을 말할 때 쓴다. 이는 현재뿐만 아니라 미래의 생산에 기여하는 장기자산의 구매와 생산을 모두 포함한다. 공장을 짓는 것은 오랫동안 재화를 생산하는 데 이용하므로 투자다. 사무용 가구, 컴퓨터, 비행기도 보다 많은 재화와 서비스를 생산하기 위한 투자다. 기업의 투자에는 연구개발에 대한 지출도 포함한다. 새로운 재고는 미래의 판매로 이어지기 때문에 투자의 한 형태로 계산된다.

그러나 주의해야 한다. 그 이유는 투자의 거시경제학적 정의는 우리가 일상에서 일컫는 투자와는 다르기 때문이다. 기억하라. GDP는 생산에 관한 것이고, 그래서 거시경제학자는 무엇인가 새로운 것(새로 건축된 사무실 빌딩처럼)이 생산될 때 투자가 발생한다고 말한다. 이와는 대조적으로 '투자'에 대한 일상 대화는 보통 은행에 돈을 저축하거나, 주식을 매입하거나, 부동산 구입 등을 말한다. 하지만 은행에 돈을 넣는 행위는 나중에 쓰기 위해 저축을 하는 것으로, 현재 아무 소비를 하지 않는 것이다. 주식을 살 때도 마찬가지이다. 주식도 보통 다른 사람에게서 기존에 있던 기업의 주식을 사오는 것이다. 또 당신이 토지를 살 때 기존에 존재하는 자산을 구입하는 것이다. GDP는 생산된 것을 측정하기 때문에, 저축의 축적이나 기존 회사의 주식이나 부동산의 재구매는 투자로 계산하지 않는다.

대부분의 투자는 기업에 의해 이루어지지만, 신축 주택을 구입한다면 이것은 주거 서비스를 제공할 경제의 능력을 증가시키기 때문에 투자로 계산된다. 신축 주택은 주거 투자로 GDP에 더해진다. 그러나 만일 기존 주택을 구입한다면, 단순히 기존 자산의 소유주를 바꾼 것이기 때문에 GDP에 포함되지 않는다. 투자에 관련된 내용은 제26장에서 더 자세하게 알아볼 것이다.

정부구매 정부가 재화와 서비스 구입에 사용하는 지출

이전지출 누군가에서 다른 누군가로 이전되는 지급

sumire8/Shutterstock

사회보장지출은 소득을 이전하는 것이며, 따라서 GDP에 포함되지 않는다.

정부구매는… 정부구매로 불린다. 정부가 물품(재화와 서비스)을 살 때마다 **정부구매**(government purchase)로 계산된다. 이것은 지방정부의 학교에 대한 지출, 주정부의 고속도로에 대한 지출, 그리고 연방정부의 군비 지출을 포함한다.

정부가 교사나 해병대의 상등병에게 급여를 지급할 때, 교육이나 국방 서비스를 제공하기 때문에 지급하는 것이고, 그들이 받은 급여는 정부구매로 GDP에 계산된다. 그러나 많은 정부 지출은 정부구매로 계산되지 않는다. 예를 들어, 정부는 수십 조 달러를 사회 보장과 실업급여로 쓴다. 이러한 것들은 **이전지출**(transfer payments)의 사례로, 소득을 한쪽(정부)에서 다른 쪽으로(개인) 이전하는 것이다. 이전지출은 재화와 서비스의 새로운 생산을 포함하지 않기 때문에, GDP에 계산되지 않는다. 정부구매라는 용어는 약간 투박하게 들리지만, 구매는 정부가 사는(이전지출 제외) 물품에 관한 것임을 상기시킨다. 우리는 제35장에서 정부지출에 대해 보다 자세하게 알아볼 것이다.

수출 국내에서 생산된 재화와 서비스를 다른 국가에 판매하는 행위

수입 해외에서 생산된 재화와 서비스를 국내로 구입하여 들여오는 행위

외국인의 우리 재화 구매에서 우리 국민의 외국 재화 구매를 뺀 것을 순수출이라고 한다. 마지막으로, GDP는 국내생산을 측정하는 것이라는 점을 기억하면서, 세계경제와의 연결을 고려할 필요가 있다. **수출**(exports)은 미국 국내에서 생산해 다른 국가의 사람들과 기업들에게 판매하는 상품과 서비스다. 수출은 국내에서 생산되기 때문에 이러한 지출은 GDP에 포함된다.

수입(imports)은 다른 국가에서 생산되고 국내 미국인 소비자들에 의해 구매된 재화와 서비스다. 수입은 국내에서 생산되지 않기 때문에, GDP에서 제외된다. 이것은 캐나다에서 생산된

메이플 시럽에 대한 당신의 지출은 미국 GDP에 포함되지 않는다는 것을 의미한다. 시럽은 가계에 의해서 구매되어 소비로 이미 계산되었기 때문에 약간 곤란하다. 사실 최종재와 서비스의 모든 수입은 소비, 투자 또는 정부구매(누가 구매한 것인가에 따라)에 이미 계산되었다. 그래서 외국에서 생산된 재화와 서비스를 GDP에서 제외하려면 총지출에서 수입에 대한 지출을 빼야 한다.

결과적으로 GDP는 수출을 더하고 수입을 뺀다. 이것이 **순수출**(net exports, 수출에 대한 지출−수입에 대한 지출)을 계산하는 이유다. 그러나 GDP에서 수입을 빼는 것으로 혼돈해서 안 된다. 그렇지 않다. 그것은 단지 GDP에서 제외된다는 것으로, 플러스도 마이너스도 아니다. 그러나 GDP를 계산할 때 수입에 대한 지출은 이미 다른 부분에서 계산되었기 때문에 이를 상쇄하도록 빼야 한다. 제28장에서 수입과 수출에 대해 더 자세하게 알아볼 것이다.

순수출 수출액에서 수입액을 뺀 금액

관점 2 : GDP는 총산출이다

GDP에 대한 또 다른 관점은 총산출의 합으로 보는 것이다. 생산의 관점에서 본다면 어떤 것들이 어떤 사람에 의해 만들어지는지를 보여주기 때문에 유용하다. 기업의 규모와 생산성을 비교할 수 있는 경제 전반의 기준점을 제공한다. 또 생산과정에 따라 재화를 추적함으로써, 생산의 구조에 대한 지도를 만들고, 어떤 부문이 큰지(힌트 : 서비스 부문), 어떤 부문이 성장하는지, 그리고 어떻게 상호 연관되는지를 평가할 수 있게 한다.

GDP는 생산의 각 단계에서 창출하는 부가가치의 합이다. 지금까지 우리는 GDP가 총지출과 같음을 보았다. 어떤 사람이 만든 산출물을 사는 데 모든 돈이 지출되기 때문에, 이는 총산출의 시장 가치에 대한 척도이기도 하다. 이것은 다시 모든 산업의 총산출을 더해도 GDP를 측정할 수 있음을 의미한다.

경제학자들은 복잡한 생산 과정 속에서 각 기업의 산출 측정 방법을 고안해냈다. 이것은 생산 과정의 각 단계마다 기업은 다른 사람이 준비한 재료를 사용하고, 이를 보다 더 가치 있는 것으로 전환한다는 아이디어에 기초한다. 기업이 아이템의 가치를 높이는 것을 **부가가치**(value added)라고 하며, 이는 해당 아이템의 생산에 대한 기여도의 척도이다. 이것은 기업의 부가가치는 판매액에서 다른 기업으로부터 구매한 중간적인 재화와 서비스의 비용을 뺀 값이라는 의미다.

부가가치 각 생산 단계에서 생산품의 가치가 증가하는 금액.
=총매출액−중간투입물의 구입비용

최종 판매 전에 생산 과정의 각 단계에서 가치가 추가된다. 이러한 이슈를 진짜 살펴보기 위해 소파로 돌아가자. 소파의 생산과정은 베넷 럼버가 원자재 — 나무를 가지고 맥크레리 모던에게 400달러로 팔 목재로 만들면서 시작된다. 그 나무는 베넷 럼버에 아무런 비용을 끼치지 않는다(우리가 천연자원을 공짜로 보는 문제는 나중에 다룰 것이다). 나무를 베고 톱질을 해서 널빤지를 만들고 말리고 마감을 해서 400달러에 팔리는 상업용 규격 목재로 만듦으로써, 400달러의 가치를 창출했다. 다음에 맥크레리 모던은 400달러 가치의 목재를 1,000달러에 소매업자에게 팔리는 소파로 만들었고, 이는 원목재를 소파로 만들어 600달러의 가치를 더한 것을 의미한다(다시, 간단하게 설명하기 위해 직물, 쿠션 등은 무시한다). 그 소파는 크레이트앤배럴에 갔고, 광고와 영업을 통해 그 소파를 좋아하는 소비자의 손에 들어가게 했다. 크레이트앤배럴은 소파를 1,000달러에 구입해 1,500달러에 팔았고, 이것은 노력으로 — 온라인 광고, 판매 직원, 소매점의 위치 — 500달러의 가치가 더해졌다.

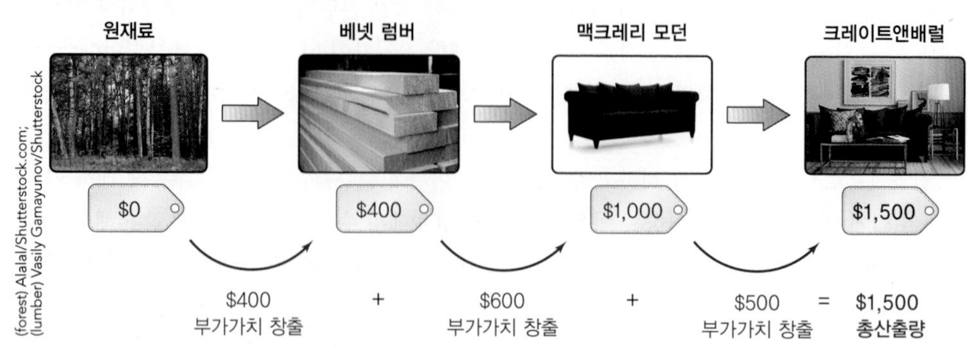

이러한 일련의 생산 과정에서 각 기업의 부가가치를 더하면 — 베넷 럼버에 의해 더해진 가치 400달러 더하기, 맥크레리 모던으로부터 600달러 더하기, 크레이트앤배럴에 의한 500달러 — 당신은 이러한 생산 과정이 GDP에 1,500달러를 더한 것임을 알 것이다. 보다 일반적으로 말하자면, 총 GDP는 경제에서 모든 기업에 걸친 부가가치의 합이다.

총산출과 총지출은 같다(그리고 둘 다 GDP와 같다). 총산출의 이러한 계산은 최종재의 지출에 기초한 GDP와 정확하게 같다. 둘 다 소파는 GDP에 1,500달러를 더한 것이다.

이렇게 하면서 숫자를 '짜 맞추지' 않았다. 오히려 깊은 진실 때문에 항상 이렇게 성립된다. 지출에 기초한 GDP의 측정은 생산의 최종 단계에서 나온 소파의 가치에 초점을 둔다. 산출에 기초한 척도는 다른 관점을 가지고 있어, 생산 과정의 각 단계에서 창출된 가치를 더한다. 그러나 이 두 가지는 동일한 소파에 대한 서로 다른 관점이고, 동일한 답으로 나온다. 생산의 최종 단계에서 소파의 가치(지출에 기초한 척도)는 얼마이든 간에 생산 과정에서 누적된 값(부가가치의 합에 기초한 척도)이기 때문이다.

할리 데이비슨의 생산량	
총매출	49억 달러
−중간재 투입액	−32억 달러
부가가치	= GDP에 추가된 17억 달러

2017년 자료 출처 : Harley Davidson annual report.

경제학 실습

한 특정 기업의 부가가치를 쭉 살펴보자. 할리 데이비슨은 2017년 오토바이 및 관련 제품 판매로 49억 달러의 매출을 기록했고, 이러한 제품들을 산출하기 위해 중간재를 32억 달러 투입하였다. 부가가치는 얼마인가?

부가가치 = 49억 달러 − 32억 달러 = 17억 달러

결과적으로, 할리 데이비슨 회사는 17억 달러의 가치를 미국 GDP에 추가하였다.

당신은 부가가치 아이디어를 이용해 자신이 좋아하는 회사가 창출한 총 GDP를 계산할 수 있다. 많은 기업은 매출과 비용에 관한 데이터를 공개하며, 구글을 찾아보면 당신이 필요한 데이터를 제공하는 연간보고서를 확인할 수 있다. ■

그림 21-4 | GDP는 전 산업 산출량의 합이다

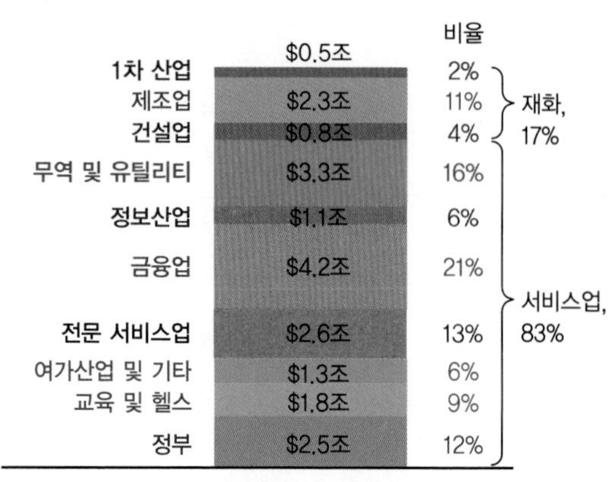

2018년 자료 출처 : Bureau of Economic Analysis.

서비스의 생산 비중이 재화의 생산 비중보다 더 크다. 경제의 각 부문에 있는 기업의 부가가치를 측정했으면, 총산출의 측정은 그림 21-4에서 보듯이, 각 부문에 걸쳐 이를 합치면 된다. 이러한 통계는 생산의 구조를 보여주기 때문에 특히 유용하다. 현대 미국 경제는 서비스 부문에 의해 주도되고, 이는 산출의 83%를 차지한다. 이와 대조적으로 재화는 경제의 17%만 차지한다. 현대 경제에 대한 당신의 이미지가 서비스 기반 현실과 일치됨을 확인하라. 만일 당신이 공장을 생각한다면, 경제에 잘못된 이미지를 가진 것이다. 은행, 병원, 학교, 식당, 도매상, 소매상뿐만 아니라 컨설팅, 법률, 회계 기업을 생각하는 것이 훨씬 현실적이다.

그림 21-4는 몇 개의 대분류로 나누어진 총산출을 보여주는데, 당신은 www.bea.gov/industry/에서 수치를 찾을 수 있고. 수십 개의 소분류로 파고들어, 산출, 예를 들면, 종이 제품을 수상 운송업과 비교할 수 있다.

관점 3 : GDP는 총소득을 측정한다

마지막 관점은 GDP를 소득의 총합으로 보는 것이다. 이것은 1인당 GDP가 평균소득의 척도이기 때문에 한 국가의 물질적 생활수준과, 생활수준의 개선 여부를 평가하는 데 특히 유용하다. 이러한 소득이 임금으로 근로자에게 돌아가는지 또는 이윤으로 기업 소유주에게 돌아가는지를 추적한다. 이러한 관점은 경제활동의 과실을 누가 즐기는지를 말해준다.

GDP는 총소득이고, 총임금과 총이윤의 합이다. 모든 거래에는 두 가지 측면, 즉 구매자와 판매자가 있다. 구매자가 지출하는 돈은 판매자에게 소득으로 등록된다. 이것은 GDP를 생산 활동에서 벌어들인 총소득을 합침으로써 GDP를 측정할 수 있음을 의미한다. 근로자가 벌어들인 임금뿐 아니라 주주와 기업 소유주가 번 이윤을 합친다는 의미다.

어떻게 이렇게 되는지 알기 위해 소파로 돌아가자. 베넷 럼버는 비용이 들지 않는 원자재로 시작해 400달러의 수입을 올렸다. 소득의 흐름으로 보면, 이 회사는 300달러를 근로자에게 임금으로 지급하고, 100달러를 이윤으로 남겼다. 맥크레리 모던은 소파를 팔아 1,000달러의 수입을 올렸고, 400달러를 베넷 럼버에게 지급했고, 500달러를 임금으로 쓰고, 회사에 100달러가 이윤으로 남았다. 마지막으로 크레이트앤배럴은 1,000달러에 사들인 소파를 팔아 1,500달러를 벌었다. 이 회사는 200달러를 임금과 급여로 지급하고, 300달러가 이윤으로 남았다. 이 세 회사에 걸쳐, 총임금은 1,000달러로 그리고 총이윤은 500달러가 된다.

GDP는 모든 소득의 총합이다=총임금+총이윤

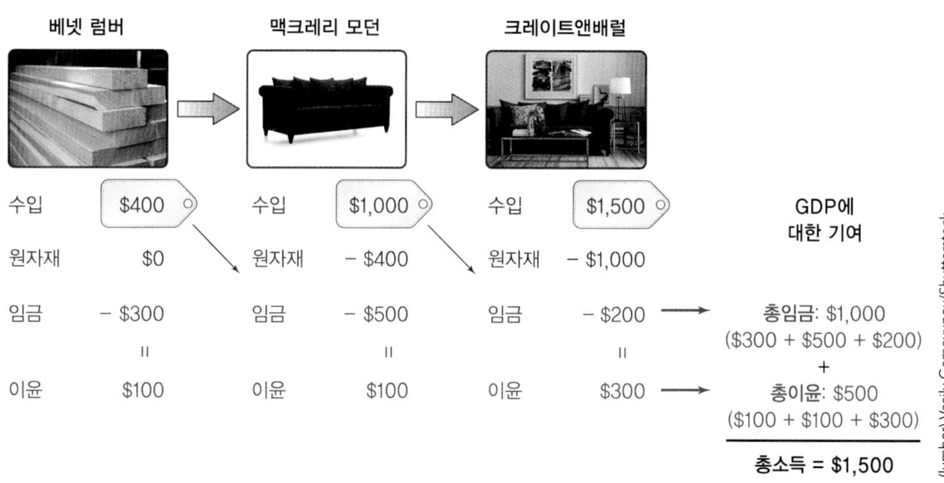

(lumber) Vasily Gamayunov/Shutterstock

총소득은 임금과 이윤의 합이고, GDP를 총소득으로 측정하는 것은 이 소파가 1,000달러+500달러=1,500달러를 GDP에 더하는 것임을 의미한다. 보다 일반적으로 말하자면, GDP는 근로자가 벌어들인 총임금의 합과 자본 소유자가 벌어들인 총이윤을 더해서 계산할 수 있다.

자본 이익과 손실은 새로운 소득으로 계산되지 않는다. 기존 자산의 구매가 새로운 투자로 계산되지 않는 것처럼, 기존 자산(주식, 토지 또는 다른 금융자산)을 판매함으로써 얻는 소득은 새로운 소득으로 계산되지 않는다. 자본 이익은 당신이 살 때보다 더 높은 가격으로 팔아도 GDP에 계산되지 않는다. 그 이유는 생산 활동으로 번 소득이라기보다는 단지 기존 자산의 재판매이기 때문이다. 투기적 거래에서는 어떤 것도 얻을 수 없다. 그 이유는 더 비싼 가격으로 나

그림 21-5 | 최근 몇십 년간 총소득에서 노동의 몫은 감소했다.

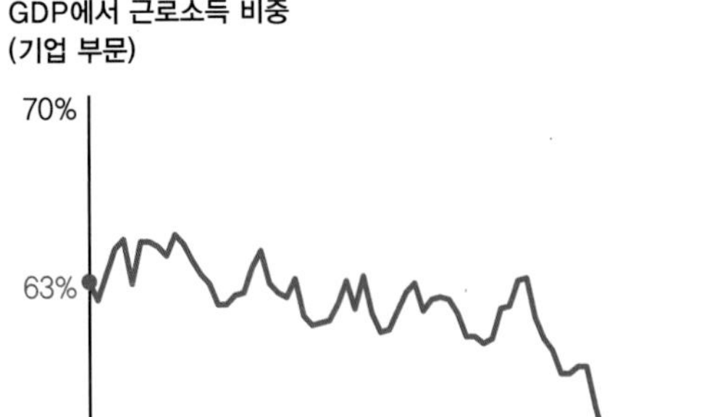

출처 : Bureau of Economic Analysis.

오는 판매자의 이익은 비싼 가격으로 지급해야 하는 구매자에게 손실이기 때문이다.

총소득에서 노동의 몫은 감소하고 있다. 이러한 소득 기반 통계는 경제의 파이를 근로자와 자본의 소유자 사이에 어떻게 나누는가를 말해주기 때문에 유용하다. 그 자체로 GDP가 기업의 자금 상황에 비해 가계의 구매력을 얼마나 키우는지의 정도를 보여준다.

노동의 몫은 근로자에게 임금, 급여, 후생 복지로 돌아가는 총소득 중의 비중을 설명한다. 역사적으로 근로자들은 모든 소득 중에서 거의 3분의 2를 받았으나, 그림 21-5에서 보듯이, 노동의 몫은 최근 몇십 년간 하락했다. 반면 자본의 몫(자본 소유주에게 돌아가는 소득의 비중)은 증가했다. 자본은 보다 소수의 미국 부유층이 소유하기 때문에, 이러한 자본의 몫의 증가는 소득 불평등의 증가로 이어졌다.

요약 : GDP에 대한 세 가지 관점

좋다. 이제 숨을 돌리고 지금까지 우리가 얼마나 멀리 왔는지 알 수 있도록 큰 그림을 보자. 우리는 GDP를 "1년에 한 국가 내에서 생산된 모든 최종재 및 서비스의 시장 가치"라고 정의하면서 시작했다. 다음에는 GDP를 총지출, 총산출, 총소득으로 생각하는 개념적 통찰로 들여다봤다. 마지막으로, 총지출, 총산출, 총소득을 계산함으로써 GDP를 측정할 수 있다는 실무적 함의를 알아보았다.

비록 각각이 동일한 GDP를 측정하지만 미국 정부의 통계학자들은 그림 21-6에 정리되어 있듯이 서로 다른 이름을 붙였다. 총지출, 총산출, 총소득은 이론상 같지만, 이들 세 가지의 실제 측정치는 서로 다른 출처의 불완전한 자료에 의존하기 때문에 서로 다를 수 있고, 따라서 이들에게는 다른 이름이 붙는다.

이제 당신은 이러한 통계에 대해 감을 가지게 되었다. 보다 깊이 들어가기를 원하면, www.bea.gov/national/index.htm#gdp로 가보기 바란다.

21.3 GDP 활용의 이점과 한계

학습목표 생활수준의 평가척도로 GDP를 활용한다.

비즈니스에는 "측정되는 것은 관리된다"는 옛 격언이 있다. 이것은 어떤 활동을 측정하는 것은 그것을 이해하는 데 도움이 되고 그리고 그것을 어떻게 개선할 것인가에 대한 통찰을 제공한다. 관리자들은 측정되는 것에 관심을 집중하는데, 그 이유는 측정되는 것이 그들이 책임지는

그림 21-6 | GDP의 대안적 척도

GDP는	다음과 같이 측정된다	그 측정을 …라고 부른다
총지출	$Y = C + I + G + NX$	'국내총생산'
총산출	부가가치의 합	'부가가치'
총소득	총임금 + 총이윤	'국내총소득'

것의 결과이기 때문이다. 정책 결정자들도 측정이 잘되는 결과에 초점을 맞추는 경향을 보이기 때문에 이러한 아이디어는 거시경제학에도 함의를 가지고 있다.

그리고 이것은 다시 중요한 의문들을 일으킨다: GDP는 경제적 조건을 충분히 잘 측정하는가? GDP는 생활수준 또는 보다 심오한 삶의 질에 대한 신뢰할 만한 척도를 제공하는가?

GDP의 한계

고 로버트 F. 케네디 상원의원은 GDP는 좋은 사회에 중요한 많은 것을 놓친다는 유명한 주장을 했다.

> GDP는 우리 자녀의 건강, 교육의 질, 또는 놀이의 즐거움을 고려하지 않는다. 이는 시의 아름다움이나 결혼의 힘, 공공 토론에 의한 정보나 공무원의 정직성을 담지 못한다. 이는 우리의 용기나 지혜, 국가에 대한 우리의 헌신을 측정하지 못한다. 간단히 말해, GDP는 삶을 가치 있게 만드는 것을 제외하고 측정한다.

Harry Benson/Hulton Archive/Getty Images

로버트 F. 케네디는 GDP가 좋은 사회에 중요한 많은 것을 놓치고 있다고 말했다.

GDP가 중요한 것을 많이 놓치고 있다는 점에서 케네디가 맞다. GDP의 가장 중요한 한계 중의 일부를 살펴보자.

GDP의 한계
1. 가격은 가치가 아니다.
2. 비시장 활동(가계 생산 포함)은 제외된다.
3. 지하경제는 빠진다.
4. 환경 악화는 계산되지 않는다.
5. 여가는 계산되지 않는다.
6. GDP는 분배를 무시한다.

한계 1 : 가격은 가치가 아니다. 오스카 와일드는 언젠가 냉소가의 정의를 "모든 것의 가격은 알지만, 어느 것의 가치도 전혀 모르는" 사람이라고 썼다. 그는 GDP에 대해서도 똑같이 말했을지 모른다. 그 이유는 GDP가 모든 재화와 서비스의 시장 가치이고, 각각의 아이템에 대해 시장 가격과 동일한 가치를 매기기 때문이다.

그러나 우리가 부여하는 가치는 시장 가격과 같지 않다. 미국의 위대한 작가 중 한 명인 마야 안젤루의 시집은 19.71달러에 팔리지만, 킴 카다시안 웨스트의 셀카 책(표지는 "More Me!"인 것 같다)은 22.95달러다. 대부분의 사람은 안젤루의 작품이 더 가치가 있다고 말하겠지만, 그러나 가격에서는 카다시안 웨스트 작품의 한 권이 GDP를 더 높인다.

시장 가격으로 재화의 가치를 매기는 데 찬성하는 주장은 완전경쟁시장에서 가격은 재화의 한계편익과 같다는 것이다. 그러나 이것은 여전히 많은 것을 놓치고 있다. 깨끗한 물의 가치를 생각해보라. 물의 가격이 싸면, 마지막 갤런이 꽤 낮은 한계편익을 가질 때까지, 어쩌면 차를 씻는 데 이용할 정도로 계속 구매할 것이다. 그러나 처음의 갤런(탈수로 죽지 않도록 해주는 갤런)은 훨씬 더 가치가 있다. 문제는 GDP가 재화에 대한 당신의 지출만 계산한다는 것이고, 그러나 당신이 소비자 잉여를 즐긴다면 당신의 편익은 종종 당신의 지출보다 훨씬 더 크다는 것이다. 이것은 구글, 스냅챗 또는 위키피디아와 같은 인터넷 서비스의 가치를 분석하는 데 이르면, 매우 곤란한 문제가 되는데, 이들 인터넷 서비스는 가격이 제로이고 그래서 GDP에는 거의 계산되지 않기 때문이다. 게다가 기업이 시장 지배력을 가지거나 또는 다른 종류의 시장 실패가 존재하면 재화의 가격은 소비자의 한계편익과 일치하지 않을 수 있다.

jirawat phueksriphan/Shutterstock

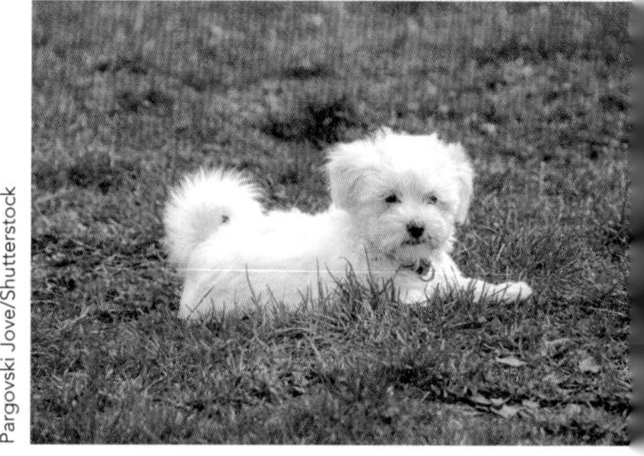
Pargovski Jove/Shutterstock

당신의 아이돌봄은 GDP에 계산되지 않는다.

한계 2 : 비시장 활동(가계 생산 포함)은 제외된다. GDP는 단지 시장에서 팔리는 재화와 서비스만 측정하기 때문에, 많은 생산 활동을 빠뜨린다. 당신은 아마도 세탁, 집 청소, 세차, 잔디 깎기를 스스로 할 것이다. 만일 아이나 애완동물이 있다면, 그들과 놀고, 먹이고, 씻기는 데 많은 시간을 쓸 것이다. 이러한 활동은 생산적(당신은 가치 있는 재화와 서비스를 만들고 있다)이지만 어떤 것도 GDP에 계산되지 않는다. 최근의 한 추정치에 의하면 우리 자신을 위한 일이지만 계산되지 않는 가사, 요리, 잡다한 일, 조경, 쇼핑, 아이 돌봄의 1년 동안의 가치는 대략 1인당 9,000달러가 된다.

비시장 활동을 빼는 것은 이상한 결과로 이어질 수 있다. 만일 이러한 일들을 우리 자신을

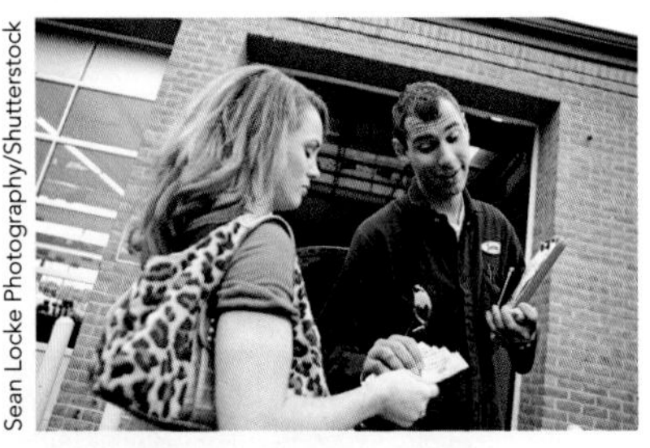
Sean Locke Photography/Shutterstock

현금을 지불할 때 당신은 지하경제에 참여하고 있을 수 있다.

위해서 하는 대신, 돈을 주면서 다른 사람이 하도록 하면, 갑자기 GDP에 계산되는 시장 활동으로 간주될 것이다. 결과적으로 보면, 생산 활동의 총량은 변화가 없었지만 측정된 1인당 GDP가 갑자기 9,000달러로 올라간다.

한계 3 : 지하경제는 빠진다. 경제활동의 많은 부분이 '어둠 속에서', 정부의 시야 밖에서 의도적으로 행해진다. 이것은 마약과 같은 불법적인 제품, 도박과 같은 금지된 서비스, 필요한 허가를 받지 않은 사업 활동, 노동 기준을 대놓고 무시하는 작업현장, 또는 세금을 회피하기 위한 현금 사용을 포함하기 때문이다. 이런 활동을 묶어 지하경제라고 부른다. 이러한 활동의 많은 부분은 측정되지 않는 어둠 속에서 깊이 이루어지고, 그래서 GDP에서 실제로 제외된다. 자하경제에는 조직범죄, 길모퉁이에서 거리공연을 하는 기타 연주자, 싱크대를 수리하고 현금 지급을 요구하는 배관공이 포함된다. 당신이 지난 주말 베이비시터에게 지불한 60달러는, 만일 당신이나 가족이 정부가 조사하는 데 신고할 계획이 없다면 여기에 포함될 수 있다.

그림 21-7 지하경제를 포함한다면 GDP는 얼마나 더 커질까?

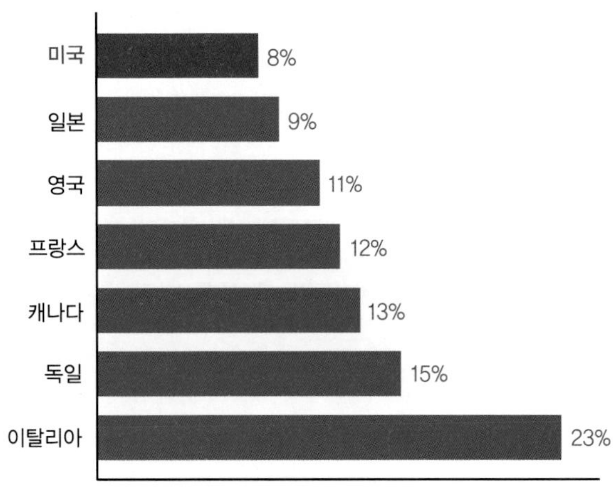

출처 : Engle, Dominik H., "The Shadow Economy in Industrial Countries."

자료 해석 **지하경제의 추정**

지하경제에서 대부분의 거래는 현금으로 이루어지고, 거래를 위한 현금에 대한 과도한 수요는 지하경제가 번창한다는 한 지표다. 실제로 2017년에 1,571조 달러의 현금이 유통되었는데, 그중에서 1,252조 달러는 100달러 지폐(벤저민 프랭클린 초상화)였다. 일상적인 거래에서 거의 사용되지 않지만 미국인 1인당 벤저민 프랭클린 38개에 해당한다. 고가 지폐의 많은 부분은 미국 바깥의 사람이 보유하고 있지만, 범죄자처럼 보이게 만드는 문서의 추적을 피하려고 지하경제에서 많이 사용될 가능성이 있다.

경제학자들은 이러한 통찰을 지하경제의 규모를 추정하는 데 이용했다. 결과는 그림 21-7에서 보듯이, 상당이 크다. 지하경제를 계산하면 미국은 GDP가 8% 올라갈 것이다. 많은 다른 국가는 그 비율이 더 크다. 그 이유가 부분적으로는, 더 높은 세금과 더 많은 규제가 경제활동을 어둠 속으로 밀어 넣는 인센티브로 작용하는 데 있다. ■

Panther Media GmbH/Alamy

파괴냐 생산이냐?

한계 4 : 환경 저하는 계산되지 않는다. 베넷 럼버 회사가 나무를 자르고 400달러에 목재를 팔아서 GDP에 400달러를 더한다. 실제로 GDP는 천연자원을 무엇인가 다른 것으로 전환되기까지는 마치 가치가 없는 것처럼 다룬다. 당신은 파괴(천염산림의 완전 벌채)로 볼 테지만 GDP는 새로운 목재가 만들어지는 것만 보기 때문에 생산으로 계산한다. GDP는 자연을 마치 공짜인 것처럼 다루고, 환경 저하의 비용은 무시하고, 생물의 다양성을 고려하는 데 실패하며, 그리고 지구 온난화를 고려하지 않으면서 오염을 시키는 공장의 산출은 GDP에 기여하는 것으로 계산한다.

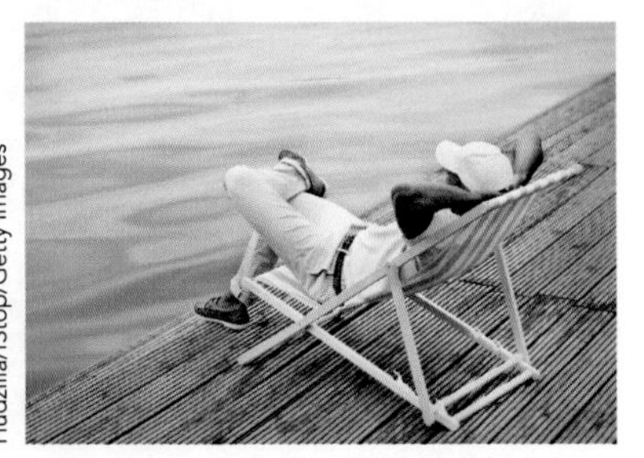
Hudzilla/fStop/Getty Images

행복 추구가 GDP에는 포함되지 않는다.

한계 5 : 여가는 계산되지 않는다. 보다 많이 생산한다는 것은 보다 많이 일한다는 것이다. 만일 당신의 상사가 연차 휴가에 대해 돈을 지급해 보다 많은 시간을 일하게 된다면, 당신은 삶의 질이 떨어지더라도 더 많은 소득을 벌 수 있다. 마찬가지로 만일 모든 사람이 더 많이 일하면, GDP는 올라간다. 그러나 추가적인 산출은 GDP가 무시하는 비용을 수반한다. 일하는 데 따르는 비용을 파악하기 위해서, 당신은 "아니면 무엇?"이라고 질문하게 하는 기회비용의 원리를 활용할 수 있다. 만일 어러분이 일하지 않는다면, 당신은 무엇을 할 것인가? 당신은 친구나 가족과 시간을 보낼 것인가? 공원에서 하루를 즐길 것인가? 어떤 것을 선택하든, 일하는 하루는 여가의 하루를 뺀다는 의미다. 문제는 GDP가 일을 통해 얻는 편익(더 많은 소득!)은 계산하지만 비용(더 작은 여가)은 뺀다.

일상경제학 **당신은 차라리 미국 또는 프랑스에서 살겠습니까?**

프랑스는 주 35시간제를 도입해, 사업주가 추가적으로 일한 시간에 연장수당을 지급하거나 또는 '휴식일'을 부여함으로써 보상하도록 의무화했다. 반면 미국은 보통 주 40시간제다. 프랑스는 또한 근로자가 상당 수준의 유급 휴가 시간, 유급 병가 휴가, 유급 육아 휴가를 요구할 수 있게 하였다. 미국에서는 이 제도 중 어떤 것도 의무가 아니다. 이런 것을 1년에 걸쳐 다 합치면, 프랑스의 보통 근로자는 미국의 보통 근로자보다 300~400시간을 작게 일한다. 이것은 10주 조금 안 된다. 그러나 여기에는 비용이 따라온다. 프랑스의 평균 소득, 즉 1인당 GDP는 미국보다 28% 낮다. 당신은 무엇을 선택할 것인가: 보다 많은 돈 또는 보다 많은 여가? ■

Rodger Bryant Photography/Moment Open/Getty Images

프랑스는 미국보다 카페에서 쉬는 시간을 더 가진다. 그러나 그들이 소비하는 돈은 더 적다.

한계 6 : GDP는 분배를 무시한다. 당신은 GDP를 경제라는 파이 전체의 크기를, 1인당 GDP는 평균적인 1인용 파이 조각의 크기를 측정한다고 생각할 수 있다. 그러나 정말 중요한 것은 실질 몫이지, 평균 몫이 아니다. 그래서 소득 분배가 중요한 문제다. 이 문제는 1980년대부터 소득 증가의 많은 부분이 최고 부유층 가계에 돌아갔기 때문에 특히 최근 수십 년 사이에 두드러졌다. 그림 21-8에서 보듯이 평균적인 미국 성인의 생활수준이 빠르게 증가했지만, 소득 분포에서 하위 50% 소득계층의 생활수준은 거의 증가하지 못했다.

그림 21-8 **평균 소득은 증가했지만 하위 50% 평균 소득은 그렇지 않다.**

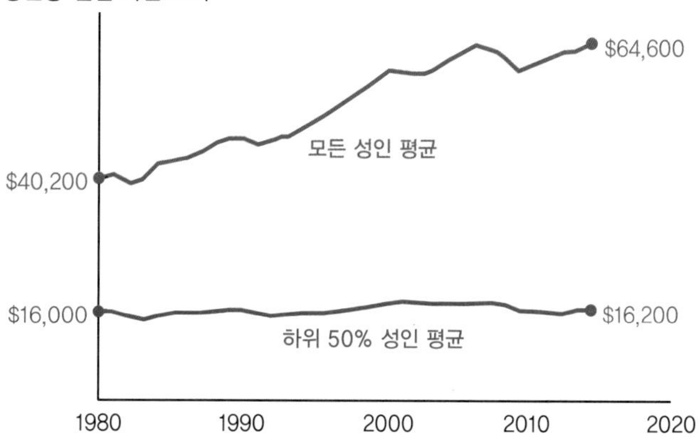

출처 : Piketty, Saez and Zucman, "Distributional National Accounts: Methods and Estimates for the United States."

생활수준의 척도로서 GDP

GDP가 많은 것을 놓치고 있지만, GDP에는 강력한 논리가 깔려있다. 1인당 GDP는 한 국가의 평균 소득을 측정하고, 보다 높은 소득은 자녀의 건강, 교육, 아름다운 예술과 시의 창작에 투자하고, 당신의 개인적인 인간관계에 투자하기 쉽게 만든다. 이러한 주장에 따르면, GDP가 무엇이 중요한지를 측정하는 것이 아니라, 오히려 한 사회가 중요한 것을 추구하도록 뒷받침할 수 있는 자원을 측정한다는 것이다. 만일 우리가 이 자원을 잘 활용하면, 1인당 GDP가 높은 국가의 국민은 보다 행복하고, 보다 성취하는 삶을 살 수 있다.

실제로, 그림 21-9는 1인당 국민소득이 높은 국가에 사는 국민은 보다 나은 생활을 즐기는 경향이 있음을 보여준다. 왼쪽 상단 패널은 사람들에게 삶이 얼마나 행복한지를 0~10 스케일로 물어본 조사 결과를 보여준다. 평균 점수는 GDP가 높은 국가가 훨씬 높다. 다른 조사는 GDP가 높은 국가의 국민은 자신을 행복하다고 평가할 가능성이 크고, 미소를 짓거나 많이 웃을 가능성이 크고, 자신이 존중받는다고 느낄 가능성이 크다. 또한 그들은 아픔을 경험할 가능성이 낮고 또는 우울함을 느낄 가능성이 낮다.

나머지 3개 패널은 보다 객관적인 지표로 넘어가 1인당 GDP가 높은 국가의 국민은 교육을 보다 많이 받고, 평균적으로 좀 더 오래 살고, 첫 번째 생일 이전에 죽은 아기가 더 적음을 보여준다. 이것은 부분적으로 GDP가 높을수록 다양한 필수품(물, 위생시설, 식품, 주거지, 의료, 교육)을 구하기 용이한 데 있다. GDP가 높은 국가의 국민은 또한 보다 많은 권리와 개인의 자유를 누리고 보다 포용적인 사회에서 사는 경향을 보인다. 많은 단점에도 불구하고, GDP는 삶의 질에 대한 다른 지표들과 상당히 밀접하게 관계되는 것으로 보인다.

그림 21-9 | GDP가 높을수록 보다 나은 삶을 즐기는 경향이 있다.

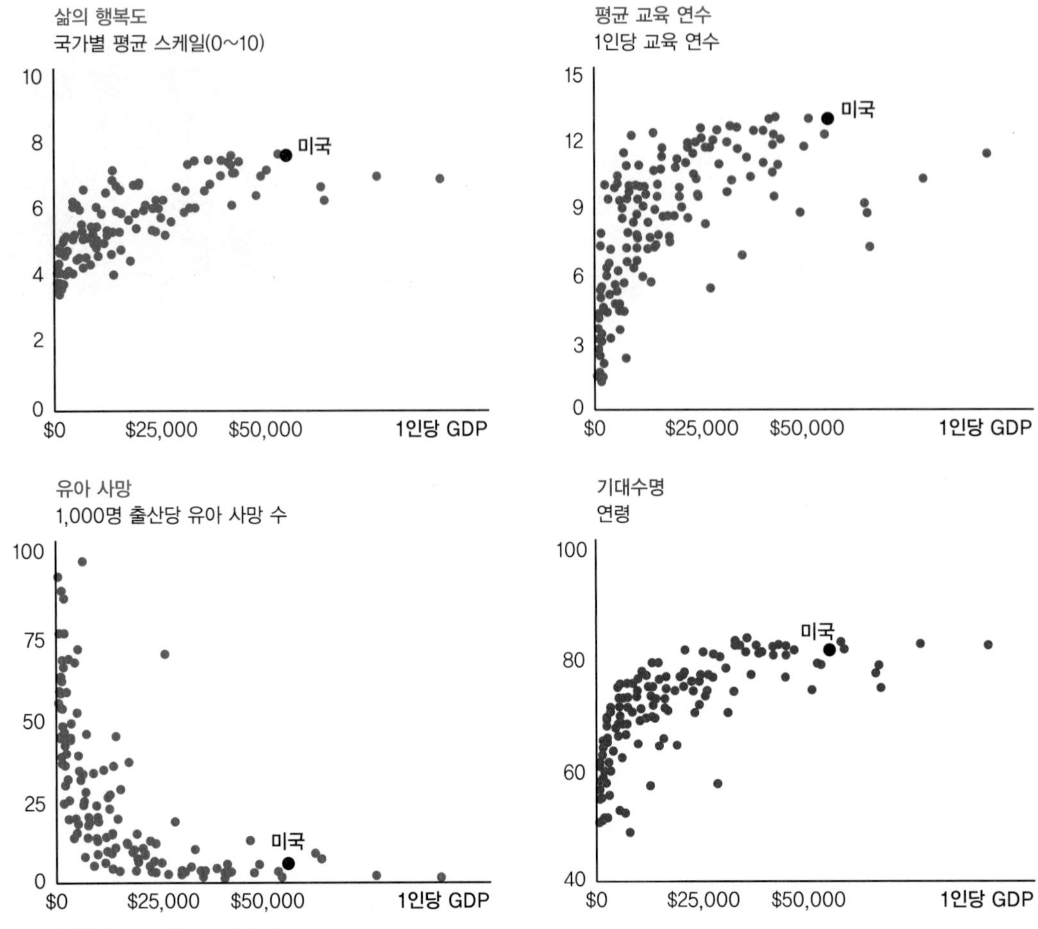

2018년 출처 : Bureau of Economic Analysis.

일상경제학 국가 간의 차이를 마음속에 그려보기

앤 로스링 뢴룽은 웹사이트 달러 스트리트에서 경제 성장이 서로 다른 단계에 있는 국가의 일상생활을 사람들이 그려볼 수 있도록 도와주는 일을 시작했다. 당신은 사람들이 사는 집, 그들이 구매하려는 것, 그들이 언젠가 사고 싶어 하는 것에 있어서 차이를 볼 수 있다. 1인당 국민소득이 서로 다른 국가의 전형적인 세 가정을 보기로 하자.

핑골 가족은 필리핀에 사는데 1인당 GDP가 8,900달러이다.

자오 가족은 중국에 사는데 1인당 GDP가 1만 8,200달러이다.

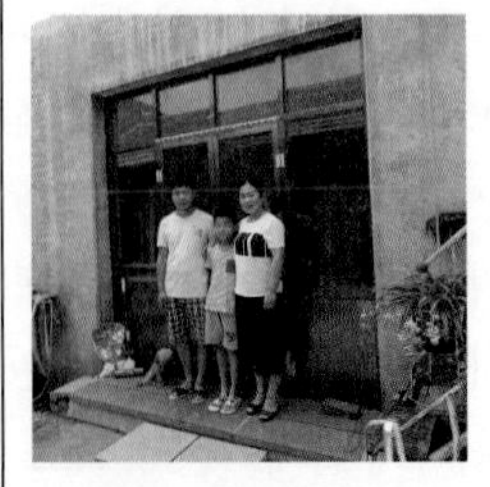

하워드 가족은 미국에 사는데 1인당 GDP가 6만 2,600달러이다.

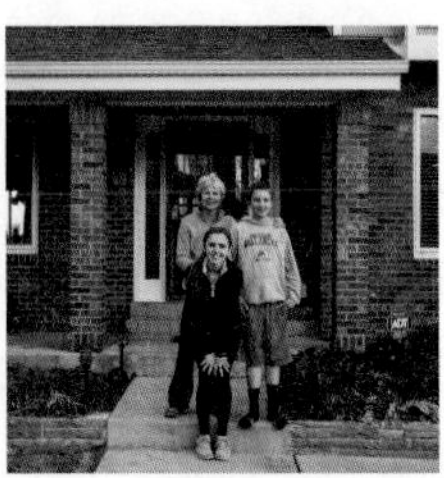

에이브러햄은 트럭 기사로 일한다. 그의 부인, 에블린은 회계사로 일한다.

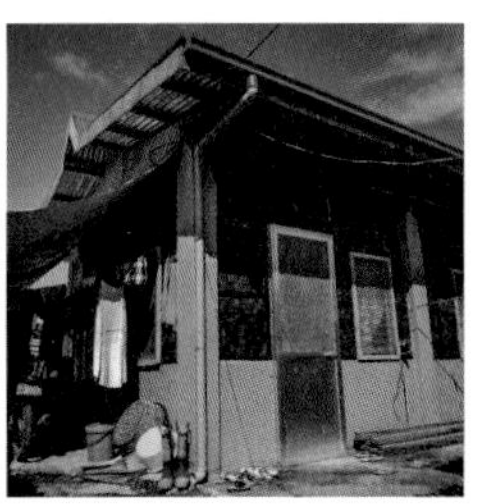

그들은 네 자녀가 있고 침실 2개짜리 집에서 산다.

그들의 다음 구매는 식품일 것이지만, 그들은 언젠가 차 한 대 사는 것을 꿈꾼다.

티에차이는 택시 기사로 일한다. 그의 부인, 얀칭은 식품가게에서 일한다.

그들은 자녀가 한 명이고 그들의 집은 자랐던 동일한 지역에 있다.

그들의 다음 구매는 TV일 것이지만, 그들은 차 한 대 사는 것을 꿈꾼다.

브라이언은 와인 회사의 판매 이사로 일한다. 그의 부인, 크리스티나는 전업 주부다.

그들은 두 명의 자녀가 있고 침실 4개짜리 집에서 산다.

그들의 다음 구매는 딸에게 차를 사주는 것이 될 것이다. 그들은 별장 구매를 꿈꾼다. ■

21.4 실질 GDP와 명목 GDP

학습목표 실제 수량 변화와 가격 변화 효과를 구분한다.

미국의 GDP는 20세기 말 이후 두 배로 늘었다. 2000년에 10조 2,500억 달러였다가 2018년에 20조 5,000억 달러가 되었다. 그러나 모든 경제활동은 이 기간 동안 두 배가 되지 않았다. 문제는 총생산의 시장 가치는 물품의 양을 두 배 늘렸거나 또는 양은 똑같은데 시장 가격이 두 배가 되었기 때문에 두 배가 될 수 있다는 것이다. 또는 가격과 양이 함께 상승한 것을 반영할 수도 있다. 중요한 것은 차이다. 그 이유는 우리가 생산하는 물량의 증가는 생활수준을 높이는 반면, 물품에 붙은 가격 꼬리표의 변화는 사람들의 생활의 질을 변화시키지 않기 때문이다.

실질과 명목 GDP

명목 GDP(nominal GDP)는 오늘의 가격(경상가격)으로 측정된 GDP다. 명목 GDP를 계산하려면 당해 연도 현재의 경상가격을 이용해 총생산의 시장 가치를 더한다. 지금 직면한 가격을 토대로 GDP를 알고 싶다면 명목 GDP가 유용하다. 그러나 명목 GDP는 시간에 따른 비교에는 그렇게 유용하지 못하다. 가격이 시간에 따라 오를 때(인플레이션을 의미함, 제24장에서 살펴본다) 실질 생산이 변하지 않을 때도 명목 GDP는 증가하기 때문이다. 예를 들면, 명목 GDP는 작년의 사과 수확을 작년 가격(예 : 개당 1파운드)으로 가치를 매기지만, 금년의 명목 GDP는

명목 GDP 오늘의 가격(경상가격)으로 측정된 GDP

개당 2파운드로 사과의 가치를 매긴다. 만일 동일한 수량의 사과를 생산하지만 마치 가치가 두 배 올라간 것처럼 금년도 사과에 가치를 매기면, 사과의 GDP에 대한 기여는 실제 생산에는 변화가 없음에도 불구하고 두 배 증가한 것처럼 보인다.

실질 GDP 불변가격(기준연도의 시장가격)으로 측정된 GDP

시간에 따른 경제활동의 변화를 평가하고 싶다면, 실질 GDP를 분석해야 한다. **실질 GDP** (real GDP)는 불변가격(기준연도의 시장가격)으로 측정된 GDP이기 때문에 가격 변화의 효과를 배제한다. 생산된 산출량의 변화에 따른 GDP 변화에만 초점을 맞춤으로써, 실질 GDP를 사용하면 경제성장을 식별해 낼 수 있다. 즉 작년과 금년 사이에 가격 변화가 없다고 보고 GDP를 비교함으로써 계산한다. 실질 GDP라고 부르는 것은 각 제품에 붙은 가격의 변화가 아니라 생산에서 실질 변화를 측정한다는 점을 당신에게 상기시킨다.

경제학자들이 GDP 성장을 말할 때 언제나 거의 '실질 GDP의 성장'을 의미한다. 사실 GDP의 변화에 대해서 말하는 사람의 대부분은 실질 GDP의 변화를 언급한다. 당신이 CNN에서 "미국 경제가 작년도에 2.3% 성장했다"는 보도를 들을 때, 실질 GDP를 말한다고 생각해도 무방하다.

실질 GDP 계산 방법

실질과 명목 GDP가 어떻게 계산되는지를 알고 그 차이를 이해해야 한다. 최대한 간단하게 숫자를 만들기 위해, 마치 크레이트앤배럴이 전체 경제에서 유일한 기업인 것처럼 생각하고 GDP 성장을 계산할 것이다(나머지 경제로 이 사례를 확장하는 것은 계산을 더 복잡하게 만드는 것 이외에 아무것도 바뀌지 않는다).

그림 21-10은 우리의 계산에서 핵심인 100개의 소파가 각 1,500달러에 팔린 '작년'과 그리고 103개의 소파가 각 1,530달러에 팔린 '금년'을 넣는다. 2년의 평균가격은 $\overline{P}$로 1,515달러다.

명목 GDP는 경상 가격을 이용해 계산한다. 명목 GDP는 각 연도의 총산출의 시장 가치로 계산되고, 각 연도의 산출은 생산된 당해 연도의 시장 가격에 기초해 가치가 매겨진다. 이 사례에서 명목 GDP는 작년 15만 달러(=100개 소파×1,500달러)에서 금년 15만 7,590달러(=103개 소파×1,530달러)로 커졌다. 이것은 5%의 증가이고, 소파의 가격과 생산량이 모두 증가한 것을 반영한다. 각 연도의 명목 GDP는 그해의 당시 가격으로 계산되기 때문에, 보통 경상가격에서의 GDP로 불린다.

실질 GDP는 불변 가격을 이용해 계산한다. 실질 GDP는 금년과 작년 사이에 산출물 가치의 성장을 계산함으로써 도출되고, 그 산출물은 불변 또는 고정 가격을 이용해 그 가치가 측정

그림 21-10 실질 GDP와 명목 GDP 계산

		명목 GDP 계산		실질 GDP 계산	
	판매량 (Q)	실제 가격 (P)	명목 GDP $=P\times Q$	평균 가격 $\overline{P}=\frac{P_t+P_{t-1}}{2}$	실제 GDP $=\overline{P}\times Q$
작년	100 소파	\$1,500	\$1,500×100 =\$150,000	\$1,515	\$1,515×100 =\$151,500
금년	103 소파	\$1,530	\$1,530×103 =\$157,590	\$1,515	\$1,515×103 =\$156,045
성장율	+3%	+2%	+5%	+0%	+3%

된다. 결과적으로, 불변 가격에서의 GDP로 불린다. 정확하게 말하자면, 인접한 연도 사이의 GDP 성장은 2년에 걸친 평균 가격 수준을 이용해 계산된다(이것은 연쇄-가중으로 알려진 절차의 일부로, 특정 기간의 인접 연도 사이의 성장을 평균 가격을 이용해 먼저 계산하고 다음에 더 긴 기간의 성장을 추정하면서 연간 성장률을 연쇄적으로 더하거나 누적하는 방식이다).

우리의 사례에서는, 마치 가격이 2개 연도의 평균 1,515달러에 고정되어 있다고 보고 실질 GDP를 계산한다. 결국 우리는 실질 GDP가 15만 1,500달러(=100개 소파×1,515달러)에서 15만 6,045달러(=103개 소파×1,515달러)로 커졌다고 계산한다. 이것은 판매가 3% 증가한 소파의 수와 비율이 같다.

경제학 실습

작년도에 델은 휴대용 컴퓨터를 1,000달러에 100개를 팔았고, 금년도에 104개를 1,060달러에 팔았다. (a) 가격의 성장률, (b) 델의 명목 GDP에 대한 기여도의 성장률, (c) 델의 실질 GDP에 대한 기여도의 성장률을 계산하라. ■

정답
a. 가격은 6%씩 올랐다.
b. 명목 GDP는 100×$1,000=$100,000에서 104×$1,060=$110,240으로 올랐다. 이것의 성장률은 (110,240−100,000)/100,000×100=10%이다.
c. 평균가격은 ($1,000+$1,060)/2=$1,030이다. 따라서 실질 GDP는 100×$1,030=$103,000에서 104×$1,030=$107,120으로 올랐고, 성장률은 (107,120−103,000)/103,000×100=4%다.

실질과 명목 GDP 성장률 사이를 신속하게 움직이도록 해주는 방법이 있다. 만일 당신이 이처럼 늘 계산한다면 곧 싫증날 것이다. 그러나 훨씬 쉽게 할 수 있는 간단한 계산법이 있다. 짧은 시간(수년 정도) 동안의 변화에 대해:

명목 GDP의 % 변화≈실질 GDP의 % 변화+가격의 % 변화

그림 21-10에서 실질 GDP는 3% 성장했고 또 소파의 가격은 2% 올랐기 때문에 이 계산식은 명목 GDP가 5% 성장했다고 예측한다.

만일 약간 재배치하면 실질 GDP의 성장률을 계산할 수 있다.

실질 GDP의 % 변화≈명목 GDP의 % 변화−가격의 % 변화

이와 같이, 실질 GDP의 성장률은 명목 GDP의 성장률에서 가격의 평균 상승률을 뺀 것이다. 제24장에서, 우리는 물가의 일반적인 상승을 인플레이션이라고 하고 실질 GDP를 추정하는 데 이용되는 인플레이션의 척도를 GDP 디플레이터라고 부른다.

경제학 실습

a. 2018년, 명목 GDP는 5.2% 성장, 물가는 2.3%씩 성장했다. 실질 GDP의 성장률을 계산하라.
b. http://fred.stlouisfed.org로 가서 작년도 명목 GDP 성장률과 GDP 디플레이터 성장률을 찾아보라. 실질 GDP 성장을 계산하라. ■

정답
a. 실질 GDP의 퍼센트 변화는 대략 5.2%−2.3%=2.9%. b. 명목 GDP 성장은 A191RP1A027NBEA로 GDP 디플레이터는 A191RI1A225NBEA 찾을 수 있다. 실질 GDP 성장률은 A191RL1A225NBEA을 찾아 확인하라.

마지막으로, 당신은 틀림없이 거시경제학이 미국의 GDP 20.5조 달러처럼 보통 상상하기 힘든 큰 숫자를 다룬다는 것을 알았을 것이다. 우리의 다음 과제는 이러한 거대 숫자에 대한 감을 잡는 전략을 만드는 것이다.

21.5 수백만, 수십억, 수조

학습목표 단위를 조절하여 큰 단위의 수를 쉽게 다룬다.

New Line/Everett Collection

지구를 인질 삼아 몸값으로 …100만 달러

만일 당신이 영화 '오스틴 파워: 제로'를 봤다면, 이 유명한 구절을 알 것이다. 오스틴 파워의 천적 이블 박사는 악랄한 계획(핵탄두를 훔쳐 "지구를 인질 삼아 몸값으로…100만 달러"를 요구한다)으로 30년 동안의 잠에서 깨어난다. 웃기는 건 이블 박사에게 큰돈이지만 그 거대한 일에 비하면 헐값에 지나지 않는다. 이것은 1분당 미국 군비지출의 액수보다 작다.

큰 숫자의 문제

이블 박사는 좋은 회사에 있다는 것이 밝혀진다. 나는 많은 정책 결정자와 일을 해봤고, 그들이 수백만, 수십억, 수조 달러가 걸린 입법에 투표를 하는 것이 큰일임에도 불구하고, 얼마나 자주 수백만, 수십억, 수조를 혼동하는지 놀랍다! 일상생활은 우리의 뇌를 작은 숫자에 대해 익숙해지도록 엄청난 훈련을 시킨다. 즉, 큰 숫자에 대한 경험이 별로 없어, 이에 대해 생각하기가 어렵다. 놀랍지 않지만 심리학자들은 숫자가 어떤 지점을 넘으면 사람들에게 의미를 갖지 못한다면서, 사람들은 보통 큰 숫자에 대해 잘못된 직관을 가지고 있다고 한다. 사람들이 그냥 포기하고 '엄청난 수'라고 말하는 이유다. 거시경제를 이해하는 데 차이가 결정적으로 중요하기 때문에 이를 분명히 생각하도록 꽤 시간을 쓸 것이다.

차이를 상상함으로써 시작하자. 한 가지 간단한 방법은 당신이 분석할 양을 상상하는 것이다. 눈을 감고 100달러짜리 지폐 그리기부터 시작해보자. 얇고, 작으며 지갑에 쉽게 들어간다. 1만 달러는 벤저민 프랭클린의 작은 다발이다. 이러한 100개의 무더기(합치면 100만 달러)는 서류가방을 채운다(그림 21-11). 다음에, 10억 달러는 100만 달러 현금으로 채워진 서류가방 1,000개임을 알 수 있다. 당신은 아마도 현금 서류가방 1,000개를 스쿨버스에 밀어 넣을 수 있고, 그러면 10억 달러는 대략 100달러 지폐로 버스를 꽉 채우게 된다. 1조 달러에 도달하려면 현금 통학버스 1,000개가 필요할 것이고, 만일 그 돈을 이중으로 쌓으면 풋볼 경기장에 들어갈 것이다.

그림 21-11 | 수백만, 수십억 그리고 수조

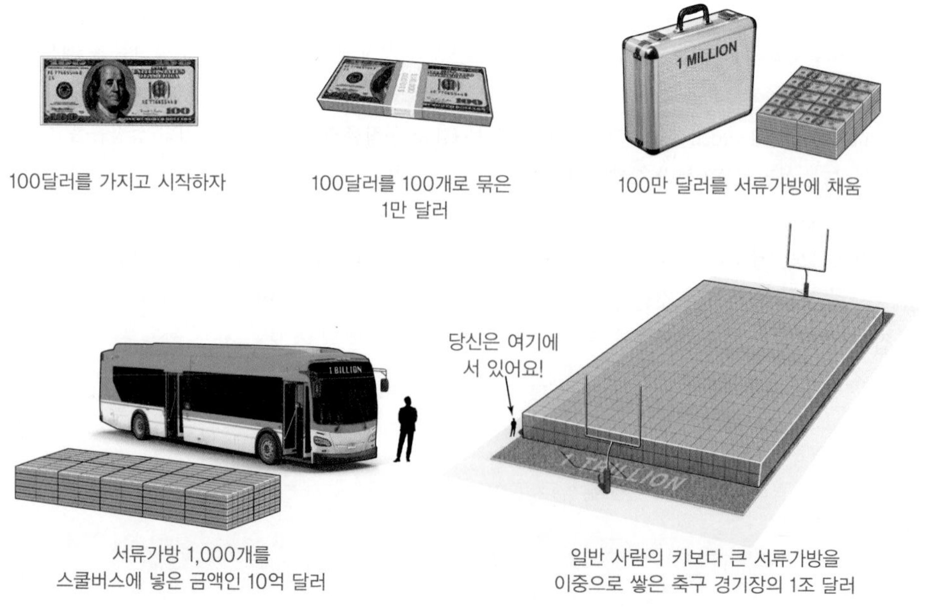

1조 달러는 100달러 지폐로 당신의 머리보다 조금 위에까지 쌓인 풋볼 경기장이 된다.

미국의 연간 GDP의 총액을 그려보고 싶은가? 20조 5,000억 달러 조금 넘어, 약 20배 더 크다. 이번에는 당신이 좋아하는 풋볼 스타디움을 상상해보고, 100달러 지폐를 바닥에서부터 관람석의 맨 뒷자리까지 채운다고 생각해보라. 이게 대충 미국의 연간 GDP다.

큰 숫자의 단위를 조절하는 네 가지 전략

고백할 게 있다. 큰 숫자는 내게도 너무 버겁다. 그래서 헷갈리지 않으려고 큰 숫자의 단위를 다루기 쉽게 조절한다. 다음에 헷갈리지 않게 도와줄 몇 가지 전략이 있다.

전략 1 : 1인당 무슨 의미인지를 평가한다. 미국 경제의 규모는 상상하기 힘들 정도로 거대하다. 풋볼 스타디움을 100달러 지폐로 채우는 게 어떤 의미일까? 이를 상상하는 대신, 이 숫자를 1인당 무슨 의미인지로 생각함으로써 단위를 줄일 수 있다. 2018년 총 GDP는 20조 5,000억 달러인데, 1인당 6만 2,600달러로 생각하는 게 훨씬 더 직관적이다.

몇 가지 기본 숫자를 기억하면 보다 많은 거시경제학적 통계를 만날 때 이 전략을 적용할 수 있다.

- 세계 인구는 거의 80억 명이다.
- 미국 인구는 약 3억 3,000만 명이다.
- 미국에는 대략 1억 가구가 있다.

큰 숫자를 1인당 또는 가구당 사람에 관련된 척도로 전환하면 단위를 이해하기 좋다. 미국이 자율주행차를 개발하는 연구에 1년에 1억 달러를 지출한다거나 가구 부문이 광고에 연 9억 달러를 지출한다고 하면, 이 숫자들을 가구당 1달러와 9달러로 해석할 수 있다. 1달러나 9달러가 평가하기 더 쉽다.

전략 2 : 큰 숫자를 경제 규모와 비교한다. 다른 방법은 큰 숫자를 전체 경제 규모와 비교함으로써 단위를 조절하는 것이다. 이것은 거시경제학자들이 보통 큰 숫자를 총 GDP와 비교하는 이유다. 예를 들면, 2018년 연방정부의 재정 적자(지출에서 세금과 다른 자원으로부터 생기는 수입을 뺀 것)는 7,790억 달러였다. 다른 맥락이 없다면, 이 큰 숫자는 감을 잡기 어려울 수 있다. 그러나 이것을 총 GDP와 비교하면, 재정 적자는 GDP의 3.8%와 같고, 이는 문제의 크기를 보다 잘 알게 해준다.

전략 3 : 큰 숫자를 과거의 역사와 비교한다. 큰 숫자의 단위를 조절하는 또 다른 방법은 그 규모를 과거의 가치와 대비해 평가하는 것이다. 이것은 퍼센티지 변화와 관련된다. 예를 들어, 2018년 미국의 실업자는 600만 명인데, 이는 큰 숫자로 느껴진다. 그러나 과거의 숫자와 대비해 단위를 조절하면, 2010년 실업자의 절반보다 작다는 것을 알 수 있고, 이는 문제의 범위를 이해하는 데 유용한 콘텍스트가 된다.

전략 4 : 장기성장률을 평가하는 데 70의 법칙을 이용한다. 때로는 조그만 퍼센티지 변화의 차이가 당신이 생각한 것보다 큰 의미를 가질 수 있고, 당신은 간단한 경험 법칙을 이용함으로써 이러한 것들을 가려낼 수 있다. **70의 법칙**(Rule of 70)은 70을 연간 성장률로 나누면 두 배가 되는데 얼마나 많은 햇수가 걸리는가를 대략 알아낼 수 있다는 것이다:

70의 법칙 원래의 양이 두 배로 커지는 데 걸리는 햇수를 얻기 위해 평균 성장률을 70으로 나눈다.

$$\text{두 배가 되는 데 걸리는 햇수} \approx \frac{70}{\text{연 성장률}}$$

그림 21-12 | 두 배가 되는 데 걸리는 햇수

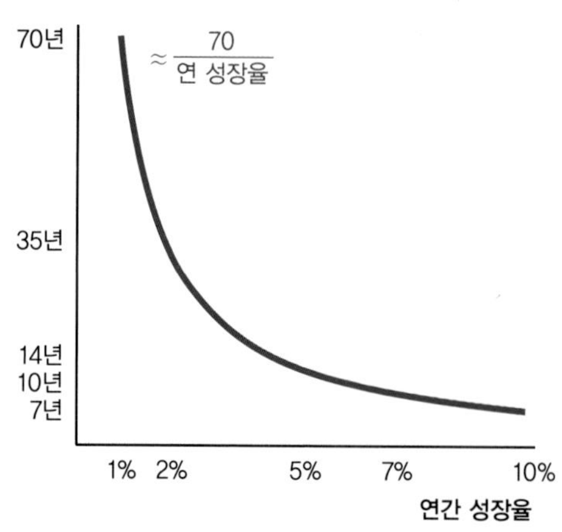

정답

a. 월마트는 미국에서 140만 명을 고용하는데, 미국인 200명 중 1명도 안 된다는 사실을 알 때까지 크다고 생각할 것이다. b. 2018년에, 총 임금과 급여는 약 10조 달러였다. c. 예, 신빙성이 있다. 맥도날드가 1년에 미국인 1명당 버거를 3개만 팔았다고 해도, 그것은 10억 개가 된다. d. 아마존 프라임은 세계에 1억 명의 회원이 있다. e. 가격이 매년 평균 2%씩 오르면, 35년마다 두 배가 된다. 100년 사이에 커피 값은 두 배, 또 두 배 그리고 거의 또 두 배가 되었다. 지금 커피 한 잔은 약 2.5달러로, 만일 가격이 거의 여덟 배 올라간다면, 20달러에 근접하게 될 것이다.

예를 들면, 1970년과 2005년 사이에 미국의 1인당 실질 GDP는 연평균 2.1%로 성장했다. 그 성장률로 평균 소득이 두 배가 되는 데 ≈70/2.1=33년이 걸린다(0.021이 아니라 2.1로 나눈다는 것에 주의하라). 실제로, 35년이 지날 때, 두 배를 조금 넘었다. 그에 비해 싱가포르는 1인당 실질 GDP가 연평균 5.3% 성장했고, 이는 ≈70/5.3=13년마다 두 배가 되었다는 것을 의미한다. 실제로 35년간 싱가포르의 평균 소득은 두 배, 또 두 배, 그리고 또 다시 두 배 되는 데 절반 정도 왔다!

당신의 저축을, 국가의 평균 소득을, 기업의 고객 수를 두 배로 늘리는 데 얼마나 걸릴지 알고 싶을 때 이러한 근사치를 이용할 수 있다. 그림 21-12처럼 성장은 복리로 계산되는 경향이 있기 때문에 연간 성장률의 비교적 작은 차이가 오랜 세월에 걸치면 큰 차이를 만든다는 것을 알 수 있을 것이다.

경제학 실습

큰 숫자를 다루기 좋게 전환하는 능력은 거시경제학을 넘어서는 소중한 스킬이다. 당신이 컨설팅 업무 면접을 본다면, 실제로 그런 능력을 테스트할 가능성이 크다. 그래서 연습할 만한 가치가 있다.

a. 월마트는 대략 몇 명의 미국인을 채용하는가? 1,000명? 100만 명? 10억 명?
b. 매년 미국에서 임금과 월급으로 지급된 돈의 총액은 얼마인가? 수백만? 수십억? 수조 달러?
c. 맥도날드는 매년 "수십억 그리고 수십억 개 버거"를 판다고 뽐낸다. 이것은 진짜 가능할까?
d. 아마존 프라임의 회원은 몇 명인가? 10만 명? 1억 명? 1,000억 명?
e. 100년 안에 커피 한 잔 가격이 얼마가 될 거라고 생각하는가? 2달러? 20달러? 200달러? ■

이처럼 큰 숫자를 다루는 스킬은 값지다. 새로운 경제 통계를 마주칠 때마다 소중한 자산으로 드러나게 될 것이다. 계속 연습하라!

함께 해보기

당신은 이제 GDP가 무엇인지, 어떻게 측정되는지, 어떻게 해석하는지 꽤 정확하게 알게 되었을 것이다. 이것은 GDP가 거시경제학을 공부할 때 필요한 일관된 주제라는 점에서 필수적인 스킬이다. GDP는 물질적인 생활수준의 유용한 척도이고 거시경제학의 핵심 목표가 사람들이 보다 잘 살 수 있도록 만드는 방법을 찾는 것이기 때문이다.

당신은 1인당 GDP를 이용해 국가별 평균 소득 차이를 평가할 수 있다. 그림 21-13은 뚜렷한 차이를 보여준다. 1인당 GDP는 미국이 6만 2,600달러인 데 비해 콩고민주공화국은 900달러다. 세계의 많은 인구가 사는 인도는 1인당 GDP가 7,800달러이고 또는 중국은 1만 8,200달러다. 1인당 GDP 차이는 어린이 사망률, 기대 수명, 행복에 매우 큰 의미를 갖는다. 이러한 국가의 1인당 GDP를 미국 수준으로 올리면 인류의 복지에 놀라운 결과를 가져오게 될 것이다. 이러한 이유로 다음 장에서는 왜 1인당 국민소득이 콩고가 미국보다 훨씬 작은지를 평가하는 데 필요한 프레임워크를 제시함으로써 경제성장의 장기적인 결정요인과 경제개발을 크게 촉진할 수 있는 제도와 정책의 유형을 분석한다.

연이은 두 개의 장은 실업과 인플레이션에 초점을 맞추면서 중요한 거시지표를 둘러보는 여정을 계속한다. 사람들이 일을 하지 않으면 생산하지 않고, 소득을 벌거나 또는 지출을 많이 하지 않기 때문에 실업과 GDP는 서로 얽혀있다. 실업은 사람들에게 의욕을 빼앗아갈 뿐 아니라 경제가 잠재적으로 생산할 수 있는 것보다 작게 만들게 한다. 그다음 장은 실질과 명목 GDP의 차이를 공부했던 것을 기반으로 인플레이션에 초점을 둔다. 인플레이션의 증가가 얼마나 GDP를 감소시키면서 경제에 장애가 되는지를 평가할 것이다.

연이은 다음 장에서는 GDP를 더해 나가는 개인의 선택을 분석함으로써 '거시경제학의 미시적 토대'를 파헤친다. 만일 당신이 $Y=C+I+G+NX$를 기억한다면, 앞으로 걸어갈 여정의 지도를 가진 셈이 된다. GDP의 각 요소를 공부하는 데 한 장씩 할애하는데, 소비로 시작해, 투자를 다루고, 국제금융은 수입과 수출이 어떻게 영향을 미치는지 또 환율에 어떤 영향을 받는지 알아본다. 우리는 재정정책에 관한 장의 마지막 부분에서 G, 즉 정부 구매로 돌아간다.

다음의 장들은 GDP의 연도 간 변동과 다른 경제지표들에 초점을 맞출 것이다. 이러한 단기적 변동을 경기순환이라 부르고, 이는 믿기 어려울 정도로 충격적이어서 산출, 실업, 인플레이션은 올라가고 내려간다. 여러 장에 걸쳐서 이러한 변동을 일으키는데 지출, 금융, 공급의 충격이 하는 역할을 알아본다.

그림 21-13 | 미국은 세계 부유국 중 가장 부유하다

생계비 차이를 조정한 인구가 가장 많은 국가 20개국의 1인당 GDP

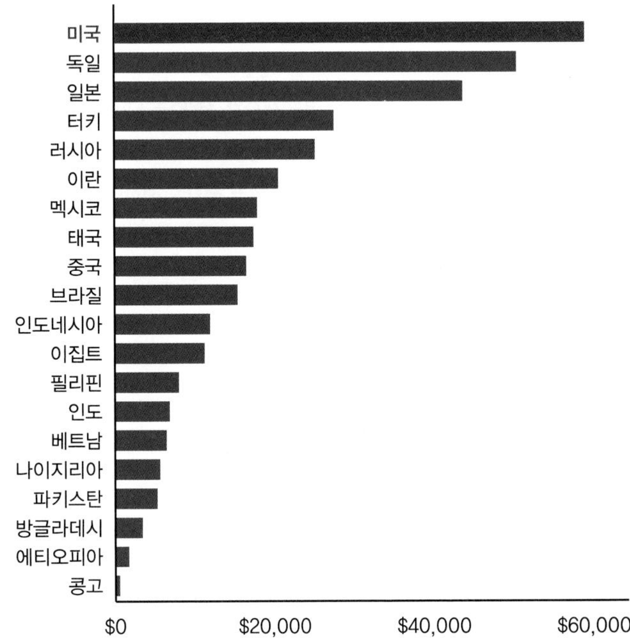

2018년 자료 출처 : World Bank.

마지막 두 개 장에서는 GDP를 높이고 또 연도 간의 변동을 줄이기 위해서 정부가 추진하는 거시경제정책으로 넘어갈 것이다. 통화정책에 관한 장은 연방준비제도가 경제활동에 영향을 미치기 위해 이자율을 어떻게 조정하는지, 재정정책에 관한 장은 정부가 세금과 지출 결정을 통해서 어떻게 경제에 영향을 미치는지 평가한다.

마지막으로 말하자면, 당신은 경제학자들이 GDP에 집착한다고 생각할 수 있다. 그렇지 않다. 경제학자들과 정책 결정자들은 GDP가 물리적인 생활수준의 유용한 척도이기 때문에 초점을 맞춘다. GDP를 키우면 시민들이 소중한 것을 추구하는 데 필요한 자원을 늘릴 수 있고, 시민들이 보다 부유하고, 충만하고, 행복한 삶을 살 수 있게 한다, 이게 진짜 중요한 것이다.

한눈에 보기

국내총생산(GDP) : 한 해 동안 한 국가 내에서 생산된 모든 최종재와 서비스의 시장 가치

시장 가치 → 각 제품을 시장 가격으로 가치를 매긴다.
모든 → 모든 재화와 서비스를 포함한다.
최종재와 서비스 → 중간재를 제외하고, 오직 최종재와 서비스만 계산한다.
생산된 → 이미 제조된 재화의 재판매를 제외한다.
한 국가 안에서 → 미국(외국인 소유 기업이라도) 내에서 생산된 모든 재화를 포함하나, 해외(미국인 소유 기업이라도)에서 생산된 재화는 제외한다.
한 해 동안 → 1년에 걸쳐 산출의 흐름을 더한다.

$$\underbrace{Y}_{\text{GDP}} = \underbrace{C}_{\text{소비}} + \underbrace{I}_{\text{투자}} + \underbrace{G}_{\text{정부구매}} + \underbrace{NX}_{\text{순수출}}$$

GDP는···	···다음과 같이 측정될 수 있다···	그 측정의 명칭은
총지출	$Y = C + I + G + NX$	'총국내생산'
총산출	부가가치의 합 = 총판매액 − 중간투입재의 비용	'부가가치'
총소득	총임금 + 총이윤	'총국내소득'

이러한 GDP 측정치는 이론상으로는 같아야 하지만 이름이 각각 다르다. 현실에서는 각 GDP 측정치가 불완전한 통계를 기초로 측정되기 때문에 서로 다를 수 있다.

GDP의 한계

1. 가격은 가치가 아니다.
2. 비시장 활동은 제외된다.
3. 지하경제는 빠진다.
4. 환경 악화는 계산되지 않는다.
5. 여가는 계산되지 않는다.
6. GDP는 분배를 무시한다.

실질과 명목 변수

명목 GDP : 그해의 경상 가격을 이용해 그해 총생산의 시장 가치를 다 더한 것

실질 GDP : 가격 변화의 효과를 제외해, 생산된 산출량의 변화에 따른 경제성장을 따로 떼어낸 것

실질 GDP의 % 변화 ≈ 명목 GDP의 % 변화 − 가격의 % 변화

큰 숫자의 단위 조절 전략

1. 큰 숫자의 1인당 의미를 평가한다.
2. 큰 숫자를 경제 규모와 비교한다.
3. 큰 숫자를 그 역사와 비교한다.
4. 70의 법칙을 이용해 장기 성장을 평가한다.

✳ 70의 법칙 : 어떤 것이 두 배 되는 데 걸리는 기간 $\approx \dfrac{70}{\text{연 성장률}}$

핵심용어

거시경제학	수출	최종재와 서비스
국내총생산(GDP)	순수출	투자
명목 GDP	실질 GDP	1인당 GDP
부가가치	이전지출	70의 법칙
소비	정부구매	
수입	중간 재화와 서비스	

토론과 복습문제

학습목표 21.1 국내총생산(GDP)을 활용한 경제규모 측정 방법을 이해한다.

1. 당신과 당신의 친구 캐런이 샐러드 가게를 열기로 결심한다. 상호의존의 원리를 이용해 경제에 어떻게 영향을 미치는지 순환 흐름의 도표를 작성하면서 설명하라. 당신의 샐러드 가게와 종업원, 산출 시장, 투입 시장 사이의 자원과 돈의 흐름을 그리고 설명하라. 당신의 샐러드 가게가 경제에서 총지출, 총산출, 총소득에 어떻게 영향을 미치는가?
2. 당신은 몇 년 전에 중고차를 1,000달러에 샀다. 수리하는 데 5,000달러를 부품과 인건비에 쓰고 어제 3,000달러에 팔았다. 이 판매는 GDP에 어떻게 영향을 미치는가? 설명하라.

학습목표 21.2 GDP를 총지출, 총산출, 총소득의 척도로 분석한다.

3. 미국 GDP의 약 70%가 소비라는 보고서를 읽고, 당신의 친구 알렉스가 "GDP의 70%를 소비에 지출하는 것은 너무 많다. 사람들이 관심을 가지는 모든 게 물품을 사고, 쓰고, 쟁여두는 것이다. 만일 우리가 서비스나 경험에 돈을 지출하면 훨씬 더 나을 것이다"라고 말한다. 알렉스의 GDP에 대한 오해를 찾아내라.
4. 당신이 지난달에 구매했던 재화와 서비스를 생각해보라. 당신의 구매가 GDP를 어떻게 변화시켰는지 세 가지 GDP 측정 방법을 각각 이용해 설명하라: 지출한 달러를 다 합침으로써, 생산의 각 단계마다 더해진 가치를 열거하면서 생산된 산출의 가치를 다 합침으로써, 벌어들인 소득을 다 합침으로써. 측정 방식에 따라 GDP는 어떻게 달라져야 하는가?
5. 경제에서 총지출과 총소득이 어떻게 해서 같아야 되는지를 설명하라.
6. 당신의 경험에서 소비, 투자, 정부구매, 순수출에 대한 사례를 들어보라.

학습목표 21.3 생활수준의 평가척도로 GDP를 활용한다.

7. 제레미아는 그가 들은 경제 뉴스에 대해 거부감을 표시했다("경제학자들의 모든 관심사는 GDP를 늘리는 것이다"). 그러면서 "경제학자들이 경제지표 대신 생활여건과 웰빙에 관심을 가지면 좋겠다"라고 말했다. 당신은 제레미아에게 GDP가 어떻게 경제지표와 웰빙의 척도로서 작용하는지 보여주면서 GDP의 약점을 인정할 것인가?
8. 2010년, 석유 굴착 장치의 폭발 때문에 원유 490만 배럴이 걸프만에 쏟아졌다. 이 참사가 GDP에 미치는 부정적 그리고 긍정적 영향을 말해보라. 이러한 사례가 GDP의 한계를 어떻게 보여주는지 설명하라.
9. 미국은 2000년과 2017년 사이에, 1인당 실질 GDP는 평균 1% 성장했다. 이러한 GDP 성장이 모든 미국인에게 혜택을 주었는가? 이것은 생활수준의 척도로서 GDP의 한계에 대해서 무엇을 말해주는가?

학습목표 21.4 실제 수량 변화와 가격 변화 효과를 구분한다.

10. 당신은 온라인에서 두 가지 기사를 읽었다. 첫째는 GDP가 작년 4/4분기 5% 성장했다는 것이지만, 둘째는 경제가 같은 기간 3.4% 성장했다는 것이다. 당신은 무엇이 이 두 가지 척도의 차이를 설명한다고 생각하는가?

학습목표 21.5 단위를 조절하여 큰 단위의 수를 쉽게 다룬다.

11. 2018년, 미국 도널드 트럼프 대통령은 미국국제개발청(USAID)의 내년도 예산을 33% 삭감하겠다고 제안했는데, 이는 USAID의 2019년 지출을 168억 달러 줄이는 것이다. 그가 제안한 2019년 미국 연방정부의 예산은 4.4조 달러였다. 단위감각을 활용하여 해외원조지출의 규모를 어떻게 설명할 수 있는가?

학습문제

학습목표 21.1 국내총생산(GDP)을 활용한 경제규모 측정 방법을 이해한다.

1. 다음의 각각의 거래에 대해, 거래가 산출물 시장에서 발생하는지 또는 투입물 시장에서 발생하는지를 결정하라. 다음에 재화와 서비스 흐름의 방향과 가계와 기업 사이의 돈의 흐름의 방향을 결정하라. 마지막으로, 산출의 시장 가치, 산출에 대한 지출, 받은 소득 또는 임금과 이윤에 따라 측정된 GDP가 어떻게 변화하는지 결정하라.
   a. 라바냐는 아마존에서 로봇 진공청소기를 375달러에 구입한다.
   b. 매트는 그의 동네에 있는 지역사회 대학에서 창작 글쓰기 수업을 가르치고 3,000달러를 받는다.
   c. 달러 제너럴은 10명의 새로운 근로자를 연방 최저임금을 주고 채용해 새 가게에 배치한다.
   d. 9,600만 사람들이 월간 스포티파이 우대 구독권을 10달러에 지난달 구매했다.
2. 2017년, 스위스의 GDP는 6,800억 달러고, 미국의 GDP는 19조 5,000억 달러였다. 이것은 스위스의 생활수준이 미국보다 아래에 있다는 것인가? 스위스는 인구가 800만이고 미국은 3억 2,600만 명이다. 두 국가의 생활수준을 비교하는 데 어떻게 단위 조절을 할 수 있는가?

학습목표 21.2 GDP를 총지출, 총산출, 총소득의 척도로 분석한다.

3. 다음의 거래가 각각 총지출로서 GDP의 계산에 기여하는지 결정하고, GDP의 관련 요소(소비, 투자, 정부구매, 순수출)를 밝히라.
   a. 미쉘린은 미국에서 생산되고 판매되는 2019년 센트라에 장착되는 타이어를 닛산에 판다.
   b. 몰리 메이드는 미국 전역에 주택 청소 서비스를 제공한다.
   c. 미국 소비자는 방글라데시에서 직물 의류를 35억 달러 수입한다.
   d. 미국 정부는 국방에 5,231억 달러를 지출한다.
   e. 기업가이자 샤크 탱크 투자자 바바라 코르코란은 쿠진 메인 로브스터 식품 트럭회사의 15%를 5만 5,000달러에 산다.
4. 2016년과 2107년의 지출 통계를 이용해 미국의 명목 GDP를 계산하라.

	2016(10억 달러)	2017(10억 달러)
소비	$12,800	13,300
투자	$3,200	3,400
수출	$2,200	2,400
수입	$2,700	2,900
정부 지출	$3,300	3,400

5. 1년에 티셔츠 1억 벌을 생산하고 파는 경제를 생각하라. 보통의 티셔츠는 농부가 작년에 거두었던 목화씨를 뿌리고, 물을 주고, 추수하면서 등장하고, 다음에 목화를 방적 공장에 0.75달러에 팔고, 방적 공장은 직물을 티셔츠 공장에 1.50달러에 팔고, 티셔츠 공장은 티셔츠를 도매상에게 5달러에 팔고, 도매상은 노드스톰 백화점에 10달러에 팔고, 최종적으로 당신에게 17달러에 팔린다. 생산의 전 과정에서 총산출을 계산해 티셔츠의 연간 GDP에 대한 영향을 결정하라. 다음에 최종 티셔츠에 대한 총지출과 비교하라. 이 두 가지에 대해 무엇을 알게 되는가?
6. 지난 문제에서 티셔츠에 대한 총지출이 경제에서 벌어들인 총소득과도 같은 이유를 설명하라. 힌트 : 모든 거래에는 양면이 있다.

학습목표 21.3 생활수준의 평가척도로 GDP를 활용한다.

7. 비니와 산드라는 막 첫째 아이를 가졌고, 일과 육아 분담을 어떻게 할지 결정을 내려야 한다. 다음 각각의 옵션이 두 사람 모두 풀타임으로 일하고 육아 책임을 지지 않을 때와 비교해 측정된 GDP에 어떤 영향을 미치는지 설명하라.
   a. 비니와 산드라가 모두 직장으로 돌아가고, 아이를 돌보기 위해 매주 600달러를 보육업자에게 지급한다.
   b. 비니와 산드라 모두 직장으로 돌아가고, 산드라의 어머니가 재정적 보상 없이 아이를 돌본다.
   c. 비니와 산드라 모두 직장으로 돌아가고, 비니의 형이 아이를 돌본다. 이들은 그에게 아이를 돌보는 대가로 매주 600달러를 지급하지만, 국세청이나 정부 조사에 지급을 보고하지 않는다.
   d. 비니와 사드라는 각각 파트타임으로 일하고 돌아와 육아를 분담한다.
   e. 비니는 아이를 돌보기 위해 집에 머물고 산드라는 풀타임으로 돌아간다.
8. 다음의 그래프는 세계 각국의 1인당 GDP와 기대 수명이다. 그래프가 보여주는 관계를 설명할 수 있는 이유를 찾으라.

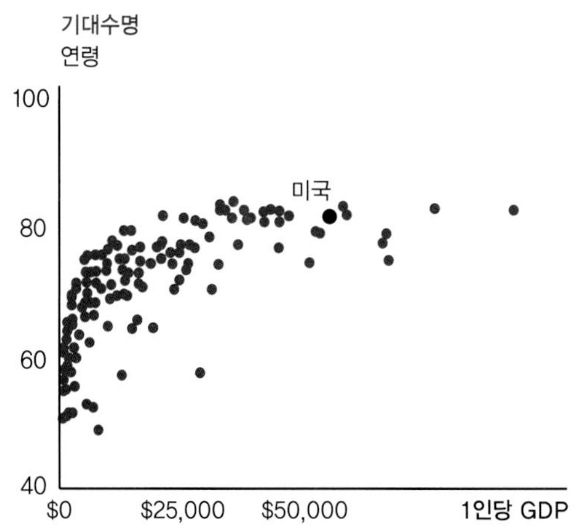

9. 각각의 시나리오와 관련해 GDP의 한계를 밝히라.
   a. 미국 상무부는 멕시코만의 물고기와 해양 생물을 죽일 수 있는 저산소의 '데드 존'이 뉴저지주만큼 커졌다고 보고한다. 이는 미시시피강 유역의 농업과 개발에 따른 토지 유출의 결과다.
   b. 세계은행은 2015년 미국 인구 최하위 10%의 소득 비중은 1.7%였다고 보고한다. 최상의 10%의 소득 비중은 30.6%였다.
   c. 퓨 리서치센터의 통계는 미국 부모의 5명 중 1명은 전업 엄마나 전업 아빠다.
   d. 미국의 1인당 GDP는 네덜란드보다 약 15% 높다. 하지만 미국 사람은 네덜란드보다 26% 더 일한다.
   e. 대부분의 인터넷 탐색(86.5%)은 구글, 구글 맵, 구글 이미지를 통해 이루어지나 모두 무료로 탐색 결과를 제공한다.

학습목표 21.4 실제 수량 변화와 가격 변화 효과를 구분한다.

10. 만일 명목 GDP가 올랐다면 생산도 증가해야 함을 의미할까? 왜인가? 또는 왜 아닌가? 만일 실질 GDP가 증가했다면 어떤가? 시간에 따른 변화를 비교할 때 실질 GDP를 이용하는 것이 왜 중요한가?
11. 다음 표는 포드 자동차 회사가 생산하는 두 가지 모델, F시리즈 트럭과 이스케이프 스포츠 유틸리티 자동차에 대한 가격과 수량 정보를 담고 있다.

	2016		2017	
	가격	수량	가격	수량
이스케이프 SUV	$24,485	307,069	$24,645	308,296
F 시리즈 트럭	$44,400	820,799	$47,800	896,764

   a. 포드가 2016년과 2017년 두 모델의 판매로 미국 GDP(실질과 명목)에 기여한 양을 계산하라.
   b. 명목 GDP의 성장률을 결정하라(만일 포드가 경제 전체라면).
   c. 실질 GDP의 성장률을 결정하라(만일 포드가 경제 전체라면).
   d. 가격상승률을 결정하기 위해서 실질 GDP와 명목 GDP 사이를 전환하는 당신이 배운 손쉬운 방법을 이용하라.
   e. 명목 GDP의 증가가 수량의 변화나 가격의 변화 또는 모두의 변화에 기인하나?
12. 아일랜드의 2016년 명목 GDP의 성장률은 9.4%였고, 실질 GDP의 성장은 7.4%였다. 물가의 변화율은 대략 얼마인가?

학습목표 21.5 단위를 조절하여 큰 단위의 수를 쉽게 다룬다.

13. 인도는 2018년, GDP가 2조 6,900억 달러로 세계에서 일곱 번째로 경제 규모가 크다(미국 달러로 측정). 인도는 또한 실질 GDP 성장률이 7.3%로 세계에서 가장 빨리 성장하는 국가 중 하나다.
   a. 만일 인도가 동일한 성장률을 유지한다면, GDP가 두 배 되는 데 얼마나 많은 햇수가 걸릴까?
   b. 방글라데시의 GDP는 2,862억 7,000만 달러였지만, 성장률은 인도와 같았다. 방글라데시 경제가 두 배가 되는 데 몇 년이 걸릴까?
   c. 비록 방글라데시와 인도가 동일한 성장률이지만, 양국의 경제는 규모 면에서 크게 다르다. 큰 숫자를 단위 조절하는 데 익숙하지 않은 사람에게 규모의 차이를 어떻게 설명할 것인가? 당신은 어떤 전략을 사용할 것인가?

CHAPTER 22

경제성장

인간의 오랜 역사에 비추어보면 지금 매우 호화롭게 살고 있다. 최신 컴퓨터나 휴대폰 그리고 인터넷 때문만은 아니다. 100년 전만 해도 가구의 3분의 1만 전기가 들어왔고, 에어컨이 있는 집은 거의 없었고, 수많은 집에는 실내 수도시설이 없었다. 많은 사람은 먹을 것도 충분하지 않았다.

청결을 유지하기가 어려웠기 때문에 사람들은 그만큼 더 많이 아팠다. 항생제와 백신을 포함해 대부분의 현대 의약품은 발명되지 않았다. 심한 감기, 장염 또는 디프테리아가 생명을 앗아갈 수 있었다. 항생제가 없었기에 수술은 안전하지 못했다. 기근과 전염병으로 수백만 명이 죽었다. 그 당시 미국인의 평균 수명은 55세에 지나지 않았다.

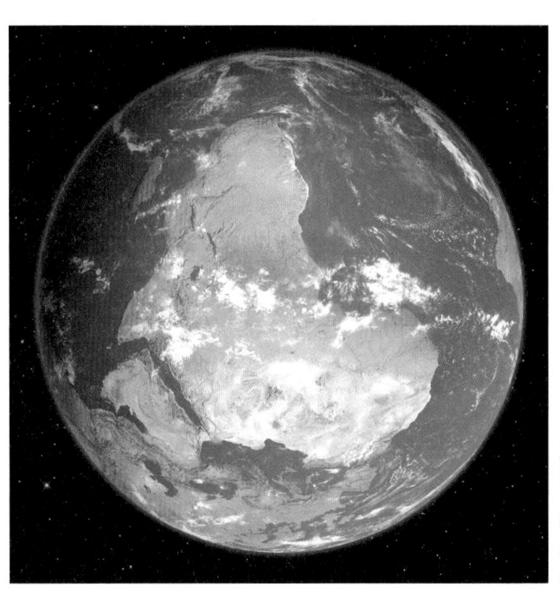
SonSam/Deposit Photos

경제성장의 원동력을 이해하면 세상을 바라보는 새로운 시각을 가질 수 있다.

1920년, 1인당 실질 국민소득은 9,000달러 정도였다. 조부모가 평생에 걸쳐서 벌 돈을 여러분은 10년 내에 번다는 것을 의미한다. 2017년에는 1인당 국민소득이 여섯 배 이상 5만 9,500달러로 올라갔다. 높아진 소득은 대부분의 미국인들이 충분한 먹을거리, 쾌적한 집, 좋은 의료, 즉각적인 통신, 믿을만한 교통, 손끝에서 거의 무제한의 정보를 가질 수 있음을 의미한다. 오늘날 미국인의 평균 수명은 79세다. 경제성장은 양과 질에서 모두 삶을 개선시킨 것이다.

미국의 100년 전 삶은 어려웠지만 세계의 나머지 많은 지역은 여전히 어려운 상태에 놓여 있다. 지금 미국인의 소득은 중국인의 소득보다 세 배 이상, 인도인보다 여덟 배, 남사하라지역보다 열여섯 배 많다. 미국인의 일상적인 생활의 대부분은 1세기 이상에 걸친 탄탄한 경제성장의 결과다. 모든 국가가 성장을 경험한 것은 아니다. 에티오피아와 콩고와 같은 지역은 생활이 100년 전과 크게 다르지 않아, 인구의 많은 부분은 생존하는 데 급급한 상태로 먹을 것과 적당한 쉼터를 찾고, 아플 때 치료를 받기 위해 몸부림친다. 이번 장에서는 경제성장이 어떻게 오늘날의 미국으로 만들었는지, 어떤 국가는 왜 여전히 뒤쳐져 있고, 어떤 국가는 왜 더 빨리 성장할 수 있는지 살펴본다.

목표

무엇이 경제성장률을 결정하는지 이해한다.

22.1 경제성장에 관한 사실
경제가 시간이 흐르면서 어떻게 성장해왔는지 이해한다.

22.2 경제성장의 요소
경제성장 요소를 알아본다.

22.3 경제성장의 분석
근로자, 자본 축적, 기술 진보가 어떻게 함께 움직여 경제성장을 창출하는지 이해한다.

22.4 공공정책 : 제도는 왜 성장에 중요한가
정부 제도가 왜 경제성장에 중요한지 알아본다.

22.1 경제성장에 관한 사실

학습목표 경제가 시간이 흐르면서 어떻게 성장해왔는지 이해한다.

오늘날의 경제성장을 이해하려면 얼마나 많은 사람이 애썼는지, 인간의 역사에서 진보가 얼마나 드문 일이었는지부터 알아보는 게 좋겠다.

기원전 100만 년 이후의 경제성장

TAHA JAWASHI/AFP/Getty Images

문명 이전 인류의 삶

기원전 100만 년 전 기록은 많지 않지만, 몇 가지 단서가 남았으며, 그것들은 암울한 그림으로 나타난다. 사람들은 그날 벌어먹고 살았다, 처음에는 사냥과 채집하는 사람으로. 1만 2,000년 전 쯤에는 우리의 조상들은 농사를 짓기 시작했다. 농사의 발명은 사람들이 집단을 이루어 정착하게 만들고 사회를 형성하게 했다. 음식을 찾기 위해 더 이상 방랑하지 않아도 되었지만, 대부분의 사람들은 농사일을 한다고 날마다 땀을 흘렸다. 그런데도 모든 사람이 제대로 먹을 정도로는 생산하지 못했다. 사람들은 가난해 기근과 영양실조가 일상적이었다. 유골은 비타민과 미네랄의 심각한 결핍, 그리고 광범위한 질병을 보여준다. 사람들은 어릴 때 영양실조를 앓았기 때문에 지금보다 평균 6인치 작았다. 고대 그리스처럼 조금 희망적인 지역도 있었고, 재산을 축적한 지배자들도 있었지만 대부분의 사람들은 기원전 100만 년부터 기원후 1,200년까지 뼈에 사무치도록 가난하게 살았다. 그들의 후손은 선대만큼 가난했다.

경제학자들은 기원전 100만 년 전 이후 무엇이 만들어졌는지 측정하려고 노력했다. 대략 기원전 100만 년부터 기원후 1,200년까지 1인당 국민소득은 오늘날의 달러로 연 250달러로 추정한다. 정확한 액수는 확실하게 알 수 없지만, 대략 생존에 필요한 최저한의 수준이었다. 분명한 것은 1인당 국민소득이 비록 매우 점진적이지만 오르기 시작한 1,200년까지는 큰 변화가 없었다는 점이다. 사실 성장의 속도가 매우 느려 1인당 국민소득이 두 배로 되는 데 대략 600년 걸렸다. 1800년대가 시작할 때 세계의 1인당 국민소득은 대략 400달러였다. 인플레이션으로 조정한 값이라 지금 가격과 비슷한 수준에서의 400달러의 재화와 서비스를 의미한다. 1년을 통털어 단지 400달러로 살아나가려고 했다는 점을 상상해보시라.

농업의 진보는 보다 많은 식량과 보다 적은 굶주림을 의미했다. 대부분의 인류사에서 대다수의 사람들은 주된 일이 배고픔을 피하기 위해 식량을 충분이 확보하는 것이었다. 하지만 농업 기술이 수세기에 걸쳐 개선되면서 사람들은 일은 작게 하고 식량은 더 많이 생산할 수 있었다.

PHAS/Universal Images Group/Getty Images

기술 진보는 농업을 변화시켰다.

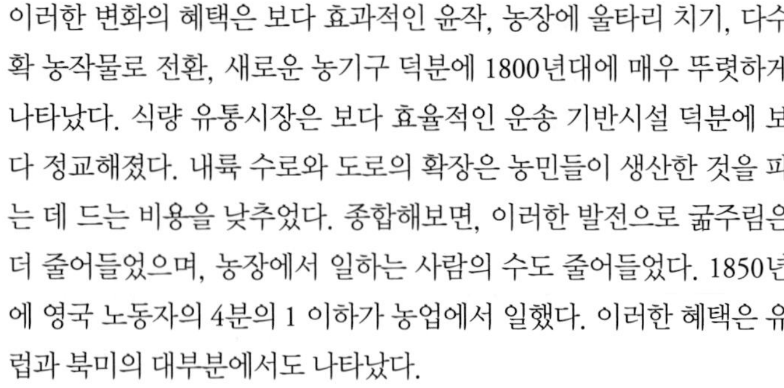

이러한 변화의 혜택은 보다 효과적인 윤작, 농장에 울타리 치기, 다수확 농작물로 전환, 새로운 농기구 덕분에 1800년대에 매우 뚜렷하게 나타났다. 식량 유통시장은 보다 효율적인 운송 기반시설 덕분에 보다 정교해졌다. 내륙 수로와 도로의 확장은 농민들이 생산한 것을 파는 데 드는 비용을 낮추었다. 종합해보면, 이러한 발전으로 굶주림은 더 줄어들었으며, 농장에서 일하는 사람의 수도 줄어들었다. 1850년에 영국 노동자의 4분의 1 이하가 농업에서 일했다. 이러한 혜택은 유럽과 북미의 대부분에서도 나타났다.

산업혁명은 경제성장의 엔진을 창출했다. 보다 적은 자원이 식량을 재배하는 데 필요해졌기에 늘어난 농업 생산은 산업혁명(기계의 힘을 식량과 제품을 만들고 수송하는 데 드는 노력에 투입하는 혁명)을 위한 씨도 뿌리고 있었다. 사람들이 다른 활동에 쓸 시간이 많아짐에 따라 지적 생활이 번창했다. 발명가들은 증기 엔진, 재봉틀, 전화, 백열전구와 같은 혁명적인 신제품을 개발했다. 이러한 발명 이전에는 대부분의 일들이 사람과 동물에 의해 굴러갔다. 이러한 변화의 크기를 이해하기는 힘들지만, 하루를 살아가는 데 여러분 자신의 에너지와 동물의 에너지 이외에 아무것도 없다면 어떤 삶을 살게 될지 상상해보라.

사람 또는 동물의 노동력을 대체할 수 있는 기계의 발명, 이러한 기계들을 가용하게 만들기 위한 후속적인 투자는 사람들의 생산 활동 영역에 거대한 성장을 가져왔다. 근로자들은 농장에서 공장으로 이동했고, 제품의 생산능력은 빠른 속도로 증가했다. 이것은 소득과 생활수준 향상의 진정한 출발이었다. 세계 1인당 국민소득이 두 배가 되는 데 거의 600년 걸린 이후, 1980년대 초반부터 1990년대 초반 사이에 두 배 이상 증가했다. 그다음에 경제성장은 폭발했다: 세계적으로 1인당 국민소득은 1950년까지, 그다음 1975년, 다시 2000년대 초반까지 각각 두 배 증가했다.

(left) Vachon, John, Library of Congress, LC-USW3-022930-D. (right) Peter Tsai Photography/Alamy

100년의 성장은 텍사스주 오스틴을 변화시켰다.

경제성장은 생활수준의 향상과 수명 연장을 의미한다. 경제성장은 사람들이 보다 많이 만들고, 많이 만듦으로써 보다 많이 소비할 수 있음을 의미한다. 이것은 보다 적은 사람이 굶주리고, 보다 많은 사람이 쾌적한 집, 보건 상태, 건강과 교육에 투자할 수 있는 보다 많은 자원을 가지게 된다는 것을 의미한다. 성장은 보다 많이 소비할 수 있다는 의미 정도가 아니다; 삶과 번영을 가능하게 만드는 것이다. 이것이야말로 경제성장이 세계 인구와 기대수명(사람들이 생존할 것으로 예상하는 평균 연수)을 늘어나게 만든 이유다. 1800년에 세계 인구는 10억 명이었다. 지금은, 70억 명 이상이다. 1800년에 모든 국가의 평균 기대 수명은 50세 이하였다. 지금 세계에서 가장 부자 국가의 대부분에 사는 사람은 평균 80대까지 잘 산다(슬프게도, 미국은 가장 부자 국가 중의 하나이지만, 다른 부자 국가에 비해 평균 기대 수명이 낮다).

하지만 지금도, 세계에서 가장 가난한 국가의 대부분은 평균 기대 수명이 50세 이상을 크게 넘지 못한다. 문제는 농업과 산업 혁명이 모든 곳에서 경제성장을 이끌지 못했다. 어떤 국가는 번영했지만, 어떤 국가는 침체했다. 그리고 어떤 국가는 올바른 길을 걷기 시작했으나 또 어떤 국가는 길을 잃었다. 지난 200년 동안 이러한 차이가 부자 국가와 가난한 국가 사이에 어떻게 나타났는지 들여다보기로 하자.

지난 2세기 동안의 경제성장

경제성장이 매우 느린 속도로 진행될 때, 국가 간의 1인당 국민소득의 차이는 크지 않았다. 그림 22-1은 세계 여러 지역의 1인당 국민소득을 보여주는데, 처음에는 1820년 그리고 2010년이다. 1820년 1인당 국민소득이 아프리카는 700달러, 아시아는 900달러, 라틴아메리카와 동부 유럽은 대략 1,000달러다. 세계에서 가장 부유한 지역(서구 유럽과 미국, 캐나다, 호주)의 1인당 국민소득은 2,000달러 조금 넘었다. 이는 세계 다른 지역보다 두 배 많지만, 굶주림은 사람들의 마음에서 멀리 있지 않았다.

성장률의 작은 차이가 큰 영향을 미칠 수 있다. 산업혁명은 국민소득을 빠르게 증가시켰지만, 어떤 지역에서는 다른 지역보다 경제성장에 더 큰 역할을 했다. 그림 22-1이 설명하듯이, 작은 차이로 보이는 것이 시간이 지나면서 큰 차이를 만들었다. 연간 성장률의 퍼센티지 포인트의 10분의 몇의 차이가 오늘날 경제적으로 선진국과 저개발국가로 나누어지게 만들었다(성장률의 작은 차이가 200년에 걸쳐 복리계산 되었다). GDP가 가장 빠르게 증가한 국가들은 서구 유럽과 미국에 편중되었다. 미국은 1인당 GDP가 2010년 거의 5만 달러로 대략 200년 전보다 20배 이상이다. 서구 유럽은 1인당 GDP가 2010년 거의 3만 5,000달러였다. 서구 유럽과 미국의 성장은 세계 다른 지역을 뒤처지게 했다. 2010년에 '부자' 서구와 1인당 GDP가 성장하지만 훨씬 느

그림 22-1 | 성장률의 작은 차이가 큰 결과를 가져온다

1820년과 2010년의 1인당 실질 GDP

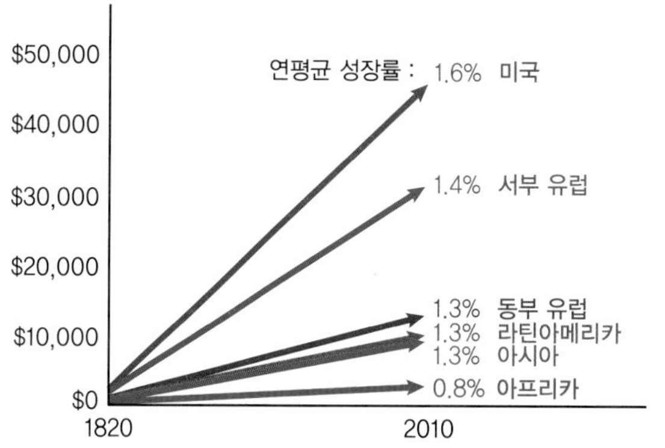

린 세계의 나머지 국가 사이에는 분명한 차이가 있었다. 아프리카는 서구의 대략 절반 속도로 성장했다, 이는 아프리카에서 두 배 성장할 때 서구에서는 네 배 성장했다는 것을 의미했다.

성장에는 성공과 재앙이 있었다. 스페인은 탐험가들을 전 세계로 보내고, 국제무역을 촉진하고, 어마어마한 제국을 건설하면서 한때 강대국이었다. 그러나 1600년과 1850년 사이에 스페인은 경제가 거의 성장하지 못하는 사이에 영국의 1인당 국민소득은 두 배 증가했다. 스페인의 1인당 GDP는 매우 느리게 증가해 1900년에는 1600년대 수준의 대략 두 배 정도에 지나지 않았다! 1950년대, 오늘날의 고령층 스페인 사람들이 태어날 때 그들의 소득은 400년 전 그들의 선조의 두 배 반밖에 되지 않았다. 20세기 후반은 스페인은 훨씬 성공적이었고 2010년 1일당 소득은 1950년보다 거의 여덟 배였다.

그림 22-2 | 성장의 재앙과 기적

1인당 실질 GDP, 미국과 비교

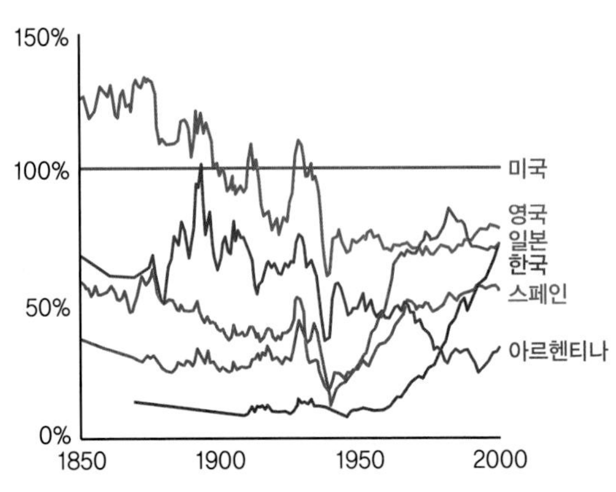

아르헨티나는 성장이 멈출 때 어떤 일이 생기는지를 보여주는 또 다른 사례다. 20세기 직전, 아르헨티나는 세계에서 가장 부유한 국가 중 하나였고, 경제는 빠르게 성장하고 있었다. 그림 22-2는 1900년경 미국과 영국의 1인당 GDP와 비슷했음을 보여준다. 그러나 1990년대 초반 성장은 털털거리는 소리를 내었고 수십 년 동안 진도를 거의 나가지 못했다. 한때 스페인, 일본, 한국보다 부유했던 국가가 뒤처진 것이다. 2017년 아르헨티나의 평균 소득은 미국의 약 3분의 1이었다.

그림 22-2는 한국과 일본의 성공 스토리를 보여준다. 두 국가 모두 1900년대 중반까지 거의 성장하지 못했다. 그러나 1950년대 후반은 견고한 GDP 성장기였다. 두 국가는 지금 1인당 GDP가 부유한 서구 국가와 대등하다.

인도와 중국과 같은 국가들은 지난 수십 년간 도약하기 이전까지 수 세기 동안 침체해 있었다. 2017년 인도의 평균소득은 1990년보다 거의 네 배 정도 많고, 중국의 평균소득은 열 배 증가했다. 반면, 미국의 평균소득은 같은 기간 동안 거의 절반 정도만 증가했다. 최근 빈곤국들의 급속한 성장은 세계 국가들 사이의 불평등을 줄이는 데 도움이 되었다.

경제성장에 대한 사실은 놀랍다. 지난 200년 사이 세계 경제는 어마어마하게 성장해 삶의 질을 전환시켰다. 그러나 이러한 발전은 균등하지 못하여 어떤 국가의 평균소득은 다른 국가보다 여러 배 높아져 놀라울 만한 격차를 만들었다. 이제 그 이유를 알아보기로 하자.

22.2 경제성장의 요소

학습목표 경제성장 요소를 알아본다.

왜 어떤 국가는 부유한 반면, 다른 국가는 생존하는 데 필요한 만큼도 생산하기 힘들 정도로 가난한가? 무엇이 어떤 국가를 시간이 지날수록 부유하게 만들고, 어떤 국가는 침체하게 만드는가? 아마도 경제학, 사실 모든 사회과학에서 인간의 행복에 이렇게 지대한 함의를 가지는 다른 어떤 질문은 없을 것이다. 그 답은 가난한 국가가 부유해지는 로드맵을 제공해, 수십억의 사람들이 빈곤과 굶주림에서 탈출하게 도와줄 것이다. 이제 질문으로 들어가자: 각국이 얼마나 생산하는지를 무엇이 결정하는가?

생산함수

생산함수 투입을 산출로 전환하는 방법, 주어진 요소로 가능한 총생산량을 결정한다,

가계든, 기업이든 국가 전체이든 생산량 분석은 생산함수라는 아이디어로 개념을 체계화하는 것이 유용하다. **생산함수**(production function)는 투입을 산출로 전환하는 방법을 말해주고, 따

라서 주어진 요소로 가능한 총생산량을 결정한다.

생산함수는 요리책과 같다. 케이크를 구워본 적이 있다면 생산함수를 약간 경험한 셈이다. 아마도 요리책을 들여다보고, 가지고 있는 요소에 따른 조리법을 찾으면, 케이크를 만들기 위해 밀가루, 설탕, 우유, 달걀을 어떻게 결합할 것인지 설명서를 따랐을 것이다. 요리책은 주어진 요소의 양으로 얼마나 많은 케이크를 만들 수 있는지 말해준다.

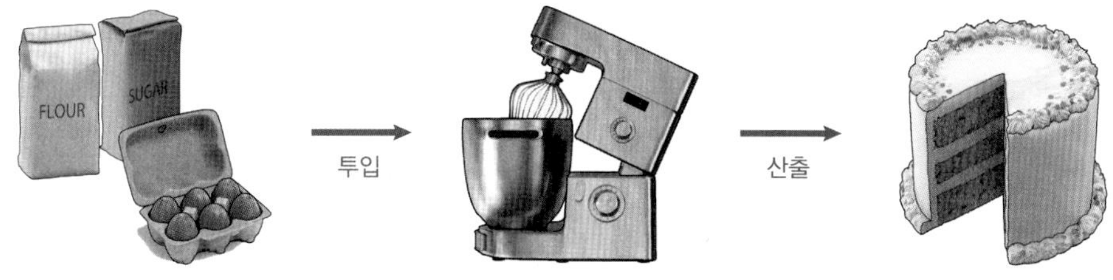

생산함수
투입을 산출로 전환시키는 방법

이 사례에서 생산함수는 개별 조리법보다는 요리책 전체로 생각한다. 조리법은 특정한 양의 우유, 밀가루, 달걀을 이용한 구체적인 생산기법을 말해준다. 요리책은 가장 중요한 조리법을 모은 것이고 각 페이지는 가지고 있는 요소에 따라 선택한 생산기법을 열거한다. 요리책과 생산함수는 어떻게 다른 혼합물들이 귀중한 산출물을 생산하기 위해서 결합될 수 있는지를 말해준다.

생산함수는 기업이 어떻게 투입물을 산출로 전환하는지를 설명한다. 동일한 아이디어는 어떤 생산 활동에라도 적용된다. 기업의 생산함수는 투입물을 산출물로 전환하는 경영 기법의 요리책을 말해준다. 이러한 견해에 따라, 경영은 크게 보면 빵을 굽는 일과 같고, 관리자로서의 일은 적절한 요소(적합한 사람, 숙련, 기계)를 획득하고 알맞은 비율로 섞어서 가치 있는 산출물을 만드는 것이다. 예를 들면, 빵집을 운영한다면, 제빵사, 케이크 장식 전문가, 판매원 등의 노력과 숙련을 밀가루, 버터, 설탕 등과 같은 원재료와 더불어 매장 공간, 진열장, 반죽 기구, 오븐 등과 같은 물적자본을 함께 혼합하게 될 것이다. 빵가게의 생산함수는 이러한 혼합물에 첨가되는 요소의 양에 따라 케이크 생산량이 어떻게 달라지는지 설명한다.

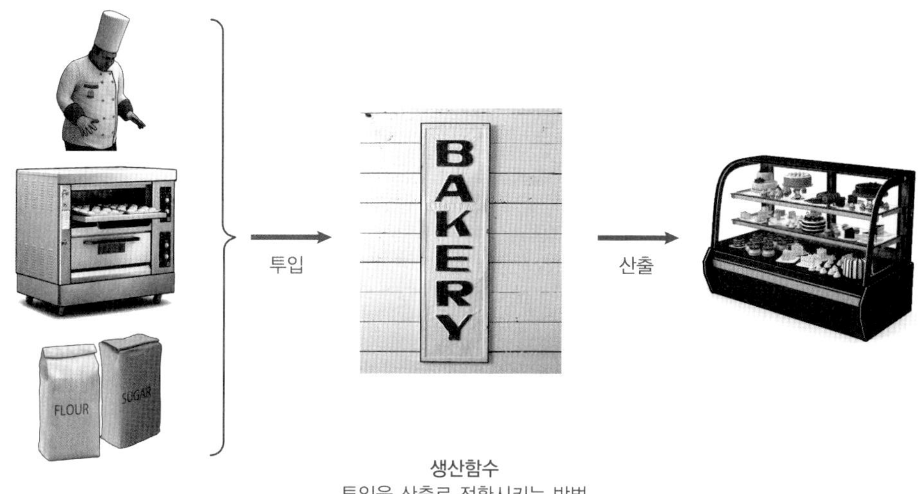

생산함수
투입을 산출로 전환시키는 방법

빵가게가 생산함수를 가지고 있는 것처럼 컨설팅기업, 호텔, 법률회사, 병원, 고등학교도 그렇다. 각각의 경우, 관리자는 주방장의 역할을 하면서 근로자, 전문적 숙련, 설비를 섞어 컨설팅 서비스, 포근한 밤, 법률적 승리, 건강한 환자 또는 교육받은 학생을 만들어낸다. 회사의 생산함수는 사용하는 요소에 따라 회사가 만들 수 있는 총산출량을 말해준다.

인적자본 근로자를 보다 생산적이 되도록 만드는 축적된 지식과 숙련; 근로자들이 일하는 데 필요한 숙련

물적자본 도구, 기계, 그리고 구조물

총생산함수는 GDP를 노동, 인적자본, 물적자본을 연결한다. 동일한 아이디어가 경제 전체에 적용되어 총생산함수는 총산출, 즉 GDP를 사용된 투입의 양에 연결시킨다. 개별 기업처럼, 핵심 요소는 노동(*L*로 표시), 일하는데 필요한 숙련을 의미하는 **인적자본**(human capital, *H*로 표시), 그리고 일하는데 필요한 도구, 기계, 구조물을 말하는 **물적자본**(physical capital, 경제학자들은 자본의 독일 철자를 따라 철자 *C*를 *K*로 표시)이다. 총생산함수는 파티시에(제빵 전문가)가 사용한 밀가루처럼 중간 투입요소는 경제 내에서 다른 기업에 의해서 만들어지는 것이기 때문에 역할을 별도로 고려하지 않는다. 예를 들어, 밀가루는 농부들이 키운 밀을 가공하는 방앗간에서 만들어지는 것이므로 이미 노동, 숙련, 자본을 결합한 결과물이다.

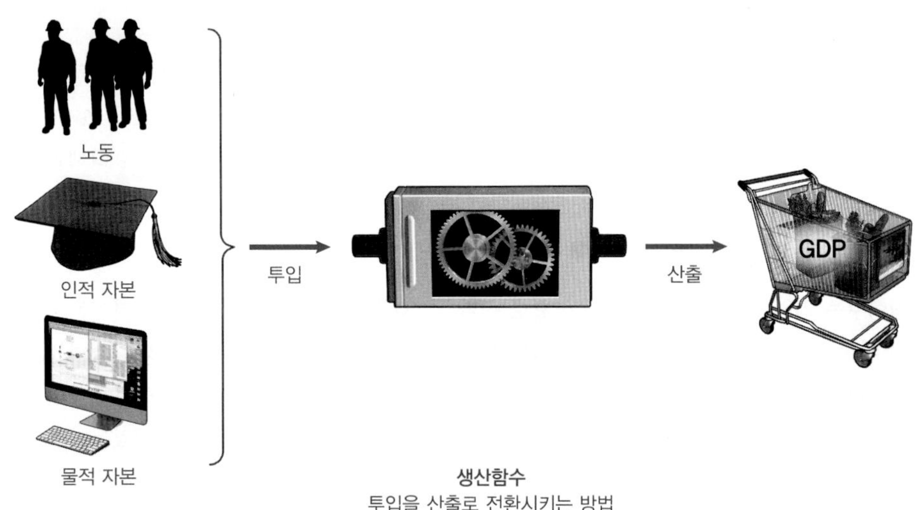

생산함수
투입을 산출로 전환시키는 방법

생산함수는 산출이 투입에 따라 어떻게 달라지는지 설명한다. 총생산함수는 요소(더 많은 노동, 더 많은 인적자본, 더 많은 물적자본)를 더 많이 쓸수록 더 많은 산출을 얻는다는 생각을 받아들인 것이다. 그 관계를 계량화함으로써 노동, 인적자본, 물적자본을 늘릴 때마다 산출을 얼마나 많이 늘리는가를 말할 수 있다. 수학적으로 표시하는 것이 유용해 다음의 방정식은 한 국가가 생산하는 산출량이 이러한 각 요소의 양에 좌우된다는 것을 말해준다.

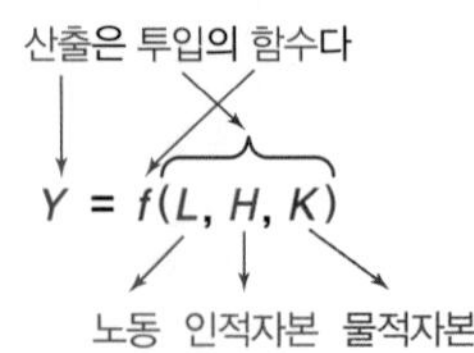

 한 국가의 산출은 다음에 달려있다.
1. 노동 투입
2. 인적자본
3. 물적자본
4. 투입을 산출로 전환하는 요리법

총생산함수는 한 국가가 다음과 같은 경우에 보다 많은 산출물을 생산함을 설명한다.

- 보다 많은 노동력을 고용한다.
- 근로자들이 인적자본을 축적해 숙련도가 보다 높다.
- 보다 많은 물적자본을 축적한다.

마지막으로, 생산함수는 특정 시간대에 알려져 있는 생산기법 또는 요리법을 반영한다. 새로운 또는 보다 효율적인 요리법은 성장의 추가적인 엔진을 창출하면서 생산함수를 이동시킨다.

- 새로운 또는 보다 효율적인 요리법은 주어진 요소를 보다 많은 양의 산출물로의 전환을 가능하게 한다.

각각의 요인들을 차례로 살펴보기로 하자.

요소 1 : 노동과 근로시간

경험해봐서 알겠지만, 보다 많은 시간을 일하면 보다 많은 것을 할 수 있다. 동일한 원리가 경제 전체에 적용되어 근로자들이 노동을 보다 많이 하면 더 많은 산출물이 생산된다. 노동 투입의 총량은 경제 전체에서 근로자들이 일을 한 모든 시간의 합으로 측정된다. 이는 다음 네 가지 요소를 반영한다: 인구 규모, 일할 수 있는 생산연령의 비율, 생산연령 중에서 일을 선택한 사람의 비율, 근로자당 근로시간. 각각에 대해 차례로 검토하자.

아이가 많으면 많을수록 결국 노동자가 더 많아진다.

인구는 GDP를 높이지만 1인당 GDP를 높이는 것은 아니다. 한 국가의 인구는 얼마나 많은 노동을 공급할 수 있는지 상한선을 설정하게 되고, 이는 인구가 가장 많은 국가가 가장 많은 GDP를 생산하는 경향이 나타나게 되는 이유를 설명한다. 빠른 인구 증가(출산 증가, 사망 감소, 이민 증가)를 경험하는 국가는 역시 보다 빠른 경제성장을 경험하는 경향을 보인다. 그러나 더 많은 GDP가 더 많은 사람에게 나누어지기 때문에 인구가 많다고 더 높은 생활수준을 의미하는 것은 아니다. 인구는 GDP 결정의 핵심요인이지만 1인당 GDP 자체는 아니다.

물질적인 생활수준을 분석하면서, 1인당 GDP의 결정요인 문제를 살펴볼 것이다. 그래서 다른 개인 변수인 1인당 근로시간, 1인당 인적자본, 1인당 물적자본을 차례로 살펴보자.

악화되는 인구구조가 경제성장을 둔화시킬 가능성이 있다. 어린이와 노인은 거의 일하지 않기에 인구구조가 중요하다. 부양비율은 일하기에 너무 어리거나(18세 이하) 또는 너무 나이가 많은(65세 이상) 사람을 생산연령인구 100명당 비율로 측정한다. 그림 22-3은 부양비율이 미국에서 제2차 세계대전 이후 발생한 베이비붐으로 인해 급격히 올라갔음을 보여준다. 그 이후에 부양비율은 2016년까지 떨어져 생산인구 100명당 너무 어리거나 너무 나이가 많은 사람이 61명이었다. 이 부양비율은 이제 전후 베이비붐 때 태어난 사람이 은퇴를 하면서 다가오는 수십 년 동안 빠른 증가가 예상되고, 평균수명의 연장으로 높은 상태를 유지할 것이다. 피부양자 비율의 증가는 다가오는 수십 년 동안 경제성장을 둔화시킬 가능성이 크다.

그림 22-3 | 부양비율이 증가할 것으로 예상된다

일하기에 너무 어리거나 나이가 많은(65세 이상) 사람의 숫자, 생산연령인구 100명당

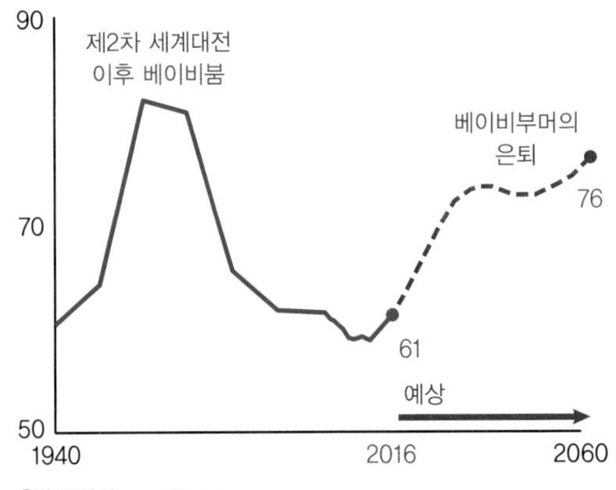

출처 : U.S. Census Bureau.

여성의 고용 증가는 경제성장을 창출했다. 더 높은 비중의 생산연령인구가 일을 선택하면 노동의 풀이 늘어난다. 지난 세기 동안 노동참여율 증가의 주된 동력은, 그림 22-4에서 보듯이, 여성에 대한 노동현장의 획기적인 태도 변화에 있다. 1990년대 초반에 집 밖에서 일하는 여성은 특히 결혼하면 거의 없었다. 2000년대 초반에는 그 비중이 거의 세 배로 증가했다. 이러한 변화는 대부분 1960, 70, 80년대에 일어났다. 여성이 집에서 시장으로 이동하면서 미국에서 이 기간 동안 1인당 GDP가 증가하게 했다. 그러나 1990년대 말 더 이상의 진보는 정체되었다.

주당 근로시간 감소는 GDP를 떨어뜨릴 수 있지만 삶의 질을 높일 수 있다. 총노동투입은 근로자 수뿐 아니라 각 근로자가 얼마나 많은 시간을 평균적으로 일하는가를 반영한다. 보다 많은 시간을 일하면 더 보다 많은 GDP를 만든다.

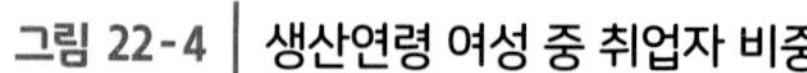

그림 22-4 생산연령 여성 중 취업자 비중

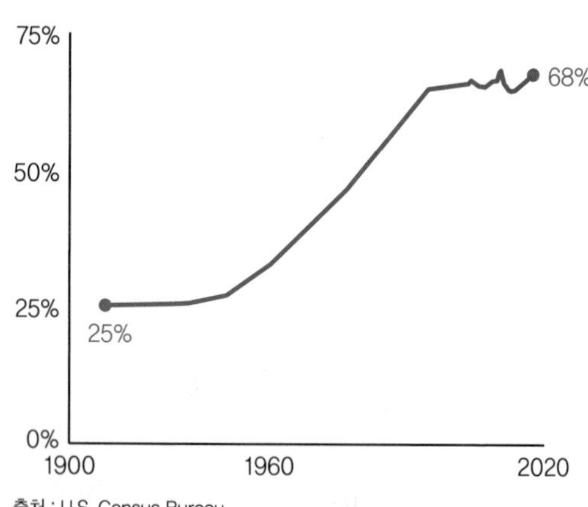

출처 : U.S. Census Bureau.

그렇다고 일만 해야 한다는 것은 아니다! 행복에 대한 척도로서 GDP의 한 가지 한계는 GDP가 일하지 않고 여가를 즐길 때의 편익을 고려하지 않는다는 점을 기억하라. 국가가 부유해질수록, 사람들은 일하는 시간보다 여가를 더 선호하는 경향이다. 평균 주당 근로시간의 감소는 GDP 성장을 둔화시켰지만 아마도 사람들의 행복은 증진시켰다.

요소 2 : 인적자본

근로시간이 사용된 노동력의 양을 반영하는 것이라면, 산출물은 또한 사람들이 일할 때 얼마나 생산적인지를 반영한다. 각 근로자가 시간당 보다 많이 생산하면, GDP는 더 높아질 것이다. 경제학자들은 근로시간당 산출을 **노동생산성**(labor productivity)이라고 한다.

노동생산성 각 사람이 근로시간당 만드는 재화와 서비스의 생산양

생산성은 인적자본, 즉 교육, 훈련, 실무를 하면서 발전시킨 숙련과 지식에 결정적으로 좌우된다. 경제학을 배우는 건 당신의 인적자본을 형성하는 셈이다: 보다 좋은 의사결정을 내리는 데 필요한 새로운 분석도구를 습득하고, 자료를 통찰력으로 전환하는 프레임워크를 개발하고, 인간의 행동을 이해하고, 분석하고, 예측하는 데 사용할 지적 역량을 키우고 있다. 이러한 인적자본은 경제학 졸업자가 다른 대졸자보다 더 생산적이고 급여를 많이 받는 이유다. 경제학을 배우는 능력은 과거에 깔아놓은 기초 위에서 쌓여간다.

초등교육은 읽고 쓰는 능력을 발전시키고, 후속 학습의 핵심 도구다. 여러분은 아마 초등학교에서의 1년은 읽고 쓰기를 배우는 데 보냈을 것이다. 읽기는 어쩌면 당연한 것으로 받아들이는 기본 숙련에 속한다. 하지만 경제적 삶에는 필수적이다: 문서화된 지시를 따라가고, 동료들과 서로 다른 시간에 소통하고, 문서화된 계약서를 집행하고, 이메일을 보내고, 온라인으로 찾아보고, 신문을 읽고 또는 정치에서 후보를 평가하려면 읽을 수 있어야 한다.

그림 22-5는 읽고 쓰기는 산업화된 국가에서는 거의 보편적이지만, 많은 가난한 국가에서는 상당한 장벽으로 남아있다. 읽고 쓰기는 후속단계 학습의 기초가 되고, 보다 전문화된 지식을 획득할 수 있는 힘을 준다. 정말, 바로 지금 읽고 쓰기의 경제적 영향을 학습하도록 힘을 기울일 때다!

그림 22-5 성인의 읽고 쓰는 능력은 지역에 따라 다르다

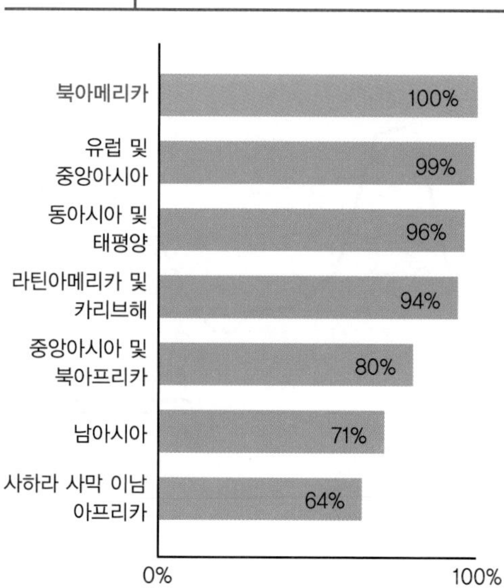

2016년 자료 출처 : World Development Indicators.

중등교육은 다양한 취업 분야의 생산성 제고를 촉진한다. 미국 경제가 20세기에 가장 빠른 성장을 보인 핵심 이유 중 하나는 다른 국가보다 시민 교육에 많은 투자를 했기 때문이다. 1세기 전에 많은 사람은 고등학교 교육을 무료화하고 모든 사람이 받을 수 있도록 하자는 아이디어에 대해 여전히 물리적인 노동력이 요구되고 노동자들은 고등학교 졸업으로 이익을 보지 못한다면서 조롱했다. 이러한 주장에도 불구하고, 고등학교 교육을 지지하는 목소리가 미국에서 급격히 커졌다. 그림 22-6에서 보듯이 고등학교 졸업이 1900년에 드문 일이었다가 오늘날 거의 보편화된 이유다. 블루칼라 근로자들이 점점 정교해지는 기계와 함께 일하게 되고 생산성이 높아지면서 고등학교 교육이 소용없다는 주장은 틀린 것으로 판명이 났다.

인적자본이 늘어난다면 대학교육의 확대 덕분이다. 그림 22-7은 대부분의 국가가 초등 및 중등교육에 있어서 미국에 뒤처짐을 보여준다. 그러나 두 교육 모두 미국에서는 보편적이기 때문에 인적자본의 더 많은 축적은 보다 많은 사람이 대학교육을 마치는 데서 나오게 될 것이다. 심지어 여기에서도 미국은 세계의 선두주자이고, 3분의 1을 조금 넘는 미국인은 대학 졸업자로써 그 비율이 단지 한국 다음으로 많다. 이러한 투자에 대한 수

익률은 높다: 대학은 매년 8%의 소득을 높여준다. 그리고 사업주는 대학에서 익힌 스킬이 근로자들을 더 생산적으로 만들기 때문에 이러한 프리미엄을 지불한다. 대학을 졸업한 사람은 평균 100만 달러 이상 생애소득을 더 벌고, 이는 대학 학위가 적어도 산출을 100만 달러 이상 더 생산하도록 이끈다는 것을 의미한다(좋은 소식 : 경제학 학생들은 증가폭이 훨씬 더 크다).

중요한 것은 교육의 양이 아니라 질이다. 지금까지 인적자본을 교육의 양 관점에서 측정했는데, 교육의 질에도 좌우된다. 그림 22-8은 동일한 국제시험을 각국에 걸쳐봤는데, 미국이 세계의 선두국가가 아니라는 점이다. 이는 왜 교육정책 토론이 교육의 질을 개선하는 문제에 집중되는지를 설명해준다.

그림 22-6 | 고등학교와 대학 졸업률이 증가했다

25세 이상 인구 비중

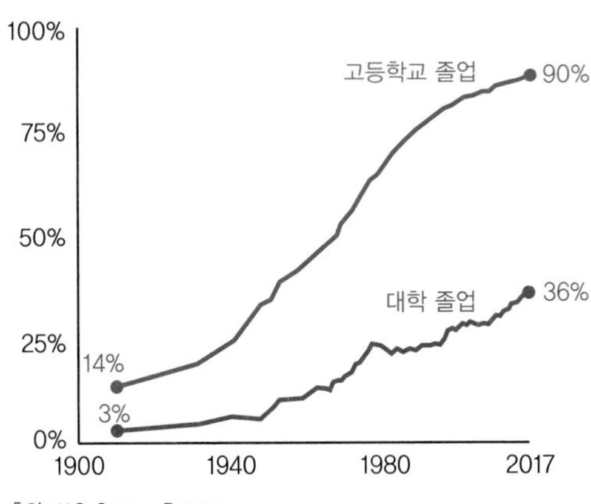

출처 : U.S. Census Bureau.

요소 3 : 자본 축적

시간당 얼마나 많이 생산하는가를 결정하는 세 번째 요소는 일하는 데 함께 사용할 장비다. 예를 들어, 파티시에는 쉽게 사용할 수 있는 일반적인 믹서, 대형 오븐, 다른 주방 도구를 가지고 일할 때 더 생산적이다. **자본스톡**(capital stock)은 물적자본의 총량으로, 재화와 서비스 생산에 사용된 모든 설비와 구조물을 포함한다. 개인적으로 소유한 도구, 기계, 공장에다 도로, 전력망, 통신처럼 정부가 제공한 기반시설도 포함한다.

자본스톡 어떤 시점에서 재화와 서비스의 생산에 이용된 물적 자본의 총량

물적자본은 노동을 보완한다. 근로자는 적합한 도구가 있으면 생산을 더 많이 할 수 있기 때문에 물적자본은 노동을 보완하는 것으로 볼 수 있다. 그렇기에 근로자 1인당 자본의 양은 노동생산성 결정의 중요한 요인이 된다. 기계가 사람을 대체한다고 우려하지만, 현실은 기계가 근로자들이 보다 많은 일을 할 수 있게 한다는 것이다. 결국, 상업용 믹서를 가진 제빵 전문가는 손으로 반죽을 혼합하지 않아도 되고, 절약한 시간을 보다 많은 빵을 굽는 데 쓸 수 있다. 사실, 산업혁명(근로자들이 수공구를 이용하여 일하던 단계에서 기계의 힘을 이용하는 단계로 바뀐)은 생산성 향상을 촉발하고 경제성장을 도약하게 함으로써 역사적 전환점을 만들었다.

투자는 저축률에 좌우된다. 회사는 새로운 설비와 구조에 투자함으로써 자본스톡을 키운다. 이러한 과정은 매우 중요해 제26장 전체를 투자에 대해 할애하고 이 과정에서 금융시장의 역할을 공부할 것이다. 지금은, 투자는 소비가 아니라 저축으로부터 나온 자원이라는 점이 핵심이다. 결과적으로, 저축률은 투자의 중대한 결정요인이고, 투자는 각 근로자가 일하는 데 필요한 자본의 양을 궁극적으로 결정한다.

그림 22-7 | 미국은 교육에서 세계를 선도한다

각각의 동그란 점은 각 나라에서 교육의 각 단계를 마친 인구의 비중을 보여준다.

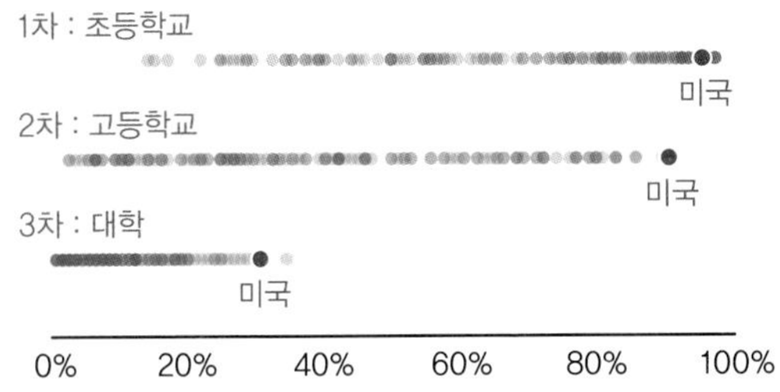

출처 : World Bank.

그림 22-8 | 세계 각국의 15세 평균 시험성적

각각의 동그란 점은 공통 국제시험에서 각 나라의 평균 성적을 보여준다.

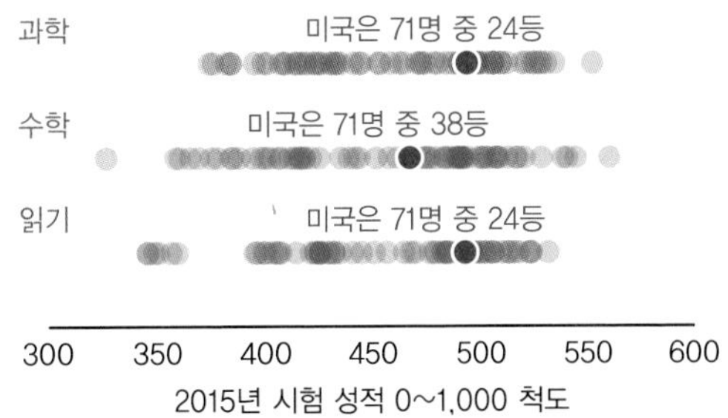

출처 : National Center for Education Statistics.

외국인 투자는 자본스톡을 증가시킨다. 미국의 자본스톡을 키우는 또 다른 방법은 외국인 투자를 통하는 것이다. 예를 들어, 일본의 자동차 회사 도요타와 마즈다가 앨라배마의 헌터빌에 새로운 자동차 공장을 짓기 위해 파트너가 되었고, 이는 미국의 자본스톡에 16억 달러를 더하게 될 것이다. 공장은 일본 회사 소유지만, 그 자본과 함께 일하는 미국 근로자를 고용하게 될 것이고, 생산라인에서 나오는 자동차들은 미국에서 만들어지게 될 것이며, 이는 미국의 GDP에 계산될 것이다. 이윤은 공장의 일본 소유자에게 돌아가지만, 지급되는 임금은 미국 근로자에게 발생할 것이다.

요소를 결합하는 새로운 요리법 : 기술 진보

생산함수가 산출물을 만들기 위해 노동, 인적자본, 물적자본을 결합하는 것은 가장 중요한 요리법을 작성한 요리책과 같다는 점을 기억하자. 이는 경제성장의 최종 요소인 새로운 아이디어, 요리법, 또는 생산 기법을 가리킨다. 경제학자들은 기존의 자원을 활용하는 새로운 방법을 **기술 진보**(technological progress)라고 한다. 새로운 방법은 기존의 투입물로부터 보다 가치 있는 산출물을 만드는 새로운 길을 창출하는 것이기 때문에 중요하다.

기술 진보 기존의 자원을 활용하는 새로운 방법

새로운 요리법은 주어진 물적 투입으로부터 보다 많은 생산을 가능하게 한다. 기술 진보는 과학적 발견을 통해 축적된 새로운 생산기법을 포함한다. 예를 들어, 곡물을 윤작하고 흙을 보충하는 방법의 발견은 수확량을 대규모로 증가시켰다. 이것은 농부에게 기존의 투입에서 나오는 산출물을 더 많이 생산할 수 있게 하는 효과적인 새로운 요리법으로 토지, 노동, 자본을 어떻게 결합해야 하는지를 말해준다. 기술 진보는 새롭고 더 나은 방법으로 일을 하게 해주는 방법도 포함한다. 예를 들어, 일본의 자동차산업 메이커들은 생산라인을 간소화하는 기발한 경영 기법 덕분에 효율적인 것으로 유명하다. 근로자와 자본을 결합하는 그들의 요리법은 그 이후 세계 전역으로 퍼졌다.

때때로 기술 진보는 말 그대로 새로운 요리법(보다 가치 있는 산출물을 만들도록 기존의 요소를 결합하는 새로운 방법)이다. 경구수액요법은 한 세대에서 가장 중요한 의료적 진보라고 할 수 있다. 설탕, 소금, 물을 딱 맞는 비율로 혼합한 것으로 콜레라가 일으킨 설사로 죽어가는 어린이를 살리게 될 것이다. 이 방법이 1960년대 발견된 이후 수천만 명의 목숨을 구했다.

컴퓨터는 기술 진보를 담고 있다. 컴퓨터 혁명을 촉발한 기술 진보 또한 새로운 요리법이다. 컴퓨터의 핵심 요소는 모래(또는 이산화규소)로, 수천 년 동안 존재했지만 다른 요리법에 사용되었다: 어린이들은 백사장에서 성으로 쌓았고, 건축업자들은 시멘트 혼합물에 사용했고, 베니스의 장인들은 유리를 만들려고 녹였다. 새로운 점은 이산화규소가 전기를 전도시키고 동시에 차단할 수도 있다는 걸 알게 된 것이다. 이는 반도체를 의미했다. 이러한 이해는 모래가 다른 물질과 결합해 현대 컴퓨터를 움직이는 정교한 칩을 만드는 데 사용되는 새로운 요리법을 창출하게 했다.

이 사례는 중요한 차이를 강조한다. 기술 진보는 컴퓨터를 의미하지 않는다. 컴퓨터를 돌리는 실리콘 칩을 말하는 것은 더욱 아니다. 이러한 물건들은 기술 진보를 담고 있는 물적자본 아이템들이다. 그러나 그러한 물건들에 내재되어 있는 기술 변화(기술 진보)란 이러한 요소들을 결합하여 컴퓨터를 만들어내는 아이디어 혹은 요리법이다.

자료 해석 **떨어지는 빛의 비용**

기술 진보는 지금까지 생각하지 못했던 전환기적 변화의 원인이다: 빛 생산의 증가. 지금 여러분의 머리 위를 밝히는 전구는 한때는 매우 사치품이었다. 빛을 생산하는 새로운 요리법이 오늘날 그 빛을 풍부하고 저렴하게 만들었다.

인간의 역사로 돌아가면, 빛을 만드는 유일한 방법은 나무를 모으고, 돌 2개를 마찰해 불을 붙이고, 발생하는 불꽃을 이용해 점화하는 것이었다. 지금 여러분의 머리 위를 밝히는 것보다 좀 모자랄 수 있을 수준인 1,000루멘-시간의 빛을 생산하기 위해 필요한 나무를 모으려고 일주일에 60시간을 고스란히 들여야 했다. 수천 년 이후에, 새로운 요리법이 개발되어, 녹은 동물의 지방으로 만든 초에 심지를 찔러 넣었다. 조지 워싱턴은 매일 밤 초 하나로 다섯 시간을 사용하면 1년에 8파운드가 든다고 계산했는데 이는 대부분의 미국 가정이 부담할 수 있는 돈보다 많은 것이다. 많은 가정은 대신 암흑 속에서 살았다.

토머스 에디슨이 전구를 발명함으로써 빛을 생산하는 데 획기적인 새로운 방법을 창출했고 이는 모든 것을 바꾸었다. 여러분 조부모의 조조부모는 5개월간 빛을 계속 사용하려면 일주일에 60시간 일해야 가능했다. 오늘날 LED 빛을 사용하는데, 그 정도의 노동이라면 평생 동안 이용할 빛에다 뭔가를 더해도 살 수 있을 것이다. 그림 22-9는 빛을 생산하는 새로운 요리법 덕분에 빛의 가격이 얼마나 떨어졌는지를 그대로 보여준다. 하락하는 비용은 현대 생활을 전환시켜, 읽고, 공부하고, 우정을 나누는 데 저녁 시간을 보낼 수 있다. 이는 기술 진보가 얼마나 중요한지를 보여주는 이야기다. ■

그림 22-9 | **하락하는 빛의 가격**

1,000루멘-시간의 빛을 생산하는 데 드는 근로시간

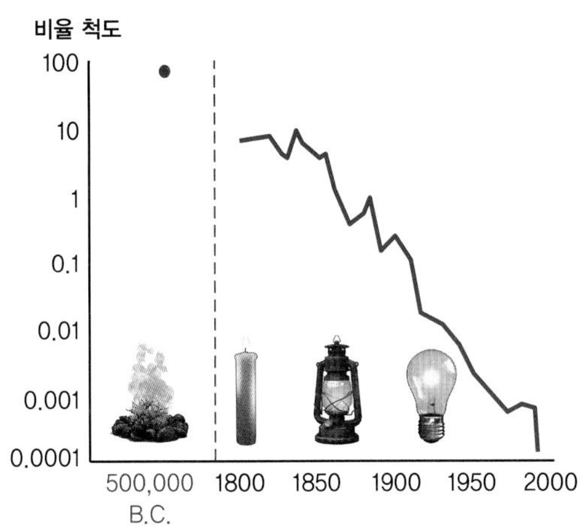

22.3 경제성장의 분석

학습목표 근로자, 자본 축적, 기술 진보가 어떻게 함께 움직여 경제성장을 창출하는지 이해한다.

지금까지 한 국가가 어떤 주어진 시간대에서 얼마나 많이 생산하는가를 결정하는 요소에 대해 알아보았다. 이제 이러한 요소를 다 모으면 어떻게 되는지를 살펴보고 다음 질문에 대답해야 할 시간이다: 경제성장은 어디에서 나오고, 지속될 것인가?

생산함수의 분석

생산함수로 돌아가자. 이는 새로운 아이디어, 노동, 인적자본, 물적자본이 산출을 결정하는 데 어떤 역할을 할지 결정하기 때문이다. 이 프레임워크는 경제성장의 과정을 들여다보는 데 여러 가지 중요한 통찰력을 제공한다.

통찰력 1 : 규모에 대한 수익불변은 투입을 두 배 늘리면 산출이 두 배 느는 것을 의미한다. 대부분의 경제학자들은 물적 요소를 두 배 늘리면(노동, 물적자본, 인적자본의 사용을 두 배로) 산출이 두 배 는다고 믿는다. 이것은 생산함수가 **규모에 대한 수익불변**(constant returns to scale), 즉 모든 요소를 일정한 비율로 늘리면 그 비율만큼 산출이 증가한다는 의미다. 복제론(replication argument)이 그 이유를 설명한다. 공장의 산출을 두 배로 늘리고 싶다면, 첫 번째 공장이 한 그대로 동일한 두 번째 공장을 열어 노동, 인적자본, 물적자본을 그대로 이용하는 것이다. 그러면 총합은 요소를 두 배로(노동, 인적자본, 물적자본을 두 배로) 쓰고 생산된 산출이 두 배로 된다. 이러한 논리를 경제 전체 차원에도 적용할 수 있어, 각 사업을 복제하는 것은 산출을

규모에 대한 수익불변 모든 요소를 일정 비율로 투입을 늘리면 그 비율만큼 산출이 증가한다.

두 배 더 생산하기 위해 요소를 두 배 더 씀으로써 경제를 두 배로 키우는 것이다.

미국 인구(그러니까 미국 노동력)가 늘고, 자본스톡이 1인당 자본이 동일하도록 증가하며, 교육에 대한 투자도 1인당 인적자본이 불변하도록 커지면, 1인당 GDP는 동일하게 증가할 것이다.

통찰력 2 : 자본에 수확체감이 있다. 모든 투입요소를 두 배 늘리면 모든 산출이 두 배 늘어난다. 그러나 만일 물적자본만 두 배 늘리고 근로자의 수는 그대로라면 어떻게 될 것인가? 보다 많이 만들 것이나 두 배만큼은 만들지 못할 것이다. 단지 물적자본만 늘리면 산출은 비례보다 적게 늘 것이다. 정확하게 얼마나 더 많이 만들 것인지는 자본을 얼마나 가지고 시작하는가에 따라 달라진다.

수확체감의 법칙 투입요소 하나는 변동이 없고 다른 투입 요소들의 증가에 의한 산출의 증가분은 어떤 지점에서부터 점점 작아진다.

수확체감의 법칙(law of diminishing returns)은 하나의 투입요소가 고정되어 있을 때 다른 투입요소들의 증가에 따른 산출의 증가분은 어떤 지점에서부터 점점 작아진다. 이런 경우, 근로자의 수와 기술이 변하지 않는다면, 물적자본이 계속적으로 증가해도 각 근로자가 만드는 산출의 증가분은 점점 작아진다. 비슷하게도, 자본스톡이 고정되어 있고, 근로자를 더 늘리면 생산의 증가분은 줄어든다. 이것은 보다 많은 자본과 보다 많은 근로자가 도움이 되지 않는다는 것을 의미하는 것은 아니고, 적어도 1개의 생산요소가 고정되어 있는 경우 추가적인 투자는 지난번의 투자보다 덜 도움이 된다는 것이다.

그림 22-10은 근로자 1인당 물적자본의 양과 근로자들이 만든 산출, 다른 말로 하자면 근로자 1인당 GDP의 관계를 보여준다. 근로자들이 일하는 데 필요한 도구가 많지 않다면, 1인당 자본 한 단위를 추가함으로써 얻는 한계편익은 산출의 증가분을 크게 늘리는 것으로 나타날 것이다. 그러나 각 근로자가 많은 자본을 가지고 있으면, 자본을 더 늘려 얻는 효과는 작아진

그림 22-10 | 자본의 수확체감

1인당 물적자본의 증가는 근로자 1인당 GDP를 높이지만, 증가율은 떨어진다.

Ⓐ 자본스톡의 변화는 근로자 1인당 GDP를 높이지만, 그 정도는 자본이 얼마나 있는 데서 시작하는가에 따라 다르다.
Ⓑ 1인당 근로자 자본이 적은 데서 시작하면, 근로자 1인당 GDP는 크게 증가한다.
Ⓒ 1인당 근로자 자본이 많은 데서 시작하면, 근로자 1인당 GDP는 작게 증가한다.

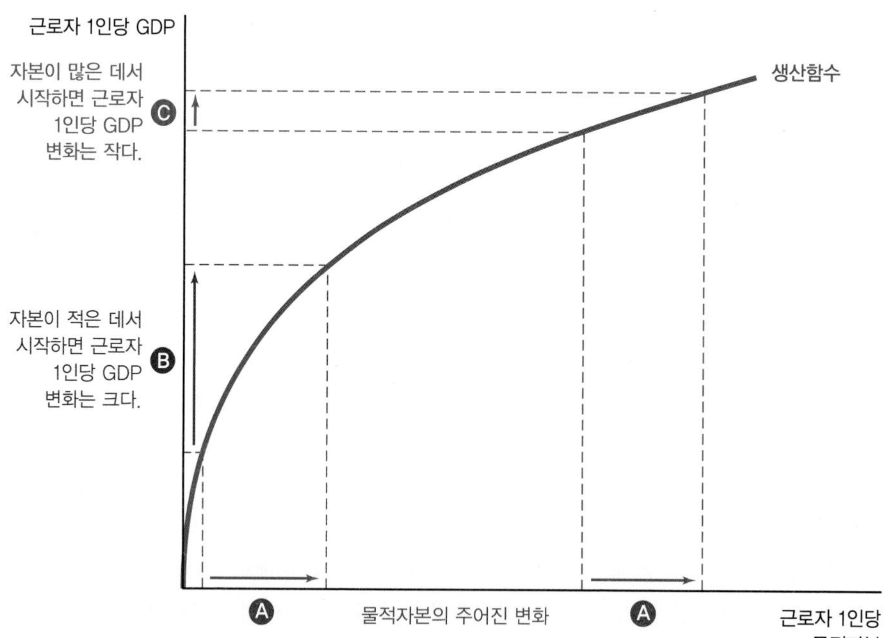

다. 이것은 도구가 보다 많아지면 유용하지만, 어떤 지점부터는 추가적인 도구가 큰 변화를 만들지 못한다는 아이디어에서 나온다.

한국은 추격성장 덕분에 더 이상 가난한 국가가 아니다.

통찰력 3 : 가난한 국가는 따라잡기 효과를 본다. 수확체감은 이미 물적자본을 많이 가진 부유한 국가에서는 물적자본에 대한 추가적인 투자로 산출을 그렇게 많이 늘리지 못한다는 것을 의미한다. 그러나 자본이 거의 없는 가난한 국가에서는 산출의 증가가 더 크다. 그래서 상대적으로 가난한 국가가 기계, 공장, 다른 설비에 투자하기 시작하면, 상대적으로 빠른 경제성장을 경험하게 될 것이다.

실제로, 이것은 가난한 국가에서 부유한 국가로 놀라울 정도로 빠르게 급성장한 한국의 이야기다. 1970년, 한국은 1인당 국민소득이 매우 낮았다. 지난 30년 사이에 자본이 27배 증가하여 GDP는 12배 증가하였다. 미국과 비교하면 이 대목은 보다 분명하게 들어난다. 국민 1인당 자본이 한국과 미국 모두 대략 6만 5,000달러 증가했으나, 미국은 이미 풍부한 자본을 가지고 있기 때문에 그러한 자본 증가가 미국에서는 인상적인 경제 성장을 가져오지는 못했다.

상대적으로 가난한 국가가 자본에 투자함으로써 일으킨 빠른 성장은 **추격 성장**(catch-up growth)이라고 알려져 있다. 이것은 가난한 국가가 부유한 국가와 비슷한 양을 투자하면 가난한 국가와 부유한 국가의 격차가 좁혀질 가능성이 커지게 된다.

추격 성장 상대적으로 가난한 나라들이 물적 자본에 투자할 때 발생하는 고속 성장

자본 축적과 솔로 모델

지금까지의 분석은 자본 축적이 산출을 늘리는 데 중요한 역할을 한다는 점을 암시한다. 하지만 자본 축적이 그 자체로써 1인당 산출을 계속 늘리는 엔진 역할을 할 수 있을까? 이 질문에 대답하려면, 생산함수(물적자본을 늘리면 얼마나 산출을 더 하는지 설명)와 자본의 축적 과정(산출의 증가가 물적자본에 대한 투자를 늘리는)을 함께 고려할 필요가 있다. 생산함수, 투자, 자본 축적, 경제성장을 동시에 분석함으로써 얻은 일군의 통찰력들을 솔로 모델(Solow Model)이라고 부른다.

통찰력 4 : 투자가 감가상각을 앞서면 자본스톡은 증가하게 될 것이다. 한 국가의 자본스톡은 투자와 감가상각의 결과로서 진전된다. 새로운 장비와 구조에 대한 투자는 자본스톡과 그리고 이에 따른 경제의 산출 생산능력도 늘어나게 한다. 그러나 기계는 고장이 나고, 공장은 허물어지고, 도로는 움푹 파이고, 그래서 매년 기존의 자본스톡 중에서 일정 부분은 감가상각으로 파괴된다.

이것은 투자가 감가상각보다 많으면 자본스톡이 늘어난다는, 즉 자본이 계속 축적된다는 것을 의미한다. 생산함수는 1인당 자본이 증가하는 한, 1인당 산출과 그리고 생활수준도 올라간다는 것을 말해준다. 이러한 점들을 다 합쳐보면, 투자가 감가상각보다 많으면 경제가 계속 성장할 것이라고 말할 수 있다.

이 기계는 그녀를 더 생산적으로 만들지만, 문제는 그녀가 한번에 얼마나 많이 사용할 수 있는가이다.

통찰력 5 : 1인당 자본은 결국에 가서 성장이 멈출 것이다. 유감스럽게도 이것은 지속될 수 없다. 첫째, 감가상각이 증가한다는 문제다: 자본스톡이 증가함에 따라 보다 많은 기계가 있을 것이고, 만일 그중 일정 부분이 매년 고정적으로 고장이 생긴다면 총감가상각은 커질 것이다. 이것은 감가상각 때문에 상실된 자본을 대체할 수 있을 정도로 더 많은 양의 투자가 계속 이루어져야 함을 의미한다. 둘째, 수확체감의 문제가 있다: 자본의 증가분에 의한 산출의 증가분은 점점 작아진다. 산출의 일부분을 투자에 돌린다면, 산출의 증가분 감소는 투자의 증가분 감소로 이어진다.

수확체감과 감가상각을 합쳐보면 어떤 지점에서는 이루어진 새로운 투자의 양이 감가상각

으로 인해 잃은 자본의 양보다 더 이상 많지 않음을 의미한다. 투자와 감가상각이 같을 경우, 자본스톡의 증가는 멈춘다.

통찰력 6 : 자본 축적으로 장기적인 경제성장이 유지될 수 없다. 솔로 모델이 던지는 핵심 질문은 자본 축적이 지속적인 경제성장을 일으킬 수 있는가의 여부다. 폭발적인 투자가 활기를 일으켜 선순환을 촉발할 것인가, 즉 자본의 증가가 산출의 증가로 이어지고, 산출이 자본스톡을 증가시키는 투자에 이용되고, 이는 다시 산출을 늘리는 과정으로 이루어질 것인가?

선순환의 사이클은 존재한다. 그러나 우리는 이러한 과정이 결국에 점점 잠잠해진다는 점을 알았다. 각 사이클에서 자본이 증가할 때마다 산출의 증가는 연속적으로 작아지고, 투자의 증가도 마찬가지다. 그러나 각 사이클에서 감가상각비용은 계속 증가한다. 결국에 가서는 새로운 투자가 단지 감가상각을 상쇄할 정도가 되는 지점에서 그 과정은 멎는다. 자본스톡은 이른바 정상상태라는 지점에서 휴식 상태에 머문다. 자본스톡이 성장을 멈추면(기술 진보나 근로자의 수나 스킬을 바꾸는 다른 요인이 없다면) 산출도 증가를 멈추게 된다. 경제성장은 점점 잠잠해지고 경제는 멈춰 선다.

자본 축적만으로 지속적인 경제성장을 뒷받침하지는 못하지만, 가난한 국가가 부유한 국가를 따라잡거나 수렴할 수 있는 이유는 알게 되었다. 그러나 자본 축적은 미국과 많은 유럽 국가처럼 부유한 국가가 지속적인 성장을 했는지 설명하지 못한다. 이것은 선진국에서 1인당 산출이 계속 증가하게 만든 요인이 무엇인지를 다른 부분도 알아봐야 할 필요성이 있다는 점을 의미한다.

기술 진보

지속적인 경제성장의 핵심은 기술 진보다. 새로운 생산방법의 발전은 기존의 자원을 결합하는 새로운 길을 창출함으로써 가치 있는 산출을 보다 많이 만들 수 있게 한다. 기업은 이러한 새롭고 개량된 요리법으로 동일한 투입으로부터 보다 많은 산출을 만들어낸다.

그림 22-11 | 기술 진보는 생산함수를 이동시킨다

Ⓐ 기술 진보는 주어진 투입으로 생산된 산출의 증가를 이끈다.
Ⓑ 근로자 1인당 자본이 주어진 상태의 경제가 이전보다 1인당 산출을 더 많이 생산한다.
Ⓒ 기술 진보는 투자를 보다 생산적이고 가치 있게 만듦으로써 추가적인 기계가 만드는 추가적인 산출도 늘린다.

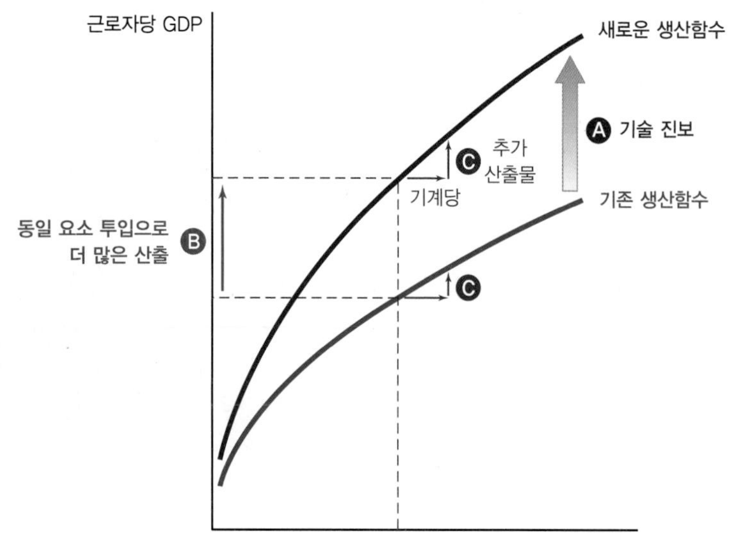

기술 진보는 생산함수를 이동시킨다. 이것은 기술 진보가 생산함수를 이동해 주어진 투입으로부터 생산할 수 있는 산출을 늘린다는 의미다. 그림 22-11이 보여주듯이, 이것은 생산함수를 위로 이동시켜, 1인당 자본에 대해 각자가 생산하는 산출량을 늘리게 만든다.

기술 진보는 자본을 보다 생산적이고 보다 가치 있게 만듦으로써 투자가 늘게 만든다. 구체적으로는 그림 22-11에서 보듯이 새로운 생산함수의 기울기가 가팔라진다. 이는 기계 한 대에 더 투자함으로써 얻는 추가적인 산출이 증가했음을 의미한다. 결과적으로, 폭발적인 기술 진보는 새로운 투자의 폭발을 자극하고, 자본이 새롭고 보다 높은 수준의 정상 상태로 커지도록 만들어 경제를 성장시킨다. 그래서 기술 진보는 기존의 투입으로부터 보다 많은 산출을, 자본축적을 자극해 투입의 수준을 높이게 된다.

그림 22-11은 기술 진보의 폭발은 생산함수를 위로 올리고, 이는 GDP의 수준을 높인다. 따라서 기술 진보의 지속적이고 부단한 폭발은 GDP의 지속적인 성장을 이끌게

된다. 이러한 관점에서, 지속적인 경제성장의 관건은 지속적인 기술 진보에 있고, 이것은 생산함수를 지속적으로 위로 이동하게 만든다.

기술 진보는 새로운 아이디어에 좌우된다. 기술 진보가 경제성장에 얼마나 중요한지를 알기 때문에, 자연스러운 질문은 다음과 같다: 우리는 어떻게 해야 하지? 신기술은 근본적으로 새로운 아이디어에 관한 것이다. 기존의 물적 요소를 보다 가치 있는 산출로 전환하는 새로운 방법을 창출해내는 것이 새로운 아이디어다. 그러나 새로운 아이디어는 어디에서 나오고, 어떻게 경제성장을 작동시키는가?

두 가지가 기술 진보를 움직인다: 새로운 아이디어를 얼마나 빨리 창출하는가, 새로운 아이디어를 만들기 위해서 얼마나 많은 자원을 쏟아야 하는가. 근로자는 재화와 서비스 또는 새로운 아이디어를 생산할 수 있다. 새로운 아이디어 개발에 집중하는 근로자의 숫자는 인구가 증가하거나 또는 자원을 재화와 서비스를 만드는 데서 새로운 아이디어를 만드는 쪽으로 배분함으로써 늘어나게 된다. 여기에는 트레이드오프가 있다: 단기적으로는 모든 사람이 재화와 서비스를 생산했다면, 경제는 재화와 서비스를 더 많이 생산하게 된다. 그러나 장기적으로는, 기술 진보에 아무도 투자하지 않기 때문에 경제성장은 없다. 그러나 만일 충분한 자원이 연구개발에 투입된다면, 새로운 아이디어가 꾸준히 만들어져 경제성장을 지속하게 될 것이다.

Pictorial Press Ltd/Alamy

방사선에 대한 마리 퀴리의 아이디어는 결국 암 치료법으로 이어졌다.

기술 진보의 부재는 성장하는 데 시간이 왜 그렇게 오래 걸리는지를 설명한다. 기술 진보가 자원을 필요로 한다는 통찰력은 세계가 왜 경제성장 없이 수천 년이 지나갔는지를 설명한다. 사람이 생존하기 위해 전쟁을 할 때, 새로운 아이디어를 만드는 데 투입할 자원이 없었다. 그래서 최저생활이 최저생활을 불렀던 것이다.

이러한 통찰력은 농업혁명이 왜 현 시대의 지속적인 경제성장을 촉발시킨 촉매제인지도 설명한다. 농업의 진전은 사회가 충분히 식량을 생산하게 만들어 사람들이 새로운 아이디어를 만드는 것을 포함해 다른 일을 할 수 있도록 자유롭게 해주었다. 여기에서 나온 아이디어들이 산업혁명을 자극해, 현 시대의 지속적인 경제성장을 이끌었다. 이것은 자체적인 축적 과정이다. 경제가 이미 더 많은 것을 만들고 있을수록 미래의 경제성장을 일으키는 새로운 아이디어를 만들기 위해 오늘의 생산을 희생하는 것이 더 쉬워지게 만든다. 이런 것을 기회비용의 원리(무엇인가의 진정한 비용은 포기해야만 하는 가장 소중한 어떤 다른 것이다)라는 렌즈로 생각해볼 수 있다. 뒤돌아보면 사람이 기아에서 벗어날 수 있도록 충분히 생산을 하지 못하고 있었을 때, 농사 대신에 새로운 아이디어를 만드는 기회비용은 식량을 적게 생산하는 것이었고, 이는 기근과 죽음으로 이어졌다. 오늘날에는 혁신의 기회비용이 점점 작아지기 때문에 더 많은 혁신이 일어나게 된다.

기술 진보는 빈곤의 악순환을 깰 수 있게 했다. 어떤 사람들은 경제가 얼마나 빨리 성장할 수 있는가에 대해 그리고 한계가 있는가에 대해 궁금해 한다. 이들은 경제가 너무 빨리 성장하면, 우리에게 꼭 필요한 석유, 토지, 다른 천연자원 등이 고갈된다고 우려한다. 18세기 경제학자인 토머스 맬서스는 식량을 많이 생산하는 만큼 인구가 늘어 더 많은 식량생산이 필요하기 때문에 생활수준은 결코 개선되지 않을 거라고 우려했다. 그는 식량생산이 결코 인구증가보다 앞서는 데 성공하지 못한다고 믿었고, 결국 세계는 영원히 최저생활 상태에 처할 운명이라고 생각했다. 맬서스는 미래에 대해서는 틀렸지만 과거에 대해서는 맞았다. 수백만 년 이상, 경제성장이 거의 일어나지 않아 1인당 GDP가 삶을 유지하는 데 최저 수준에 머물렀다는 점을 기억하라. 이러한 이유는 역사의 대부분에서 기술 진보가 이루어지지 않았기 때문이다.

농업에서의 기술 진보가 인구 증가보다 빨랐기 때문에 맬서스는 미래에 대해서 틀렸다. '인간성을 위한 최저수준을 생산하는' 지구의 능력은 그가 생각했던 것보다 훨씬 컸고, 적은 것으로 보다 많이 만들 수 있는 새로운 아이디어 때문에 변화가 일어났다. 지금 우리는 맬서스 시대에 필요했던 자원의 일부만 이용해 식량을 만들고 있다.

기술 진보에 한계가 없다면, 경제성장에도 한계가 없다. 경제성장에 대한 오늘날의 우려는 에너지 소비에 있다. 온실가스가 지구를 온난화할 뿐 아니라 에너지 사용이 폐열을 방출하고, 에너지 사용이 늘수록 지구는 더워진다는 것이다. 그러나 심지어 미국과 같은 국가도 경제 성장을 지속했으나, 에너지 소비는 그렇게 늘어나지 않았다. 사실 미국에서 석탄 소비는 지난 20년년 동안 줄었다. 1인당 기준으로 보면, 미국의 에너지 소비는 1970년대에 최고로 많았다. 이것은 오염을 걱정하지 않아도 되며, 경제성장이 한계라는 결론을 내릴 수 없다는 것을 의미한다.

새로운 아이디어가 경제성장의 엔진이라면, 기존의 자원을 보다 더 생산적이고 가치 있게 결합하는 능력은 오직 상상력에 의해서 제한될 뿐이다. 보다 작게 들여서 보다 많이 할 수 있는 새로운 길을 계속 떠올리는 한, 경제는 계속 성장할 수 있다. 결국 대부분의 경제학자들은 예측할 수 있는 미래에 경제성장과 삶의 수준의 지속적인 향상을 즐길 것이라고 기대한다.

기억하라.

- 아이디어는 자유롭게 공유될 수 있다.
- 아이디어는 사용한다고 감가상각되지 않는다.
- 아이디어는 다른 아이디어를 촉진할 수 있다.

아이디어는 무한 성장을 일으킬 수 있다. 새로운 아이디어를 끊임없이 생산하는 사회의 능력은 장기 성장을 여는 관건이다. 자본 주도보다는 아이디어 주도 경제성장은 아이디어가 물적자본과 세 가지 측면에서 다르기 때문에 지속할 수 있다:

- 아이디어는 자유롭게 공유될 수 있다. 자신이 새로운 아이디어를 사용한다고 해서 상대방이 그 아이디어를 사용하는 것이 어렵지 않다. 경제학자들은 이것을 비경합적이라 하는데, 이는 어떤 사람의 아이디어 사용이 다른 사람의 사용을 막지 않는다는 의미다.
- 아이디어는 사용한다고 감가상각 되지 않는다. 아이디어는 공장처럼 낡아지지 않는다.
- 아이디어는 다른 아이디어를 촉진할 수 있다. 아이디어는 파급효과, 즉 스필오버효과를 통해 새로운 아이디어를 부를 수 있다. 예를 들어, 애플의 아이폰 발명은 앱 크리에이터를 자극해 스마트폰을 위한 새로운 애플리케이션을 발명하게 했다. 아이디어는 새로운 아이디어를 만드는 데 드는 기회비용을 낮춤으로써 다른 새로운 아이디어를 불러들일 수 있다. 이것은 아이디어가 더 많은 아이디어를, 더 많은 성장을, 더욱 더 많은 아이디어를 창출하는 선순환을 일으킬 수 있다는 점을 의미한다.

아이디어가 자유롭게 공유될 수 있다는 점은 어떤 아이디어든지 수천 심지어 수백만 생산자에 의해 사용될 수 있다는 의미로, 전체 경제를 보다 생산적으로 만든다. 아이디어는 사용한다고 감가상각 되지 않기 때문에 아이디어를 계속 사용하기 위해 매년 투자를 할 필요가 없다. 이것은 물적자본에 대한 투자와 달리, 아이디어에 대한 모든 새로운 투자는 아이디어의 축적을 북돋우고, 보다 높은 단위의 산출을 일으킨다. 기술 진보를 촉발하는 아이디어를 만들어 내는 연구개발에 대한 투자를 계속하는 한, 경제는 지속적으로 성장하게 된다. 아이디어가 다른 아이디어를 촉진한다는 통찰은 새로운 아이디어를 발견하는 과정을 자체-지속적으로 만들 수 있고, 경제성장을 자체-강화적으로 이끌어 간다는 것을 의미한다.

일상경제학 혁신 기업은 새로운 아이디어를 향해 나아간다

성공적인 관리자는 새로운 아이디어가 경제성장뿐 아니라 자신의 사업에도 관건임을 안다. 구글의 창업자 래리 페이지와 세르게이 브린은 근로자들이 재화와 서비스를 생산하는 것과 새로운 아이디어를 생산하는 데 상충관계, 즉 트레이드오프에 직면하고 있음을 알고는, 그들은 자신의 직원들이 새로운 아이디어를 만드는 데 시간을 쓰도록 보장하고 싶었다. 이게 구글의 '20% 룰'로, 모든 직원에게 주당 시간의 20% 이상을 새로운 제품을 위한 아이디어를 꿈꾸고 개발하는 데 쓸 수 있는 권한을 부여하는 것이다. 구글은 이러한 방법이 매우 창의적인 직원들로 하여금 새로운 아이디어를 만들어내는 데 도움을 준다고 주장한다. 이것은 또한 근로자들이 창의적인 에너지와 자신의 근로시간의 일부에 대해서 컨트롤할 수 있게 한다. 효과가 있는가? 분명해 보이는 건 G메일, 구글 맵, 구글 뉴스는 직원들이 20% 시간에 추구했던 프로젝트에서부터 출발했다.

Sean Gallup/Getty Images

단순한 세탁기라고 생각할 수도 있지만, 한 아이디어에서 시작되었다.

많은 회사가 직원들이 새로운 아이디어를 개발하는 데 시간을 투입하도록 비슷한 기법을 도입했다. 예를 들면, 보쉬 그룹 CEO는 전 직원들을 팀으로 편제해 보쉬에 대항할 수 있는 방법을 들고 나오도록 요청했다. 이러한 팀들이 만든 최고의 아이디어는 채택되었고, 채택된 팀원들에게는 일상 업무에서 8주 동안 벗어나 그 아이디어를 보쉬의 새로운 또는 개량 제품으로 만들 수 있을지 알아보게 했다.

문제의 핵심은 새로운 아이디어를 들고 나오는 일에 시간이 걸린다는 것이다. 현명한 관리자는 직원들이 혁신의 시간을 가질 수 있도록 확실하게 만들어준다. ■

아이디어와 관련된 문제는 아이디어가 보통 비배제적이기 때문에, 다른 사람이 자신의 아이디어를 사용하는 것(이익을 보는 것)을 막기 힘들다는 것이다. 이런 문제는 새로운 아이디어를 생각해내고, 아이디어를 창출하고, 이를 시장에 내놓는 데 투자를 적게 하도록 만든다. 여기에는 그럴만한 이유가 있다: 만일 안전한 자율주행차를 발명한다면, 자동차를 팔아서 이익을 꽤 거둘 수 있다. 그러나 만일 발 빠르게 움직인 다른 사람이 자신의 아이디어를 베끼고 경쟁 회사에서 그 차를 팔 수 있도록 하면, 이익은 줄어들게 된다. 새로운 아이디어를 생각해낸다고 시간과 자원을 쓰는 것보다 차라리 다른 사람의 아이디어를 베끼는 게 나을 수 있다. 그래서 아이디어의 비배재성은 혁신보다 모방할 인센티브를 크게 만들게 된다.

결과적으로, 사회 전체의 최선의 이익 수준보다 혁신에 자원이 적게 투입될 것이다. 이를 알아보기 위해, 의사결정의 핵심 원리를 기업이 얼마나 연구개발에 투자해야 하는가에 대한 질문에 적용해보자. 한계의 원리를 적용해 얼마나 투자할 것인가라는 질문으로 쪼개어 보면: 1달러 더 투자해야 하는가? 그다음으로, 비용-편익의 원리를 적용해 만일 1달러 투자함으로써 얻는 한계편익이 지불하는 한계비용보다 크다면 해야 한다고 결론을 내린다. 이것은 기업에는 올바른 결정이지만, 만일 다른 사람들이 기업의 연구개발로부터 편익을 본다면 잘못된 결정이 된다. 아이디어는 베껴질 수 있고 혁신은 스필오버효과를 가지고 있기 때문에 다른 사람들은 새로운 아이디어를 만드는 데 있어서 그 투자로부터 편익을 보게 된다. 그러나 그러한 편익은 개인적인 비용-편익 계산에 포함되지 않는다. 이것은 시장의 힘이 새로운 아이디어를 만들어내는 데 기업이 적게 투자하도록 이끄는 경향을 보이게 만드는 이유다.

그러나 잘 설계된 지적재산법은 확실하게 보다 많은 혁신이 일어나도록 도와줄 수 있다. 사실 제도, 즉 '게임의 규칙'은 경제성장을 촉진하는 데 중요한 역할을 한다. 다음 과제로 그 효과를 알아보자.

22.4 공공정책 : 제도는 왜 성장에 중요한가

학습목표 정부 제도가 왜 경제성장에 중요한지 알아본다.

지금까지 경제성장의 근접 원인에 집중했다: 경제성장은 새로운 아이디어에다 인적자본에 대한 투자, 물적자본 축적의 결과다. 그러나 이것은 한 단계 더 깊숙한 질문을 하게 만들 뿐이다: 무슨 요인이 새로운 아이디어를 발명하게 만드는지 그리고 인적자본과 물적자본에 투자할지 여부를 결정하게 만드는가? 이게 여러분의 다음 과제다. 간단히 소개하자면, 핵심은 인센티브이고, 이는 제도에 좌우된다.

 경제성장을 촉진시키는 제도
1. 재산권
2. 정부의 안정
3. 규제의 효율성
4. 혁신을 촉진하는 정부 정책

비용-편익의 원리는 유용하게도 인센티브의 중요성을 상기시킨다. 경쟁자가 아이디어를 훔치면 연구개발에 대한 투자의 편익은 무엇인가? 정부가 당신의 생산물을 몰수해 간다면 왜 열심히 일하는가? 수송하는 데 필요한 도로와 네트워크가 없는데 왜 신제품을 개발하는가? 정부와 제도는 일반적으로 사람들이 새로운 아이디어를 만들어내고 이를 시장에 가져오도록 올바른 인센티브를 제공하는 프레임워크를 제공한다. 정부가 만드는 제도적 환경은 사람들이 따라야 룰과 일에 대한 인센티브를 결정한다. 그러한 제도적 환경은 사람이 교육, 자본, 아이디어에 대해 투자할 용의를 결정적으로 좌우한다.

국가가 성장에 실패하는 가장 흔한 이유는 제도와 정부에 관련된다. 두 국가가 동일한 양의 물적 · 인적자본을 가지고 있을지 모르지만, 무엇을 생산하는지는 근로자, 근로자의 숙련, 물적자본이 경제에 얼마나 효율적으로 배분되는가에 달려있다. 배분은 '게임의 규칙' 또는 국가의 제도적 구조와 크게 관련된다. 재산권은 사람의 투자를 보호하는가? 모든 사람이 동일하고도 합의된 규칙에 따라 움직이도록 정부가 법을 집행하는가? 정부는 믿을 수 있는가? 이러한 질문에 대한 대답이 여러분의 선택에 영향을 줄 것이며, 국가의 경제가 얼마나 빨리 성장할지를 결정한다. 정부는 또한 물적 그리고 인적자본에 대한 투자를 촉진하고 새로운 아이디어에 대한 연구 자금 지원에 중요한 역할을 한다. 제도와 정부가 그 결과를 어떻게 결정짓는지 주요 방법을 알아보자.

재산권

재산권 유형의 또는 무형의 자원에 대한 통제

재산권(property rights)은 누가 유형의 또는 무형의 자원을 지배하는가를 결정한다. 재산권 정의가 잘 되어 있으면, 룰이 분명해지고, 특정한 자원을 가지고 싸우는 시간을 덜 들일 수 있다. 재산권은 또한 돈, 토지, 회사에서의 소유권과 같은 자원을 얻기 위해서 여러분이 열심히 일할 수 있도록 인센티브를 제공하고 일단 여러분이 재산권을 가지면 그 권리는 존중받는다는 것을 알게 하기 때문이다.

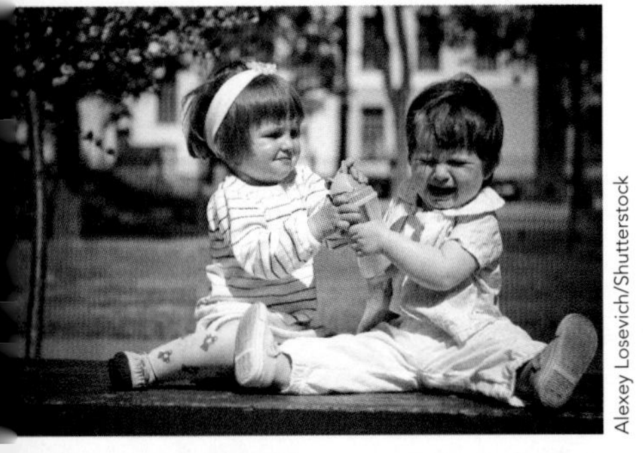
Alexey Losevich/Shutterstock

재산권이 중요하다.

만일 여러분이 형제자매와 함께 자랐다면, 재산권의 중요성에 대해 좀 알 수 있을 것이다. 형제자매가 있다면 컴퓨터처럼 함께 쓰는 자원은 아마도 부모님(집에서 '정부')이 차례를 정해서 사용하도록 했을 것이다. 분명한 규칙과 집행이 없다면, 그 자원을 사용하는 데 들인 시간보다 자신의 권리라고 주장하며 형제자매와 다투는 데 시간을 더 많이 보냈을 수 있다. 또는 아이패드를 사려고 아르바이트를 했을 수 있다. 만일 여러분의 형제자매가 물어보지도 않고 당신의 아이패드를 그냥 가져간다면 여러분은 열심히 일할 수 있었을까?

잘 확립된 재산권을 가지려면 여러분의 권리와 안정적이며 신뢰할 수 있는 권리집행 시스템을 규정하는 명확한 법들을 갖춰야 한다. 만일 여러분이 친구가 하는 새로운 디자이너 의류 대여 사업에 투자한다면, 사업과 이익의 지분을 받고 지킬 수 있다는 점을 믿을 수 있어야 한다. 재산권과 신뢰할 수 있는 집행 시스템이 없다면, 부를 잃어버릴 수 있다고 두려워하기 때문에 어느 누구도 부를 창출하지 못한다. 이것은 신뢰할 수 있는 효율적인 집행제도가 경제성장을 위한 올바른 환경을 만드는 데 중요한 역할을 한다는 것을 의미한다.

사업 파트너나 다른 사람이 자신의 돈을 가지고 떠나버리거나, 또는 계약이 집행되지 않을 것이라고 우려하면 사람들은 투자하기를 꺼려한다. 때때로 정부는 재산권과 법의 지배를 위해 거의 일하지 않고, 때때로 정부 자신이 이런 문제의 일부가 된다. 부패한 국가와 정치시스템에서 국민은 정부가 자신의 부를 빼앗을 것이라고 두려워한다.

정부의 안정

부패와 정치적 불안정은 투자와 혁신의 의욕을 꺾을 수 있다. 국내 혼란은 정치 지도자들이 개인의 이익을 위해 자원을 뜯어낼 유인을 만든다. 그리고 정치적 불확실성은 사람들이 자신의 투자로부터 수익을 얻을 수 없다는 것을 의미하기 때문에 투자 의욕을 꺾는다.

아르헨티나의 비극을 돌아보자. 세계에서 가장 빠르게 성장하면서 수십 년을 보낸 다음, 아르헨티나는 1930, 1943, 1955, 1962, 1966, 1976년에 군부의 쿠데타에 시달렸다! 말할 것도 없이, 몇 세대에 걸쳐 아르헨티나 국민들은 정치적 불안정 속에서 내내 살았고, 이는 그들의 선택을 형성했다. 문제는 정치적 불안정뿐 아니라 대법원의 주기적인 개편, 재산권이 불확실하다는 인식, 중앙은행이 인플레이션을 통제할 수 있다는 믿음의 결여도 있었다. 이러한 점들은 왜 아르헨티나가 지난 세기 동안 번영하는 데 실패했는가에 대한 중요한 이유다.

Federico Rotter/NurPhoto/Getty Images

정부를 신뢰하지 않으면 아마도 새로운 사업을 시작하지 않을 것이다.

규제의 효율성

얼마나 빨리 창업할 수 있는가? 미국에서는 보통 수일 안에 열고 가동한다. 만일 독창적으로 디자인한 장신구를 Etsy.com에서 판매하려고 하면 몇 분 안에 창업을 할 수 있다. 어떤 경우에는 사업이 해를 끼치는 것이 아니라 이롭다는 것을 규제기관으로부터 확인받는 것이 필수적이다. 예를 들어, 새로운 레스토랑이 건강 기준을 따르거나 또는 새로운 제조공장이 유해 화학물질을 상수도에 버리지 않는 것이 사회에 이익이다. 때로는 정부의 규제가 품질에 대한 기본적인 보장을 해주기 때문에 잠재적인 소비자가 제품이 해롭지 않다고 믿는다면 사업에 도움이 된다.

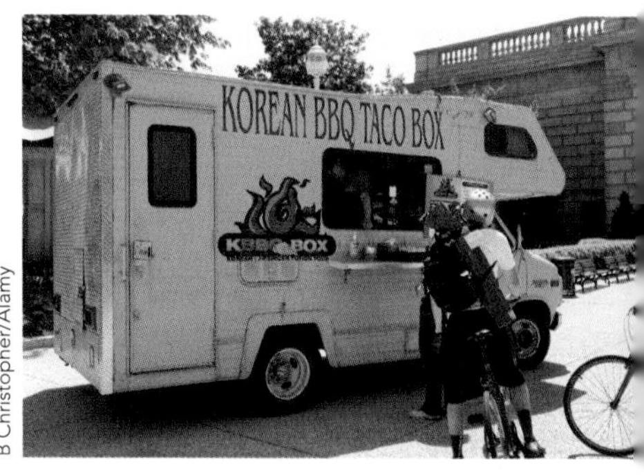

B Christopher/Alamy

미국에서 자신의 사업을 시작하는 것은 어렵지 않다.

일반적으로, 미국에서 규제감독은 대부분의 국가보다 가볍다. 세계은행은 미국에서 창업하는 데 6일이 걸린다고 추정한다. 대조적으로, 아르헨티나는 25일 걸리는데, 심지어 2003년에는 66일이었기에 상당히 개선된 것이다. 정치적 불안정은 보통 과도한 문서주의에 따른 장애를 수반한다. 예를 들면, 베네수엘라에서는 2016년 창업을 하는 데 230일이 걸렸다! 과도한 문서주의 때문에 낭비할 시간 동안에, 미국에서는 거의 40개의 사업을 시작할 수 있었을 것이다.

부유한 국가보다 가난한 국가에서 사업을 하는 것이 평균적으로 더 어렵다는 사실에 놀랄지 모른다. 결국, 가난한 국가일수록 기업가 정신으로 얻는 혜택은 더 크지만 많은 국가가 빠져있는 덫, 즉 과도한 문서주의 때문에 투자와 혁신이 어렵다. 그러나 너무나 많은 관료주의 장애가 있다고 하더라도, 보통 정부의 부패와 불충분한 지적재산권의 집행 문제도 있다. 종합하면, 이것은 투자와 혁신을 하는 인센티브를 거의 만들지 못하고, 어떤 국가는 왜 가난한지를 설명하는 중요한 이유가 된다.

혁신을 촉진하는 정부정책

신뢰받는 정부는 명확한 재산권, 잘 작동하는 법적 프레임워크, 규제로 기업가 정신의 촉진과 공공의 보호 사이에 균형을 효과적으로 잡는다. 이러한 부분은 모두 제도적 구조를 이루어 경제적 성공의 결정적 요인이 된다는 점을 경제학자들은 보여주었다. 규제와 룰은 시장 경제가 잘 작동하는 데 핵심이지만, 비효율적이거나 과도할 경우에는 문제를 해결하기보다는 문제를 일으킬 수 있다.

정부 정책은 혁신에 대해 특별히 중요한 역할을 한다. 아이디어를 쉽게 빌리거나 모방할 수 있다면 혁신의 인센티브가 별로 없다는 점을 상기하라. 정부의 정책은 두 가지 방법으로 인센

 정부가 혁신을 촉진하는 방법 :
1. 지적재산권법
2. 연구개발보조금

티브를 만들고 새로운 아이디어의 개발을 지원한다. 정부는 아이디어에 대한 재산권을 창출하고, 아이디어 창출 자금을 지원할 수 있다. 이 두 가지 접근을 알아보자.

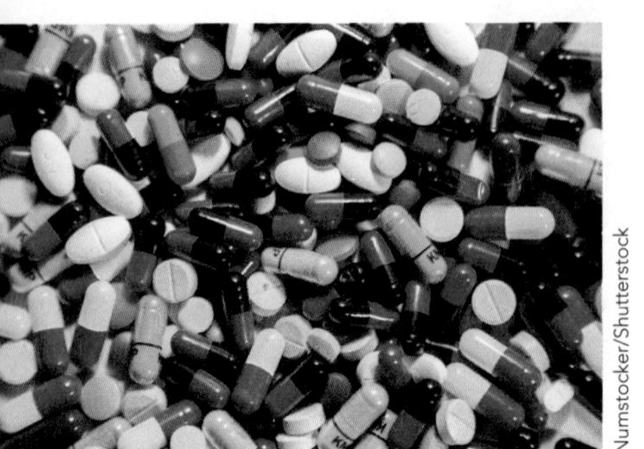

특허는 아이폰에서 의약품에 이르기까지 다양한 영역에서 혁신을 장려한다.

혁신 전략 1 : 지적재산권법을 통해서 인센티브를 창출하기 새로운 아이디어를 발견하고, 새로운 발명을 떠올리고, 또는 혁신적인 사업과정을 디자인하는 것은 비용이 많이 드는 노력으로 연구개발에 수백만 달러가 들 수 있다. 비용-편익의 원리는 기업가들이 비용보다 편익이 클 때만 투자함을 말해준다. 그러나 만일 다른 기업들이 자신의 아이디어를 그냥 베낀다면, 그 아이디어로 창출되는 편익은 결국 자신보다 그들에게 돌아간다. 만일 많은 경쟁자들이 아이디어를 베낀다면, 시장 경쟁은 가격을 떨어뜨리고, 이는 소비자들이 최저가격으로 혜택을 본다는 것을 의미한다. 이것은 기업이 혁신에 투자할 인센티브를 해치게 된다. 정부는 혁신의 가치를 지켜주도록 지적재산권법을 이용한다. 이 법은 전형적으로 아이디어를 이용할 수 있는 배타적 권리를 주어, 그 아이디어를 이용하고 싶은 다른 기업이 그 권리에 대해서 확실하게 돈을 지불하도록 해준다. 지적재산권의 한 가지 형태가 저작권으로, 이는 작가와 예술가에게 그들의 작품에 대한 배타적 권리를 주는 것이다. 상표권은 경쟁 기업이 상표명을 이용하지 못하도록 보호한다. 특허권은 아이폰 디자인이든 또는 신약을 만드는 방법이든 간에 사람과 회사에 대해 발명품에 대한 배타적 권리를 부여한다.

새로운 무언가를 발명하면, 특허는 보통 수십 년 동안 유일한 판매자가 될 수 있는 권리를 부여해, 실질적 독점권을 준다. 이것은 높은 가격을 책정할 수 있는 힘을 제공해 큰 이익을 볼 수 있도록 한다. 이러한 거대한 이익에 대한 전망은 혁신함으로써 얻는 편익을 대변하기에, 기업이 더 많은 혁신을 하도록 이끈다. 어려운 정책 질문은 발명가에게 독점 권리를 얼마나 오랜 기간을 주어야 하는 가다. 정부는 혁신에 대한 강력한 인센티브와 독점을 허용함에 따라 더 높아진 가격 책정이 끼치는 소비자의 비용 사이에서 균형을 잡으려고 노력한다. 이 때문에 보호는 해주지만 어떤 정도까지 만으로 그친다. 예를 들면, 제약회사가 새로운 의약품에 대해 수십 년간 유일한 판매자가 되도록 해준다고 해도, 그 약품을 경쟁으로부터 영원히 보호하지 않는다.

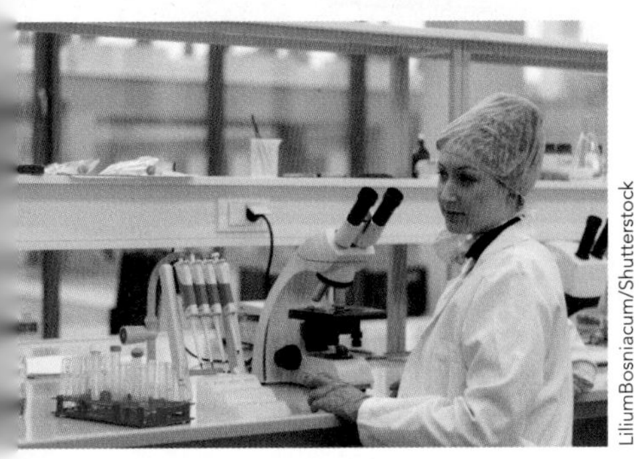

정부보조금은 연구에 중요하다.

혁신 전략 2 : 연구 개발에 보조금을 지급하기 지적재산법은 기술혁신의 편익 증대를 목표로 하는 반면, 대안적 접근법은 기술혁신의 비용 절감에 초점을 맞춘다. 특히, 정부는 새로운 아이디어에 대한 연구를 직접적으로 보조할 수 있다. 정부가 혁신 비용 절감을 도울 때, 기업들은 더 많은 것을 한다. 미국에서는 연구 개발 보조금이 기업, 정부, 연구 센터, 비영리 단체, 대학에 돌아간다.

세계의 대부분의 국민들은 가난했지만, 미국인은 전례없는 번영을 누렸다.

자료 해석 **미국은 어떻게 부유해졌는가?**

경제학자들은 미국의 성공을 여러 가지 복합적인 요인에 의한 것으로 본다. 미국은 법의 지배, 경쟁적 시장, 정부의 민주적 시스템과 같은 강력한 제도를 가지고 있다. 또 물적자본과 인적자본의 강력한 기반을 가지고 있을 뿐만 아니라, 자본과 노동을 사람들이 구매하기 원하는 재화와 서비스로 전환시키도록 고도로 발달된 기술, 규범, 제도를 가지고 있다. 미국은 많은 다른 국가보다 앞서서 산업화를 하였고, 혁신, 제조업 무역의 중심에 서 있었다. 1인당 GDP가 1800년 2,000달러에서 2017년 5만 9,500달러로 어마어마하게 성장했다.

반면, 다른 많은 국가들은 그렇게 운이 좋지 않다. 정치적 불안정이나 재산을 빼앗거나 뇌물로 운영되는 정부 때문에 고생한다. 이것은 물적 그리고 인적자본에 대한 투자를 부족하게 만들고, 기술 개발은 거의 없고, 성장을 촉진하는 제도가 결여되도록 만든다. 가난한 국가는 제도가 개선될 때까지 가난하게 남는다. ■

함께 해보기

인간의 수백만 년 역사를 24시간으로 압축해보면, 인간이 끝도 없는 가난과 최저생활을 넘어선 것은 지난 1분에 지나지 않는다. 그래서 1분은 기적적으로 보이게 된다. 무엇인가가 경제성장의 힘을 촉발했고, 그 결과, 오늘날 여러분은 세계에서 가장 부유한 국가 중의 하나에, 인간의 역사에서 가장 부유한 순간에 살고 있는 것이다.

아마도 이것은 감사하는 마음을 불러일으킨다. 내게는 경이감도 불러온다. 무엇이 성장하게 만들었고, 그리고 지속될 수 있는가? 어떤 국가는 경제성장이 가져온 행운을 누리지만, 다른 어떤 국가는 성장의 둔화를 겪고 있고, 그 결과 수십억의 사람은 여전히 가난하다. 무엇이 이를 설명하는가? 이런 질문을 궁금하게 여겼던 노벨경제학상 수상자는 감격하여 다음과 같은 글을 썼다:

> 이러한 질문에 포함된 인간의 복지에 대한 중요성에 그저 깜짝 놀랄 뿐이다: 그것에 대해 한번 생각하기 시작하면, 다른 어떤 것에 대해서는 생각하기 어렵다.

나는 동의한다. 우리가 보았듯이, 경제성장률의 작은 차이는 수백 년 동안 복리로 계산된다면 거대한 효과를 낸다. 이것은 경제성장률의 작은 변화라도 일으키는 통찰력은 사람의 행복에 깜짝 놀랄 결과를 가져올 것이다.

이 장은 경제성장을 이끄는 동인을 찾으려는 수 세대의 경제학자들로부터 핵심적인 통찰력을 한데 모은 것이다. 결과는 산출물의 핵심 요소를 노동, 인적자본, 물적자본에다, 이들을 결합하는 데 이용하는 요리법 또는 기술로 보는 기본적인 프레임워크다. 보다 많은 투입은 보다 많은 산출을 이끈다. 앞선 세대의 경제학자들은 자본의 축적 과정(근로자가 사용하는 기계의 양적 증가)이 성장을 지속하게 하리라고 희망했다. 그러나 솔로 모델의 통찰력은 그 희망을 내동댕이쳐버렸다. 그것은 자본에 대한 투자율을 늘리면 산출이 증가하고, 이는 다시 자본에 대한 투자를 늘리고 이로 인해 산출이 더 증가하다는 기쁜 소식이었다. 그 결과 경제가 고산출 정상상태로 전환됨에 따라서 더 많은 투자는 경제성장률이 수십년 동안 증가하도록 이끌 수 있다. 그러나 솔로 모델도 왜 자본축적이 지속적인 경제성장을 일으킬 만큼 강력하지 못한지를 설명하면서 나쁜 소식을 전한다. 문제는 결국 수확체감이 작동하기에, 추가적인 기계를 유지하는 데 들어가는 비용을 부담할 만큼 산출을 충분히 늘리지 못한다는 것이다. 경제가 새로운 정상상태에 도달하면, 이 힘으로는 경제를 더 이상 앞으로 나아가게 하지 못한다.

RichVintage/Getty Images

새로운 아이디어가 계속 출현하는 한 경제성장은 계속될 수 있다.

그러면 무엇이 경제성장을 이끄는가? 새로운 아이디어(독창적인 발명, 앞서가는 사업과정, 그리고 혁신적인 경영기법의 형태로)가 노동, 물적자본, 인적자본을 결합하는 새로운 요리법을 제공한다. 이러한 요리법은 같은 자원으로 보다 많이 산출하게 한다, 아이디어는 감가상각되지 않고, 그래서 만일 새로운 아이디어를 계속 만들어낼 수만 있다면, 경제는 계속 성장한다. 아이디어가 기존의 자원을 보다 효과적으로 이용하는 데 도움이 된다면, 성장에는 한계가 없다.

이러한 요인은 모두 성장의 근접 원인이다: 노동, 물적자본, 인적자본, 그리고 가장 중요한 새로운 아이디어에 기인한다. 그러나 경제성장의 보다 깊은 원인은 무엇인가? 어떤 경제적 제도가 새로운 아이디어에 대해 보다 많이 투자하도록 이끌고, 새로운 아이디어를 담은 자본에 대해 투자가 보충되며, 신기술을 이용하는 데 필요한 인적자본에 대해 투자를 늘리게 만드는가? 경제성장의 보다 깊은 원인에 집중하면, 정말 중요한 것은 이러한 투자를 촉진하게 만드는 인센티브와 제도다. 서로 다른 국가의 다양한 성장 경로를 오랜 기간의 역사를 놓고 면밀하게 살펴보면 재산권, 정부 안정, 효과적인 규제, 그리고 연구개발 정책이 성장을 일으키는 투자가 촉진되도록 만든다는 점을 보여준다. 종합하면, 이러한 통찰력들은 가난한 국가가 경제성장을 점화할 수 있는 로드맵을 제공한다.

이러한 발견만큼 중요한 점은, 경제학자들은 새로운 아이디어를 발생시키게 하는 완벽한 요리법을 더 찾아내야 한다는 것이다. 이게 경제학자들이 새로운 아이디어를 발생시키는 방법에 대한 새로운 아이디어를 찾는 데 끊임없이 매달리는 이유다. 맞다. 이건 약간 초월적으로 들린다. 그러나 이는 경제학이 왜 중요한지도 설명해준다: 아이디어가 성장의 중요한 동인이라면, 사업을 혁신해 보다 많은 아이디어를 만들어 내도록 하는 방법에 대한 경제학자의 아이디어는 모든 아이디어 중에서 가장 중요하다. 경제학자들이 어떤 룰과 인센티브가 가장 많은 아이디어를 만들어 내는지를 안다면, 훨씬 더 빠른 경제성장을 촉진할 것이다. 그 가능성은 놀라울 정도다. 이것은 아이디어에 대한 새로운 아이디어를 만드는 일이 인간의 역사상 가장 전환적인 아이디어라는 점을 시사한다.

한눈에 보기

경제성장 : 재화와 서비스 생산의 증가로, 생활수준의 향상을 이끈다.

경제성장의 요소

노동 투입 : 원료를 사람들이 원하는 제품과 서비스로 전환하는 근로자의 수

인적자본 : 교육, 연습, 훈련을 통해 개발된 사람의 숙련과 지식

물적자본 : 재화와 서비스의 생산에 사용되는 도구, 기계, 구조물의 총량

기술 진보 : 가치 있는 산출을 더 많이 생산하게 기존의 자원을 이용하는 새로운 방법

요소들은 어떻게 함께 작용하는가

생산함수 : **노동 투입**, **인적자본**, **물적자본**을 재화와 서비스(산출)로 전환하는 방법

규모에 대한 수익불변 : 모든 요소(**노동 투입**, **인적자본**, 그리고 **물적자본**)를 두 배 늘리면 산출을 두 배로 늘린다.

수확체감 : 하나의 요소(**노동 투입**, **인적자본**, 그리고 **물적자본**)는 고정되어 있을 때, 다른 요소의 증가로, 어떤 지점에서부터 산출의 증가분은 감소되기 시작한다.

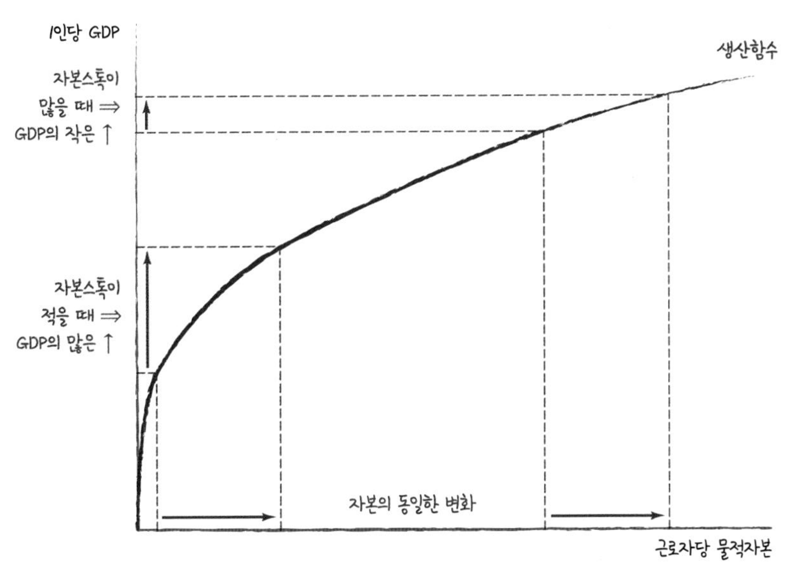

기술 변화는 1인당 자본이 어떤 수준이라도 1인당 GDP를 늘린다.

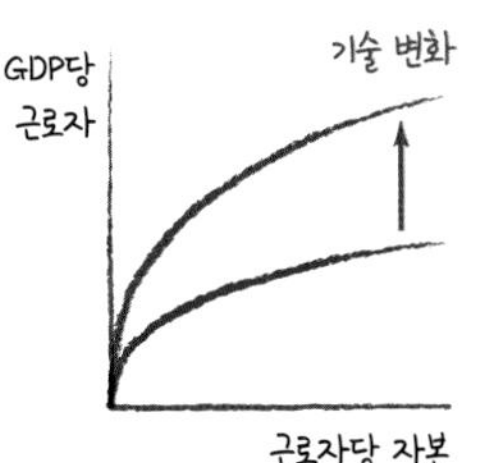

기술 진보는 **새로운 아이디어**에 의존한다. 아이디어는 **무제한적 성장**을 일으킨다. 이유는 :

1. **자유롭게 공유될 수 있고**
2. **사용한다고 감가상각 되지 않고**
3. **다른 아이디어를 촉진할 수 있다.**

수확체감과 **감가상각** 때문에 **물적자본**에 대한 투자는 **성장에 대한 제한적인 원천**이 된다.

추격 성장 : 비교적 가난한 나라(자본스톡이 작은)가 물적자본에 투자할 때 발생하는 고속 성장

제도는 경제성장에 왜 중요한가 : 사람들이 물적 그리고 인적자본에 대해 투자하고 새로운 아이디어와 제품을 만들어내는 데 좋은 인센티브를 창출하는 프레임워크를 제공한다.

재산권	재산권과 신뢰할 수 있는 집행시스템이 없다면, 아무도 부를 창출하지 않는다.
정부의 안정	부패와 정치적 불안정은 투자로부터 얻는 잠재적인 편익을 줄임으로써 투자와 혁신의 의욕을 떨어뜨린다.
규제의 효율성	관공서의 과도한 문서주의는 투자와 혁신을 어렵게 만들 수 있다.
혁신을 촉진하는 정부정책	정부의 정책은 다음과 같이 새로운 아이디어의 개발을 지원할 수 있다. 1. 지적재산권법을 만들어 한계편익을 늘림으로써 2. 연구개발에 대해 자금을 지원해 한계비용을 줄임으로써

핵심용어

자본스톡
노동생산성
재산권
추격 성장
수확체감의 법칙
기술 진보
규모에 대한 수익불변
물적자본
인적자본
생산함수

토론과 복습문제

학습목표 22.1 경제가 시간이 흐르면서 어떻게 성장해왔는지 이해한다.

1. 산업혁명 이후 경제는 엄청나게 성장했다. 경제성장의 결과에 대해 논하라

학습목표 22.2 경제성장 요소를 알아본다.

2. 미국의 모든 주는 어린이들이 학교에 다닐 것을 요구한다. 법적 의무 교육은 주에 따라 16~18세에 끝난다. 미국 성인의 문자해독능력은 2016년 100%였다. 의무교육이 노동생산성, 총생산함수, 전반적인 경제성장에 어떻게 영향을 미치는지 논하라.
3. 영국의 해외 투자 사례는 텍사스 오스틴에 문을 연 첨단 기술 공장인데, 영국계 BAE 시스템즈의 소유다. 이러한 투자가 총생산함수와 GDP 성장에 들어가는 세 가지 요소에 어떻게 영향을 미치게 되는지 설명하라.
4. 이번 장에서 설명되지 않은 기술 진보의 사례를 말하고 그 기술 진보가 경제성장에 어떻게 영향을 미쳤는지 논하라.

학습목표 22.3 근로자, 자본 축적, 기술 진보가 어떻게 함께 움직여 경제성장을 창출하는지 이해한다.

5. 여러분의 친구 오웬은 약간 비관주의자다. "세계는 이미 70억의 사람이 있다"면서 그는 "인구가 너무 빨리 증가한다. 특히 저개발국가 사람들이 곧 식량 부족을 겪을 것이다. 이들은 현대에 너무 뒤처져있다"고 말한다. 경제성장에 대해 배운 것을 이용하면, 오웬은 왜 틀린 것일까?
6. 한 분석가는 자율주행 자동차가 결국 자동차 생산량을 줄일 것이라고 예측한다. 그녀는 자율주행 자동차는 사람들의 진입로와 차고에 있기보다 다른 사람을 태우기 때문에 미국은 자동차를 보다 적게 생산할 것이라고 주장한다. 그녀는 매년 자동차 생산이 줄기 때문에 경제성장이 느려질 것이라고 주장한다. 동의하는가? 왜 동의하는가? 동의하지 않는다면 왜 그런가?

학습목표 22.4 정부 제도가 왜 경제성장에 중요한지 알아본다.

7. 2019년 초반, 이코노미스트지는 베네수엘라의 GDP가 지난 5년 사이에 50% 감소했다고 보도했다. 같은 기간 동안, 뇌물수수와 부패는 재선에서 불법으로 당선된 것으로 널리 간주되는 니콜라스 마두로 대통령을 포함해, 베네수엘라 정부의 관료까지로 만연했다. 이번 장에서 배운 것을 이용해, 베네수엘라 정부의 뇌물과 부패가 어떻게 GDP의 감소로 이어질 수 있었는지 논하라. 혁신과 성장을 촉진하기 위해 정부가 제공해야 할 핵심 요소는 무엇인가?
8. 여러분이 학생들의 성격과 서로 다른 특징을 조사하는 앱을 개발해, 이들을 매우 효과적인 스터디 그룹으로 분류한다고 하자. 만일 (1) 다른 사람이 여러분의 코드를 빼어 팔거나 또는 (2) 정부가 여러분의 코드에 특허를 인정해주는 경우 비용-편익의 원리를 이용해 소프트웨어를 혁신하고 개발할 인센티브를 비교하라. 지적재산권이 있을 때와 없을 때 한계편익은 어떻게 달라지는가?
9. 다음의 각각의 제도에 대해서, 실제 세계에서의 사례를 제시하고 각각의 제도가 어떻게 경제성장을 촉진하는지 설명하라.
   a. 집행할 수 있는 재산권
   b. 예측할 수 있는 안정적인 정부
   c. 효과적인 규제

학습문제

학습목표 22.1 경제가 시간이 흐르면서 어떻게 성장해왔는지 이해한다.

1. 기원전 100만 년부터 현재까지 역사를 생각하라. 옛날의 통계는 제한적이지만, 우리는 사람이 어떻게 살았고, 얼마나 많이 소비했는지에 대한 정보를 그래도 조금은 가지고 있다.
   a. 글로벌 경제성장률이 역사 내내 일정했는가?
   b. 평균 연간 성장률이 가장 높았던 시기는 다음 시기 중 언제인가?
      - 기원전 100만 년 전부터 1200년
      - 1200년부터 1800년
      - 1800년부터 1950년
      - 1950년부터 1975년

학습목표 22.2 경제성장 요소를 알아본다.

2. 다음의 각각에 대해서, 어떤 투입이 생산함수를 변화시켰고 경제성장에 미친 영향이 무엇인지를 찾으라.
   a. 정부는 사업주들이 현장 직업훈련의 제공을 촉진하도록 만드는 새로운 프로그램을 통과시킨다.
   b. 의료서비스의 개선은 은퇴하기보다 일을 하는 고령층의 비중을 증가시킨다.
   c. 연방 정부는 국가의 사회간접자본에 대한 연간 지출을 늘린다.
   d. 대규모 베이비붐이 20년 전에 발생했다.
3. 미국의 저축률은 1970년대 중반 약 연간 13%에서 2018년 말 6%로 떨어졌다. 저축율의 하락이 경제성장에 미친 결과는 무엇인가?

학습목표 22.3 근로자, 자본 축적, 기술 진보가 어떻게 함께 움직여 경제성장을 창출하는지 이해한다.

4. 만일 모든 투입이 10% 증가함에 따라 실질 GDP가 10% 증가한다면 총생산함수에 대해 무엇을 말할 수 있나? 모든 투입을 두 배 늘리면 어떻게 될 것인가? 답을 설명하라.
5. 영화 '어벤저스: 인피니티 워'에서 적대자 타노스는 인구의 절반을 사라지게 함으로써 고통과 기아를 줄일 수 있다고 믿는다. 여러분은 그 영화를 친구 오웬과 같이 봤다. "타노스가 옳은 일을 했어"라고 오웬이 말하면서 또 인구가 적을수록 인류는 살기 좋아질 거라고 주장한다. 이 장에서 제시된 총생산함수를 이용해 경제학자는 타노스의 결정을 어떻게 분석하는지 오웬에게 보여주라.
6. 레스토랑 산업에서 기술 향상은 주방장과 설비가 생산하는 산출을 늘릴 수 있도록 한다. 예를 들면, 스파이스는 로봇 주방장으로 2018년에 레스토랑을 개점해 각 근로자가 보다 많은 음식을 생산하고 차릴 수 있도록 한다. 이러한 기술 진보가 미국 경제에 어떻게 영향을 미치게 될까? 생산함수의 그래프를 이용해 그 영향을 설명하고 효과를 묘사하라.
7. 우간다는 1인당 국민소득이 1,280달러고, 일본은 3만 9,100달러다. 만일 두 국가가 모두 물적자본이 1인당 20%씩 증가하면 각 국가의 1인당 GDP는 어떻게 될 것이라고 생각하나? 어떤 국가가 상대적으로 1인당 산출이 더 크게 변화할 것으로 기대하는가? 답을 설명하라.
8. 2018년도 세금 감면과 일자리 법에 대한 논쟁에서, 공화당은 미국이 보다 빠른 경제성장을 하도록 기업이 물적자본에 대한 투자를 늘리도록 인센티브를 줄 필요가 있다고 주장했다. 미국과 같은 부자 국가에서, 물적자본에 대한 투자가 중요하면서도 경제성장이 크게 늘지 않는데 그 이유는 무엇인가?
9. 국제통화기금(IMF)은 세계 경제 전망 동향을 1년에 두 번 발행한다. 2018년 7월 동향에 따르면, 선진국의 연평균 기대 성장률은 2019년 2.2%였다. 반면에, 개발도상국의 기대 성장률은 5.1%였다. 선진국보다 개발도상국가가 더 빨리 성장하는지 그 이유를 설명하라,

학습목표 22.4 정부 제도가 왜 경제성장에 중요한지 알아본다.

10. 오랫동안 인비절라인은 치과교정 장비 시장의 틈새에서 직접적인 경쟁자가 없이 산업의 선도자로서 2017년 2억 3,100만 달러의 수익을 올렸다. 인비절라인은 금속 치아 교정기를 이용하지 않고 이를 교정하는 덴탈 트레이의 창출을 이끌어왔다. 어떤 유형의 정부 정책이 인비절라인의 혁신을 촉진하고 경쟁으로부터 보호해주는가? 정부는 왜 시장을 지배하는 인비절라인과 같은 회사를 보호해주는가? 정부의 보호가 만료되면 어떤 일이 생길까?

CHAPTER 23

실업

메리는 기술 창업 기업의 제품 매니저로 일하기 위해서 급여가 많은 구글의 일자리를 떠났다. 그러나 새로운 기업은 기대한 만큼 성공적이지 못했고, 그녀는 직원의 절반과 함께 그냥 해고되었다. 실업한 지 2주일, 그녀는 새로 승진해 기뻐서 흥분하는 전 직장 동료를 우연히 만났다. 메리는 창업 기업에서 일이 잘 풀리지 않았다는 말은 피했지만, 어떤 대화라도 취업의 단서가 될 수 있다는 점을 알기 때문에 용기를 내어 해고되었다고 인정한다.

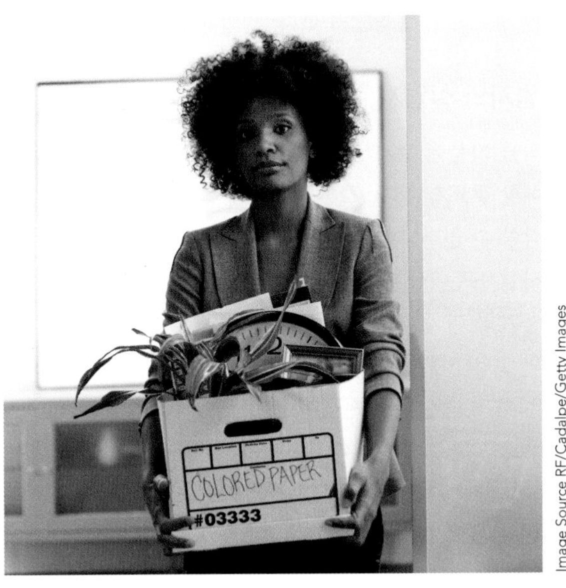

실직은 누구에게나 일어날 수 있다.

Image Source RF/Cadalpe/Getty Images

메리는 성실한 구직자이다. 그녀는 취업의 단서들을 찾고 이를 관리하기 위해서 날마다 열심히 일한다. 두 달 이후 그녀는 친구가 일하는 테크놀로지 회사에 자리를 잡는다. 그녀는 급여 지불 수표를 받고 좋아하지만, 당분간은 지출을 최대한 줄여야 한다는 것을 안다: 그녀는 몇 달간 급여 없이 지냈고 저금을 꺼내어 생활비로 써야 했다. 그녀는 실업을 겪은 후 저금이 얼마나 중요한지를 알기에 빨리 저축을 하려고 한다.

구직은 시간을 소비하고 재정적으로나 감정적으로 힘들다. 그러나 기업이 실패하거나, 노동이 자동화 혹은 외주화되거나, 공장들이 문을 닫으면 일자리는 없어진다. 사람들은 다른 기회를 찾기 위해서, 또는 개인적으로 의무를 다하기 위해서, 때로는 싫어하는 일자리를 쉬기 위해서 직장을 떠난다. 대부분의 사람은 나이가 50살이 되기 전에 적어도 열 번은 직장을 이동한다. 어떤 직장 이동에는 일정 기간의 실업이 포함되어 있다. 당신이 일할 준비는 되어 있지만, 직장을 갖지 못한 기간 말이다. 어떤 이유이든 간에, 실업을 하게 되면, 일을 하는 대신 일자리를 찾는 데 시간을 보내게 될 것이다.

어떤 실업은 불가피하지만, 실업이 발생하면 사람을 비참하게 만든다. 고맙게도, 실업이 항상 오래 지속되는 것은 아니고, 실업을 이해하면 직장 이동을 잘 관리하는 데 도움이 된다. 이번 장에서는, 실업과 그 원인에 대해서 좀 더 공부하게 될 것이다. 첫째, 노동시장을 보다 더 잘 이해하기 위하여 실업을 측정하는 여러 가지 방법을 조사할 것이다. 그다음에는 실업의 원인을 조사한다. 마지막으로, 잃어버린 임금을 넘어 실업의 비용 문제를 알아볼 것이다. 일자리 시장은 수백만 미국인에게 결정적으로 중요한 제도이고, 당신이 졸업할 때 그럴 것이다. 출발해보자.

목표

실업의 원인과 비용을 평가하는 방법을 안다.

23.1 고용과 실업
실업은 무엇이고 어떻게 측정하는지 이해한다.

23.2 노동시장의 역동성
사람들이 어떻게 일자리와 노동시장에서 나오고 들어가는지 안다.

23.3 실업을 이해하기
실업의 원인을 분석한다.

23.4 실업의 비용
실업의 경제적 · 사회적 비용에 대해 공부한다.

23.1 고용과 실업

학습목표 실업은 무엇이고 어떻게 측정하는지 이해한다.

실업률은 가장 많이 주목을 받는 경제 통계 중 하나다. 왜? 경제 상태를 보여주는 좋은 지표이기 때문이다. 실업률은 당신에게도 중요하다, 당신의 취업 전망은 당신이 졸업할 당시의 실업률에 좌우된다. 당신이나 당신이 사랑하는 누군가는 어떤 시점에서 실업자가 될 수 있다. 실업을 이해하려는 욕구는 많은 사람이 거시경제에 대해 관심을 가지게 한다. 어쩌면 이미 실업률이 일자리를 찾지 못하는 사람의 비율이라고 감을 잡았겠지만, 실업률은 공식적인 정의와 측정 방법을 가지고 있다. 미국의 노동통계국이 실업에 대한 통계를 체계적으로 모으기 시작할 때, 실업에 대한 통계를 사람들이 시간에 따라 그리고 나라 간에 추적하고 비교할 수 있도록 세계 각국의 정부와 함께 작업을 했다. 실업에 대한 토론을 들을 때 무엇을 의미하는지 파헤쳐보자.

취업자와 실업자

우리들 가운데 누가 직장이 없는지 계산하기 전에, 고려하는 집단에 누가 포함되는가를 먼저 이해할 필요가 있다. 결론적으로 어린 아이에게는 취업을 기대하지 않기에 이들을 실업자라고 생각할 수 없다! 이른바 **생산가능인구**(working-age population), 군대나 격리시설(양로원, 정신건강시설, 또는 형무소와 같은 곳에서 산다는 의미)에 살지 않는 16세 이상의 사람으로 시작하자.

생산가능인구 군대에 있거나 격리되지 않은 16세 이상의 사람

통계국(미국 의회에 의해 취업자와 실업자를 측정하도록 권한을 부여받음)은 근로연령 성인의 고용 지위를 조사함으로써 평가한다. 학교를 갈지, 일할지를 결정하는 16세부터 시작한다(아마도 당신은 이게 선택인지 몰랐을 것이다!). 다른 나라들도 비슷한 정의를 따르고(법적 의무교육 완료 연령부터 측정을 시작한다) 나이에 상한선이 없다는 데 주목하라: 만일 당신이 100살까지 집에서 돌아다니고 있다면, 당신은 생산가능인구로 계산될 것이다.

이제 누가 생산가능인구에 속하는지 알기 때문에, **취업자**(employed)를 정의하기 쉽다: 일을 하고 있는 생산가능인구에 속한 사람들이다. '취업자'는 반드시 사업주가 있어야 한다는 의미는 아니다. 자영업을 하는 근로연령 성인도 취업자로 계산된다. 예를 들어, 우버 운전자는 직원이 아니라 자영업자이다. 많은 사람은 직원으로 간주되지 않는 종류의 일자리에서 일하고 일주일에 적어도 한 시간 어떤 형태로든 급여를 받기 위해 일하는 한 취업자로 간주된다. 게다가 일자리는 있으나 잠깐 떠나있는 사람도 그 기간 동안에 급여를 받는가에 관계없이 취업자로 간주된다.

취업자 일을 하는 근로연령의 사람

실업자(unemployed)는 일자리가 없지만 취업하려고 하는 생산가능인구에 속한 사람들이다. 실업자로 계산되기 위해서 그 사람은

실업자 일자리를 잡으려 하나 일자리가 없는 근로연령의 사람

- 생산가능인구의 일부이고
- 현재 일하지 않고 있고
- 적극적으로 일을 찾고 있고
- 일자리 제안이 오면 수락할 수 있어야 한다.

실업자가 되기 위해서는 일을 원한다는 것 이상의 조건에 맞아야 한다. 취업을 하려고 적극적으로 노력하고 있고 일자리를 찾으면 일할 수 있어야 한다. 이것은 전 세계에서 수십 년 동안 일관되게 이용되는 표준적인 정의이기에, 실업률을 시간에 따라 나라를 넘어 비교할 수 있게 한다.

취업자와 실업자를 더하면 경제활동인구이다. **경제활동인구**(labor force)는 취업자이거나 실업

경제활동인구 취업자 더하기 실업자

자인 생산가능인구의 한 부분이다. 이들은 재화와 서비스를 생산할 수 있는 사람들이다.

생산가능인구에 있는 모든 사람은 셋 중 하나다: 취업자, 실업자, 또는 제3의 카테고리로 **비경제활동인구**(not in the labor force)다. 경제활동인구에 속하지 않는 비경제활동인구는 취업자도 실업자도 아닌 생산가능인구다. 경제활동인구에 속하지 않는 사람이 거의 1억 명 된다. 어떤 사람은 은퇴했거나, 학교에 다니거나, 아이들이나 다른 가족을 돌보거나, 일하기에 건강이 너무 좋지 않다. 다른 어떤 사람들은 일자리를 찾기가 너무 어려워 구직을 포기했다.

그 규모에 대해 감을 잡을 수 있도록, 그림 23-1은 취업자, 실업자, 비경제활동인구로 나누어진 전체 생산가능인구를 보여준다, 대부분의 근로연령 성인은 취업자이고, 단지 소수가 실업자다. 실업자와 취업자는 경제활동인구를 구성하고 이를 합치면 생산가능인구의 3분의 2보다 조금 작다. 나머지 3분의 1은 비경제활동인구다.

노동통계국은 누가 취업자인지, 실업자인지 그리고 비경제활동인구인지에 관한 통계를 매월 수집한다. 가장 최근의 통계는 노동통계국의 월별 고용상황보고서에서 볼 수 있다(http://www.bls.gov/news.release/empsit.nr0.htm).

비경제활동인구 근로연령 중에서 취업자도 실업자도 아닌 사람

그림 23-1 | 미국 생산가능인구

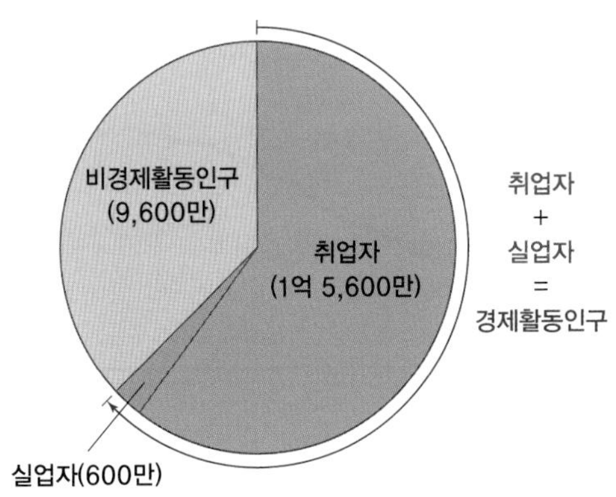

2018년 자료 출처 : Bureau of Labor Statistics.

경제학 실습

이 사람들이 각각 취업자인지, 실업자인지, 비경제활동인구인지 밝히라.

a. 에이든은 최근 취업하지 못한 채 대학을 졸업했다. 그는 아직 구직활동에 나서지 않았지만, 가족의 집으로 돌아가고 친구들을 따라 잡을 시간을 가진 후 다음 달부터 구직활동에 나설 예정이다.

b. 자리는 행정보조원으로 급여를 받는 일자리에서 주당 40시간을 일하고 있지만 그녀는 자신의 스킬을 좀 더 잘 쓸 수 있고 돈도 더 벌 수 있는 새로운 일자리를 찾아보고 있다.

c. 스테파니는 초등교육 자격을 막 마치고 교사 일자리를 찾고자 한다. 그 사이에 그녀는 어떤 가정에서 방과 후 보모로 일주일에 10시간 일한다. 그녀는 또 다른 가정에서 가정부로 일주일에 하루 일한다.

d. 지타는 현재 풀타임 학생이다. 그녀는 졸업이 예정되어 있으나, 한 학기 더 다니려고 한다. 그녀는 졸업하기 전에 가능한 일자리에 대해 감을 잡고 취업 제안을 받을 수 있을지 알아보기 위해 온라인 구인목록을 샅샅이 뒤지고 있다.

e. 웨이는 폐쇄된 월마트 가게의 매니저였다. 그는 해고되었다는 소식을 듣고, 바로 우버 드라이버로 지원했다. 그는 지금 소매업 매니저로 일할 새로운 직장을 찾는 동안 파트타임으로 우버에서 운전 일을 하고 있다.

f. 말릭은 최근에 해고되었다. 그는 직장을 적극적으로 알아 보고 있고 여러 개의 괜찮은 인터뷰가 기다리고 있다. ■

정답

a. 에이든은 일자리를 활발하게 찾지 않고 있기 때문에 경제활동인구에 포함되지 않는다. b. 자리는 취업자이다-그녀가 새로운 일자리를 찾고 있다는 사실은 그녀의 고용 상태를 바꾸지 않는다. c. 스테파니는 매주 몇 시간짜리의 유급 일자리가 있기 때문에 취업자다. d. 지타는 풀타임 학생이고 그래서 현재 일을 할 수 있는 입장이 아니기 때문에 경제활동인구에 포함되지 않는다. e. 웨이는 운전으로 돈을 벌고 있기 때문에 취업자다. F. 말릭은 실업자다.

경제활동 참가

경제활동 참가율(labor force participation rate)은 생산가능인구 중에서 취업자나 실업자가 차지하는 비율이다.

$$\text{경제활동 참가율} = \frac{\text{취업자} + \text{실업자}}{\text{생산가능인구}} \times 100$$

그림 23-2는 집 밖에서 일하는 성인의 비율이 올라감에 따라 경제활동 참가율이 20세기 내내 커졌다는 것을 보여준다. 경제활동인구의 이러한 증가는 GDP 성장

경제활동 참가율 생산가능인구 중에서 취업자나 실업자가 차지하는 비율

그림 23-2 | 미국 경제활동 참가율 추이

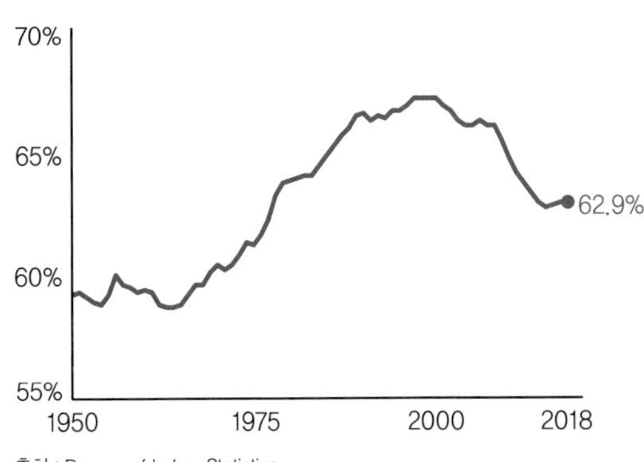

출처 : Bureau of Labor Statistics.

그림 23-3 | 남성과 여성의 경제활동 참가율

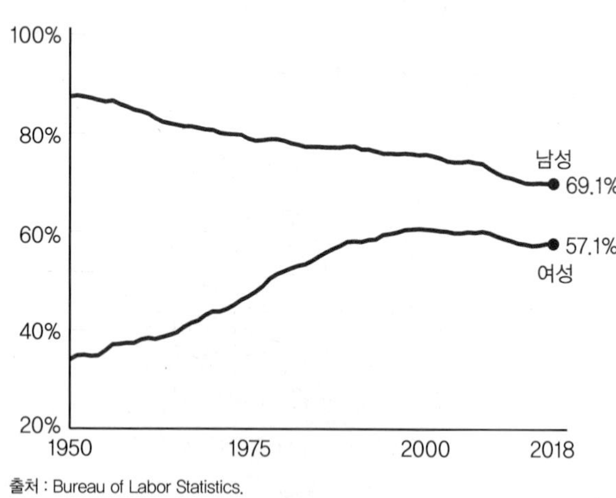

출처 : Bureau of Labor Statistics.

의 중요한 요소였다. 하지만 경제활동 참가율은 2000년에 67.1%로 정점에 도달한 이후 감소했다.

경제활동 참가율은 남성과 여성에 따라 다르다. 20세기의 경제활동 참가율에 두 가지 중요한 흐름이 있었다. 여성의 참가율은 증가하고 남성의 참가율은 감소한 것이다. 그림 23-3은 남성과 여성의 경제활동 참가율을 따로 보여준다. 1950년대에, 남성은 여성보다 두 배 이상 많았다. 여성의 경제활동 참가율은 1970년대와 1980년대 급격히 증가하면서 20세기 내내 쭉 올라갔다. 반대로, 남성의 경제활동 참가율은 지난 70년 사이에 대부분 떨어졌다. 여성의 경제활동 참가율의 증가는 남성의 경제활동 참가율은 감소를 상쇄하고도 남지만, 여성의 참가율도 1999년 정점에 도달했고 지금은 더 이상 증가하는 것은 아니다. 2000년 이후 남성과 여성 모두 경제활동 참가율이 감소했다.

여성 경제활동 참가율 상승에 박차를 가한 발명

자료 해석 남성의 경제활동 참가율이 감소하는 동안 왜 여성의 참가율은 증가했는가?

1950년대에 여성의 약 3분의 1만이 집 밖에서 일했다. 그 당시에는 여성의 고용을 거부하고 또는 여성이 결혼하거나 아이를 가지면 해고하는 것이 합법적이었다. 여성은 남성과 똑같은 일을 해도 급여를 적게 받을 수 있었다. 남편의 근로소득이 증가함에 따라 중산층과 상위계층의 여성은 요리, 세탁, 육아와 같은 집안일을 하는 데 집중하는 것을 선택했다.

그러나 1960년대, 1970년대, 1980년대 문화, 기술, 법의 변화는 서로 어우러져 여성이 주방을 떠나서 경제활동인구로 들어오도록 촉진했다. 자동세탁기, 포장음식, 식기세척기와 같은 신기술은 가정의 생산을 보다 효율적으로 변화시켜 전업 주부일 필요성을 줄였다. 출산을 조절하는 새로운 방법은 여성이 교육과 커리어에 보다 확실하게 투자할 수 있게 해주었고, 여성의 교육 수준과 일의 경험을 높이는 데 큰 기여를 했다. 성차별을 금지하는 법은 여성에 문호를 개방했고, 1963년의 동일 임금법(Equal Pay)은 동일 노동에 동일 임금을 주도록 했다(비록 이것은 시행하기가 힘든 것으로 판명이 났지만). 마지막으로, 일하는 여성에 대한 문화적 태도도 무너졌다. 2012년 일반 사회 조사(General Social Survey)를 보면 미국인의 단 5%만이 어머니가 취학 아동을 돌보기 위해서 집에 있어야 한다고 생각했다.

이러한 변화는 모두 여성의 경제활동 참가율이 60%로 올라가도록 도와주었다. 그 이후 조금 떨어져 2018년 말 현재 57.5%였다.

반면, 남성의 경제활동 참가율은 지난 70년 동안 매 10년마다 감소했다. 오래 지속된 남성 경제활동 참가율의 하락 문제는 사회 변화를 반영하고 정책 당국자와 연구자에게 관심 분야로 남아있다. 두 가지 쉬운 설명이 있다: 대학 진학의 증가는 젊은 남성이 교육에 집중한다고 경제활동인구에서 벗어나 있게 하고, 은퇴한 근로 연령 남성이 많아지고 있다는 것이다. 그러나 이러한 요인들로 남성 경제활동 참가율의 하락 문제를 다 설명하지 못한다. 학생과 은퇴자를 제외하고 보도록 25~54세 연령층의 경제활동 참가율 변화에 주목해보면 시사점이 나온다. 1950년대에 이 연령 계층 남성의 98%가 일을 했다. 그 비율은 떨어져 2018년 말에 89%였다. 핵심 근로 연령층이라고 간주되는 700만 명 이상의 남성이 일을 하지 않거나 일자리를 찾지도 않는다. 진실은 경제학자들이 그 이유를 완전히 이해하지 못하고 있다는 점이다.

노동력을 대체하는 자동화나 다른 나라로의 일자리 이동과 같은 최근의 하락 요인으로 보이는 것들은 2000년대 초반의 경제활동 참가율의 하락을 설명하지 못한다. 그러나 경제활동 참가율이 노동시장이 모든 사람을 위해서 작동하는지를 보여주는 중요한 지표라는 점은 맞다. 남성이 아이나 노인, 부모를 돌보는 것, 또는 나이가 들어서 학교로 돌아가는 것과 같은 다른 요인들은 경제활동 참가율 하락의 아주 일부만 설명할 뿐이다.

최근의 연구는 남성의 가계 책임이 감소했다는 점을 주목했다: 과거에 비해서 결혼을 하고 아이를 가지는 남성이 줄고 있고, 부양할 가족이 없기 때문에 어떤 남성들은 덜 일하기를 택한다. 다른 연구는 비디오 게임의 수준이 올라가 일의 기회비용을 높여 어떤 남성들은 일하지 않기를 선택했다는 것이다! 요약하자면, 많은 사회적 그리고 노동시장의 변화는 보다 적은 수의 남성이 고용을 찾고 구하게 했다. 이것은 노동시장을 뛰어넘는 결과를 일으키는 현재 진행 중인 문제다. ■

실업률

실업률(unemployment rate)은 경제활동인구 중에서 실업자의 비율이다.

실업률 경제활동인구 중에서 실업자의 비율

$$\text{실업률} = \frac{\text{실업자}}{\text{경제활동인구}} \times 100$$

실업률은 일자리를 구하려고 하지만 실패한 사람의 비율을 말해주도록 설계되어 있다. 따라서 생산가능인구가 아니라 경제활동인구 대비 비율이다. 만일 생산가능인구 대비로 측정한다면, 일국의 실업률은 인구의 얼마만큼이 은퇴, 재학, 육아를 위해 가정에 머무는가에 따라서 달라진다. 경제활동인구 대비 실업자 비율로 측정함으로써 실업율을 상이한 경제활동 참가율을 가진 여러 주와 나라에 걸쳐 비교할 수 있다. 경제활동인구에서 벗어나 있는 사람을 실업자로 간주할 때 실업률이 어떻게 달라지는지는 이번 장의 뒷부분에서 논의할 것이다.

실업률은 집단에 따라 다르다. 그림 23-4는 어떤 집단은 다른 집단보다 실업률이 높음을 보여준다. 제일 위의 막대기들은 학력이 높을수록 실업률이 낮음을 보여준다. 대학 졸업자의 2.1%만 실업인데, 고등학교 졸업자는 5.6%다. 이제 왜 사람들이 당신에게 당신의 전 인생이 학교에 있다고 말하는지 알 것이다!

실업률은 인종과 민족에 따라서도 다르다. 아시아계 미국인은 실업률이 가장 낮다(부분적인 이유로 이들은 다른 집단보다 평균 교육 수준이 높다). 백인 미국인들의 실업률은 약간 높다. 흑인과 히스패닉 미국인은 실업률이 가장 높다. 흑인 미국인의 실업률은 아시아계 미국인보다 거의 두 배 높다. 히스패닉 미국인의 실업률은 백인 미국인보다 대략 3분의 1 높다.

그림 23-4는 젊을 때 실업이 훨씬 더 흔함을 보여준다.

마지막으로, 가장 아래쪽의 사각형은 실업률이 남성과 여성에 따라 별 차이가 나지 않음을 보여준다.

그림 23-4 | 미국의 집단별 실업률

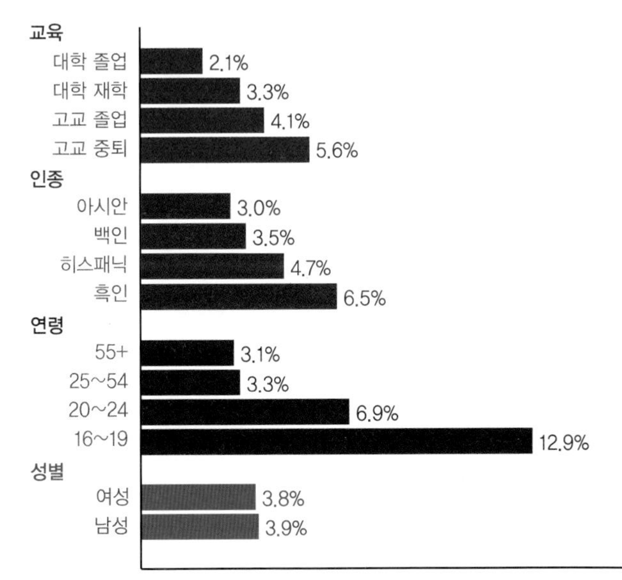

2018년 자료 출처 : Bureau of Labor Statistics.

경제학 실습

미국의 실업률을 알아보자. 2018년에 미국은 2억 5,200만 명의 성인이 있었다. 이 사람들 중에서 630만 명은 실업자이고, 1억 5,600만 명은 취업자, 그리고 9,600만 명은 경제활동인구에 속하지 않았다.

실업률은 얼마였는가?

그림 23-5 | 세계의 실업률

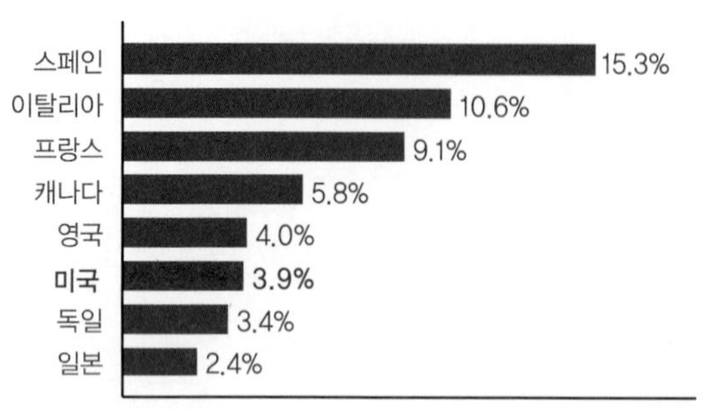

2018년 자료 출처 : OECD.

$$\text{실업률} = \frac{\text{실업자}}{\text{경제활동인구}} \times 100 = \frac{630\text{만}}{1\text{억 } 5{,}600\text{만} + 630\text{만}} \times 100 = 3.9\%$$

그래서 실업률은 3.9%였다. ■

실업률은 세계 각국에 따라 다르다. 미국은 실업률이 다른 많은 나라보다 낮다. 그림 23-5는 2018년 기준으로 미국의 실업률보다 낮은 나라는 소수에 지나지 않음을 보여준다. 이때 미국의 실업률은 1960년대 이후 본 적이 없을 정도로 낮은 수준이었다. 하지만 일본과 독일의 실업률은 더 낮았다. 이러한 나라는 역사적으로 미국에 비해 실업률이 낮았다. 반면, 남부 유럽 국가들은 높은 실업률로 고생하는 경향을 보인다. 예를 들어, 스페인과 이탈리아는 모두 글로벌 실업률이 낮을 때도 10%를 넘었다. 스페인은 2018년 대략 6명 중에 1명이 일자리를 찾으려고 애썼는데, 이는 과거보다 나아진 것이다. 2014년, 4명 중 1명 이상이 실업이었다.

그림 23-6 | 미국의 실업률 추이

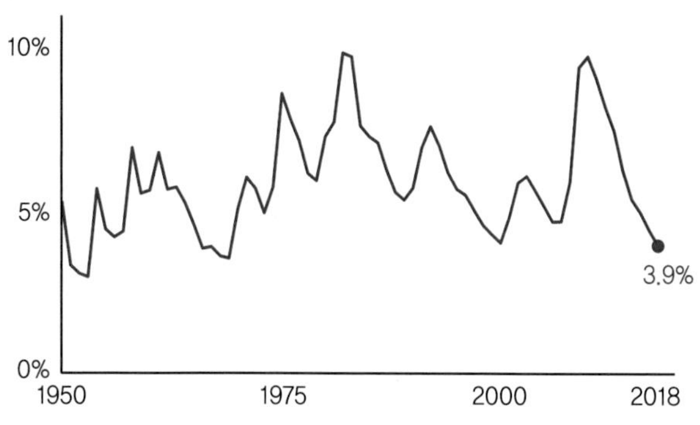

출처 : Bureau of Labor Statistics.

실업률은 시간에 따라 변동하지만, 결코 제로가 되지 않는다. 실업률도 경제가 강하고 약해지면서 시간에 따라 달라진다. 경제가 빠르게 성장할 때 실업률은 떨어지고, 경제가 둔화될 때 올라간다. 그림 23-6은 미국의 실업률이 올라갔다가 내려갔다가 하지만, 대개 5% 전후로 돌아가는 것을 보여준다. **균형실업률**(equilibrium unemployment rate)은 경제가 복귀하려는 장기 실업률이다. 실업률은 그림 23-6에서 보듯이 균형실업률 수준 주변에서 변동을 한다. 어떤 경제학자들은 이것을 '자연 실업률'이라고 부르지만, 자연적인 것은 없다. 대신 균형에서 지속될 수 있는 실업률로 생각하면 된다.

균형실업률 경제가 되돌아가려는 장기 실업율

실업률은 왜 제로보다 위에서 균형에 놓이는 것일까? 결과적으로 어떤 사람도 실업을 원하지 않는다. 실업의 원인은 다르지만, 실업의 원인을 논하기 전에, 사람들이 어떻게 일자리로 들어오고 나가는지 알아보자. 이런 과정의 속도는 실업률을 결정하는 요인 중 일부가 된다.

23.2 노동시장의 역동성

학습목표 사람들이 어떻게 일자리와 노동시장에서 나오고 들어가는지 안다.

노동시장을 보다 잘 이해하려면 비유로 시작하는 게 도움이 된다. 붐비는 레스토랑을 떠올려 보자: 손님이 떠나면, 새로운 손님들이 자리를 잡는다. 테이블 회전율이 높아서 대부분의 테이블은 차 있고, 도착하는 새로운 고객들은 많이 기다리지 않고도 테이블을 찾을 수 있다. 비록 때로는 일이 밀려 테이블보다 손님이 더 많거나 새 손님을 위해 테이블을 준비하는 데 시간이 많이 걸리기도 한다.

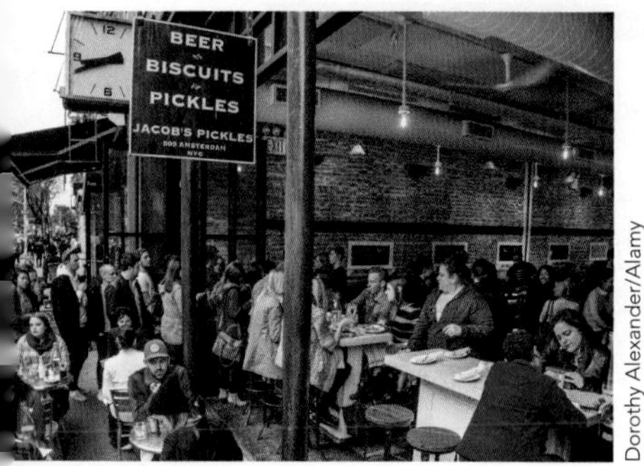

Dorothy Alexander/Alamy

손님 몇몇이 떠나고, 다른 손님들이 대신 자리를 차지한다.

노동시장은 많은 점에서 붐비는 레스토랑과 같아서, 일자리는 테이블과 같고 근로자는 배고픈 손님과 같다. 날마다, 수십만 명의 사람이 직장을 떠나고 그리고 노동시장에 들어온다. 사람들은 갖가지 이유로 직장을 떠난다(그들은 일시 해고 또는 해고되어, 조금 더 좋은 직장을 잡으려고 사직하기도 또는 노동시장을 떠나 은퇴할 수 있다). 역동적인 레스토랑은 회전율이 높아서 테이블에 새로운 사람이 도착하고 이들이 테이블을 쉽고 빠르게 찾을 수 있는 것처럼, 역동적인 노동시장은 새로운 사람들이 노동시장에 들어오고 구직을 쉽고 빠르게 만든다.

그러나 레스토랑처럼 노동시장도 막힐 수 있다. 잠재적인 근로자가 가용한 일자리에 잘 매치되지 못할 수 있다. 많은 사람이 한꺼번에 실업자가 되면, 비어 있는 일자리는 모든 사람에게 돌아갈 정도로 충분하지 않고, 일자리를 찾는 데 시간이 길어질 수 있다. 사업주가 비효율적인 일자리나 근로자를 정리하는 데 장애물이 있을 수 있고, 이는 새로운 일자리를 만들거나 새로운 근로자를 채용하는 과정을 둔화되게 만든다. 미국 노동시장의 역동성을 좀 더 자세히 알아보자.

노동시장 흐름

미국 노동시장의 역동성이 휘청거리고 있다. 어떤 일정한 달에, 500만 명 이상의 사람이 미국에서 새로운 일자리를 갖고 500만 명 이상의 사람이 일자리를 떠난다. 기업가는 새로운 사업에 사람을 채용하고, 기존 기업은 사람들이 떠나면 일자리를 채우고 사업을 확장하면 새로운 일자리를 만든다. 만일 시장이 자사 제품을 더 이상 원하지 않으면 기업은 일자리를 없애고, 근로자를 해고하고, 심지어 완전히 문을 닫는다.

Justin Sullivan/Getty Images News/Getty Images

일자리는 있다가도 사라진다.

부문 간 이동, 특히 줄어드는 부문들은 보통 많은 주목을 끈다. 제조업, 석탄, 소매업은 미국에서 최근 수십 년 동안 줄어든 대표적인 부문이다. 이러한 부문들은 특히 노동력을 절감하는 기술 변화로 일자리가 줄었다. 그러나 일자리를 더 늘리는 부문들도 있다. 예를 들어, 미국의 의료, 교육, 정보기술은 빠르게 성장했다. 그러나 이러한 부문 간 이동은 노동시장에서 날마다 발생하는 일들에 비하면 작은 일부분에 지나지 않는다.

역동적 노동시장은 사람들이 새로운 일자리를 찾기 쉽게 만든다. 온라인 구인란의 창을 열고 오늘 올라온 것을 찾아보라. 뉴미디어처럼 확장하는 부문의 일자리뿐 아니라 제조업, 소매업은 축소되고 있음에도 불구하고 수많은 일자리를 보게 될 것이다. 비어 있는 일자리 중에서 가장 많은 부분은 기존의 일자리를 떠나는 사람들로부터 나온다. 심지어 쇠퇴하고 있는 부문에서도 사람들은 일자리를 떠나고 새로운 사람이 채용되면서 수많은 이동이 계속된다. 일자리를 떠나는 사람이 다른 일자리로 옮겨가면서, 직장을 탐색하는 사람이 증가하지만, 사실은 수많은 이동이 근로자와 일자리가 서로를 쉽게 만날 수 있도록 해준다.

지난 20년 동안, 제조업 부문에서 500만 개의 일자리가 감소했음에도 불구하고 6,000만 명 이상의 사람들이 채용되었다. 어떤 일이 발생한 걸까? 6,500만 명 이상의 사람들이 제조업을 그만두거나 일자리를 잃었다. 심지어 쇠퇴하는 부문에서도 고용이 활발할 수 있다. 쇠퇴하는 부문이라서 어떤 사람들은 일자리를 찾지 못할 것이고 다른 사람들은 새로운 일자리를 오랫동안 기다릴 것이다. 쇠퇴하는 부문은 마치 손님들이 식사를 마치면서 새로운 손님들을 위한 테이블을 정리하는 식당과 비슷하지만, 경영진은 계속해서 테이블을 치워버리기 때문에 쓸 수 있는 테이블보다 테이블을 찾는 사람들이 더 많다. 이와는 대조적으로, 확대되는 부문에서는 일자리를 찾기가 더 쉽다. 왜냐하면 사람들이 기존 직장을 떠날 뿐만 아니라, 창출된 일자리의 수가 직장을 떠나는 사람들의 수를 초과하여 모든 사람들이 쉽게 일자리를 찾도록 하기 때문이다.

대부분의 구직자는 취업자다. 역동적 노동시장의 한 측면은 새로운 일자리를 찾는 대부분의 사람이 이미 취업해 있는 사람이라는 점이다. 이것은 실업자들이 일자리가 없는 다른 사람들과 경쟁할 뿐 아니라 이미 일자리를 가지고 있는 사람들과도 경쟁해야 하기 때문에 일자리를 찾기가 더 어려워진다. 연구는 사업주들이 현재 일자리를 가지고 있는 사람을 더 선호한다는 것을 보여준다. 따라서 취업을 하고 있으면서 일자리를 찾는 것이 더 쉽다.

대부분의 실업 기간은 짧다. 실업자는 전형적으로 10주 안에 취업을 하고, 그중에서 대부분의 사람은 한 달 이내에 취업을 한다. 그러나 모든 사람이 그렇게 운이 좋은 것은 아니다. 어떤 사람은 오랜 시간 동안 실업 상태다. 이런 문제는 2007~2009년의 대침체와 그 여파의 기간처럼 비어 있는 일자리가 줄어들면서 발생할 가능성이 크다.

장기 실업자 6개월 이상 계속 실업 상태인 사람

비어 있는 일자리가 많을 때도, 일부 사람은 운이 좋지 않아, 일자리에 지원하지 못할 수 있다. 6개월 이상 계속 실업 상태인 사람은 **장기 실업자**(long-term unemployed)다. 2018년에, 실업자 5명 중 대략 1명이 장기 실업자다.

차별과 숙련 상실은 장기 실업자가 일자리를 찾기 어렵게 만든다. 연구들은 장기 실업을 경험한 사람들은 잠재적인 사업주에 의해 차별받는다는 것을 보여준다. 비슷한 숙련을 가지고 있지만 이력서에 오랜 기간 동안 실업 상태인 사람은 면접을 볼 가능성과 채용될 가능성이 적다. 차별에 더해, 장기 실업자는 일을 떠나 있는 시간이 길어질수록 숙련과 커넥션을 잃는다. 이러한 이유로, 장기 실업자는 일할 기회가 시간이 지나면서 줄고, 어떤 사람은 아예 희망을 잃고 탐색 활동을 중단한다.

실업의 대안적 척도

사람들이 희망을 잃고 탐색을 중단하면, 그 사람들을 실업자로 간주해야 하는가? 일자리는 있지만, 보다 많은 시간을 일하고 싶어 하거나 또는 자신이 가진 기능을 더 많이 사용하는 일자리를 원하는 수백만 명의 사람들이 있다. 이런 부류의 사람들은 어느 정도로 실업자인가? 적극적으로 일자리를 탐색하고 있고, 일할 준비가 되어 있지만 일자리가 없는 사람의 범주를 넘어서, 실업의 척도를 좀 더 폭넓게 살펴보기로 하자. 우리가 고려해야 할 사람은 두 가지 부류가 있다: 경제활동인구에 속하지 않지만 조건이 좋다면 일을 할 사람들, 그리고 보다 많은 시간을 일하려고 하는 사람들이다.

경계 실업자 일자리를 원하고 지난해에 일자리를 찾으려 했으나 지금은 구직 활동을 하지 않는다고 실업자로 간주되지 않는 사람

불완전 취업자 일을 하고 있지만 더 많은 시간을 일하고 싶고, 또는 자신의 스킬을 제대로 이용하지 못하는 일자리를 가진 사람

경제활동인구에 속하지 않지만 조건이 좋다면 일을 할 사람들. 미국은 실업자를 계산하는 데 더해, 더 많이 일하고 싶은 사람의 숫자도 측정한다. 지금은 직장을 탐색하고 있지 않지만 지난해에 탐색을 했던 사람들이 있다면, 이들은 경제활동인구의 **경계 실업자**(marginally attached)로 간주된다. 이러한 사람들은 경제활동인구에 계산되지 않고 실업자로도 계산되지 않는다. 그러나 실업의 폭넓은 분류에는, 그림 23-7의 두 번째 단에 있듯이('U-5'로 알려진), 실업자와 경계 실업자를 합친다. 이러한 폭넓은 척도는 실업자를 약간 늘어나게 한다. 경계 실업자의 대략 4분의 1 정도는 실망 실업자다. 일자리를 찾지 않는 이유가 가용한 일자리가 없다고 믿기에 '실망'이라고 불린다. 다른 경계 실업자들은 돌보아야 할 가족, 교통 문제, 건강 문제 또는 직업훈련을 받고 있기 때문이라고 말한다. 이러한 부류의 사람들 중에서 일부는 보통의 의미에서 실망한 것이라 할 수 있다.

그림 23-7 대안적 척도를 포함한 미국의 실업률

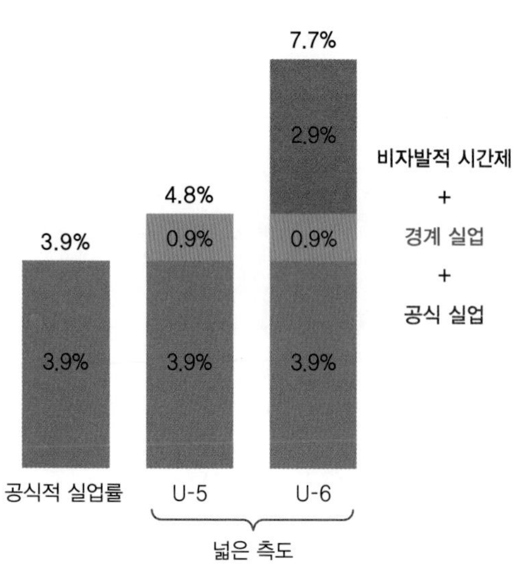

2018년 자료 출처 : Bureau of Labor Statistics.

경계 실업자에 속하지 않지만, 맞는 일자리가 있으면 다시 경제활동인구로 돌아갈 사람들도 많다. 예를 들어, 어린 아이를 돌본다고 직장을 그만 둔 부모는 직장으로 돌아가려고 할 것이다. 그러나 그들에게 맞는 일자리에 대해서 들은 바가 있는지의 여부에 따라 달라지기 때문에 이러한 사람이 얼마나 되는지를 가늠하기가 쉽지 않다. 수백만 명의 사람이 매월 경제활동인구에 다시 들어오고, 경제활동인구를 떠난 대부분의 사람들은 영원히 떠나겠다고 계획하지 않는다.

취업하고 있지만 보다 나은 일자리를 원하는 사람들. 또 다른 실업의 척도는 **불완전 취업자**(underemployed)를 고려한다. 불완전 취업은 두 가지 경우가 있다. 첫 번째는 풀타임 일자리를 원하지만, 그렇지 못하는 경우다. 두 번째는 일자리가 자신

이 가진 기능을 제대로 이용하지 못하는 경우다. 양자 모두 사람들이 가진 기능이 어떻게 이용되고 있는가를 생각함에 있어서 중요하다. 그러나 노동력이 충분히 활용되지 않음을 측정하려면 보다 많은 시간을 일하기 원하는 사람을 계산하는 것이 필요하다. 그 이유를 알아보자.

당신이 풀타임 일자리를 알아보고 있으면서 레스토랑에서 파트타임으로 일하고 있다고 상상해보자. 당신은 시장조사에서 취업자로 계산될 것이다. 그러나 당신은 일주일에 12시간 테이블을 정리하느라 정작 대학에서 열심히 공부하는 데 시간을 들이지 못했다. 파트타임 일자리를 가지고 있으면서 풀타임 일자리를 원하기 때문에 **비자발적 파트타임**(involuntarily part time)로 간주된다. 그림 23-7은 세 번째 단에서 이러한 부류의 근로자들은 실업률과 경계실업자의 비율에 추가된다. 이것은 가장 폭넓은 실업 척도('U-6'로 알려진)이고, 경제활동인구에서 차지하는 비중은 상당히 높다. 2018년에, 경제활동인구의 2.9%가 비자발적 파트타임이었다. 이를 합쳐보면, 가장 폭넓은 척도의 실업률은 2018년에 7.7%였다.

비자발적 파트타임 풀타임 일자리를 찾지 못하고 풀타임을 원함에도 파트타임으로 일하는 사람

좋다. 그러면 만약 레스토랑이 풀타임 일자리를 제안하면 어떻게 될까? 아마도 당신은 급여를 더 받으려고 일을 더한다고 해도 여전히 자신을 불완전 취업자라고 여길 것이다. 대학 졸업자가 테이블 뒷바라지하는 것은 불완전 취업임이 분명해 보이나, 만일 당신이 소설가가 되기로 마음먹고 첫 번째 소설을 쓰는 동안에 풀타임으로 테이블 뒷바라지한다면 어떻게 될까? 또는 당신이 자신의 레스토랑을 개업하는 것을 고려해 진입하려는 시장에 대한 정보를 보다 잘 알기 위해서 테이블 뒷바라지를 하면 어떻게 될까? 풀타임 고용의 문제는 충분히 일하는가를 측정하는 것은 쉽지만, 당신이 가진 기능이 가능한 효과적으로 이용되고 있는지를 측정하는 데 필요한 기준을 성공적으로 만들기는 어렵다는 점이다.

실업의 대안적 척도는 실업의 흐름을 따라간다. 그림 23-8은 그림 23-7에서 봤던 폭넓은 척도의 실업을 시간의 흐름에 따라 보여준다. 여러 가지 척도의 실업이 함께 움직이기 때문에, 경제활동인구에서 비중의 차이는 대체로 안정적임을 알 수 있을 것이다. 실업률이 떨어지면, 탐색을 포기한 사람이나 비자발적 파트타임의 비중도 감소한다.

기업이 일자리를 더 만듦에 따라 얼마나 많은 사람이 일할 준비가 되었는지를 알기 원한다면 실업의 대안적 척도는 중요하다. 대안적 척도와 실업률의 관계는 시간을 두고 안정적이기 때문에, 가장 폭넓은 척도의 실업은 실업률의 대략 두 배라고 어림짐작할 수 있다.

그림 23-8 실업의 대안적 척도의 추이

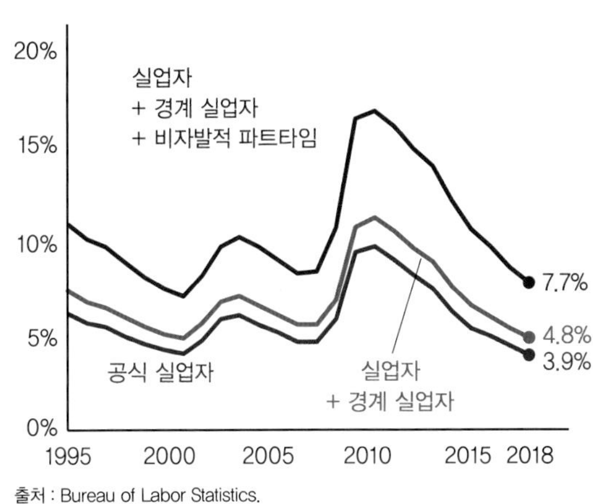

출처 : Bureau of Labor Statistics.

23.3 실업을 이해하기

학습목표 실업의 원인을 분석한다.

노동시장을 살펴보았고 실업을 어떻게 측정하는지도 알았다. 이제 무엇이 실업을 일으키는지 파헤쳐 볼 때다. 출발점은 노동시장의 수요와 공급이다. 근로자는 노동력을 특정 가격(임금)에 제공한다. 다른 시장처럼, 공급은 우상향하고, 이는 임금이 높으면 근로자들은 보다 많은 노동력을 공급한다는 의미다. 노동력의 가격이 높으면 사업주(노동의 구매자)의 노동자에 대한 수요가 줄어드는데, 이는 임금이 높으면 근로자를 적게 채용한다는 의미다.

만일 시장의 힘이 완벽하게 작동했다면, 임금은 그림 23-9에서 보듯이 노동 수요의 양과 노동 공급의 양이 같은 지점으로 조정될 것이다. 공급과 수요의 힘은 사업주가 지불할 의사가 있는 임금에서 모든 사람이 일자리를 찾을 수 있게 해준다. 일자리

그림 23-9 노동 수요와 노동 공급의 일치

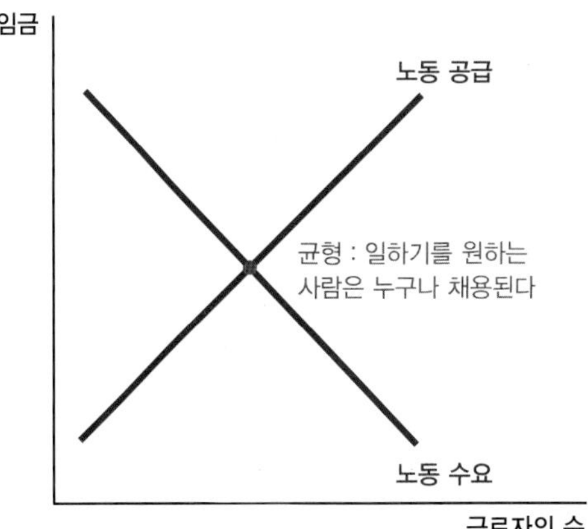

를 원하지만 찾지 못하는 근로자들은 임금을 조금 낮추게 되고 사업주는 보다 많은 근로자를 채용하게 되고, 일자리를 원하는 근로자의 수는 줄어들 것이다. 이러한 과정은 아무도 시장 임금에서 일하려고 하지만 일자리를 찾을 수 없는 실업자로 남지 않는다는 것을 의미한다.

실업의 유형

실업은 시장이 노동에 대한 수요와 공급이 균형을 잡도록 만드는 데 실패함을 반영한다. 왜 이런 일이 발생할까? 사람들이 실업을 경험하는 이유는 세 가지다. 세 가지가 무엇인지 알아보는 것부터 시작하자.

마찰적 실업 사업주가 근로자를 찾거나 근로자가 일자리를 찾을 때 시간이 걸리기 때문에 발생하는 실업

 실업의 세 가지 유형 :
1. 마찰적 실업
2. 구조적 실업
3. 경기적 실업

실업 유형 1 : 마찰적 실업 **마찰적 실업**(frictional unemployment)은 사업주들이 근로자를 찾고 근로자들이 일자리를 찾는 데 시간이 걸리기 때문에 발생한다. 노동 수요와 노동 공급은 균형을 이룰 수 있다. 다르게 말하자면, 사람들이 원하는 만큼 일자리가 충분하다. 그러나 근로자와 일자리의 매칭은 즉각적으로 이루어지지 않는다. 당신이 경제학 학위로 대학을 졸업할 때 일자리는 있지만, 사업주와 이야기하고 인터뷰하고, 어떤 일자리가 적합한 과업으로 구성되어 있는지, 동료 근로자, 복지 혜택, 당신에게 가장 잘 맞는 특전을 알아보는 데 시간을 보낼 것이다. 심지어 당신은 자신의 기능이 가장 수요가 많은 곳으로 이동할 필요가 있을지도 모른다.

구조적 실업 임금이 노동수요와 공급이 균형에 도달하는 수준으로 떨어지지 않아 발생한 실업

실업 유형 2 : 구조적 실업 **구조적 실업**(structural unemployment)은 임금이 노동 수요와 노동 공급이 균형에 놓이는 수준까지 하락하는 것을 막는 장애가 있을 때 발생한다. 임금은 균형 수준보다 위에 놓여있기 때문에, 근로자들이 일을 하고 싶어도 사업주는 보다 적은 수의 일자리를 제공한다. 이런 일이 생기는 데는 많은 이유가 있다 : 고용주는 때로는 근로자들이 보다 많은 노력을 하도록 임금을 높게 지급하려 하고, 노동조합은 더 높은 임금을 요구할 수도 있고, 정부는 노동시장의 청산을 어렵게 만드는 정책을 시행할 수도 있다. 노동시장의 이러한 특징들은 실업을 유발하는데, 이번 절에서 그 이유를 살펴볼 것이다.

경기적 실업 일시적인 경기침체로 인한 실업

실업 유형 3 : 경기적 실업 **경기적 실업**(cyclical unemployment)은 일시적인 경기침체 때 발생한다. 이것은 2007~2009 대침체 기간 동안 실업률이 급증했다가 경제가 회복되면서 하락했던 이유를 설명한다. 경기적 실업은 하강기에 경제에 쓰이지 않는 자원이 많다는 점을 반영하고 여기에는 유감스럽게도 근로자를 포함한다.

마찰적 실업과 구조적 실업은 균형 실업률이 왜 0보다 위에 있는지를 설명하는 반면, 경기적 실업은 실업률이 왜 균형 실업률 부근에서 오르고 내리는지를 설명한다. 앞으로 우리는 경제에 왜 일시적인 등락이 발생하는지 그리고 어떻게 실업을 유발하는지를 살펴볼 것이다. 이번 장에서는, 경제가 잘 돌아가는 경우에도 실업이 계속되는 문제에 대해서 알아볼 것이다. 무엇이 마찰적 실업과 구조적 실업을 일으키는지 그리고 어떻게 이러한 타입의 실업을 줄일 수 있는지 잘 이해하는 데 집중할 것이다.

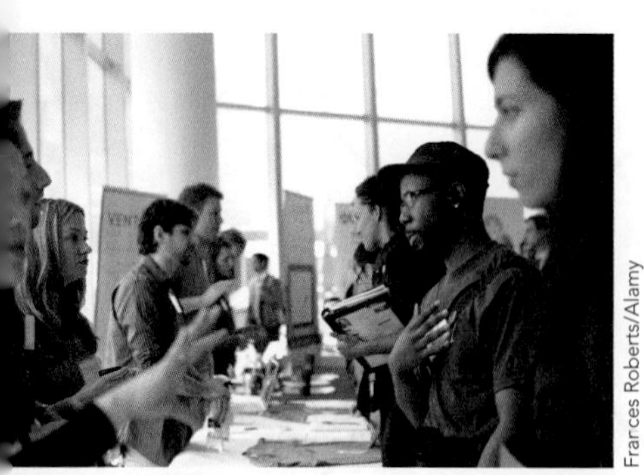
Frances Roberts/Alamy

마찰적 실업은 적합한 일자리를 찾는 데 드는 시간을 포함한다.

마찰적 실업 : 일자리를 찾는 데 시간이 걸린다

마찰적 실업은 모든 사람에게 일자리는 충분하지만, 근로자와 일자리의 매칭 과정이 즉각적이지 않기 때문에 발생한다. 일자리 탐색은 정보의 문제를 반영한다(좋은 일자리가 있어도 어디에 있는지 모른다). 당신은 당신에게는 잘 맞지만 다른 사람에게는 전혀 맞지 않는 어떤 일자리에 대한 특별한 훈련, 관심, 경험 등을 가지고 있다. 반대의 경우도 있다. 근로자와 사업주가 서로 찾는 데 시간이 오래 걸릴수록, 마찰적 실업률은 높아질 것이다.

세 가지 주요 요인이 근로자와 일자리가 매치되는 데 얼마나 많은 시간이 걸릴지, 얼마나 마

찰적 실업이 있을지를 결정한다. 첫 번째는 근로자와 사업주가 서로를 찾는 데 도움을 주는 기술, 네트워크, 다른 자원들의 효율성이다. 두 번째는 사업주가 필요한 스킬의 분포에 대비되는 근로자 사이에 스킬의 분포다. 마지막으로, 근로자들이 일자리를 찾을 때 재정지원에 대한 접근이 필요하다. 각각에 대해 꼼꼼히 살펴보기로 하자.

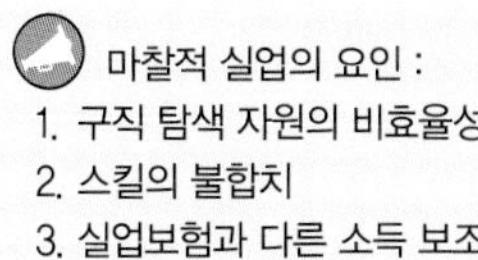
마찰적 실업의 요인 :
1. 구직 탐색 자원의 비효율성
2. 스킬의 불합치
3. 실업보험과 다른 소득 보조

사업주와 근로자가 서로를 찾는 데 이용하는 자원의 효율성 사업주와 근로자는 서로 찾으려고 한다. 그들은 구전, 온라인 취업 공시, 채용지원회사, 또는 대학의 커리어 센터에 의지할 수 있다. 마찰적 실업은 정보의 문제를 반영하기 때문에, 정보에 영향을 미치는 가용한 어떤 것이라도 마찰적 실업에 영향을 미칠 수 있다. 근로자들이 자신에게 적합한 일자리를 보다 잘 알아낼수록 탐색활동을 하는 데 드는 시간은 더 줄어든다. 마찬가지로, 경영자들이 지원자들을 심사하는 데 관련 기술을 효과적으로 이용하는 경우, 자신과 맞는 근로자를 찾아내는 데 들어가는 시간이 더 줄어든다.

근로자와 경영자가 서로를 찾는 데 사용할 수 있는 자원들이 효율적일수록, 마찰적 실업은 줄어들게 된다. 마찰적 실업을 줄이는 민간 부문이 제공하는 도구로는 취업 공시, 정보 관련 인터뷰, 온라인 구인, 헤드헌터, 일자리 소개가 있다. 그러나 일자리 매치가 마찰적 실업을 줄이기 때문에 공공정책도 역할을 한다. 정부가 비어 있는 일자리에 맞는 스킬을 가진 실업자들을 파악하려고 종종 사업체와 함께 직장탐색센터를 운영하는 이유다. 마찬가지로, 정부는 구직자들이 가장 적합한 일자리를 겨냥해서 탐색하도록 도와준다. 연구는 근로자가 직장탐색에 도움을 받으면, 재고용이 더 빨리 이루어진다는 것을 보여준다.

근로자가 가진 스킬과 사업주가 원하는 스킬의 합치 만일 모든 근로자들이 동일한 스킬을 가지고 있고, 모든 일자리가 동일한 숙련을 사용하다면, 근로자와 일자리가 매치되는 데 시간이 오래 걸리지 않는다. 모든 조각이 똑같은 500조각의 직소퍼즐을 상상해보라. 맞추는 일은 뚝딱하면 끝난다!

그러나 각 조각이 독특하다면, 맞추기 위해서 500개 중에서 1개를 찾아야 한다. 마찬가지로, 근로자들이 스킬과 성격이 모두 다르고, 일자리의 특징과 필요한 스킬이 서로 다르다면, 근로자와 사업주가 서로 찾는 일은 더 어려워진다. 근로자와 일자리가 다양할수록, 근로자와 사업주가 서로 맞는 매치를 찾기가 더 어려워진다.

스킬 미스매치도 생기는데, 이는 근로자가 가진 스킬이 사업주가 원하는 스킬이 아니라는 의미다. 기술 변화와 국제무역은 일자리를 만드는 산업과 직종의 변화를 가져오고, 이는 스킬 미스매치를 유발한다. 사실 노동시장은 어떤 부문은 천천히 성장하거나 사라지고 또 어떤 부문은 빠르게 성장하면서 끊임없이 적응해나간다. 미국의 노동시장은 점점 서비스 지향적으로 변화되어 컨설팅, 기타 전문 서비스, 의료서비스에서는 2000년 이후 수백만 개의 일자리가 늘었다. 그동안 제조업과 같은 재화생산 부문은 숙련도 높은 근로자를 기계로 대체함에 따라 쇠퇴했다.

쇠퇴하는 부문의 경우, 근로자는 원래 일하던 산업에서 새로운 일자리를 찾기가 어렵다. 수백만 개의 일자리가 여전히 있기는 하지만, 일자리보다 근로자가 더 많아 점점 더 경쟁이 커진다. 수백만 명의 근로자가 매월 직업을 바꾸고 있지만, 사람들이 자신의 스킬에 대한 수요가 많지 않다는 점을 인식하고 재훈련을 받는 데 시간이 걸린다. 결과적으로, 사업주가 필요로 하는 스킬의 변화는 근로자가 일자리를 찾는 데 걸리는 시간이 길어지게 함에 따라 마찰적 실업을 증가하게 만든다.

어떤 사람은 직업과 산업의 구성 변화를 구조적 실업이라고 부르지만, 그들은 그 단어를 우리가 이야기하는 것과 다른 의미로 이용한다. 그들은 근로자의 숙련 및 경험과 매치되는 일자리를 감소시키는 노동시장의 구조적 변화를 말한다. 그러나 현실은 당신의 생애 동안 노동시장의 변화하는 요구에 따라 당신은 스킬을 조정해 어쩌면 직업을 바꾸게 될 것이고(대부분의 사람이 그렇다!) 새로운 기술을 사용하는 법을 배울 필요가 있다. 아마도 당신이 지금 당장 개발하려는 중요한 스킬의 조합은 새로운 정보를 받아들이고 또 배우는 것을 토대로 적응하는 능력일 것이다.

공공정책은 근로자들이 어떤 일자리가 그들의 스킬에 맞는지, 일자리가 증가하는 지역은 어딘지 확인할 수 있도록 도와주고, 재훈련 프로그램을 제공함으로써 대응한다. 재훈련 프로그램은 근로자들이 사용자가 요구하는 스킬을 개발하도록 도와줌으로써 마찰적 실업을 감소시킨다.

실업 기간 동안의 실업보험과 다른 소득보조 정부가 실업 기간 동안 재정적으로 지원하면, 실업은 길어질 가능성이 크다. 실업보험은 자신의 잘못이 아닌데 일자리를 잃은 근로자에게 정부가 재정적인 지원을 하는 제도다. 이 제도는 적당한 금액을 근로자가 받던 급여의 절반을 넘지 않고 보통은 훨씬 작게(6개월까지) 지급한다. 제도의 목표는 실업 동안 주거, 식품, 기타 필수품 구입 비용 조달의 어려움을 줄여주는 데 있다.

실업보험이 왜 실업의 지속기간을 늘리는지 이해하기 위해서, 기회비용의 원리를 적용해보자. 실업하게 되면 스킬에 가장 잘 맞는 일자리에 구직 활동을 집중할지를 선택할 수 있는데 만일 그렇다면, 임금을 더 많이 주는 일자리를 잡으려고 할 확률이 올라가게 될 것이다. 대신 만약 돈이 급하다면 길모퉁이 가게에 들어갔다가 구인광고를 보고 최저임금을 주는 일자리를 잡을 수 있다. 보다 좋은 일자리를 탐색하는 데 집중한다고 실업 상태에 계속 머무르고 있다면, 기회비용은 길모퉁이 가게 일자리에서 받을 수 있는 임금이거나 또는 무엇이든지 간에 가장 쉽게 잡을 수 있는 일자리일 것이다.

만일 일자리를 잡으면 급여를 받게 되지만 실업보험은 탈 수 없기 때문에 실업보험은 탐색활동의 기회비용을 줄인다. 만일 당신이 일을 하면 100달러를 벌지만, 실업보험에서 50달러를 잃게 되니까 기회비용은 단 50달러다. 놀라운 것은 아니지만, 사람들은 실업보험을 받으면 보다 긴 시간을 탐색하는 데 쓰고, 자신에게 가장 맞는 일자리 탐색에 집중하는 경향을 보인다.

연구들은 실업 기간 동안 재정지원을 많이 해주는 나라일수록 실업률이 높은 경향이 있음을 보여준다. 그러나 실업보험이 없는 사람은 소비가 더 크게 줄고 어려움은 더 커지는 것도 보여준다. 게다가 충분한 저축이나 실업보험이 없다면, 어떤 사람에게는 탐색활동을 계속한다는 것이 충분히 먹을 수 없거나 주거지 상실을 의미하기 때문에 보다 나쁜 일자리를 잡는 것으로 탐색을 끝낸다. 이러한 상황에서, 탐색활동기간 동안의 소득보조는 장기적으로 근로자들이 보다 좋은 결과를 얻도록 할 수 있다.

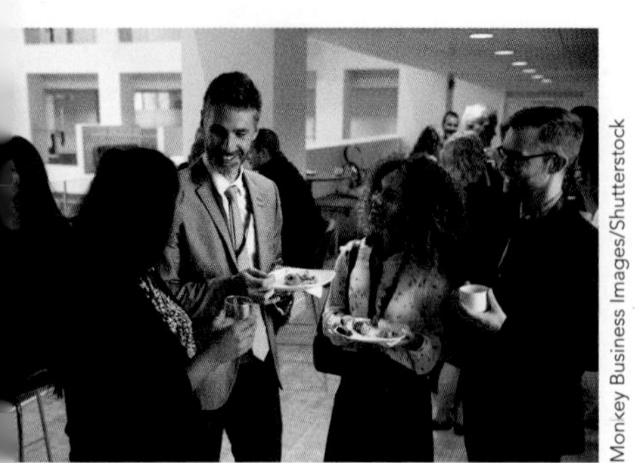
Monkey Business Images/Shutterstock

개인적인 추천은 효과적이다.

일상경제학 **일자리를 찾을 때 왜 친구들에게 도움을 요청하는가?**

연구에 따르면 만약 당신이 직장에 지원하는 데 개인적인 추천자가 있다면, 면접 기회를 가질 확률이 크고, 또 급여 패키지도 높을 확률이 크다. 추천자를 통해 취업 제안을 받은 사람이 수락할 확률도 높다는 것은 놀랍지 않다.

추천자가 있다는 것이 왜 그렇게 중요한가? 추천자는 다른 데서 구하기 힘든 정보를 가진다. 사업주는 당신이 동료들과 잘 어울릴지 그리고 일에 맞는 스킬을 가지고 열심히 일할지 여부를 알기가 어렵다. 만일 그 회사에서 일하는 어떤 사람이 당신을 보증해주면, 그 사람은 채용 매니저가 이력서에서 쉽게 볼 수 없거나 인터뷰에서 파악할 수 없는 소중한 정보를 제공할 수 있다. 그리고 그 사람은 진실을 말할 것이다(만약 당신이 채용되면 결국 그 사람은 당신과 일해야 한다). 마찬가지로, 당신의 친구는 당신이 원하는 일자리에 대한 정보를 가지고 있을 수 있다. 그 사람은 근로자들이 행복한지, 회사는 잘 관리되는지, 열심히 일하면 승진이 되는지에 대해서 말해줄 수 있다. 당신이 인터뷰에서 이런 문제에 대해 질문할 수 있지만, 신뢰할 만한 답변을 매니저가 해주기는 어려울 것이다. 어떤 매니저가 이 회사는 행복하지 않고, 관리가 엉망이며, 경력개발 프로그램 따윈 없다고 인정하겠는가?

대략 일자리의 절반 정도는 쉬운 연결을 돕는 개인적인 추천이 있고, 회사의 3분의 2 정도는 추천을 촉진하는 프로그램을 가지고 있다. 심지어 당신이 어떤 사람을 추천하면 보너스도 지급됨을 알게 될 것이다. 때로 어떤 사람은 그러한 추천이 불공정하다고 생각한다. 하지만 추천을 받은 근로자가 보다 잘 매치되는 경향이 있어 사업주는 추천을 활용한다. 추천을 받고 취업한 트럭 운전자는 그렇지 않은 근로자보다 사고 발생이 적다. 추천을 받은 하이테크 근로자는 특허를 보다 많이 만든다. 추천을 받은 근로자는 이직 확률이 낮다. 이것은 모두 추천 받은 근로자가 보다 수익이 많음을 의미한다. 추천은 구직자와 사업주에게 윈-윈 상황이지만, 보다 많은 사람을 아는 사람일수록 유리하다. 당신이 일하고 싶은 분야의 사람을 알려고 노력하고관계를 유지하는 것은 잠재적 추천자들로 이루어진 네트워크를 만들 수 있다는 점에서 좋은 아이디어다. ■

구조적 실업 : 임금이 균형 임금보다 위에서 고착되어 있을 때

구조적 실업은 현재의 시장 임금에서 일하기를 원하는 사람들에게 일자리가 충분하지 않아서 발생한다. 다르게 말하면, 임금이 노동 공급량과 노동 수요량이 일치하는 지점까지 하락하지 못하도록 막는 구조적 장애물이 있다.

그림 23-10은 잘 작동하는 노동시장에서 균형은 노동 공급곡선과 노동 수요곡선이 교차하는 점에서 발생함을 보여준다. 이 점에서, 구조적 실업은 없다(근로자만큼 일자리가 많다). 하지만 때로는 임금이 균형점으로 떨어지지 못하게 된다. 사업주들은 현재의 임금이 공급과 수요가 일치하는 균형 임금보다 높으면 근로자를 적게 원한다. 하지만 보다 높은 임금에서 보다

그림 23-10 | 구조적 실업

구조적 실업은 임금이 시장 수급이 일치하는 임금으로 떨어질 수 없을 때 발생한다.

Ⓐ 임금이 시장 상황에 쉽게 조정될 수 있을 때, 시장 수급 일치 임금에서 균형이 발생하고, 여기에서 **노동 공급곡선**이 **노동 수요곡선**을 만나고 실업은 없다.
Ⓑ 때로는, **협상 임금**이 시장 수급 일치 임금 위에서 머문다.
Ⓒ 결과적으로, 노동 **공급**과 노동 **수요** 사이에 갭이 고착된다. 이것은 **구조적 실업**을 야기한다.

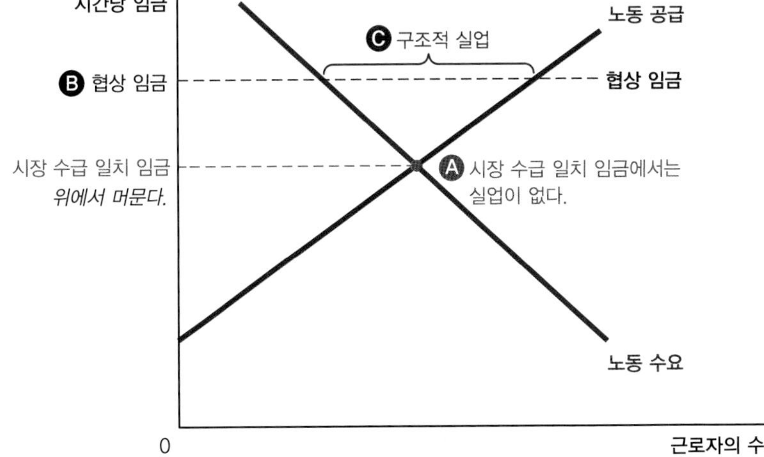

많은 근로자들은 일하기 원하기 때문에 노동의 공급량이 커진다. 이것을 종합하면 현재의 임금이 균형 임금보다 위에 있는 경우, 가능한 일자리와 가능한 근로자의 수 사이에 갭이 존재한다. 이 갭이 구조적 실업이다. 실업자 수는 시장 임금에서 노동 공급량과 노동 수요량과의 차이와 같다.

현재의 임금은 몇 가지 이유로 균형 임금 위에서 유지될 수 있다. 사업주는 직원들이 보다 더 열심히 일하도록 임금을 더 주려고 할 수 있고, 직원은 보다 높은 임금을 요구하기 위해서 협상력을 이용하려고 할 수 있고, 임금을 낮추는 데는 법제도적 장애가 있을 수 있다. 왜 사업주는 높은 임금을 지불하려는지 먼저 알아보고, 다음에 다른 요인으로 넘어가자.

Hulton Archive/Getty Images

포드를 만드는 행복한 근로자

효율임금 : 구조적 실업의 한 가지 원인 1913년, 헨리 포드는 자동차 생산에 이동식 조립라인을 도입해 역사를 만들었다. 근로자들은 서서 일하고 한 가지 단순한 일(특정한 너트를 끼어 넣는 일을 반복하고 반복하는 것)에 집중했다. 이러한 혁신은 포드의 생산량을 두 배 이상 높였다. 그러나 그는 급속히 문제에 봉착했다. 일은 고통스럽고, 감각을 마비시킬 정도로 지루했다. 유사한 저숙련 공장 일자리는 디트로이트에 많았고, 근로자들은 단조로움을 더 이상 참지 못하고 그만두었다. 평균적으로 몇 개월 만에 관두었고, 이는 포드가 끊임없이 새로운 근로자를 채용하고 훈련시켜야 함을 의미했다.

그래서 1914년, 포드는 다시 한 번 역사를 만들었다(이번에는 임금을 두 배 이상, 하루 5달러로 올려 유명해졌다). 오늘날에는 별게 아니지만, 그 당시 임금은 2.25달러로, 대단한 일이었다. 지원자들이 일자리를 구하려고 공장 문에 쇄도했다. 1914년 포드에서 일자리를 잡으려면, 두 가지를 가져야 했다: 좋은 근로자이고 또 행운이 있는 근로자. 만일 일하는 데 게으름을 피우고, 술 먹고 오고, 늦게 출근하면 해고되었다. 그러나 열심히 일하는 근로자라고 하더라도, 5달러짜리 일자리를 잡으려는 근로자가 포드가 가지고 있는 일자리보다 많았기 때문에 행운이 따라야 했다. 사람들은 채용되기 위해서 날마다 줄을 서야 했기에 인내심도 도움이 되었다.

효율임금은 임금을 낮추는 것이 사업주에게 이익이 되지 않게 한다. 헨리 포드는 조립라인의 혁신에 앞장섰을 뿐 아니라, 실업의 원인을 만드는 데도 앞장섰다. 균형 임금보다 더 많이 주는 것, 즉 효율임금을 받고 일하기 원하는 사람 모두가 취업할 수는 없음을 의미했다. 공장 문 앞에 줄을 서는 사람들은 시장 임금으로 다른 데서는 일할 수 있다. 대신, 그들은 급여를 많이 주는 포드에서 일자리 기회를 찾으려고 하면서 실업이 되었다.

효율임금 근로자의 생산성을 장려하기 위해 지불하는 높은 임금

경제학자들은 포드의 시장 임금보다 높은 임금을 **효율임금**(efficiency wage, 근로자의 생산성을 높이고자 현재의 시장 임금보다 높게 지급하는 임금)이라고 부른다. 다른 데서 받을 수 있는 임금보다 더 많이 받는 경우, 일자리를 잃지 않으려고 더 조심스러워지고 이는 게으름을 피우거나, 일을 건너뛰거나, 동료 근로자나 매니저를 화나게 하지 않는다는 의미였다. 급여를 높이 받는 근로자들은 가치를 인정받는다고 느끼고, 고취되어 사업주에게 보다 많은 노력을 되돌려 줄 가능성이 커진다.

효율임금은 총노동비용을 떨어뜨릴 수 있다. 이직이 너무 잦은 헨리 포드의 문제는 5달러로 끝났다. 그리고 근로자들은 보다 생산적이 되었다. 좌절감을 느끼는 근로자는 공장의 담장을 넘어 줄 서 있는 취업 희망자를 보면서 자신이 얼마나 좋은 일자리를 가지고 있는지 상기했다. 그만둔 근로자는 포드의 옆에 있는 일자리는 단지 2.25달러를 지급한다는 사실을 알았다. 새로운 일자리의 한계편익은 현재보다 낮았고, 포드의 근로자들은 해고당하지 않으려고 자신의 일에 집중했다. 포드는 나중에 5달러 임금을 가장 비용 절약적인 조치 중 하나였다고 언급했다.

효율임금은 실업을 만든다. 포드는 다른 사업주보다 하루 5달러로 급여를 더 많이 지급했기 때문에 그가 원하는 근로자를 모두 채용할 수 있었다. 고임금은 사람들이 그의 공장에서 일하도록 자극을 줌으로써 포드 공장으로의 노동 공급이 늘었다. 노동 공급이 왜 느는가를 이해하기 위해서 한계편익의 원리를 적용하면 효율임금이 높아짐에 따라 입사 지원의 한계편익이 증가하게 된다. 그러나 모든 사람이 높은 임금에서 채용되는 것은 아니다. 어떤 사람은 다른 자동차 공장에서 저임금에 일자리를 잡는다. 그들에게는 포드 공장 밖에 서 있는 것의 한계편익(포드의 높은 임금을 받을 확률)이 다른 공장에서 벌 수 있는 임금을 포기함에 따라 발생하는 한계비용만큼 크지 않다. 그러나 어떤 근로자에게는, 한계편익이 다른 데서 일하는 것을 포기할 정도로 크거나 또는 줄을 서서 운좋게 포드 공장에 들어가기 위하여 노동시장에 들어올 수 있다.

Image from the Collections of The Henry Ford

포드를 만들기 원하는 실업자들

제도 : 구조적 실업의 추가 원인

효율임금은 노동 공급과 노동 수요가 균형에 놓이도록 임금이 떨어지지 않게 만드는 유일한 원인은 아니다. 노동시장에는 임금이 공급과 수요가 일치하는 균형 임금 위에 있도록 만드는 독특한 제도적인 특징이 많다. 구조적 실업의 이러한 원인들은 일자리가 있는 근로자들에게는 좋지만, 고임금과 보상 그리고 고용안정은 다른 근로자에게는 일자리를 부족하게 만든다.

 구조적 실업의 제도적 요인

1. 노동조합
2. 일자리 보호규제
3. 최저임금법

세계에는 구조적 실업을 일으키는 중요한 세 가지 제도적 요인이 있다: 노동조합, 일자리 보호 규제, 최저임금법. 각각의 제도가 어떻게 구조적 실업을 만드는지 좀 더 알아보자.

노동조합은 임금을 일부 근로자에게 높게 유지한다. 노동조합은 사업주에 대해 협상하도록 결속한 근로자들을 대표하는 조직이다. 노동조합에 가입한 근로자는 비노조 일자리에서 일하는 근로자보다 대략 15% 더 벌고 보통 복지도 더 좋다.

노동조합이 효과적인 이유는 많다. 노동조합은 근로자에게 협상력을 주어, 경영자와 투자자에게 돌아갈 수 있는 이익을 뽑아낼 수 있게 한다. 노동조합은 경영자는 얻기 어려운 정보를 가지고 있을 수 있고, 근로자로부터 의견을 모으는 효과적인 방법을 가지고 있기 때문에 기업이 보다 좋은 결정을 내리게 할 수도 있다. 이유와 관계없이, 더 높은 노동조합 임금으로 인하여 노동조합의 가능한 일자리 수보다 더 많은 근로자들이 노동조합 일자리를 원하고, 사업주는 더 높은 임금에서 더 적은 근로자를 원한다는 것을 의미한다. 그 결과 구조적 실업이 발생한다.

Charles Rex Arbogast/AP Images

노동조합의 노동쟁의

미국의 대부분 산업에서 노동조합은 큰 문제가 아니다. 민간부문 근로자의 약 7%만 노동조합에 가입되어 있다. 하지만 노동조합은 교육과 다른 공공부문 일자리에서는 훨씬 더 큰 역할을 한다. 벨기에, 노르웨이, 독일과 같은 다른 나라에서는 노동조합이 노동시장에서 더 큰 역할을 한다.

일자리 보호 규제는 근로자를 해고하기 어렵게 한다. 만일 실업자를 줄이고 싶다면, 왜 기업의 해고를 더 어렵게 만들지 않는가? 이것은 많은 국가가 시도해봤던 전략이다. 그러나 당신이 매니저라면 무엇을 할지 생각해보자. 어떤 사람의 채용 여부를 고려할 때, 만일 채용이 만족스럽지 못하면, 그 사람에게 계속 급여를 주거나 또는 그 사람이 떠나도록 더 큰 돈을 지급해야 함을 안다. 놀랍지 않지만, 이것은 당신이 어떤 사람에게 일자리를 제안하기 전에 두 번 생각하게 만든다. 당신은 임금 지급이 정당할 정도로 그 사람이 추가적인 수입을 충분히 내야 한다는 확신이 필요하지만, 그 사람이 결국 수입을 충분히 내지 못한다고 해도, 해고하지 못한다.

사업주가 효율성 임금을 주는 이유로 돌아가 보자. 근로자는 일자리를 잃지 않고 싶을 때 더 생산적이다. 당신은 사업주가 근로자를 해고할 수 없다면 근로자의 생산성은 어떻게 될 것이라고 생각하는가? 어떤 근로자는 해고당하기 힘들다는 것을 알고 게으름을 피우려고 할 것이다. 근로자들이 덜 생산적이니까, 사업주는 근로자를 덜 채용하고자 한다.

종합해보면, 일자리 보호정책들은 일자리를 잃는 사람은 줄이는 데는 성공하지만, 주어진 임금에서 채용하는 사람의 숫자도 줄어들게 만든다. 이러한 정책들은 노동 수요를 줄이고 이러한 정책들이 없었다면 발생할 수준보다 고용이 더 줄어들게 된다. 이러한 정책들은 더 낮은 임금을 초래하거나, 임금이 떨어지는 것을 어렵게 하는 다른 요인이 있다면 구조적 실업을 악화시킨다. 그러한 정책들은 또한 사업주들이 좋은 매치를 찾는 데 시간이 더 걸리게 해 구조적 실업을 늘린다. 근로자들은 다른 일자리를 찾기 어렵다는 것을 알기 때문에 보다 적은 수의 근로자들이 일자리를 떠나는 방향으로 만들어 노동시장의 역동성이 떨어진다. 일자리 보호 규제는 노동시장을 보다 덜 역동적이고 보다 덜 유연하게 만든다.

높은 해고비용으로 인한 문제는 근로자를 해고하기 어려운 유럽에서 분명하게 드러난다. 프랑스와 이탈리아의 경우, 사업주는 정부로부터 근로자 해고 승인을 받아야 하고 여기에는 필요한 이유가 있어야 하며, 많은 근로자를 동시에 해고하는 더 큰 장애물이 있다. 그러한 정책들은 이미 고용되어 있고 현재의 일자리에 있기를 원하는 사람에게는 좋다. 그러나 이직을 원하는 실업자나 사업주에게는 좋지 않다.

최저임금 효과

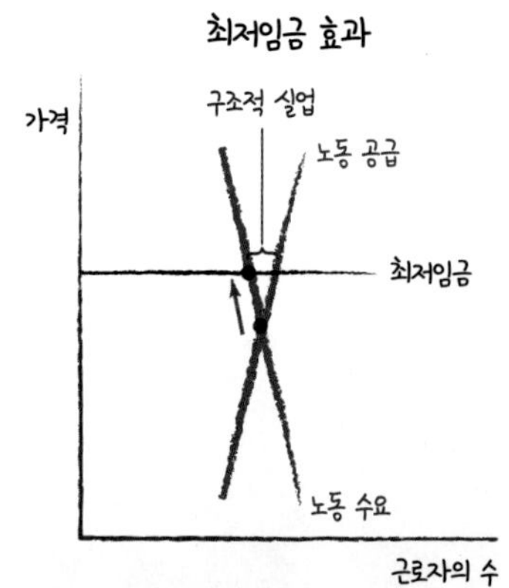

최저임금은 임금이 정해진 최저임금 이하로 떨어지지 못하게 한다. 연방 최저임금법은 사업주가 시간당 7.25달러 이하로 지급하지 못하게 한다. 어떤 주들의 자체 최저임금은 더 높다. 최저임금이 균형 임금보다 높으면, 기업은 근로자를 보다 적게 채용하려고 한다. 그러나 높은 임금에서는 보다 많은 근로자가 일하려고 한다. 이에 따른 노동 공급과 노동 수요의 갭이 구조적 실업이다.

최저임금은 뜨거운 이슈다. 반대론자들은 최저임금 때문에 발생한 실업에 초점을 맞춘다. 너무 높은 최저임금은 보다 적은 일자리를 유발하는 것이다. 많은 사람에게, 실업은 저임금 일자리보다 더 심각한 문제다. 찬성론자들은 가난한 사람은 사업주에 대한 협상력이 결여되어 있기 때문에 낮은 임금을 받고, 약간 높은 임금은 노동시장에 큰 변화를 가져오지 않는다고 주장한다. 핵심적으로, 노동의 공급과 수요 모두 임금으로 별로 변화하지 않는다고 주장한다.

최저임금의 인상 효과를 연구한 경제학자들은 최저임금 인상이 전반적인 실업에 경미한 변화를 가져온다고 한다. 대부분의 근로자들은 최저임금보다 꽤 높은 임금을 받고, 그래서 최저임금은 소수의 집단에만 적용된다. 최저임금 효과가 얼마나 큰지 또는 작은지를 두고 경제학자들 사이에 이견이 있지만, 많은 연구는 최저 임금 근로자들 사이에서 채용된 근로자 수의 변화는 아주 작다고 밝혔다. 실업의 변화는 공급과 수요가 일치하는 임금에 비해 최저임금이 얼마나 높은 가에 달려있다: 최저임금이 높을수록 구조적 실업은 많아진다.

최저임금법의 가장 큰 충격은 십 대의 실업률이다(최저임금이 높으면 일하려고 하는 사람이 많아지지만, 사업주가 채용하기 원하는 사람은 줄어든다). 대신, 경험이 약간 더 있거나 또는 나이 든 근로자는 일자리를 잡는다.

요약 : 마찰적 그리고 구조적 실업

마찰적 그리고 구조적 실업은 왜 균형 실업률이 0보다 위에 있는지를 설명한다. 마찰적 실업은 좋은 일자리를 찾는 데 시간이 걸리기 때문에 발생한다. 구조적 실업은 근로자를 찾는 사업주 수보다 현재의 임금에서 일하기를 원하는 사람이 많을 때 발생한다. 마찰적 그리고 구조적 실업을 줄이기 위해서 정부가 할 수 있는 일들이 있지만, 정부가 이런 유형의 실업을 오히려 증가시킬 수 있는 다른 일들도 한다. 때로는 이러한 선택에는 트레이드-오프가 있다. 즉 사람들이 보다 적은 어려움으로 실업을 이겨내도록 돕는 것과 사람들이 당장 일자리를 잡도록 격려하는 것이다. 이러한 트레이드-오프를 보다 잘 이해하기 위해서, 개인과 사회의 실업 비용을 살펴보자.

23.4 실업의 비용

학습목표 실업의 경제적 · 사회적 비용에 대해 공부한다.

근로자들이 실직하게 되면 모든 사람이 손해를 보게 된다. 근로자, 그들의 가족, 그리고 그들이 사는 지역사회가 그렇다. 실업자가 많아지면 보다 많은 사람이 고통을 받는다.

실업의 경제적 비용

소득을 버는 대신, 실업자는 일을 찾는 데 시간을 보내야 한다. 그 과정은 몇 주, 때로는 몇 개월이 걸리고, 어떤 사람은 노동력을 포기하고 경제활동인구에서 완전히 빠져야 한다. 이것은 심각한 경제적 비용을 지닌다. 실업자와 사회 모두에 대해서 그렇다.

실업자는 보통 저임금과 나쁜 커리어에 결국 처하게 된다. 실업자는 일자리를 찾는 동안의 임금 상실뿐만 아니라 미래의 저임금도 우려해야 한다. 일자리를 다시 찾는다고 하더라도, 보통은 보다 낮은 임금을 수십 년 동안 받게 된다. 이러한 소득 상실은 경기 침체기에 일자리를 잃으면 특히 극심해진다. 대량해고로 실업을 당한 사람은 전체 실업률이 낮을 때는 평균 1.4년분의 소득을 상실한다. 그러나 실업률이 높을 때는 2.8년분의 소득을 상실한다.

영구적인 실업은 고실업 기간으로부터 나온다. 실업률이 높을 때, 구직은 더 힘들어진다. 직장을 구하는 데 수년이 걸릴 수 있고, 그래서 어떤 근로자들은 희망을 잃고 구직 활동을 중단한다. 이들은 또한 숙련이나 중요한 접촉자들도 상실하고, 또는 새로운 변화를 따라가기 불가능해질 수 있다. 숙련과 희망의 상실뿐만 아니라 장기 실업자에 대한 차별, 이 모든 것이 장기 실업을 겪고 있는 사람들에게 생애임금을 떨어뜨리도록 작용한다.

만일 장기간의 실업이 일을 찾으려는 욕구까지 흔들면, 이에 따라 경제활동 참가율이 떨어진다. 실업의 장기화가 구직을 더 어렵게 하면, **이력현상**(hysteresis)으로 알려진 문제가 생긴다. 당신들은 다른 맥락(과거에 의존하는 시스템)에서 이 용어를 들었을 텐데, 실업의 맥락에서 보면 이력현상은 고실업이 더 높은 균형실업으로 이어지는 시기에 발생한다. 다시 말해서, 일시적으로 악화된 경제가 일자리 찾기를 더 어렵게 만들고, 일자리가 충분히 있을 정도로 경제가 회복되는 시기에도, 일자리를 찾는 데 시간이 더 걸리게 만든다. 결국에, 일시적인 고실업 기간은 일자리 찾는 데 걸리는 시간을 길어지게 만들어 마찰적 실업이 영구적으로 늘어나게 한다. 연구들은 1980년대 초반 유럽에서 장기 실업의 대폭 상승이 그 이후 수십 년 동안 발생한 만성적 고실업의 원인이라는 점을 보여준다.

이력현상 고실업의 기간으로 높은 균형 실업률로 이어지는 경우

고실업은 정부의 세수입은 줄고 지출은 많다는 의미다. 보다 적은 사람이 일자리를 가지면, 정부는 세수입이 준다. 보다 적은 사람들이 일하고 소득세와 근로소득세를 내면, 그들 자신들뿐 아니라, 사회간접자본, 군대, 과학연구와 같은 공공재에 대한 지출을 줄이게 만든다. 그동안에, 고실업은 보다 많은 사람들이 사회안전망을 필요하게 만들기 때문에, 정부의 예산을 무리하게 사용하게 한다. 이것은 정부가 다른 우선 사업으로부터 지출을 전용하게 만들고 세율을 인상하게 만든다.

실업의 사회적 비용

실업의 비용은 임금과 산출량의 상실보다 더 크다. 또한 건강, 웰빙, 범죄, 아동 문제로도 비용이 들어가며, 이 모든 것은 실업 그 자체보다 더 큰 영향을 미친다. 일자리는 중요한 사회 제도이고, 소득뿐 아니라 정체성과 사회적 유대의 핵심 원천이다. 사람들이 일자리를 잃으면, 일반

적으로 단지 소득을 잃는 것보다 더 많은 것을 잃게 된다.

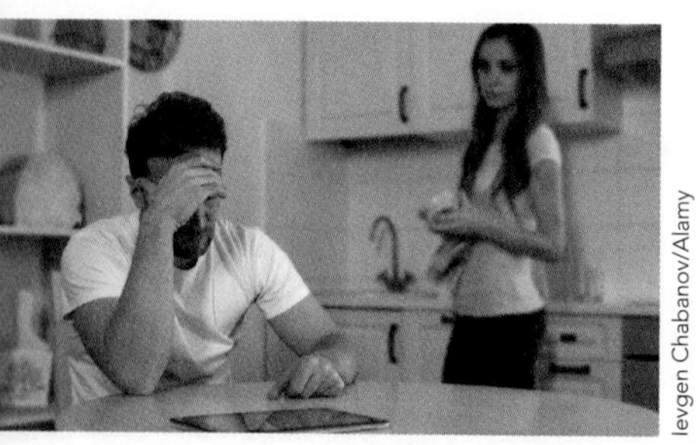
Ievgen Chabanov/Alamy
실업은 절망적일 수 있다.

실업은 고립시키고 고통스럽다. 실업은 매우 파괴적이다. 당신의 하루는 헝클어지고 끝이 없어 보인다. 보다 고립되고, 보다 스트레스를 받으며, 날마다 생활의 리듬에서 한 부분이었던 일에 돈을 쓸 수 없다.

연구에 따르면 실업자들은 취업자들에 비해 보다 슬프고, 보다 스트레스를 받고, 삶에 보다 불만족하다는 것을 보여준다. 그들은 우울증, 불안, 빈곤, 이혼을 경험할 가능성이 더 크다. 이러한 모든 부정적인 결과들은 결국 자살을 포함해 사망의 위험이 커지는 것으로 나타난다. 실업은 사회적 고립과 자신감과 삶의 의미 상실로 이어진다.

장기 실업은 최악의 소득과 연관된다. 당신은 장기 실업자들이 자신이 가진 스킬을 잃고 일자리를 찾을 때 차별에 직면하는 것을 보았다. 연구에 따르면 장기 실업자가 일자리를 찾을 때 받는 임금은 그전에 받던 임금보다 훨씬 낮아져, 장기 실업이 영구적인 소득 상실로 이어짐을 보여준다. 장기 실업자는 건강에 문제가 있을 가능성이 더 커진다. 일자리 상실은 1년 뒤에 사망할 가능성을 거의 두 배로 키우고, 사망률은 그 이후 수십 년 동안 더 높아진다.

부모가 실업자인 아이들은 고통스럽다. 아마도 놀라운 일은 아니지만 실업자의 가정도 고통스럽다. 일시 해고는 이혼율의 증가로 이어진다. 일시 해고된 근로자의 아이들은 가계소득의 상실과 가정이 겪는 스트레스로 고통을 받는다. 이러한 아이들은 학업 성적이 나빠지고, 정신 건강이 나빠지고, 취업 성과도 나빠지고, 성인이 되어서 돈을 적게 번다. 아이가 고등학생일 때 부모가 직장을 잃으면, 그 아이가 대학에 진학할 가능성이 낮아진다. 보다 일반적으로 말하면, 어떤 주(state)에서 일자리 감소가 많아지면, 학교에서 아이들의 성취도가 떨어진다.

실업의 해로운 영향으로부터 자신을 보호하기

실업은 끔찍할 수 있다. 그러나 실업의 해로운 영향으로부터 자신을 보호하는 데 도움될 만한 방법이 있다.

진짜 원하는 것 이상으로 일자리 탐색을 더 많이 하라. 실업 상태에서 일자리를 탐색하는 건 비참한 경험이다. 사람들은 너무나 자주 일자리 찾는 일을 미루어, 저축이 바닥나거나 또는 실업 보험이 끝날 때까지 탐색활동을 거의 하지 않는다. 그러나 경제학의 핵심 원리를 기억하고 일자리 지원의 한계편익(일자리 제안을 받을 확률에 임금을 곱한 값)이 일자리 지원의 한계비용(그리고 일자리 지원에 따른 감정적 고통은 오래가지 않는다는 것을 기억하라!)보다 크다면 어떤 일자리라도 지원하라.

Rob Hyrons/Shutterstock
비 오는 날을 대비하는 건 언제나 좋은 아이디어다.

비상금을 축적하라. 일자리를 잃은 사람의 절반은 10주 이상 실업 상태이고, 일자리를 찾는데 6개월이 걸리는 것이 특별하지도 않다는 사실을 알기에, 재무 조언자들이 왜 3~6개월의 비용을 저축해두라고 말하는지 이해할 수 있을 것이다. 당신은 실업 보험에 자격 여부를 알아보고 만일 자격이 안 되거나 실업률이 높으면 조금 더 많이 돈을 비축해 두어야 한다. 누구든지 실업자가 될 수 있다는 점을 명심하라. 그러나 만일 당신의 저축이 충분하기 때문에 임대료를 내는 것을 두려워하지 않아도 될 정도라면 그 경험은 그렇게 나쁘지만은 않다.

새로운 스킬을 쌓아라. 경제는 환경 변화에 끊임없이 조정되어가고, 당신도 반드시 그렇게 해야 한다. 새로운 스킬을 배우고 쌓기를 계속하는 것은 당신의 경력을 발전시킬 뿐 아니라 실업에 처하면 일어설 수 있도록 도와준다.

재직 중일 때 더 좋은 기회를 계속 살펴보라. 많은 취업자들은 다른 기회를 계속 살피고 있다. 취업하고 있을 때 더 좋은 기회를 계속 살펴보는 것은 당신이 최근에 쌓았던 스킬을 이용하는 일자리를 확인하고, 이를 통해 자신의 경력을 발전시켜 나가는 데 도움이 될 뿐 아니라 당신의 포지션에 험난한 일들이 생길 때도 도움이 된다. 자신의 일자리가 끝날 것이라고 생각하는 많은 사람들은 해고통지서가 오기 훨씬 전에 탐색을 시작한다. 그러한 직장 탐색은 당신이 새로운 일자리에서 당장 출발할 수 있도록 도와줌으로써 실업을 피할 가능성을 높이게 된다.

실업하게 되면 당신의 네트워크를 활용하라. 만일 당신에게 추천자가 있다면 채용될 확률은 커진다. 그래서 만일 당신이 실업이 놓이게 된 사실을 알면, 그때는 아는 사람에게 모두 전화를 걸어 일자리를 찾는다고 말을 해야 하는 시간이다. 친구들에게 일자리를 찾고 있다는 말을 하는데, 또는 소셜 미디어를 통해 일자리 탐색을 한다고 알리는 데 용기가 필요하지만, 당신이 새로운 기회를 찾는다는 사실을 사람들이 알도록 하는 것은 이익을 볼 수 있게 한다.

장기 실업을 피하라. 때로는 당신이 생각하는 만큼 그렇게 좋지 않은 일자리를 제안받을 수 있다. 일자리 찾기를 시작한 지 일주일밖에 안 됐다면 물리칠 수 있지만, 계속은 안 된다. 당신은 장기 실업의 낙인효과를 알고 있다(그래서 당신은 자신에게 그다지 맞지 않는 일자리라 하더라도 받아들일 정도로 낙인효과를 피하기를 원한다). 좋은 소식은, 결혼과는 달리 재직 중에도 보다 좋은 일자리를 계속 찾을 수 있다는 것이다.

함께 해보기

노동시장은 대부분 사람의 삶에 있어서 필수적인 부분이라, 당신은 생애 동안에 노동시장에서 판매자이자 구매자가 될 것이다. 당신은 매니저로서 직원을 채용하거나 또는 개인 생활에서 수도 파이프를 고치거나 아이를 돌보는 데 사람을 고용하면서 구매자가 된다. 자신을 위해서든 사업주를 위해서든 소득을 벌기 위해 일할 때는 당신은 언제나 판매자가 된다.

노동력의 구매자와 판매자로서, 실업은 당신의 삶에서 중요한 요소이고, 이는 당신 자신이 실업일 때만 그런 것은 아니다. 근로자로서, 현재의 일자리를 그만 두거나 또는 노동시장을 떠나서 시간을 보내는 기회비용은 당신이 원할 때 얼마나 쉽게 일을 찾을 수 있는가에 의해 좌우된다. 이것은 다시 당신이 얼마나 쉽게 승진하고, 얼마나 벌고, 때로는 얼마나 열심히 일하는가에도 영향을 미친다. 마찬가지로 사업주가 포지션에 맞는 적임자를 쉽게 찾는 능력과 좋은 근로자를 계속 보유할 수 있는 능력은 사업의 최종 결과에 심대한 영향을 미친다.

근로자와 일자리가 쉽게 매치될 수 있는 노동시장이라면 일자리를 찾거나 채우는 일이 더 쉬워진다. 즉, 마찰적 실업이 낮다. 그러나 높은 마찰적 실업은 사업주로서 필요에 따라 맞는 근로자를 찾기가 어렵다는 것을 의미한다. 당신이 사업에 집중하는 대신 직원을 찾는 데 자원(시간, 에너지, 돈)을 들여야 하는 것이다. 만일 일자리의 공석을 채우는 데 2개월이 걸린다면, 그것은 수입을 늘리는 데 도움을 주는 사람이 없는 2개월이 된다. 근로자로서, 높은 마찰적 실업은 당신의 시간과 에너지를 집으로 급여를 가져오는 대신 일자리를 찾는 데 쓰고 있음을 의미한다. 따라서 근로자와 사업주는 서로 매치하는 데 도움이 되는 기술과 정책으로 모두 혜택을 본다.

그러나 때로는 문제가 근로자와 사업주가 서로 찾을 수 없다는 것이 아니다(문제는 일자리가 충분하지 않다는 것이다). 노동조합과 규제와 같은 노동시장제도는 일자리가 있는 근로자를 보호하고 근로조건을 개선한다. 그러나 이런 것들은 사업주의 채용, 해고, 근로자에 대한 급여를 결정할 능력에 영향을 미치기 때문에, 기업의 채용결정에 영향을 주고 구조적 실업을 키우게 된다. 정책 결정자나 유권자로서 당신은 더 나은 근로조건과 더 많은 실업 사이에 존재하는 트레이드-오프에 대해서 어떻게 생각할지 결정해야 할 것이다.

이번 장은 경제가 잘 나갈 때도 끈질기게 지속되는 마찰적 그리고 구조적 실업, 즉 두 가지 실업에 초점을 맞추었다. 또 우리는 경제적 충격의 결과이고 경제의 자원 활용을 떨어뜨리는 경기적 실업에 대해서도 간단하게 다뤘다. 경기적 실업 기간 동안, 공장은 쉬고, 기계는 사용하지 않고, 근로자들은 불행하게도 옆으로 밀려난다. 우리는 제29장으로 넘어가 경기변동을 다룰 때 왜 그런 일이 발생하는지 집중할 것이다.

그러나 원인이야 무엇이든 간에, 실업은 결코 즐겁지 않고 근로자, 그들의 가족, 그리고 지역사회에 엄청나게 충격적인 결과를 가져올 수 있다. 우리 모두는 실업률의 어두운 그림자 속에서 일하기도 하고, 사람을 채용하기도 한다. 이것은 왜 실업이 아마도 그렇게 많이 들어보았을 거시경제의 이슈가 되고, 왜 거시경제학 공부에서 내내 실업을 다루는지 그 이유가 된다.

한눈에 보기

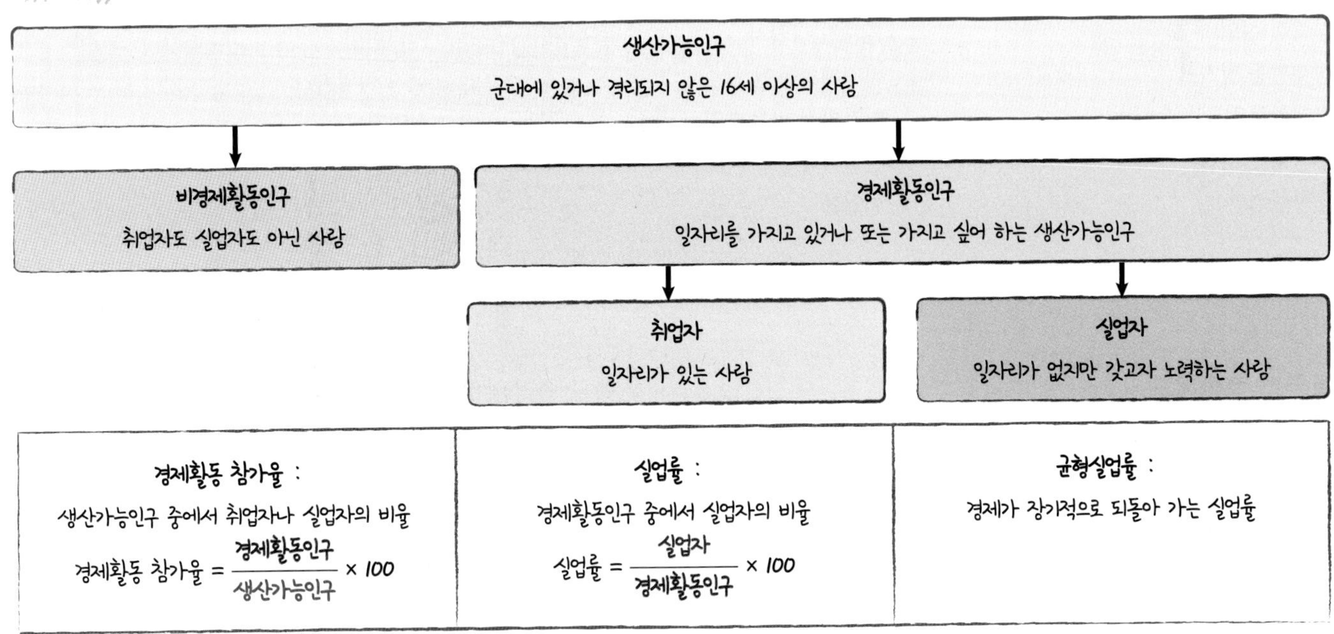

실업의 대안적 척도에도 포함되는

불완전 취업 : 일은 하고 있지만 좀 더 일하고 싶은 사람이나 일자리가 자신의 숙련을 제대로 이용하지 못하는 사람

경계 실업 : 일자리를 원하고, 지난해에 일자리를 찾고 있었으나 지금은 직장을 탐색하지 않아 실업으로 간주되지 않는 사람

비자발적 시간제 근로 : 풀타임으로 일하기를 원하나 풀타임 일자리가 없어 파트타임으로 일하는 사람

실업의 원인

	마찰적 실업	구조적 실업	경기적 실업
정의	사업주가 근로자를 찾거나 근로자가 일자리를 찾는 데 시간이 걸려 발생한 실업	임금이 노동 수요와 노동 공급이 균형에 도달하도록 떨어지지 않아 발생한 실업	경제의 일시적인 하강에 기인한 실업
원천	1. 일자리 탐색 자원 2. 스킬 미스매치 3. 실업보험과 다른 소득지원	1. 효율임금: 근로자의 생산성을 높이기 위한 고임금 2. 제도적 원인 • 노조 • 일자리 보호 규제 • 최저임금법	어떻게 해서 실업이 증가하고 감소하는가를 경기변동에 관련된 장에서 더 배우게 될 것이다.

실업의 비용

- 낮아지는 임금과 악화되는 경력 기회
- 영구적 실직은 장기 고실업에서 나온다.
- 세수는 줄고 정부지출은 증가한다.
- 실업은 외롭고 고통스럽다.
- 장기실업은 보다 더 나쁜 결과와 관계된다.
- 부모의 실업으로 아이가 고통받는다.

핵심용어

경계 실업자	마찰적 실업	실업자
경기적 실업	불완전 취업자	이력현상
경제활동 참가율	비경제활동인구	장기 실업자
경제활동인구	비자발적 파트타임	취업자
구조적 실업	생산가능인구	효율임금
균형실업률	실업률	

토론과 복습문제

학습목표 23.1 실업은 무엇이고 어떻게 측정하는지 이해한다.

1. 당신의 생활(또는 인기 TV쇼와 영화부터)에서 실업자, 취업자, 비경제활동인구인 3명의 사람을 생각해보라. 그들에게 이런 고용 상황으로 이끈 사건과 선택은 무엇이었는가?
2. 1950년대 이후 남성과 여성의 노동력 참가율의 추세에 기여한 세 가지 경제적 · 사회적 변화를 말하라. 이러한 변화들은 가정에서의 생산과 노동시장 사이의 트레이드오프에 어떻게 영향을 미쳤는가?

학습목표 23.2 사람들이 어떻게 일자리와 노동시장에서 나오고 들어가는지 안다.

3. 근로자와 사업주의 관점에서, 역동적 노동시장의 편익과 비용을 논하라.
4. 신문 인쇄업이나 오프라인 소매업과 같은 사양 산업에서도 온라인 구인 광고를 많이 볼 수 있는 이유를 설명하라.
5. 공식적인 실업률이 지난해에는 일자리를 찾고 있었으나 지금은 그렇지 않은 사람도 포함하는가? 그러한 척도의 실업률은 공식적인 실업률보다 좋거나 나쁜가?

학습목표 23.3 실업의 원인을 분석한다.

6. 균형 실업률은 무엇이고 왜 0이 되지 않는가? 설명하라.
7. 회사는 왜 근로자에게 현재의 시장 임금보다 더 많이 지급하려는가? 이런 경우 사업주, 근로자, 노동시장 전반에 끼치는 영향은 무엇인가?

학습목표 23.4 실업의 경제적 · 사회적 비용에 대해 공부한다.

8. 자이반은 아이가 두 명 있고, 일하던 공장이 문을 닫아 동료들과 함께 실업자가 된 자동차 근로자다. 자이반, 그의 가족, 그의 공동체에 대한 실업의 경제적 비용을 논하라.
9. 당신의 친구가 자신이 일하는 회사가 사정이 얼마나 어려운지 당신에게 말한다. 그녀는 일시 해고되고 그리고 해고가 가족에 줄 충격을 두려워한다. 당신은 그녀가 실업의 가능성에 대비하도록 어떤 충고를 해줄 것인가?

학습문제

학습목표 23.1 실업이 무엇이고 어떻게 측정하는지를 이해한다.

1. 사라, 알리카, 필립은 자신들이 일하던 기술창업기업이 다른 회사에 인수되면서 일자리를 모두 잃었다. 사라는 다른 풀타임 일자리를 찾는다고 몇 주일을 보낸 후, 간호조무사 자격을 따기 위해 학교로 돌아가기로 결심했다. 가능한 빨리 마치기 위해, 그녀는 그동안 일을 하지 않기로 했다. 알리카는 일자리를 잃은 후 곧 소매점에서 파트타임 일자리를 잡았으나, 풀타임 일자리를 잡으려고 계속 노력한다. 필립은 해고된 이후 5주 동안 일자리를 찾았으나, 청구서만 쌓이자 부모님 집의 지하층으로 옮겼다. 그는 마땅한 일자리가 없어 최근에 일자리 찾기를 포기했다. 사라, 알리카, 필립은 실업자, 취업자, 또는 비경제활동인구인가? 3명 중에 어느 누구가 실망 근로자인가? 각 사람은 실업률에 어떻게 기여하는가?
2. 다음의 미국 노동통계청 통계를 이용해, 2009년과 2018년의 경제활동인구의 규모, 실업률, 경제활동 참가율을 계산하라.

근로자 유형	2009년 사람 수	2018년 사람 수
생산가능인구	2억 3,600만	2억 5,800만
실업자	1,430만	6,300만
취업자	1억 4,000만	1억 5,600만

학습목표 23.2 사람들이 어떻게 일자리와 노동시장에서 나오고 들어가는지 안다.

3. 다음 각 사람의 노동시장에서의 신분을 결정하라. 만일 그들이 실업자라면, 그들은 장기 실업자로 간주될 수 있는가?
   a. 데메트리우스는 성우다. 그는 이번 주에 공연이 있지만, 다음 주에는 새로운 배역을 위해 오디션을 볼 것이다.

b. 알레잔드라는 해고된 후 풀타임을 일자리를 찾지 못해 소매점의 파트타임을 잡아야 한다. 남은 시간은 코딩을 배우는 데 쓰고 있다.

c. 캐서린은 그녀의 가족과 너무 먼 지역으로 재배치되어 일자리를 그만두었다. 그녀는 8개월 동안 일자리를 찾고 있지만, 지금까지 면접 요청이 없었다.

4. 미국 노동통계청의 통계로 만든 아래 테이블을 이용해 다음의 질문에 답하라.

유형	2019년 5월
민간 경제활동인구	1억 6,290만
취업자	1억 5,700만
실업자	590만
비경제활동인구	9,600만
경제활동인구의 경계 실업자	60만
비자발적 파트타임	440만

a. 2019년 5월의 실업률은?

b. 만일 경계 실업자를 실업자로 계산한다면, 2019년 5월의 실업률은 얼마인가?

c. 만일 비자발적 파트타이머를 실업자로 계산한다면, 2019년 5월의 실업률은 얼마인가?

d. 만약 이러한 계산을 오랜 기간 동안에 걸쳐 반복하고 통계를 그래프로 그린다면, 실업률의 변화는 비슷해질까 아니면 달라질까? 그 이유는?

5. 다음의 시나리오를 생각하고 각각에 대해서 공식적인 실업률에 미치는 영향이 무엇인지 설명하라.

a. 실업자가 실망하고 일자리 찾기를 중단한다.

b. 이전에 실업자인 사람이 풀타임 일자리를 원했지만, 파트타임 일자리를 찾는다.

c. 과거에 실망 근로자가 일자리를 찾는다.

d. 이전에 실망 근로자인 사람이 일자리를 찾아보는 활동을 다시 시작한다.

학습목표 23.3 실업의 원인을 분석한다.

6. 다음의 시나리오를 마찰적, 구조적, 경기적 실업의 사례로 분류하고, 당신의 대답을 설명하라.

a. 아만다는 막 컴퓨터 학위를 마쳤고 샌프란시스코에 산다. 그녀의 스킬에 관련된 일자리가 많지만, 자신에게 잘 맞는 일자리를 확실히 찾고 싶어 한다. 그녀는 취직하지 않은 채 샌프란시스코로 이동해 면접을 보는 동안 친구의 소파에서 잔다.

b. 어떤 식품 가공 공장이 임금을 경쟁 기업이 주는 것보다 50% 이상 올리기로 결정한다. 이들은 보다 꾸준하고 생산적으로 일한 근로자들이 많아진 결과 이직하거나 병가 휴가를 내는 근로자가 줄고, 또 식품의 변질도 낮출 수 있다는 사실을 안다. 그들의 경쟁 기업도 임금을 올림으로써 대응한다. 이러자 고임금의 혜택을 보려고 산업에 공급되는 노동의 양이 증가하고, 새로운 임금에서 사업주가 원하는 노동의 양보다 많다.

c. 리 웨이는 주택건설 회사를 소유하고 있다. 주택 시장에서 심각한 불경기 동안, 그는 많은 하청업자를 해고해야 한다.

d. 세 가지 실업 유형(마찰적, 구조적, 경기적) 중에서 임금이 균형 임금보다 위에 있어도 실업이 지속되는 유형은 어떤 것인가? 설명하라.

7. 다음의 각각이 마찰적 실업을 증가시키는지 감소시키는지 생각하라.

a. 링크드인은 알고리즘을 개선해 보다 효율적으로 사업주들과 그들이 원하는 경험과 숙련을 가지고 있는 근로자들이 접촉할 수 있게 한다.

b. 기술 분야에서 빠른 혁신은 기술 회사들이 새로운 제품을 개발, 관리, 서비스하는 데 필요한 스킬을 끊임없이 바꾼다는 것을 의미한다.

c. 실업보험 프로그램은 덜 관대해지고 있다.

8. 제인은 새로운 카페의 지배인이고 몇 명의 바리스타를 채용하고자 한다. 그 지역의 바리스타의 임금은 시간당 9.55달러다. 제인은 지역의 많은 커피숍이 바리스타의 직장 이동이 많아 '연락 두절(교대시간에 나타나지 않고 돌아오지도 않음)'되는 문제에 대해서 들었다. 제인은 시간당 9.55달러로 채용한다는 광고를 시작하지만, 마음을 바꾸어 임금을 시간당 11달러 지급한다고 광고를 올린다. 제인은 왜 9.55달러를 지급하고자 할까? 11달러(또는 9.55달러 이상)를 지급하는 이유는 무엇인가?

9. 다음의 그래프가 내슈빌에 있는 소매 관리자들의 노동시장을 보여준다고 생각하라.

a. 소매 관리자들의 균형 임금은 얼마인가? 균형 임금에서 얼마나 많은 소매 관리자가 고용되고 실업률은 얼마인가?

b. 테네시주 정부가 시간당 최저임금을 9달러로 정한다. 9달러에 얼마나 많은 소매 관리자가 고용되는가? 실업은 있는가?

c. 근로자들이 주 의회를 성공적으로 로비하고, 그래서 최저임금이 11달러로 오른다. 11달러에 얼마나 많은 소매 관리자에 고용되는가? 실업이 존재하는가? 만일 그렇다면, 이러한 근로자들은 마찰적 실업인가? 구조적 실업인가? 경기적 실업인가?

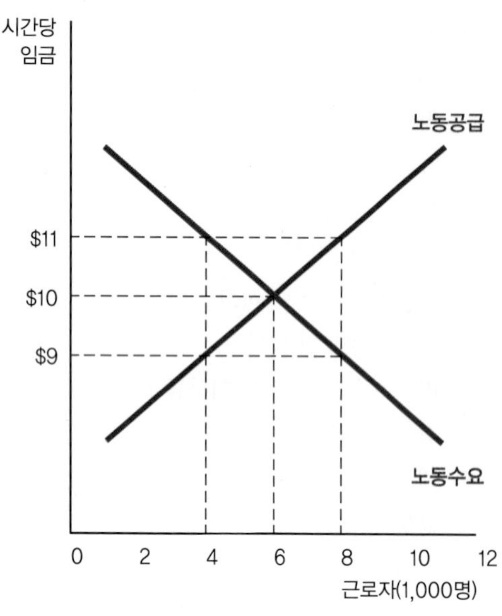

학습목표 23.4 실업의 경제적 · 사회적 비용에 대해 공부한다.

10. 경제침체는 수백만의 사람이 일자리를 잃게 한다. 어떤 산업에서는, 취업자인 근로자 또는 '인사이더'는 숙련을 계속 개발하고, 숙련이 낮은 '아웃사이더'가 취업될 수 있는 수준 이상으로 임금도 인상할 수 있다. 이력현상 때문에 균형 실업률에 어떤 문제가 발생한다고 예상하는가? 당신의 추론을 설명하라.

CHAPTER 24

인플레이션과 화폐

인플레이션은 코카콜라를 거의 망하게 했다. 한 세기 전에 코카콜라는 소다수 판매기를 통해 제품을 판매하던 신생기업이었다. 예리한 몇 명의 변호사들은 콜라를 병에 넣어 판매하는 것을 생각해냈다. 하지만 코카콜라의 기업주는 병에 넣은 콜라에 관심이 없었지만 그들이 원하는 만큼의 콜라 원액을 기꺼이 판매하였다. 코카콜라는 당시에는 막대한 이윤을 포함한 갤런당 92센트에 콜라 원액을 판매하는 계약을 체결하였다. 코카콜라는 영원히 이 가격에 콜라 원액을 제공하게 되었다.

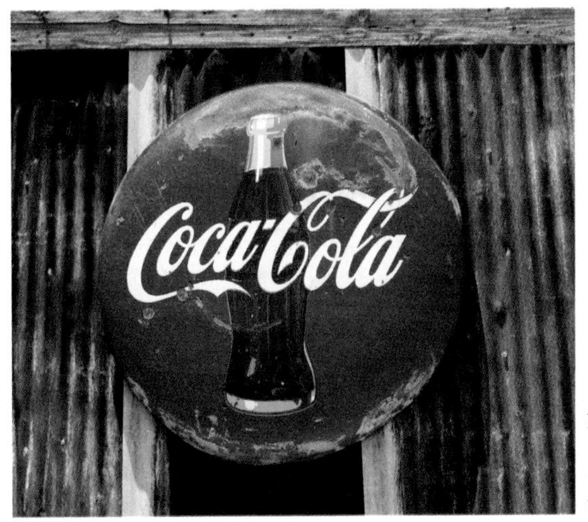

Alex Larson/Alamy

정말 변치 않는 광고

그 계약은 값비싼 실수였다. 가격은 인플레이션으로 시간이 지남에 따라 평균적으로 상승하는 경향이 있다. 시간이 지남에 따라 설탕, 임대료, 운송, 노동, 그리고 콜라를 만드는 데 들어가는 다른 모든 것들의 가격이 상승했다. 이는 콜라 원액을 만드는 데 들어가는 비용이 계속 오르고 있음에도 콜라 원액은 갤런당 92센트에 판매해야 하는 것을 의미했다. 1920년까지 코카콜라는 매일 2만 9,000달러의 손실을 보고 있었다.

이러한 재정적 압박에 직면하여 코카콜라는 원액 계약을 재협상하는 길을 찾았다. 그러나 코카콜라의 경영진은 인플레이션에 주의를 기울여야 한다는 폭넓은 교훈을 빨리 잊었다. 몇십 년 지나서 코카콜라는 인플레이션으로 인해 생산비용이 얼마나 증가할 것인지 고려하지 않아 다른 재정적 곤란을 겪었다. 이번에는 자판기가 5센트 동전만 가능한 것이 문제였다.

인플레이션이 다른 음료의 가격을 높게 올리고 있음에도 코카콜라 자판기는 여전히 5센트 동전만 가능했다. 대신 일부 자판기는 10센트 동전을 사용할 수 있게 개조할 수 있었다. 그러나 코카콜라 경영진들은 고객들이 100% 가격 인상은 지지하지 않을 것임을 알았다.

상황이 너무 심각해서 코카콜라의 회장은 그의 사냥 친구인 아이젠하워 대통령에게 정부가 7.5센트짜리 동전을 만들어줄 것을 요청했다(아이젠하워는 거절하였다).

코카콜라는 인플레이션의 영향을 잘못 판단했고, 이는 매우 값비싼 두 가지 실수로 이어졌다.

이 장에서 인플레이션을 분석하는 이유는 그들의 실수로부터 지식을 얻는 것이 필요하기 때문이다. 인플레이션이 어떻게 측정되는지, 그것이 어떤 영향을 미치고 왜 비용을 발생시키는지 공부할 것이다. 그 과정에서 코카콜라 경영진이 선택했던 것보다 더 나은 선택을 할 수 있는 시사점을 얻을 것이다.

목표

인플레이션율의 측정과 인플레이션의 결과를 평가한다.

24.1 인플레이션 측정
인플레이션과 인플레이션을 어떻게 측정하는지 이해한다.

24.2 다양한 인플레이션 척도
당면한 과제에 대하여 적합한 인플레이션 척도를 선택한다.

24.3 인플레이션 효과 조정
큰 결정을 내리기 전에 인플레이션의 영향을 파악한다.

24.4 화폐의 역할과 인플레이션의 비용
인플레이션 비용을 평가하여 화폐의 역할을 분석한다.

24.1 인플레이션 측정

학습목표 인플레이션과 인플레이션을 어떻게 측정하는지 이해한다.

사람들, 특히 노인들이 가격 상승에 대해 불평하는 것을 들어 보았을 것이다. 돌아설 때마다 거의 모든 것이 예전보다 비싼 것처럼 보인다. 가격이 계속 오르고 있어 저축하거나, 아이들을 대학에 보내거나, 은퇴를 준비하기가 어려워질까 봐 걱정한다.

그런 것들이 예전에 얼마나 저렴했었는지 이야기한다. 1990년에는 영화 티켓의 평균 가격은 4.23달러, 일반 휘발유 1갤런은 1.16달러, 바나나는 파운드당 0.46달러였다. 아! 옛날이 좋았다. 요즘은 그런 것들에 돈을 더 많이 내야 한다. 2019년 중반에 영화 티켓 비용은 9.01달러, 일반 휘발유 1갤런은 2.90달러, 바나나는 파운드당 0.58달러이다

인플레이션 전반적 물가 수준의 일반적인 증가

인플레이션(inflation)은 전반적인 물가 수준이 일반적으로 오르는 것을 일컫는다. 또한 인플레이션은 생계비가 오르는 것이라고도 한다. 1990년도에 비해 20달러로 더 적은 수의 영화 티켓, 휘발유, 바나나를 구입할 수 있음을 의미하기 때문이다. 결과적으로 인플레이션은 화폐의 구매력을 감소시킨다. 인플레이션 동안은 전년도에 샀던 것들의 동일한 수량을 사기 위해 더 많은 돈을 지불해야 함을 의미한다. 하지만 좋은 뉴스는 임금도 평균적으로 오른다는 것이다. 그러나 이는 구입할 수 있는 모든 것들을 계속 구매할 수 있는 만큼 임금이 충분히 올랐나 주의를 기울여야 한다는 것을 의미하기도 한다. 인플레이션과 인플레이션의 측정 방법을 살펴보자.

재화와 서비스 바구니의 가격

소비자물가지수(CPI) 소비자가 지불하는 재화와 서비스 바구니의 평균가격 변화 동향을 보여주는 지수

하나 이상의 인플레이션 척도가 존재하지만, 소비자로서의 삶에 적합한 인플레이션 척도는 **소비자물가지수**(the consumer price index, CPI)이다. CPI는 사람들이 오랜 시간에 걸쳐 일상생활에서 구매하는 상품에 대해 지불하는 평균가격의 척도이다. 좀 더 공식적으로는 소비자가 대표적인 재화와 서비스 바구니에 대해 시간이 지남에 따라 지불하는 평균가격을 추적하는 지수이다. 통계학자는 사람들이 일반적으로 구매하는 재화와 서비스의 품목으로서 그들이 기록한 것을 바구니라고 한다. 하나의 비유를 들자면, "결국 이발은 바구니에 포함될 수 없다."

CPI는 면밀하게 주시하는 지표이며, '인플레이션 상승' 또는 '인플레이션 하락'과 같은 경제 신문의 헤드라인은 일반적으로 CPI에 관한 것이다.

Romariolen/Shutterstock

재화와 서비스 바구니의 가격동향을 추적해보라.

인플레이션은 고정된 재화의 바구니의 백분율 변화이다. CPI는 가격이 평균적으로 얼마나 많이 변하였는가를 측정하는 것이지, 모든 가격이 동일한 크기로 증가하였다는 것은 아니다. 일부 가격은 다른 가격보다 더 많이 오르고 일부 가격은 심지어 내리기까지도 한다. 얼마나 많은 인플레이션이 발생하고 있는지 알아보려면 우리는 이 모든 가격변동이 어떻게 집계되는지 알아야 한다. 정부의 통계학자들은 일반적으로 소비자가 일상적으로 구매하는 쇼핑목록을 효과적으로 만들고, 조사자를 식료품점이나 소매점에 보내 리스트의 각 항목의 가격을 파악한다.

인플레이션율 평균가격 수준의 연간 변화율

재화 바구니의 가격은 경제의 평균가격 수준의 척도이다. **인플레이션율**(inflation rate)은 평균가격 수준의 백분율 증가를 의미하고, 다음과 같이 재화와 서비스 바구니 가격의 백분율 변화로 계산된다.

$$\text{인플레이션율} = \frac{\text{올해 가격 수준} - \text{전년도 가격 수준}}{\text{올해 가격 수준}} \times 100$$

바구니의 가격이 전년도 100달러에서 올해 102달러로 오른다면 인플레이션은 2%임을 의미한다. 이는 다음을 의미한다.

- 올해 가격은 전년도 가격보다 평균적으로 2% 높다
- 생계비가 작년보다 올해 2% 높다
- 1달러로 작년보다 2% 적게 구매할 수 있다

모든 가격의 변동이 인플레이션의 신호는 아니다. 가격이 일반적으로 상승하는 거시경제 현상인 인플레이션과 특정한 수요와 공급의 변동에 따른 개별재화 가격이 상대적으로 상승하거나 하락하는 미시경제 현상인 상대가격의 조정은 구별해야 한다.

소비자물가지수와 인플레이션 측정

이제 CPI가 무엇인지 알아보았으므로, CPI가 어떻게 구성되는지와 인플레이션의 측정에 어떻게 이용되는가에 대한 이해를 높여 본다. 소비자물가를 측정하는 정부기관은 노동통계국이다. CPI를 구성하기 위해 사람들의 무엇을 구입하며, 이를 위해 얼마를 지불하며, 시간이 지남에 따라 가격은 얼마나 변하는가를 알아야 한다. 이러한 네 단계를 자세히 살펴보자.

인플레이션 측정 :
1. 사람들이 구입하는 것 파악하기
2. 가격 수집
3. 바구니 비용 집계
4. 바구니의 가격변화 퍼센트로 인플레이션 계산

1단계 : 사람들이 일상적으로 구입하는 것 찾기. 정부가 가장 먼저 해야 할 일은, 평균적인 소비자가 구입하는 재화와 서비스를 나타내기 위하여 바구니에 어떤 품목을 넣을지와 각 품목을 얼마나 많이 바구니에 넣을지를 정하는 것이다. 이를 위해 BLS는 수천 명의 사람들을 대상으로 빵, 커피, 임대료, 이발, 의료비, 버스 승차료 등등에 얼마나 지출하는지 조사를 실시한다.

그림 24-1은 바구니에 무엇이 담기는지와 사람들이 대부분의 돈을 주거, 식품, 교통에 지출하고 있음을 보여준다. 지출 패턴이 좀 다르더라도 이 바구니는 미국인들의 평균 구매와 거의 일치한다.

각각의 카테고리는 다양한 상품을 포함한다. 주거에는 임대료, 전기, 연료, 수도 그리고 가구와 같은 생활비에 대한 지출들을 포함한다. 식품은 식료품, 가공식품, 레스토랑 음식 등을 포함한다. 교통은 신차와 중고차, 휘발유, 지하철 운임, 버스 승차료 등을 포함한다. 바구니는 돈을 지불하는 모든 것을 포함하기 때문에 물리적 물건(실제로 바구니에 넣을 수 있는)뿐만 아니라 서비스도 포함한다.

그림 24-1 | CPI 바구니

전형적인 가계의 지출 비중

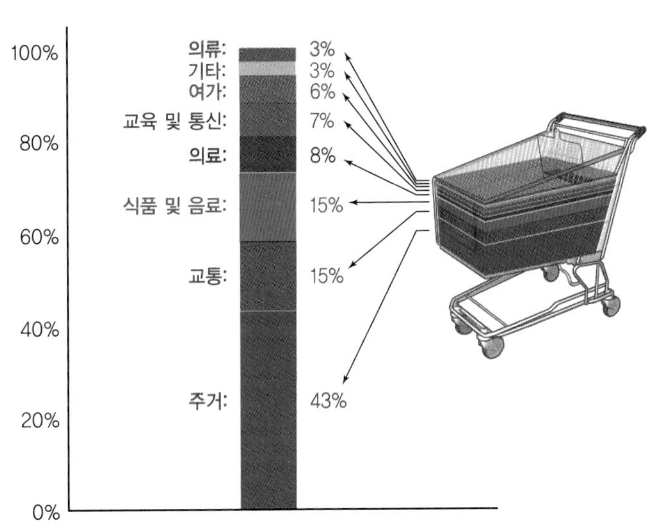

출처 : Bureau of Labor Statistics.

2단계 : 사람들이 쇼핑하는 매장에서 가격 수집하기. 재화와 서비스의 대표 바구니를 구성하고 바구니에 포함된 모든 품목을 구입하는 데 드는 비용이 얼마인지 파악한다. 이는 바구니에 포함된 수천 개의 재화와 서비스의 가격을 파악하는 것을 의미한다. 정부 조사원은 월마트에서 구멍가게에 이르기까지 수천 개의 소매점을 방문한다. 또한 온라인 판매점도 클릭하고, 의원에 전화도 걸고, 부동산의 임대료도 수집한다. 이렇게 수천 개의 재화와 서비스 가격을 전체적으로 파악한다.

3단계 : 재화와 서비스 바구니 가격 집계하기. 다음 단계는 다른 가격보다는 바구니에 포함된 품목들의 가격을 파악해서 재화와 서비스를 대표하는 바구니의 가격을 집계하는 것이다. 그림 24-2의 총계는 모든 가격의 단순 평균이 아닌 바구니의 평균가격을 보여주고 있다. CPI는 사람들이 많이 구입하는 품목에 비중을 더 부여하고 있다. 즉, 사람들이 평균적으로 차보다 커피를 다섯 배 더 구입하면, 바구니에는 커피가 차보다 다섯 배 더 많이 포함된다.

재화 대표 바구니의 달러 비용은 임의적이다. 물론, 특정 연도에 평균적으로 사람들이 지출한 금액을 파악할 수 있다. 만약 평균적인 사람이 아니라면 평균적인 사람의 바구니가 얼마나

그림 24-2 소비자물가지수

재화와 서비스 바구니의 가격

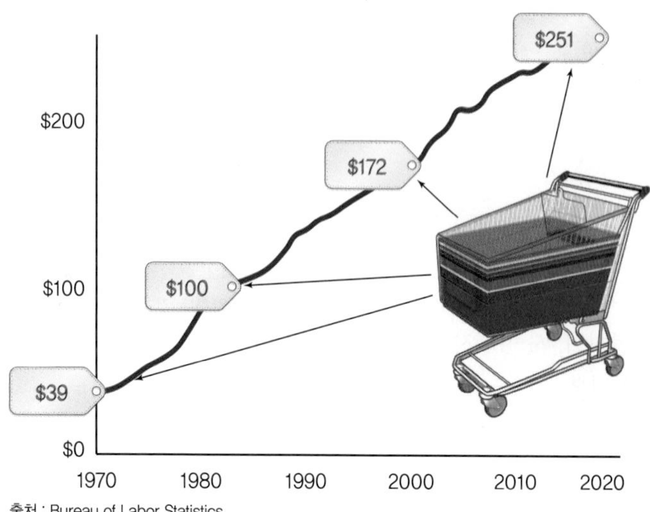

출처 : Bureau of Labor Statistics.

그림 24-3 인플레이션율

재화와 서비스 바구니 가격의 연간 변화

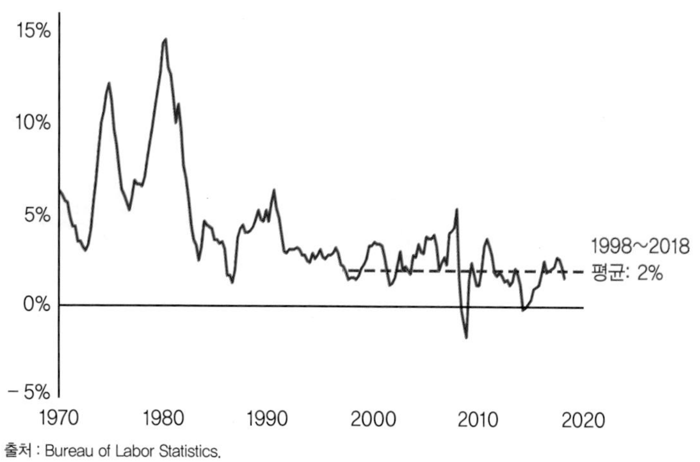

출처 : Bureau of Labor Statistics.

디플레이션 전체 가격 수준의 일반적인 감소

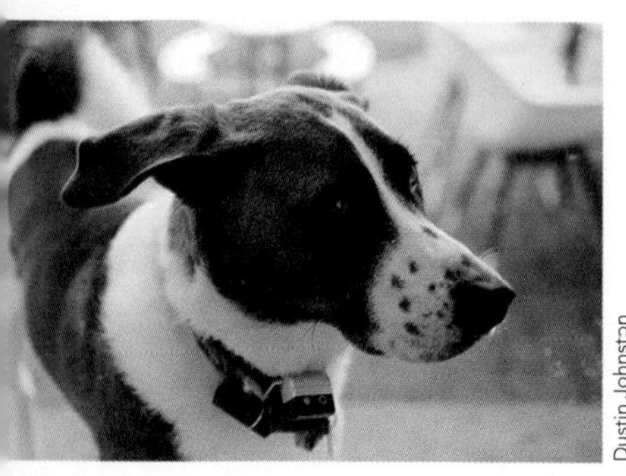

이 친구가 대단한 개 맥스이다.

큰지가 아니라 CPI를 통해 가격이 얼만큼 변했는지에 초점을 두고 파악해볼 수 있다. 그 결과, 정부 통계학자들은 임의의 연도(기준연도)에 구입비용이 100달러인 바구니를 지표로 삼고, 재화와 서비스 바구니의 정확한 비용 변화를 추적한다. 그림 24-2는 시간이 지남에 따라 이 바구니의 비용이 어떻게 변화했는지 그래서 평균가격은 얼마나 변했는지 보여준다.

4단계 : 인플레이션율 계산하기. 이제까지 어려운 것을 이해했다. 마지막 단계는 1년 동안 고정된 재화 바구니 가격의 백분율 변화를 기억하면서 인플레이션율을 계산하는 것이다.

그림 24-3은 1970년도부터 각 연도의 인플레이션율을 보여준다. 최근 몇십 년 동안 매해 인플레이션율은 약 2% 정도의 상대적으로 낮은 수준임을 보여준다. 그러나 1970년대 말 인플레이션율은 매우 높았고 어느 해는 10%를 초과할 정도였다. 2009년도에 경제가 심하게 하락했을 때 평균가격은 실제적으로 하락했다. 전반적 가격 수준의 일반적인 하락은 디플레이션으로 알려져 있다.

디플레이션(deflation)은 좋은 것 같지만 사람들이 재화와 서비스가 더 저렴해지는 것을 기다리기 위해 구입을 중단하므로 실제로는 경제에서 많은 문제를 안고 있다. 제34장에서 디플레이션과 정부가 이에 대응하기 위해 사용하는 수단에 대한 문제를 살펴볼 것이다.

경제학 실습

우리는 평균적인 미국 소비자의 인플레이션을 계산하는 법을 공부하였다. 이제 우리가 배운 것을 테스트해보고 인플레이션율을 계산해보자. 미국 평균 소비자들은 아주 다양한 재화와 서비스를 구입하기 때문에 이를 위해서는 엄청난 양의 데이터가 필요하다. 단순화하여 한 명의 평범한 소비자인 내 강아지 맥스가 경험하는 인플레이션율을 계산해보자. 맥스는 보통의 견종으로 보통의 취향을 가진 아주 예쁜 미국 강아지다.

1단계 : 맥스가 일상적으로 구입하는 것 찾기

맥스는 매일 아침과 저녁으로 작은 개밥 통조림을 먹고 이는 매년 730캔을 먹는다는 것을 의미한다. 그리고 매일 몇 스쿱의 개 사료를 먹고, 이는 매년 30파운드짜리 사료 여섯 포를 추가적으로 먹는 것을 의미한다. 매년 평균적으로 두 차례 수의사에게 진료를 받고 생일에는 몇 개의 개껌을 받는다. 이러한 맥스의 재화와 서비스 바구니의 품목은 그림 24-4의 첫 번째 행에 나열되어있다.

2단계 : 가격 집계

개밥, 수의사 진료, 개껌 가격을 파악할 필요가 있다. 2018년 한 해 동안 각각의 품목에 지불된 가격(두 번째 열)과 2019년의 가격(세 번째 열)이 그림 24-4에 나열되어 있다.

3단계 : 고정된 재화의 바구니 비용 집계하기

다음은 매해 맥스의 재화와 서비스 바구니의 총비용을 추가하는 것이다. 총지출은 개밥 캔,

그림 24-4 | 인플레이션 계산

1단계 : 개는 무엇을 사는가?	2단계 : 가격 수집		3단계 : 비용 집계	
맥스의 재화와 서비스 바구니	2018년 가격	2019년 가격	2018년의 비용 (=2018년 가격×수량)	2019년의 비용 (=2019년 가격×수량)
개밥 통조림 730캔	캔당 $1.80	캔당 $1.85	$1.80×730=$ 1,314	$1.85×730=$1,351
개 사료 6포대	포대당 $40	포대당 $41	$40×6=$240	$41×6=$246
수의사 진료 2회	1회당 $60	1회당 $65	$60×2=$120	$65×2=$130
개껌 2개	1개당 $10	1개당 $11	$10×2=$20	$11×2=$22
맥스의 바구니 비용			$ 1,694	$ 1,749

4단계 : 인플레이션율 계산 $= \frac{\$1,749-\$1,694}{\$1,694} \times 100 = 3.2\%$

개사료, 수의사 진료, 개 장난감에 대한 지출의 합이다. 개밥 캔을 개 사료보다 더 먹기 때문에 그 비중이 총비용에서 차지하는 비중이 높다. 그림 24-4의 맨 마지막 열에서 보는 것과 같이 이 재화의 바구니 비용은 2018년 1,694달러에서 2019년 1,749달러로 증가하였다.

4단계 : 인플레이션율 계산하기
대표적이고 고정된 개 소비 바구니의 비용은 2018년 1,694달러이고, 2019년 1,749달러이다. 따라서 인플레이션율은 $\frac{\$1,749-\$1,694}{\$1,694} \times 100 = 3.2\%$이다.

개의 인플레이션은, 사람의 소비 물건 가격보다 개의 소비 물건의 가격이 올랐기 때문에 사람의 인플레이션보다 약간 높다. 구입하는 물건의 인플레이션이 얼만큼인지 알고 싶다면, 구입하는 물건의 가격을 기록하고 시간에 따라 대응하는 가격의 변화를 파악한다. ■

실제 생계비 측정의 과제

CPI의 한 가지 목표는 생계비의 변화, 즉 주어진 삶의 질을 유지하는 데 지출의 증가가 얼마인가를 측정하는 것이다. 그러나 CPI는 불완전한 생계비 척도이다. 문제는 실제로 사람들은 종종 자신이 사는 바구니의 물건을 바꾸는데 CPI는 고정된 바구니의 가격 변화를 추적한다는 것이다. 사람들은 새로운 제품이 개발되고 재화와 서비스의 가용성과 가격이 다른 옵션에 비해 변화함에 따라 더 낮은 비용으로 주어진 삶의 질을 달성할 수 있도록 구입하는 것들을 바꾼다. 이와 같이, 이러한 구매 패턴의 변화 파악에 실패하면 생계비의 변화를 지나치게 과장하는 경향이 있다. CPI의 측정에 있어서 세 가지 관련 편차가 있으며, CPI가 생계비의 변화를 과대 평가하고 있음을 시사한다.

품질 개선은 가격 하락을 가릴 수 있다. 기업들은 그들의 제품을 개선하기 위해 끊임없이 노력하고 있지만, 우리는 품질 변화와 함께 오는 가격 변화에 대해 어떻게 생각해야 하는 것일까? 아이폰 XS 64GB는 2019년 999달러로 아이폰 첫 제품보다 66%나 가격이 올랐다. 그러나 첫 번째 아이폰은 최대 8GB의 저장 용량을 가지고 있었다. 유일한 차이는 저정용량이 아니었다: 아이폰 XS에서 프로세서 속도가 훨씬 빠르며, 화면이 더 크고, 배터리 수명이 더 길었다. 원래 아이폰에는 카메라가 있었지만, 그것은 매우 좋지 않았다: 저해상도, 저조도 기능이 없었고 전면 '셀피' 기능도 없었다. 만약 더 좋은 것을 가질 수 있다면, 가격 변화에 대해 어떻게 생각해야만 할까?

이런 것은 인플레이션을 측정하는 사람들이 일상적으로 직면하는 사안이다. 인플레이션을 정확하게 측정하기 위해서는 품질이 조정된 기준으로 가격 변화를 비교할 필요가 있다. 많은 경우에 있어서 정부 통계학자들이 그렇게 하려 시도한다. 그러나 모든 가능한 품질 개선을 설명하는 것은 불가능하기 때문에 측정된 가격 상승의 일부는 실제 생계비 상승보다는 측정되지 않은 품질 개선으로 인해 발생할 수 있다. 품질은 부분적으로만 통제되어 왔기 때문에, CPI는 조정에 반영되지 않은 품질 개선으로 인해 인플레이션을 과대평가한다.

giedre vaitekune/Shutterstock

사진을 찍는 것이 과거에는 비용이 훨씬 더 많이 들었다.

새로운 상품들은 삶을 더 나아지게 할 수 있고, 따라서 생계비를 줄일 수 있다. CPI는 2006년 출시 당시 아이폰 가격이 무한대에서(어떤 가격에도 그것을 살 수 없었다!), 2007년에 599달러로 떨어졌다는 사실을 무시한다. 이것은 사람들이 예전에 많은 돈을 써야만 했던 많은 재화와 서비스를 대체했기 때문에 생계비를 절감한 발명이다: 유선 전화 서비스와 자동 응답기, 시계와 계산기, 카메라, 필름 그리고 사진 현상, GPS 단말기와 아이팟, 신문과 잡지. CPI는 기존 상품의 가격 변화만 파악하기 때문에 신제품 도입에 따른 생계비 절감은 고려하지 않는다.

비록 예전에 이런 것들을 구매하지 않았었더라도, 오늘날 스마트폰을 구매하는 사람들은 이런 기술에 접근할 수 있기 때문에 더 나은 삶을 살고 있다. 아이폰이 도입되었을 때, 사람들은 다른 것들에 지출하던 예산을 아이폰으로 옮겼다. 아이폰에 599달러를 지출함으로써 얻는 한계편익이 다른 어떤 것보다도 높았기 때문이다(또는 그렇지 않았으면 비용-편익의 원리는 그들이 아이폰을 사지 않았을 것임을 알려준다). 노동통계국은 바구니 안의 제품이 새로운 제품으로 대체된 것을 대체 이전의 바구니와 비교하려 하지 않는다. 시간이 지나면서 노동통계국은 바구니에 새 제품(아이폰 같은)을 추가하고 다른 제품(아이팟 같은)을 제거하지만, 새 제품의 가격을 교체 제품과 비교하지는 않는다. 일단 그런 새 제품들이 대표적 개인의 재화와 서비스 바구니의 일부로 포함되면, 새로운 재화와 서비스의 가격 변화는 전체 가격 수준의 변화의 일부로 포함될 것이다. 그러나 새로운 상품이나 서비스의 발명으로 더 나은 삶을 살았다는 사실은 결코 CPI에 의해 설명되지 않는다. CPI는 기존 재화와 서비스의 가격 변화만을 파악하기 때문에, 우리가 새로운 상품의 발명으로 얻는 이득은 고려하지 않는다.

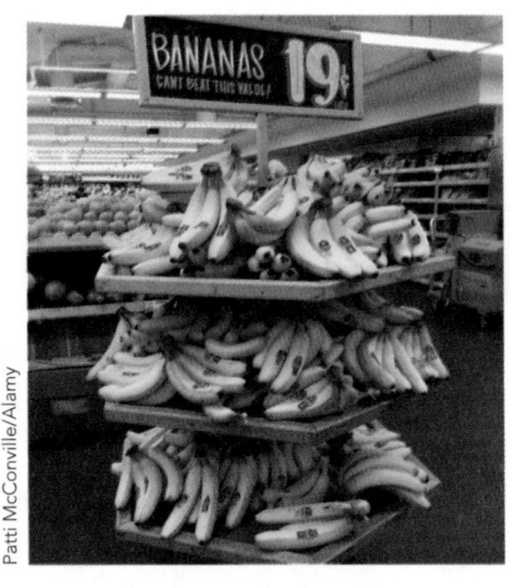

Patti McConville/Alamy

이것의 가격이 오르면 어떻게 하겠는가?

많은 것을 희생하지 않고도 돈을 절약할 수 있다. 가격이 오를 때마다 사람들은 실제 장바구니에 담긴 상품을 바꾸고 적응한다. 예를 들어, 바나나의 가격이 오르면, 오렌지나 아보카도로 대체해 구입할 수 있다. 같은 삶의 질을 달성하기 위한 더 저렴한 방법을 찾기 위해 장바구니에 있는 것을 대체한다. 고인플레이션 재화와 서비스를 저인플레이션 재화와 서비스로 대체하는 것은 좋은 전략이지만, 이러한 것은 또한 CPI가 평균적으로 인플레이션을 과대평가한다는 것을 의미한다. CPI는 고정된 상품 바구니의 가격을 측정하기 때문에 사람들이 아무리 비싸도 같은 수의 바나나를 계속 구입한다는 가정은 유효하다고 가정한다. CPI는 항목 간 대체를 반영하지 않는다. 이로 인하여 사람들의 실제 생계비 변화를 능가하는 인플레이션이 측정된다. 이것은 **대체 편향**(substitution bias)이라고 불리는데, 이는 사람들이 가격이 덜 오른 재화 및 서비스로 대체하기 때문에 발생하는 인플레이션의 과대평가를 말한다.

대체 편향 사람들이 덜 오른 재화로 대체하여 발생하는 인플레이션 과다 측정

대체 편향이 어느 정도인지 확실히 알기는 어렵다. 비록 더 비싼 바나나가 당신의 복지에 미치는 부정적인 영향을 최소화하기 위해 바나나를 오렌지로 대체했다고 할지라도, 여전히 부정적인 효과가 존재한다. 얼마나 큰가? 그것은 대체로 인해서 얼마나 상태가 더 나빠지느냐에 달려 있다. 그리고 그것은 개인적인 취향에 따라 달라질 것이다.

CPI는 사람들이 경험하는 인플레이션을 얼마나 과대 평가하는가? 경제학자들은 이러한 측정 문제가 얼마나 큰지에 대해 논쟁을 계속하고 있다. 주의 깊은 연구에 따르면 이러한 세 가지 편

향이 CPI가 증가하는 생계비를 매년 1% 가까이를 과대 평가하게 하고 있다고 한다. 이 중 대부분은 신제품과 측정되지 않은 품질 개선 때문이다. 연쇄 CPI는 인플레이션 측정에 있어 대체 편향을 수정하기 위해 매달 상품 바구니를 업데이트하도록 설계되어 있다. 연쇄 CPI(the Chained CPI)는 물가 상승률을 측정하는 것인데, CPI보다 평균 0.25%포인트 낮으며, 많은 경제학자들은 이것이 생계비 변화에 대한 좀 더 정확한 척도라고 주장한다.

24.2 다양한 인플레이션 척도

학습목표 당면한 과제에 대하여 적합한 인플레이션 척도를 선택한다.

인플레이션 데이터는 다음과 같은 다양한 작업에 사용된다. 생계비 조정에 대한 지침, 재정 및 경제 지표 조정을 위한 입력자료, 연방준비제도이사회(FRB) 정책 입안자들을 위한 지침서, 그리고 경제학자들이 경제가 어디로 가고 있는지를 예측하기 위해 사용하는 지표다. 각각의 역할은 약간 다른 인플레이션 척도에 의해 가장 잘 수행된다. CPI는 여전히 인플레이션의 가장 인기 있는 척도로 남아 있지만, 사실 그것은 특정 의사 결정자들의 요구를 충족시키기 위해 사용될 수 있는 몇 가지 물가지수 중 하나에 불과하다. 상이한 인플레이션의 척도는 상이한 재화 및 서비스의 바구니를 고려하고 있고, 따라서 상이한 과제에 유용하다.

소비자물가

지금까지 우리는 소비자들이 재화와 서비스를 구매할 때 지불하는 가격에 초점을 맞추었다. 소비자물가 상승률의 다양한 척도가 어떻게 다른지, 각각은 무엇에 유용한지 살펴보자.

CPI는 생계비 조정에 사용된다. CPI는 생계비 변화를 측정하는 가장 널리 받아들여지는 척도이다. 생계비 상승의 영향으로부터 스스로를 보호하려는 근로자들이 고용계약서에 CPI에 맞춰 임금을 자동으로 조정하는 지수 조항이 포함돼야 한다고 주장하는 것도 이 때문이다. 정부는 또한 증가하는 생계비에 보조를 맞추기 위해 사회 보장과 기타 지급액을 **지수화**(indexation)하여 자동으로 조정한다. 그리고 많은 정부 프로그램에 지원자격을 얻기 위한 소득상한액은 인플레이션을 감안하여 매년 자동으로 조정된다.

지수화 인플레이션에 연동하여 자동으로 임금, 편익, 과세등급 등을 자동 조정하는 것

통화 정책은 개인소비지출 디플레이터에 초점을 맞춘다. 연방준비제도의 주요 목표 중 하나는 낮고 안정적인 인플레이션 달성이다. 제34장에서 논의하게 되겠지만, 실제로 경제는 목표 인플레이션율 2%를 달성하도록 관리하려고 한다. 그러나 연준은 CPI에 초점을 맞추기보다는 개인소비지출 디플레이터(또는 PCE 디플레이터)의 관점에서 이 목표를 설정한다. 인플레이션에 대한 이 대안적인 척도는 약간 다른 재화와 서비스의 바구니를 기반으로 한다. 여기에는 당신이 소비하지만 당신이 직접적으로 지불하지 않는 항목도 포함되는데, 예를 들면 고용주 혹은 정부에 의해 지불되는 당신의 의료비 같은 것이다. PCE 바스켓의 재화와 서비스는 지속적으로 업데이트되기 때문에 (연쇄 CPI와 마찬가지로) 지출 패턴의 변화를 설명한다. 이것은 PCE가 CPI가 가지고 있는 대체 편향의 문제를 가지고 있지 않다는 것을 의미한다. 그림 24-5에서 보는 바와 같이 연준이 선호하는 PCE 인플레이션 척도는 CPI 인플레이션과 맞물려 움직이지만 대체 편향 수정으로 인해 낮아지는 경우가 많다.

경제 전망가들은 핵심 인플레이션에 초점을 맞추고 있다. 경제 전망가들이 인플레이션의 근본적인 추세를 찾을 때, 식품과 에너지를 제외한 대안적인 인플레이션 척도를 찾는다. 이런 척도를 핵심 인플레이션이라고 한다. 때때로 사람들은 식품과 에너지는 가장 중요한 구매 중 두 가

그림 24-5 | 같이 움직이는 인플레이션의 대안적 척도의 추이

출처 : Bureau of Labor Statistics and Bureau of Economic Analysis.

지이기 때문에 이것이 이상하다고 생각한다. 그것들은 중요하지 않기 때문에 제외되는 것이 아니라, 가격이 자주 바뀌고 더 넓은 인플레이션 추세를 파악하지 못하게 하기 때문에 제외된다.

농산물 수확으로 식품 가격이 오르내리고, 지정학적 긴장에 따라 유가가 급변한다. 이러한 변동성 있는 물가를 제외하는 것은 종종 근본적인 인플레이션 동향을 더 명확하게 읽을 수 있게 해준다. 그림 24-5에서 보여주는 바와 같이, 핵심 인플레이션은 대표 척도(CPI인플레이션)와 유사한 경향이 있지만, 약간 덜 반등한다.

기업물가

CPI는 일상생활에서 사람들이 경험하는 인플레이션을 측정하기 위해 고안되었다. 하지만 기업을 운영하고 있다면? 그러면 생산 공정에 투입되는 가격이나 생산물을 판매할 수 있는 가격에 대해 관심을 가질 것이다. 비슷하게, 만약 한 국가가 더 많은 생산량을 생산하는지 아니면 단지 더 높은 가격을 부과하는지 알고 싶다면, 생산되는 모든 재화와 서비스의 가격에 대한 인플레이션을 파악할 필요가 있다.

생산자물가지수 생산과정 투입물의 물가지수

기업이 체감하는 인플레이션은 생산자물가지수로 측정한다. **생산자물가지수**(producer price index, PPI)는 생산 공정에 투입되는 가격을 측정한다. 그것은 기업들에게 중요한 가격이 어떻게 변화하고 있는지 알 수 있도록 도와주기 때문에 유용하다. 또한 경쟁업체의 비용에 어떤 영향을 미칠 수 있는지 계속 관찰할 수 있기 때문에 유용하다. 거시경제적 관점에서 보면, 투입물가 상승으로 결국 기업들이 가격을 인상하게 되기 때문에 기업들이 직면하고 있는 인플레이션을 파악할 가치가 있다.

GDP 디플레이터 국내에서 생산된 모든 재화와 서비스의 물가지수

GDP 디플레이터는 생산되는 모든 상품과 서비스의 가격 상승에 대해 알려준다. 경제가 생산하는 것을 나타내는 달러 양을 조정할 때, **GDP 디플레이터**(GDP deflator)에 초점을 맞춰야 한다. 이것은 미국 경제가 생산하는 모든 것을 나타내는 재화와 서비스 바구니를 기반으로 계산되는 대체 물가지수이다. 이것은 샌드위치에서 잠수함에 이르기까지 우리가 만드는 모든 것의 가격을 설명해준다는 것을 의미하며, CPI와는 달리 자본재는 포함하지만 수입품은 제외한다. GDP 디플레이터는 명목 GDP를 실질 GDP로 전환하는 데 사용될 수 있기 때문에 특히 중요하다. 제21장에서 살펴본 바와 같이 실질 GDP는 고정 물가 수준을 사용하여 측정되므로 생산되는 수량의 변화를 물가 수준에서 분리한다. 이는 실질 GDP와 명목 GDP를 비교하여 GDP 디플레이터를 계산할 수 있음을 의미한다:

$$\text{GDP 디플레이터} = \frac{\text{명목 GDP}}{\text{실질 GDP}} \times 100$$

이제 인플레이션에 대한 다양한 척도들을 알아보았으므로, 인플레의 영향에 대한 조정으로 전환해보자.

24.3 인플레이션 효과 조정

학습목표 큰 결정을 내리기 전에 인플레이션의 영향을 파악한다.

버라이어티 잡지가 독자들에게 역대 최고의 스타워즈 영화 중 어떤 영화가 가장 좋은지를 묻는 여론조사를 했을 때, 거의 아무도 '스타워즈 에피소드 7: 깨어난 포스'에 투표하지 않았다. 그러나 달러로 환산하면 적어도 얼핏 보기에는 스타워즈 영화 중 가장 성공한 것으로 보인다. 2015년 미국에서 개봉했을 때 흥행 수입은 9억 3,700만 달러로 역대 어느 영화보다 많았다. 이런 측정에 의하면, '깨어난 포스'는 1977년 처음 개봉되었을 때 3억 7,000만 달러만을 벌어들인 오리지널 스타워즈보다 세 배 이상 성공을 거두었다.

하지만 팬들, 비평가들, 그리고 경제학자들은 스타워즈 원작('에피소드 4: 새로운 희망')이 훨씬 더 나은 영화였다는 것에 동의한다. 문제는 어둠의 세계가 이런 숫자를 왜곡했다는 점이다.

인플레이션의 포스는 '깨어난 포스'를 가장 인기 있는 스타워즈 영화인 것처럼 보이게 만들었다.

시간에 따른 달러 비교

여기서 어둠의 세계는 인플레이션이다. 물가 상승은 사실상 시간이 지나면서 달러 가치가 하락했다는 뜻이다. 그리고 이것은 다른 기간의 달러 금액들을 비교하는 것을 어렵게 만든다. 과거 금액은 오늘날의 달러보다 더 가치 있는 달러로 측정되기 때문이다.

가격 변화의 조정에 인플레이션 조정식을 사용하라. 공통 측정 기준을 사용하여 다른 시대의 달러 수량을 비교하면 더 나은 판단을 내릴 수 있다. 여기서 CPI가 유용하다는 것을 알 수 있다. CPI는 시간이 경과에 따른 평균가격 수준을 파악하므로, 이를 사용하여 과거(또는 미래) 달러 금액을 현재의 동등한 달러 구매력으로 전환할 수 있다.

이를 위해 당시의 달러에 현재 가격 수준과 당시의 가격 수준의 비율을 곱한다.

$$\text{현재의 달러} = \text{당시의 달러} \times \frac{\text{현재 가격 수준}}{\text{당시의 가격 수준}}$$

경제학 실습

이 공식이 어떻게 작동하는지 알 수 있다. 박스 오피스를 당시 달러에서 현재의 달러로 변환하면 된다(그리고 그림 24-6은 매년 가격 수준을 보여준다):

- '깨어난 포스'는 2015년에 출시되었으며, CPI가 237.0이었던 2015년에 9억 3,700만 달러의 수익을 올렸다. 현재(2018년)의 CPI는 251.1이다. 따라서:

$$\text{2018년 달러 수입} = \text{9억 3,700만 달러} \times \frac{251.1}{237.0} = \text{9억 9,300만 달러}$$

- 원작 스타워즈는 CPI가 60.6이었던 1977년 3억 700만 달러의 총수익을 올렸다. 그러므로:

$$\text{2018년 달러 수입} = \text{3억 700만 달러} \times \frac{251.1}{60.6} = \text{12억 7,200만 달러}$$

일단 인플레이션의 영향을 파악하면, 진실은 드러난다. 원작 스타워즈는 훨씬 더 인기 있는 영화였기 때문에 인플레를 감안한 수익이 더 많았다. 자, 이제 당신 스스로 몇 가지를 시도해 보자: 아홉 편의 스타워즈 영화의 박스 오피스 수입을 2018년 달러 수입으로 바꾸어보라.

그림 24-6 | 소비자물가지수

연도	CPI	연도	CPI
1977	60.6	1998	163.0
1978	65.2	1999	166.6
1979	72.6	2000	172.2
1980	82.4	2001	177.1
1981	90.9	2002	179.9
1982	96.5	2003	184.0
1983	99.6	2004	188.9
1984	103.9	2005	195.3
1985	107.6	2006	201.6
1986	109.6	2007	207.3
1987	113.6	2008	215.3
1988	118.3	2009	214.5
1989	124.0	2010	218.1
1990	130.7	2011	224.9
1991	136.2	2012	229.6
1992	140.3	2013	233.0
1993	144.5	2014	236.7
1994	148.2	2015	237.0
1995	152.4	2016	240.0
1996	156.9	2017	245.1
1997	160.5	2018	251.1

출처 : Bureau of Labor Statistics.

	영화	개봉 연도	개봉 연도의 CPI	박스오피스 집계(미국 개봉)	
				개봉 연도 가격 기준	2018년 가격 기준
오리지널 3부작	스타워즈 '새로운 희망'	1977	60.6	3억 700만 달러	
	제국의 역습	1980	82.4	2억 900만 달러	
	제다이의 귀환	1983	99.6	2억 5,300만 달러	
프리퀄 3부작	보이지 않는 위험	1999	166.6	4억 3,100만 달러	
	클론의 습격	2002	179.9	3억 200만 달러	
	시스의 복수	2005	195.3	3억 8,000만 달러	
	클론 전쟁	2008	215.3	3,500만 달러	
시퀄 3부작	깨어난 포스	2015	237.0	9억 3,700만 달러	
	라스트 제다이	2017	245.1	6억 2,000만 달러	

출처 : Box Office Mojo. ■

정답
12억 7,200만 달러, 6억 3,700만 달러, 6억 3,800만 달러, 6억 5,000만 달러, 4억 2,200만 달러, 4억 8,900만 달러, 4,100만 달러, 9억 9,300만 달러, 6억 3,500만 달러

실질변수와 명목변수

여기서 더 넓은 아이디어는 다른 기간의 달러 금액을 비교할 때 인플레이션이 비교를 왜곡할 수 있다는 것이다. 이는 흥행수입, GDP, 임금, 소득, 수입, 비용, 달러로 측정되는 모든 변수에 적용되는 시사점이다.

명목변수 (시간이 흐름에 따라 변동되는) 금액으로 측정된 변수

실질변수 인플레이션을 감안하여 조정된 변수

실질변수는 인플레이션에 맞춰 조정된다. 이런 이유로 경제학자들은 두 가지 유형의 척도를 구별한다. **명목변수**(nominal variable)는 시간 경과에 따라 값이 변동할 수 있는 달러(또는 다른 통화)로 측정된다. 결과적으로, 명목변수는 수량의 변화(영화를 보는 사람의 수)나 인플레이션(영화 티켓의 가격 변동)으로 인해 상승하거나 하락할 수 있다.

이와는 대조적으로, **실질변수**(real variable)는 인플레이션의 영향을 반영하여 조정된다. 다른 기간의 달러 금액을 오늘날의 달러 금액과 동일하도록 변환하여 명목변수를 실질변수로 변환할 수 있다.

사실, 거시경제학자들은 종종 변수를 기준 연도라고 불리는 특정 연도의 달러 금액으로 변환한다. 예를 들어, 실질 GDP 데이터는 2012년의 달러 금액으로 발표된다. 이는 2012년이 기준 연도임을 의미하며 다음과 같이 조정된다:

$$2012\text{년도 실질 달러 금액} = t\text{ 년도의 명목 달러 금액} \times \frac{2012\text{년도 가격 수준}}{t\text{ 년도 가격 수준}}$$

달러 금액을 올해를 기준으로 하거나 다른 연도를 기준으로 하여 어느 고정된 연도를 기준으로 달러 금액을 환산하면 평균가격 수준을 사실상 일정하게 유지하게 되는데, 이는 인플레이션의 영향을 제거했다는 것을 의미한다. 실질변수는 가격 변동에 영향을 받지 않기 때문에 수량의 변화에만 대응하여 변경된다.

실질변수에 초점을 맞춰야 한다. 실질변수가 중요한데, 그 이유는 특히 시간의 변화에 따라 비교할 때 실질변수는 기초가 되는 상충관계에 대해 더 나은 분별력을 제공하기 때문이다. 몇 가지 예를 들면 다음과 같다.

- 급여가 좋아지고 있는지 분석하려면 명목임금을 인플레이션 효과에 맞춰 조정된 실질임금을 분석해야 한다.
- 주식이 더 가치 있게 되었는지 여부를 평가하려면 명목 가치보다는 포트폴리오의 실질 부(wealth)에 초점을 맞춰야 한다.
- 영업직원이 더 나은 성과를 내고 있는지를 평가하려면 인플레이션에 따라 증가하는 명목 수익보다는 회사의 실질수익에 초점을 맞춰야 한다. 다음 사례 연구를 통해 살펴보자.

경제학 실습

2014년(CPI는 236.7이었다) 월마트의 연간 수입은 4,860억 달러였다. 2017년까지 월마트의 연간 보고서는 수익이 5,000억 달러로 증가했다고 제시했다(CPI는 245.1달러로 증가했다). 2012년을 기준 연도로 사용하여 월마트의 실질매출 증가율 계산하라(CPI는 229.6였다).

- 2014년 수입(2012년 기준) = 4,860억 달러 × 229.6/236.7 = 4,714억 달러
- 2017년 수입(2012년 기준) = 5,000억 달러 × 229.6/245.1 = 4,684억 달러

결국 실질수입은 4,714억 달러에서 0.6% 줄어든 4,684억 달러로 하락했다. ■

명목성장률에서 인플레이션을 뺀 값으로 실질성장률을 계산할 수 있다. 이 계산에는 상당한 노력이 필요했다. 다행히 제21장에서 배운 손쉬운 방법을 이용하면 실질성장률 계산이 쉬워진다. 비교적 작은 백분율 변경임을 상기하라(10% 미만의 변경):

$$\text{실질가치의 백분율 변화} \approx \text{명목가치의 백분율 변화} - \text{가격의 백분율 변화}$$

예를 들어, 2014년과 2017년 사이에 월마트의 명목수입은 2.9% 증가했고, 같은 기간 동안 CPI는 3.5% 증가했다. 따라서 월마트의 실질수입은 2.9%−3.5%=−0.6% 하락했다.

경제학 실습

2018년 평균 명목임금은 3.0% 증가했고, CPI는 2.4% 성장했다. 실질임금은 얼마나 증가했는가? ■

정답
실질임금 변화 퍼센트=명목임금 변화 퍼센트−가격변화 퍼센트=3.0%−2.4%=0.6%

실질이자율과 명목이자율

이제 이 모든 것이 저축이나 대출의 편익과 비용에 어떻게 적용되는지 알아보자. 보통 저축할 때 이자를 받고, 빌릴 때 이자를 낸다. 만약 연초에 100달러를 은행에 예금하고 은행이 5달러를 이자로 추가한다면, 연말에 105달러를 받게 될 것이다. 하지만 이것이 정말로 편익일까?

명목이자율의 수익을 측정한다. 추가 5%는 인플레이션의 영향에 대한 보정이 없는 명시된 이자율인 **명목이자율**(nominal interest rate)이다. 1년 동안 100달러를 사용한 대가로 수익으로 반영된다. 그 105달러로 구입할 수 있는 것에 따라 얼마나 더 이득인지 알 수 있다. 인플레이션이 가격을 3% 올려서 작년에 100달러이던 것이 103달러가 필요한 상황이라면 2달러가 이득이다.

명목이자율 인플레이션의 영향을 보정하지 않은 명시된 이자율

실질이자율은 그 돈으로 무엇을 살 수 있느냐에 초점이 맞춰져 있다. 1년 동안 100달러를 절약하거나 1년 동안 100달러를 대출하는 비용을 정확하게 측정하려면 인플레이션의 영향을 고려해야 한다.

실질이자율(real interest rate)이 무엇인가. 그것은 구매력 변화 측면에서 측정한 이자율이다. 그것은 얼마나 더 추가로 돈을 받을 것인가보다는 그 돈으로 살 수 있는 것에 초점을 두기 때문

실질이자율 구매력 변화 측면에서의 이자율, 명목이자율−인플레이션율

에 유용하다. 저축을 통해 얻을 수 있는 실질적인 혜택에 초점을 맞추고 있기 때문에 실질이자율이라고 부른다. 낮은 인플레이션율의 경우, 실질이자율을 계산하는 데 사용할 수 있는 간단한 방법이 있다.

$$\text{실질이자율} \approx \text{명목이자율} - \text{인플레이션율}$$

그래서 이 예에서 명목이자율은 5%였고 인플레이션률은 3%였으며 실질이자율은 5%−3%인 2%이다. 그래서 1년 동안 100달러를 저축하면 2달러가 이득이다.

화폐 환상의 극복

화폐 환상 인플레이션으로 조정한 금액 대신 명목금액에 초점을 두는 경향

깨어난 포스가 박스 오피스 기록을 깼을 때, 언론은 이 영화가 지금까지 만들어진 영화 중 가장 성공적이었다고 떠들었다. 이것은 **화폐 환상**(money illusion), 즉 명목 금액에 초점을 맞추는 (잘못된) 경향으로 당신을 인플레이션에 속게 만든다. 사람들은 실질변수보다는 명목변수에 초점을 맞출 때 값비싼 대가를 치르는 실수를 한다. 만약 당신이 배운 것을 화폐 환상에 의해 잘못된 결정을 내리는 것을 피하기 위해 사용할 수 있다면, 이 장을 읽는 것은 그 이상의 가치가 있을 것이다.

화폐 환상은 결정을 왜곡할 수 있다. 한 설문조사는 사람들에게 소득을 포함한 경제 전체의 모든 가격이 25% 상승할 경우 어떤 선택을 고려할 것인지를 조사했다. 특히 400달러에 살 계획이었던 가죽 의자가 현재 500달러가 든다면 어떤 선택을 할 것인지 물었다. 기회비용의 원리를 적용하면 의자 구입에 따른 기회비용은 변하지 않는다는 것을 알게 될 것이다. 그 돈을 쓸 수 있는 다른 모든 것들도 25% 더 비싸졌기 때문이다. 그러나 화폐 환상은 사람들로 하여금 그 의자의 더 높은 비용에 초점을 맞추게 했다. 그래서 응답자의 거의 5분의 2가 그 의자를 살 가능성이 더 적다고 말했다. 화폐 환상이 당신을 속여서 명목금액에 집중하도록 하지 말라. 그 대신에 진정한 기회비용에 주목하라.

화폐 환상은 가격을 잘못 매길 수 있다. 집을 팔 때는 호가를 정해야 할 것이다. 많은 주택 소유자들은 그들이 지불한 가격에 대해 생각하는 것으로 시작하지만, 화폐 환상은 인플레이션에 대해 조정하지 않고 명목금액으로 지불한 가격을 고려하게 한다. 평균 가격이 훨씬 낮았던 오래전에 집을 샀다면 그것은 아주 잘못된 기준일 수 있다. 인플레이션이 가격을 얼마나 올렸는지 파악하지 못해서 일부 주택 소유자들은 집을 수만 달러나 낮은 가격에 팔았다. 같은 실수를 하지 말아야 한다. 집값에 대한 가장 좋은 기준은 수년 전에 지불한 가격이 아니라 최근 이웃의 비슷한 집들이 팔린 가격에 초점을 맞추는 것이다.

명목임금의 경직성 명목임금의 삭감을 꺼리는 것

그림 24-7 | 명목임금 변화의 분포

명목임금 인상의 각각의 규모의 인구 비율

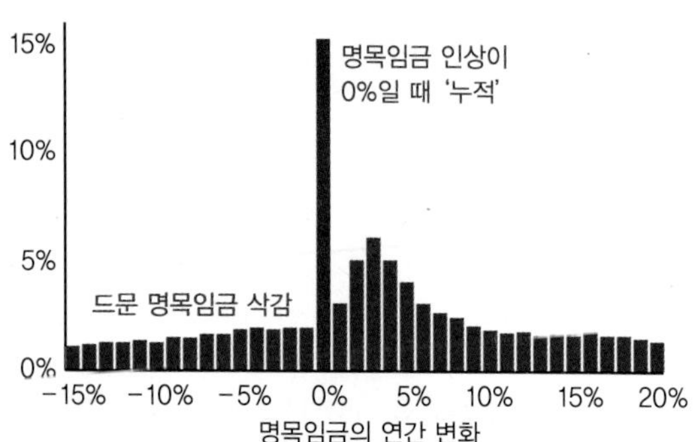

2017년 자료 출처 : Federal Reserve Bank of San Francisco.

화폐 환상은 명목임금의 경직성을 만든다. 사람들은 고용주가 임금을 삭감하는 것을 싫어한다. 불공평하게 느끼고, 원망한다. 영리한 경영자들은 이것을 이해하고 있다. 그래서 사업이 어려울 때에도, 그들은 **명목임금의 경직성**(nominal wage rigidity)이라고 알려진 패턴인 명목임금을 삭감하지 않고 유지하려고 노력한다. 그림 24-7에서 보는 바는, 미국 근로자들의 임금 인상 분포이다. 0%에 큰 폭의 누적(pile-up)이 나타나고 있는데, 이는 고용주가 임금을 삭감하기보다는 작년 임금을 고수하는 쪽을 택하는 경우가 많다는 것을 보여준다.

그러나 주의할 점은, 이러한 누적이 명목임금 상승률 0%에서 발생한다는 것이다. 금액으로 환산한 임금(금액 단위)이 삭감되지 않아 근로자들은 화폐환상으로 기분이 좋아졌다. 그러나 현실은 2%의 인플레이션과 함께 그들의 실질임금은 2% 감소했다.

일상경제학 실질임금 인상을 위한 협상을 통해 화폐 환상을 극복하는 방법

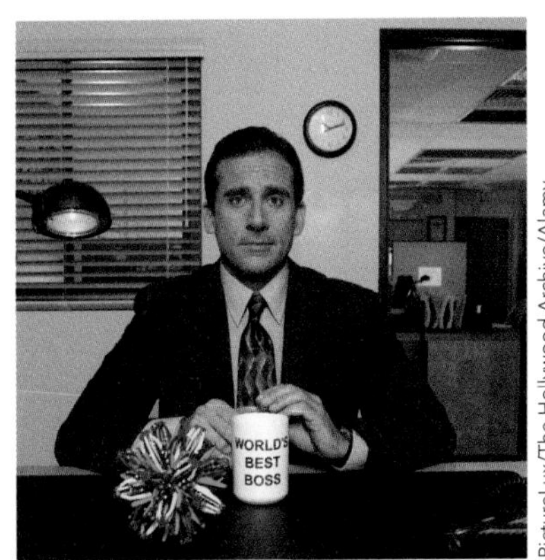

PictureLux/The Hollywood Archive/Alamy

그는 임금을 올려주고 싶어 하지 않는다.

몇 년 전 내 친구가 고용주와 임금 인상을 협상하다가 내 조언을 구하려고 손을 내밀었다. 그는 매년 10만 달러를 벌고 있었고 그의 상사는 계약 기간 5년 동안 5% 임금 인상 계약을 제안했다. 친구는 더 많은 것을 원했지만, 상사가 제한된 자금을 가지고 있다는 것을 이해했고, 그의 노력이 임금 인상으로 보상받는 것을 보고 기뻐했다.

하지만 그는 실질임금을 인상받지 못했다. 인플레이션이 매년 약 2%씩 지속되어 5년 동안 평균 물가 수준은 10% 정도 상승하는 반면 그의 임금은 그 절반 수준만 상승한 것이다. 물가가 10% 오르는 기간 동안 명목임금이 5% 오르면 고용주는 실질임금을 5% 정도 깎은 셈이다. 내 친구의 실수는 임금협상에서 현재 명목임금을 기준으로 생각한 것이었다. 그 기준점에 대비해서 명목임금의 상승은 희소식으로 여겨졌다. 대신에, 현재의 실질임금을 출발점으로 삼아야 한다.

그러므로 다음 임금협상에서는 인플레이션이 임금 가치를 떨어뜨렸다는 점을 강조하면서 고용주와 대화를 시작해야 한다. 가장 최근의 수치를 제시하고, 증가하는 생활비를 상쇄하기 위해 인플레이션에 기초한 조정을 기대한다고 제안해야 한다. 좋은 반론거리도 없으니 그들이 동의할 가능성이 높다. 이제 실질임금을 기준으로 삼았으니, 지난 1년 동안 열심히 일한 것에 대해 어떤 실질임금 인상을 받을 자격이 있는지를 대화 주제로 삼아야 한다. 성과가 좋았다면 대화도 잘될 것이다. 어떻게 되었는가? 친구에게 이런 협상안을 따르라고 권했는데, 결국 고용주가 처음에 제안했던 것보다 훨씬 더 큰 인상으로 협상은 끝났고, 그것은 인플레이션을 상쇄하기에 충분했다. 만약 그의 경험이 어떤 지침처럼 된다면, 당신도 그런 결과를 얻을 것이다. ■

24.4 화폐의 역할과 인플레이션의 비용

학습목표 인플레이션 비용을 평가하여 화폐의 역할을 분석한다.

사람들은 인플레이션을 정말 싫어한다. 인플레이션이 2% 미만이었을 때 실시된 한 조사에서 미국인 절반 이상이 인플레이션을 '매우 큰 문제'라고 말한 반면, 또 다른 미국인의 3분의 1은 인플레이션을 '적당히 큰 문제'라고 말했다. 경제학자들을 대상으로 한 조사에 따르면 그들은 인플레이션비용이 많이 든다고 생각하지만, 일반 대중보다는 덜 걱정한다. 우리는 일반 대중이 왜 인플레이션을 그렇게 걱정하는지, 그리고 경제학자들이 인플레이션의 진정한 비용이라고 믿는 것은 무엇인지를 고찰할 것이다. 하지만 우리는 화폐에 관한 이야기를 먼저 할 필요가 있다.

화폐의 기능

당신은 아마도 인생의 많은 부분을 돈에 대해 생각하거나, 돈에 대해 걱정하거나, 돈에 대한 꿈을 꾸면서 보냈을 것이다. 하지만 당신은 그저 앉아서 돈이 무엇인지에 대해 열심히 생각해본 적이 있는가? 지갑에 있는 지폐뿐만 아니라 당좌 예금, 벤모(미국 모바일 송금 서비스 제공 기업-역자 주) 계좌의 비트, 바이트도 마찬가지이다. **돈**(money)은 거래에 일상적으로 사용되는 모든 자산이다.

돈(화폐) 거래에 일상적으로 사용되는 어떤 자산

더 중요한 것은, 돈이 하는 일을 생각해보라. 그것은 세 가지 주요 기능을 제공하기 때문에 현대 경제의 필수적인 구성요소이다. 그것은 교환의 매개, 회계의 단위, 가치의 저장이다. 이것들을 차례로 살펴보자.

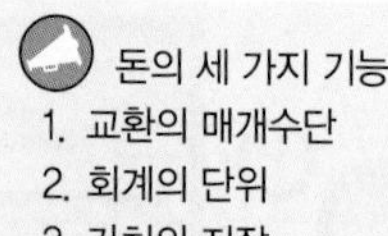

돈의 세 가지 기능
1. 교환의 매개수단
2. 회계의 단위
3. 가치의 저장

기능 1 : 돈은 교환의 매개수단이다. 물건을 사기 위한 교환의 수단으로 또는 고용주로부터 열심히 일한 대가를 받을 때 돈을 사용한다. 돈 같은 것이 없다면, 당신은 자신을 위해 필요한 모든 것을 만들어야 하거나, 아니면 물물교환 해야 할 것이다. 그러나 물물교환은 욕구가 이중으로 일치하는 경우에만 거래할 수 있는 제한을 가지고 있다. 우유를 원하면서 일치하는 여분의 빵을 가진 사람을 찾을 수 있을 때만 여분의 우유를 빵과 바꿀 수 있다.

돈은 이러한 제약을 없애주므로 전문화 기회를 창출할 수 있다. 전문 제빵사가 만든 신선한 빵, 중국 공장에서 제조된 스마트폰, 아마존 주식 등을 사기 위해 번 돈을 쓸 수 있기에, 자신의 실력이 가장 가치 있게 쓰이는 구체적인 일에 초점을 맞춘다. 널리 사용되는 교환의 매개수단이 없다면, 빵 몇 조각이랑, 지구 반대편에서 만드는 스마트폰이랑 온라인 기업 지분을 당신의 작고 작은 근무 시간과 교환해야 하는 악몽 같은 일이 벌어질 것이다. 돈만 있다면, 모든 게 편리하다.

그러나 돈은 널리 받아 들여져야만 효과적인 교환 매개수단이 될 수 있다. 그리고 그것은 판매자들이 돈을 받았을 때, 그 돈으로 나중에 합리적인 가격에 물건을 살 수 있다는 믿음을 가질 수 있는가에 달려 있는 것이다.

Aedka Studio/Shutterstock

회계의 공통 단위는 비교를 쉽게 만든다.

기능 2 : 돈은 회계의 단위이다. 돈은 또한 사람들이 경제적 가치를 측정하기 위해 사용하는 공통 단위라는 것을 의미하는 회계의 단위이다. 실제로, 거의 모든 건축가가 거리를 측정하기 위해 야드를 사용하듯이, 거의 모든 사람이 공통 단위로 달러를 사용하여 가격을 설명하고 부채를 기록하며 금융 계약서를 작성한다. 모든 것의 단위를 단일화하는 것은 유용하다. 기회비용의 원리를 적용하고 "또는 얼마?"라고 묻는 것이 더 쉬워지기 때문이다. 만약 사과가 파운드당 1달러이고 오렌지가 파운드당 1.25달러라면, 당신은 오렌지 1파운드를 얻기 위해 더 많은 사과를 포기해야만 한다는 것을 알고 있다.

거리를 측정할 수 있는 안정적인 계측 단위를 갖는 것이 유용한 것처럼, 경제적 가치를 측정할 수 있는 안정적인 회계 단위를 갖는 것도 중요하다. 이는 비교를 단순화하고 커뮤니케이션을 용이하게 한다. 건축가의 측정 줄자가 매일 축소되거나 확장된다면 더 이상 유용하지 않을 것이다. 화폐도 마찬가지다. 안정적인 회계 단위가 되려면 돈의 가치가 상대적으로 안정적이어야 한다.

gary corbett/Alamy

이런 방식으로 부를 저장할 수도 있지만, 정말 그러길 원하는가?

기능 3 : 돈은 가치의 저장 수단이다. 비 오는 날을 위해 돈을 저축할 때, 당신은 돈을 가치의 저장수단으로 사용하고, 구매력을 하루 더 저장한다. 은퇴 후 소비할 재화와 서비스가 있는지 확인하고 싶은가? 당신은 오늘도 돈을 벌고, 저축하거나 저금하고, 미래에 그것을 사용하여 물건을 살 수 있다. 금괴, 미술품, 통조림 등을 보관하는 것과 같이 미래로 부를 이전하는 다른 방법들이 있기는 하지만, 이들 모두는 좋은 가치 저장수단이 아니다. 금값은 많이 변동하고, 미술품은 보관하기 어렵고, 통조림 식품은 유통기한이 지나면 그 가치를 잃는다.

돈은 저장하기 쉽고 시간이 흘러도 그 가치를 안정적으로 유지할 수 있을 때 가치의 저장 수단으로 성공적인 기능을 할 것이다.

인플레이션은 화폐의 생산적 편익을 저해한다. 돈은 엔진을 효율적으로 작동시키는 윤활유처럼 경제에서 생산적인 역할을 한다. 인플레이션이 낮고 안정적일 때, 돈은 세 가지 기능을 잘 수행하고, 경제 엔진은 잘 기능한다.

그러나 인플레이션이 높거나 예측할 수 없을 때 문제가 발생한다. 만약 가격 상승이 오늘 지갑에 넣은 100달러가 다음 주에 반밖에 구매하지 못한다는 것을 의미한다면 돈을 가치의 저장수단으로 사용할 의향이 줄어들 것이다. 화폐는 가치가 불확실할 때 덜 효과적인 회계의 단위가 되기도 한다. 달러로 표시된 가격이 1달러의 가치가 얼마인지 확신할 수 없을 때 의미가 약해지기 때문이다. 만약 돈이 합리적인 삶의 질을 가져다줄지 확신할 수 없다면, 고용 계약에 미래 임금을 화폐로 표기하는 것을 꺼려 할 것이다. 치솟는 인플레이션은, 돈이 가치를 잃기 전에 손수레에 돈을 가득 싣고 손에 가득 돈을 집어 써야 하는 만큼 교환의 매개수단으로서의 돈의 역할을 손상시킬 수 있다. 마찬가지로, 치솟는 인플레이션은 판매자가 돈을 쓸 수 없을 것을 두려워하여 돈을 더 이상 받지 않게 할 것이다.

이처럼 인플레이션이 돈을 효과적이지 않은 경제적 윤활유로 만들면 전체 경제 엔진이 멈추게 할 수도 있다.

초인플레이션 비용

인플레이션에 의해 부과되는 비용은 **초인플레이션**(hyperinflation)이라고 불리는 매우 높은 인플레이션율에서 최악의 케이스를 가장 잘 보여준다. 높은 인플레이션률과 초인플레이션 사이에 정확한 컷오프는 없지만, 적어도 몇 달에 한 번씩 물가가 두 배 이상 오른다고 생각해보라. 다행히 초인플레이션은 드물다. 가장 유명한 예 중 하나는 가격이 며칠에 한 번씩 두 배로 올랐던 1922~23년의 혼란스러운 독일 초인플레이션이다!

초인플레이션 극단적으로 높은 인플레이션율

불행하게도 초인플레이션은 현대에도 현실로 계속 발생하고 있다. 최근 베네수엘라는 초인플레이션으로 고전하고 있다. 그림 24-8에서 보는 바와 같이, 맛있는 지역 커피 음료인 카페오레의 가격이 2016년 중반 450볼리바르에서 2년이 채 지나지 않아 80만 볼리바르까지로 치솟아 연간 수천 퍼센트의 인플레이션률로 측정되었다.

그림 24-8 | 베네수엘라의 카페오레 가격

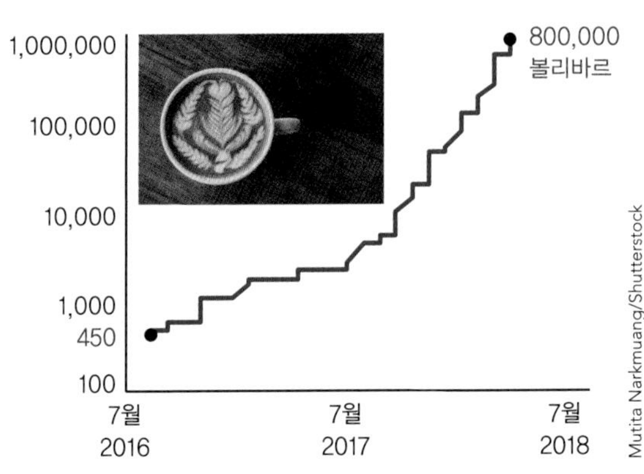

출처 : Blomberg.

초인플레이션은 삶의 대부분의 측면을 더 어렵게 만든다. 몇 년 전이면 집을 샀을 한 상자의 볼리바르화로 이제 더 이상 계란 한 상자도 살 수 없다. 그 화폐는 너무 가치가 없어져서 가게를 약탈하러 온 도둑들은 20볼리바르 지폐를 주워갈 만한 가치가 없다고 생각했기 때문에 수십 장의 지폐를 남겨두었다.

베네수엘라의 경험은 초인플레이션이 초래한 물류적 어려움이 어떻게 일상생활을 지배하게 되는지 잘 보여준다. 2016년 말, 최고액권인 100볼리바르는 1센트 미만의 가치가 되었다. 정부는 훨씬 더 높은 가치의 지폐를 인쇄하는 것으로 대응했다. 그러나 인플레이션은 훨씬 더 빠르게 진행되었고, 곧 새로운 10만 볼리바르 지폐도 1센트 미만의 가치가 있게 되었다. 그 결과, 어떤 것을 사려면 엄청난 양의 현금이 필요했다. 지갑은 충분한 현금을 넣을 수 없기 때문에 사람들은 지폐 뭉치를 배낭에 채워 넣어 다니기 시작했다. 한 가게 주인은 지폐를 세는 대신 치즈 무게를 재는 데 사용하는 저울로 지폐 무게를 잰다고 말했다. 은행 지점들은 정기적으로 돈이 바닥난다. 이 모든 것은 현금 자동인출기에 엄청난 피해를 초래했다. 그중 일부는 3시간마다 다시 채워져야 하기도 했다. 어떤 사람들에게는, 현금을 구할 수 있는 유일한 방법은 인출 한도가 너무 낮은 긴 ATM 라인에서 기다리는 것이었는데, 인출한도가 너무 낮아서 버스 몇 번 승차할 정도의 현금밖에 얻을 수 없었다. 일부 매장은 신용카드로 구입하는 고객에게 현금을 판매하는 방식으로 지폐 결핍에 대응하였다. 그러나 수수료는 매우 높았고 10만 볼리바르 지폐를 얻기 위해 18만 볼리바르를 신용카드로 지불해야 했다.

초인플레이션은 돈의 모든 기능을 잠식한다. 초인플레이션은 볼리바르의 가치의 저장수단 기능을 파괴했다. 실제로, 이 볼리바르는 너무 빨리 그것의 가치를 잃어서 베네수엘라 사람들은 경쟁적으로 그것이 가치가 없어지기 전에 그들의 현금을 썼다. 현금을 구하는 데 필요한 번거

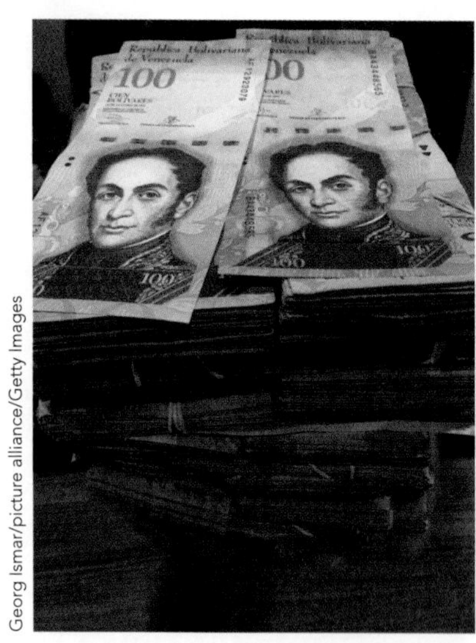

Georg Ismar/picture alliance/Getty Images

미화 2달러보다 가치가 더 적은 베네수엘라의 거대한 볼리바르 다발

로움 또한 볼리바르를 나쁜 교환의 매개수단으로 만들었다. 대신 사람들은 해결 방법을 찾아냈다. 물물교환이 더 흔해졌다. 택시 운전사들은 현금 대신 담배를 가져갔고, 5개의 바나나와 2개의 달걀로 이발을 할 수 있었고, 사람들이 치약, 아기 분유, 그리고 다른 필수품들을 교환할 수 있는 페이스북 페이지가 생겨났다. 연줄이 좋은 사람들은 베네수엘라 볼리바르 대신 미국 달러를 사용했다. 아메리칸 항공은 그들의 고객들에게 외국 신용카드를 사용하여 비행기표를 온라인으로 사도록 강요하면서 베네수엘라에서 출발하는 항공편의 항공권을 볼리바르로 구입하는 것을 거부했다. 이런 혼란 속에 베네수엘라에는 믿을 만한 회계의 단위가 없었다. 법적으로 계약서를 볼리바르로 작성해야 하는 부동산에서도 중개업자들은 달러화로 표시된 집값을 게시하기 위해 비밀번호로 보호되는 웹사이트를 개설하였다.

베네수엘라의 초인플레이션은 돈이 더 이상 원래대로 작동하지 않을 때 경제 생활의 모든 측면이 더 어려워지는, 초인플레이션의 모든 경우에서 발생하는 문제를 적절하게 보여준다. 어느 베네수엘라 사람이 말했듯이, "은행 ATM에서 돈을 꺼내거나 커피를 사거나 택시를 타는 등 너무나 간단한 일이 생존 경쟁이 되었다". 초인플레이션이 베네수엘라의 유일한 문제는 아니다. 여기에 엄청난 수준의 부패와 잘못된 조치와 동요가 추가되면서, 그 결과는 경제 불황, 광범위한 빈곤, 그리고 석유 매장량이 많은 나라에 살고 있음에도 불구하고 수백만 명의 사람들이 굶주려야 하는 인도주의적 재앙이었다.

예상된 인플레이션의 비용

초인플레이션은 높은 인플레이션율의 비용을 보여주지만, 이것은 극단적인 결과임을 상기할 필요가 있다. 인플레율이 적당히 높을수록 비용도 적당히 높다. 또 다른 극단에서 일부 경제학자들은 미국이 목표로 하는 2%의 인플레이션률은 거의 비용을 부과하지 않을 정도로 물가 안정에 가깝다고 주장한다. 그러나 인플레이션이 약간 더 높아지면(평균 7%이고, 최고 14%까지 상승했던 1970년대처럼) 지장을 초래할 것이다. 먼저 예상된 인플레이션이 왜 비용을 많이 유발하는가에 대한 분석을 고찰한 다음, 예상치 못한 인플레이션으로 발생하는 추가 비용을 살펴보자.

비용 1 : 인플레이션은 판매자들을 위한 메뉴 비용을 발생시킨다. 매년 가격을 몇 번이나 바꿀지 결정해야 하는 매니저의 입장이 되어보라. 한계의 원리는 가격을 한 번 더 올려야 할지 묻는 것이 더 간단하다는 것을 상기시켜준다. 비용-편익의 원리는 다음과 같다. 만약 그렇게 함으로써 얻는 한계편익이 한계비용을 초과한다면 오늘 가격을 조정하라. 가격을 올리는 레스토랑에 들어가는 비용은 새로운 메뉴를 인쇄하는 것이고, 경제학자들이 가격을 조정하는 데 드는 한계비용을 **메뉴비용**(menu cost)으로 설명하는 이유이다.

메뉴비용 가격 조정의 한계비용

가격을 조정함으로써 얻을 수 있는 한계적 이점은 증가하는 투입 비용을 가격으로 전가한다는 것이다. 인플레이션이 높을수록, 그리고 비용이 더 빨리 증가할수록 가격 조정의 한계편익은 더 커진다. 결과적으로 높은 인플레이션은 더 빈번한 가격 조정으로 이어진다.

인플레이션은 기업들이 메뉴판 재인쇄, 가격표 조정, 자동판매기 재프로그래밍에 귀중한 자원을 더 자주 투입하게 하므로 비용이 많이 든다. 이러한 비용은 인플레이션으로 인해 돈이 불안정한 회계 단위로 바뀌기 때문에 발생한다. 즉, 가격은 달러로 표시되지만 그 달러는 가치가 옛날보다 더 적다. 그래서 작년의 가격은 올해 더 이상 적합하지 않다.

비용 2 : 인플레이션은 구매자들에게 구두창 비용을 발생시킨다. 다음으로, 인플레이션이 돈과의 관계에 어떤 영향을 미칠지 생각해보라. 현금인출기에 갈 때마다 당신은 얼마나 많은 돈을 인출할 것인지, 그리고 얼마를 당신의 계좌에 맡겨야 하는지를 결정해야 한다. 이것은 '얼마나 많은'의 문제이기 때문에 한계의 원리는 1달러를 더 인출할 것인가에 대한 간단한 문제에 초점을 맞추라고 말한다. 비용-편익의 원리는 그렇다, 한계편익이 한계비용을 초과할 경우 추가 달러를 회수하라. 여분의 달러를 인출하는 것의 한계적 이익은 물건을 살 때 사용할 수 있는 더 많은 현금을 지갑에 가지고 있는 편리함이다. 한계비용은 기회비용의 원리에서 나온 것인데, 이는 당신이 인출한 모든 달러가 인출되지 않으면 당신의 저축예금계좌에서 실제 이자를 받는다는 것을 상기시켜준다. 인플레이션에 또 다른 비용이 추가된다. 물가가 오르면 지갑에 있는 현금도 가치가 없어진다. 베네수엘라는 이번 주에 지갑에 있는 10만 볼리바르 지폐가 다음 주에 반밖에 살 수 없기 때문에 이 비용이 큰 문제이다. 인플레이션이 높을 때, 돈을 보유하는 한계비용이 높아서 사람들이 돈을 덜 보유하게 되는 것이다.

Marco Bello/Reuters/Newscom

현금을 구하려고 기다리고 있는 베네수엘라 사람들

인플레이션이 지폐의 가치를 잠식하는 것처럼, 그것은 또한 당신의 벤모나 당좌예금 계좌 잔액의 가치를 잠식한다. 그래서 인플레이션은 또한 당신이 이러한 다른 형태의 돈을 덜 보유하도록 이끌 것이다. 많은 베네수엘라 사람들이 발견했듯이, 그것은 당신이 은행에 더 자주 방문해야 한다는 것을 의미하고, 당신이 필요한 만큼만 돈을 인출하고, 그것을 빨리 쓰려고 서두를 필요가 있을 것이다. 이 작업에 소요되는 시간과 노력을 **구두창 비용**(shoe-leather cost)이라고 하는데, 이는 시내를 뛰어다니다가 발생하기 때문이다(구두창이 닳아짐) 구두창 비용은 인플레가 가치의 저장고로서의 화폐의 기능을 저해하기 때문에 발생하며, 사람들은 자신의 부를 그 가치가 더 잘 유지되는 자산에 넣어두기 위해서 값비싼 조치를 취할 수밖에 없다.

구두창 비용 현금 보유를 피하기 위해 발생한 비용

예상치 못한 인플레이션의 비용

지금까지 우리는 모든 사람들이 인플레이션이 발생할 것으로 예상할 때 발생하는 비용을 고려해왔다. 인플레이션이 예상보다 높거나 낮을 때 발생하는 추가 비용이 있다.

비용 3 : 인플레이션은 물가가 보내는 신호를 혼란시킨다. 미시경제학은 물가가 경제활동을 조정하는 데 핵심적인 역할을 한다고 가르친다. 퀴노아 같은 개별 상품의 가격 인상은 구매자들이 퀴노아를 정말로 원한다는 신호이다. 가격은 이 정보를 퀴노아 생산자들에게 전달한다. 그들은 퀴노아 생산자들에게 그것을 생산 확대를 위한 동기로 본다. 대조적으로, 거시경제학은 인플레이션이 모든 물가를 상승시킬 때, 산출물의 높은 가격이 투입물 가격의 동일한 상승과 일치하기 때문에 생산을 확장할 이유가 없다고 가르친다.

Ildi Papp/Shutterstock

퀴노아의 수요가 증가하여 가격이 오른 것인가? 인플레이션으로 그런 것인가?

문제는 퀴노아 가격이 오르면 그만큼 가격이 오른 것이 퀴노아 수요 증가 때문인지, 예상치 못한 인플레이션율 폭발 때문인지 생산자들이 파악하기 힘들 수 있다는 점이다.

이로 인한 혼란으로 인해 일부 관리자들은 예상치 못한 인플레이션에 대응하여 생산을 확대할 것이지만, 나중에 비용이 상승했기 때문에 실수였다는 것을 알게 될 것이다. 다른 때에는 그들의 제품에 대한 수요가 증가했을 때 그들은 생산을 확장하지 못할 것이다. 그들은 높은 가격이 예상치 못한 인플레이션의 폭발을 반영한다고 잘못 추측했기 때문이다. 이러한 실수는 인플레이션이 회계 단위로서 달러의 안정성을 저해하기 때문에 발생하며, 이러한 불안정은 가격이 보내는 신호를 교란시킨다.

일상경제학 **학점 인플레이션의 비용**

1950년, 하버드의 평균 성적은 대략 C+였다. 요즘은 A-이다. 이는 '등급 인플레이션'의 광범위한 추세를 보여주는 대표적인 예이다. 그리고 그림 24-9는 많은 대학교가 점점 더 관대

그림 24-9 | 거의 모든 대학의 평균학점의 상승

평균학점

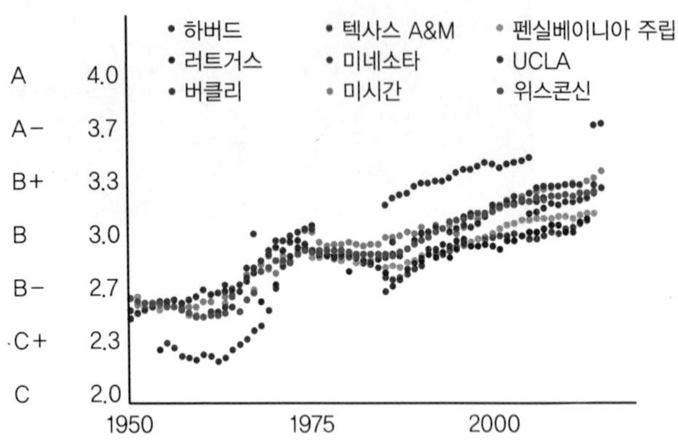

출처 : www.gradeinflation.com.

한 점수를 준다는 것을 보여준다.

이 학점 인플레이션은 예상치 못한 인플레이션과 동일한 이유로 비용이 많이 든다. 즉, 학점이 보내는 신호를 왜곡시킨다. 학점은 잠재 고용주에게 당신의 능력을 보여줄 때 가장 유용하다. 하지만 학점 인플레로 인해 고용주들은 당신이 뛰어난 학생이기 때문에 높은 평점을 가지고 있는지, 혹은 모든 사람들의 성적을 끌어올린 학교를 졸업했기 때문에, 높은 평점을 가지고 있는지 알기가 어렵다. ■

비용 4 : 인플레이션은 재분배한다. 예상치 못한 인플레이션은 저축자와 대부자로부터 대출자로 재분배한다. 이는 대부분의 대출이 상환 계획을 명목 단위로 지정하기 때문에 발생하며, 따라서 예상치 못한 인플레이션이 상환의 실제 가치를 변화시킨다. 예를 들어, 만약 당신이 자동차를 5%의 명목이자율로 사기 위해 1만 5,000달러를 빌린다면, 상환 스케줄은 당신이 앞으로 5년 동안 매달 283달러를 지불하도록 한다. 아마도 5%의 명목이자율은 2%의 인플레이션과 3%의 실질이자율에 대한 기대를 반영한다. 하지만 만약 인플레이션이 4%라고 해도 결국 더 높아지게 된다면, 대신 당신이 지불할 실질이자율은 1%가 될 것이다. 당신은 이익을 보며, 은행은 손해를 볼 것이다. 당신이 매달 283달러를 계속 송금하더라도, 은행에 보내는 달러는 그만한 가치가 없기 때문이다.

이런 일이 일어나면, 1980년대 '저축대부조합 위기' 때처럼 대부자들은 파산할 수 있다. 위기의 씨앗은 1960년대에 뿌려졌는데, 당시 2%의 인플레이션에 대한 기대감으로 인해 일부 대부업체들은 5%의 낮은 명목이자율로 장기 대출을 하게 되었다.

그 후 1970년대에 인플레이션이 예상치 못하게 10% 이상으로 치솟았고 1980년대 초반까지 높은 수준을 유지했다. 이러한 예상치 못한 인플레이션은 대출자들에게 희소식이었는데, 그들의 월 대출 상환액이 명목 소득이 증가했음에도 불구하고 달러 단위로 고정되어 있었기 때문이다. 하지만 대부자들에게는 참담했다. 그들은 마이너스 실질이자율로 판명된 돈을 빌려주었기 때문에 인플레이션율을 조정한 조건으로 볼 때 대출자들은 대출받은 것보다 더 적은 돈을 갚았다. 그 결과 많은 금융기관들이 파산했다.

반대로 인플레이션이 예상보다 낮을 때 그 반대 현상이 발생한다. 상환금의 실질가치가 상승하기 때문에 대부자들은 대출자들의 희생으로 이득을 얻는다. 이것은 1980년대 초 미국에서 일어났는데, 당시 연방준비제도이사회는 그 누구도 예상한 것보다 더 빠르게 인플레이션을 끌어내렸다. 인플레이션이 10%로 지속될 것으로 예상했던 대출자들은 명목이자율을 15%로 부과하는 30년 만기 주택담보대출에 가입했었다. 인플레이션이 2%까지 떨어졌을 때 그들은 극도로 높은 실질이자율을 지불하게 되었다. 은행들은 주택 소유주들의 희생으로 막대한 이익을 냈는데, 주택 소유주들 중 다수는 예상보다 높은 실제 주택담보대출 상환액을 맞추기 위해 고군분투했다.

Monkey Business Images/Shutterstock

Dean Drobot/Shutterstock

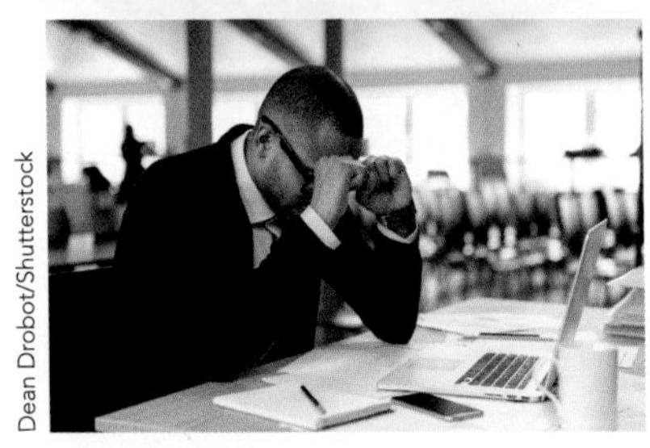

기대했던 것보다 높은 인플레이션은 대출자에게는 좋은 것이고 대부자에게는 나쁜 것이다.

인플레이션 오류

우리는 인플레이션의 비용에 대해 공부했다. 인플레이션은 매우 실제적인 비용이고, 경제학자들은 인플레이션에 대해 걱정한다.

하지만 당신은 대부분의 사람들이 인플레이션에 대해 걱정하는 이유가 그것이 아니라는 것을 알아차렸을지도 모른다. 사람들은 그들이 상점에 가서 오른 가격을 보기 때문에 인플레이션을 걱정한다. 그건 좋지 않다. 만약 당신이 사는 것에 대해 더 많은 돈을 지불해야 한다면, 당신은 예전만큼 많이 살 수 없는 거다. 그렇지 않은가? 조사에 따르면, 인구의 4분의 3 이상이 인플레이션이 그들의 구매력을 잠식한다는 것에 동의한다고 한다. 하지만 거의 그렇지 않지만, 그것은 당신의 소득이 변하지 않을 때만 사실이다. 인플레이션은 평균적으로 모든 물가가 상승하고 있다는 것을 의미하며, 이는 대개 임금과 급여도 상승하고 있다는 것을 의미한다.

인플레이션 오류(inflation fallacy)는 인플레이션이 구매력을 파괴한다는 잘못된 믿음이다. 그것은 단지 절반의 사실만 말하기 때문에 오류이다. 1달러 가격 상승은 구매자를 1달러 더 가난하게 만들지만, 그것은 또한 판매자를 1달러 더 부유하게 만든다. 가격이 비싸다고 해서 구매력이 파괴되는 것은 아니다.

인플레이션 오류 인플레이션이 구매력을 파괴할 것이라는 확신

게다가 인플레이션은 모든 가격에서 일반화된 상승이기 때문에, 그것은 사는 것의 가격을 올리는 것만큼 파는 것의 가격을 올린다. 당신은 자신의 노동력을 팔고, 인플레이션은 일반적으로 당신의 임금을 의미하는 노동력의 가격을 그림 24-10에서 보는 바와 같이 당신이 사는 물건의 가격에 맞추어 올린다. 마찬가지로, 포트폴리오의 주식 가격과 저축에 대한 이자는 인플레이션과 함께 상승하며, 구매력은 거의 변하지 않는다.

그림 24-10 | **인플레이션과 발맞춰 증가하는 명목임금**

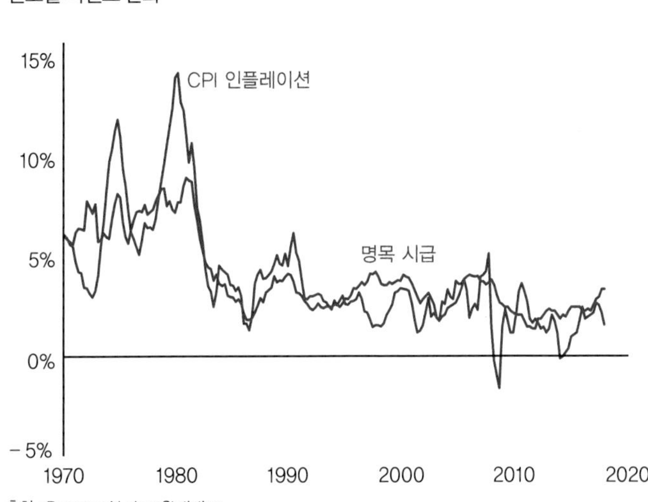

출처 : Bureau of Labor Statistics.

인플레이션 오류는 심리적 편견을 반영한다: 사람들은 그들이 지불하는 높은 가격 때문에 인플레이션을 즉각 비난한다. 그러나 비례적으로 높아진 임금은 인플레이션과 연관이 없는 자신의 노력에 대한 정당한 보상으로 해석하면서 자신의 공적으로 돌린다. 그들의 논리는 틀렸지만, 그들의 불행은 현실이며, 인플레이션을 잠재적인 정치적 문제로 만든다.

진짜 중요한 것은 측정 방법이 아니라 실물이다. 인플레이션이 일으키는 오류를 보기 위해 다음 사고 실험을 살펴보자. 설날에 눈을 뜨면 경제의 모든 가격표 끝에 0이 더 붙는다고 상상해보라. 껌은 25센트 대신 2.50달러에 팔린다. 염가 판매점의 값싼 장신구는 10달러에 팔린다. 그리고 청바지는 50달러가 아니라 500달러에 팔린다. 단지 물건의 가격만이 아니라 모든 가격이 오른다. 당신의 임금은 시간당 12달러에서 120달러로 인상될 것이다. 지갑에 있는 10달러짜리 지폐에 '100달러'라고 쓰여 있게 된다. 그리고 당신의 은행 잔고에는 400달러의 저축이 현재 4,000달러라고 나와 있다. 달러 표시와 관련된 모든 것에 10이 곱해진다. 달러 가치가 하락하여 예전의 10분의 1 수준으로 떨어지는 것과 같다. 하지만 다른 의미로는, 아무것도 변하지 않았다. 모든 사람들이 이렇게 가치가 하락한 돈의 열 배를 가지고 있기 때문이다.

이제 이 새로운 경제가 어떻게 작동할지 생각해보라. 주위에 떠다니는 모든 여분의 0을 제외하고, 아무것도 변하지 않을 것이다. 열 배로 높아진 물가를 보상하기 위해 당신의 월급이 열 배로 높아졌기 때문에 당신의 구매력도 변하지 않았다. 껌, 장식품, 청바지를 얼마나 살지를 바꾸지는 않을 것이다. 각각의 물건을 사는 기회비용은 변하지 않기 때문이다. 더 일반적으로, 사는 물건과, 생산하는 것과, 또는 몇 시간 동안 일할지를 바꾸지 않을 것이다. 사실, 아무도 그들이 사고, 팔고, 생산하거나 하는 물건의 양을 바꾸지 않을 것이다. 따라서 전체 경제에서 이러한 순전히 명목상의 변화(각 가격표 0 개수의 변화)는 실질변수에 영향을 미치지 않는다는 것을 의미한다. 각 구매 상품의 총량, 생산량, 소득의 구매력에는 변화가 없을 것이다.

arogant/Shutterstock

줄어들면 어떡하지?

이 사고 실험은 인플레이션의 비용이 물가 수준이 더 높기 때문에 생기는 것이 아니라는 생각을 강조한다. 오히려 비용이 많이 드는 이 모든 가격들을 바꾸는 과정이 문제다. 가격을 바꾸는 과정에서 판매자는 메뉴 비용을, 구매자는 구두창 비용을, 예상치 못한 가격 변화는 비용이 많이 드는 혼란과 임의적인 재분배를 초래한다.

함께 해보기

인플레이션에 대한 아주 철저한 개론을 마친 것을 축하한다. 우리는 인플레이션이 무엇인지, 어떻게 측정되는지, 그리고 그것이 왜 중요한지를 분석했다. 이제 당신이 배운 것이 당신이 더 나은 결정을 내리도록 어떻게 인도할 수 있는지 보기 위해 이 사실들을 종합할 차례이다. 인플레이션이 발생할 때, 다음과 같은 몇 가지 전략을 추구함으로써 큰 보상을 거둘 수 있다.

전략 1 : 명목요인을 생각하지 말라. 화폐 환상의 문제를 상기하라. 사람들은 근본적인 상충관계보다는 달러로 표시된 금액(명목금액)에 초점을 맞출 때, 값비싼 실수를 저지른다. 그런 실수를 하지 말라. 그런 실수가 급여 인상, 장밋빛 수익 혹은 투자 수익이든지 간에 달러로 표시된 금액을 분석할 때마다 인플레이션으로 조정된 수치가 근본적인 상충관계를 더 잘 나타내는지 자문해 보라. 급여 인상이든지, 장밋빛 수익이든지 혹은 투자 수익이든지 간에 달러로 표시된 금액을 분석할 때는 인플레이션으로 조정된 수치가 근본적인 상충관계를 더 잘 나타내는지 자문해 보라. 대부분의 경우, 그럴 것이다.

전략 2 : 인플레이션에 연동시키는 기회를 잡으라. 정통한 협상가들은 그들의 계약에 인플레 연동조항(지수화 조항)을 포함시킬 것을 고집하는데 이것은 인플레이션에 따라 자동적으로 임금이나 가격이 오른다는 것을 의미한다. 만약 당신의 계약이 자동적으로 5%의 보상적인 명목 임금 인상을 받는다면 당신은 5%의 인플레이션의 갑작스러운 폭발에 대한 걱정을 덜 것이다. 추가적인 이점은 상사와 자주 협상할 필요가 없다는 것이다.

전략 3 : 인플레이션이 높을 때, 더 저렴한 대안을 찾는 데 더 많은 시간을 보내라. 비록 인플레이션이 일반적인 가격 수준의 상승을 의미하지만, 그것은 일반적으로 이번 주에 한 점포가 가격을 바꾸고, 다음 주에 다른 점포가 가격을 바꾸는 등 점포별로 시차를 둔 여러 차례의 가격 상승을 나타낸다는 것이다. 결과적으로 높은 인플레이션은 개별 재화와 서비스의 가격에 있어서 매장 간에 더 큰 차이를 야기한다. 그리고 이것은 좀 더 쇼핑할 가치가 있다는 것을 의미하며, 한동안 가격을 갱신하지 않았던 상점을 우연히 발견할 희망이 있다. 그럴 때, 당신은 몇 가지 싼 물건을 발견하기 쉽다.

전략 4 : 인플레이션이 높을 때는 현금을 소지하지 말라. 인플레이션은 돈의 가치를 갉아먹는다. 그래서 인플레이션이 1년에 몇 퍼센트 이상 지속되기 시작할 때, 당신은 현금 보유를 제한해야 한다. 이 조언은 다른 형태의 돈에도 적용된다: 벤모 계좌의 잔고를 줄이고, 이자를 지불하지 않는 당좌예금 사용을 제한하라. 당신은 당신의 자금을 인플레이션에 따라 명목이자율이 증가하는 경향이 있는 저축 계좌에 넣어 저축의 실제 가치를 보호하는 것이 더 나을 것이다.

전략 5 : 인플레이션 위험을 헤지하라. 인플레이션 위험을 회피할 수 있게 해주는 몇 가지 종류의 투자가 있다. 특히 정부가 발행하는, 인플레이션률과 함께 명목이자 지급액이 자동으로 증가하는 인플레이션 지수채권이 있다. 이것은 틀림없이 당신이 할 수 있는 가장 안전한 투자 중 하나일 것이다. 당신이 받는 실질 이자율을 인플레이션이 떨어뜨릴 위험이 없기 때문이다.

한눈에 보기

인플레이션 : 전반적인 물가 수준의 일반적인 상승
인플레이션은 생계비가 증가한 것으로 표현된다.
결과적으로 인플레이션은 화폐 구매력의 축소이다.

인플레이션 측정

소비자로서 당신이 가장 관련 있는 인플레이션 측정은,
소비자가 지불하는 재화와 서비스 바구니의 평균가격 변화 동향을 보여주는 지수인 **소비자물가지수(CPI)**를 사용한다.

인플레이션 측정하기

1. 사람들이 구입하는 것 파악하기와 대표적인 재화와 서비스 바구니 만들기
2. 사람들이 쇼핑하는 가게에서 가격 수집
3. 재화와 서비스 바구니의 비용 집계
4. **인플레이션율** 계산 : 평균가격 수준의 연간 변화율

$$\text{인플레이션율} = \frac{\text{올해의 가격 수준} - \text{전년도의 가격 수준}}{\text{전년도의 가격 수준}} \times 100$$

인플레이션 효과 보정

실질변수 : 인플레이션을 감안하여 조정된 변수

명목변수 : (시간이 흐름에 따라 변동되는) 금액으로 측정된 변수

인플레이션 조정 공식으로 명목변수를 **실질변수**로 변환할 수 있다.

$$\text{현재의 금액} = \text{다른 시기의 금액} \times \frac{\text{현재의 가격 수준}}{\text{다른 시기의 가격 수준}}$$

상대적으로 작은 퍼센트 변화에 대하여

실질변수의 퍼센트 변화 ≈ 명목변수의 퍼센트 변화 − **가격의 퍼센트 변화**

실질이자율 ≈ 명목이자율 − **인플레이션율**

화폐 환상 : 인플레이션 조정 대신 명목금액에 초점을 두는 경향

화폐 환상은 명목임금 경직성을 만든다(명목임금 삭감을 꺼리는 것)

다양한 인플레이션 측정

소비자물가

1. **생계비 조정** → 소비자물가지수(CPI)
2. **화폐 정책 목표** → 개인소비지출 디플레이터
3. **기저 인플레이션 경향 예측** → 핵심 인플레이션(식품과 에너지 제외)

기업물가

1. **투입 비용** → 생산자물가지수(PPI)
2. **모든 산출물 가격 추정과 실질 GDP** → GDP 디플레이터

인플레이션이 생계비를 과다 표현하는 이유는···

- 질적 개선 미측정
- 신제품
- 대체 편향

화폐 : 거래에 통상적으로 사용되는 어떤 자산

- 교환의 매개수단
- 회계의 단위
- 가치의 저장

인플레이션의 비용

예상된 인플레이션

1. 판매자의 메뉴비용
2. 구매자의 구두창 비용

예상치 못한 인플레이션

3. 가격이 보내는 신호의 교란
4. 재분배

인플레이션 오류 : 인플레이션이 구매력을 파괴한다는 확신

핵심용어

구두창 비용	명목이자율	인플레이션 오류
대체 편향	명목임금의 경직성	인플레이션율
돈(화폐)	생산자물가지수(PPI)	지수화
디플레이션	소비자물가지수(CPI)	초인플레이션
디플레이터	실질변수	화폐 환상
메뉴비용	실질이자율	
명목변수	인플레이션	

토론과 복습문제

학습목표 24.1 인플레이션과 인플레이션을 어떻게 측정하는지 이해한다.

1. 주유소에 가서 휘발유 가격 변동이 없는지 확인해보라. 이 관찰을 사용하여 경제가 인플레이션을 겪고 있지 않다고 판단할 수 있는가? 이유를 설명해보라.
2. 물의 평균가격의 변화나 주택 평균임대료 변화가 CPI에 더 큰 영향을 미치는가?
3. 학생들을 위한 CPI를 만드는 것에 대해 생각해보라. 보통 학생들의 재화와 서비스 바구니에 무엇이 들어 있다고 생각하는가? 시간이 지남에 따라 바구니의 가치가 CPI보다 더 많이 또는 더 적게 변했다고 생각하는가? 왜 그런가?
4. 스마트폰 외에도 가격이 비교적 일정한 상태를 유지하면서 시간이 지남에 따라 품질이 향상되거나 심지어 저하된 제품의 예를 생각해보라. 품질의 변화가 CPI를 어떻게 편향시킬 수 있는지 설명하라.

학습목표 24.2 당면한 과제에 대하여 적합한 인플레이션 척도를 선택한다.

5. CPI와 GDP 디플레이터는 모두 재화와 서비스의 가격 변동을 측정하고 시간이 지남에 따라 유사한 방식으로 변화하는 경향이 있다. 2018년 3분기 CPI는 전 분기보다 1.5% 오른 반면 GDP 디플레이터는 같은 기간 0.7% 오르는 데 그쳤다. CPI와 GDP 디플레이터의 차이점에 대해 당신이 알고 있는 것을 사용하여 무엇이 그들을 다른 비율로 상승하게 하는지 설명하라.

학습목표 24.3 큰 결정을 내리기 전에 인플레이션의 영향을 파악한다.

6. 할머니께 사고 싶은 차에 대해 말씀드려보라. 예상대로 할머니께서 첫 번째 새 차를 1,500달러에 사신 것에 대한 이야기하실 것이다. 당신은 기성세대가 부럽다고 느끼며 1,500달러에 새 차를 살 수 있기를 원한다. 어떻게 당신이 화폐 환상의 희생자가 되고 있는지 설명하라.
7. 2007~2009년의 대침체 기간 동안, 많은 대학이 교직원과 직원들의 급료를 동결시켰다. 직원들의 실제 수입은 어떻게 되었고 왜 그렇게 되었던 것인가?

학습목표 24.4 인플레이션 비용을 평가하여 화폐의 역할을 분석한다.

8. 만약 경제가 어떤 종류의 화폐도 사용하지 않는다면, 당신이 필요로 하는 재화와 서비스를 당신의 노력과 어떻게 바꿀 것인지 설명하라. 어떻게 화폐가 거래를 더 쉽게 만드는가?
9. 인플레이션이 예상되거나 예상치 못한 경우 더 많은 비용이 드는가?

학습문제

학습목표 24.1 인플레이션과 인플레이션을 어떻게 측정하는지 이해한다.

1. 다음 중 인플레이션의 신호는?
   a. 수요가 많은 시장에서 주택 가격은 작년에 6% 올랐다.
   b. 유럽연합의 CPI는 2017년에 101이었고, 2018년에 104였다.
   c. 새로운 생산 기술로 제조비용이 낮아짐에 따라 리튬 이온 배터리의 가격은 하락했다.
2. 미국의 CPI는 2017년 245.1이었고, 2018년 251.1이었다. 2018년의 인플레이션률은 얼마인가?
3. 일반적인 대학생이 다음 표의 제품에 주로 돈을 쓴다고 가정하자.

제품	수량	2019년 가격	2020년 가격
소다	365	$2.25	$2.30
피자	200	$10.00	$11.00
닭 날개	165	$7.00	$7.50
숙식	1	$10,000	$10,800
교과서	4	$150	$165

a. 2019년 바구니 비용은 얼마인가?

b. 2020년 바구니 비용은 얼마인가?

c. 2020년 대학생의 인플레이션률은 얼마인가?

d. 대학생들의 생계비는 상승하였는가 하락하였는가?

4. 아래의 각 시나리오에서 15년 전에 구성된 물가지수(품질 개선, 신제품 또는 대체 편향)가 실제 생활비를 측정하는 데 어떤 어려움을 겪을지 판단하라.

a. 일반적인 가족은 10년 전보다 더 많은 휴대폰을 소유하고 더 적은 수의 유선 전화를 소유하고 있다. 휴대전화 요금제의 평균 가격은 유선전화 요금제보다 낮다.

b. 15년 전 초고속 인터넷 접속을 한 가정은 거의 없었다. 현재 대부분의 가정이 그렇게 하고 있고 평균 가격은 매년 떨어지고 있다.

c. 지난 10년 동안 개인용 컴퓨터는 속도가 빨라졌고 사용자가 더 많은 작업을 수행할 수 있는 많은 새로운 기능을 얻었다.

학습목표 24.2 당면한 과제에 대하여 적합한 인플레이션 척도를 선택한다.

5. 다음 시나리오에서 어떤 종류의 인플레이션을 측정하고 인플레이션을 어떻게 측정하여야 하며 그 이유는 무엇인가?

a. 투입 비용 상승에 직면한 자동차 공장의 구매자이다. 관리자가 경쟁업체도 투입 가격이 상승하고 있는지 여부를 확인하도록 요청한다.

b. 한 교원 노조는 다음 계약에 연간 생계비 조정을 포함시키기를 원한다.

학습목표 24.3 큰 결정을 내리기 전에 인플레이션의 영향을 파악한다.

6. 1975년 미국의 평균 가계 소득은 1만 3,800달러였고 CPI는 53.8달러였다. CPI가 2018년 251.1이었다면 1975년의 평균 소득을 2018년 달러로 환산하라.

7. 2003년에 줄리아 로버츠는 영화 '모나리자 스마일'에서의 역할로 2,500만 달러라는 엄청난 돈을 받았다. 2013년, 산드라 블록은 영화 '그래비티'로 7,000만 달러를 벌었다. 그림 24-6의 데이터를 사용하여 둘 중 어느 쪽이 더 높은 실제 수익을 얻었는지 확인해보라.

8. 2014년 애플의 수입은 1,830억 달러였고, 2018년에는 2,670억 달러로 증가했다.

a. 2014년부터 2018년까지 애플 수입의 명목 성장률은 얼마인가?

b. 애플의 2018년 수입액은 2014년 달러로 얼마인가?(2014년 CPI는 236.7이었고, 2018년 251.1이었다.)

c. 2014년부터 2018년까지 애플 수입의 실질성장률은 얼마인가?

9. 당신이 연 0.5%의 명목이자율로 저축 계좌를 개설하였는데, 경제는 연 3%의 인플레이션을 경험하고 있다. 당신 계좌의 명목이자율과 실질이자율은 얼마인가? 시간이 지남에 따라 계좌에 넣어둔 돈의 구매력은 어떻게 되는가?

10. 행동경제학자들은 사람들이 인플레이션이 없는 소득의 2% 감소를 불공평하게 여기지만, 5%의 인플레이션이 있는 상황에서 그들 소득의 3% 감소를 공평하게 여긴다는 것을 발견했다. 그들의 소득의 명목 및 실질변화율은 얼마인가? 어떤 경향이 사람들의 급여 삭감을 불공평하게 느끼게 하는가?

학습목표 24.4 인플레이션 비용을 평가하여 화폐의 역할을 분석한다.

11. 각 시나리오는 돈의 어떤 기능을 표현하는가?

a. 로버트는 금문교를 건너는 데 8달러를 지불한다.

b. 리자는 24달러 99센트의 탁상용 램프와 29달러 99센트의 천정 램프 중 어느 것이 더 나은 가격인지 고민한다.

c. 길버트는 그의 예금 계좌에 1,000달러를 예금한다.

d. 카멜라는 레스토랑 외부에 게시된 메뉴를 살펴보고, 음식값이 그녀의 예산에 맞는지 여부를 판단한다.

12. 다음 각각의 시나리오에 나타난 인플레이션 비용(메뉴 비용 또는 구두창 비용)을 구별하라.

a. 1922년부터 1923년까지의 독일의 초인플레이션 기간 동안, 일부 근로자들은 하루에 2~3번 급여를 받았다고 한다. 그러고 나서 그들은 거의 가치가 없어지기 전에 수입을 쓰기 위해 밖으로 뛰쳐나오곤 했다.

b. 관찰자에 따르면, 짐바브웨의 초인플레이션이 너무 심해서 슈퍼마켓 종업원은 라벨 만드는 사람과 함께 "상점을 뛰어다니며 하루 세 번, 네 번 가격을 바꾸고 있었다"고 한다.

13. 연 5% 이자율로 갚을 수 있도록 학자금 대출을 받았다. 은행의 기대 인플레이션이 연평균 3%라고 가정하자. 그들은 당신의 대출로부터 얼마의 실질이자율을 받을 것으로 예상하는가? 만약 인플레이션이 실제로 매년 5%라면 어떤 일이 일어나겠는가? 만약 인플레이션이 예상보다 높다면 누가 더 나은가? 예상보다 낮으면 어떤 일이 일어나는가? 왜 그런가?

14. 2018년 소비자의 재화와 서비스 바구니의 평균비용은 1950년의 약 열 배이다. 다시 말해서, 1950년에 평균 소비자가 100달러에 산 것은 2018년에 1,000달러의 비용이 든다는 것이다. 이것은 평균 소비자의 구매력이 1950년의 10분의 1이라는 것을 의미하는가? 이유를 설명해보라.

제7부

거시경제학의 미시기초

전체 그림

앞의 장들은 모두 같은 아이디어에 기초하고 있다: 거시경제적 모든 행위는 수백만 건의 개별 미시경제적 결정을 반영한다. 그래서 큰 그림을 이해하려면 당신과 같은 수많은 사람들이 매일 내리는 결정을 이해해야 한다.

우리는 사람들이 어떻게 **소비**와 **저축**을 결정하는가를 분석하는 것으로 시작한다. 우리는 당신이 오늘 돈을 쓸지 미래를 위해 저축할지 결정하는 것이 시간이 지남에 따른 상충되는 모든 것에 대한 결정이라는 것을 알게 될 것이다. 다음으로 막대한 초기비용을 미래의 지속적인 편익으로 바꾸는 것과 관련된 **투자** 의사결정을 경영자들이 어떻게 내리는지 설명할 것이다. 우리는 당신의 인생에서 좀 더 나은 소비, 저축 및 투자 결정을 내릴 수 있는 방법에 대한 경제적 함의를 공유할 것이다.

그런 다음 우리는 이러한 아이디어를 **금융 부문**에 적용하여 주식, 채권, 은행 등이 제공하는 다양한 기회에 대해서 평가할 것이다. 우리는 금융 전문가는 믿을수 있는지, 당신이 시장을 이길 수 있는지, 당신의 돈은 안전한지를 평가할 것이다. 마지막으로 **국제 부문**에서, 해외에 투자할 것인지, 미국 달러를 살 것인지 팔 것인지, 재화를 수출할 것인지 수입할 것인지 등의 의사결정을 분석해 봄으로써 세계화가 제공하는 기회를 살펴볼 것이다.

25 소비와 저축

스마트한 지출과 저축을 결정하는 법을 배운다.

- 왜 미국인들은 역사적으로 다른 나라들보다 더 많은 돈을 쓰는가?
- 당신은 얼마를 써야 하고 얼마를 저축해야 하는가?
- 소비가 일시적 소득의 변화와 영구적 소득의 변화에 대해 다르게 반응하는가? 예상된 소득의 변화와 예상되지 않은 소득의 변화에 다르게 반응하는가?
- 소비자들은 경제 상황의 변화에 어떻게 대응하는가?
- 사람들은 왜 저축을 하고, 왜 더 많이 저축해야 하는가?

26 투자

경영자는 어떻게 좋은 투자 결정을 하는지 분석한다.

- 거시경제적 결과의 결정에 있어서 투자 결정이 왜 그렇게 중요한가?
- 어떻게 투자자들이 다른 시점에 그들이 받는 돈의 가치를 비교할 수 있는가?
- 언제 투자를 계속할 가치가 있는가?
- 투자가 가치가 있는지 여부에 경제 상황의 변화가 어떤 영향을 미치는가?
- 무엇이 장기 실질이자율을 결정하는가?

27 금융 부문

금융 부문이 하는 역할을 이해한다.

- 은행은 어떤 곳이고, 어떤 일을 하며, 당신의 은행은 안전한가?
- 채권은 어떤 것이고, 채권시장은 어떤 곳인가?
- 주식은 어떤 것이고, 주식시장은 어떤 곳인가?
- 주식의 가치는 평가할 수 있고, 주가 예측은 가능한가?
- 전문 주식 컨설턴트는 잘할까?
- 자신의 투자에 어떻게 하면 더 나은 결정을 내릴 수 있는가?

28 국제금융과 환율

환율과 수출입의 관계를 이해한다.

- 미국 경제는 글로벌 경제와 얼마나 밀접하게 연관되어 있는가?
- 달러의 실질 가치는 무엇인가?
- 미국 달러는 왜 오르거나 내리는가?
- 미국 달러의 가치는 어떻게 당신 회사의 국제 경쟁력에 영향을 미치는가?
- 전 세계적으로 돈이 어떻게 흘러가는지 추적할 수 있는가?

CHAPTER 25

소비와 저축

TV를 켜거나, 뉴스 피드를 훑어보거나, 나이 든 친척과 이야기를 나눠보거나 하면, 어떻게 소비하고, 저축하고, 빌리는지에 대한 조언이 쏟아질 것이다. 한 사람은 더 많이 쓰고, 다른 사람은 빚을 피한다고 말한다. 재정 지원 담당자가 학자금 대출을 제안하기 불과 몇 시간 전에 TV에서 이야기하는 사람은 당신의 빚의 위험에 대해 경고한다. 학생 부채 위기를 한탄하는 신문을 읽을 때, 낮은 잔고에 대한 문자 알림 수신은 당신이 대학을 졸업하는 것을 돕기 위해 정말로 좀 더 많은 돈을 사용할 수 있다는 것을 상기시켜준다. 한 예산 전문가는 신용카드의 위험성을 피하라고 조언하고, 다른 한 예산 전문가는 신용 점수를 향상시키기 위해 신용카드를 쓰라고 조언한다. 당신의 부모님은 아르바이트를 구하라고 말씀하시지만, 지도교수는 공부에 집중할 수 있도록 돈을 빌릴 것을 제안할 것이다.

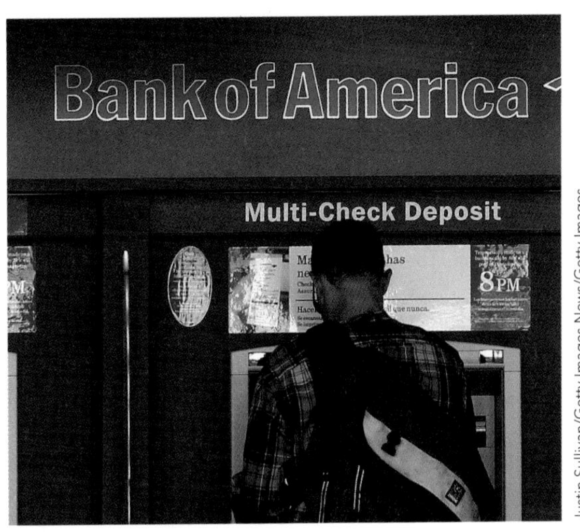

Justin Sullivan/Getty Images News/Getty Images

당신의 돈으로 무엇을 할 것인가?

상충되는 모든 조언의 이유는 최선의 지출과 저축 선택은 개인적인 목표, 인생 역정, 그리고 당신이 도중에 직면하는 위험을 포함한 당신의 개인적인 상황에 달려 있기 때문이다. 이것은 당신이 배를 조종해야 한다는 것을 의미한다. 하지만 사람들의 지출과 저축을 결정하는 몇몇 일반적인 원칙들이 있다. 가장 적합한 지출, 대출 및 저축 결정을 내리는 데 필요한 도구를 제공하는 경제 논리를 자세히 살펴보자. 그러는 동안, 우리는 사람들이 흔히 저지르는 몇 가지 실수도 고려할 것이다.

당신이 자신의 지출과 저축 결정을 생각해보면서, 당신은 다른 사람들이 그것들에 대해 어떻게 생각하는지에 대한 통찰력을 얻을 것이다. 거시경제는 개인들의 결정의 총합일 뿐이다. 그래서 이 접근법(경제학자들 사이에서는 거시경제학의 미시적 기반으로 알려져 있음)은 소비와 절약의 광범위한 동인을 이해하게 해줄 것이다.

이 장에서는 경제 전반에 걸친 총소비지출 또는 소비를 분석하면서 시작하겠다. 그 후 당신과 같은 개별 소비자들이 어떻게 소비 선택을 하는지를 살펴보겠다. 그런 다음 우리는 다시 되돌아가서 그것이 거시경제에 무엇을 의미하는지 평가할 것이다. 소비와 저축은 연결되어 있다. 소비하지 않는 것이 저축되기 때문이다. 이 모든 것이 저축에 어떤 의미가 있는지 개인과 국가의 저축을 통해서 살펴봄으로써 결론을 내릴 것이다.

목표

현명한 지출 및 저축 결정을 학습한다.

25.1 소비, 저축, 그리고 소득
소비와 저축이 소득에 따라 어떻게 변하는지를 이해한다.

25.2 소비의 미시적 기반
좋은 소비 결정을 내리기 위한 경제학의 핵심 원리를 적용한다.

25.3 소비의 거시경제학
총소비 행위를 예측한다.

25.4 소비를 변화시키는 것은 무엇인가
거시경제적 조건이 소비를 어떻게 변동시키는지 파악한다.

25.5 저축
현명한 저축계획 수립법을 학습한다.

25.1 소비, 저축, 그리고 소득

학습목표 소비와 저축이 소득에 따라 어떻게 변하는지를 이해한다.

소비 가계의 최종재 및 서비스에 대한 지출

소비(consumption)란 최종 재화와 서비스에 대한 가계 지출을 말한다. 이것은 중요하다. 왜냐하면 소비는 GDP에서 가장 큰 단일 요소이기 때문이다. 그림 25-1에서 보듯이, 소비는 총지출의 3분의 2 이상을 차지하고 있다. 소비에는 음식, 임대료, 옷, 전기료, 의료비, 휴대폰, 자동차, 컴퓨터, 인터넷 서비스와 같은 것에 대한 지출이 포함된다. 개인 생활에서 사람들이 구입하는 소비에서 제외되는 유일한 것은 투자로 간주되는 새 집을 구입하는 것이다.

그림 25-1 | 국내총생산(GDP)

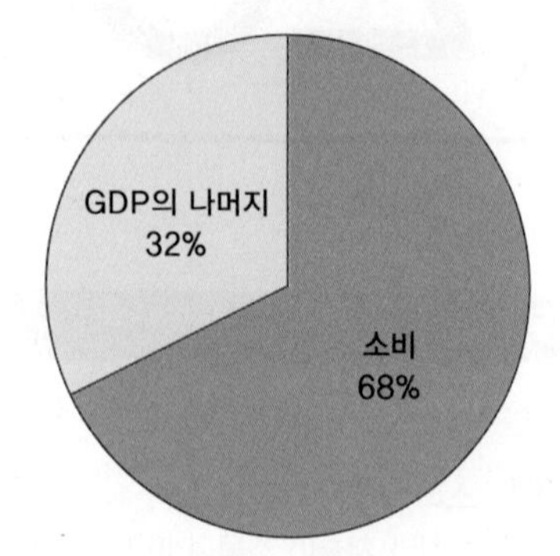

2018년 자료 출처 : Bureau of Economic Analysis

소비와 소득

소득은 소비를 결정하는 핵심 요소 중 하나이며, **소비함수**(consumption function)는 소비와 소득의 관계를 보여준다.

소비함수 소비가 각각의 소득 수준에 관련되어 있음을 보여주는 곡선

소비함수는 각 소득 수준과 관련된 소비 수준을 보여준다. 총소비 지출이 총소득 수준에 따라 어떻게 다른지가 가계 지출 계획의 요점이다. 그림 25-2는 소비함수를 나타내며, 소득 수준(수평축에 표시)이 어떻게 다른 소비지출 수준(수직축에 표시)과 관련되어 있는지 보여주고 있다. 소비함수는 우상향이다. 왼쪽에서 낮게 시작하다가 오른쪽으로 갈수록 높아져, 소득이 증가하면 소비가 늘어난다는 것을 보여준다. 이 예제에서는 직선으로 표시되지만, 꼭 그럴 필요는 없다. 사람들의 실제 소비 선택에 따라 모양은 달라진다. 소득이 많으면 지출이 늘어나는 경향 때문에 소비함수는 우상향한다.

한계소비성향 가계가 추가적인 소득 중에서 소비에 지출하는 비율

한계소비성향은 소득이 증가할 때 소비가 얼마나 증가하는지를 보여준다. 가계가 추가적 소득 중에서 소비에 지출하는 비율을 **한계소비성향**(marginal propensity to consume)이라고 한다. 소비가 소득의 변화에 어떻게 반응하는지를 관찰함으로써 한계소비성향을 측정할 수 있다. 이것은

그림 25-2 | 소비함수

Ⓐ 소비함수는 소득 수준에 따라 소비가 어떻게 다른지 보여준다.
Ⓑ 소득이 증가하면 소비가 증가하기 때문에 **우상향**이다.
Ⓒ **한계소비성향**이라고 불리는 소비함수의 **기울기**는 추가소득의 증가분에서 발생하는 **추가소비**의 증가분을 보여준다.

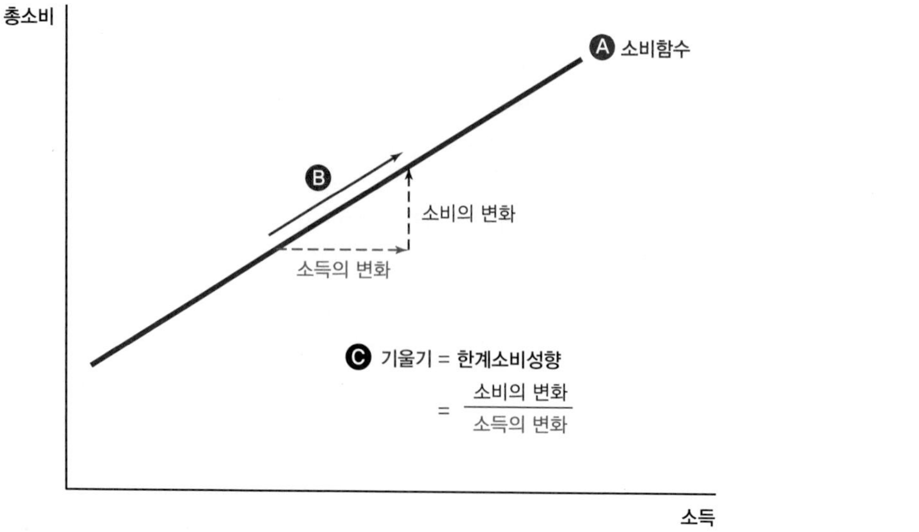

총소비
Ⓐ 소비함수
Ⓑ
소비의 변화
소득의 변화
Ⓒ 기울기 = **한계소비성향**

$$= \frac{\text{소비의 변화}}{\text{소득의 변화}}$$

소득

소득의 변화에 대한 소비의 변화 비율이다. 개인의 한계소비성향은 발생한 모든 추가 수입을 즉시 다 소비한다면 1이고, 모든 추가 수입을 저축한다면 한계소비성향은 0이다. 대부분의 사람들은 그들의 추가 수입의 일부를 즉시 소비하지만, 또한 일반적으로 일부를 저축한다. 그래서 한계소비성향은, 즉 각각의 추가 지출되는 돈의 비율이다. 일반적으로 0보다 크지만, 1보다 작다.

거시경제학에서 한계소비성향은 중요한 개념으로 총소득이나 GDP가 증가하면 소비가 얼마나 증가하는지를 알려주기 때문이다. 평균 한계소비성향이 0.6이라면 총소득이 1,000억 달러 늘어나면 600억 달러의 소비가 늘어난다. 한계소비성향은 소비함수의 기울기를 결정한다. 이를 확인하려면 소비함수의 모양이 '우상향'이라는 것을 기억하라. 따라서 소비함수의 기울기는 소비 변화 대 소득 변화의 비율(한계소비성향!)이다.

자료 해석 미국의 소비 지출이 큰 이유

미국의 1인당 소비는 어느 시기보다도 어느 나라보다도 높다.

정말 특별한 시대에 살고 있다. 미국의 1인당 평균 소비는 역사상 그 어느 때보다도 높으며, 다른 어느 나라보다도 높다. 그 어느 문명보다도 1인당 소비가 많다. 소비함수는 그 이유를 설명하는 데 도움이 된다. 소득이 높아져 소비가 과거보다 많아졌다. 그림 25-3의 왼쪽 그림에 표시된 각 점은 미국의 1년 평균 소비와 평균 소득(즉, 1인당 GDP)을 보여준다(이 그래프에서 전체 장에서와 마찬가지로 모든 데이터는 인플레이션을 고려하여 조정한 1인당 실질 GDP 이다). 점들은 우상향하는 배열로 표시되어 있는데, 이는 소비함수가 예시한 것처럼 시간이 지남에 따라 1인당 GDP가 증가한 만큼 1인당 평균소비가 증가했다는 것을 보여준다. 가장 최근의 데이터는 오른쪽 상단에 있다. 그리고 그 점들은 우리가 예상한 1인당 GDP의 최근 수준과 현재의 기록적인 1인당 소비가 똑같이 높다는 것을 보여준다.

그림 25-3의 오른쪽 그림에 있는 각 점은 2016년 개별 국가의 1인당 평균 소비와 GDP를

그림 25-3 | 소비와 GDP

시간이 지남에 따른 소득의 증가와 소비의 증가

각각의 점은 미국의 1년 평균 수입과 소비를 보여준다.

1인당 실질 소비

$40,000
$20,000
$0
2018
2000
1975
1950
1930
$0 $20,000 $40,000 $60,000
1인당 실질 GDP

고소득 국가에서의 소비의 증가

각 점은 2016년 한 나라의 소득과 소비를 나타내며, 생계비의 차이에 따라 조정되었다.

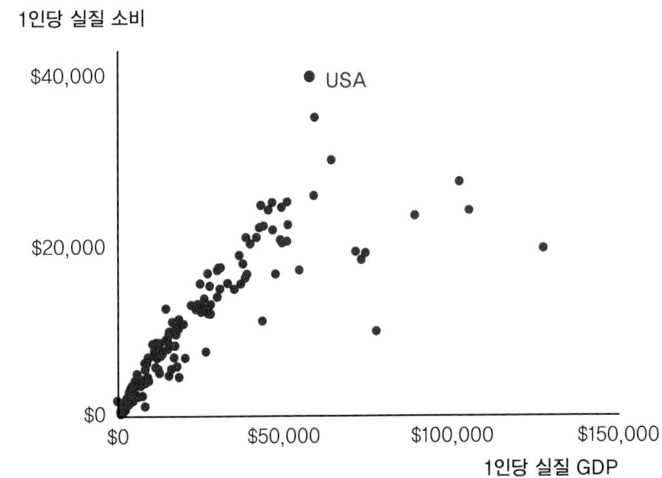

출처 : Bureau of Economic Analysis; World Bank.

나타내는데, 이것은 가장 최근의 비교 가능한 데이터이다.

이 수치는 미국인들이 거의 다른 어떤 나라보다 높은 평균 소득을 누리고 있기 때문에 미국에서 평균 소비가 다른 나라보다 더 높다는 것을 보여준다. 다시 말해서, 점들은 우상향하는 선을 따라 모여 있는데, 이것은 1인당 GDP가 더 높은 나라들의 사람들이 소비에 더 많은 돈을 쓰는 경향이 있다는 것을 보여준다. 이 두 그래프는 실제 생활에서의 소비함수를 보여주고 있다. ■

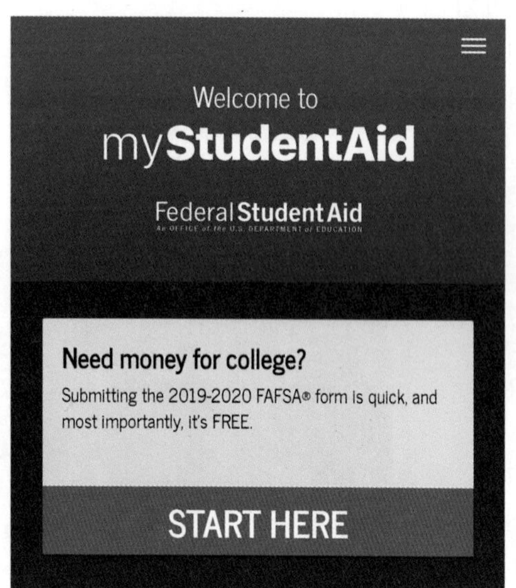

학자금 대출은 일종의 비저축이지만, 학자금 대출 상환은 저축으로 간주된다.

저축과 소득

소비는 소득과 함께 증가하지만, 대부분의 사람들은 그들이 받는 추가 소득의 전부를 당장 소비하는 경향이 없다. 나머지는 어떻게 하는가? **저축**(saving)한다. 저축은 소비로 지출하지 않고 소득의 일부를 적립하는 것이다. 지출하지 않는 모든 돈이 저축되기 때문에 소비 결정에 따라 저축이 결정된다. 마찬가지로, 저축하지 않는 모든 돈은 지출되므로 저축 결정에 따라 소비가 결정된다. 소비와 저축은 동전의 양면과 같다.

저축=소득−소비

수입보다 적게 소비하면 나머지를 저축할 수 있다. 당신이 그 사용하지 않은 수입을 은행에 저축하거나 아니면 학자금 대출과 같은 기존의 빚을 갚는데 사용하더라도 그것은 저축으로 간주된다. 또는 소비가 소득을 초과하는 경우(많은 학생들이 그렇듯이) 저축을 하지 못하고, 예금을 인출하게 된다[**비저축**(dissaving), 때로는 '마이너스 저축'이라고도 함]. 당신이 돈을 빌려서, 예를 들어, 학자금 대출을 더 많이 받아서, 혹은 저축에서 돈을 인출해서 조달하든지 간에, 지출과 소득 사이의 이 격차를 메우는 것은 비저축으로 간주된다.

저축 소비에 지출하지 않은 적립한 소득의 일부

비저축 일정 기간 동안, 저축에서 인출하거나 빌려서 지출한 돈이 소득을 초과한 금액

미시경제적 관점에서 저축은 당신의 부를 증가시켜 미래에 소비를 증가시킬 수 있게 해주기 때문에 중요하다. 거시경제적 관점에서 저축은 금융권이 투자사업에 자금을 조달하기 위해 사용하는 재원의 흐름을 제공하기 때문에 중요하다.

이런 모든 면에서 1년 등 특정 기간 동안 추가로 저축하는 금액인 새로운 저축의 유량(flow)에 초점을 맞추고 있다. 오랜 기간 동안 저축을 하면, 당신은 부의 저량(stock)을 쌓게 될 것이고, 자산이 부채를 초과하게 되는 것을 **순자산**(net wealth)이라고 부른다. 저축을 하면 순자산은 증가하지만, 비저축, 혹은 마이너스 저축을 하면 순자산은 감소한다.

순자산 자산이 부채를 초과한 금액

경제학 실습

소득과 저축 사이의 관계인 소비함수라는 이 새로운 아이디어를 개인 상황에 적용해보자. 대학 생활은 때때로 좀 까다롭기 때문에, 졸업 이후 몇 년 후의 경제적인 미래를 미리 앞당겨 상상해보자. 연간 수입이 2만 달러라면 매년 얼마를 쓰겠는가? 수입이 4만 달러라면 얼마를 쓰겠는가? 아니면 6만 달러라면? 8만 달러의 소득 중 얼마를 쓸 것인가? 이러한 질문에 답하면서 그림 25-4 표 A의 가운데 열의 빈칸을 채워보라. 만약 당신이 청구서 지불을 할 수 없다면, 당신은 빚을 질 것이기 때문에 당신의 선택에 책임져야 한다. 저축과 소비가 같은 동전의 양면이기 때문에, 일단 소득의 각 수준에서 얼마를 지출할지를 결정하면, 저축 계획도 세운 것이다. 그림 25-4 표 A의 마지막 열에서 저축을 계산해보라.

마지막으로, 그림 25-4의 오른쪽에 있는 차트에 소비 선택 항목을 점으로 표시해보라. 점을 연결하면 끝이다! 그러면 소비함수를 찾을 수 있을 것이다. 대부분의 사람들과 같다면 다음과 같은 사실을 발견할 수 있을 것이다:

그림 25-4 | 소비함수 찾기

표 A : 자신의 소비함수

소득은 모든 종류의 수입을 포함하지만 대출은 포함하지 않는다.
소비는 재화와 서비스에 대한 모든 지출이다.

소득	소비	저축 (=소득−소비)
$20,000		
$40,000		
$60,000		
$80,000		

표 B : 자신의 소비함수

각각의 소득 수준에서 소비 지출을 얼마나 증가시킬 것인가?
왼쪽의 표에서 구한 점을 연결하여 당신의 소비함수를 그래프로 그려보라.

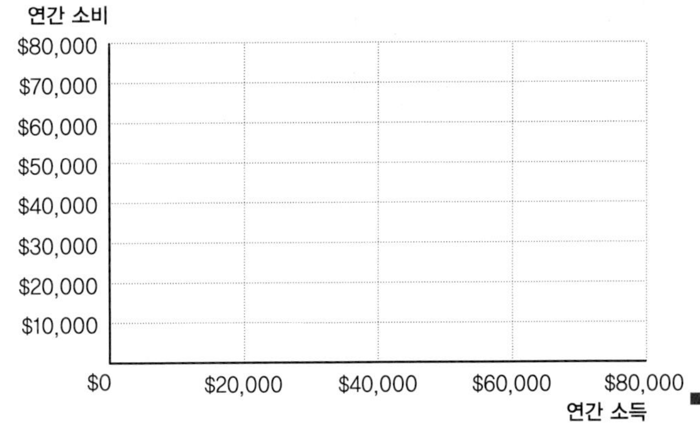

- 소득이 늘면 소비가 늘어나기 때문에 소비함수는 우상향한다.
- 하지만 추가 소득 1달러당 소비는 1달러 미만으로 증가한다.

이 시점에서, 우리는 소비함수를 이용하여 사람들이 내리는 지출(그리고 저축) 결정을 설명했다. 이제 사람들이 얼마나 많은 돈을 쓰고, 저축하고, 빌리는지를 분석할 차례이다.

25.2 소비의 미시적 기반

학습목표 좋은 소비 결정을 내리기 위한 경제학의 핵심 원리를 적용한다.

학기를 시작한다고 가정해보자. 학자금 융자가 학기 말까지의 지출하는 비용을 충당하기로 되어 있다는 것을 상기시켜주는 알림과 함께 도착한다. 당신이 비슷한 상황에 처해 있었다면, 앞으로 몇 달 동안 부족한 자금을 어떻게 월별로 배분해야 할 것인가는, 다음 달과 그다음 달에 얼마를 쓸 지는 다음 달과 그 다음 달에 얼마를 저축할지 결정하는 문제라는 것을 인식하게 될 것이다. 그것은 중요한 결정이다. 잘못된 결정을 하면 몇 달 동안 식비가 충분하지 않게 된다.

지금 얼마를 쓰고 나중에 얼마를 저축할지 어떻게 결정해야 할까? 이 질문은 우리의 다음 과제에 동기를 부여하는데, 그것은 당신이 일생 동안 현명한 지출, 저축, 그리고 대출을 선택하는 데 이용할 수 있는 프레임워크를 개발하는 것이다. 또한 이 프레임워크는 다른 사람들이 어떻게 지출과 저축 결정을 내리는지에 대한 시사점을 제공할 것이다. 총소비는 수백만 명의 미국인들이 내린 소비 결정의 총합이다. 따라서 이와 같은 시사점은 거시경제학적 소비를 이해하는 데 도움이 될 것이다. 개개인이 어떻게 소비 결정을 내리는지를 이해함으로써, 우리는 전체의 소비를 이해할 수 있을 것이다.

얼마나 지출하고 얼마나 저축할지의 선택

상호의존의 원리에 의하면 미래에 당신이 할 수 있는 선택은 당신이 현재 내리는 결정에 달려 있다고 한다. 현재 당신이 내리는 지출과 저축 결정이 미래의 선택지를 결정하기 때문에, 특히

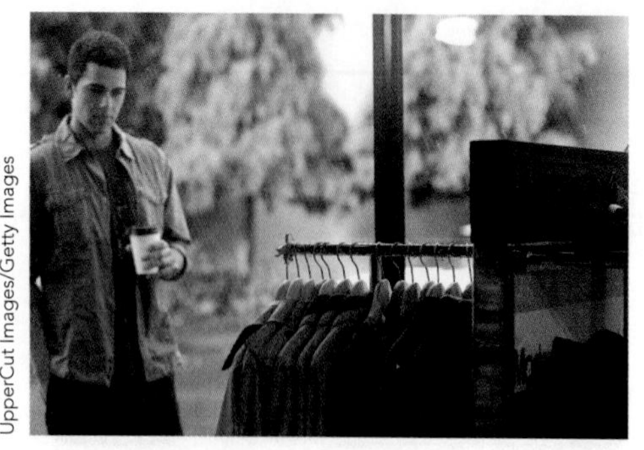
UpperCut Images/Getty Images

얼마를 지출해야 할까?

이러한 시사점은 당신의 소비 결정과 관련 있다.

오늘 너무 많이 소비하면 신용카드 빚으로 인해 향후 상환 문제가 발생할 수 있다. 이와는 반대로 지출 대신 저축을 하면 다음 달에 도움이 될 만한 여유를 얻을 수 있다. 소비 결정이 이러한 미래의 결과를 담보하기 때문에 중요하다.

얼마나 소비할지에 핵심 원칙 적용하기. 우리가 직면하는 주요 소비 결정은 다음과 같다. 이번 달에 수입에서 얼마를 써야 할까? 이 질문의 답변은 얼마를 소비할 것인지 뿐만 아니라 다음 달에 얼마를 빌리거나 저축할 수 있는지도 결정할 것이다.

이것은 '얼마나'라는 물음이다. 그리고 한계의 원리는 그것을 일련의 작은 한계선택으로 나누는 것이 더 간단하다는 것을 상기시켜준다. 그것은 다음의 질문과 같다: 현재 소비를 1달러 더 늘려야 하나요? 만약 '예'라고 대답한다면, 1달러를 더 써야 할지 또 물어봐야 한다. 여기서도 또 대답이 '예'라고 나오면 여기서 1달러를 더 써야 할지 또다시 물어봐야 한다. 대답이 계속해서 '예'라고 나오면, 이러한 질문을 반복해야 한다.

이러한 질문을 반복하는 과정에서 비용-편익의 원리는 '예'라고 말하고, 추가 소비의 편익이 비용을 초과할 경우에 소비를 1달러 더 늘려야 한다. 추가 소비의 편익은 소비의 한계편익이라고 한다. 추가 소비 비용은 무엇인가? 기회비용의 원리에 따르면 '아니면 무엇'이라는 질문을 떠올릴 수 있다. 이번 달에는 1달러를 더 쓸 수도 있고, 아니면?? 그 돈을 저축하고, 이자를 벌고 미래에 그 돈과 이자를 합쳐 더 많이 쓸 수도 있다. 그와 같이 올해의 추가적 1달러 소비의 비용은 미래에 그 돈과 이자를 합쳐 소비할 수 있는 기회를 포기하는 것이다(미래의 언제? 기회비용은 차선의 대안이기 때문에 미래의 가장 큰 한계편익을 얻을 수 있는 언젠가라고 생각해야 한다). 따라서 오늘의 추가적 1달러 소비의 기회비용은 미래에 1달러와 이자를 합쳐서 소비하는 데 따른 한계편익이다.

소비자의 합리적 규칙

이 시점에서, 우리는 당신이 현재에 소비를 증가시키는 것의 한계편익과 미래에 소비를 조금 더 증가시키는 것의 한계편익을 비교해야 한다는 것을 파악했다. 여러 가지를 종합해보면 소비 결정에 적용할 수 있는 강력한 규칙을 찾아냈다는 사실을 파악할 수 있다.

소비자의 합리적 규칙 오늘 1달러 소비에 따른 한계편익이 미래에 1달러와 이자를 합쳐서 소비하는 데 따른 한계편익보다 크거나 같다면 오늘 더 소비하라.

소비자의 합리적 규칙(Rational Rule for Consumers) : 오늘 1달러 소비에 따른 한계편익이 미래에 1달러와 이자를 합쳐서 소비하는 데 따른 한계편익보다 크거나 같다면 오늘 더 소비하라.

이 규칙은 우리의 네 가지 핵심 원칙 중 세 가지를 한 문장으로 통합해준다. 한계적으로 생각하고 1달러를 더 지출할지 여부를 평가해야 한다(한계의 원리), 오늘 소비를 증대시키는 한계편익을 한계비용과 비교하고(비용-편익의 원리), 한계비용을 평가할 때, 미래에 그 돈과 이자를 합쳐서 더 소비를 증가시킬 기회를 포기한 것을 고려해야 한다(기회비용의 원리).

오늘 1달러 지출의 한계편익을 미래에 1달러-플러스-이자를 지출하는 한계편익과 비교하기. 소비자의 합리적 규칙은 '오늘 얼마나 소비할까'라는 원래의 질문에서 '언제 소비할까'라는 좀 더 유용한 질문으로 당신의 관심을 효과적으로 환기한다는 점을 주목하라. 오늘 1달러 지출이 미래에 1달러와 이자를 합친 금액을 지출하는 것보다 더 큰 한계편익을 얻을 경우에만 돈을 추가로 지출해야 한다는 점에서 이 규칙은 전향적(forward-looking)이다. 이 규칙을 따르면, 당신은 각각의 달러가 당신에게 가능한 가장 큰 편익을 가져다주는 순간에 각각의 달러를 쓰게 될 것이다. 그리하여 이 규칙은 당신이 제한된 소득으로 최대한 많은 편익을 얻을 것임을 보장해준다.

시간의 경과에 따른 소비의 한계편익이 같아질 때까지 소비를 계속해야 한다. 소비자의 합리적 규칙 바탕에 있는 상충관계는 다음과 같다: 소비 지연의 편익은 당신이 벌 수 있는 이자인 반면, 소비 지연의 비용은 소비를 즐기기 위해 기다려야 한다는 점이다. 대부분의 사람들에게, 이자를 받는 편익은 대략 기다림이라는 비용을 상쇄하기 때문에, 우리는 이 두 가지 요소를 잠시 접어두면 합리적인 규칙을 단순화할 수 있다(비록 나중에 이자율로 초점이 돌아가겠지만). 이러한 단순화를 통해 합리적 규칙을 좀 더 직접적인 표현으로 바꿀 수 있다: 이 규칙이 말하는 바는 오늘 1달러 소비의 한계편익이 내일 1달러 소비의 한계편익과 같아질 때까지 오늘의 소비와 내일의 소비를 계속 조정하라는 것이다. 이 규칙을 내일 다시 적용하면 내일과 모레 소비의 한계편익이 같아질 때까지 조정한다. 논리를 더 따르면, 결국 '마지막 1달러 소비의 한계편익'이 현재와 미래의 모든 기간에 같아지도록 소비계획을 세우게 될 것이다.

소비 평탄화

소비 평탄화(consumption smoothing)는 시간이 흐름에 따라 소비 지출을 위해 안정적이거나 매끄러운 경로를 유지해야 한다는 아이디어이다. 실제로 소득이 변동하더라도 소비 수준은 시간에 걸쳐 안정적인 수준을 유지하도록 노력해야 한다는 내용을 말한다. 이제 곧 알게 되겠지만, 이는 소비자의 합리적 규칙의 가장 중요한 시사점 중 하나이다.

소비 평탄화 시간이 지남에 따라 소비 지출을 안정적이거나 매끄러운 경로로 유지하는 것

소비 평탄화는 한계편익이 감소하는 것을 피하게 해준다. 한계편익이 체감한다는 것은 각각의 추가 소비 금액이 연속적으로 더 작은 한계편익을 발생시킨다는 것이다. 처음 몇 달러 지출의 한계편익이 높다가 지출이 늘어날수록 감소한다는 것이다. 소비자의 합리적 규칙은 마지막 1달러 소비의 한계편익이 현재와 미래에도 동일하도록 지출을 재배분하는 것을 의미한다. 따라서 이 규칙은 한계편익이 낮은 시기(소비가 많을 때)에서 한계편익이 높은 시기(소비가 적을 때)로 지출을 재배분한다는 것을 의미한다. 따라서 소비가 많은 시기부터 낮은 시기까지 지출을 재배분하여 소비가 시간에 걸쳐 비교적 평탄해지거나 안정되도록 유도할 것을 제안한다.

그림 25-5 | 소비 평탄화하기

Ⓐ 한계편익이 체감하는 한계편익곡선
Ⓑ 소비 평탄화는 여유 있는 시기의 지출을 **곤궁한 시기의 지출**로 재분배하게 한다.
Ⓒ 여유 있는 시기의 한계편익을 초과하는 **곤궁한 시기의 한계편익**으로 인한 이득

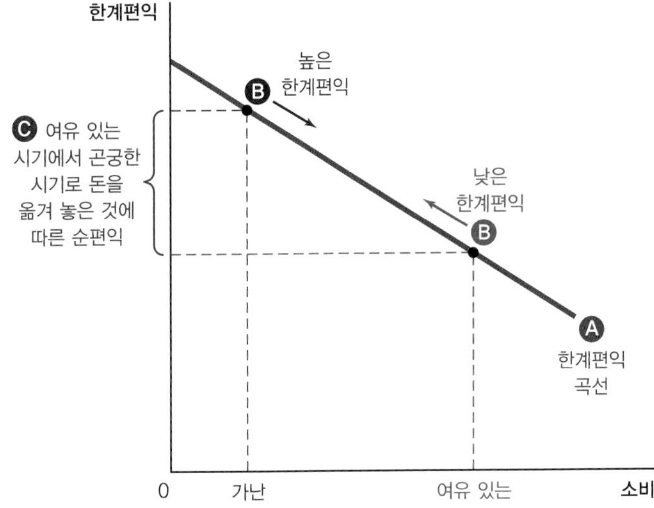

이 논리는 당신이 학자금 융자를 받았을 때 바로 그 수표를 모두 사용하는 대신에, 한 학기 동안 당신의 지출을 고르게, 혹은 평탄하게 분배하는 편이 더 낫다는 것이다. 그림 25-5는 이 논점을 보여주며, 지출이 높은 시기(여유 있는 시기)에서 낮은 시기(곤궁한 시기)까지의 소비 금액을 재분배하는 것이 총편익의 증가로 이어짐을 보여준다. 실제로, 당신은 한계편익이 낮은 시기의 지출을 한계편익이 높은 시기의 지출로 변경하고 있기 때문에, 시간이 흐름에 따라 더 균등한 소비를 지향하는 각각의 행동은 당신의 후생을 증대시킨다. 이 논리에 충실히 따르면, 당신은 현재 필요가 변하지 않는 한, 내일과 같은 금액을 오늘 지출하는 것이 가장 좋다는 결론을 내릴 것이다. 즉, 소비를 평탄화하는 것이 좋은 것이다.

Tetra Images/Getty Images

미래의 자신과 거래하라.

미래의 자신과 거래하는 것 미래와 비교해서 오늘 얼마나 쓸지 생각하는 것은 어려운 문제처럼 보일 수 있다. 이것에 대해 다르게 생각하는 방법이 있으며, 이 방법이 더 직관적인 것으로 여겨질 수 있다. 그것은 바로 당신의 결정이 이달의 소비를 즐기는 현재의 자신과 다음 달의 소비를 즐길 미래의 자신을 모두 고려하도록 하는 것이

다. 미래의 자신에게 너무 많은 비중을 두면 오늘은 너무 적게 소비하게 될 것이다. 현재의 자신에게 너무 많은 비중을 두면 현재에 너무 많은 돈을 쓰게 될 것이다. 현재의 자신과 미래의 자신은 두 종류의 당신을 가능한 행복하게 만드는 방법으로 당신의 자원을 시간에 걸쳐 나누는 방법을 찾아내야만 한다. 만약 당신이 현재와 미래에 같은 소비를 해야 한다고 결정한다면, 시간에 걸쳐서 당신의 소비를 평탄화해야 한다고 결정한 것이다.

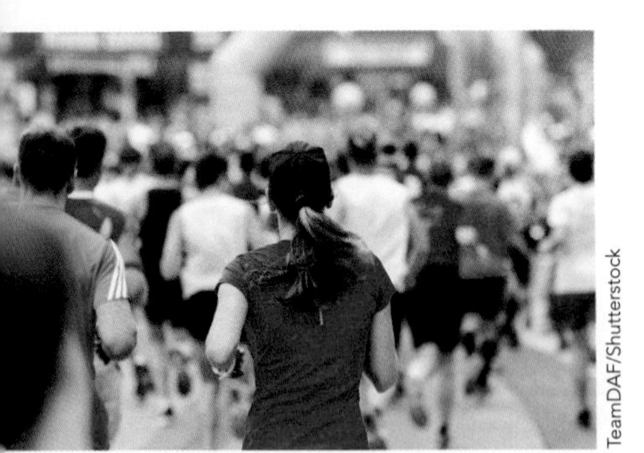

TeamDAF/Shutterstock

당신의 페이스를 지켜라.

일상경제학 **어떻게 마라톤하고, 과자 한 봉지를 즐기고, 주말에 살아남는가**

사실, 소비 평탄화라는 개념은 매우 직관적이어서 당신은 이미 삶의 많은 영역에 그것을 적용하고 있을 것이다. 이 개념은 한계편익이 감소하는 상황에서 시간에 걸쳐 부족한 자원을 분배해야 할 때마다 관련이 있다.

당신이 마라톤을 할 때, 42.195km에 걸쳐 배분해야 하는 에너지의 제한을 가지고 출발선에 서게 된다. 대부분의 주자들은 전반전을 후반전과 정확히 같은 속도로 달리면서 에너지 소비를 원활하게 하는 것을 목표로 한다. 전반전에 너무 많은 에너지를 소비하면 후반전은 고통스럽고 느릴 것이다(믿어라, 나도 마라톤을 뛰어본 적이 있다!) 전반전에 에너지를 너무 많이 절약하면 목표 시간에 너무 뒤처지게 될 것이고, 그러면 전반전에 저축해 놓은 여분의 에너지로는 후반전에 뒤쳐진 시간을 따라잡기에는 역부족일 것이다. 에너지 소비를 평탄화하는 것이 훨씬 더 좋다.

마라톤 전략은 쿠키 전략과 놀랍도록 유사하다. 만약 당신이 맛있는 쿠키 한 봉지를 산 적이 있다면, 당신은 오늘 그 봉지를 다 먹고 싶은 유혹을 느끼게 될 것이고, 내일은 하나도 남지 않을 것이다. 그것은 쿠키 소비와 쿠키 소득을 일치시키고 있는 것이다. 그렇게 하면 안 된다. 쿠키를 다 먹을 때까지 매일 맛있는 쿠키를 즐기면서 쿠키 소비를 평탄화한다면 당신은 훨씬 더 행복해질 것이다

그리고 그것은 당신이 주말에 직면하는 것과 같은 도전이다. 금요일 밤을 새워라, 그러면 토요일 파티를 즐길 충분한 에너지가 남아 있지 않을 것이다. 주말 동안 사교 활동을 평탄화하면서 자신에게 맞는 페이스를 유지하라. 그러면 당신은 주말을 더 즐길 수 있을 것이다. ■

LES BREAULT/Alamy

동일한 충고의 적용 : 당신의 페이스를 지켜라.

소득의 시점은 무관하다. 이 모든 것에는 흥미로운 의미가 담겨 있다. 소득의 시기(오늘이든 미래이든)가 당신의 소비 선택과 아무런 관련이 없다. 결국, 소비자의 합리적인 규칙은 소비자가 가장 큰 한계편익을 얻을 때마다 그의 소비를 배분하라고 말한다. 오늘, 다음 달, 아니면 내년에 그 소득이 생겼는가에 대해서는 아무것도 다루지 않았다.

하지만 비록 소득의 시기는 아무 상관이 없더라도, 소득의 수준은 문제가 된다. 좀 더 정확히 살펴보기 위해서 우리는 더 큰 한 가지 아이디어를 도입해보아야 한다.

평생소득 가설

궁극적으로, 비록 당신이 돈을 저축하거나 빌릴 수 있을 때 중요한 것은 현재의 소득이 아니라 할지라도 당신의 소득은 정말로 당신의 소비를 제약한다. 그런 이유로 현재의 소득 대신, 장기 평균 소득에 대한 최선의 추정치인 **평생소득**(permanent income)에 초점을 두어야 한다. 평생소득은 평균적으로 평생 사용할 수 있는 재원을 측정한 것이다.

평생소득 장기 평균 소득에 대한 최선의 추정치

평생소득이 높을수록, 현재와 미래에 소비할 여력이 더 많아진다. 그래서 학자금 대출금을 얼마나 빌릴지 결정하기 전에, 졸업 후에 당신이 얼마나 벌 수 있을지에 대해 고려해야 한다. 만약 당신이 고소득 분야, 즉 컴퓨터 공학에서 좋은 성적을 받고 있다면, 당신이 졸업한 후에 높은 소득을 기대한다는 것은 현재의 소득이 낮더라도, 당신의 평생소득이 높다는 것을 의미

한다. 높은 평생소득이라는 것은, 졸업 후에 당신이 기대했던 큰돈으로 그 대출금을 갚는 것이 쉽다는 것을 파악하고, 더 많은 학자금 대출을 받을 수 있고 더 많은 돈을 학창 시절에 쓸 수 있다는 것을 의미한다. 하지만 만약 당신이 좋은 보람을 얻지만 큰돈은 벌지 못하는 사회복지사가 되기를 꿈꾼다면, 평생소득은 더 낮을 것이다. 그래서 당신은 대학 다닐 때 더 주의해서 소비하려 할 것이다.

사람들이 (현재의 소득보다는) 그들의 평생소득에 근거하여 얼마나 소비할지를 선택하는 아이디어를 **평생소득 가설**(permanent income hypothesis)이라고 한다. 경제 변동은 평생소득에 영향을 미치는 범위 내에서만 문제가 된다고 말했기 때문에, 그것은 중요한 거시경제적 시사점을 제공한다(간략히 이 아이디어를 살펴본다.)

평생소득 가설 당장의 소득보다는 평생소득에 의해 소비가 이루어진다는 아이디어

소비 평탄화를 위해 돈을 빌리고 저축하는 것이 필요하다. 만약 평생소득에 근거하여 소비 수준을 설정한다면, 당신은 현재소득과 평생소득이 다를 때마다 돈을 빌리거나 저축할 필요가 있을 것이다. 예를 들어, 현재의 소득이 평생소득보다 적을 때마다, 즉 소득이 장기적인 평균소득보다 적을 때 당신은 버는 것보다 더 많은 돈을 쓰게 될 것이고, 따라서 당신은 돈을 빌리거나 예금액을 인출할 필요가 있다. 현재 소득이 평생소득보다 많을 때 당신은 저축을 함으로써 빌린 돈이나 예금 인출액의 자금을 보충할 수 있다. 이는 현재의 소득과 평생소득을 비교하여 저축을 해야 하는지 아니면 빚을 내야 하는지 가늠할 수 있음을 시사한다.

저축은 당신의 인생과정에 걸쳐서 변한다. 이 논리는 왜 저축이 당신의 생애주기에 따라 다른지 설명한다. 그림 25-6에는 정형화된 예를 보여준다. 빨간색 선은 일반적으로 소득이 생애주기에 따라 어떻게 변하는지를 보여준다. 이는 경험과 연공서열을 쌓을수록 급격히 상승하고 중간 경력에서 정점을 찍은 후 나이가 들수록 서서히 감소하는 모습을 보여준다. 파란색 선은 소비 수준을 일정 수준(즉, 평탄화된 수준)으로 나타내며, 빨간색 선과 연관된 평생소득 또는 평균소득과 동일하게 설정되었다. 대출, 저축 또는 비저축은 경상소비와 경상소득의 차이이다. 이 그림은 생애주기별 소득 곡선과 상대적으로 일정한 수준의 소비곡선이 결합되면 왜 사람들이 젊을 때 돈을 빌리고, 근무기간 동안 저축을 하고, 은퇴 시 저축한 돈을 쓰는지에 대한 설명을 보여준다.

그림 25-6 | 생애주기별 소득과 저축

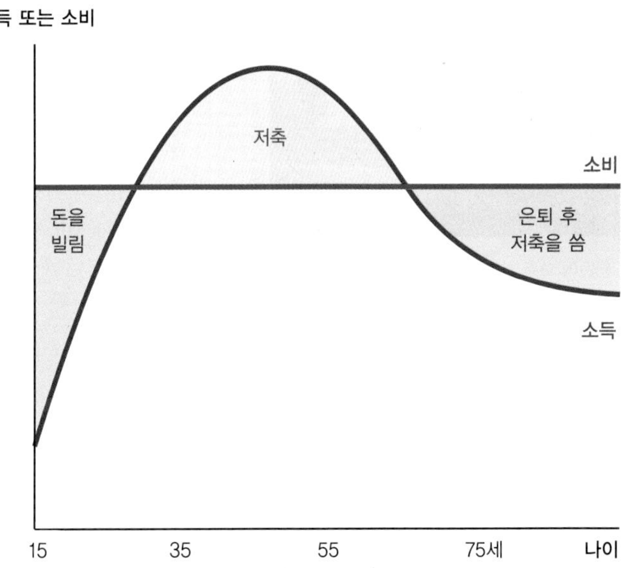

물론, 당신의 현실은 이 정형화된 예보다 다소 복잡할 것이다. 당신의 소비 요구는 당신의 일생에 걸쳐 변할 것이기 때문이다. 이는 지출 패턴이 이 예제만큼 안정적이지 않을 수 있다는 것을 의미한다. 당신은 또한 시간이 지남에 따라 당신의 평생소득에 대한 새로운 정보를 배울 것이고, 당신의 소득에 대한 새로운 기대에 맞게 소비를 조정할 것이다. 이러한 이슈를 적용하더라도 생애주기 패턴이라는 기본 아이디어는 그대로 유지된다. 그것은 젊은 사람은 전형적으로 부채가 쌓이는 반면, 전형적인 은퇴자는 저축에 의지하여 사는 현실을 묘사한다. 중년에는 빚을 갚고 노후자금 마련을 위해 저축해야 하기 때문에 버는 돈보다 적게 지출한다.

25.3 소비의 거시경제학

학습목표 총소비 행위를 예측한다.

소비와 소득의 관계에 대한 다섯 가지 고찰

1. 소득의 일시적 변화는 소비의 작은 변화를 이끈다.
2. 소득의 영구적 변화는 소비의 커다란 변화를 이끈다.
3. 소득의 예상된 변화는 소비를 변화시키지 않는다.
4. 미래 소득변화에 대한 인지는 소비를 변화시킨다.
5. 소비변화를 예측하기는 어렵다

우리는 이제 소비의 거시경제학을 구성하는 두 가지 큰 아이디어를 밝혀냈다. 사람들은 평생 소득을 고려하여 소비와 저축을 결정하고 시간에 걸친 소비 평탄화를 선호한다. 이러한 힘이 개개인의 소비 선택에 영향을 주며 경제에서 총소비도 견인한다. 그래서 이 두 가지 큰 아이디어는 총소득과 총소비 간 거시경제학의 연결고리에 중요한 시사점을 갖는다. 그러한 시사점은 당신이 경제가 어디로 가고 있는지 알 수 있도록 도와주고, 거시경제 상황의 변화에 대응하여 총소비가 어떻게 변화할 것인지 더 잘 이해할 수 있도록 도와줄 것이다.

소비와 소득 간의 관계

소득은 소비의 중요한 결정요인이며 소득이 바뀌면 소비도 달라진다. 그러나 소득에는 다양한 종류의 변화가 있으며, 소득의 다양한 종류의 변화는 소비에 다양한 시사점을 제공한다. 이제 다양한 소득 변화 유형과 이러한 변화가 소비에 어떤 영향을 미칠 수 있는지를 파악하는 데 도움이 되는 다섯 가지 중요한 통찰에 대해 알아보자.

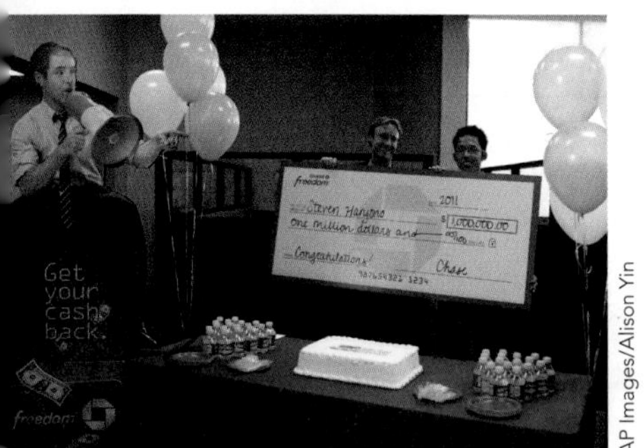

AP Images/Alison Yin

한번에 모두 쓰지 말라.

통찰 1 : 소득의 일시적 변화는 소비의 작은 변화를 이끈다. 만약 당신이 100만 달러 복권에 당첨된다면 어떻게 할 것인가? 복권 당첨은 다시 당첨될 것으로 기대하지 않기 때문에 일시적으로 소득이 상승하는 것이다. 그렇다면 이에 대응하여 소비를 어떻게 조정할 것인가? 내일 나가서 100만 달러를 몽땅 날리지 않기를 희망한다. 당장 절반도 쓰지 않기를 희망한다. 재무 플래너는 당신이 남은 기간 동안 더 많은 소비를 즐길 수 있도록 매년 5만 달러를 쓰라고 조언할지도 모른다.

소득의 일시적인 급증을 당신의 생애에 걸쳐 분산시키고자 하는 욕구는 일시적인 수입 증가가 상대적으로 적은 소비 증가만을 낳게 하는 이유이다. 이 예에서 소득의 일시적 증가로 인해 올해 소비는 5만 달러 증가에 그친다. 이는 소득의 일시적 상승으로 인한 한계소비성향(또는 *MPC*)은 0.05로 계산된다.

$$\text{한계소비성향}(MPC_{temporary}) = \frac{\text{소비의 변화}}{\text{소득의 일시적 변화}} = \frac{\$50{,}000}{\$1{,}000{,}000} = 0.05$$

통찰 2 : 소득의 영구적 변화는 소비의 커다란 변화를 이끈다. 당신의 소득을 연간 5만 달러씩 영원히 증가시키는 새로운 일은 당신의 소득을 일시적으로 올릴 뿐인 일회성 보너스 5만 달러 계약보다 훨씬 더 큰일이다. 소득의 영구적인 변화가 당신의 평생 소득의 훨씬 큰 변화로 이어지기 때문에 이것은 더 대단한 일이다. 결과적으로, 소득의 영구적인 변화는 소비의 더 큰 변화로 이어진다. 이는 평생소득의 한계소비성향이 일시적 소득의 한계소비성향보다 훨씬 높다는 것을 의미한다.

Slaven Vlasic/Getty Images

30세 미만에 포브스30 중 하나의 기업에 입사하는 것은 생각한 것보다 평생소득이 많은 것을 의미한다.

예를 들어, 졸업하면 골드만삭스의 신입 애널리스트로 초봉 11만 달러를 받고 취직하게 될 것이라 하자. 이는 당신이 기대했던 것보다 훨씬 많은 금액이다. 훨씬 더 좋은 것은, 그 초기 직장은 당신이 직장 생활 내내 훨씬 더 높은 임금을 받는 다른 직장으로 이직할 수 있는 경력의 진로에 들어서게 한다는 것이다. 따라서 이것은 단지 1년 동안 증가한 것이 아니다. 당신의 미래 수입은 당신이 이전에 기대했던 것보다 훨씬 더 높다. 어떻게 대응해야 하는가? 만약 골드만삭스에서 일하는 것이 소득이 기대했던 것보다 매년 5만 달러 더 높을 것이고, 남은 생애 동안 매년 예상치 못한 증가를 얻을 것이라는 것을 의미한다면, 그것은 평생소득이 매년 5만 달러씩 증가한다는 것을 의미한다. 남은 생애에 걸쳐 분배되는 일회성 이득과 달리 연간 소득이 영구적으로 증가하면 늘어난 소비와 소득을 남은 생애기간 동안에 매년 누릴 수 있다는 의미다.

평생소득의 상승에 따른 한계소비성향은 전형적으로 상당히 높다. 실제로 최대 1까지 상승할 수 있다.

$$한계소비성향(MPC_{permanent}) = \frac{소비의\ 변화}{소득의\ 영구적\ 변화} = \frac{\$50,000}{\$50,000} = 1$$

요약 : 당신의 남은 생애 동안 매년 계속될 것으로 보이는 것과 같은 예상하지 못한 소득의 변화는 동일하게 큰 규모의 영구적 소득의 변화를 야기하고, 그에 상응하여 소비는 크게 증가한다.

자료 해석 평생소득이란 무엇인가?

우리는 소비 수준이 평생소득을 반영해야 한다는 것을 살펴보았다. 하지만 당신의 평생소득은 얼마인가? 개인적으로 잘은 모르지만, 정규직으로 일하는 다른 대졸자들의 전형적인 소득을 분석하는 것이 유용한 출발점이다. 대졸자들의 경력에서 다른 시점들을 살펴봄으로써, 당신의 수입이 경력 기간 동안 어떻게 진화할 것인가를 알 수 있다.

그림 25-7은 각각의 다른 경력에서 시점별로 다양한 사람들의 일반적인 소득을 보여준다. 우리는 중간값에 초점을 맞춘다. 절반의 사람들은 더 많이 벌고 절반의 사람들은 적게 벌기 때문이다. 고등학교만 졸업한 사람들은 일반적으로 경력 기간 동안 연간 약 3만 4,000달러를 번다. 그들은 더 낮은 소득에서 시작하며 그들의 소득은 경력을 쌓으면서 평생 동안 거의 증가하지 않는다. 전문대 학위가 있는 사람은 평균 4만 6,000달러, 학사 학위가 있는 사람은 7만 1,000달러이다. 더 많은 교육을 받게 되면, 당신은 더 높은 소득으로 경력을 시작할 뿐만 아니라, 경력을 쌓을수록 당신의 소득은 더 급격히 증가하는 경향을 보인다. 이것은 경제학 전공자들에게 더욱 잘 해당되는데, 경제학 전공자들은 보통 그들의 경력 동안 연간 평균 9만 4,000달러를 번다. 즉, 대학에 진학하여 경제학 전공하는 것을 선택하는 것은 100만 달러 복권에 당첨되는 것보다 훨씬 더 좋다. 경제학 전공으로 대학을 다닌 것이 대학에 다니지 않은 것에 비해, 소득과 소비는 당신의 경력 동안 매년 약 6만 달러 더 높을 것이기 때문이다.

그림 25-7 경력에 따른 정규직 근로자의 연간소득 중간값

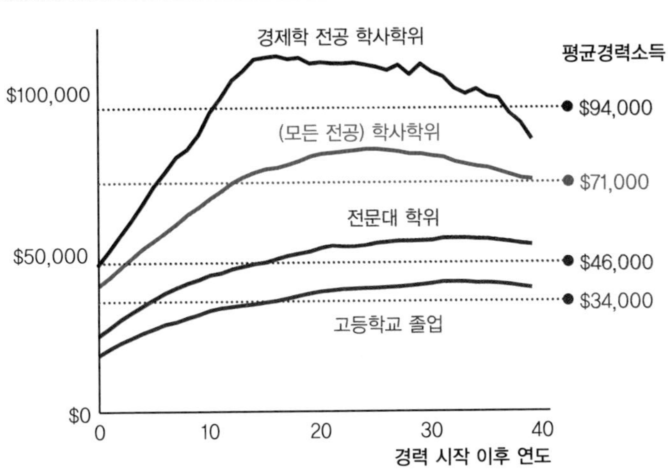

출처 : Hamilton Project.

하지만 당장 이렇게 돈을 벌 거라고 기대하지는 말라. 그림 25-7에서 볼 수 있듯이, 초임은 중간 경력자 임금의 절반 정도이다. 그래서 바로 대학 문턱을 나온 당신의 소득은 평생소득을 의미하지 않는다. 그리고 당신의 소득은 향후 10년 혹은 그 이상 계속 증가할 것이다. ■

통찰 3 : 소득의 예상된 변화는 소비를 변화시키지 않는다. 평생소득은 당신의 장기 평균소득에 대한 최선의 추정치이며, 따라서 그것은 소득이 시간이 지남에 따라 어떻게 진화할 것인지에 대한 기대를 반영한다. 따라서 그것은 이미 당신의 소득에서 예상되는 미래 변화를 반영하고 있다. 그래서 만약 소비를 평생소득과 일치시킨다면, 예상되는 소득의 변화는 당신의 소비에 영향을 미치지 않을 것이다. 결과적으로 예상되는 소득의 변화에서의 한계소비성향은 0이다.

이를 구체적으로 살펴보면, 짝수 해(선거가 많은 해)에는 6만 달러, 다른 해(고객 수가 적은

해)에는 4만 달러를 벌 것으로 예상하는 여론조사 전문가의 입장에서 살펴보자. 2년마다 소비 지출을 줄이기보다는 매년 5만 달러를 지출하는 것이 더 나을 것이다. 이는 당신의 평생소득과 일치한다. 따라서 선거연도의 예상된 소득상승은 소비에는 영향을 미치지 않는다. 홀수연도의 예상된 소득감소가 영향을 미치지 않는 것과 같은 것이다.

통찰 4 : 미래 소득 변화에 대한 인지는 소비를 변화시킨다. 소비는 언제 미래 소득의 변화에 반응하는가? 만약 당신이 소비를 평생소득에 기초한다면, 그 돈이 실제로 들어올 때보다는 미래의 평생소득의 변화에 대한 뉴스를 듣는 즉시 당신은 반응할 것이다(돈이 들어올 때까지는 충분히 모든 걸 예상하고 이미 지출 결정에 반영한다).

예를 들어, 만약 당신의 고용주가 1년 안에 모든 사람들이 정상보다 4% 더 높은 인상분을 받게 될 것이라고 불시에 발표한다면, 소비 평탄화를 하는 사람은 그 정보를 그들의 소비를 증가시키기 위해 즉시 이용할 것이다.

이는 또 다른 방법으로도 작동한다. 만약 당신의 회사가 내년 예상 임금 인상이 사라질 정도로 예기치 않게 임금 동결을 발표한다면, 평생소득 가설을 통해 당장 소비를 줄여야 한다는 것을 알 수 있다.

더 넓은 의미에서의 요점은 오늘의 소비가 미래 소득에 대한 기대에 상당히 민감할 수 있다는 것이다. 이것은 또한 거시경제 정책의 변화가 실제로 시행될 때보다는 발표될 때 소비에 아주 큰 영향을 미칠 수 있다는 것을 시사한다.

통찰 5 : 소비의 변화를 예측하는 것은 어렵다. 이 모든 것의 마지막 시사점은 소비의 변화를 예측하기가 매우 어렵다는 것이다. 결국, 예상된 소득의 변화에 대응하여 소비가 크게 변하지 않는다는 것을 파악한다. 소비의 변화는 예상치 못한 소득의 변화에만 반응한다. 그러나 예상치 못한 소득의 변화는 본질적으로 예측하기가 매우 어렵다. 결국, 만약 그것이 예측하기 쉬운 것이라면, 당신은 그런 변화를 예상했을 것이다!

그림 25-8 | 소비의 변화는 예측하기 어렵다

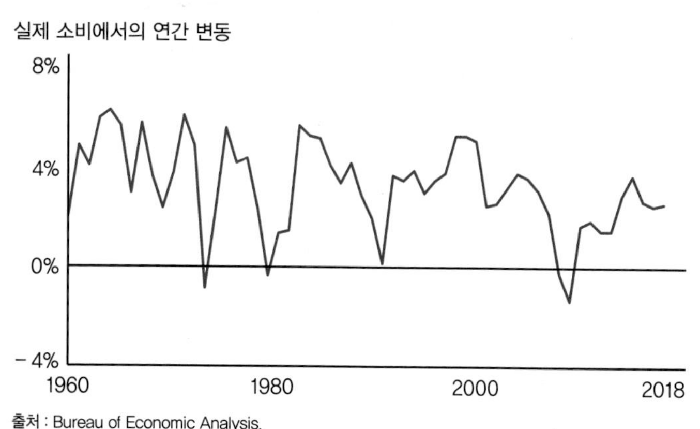

출처 : Bureau of Economic Analysis.

개별 소비의 변화를 예측하기 어려운 경우, 총소비의 변화(비슷한 논리를 따르는 수백만 명의 미국인의 소비 결정의 합계)도 예측하기 어려워야 한다.

이 시사점에 대해 조심할 필요가 있다. 소비 수준을 예측하기 어렵다는 말은 아니다. 사실, 어렵지 않다: 소비 수준은 보통 GDP의 약 3분의 2 수준이다. 대신에 이 시사점은 소비의 미래변화를 예측하기가 어렵다는 것을 말한다. 그림 25-8에 표시된 연간 총소비량의 변화를 살펴보라. 소비량의 변화를 예측하기 어렵다는 데 동의할 것으로 생각된다. 매년 소비의 변화는 예년과 거의 무관해 보인다. 소비가 GDP의 큰 부분을 차지하기 때문에, 이는 GDP의 변화를 예측하기가 매우 어렵다는 것을 의미하기도 한다.

행동경제학과 신용 제약 조건을 추가해서 분석하기

우리는 거시경제를 구성하고 있는 수백만 미국인들의 소비 선택의 기초가 되는 사고방식에 접근하기 위해 이 아이디어들을 연구하고 있다. 그동안 의아했을 수도 있다. 사람들이 실제로 이렇게 소비 선택을 할까? 짐작했겠지만, 사람들이 얼마나 소비를 평탄화할 수 있는지에 대해서는 한계가 있다. 그것은 사람들이 미래의 수입에 대해 얼마나 상세하게 알고 있는지, 필요할 때 돈을 빌리고 저축할 수 있는지에 달려 있다. 불행하게도, 빌리고 저축하는 것이 항상 쉽거나 가능하지 않다.

이러한 현실적인 제약 조건들이 앞서 살펴본 소비에 대한 통찰력을 약화시키지는 않지만, 약간의 수정은 필요하다. 먼저 사람들이 처할 수 있는 문제들을 살펴본 다음에, 이것이 소득과 소비의 관계에 대해 우리가 개발해 온 통찰력의 의미를 살펴보자.

사람들이 항상 빌릴 수는 없다. 어떤 사람들은 단순히 빌릴 수 없다는 이유만으로 소비자의 합리적 규칙을 따르지 않는다. **신용 제약**(credit constraints)은 일부 사람들이 빌릴 수 있는 금액을 제한한다. 저축이나 신용이 없으면 최근 월급에 있는 돈만 쓰도록 제약을 받기 때문에 소비를 평탄화할 수 없다. 이것은 많은 미국인들에게 중요한 제약이다.

신용 제약 빌릴 수 있는 금액의 한계

대출금이 담보(상환을 연체할 때 은행이 인수할 수 있는 자산)에 의해 보장되지 않을 때 은행들은 종종 소비 자금용 돈을 빌려주기를 꺼린다. 이것은 집을 사거나 새 차를 사는 것과 같은 특정한 종류의 지출을 위해 돈을 빌리는 것이 더 쉽다는 것을 의미하는데, 그 이유는 은행이 집이나 차를 압류할 권리를 가지기 때문이다.

하지만 현재 소득이 충분하지 않아서 식료품을 사거나 집세를 낼 수 있도록 기꺼이 돈을 빌려줄 은행을 찾는 것은 훨씬 더 어렵다. 그런데도 당신은 소득이 일시적으로 낮을 때, 예를 들어 실업자가 되었을 때 소비를 위해 돈을 빌리고 싶어 할 것이다. 은행들도 아직 확실한 신용을 쌓지 못한 사람들에게 대출을 꺼리고 있고, 이로 인해 학생들이 소비 평탄화에 필요한 모든 돈을 빌리기는 어렵다.

미래지향적인 계획을 세우고 그것을 고수하는 것은 어렵다. 은행들이 당신에게 기꺼이 빌려준다고 해도, 평생소득을 완벽하게 예측하고 당신이 고수하는 소비 계획을 세우기는 정말 어렵다. 소비에 대한 우리의 이해는 의도적이고 미래 지향적이며 어려운 상충관계에 대해 심사숙고를 요하는 프레임워크를 적용함으로써 얻어진다. 소비자의 합리적 규칙을 따르는 것은 당신이 현재를 끊임없이 미래와 비교하고, 언제 소비하고 언제 저축할 것인가에 대한 계획을 세우고, 그러한 계획을 관철할 것을 요구한다.

계획은 힘든 일이지만 가치 있는 것이다.

현실은, 모든 소비자들이 항상 그들의 선택에 대해 이렇게 신중하지는 않다는 것이다. 한계편익에 대한 세심한 평가 없이 가끔 지출 결정을 하였을 것이다. 너무 많은 학생들이 학자금 융자 수표가 도착했을 때 예산을 세우지 않는다. 그리고 예산을 세우는 사람들 사이에서도 유혹이나 예상치 못한 욕구가 방해로 작용하여 아무리 잘 짜인 예산계획이라 해도 이행이 중단될 수 있다. 결론은 잘못된 정보, 피곤함, 충동적인 소비 같은 인지적 또는 행동적 한계가 일부 사람들이 소비 평탄화를 하지 못하게 한다는 것을 의미한다. 그런 사람들은 충분한 저축을 하지 못하고, 갚을 계획도 없이 빚을 지게 되고, 충동구매를 한다.

사람들이 경제적 결정을 내리는 방법에 대한 우리의 이해에 심리학에서 얻은 통찰력을 통합하면 소득과 소비의 관계에 대한 우리의 이해는 더욱 정교해진다. 사람들이 충동적이고, 미루고, 그리고 오늘과 내일 간 상충관계에 대한 균형을 취함에 있어 성급할 수 있다는 아이디어는 어떤 사람들은 소비자의 합리적 규칙을 따르지 않는다는 것을 의미한다. 대신, 어떤 사람들은 단순히 그들이 현재 가지고 있는 만큼을 소비할 것이다.

근근이 먹고사는 소비자들은 현재 소득을 지출하고 평탄화 소비자는 평생소득을 지출한다. 심리적 한계와 신용의 제약이라는 이 두 가지 요인이 함께 작용하면 일부 사람들은 소비 평탄화를 못하거나, 완전하게 하지 못한다는 것을 의미한다. 대신, 그들은 급료에 맞춰 생활한다. 결과적으로, 그들의 소비는 평생소득보다는 현재의 소득을 반영한다. 경제학자들은 이 사람들을 '근근이 먹고사는 소비자들'이라고 부른다. 많은 사람들에게 근근이 먹고사는 소비는 선택이라기보다는 현실이다. 그들은 저축하기보다는 모든 소득을 생필품에 지출한다. 근근이 먹고사는 소비자라 칭하는 것은 사람들의 생활방식에 대한 판단이 아니라 그들의 소비와 소득 사이의 다른 관계를 표현하기 위한 것이다. 이 사람들은 소득을 받는 대로 소비하기 때문에, 그들의 한계소비성향은 1이고, 일시적인 소득, 평생소득, 예상한 소득, 예상하지 못한 소득의 변화에 대한 반응도 같다.

총소비는 근근이 먹고사는 소비자와 평탄화 소비자가 혼합된 것이다. 거시경제에는 평탄화 소비를 하는 사람과 근근이 먹고사는 생활을 하는 사람이 모두 포함된다. 서로 다른 종류의 소득 변화가 소비에 어떤 영향을 미치는지 이해하기 위해 개발한 이전의 통찰력은 평탄화 소비자들의 행동에 기초했다. 우리는 이제 근근이 먹고사는 소비자들이 그들이 가진 것을 소비하는 경향을 살펴보았다. 따라서 그들의 소비는 그들의 현재 소득을 반영한다. 경제 전반의 총소비가 소득 변화에 어떻게 반응할 것인지 살펴보면서, 이전의 통찰력을 수정하여 평탄화 소비자와 근근이 먹고사는 소비자 모두의 반응을 고려해보자.

수정된 통찰력 1 : 일시적인 소득의 변화는 평탄화 소비자에게 작은 소비의 변화를 가져오고, 근근이 먹고사는 소비자들에게는 큰 변화를 가져올 것이다. 예를 들어, 올해 500달러의 세금 환급금을 받는다면 어떻게 하겠는가?

대부분의 사람들은 저축에 대부분의 돈을 넣거나 빚을 갚는 데 사용할 것이라고 말하는데, 이는 그들이 평탄화 소비자임을 시사한다. 하지만 다른 사람들은 건강 관리에서부터 자동차 수리나 휴가 등에 이르기까지 그 돈을 당장 사용할 것이라고 말한다. 총소비는 두 그룹의 지출 결정을 반영하고 있기 때문에, 사회에 근근이 먹고사는 소비자가 많으면 많을수록 일시적인 소득 변화에 있어서 총 한계소비성향이 더 클 것이다.

수정된 통찰력 2 : 소득의 영구적인 변화는 평탄화 소비와 근근이 먹고사는 소비 양쪽 모두에서 소비의 큰 변화로 이어져 총소비의 큰 변화로 이어질 것이다. 실제로, 소비는 평생소득만큼 증가할 것이다. 소득의 영구적인 변화에 있어서 한계소비성향은 평탄화 소비와 근근이 먹고사는 소비가 혼합되어 있는 것과 관계없이 1에 가깝다.

수정된 통찰력 3 : 예상되는 소득 변화는 평탄화 소비자의 소비는 변화시키지 않지만 근근이 먹고사는 소비자의 소비 지출에는 큰 변화를 가져올 것이다. 예상되는 소득 변화에 있어서 한계소비성향은 근근이 먹고사는 소비자의 비중에 따라서 달라진다. 근근이 먹고사는 소비자의 비중이 클수록 예상되는 소득 변화에 있어서 한계소비성향이 높은 것으로 나타난다.

수정된 통찰력 4 : 미래의 소득 변화에 대한 인지는 미래 소득에 대한 뉴스에 바로 응답하는 평탄화 소비자에게는 큰 소비 변화를 가져오지만, 추가적 소득을 수령할 때까지 반응을 보이지 않는 근근이 먹고사는 소비자들에게는 소비변화를 초래하지 않는다. 위와 같이 예상되는 소득 변화에 있어서 한계소비성향은 근근이 먹고사는 소비자의 비중에 따라 달라질 것이다. 다만 이 경우에는 근근이 먹고사는 소비자의 비중이 더 클수록 한계소비성향은 더 작아진다. 근근이 먹고사는 소비자들은 미래소득 변화를 인지했을 때 그들의 소비를 늘리지 않기 때문이다.

수정된 통찰력 5 : 소비의 변화를 예측하는 것은 근근이 먹고사는 소비자의 비중에 달려 있다. 근근이 먹고사는 소비자는 자신이 가진 것을 전부 소비하기 때문에 소득이 어떻게 바뀔지 알면 소비의 변화를 예측할 수 있다. 예를 들어, 세금 감면이 실시되리라는 것을 안다면, 당신은 근근이 먹고사는 소비사들이 그것을 소비할 것이라고 합리적으로 예측할 수 있다. 그러나 평탄화 소비자는 예상 소득 변화에 대응하여 소비를 변화시키지 않으므로 그들의 소비 변화를 예측할 수 없다. 따라서 소비 변화의 예측 여부는 평탄화 소비자와 근근이 먹고사는 소비자의

그림 25-9 소득 변화에 따른 소비의 변화

소득의 변화	평탄화 소비자	+	근근이 먹고사는 소비자	=	총소비
일시적인 소득 증가	작은 소비 ↑		큰 소비 ↑		중간 소비 ↑
영구적인 소득 증가	큰 소비 ↑		큰 소비 ↑		큰 소비 ↑
소득의 예상된 증가	변화 없음		큰 소비 ↑		중간 소비 ↑
미래의 소득 증가 뉴스	큰 소비 ↑		변화 없음		중간 소비 ↑
소비 변화 예상	예상 어려움		소득 변화를 보고 예상		불가능하지 않지만 예상 어려움

혼합에 달려 있다.

이상을 모두 종합해보면, 평균적으로, 경제는 소비가 평생소득에 의해 어느 정도 영향을 받고, 현재 소비에 의해 어느 정도 영향을 받고 있음을 보인다. 그림 25-9는 첫 번째 열의 평탄화 소비자와 두 번째 열의 근근이 먹고사는 소비자의 소득 증가가 소비에 미치는 영향을 요약한 것이다.

경제 전반의 총소비가 소득 증가에 어떻게 반응할지를 예측하려면 평탄화 소비자와 근근이 먹고사는 소비자 모두의 반응을 고려해야 하며, 이는 그림 25-9의 마지막 열에 나타나 있다.

25.4 소비를 변화시키는 것은 무엇인가

학습목표 거시경제적 조건이 소비를 어떻게 변동시키는지 파악한다.

지금까지는 다른 요소들을 일정하게 유지하면서 소득과 소비의 관계에 대한 분석을 전개하였다. 이제 다른 요소들이 변화할 때 어떤 일이 일어나는지 살펴봐야 할 차례다. 여기서 상호의존의 원리를 부가시켜 소비가 실질이자율, 기대, 세금, 부 등 다른 요인에 어떻게 의존하는지를 강조한다.

먼저, 소비함수(소비곡선) 자체의 이동과 소비함수(소비곡선)상의 이동을 구별하는 것에 초점을 맞추자. 소비함수는 소비가 소득에 따라 어떻게 달라지는지를 보여준다. 따라서 소득의 변화는 소비함수를 이동시키지 않는다. 그림 25-10의 패널 A에서 보는 바와 같이 소득의 변화는 소비함수(소비곡선)상의 이동을 야기한다. 그러나 실질금리, 기대, 세금 및 부를 포함한 다른 요소들은 주어진 소득 수준에서 소비함수 자체를 이동시킨다. 결과적으로, 그들은 소비함수를 변화시킨다. 그림 25-10의 패널 B는 모든 소득 수준에서의 소비의 증가는 소비함수를 상향 이동시키고, 모든 소득 수준에서의 소비의 감소는 소비함수를 하향 이동시키는 것을 보여준다. 우리의 다음 과제는 소비함수 자체를 이동시키는 네 가지 요인을 분석하는 것이다.

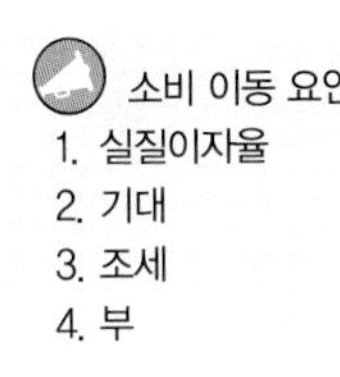

소비 이동 요인 1 : 실질이자율

우리의 분석에 실질이자율을 추가해야 할 차례다. 우리는 실질이자율이 저축과 소비에 미치는 영향을 별도로 분석할 것이다.

가장 직접적이기 때문에 저축부터 시작해보자. 저축의 이점은 이자가 생긴다는 것이다. 결과적으로, 높은 실질이자율은 저축의 이익을 증가시키고, 비용-편익의 원리는 사람들이 저축을 더 많이 함으로써 이에 반응할 것이라는 것을 말해준다. 실질이자율이 오르면 저축이 증가

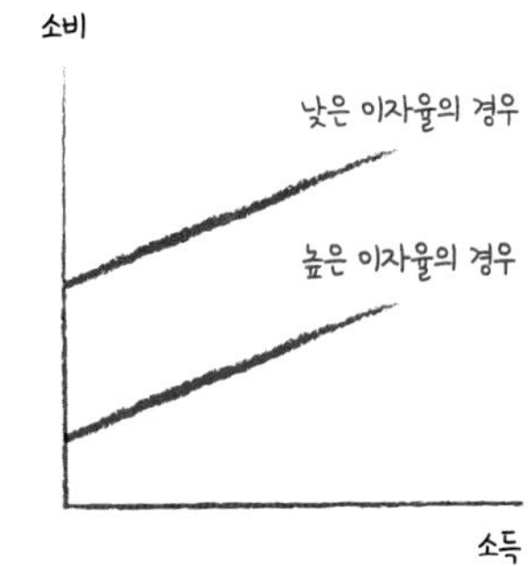

그림 25-10 | 소비함수(소비곡선)상의 이동 대 소비함수(소비곡선) 자체의 이동

패널 A 소득의 변화 : 소비함수(소비곡선)상의 이동

Ⓐ 소득의 증가
Ⓑ 소비함수(소비곡선)상의 이동
Ⓒ 소비 증가

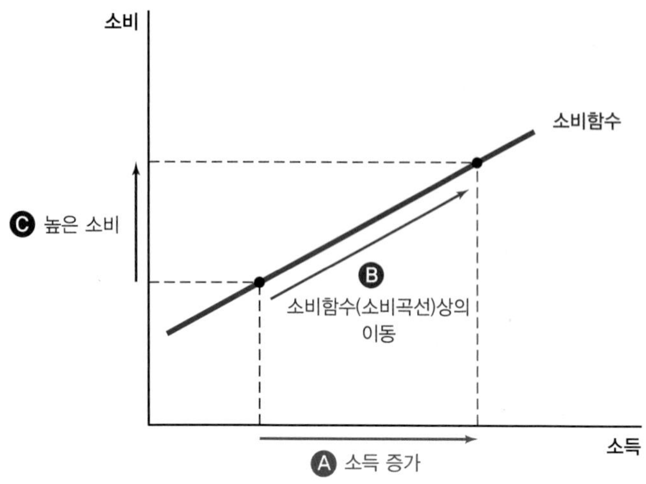

패널 B 다른 요인의 변화 : 소비함수(소비곡선) 자체의 이동

Ⓐ 주어진 소득하에서 **소비 증가**를 유발하는 요인의 변화는 소비함수(소비곡선)을 **상향** 이동시킨다.
Ⓑ 주어진 소득하에서 소비 감소를 유발하는 요인의 변화는 소비함수(소비곡선)을 하향 이동시킨다.

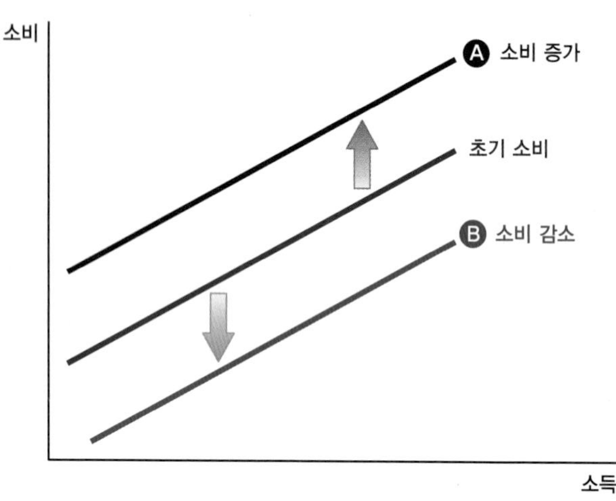

한다는 것이다.

이자율 인상이 소비 현상에 미치는 영향은 다소 복잡하다. 때때로 서로 반대되는 두 가지 힘이 상호 작용하기 때문이다. 첫째로, 높은 실질이자율은 내일 더 많이 소비하고 오늘은 덜 소비하도록 동기를 부여한다. 이러한 대체효과는, 오늘 소비에 지출하는 금액의 기회비용은 그 돈을 저축하여 미래에 그 금액에다 이자를 합친 금액을 소비하는 것이기 때문에 발생한다. 실질이자율이 높을수록 이 기회비용이 높아져 소비자는 현재 소비를 줄일 수 있다.

둘째, 대부자라면 실질이자율이 높아지면 소득이 늘고 대출자라면 소득이 줄어든다. 대부자들은 이자를 받고, 대출자들은 이자를 내야 하기 때문이다. 따라서 당신이 대부자라면, 높은 이자율은 당신의 소득을 증가시킬 것이다. 그리고 이 소득효과는 더 높은 소비로 이어진다. 하지만 대출자라면 이자율이 높아지면 이자 상환 후 남은 소득이 효과적으로 줄고, 이 소득효과로 소비가 줄어든다.

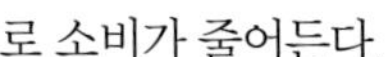

때때로 상충하는 이 두 효과의 순효과는 어느 쪽으로든 치우칠 수 있다. 그러나 대부분의 데이터는 실질이자율의 증가가 소비 감소로 이어진다는 것을 보여준다.

그림 25-11 | 소비 증가를 예측하는 소비심리

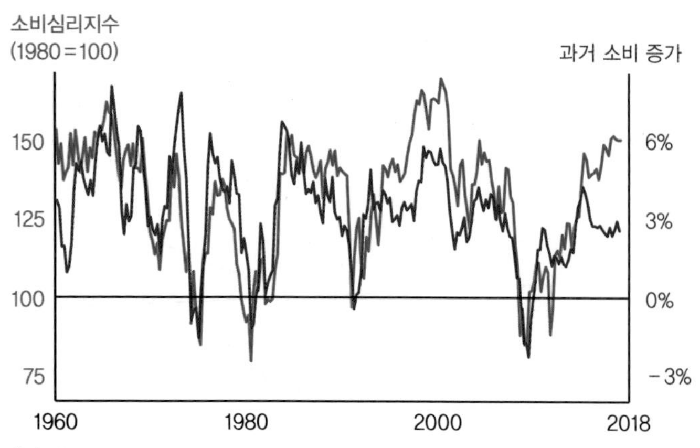

출처 : Bureau of Economic Analysis; University of Michigan.

소비 이동 요인 2 : 기대

향후 경기 상황에 대한 소비자들의 기대는 소비를 견인하는 데 큰 역할을 할 수 있다. 미래 경제 성장에 대한 낙관은 사람들이 그들의 미래 소득이 더 증가할 것이라고 기대한다는 것을 의미한다. 그리고 소비가 평생소득(소비자가 미래에 얻을 것으로 기대하는 것)에 의해 주도되는 한, 낙관적인 기대는 더 높은 소비로 전환된다.

당신은 그림 25-11에 나타난 미시건대학교의 소비자 심리 지수를 따라보면 소비자 낙관론을 파악할 수 있다. 이 지수는 소비자들에게 수백 건의 경제 신뢰에 대한 질문의 월간 인터뷰 결과를 요약한 것이다. 그림 25-11과 같이, 높은 수준의 소비 심리는 총소비의 급속한 성장을 예측하는 경향이 있다.

소비 이동 요인 3 : 조세

샘 아저씨는 돈을 지출할지 저축할지 고민하기도 전에 소득의 일부를 세금으로 낸다. 떼어간 그 돈은 쓸 수 없기 때문에, 세금은 소비에 영향을 주는 중요한 요소이다. 세금이 높으면 세후 소득인 **가처분소득**(disposable income)이 감소하며, 이는 주어진 세전소득 수준에서의 소비를 축소시킨다. 세전 총소득은 GDP와 동일하기 때문에 높은 세금은 GDP의 어느 수준에서든 소비를 낮춘다는 것을 의미한다. 즉, 세금 인상은 소비함수를 하향 이동시킬 것이다.

가처분소득 세후 소득

반대로 감세는 가처분소득을 증가시켜 소비함수를 상승시켜 GDP의 어느 수준에서든 소비를 증가시킨다. 이것이 정부가 경기가 침체될 때 더 많은 소비를 촉진시키기 위해 세금 감면 수단을 사용하는 이유이다. 세금 감면이 얼마나 효과적인 자극제인지에 대해 경제학자들의 논쟁이 존재한다. 만약 소비자들이, 근근이 먹고사는 소비자가 그러한 것처럼 세금 감면의 대부분을 소비한다면 효과적인 자극이 될 것이다. 그러나 평탄화 소비자는 일시적인 감세로는 평생소득이 크게 증가하지 못한다는 것을 인식하게 될 것이고, 따라서 감세 대부분을 소비하는 것보다는 저축하게 될 것이다. 이렇게 되면, 세금 감면은 효과적인 부양책이 되지 못하며, 정부가 그 돈 자체를 소비하는 것이 더 나을지도 모른다. 우리는 이것에 관한 몇몇 증거들을 재정정책에 관한 제35장에서 평가할 것이다.

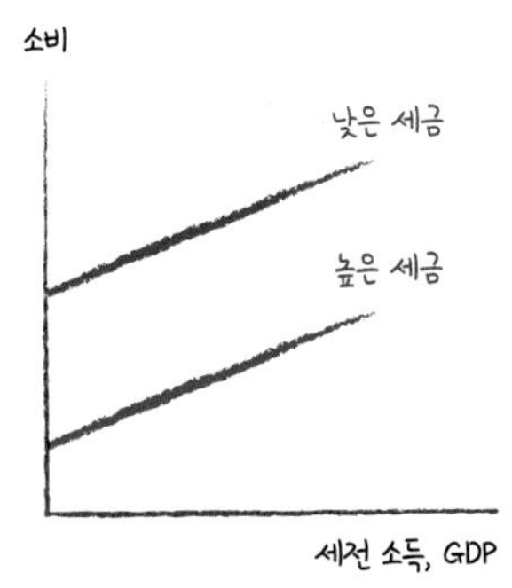

소비 이동 요인 4 : 부

총자원은 소득뿐만 아니라 축적된 부(부채가 있는 경우 음수일 수 있음)도 포함한다. 부의 증가는 주어진 소득 수준에서 소비 증가를 초래하고 소비함수를 상향 이동시킨다.

이것은 금융시장이 소비를 움직이는 중요한 역할을 하게 한다. 예를 들어, 주가가 오르면 주주들의 부가 증가하게 되고, 그들은 이 여분의 부의 일부를 소비에 지출하는 것을 선택할 수도 있고, 소비함수를 상향 이동시킬 수도 있다.

마찬가지로, 많은 미국인들이 부의 대부분을 주택으로 보유하고 있기 때문에, 집값이 오르면 사람들이 더 부유해져서 더 많은 소비를 하게 될 수도 있다. 주택에 의한 새로운 부를 소비하기 전에, 광범위한 주택가격 상승이 양날의 칼이라는 것을 깨달아야 한다. 높은 집값은 부를 증가시키기 때문에 좋은 소식이다. 하지만 그것들은 또한 나쁜 소식이기도 하다. 만약 당신이

소비
높은 부
낮은 부
소득

그림 25-12 | **소비의 거시경제학**

소비함수(소비곡선) 이동 요인	
소비함수(소비곡선)의 상향 이동	실질이자율 ↓ 미래소득에 대한 낙관적 기대 조세 ↓ 부 ↑
소비함수(소비곡선)의 하향 이동	실질이자율 ↑ 미래소득에 대한 비관적 기대 조세 ↑ 부 ↓
소비함수(소비곡선)의 이동 없음	소득의 변화 소비함수(소비곡선)상의 이동

집을 팔면, 당신은 살 다른 곳을 찾아야 할 것이고, 집값이 오르면 다른 집을 사는 것이 더 비싸지기 때문이다.

여기까지 우리는 거시경제적 여건의 변화가 어떻게 소비를 변화시키는지 알아봤다. 그림 25-12는 이상에서 우리가 학습한 것의 요약이다.

경제학 실습

거시경제 여건의 변화에 따른 소비함수의 이동의 예

연준의 이자율 증가

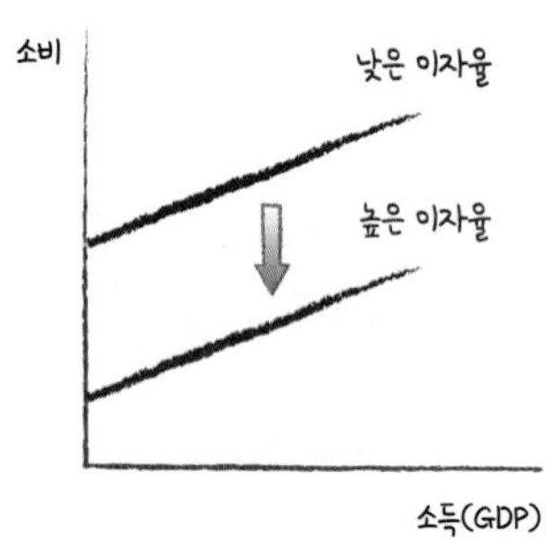

실질이자율 증가
→ 소비함수 하향 이동

주식시장 지수의 상승

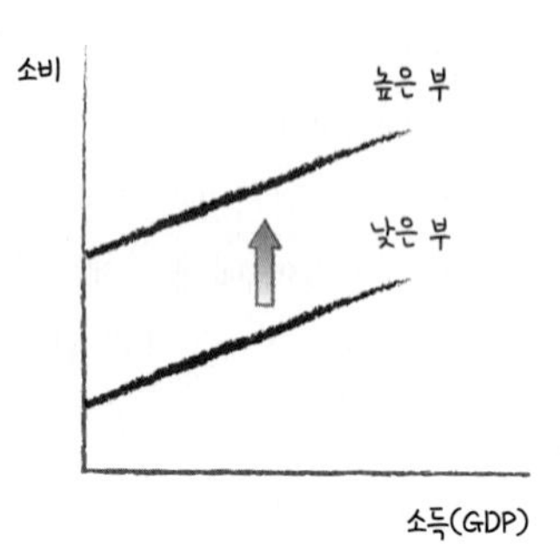

부의 증가
→ 소비함수 상향 이동

정부의 일회성 조세 감면

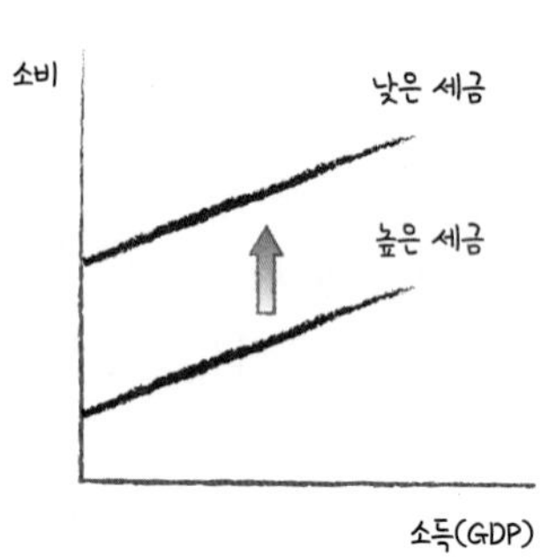

낮은 세금 부과
→ 소비함수 상향 이동

사람들이 재정 예상을 좋게 느끼기 시작

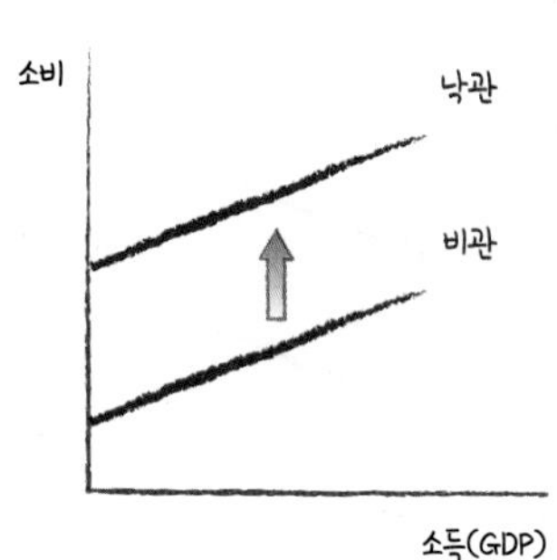

낙관적 기대
→ 소비함수 상향 이동

정부 부채 상환을 위한 세금 인상

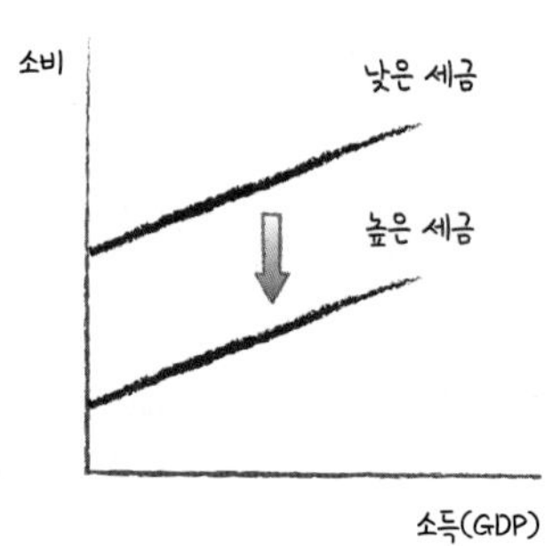

조세 증대
→ 소비함수 하향 이동

주택 가격 급감

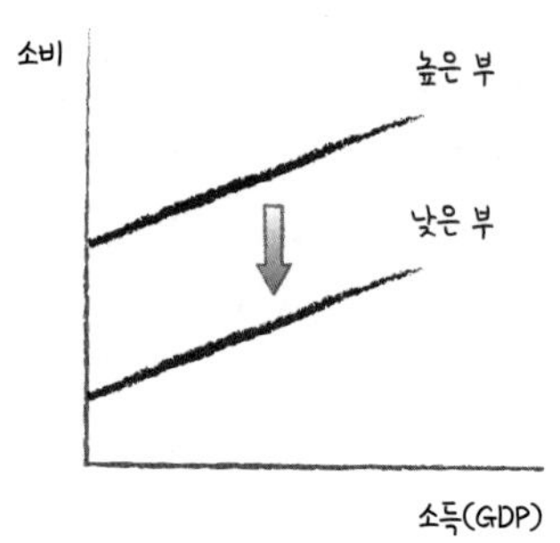

부의 축소
→ 소비함수 하향 이동 ■

25.5 저축

학습목표 현명한 저축계획 수립법을 학습한다.

> 저축 동기
> 1. 생애주기에 걸친 소득 변화
> 2. 생애주기에 걸친 니즈 변화
> 3. 유산
> 4. 예비적 저축

이제 소비에서 저축으로 주의를 돌려야 할 차례이다. 물론, 이는 초점을 완전히 바꾸는 것은 아니다. 얼만큼 저축하는가는 얼만큼 소비하는가에 달려 있고, 그 반대의 경우도 마찬가지다. 이를 별도의 저축에 대한 분석으로 보지 말고, 소비와 저축 모두를 보다 완벽히게 이해할 수 있는 분석의 연속으로 생각해 보자.

저축을 하는 네 가지 주요 동기는 다음과 같다. 이제 저축, 소비 및 거시경제 성과에 대한 이들의 시사점을 살펴볼 차례다.

저축 동기 1 : 생애주기 전체의 소득 변화

당신은 이미 대부분의 사람들이 젊었을 때 돈을 빌리고, 중년에 저축을 하고, 퇴직 후에는 저축을 인출하여 사용하는 것을 보아왔다. 이러한 패턴은 소득이 생애에 걸쳐 전형적으로 어떻게 변화하느냐에 따라 결정된다. 소득은 아마도 낮게 시작해서 20대와 30대 동안 증가할 것이다. 40대, 50대, 아마도 60대에 최고 소득의 해를 즐길 것이며 은퇴할 때 당신의 소득은 급격히 감소할 것이다. 즉, 당신의 소득은 아마도 위로 볼록한 모양의 패턴을 따를 것이다. 그림 25-13과 같이 이렇게 ⌒ 보이지만, 소비는 같은 패턴이 아니다. 소비 평탄화의 논리는 소득이 예측 가능할 정도로 많아지는 그 단계에서 돈을 저축해서, 소득이 낮을 때 소득보다 더 많이 소비할 수 있도록 해야 한다는 것이다.

그림 25-13 | 전 생애주기의 소득

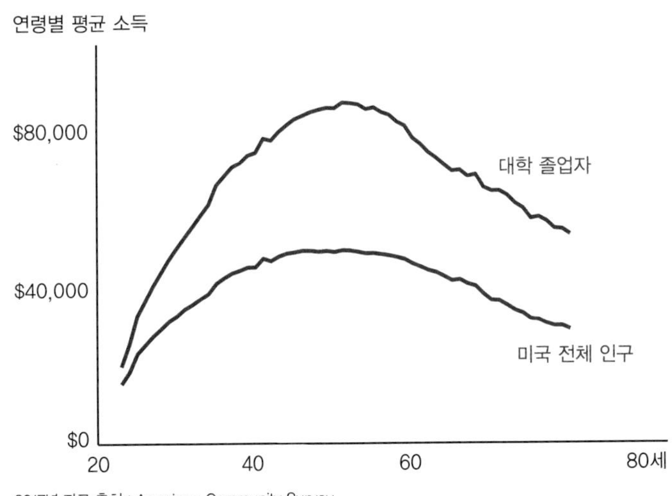

2017년 자료 출처 : American Community Survey.

결과적으로, 사람들은 20대에 그들의 빈약한 소득보다 더 많이 소비하고 그래서 빚을 축적하는 경향이 있다. 그 후 소득이 늘어나면 빚을 갚고 30대, 40대, 50대에 저축을 축적한다. 사람들은 은퇴를 앞둔 60년대 중반부터 축적된 자산을 쓰는 경향이 있다.

이러한 패턴은 인구 통계가 국가 저축에 대한 거시경제학적 시사점을 제공한다는 것을 의미한다. 인구의 높은 비율이 매우 젊거나 매우 고령이라면, 더 많은 사람들이 중년이었을 때보다 국가 저축률이 더 낮을 것이다. 많은 사람들이 은퇴하고 저축에서 빚으로 옮겨가는 나이인 65세 이상의 미국 인구 비율은 지난 수십 년 동안 두 배 이상 증가했다. 이러한 인구통계학적 변화는 1950년대에 10%가 넘는 국가 저축률을 2018년 말에는 6%로 낮추는 데 일조했다.

저축 동기 2 : 생애주기에 걸친 니즈 변화

지금까지, 우리는 당신의 생애에 걸쳐서 당신의 소득이 어떻게 변하는지를 분석했다. 당신의 니즈(needs) 또한 당신의 인생 과정에 걸쳐서 변한다. 니즈가 적은 기간에는 더 많은 돈을 저축(더 적은 지출)한다. 그래야 더 큰 니즈가 있을 때 더 많은 돈을 지출할 수 있다.

아이들은 어리지만, 상당히 돈이 많이 든다. 날 믿어도 좋다.

지금 미래를 내다보고 당신의 니즈가 당신의 생애주기에 따라 어떻게 달라질지 예측해보자. 대부분의 대학생들에게, 그들의 가장 중요한 니즈는 등록금, 숙박비, 그리고 생활비이다. 졸업하면 학자금 대출을 갚기 시작해야 할지도 모르지만, 더 이상 학비를 내지 않을 것이다. 사람마다 다른 인생 길을 따르지만, 많은 사람에게 다음으로 큰 비용은 결혼했을 때 발생하는데, 이것에는 비용이 많이 드는 결혼식, 신혼여행, 그리고 새로운 가정을 꾸리는 것이 포함될 수 있다. 하지만 결혼식은, 아이를 먹이고, 옷을 입고, 키우는 비용에 비하면 저렴하다. 만약 당신이 가정을 꾸릴 계획이라면, 어린 아이들을 둔 처음 몇 년 동안은 상당한 비용이 든다는 것을 알아두라. 이것은 단지 기저귀와 장난감 때문이 아니다. 만약 당신이 계속 일을 할 계획이라면, 당신은 보육에 대한 예산을 필요로 할 것이다. 그리고 그것은 종종 공립대학의 주내 거주자 등록금보다 더 많은 비용이 들 것이다. 이 모든 것은 많은 사람에게, 비록 평생소득이 더 높은 소비를 허용하더라도, 20대 초반에 겸손하게 소비하는 것이 좋다는 것을 의미한다. 당신의 니즈는 30대에 접어들면서 증가할 가능성이 높기 때문이다.

이는 니즈가 많을 때 더 많은 돈을 지출해야 한다는 것은 소비 평탄화와는 정반대로 들릴 수 있지만 그렇지 않다. 소비자의 합리적 규칙은 니즈가 시간에 걸쳐 비슷하다면 소비를 평탄화해야 한다고 말한다. 그러나 니즈가 시간에 걸쳐 변화하고 있다면 소비도 시간에 걸쳐 변화해야 한다. 소비자의 합리적 규칙은 현재 지출의 한계편익이 미래에 달러와 이자를 합한 지출의 한계편익보다 더 많을 때 더 많이 지출하라고 말한다. 당신의 삶에서 특정한 시기에, 각각의 소비 금액의 한계편익은 더 높을 것이고, 그래서 당신은 더 많이 소비하기를 원할 것이다. 즉, 이는 당신의 니즈가 그리 크지 않은 삶의 단계에서 더 많이 저축할 필요가 있다는 것을 의미한다. 인생에서 가장 큰 한계편익을 창출하는 시기에 지출하기 원한다는, 주요 아이디어는 그대로 유지된다.

저축 동기 3 : 유산

세 번째 저축 동기는 당신이 죽을 때 물려줄 부를 쌓고 싶을 수도 있다는 것이다. 어떤 사람들에게는, 그것은 자식들에게 유산을 남겨주는 것을 의미한다. 다른 사람들에게는, 그들이 관심을 가지는 명분에 돈을 맡기는 것에 관한 것이다. 당신의 유산이 당신이 가장 아끼는 사람들을 돕기 위해 쓰이도록 하기 위해서는 상세한 유언장을 작성하는 것이 중요하다.

유산의 동기는 왜 많은 노인들이 재산을 다 써버리지 않는지 설명하는 데 도움이 된다. 그들은 돈이 그들보다 오래 살아 있기를 바라고 있고, 그들이 그것을 볼 수 없을지라도 그것은 저축의 변화를 가져올 것이다.

저축 동기 4 : 예비적 저축

저축의 마지막 동기는 "최선을 바라되 최악의 경우에 대비하라"는 옛말에서 비롯된다. 이것은 재정적인 불행이 닥칠 경우를 대비해서 당신을 보호하기 위해 완충용 저축을 쌓아야 한다는 것을 시사한다. 그 불행은 당신을 실직하게 하는 해고일 수도 있고, 의료 응급사태일 수도 있고, 다른 예상치 못한 지출이 될 수도 있다. 재정적인 비상 사태에 대비하기 위해 저축하는 것을 **예비적 저축**(precautionary saving)이라고 한다. 예방책으로서 완충용 저축을 쌓고 있기 때문이다. 비상 상황을 위해 저축해야 한다는 것이다.

예비적 저축 재정적 비상 사태에 대비하기 위한 저축

그림 25-14 많은 미국인들은 재정적 대비를 하지 않는다

예상치 못한 필요에 의해 다음 달에 2,000달러를 마련해야 한다면 얼마나 마련을 확신하는가?

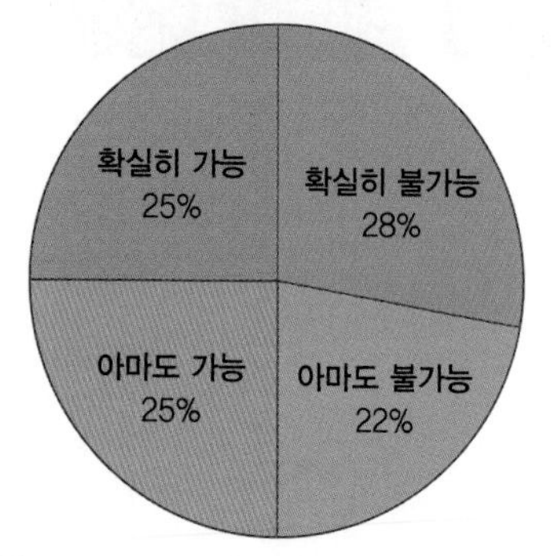

출처 : Annamaria Lusardi, Daniel Schnieder, and Peter Tufano, "Financially Fragile Households: Evidence and Implications," *Brookings Papers on Economic Activity*, 2011.

직면한 재정적 위험을 헤쳐 나갈 만큼 충분히 저축하라. 재무 상태를 점검해보자. 차량의 변속기를 교체해야 한다면 어떻게 대처하겠는가?

그런 충격으로 약 2,000달러의 차질을 빚을 수도 있다. 그 돈을 좀 생각해보자. 그림 25-14에 따르면 미국인들에게 이 질문을 한 설문조사는 절반이 돈을 마련하는 데 "아마도 불가능하거나", "확실히 불가능하다"는 것을 발견했다. 젊은 성인들 사이에서는, 그 숫자가 훨씬 더 나빴다.

당신이 비슷한 상황에 처해 있다면 나의 충고는 비상금으로 필요한 돈을 모으기 위해 저축을 시작하라는 것이다. 일단 재정적인 문제에 빠지면, 이 문제들이 빠르게 파급될 수 있기 때문에 이것은 시급한 과제이다. 차를 고칠 수 없다면, 출근할 수 없고, 출근할 수 없다면 직장을 잃게 될 것이고, 그러면 차를 고칠 수가 없게 될 것이다. 많은 사람들은 차를 고치기 위해 2,000달러를 마련하지 못하지만, 어떤 사람들은 종종 훨씬 더 심각한 위험에 직면한다. 저축을 얼마나 해야 하는지 평가하기 위해, 당신이 직면하는 재정적인 위험과 그것들을 헤쳐 나가기 위해 얼마나 많은 돈이 필요할지 생각해보라. 당신이 직면하게 될 가장 큰 위험 중 하나는 실업이다. 좋은 소식은 직장을 잃은 대부분의 사람들이 몇 달 안에 새로운 직장을 찾는다는 것이다. 나쁜 소식은 이것이 여전히 급여 없이 몇 달을 보낸다는 것을 의미한다는 것이다. 그렇기 때문에 재무 플래너들은 일반적으로 3~6개월 정도의 소비에 상응하는 완충용 예금을 쌓아 둘 것을 조언한다.

경제 불확실성이 높아질 때 국민 저축이 올라가는 이유가 바로 예비적 저축이다. 경제적 미래가 불확실해 보일수록, 당신의 비상금은 더 커져야 한다. 그래서 경제적 불확실성이 높아지면, 수백만 명의 사람들이 예비적 저축을 늘린다. 하지만 저축과 소비가 같은 동전의 양면이라는 점을 기억하라. 더 많은 돈을 저축하려면 소비를 줄여야 한다. 그 결과 불확실성이 커지면 총소비 감소로 이어질 수 있다.

그림 25-15에서 보듯이, 예비적 저축은 경기침체 이후 경제가 어떻게 회복되는지를 구체화한다. 불경기는 수백만 명의 사람들을 실직하게 하고, 그들의 비상금을 고갈시키거나 빚을 지게 한다. 그래서 경제가 정상으로 돌아간 후에도 사람들은 재정적 완충을 재확충하기 위해 더 많은 돈을 저축하고 더 적게 소비할 것이다. 그 결과, 2007~2009년 대침체 이후에도 저축률이 높게 유지되었다. 이는 소비 지출이 부진한 것이 경기회복을 저해하는 이유를 부분적으로 설명해준다.

그림 25-15 | 경기침체 후의 높은 저축

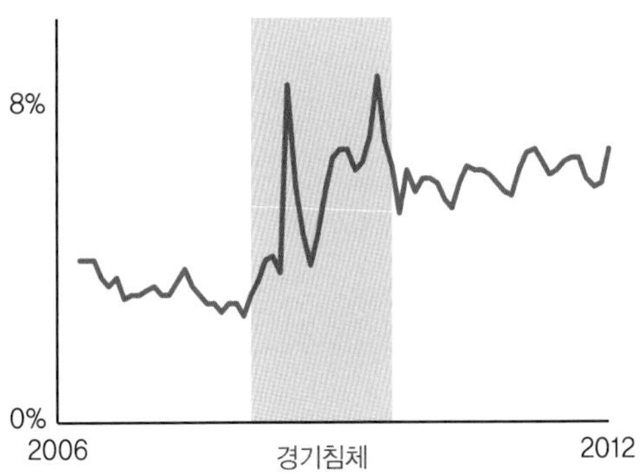

일상경제학 예기치 못한 일에 대비하기

만약 당신이 비상금을 모으기 전에 재정적인 비상사태가 닥친다면, 당신은 재빨리 돈을 빌릴 수 있는 좋은 방법이 없다는 것을 알게 될 것이다. 하지만 어떤 옵션은 다른 것보다 덜 나쁘다는 것을 알게 될 것이다. 가장 먼저 고려해야 할 것은 돈을 빌려줄 수 있는 친구나 가족이 있는지 여부이다. 이것은 종종 돈으로 환산하면 가장 싼 선택이지만, 개인적인 관계로 따지면 꽤 비용이 많이 들 수 있으니 주의하여야 한다.

당신이 선택한 대안은 금융 부문에서 돈을 빌리고, 각각의 그 대안의 비용과 혜택을 평가할 가치가 있다는 것이다.

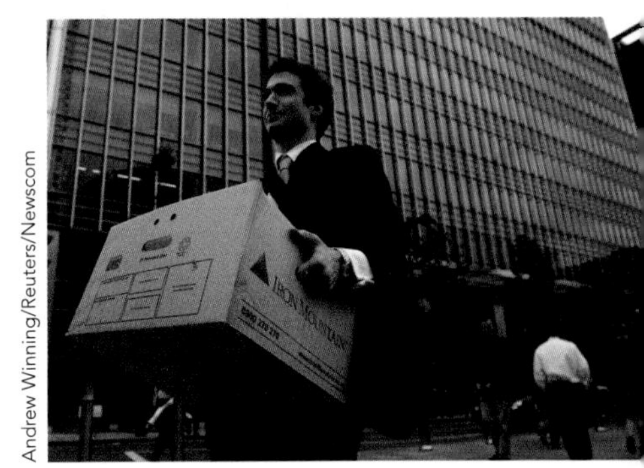
Andrew Winning/Reuters/Newscom

준비하라.

- 신용카드 : 한 가지 빠른 방법은 신용카드로 비용을 충당하는 것이다. 하지만 신용카드는 전형적으로 높은 이자를 부과한다는 것에 주목해야 한다. 이자가 생기기 전에 30일의 상환 유예기간이 주어지기 때문에 현금서비스를 받기보다는 카드를 이용해 구매하는 것이 좋다. 신용카드로 현금을 빌리는 것은 일반적으로 이자 요금 외에 수수료가 포함되기 때문에 더 나쁘다.

  가능한 한 빨리 잔고를 갚고, 항상 제때에 최소지급금을 지불하라. 잔고를 유지해야 한다면, 카드사에 전화해서 더 낮은 이자율을 요구해보는 게 좋을 것이다. 그렇게 하는 것이 얼마나 자주 효과가 있는지를 알면 놀랄 것이다. 잔고이월 제도가 있는지 문의해보라. 주의 : 때로는 최초 몇 달 동안 낮은 이자율을 제공하기 때문에 나중에 이자율을 인상할 수 있다. 그러나 약관을 주의 깊게 읽고 그에 따라 계획을 세우면 잔고이월제도를 당신에게 유리하게 이용할 수 있다.
- 대출 : 일부 은행들은 고객이 긴급 금융 사안을 처리하거나 고금리 신용카드를 상환할 수 있도록 개인 대출을 제공한다. 은행 몇 군데에 전화해서, 당신이 어떤 자격요건을 갖추어야 하는지, 또 어떤 이자를 물어야 하는지 물어볼 수 있다. 자동차나 집을 소유하고 있다면 자동차 대출이나 주택담보 대출을 받을 수 있다. 이러한 대출은 이를 담보할 차나 집이 있기 때문에 더 낮은 이자율을 부과하는 경향이 있지만, 갚지 않으면 자동차나 집을 잃을 위험이 있다.
- 은퇴 계정 : 만약 당신이 은퇴 계획을 가지고 있다면, 당신은 그것으로부터 돈을 빌리고, 이자로 갚을 수 있는 선택권을 가질 수도 있다. 하지만 먼저 많은 것을 문의해보라. 규칙을 정확하게 따르지 않으면 세금 의무가 크게 늘어날 수 있기 때문이다.
- 급여일 대출 : 급여일 대출(payday loan, 우리나라의 일수대출과 유사한 것－역주)은 매

Jerome Wilson/Alamy

이자율을 광고하지 않는 것에 주목하라.

우 조심하라. 만약 당신이 다음 번 월급을 받을 때 그 돈을 갚기로 동의한다면, 이 대부자들은 당신에게 아주 높은 금리로 적은 금액의 돈을 빌려준다. 다음 번 월급으로 대출금을 상환할 수 있다는 확신이 없다면, 대출금이 상환되기 시작하면 그 즉시 감당할 수 없게 되기 때문에 이러한 대출은 피해야 한다. 연간 이자율은 종종 100%를 넘고 때로는 1,000%를 넘는다!

책임 있는 대출자로 신용을 쌓으면 합리적인 금리로 대출을 받기 쉬우므로 대출 필요 전에 좋은 신용을 쌓는 것이 좋다. 이것은 심지어 다소 어려울 때도 모든 지불을 제시간에 해야 한다는 것을 의미한다. 당신의 학자금 대출은 좋은 신용 이력을 쌓기 위한 좋은 대상이다. 제때에 최소지급금을 지불하고, 연체할 경우 즉시 조치를 취하라. 전화하여 상환액의 감축 혹은 심지어 상환의 유예(연기로 간주됨)를 협상하라. 좋은 신용은 당신이 재정적인 스트레스를 받을 때 당신을 도울 수 있다. 그러므로 나쁜 결정이 당신의 신용을 망치지 않도록 하라! ■

(left) Maks Narodenko/Shutterstock; (right) Valentina Proskurina/Shutterstock

유혹을 피하기 위해 미리 계획하라

현명한 저축 전략

경제학자들이 사람들의 금융 생활을 연구해왔고, 그들은 당신의 금융 생활을 성공적으로 관리하기 위한 몇 가지 현명한 전략을 생각해냈다. 다음과 같은 전략이다.

예산을 세우고 그것을 고수한다. 현명한 저축 방법은 예산을 세워 지출과 저축 계획을 미리 세우는 것이다. 좋은 결정을 미리 내리는 것이 더 쉽기 때문에, 이는 가치 있는 일이다. 한 유명한 실험에서, 사람들이 일주일 동안 먹을 간식을 고르라고 했을 때, 많은 사람들이 초콜릿보다 과일을 선택했지만, 바로 먹을 간식을 고르라고 했을 때, 사람들은 초콜릿을 선택했다. 동일한 문제로 인해 미리 지출 계획(예산 책정)을 세우지 않는다면 저축하는 것은 어렵다. 만약 당신이 얼마를 써야 할지 그 순간에 계속 결정한다면, 당신은 유혹에 굴복하는 자신을 쉽게 발견할 것이다. 대신, 분석적이고 미래지향적일 수 있을 때, 당신의 재무상황을 평가하고, 소비 계획과 그에 따른 저축 혹은 대출 계획을 세우라. 일단 그 계획을 세웠으면, 그것을 고수하라. 계획이 제대로 이루어지지 않으면 돌아가서 재점검하라.

예상치 못한 비용을 감당할 수 있는지 확인한다. 일단 졸업하면 저축을 시작해야 한다고 생각하지만 갚아야 할 학자금 빚이 산더미처럼 쌓여 있는 곤경에 처해 있는 자신을 발견할 것이다. 무엇을 하여야 하는가? 빚을 갚는 것은 저축의 한 형태이기 때문에 빚을 갚는 것을 선택하는 것은 순재산이 올바른 방향으로 나아가고 있다는 것을 상기하라. 하지만 쉽게 돈을 빌릴 수 없는 한, 직장을 잃거나 차가 고장 나거나 예상치 못한 건강 비용이 발생할 경우를 대비해 자신을 보호하기 위해 비상금을 모으기도 한다. 그러니 학자금 대출에 대한 추가 상환을 시작하기 전에 비상금을 모으라.

고용주의 퇴직저축제도에 가입한다. 대부분의 고용주들은 당신에게 일종의 퇴직저축을 제안할 것이다. 학자금 대출이나 기타 빚이 있더라도 대부분 가입해야 한다.

그 이유는 대부분의 고용주들이, 퇴직저축에 대한 당신의 기여금에 대응 부담으로, 당신의 기여금 최대한도를 초과하는 기여금의 일정 비율의 금액을 불입한다. 예를 들어, 고용주는 당신이 퇴직저축에 넣은 1달러당 50센트에서 최대로 당신 급여의 2%까지 당신의 퇴직저축에 대응 부담으로 불입한다. 이것은 당신이 5만 달러의 소득의 2%를 저축한다면, 당신은 매년 1,000달러를 퇴직저축에 불입하게 되고, 당신의 고용주에게 대응 부담으로 500달러를 더 내도록 하게 된다는 것을 의미하는 것이다. 상사에게 공짜로 돈을 받을 기회를 절대 놓치지 말라. 꾸물거리지 말고, 첫 출근하는 날 고용주의 퇴직저축에 서명하라.

미래에 더 많이 저축할 계획을 세운다. 사람들이 학자금 대출을 갚거나 노후를 위해 적절히 저축하기 위해 고군분투하는 이유 중 하나는 현재의 소비 지출을 해가며 어떤 것도 포기하고 싶지 않기 때문이다. 재무 조언자들은 종종 사람들에게 일상 커피와 같은 작은 습관을 버리고 대신 그 돈을 저축하라고 말한다. 하지만 이미 확립된 습관을 버리는 것은 어렵다.

더 쉬운 것은 미래 소득에서 저축할 계획을 세우는 것이다. 퇴직저축을 축적하기 위한 한 가지 계획은 학자금 대출의 영구상환 계획을 세우는 것이다. 졸업하면, 당신의 대부자에게 정기적으로 상환하게 될 것이다. 일단 대출금을 다 갚으면, 당신은 대출금 상환액 정도의 금액을 지불할 능력이 있다. 그러나 그 금액을 퇴직계정에 지불하라. 당신은 그 금액을 쓸 기회가 없었기 때문에 그 금액을 절대로 아쉬워하지 않을 것이다. 급여가 인상될 때마다 동일한 작업을 수행할 수 있다. 승진과 함께 10%의 급여를 더 받는다면, 그중 절반을 바로 퇴직계정에 넣어두면, 더 많은 저축을 하면서도 집에 가져가는 급여도 증가된 것을 느끼게 된다.

가능한 한 많은 돈을 보관한다. 당연한 이야기인가? 하지만 이 충고를 따르기 위해 당신이 해야 할 몇 가지 중요한 일이 있다는 것은 명확하다. 첫 번째는 높은 수수료를 피하는 것이다. 퇴직계정이나 투자계정에 돈을 넣으면 수수료가 부과된다. 최소한의 수수료를 찾아서 가능한 한 많은 돈을 보관해야 한다. 수수료를 최소화한다는 것은 또한 신용카드의 잔액을 유지하거나 다른 고금리 부채를 오래 보유하는 것을 피하려는 것을 의미한다.

저축을 늘리기 위해 고안된 정부 프로그램을 이용한다면 당신은 돈을 더 많이 가지고 있을 수 있다. 주로 은퇴나 교육을 위한 저축을 목적으로 하는 많은 다양한 프로그램들이 있지만, 그것들은 모두 같은 아이디어로 귀결된다. 이런 정부 프로그램을 통해 저축을 하면 세금이 삭감될 것이다. 그리고 세금 감면은 당신의 돈을 더 많이 보유하는 것을 의미한다.

함께 해보기

이 장에서 개별 소비 결정에 대한 우리의 초점은, 전체 수준에서 어떻게 작동하는지 이해하는 거시경제학보다는 개인의 결정에 대한 미시경제학처럼 느껴질 수 있다. 사실 거시경제에 대한 어떤 유용한 이해도 미시적인 기초를 가지고 있어야 한다. 이것은 전체의 행동이 각 개인이 하는 선택에 의해 결정된다는 아이디어이다. 거시경제학의 초점인 경제 전반의 총량을 이해할 수 있는 신뢰할 수 있는 유일한 방법은 총량을 구성하는 각각의 개별적인 결정들을 초래하는 것이 무엇인지를 이해하는 것이다.

이는 거시경제학이 던지는 큰 그림의 질문에 대한 신뢰할 수 있는 이해를 구축하기 위해서 많은 주요 거시경제학자들이 자기 분야의 핵심 원리와 그 상위 단계에 미시경제학의 도구를 적용하는 이유다. 이 장에서는 개별 소비자가 선택한 사항을 이해하면 경제 전체가 변화하는 상황에 어떻게 대응할 것인지를 파악하는 데 도움이 된다는 것을 입증했다. 미시경제학과 거시경제학이라는 용어는 그다지 유용하지 않을 수 있다. 우리는 단지 경제학을 하고 있을 뿐이다. 우리의 접근 방식은 이러한 구별을 무시하고, 무엇이 소비를 초래하는지 파악하기 위해 유리한 모든 도구를 마음대로 사용하는 것이다.

그것은 이 책의 나머지 부분에서도 우리가 계속 따를 접근법이다. 다음 장에서는 투자에 초점을 맞출 것이다. 새로운 프로젝트에 투자할 것인지 아닌지에 대한 경영진의 개별 결정을 확대할 것이다. 우리가 이 장에서 했던 것처럼, 우리는 거시경제적 함의를 생각해 낼 때 개인의 선택을 이끄는 동인을 이해하는 것이 엄청나게 도움이 된다는 것을 알게 될 것이다.

한눈에 보기

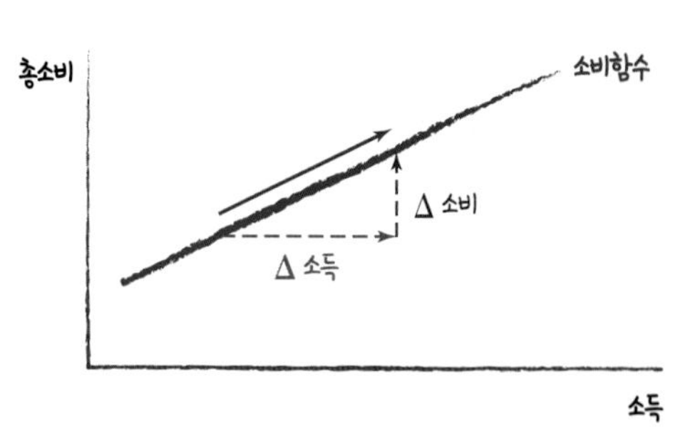

각각의 소득 수준에 연계된 소비 수준

한계소비성향

가계의 추가적 소득 금액에 대한 추가적 소비 금액의 분수

$$= \text{기울기} = \frac{\Delta \text{소득}}{\Delta \text{소비}}$$

저축 : 소득 중 소비하지 않은 여분의 금액

저축 = 소득 − 소비

소비 선택

소비자의 합리적 규칙 : 오늘 1달러 소비에 따른 한계편익이 미래에 1달러와 이자를 합쳐서 소비하는 데 따른 한계편익보다 크거나 같다면 오늘 더 소비하라.

평생소득가설 : 현재 소득이 아니라 평생소득에 기초하여 얼마나 소비할 것인가 선택하는 것

소비 평탄화 : 시간에 걸쳐서 당신의 소비가 일정하거나 평탄한 경로를 유지하도록 해야 한다는 아이디어

실생활에서의 수정 :

- 일부 소비자는 현명한 소비 계획을 따르지 않는다.
- 신용제약은 사람들이 빌릴 수 있는 금액의 한도를 제약한다.

⟹ 근근이 먹고사는 소비자는 현재 소득을 모두 지출한다.

시사점

효과	평탄화 소비자	+	근근이 먹고사는 소비자	=	총소비
일시적인 소득 증가	작은 소비 ↑		큰 소비 ↑		중간 소비 ↑
영구적인 소득 증가	큰 소비 ↑		큰 소비 ↑		큰 소비 ↑
소득의 예상된 증가	변화 없음		큰 소비 ↑		중간 소비 ↑
미래의 소득 증가 뉴스	큰 소비 ↑		변화 없음		중간 소비 ↑
소비 변화 예상	예상 어려움		소득 변화를 보고 예상		불가능하지 않지만 예상 어려움

경제 여건의 변화에 따른 소비 이동

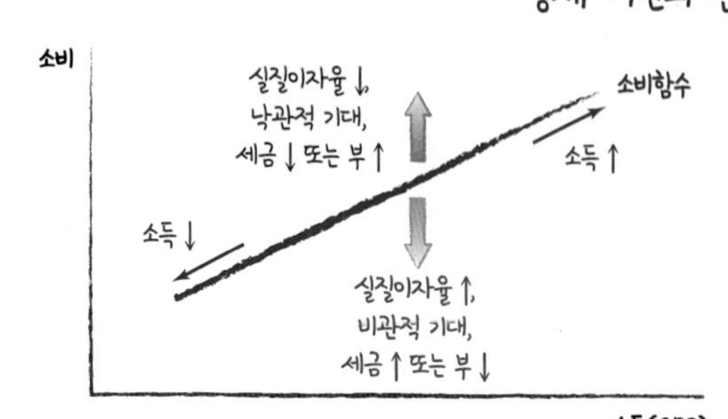

어느 변화인가?

- **소득 변화** : 소비함수(소비곡선)상의 이동
- **다른 요인의 변화** : 소비함수(소비곡선) 자체의 이동

네 가지 소비 이동 요인

1. 실질이자율
2. 미래소득에 대한 기대
3. 조세
4. 부

핵심용어

가처분소득	소비함수	평생소득
비저축	순자산	평생소득 가설
소비	신용 제약	한계소비성향
소비 평탄화	예비적 저축	
소비자의 합리적 규칙	저축	

토론과 복습문제

학습목표 25.1 소비와 저축이 소득에 따라 어떻게 변하는지를 이해한다.

1. 향후 직장에서 연봉이 5만 달러에서 7만 5,000달러로 예상치 못하게 인상되었다. 소비와 저축은 어떻게 변화하는가? 당신의 한계소비성향에 대한 대략적인 추정치를 구하라.
2. 엄청난 불황기에 1인당 실질 GDP가 하락하고, 이로 인해 소비가 5% 감소하였다. 불황기 동안 모든 사람에게 소득이 5% 더 주어지는 것이 소비의 5% 증가를 가져오는가? 왜 그런가? 또는 왜 그렇지 않은가?

학습목표 25.2 좋은 소비 결정을 내리기 위한 경제학의 핵심 원리를 적용한다.

3. 다작 수상 배우인 니콜라스 케이지는 1억 5,000만 달러를 가지고 있다(그는 2009년 한 해 동안 4,000만 달러를 벌었다!). 2011년까지, 그는 빚을 갚기 위해 자신의 집, 자동차, 그리고 소설집 대부분을 팔아야 했고 약 2,500만 달러를 가지고 있었다. 케이지가 가장 큰 수익을 얻기 위해 어떻게 네 가지 핵심 원리를 한때의 큰 수입에 더 잘 적용할 수 있는지 설명하라.
4. 대학에서, 대부분의 학생들은 교육비를 충당하기 위해 대출을 받는다. 동시에, 그들은 음식, 옷, 책, 머리 자르기 등과 같은 재화와 서비스 소비에 지출한다. 현명한 결정인지 여부를 소비 순화와 평생소득 가설 아이디어를 사용하여 설명하라.

학습목표 25.3 총소비 행위를 예측한다.

5. 장기간에 걸쳐 가구의 소득 중 소비로 지출하는 비율은 소득이 증가한 만큼 증가하지는 않는다. 소득과 소비 사이의 관계에 대한 다섯 가지 시사점을 사용하여 고찰하고 이를 설명하라.
6. 소비 결정을 내릴 때 경험했던 인지적 또는 행동적 한계를 설명하고 이러한 제한이 어떻게 근근이 먹고사는 소비로 이어질 수 있는지 설명하라. 소득 순화자보다 근근이 먹고사는 소비자의 소득 변화가 소비에 미치는 영향을 예상하기 왜 더 쉬운가?
7. 신용을 제한하는 요인은 무엇인가? 결과는 무엇인가? 경제의 많은 사람들과 기업들이 신용에 제약을 받게 된다면 총소비는 어떻게 될 것으로 예상하는가?

학습목표 25.4 거시경제적 조건이 소비를 어떻게 변동시키는지 파악한다.

8. 미국 경기회복 및 재투자법은 소비자 지출을 늘림으로써 미국 경제를 대공황에서 벗어나게 하기 위해 고안된 일시적인 감세를 포함하는 법률이다.
   a. 감세가 소비함수를 어떻게 이동시키는지 그래픽으로 그려보라.
   b. 일부 경제학자들은 감세가 일시적인 것이 아니라 영구적인 것이라면 소비를 더 늘릴 것이라고 주장했다. 영구적인 감세가 일시적인 감세보다 소비를 늘리는 이유를 설명하라.

학습목표 25.5 현명한 저축계획 수립법을 학습한다.

9. 왜 사람들이 경제적 불확실성의 시기에 저축을 더 많이 하는지 설명하라.
10. 페이지는 UPS의 관리자이다. 그녀는 1년에 2만 달러에 비정규직으로 일하다가 1년에 5만 5,000달러의 풀타임으로 승진하였다. 그녀의 새 매니저는 그녀에게 "당신은 2년 동안 여전히 비정규직 소득을 가지고 다른 모든 것을 저축하는 것처럼 살아야 한다. 내 나이 되면 고마워할 거야." 페이지는 매니저의 충고를 따라야 하는가?

학습문제

학습목표 25.1 소비와 저축이 소득에 따라 어떻게 변하는지를 이해한다.

1. 당신 친구가 1,000달러의 예상치 못한 세금 환급금을 받았다. 그녀는 신용카드 빚을 갚는 데 800달러를 쓰고, 학자금 대출에 100달러를 쓰고, 나머지 100달러를 자신의 데크용 그릴 구입에 사용할 계획이다. 친구의 한계소비성향을 구해보라. 그녀는 순자산을 얼마나 늘렸는가?
2. 다음 표는 미국에서 몇 년 동안 1인당 소득 및 1인당 소비에 대한 데이터가 포함하고 있다.

연도	1인당 실질 소득	1인당 실질 소비
2014	$53,000	$36,100
2015	$54,200	$37,100
2016	$54,600	$37,900
2017	$55,500	$38,600
2018	$56,700	$39,400

a. 이 기간 동안 미국을 위한 소비함수를 그려보라.

b. 각 소득 수준에서의 저축은 얼마인가?

c. 2014년과 2018년 사이에 소득이 얼마나 증가했는가? 소비는 어떠한가? 한계소비성향은 어떠한가?

학습목표 25.2 좋은 소비 결정을 내리기 위한 경제학의 핵심 원리를 적용한다.

3. 소비의 한계편익을 보여주는 아래 그래프를 사용하여 다음 질문에 답하라.

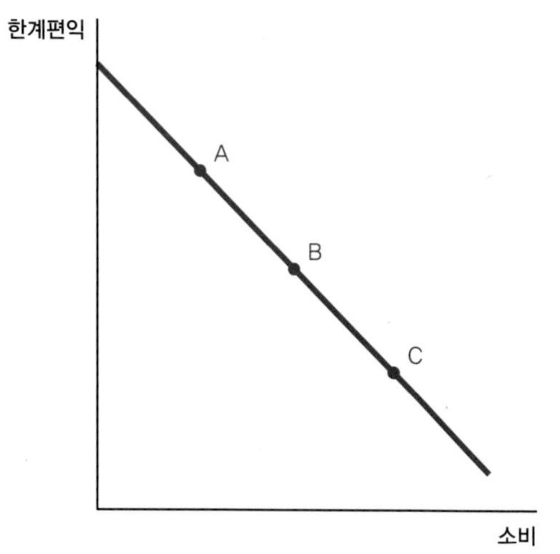

a. 당신은 작년에 전기 기술자 면허를 취득했고, 그 어느 때보다도 높은 소득을 누리고 있다. 당신은 소득의 대부분을 이전에는 감당할 수 없었던 편의 시설에 쓰기로 선택하였다. 그래프의 어느 점이 현재 소비 수준을 가장 잘 나타내고 있는가?

b. 전기 기술자로서 오랜 세월 동안 일한 후에, 심각한 경기침체로 실업자로 남았다. 당신은 단지 기본적인 생필품을 사기 위해 돈을 벌어야 한다는 것을 알고 있다. 당신은 학교로 돌아가기로 결심하였다. 그래서 당신은 컴퓨터 프로그래밍 분야에서 직업을 구할 수 있다. 이러한 소비 수준을 그래프의 어느 점이 가장 잘 나다내는가?

c. 앞의 두 가지 일을 고려할 때, 그래프에서 장기적으로 소비를 가장 잘 순화하는 점은 어떤 점인가?

4. 다음 중 평탄화 소비자와 그렇지 않은 사람은 누구인가? 기회비용과 한계원칙을 이용하여 설명하라.

a. 샤론 티라바시는 2004년 온타리오 복권에 당첨되어 1,000만 달러를 받았다. 2015년까지 그녀는 거의 모든 당첨금을 다 소진해버렸고, 버스를 타고 비정규직 일을 하러 갔으며, 임대주택에서 살고 있었다.

b. 카린은 학위를 마치는 동안 생활비를 지불하기 위해 적당한 학자금과 개인 대출을 받았다. 그녀는 회계학 학위를 받고 연간 약 5만 달러의 일자리를 잡을 계획이며, 10만 달러에 가까운 수입을 받게 될 것이다.

학습목표 25.3 총소비 행위를 예측한다.

5. 다음 각각의 시나리오 각각에 대해, 평탄화 소비자와 근근이 먹고사는 소비자의 소비 변화를 예측해보자. 총소비는 어떻게 변하는가?

a. 올해 가계소득은 6% 증가하지만 내년 소득증가율은 2%로 정상 성장률을 회복할 것으로 예상된다.

b. 농업 생산에 큰 경제 기반을 둔 나라는 너무나 심각한 자연재해를 경험하여, 농부들이 회복하는 데 수십 년이 걸릴 것이다.

c. 사람들은 경제가 다음 6개월 동안 불황을 겪을 것으로 예상한다.

학습목표 25.4 거시경제적 조건이 소비를 어떻게 변동시키는지 파악한다.

6. 저축자와 대출자 모두의 소비함수에 대한 실질이자율 상승의 영향을 그래프로 그려보라.

7. 다음과 같은 상황을 고려해보자. 각 시나리오의 소비에 미치는 효과는 무엇인가? 각 답변을 그래프로 그려보라.

a. 연방정부는 세금을 인상한다.

b. 집값이 오른다.

c. 소비자의 소득은 증가한다.

d. 소비자의 미래 소득에 대한 기대가 급감한다.

학습목표 25.5 현명한 저축계획 수립법을 학습한다.

8. 대학 등록금의 증가로 밀레니얼 세대들이 은퇴를 위해 저축한 돈이 줄어들었다. 대학 등록금이 높아지면 생애주기별 저축의 패턴이 어떻게 변하는가?

9. 만약 부모들이 기후 변화 때문에 성인 자녀와 손자들이 직면하게 될 비용에 대해 점점 더 많이 걱정한다면, 그들의 저축 행위가 어떻게 변화하는가?

10. 정책 입안자들은 미국인들이 점점 더 충분한 저축을 하지 못하고 있다고 걱정하고 있다. 그래서 한 정책 입안자는 사람들

이 실업과 같은 힘든 시기를 겪을 때 이용할 수 있는 정부 지원을 늘릴 것을 제안했다. 이것이 저축률에 어떤 영향을 미치는가?

11. 미국의 1980년부터 오늘까지 개인 저축률에 대한 다음 데이터를 생각해보라.

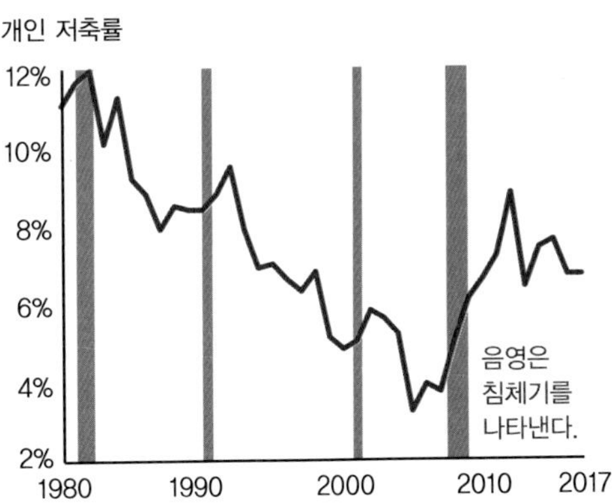

과거 네 번의 경기침체 기간과 경기침체 후에 어떤 패턴을 발견하였는가? 이 패턴들은 무엇을 설명하는가?

투자

CHAPTER 26

로드아일랜드 앞바다에는 풍력 발전단지가 있고 텍사스, 오클라호마, 메인, 캘리포니아에 풍력 발전단지가 생겨나고 있다. 이 날렵한 현대 풍력 터빈들은 오래된 풍차와 전혀 닮지 않았다. 가장 큰 풍력발전소는 자유의 여신상의 두 배 높이이며 축구장 3개 면적을 거대한 날개가 회전한다. 바람이 불면, 날개가 돌아가고, 터빈 한 대가 수천 가구가 사용할 수 있는 충분한 전기를 생산한다. 풍력 발전은 새로운 경제에 활력을 불어넣고, 외국 석유에 대한 의존에서 벗어나 신재생 에너지 혁명의 최첨단에 서 있다. 화석연료를 태울 필요성을 줄여 환경을 살리는 녹색경제의 출발이 될 수 있다. 풍력 발전은 막대한 투자이다. 각각의 터빈은 수백만 달러의 비용이 든다. 소유주들은 환경을 위해 이러한 금액을 지출하는 것이 아니다. 그들은 어려운 투자 결정을 내려, 수익성이 있는 곳에만 투자를 하는 것이다.

sal2apao/Shutterstock.com

바람을 에너지로 바꾸는 회전

풍력 발전소를 운영하는 기업가들은 새로운 장비에 투자할지 여부를 고려하는 모든 경영자들이 직면하는 결정의 문제와 동일한 문제에 직면해 있다. 향후 수익을 창출하기 위해 막대한 초기 비용을 들일 만한 가치가 있을까?

경영자들이 수백만 달러 규모의 투자 결정을 내리는 데 사용하는 툴은, 시간이 지남에 따라 결과가 나타나는 의사결정을 할 때마다 당신이 자신의 삶에 적용하고자 하는 툴과 동일하다.

이 장의 과제는 경영진이 투자 결정을 평가하는 데 사용하는 프레임워크를 파악하는 것이다. 몇 가지 기본 도구를 학습한 다음에, 실제 투자 결정에 적용할 것이다. 개별 투자 결정을 연구하여 얻은 시사점을 활용하여 투자에서 더 넓은 거시경제 패턴을 결정하는 요소를 탐구할 것이다. 하지만 먼저 거시경제적 여건을 이끄는 데 투자가 어떤 중요한 역할을 하는지 평가하는 것으로 시작하자. 그럼 터빈을 돌려보자!

목표

좋은 투자결정을 어떻게 하는지 분석한다.

26.1 거시경제학적 투자
거시경제학자가 말하는 투자의 의미와 경제에서 역할을 파악한다.

26.2 투자 분석 도구
서로 다른 시점의 총액을 비교하기 위한 두 가지 도구를 학습한다: 복리와 할인

26.3 투자 결정하기
투자 가치 여부에 대해 평가한다.

26.4 거시경제학에서 투자
투자를 유발하는 거시경제적 조건을 알아본다.

26.5 대부자금 시장
장기 실질이자율을 예측한다.

26.1 거시경제학적 투자

학습목표 거시경제학자가 말하는 투자의 의미와 경제에서 역할을 파악한다.

투자는 삶의 큰 부분이 될 것이다. 기업가로서, 당신은 새로운 사업을 시작하는 데 투자하게 될 것이다. 경영자로서, 당신은 신기술에 투자하게 될 것이다. 영업 분야에서, 당신은 더 효율적인 물류에 투자하게 될 것이다. 회계 분야에서, 당신은 가치 있는 정보를 수집하는 데 투자하게 될 것이다. 광고에 종사하는 사람들은 당신의 브랜드에 투자하라고 말하는 반면, 인사담당자들은 당신의 직원들에게 투자하라고 말한다. 개인 생활에서 당신은 공동체, 친구, 그리고 낭만적인 관계에 투자하게 될 것이다. 지금 당신은 투자에 대해 읽으면서 교육에 투자하고 있다. 만약 그러한 교육으로 인하여 취업면접을 보게 된다면, 당신은 좋은 양복에 투자하게 될 것이다.

투자의 정의

이러한 모든 투자는 다음의 과제를 포함한다: 당신은 미래의 혜택을 받기를 희망하면서 오늘은 선불비용을 발생시킨다. 이와 같이, 당신의 투자 결정은 당신의 현재 선택과 당신의 미래 행복을 연결시켜준다. 일상적인 대화에서 사람들은 현재 발생하는 비용이 미래의 결과를 결정할 때마다 '투자'라는 단어를 사용한다. 예를 들어, 당신은 사람들이 주식 시장에 투자하는 것에 대해 말하는 것을 들어본 적이 있을 것이다. 당신은 나중에 더 많은 돈을 벌게 되는 것인 미래에 이익을 얻기 위해 주식을 살 때, 오늘 선불비용을 부담하게 된다. 그러나 거시경제학자들이 말하는 투자는 이것을 의미하는 것이 아니다.

투자 경제의 생산 능력을 증가시키는 새로운 자산에 대한 지출

거시경제학자들은 경제의 생산 능력을 증가시키는 새로운 자본 자산에 대한 지출을 언급하기 위해 **투자**(investment)라는 단어를 사용한다. 기존 주식을 매입하기 위해 저축을 하는 것은 경제의 생산력을 증가시키지 않기 때문에, 그것은 투자의 일부가 아니다. 우리는 거시경제학자들이 투자에 대해 이야기할 때 의미하는 더 좁은 의미의 선택에 초점을 맞추겠지만, 당신은 선불 비용 및 미래 이익과 관련된 모든 결정을 분석하기 위해 개발한 분석 프레임워크를 사용할 수 있다. 거시경제학자들이 투자에 대해 이야기할 때 어떤 의미를 갖는지부터 살펴보기로 하자.

그림 26-1 | 국내총생산

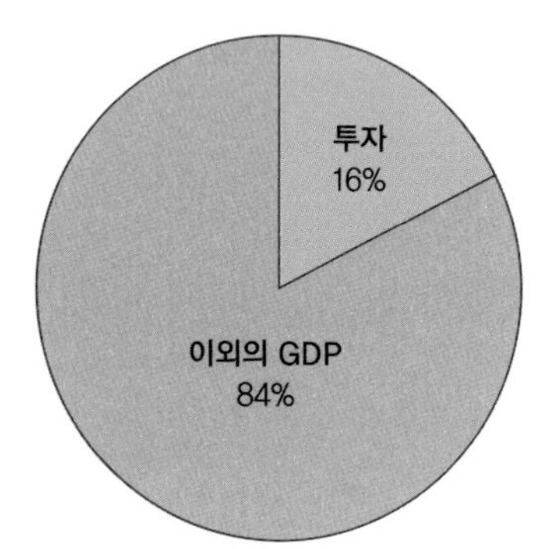

2018년 자료 출처 : Bureau of Economic Analysis.

거시경제적 투자는 자본에 대한 지출을 말한다. 거시경제학자들이 투자에 대해 이야기할 때, 그들은 새로운 소프트웨어, 장비, 구조에 대한 기업의 지출, 재고의 축적, 그리고 새로운 주택에 대한 지출을 의미한다. 여기에는 물적 자본뿐만 아니라 지적 재산도 포함된다.

거시경제학자들은 자본에 대한 거시경제 투자가 거시경제 성과를 이끄는 핵심 동인이기 때문에 이 특정한 정의에 초점을 맞춘다. 이것은 지출의 중요한 구성요소이자 미래 생산의 불가결한 재료이다. 그림 26-1은 투자가 미국 총 GDP의 약 16%를 차지한다는 것을 보여주는데, 이것은 투자지출이 통산하면 매년 1인당 약 1만 달러가 된다는 것을 의미한다.

투자와 저축을 혼동하지 말라. 살펴본 바와 같이 거시경제학자의 투자의 정의는 대부분의 사람들이 투자라고 부르는 많은 것을 배제한다. 그 이유는 사람들이 종종 저축, 즉 지출비용을 지불하고 남은 돈과 경제의 생산력을 증대시킬 새로운 자본을 위한 투자를 구별하지 못하기 때문이다. 은행에 돈을 넣는 것은 저축의 한 형태이다. 그것은 새로운 자본에 대한 실제적인 지출이 전혀 수반되지 않기 때문에 투자가 아니다(이 장 뒷부분에서 논의하겠지만, 저축과 투자는 관련이 있다. 은행이 당신이 저축한 돈을 공장에 자금을 지원하는 사업체에 빌려준다면, 그 지출은 투자로 간주되기 때문이다).

구글, 금괴, 땅 한 블록, 주식을 사는 것은 거시경제적 투자로 간주되지 않는다. 왜냐하면 새

로운 생산능력을 창출하지 않고 단지 다른 사람에게서 기존의 자산을 사는 것이기 때문이다.

투자는 자본스톡을 증가시키고, 감가상각은 자본스톡을 감소시킨다. 특정 시점에 자본의 총량을 **자본스톡**(capital stock)이라고 한다. 투자는 이 자본스톡에 추가되는 새로운 자본 구매의 흐름이다. 그러나 자본 또한 마모, 노후화, 우발적 손상, 노후화 등의 **감가상각**(depreciation)으로 인해 시간이 지남에 따라 감소한다. 이에 따라 올해 자본스톡은 지난해 자본스톡에서 감가상각폭을 제외하고 지난 1년간의 신규 투자를 합한 것과 일치한다. 신규 투자가 감가상각을 초과할 때는 자본스톡이 증가하지만, 감가상각이 투자를 초과할 때는 감소한다는 것을 의미한다.

자본스톡 일정 시점에서의 자본의 총수량

감가상각 마모와 파손, 노후화, 우발적 손상, 노후화로 인한 자본 감소

기업 투자 새로운 자본 자산에 대한 기업의 지출

주택 투자 주택과 아파트 개보수와 건설에 대한 지출

투자의 종류

거시경제학자들은 투자를 그림 26-2와 같은 세 가지 주요 범주로 구분한다. 가장 큰 범주는 기업 투자이며 그림 26-2는 일부 하위 구성요소도 보여준다. 가장 작은 범주는 재고이고 최종 범주는 주택이다. 이러한 투자 유형에 대해 자세히 살펴보자.

그림 26-2 | 투자

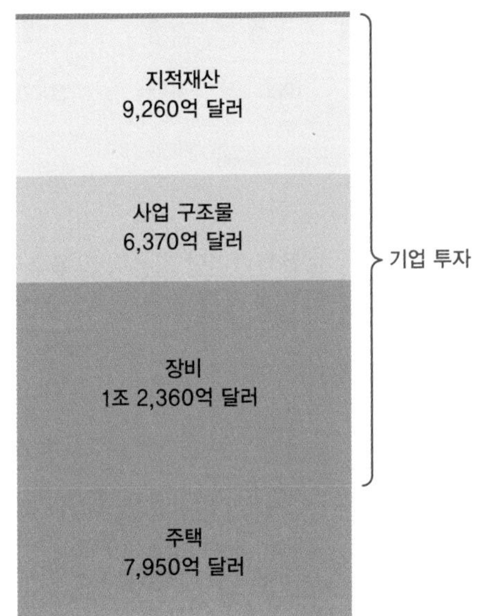

2018년 자료 출처 : Bureau of Economic Analysis.

투자 유형 1 : 기업 투자. 기업 투자(business investment)란 기업이 새로운 자본 자산에 지출하는 것을 말한다. 여기에는 장비(신규 컴퓨터, 기계 및 회사 자동차), 구조물(신규 사무실, 상점, 공장 및 기존 시설의 리모델링), 지적재산권(소프트웨어, 문학, 텔레비전, 영화, 음악 제작, 연구 개발)에 대한 지출이 포함된다. 이 세 가지 유형의 기업 투자는 모두 한 가지 공통점을 가지고 있다. 바로 경제 생산 능력을 높이는 기업의 구매이다.

투자 유형 2 : 재고. 기업들은 또한 원자재, 재공품(제조과정 중에 있는 물품), 미판매품 등의 재고를 가지고 있는 형태로 투자한다. 예를 들어, 지역 자동차 대리점에서 시승할 수 있는 차량은 재고로 계산된다. 생산 과정의 일환으로 재고량을 최소한 어느 정도 확보해야 하기 때문에, 재고량은 자본스톡의 일부로 계산된다. 그래서 재고의 증가는 투자로 간주된다.

재고의 변화는 전체 투자에서 극히 일부에 불과하다. 하지만 판매 부진 시 미판매품이 빠르게 쌓이기 때문에 변동성도 크다. 그 결과, 분기별 투자 변화에서 재고 변동이 큰 비중을 차지한다.

투자 유형 3 : 주택 투자. 주택 투자(housing investment)는 기존 주택의 개축은 물론 신규 주택 혹은 아파트의 건설에 따른 지출을 말한다. 그것은 당신이 살기 위해 구입하는 집과 임대할 계획인 주택 모두를 포함한다.

주택 투자는 기업 투자와는 조금 다르다. 주택에 거주할 때 수익을 창출하지 못하기 때문이다. 그러나 기회비용의 원리는 당신의 가계 주택이 임대 수입을 창출하는 데 사용될 수 있다는 것을 상기시킨다. 따라서 새로운 가계 주택을 건설하는 것은 경제의 생산능력(여기서는 임대료를 발생시키는 능력)을 증가시키는 자본스톡의 증가이기 때문에 투자로 간주된다. 비슷한 이유로 집을 개축하는 것도 투자다. 그러나 기존 주택의 매매는 단순히 한 사람에서 다른 사람으로 소유권을 이전하는 것이므로, 경제의 생산 능력을 증가시키지 않기 때문에 투자로 간주하지 않는다.

CapturePB/Shutterstock

기존 주택을 매입하는 것은 투자로 계산되지 않는다. 그러나 개축에 대한 지출은 투자로 계산된다.

투자는 주요 경제 변수이다

투자가 전체 지출의 약 6분의 1에 불과하지만, 그것은 경제에 매우 중요한 영향을 미치기 때문에 경제학자들이 주목하는 범주이다.

그림 26-3 경기순환을 주도하는 투자

과거 연도의 GDP와 투자의 백분율 변화

40%
20%
0%
−20%
−40%
1970
1980
1990
2000
2010
2018
투자
GDP

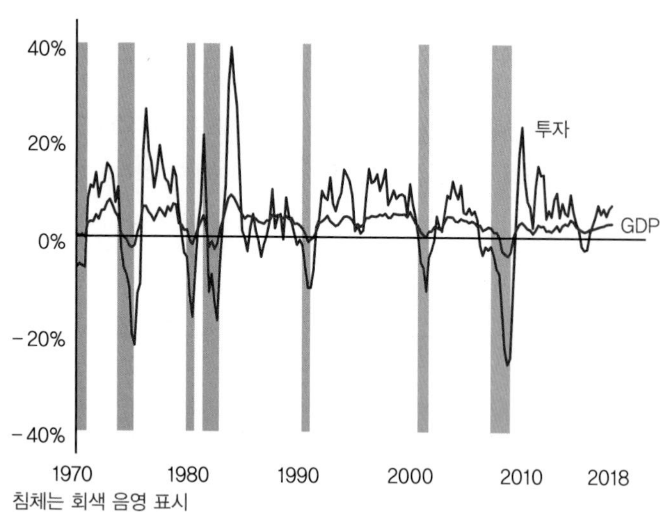

침체는 회색 음영 표시

출처 : Bureau of Economic Analysis.

그림 26-4 노동자 1인당 자본이 많을수록 노동자 1인당 산출이 더 많은 국가

노동자 1인당 생산량

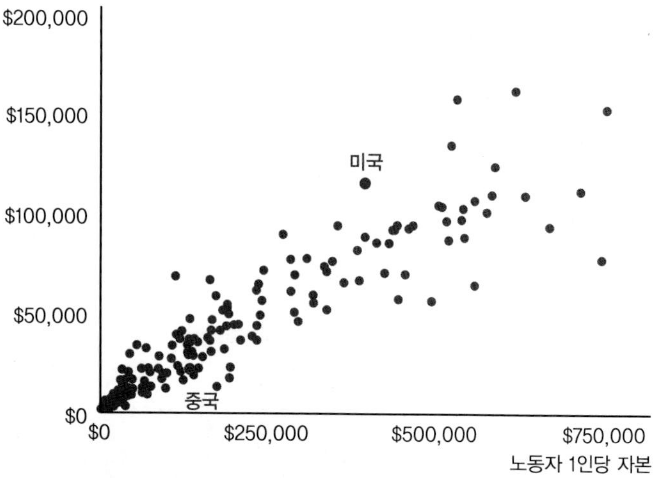

$200,000
$150,000
$100,000
$50,000
$0
$0
$250,000
$500,000
$750,000
미국
중국
노동자 1인당 자본

2017년 자료 출처 : Penn World Tables 9.1.

투자는 경기순환을 주도한다. 투자도 경기 상황이 바뀌면 큰 폭으로 변동하기 때문에 경기순환의 부침을 견인하는 데 큰 역할을 한다. 그림 26-3은 GDP의 연간 퍼센트 변화와 투자의 연간 퍼센트 변화 사이의 관계를 보여준다. 경기침체는 GDP를 전년보다 2% 감소시킬 수 있다. 이와는 대조적으로 투자는 2009년처럼 전년보다 20% 이상 감소할 수 있다. 마찬가지로, 경제가 튼튼하면 GDP는 4% 정도 증가할 수 있지만, 투자는 열 배나 증가할 수 있다. 간단히 말해서, 투자는 GDP보다 해마다 더 많이 변한다.

투자는 경영자들이 확장 계획을 쉽게 지연시키거나 취소할 수 있기 때문에 사업 상황에 매우 민감하다. 게다가 투자 결정은 미래 지향적이기 때문에, 경제의 미래 상태에 대한 기대감에 매우 민감하다. 투자도 금융권 여건에 민감하게 반응하는 것은 기업이 투자 자금을 조달하기 위해 대출을 받아야 하는 경우가 많기 때문이다. 투자를 주도하는 것이 무엇인지를 파악하면 경기순환을 주도하는 것이 무엇인지를 대부분 파악하게 된다고 흔히들 말한다.

투자는 빠르게 변화하지만 자본스톡은 천천히 변화한다. 오늘날의 자본스톡은 많은 과거 연도에 걸쳐 이루어진 투자들의 축적이다. 그 결과, 물적 자본에 대한 새로운 지출의 흐름인 투자가 상당히 급격하게 변동하는 경우가 많지만, 일반적으로 물적 자본의 스톡인 자본스톡은 느리게 움직일 뿐이다. 실제로 자본스톡은 시간이 지남에 따라 점차적으로 상승하며 해마다 큰 변화가 없다. 그만큼 자본스톡은 과거 연도의 경제와 현재의 경제 사이에 비교적 안정적인 연결고리를 제공한다.

투자는 장기적인 번영의 핵심 동인이다. 자본에 대한 투자는 생산성과 번영의 국가 간 차이의 중요한 원천이다. 도구, 기계 및 컴퓨터 등 자본이 많을수록 근로자는 더 많은 생산물을 생산할 수 있다. 실제로, 그림 26-4는 근로자 1인당 자본이 더 많은 나라들이 일반적으로 더 많은 1인당 생산을 가지고 있다는 것을 보여준다. 교육은 노동 생산성의 또 다른 큰 원천이지만 인적자본, 즉 학교와 대학에 대한 투자는 거시경제적 투자에 포함되지 않는다. 만약 그것들이 포함된다면, 일부 국가들을 더 생산적이고, 따라서 더 번영하게 만드는 투자의 역할은 훨씬 더 극적이 될 것이다.

26.2 투자 분석 도구

학습목표 서로 다른 시점의 총액을 비교하기 위한 두 가지 도구를 학습한다: 복리와 할인

이 장의 나머지 부분에서 우리의 과제는 투자 결정을 평가하는 데 사용할 수 있는 프레임워크를 개발하는 것이다. 즉, 서로 다른 시점에 발생하는 비용과 편익을 비교하는 데 사용할 수 있는 도구를 개발하는 것이다. 기업 투자에 초점을 맞출 것이지만, 이 도구를 사용하여 미래의 편익을 창출하기 위해 선불비용을 지불해야 하는 모든 의사결정을 평가할 수 있다.

경제계에서 이러한 이슈들이 어떻게 나타나는지 살펴보기 위해, 현재 로드아일랜드의 신재생 에너지 회사에서 에너지 분석가로 일하고 있는 경제학과 졸업생인 발렌티나 가르시아의 입장이 되어보자. 이 회사는 이미 8개의 풍력 터빈을 운영하고 있는데, 이 터빈은 거의 1만 가구에 전력을 공급할 만큼 충분한 전력 에너지를 발전한다. 풍력에너지가 점점 인기를 끌면서 그녀의 CEO는 터빈을 하나 더 투자할지 여부를 결정하려고 노력하고 있다. 그녀는 발렌티나에게 이것이 가치 있는 투자인지 알아보기 위해 계산해줄 것을 요청했다. 발렌티나의 환경운동가적 내면은 바람이 더 주류 에너지원이 되고 있다는 사실에 전율을 느끼지만, 자신의 회사가 좋은 투자 결정을 해야만 이러한 전환에 역할을 할 수 있다는 것도 알고 있다.

경제학과 학생이었던 발렌티나는 비용-편익의 원리가 적어도 비용만큼 혜택이 크다면 새로운 풍력 터빈에 투자할 가치가 있다고 말하고 있는 것을 알고 있다. 하지만 터빈의 비용은 선불로 발생하지만, 그 편익은 수년간에 걸쳐 분산될 것이다. 회사가 터빈이 발전하는 전기를 앞으로 수십 년 동안 판매하기 때문이다. 다른 시점에 발생하는 비용과 편익을 어떻게 비교할 수 있을까?

시간 경과에 따라 가치가 어떻게 변하는지 분석하는 데 사용할 수 있는 두 가지 도구가 있다: 복리와 할인이다. 복리는 은행에 이자를 축적하기 위해 돈을 남겨둘 때 시간이 지남에 따라 돈이 어떻게 증가하는지 계산하는 데 도움이 된다. 할인은 같은 동전의 반대편이다. 당신은 이 도구를 사용하여 미래금액이 오늘 얼마나 가치가 있는지를 알아낼 수 있다. 이는 미래에 일정 금액으로 불어나기 위해서는 오늘 얼마의 돈을 은행에 넣어야 하는지를 계산하는 방법으로 가능하다. 우리는 먼저 이 두 가지 도구를 개발한 다음 그것들을 적용하여 발렌티나가 풍력 터빈을 추가로 구입할지 여부를 평가하는 데 어떤 도움을 주는지를 보여줄 것이다.

투자 도구 1 : 복리

새로운 터빈은 400만 달러의 선불 투자가 필요하다. 기회비용의 원리는 발렌티나가 자기 회사의 돈에 대한 차선책을 생각하도록 상기시킨다. 이를 위한 한 가지 방법은 만약 그녀의 회사가 그 돈을 은행에 넣고 이자가 붙을 수 있게 한다면 어떤 일이 일어날지 생각해보는 것이다.

돈이 이자가 붙어서 얼마가 되는지 알아보기 위해 간단한 예부터 살펴보도록 하자. 당신이 은행에 100달러를 예금하면 어떻게 되겠는가? 이자율이 6%이면 1년 후에 100달러와 6달러의 이자를 더하여 돌려받을 수 있다. 보다 일반적으로, 오늘 은행에 저축한 각 금액에 대해 1년 후에 돌려받은 금액에는 이자까지 더해진다(예 : 이자율이 6%라면, r은 0.06이다).

$$\text{1년 후의 미래가치} = \underbrace{\text{현재가치}}_{\text{돌려받는 돈}} + \underbrace{r \times \text{현재가치}}_{\text{더하기 } r\% \text{ 이자}}$$

$$= \text{현재가치} \times (1+r)$$

매년 은행에 돈을 맡기면 1+r배만큼 증가된다. 은행에 돈을 1년 이상 두면 어떻게 되는가? 간단한 답 : 그것은 계속 불어날 것이다. 얼마까지? 두 번째 해에, 당신은 단지 원래 예금에 대한 이자를 받는 것이 아니라, 당신이 받는 이자에 대한 이자를 받게 될 것이다. 3년차에는 이자의 이자의 이자를 받을 것이다. 따라서 연 6%의 이자를 받는 은행에 100달러를 저축하면 첫 해에 100달러의 이자를 받게 된다. 두 번째 해에는 106달러(원래 100달러와 첫 해 6달러의 이자를 더한 금액)의 이자를 받는다. 세 번째 해에는 112.36달러($100+$6+$6.36)의 이자가 붙는다. 계속 늘어나는 금액에 대한 이자를 받고 있기 때문에 매년 받는 이자는 점점 커진다.

이것이 복리의 마술이다. 최초의 예금뿐만 아니라 이전에 추가된 이자에 대해서도 이자를 받으니 부가 복리로 늘어난다. 우리가 보게 될 것처럼, 그 숫자들은 정말 늘어날 수 있다. 얼마

그림 26-5 | 복리 공식

당신의 돈은 시간이 경과함에 따라 이자와 이자의 이자 등을 벌면서 증가한다.

Ⓐ **현재가치**라 불리는 최초의 예금 $\$P$

Ⓑ 매년 예금액은 **이자수익**이 추가되어 $(1+r)$배 증가

Ⓒ t년이 지난 후 불어난 금액의 가치 : **미래가치=현재가치×$(1+r)^t$**

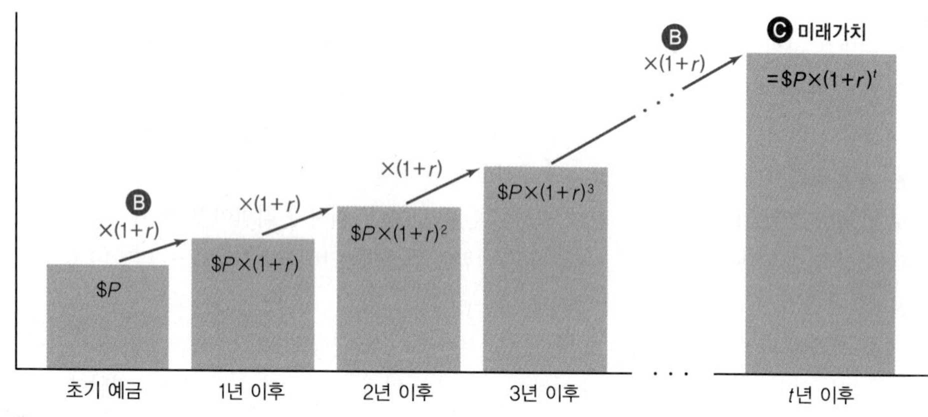

미래가치 이자 수입의 결과로, 어떤 미래 날짜까지 증가하게 될 금액

복리 공식 t년도의 미래가치=현재가치×$(1+r)^t$

나? 우리는 특정한 미래 날짜까지 당신의 돈이 얼마나 불어날지 계산하기 위한 공식이 필요할 것이고, 우리는 이 금액을 돈의 **미래가치**(future value)라고 부를 것이다.

금액 합계의 미래가치를 계산하는 핵심은 매년 총잔액이 이자율인 r%씩 증가한다는 점에 주목하는 것이다. 즉, 매년 금액이 전년도에 비해 $(1+r)$배 단순하게 증가하는 것이다. 그림 26-5는 잔고가 어떻게 불어나는지 보여준다.

만약 현재 $\$P$를 투자하면, 다음 해에 $\$P\times(1+r)$이 된다. 그다음 해에 그 잔고는 또 $(1+r)$만큼 증가하며, 그리하여 2년 후에 잔고는 $\$P\times(1+r)\times(1+r)$이 되고 이는 $\$P\times(1+r)^2$로 표현된다. 세 번째 해에 그것은 다시 $(1+r)$배가 된다. t년도까지 계속 되면 결론적으로 **복리 공식**(compounding formula)이 된다:

$$t\text{년도의 미래가치}=\text{현재가치}\times(1+r)^t$$

복리 공식을 적용하기 위해 스프레드시트를 사용하기. 복리 공식을 사용하여 돈의 미래가치를 파악할 수 있다. 스프레드시트에서 계산을 수행하도록 하는 것이 훨씬 쉽다. 발렌티나의 프로젝트로 돌아가서 스프레드시트를 사용하여 터빈을 구입하는 대신 30년 동안 매년 6%의 이자를 받는 은행에 400만 달러가 투자될 수 있는지 알아보자.

그림 26-6은 마이크로소프트 엑셀, 구글 시트, 또는 애플의 넘버와 같은 스프레드시트에서 복리 공식을 구현하는 방법을 보여준다. 입력 정보를 별도의 셀에 넣어야 한다: 현재가치라고도 불리는 초기 잔액, 연간 이자율, 그리고 복리로 불어가는 기간 등

다른 셀에서는 다음 복리 공식을 적용할 수 있다.

$$t\text{년도의 미래가치}=\underbrace{\$4,000,000}_{\text{현재가치}}\times\underbrace{(1+0.06)^{30}}_{(1+r)^t}=\$22,973,965$$

그림 26-6 | 미래가치 계산

현재가치, 연간 이자율 및 연수를 입력하면 스프레드시트가 자금이 증식된 미래가치를 계산한다.

	A	B
1	**투입**	
2	현재(혹은 초기) 가치	$4,000,000
3	연간 이자율, r	6%
4	복리 기간, t	30
5		
6	**미래가치**	**$22,973,965**
7	=현재가치×$(1+r)^t$	*=B2*(1+B3)^B4*

실제의 유일한 마법은 스프레드시트가 모자 또는 캐럿 문자 '^'(키

보드의 숫자 6 위에 있는 문자)를 '거듭제곱'으로 해석하는 반면 애스터리스크 또는 별표('*'키보드의 숫자 8 위에 있는 문자)는 '곱하기'로 해석하는 것이다. 스프레드시트를 종합하면, 30년 동안 연간 6%의 이자율로 400만 달러가 약 2,300만 달러로 증가했음을 알 수 있다(정확히 말하면 2,297만 3,965달러이다). 만약 그것이 많은 것처럼 들린다면, 이제 당신은 왜 그것이 복리의 마법이라고 불리는지 이해하게 될 것이다.

일상경제학 **복리의 비상한 힘**

조나단 홀딘은 복리의 거듭제곱을 진정으로 이해한 부유한 뉴욕 변호사였다. 홀딘은 약간 괴짜였다. 그는 스스로 이발을 하고, 자두, 우유, 잘게 갈은 밀을 먹으며, 스웨터의 낡아빠진 소매를 잘라 남은 것을 조끼로 사용하는 아주 심한 구두쇠였다. 그는 또한 복리에 사로잡혀 있었다. 그는 4%의 금리로 1페니를 투자하고 1,000년 동안 이자가 붙으면 1,000조 달러로 불어날 것이라고 생각하면서 계산했다. 더 살펴보면 그의 계산은 : $\$0.01 \times (1+0.04)^{1,000} \approx \$1,000,000,000,000,000$였다. 홀딘이 페니를 저축하면 1,000조 달러의 수익이 생기는 거였다.

Spiroview Inc/Shutterstock

1,000조 달러(1,000년 후의)

홀딘은 세상을 바꾸기 위해 복리의 거듭제곱을 이용하길 원했다. 그는 수백만 달러를 공익신탁에 넣었고, 최대 1,000년 동안 복리로 증가하도록 주문했다. 그는 그의 믿음이 펜실베이니아주의 모든 세금을 폐지할 수 있을 만큼인 수백 조 혹은 어쩌면 수백 경 달러의 규모로 불어나기를 바랐다.

대신, 그의 아이디어가 좋은 생각인지 아닌지를 변호사들이 논쟁하면서 그는 50년간의 법정 공방을 시작했다. 한 경제학자에 따르면, 문제는 '세계의 모든 사람들이 홀딘 가족을 위해 일하게 될' 정도로 공익신탁이 커질 것이라는 점이었다고 한다. 법원은 이 공익신탁이 매년 이자를 자선단체에 기부해야 한다고 판결하면서, 이것은 나쁜 생각이라는 데 동의했다. 이 판결은 신탁이 복리 이자 수익을 수령할 수 있는 가능성을 앗아갔고, 그래서 신탁은 성장을 멈췄고, 이렇게 된 것이 펜실베이니아 사람들이 계속해서 세금을 내야 하는 이유이다. ■

투자 도구 2 : 할인

복리는 미래에 받는 수익이 현재 받는 수익보다 가치가 낮은 이유를 보여주기 때문에 투자 결정을 내리기 위해서는 복리의 힘을 이해해야 한다. 이 모든 것은 기회비용의 원리에 관한 것이다. 현재가 아닌 미래에 지급되는 금액에는 복리 이자의 혜택을 누릴 수 있는 기회인 커다란 기회비용이 수반된다.

할인은 미래에 받게 될 수익의 기회비용을 반영한다. 이 기회비용을 측정하기 위해, 당신은 복리 공식을 역으로 전환해서 미래에 받을 돈과 현재 가지고 있어야 하는 돈을 비교하는 방법을 알아낼 수 있다. **현재가치**(present value)는 미래에 동등한 편익을 창출하기 위해 현재 투자해야 할 돈의 금액이다. 현재가치를 계산하는 프로세스를 **할인**(discounting)이라고 하는데, 이는 미래 값을 동등한 현재 값으로 변환하는 것을 의미한다.

현재가치 미래에 동등한 편익을 창출하기 위해 현재 투자해야 할 금액

할인 일정 금액의 미래가치를 동등한 현재가치로 전환하는 것

간단한 예를 들어, 금리가 6%일 때, 1년 뒤에 받는 106달러의 현재가치는 100달러이다. 오늘 은행에 100달러를 넣고 기다리는 것만으로도 내년에 106달러를 받을 수 있기 때문이다. 일반적으로 복리공식은 t년도의 미래가치 = 현재가치 $\times (1+r)^t$인데, 이를 재정렬하여 **할인 공식**(discounting formula)을 얻을 수 있다.

할인 공식 현재가치 = t년도의 미래가치 $\times \frac{1}{(1+r)^t}$

$$\text{현재가치} = t\text{년도의 미래가치} \times \frac{1}{(1+r)^t}$$

그림 26-7 | 복리와 할인

돈은 시간에 따라 그 가치가 변한다.

Ⓐ 400만 달러를 6%의 이자율로 은행에 30년간 예치하면, 그것은 400만 달러의 현재가치에서 2,300만 달러의 미래가치로 늘어난다.

Ⓑ 당신이 오늘 은행에 예금한 돈의 미래가치를 계산하기 위하여 다음의 복리 공식을 이용하라 :
t년도의 미래가치 = 현재가치 × $(1+r)^t$

Ⓒ 미래에 특정한 금액을 수취하기 위하여 오늘 은행에 넣어야 할 금액을 계산하기 위해서는 다음의 할인 공식을 이용하라:
현재가치 = t년도의 미래가치 × $\frac{1}{(1+r)^t}$

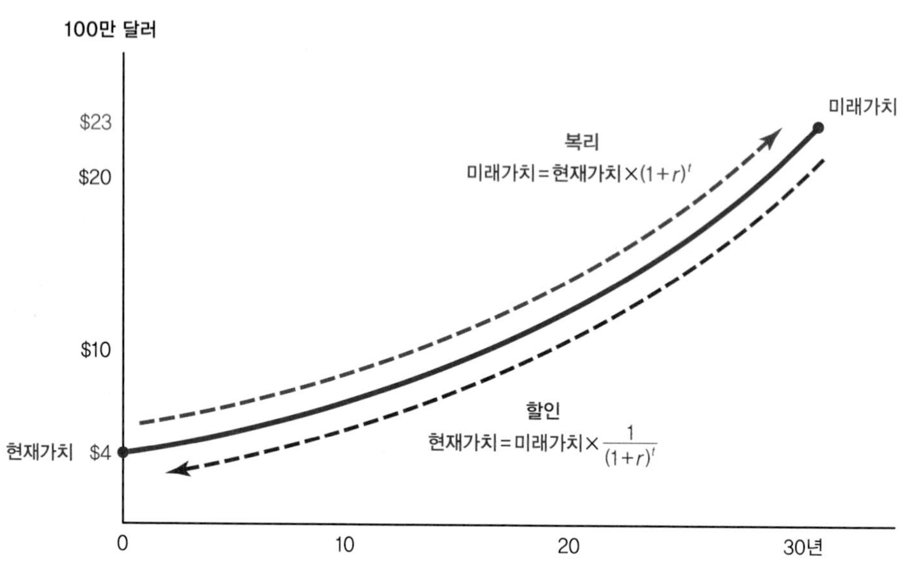

할인 공식은 t년 뒤에 특정 미래가치를 창출하기 위해 현재 얼마의 금액이 필요한지 보여준다.

할인하면 미래가치가 현재가치로 변환된다. 그림 26-7은 복리 공식이 현재 가지고 있는 돈을 잠재적 미래가치로 변환시키는 것처럼, 할인 공식은 잠재적 미래가치를 동등한 현재가치로 변환시킨는 것을 보여준다.

이 논리를 적용해보자. 발렌티나가 30년 동안 6% 이자로 투자한 400만 달러가 2,297만 3,965달러로 증가할 것이라는 사실을 알아냈다는 사실을 상기해보자. 우리는 그것을 역으로 다음과 같이 물어볼 수 있다. 금리가 연 6%일 경우 30년 뒤에 2,297만 3,965달러가 지급되는 현재가치는 얼마인가? 정답은 알고 있을 테지만 할인 공식을 이용해 알아보자.

$$\text{현재가치} = \underbrace{\$22,973,965}_{\text{미래가치}} \times \underbrace{\frac{1}{(1+0.06)^{30}}}_{1/(1+r)^t} = \$4,000,000$$

따라서 400만 달러가 30년 동안(이자율 6%로) 2,297만 3,965달러의 미래가치로 증식되듯이, (이자율 6%인 경우) 30년 후의 2,297만 3,965 달러의 현재가치는 400만 달러이다.

할인공식을 적용하기 위해 스프레드시트를 사용하기. 아무도 당신이 이런 계산을 머리로 암산할 거라고 생각하지 않는다! 그림 26-8은 스프레드시트를 사용하여 해결하는 방법을 보여준다. 이번에는 미래가

그림 26-8 | 현재가치 계산

미래의 금액, 받을 때까지의 연수, 연간 이자율을 계산하면 스프레드시트가 현재가치를 계산한다. 즉, 미래에 이 금액을 얻기 위해 현재 투자해야 하는 금액이다.

	A	B
1	**투입**	
2	미래가치	$ 22,973,965
3	연간 이자율, r	6%
4	복리 연도, t	30
5		
6	**현재가치**	**$ 4,000,000**
7	= 미래가치×1/(1+r)^t	=B2*1/(1+B3)^B4

치를 입력하고 할인 공식을 적용하여 스프레드시트가 현재가치를 계산하도록 한다. 이 계산은 발렌티나가 30년 만에 받는 2,300만 달러를 현재 400만 달러로 평가해야 한다는 것을 시사한다. 할인 논리는 복리의 역에 불과하다. 발렌티나는 현재 400만 달러를 사용하여 30년 만에 2,300만 달러를 창출할 수 있다.

현재가치는 당신이 미래의 보상을 위해 얼마를 지불해야 하는지를 말해준다. 현재가치 계산이 얼마나 유용한지 알아보기 위해, 뉴욕 변호사인 홀딘 씨에게 돌아가보자. 대공황 시절 어려운 시기에 봉착한 몰락한 부유한 상속인과 상속녀는 미래에 큰 유산을 기대하지만 현재 가난한 난처한 입장에 처했다. 홀딘은 그들에게 이 문제에서 벗어날 방법을 제안했다. 그는 보통 대폭 할인된 가격으로 그들의 상속권을 사겠다고 제의했다. 만약 그들이 수락한다면, 상속인들은 오늘 홀딘의 현금을 받고, 홀딘은 부유한 친척이 죽었을 때 그들의 유산을 상속받는다. 홀딘은 미래의 상속재산을 위해 얼마를 지불할 용의가 있는지 알아보기 위해 할인을 이용했다.

Bettmann/Getty Images

그녀의 유산을 위해 얼마를 지불할 것인가?

경제학 실습

운이 없는 상속녀는 14년 후에 죽을 것 같은 부자 고모에게서 100만 달러를 상속받게 된다. 그녀는 자신의 상속권을 홀딘에게 팔겠다고 한다. 만약 당신이 그의 입장이라면, 이자율이 6%라면 당신은 이것에 최대 얼마를 지불하는가?

$$\text{현재가치} = \frac{\$1{,}000{,}000}{(1+0.06)^{14}} = \$442{,}301$$

홀딘이 왜 이 이상의 돈을 지불하고 싶어 하지 않는지 알아보기 위해, 홀딘이 오늘날 은행에 44만 2,301달러를 넣고 14년 동안 복리로 불어나면 100만 달러를 벌 수 있다는 것을 파악해보라. ■

실질이자율 대 명목이자율

복리 및 할인 공식을 사용하여 시간 경과에 따라 돈의 명목 또는 실질 가치가 얼마나 변화하는지 파악할 수 있다. 시간이 지남에 따라 화폐의 명목 또는 실질 가치가 어떻게 변하는지 알아내는 비결은 적절한 이자율을 선택하는 것이다.

- 자금의 명목 가치, 즉 몇 년 내에 보유하게 될 화폐금액을 평가하는 경우에는, 복리 또는 할인 공식에 명목이자율을 적용한다.
- 자금의 실질 가치, 즉 인플레이션 조정 후 변화하는 구매력을 평가하기 위해서는 복리 또는 할인공식에 실질이자율을 적용한다.

이게 얼마나 중요한지 살펴보자.

경제학 실습

1925년과 2015년 사이에 주식 시장의 돈은 연평균 10%씩 성장했다. 만약 당신이 1925년에 주식시장에 1,000달러를 투자했다면, 그것은 2015년까지 복리로 얼마로 증식되었겠는가?

$$\text{90년 후의 (명목) 미래가치} = \$1{,}000 \times (1+0.10)^{90} = \$5{,}313{,}023$$

당신의 1,000달러는 5,300배 이상 커졌을 것이다! 그러나 이 중 일부는 연간 평균 3.1%였던 인플레이션의 영향을 반영한다. 구매력에 어떤 변화가 있었는지 평가하려면 실질이자율에 초점을 맞춰야 한다. 실질이자율은 (대략) 명목이자율(여기서 10%)에서 연 3.1%의 인플레이

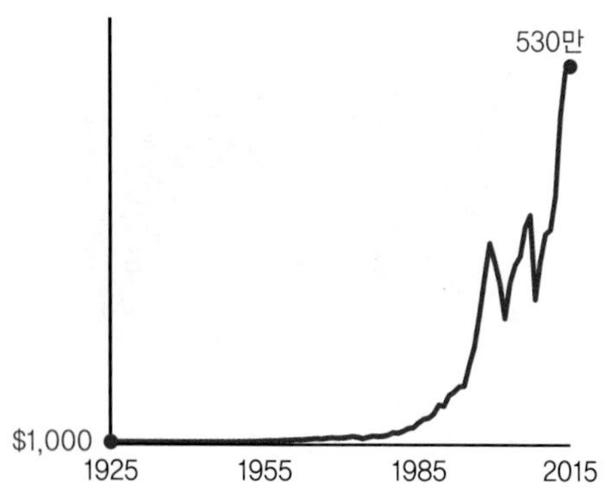

션율을 뺀 것과 같다는 점을 상기한다.

이에 따라 주식시장 자금은 실질 기준으로 연간 6.9% 성장했다. 이 6.9%는 이자 수입의 결과로 매년 얼마나 더 많은 물건을 살 수 있는지를 나타낸다.

1,000달러의 실제 성장률을 계산해보자.

$$90\text{년 후의 (실질) 미래가치} = \$1{,}000 \times (1 + 0.069)^{90} = \$\ 405{,}502$$

3.1%의 인플레이션이 큰 차이를 만든다. 당신은 5,300배의 돈을 가지고 있었지만, 5,300배의 물건을 살 수 없었을 것이다. 대신 실질적으로는 구매력이 405배 더 커졌을 것이고, 이는 주식시장에서 90년 만에 405배 더 많은 물건을 살 수 있었다는 것을 의미한다. 그것은 훨씬 작지만, 여전히 꽤 멋지다. 복리 마법은 재무 조언자들이 일찍부터 저축을 시작하라고 말하는 이유이다! ■

26.3 투자 결정하기

학습목표 투자 가치 여부에 대해 평가한다.

이제 분석도구 모음에 이러한 도구가 포함되었으므로 이제 이 도구들을 사용해보자. 그것들은 우리의 다음 과제인 투자 기회를 평가하기 위해 최고 경영자들이 사용하는 프레임워크를 개발하는 데 필수적일 것이다.

투자 기회 평가 방법

이 틀을 설명할 수 있는 가장 좋은 방법은 실제적인 문제를 풀어보는 것이다. 그러니 그녀의 과제를 처리할 때의 발렌티나의 입장에서 생각해보자. 그녀는 관련 정보를 모두 수집했고 이제 다른 풍력 터빈에 투자할지 여부를 결정하기 위해 정보를 종합해야 한다.

비용과 편익의 현재가치 비교하기. 투자는 어떤 다른 선택과 같다. 비용-편익의 원리는 편익이 비용을 초과할 경우 투자할 가치가 있다고 말한다. 비용과 편익이 서로 다른 시점에 발생한다는 것이 문제이다. 기회비용의 원리는 미래에 받게 될 수익은 그 자금에 대한 이자를 받을 기회를 포기하기 때문에 가치가 더 적다는 것을 상기시켜준다. 따라서 우리는 이러한 기회비용을 고려하여, 투자와 관련된 비용 및 편익의 현재가치에 집중해야 한다. 비용과 편익의 현재가치를 계산하면 비용과 편익이 비슷한 단위(오늘날의 달러)로 표시되므로 비교할 수 있게 된다. 편익의 현재가치와 비용의 현재가치 간의 차이는 어떤 투자 기회가 그 자금을 차선책에 투자하는 것과 비교하여 얼마나 수익을 증대시킬 수 있는지를 알려준다.

이 모든 것이 분석에 도움이 될 명확한 조언을 제공한다. **편익의 현재가치가 비용의 현재가치를 초과하는 경우 새로운 자본에 투자한다.**

선불 비용의 현재가치는 단순히 선불 비용이다. 발렌티나는 몇 가지 계산을 하면서 일을 시작한다. 이 투자의 비용은 쉬운 부분이다: 풍력 터빈을 사는 데는 400만 달러가 든다. 이 비용은 현재 발생하기 때문에, 현재가치는 400만 달러이다(여러 해에 걸쳐 발생한 비용이라면, 각 미래 비용의 현재가치의 합계를 평가할 것이다). 이제 곧 알게 되겠지만, 대부분의 투자 프로젝트를 평가하는 실제 작업은 미래의 편익 흐름을 평가하는 데 있다.

터빈은 감가상각된다.

미래 수익을 예상할 때 감가상각을 고려하라. 이 점을 파악하기 위해 발렌티나는 터빈 한 대가 추가로 창출할 미래 연간 수익을 예측하고 그에 상응하는 현재가치를 계산해야 한다. 그녀의 회사의 엔지니어들은 발렌티나에게 새로운 터빈이 매년 생산할 여분의 에너지에 대한 그들의 기대치를 요약한 데이터를 제공했고, 그녀는 그 여분의 에너지를 수익 예측으로 환산했다.

올해 : 터빈을 설치하는 데는 1년 내내 시간이 걸리기 때문에 아무런 수익도 창출하지 못할 것이다.

1차 연도 매출 : 터빈은 60만 달러의 수익을 창출할 것이다.

다음 연도 매출 : 터빈이 노후화되면 냉각 효율 저하로 인해 생산성이 떨어진다. 고장이 잦아지고 서비스 중단이 발생하는 날이 늘어난다. 엔지니어들은 평균적으로 풍력 터빈이 전년보다 매년 4% 더 적은 생산량을 생산할 것이라고 보고했다. 그들은 **감가상각률**(depreciation rate)을 설명하고 있는데, 이것은 투자의 남은 생산능력의 대비 매년 감가상각으로 인해 손실되는 비율이다. 우리는 감가상각률을 나타내기 위해 d를 사용할 것이다.

감가상각률 투자의 남은 생산능력 대비 매년 감가상각으로 인해 손상되는 비율

발렌티나는 그녀의 수익 예측이 이 감가상각률을 반드시 고려하도록 한다. 그녀는 터빈이 생산하는 전력에 대해 그녀가 받을 수 있는 가격이 인플레이션을 따라갈 것이라고 예상한다. 그래서 감가상각은 그녀의 실제 수익이 시간이 지남에 따라 변하는 유일한 요인이다. 그렇기 때문에 그녀는 터빈이 창출하는 실질 수익이 첫 해에는 60만 달러에서 두 번째 해에는 57만 6,000달러로 4% 낮아지고, 세 번째 해에는 55만 2,960달러로 4% 더 낮아질 것이라고 예측한다. 그림 26-9의 각 행을 보면, 그다음 연도에는 터빈이 전년보다 4% 더 적은 수익을 낼 것으로 예측된다.

그림 26-9 | 수익 흐름의 현재가치 추정

감가상각률 $d=4\%$와 이자율 $r=6\%$ 적용

연도	미래 수익 = 전년도 수익 $\times(1-d)$	미래 수익의 현재가치 = 미래 수익 $\times\frac{1}{(1+r)^t}$
0	$0	할인 $0
1	감가상각 $600,000	$\times\frac{1}{(1+r)^1}$ → $566,038
2	$\times(1-d)$ $576,000	$\times\frac{1}{(1+r)^2}$ → $512,638
3	$\times(1-d)$ $552,960	$\times\frac{1}{(1+r)^3}$ → $464,276
4	$\times(1-d)$ $530,842	$\times\frac{1}{(1+r)^4}$ → $420,476
…	…	…

미래 수익을 현재가치로 변환한다. 이 터빈의 미래 수익을 예측한 발렌티나는 이 돈의 가치가 그녀가 수익을 언제 받느냐에 달려 있다는 사실을 고려할 필요가 있다. 이를 위해 그녀는 매년 수익 예측의 현재가치를 계산한다. 그녀는 할인 공식에 6%의 실질이자율을 적용하는데, 그것이 그녀의 회사 재무부서 직원들이 400만 달러를 다른 곳에 투자하면 벌 수 있다고 하기 때문이다.

그림 26-9의 마지막 열은 매년 수익 예측의 현재가치를 보여준다. 터빈은 설치되는 동안 아무런 수익도 창출하지 못한다. 1년 후, 그것은 60만 달러의 수익을 창출한다. 하지만 수익을 얻는 데는 1년이 걸릴 것이기 때문에 발렌티나는 이를 할인하여 60만 달러에 $1/(1+0.06)$을 곱해 현재가치인 56만 6,038달러를 계산해야 한다. 할인 공식에 따라, 2년 동안 벌어들인 수익에 $1/(1+0.06)^2$ 등을 곱하면 할인된다.

좋은 풍력 터빈은 오래 지속될 수 있기 때문에 발렌티나의 실제 스프레드시트는 앞으로 수십 년 동안 매년 발생할 것으로 예상하는 수익의 현재가치를 보여주는 행으로 계속된다. 여기에서 전체를 보일 수는 없지만 그림 26-10은 발렌티나에게 가장 중요한 칼럼을 보여준다. 발렌티나가 매년 터빈이 창출할 것으로 전망하는 추가 수익의 현재가치이다.

요약하면 해가 지남에 따라 56만 6,038달러+51만 2,638달러+46만 4,276달러+42만 476달러+38만 809달러+…를 받을 수 있다. 발렌티나는 실제 스프레드시트에서 향후 몇 년 동안 총 600만 달러에 달하는 매출을 계속 올릴 것이다(이 수치를 스프레드시트에 표시하여 직접 확인할 수 있다).

그림 26-10 | 각 연도의 미래 수익의 현재가치

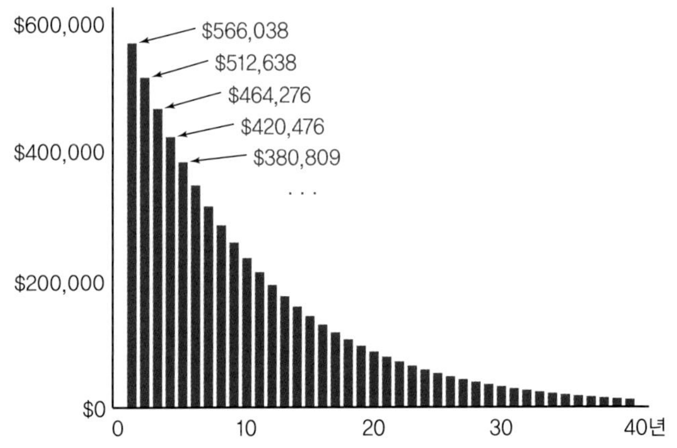

평가 공식 지불의 계속적 흐름의 현재가치 $= \frac{\text{차기 연도의 수익}}{r+d}$

요약 : 평가 공식을 사용하여 미래 수익 흐름의 현재가치를 계산한다. 미래 수익 흐름의 현재가치를 계산하려면 많은 스프레드시트 작업이 필요할 수 있다. 하지만 훨씬 더 쉽게 계산하는 지름길이 있다. **평가 공식**(valuation formula)에 따르면 차기 연도의 수익으로 시작하며, 매년 그 지급액이 d퍼센트로 감가상각되는 지불 흐름의 현재가치는 다음과 같다:

$$\text{지불 흐름의 현재가치} = \frac{\text{차기 연도의 수익}}{r+d}$$

이것은 평가 공식이라고 불린다. 그것은 당신이 현재의 달러로 이 미래 수익의 흐름을 얼마로 평가하는지 알려주기 때문이다(괄호 안에 있는 다음의 설명은 읽지 않아도 된다. 이 공식의 출처에 대한 직관력을 원한다면, 그림 26-9의 마지막 열에서 각 연도 수익의 현재가치가 전년도의 $(1-d)/(1+r)$배만큼 크다는 것을 주목하라. 이는 이 공식을 기하급수적으로 만드는 것이다. 평가 공식은 이 기하급수의 무한 합계를 계산하는 데서 비롯된다).

최고 경영자들은 이 공식을 어떻게 사용하는지 알고 있다. 비록 그들이 그 공식으로 이어지는 수학을 잊었더라도 말이다. 가장 중요한 것은, 그들이 언제 적용되는지 알고 있다는 것이다. 당신이 내년에 시작해서 시간이 지남에 따라 일정한 비율로 감소하는 미래 수익의 지속적 흐름의 기대 가치를 평가할 때이다.

경제학 실습

발렌티나의 투자 결정에 평가 공식을 적용해보자. 그녀의 터빈은 첫해에 60만 달러의 수익을 창출할 것이며, 실질금리는 6%, 감가상각률은 4%이며, 수십 년 동안 수익을 창출할 것이다.

$$\text{지불 흐름의 현재가치} = \frac{\text{차기 연도의 수익}}{r+d} = \frac{\$600{,}000}{0.06+0.04} = \$\ 6{,}000{,}000$$

이 요약은 완벽하게 작동하여, 우리가 매년 수익을 계산하고 현재가치를 계산할 때와 정확히 같은 답을 만들어내고 있다. ■

현재가치의 편익이 현재가치의 비용을 초과할 경우 투자한다. 이 시점에서 발렌티나는 필요한 모든 정보를 가지고 있다. 현재가치 측면에서 비용과 편익을 모두 평가한 그녀는 비용–편익의 원리로 돌아갈 수 있다. 터빈 구매의 총편익(현재가치 600만 달러에 이르는 다년간의 미래 수입)은 선불 비용인 400만 달러를 초과한다. 이것은 매우 수익성 있는 투자처럼 보인다. 그래서 그녀 회사의 CEO에게 여분의 풍력 터빈을 구입하라고 조언한다. 그것은 그녀의 회사 가치에 200만 달러를 더하는 현명한 결정이다.

투자자를 위한 합리적인 규칙

미래 수익의 현재가치가 선불 비용을 초과하는 기회에 투자할 때마다 회사의 장기적인 수익성을 높일 수 있다.

편익이 비용을 초과하기 때문에 수익성이 있다. 우리는 이러한 비용과 편익을 비교할 수 있도록 현재가치에 초점을 맞추고, 이러한 미래 수익을 받기 위해 기다려야 하는 기회비용을 설명한다. 이 시점에서 당신은 회사의 투자 결정에 적용할 수 있는 강력한 규칙을 발견했다.

투자자의 합리적 규칙 미래 수익의 현재가치가 선불 비용을 초과하는 투자 기회를 추구하는 것

투자자의 합리적 규칙(rational rule for investors) : 미래 수익의 현재가치가 선불 비용인 C를 초과할 경우 투자 기회를 확정한다. 즉, 다음과 같은 경우에 투자해야 한다.

$$\underbrace{\frac{\text{차기 연도의 수익}}{r+d}}_{\text{미래 수익의 현재가치}} > \underbrace{C}_{\text{선불 비용}}$$

이 규칙을 따르면, 모든 투자가 당신의 장기적인 이익을 증대시킬 것이다. 투자자의 합리적 규칙은 네 가지 핵심 원리 중 세 가지 원리의 조언을 하나로 종합한다. 얼마를 투자할 것인가에 대해 경영자들이 직면한 큰 질문을 받고, 터빈 하나를 더 투자해야 하는가에 대한 간단한 질문에 초점을 맞춰 한계의 원리를 적용한다. 비용-편익의 원리는 앞으로 받게 될 수익인 편익이 선불 비용을 초과해야 한다는 것을 시사한다. 이를 비교하려면 기회비용의 원리를 포함하는 현재가치에 초점을 맞춰 이를 얻기 위해 포기해야 할 항목의 관점에서 미래 수익을 평가해야 한다. 투자자의 합리적 규칙은 장기적인 수익성을 높일 때만 투자하도록 유도하기 때문에 좋은 조언을 제공한다. 당신이 내릴 수 있는 가장 중요한 투자 결정에 적용하라.

일상경제학 교육 투자의 결정

당신의 교육은 풍력 터빈과 매우 유사하다. 여기에는 막대한 선불 비용이 수반되며, 남은 생애 동안 얻을 수 있는 여러 가지 이점이 있다. 실제로 관리자가 다른 종류의 기계에 대한 투자를 평가하는 데 사용하는 것과 동일한 아이디어를 사용하여 당신의 지적 기계에 대한 투자의 이점을 평가할 수 있다.

sframephoto/iStock/Getty Images

믿을 수 없을 정도로 중요한 투자

교육의 가장 큰 이점 중 하나는 더 많은 교육을 받은 결과로 더 높은 급여를 받는다는 것이다. 평가 공식을 이용해서 더 높아진 수익을 평가해보자. 우리는 세 가지를 입력해야 한다: 대학 학위로부터 얻는 추가 수익, 학위의 감가상각 비율, 차선책에 투자하여 벌 수 있는 실질이자율.

추가 수익의 측정 : 2017년 학사학위(대학원 학위가 없는 사람)의 평균 소득은 5만 3,900달러인 반면, 고등학교 학위만 받은 사람은 3만 2,300달러를 벌었다. 그 차이는 대략 연간 2만 2,000달러이다(준학사학위는 당신의 수입을 이 액수의 절반 정도 증가시킨다).

감가상각률 측정 : 대학 졸업자들은 일생 동안 계속해서 고등학교 졸업자들을 앞질러서, 당신이 대학에서 배우는 것은 무엇이든지 당신의 경력에 따라 다닌다는 것을 암시한다. 하지만 당신의 학위는 여전히 감가상각 되고 있다. 나이가 들면서 일할 확률이 낮아지고, 경제학자들은 감가상각률을 연간 2% 정도로 추정하기 때문이다.

실질이자율 : 대졸자들이 대출할 수 있는 3%의 실질이자율에 대한 값을 적용해보자(다른 값으로 실험해볼 수 있다).

우리가 가지고 있는 것을 모두 다 입력해보자.

$$\text{대학 교육의 현재가치} = \frac{\text{차기 연도의 수익}}{r+d}$$

$$= \frac{\$22{,}000}{0.03+0.02} = \$\,440{,}000$$

의미를 따져보자. 4년제 대학 학위는 매우 귀중한 것이어서 거의 50만 달러의 현재가치를 지닌다(그리고 준학사학위는 약 절반의 상승 효과를 제공하며 거의 25만 달러의 가치가 있다). 관련 비용을 평가하려면 기회비용의 원리를 적용하고 '아니면 무엇'이라고 자문해보자. 등록금 비용만 따지지 말고, 만약 당신이 대학 대신 직장에 있었다면 얻을 수 있었던 수입의 기회비용도 고려해야 한다. 학위의 현재(할인)가치가 등록금과 대학에 다니기 위해 포기한 임금을 합한 금액의 현재가치보다 크다면 대학교육은 좋은 투자이다.

요컨대, 대학교육의 선불비용이 대학교육으로 인한 편익의 현재가치만큼 클 것 같지는 않으며, 이는 대학이 매우 수익성 있는 투자라는 것을 시사한다. 그것이 얼마나 수익성이 있는지를 고려해볼 때, 나는 당신이 투자에 관한 이 장의 나머지 부분을 읽는 것에 투자하기를 권한다. ■

대안적 관점 : 자본의 사용자 비용

지금까지 발렌티나의 투자 결정을 분석했다. 마치 자신의 회사가 영원히 보유할 풍력 터빈을 구입할 것인지 아니면 적어도 풍력 터빈이 고장 날 때까지 구입할 것인지를 결정하는 것처럼 말이다. 이를 위해서는 터빈의 전체 수명 동안 발생하는 비용 및 편익의 전체 조합을 평가해야 한다. 한계의 원리를 더욱 더 깊이 적용함으로써 투자자의 합리적 규칙에 대한 대안적 관점을 얻을 수 있다. 수십 년 동안 사용할 기계를 구입할지 묻는 대신 다음과 같은 질문을 던질 수 있다: 1년 더 사용할 기계를 1개 더 구입해야 할까? 다시 말해서, 1년 후에 팔 계획이더라도 기계 1개를 더 사야 할까?

비용-편익의 원리는 한계편익이 한계비용을 초과할 경우 당신의 대답은 '예'여야 한다고 말한다. 따라서 이 대안적 관점은 1년 더 그 여분의 기계를 사용하는 것에 대한 한계편익과 한계비용에 초점을 맞추고 있다(그리고 그해 말에, 당신은 다음 해에 무엇을 해야 할지 평가할 수 있다).

한계편익은 매우 간단하다. 그 여분의 기계는 추가 수익을 창출할 것이고, 우리는 내년에 당신이 벌게 될 이 추가 수익을 내년의 수익이라고 설명할 것이다.

자본의 사용자 비용은 이자와 감가상각을 합한 금액이다. 풍력 터빈을 연초에 1개 더 구입하고, 연말에 그것을 매각함에 따른 한계비용은 얼마인가? 고려해야 할 두 가지 비용은 다음과 같다.

감가상각 : 감가상각으로 인해 연말에는 터빈의 가치가 떨어질 것이다. 감가상각률이 4%라면 400만 달러짜리 터빈은 생산성이 4% 떨어지기 때문에 연말에는 4%×400만 달러=16만 달러 싸게 팔릴 것이다. 더 일반적으로, 당신이 자본 장비를 구입하고 1년 후에 그것을 팔 때, 당신은 감가상각율에 투자비용을 곱한 금액인 $d \times C$를 잃을 것으로 예상할 수 있다.

포기한 이자 : 기회비용의 원리는 1년 동안 자금을 묶고 있기 때문에 고려해야 할 또 다른 비용이 있음을 상기시켜준다. 이 비용을 평가하려면 다음 사항을 자문해보라. 이 기계에 투자할 수도 있고, 아니면? 발렌티나가 풍력 터빈에 1년 동안 400만 달러를 투자하는 것의 기회비용은 회사가 그 자금에서 6%의 수익을 올릴 수 있다는 것이다. 즉, 6%×400만 달러=24만 달러의 이자를 포기한 것이다. 보다 일반적으로, 이 기회비용은 포기한 수익률에 기계 구입비용을 곱한 것($r \times C$)과 같다.

자본의 사용자 비용 내년에 기계를 한 대 더 사용하는 것과 관련된 추가 비용$=(r+d)\times C$

이 두 부분을 합치면 **자본의 사용자 비용**(user cost of capital)이 산출되는데, 이는 내년에 기계를 한 대 더 사용하는 것과 관련된 추가 비용이다. 터빈을 1년 동안 '사용'하거나 '렌트'하기 위해 효과적으로 지불하는 비용이기 때문에 사용자 비용(때로는 렌트 비용)이라고도 한다. 1년 동안 기계를 한 대 더 사용하는 데 드는 사용자 비용은 감가상각비($d \times C$)에 포기한 이자($r \times C$)를 더한 것과 같다.

$$\text{자본의 사용자 비용} = (r+d)\times C$$

경제학 실습

엔지니어들은 발렌티나에게 만약 그녀가 내년에 사용할 새로운 풍력 터빈을 사는 데 400만 달러를 쓴다면 연말에는 4%의 가치가 떨어질 것이라고 말한다. 실질금리는 연 6%이다. 이 터빈을 1년간 소유하는 데 드는 사용자 비용을 계산해보자.

$$\text{사용자 비용} = (0.06 + 0.04) \times \$4{,}000{,}000 = \$400{,}000$$ ■

자본의 사용자 비용과 내년 추가 수익을 비교한다. 자본의 사용자 비용은 1년 동안 기계를 한 대 더 추가하는 데 드는 한계비용을 나타낸다. 터빈을 추가함으로써 얻을 수 있는 한계적 편익과 비교해야 한다. 이것은 내년에 얻을 수 있는 추가 수익이다. 이러한 비교 결과를 보면 다음과 같은 경우 내년에 추가 터빈을 투자하는 것이 유리할 것이다.

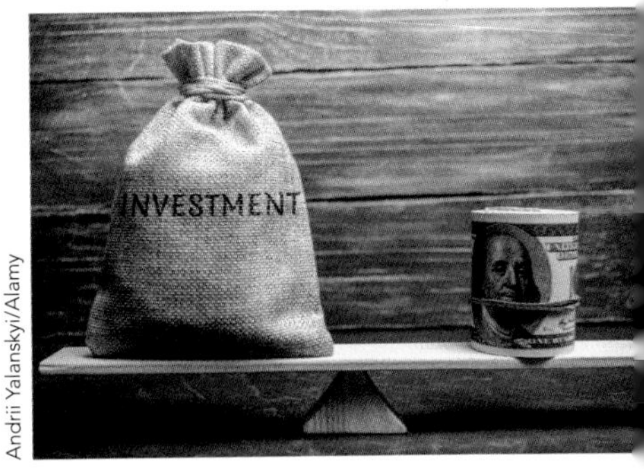

Andrii Yalanskyi/Alamy

차기 연도의 수익이 자본의 사용자 비용을 초과하면 투자하라.

$$\underbrace{\text{차기 연도의 수익}}_{\text{한계편익}} > \underbrace{(r+d) \times C}_{\text{한계비용}}$$

이 논리를 발렌티나의 회사에 적용해보자. 터빈에 1년 동안 투자함으로써 얻을 수 있는 한계편익은 터빈이 내년에 창출할 추가 수익이다. 만약 그녀가 새 터빈을 사용한다면, 그것은 첫해 수입이 될 것이다. 60만 달러라는 것을 상기하자. 그 한계편익이 우리가 방금 계산한 40만 달러의 자본 비용을 초과하기 때문에, 이 대안적 관점 또한 그녀가 터빈을 구입하는 데 투자해야 한다고 결론을 내린다.

두 가지 관점 모두 같은 충고를 한다. 양쪽을 $(r+d)$로 나누어 이 공식을 다시 정렬할 수 있다. 다음 경우에 투자해야 한다고 나와 있다.

$$\underbrace{\frac{\text{차기 연도의 수익}}{r+d}}_{\text{미래 수익의 현재가치}} > \underbrace{C}_{\text{선불비용}}$$

이것은 투자자의 합리적 규칙과 완전히 일치한다! 즉, 다음과 같은 평가를 통해 동일한 결정을 내릴 수 있다.

- 기계수명 기간 동안의 모든 미래 수익의 현재가치가 선불비용을 초과하는지 여부(몇 페이지 앞에서 공부한 바 있음)
- 차기연도의 한계수익이 단지 1년 동안만 사용할 기계를 구입하는 것의 사용자 비용을 초과하는지 여부(방금 공부하였음)

이 동등성은 평가 중인 투자 기회의 맥락에서 가장 직관적인 접근 방식을 적용할 수 있다는 것을 의미하기 때문에 유용하다. 어떤 환경에서는 미래 수익의 현재가치를 평가하는 것이 가장 쉬운 반면, 어떤 경우에는 자본의 사용자 비용을 분석하는 것이 더 자연스러울 수 있다.

일상경제학 진정한 자동차 소유 비용

차를 사는 사람들은 대부분 편리하기 때문에 그렇게 한다. 하지만 당신이 자동차에 투자하기 전에, 그 편리함을 위해 매년 얼마나 많은 돈을 지불하는지 평가할 가치가 있다. 친구들에게 연간 자동차 소유 비용이 얼마인지 물어보라. 가스, 보험, 수리, 등록과 같은 현금 지출에 초

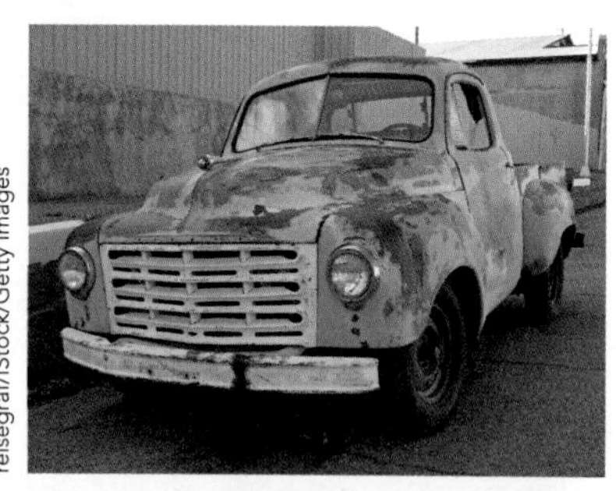

감가상각은 비용이다.

점을 맞출 가능성이 높다.

그러나 사람들은 가장 중요한 비용을 놓치는 경우가 너무 많다: 자본의 사용자 비용. 자동차의 감가상각 속도가 빠르다. 새 차를 사면 거의 바로 20%가 빠지고, 1년 차를 넘으면 차는 그 후 매년 잔존 가치의 15% 정도를 잃게 된다. 즉, 중고차를 사면 매년 보유 가치의 15%를 잃게 된다. 약 1만 달러 상당의 중고차를 구입하면 1년 후에는 8,500달러밖에 되지 않는다. 그리고 당신은 그 차에 묶여 있는 돈에 대해 어떠한 이자도 벌지 못할 것이다. 따라서 만약 실질금리가 3%라면 300달러의 이자는 포기하게 될 것이다. 이를 합산하면 첫해에 자본의 사용자 비용은 $(r+d)\times C=(0.03+0.15)\times 10{,}000$달러$=1{,}800$달러이다. 이것은 내 주머니에서 나오는 비용은 아니지만, 그래도 실제적인 비용이다. 만약 당신이 차를 소유하지 않았다면, 연말에 1,800달러 더 부유해질 것이기 때문이다. ■

26.4 거시경제학에서 투자

학습목표 투자를 유발하는 거시경제적 조건을 알아본다.

이제 이 모든 것의 거시경제적 영향에 대해 알아보자. 거시경제적 투자는 전국의 관리자들이 풍력 터빈, 건물, 기계 또는 소프트웨어를 더 많이 구입할지 여부를 평가함에 따른 수백만 건의 개별 투자 결정의 총합이다. 각각의 경우, 현명한 경영자들은 투자자의 합리적 규칙에 따라 결정을 내리려고 한다. 즉, 그들은 미래 수익의 현재가치가 선행 비용을 초과하는 프로젝트에만 투자한다는 뜻이다. 따라서 개별 투자 결정을 내릴 때 사용하는 프레임워크도 유용하다는 것이 입증될 것이다. 거시경제 상황의 변화가 경제 전반에 걸쳐 총 투자에 어떤 영향을 미칠지 평가하게 될 것이다.

개별(또는 미시경제적) 투자 결정과 거시경제 전체의 연관성을 보기 위해, 각각의 비용과 편익을 가진 수백만 개의 잠재적 투자 프로젝트 목록을 생각해보는 것이 유용할 수 있다. 개별 관리자가 이러한 각 프로젝트를 분석할 때, 이들은 수익성이 있다고 인식하는 일부 프로젝트에만 투자하게 된다. 그러나 사업 여건이 변하면, 다수의 이러한 프로젝트의 이윤 가능성에 대한 인식도 변할 것이며, 이는 기업이 이러한 투자 프로젝트를 얼마나 많이 수행할지에 영향을 미칠 것이다.

실질이자율과 투자

실질이자율은 투자 프로젝트가 가치 있는 것인지 결정한다.

실질이자율은 투자 결정에 중심적인 역할을 한다. 기회비용의 원리 때문에 실질이자율이 중요하다: 관리자들이 새로운 장비에 투자할지 여부를 평가할 때, 그들은 '아니면 무엇?'이라고 묻는다. 많은 사람에게, 새로운 기계에 투자하는 것의 대안은 이자를 얻기 위해 은행에 돈을 맡기는 것이다. 이자율이 높을수록 이 대안은 매력적이다. 이 기회비용은 실질금리가 높아지면 자본의 사용자 비용이 높아진다는 것의 이유이다. 그리고 기회비용은 당신으로 하여금 투자자의 합리적 규칙으로 인하여 현재가치에 집중하게 하고, 현재가치는 은행이자를 벌 수 있었으나 포기되는 기회를 반영한다는 것의 이유이다.

결과적으로, 더 높은 실질이자율은 경영자들이 새로운 자본을 사는 데 더 적은 투자를 하도록 한다.

경제학 실습

실질이자율이 발렌티나의 결정에 어떻게 영향을 미치는지 알아보자. 그녀는 당신에게 만약 실질이자율이 8%까지 오른다고 해도 여전히 이 터빈에 투자해야 하느냐고 묻는다. 당신의 충고는 무엇인가?

$$\text{수익의 현재가치} = \frac{\$600,000}{0.08 + 0.04} = \$\ 5,000,000$$

미래 수익의 현재가치(500만 달러)는 여전히 선불 비용(400만 달러)을 초과하므로, 그녀는 여전히 터빈에 투자해야 한다.

다음으로, 그녀는 다음과 같이 묻는다. 만약 실질이자율이 12%까지 오른다면 그녀는 여전히 투자해야 하는가?

$$\text{수익의 현재가치} = \frac{\$600,000}{0.12 + 0.04} = \$\ 3,750,000$$

현재(375만 달러) 미래 수익의 현재가치는 비용(400만 달러)의 현재가치보다 낮으므로 투자해서는 안 된다. ■

실질금리가 오르면 투자가 줄어든다. 발렌티나의 예에서 알 수 있듯이, 투자 프로젝트의 진행 여부는 실질이자율에 따라 결정적으로 달라진다. 일반적으로 실질이자율이 높을수록 미래 수익의 현재가치가 낮아지기 때문에 투자자의 합리적 규칙은 투자금액을 가치가 낮은 것으로 판단한다. 즉, 높은 실질이자율이 전체 경제에서 투자 수준을 낮춘다는 것을 의미한다. 또는 반대로 말하면, 실질이자율이 낮아지면 투자 수준이 높아진다. 그림 26-11에 나타난 **투자선**(investment line)은 실질금리가 하락할 때 투자 수량이 어떻게 증가하는지를 보여준다.

투자선 실질이자율이 하락함에 따라 투자 수량이 증가하는 것을 보여주는 선

투자선을 이동시키는 요인

실질금리가 투자의 핵심 결정요인이기는 하지만 그것만이 유일한 요인은 아니다. 투자자의 합리적 규칙은 미래 수익의 기대 현재가치를 높이거나 투자의 선불비용을 감소시키는 사업 여건의 호의적 변화는 투자를 증가시킨다는 점을 강조한다. 이러한 변화는 그림 26-12와 같이 투자선을 오른쪽으로 이동시킨다. 반대로, 미래 수익의 기대 현재가치가 하락하거나 투자비용이 상승하도록 유도하는 변화는 그림 26-12에서 보는 바와 같이 투자선을 왼쪽으로 이동하게 할 것이다. 투자선을 이동시킬 수 있는 네 가지 주요 요인들에 대해 알아보자.

그림 26-11 | 투자선

실질이자율이 투자를 결정한다.

Ⓐ 높은 이자율은 낮은 투자를 초래한다.

Ⓑ 낮은 이자율은 높은 투자를 초래한다.

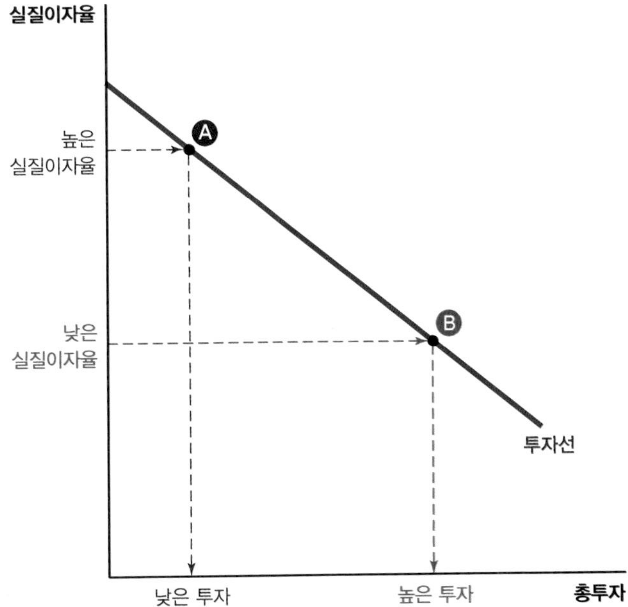

투자 이동 요인 1 : 기술의 발전. 자본 장비를 보다 생산적으로 만드는 기술 발전은 장비를 구입함으로써 창출되는 수익을 증대시켜 더 많은 투자를 유도할 수 있는 동기를 제공할 것이다. 예를 들어, 풍력 공학의 발전은 개별 풍력 터빈이 발생시키는 전기의 양을 증가시켰다. 신재생 에너지 회사의 경우, 이러한 추가 생산은 더 많은 수익으로 직결된다. 더 많은 수익을 얻을 수 있다는 전망은 주어진 이자율에서 더 많은 터빈 투자를 더 수익성 있게 만든다. 기술 발전이 투자선을 오른쪽으로 옮기는 이유다. 터빈 전자 모니터링 기술 개발로 강풍에 따른 터빈 피해도 예방할 수 있을 것으로 기대된다. 감가상각률을 줄임으로써, 이 기술은 미래 수익을 증대시킬 것이고, 따라서 더 많은 투자 프로젝트를 수익성이 있게 만들 것이다. 따라서 감가상각률을 감소시키는 진보는 투자선을 오른쪽으로 이동시킨다.

그림 26-12 | 투자선을 이동시키는 다른 요인

투자는 자본의 초기비용과 예상되는 미래 수익의 현재가치에 달려있다.

Ⓐ 투자로부터의 기대 미래 수익의 증가 또는 선불비용의 감소는 투자 수익을 증가시키고 투자선을 오른쪽으로 이동시킨다.

Ⓑ 투자로부터의 기대 미래 수익의 감소 또는 선불비용의 증가는 투자 수익을 감소시키고 투자선을 왼쪽으로 이동시킨다.

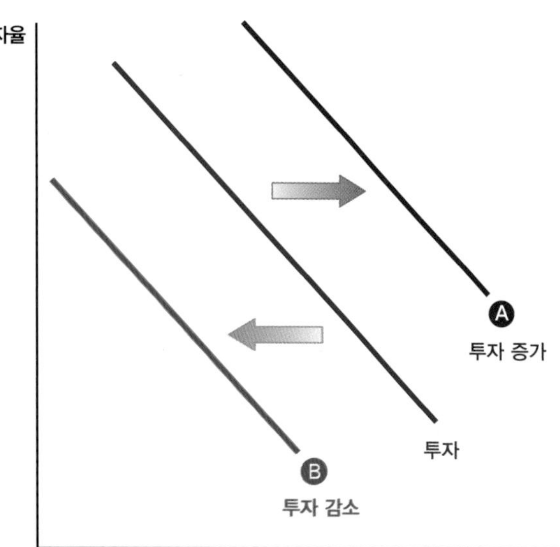

그림 26-13 | 투자를 촉진하는 높은 수익에 대한 기대

CFO들의 평균 기대

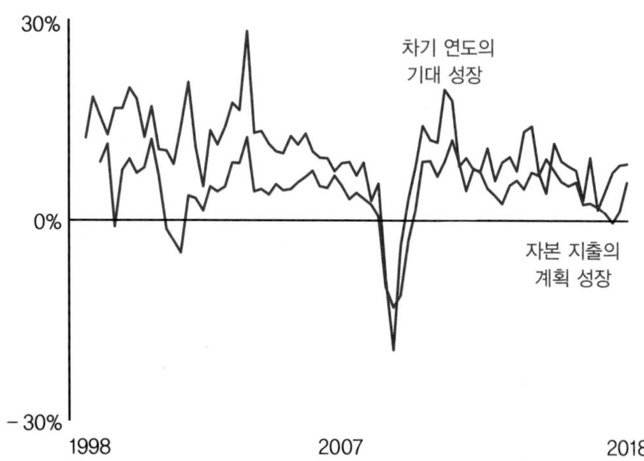

2018년 자료 출처 : Duke Fuqua CFO Survey.

투자 이동 요인 2 : 기대. 투자는 미래 수익의 보상에 대한 기대에 의해 동기가 부여된다. 결과적으로, 낙관주의와 비관주의가 중요한 역할을 한다. 경영자들이 미래의 경제 상황에 대해 낙관한다면, 그들은 새로운 투자가 견실한 수익을 낼 것이라고 예측하게 될 것이다. 이러한 낙관적인 기대는 그들이 주어진 실질이자율 수준에서 더 많은 투자를 하도록 이끌 것이며 투자선을 오른쪽으로 이동시킬 것이다. 이와는 대조적으로, 미래의 경제 상황에 대한 비관주의는 경영자들이 그들의 수익 전망치를 하향 조정하게 할 것이다. 이러한 비관적인 기대감으로 인해 그들은 수익성이 있는 투자 프로젝트가 줄어들 것이라는 결론을 내리게 되어 투자선이 왼쪽으로 이동하게 될 것이다.

핵심 시사점은 투자가 작년 매출에 의해 주도되는 것이 아니라 향후 수익에 대한 기대에 의해 주도된다는 것이다. 그만큼 경영자들의 '동물적 감각'이 투자를 상승 또는 하락으로 몰고 갈 수 있다. 실제로, 그림 26-13은 실제적으로, 미래의 수입에 대한 더 큰 낙관주의는 더 많은 투자로 전환된다는 것을 보여준다.

투자 이동 요인 3 : 법인세. 법인세율이 높을수록 회사에서 보유하게 되는 미래 이익의 몫은 줄어든다. 따라서 법인세율이 높아지면 투자로부터 얻을 수 있는(또는 유지할 수 있는) 수익이 효과적으로 줄어든다. 이것은 어떤 주어진 이자율에서도 투자를 줄임으로써 투자선을 왼쪽으로 이동시킨다.

반면 풍력 산업은 풍력 발전소에 특례적으로 적용되는 세금 감면 혜택을 받는다. 이러한 세금 감면 혜택은 신재생 에너지 회사들이 각 터빈으로부터 얻는 수익을 증가시킨다. 그리고 그들은 바람이 덜 부는 지역의 터빈에 대한 투자를 수익성 있게 만들었다. 그만큼 세금을 낮추면 투자선이 오른쪽으로 이동할 수 있다.

투자 이동 요인 4 : 대출 기준 및 현금 예비금. 투자의 어려운 점은 새 기계에 대한 비용은 미리 지불해야 하지만, 대응되는 수익은 미래에 발생한다는 것이다. 이로 인해 자금 조달 문제가 발생한다. 새로운 투자에 필요한 최초 선불 현금을 어떻게 조달할 것인가?

많은 회사의 경우, 은행으로부터 자금을 빌린다고 대답한다. 하지만 현재 이자율을 지불할 용의가 있다고 해도, 위험한 프로젝트에 대한 자금 조달을 받기는 어려울 수 있다. 문제는 은행들이 때때로 매우 위험한 프로젝트에 돈을 빌려주려 하지 않는다는 점이다. 실질적 위험을 평가하기 어렵기 때문에 은행들이 적절히 높은 이자율을 책정하기 어렵기 때문이다. 당신이 자금을 조달할 수 없을 때, 현금 예비금에서 선불비용을 지불할 수 있어야만 투자할 수 있을 것이다. 따라서 대출 기준이 덜 제한적이거나 더 풍부한 현금 예비금은 어떤 주어진 이자율에서든 더 많은 투자를 유도하여 투자선을 오른쪽으로 이동시킨다.

네 가지 투자 이동 요인
1. 기술의 발전
2. 기대
3. 법인세
4. 대출 기준과 현금 예비금

26.5 대부자금 시장

학습목표 장기 실질이자율을 예측한다.

지금까지는 주어진 실질이자율을 가지고 분석했다. 그러나 지금부터는 실질이자율이 변한다. 우리가 이자율과 그에 따른 투자에 영향을 주는 요인들을 공부하면서 그렇게 될 것이다.

무엇이 실질이자율을 결정하는지 알아내기 위해, 우리는 두 시간대를 구별할 필요가 있다. 두 시간대가 두 가지 다른 힘의 집합을 가리키기 때문이다. 단기적으로는 연방준비제도이사회가 경제의 단기 부침을 누그러뜨리기 위한 노력으로 이자율을 조정하면서 월별로 이자율이 오르내린다. 제34장을 통화정책에 할애해 경제가 잉여 시설이 있는 상태에서 가동되고 인플레이션이 낮을 때 연준이 금리를 내리고, 경제가 풀가동되고 인플레이션이 높을 때 금리를 인상하는 방안을 모색할 것이다. 그러나 연방준비제도이사회의 조정은 장기 이자율 수준을 약간 상회하거나 하회할 뿐이다. 장기적으로 볼 때, 즉 여기서 중점적으로 다루고 있는 실질이자율은 저축과 투자의 균형에 따라 수년 동안 서서히 진화한다.

대부자금의 수요와 공급

실질이자율의 장기 동인을 평가하기 위해, 우리는 **대부자금 시장**(market for loanable funds)을 분석할 것이다. 대부자금은 자본을 매입하거나 임대하거나 건설하는 데 사용되는 자금의 시장이다. 그것은 그들의 자금을 빌려주려는 저축자들과 그 자금을 빌리고자 하는 투자자들을 하나로 묶는다. 이 시장은 장기 실질이자율과 투자량을 결정한다.

대부자금 시장 구매, 임대, 자본건설 등에 쓰이는 자금의 시장

저축자들은 자금을 공급하고, 투자자들은 그것을 수요한다. 이 시장에서 저축자는 대출을 원하는 기업에 자금을 공급하는 공급자이다. 투자자들은 풍력 터빈과 같은 새로운 자본에 대한 투자를 위한 자금을 수요하는 수요자들이다. 금융 부문(은행, 채권시장, 증권시장)은 자금 공급자(저축자)가 수요자(투자자)를 만나는 시장이다.

대부자금의 가격은 실질이자율이다. 그것은 대출자가 대부자에게 1년 동안 100달러를 빌리기 위해 지불해야 하는 실질적인 자원을 나타낸다. 장기이자율은 그림 26-14와 같이 대출 가능한 자금의 수요와 공급에 의해 결정된다.

공급곡선은 실질이자율이 높을수록 저축의 편익이 증가하기 때문에(제25장에서 논의한 바와 같이), 더 많은 양의 대부자금이 공급될 수 있도록 유도하기 때문에 우상향 곡선이다. 수요곡선은 우하향 곡선을 그리고 있는데, 실질금리가 오르면 투자 프로젝트의 수익성이 낮아지고 대부 자금의 수량이 감소하기 때문이다.

실질이자율은 수요와 공급에 의해 결정된다. 대부자금 시장의 균형은 수요와 공급곡선이 교차하는 지점에서 달성되고 균형 실질이자율을 결정한다.

단기적인 경기순환의 영향에서 분리하기 위해, 우리는 경제가 잠재 수준에 있을 때 적용되는 수요와 공급 곡선에 초점을 맞추고 있다. 그리하여 이것이 장기에서 평균적으로 적용되는 균형 실질이자율이 되는 것이다. 이것은 경제가 잠재 수준 이상도 이하도 아닌 중립 수준일 때 작용하는 이자율이기 때문에 **중립적 실질이자율**(neutral real interest rate)이라고 불린다.

중립적 실질이자율 경제가 잠재 수준 이상도 이하도 아닌 중립 수준일 때 작용하는 이자율

다음 단계는 변화하는 경제 상황이 중립적 실질이자율을 어떻게 변화시키는지 예측하는 것이다. 우선 저축과 대부자금 공급의 변화를 가져올 수 있는 요인부터 분석하고, 투자 변화와 대부자금 수요의 변화를 가져오는 요인을 분석한다.

그림 26-14 | 대부자금 시장

수요와 공급에 의해 장기 실질이자율이 결정된다.

Ⓐ 대부자금 시장에서의 가격은 장기 실질이자율이다.
Ⓑ 높은 실질이자율은 더 많은 저축을 유인하기 때문에 대부자금의 공급은 우상향한다.
Ⓒ 높은 실질이자율은 더 적은 투자를 유인하기 때문에 대부자금의 수요는 우하향한다.
Ⓓ 수요와 공급이 교차하는 점에서 균형이 달성된다.
Ⓔ 중립적 실질이자율은 경제가 잠재 산출량 수준에 있을 때의 균형 실질이자율이다.

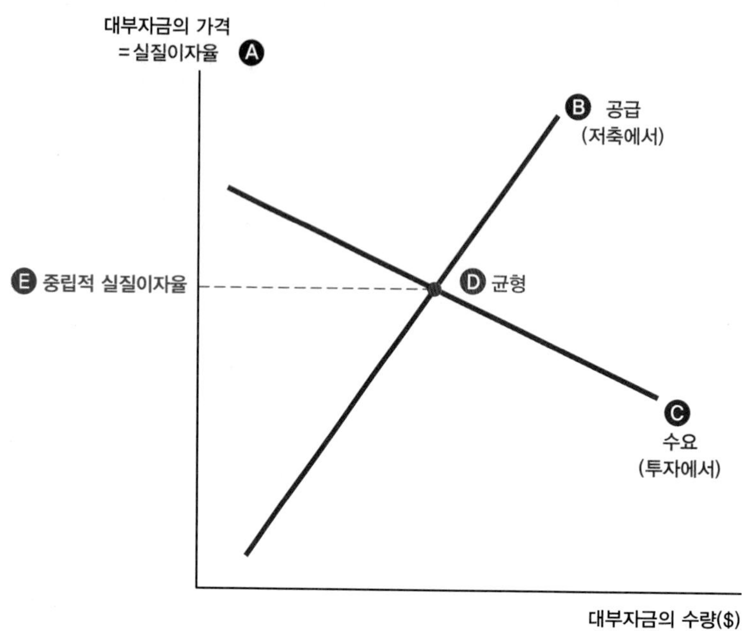

> 대부자금의 공급을 이동시키는 세 가지 요인
> 1. 개인 저축률의 변화
> 2. 정부저축을 변화시키는 예산 흑자(혹은 적자)
> 3. 외국 저축을 변화시키는 글로벌 충격

대부자금 공급의 이동

어떤 주어진 실질이자율하에서 저축의 이동은 중립적 실질이자율 변화를 가져오는 대부자금 공급을 이동시킬 것이다.

그림 26-15는 대부자금 공급곡선(녹색 공급곡선)을 왼쪽으로 이동시키는 저축의 감소가 높은 실질이자율을 가져오는 것을 보여준다. 반대의 경우에는 대부자금 공급곡선(보라색 공급곡선)이 오른쪽으로 이동하는 저축의 증가가 낮은 실질이자율을 초래하는 것을 보여준다.

대부자금의 공급은 대부자금을 공급하는 다음의 세 가지 유형의 경제 행위자 가운데 하나 이상의 저축이 변화할 때 이동한다: 개인 저축자, 정부, 외국인.

개인 저축 가계가 지출하지 않거나 세금으로 지불하지 않은 모든 돈으로 저축한 것

공급 이동 요인 1 : 개인 저축률의 변화. **개인 저축**(personal saving)은 가계들이 소비하지 않거나 세금으로 내지 않는 소득을 저축하는 것을 말한다. 은행에 돈을 적립하는 것이 저축으로 간주되듯이, 빚을 갚는 것도 마찬가지이며, 다른 사람들이 사용할 수 있도록 대부자금을 자유롭게 해준다. 사람들의 저축 의욕을 바꾸는 어떤 요인도 대부자금의 공급을 변화시킬 것이다.

예를 들어, 정부는 은퇴저축을 위해 큰 세금 감면 혜택을 제공한다. 이러한 세금 감면 혜택은 저축 인센티브를 증가시켜 대부자금의 공급곡선을 오른쪽으로 이동시켜 중립 이자율을 낮춘다. 만약 이러한 유인이 없어진다면 각각의 이자율 수준에서의 저축은 감소하고 대부자금 공급곡선을 왼쪽으로 이동시켜 중립이자율을 낮출 것이다.

정부 저축 정부가 하는 저축

공급 이동 요인 2 : 예산 흑자(혹은 적자)는 정부 저축을 변화시킨다. **정부 저축**(government saving)은 정부에 의한 저축을 말한다. 정부 세입이 지출을 넘으면 정부 예산이 흑자여서 여유자

금이 쌓인다. 이 예산 초과분은 대부자금의 공급을 증가시킨다. 이와는 대조적으로, 예산 적자는 정부가 세금으로 받아들이는 것보다 더 많이 지출함으로써 기업이 사용할 수 있는 대부자금의 공급을 감소시킨다는 것을 의미한다. 정부는 적자 자금을 조달하기 위해 차입해야 하기 때문이다.

그 결과, 재정적자가 증가하면 정부 저축이 더욱 마이너스가 되어 대부자금의 공급곡선이 왼쪽으로 이동하게 될 것이다. 그림 26-15와 같이, 저축 감소에 따른 새로운 균형은 더 높은 실질이자율과 더 낮은 투자를 포함한다. 이러한 재정 적자에 따른 민간 투자의 감소는 **구축**(crowding out)이라고 불린다. 그 이유는 재정적자에 따른 정부의 차입이 실질이자율을 인상하고, 높아진 실질이자율은 자신들의 투자자금을 마련하기 위해 대부자금을 찾는 일부 기업들을 실질적으로 구축하는 효과가 있기 때문이다.

반대로 재정적자에서 흑자로 전환하면 공공저축이 늘어나 대부자금의 공급곡선이 오른쪽으로 이동하게 된다. 새로운 균형은 더 낮은 실질이자율과 더 높은 투자를 포함하게 될 것이며, 사실상 추가적인 민간 투자에 '구인(crowding in)'될 것이다. 이러한 시사점은 1990년대 빌 클린턴 대통령의 거시경제 전략에 연방 예산을 대규모 적자에서 소폭의 흑자로 전환시키는 동기를 부여했다. 우리의 분석이 예상하듯이, 이는 장기 실질이자율의 하락으로 이어져 더 많은 민간투자를 촉발시켰다.

그림 26-15 | 대부자금 공급의 이동

Ⓐ 저축의 감소는 대부자금 공급을 왼쪽으로 이동시켜 실질이자율을 증가시킨다.
Ⓑ 저축의 증가는 대부자금 공급을 오른쪽으로 이동시켜 실질이자율을 낮춘다.

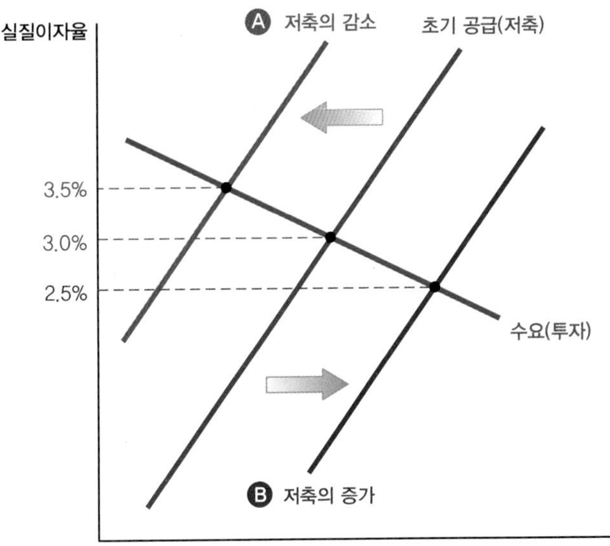

구축 정부 지출의 증대에 따른 민간의 지출, 특히 투자 지출의 감소

외국인 저축 우리나라 사람에게 대출해주는 외국인 자금

공급 이동 요인 3 : 글로벌 충격이 외국인 저축을 변화시킨다. **외국인 저축**(foreign savings)은 외국인들이 미국인들에게 돈을 빌려주는 자금을 말한다. 이러한 자금 흐름을 흔히 순금융 유입이라고 부른다('순'이란 용어는 우리가 우리나라로부터 외국으로 유출되는 자금보다는 외국으로부터 우리나라로 유입되는 자금에 초점을 맞추고 있다는 것을 의미한다).

이러한 국제금융 흐름은 세계 경제가 미국 경제에 영향을 미치는 중요한 통로이다. 예를 들어, 2000년대 초반에 급속히 성장하는 아시아 국가들과 산유국인 중동에서 저축의 증가는 전 세계적으로 저축의 과잉을 야기했다. 미국은 이들 펀드의 상대적으로 매력적인 종착지이며, 이에 따른 외국인 저축의 증가는 대부자금의 공급곡선을 오른쪽으로 이동시켰다. 그림 26-15에서 알 수 있듯이, 이것은 중립적 실질이자율을 낮췄다.

대부자금 수요의 이동

대부자금에 대한 수요는 기업이 투자 자금을 차입하는 것을 반영한다. 즉, 투자선을 변화시키는 요인(기업들이 각 실질이자율로 얼마나 많은 투자를 수행할지를 나타냄)이 대부 자금의 수요도 변화시킬 것이라는 의미이다. 따라서 이상의 분석에 따르면 다음과 같은 사항이 발생하는 경우 대부자금의 수요는 증가하여 오른쪽으로 이동할 것이다:

- 자본 장비의 생산성을 높이는 기술적 진보
- 미래 수익 증대에 대한 기대
- 기업의 수익을 증대시키는 법인세 인하
- 더 많은 기업이 대출을 받을 수 있는 대출 기준 완화 혹은 투자 자금 대출이 필요 없는 기업의 많은 현금 예비금 보유 증가

대부자금의 수요를 이동시키는 네 가지 요인
1. 기술적 진보
2. 기대
3. 법인세
4. 대부 기준과 현금 예비금

그림 26-16 | **대부자금의 수요 이동**

Ⓐ **투자의 증가는** 대부자금 수요곡선을 오른쪽으로 이동시키고 **실질이자율을 증가시킨다.**
Ⓑ **투자의 감소는** 대부자금 수요곡선을 왼쪽으로 이동시키고 실질이자율을 낮춘다.

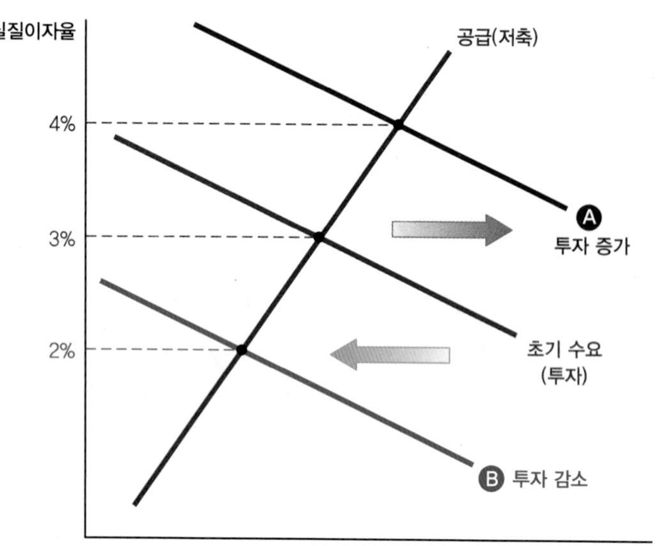

그림 26-16은 투자가 증가하면 대부 자금의 수요곡선(자주색)이 오른쪽으로 이동해 실질이자율을 높일 수 있음을 보여준다. 이들 요인 중 하나라도 반대 방향으로 전환되면 투자 감소로 이어져 대부 자금의 수요곡선(녹색)이 왼쪽으로 이동해 실질이자율이 낮아진다.

자료 해석 장기적 침체와 실질이자율의 하락

여러 장기 추세로 인해 대부자금에 대한 수요도 감소했다. 첫째, 인구 증가가 둔화되고 있으며, 신규 근로자 감소는 장비를 갖추는 데 필요한 투자가 줄어든다는 것을 의미한다. 둘째, 현대 경제는 물적 자본을 많이 사용하지 않는 기술 회사들에 의해 점점 더 힘을 얻고 있다. 예를 들어, 왓츠앱은 공장 하나 짓지 않고도 소니만큼 가치 있는 기업으로 성장했다. 셋째, 자본 장비(특히 컴퓨터)가 저렴해짐에 따라 기업은 장비 요구를 충족하기 위해 더 적은 자금을 필요로 한다.

이러한 요소들은 각각 대부자금의 수요를 왼쪽으로 이동시킨다. 그리고 이와 함께, 그림 26-17이 세기가 바뀐 이래로 중립적인 실질금리가 왜 매우 낮은 수준으로 떨어졌는지를 보여주고 있는데, 이것은 때때로 '장기적 침체'라고 불리는 추세이다. ■

그림 26-17 | **중립적 실질이자율 추정**

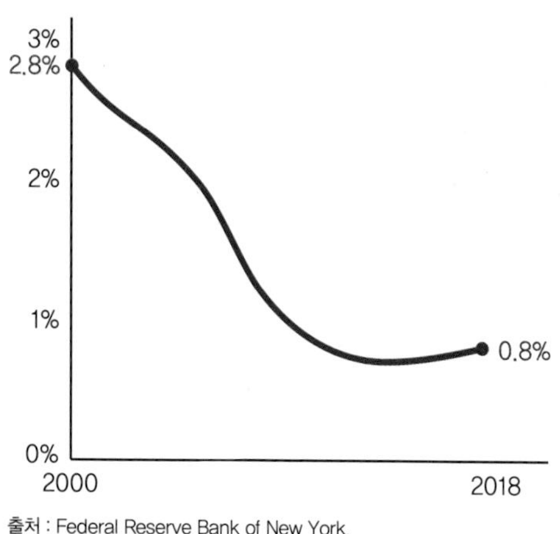

출처 : Federal Reserve Bank of New York.

경제학 실습

당신은 이제 모든 것을 다 파악했을 거라 생각하는가? 자, 이제 변화하는 경제 상황에 대해 중립적 실질이자율이 어떻게 반응할지 예측하면서 연습해보자. 이렇게 하기 위해 수요와 공급 분석 결과를 예측하는 데 사용할 수 있는 방법과 동일한 3단계 방법을 적용해 보자.

1단계 : 이러한 변화가 저축과 대부자금의 공급을 바꿀 것인가, 아니면 투자와 대부 자금의 수요를 바꿀 것인가?

2단계 : 곡선이 오른쪽으로 이동하는 것이 증가인가? 아니면, 곡선이 왼쪽으로 이동하는 것이 감소인가?

3단계 : 가격, 즉 중립적 실질이자율은 균형에서 어떻게 변할 것인가? 그리고 저축과 투자의 양은 어떻게 변할 것인가?

이제 다음 시나리오에 이 3단계 방법을 적용해보자:

정부가 법인세를 감면하여 기업은 그들의 수익의 많은 부분을 보유한다.

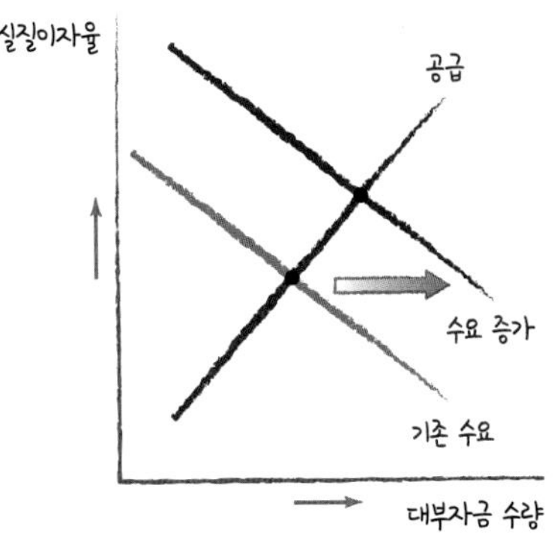

세금 감면은 투자의 수익을 높이고 투자는 증가한다.
→ 대부자금 수요의 증가
결과 : 더 많은 저축 및 투자와 더 높은 실질이자율

해외의 정쟁으로 외국인 저축자들이 그들의 돈을 적립할 '안전한 피난처'를 찾는다.

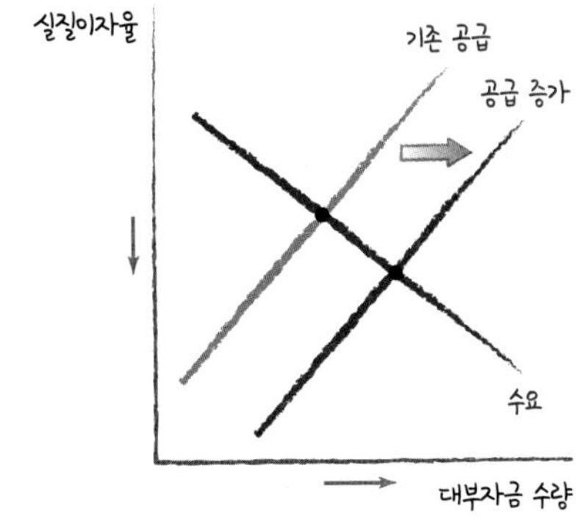

미국은 안전한 피난처이고 외국인 저축은 증가한다.
→ 대부자금 공급의 증가
결과 : 더 많은 저축 및 투자와 더 낮은 실질이자율

연방정부가 예산 적자를 초래하는 주요 재정지출 프로그램을 비난한다.

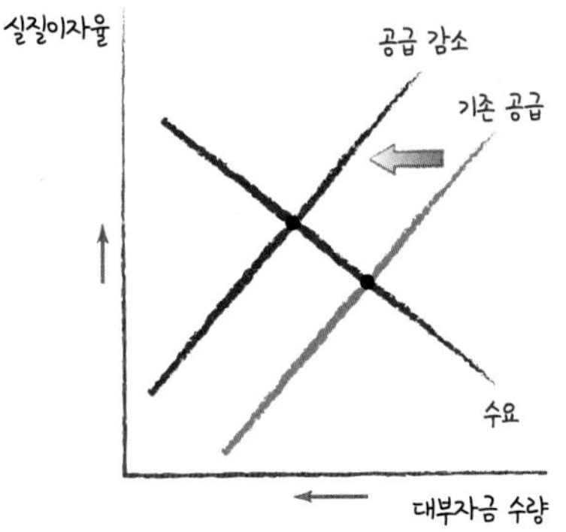

재정 적자는 정부 저축을 감소시킨다.
→ 대부자금 공급의 감소
결과 : 더 적은 저축 및 투자와 더 높은 실질이자율

더 많은 학생이 대학에 진학하고 부모들의 대학 저축 계좌 개설 비중이 증가한다.

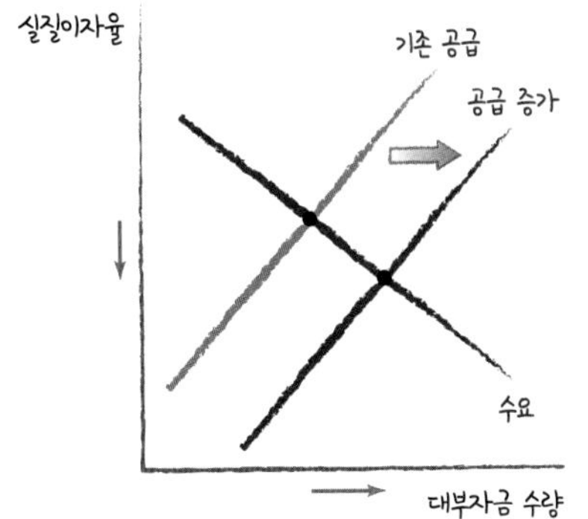

많은 사람들이 돈을 적립하는 것은 저축의 증가를 의미한다.
→ 대부자금 공급의 증가
결과 : 더 많은 저축 및 투자와 더 낮은 실질이자율

기업 경영자들이 향후 10년간 이윤이 감소할 것이라고 예측한다.

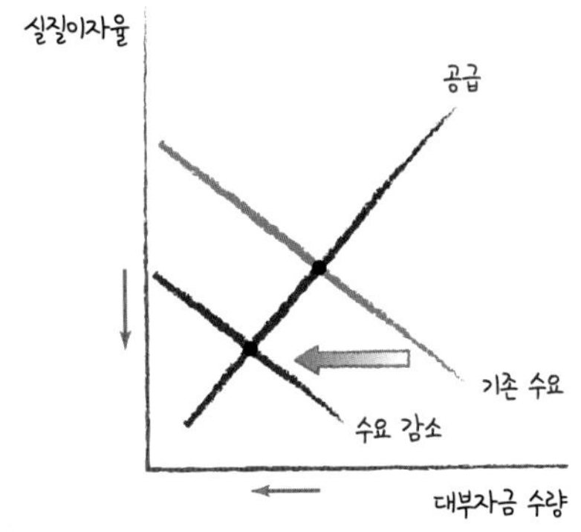

낮은 미래 이윤은 투자를 줄인다.
→ 대부자금 수요의 감소
결과 : 더 적은 저축 및 투자와 더 낮은 실질이자율

2%의 인플레이션에 따라 명목이자율이 2%로 오른다.

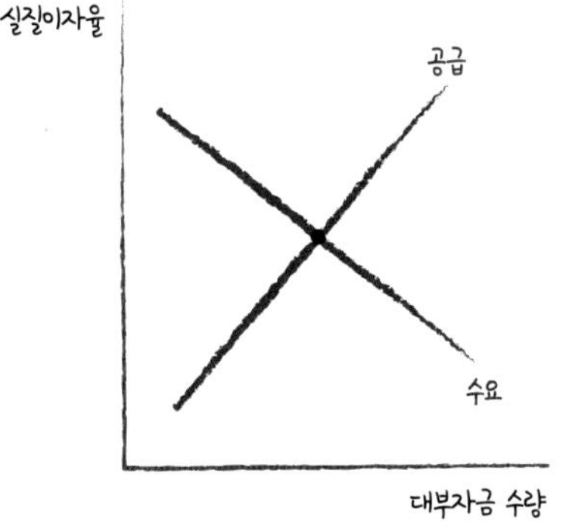

함정 질문 : 저축과 투자는 실질이자율에 반응하지 명목이자율에 반응하지 않는다. 변하지 않은 실질이자율은 대부자금의 수요와 공급에 아무런 영향도 미치지 않는다. ■

함께 해보기

이 장에서 다룬 가장 중요한 문제는 선불비용과 미래 혜택에 직면했을 때 어떻게 좋은 선택을 할 것인가 하는 것이다. 우리는 투자가 가치 있는지 여부를 평가하는 데 사용할 수 있는 강력한 프레임워크를 발전시켰다. 우리는 거시경제적 시사점에 초점을 맞추고 있지만, 기업이 생산 자본에 투자할 것인지 여부를 분석하는 틀과 동일한 틀이 투자 개념에 광범위하게 적용되었다.

실제로, 이 틀은 미래에 누릴 수 있는 편익에 대한 대가로 선불비용을 부담할지 여부를 결정

그들은 건강자본에 투자하고 있다.

해야 할 때는 언제든지 적용된다.

이것은 당신이 이런 아이디어들이 삶의 넓은 영역에서 유용하다는 것을 발견하게 될 것임을 의미한다. 대학에 다니는 동안, 당신은 자신의 인적 자본에 투자하고, 열심히 공부하고, 등록금을 내고, 수익 없이 생활하는 선불비용을 부담하고, 그래서 당신은 더 보람 있는 직업의 미래편익을 누릴 것이다. 운동을 할 때, 당신은 미래에 더 나은 건강으로부터 혜택을 얻을 수 있도록 운동하는 데 드는 선불비용을 부담하면서 건강 자본에 투자하게 된다. 아니면 이제 막 새로운 대학에서 생활을 시작하였을 수도 있고, 당신이 정말 원하는 것보다 더 많은 신입생들과 섞여 있을 수도 있다. 당신은 많은 낯선 사람들과 사교 행사에서 느끼는 어색함을 최초 선불 비용으로 부담하면서 우정 자본에 투자하고 있을 수도 있다. 그래서 당신은 평생 친구를 찾게 되는 미래편익을 누릴 수 있다.

각 경우 투자자의 합리적 규칙은 다음과 같은 유용한 조언을 제공한다. 편익의 현재가치가 비용의 현재가치를 초과한다면 투자할 가치가 있다. 하지만 실제로는, 사람들은 종종 이 충고를 따르는 데 어려움을 겪는다. 나는 당신이 이런 상황에 처한 경험이 있다고 확신한다. 큰 시험이 다가와서 공부해야 하고, 공부는 투자이며, 선불비용이며, 미래에는 훨씬 더 큰 이점이 있다. 하지만 투자자의 합리적 규칙을 따르는 대신에, 당신은 꾸물거릴 것이다. 내일 공부한다고 하면서 내일이 오면 또 미룰 것이다. 결과적으로, 당신은 공부에 대한 투자가 부족한 것이다.

이것은 사람들이 삶의 여러 측면에서 반복하는 패턴이다. 당신은 건강을 유지하기 위해 운동을 해야 한다는 것을 알지만, 체육관에 가는 것은 선불비용과 미래 편익을 포함한다. 그래서 미룬다. 당신의 더러운 옷 더미는 사실상 당신이 다음 주에 깨끗한 옷을 입는 편익을 얻을 수 있도록 한 무더기의 세탁물을 세탁하는 선불비용에 투자하기를 요구하는 것이다. 하지만 내일 하겠다고 스스로에게 다짐한다. 여름 인턴십을 신청해야 한다는 건 알겠지만, 이력서 작성에 드는 선불비용이 만만치 않다. 그래서 미룬다.

이러한 미루는 경향은 또한 당신의 금융 생활에 대혼란을 일으킬 수 있다. 당신은 자동차, 아파트 가구, 또는 결국에는 주택 계약금을 내는 데 투자해야 한다는 것을 알고 있다. 하지만 오늘 다른 일에 돈을 쓰고 미래는 내일에 생각하는 것이 더 재미있다. 만약 당신이 그것을 내일까지 계속 미루면, 언젠가 당신은 몇 년 동안 일해 왔지만 미래에 대해 보여줄 것이 아무것도 없다는 것을 깨닫게 될 것이다. 이것은 내가 본 수백 명의 사람들이 범하는 아주 흔한 실수이다.

심리학자들은 우리에게 만족의 지연이 힘들다는 것이 문제라고 말한다. 우리는 더 큰 장기 수익을 가지고 있는 무언가에 투자하기보다는 오늘날의 혜택을 누리기에 너무 급급하다. 이 장의 모든 조언은 당신이 끝까지 해내지 않는다면 소용이 없다.

그래서 어떻게 하면 더 잘할 수 있을까?

스스로에게 보상하라 : 비용-편익의 원리는 무언가를 더 많이 하고 싶다면, 편익을 늘리거나 비용을 줄여야 한다고 말한다. 그러니 아이스크림 한 통으로 공부한 것에 대해 스스로에게 보상을 하라. 또는 공부하지 않는 것을 비싸게 만들라: 친구와 함께 공부할 계획을 세우고, 당신이 실망시키고 싶지 않은 친구인지 확인하라.

분해하라 : 큰일은 너무 벅차서, 당신으로 하여금 그 일을 미루게 만든다. 하지만 한계의 원리는 아무리 큰일이라도 일련의 작고 단순한 단계로 나누어질 수 있다는 것을 상기시켜준다. 오늘 밤에 그 3,000단어 에세이를 쓰려고 하지 말라. 오늘 서론을, 앞으로 각각의 3일 밤에 세 가지 주요 논쟁을, 주말에 결론을 쓰기로 계획하라. 어떤 날 밤에도 미루어야 할 이유가 줄어들 것이다.

자신을 제약하라 : 기회비용의 원리는 어떤 것의 실제 비용이 차선책이라는 것을 상기시켜준

다. 그러므로 차선책을 덜 매력적으로 만들어 미래의 선택에 제약을 만들어라. 시험 중에 넷플릭스를 취소하거나 친구에게 엑스박스를 빌려주거나 하고 전화기를 집에 두고 도서관에 가서 공부하면 방해가 되지 않는다.

미리 계획하라 : 유혹은 종종 '중요한 순간에' 당신을 가장 강하게 물며, 만약 당신의 친구들이 당신이 공부를 해야 할 때 외출하자고 요청한다면, 당신은 자주 너무 잘못된 선택을 하게 될 것이다. 거리를 조금 더 추가하면 더 나은 선택을 할 수 있을 것이다. 이것은 바로 상호의존의 원리가 작용하고 있는 것이다: 당신의 선택은 당신을 둘러싼 유혹에 달려있으니, 가장 좋은 상황에서 선택을 하라. 유혹이 덜 영향을 미칠 때 결정을 내릴 수 있도록 어떤 밤이 사교를 위한 것인지 혹은 공부를 위한 것인지 미리 계획하라.

이제 이 장을 읽는 데 드는 비용을 미리 지불했으니, 이제 남은 생애 동안 더 나은 투자 결정을 내림으로써 미래 편익을 누려야 할 때이다!

한눈에 보기

투자 : 경제의 생산능력을 증가시키는 새로운 자본 자산에 대한 지출
투자의 종류 : 기업 투자, 재고의 변화, 주택 투자

자본스톡 : 어느 시점의 자본의 총수량. 투자는 이 스톡에 추가되는 자본의 신규 구매의 유량이다.
그러나 자본은 마모와 파손, 진부화, 우발적 손상, 노후화를 포함하는 감가상각에 의해 시간이 흐름에 따라 축소된다.

투자 분석 도구

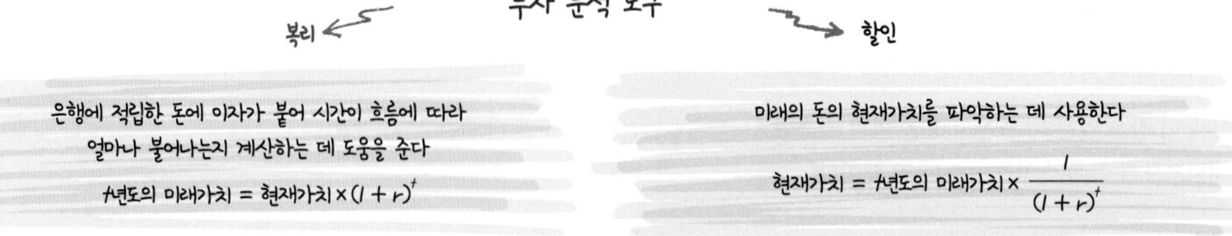

이자율(r) : 1달러당 붙는 r센트의 비율(실질가치를 위해서는 실질 r을 사용하고 명목가치를 위해서는 명목 r을 사용하라). 복리와 할인 공식에 사용하는 이자율은 차선의 대안에 투자한 자금으로부터 얻는 수익의 비율이다.

투자 평가

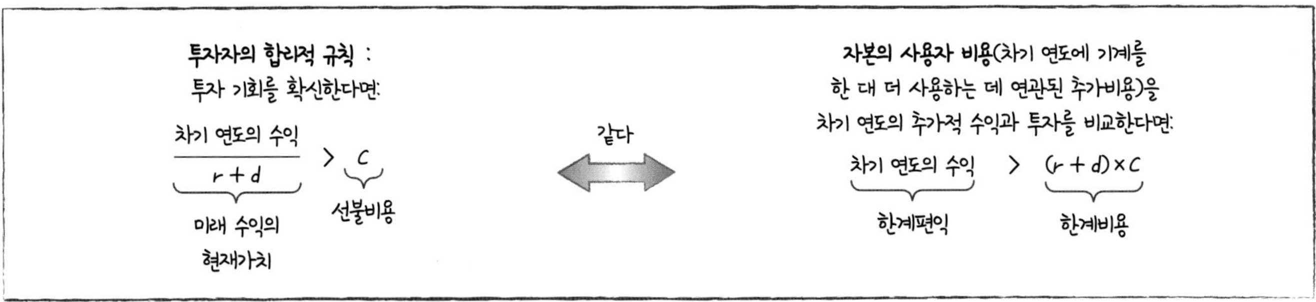

감가상각률(d) : 투자의 남은 생산능력 대비 매년 감가상각으로 손실되는 비율

대부자금시장 : 자본의 구입, 임대, 건설 등에 사용되는 자금의 시장

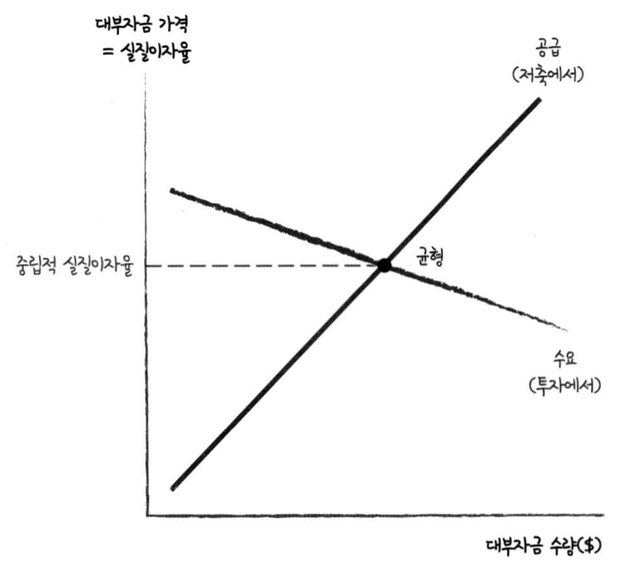

✳ 중립적 실질이자율의 **변화**를 **예측하기**

1. 저축과 대부자금의 **공급**을 이동시키는가? 혹은 이것이 **투자**와 대부자금의 **수요**를 이동시키는가?
   공급 이동 요인 : 개인저축률, 정부저축, 외국인 저축의 변화
   수요 이동 요인 : 기술 진보, 기대, 법인세, 대출 기준과 현금예비금
2. 그러한 이동이 곡선을 오른쪽으로 이동시키는 증가인가? 또는 그러한 이동이 곡선을 왼쪽으로 이동시키는 감소인가?
3. 가격인 중립적 실질이자율은 균형에서 어떻게 변하는가? 저축과 투자의 규모는 어떻게 되는가?

핵심용어

감가상각	복리 공식	투자
감가상각률	외국인 저축	투자선
개인 저축	자본스톡	투자자의 합리적 규칙
구축	자본의 사용자 비용	평가 공식
기업 투자	정부 저축	할인
대부자금 시장	주택 투자	할인 공식
미래가치	중립적 실질이자율	현재가치

토론과 복습문제

학습목표 26.1 거시경제학자가 말하는 투자의 의미와 경제에서 역할을 파악한다.

1. 당신이 월마트 주식을 1,000달러어치 샀다. 거시경제학자는 왜 이것을 투자라고 부르지 않는가?
2. 구매한 제품이 시간이 지남에 따라 어떻게 절하되었는지와 그 가치가 어떻게 변했는지에 대해 설명하라.
3. 유량과 스톡, 감가상각을 사용하여 투자의 큰 변화가 경제 자본의 양에 상대적으로 작은 영향을 미치는 이유를 설명하라.
4. 개인용으로 집을 새로 짓는 것이 투자로 간주되는 이유를 기회비용의 원리를 이용하여 설명하라.

학습목표 26.2 서로 다른 시점의 총액을 비교하기 위한 두 가지 도구를 학습한다: 복리와 할인

5. 40년 후 은퇴할 때 100만 달러를 원하는가, 아니면 향후 40년 동안 은행 계좌에 넣어두는 7만 달러를 원하는가?
6. 직장 생활 초기에 저축하는 게 나을지, 아니면 나중에 더 많이 벌 때 저축하는 게 나을까? 설명하라.

학습목표 26.3 투자 가치 여부에 대해 평가한다.

7. 한계의 원리, 비용-편익의 원리, 기회비용의 원리 등을 사용하여, 대학 교육에 투자하기 위해 자신의 선택에 투자자의 합리적 규칙을 어떻게 적용했는지 설명하라.
8. 당신은 사람들이 항상 투자자의 합리적 규칙을 따른다고 생각하는가? 왜 그렇게 생각하는가? 아니라면 왜인가? 설명하라.
9. 스마트폰에 얼마를 지불했는지, 그리고 그것이 오늘날 얼마나 가치 있는지 생각해보라. 전화기의 감가상각률은 얼마인가? 왜 가치가 하락했는가?

학습목표 26.4 투자를 유발하는 거시경제적 조건을 알아본다.

10. 불황기에 기업들이 투자에 나서야 한다고 생각하는가? 설명하라.
11. 기회비용의 원리를 이용하여 실질이자율과 투자 지출의 관계를 설명하라. 이것이 투자선의 기울기에 대해 무엇을 의미하는가?
12. 비용-편익의 원리를 사용하여 새로운 투자에 대한 경영자의 결정을 어떻게 변화시키는지 설명하라.

학습목표 26.5 장기 실질이자율을 예측한다.

13. 현재 대부자금 시장 참여자인가? 그렇다면 어느 쪽인가? 현재 참여(또는 불참)가 시장에 어떤 영향을 미치는가? 설명하라.
14. 재정적자가 증가하면 민간 투자를 어떻게 구축할(밀어낼) 수 있는지 실제 사례를 생각해보라.

학습문제

학습목표 26.1 거시경제학자가 말하는 투자의 의미와 경제에서 역할을 파악한다.

1. 다음 시나리오가 저축 또는 투자를 설명하는 것인지 판단하라. 만약 그것들이 투자를 설명한다면, 어떤 유형의 투자인가? 설명하라.
   a. 아마존은 창고의 재고를 늘리기 위해 중국 제조업체로부터 1억 달러 상당의 제품을 구입한다.
   b. 스페이스X는 로켓 안정성을 향상시키기 위해 새로운 코드를 작성하고 시험하는 데 500만 달러를 쓴다.
   c. 연방준비제도이사회가 금리를 올리지 않겠다고 발표한 후 주식시장은 큰 폭의 상승을 경험한다.
   d. 미국에서 2017년에 120만 가구가 새로 지어졌다.
2. 다음은 자본스톡에 어떤 영향을 미치는가? 감가상각 및 투자 흐름을 구별해야 한다. 설명하라.
   a. 컨설턴트가 큰 회의에 참석하러 가는 길에 노트북을 떨어뜨리고 IT 부서에서 다음날 교체품을 구입하였다.
   b. 뉴욕타임스는 종이신문 발간 감소로 인해 수리 대신 오래

된 인쇄기를 폐기한다.

3. 올해 GDP가 4%의 빠른 속도로 성장할 것으로 확신한다면, 투자 지출이 어떻게 변화할 것으로 예상하는가? GDP와 같은 비율로 성장할 것인가? 왜 그럴까?
4. 중국의 근로자 1인당 자본금은 1990년대와 2010년 사이에 거의 두 배가 되었다. 장기에서 중국의 근로자 1인당 생산량이 어떻게 변했을 것으로 예상하는가? 이유는?

학습목표 26.2 서로 다른 시점의 총액을 비교하기 위한 두 가지 도구를 학습한다: 복리와 할인

5. 복리 또는 할인 공식을 사용하여 다음 질문에 답하라.
   a. 중소기업은 약 20만 달러의 현금 예비금을 보유하고 있으며, 연 2%의 이자를 받고 있다. 3년 후에 그것이 얼마나 가치가 있겠는가?
   b. 당신은 50년 후에 당신의 은퇴 계좌에 100만 달러를 원한다. 당신의 계좌가 연간 4%의 비율로 증가한다면, 50년 후에 100만 달러에 도달하기 위해 오늘 얼마를 예금해야 하는가?
6. 근무 첫해에 퇴직금 계좌에 1,200달러를 예금하면 5, 10, 20, 30, 40, 50년 후에 8%의 이율로 1,200달러의 가치가 얼마가 되는가? 결과를 그래프로 표시하라. 뭐가 보이는가? 스프레드시트를 사용하여 계산하는 것이 가장 쉬울 수 있다.
7. 나이지리아의 실질 GDP는 향후 5년 동안 매년 약 5%씩 증가할 것으로 예상되며 인플레이션은 연간 약 8%로 예상된다. 만약 GDP가 3,000억 달러라면, 5년 안에 명목 GDP와 실질 GDP는 얼마인가?

학습목표 26.3 투자 가치 여부에 대해 평가한다.

8. TJX 회사의 경영진은 건설하는 데 6,000만 달러가 소요될 새로운 상품 물류 센터를 건설할지 여부를 결정하려 하고 있으며, 1년 차 추가 수익은 500만 달러가 될 것으로 예상된다. 미래 실질 수익은 매년 5%의 감가상각률로 인해 감소할 것이다. 이 투자의 기회비용은 자금으로부터 얻을 수 있는 7%의 실질 이자율이다. TJX가 새로운 물류센터를 건설해야 하는가? 설명하라. 1년 차 수익이 어느 정도 수준이면 이 빌딩이 수익을 낼 수 있는가?
9. 지역 부티크의 소유주를 생각해보자. 그녀는 창고와 진열용기를 업그레이드해야 할지 여부를 결정하려 하고 있다. 총비용은 2,000달러이며, 감가상각률은 연간 8%이다. 투자 결과로 예상되는 내년 수익 증가액은 400달러이다. 이자율이 5%라고 가정하면 한계의 원리를 사용하여 소유자가 이 투자를 해야 하는지 여부를 결정하라.
10. 마샤는 그녀의 피아노 학원을 위해 피아노를 하나 더 사는 것을 고려하고 있다. 스타인웨이 그랜드 신상품의 가격은 약 14만 8,000달러이다. 피아노는 매년 약 5%의 비율로 감가상각되고, 아카데미 투자펀드는 일반적으로 연간 약 10%의 수익을 올린다. 피아노로 가능해진 교직능력 향상과 공연용 피아노 대여로 얻는 추가 수익은 연간 약 3만 달러가 될 것으로 예상된다. 마샤는 피아노를 매입해야 하는가?

학습목표 26.4 투자를 유발하는 거시경제적 조건을 알아본다.

11. 한 티셔츠 회사의 지배인이 8,500달러인 새 자수 기계에 투자하는 것을 고려하고 있으며, 감가상각률은 연간 6.5%이다. 투자 결과로 예상되는 내년 수익 증가액은 1,500달러가 될 것이다. 이 회사는 이자율의 어떤 가치를 위해 이 투자를 해야 하는가?
12. 대기업에서 투자 예측을 하고 있다. 다음 각 시나리오에서 투자가 어떻게 되는지 생각해보라. 투자선을 사용하여 변화를 그래픽으로 표시해보라.
    a. 경기가 불황이고 기업들의 현금 보유고가 감소하고 있다.
    b. 의회는 법인세를 낮추는 감세 및 일자리법(TCJA)을 통과시킨다.
    c. 연방준비제도이사회는 이자율을 인상하기로 결정하였다.
    d. 공장의 생산 능력을 증가시키는 새로운 기술이 발견되었다.

학습목표 26.5 장기 실질이자율을 예측한다.

13. 다음 사람이 수요자인지, 공급자인지 또는 대부자금 시장과 관련 있는지를 판단하라.
    a. 라티샤는 사업에 사용할 새 노트북을 사기 위해 저축을 하고 싶어 한다. 그래서 그녀는 그것을 살 여유가 있을 때까지 한 달에 100달러를 저축한다.
    b. 제라도는 지역 은행에서 3만 달러를 빌려 창고를 확장한다.
    c. 다나는 그녀의 은퇴 계좌에 매년 1,200달러를 적립한다.
14. 대부자금 시장에 미치는 영향을 평가한다. 저축, 투자 및 중립적 실질이자율에 미치는 영향을 설명하라.
    a. 정부는 적자 대신 예산 흑자를 운영하고 있다.
    b. 정부는 1조 5,300억 달러의 학자금 대출 채무 중 일부를 면제하기로 결정한다.
    c. 중국 투자자들은 미국으로의 자금 송금을 중단하여 순자본 유입을 줄인다.
    d. 물가 상승률 1%에 대응하여 명목금리가 1% 상승한다.
15. 다음 중 중립적 실질이자율이 하락할 수 있는 요인은 무엇인가?
    a. 미국의 막대한 정부 예산 적자
    b. 인구 증가의 둔화
    c. 전 세계 저축의 과잉
    d. 자본 장비의 비용 감소

금융 부문

CHAPTER 27

아마 세계에서 가장 유명한 거리일 것이다. 뉴욕의 금융가를 관통하는 곳이고, 은행, 주식시장, 채권시장의 고향과 같은 곳이다. 주위를 살피면 고층 빌딩과, 깔끔한 양복, 그리고 바쁜 사람들이 보일 것이다. 당신이 평생 동안 보아온 돈보다 더 많은 돈이 단 1분에 이 거리에서 거래되고, 수천, 수백만, 수십억, 수조 원의 잔고 금액이 있는 지구상의 유일한 곳이다. 이 거리는 바로 월가이다. 어떤 이들에게는 탐욕의 상징이고, 또 다른 이들에게는 시장의 포스가 가장 순수하게 드러나는 곳이다. 어느 쪽이든 전체 금융 시스템의 중추신경계이다.

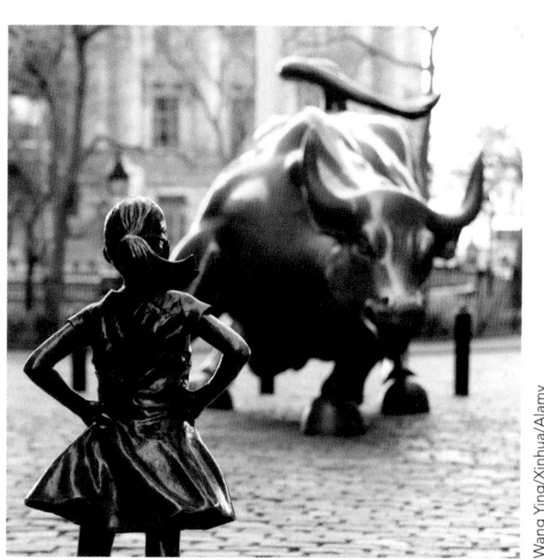
Wang Ying/Xinhua/Alamy

소심한 사람에게는 일말의 여지도 없는 곳

금융 부문은 삶의 모든 측면에 영향을 미친다. 아마도 당신은 학자금 대출로 교육비를 충당하거나, 자동차 대출로 마련한 자동차를 운전하고 있을 것이다. 만약 당신이 휴일에 비행기를 타고 집에 간다면, 신용카드로 항공권을 살지도 모른다. 아직 금융권에 손을 대지 않았더라도 금융권에 의존하는 공공재를 이용할 가능성이 높다. 예를 들어, 당신이 운전하는 도로는 정부가 채권을 발행하여 자금을 조달했을 가능성이 높다.

대학을 마치고 일을 시작하면, 당신의 주 단위 기여금을 주식시장에 투자하는 퇴직연금계좌에 희망을 가지고 가입하게 될 것이다. 아니면 아마도 큰돈을 버는 아이디어에 투자를 받는 성공하는 기업가가 될 것이다. 언젠가, 당신은 월가에서 수십 번 매매되는 주택대출로 자금을 조달하여 첫 번째 집을 살 것이다. 그리고 은퇴할 때의 삶의 질은 투자가 얼마나 잘 이루어졌느냐에 달려 있을 것이다.

금융권의 3개 핵심 축이 존재한다: 은행, 채권시장, 증권시장이다. 이것을 차례로 살펴보도록 하자. 그러는 동안, 당신은 금융거래에서 할 수 있는 최선의 거래를 하는 방법에 대해 배우게 될 것이다.

목표

금융 부문의 역할을 이해한다.

27.1 은행
저축자에게서 투자자로 자금을 이동시키는 은행의 역할을 파악한다.

27.2 채권시장
어떻게 기업과 정부가 채권 발행을 통해 자금을 조달하는지 이해한다.

27.3 주식시장
어떻게 기업이 주식 발행을 통해 자금을 조달하는지 학습한다.

27.4 무엇이 금융가격을 결정하는가
금융가격을 결정하는 것을 파악한다.

27.5 개인금융
금융시장에서 더 나은 결정을 한다.

27.1 은행

학습목표 저축자에게서 투자자로 자금을 이동시키는 은행의 역할을 파악한다.

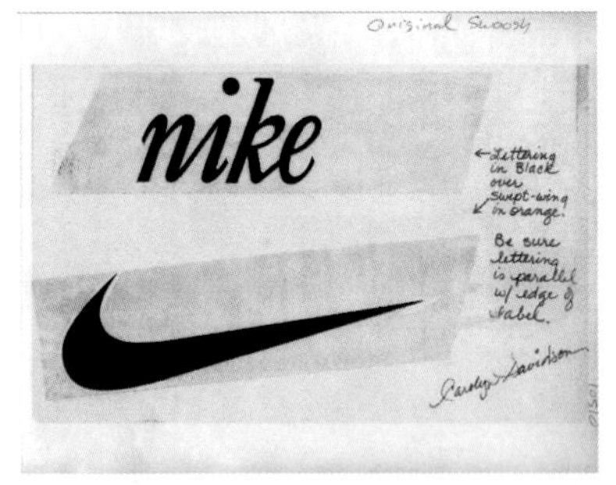

나이키 오리지널 상표 디자인

필 나이트는 오리건대학교 대표로 출전하는 전설적인 육상선수였다. 그는 또한 기업가 정신 과목의 과제를 작성해야 하는 경영학과 학생이었다. 그래서 그는 아는 것에 대해 작성했다. 운동화였다. 당시는 일본 카메라가 한때 지배적이었던 독일 카메라 회사들의 시장 점유율을 잠식하기 시작했던 때였다. 그는 논문에서, 아디다스와 푸마 같은 독일계 운동화 거인들에게 일본제 신발이 도전할 때가 무르익었다고 주장했다. 그가 수업 시간에 과제를 발표했을 때, 동료 학생들은 지루해 했다. 아무도 질문하지 않았지만 결국 그는 A학점을 받았다.

필은 그의 큰돈이 되는 아이디어에 대해 생각하는 것을 멈출 수 없었다. 졸업 후, 그는 한번 시도해보기로 결심했다. 그는 자신을 미국의 거물급이라고 내세우며 일본의 신발 공장을 방문했다. 그의 계략은 효과가 있었고, 일본 운동화를 미국에서 팔기로 계약을 맺었다. 그의 옛 육상 코치가 그 신발을 보았을 때, 너무 감명받아서 필의 사업 파트너가 되게 해달라고 부탁했다. 처음에 그들의 회사를 '블루리본 스포츠'라고 불렀다. 나중에는 나이키로 바꾸었다.

필은 아버지로부터 돈을 빌려 신발의 첫 선적을 구매했다. 그는 첫 번째 선적분을 빠르게 팔아 치웠고, 다음 선적분을 위해 많은 다른 중소기업들이 하는 것과 같은 일을 했다. 그는 은행에서 대출을 받았다. 퍼스트 내셔널 뱅크 오브 오리건은 그에게 900켤레의 신발을 살 수 있는 충분한 돈을 빌려주었다.

은행들은 인생에서의 많은 주요 투자에 중요한 자금 공급원이다. 은행들은 자동차 구입 자금을 지원하기 위한 자동차 대출, 집을 살 수 있도록 돕기 위한 주택 대출, 그리고 사업을 시작하거나 확장하는 데 도움을 주는 중소기업 대출을 제공한다. 이 장에서 우리의 첫 번째 과제는 은행이 하는 일이 무엇인지 알아보는 것이다.

은행은 무슨 일을 하는가

은행에 돈을 예금하면, 은행은 당신의 돈을 학생들에게 학자금 대출을 제공하거나, 젊은 부부에게 주택 대출을 제공하거나, 나이키와 같은 곳에 단기자금을 제공하는 대출로 활용한다. 자금이 활용되게 하는 것이 은행이 이윤을 창출하는 방법이다.

이것은 은행이 하는 일이 아니다.

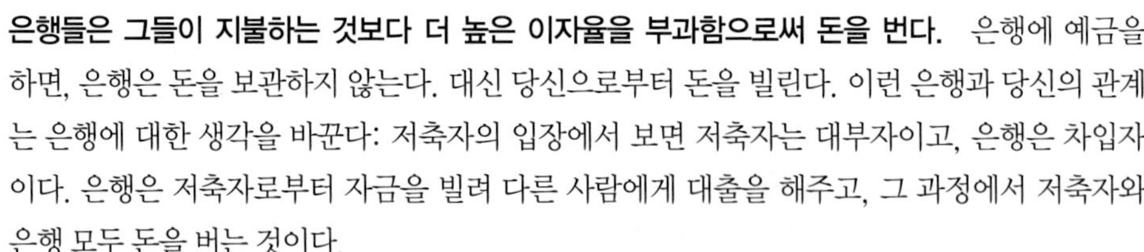

은행들은 그들이 지불하는 것보다 더 높은 이자율을 부과함으로써 돈을 번다. 은행에 예금을 하면, 은행은 돈을 보관하지 않는다. 대신 당신으로부터 돈을 빌린다. 이런 은행과 당신의 관계는 은행에 대한 생각을 바꾼다: 저축자의 입장에서 보면 저축자는 대부자이고, 은행은 차입자이다. 은행은 저축자로부터 자금을 빌려 다른 사람에게 대출을 해주고, 그 과정에서 저축자와 은행 모두 돈을 버는 것이다.

은행이 당신에게 돈을 빌리기 위해 지불하는 가격은 당신이 받는 이자이다. 연 2%의 이자를 받는다면, 지금 은행에 100달러를 예치하는 것은 1년 뒤에 당신의 계좌가 102달러가 된다는 것을 의미한다. 은행은 그 돈을 다른 사람에게 더 높은 금리로 빌려줌으로써 돈을 번다. 만약 은행이 그 돈의 대출에 매년 6%의 이자를 부과한다면, 100달러를 빌린 사람은 1년 후에 그들에게 106달러를 빚질 것이다. 그 시점에서, 은행은 당신에게 102달러를 빚지고, 차입자들은 106달러를 빚지고, 이는 은행이 4달러를 벌었다는 것을 의미한다.

당신의 은행은 단지 중개인에 불과하다. 그것은 다소 특이한 상품을 사고 파는 것이다. 다음 해에 100달러를 사용할 수 있는 권리를 말한다. 다른 업종의 중개인과 마찬가지로 낮은 가격(2% 이자율)에 상품을 산 뒤 더 높은 가격(6% 이자율)에 판매한다.

은행들이 가치 있는 서비스를 제공하기 때문에 사람들은 기꺼이 이 비용을 지불한다. 은행이 제공하는 다섯 가지 중요한 기능이 있다. 하나씩 살펴보자.

 은행이 하는 일

1. 많은 저축자로부터 저축을 모은다.
2. 다수의 차입자 간에 대부금의 리스크를 분산한다.
3. 정보의 문제를 해결한다.
4. 결제 서비스를 제공한다.
5. 단기예금으로 장기대출을 창출한다.

기능 1 : 은행은 많은 저축자로부터 저축을 모은다. 은행은 다수의 저축자로부터 저축을 수신받고, 그 저축받은 자금을 특정 차입자에게 빌려준다.

이는 저축자에게 가치 있는 서비스이다. 이는 대출자를 찾기에 비효율적으로 적은 금액인 단지 100달러를 저축함으로써 그 돈에 대한 이자를 받을 수 있기 때문이다. 반대로, 차입자는 여러 개인 대부자를 찾아가 돈을 빌리는 것보다 은행 한곳을 방문해 돈을 대출받을 수 있어 훨씬 편리하다. 자동차 대출을 마련하기 위해 개인적으로 여러 명의 대부자에게 개별적으로 직접 연락하여 그들이 저축한 돈을 빌리는 것을 상상해보라.

기능 2 : 은행은 다수의 차입자 간에 대부금의 리스크를 분산한다. 은행들은 또한 다양한 종류의 차입자들에게 돈을 빌려주기 때문에 당신의 돈을 빌려주는 것을 훨씬 덜 위험하게 만든다. 은행은 저축한 당신의 돈을 모두 나이키나 다른 차입자에게 빌려주지는 않는다. 대신, 은행은 수천 명의 저축자로부터 돈을 모아서 수천 명의 차입자들에게 그 돈을 빌려준다. 실제적으로는 당신의 돈을 나이키에 1달러씩, 지역 중소기업에 1센트씩, 이웃의 주택 대출에 1센트씩을 빌려주는 것이나 마찬가지다. 대출 포트폴리오가 다양할수록 위험 부담은 줄어든다.

기능 3 : 은행은 정보의 문제를 해결해준다. 은행은 중요한 정보 중개자이다. 은행은 아무에게나 자금을 빌려주지 않는다. 차입자에게 대출을 제공하기 전에 은행은 차입자의 신용 기록과 자산을 확인하고, 부채를 조사할 것이다. 은행들은 특히 고객의 재무 이력을 알고 있기 때문에 누구에게 빌려줄지 알아내는 데 효과적이며, 이렇게 함으로써 어떤 차입자가 대출금을 상환할 수 있을지 파악할 수 있다.

일상경제학 좋은 신용 점수 쌓기

은행이 누구에게 돈을 빌려줄지, 어떤 금리를 청구할지를 결정하는 한 가지 방법은 대출자의 신용 점수를 확인하는 것이다. 당신이 알고 있든 모르든 당신도 아마 신용점수를 가지고 있을 것이다. 신용평가 기관이 당신의 금융 생활을 추적함으로써 알게 된 모든 것을 요약한다. 당신의 신용점수(FICO 점수라고도 함)는 당신의 금융 생활에 대한 평점과 같아서, 그것은 광범위한 결과를 초래한다. 따라서 다음과 같은 모범 사례를 통해 신용 점수를 관리하는 것이 현명한 방법이다.

- 청구서를 제때 지불한다. 미납금은 당신의 신용보고서에 7년간 보관될 것이다.
- 결제를 누락한 경우 가능한 한 빨리 연락한다.
- 신용을 사용해줌으로써 신용 이력을 발전시킨다. 아이러니하게도, 신용카드가 없는 것은 도움이 되지 않는다. 신용이 있는 만큼 책임진다는 것을 보여줘야 한다.
- 신용카드를 소지한 후에는 매달 전체 청구액을 상환한다.
- 문제가 발생할 수 있는 것으로 보이면 대부자에게 연락한다. 종종, 그들은 당신과 협상하기 위해 기꺼이 협력할 것이다.
- 당신은 신용 보고서에 포함된 데이터를 확인하고 수정을 요구할 권리가 있다. ■

기능 4 : 은행은 결제 서비스를 제공한다. 이자를 받는 것 외에 은행계좌를 사용하는 다른 이유는 경제 생활을 더 간단하게 만들기 때문이다. 현금을 직접 가지고 있는 것보다 은행에 급여를 직접 입금하는 것이 더 안전하고 쉬울 수 있다. 마찬가지로 집세를 온라인으로 내고, 은행 송금을 통해 해외로 돈을 송금하고, 신용카드를 이용해 온라인으로 쇼핑을 하는 것이 더 쉽다는 것을 알 수 있을 것이다. 각각의 경우에 은행은 현금을 사용하는 것보다 훨씬 간편한 결제 서비스를 제공한다.

기능 5 : 은행은 단기예금으로 장기대출을 창출한다. 금융의 핵심에는 흥미로운 긴장감이 하나 있다. 은행은 당신처럼 언제든지 자금을 인출할 수 있기를 원하는 저축자들로부터 돈을 빌린다. 그러나 은행은 자신의 대출금을 요구하면 언제든지 상환할 필요가 없는 차입자들에게 이 돈을 빌려준다. 대신 대출자들은 정해진 기간(혹은 장기) 걸쳐서 상환하는 경향이 있다. 예를 들어, 주택 소유자는 30년 상환 계획에 동의하는 대출을 받을 수 있다.

당신이 어느 날 잠에서 깨어 은행에서 돈을 인출할 수 있기를 원한다는 사실은 실질적으로 당신이 그 돈을 지난밤에 은행에게 대출해주었다는 것을 의미한다. 당신이 그 돈을 어느 특정한 날에 인출하지 않았다면 당신은 그 돈을 하룻밤 더 은행에 대출해 주는 것이다(그리하여 그 다음 날에 그 돈을 인출할 수 있는 선택권을 당신에게 준다). 달리 말하면 자금을 요구하면 언제든지 이용 가능하게 함으로써 은행은 당신과 같은 사람들로부터 단기(하룻밤) 대출을 받아서 효과적으로 자금을 마련하는 것이다. 그러나 은행은 장기대출을 위해 그 자금을 사용할 필요가 있다. 이런 일은 **만기전환**(maturity transformation)이라고 불리는데, 단기대출을 사용하여 장기대출을 하는 것이다. 만기전환은 개인 저축자가 장기 대출을 할 의사가 없는 경우에도 투자자들이 장기 프로젝트에 자금을 투자할 수 있도록 보장한다.

만기전환 단기대출을 장기대출에 이용하는 것

일반적으로 은행들은 성공적으로 만기전환을 하고 있지만, 이는 문제를 일으킬 수 있다. 사실, 그것은 전체 시스템을 붕괴시킬 수 있는 위험을 초래한다. 그 과정을 보자.

뱅크런

만약 은행이 당신을 기다리며 당신의 돈을 금고에 보관하지 않는다면, 당신이 원할 때 당신의 돈이 그곳에 있을 것이라는 것을 알 수 있는가? 정답 : 당신은 모른다.

당신의 은행은 돈을 빌려주고 돈을 번다. 그것은 당신의 돈을 은행 금고에서 당신을 기다리게 하지 않는다는 것을 의미한다. 물론, 은행은 일부 사람들이 현금을 인출할 것이라는 것을 알기 때문에, 일반적인 인출 수준을 충족하기에 충분한 현금을 보유하고 있고, 만약의 경우를 대비해서 약간의 추가 현금도 보유하고 있다. 그러나 은행은 사람들의 돈을 전부 보유하고 있을 수는 없다. 만약 그렇게 한다면 은행은 당신에게 이자를 줄 수 없고 직원들에게 월급을 줄 수도 없기 때문이다.

뱅크런 많은 은행 고객이 동시에 인출하려 할 때 발생한다.

많은 고객이 동시에 저축한 돈을 인출하려고 할 때 **뱅크런**(bank runs)이 발생한다. 평소보다 훨씬 많은 수의 고객들이 동시에 저축한 돈을 인출하려고 한다면, 은행은 당신의 돈을 마련하지 못할 수도 있다. 이런 일이 일어날 때, 그것은 은행을 붕괴시킬 수 있다.

뱅크런은 은행을 붕괴시킬 수 있다. 일상적인 날에는 예금을 인출하는 사람이 거의 없을 것이고 은행들은 그들이 요청할 때 그들에게 지급해줄 충분한 돈을 수중에 가지고 있다. 하지만 무엇이 하루를 일상적으로 만드는가? 대부분의 사람들이 그날이 일상적인 날이라고 믿는다면 하루가 일상적이라는 것이고 밝혀졌다.

만약 당신이 내일이 일상적인 날이 될 것이라고 믿는다면, 돈이 필요하다면 은행이 당신에게 돈을 지불할 수 있을 것이라고 확신하고 잠자리에 들 수 있다. 은행은 일상적인 날에 인출하는 모든 사람들에게 돈을 지불할 수 있기 때문이다. 이 점을 고려하면, 현금이 필요 없다면 은행에 저축을 유지하는 것이 행복할 것이다.

만약 당신이 내일이 일상적인 날이 아니라고 믿는다면, 즉 보통 때보다 더 많은 사람들이 돈을 인출하려고 할 것이라고 믿는다면, 당신은 그렇게 안심해서는 안 된다. 아마도 일부 사람들이 은행의 재무 건전성에 대해 너무 걱정하고 내일 저축한 돈을 인출할 계획이라는 말을 들을 것이다. 비정상적으로 많은 인출 건수가 은행의 현금을 고갈시키고 그래서 당신은 당신의 돈을 인출하기 위해 기다릴 여유가 없다는 게 현실이 된다. 뛰어라! 은행의 다른 고객이 모두 인출하기 전에 당신의 예금을 인출하는 것이 최선이다. 다른 고객들도 내가 확신하는 것과 비슷한 논리를 따른다면, 아마 뛰어갈 것이다.

사실 이 이야기는 워싱턴 뮤추얼의 이야기인데, 은행은 고전을 면치 못하고 있는 많은 주택대출로 인해 어려움을 겪고 있었다. 2008년 9월, 고객들은 은행의 자금난에 대해 알게 되었고, 많은 고객들이 그들의 돈을 인출하기 위해 은행으로 달려갔다. 사람들은 경쟁적으로 은행으로 달려갔고 패닉 인출을 만들어냈다. 10일 동안 예금자들은 당좌예금과 저축예금 계좌에서 167억 달러를 인출했다. 이러한 요구로 워싱턴 뮤추얼은 일상적인 업무를 할 수 없게 되었고, 은행은 정부에 의해 인수되었다.

Jeff Cameron Collingwood/Shutterstock

뱅크런이 발생했다면, 뛰어라.

사람들이 뱅크런 가능성이 있다고 믿을 때 뱅크런이 일어날 가능성이 높다. 워싱턴 뮤추얼이 재정 건전성 악화로 어려움을 겪은 반면, 은행이 재정적으로 건강할 때에도 뱅크런은 일어날 수 있다는 것이다. 사실 거의 모든 것이 뱅크런을 촉발시킬 수 있다. 예를 들어 트위터에 은행이 라트비아에서 영업을 중단할 계획이라는 가짜 뉴스가 트위터에 퍼지자 1만 명이 넘는 라트비아인들이 자신의 돈을 인출하기 위해 은행으로 달려갔다. 이런 종류의 패닉에서, 비록 그 가짜뉴스가 사실이 아니라는 것을 알더라도 당신이 은행에서 돈을 인출하는 것은 합리적일 수 있다.

만약 당신이 다른 사람들이 그들의 저축을 인출하기 위해 은행으로 달려갈 것이라고 믿는다면, 은행 자금이 바닥나기 이전에 은행에 가장 먼저 도착하는 것이 당신의 최선의 대응책이다. 다른 사람들이 은행으로 달려가는 이유가 합리적(은행의 재무 상태 악화)이든, 터무니없는 일(월식)이든, 혹은 은행이 폐쇄된다는 트위터의 가짜뉴스 때문이든, 당신의 최선의 대응책은 은행에 제일 먼저 도착하는 것이다.

이것이 상호의존의 원리이다. 최선의 선택은 다른 사람이 무엇을 하느냐에 달려 있고, 그들의 최선의 선택은 당신이 무엇을 하느냐에 달려 있다. 보통의 경우, 이러한 상호의존성은 다른 사람들이 그들의 돈을 은행에 넣어두는 것에 만족하는 한, 당신도 은행에 돈을 넣어두는 것에 만족한다는 것을 의미한다. 하지만 이것은 또한 자기 실현적 패닉의 가능성이 있다는 것을 의미한다: 당신은 다른 사람들이 패닉에 빠질까 봐 패닉에 빠질 것이고, 그들은 당신이 패닉에 빠질까 봐 패닉에 빠질 것이다.

뱅크런은 전염될 수 있다. 다른 사람이 패닉에 빠지면 당신도 패닉에 빠질 것이기 때문에 뱅크런이 어떻게 전염될 수 있는지 쉽게 알 수 있다. 예를 들어, 2008년 9월 15일, 리먼 브라더스라는 이름의 금융 기관이 붕괴되었다. 리먼 브러더스의 붕괴는 워싱턴 뮤추얼에 대한 우려를 증가시켰고, 9월 25일 워싱턴 뮤추얼의 붕괴로 이어진 뱅크런을 부채질했다. 그 결과, 다른 은행의 예금주들은 그다음 차례로 뱅크런이 올까 봐 그들의 은행을 열심히 관찰하기 시작했다. 와코비아 은행은 워싱턴 뮤추얼이 파산한 후 주말 동안 예금자들이 예금을 인출하면서 이런 위치에 서게 되었다. 와코비아는 예금자의 요구를 충족할 수 있는 충분한 자금으로 월요일에 지점을 열 수 있도록 웰스파고에 와코비아를 주말 동안에 신속 매각하도록 급매를 강요받았다. 와코비아의 CEO는 몇 마디를 남겼다. "당신은 단 며칠 만에 곤경에 빠질 수 있습니다. 사람들은 사건이 얼마나 빨리 전개됐는지 이해하지 못하는 것 같습니다"라고 말했다.

예금보험은 뱅크런을 훨씬 덜 가능하게 만든다. 미국은 2008년에 몇 차례 뱅크런을 경험했지만, 당신의 일생 동안 그것은 매우 드물었다. 하지만 이것은 항상 맞는 것은 아니었다. 1930년대 초 모든 은행의 3분의 1 이상이 파산할 정도로 대공황에서 뱅크런은 매우 큰 문제였다. 이에 연방정부는 예금보험을 도입했는데, **예금보험**(deposit insurance)은 은행이 무너져도 저축한 돈을 항상 돌려받을 수 있도록 사실상 보장해주는 것이었다. 이는 은행에 예금한 돈을 잃지 않도록 보호해준다. 하지만 이 보험은 한 계좌당 25만 달러까지만 보장한다.

예금보험 은행에 예금한 돈을 잃지 않도록 보증하는 것

그림 27-1 | 예금보험과 은행 파산

각 연도별 파산 은행 수

4,000
0
1850 1900 1950 2000 2018
대공황
예금보험 도입
1893년 패닉
저축대부조합 위기
금융 위기

출처 : Historical Statistics of the United States and FDIC.

예금보험은 자기 실현적 공황으로 이어지는 상호의존성을 깨기 위해 고안되었다. 예금보험이 있다면, 다른 사람이 어떻게 행동하든지 자금이 안전하다는 것을 인식하게 한다. 비록 다른 사람들이 은행에서 돈을 인출하더라도, 당신은 궁극적으로 자신의 돈을 돌려받을 것을 알고 있기 때문에, 당신은 남들보다 빠르게 은행으로 달려갈 일이 없을 것이다. 예금보험은 간단한 생각이지만, 그것은 정말 효과가 있다. 그림 27-1은 1934년 정부가 예금보험을 만든 이후 미국 은행의 파산이 놀라울 정도로 줄어든 것을 보여준다.

그림자금융과 금융 위기

이 단계에서 당신은 의문을 가질지도 모른다: 예금 보험이 그렇게 잘 작동한다면, 왜 미국은 2008년에 심각한 금융위기를 겪었을까? 한 가지 대답은 모든 금융회사가 은행이 아니라는 것이고, 예금보험은 은행의 예금만을 보호하기 때문이다.

그림자금융 은행처럼 규제되지 않지만 은행과 같은 일을 하는 금융기관

그림자금융은 은행 기능을 수행하지만 은행처럼 규제되지는 않는다. **그림자금융**(shadow banks)은 은행과 매우 비슷하다. 그들은 언제든지 돈을 인출할 수 있는 예금자로부터 자금을 얻고, 그 자금을 투자자들에게 장기 대출을 하는 데 사용한다. 하지만 공식적으로는 은행이라고 불리지 않기 때문에 은행처럼 규제를 받지 않아서 혁신적이고 위험한 투자처에 자금을 공급할 수 있었다. 예금보험이 없어 이들은 뱅크런에 취약하다는 뜻이기도 하다. 이것이 2008년에 있었던 일의 단편이다. 베어스턴스 등 대형 금융회사들은 그림자금융이었고, 예금주들이 그러한 대형 금융회사들에 대한 신뢰를 잃자 돈을 인출해(그림자) 뱅크런을 초래했다.

급매는 그림자금융의 뱅크런을 확산시킬 수 있다. 그 문제는 빨리 확산된다. 뱅크런에 직면한 그림자금융은 예금주에게 상환하기 위해 자산을 빨리 매각한다. 수십억 달러 규모의 금융자산을 한꺼번에 매물로 내놓는 것은 그 자산들의 가격을 떨어뜨린다. 그다음 상호의존의 원리가 시작된다: 다른 그림자금융들도 비슷한 자산을 보유하고 있기 때문에, 어려움에 처한 그림자금융 한 곳의 자산 매각은 다른 그림자금융의 자산 시장 가치를 감소시킨다. 그리고 시장 가치의 감소는 다른 그림자금융의 고객들을 더욱 불안하게 만들고, 더 많은 뱅크런으로 이어진다. 그림자금융이 무너질수록 급매가 늘어나고, 문제는 바이러스처럼 번진다.

Clive Gee/PA Images/Getty Images

보험회사 AIG는 곤경에 처해 2008년 구제금융을 받은 그림자금융이다.

그림자금융은 불투명하다. 이 모든 것에는 또 다른 문제가 있다. 그림자금융 제도는 믿을 수 없을 정도로 불투명하기 때문에 한 금융기관이 부채상환 불능 상태가 되었을 때 누구에게 피해가 돌아갈지 알 수 없다. 불명확한 상호의존성은 작은 문제들을 부풀려 큰 문제로 만들 수 있다. 이것은 육류의 작은 공급 부분이 질병을 유발하는 박테리아에 감염되어 있다는 것을 알면서도, 어떤 선적물이나 공급업자가 영향을 받는지 모른다는 것과 약간 비슷하다. 이런 일이 일어날 때, 수백만의 사람들은 병을 감수하지 않기 위해 고기를 먹는 것을 중단한다.

부실채권은 금융분야의 박테리아와 같다. 부실채권에 감염된 그림자금융에 돈을 맡기는 것은 당신을 재정난에 빠뜨릴 수 있다. 어느 그림자금융이 감염됐는지 모르고 예금보험도 없다면, 그중 어느 그림자금융에도 돈을 빌려주고 싶지 않을 것이다. 이것이 2008년 상대적으로 적은 수의 부실채권이 대출의 급격한 감소를 초래한 방식이며, 이는 그 후 주요 경기침체를 촉발시켰다. 좋다, 이것으로 은행과 그림자금융을 살펴보는 것은 끝났다. 이제 우리의 관심을 돈을 빌리는 다른 방법인 채권시장으로 돌려보자.

27.2 채권시장

학습목표 어떻게 기업과 정부가 채권 발행을 통해 자금을 조달하는지 이해한다.

나이키의 초라한 시작에서 2016년까지의 빠른 진행으로, 당신은 나이키가 세계에서 가장 큰 회사 중 하나로 성장했다는 것을 알게 될 것이다. 투자한 모든 것이 회사를 더 가치 있게 만드는 것 같았다. 이러한 성공에 고무된 고위 경영진은 특히 나이키의 전산 기반과 글로벌 유통망을 개선하는 데 더 많은 투자를 해야 한다고 결정했다. 할 만한 가치가 있지만, 비용이 많이 드는 일이었다. 나이키 금융팀은 이 수치를 산출했고 이 새로운 투자에 자금을 대기 위해 10억 달러가 더 필요하다고 생각했다.

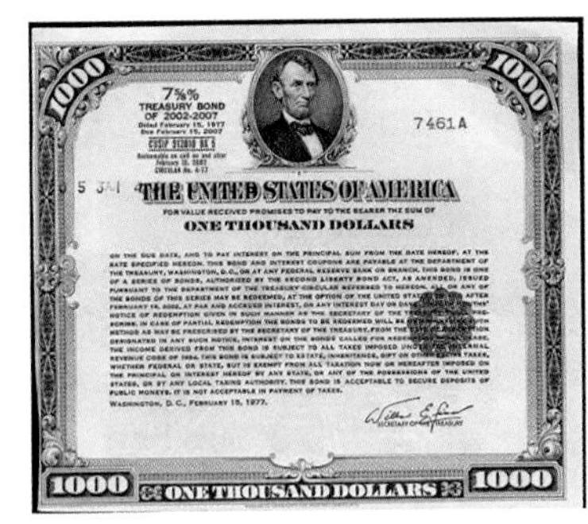

채권 증서

채권시장의 역할은 무엇인가

돈을 빌리고 싶을 때, 당신은 아마도 은행에 갈 것이다. 하지만 만약 당신이 10억을 찾는 멋진 나이키라면 어떨까? 유감스럽지만 지방 은행 관리자는 그렇게 큰 규모의 대출을 처리할 준비가 되어있지 않다. 대신, 나이키는 많은 다른 회사들이 하는 것과 같고 정부가 대출을 받을 때 하는 것과 같은 일을 했다: 채권시장으로 눈을 돌렸다. 채권시장을 생각하는 가장 간단한 방법은 큰 기업이 큰돈을 빌리러 가는 곳이라는 것이다.

채권(bond)은 단지 IOU일 뿐이다. 나이키가 채권을 발행했을 때, 10억 달러를 빌려서 미래에 이자를 붙여 갚겠다고 약속했다. 그 채권은 IOU 조건을 기록한 종이 한 장에 불과하다. 채권을 살 때 나이키에게 현금을 주면, 당신에게 갚을 것을 약속하면서 종이 한 장을 준다. 하지만 그 종이는 대출 조건을 상세히 기술하기 때문에 중요하다. 차입자(발행자, 나이키)와 대출금 상환 금액(원금 10억 달러), 대출금 상환 시기(2026년 11월 1일)와 그동안 갚기로 약속한 이자(이것은 쿠폰이라 하며, 나이키는 연 2.375% 이자를 지급하기로 약정)를 기록한다.

채권 IOU. 빌린 돈에 이자를 더해 갚겠다는 특별한 약속

채권시장은 큰 규모다. 2016년 기준, 미국에서 발행된 미결제 채권의 총수량은 39조 달러에 가까우며, 이는 미국인 1인당 10만 달러를 약간 웃돌고 있다. 많은 학생들은 자신들이 어떠한 채권도 가지고 있지 않다고 믿는다. 아마 그건 사실일 것이다, 적어도 당신이 학생일 때는 말이다. 하지만 당신은 아마도 퇴직연금제도를 가진 어떤 직장에 가게 될 것이고, 퇴직연금은 당신의 돈의 일부를 채권에 투자하게 될 것이다. 이것은 몇 년 안에 당신이 채권시장에서 다소 간접적이긴 하지만 큰 역할을 하게 될 것이라는 것을 의미한다. 그렇다면 채권시장은 어떤 목적을 가지고 있을까? 채권시장은 네 가지 주요 기능을 수행한다.

채권시장이 하는 일

1. 저축자에게서 대출자에게로 자금 조달
2. 정부 부채 조달
3. 위험 분산
4. 유동성 창출

기능 1 : 채권시장은 자금을 저축자에서 대출자에게로 조달한다. 채권시장은 은행들에 대한 대안을 제공한다. 그것은 회사들이 그들의 투자에 필요한 많은 돈을 빌릴 수 있고, 저축자들은 그들이 사용하지 않는 자금을 빌려줄 수 있는 대체시장이다. 따라서 사용하지 않는 자원을 (당신과 같은) 저축자에서 (나이키 같은) 대출자에게 전달해 준다. 주식시장이 헤드라인을 장식하는 경향이 있지만, 사실 채권은 기업 자금 조달의 훨씬 더 큰 원천이다. 2016년 기업들이 신주 발

행으로 약 2,500억 달러를 조달했지만 채권 발행으로는 약 1조 5,000억 달러를 조달했다. 이는 매년 미국인 1인당 신주 발행은 1,000달러에 못 미치는 금액이지만, 신규 채권 발행은 미국인 1인당 약 5,000달러이다.

기능 2 : 채권시장은 정부 부채를 조달한다. 나이키와 같은 회사들뿐만 아니라 정부도 채권을 발행하여 돈을 빌린다. 실제로 미국 연방정부는 채권시장에서 가장 큰 역할을 하고 있다. 정부는 채권을 발행하여 15조 달러가 넘는 돈을 빌렸다. 정부 부채에 대해 들을 때마다, 그것이 채권을 발행하여 그 돈을 모두 빌렸다는 것을 인지하라. 연방정부를 넘어 주정부와 지방정부(심지어 학군)도 채권을 발행해 돈을 빌린다. 외국 정부도 채권을 발행해 돈을 빌린다.

기능 3 : 채권시장은 위험을 분산한다. 나이키는 10억 달러 채권을 단 한 사람에게 발행하는 대신, 나이키는 1,000달러 정도의 작은 액면 금액의 수천 구좌의 채권을 발행한다. 이런 방식으로, 비록 어느 누구도 나이키에 빌려줄 여분의 10억 달러를 가지고 있지 않더라도, 수천 명의 투자자들은 각각 더 작은 대출을 기꺼이 할 것이다. 채권은 많은 대출자들에게 대출을 쉽게 분산시킴으로써, 나이키는 대출금을 상환하지 않을 위험을 많은 대출자들에게 분산시켰다.

투자자로서, 만약 당신에게 투자 가능한 10억 달러가 있다 하더라도, 아마 그 자금 전부를 나이키에게 빌려주기 원하지 않을지도 모른다. 전부 나이키에게 빌려주는 대신, 당신은 많은 다른 회사들이 발행하는 채권에 소액으로 투자하여 포트폴리오 다양화를 한다. 모든 달걀을 한 바구니에 담지 않음으로써, 나이키가 무너져도 저축한 돈을 모두 잃지 않도록 할 것이다.

유동성 투자를 전혀 손실이 없거나 거의 손실이 없는 현금으로 빠르고 쉽게 전환하는 능력

기능 4 : 채권시장은 유동성을 창출한다. 누군가에게 10년 동안 돈을 빌려준다는 것의 문제는 만기가 되기 전에 갑자기 현금이 필요하게 될 수도 있다는 것이다. 다행히, 당신은 채권시장에서 다른 투자자들에게 당신의 채권을 팔 수 있다. 구매자가 많기 때문에, 당신은 보통 공정 가격에 가까운 가격에 팔 수 있다. 즉, 채권시장은 **유동성**(liquidity)을 창출하는데, 이것은 당신의 투자를 전혀 손실 없거나 거의 손실이 없는 가치의 현금으로 빠르고 쉽게 현금으로 전환할 수 있는 능력을 말한다.

이러한 방식으로, 은행처럼 채권시장은 단기대출로부터 장기대출을 창출한다. 이러한 만기전환은 채권시장에서 채권을 되팔면서 진행된다.

채권을 다른 사람에게 팔 때, 당신은 채권의 현금 가치인 돈을 돌려받고, 그들은 대출을 인수하여, 만기일에 미래의 이자와 원리금을 상환받는다.

Gorodenkoff/Shutterstock

채권 거래는 유동성을 창출한다.

위험 평가

채권에는 명확한 조건의 이점이 있다. 당신은 받을 이자율, 전액 상환받을 날짜, 그리고 회사가 파산하지 않는 한 이 약속들은 지켜질 것이라는 것을 안다. 하지만 당신이 직면하는 몇 가지 특정한 위험들이 있다. 첫 번째는 회사가 파산할 가능성, 즉 채무불이행 위험이다. 두 번째는 기간 위험이고 세 번째는 유동성 위험이다. 차례대로 파악해 보자.

위험 1 : 채무불이행 위험은 상환받지 못하는 위험이다. 사람들에게 돈을 빌려주는 한 가지 위험은 그들이 대출금을 상환하지 못하는 것이고, 이러한 위험은 채권에도 존재한다. 만약 나이키가 파산한다면, 나이키 채권을 구입한 사람들에게 갚을 충분한 돈이 없다는 것이다. 자금을 상환받지 못할 위험(또는 제때에 상환되지 않을 위험)을 **채무불이행 위험**(default risk)이라고 한다. 피치, 스탠더드 앤드 푸어스, 무디스 같은 회사들은 기업을 평가하고 신용등급을 부여하는데, 이는 기업에 대한 신용점수와 같다. 각 투자자가 나이키의 채무불이행 가능성을 평가하기는 어렵기 때문이다. 투자자들은 채무불이행 위험을 평가하기 위해 신용등급에 의존한다.

채무불이행 위험 대출이 상환되지 않는 위험

'AAA'의 등급은 가장 높은 등급으로, 이는 그 회사가 부채를 상환할 수 있는 능력이 매우 강하다는 것을 의미한다. 나이키의 10억 달러짜리 발행 채권은 'AA-'라는 평점을 얻었는데, 이것은 완벽하지는 않지만 여전히 그것의 부채를 상환할 수 있는 매우 강력한 능력을 가지고 있음을 시사하는 충분히 좋은 것이다. 그림 27-2는 신용등급이 나쁠수록 이자율이 높다는 것을 보여준다. 채무불이행 위험이 높아짐에 따라 대출자들은 대출금을 갚지 않을 추가적인 위험을 떠맡기 위해 더 높은 수익률을 요구한다.

그림 27-2 | 채무불이행 위험에 따른 이자율 증가

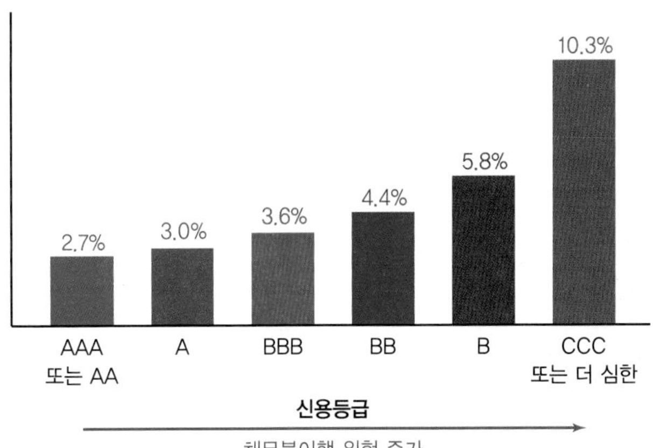

출처 : Bloomberg.

위험 2 : 기간 위험은 미래 이자율이 불확실할 때 발생한다. 기회비용의 원리는 돈을 버는 데는 기회비용이 따른다는 것을 상기시켜준다. 그 돈을 은행에 투자하여 이자를 받을 수 있다. 문제는 채권을 살 때 향후 이자율이 어떻게 될지 모르기 때문에 채권 만기 동안 기회비용이 얼마나 될지 위험을 감수하고 있다는 점이다. 나이키에게 돈을 10년 동안 연 2.375%로 대출하기로 합의한 투자자들은 향후 10년간 기회비용이 2.375% 미만으로 줄어들기를 바라고 있다. 금리가 4%까지 치솟으면 2.375%밖에 벌지 못하고, 더 큰 수익을 올릴 수 있는 것의 포기한 기회는 고가의 기회비용이 될 수 있다.

채권 위험
1. 채무불이행 위험
2. 기간 위험
3. 유동성 위험

미래 이자율의 불확실성에서 발생하는 위험은 그 위험이 대출금의 기간에 연결되어 있기 때문에 **기간위험**(term risk)이라고 불린다. 미래 이자율에 대해 불확실성이 클수록 이 위험은 더 커진다. 기간이 길수록 금리가 더 많이 변동될 수 있으므로 기간 위험이 더 증가할 수 있다. 나이키는 10년간 10억 달러(2.375%)를 대출할 때보다 30년간 5억 달러를 대출받을 때 이자율(3.375%)이 더 높아진다. 기간 위험은 왜 이렇게 높은 이자율을 지불해야 하는지 설명해 준다.

기간 위험 불확실성으로 인해 미래 이자율을 높이는 위험

위험 3 : 유동성 위험은 당신의 채권을 팔기 어려울 때 발생한다. 또 다른 위험은 결국 당신이 그 자금을 필요로 하게 될 수도 있는 돈을 빌려주는 위험이다. 만약 돈이 은행에 있다면, 당신은 단지 인출하는 것으로 이것을 해결한다. 하지만 채권에서 당신의 돈을 찾으려면 채권을 팔아야 한다. 채권시장은 유동성을 창출하지만, 채권 구매자를 빨리 찾지 못하는 위험이 존재한다. **유동성 위험**(liquidity risk)은 자산을 빨리 팔아야 할 경우 좋은 가격을 받지 못할 수 있는 위험이다.

유동성 위험 자산을 빨리 팔아야 할 경우 좋은 가격을 받지 못할 수 있는 위험

수십억 달러의 연방 국채는 매일 거래된다. 그래서 이것들은 유동성 위험을 거의 수반하지 않는다. 그러나 중소기업이 발행하는 채권의 구매자를 빨리 찾는 것은 더 어려울 수 있으며, 따라서 유동성 위험이 훨씬 더 커질 수 있다.

미국 국채는 가장 안전한 투자다. 이 모든 것을 종합해보면, 당신이 할 수 있는 가장 안전한 투자는 종종 재무부채권이라고 불리는 미국 정부가 발행한 채권을 사는 것이라는 것을 알게 될 것이다. 미국 정부는 언제든 더 많은 달러를 발행하는 것만으로 빚을 갚을 수 있기 때문에 재무부채권은 안전한 것으로 여겨진다(그러나 의회가 시기 적절한 부채 상환을 선택하지 않을 수도 있다는 정치적 위험이 남아 있다). 또한 미국 국채는 세계에서 가장 많이 거래되는 채권이다. 매일 약 5,000억 달러의 국채가 거래된다. 따라서 기본적으로 유동성 위험은 없다. 그리고 단기대출은 거의 기간 위험을 수반하지 않는다. 그래서 연방정부에 대한 단기대출 이자율은 종종 무위험이자율로 평가된다.

이러한 모든 안전에 대한 비용은 위험이 낮아지면 보상이 낮아진다는 것이다. 따라서 미국 국채 이자율이 다른 채권 이자율보다 낮다. 미국 정부가 다른 어떤 기관보다 낮은 이자율로 돈을 빌릴 수 있는 이유다. 물론, 반드시 이런 식일 필요는 없다. 2012년 그리스가 빚을 갚을 수 있을지 투자자들의 우려가 커지자 그리스 국채 이자율은 25% 이상으로 올랐다.

만약 당신이 자금을 마련하려는 회사라면, 당신은 은행이나 채권시장에 의존할 필요가 없다. 대신 주식을 발행할 수도 있다. 그러니 주식시장에 관심을 돌려보자

27.3 주식시장

학습목표 어떻게 기업이 주식 발행을 통해 자금을 조달하는지 학습한다.

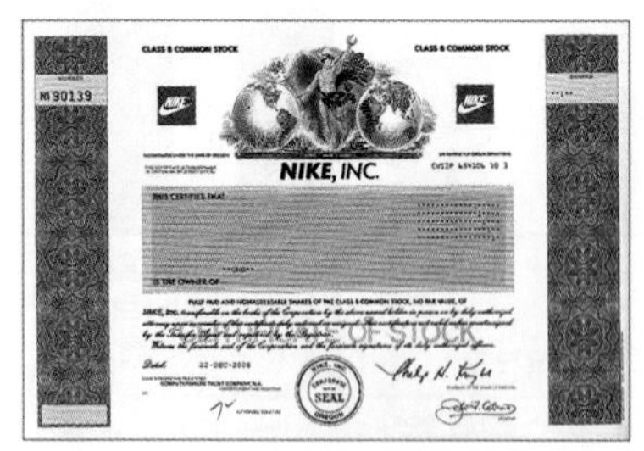

이 주식증서는 나이키의 부분적 소유권을 나타낸다.

나이키의 초기 시절은 험난했지만, 빠르게 영향력 있는 주요 기업으로 성장했다. 15년이 조금 넘는 기간 동안 밴 뒤에서 신발을 팔던 필 나이트는 미국의 모든 운동화 중 거의 절반을 파는 회사의 CEO로 성장했다. 그러나 나이키의 미국을 넘어서는 영향력은 좀 제한적이었고, 그것은 그의 회사에 대한 세계적인 야망을 가진 필을 괴롭혔다. 유럽과 다른 곳으로 공격적으로 확장하려면 나이키가 가진 돈보다 더 많은 돈이 필요했다. 그래서 필은 그의 야심찬 글로벌 확장 계획에 필요한 자금을 조달하기 위해 나이키 주식을 대중에게 팔기로 결정했다. 어떤 일이 일어나는지 살펴보자.

주식의 역할은 무엇인가

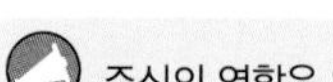
주식의 역할은 :

1. 저축자에서 투자자로의 자금 전달
2. 위험 분산
3. 통제권의 부여

주식은 기업의 부분적 소유권을 나타낸다. 당신이 어떤 회사의 주식을 소유할 때, 당신은 그 회사의 지분을 소유하게 된다. 그래서 그 주식은 때때로 소유권이라고 여겨진다. 2019년에는 나이키에 약 16억 주가 있었는데, 각각은 약 65달러의 가치가 있었다. 즉, 65달러면 16억 분의 1의 나이키를 소유할 수 있다. 나이키의 부분적인 소유주로서, 당신은 나이키가 돈을 벌면 돈을 벌고, 돈을 잃으면 돈을 잃을 것이다. 당신의 나이키 주식을 나이키 자산 중 아주 작은 몫의 청구권과 그것의 미래 이윤에 대한 청구권이라고 생각할 수 있다.

주식은 미래 이윤의 지분을 가져다준다. 당신은 두 가지 면에서 당신의 소유로부터 이익을 얻을 것이다.

배당금 회사가 주주에게 지불하는 이익의 분배금

첫째, **배당금**(dividends)이다. 매년 연말이면 나이키 경영진이 총이윤을 계산하고 일부를 주주들에게 배당금으로 지급할 수 있다. 나이키는 보통 3개월에 한 번씩 배당금을 지급하는데, 1년 동안 지급된 이 배당금을 합산하면 주식 가치의 약 1% 또는 2%에 해당한다. 나이키가 배당금으로 지급하지 않기로 선택한 이윤을 **이익잉여금**(retained earnings)이라고 하며, 나이키는 이 이익잉여금을 회사에 재투자한다.

이익잉여금 주주의 배당금에 산입하지 않은 이윤

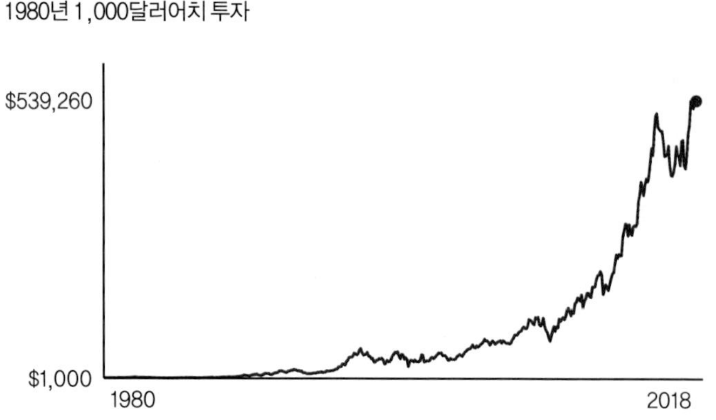

그림 27-3 나이키 주식의 스워시

출처 : Bloomberg.

이를 통해 주식 소유로부터 이익을 얻을 수 있는 두 번째 방법이 있다: 주식 가치의 상승이다. 나이키의 미래 수익성에 대한 전망이 좋아짐에 따라 그 회사의 가치도 상승하게 될 것이고, 따라서 주식 가격도 상승하게 될 것이다. 그림 27-3은 나이키의 주가가 '스워시(나이키 로고)'해졌다는 것을 보여준다. 만약 1980년에 나이키 주식을 1,000달러어치를 살 정도로 영리했다면, 당신의 투자는 오늘 50만 달러 이상의 가치가 있을 것이다.

주식은 세 가지 주요 기능을 수행하는데, 여기서 살펴보자.

기능 1 : 주식은 저축자로부터 투자자로 자금을 전달한다. 기업들이 주식을 발행하는 가장 큰 이유는 투자 자금을 마련하기 위한 자금을 조달하기 위해서이다. 기업이 주식을 발행할 때, 그것은 근본적으로 회사의 각 지분을 소유할 새로운 파트너들을 확대

하는 것이다. 나이키는 주식을 발행하기로 결정했을 때, 주식 270만 주를 주당 11달러에 일반인들에게 매각하기로 하여, 3,000만 달러를 조달했고, 이 돈을 사용하여 확장 계획에 자금을 제공했다. 따라서 주식은 은행이나 채권과 유사한 기능을 제공하며, 사용되지 않은 자금을 저축자에게서 투자자로 전달한다. 기업들이 새로운 주식을 발행하여 돈을 조달할 때, 그들은 보통 **기업공개**(initial public offering, IPO)라는 것을 통하여 주식을 직접 대중에게 판매한다. IPO는 주식시장을 통해 판매되지 않는다. 일반적으로 IPO 주식은 투자은행이나 증권사 브로커에 의해 처리되며, 그들은 일반적으로 대규모 기관 투자자들에게 주식을 판다.

기업공개 일반인에게 주식을 최초로 파는 것

기능 2 : 주식은 위험을 분산시킨다. 주식을 발행하는 것은 새로운 사업 파트너를 구하는 것과 같다. 새로운 주식 소유자는 사업을 성장시킬 수 있는 추가 현금을 제공한다. 그 대가로 주주들이 얻는 것은 그 회사가 생산하는 모든 것의 지분이다. 회사가 한 해가 좋으면 주주들도 한 해가 좋다. 그들은 배당금을 더 많이 받거나 주식의 가치가 오를 수 있다. 요컨대, 회사가 성장하면 이익을 얻는다. 그러나 회사가 흉년이 들면 주주들에게도 흉년이 든다. 실적 부진은 배당금 규모가 작아지고 주식 가치가 하락할 수 있다는 것을 의미할 수 있다. 따라서 주식은 많은 주주들에게 사업 수행의 위험을 분산시켜 한 사람이 직면하는 위험을 줄여준다.

기능 3 : 주식은 통제권을 부여한다. 나이키의 일부를 소유하고 있는 주주로서, 나이키의 운영 방식에 대한 발언권을 얻을 수 있다. 주주라고 해서 직접적으로 관리자가 되는 것은 아니지만, 주주들은 주주총회에서 투표를 하게 된다. 나이키의 경영진은 주주들에 의해 선출된 이사회에 보고한다. 또한 다른 회사와 합병할지 여부, 고위 경영진에게 지불해야 할 임금과 같은 주요 사안에 대해서도 투표할 수 있다. 모든 주주들은 아무리 적은 수의 주주라도 연례 회의에 참석하여 질문을 할 수 있는 자격이 주어지고, 각 주주는 한 표를 획득한다.

주식시장 사람들이 기존 주식을 매매하는 시장

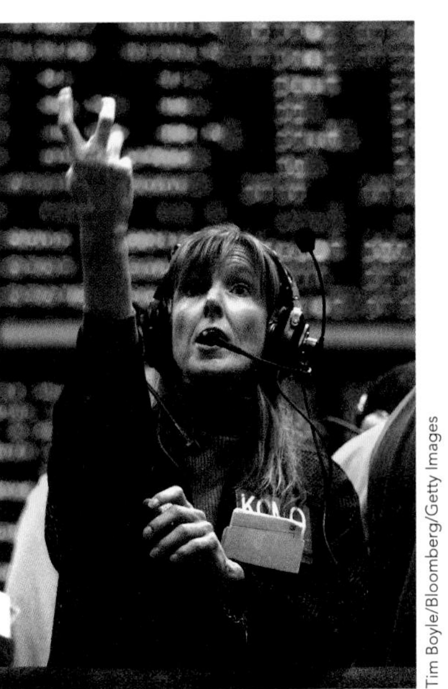
Tim Boyle/Bloomberg/Getty Images

그녀는 중고재화를 구매하고 있다.

주식시장은 유동성을 창출하고 주식 보유를 용이하게 한다. **주식시장**(stock market)은 기존 주식을 사고 파는 중고 주식시장이다. 이것은 당신이 나이키 주식을 사기 위해 주식 시장에 참여했을 때, 당신의 자금은 나이키에 새로운 공장을 열도록 돕기 위해 가는 것이 아니라는 것을 의미한다. 당신은 단지 그들이 팔고자 하는 나이키 주식을 소유하고 있는 기존 주주로부터 사는 것이다. 도요타가 중고차를 사면 아무것도 얻지 못하는 것처럼 나이키도 기존에 발행된 주식을 사면 아무것도 얻지 못한다.

주식시장이 여전히 중요한 역할을 하고 있지만, 당신이 짐작했던 것과는 다를 것이다. 나이키의 주식 약 5억 달러어치가 매일매일 매매되고 있다. 이 모든 거래는 유동성을 창출하는데, 이것은 만약 당신이 현금이 필요하다면, 나이키 주식을 공정한 가격에 팔기 쉬울 것이라는 것을 의미한다. 사람들이 기업공개(공모)에서 나이키 주식을 기꺼이 사려는 이유 중 하나는 그들이 현금을 돌려받기를 원한다면 주식시장에서 쉽게 주식을 팔 수 있다는 것을 알기 때문이다. 유동성은 나이키에 대한 투자를 덜 위험하게 만든다.

주식 및 채권 비교

자신에게 가장 적합한 선택을 할 수 있도록 한발 물러서서 채권과 주식을 좀 더 완벽하게 비교해보자. 이것은 당신이 투자자로서 돈을 투자할 곳을 선택하는 것과 다음 번 대규모 확장에 자금을 어떻게 조달할지를 결정하는 기업가로서 직면하게 될 결정이다.

채권은 확정 연이자를 지급하고 주식은 불확정 배당금을 지급한다. 기업이 채권을 발행할 때와 신주를 발행할 때 모두에 있어서 기업은 자신의 투자처에 자금을 제공할 돈을 얻고 그 자금을 제공하는 사람에게 미래의 지불을 약정한다. 그러나 차입은 당신에게 알려진 미래의 지불을 약

속한다: 채권은 매년 어떤 이자 지급(쿠폰 지급)을 할 것인지를 정확히 명시한다. 이와는 반대로, 주식은 회사가 어떤 실적을 내느냐에 따라 달라지는 배당금을 지불한다. 나이키가 실적이 나쁜 해에는 주주들에게 배당금을 지급하지 않을 수도 있지만, 여전히 채권 소유자들에게는 정해진 이자를 지급해야 할 것이다. 그리고 나이키가 실적이 좋은 한 해는 주주들에게 정말 큰 배당금을 줄 수도 있지만, 그것은 채권 소유자들에게는 약속된 이자 이상 지급하지 않을 것이다. 이것은 투자자에게 채권이 주식보다 더 안전한 베팅이게 만든다. 그러나 대규모 확장 재원을 마련하고자 하는 기업에게는 채권 대신 주식으로 자금을 조성하는 것이 그들의 위험을 주주에게 전가하는 것을 의미하기 때문에 덜 위험한 것이다.

기업이 파산 선고를 하면 채권 소유자는 주주보다 먼저 상환을 받는다. 둘째, 회사가 망하면 누가 무엇을 받느냐 하는 문제가 있다. 기업이 파산을 선언하면 자산이 매각돼 빚을 갚는 데 사용된다. 채권은 부채이기 때문에, 채권 소유자들은 이 매각의 수익에서 돈을 받는다. 채권 소유자에게 전액 상환할 수 있는 돈이 부족하면 일부만 상환하게 된다. 그러나 주주들은 회사가 모든 부채를 상환한 후에 남은 돈이 없으면 아무것도 얻지 못한다. 이것은 주주들에게 파산보다 훨씬 더 큰 재정적 위험을 일으킨다.

주주들은 회사가 운영되는 방식을 통제하는 데 도움을 준다. 셋째, 채권 보유자는 기업이 어떻게 경영되는지에 대해 발언권이 없는 반면, 주주는 부분적인 소유주이기 때문에 경영 방식에 대한 발언권이 있다. 기업 사냥꾼들은 종종 이 힘을 이용하여 수익을 증대시킬 것이라고 믿는 변화를 하도록 기업을 강요할 것이다. 그리고 이는 특히 회사에 대한 완전한 통제를 중요시하는 많은 기업가들로 하여금 주식 발행에 대해 불안하게 생각하도록 할 수 있다. 어떤 경우에는, 주주들이 이사회를 선임하여, 그 이사회가 회사의 설립자를 자신의 회사에서 해고했다.

그림 27-4는 채권과 주식의 주요 차이를 요약한 것이다. 보는 바와 같이, 그것은 회사에 돈을 빌려주는 것과 그 회사의 일부를 소유하는 것의 차이에 관한 것이다.

주식시장 데이터 이해하기

주식과 주식 시장을 둘러싼 전문 용어들에 대해 좀 더 자세히 알아보자. 그림 27-5는 구글 파이낸스에서 다운로드한 주식 시장의 스냅숏을 보여준다. 쉽게 해석할 수 있도록 해보자.

- 현재 주가를 보면 주식의 가치가 어느 정도인지 알 수 있다.
- 개장 가격, 고가 및 저가는 오늘 거래 기간 동안 주가에 어떤 변화가 있었는지 요약한다. 즉, 개장 시 거래된 주가, 오늘 매매된 최고가, 그리고 오늘 매매된 최저가이다.
- 몇 개월 또는 몇 년의 기간에 걸쳐 주식의 상승과 하락을 평가함으로써 주식의 위험성을 더 잘 파악할 수 있다. 이것은 주가 차트가 보여줄 수 있다.
- 시가총액을 통해 전체 회사의 가치를 알 수 있다. 주식 수에 주가를 곱한 것이다.

그림 27-4 | 채권 대 주식

채권	주식
• 특정한 미래의 이자 지급	• 불확실한 미래 배당 : 기업 실적에 달려있음
• 기업 파산 시 우선 변제	• 기업의 파산 시 후순위 변제
• 기업의 통제권에 권리 없음	• 주주의 회사 운영에 관한 투표

그림 27-5 구글 파이낸스에 있는 이 모든 숫자는 무슨 의미인가?

나이키의 주식시장 숫자 해석

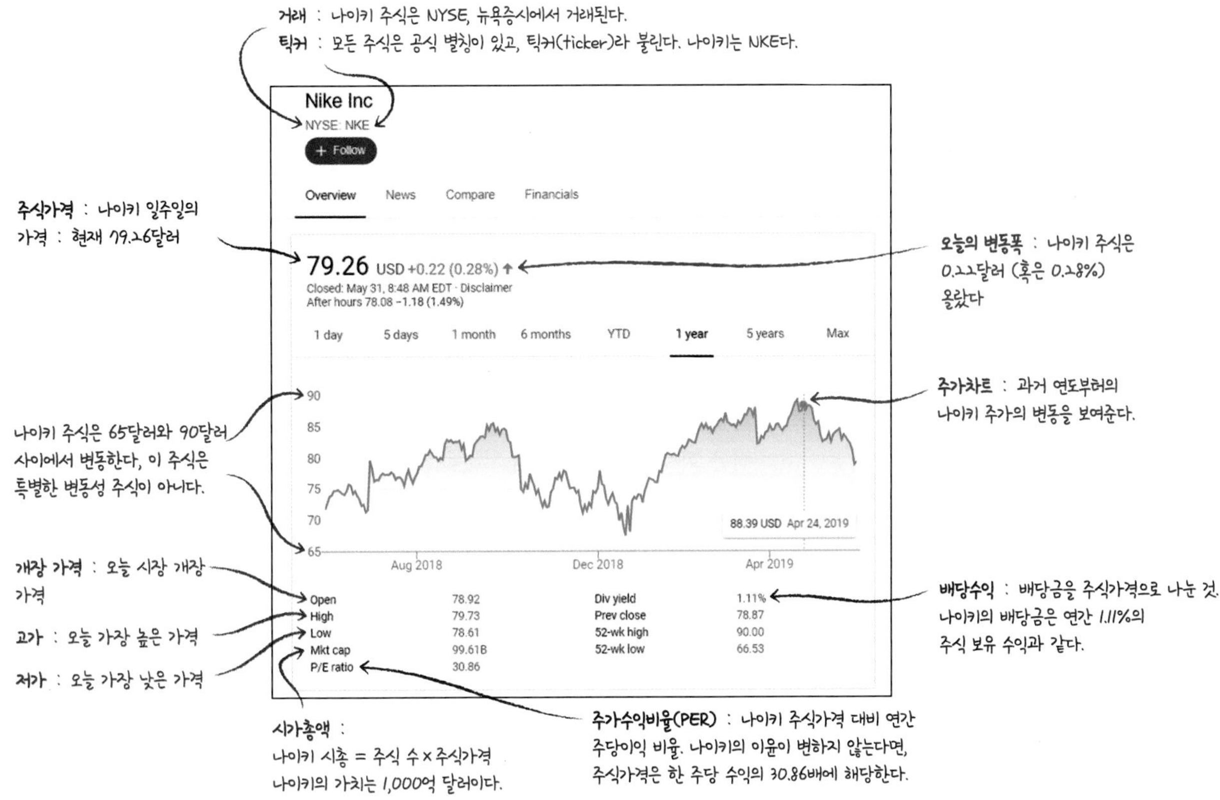

- 그림 27-5는 또한 주가수익비율(PER)과 같은 몇 가지 중요한 비율을 보여준다. 이 비율은 다음 절에서 살펴보겠다.

27.4 무엇이 금융가격을 결정하는가

학습목표 금융가격을 결정하는 것을 파악한다.

다음 과제는 다음의 질문을 하는 것이다: 무엇이 금융가격을 움직이는가? 우리는 주가를 움직이는 것에 대해 대부분의 논의를 집중하겠지만, 당신이 읽은 바와 같이, 유사한 아이디어가 다른 투자자산의 가격에 어떻게 적용되는지에 대해 생각해본다면, 이 자료는 훨씬 더 유용하다는 것을 알게 될 것이다. 결국 주식을 매매하는 많은 같은 동기가 부동산, 미술품, 심지어 알파카 같은 정말 특이한 자산까지 매매하게 한다. 각각의 경우에, 당신은 제한된 내재적 가치(당신의 주식이 배당금을 지급하거나 누군가 당신의 집을 임차하는 경우 지급금의 흐름)를 가진 자산을 구입하고 있으며, 또한 자산가격이 변동할 때 큰 이윤 혹은 손실의 가능성을 구입하고 있는 것이다.

주식 가치 평가

무엇이 주식의 가격 또는 실제로 다른 금융 자산의 가격을 결정하는가? 다른 모든 것과 마찬가지로, 모든 것은 수요와 공급에 관한 것이다. 그림 27-6은 주식의 가격이 다른 시장에서와 같

그림 27-6 | 나이키 주식의 시장

Ⓐ **수요곡선**은 각각의 가격에서 투자자가 사려고 하는 주식의 수량이다.
Ⓑ **공급곡선**은 각각의 가격에서 투자자가 팔려고 하는 주식의 수량이다.
Ⓒ **균형가격**은 공급과 수요가 일치할 때 결정된다

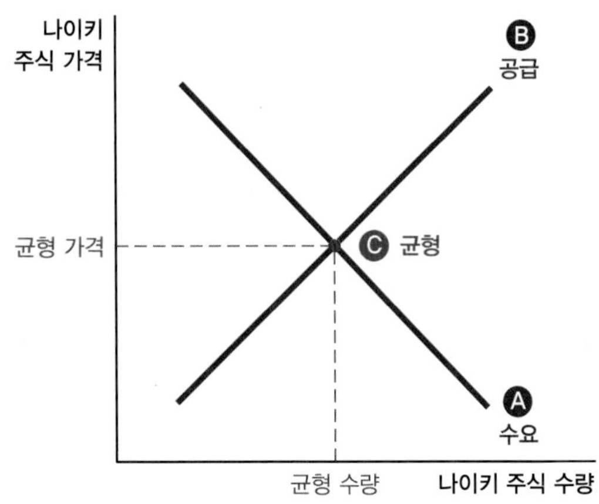

이 동일한 힘을 반영한다는 것을 보여준다. 투자자들이 각 가격에서 얼마나 많은 주식을 판매할지를 나타내는 나이키 주식에 대한 공급곡선이 있는 것처럼, 투자자들이 각 가격에서 얼마나 많은 주식을 매입할 것인지를 나타내는 나이키 주식에 대한 수요곡선이 있다. 다른 시장에서와 마찬가지로, 수요와 공급이 같을 때 가격은 균형점으로 이동한다.

유일한 실제 차이점은 당신은 현명한 투자자로서 시장의 수요와 공급 측면 모두에 있다는 것이다. 나이키 주가가 충분히 낮으면 너무 좋은 거래라고 결론 짓고 사고 싶을 것이고, 가격이 충분히 높으면 팔고 싶어져서 공급자가 될 것이다.

이는 질문을 한 단계 더 심화시킨다: 투자자들이 주식을 사거나 팔려고 하는 가격을 결정하는 것은 무엇인가? 투자자가 주식을 포함하여 금융 자산의 가치 평가에 사용하는 여러 가지 접근에 대해 알아보자.

기초가치는 미래 이윤의 현재가치이다. **기초가치 분석**(fundamental analysis)의 목표는 자산의 기초 가치를 평가하는 것이다. 그 출발점은 주식을 소유하는 것의 이점은 회사의 미래 이윤의 지분을 가질 권리를 주는 것이라는 점을 인식하는 데 있다. 이와 같이 기업의 **기초가치**(fundamental value)는 기업이 얻게 될 미래 이윤의 현재가치이다. 기업의 기초가치는 그 회사의 주식의 기초가치를 결정한다. 주식은 가격이 기초가치보다 낮을 때 좋은 거래이다.

기초가치 분석 자산의 기초가치를 파악하는 틀

기초가치 기업이 얻게 될 미래 이윤의 현재가치

기업의 기초가치를 평가하는 것은 4단계 프로세스 파악해보자.

기업의 기초가치 파악하기
1. 미래 이윤 예상
2. 미래 이윤 할인
3. 할인된 미래 이윤의 합 추가하기
4. 기업의 기초가치를 총 주식 수로 나누기

1단계 : 미래 이윤을 예측한다. 분석가들은 일반적으로 향후 5~10년 동안 기업의 수익과 비용을 예측하는 정교한 스프레드시트 모델을 구축한다. 수입과 비용의 차이는 그 해의 기업의 기대 이윤이다. 그 시간대를 넘어, 분석가들은 대개 이윤이 어느 정도 일정한 비율로 계속 증가할 것으로 가정하고, 아마도 산업의 더 확대된 성장률을 반영할 것으로 예상한다.

2단계 : 이런 이윤은 할인한다. 기회비용의 원리는 돈을 버는 것에는 기회비용이 따른다는 것을 상기시켜준다. 그 돈은 다른 곳에 투자할 수도 있다. 따라서 지난 장에서 소개한 할인공식을 사용하여 이 기회비용을 회계 처리하기 위해 각 연도의 이윤을 현재가치로 전환해야 한다. 위험주식을 평가할 때는 반드시 더 높은 할인율을 적용해야 한다. 왜냐하면 위험주식의 기회비용은 다른 위험주식에 투자하는 것이고, 위험이 높은 주식일수록 수익률이 높기 때문이다.

3단계 : 할인된 미래 이윤의 합계를 추가한다. 나이키의 미래 이윤의 현재가치의 합계는 나이키의 기초가치에 대한 당신의 추정치이다.

4단계 : 주식의 총수로 기업의 기초가치를 나눈다. 나이키 주식 16억 주는 각각 나이키의 미래 이윤에 대한 권리를 가진다. 따라서 나이키 주식의 기초가치는 기업 기초가치의 16억 분의 1이다.

나이키 주식이 이것보다 더 싸다면, 비용-편익의 원리에 의해 주식을 사야 한다. 만약 당신이 맞고, 주가가 그것의 기초가치로 향한다면, 이윤을 위해 그 주식을 팔 수 있을 것이다. 그러나 시장이 그런 방향으로 가지 않는다 하더라도 당신은 나이키 주식을 계속 가지고 있을 수 있고, 당신의 계산에 따르면 장기에 걸쳐서 당신이 지급한 주식 가격보다 더 가치 있는 배당의 흐름을 얻으리라는 것이다. 중요한 주의 사항은 다음과 같다. 이번 두자 전략은 나이키의 기초가치에 대한 추정이 주가추정보다 정확해야 성공할 수 있다. 그렇지 않다면, 당신은 저평가 주식을 사고 있다고 생각할 수도 있지만, 실제로는 고평가 주식을 사는 것으로 끝나게 된다.

상대가치 평가는 유사 기업에 의존한다. **상대가치 평가**(relative valuation)라고 불리는 대안적 접근법은 어떤 자산의 가치를 그것과 유사한 자산과 비교하여 평가한다. 가장 단순한 형태의 상대가치 평가에서, 어떤 것의 가격을 거의 동일한 '쌍둥이'와 비교함으로써 평가한다. 예를 들어 침실 2개짜리 4층 아파트가 12만 달러에 팔린다면 복도 맞은편의 거의 동일한 아파트의 가치도 12만 달러라는 게 상대평가다. 물론, 이것은 단지 첫 번째 아파트가 적절한 가격에 팔렸다면 성립된다. 일란성 쌍둥이를 찾을 수 없을 때 상대평가는 조금 더 어려워진다. 예를 들어, 나이키는 비슷한 어떤 쌍둥이 회사가 없다. 나이키는 가장 가까운 경쟁사인 아디다스보다 두 배 이상 크며, 언더아머보다 열 배 이상 크다. 유사 규모의 문제를 피하기 위해 각 기업의 규모에서 추출한 재무 비율을 살펴볼 수 있다. 월스트리트 분석가가 사용하는 상대가치 평가 비율 중 두 가지는 다음과 같다.

상대가치 평가 어떤 자산의 가치를 그것과 유사한 자산과 비교하여 평가하는 것

- 주가순자산비율은 기업의 주식가격을 기업의 주식당 순자산(부채를 뺀 총자산으로 계산됨)을 측정하는 주식당 순자산가치에 비례하여 측정하는 것이다, 나이키가 자산을 활용해 아디다스와 비슷한 비율로 수익을 창출한다면 나이키와 아디다스 모두 비슷한 주가순자산비율을 가져야 한다.
- 주가수익비율은 기업의 주식가격을 주식당 수익으로 측정되는 지난해 기업의 이윤을 비교해서 상대평가로 측정하는 것이다. 아디다스보다 수익이 두 배나 많은 기업은 두 배의 가치가 있어야 한다는 생각이다. 만약 이것이 사실이라면 나이키와 아디다스는 비슷한 주가수익률을 가져야 한다.

경제학 실습

나이키 주식가격에 대해 상대가치평가를 사용해보라.

그림 27-7은 나이키의 주요 경쟁사 중 하나인 아디다스의 2016년 주요 재무 데이터를 포함하고 있다. 우리는 나이키의 가치를 추정하기 위해 이 숫자들을 사용할 것이다.

a. 아디다스 주식의 주가순자산비율 계산하기

$$\text{아디다스의 주가순자산비율은 } \frac{\text{1주당 가격}}{\text{주당 자산가치}} = \frac{\$157.91}{\$33.97} = 4.65$$

b. 아디다스 주식의 주가수익비율 계산하기

$$\text{아디다스의 주가수익비율은 } \frac{\text{1주당 가격}}{\text{주당 수익}} = \frac{\$157.91}{\$5.34} = 29.6$$

이제 나이키 주식가치 계산에 사용해보자.

c. 나이키의 주당순자산가치는 7.31달러였다. 나이키가 아디다스 같은 주가순자산비율을 창출한다면 나이키 주식의 가치는 얼마인가?

$$\frac{\text{1주당 가격}_{\text{나이키}}}{\text{주당순자산가치}_{\text{나이키}}} = 4.65$$

$$\text{재정리 : 1주당 가격}_{\text{나이키}} = 4.65 \times \text{주당순자산가치}_{\text{나이키}} = 4.65 \times \$7.31 = \$34$$

d. 나이키의 주가수익비율은 2.16달러였다. 만약 나이키가 아디다스와 같은 주가수익비율을 가진다면 나이키의 주식가치는 얼마인가?

$$\frac{\text{1주당 가격}_{\text{나이키}}}{\text{주당수익}_{\text{나이키}}} = 29.6$$

$$\text{재정리 : 1주당 가격}_{\text{나이키}} = 29.6 \times \text{주당수익}_{\text{나이키}} = 29.6 \times \$2.16 = \$64$$

그림 27-7 아디다스 재무 데이터

adidas 재무 데이터	
1주당 주식가격	$157.91
주(식)당 수익	$5.34
주(식)당 순자산가치	$33.97

2016년 자료 출처 : Bloomberg.

여기서 우리는 두 가지 상대평가 기법을 사용했다. 그리고 그것들은 다른 값을 제공한다. 하나는 나이키 주식의 가치가 64달러였다고 하고, 다른 하나는 34달러라라고 한다. 실제 2016년 동안 나이키의 주가는 49~64달러 사이에서 등락을 거듭해 투자자들이 나이키 주식을 매매할 의향이 있는 가격을 상당히 잘 보여주는 지표라는 평가다. ■

상대평가가 가능하게 하는 핵심은 진짜 유사한 기업들을 비교하고 있는지 확인하는 것이다. 이는 나이키를 비슷한 리스크, 성장률 전망, 자금수요 등을 가진 기업들과만 비교해야 한다는 뜻이다. 하지만 이는 나이키를 다른 스포츠 용품 회사들과 비교하는 것을 의미하지는 않는다. 일부 애널리스트들은 나이키가 크록스 같은 다른 신발 회사나 랄프 로렌 같은 패션 회사나 코치 같은 명품 브랜드와도 비교되어야 한다고 주장해왔다.

일상경제학 **그 집을 사려면 얼마를 내야 하는가?**

이 작은 집의 적정 가격은 얼마인가?

주식 가치를 책정하기 위해 사용하는 것과 같은 원칙을 적용하여 주택에 얼마를 지불할 의향이 있는지를 파악할 수 있다.

기업의 기초가치가 매년 창출하는 수익에서 나오는 것처럼, 주택의 기초가치는 매년 임대료를 내지 않아도 되는 수익에서 나온다. 이렇게 미래 수익의 현재가치를 합산함으로써 주식의 가치가 얼마나 되는지 알 수 있듯이, 똑같이 좋은 집을 임차하기 위해 지불해야 할 임대료의 미래가치를 합산하면 주택의 가치가 얼마나 되는지 알 수 있다.

또한 상대가치 평가를 사용하여 주택 가치를 평가할 수도 있다. 만약 당신이 살 집에 대한 쌍둥이를 찾을 수 없다면, 대신 상대가치 평가 비율에 초점을 맞추어야 한다. 투자자들이 주택을 평가할 때 가장 많이 사용하는 비율은 가격 면적률이다. 모든 상대가치 평가 기법이 그렇듯이 비슷한 것과 비교하는 것이 중요하며, 이 경우 비슷한 동네에서 비슷한 품질의 주택을 비교하는 것을 의미한다. 만약 당신 동네의 비슷한 품질의 주택이 일반적으로 평방 피트당 100달러 정도의 가격 면적 비율로 팔린다면, 이 접근법에 따르면, 2,000평방 피트짜리 주택은 약 20만 달러에 팔릴 것이다. 그것은 또한 400평방피트의 작은 집이 4만 달러에 팔릴 것임을 의미한다. ■

효율적 시장 가설

나이키의 주가는 주식의 공급과 수요에 따라 결정된다. 나이키 주식을 사려는 수요는 가격보다 가치가 더 높다고 믿는 투자자들로부터 나온다. 나이키 주식의 공급은 가격보다 기초가치가 낮다고 보고 매각을 원하는 투자자들로부터 나온다. 균형에서 수요와 공급이 일치하는데, 이는 나이키의 주가는 가격이 저평가되었다는 베팅과 가격이 고평가되었다는 베팅이 일치하는 점에서 결정됨을 의미한다. 이러한 관점은 주가가 기업의 기초가치에 대한 시장의 집단적 판단을 나타낸다는 것을 시사한다.

주가는 기업의 기초가치에 대해 공개적으로 이용 가능한 모든 정보를 반영한다. 한 애널리스트가 운동화를 만드는 데 사용되는 고무의 가격이 조금 더 낮아질 것이라는 나이키에게 좋은 소식을 발견하면, 나이키의 가치에 대한 평가를 업그레이드하게 된다. 결과적으로, 그녀가 운용하는 펀드는 더 많은 나이키 주식을 살 것이고, 이러한 추가 수요는 가격을 상승시킬 것이다. 또 다른 애널리스트는 말레이시아에서 판매가 부진하다는 몇 가지 나쁜 소식을 접한다면, 펀드가 주식을 팔도록 유도하여 가격은 하락할 것이다.

수천 명의 애널리스트들이 세세한 부분까지 파고들면서 나이키의 주가는 이 모든 정보를 반영하게 될 것이다. 이것이 어떤 시점에서도 금융가격은 공개적으로 이용 가능한 모든 정보를 반영한다는 **효율적 시장 가설**(efficient markets hypothesis)의 배후에 있는 아이디어이다.

효율적 시장 가설 주식 가격은 항상 공개적으로 이용가능한 모든 정보를 반영하고 있다는 이론

시장을 거스르는 것은 어렵다. 효율적 시장 가설은 주식 가격이 항상 그것의 기초가치와 정확히 같다는 것을 의미하지는 않는다. 오히려 공개적으로 이용 가능한 정보를 바탕으로고평가 혹은 저평가되어 있는지를 예측하는 것이 불가능하다고 말한다.

주식을 사고팔면서 돈을 벌기 어려운 이유가 여기에 있다. 현명한 투자자로서, 당신은 기초가치가 가격보다 더 높은 주식을 사려고 한다. 그러나 효율적 시장 가설은 주식의 가격이 낮은지 또는 너무 비싼지 구별하는 것이 불가능하거나 적어도 내부 정보를 가지고 있지 않으면 불가능한 것이며 내부 정보로 거래하는 것은 불법이다(그것을 내부자 거래라고 한다).

그 시장에는 저마다 부지런히 틈을 찾고 있는 많은 거래자들이 있다. 그들은 만약 어떤 정보가 나이키의 가격이 저평가되어있다는 것을 보여준다면, 이 모든 거래자들은 이미 나이키 주식을 재빨리 구입했을 것이고, 따라서 그 가격을 그것의 기초가치로 올려 놓았을 것이다.

Peter Ptschelinzew/Lonely Planet Images/Getty Images
모든 사람은 중고시장에서 저평가된 보물을 찾는다.

같은 아이디어가 다른 금융시장에도 적용된다. 매일 수십억 달러어치의 채권과 외화가 거래되고 수천 명의 애널리스트들과 거래자들이 모든 세세한 틈을 찾으면서 거래하고 있다. 따라서 저평가된 채권이나 외화를 식별하는 것은 거의 불가능하다. 일부 시장은 덜 경쟁적이다. 예를 들어, 집, 피카소, 야구 카드 시장은 완벽하게 효율적이지 않을 수 있다. 그러나 그렇다고 하더라도, 이러한 자산을 거래하는 스마트 쿠키(똑똑하고 어려운 상황을 잘 극복하는 사람)가 충분히 많기 때문에 수준 높은 전문 투자자들조차 저평가된 자산을 식별하기가 매우 어렵다고 생각한다. 그렇기 때문에 저평가된 골동품을 찾기 위해 벼룩시장을 뒤지는 사람들은 대개 그들의 노력에 대해 보여줄 만한 성과가 거의 없게 된다.

금융가격은 예측할 수 없이 움직인다. 효율적 시장가설의 논리는 앞으로 1분, 1시간, 1일, 일주일, 1년에 걸쳐 주가가 상승할지 하락할지 예측할 수 없을 것임을 시사한다. 결국, 다음 주 금요일에 주가가 상승한다는 정보가 있다면, 어떤 거래자는 금요일 오후에 팔려고 목요일에 주식을 사서 돈을 벌 수 있다는 것을 알게 될 것이다. 대신 수요일에 주식을 사면 그들을 이길 수 있다. 하지만 어떤 영리한 사람이 앞서서 화요일에 주식을 살 수도 있다. 이 논리를 충분히 따르면 당신은 사람들이 미래에 대한 뉴스를 바탕으로 현재 주식을 사고 파는 것을 발견할 것이고, 그들은 예측 가능한 미래의 주가 변동을 없앨 정도로 매매할 것이다.

미래를 내다보는 거래자들이 예측 가능한 모든 주가 변동을 제거한다면, 남은 모든 것은 예측 불가능한 변화일 것이다. 이런 논리는 주가 변동이 예측 불가능하다는 것을 시사한다. 이는 실제로 주가가 이미 공개적으로 이용 가능한 모든 정보를 반영하고 있다는 생각의 적용일 뿐이다. 이 경우, 주가는 미래에 주가가 상승하거나 하락할 수 있는 정보를 이미 반영하고 있다는 것이다. 가격이 예측할 수 없는 방식으로 변동할 때, 우리는 그것이 **랜덤워크**(random walk)를 따른다고 말하는데, 이것은 주가가 예측할 수 없는 길을 따른다는 것을 의미한다.

랜덤워크 가격이 예측 불가능한 경로를 따라가는 것

기술 분석은 존재하지 않는 패턴도 찾는다. 이 모든 것은 시간 경과에 따른 금융가격 그래프를 연구하고 패턴을 찾아내고 이러한 패턴을 사용하여 미래를 예측하려는 기술 분석은 제대로 작동하지 않는다는 것을 의미한다. 예측할 수 없는 것을 예측해서 돈을 벌 수는 없다. 이것은 사람들이 믿기 어려울 수 있다. 인간은 혼돈 속에서 질서를 찾으려는 본능적인 욕구가 있으며, 그 본능은 당신이 존재하지 않는 패턴을 발견할 수 있다고 쉽게 믿게 할 수 있다.

랜덤워크 가설이 주가가 미친 방향으로 변동한다고 주장하는 것은 아니다. 좋은 뉴스는 여

전히 주가를 상승시키겠지만, 거래자들이 이를 알리자마자 주가가 상승해 좋은 수익을 보기도 전에 상승해버릴 수도 있다는 의미다. 예를 들어, 한 제약 회사의 주식은 그 회사가 새로운 알레르기 약을 개발했다는 것을 투자자들이 알게 되는 즉시 상승할 것이다. 그리고 새로운 약이 FDA의 승인을 받았다는 것을 그들이 알게 되면 다시 상승할 것이다. 회사가 실제로 알레르기를 치료하기 위해 약을 판매해서 이익을 보여줄 때, 그 모든 이익은 주주들에 의해 이미 기대되고, 따라서 주가에 반영되어버렸다.

경제학 실습

주가 변동을 예측할 수 있는가?

이 랜덤워크 아이디어를 시험해보자. 주가가 오를지 내릴지 예측할 수 있는가? 그림 27-8은 99개의 주요 종목에 대한 임의의 월의 주가 데이터를 보여준다. 만일 다음날 주식이 올랐다 생각하면 ✓표시를 하고, 떨어졌다고 생각하면 ✗표시를 해보라.

정답 : 답을 찾기 전에 예측 표시를 완료했는지 확인하라! 먼저 표시를 끝내라.

자! 이제 정말 끝냈는가? 주식의 이름 끝에 마침표가 있다면, 그것은 다음날 주가가 올랐다는 것을 의미한다.

어땠는가? 대부분의 학생들은 대략 틀린 것과 맞춘 것이 비슷한데(99점 만점에 44점에서 55점 사이), 이는 랜덤워크 이론이 시사하는 바이다. 때때로 틀린 것보다 몇 개 더 맞춘 학생이 있지만, 여전히 운이 좋았다고 할 만큼 차이는 미미하다. ■

그림 27-8 | 다음에 주식이 오를 것인지 내릴 것인지 예측할 수 있는가?

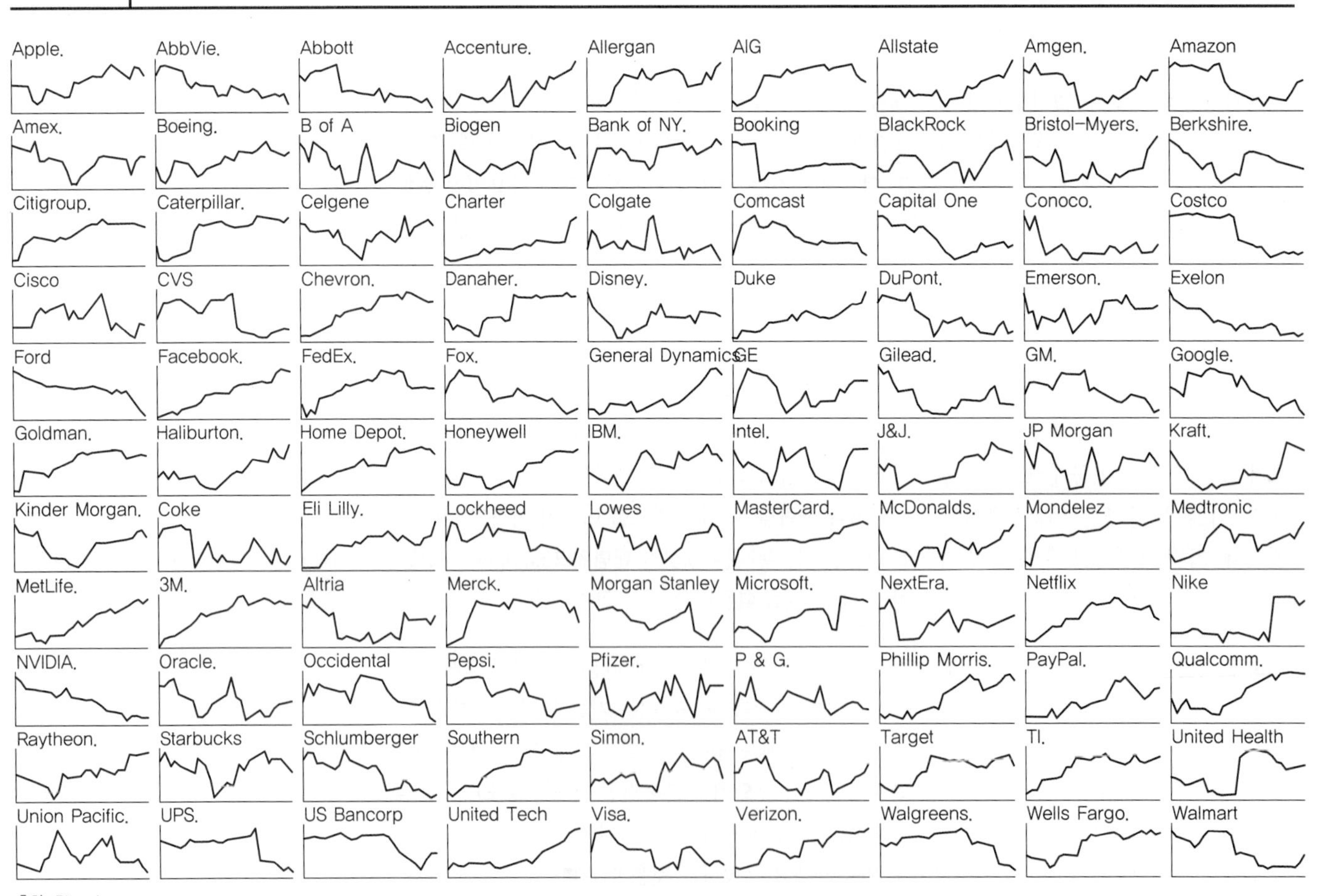

출처 : Bloomberg.

전문가의 조언

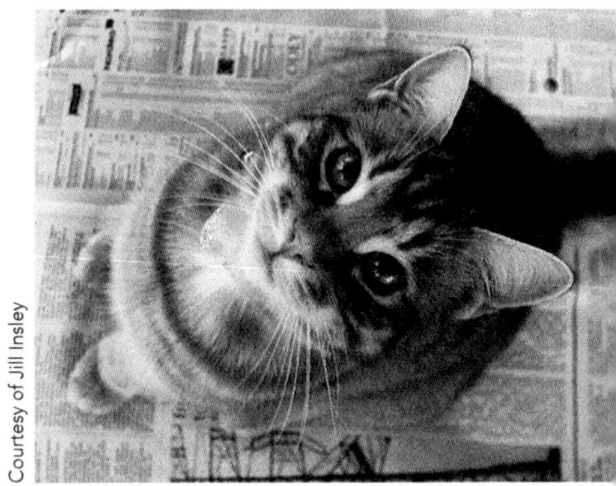

올랜도는 완벽하지는 않지만 세 명의 프로를 이겼다.

몇 년 전, 영국의 한 신문이 대표적인 재산 관리인, 증권 중개인, 그리고 펀드 매니저를 올랜도라는 이름의 고양이와 겨루는 주식 뽑기 대회를 운영했다. 투자 프로들은 프로들이 보통 하는 일을 하면서, 구입하기에 가장 좋다고 생각되는 주식을 찾기 위해 수많은 데이터들을 세세히 분석하였다. 이와는 반대로, 올랜도는 그가 가장 좋아하는 장난감 쥐를 다양한 종목이 표시된 격자망에 던져 넣었다. 연말에 올랜도는 프로들을 이겼다.

미친 짓이다. 그렇지 않은가? 주식발굴대회에서는 마치 고양이같이 주식에 대해 아무것도 모르는 것이 심각한 장애가 될 거라 생각하지 않는가?

효율적 시장 가설은 재빨리 그렇지 않다고 말한다. 시장을 이기는 것이 불가능하거나 적어도 정말 어렵다면, 시장보다 더 나쁜 일을 하는 것도 정말 힘들 것이다. 결국, 만약 올랜도가 평균적으로 더 나쁜 주식 선택가라면, 그가 한 일과 반대로만 해도 돈을 벌 수 있을 것이다. 효율적인 시장 가설이 맞다면 올랜도는 어느 투자 전문가 못지않게 주식을 잘 고른 것으로 나타났다(그리고 이 경우 그는 운이 좀 좋아서 그들을 따돌렸다). 한때 경제전문가가 "눈가리개를 하고 신문 금융 페이지에 다트를 던지는 한 원숭이가 전문가들이 엄선한 포트폴리오만큼 좋은 포트폴리오를 선택할 수 있다"고 주장했던 논리다.

대학 교수와 월스트리트의 금융시장 분석가를 포함한 수천 명의 연구자들은 주식이 어디로 가고 있는지 예측할 수 있는지를 평가하기 위해 신중한 연구를 수행했다. 결론은 불가능하지는 않지만, 주가를 예측하기가 엄청나게 어렵다는 것이다. 워렌 버핏에 대해 들어보았을 것이다. 그는 자신이 저평가하고 있다고 생각하는 사업체를 찾아 수십억 달러를 벌어들였다. 하지만 모든 사람들이 버핏처럼 되기를 원하지만, 그의 성공을 흉내낼 수 있는 사람은 거의 없었다.

전문가도 시장을 일관되게 이길 수 없다. 사실, 재무 애널리스트들에 대한 놀라운 사실이 있다: 단지 각 회사의 작은 지분을 구입하는 전략에서 보면, 어떤 애널리스트들은 돈을 벌지만, 어떤 애널리스트들은 심지어 더 많은 돈을 잃었다. 그러면 무엇이 이 애널리스트들을 움직이게 할까? 짧은 대답은 그들이 손실내고 있는 돈은 당신과 같은 투자자들의 것이라는 것이다. 그리고 당신과 같은 사람들은 시장을 이길 수 있는 적절한 금융 애널리스트 찾기를 계속 바라고 있다. 하지만 희망은 현실이 아니다. 그리고 당신은 아마도 시장을 이길 수 있는 소수의 재무적인 천재들 중 한 명을 찾지 못할 것이다.

이러한 것을 살펴보기 위해, 전형적인 보통 사람이 어떻게 주식 시장에 투자하는지 생각해 보자. 대부분의 사람들은 **뮤추얼 펀드**(mutual fund)를 통해 투자하는데, 이는 그들을 대신해 주식 포트폴리오를 구입하기도 한다. 당신의 고용주의 퇴직연금은 아마도 당신이 투자할 서로 다른 뮤추얼 펀드 목록에서 선택할 수 있게 해줄 것이다. 뮤추얼 펀드에는 두 가지 유형이 있다.

뮤추얼 펀드 당신을 대신해서 채권이나 주식 포트폴리오를 구입하는 펀드

- **적극적으로 운용**(actively managed)되는 뮤추얼 펀드는 그들이 특별히 좋을 것 같다고 생각하는 주식들에 돈을 투자하는 전문 종목 선별가들에게 상당한 급여를 지불한다.
- **지수펀드**(index fund)는 어떤 특급 종목 선별가들에게도 돈을 지불하지 않는다. 대신에 그들은 S&P 500이나 다른 광범위한 시장 지수에 있는 모든 주식을 자동으로 사도록 컴퓨터를 프로그래밍할 뿐이다.

적극적인 운용 종목 선별가에 의해 운용되는 펀드 운용

지수펀드 시장지수로 구성된 펀드

2003년과 2018년 사이의 주요 뮤추얼 펀드를 면밀히 분석한 결과, 전혀 전문 지식과 상관없이 S&P 500에 투자하는 지수펀드는 연평균 7.77%의 수익률을 기록했다. 이와는 대조적으로, 그림 27-9는 모든 비교 가능한 것을 적극적으로 관리하는 전문 종목선별자가 운용하는 뮤추얼 펀드가 연평균 6.28%의 수익을 얻었다는 것을 보여준다. 그 차이는 미미하게 들릴지 모르지

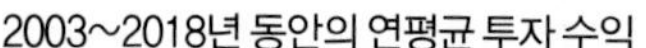
그림 27-9 주식시장을 거스르는 것은 어렵다

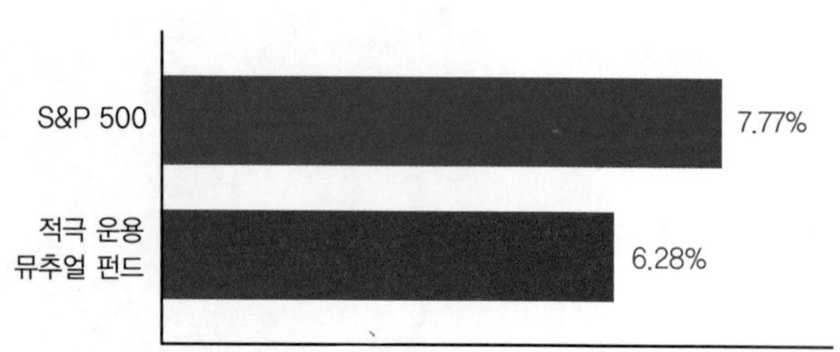

출처 : S&P Dow Jones Indices.

만, 합산해보자. S&P 500에 대한 10만 달러의 투자는 이 기간 동안 30만 7,000달러로 증가했고, 적극적으로 운용된 펀드는 24만 9,000달러를 벌어들였을 것이다. 당신은 전문 종목 선별자를 고용하지 않았더라면 5만 8,000달러를 더 벌었을 것이다.

이것이 무엇을 의미할까? 전문 종목 선별자들이 특별히 종목 선정을 못하는 것은 아니다. 오히려, 그들은 특출하게 잘하는 것은 아니라는 것이다. 그들이 고르는 주식은 S&P 500에 따라 대략적으로 상승하지만, 그들은 당신에게 그들의 '전문성'에 대해 많은 돈을 요구한다. 이러한 높은 수수료는 그들과 함께 투자하는 것을 실적 나쁜 베팅으로 만든다.

과거의 성과가 미래의 성과를 보장하는 것은 아니다. 이렇다 하더라도, 만약 당신이 시장을 이길 수 있는 종목 선별자들이 있다고 생각한다면, 그들을 찾는 행운을 빈다. 내 경험에 따르면, 거의 모든 종목 선별자들은 앞으로 몇 년 안에 잘될 것이라고 말한다. 그들 중 많은 이들이 과거에 시장을 이겼다고 말하면서 자신들의 실적을 선전할 것이다. 하지만 이와 같은 청구서에는 항상 *가 붙어 있다.

* 과거의 실적은 미래의 실적에 대한 보장이 아니다.

자잘한 글자를 보았는가? 그것은 사실을 과소평가하고 있다. 대신 다음과 같이 말해야 한다.

* 과거의 실적은 미래의 실적과 거의 관계가 없습니다.

2006~2011년 기간 동안 가장 실적이 좋은 뮤추얼 펀드에 초점을 맞춰보자. 이러한 펀드의 상위 분기 4분의 1 중, 2011~2016년 기간 동안 다시 상위 4분의 1에 진입한 펀드는 20%에 불과했으며, 이는 최악의 실적을 기록한 뮤추얼 펀드가 상위 분기 4분의 1에 진입할 수 있는 기회와 거의 일치했다. 즉, 과거의 실적이 미래의 실적을 예측하지 못한 것이다.

과거에 어떤 종목 선별자가 좋은 실적을 냈던 것이 미래에 그들에게 큰 도움이 되지 않는다. 이것은 그들 중 어느 누구도 항상 시장보다 낫지 않다는 것을 시사하는 일종의 패턴이지만, 그들 중 일부는 때때로 행운을 얻기도 한다.

워렌 버핏을 기억하라. 몇 년 전 그는 S&P 500 주가지수가 10년에 걸쳐 가장 활발하게 운용되는 펀드(헤지펀드)를 능가할 것이라고 장담했다. 버핏은 "앞으로 나와서 자신의 직업을 방어하는 긴 행렬의 펀드 매니저들"을 기대하며 기다렸다고 말했다. 결국, 그들이 그들의 능력에 그렇게 자신만만하다면, 왜 그들은 그들 자신의 돈을 조금이라도 걸지 않았을까? 딱 한 사람만 베팅을 한 충분한 이유가 있었다. 그 사람이 졌다. 패자는 "소극적 투자가 오늘날 대세"이라고 말하며 인정했다. 왜일까? 시장을 이기는 것이 어렵다는 것은 당신이 잘 다변화된 지수펀드에 투자한다면 포트폴리오가 더 빨리 성장한다는 것을 의미하기 때문이다.

일상경제학 경제학자처럼 투자하는 방법

경제학자들은 자신의 돈으로 무엇을 하는가? 지금까지의 증거로 볼 때, 당신은 그들 대부분이 잘 다변화된 지수펀드에 투자한다는 것을 듣고 놀라지 않을 것이다. 그림 27-10은 경제학자들이 돈을 어떻게 다루는지 물어본 설문 결과를 보여준다. S&P 500 주식 500주를 모두 매입하면 잘 다변화된 포트폴리오를 갖출 수 있다. 지수펀드는 어떤 일류의 주식 선별가들에게 수수료를 지불하지 않으며, 이것은 그들이 수수료를 매우 낮게 유지하도록 도와준다. 이들 지수펀드 가운데 가장 좋은 것은 수수료가 매우 적어서 펀드 금액의 0.2% 정도밖에 되지 않는데, 이는 적극적으로 운영되는 뮤추얼 펀드의 경우 수수료가 1%에서 어떤 경우에는 2%에 해당하는 것과 비교된다. 경제학자들은 과거의 종목 선별 실적은 미래의 실적을 예측하지 못하기 때문에 무시한다. 그들이 초점을 맞추는 유일한 지표는 청구되는 수수료인데, 이것은 때때로 비용 비율이라고 불린다. 그들은 수수료에 초점을 맞추는데, 수수료가 펀드 수익률의 아주 좋은 예측변수이기 때문이다. 결국 좋은 종목을 예측하기 어렵더라도 높은 수수료를 지불하면 더 가난해질 것이라고 예측하기 쉽다. 매년 수수료에서 몇 퍼센트 포인트씩 절약하는 것은 별 문제처럼 들리지 않을 수도 있다. 30년 동안 10만 달러를 지수펀드에 넣어 복리가 된다면, 가장 저렴한 비용 옵션을 선택하여 약 12만 달러의 수수료를 절약할 수 있다. ■

그림 27-10 | 경제학자들은 자신의 돈을 어떻게 하는가?

"일반적으로 내부 정보가 전혀 없는 상태에서 주식 투자자는 주식을 몇 개 고르는 것보다 잘 다변화된 저비용 지수펀드를 선택함으로써 더 나은 성과를 기대할 수 있다."

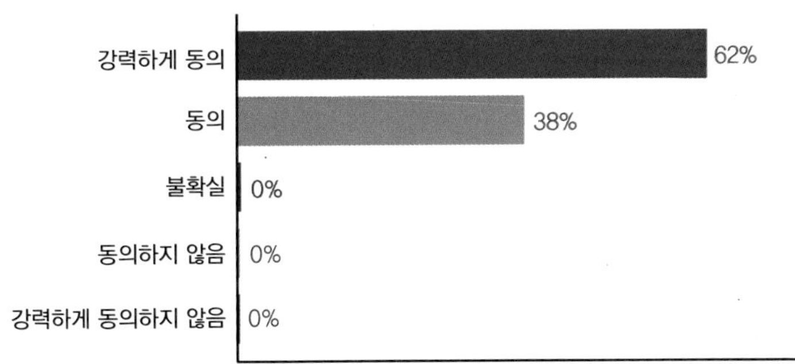

2019년 자료 출처 : University of Chicago's Booth School of Business.

효율적인 시장 가설은 겸손의 가치를 가르쳐준다. 어떤 종목이 오를지, 언제 오를지 예측할 수 있는 방법을 찾아낼 수 있는 사람은 돈을 아주 많이 벌 수 있기 때문에 뜨거운 연구 분야로 남아 있다. 현재로서는, 효율적 시장 가설은 대부분 옳다고 생각하는 사람들과 거의 항상 옳다고 생각하는 사람들 사이의 논쟁일 것이다. 만약 당신이 시장에 새로운 정보를 먼저 가져올 수 있다면, 당신은 아마도 그것을 통해 이익을 얻을 수 있을 것이다. 하지만 새로운 정보가 너무 빨리 통합되고, 당신이 반응하기에는 몇 초밖에 주어지지 않는다.

더 중요한 것은, 비록 당신이 효율적 시장 가설이 정확히 옳다고 생각하지 않더라도, 당신이 항상 명심해야 할 중요한 경고로 들어야 한다는 것이다: 주식을 선택하는 능력이나, 실제로 어떤 금융 자산을 선택하는 능력에 대해 겸손해야 한다는 것이다. 거래하기 전에 다음과 같이 자문해야 한다. 시장에서 당신이 의존하고 있는 정보를 간과했을 가능성이 있는가? 당신의 분석이 그 주식을 연구하면서 평생을 보내는 수천 명의 거래자들의 집단적 지혜보다 더 똑똑할 것 같은가? 만약 주식의 가격이 당신의 평가와 일치하지 않는다면, 그것은 주가보다는 당신의 평가가 잘못일 가능성이 크다는 것을 항상 기억하라.

주식 시장은 경제 변화를 예측하는 데 도움이 될 수 있다. 전문가들은 시장 가격이 이미 너무나 많은 전문 지식과 정보를 포함하고 있기 때문에 주식시장을 이기기가 어렵다고 생각한다. 그러나 이것은 또한 사람들이 개별 기업과 경제 전반에 발생할 것이라고 생각하는 것들이 주가에 반영된다는 것을 의미한다. 많은 기업의 주가가 상승하고 있다면 이는 거래자들이 호경기를 기대하고 있다는 신호이고, 주가가 하락하고 있다면 아마도 나쁜 소식이 앞으로 있을 것이라는 신호다. 그림 27-11과 같이 주가를 나타내는 광범위한 지표인 S&P 500은 경기 호조를 기대하며 상승하고 경기 침체를 예상하여 하락하는 경향이 있다.

결과적으로 주가는 거시경제적 지표로 주목된다. 하지만 주가는 극도로 변동성이 크며, 모든 일시적 변동이 경제 상황의 변화로 해석되는 것은 아니다. 사실, 때때로 주가가 상당히 곤혹스럽기도 한데, 이는 다음 주제로 넘어가게 해준다: 주식 시장의 거품.

그림 27-11 | 주식가격은 GDP를 예측한다

과거 동안의 GDP의 퍼센트 변화와 주식가격(오른쪽 축 S&P 500)

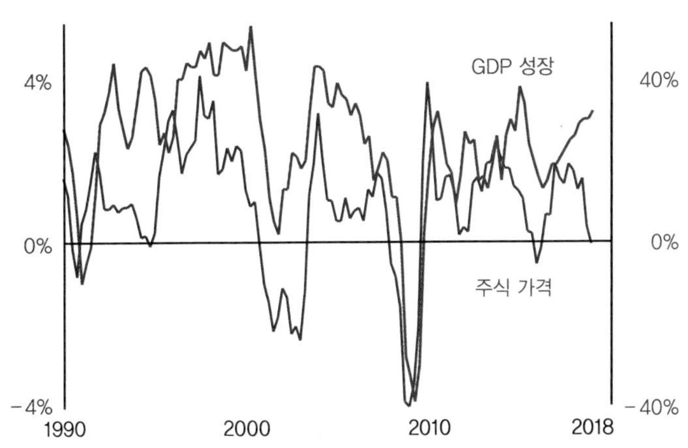

출처 : Bureau of Economic Analysis; Bloomberg.

금융 거품

1990년대 말 인터넷 경제가 꽃피우기 시작하면서 실리콘 밸리는 특별하고 거의 마법에 가까운 장소가 되었다. 거의 매일 새로운 회사들이 생겨났고, 많은 회사들이 폭발적인 성장을 누렸다. 인터넷은 서부 개척지였고, 젊은 프로그래머들은 새로운 미개척지를 탐험하면서 재산을 모으는 정착민이었다. 아마존, 이베이, 구글이 태어났고, 그들의 설립자들은 믿을 수 없을 정도로 부자가 되었다. 이 성공을 재현하고자 하는 기술에 정통한 전국의 학생들은 대학을 중퇴하고 스타업을 창업하고자 서부로 향했다. 좋은 아이디어를 가진 사람이건 좋지 않은 아이디어를 가진 사람이건 누구나 굶주린 투자자들로부터 빠른 속도로 자금을 조달할 수 있을 것 같았다.

투기 거품 자산의 가격이 자산의 기초가치 이상으로 증가할 때 발생하는 것

그림 27-12 | 닷컴 버블

NASDAQ 지수, 기술주 가격의 척도

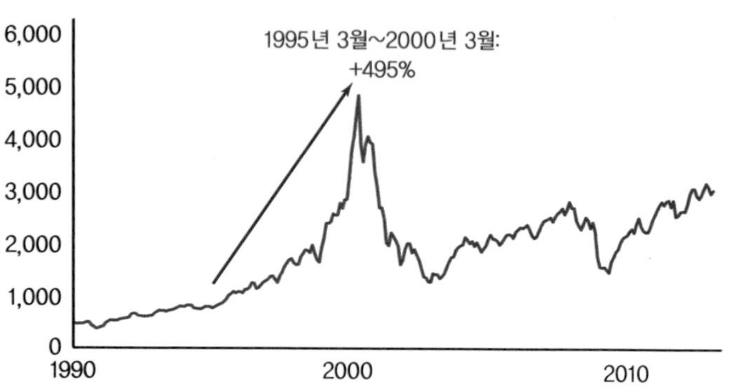

출처 : NASDAQ QMX Group.

투자자들은 이러한 젊은 회사들의 주식에 대해 점점 더 높은 가격을 지불하면서 그 실적에 대해 흥분했다. 2000년 3월까지, 이러한 관심은 그림 27-12에서 보는 바와 같이 주로 기술 관련 주식으로 구성된 나스닥 지수 가격의 495% 상승을 이끌었다. 한 번도 수익을 내지 못한 일부 기업은 수십억 달러 가치인 것처럼 가격이 책정됐다. 예를 들어, 식료품 배달 서비스 기업인 웹반은 당시 500만 달러 이하의 수익을 가지고 있었고 손해를 보고 있었음에도 불구하고 주식이 너무 많이 올라서 그 회사는 그 60억 달러의 가치가 있는 것처럼 평가되었다. 이들 기술주 중 많은 종목들의 가격은 그들의 미래 수익과 단절되어 있었다.

주식과 같은 자산의 가격이 그것의 기초가치 이상으로 상승할 때, 가격이 매우 부풀어 있기 때문에 우리는 그것을 **투기 거품**(speculative bubble)이라고 부른다. 그리고 거품처럼, 가격은 터질 때까지 계속 부풀어 오를 수 있다. 2000년 3월 닷컴 버블이 터지면서 이들 종목의 가치가 폭락했다. 웹반의 주가는 폭락하기 전 25.44달러에서 0.06달러로 떨어졌고, 다른 수십 개의 닷컴 업체들도 동반 하락했다. 2000년 3월에 나스닥에 1,000달러를 투자했다면, 2년 반 후에 260달러의 가치만 남았을 것이다. 어떻게 하면 이런 거품이 생길 수 있을까? 그것에 대답하기 위해서, 우리는 귀여운 강아지들에 대해 이야기해야 할 것이다.

Tim Boyle/Getty Images News/Getty Images

60억 달러의 가치가 없다

주식시장은 예쁜 강아지 선발 대회 같다. 주식시장에 대한 한 가지 관점은 예쁜 강아지 선발 대회 같은 것이다. 방식은 다음과 같다. 예쁜 강아지 선발 대회에는 강아지들의 사진이 있다. 어떤 강아지가 가장 인기 있는지 정확히 맞혀보면, 즉, 대부분의 사람들이 가장 귀엽다고 생각하는 강아지이다. 그러면 상을 받을 자격이 주어진다.

Michael Pettigrew/Shutterstock

이제 선택할 차례다.
당신은 어떤 강아지를 고르겠습니까?
(힌트 : "어느 강아지가 가장 귀엽나?"라고 생각한다면, 다시 한번 생각해보라.)

가장 좋은 전략은 가장 귀여운 강아지를 고르는 것이 아니다. 다른 사람들이 가장 귀엽다고 생각하는 강아지를 고르는 것이다. 또는 한 단계 더 진행해보자. 당신은 다른 사람들이 뽑을 거라고 생각하는 강아지를 고르고 싶어 한다. 그리고 그것은 계속된다. 이런 식으로 계속 생각해보면, 머지않아 어떤 강아지가 귀여운지 전혀 생각하지 않고, 오히려 다른 사람들의 기대에 집중하게 될 것이다.

이것이 주식과 어떤 관계가 있을까? 주식 매입 행위는 예쁜 강아지 선발 대회와 비슷할 수 있는데, 어떤 주식이 얼마나 가치가 있느냐 하는 것은 다른 사람들이 그 주식에 대해 얼마나 지

불하려고 하느냐 하는 것이기 때문이다. 그래서 가장 건전한 투자를 하는 주식을 고르는 대신에, 당신은 다른 사람들이 곧 가격을 올릴 것이라고 생각하는 주식을 고르게 될 것이다. 사람들이 어떤 투자 대상을 사는 것은 다른 사람들이 그 투자 대상을 더 높은 가격에 산다고 예상하기 때문이라는 이 아이디어는 **'더 큰 바보' 이론**('greater fool' theory)이라고 불린다. 그것은 당신이 다음 주에 실제 가치의 열 배나 되는 가격을 기꺼이 지불할 수 있는 더 큰 바보가 있다고 생각하는 한, 어떤 주식(웹반과 같은)을 실제 가치보다 다섯 배의 가격으로 사게 된다는 것을 의미하기 때문이다. 만약 모든 사람들이 기술주가 계속 오를 것이라고 믿는다면, 모든 사람들은 나중에 훨씬 더 높은 가격에 그것들을 팔기를 희망하면서 기술주를 계속 살 것이다. 이것이 바로 거품이 부풀어 오르는 방식이다.

'더 큰 바보' 이론 사람들이 어떤 투자 대상을 사는 것은, 다른 사람들이 그 투자 대상을 더 높은 가격으로 살 것으로 예상하기 때문이라는 아이디어

이것은 내가 추천하는 투자 전략은 아니다. 버블이 계속 부풀어 오르기만 하면 한동안 효과가 있겠지만, 결국 모든 거품이 터지고, 어느 날 깨어나서 당신의 과대평가된 주식에 대해 기꺼이 높은 가격을 치르려는 '더 큰 바보'를 찾을 수 없다는 것을 알게 될 것이다. 이런 일은 2000년에 기술주에서 일어났고, 시장이 폭락했을 때, 많은 사람들의 투자금을 잃었다.

그것이 거품이라고 해도, 터지지 않을 수도 있다. 우리의 주식 시장 거품에 대한 분석은 완전히 끝나지 않았다. 한 가지 미스터리가 남아 있다: 왜 다른 투자자들이 반대 입장을 취하는 것에 의해 투기 거품이 멈추지 않는가? 거품이 지속되는 이유는 크게 세 가지다.

원인 1 : 투기 거품을 발견하기 어려울 수 있다. 인터넷은 새롭고 흥미로웠고, 그것이 세계 경제를 얼마나 변화시킬지 아무도 몰랐다. 당신은 웹반이 과대평가되어 있다고 생각할지도 모르지만, 인터넷을 통한 흥분 속에서, 다음 세대의 월마트가 될 것이라고 스스로를 확신했다.

원인 2 : 투기 거품을 알아도 이를 거스르기 어려울 수 있다. 좋다, 당신이 웹반 주식이 과대평가되어 있다고 생각한다고 가정하자. 자 이제는 어떻게 해야 하는가? 사지는 않겠지만, 그 이상은 주가가 내려간다고 쉽게 장담할 수 있는 방법이 없다면 가격에 당신의 의견을 반영하지 못할 것이다.

원인 3 : 당신은 거품이 언제 터질지 모른다. 토니 다이는 닷컴 주식에 거품이 존재한다는 것을 알고 있는 영국의 펀드매니저였다. 그는 자신의 모든 기술주들을 팔았고 고객들에게 닷컴시장에 들어가지 말라고 경고했다. 결국, 그가 정확하다는 것이 증명되었다. 하지만 몇 년 동안은 그렇지 않았다. 그의 고객들은 그들의 친구들이 닷컴을 사면서 부자가 되는 것을 보면서 불만족스러워했다. 기술주가 계속 상승하면서 신문들은 다이를 조롱했다. 그의 고객들이 떠나가면서, 다이는 '조기 퇴직'을 했고, 이는 아마도 그가 쫓겨났다는 것을 의미했다.

문제는 거품이 당신을 압도할 수 있다는 것이다. 거품은 토니 다이가 그의 직업을 유지할 수 있는 시간보다 더 오래 지속되었다. 주가 하락에 베팅한 투자자들에게, 거품은 당신의 저축으로 버티는 시간보다 더 오래 지속될 수 있었다. 그래서 당신이 그것이 거품이라고 바로 알았을 때조차도, 언제 터질지 예측하는 것은 정말 어렵다.

일상경제학 주택, 튤립, 그리고 알파카는 주식시장과 어떤 공통점을 가지고 있는가?

투기성 거품은 때때로 몇 차례의 주식시장의 활황만 몰고 오는 것이 아니라 다른 많은 시장에서도 중요하다.

아마도 많은 미국 가정을 강타한 가장 중대한 거품이 2000년대 초반에 일어났을 것이다.

그림 27-13 | 거품은 터지기 전까지 주택가격을 부풀린다

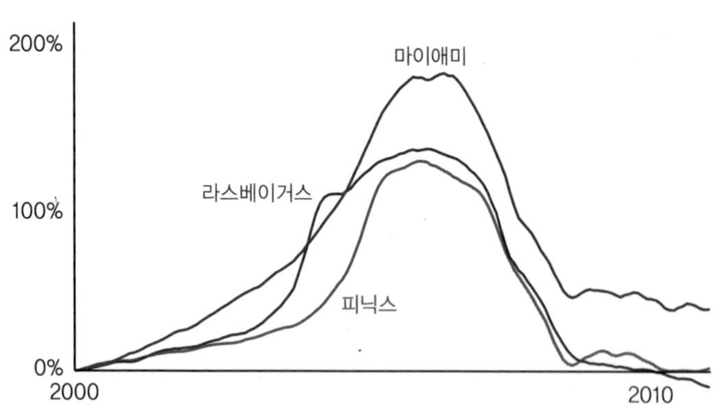

출처 : S&P Dow Jones Indices, LLC.

주택대출은 받기 쉬웠고, 집값은 항상 오르는 듯했다.

이러한 추세는 주택소유를 접근 가능하게 하였으며, 동시에 수익성이 있게 만들었다. 어떤 사람들은 살 집을 샀고, 어떤 사람들은 몇 가지 빠른 개수 공사를 하여 더 높은 가격에 팔 목적으로 집을 샀다. 한동안 효과가 있었고, 그림 27-13에서 보듯이 마이애미, 탬파, 라스베이거스, 피닉스의 집값이 두 배 이상 올랐다. 그 후에 주택시장 거품이 꺼지면서 집값이 절반 이상 떨어졌다. 집값 하락으로 많은 사람들이 갚지 못한 빚을 졌다. 2008년 금융권이 얼어붙으면서 글로벌 경기침체를 초래한 첫 도미노였다.

아마도 17세기 네덜란드에서 투자자들이 튤립에 빠져들었을 때 가장 이상한 거품이 일어났을 것이다. 그들은 튤립을 가치 있는 것으로 보았다. 튤립 한 송이가 더 많은 튤립을 증식시키는 데 사용될 수 있기 때문이었다. 튤립을 가치 있는 것으로 본 투자자들에게 팔 수 있었다. 버블이 절정에 달했을 때 튤립 구근 1개 값이 고급주택의 가치로 올랐다. 다음에 무슨 일이 일어났는지 추측할 수 있다. 거품이 꺼지면서 튤립 가격이 95% 이상 떨어졌다.

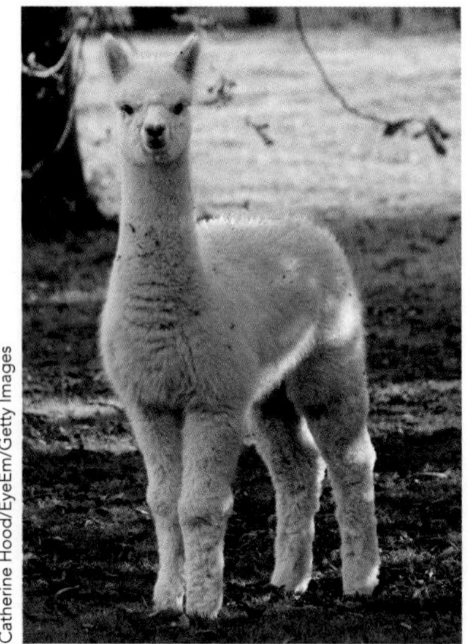

알파카의 가치는 얼마인가?

비슷한 이야기가 긴 속눈썹과 라마처럼 긴 목을 가진 귀여운 남미 동물인 알파카에게 일어났다. 1990년대와 2000년대에 미국 농부들은 알파카 열풍에 사로잡혀, 다른 농부들이 최고가를 지불할 가능성이 있는 알파카를 더 많이 번식시킬 수 있다는 희망을 가지고 알파카에 최고가를 지불하였다. 알파카 열풍은 한동안 효과가 있었고, 최다 번식 알파카는 50만 달러까지 치솟았다. 그러나 그 후 거품이 꺼지고, 가격이 폭락하여 많은 투자자가 파산하게 되었다. 어떤 사람들은 알파카 한 마리당 100달러나 그 이하에 팔도록 강요당했다. ■

27.5 개인금융

학습목표 금융시장에서 더 나은 결정을 한다.

금융부문 학습을 마무리 짓기 위한 마지막 과제는 개인 재무관리를 더 잘할 수 있는 방법에 대한 중요한 교훈을 얻는 것이다. 당신이 금융생활에 적용하기 바라는 여섯 가지 중요한 교훈이 있다.

교훈 1 : 복리의 거듭제곱을 이용한다. 투자에 관한 제26장에서, 당신은 복리의 마법에 대해 배웠다. 복리의 거듭제곱은 당신이 받는 이자율에 따라 많이 달라진다. 1925년부터 2015년까지 재무부 채권 투자로 인한 연평균 실질수익률은 0.5%, 회사채 3.0%, 대기업 주식 6.9%, 중소기업 위험주는 8.8%에 불과했다. 과거의 실적이 미래를 보장하지는 못하지만, 그 90년 기간 동안 서로 다른 투자가 어떤 실적을 보였는지를 살펴보도록 하자. 복리의 공식은 다음과 같다.

$$t\text{년도의 미래가치} = \text{현재가치} \times (1+r)^t$$

각각의 투자 유형에 대한 1,000달러 투자의 실제 미래가치를 계산해보라.

	연평균 실제수익	90년 동안 $1,000 투자에 대한 실제 미래가치
재무부 채권	0.5%	$\$1,000 \times (1+0.005)^{90} = \$1,567$
회사채	3.0%	$\$1,000 \times (1+0.03)^{90} = \$14,300$
대기업 주식	6.9%	$\$1,000 \times (1+0.069)^{90} = \$405,502$
중소기업 주식	8.8%	$\$1,000 \times (1+0.088)^{90}$ = $198만

시간이 지남에 따라 소규모 투자가 얼마나 늘어날 수 있는지 알고 당신만 놀라는 것은 아니다. 한때 앨버트 아인슈타인이 '복리의 힘'을 우주에서 가장 강력한 힘이라고 선언한 일화가 있다.

복리는 은행 예금에 자동으로 발생하지만 당신이 번 이자는 당신의 저축통장에 입금되며, 그 통장에서 이자는 다시 이자를 번다. 채권이나 주식의 장기투자에도 동일한 원칙이 적용된다. 당신이 버는 것을 재투자하면 당신의 작은 밑천은 안전한 노후자금으로 불어날 것이다. 그렇기 때문에 일찍 저축을 시작하고 수익을 계속 재투자해야 한다. 당신은 또한 지난 세기 동안 주식의 연평균 수익률이 훨씬 더 높았기 때문에 주식시장에 당신의 돈의 일부를 저축하는 것을 고려해보는 것도 좋을 것이다.

금융적 교훈

1. 복리의 거듭제곱의 고삐를 채운다.
2. 개별 종목을 고르지 않는다.
3. 위험을 줄이기 위해 포트폴리오를 다변화한다.
4. 과거의 성과는 미래의 성과를 보장하지 않는다.
5. 지불 수수료를 최소화한다.
6. 저비용 지수펀드로 위의 다섯 가지 규칙을 모두 준수한다.

교훈 2 : 개별 종목을 고르지 않는다. 만약 당신이 자신의 돈을 주식에 넣기를 원한다면, 주식시장에서 주가하락 종목과 주가상승 종목을 뽑으려고 하지 않는 것이 가장 좋다. 효율적 시장 가설이 완벽하게 옳다고 할 수는 없다. 즉, 시장을 이기는 것이 완전히 불가능한 것은 아닐 수 있지만, 여전히 정말로 어렵다. 여기 슬픈 진실이 있다. 대부분의 투자자들이 실제로는 그렇지 못하더라도 시장의 집단적 지혜를 이길 수 있는 능력이 있다고 믿고 과신하고 있다는 연구 결과가 있다. 시장을 능가할 개별 종목을 선택하려고 하는 것을 포기하라. 기억하라, 올랜도라는 고양이가 더 잘할 수 있을 지도 모른다.

교훈 3 : 위험을 줄이기 위해 포트폴리오를 다변화한다. 만약 당신이 단지 소수의 대단한 종목에 투자한다면, 당신은 평생 저축한 것을 잃을 위험을 무릅쓰게 되는 것이다. 적은 돈을 여러 다른 종목에 투자하는 것이 훨씬 낫다. 이렇게 다변화하는 것은 매년 재산의 가치가 오르내리는 정도를 줄여서 덜 위험하게 만들 것이다. 주식 보유량을 다변화하는 가장 쉬운 방법은 지수펀드를 사는 것인데, 지수펀드는 다양한 주식을 한 바구니에 살 수 있게 한다.

교훈 4 : 과거의 성과가 미래의 성과를 보장하지는 않는다. 주식 종목을 직접 고르는 대신, 적극적으로 운용되는 펀드에 투자하여 종목 선별자를 고르는 경우도 있다. 이들 종목 선별자들 중 일부는 과거에 좋은 성적을 거두었다. 과거의 성과가 미래의 성과를 보장하지 못할 뿐만 아니라 거의 관련이 없다. 그러니 시장을 이길 거라고 약속하는 전문 주식 선별자들을 믿을 이유가 없다.

교훈 5 : 지불 수수료를 최소화한다. 다른 사람들보다 더 좋은 주식을 고를 수 있는 방법을 찾기는 어렵지만, 여전히 더 나은 수익을 얻을 수 있는 쉬운 방법은 당신이 지불하는 수수료를 최소화하는 것이다. 투자수익의 가장 예측 가능한 부분은 수수료이다. 주식을 자주 매매하지 말라. 그렇게 하면 중개 수수료가 들 것이고, 당신이 매입한 주식도 당신이 매각한 주식보다 더 나을 것이 없을 수 있다. 쓸데없는 '전문성'에 대해 거액의 수수료를 부과하는 적극적으로 관리되는 뮤추얼 펀드를 피하라. 그리고 수동적으로 관리되는 지수펀드를 살펴본다면, 가장 낮은 수수료를 부과하는 펀드를 찾기 위해 여기저기 둘러보라.

교훈 6 : 저비용 지수펀드로 위의 다섯 가지 규칙을 모두 준수한다. 이 모든 교훈을 따르는 가장 쉬운 방법은 저가 지수펀드에 투자하는 것이다. 그것은 대부분의 경제학자들이 그들의 돈을 가지고 하는 행위이다!

함께 해보기

금융 시스템은 현대 경제에서 몇 가지 중요한 기능을 수행하는데, 이 기능 없이는 기존 사업은 확장하기가 어렵고 새로운 사업은 시작하기 어려울 것이다. 이러한 것은 경제가 어렵게 성장한다는 것을 의미하며, 이렇게 되면 사람들의 생활 수준은 낮아진다는 것을 의미한다. 요컨대,

우리 모두는 금융 시스템이 작동될 때 혜택을 얻는다.

금융 부문은 자원을 가장 잘 사용될 수 있는 곳으로 이동시킴으로써 기업의 성장을 촉진한다. 여유 자원이 있는 저축자와 현재보다 더 많은 자원을 필요로 하는 차입자를 연결하는 가교라고 생각할 수 있다. 저축자들이 은행에 돈을 넣거나, 채권을 사거나, 주식을 살 때, 금융권은 투자자들이 투자 자금을 댈 수 있도록 그 돈을 다리 건너 실어 나른다. 이 자금을 통해 사람들은 대학 교육에, 가정집에 또는 사업을 시작하거나 확장하는 데 투자를 할 수 있다. 그렇지 않으면 선불 투자비용을 지불할 수 없다.

이것을 생각할 수 있는 또 다른 방법은 금융부문이 시간을 통해 돈을 움직일 수 있는 타임머신이라는 것이다. 이는 미래에 충분한 수익을 창출할 수 있지만 막대한 선불 비용을 수반하는 투자에서 특히 중요하다. 금융 부문은 당신이 오직 미래에 벌 수 있는 돈을 오늘 쓸 수 있게 한다. 그것은 은행으로부터 돈을 빌리거나, 주식을 발행하거나, 채권을 발행함으로써 당신에게 효과적으로 미래에서 현재로 돈을 융통할 수 있는 수단을 제공한다. 또는 현재에서 미래로 돈을 벌고 싶다면 은행에 예금하거나 주식이나 채권에 넣기만 하면 된다. 그런 다음, 미래에 그 돈이 필요할 때 은행에서 인출하거나 주식이나 채권을 팔 수 있다. 짜잔! 돈은 단지 미래의 당신을 만나기 위해 시간을 여행했다. 그리고 바라건대 그것은 도중에 약간 불어났다.

금융부분이 하는 일

1. 저축자에게서 대출자에게로 자원을 재분배한다.
2. 시간이 흐름에 따라 자원을 이동시킨다.
3. 위험을 줄이거나, 분산하거나, 재분배한다.
4. 유동성을 창출한다.
5. 유일한 위험은 상호의존성을 창출하는 것이다.

금융 부문은 돈을 이리저리 옮기는 것 이상의 역할을 하며, 위험을 재분배, 분산, 다변화하는 보호 역할도 한다. 만약 그 투자가 실패하면, 당신은 평생 저축을 잃을 것이기 때문에, 돈을 한 가지 큰 투자나 대출에 넣는 것은 위험하다. 금융 부문은 위험을 더 작게 쪼개서 사고팔 수 있게 함으로써 사람들이 위험을 피할 수 있도록 돕는다. 그것은 적은 양의 많은 다양한 주식과 많은 다른 회사들이 발행한 적은 양의 채권을 살 수 있다는 것을 의미하며, 은행은 당신이 저축한 돈을 많은 다른 대출자들에게 빌려줄 것이다. 결과적으로 다양한 포트폴리오를 보유하게 되는데, 이는 한 번의 큰 베팅보다 훨씬 덜 위험하다. 사람들이 이러한 위험을 사고팔 때, 위험은 견딜 수 있는 가장 좋은 위치에 있는 사람들에게 재분배될 것이다. 이러한 다변화와 재분배의 결과는 우리 각자가 더 적은 위험에 직면하게 된다는 것이다. 즉, 당신이 잠을 더 쉽게 잘 수 있다는 것을 의미하며, 당신의 저축이 내일도 그곳에 있을 것임을 아는 것이다.

금융 부문은 유동성을 창출하는데, 이는 가치 손실이 거의 혹은 전혀 없이 빠르고 쉽게 투자금을 현금으로 전환할 수 있다는 것을 의미한다. 나이키의 일부 소유주로서, 당신은 주식시장에서 당신의 주식을 쉽게 팔 수 있기 때문에 항상 당신의 돈에 쉽게 접근할 수 있을 것이다. 마찬가지로, 10년 만기 채권을 사는 것은 채권시장에서 그 채권을 팔 수 있기 때문에 10년 동안 돈이 묶이는 것은 아니다. 그리고 은행 잔고를 현금으로 바꾸는 것은 인출하러 현금 자동 인출기에 가기만 하면 되서 쉽다. 이 모든 유동성은 좋은 것이다: 즉, 장기적인 투자를 할 수 있지만, 만약 어떤 일이 생겨서 돈이 필요하게 된다면, 당신은 여전히 그것에 접근할 수 있을 것이다.

그러나 금융시장의 유용성에는 경고가 따른다. 금융부문은 상호의존의 원리를 보여주며, 이러한 상호의존성은 경제를 금융 충격에 더 취약하게 만들 수 있다. 주식이나 채권의 가치는 다른 사람의 지불 의사에 따라 달라지는데, 다른 사람의 지불의사는 그들이 생각하는 또 다른 사람들의 지불 의사에 달려 있다. 이는 거품이 잔인하게 터져서 경제를 불안하게 할 수 있는 투기거품의 가능성을 제기한다. 당신의 돈이 어떤 금융투자에 자금을 제공하고 그 금융투자가 또 다른 금융투자에 자금을 제공할 때 상호 의존성 사슬이 형성되어 어느 하나의 잘못된 투자가 파급효과를 초래할 수 있다. 만약 어느 금융기관이 그러한 손실에 노출되어 있는지 아무도 모른다면, 이러한 파급효과는 누구의 돈이 안전한지 아무도 모르기 때문에 공포의 파도를 일으킬 수 있다.

요점은 금융권이 자원을 저축자에서 투자자로 재분배, 시간 경과에 따른 자금 이동, 위험 분산 및 축소, 유동성 창출 등 경제가 더 잘 돌아가도록 하기 위해 많은 노력을 하고 있음에도 불구하고, 경제가 열광, 패닉, 붕괴에 더 취약하다는 것이다.

한눈에 보기

은행	채권시장	주식시장
	무엇인가	
은행은 저축자에게서 돈을 빌리고 대부하여 이윤을 벌기 위해 노력을 한다.	**채권**은 IOU이다. 구체적으로 말하면, 이자와 대출금을 상환하는 약속이다.	**주식**은 불확실한 미래의 배당금을 지불하는 기업의 부분소유권을 대변하는 것이다
그림자금융은 은행처럼 규제되지 않지만 은행과 같은 일을 하는 금융 회사이다.	**채권시장**은 기업과 정부가 대규모의 돈을 빌리는 곳이다.	**주식시장**은 사람들이 기존의 주식을 매매하는 시장이다.
	무엇을 하는가	
	1. 저축자에게서 대출자에게 자금을 재분배한다	
저축자가 은행에 예금하는 돈은 은행이 다른 사람에게 대부하여 투자를 돕는 자금이다.	저축자가 채권을 구입하는 것은 기업과 정부의 투자에 자금을 제공하는 것이다.	저축자가 주식을 사는 것은 기업의 투자에 자금을 제공하는 것이다.
	2. 시간의 흐름에 따라 자원을 이동시킨다	
현재의 예금은 미래에 인출될 수 있다. 오늘 빌린 돈은 미래에 상환된다.	오늘 구입한 채권은 미래에 매각될 수 있다. 오늘 기업과 정부에 의해 매각된 채권은 미래에 반드시 상환된다.	오늘 구입한 주식은 미래에 매각된다. 오늘 주식을 매각하는 기업은 미래 이윤의 지분을 포기하는 것이다.
	3. 위험의 재분배, 분산, 축소	
저축은 복수의 차입자들에게 대출된다.	채권은 복수의 기업과 정부로부터 구입될 수 있다.	주식은 복수의 기업으로부터 구입될 수 있다.
	4. 유동성 창출	
저축자는 항상 저축을 인출할 수 있다. 차입자는 장기로 대출한다.	채권 소유자는 채권을 매각할 수 있다. 발행자는 소유자에게 만기상환한다.	주식 소유자는 주식을 매각할 수 있다. 투자는 기업과 함께 영구히 유지된다.
	5. 하나의 큰 위험 : 상호의존성을 창출한다	
뱅크런	채무불이행 위험, 기간 위험, 유동성 위험	투기 거품
	기타 기능	
정보 문제 해결 결제 서비스 제공	정부 부채 자금 조달	통제권의 재분배

무엇인가 :

유동성 : 투자를 쉽고 빠르게 거의 혹은 완전한 가치의 현금으로 변환하는 가능성
투기 거품 : 자산의 가격이 자산의 기초가치 이상으로 증가할 때 발생하는 것
뱅크런 : 동시에 은행의 예금자가 저축 인출을 시도할 때 발생하는 것
효율적 시장 가설 : 일정한 시점에 주식 가격은 가능한 모든 공개된 정보를 반영한다는 이론

핵심용어

그림자금융	뮤추얼 펀드	적극적인 운용
기간 위험	배당금	주식시장
기업공개	뱅크런	지수펀드
기초가치	상대가치 평가	채권
기초가치 분석	예금보험	채무불이행 위험
'더 큰 바보' 이론	유동성	투기 거품
랜덤워크	유동성 위험	효율적 시장 가설
만기전환	이익잉여금	

토론과 복습문제

학습목표 27.1 저축자에게서 투자자로 자금을 이동시키는 은행의 역할을 파악한다.

1. 은행 계좌에 돈을 예금하라. 그 돈이 어떻게 되는지, 은행이 어떻게 이익을 내는지 설명하라.
2. 당좌 예금이나 예금 계좌가 있는가? 이유는 무엇인가? 없다면 그 이유는 무엇인가? 예금에 이자가 붙지 않아도 계좌가 남아 있는가? 만약 당신이 수수료를 지불해야 한다면 어떠한가?
3. 만기전환은 장기투자 지출에 어떤 영향을 미치는가? 은행이 만기전환으로 인해 야기되는 긴장의 균형을 맞추기 위해 직면할 수 있는 몇 가지 위험 요소는 무엇인가?
4. 은행 운영은 종종 마니아 혹은 패닉이라고 불리지만, 개인들은 은행 운영에 참여할 때 비이성적으로 행동하는가? 당신의 논리를 설명하라.

학습목표 27.2 어떻게 기업과 정부가 채권 발행을 통해 자금을 조달하는지 이해한다.

5. 채권을 발행하는 회사와 은행에서 대출을 받는 회사의 차이점을 설명하라. 그들은 어떻게 비슷하고, 어떻게 다른가?

학습목표 27.3 어떻게 기업이 주식 발행을 통해 자금을 조달하는지 학습한다.

6. 연말에 많은 상여금을 받게 되는데, 조만간 지출할 계획은 없다. 당신은 돈을 주식, 채권, 은행 저축에 넣어야 하는가? 어떤 요소들이 당신의 결정에 정보를 제공하는가? 설명하라.
7. 친구와 주식 매입을 의논하고 있는데 아마존 주식 몇 주를 사고 싶다고 언급하였다. 친구는 아마존이 주주들에게 배당을 한 적이 없기 때문에 당신은 아마존의 이익을 전혀 받지 못하거나 주식으로 돈을 벌지 못하기 때문에 끔찍한 생각이라고 말했다. 친구가 옳은가? 틀린가? 당신의 대답을 설명하라.

학습목표 27.4 금융가격을 결정하는 것을 파악한다.

8. 뉴욕 증권 거래소에서 주식을 발행하는 회사를 온라인으로 검색해보라. 회사의 기초가치를 평가하는 방법과 해당 정보를 사용하여 주식 매입 여부를 결정할 수 있는 방법을 설명하라.
9. 주가 변동이 경기하강 및 경기확장에 선행하는가, 아니면 경제활동의 변화에 따르는가? 주식시장 가격이 거시경제 변화의 원인인가 아니면 영향인가?
10. 다음 그래프는 시간이 지남에 따라 온라인 암호화폐인 비트코인의 가격을 보여준다.

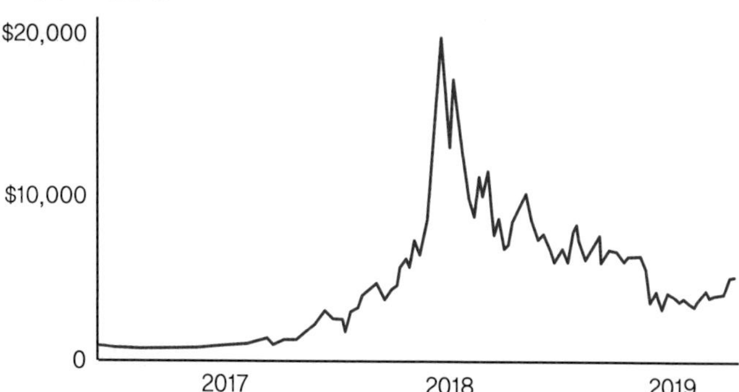

비트코인이 투기거품을 겪었다고 생각하는가? 이성적으로 행동하는 사람이 왜 비트코인을 역사적 수준보다 훨씬 높은 가격에 구매하는지 설명하라.

학습목표 27.5 금융시장에서 더 나은 결정을 한다.

11. 이제 막 주식 투자를 시작했다. 당신이 신뢰하는 친구는 당신에게 당신의 모든 돈을 특정 회사의 주식에 투자하라고 충고한다. "과거에는 정말 좋은 실적을 냈다"라고 그녀는 말한다. "주가가 오르는 것만 남았을 뿐이다. 지금 다 주식을 사면, 나중에 돈 많이 벌 수 있을 거다"

이 장에서 친구의 조언을 분석하는 데 도움이 되는 어떤 교훈을 배웠는가?

12. 왜 사람들은 유동성을 중시하는가? 은행, 채권시장, 주식시장이 유동성을 창출하는 다른 방법은 무엇인가?

학습문제

학습목표 27.1 저축자에게서 투자자로 자금을 이동시키는 은행의 역할을 파악한다.

1. 각각의 상황에 대해, 왜 돈을 빌릴 개인 저축자를 찾는 것이 이상적이지 않은지 설명하라. 그런 다음, 어떤 은행의 기능이 문제를 해결하는지 파악한다.
   힌트 : 은행은 다섯 가지 기능을 제공한다. 모든 시나리오를 읽고 각 상황에 가장 적합한 기능을 결정하라. 함수는 한 번만 사용한다.
   a. 1학년 학생으로서, 당신은 학교에 2만 달러를 빌려야 한다. 당신은 졸업 후에 이 대출금을 시간 경과에 따라 상환하려고 한다.
   b. 새로운 산업에서 사업을 시작하고 있으며 최초 투자를 위해서는 3억 달러가 필요하다.
   c. 새 차를 구입하려면 1만 5,000달러의 융자를 받아야 한다. 당신을 개인적으로 아는 사람은 빌려줄 돈이 없다.
   d. 당신은 현금으로 모든 것을 지불하는 대신에 온라인으로 청구서를 지불할 수 있기를 원한다.
2. 대공황 이후 연방예금보험공사(FDIC)가 예금보험을 만들었을 때, 이것이 은행 운영의 발생에 어떤 영향을 미쳤는가? 예금보험의 도입이 주식이나 채권시장과 같은 다른 금융시장에 동일한 영향을 미쳤는가? 설명하라.

학습목표 27.2 어떻게 기업과 정부가 채권 발행을 통해 자금을 조달하는지 이해한다.

3. 부모님께서 25년 만기 채권 매입을 생각하시는데 25년 만기 전에 돈이 필요할까 봐 조금 걱정하신다. 만약 그들이 학기 말 전에 돈이 필요하다면 어떻게 그 돈에 접근할 수 있을까?
4. 매일 약 5,000억 달러의 미국 국채가 거래되고 많은 나라들이 미국 국채를 보유하고 있는데, 이는 매우 안전한 투자로 간주되기 때문이다. 예를 들어, 2018년 10월 현재, 일본은 1조 185억 달러를, 아일랜드는 2,873억 달러를 보유하고 있다. 세 가지 유형의 채권 위험을 사용하여 왜 미국 국채는 안전한 투자로 간주되는지 설명하라. 이 낮은 위험과 상충되는 것은 무엇인가?

학습목표 27.3 어떻게 기업이 주식 발행을 통해 자금을 조달하는지 학습한다.

5. 각 파트별로 주식 투자를 하든지, 채권 투자를 해야 한다. 당신의 논리를 설명하라.
   a. 당신은 높은 수익을 원하며 위험에 대해 염려하지 않는다.
   b. 당신이 투자하는 회사의 경영 방식에 참여하고 싶다.

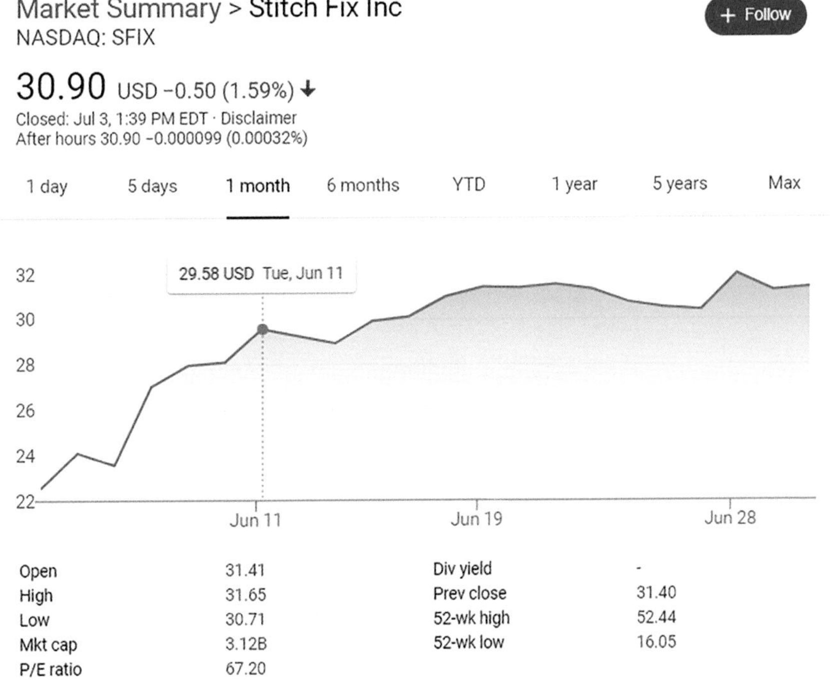

c. 당신은 회사가 파산을 선언하면 돈을 잃는 것을 걱정한다.
d. 투자로부터 보장된 정기적인 지불을 원한다.

6. 스티치 픽스 주식회사는 새롭게 대중적으로 거래되는 회사이다. 스티치 픽스는 가입자의 문에 옷을 배송하는 개인 스타일리스트와 쇼퍼를 사용자에게 제공하는 구독을 제공한다. 구글 파이낸스의 주식 시장 스냅숏을 사용하여 스티치 픽스에 대한 질문을 해석하라.
a. 스냅숏 당시 스티치 픽스 한 주의 가치는 어느 정도였나?
b. 시가총액은 얼마인가? 그게 무슨을 의미하는가?
c. 스티치 픽스에 대한 투자와 관련된 위험 수준을 평가하라.

학습목표 27.4 금융가격을 결정하는 것을 파악한다.

7. 노드스트롬은 다음 데이터를 사용하여 비슷한 백화점인 메이시스의 값을 추정하라.
노드스트롬 :

주당 주식가격(2018년 7월)	$50.71
주당 수익(2018년 7월 분기말)	$0.97
주당 순자산가격(2018년 7월 분기말)	$6.81

a. 메이시스의 주당 장부가치는 19.27달러였다. 만약 메이시스가 노드스트롬과 같은 가격순자산율을 만든다면, 메이시스 주식의 가치는 얼마인가?
b. 메이시스의 주당 이익은 0.54달러였다. 만약 메이시스가 노드스트롬과 같은 가격수익률을 보인다면, 메이시스 주식의 가치는 얼마인가?
c. 2018년 7월 현재 메이시스 주식의 실제 가격은 36.54달러이다. 이것은 우리의 가치평가 기술에 대해 우리에게 무엇을 말해주는가? 어떤 문제(있을 경우)가 어떤 차이로 이어질 수 있는가?

8. 당신 친구가 방금 승진을 해서 연봉 인상분을 투자하고 싶어한다. 그들은 펀드 매니저를 고용할 생각이라고 말한다 : “수수료는 1.1%에 불과하고, 이 주식 선별가는 훌륭한 기록을 가지고 있다!” 친구에게 어떤 충고를 해주겠는가?

9. 2008년 9월 29일 주식시장은 거의 7% 하락했다. 어떻게 하면 주식시장에서의 이러한 엄청난 손실과 효율적 시장가설을 조화시킬 수 있겠는가?

학습목표 27.5 금융시장에서 더 나은 결정을 한다.

10. 1990년대는 급속한 경제성장과 주식시장의 호조기에 연평균 18.6%의 수익률을 냈다!
a. 90년대 초에 1,000달러를 투자하고 매년 번 수익을 재투자했다면, 90년대 말에 투자 가치를 계산하라.
b. 이 높은 수익률이 2000년대 이후까지 지속되었는가? 무슨 일이 일어났는지 알기 위해 S&P 500의 주식 차트를 온라인으로 보라. 이 장에서 배운 내용을 사용하여 이유를 설명하라.

CHAPTER 28

국제금융과 환율

목표

환율, 수입, 수출 및 국제금융 유출입 간의 관계를 이해해보자.

28.1 국제무역과 국제금융 유출입
국내 경제와 국제 경제 간의 연결고리를 이해한다.

28.2 환율
다른 통화로 표시된 가격을 분석한다.

28.3 통화의 공급 및 수요
외환시장을 분석하고 명목환율을 예측한다.

28.4 실질환율과 순수출
환율과 상대가격이 수출입에 어떠한 영향을 미치는지 알아본다.

28.5 국제수지
경상계정과 금융계정을 이용하여 전 세계의 돈이 어떻게 흐르는지 이해한다.

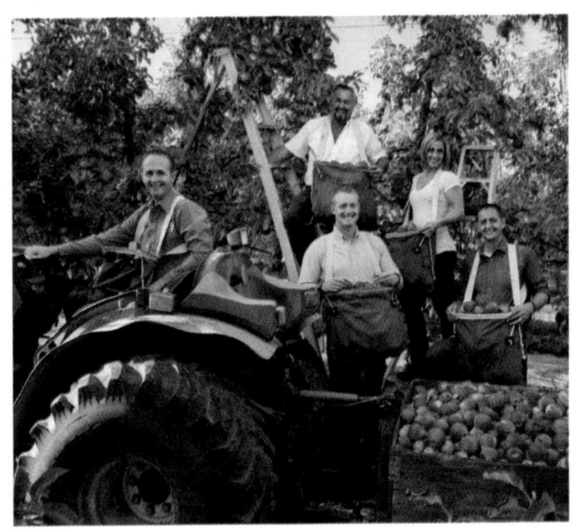
Courtesy of Stemilt Growers

가족 농장, 글로벌 시장

1893년 메티슨 가족은 가족들을 먹여 살릴 만큼 생산할 수 있는 작은 농장을 워싱턴주에서 시작하였다. 시간이 지남에 따라, 농장의 규모가 성장하고 현지 시장에서 농작물을 판매하기 시작했다. 1950년대에는 메티슨가의 농작물들이 워싱턴 외곽의 시장에서도 판매되고 있었지만 여전히 어려움을 겪고 있었다. 그들은 잘 익은 갓 수확한 체리를 얼음으로 가득 찬 기차에 싣고 목적지에 도착했을 때 여전히 과일의 상태가 좋기를 바랐을 것이다. 그들의 열매가 거의 부패하지 않고 뉴욕에 도착했다면, 아마도 많은 뉴욕 주민의 탄탄한 수요를 보장 받았을 것이다. 그러나 온도가 올라가면 부패율이 엄청나게 높아지는 문제가 있었다. 1958년에는 대부분의 과일이 가는 도중에 부패해서 100톤의 과일을 생산하고도 88달러밖에 벌지 못하였다.

메티슨가는 농장의 성공을 위해서 부패 문제를 해결해야만 했다. 그들은 포장 및 운송 방법을 개선하기 위해 노력했으며 1970년대까지 미국 전역에 운송해도 살아남을 수 있을 만큼 과일을 차갑게 보관하는 과일 포장, 보관 및 운송 시설을 만들었다. 이러한 일련의 혁신들은 그들에게 뉴욕과 같이 멀리 떨어진 시장에 접근할 수 있게 했을 뿐만 아니라, 전 세계에 과일을 수출할 수 있는 토대를 마련하였다. 1980년대까지 그들은 일부 국가에만 사과와 체리를 수출하였으나, 최근 수십 년 동안 더 많은 해외 시장에 진출하면서 비즈니스가 성장하였다. 오늘날의 메티슨가는 무려 26개국에 과일을 수출하고 있다.

이러한 상황은 메티슨가가 환율 및 국제금융에 대해 능숙해지기를 요구하고 있다. 우리는 이 장에서 메티슨가의 결정을 중심으로 그들이 글로벌 시장에서 얼마나 경쟁력이 있는지, 그들의 농산물을 해외에 판매하는 것이 타당한지 여부를 분석할 것이다. 국제 거래에서는 종종 외화가 포함되므로 환율이 어떻게 결정되는지, 변화하는 경제 상황에 어떻게 반응하는지, 메티슨가의 비즈니스에 어떤 영향을 미치는지 자세히 살펴보도록 한다. 그 과정에서 세계 경제의 변화가 전 세계에서 상품, 서비스, 고객, 투자 및 투자자를 찾을 때 지불할 가격에 어떤 영향을 미치는지 살펴볼 것이다. 이 장을 읽으면서 모든 비즈니스가 점점 더 국제화되고, 전 세계의 비즈니스, 커뮤니티 및 국가의 운명이 점점 더 상호 의존적으로 변하고 있다는 큰 흐름에 대해서도 주목해보자.

28.1 국제무역과 국제금융 유출입

학습목표 국내 경제와 국제 경제 간의 연결고리를 이해한다.

Jon Lord/Alamy

더 많이 그리고 더 멀리 운송을 하고 있는 화물선

메티슨가의 이야기는 세계 경제에 더욱 긴밀하게 통합되고 있는 수백만 기업의 이야기이다. 우리는 제21장에서 국제무역의 원리를 살펴보았다. 제21장에서는 우리는 교역이 (가장 낮은 기회비용으로 할 수 있는 과업에 집중함으로써 우리가 더 많은 것을 얻을 수 있다는) 비교우위라는 아이디어에 의해 추진되는 것에 주목하였다. 이와 같은 원리에 따르면, 워싱턴주의 한 가족이 사과 재배에 집중하고, 그들의 고객 중에는 자동차 생산 라인을 보다 효율적으로 운영하기 위한 일본식 경영 기술을 적용하고 그 산업에 종사하는 일본 도요타시의 부부가 포함될 수 있을 것이다. 이처럼 메티슨가와 일본 도요타시의 한 부부의 생산 활동은 미국이 왜 사과를 수출하고 도요타를 수입하는지를 설명하는 하나의 예시로 볼 수 있다.

이 장에서의 학습 목표는 이와 같은 현상에 대한 거시경제적 의미를 탐구하는 것이다. 상호의존의 원리라는 관점에서 미국이 어떻게 세계 경제와 더욱 긴밀하게 연결되었는지 살펴볼 것이다. 국제무역을 통해 어떻게 미국 경제가 다른 국가들과 연결되는지 살펴보는 것을 시작으로, 국제금융 유출입을 통해 발생되는 연결고리를 분석하는 것으로 이어질 것이다.

국제무역

수출 국내에서 생산되고 외국인이 구매하는 상품과 서비스

수입 외국에서 생산되고 국내인이 구매하는 상품 및 서비스

사람들이 국경을 넘어 상품과 서비스를 사고팔 때 발생하는 국제무역부터 시작해보자. **수출**(export)은 국내에서 생산되고 외국인이 구매하는 상품과 서비스이다. **수입**(import)은 외국에서 생산되고 국내인이 구매하는 상품 및 서비스이다.

세계 무역은 성장하고 있다. 세계화는 전 세계의 경제, 문화, 정치 제도 및 아이디어가 지속적으로 통합되는 것을 의미하며, 이것은 현대인들의 생애에 있어서 가장 중요한 경제 현상일 것이다. 그러나 인류가 세계화를 완전히 새롭게 경험하는 것은 아니다. 세계화의 핵심인 국제무역은 이미 수세기 동안 경제 성장의 중요한 원동력이었다. 콜럼버스가 유럽에서 아시아로의 보다 빠른 무역 경로를 찾는 과정 속에서 미대륙을 우연히 발견하는 과정에서 국제무역은 미국의 식민지화에도 사실 중요한 역할을 하였다. 산업 혁명 이후에는 국제무역이 보다 급격하게 성장하였다.

그림 28-1 | 세계 무역의 증가를 견인하는 세계화

전 세계 GDP 대비 전 세계 총수출(세계 총수입과 동일함)의 비중 추이

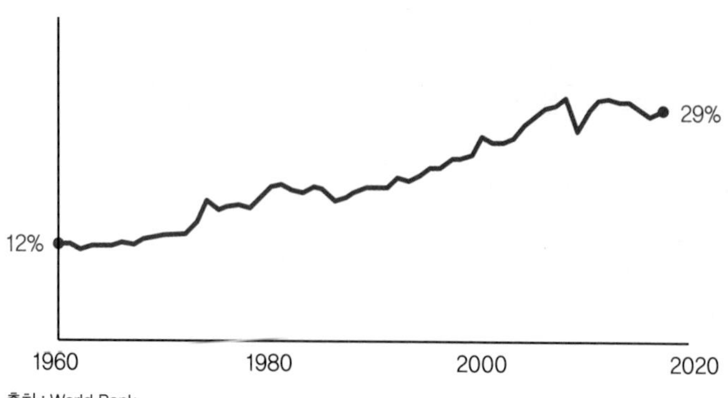

출처 : World Bank

국제운송 및 통신비용의 급격한 감소로 최근 수십 년 동안 무역은 폭발적으로 성장하였다. 가장 큰 화물선은 반세기 전보다 100배 더 많은 화물을 운송할 수 있으며, 항공 운송비용은 과거에 비해 저렴해져서 부패하기 쉬운 품목도 보다 많이 거래 할 수 있게 되었다. 최신 네트워크를 사용하면 전 세계에 거의 즉각적으로 방대한 양의 데이터를 송수신할 수 있으며, 이로 인해 서비스 거래가 촉진되고 있다. 그리고 거의 모든 국가의 정부는 자국민들이 새로운 기회를 창출할 수 있도록 외국 시장 진입을 위한 무역 거래를 협상하고자 노력한다.

그림 28-1에서 알 수 있듯이 이러한 변화로 인해 전 세계의 수출 비중은 1960년 중 전 세계 총산출의 약 12%에서 2019년에는 29%로 증가하였다. 이와 같은 세계화 추세는 끊임없이 지속될 것이며, 세계 경제의 팽창은 모든 경제 주체들의 삶에 있어서 더욱 큰 역할을 가지게 될 것임이 분명하다.

미국의 수입과 수출은 빠르게 성장하였다. 세계 무역 증가 추세에 따라 미국의 무역 역시 증가해왔다. 수입과 수출은 모두 반세기 전보다 미국 경제 규모 대비 그 비중이 약 세 배 커졌다. 미국의 주요 수출품에는 항공기 및 반도체와 같은 자본재와 화학품 및 정제 석유와 같은 공업 원자재가 포함된다. 하지만 미국은 상품만을 수출하지 않는다. 수출의 3분의 1은 기업 및 금융 서비스, 극장에서 미국이 제작한 영화를 상영하기 위해 지불하는 로열티, 기업이 미국 기술을 사용하기 위해 지불하는 라이선스 비용, 관광객과 외국 학생들이 미국을 방문할 때 지출하는 금액 등으로 이루어진다.

옷, 가전제품 또는 자동차를 구매할 때 당신은 아마 다수의 수입품들을 인식하게 될 것이다. 그러나 이러한 소비재 이외에도 전체 수입품의 절반 이상이 미국 기업의 생산 투입물로 사용되는 중간재 또는 원자재라는 사실이 중요하다. 실제로 미국의 수입과 수출은 전 세계 비즈니스를 연결하는 글로벌 공급망으로 인해 밀접하게 연결되어 있다. 예를 들어, 미국이 원유를 수입한 다음, 미국 기업은 원유를 정제하고 일부를 석유 수출품으로 출하하게 된다.

그림 28-2는 1970년대 중반 이후 수입이 수출을 초과했음을 보여주고 있다. 이는 현재 **순수출**(net exports, 수출금액과 수입금액의 차이)이 마이너스임을 의미한다. 무역수지는 순수출의 또다른 이름으로, 마이너스 순수출을 무역적자라고도 한다.

순수출 수출금액에서 수입금액을 뺀 금액, 무역수지라고도 불린다.

그림 28-2 | 미국의 수입과 수출

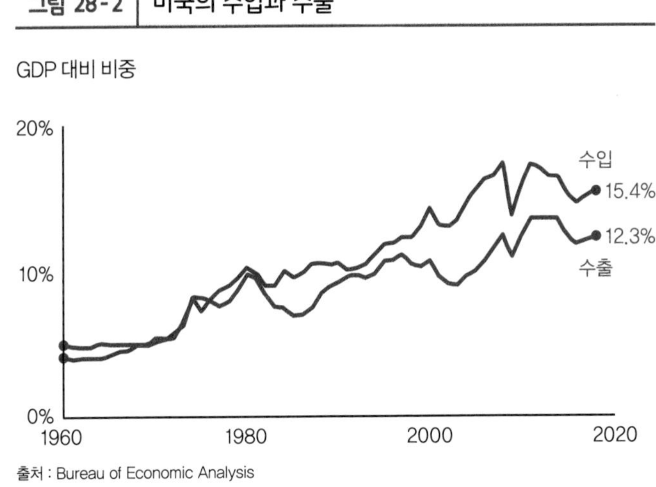

출처 : Bureau of Economic Analysis

미국은 거의 모든 국가와 거래하고 있다. 미국은 전 세계 거의 모든 국가와 거래하고 있다. 그림 28-3은 전체 거래의 61%를 차지하는 상위 7개 무역 대상국들을 보여주고 있다. 미국의 3대 무역 대상국은 중국, 캐나다, 멕시코이다. 미국은 또한 유럽과 많은 무역을 하고 있으며, 유럽 연합 국가들과 미국의 모든 수입과 수출을 합치면 결국 중국만큼이나 중요한 무역 파트너가 된다.

미국 무역의 나머지 39%는 수십 개국에 분산되어 있다. 그러나 이들이 미국 입장에서 주요 무역 대상국이 아니더라도, 미국 시장은 그 규모가 워낙 커서 다른 많은 국가들 입장에서는 미국을 수출을 위한 가장 중요한 무역 대상국으로 볼 수 있다. 예를 들어, 니카라과의 수출의 절반과 아이티의 수출의 85%는 미국 시장을 대상으로 이루어지지만, 이 두 국가의 수출은 미국의 전체 수입에서 각각 1%도 차지하지 않는 미미한 수준에 불과하다.

그림 28-3 | 미국의 주요 무역 대상국

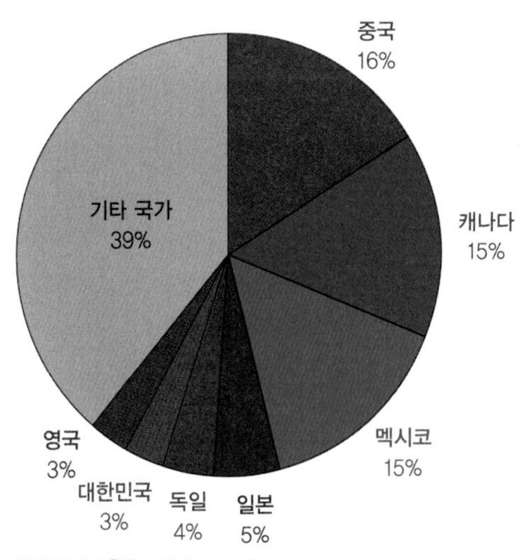

2018년 자료 출처 : U.S. Census Bureau.

많은 국가들은 미국보다 더 많이 수입하고 수출한다. 미국의 넓은 국토 면적으로 인해 국경을 넘어선 거래보다는 미국 내 주들 간의 상업적 거래가 이미 활발하게 발생하기 때문일 수 있다. 예컨대, 뉴욕의 한 식료품점에서 남쪽으로 1,000마일 떨어진 플로리다의 감귤나무 숲에서 오렌지 주스를 구입하였지만 국제무역이 아니라 미국 내 주들 간의 거래가 된다. 반면, 프랑스 파리의 한 식료품점에서 남쪽으로 1,000마일도 안 되는 거리의 감귤나무숲에서 오렌지 주스를 구입하면 그것은 스페인에서 수입한 것이다.

국제무역은 미국 경제에 있어서도 큰 부분을 차지하지만, 대부분의 다른 국가에서는 보다 더 큰 역할을 하고 있다. 미국은 그림 28-4에서 볼 수 있듯이, 총산출 대비 수출 비중이나 총지출 대비 수입 비중이 모두 미국의 주요 무역 대상국에 비해서 적다(총산출이나 총지출은 모두 국민소득 3면 등가의 법칙에 의해서 GDP와 같은 것으로 볼 수 있음-역자 주). 실제로 전쟁으로 폐허가 된 소수의 작은 국가들을 제외하고는

그림 28-4 GDP 대비 총수입 및 총수출 비중

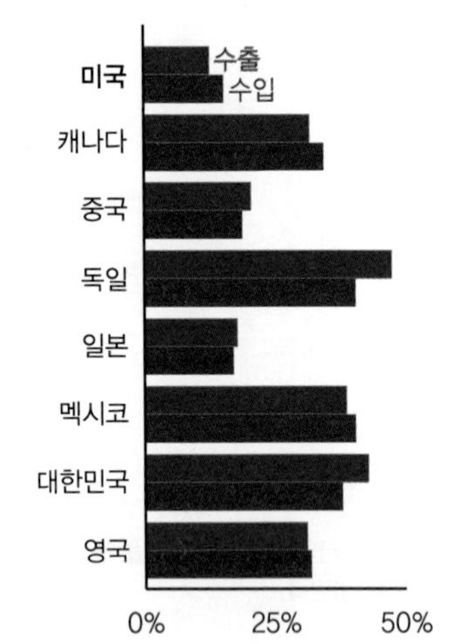

2017년 자료 출처 : World Bank

금융 유입 외국인의 미국에 대한 투자

금융 유출 미국인의 외국에 대한 투자

전 세계의 거의 모든 국가들이 미국보다 총산출 대비 더 큰 비중을 수출하고 있다.

국제금융 유출입

전 세계에서 거래되는 것은 상품과 서비스만이 아니다. 가장 수익성 있는 투자를 찾는 자본도 마찬가지로 세계시장에서 거래되고 있다. 이러한 금융 유출입은 투자자가 국제 자본 시장에서 자산을 사고파는 것을 반영한다. **금융 유입**(financial inflow)은 외국인이 미국에 투자하는 것을 의미한다(저자가 미국인이라서 이하 미국 입장에서 서술되었다-역자 주). 자금이 미국으로 유입되기 때문에 이를 유입이라고 할 수 있다. **금융 유출**(financial outflow)은 미국인들이 다른 나라에 돈을 투자하는 것을 말한다. 이 자금은 미국에서 흘러나가기 때문에 유출이 된다.

금융 유출입은 그 규모가 크며 외국의 실물 자산, 금융 자산 및 대출에 대한 투자가 포함된다. 이러한 금융 유출입은 세 가지 주요 형태를 취하고 있다. 도요타가 앨라배마에 새로운 자동차 공장을 지었을 때와 같이 외국인이 실물 자산에 투자할 때, 이를 외국인 직접 투자라고 한다. 이 자동차 공장은 미국 노동자를 고용하지만 그 이익은 일본 소유주에게 돌아갈 것이다. 외국인이 미국 주식이나 채권을 구매할 때는 이를 포트폴리오 투자라고 하며, 미국 기업이 이 자금을 새로운 장비에 투자하는 데 사용할 수 있지만 외국인 투자자는 향후 투자에 대한 대가를 받게 된다. 그리고 외국인이 미국인에게 돈을 빌려 주면 마지막 범주인 예금과 대출에 속하게 된다. 여기에는 미국인에 대한 직접 대출과 국내 대출 자금으로 사용되는 미국 은행의 외국 예금이 모두 포함된다. 이러한 금융 유입으로 발생된 자본은 결국 미국 내에서 새로운 자산에 대한 투자 자금의 원천이 된다. 이와 같은 투자의 대가로 외국인은 투자로 인해 창출되는 이익, 배당금 또는 이자를 받게 된다.

2017년까지 모두 합해서, 금융 유입은 1조 5,000억 달러에 달했으며, 이는 미국인 1인당 약 5,000달러 수준이다. 그러나 미국인들도 해외에 자금을 투자하여 금융 유출이 발생하기 때문에 이것만이 전부는 아니다. 마찬가지로 금융 유출도 그 규모가 커서 2017년까지 합한 금액이 총 1조 2,000억 달러, 즉 미국 1인당 약 4,000달러 수준이다. 금융 유입이 외국인 직접 투자, 포트폴리오 투자, 예금 및 대출로 분류될 수 있는 것처럼 금융 유출도 마찬가지로 세 가지 형태의 범주로 분류될 수 있다.

그림 28-5 미국의 금융 유출입 추이

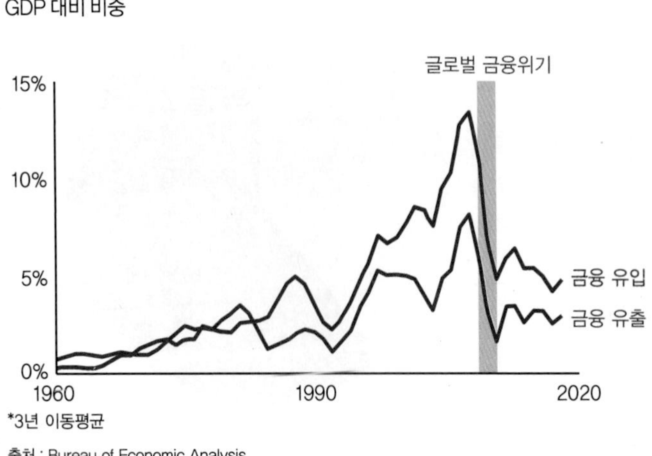

*3년 이동평균

출처 : Bureau of Economic Analysis

금융 연계는 시간이 지남에 따라 더욱 중요해지고 있다. 미국과 다른 국가 간의 금융 유출입은 지난 50년 동안 급격히 증가했으며, 이를 금융의 세계화라고도 한다. 그림 28-5에서 볼 수 있듯이 2008년에 시작된 글로벌 금융 위기가 이러한 모멘텀의 일부를 역전시켰지만, 금융 유입과 유출은 모두 여전히 증가하였다. 국가 간 자금 유출입을 제한하기 위해 고안된 자본 규제조치들을 1970년대와 1980년대에 많은 국가들이 제거함에 따라 금융 유출입이 증가하기 시작했다. 미국을 비롯한 전 세계의 금융 부문에 대한 규제 완화로 인해서, 자본은 더 나은 수익을 찾기 위해 전 세계를 돌아다닐 수 있도록 새로운 기회를 가지게 되었다. 연기금과 뮤추얼 펀드와 같은 대규모 기관 투자자는 시간이 지남에 따라 점점 더 중요해지고 있으며 포트폴리오를 다각화하기 위해 해외로 향할 가능성이 높아졌다. 그리고 기술의 발달로 정보가 더 빠르게 공유되면서, 투자자 입장에서는 해외로 돈을 보내는 것이 더 편안해졌다. 금융 혁신으로 인해 투자자가 해외 시장에서 위험을 다각화하고,

분산시키는 새로운 기회를 활용할 수 있도록 정교하고 새로운 방법들이 발달되고 있다.

외국인의 소유가 더 흔해지고 있다. 이러한 금융 유입의 결과로 그림 28-6에서 파란색 선으로 표시된 것처럼 외국인들이 취득한 자산이 미국 내에서 지속적으로 증가되었음을 알 수 있다. 이들 중 일부는 앨라배마주에 있는 도요타의 새로운 자동차 공장과 같은 실물 자산이고, 일부는 일본 금융 회사 미쓰이 스미토모가 소유한 포드 주식이며, 또 다른 일부는 외국 투자자가 보유한 미국 국채와 같은 금융 자산이다. 마찬가지로 빨간색 선을 보면, 미국인이 소유한 해외 자산도 크게 증가했음을 알 수 있다. 이것은 포드와 같은 미국 기업이 다른 나라에 생산 라인을 세우고, 미국인이 도요타와 같은 회사에서 주식을 구매하거나 미국 은행이 외국인에게 돈을 빌려주는 것을 반영하고 있다. 미국인들이 알고 있든 모르든 본인들이 가지고 있는 돈의 일부가 해외에 투자되고 있을 가능성이 높다. 실제로 미국인은 2018년에 평균 7만 5,000달러 이상의 해외 자산을 보유하고 있다.

그림 28-6 | 해외자산에 대한 소유권이 증가하고 있다

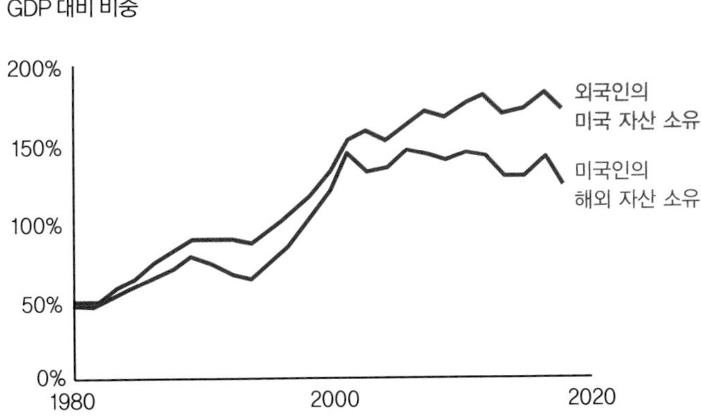

출처 : Bureau of Economic Analysis

금융 연계는 전 세계적으로 위험을 분산시키는 데 도움이 된다. 국경을 초월한 소유권의 확대로 인해 미국 경제는 세계 경제의 발전과 더욱 긴밀하게 연결되었다. 거시경제적 관점에서 보면 일본 주식 시장의 갑작스러운 하락과 같은 해외 시장의 혼란이 미국인들의 부를 감소시키는 즉각적인 영향을 미칠 수 있다는 것을 의미한다. 마찬가지로, 미국 경제가 흔들릴 때 외국도 그 영향을 직접적으로 받게 된다.

위험 관리 관점에서 보면 이와 같이 국경을 초월한 소유권의 확대는 모든 사람에게 좋은 일이다. 금융 연계로 인한 투자의 다각화는 미국인과 외국인 모두가 직면하는 총체적인 위험을 감소시킨다. 예를 들어, 노후준비를 위한 저축 또는 투자가 부분적으로 외국 자산에 투자되었다면, 국내 경기 침체로 인한 계좌의 수익 감소를 상대적으로 덜 걱정해도 된다는 의미이다.

요약 : 국제 비즈니스가 점점 더 중요해지고 있다. 국제무역과 글로벌 금융 유출입을 통해 미국 경제와 세계 경제 사이의 연계는 시간이 지남에 따라 더욱 중요해졌으며, 이러한 현상은 개인의 생애주기에 있어서도 더욱 중요해질 것이다. 따라서 독자들도 결국에는 달러로 측정한 가격을 다른 통화로 측정한 가격과 비교해야 하는 국제 거래에 참여하게 될 가능성이 매우 높다. 이러한 국제 거래를 이해하기 위해서는 먼저 환율에 대해 공부할 필요가 있다.

28.2 환율

학습목표 다른 통화로 표시된 가격을 분석한다.

메티슨가가 사과를 부셸당 20달러에 뉴욕의 한 식료품점에 팔면 20달러를 받는다(더 명확하게 하기 위해서는 'US $20'으로 표시하고 '20달러'로 읽어야 한다). 그러나 일본인 고객이 부셸당 2,400엔을 지불하겠다고 제안하는 경우, 그 금액이 더 나은 거래인지 판단해봐야 한다(¥은 일본에서 사용되는 통화인 엔의 기호이며 US $는 미국 달러의 기호이다). 메티슨가는 다른 통화로 가격이 표시되었을 때 사과 한 부셸의 가치를 비교하는 방법을 찾아야 한다. 따라서 여기서 엔에 대비하여 달러의 가치를 알아내야 한다.

Javier Larrea/AGE Fotostock

뉴욕에 비해 일본에서 사과는 얼마나 더 비쌀까?

사다

미화 1달러

120엔

사다

(U.S. dollar) nimon/Shutterstock; (Japanese Yen) kai keisuke/Shutterstock

미국 달러를 외국 통화로 교환하기

명목환율 다른 국가의 통화로 표시된 한 국가의 통화 가격

한 국가의 통화 가격(다른 국가의 통화로 표시했을 때)을 **명목환율**(nominal exchange rate)이라고 한다. '명목'이라는 단어가 종종 생략되고 보통 '환율'이라고 했을 때는 일반적으로 명목환율을 의미한다.

명목환율 공식을 살펴보면 국가의 통화 가격을 보다 명확히 알 수 있다. 기축통화인 미국 달러 가격을 기준으로 설명해보도록 하겠다. 미국 달러의 가격이 120엔이면, 명목환율은 미국 달러당 120엔이다. 즉, 120엔으로 미화 1달러를 살 수 있다. 엔을 달러로, 달러를 엔으로 교환 할 수 있으므로, 1달러로 120엔을 살 수 있다는 것과도 동일한 의미이다.

또한 120엔을 1달러로 교환할 수 있는 것처럼 240엔을 2달러로, 360엔을 3달러로 교환할 수도 있다. 명목환율은 엔과 같은 외화 단위를 미국 달러로 교환하는 비율로 정의한다. 다음과 같은 **명목환율 공식**(nominal exchange rate formula)으로 표현해볼 수 있다.

명목환율 공식

$$\text{명목환율} = \frac{\text{외국 통화 단위의 수량}}{\text{미국 달러의 수량}}$$

$$\underbrace{\text{명목환율}}_{\substack{\text{(엔으로 평가한}\\ \text{미화 달러의 가격)}}} = \frac{\text{엔 단위 수량}}{\text{달러 단위 수량}}$$

명목환율 공식을 활용하면. 달러를 엔으로도 변환할 수 있다. 메티슨가가 사과 한 부셸을 미화 20달러에 판매하는 경우, 일본 식료품점 주인은 가격이 얼마인지 알아내야 하는데, 여기서 명목환율 공식을 이용하면 지불해야 할 엔화의 수량을 알 수 있다.

$$\text{엔화의 수량} = \text{달러의 수량} \times \text{명목환율}$$

이것을 계산해보도록 하자. 환율이 미국 달러당 120엔이면 사과 20부셸의 엔화 가격은 다음과 같다.

$$\text{엔화의 수량} = \underbrace{\text{미화 20달러}}_{\text{달러 수량}} \times \underbrace{\text{달러당 120엔}}_{\text{명목환율}} = \text{2,400엔}$$

엔화를 달러로 변환하기 위해서는 명목환율 공식을 이용하여 역산해볼 수 있다. 잠재적인 일본인 고객은 현재 공급 업체의 가격인 부셸당 1,800엔보다 저렴하면 메티슨가에게 사과를 구매하겠다고 제안할 수 있을 것이다. 일본인 고객의 공급 업체 가격이 상대적으로 더 저렴한지 알아내기 위해 메티슨가는 이 금액을 다시 미국 달러로 환산해봐야 한다. 이번에는 명목환율 공식

을 역산하여 이 공급가격이 미화 달러로 얼마나 가치가 있는지 살펴볼 수 있다.

$$\text{미화 달러의 수량} = \frac{\text{엔화 수량}}{\text{명목환율}}$$

따라서 메티슨가에 제시된 공급 가격이 1,800엔이고, 환율이 달러당 120엔인 경우, 부셸당 미화 달러 수량은 다음과 같다.

$$\text{미화 달러의 수량} = \frac{\overbrace{1{,}800\text{엔}}^{\text{엔화 수량}}}{\underbrace{\text{미화 달러당 } 120\text{엔}}_{\text{명목환율}}} = \text{미화 } 15\text{달러}$$

환율을 반대로 계산하는 실수를 범해서는 안 된다. 지금까지 미화 1달러로 살 수 있는 외화 단위의 수량을 기준으로 미화 1달러의 가격에 초점을 맞추었다. 반대로, 1엔을 사는 데 드는 비용을 나타내는 엔화 가격에 대해서도 생각해 볼 수 있다. 미화 1달러가 120엔이라고 말하는 것은 1엔이 1달러의 120분의 1 또는 0.0083달러라고도 볼 수 있다. 두 가격 표시 모두 명목환율로 볼 수 있다. 단지, 다른 기준으로 표현된 것일 뿐이다.

환율을 알아볼 때 1달러의 가격(엔으로 표시됨) 기준인지 아니면 1엔의 가격(달러로 표시됨) 기준인지를 구별해야 한다. 이것을 잘못 계산하면 비용이 많이 드는 실수가 발생할 수 있다!

Robert Alexander/Archive Photos/Getty Images

일본 식료품점에서 판매되고 있는 사과

일상경제학 그 통화는 무엇이라고 부르는가?

미국의 통화는 달러라고 부른다. 그러나 미국의 통화가 유일한 달러는 아니다. 호주, 캐나다, 뉴질랜드를 포함한 다른 이전 영국 식민지들도 통화를 '달러'라고 부른다. 이 국가들의 달러는 모두 가치가 다르기 때문에 각 국가의 이니셜을 달러 기호 앞에 두어 구별하는 것이 일반적이다(따라서 미국 달러를 US $라고 하고 호주 달러를 A $라고 표시한다). '달러'를 사용하는 국가를 방문할 때는 주의를 기울여야 한다. 예를 들어 에콰도르와 엘살바도르와 같은 일부 국가에서는 자국의 통화를 포기하고 미국 달러를 사용한다.

페소 또한 통화의 일반적인 이름이다. 멕시코, 아르헨티나, 칠레, 콜롬비아 및 쿠바에도 모두 페소(가치가 서로 다름)가 있다. 인도, 파키스탄, 인도네시아를 포함한 8개국이 루피를 가지고 있다. 일본에는 엔이 있다. 중국에는 인민폐가 있는데, 이는 화폐의 공식 명칭이며 '인민의 화폐'를 의미한다. 그러나 인민폐는 위안으로 표기된다. 영국인은 그들의 통화를 파운드 스털링 또는 짧게 파운드라고 부른다. 대부분의 국가에는 자체 통화가 있지만 많은 유럽 국가에서는 2002년에 개별 자국 통화를 포기하고 유로라는 새로운 유럽의 통화를 채택하였다. 그 기호는 '유럽'의 첫 글자처럼 보이는 유로(€)이다. 2019년 현재 유럽연합에 속한 국가 중 19개국에서 유로를 사용하지만 일부 EU 회원국에서는 사용하지 않고 있다. 다른 여러 (대부분의 작은) 국가들 사이에서도 유로를 사용한다. 이 새로운 슈퍼통화는 이제 미국 달러에 이어 세계에서 두 번째로 거래되는 통화가 되었다. ■

국가	통화	기호
미국	달러	US$
유럽의 19개국(독일, 프랑스, 이탈리아, 스페인 포함)	유로	€
호주	달러	A$
브라질	레알	R$
캐나다	달러	C$
중국	위안	元
멕시코	페소	Mex$
인도	루피	₹
일본	엔	¥
러시아	루블	₽
한국	원	₩
영국	파운드 스털링	£

요약 : 명목환율 공식의 세 가지 용도를 다음과 같이 요약해보자. 명목환율 공식은 다음과 같은 세 가지 목적을 지니고 있기 때문에 매우 다양하게 활용될 수 있다.

명목환율의 정의는 다음과 같다.

$$\underbrace{\text{명목환율}}_{\substack{\text{(엔으로 평가한}\\ \text{미화 달러의 가격)}}} = \frac{\text{엔 단위 수량}}{\text{달러 단위 수량}}$$

이 환율을 이용하면,

$$\text{엔화의 수량} = \text{달러의 수량} \times \text{명목환율}$$

다시 역산하면 엔을 달러로 환산할 수 있다.

$$\text{미화 달러의 수량} = \frac{\text{엔화 수량}}{\text{명목환율}}$$

물론 이 공식을 어떤 다른 국가에도 적용할 수 있다. '엔'이라는 단어를 '페소', '위안', '유로' 또는 미국 달러 가격을 측정하는 데 사용하는 어떤 다른 통화로도 바꾸면 된다.

독일에서 사과는 얼마나 비쌀까?

경제학 실습

a. 메티슨가는 독일에서 사과를 판매하기 위해 거래를 시도하고 있다. 부셸당 미화 20달러를 청구하는 경우, 명목환율이 미화당 0.90유로이면 독일 식료품점에 사과 한 부셸당 몇 유로가 될까?

b. 메티슨가는 통관 서류 작업을 돕기 위해 현지 물류 회사에 900유로를 지불해야 한다. 이것은 미국 달러로 얼마일까?

c. 영국 물류 회사는 대신 600파운드에 이 서류 작업을 제안했다. 명목환율이 미국 달러당 0.75파운드라면 어느 것이 더 나은 거래일까? ■

정답

a. 유로 수량=달러 수량×명목환율=미화 20달러×달러당 0.90유로=18유로.

b. 달러 수량=유로 수량/명목환율=달러당 € 900/€ 0.90=US $1,000.

c. 달러 수량=파운드 수량/명목환율=달러당 £600/£0.75=US $800이므로 영국물류회사와의 거래가 더 나은 거래이다.

환율과 외국 상품의 가격

환율은 경제에서 가장 중요한 가격 중 하나이다. 환율이 변하면 수백만 개의 수입 또는 수출 상품을 구매하는 데 드는 비용에 자동적으로 영향을 미치기 때문이다.

절상 통화의 가격이 상승하는 경우

절하 통화의 가격이 하락하는 경우

통화는 더 비싸지면 가치가 높아지고(절상) 가격이 하락지면 가치가 떨어진다(절하). 환율 움직임을 설명할 때 혼동되기 쉽다. 예컨대, 엔화를 달러로 교환하는 환율이 달러당 100엔에서 120엔으로 상승하면 달러를 엔화로 교환하는 환율은 엔당 0.010달러에서 0.008달러로 떨어진다. 이것을 상승 또는 하락으로 설명하기보다 경제학자들은 모두 다른 단어를 사용한다.

1달러를 매수하기 위해 부과되는 엔의 수량이 올라갈 때, 즉 1달러의 가격이 올라갈 때 우리는 이것을 달러의 **절상**(appreciation)이라고 설명한다. 우리는 1달러가 이제 더 많은 엔화의 가치가 있기 때문에 절상되었다고 말한다(달러를 보유한 사람이라면 누구나 감사할 것이다!). 그림 28-7은 2013~2015년까지 달러화가 엔화 대비 절상되었음을 보여주고 있다.

반대로, 1달러를 매수하는 데 필요한 엔화 수량이 하락하면, 즉 달러 가격이 하락하면 이를 달러 가치 **절하**(depreciation)라고 한다. 달러는 중고차와 같다. 중고차가 감가상각 되듯이 그 가치가 낮아지기 때문이다(감가상각과 절하를 영어로 depreciation이

그림 28-7 | 일본/미국 명목환율 추이

출처 : Federal Reserve Board

라는 같은 단어를 쓰기 때문에 비교한 것으로 보인다-역자 주). 그림 28-7은 2009~2011년까지 달러화가 엔화에 대해 절하되었음을 보여주고 있다.

달러가 절상되면 수입품은 더 저렴해지고 수출품은 더 비싸진다. 달러가 절상되면 다른 나라에서 수입하는 상품은 미국 달러 기준으로 더 저렴해진다. 예컨대, 4만 8,000엔의 니콘 카메라를 수입하는 경우 환율이 1달러당 100엔이면 480달러가 들지만 1달러가 120엔으로 상승하면 400달러로 떨어진다. 혹자는 절상은 달러 강세로 이어진다고 표현하기도 한다. 같은 수량의 달러로 더 많은 해외상품과 서비스를 구매할 수 있기 때문에 더 강하다고 볼 수 있다.

반면에, 달러 절상은 수입업체에게는 희소식이지만 수출업체에게는 안 좋은 소식이 된다. 예컨대 메티슨가는 사과를 부셸당 미화 20달러에 판매하는데, 이는 환율이 달러당 100엔일 때 일본 고객에게 부셸당 2,000엔으로 환산되지만, 1달러가 120엔으로 상승하면 부셸당 2,400엔으로 상승하게 된다. 결과적으로 달러의 절상으로 인해 메티슨가의 사과와 같은 미국 수출품은 외국 구매자들 입장에서 더 비싸게 되는 것이다. 문제는 일본인 고객이 일본 엔으로 더 많이 지불하더라도 메티슨가는 부셸당 달러를 더 많이 받지 못한다는 것이다.

달러 가치가 절하되면 수입품은 더 비싸지고 수출품은 더 저렴해진다. 달러가 절하되면 다른 나라에서 수입하는 상품이 미국 달러 기준으로 더 비싸진다. 혹자는 절하가 외국 상품을 더 적게 구매할 수밖에 없기 때문에 달러 약세로 이어진다고도 표현한다. 절하는 수입업자에게는 나쁜 소식이지만 미국 수출업자에게는 희소식이다. 미국 달러로 청구되는 가격을 조정하지 않더라도 외국 구매자 입장에서는 자국 통화로 지불하는 금액이 적다는 것을 알 수 있어 더 많은 미국의 수출품을 구매할 수 있게 된다. 그림 28-8은 환율의 변화와 그 의미를 설명하는 다양한 방법을 요약한 것이다.

그림 28-8 | 같은 의미의 다양한 표현

달러의 가격이 높아질 때,	달러의 가격이 낮아질 때,
• 달러의 절상	• 달러의 절하
• 타국 통화의 절하	• 타국 통화의 절상
• 달러 강세	• 달러 약세
• 높아진 환율	• 낮아진 환율
• 저렴해진 수입품	• 비싸진 수입품
• 외국 구매자 입장에서 비싸진 수출품	• 외국 구매자 입장에서 저렴해진 수출품

자료 해석 미국 달러의 가치를 추적해보자

달러는 매일 다양한 통화와 거래된다. 어느 특정한 날에 달러화는 엔화에 대해 절상되고, 유로화에 대해 절하되고, 위안화에 대해 변하지 않고, 수십 개의 다른 통화 각각에 대해서도 상승하거나 하락할 수 있다.

한 통화에 대한 가격보다 달러의 전반적인 가치를 평가하기 위해 경제학자들은 무역 가중 지수라고 하는 미국 달러 가치에 대한 종합적인 수준을 계측한다. 이를 통화 바구니의 기준으로 미국 달러의 가격을 생각해보자. 여기서 통화 바구니에 속한 각 통화의 가중치는 해당 통화를 사용하는 각 국가가 미국의 거래 파트너로서 가지고 있는 중요도를 반영하고 있다. 다양한 환율을 효과적으로 평균하여 미국 달러의 국제적 가치를 설명하는 단일 지수로 만든 것이다. 그림 28-9는 평균적으로 미국 달러가 시간이 지남에 따라 절상되었는지 또는 절하되었는지를 나타내는 무역 가중 지수를 보여주고 있다. 다음 링크에서 검색하면 최근의 지수를 확인할 수 있다. https://fred.stlouisfed.org/series/TWEXBGSMTH ■

그림 28-9 | 미국 명목환율 : 무역 가중 지수

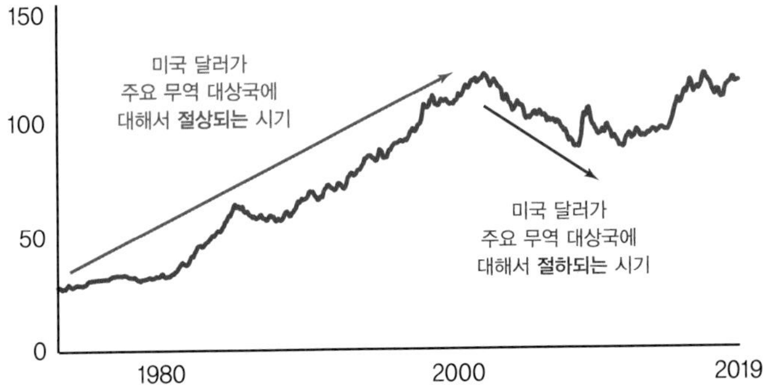

출처 : Federal Reserve Board

28.3 통화의 공급 및 수요

학습목표 외환시장을 분석하고 명목환율을 예측한다.

외환 시장 다양한 통화가 거래되는 시장

메티슨가가 도쿄의 식료품점 체인에 사과를 판매할 때 그들은 달러로 돈을 받아야 한다. 하지만 일본 식료품점은 엔화로 사업할 것이다. 따라서 국제무역은 한 통화를 다른 통화로 교환할 수 있는 시장이 존재해야만 가능해진다. 그 시장을 바로 **외환 시장**(foreign exchange market)이라고 부른다. 미국 달러와 엔화와 같은 통화를 사고팔 수 있는 시장을 말한다.

미국 달러 시장

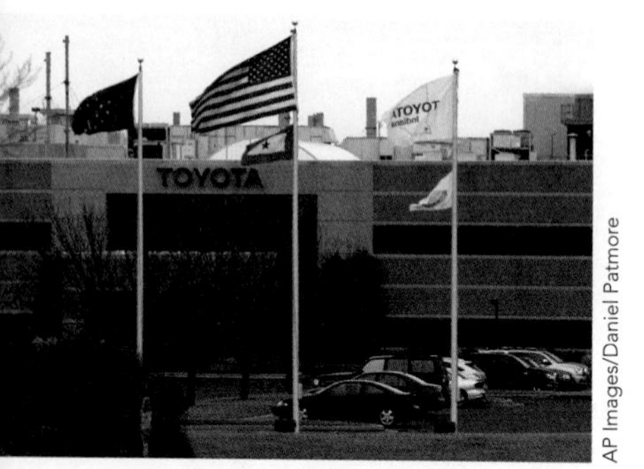

외국의 투자로 미국에서 생산되는 제품

외환 시장은 수요와 공급의 힘으로 균형 가격과 수량이 결정되는 다른 경쟁적 시장과 같다. 외환 시장에서의 상품은 미국 달러와 같은 통화이다. 수요자는 일본 식료품점과 같이 미국 사과를 구매하기 위해 미국 달러를 구매하려는 사람들이다. 일본 식료품점은 일본 엔으로 미국 달러를 산다. 공급 측에서는 일본 엔화에 대한 대가로 미국 달러를 판매하려는 사람들이 있다. 예컨대, 니콘 카메라를 수입하는 미국의 카메라숍은 일본 도매상에게 지불할 수 있도록 엔화를 갖기 위해 미국 달러를 공급할 것이다. 이 시장에서 가격은 미국 달러의 가격으로, 명목환율은 1달러를 구매하기 위해 지불해야 하는 엔화의 수량으로 측정한다.

사람들이 달러를 수요하거나 공급하도록 이끄는 두 가지 주요 유형의 국제 거래가 존재한다. 첫째, 사과 수출 및 니콘 카메라 수입과 같은 무역 거래가 있다. 둘째, 도요타가 미국에 새로운 공장을 짓는 데 투자하거나 미국 투자자가 일본 기업의 주식을 매입하는 것과 같은 금융 거래가 있다.

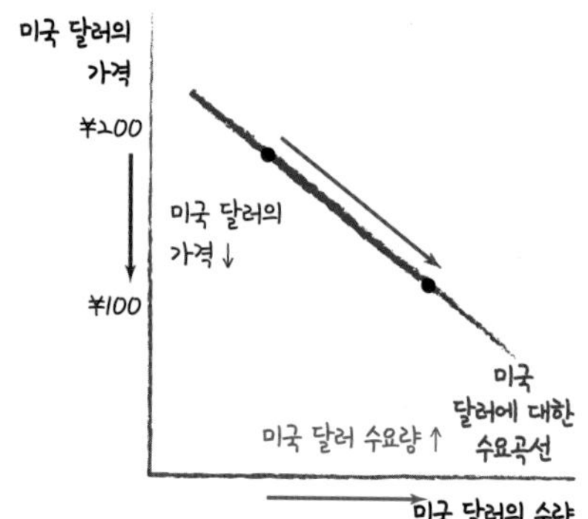

달러에 대한 수요는 외국인들이 미국 수출품을 구매하고 미국에 투자하는 것을 반영한다. 일본 소비자가 미국 제품, 즉 미국에서 수출하는 제품을 구매하려면 미국 달러로 지불해야 할 것이다. 이것은 미국으로부터의 1달러 수출이 1달러에 대한 외환 시장의 수요를 창출한다는 것을 의미한다. 마찬가지로 일본 투자자가 미국 자산을 구매하려면 미국 달러가 필요하다. 예컨대, 도요타가 미국에서 공장을 사거나 지을 때 그 대가를 지불하려면 미국 달러를 사야 한다. 따라서 모든 금융 유입은 미국 달러에 대한 수요를 창출한다.

미국 달러에 대한 수요곡선은 미국 달러의 수요량이 미국 달러 가격(환율)에 따라 어떻게 달라지는지 보여준다. 우하향의 수요곡선은 미국 달러 가격이 낮을수록 더 많은 달러 수요가 발생한다는 것을 보여준다. 미국 달러 가격이 낮을 때 달러를 구매하기 위한 엔화의 비용이 적기 때문에 우하향한다. 따라서 미국 제품을 구매하는 데 드는 엔화의 비용이 더 적어진다. 일본 구매자 입장에서는 미국에서 수출된 상품이 할인된 가격으로 판매되는 것과 같아서 더 많이 구매할 수 있게 된다. 더 많은 미국 수출품에 대해 지불하려면 더 많은 미국 달러가 필요하므로 미국 달러 가격이 낮아지면 더 많은 달러를 수요하게 된다.

달러에 대한 공급은 미국인들이 수입품을 사고 해외에 투자하는 것을 반영한다. 미국 구매자가 일본 상품, 즉 미국으로 수입되는 상품에 대해 지불할 때 일본 엔으로 지불해야 한다. 그들은 그 대가로 엔화를 얻기 위해 미국 달러를 공급할 것이다. 즉, 1달러의 수입은 1달러만큼 외환 시장에 공급된다는 의미이다. 마찬가지로 미국 투자자가 도요타 주식을 매입하는 것과 같이 해외에 투자하고자 하면, 일본 엔화가 필요하게 된다. 따라서 금융 유출 1달러당 1달러의 공급이 발생한다.

미국 달러의 공급곡선은 공급되는 미국 달러의 공급량이 미국 달러의 가격(환율)에 따라 어떻게 달라지는지를 보여준다. 우상향의 공급곡선은 미국 달러 가격이 높을수록 더 많은 달러가 공급된다는 것을 보여준다. 미국 달러 가격이 비싸면 달러에 대한 대가로 많은 엔을 받게 되기 때문에 우상향한다. 즉, 일본 물건은 미국 달러 기준으로 더 저렴하기 때문에 미국 구매자의 관점에서 보면 일본 수입품이 할인 판매되는 것과 같아서 더 많이 구매할 것이다. 일본으로부터 미국이 수입하는 상품이 많아지면, 미국인들은 그 대가를 지불하기 위해 더 많은 달러를 엔화로 교환해야 할 것이다. 결과적으로 미국 달러의 가격이 높을수록 공급되는 달러의 수량이 많아진다.

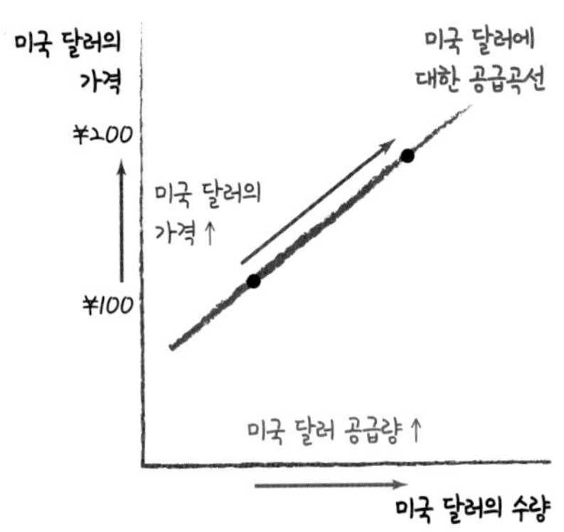

미국 달러 가격 ↑ → 일본에서 미국으로 수입되는 상품의 달러 기준 가격 ↓ → 일본에서 미국으로 수입되는 상품의 수요 ↑ → 미국 달러 공급의 ↑

(여기에는 미묘한 문제가 있다. 미국 달러 가격이 높을수록 미국인들은 더 많은 수입품을 구매하게 되지만 각 수입 품목을 구매하는 데 필요한 달러 수량은 감소한다. 그 결과 수입에 사용되는 미국 달러 총수량, 즉 달러 공급량은 수입량이 가격 하락을 상쇄할 만큼 충분히 증가할 때만 증가할 것이다. 실제로 이것이 일반적으로 발생하는 현상이며 공급곡선이 우상향하는 이유다.)

환율은 수요와 공급에 의해 결정된다. 외환 시장은 수요와 공급의 힘으로 인해 균형 가격과 수량이 결정되는 다른 경쟁적 시장과 매우 유사하게 작동한다. 그림 28-10의 세로축은 미국 달러

그림 28-10 | 미국 달러 시장

미국 달러의 공급과 수요에 의해서 미국 달러의 가격이 결정된다.

Ⓐ 미국 달러의 공급곡선은 우상향한다. 달러 가격이 절상되면 더 저렴해진 일본 수입 상품을 구매하기 위해서 엔화를 더 많이 사기 때문이다. 이로 인해 수입품에 더 많은 비용을 지출하게 되는데, 이는 엔화로 교환하기 위해 더 많은 달러를 공급해야만 지불할 수 있다.

Ⓑ 미국 달러의 수요곡선은 우하향한다. 달러 가격이 절하되면 일본인 입장에서 미국의 수출 상품 가격이 저렴해지기 때문이다. 이로 인해 일본인들은 더 많은 미국의 수출품을 구매하게 되는데, 이는 더 많은 달러의 수요를 창출하게 된다.

Ⓒ 균형 환율은 수요곡선과 공급곡선이 만나는 지점에서 이루어지며, 미국 달러 가격은 여기서 120엔으로 결정된다.

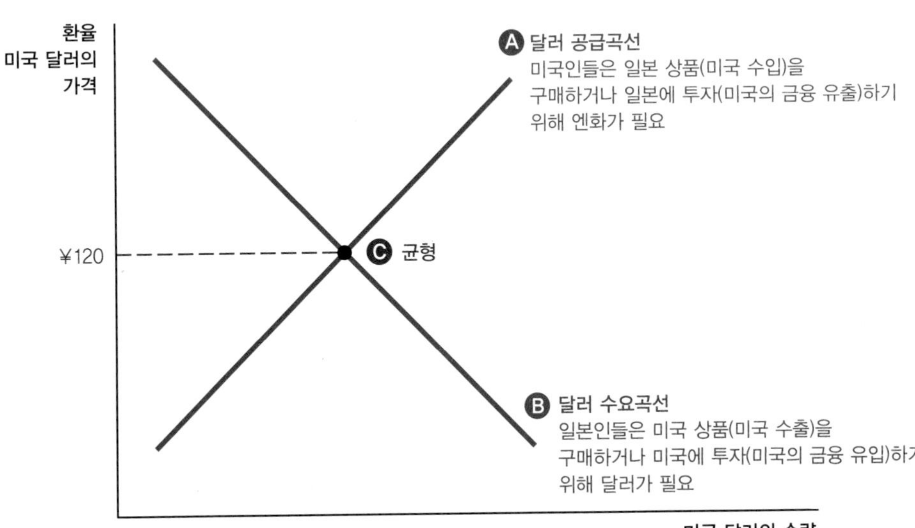

가격을 나타내고 가로축은 엔화로 교환된 달러의 수량을 나타낸다. 미국 달러 가격은 구매자가 1달러를 얻기 위해 지불해야 하는 엔화를 나타낸다. 환율이 높을수록 엔화 기준으로 달러가 더 비싸진다.

균형 환율은 수요곡선과 공급곡선이 만나는 지점에서 이루어지며, 미국 달러 가격이 결정된다. 결과적으로 균형 환율은 공급과 수요의 힘 사이의 균형을 반영한다. 즉, 미국의 수입 및 금융 유출의 영향이 달러 공급 측에 반영되고 미국의 수출과 금융 유입의 영향이 달러 수요 측에 반영된다.

일상경제학 **환율을 이해하기**

미국 달러 공급은 미국 달러를 엔화로 교환하려는 미국인에게서 나온다는 사실을 배웠다. 그러나 일본에서 경제학을 공부하고 있었다면 미국 달러를 엔화로 교환하려는 미국인이 엔화 수요를 창출한다는 사실을 또한 알게 될 것이다. 마찬가지로 미국 달러에 대한 수요는 엔화를 달러로 바꾸려는 일본인들에게서 비롯된다는 것을 알 수 있다. 하지만 일본에서는 달러 수요가 엔화 공급을 창출한다. 이와 같이 미국 달러(엔화로 지불) 시장이 곧 엔화 (미국 달러로 지불) 시장이기도 한 외환 시장이 동전의 양면과 같은 속성을 지니고 있다. 따라서 어느 쪽이 동전의 위인지 아래인지 구분하려면,

- **분석 대상이 되는 시장을 명확히 식별한다.** 단순히 환율 시장을 분석하고 있다고 말하면 안 된다. 일본 엔화로 지불되는 미국 달러 시장이라고 표현할 수 있어야 한다.
- **가격으로 평가하는 대상이 되는 통화를 명시한다.** 미국 달러에 대한 시장을 평가하는 경우, 미화 1달러를 구입하기 위해 필요로 하는 엔화의 수량으로 표시되는 미국 달러의 가격을 분석하고 있다는 것을 명확히 한다. 만약 엔화의 가격을 예측하고자 하는 경우, 여기서의 가격은 1엔을 사는 데 필요한 미국 달러의 수량이다.
- **무역 거래의 원산지와 행선지를 명시해야 한다.** '수출'이라고만 쓰지 말고, '미국에서 일본으로의 수출'이라고 쓴다.

이 세 가지 조언을 따르면 많은 혼란을 피할 수 있다. ■

거시경제 상황에 따라서 환율도 변할 수 있다. 이러한 관계는 거시경제 상황의 변화에 따라 환율이 어떻게 변할지 예측하는 데 특히 유용하다. 다음 내용은 달러 수요의 변화와 달러 공급의 변화에 따른 결과를 분석해본다. 그러나 시작하기에 앞서서 모든 공급 및 수요 분석에서 가격의 변화(이 경우 환율의 변화) 자체로는 수요 또는 공급곡선을 이동시키지 않는다는 점을 상기해야 한다.

달러 수요곡선의 이동

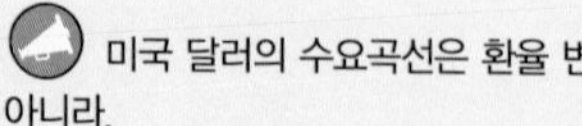
미국 달러의 수요곡선은 환율 변화가 아니라,
1. 미국의 수출이 변하거나
2. 미국의 금융 유입이 변하면,
이동한다.

미국 달러에 대한 수요가 증가하면 수요곡선이 오른쪽으로 이동한다. 그림 28-11의 왼쪽 패널에서 볼 수 있듯이 수요가 증가하면 미국 달러 가격이 상승하며 이는 환율 상승으로 이어진다. 미국 달러에 대한 수요곡선은 사람들이 주어진 환율로 더 많은 달러를 사고 싶을 때마다 오른쪽으로 이동하게 된다. 반대로 오른쪽 패널은 미국 달러에 대한 수요가 감소하면 수요곡선이 왼쪽으로 이동함을 보여준다. 수요가 감소하면 미국 달러 가격이 하락하며 환율이 하락한다. 사람들이 주어진 환율로 더 적은 달러를 사고 싶을 때마다 수요곡선이 왼쪽으로 이동하게 된다.

미국 달러에 대한 수요는 미국 수출품을 구매하거나 미국에 투자하기 위해 달러가 필요한 외국인에게서 나온다는 것을 상기하자. 상호의존의 원리는 그들의 결정이 다른 시장과 다른

그림 28-11 | **미국 달러의 수요곡선 변화**

미국 달러 수요의 증가

Ⓐ 수출 또는 금융 유입이 증가하면 미국 달러에 대한 수요가 증가하여 수요곡선이 오른쪽으로 이동한다.
Ⓑ 이로 인해 미국 달러 가격이 상승하여 환율이 절상한다.

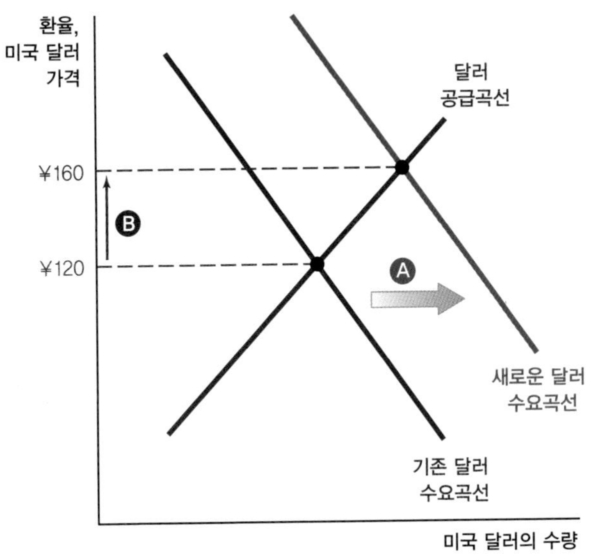

미국 달러 수요의 감소

Ⓒ 수출 또는 금융 유입이 감소하면 미국 달러에 대한 **수요가 감소**하여 수요곡선이 **왼쪽**으로 이동한다.
Ⓓ 이로 인해 미국 달러 가격이 하락하여 환율이 절하한다.

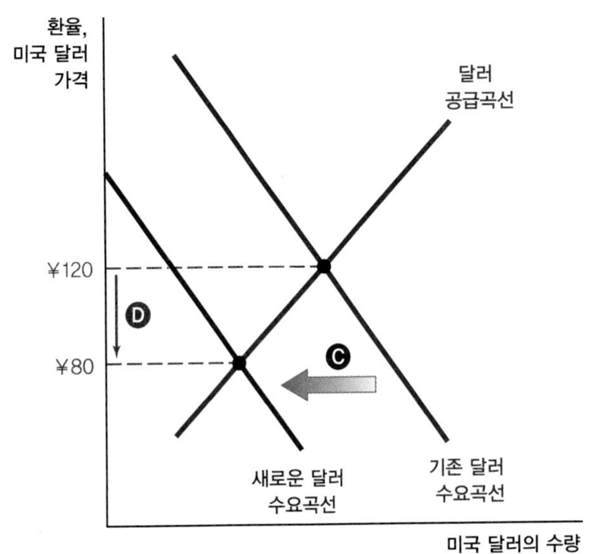

국가의 경제 상황에 달려 있음을 상기시켜준다. 결과적으로 환율 외에 외국인이 미국 수출품에 지출하는 금액이나 미국에 투자하는 금액(즉, 금융 유입)을 바꾸는 모든 요인이 달러 수요를 변화시킬 것이다. 이러한 수요곡선의 이동 요인들을 차례로 평가해보도록 하자.

수요곡선 이동요인 1 : 미국으로부터의 수출. 주어진 환율하에서 달러 기준으로 된 수출품의 가치를 변화시키는 모든 요인은 달러에 대한 수요를 변화시킬 것이다. 결과적으로 다음과 같은 요인에 의해서 미국으로부터의 수출을 반영하는 달러 수요곡선은 이동할 수 있다.

다음과 같은 이유로 **수출이 증가**하면 달러 수요가 증가한다.
세계 GDP ↑
해외 시장의 무역장벽 ↓
국내 혁신 및 마케팅 ↑
해외 가격 ↑
국내 가격 ↓

- 글로벌 경제의 동향 : 주요 무역 대상국들의 GDP 증가는 일반적으로 미국 수출을 증가시켜 미국 달러에 대한 수요곡선을 오른쪽으로 이동시킨다. 예를 들어, 일본의 경제 회복은 일본 소비자의 수입을 증가시킬 것이며, 그들은 이 추가 수입의 일부를 메티슨의 사과와 기타 미국 상품 및 서비스에 지출할 것이다.
- 해외 시장에서의 무역 장벽 : 외국 정부가 시장에 쉽게 접근할 수 있도록 하면 수출이 증가하여 미국 달러에 대한 수요곡선이 오른쪽으로 이동한다. 일례로, 일본 정부 관계자들은 미국 사과를 판매하기 전에 부패율이 높아질 수 있는 격리조치를 요구하였다. 이와 같은 무역 장벽이 허물어지자, 메티슨은 사과를 일본으로 수출하기 시작하였다.
- 국내 혁신 및 마케팅 : 해외 고객에게 미국 상품 및 서비스를 성공적으로 혁신하고 마케팅하면 수출이 증가하여 미국 달러에 대한 수요곡선이 오른쪽으로 이동한다. 예를 들어 메티슨은 해외 고객에게 과일을 더 매력적으로 만드는 새로운 보관 및 포장 기술을 개발하였다.
- 해외 가격 : 해외 가격이 미국 가격보다 높을 때 외국인 고객은 대신 미국산 상품을 구매할 것이다. 이러한 미국 수출 수요 증가는 미국 달러 수요곡선을 오른쪽으로 이동시킬 것이다. 예를 들어, 일본 사과를 재배하는 농가가 가격을 올리면 일부 일본 소비자는 미국산 사과로

대체하여 미국 달러에 대한 수요를 증가시킬 것이다. 또는 제3국(예 : 뉴질랜드)의 사과 가격이 오르면 일부 일본 소비자는 뉴질랜드산 사과 대신 미국산 사과로 대체할 것이다.

- **국내 가격** : 미국 판매자가 가격을 인하하면 수출이 크게 증가하여 달러 수요가 증가할 것이다. 예를 들어 메티슨이 사과 가격을 인하하면 외국인이 사과를 더 많이 사게 된다. 다만, 이 경우에 이해하기에는 약간 까다로운 부분이 있다. 국내 가격 인하는 메티슨이 더 많은 사과를 수출할 것임을 의미하지만 각 사과를 구매하는 비용은 더 적게 든다. 따라서 외국인이 사과에 소비하는 총금액이 증가하거나 감소할 수도 있어 환율의 방향은 모호할 수 있다. 다만, 과거의 경험에 비추어 볼 때, 국내 가격이 낮아지면 수출이 크게 증가하여 달러 수요가 증가하는 경향이 있다.

이와 같은 각각의 사례를 통해 주어진 환율하에서 수출이 증가하면 어떻게 되는지 살펴보았다. 이와 같은 영향은 동일하게 역으로도 작용한다. 수출이 감소하면 달러 수요가 감소하여 균형 환율도 하락한다.

> 다음과 같은 이유로 **금융 유입**이 증가하면 달러 수요가 증가한다.
> 외국 금리 대비 미국 금리 ↑
> 외국 기업 대비 미국 기업 수익성 ↑
> 미국의 정치적 위험 대비 외국의 정치적 위험 ↑
> 달러의 미래 기대 가치 ↑

수요곡선의 이동요인 2 : 미국으로의 금융 유입. 외국인 투자자들은 일반적으로 투자 수익과 상대적으로 낮은 위험의 조합을 추구한다. 이는 금융 유입(즉, 달러에 대한 수요)이 다음 요인에 따라 변한다는 것을 의미한다.

- **이자율 차이** : 기회비용의 원리에 민감한 외국인 투자자의 입장에서 미국에 대한 투자의 기회비용은 자국이나 다른 국가에 투자하여 얻는 수익과 같다. 결과적으로 금융 유입은 미국 금리와 외국 금리의 차이로 인해 발생하게 된다. 미국의 높은 이자율이나 외국의 낮은 이자율로 인해 발생하는 이자율 차이는 금융 유입을 증가시켜 달러 수요곡선을 오른쪽으로 이동시킨다.
- **기업 수익성** : 다른 국가에서 얻을 수 있는 투자 수익에 비해 미국에서 얻을 수 있는 투자 수익에 대한 기회가 많을수록 금융 유입은 더 커질 것이다. 결과적으로 금융 유입은 기업 수익성에 영향을 미치는 세금, 임금 및 (상품 또는 서비스) 수요와 같은 요인에 민감하다. 미국에서 보다 수익성이 있는 사업 환경을 조성하는 모든 변화는 더 많은 금융 유입을 야기하고 달러 수요곡선을 오른쪽으로 이동시킬 것이다.
- **정치적 위험** : 미국은 종종 투자를 위한 '안전한 피난처'라고 불리며 자국의 정치적 위험을 걱정하는 외국인 투자자들에게 매력적인 투자 대상국이다. 외국 정부의 쿠데타나 자산 압류의 위험과 같이 외국의 정치적 위험이 미국에 비해서 증가할 때마다 미국으로의 금융 유입이 증가하여 미국 달러에 대한 수요도 증가한다. 이로 인해 수요곡선이 우측으로 이동한다.
- **기대 환율 변동** : 현재 수천 명의 외환 투기자들은 시시각각 변화하는 경제 상황이 미국 달러 가격을 어떻게 변화시킬 수 있는지 끊임없이 분석하고 있다. 투기자들은 나중에 가치가 상승할 것을 예상하면 달러를 매수하기 위해 서두르기 때문에 미래에 달러가 상승할 수 있는 모든 뉴스는 즉각적인 영향을 미친다. 투기자들에 의한 미국 달러 수요 증가는 미국 달러 수요곡선을 오른쪽으로 이동시킨다.

각 사례에서 이러한 요인들로 인해 주어진 환율하에서 금융 유입이 증가되는 경우 어떻게 되는지 살펴보았다. 이와 같은 영향은 동일하게 역으로도 작용한다. 금융 유입이 감소하면 달러 수요가 감소하여 균형 환율은 하락한다.

지금까지 미국 달러에 대한 수요곡선을 변화시키는 요인들에 대해서 살펴보았다. 이제 달러 공급의 변화에 대해 살펴보도록 한다.

달러 공급곡선의 이동

주어진 환율하에서 미국 달러 공급이 증가하면 공급곡선이 오른쪽으로 이동한다. 그림 28-12의 왼쪽 패널에서 볼 수 있듯이 공급이 증가하면 미국 달러 가격이 하락하게 되는데, 이때 균형 환율은 하락한다. 그와는 반대로 그림 28-12의 오른쪽 패널은 주어진 환율에서 공급이 감소하면 공급곡선이 왼쪽으로 이동하여 미국 달러 가격이 상승하는 새로운 균형, 즉 환율 상승으로 이어진다는 것을 보여주고 있다.

 **미국 달러의 공급곡선**은 환율 변화가 아니라,
1. 미국의 수입이 변하거나
2. 미국의 금융 유출이 변하면,
이동한다.

달러에 대한 수요와 마찬가지로 달러에 대한 공급은 상호의존의 원리가 작동하고 있음을 반영한다. 미국 달러의 공급은 수입품을 구매하거나 해외에 투자할 수 있도록 달러를 외화로 교환해야 하는 미국인에게서 나온다. 이러한 결정은 다른 시장의 상황에 따라 달라진다. 결국, 환율 변화를 제외하고 미국인들이 수입품에 지출하는 금액이나 해외에 투자하는 금액(즉, 금융 유출)을 바꾸는 모든 요인이 달러 공급을 변화시킬 것이다. 이러한 각 곡선 이동요인들을 차례로 평가해보도록 하자.

공급곡선 이동요인 1 : 미국의 수입. 미국인들이 수입품에 지출하는 금액을 바꾸는 요인은 달러 공급곡선을 변화시킬 것이다. 결국, 수입과 그에 따른 달러 공급곡선은 다음과 같은 요인들에 따라 이동한다.

다음과 같은 이유로 **수입이 증가하면** 달러 공급이 증가한다.
미국 GDP ↑
국내 생산자를 보호하는 무역장벽 ↓
해외 혁신 및 마케팅 ↑
국내 가격 ↑
해외 가격 ↓

- 국내 경제의 동향 : 미국 GDP의 증가는 미국인들이 일본 전자 제품과 같은 수입품을 포함하여 지출할 수 있는 소득이 더 많다는 것을 의미한다. 따라서 미국 소득의 증가는 더 많은 수입을 의미하며 미국 달러 공급곡선을 오른쪽으로 이동시킨다.
- 국내 생산자를 보호하는 무역장벽 : 외국 기업이 미국인에게 상품을 판매하는 것을 제약하는 관세 및 기타 무역장벽을 미국이 완화시키면 수입 수요가 증가하여 미국 달러 공급도 증가한다. 예컨대, 중국이 세계무역기구에 가입했을 때 미국인들은 더 많은 중국 수입품

그림 28-12 | 미국 달러의 공급곡선 변화

미국 달러 공급의 증가

Ⓐ 수입 또는 금융 유출이 증가하면 미국 달러에 대한 공급이 증가하여 공급곡선이 오른쪽으로 이동한다.
Ⓑ 이로 인해 미국 달러 가격이 하락하여 환율이 절하한다.

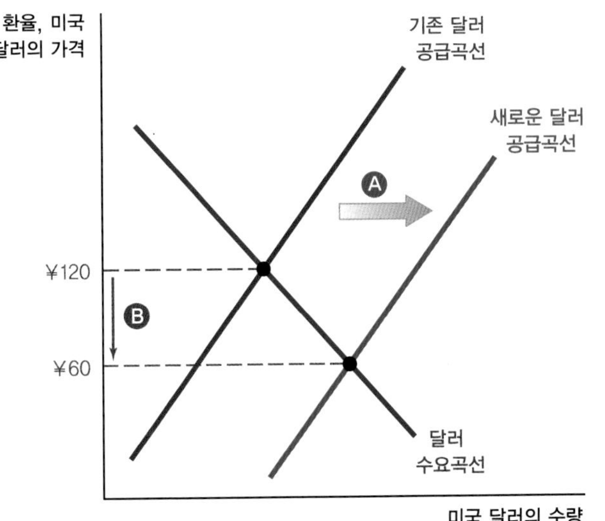

미국 달러 공급의 감소

Ⓒ 수입 또는 금융 유출이 감소하면 미국 달러에 대한 공급이 감소하여 공급곡선이 왼쪽으로 이동한다.
Ⓓ 이로 인해 미국 달러 가격이 상승하여 환율이 절상한다.

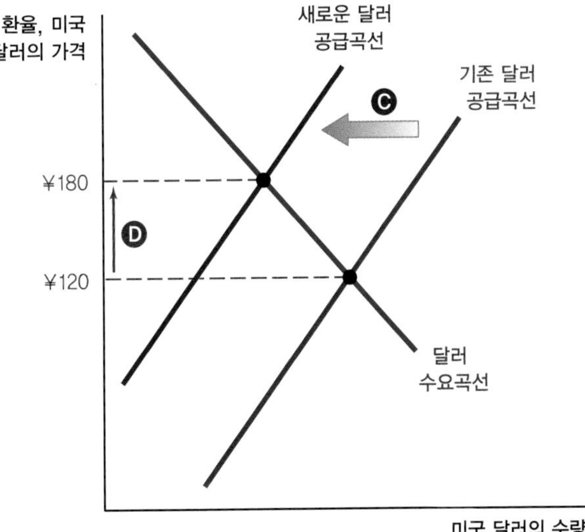

을 구매하여 미국 달러 공급을 오른쪽으로 이동시켰다.

- **해외 혁신 및 마케팅** : 외국 제품의 혁신과 해외 제품의 더 나은 마케팅은 미국의 수입 수요 증가로 이어질 것이다. 예를 들어, 일본의 혁신으로 인해 코닥과 같은 미국 기업에서 니콘과 같은 일본 기업으로 수요를 이동시켜 미국의 카메라 산업에 충격을 주었다. 그 결과 수입이 증가하여 달러 공급이 오른쪽으로 이동하였다.
- **국내 가격** : 미국 생산자가 외국 대체수입품에 비해 가격을 올리면, 미국 구매자는 국내에서 생산된 상품 및 서비스 대신 수입 상품을 구매할 것이다. 그 결과 수입이 증가하여 미국 달러 공급이 오른쪽으로 이동한다.
- **해외 가격** : 마찬가지로 해외 생산자가 가격을 인하하면 미국 구매자는 더 많은 수입품을 구매할 것이다. 일반적으로 수입품 수요는 가격에 매우 민감하므로 해외 가격이 낮아지면 일반적으로 공급되는 달러 수량이 증가하여 미국 달러 공급이 오른쪽으로 이동한다.

위와 같은 각 사례들을 통해 주어진 환율하에서 수입품에 대한 수요가 증가하면 어떻게 되는지 살펴보았다. 이와 같은 영향은 동일하게 역으로도 작용한다. 수입이 감소하면 달러 공급이 감소하고 달러 공급이 왼쪽으로 이동하여 균형환율이 상승한다.

다음과 같은 이유로 **금융 유출**이 증가하면 달러 공급이 증가한다.
외국 금리 대비 미국 금리 ↓
외국 기업 대비 미국 기업 수익성 ↓
미국의 정치적 위험 대비 외국의 정치적 위험 ↓
달러의 미래 기대 가치 ↓

공급곡선 이동요인 2 : 미국의 금융 유출. 미국인이 해외에 투자할 때는 외화가 필요하다는 것을 상기하자. 따라서 주어진 환율하에서 금융 유출을 이동시키는 요인은 달러 공급도 이동시킬 것이다. 미국 투자자들이 해외에 투자할지 아니면 국내에 투자할지에 대해, 다음과 같은 경우에 대응하려고 내리는 결정은 금융 유출(따라서 달러 공급)을 야기한다.

- **이자율 차이** : 미국의 낮은 이자율 또는 외국의 높은 이자율로 인해서 줄어든 이자율 차이는 외국에서 더 나은 투자를 위한 미국인들의 결정으로 금융 유출을 초래하고 달러 공급곡선이 오른쪽으로 이동할 것이다.
- **기업 수익성** : 미국에서 수익성 있는 투자 기회가 적을수록 그에 따른 금융 유출이 커진다. 미국에서 덜 투자 친화적인 사업 환경을 만드는 모든 요인들은 더 많은 금융 유출로 이어지고 달러 공급곡선을 오른쪽으로 이동시킬 것이다.
- **정치적 위험** : 외국의 정치적 위험이 감소할 때마다 미국 투자자는 해외 투자에 더 관심을 갖고 미국 달러 공급을 늘려 공급곡선을 오른쪽으로 이동시킨다.
- **기대 환율 변동** : 투기자들이 미래에 가치 하락을 예상하여 달러를 팔려고 서두르기 때문에 향후 달러 하락을 초래할 수 있는 모든 뉴스는 즉각적인 영향을 미친다. 투기자들에 의한 미국 달러 공급 증가는 미국 달러 공급곡선을 오른쪽으로 이동시킨다.

금융 유입의 감소는 종종 금융 유출의 증가를 동반한다.

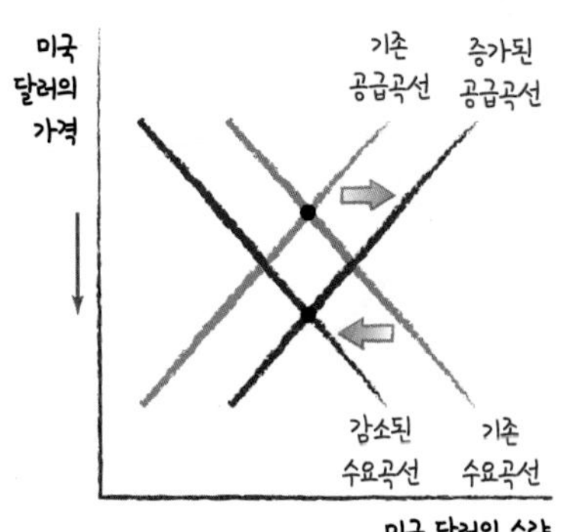

자세히 살펴보면 금융 유출을 변화시키는 요인들이 금융 유입을 변화시키는 요인들(즉, 달러 수요곡선을 변화시키는 요인들)과 대칭적이라는 것을 알 수 있다. 이러한 대칭성은 미국과 외국 투자자들이 더 좋은 투자 기회를 찾기 위해 세계를 샅샅이 뒤지는 것과 같은 경제적 행태에서 비롯되는데, 결국 세계의 어느 투자자든 비슷한 요인들을 같이 직면하고 있기 때문이다. 해외 투자가 더 나은 선택이 될 때 미국 투자자들은 미국에 덜 투자하고 해외에 더 많이 투자하여 금융 유출을 증가시킨다. 외국인들도 역시 미국에 투자를 줄이고 해외에 더 많이 투자하면 그 결과 금융 유입이 감소하게 된다.

이는 금융 유출과 그에 따른 달러 공급을 한 방향으로 이동시키는 거의 모든 요인이 금융 유입과 달러 수요를 반대 방향으로 이동시키기 때문에 금융 유출입 분석은 까다로울 수 있다. 궁극적으로 이러한 효과는 공급과 수요 측면 모두 환율의 방향성을 강화시킨다. 즉, 달러 공급의 증가를 일으키는 요인들로 달러 수요 역시 감소하기 때문에 균형 환율의 절하는 더욱 심화된다. 마찬가지로 달러 공급의 감소는 달러 수요의 증가로 강화되어 환율의 절상이 더욱 심화될 것이다.

지금까지 우리는 달러의 수요곡선 또는 공급곡선을 이동시킬 수 있는 일련의 요인들을 분석했으며, 그림 28-13에서 이를 요약해서 보여주고 있다. 다만, 수요 또는 공급곡선을 이동시키지 않는 요인이 하나 존재하는데, 이것은 바로 환율이라는 사실을 기억하자.

환율 변동 예측

이제까지 배운 원리를 적용하여, 변화하는 경제 상황에 대해 환율이 어떻게 반응할지 예측해 볼 수 있다. 공급 및 수요 분석 결과를 예측하는 데 사용하는 것과 동일하게 3단계 접근법을 적용하기만 하면 된다.

1단계 : 공급 또는 수요곡선이 이동하고 있는가(또는, 둘 다 이동하는가)?

이로 인해 미국의 수출 또는 금융 유입이 변화하여 수요곡선이 이동하는가? 아니면, 미국의 수

그림 28-13 미국 달러 수요곡선과 공급곡선을 이동시키는 요인

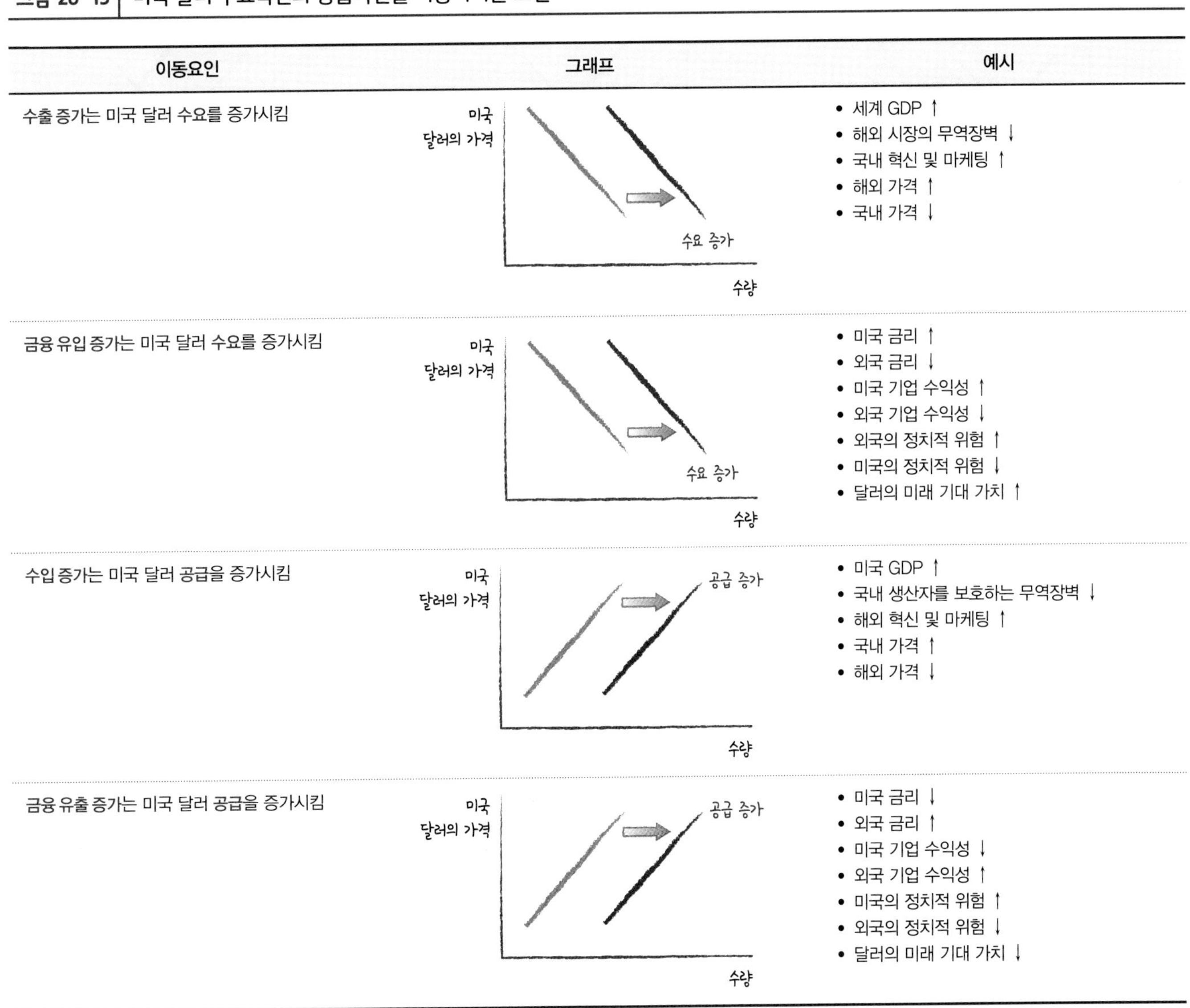

이동요인	그래프	예시
수출 증가는 미국 달러 수요를 증가시킴	미국 달러의 가격 / 수요 증가 / 수량	• 세계 GDP ↑ • 해외 시장의 무역장벽 ↓ • 국내 혁신 및 마케팅 ↑ • 해외 가격 ↑ • 국내 가격 ↓
금융 유입 증가는 미국 달러 수요를 증가시킴	미국 달러의 가격 / 수요 증가 / 수량	• 미국 금리 ↑ • 외국 금리 ↓ • 미국 기업 수익성 ↑ • 외국 기업 수익성 ↓ • 외국의 정치적 위험 ↑ • 미국의 정치적 위험 ↓ • 달러의 미래 기대 가치 ↑
수입 증가는 미국 달러 공급을 증가시킴	미국 달러의 가격 / 공급 증가 / 수량	• 미국 GDP ↑ • 국내 생산자를 보호하는 무역장벽 ↓ • 해외 혁신 및 마케팅 ↑ • 국내 가격 ↑ • 해외 가격 ↓
금융 유출 증가는 미국 달러 공급을 증가시킴	미국 달러의 가격 / 공급 증가 / 수량	• 미국 금리 ↓ • 외국 금리 ↑ • 미국 기업 수익성 ↓ • 외국 기업 수익성 ↑ • 미국의 정치적 위험 ↑ • 외국의 정치적 위험 ↓ • 달러의 미래 기대 가치 ↓

입이나 금융 유출이 변화하여 공급곡선이 이동하는가?

2단계 : 곡선을 오른쪽으로 이동시키는 증가인가, 아니면 왼쪽으로 이동시키는 감소인가?

수입, 수출, 금융 유입 또는 금융 유출과 같은 국제 거래의 증가는 관련 곡선을 오른쪽으로 이동시킬 것이다. 그리고 이러한 거래의 감소는 그것을 왼쪽으로 이동시킬 것이다.

3단계 : 가격, 즉 환율이 균형에서 어떻게 변할까?

새로운 균형은 새로운 수요와 공급곡선이 교차하는 곳에서 발생한다는 것임을 기억하자.

다음 예제를 통해 연습해보자.

경제학 실습

"미국산 사기" 캠페인은 수백만의 미국인들이 수입품 대신 미국산 제품을 구매하도록 유도한다.

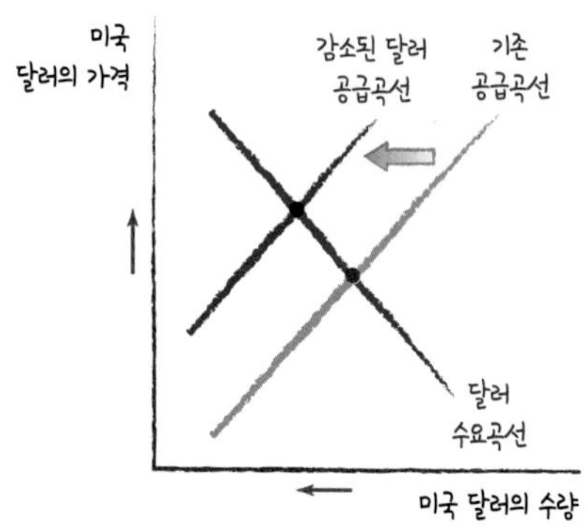

미국 수출의 감소
→ 미국 달러 수요 감소
결과 : 미국 달러의 절상

독일이 미국산 자동차에 대해서 30% 관세를 부과한다.

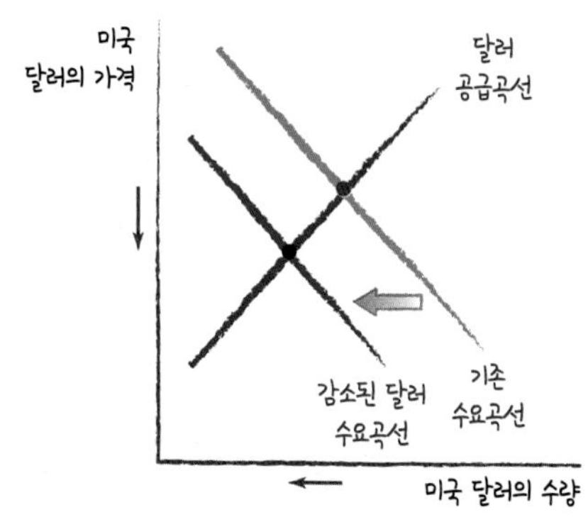

미국 수출의 감소
→ 미국 달러 수요 감소
결과 : 미국 달러의 절상

중국인들이 여행을 더 많이 하게 되면서, 중국 항공사들이 미국산 보잉 항공기를 더 많이 구매한다.

미국 달러의 가격
달러 공급곡선
증가된 달러 수요곡선
기존 수요곡선
미국 달러의 수량

미국 수출의 증가
→ 미국 달러 수요 증가
결과 : 미국 달러의 절상

미국 경제 호황으로 미국인들이 수입품을 더 구매한다.

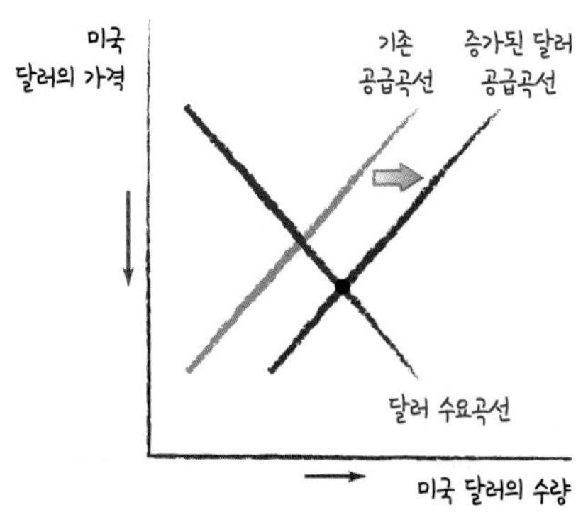

미국의 수입 증가
→ 미국 달러 공급의 증가
결과 : 미국 달러의 절하

미연방은행이 시장의 기대와 다르게 미국 금리를 인상시킨다.

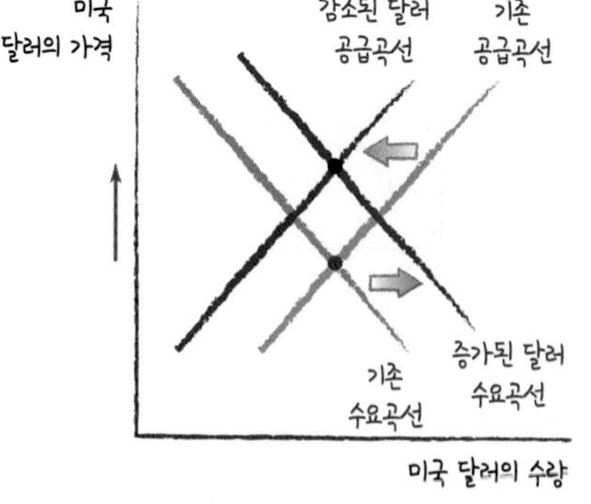

금융 유입이 증가하고 금융 유출이 감소
→ 미국 달러 공급이 감소하고 미국 달러 수요가 증가
결과 : 미국 달러의 절상

미국의 불안한 정치적 상황으로 투자자들이 미국이 과연 안전한 피난처인지에 대한 의구심이 들기 시작한다.

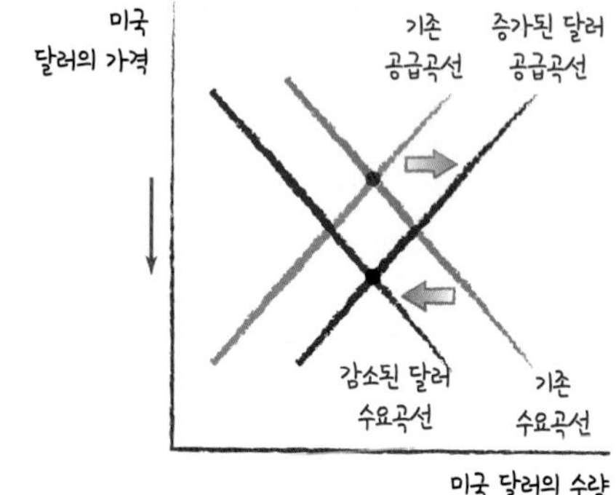

금융 유출이 증가하고 금융 유입이 감소
→ 미국 달러 공급이 증가하고 미국 달러 수요가 감소
결과 : 미국 달러의 절하 ■

외환 시장에 대한 정부 개입

지금까지 우리는 순전히 수요와 공급의 힘에 의해 결정되는 외환 시장을 설명했는데, 이러한 시장제도를 변동 환율제라고 한다. 오늘날 대부분의 국가에서는 변동환율제를 채택하고 있기 때문에, 변동환율제 가정하에서 지금까지 외환 시장을 설명해보았다. 미국 달러와 유로는 모두 변동 환율의 예이며, 결과적으로 미국 달러/유로 환율은 거시경제 상황이 변화함에 따라 상승 및 하락한다.

미국 달러/유로 환율 추이

유로 가격

US$1.50
US$1.00
US$0.50
US$0.00
2000 2010 2019

홍콩 달러/미국 달러 환율 추이

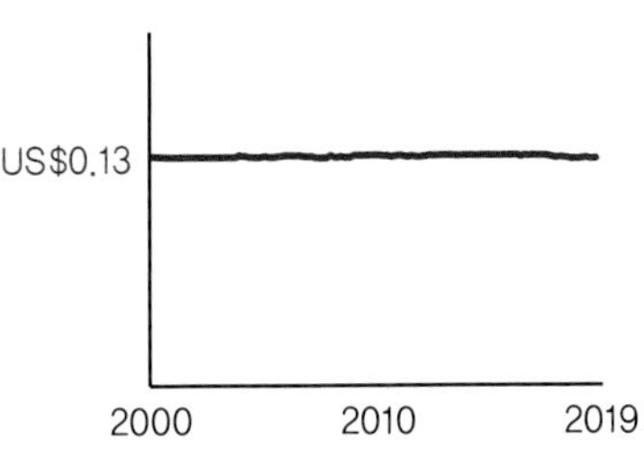

미국 달러/중국 위안화 환율 추이

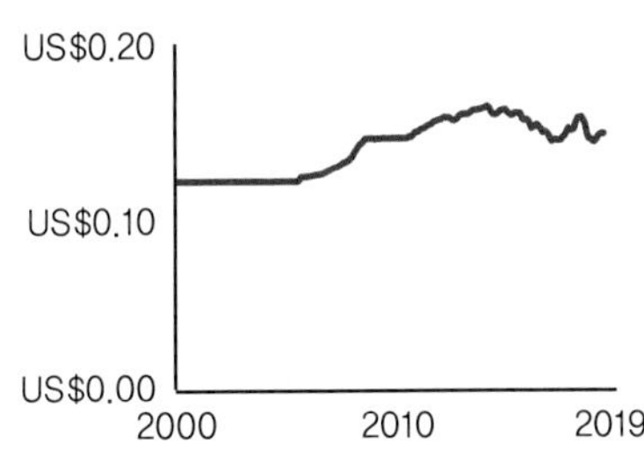

출처 : Federal Reserve Bank of St. Louis.

일부 국가는 실제로 환율을 고정하기도 한다. 고정 환율제는 정부가 통화 가격을 일정하게 설정하는 환율제도이다. 예를 들어 홍콩은 미국 달러에 대해 고정 환율을 유지하고 있으며, 수십 년 동안 홍콩 달러 가격은 0.13달러에서 상승하지 않았다. 홍콩 중앙은행은 가격 변동을 막기 위해 필요한 만큼의 통화를 외환 시장에서 수시로 사고팔아 정해진 환율을 달성한다. 통화 수요가 공급을 초과하면 홍콩 달러를 팔고 수요보다 공급이 많을 때는 홍콩 달러를 매입한다. 고정 환율제는 제2차 세계대전 이후 수십 년 동안 변동환율제에 비해 더 일반적이었다.

일부 국가는 변동환율제와 고정환율제의 중간 형태인 관리 환율(또는 '지저분한' 변동)을 운용하기도 한다. 중국은 관리환율을 운용하는 하나의 중요한 예이다. 공식적으로는 2005년 고정 환율제를 포기했다. 그러나 중국 수출업자의 가격 경쟁력을 높이기 위해 중국은 수조의 위안화를 팔고 수조의 달러를 매수함으로써 2005년 이후 10년 동안 통화 가치를 인위적으로 낮게 유지했다. 이 저렴한 위안화 정책은 마찰을 야기했다. 저렴한 위안화는 곧 미국 소비자들에게 저렴한 가격을 의미했지만, 중국 수출업자들이 미국 기업들과의 가격 경쟁에서 도움이 되었음을 의미하기도 했다. 중국은 2015년경에 이 정책을 포기한 것으로 보인다. 여전히 환율을 어느 정도 관리하고 있지만 그 개입의 정도는 낮아졌다.

28.4 실질환율과 순수출

학습목표 환율과 상대가격이 수출입에 어떠한 영향을 미치는지 알아본다.

모든 미국 기업과 마찬가지로 메티슨은 글로벌 시장에서 가격에 민감한 고객을 확보하기 위해 치열한 경쟁에 직면하고 있다. 국제적으로 경쟁력이 높을수록 더 많은 사과를 수출할 수 있다. 더 큰 국제 경쟁력은 또한 메티슨이 미국 소비자가 일본에서 후지 사과를 수입하는 대신 자국산 사과를 구입하도록 설득하는 데 도움이 될 것이다. 요컨대, 기업의 국제 경쟁력이 국내외 매출을 결정한다. 그리고 한 국가의 입장에서는 자국 기업들의 국제 경쟁력이 수입과 수출을 결정하는 주요 요인이 된다.

실질환율과 경쟁력

미국 사과 농가의 상대적 경쟁력을 평가하려면 미국 사과를 구입할 것인지 외국 사과를 구입할 것인지를 선택하려는 구매자의 입장이 되어보면 된다. 미국 사과를 사는 데 드는 비용과 외국 사과를 사는 데 드는 비용을 비교해보자. 이 비율이 낮을수록 미국산을 구매할 가능성이 높아진다.

실질환율 국내 가격을 국내 통화로 표시된 해외 가격으로 나눈 값으로서 다음과 같이 계산된다.

$$\frac{\text{국내 가격}}{\text{해외 가격/명목환율}}$$

실질환율은 동일한 통화로 표시된 해외 가격 대비 국내 가격의 비율이다. 제품의 국내 가격을 외화 가격(해당 가격을 국내 통화로 변환한 후)으로 나눈 것이 **실질환율**(real exchange rate)이다.

$$\text{실질환율} = \frac{\text{미국 달러 기준의 국내 가격}}{\text{미국 달러로 환산된 해외 가격}}$$

실제로는 외국 생산자가 부과하는 가격은 일반적으로 외화로 표시된다. 일본 사과 한 부셸의 가격은 3,000엔이라고 할 때, 이를 미국 사과의 가격과 비교하기 위해서는 달러로 환산해야 한다. 명목환율 공식은 여기에서 유용하게 쓰인다. 명목환율로 나누기만 하면 외화 가격을 달러로 변환할 수 있다(따라서 해외 가격 3,000엔은 명목환율이 미국 달러당 120엔일 때 3000/120＝부셸당 US $25로 환산될 수 있다). 따라서 우리는 실질환율을 다음과 같이 계산한다.

$$\text{실질환율} = \frac{\text{미국 달러 기준의 국내 가격}}{\underbrace{\text{외화로 표시된 해외 가격/명목환율}}_{\text{달러로 환산된 해외 가격}}}$$

경제학 실습

미국산 사과의 국내 가격이 부셸당 20달러이고, 명목환율은 달러당 120엔이고, 사과의 해외 가격이 부셸당 3,000엔이라면 실질환율은 얼마인가?

실질환율은 다음과 같다.

$$\frac{\text{국내 가격}}{\text{해외 가격/명목환율}} = \frac{\text{US\$20}}{\text{¥3,000/달러당 ¥120}} = \frac{\text{US\$20}}{\text{US\$25}} = \frac{4}{5}$$

실질환율은 두 가격을 동일한 통화로 변환한 후 미국 사과의 가격이 일본 사과의 5분의 4라는 것을 말한다. 이와 같이 상대적으로 저렴한 가격을 감안할 때 메티슨은 많은 사과를 수출할 것으로 예상된다(두 가격을 달러 대신 엔으로 환산해도 동일한 답을 얻을 수 있는지 확인해보자). ■

실질환율은 미국 제품가격의 경쟁력(또는 비경쟁력)을 보여준다. 실질환율이 낮다는 것은 미국 상품이 외국 경쟁 제품에 비해 저렴하다는 것을 의미하며, 이는 국제적으로 가격경쟁력이 있음을 의미한다. 실질환율이 종종 국제 가격경쟁력의 척도로 인식되는 이유이다. 실질환율이 높을수록 가격경쟁력이 떨어지기 때문에 국제적 비경쟁의 척도로도 생각할 수 있다.

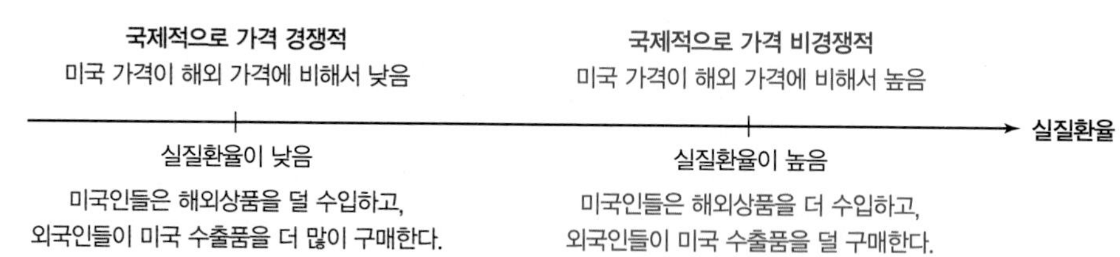

실질환율 하락으로 미국인들은 수입을 줄이고 수출을 늘린다. 경제학자들은 실질환율이 수입과 수출을 동시에 결정하는 주요 가격들(국내 가격, 해외 가격, 명목환율)을 하나의 수치로 요약하기 때문에 특히 유용하다고 생각한다. 예를 들어, 실질환율이 낮다는 것은 미국 사과가 외국 사과에 비해 저렴해졌음을 의미하며 다음과 같은 효과가 있다.

- 수입 감소 : 미국 구매자가 수입된 외국 상품보다 상대적으로 저렴한 현지 상품 구매로 전환한다.
- 수출 증가 : 외국 바이어가 다른 대안에 비해서 상대적으로 더 저렴해진 미국 수출상품을 구매로 전환할 것이다.

동일한 논리를 반대로도 적용하면, 실질환율이 높을수록 수입은 증가하고 수출이 감소할 것임을 의미한다.

실질환율은 생산품에 대한 환율로 볼 수 있다. 지금까지 실질환율을 외국 경쟁 제품과 비교하여 국내 상품의 가격을 측정하는 것으로 설명하였다. 이 기준에 따르면, 실질환율 5분의 4는 국내 생산자가 외국 생산자의 5분의 4에 해당하는 가격을 부과한다는 것을 의미한다. 다른 기준으로도 해석해볼 수 있다. 실질환율은 미국 상품을 외국 상품으로 교환할 수 있는 환율이다. 사과 대 사과 환율이라고 생각해보자. 실질환율이 5분의 4이면 미국 사과 1개가 일본 사과의 5분의 4를 구매할 수 있다. 이 예시에서 실질환율은 한 국가의 생산품을 다른 국가의 생산품으로 교환할 수 있는 비율임을 알 수 있다. 실질환율은 실제 상품에 대한 교환 비율이고 명목환율은 한 국가의 통화를 다른 국가의 통화로 교환할 수 있는 환율이다.

실질환율은 순수출을 결정한다

지금까지의 논의에서 사과 상품에 국한된 실질환율의 개념을 경제 전체로 확장하여 생각해볼 수 있다. 평균적으로 미국 제품의 가격이 해외에서 생산된 제품의 달러 가격에 비해 저렴해졌다면 미국 기업은 평균적으로 국제 경쟁력이 높아진 것이다. 결과적으로, 경제 전반의 실질환율의 절하는 총수출을 증가시키고 총수입을 감소시킬 것이다(실질환율의 절상은 총수출을 줄이고 총수입을 증가시킬 것이다).

경제 전반의 실질환율은 경쟁력의 광범위한 변화를 반영한다. 경제 전반의 실질환율은 명목환율로 인한 변화를 조정한 후에 각국의 소비자물가지수의 변화를 비교하는 방법으로 각국의 대표적 재화 및 서비스 바스켓의 가격을 비교한다.

$$\text{실질환율} = \frac{\text{국내 가격 지수}}{\text{해외 가격지수/명목환율}}$$

그림 28-14에 나와 있는 무역 가중 실질환율(실질 무역 가중 지수)은 이러한 개념을 확장하여 수십 개의 주요 무역 대상국에 대해 가중 평균하여 미국의 경쟁력을 평가한다.

실질환율은 수입과 수출을 움직인다. 실질환율이라는 이 광범위한 척도는 국내 또는 외국 생산자가 부과하는 가격의 변화 또는 미국의 주요 무역 대상국들의 환율 변화로 인한 것인지 상관없이 미국 기업의 평균적인 경쟁력의 변화를 요약하고 있기 때문에 유용하다.

실질환율은 순수출을 변화시키는 핵심적인 요인이다. 결국 미국 기업의 경쟁력이 높아지면 해외 시장에서 외국 기업을 능가할 수 있고 수출도 늘어날 것이다. 높아진 경쟁력으로 인해 미국 기업들은 자국 시장 안에서도 외국 기업들의 수입품에 비해 더 잘 팔려, 수입이 줄어들 것이다. 이와 같은 실질환율에 대한 이해는 그림 28-14에서 실질환율의 움직임이 순수출의 변화를 예측하는 데 매우 훌륭한 역할을 하고 있다는 점을 부각시켜주고 있다.

그림 28-14 | 실질환율이 하락한 후, 순수출은 증가한다

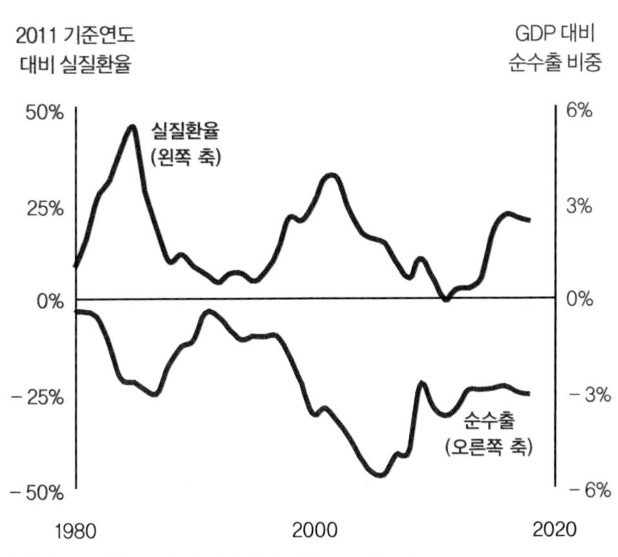

출처 : Bureau of Economic Analysis; Federal Reserve Board.

28.5 국제수지

학습목표 경상계정과 금융계정을 이용하여 전 세계의 돈이 어떻게 흐르는지 이해한다.

이제 이 장에서 앞서 배운 내용들을 종합해서 생각해보자. 우리는 미국 경제가 국제무역과 글로벌 금융 유출입을 통해 글로벌 경제와 연결되어 있다는 점을 지적하면서 시작했다. 그런 다음 국제무역과 금융 유출입이 미국 달러에 대한 수요와 공급을 형성하는 데 있어 어떠한 역할을 갖는지 살펴보고, 실질환율이 수출입에도 어떤 영향을 미치는지 분석했다. 이 장에서 마지막으로 배우는 것은 한 국가와 나머지 국가 간의 거래를 요약하는 국제수지를 이용하여 앞서 배운 내용을 모두 연관지어 설명하는 것이다.

경상계정 및 금융계정

이 계정들은 두 가지 중요한 거래를 집계한다. 경상계정은 매년 국경을 넘나드는 소득을, 금융계정은 국경을 넘나드는 금융 유출입을 집계한다.

경상수지 미국인이 해외로부터 받은 소득과 미국인이 해외에 지불한 소득의 차이를 계측

경상계정은 한 국가로 들어오고 나가는 소득을 집계한다. **경상수지**(current account balance)는 미국인이 해외로부터 받은 소득과 미국인이 해외에 지불한 소득의 차이를 계측한다. 경상계정은 전 세계와의 모든 소득 유출입을 집계하므로, 수출로 번 소득에서 수입으로 지출된 소득을 뺀 순수출보다 더 광범위하게 계측한 값이다.

그림 28-15의 파란색 막대는 미국인이 해외로부터 받은 소득을 나타낸다. 해외로부터 가장 큰 수입원은 메티슨이 일본 구매자에게 사과를 판매하여 벌어들이는 소득과 같은 수출품 판매에서 비롯된다. 다음으로 가장 중요한 수입원은 미국인들이 외국 자산으로 벌어들이는 투자소득이다.

그림 28-15의 빨간색 막대는 미국인이 해외 사람들에게 지불하는 소득을 보여준다. 이 소

그림 28-15 | 경상수지

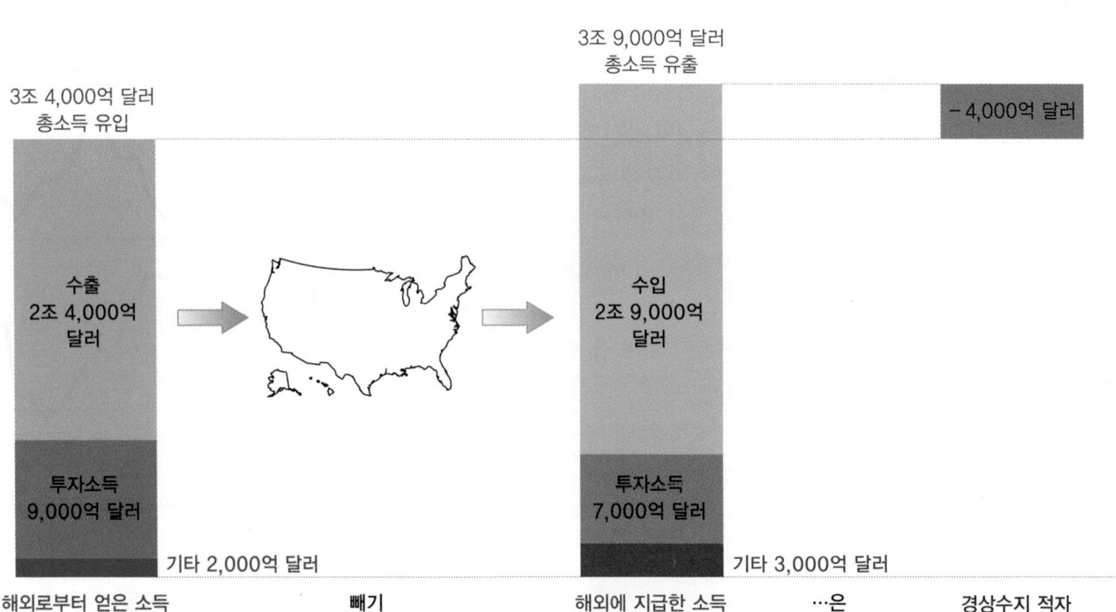

출처 : Bureau of Economic Analysis

득유출의 가장 큰 원천은 미국인들이 해외에서 수입품을 사는 데 쓰는 돈이다. 외국인이 미국에서 소유한 자산으로 벌어들이는 투자 소득은 다음으로 큰 원천이다. 여기에는 도요타의 미국 공장이 일본 소유주를 위해 창출하는 이익, 미국 차입자가 돈을 빌려준 외국 은행에 지불하는 연간 이자, 미국 기업이 외국인 주주에게 지불하는 배당금이 포함된다. 또한 그 외 작은 소득 유출도 있다.

2017년 미국인들은 해외로부터 3조 4,000억 달러의 소득을 벌었고 외국인에게 3조 9,000억 달러의 소득을 지급하였다. 그 결과 미국은 4,000억 달러의 경상수지 적자를 기록했다. 이를 보다 더 쉽게 표현하자면 평균적으로 미국인 1인당 외국인에게 지불하는 것보다 해외로부터 대략 1,500달러 더 적은 소득을 벌은 셈이다.

여기서 주의할 것은 경상계정이 자산 매각을 수입으로 간주하지 않는다는 점이다. 포드의 주식 중 1만 달러를 외국인에게 팔아도 소득이 발생하지 않기 때문이다. 1만 달러 상당의 금융 자산(주식 증서)을 누군가에게 보내고, 그 대가로 1만 달러 상당의 금융 자산(그들이 건네주는 현금)을 다시 지급하여 일종의 금융 자산 간 교환일 뿐이다. 기존 자산의 양도는 새로운 소득을 창출하는 것이 아니므로 경상계정의 일부가 아닌 것이다. 그러나 이러한 금융 유출입은 자산의 국제 소유권이 변하고 있음을 반영하기 때문에 중요하므로 다음 내용에서 이와 같은 자산의 움직임을 파악하는 방법을 배워보도록 한다.

금융계정은 자산 소유권의 변화를 집계한다. 금융계정은 들어오고 나가는 외국인 투자를 추적하게 된다. **금융수지**(financial account balance)는 금융 유입과 금융 유출의 차이를 집계한다. 그림 28-16에 따르면 2017년 금융 유입은 총 1조 6,000억 달러였고 금융 유출은 1조 2,000억 달러였다. 이로 인해 금융수지가 4,000억 달러 흑자이며, 이는 미국이 해외에 투자한 것보다 외국인이 미국에 4,000억 달러 더 많이 투자했음을 의미한다. 즉, 외국인은 미국인이 외국 자산을 구입한 것보다 미국 자산을 4,000억 달러 더 많이 구입했다.

금융수지 금융 유출입의 차이를 말함

미국은 지난 수십 년 동안 경상수지 적자와 금융수지 흑자를 기록했다. 그림 28-17의 자주색 선은 미국이 1990년대 초 이후 지속적인 경상수지 적자를 기록하고 있음을 보여준다. 이 적자는 미국인이 외국인에게 지급한 소득이 미국인이 해외로부터 번 소득을 초과했음을 의미한다. 녹색 선은 같은 기간 동안 미국이 지속적으로 금융수지 흑자를 유지하고 있음을 보여준다. 즉,

그림 28-16 | 금융계정

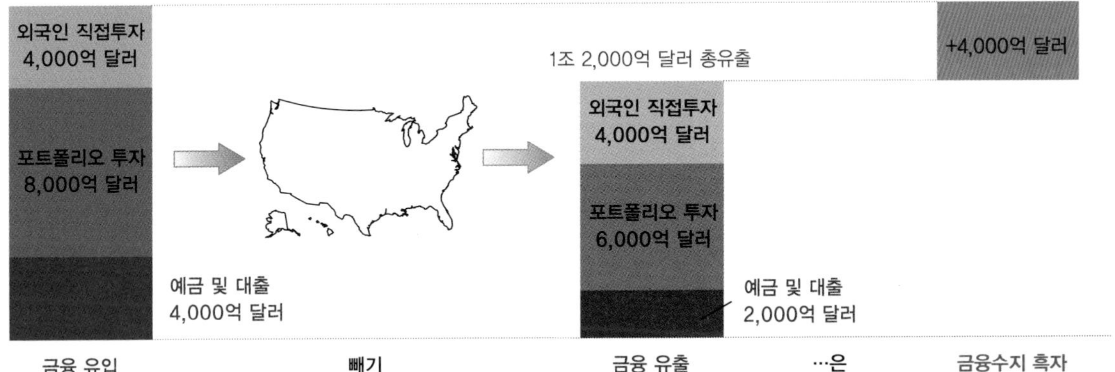

출처 : Bureau of Economic Analysis

그림 28-17 | 금융수지와 경상수지

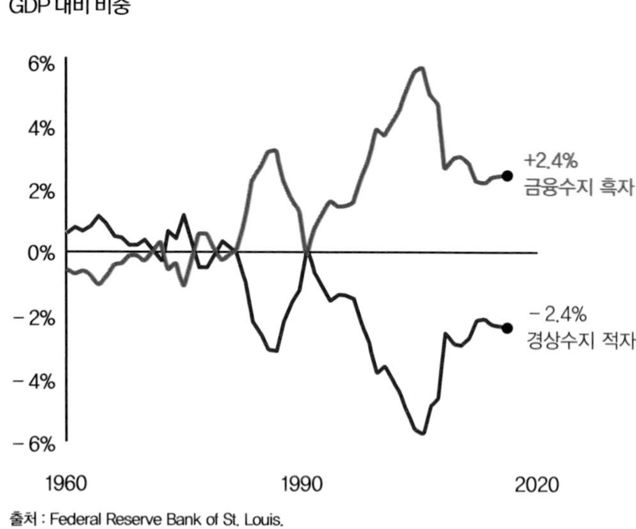

출처 : Federal Reserve Bank of St. Louis.

그림 28-18 | 유출입 항등관계

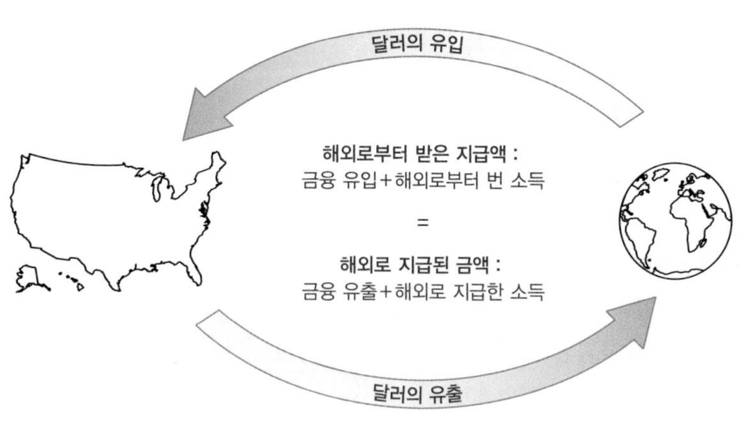

매년 미국이 해외에 투자한 것보다 더 많은 자금이 해외에서 미국에 투자되었음을 의미한다.

이 두 부분을 합치면 경상수지 적자로 인한 자금의 순유출이 금융수지 흑자에서 비롯된 자금의 순유입으로 정확히 상쇄된다는 의미이다. 이와 같은 대칭적인 관계는 우연이 아니다. 경상수지 적자는 미국인의 소득과 지출 사이의 차이로 생각할 수 있다. 금융계정은 미국이 그것을 지불하는 원천이다.

달러의 유입은 달러의 유출과 같아야 한다. 경상수지와 금융수지 사이의 밀접한 관계는 더 깊은 진실을 반영하고 있다. 통상적인 거래라고 함은 1달러를 파는 쪽과 1달러는 사는 쪽이 동시에 존재하고 서로 교환해야 가능해진다. 따라서 해외로부터의 달러 유입(달러 구매 필요)은 달러의 유출(매도 필요)과 동일해야 한다.

그림 28-18은 달러의 총유입(금융 유입과 해외에서 받은 소득을 모두 반영)이 달러의 총유출(금융 유출과 해외에 지급된 소득을 모두 반영)과 같아야 함을 보여준다. 따라서 다음과 정리해 볼 수 있다.

$$\underbrace{\text{금융 유입}+\text{해외로부터 번 소득}}_{\text{달러의 총유입}}=\underbrace{\text{금융 유출}+\text{해외에 지급된 소득}}_{\text{달러의 총유출}}$$

유입과 유출 사이의 항등관계는 경상계정과 금융계정 간의 항등관계를 의미한다. 이러한 항등관계를 이용하여 다음과 같이 다시 표현해볼 수 있다.

$$\underbrace{\text{해외에 지급된 소득}-\text{해외로부터 번 소득}}_{\text{경상수지 적자}}=\underbrace{\text{금융 유입}-\text{금융 유출}}_{\text{금융수지 흑자}}$$

이 방정식의 좌변은 경상수지 적자이고 우변은 금융수지 흑자이다. 경상수지 적자는 항상 동일한 금융수지 흑자와 일치해야 한다고 말하고 있다. 이는 매우 간단한 이치에서 나온 것이다. 현금의 사용은 현금의 출처와 동일해야 한다. 경상계정은 현금의 사용을 설명하고 금융계정은 그 출처를 설명하고 있는 것이다.

일상경제학 | 기모노를 구매했을 때, 국제 거래상의 결과

모든 국제 거래에 대해 경상수지 적자와 금융수지 흑자가 동일하게 유지되도록 하는 대칭적인 계정상의 변화가 항상 있다. 이를 확인하기 위해 수입품을 구매하여 발생한 100달러 청구서를 추적해보도록 하자. 아마도 엣시에 로그인하여 일본 장인에게 100달러를 지불하고 기모노를 구매했을 것이다. 새 기모노는 수입품이기 때문에 경상 적자에 100달러가 추가되었다. 여기서 대칭적인 계정상의 변화는 무엇일까? 일본 장인이 100달러 청구된 금액으로 무엇을 하는지에 따라 다르다. 실제로는 세 가지 가능성만이 있다.

- 그들은 그것을 투자하여 100달러 상당의 미국 자산을 매입할 수 있으며, 이는 미국의 금융 유입을 100달러만큼 증가시킬 것이다. 이 시나리오에서 미국 경상수지 적자에 100달러 추가된 기모노 구매는 미국 금융수지 흑자에 100달러를 추가하는 외국인 투자로 정확히 상쇄되어 항등관계를 유지한다.
- 그들은 100달러의 미국 상품과 서비스를 살 수도 있다. 이 경우 기모노 구매로 미국 수입이 100달러, 다시 일본의 미국 상품(또는 서비스) 구매가 미국 수출을 100달러 늘렸으며 미국 경상수지 적자는 변경되지 않는다.
- 그들은 외환 시장에서 그 100달러를 제3자와 거래할 수 있다. 이러한 거래는 미화 100달러로 무엇을 해야 하는지에 대한 질문을, 미국에 투자할지 아니면 미국에서 수출하는 상품에 사용할지에 대해 동일한 선택에 직면한 제3자에게 이전시키는 것이 된다. 제3자가 어떤 선택을 하든지 경상수지 적자와 금융수지 흑자는 계속해서 동일하게 유지될 것이다.

여기서 주목해야 하는 것은 기모노 구매에 대한 100달러 청구서의 여행이 결국 다음 같은 명제를 보여주고 있다는 점이다. 해외에서 지출된 모든 달러는 결국 미국으로 돌아가고, 이 사실은 경상수지 적자가 금융수지 흑자와 동일하다는 것을 보장한다. ■

Ray Evans/Alamy

이 기모노를 사기 위해 지불한 100달러는 결국 미국에 돌아올 것이다.

총저축, 투자, 경상수지

이 모든 것에 대해 고려할 가치가 있는 또 다른 관점이 있다. 미국 경제의 총생산량은 다음과 같이 계측된다.

$$Y=C+I+G+NX$$

경상수지 적자는 우리가 버는 소득보다 더 많이 지출할 때 발생한다. 단순화시키면, 투자 수익을 제외하고 경상수지 적자가 순수출에 의해서만 결정된다고 해보자. 위의 식을 재정렬하여 경상수지 적자에만 초점을 맞출 수 있다(경상수지 적자$=-NX$를 상기하자).

$$\text{경상수지 적자}=\underbrace{C+I+G}_{\text{총지출}}-\underbrace{Y}_{\text{총소득}}$$

이것은 미국이 총지출이 총소득을 초과하기 때문에 경상수지 적자를 가지고 있음을 의미한다. 한 개인의 금융 상태와 마찬가지로, 버는 것보다 더 많이 지출하는 경우 그 비용을 지불하려면 현금 주입이 필요하다. 국제수지상에서는 초과 지출을 경상수지 적자라고 하고 현금 주입을 금융수지 흑자라고 한다.

경상수지 적자는 총저축과 투자의 불균형을 반영하고 있다. 경상계정에 대한 또 다른 중요한 관점은 총저축의 역할에 초점을 맞추고 있다는 점이다. 이전 방정식의 우변에 세수(약칭 T)를 더하고 빼면 :

$$\text{경상수지 적자}=C+I+G+(T-T)-Y$$

다시 정리하면,

$$\text{경상수지 적자} : I-\underbrace{(Y-C-T)}_{\text{민간 저축}}-\underbrace{(T-G)}_{\text{정부 저축}}=I-\underbrace{S}_{\text{총저축}}$$

괄호 안의 첫 번째 표현은 개인 저축으로, 세금으로 쓰거나 소비하지 않는 소득을 저축하는 가구에서 비롯된다. 괄호 안의 두 번째 표현은 정부 저축으로 세금 수입에서 정부 지출을 뺀 것이다(예산 적자가 발생하면 정부 저축은 마이너스가 된다). 종합해서 보면, 투자가 총저축(민간 및 정부 저축의 합계이며 S로 표시)을 초과하기 때문에 경상수지 적자가 발생한다는 것이다.

경상수지 적자(또는 무역 적자)가 발생했을 때, 경제 내의 무역산업 부문에 초점을 두고 문제가 있는지 확인하고 싶을 수 있다. 하지만 경상수지 적자와 투자 및 총저축과의 관계를 보면, 대신 저축 및 투자 결정을 유도하는 요인이 무엇인지에 대해서 집중할 가치가 있음을 시사한다.

투자는 국내 저축과 해외 저축의 조합으로 자금을 조달한다. 국내 투자와 저축 결정 및 국제 수지 사이의 연관성을 확인하는 또 다른 방법은 금융계정에 초점을 맞추는 것이다. 한 국가의 경상수지 적자는 금융수지 흑자(따라서 경상수지 적자=금융수지 흑자)와 같아야 한다는 점을 상기하고, 투자에 초점을 맞추기 위해 이전의 식을 재정리해볼 수 있다.

$$I = S + \text{금융수지 흑자}$$

모든 투자 지출은 어떻게든 자금을 조달해야 한다. 이 방정식의 우변은 투자가 국가 저축 또는 외국인 저축에서 자금을 조달해야 함을 보여주고 있다. 이러한 관점에서 해외로부터의 자금 유입은 자금 투자에 도움이 되기 때문에 유용하다.

경상수지와 관련된 논쟁

경상수지 적자와 대칭관계에 있는 금융수지 흑자는 정치적으로 양극화되고 있으며 제대로 이해되지 못하고 있다. 따라서 다음과 같은 질문이 생길 수 있다. 과연 미국은 경상수지 적자를 걱정해야 할까?

경상수지 적자는 소득에 비해 많이 지출하는 사람들을 반영할 수 있다. 어떤 사람들은 경상수지 적자를 초래하는 '국제 불균형'을 한탄한다. 그들은 미국인들이 버는 것보다 더 많이 지출함에 따라 자산을 팔고 해외에서 차입하여 그 격차에 자금을 지원한다는 점에 주목하고 있다. 그 결과 외국인들이 미국 공장과 장비의 소유권을 점점 더 많이 차지하고 미국인들은 외국인들에게 빚을 지게 된다. 이것은 특히 돈을 빌리는 사람들이 돈을 어떻게 갚을지도 모르는 와중에 지출은 낭비라고 할 때, 국가 전체적으로는 소득에 비해 많이 지출한다는 신호일 수 있다. 외국인 투자자들이 상환받을 것이라는 확신을 잃고 갑자기 대출을 중단하는 '서든 스톱(sudden stop)'(국제 금융시장에서 채무 연장이나 신규 대출을 중단하는 상황–역자 주)의 가능성이 있다는 사실만으로도 매우 큰 문제가 발생할 수 있다. 서든 스톱은 개발도상국에서 보다 흔하지만 금융 유입의 급격한 감소는 뼈를 깎는 고통이 뒤따르기 때문에, 많은 경우 경제가 침체로 이어지고 그에 따른 파급은 매우 심각할 수 있다.

경상수지 적자는 미래의 가치 투자를 반영할 수 있다. 또 다른 사람들은 미국의 경상수지 적자가 경제의 건전성 신호로 받아들여질 수 있다고 주장한다. 미국의 경상수지 적자의 이면은 금융수지 흑자이며, 이는 곧 외국 투자자들의 자금 유입이 대출 가능한 자금의 공급을 증가시키고 더 많은 투자를 촉진하고 있다는 것이다. 수익의 기회가 넘쳐나는 경제에서 현재 수입보다 더 많이 지출하는 것은 정말 좋은 생각이 될 수 있다. 특히, 그 지출이 미래의 소득을 증가시킬 고수익의 투자로 이어지는 경우에는 더욱 그렇다. 이러한 상황에서 경상수지 적자(따라서 금융수지 흑자)를 줄이는 것은 이익보다 더 많은 해를 끼쳐 기업이 미래 경제 성장의 기반이 될 수 있는 가치 있는 투자를 저해할 수 있다는 것이다.

그래서 우리는 경상수지 적자가 미래의 경제 문제의 징후일 수도 있고 미래 경제력의 신호일 수도 있다는 어려운 결론을 내렸다. 결국 경상수지 적자를 구성하는 수많은 의사결정이 얼마나 건전한지에 달려 있다.

양자 간 무역수지에 대해 걱정할 필요가 없다. 거의 모든 경제학자들이 동의하는 한 가지는 **양자 간 무역수지**(bilateral trade balance)의 균형에 대해 걱정할 필요가 없다는 것이다. 예를 들어 미국인들은 중국으로 수출하는 것보다 중국에서 더 많이 수입하기 때문에 미국은 중국과 양자 간 무역 적자를 겪고 있다. 그러나 거시경제적 관점에서 볼 때 이것은 거의 문제가 되지 않는다. 중요한 것은 중국과 관련된 무역수지 부분만이 아니라, 국제 시장에서 미국의 총체적인 거래가 지속 가능한지 여부이다.

양자 간 무역수지 한 국가와 특정 국가 간의 무역수지

거래할 때 물어봐야 할 질문은 당신이 그들로부터 많이 구매하는 만큼 상대방이 당신으로부터 많이 구매하고 있는지가 아니라 당신이 좋은 거래를 하고 있는지 여부이다. 한 경제학자는 다음과 같은 기억에 남을 말을 했다: "나는 내 이발사에게 만성적인 적자가 있는데, 그 사람은 나에게서 '멍청한 것'(경제학적 지식을 의미한다 – 역자 주)을 사지 않는다."

함께 해보기

우리는 세계에서 가장 흥미로운 경제를 연구함으로써 이 장의 몇 가지 주제를 더 잘 이해할 수 있을 것이다. 그 나라는 인구 1명인 유빌(Youville)이라는 한 국가이다. 그곳은 오로지 당신만이 미국에서 분리되었을 때 형성되었다. 별다른 변화는 없다. 당신은 여전히 당신의 현재 주소에 살고 있고 일상생활을 하게 된다. 그러나 이제부터 당신의 집에 들어오고 나가는 모든 것이 국제 거래로 간주된다. 유빌이라는 하나의 경제는 국제수지에서 배울 수 있는 것을 설명하는 데 도움이 될 것이다.

유빌의 수입품을 고려하여 시작해보겠다. 가장 분명한 것은 국경을 넘는 상점에서 수입하는 식품과 의류이다. 유빌은 또한 서비스를 수입하는데, 그중 가장 중요한 것은 수입 교육 서비스에 대해 매년 지불하는 높은 수업료이다. 유빌의 수출품은 아르바이트(예 : 지역 고등학생 과외)를 하고 있다면 과외 서비스를 수출하는 것이다. 대부분의 학생들과 비슷하다면 음식, 의복, 수업료를 지불하기 위해 '해외'로 보내는 돈이 받는 소득을 초과하므로 유빌은 경상 적자를 겪고 있다.

버는 것보다 더 많이 지출하는 경우 청구서를 어떻게 지불할까? 대부분의 대학생들은 학자금 대출에 의존한다. 이는 유빌로의 금융 유입으로 간주되므로 유빌은 금융수지 흑자를 유지한다. 해당 청구서를 지불하기 위해 자금을 조달하는 경우에만 소득보다 더 많이 지출할 수 있기 때문에 귀하의 경상수지 적자는 귀하의 금융수지 흑자와 동일해야 한다.

유빌은 경상수지 적자를 걱정해야 할까? 그것은 상황에 따라 다를 것이다. 나중에 갚아야 할 돈에 대해 걱정하지 않고, 수업을 줄이고 지금 파티를 즐기면서 빚을 지고 있다면 잘못 하고 있는 것이다. 이 경우의 경상수지 적자는 유빌이 청구서 만기일에 결국 경제적 고난에 직면하게 될 것이라는 신호이다.

하지만 열심히 공부하고 기술을 습득하고 능력을 향상시키면 나중에 더 높은 급여를 받는 직업을 얻을 수 있는 좋은 위치에 있을 것이다. 평생 동안 일반적인 대학 졸업자는 일반적인 고등학교 졸업생보다 100만 달러 이상을 벌 것임을 기억하자. 이 경우 유빌의 경상수지 적자에 대해 걱정할 이유가 없다. 부채 상환이 그리 어렵지 않을 것이다. 실제로 경상수지 적자는 유빌의 미래 경제 성장을 뒷받침할 생산적인 투자 자금을 지원하기 위해 '외국' 자금을 사용하는 부작용에 불과하다.

마지막으로 유빌은 훨씬 더 광범위하게 일어나는 추세 현상을 보여주고 있다. 유빌은 세계

경제에 완전히 통합된 하나의 국가일 뿐이다. 유빌의 인구는 몇 가지 작업에 특화되어 있으며 대부분의 경우 국경을 넘어 세계 경제에 의존하게 된다. 그것은 마치 소행성 위에서의 세계화와 같다. 미국 경제가 이처럼 완전하게 세계 경제에 통합될 것이라고 말하는 것은 아니다. 하지만 대부분의 사람들의 생애 동안에는 미국이 유빌처럼 될 것이며 국제무역과 글로벌 금융 유출입이 더욱 중요해질 것이다. 즉, 이 장에서 배운 자료가 훨씬 더 가치 있게 될 것임을 의미한다.

한눈에 보기

무역수지 = 순수출 = 해외 구매자들에게 판매한 수출 − 해외 판매자들에게 구매한 수입

환율

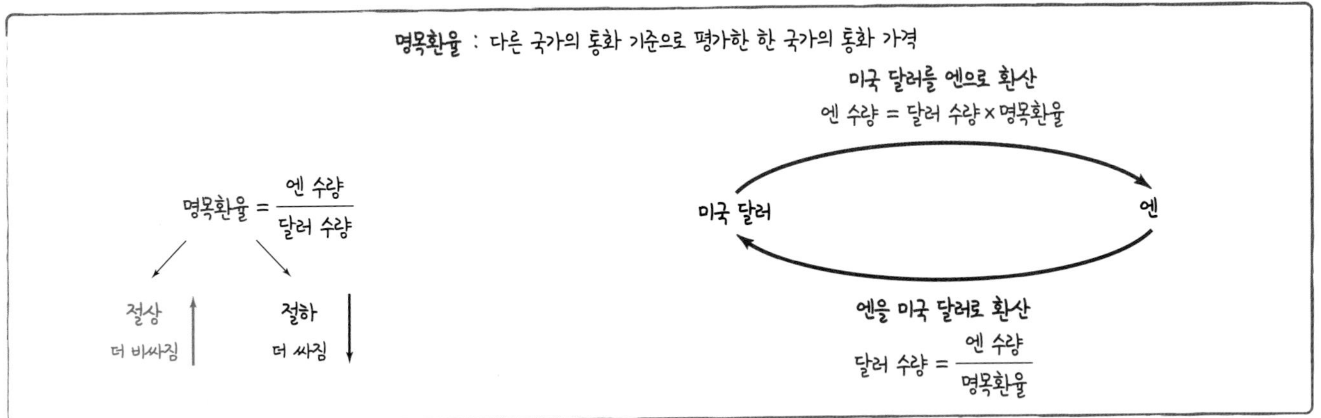

외환 시장

한 국가의 통화를 다른 국가의 통화로 교환하는 시장

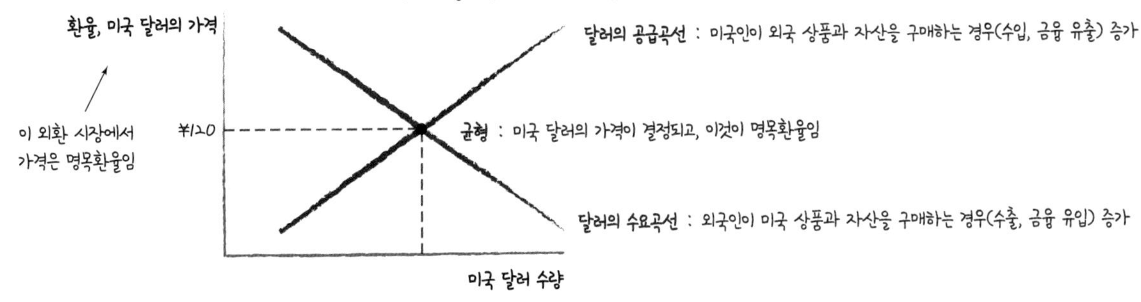

실질환율과 순수출

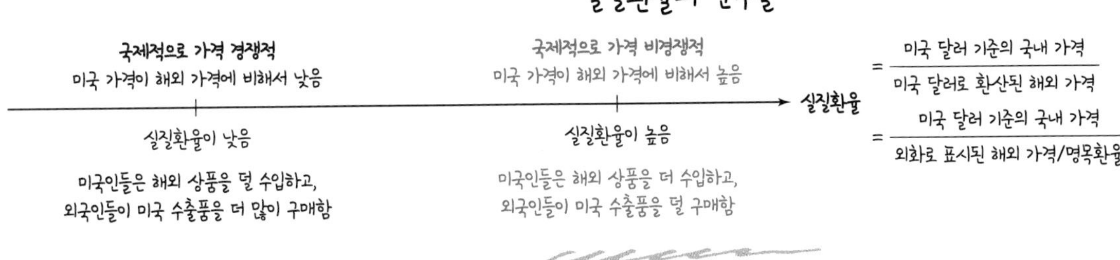

국제수지

경상수지 = 해외로부터 번 소득 − 해외에 지급된 소득

금융수지 = 금융 유입 − 금융 유출

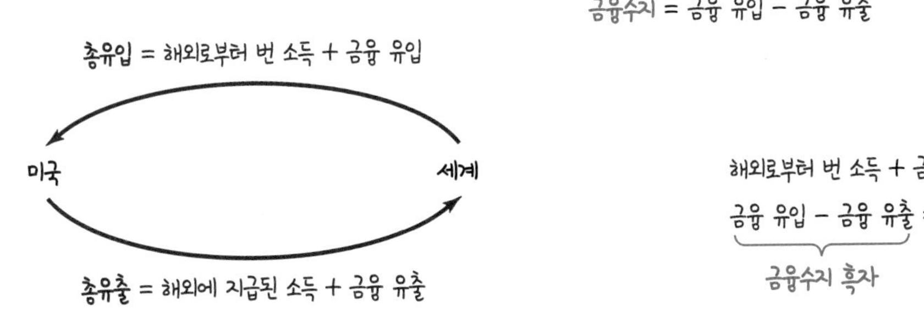

총유입 = 총유출

해외로부터 번 소득 + 금융 유입 = 해외에 지급된 소득 + 금융 유출

금융 유입 − 금융 유출 = 해외에 지급된 소득 − 해외로부터 번 소득

(금융수지 흑자) (경상수지 적자)

핵심용어

경상수지
금융수지
금융 유입
금융 유출
명목환율
명목환율 공식
수입
수출
순수출
실질환율
양자 간 무역수지
외환 시장
절상
절하

토론과 복습문제

학습목표 28.1 국내 경제와 국제 경제 간의 연결고리를 이해한다.

1. 최근 수십 년 동안 국제무역 및 글로벌 금융 유출입이 증가한 요인은 무엇인가? 국제무역과 글로벌 금융 유출입이 계속해서 성장할 것으로 예상하는가? 그 이유는 무엇일까?
2. 미국인들은 40년 전보다 거의 세 배나 많은 외국 자산을 소유하고 있다. 어떤 사람들은 이것이 미국인들이 다른 나라의 경제 기복에 더 취약하게 만든다고 걱정하는 반면, 다른 사람들은 미국인들이 위험으로부터 더 보호받고 있다고 주장한다. 이러한 주장 중 어느 것이 더 설득력이 있다고 생각하는지 평가하라(힌트 : 거시경제적 관점과 리스크 관리 관점을 고려하라).

학습목표 28.2 다른 통화로 표시된 가격을 분석한다.

3. 선호하는 국가에 대해 생각해보고 온라인으로 환율을 검색하라. 명목환율, 즉 미국 달러 기준 통화 가격은 얼마인가? 지난 한 해 동안 그 통화가 미국 달러에 비해 가치가 상승했거나 하락했는가? 이 나라로 수입되는 상품 가격이 1년 전보다 더 비싼가 아니면 더 저렴한가? 결론에 대한 이유를 설명하라.

학습목표 28.3 외환시장을 분석하고 명목환율을 예측한다.

4. 2019년 미국은 중국으로부터의 수입을 제한하기 위해 무역장벽을 제정했다. 환율 변동을 예측하는 3단계 방법을 사용하여 위안화 기준의 미국 달러 가격이 이러한 무역 장벽에 대응하여 어떻게 될지 예측하는 방식을 설명해보자. 중국 정책 입안자들은 미국에서 수출한 중국의 수입품에 대한 관세를 부과함으로써 대응했다. 이러한 대응이 미국 달러의 위안화 가격에 어떤 영향을 미쳤다고 생각하는가?

학습목표 28.4 환율과 상대가격이 수출입에 어떠한 영향을 미치는지 알아본다.

5. 기술 중심의 농장 생산성 향상으로 인해 미국에서 대두 재배 비용이 하락하여 미국 농민들이 가격을 인하했다. 명목환율이 변하지 않으면 미국 실질환율에 어떤 의미가 있을까?
6. 당신과 당신의 친구는 유럽을 배낭여행하기로 결정했다. 미국과 유럽 중에서 어디가 더 비싼지 친구와 논쟁이 붙었다. 그녀는 맥도날드에서 파리의 빅맥 가격을 위스콘신주 매디슨의 대학가의 빅맥 가격과 비교하여 유럽이 더 비싸다는 것을 증명할 수 있다고 말한다. 이 두 가격을 어떻게 비교하겠는가? 이러한 비교가 토론에 도움이 되는 이유는 무엇인가?

학습목표 28.5 경상계정과 금융계정을 이용하여 전 세계의 돈이 어떻게 흐르는지 이해한다.

7. 가족 모임에서 사촌 중 한 명이 말한다. "다른 나라가 우리 수출품에 지출하는 것보다 우리가 수입에 훨씬 더 많은 비용을 지출한다. 불공평하며 수입품에 대한 관세를 인상하여 다른 나라에서 구매하는 금액을 줄여야 한다." 경상수지 적자가 반드시 다가올 경제적 문제의 징후가 아니라는 점을 사촌에게 어떻게 설명하겠는가? 경제학 수업을 수강하지 않았을 사람에게 이것을 직관적으로 설명하는 가장 좋은 방법을 생각해보라. 그녀의 정책 제안(수입품에 대한 관세 인상)이 경상수지와 금융수지에 어떤 영향을 미칠까? 무역 대상국이 미국에서 수출되는 상품에 대한 관세를 인상하여 보복을 하면 어떻게 될까?

학습문제

학습목표 28.1 국내 경제와 국제 경제 간의 연결고리를 이해한다.

1. 다음 그래프는 일본의 수입 및 수출을 나타낸다.

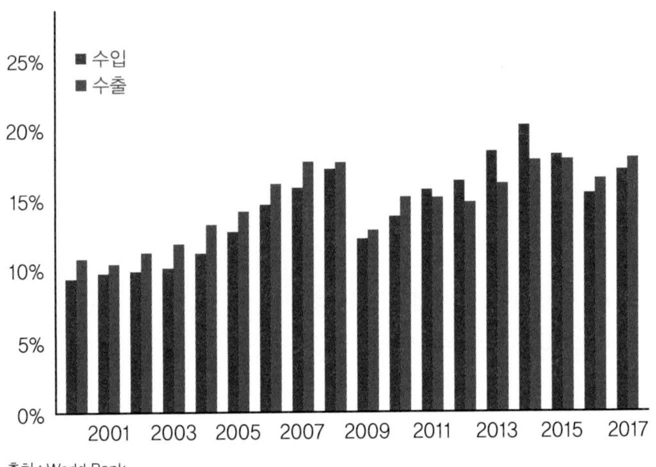

출처 : World Bank

a. 2000년 이후 일본의 수입 및 수출에 대한 전반적인 추세를 설명해보라.

b. 몇 년도에 무역수지 흑자가 발생했는가? 무역수지 적자가 발생한 연도는 언제인가?

2. 다음 아래 각각의 문항은 수입, 수출, 금융 유입 또는 금융 유출 중에서 어느 것에 해당되는지에 대해서 각각 구분하라. 만약, 금융 유입일 경우, 외국인 직접투자인지 포트폴리오투자인지도 구분하라.

a. 테슬라가 상하이에 2차 전지를 대규모로 생산할 수 있는 공장을 건설한다.

b. 독일 기업이 금융 서비스를 제공하는 미국 컨설턴트에게 지급한다.

c. 미국인 가족이 런던에 여행을 가서 2,000달러 상당의 숙박과 식사에 지출한다.

d. 미국 석유회사가 캐나다 석유회사로부터 미화 530억 달러 상당의 원유를 구매한다.

e. 당신이 엣시를 통해서 프랑스에 사는 한 여성에게 수제 스카프를 판매한다.

f. 멕시코에 있는 투자자가 미국 정부 채권을 100달러 상당 매수한다.

학습목표 28.2 다른 통화로 표시된 가격을 분석한다.

3. 미국에 사는 테레사는 영국 아마존에서만 65파운드에 판매하는 재킷을 갖고 싶어 한다. 다행히, 영국 아마존의 판매자는 10파운드의 추가금을 지불하면 국제운송으로 재킷을 보내줄 수 있다고 한다. 만약, 환율이 미국 1달러당 0.75파운드라면, 미국에서 이 재킷을 살 때의 미화 달러로 얼마가 되는가?

4. 당신이 과테말라에서 휴가를 2주 동안 보냈다고 가정해보자. 휴가가 끝나고 나서, 과테말라에서 실제 필요한 현지통화보다 과대 추정하여 현지통화의 현금이 수중에 남았다. 과테말라 통화로 1,500케트살(GTQ)이 남아서 미화 달러로 환전하려고 하는데, 환율은 미화 1달러당 7.5 GTQ이다. 이때 미화 달러로 얼마만큼 환전받을 수 있을까?

5. 미화 달러/유로 환율의 추이를 다음 그래프에서 보여주고 있다.

출처 : Federal Reserve Bank of St. Louis

a. 2013년 유럽으로 여행 가서 미화 1,000달러 상당의 금액은 유로로 얼마만큼 환전할 수 있을까? 만약 2016년에 여행을 간다면, 얼마인가?

b. 2013년과 2016년 사이에 미화 달러는 절상되었는가 아니면 절하되었는가?

학습목표 28.3 외환시장을 분석하고 명목환율을 예측한다.

6. 미화 달러가 절하되면, 미국인들이 수입품에 대해서 지불하는 금액은 어떻게 되는가? 이때, 미국의 수입은 증가할 것인가 아니면 감소할 것인가?

7. 일본의 경기침체는 미화 달러의 외환 시장에는 어떠한 영향을 미치는가? 엔화 대비 미화 달러의 가격이 어떻게 될 것으로 예상되는가? 그래프를 이용하여 답해보라.

8. 미국 연방준비은행이 금리를 시장의 예상과 다르게 인하하면 미화 달러에는 어떠한 영향을 주는가?

학습목표 28.4 환율과 상대가격이 수출입에 어떠한 영향을 미치는지 알아본다.

9. 당신이 GE의 구매관리자라고 가정해보자. 스테인리스 철강을 구매하는데, 중국의 공급업체로부터 살지 아니면 피츠버그의 파운드리에 하청을 줄지 결정해야 한다. 피츠버그의 하청업체에서 구매하면 미터톤(metric ton)당 3,000달러 살 수 있다. 반면, 중국업체에게서는 미터톤당 1만 4,000위안에 살 수 있다. 이 두 가격은 모두 운송비용까지 포함한 최종 가격이다. 환율이 미화 1달러당 7위안이라고 가정하자.

a. 실질환율 — 달러 기준으로 환산된 수입 철강제품의 가격

대비 달러 기준 국내 철강제품 비율 ― 을 계산해보고, 국내 철강제품을 살지, 외국 철강제품을 살지 결정해보자.

b. 중국의 인건비 상승으로 인해서 철강 가격이 미터톤당 2만 8,000위안으로 상승하였다. 명목환율이 여전히 미화 1달러당 7위안일 때, 실질환율은 어떻게 변하는가? GE 구매관리자로서 구매 결정이 바뀔 수 있는지, 만약 바뀐다면 어떻게 바뀔 것인가?

학습목표 28.5 경상계정과 금융계정을 이용하여 전 세계의 돈이 어떻게 흐르는지 이해한다.

10. 2018년 독일은 전 세계에서 가장 큰 규모인 2,910억 달러(미화 기준) 경상수지 흑자를 기록했다. 이 사실을 이용하여 다음의 문제들을 답해보라.

a. 독일이 대외에서 번 소득이 대외에 지급한 소득에 비해서 큰지 작은지 답해보라.

b. 독일의 금융수지는 얼마인가? 금융수지 흑자인가 적자인가?

c. 독일의 금융 유입과 금융 유출 중 어느 것이 더 컸는가?

d. 2018년 독일의 총지출과 총소득 중 무엇이 더 컸는가?

제8부

경기변동

거시경제를 무대에서 다양한 역할을 수행하는 여러 음악가와 함께하는 콘서트라고 생각해보자. 가수, 기타리스트, 드러머, 키보드 연주자 및 베이시스트 대신에 연주자들이 소비자, 투자자, 수입업자, 수출업자 및 정부 정책 입안자이다. 이 모든 연주자들의 상호작용은 화음과 멜로디를 만들어 거시경제학이라는 음악의 폭넓은 움직임을 만든다.

그러나 우리는 다른 유리한 지점에서 콘서트를 감상해볼 수 있다. 무대의 서쪽에 높은 곳에 있는 좌석은 무대의 동쪽에 있는 좌석과 음악이 어떻게 만들어지는지에 대한 다른 시각을 제공할 수 있다. 두 좌석 모두 콘서트의 좋은 뷰를 제공한다. 어떠한 음악을 듣고 있는지에 관한 생각의 차이는 결국 어떠한 관점에서 지켜보는지에 따라 달라진다. 거시경제학도 마찬가지이다. 어떤 경제현상은 어떻게 보더라도 그 자체로는 변하지 않는 현상이지만, 다른 각도에서 살펴보고 판단해볼 수 있다.

따라서 우리는 다음과 같은 결정을 내려야 한다. 이 콘서트를 위해 어디에 앉아서 볼 것인가? 다음 장에서는 두 가지 유리한 지점 중 하나인 경기변동을 중심으로 살펴볼 수 있는 기회를 제공한다. 교수자는 학습자들의 필요에 가장 적합한 관점을 선택할 수 있다. 각각의 관점들은 좋은 무대 뷰를 제공할 것이다. 이 책의 수준을 넘어서 경제학 연구를 계속하기로 선택하면, 두 가지 관점을 동시에 공부하게 될 것이다.

첫 번째 옵션은 **연준 관점**이라고 하는 것이다. 이것은 무대 뒤에서 보는 것으로 생각해볼 수 있다. 정부 정책 입안자들처럼 우리는 *IS* 곡선을 사용하여 실물 경제를 추적하고 *MP* 곡선을 사용하여 연방준비은행의 이자율 결정을 설명하고 필립스 곡선을 사용하여 인플레이션을 분석한다.

두 번째 옵션은 총수요와 총공급의 줄임말인 ***AD-AS* 관점**이다. 경제학을 처음으로 가르칠 때, 종종 유용하다고 생각할 수 있는 관점이다. 이를 메자닌(콘서트홀의 발코니 좌석 – 역자 주)의 중앙 좌석으로 생각하면 총산출과 가격 수준 간의 상호작용을 명확하게 볼 수 있다.

다음 페이지의 로드맵은 각 경로에 대한 개요를 제공한다. 두 경로 모두 경기변동을 명확하게 이해할 수 있는 동일한 위치로 안내해주고, 경제 정책에 관한 제9부 여정의 마지막 부분을 준비하는 기초가 된다. 제9부에서는 경기변동에 대해 배운 내용을 사용하여 정책 입안자가 경기변동에 대응할 수 있는 방법을 확인한다. 연준이 통화 정책의 일환으로 금리를 조정하는 방법을 살펴본다. 그런 다음 정부가 재정정책의 일환으로 지출과 세금을 조정하는 방법을 살펴볼 것이다.

연준 관점

이 경로에서는 **경기변동**에 대한 광범위한 개요부터 시작하겠다. 단기 변동과 장기 추세를 구별하고, 경기변동주기의 몇 가지 공통적인 특성을 식별하고, 경제가 어디에 있고 어디로 갈 것인지를 평가하기 위해 몇 가지 주요 거시경제 지표를 사용하는 방법을 배운다.

여기서 우리는 콘서트에 자리를 잡고 *IS-MP* 틀을 사용하여 **거시경제 균형**을 찾는 방법을 배운다. 경제가 콘서트였다면 ***IS-MP* 틀**은 정부 정책 입안자들이 경제를 바라보는 관점이기 때문에 이것을 연방 준비 은행의 관점이라고 생각해볼 수 있다. 거시경제적 결과를 예측하기 위한 틀인 ***IS* 곡선**과 ***MP* 곡선**을 배우기 전에 총지출이 금리 변화에 대해서 어떻게 반응하는지 간략히 소개하도록 한다.

이 경로를 따라가다 보면, 기대인플레이션, 총생산 갭 및 총공급 충격의 역할을 함축하는 필립스 곡선을 사용하여 인플레이션 예측 방법을 배우게 된다.

연준과 똑같은 방식으로 모든 요소를 종합적으로 보고 싶다면, **연방준비은행 모델**에 대한 장에서 실질이자율, 총생산 갭 및 인플레이션을 한데 모을 것이다.

29 경기변동

경제의 변동을 이해한다.

- 경기변동이란 무엇인가? 경기 침체와 팽창 중에는 어떤 일이 발생하는가?
- 경기변동이 한 개인에게 어떠한 영향을 미치는가?
- 어떤 경제 지표를 파악해야 하는가?
- 경기 상황을 파악하기 위해서 이와 같은 경제 지표를 어떻게 이용하는가?

30 *IS-MP* 분석 : 이자율과 총생산

경기변동을 구성하는 지출, 이자율, 금융시장 및 총생산 간의 관계를 분석한다.

- 경기변동을 일으키는 원인은 무엇인가?
- 실질이자율이 지출을 결정하는 이유는 무엇인가?
- 금융시장과 연준은 금리에 어떤 영향을 미치는가?
- 정책 입안자들은 경기변동에 어떻게 대응할 수 있는가?
- 경기 상황이 어디로 가고 있는지 어떻게 예측할 수 있는가?

31 필립스 곡선과 인플레이션

인플레이션을 일으키는 요인을 찾아본다.

- 인플레이션을 일으키는 원인은 무엇인가?
- 기대 인플레이션이 실제로 인플레이션을 어떻게 유발할 수 있는가?
- 경제 전반의 수요 변화가 인플레이션에 어떤 영향을 미치는가?
- 공급 측 생산자들의 생산비용 변화가 인플레이션에 어떤 영향을 미치는가?
- 인플레이션을 예측할 수 있는가?

32 연방준비은행 모델 : 이자율, 생산량 및 인플레이션 연결하기

경기변동을 설명하는 하나의 종합적인 모형을 구성한다.

- 실제 정책 입안자들은 경제를 어떻게 바라보는가?
- 거시경제의 수요 측과 공급 측 사이를 연결하는 고리는 무엇인가?
- 어떤 유형의 충격이 경제에 영향을 미칠 수 있으며 그 충격이 어떤 영향을 미치는가?
- 실제 경제학자들은 경기 변동의 원인을 어떻게 진단하는가?

경기변동

29

경제의 변동을 이해한다.

- 경기변동이란 무엇인가? 경기 침체와 팽창 중에는 어떤 일이 발생하는가?
- 경기변동이 한 개인에게 어떠한 영향을 미치는가?
- 어떤 경제 지표를 파악해야 하는가?
- 경기 상황을 파악하기 위해서 이와 같은 경제 지표를 어떻게 이용하는가?

총수요와 총공급

33

총수요와 총공급이 거시경제적 결과를 어떻게 결정하는지 분석한다.

- 미시경제학자들이 개별 시장을 분석하기 위해 사용하는 틀은 거시경제학자들이 전체 경제를 분석하는 데 사용하는 틀과 어떻게 유사한가?
- 구매자가 구매하고자 하는 총생산량을 결정하는 것은 무엇인가?
- 기업이 공급하고자 하는 총생산량을 결정하는 것은 무엇인가?
- 경제의 총생산량과 평균 물가 수준을 어떻게 예측할 수 있는가?
- 경제는 변화하는 경기 상황에 어떻게 대응할 것인가?
- 경제가 적응할 시간이 더 많아짐에 따라 이러한 대응은 어떻게 달라지는가?

AD-AS 관점

경기변동을 배우기 위한 이 다른 대안은 경제에 대해, 다르지만 똑같이 유용한 관점을 제공한다. 우리는 **경기변동**에 대한 광범위한 개요로 다시 한번 시작한다. 단기 변동과 장기 추세를 구별하고, 경기 순환의 몇 가지 공통적인 특성을 식별하고, 경제가 어디에 있고 어디로 갈 것인지를 평가하기 위해 몇 가지 주요 거시경제 지표를 사용하는 방법을 배운다.

여기에서 **총수요 및 총공급 틀**을 살펴보기 위해 제33장으로 건너뛸 것이다. 이 관점은 경제에 대한 보다 친숙한 관점을 제공한다. 중앙 발코니석에서 바라본 풍경이라고 생각하면 된다. 미시경제를 설명하는 공급 및 수요의 구조를 이용하여 **총수요와 총공급**으로 확장하면, **거시경제 균형**이 어떻게 결정되는지 살펴볼 것이다. 이 구조를 사용하여 경제가 다양한 경제 충격에 대해 어떻게 반응할지 예측하는 방법을 배우게 된다.

CHAPTER 29

경기변동

포드는 더 많은 포커스, 퓨전, 머스탱 및 익스플로러를 생산하기 위해 생산 라인을 가동하기 전에 수석 이코노미스트인 에밀리 콜린스키 모리스에게 문의했다. 그녀는 포드가 경제 상황에 대해서 잘 파악할 수 있도록 확인하는 일을 담당하고 있다. 앞으로의 전망을 위해 에밀리의 팀은 수천 개의 경제 데이터가 포함된 스프레드시트를 살펴본다. 정부가 가장 최근의 일자리 수와 같은 새로운 경제 지표를 공개하면 에밀리는 새로운 퍼즐 조각을 얻어 이를 분석 과정 안에 신속하게 포함시킨다.

그녀는 포드사가 얼마나 많은 차를 생산할지 알기 위해서 경제 상황에 대해서 지속적으로 예의주시하고 있다.

경제 상황과 그 추세가 유지될 것으로 예상되는 기간에 대한 그녀의 전망은 동료들이 생산, 고용 및 구매 계획을 조정하는 데 유용한 정보다. 포드의 생산팀은 몇 대의 자동차를 만들지 알아야 하며 이는 경제 상황에 따라 달라진다. 경제호황이 되면 많은 사람이 새 차를 사려고 할 것이다. 포드가 생산량을 늘리려면 더 많은 부품을 구입하고 더 많은 직원을 고용해야 한다. 그러나 불황기에 사람들은 자동차와 같은 큰 구매를 연기하는 경향이 있다. 에밀리가 경제가 둔화될까 봐 걱정된다면 포드가 향후 매출에 대해 더 확신할 수 있을 때까지 채용을 중단하거나 신규 생산 라인에 대한 투자를 연기하라고 조언할 수 있을 것이다.

에밀리는 10년 정도의 주기를 둔 장기적인 추세보다는 내년 또는 2년 동안 경제가 어떻게 될지 파악하려고 노력하고 있다는 것을 알 수 있다. 이것은 다음과 같은 주제로 이어진다. 지금까지 우리는 경제에 대해 장기적인 관점을 취해왔다. 이제 단기적인 분석으로 넘어 가서 경제의 연간 변동을 살펴보겠다. 때로는 경제가 잘되고 있다. 때로는 그렇지 않다. 그리고 그것은 기업과 사람들의 삶에 큰 영향을 미친다. 먼저 경기변동이 무엇이며 공통적인 특성을 살펴보도록 하자. 그런 다음 경제 상태가 어떠한지 파악하는 방법을 살펴본다. 여기서 우리의 목표는 에밀리와 마찬가지로 더 나은 결정을 내리는 데 필요한 정보를 얻을 수 있도록 경제 상황을 파악할 수 있는 도구를 개발하는 것이다.

목표

경제의 상승과 하강을 추적하는 방법을 배운다.

29.1 거시경제 추세와 변동
경제 추세와 단기적 변동을 구분한다.

29.2 경기변동의 공통적인 특징
경기변동의 공통적인 특징을 식별한다.

29.3 거시경제 데이터 분석
거시경제 데이터 분석을 배운다.

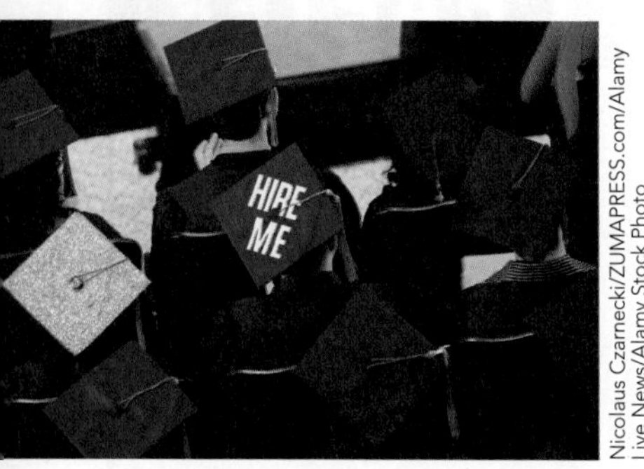

Nicolaus Czarnecki/ZUMAPRESS.com/Alamy Live News/Alamy Stock Photo

경기 상황은 대학 졸업생의 취업에 영향을 준다.

29.1 거시경제 추세와 변동

학습목표 경제 추세와 단기적 변동을 구분한다.

나는 기회가 넘쳐나는 세상에 합류하게 되어 기뻤던 졸업식을 고대하던 기억이 난다. 경제와 주식 시장이 호황을 누리고 일자리가 풍부했다. 하지만 일을 시작했을 때 모든 것이 바뀌었다. 경제가 정체되고 주식 시장이 곤두박질쳤으며 실업률이 상승했다. 경제는 불황에 빠져있었다. 이 모든 일이 일어나기 전에 나는 일자리를 확보했지만, 직장에 계속 붙어 있을 수 있어서 운이 좋았다. 주변 친구들은 취업이 취소되고, 고용주는 최근 고용한 사람들마저 해고했으며, 내 신경은 날카로워졌다.

결국 경제는 회복되었지만 내가 서서히 경험하게 된 그 불황은 마지막이 아니었다. 사실 꽤 일반적인 이야기이다. 졸업할 때 어려운 경제 상황에 직면하지 않기를 바라지만, 어느 시점이냐에 따라서 극적인 침체와 번영의 시기를 언젠가는 모두 경험하게 될 것이다. 동기들과 내가 경험한 운명의 급격한 역전은 경제 활동의 잔인한 단기적인 경제 변동(경기변동이라고 함)의 한 예시이다. **경기변동**(business cycle)은 경제가 장기적인 추세에서 이탈하는 현상을 말한다.

경기변동 경제활동의 단기적인 변동

잠재 총생산 모든 자원(노동 및 자본)이 완전하게 고용(또는 활용)되어 산출되는 총생산

그림 29-1 | 1인당 실질 GDP의 장기 추이

로그 눈금 또는 비율 눈금으로 보임

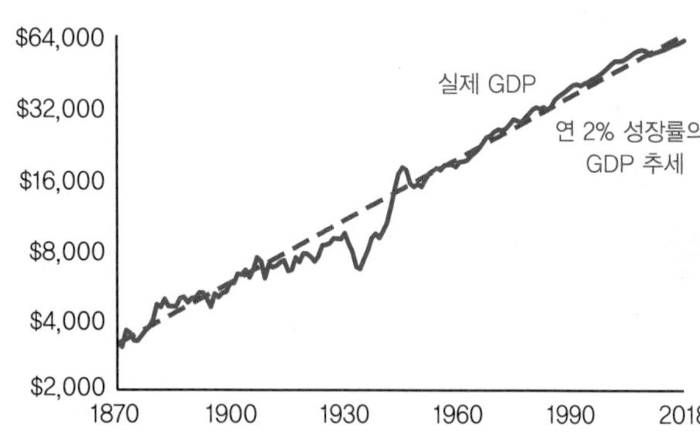

출처 : Historical Statistics of the United States; Bureau of Economic Analysis.

성장추세와 총생산 갭

1인당 연간 GDP 성장률은 1세기 이상 미국에서 평균 2%를 기록했다(그림 29-1 참조). 장기 경제 성장은 완전고용을 달성한 총생산 수준으로 정의된 잠재 총생산의 성장을 반영한다. 일반적인 의미의 용어와 마찬가지로 '잠재'라는 단어는 가능한 것을 반영한다. **잠재 총생산**(potential output)은 현재 주어진 자원을 고려하여 실현 가능한 수준에서 생산할 수 있는 것이다. 그것은 생산에 대한 우리의 투입물의 양과 질을 반영한다. 우리 노동자들이 얼마나 숙련되어 있는지, 얼마나 많은 노동자들이 종사하고 있는지, 그들이 얼마나 많은 자본을 가지고 작업해야 하는지, 그리고 그러한 투입물들을 결합하는 방법에 관한 모든 아이디어를 반영한다. 제22장에서는 잠재 총생산의 장기적인 결정 요인에 대해 배웠다.

그러나 단기적으로 경제는 장기적인 잠재력을 충족하지 못할 수 있다. 때로는 GDP가 잠재 총생산보다 높고 때로는 더 낮을 수 있다. 잠재 총생산에 대한 이와 같은 단기적인 흔들림이 경기변동을 구성한다.

그림 29-2 | 실업률은 경기변동에 걸쳐서 오르내린다

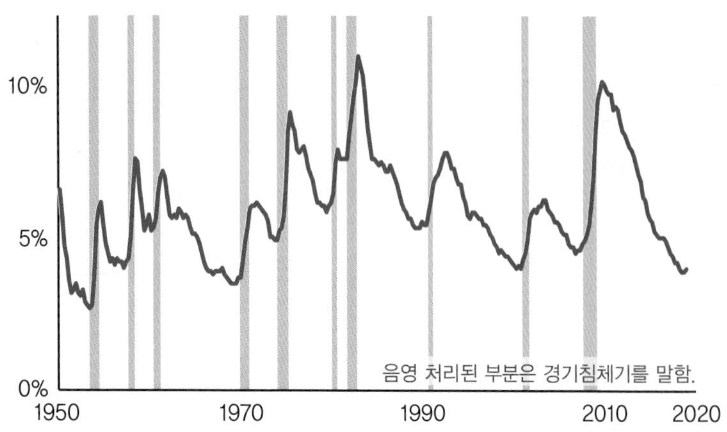

출처 : Bureau of Labor Statistics.

비록 장기적으로 볼 때 경기변동의 움직임은 작게 보이나, 경기변동 현상은 현실 속에서 매우 파괴적일 수 있다. 일반적으로 경기 침체에서 GDP는 몇 퍼센트 포인트 감소할 수 있다. 이것은 작게 보일 수 있으며, 실제로 그림 29-1의 경기변동은 전체 추세에 비해 작게 보인다. 그러나 경기 침체의 한가운데에 있을 때, 사업이 실패하고 근로자가 일자리를 잃고 친구와 가족의 삶이 뿌리째 뽑혀서 상당히 고통스럽게 느껴질 수 있다.

실업률은 경기 침체기에 큰 폭으로 상승한다. 그림 29-2는 실업률이 회색 막대로 표시된 경기 침체에서 상승하기 시작하고 종종 경기 침체가 공식적으로 끝난 후 몇 년 동안

계속 상승한 후 천천히 하락한다는 것을 보여준다. 일자리를 잃은 사람들은 새로운 일자리를 찾기 위해 고군분투 할 수 있으며 실업률이 경기 침체 이전으로 돌아가는 데 종종 몇 년이 걸릴 수 있다. 많은 사람들은 자신의 능력을 충분히 활용하지 못하는 저임금 직업을 택해야 한다. 다른 시기 같으면 성공했을 수도 있었던 기업은 불황의 폭풍을 견뎌내지 못할 수 있으며 영구적으로 문을 닫을 것이다.

경기 침체는 일반적으로 오래 지속되지 않지만 사람들의 수입과 경력에 지속적인 영향을 미친다. 연구자들은 수십 년이 지난 후에도 불황기에 졸업한 사람들이 경제가 더 나은 시기에 졸업한 사람들보다 적은 수입을 얻는 경향이 있다는 것을 발견했다.

trekandshoot/Shutterstock

잠재 수준 이상으로 생산하면 언젠가는 당신들의 발목을 붙잡게 될 것이다.

총생산 갭은 성장 추세로터의 이탈된 GDP의 변동수준을 계측한다. 경기변동은 경제가 때로는 몇 년 이상 잠재 총생산에서 벗어나는 경향성을 반영한다. 우리는 잠재 총생산의 백분율로 측정된 실제 총생산과 잠재 총생산의 차이인 **총생산 갭**(output gap)을 사용하여 이 편차를 계측하게 된다.

총생산 갭 실제 총생산과 잠재 총생산 간의 차이로서 보통 잠재 총생산의 퍼센트로 표현한다.

$$\text{총생산 갭} = \frac{\text{실제 총생산} - \text{잠재 총생산}}{\text{잠재 총생산}} \times 100$$

실제 총생산이 잠재 수준보다 낮으면 총생산 갭은 음수이다. 총생산 갭이 마이너스이면 유휴자원이 있음을 의미한다. 작업자는 일자리를 찾을 수 없고 장비는 사용되지 않으며 매장은 폐쇄된다. 마이너스 총생산 갭은 일반적으로 높은 실업률을 보인다.

양의 총생산 갭은 실제 총생산이 잠재 총생산보다 높다는 것을 의미한다. 총생산 갭이 양수이면 경제는 지속 불가능한 활용도 수준으로 자원을 사용하고 있는 것이다. 사람들은 추가 교대 근무를 하고 공장은 수리를 미루고 가격이 오르기 시작한다. 이러한 생산 수준이 지속 가능하지 않는 이유는 결국에는 수리가 필요하고 사람들이 노동시간을 줄이고 싶기 때문이다. 양의 총생산 갭의 한 예는 학교시험 전까지 열심히 학업에만 열중하는 것으로 볼 수 있다. 잠을 줄이고, 빨래를 미루고, 친구와 가족에게 한동안 연락하지 않을 것이다. 당신의 실제 총생산은 지속 가능한 총생산 수준보다 높으며, 결국 충분한 휴식, 깨끗한 옷, 그리고 사회생활이 언젠가는 필요할 것이다. 어느 누구도 잠재 수준을 영원히 뛰어 넘을 수는 없지만 때때로 우리는 단기간 동안 힘을 쏟을 수 있다. 경제도 마찬가지이다.

그림 29-3의 상단 그림은 잠재 총생산의 추이를 빨간색 점선으로 나타내고 있으며, 이와는 대조적으로 파란색 선으로 표시된 실제 총생산을 보여주고 있다. 음영 영역에 표시된 이들 간의 차이는 각 시점의 잠재 수준에 비해 경제가 어떤 수준으로 유지되고 있는지를 측정한 것이다. 보라색 음영은 실제 총생산이 잠재 총생산보다 낮은 기간을 나타낸다. 녹색 영역은 실제 총생산이 잠재 수준을 초과한 기간을 나타낸다.

그림 29-3의 하단 그림은 총생산 갭으로 측정된 이러한 편차를 보여준다. +2%의 양의 총생산 갭은 실제 GDP가 잠재 GDP보다 2% 높음을 의미한다. −5%의 마이너스 총생산 갭은 실제 GDP가 잠재 GDP보다 5% 낮다는 것을 의미한다. 총생산 갭이 0이라는 것은 실제 총생산이 잠재 총생산과 같으므로 경제가 지속 가능한 최대

그림 29-3 | 총생산 갭

실제 총생산과 잠재 총생산

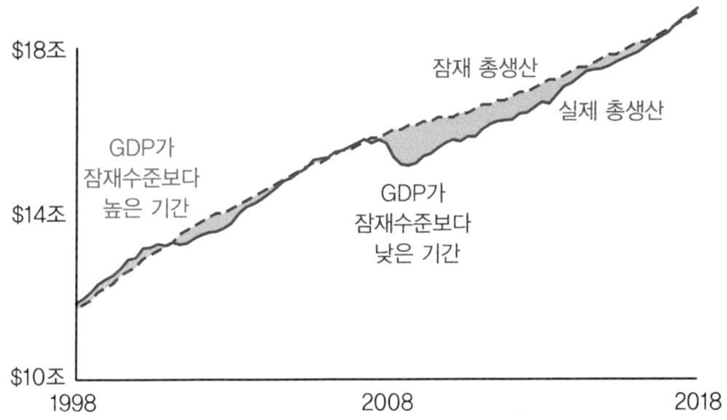

총생산 갭

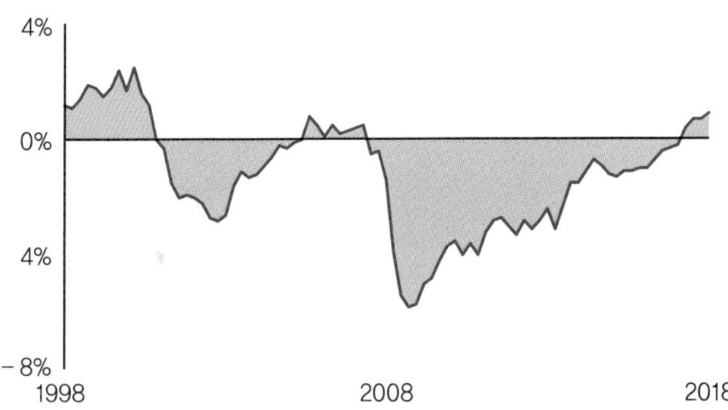

출처 : Bureau of Economic Analysis; Congressional Budget Office.

수준에서 생산하고 있음을 의미한다. 이것은 좋은 소식이다. 지속 가능한 수준에서 가장 높은 생산 속도이다.

이 그림은 정확히 잠재 수준으로 생산하는 것이 수년 동안 계속되는 일이 아닐 수 있음을 보여준다. 그러나 총생산 갭이 작은 수준에서 종종 발생하며 경제가 잠재 수준에 가까운 생산을 주로 유지하고 있음을 의미한다. 한편, 그림 29-3은 2008년 불황이 2000년대 초에 발생한 마이너스 총생산 갭과 비교하여 얼마나 길고 깊은지를 보여주고 있다.

경기변동은 경기고점에서 경기침체, 경기저점, 경기확장으로 이어진다. 경기변동의 일반적인 단계를 자세히 살펴보도록 하자. **경기고점**(peak)은 경제 활동의 고점이며 그다음에는 생산량이 감소한다. 총생산은 경제 활동의 저점인 **경기저점**(through)에 결국 도달한다. 경제 활동은 고점과 저점 사이에서 감소하는 현상을 **경기침체**(recession)라고 부른다. 그림 29-4의 회색 막대는 2008년 경기 침체 기간을 보여준다. 경기 침체는 경제가 위축되기 때문에 '수축'이라고도 한다. 특히 심한 경기침체라면 불황(depression)이라고 부를 수 있다.

경기고점 경제활동의 고점

경기저점 경제활동의 저점

경기침체 경제활동이 저하되는 시기

경기확장 경제활동이 확대되는 시기

그림 29-4는 경제가 2000년대 중반에 성장했지만 GDP가 2007년에 경기고점에 도달했음을 보여준다. 경제 활동이 증가할 때 이를 **경기확장**(expansion)이라고 한다. 금융시장의 갑작스러운 붕괴, 소비자 심리의 붕괴, 세계 무역의 감소 또는 유가 급등과 같은 충격이 추가 성장을 멈추기 전까지는 경제가 경기고점에 도달할 때까지 경기확장은 계속 될 것이다. 때때로 사람들은 경기확장이 너무 오래 지속되어 경기침체가 올 것이라고 생각할 수 있다. 하지만 사실 경기확장은 일정 기간 후에 오래 지속되었다는 이유로 소멸되지는 않는다. 다만, 경기확장기는 부정적인 충격이 발생하기 전까지 지속된다. 경기확장은 저점과 고점 사이의 모든 연도를 포함한다.

그림 29-4 | 경기변동의 국면

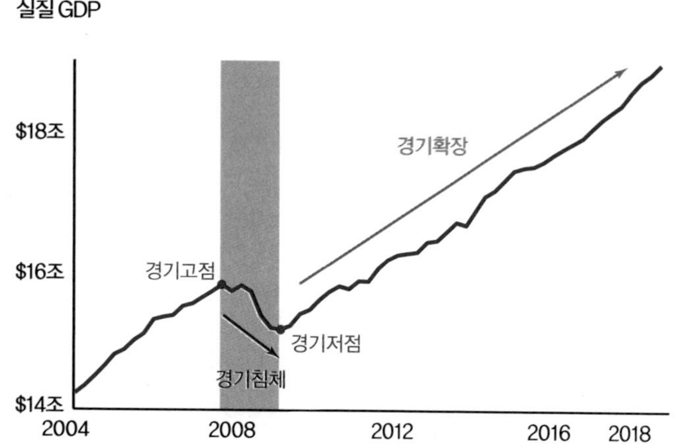

출처 : Bureau of Economic Analysis.

총생산 수준은 경제가 어디에 있는지 알려주는 반면, 총생산의 변화 정도는 경제가 어디로 향해서 가는지 알려준다. GDP는 총생산 수준을 계측하므로, 잠재 GDP는 지속 가능한 가장 높은 총생산 수준이다. 총생산 갭은 잠재 총생산 수준 대비 현재 GDP의 상대적인 수준을 보여준다. 따라서 총생산 갭은 경제가 잠재 수준에 비해 얼마나 잘하고 있는지 알려준다. GDP 성장률은 경제 규모가 확장 또는 축소되는 속도를 나타내는 변화 정도에 관한 것이다.

이 장에서는 수준과 변화 정도에 관한 차이를 주의 깊게 구별해야 한다. 경기변동의 경기고점과 경기저점은 수준(최근 GDP 수준의 최고 및 최저 수준)을 나타낸다. 그러나 경제가 경기확장기에 있는지 경기침체기에 있는지는 수준에 관한 것이 아니라, GDP가 증가하거나 감소하는 변화에 관한 것이다. 따라서 경제가 확장되기 시작하면 긍정적인 변화가 일어나고 경기 침체가 끝난다. 그러나 실제 총생산이 잠재 총생산을 따라잡을 수 있을 만큼 충분히 빠르게 증가할 때까지 총생산 갭은 좁혀지지 않는다. 마이너스 총생산 갭을 없애려면 수년간의 경기확장기가 필요할 수 있다.

자료 해석 **경기침체는 많은 불행을 야기한다**

당신의 행복은 경기변동과 밀접한 관련이 있다. 이것을 어떻게 알 수 있을까? 사회과학자들은 매년 사람들에게 얼마나 행복한지 묻는 대규모의 설문 조사를 실시한다. 대부분의 사람들은 자신이 "매우 행복하다" 또는 "비교적 행복하다"고 말하며 약 10~15%만이 자신이 불행하다고 답한다. 불행하다고 말하는 사람의 비율에 영향을 미치는 요인이 많지만, 그림 29-5는 실업률이 상승하면 자신을 불행하다고 말하는 사람의 비율이 높아진다는 것을 보여준다. 자신을 매우 행복하다고 묘사하는 비율도 떨어진다.

이러한 경향은 경기침체가 많은 불행을 초래한다는 것을 암시한다. 실직으로 인해 줄어든 소득만으로 그 정도를 설명하기에는 부족하며, 실직하지 않는 사람들에게도 경기침체는 영향을 미친다. 교훈 : 경기침체를 제거하면 많은 불행을 제거할 수 있을 것이다. ■

경기변동은 주기적 순환이 아니다

경기변동은 중요한 용어이지만 다소 오해의 소지가 있는 단어이다. 주기(cycle)라는 단어는 경제가 일정한 간격으로 오르락내리락하는 것처럼 들리게 한다. 갈매기가 파도를 타고 위아래로 흔드는 것처럼 또는 수학적 사인 곡선처럼 들린다. 그러나 경기변동은 리드미컬하거나 일정하거나 예측할 수 있는 것이 아니다. 그림 29-6은 일부 경기확장이 단 1년 동안 지속된 반면 다른 경기확장은 최대 10년 동안 지속되었음을 보여준다.

경기확장이 부정적인 충격으로 인해 끝난다는 것을 상기해보자. 그리고 얼마나 오래 걸릴지에 대한 법칙이 없다. 경기침체는 피할 수 없는 자연의 법칙이 아니다. 경제는 아무일도 일어나지 않는 한 계속 성장할 수 있기 때문이다. 불행히도 잘못된 일이 일어나지 않는 것은 아니다. 당신의 일생 동안 많은 경기침체를 경험할 가능성이 높다는 것이다. 하지만 한동안 경기확장이 지속되었다고 해서 경기침체가 곧 임박했다는 의미 또한 아니다. 실제로 최근 수십 년 동안 경기확장은 과거보다 오래 지속되었다. 2008년 불황 이후 시작된 경기확장은 미국의 역사상 가장 긴 경기확장이었다.

자료 해석 대안정기가 있었을까?

1980년대 중반 이후로 미국 경제는 '대안정기(Great Moderation)'라고 불리는 현상으로 이전보다 안정화되었다. 지난 몇 번의 경기확장이 더 오래 지속되어 경기침체가 덜 빈번해졌다는 것을 방금 보았을 것이다. 그림 29-7은 현재 GDP 성장률이 지난 수십 년 동안보다 그 변동폭이 줄어들었음을 보여준다.

경제학자들은 왜 경제 성장의 변동성이 덜한지 설명하기 위해 몇 가지 가설을 제시했다. 한 가지 가설은 연방 준비 제도가 경제 관리 능력을 향상시켜 부정적인 영향을 보다 효과적으로 상쇄했다는 것이다.

또 다른 가설은 경제 구조 자체가 변했다는 것이다. 세계화로 인해서 국내 경기 침체가 발생하더라도 미국 제품에 대한 해외

그림 29-5 실업률 상승과 함께 상승하는 불행지수

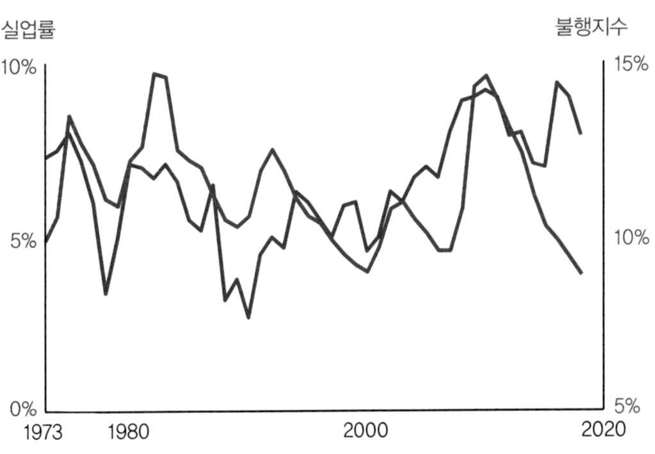

출처 : Bureau of Labor Statistics, General Social Survey.

그림 29-6 경기확장의 지속기간

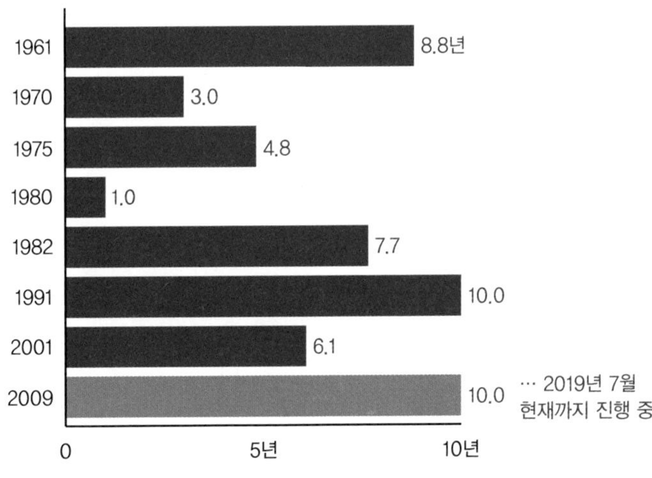

출처 : National Bureau of Economic Research.

그림 29-7 실질 GDP 성장은 덜 변덕스러워졌다

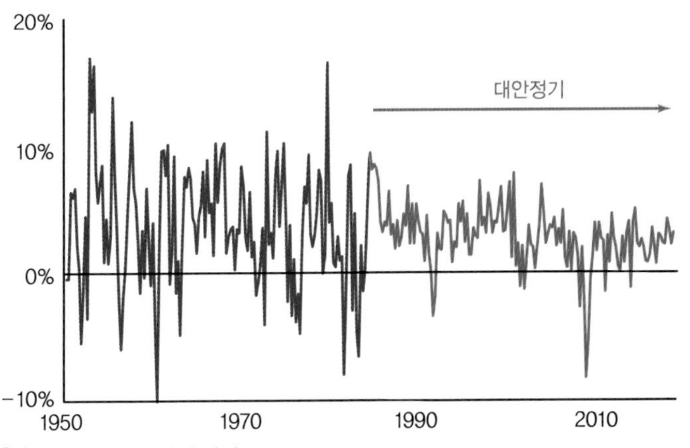

출처 : Bureau of Economic Analysis.

수요가 보장된다. 기업의 재고 관리 능력이 향상되었고 금융 시스템이 충격을 더 잘 견뎌냈을 수 있다. 아니면 우리가 단순히 운이 좋았고 경제가 부정적인 충격을 덜 받았을 수도 있다는 것이다. 실제로 2007~2009년 중 대침체기(Great Recession)로 인해 많은 사람들이 대안정기가 끝난 것인지 아니면 단지 통계적 우연이었는지 궁금해했다. 그러나 2007~2009년대 대침체기 이후의 경기확장은 역사상 가장 길게 유지되고 있으며, 대안정기라는 개념이 여전히 의미가 있을 수 있다. ■

29.2 경기변동의 공통적인 특징

학습목표 경기변동의 공통적인 특징을 식별한다.

소설 안나 카레리나는 "모든 불행한 가족은 나름대로의 방식으로 불행하다"는 관점으로 시작된다. 각각의 경기침체가 각각 다르기 때문에, 이 소설의 관점은 불행한 경제에도 적용될 수 있다. 경기침체는 원인, 기간 및 그 정도에 따라 모두 다르다. 경기확장에 대해서도 마찬가지이다. 즉, 어떠한 경기변동도 결코 똑같은 경우는 없다.

각각의 경기변동은 모두 다르지만, 몇 가지 공통된 특징을 갖는 경향이 있다. 그들이 무엇인지 살펴보도록 하자.

그림 29-8 | 짧고 급격한 경기침체와 길고 점진적인 경기확장

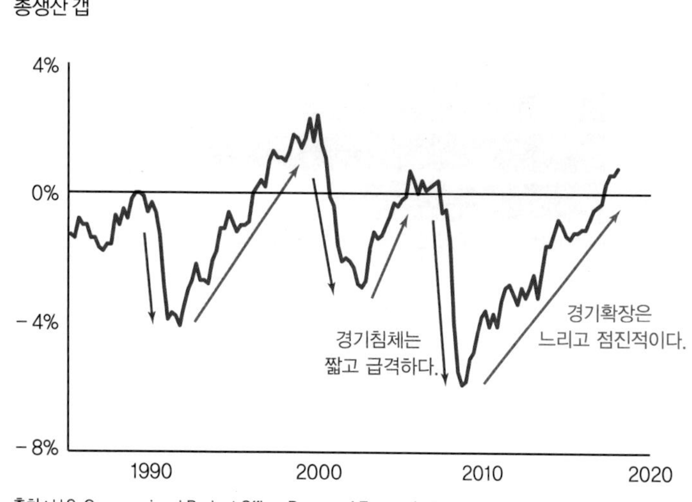

출처 : U.S. Congressional Budget Office; Bureau of Economic Analysis.

경기침체는 짧고 급격하게 경기확장은 길고 서서히 진행된다

그림 29-8에서 볼 수 있듯이 일반적인 경기변동은 짧고 급격한 경기침체와 장기적이고 점진적인 경기확장을 수반한다. 제2차 세계대전 이후 경기침체는 평균 1년에 불과한 반면 경제 확장은 평균 5년 동안 지속되어 경제가 잠재 수준을 유지한다면 경기확장이 영원히 지속될 수도 있다는 사실을 반증한다. 경기 침체는 빠르게 일어나고 총생산의 급격한 감소와 실업률의 급격한 증가를 수반하는 경향이 있다. 경제가 천천히 회복되고 성장함에 따라 경기확장은 서서히 진행되는 경향이 있다. 경기침체 후 경제가 회복되고 정상으로 돌아가려면 몇 년이 걸릴 수도 있다.

경기침체를 초래하는 혼란은 다양하며 생산성 둔화, 유가 인상, 신용 통제, 고금리, 은행 위기, 기술주 과대평가, 주택 시장 붕괴, 금융 위기 등이 있다.

경기변동은 지속성을 지닌다

경기변동의 상황은 지속성을 가지므로 현재 상황이 가까운 장래에 계속될 것이라는 합리적 가능성이 있다. 이를 설명하기 위해 그림 29-9는 해당 연도의 총생산 갭과 다음 해의 총생산 갭을 나타낸다. 올해의 경기 상황이 내년에도 반복되는 현상이 발생하면, 해당 연도의 각 점은 45도 선에 놓이고 총생산 갭은 절대 변하지 않을 것이다. 대부분의 점이 45도 선 주위에 모여 있다는 사실은 어느 한 해의 총생산 갭이 일반적으로 내년의 총생산 갭과 비슷하다는 사실을 보여준다. 실제로 총생산 갭은 시간이 지남에 따라 변하지만 이러한 변화는 충분히 느리고 예측할 수 없으므로 내년 총생산 갭에 대한 최선의 예측은 단순하게 보면 올해의 총생산 갭으로 볼 수 있다.

이와 같은 현상을 두고 경제학자들이 경기 변동이 지속성을 갖고 있다고 설명하는 이유이다.

현재 경기 상황이 지속되는 경향은 단기 예측을 훨씬 쉽게 만든다! 많은 전망가들은 올해 일어난 일이 내년에 일어날 일을 파악하는 가장 좋은 출발점이 된다는 가정으로 시작한다. 따라서 올해 경제가 어떤 성과를 내고 있는지는 내년에 어떤 성과를 거둘 것인가가 된다.

그림 29-9 | 경기변동은 지속성을 지닌다

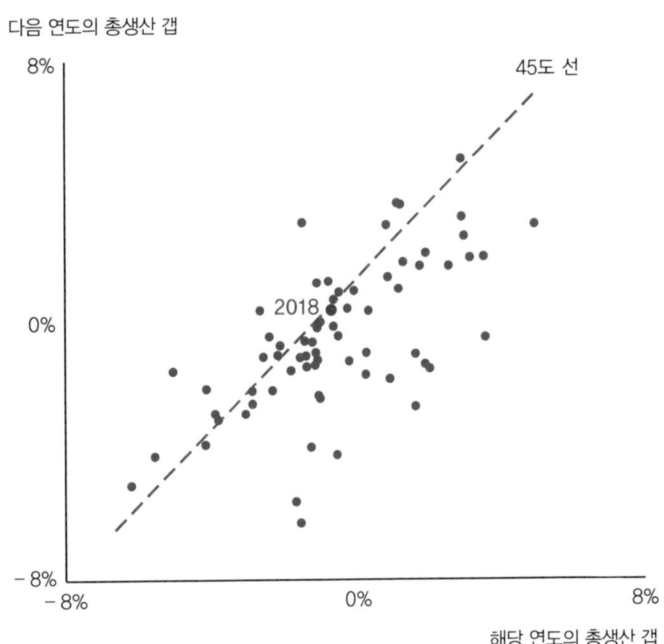

출처 : U.S. Congressional Budget Office; Bureau of Economic Analysis.

경기변동은 경제 내의 많은 부문에 영향을 미친다

상호의존의 원리는 경제 내의 많은 부분이 서로 연결되어 있음을 상기시켜준다. 그 결과, 경제변수들은 경기변동에 따라 같이 오르내린다. 이러한 동행성은 경제의 한 부문의 경기가 좋을 때, 다른 부문도 역시 경기가 좋을 가능성이 높음을 의미한다. 마찬가지로, 안 좋을 때는 같이 좋지 않을 것이다. 어떻게 이러한 현상이 나타나는지 살펴보자.

다른 주들의 경기가 같이 오르내린다. 그림 29-10에서처럼 경기변동은 미국 내 모든 주의 경기에 영향을 준다.

경기침체가 오면, 그 영향은 전국으로 파급된다. 이를 테면 포드는 미시간에서 자동차 생산을 줄이고, 뉴욕의 은행은 대출을 줄이며, 텍사스의 가족은 지출을 줄인다. 경기확장기 또한 모든 주에 영향을 준다. 그림 29-10에서 당신이 사는 해당 주를 찾아 실업률을 인근 주 또는 다른 주들의 실업률과 비교해보자. 실업률이 얼마나 높은지는 주마다 약간의 차이가 있지만 어떤 주도 불황에 영향을 받지 않을 수 없다.

다양한 경제 지표가 함께 상승하고 하락한다. 경제 활동을 계측하는 다양한 경제지표가 존재하며, 경기변동에 따라서 함께 움직이는 경향이 있다. 그림 29-11은 GDP가 상승하면 광공업 생산이 증가하고 소매 판매가 증가하며 고용이 증가할 가능성이 있음을 보여준다. 그리고 새로운 사업 창출, 주택 건설, 자동차 판매, 해외 수입, 신규 투자 프로젝트, 기업 이윤 및 근로자의 실질임금, 주가, 인플레이션 및 금리와 같은 지표들도 모두 경기변동에 따라서 상승 및 하락하는 경향이 있다. 거시경제 데이터를 분석해보면 경제 전문가들이 주로 파악하는 상위 열 가지 지표에 대해 알아볼 수 있다.

다양한 산업이 함께 상승하고 하락한다. 경기변동은 경제의 거의 모든 부문에 영향을 미친다. 그림 29-12는 당신이 어떤 산업에 종사하고 있든지 간에 경기침체는 일반적으로 사업에 좋지 않은 반면 경기확장은 일반적으로 사업에 좋다는 것을 보여준다. 다만, 그래프에는 표시되지 않은 예외가 있다. 경기변동은 실제로 민간 부문에 관한 것이므로 공공 부문은 종종 다른 경향성을 따른다. 공공 부문의 총생산은 시장 상황이 아닌 정치적 과정에 의해 결정되기 때문이다. 또한 일부 정부 서비스에 대한 수요는 다른 경제 분야가 위축될 때 증가하는 경향이 있다.

또한 일부 부문은 다른 부문보다 경기변동에 더 민감하다는 것을 알 수 있다. 특히, 새 집을 짓거나 자동차를 사는 것과 같이 미루기 쉬운 지출들은 경기변동의 변화에 따라 더 큰 폭으로 오르고 내리는 경향이 있다.

일부 변수는 경기변동을 선행하고 다른 변수는 후행한다. **선행지표**(leading indicator)는 경제의 미래 경로를 예측하는 경향이 있는 변수이다. 중요한 선행지표에는 기업심리지수, 소비자심리

선행지표 경제의 미래 경로를 예측하는 경향이 있는 지표들

그림 29-10 주별 실업률은 함께 상승하고 하락한다

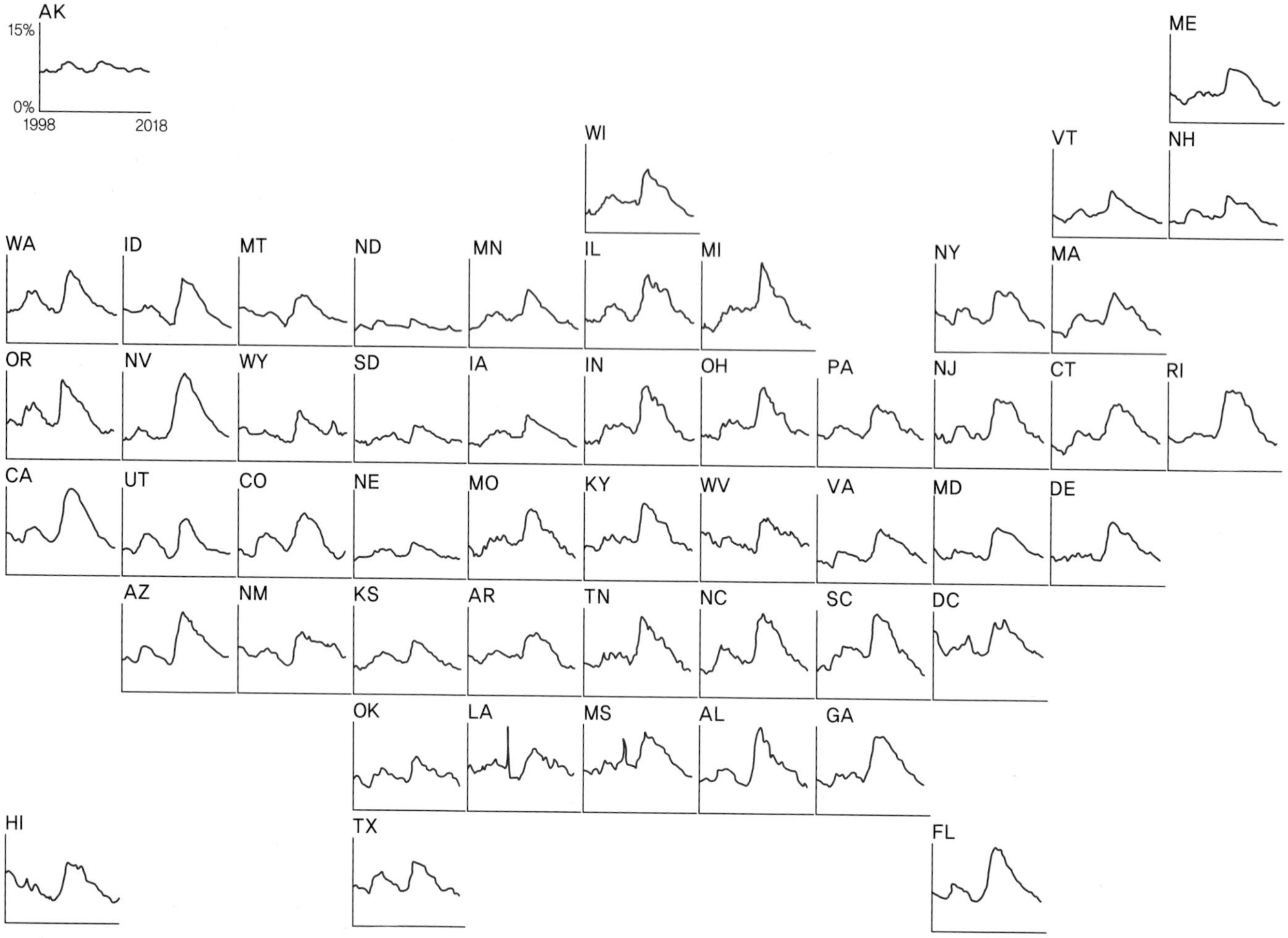

AK 15% 0% 1998 2018

출처 : Bureau of Labor Statistics.

그림 29-11 많은 경제 지표가 함께 상승하고 하락한다

전년 대비 성장률

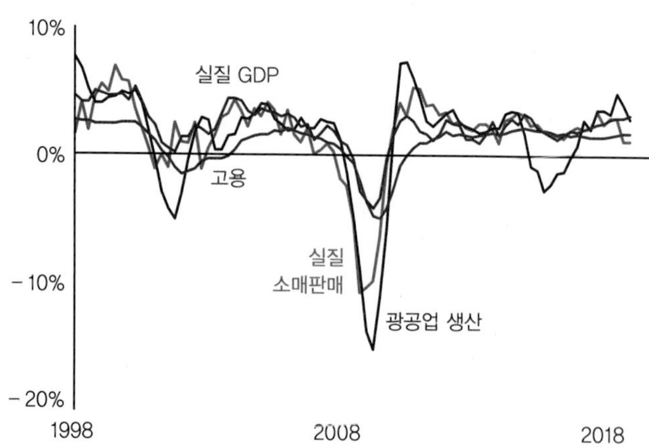

출처 : Bureau of Economic Analysis; Bureau of Labor Statistics; Board of Governors of the Federal Reserve System; Federal Reserve Bank of St. Louis.

후행지표 경기변동을 뒤따라가는 변수들

지수 및 주식 시장이 포함된다. 선행지표는 경기 상황보다 먼저 변화하는 경향이 있기 때문에 경제가 어디로 향하고 있는지 더 잘 이해하는 데 도움이 된다. 예를 들어, 소비자는 소비를 크게 줄이기 시작하기 전에 경제에 대한 신뢰를 잃게 되어 소비자심리지수에 반영될 수 있다.

후행지표(lagging indicators)는 시차를 두고 경기변동의 움직임에 따르는 경향이 있는 변수이다. 직원의 능률 발전에 이미 투자한 관리자는 정말로 필요하다고 확신할 때까지 인력 감축을 꺼리기 때문에 실업률은 후행지표가 되는 경향이 있다.

오쿤의 법칙은 총생산 갭과 실업률의 상관성을 설명한다

경기 침체가 끝날 무렵 경제 활동이 증가하기 시작하지만, 경제는 총생산 갭이 좁혀질 때까지 유휴 자원이 계속 남게 될 것이다. 그 자원 중 하나가 노동자므로, 실업률은 총생산 갭에 맞춰 움직일 것이다. 그림 29-13은 이러한 상관관계를 보여주며, 총생산이 잠재 수준보다 낮을 때 실업률이 높아지는 경향이 있고 총생산이 잠재

수준을 초과하면 실업률이 낮아지는 경향이 있음을 보여준다.

총생산이 잠재 수준일 때 실업률은 균형실업률과 같아진다. 제23장에서 균형실업률은 경제가 시간이 지남에 따라 점차 수렴하게 되는 수준의 실업률이며 경제가 잠재 수준에서 생산하고 있을 때 발생한다는 것을 배웠다. 균형실업률은 실업의 마찰적 요인과 구조적 요인으로 인해 0이 아니다. 실제로 지난 한 세기 동안 미국의 균형실업률은 평균 약 5%였다.

오쿤의 법칙(Okun's rule of thumb)은 총생산과 실업률 간의 상관관계를 정량적인 수치로 나타낸다. 실제 총생산이 잠재 총생산에 비해 1% 포인트 낮을 때, 실업률은 약 0.5% 포인트 더 높아질 것이라고 말한다. 예를 들어, 총생산 갭이 0에서 −2%로 감소할 것으로 예상되면 실업률은 5%에서 6%로 약 1% 포인트 상승할 것이다.

그림 29-12 대부분의 민간부문 산업은 함께 상승하고 하락한다

전년 대비 고용성장률

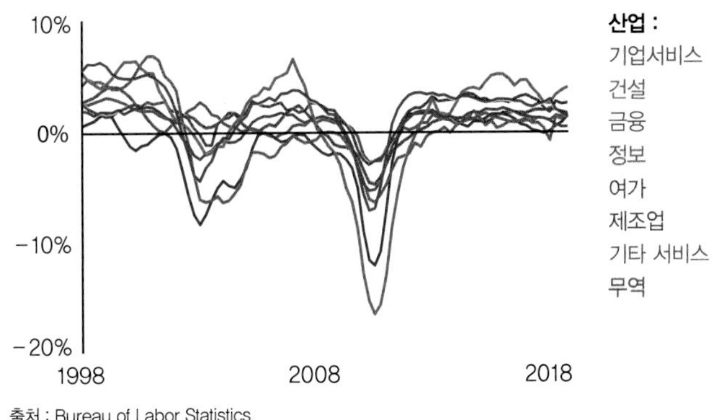

출처 : Bureau of Labor Statistics.

29.3 거시경제 데이터 분석

학습목표 거시경제 데이터 분석을 배운다.

경기변동은 삶의 거의 모든 측면에 영향을 미친다. 순조로운 경제 항해를 기대하기 때문에 큰 지출을 해도 되는지, 아니면 다가오는 경제 폭풍을 견딜 수 있도록 벨트를 조여야 할 것인지를 결정할 때 경기변동은 항상 고려해야 할 사항이다. 더 나은 직업을 찾는 데 성공할 가능성이 있는지 또는 실업에 대해 걱정할 필요가 있는지 여부에도 영향을 준다. 또한 경기변동은 사업을 시작하기에 좋은 시기인지, 자격을 갖춘 직원을 찾을 수 있을지, 그리고 투입 요소 비용이 증가할 가능성이 있는지 여부를 판단하는데 도움이 된다.

그래서 다음 과제는 거시경제 데이터를 가장 잘 분석하는 방법을 알아내고 대부분의 경제학자들이 따르는 주요 지표들을 파악하는 방법을 배우는 것이다. https://fred.stlouisfed.org/에서 구할 수 있는 세인트루이스 연준의 FRED 데이터베이스에 익숙해지면 경제지표들의 수치들을 직접 확인할 수 있을 것이다. 그런 다음 이러한 모든 아이디어를 모아 거시경제를 파악할 수 있는 분석틀을 제공할 것이다.

그림 29-13 오쿤의 법칙은 실업률과 GDP의 상관성을 보여준다

각 점은 특정 연도의 실업률과 총생산 갭을 나타낸다.

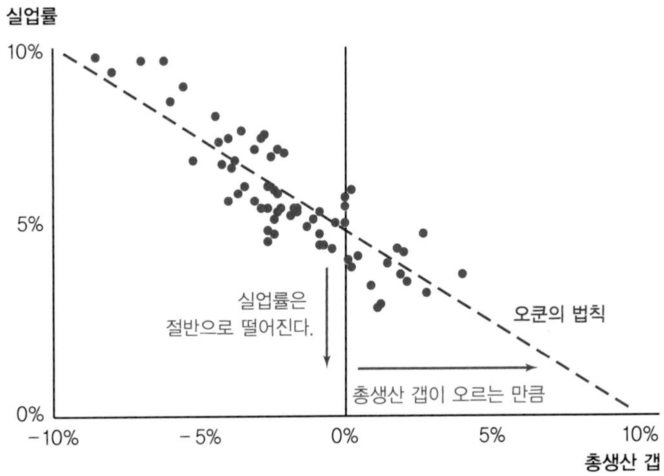

출처 : Bureau of Economic Analysis; Bureau of Labor Statistics.

오쿤의 법칙 실제 총생산이 잠재 총생산에 비해 1% 이하일 때, 실업률은 0.5% 정도 높아지는 현상을 설명하는 법칙

거시경제 통계의 기초

FRED 데이터베이스에 로그인하여 최신 경제 통계를 조회하는 경우 가장 먼저 눈에 띄는 점 중 하나는 선택의 폭이 많다는 것이다. 실질 또는 명목? 계절조정 여부? 분기별 또는 연간? 가장 일반적으로 사용되는 용어에 대한 가이드부터 시작하겠다.

계절조정된 시계열은 계절성이 제거된 것이다. 많은 시계열 자료의 경우 '계절조정됨'과 '계절조정되지 않음'('원계열'이라고도 표기함–역자 주) 중에서 선택해야 한다. 일부 시계열이 계절조정되는 이유는 현실적인 경제 활동에 대한 사실에서 비롯된다. 우리가 수행하는 일부 경제 활동에는 강한 계절성이 존재한다. 예를 들어, 그림 29-14는 아이스크림 생산량이 여름에 급증하고 겨울에 급락하는 것을 보여준다. 하지만 아이스크림만이 아니다. 계절성은 학교가 끝

그림 29-14 | 아이스크림 생산

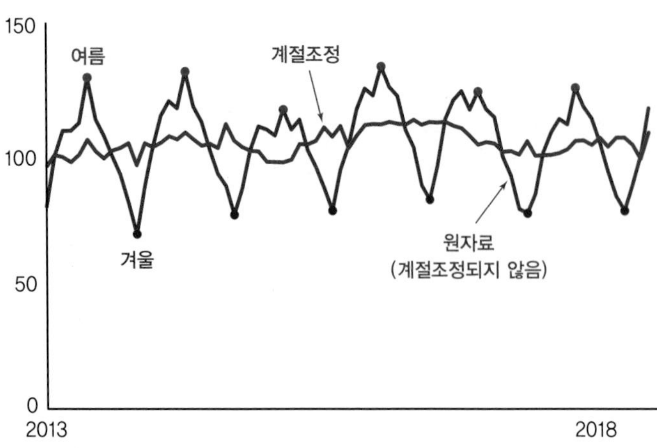

출처 : Federal Reserve Board.

나면 급증하는 십 대 고용과 휴일 이전에 증가하는 소매 판매와 같은 많은 시계열에서 명백하게 나타난다. 각각의 경우에 **계절조정**(seasonally adjusted)된 시계열은 이러한 예측 가능한 계절성을 제거한다는 의미이다. 이렇게 하는 이유는 보다 근본적인 추세의 변화를 식별할 수 있기 때문이다. 그림 29-14는 계절성을 제거하면 아이스크림 판매가 상당히 안정적이라는 것을 보여준다.

거시경제의 현황을 분석하고 평가하려는 경우 일반적으로 계절조정된 수치에 집중하는 것이 좋다.

계절조정 시계열에서 예측 가능한 계절성을 제거한 경우

연율 일정한 성장률 수준으로 1년간 지속되었다면 달성 가능한 성장률

시계열 자료의 빈도 주기는 다양하지만, 연율로 통일해서 비교해 볼 수 있다. 대부분의 시계열 자료는 매주, 매월 또는 분기마다(3개월마다) 수집된다. 그러나 **연율**(annualized rate) 시계열을 선택할 수 있는 옵션이 표시되는 경우가 있다. 이러한 시계열은 1년 미만의 짧은 주기에서 수집된 수치들을 1년 내내 일정한 성장률이 발생했을 때 달성한 수준으로 변환된 수치이다. 이를 통해 서로 다른 주기로 수집된 성장률들을 보다 쉽게 비교할 수 있다.

일반적으로 실질 기준의 시계열을 분석한다. 또한 '실질'과 '명목'이라는 단어를 상당히 많이 접하게 될 것이다. 제24장에서 배운 것처럼 실질변수는 물가 상승을 조정하여 일정한 가격 수준하에서 수량만을 비교하는 것이다. 명목변수는 시계열 연도의 가격으로 표현된다. 따라서 2010년 명목 GDP는 2010년 가격으로 계측된 GDP를 반영하고 2020년 명목 GDP는 2020년 가격으로 계측된 GDP를 반영한다. 명목 시계열은 그 상승이 가격 상승으로 인한 것인지 수량 상승을 반영하는지 구분하기 어렵다는 점이 문제다. 따라서 일반적으로 실질 GDP와 같은 실질 시계열을 사용하여 경제 활동의 추이를 파악하게 된다. 실질 시계열은 일반적으로 '연쇄된 2012달러'와 같은 방식으로 측정되는 것으로 표현된다.

통계수정 이전 통계발표에 대해서 개정하는 것

또한 통계수정에 주의를 기울여야 한다. 일부 시계열은 자주 개정되므로 통계를 조회할 때 마지막으로 본 것과 다를 수 있다. 초기의 속보치에 대한 개편을 **통계수정**(revision)이라고 하며 초기의 속보치가 불완전한 자료를 기반으로 만들어지기 때문에 개정으로 인한 시계열의 변화가 상당한 수준일 수 있다. 예를 들어, 2008년의 마지막 분기는 미국 경제 역사상 최악의 분기 중 하나였다. 그러나 2009년 1월 말 발표된 초기 GDP 보고서에는 아직 그 사실이 반영되지 않았다. 속보치 기준의 실질 GDP는 연율 3.8% 하락했다고 밝혔다. 나쁘지만 비참하지는 않았다. 그러나 한 달 후, 그 수치(잠정치)는 연율 6.2% 감소로 수정되었다. 그것은 비참한 일이었다. 그리고 오늘날 우리는 GDP(확정치)가 실제로 2008년 말 연율 8.2%로 하락했다는 것을 알고 있다. 속보치를 봤다고 해서 최종 수치를 봤다는 의미는 아니라는 점을 다시 한번 상기해야 한다.

10대 주요 경제 지표

자, 이제 거시경제 통계를 분석하는 방법에 대해 알았으니 몇 가지 주요 거시경제 지표를 살펴보겠다. 나는 경제 상황을 알기 위해 봐야 할 경제 지표가 하나 있다면 그것이 무엇인지 종종 질문을 받는다. 내 답은 무엇일까? 무슨 일이 일어나고 있는지 정말로 알고 싶다면 하나의 지표만 살펴보면 안 된다는 것이다. 다른 유형의 경제통계는 다른 것을 알려주기 때문이다. 경제 동향을 파악하는 사람들이 따르는 10대 주요 경제 지표를 살펴보도록 하자.

지표 1 : 실질 GDP는 경제 활동의 가장 광범위한 척도이다. 첫째, 경제의 전체 규모를 측정하는 실질 국내총생산(실질 GDP)이 있다. 실질 GDP는 전체 경제에서 총생산, 총지출 및 총소득을 계측하기 때문에 경제 활동의 가장 광범위한 척도이다. 일반적으로 경제의 모든 지출을 더하여 계산된다. $Y=C+I+G+NX$이다(제21장 참조). 경제가 얼마나 빠르게 성장하고 있는지 확인하려면 GDP 성장에 초점을 맞춰야 한다. 그러나 GDP 속보치가 처음 발표되었을 때는 매우 불완전하다는 점을 명심해야 한다.

10대 주요 경제지표

1. 실질 GDP
2. 실질 GDI
3. 비농업 급여
4. 실업률
5. 신규 실업수당 청구
6. 기업 신뢰
7. 소비자 신뢰
8. 인플레이션율
9. 고용비용지수
10. 주식 시장

지표 2 : 실질 GDI는 GDP에 대한 유용한 교차 검증을 제공한다. 경제의 총생산과 밀접하게 관련된 또 다른 지표가 있다. 국내총소득(또는 줄여서 GDI)이라고 하는 이 지표는 총소득을 합산하여 집계된다. 1달러의 지출은 누군가에게 1달러의 소득이기 때문에, 원칙적으로는 GDP와 GDI가 결국 동일해야 한다. 다만, 서로 다른 단점이 존재하는 서로 다른 자료를 활용하여 각각 집계되기 때문에 서로 다를 수 있다. 소득 자료에 대한 초기 보고서는 종종 지출 자료보다 더 신뢰할 수 있으므로, GDI는 종종 GDP보다 적시성 있게 경제에 대한 경고 신호를 보여준다. 실제로 많은 국가에서 소득 및 지출 측정치를 결합하여 기본 GDP 통계를 작성한다. 미국은 그렇지 않으므로, 두 지표들을 모두 점검할 가치가 있다.

지표 3 : 비농업 급여는 노동 시장이 개선되고 있는지 여부를 알려준다. 비농업 급여는 매달 생성되는 일자리 수를 알려준다. 기업의 급여에 포함된 근로자 수를 계측하기 때문에 '비농업 급여'라고 한다. 농장 일자리가 경제의 극히 일부에 불과하기 때문에 일부 일자리를 놓친다는 사실에 대해 걱정하지 않아도 된다. 비농업 급여는 매월 말 직후에 발표되기 때문에 가장 중요한 지표 중 하나이며 경제가 얼마나 빨리 일자리를 창출하고 있는지에 대한 빠르고 신뢰할 수 있는 정보를 제공한다.

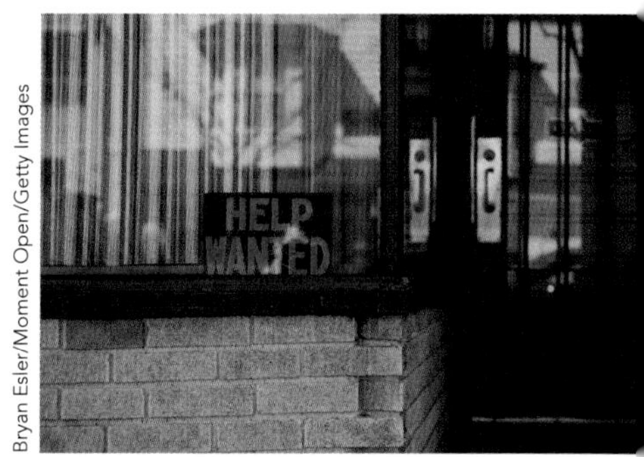

Bryan Esler/Moment Open/Getty Images

노동 시장은 개선되고 있는가?

지표 4 : 실업률은 유휴생산능력에 관한 지표이다. 실업률은 일자리를 원하지만 구할 수 없었던 노동력의 비율을 알려준다. 노동 시장이 얼마나 활성화되고 구직이 얼마나 쉬운지 보여주는 스냅숏이다. 경제 지표(유휴생산능력의 척도)로서도 중요하며 실업은 많은 사람에게 큰 불행의 원천이기 때문이다.

지표 5 : 신규 실업수당 청구는 적시성 있는 지표를 제공한다. 신규 실업수당 청구는 지난주에 실직하고 실업 보험을 신청한 사람의 수를 알려준다. 이러한 수치는 자주 튀는 경우가 많지만 적시성 있게 사용할 수 있고 지난주와 같이 최근에 발생한 일에 대한 적시성 있는 통찰력을 제공하기 때문에 가치가 있다.

지표 6 : 기업 신뢰 설문조사는 기업의 관리자들이 향후 몇 달 또는 몇 년 동안 계획하고 있는 것을 알려준다. 기업 신뢰 설문조사는 관리자에게 향후 몇 개월 또는 몇 년 동안의 계획에 대해 질문한다. 기업 신뢰는 선행지표이며, 하락하기 시작하면 경기 침체가 임박할 수 있다. 가장 면밀히 관찰되는 통계는 미국 구매자관리협회의 구매 관리자 지수이다. 기업 임원을 대상으로 생산, 고용, 가격 등을 늘리거나 줄일 계획인지 확인한다. 그들은 또한 변화의 속도가 느려지거나 빨라질 것인지 묻는다. 안타깝게도 FRED에서 다운로드 할 수 없는 10대 지표 중 유일한 지표이다.

AP Images/Evan Vucci

기업 신뢰 설문조사는 기업의 관리자들이 어떠한 계획을 갖고 있는지 알려준다.

지표 7 : 소비자 신뢰는 소비자의 생각을 알려준다. 소비자 신뢰 설문 조사는 일반 사람들에게 경제에 대해 얼마나 낙관적인지 묻는다. 이는 앞으로 몇 달 동안 지출할 가능성에 대한 유용한 정보를 제공한다. 소비자 신뢰 지수는 소비자가 경제에 대해 더 낙관적일 때 상승하여 특히 자동차나 내구재와 같은 고액 품목에 더 많이 지출할 가능성이 있음을 나타낸다. 기업 신뢰와 마찬가지로 소비자 신뢰는 선행지표이다. 소비자 신뢰에 대한 몇 가지 설문 조사가 존재하지만 가장 자주 인용되는 설문 조사 중 하나는 미시간대학교의 소비자 심리 지수이다.

인플레이션은 가격의 변화에 대해서 알려준다.

지표 8 : 인플레이션율은 가격에 어떤 일이 일어나고 있는지 알려준다. 경제학자들은 소비자 물가 지수에 세심한 주의를 기울이고 있는데 이는 경제 전반에 걸친 가격이 얼마나 상승하고 있는지를 보여주기 때문이다. 예를 들어, 기업은 판매량이 너무 증가하여 최대 생산 한도에 도달하게 되면 평소보다 더 빨리 또는 더 자주 가격을 인상하여 인플레이션을 높일 수 있다. 따라서 인플레이션 상승은 경제가 잠재 수준 이상으로 생산하고 있음을 나타내는 반면, 인플레이션 하락은 유휴자원이 남아 있음을 의미한다.

지표 9 : 고용 비용 지수는 임금에 무슨 일이 일어나고 있는지 알려준다. 고용 비용 지수는 임금과 수당이 얼마나 빠르게 상승하고 있는지 알려준다. 임금 상승은 경제가 건전하다는 신호이며, 높은 임금은 종종 더 많은 지출로 이어진다. 임금에 대한 다른 척도가 있지만 이것은 노동력 구성의 변화를 설명하는 유일한 지표이다. 중요한 것은 임금과 복리 후생을 모두 설명하므로 기업이 경험하는 인건비 상승을 측정한다. 더 높은 비용은 종종 더 높은 가격으로 이어지기 때문에 이 지수는 인플레이션 압력의 선행지표이다.

지표 10 : 주식 시장은 기업의 미래 예상 이익에 대해 알려준다. 주식 시장 참여자들은 각 기업의 미래 수익에 대한 추정치를 기반으로 개별 주식을 사고판다. 이 과정을 통해 주가는 주식회사의 미래 이익에 대한 투자자들의 기대를 반영한다. 주식 시장의 지표가 전반적으로 상승한다는 것은 주식 시장 참여자들이 기업 수익성의 미래에 대해 낙관적으로 보고 있음을 시사하므로, 일반적으로는 향후 경제에 대한 신뢰가 있음을 보여준다. 만약, 주식 시장이 떨어지면 걱정할 이유가 있다.

500개 주요 상장 기업들의 가치를 종합적으로 보여주는 주식 시장 지수인 S&P 500은 주식 시장 상황에 대한 유용한 요약을 제공한다. 주가는 종종 경기확장 또는 경기수축의 첫 번째 신호이지만 잘못된 신호를 보내는 것으로도 알려져 있다. 주식 시장의 지표들의 동향을 따라갈 가치는 있지만, 주식 시장의 상황에 대해 일희일비하지 않는 것이 좋다. 한 경제학자에 따르면 "주식 시장은 지난 다섯 번의 경기 침체 중 아홉 번을 예측했다"라고 대담하게 말했다.

자료 해석 금융시장은 왜 고용에 관한 긍정적인 보고서가 나오면 상승하기도 하고 때로는 하락하는가?

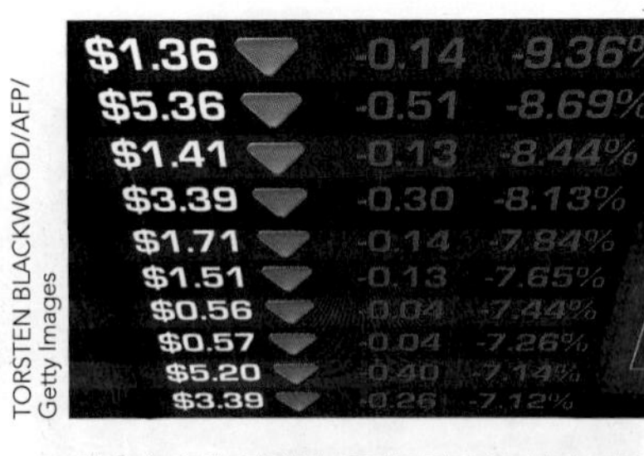

일자리 수와 관련된 긍정적인 보고서가 나오더라도 주식 가격이 떨어지기도 한다.

때로는 일자리 수의 성장을 보여주는 긍정적인 통계가 새롭게 발표되면 주가가 그에 따라 하락하기도 한다. 말도 안 되는 소리 같지 않은가? 일자리 수의 성장은 경제에 좋고, 따라서 주식 시장에도 도움이 되는 것이 아닌가? 물론 그렇다.

그러나 주식 시장은 미래 지향적이며 오늘날의 주가는 이미 경제의 미래 경로에 대한 투자자들의 기대를 반영하고 있다. 따라서 투자자들에게 중요한 것은 최근 수치가 그들의 기대에 비해 경제가 좋거나 나쁘다는 것을 보여주는지의 여부이다. 예를 들어, 주가가 이미 경제가 '매우' 견고하게 성장하고 있다는 기대를 반영하고 있고, 최근 수치가 '비교적' 견고하게 성장하고 있다는 것을 보여준다면 투자자들은 이 소식에 실망할 것이다. 그들은 경제 상황에 대한 기대치를 하향 조정하여 주식 시장을 하락시킬 것이다.

금융시장이 새로운 경제 통계에 어떻게 반응하는지 예측하려면, 그 통계 결과와 기대의 차이에 초점을 맞춰야 한다. ■

10대 지표를 대시보드에 모아보자. 그림 29-15는 10대 지표들을 종합하여 경제동향을 파악하는 데 도움이 되는 '대시보드'를 보여준다. 지난 20년 동안 경제가 어떻게 진행되어왔는지 보여주고 있다. 이 대시보드의 최신 통계치들을 확인하려면, 다음 링크에서 볼 수 있다(https://research.stlouisfed.org/dashboard/17183).

경제학 실습

세인트루이스 연준의 FRED 데이터베이스로 이동하여 주요 10대 경제 지표들에 대한 최신 수치를 찾아보고 이를 사용하여 현재 경제 상황에 대한 자신의 판단을 내려보자. 그림 29-15에는 각 지표를 조회하는 데 필요한 코드가 포함되어 있다. 그림 29-16에서 지난 20년 동안의 각 지표에 대한 중앙값을 보여주는 첫 번째 열을 보면 '전형적인' 통계치들을 알 수 있다. 다음 열은 통계치가 일반적으로 50%의 확률로 실현되는 통계치의 범위를 보여준다(경제학자들은 이것을 사분위수 범위라고 부른다). 따라서 어떤 수치가 대략적으로 정상 수준인지 알 수 있다. 이 범위를 벗어난 통계치는 경제 상황이 지나치게 나쁘거나 좋다는 것을 암시할 수 있기 때문에 주의를 기울여야 한다.

당신의 임무는 최신 데이터를 찾고 마지막 열을 채우는 것이다. 당신의 평가는 어떠한가? 경제 상황이 좋은가? ■

 경제동향 분석을 위한 다섯 가지 팁

1. 많은 지표를 파악하라.
2. 포괄적인 지표가 세부적인 지표를 능가한다.
3. 적시성 있는 통계를 찾고 선행 지표와 후행 지표를 구분한다.
4. 다양한 노이즈 속에서도 정확한 신호를 찾아야 한다.
5. 실현된 통계치가 예상과 다를 때 전망을 조정해야 한다.

경제동향 분석 : 경제동향 분석가를 위한 가이드

거시경제 통계와 살펴봐야 할 주요 경제 지표를 이해하는 방법을 알았으니, 이제 모두 종합해 보자. 다음은 경제동향을 파악하는 다섯 가지 팁이다.

팁 1 : 많은 지표를 파악하라. 다음과 같은 이유로 10대 주요 경제 지표 목록을 제공했다. 하나

그림 29-15 | 경제동향을 파악하기 위한 대시보드

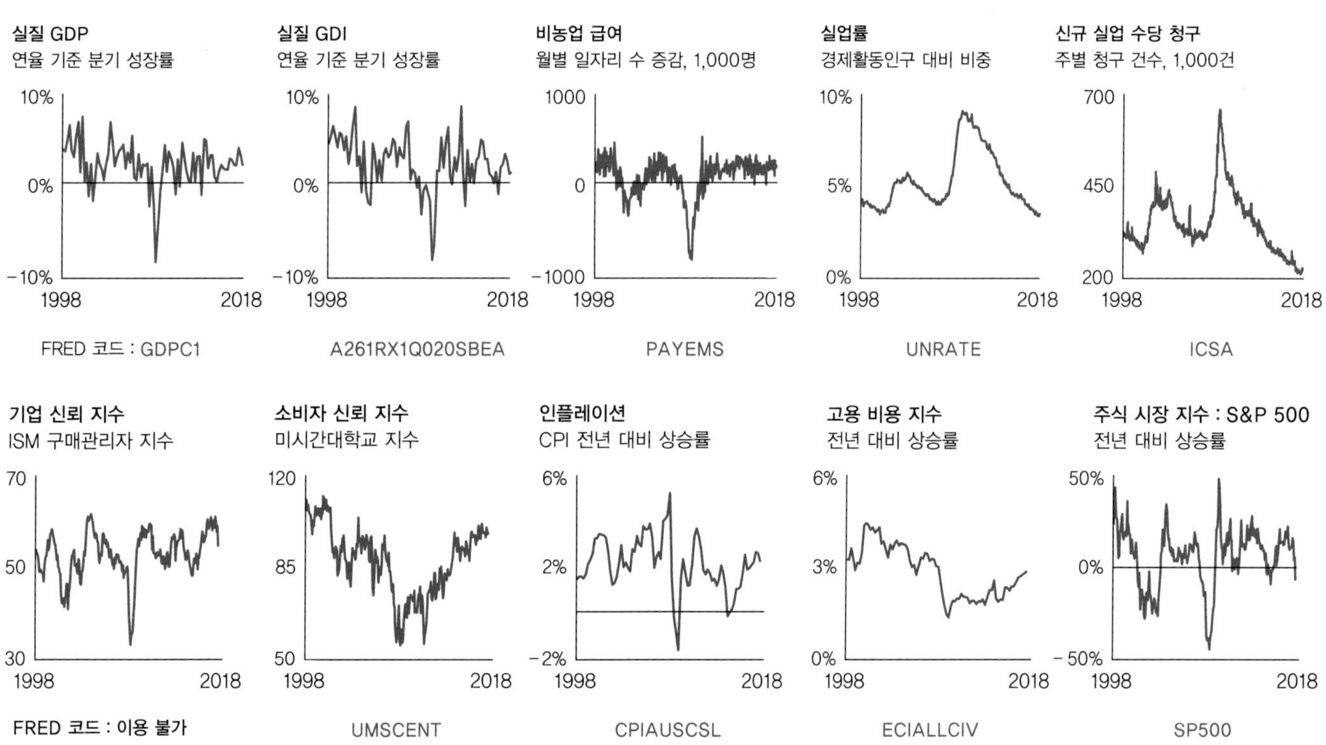

출처 : Federal Reserve Bank of St. Louis.

그림 29-16 | 주요 경제 지표의 일반적인 통계치

경제지표	중앙값	사분위수 범위	최신 통계치
실질 GDP 성장(분기별 연율 성장률)	2.6%	1.2%~3.8%	
실질 GDI 성장(분기별 연율 성장률)	2.5%	0.6%~4.5%	
비농업 임금 증감액(월별 증감액)	157,000	12,500~248,000	
실업률(경제활동인구 대비 실업자 비율)	5.4%	4.7%~6.7%	
첫 실업수당 청구 건수(천)	339	312~396	
기업심리지수(미시간대 지수)	52.5	49.9~55.3	
소비자심리지수(미시간대 지수)	89.2	77.5~95.8	
인플레이션률(소비자물가지수의 연 상승률)	2.4%	1.7%~3.0%	
고용비용지수(연 변화율)	2.6%	2.0%~3.5%	
S&P 500의 연 성장률(연간 상승률)	11.7%	0.0%~21%	

가 아닌 많은 경제 지표를 파악하는 것이 가장 좋다. 우리의 경제 통계치들은 여전히 불완전하고 미국 경제는 규모가 크고 복잡하므로 경제를 전체적으로 파악하려면 다양한 지표를 꾸준히 관찰하는 것이 가장 좋다.

보다 정교한 분석을 위해서 대시 보드에 다른 경제 통계지표를 추가할 수 있다. 특히, 새로운 통계가 얼마나 빨리 사용 가능한지를 고려할 때 더욱 그렇다. 우리는 현재 경제에 대한 이해를 완전히 바꿔버릴 수 있는 데이터 혁명시대의 한 가운데에 있다. 구매하는 모든 것은 신용카드, 슈퍼마켓 스캐너 및 고객 회원카드 등에 의해 추적된다. 심지어는 그날에 대한 감정이 구글 검색어 및 소셜 미디어 게시물에 반영된다. 그리고 주간 급여는 고용주, 급여 회사 및 세무 당국에서 추적한다. '빅데이터'라고도 하는 이 방대한 데이터 스트림(많은 데이터가 있다!)은 점점 더 중요한 새로운 경제 지표의 원천이 되고 있다. 이미 경제학자들은 인플레이션을 파악하는 데 도움이 되는 온라인 가격 데이터, 지출을 추적하기 위한 신용카드 구매 데이터, 자동차 판매를 추적하기 위한 구글 검색 데이터, 실업을 파악하기 위해 '실직'을 언급하는 트윗 데이터를 수집하고 있다.

그림 29-17 | 세부 부문만 보면 폭넓은 추세를 놓칠 수 있다

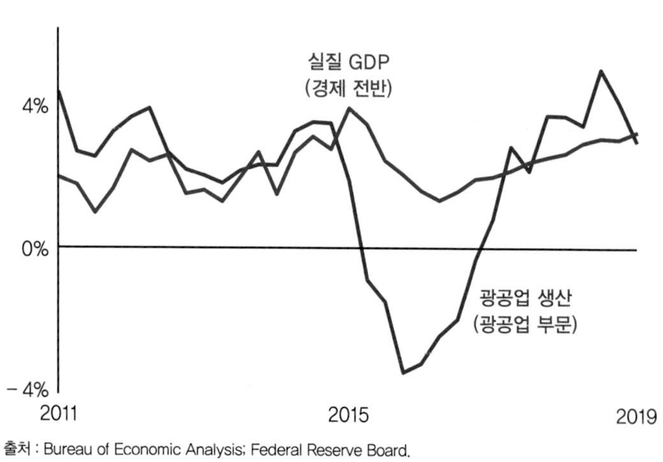

출처 : Bureau of Economic Analysis; Federal Reserve Board.

팁 2 : 포괄적인 지표가 세부적인 지표를 능가한다. 일부 지표는 다른 지표보다 경제를 더 잘 반영하므로 경제에서 더 큰 비중을 차지하는 지표에 더 큰 비중을 두고 관심을 가져야 한다. 예를 들어, 공장 생산 라인이 얼마나 가동되는지 측정하기 쉽기 때문에 광공업 부문에 대한 많은 데이터가 있다. 그러나 경제의 약 7분의 1만이 광공업 부문에 속하므로, 폭넓은 추세보다는 부문별 요인에 대해서만 파악하고 있을 수 있다. 예를 들어 2015년과 2016년에는 경제 전반은 계속 성장함에도 불구하고 광공업 생산만이 감소했다. 광공업 생산이라는 통계치에만 너무 많은 초점을 맞추다 보면 그림 29-17에 표시된 것처럼 경제의 광범위한 상황을 과소평가하게 될 것이다.

팁 3 : 적시성 있는 통계를 찾고 선행 지표와 후행 지표를 구분한다. 일부 지표들은 몇 달이 지나고 나서야 공표되는 반면, 다른 지표는 며칠 후에도 게시된다. 최신 상태를 유지하려면, 빠르게 공표되는 지표에 더 많은 가중치를 부여하는 것이 가장 좋다. 예를 들어, 지난주 신규 실업 청구 건수에 대해 알아보려면 4일만 기다리면 된다. 비농업 급여 수치도 수집된 지 몇 주 후에 나온다. 그리고 주식 시장은 실시간으로 정보를 통합한다. 이는 현재 추세를 알려주는 적시성 있는 지표이다.

이와는 대조적으로 신뢰할 만한 GDP 통계치는 각 분기가 끝나고 거의 2개월이 지나야 공표된다. 즉, 5월 말에 1월부터 3월까지의 경제 실적에 대해 읽고 있음을 의미한다. 최신 추세를 파악하려면 그보다 더 최신 상태를 유지해야 한다!

그러나 JIT(Just-In-Time) 통계에 주의를 기울이되, 일부 지표는 경기변동을 선행하고 다른 지표는 후행한다는 점을 기억하자.

팁 4 : 다양한 노이즈 속에서도 정확한 신호를 찾아야 한다. 거시경제 통계는 종종 불완전한 표본자료를 기반으로 계측한 대략적인 추정치이다. 즉, 근본적인 추세와 관련이 없는 이유로 인해 위아래로 점프하는 많은 노이즈가 포함되어 있다. 그 노이즈는 경제가 어디로 가고 있는지에 대한 신호를 식별하기 어렵게 만든다.

지난 몇 개의 통계치에 대한 평균을 사용하면 이 노이즈의 영향을 최소화하여 보다 선명한 그림을 얻을 수 있다. 그림 29-18의 왼쪽은 비농업 급여의 월별 변화가 크게 반등하지만 지난 12개월 동안의 평균에 초점을 맞추면 노이즈들을 걸러낸 신호가 나온다. 12개월 이동 평균을 계산하려면 지난 12개월의 모든 월별 통계치들을 더한 다음 12로 나누면 된다.

노이즈에서 신호를 찾기 위한 또 다른 전략은 추세가 빛을 발할 수 있도록 통계의 변동성 구성 요소를 살펴보는 것이다. 예를 들어, 식료품 가격은 날씨로 인해 종종 오르락내리락하는 반면, 유가는 중동의 지정학적 상황을 반영한다. 둘 다 근원적인 인플레이션율에 대한 유용한 신호를 제공하지 않는다. 그림 29-18의 오른쪽은 식료품 및 에너지 가격의 영향을 제외한 근원 인플레이션과 이러한 변동 요소를 포함하는 인플레이션 통계치를 보여준다. 두 척도는 모두 동일한 장기 패턴을 따르지만 단기적으로 근원 인플레이션은 변동성이 적으므로 장기적인 인플레이션 추세를 더 잘 예측할 수 있다.

그림 29-18 | 변동성 노이즈를 무시하고 신호를 구별하기

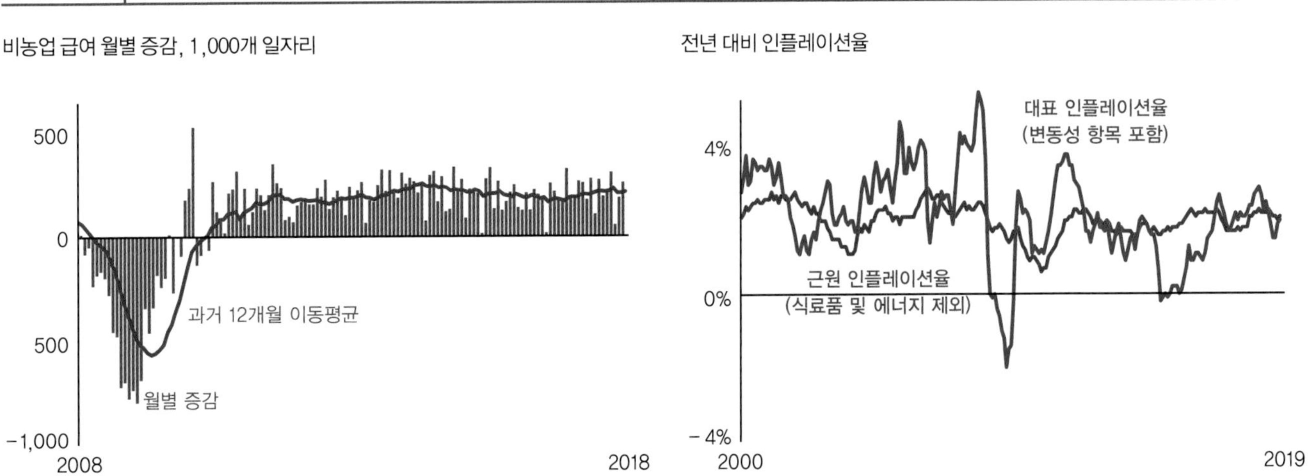

출처 : Federal Reserve Bank of St. Louis; Bureau of Labor Statistics.

팁 5 : 실현된 통계치가 예상과 다를 때 전망을 조정해야 한다. 이미 견고한 경제 성장을 예상했을 때 견고한 경제 성장을 암시하는 지표가 실현되었을 때 전망을 바꿀 필요가 없다. 정말로 중요한 것은 그 지표가 예상에 비해서 어느 수준인지이다. 통계치가 기대와 일치하면 뉴스가 많지 않다. 그러나 예상과 다른 통계치가 실현되면, 이는 뉴스이며 전망을 조정해야 한다.

일상경제학 가장 좋아하는 기업, 성적 및 건강을 어떻게 더 잘 이해할 수 있는가?

위의 다섯 가지 팁은 단순히 경제동향을 더 잘 파악하는 방법에 관한 것만이 아니다. 그들은 당신이 좋아하는 회사의 성과, 대학에서의 성과, 심지어 당신의 건강까지 거의 모든 것을 파악하는 데 적용될 수 있다. 다섯 가지 제안을 따른다면 더 나은 결과를 얻을 수 있다.

다양한 지표들을 추적한다.

애플을 추적하는 애널리스트는 매출, 비용, 가격, 투입물 등을 파악한다. 훌륭한 학생은 공부 시간, 과제 점수, 퀴즈 및 시험 성적을 추적한다. 건강을 추적하고 싶다면 수면, 식단 및 운동을 추적할 수 있다. 의사는 또한 혈압, 심박수 및 혈액 검사 등과 같은 통계 '대시보드'를 따르는 경향이 있다.

애플의 성과, 학습 또는 건강을 더 잘 나타내는 광범위한 지표를 살펴본다.

예를 들어 체중계를 소유하고 있어 체중을 쉽게 추적할 수 있지만 전반적인 건강 상태를 나타내는 광범위한 지표는 아니다. 안정시 심박수 또는 혈압은 더 폭넓은 지표이다.

적시성 있는 자료, 특히 회사, 학업 성과 및 건강에 대한 최신 뉴스를 찾아본다.

변화의 주요 지표가 될 수 있는 뉴스에 특히 주의하자. 다음 아이폰 모델에 관한 정보 유출이 있었는가? 당신은 수업을 위한 교재 또는 논문 읽기를 꾸준히 하고 있는가? 정크푸드를 더 많이 먹기 시작했는가?

노이즈를 넘어서 살펴본다.

비정상적인 결과를 너무 확대 해석하지 말도록 한다. 특히, 지나치게 긍정적인 기업의 이익에 관한 보고서, 잠을 많이 자지 못한 후 치른 퀴즈 점수 또는 최근에 걸린 감기에만 국한되지 말고, 회사, 평균 학점 및 건강에 대한 실제 상태를 보다 정확하게 파악하는 것이 중요하다.

결과가 예상과 다를 때 전망을 조정하도록 하자.

애플의 매출이 5% 증가했다는 것은 기대했던 바에 따라서 좋은 소식이 될 수도 나쁜 소식이 될 수도 있다. 최신 아이폰이 10%의 매출 증가로 이어질 것이라고 생각했다면 5%는 나쁜 소식일 수 있다. 마찬가지로, 시험을 완벽하게 준비해서 응시했고, 시험 결과가 완벽했을 것이라고 기대한다면 B라는 학점은 부정적인 충격이 될 수 있다. 반면, 학기 내내 어려움을 겪고 있던 학생에게는 똑같은 B학점이 좋은 소식이 될 수도 있다. 마지막으로, 의사가 조금 높은 정도의 고혈압이 있다고 말하는 것은 혈압이 매우 높을 것으로 예상했을 때 비하면 좋은 소식이지만, 정상이라고 예상했을 때에 비하면 나쁜 소식이 된다. ■

함께 해보기

경제학자들은 장단기 분석을 분리하는 경향이 있다. 제22장에서와 같이 우리는 잠재 총생산을 장기적으로 증가시키는 방법에 초점을 맞추었다. 근로자 수, 물적 자본과 인적 자본의 양과 같은 공급 측 요인들과 이들을 결합하는 기술에 의해 결정된다. 일반적으로 장기 분석은 수십 년에 걸친 경제 변화를 예측하는 데 유용하다.

반면, 경기변동을 살펴보면 잠재 총생산 수준 주변에서 일반적으로 몇 년 동안만 지속되는 일시적인 변동에 초점을 맞춘 단기 분석으로 전환하고 있다. 다음 몇 장에서는 이러한 단기 변동의 원인에 대해 자세히 알아볼 것이다. 일반적으로 여기에는 수요 측 요인에 더 많은 주의를 기울여야 한다는 것을 알 수 있을 것이다. 즉, 얼마나 많은 것을 생산할 수 있는지보다는 사람들이 지출하고자 하는 금액에 더 초점을 맞출 것이다.

거시경제 분석을 장기 분석과 단기 분석으로 나누는 이유는 경기변동이 장기적인 영향을 미치지 않는다는 암묵적인 가정을 기반으로 한다. 공급 측 요인과 수요 측 요인에 대한 분석을 분리 할 수 있기 때문에 도움이 되는 가정이다. 다만, 옳지 않은 가정일 수도 있다.

'단기적' 변동이라도 오래 지속될 수 있기 때문에 옳지 않다. 수백만 명이 일자리를 잃는 경기 침체라도 언젠가는 끝날 것이라는 점에서 일시적이며, 대부분의 실업자들은 경기가 회복되면 다시 일자리를 찾을 것이다. 하지만 사람들이 몇 달, 때로는 몇 년을 일자리가 없이 보낼 수 있기 때문에 이미 입은 피해는 되돌릴 수 없다. 실업 상태가 아니었다면 얻을 수 있었던 경험의 축적에 대한 기회는 영원히 사라진 것이다. 이전 고용주를 위해 일하면서 습득한 지식과 노하우가 다시는 유용하지 않을 것이다. 다음 직장에 취직했을 때, 이전의 경험과 기술을 효과적으로 사용하지 못할 수도 있다. 많은 사람들은 기술과 경험을 잃고 어떤 경우에는 희망마저 잃게 된다. 일찍 퇴직하도록 강요받는 사람들은 결코 돌아오기 어려우며, 긴 기간의 실업 상태로 인해 일부 사람들은 취업의 세계에 다시 온전하게 연결되는 것이 상당히 어렵게 될 수 있다.

또한 다른 지속적인 손실이 발생한다. 관리자는 일반적으로 불황기에 투자를 줄이며, 완전히 다시 따라 잡기까지 몇 년이 걸릴 수 있다. 장기적인 성장을 이끄는 새로운 아이디어에 대한 투자가 보류될 수 있으며, 이렇게 사장된 아이디어가 향후 경기확장에서 다시 창출될지의 여부는 알기 어렵다. 기업이 협력을 중단하면 귀중한 관계가 파괴된다.

경기변동이 장기적으로 영향을 미칠 수 있다는 가능성은 경기변동을 이해하는 일이 얼마나 중요한지 깨닫게 해준다. 이 장에서는 경기변동을 파악할 수 있는 방법을 보여줌으로써 첫 번째 단계를 마쳤다. 다음의 몇 장에서는 경기변동을 이끄는 요소를 이해하기 위한 구조를 제시하여, 시장 상황이 어떻게 변화할 것인지를 더 잘 예측하고 가능한 정책 대응을 평가할 수 있을 것이다.

챕터별 관계 정리 : 경제학자들은 경기변동에 대해서 다양한 관점에서 바라보고자 한다. 콘서트 관람하는 것처럼, 어디에 앉아 있는지에 따라서 다르게 보일 것이다. 경기변동에 관한 기초를 이제 배웠으니, 콘서트 쇼를 어디에 앉아서 볼지 선택할 시점이다. 만약, 교수자가 연준 관점에서 경기변동을 가르치고자 한다면, 제30장과 제31장 그리고 아마도 제32장을 읽으라고 할 것이다. 만약, 교수자가 보다 전통적인 관점에서 경기변동을 가르치고자 한다면, 제33장을 읽어야 할 것이다. 그리고 만약 총지출의 역할에 대해서 보다 상세하게 가르치고자 한다면, 부록을 봐야 할 것이다. 하지만 어느 관점에서 보든, 결국 이 쇼의 전체적인 그림을 보게 될 것이다.

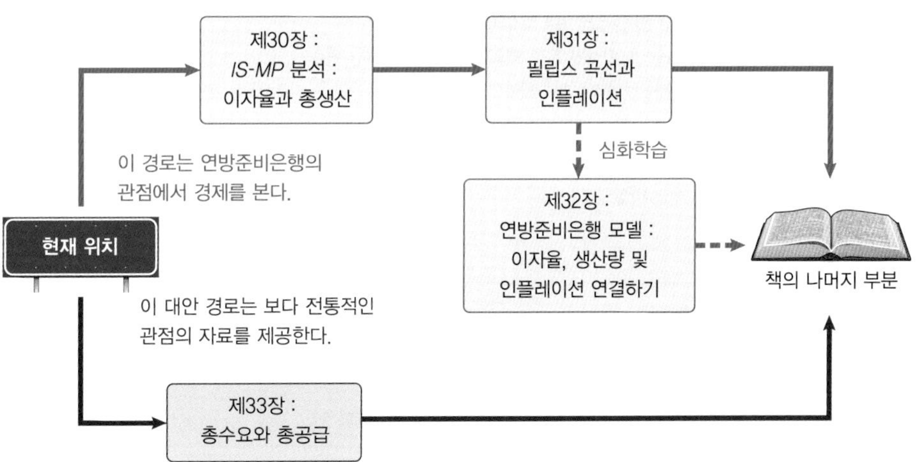

한눈에 보기

경기변동 : 경제활동의 단기적인 변동. 경기변동은 실제 총생산이 잠재 총생산으로부터 이탈된 경향성을 반영한다. 여기서의 이탈 정도를 총생산 갭으로 측정한다.

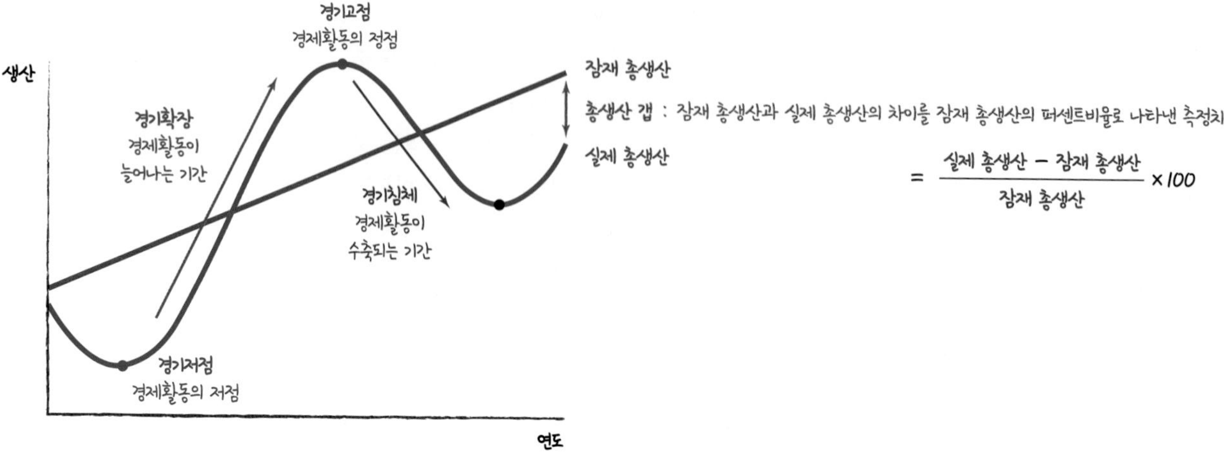

수준(GDP는 총생산의 수준을 나타낸다)과 변화(GDP의 성장률은 변화이다)를 구분하자.

경기변동의 특징

1. 경기변동은 주기적 순환이 아니다.
2. 경기침체는 그 원인과, 지속기간, 그리고 심화의 정도가 다르다.
3. 일부 변수들은 경기침체를 선행하고, 다른 변수들은 후행하기도 한다.
4. 경기변동은 지속성을 지닌다.
5. 일반적으로 경기침체는 짧고, 급격하게 나타나는 반면, 경기확장은 길고 서서히 진행된다.
6. 많은 경제 변수들이 경기변동에 따라서 함께 상승하고 하락하는 모습을 가진다.

오쿤의 법칙 : 실제총생산이 잠재 총생산에 비해 1% 포인트 하회하면, 실업률이 0.5% 포인트 정도 상승한다.

거시경제통계의 활용

계절조정 : 예측 가능한 계절성을 제거
연율 : 일정한 성장률로 1년 동안 지속되었을 때 달성할 수 있는 성장률
명목변수 : 해당 연도의 가격 기준으로 측정된 특정 연도의 금액으로 집계된 변수
실질변수 : 특정 연도의 연쇄가격을 기준으로 인플레이션으로 조정하여 수량만을 비교하도록 조정된 금액으로 나타낸 변수
선행지표 : 경제의 향후 경로를 예측하는 경향이 있는 변수
후행지표 : 경기변동의 시차를 두고 뒤따라가는 변수
통계수정 : 속보치를 업데이트하는 개정

10대 주요 경제지표

- 실질 GDP 성장률
- 실질 GDI 성장률
- 비농업급여 증감
- 실업률
- 신규 실업수당 청구 건수
- 기업 신뢰 지수
- 소비자 신뢰 지수
- 인플레이션율
- 고용 비용 지수
- 주식 시장

경제동향을 파악하는 다섯 가지 팁

1. 다양한 지표를 파악
2. 포괄 범위가 좁은 지표보다는 넓은 종합적인 지표
3. 적시성 있는 지표를 찾아보기
4. 노이즈들을 제거한 뒤 명확한 신호 구분하기
5. 새로운 통계치가 기대치와 다를 때, 전망 수정

핵심용어

경기고점	계절조정	총생산 갭
경기변동	선행지표	통계수정
경기저점	연율	후행지표
경기침체	오쿤의 법칙	
경기확장	잠재 총생산	

토론과 복습문제

학습목표 29.1 경제 추세와 단기적 변동을 구분한다.

1. 한 정치인은 다음과 같이 말한다. "우리 경제의 기초는 매우 강력하다. 시장의 경제 전문가들에 따르면, 우리는 어느 누가 예상한 것보다 더 많이 생산하고 있으며 심지어는 우리의 잠재 총생산이라고 부르는 것 이상으로 생산하고 있다. 제 목표는 향후 수십 년 동안 잠재 총생산보다 더 많이 계속해서 생산할 수 있도록 보장하는 것이다." 장기적으로 정치인이 이 목표를 달성할 수 있다고 생각하는가? 당신의 추론을 설명하라.
2. 경제학자들이 경기 변동이 주기적 순환이 아니라고 말할 때 의미하는 바는 무엇인가?

학습목표 29.2 경기변동의 공통적인 특징을 식별한다.

3. 2019년 1분기 미국의 총생산 갭은 0.8%였다. 2019년 2분기에 총생산 갭이 어떻게 될 것이라고 생각하는지 예측해보자. 이유를 설명하라.
4. 소비자 및 기업 신뢰 지수를 사용하여 경제의 미래 상태를 예측하는 방법을 설명하라. 예를 들어, 소비자 신뢰 지수가 몇 달 동안 하락한 경우 내년에 소비자 지출이 어떻게 변할 것으로 예상하는가?
5. 지난 경기 침체들 간의 유사점과 차이점을 설명하라. 예를 들어, 기간과 심각도가 항상 동일한가? 경기확장기는 어떠한가?

학습목표 29.3 거시경제 데이터 분석을 배운다.

6. 교육을 마치고, 진입하고자 하는 경제 및 취업 시장에 대한 전망을 해보기 위해 경제동향을 파악하는 다섯 가지 팁을 사용하는 방법을 설명해보자. 온라인에서 당신의 전망에 도움이 되는 경제통계를 찾아보자. 힌트 : bls.gov는 다양한 일자리의 전망에 대한 훌륭한 정보를 가지고 있으며, FRED는 경제 전반의 지표에 대한 많은 통계를 가지고 있다.

학습문제

학습목표 29.1 경제 추세와 단기적 변동을 구분한다.

1. 터키의 실질 GDP 그래프를 사용하여 다음 질문에 답하라.

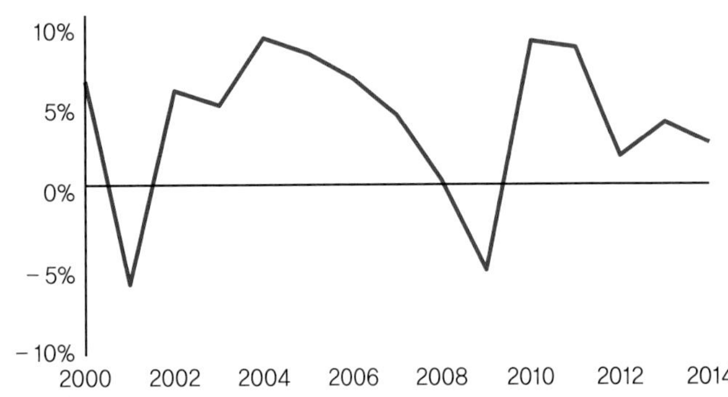

   a. 터키는 몇 년 동안 경기 침체를 겪었는가? 이에 관한 추론을 설명하라.
   b. 경기 침체기에 실업은 어떻게 되었을까?

2. 아래 표를 사용하여 다음 질문에 답하라.

연도	실질 GDP(조 달러)	잠재 총생산(조 달러)
2014	$17.11	$17.38
2015	$17.46	$17.69
2016	$17.78	$17.99
2017	$18.22	$18.29
2018	$18.77	$18.65

   a. 연도별 총생산 갭을 계산하라.
   b. 총생산 갭이 음수라는 것은 무엇을 의미하는가? 총생산 갭이 양일 때 무엇을 의미하는가?
   c. 연도별로 총생산 갭이 얼마나 변화했는지 계산하라. 이를 그해의 실제 총생산의 증가율에서 잠재 총생산의 증가율을

뺀 값과 비교하라.

학습목표 29.2 경기변동의 공통적인 특징을 식별한다.

3. 거시경제 변수가 선행지표라는 것은 무엇을 의미하는가? 또한, 후행지표는? 선행 및 후행지표의 몇 가지 예를 제시하라.

4. 균형실업률이 5%라고 가정할 때 실제 총생산이 잠재 총생산보다 5% 포인트 하회하면 실업률이 어떻게 변할 것으로 예상하는가? (힌트 : 오쿤의 법칙을 사용하라.)

학습목표 29.3 거시경제 데이터 분석을 배운다.

5. 다음 각 항목에 대해 계절조정 통계를 사용해야 하는가? 그 이유는 무엇인가?

a. 지난 몇 분기 동안의 경제 성장을 살펴보고 내년의 성장을 예측할 수 있도록 추세를 파악하려고 한다.

b. 소매업종의 사업을 시작하여 적절한 수의 직원을 고용하기 위해서 1년 동안 소비자 지출이 어떻게 변하는지 알고 싶다.

6. 다음 각 항목을 파악하기 위해 어떤 지표를 사용해야 하며 그 이유는 무엇인가?

a. 경제의 전체 규모

b. 노동 시장 성과

c. 경제 활동의 미래 전망

d. 임금 및 수당

7. S&P 500은 지난 몇 달 동안 꾸준히 증가해왔다. 이것은 투자자들이 미래의 이익을 어떻게 보는지에 대해 무엇을 의미하는가? 당신의 추론을 설명하라.

8. 경제 전문가들이 지난 분기 GDP가 연 3% 성장할 것으로 예상한 가운데, 실제로는 연 2% 성장했다면, S&P 500에 어떤 일이 일어날 것으로 예상하는가?

CHAPTER 30

IS-MP 분석 : 이자율과 총생산

목표

경기 변동을 구성하는 지출, 이자율, 금융시장, 총생산에 대해 알아본다.

30.1 총지출
총생산의 단기 변동을 유도하는 총지출의 역할에 대해 알아본다.

30.2 *IS* 곡선 : 총생산과 실질이자율
실질이자율과 균형 GDP의 관계를 분석하기 위해 *IS* 곡선을 사용한다.

30.3 *MP* 곡선 : 무엇이 이자율을 결정하는가
어떻게 실질이자율이 결정되는지 *MP* 곡선을 이용해 요약한다.

30.4 *IS-MP* 모형
경기 상황을 전망해보고 통화, 재정 정책에 어떻게 반응하는지 예측한다.

30.5 거시경제 충격
IS-MP 모형을 이용하여 거시경제 충격의 영향을 예상한다.

Yukinori Hasumi/Moment/Getty Images

2시가 되면 많은 게 변한다.

중개인은 시계를 보며 일렬로 늘어선 6개의 모니터 앞에 앉아 있다. 연방준비은행(이하 연준)은 최근 결정에 대한 소식을 발표하려고 한다. 연준의 결정은 경제의 흐름을 바꿀 수 있다. 시계는 2시를 알리고 발표가 나왔다. 연준은 금리를 인하했으며 경제를 부양하는 데 필요한 만큼 금리를 낮추기 위해 최선을 다하겠다고 공언한다. 중개인은 즉시 주식을 사고 주식 시장이 치솟는 것을 지켜본다.

다음날 뱅크오브아메리카의 CEO는 지역 담당자에게 연준의 결정에 맞추어 더 낮은 금리를 제시할 때라고 말한다. 일주일 후 애틀랜타의 한 변호사는 뱅크오브아메리카로부터 저금리의 주택담보대출을 제안하는 이메일을 받는다. 배우자가 집 구입을 고려하고 있기에 변호사는 전화를 건다. 금리가 내려가고 있기에 지금이 적기라고 생각하며 주택 구입을 결정한다. 한편 월마트의 한 재무담당자는 제이피 모건 체이스로부터 저금리로 사업대출을 확보했다. 월마트는 기업대출을 이용하여 전국에 100개 이상의 새로운 월마트 매장을 개장한다.

이자율은 경제에서 가장 중요한 가격일 수 있다. 대출 비용을 알려주고 지출의 기회비용을 보여주며 경제적 의사결정에 중요한 역할을 한다. 이 장에서는 그 이유를 살펴보고자 한다. 먼저 이자율 변화에 지출이 어떻게 반응하는지 살펴볼 예정이다. 다음으로 금리가 경제의 총생산을 결정하는 데 어떻게 도움이 되는지 살펴볼 것이다. 그 후 금리가 어떻게 결정되는지 알아볼 것이다. 마지막으로, 우리가 배운 것을 사용하여 변화하는 시장 상황이 총생산에 미치는 영향을 예측할 것이다.

결과적으로 당신은 변화하는 경제상황을 분석할 수 있는 유용한 틀을 가지게 될 것이다. *IS-MP* 모형이라고도 하는 이 분석틀은 실제로 널리 활용된다. 산업, 정부부처, 연준의 관련자들이 이 접근방식을 사용하여 경기변동을 분석한다. 이제 시작해보자.

Michael Fein/Bloomberg/Getty Images

손실이 큰 실수

30.1 총지출

학습목표 총생산의 단기 변동을 유도하는 총지출의 역할에 대해 알아본다.

2017년 포드는 사람들이 구매한 것보다 더 많은 자동차를 생산했다. 그 결과 판매되지 않은 자동차를 재고로 보관해야 했다. 이것이 포드 대리점과, 회사 소유의 대규모 주차장에 8억 3,600만 달러 상당의 미판매 자동차가 남아있게 된 이유다. 이러한 과잉생산은 치명적인 실수였고, 포드사의 자금 중 8억 3,600만 달러가량이 수익을 창출하지 못한 채 묶여있게 되는 결과를 만들었다. 유능한 자동차 산업 분석가로서, 당신은 총생산과 지출의 관계 사이의 불일치를 이용하여 포드사가 수요에 맞도록 생산계획을 축소할 것이라고 예측할 수 있다.

총지출과 단기변동

모든 시장의 경영진이 수요의 밀물과 썰물에 보조를 맞추기 위해 생산계획을 조정함에 따라 전체 경제에서 동일한 역학 현상이 발생한다. 이는 적어도 단기적으로는 수요의 변화가 총생산의 변화를 주도한다는 것을 의미한다. 결과적으로 수요에 어떤 일이 일어나고 있는지 예측할 수 있다면 총생산의 단기 변동을 잘 예측할 수 있다.

총지출은 모든 사람의 지출계획을 보여준다. 이것이 바로 우리가 경제의 수요 측면에 초점을 두고 경기 변동을 먼저 분석하는 이유다. 특히 우리는 소비, 계획된 투자, 정부지출 및 순수출의 합계이면서, 사람들이 전체 경제에서 구매하고자 하는 상품 및 서비스의 총량을 나타내는 **총지출**(aggregate expenditure)에 초점을 맞출 것이다.

총지출 사람들이 경제 전반에서 구매하고자 하는 재화와 서비스의 총량
= 소비 + 계획된 투자 + 정부지출 + 순수출

총지출은 네 가지 구성요소의 합이다.

= 소비 : 가계가 재화와 서비스를 구매하는 것
\+ 계획된 투자 : 기업들이 새로운 자본을 구매하는 것
\+ 정부지출 : 정부가 재화와 서비스를 구매하는 것
\+ 순수출 : 미국에서 만들어져 수출된 재화를 외국인들이 구입한 것에서 미국인들이 외국에서 만들어진 수입품을 뺀 것(국내에서 만들어진 재화가 수출되어 판매된 금액에서 국내에서 수입품을 소비한 금액을 뺀 것)

경제학자들은 종종 사물을 간단히 하기 위해 축약어를 사용하며 아마 당신은 이렇게 쓰는 것이 더 익숙할 것이다.

$$\underbrace{AE}_{\text{총지출}} = \underbrace{C}_{\text{소비}} + \underbrace{I}_{\text{계획된 투자}} + \underbrace{G}_{\text{정부지출}} + \underbrace{NX}_{\text{순수출}}$$

여러 축약어
AE : 총지출
C : 소비
I : 계획된 투자
G : 정부지출
NX : 순수출
Y : 총생산, GDP로 측정

경제 전반에 걸친 수요를 평가할 때 당신은 기업이 축적해놓은 판매되지 않은 재고가 아니라, 사람들이(기업을 포함한) 구매한 양에 초점을 맞춰야 할 것이다. 그렇기 때문에 총지출에 포함되는 투자의 척도는 계획된 투자이다. 여기엔 기업이 수행하는 모든 신규자본에 대한 지출이 포함되지만 계획되지 않은 재고의 변경은 제외된다.

총생산은 총지출을 충족할 수 있도록 조정된다. 여기서 핵심적인 아이디어는 총생산이 총지출을 초과하면 기업이 생산을 줄인다는 것이다. 그리고 총생산이 총지출보다 적을 때, 기업은 수익성 있는 판매기회를 놓치지 않기 위해 생산을 늘릴 것이다. 균형은 변화하려는 경향이 없는 안정적인 상황을 의미하므로, 구매자가 다 같이 구매하고자 하는 총생산이 공급자가 다 같이 생산하는 총생산과 같을 때 **거시경제적 균형**(macroeconomic equilibrium)이 발생한다. 따라서 거

거시경제적 균형 구매자들이 구매하고자 하는 총생산이 생산자들이 공급하고자 하는 총생산과 같을 때

시경제적 균형은 총지출(총생산에 대한 수요를 측정하는)이 GDP(총생산을 측정하는)와 같을 때 발생한다.

$$\underbrace{Y}_{\text{총생산}} = \underbrace{C + I + G + NX}_{\text{총지출}}$$

이 방정식은 기업이 총생산이 총지출과 일치하도록 생산을 조정할 것임을 간단하게 나타낸 것이다. 그리고 이것은 단기에서 수요가 총생산을 결정한다는 것을 의미한다. 이 맥락에서 보면 단기는 경기 변동에서 연간으로 이루어지는 기복을 말한다.

총지출이 총생산과 다를 수 있을까? 잠시 동안은 그럴 수 있다. 사람들이 기업이 생산하는 것보다 적게 구매한다면 추가 총생산은 재고로 저장된다. 그러나 경영자가 총생산을 줄임으로써 이에 대응할 것이기 때문에 균형이 되지 못한다. 마찬가지로 기업이 배송을 지연하거나 기존 재고를 판매함으로써 잠시 동안 총지출이 총생산보다 클 수 있다. 그러나 경영자는 수익성 있는 판매를 잃지 않기 위해 신속하게 생산을 늘릴 것이다. 이러한 조정을 통해 총생산이 총지출과 일치하는 거시경제적 균형이 달성될 것이다.

수요에 의해 움직이는 단기와 공급에 의해 움직이는 장기

이 장에서 경제의 수요 측면(총지출과 그 구성요소)에 대한 우리의 초점은 장기경제 성장에 대한 제22장의 분석과는 상당히 다를 것이다. 10년 이상의 장기분석에서 경제학자들은 경제의 공급 측면에 초점을 맞추고 노동, 자본 및 인적자본의 가용 가능한 공급과 기술 진보 상태를 요약하는 생산함수를 분석한다. 공급 중심의 장기분석은 경제의 잠재 총생산을 설명한다. 잠재 총생산은 모든 자원이 완전히 사용되는 수준을 말한다. 이것이 경제의 지속 가능한 최대 생산 수준이다.

단기적으로 실제 GDP는 잠재 GDP를 충족하지 못할 수 있다. 이 장에선 단기에 초점을 맞추고 실제 총생산의 연간 변동을 설명할 것이다. 그리고 여기서 수요 측면은 정말로 중요한 역할을 한다. 사람들이 기업이 생산할 수 있는 모든 제품들을 구매하고 싶어 하지 않는다면 포드와 같은 기업들은 잠재 총생산보다 적게 생산하는 것이 낫다고 결정한다. 그리고 총지출이 너무 적다면 그림 30-1과 같이 실제 총생산이 잠재 총생산에 미치지 못하는 균형에 맞추어 경제가 조정될 수 있다. 포드와 같은 회사가 더 많이 생산할 수 있다 하더라도 더 많은 총생산에 대한 수요가 없다면 의미가 없는 일이다. 생산라인이 비워지고 근로자가 실업 상태로 남겨지는 불행한 결과가 이어질 것이기 때문이다. 경제 침체기에 기업은 사람들이 구매하지 않을 생산물을 만들기를 원하지 않고, 사람들은 더 많이 소비하기를 원하지 않기 때문에 경제 침체는 균형이 될 수 있다.

실제 GDP가 잠재 GDP를 초과할 경우 경제가 과열된다. 실제 총생산이 경제의 잠재력을 초과할 가능성도 있다. 이는 가용자원이 완전히 사용되어 GDP가 경제의 최대 지속가능한 총생산을 초과하는 상황을 설명한다. 생산자는 유지보수를 연기하고 추가 야간근무를 수행하며 근로자에게 초과 근무비용을 지불하기 위해 할 수 있는 일들을 할 것이다. 하지만 이것은 지속가능한 일은 아니다. 결국 경제는 과열될 것이며, 다음 장에서 논의하겠지만 이러한 압력은 인플레이션을 유발할 수 있다.

그림 30-1 | 잠재 총생산과 실제 총생산

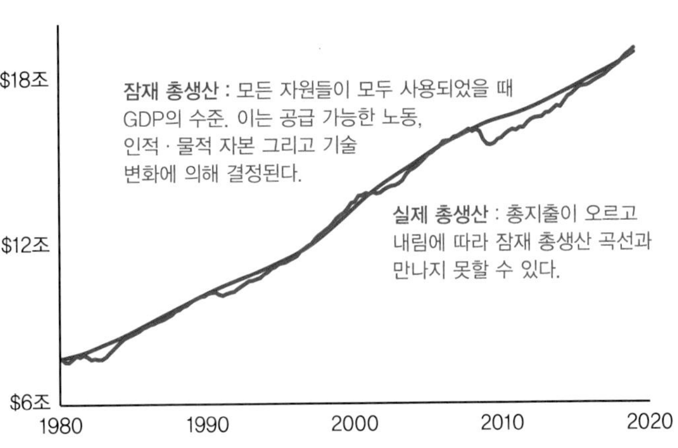

출처 : Bureau of Economic Analysis and CBO

총생산 갭은 수요 측 요인과 공급 측 요인 간의 균형에 초점을 맞추고 있다. 이것은 우리가 경제 상태를 평가하기 위해서는 '골디락스' 전략을 취해야 함을 의미한다. 잠재 총생산은 경제의 지속가능한 최대 총생산을 말한다.

총생산이 잠재 총생산보다 낮으면 경제는 얼어붙는다. 총생산이 잠재 총생산을 초과하면 경제가 과열될 위험이 있다. 총생산이 잠재 총생산과 동일할 때만 골디락스(골디락스와 세 마리 곰이라는 동화에서 비롯된 것으로 '적정' 수준에 따라 고르는 전략을 의미한다-역자 주)는 경기 변동 조건이 '적절'하다고 선언할 것이다.

이번 장에서는 이러한 단기변동을 이해하는 방법에 대해 설명하므로 실제 총생산과 잠재 총생산 간의 차이를 잠재 총생산의 백분율로 측정하는 총생산 갭에 대한 분석에 초점을 맞출 것이다.

$$\text{총생산 갭} = \frac{\text{실제 총생산} - \text{잠재 총생산}}{\text{잠재 총생산}} \times 100$$

실제 총생산이 잠재 총생산보다 크면 총생산 갭은 양수이다. 그리고 경제가 잠재 총생산보다 적게 생산할 때 총생산 갭은 음수이다. 총생산 갭의 변화를 설명할 때 주의해야 할 것이 있다. 예를 들어 총생산이 잠재 총생산의 2% 미만에서 3% 미만으로 떨어졌을 때 일부 사람들은 총생산 갭이 더 작아졌다고 말하고(−2%에서 −3%가 되었기 때문에) 다른 사람들은 더 크다고 말한다(2% 갭이 3%가 되었기 때문에). 당신은 크거나 작다는 단어를 피하는 것이 좋다. 대신 총생산이 잠재 총생산만큼 상승하지 못했을 때(총생산 갭이 −2%에서 −3%로 혹은 +4%에서 +3%로) 그 결과는 이전보다 음의 총생산 갭을 가졌다고 말해야 한다. 그리고 총생산이 잠재 총생산보다 더 많이 상승할 경우 (총생산 갭이 +3%에서 +4%로 혹은 −3%에서 −2%로) 결과는 이전보다 양의 총생산 갭을 가졌다고 말해야 한다.

그림 30-2 | 크게 변동하는 총생산 갭

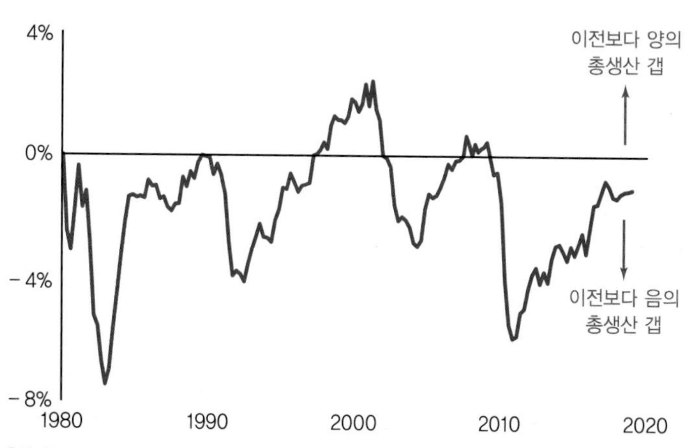

출처 : Bureau of Economic Analysis and CBO

총생산 갭에 초점을 맞추는 게 도움이 되는 이유는 GDP의 수요 및 공급 측 결정요인의 역할을 분리하는 방법을 알려주기 때문이다. 경제의 공급 측면(노동공급, 인적 및 물적 자본, 기술 발전 상태)은 잠재 총생산을 결정한다. 이러한 투입물의 공급은 시간이 지남에 따라 순조롭게 증가하고 그림 30-1에서 볼 수 있듯이 잠재 GDP는 일반적으로 시간이 지남에 따라 순조롭게 증가한다. 그러나 실제 GDP는 변덕스럽게 움직인다. 이는 수요 측 요인이 실제 GDP를 잠재 GDP에서 상당히 벗어나게 할 수 있음을 시사한다. 이것이 그림 30-2에서 총생산 갭이 크게 변동하는 이유이다. 이 장에서 우리의 임무는 이러한 변동을 설명하는 것이다.

균형 GDP와 잠재 GDP를 혼동하지 않도록 주의한다. 균형 GDP는 거시경제적 균형 지점에서의 GDP 수준을 설명한다. 즉 경제가 안정될 시점이다. 이것은 총지출과 같은 어떤 수준의 총생산에서도 발생한다. 이와는 대조적으로, 잠재 GDP는 경제의 가장 지속 가능한 생산 수준이며, 이용 가능한 투입량에 의해 결정된다. 그들이 다르다는 것을 기억하는 것이 중요하다: 균형 GDP는 경제의 휴식점을 묘사한다; 잠재 GDP는 골디락스가 쉬기를 바라는 곳이다. 총지출의 요인을 살펴볼 때 이 점을 명심하라.

30.2 *IS* 곡선 : 총생산과 실질이자율

학습목표 실질이자율과 균형 GDP의 관계를 분석하기 위해 *IS* 곡선을 사용한다.

실질이자율은 지출의 기회비용을 나타내기 때문에 경제에서 가장 중요한 가격일 수 있다. 기회비용의 원리는 돈을 지출하기 전에 "대신에 무엇을?"이라고 물어봐야 한다고 말한다. 당신은 지금 돈을 쓰거나, 저축하여 이자를 받고 미래에 더 많은 물건을 살 수 있다. r로 표시되는 실질이자율은 당신이 내년까지 기다리면 얼마나 더 많은 물건을 살 수 있을지에 대한 기회비용이 얼마나 큰지 알려준다. 따라서 명목이자율에서 미래의 인플레이션을 감안하여 환산한 실질이자율은 올해의 총지출을 결정하는 가격이다.

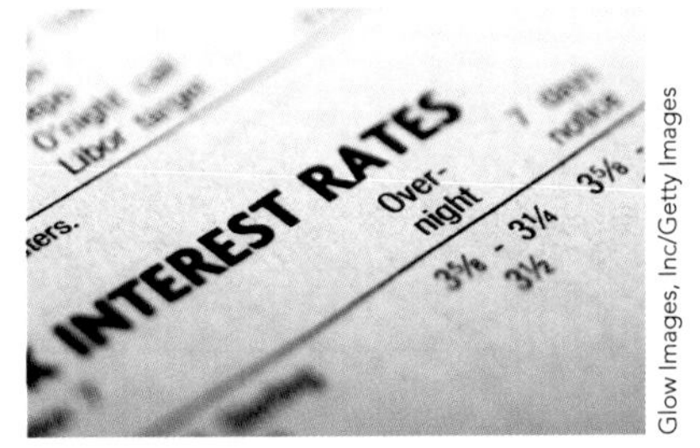

경제에서 가장 중요한 가격 : 이자율

실질금리는 정책 입안자들이 경제에 영향을 미치는 수단 중 하나이기 때문에 매우 중요하다. 연방준비은행은 사람들이 더 적게 지출하도록 유도하기 위해 이자율을 인상하여 지출의 기회비용을 증가시킨다. 그리고 사람들이 더 많은 지출을 촉진하기를 원할 때 연준은 금리를 낮추어 오늘날 돈을 지출하는 데 들어가는 기회비용을 줄여준다. 따라서 실질이자율을 신중하게 조정하면 호황과 불황을 상쇄하는 데 도움이 될 수 있다.

이러한 통찰은 앞으로의 로드맵을 그리는 데 영향을 미칠 것이다. 우리의 목표는 금리가 경제에 미치는 영향과 금리가 상승 및 하락하는 이유를 이해하기 위한 포괄적인 틀을 개발하는 것이다. 이는 두 단계로 진행할 예정이다. 첫째, 실질이자율이 GDP에 어떤 영향을 미치는지 알아볼 것이다. 이를 *IS* 곡선이라고 한다. 둘째, 우리는 변화하는 금융시장 상황이 실질이자율을 결정하는 방식을 평가하여 *MP* 곡선이라고 하는 선으로 결과를 요약할 것이다. 이를 종합하면 경제 상황의 변화를 분석하는 데 사용할 수 있는 모형이 만들어진다. 이 두 곡선이 어떻게 이름을 얻었는지 궁금하다면 걱정하지 않아도 좋다. 우리는 그것에 대해서도 알아볼 것이다.

총지출과 이자율

이에 대해 알아보기 이전에 우리는 실질이자율이 총지출에 어떤 영향을 미치는지 분석하면서 기초를 다져야 한다. 총지출의 각 구성요소인 소비, 계획된 투자, 정부지출, 마지막으로 순수출에 대해서 실질이자율이 어떻게 영향을 주는지 개별적으로 알아볼 것이다(제25~28장에서 이러한 주제들 중 일부를 자세히 살펴보았으므로 여기서는 핵심 아이디어만 짚어볼 것이다).

낮은 이자율은 소비를 증가시킨다. 실질이자율은 기회비용의 원리에 따라 소비자의 지출 의사결정에 있어서 핵심적인 고려사항이다. 소비자는 지출하지 않는 소득에 대해 저축을 함으로써 이자를 얻을 수 있다. 결과적으로 실질이자율은 올해의 소비 지출을 늘린 것에 대한 기회비용을 나타낸다. 실질이자율이 낮을수록 기회비용이 낮아진다. 그래서 낮은 실질이자율은 더 많은 소비를 일으킨다.

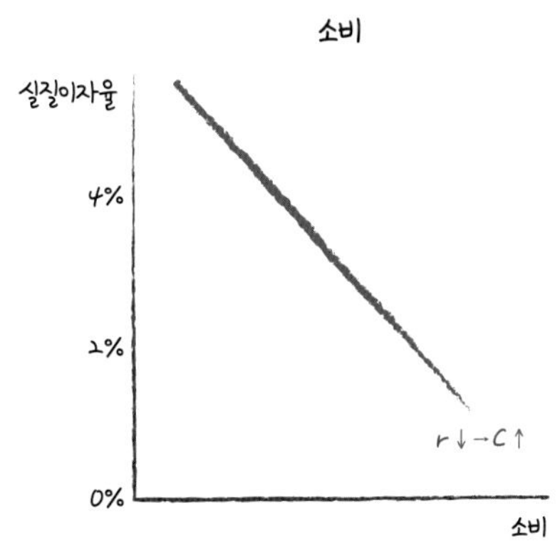

실질이자율은 대출 비용이기도 하다. 자동차, 집 또는 기타 고가 품목을 구입하기 위해 대출이 필요한 경우 은행은 당신에게 이자를 청구할 것이다. 실질이자율이 낮을수록 은행에 상환해야 하는 금액이 적다. 이는 낮은 이자율로 인해 사람들이 고액 품목에 대한 지출을 증가시키는 또 다른 이유 중 하나다.

그러나 실질이자율이 낮으면 소비가 줄어드는 사람들이 있고, 소득을 이자 지급에 의존하는 사람들이 있다는 점에 유의해야 한다. 그들의 경우 낮은 이자율로 인해 소득이 감소하고, 소비 지출을 줄이게 될 것이다. 이것은 일부 사람들(특히, 은퇴자)의 해당되는 이야기이지만, 전체 경제에서 이러한 효과는 상대적으로 작다. 따라서 낮은 이자율은 일반적으로 더 많은 소비를 일으킨다고 볼 수 있다.

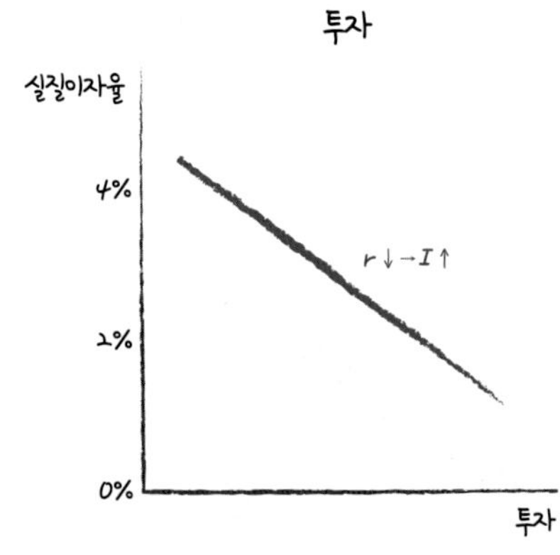

낮은 이자율은 투자를 증가시킨다. 자본 투자를 고려하는 기업의 경우도 기회비용의 원리에 따라서 실질이자율이 중요한 고려사항이 된다. 새로운 장비나 구조물을 구입하는 데 돈을 쓰면 그만큼의 자금을 은행에 예금할 수가 없다. 따라서 새로운 자본에 투자하는 기회비용은 실질이자율이 낮을 때 낮아진다. 결과적으로 낮은 실질이자율은 더 많은 투자 지출로 이어진다. 실제로, 충분히 낮은 이자율은 수십억 달러의 투자 프로젝트를 추구할 가치가 있는 차이가 될 수 있으며, 이것이 투자가 특히 실질이자율에 민감한 이유다.

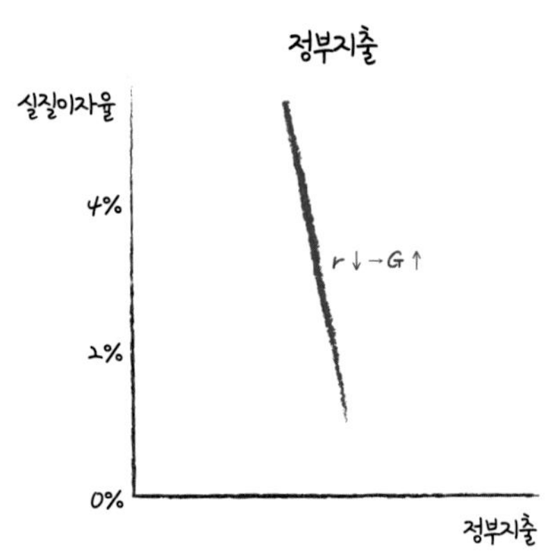

낮은 이자율은 정부지출을 증가시킨다. 낮은 이자율은 정부부채에 대한 이자 지불비용을 줄여준다. 이러한 이자 지급(정부가 채권자들에게 지급하는 금액)은 총지출에 직접적인 영향을 주지는 않는다. 그러나 낮은 이자 지급은 도로, 교량 및 기타 형태의 총지출에 대한 지출을 위해 정부 예산에 더 많은 돈이 남아있음을 의미한다. 결과적으로 이자율이 낮아지면 정부지출이 증가할 수 있다. 특히, 주 정부는 예산 균형을 맞추기 위해 법에 의해 요구되는 것이 많기에 더욱 그럴 수 있다. 그러나 정부가 추가 자금을 사용하여 부채를 갚을 수 있기 때문에 낮은 이자율이 항상 더 많은 정부지출을 촉진하는 것은 아니다.

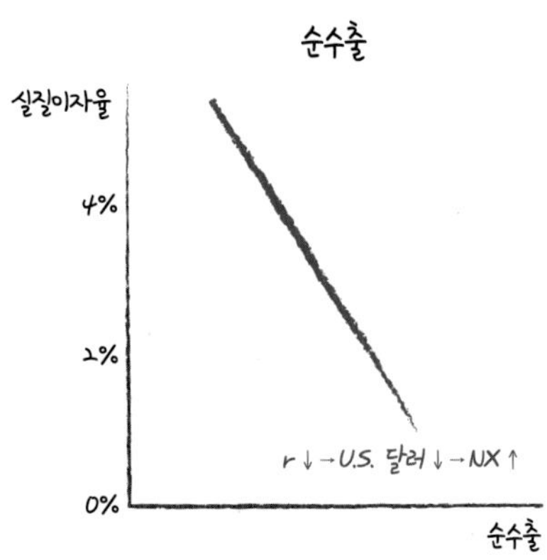

낮은 이자율은 순수출을 증가시킨다. 순수출은 또한 실질이자율에 의존하지만 이것은 간접적 기제를 통해 영향을 받는다. 낮은 이자율은 미국 달러의 가치를 더 저렴하게 만들고 이는 순수출(수출에서 수입을 뺀 것)을 증가시킨다. 이러한 각 단계들을 차례로 밟아나가 보자.

미국의 낮은 실질이자율은 국제금융 자산 관리자로 하여금 더 나은 수익을 제공하는 다른 국가로 자금을 보내도록 한다. 즉, 미국 달러에 대한 수요가 감소하면서 달러의 가치가 더 저렴해질 것이다. 따라서 낮은 금리정책의 초기 효과는 미국 달러를 사는 데 더 적은 엔, 유로 또는 위안(일본, 유럽 및 중국의 통화)이 필요하다는 것이다.

값이 싸진 달러는 수출을 늘리고 수입을 줄인다. 수출을 고려하는 것부터 시작해보자: US$ 10,000(US$는 미국 달러를 의미한다)의 미국산 자동차가 이제 이전보다 더 적은 엔, 유로 또는 위안화로 판매된다. 이 효과적인 가격 인하로 인해 외국인은 수출품을 더 많이 구매하게 된다. 그 결과 미국의 수출에 대한 외국의 지출이 증가한다. 다음으로 수입품을 고려해보자. 더 저렴한 달러는 이제 € 10,000 자동차를 구입하는 데 더 많은 미국 달러가 필요함을 의미한다 (€ 기호는 '유로'를 의미한다). 이러한 가격 상승으로 인해 미국인들은 수입품을 더 적게 구매하게 된다. 수입품의 양이 더 높은 가격을 상쇄할 만큼 충분히 감소하면 수입품에 대한 미국인의 총지출도 감소할 것이다. 이러한 효과를 종합하자면 실질금리가 낮아질 때 미국 달러의 가치가 낮아져 수출이 증가하고 수입이 감소하며, 결국 순수출이 증가한다.

IS 곡선은 실질이자율과 총생산 갭의 관계를 나타낸다

지금까지 알아낸 내용들을 요약해보자. 실질이자율의 감소는 총지출의 모든 요소를 증가시켜, 소비, 투자, 정부지출 및 순수출을 증가시키는 것으로 나타났다.

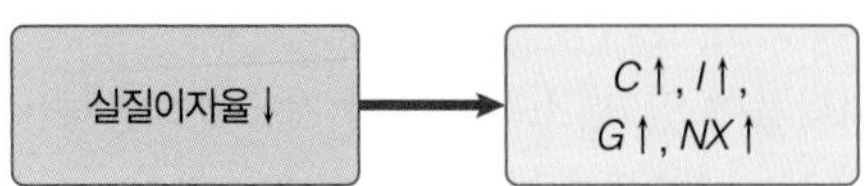

이러한 효과 중 기계설비와 주택에 대한 투자가 특히 금리에 민감하기 때문에 투자를 촉진하는 것이 일반적으로 가장 중요하다.

그림 30-3 | 실질이자율과 총지출

낮은 실질이자율은 더 많은 소비, 투자, 정부지출 그리고 순수출을 유발한다.

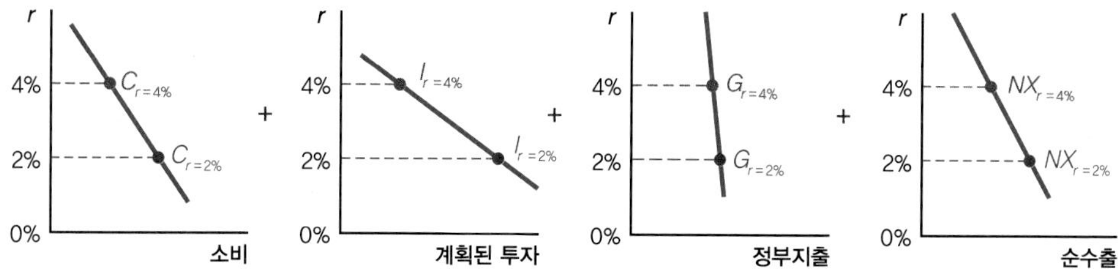

낮은 실질이자율은 더 높은 총지출을 초래한다는 것을 의미한다.

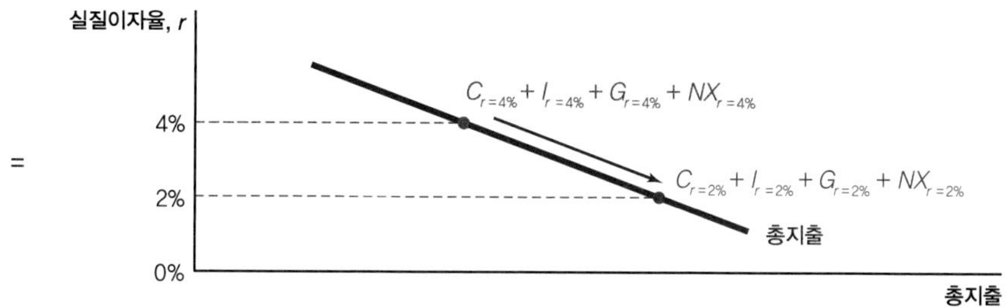

낮은 이자율은 총지출을 촉진한다. 그림 30-3의 첫 번째 열의 그래프들은 각각 실질이자율이 더 낮을 때 소비, 투자, 정부지출 그리고 순수출이 더 높다는 것을 의미한다. 같은 그림 두번째 열의 그래프는 실질이자율이 낮아질 때, 앞의 지출을 모두 합한 것과 같은 총지출이 더 높아지는 것을 간단하게 나타내고 있다. 낮은 실질이자율이 총지출을 촉진시킬 것이라는 통찰은 우리가 발전시켜나갈 중심적인 틀이다. 우리는 이러한 발견을 다음과 같이 표현할 수 있다.

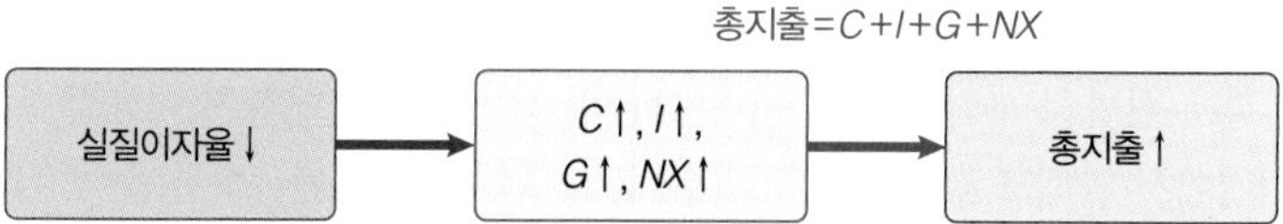

총지출의 증가는 생산의 증가와 GDP의 증가와 일치한다. 기업이 수요를 충족하기 위해 총생산을 조정하여 총지출과 같아질 때까지 총생산을 조정한다는 것을 떠올려보자. 결과적으로 총지출을 증가시키는 낮은 실질이자율은 GDP 수준을 증가시킬 것이다.

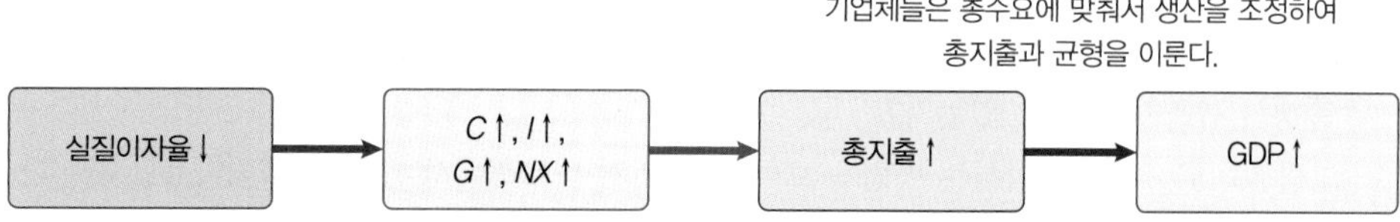

마지막으로, 잠재 총생산은 이러한 경기주기 변화에 영향을 받지 않는 장기적인 요인에 의해 결정된다. 잠재 총생산은 변하지 않기 때문에 이자율로 인한 총생산 증가는 잠재 총생산에 비해 총생산을 증가시켜, 이전보다 양의 값의 총생산 갭이 될 것이다.

***IS* 곡선은 이자율, GDP와 총생산 갭 간의 관계를 나타낸다.** 즉, 우리는 낮은 실질이자율이 높은 실질 GDP와 이전보다 양의 총생산 갭을 일으킨다는 관계를 밝혀낸 것이다.

IS 곡선은 더 낮은 실질이자율이 더 높은 실질 GDP와 이전보다 양의 총생산 갭을 일으킨다는 것을 보여준다.

***IS* 곡선** 실질이자율이 낮으면 지출이 증가하고, 따라서 GDP도 증가하여 이전보다 양의 총생산 갭이 됨을 보여준다.

그림 30-4는 ***IS* 곡선**(*IS* curve)을 그래프로 이 관계를 보여준다. 이는 실질금리가 낮아져 더 많은 지출과 더 많은 총생산과 이전보다 양의 총생산 갭으로 나타나는 관계를 보여준다. 이는 투자 및 지출 결정(Investment and Spending decision)을 설명하기 때문에 *IS* 곡선이라고 한다. 그리고 그것은 총생산에 대한 이자율의 민감도를 보여준다(역사적으로는 투자는 이자에 민감한 지출이고, 저축은 투자에 자금을 공급하는 역할이었기에 *IS* 곡선이라고 불렀다).

각 실질이자율에 대해서 총지출 수준을 모두 합하여, 한 경제의 *IS* 곡선을 구성할 수 있다. 총생산은 총지출 수준에 따라 조정되기 때문에 GDP 수준을 이용하여, 잠재 GDP와 비교하여 그에 상응하는 총생산 갭을 계산하기만 하면 된다. 그림에선 실질이자율이 1%, 2%, 3% 등일 때의 총생산 갭을 계산한 다음, 이 점들을 연결하여 *IS* 곡선을 추정하였다.

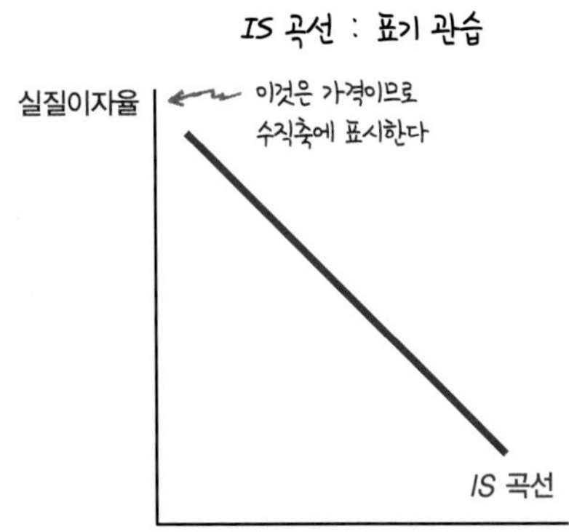

***IS* 곡선은 거시경제적 수요 곡선과 같다.** 당신은 아마 가스와 같은 특정 제품에 대한 올해의 수요를 나타내는 것으로 수요 곡선을 생각하는 데 익숙할 것이다. 여러 면에서 *IS* 곡선은 유사하다. *IS* 곡선은 모든 유형의 산출물에 대한 올해의 포괄적인 수요를 보여주므로 총생산에 대한 거시경제적 수요를 보여주는 것으로 생각할 수 있다.

수요 곡선과 마찬가지로 세로축은 가격을 의미한다. 이 경우 해당 가격은 실질이자율이며, 이는 내년이 아닌 올해 돈을 지출하는 것에 대한 기회비용이다. 그리고 가로축은 전체 경제에서 구매한 상품 및 서비스의 총수량을 잠재 총생산과 비교하여(총생산 갭) 보여준다.

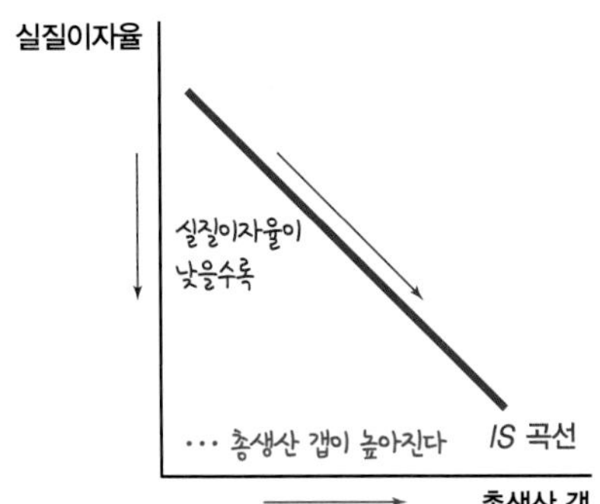

***IS* 곡선은 전형적인 수요 곡선처럼 우하향 곡선이다.** 실질이자율이 낮으면 올해의 구매에 대한 기회비용이 줄어들고 경제 전반의 사람들이 더 많은 상품과 서비스를 구매하여 대응할 수 있기 때문이다. 반대로 뒤집어서 말해도 같은 이야기가 된다. 실질이자율이 높을수록 올해 (내년보다) 상품을 구매하는 기회비용이 더 커지기 때문에 올해 사람들이 수요로 하는 상품의 양이 적어진다. 그리고 우리는 *IS* 곡선을 곡선이라고 부르지만, 그림 30-4가 보여주는 것처럼 직선이 될 수도 있다.

어떻게 *IS* 곡선을 사용하는가

IS 곡선은 경제 상황을 예측하는 데 유용한 도구다. 예를 들어, 당신은 실질이자율이 4%인 경우 총생산 갭을 예측할 수 있는가?

그림 30-5는 이를 파악하는 방법을 보여준다. 먼저 세로축에서 4%의 실질이자율을 찾는다. 그런 다음 *IS* 곡선과 만날 때까지 가로로 움직여보자. 이제 이에 상응하는 GDP 수준이 잠재적 수준보다 5% 낮다는 것을 확인해보자. 이제 예측이 끝났다.

다른 사항이 변경되면 당신의 예측도 변경되어야 한다. 물론 이것은 다른 것을 일정하게 유지하는 조건에서의 예측이다. 다른 요인이 변경되면 예측도 변경되어야 한다. 이것은 *IS* 곡선이 유용할 수 있는 또 다른 방법을 의미한다. 당신은 *IS* 곡선을 경제적 조건의 변화에 따른 결과를 예측하는 데 사용할 수 있다.

그림 30-4 | *IS* 곡선

IS 곡선은 낮은 실질이자율이 잠재 총생산에 비해 더 큰 총생산을 일으킨다는 것을 보여준다.

Ⓐ 실질이자율은 수직축이다

Ⓑ 총생산 갭은 수평축이고, 잠재 GDP에 대비 총생산의 퍼센트 비율을 의미한다.

Ⓒ 낮은 실질이자율은 총지출을 증가시키고 이는 높은 수준의 GDP와 이전보다 양의 총생산 갭을 일으키기 때문에 *IS* 곡선은 우하향한다.

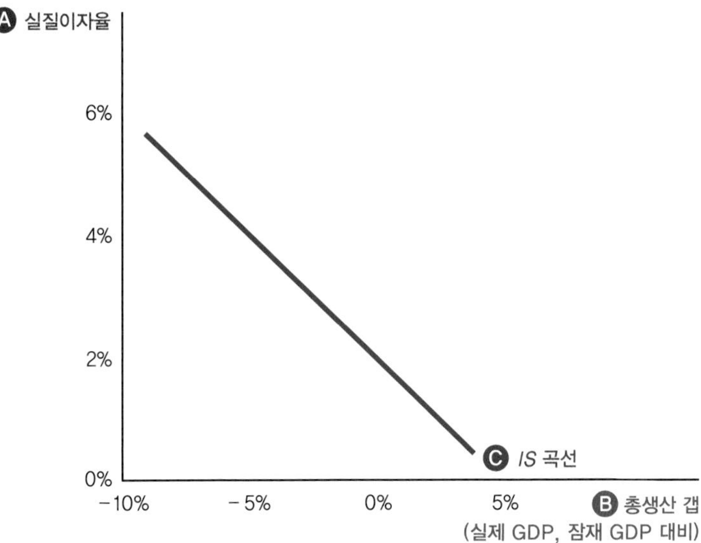

실질이자율의 변화는 *IS* 곡선을 따라 움직인다. 그림 30-5에서 당신은 실질이자율이 4%인 지점 A부터 시작했다. 이제 정책 입안자들이 실질이자율을 1%로 낮추면 어떻게 되는지 생각해보자. 수직축에서 새로운 실질이자율인 1%인 지점을 찾고 *IS* 곡선에 도달할 때까지 가로질러보자. 아래를 살펴보면 이는 +2.5%의 총생산 갭에 해당한다는 것을 알 수 있다. 이는 GDP가 잠재적 GDP보다 2.5% 높다는 것을 의미한다. 따라서 실질이자율을 4%에서 1%로 내리면 총생산 갭이 −5%에서+2.5%로 변경된다는 결론을 내릴 수 있다.

실질이자율의 이러한 변화로 인해 경제가 *IS* 곡선의 한 지점에서 동일한 곡선의 다른 지점으로 이동했다는 사실에 주목하라. 이것은 말이 되는 이야기다. *IS* 곡선의 요점은 총생산 갭이 실질이자율의 변화에 어떻게 반응하는지를 설명하는 것이다. 따라서 실질이자율의 변화는 *IS* 곡선상의 이동을 초래한다.

여기서 다음의 것들을 구별하는 것이 중요하다.

- 실질이자율의 변화 : *IS* 곡선상의 변화를 초래함
- 주어진 이자율에서 총지출의 변화를 초래할 수 있는 다른 요인들의 변화 : *IS* 곡선 자체의 이동을 초래함

이 장의 뒷부분에서 우리는 *IS* 곡선 자체를 움직일 수 있는 다른 요인들에 대해 알아볼 것이다.

그림 30-5 | 이자율의 변화는 *IS* 곡선상의 움직임을 초래한다

IS 곡선은 낮은 실질이자율이 잠재 총생산에 비해 더 큰 총생산을 일으킨다는 것을 보여준다.

Ⓐ 실질이자율이 4%일 때 총생산 갭은 −5%이다.

Ⓑ 실질이자율이 1%일 때 총생산 갭은 +2.5%이다.

Ⓒ 실질이자율의 변화는 고정된 *IS* 곡선상에서의 움직임으로 설명된다.

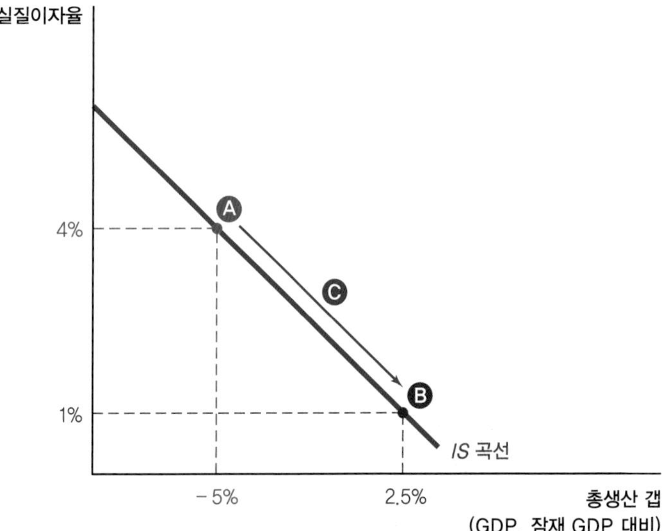

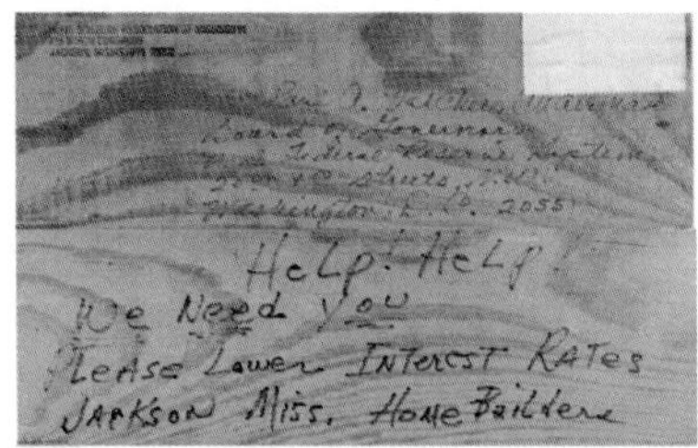

1970년대 건축업자들은 이자율을 낮추려고 창의력을 발휘한 로비활동을 펼쳤다.

자료 해석 무엇이 1980년대 초의 경기침체를 초래했는가?

1979년에 새로 임명된 연방 준비제도 이사회 의장인 폴 볼커는 당시 미국 경제를 괴롭혔던 두 자릿수 인플레이션을 제거하겠다고 약속했다. 그는 경제 침체를 설계하면 경제가 취약할 때 기업이 가격을 올리는 일이 거의 없기 때문에 인플레이션이 낮아질 것이라고 생각했다.

이러한 경기둔화를 일으키기 위해 연방준비은행은 이자율을 올렸다. 최고로 높았을 때 명목이자율은 20%였고 실질이자율은 10%까지 높아졌다. 우리의 분석에서 알 수 있듯이, 높은 실질이자율로 인해 기업은 투자 지출을 크게 줄이고 가계는 소비를 줄이고 미국 달러가격이 상승하여 순수출이 감소했다. 결과적으로 총지출이 감소하여 GDP가 감소했다.

경기침체는 심화되었고 시위가 늘어났다. 빚을 진 농부들은 트랙터로 연방준비은행 건물을 봉쇄했다. 건설 노동자들은 그들의 불만을 목재조각에 적어 보냈고 자동차 딜러들은 판매되지 않은 자동차의 열쇠가 담긴 관을 연준에 보냈다. 텍사스 하원의원이 볼커를 탄핵하겠다고 위협했다.

높은 실질금리는 결국 경제 둔화를 만드는 데 지나치게 성공적이었다. GDP는 잠재적 총생산보다 훨씬 낮아져 큰 폭의 음의 총생산 갭을 만들었다. 실업률은 1979년 6% 미만에서 1982년엔 거의 11%까지 상승했다.

이 에피소드는 경기변동을 일으키는 데 있어 실질금리의 중요성에 대한 논쟁을 해결했다. 위 에피소드는 높은 이자율이 총지출 수준을 낮추고 GDP를 낮추며 총생산 갭을 크게 줄인다는 것을 보여주면서 높은 이자율과 *IS* 곡선의 관련성을 뚜렷하게 보여주었다. ■

이 시점에서 당신은 *IS* 곡선에 대해 잘 알고 있다. *IS* 곡선은 각각의 특정 실질이자율 수준하에서 총생산 갭이 얼마인지 알려준다. 그러나 실질이자율을 결정하는 요인은 무엇이며 어떻게 실질이자율을 변동시키는가? 그것을 알아내는 것이 우리의 다음 과제다.

30.3 *MP* 곡선 : 무엇이 이자율을 결정하는가

학습목표 어떻게 실질이자율이 결정되는지 *MP* 곡선을 이용해 요약한다.

다음 목적지는 금리가 결정되는 금융시장이다. 우리는 금융시장에서 800파운드의 고릴라와 같은 위력을 발휘하는 연방준비은행의 역할을 분석하는 것부터 시작할 것이다. 그런 다음 나머지 금융 시스템을 통합하여 리스크 가격을 포함한 다른 시장 요인이 이자율을 어떻게 형성하는지 확인할 것이다. 우리는 금리를 결정하는 요소에 대해 파악해볼 예정이고, 이는 *IS* 곡선이 경제에 중요한 영향을 미친다는 것을 알려주기 때문이다. 우리의 목표는 이러한 통찰들을 몇 페이지에 걸쳐 간결하고 유용한 틀로 모아보는 것이다.

통화정책 경제 상황에 영향을 미치기 위해 이자율을 설정하는 것

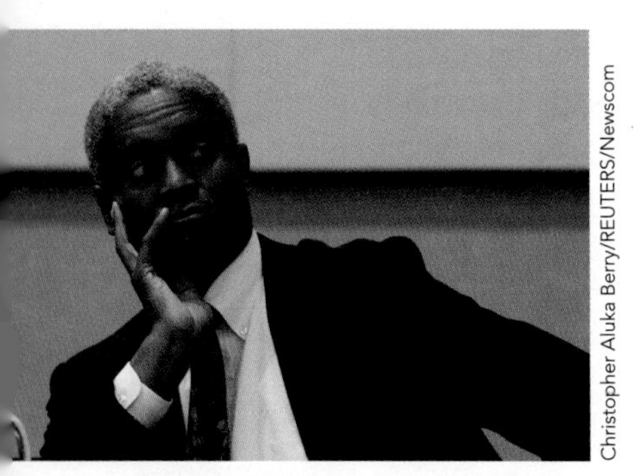
Christopher Aluka Berry/REUTERS/Newscom

애틀랜타 연준의장이 *IS* 곡선을 보며 숙고하고 있다.

연방준비제도

1년에 8회, 정책 입안자들은 워싱턴에 있는 연방준비은행에서 만나 금리를 얼마나 높게 (또는 낮게) 설정할지 결정한다. 이틀 동안, 회의를 통해 경제 상황에 대한 데이터로 가득 찬 바인더를 살펴보고, 경제의 다른 부분에서 어떤 추세가 보이는지 논의하고, 그 의미에 대해 토론하며 다양한 시나리오를 고려한다. 정책 입안자들은 설정할 금리에 대해 논의할 때 가능한 선택의 의미를 평가하기 위해 *IS* 곡선의 추정치를 참조한다.

이 회의가 끝나면 연방준비은행은 모든 사람에게 금리 변경 계획을 알리는 성명을 발표한다. 연방준비은행이 경제 상황에 영향을 미치기 위해 금리를 설정하는 이 과정을 **통화정책**

(monetary policy)이라고 한다. 이 개념은 중요한 개념인만큼 제34장에서 내내 다룰 예정이다. 지금은 큰 그림에 초점을 맞추고 세부 사항은 나중에 설명하겠다.

연준은 실질이자율에 영향을 주기 위해 명목이자율을 설정한다. 연방준비은행이 이자율을 5%로 설정한다고 발표하면 실제로 명목이자율을 설정하는 것이다. 하지만 사람들이 반응하는 것은 실질이자율인 만큼, 연준도 우리가 이해한 것과 마찬가지로 실질이자율에 초점을 맞출 것이다. 2%의 인플레이션하에서 연준이 명목이자율을 5%로 설정했다고 말하는 것은 곧 실질이자율을 3%로 설정했다고 말하는 것과 같다. 그래서 우리는 연방준비제도가 실질이자율을 설정하는 것을 기준으로 설명할 것이다. 연준은 사실상 실질이자율을 결정하는 것과 다름없는 일을 하기 때문이다.

연준의 결정은 경제 전체에 영향을 미친다. 연준이 경제의 모든 이자율을 설정하지는 않는다. 오히려 정책 도구는 연방기금금리라고 하는 특정 금리로, 다음날 상환될 것으로 거의 확실하게 예정된 일련의 익일불 대출(overnight loan)에 대한 초단기 금리다. 무위험 대출 같은 것은 없지만 이러한 익일불 대출은 이런 개념과 매우 유사하다. 그래서 연방준비은행이 **무위험이자율**(risk-free interest rate)을 실질적으로 설정한다고 생각해도 좋다.

무위험이자율 위험이 없는 대출에 대한 이자율

무위험이자율의 변화는 경제의 나머지 부분에 퍼지며, 저축에 대한 이자율, 집이나 자동차를 위해 돈을 빌릴 수 있는 이자율, 신용카드 이자율, 그리고 기업들이 투자 자금을 조달하기 위해 빌릴 수 있는 이자율에 영향을 미친다. 그러나 연방준비제도이사회만이 금리에 영향을 미치는 힘은 아니다.

리스크 프리미엄

금리에 영향을 미치는 또 다른 중요한 요소는 리스크이다. 누군가에게 돈을 빌려줄 때마다 리스크가 따른다. 당신은 돈을 돌려받지 못하거나, 이자율을 너무 낮게 설정했거나 그 자금을 직접 필요로 할 수 있다.

모든 대출의 이자율은 무위험이자율과 리스크 프리미엄을 반영한다. 은행 및 기타 대출 기관은 리스크를 감수하기 위해 추가 지급을 요구한다. 리스크를 감당하기 위해 부과하는 추가이자를 **리스크 프리미엄**(risk premium)이라고 한다. 이것이 신용카드, 자동차 대출, 주택 담보 대출 또는 기업 대출에 대해 지불하는 이자율이 일반적으로 연방준비은행에서 정한 무위험이자율보다 높은 이유다. 더 위험한 차입자와 더 위험한 유형의 대출에는 더 높은 리스크 프리미엄이 부과될 수 있지만, 일단 일반적인 대출에 부과되는 리스크 프리미엄에 집중하겠다.

리스크 프리미엄 돈을 대출해주는 위험에 대한 대가로 빌려주는 측이 추가로 요구하는 이자

결과적으로 일반적인 차입금과 관련된 실질이자율(그리고 우리의 분석과 관련이 있는)은 두 가지 요인을 반영한다. 연준이 설정한 무위험이자율과 금융시장에 의해 결정되는 리스크 프리미엄이다.

$$\text{실질이자율} = \text{무위험이자율} + \text{리스크 프리미엄}$$

리스크 프리미엄은 금융시장에서 결정된다. 이것은 월스트리트가 개입하는 부분이다. 이곳은 주로 큰 은행 및 기타 금융 기관의 리스크 매수자와 매도자가 리스크를 거래하는 곳이다. 그들은 당신에게 빌려준 돈과 관련된 리스크를 포함하여 포트폴리오의 위험을 분산시킬 수 있는 복잡한 금융 계약을 사고파는 방식으로 이를 수행한다. 리스크에 관한 시장은 다른 시장과 같다고 생각할 수 있다. 많은 구매자와 판매자가 있으며, 티셔츠 구매자가 공급 업체가 하나를 생산하도록 유도하기 위해 10달러를 지불해야 하는 것처럼 차입자는 금융 기관이 리스크가 있는 대

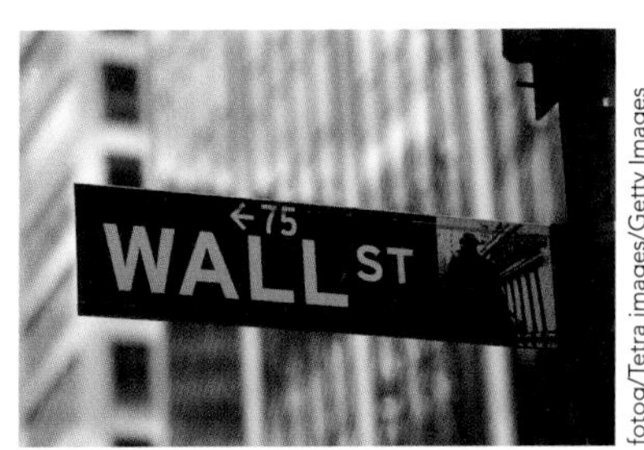

fotog/Tetra images/Getty Images

이곳이 리스크가 거래되는 곳이다.

출상품을 만들도록 유도하기 위해 리스크 프리미엄을 지불해야 한다. 이런 식으로 볼 때 리스크 프리미엄은 일종의 가격이다. 즉, 금융 기관이 당신에게 돈을 빌려주는 것과 관련된 위험을 감당할 수 있는 가격이다. 이 가격은 수요와 공급의 힘에 의해 결정되므로, 금융시장에서의 상황과 심리를 반영한다.

일상경제학 **왜 대출마다 각각 다른 이자를 지불해야 하는가?**

거시경제 분석은 일반적인 채무자가 직면한 일반적인 위험 프리미엄에만 초점을 맞추고 있다. 그러나 당신의 삶에서는 다양한 유형의 대출에 대해 서로 다른 리스크 프리미엄에 직면하게 되고 서로 다른 이자율을 지불하게 될 것이다.

당신의 대출이 위험할수록 당신은 더 높은 이자율을 지불해야 한다. 예를 들어, 가족 구성원은 은행보다 낮은 이자율로 돈을 빌려줄 수 있다. 그들은 당신이 반드시 상환할 것이라고 믿기 때문이다(은행과는 달리 다른 방법으로 지불할 수도 있다). 자동차 대출을 받을 때 대출기관(일반적으로 은행)은 상환액이 충족되지 못할 경우 자동차를 되찾을 권리가 있다. 이는 자동차 대출이 개인 대출보다 덜 위험하므로 은행이 개인 대출보다 자동차 대출에 대해 더 낮은 이자율을 제공하는 이유이다. 급여일 대출업체(payday lending shop, 우리나라 일수업체와 유사한 고금리 사금융업체–역자 주)에서 돈을 빌릴 경우 이자율이 엄청나게 높은 것을 발견하게 될 것이다. 이것은 부분적으로 위험한 대출이기 때문이고 부분적으로 이런 고금리의 늪에서 빠져나오지 못하는 사람들은 금융적인 문제를 가지고 있기 때문에 리스크가 큰 사람들을 대상으로 이루어지는 이자율이기 때문이다. ■

MP 곡선

연준 및 금융시장에 대한 분석을 우리가 발전시켜 나가고 있는 광범위한 모형에 통합할 시간이다. 이를 위해 '통화정책'을 의미하는 새로운 곡선인 ***MP* 곡선**(*MP* curve)을 추가할 것이고, 이는 통화정책에 의해 주로 결정되는 현재의 실질이자율을 설명하기 위해서다. 리스크 프리미엄의 변화가 실질이자율에 미치는 영향을 설명하기 위해 *MP* 곡선을 사용하기 때문에 이름이 약간 오해의 소지를 불러일으킬 여지가 있다.

***MP* 곡선** 통화정책과 리스크 프리미엄에 의해 결정되는 현재의 실질이자율을 보여주는 곡선

그림 30-6 | *MP* 곡선

MP 곡선은 연준에 의해 설정된 무위험이자율과 리스크 프리미엄 모두를 반영하는 실질이자율을 나타낸다.

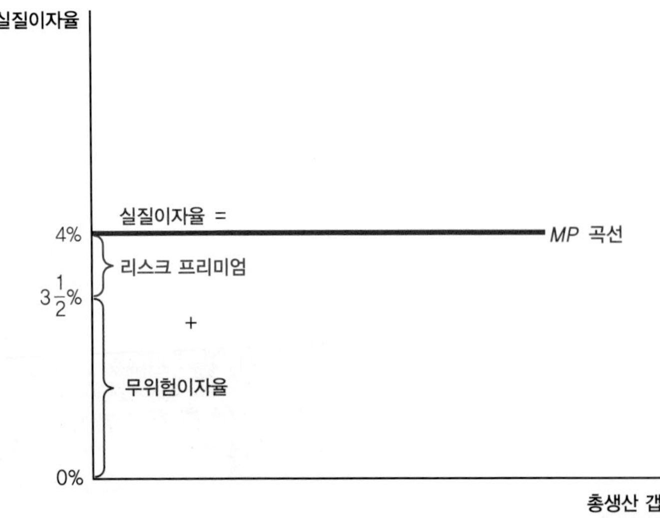

***MP* 곡선은 실질이자율을 나타낸다.** 그림 30–6에서 볼 수 있듯이 연방준비은행이 실질이자율을 $3\frac{1}{2}$%로 설정하고 위험 프리미엄이 $\frac{1}{2}$%이면 *MP* 곡선은 4%에서 수평선을 보인다. 이때 수평선으로 그린 *MP* 곡선은 총생산 갭이 무엇이든 상관없이 4%가 실질이자율임을 의미한다.

MP 곡선은 현재의 실질이자율을 나타낸다. 연준이 통화정책을 변경하거나 금융시장의 변화로 인해 리스크 프리미엄이 이동하여 이자율이 변하는 경우, *MP* 곡선은 이를 반영하기 위해 이동한다.

이자율 스프레드로 리스크 프리미엄을 측정할 수 있다. 다음은 리스크 프리미엄을 추적하는 데 사용할 수 있는 간단한 방법을 소개한다. 대출할 수 있는 이자율과 무위험이자율 간의 차이를 계산한다(동일한 기간 동안의 당신의 대출을 비교해야 한다).

이자율 스프레드라고 하는 이 차이는 리스크 프리미엄의 추정치이다.

무위험이자율에 대신 사용할 수 있는 유용한 값은 미국 정부에 대한 대출 이자율이다. 미국 정부는 거의 확실하게 부채를 갚을 것이기 때문이다. 따라서 빌릴 수 있는 이자율과 미국 정부에 대한 유사한 만기 구조를 가진 대출의 이자율 간의 차이로 리스크 프리미엄을 계산해볼 수 있다.

자료 해석 **금융 리스크를 계산하기**

TED 스프레드는 경제학자들이 은행 시스템의 건전성을 모니터링하기 위해 면밀히 관찰하는 중요한 금리 스프레드다. 이름(모호한 금융 약어)을 무시하고 대신에 무엇인지에 초점을 맞추어보자. 이것은 은행이 3개월 동안 서로 빌려주는 이자율과 미국 정부가 3개월 동안 빌릴 수 있는 이자율의 차이를 의미한다. 따라서 은행 시스템의 인지된 리스크를 측정하는 것이다. 그림 30-7에서 볼 수 있듯이 TED 스프레드는 일반적으로 낮고 안정적이다. 그러나 주요 금융위기 동안에는 급증하여 금융 시스템의 위험이 증가할 것이다. 각 스파이크는 리스크 프리미엄의 상승과 일치한다. 2008년 글로벌 금융위기가 발생하면서 TED 스프레드가 급격히 상승하여 리스크 프리미엄이 높아졌고 *MP* 곡선이 상승했다. 어느 편인가 하면, 사실 이것은 문제를 과소평가한 것이다: TED 스프레드는 당신이 대출을 받을 수 있는 경우의 리스크 프리미엄에 대해 알려준다. 그러나 금융위기 당시 최악의 기간 동안에는 많은 채무자가 그들에게 기꺼이 대출해줄 사람을 찾지 못했을 것이다. ■

그림 30-7 | **TED 스프레드**

은행채 3개월 이자율에서 미국채의 3개월 이자율을 뺀 것

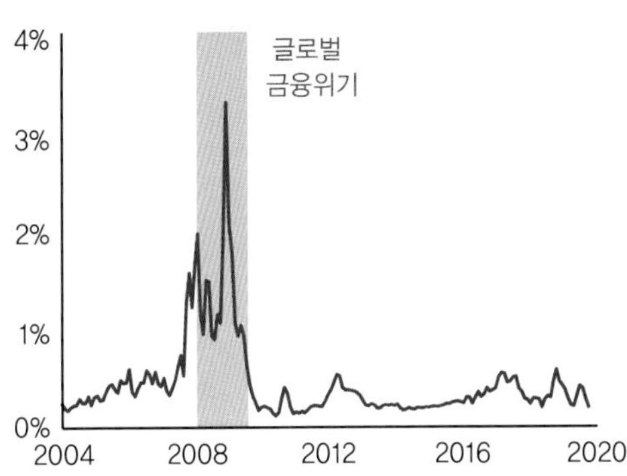

통화 정책이 단순하기 때문에 *MP* 곡선은 간단하다. 계속하기 전에 역사적 기록을 보자. *MP* 곡선이 매우 간단하다는 것을 알 수 있다. 당신은 현재의 실질이자율을 표시하기 위해 수평선을 그렸을 뿐이다. 이는 단순히 연방준비은행이 금리를 설정하려는 수준을 발표하고 *MP* 곡선이 이를 반영(리스크 프리미엄 포함)하기 때문이다. 하지만 항상 그렇게 쉬운 것은 아니었다. 수십 년 전에 연방준비은행은 통화량 공급의 변화를 발표함으로써 통화정책을 운용하였다. 이것이 경제에 어떤 영향을 미치는지 알아내기 위해서는 유동성과 돈에 대한 신중한 분석이 필요했고, 일부 경제학 교과서에서 *MP* 곡선 대신 더 복잡한 *LM* 곡선을 설명하는 이유이기도 하다. 따라서 당신이 만약 우연히 *IS-LM* 분석 기법을 보게 되면, 그들이 통화정책에 관한 유사한 아이디어를 설명하고 있지만, 이전 접근방식으로 분석하는 것으로 보면 된다.

당신은 이제 경기변동을 이해하기 위해 두 가지 강력한 도구인 *IS* 곡선과 *MP* 곡선을 식별하였다. 우리의 다음 목표는 이 두 가지의 곡선을 *IS-MP*라는 하나의 모형으로 결합하는 것이다. 기업, 투자자, 정책 입안자처럼 이 모형을 사용하여 변화하는 경제 상황의 영향에 대한 당신의 생각을 정리해볼 수 있을 것이다.

30.4 *IS-MP* 모형

학습목표 경기 상황을 전망해보고 통화, 재정 정책에 어떻게 반응하는지 예측한다.

이제 모든 것을 결합해보자. *IS* 곡선은 총생산 갭이 실질이자율에 어떻게 영향을 받는지를 보여준다. *MP* 곡선은 실질이자율이 얼마인지 알려준다. 이 곡선들을 결합하면 경제 상태에 관한 하나의 완결된 이야기를 가지게 될 것이다. 매니저와 투자자는 *IS-MP* 모형을 사용하여 경제 관련 뉴스를 해석하고 그것이 미래에 어떤 의미를 가질 것인지 파악할 수 있다.

IS-MP 균형

그림 30-8에서는 *IS*와 *MP* 곡선을 동시에 보여주고 있다. 주지하는 바와 같이, *IS* 곡선은 실질이자율의 각각의 수준에 상응하는 총생산 갭의 수준을 보여준다. *MP* 곡선은 실질이자율이 어느 수준인지 알려준다. 이들의 교차점은 거시경제적 균형을 결정하며, 이 균형은 실질이자율에 상응하는 총생산 갭 수준을 나타낸다. 그림 30-8의 예에서는 무위험이자율에 리스크 프리미엄을 더한 실질이자율을 4%로 설정하고 있으며, 이에 상응하는 총생산 갭은 −5%로서, 잠재 총생산보다 5% 낮은 수준이 균형 총생산이 된다.

이게 전부다. 당신은 경제 상황에 대한 전망을 하게 되었다. 그뿐만 아니라 이제 경기변동을 이해하기 위한 포괄적인 모형을 구성했다. 이것은 단순히 교과서로만 배우는 것에 그치는 것이 아니라, 많은 정부 정책 입안자, 월스트리트 투자자 및 비즈니스 분석가가 만든 거시경제 전망을 안내하는 모형이다.

변동하는 수요와 경기변동

지금까지 우리는 총지출이 거시경제 균형을 결정하는 데 있어서 중심적인 역할을 한다는 것을 확인했다. 이것은 경기 침체 또는 불황이 총지출의 감소에서 비롯될 수 있다는 것임을 시사한다. 경기변동의 호황과 불황은 경제가 강한 수요와 약한 수요 사이에서 이동하는 변화를 반영한다고 볼 수 있다. 이와 같은 통찰은 두 가지 다른 거시경제 균형을 보여주는 그림 30-9에서 확인해볼 수 있다.

견고한 총지출은 경제 호황과 완전 고용을 이끈다. 사람들은 미래에 대해 낙관적일 수 있다. 졸업 후 좋은 직장을 구할 것이라고 낙관하는 학생들, 승진과 급여 인상에 대해 낙관적인 근로자는 물론 사업 성공에 대해 확신하는 기업가도 마찬가지로 어떠한 이자율 수준에서든 더 많은

그림 30-8 | *IS-MP* 모형

경제의 상태는 *IS* 곡선과 *MP* 곡선의 교차에 의해 결정된다.

Ⓐ *IS* 곡선은 총지출과 각각의 실질이자율에 대한 총생산 갭의 수준을 나타낸다.
Ⓑ *MP* 곡선은 통화정책과 금융시장에 의해 결정된 실질이자율을 나타낸다.
Ⓒ 경제는 두 곡선이 만나는 거시경제적 균형상태로 이동한다.
Ⓓ 이것은 실질이자율이 4%이고 균형 총생산 갭이 −5%(GDP가 잠재 GDP보다 5% 낮다는 의미)일 때 발생한다.

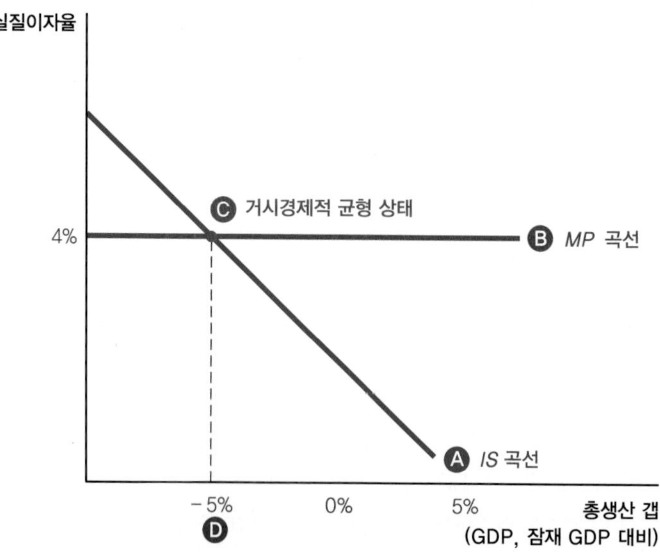

그림 30-9 | 호황과 불황

낙관주의와 비관주의는 모두 경제를 호황과 불황으로 몰아넣을 수 있다.

Ⓐ 낙관주의적인 *IS* 곡선은 사람들이 그들의 미래 경제상황에 대해 낙관적일 때 좋은 시절에 대한 소비 계획을 보여준다.
Ⓑ 사람들의 낙관주의적인 *IS* 곡선하에서 잠재 총생산 수준의 호황 균형이 이루어진다.
Ⓒ 그러나 사람들이 미래에 대해 **비관적**이면, 주어진 이자율하에서 지출할 계획을 줄이고 기업은 생산을 줄임으로써 대응할 것이다. 주어진 실질이자율하에서 총생산이 감소하면 ***IS* 곡선이 왼쪽으로 이동**한다.
Ⓓ 경제는 불황 균형으로 전환되어 총생산이 잠재 총생산보다 낮아진다. 이 경기침체는 균형이기 때문에 아무것도 변하지 않으면 계속 지속될 것이다.

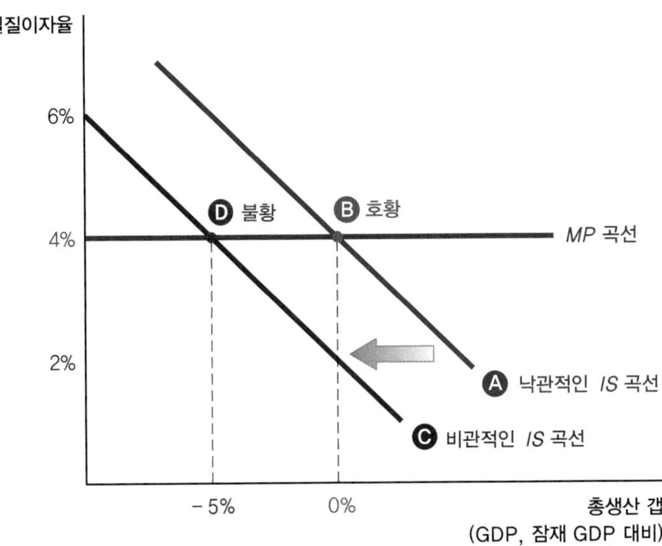

돈을 지출할 것이다. 이러한 낙관적인 지출 계획은 그림 30-9의 파란색 *IS* 곡선으로 나타나는데, 각각의 실질이자율 수준하에서 보다 높은 수준의 총지출을 보여준다. 이는 총생산 갭이 0인 거시경제적 균형을 야기하며, 이는 GDP가 지속 가능한 가장 높은 수준에 있음을 의미한다. 이 호황을 누리는 경제에서 총생산은 높고 실업률은 낮으며 경제 전망은 계속해서 낙관적인 경제가 보장될 만큼 밝다. 이것은 좋은 시기의 거시경제 균형이라고 생각할 수 있다.

부족한 총지출은 경기침체와 높은 실업률을 이끈다. 비관주의의 파고가 닥칠 가능성도 있다. 미래 경제 상황에 대한 비관론은 소비자가 지출을 줄이거나 기업이 투자 계획을 줄이도록 만들 수 있다. 각각의 경우 결과는 주어진 실질이자율과 소득 수준에서 총지출이 감소하여 *IS* 곡선이 보라색 선 방향인 왼쪽으로 이동한다.

이 낮은 총지출 수준은 훨씬 낮은 수준의 GDP에서 새로운 거시경제 균형을 이룬다. 이제 총생산 갭은 마이너스이며, 이는 경제가 잠재 수준 이하로 생산하고 있음을 의미한다. 기업은 총생산이 적기 때문에 더 적은 인력이 필요하다. 결과적으로 이러한 불황의 균형에서 사람들은 소득이 낮고 실업이 만연할 것이다. 이 새로운 균형에서 경기침체를 일으킨 비관론은 이제 정당한 것처럼 보일 것이다. 경기침체에 대한 비관론이 경기침체를 일으킨 셈이다. 이것을 대공황이나 그 이후의 불황기 동안의 균형이라고 생각할 수 있다.

총지출의 변화가 결국 거시경제적 변동을 이끈다. 이 분석에 따르면, 경제는 *IS* 곡선을 이동시키는 총지출의 변화로 인해 호황과 불황 사이에서 변동한다. 경기변동의 요인을 낙관론이나 비관론으로 인한 총지출의 변화를 중심으로 설명을 전개했지만, 주어진 실질이자율 수준하에서 총지출을 변화시키는 다른 어떠한 요인이든지 경기의 호황과 침체를 마찬가지로 야기하게 될 것이다. 보다 더 큰 관점에서 보면, 경기변동은 결국 총지출의 변화를 반영한다는 것이다.

자료 해석 낙관주의와 비관주의의 물결을 추적해보기

그림 30-10 | 소비자 신뢰 지수과 기업 신뢰 지수

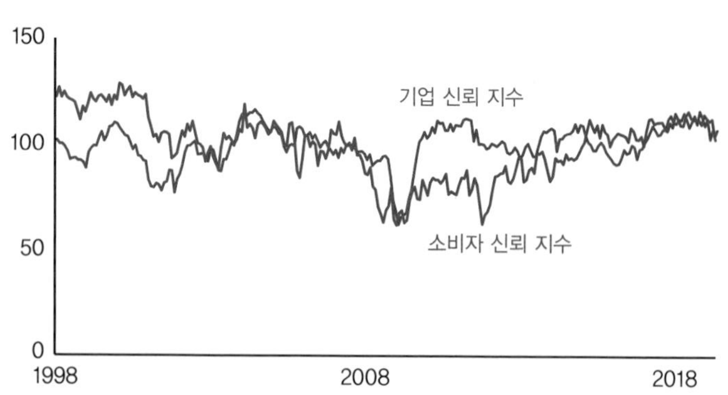

출처 : University of Michigan Index of Consumer Sentiment and ISM Purchasing Managers Index.

이러한 관점에서 변화하는 경기 상황을 이해하기 위한 핵심은 변화하는 지출의 추이를 지속적으로 파악하는 것이다. 만약 당신의 사업이 주로 소비자에게 판매하는 경우라면, 소비자 신뢰도 설문 조사를 통해 변화하는 소비계획을 파악할 수 있다. 당신의 사업이 기계 및 투자 상품을 다른 회사에 판매하는 경우면, 기업 신뢰도 설문 조사가 지출계획을 파악하는 데 도움이 될 수 있다. 그림 30-10에서 알 수 있듯이 경제는 실제로 낙관주의와 비관주의를 경험하는 시기가 각각 있는 것으로 보인다. ■

경기침체는 개인적으로는 합리적이나 집단적으로는 끔찍할 수 있다. 수요 부족이 불황을 초래한다는 관점은 경제 역사상 가장 최악의 침체기였던 대공황을 겪었던 시기에 경제학자 존 메이너드 케인스에 의해 처음으로 제시되었다(당시에는 다소 다르게 표현되었을 뿐이다). 대공황으로 인해 많은 경제학자가 믿고 있었던 경제 구조에 대한 이해가 흔들렸고, 어떻게 경제가 수백만 명의 사람들을 실직 상태로 만들 수 있을 정도로 저조할 수 있는지 궁금하게 만들었다. 이 깊고 장기적인 침체 속에서 케인스는 총생산이 잠재 총생산보다 훨씬 낮고 실업률이 높은 경우에도 경제가 거시경제 균형에 있을 수 있다고 주장했다. 이와 함께 그는 정부가 개입하지 않으면 경제 침체가 수년간 지속될 수도 있다고 주장했다.

그림 30-9에서의 경제 침체는 그의 주장을 보다 현대적인 형태로 보여주고 있는 것이다. 그것은 경제가 잠재 수준보다 적게 생산하는 거시경제 균형을 보여준다. 여기서 아무것도 바뀌지 않으면 장기적인 경기 침체가 이어질 것이다. 일단, 우리가 이 나쁜 균형 상태에 있으면 구매자나 판매자가 계획을 변경할 이유가 없기 때문이다. 결국 기업은 사람들이 더 적게 지출하기 때문에 생산을 줄이고, 사람들은 장기적인 경기침체에 대해 걱정하기 때문에 더 적게 지출할 것이다.

이것은 경기침체의 역설을 강조한다: 개인은 각자가 할 수 있는 최선의 결정을 내리지만 그러한 결정은 경제가 나쁜 균형에 갇혀있게 되는, 집단적으로는 끔찍한 결과를 낳는다. 슬프게도 기업이 모든 사람을 고용할 수 있을 만큼 충분히 생산할 것이라는 보장이 없다는 것이다.

일상경제학 어떻게 경제가 콘서트와 같아질 수 있는가?

Ivica Drusany/Shutterstock

이는 실업이 만연한 모습과 같다.

경기 침체가 어떻게 발생하는지 더 잘 이해하고 싶다면 미국 경제를 콘서트처럼 생각해보자. 콘서트 경제에서 엉덩이는 고용주이고 좌석은 노동자다. 앉으면 좌석은 완전히 고용된 것이지만 일어서면 좌석은 실업 상태다. 무엇을 할지 어떻게 결정할 수 있을까? 상호의존의 원리에 따르면 최선의 선택은 다른 사람들이 하는 일에 달려 있다. 콘서트에서 모든 이웃이 앉아 있다면 앉아 있어야 한다. 이 균형 상태에서는 모든 좌석이 완전히 사용된다. 하지만 이웃이 일어서 있다면 당신도 서 있는 편이 낫다. 그것이 당신이 콘서트를 볼 수 있는 유일한 방법이기 때문이다. 당신이 일어설 때 다른 사람들도 일어설 수 있다. 그 결과 많은 좌석이 실업 상태인 균형이 유지된다. 나는 당신이 분명히 모든 좌석이 고용되었거나 수천 명의 실업자가 있는 균형 사이를 오가는 콘서트에 참석한 적이 있다고 장담할 수 있다.

경제에서도 똑같은 일이 발생한다. 제품을 구매하려는 고객이 많으면 사업에 많은 직원을 고용하게 된다. 그러나 제품을 구매하려는 고객의 수는 다른 회사에서 고용하는 직원 수에 따라 다르다. 다른 사람들이 서 있으면 콘서트에서 서 있어야 하는 것처럼, 다른 회사가 급여를 삭감하여 고객이 일자리를 잃으면 일부 근로자를 해고해야 할 수도 있다. 콘서트 경제는 누군가가 모든 좌석을 사용하는 균형에서 많은 좌석이 실업 상태인 다른 균형으로 빠르게 전환될 수 있으며, 거시경제도 모든 노동자가 직업을 가지고 있는 좋은 균형에서 수백만 명의 노동자가 실직한 나쁜 균형 상태로 전환될 수 있다.

중요한 것은, 착석되지 않은 좌석이나 실직한 근로자 모두 피할 수 없다는 것이다. 콘서트에서, 만약 다른 모든 사람들이 앉도록 설득할 수 있다면, 당신도 앉을 것이고, 좌석은 다시 완전히 사용될 것이다. 마찬가지로, 경제에서, 사람들이 돈을 다시 쓰도록 설득할 수 있다면, 기업들은 그들의 생산량을 따라갈 것이고, 그들은 실업자들을 고용할 것이다. 사실, 곧 살펴보겠지만, 이것이 바로 정책 입안자들이 경제를 불황에서 벗어나게 하려고 하는 방법이다. ■

이제 거시경제정책의 효과를 이해하기 위하여 당신이 이 틀을 어떻게 사용할지에 대해 살펴보자.

통화정책 분석

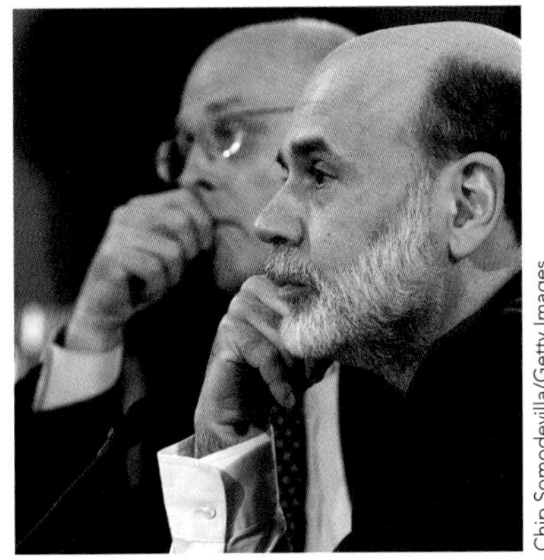

상황이 악화됨에 따라, 또 다른 회의를 하게 되는 모습(사진은 2008년 글로벌 금융 위기 당시 지속적인 침체로, 계속해서 비상 회의를 주관하던 당시 연준 의장이었던 버냉키 의장의 모습이다-역자 주)

2008년 말은 미국 경제사에서 가장 격동적인 시기의 정점이었다. 주택 가격과 주식 시장이 폭락하고 매일 서로 다른 금융 기관이 파산할 위기에 처했다는 소식을 전하고 있었다. 기업은 투자를 중단하고 소비자는 지출을 줄였으며 수백만 명의 사람들이 일자리를 잃었다. 경제는 자유 낙하하고 있었고 아무도 얼마나 나쁜 일이 일어날 수 있는지 알지 못했다. 대공황이 이제 불과 몇 달 남지 않은 것일까?

정책 입안자들에게 해결책을 제시하라는 강한 압력이 가해졌다. 경제학자들은 종종 밤늦게까지 계속되는 회의로 의회 의원들과 연방준비은행 관리들을 만났다. 일부는 소파에서 잠들었다. 어떤 사람들은 샤워를 하고 옷을 갈아입기 위해 집으로 돌아왔다가 일터로 돌아가기 전에 상황이 더욱 악화되었다는 사실만 알게 되던 시기였다. 위기는 경제의 다른 부문들과 다른 나라로 퍼졌다. 두려움은 전염성이 있었고 경제 전체를 무너뜨리겠다고 위협하고 있었다.

한 해가 지나가고 나온 GDP 수치는 잠재 GDP보다 훨씬 낮았다. 이것은 그저 추상적인 통계가 아니었다. 이것은 휴업 중인 공장, 수백만의 실업자가 된 노동자와 가족들로 가득한 풍경을 요약하고 있었다. 당신이 연방준비은행이나 대통령 경제팀의 일원이라면 어떻게 할 것인가?

통화정책은 *MP* 곡선을 이동시킨다. 연방준비은행의 정책 입안자들은 신속하고 단호하게 대응하여 2008년 중에 기준 금리를 무려 일곱 번이나 인하했다. 연준이 이처럼 과감하게 결정하는 것은 매우 보기 드문 일이었다. 이는 경제와 기업에 어떤 의미가 있을까? 다행히도 *IS-MP* 모형을 사용하여 이를 파악해볼 수 있다.

연준이 실질이자율을 변경하면 *MP* 곡선이 이동한다. 이 경우, 연준은 금리를 인하하여 *MP* 곡선을 아래로 하향 이동시켰다. 그림 30-11에서 알 수 있듯이 *MP* 곡선의 이러한 변화는 더 낮은 실질이자율로 높은 GDP를 달성할 수 있는 새로운 균형으로 이어진다. 이러한 분석을 이해하고 있던 영리한 경영인들은 그들이 더 이상 계속하여 지출을 줄일 필요가 없다는 것을 깨달았다. 실제로 *IS-MP* 분석의 예측에서처럼 연준의 이러한 극적인 조치는 더 이상의 경기 악화를 멈췄고 결국 최악의 날은 이제 지났다는 신호가 보이기 시작했던 것이다.

그러나 통화정책만으로는 경제의 모든 문제를 고칠 수 없다는 것이 점점 더 분명해졌다. 연준이 이자율을 사실상 0% 수준으로 인하했지만 경제의 활력은 여전히 저조했다. 금리가 0%

재정정책 경제상황에 영향을 미치기 위해 정부가 지출과 세금정책을 이용하는 것

되면 더 이상 금리를 인하할 수도 없다. 금리가 0%가 되면 돈을 금고에 보관하는 것에 비해 대출이 가지는 인센티브가 없기 때문이다. 추가적인 이자율 인하가 가능했다 하더라도 효과는 거의 또는 전혀 없었을 것이다. 그러나 추가 조치가 필요하다는 것은 분명했다.

그림 30-11 | 통화정책의 변화는 *MP* 곡선을 이동시킨다

연준이 실질이자율을 인하시키면, 이는 균형 GDP의 상승으로 이어진다.

Ⓐ 침체균형에서 GDP는 잠재 GDP보다 적다.
Ⓑ 실질이자율의 인하는 *MP* 곡선을 하향 이동시킨다.
Ⓒ 이는 경제를 높은 GDP의 새로운 균형으로 이동시키고 음의 총생산 갭을 없앤다.

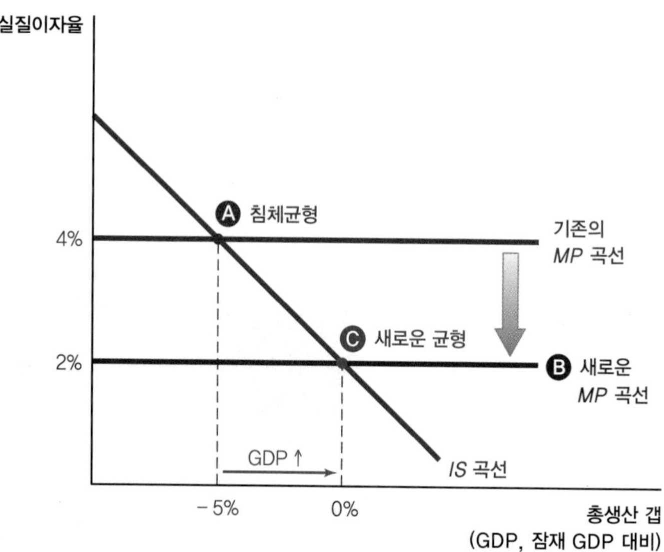

그림 30-12 | 재정정책의 변화는 *IS* 곡선을 이동시킨다

정부가 지출을 늘리면, 균형 GDP의 상승을 일으킨다.

Ⓐ 증가한 정부지출은 *IS* 곡선을 우측으로 이동시킨다. 이는 승수효과가 있고, ΔG×승수만큼 이동한다.
Ⓑ 이는 경제가 새로운 균형상태로 된다.
Ⓒ 새로운 균형은 이전과 같은 수준의 실질이자율하에서 높은 GDP를 달성한다.

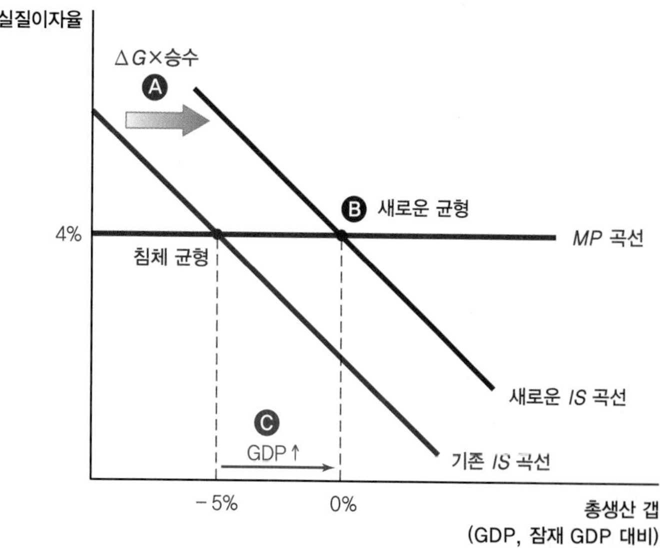

재정정책과 승수에 대한 분석

정부는 **재정정책**(fiscal policy, 자체 지출 및 세금정책)을 조정하여 경제에 영향을 미칠 수 있다. 그래서 2009년, 연방정부는 미국 회복 및 재투자법(American Recovery and Reinvestment Act)이라는 경기 부양 법안을 통과시켰다. 정부지출을 늘리고 일부 세금을 줄이는 이 법안은 (인프라, 교육, 건강 및 재생 가능 에너지에 대한 모든 새로운 지출을 포함한) 전부 합쳐서 약 7,870억 달러, 즉 미국인 1인당 2,500달러 이상이 소요될 것으로 예상되었다.

연방정부가 재정 정책을 변화시키면 *IS* 곡선은 이동하게 된다. 확장적 재정 정책의 경우는 총지출을 증가시켜 *IS* 곡선을 오른쪽으로 이동시킨다. 그림 30-12는 이러한 확장적 재정 정책이 총생산을 증가시키고 따라서 더 양의 값의 총생산 갭을 만든다는 것을 보여준다. 그러나 이 효과가 얼마나 큰지 알아보기 위해선 승수라는 개념을 이해해야 한다.

정부지출의 증가는 총지출에 여러 배의 상승효과를 가져온다. 정부지출의 초기 충격은 경제 전반에 영향을 미칠 것이다. 새로운 도로를 건설하는 데 드는 비용을 고려해보자. 직접적인 효과는 실업자인 운송 엔지니어, 건설 노동자, 도로 유지보수 직원이 고용되어 작업에 투입된다.

중요한 파급 효과도 있을 것이다. 예를 들어, 소득의 일부를 새 차에 쓰기로 결정한 근로자는 포드 근로자와 주주의 수입을 증가시킨다. 2차 파급 효과도 있다. 포드가 더 많은 자동차를 판매함에 따라 그 지역 자동차 공장 노동자들은 서브웨이(샌드위치 체인점-역자 주)에서 점심을 더 많이 사먹게 되며, 이에 따라서 서브웨이 프랜차이즈 사장은 더 많은 샌드위치 직원을 고용하게 될 것이다. 3차 파급 효과도 있다. 서브웨이의 신입사원이 옷을 사면 근처 옷가게 주인의 수입도 늘어날 것이다. 그리고 이러한 파급효과는 계속해서 다른 부문으로 지속될 것이다.

이와 같이 정부의 지출 증가가 경제 전반에 파급효과를 가져온다는 것은 상호의존의 원리가 거시경제의 발전을 이해하기 위해서 얼마나 중요한지를 깨닫게 해준다. 한 사람의 지출이 다른 사람의 수입이기 때문에 상호의존의 원리로 설명될 수 있는 것이다. 이는 정부의 추가적인 지출 증대가 건설 노동자의 추가 지출을 유도하여 자동차, 식품 및 의류 산업에서도 추가 지출을 촉진한다는 것을 의미한다. 정부 구매의 초기 충격으로 인해 경

제 전반에 파급 효과가 발생하고 효과가 배가되어 총지출이 훨씬 더 늘어난다.

정부지출의 초기 증가는 경제 전반에 반향을 일으킨다.

승수 추가 지출 1달러에서 발생하는 직접 및 간접 효과의 결과로 GDP가 얼마나 변하는지를 측정한 것

승수효과는 정부지출의 초기 충격이 총생산에 미치는 영향을 요약한다. 정부지출 증가로 인해 직접적으로 나타난 영향과 그 이후에 파급되는 효과를 모두 포함하여, 그 효과를 단 하나의 숫자인 승수로 요약해볼 수 있다. **승수**(multiplier)는 추가로 1달러를 지출하여, 발생하는 직간접적인 효과의 결과로 GDP가 얼마나 변화하는지를 측정한다. 예를 들어 승수가 2인 경우, 정부지출 1달러의 증가는 총지출 측면에서 합하여 2달러를 증가시켜 결과적으로는 총생산이 2달러가 증가하는 효과를 가져온다는 의미이다. 사람들이 소득 증대에 따른 지출 증가 성향이 높을수록, 이 승수효과는 훨씬 더 크게 된다.

승수는 다음과 같이 정비 지출 증가의 영향을 예측하는 데 사용할 수 있으므로 유용하다.

$$\Delta\text{GDP} = \Delta\text{지출} \times \text{승수}$$

이와 같은 승수의 공식을 사용하여 2009년 경기 부양 법안의 파급효과를 예상해볼 수 있다(간단하게 말하면, 경기 부양책의 전체 비용인 7,800억 달러를 정부지출의 증가로 가정할 것이다).

경제학 실습

승수가 2인 경우 정부 구매가 7,870억 달러 증가하면 GDP는 얼마나 증가할까? ■

$$\Delta\text{GDP} = \underbrace{7{,}870\text{억 달러}}_{\Delta\text{총지출}} \times \underbrace{2}_{\text{승수}} = 1\text{조 } 5{,}740\text{억 달러}$$ ■

승수는 *IS* 곡선이 얼마나 멀리 이동하는지를 결정한다. 승수는 초기에 정부지출이 급증한 후 *IS* 곡선이 얼마나 멀리 이동하는지를 결정하기 때문에 *IS-MP* 분석에 있어서 중요하다. 새로운 *IS* 곡선은 새로운 수준의 총지출을 반영하도록 이동하므로 신규 지출의 직접적인 효과와 더 많은 지출을 자극하는 파급 효과를 모두 고려해야 한다. 그 결과, 그림 30-12는 지출의 초기 변화에 승수를 곱한 금액만큼 *IS* 곡선이 이동하는 것을 보여준다. *IS* 곡선의 이러한 변화는 더 높은 GDP를 동반하지만 실질이자율에는 변화가 없는 새로운 균형으로 옮겨간다.

이 분석은 재정 부양책이 경제 성장에 도움이 되므로 경영인들이 생산을 늘릴 준비를 해야 한다는 것을 보여준다. 사실, 2009년 재정 부양 법안이 2010년과 2011년에 경제 회복세를 이끄는 중요한 요소였기 때문에 경제는 이와 같은 재정 정책의 파급효과에 대한 예상에 부합하였었다.

30.5 거시경제 충격

학습목표 *IS-MP* 모형을 이용하여 거시경제 충격의 영향을 예상한다.

지금까지 *IS-MP* 모형을 사용하여 재정 및 통화 정책이 경제에 미치는 영향을 분석했다. 이 모형은 또한 소비자 지출이나 투자의 변화를 일으키는 경제 상황의 다른 변화의 가능한 결과를 평가하는 데 사용할 수 있다. 먼저 *IS* 곡선을 이동시키는 충격요인을 식별한 다음 *MP* 곡선을 이동시키는 충격요인을 살펴보도록 하자.

그림 30-13 | 지출의 변화는 *IS* 곡선을 이동시킨다

지출이 증가하면 이는 균형 GDP의 상승을 촉진한다.

Ⓐ 지출의 증가는 *IS* 곡선을 **우측으로** 이동시킨다. 이는 승수효과를 가지고 있으므로 Δ지출×승수만큼 이동한다.
Ⓑ 이는 경제가 **새로운 균형상태**에 접어들게 한다.
Ⓒ 새로운 균형은 이전의 실질이자율 수준에서 **더 높은 GDP**를 달성한다.

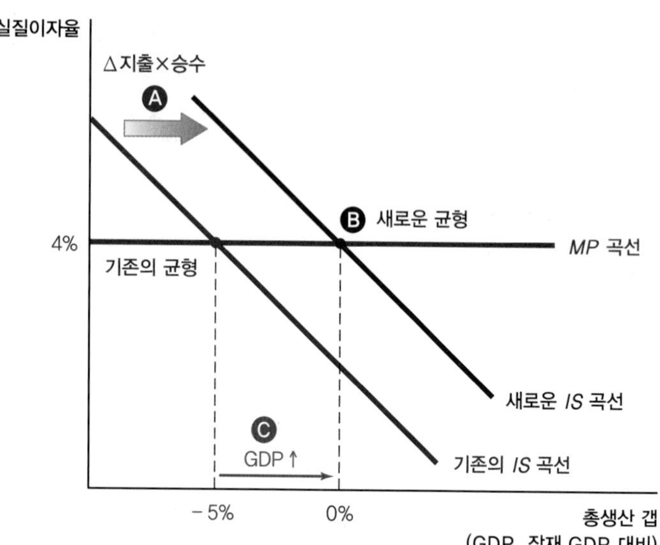

지출 충격은 *IS* 곡선을 이동시킨다

IS 곡선은 각 실질이자율하에서의 총지출을 반영한다는 사실을 상기해보자. 이것은 특정 실질이자율 수준과 특정 소득 수준에서 총지출을 변화시키는 요인은 *IS* 곡선을 이동시킨다는 것을 의미한다. 그림 30-13에서 알 수 있듯이 이것은 승수 효과를 가지고 있고 그 결과 총지출이 증가하면 경제가 GDP 수준이 더 높은 새로운 균형으로 옮겨가서 이전보다 양의 총생산 갭이 발생한다.

이와 같은 동학의 기제가 반대로도 작동한다. 지출이 감소하면 *IS* 곡선은 왼쪽으로 이동한다. 한 사람의 지출이 적어진다는 것은 다른 사람의 소득이 적어진다는 것을 의미하므로 지출이 승수효과에 따라서 감소하게 된다. 이러한 감소 현상이 경제 전반에 파급됨에 따라 결과적으로 총지출이 감소하여 *IS* 곡선을 왼쪽으로 더 이동시킬 것이다. 이는 경제를 GDP 수준이 더 낮고 따라서 이전보다 음의 총생산 갭을 갖는 새로운 균형으로 옮겨갈 것이다.

IS 곡선의 이동은 특정 실질이자율 수준 및 특정 소득 수준에서 총지출 수준을 변화시키는 **지출 충격**(spending shocks) 요인에 의해서 발생한다. 지출 충격 요인들을 식별하고자 한다면, 총지출을 구성하고 있는 각각의 항목들, 즉 소비, 투자, 정부 구매 및 순수출에 대해서 생각해보면 된다.

지출 충격 주어진 실질이자율과 소득 수준에서 총지출의 변화. 지출 충격은 *IS* 곡선을 이동시킨다.

소비는 사람들이 더 부유하다고 느낄 때 증가한다 :
부 ↑
소비자 신뢰 ↑
정부 보조 ↑
세금 ↓
불평등 ↓

지출 충격 하나 : 사람들은 더 부유하다고 느낄 때 소비가 증가한다. 사람들은 일반적으로 지출할 돈이 더 많거나 곧 그렇게 될 것이라고 확신할 때 지출을 늘린다. 따라서 사람들이 더 부유하다고 느끼거나 곧 부유해질 것이라는 확신을 갖게 하는 모든 발전은 소비를 증가시킨다. 이는 소비가 다음과 같은 요인에 반응하여 변화할 수 있다는 것을 의미한다.

부 : 주식 시장이 호황을 누리거나 주택 가격이 오르면 주주와 주택 소유자는 재산이 증가했기 때문에 더 풍족함을 느끼게 된다. 운이 좋은 주주와 주택 소유자가 새로 얻은 부의 일부를 소비함에 따라 소비가 증가할 것이다.

소비자 신뢰 : 상호의존의 원리는 오늘 내리는 결정이 미래에 일어날 일에 대한 기대에 달려 있음을 상기시킨다. 미래에 수입이 증가할 것이라고 확신하면 지출을 미리 늘릴 수 있다. 결과적으로 개선된 경제 전망이 소비자 신뢰를 높일 때 소비가 증가한다.

세금과 정부 보조 : 정부가 세금을 삭감하거나 실업 보험과 같은 정부 보조금을 늘리면 사람들은 물건을 사는 데 사용할 수 있는 가처분 소득이 더 많아진다. 따라서 정부 정책이 사람들의 주머니에 더 많은 돈을 넣을 때 소비가 증가한다.

불평등 : 저소득층은 소득이 높은 사람들보다 소득의 더 많은 부분을 소비하는 경향이 있다. 따라서 소득이 높은 사람의 소득을 저소득자에게 재분배하는 것(정부 이전 지급 및 조세 제도 변경 등)은 소비를 증가시키는 경향이 있다.

지출 충격 둘 : 사업 확장에 수익성이 있을 때 투자는 증가한다. 경영인들은 생산을 확장하는 것이 수익성이 있다고 생각할 때 새로운 기계에 투자하게 된다. 비용-편익의 원리는 생산 능력의 향상을 통해 얻을 수 있는 추가 수익의 이점과 투자비용을 동시에 고려해야 한다는 사실을

알려주고 있다. 결과적으로 투자는 다음과 같은 요인들에 대해서 대응하여 변화할 수 있다.

투자는 생산을 늘리는 것이 이윤이 남을 때 증가한다.
GDP 성장 ↑
기업 신뢰 ↑
투자세금 공제 ↑
법인세 ↓
대출 기준 완화와 더 많은 현금 준비금 ↑
불확실성 ↓

경제 확장 : 경제가 확장되면 제품에 대한 수요도 늘어난다. 더 많은 것을 생산하려면 관리자는 생산 능력을 확장해야 한다. 결과적으로 경제가 더 빠르게 확장되면 새로운 장비에 대한 투자가 증가한다.

기업 신뢰 : 자본 투자는 수년 또는 수십 년 동안 지속되는 경향이 있기 때문에 새 장비 구매 여부에 대한 평가는 현재의 이익뿐 아니라 미래 수익성에 대한 기대치에 따라 달라진다. 이것이 관리자가 장기적인 수익성에 대해 더 확신을 가질 때 투자가 증가하는 이유다.

법인세 : 법인세를 낮추면 기업가가 새로운 장비에 투자하여 얻는 세후 이익이 증가한다. 결과적으로 높은 법인세 아래에선 투자는 감소한다. 반대로, 새 장비를 구입하는 세후 비용을 줄이는 투자 장려를 위한 세금 공제의 경우 이에 대응하여 투자가 증가한다.

대출 기준과 현금 준비금 : 합리적인 이자율로 돈을 빌리기가 어렵다면 회사가 현금을 보유할 때만 새 장비에 투자하는 것이 가장 좋다. 대출을 받기 쉽거나 기업의 현금 보유량이 많을 때 투자가 증가하는 경향이 있다. 현금 준비금은 금융 시스템이 제대로 작동하지 않을 때 특히 중요하다.

불확실성 : 경제 전망에 대해 확신이 없는 경우 (좋을 수도 있고 끔찍할 수도 있다.) 일반적으로 전망이 좀 더 명확해질 때까지 주요 투자 프로젝트에 대한 시작을 연기할 수 있는 선택지가 있다는 것을 기억하라. 불확실성이 낮아지면 관리자는 이러한 보류된 프로젝트를 다시 시작하여 투자를 늘릴 수 있다.

지출 충격 셋 : 재정 정책이 경기를 부양하려고 할 때 정부지출은 증가한다. 예를 들어 고속도로를 건설하거나 새로운 군사 장비를 구입하는 등 정부가 경제를 활성화하기 위해 재정 정책을 사용하면 정부지출이 증가한다. 또한 자동 안정화 장치로 알려진 일부 정부 프로그램은 경제가 취약할 때 자동적으로 지출을 늘린다.

정부는 재정정책에 대응하여 지출을 늘린다.
- 추경법안 통과
- 자동안정화장치

그러나 이전 지출은 아니다(최소한 직접적으로는).

정부지출은 정부가 상품과 서비스를 구매함으로써 총지출을 직접 증가시키고 따라서 *IS* 곡선을 이동시킨다는 점을 기억하라. 반면, 실업 보험이나 사회 보장과 같은 많은 정부 보조 프로그램들은 단순히 한 은행 계좌(정부)에서 다른 은행 계좌(수취인)로 돈을 이체를 하는 것이기 때문에 총지출을 직접 증가시키지 않는다. 만약 효과가 있다면 지출 가능성이 더 높은 사람들에게 돈을 재분배함으로써 소비가 증가한 것임으로 이는 간접적인 효과일 것이다.

지출 충격 넷 : 순수출은 글로벌 요인으로 증가한다. 다른 나라 사람들이 미국의 상품과 서비스를 많이 사고 싶어 할 때 순수출이 증가한다. 순수출의 변화로 반영되는 이러한 결과는 미국 경제가 전 세계의 경제상황과 밀접한 관계를 가지는 의미이며, 이는 상호의존의 원리가 작동하고 있기 때문이다. 순수출은 다음과 같은 요인들에 반영하여 변할 수 있다.

순수출은 글로벌 요소에 대응하여 증가한다.
글로벌 GDP 성장 ↑
미 달러 ↓
해외시장에 대한 무역장벽 ↓
미국시장에 대한 무역장벽 ↑

글로벌 경제 성장 : 유럽, 일본, 중국의 경제상황이 좋을 경우, 소비자와 기업은 더 많은 돈을 쓸 수 있고, 미국에서 만들어진 상품을 포함한 상품들을 더 많이 소비함으로써 미국의 순수출이 증가한다.

환율 : 순수출도 환율 변화에 따라 움직인다. 미국 달러가 저렴해지면 해외 바이어에게도 미국의 상품이 저렴해지기 때문에 수출이 증가한다. 또한 더 저렴한 미국 달러는 미국 구매자들에겐 외국 상품이 더 비싸짐으로써(달러로 계산했을 때) 수입이 감소한다는 것을 의미한다. 수출 증가와 수입 감소 두 가지 요인 모두 순수출을 증가시킨다.

무역장벽 : 수출은 미국 기업이 해외시장에서 상품을 판매하는 것을 방해하는 장벽이 적을 때 증가하고 수입은 외국 기업이 미국의 구매자에게 판매하는 것을 방해하는 장벽이 적을 때

그림 30-14 지출 충격은 *IS* 곡선을 움직인다

IS 곡선 이동요인	예
사람들이 부유하다고 느끼면 **소비**가 증가한다.	부↑, 소비자 신뢰↑, 정부보조↑, 세금↓, 불평등↓
생산을 늘리는 것이 더 이윤이 남을 경우 **투자**가 증가한다.	GDP 성장↑, 기업 신뢰↑, 투자세금공제↑, 법인세↓, 대출기준완화 및 현금준비금↑, 불확실성↓
재정정책에 대응하여 **정부지출**은 증가한다.	추경법안 통과, 자동완화장치… 그러나 이전 지출은 아님(최소한 직접적 요인은 아니다)
글로벌 요소에 대응하여 **순수출**은 증가한다.	글로벌 GDP 성장↑, 미 달러↓, 해외시장에 대한 무역장벽↓, 미국시장에 대한 무역장벽↑

* 위 예시는 전부 총지출 증가, 즉 *IS* 곡선의 오른쪽 축을 이동시킨다. 따라서 반대 부호는 모두 좌측 축을 이동시킬 것이다.

증가한다. 무역 협정은 일반적으로 수입과 수출 모두를 막는 장벽을 감소시키기 때문에 순수출(수출에서 수입을 뺌)에 미치는 영향은 명확하지 않다. 마찬가지로 무역 전쟁(수입을 막는 무역 장벽이 높아지면 외국에서도 미국 수출품을 구매하는 것을 막기 위해 장벽을 높임으로써 보복하게 된다)은 수입과 수출을 모두 감소시켜 순수출에 불분명한 영향을 미칠 것이다.

그림 30-15 *MP* 곡선 이동

MP 곡선은 통화 정책이나 리스크 프리미엄의 변화로 움직인다.

Ⓐ 초기 균형에서 GDP는 잠재 GDP와 같다
Ⓑ 실질이자율의 상승은 *MP* 곡선을 상향 이동시키고 새로운 균형이 낮은 GDP와 높은 이자율에서 형성되게 한다.
Ⓒ 실질이자율의 감소는 *MP* 곡선을 하향 이동시키고 새로운 균형이 높은 GDP와 낮은 이자율에서 형성되게 한다.

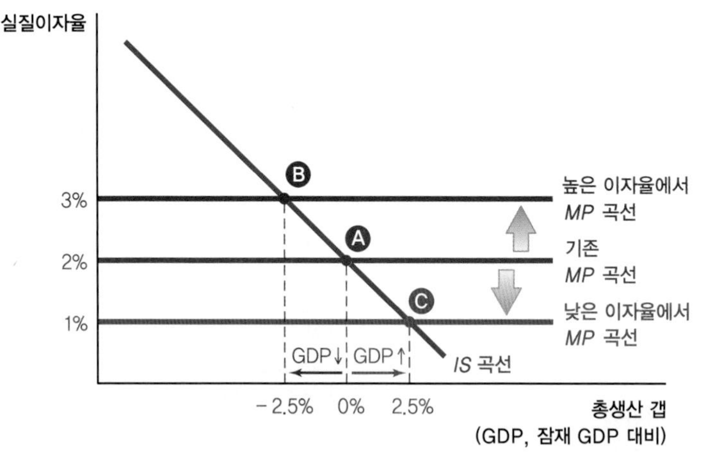

요약 : 총지출의 구성요소를 변화시키는 요인들은 *IS* 곡선을 이동시킨다. 이 요인들은 그림 30-14에 모두 정리되어있다.

그러나 이런 모든 분석은 한 가지 통찰에 의한 결과이다. *IS* 곡선은 총지출의 구성항목을 증가시키는 요인에 의해서 이동할 수 있다. 다음의 목록을 기억하는 것이 쉬운 방법일 것이다. 이는 단지 *C*, *I*, *G*, 그리고 *NX*이다. 다음으로는, 어떠한 요인들이 *MP* 곡선을 이동시키는가?

금융 충격은 *MP* 곡선을 이동시킨다

MP 곡선의 이동 메커니즘부터 시작해보자. 그림 30-15에서 알 수 있듯이 이는 매우 간단하다. 실질이자율의 상승은 *MP* 곡선을 상향 이동시킨다. 낮은 GDP와 이전보다 음의 총생산 갭과 함께 새로운 균형으로 가게 된다. 반대로, 실질이자율의 감소는 *MP* 곡선을 하향 이동시켜 더 높은 GDP와 이전보다 양의 총생산 갭을 갖는 새로운 균형으로 옮겨간다.

연방준비은행이 무위험 실질이자율을 조정하거나, 금융시장의 변화가 리스크 프리미엄을 바꾸면 실질이자율이 변화하여 *MP* 곡선은 이동한다. 우리는 *MP* 곡선을 움직이는 이러한 대출 환경의 변화를 **금융 충격**(financial shocks)이라고 부른다.

금융 충격 사람들이 대출할 수 있는 실질이자율을 변화시킬 수 있는 모든 충격. 금융 충격은 *MP* 곡선을 움직인다.

통화정책은 이자율을 다음 요소들로 올릴 수 있다.
무위험이자율 ↑
기대 미래 이자율 ↑

금융 충격 하나 : 통화정책의 변화는 금융 충격이다. 연방준비은행이 기준 금리를 인상하기로 결정하면 그 결정은 금융시장을 통해 전파되고 결국 다양한 금리들을 인상시켜 경제의 나머지 부분에 전반적인 영향을 미친다. 이 높은 실질이자율은 *MP* 곡선을 상향 이동시킨다. 마찬가지로 연준이 실질금리를 인하하면 *MP* 곡선이 하향 이동한다.

하지만 기준 금리 인상이나 인하가 연준 입장에서 *MP* 곡선을 이동시킬 수 있는 유일한 방법

은 아니다. 장기 금리는 부분적으로는 현재의 단기 금리에 기초하고, 부분적으로는 금리가 향후 몇 달과 몇 년 동안 어떻게 발전할 것인지에 대한 기대에도 기초한다. 연준은 종종 이러한 기대에 영향을 미치려고 노력한다. 미래에 금리를 올릴 것으로 예상된다는 신호를 금융시장에 종종 보내서, 결국 장기 금리가 인상되도록 유도한다. 이것 또한 *MP* 곡선을 상향 이동시키게 된다.

연준이 발표하는 모든 기준 금리 변경이 실질이자율을 변경시키지는 않는다는 점도 기억할 가치가 있다. 연준이 직접 정하는 이자율은 명목이자율이므로 인플레이션이 1% 상승하면, 연준은 실질이자율을 그대로 유지하기 위해서는 명목이자율을 1% 인상해야 한다.

금융 충격 둘 : 금융시장 리스크는 리스크 프리미엄을 변화시킨다. *MP* 곡선은 리스크 프리미엄이 변경될 때도 이동할 수 있다. 여기서의 메커니즘은 연방준비은행의 변화에 따른 메커니즘과 동일하다. 리스크 프리미엄이 상승하면 실질이자율이 상승하여 *MP* 곡선이 상향 이동한다. 그리고 리스크 프리미엄의 감소는 실질이자율을 낮추고 *MP* 곡선을 하향 이동시킨다.

Simon Belcher/Alamy

증가하는 리스크는 리스크 프리미엄을 바꿀 것이다.

리스크 프리미엄은 다양한 금융위험을 반영하고, 다음과 같은 요인들에 반응하여 변할 수 있다.

채무불이행 리스크 : 채무자가 채무를 상환하지 않거나 적시에 상환하지 않을 위험이 증가하는 경우 대출 기관은 더 큰 리스크 프리미엄을 요구하여 *MP* 곡선이 상방 이동한다.

유동성 리스크 : 은행이 현금, 즉 유동성을 필요로 할 때 일반적으로 대출 중 일부를 다른 대출 기관에 판매하여 현금을 얻을 수 있다. 유동성 위험은 금융시장의 혼란으로 인해 대출을 구매할 기관이 없거나 합리적인 가격을 지불할 의사가 없을 때 발생한다. 유동성 위험이 증가하면 리스크 프리미엄이 증가하여 *MP* 곡선이 상향 이동한다.

이자율 리스크 : 30년 만기의 주택담보대출과 같이 장기간 고정 이자율로 누군가에게 돈을 빌려주는 것은 또 다른 위험을 초래한다. 오늘 제공하는 장기 이자율은 미래 이자율이나 인플레이션이 예기치 않게 높아졌을 때 대출기관 입장에서는 나쁜 거래로 판명될 수 있다. 따라서 미래 이자율이나 인플레이션에 대한 불확실성이 증가하면 이자율 리스크가 증가하여 리스크 프리미엄이 증가하고 *MP* 곡선이 상향 이동한다.

리스크 회피 : 대출 기관이 위험을 감수하기를 더 꺼리면, 즉 위험 회피가 더 커지면 더 높은 리스크 프리미엄을 부과할 수 있을 때만 기꺼이 대출을 실행할 것이다. 따라서 대출 기관이 위험을 더 싫어하게 만드는 시장 정서의 변동은 *MP* 곡선을 상향 이동시킬 것이다.

높은 리스크 프리미엄은 다음과 같은 요인들에 의해 이자율을 올리게 될 것이다.
채무 불이행 리스크 ↑
유동성 리스크 ↑
이자율 리스크 ↑
위험 회피 ↑

요약 : 실질이자율의 변화는 *MP* 곡선을 이동시킨다. 요약하면, *MP* 곡선은 실질이자율이 변할 때마다 변하고 그림 30-16에서 볼 수 있듯이 무위험이자율에 대한 연준의 영향과 금융시장이 리스크 프리미엄을 조정하도록 이끄는 변화를 반영한다.

그림 30-16 | 금융 충격은 *MP* 곡선을 이동시킨다

MP 곡선 이동요인	예
무위험이자율은 통화정책에 대응하여 움직인다.	무위험이자율 ↑, 기대 미래 이자율 ↑
리스크 프리미엄은 대출이 더 위험해질수록 증가한다.	채무 불이행 리스크 ↑, 유동성 리스크 ↑ 이자율 리스크 ↑, 위험 회피 ↑

경제변화 예측

자 이제, 변화하는 경제 상황이 시장을 어떻게 형성할지 예측할 수 있도록 이 모든 것을 간단한 정리로 통합해 보자. 경제 상황의 변화에 따른 영향을 평가하려면 다음과 같이 스스로에게 질문해 보자.

1단계 : 지출 충격이 있는가?(*IS* 곡선을 이동시킬) 또는 금융 충격이 있는가?(*MP* 곡선을 이동시킬)

2단계 : 이와 같은 변화는 어떤 방향에서, 얼마나 멀리 *IS*와 *MP* 곡선을 이동시키는가?

3단계 : GDP엔 어떤 변화가 있는가?(총생산 갭에도) 새로운 균형의 실질이자율은 어떤가?

이제 이를 실행해 볼 시간이다.

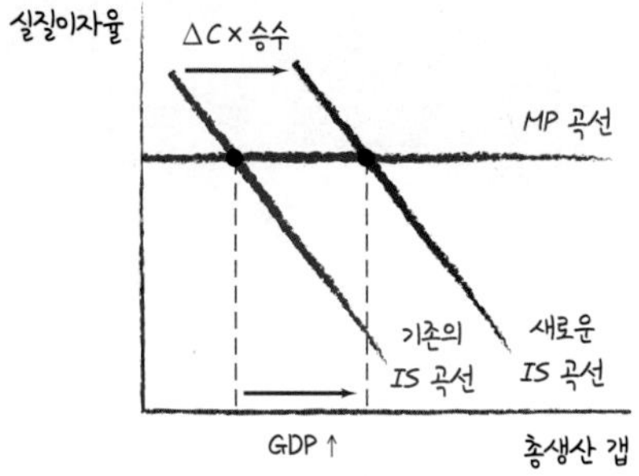

실질이자율 ΔC × 승수 MP 곡선 기존의 IS 곡선 새로운 IS 곡선 GDP ↑ 총생산 갭

예시 1 : 2008년 초, 정부는 저조한 경제를 우려했다. 경기 침체를 막기 위해 연방 정부는 가구에 세금 환급을 제공하여 최대 1,200달러의 환급을 지급했다. 이것이 경제에 어떤 영향을 미쳤는가?

1단계 : 세금 환급은 정부가 돈을 이전하지만 아무것도 구매하지 않기 때문에 정부지출로 직접 계산되지 않는다. 그러나 이러한 감세는 사람들이 세후 소득이 더 많다는 것을 의미한다. 이에 따라 소비가 증가하여 총지출이 증가했으며 이는 양의 지출 충격이다.

2단계 : 그 결과로 *IS* 곡선은 우측으로 이동한다.

3단계 : 이는 이전의 실질이자율 수준하에서 더 높은 GDP, 더 양의 값의 총생산 갭을 초래한다.

실질이자율 새로운 MP 곡선 ↑r 기존 MP 곡선 IS 곡선 GDP ↓ 총생산 갭

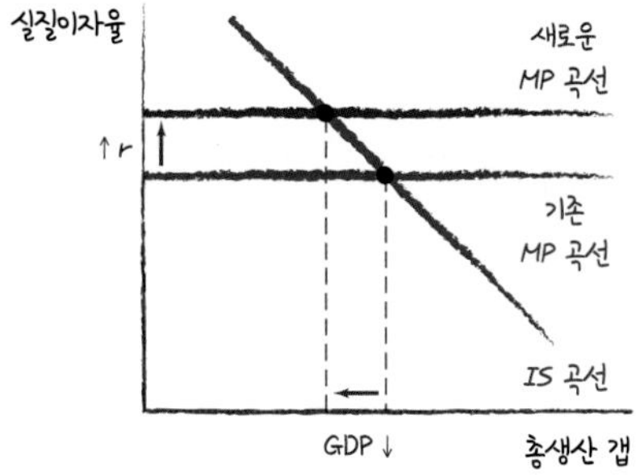

예시 2 : 2008년 9월, 세계 금융 시스템이 마비되었다. 연방준비은행은 이자율을 2%로 유지했지만, 기업이 대출해야 할 경우 훨씬 더 높은 이자율을 지불해야 한다는 암울한 현실이 있었다. 이것이 경제에 어떤 영향을 미쳤는가?

1단계 : 연방준비은행은 금리를 변경하지 않았지만 이제는 대출에 대한 리스크가 훨씬 더 커졌다. 이에 대응하여 리스크 프리미엄이 상승하여 실질금리가 상승하고 이는 금융 충격이라고 할 수 있다.

2단계 : 그 결과 *MP* 곡선이 상향이동한다

3단계 : 이러한 움직임은 더 높은 실질이자율, 더 낮은 GDP 그리고 이전보다 음의 총생산 갭을 초래한다.

실질이자율 ΔNX × 승수 MP 곡선 새로운 IS 곡선 기존 IS 곡선 GDP ↓ 총생산 갭

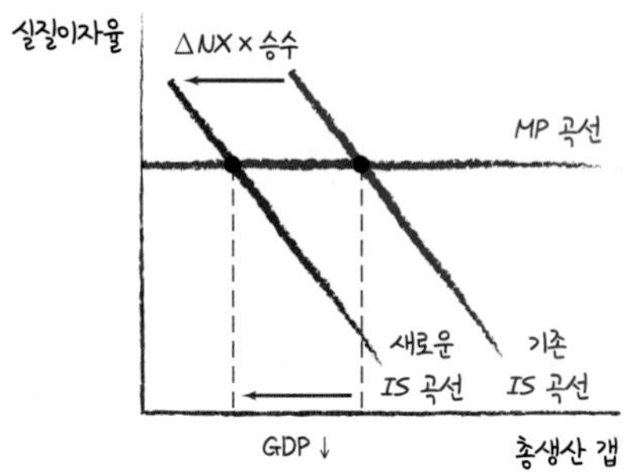

예시 3 : 2018년 중국의 경제가 둔화되었을 때, 미국의 경제는 어떤 영향을 받았는가?

1단계 : 중국 경제가 둔화되었을 때, 미국에서 수출된 물품에 대한 수요는 감소했다. 이러한 순수출의 감소는 미국의 입장에서 총지출의 감소를 의미하고 부정적인 지출 충격을 받게 되었다.

2단계 : 그 결과로 *IS* 곡선은 왼쪽으로 이동했다.

3단계 : 이러한 변화는 이전의 실질이자율하에서 낮은 GDP와 이전보다 음의 총생산 갭을 초래했다.

예시 4 : 2006년 정부는 태양광 발전 시스템을 설치하면 30%의 세금 혜택을 주겠다고 발표했다. 이는 경제에 어떤 영향을 미치는가?

1단계 : 세금 혜택은 태양광 발전시설에 투자에 대한 비용을 감소시키는 효과가 있다. 이에 대응하여 태양광 발전에 대한 투자는 증가하고 총지출이 늘어나며 양의 지출 충격으로 이어진다.

2단계 : 그 결과로 *IS* 곡선은 오른쪽으로 이동한다.

3단계 : 이러한 이동은 이전의 실질이자율 수준하에서 더 높은 GDP, 이전보다 양의 총생산 갭을 초래한다.

경제학 실습

경제를 모두 파악했다고 생각하는가? 여기에 더 많은 예제를 통해 연습할 수 있는 기회가 있다. 각각의 경우, 균형 GDP가 잠재 GDP와 동일한 안정적인 균형수준에서 경제가 시작할 때 어떤 일이 발생하는지 평가해보자.

예산의 균형을 맞추기 위해 연방정부는 군에 사용되는 지출을 줄이기로 결정했다.

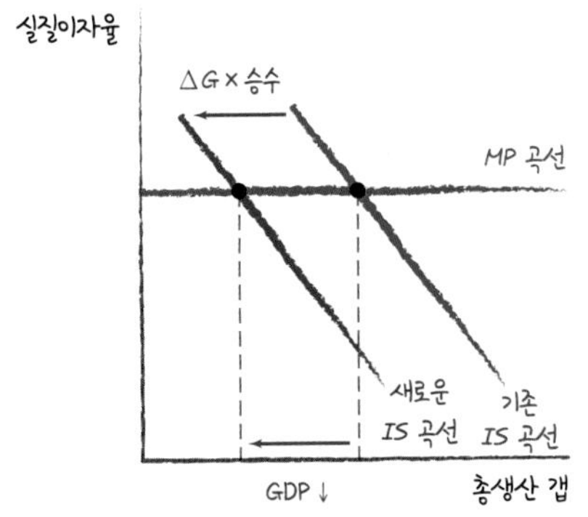

더 적은 정부지출
→ *IS* 곡선이 좌측으로 이동
결과 : GDP의 감소와 실질이자율 불변

소비자 신뢰가 급증함에 따라 사람들은 더 많은 차, 생필품, 가구를 구매하고자 한다.

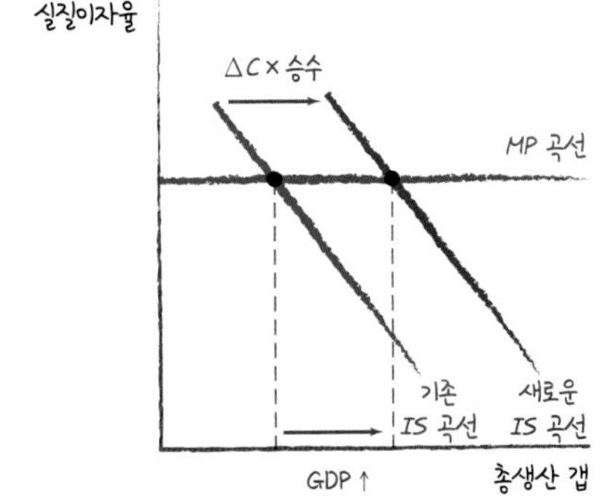

더 많은 소비자 지출
→ *IS* 곡선이 우측으로 이동
결과 : GDP의 증가와 실질이자율 불변

이자율의 미래 경로에 대한 불확실성으로 인해 채권자들은 그들의 대출에 대한 리스크 프리미엄을 올리기로 결정했다.

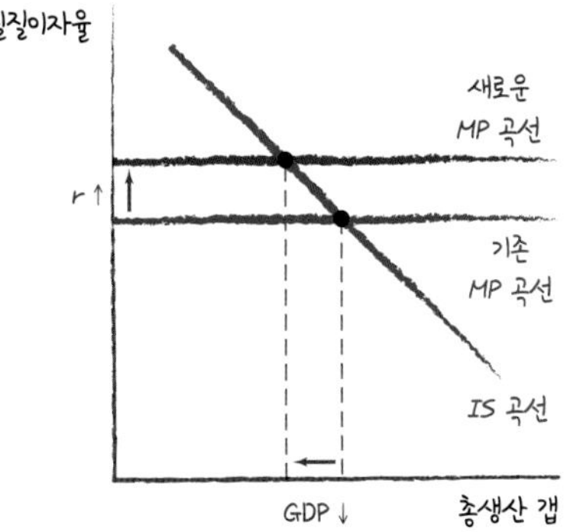

리스크 프리미엄의 상승
→ *MP* 곡선의 상향 이동
결과 : GDP의 감소와 실질이자율 상승

긴장이 고조된 후에, 중국은 미국에서 수출된 품목에 대해 관세를 부여했다.

순수출의 감소
→ *IS* 곡선이 좌측으로 이동
결과 : GDP의 감소와 실질이자율 불변

경제를 부양시키기 위한 노력으로 연방정부는 연방기금금리(미국의 기준금리 - 역자 주)를 인하

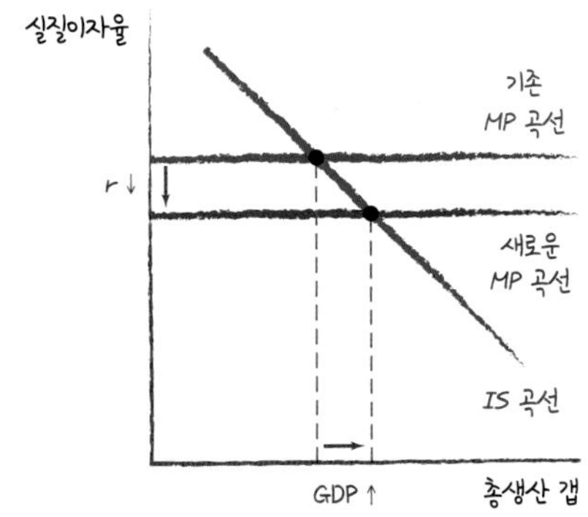

연준은 이자율을 인하했다.
→ *MP* 곡선의 하향 이동
결과 : GDP의 증가와 실질이자율 하락

기업 신뢰의 증가는 포드, 제너럴 모터스, 그리고 다른 자동차 제조업체들이 미국 내에 새로운 공장을 짓도록 만들었다.

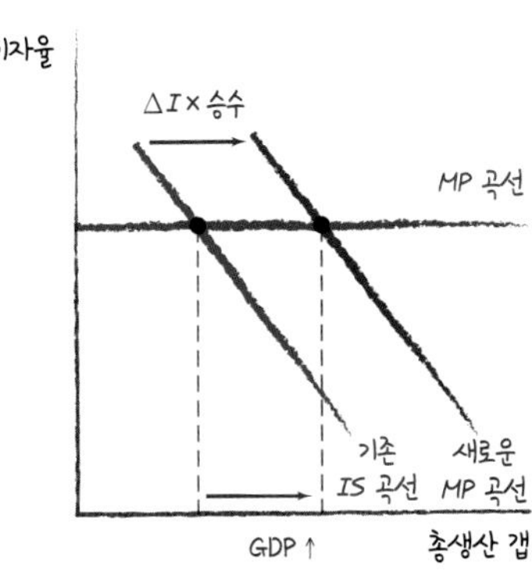

투자의 증가
→ *IS* 곡선이 우측으로 이동
결과 : GDP의 증가와 실질이자율 불변

유럽의 경제 성장이 정점에 달함에 따라 미국의 수출업자들은 그들의 상품에 대한 강한 수요를 누리고 있다.

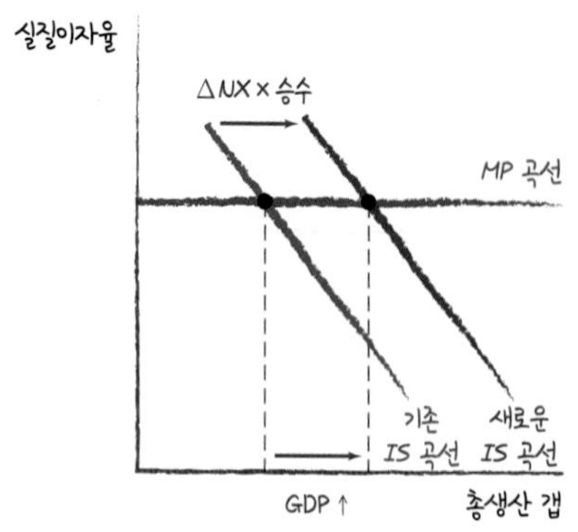

순수출의 증가
→ *IS* 곡선이 우측으로 이동
결과 : GDP의 증가와 실질이자율 불변

정치적 불확실성이 증가함에 따라 많은 경영진들이 투자계획을 보류하게 되었다.

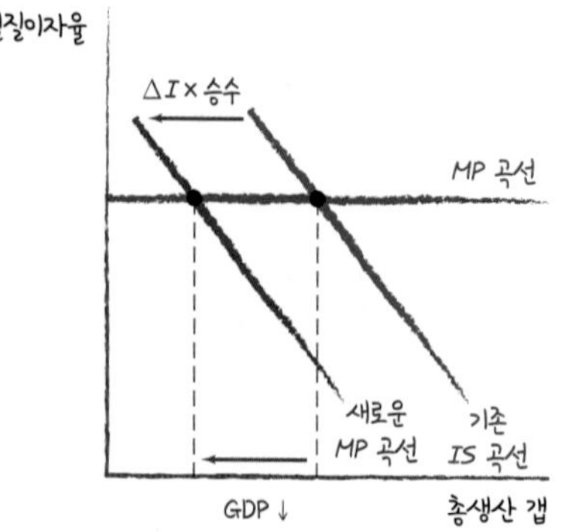

투자의 감소
→ *IS* 곡선이 좌측으로 이동
결과 : GDP의 감소와 실질이자율 불변

연준이 채권자들의 리스크 프리미엄을 감소시키기 위해 금융시장에 개입했다.

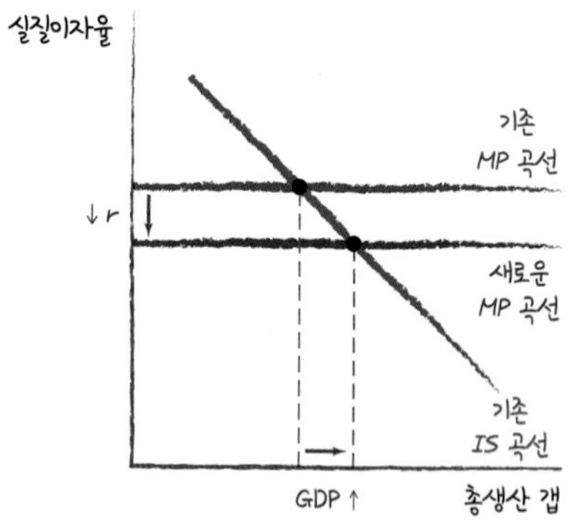

리스크 프리미엄의 감소
→ *MP* 곡선의 하향이동
결과 : GDP의 증가와 실질이자율 하락

주식시장은 가파르게 하락했고 부를 잃은 사람들이 지출을 줄이도록 만들었다.

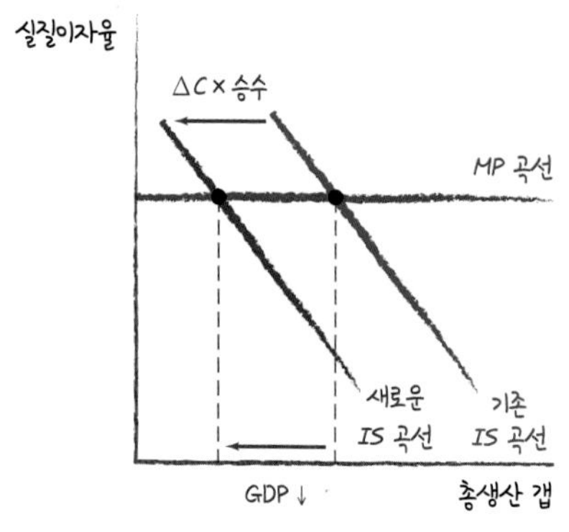

소비의 감소
→ *IS* 곡선이 좌측으로 이동
결과 : GDP의 감소와 실질이자율 불변

긴 저금리 시대 이후에 연준은 연방기금금리를 인상했다.

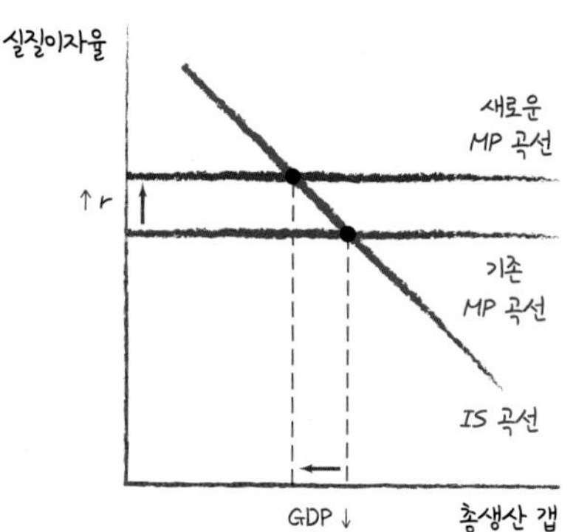

이자율의 증가
→ *MP* 곡선의 상향 이동
결과 : GDP의 감소와 실질이자율 상승

글로벌 시장의 혼란으로 인해 투자자들은 미국 달러 가격을 올리게 되었고, 이로 인해 외국인들에 대한 미국의 수출품은 더 비싸지게 되었다.

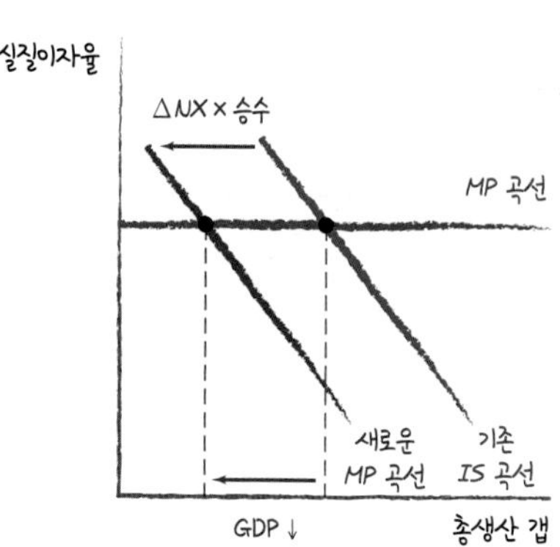

순수출의 감소
→ *IS* 곡선이 좌측으로 이동
결과 : GDP의 감소와 실질이자율 불변 ■

함께 해보기

IS-MP 모형은 실무에서 사용된다. 이는 정부, 연준 및 민간 부문 전망가가 경제에 대한 생각을 구성하는 데 사용하는 것과 동일한 도구다. 이는 총지출과 금리 변화의 상호 작용이 어떻게 경기변동을 야기하는지, 그리고 이러한 변동에 대응하기 위해 재정 및 통화정책을 사용하는 방법을 이해하기 위한 분석도구이다. *IS-MP* 분석은 거시경제 변화가 업계에 얼마나 큰 영향을 줄지 알려주기 때문에 사업 분석에 있어서 필수이다.

IS 곡선은 총지출에 대한 실질이자율의 영향을 반영한다. *MP* 곡선은 금융 시스템을 반영하고 통화정책과 금융 환경의 변화가 어떻게 중요한 영향을 미치는지 보여준다.

그 결과 당신이 경제 뉴스들 ― 재정정책과 통화정책, 소비자 신뢰와 기업심리, 일본, 유럽, 중국의 발전, 환율의 변화, 금융시스템에 대한 충격 ― 의 지속적인 흐름을 이해하는 데 사용할 수 있는 유용한 분석도구가 될 것이다.

다만, 유일한 우려는 이 모형을 지나치게 문자 그대로 받아들이면 경제를 관리하는 일이 너무 단순해 보일 수 있다는 것이다. 이는 마치 *IS* 곡선에서 해당하는 실질이자율을 찾는 것만으로도 모든 수준의 총생산 갭을 달성할 수 있다고 말하는 것 같다.

현실은 훨씬 더 복잡하고 난해하다. 실제 *IS* 곡선은 현실 속의 이코노미스트가 단순히 찾아보는 교과서 내의 고정된 차트가 아니다. 진실은 *IS* 곡선이 지속적으로 변하고 있다는 것이다. 즉, 어제 적절했던 정책이 오늘은 적절하지 않을 수도 있다. 그리고 우리는 *IS* 곡선의 기울기를 모른다. 대신, 우리는 과거에 경제가 다른 이자율에 어떻게 반응했는지에 근거한 통계적 추정에 의존할 수밖에 없다. 다만, 앞으로도 과거와 같은 방식으로 반응할지 그 누가 알겠는가?

게다가 *MP* 곡선은 이자율이 하나뿐이고 연방준비은행이 통제하고 있음을 암시하는 것처럼 보인다. 이는 유용한 단순화이지만 실제로는 다양한 유형의 대출에 대해 다양한 이자율이 있으며 연방준비은행은 각각 이자율에 약간의 영향을 미치지만 완전하게 통제하지는 않는다. 그리고 우리의 분석은 *IS* 또는 *MP* 곡선이 이동하면 어떤 일이 일어날지 알려주지만(유용하다!) 이러한 효과가 얼마나 빨리 또는 길게 나타날지에 대해서는 많이 언급하지 않았다.

현실이 복잡하긴 하지만 거시경제학의 요점은 큰 그림에 집중하는 것이다. *IS-MP* 모형은 가장 중요한 경제 요인들에 집중하기 때문에 유용하다. 이는 경제 상황의 변화와 추이를 지속적으로 이해하는 방법에 대해 토론할 때 경제학자, 정치인, 상인 및 기업 경영진들이 사용하는 언어이기 때문에 유용하다. 이제 그 언어를 배웠으니 대화에 참여한 것을 환영한다!

한눈에 보기

IS 곡선 : 어떻게 낮은 실질이자율이 지출과 GDP를 증가시키고, 양의 총생산 갭을 만들 수 있는지 보여준다.

이자율↓ ⇒ 소비↑, 투자↑, 정부지출↑ 또는 순수출↑ ⇒ GDP↑ ⇒ 총생산 갭↑

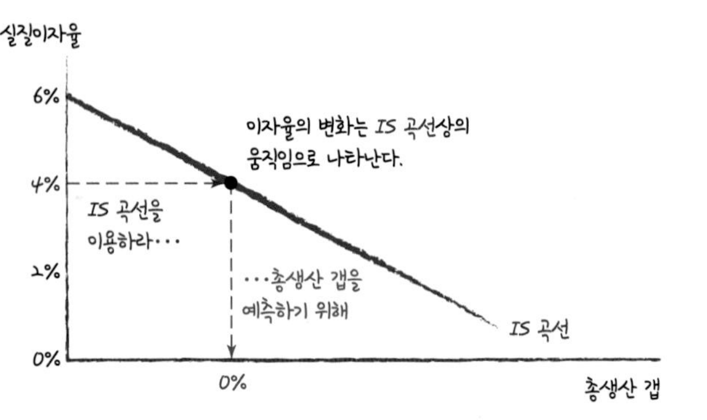

MP 곡선 : 통화정책과 리스크 프리미엄에 의해 만들어진 현재의 실질이자율을 나타낸다.

이자율 = 무위험이자율 + 리스크 프리미엄
(통화정책) (금융시장)

IS-MP 모형

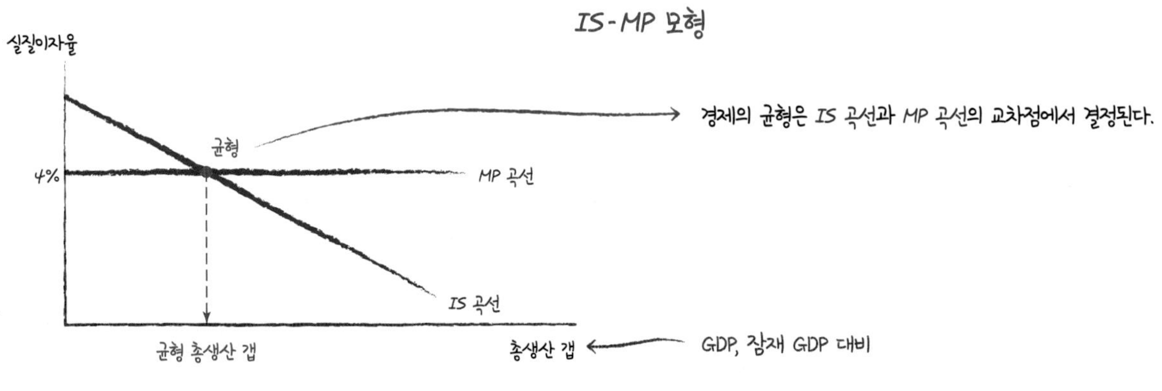

거시경제적 충격의 영향

1. 지출 충격(*IS* 곡선을 움직이는) 또는 금융 충격(*MP* 곡선을 움직이는)이 있는가?
2. *IS* 곡선 또는 *MP* 곡선이 어떤 방향으로, 얼마나 움직이는가?
3. 새로운 균형에서 GDP에 어떤 일이 일어나는가?

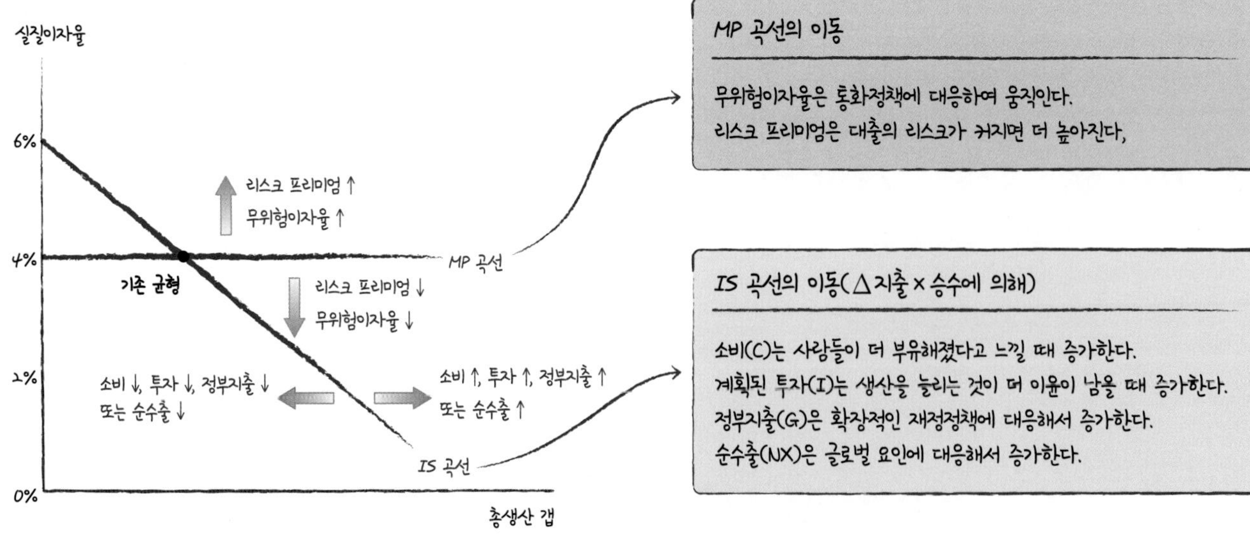

MP 곡선의 이동

무위험이자율은 통화정책에 대응하여 움직인다.
리스크 프리미엄은 대출의 리스크가 커지면 더 높아진다.

IS 곡선의 이동(△지출×승수에 의해)

소비(C)는 사람들이 더 부유해졌다고 느낄 때 증가한다.
계획된 투자(I)는 생산을 늘리는 것이 더 이윤이 남을 때 증가한다.
정부지출(G)은 확장적인 재정정책에 대응해서 증가한다.
순수출(NX)은 글로벌 요인에 대응해서 증가한다.

핵심용어

거시경제적 균형	승수	통화정책
금융 충격	재정정책	*IS* 곡선
리스크 프리미엄	지출 충격	*MP* 곡선
무위험이자율	총지출	

토론과 복습문제

학습목표 30.1 총생산의 단기 변동을 유도하는 총지출의 역할에 대해 알아본다.

1. 자비어는 큰 상자 가게의 부서 관리자다. 지난 한 달 동안 판매량이 감소했으며 판매되지 않은 재고가 많다. 이제 다음 달에 재입고하라는 명령을 내릴 때다. 신제품 주문을 어떻게 조정해야 하며 그 이유는 무엇인가? 이 결정이 공급 업체에 어떤 영향을 미치는가?

   대부분의 다른 기업들도 비슷한 매출 감소를 경험하고 있으며 이는 몇 달 동안 지속된 상태다. 이것은 경제의 총지출과 총생산에 대해 무엇을 말해 주는가?
2. 거시경제 균형은 어떻게 균형 수준의 GDP와 연관되어 있는가? 균형 GDP는 잠재 GDP와 어떻게 다른가?

학습목표 30.2 실질이자율과 균형 GDP의 관계를 분석하기 위해 *IS* 곡선을 사용한다.

3. 실질이자율이 변함에 따라 자신의 소비가 어떻게 변할 것인지에 대한 예를 제공하라. 특히 기회비용이 어떻게 변하는지 설명하라. 다른 소비자가 소비에 유사한 변화를 주었다면 총지출에 어떤 영향을 미치는가?
4. 일반적으로 구매하는 제품을 선택하고 이에 대한 수요곡선을 그리라. 그런 다음 경제에 대한 *IS* 곡선을 그리라. 둘을 비교하고 대조하라. 각각의 가격과 수량은 어떻게 되는가?

학습목표 30.3 어떻게 실질이자율이 결정되는지 *MP* 곡선을 이용해 요약한다.

5. 무엇이 리스크 프리미엄을 결정하고, 이것은 실질이자율과 *MP* 곡선에 어떻게 영향을 미치는가?

학습목표 30.4 경기 상황을 전망해보고 통화, 재정 정책에 어떻게 반응하는지 예측한다.

6. 경제는 −3 %의 총생산 갭을 경험하고 있다. 통화정책 또는 재정정책을 사용하여 실제 총생산을 잠재 총생산 수준으로 늘리는 방법을 논의하라. 통화정책과 재정정책을 함께 사용할 수 있는가? 가능하다면 어떻게 사용할 수 있는가?
7. 장기적인 경기침체가 어떻게 발생할 수 있으며, 구매자와 판매자가 모두 최선의 결정을 내리더라도 경제가 어떻게 나쁜 균형에 갇힐 수 있는지 설명하라. 경제가 어떻게 갇힌 상황에서 빠져나올 수 있는지 설명하라.

학습목표 30.5 *IS-MP* 모형을 이용하여 거시경제 충격의 영향을 예상한다.

8. 최근 발표된 주요 경제 지표는 여러 요소들이 섞여있었다. 일부는 안정적인 경제 성장을 나타내고 다른 일부는 다가오는 경기침체를 나타내고 있다. 이렇게 증가한 불확실성에 대응하여 기업이 투자 지출을 조정하는 방법을 설명하라. 경제가 어떻게 변할지 예측하라.
9. 어떻게 연준이 현재의 무이자위험율을 변화시키지 않고 장기이자율, *MP* 곡선 이동에 영향을 미칠 수 있는가?
10. 2018년과 2019년 미국은 중국에 대해 관세를 부과했다. 이에 대해 중국은 미국에서 수출되는 품목에 대해 관세를 부과했다. 이런 무역전쟁에 대응하여 총생산 갭은 어떻게 변할 것인가? 당신의 이유를 설명하라.

학습문제

학습목표 30.1 총생산의 단기 변동을 유도하는 총지출의 역할에 대해 알아본다.

1. 만약 현재 경제가 거시경제 균형 상태에 있다면 다음의 총지출의 변화에 대해 기업들은 그들의 생산량을 어떻게 조절할 것인가?
   a. 소비자들은 경제상황에 대해 더 신뢰하게 되었고 그들의 소비지출을 늘린다.
   b. 의회는 정부지출을 GDP의 0.5% 수준으로 낮추는 새로운 예산안을 통과시켰다.
2. 2017년 잠재 GDP는 18조 1,700억 달러였고 실질 GDP는 18조 500억 달러였다. 2018년 잠재 GDP는 18조 5,100억 달러였고 실질 GDP는 18조 5,600억 달러였다. 각 해의 총생산 갭을 계산하라. 2017년과 2018년 총생산 갭은 어떻게 변화했는가? 더 양의 값을 가졌는가 아니면 음의 값을 가졌는가?

학습목표 30.2 실질이자율과 균형 GDP의 관계를 분석하기 위해 *IS* 곡선을 사용한다.

3. 다음 그래프는 경제의 *IS* 곡선을 의미한다

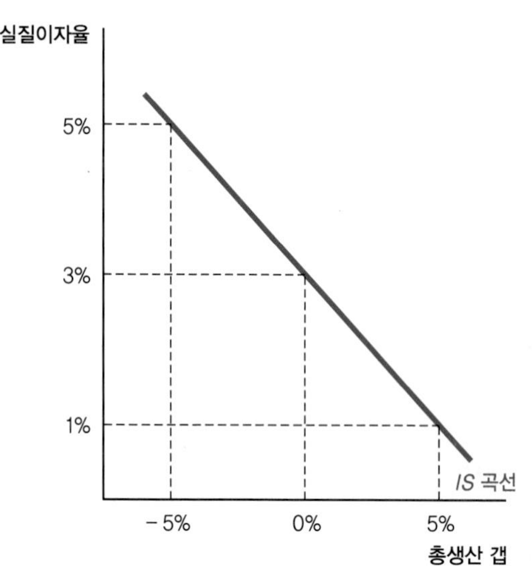

a. 실질이자율이 1%에서 3%로 증가할 경우 총생산 갭은 어떻게 변화하는가?

b. 총생산 갭이 변하는 방법에 대해 설명하라. 어떻게 실질이자율이 총지출에 영향을 미쳤는가?

c. 실제 총생산과 잠재 총생산은 어떻게 바뀌었는가?

4. 다음의 예시들이 어떻게 *IS* 곡선을 바꿀 것인지를 설명하라.

a. 경제 지표들이 좋지 않은 숫자를 보여줌으로써 기업들이 경제의 미래에 대해 비관적으로 변했다.

b. 실질이자율이 감소했고 이로 인해 소비지출이 증가했다.

학습목표 30.3 어떻게 실질이자율이 결정되는지 *MP* 곡선을 이용해 요약한다.

5. 연방기금금리는 연준에 의해 4%로 지정되었고 인플레이션은 3%이다. 사람들이 돈을 빌릴 수 있는 실질이자율은 1.5%다.

a. *MP* 곡선을 그리라.

b. 리스크 프리미엄을 찾으라. 리스크 프리미엄에 표시하고 무위험이자율을 그래프에 표시하라.

c. 리스크 프리미엄이 증가했을 때 *MP* 곡선이 어떻게 변화할지 보이라.

학습목표 30.4 경기 상황을 전망해보고 통화, 재정 정책에 어떻게 반응하는지 예측한다.

6. 거시경제 균형이 실질임금 6% 수준에서 결정되고, 실제 총생산이 잠재 GDP보다 10% 낮을 때 *IS-MP* 곡선을 그리라. 이 곡선을 통해 다음의 질문에 답하라.

a. 당신은 지역 은행의 금융 분석가이다. 주간 직원회의에서 부서장은 향후 몇 달 동안 연준 정책이 어떻게 변경될지에 대한 당신의 의견을 물어본다. 연준이 총생산 갭을 좁히고자 한다면 그들은 연방기금금리를 어떻게 바꿀 것인가? 그래프를 사용하여 추론을 설명하라.

b. 회의의 또 다른 분석가는 정부가 GDP를 높이기 위해 정부지출을 줄여야 할 때라고 주장한다. 이 재정 정책 제안으로 인해 총생산 갭이 축소될 것인가? 그래프를 사용하여 설명하라.

7. 경제침체와 싸우기 위해 인도 정부는 정부지출을 2조 루피 증가시키는 확장적인 재정정책을 펼치고자 한다. 이에 대한 반응으로 GDP는 6조 루피 증가했다.

a. 승수는 얼마인가?

b. 이 정책은 인도의 총생산이 잠재 총생산보다 3% 미만이던 것을 2% 이상인 것으로 끌어올렸다. 실질이자율이 4%를 유지한다는 가정하에 *IS-MP* 곡선을 그리라.

c. 만약 인도 정부가 유지 가능한 가장 높은 수준의 총생산을 목표로 하고 있다면 정부는 지출을 계속해야 하는가? 아니면 그만두어야 하는가? 당신의 이유를 설명하라.

학습목표 30.5 *IS-MP* 모형을 이용하여 거시경제 충격의 영향을 예상한다.

8. 다음의 예시가 지출 충격인지 금융 충격인지 설명하라. 그리고 거시경제적 균형이 *IS-MP* 곡선의 움직임으로 인해 어떻게 변화할지 설명하라.

a. 채권자들은 리스크 회피 수준이 낮아졌고 그들이 리스크 있는 대출을 제공할 때 리스크 프리미엄을 낮추었다.

b. 연방정부는 오랫동안 시행해왔던 어린아이들을 위한 가족에 대한 세금 감면 혜택을 중지했다.

c. 의회는 법인세를 10% 인하하는 새로운 세금 법안을 통과했다.

d. 연준의 신호로 인해 기업들은 다음 몇 주 안에 이자율이 인상될 것으로 예상한다.

e. 전력 공급자들은 전기수요를 충족시키기 위한 풍력발전소에 대해 더 신뢰하게 되었다. 이는 국가 내에서 풍력발전소 건설과 공급에 대한 호황을 일으켰다.

9. 미국의 주택가격은 지난 몇 달 동안 급격하게 감소했고 침체되어 있다. *IS-MP* 곡선을 사용해서 미국의 거시경제 균형에 무슨 일이 일어났는지 설명하라. 별도의 분리된 *IS-MP* 그래프를 사용하여 미국의 가장 큰 무역 파트너 중 하나인 캐나다의 경제에 이 주택시장 붕괴가 어떤 영향을 미치는지 설명하라.

CHAPTER 31

필립스 곡선과 인플레이션

블루밍 양파는 꽃과 비슷하게 자른 다음 두들기고 튀긴 후 찍어먹는 소스와 함께 제공되는 소프트볼 크기의 양파이다. 무게는 1,950칼로리이고, 맛이 아주 좋다. 이 요리는 미국 전역에 수백 군데의 점포를 두고 있는 호주풍의 미국 레스토랑 체인 아웃백 스테이크하우스의 대표 요리이다.

Brent Hofacker/Shutterstock

미국 경제의 축소판

이는 미국 경제의 축소판이기도 하다. 블루밍 양파 가격은 1993년 4.95달러에서 2008년 6.99달러, 2019년 9.49달러로 시간이 지남에 따라 상승했다. 대부분의 다른 상품들도 인플레이션에 대한 거시경제 추세를 반영하면서 비슷한 궤적을 따랐다. 블루밍 양파의 가격이 오르내리는 것처럼 더 포괄적인 인플레이션률도 경기의 변동에 따라 오르내리는 모습을 보였다.

외식업계 종사자들에게 원재료 가격의 상승은 중요한 사안으로 여겨질 것이다. 하지만 그뿐만이 아니다. 경제 전반적으로, 인플레이션률에 대한 예상은 가격 결정에 중심적인 역할을 한다. 이것이 블루밍 양파와 다른 많은 상품들의 가격이 상승하는 핵심적인 요인이다.

전반적인 수요도 인플레이션에 영향을 미친다. 2008년 경제가 곤두박질 쳤을 때 당시 아웃백 스테이크하우스의 사장인 제프 스미스는 반쯤 비어있는 식당을 채워야 했다. 그래서 가격을 낮췄다. 결국, 경제가 회복되었고 식당을 찾는 손님들도 늘어났다. 제한된 수의 테이블로 인해 손님들이 줄을 서기 시작하자, 아웃백의 가격을 다시 올릴 때가 된 것이다. 경기 침체로 인해 인플레이션이 하락했고 이후의 경기 회복으로 인플레이션이 상승한 것이다.

인플레이션을 형성하는 것은 경기의 활력뿐만이 아니다. 아웃백의 연례 보고서는 "공급 부족이 우리가 구입하거나 필요로 하는 품목의 가격과 질에 영향을 미칠 수 있다"고 경고했다. 이러한 공급 충격은 생산비용을 증가시킬 수 있고, 이로 인해 다시 아웃백이 가격을 인상할 수 있다. 실제로, 경제 전반에서 생산 원가가 높으면 종종 인플레이션이 발생한다.

우리는 제24장에서 인플레이션의 결과를 분석하였다. 이 장에서 우리의 과제는 인플레이션의 원인을 이해하는 것이다. 블루밍 양파가 보여주듯이 가격 변동률은 기대 인플레이션, 수요, 공급 충격 등 세 가지 핵심 요인에 의해 좌우된다. 이번 장에서, 우리는 전문적인 전망가, 기업 임원, 그리고 정부 관계자들이 인플레이션 분석을 위해 사용하는 틀을 탐구해보고 각각의 요인을 개별적으로 구별해볼 것이다.

목표

인플레이션의 원인을 찾는다.

31.1 **인플레이션의 세 가지 원인**
인플레이션의 세 가지 요인인 기대 인플레이션, 수요견인 인플레이션, 공급 충격을 구별한다.

31.2 **기대 인플레이션**
기대 인플레이션이 어떻게 인플레이션으로 이어지는지 알아본다.

31.3 **필립스 곡선**
총생산 갭과 인플레이션 간의 상관관계를 분석한다.

31.4 **필립스 곡선을 움직이는 공급 충격**
생산비용에 가해진 충격이 필립스 곡선을 어떻게 움직이는지 알아본다.

31.1 인플레이션의 세 가지 원인

학습목표 인플레이션의 세 가지 요인인 기대 인플레이션, 수요견인 인플레이션, 공급 충격을 구별한다.

인플레이션의 세 가지 원인
1. 기대 인플레이션
2. 수요견인 인플레이션(필립스 곡선)
3. 공급 충격과 비용 상승으로 인한 인플레이션

앞으로 우리가 갈 길에 대한 간략한 개요를 확인해보자. 우리의 목표는 무엇이 인플레이션을 일으키고, 인플레이션이 경제 상황에 따라 어떻게 반응하는지를 알아보는 것이다. 이는 인플레이션의 세 가지 요인에 대한 이해를 요구한다. 이번 장에서 이를 소개하고, 보다 심도 있는 내용까지 다룰 예정이다.

인플레이션의 첫 번째 원인 : 기대 인플레이션

기대 인플레이션 다음 해에 오를 것으로 예측되는 평균적인 가격 상승 비율

아웃백 스테이크하우스가 새로운 메뉴를 출시하기 전에, 경영진들은 다음 해에 메뉴의 가격을 올릴지, 얼마나 올릴지를 결정하게 된다. 이것이 **기대 인플레이션**(inflation expectations, 다음 해에 예상되는 평균가격의 증가율)이 필요하게 되는 경우다. 만약 아웃백 스테이크하우스의 경영진이 다음 해의 인플레이션이 2%일 것으로 예상한다면 그들은 현상 유지를 위해 다음 해의 가격을 2% 인상할 것이다. 아웃백 스테이크하우스가 이윤을 남기기 위한 유일한 방법은 기대 인플레이션에 따라 가격을 인상하는 것뿐이다.

경제 전반의 다른 관리자들도 비슷한 계산을 한다면, 그들도 기대 인플레이션에 따라 가격을 인상할 것이다. 그 결과로 기대 인플레이션은 인플레이션을 유발한다. 이러한 경로에 대해서는 '기대 인플레이션' 절에서 더 상세하게 다룰 예정이다.

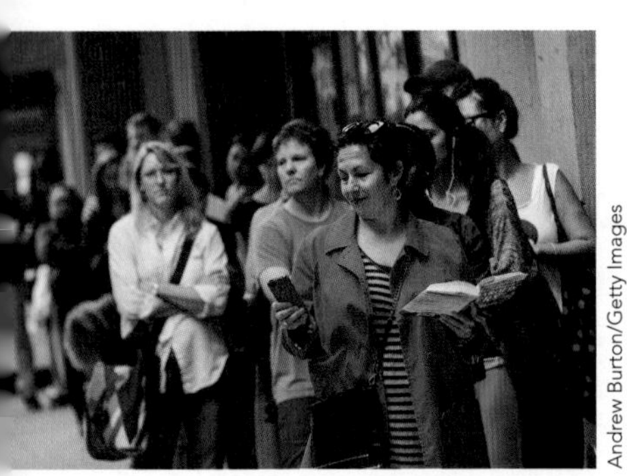
Andrew Burton/Getty Images

기다리는 사람들의 줄이 있다면, 이제 가격을 올릴 시간이다.

인플레이션의 두 번째 원인 : 수요견인 인플레이션

장사가 잘되면 오지 '터커'(끼니 또는 식사에 관한 호주식 표현)에 대한 수요가 레스토랑이 수용할 수 있는 용량을 초과하기 때문에 아웃백 스테이크하우스에 자리를 잡는 데 한 시간 이상이 걸리게 될 수 있다. 이는 장기적으로는 아웃백 스테이크하우스의 관리자들이 새로운 레스토랑을 오픈하는 것을 고려하는 요인이 된다. 하지만 단기적으로는 아웃백 스테이크하우스가 식사 서비스에 대한 공급을 늘릴 수 없기 때문에 가격을 올리는 것이 최선이다.

수요견인 인플레이션 초과 수요로 인해 발생하는 인플레이션

이제 경제 전체로 확장하여 실제 총생산이 잠재 총생산을 초과하는 호황을 누릴 때 어떤 일이 일어나는지 생각해보자. 수백만 개의 기업이 아웃백 스테이크하우스와 같은 상황에 처해 있으며, 수요가 생산 능력을 초과하고 있다. 아웃백 스테이크하우스가 가격을 올린 것처럼, 이 기업들 역시 가격을 올릴 것이다. 이러한 광범위한 가격 인상은 **수요견인 인플레이션**(demand-pull inflation)을 유발하는데, 이는 수요가 경제의 생산능력을 초과하여 가격을 끌어올릴 때 발생한다. 만약 수요가 생산능력에 미달해 총생산 갭이 마이너스일 때 기업들이 가격 인상을 완만하게 조절하여 인플레이션률을 낮출 가능성이 있다. 필립스 곡선에 대해 분석할 때 우리는 이 총생산 갭과 인플레이션률의 상관성에 대해 보다 심도 있게 알아볼 예정이다.

Azad Lashkari/Reuters/Newscom

중동의 불안은 원유 가격 그리고 다른 다양한 가격을 상승시킬 수 있다.

인플레이션의 세 번째 원인 : 공급 충격과 비용상승 인플레이션

상호의존의 원리는 시장 간 연관성의 중요성을 강조하고 이것은 특히 중동지역의 지정학적 긴장상황이 미국의 오지 터커의 가격을 어떻게 상승시켰는지 이해하는 것과 관련이 있다. 이러한 지정학적 긴장은 원유 생산량 감소로 이어지고, 유가를 상승시켜 연쇄 반응을 일으킨다. 처음에는 휘발유, 난방유, 프로판과 같은 석유로 만든 제품이 더 비싸진다. 이러한 높은 에너지 가격은 호주풍의 레스토랑을 포함한 많은 기업의 생산비용을 상승시킨다. 예를 들어 전국에 재료를 운송하는 데 더 많은 비용이 들며, 식당의 난방 비용이 상승하고 상업용 주방을 운영하

는 데 필요한 에너지 비용이 상승한다. 결국, 높은 한계비용으로 인해 아웃백 스테이크하우스는 가격을 인상하게 된다.

유가 상승으로 인해 플라스틱, 비료 및 고무를 포함한 다양한 석유를 기반으로 한 생산원자재의 가격이 상승한다는 사실을 기업들이 발견하는 것처럼 경제의 여러 부문에서 유사한 파급효과가 이루어진다. 한계비용이 높아져 아웃백 스테이크하우스가 가격을 인상한 것처럼, 다른 수백만 기업은 한계비용이 상승하면 가격을 인상한다. 이러한 광범위한 가격 인상은 인플레이션을 유발한다. 이는 예상치 못한 생산비용 상승에 따라 가격이 상승할 때 발생하는 비용 상승 인플레이션의 예시다. 이 모든 것의 근원적인 촉매제는 공급 충격에서 비롯되었기 때문에 '공급 충격'이라는 제목으로 **비용상승 인플레이션**(cost-push inflation)에 대해 더 자세히 알아볼 것이다.

비용상승 인플레이션 생산비용의 예상치 못한 증가로 발생하는 인플레이션

인플레이션 이해하기

앞의 세 가지를 모두 함께 두고, 우리는 이미 인플레이션의 세 요소를 스케치했다. 다음 그림은 기대 인플레이션, 수요견인 인플레이션, 비용상승 인플레이션의 결과이다.

인플레이션	=	기대 인플레이션	+	수요견인 인플레이션	+	비용상승 인플레이션
		기대 인플레이션↑ → 인플레이션↑		총생산 갭↑ → 인플레이션↑		생산비용↑ → 인플레이션↑

지금까지 간략한 스케치를 살펴보았다. 이제 인플레이션 요인들에 대해서 더 자세히 알아보라.

31.2 기대 인플레이션

학습목표 기대 인플레이션이 어떻게 인플레이션으로 이어지는지 알아본다.

아웃백 스테이크하우스의 경영진이 내년에 어떤 가격을 책정할지 결정할 때를 상상해보자. 아웃백 스테이크하우스의 경영진은 비즈니스의 모든 세부 사항을 파악할 수 있는 정교한 정보 시스템을 가지고 있다. 일반적인 식사의 음식과 음료에 대한 비용은 1인당 약 7달러이다. 공급업체에 대한 세밀한 데이터는 이를 쇠고기, 농산물, 유제품, 빵 및 파스타 비용으로 더 세분화하여 각각의 원가를 알려주기 때문에, 어느 메뉴에 마진을 붙이고 가격을 올려야 할지 파악하는 데 도움이 될 수 있다. 인건비(매장 웨이터와 주방 요리사 모두 포함)는 평균적으로 고객당 6.3달러를 더 추가한다. 그런 다음 시설, 광고 및 임대료를 포함한 기타 운영비용은 5달러를 추가한다. 보험, 변호사, 본사의 관리자와 같은 간접비도 있다. 외식업을 경영하는 일은 이렇게 힘들고 이윤은 극도로 적다.

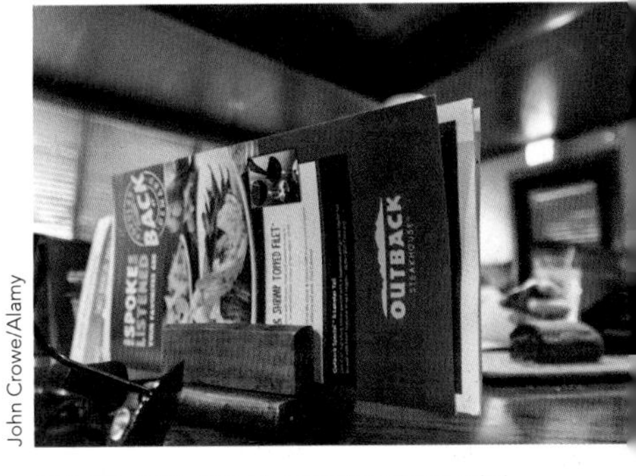

John Crowe/Alamy

이런 메뉴판을 수천 부 인쇄해야 하므로 적절한 가격을 표시해야 할 것이다.

이렇게 어렵게 고시한 가격이 경쟁력 있는지를 확인해야 하고, 이 때문에 아웃백은 다른 스테이크 하우스 체인, 패스트-캐주얼 레스토랑, 그리고 성장하고 있는 음식배달 서비스의 가격을 지속적으로 모니터링 한다.

당신은 수많은 스프레드시트를 통해 자료를 정리하더라도, 이러한 데이터는 결국 과거에 발생한 일만을 알 수 있다는 것을 깨닫게 된다. 하지만 가격이 앞으로 몇 달 동안 유지되도 좋을지를 확인하고 싶기에 앞으로 어떤 일이 일어날지 알고 싶을 것이다. 따라서 당신의 예측이 중요해지는 이유이다.

왜 기대 인플레이션이 중요한가

당신의 기대 인플레이션은 내년 전체 경제 내에서 예상되는 평균적인 가격의 상승률이다. 향

후 몇 달 동안 예상되는 수준에 맞춰 가격을 책정하게 되므로 당신의 사업에 중요하다. 그리고 기대 인플레이션은 장기적으로 인플레이션의 주요 동인이기 때문에 경제 전반에 있어서도 중요하다.

가격을 설정하는 데 있어 중요한 두 가지 요소
1. 당신의 한계비용
2. 경쟁자들의 가격

기대 인플레이션을 고려하여 당신의 가격을 설정하라. 두 가지 주요 요소가 대부분의 가격 결정을 좌우하며, 기대 인플레이션은 두 가지 모두와 관련이 있다.

첫 번째 요소는 한계비용이다. 아웃백 스테이크하우스는 전반적인 인플레이션율에 따라 가격을 올리는 경향이 있는 수십 개의 공급 업체와 거래한다. 즉, 내년에 인플레이션이 2%가 될 것으로 예상하면 일반적으로 투입물 가격이 약 2% 증가한다(일부 가격은 약간 더 오르고 일부는 약간 낮아진다). 이윤을 유지하려면 지불해야 할 것으로 예상되는 더 높은 한계비용을 감당하기 위해 더 높은 가격을 청구해야 할 것이다.

연간 인플레이션과 레스토랑 가격의 변화율

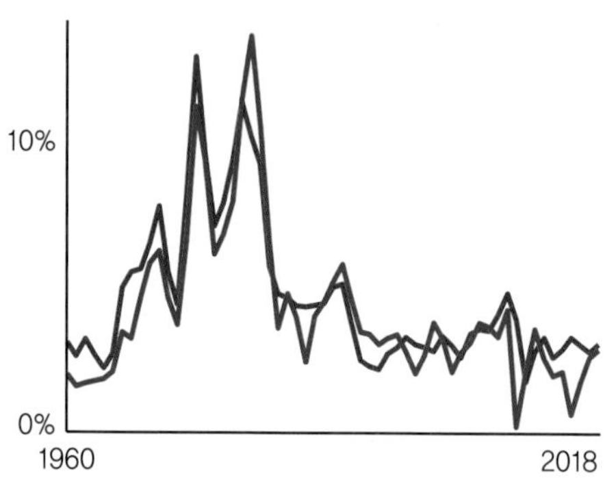

출처 : Bureau of Labor Statistics.

둘째, 경쟁업체의 가격을 고려해야 한다. 경제에서 대부분의 가격이 2% 상승하면 경쟁업체도 가격을 약 2% 인상할 것으로 예상하는 것이 합리적이다. 부분적으로는 비용도 2% 상승하고, 부분적으로는 경쟁업체가 가격을 2% 인상하여 투입 비용 상승에 대응할 것으로 기대하기 때문이다. 경쟁업체가 가격을 올릴 것으로 예상하는 것과 동일한 비율로 가격을 올리면 최소한 이전의 경쟁력을 유지할 수 있는 위치에 있을 것이다. 경쟁업체가 가격을 올릴 것으로 합리적으로 기대할 수 있는 이유는 마진의 수치에서 볼 수 있듯이 일반적으로 레스토랑은 전반적인 인플레이션에 따라 가격을 올리기 때문이다.

이러한 각 요인은 최소한 기대 인플레이션 수준에 따라 내년 가격을 인상해야 함을 시사한다. 이 논리는 다른 사업들, 공급업체와 경쟁자들, 이 모두 가격을 올릴 것이라는 당신의 예상에 강력한 힘을 실어준다. 이 논리는 아웃백 스테이크하우스에만 국한되지 않고 거의 모든 사업에 적용된다.

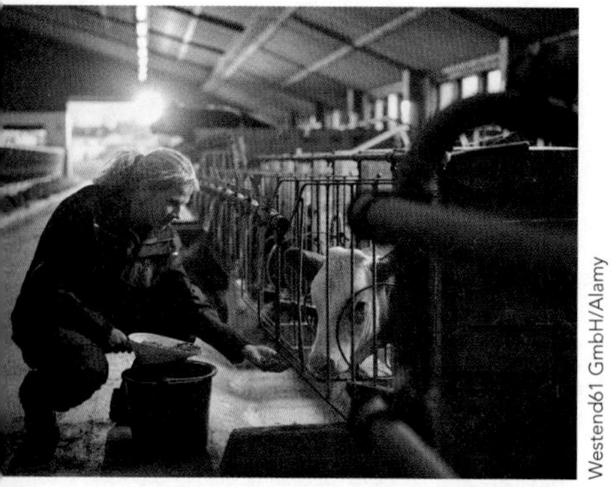

만약 그녀가 그녀의 송아지들을 먹이는 데 더 많은 돈을 들여야 한다면 당신이 스테이크를 먹기 위해 내는 돈도 증가할 것이다.

기대 인플레이션은 인플레이션을 만든다. 전국적으로 수백만 명의 관리자가 비슷한 계산을 하고 있으며, 각각의 경우 기대 인플레이션이 내년 가격 책정 방식의 핵심이다. 각 관리자는 비용과 경쟁 업체가 청구하는 가격이 2% 상승할 것으로 예상하면 가격도 2% 인상하는 것이 최선의 대응이라고 생각할 것이다. 일부 관리자는 인플레이션이 조금 더 높아질 것으로 예상하여 가격을 조금 더 올릴 수 있으며 다른 관리자들은 약간 더 낮은 가격을 예상하고 가격을 더 낮게 인상할 수 있다. 그러나 관리자 수백만 명의 평균 기대 인플레이션이 2%이면 가격을 평균 2% 인상할 것이다. 기대 인플레이션이 결국 인플레이션으로 이어진다.

즉, 우리가 인플레이션을 예상하기에 인플레이션이 발생한다.

이 논리를 조금 더 밀어 붙이면 기대 인플레이션이 실제로 얼마나 중요한지 알게 될 것이다. 2%의 예상 인플레이션으로 인해 관리자가 가격을 2% 인상하는 것을 확인했다. 같은 논리로 관리자가 내년 인플레이션을 3%로 예상하면 가격을 3% 인상해야 한다. 관리자가 내년 인플레이션을 6%로 예상하면 가격을 6% 올릴 것이다.

우리는 인플레이션의 첫 번째 주요 요인을 찾아냈고 이를 요약하면 다음과 같다.

인플레이션 압력 #1 : 기대 인플레이션

높은 기대 인플레이션은 높은 인플레이션을 만든다.

기대 인플레이션↑ → 인플레이션↑

기대 인플레이션은 자기실현적 예언을 만들어낸다. 이 논리에는 아주 특별한 것이 있다. 관리자가 기대하는 인플레이션율이 어떻든 간에 그들은 결국 그 금액만큼 가격을 올리게 된다. 특정 수준의 인플레이션율에 대한 광범위한 기대는 공급업체가 가격을 그만큼 인상하여 그 수준의 인플레이션을 결국 유발하여 자기실현적 예언(원문은 self-fulfilling prophecy, 순우리말로는 "말이 씨가 된다"로 표현할 수 있다)이라고 표현할 수 있다.

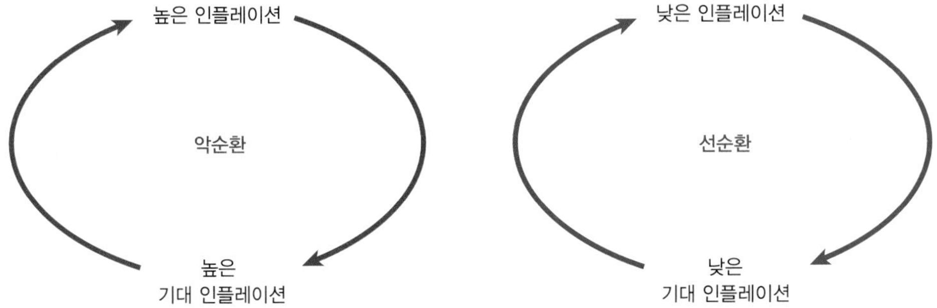

사람들이 낮은 인플레이션을 기대하면 낮은 인플레이션을 얻을 것이다. 사람들이 높은 인플레이션을 기대하면 높은 인플레이션을 얻을 것이다. 이것은 사람들의 기대가 공급업체의 가격 인상을 결정하기 때문에 어떠한 수준의 인플레이션율이든 장기적인 균형이 될 수 있음을 의미한다.

통화정책은 기대 인플레이션을 파악하려고 한다. 기대 인플레이션과 인플레이션 간의 순환관계는, 그림 31-1에서 볼 수 있듯이 일부 국가가 지속적으로 높은 인플레이션을 보이는 반면 다른 국가는 지속적으로 낮은 인플레이션을 보이는 이유를 설명할 수 있다. 높은 인플레이션을 보이는 국가는 사람들이 높은 인플레이션을 기대하는 악순환에 갇혀 있으며, 이는 높은 인플레이션으로 이어지고 사람들은 다시 높은 인플레이션을 기대하게 만든다. 반대로, 미국을 포함한 낮은 인플레이션 국가(적어도 지난 수십 년 동안)는 사람들이 낮은 인플레이션을 기대하는 선순환을 경험하고 있으며 이는 낮은 인플레이션과 사람들이 낮은 인플레이션을 기대하도록 만든다. 이러한 결과는 정책 입안자들에게 중요한 통찰을 깨닫게 해준다. 장기적으로 지속적으로 낮은 인플레이션을 달성하는 방법은 사람들에게 인플레이션이 낮아질 것이라고 확신시키는 것이다. 그들이 그것을 믿도록 만들면, 그것은 곧 현실로 이루어지는 것이다. 우리는 통화정책을 다루는 제34장에서 대중이 낮은 인플레이션을 기대할 수 있도록 정책 입안자들이 사용하는 전략을 분석할 것이다.

그림 31-1 | 국가 간 인플레이션율

2009~2018년 사이의 평균적인 CPI 연간 증가율

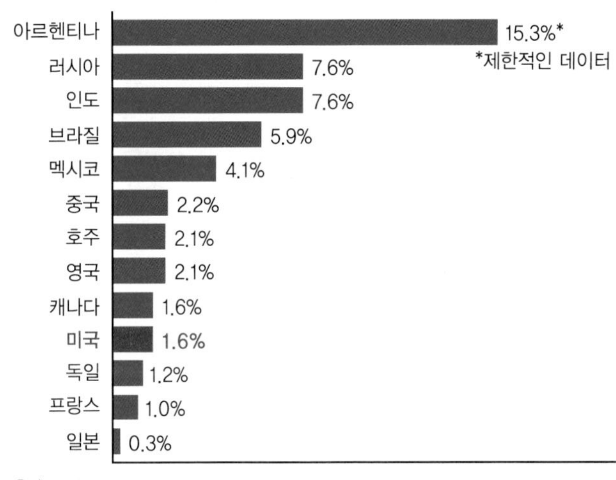

출처 : OECD

자료 해석 기대 인플레이션와 실제 인플레이션

지금까지 우리의 분석은 기대 인플레이션이 인플레이션을 결정하는 데 중심적인 역할을 한다는 것을 시사한다. 이 주장을 평가하는 한 가지 방법은 실제 인플레이션이 기대 인플레이션을 따라가는지 비교해보는 것이다. 그림 31-2는 미국 소비자가 미래 인플레이션에 대한 기대치를 묻는 설문 조사 데이터를 보여준다. 이러한 기대 인플레이션이 실제 인플레이션과 함께 그래프에 그려져 있다. 이 그림은 실제 인플레이션이 예상 인플레이션과 밀접한 관련이 있음을 보여준다. 보다 주의 깊게 살펴보면 사람들이 인플레이션이 상승할 것으로 기대할 때, 인플레이션이 따라서 증가한다는 것을 알 수 있다. 이것이 밀접한 연관성에 대한 유일한 설명은 아니

그림 31-2 | 기대 인플레이션의 선행성과 실제 인플레이션의 후행성

출처 : University of Michigan; Bureau of Labor Statistics

그림 31-3 | 소비자들의 기대 인플레이션에 대한 설문조사

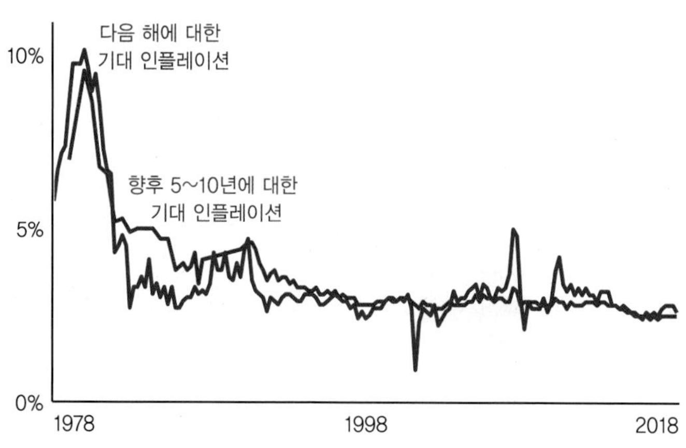

출처 : University of Michigan.

그림 31-4 | 이코노미스트의 기대 인플레이션 전망

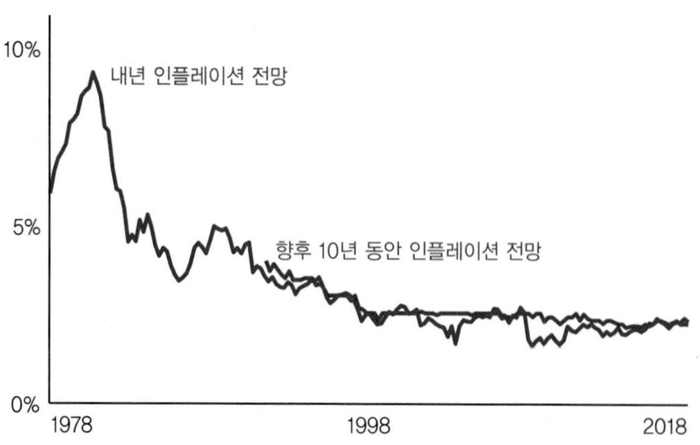

출처 : Survey of Professional Forecasters

지만 기대 인플레이션이 인플레이션의 주요 동인이라는 아이디어와는 확실히 일치하는 결과이다. ■

기대 인플레이션 측정

기대 인플레이션은 미래 인플레이션의 주요 동인이기 때문에 기대 인플레이션의 추이를 지속적으로 파악하는 것이 중요하다. 이를 수행할 수 있는 세 가지 방법이 있다. 설문 조사를 분석하고, 경제 전망을 살펴보고, 금융시장을 살펴보는 것이다.

설문 조사는 기대 인플레이션을 질문한다. 평균 기대 인플레이션율을 알아내는 가장 간단한 방법은 대표성이 있는 표본 집단을 조사하는 것이다. 그림 31-3은 미시간대학교 설문 조사에서 사람들에게 예상되는 인플레이션에 대해 묻는 것으로, 기대 인플레이션율의 추이를 보여준다. 파란색 선은 사람들이 내년에 어느 수준의 인플레이션을 기대하는지에 대한 평균적인 반응의 결과를 보여주고 있다. 이는 사람들이 다음 해 가격을 책정할 때 어떻게 생각하는지에 대한 가이드 역할을 한다.

이어지는 질문은 사람들에게 향후 5~10년 동안 인플레이션이 어떻게 될 것으로 예상하는지 묻는다. 이것은 사람들이, 평균 인플레이션을 약 2%로 만들겠다는, 명시된 목표를 달성하겠다는 연방준비은행의 약속을 사람들이 믿는지에 대한 여부를 평가하는 데 도움이 된다. 빨간색 선은 기대 인플레이션의 놀라운 변화를 보여준다. 1970년대 후반 사람들은 높은 인플레이션이 더 오래 지속될 것으로 예상하였다. 그러나 1980년대 중반 이후 수십 년 동안 사람들은 인플레이션이 장기적으로 1년에 약 2%로 유지될 것으로 예상하고 있으며, 인플레이션이 잠깐 높아지거나 낮아지는 경우에도 이러한 확신을 계속 유지하고 있다.

인플레이션 전망은 이코노미스트들의 기대 인플레이션을 보여준다. 기대 인플레이션의 또 다른 지표로는 전문 이코노미스트들이 발표한 인플레이션 전망도 존재한다. 누군가 내년의 인플레이션 전망을 발표할 때마다 결국 그들은 당신에게 내년에 대한 기대 인플레이션을 말하고 있는 것이나 다름없다. 그림 31-4는 이코노미스트를 대상으로 진행 중인 설문 조사에서 그들이 전망한 인플레이션의 중위값을 보여준다. 이는 내년과 향후 10년에 걸친 인플레이션 전망을 보여주는 기대 인플레이션이다. 파란색 선은 내년에 예상되는 인플레이션을 나타내고 빨간색 선은 장기적인 기대 인플레이션을 나타낸다. 내년에 대한 기대 인플레이션이 약간 더 큰 변동폭을 보이지만 대부분의 이코노미스트들은 향후 10년 동안 인플레이션이 연간 평균 약 2%가 될 것이라고 믿는다.

금융시장은 인플레이션의 미래 경로에 대해 베팅한다. 기대 인플레이션을 측정하는 또 다른 방법으로는 금융시장의 데이터를 분석하는 것이다. 인플레이션 스와프(inflation swaps)는 보상이 미래의 인플레이션율과 연동되어 있는 금융시장 상품이다. 인플레이션 스와프는 실질적으로 인플레이션의 미래에 대한 베팅이다. 그림 31-5에서 볼 수 있듯이, 2019년 중반 10년 만기 인플레이션 스와프는 2.2%의 수익률을 보여주고 있었으며, 이는 '시장'이 향후 10년 동안 평균 2.2%의 인플레이션을 예상하고 있음을 시사한다. 이것은 많은 정교한 금융 거래자들의 총체적인 지혜를 요약하고 있기 때문에 유익한 척도라고 할 수 있다. 또한 이코노미스트들은 이러한 수치의 추이를 지속적으로 파악하여 변화하는 경제 상황과 연방준비은행의 행태에 대해 인플레이션 스와프가 실시간으로 어떻게 반응하는지 확인하고자 한다. 다만, 시장 기반 측정법의 단점은 기대 인플레이션에 대해서 불완전한 척도라는 것이다. 거래자들이 위험하다고 인식하는 정도에 따라 이러한 스와프 가격을 더 높이거나 낮게 입찰할 수 있기 때문이다.

그림 31-5 | 금융시장 기대 인플레이션

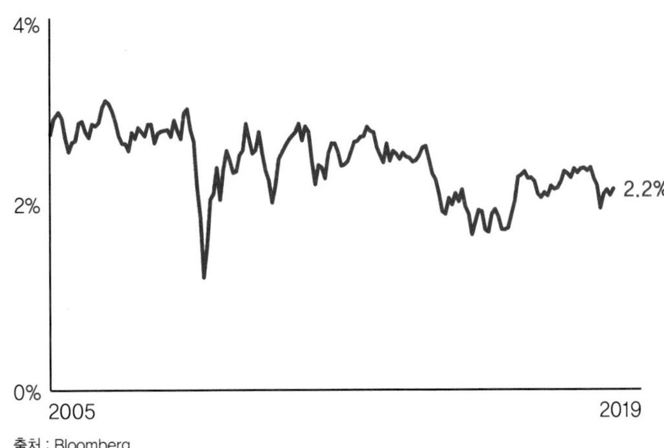

출처 : Bloomberg

기대 인플레이션은 적응적 · 고정적 · 합리적 또는 경직적일 수 있다. 인플레이션이 기대 인플레이션에 의존한다면 다음과 같이 질문할 수 있다. 사람들의 기대 인플레이션을 결정하는 요인은 무엇일까? 여기엔 많은 가능성이 있다. 일부 관리자는 최근 인플레이션 수준이 계속될 것으로 예상할 수 있으며 이는 적응적 기대를 가지고 있음을 의미한다. 다른 사람들은 연준이 인플레이션이 약 2%가 되도록 보장하겠다는 약속을 이행할 것이라고 믿고 연준의 인플레이션 목표에 고정된 기대를 가지고 있다. 또 다른 사람들은 사용 가능한 모든 데이터와 거시경제 관계에 대한 깊은 이해를 바탕으로 사용 가능한 데이터로 가능한 가장 정확한 예측을 도출하여 합리적인 기대를 가질 수 있다. 다른 한편으로는 사람들이 인플레이션에 대한 자신의 견해를 비정기적으로만 검토하고 있기 때문에 이전의 견해를 상당 기간 고수하고 있다는 증거도 있다.

대부분의 사람들은 아마도 이러한 모든 요소들을 종합해서 판단할 것이다. 당신이 관리자라면 기대 인플레이션이 어떻게 형성되는지 정확히 파악하는 것보다는 가장 정확한 인플레이션 전망이 중요할 것이다. 다행히도 이러한 전망에 도움이 되는 간단한 방법이 있다.

일상경제학 여러 이코노미스트의 평균적인 전망이 한 명의 이코노미스트의 전망보다 낫다

많은 관리자는 자신의 직관에 의존하여 기대 인플레이션을 갖는다. 분업화의 이점에 대해 생각해보면, 이러한 생각이 말이 되지 않는다는 것을 알게 될 것이다. 일상생활과 마찬가지로 전문가에게 의지하면 더 나은 결과를 얻을 수 있다. 이 경우에는 전문 경제 전망가에게 의존해야 한다. 실제로 전문 이코노미스트는 일반적으로 관리자나 일반 대중보다 더 정확한 전망치를 가지고 있다. 그렇기 때문에 어떤 관리자는 은행의 이코노미스트에게 전화하여 내년의 인플레이션에 대한 예측을 묻는다.

하지만 더 쉬운 방법이 있다. 한 명의 이코노미스트의 말을 듣는 것보다 많은 전문적인 이코노미스트들의 평균적인 예측에 의존하는 것이 좋다. 연구에 따르면 가장 정확한 예측은 여러 전문 이코노미스트들의 인플레이션에 대한 평균적인 전망치이다. 실제로, 많은 예측값의 평균은 일반적으로 월가 전문가의 개별적인 예측보다 더 정확하다.

다음 링크를 클릭하면 필라델피아 연방준비은행 홈페이지에서 전문 전망가들의 설문 조사를 볼 수 있다(https://www.philadelphiafed.org/research-and-data/real-time-center/survey-of-professional-forecasters). 여기에서 많은 이코노미스트들의 인플레이션 평균 전망치를 확인할

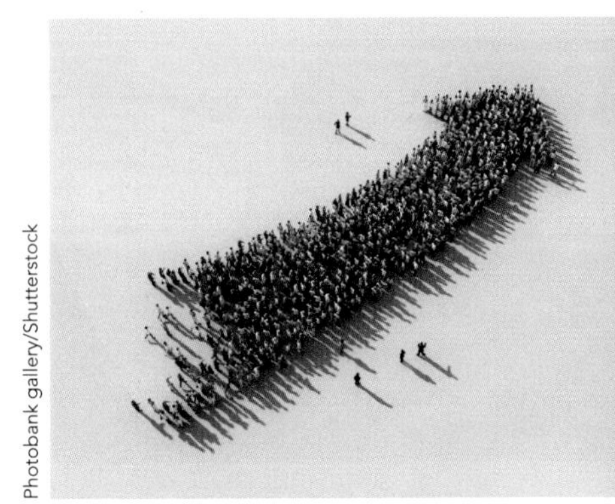

Photobank gallery/Shutterstock

인플레이션이 상승할지 하락할지 알고 싶은가? 1명의 이코노미스트에게 물어보지 말고 이코노미스트'들'에게 물어보라.

수 있다. 많은 전문 이코노미스트의 평균 전망에 의존하면 우리 모두 최고의 인플레이션 예측에 근접할 수 있다. ■

이제 우리는 인플레이션을 주도하는 주요 장기적 요소인 기대 인플레이션을 확인하였다. 기대 인플레이션이 중요하지만 이것이 전부는 아니다. 단기적으로 경기변동에 의해 인플레이션이 높아지거나 낮아질 수 있다. 이것이 바로 우리의 다음 주제이다.

31.3 필립스 곡선

학습목표 총생산 갭과 인플레이션 간의 상관 관계를 분석한다.

경기 호황기에는 당신과 아웃백 스테이크하우스의 동료 임원들은 즐거운 딜레마를 가지게 될 것이다. 사람들의 소득은 높고 수백만 명의 더 많은 사람들이 스테이크 저녁 식사를 즐기기 위하여 기꺼이 돈을 소비할 것이다. 하지만 아웃백 스테이크 하우스에는 손님이 이미 넘쳐나고 있고 많은 경우 한 시간 이상 테이블을 기다려야 하기 때문에 딜레마가 생긴다. 일부 손님은 기다리는 것을 포기하고 떠날 것이다. 아웃백 스테이크하우스는 제한된 좌석 수를 감안할 때 현재의 가격으로는 요구되는 수량이 공급할 수 있는 수량을 초과하고 있기 때문에 **초과 수요**(excess demand)에 직면해 있다. 장기적으로 사업이 계속해서 호황을 누리고 있다면 레스토랑을 더 많이 짓는 것이 좋다. 그러나 단기적으로는 기존의 생산능력에 제약을 받게 된다. 이 상황에서 동료 임원들에게 어떤 조언을 하겠는가?

초과 수요 현재 평균적인 가격에 대한 수요량이 공급량보다 많을 때

수요견인 인플레이션

당신의 제품에 대한 수요가 공급을 초과하면 가격 인상을 고려할 때이다. 결국 당신이 서빙할 수 있는 것보다 더 많은 고객이 온다는 것은 의미가 없다. 아웃백은 가격과 이윤을 올리면서도 레스토랑을 손님들로 채울 수 있다. 만약 기대 인플레이션이 당신으로 하여금 가격을 2% 인상하게 만든다면, 당신이 초과 수요에 직면하고 있다는 사실로도 가격을 조금 더 인상해야 하는 이유가 된다. 사실 이것은 아웃백 경영진의 일반적인 행태와 정확히 일치하며, 이들은 식당이 초과 수요를 직면할 때 가격을 조금 더 빠르게 인상한다.

Randy Duchaine/Alamy

가격을 올려야 할까?

초과 수요는 기대 인플레이션보다 높은 인플레이션을 이끈다. 경기 호황기에는 아웃백 스테이크 하우스와 유사한 상황을 가진 수백만 개의 기업들이 있을 것이며, 손님의 수요는 생산자가 공급할 수 있는 것보다 많을 것이다. 각 기업들은 아웃백처럼 기대 인플레이션에 대응하기 위해 필요한 것보다 조금 더 가격을 인상함으로써 초과 수요에 대응할 것이다. 이러한 결과를 두고 수요견인 인플레이션이 발생했다고 말하는데, 이는 초과 수요가 인플레이션을 끌어 올려 기대 인플레이션을 상회할 때 발생한다.

수요가 불충분하면 인플레이션은 기대 인플레이션보다 낮은 수준으로 떨어진다. 수요견인 인플레이션이라 함은 수요가 예기치 않게 약세를 보일 때 인플레이션 수준이 기대 인플레이션보다 낮아질 수 있음을 또한 의미한다. 그 이유를 알아보기 위해 경제가 너무 침체되어 외식에 사용할 여유의 현금이 거의 없었던 금융 위기 이후의 암울했던 시간으로 돌아가 보자. 아웃백의 2009년 연례 보고서에는 "2009년과 2008년의 침체된 경제 상황으로 우리와 다른 기업들에게 힘겨운 환경이 조성되었다… 우리는 매출 감소, 그에 따른 할인판매 및 현금 유동성 감소 그리고 매년 이어지는 영업손실을 경험했다"라고 적혀 있었다. 이러한 손실은 반쯤 비어있는 식당은 거의 수익성이 없다는 현실을 반영한다.

아웃백은 **수요 부족**(insufficient demand) 문제에 직면하고 있었다. 그 당시의 통상적인 가격으로 가능한 식사에 대한 수요가 아웃백이 공급하고자 하는 수량보다 훨씬 적었기 때문이다. 이에 대응하여 아웃백은 가격을 인하했다. CEO 제프 스미스는 15달러 미만의 식사와 9.95달러 이하의 식사를 포함하여 '얇은 지갑에 부담 없는 가격'을 주요 특징으로 하는 새로운 메뉴들을 출시했다. 그는 당시의 결정이 관리자로서 내린 가장 어려운 결정 중 하나였지만 궁극적으로 그의 성공적인 결정 중 하나였다고 말했다. 이렇게 저렴한 가격의 음식은 아웃백이 수익성을 회복하는 데 도움이 되었다. 아웃백의 직원을 바쁘게 만들 손님이 거의 없었던 상황에서 추가적으로 식사를 제공하는 한계비용이 특히 낮았기 때문에 수익성이 좋았다고 할 수 있다.

수요 부족 일정한 가격 수준에서의 수요량이 공급량보다 부족한 경우

경기가 침체된 상황에서는 수많은 기업들이 수요 부족에 직면한다. 아웃백과 마찬가지로 대부분의 사람들은 생산 능력보다 훨씬 낮은 수준으로 생산할 때 한계비용이 낮아진다는 것을 알게 된다. 그들은 제프 스미스와 동일한 논리로 종전의 가격 수준으로는 수요가 제약된다는 것을 알고, 계획했던 가격 상승보다 낮은 수준으로 상승시키거나, 경우에 따라서는 할인하여 충분하지 못한 수요에 대응할 것이다. 그 결과, 경제 전반에 걸쳐서는 인플레이션을 기대 인플레이션 아래로 끌어내리는 광범위한 가격 억제가 발생한다. 즉, 수요가 불충분하면 인플레이션이 기대 인플레이션 아래로 떨어진다.

Oliver Tsang/South China Morning Post/Getty Images
어떻게 하면 손님을 끌어 모을 수 있을까?

경제가 생산능력의 최대 수준으로 굴러갈 때 인플레이션은 기대 인플레이션과 같은 수준으로 된다. 수요견인 인플레이션은 기대 인플레이션에 추가로 작용하는 별도의 압력이다. 초과 수요가 있을 때는 인플레이션을 끌어 올려 기대 인플레이션을 상회하게 만들고, 수요가 충분하지 않으면 인플레이션을 끌어내려 기대 인플레이션보다 낮게 만든다.

초과 수요와 수요 부족 두 가지 경우의 사이는 수요가 경제의 생산 능력과 일치하는 경우이다. 이 경우 수요견인 인플레이션이 없기 때문에 가격이 예상보다 더 빠르거나 느리게 상승하게 할 압력이 없다. 따라서 경제가 생산능력의 최대 수준으로 굴러갈 때 인플레이션은 기대 인플레이션과 같은 수준이 된다.

총생산 갭은 총생산과 생산 능력 사이의 불균형을 측정한다. 이 모든 측면에서 수요견인 인플레이션의 원인은 생산물에 대한 구매자의 수요와 공급자의 생산 능력 사이의 불균형이다. 이는 수요견인 인플레이션이 잠재 총생산에 대한 실제 총생산을 측정하는 총생산 갭에 의해 결정된다는 것을 시사한다

필립스 곡선 프레임워크

지금까지의 인플레이션 경로들을 종합해보면, 우리가 인플레이션을 분석하기 위해 구축하는 틀의 근간을 만드는 두 가지 핵심적인 관찰 결과가 나타난다.

관찰 1 : 총생산 갭이 수요견인 인플레이션을 야기한다. 총생산이 잠재 총생산을 초과하면 (즉 총생산 갭이 양수임을 의미) 초과 수요가 발생한다. 총생산 갭의 (양의 값으로) 수준이 더 클수록, 초과 수요의 정도가 커지고, 이에 따라 가격 인상 압력도 커진다. 대조적으로, 총생산이 잠재 총생산에 미치지 못할 때(즉, 총생산 갭이 음수임을 의미) 수요 부족 현상이 나타난다. 마찬가지로, 총생산 갭의 음수값이 더 커질수록 수요 부족의 정도가 커지고, 가격 상승 제약에 대한 압력이 커진다.

관찰 2 : 수요견인 인플레이션은 인플레이션을 기대 인플레이션에서 벗어나게 한다. 수요견인 인플레이션은 기대 인플레이션에 더하여 발생한다. 즉, 수요견인 요인으로 인해 인플레이션이 기대 인플레이션 이상으로 상승하거나 (초과 수요가 있을 때) 기대 인플레이션 이하로 떨어

예기치 못한 인플레이션 인플레이션과 기대 인플레이션의 차이 = 인플레이션 – 기대 인플레이션

진다(수요가 부족할 때). 즉, 수요견인 인플레이션이 인플레이션과 기대 인플레이션의 차이인 **예기치 못한 인플레이션**(unexpected inflation)을 일으킨다.

예기치 못한 인플레이션 = 인플레이션 – 기대 인플레이션

필립스 곡선은 총생산 갭이 예기치 못한 인플레이션과 어떠한 연관성을 갖는지 보여주는 곡선이다. 이 두 가지 관측 결과를 종합해보면 총생산 갭으로 인해 인플레이션이 기대 인플레이션보다 높아지거나 낮아진다는 결론을 내릴 수 있다. 이를 다음과 같이 요약할 수 있다.

> **인플레이션 압력 #2 : 수요견인 인플레이션**
> 총생산 갭은 인플레이션을 기대 인플레이션보다 높거나 낮게 만드는 동인이 된다.
> 총생산 갭의 증가↑ → (기대 인플레이션 대비) 인플레이션 증가↑

필립스 곡선 총생산 갭과 예기치 못한 인플레이션을 잇는 곡선

수요견인 인플레이션은 총생산 갭과 예기치 못한 인플레이션(인플레이션과 기대 인플레이션 간의 갭) 간의 관계를 형성하는 요인이다. 이 관계를 그래프로 표현한 것이 **필립스 곡선**(Phillips curve)이다. 그림 31–6은 총생산 갭이 예기치 못한 인플레이션에 미치는 영향을 보여주는 필립스 곡선을 나타내고 있다.

필립스 곡선은 처음 발견한 빌 필립스의 이름을 따서 지어졌다. 그는 포로수용소에 수감되어 있었을 뿐만 아니라, 악어 사냥꾼, 모험가, 전쟁 영웅이자 임시 미니어처 라디오를 제작한 다재다능한 사람이었다. 그는 자신의 경제학 원론 수업을 단 1점 차이로 과했지만, 초과 수요가 인플레이션 압력을 유발한다는 것을 보여줌으로써 경제사에 큰 족적을 남겼다. 역사적 데이터에 근거한 그의 분석은 수요견인 인플레이션의 중요성을 밝혀냈다. 이 그래프를 좀 더 자

그림 31-6 | 필립스 곡선

총생산 갭은 인플레이션을 기대 인플레이션보다 높거나 낮게 유도한다.

Ⓐ 총생산이 잠재 총생산을 초과할 경우 초과수요는 관리자들로 하여금 가격을 더 올리게 만들고 인플레이션이 기대 인플레이션을 초과하게 만든다.
Ⓑ 총생산이 잠재 총생산과 같을 경우 수요견인 인플레이션이 발생하지 않고 인플레이션과 기대 인플레이션은 같아진다.
Ⓒ 총생산이 잠재 총생산에 미치지 못할 경우 부족한 수요가 가격상승을 제약하고 인플레이션이 기대 인플레이션보다 떨어지게 만든다.

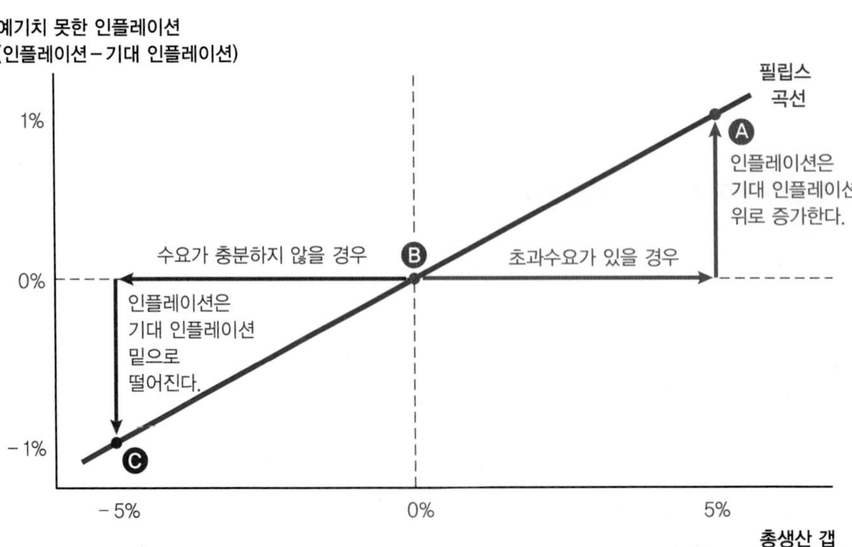

세히 살펴보자.

예기치 못한 인플레이션은 수직축이고 총산출 갭은 수평축이다. 지금쯤이면 수평축에 수량을 표시하고 수직축에 가격을 표시하는 경제학의 그래프 작성 전통에 대해 잘 알고 있을 것이다. 필립스 곡선에도 동일한 전통을 따라서 수평 축에는 총산출 갭(수량에 대한)을, 수직 축에는 예기치 못한 인플레이션(가격에 관한 것)을 배치한다. 그리고 필립스 곡선은 기대 인플레이션을 초과하거나 하회하는 예상치 못한 인플레이션을 설명한다는 사실을 잊지 말아야 한다. 따라서 수직축은 예상치 못한 인플레이션(인플레이션에서 기대 인플레이션을 뺀 것)을 측정한다.

또 하나의 그래프 팁 : 총생산 갭과 예상치 못한 인플레이션은 모두 양수 또는 음수일 수 있으므로 일반적으로 두 축을 모두 음의 영역으로도 확장하는 것이 좋다. 즉, (0,0)이 거의 가운데에 있도록 축을 그린다[처음에는 비정상적으로 보일 수 있다(축들이 0에서 상승하지 않음을 의미하는 것) 곡선을 그려보면 말이 된다는 것을 알 수 있다].

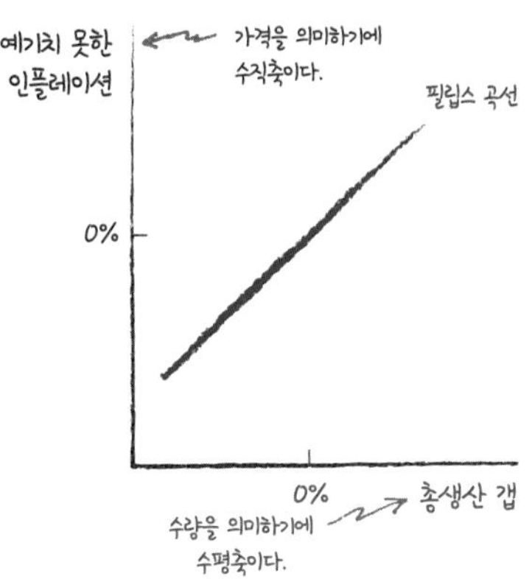

필립스 곡선은 우상향하는 모습을 가진다. 필립스 곡선은 잠재 총생산에 비해 총생산이 더 높을수록 (양의 총생산 갭이 더 클수록) 인플레이션 압력이 커져 인플레이션이 기대 인플레이션보다 더 커지도록 만든다. 이는 다음과 같은 아이디어를 보여준다.

총생산 갭 ↑ → 예기치 못한 인플레이션 ↑

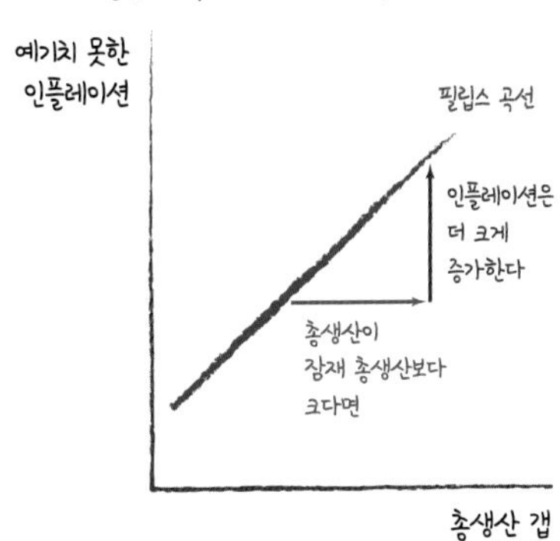

총생산이 잠재 총생산과 같으면 인플레이션은 기대 인플레이션과 같아진다. 필립스 곡선은 총생산 갭이 0이고 예기치 못한 인플레이션이 0인 (0,0) 원점을 통과한다. 이 지점에서 총생산이 잠재 총생산과 일치하는 것은 수요견인 인플레이션이 없다는 것으로서 인플레이션이 기대 인플레이션을 상회하거나 하회하지 않는다는 것을 의미한다. 결과적으로 실제 총생산이 잠재 총생산과 같을 때 실제 인플레이션은 예상 인플레이션과 같아지는 것이다.

필립스 곡선은 인플레이션이 기대 인플레이션과 얼마나 차이가 날지 예측할 수 있다. 필립스 곡선의 수직 축은 예기치 못한 인플레이션이 양수 또는 음수일 수 있음을 나타낸다. 이것이 실제 인플레이션이 반드시 음의 값을 가질 가능성이 있다는 것을 의미하는 것이 아니다(물론 음의 인플레이션, 즉 디플레이션은 일어날 수도 있지만 매우 드문 경우다). 필립스 곡선은 실제 인플레이션 수준 자체가 아닌, 오로지 예기치 못한 인플레이션에 관한 것이다. 예기치 못한 인플레이션이 마이너스가 될 것이라는 의미는 이는 단지 실제 인플레이션이 기대 인플레이션보다 낮을 것이라는 것을 의미한다. 그리고 예기치 못한 인플레이션이 양의 값을 가진다면 실제 인플레이션이 기대 인플레이션보다 클 것임을 의미한다. 실제로 필립스 곡선은 실제 인플레이션이 기대 인플레이션보다 높을지 낮을지를 알려주기 때문에 유용하다는 것이다.

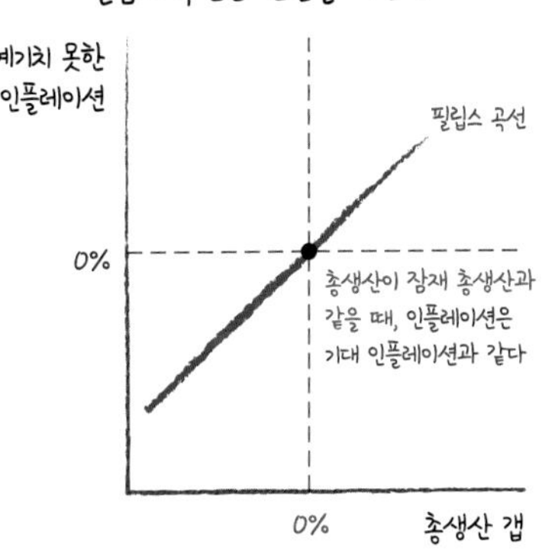

어떻게 우버는 필립스 곡선을 따르는가

토요일 비가 오는 밤 콘서트가 늦게 끝난다면 당신은 휴대전화를 꺼내 우버에 전화를 하고 집에 가기를 소망할 것이다.

그러나 앱에서 말하길 일반적으로 10달러에 불과한 요금이 지금은 30달러라고 한다. 당신은 근처에 있는 다른 수백 명의 콘서트 참석자들을 둘러보고, 내면에 있던 빌 필립스가 방금 일어난 일을 설명한다. 우버 운전기사의 숫자보다 집으로 가려고 하는 콘서트 참석자가 더 많아 초과 수요가 발생한 것이다.

우버의 가격 급등 알고리즘이 시작되었다. 이는 즉시 가격을 인상시켜 초과 수요에 대응하

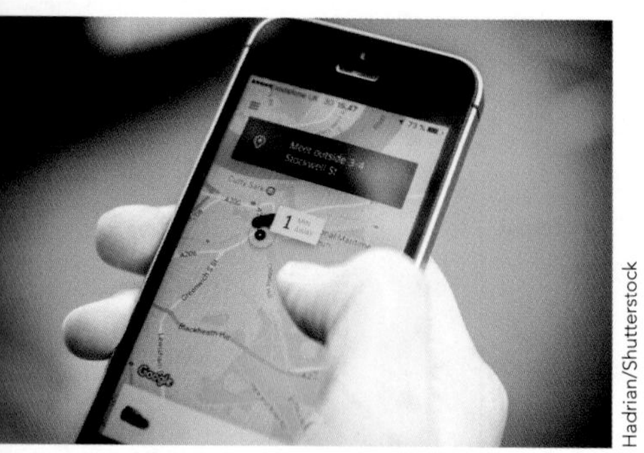
Hadrian/Shutterstock

우버는 필립스 곡선을 따른다.

도록 프로그래밍된 터보 충전된 필립스 곡선과 같다. 수요 급증에 대응하여 가격을 변경하는 데 일반적으로 몇 분이 아닌 몇 개월이 걸리기 때문에 터보 충전되었다는 표현을 사용했다. 필립스 곡선은 일반적으로 몇 달 동안의 인플레이션 상승 또는 하락을 설명하고 있다.

하지만 여기에 한 가지 중요한 차이점이 있다. 그 짧은 콘서트 후 가격이 급등하는 동안 택시, 버스 또는 심지어 렌터카 가격과 같은 대부분의 다른 가격들은 변경되지 않았다. 따라서 우버의 가격 급등은 상대 가격의 변화로 설명할 수 있고, 이는 버스를 타는 것보다 우버를 타는 비용이 상대적으로 높아졌다고 말할 수 있다. 반면, 필립스 곡선은 경제 전반에 걸쳐 수요가 급증했을 때 많은 기업들이 가격을 인상하고 이러한 광범위한 가격 상승이 인플레이션으로 이어진다는 사실을 설명하는 것이다. ■

미국의 필립스 곡선

빌 필립스는 자신의 곡선을 '축축한 주말에 할 수 있는 일'이라고 설명했다. 그는 1861년부터 1957년까지의 기간에 대한 영국의 과거 데이터들을 점으로 그래프에 표시함으로써 이를 발견했다. 이제 미국의 현대 필립스 곡선을 발견하기 위해 그의 그래프를 갱신할 차례다.

미국의 필립스 곡선을 찾아보자. 이 작업은 우선 관련 과거 데이터를 정리하는 것으로 시작한다. 예기치 못한 인플레이션을 측정하려면 매년 실제 인플레이션과 기대 인플레이션에 대한 데이터를 수집해야 한다(여기서 기대 인플레이션은 전문 이코노미스트의 예측을 기반으로 한 측정을 사용한다). 우리는 예기치 못한 인플레이션을 단순히 실제 인플레이션에서 기대 인플레이션을 뺀 값으로 계산할 것이다. 다음으로 각각의 연도의 총생산 갭과 예기치 못한 인플레이션에 해당되는 점들을 그래프에 작성한다.

그림 31-7 | 미국의 예에서 필립스 곡선 찾기

Ⓐ 회색 점은 1971년부터 2018년까지의 예기치 못한 인플레이션과 총생산 갭을 의미한다.

Ⓑ 이 데이터들은 우상향 곡선을 따라가며 이론에서 주장하듯이 양의 총생산 갭은 더 큰 예기치 못한 인플레이션을 야기한다.

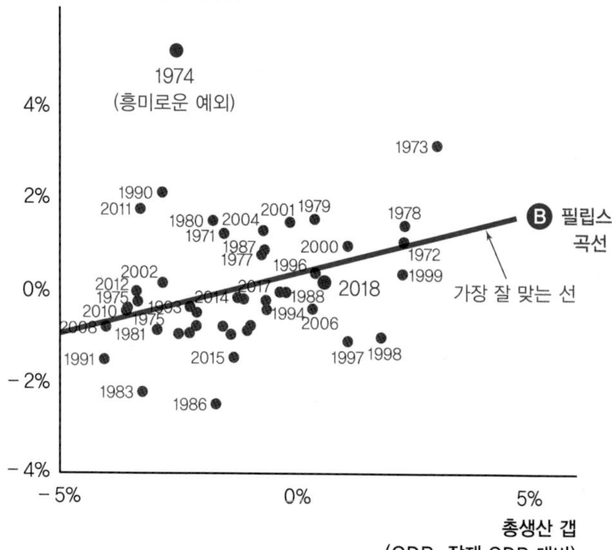

출처 : Bureau of Economic Analysis; Bureau of Labor Statistics; Federal Reserve Bank of Philadelphia; Congressional Budget Office.

그림 31-7은 미국의 경우에 관한 데이터를 바탕으로 필립스 곡선을 보여주고 있다. 이 그래프는 다음의 분석에 의한 예측을 대략적으로 뒷받침하고 있음을 알 수 있다. 총생산 갭이 플러스가 되어 GDP가 잠재 GDP보다 높을 때 인플레이션은 일반적으로 기대 인플레이션보다 높았다. 그리고 총생산 갭이 마이너스가 되어 GDP가 잠재 GDP에 비해 낮을 때, 인플레이션은 일반적으로 기대 인플레이션보다 낮다. 이 곡선의 우상향하는 모양은 총생산 갭이 더 클수록 예기치 못한 인플레이션이 더 많이 발생한다는 것을 보여주고 있는 것이다.

또한 이 그래프는 위와 같은 예측이 항상 맞아떨어지는 것이 아니므로 필립스 곡선이 불완전한 상관성을 가지고 있음을 보이기도 한다. 그럼에도 불구하고 필립스 곡선은 총생산 갭으로 보다 정밀하게 인플레이션을 예측하는 데 있어서 중요한 도구로서 활용된다. 사실 필립스 곡선에 정확히 일치하지 않는 데이터들은 다른 요소들의 영향을 받기 때문이라고 볼 수 있다. 예를 들어 1974년은 필립스 곡선 근처에 있지 않다. 그 해는 유가가 예기치 못하게 급격히 상승한 해였고, 추후 설명에서 왜 이 같은 현상이 인플레이션을 단기간에 상승시켰는지에 대해 알아볼 예정이다.

이코노미스트들은 필립스 곡선이 어떻게 생겼는지 알아내려고 할 때 위와 같은 데이터를 수집하고 데이터에 가장 잘 맞는 선(line of best fit)을 계산한다. 그림 31-7의 가장 잘 맞는 선은 이러한 종류의 분석의 예시다.

연필, 자 및 약간의 계산으로 이 작업을 할 수 있지만 여기서는 스프레드시트를 사용하여 가장 잘 맞는 선을 계산하였다(통계 수업을 들었다면 이것을 회귀선으로 인식하겠지만, 그렇지 않더라도 이 선이 평균적으로 관계를 가장 잘 설명한다는 점을 알면 된다).

보다 완전한 분석은 유가, 생산성 또는 환율의 변화와 같은 인플레이션에 영향을 미칠 수 있는 다른 요인도 고려해야 할 것이다. 이와 같은 총공급 측의 요인들을 합산하여 곧 계산할 예정이니 잠시만 인내심을 갖고 기다리자.

미래의 인플레이션을 예측하기 위해 필립스 곡선을 사용해보자. 투자은행, 기업 및 정부 이코노미스트들은 가장 잘 맞는 선과 유사한 필립스 곡선 추정치를 사용하여 인플레이션을 예측한다. 이는 두 단계의 프로세스로 설명할 수 있다.

1단계 : 기대 인플레이션을 평가한다. 우리는 기대 인플레이션 설문 조사, 이코노미스트 설문 조사 또는 금융시장 기반 측정 등을 분석함으로써 기대 인플레이션을 측정할 수 있다.

2단계 : 예기치 못한 인플레이션을 예측한다. 이것은 필립스 곡선이 유용한 부분이다. 총생산 갭에 대한 추정으로 시작하여 필립스 곡선의 해당 지점을 찾은 다음 예기치 못한 인플레이션에 대한 예측을 찾아보자. 예를 들어, 그림 31-8은 +5%의 총생산 갭이 예기치 못한 1%의 인플레이션에 해당함을 보여준다.

그림 31-8 | 인플레이션 예측을 위한 필립스 곡선 사용

주어진 총생산 갭이 필립스 곡선에 도달하는 곳을 찾은 다음 예기치 못한 인플레이션을 예측하라.

Ⓐ 총생산 갭을 X축에 두고 필립스 곡선에 도달할 때까지 위로 선을 이으라.
Ⓑ 그 후 Y축을 보면 예기치 못한 인플레이션을 찾을 수 있다.
Ⓒ 인플레이션 = 예기치 못한 인플레이션 + 기대 인플레이션

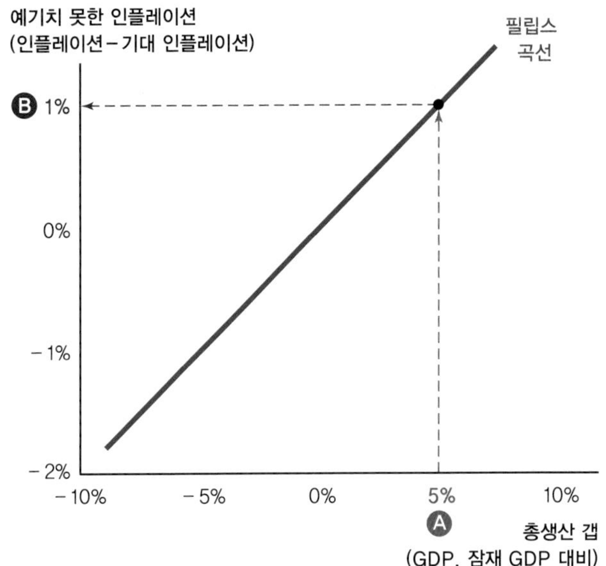

물론 인플레이션 예측은 기대 인플레이션과 예기치 못한 인플레이션에 대한 예측의 합이어야 한다. 따라서 기대 인플레이션이 2%이고 수요견인 인플레이션이 추가적으로 1%이라면, 인플레이션을 3%로 예측해야 한다.

경제학 실습

당신은 내년을 위해 연봉을 협상하고 싶고, 생활비의 잠재적인 변화에 맞추어 이를 조정하고 싶다. 경기는 좋은 편이고 당신은 GDP가 5%의 잠재 총생산의 성장률을 상회할 것으로 예상한다. 기대 인플레이션은 현재 2%이다.

a. 그림 31-8의 필립스 곡선을 이용하라. 현재 구매하는 것과 같은 상품들을 같은 수준으로 구매하기 위해 당신의 연봉은 얼마나 증가해야 하는가?
b. 만약 GDP가 2.5% 이하의 성장을 보인다면?
c. 만약 GDP가 잠재 GDP와 같다면? ■

정답

a. 인플레이션=기대 인플레이션+예기치 못한 인플레이션=2%+1%=3%.
b. 만약 총생산 갭이 −2.5%라면 필립스 곡선에서 확인할 수 있는 예기치 못한 인플레이션은 −0.5%가 될 것이다. 따라서 인플레이션은 1.5%가 될 것이다.
c. 0%의 총산출 갭은 0%의 예기치 못한 인플레이션으로 이어지고 인플레이션은 2%가 될 것이다.

다른 예 : 노동시장 필립스 곡선

지금까지 우리는 필립스 곡선을 예기치 못한 인플레이션과 총생산 갭 사이의 관계로 설명했다. 우리는 총생산 갭에 초점을 맞췄다. 관리자가 초과 수요(가격을 조금 더 올림) 또는 수요 부족(가격 상승 제약)을 대응하는 정도를 설명하는 경제의 생산 능력에 대한 척도이기 때문이다. 연방준비은행은 최소한 1980년대 중반부터 인플레이션을 예측하기 위해 총생산 갭과 필립스 곡선을 사용했다.

그러나 필립스 곡선의 원형은 원래 약간 다르게 그려졌다. 필립스가 이 곡선을 처음 그렸던 당시에는 총산출 갭을 측정하는 현대적인 방법이 나오기 이전이었기 때문이다. 필립스 곡선의

원형은 동일한 아이디어를 약간 다르게 표현했을 뿐이다. 일부 이코노미스트들은 이 원형 형태를 선호하기도 하기 때문에 독자들도 익숙해질 필요가 있다.

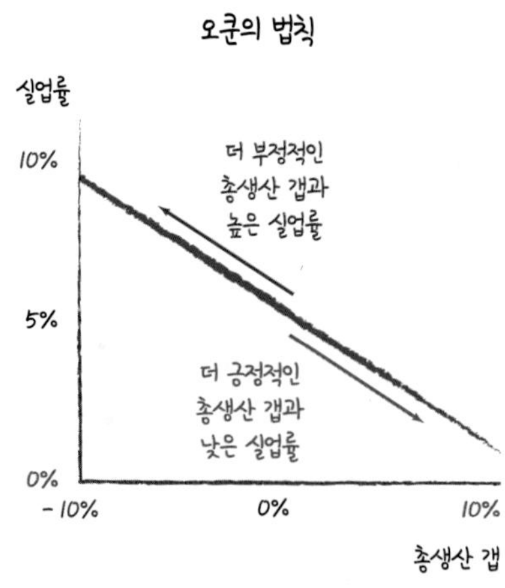

노동시장 필립스 곡선은 예기치 못한 인플레이션과 실업률 간의 관계를 나타낸다. 이 필립스 곡선은 노동 시장에 초점을 맞추고 있다. 실업자는 사용되지 않은 노동자원이므로, 경제활동인구 대비 실업자의 비율인 실업률은 경제가 생산 능력을 초과하거나 미만으로 생산하고 있는지에 대한 대안적인 척도로서 볼 수 있다. 실제로 제29장에서는 오쿤의 법칙이 총생산 갭과 실업률 사이의 밀접한 연관성을 설명하고 있음을 확인할 수 있다. 높은 실업률은 음의 총생산 갭(총생산이 잠재 총생산보다 낮기 때문에 수요 부족이 문제가 되는 경우)과 일치한다고 말할 수 있다. 또한 낮은 실업률은 양의 총생산 갭(총생산이 잠재 총생산을 초과하여 초과 수요가 발생하는 경우)과 일치한다고 말할 수 있다.

낮은 실업률과 높은 수요견인 인플레이션 간의 관계를 나타내는 필립스 곡선은 다음과 같이 요약할 수 있다.

실업률 ↓ → 예기치 못한 인플레이션 ↑

두 가지 다른 형태의 필립스 곡선은 모두 같은 이야기를 하고 있는 셈이다. 그림 31-9에 나와 있는 필립스 곡선은 인플레이션과 실업 간의 관계를 나타낸다. 두 가지 형태를 구분하기 위해, 이 형태를 **노동시장 필립스 곡선**(labor market Phillips curve)이라고 부를 것이다. 필립스 곡선과 똑같은 아이디어를 가지고 있지만 초과 수요에 대한 다른 척도를 근거하고 있을 뿐이다. 곡선이 서로 다른 방향으로 기울어져 있다는 차이도 순전히 표면적인 차이일 뿐이다. 초과 수요는 잠재 총생산에 비해 높은 수준의 GDP에 의해 증가하지만 실업률이 낮기 때문에 발생한다. 필립스 곡선의 두 가지 형태는 결국 모두 초과 수요가 높은 인플레이션을 초래한다는 것을 시사한다.

노동시장 필립스 곡선 예기치 못한 인플레이션과 실업률을 연결한 필립스 곡선

그림 31-9 | 노동시장 필립스 곡선

실업률은 인플레이션이 기대 인플레이션보다 높아질지 낮아질지를 결정한다.

Ⓐ 실업률은 초과수요 혹은 불충분한 수요에 대한 대안적인 지표이다.
Ⓑ 노동시장 필립스 곡선은 높은 실업률은 낮은 기대 인플레이션으로 이어지고, 낮은 실업률은 높은 기대 인플레이션으로 이어진다는 것을 보인다.
Ⓒ 균형실업률에서 예기치 못한 인플레이션은 0이고 인플레이션은 기대 인플레이션과 같다.

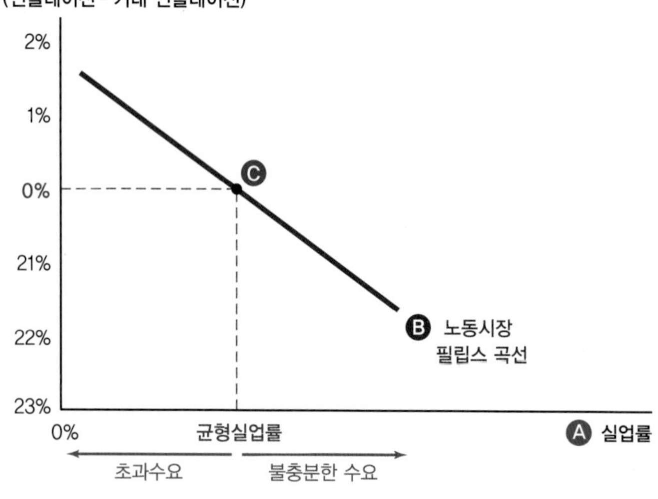

인플레이션은 균형실업률에서 안정적이다. 인플레이션율은 인플레이션이 기대 인플레이션과 같을 때만 안정적이며 이는 예기치 못한 인플레이션이 0%인 지점에서 발생한다. 해당 실업률을 균형실업률[이는 '자연실업률' 또는 NAIRU(non-accelerating inflation rate of unemployment, 인플레이션을 가속화시키지 않는 안정적인 실업률, 밀턴 프리드먼이 처음 제시한 개념이다-역자주)이라고도 한다. 이것은 인플레이션을 높이지도 낮추지도 않을 유일한 실업률이라고 말할 수 있다]. 이것은 안정적인 인플레이션과 일치하는 유일한 실업률이다. 균형실업률은 구조적 · 마찰적 장벽에 직면한 잠재적 실업자들이 남아 있기 때문에 0은 아니다(제23장에서 균형실업률이 0이 아닌 이유를 논의했음을 기억하라). 실업률이 균형실업률보다 낮으면 인플레이션이 상승하기 시작한다. 다만, 균형실업률이 어느 수준인지 정확한 수치로 알기는 어렵고 이코노미스트들이 끊임없이 논쟁하는 주제이기도 하다. 따라서 균형실업률에 대한 특정 수치를 강조하는 것보다 3~6% 사이에 있다고 말하는 것이 아마도 무난할 것이다.

수요견인 인플레이션은 너무 많은 수요로 인해 발생한다. 우리는 기대 인플레이션을 분석하며 이 장을 시작했다. 이제 우리는 경

제의 수요 측면을 분석하여 초과 수요가 인플레이션을 견인하며 인플레이션이 기대 수준보다 높아지는 것을 발견했다(그리고 수요부족은 인플레이션이 기대 인플레이션을 하회하게 만든다).

우리는 가격 변화를 주도하는 데 있어 수요의 역할은 분석했지만 아직 공급의 역할을 살펴보지 않았다. 변화하는 공급 조건이 어떻게 인플레이션을 유발할 수 있는지 분석하면서 공급 충격이 필립스 곡선을 이동시킨다는 사실을 알게 될 것이다. 하지만 그 이유를 알아보기 위해선 원더 우먼과 지정학 사이의 연관성을 탐구해봐야 한다.

31.4 필립스 곡선을 움직이는 공급 충격

학습목표 생산비용에 가해진 충격이 필립스 곡선을 어떻게 움직이는지 알아본다.

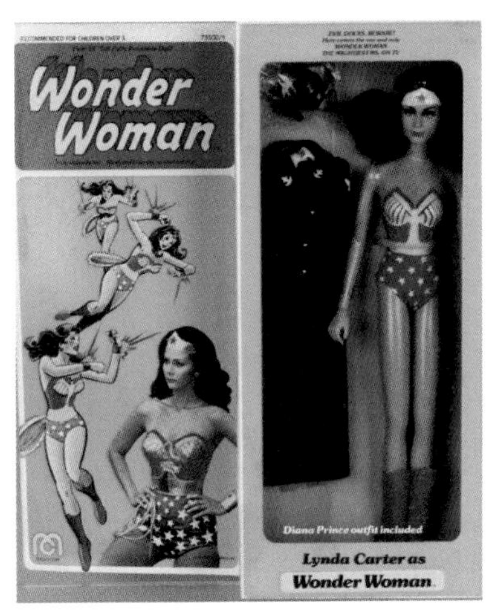

지정학적 긴장의 희생자

1974년 여섯 살 소녀가 원더 우먼 액션 피규어를 사기 위해 장난감 가게에 갔다. 그녀는 원더 우먼 액션 피규어를 살만큼 충분히 모았다고 생각했지만, 그녀가 가게에 도착했을 때 가격이 오르는 것을 발견했다. 그래서 그녀는 돈을 계속 모으기로 결심하고 집으로 돌아왔다. 몇 달 후, 그녀는 이제 충분한 돈이 되길 바라며 가게로 돌아왔지만 가격이 다시 올랐다. 원더 우먼을 사기엔 여전히 애매했고 여섯 살 소녀의 희망은 글로벌 경제를 뒤흔들고 있는 지정학적 긴장에 의해 무너졌다.

액션 피규어는 플라스틱으로 만들어지며, 플라스틱은 주로 석유로 만들어지고 세계 석유의 대부분은 아라비아 반도에서 나온다. 많은 아랍 산유국들은 욤-키푸르 전쟁(1973년 10월에 발생한 제4차 중동전쟁-역자 주)에서 미국이 이스라엘을 지원한 것에 분노하며 미국에 대한 석유 판매를 중단함으로써 보복했다. 이러한 지정 학적 혼란은 거시경제적 혼란으로 이어졌다. 이로 인해 미국에 대한 석유 공급이 급격히 감소하여 단 몇 달 만에 석유 가격이 네 배로 올랐다.

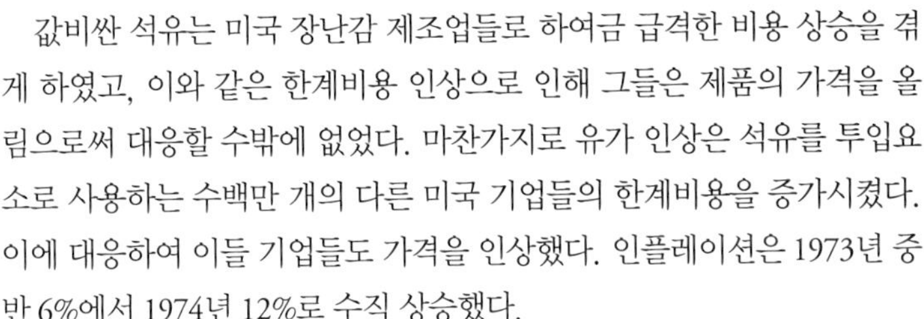

값비싼 석유는 미국 장난감 제조업들로 하여금 급격한 비용 상승을 겪게 하였고, 이와 같은 한계비용 인상으로 인해 그들은 제품의 가격을 올림으로써 대응할 수밖에 없었다. 마찬가지로 유가 인상은 석유를 투입요소로 사용하는 수백만 개의 다른 미국 기업들의 한계비용을 증가시켰다. 이에 대응하여 이들 기업들도 가격을 인상했다. 인플레이션은 1973년 중반 6%에서 1974년 12%로 수직 상승했다.

어떻게 공급 충격이 필립스 곡선을 이동시키는가

이와 같은 사례는 예상치 못한 생산비용 상승으로 인해 판매자가 가격을 인상하도록 만든 비용상승 인플레이션의 한 예다.

생산비용의 상승은 기존의 기대 인플레이션과 수요견인의 압력과는 별도로 가격을 추가적으로 인상시키는 또 다른 이유가 된다. 이것은 비용상승 압력이 일정한 수준의 총생산 갭과 일정한 기대 인플레이션하에서는 추가적인 인플레이션을 유발한다는 의미이다. 그림 31-10에서 볼 수 있듯이, 비용상승 인플레이션은 필립스 곡선을 이동시킨다.

그림 31-10 | 비용의 증가는 필립스 곡선을 이동시킨다

Ⓐ 생산비용의 증가는 총생산 갭에서 가격의 상승을 유발하고, 필립스 곡선을 상향이동 시킨다.
Ⓑ 그 결과로 인플레이션은 기대 인플레이션을 초과하고 B점에서 보여지듯이 총생산이 잠재 총생산보다 적을 경우에도 같은 결과를 낳는다.

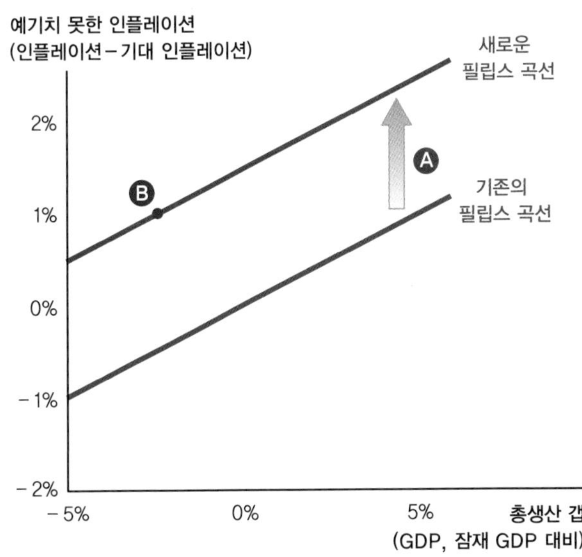

생산비용의 증가는 필립스 곡선을 상향이동시킨다. 예기치 못한 생산비용 증가는 어떤 요인에 의해서든 필립스 곡선을 위로 이동시키는 원인이 된다. 그 반대도 마찬가지다. 예상치 못한 생산비용 감소로 인해 판매자가 가격을 인하(또는 더 적게 인상)함에 따라 필립스 곡선은 아래로 이동한다.

이는 인플레이션의 원인에 대한 세 번째 핵심을 보여준다.

> **인플레이션 압력 #3 : 비용상승 인플레이션**
> 예기치 못한 생산비용의 상승은 높은 인플레이션을 초래한다.
> 생산비용 ↑ → 인플레이션 ↑

공급 충격 생산비용의 변화는 공급자들로 하여금 각각의 생산 수준에서 부과하는 가격을 변화시키도록 만든다. 공급 충격은 필립스 곡선을 이동시킨다.

> 필립스 곡선은 다음의 변화가 있을 때 이동한다.
> 1. 투입요소 가격
> 2. 생산성
> 3. 환율

세 가지 유형의 공급 충격이 필립스 곡선을 이동시킨다. 이 세 번째 인플레이션 요인은 예상치 못한 생산비용 변화를 반영하므로 이를 비용상승 인플레이션이라고 한다. 그리고 비용의 변화가 생산자의 공급곡선을 이동시키기 때문에 필립스 곡선을 이동시키는 예기치 않은 생산비용의 변화를 **공급 충격**(supply shocks)이라고 한다.

필립스 곡선을 바꿀 수 있는 세 가지 주요 공급 충격 유형은 투입요소 가격의 변화, 생산성의 변화, 환율의 변화다. 예상되는 투입요소 가격의 상승 또는 하락이 이미 기대 인플레이션에 반영되었을 것이기 때문에 우리는 예기치 못한 비용 변화에 초점을 맞출 예정이다. 한번 살펴보자.

필립스 곡선 이동요인 하나 : 투입요소 가격

투입요소 가격은 필립스 곡선을 이동시킨다

예기치 못한 인플레이션

투입요소 비용의 상승

필립스 곡선

투입요소 비용의 하락

총생산 갭

투입요소의 가격이 상승할 때마다 한계비용이 증가하고, 한계비용의 증가는 판매자가 가격을 인상하도록 하는 요인이 된다. 따라서 투입요소 가격 상승은 상품 가격 상승으로 이어지며, 이는 주어진 총생산 갭 수준하에서 인플레이션을 높이기 때문에 필립스 곡선을 상향 이동시킨다. 동일한 압력이 역으로도 작용하여, 투입요소 가격이 하락한다면 필립스 곡선은 하향 이동한다. 투입요소 가격이 더 많이 변하고 투입요소가 일반적인 기업의 비용에서 차지하는 비중이 더 클수록 필립스 곡선이 더 많이 이동할 것이다.

유가와 원자재 가격은 중요한 투입요소 가격이다. 석유는 경제의 많은 부문에서 주요 투입요소이며, 따라서 석유 가격의 변화는 종종 비용상승 인플레이션의 중요한 동인이다. 석유는 전기를 만들기 위해 사용되고 휘발유 또는 디젤 연료로 정제되며 플라스틱으로 합성될 수 있기 때문에 중요하다(어떤 것들은 액션 피규어를 만드는 데 사용될 수 있다). 유가 상승은 경제 전반에 파급 효과를 가져와 전기 및 난방비, 휘발유 가격 상승으로 이어지며, 이는 운송비 상승으로 이어지고, 이로 인해 지역 슈퍼마켓의 거의 모든 가격이 상승한다. 역사적으로 유가는 정치적으로 불안정한 중동의 금수 조치, 전쟁, 쿠데타, 혁명, 예상치 못한 새로운 에너지원 발견과 같은 원인들로 인해 높은 변동성을 보이며 상승 혹은 하락했기 때문에 주목할 필요가 있다.

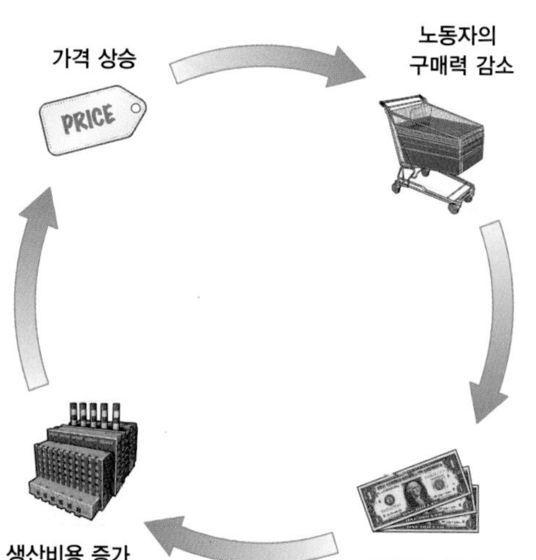

특히 농산물을 포함한 기타 원자재 가격은, 기상악화로 인해 수확이 어려워지는 것과 같이, 공급 충격을 야기할 수 있다. 아웃백 스테이크하우스의 관리자는 "대부분의 경우, 원자재 가격의 증가는 메뉴 가격 인상을 통해 고객들에게 전가된다"라고 말한다. 다른 회사들도 이와 같은 방침을 취한다면 원자재 가격 충격은 광범위한 비용상승 인플레이션으로 이어질 것이다.

임금 상승은 임금-물가의 악순환 고리를 유발할 수 있다. 아마도 가장 중요한 투입요소 가격은 노동 가격(시간당 임금이라고도 함)일 것이다. 기업이 양질의 직원을 유치하기 위해 지불해야 하는 임금이 급격히 상승하게 되면 회사의 한계비용이 증가하여 많은 관리자들이 가격을 인상하게 된다. 실제로 과거에 아웃백 스테이크하우스의 경영진은 임금 상승으로 회사의 인건비가 증가했다고 보고했다. "인건비가 증가함에 따라, 경쟁과 경제가 허용하는 범위 내에서 우리는 메뉴 가격 인상을 통해 인건비 상승으로 인한 비용의 부정적인 영향을 완화시켰다." 마찬가지로, 다른 회사들도 이처럼 결정한다면, 높아진 임금은 빠르게 비용상승 인플레이션을 유발할 것이다.

임금은 인플레이션 충격의 영향을 일시적으로 증폭시킬 뿐만 아니라, 이를 지속적으로 만들 수 있기 때문에 특히 중요하다. 이는 노동자들이 구매력을 유지하기 위해 더 높은 명목임금을 요구하는 방법으로 인플레이션에 대응하고, 기업들이 가격을 인상하여 더 높은 임금에 대응하여 결국 **임금-물가의 악순환**(wage-price spiral) 고리가 발생할 수 있기 때문이다. 따라서 초기 인플레이션 충격은 근로자가 더 높은 명목임금을 추구하게 만들 수 있으며, 이로 인해 기업은 가격을 인상하고, 다시 근로자가 더 높은 명목임금을 요구하는 방식으로 임금이 물가를 추격하고 물가가 임금을 추격하는 현상이 계속된다. 그 결과 초기 인플레이션의 충격이 사라진 후에도 오랫동안 높은 인플레이션이 지속되는 현상이 나타날 수 있다.

임금-물가의 악순환 높은 가격이 높은 명목임금을 초래하고, 그로 인해 다시 높은 상품가격으로 이어지는 순환

필립스 곡선 이동요인 둘 : 생산성

생산성이 더 높은 기업은 동일한 산출물을 생산하기 위해 필요한 투입요소가 적어지기 때문에 기업의 생산성은 생산비용을 변화시킨다고 할 수 있다. 예상보다 빠른 생산성 증가는 한계비용을 낮추어 주어진 총생산 갭하에서는 가격 상승이 제약된다(또는 하락한다). 결과적으로 생산성이 더 높아질수록 필립스 곡선은 음의 비용상승 인플레이션처럼 하향 이동한다.

마찬가지로, 반대 방향의 압력도 가능하다. 1960년대까지의 생산성의 성장은 상당히 빨랐고 많은 기업들은 직원들에게 단위당 비용을 올리지 않고도 명목임금을 상승시킬 수 있었다. 그러나 1970년대 중반에는 임금이 계속해서 빠르게 증가한 반면 생산성 증가는 둔화되었다. 그 결과 생산비용의 상승으로 인해 비용상승 인플레이션이 초래되었다. 따라서 생산성 성장의 둔화는 필립스 곡선을 상향 이동시켰다.

생산성 증가는 필립스 곡선을 이동시킨다

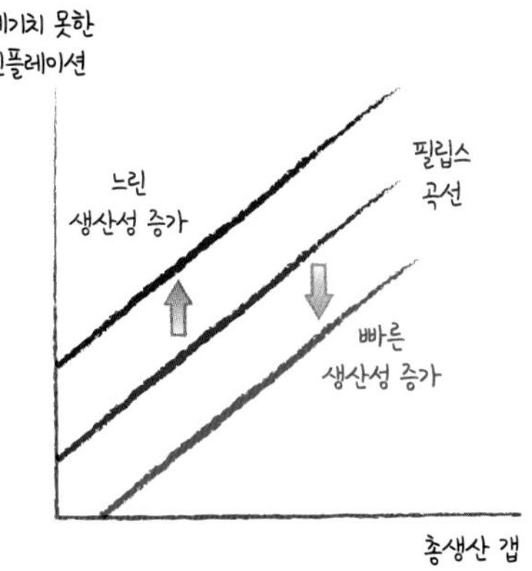

필립스 곡선 이동요인 셋 : 환율

명목환율도 비용상승 인플레이션을 야기하여 필립스 곡선을 이동시킨다. 명목환율은 해외에서 생산되는 상품의 가격에 직접적인 영향을 미칠 뿐만 아니라, 해외에서 생산된 상품과 경쟁하는 국내에서 생산된 상품의 가격에 간접적인 영향을 주기도 한다.

직접적인 효과 : 미국 달러의 가치가 하락하면 외국 상품이 더 비싸진다. 환율은 미국 달러의 가격이었던 것을 상기하자. 예를 들어 환율이 1달러당 120엔이면 미국 달러 1달러의 가격이 120엔이라는 뜻이다. 우리는 미국 달러 가격이 100엔으로 떨어질 때 미국 달러의 가치가 하락한다고 말한다. 이는 외국인이 미국 달러를 더 저렴하게 구매할 수 있음을 의미하기 때문이다. 또한 특정 수량의 엔을 사는 데 더 많은 달러가 들기 때문에 미국인들이 외화를 비싸게 사야 한다는 것을 의미한다.

외국인으로부터 상품을 구매하고자 한다면, 외국 통화가 필요할 것이기 때문에 환율변화는 인플레이션을 유발할 수 있다. 미국 달러가 절하되면, 미화 1달러는 외국통화를 덜 살 수밖에 없게 된다. 그리고, 미국 달러 기준으로는 수입품을 더 비싸게 사야 한다는 의미이다. 결국, 미국 달러의 절하는 외국 상품의 가격을 상승시키며 인플레이션을 유발하게 된다.

간접적 효과 : 더 비싼 해외 상품가격은 국내 상품의 가격 상승으로 이어진다. 미국 생산자들이 가격을 올리는 간접적인 효과도 있다.

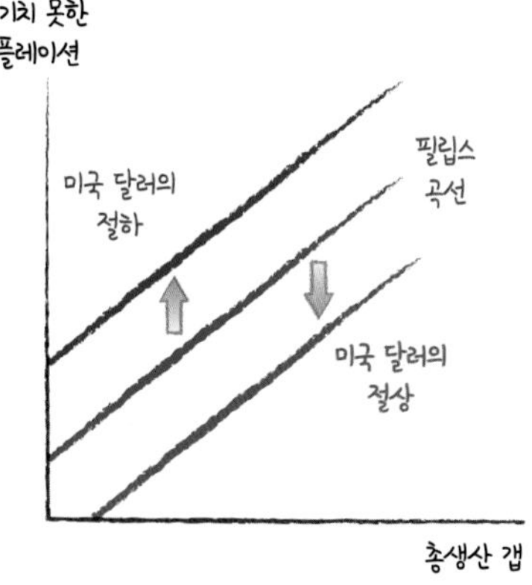

- 수입 투입요소에 의존하는 기업의 경우 : 미국 달러의 가치가 하락하면 수입 투입요소 비용(달러)이 상승하고 이러한 한계비용이 높아지면 가격이 상승한다.
- 수입 제품과 경쟁하는 기업의 경우 : 미국 달러의 가치가 하락하면 외국 경쟁 업체가 만든 제품의 가격(달러)이 올라간다. 이것은 국내 기업에 대한 경쟁 정도를 약화시켜 일부 기업이 가격을 인상하도록 유도한다.
- 제품을 수출하는 기업의 경우 : 미국 달러 가치의 하락은 해외 고객이 제품에 대해 더 많은 금액(달러)을 지불할 의향이 있음을 의미한다. 외국 고객의 구매력 증가로 인해 일부 회사는 미국 고객에게 청구하는 가격을 인상할 수 있다.

미국 달러의 가치가 하락하면 필립스 곡선이 상향 이동하고, 미국 달러 가치가 상승하면 필립스 곡선이 하향 이동한다. 이러한 직간접적 효과는 미국 달러의 가치 하락이 어떠한 총생산 갭 수준에서든 인플레이션을 증가시켜 필립스 곡선을 상향 이동시킨다는 것을 의미한다. 같은 압력이 반대로 작용하는 경우, 즉, 미국 달러 가치 상승(환율의 절상이라고 부름)은 주어진 총생산 갭에서 인플레이션을 낮추고 필립스 곡선을 하향 이동시킨다.

필립스 곡선상에서의 이동과 곡선 자체의 이동

우리는 많은 분야를 다루었으므로 결론을 내리기 전에 한번 요약해보자. 필립스 곡선을 따라 변화하는 요인과 필립스 곡선 자체를 이동시키는 요인 간의 차이를 명확히 구분하는 방식으로 요약을 할 예정이다.

수요견인 인플레이션은 필립스 곡선상에서 움직인다. 필립스 곡선은 수요견인 요인에 의한 영향을 나타내며, 총생산 갭에 따라 인플레이션이 어떻게 변하는지 보여준다. 따라서 총생산 갭의 변화를 초래하는 요인들은 필립선 곡선상에서의 움직임으로 나타난다.

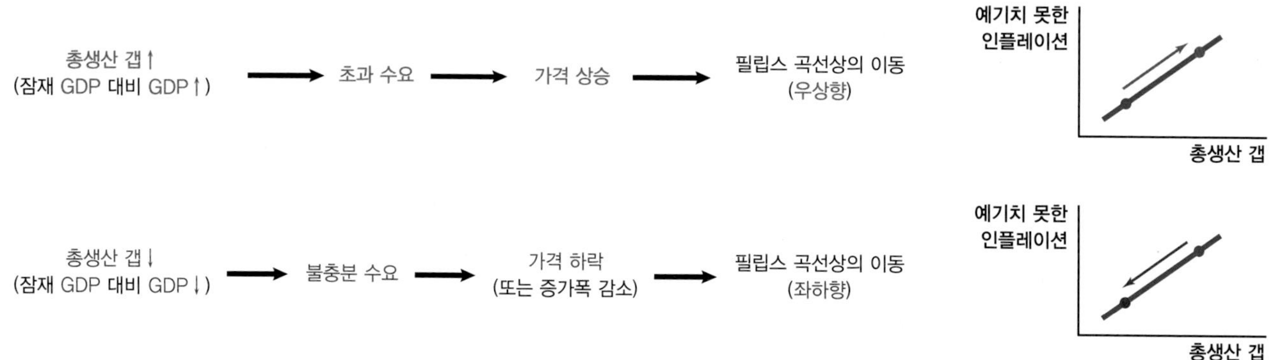

비용상승 인플레이션은 필립스 곡선 자체의 이동을 야기한다. 대조적으로, 총생산 갭의 일정한 수준에서 생산자의 가격 결정을 변화시키는 모든 요인들은 필립스 곡선 자체의 이동을 발생시킨다. 생산비용의 변화는 가격 변화에 대한 압력을 유발하며, 이는 총생산 갭이 어느 수준에서든 발생한다. 우리는 이러한 이동을 공급 충격이라고 부른다.

생산비용이 상승하면 한계비용이 증가하여 기업이 가격을 인상하게 된다. 그 결과 어떤 수준의 총생산 갭에서도 더 높은 인플레이션이 발생한다. 따라서 생산비용의 증가는 필립스 곡선 자체를 위로 이동시킨다. 반대로 생산비용이 떨어지면 기업은 가격을 조금 더 낮추거나 심지어 인하할 수도 있다. 그 결과 어떤 수준의 총생산 갭에서도 인플레이션이 감소할 것이다. 따라서 생산비용이 감소하면 필립스 곡선이 하향이동한다.

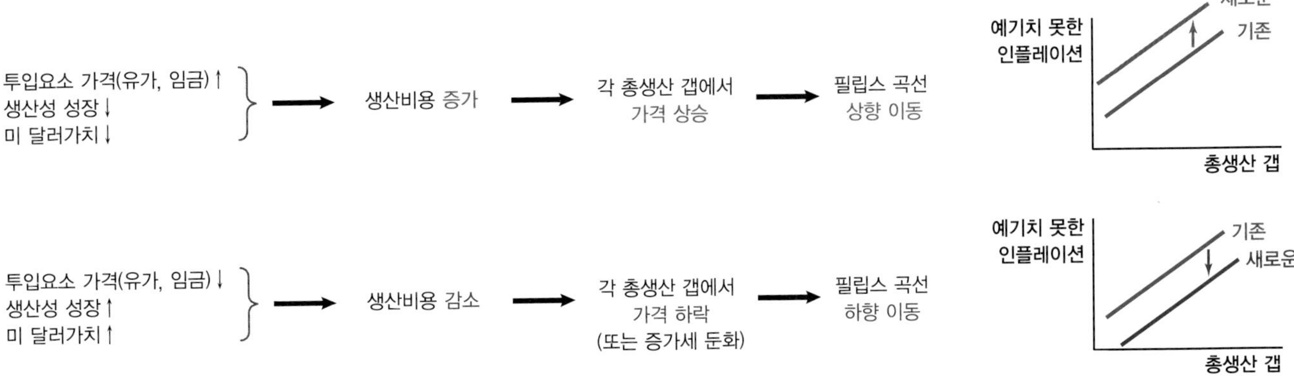

필립스 곡선 자체는 단기적인 상충관계에 관한 것이며, 기대 인플레이션은 장기적으로도 그 관련성이 있다. 우리는 인플레이션의 장기적인 주요 원인으로 기대 인플레이션을 설명하면서 이 장을 시작했다.

기대 인플레이션은 필립스 곡선을 이동시키거나 그에 따른 움직임을 유발하지는 않지만 여전히 인플레이션을 유도하는 데 중요한 역할을 한다. 총인플레이션은 기대 인플레이션과 예기치 못한 인플레이션의 합이라는 것을 기억하라. 필립스 곡선은 인플레이션이 기대 인플레이션에서 벗어나는 단기적인 현상 초점을 맞추고 있으므로 예기치 못한 인플레이션을 설명한다. 반대로, 인플레이션 상승에 대한 예측은 기대 인플레이션의 상승이 된다. 따라서 기대 인플레이션의 변화는 특정 수준의 총생산 갭과 주어진 투입요소 비용에 대해서 전반적인 인플레이션을 결정하는 중요한 장기 요인이 된다.

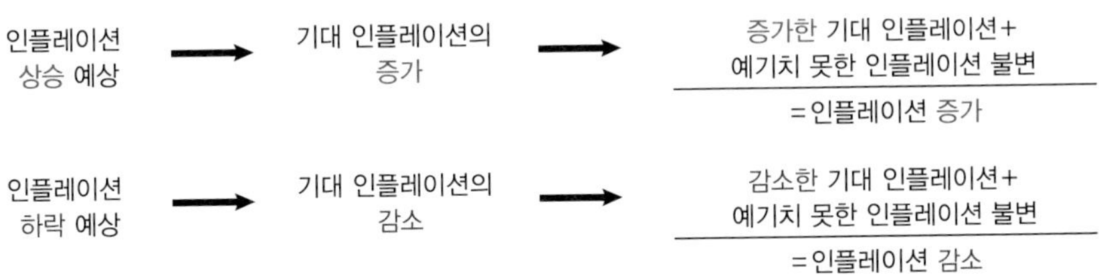

수요 충격인가 공급 충격인가 이 구조를 사용하여 경제 상황을 진단할 수 있다. 수요견인 인플레이션이 항상 총생산 갭과 예상치 못한 인플레이션을 같은 방향으로 이동시키는지 확인해보면 알 수 있다. 총생산이 많을수록 인플레이션은 높아지고 (주어진 기대 인플레이션 수준하에서) 총생산이 적으면 인플레이션은 낮아진다(주어진 기대 인플레이션 수준하에서). 반대로, 공급 충격은 총생산이 감소하더라도 더 높은 인플레이션을 일으킬 수 있다. 즉, 예상치 못한 높은 인플레이션과 낮은 총생산을 동시에 목격한다면, 공급 충격이 있었음을 추론할 수 있다. 한편, 인플레이션이 기대 인플레이션에 따라 상승한다면, 기대 인플레이션이 바뀌고 있다고 추론할 수 있다.

함께 해보기

이제 큰 그림을 다시 보기 위해 뒤로 돌아가 볼 시간이다. 필립스 곡선은 총생산 갭 또는 실업률과 같은 실물 경제의 변화를 인플레이션과 같은 명목변수에 대한 영향과의 상관성을 나타내기 때문에 거시경제학에 있어서 핵심적인 개념이라고 할 수 있다. 그러나 그 상관성은 단기와 장기에서 매우 다른 의미를 가지고 있다. 그래서 우리의 마지막 목표는 이러한 차이점을 설명하는 것이다.

경기변동주기를 의미하는 단기부터 시작해보자. 단기적으로 필립스 곡선은 실물 경제의 변화가 인플레이션과 같은 명목변수에 영향을 주는 관계를 보여준다. 예를 들어, 총생산이 일시적으로 잠재 총생산을 초과하면 더 높은 인플레이션이 발생한다. 마찬가지로, 명목변수 또한 실물 경제에 영향을 미칠 수 있다는 점 또한 시사한다. 예를 들어, 정책 입안자들은 일시적인 인플레이션 상승을 허용함으로써 일시적으로 더 높은 총생산을 달성할 수 있다. 그러나 이것은 단기적인 절충안일 뿐이다.

장기적으로 (몇 년이 아닌 수십 년으로 측정된 기간) 인플레이션의 결정 요인은 매우 다르다. 장기적으로 총생산 갭의 상승과 하락은 평균적으로 영이 될 것이다(시점에 따라 때로는 총생산 갭이 양수거나 음수지만 평균적으로 0에 가까울 것이다). 공급 충격의 기복도 평균을 따를 것이다. 따라서 장기적으로 수요견인 요인이나 비용상승 요인은 그다지 중요하지 않게 된다.

이것은 장기적으로 기대 인플레이션이 인플레이션을 결정한다는 것을 의미한다. 그것은 큰 문제다. 이는 장기적으로 인플레이션과 같은 명목변수는 총생산이나 실업과 같은 실질변수에 의해 결정되지 않는다는 것을 의미한다. 마찬가지로, 총생산이나 실업과 같은 실질변수 또한 인플레이션과 같은 명목변수에 의해 결정되지 않는다. 이것은 실질변수와 명목변수가 장기적으로 관련이 없다는 것을 의미하고, 이와 같은 통찰은 초기 고전경제학자들에 의해 처음 설명되었기 때문에 **고전적 이분성**(classical dichotomy)이라고 부르기도 한다. 고전적 이분성은 모든 가격표(임금, 은행 잔고 및 통화 포함) 끝에 0을 하나 더 추가해도, 장기적으로 물건의 생산량, 일하는 사람의 수와 같은 모든 실질변수들이 실제로는 변하지 않을 것이라는 생각을 함의하고 있다.

고전적 이분성 평균 가격 수준의 변화와 같이 순수한 명목적 변화는 장기적으로 실질변수에는 전혀 영향을 미치지 않는다.

인플레이션의 단기 및 장기 결정 요인 간의 이러한 차이는 필립스 곡선에 대한 오해 중 하나다. 더 많은 총생산과 더 높은 인플레이션 사이의 상충관계로서의 필립스 곡선으로 이해하는 것은 매력적인 일이다. 정책 입안자들은 높은 인플레이션과 짝을 이루는 더 많은 총생산을 선택하거나 낮은 인플레이션과 짝을 이루는 더 적은 총생산을 선택할 수 있는 것처럼 보인다. 실제로 1960년대 한동안 일부 정책 입안자들은 그것을 믿는 것처럼 보였다. 그들은 상충관계에 놓인 대안들이 있는 메뉴인 것처럼 필립스 곡선을 이해했고, 그들의 임무는 단지 인플레이션과 총생산의 선호하는 조합이라는 최고의 거시경제적 식사를 선택하는 것이었다. 그리고 실제로 그들은 종종 총생산을 높이고 실업률을 낮추는 더 강한 경제를 만들기 위해서 약간의 인플레이션은 너무 높은 대가가 아니라고 생각했다.

그런 추론에 입각하여 정책을 운용하는 것이 당연한 것 같지만, 결국 실수이기도 했던 것이다. 높은 인플레이션이 높은 총생산으로 인한 일반적인 결과라고 해서 높은 인플레이션을 허용하는 것이 지속적으로 높은 총생산으로 이어진다는 것을 의미하지 않기 때문이다. 문제는 높은 인플레이션은 결국 높은 기대 인플레이션을 이끈다는 것이다.

정책 입안자들이 총생산을 잠재 총생산보다 높게 끌어올리면, 필립스 곡선에서 확인할 수 있듯이 인플레이션이 기대 인플레이션을 초과하는 즉각적인 효과가 나타난다. 시간이 지남에 따라 높은 인플레이션은 높은 기대 인플레이션을 낳는다. 만약 정책 입안자들이 총생산을 잠재 총생산 이상으로 유지하려는 노력을 계속한다면 필립스 곡선에 의하면 양의 총생산 갭은 인플레이션이 기대 인플레이션보다 더 높아지게 만드는 결과를 가져올 것이다. 그리고 이 높은 인플레이션은 더 높은 기대 인플레이션을 낳는다. 즉 총생산을 잠재 총생산 이상으로 계속 유지한다면, 인플레이션은 지속적으로 상승할 수밖에 없다. 실제로 밀턴 프리드먼은 이러한 통찰력으로 노벨경제학상을 수상했다. 경제학자들의 연례 학술대회에서 발표한 이 유명한 연설에서 그는 다음과 같이 주장했다.

> 인플레이션과 실업 사이에는 항상 일시적인 상충 관계만 있을 뿐 영구적인 상충관계는 존재하지 않는다. 일시적인 상충관계는 인플레이션 자체만으로 형성되는 것이 아니라, 예상치 못한 인플레이션에서 비롯된다. 즉, 인플레이션율의 상승에서 비롯된다.

프리드먼은 1968년에 이러한 이야기를 했지만 정책 입안자들은 어렵게 교훈을 얻었다. 1960년대 후반과 1970년대에 걸쳐 정부는 경기를 부양하기 위해 감세 정책을 통과하고, 정부 지출을 늘리고, 이자율을 낮춤으로써 일련의 지속적인 시도를 했다. 이로 인해 그림 31-11에서 볼 수 있듯이 인플레이션이 높아졌지만, 총생산에는 장기적으로 영향을 미치지 못했다. 그 결과, 인플레이션이 급격히 상승했고 미국인들은 두 자릿수 인플레이션에 익숙해진 '대인플레이션기'라고 알려진 기간이 도래했다. 문제는 일단 정책 입안자들이 다소 높은 인플레이션을 용인하겠다는 신호를 보내면서 사람들은 더 높은 인플레이션을 기대하기 시작했다는 것이다. 그래서 우리는 더 높은 기대 인플레이션으로 인해 더 높은 인플레이션이 발생하는 자기실현적 예언을 깨달았을 뿐, 총생산은 지속적으로 개선되지 않았다.

이것은 아주 뼈아픈 교훈이었고 필립스 곡선에 대해 다시 한번 생각해보게 되는 계기가 되었다. 오늘날 정책 입안자들은 필립스 곡선을, 경기 변동에 반응하는 인플레이션을 예측하는 데 유용한 도구로 생각하지만, 정책 대안의 메뉴로 생각하지는 않는다. 그들은 이제 인플레이션과 총생산 사이엔 장기적인 균형이 없다는 사실을 알고 있다.

그림 31-11 | '대인플레이션기'

상승하는 인플레이션은 기대 인플레이션의 증가를 이끌었다.

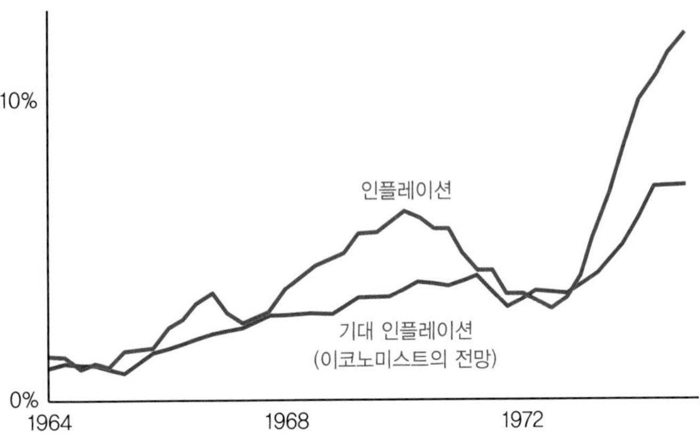

출처 : Federal Reserve Bank of Philadelphia.

한눈에 보기

인플레이션	=	기대 인플레이션	+	수요견인 인플레이션	+	비용상승 인플레이션
		기대 인플레이션 ↑ ⟶ 인플레이션 ↑		총생산 갭 ↑ ⟶ 인플레이션 ↑		생산비용 ↑ ⟶ 인플레이션 ↑

인플레이션의 세 가지 원인

원인 #1 : 기대 인플레이션 : 높은 기대 인플레이션은 높은 인플레이션을 초래한다

기대 인플레이션 ↑ ⟶ 인플레이션 ↑

기대 인플레이션(평균적으로 다음 한 해 동안 경제 전반에 걸쳐 예상되는 물가 상승률)은 장기 인플레이션에 있어 중요한 동인이 된다.

- 기대 인플레이션을 파악하기 위한 세 가지 방법 : 설문조사, 이코노미스트들의 전망, 금융시장
- 통화정책은 기대 인플레이션을 관리하는 것이 하나의 목표이다.

원인 #2 수요견인 인플레이션 : 총생산 갭은 인플레이션을 기대 인플레이션 이상 또는 이하로 움직이게 한다.

총생산 갭 ↑ ⟶ 인플레이션 ↑(기대 인플레이션 대비)

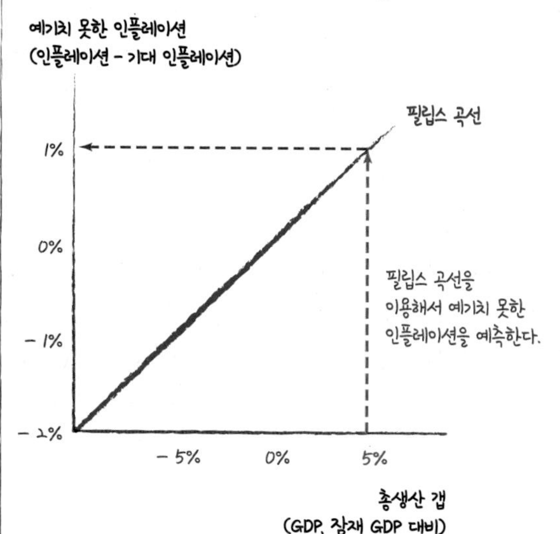

수요견인 인플레이션은 총생산 갭에 의해 도출된다(잠재 총생산 대비 실제 총생산). 이로 인해 인플레이션은 기대 인플레이션과의 편차가 발생한다.

- **초과 수요**(총생산 > 잠재 총생산)
  ⟹ 인플레이션은 기대 인플레이션보다 크다.
- **수요 부족**(총생산 < 잠재 총생산)
  ⟹ 인플레이션은 기대 인플레이션 이하로 떨어진다.
- 총생산이 잠재 총생산과 같은 경우
  ⟹ 인플레이션 = 기대 인플레이션

수요견인 인플레이션은 총생산 갭과 예기치 못한 인플레이션 사이의 상관관계를 만든다. 이 상관관계를 그래프로 나타내면 그 결과가 필립스 곡선이다.

원인 #3 비용상승 인플레이션 : 예기치 못한 생산비용의 증가는 인플레이션의 증가를 초래할 것이다.

생산비용 ↑ ⟶ 인플레이션 ↑

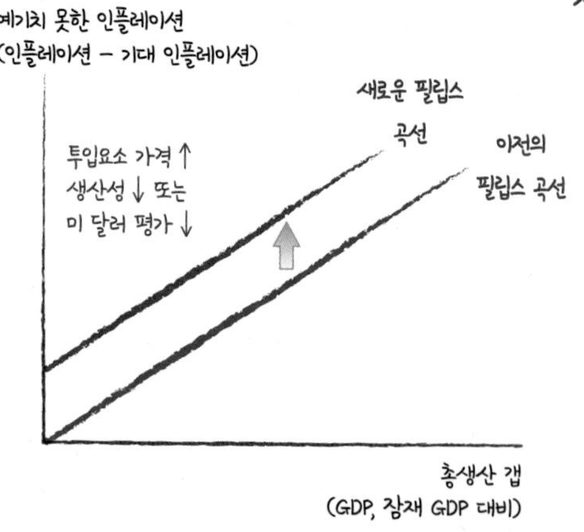

생산비용의 증가는 주어진 수준의 어떠한 총생산 갭과 어떠한 기대 인플레이션에서 보다 높은 인플레이션을 초래한다. 비용상승 인플레이션은 필립스 곡선 자체의 이동의 원인이다.

필립스 곡선의 세 가지 공급 충격 요소

1. 투입요소 가격
2. 생산성
3. 환율

핵심용어

고전적 이분성	비용상승 인플레이션	임금-물가의 악순환
공급 충격	수요견인 인플레이션	초과 수요
기대 인플레이션	수요 부족	필립스 곡선
노동시장 필립스 곡선	예기치 못한 인플레이션	

토론과 복습문제

학습목표 31.1 인플레이션의 세 가지 요인인 기대 인플레이션, 수요견인 인플레이션, 공급 충격을 구별한다.

1. 희토류 금속은 매일 사용하는 많은 개인용 전자 기기의 생산에 사용된다. 상호 의존의 원리에 입각하여, 희토류 가격의 예상치 못한 상승이 인플레이션에 미치는 영향을 논의하라.
2. 당신의 외국 계열사가 내년 가격을 책정하도록 도와 달라는 초대를 받았다. 지난해 인플레이션은 5%였고 실업률은 사상 최저치로 떨어졌고 GDP는 치솟았다. 또한 지정학적 긴장으로 원유 가격이 50% 상승했다. 이러한 상황을 감안할 때 연간 인플레이션이 내년은 어떨 것이라고 생각하는가? 이것이 당신의 조언에 어떤 영향을 미치는가? 당신의 추론을 설명하라.

학습목표 31.2 기대 인플레이션이 어떻게 인플레이션으로 이어지는지 알아본다.

3. 기대 인플레이션이 자기실현적 예언을 어떻게 실현하는지 설명하라.
4. 2019년 6월 베네수엘라에서 커피 한 잔의 평균 가격은 6,500볼리바르였다. 2018년 6월 평균 가격은 8볼리바르였다. 이것은 그들이 살 수 있는 모든 것의 가격이 비슷하게 급격히 상승한 베네수엘라인들에게 커피 한 잔의 가격이 81,150% 증가했음을 의미한다. 이 경험이 그 기간 동안 베네수엘라의 평균 기대 인플레이션에 어떤 영향을 미쳤는지, 그리고 그러한 기대치가 실제 인플레이션에 어떤 영향을 미칠 수 있는지 논의하라.

학습목표 31.3 총생산 갭과 인플레이션 간의 상관 관계를 분석한다.

5. 기대 인플레이션과 예기치 못한 인플레이션의 차이를 설명하라.
6. 필립스 곡선과 노동시장 필립스 곡선의 예시를 그리라. 초과 수요에 대한 다른 측정 방법을 사용하면서도 정확히 동일한 아이디어를 어떻게 공유하고 있는지 설명하라.

학습목표 31.4 생산비용에 가해진 충격이 필립스 곡선을 어떻게 움직이는지 알아본다.

7. 의회가 확대된 사회보장 혜택을 위해 자동차 제조업체에 자동차당 $1,000의 새로운 세금을 부과한다면, 이것이 예기치 못한 인플레이션에 어떤 영향을 미칠 것이라고 생각하는가?
8. 차량 자동화에 대한 수요는 지난 몇 년 동안 폭발적으로 증가했다. 자동 트랙터는 이미 농장에서 농산물을 수확하는 데 사용되고 있으며 자율 주행 차량은 화물을 운송장과 창고에서 운반하는 데 사용된다. 필립스 곡선을 사용하여 이러한 기술 변화가 인플레이션에 어떻게 영향을 미치는지 설명하라.

학습문제

학습목표 31.1 인플레이션의 세 가지 요인인 기대 인플레이션, 수요견인 인플레이션, 공급 충격을 구별한다.

1. 다음 각각의 경우에 기대 인플레이션, 수요견인 인플레이션, 비용상승 인플레이션, 그리고 전반적인 인플레이션이 어떻게 변화할지 설명하라.
   a. 외국인 투자가 급격히 유입되면서, 총생산 갭이 이전보다 양의 값을 가지게 되었다.
   b. 대통령이 예기치 못하게 알류미늄과 철강에 대한 관세를 부과하겠다고 발표했다.

학습목표 31.2 기대 인플레이션이 어떻게 인플레이션으로 이어지는지 알아본다.

2. 2019년 1월 영국의 기대 인플레이션은 2.9%에서 2.6%로 떨어졌다. 경제에 다른 변화가 없다면 영국의 인플레이션에 어떤 영향을 미치는가? 당신의 추론을 설명하라.
3. 시에나는 작은 애완동물 가게를 소유하고 있으며 내년에 인플레이션이 3%가 될 것으로 예상하고 있다. 시에나는 한계비용이 얼마나 변할 것으로 예상하는가? 경쟁 업체의 가격이 얼마나 변할 것으로 예상하고 있는가?
4. 당신은 제조 회사의 가격 분석가이다. 관리자가 가격을 변경하는 방법을 결정하는 데 도움이 되도록 다음 분기에 평균가격이 어떻게 변경될지 예측해야 한다. 예상되는 인플레이션율에 대한 최상의 추정치를 어떻게 찾을 수 있는가? 관리자에게 어떻게 말해야 하고 그 이유는 무엇인가?

학습목표 31.3 총생산 갭과 인플레이션 간의 상관 관계를 분석한다.

5. 당신은 경영 컨설팅 회사의 컨설턴트이며 어려움을 겪고 있는 지역 자영업자들을 안내하는 데 도움을 줄 팀을 고용했다. 조사를 해보니 총생산 갭이 현재 0이고 인플레이션이 4%라는 것을 알 수 있다. 정부는 다음 선거 이전에 총생산을 늘리기 위한 노력의 일환으로 내년 총생산이 잠재 총생산보다 5% 더 높아질 것으로 예상되는 예상치 못한 경기 부양책을 발표했다.

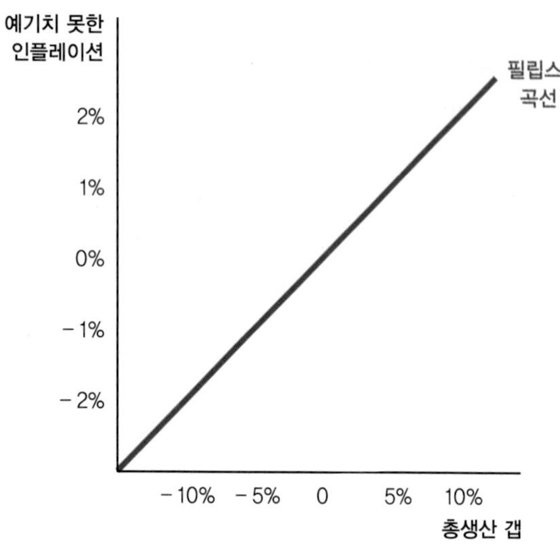

a. 필립스 곡선을 이용하여 정책 발표 이후의 예기치 못한 인플레이션을 계산하라.
b. 정책 발표 이후 당신이 전망하는 실제 인플레이션은 얼마인가?
c. 정부 정책이 총생산을 부양시킨 것으로 예상되는 다음 해에 가격을 어떻게 설정해야 하는지 물어보는 자영업자들에게 어떻게 조언해야 하는가?

6. 위 5번 문제에서 사용된 필립스 곡선을 이용하여 다음 문제를 풀라. 실업률이 원래 (정부정책 이전) 7.5%였다가, 실업률이 정부 정책 이후 2.5%가 되었다면, 노동시장 필립스 곡선은 어떻게 그릴 수 있는가. 이 경제에서 균형실업률이 얼마가 되는가?

학습목표 31.4 생산비용에 가해진 충격이 필립스 곡선을 어떻게 움직이는지 알아본다.

7. 최근 정책 입안자들은 연방 최저 임금인상(현재 시간당 7.25 달러)이 경제에 좋은지에 대해 논의하고 있다. 필립스 곡선을 사용하여 다음 각각의 시나리오에서 인플레이션이 어떻게 변하는지 설명하라. 총생산 갭이 변경되지 않는다고 가정한다.
   a. 정책 입안자들은 다음 주부터 연방 최저임금이 시간당 15달러가 될 것이라고 발표했다.
   b. 정책 입안자들은 연방 최저임금이 매년 0.78달러씩 증가하여 10년 후에 15달러가 될 것이라고 발표했다.
   c. 저임금 노동자들을 위한 최저임금 인상제도가 임금-물가 순환에 어떤 영향을 미치는지를 설명하라.
8. 2010년 이후부터 미 달러는 멕시코 페소에 비해 평가 절상되었다. 이것이 인플레이션에 미치는 직접적 · 간접적 영향을 설명하라.
9. 다음 보기가 필립스 곡선 자체의 이동을 설명하는지, 아니면 필립스 곡선상의 움직임을 설명하는지 그래프와 함께 설명하라.
   a. 소비자 신뢰도가 예기치 않게 상승했고 총생산 갭이 더 양의 값을 가지게 되었다.
   b. 작년 총생산 갭은 0이었지만, 인플레이션은 전문가들이 예상한 것보다 훨씬 높았다.
   c. 늦은 봄에 온 한파로 인해 미국 동부 전역의 농작물이 동사했고 이는 총생산 갭을 음의 방향으로 움직였다.

CHAPTER 32

연방준비은행 모델 : 이자율, 생산량 및 인플레이션 연결하기

목표

조각을 맞추어 경기변동의 완전한 모형을 완성한다.

32.1 연방준비은행 모델
IS 곡선, *MP* 곡선, 필립스 곡선을 결합한 연방준비은행 모델을 분석한다.

32.2 거시경제 충격을 분석하기
금융 충격, 지출 충격, 공급 충격의 결과를 분석하기 위해 연방준비은행 모델을 이용한다.

32.3 거시경제 변화의 원인 진단
연방준비은행 모델을 이용하여 경제 변동의 원인을 진단한다.

그것은 예전 냉장고 크기만 했고 물을 이용해 작동한다. 오래된 군용 비행기에서 가져온 모터는 투명한 플라스틱 관을 이용해 분홍빛이 감도는 물을 다양한 물탱크로 펌프질 했다. 펌프질 속도는 밸브를 이용해 정교하게 조율되었다. 1940년대 뉴질랜드 경제학자인 빌 필립스가 만든 통화국민소득아날로그컴퓨터(Monetary National Income Analog Computer, MONIAC)는 경제 내에서 모든 변동요소를 측정하고자 했던 당시로서는 가장 야심에 찬 시도였다.

Science & Society Picture Library/Getty Images

경제학의 아날로그 모델

MONIAC은 거시경제학의 주요 난제에 대한 창의적 해법을 제시했다. 거시경제학의 흥미로운 주제인 상호의존성의 다양한 형태를 추적하는 것이었다. 물은 소득의 흐름을 대변하고, 밸브는 소득의 흐름을 결정하는 경제적 관계를 닮은 방식으로 물의 흐름을 통제하도록 조율되었다. 물탱크로 물이 흘러가는 속도를 조정했던 밸브에는 소비, 투자, 정부 구매, 수입 및 수출 등을 표시해주는 깔끔한 표찰이 붙어있다.

기업이 투자를 더 한다면 무슨 일이 벌어질지 예측하고 싶은가? 밸브를 풀어서 물이 흘러가도록 하고 무슨 일이 벌어지는지 지켜본다. 기계 위에 있는 종이가 풀리고 서로 다른 물탱크의 수위와 연결된 4개의 연필이 모델 경제의 상승과 하락을 추적한다. 물이 충분히 오랫동안 흐르도록 하면 경제가 어떤 균형에 정착하는지 지켜볼 수 있다. 케임브리지대학교 교수는 이것에 대해 놀라움과 즐거움을 선사하는 물건이라고 묘사했다. 이러한 유동적 경제의 여러 버전은 전 세계 대학교에서 경제학을 가르치는 데 이용되었으며, 포드 자동차 회사는 이 장치를 구매하기도 했다. 만약 당신이 런던에 소재한 과학박물관을 방문하게 된다면 이 물건을 직접 볼 수 있다.

다행히 필립스 시대 후로도 발전한 경제학 덕분에 우리 모델은 더는 루브 골드버그(Rube Goldberg) 장치(매우 복잡하고 혼란스러운 시스템을 일컫는 용어)처럼 보이지 않는다. 그러나 경제의 상호의존성을 함께 설명하기 위해 조각을 맞추는 방법에 대한 도전은 여전히 거시경제학의 중심으로 남아 있다. 그래서 이 장에서는 MONIAC이 물로 하려던 것을 간단한 그래프를 사용해 다룬다. 경제적 조건을 결정하는 데 주요 경제적 관계가 어떻게 상호작용하는지 살펴보기 위해 주요 경제 관계를 결합할 것이다. 이 장을 경기변동 연구의 다양한 가닥을 한데 모으는 마무리로 생각하라. 그 결과는 필립스의 유동적 데이터보다는 정부의 정책 결정, 월가 투자 및 대기업의 전략적 선택에 힘을 실어주는 분석에 더 가까울 것이다.

조각들을 모두 맞춘다면 어떤 일이 벌어질까?

연방준비은행 모델 *IS* 곡선, *MP* 곡선, 필립스 곡선을 금리, 산출량 갭 및 인플레이션과 연결하는 프레임워크

32.1 연방준비은행 모델

학습목표 *IS* 곡선, *MP* 곡선, 필립스 곡선을 결합한 연방준비은행 모델을 분석한다.

앞 두 장에서 당신은 매우 보기 드문 일을 했다. 즉, 전체 경기변동 모형을 구성하는 데 필요한 모든 구성 요소를 발전시켰다. *MP* 곡선을 이용해서 통화정책 및 금융시장과 이자율을 연결하는 선을 그릴 수 있다. *IS* 곡선을 이용해서 지출 결정을 통해 실질이자율에서 총생산을, 필립스 곡선을 이용하여 총생산 갭의 결과에서 인플레이션 압력을 연결하는 선을 그릴 수 있다.

이 장에서는 이러한 구성 요소를 함께 결합할 것이다. 그 결과는 단순히 교과서에 갇힌 도구가 아니다. 이 도구는 경기변동의 순환을 이해하기 위해 기업, 경제학자, 정책 입안자가 이용하는 실제 프레임워크이다. 우리는 이것을 **연방준비은행 모델**(Fed model)이라고 부른다. 왜냐하면 연방준비은행의 정책 입안자들이 경제 현상을 분석·예측·조정하는 데 사용하는 프레임워크이기 때문이다. 정책입안자들은 연방준비은행 모델이 경제를 이해하기 위한 최첨단의 기술 수준을 나타내기 때문에 그 모델을 이용한다.

연방준비은행 모델은 *IS*, *MP*, 필립스 곡선을 결합한다

남은 것은 분석의 각 부분을 전체에 통합하는 것이다. 제30장에서, *IS*와 *MP* 곡선의 교차가 어떻게 총생산 갭을 결정하는지 분석했다. 그리고 제31장에서 총생산이 인플레이션을 형성하는 데 필립스 곡선이 어떤 역할을 하는지 지켜보았다. 이 두 장의 조각을 합치면 이자율, 총생산 갭, 인플레이션을 예측할 수 있다.

다음과 같이 그 연결을 볼 수 있다:

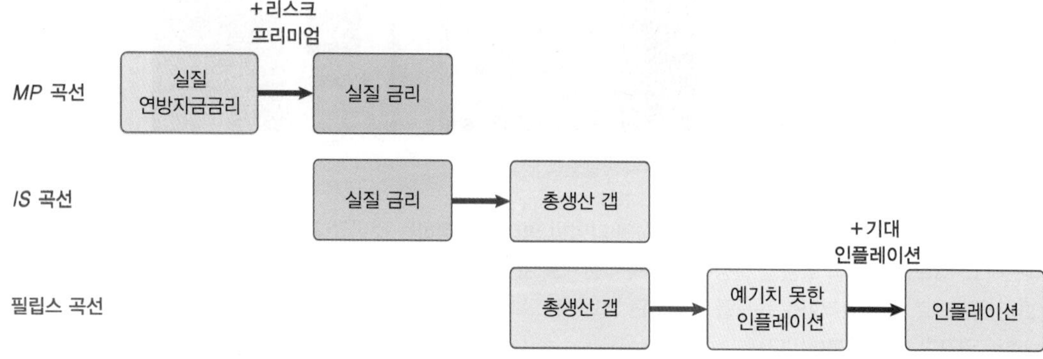

연방준비은행 모델은 별개의 분석 도구이기보다는, 이미 공부했던 여러 조각을 함께 모으는 것이다. 그래서 종종 '*IS-MP-PC*' 분석이라고도 불리는데 이는 *IS-MP* 분석을 필립스 곡선(또는 'PC')과 결합하기 때문이다.

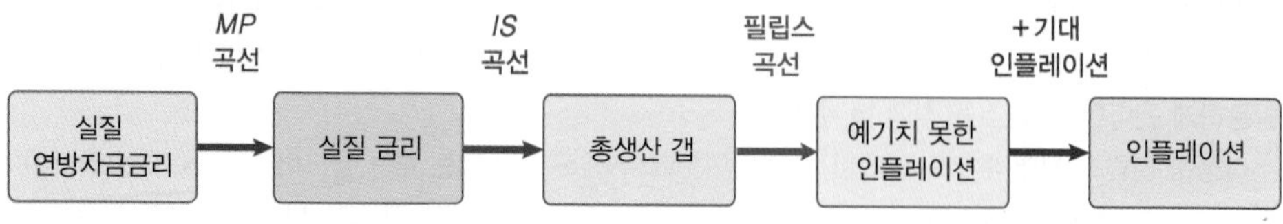

경제적 결과 예측

이 조각들을 모으려면 앞 두 장에서 차례로 개발한 단계별 기본 도구가 필요하다.

총생산 갭을 찾는 것부터 시작한다. 총생산 갭을 결정하는 *IS-MP* 프레임워크로 분석을 시작하

라. 이는 그림 32-1의 상단 그림에서 수행되는데, 제30장의 익숙한 도표를 재현한다. 수직축은 실질이자율이고 가로축은 총생산 갭이라는 것을 기억하라. *MP* 곡선은 현재의 실질이자율을 나타내는 수평선이고, *IS* 곡선은 어떻게 낮은 실질이자율이 더 많은 지출과 생산을 자극하는지를 보여주는 우하향 기울기의 곡선이다.

중요한 것은 *MP* 곡선이 *IS* 곡선을 자르는 곳에서 거시경제의 균형이 발생한다는 것이다. 결과적인 총생산 갭은 두 곡선이 교차하는 지점 아래에서 찾을 수 있다. 그림 32-1에 표시된 예에서는 −5%의 총생산 갭을 예측할 수 있다.

다음으로, 인플레이션을 평가한다. 총생산 갭이 인플레이션에 미치는 영향을 파악하기 위해 필립스 곡선을 이용하라. *IS-MP* 곡선 바로 아래에 필립스 곡선을 쌓아두었기 때문에 그림 32-1의 상단 그림에서 하단 그림까지 필립스 곡선을 만날 때까지 총생산 갭을 추적할 수 있다. 일단 필립스 곡선을 찾으면, 인플레이션을 예상하기 위해 필립스 곡선의 반대편을 바라보기만 하면 된다. 필립스 곡선의 수직축을 상기하라. 예상치 못한 인플레이션에 어떤 일이 일어날지 알려준다. 또한 기대 인플레이션의 영향을 고려할 필요가 있다. 따라서 실제 인플레이션을 예측하려면, 이러한 예기치 못한 인플레이션 예측을 인플레이션 기대치에 더해주면 된다.

이 예에서 −5%의 총생산 갭은 −1%의 예상치 못한 인플레이션으로 이어진다. 이는 실제

그림 32-1 | 연방준비은행 모델

총생산 갭을 알아보기 위해 *IS-MP* 프레임워크를 그리고 예기치 못한 인플레이션을 예측하기 위해 필립스 곡선을 이용한다.

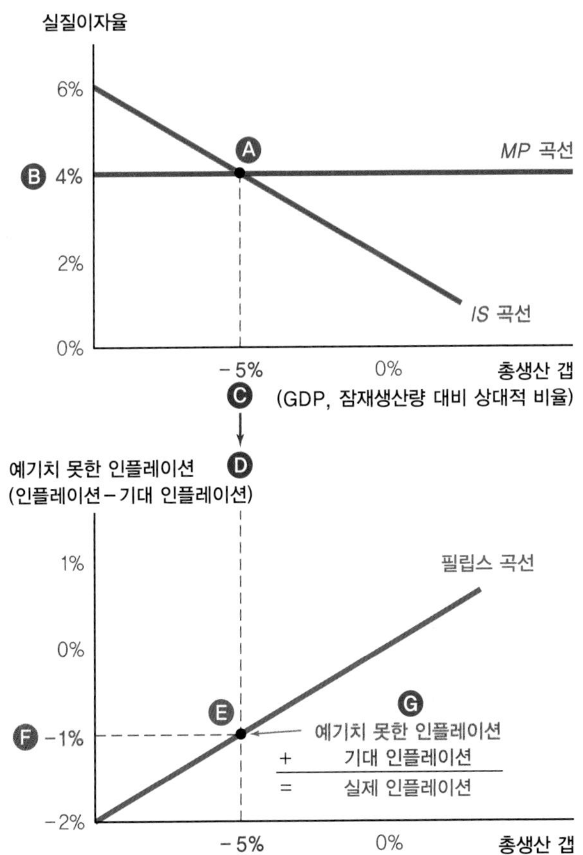

총생산 갭을 찾는 것부터 시작한다

Ⓐ *IS* 곡선과 *MP* 곡선이 만나는 점에서 균형을 찾는다.

Ⓑ 실질이자율이 4%인 것을 찾기 위해 수직축의 왼편을 살핀다.

Ⓒ 그런 다음 총생산 갭이 −5%인 것을 확인하기 위해 수평축 아래를 본다.

다음으로, 인플레이션을 평가한다.

Ⓓ 아래 그림에서 총생산 갭을 추적한다.

Ⓔ 동일한 총생산 갭에 해당하는 필립스 곡선의 지점을 찾는다.

Ⓕ 예기치 못한 인플레이션이 −1%라는 것을 찾기 위해 수직축의 왼편을 살핀다.

Ⓖ 예기치 못한 인플레이션 + 기대 인플레이션 = 실제 인플레이션을 계산한다.

인플레이션은 예상 인플레이션보다 1% 낮다는 것을 의미한다. 만약 기대 인플레이션이 2%라면, 실제 인플레이션은 1%가 될 것이다.

당신은 연방준비은행 경제학자들이 이러한 스타일의 분석을 좋아하는 이유를 알 수 있을 것이다 — 완전한 예측을 제시하기 때문이다: 실질이자율은 4%, 총생산 갭은 −5%, 예기치 못한 인플레이션은 −1%가 될 것이며, 따라서 기대 인플레이션이 2%라면 인플레이션은 1%가 될 것이다.

하지만 경제 상황이 바뀌면 어떻게 될까? 그것이 바로 연방준비은행 모델이 정말 빛나는 지점이다. 그럼 계속 읽어보자.

NirdalArt/Shutterstock

경고 : 전방에 잠재적인 충격

금융 충격 사람들이 대출할 수 있는 실질이자율을 변화시킬 수 있는 모든 충격. 금융 충격은 *MP* 곡선을 움직인다.

지출 충격 주어진 실질이자율과 소득 수준에서 총지출의 변화. 지출 충격은 *IS* 곡선을 이동시킨다.

공급 충격 일정한 산출 수준에서 제품 가격을 변화시키는 생산비용의 변화. 공급 충격은 필립스 곡선을 이동시킨다.

거시경제 충격의 세 가지 유형

경제에 타격을 줄 수 있는 수십 가지의 충격이 있다. 다음과 같은 신문 제1면 머리기사를 상상해볼 수 있다: 주식 폭락! 생산성 급증! 은행 도산! 자신감 급상승! 수출이 시들다! 달러 폭등! 연준 금리 인하! 불확실성이 시장을 뒤흔든다! 유가 급락! 임금 호황! 등등(그래서! 많은! 느낌표!).

금융 충격, 지출 충격, 공급 충격이 있다. 다행히도, 연방준비은행 모델은 이러한 다양한 가능성을 세 가지의 충격 유형으로 범주화했다. 이는 앞의 두 장에서 익숙해진 것들이다.

- **금융 충격**(financial shocks) : 실질이자율에 영향을 미치는 어떠한 차입 조건의 변화(연방준비은행의 연방자금금리 조정, 리스크 프리미엄에 영향을 미치는 금융시장의 변화 등)도 *MP* 곡선을 이동시킬 것이다.
- **지출 충격**(spending shocks) : 주어진 실질이자율과 소득 수준에서 어떠한 총지출의 변화(소비, 계획된 투자, 정부지출 또는 순수출 등 무엇이든 간에)도 *IS* 곡선을 이동시킬 것이다.
- **공급 충격**(supply shocks) : 주어진 총생산 수준에서 공급자가 설정하는 가격에 변화를 일으키는 어떠한 생산비용의 변화도 필립스 곡선을 이동시킬 것이다. 흔한 공급 충격에는 투입물 가격, 생산성 및 환율의 변화가 있다.

연방준비은행 모델은 세 종류의 충격에 의해 움직이는 세 곡선을 결합한다. 이에 따라 *IS*, *MP*, 필립스 곡선과 이 세 곡선을 이동시키는 경제적 충격을 모두 포괄하는 완전한 프레임워크를 다음과 같이 요약할 수 있다:

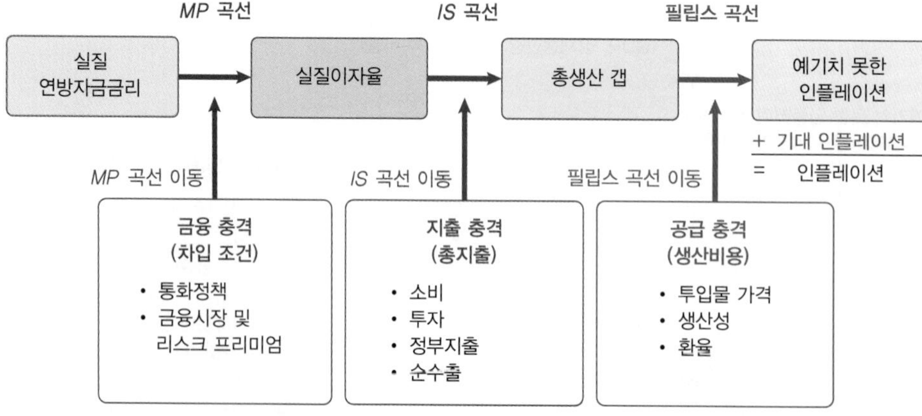

이러한 분류 체계는 매우 유용하다. 왜냐하면 은행 시스템의 붕괴, 소비자 신뢰도의 추락, 유가 상승 등 수억만 가지의 일이 경제에 미치는 영향을 예측할 때 수억만 가지 종류의 분석이

필요하지 않기 때문이다. 그보다는 금융 충격(예 : 은행 시스템 붕괴), 소비 충격(예 : 소비자 신뢰도 하락으로 인해 소비의 하락), 공급 충격(예 : 유가가 치솟는 경우) 중 어느 것인지만 단순히 파악하면 된다. 그러면 이 문제는 단순히 그러한 유형의 충격이 경제에 어떤 영향을 미칠지 탐구하면 된다.

충격의 형태
- 금융
- 지출
- 공급

32.2 거시경제 충격을 분석하기

학습목표 금융 충격, 지출 충격, 공급 충격의 결과를 분석하기 위해 연방준비은행 모델을 이용한다.

연방준비은행 모델과 같은 거시경제 프레임워크의 가장 중요한 용도 중 하나는 거시경제적 충격이 현재의 경제 경로를 무너뜨릴 경우 경제가 어떻게 반응할지 예측하는 것이다. 그것이 우리의 다음 과제다.

거시경제 충격 분석을 위한 방법

거시경제 충격 분석을 위한 3단계
1. 충격을 식별하고 해당 곡선을 이동시킨다.
2. 총생산 갭을 찾는다.
3. 인플레이션을 평가한다.

이 작업은 *IS*, *MP* 또는 필립스 곡선의 변화 결과를 탐구하는 것이다. 이 간단한 3단계 방법을 따르면 훨씬 더 간단해질 것이다.

1단계 : 충격을 식별하라. 그러면 곡선을 이동시킬 수 있다. 당신이 제일 먼저 해야 할 일은 충격을 식별하는 것이다. 그러면 관련 곡선을 적절한 방향으로 이동시킬 수 있다. 이는 차입 조건의 변화일까(금융 충격, *MP* 곡선의 이동), 총지출의 변화일까(지출 충격, *IS* 곡선의 이동) 또는 생산비용의 변화일까(공급 충격, 필립스 곡선의 이동)?

곡선의 이동 방향을 평가할 때 앞 두 장에서 공부한 다음의 주요 내용을 기억하라:

금융 충격은 *MP* 곡선을 이동시킨다
이자율의 상승은 *MP* 곡선을 상방 이동시키는 반면, 하락은 동 곡선을 하방 이동시킨다.

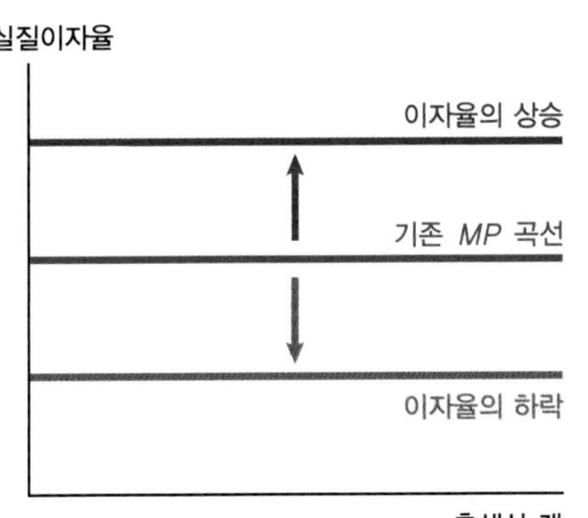

지출 충격은 *IS* 곡선을 이동시킨다
총지출의 증가는 *IS* 곡선을 오른쪽으로 이동시키는 반면, 하락은 동 곡선을 왼쪽으로 이동시킨다.

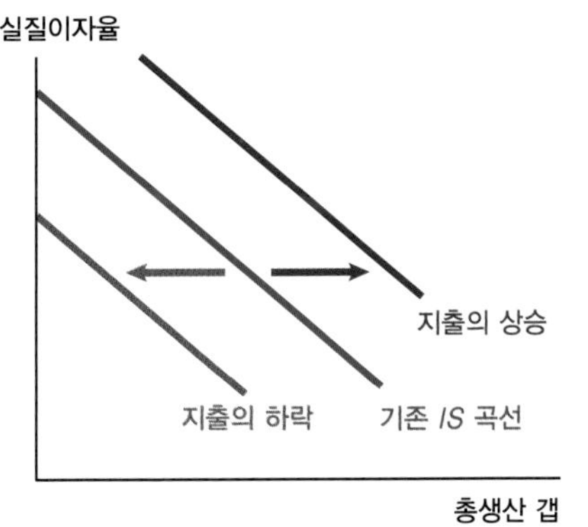

공급 충격은 필립스 곡선을 이동시킨다
생산비용의 상승은 필립스 곡선을 상방 이동시키는 반면, 하락은 동 곡선을 하방 이동시킨다.

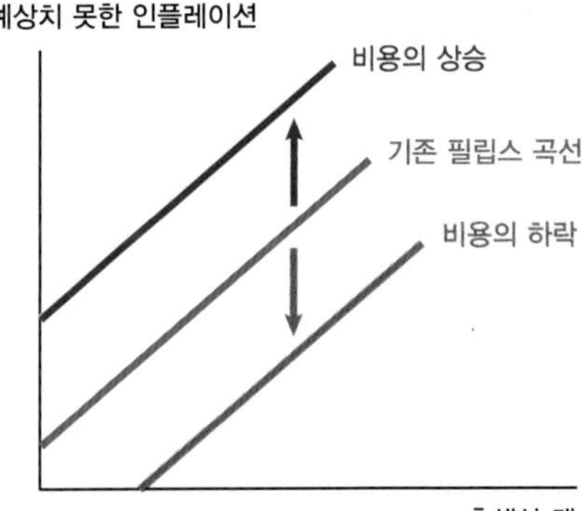

2단계 : 총생산 갭을 찾는다. 일단 적절한 방향으로 적합한 곡선을 이동시킨 후 — 다중 충격이 있는 경우 여러 곡선 — 나머지 과정은 새로운 균형을 분석하는 것이다. 그래서 두 번째 단계는 익숙하다: 균형 총생산 갭과 실질이자율을 찾기 위해 새로운 *IS* 및 *MP* 곡선의 교차점을 바라본다.

3단계 : 인플레이션을 평가한다. 마지막으로 *IS-MP* 그래프에서 총생산 갭을 추적하고 (아마도 이동한) 필립스 곡선을 이용하여 이러한 총생산 갭의 인플레이션 효과를 찾는 것이다. 기억하라. 필립스 곡선은 예상치 못한 인플레이션에 관한 것이므로, 실제 인플레이션을 예측하기 위해서는 이러한 예상치 못한 인플레이션 예측치를 인플레이션 기대의 최신 수치에 더해준다.

이 3단계 방법을 사용하여 금융 충격, 지출 충격, 마지막으로 공급 충격 각각의 가능성 있는 결과를 탐색한다.

다음의 각 예에서 우리는 안정된 경제에서 시작한다. 동 경제에서는 총생산 갭이 0이며 예기치 못한 인플레이션 또한 0이다(따라서 인플레이션은 기대 인플레이션과 같다). 그런 다음 경제가 충격에 어떻게 반응할지 예측한다. 경제학자들은 종종 비관적이다. 그래서 각 경우에 우리는 경제 상황을 안 좋게 만드는 부정적인 충격도 분석할 것이다. 긍정적인 충격의 영향을 알아보려면, 단순히 해당 곡선을 반대 방향으로 움직이면 된다.

금융 충격 분석

차입 조건이 실질이자율을 변경할 때마다 금융 충격이 발생한다. 우리는 해당 실질이자율로 돈을 빌리기 때문에 *MP* 곡선이 이동한다. 실질이자율의 상승은 *MP* 곡선을 위로 이동시키는 반면, 실질이자율의 하락은 동 곡선을 아래로 이동시킨다.

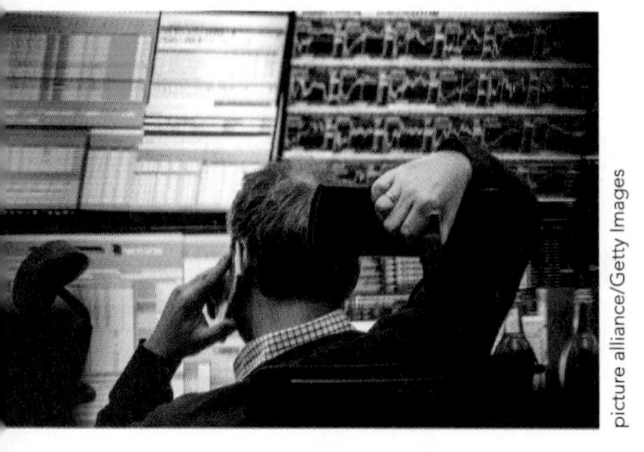

금융시장에서 차입 조건의 변화는 *MP* 곡선을 이동시킨다.

MP 곡선은 통화정책 및 금융시장 리스크에 반응하여 이동한다. 실질이자율은 연방준비은행이 설정한 무위험이자율과 금융시장에서 결정되는 리스크 프리미엄의 합이다. 이는 *MP* 곡선이 다음의 변화에 따라 이동하게 된다는 것을 의미한다:

- 통화정책 : 연방준비은행이 무위험 실질이자율을 높이거나 낮출 때, 차입자가 지급하는 요율도 변화하며 이에 따라 *MP* 곡선이 이동한다.
- 금융시장 위험 : 은행이 주어진 이자율에 대출을 더 꺼리게 하는 모든 변화는 리스크 프리미엄을 높여 차입자가 지급해야 하는 이자율을 상승시킨다. 이에 따라 *MP* 곡선이 이동한다. 이것은 다음과 같은 우려로 인해 발생할 수 있다. 차입자가 빚을 제대로 갚지 못할 우려, 유동성에 대한 우려, 미래 이자율에 대한 불확실성 및 위험 회피 성향의 증가 등을 꼽을 수 있다.

(이 부분에 대해 약간 녹슬었다고 느낀다면 잠시 시간을 내어 제30장의 "금융 충격은 *MP* 곡선을 이동시킨다"를 다시 살펴보라.)

이자율이 높으면 총생산이 낮아지고 인플레이션이 낮아진다. 자, 이제는 2%에서 4%로 실질이자율이 상승하는 부정적 금융 충격이 미치는 영향을 파악할 시간이다. 그 결과를 파악하기 위해 그림 32-2에 있는 3단계 방법을 적용할 것이다.

1단계 : 곡선을 이동시킨다. 실질금리가 높아짐에 따라 *MP* 곡선은 2%p 상승하고 이는 4%의 실질이자율을 의미한다.

2단계 : 총생산 갭을 찾는다. 새로운 균형은 *MP* 곡선이 *IS* 곡선을 자르는 점에서 발생한다. 이 예에서는 총생산 갭이 잠재생산량의 5% 아래로 줄어들게 된다.

3단계 : 인플레이션을 평가한다. 인플레이션에 미친 영향을 평가하기 위해 필립스 곡선 아래로 총생산 갭을 추적하라. 이 경우 −5%의 총생산 갭은 예상치 못한 인플레이션이 −1%로 감소하는 데 영향을 미칠 것이다. 따라서 예상 인플레이션이 2%로 변하지 않는다면, 실제 인플레이션은 1%p 낮아져 결국 1%를 기록할 것이다.

다음과 같이 그 효과를 추적할 수 있다:

그림 32-2 | 금융 충격은 *MP* 곡선을 이동시킨다

MP 곡선이 상방 이동하면 생산량이 감소하고 인플레이션이 낮아진다.

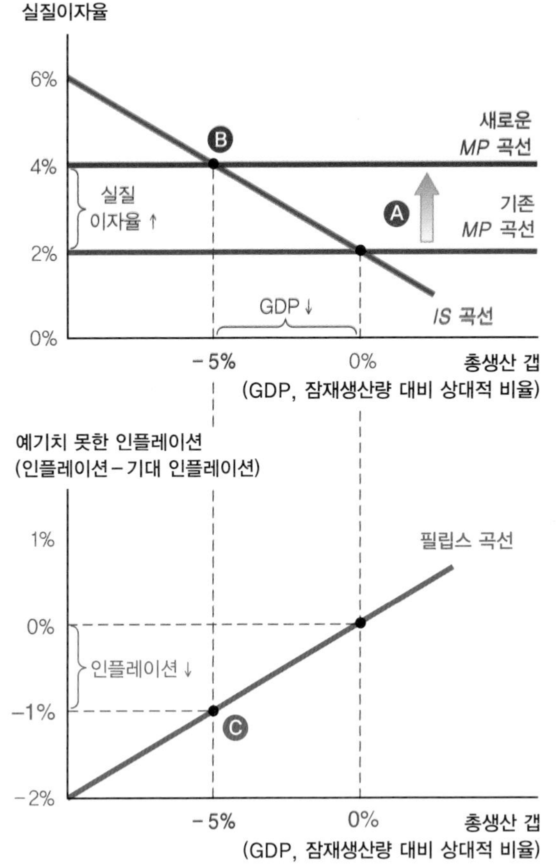

1단계 : 곡선을 이동한다.

Ⓐ 금융 충격은 *MP* 곡선을 새로운 실질이자율 수준으로 상방 이동시킨다.
새로운 실질이자율이 4%가 된 것을 확인하기 위해서 왼쪽을 살핀다.

2단계 : 총생산 갭을 찾는다.

Ⓑ *IS* 곡선이 새로운 *MP* 곡선과 교차하는 점에서 새로운 균형을 찾는다.
새로운 총생산 갭이 -5%로 떨어진 것을 확인하기 위해 아래를 살핀다.

3단계 : 인플레이션을 평가한다.

Ⓒ 동일한 총생산 갭에 해당하는 필립스 곡선상의 점을 아래에서 찾는다.
새로운 예상치 못한 인플레이션이 -1%로 떨어진 것을 확인하기 위해 왼편을 살핀다.
만약 인플레이션 기대에 변화가 없다면, 실제 인플레이션은 1% 낮아질 것이다.

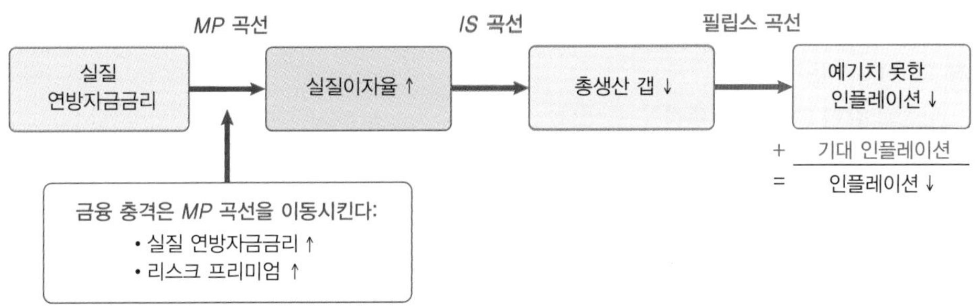

모두 논의되었듯이, 실질이자율을 높이는 금융 충격도 낮은 생산량과 낮은 인플레이션으로 이어진다는 결론을 얻을 수 있다. 이제 지출 충격의 영향을 살펴보겠다.

지출 충격 분석

지출 충격은 주어진 실질이자율과 소득 수준 지출(총지출의 모든 요소)에 변화가 있을 때 발생한다. 지출이 증가하면 *IS* 곡선은 오른쪽으로 이동하는 반면 지출이 감소하면 *IS* 곡선이 왼쪽으로 이동한다.

***IS* 곡선은 총지출의 변화에 대응해 이동한다.** 총지출은 소비, 계획된 투자, 정부지출 및 순수출의 합계이다. 이것은 *IS* 곡선이 다음과 같은 변화에 따라 이동한다는 것을 의미한다.

Sandy Huffaker/Getty Images

그들은 *IS* 곡선을 이동시키는 중이다.

- 소비는 부, 소비자 신뢰, 정부 지원, 세금 또는 불평등의 변화에 영향을 받는다.
- **계획된 투자**는 미래 경제의 성장, 기업 신뢰, 투자 세액 공제, 법인세, 대출 기준, 현금 준비금 또는 불확실성 등의 변화에 대응하여 변동한다.
- **정부지출**은 정부의 재정 정책 및 재정의 자동안정화장치 운영을 반영한다.
- **순수출**은 무역 상대의 경제 성장, 무역 정책 및 환율 등에 영향을 받는다.

지출 충격은 *IS* 곡선을 이동시킨다

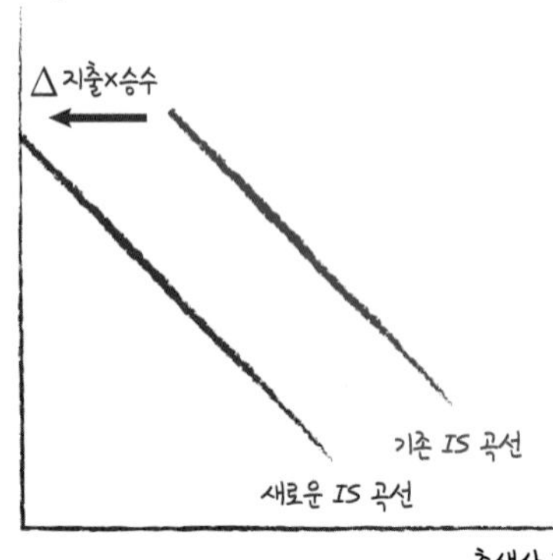

불명확한 것이 있으면 잠시 시간을 내어 제30장의 "지출 충격은 *IS* 곡선을 이동시킨다" 절을 다시 살펴보라. 이러한 요소의 긴 목록을 외울 필요는 없다. 그보다는, *IS* 곡선을 이동시키는 변화를 가져올 충격의 유형을 인식하고 있는지 확인하라. 이는 주어진 실질이자율에서 지출의 변화를 가져오는 모든 충격을 의미한다.

***IS* 곡선은 지출의 변화에 승수를 곱한 크기만큼 이동한다.** 주어진 실질이자율에서 총지출을 5,000억 달러 감소시키는 경제적 충격의 결과를 평가해보자. 만약 승수가 2이면, 이 지출 충격은 2×5,000억 달러=1조 달러의 총지출 감소를 가져오는 연쇄 반응을 일으키게 된다. 결과적으로 *IS* 곡선은 1조 달러만큼 왼쪽으로 이동하고, 이는 잠재생산량의 5%(잠재생산량이 20조 달러일 때)에 해당한다.

총지출 감소는 생산량 감소 및 인플레이션 감소로 이어진다. 이제 그림 32-3의 3단계 방법을 통해 작업할 수 있다.

1단계 : 곡선을 이동시킨다. 총지출의 1조 달러 삭감이 잠재생산량의 5%만큼 *IS* 곡선을 왼쪽으로 이동한다고 확인했다.

2단계 : 총생산 갭을 찾는다. 새로운 *IS* 곡선이 *MP* 곡선을 자르는 지점을 분석한다. 이 예에서는 총생산 갭이 잠재생산량의 5% 아래로 줄어든다.

3단계 : 인플레이션을 평가한다. 인플레이션에 미친 영향을 평가하기 위해 필립스 곡선 아래로 총생산 갭을 추적한다. 이 경우 −5%의 총생산 갭은 예상치 못한 인플레이션이 −1%로 감소하는 데 영향을 미칠 것이다. 따라서 예상 인플레이션이 2%라면, 실제 인플레이션은 1%p 떨어져 결국 1%가 된다.

다음과 같이 그 효과를 추적할 수 있다:

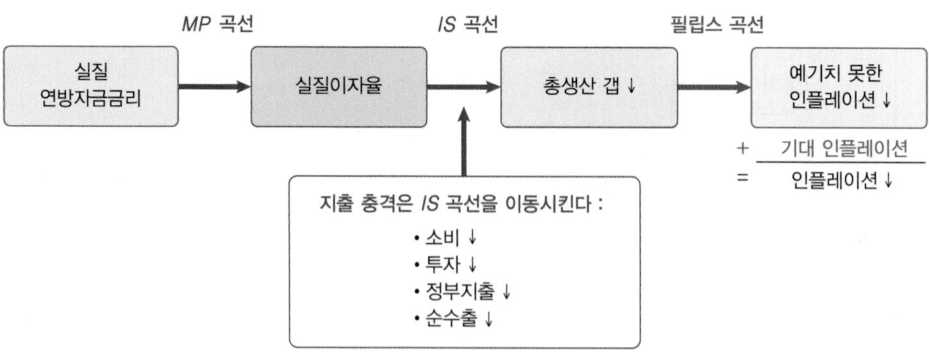

모두 논의되었듯이, 음의 지출 충격은 낮은 생산량과 낮은 인플레이션으로 이어지면 실질이자율에는 영향을 미치지 않는다는 결론을 얻을 수 있다.

그림 32-3 | 지출 충격은 *IS* 곡선을 이동시킨다

IS 곡선의 왼쪽 이동은 GDP의 감소 및 인플레이션의 하락으로 이어진다.

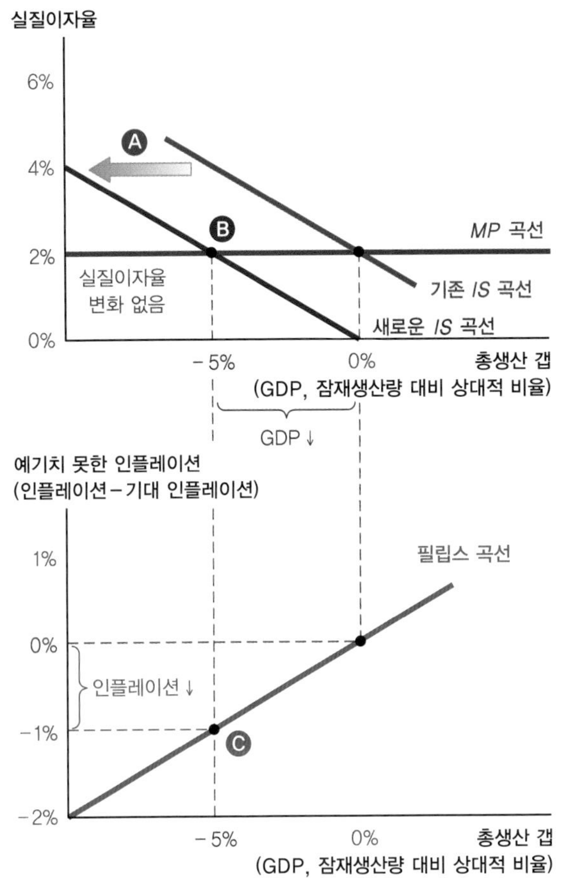

1단계 : 곡선을 이동시킨다

Ⓐ 총지출의 감소는 *IS* 곡선을 왼쪽으로 이동시킨다. 이동 폭은 Δ지출×승수이다.

2단계 : 총생산 갭을 찾는다

Ⓑ 새로운 *IS* 곡선이 *MP* 곡선과 교차하는 점에서 새로운 균형을 찾는다.
새로운 총생산 갭이 -5%로 떨어진 것을 아래에서 확인한다.

3단계 : 인플레이션을 평가한다

Ⓒ 동일한 총생산 갭에 해당하는 필립스 곡선상의 점을 아래에서 찾는다.
새로운 예상치 못한 인플레이션이 -1%로 떨어진 것을 확인하기 위해 왼쪽을 살핀다.
만약 인플레이션 기대에 변화가 없다면, 실제 인플레이션은 1% 낮아질 것이다.

공급 충격 분석

주어진 총생산 갭에서 판매가격의 변화를 가져오는 예기치 못한 모든 생산비용의 변화는 공급 충격을 발생시킨다.

생산비용의 증가는 필립스 곡선을 상방 이동시키는 반면, 생산비용의 하락은 필립스 곡선을 하방 이동시킨다.

필립스 곡선은 생산비용의 변화에 대응하여 이동한다. 생산비용은 기업의 가격 결정을 주도하므로 주어진 총생산 갭에서 인플레이션에 영향을 미친다. 결과적으로 생산비용은 다음에 대응하여 변화한다.

- 투입물 가격 : 석유 및 노동력과 같은 중요한 투입물의 가격이 상승하면 생산비용이 증가하여 필립스 곡선이 상방 이동한다.
- 생산성 : 생산성 향상이 빨라지면 생산비용이 급격히 하락하며 필립스 곡선은 하방 이동한다. 생산성 향상이 예상보다 약할 때, 생산비용이 예상보다 빠르게 상승하여 필립스 곡선을 상방 이동시킨다.
- 환율 : 최고 경영진은 미국 달러 가치를 면밀히 관찰한다. 미국 달러 가치는 수입품(수입 투입물 포함)의 가격을 결정할 뿐만 아니라 미국 기업의 가격 결정에 영향을 미치는 해외

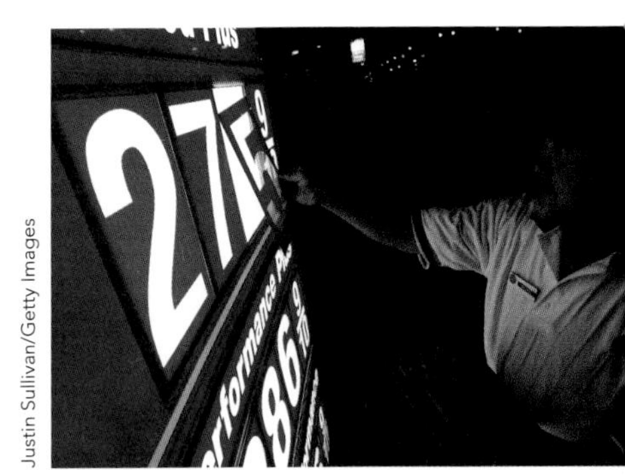
Justin Sullivan/Getty Images

생산비용의 상승은 가격과 인플레이션의 상승으로 이어지고 필립스 곡선이 상방 이동한다.

경쟁압력을 결정하기 때문이다. 미국 달러 가치의 하락은 수입된 투입물이 더 비싸지고 외국 상대 기업의 경쟁력이 하락한다. 두 요인 모두 국내 가격을 상승시키고 필립스 곡선이 상방 이동한다. 달러 가치가 상승하게 되면 필립스 곡선이 하방 이동한다.

(제31장에 있는 '필립스 곡선을 움직이는 공급 충격' 절을 읽어보면 상기 내용을 검토할 수 있다.)

증가된 생산비용은 더 높은 인플레이션으로 이어지고 생산량에는 변화가 없다. 자, 이제 공급 충격의 더 광범위한 결과를 파악할 시간이다—생산비용의 상승은 필립스 곡선을 상방 이동시킨다. 그림 32-4의 3단계 방법을 통해 작업할 것이다:

1단계 : 곡선을 이동시킨다. 더 많은 생산비용은 필립스 곡선을 위쪽을 이동시킨다고 확인했다.

2단계 : 총생산 갭을 찾는다. 총생산 갭은 *IS* 곡선과 *MP* 곡선이 교차하는 점에서 결정된다. 공급 충격은 두 곡선을 이동시키지 않으므로 총생산 갭은 변화가 없다.

3단계 : 인플레이션을 평가한다. 인플레이션에 미친 영향을 평가하기 위해 새로운 필립스 곡선 아래로 총생산 갭을 추적하라. 이 경우 변화가 없는 총생산 갭과 예기치 못한 인플레이션의 +1% 상승이 대응한다. 따라서 예상 인플레이션이 2%로 변화가 없다면, 실제 인플레이션은

그림 32-4 | 공급 충격은 필립스 곡선을 이동시킨다

필립스 곡선의 상방 이동은 예기치 못한 인플레이션의 상승으로 이어진다.

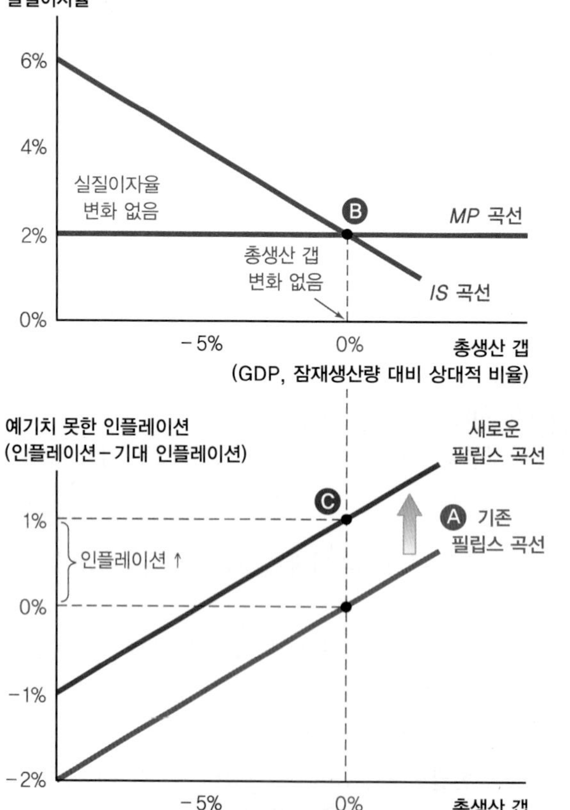

1단계 : 곡선을 이동시킨다

Ⓐ 생산비용의 상승은 필립스 곡선을 상방 이동시킨다.

2단계 : 총생산 갭을 찾는다

Ⓑ (변화 없는) *IS* 곡선과 (변화 없는) *MP* 곡선이 교차하는 점에서 총생산 갭이 결정된다.
총생산 갭이 0%로 변화가 없다는 것을 아래에서 확인한다.

3단계 : 인플레이션을 평가한다

Ⓒ 동일한 총생산 갭에 해당하는 새로운 필립스 곡선상의 점을 아래에서 찾는다. 새로운 예상치 못한 인플레이션이 +1%로 상승한 것을 확인하기 위해 왼쪽을 살핀다.
만약 인플레이션 기대에 변화가 없다면, 실제 인플레이션은 1% 상승할 것이다.

1%p 상승하여 3%가 된다.

다음과 같이 그 일련의 과정을 요약할 수 있다.

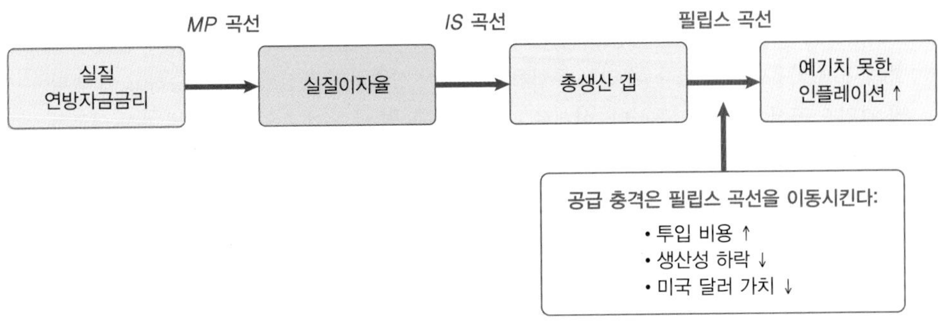

우리 분석의 결론은 공급 충격이 실질이자율이나 총생산 갭에 미치는 영향 없이 더 높은 인플레이션으로 이어진다는 것이다.

주의 사항 : 공급 충격으로 생산량이 감소할 수 있다. 공급 충격 분석에 대한 중요한 주의 사항을 덧붙일 시간이다. 인플레이션에 대한 효과 외에도 공급 충격은 실제 생산량과 잠재생산량 모두에 차질을 발생시킬 수 있다. 이들 효과는 중요하지만, 실제와 잠재생산량 간의 차이인 총생산 갭에 초점을 맞추다 보니 그림 32-4에는 표시되지 않았다.

공급 충격이 어떻게 실제 생산량과 잠재생산량을 감소시킬 수 있는지 알아보기 위해, 유가가 내일 두 배가 되면 어떻게 될지를 고려해 보자. 시간이 지남에 따라 기업들은 에너지 집약적인 방식에서 보다 에너지 효율적으로 전환한다. 우리는 더 많은 하이브리드 자동차와 더 적은 SUV를 필요로 하고, 에너지 집약적인 제조업에서 보다 에너지 효율적인 서비스 산업을 지향할 것이다. 공급 조건의 변화를 감안할 때, 이러한 전환은 장기적으로 의미가 있다. 그러나 단기적으로 이러한 전환은 심각한 혼란을 초래할 수 있다. 유가가 낮았을 때 수익성이 있던 기존 공장이 유가가 상승하게 되면 그 수익성이 떨어지게 된다. 이 공장이 문을 닫으면 실제와 잠재생산량 모두 하락한다. 따라서 초기 효과는 더 낮은 생산량이다(낮은 잠재생산량에 대응하는). 생산량은 에너지 효율이 높은 공장이 세워졌을 때가 되어서야 이전 수준으로 돌아갈 것이다.

그 결과 공급 충격은 더 높은 인플레이션을 유발할 뿐만 아니라 생산량이 줄어들면서 단기적인 **스태그플레이션**(stagflation)을 초래할 수 있다. 경제 정체와 높은 인플레이션의 이러한 조합을 스태그플레이션이라고 한다. 공급 충격의 영향을 이해할 때, 비록 총생산 갭에는 변동이 없더라도 잠재생산량이 낮아짐에 따라 생산량도 줄어들 수 있다는 것을 인식할 필요가 있다.

스태그플레이션 경제침체(또는 산출 감소)와 높은 인플레이션의 결합

자료 해석 무역전쟁은 어떻게 공급 충격을 유발하는가?

트럼프 대통령이 관세(실효적으로는 추가적인 판매세)를 수입품에 부과했을 때, 정책 지지자들은 그것이 생산량을 높이는 지출 충격으로 이어질 것이라고 희망했다. 그들은 관세가 미국인들의 수입품 구매를 줄이고, 대신 미국산 제품을 더 많이 사게 할 것으로 생각했다. 낮은 수입은 더 높은 순수출을 의미하므로 총지출이 증가한다. 그들의 희망은 이 지출 충격이 *IS* 곡선을 오른쪽으로 이동시키는 것이었으며, 이는 더 많은 생산량과 더 많은 양의 총생산 갭을 의미한다. 당시 인플레이션은 낮았기 때문에, 그들은 양의 총생산 갭이 유발할 수 있는 인플레이션 상승에 대해 걱정하지 않았다.

그들이 미처 계산하지 못했던 것은, 미국의 수출품에 대해 거의 똑같은 수준으로 중국과 유럽이 자신들의 관세 정책으로 보복할 수 있다는 것이었다. 수입 감소가 수출 감소와 일치하

게 되면 순수출이나 총지출에 영향을 미치지 않게 된다. 양의 지출 충격은 음의 지출 충격으로 상쇄되었다. 그 결과 *IS* 곡선은 실제로 움직이지 않았다.

그러나 이러한 관세는 여전히 중요한 영향을 미쳤다: 즉, 부정적인 공급 충격이 발생했다. 미국으로의 수입품 중 절반 이상이 미국 기업의 투입물로 사용된다. 관세로 인해 수입된 투입물의 구매 비용이 상승했다. 수입된 투입물의 가격이 상승하면 생산비용도 상승하고 이에 따라 필립스 곡선이 위로 이동한다. 실제로 관세 인상 후 몇 달 동안 수입 투입물에 가장 의존하는 산업 부문은 가격을 더 빠르게 올렸고 이는 더 높은 인플레이션을 유발했다. 궁극적으로 긍정적인 지출 충격을 유발하기 위해 설계된 정책이 부정적인 공급 충격으로 이어졌던 것 같다. 이는 생산량을 늘리는 대신 오직 인플레이션만 상승시켰을 뿐이었다. ■

일상경제학 경제 예측가가 실제로 하는 일

Kzenon/Shutterstock

그녀는 연방준비은행 모델을 생각하고 있다.

당신은 이 모든 곡선을 이동시키는 것이 실제로 거시경제학자들이 하는 일이냐고 생각할 수 있겠다. 만약 당신이 거시경제학자로 일하고 있다면—아마도 연방준비은행, 재무부, 주 및 지방 정부, 대기업 또는 대형 투자은행 등에서—당신의 직업에는 경제 예측을 수행하는 것이 포함될 것이다. 연방준비은행 모델에서 알 수 있듯이, 당신은 앞으로 펼쳐질 일을 평가하기 위해 *IS*, *MP* 및 필립스 곡선에 의존할 가능성이 크다. 하지만 당신의 업무는 생산량, 인플레이션 또는 이자율이 상승할지 하락할지를 이야기하는 것 이상으로 확장될 것이다. 당신은 얼마만큼 변동하는지를 이야기해야 할 정도로 더 정확해야 할 수도 있다. 그것은 연필과 종이보다 컴퓨터에 훨씬 더 적합한 작업이다. 따라서 이 곡선들이 의미하는 관계를 스프레드시트에 코딩하거나, 완전히 컴퓨터화된 경제 모형을 만드는 통계 프로그램을 이용할 수 있다.

그런데도 우리가 연구하고 있는 양식화된 그래프는 여전히 중요하다. 최고의 경제학자가 컴퓨터화된 모형에서 도출된 생산량 표를 살펴보면서, 이 모든 것을 이해하려고 노력하면서 여백에 *IS*, *MP*, 필립스 곡선을 스케치하는 것을 보는 건 드문 일이 아니다. 그들은 이 그래프를 컴퓨터화된 모형에서 출력된 다소 불투명한 내용을 설명하고 이해하는 데 도움을 주는 '직관 펌프'로 이용하고 있다. 대부분의 예측가에게는 스프레드시트에 '요소 추가'라고 적힌 하단의 선이 있다. 이것은 멋진 일이다. 컴퓨터 모형이 여백에 스케치한 직관과 일치하지 않을 때, 곡선에 기반한 직관(여백에 스케치한 직관과 동일한 것임-역자 주)에 좀 더 가까워지도록 그들은 '요소 추가'라고 적힌 하단의 이 선을 사용하여 컴퓨터에서 생성한 예측에 약간의 변화를 줄 것이다. ■

경제학 실습

경제가 시장 상황의 변화에 어떻게 반응할지 예측하기 위해 연방준비은행 모델 사용을 연습할 때이다. 이어지는 열두 가지 예는 각각 최근 수십 년 동안 미국 경제에 영향을 미쳤던 실제 에피소드에서 영감을 받았다. 각각의 경우에 실질이자율, 총생산 갭 및 인플레이션이 어떻게 반응하는지 예측하기 위해 당신은 3단계 방법을 사용해야 한다.

포퓰리즘 정부의 당선 이후 소비자 신뢰가 급격히 상승했다.

실질이자율
MP 곡선
r
기존 IS 곡선
새로운 IS 곡선
생산량 증가
총생산 갭
예기치 못한 인플레이션
필립스 곡선
인플레이션 상승
생산량 증가
총생산 갭

소비 증가
→ *IS* 곡선의 오른쪽 이동
결과 : 실질이자율 변화 없음, 생산량 증가 및 인플레이션 상승

경기 부진에 대한 우려는 연방준비은행의 빠른 금리인하로 이어졌다.

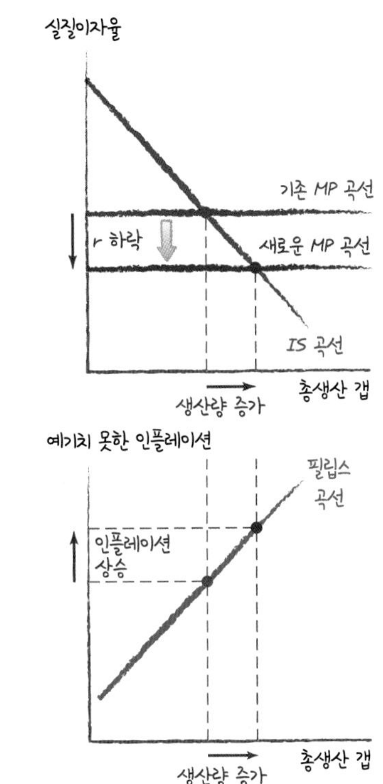

실질이자율 하락
→ *MP* 곡선의 하방 이동
결과 : 실질이자율 하락, 생산량 증가 및 인플레이션 상승

이라크와의 걸프전 시작은 유가를 급격히 상승시키는 공급 차질을 초래했다.

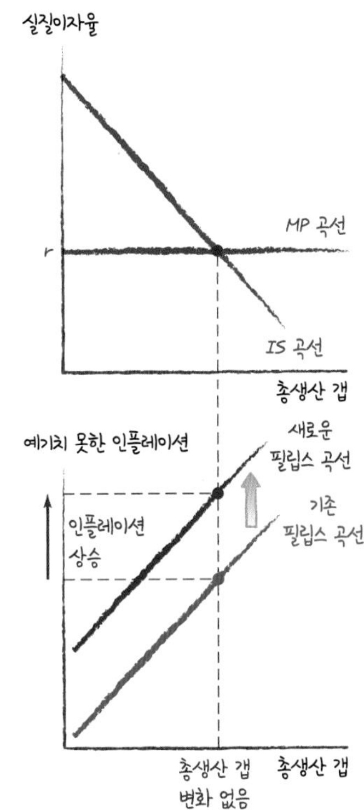

생산비용의 상승
→ 필립스 곡선의 이동
결과 : 총생산 갭 변화 없음 및 인플레이션 상승

새로운 기술에 따른 급속한 생산성의 향상은 생산비용의 하락으로 이어졌다.

기술 붐의 끝은 기업이 새로운 기술 투자를 재고하게 했으며 이는 급격한 투자 감소로 이어졌다.

급격히 하락하는 집값은 많은 주택 소유자가 주택담보대출 상환을 더는 감당할 수 없다는 것을 의미했다. 이러한 위험을 감안할 때, 차입자가 2%p 이상의 리스크 프리미엄을 감당할 때만 은행은 기꺼이 대출을 실행하려 했다.

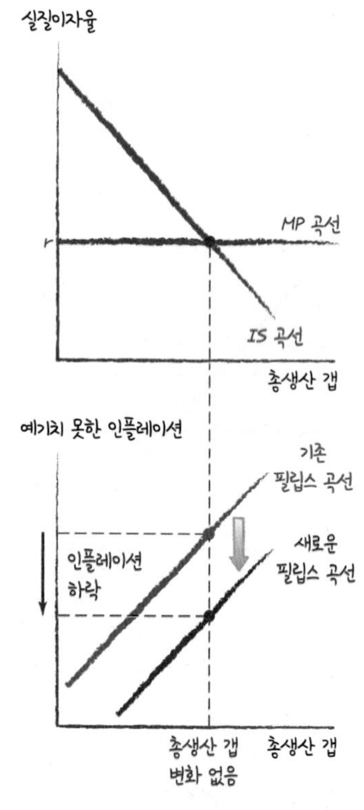

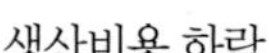

생산비용 하락
→ 필립스 곡선 하방 이동
결과 : 실질이자율 변화 없음, 총생산 갭 변화 없음 및 인플레이션 하락

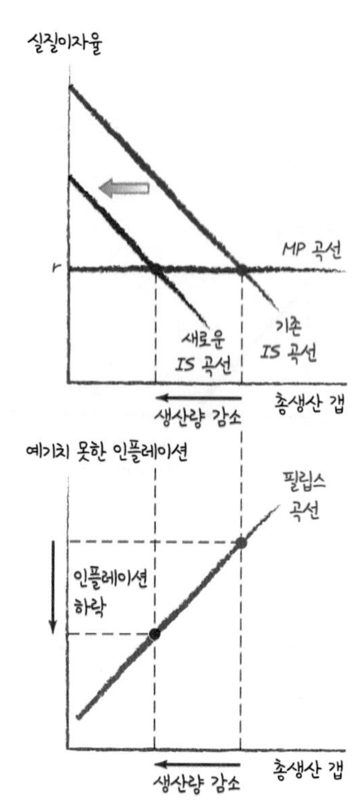

투자 감소
→ *IS* 곡선 왼쪽으로 이동
결과 : 실질이자율 변화 없음, 생산량 감소 및 인플레이션 하락

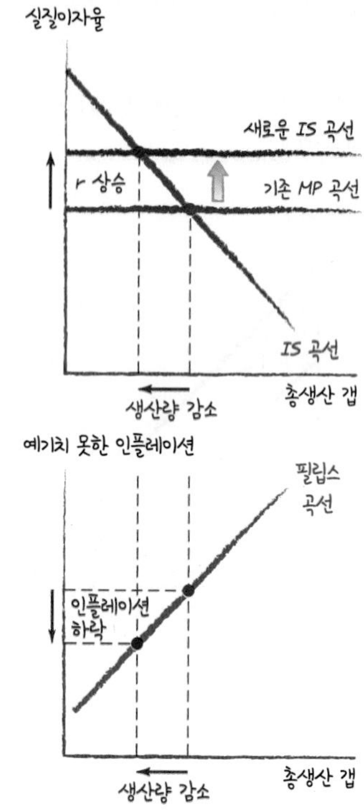

실질이자율의 상승
→ *MP* 곡선 상방 이동
결과 : 실질이자율 상승, 생산량 감소 및 인플레이션 하락

2010년까지 최악의 경기 침체를 통과한 후 재정 투입 자금이 소진되어 정부 구매 계약이 급격히 축소되었다.

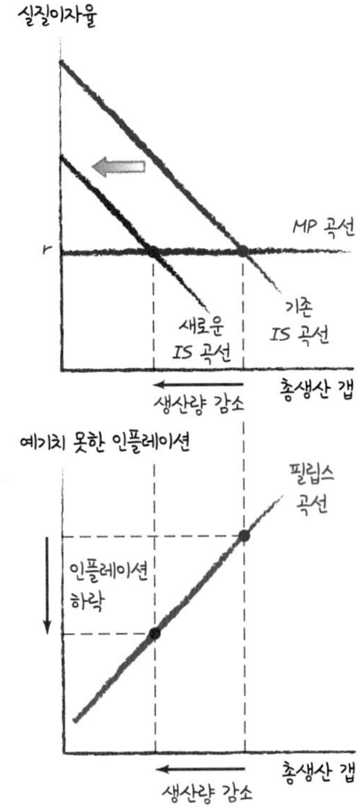

정부 구매 감소

→ *IS* 곡선 왼쪽으로 이동

결과 : 실질이자율 변화 없음, 생산량 감소 및 인플레이션 하락

금융권에 대한 구제 금융이 이루어지고, 신규 대출에 부과했던 리스크 프리미엄을 낮추면서 은행은 점점 더 기꺼이 대출을 실행하려고 하였다.

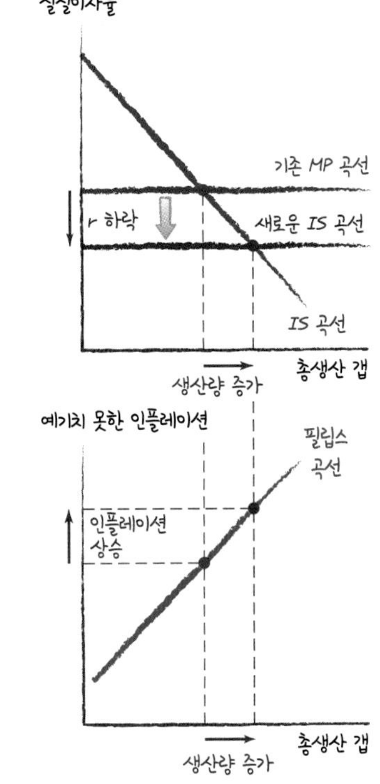

실질이자율 하락

→ *MP* 곡선 하방 이동

결과 : 실질이자율 하락, 생산량 증가 및 인플레이션 상승

셰일가스 시추 기술의 개선은 에너지 가격의 하락으로 이어졌다.

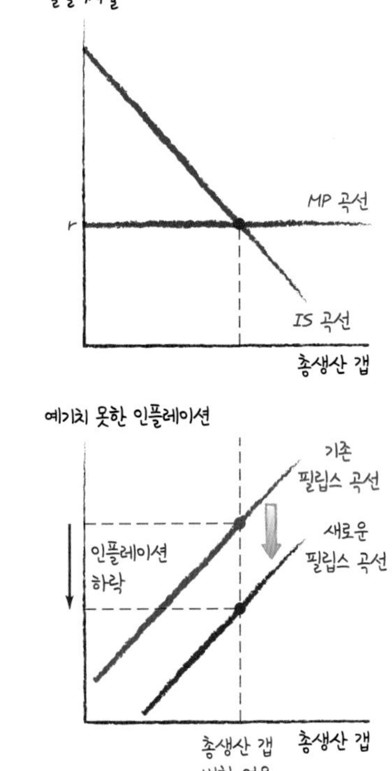

생산비용의 하락

→ 필립스 곡선 하방 이동

결과 : 실질이자율 변화 없음, 총생산 갭 변화 없음 및 인플레이션 하락

중국 경제의 급속한 성장은 미국산 제품에 대한 수요 증가로 이어졌다.

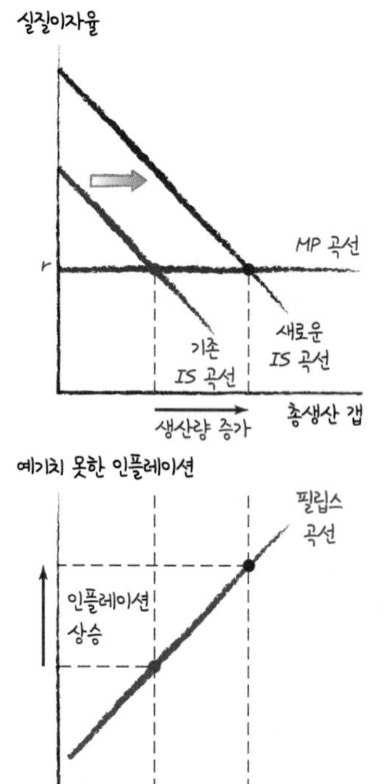

순수출 증가
→ *IS* 곡선 오른쪽으로 이동
결과 : 실질이자율 변화 없음, 생산량 증가 및 인플레이션 상승

노동자의 교섭력이 약화됨에 따라 명목임금이 예기치 않게 떨어졌다.

생산비용의 하락
→ 필립스 곡선 하방 이동
결과 : 실질이자율 변화 없음, 총생산 갭 변화 없음 및 인플레이션 하락

인플레이션을 낮추기로 결정한 새로운 연방준비은행 의장은 연방자금 금리를 빠르게 인상했다.

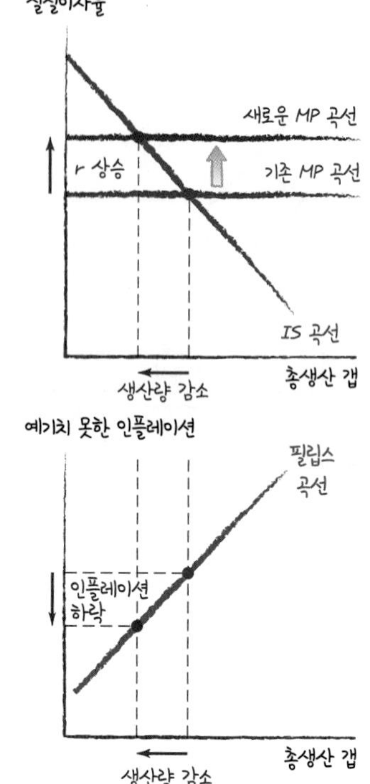

실질이자율의 상승
→ *MP* 곡선 상방 이동
결과 : 실질이자율 상승, 생산량 감소 및 인플레이션 하락 ■

32.3 거시경제 변화의 원인 진단

학습목표 연방준비은행 모델을 이용하여 경제 변동의 원인을 진단한다.

지금까지 우리는 거시경제적 충격의 결과를 예측하기 위해 연방준비은행 모델을 사용했다. 하지만 또 다른 용도가 있다. 경제 상황은 때때로 급격히 변할 수 있다. 경제는 교과서와는 달리 그 변화가 금융, 지출 또는 공급 충격으로 인해 발생했는지를 알려주는 큰 제목이 없다. 그래서 당신은 이 장에서 거시경제 변동의 원인을 진단하기 위해 배운 것을 이용할 수 있다. 이것은 중요한 일이다. 왜냐하면, 한 나라의 거시경제적 문제를 해결하기 위한 첫 번째 단계는 그 원인을 진단하는 것이기 때문이다.

간략한 요약

하지만 먼저 분석의 가닥을 한데 모아놓을 필요가 있다. 그림 32-5는 금융, 지출 및 공급 충격에 대한 분석 결과를 요약한다.

그림 32-5 | 다양한 충격의 결과

	1단계	2단계		3단계
	곡선을 이동시킨다	실질이자율	총생산 갭을 찾는다	인플레이션을 평가한다
금융 충격				
↑ 실질이자율	*MP* 곡선 상방 이동	↑	↓	↓
↓ 실질이자율	*MP* 곡선 하방 이동	↓	↑	↑
지출 충격				
↑ 지출	*IS* 곡선 오른쪽으로 이동	변화 없음	↑	↑
↓ 지출	*IS* 곡선 왼쪽으로 이동	변화 없음	↓	↓
공급 충격				
↑ 생산비용	필립스 곡선 상방 이동	변화 없음	변화 없음	↑
↓ 생산비용	필립스 곡선 하방 이동	변화 없음	변화 없음	↓

진단 도구

경제적 결과를 예측하기 위해 노력하면서 이 표를 왼쪽에서 오른쪽으로 읽었다. 어떤 곡선이 이동하는지 관찰한 다음, 그것이 총생산 갭, 실질이자율 및 인플레이션에 대해 의미하는 것이 무엇인지를 추적했다. 하지만 이제 우리는 반대 방향으로 작업을 해보려고 한다: 우리가 관찰한 이러한 경제 지표에 일어난 일을 감안할 때, 경제에 미친 충격에 대해 무엇을 추론할 수 있을까?

이 표를 자세히 살펴보면 금융, 지출 및 공급에 대한 충격이 각각 다른 패턴의 발자국을 남긴다는 것을 확인할 수 있다. 최근 거시경제 변화의 원인을 진단하기 위해 이러한 차이점을 이용할 수 있다. 특히 다음 사항에 주의하라:

1. 실질이자율이 변한다면 그것은 경제가 금융 충격을 받았다는 증거이다.
2. 실질이자율의 큰 변동 없이 총생산 갭이 이동했다면, 그것은 지출 충격을 암시한다.
3. 경제가 약할 때 인플레이션이 상승하거나 경제가 강할 때 인플레이션이 떨어진다면, 그 원인은 공급 충격이다.

이러한 규칙으로 무장하여 변화하는 경제 상황을 이해하는 데 이것이 어떻게 도움이 될 수 있는지에 대해 몇 가지 예를 살펴보자.

경제학 실습

다음 각 예에서 어떤 경제적 충격이 경제를 강타했는지 평가하기 위해 진단 도구를 사용하라.

a. 월스트리트 경제학자는 "이건 말도 안 돼. 경제가 좋은 상태를 유지하고 있는데 왜 인플레이션이 떨어지고 있지? 필립스 곡선은 경제가 약할 때 인플레이션이 떨어진다고 우리에게 가르치고 있다."

인플레이션이 하락했지만, 경제가 여전히 강하다면 필립스 곡선이 아래로 이동했고 경제는 일종의 행복한 공급 충격을 즐기고 있다고 추론할 수 있다. 주어진 총생산 갭에서 동 충격은 생산비용을 줄임으로써 인플레이션을 낮추게 된다.

b. 연방준비은행 회의에서 정책 입안자들은 당황했다. "우리가 금리를 전혀 인하하지 않았음에도 불구하고 몇 가지 이유로 생산량이 증가하고 있다."

생산량은 증가하지만, 이자율이 변하지 않는다면 경제는 양의 지출 충격을 받을 가능성이 크다. 즉, 주어진 실질이자율에서 총지출의 증가는 *IS* 곡선을 오른쪽으로 이동시켰다.

c. 포드의 수석 이코노미스트는 "우리의 매출은 경제 전체의 생산량만큼 감소하고 있다"라고 말하면서 그 원인은 자동차 구매자금 대출 금리의 상승에 기인할 수 있다고 지적했다. 그녀는 연준이 기준 금리를 변경하지 않았다는 점을 감안하면 자동차 구매자금 대출 금리의 상승은 다소 의아하다고 밝혔다.

이자율은 연방준비은행의 조치와 금융시장에서 결정하는 리스크 프리미엄을 모두 반영한다. 이러한 이자율의 상승은 리스크 프리미엄에 기인하는 것으로 보인다. 이자율 상승에 따라 생산량이 감소한다면, 경제는 *MP* 곡선을 위로 이동시키는 금융 충격을 겪었다고 추론할 수 있다. ■

함께 해보기

이 책의 각 장은 주요 경제적 힘의 작동 방식을 발견해가며 경제의 한 부분에 중점을 두었다. 계속 진도를 나가면서 한 장에서 설명하는 경제적 관계는 다른 경제 변수에 의존한다는 것을 눈치 챘을 것이다. 이러한 다른 경제 변수의 결정 요인은 또 다른 장에서 다루어졌다. 이것이 바로 상호의존의 원리이며, 거시경제학은 이러한 상호의존성을 이해하는 것이 전부이다.

이 장에서 우리의 최고의 업적은 이러한 서로 다른 요소가 어떻게 일관된 전체에 맞춰지는지 발견한 것이다. 그 결과는 거시경제의 완전한 모형이며 이를 이용해 어떠한 시장 변화의 거시경제적 영향을 추적하는 데도 사용할 수 있다. 이를 이용하여 경제 상황이 어떻게 변할 것인지 예측할 수 있으며, 동 예측에 주요 위협은 무엇인지, 정책 입안자는 이에 어떻게 대응할 것인지 등을 가늠해볼 수 있다.

당신이 '만약' 질문을 할 수 있을 때 모델은 특히 유용하다. 그리고 연방준비은행 모델을 사용하여 질문할 수 있다. 세계 경제가 추락한다면, 주식 시장이 활황이라면, 생산성 향상이 빨라진다면 어떻게 될까? 정책 입안자들은 연방준비은행 모델을 사용하여 경제 정책에 직접적인 영향을 미치는 '만약 무엇이라면(what if)' 질문을 할 수 있다. 연방준비은행에서 그들은 다음과 같은 질문을 할 수 있다. 만약 금리를 높이면 또는 낮추면 어떻게 될까? 그들은 연방준비은행 모델의 컴퓨터화된 버전을 이용하여 각 이자율 설정 상황에서 어떤 경제적 결과가 발생할지 파악한다. 그런 다음 자신들이 판단하기에 가장 좋은 결과에 조응하는 정책을 선택한다. 백악관과 재무부에서는 유사한 모델을 사용하여 다음과 같이 질문한다. 정부지출을 늘리면 어떻게 될까? 세금을 삭감하면 무슨 일이 발생할까? 이러한 분석은 재정 정책의 집행을 도와준다. 그리고 전국의 기업들은 관련 모델을 사용하여 경영진이 곧 일어날 듯한 경제적 충격의 결과에 대해서 예상 시나리오 등으로 대비한다.

이 장의 접근 방식을 사용하면 당신은 경제학자(연방준비은행 같은 정책 기관 소속 또는 금융 부문의 지도자 등)가 경제를 분석하는 방법론의 최첨단에 매우 근접하게 된다. 그리고 그것은 특히 유용한 많은 기능이 있다.

연방준비은행 모델에 대한 우리의 분석은 시간에 걸쳐서 한 균형(가령, 실질이자율이 낮을 때)에서 다른 균형(이자율 상승 이후)으로의 이동을 분석했다는 점에서 동적이었다. 지금까지 분석의 단점은 이러한 변화가 발생하는 속도에 대해 거의 침묵했다는 것이다. 이러한 동학은 경제 예측에서 중요한 역할을 하며, 워싱턴과 월스트리트에서 이용하는 컴퓨터화된 더 복잡한 연방준비은행 모델의 중요한 특징이다.

연방준비은행 모델의 주요 강점은 경제를 강타하는 많은 무작위 충격의 결과를 추적하는 일관된 방법을 제공한다는 것이다. 그것은 거의 모든 지출, 금융 또는 공급 충격을 분석하기 위한 프레임워크를 제공한다.

연방준비은행 모델은 또한 일반적인 균형접근 방식을 취한다. 개별 시장이나 변수를 개별적으로 분석하기보다는 한 영역의 선택이 다른 영역의 선택에 영향을 미치는 방식에 주의를 기울여 모든 시장을 결합해서 분석한다. 일반 균형에서는 모든 것이 다른 모든 것에 의존할 수 있으며, 무슨 일이 일어날지 분간하는 것은 우리의 일이다. 연방준비은행 모델은 (1) 소비, 투자, 정부 구매, 수입 및 수출 결정을 함께 고려하면서 이러한 접근 방식을 경기변동에 적용한다, (2) 생산 선택과 함께 지출 결정을 평가한다, (3) 금융 부문과 더 넓은 경제 사이의 관계를 탐구한다, (4) 투입물과 가격 결정 간의 연결, 따라서 인플레이션을 탐구한다. 그것은 실질금리와 같은 경제 전반의 주요 가격(인플레이션, 환율, 임금 및 주가)을 분석하는 데 유용한 프레임워크를 제공한다. 이러한 가격은 한 시장에서 다른 시장으로 충격을 전달할 수 있다.

그러나 아마도 연방준비은행 모델의 진짜 가치는 MONIAC과 달리 물에 젖지 않고 당신이 이 모든 것을 할 수 있다는 점이다.

한눈에 보기

연방준비은행 모델(*IS* – *MP* – *PC*) : *IS* 곡선, *MP* 곡선 및 필립스 곡선을 연결하는 완전한 경기변동 모델. 3단계 방법을 활용하여 거시경제 충격을 분석한다.

1단계 – 충격을 식별하고 적절한 곡선을 이동시킨다:

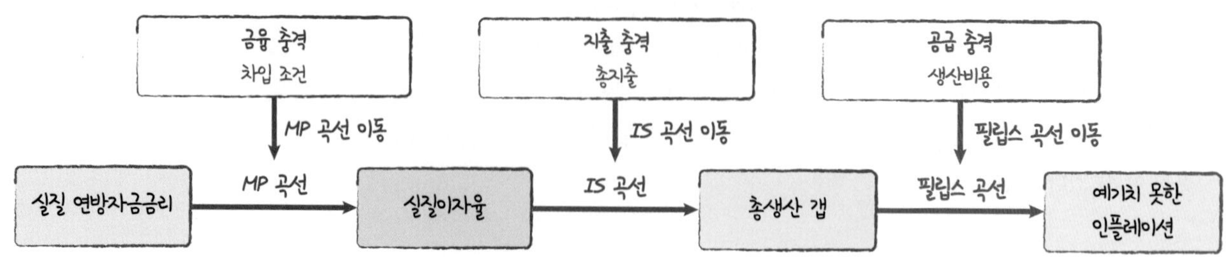

2단계 – 총생산 갭을 찾는다 :
균형 총생산 갭과 실질이자율을 찾기 위해 *IS* 및 *MP* 곡선의 교차점을 살핀다.

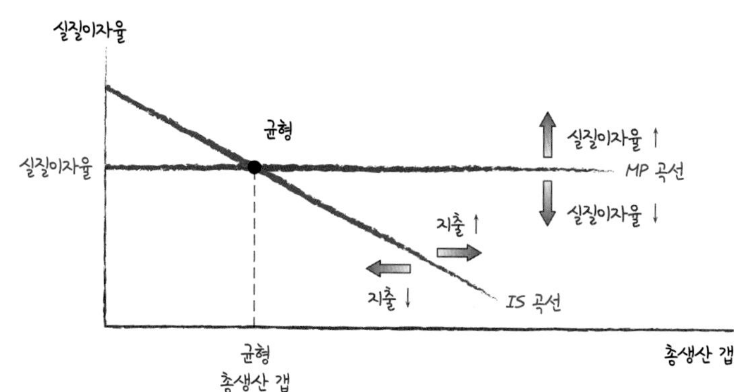

3단계 – 인플레이션을 평가한다 :
총생산 갭의 인플레이션 영향을 찾기 위해 필립스 곡선을 이용한다.

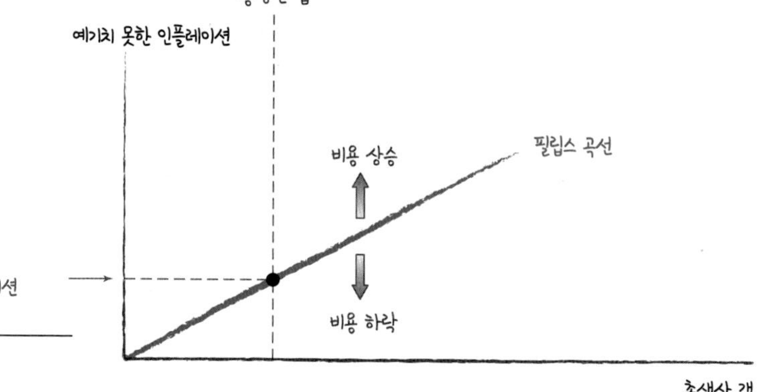

경제 충격의 효과를 예측하고 진단하기

거시경제 충격	① 곡선을 이동시킨다	실질이자율	② 총생산 갭을 찾는다	③ 인플레이션을 평가한다
금융 충격				
실질이자율 ↑	*MP* 곡선 상방 이동	↑	↓	↓
실질이자율 ↓	*MP* 곡선 하방 이동	↓	↑	↑
지출 충격				
지출 ↑	*IS* 곡선 오른쪽으로 이동	변화 없음	↑	↑
지출 ↓	*IS* 곡선 왼쪽으로 이동	변화 없음	↓	↓
공급 충격				
생산비용 ↑	필립스 곡선 상방 이동	변화 없음	변화 없음	↑
생산비용 ↓	필립스 곡선 하방 이동	변화 없음	변화 없음	↓

핵심용어

공급 충격
금융 충격
스태그플레이션
연방준비은행 모델
지출 충격

토론과 복습문제

학습목표 32.1 *IS* 곡선, *MP* 곡선, 필립스 곡선을 결합한 연방준비은행 모델을 분석한다.

1. 상호의존의 원리는 경제의 한 부분이 다른 부분에 영향을 미칠 때 무슨 일이 발생하는지를 보여준다. 이자율, 총생산 갭, 인플레이션 간의 상호의존성을 설명하기 위해 연방준비은행 모델을 이용하라.
2. 연방준비은행 모델을 사용하여 세 가지 다른 경제 충격을 비교하고 대조하라. 그리고 각 유형의 충격에 대해 어떤 곡선이 이동하는지 설명하라.

학습목표 32.2 금융 충격, 지출 충격, 공급 충격의 결과를 분석하기 위해 연방준비은행 모델을 이용한다.

3. 경제가 불황을 겪고 있다. 총생산 갭이 −7%에 머물며 정상 실업률보다 높다. 통화 및 재정 정책이 경제에 어떻게 영향을 미칠 수 있는지 연방준비은행 모델을 이용하여 비교하고 대조하라. 연방준비은행은 생산량과 취업자를 자극하기 위해 무엇을 할 수 있는가? 연방 정부는 무엇을 할 수 있는가? 통화 및 재정 정책을 모두 이용하면 무슨 일이 벌어질까?
4. 당신은 신문을 펴고 유럽이 불황으로 진입하고 있다는 것을 읽었다. 연방준비은행 모델을 이용하여 미국 경제에 일어날 것으로 기대되는 것을 예측하라. 당신의 답을 설명하기 위해 거시경제 충격을 분석하기 위한 3단계 방법을 이용하라.

학습목표 32.3 연방준비은행 모델을 이용하여 경제 변동의 원인을 진단한다.

5. 금융 충격, 지출 충격, 공급 충격 등 세 가지 유형의 경제적 충격을 고려하라. 각각은 실질이자율, 총생산 갭 및 인플레이션에 어떤 영향을 미치는지 논하라.
6. 어떤 유형의 충격이 경제에 영향을 미쳤는지 진단하는 데 도움이 되도록 이전 질문에 대한 답변을 지침으로 사용하라. 만약 실질이자율이 변동했다면, 어떤 유형의 충격이 발생했다고 확실히 결론 내릴 수 있는가? 또는 실질이자율의 큰 변동 없이 총생산 갭이 변동했다면, 무슨 일이 반드시 발생해야 한다고 이야기하고 있는가? 또는 경기 둔화에도 인플레이션이 상승한다면 어떤가? 반대로 경기 확장에도 인플레이션이 하락한다면 무슨 일이 발생한 것인가?

학습문제

학습목표 32.1 *IS* 곡선, *MP* 곡선, 필립스 곡선을 결합한 연방준비은행 모델을 분석한다.

1. 경제에 다음과 같은 변화가 금융, 지출 또는 공급 충격에 해당하는지 결정하라. 각 경우에 대해 *IS*, *MP* 또는 필립스 곡선이 이동하는지, 이동한다면 어떤 방향으로 이동하는지 설명하라.
   a. 중국 정부는 미국이 수출한 상품에 대한 관세를 철폐한다.
   b. 제조 분야에서 인공 지능 구현은 예상보다 빠른 생산성 향상으로 이어졌으며 이로 인해 생산비용이 감소했다.
   c. 금융 위기로 인해 은행은 매우 높은 리스크 프리미엄을 청구하지 않고는 위험한 대출의 취급을 극도로 꺼렸다.
   d. 경제의 미래에 대한 기업의 확신이 줄어들고 이는 계획된 투자 프로젝트의 폐기로 이어진다.
   e. 연방준비은행은 4%에서 5%로 연방자금금리를 인상한다.
   f. 연방 정부는 법인세를 인하한다. 그리고 동 정책으로 인해 더 많은 투자 기회의 수익성이 향상될 것이라며 대기업 임원들은 박수를 보낸다.

학습목표 32.2 금융 충격, 지출 충격, 공급 충격의 결과를 분석하기 위해 연방준비은행 모델을 이용한다.

2. 연방준비은행 정책 입안자의 다음 회의가 다가오고 있다. 다음 그래프는 현재의 경제 상황을 요약해서 보여준다. 당신의 상사는 연방준비은행이 이러한 경제 상황에 어떻게 대응할지에 대해 당신의 생각을 묻는다.
   a. 연방준비은행이 실질이자율을 높이거나, 낮추거나, 또는 변경하지 않도록 권고할 것인가? 당신이 그렇게 권고한 이유를 설명하라.
   b. 정책 변경으로 인해 어떤 유형의 충격이 발생할까?
   c. 연방준비은행 모델에서 어떤 곡선이 이동할까?
   d. 실질이자율, 생산량 그리고 인플레이션에 무슨 일이 발생하는지 예측하라.

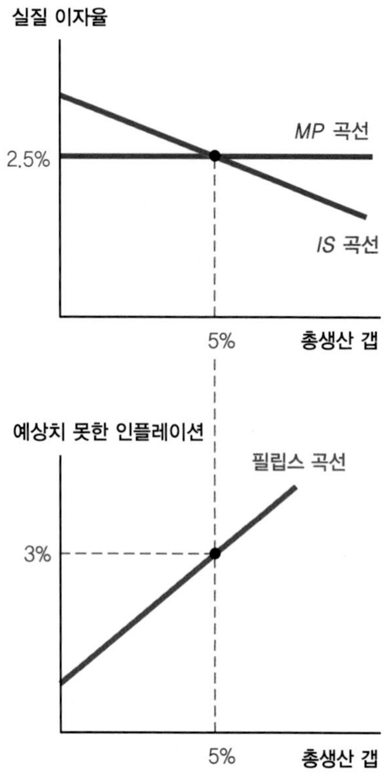

3. 다음 시나리오 각각에 대해 연방준비은행 모델을 이용하여 생산량, 실질이자율 및 인플레이션이 어떻게 변동하는지 예측하라. 각각의 경우에 대해, 총생산 갭이 0이고 예기치 못한 인플레이션이 없는 경제로 시작하라. 경제 상황이 어떻게 변할 것인지 설명하라.
   a. 태양광 에너지 기술의 급격한 진보는 에너지 가격을 낮춘다.
   b. 새로운 대통령의 선출로 가계가 그들의 미래 경제 전망에 대해 더 희망차게 바뀌고, 이는 소비 증가로 이어진다.
   c. 국가 부채 증가에 대한 우려에 대응하여 연방 정부는 교육 및 군사비에 대한 정부지출을 극적으로 줄이는 새로운 법안을 통과시킨다.
   d. 금융시장에 대한 충격으로 연방준비은행은 연방자금금리를 3%에서 1.5%까지 낮출 것이라고 공표한다.
4. 이제 학습문제 1로 돌아가서 목록에 있는 각각의 변화가 생산량, 인플레이션 및 실질이자율에 어떻게 영향을 미치는지 예측하라. 당신의 답을 설명하라.

학습목표 32.3 연방준비은행 모델을 이용하여 경제 변동의 원인을 진단한다.

5. 다음 각 항목에 대해 어떤 유형의 경제 충격이 경제를 강타했는지 진단하라.
   a. 학교 캠퍼스로 운전하는 도중에 경기 침체가 어떻게 끝났는지 설명하는 라디오 보도가 들린다. 생산량은 잠재생산량보다 적지만 총생산 갭은 −7%에서 −5%로 증가했다. 라디오 진행자가 인터뷰한 경제학자는 "연방준비은행이 계속해서 실질이자율을 인하함에 따라 GDP의 변화는 별로 놀랍지 않다"라고 언급한다.
   b. 최신 인플레이션 보고서는 생산량이 잠재생산량 아래에 머물러 있음에도 불구하고 예기치 못한 인플레이션 상승을 가리킨다.
   c. 실질이자율은 지난 몇 분기 동안 안정적이었다. 그러나 생산량이 빠르게 증가하여 더 많은 양의 총생산 갭으로 이어졌다.

CHAPTER 33

총수요와 총공급

최신 경제 뉴스를 클릭해보라. 그러면 당신은 다음과 같은 기사에 빠르게 압도될 수 있다. 소비자 신뢰의 상승, 주요 투자 프로젝트를 발표하는 기업들, 의회가 세금을 삭감할 수 있다는 소문, 연방준비은행 정책 결정권자의 연설, 생산성에 대한 우려, 또는 중동의 지정학적 긴장이 유가 급등을 일으키고 있다는 기사들 말이다. 무디스 애널리틱스의 수석 경제학자인 마크 잔디는 이러한 내용을 꾸준히 추적해야만 한다. 이를 통해 그의 많은 기업 및 금융권 고객에게 경제에 대한 정보를 제공하고 경제가 어디로 가고 있는지 평가하는 것을 도와준다.

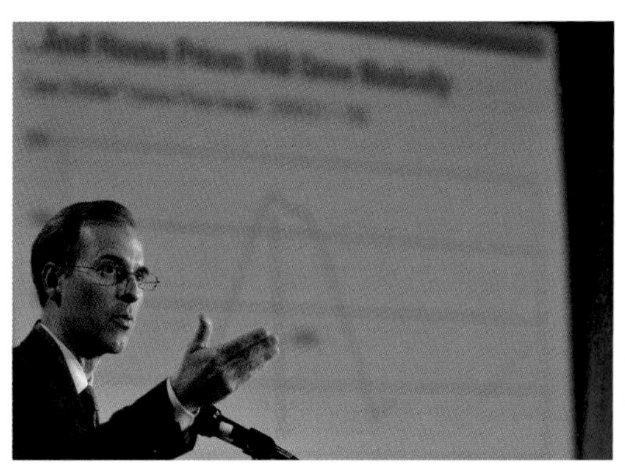

Jay Mallin/Bloomberg/Getty Images

그는 경제동향을 추적 중이다.

매주, 그는 몇 가지 차트와 함께 분석 내용을 노트로 작성해서 고객에게 이메일을 보낸다. 동 노트에서 최신 자료에 따르면 이전에 생각했던 것보다 경제가 더 강하며 이 힘이 미래에도 계속될 것이라고 그가 믿는 이유를 자세히 설명하고 있다. 이것은 가장 중요한 일부 기업의 관리자를 포함하여 그의 고객이 생산, 고용 및 구매 계획을 조정하는 데 도움이 되는 실행 가능한 정보이다. 또한 예상되는 경기 호황이나 불황 국면에 대응하기 위한 이자율, 세금 또는 지출 프로그램을 조정할 수 있는 정책 입안자들도 그의 분석을 열렬히 기다리고 있다.

마크 잔디가 언급할 수 있듯이 거시경제 상황은 항상 변하고 있으며, 추적해야 할 일련의 새로운 현상은 어지러울 정도로 많다. 이것이 이 장에서 경제에 대한 추적, 분석 및 예측을 위한 프레임워크를 소개하는 이유이다. 일단 숙달하게 되면, 당신은 경제가 어디로 향하고 있는지 추적할 수 있고, 마크의 고액 고객과 마찬가지로 더 나은 결정을 내리는 데 필요한 정보를 얻을 수 있다.

목표

어떻게 총수요와 총공급이 거시경제의 결과를 결정하는지 분석한다.

33.1 총수요-총공급(*AD-AS*) 프레임워크
어떻게 총수요와 총공급이 거시경제의 균형을 결정하는지 이해한다.

33.2 총수요
구매자가 사고 싶은 상품 및 서비스의 총수량을 결정하는 힘을 평가한다.

33.3 총공급
기업이 공급하고 싶은 상품 및 서비스의 총수량을 결정하는 힘을 평가한다.

33.4 거시경제 충격과 경기변동 완화 정책
상황의 변화에 경제가 어떻게 대응할 것인지를 예측한다.

33.5 단기와 장기에서의 총공급
경제적 충격의 즉시 효과, 단기 효과 및 장기적 결과를 구분한다.

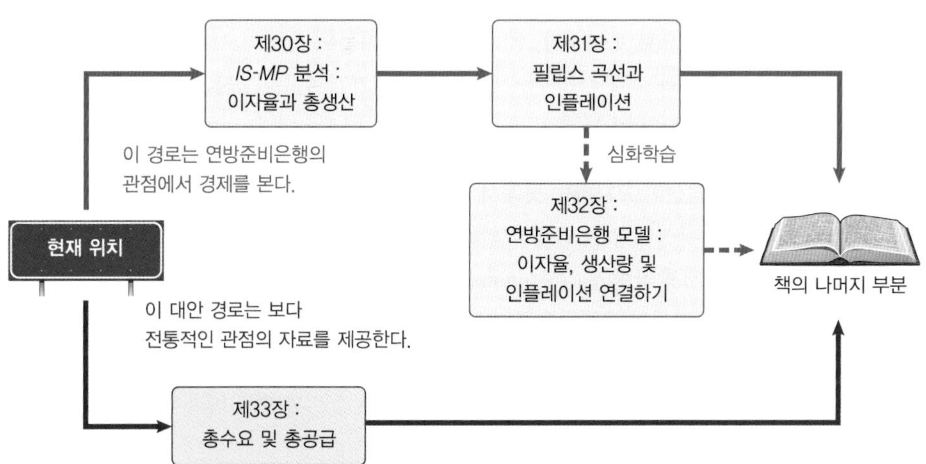

챕터별 관계 정리 : 앞 3개 장은 경기변동을 분석하는 프레임워크를 제시했다. 그리고 이번 장은 앞 3개 장과 다르지만 밀접하게 연결된 프레임워크를 제시한다. 이것은 경쟁적인 견해라기보다는 동일한 경제적 힘을 분석하는 대안적인 관점이라고 할 수 있다. 당신의 시간은 귀중하므로 제30~32장을 읽거나 이번 장을 읽으면 된다.

33.1 총수요-총공급(*AD-AS*) 프레임워크

학습목표 어떻게 총수요와 총공급이 거시경제의 균형을 결정하는지 이해한다.

차를 살 좋은 시기인지 아닌지, 대출을 미리 갚을지, 새로운 직업을 찾을지, 대학원 학위를 취득할지 등을 고려할 때 당신의 답변은, 적어도 어느 정도까지는, 경제가 어디로 향하고 있는지에 대한 당신의 생각에 달려있다. 그래서 이 장에서 우리의 임무는 경제 상황 예측에 사용하는 프레임워크 개발이다.

총수요 및 총공급 도입

이 프레임워크의 대부분은 휘발유, 커피, 이발 등 개별 시장에서 수요와 공급의 미시경제적 힘이 어떤 결과를 도출하는지 살펴보았던 이전의 분석과 유사하다고 느낄 것이다. 우리는 이러한 개념을 확장해서 거시경제적 사촌인 총수요 및 총공급을 소개할 것이다. 이 개념은 경제 전반에 걸친 총생산 및 평균가격과 같은 총량 결과를 결정하는 힘을 설명한다.

생산량과 평균 물가 수준을 예측하기 위해 *AD-AS* 프레임워크를 이용한다. 이 초대형 버전을 *AD-AS*(Aggregate Demand 및 Aggregate Supply의 줄임말) 프레임워크라고 하며, 두 가지 주요 거시경제 결과에 중점을 둔다.

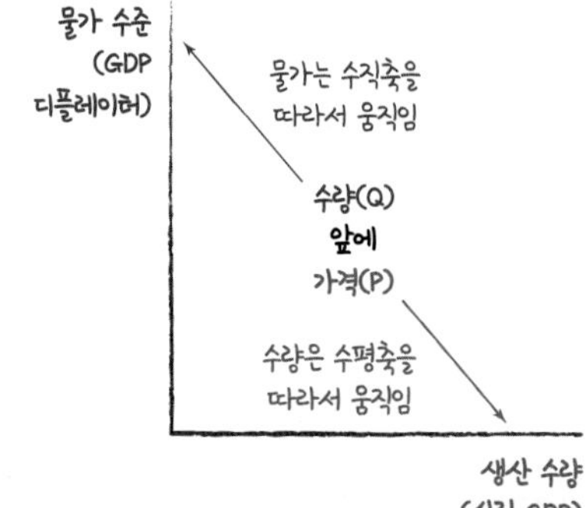

- 실질 GDP로 측정되는 경제 전체의 생산량
- GDP 디플레이터로 측정되는 해당 산출물의 가격(우리가 생산하는 많은 상품과 서비스 전체의 가격으로 생각하라)

수직축에 가격을 그리고 수평축에 수량을 표시하는 경제학의 일반적인 관례를 따를 것이다. 익숙해 보이지만 중요한 차이점이 있다. 이 초대형 프레임워크는 개별 재화의 가격과 수량을 설명하는 것이라기보다는 경제 전체로서 총생산량과 평균 가격에 무슨 일이 일어나고 있는지를 보여주는 것이다.

총수요 곡선 구매자들이 총체적으로 사고자 하는 총수량과 물가 수준과의 관계를 보여준다.

총수요 곡선은 우하향한다. **총수요 곡선**(aggregate demand curve 또는 '*AD* 곡선')은 모든 구매자의 경제 전반에 걸친 구매 계획을 집약적으로 보여준다. 동 곡선은 소비자, 기업, 정부 및 해외 고객 등 모든 구매자가 총체적으로 구매할 계획과 관련하여 평균 물가 수준과 총생산량 간의 관계를 보여준다. 평균 물가 수준이 낮을수록 구매자는 더 많은 생산량을 요구한다. 이는 총수요 곡선이 우하향이라는 것을 의미한다.

총공급 곡선 공급자들이 총체적으로 생산하는 총수량과 물가 수준과의 관계를 보여준다.

총공급 곡선은 우상향한다. **총공급 곡선**(aggregate supply curve 또는 '*AS* 곡선')은 전체 공급 업체의 생산 계획을 집약적으로 보여준다. 동 곡선은 공급자들이 총체적으로 생산하는 산출물과 관련하여 평균 물가 수준과 수량 간의 관계를 보여준다. 가격 수준이 높을수록 공급 업체는 더 많은 양의 산출물을 생산한다. 이는 총공급 곡선이 우상향이라는 것을 의미한다.

거시경제 균형 구매자들이 총체적으로 사려고 하는 수량과 공급자들이 총체적으로 생산하는 수량이 일치할 때 발생한다.

거시경제의 균형은 두 곡선이 교차하는 곳에서 발생한다. 과학자들은 서로 반대의 힘이 균형을 이루고 있어 변화의 경향성이 없는 균형을 안정된 상황으로 묘사한다. 이 아이디어는 경제 전반에도 적용된다. **거시경제 균형**(macroeconomic equilibrium)은 구매자들이 총체적으로 구매를 희망하는 생산량과 공급자들이 총체적으로 생산하는 생산량이 동일할 때 발생한다. 그림 33-1에서 볼 수 있듯이 거시경제 균형은 두 곡선이 교차하는 곳에서 발생한다.

이것이 전부다! 이제 당신은 GDP 및 경제의 평균 물가 수준을 모두 예측할 수 있는 강력한

그림 33-1 | *AD-AS* 프레임워크

경제 상태는 총수요 및 총공급 곡선이 교차하는 곳에서 결정된다.

Ⓐ 총수요 곡선은 평균 물가 수준이 높아지면 구매자의 총체적인 구매량이 하락한다는 것을 보여준다.
Ⓑ 총공급 곡선은 평균 물가 수준이 높아지면 공급자가 총체적으로 생산하는 산출물이 증가한다는 것을 보여준다.
Ⓒ 경제는 두 곡선이 교차하는 거시경제적 균형 지점으로 이동할 것이다.
Ⓓ 이것이 균형 GDP 수준을 결정하며, 이 경우 20조 달러이다.
Ⓔ 이것은 또한 균형물가 수준을 결정한다.

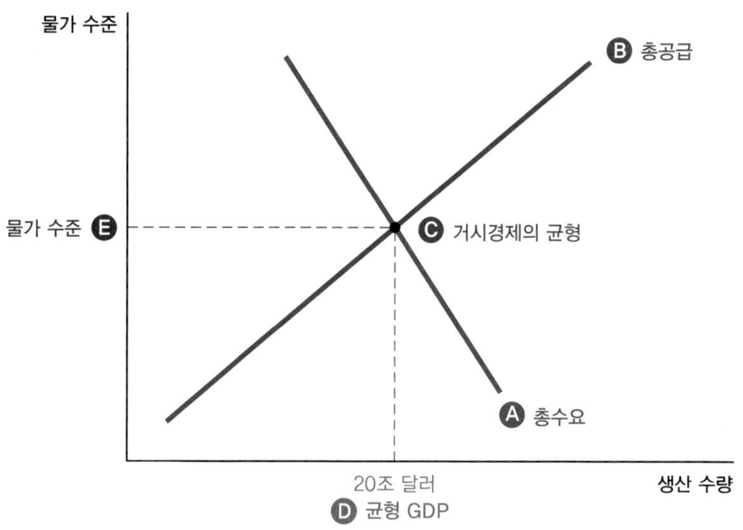

프레임워크를 가지게 되었다. 앞으로 알게 되겠지만, 이 프레임워크는 특히 경기 변동을 구성하는 연간 변동을 분석하는 데 유용하다.

거시경제 대 미시경제의 힘

남은 것은 총수요와 총공급 곡선의 기초를 이루는 거시경제적 힘을 이해하는 것이다. 그리고 두 곡선의 이동으로 이어지는 시장 상황의 변동을 알아내는 것이다. 그것은 이 장의 나머지 부분의 전체 주제이다.

***AD-AS* 프레임워크는 미시경제의 공급-수요 일치 프레임워크와 매우 유사해 보인다.** 이 접근 방식은 개별 시장을 분석하기 위해 사용하는 미시경제의 수요-공급 일치 프레임워크와 익숙하다고 느낄 것이다. 왜냐하면 거시에서처럼 미시에서는 두 곡선이 교차하는 곳에서 균형이 발생하기 때문이다. 그리고 시장 상황이 변화하면, 곡선을 이동하여 다음에 일어날 일을 예측하고 새로운 균형을 찾는다.

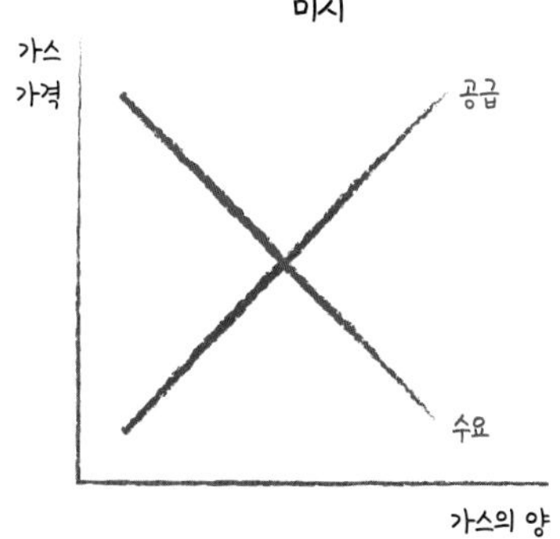

그러나 *AD-AS* 프레임워크는 거시경제적 힘의 다른 특징을 집약적으로 보여준다. 이러한 곡선은 서로 다른 상충관계를 집약적으로 보여준다. 미시경제의 맥락에서 휘발유 구매의 주요 기회비용은 무언가 다른 것을 구매하지 않는 것이다. 하지만 거시경제적 맥락에서 우리는 모든 상품과 서비스에 대한 지출에 초점을 맞추고 있다. 따라서 오늘 생산량 구매와 관련한 기회비용은 미래에 더 많은 생산량을 살 수 있도록 오늘 당신의 돈을 저축할 수 없다는 것이다. 미시경제에서 주요 상충관계는 상품 간에 발생하는 반면 거시경제에서 주요 상충관계는 시간에 걸쳐서 발생한다.

이러한 거시경제의 상충관계를 형성하는 힘이 매우 다르므로 단순히 '수요' 또는 '공급'이 아

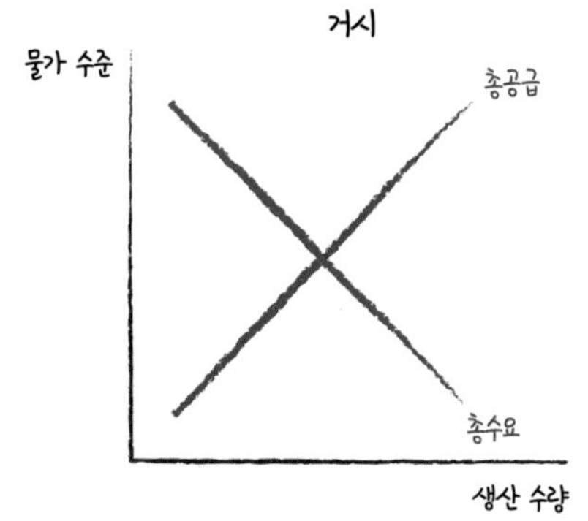

니라, 그림 34-1에서 '총수요'(또는 간단히 'AD') 및 '총공급'(또는 'AS')으로 명명하는 것이 중요하다. 앞에 첨부된 '총' 글자는 전체적 또는 거시경제적 힘에 대해 생각하도록 상기시켜준다. 이 힘은 무엇일까? 당신이 이것을 물어보아서 기쁘다. 이것이 우리가 다음에 분석할 내용이다.

33.2 총수요

학습목표 구매자가 사고 싶은 상품 및 서비스의 총수량을 결정하는 힘을 평가한다.

총수요 곡선은 주어진 물가 수준에서 경제 전체 구매자의 구매 계획을 집약적으로 보여준다. 즉, 총수요 곡선은 평균 물가 수준이 생산 수요량에 미치는 영향을 묘사해준다. 총수요 곡선이 우하향하는 이유를 이해하기 위해서 경제 생산량에 대한 총수요를 형성하는 힘을 파헤칠 필요가 있다.

총지출

총지출 경제 전체에서 사람들이 사고자 하는 재화와 서비스의 총량=소비+계획한 투자+정부 구매+순수출.

=소비
+계획된 투자
+정부지출
+순수출

 몇 가지 축약어들
AE : Aggregate Expenditure
C : Consumption
I : Planned Investment
G : Government purchases
NX : Net exports

총지출(aggregate expenditure)은 소비, 계획된 투자, 정부지출 및 순수출의 합으로서 경제 전반에 걸쳐 사람들이 구매하기 원하는 상품과 서비스의 총량을 의미한다.

총지출은 다음 네 가지 구성 요소의 합계이다.

=소비 : 가구가 상품과 서비스를 구매할 때
+계획된 투자 : 기업이 신규 자본을 구매할 때
+정부지출 : 정부가 상품과 서비스를 구매할 때
+순수출 : 미국산 수출품에 대한 외국인 지출에서 외국산 수입품에 대한 미국인의 지출을 차감

경제학자들은 종종 단순화를 위해 축약어를 사용하므로 아래와 같이 작성한다면, 더 쉽게 이해할 수 있다.

$$\underbrace{AE}_{\text{총지출}} = \underbrace{C}_{\text{소비}} + \underbrace{I}_{\text{계획된 투자}} + \underbrace{G}_{\text{정부지출}} + \underbrace{NX}_{\text{순수출}}$$

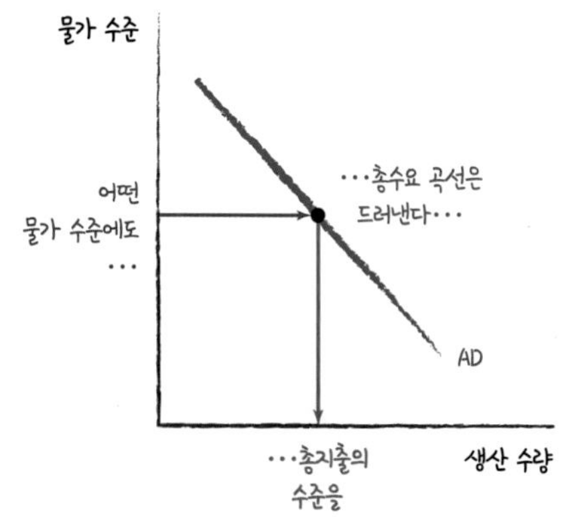

경제 전반에 걸친 수요를 평가하려는 경우, 기업이 쌓아놓은 판매되지 않는 재고가 아니라 많은 사람이 얼마만큼의 구매를 원하는지에 집중할 필요가 있다. 이것이 총지출에 집계되는 투자의 척도가 계획된 투자인 이유이다. 해당 투자는 새로운 자본에 대한 기업의 모든 지출을 포함하는 반면, 계획되지 않은 재고의 변화는 제외된다.

총수요 곡선은 전체 물가 수준의 여러 값과 관련된 총지출 수준을 보여준다. 왜 이 곡선이 우하향하는지 확인하기 위해서, 지구상에서 경제적으로 가장 큰 영향력을 미치는 회의에 참석하기 위해 워싱턴 DC를 방문할 필요가 있다.

총수요 곡선이 우하향하는 이유

1년에 여덟 번, 정책 입안자들은 워싱턴 DC에 있는 연방준비은행(또는 '연준')에서 만난다. 이틀에 걸친 회의에서 그들은 경제가 어떻게 돌아가고 있는지를 보여주는 자료로 가득 찬 바인너를 파헤치고, 경제의 여러 부문의 추세를 논의하고, 그 의미를 토론하고 다양한 시나리오를 통해 생각한다. 회의가 끝나면 연준은 금리에 대한 새로운 설정을 발표한다.

이것은 실질이자율이 총지출을 결정하고 따라서 총수요에도 영향을 미치기 때문에 중요하

다. 중요한 것은 연준이 적어도 부분적으로는 가격 수준에 무슨 일이 일어나고 있는지를 기초로 이자율을 결정한다는 것이다. 따라서 연준의 결정은 총수요 곡선으로 표현된 물가 수준과 총지출 간 관계에 매우 중요한 의미가 있다. 그 의미를 알아보기 위해 더 높은 물가 수준에 대응하는 산출량 수요를 이어주는 연결고리의 각 링크를 단계별로 살펴보겠다.

더 높은 물가 수준은 인플레이션율의 상승으로 연결된다. 첫 번째 링크는 다음과 같은 정의에 해당한다. 인플레이션율은 백분율 측면에서 올해 물가 수준이 작년보다 얼마나 더 높은지를 측정한다. 작년 물가 수준이 일정하다고 감안할 때, 올해 물가 수준이 높을수록 인플레이션율도 상승할 것이다.

인플레이션은 물가 수준의 변화율이다. 따라서 작년 물가 수준이 주어졌을 때, 올해 물가 수준이 더 높아질수록 인플레이션율도 더 상승하게 된다.

Gary Crabbe/Enlightened Images/Alamy

물가 수준이 더 많이 오를수록, 올해의 인플레이션율도 더 많이 상승한다.

인플레이션이 높아지면 연준이 실질이자율을 인상하게 된다. 여기에 연준이 들어온다: 연방준비은행은 인플레이션율을 목표에 맞게 안정적으로 유지하려고 한다. 인플레이션율이 너무 높거나 낮으면, 연방준비은행은 인플레이션을 목표 수준으로 되돌리기 위해 실질이자율을 조정한다. 구체적으로, 높은 인플레이션은 연준의 실질이자율 상승으로 이어지지만, 낮은 인플레이션은 실질이자율을 낮추도록 유도한다. 따라서 우리는 더 높은 가격 수준과 생산 수량 수요를 이어주는 연결고리의 다음 링크를 가지게 되었다:

연준은 인플레이션 상승에
실질이자율 인상으로 대응한다.

연준이 금리를 조정할 때 조정 시기와 조정 방법을 결정하는 과정은 매우 중요하므로, 이를 이해하는 데 도움이 되도록 제34장의 모든 내용은 통화정책을 다룰 것이다. 지금은 연준이 더 높은 실질이자율을 설정함으로써 더 높은 인플레이션에 대응한다는 것을 인지하는 것으로 충분하다. 대략적인 경험상 규칙은 인플레이션율이 1%포인트 더 높아지면, 연준은 실질이자율을 0.5%포인트 인상하여 대응한다.

실질이자율이 높아지면 총지출이 줄어든다. 실질이자율은 인플레이션으로 조정한 명목이자율이며 지출의 기회비용을 나타내기 때문에 중요하다. 기회비용의 원리는 돈을 쓰기 전에 "여기에 쓰는 대신 무엇을 할 수 있을까?"라는 질문을 던져야 한다. 지금 돈을 쓸 수도 있고 아니면 저축하여 이자를 벌면 미래에 더 많은 것을 살 수도 있다. 실질이자율은 만약 내년까지 기다린다면 얼마나 더 많은 물건을 구매할 수 있을까를 의미한다. 더 높은 실질이자율은 현재 지출의 기회비용이 더 높아지는 것에 해당하므로 총지출 감소로 이어진다.

이는 특별히 투자와 관련해서는 사실이다. 실질이자율이 높을수록, 이자를 얻기 위해 은행에 돈을 보관하는 기회비용을 상쇄할 만큼 충분히 수익성이 있는 투자 프로젝트가 더 줄어들기 때문이다. 실질이자율이 높을수록 자동차와 같이 큰 비용의 항목 구매에 드는 차입 비용이 늘어나기 때문에 부분적으로 소비를 줄인다. 또한 환율 효과를 통해 순수출이 감소할 수 있다. 즉, 외국 저축의 유입으로 미국 달러 가치가 상승하면 미국 수출품의 가격이 외국인에게 더 비

Jason Hetherington/The Image Bank/Getty Images

오늘 물건 구매의 기회비용은 이자를 벌어들여 미래에 더 많은 물건을 사는 것이다.

싸지게 된다. 이상의 모든 경우를 고려할 때, 이러한 관찰은 우리에게 더 높은 물가 수준에 요구되는 산출량을 이어주는 연결고리의 최종 링크를 제공한다. 실질이자율의 상승은 총지출을 줄이고 이는 생산량에 대한 총수요의 감소로 이어진다.

실질이자율의 상승은 지출의 기회비용을 증가시키고 이는 총지출의 감소로 이어진다.

물가 수준 ↑ → 인플레이션 ↑ → 실질이자율 ↑ → 총수요 ↓

높은 물가 수준은 총수요 감소로 이어지기 때문에 총수요 곡선은 우하향한다. 해당 링크들을 모두 연결해서 총수요 곡선이 우하향하는 이유를 설명했다: 올해 평균 물가 수준이 높아지면 인플레이션율이 상승한다. 연준은 실질이자율 인상으로 인플레이션에 대응한다. 이러한 이자율 상승은 지출 수준을 낮추게 되고, 총수요 감소로 이어진다.

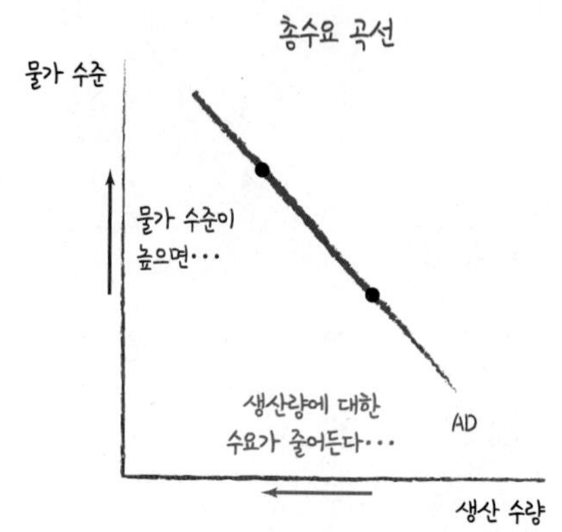

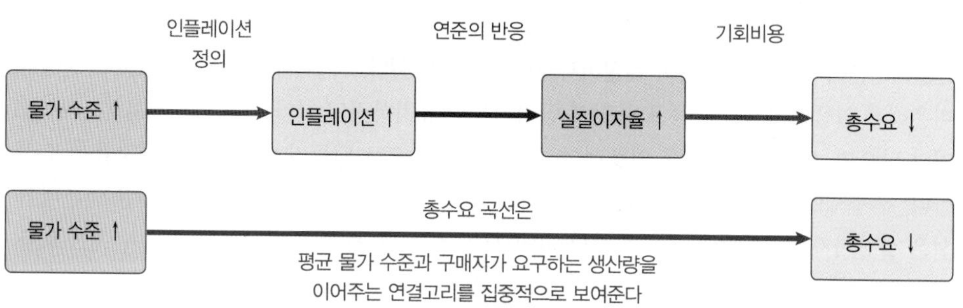

총수요 곡선은 더 높은 가격 수준에서 궁극적으로 구매자는 더 적은 양의 산출물을 요구하게 되는 논리를 요약해서 보여준다. 같은 힘이 반대 방향으로도 작용한다. 즉, 가격 수준이 낮을수록 구매자는 더 많은 생산량을 수요한다. 이 과정에서 연준이 중요한 역할을 하기 때문에 이것을 '연준 채널'이라고도 한다.

과거에 연준 채널은 다르게 운영되었다. 이전의 경제학자들은 연준 채널에 대해 이자율 채널이라는 다소 다른 설명을 하였다. 이는 1970년대에 연준이 금리를 직접 설정하지 않았기 때문이다. 대신, 연준은 미리 공표한 명목 통화 공급 목표를 달성하는 데 중점을 두었다. 이는 유통되는 화폐의 양을 의미한다. 가격 수준이 상승하면 실질 화폐 공급, 즉, 구매력 측면에서 측정된 화폐의 양은 기계적으로 감소하게 된다. 실질 화폐 공급의 감소는 실질이자율을 밀어 올리는 효과가 있다. 이자율 효과에 대한 기본적인 통찰력(높은 가격 수준이 실질이자율의 상승으로 이어지고 이는 생산량을 감소시킬 수 있음)은 여전히 적용된다. 유일한 차이점은 오늘날 연준은 명목 화폐를 설정하고 수동적으로 이자율이 반응하도록 하는 대신에 이자율을 직접 설정한다. 연준 채널은 이자율 효과의 더 현대적인 버전을 의미한다. 해당 채널에서 연준이 인플레이션을 유발하는 가격 상승에 반응하여 직접 이자율을 인상하고 이는 산출량을 줄이게 된다.

총수요 곡선이 우하향하게 만드는 다른 경제적 힘이 있다. 연준 채널 외에도 국제무역 효과가 있다. 이는 미국의 높은 물가 수준으로 인해 미국산 제품이 외국 제품과 비교하면 상대적으로 더 비싸지는 것을 의미한다. 따라서 높은 물가 수준으로 인해 순수출이 감소하고 이는 총지출의 감소로 이어진다. 다만 수출이 총지출에서 차지하는 비중이 작으므로 이 효과는 작은 경향이 있다.

또한 물가 수준이 높을수록 실질 부를 감소시키는 부의 효과도 있다. 이는 지갑의 현금처럼 해당 가치가 명목 달러로 고정된 자산의 실질 구매력이 물가 상승으로 인해 감소하는 것을 의미한다. 실질 부가 낮아지면 사람들은 더 적게 지출하게 된다. 이 효과는 두 가지 이유로 작을 수 있다. 첫째, 소비에 대해 제25장에서 배운 것처럼, 부의 변화는 상대적으로 지출의 작은 변화로 이어지는 경향이 있다. 두 번째는, 높은 가격 수준은 사람들의 명목 부채의 가치를 감소시키는 부채 효과가 있기 때문이다. 이 효과로 인해 사람들의 지출이 늘어나면서 부의 효과를 상쇄할 수 있다.

총수요 분석

총수요 곡선은 변화하는 시장 상황의 결과를 예측하는 데 이용할 수 있어서 유용하다. 그렇게 할 때, 물가 수준의 변화(이는 총수요 곡선상에서의 변화로 이어짐)와 총수요 곡선을 이동시키는 다른 요인의 변화를 구분해야 한다.

물가 수준의 변화는 총수요 곡선상의 변동으로 이어진다. 총수요 곡선은 여러 다른 물가 수준이 어떻게 생산 수요량의 차이를 유발하는지 보여준다. 물가 수준이 변경될 때 새로운 생산 수요량을 알고 싶다면 이 총수요 곡선을 참고하면 된다. 그림 33-2의 녹색 화살표는 물가 수준의 상승이 총수요 곡선을 따라서 어떻게 생산 수요량의 감소에 해당하는 새로운 지점으로 이동하는지 보여준다. 보라색 화살표는 낮은 물가 수준이 총수요 곡선상의 변동으로 이어지는 것을 보여준다. 다만 이번에는 생산 수요량의 증가에 해당하는 새로운 지점으로 이동한다.

그림 33-2 | 총수요 곡선

물가 수준의 변화는 총수요 곡선상의 변동으로 이어진다.

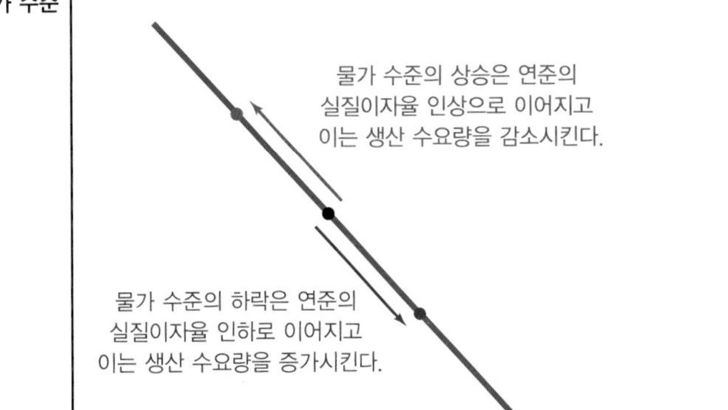

(주어진 물가 수준에서) 지출의 변화는 총수요 곡선을 이동시킨다. 총수요 곡선은 각 물가 수준에서의 총지출 수준을 보여준다. (주어진 물가 수준에서) 소비자, 투자자, 정부 또는 외국인의 지출 계획이 변하면, 총지출의 후속 변화로 총수요 곡선이 이동한다.

주어진 물가 수준에서 총지출을 늘리는 지출 증가는 총수요를 증가시키고 총수요 곡선이 오른쪽으로 이동한다. 새로운 균형은 이 새로운 총수요 곡선이 총공급 곡선과 교차하는 곳에서 발생한다. 그림 33-3의 왼쪽에 있는 패널 A에서 볼 수 있듯이, 총수요의 증가는 경제를 새로운 균형으로 이동시켜 GDP 증가 및 물가 상승의 결과를 가져온다. 즉, 총수요가 증가하면 GDP가 증가(확장이라고 부름)하고 물가가 상승(인플레이션으로 인식)하는 일정한 시간으로 이어진다.

대조적으로, 주어진 가격 수준에서 총지출을 줄이는 지출 삭감은 총수요가 감소하여 총수요 곡선이 왼쪽으로 이동한다. 그림 33-3의 오른쪽에 있는 패널 B에서 볼 수 있듯이 총수요의 감소는 경제를 새로운 균형으로 이동시켜 GDP 감소 및 물가 하락의 결과를 가져온다. 총수요의 감소는 경기 침체(경제 활동의 위축 시기) 및 디플레이션(물가 수준의 하락)으로 이어진다. 실제로 많은 경제는 여러 다른 이유로 지속적인 인플레이션을 경험하고 있으며, 그래서 총수요의 감소는 완전한 디플레이션보다는 인플레이션의 둔화로 이어지는 것 같다.

총수요는 총지출의 변화에 대응하여 이동한다. 따라서 총수요는 다음의 이동에 반응한다:
1. 소비
2. 투자
3. 정부 구매
4. 순수출

총수요 이동 요인

지금까지 총수요의 이동이 경기순환 조건에 중요한 영향을 미친다는 것을 확인했다. 우리의 다음 작업은 총지출 및 총수요 곡선의 이동을 촉진할 수 있는 변화의 종류를 식별하는 것이다.

그림 33-3 | 총수요의 이동

총수요 곡선은 (주어진 물가 수준에서) 총지출의 변화로 인해 이동한다.

패널 A : 총수요의 증가

Ⓐ 주어진 물가 수준에서 총지출의 증가는 총수요 곡선을 오른쪽으로 이동시킨다.
Ⓑ 이에 따라 경제는 새로운 균형으로 이동한다.
Ⓒ GDP의 증가로 이어진다(즉, 경기 확장).
Ⓓ 또한 물가의 상승으로 이어진다(즉, 인플레이션 촉발)

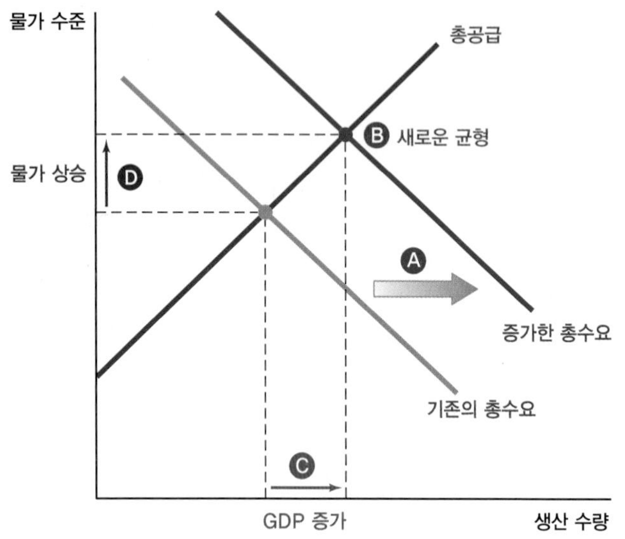

패널 B : 총수요의 감소

Ⓐ 주어진 물가 수준에서 총지출의 감소는 총수요 곡선을 왼쪽으로 이동시킨다.
Ⓑ 이에 따라 경제는 새로운 균형으로 이동한다.
Ⓒ GDP의 감소로 이어진다(즉, 경기 침체).
Ⓓ 또한 물가의 하락으로 이어진다(즉, 디플레이션 촉발 또는 아마도 인플레이션의 둔화)

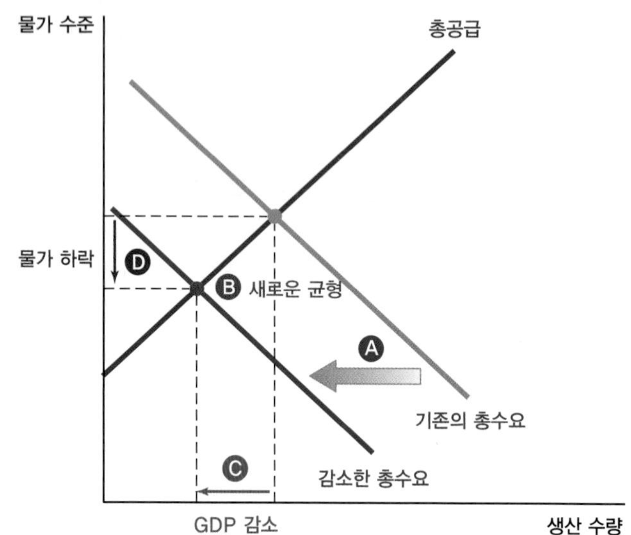

총지출=$C+I+G+NX$임을 기억하라. 따라서 총수요는 소비, 투자, 정부지출 및 순수출의 증가에 대응하여 늘어날 것이다.

> 만약 사람들이 더 번창하고 있다고 느낀다면 소비는 증가한다:
> 부 ↑
> 소비자 신뢰 ↑
> 정부 보조 ↑
> 세금 ↓
> 불평등 ↓

수요 이동 요인 1 : 사람들은 더 번창하고 있다고 느낄 때 소비가 늘어난다. 사람들은 일반적으로 돈이 많을 때 또는 곧 그렇게 될 것이라는 확신이 들 때 지출을 늘린다. 따라서 사람들이 더 번창한다고 느끼거나 곧 그렇게 될 것이라고 확신하게 만드는 모든 사태의 전개는 소비 증가로 이어지고, 이로 인해 총수요가 증가한다. 이것은 소비는 다음에 대한 반응으로 변동하리라는 것을 의미한다:

부 : 주식 시장 호황이나 주택 가격이 상승하면 해당 주주와 주택 소유자는 재산이 증가했으므로 더 번영했다고 느낀다. 그 운 좋은 주주와 주택 소유자가 새로 얻은 부의 일부를 지출함에 따라 소비는 증가할 것이다.

Sarah Casillas/DigitalVision/Getty Images

그들은 총수요 곡선을 이동시키고 있다.

소비자 신뢰(확신) : 상호의존의 원리에 따르면 당신이 오늘 내리는 결정은 미래에 일어날 일에 대한 기대에 따라 달라진다. 미래에 수입이 증가할 것이라고 확신할 때, 당신은 미리 지출을 늘릴 수 있다. 결과적으로 개선된 경제 전망이 소비자 신뢰를 높이면 소비가 증가한다.

세금 및 정부 지원 : 정부가 세금을 인하하거나 실업 보험과 같은 정부 지원 수당을 증가시킬 때, 사람들은 물건을 사는 데 가용할 수 있는 더 많은 가처분 소득이 생긴다. 그래서 정부 정책이 사람들의 주머니에 더 많은 돈을 넣을 때, 소비가 증가한다

불평등 : 저소득층은 소득이 높은 사람들보다 소득의 더 많은 부분을 소비하는 경향이 있다. 고소득층의 소득을 저소득층으로 재분배하면(정부 이전 지급 및 세금 시스템의 변화를 포함)

소비를 증가시키는 경향이 있다.

수요 이동 요인 2 : 기업 확장에 수익성이 있을 때 투자가 증가한다. 관리자로서, 생산을 확장하는 것이 수익성이 있다고 믿을 때 새로운 기계에 투자하게 된다. 비용-편익의 원리는 생산 능력 제고를 통해 얻을 수 있는 추가 수익의 이점과 함께 투자비용을 모두 고려하게 한다. 결과적으로 다음에 대한 대응으로 투자가 변화될 때 총수요는 이동한다:

생산을 늘리는 것이 이익이 된다면 투자는 증가한다:
GDP 증가율 ↑
기업 신뢰(확신) ↑
투자세액공제 ↑
법인세 ↓
대출기준 완화 및 더 많은 현금 준비금 ↑
불확실성 ↓

팽창하는 경제 : 경제가 팽창할 때, 상품 및 서비스에 대한 수요도 늘어난다. 더 많이 생산하려면 관리자는 생산 능력을 확장할 필요가 있을 것이다. 그리고 기업가는 새로운 사업을 시작할 기회를 보게 될 것이다. 결과적으로 경제가 더욱 빠르게 확장하면 새로운 장비에 대한 투자가 증가한다.

기업 신뢰(확신) : 자본 투자는 수년 동안 또는 수십 년 동안 지속되는 경향이 있기 때문에, 새 장비 구매 여부에 대한 평가는 오늘의 이익뿐만 아니라 미래의 수익성에 대한 기대에도 달려있다. 그것이 관리자가 미래의 수익성에 대해 더 확신할 때 투자가 증가하는 이유이다.

법인세 : 법인세를 낮추면 새로운 장비에 투자하여 수익을 올리는 기업가의 세후 이익이 증가한다. 결과적으로 법인세율 인하에 대응하여 투자는 증가한다. 새로운 장비 구입에 대한 세후 비용을 줄여주는 맞춤형 투자 세액 공제에 대응해서도 투자는 증가한다.

대출 기준 및 현금 준비금 : 만약 당신의 사업이 합리적인 이자율에 자금을 차입하는 것이 어려워진다면, 최선의 대안은 당신의 회사가 그만큼의 현금을 가지고 있을 때 새로운 장비에 투자하는 것이다. 이는 대출을 받기가 더 쉽거나 사업체가 많은 현금을 보유하고 있을 때 투자가 증가하는 경향이 있다는 것을 말해준다. 현금 준비금은 특히 금융 시스템이 제대로 작동하지 않을 때 중요하다.

Jochen Tack/Alamy

기회비용이 그렇게 크지 않은 경우에만 가치 있는 투자일 뿐이다.

불확실성 : 경제 전망에 대해 확신이 서지 않는다면(이는 좋을 수도 끔찍할 수도 있다) 일반적으로 전망이 좀 더 명확해질 때까지 주요 투자 프로젝트의 착수를 연기할 수 있는 선택지가 있음을 기억하라. 불확실성 감소는 관리자가 이러한 보류된 프로젝트를 다시 시작하도록 유도하여 투자 증가로 이어진다.

수요 이동 요인 3 : 정책 입안자가 재화와 서비스에 더 많이 지출하기로 결정할 때 정부 구매는 증가한다. 예를 들어, 고속도로 또는 군사 장비에 대한 정부지출을 증가시키는 법안을 통과시킬 수 있다. 어떤 경우에는 이러한 지출 법안이 총수요의 증가를 촉진한다는 명시적인 목표를 가지고 있다. 또한 자동안정화장치라고 알려진 일부 정부프로그램은 경제가 약할 때 자동적으로 지출을 증가시킨다.

정부 구매는 다음에 대응해서 증가한다:
- 지출 법안
- 자동안정화 장치

…그러나 이전지출은 아니다(적어도 직접적으로는).

정부가 재화 및 서비스를 구매할 때만 정부지출은 총지출을 직접 증가시키고 총수요 곡선은 이동한다. 대조적으로 실업 보험 또는 사회 보장과 같은 많은 정부프로그램은 하나의 은행 계좌(정부)에서 다른 사람 계좌(수취인)로 단순히 송금한다. 이에 따라 총지출을 직접 증가시키지는 않는다. 그러나 소비할 가능성이 큰 사람들에게 돈을 재분배함에 따라 소비가 늘어나는 간접적인 효과가 있을 수 있다.

수요 이동 요인 4 : 순수출은 글로벌 요인으로 인해 증가한다. 순수출은 다른 나라 사람들이 미국산 제품을 많이 사고 싶을 때 증가한다. 미국 경제를 전 세계 경제에 연결하기 때문에 상호의존의 원리가 작동한다. 순수출이 다음의 요인으로 증가하거나 하락할 때 총수요는 변동할 것이다:

순수출은 아래의 글로벌 요인에 대한 반응으로 증가한다:
세계 GDP 성장률 ↑
미국 달러 ↓
해외 시장의 무역 장벽 ↓
미국 시장의 무역 장벽 ↑

세계 경제 성장 : 유럽, 일본, 중국의 경제가 잘되면, 그들의 소비자와 기업이 지출할 돈이 더 많아져서 국산 제품을 포함하여 더 많은 상품을 구매하게 된다. 이는 순수출 증가로 이어진다.

환율 : 순수출은 환율 변화에 따라서도 변동한다. 미국 달러가 싸지면 우리 상품은 외국 구매자에게 더 저렴해지고 이는 수출의 증가로 이어진다. 더 싸진 미국 달러는 또한 외국 상품이 미국 구매자에게는 더 비싸졌다는(미국 달러화로) 것을 의미한다. 이는 수입의 감소로 이어진다. 두 가지 힘으로 — 수출의 증가와 수입의 감소 — 인해 순수출이 증가한다.

Cavan/Aurora Photos/Alamy

글로벌 요인이 순수출을 결정한다.

무역 장벽 : 미국 기업이 다른 나라에서 상품 판매를 방해하는 장벽이 작을 때 수출이 증가한다. 반면 외국 기업이 미국 구매자에게 판매하는 것을 방해하는 장벽이 작을 때 수입이 증가한다. 무역 협정은 일반적으로 수입과 수출 모두에 대한 장벽을 감소시키기 때문에, 이 협정이 순수출(수출-수입)에 미치는 영향은 명확하지 않다. 마찬가지로 무역전쟁(수입을 막는 더 높은 무역 장벽으로 인해 다른 국가들이 미국 수출품의 구매를 막는 무역 장벽을 높이는 행위)은 수입과 수출 모두를 감소시킴에 따라 순수출에는 불분명한 영향을 미치고 있다.

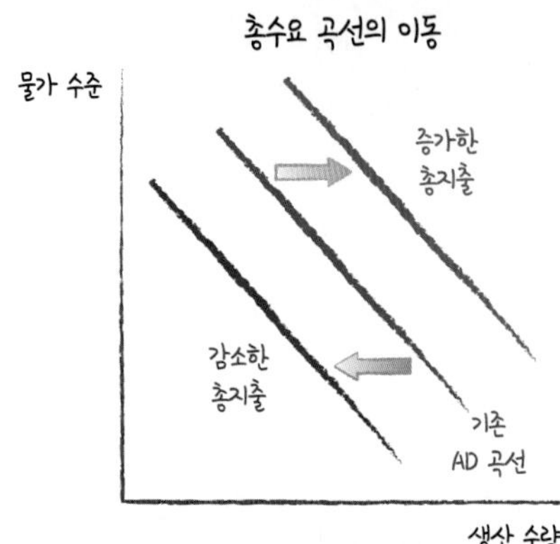

요약 : 총지출의 구성 요소를 이동시키는 모든 것은 AD 곡선을 이동시킨다. 이 시점에서 총수요를 이동시킬 수 있는 변화에 대한 목록이 다소 복잡해 보일 수 있다. 당신을 위해 이 모든 것을 그림 33-4에 정리했다. 하지만 이 전체 목록을 외울 필요는 없다. 왜냐하면 이 모든 것이 하나의 아이디어에 관한 것이기 때문이다. 즉, 총수요 곡선은 모든 총지출 구성 요소의 증가에 대응하여 이동한다. 이것이 바로 이 목록을 기억하는 쉬운 방법이다. 즉, *C*, *I*, *G*, 및 *NX*가 있을 뿐이다.

고려해야 할 요소가 하나 더 있다. 그것은 실질이자율의 변화이다. 이자율은 총지출, 특히 투자의 변화로 이어질 수 있기 때문에 중요하다. 그러나 이것이 항상 총수요 곡선을 변화시키는 것은 아니다(왜 그런가? 총수요 곡선은 인플레이션에 대응한 연준의 금리 조정으로 인한 총지출의 변화를 이미 반영하고 있다는 것을 기억하라). 이자율 변화가 언제 그리고 어떻게 총수요를 어떻게 변화시키는지는 통화정책을 분석할 때 몇 페이지에서 걸쳐 자세히 다룰 것이다.

일상경제학 경기 침체가 밤에 잠을 설치는 것과 어떻게 닮았는가?

주요 시험, 큰 면접 또는 중요한 독주회 전날 밤이면 수면이 얼마나 중요한지 깨닫게 되면서 당신의 마음은 뛰게 된다. 즉시 잠이 든다면 아마도 당신은 운이 좋을 것이다. 하지만 그렇지

그림 33-4 | 총수요 곡선을 이동시키는 요인

총수요 이동 요인	예시*
사람들이 더 번창한다고 느낄 때 **소비**가 증가	부↑, 소비자 신뢰↑, 정부 지원↑, 세금↓, 불평등↓
생산 확장이 수익성이 있을 때 **투자**가 증가	GDP 증가율↑, 기업 신뢰↑, 투자 세액 공제↑, 법인세↓, 대출 기준 및 현금 준비금↑, 불확실성↓
확장적 재정 정책에 대응하여 **정부구매** 증가	지출 법안, 자동안전화 장치… 그러나 이전지출은 아님 (적어도 직접적으로는)
글로벌 요인에 대한 대응으로 **순수출** 증가	세계 GDP 증가율↑, 미국 달러↓, 해외시장에서의 무역 장벽↓, 미국 시장에서의 무역 장벽↑

* 이러한 예는 모두 총수요를 증가시킨다. 화살표 기호를 반대로 하면, 총수요를 감소시키는 변화가 된다.

않다면 아직 자고 있지 못해서 당신은 걱정하기 시작할지 모른다, 이는 당신을 압박하고… 잠들 수 없게 만들 수도 있다. 본질적으로, 잠들지 못해서 생기는 불안은 당신을 잠들지 못하게 한다. 나는 당신이 그 느낌을 알고 있을 거라고 확신한다.

잠을 자지 못하는 것에 대한 두려움을 가라앉힐 수 있다면 쉽게 잠이 들 것이다. 만약 당신이 잠들 수 있다고 믿는다면 아마 그렇게 될 것이다(이것이 자기실현 예언이다). 그리고 당신을 잠들지 못하게 하는 이런 자기실현 예언이 경제 호황 또는 불황을 일으킬 수 있다. 경기 침체가 다가오는 것을 두려워한다면, 당신은 지출을 줄일 것이다. 문제는 많은 사람이 불황이 다가오고 있다는 것을 두려워한다면, 많은 사람이 지출을 줄이고 총수요가 감소한다는 것이다. 그래서 사람들이 만약 경기 침체를 두려워한다면, 아마도 경기가 침체될 것이다. 경제에 대한 비관적 신념은 비관적인 현실을 창조한다. 대공황이 끝나갈 무렵 프랭클린 D. 루즈벨트 대통령은 미국인들에게 전했던 유명한 연설에서 이 논리를 집약적으로 보여주었다. "우리가 두려워해야 하는 것은 두려움 그 자체입니다."

그의 연설은 비관적인 자기실현의 균형에서 낙관적인 자기실현 균형으로 경제를 전환하는 데 도움을 주려는 것이었다. 루즈벨트는 만약 사람들에게 경제가 회복된다는 확신을 줄 수 있다면, 사람들이 더 많이 지출할 것을 알고 있었다. 더 많이 지출하면, 총수요의 증가는 경제 회복으로 이어질 수 있다. 더 낙관적인 기대는 또한 더 낙관적인 현실을 만들 수 있다. 다음 번에 잠들기 힘들면, 프랭클린 D. 루즈벨트의 교훈을 기억하라: 잠을 자지 않는다는 두려움을 가라앉힐 수 있다면, 잠들기가 더 쉬울 것이다. ■

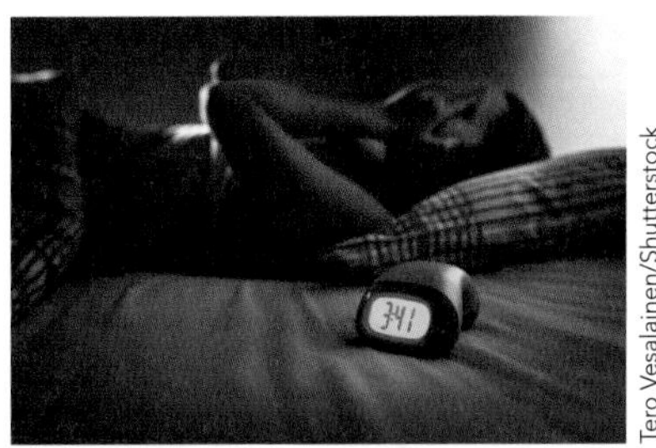

Tero Vesalainen/Shutterstock

두려움 그 자체 외에, 당신은 두려워할 것은 아무것도 없다.

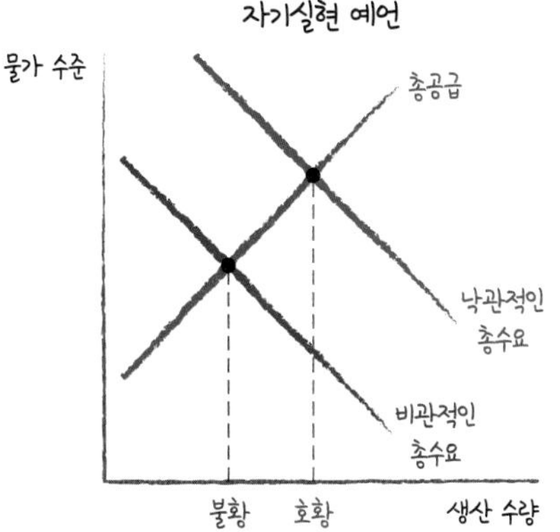

33.3 총공급

학습목표 기업이 공급하고 싶은 상품 및 서비스의 총수량을 결정하는 힘을 평가한다.

총공급 곡선은 공급 업체가 결정하는 생산 및 가격 결정, 즉 거시경제적 조건의 변화에 그들이 어떻게 반응하는지를 보여준다. 이 주제는 소고기처럼 무겁기 때문에 호주풍의 미국 체인 레스토랑인 아웃백 스테이크하우스를 방문하는 것으로 시작해야 한다.

총공급이 우상향하는 이유

더욱 정확하게는 본사를 방문할 것이다. 내년 메뉴의 가격을 결정해야 하는 경영진의 입장이 되어보자. '블루밍 어니언'(맛있음), '쿠카부라 윙'(정말 닭고기) 또는 '초콜릿 선더 프롬 다운언더'(불쌍한 웨이터가 견디는 농담을 생각해 보라) 등의 메뉴에 대해 어떤 가격을 책정해야 할까. 아웃백 스테이크하우스에서는 거의 모든 사업과 마찬가지로 가격 결정은 경제 상태에 달려있다.

더 많은 생산량은 더 높은 가격으로 이어진다. GDP가 높은 강력한 경제는 아웃백 스테이크하우스에는 희소식이다. 소득이 높으면 고객이 스테이크 저녁 식사에 더 기꺼이 돈을 펑펑 쓰기 때문이다. 경제가 특히 좋을 때, 당신은 레스토랑이 고객으로 넘쳐나는 것을 발견하고 직원에게 초과근무 수당을 지급할 것이다. 그래도 따라잡지 못할 수도 있고 고객은 2시간을 기다리느니 그냥 발길을 돌릴 수도 있다.

경제가 호황이면 제한된 좌석 용량을 감안할 때 과도한 수요가 발생할 수 있다. 장기적으로 사업이 계속해서 호황을 누리고 있다면 레스토랑을 더 많이 짓는 것이 좋다. 그러나 그것은 몇 년이 걸린다. 단기적으로는 기존 좌석 용량에 갇히게 되고, 이는 가격을 올릴 때라는 것을 의미한다. 결국 더 높은 가격으로도 당신은 여전히 레스토랑을 고객으로 채울 수 있다. 그리고 이러

Cultura/Rosanna U/Getty Images

아웃백은 블루밍 어니언의 내년 가격을 얼마로 책정할까?

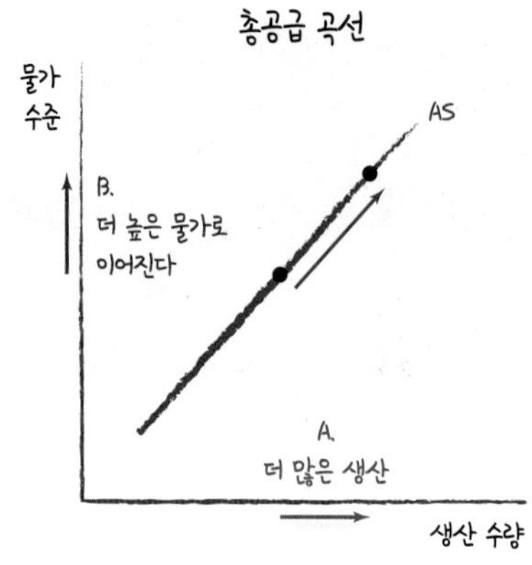

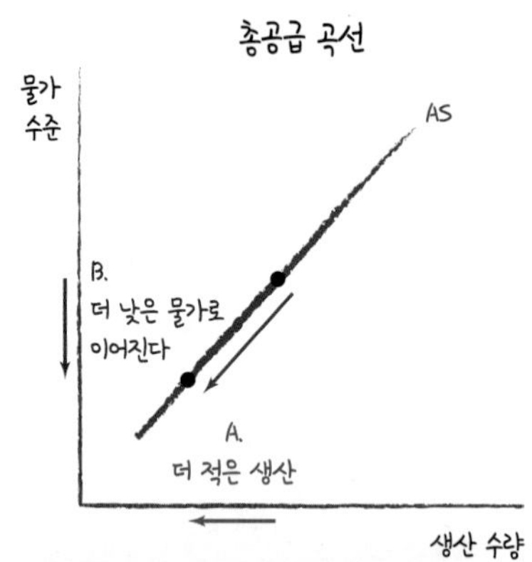

Richard Levine/Alamy

적은 생산은 낮은 물가로 이어진다.

한 높은 가격은 초과 근무 비용을 충당하는 데 도움이 될 것이다.

총공급 곡선은 미국 경제를 구성하는 수백만 기업에 걸쳐 평균적으로 일어나는 일을 설명한다. GDP가 높다면 수백만 기업이 아웃백 스테이크하우스와 비슷한 상황이기 때문에 이 아웃백의 이야기는 관련성이 있다. 많은 기업은 아웃백이 한 것처럼 가격을 조금 인상하는 것으로 초과 수요에 대응할 것이다. 그 결과 GDP가 높은 기간에 평균 물가 수준은 그렇지 않은 경우보다 약간 높아지게 된다.

생산량이 적어지면 가격이 낮아진다. 반면에 경제가 약해지면 일반적으로 가격이 낮아지게 된다. 그 이유를 알아보기 위해 2009년의 어두운 날로 돌아가 보겠다. 당시에 경제가 너무 약해져서 식당 식사에 쓸 여분의 현금이 거의 없었다. 그것은 아웃백 스테이크하우스에 큰 피해를 주었는데, 아웃백 스테이크하우스는 "수입 감소를 경험했고… 운영 손실이 발생했다…"라고 보고했다. 이러한 손실은 반 정도 빈 식당은 수익성이 거의 없다는 현실을 반영한다.

정상 가격에 판매되는 식당의 음식 주문량은 아웃백이 원하는 양보다 훨씬 작았기 때문에 아웃백은 수요 부족 문제에 직면하고 있었다. 이에 대해 아웃백은 더 낮은 가격을 제시했다. 최고경영자 제프 스미스는 15달러 미만의 15가지 식사 및 최저 9.95달러를 포함하여 '지갑에 편한 가격'을 주제로 새로운 메뉴를 선보였다. 그는 이 결정이 매니저로서 가장 어려운 순간 중 하나라고 말했지만, 궁극적으로 가장 중요한 성공 중 하나가 되었다. 아웃백의 직원들은 바쁘게 지낼 정도로 충분한 고객이 거의 없었기 때문에, 추가 식사를 제공하는 한계비용은 특히 낮았다.

GDP가 낮을 때 수백만 기업은 수요 부족에 직면한다. 아웃백처럼, 대부분의 사람들은 생산량이 자신의 생산 능력보다 훨씬 낮을 때 한계비용이 낮아지게 된다. 그들은 제프 스미스와 동일한 논리를 따를 것이고 불충분한 수요에 더 낮은 가격으로 대응할 것이다. 그 결과 GDP가 적은 시기에 전체 경제의 평균 물가 수준은 그렇지 않은 경우보다 약간 낮아지는 경향이 있을 것이다.

더 많은 생산량이 더 높은 가격 수준으로 이어지기 때문에 총공급 곡선은 우상향한다. 왼편의 그림은 적은 생산량 수준은 낮은 평균 가격 수준과 관련되고 더 많은 생산 수준은 더 높은 평균 가격 수준과 관련된다는 것을 보여준다. 이런 조각들을 모아보면, 우상향하는 총공급 곡선을 그리게 된다.

총공급 분석

변화하는 시장 상황이 경제 상황에 어떻게 영향을 미칠지 예측할 때 총공급 곡선이 도움이 된다는 걸 발견할 것이다. 이때 총공급 곡선을 따라서 이동하는 물가 수준의 변화(또는 생산량의 변화)와 주어진 생산량 수준에서 물가 수준이 변하는 총공급 곡선의 이동을 구별하는 데 유의하라.

물가 수준의 변화는 총공급 곡선을 따라 이동한다. 총공급 곡선은 다양한 물가 수준이 다양한 수준의 산출물을 생산하는 공급업체와 어떻게 연관되는지를 보여준다. 생산량의 변화에 물가 수준이 어떻게 대응하는지 또는 생산량이 물가 수준의 변화에 어떻게 대응하는지 등을 평가하는 데 총공급 곡선을 이용할 수 있다. 그림 33-5의 녹색 화살표는 총공급 곡선을 따라 더 높은 가격 수준은 더 많은 생산량을 만들어내는 공급자와도 관련이 있다는 것을 보여준다.

(다르게 표현하면, 더 많은 생산량은 공급업체가 물가 수준을 끌어올리게 된다는 것을 보여준다). 보라색 화살표는 낮은 가격 수준이 총공급 곡선을 따라 이동함을 나타낸다. 그러나 이번에는 더 적은 양의 생산량을 만들어낸다(또는 반대로 말하면 생산량이 적으면 공급 업체는 가

격 수준을 슬쩍 낮추게 된다).

총공급 곡선이 이동하는 원인은 무엇인가? (당신이 물어보아서 기쁘다…)

생산비용의 변화는 총공급 곡선을 이동시킨다. 생산비용은 가격 책정의 핵심이다. 그리고 생산비용이 변하면 공급업체가 주어진 생산량 수준에서 책정할 가격을 변화시키기 때문에 중요하다. 이는 총공급 곡선을 이동시킨다.

생산비용이 낮아지면 기업은 더 낮은 가격을 책정한다. 결과적으로 낮은 생산비용은 (주어진 생산량 수준에서) 경제 전체의 평균 물가 수준을 낮추고 이는 총공급 곡선을 아래로 또는 오른쪽으로 이동시킨다. 이 변화는 주어진 가격과 관련된 생산량의 증가로 이어지기 때문에, 생산비용의 하락은 총공급의 증가로 이어진다고 말할 수 있다. 낮은 생산비용이 물건 생산의 수익성을 높이기 때문에 이러한 증가가 발생한다. 즉, 공급업체가 주어진 가격 수준에서 생산할 산출량을 늘리도록 유도한다. 그림 33-6의 왼쪽에 있는 패널 A는 총공급 곡선이 오른쪽으로 이동함에 따라 총공급의 증가가 GDP를 늘리고 물가 수준을 낮춘다는 것을 보여준다. 즉, 디플레이션을 수반하는 경제 확장을 일으킨다(실제로는 종종 인플레이션을 유발하는 다른 요인이 있다. 따라서 명백한 디플레이션이라기보다는 인플레이션의 둔화로 이어질 것이다).

반대로 생산비용이 많이 들수록 기업은 더 높은 가격을 책정하게 된다. (주어진 생산량 수준

그림 33-5 | 총공급 곡선

공급되는 생산 수량과 평균 물가 수준 간의 관계

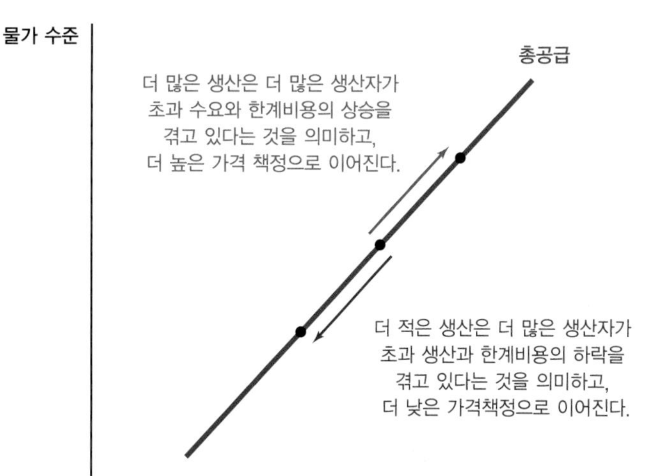

그림 33-6 | 총공급의 이동

총공급 곡선은 생산비용의 변화로 인해 이동한다.

패널 A : 총공급의 증가

Ⓐ 생산비용의 하락은 총공급 곡선을 오른쪽으로(또는 아래로) 이동시킨다.
Ⓑ 이에 따라 경제는 새로운 균형으로 이동한다.
Ⓒ GDP의 증가로 이어진다(즉, 경기 확장).
Ⓓ 또한 물가의 하락으로 이어진다(즉, 디플레이션 촉발, 또는 아마도 인플레이션의 둔화).

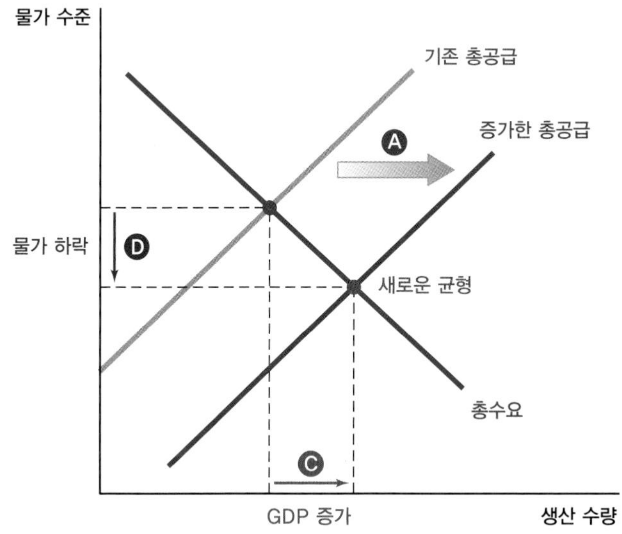

패널 B : 총공급의 감소

Ⓐ 생산비용의 상승은 총공급 곡선을 왼쪽으로(또는 위로) 이동시킨다.
Ⓑ 이에 따라 경제는 새로운 균형으로 이동한다.
Ⓒ GDP의 감소로 이어진다(즉, 경기 침체).
Ⓓ 또한 물가의 상승으로 이어진다(즉, 인플레이션의 촉발).

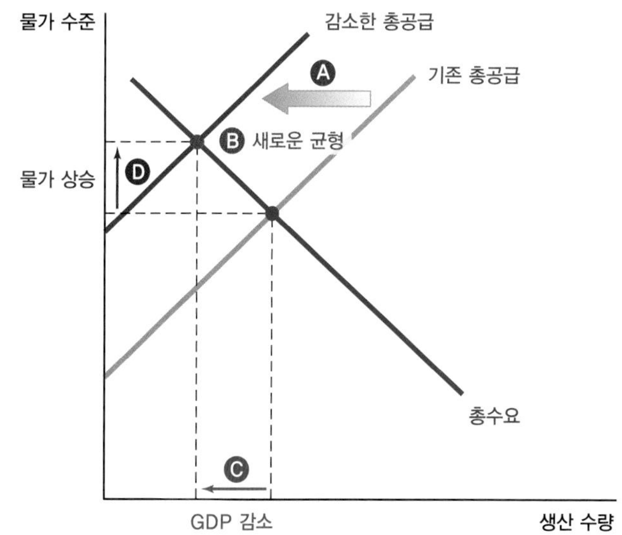

에서) 결과적으로 평균 물가 수준의 상승은 총공급 곡선을 위쪽 또는 왼쪽으로 이동시킨다. 이 변화는 주어진 가격과 관련된 생산량의 감소로 이어지기 때문에, 생산비용의 상승은 총공급의 감소로 이어진다고 말할 수 있다. 그림 33-6의 오른쪽에 있는 패널 B는 총공급 곡선이 왼쪽으로 이동함에 따라 총공급의 감소가 GDP를 줄이고 물가 수준을 높이는 것을 보여준다. GDP 감소(따라서 경제 침체)와 물가 상승(따라서 인플레이션)의 이러한 조합을 종종 스태그플레이션이라고 한다.

참고 : 우리는 일반적으로 위나 아래가 아닌 왼쪽이나 오른쪽으로 이동하는 곡선을 설명한다. 그러나 때로는 높은 생산비용으로 인해 기업이 가격을 인상할 때 총공급 곡선이 왼쪽이 아닌 위로 이동한다고 생각하는 것이 더 직관적일 수 있다. 두 설명 모두 정확하다. 마찬가지로 생산비용의 하락은 총공급 곡선을 아래로 이동시킨다고 말하는 것은, 그것이 총공급 곡선을 오른쪽으로 이동시킬 것이라고 말하는 것만큼이나 정확한 것이다. 중요한 것은 올바른 답을 찾기 위해 당신의 방식대로 곡선을 이동시키는 것이다.

총공급 곡선은 생산비용의 변화에 대응하여 이동한다. 그리고 생산비용의 변화를 유발하는 요인 아래와 같다:

1. 투입 가격
2. 생산성
3. 환율

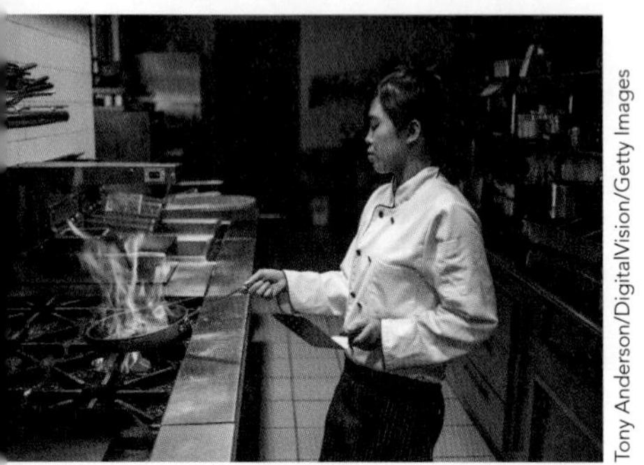
Tony Anderson/DigitalVision/Getty Images

에너지 가격의 상승은 모든 것을 더욱 비싸게 만든다.

투입물 가격은 총공급 곡선을 이동시킨다

물가 수준
투입물 가격의 상승
AS 곡선
투입물 가격의 하락
생산 수량

총공급의 이동

생산비용과 이에 따라 총공급을 이동시키는 세 가지 주요 요인이 있다: 투입 가격, 생산성, 환율의 변화이다. 차례로 살펴보겠다.

공급 이동 요인 1 : 높은 투입 가격은 생산비용을 증가시킨다. 상호의존의 원리는 시장 간의 연결 중요성을 강조한다. 그리고 이 원리는 특히 중동의 지정학적 긴장이 어떻게 아웃백 스테이크하우스를 포함한 많은 공급업체의 가격 결정에서 중심적인 역할을 하는지와 관련이 있다. 중동의 이러한 긴장은 연쇄 반응을 일으키며 유가를 상승시키는 석유 생산량 감소로 이어졌다. 처음에는 석유로 만들어지는 휘발유, 난방유, 프로판 등의 가격이 더 비싸졌다. 결과적으로 이러한 높은 비용은 상업용 주방을 운영하고, 난방하고, 트럭으로 재료를 전 지역에 운반하는 데 드는 비용을 올리면서 식당 운영비용이 늘어났다. 결국, 이러한 한계비용의 상승으로 인해 아웃백 스테이크하우스는 가격을 인상했다.

더 높은 유가는 플라스틱, 비료, 고무 등 기름을 사용하여 생산된 다양한 투입물에 대해 더 높은 가격으로 이어졌다는 것을 기업들이 발견한 것처럼 경제의 여러 부문에서 유사한 이야기가 펼쳐졌다. 더 높은 한계비용이 아웃백의 가격 인상으로 이어진 것처럼, 수백만 업체는 자신의 한계비용이 상승하자 가격을 올렸다. 따라서 주어진 생산량 수준에서 공급업체가 설정한 평균 물가 수준은 상승했으며 이는 총공급의 감소로 이어졌다.

이 석유 파동은 더 일반적인 현상의 구체적인 예이다. 투입물의 가격이 상승할 때면 언제나 한계비용이 상승하고 한계비용이 커지면 생산자는 더 높은 가격을 책정한다. 이는 총공급 곡선을 왼쪽(또는 위로)으로 이동시킨다. 실제로 노동은 (많은 기업에서 그렇듯이) 아웃백의 가장 중요한 투입물 중 하나이고 급격한 임금 변화는 총공급 곡선을 이동시킬 수 있다. 몇 년 전 아웃백의 임원은 임금 인상으로 "지난 3년 동안 인건비가 증가했다"라고 보고했으며 이에 대한 대응으로 "메뉴 가격 인상에 따른 비용 증가"를 언급했다.

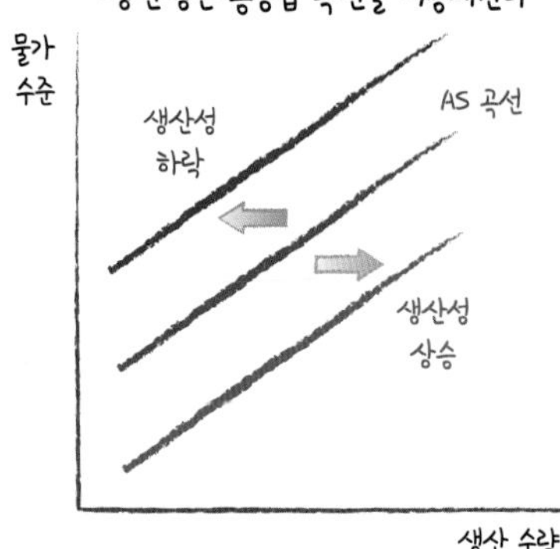

공급 이동 요인 2 : 생산성이 약하면 생산비용이 증가한다. 당신 회사의 생산성은 생산비용의 변화에 영향을 미친다. 생산성이 떨어지는 회사는 동일한 산출물을 생산하는 데 더 많은 투입물을 구매해야 한다. 생산성이 한계비용을 결정하기 때문에, 생산성은 주어진 GDP 수준에서 각 기업이 책정하는 가격에도 영향을 미친다. 예를 들어, 생산성 향상은 1970년대 중반에 상당히 느려졌고 많은 기업이 생산비용이 예상보다 높다는 사실을 알게 되었다. 이러한 높은 비용으로 인해 기업은 가격을 인상했다. 그 결과 총공급은 감소했으며, 총공급 곡선을 왼쪽(또는 위쪽)으로 이동시켰다. 이것은 반대 방향으로도 작동한다. 보다 빠른 생산성 향상은 총공급을 증가시켜 총공급 곡선을 오른쪽(또는 위쪽)으로 총량을 이동시킨다.

공급 이동 요인 3 : 미국 달러 가치 하락으로 생산비용이 상승하고 해외로부터의 경쟁압력이 약화된다. 명목환율의 변화는 가격 결정에 영향을 주고 총공급 곡선을 이동시킨다. 환율은 다른 나라의 화폐로 평가한 미국 달러화의 가치라는 점을 기억하라. 예를 들어 환율이 1달러당 120엔이라는 것은 미국 1달러의 가치가 일본의 120엔에 해당한다는 것이다. 미국 달러 가격이 100엔으로 떨어질 때, 우리는 미국 달러의 가치가 하락했다고 말한다. 이것은 미국 달러가 외국인에게 더 싸진다는 것을 의미한다. 동시에 특정 수량의 엔을 구입한다고 할 때 더 많은 미국 달러가 필요하기 때문에, 외국 화폐가 미국인이 구매하기에 더 비싸진다는 것을 의미한다.

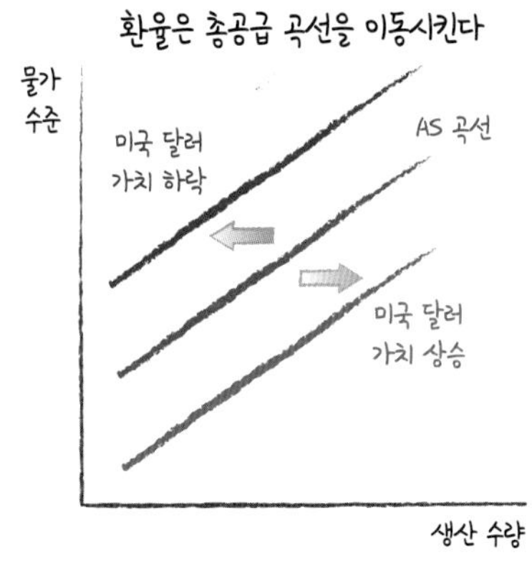

미국 달러 가치의 하락은 수입된 투입물 비용을 증가시키기 때문에 해당 기업에게 정말 중요하다. 예를 들어, 아웃백 스테이크하우스가 일본에서 수입한 와규 쇠고기를 제공할 때, 미국 달러 가치가 하락하면 같은 양의 일본산 쇠고기를 수입하려면 더 많은 달러를 아웃백이 내야 한다는 것을 의미한다. 이러한 한계비용의 상승은 아웃백 경영진의 가격 인상으로 이어진다.

환율은 수입 제품과 경쟁하는 포드 또는 GM과 같은 기업에도 중요하다. 왜냐하면, 미국 달러 가치가 하락하면 도요타와 같은 외국 경쟁사에서 만든 상품의 (달러 표시) 가격이 상승하기 때문이다. 이러한 경쟁 압력의 약화로 국내 생산자들이 가격을 올릴 수 있다. 당신의 사업이 제품을 수출하는 것이라면, 반대로 미국 달러 가치가 하락하면 해외 고객이 당신의 제품에 대해 (달러를) 기꺼이 더 지불할 수 있다. 외국인 고객의 수요 증가는 많은 미국 수출 업체가 미국 고객에게 부과하는 가격을 인상하도록 유도한다.

결과적으로 미국 달러의 가치가 하락하면 공급업체는 모든 생산량 수준에서 더 높은 가격을 설정하고 이로 인해 총공급이 감소한다. 대조적으로, 미국 달러 가치의 상승은 공급업체가 모든 생산량 수준에서 더 낮은 가격을 책정하도록 유도하여 총공급이 증가한다.

자료 해석 무역전쟁은 총공급 곡선을 어떻게 이동시켰는가?

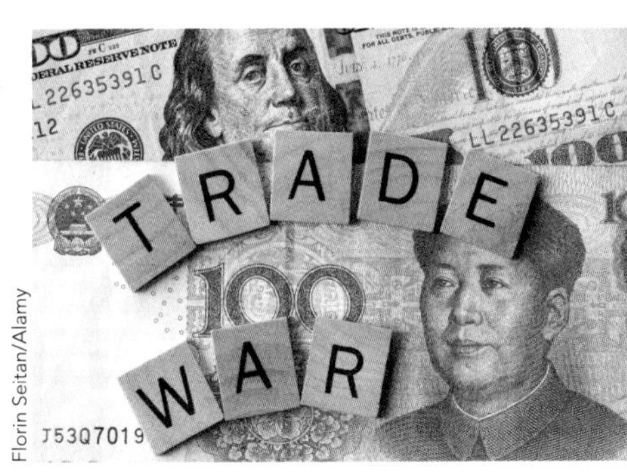

Florin Seitan/Alamy

총수요에 대한 충격, 아니면 총공급에 대한 충격?

트럼프 대통령이 수입품에 관세(사실상의 추가 판매세)를 부과했을 때, 정책의 많은 지지자는 총수요에 미치는 영향에 초점을 맞추었다. 그들은 이러한 관세로 인해 수입이 줄어들고 순수출(수출에서 수입을 차감한 수치)이 증가하고 이에 따라 총수요가 늘어나기를 바랐다. 그들이 간과한 것은 중국과 유럽은 미국 수출량을 거의 동일한 수준으로 감소시킬 수 있는 자신들의 관세로 보복할 수 있다는 것이었다. 수입의 감소와 수출의 감소가 일치하게 되면, 순수출이나 총수요에는 아무런 영향을 미치지 않는다.

그러나 이러한 관세는 총공급에 더 중요한 영향을 미쳤다. 미국 수입품의 절반 이상은 미국 기업의 재화와 서비스의 생산에서 중간 투입물로 이용된다. 관세는 이러한 외국 투입물 구매비용을 증가시켰다.

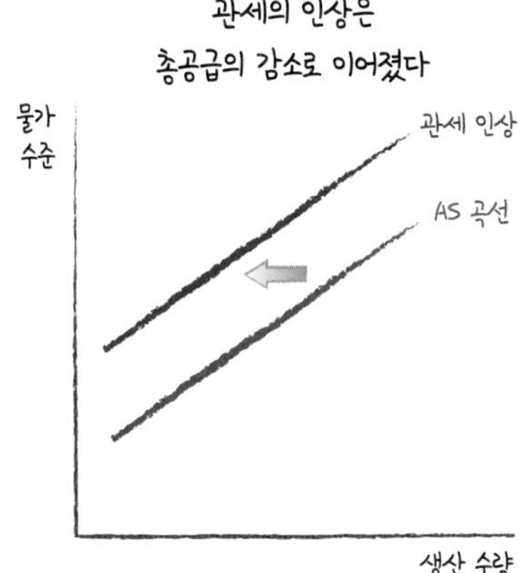

이로 인해 특히 외국 상품에 의존하는 판매자의 투입비용이 많이 증가했다. 예를 들어 로스타 필터의 사장인 제프 스타린은 이제 중국에서 수입하는 자동차 필터에 부가되는 수십만 달러의 관세를 직면하고 있다. 그는 필터를 계속 수입해 오는 것 외에 다른 대안을 찾아보고 있지 않다. 왜냐하면 다른 대안도 높은 비용이 들기 때문이다. 그는 비용 상승을 자신의 고객에게 이전하기로 결정했다. 스타린에 따르면 결론은 "차량 소유자의 브레이크 작업에 120달러가 올랐다." 다른 많은 기업에도 관세의 인상은 소비자 가격을 인상해야 한다는 것을 의미했다. 이 모든 것은 총공급 곡선이 위로(또는 왼쪽) 이동했다는 것을 의미한다. 따라서 총수요

를 늘리려는 의도의 정책이 궁극적으로 총공급을 오히려 감소시켰다. ■

요약 : 생산비용을 변화시키는 모든 것은 AS 곡선을 변화시킨다. 이 분석의 요점은 총공급 곡선을 이동시킬 수 있는 긴 요인목록을 외우는 것이 아니다. 그보다는 총공급 곡선이 생산비용의 변화에 대응하여 이동한다는 큰 그림에 집중하는 것이다. 그리고 우리는 투입물 가격, 생산성 및 환율 등 세 가지의 변동 요인을 확인했다.

이제 거시경제 정책 도구가 이 모든 것에 어떻게 부합하는지 살펴보겠다. 그리고 그것은 현대 경제사에서 가장 머리카락을 곤두세우게 만드는 시기 중 하나인 글로벌 금융위기 때를 잠시 방문해야 할 것이다.

33.4 거시경제 충격과 경기변동 완화 정책

학습목표 상황의 변화에 경제가 어떻게 대응할 것인지를 예측한다.

zimmytws/Deposit Photos

어두운 헤드라인.

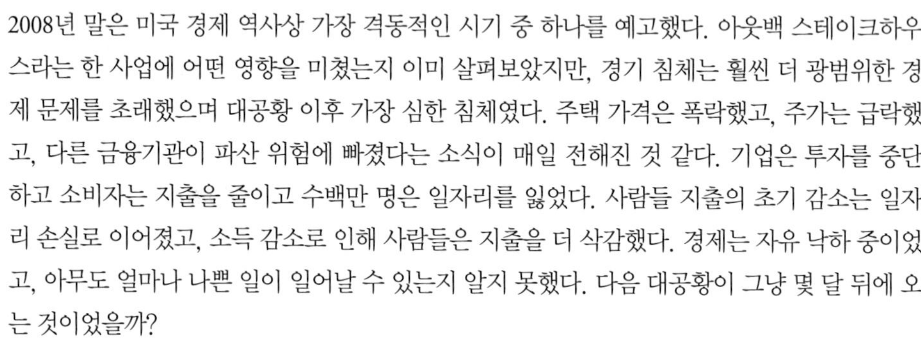

2008년 말은 미국 경제 역사상 가장 격동적인 시기 중 하나를 예고했다. 아웃백 스테이크하우스라는 한 사업에 어떤 영향을 미쳤는지 이미 살펴보았지만, 경기 침체는 훨씬 더 광범위한 경제 문제를 초래했으며 대공황 이후 가장 심한 침체였다. 주택 가격은 폭락했고, 주가는 급락했고, 다른 금융기관이 파산 위험에 빠졌다는 소식이 매일 전해진 것 같다. 기업은 투자를 중단하고 소비자는 지출을 줄이고 수백만 명은 일자리를 잃었다. 사람들 지출의 초기 감소는 일자리 손실로 이어졌고, 소득 감소로 인해 사람들은 지출을 더 삭감했다. 경제는 자유 낙하 중이었고, 아무도 얼마나 나쁜 일이 일어날 수 있는지 알지 못했다. 다음 대공황이 그냥 몇 달 뒤에 오는 것이었을까?

정책 입안자들은 해결책을 찾아야 한다는 강한 압력에 직면했다. 경제학자들은 의회와 연방준비은행 인사를 만나서 밤늦게까지 회의를 지속하였다. 그러나 위기는 경제의 여타 부문과 다른 나라로 계속 확산하였다. 두려움은 전염성이 있었고 경제 전체를 무너뜨리겠다고 위협했다.

연말까지 GDP와 인플레이션이 하락했고 결국 물가 수준이 떨어지기 시작했다. 경제가 총수요의 급격한 하락으로 고통받고 있다는 것이 분명해졌다. 만약 당신이 연방준비은행이나 대통령 경제팀의 구성원이라면, 당신은 무엇을 하겠는가?

통화정책

연방준비은행은 단호하게 대응하여 2008년 동안 기준 금리를 일곱 차례나 인하했다. 낮은 금리가 사람들의 지출을 늘리고, 총지출이 증가하면 경기 회복이 시작될 거라는 희망으로 그렇게 했다.

연준은 낮은 인플레이션과 경기 침체에 대응하여 금리를 인하한다. 경제 상황에 영향을 미치기 위한 노력으로 연준의 이자율 설정 및 조정 과정을 **통화정책**(monetary policy)이라고 한다. 연준 정책 입안자들이 금리를 인하하는 두 가지 이유는 구별할만한 가치가 있다.

통화정책 경제 상황에 영향을 미치기 위한 노력으로 이자율을 조정하는 과정

- **인플레이션-유발 반응** : 2008년까지 광범위한 가격인상 억제로 인해 물가 수준이 다른 경우보다 낮아지고 인플레이션이 급격히 떨어졌다. 연준은 인플레이션이 너무 낮다고 우려될 때, 실질이자율을 삭감하여 대응한다. 이를 인플레이션 유발 반응이라고 한다.
- **생산량-유발 반응** : 그러나 연준은 인플레이션 하락을 상쇄하는 데 필요한 것보다 금리를 훨씬 더 크게 인하했다. 연준은 최대 고용 및 생산량 제고라는 다른 목표가 있었기 때문에 그렇게 했다. 따라서 연준은 GDP 하락에 맞서기 위한 노력의 일환으로 실질이자율을 더

욱 크게 인하했다. 우리는 이것을 '생산량-유발 반응'이라고 부른다.

인플레이션-유발 이자율의 변화는 총수요 곡선을 이동시키지 않는다. 이 구별은 우리가 그것들을 다르게 평가하기 때문에 중요하다. 연준의 인플레이션-유발 반응은 물가 수준의 변화로 인해 발생한다. 그리고 가격 수준의 변화는 총수요의 이동이 아니라 총수요 곡선을 따라서 이동한다는 것을 상기해야 한다. 연준의 인플레이션으로 인한 대응은 중요하며 경제에 영향을 미친다. 그러나 그 효과는 이미 총수요 곡선에 반영되어 있다. 총수요 곡선의 우하향 기울기는 낮은 가격이 궁극적으로 어떻게 총지출을 증가시키는지를 보여준다(인플레이션을 낮추어 연준이 실질금리를 인하하도록 유도). 결과적으로 인플레이션에 대한 연준의 전형적인 반응으로 인한 이자율의 변화, 즉, 인플레이션-유발 반응은 총수요 곡선을 이동시키지 않는다.

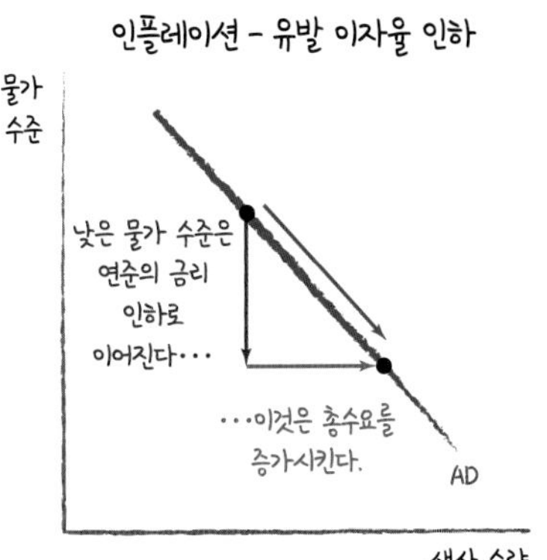

실질이자율의 다른 변화는 총수요 곡선을 이동시킨다. 대조적으로, 생산량-유발로 인한 실질이자율 인하는 현재 물가수준에서 실질이자율을 하락시킨다. 그것은 현재 가격 수준에서 총지출을 더 크게 자극할 것이고 이에 따라 총수요 곡선이 오른쪽으로 이동한다. 더 일반적으로, 물가 수준의 변화에 대한 연준의 체계적인 인플레이션-유발 대응 이외의 모든 실질이자율 변동은 주어진 가격 수준에서 총지출 규모를 변화시킬 것이고 이는 총수요 곡선을 이동시킨다.

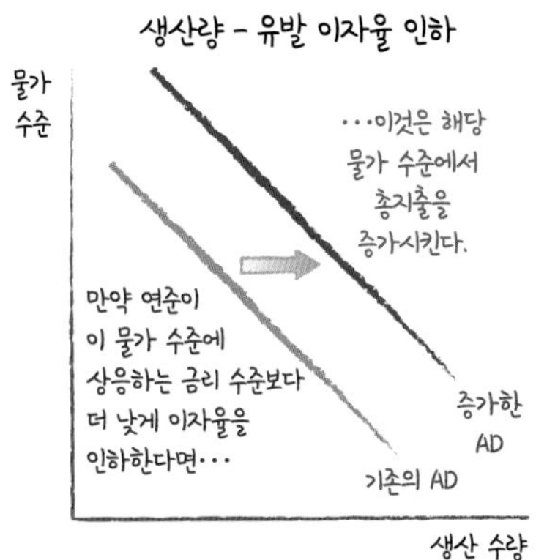

낮은 실질이자율은 확장적이다. 연준이 인플레이션에 대한 일반적인 반응을 감안한 예상보다 실질이자율을 더 낮출 경우 확장적 통화정책을 추구하고 있다고 말한다. 2008년에 집행했던 것처럼, 확장적 통화정책은 총수요의 증가로 이어진다. 그림 33-7에서 알 수 있듯이, 총수요 곡선을 오른쪽으로 이동시키고, 더 많은 생산량과 더 높은 물가 수준의 새로운 균형에 도달한다. 반대로 연준이 긴축적 통화정책을 추구한다면, 인플레이션에 대한 일반적인 반응을 감안한 예상보다 실질이자율을 더 높이게 된다. 이는 주어진 물가 수준에서 지출 감소로 이어진다. 이에 따라 총수요 곡선은 왼쪽으로 이동하고 더 적은 생산량과 더 낮은 물가 수준으로 이어진다.

이런 종류의 분석은 정확히 밝혀진 바와 같이 많은 경제학자가 연준의 확장적 통화정책은 경제를 다시 성장시키는 데 도움이 될 것으로 예측하게 했다. 연준의 반복적인 이자율 인하가 도움이 되었지만, 경기 침체가 너무 심해서 생산량은 그것의 초기 경로보다 아래 수준을 유지했다. 결국 이자율이 거의 0%에 가깝게 인하되었고, 연준 정책 입안자들은 더는 이자율을 인하할 수 없다는 것을 알게 되었다. 음(−)의 명목이자율은 은행이 대출하도록 유인책을 제공하는 대신 돈을 금고에 보관하는 유인으로 작용하기 때문이다. 경제는 연준이 제공할 수 있는 것보다 더 많은 도움이 필요했다는 것은 명백했다.

그림 33-7 | 재정 및 통화 정책

확장적 재정 및 통화 정책은 총수요 곡선을 오른쪽으로 이동시킨다.

Ⓐ 생산량-유발 이자율 인하 및 정부 구매의 증가는 **총수요 곡선을 오른쪽으로 이동**시킬 것이다.
Ⓑ 이에 대한 대응으로, **생산 수량이 증가**한다.
Ⓒ 이에 따라 **물가 수준**도 상승한다.

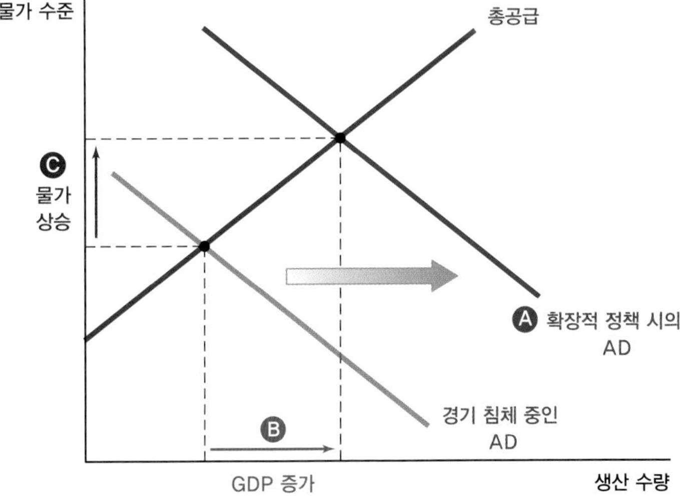

재정정책과 승수

정부는 또한 자체 지출 조정 및 세금 정책, 등 **재정정책**(fiscal policy)을 통해 경제에 영향을 미칠 수 있다. 그래서 2009년에 연방 정부는 정부 구매를 늘리고 특정 세금을 삭감하는 확장적 재정정책으로 돌아섰다. 모두 얘기했듯이, 이러한 재정 투입으로 사회간접자본, 교육, 건강

재정정책 경제를 안정화시키기 위해 정부가 지출과 조세정책을 이용해 영향을 미치려는 정책

및 재생 에너지에 대한 새로운 지출이 폭발적으로 증가했다. 이는 약 7,870억 달러가 들 것으로 예상하였으며 이는 미국 한 사람당 2,500달러 이상을 의미했다. 이 확장적 재정정책의 목표는 총지출을 증가시켜 총수요 곡선을 오른쪽으로 이동시키는 것이었다. 생산량이 얼마나 증가했는지 확인하기 위해서 우리는 승수라고 하는 아이디어를 탐색할 필요가 있을 것이다.

지출의 증가는 총지출에 승수효과를 가진다. 정부지출의 초기 급증(burst)은 경제 전반에 영향을 미칠 것이다. 새로운 도로를 건설하는 데 드는 비용을 고려해보라. 직접적인 효과는 실업자인 도로 엔지니어, 건설 노동자와 도로 유지보수 직원을 다시 일하게 하는 것이다. 거기에는 또한 중요한 파급효과가 있다. 예를 들어, 그 노동자가 새로운 월급으로 자동차를 구매하면 포드 자동차 노동자와 주주의 수입이 증가한다. 여기에 2라운드 파급효과도 있다. 포드가 더 많은 자동차를 판매함에 따라 지역 서브웨이에서 점심을 살 수 있는 생산 노동자를 더 많이 고용할 것이다. 이는 서브웨이 소유주가 더 많은 샌드위치 아티스트를 고용하는 것으로 이어진다. 여기에 또한 3라운드 파급효과가 있다. 새로운 서브웨이 직원 중 일부가 자녀를 어린이집에 등록하면, 지역 보육서비스 제공 업체도 소득이 증가한다. 이런 식으로 계속 이어진다.

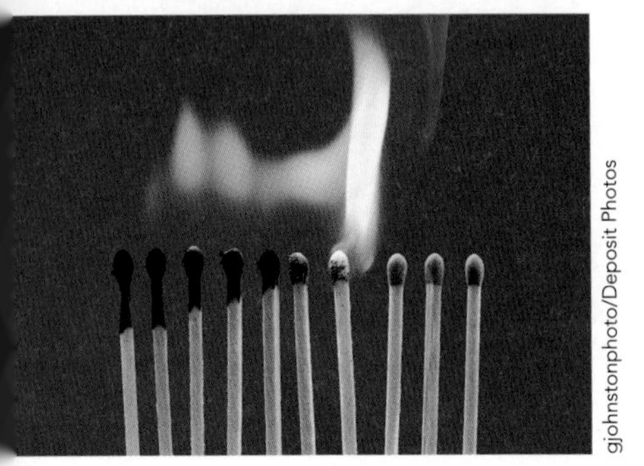
gjohnstonphoto/Deposit Photos

초기 자극은 많은 후속 활동에 불을 지필 수 있다.

이러한 지출의 초기 급증이 경제 전반에 반향을 일으키기 때문에, 거시경제적 발전을 이해하기 위한 상호의존의 원리의 중요성을 보여준다. 이 상호의존성은 한 사람의 지출이 다른 사람의 소득이기 때문에 발생한다. 이는 정부의 추가 지출이 건설 노동자의 지출을 자극하고 이는 다시 자동차, 식품과 어린이 돌봄 산업에서 추가 지출을 자극한다. 정부 구매의 초기 집행이 경제 전반을 통해 파급효과를 가짐에 따라, 그것은 승수효과를 가지게 되고 이는 총지출을 더욱 많이 증가시키는 것으로 이어진다.

정부지출의 급증은 일부 개인 지출을 구축할 것이다. 그러나 승수효과를 완화하는 또 다른 동학이 있다. 지출로 생산량에 대한 수요가 증가하면 일부 기업은 생산능력 제약에 직면하게 된다. 생산량에 대한 수요가 공급 능력을 초과하면, 해당 기업은 가격을 인상할 것이다. 결과적으로 인플레이션이 상승하면 연준이 실질금리를 인상할 수 있다. 더 높은 금리는 민간 부문 지출(특히 투자)을 줄인다. 따라서 정부지출의 급증은 결국, 일부 개인 지출을 구축하는 것으로 귀결될 수 있다. 경제에 대한 전반적인 효과는 구축효과로 인해 승수효과가 얼마나 감소하는지에 따라 달라진다.

승수는 초기 지출 급증의 영향을 요약해 준다. 직접적인 영향, 후속 승수효과 및 구축효과를 포함한 지출 증가의 결과를 승수라고 하는 단일 숫자로 요약할 수 있다. **승수**(multiplier)는 1달러의 추가 지출에서 발생하는 직접 및 간접 효과, 두 가지의 결과로 GDP가 얼마나 변하는지 측정한다. 예를 들어, 승수가 2인 경우 지출에 대한 초기 1달러 증가는 총 2달러의 추가 지출(따라서 추가 생산량)을 생성한다. 사람들이 얻는 추가 수입으로 인한 소비 성향이 더 클 때, 초기 지출 급증의 파급효과는 더 커지고 승수가 더 커진다. 생산능력 제약이 없어서 구축효과의 정도를 제한할 때도 승수는 커진다.

승수 추가적인 달러 지출에 따라 직접적 그리고 간접적 효과로 GDP가 얼마나 변화하는지를 측정

승수는 다음과 같이 지출 변화의 영향을 예측하는 데 사용할 수 있으므로 유용하다:

$$\Delta \text{GDP} = \Delta \text{지출} \times \text{승수}$$

승수를 사용하여 2009년 부양책의 대략적인 결과를 파악할 수 있다(간단하게 우리는 경기부양책의 진체 7,870억 달러가 마치 정부 구매로 집행된 것으로 처리할 것이다. 물론 엄격하게 하자면 정확한 것은 아니다).

경제학 실습

승수가 2라면, 정부 구매가 7,870억 달러 증가한 후 GDP가 얼마나 증가할까?

$$\Delta GDP = \underbrace{7,870\text{억 달러}}_{\text{지출}} \times \underbrace{2}_{\text{승수}} = 1\text{조 } 5,740\text{억 달러}$$ ■

거시경제적 결과 예측

변화하는 시장 상황에 경제가 어떻게 대응하는지 예측하기 위해, 총수요와 총공급에 대해 지금 알고 있는 것을 이용할 수 있도록 이 장의 주제를 모을 때다.

3단계 방법을 적용하여 거시경제적 결과를 예측한다. 당신은 다음 3단계 방법을 통해 작업하면 예측이 가장 수월해진다. 경제 상황의 변화에 따른 대략적인 결과를 평가하기 위해, 다음과 같이 자문해보라:

1단계 : 이것이 총수요의 변화인가 아니면 총공급의 변화인가?

총수요 곡선은 현재 가격 수준에서 *C*, *I*, *G* 또는 *NX*로 인한 총지출의 모든 요소의 변화에 대응하여 이동한다는 것을 기억하라. 대조적으로 총공급 곡선은 생산비용의 변화에 대응하여 이동한다.

2단계 : 곡선이 오른쪽으로 이동하는 증가인가? 아니면 곡선이 왼쪽으로 이동하는 감소인가?

총지출이 많을수록 총수요 곡선이 오른쪽으로 이동하는 반면, 생산비용의 상승은 총공급 곡선을 왼쪽으로 이동시킨다.

3단계 : 새로운 균형에서 가격 수준과 생산량은 어떻게 변할까?

이전 균형을 새로운 균형과 비교하라.

경제가 거시경제적 충격에 어떻게 반응하는지 예측한다. *AD-AS* 프레임워크를 적용하여 실제 거시경제의 움직임을 평가할 때가 되었다.

사례 1 : 2008년 초에 정부는 경제가 저조한 것을 우려했다. 경기 침체를 막기 위해 연방 정부는 각 가정에 최대 1,200달러의 세금 환급을 시행하였다. 이것이 경제에 어떤 영향을 미쳤을까?

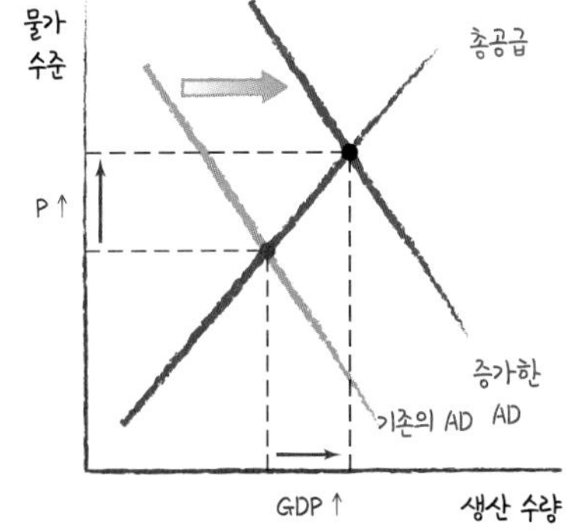

1단계 : 정부는 현금을 이체하지만, 아무것도 사지 않기 때문에 감세는 정부 구매에 직접적인 영향을 미치지 않는다. 그러나 감세는 사람들에게 더 많은 세후 소득을 제공하기 때문에 여전히 총지출에 영향을 미친다. 이에 따라 사람들이 더 많이 지출하게 되므로 총수요 곡선이 이동할 것이다.

2단계 : 세후 소득이 높아지면 소비 지출이 늘어난다. 이에 따라 총지출이 증가하면 총수요 곡선이 오른쪽으로 이동한다.

3단계 : 새로운 균형에서 총수요의 증가는 생산량 증가 및 물가 수준의 상승으로 이어진다.

사례 2 : 이라크와의 걸프전 발발로 중동산 석유 공급이 중단되어 유가가 급등했다. 이것이 경제에 어떻게 영향을 미쳤을까?

1단계 : 석유는 많은 기업의 생산 공정에 중요한 투입물이다. 따라서 이 중요한 투입 가격의 변

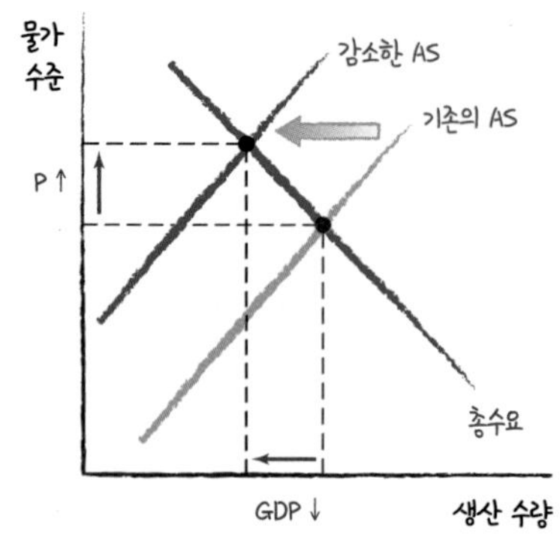

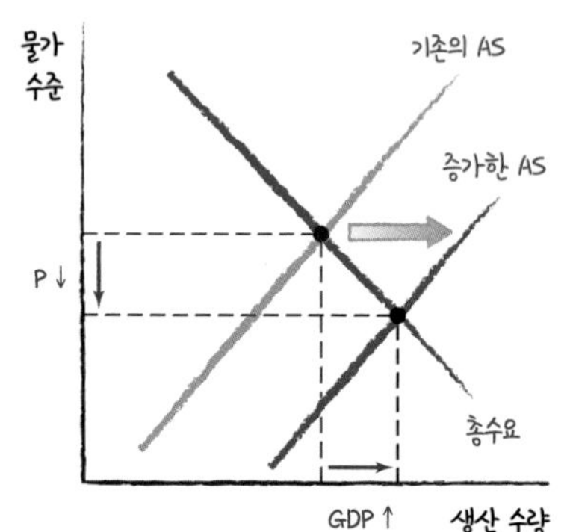

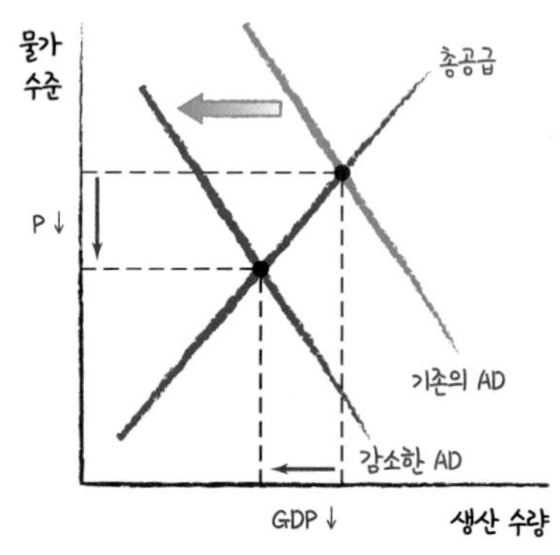

화는 생산비용에 영향을 미친다. 이는 총공급 곡선을 이동시킨다.

2단계 : 투입물 가격이 높을수록 생산비용이 커져 생산 수익성이 떨어진다. 이로 인해 공급자는 주어진 가격 수준에서 생산량을 줄인다. 이는 총공급 곡선을 왼쪽으로 이동시킨다(또는 더 높은 생산비용으로 인해 기업은 주어진 생산량 수준에서 더 높은 가격을 책정한다. 이는 총공급 곡선을 위로 이동시킨다).

3단계 : 총공급의 감소는 GDP를 낮추고 평균 물가 수준을 높이게 된다.

사례 3 : 인터넷과 산업 자동화의 광범위한 채택을 포함한 기술의 급속한 발전은 생산성 향상을 촉진할 것으로 예상한다. 이것은 경제에 어떻게 영향을 미칠까?

1단계 : 생산성이 더 빠르게 증가한다는 것은 기업이 더 적은 투입물로 주어진 산출 수준을 생산할 수 있다는 것을 의미한다. 이러한 생산비용의 변화는 총공급 곡선을 이동시킬 것이다.

2단계 : 생산비용의 절감은 모든 물가 수준에서 기업이 생산을 증대하는 것이 수익성이 있음을 의미한다. 이는 총공급 곡선을 오른쪽으로 이동시킨다(또는 낮은 생산비용으로 인해 기업은 주어진 생산량 수준에서 더 낮은 가격을 책정한다. 이는 총공급 곡선을 아래로 이동시킨다).

3단계 : 총공급의 증가는 GDP를 늘리고 평균 물가 수준을 낮추게 된다.

사례 4 : 2008년 9월 세계 금융 시스템이 동결되었다. 많은 기업의 암울한 현실은 대출이 필요한 경우 이러한 경제 상황을 고려할 때 평소보다 훨씬 더 높은 이자율을 지급해야만 하는 것이었다. 이것은 경제에 어떻게 영향을 미쳤을까?

1단계 : 이 금융 충격으로 인해 실질이자율이 다른 경우보다 높아졌다. 실질이자율의 변화는 사람들과 기업이 얼마나 지출하는지에 영향을 미칠 것이다. 이는 총수요 곡선을 이동시킬 것이다.

2단계 : 실질이자율이 높을수록 소비자는 더 적게 지출하고 기업은 더 적게 투자하게 된다. 그리고 순수출도 감소한다. 이러한 결과적인 총지출 감소로 총수요 곡선이 왼쪽으로 이동한다.

3단계 : 총수요의 감소는 새로운 균형에서 생산량의 감소와 평균 물가 수준의 하락으로 이어진다.

경제학 실습

경제를 모두 파악했다고 생각하는가? 다음 예제로 더 연습해보자. 각각의 다양한 경제적 사건에 대해 경제가 어떻게 반응할지를 예측해보자.

균형재정을 위한 노력으로 연방 정부는 군사비 지출을 줄였다.

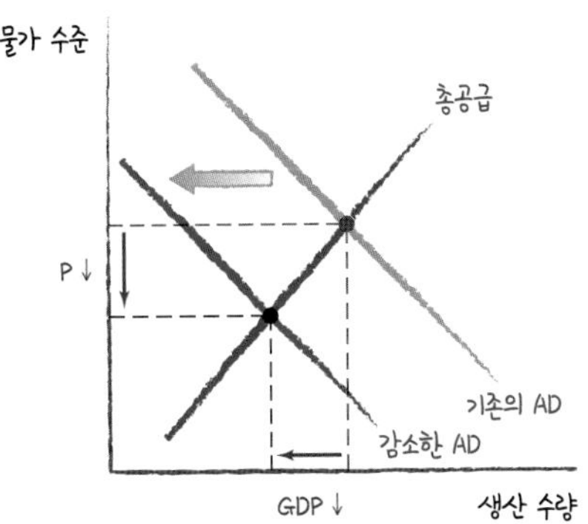

정부 구매의 감소
→*AD* 곡선 왼쪽으로 이동
결과 : 생산량의 감소와 물가의 하락

소비자 신뢰가 상승하면서 사람들은 더 기꺼이 자동차, 가전제품 및 가구를 구매하고 싶어 했다.

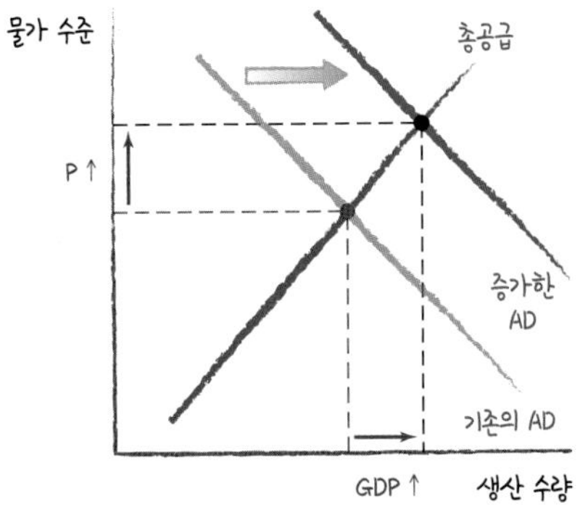

소비의 증가
→*AD* 곡선 오른쪽으로 이동
결과 : 생산량의 증가와 물가의 상승

셰일가스 시추의 증가로 미국에서 에너지 가격이 급격히 하락했다.

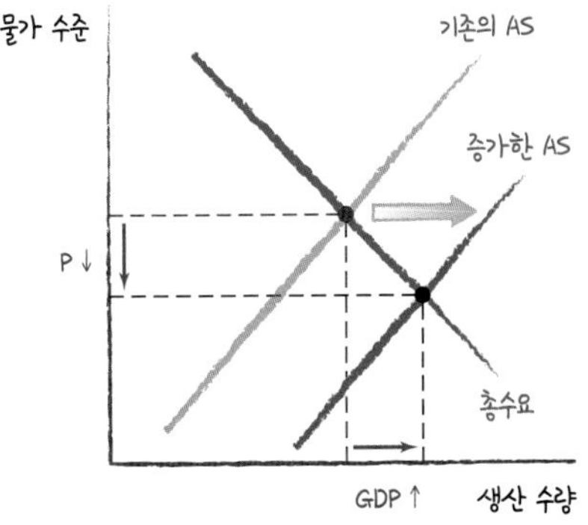

투입물 가격이 하락
→*AD* 곡선 오른쪽으로 이동
결과 : 생산량의 증가와 물가의 하락

'15달러를 위한 싸움'으로 인해 최저임금이 빠르게 올랐으며, 이로 인해 많은 기업의 임금 비용이 증가했다.

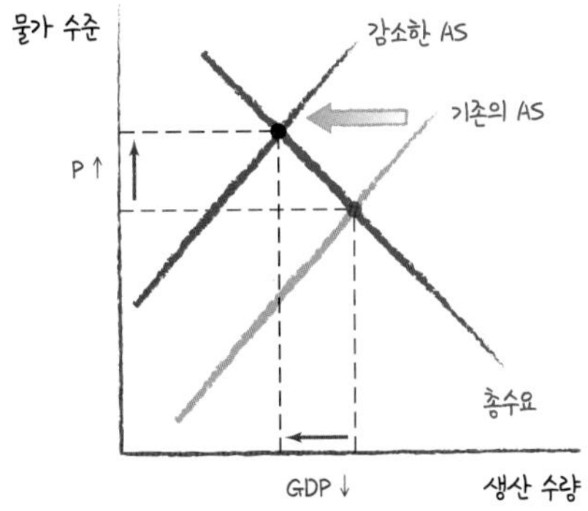

투입물 비용의 상승
→*AS* 곡선 왼쪽으로 이동
결과 : 생산량의 감소와 물가의 상승

정치적 불확실성의 증가로 많은 경영진은 사업 환경에 대해 더 확실하게 느낄 때까지 투자 계획을 보류했다.

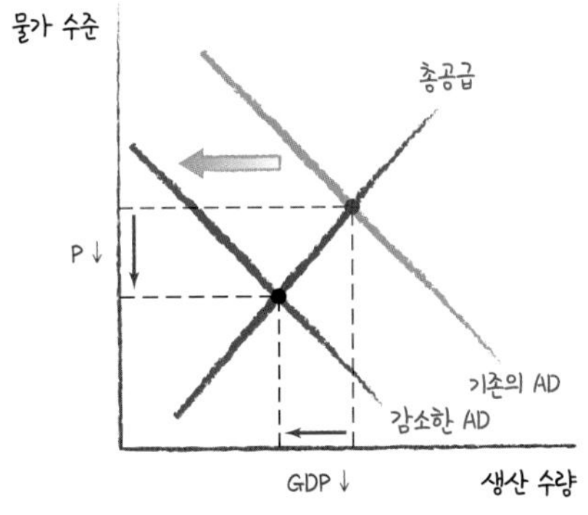

줄어든 투자
→*AD* 곡선 왼쪽으로 이동
결과 : 생산량의 감소와 물가의 하락

인플레이션이 너무 높다는 걱정으로 연방준비은행이 실질이자율을 인상했다.

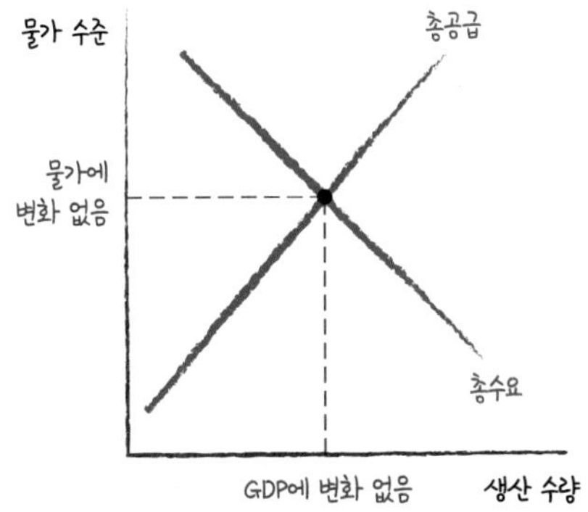

인플레이션-유발 이자율 변화는
AD 곡선을 이동시키지 않는다.
결과 : 생산량 및 물가에 변화 없음 ■

기존보다 물가 수준이 낮아질 것으로 예측하면 인플레이션이 낮아진다. *AD-AS* 프레임워크를 이용한 많은 경우에 평균 물가가 하락하여 디플레이션이 발생할 것으로 예측한다. 이를 너무 글자 그대로 받아들이지 말라. 실제로 디플레이션은 드물다. 인플레이션 자체에 지속하려는 힘(momentum)이 있어서 가격은 종종 다른 이유로 상승하기 때문이다. 올해 가격 수준이 기존보다 낮아진다고 생각해보자. 올해의 물가 수준이 더 하락한다고 결론을 내린다면, 명백한 디플레이션보다는 인플레이션의 둔화로 이어질 가능성이 있다고 설명하는 것이 보다 정확한 예측이 될 것이다.

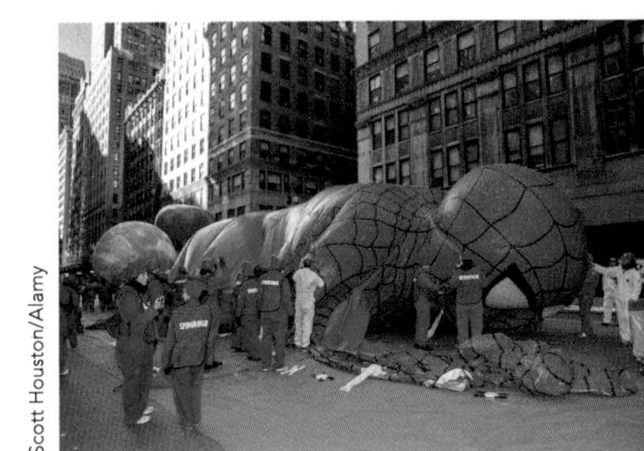
Scott Houston/Alamy

디플레이션은 드물다.

33.5 단기와 장기에서의 총공급

학습목표 경제적 충격의 즉시 효과, 단기 효과 및 장기적 결과를 구분한다.

미래 지향적인 관리자로서 당신은 앞으로 몇 주와 몇 달 동안뿐만 아니라 앞으로 몇 년 동안, 또는 그 이상의 장기에 대해 경제가 어디로 가고 있는지 예측할 수 있기를 원할 것이다. 총수요의 변화는 종종 상당히 즉각적인 효과를 가진다. 하지만 기업이 책정하는 가격과 지급하는 임금을 변경하는 데 시간이 걸리기 때문에, 공급측 대응은 시간이 걸릴 수 있다. 이것은 정말로 중요할 수 있다. 공급자는 가격을 조정하는 대신 종종 생산량을 조정하기 때문이다. 따라서 거시경제적 충격의 초기 영향은 장기적인 효과와 상당히 다를 수 있다. 그래서 이 장의 마지막 임무는 다양한 기간에 걸쳐 유용한 예측에 이용할 수 있도록 총공급 곡선을 조정하는 것이다.

두 가지 극단적인 경우를 분석하는 것으로 시작하겠다. 모든 가격이 조정되는 장기에서 시작하고 그다음에 모든 가격이 조정되지 않는 극단적인 반대의 경우인 초단기를 다룰 것이다. 이 두 가지 경우는 시간 경과에 따른 전체적인 우리의 분석에 도움이 되는 유용한 직감을 제시해줄 것이다.

신축적인 물가의 장기 총공급

RichVintage/E+/Getty Images

장기

충분히 긴 시간을 의미하는 장기부터 시작하겠다. 이런 맥락에서 장기는 모든 기업이 자신이 책정하는 가격 및 임금의 조정과 함께 공급자, 경쟁자 및 기타의 가격 변화에 적응할 기회를 얻기에 충분히 긴 시간을 의미한다. 장기 분석은 이러한 조정 과정이 완료되기에 충분히 긴 시간과 관련이 있다. 일반적으로 이는 몇 년 또는 그 이상을 의미한다. 이러한 시간의 지평선에서는 모든 가격이 변화하는 상황에 신축적으로 대응하는 것으로 생각할 수 있다.

장기적으로 평균 물가 수준의 변화는 실질 변수에 아무런 영향을 미치지 못한다. 총공급 곡선이 답하고자 하는 질문은 다음과 같다: 공급자는 어떻게 여러 다른 평균 가격 수준에서 자신들의 제품 생산 수량을 변경할 것인가? 장기적인 관점에서 정답 : 변경할 필요가 전혀 없다.

Charles Bowes/EyeEm/Getty Images

이 모든 가격표에 0을 추가하는 것이 어떤 것을 변화시킬까?

놀랍게 보일 수도 있지만, 사고 실험이 그 이유를 설명하는 데 도움이 될 수 있다. 오늘 밤에 잠을 자고 10년 후에 깨어나서 경제의 모든 가격이 열 배 더 높아졌다고 상상해보자. 모든 가격표가 그 끝에 추가로 0이 추가된 것을 제외하고는 이 미래 경제는 현재와 똑같다. 각 경쟁자가 부과하는 가격만큼 당신이 생산하는 제품의 가격도 열 배가 더 높다. 원자재 가격은 전기 가격과 마찬가지로 열 배 더 높고 월세도 그렇다. 임금이 열 배 더 높으므로, 당신 고객의 수입도 열 배나 더 많다. 간단한 아침 식사 후(10년은 긴 수면 시간이다!), 공장에서 생산해야 하는 상품의 수량을 파악해야 한다. 잠시 생각해보면, 이 미래 경제에 더 많은 0이 있다는 것을 알게 될 것이다. 하지만 그 외에는 아무것도 변하지 않았다.

만약 아무것도 변하지 않았다면, 당신이 생산 수량을 변경할 아무런 이유가 없다. 사실 아무도 사고, 팔고, 생산하는 물건의 물리적인 양을 변경하지 않을 것이다. 장기에서는 물가 수준의 변화가 생산되는 상품의 수량에 영향을 미치지 않는다.

고전적 이분성 평균 가격 수준의 변화와 같이 순수한 명목적 변화는 장기적으로 실질변수에는 전혀 영향을 미치지 않는다.

이 통찰은 **고전적 이분성**(classical dichotomy)이라는 아이디어를 반영하며 경제학자들이 가격과 같은 순전히 명목변수의 변화가 장기적으로 미치는 영향에 대해 어떻게 생각하는지를 알려준다. 이분성이란 생산 수량과 같은 실물 경제에서 일어나는 일에 대한 분석은 평균 가격 수준과 같은 순전한 명목변수로부터 분리될 수 있다는 것이다. 그리고 이 통찰력은 장기에 가장 잘 적용되는 고전학파 경제학자에게서 왔기 때문에 고전적이다.

장기 총공급 곡선은 수직이다. 이 사고 실험은 장기적으로 보면 기업이 공급하는 생산량은 평균 물가 수준이 오늘 수준이든 열 배 증가한 수준이든 같을 것이라고 드러낸다. 같은 논리로, 평균 물가 수준이 많이 오르든, 조금 오르든, 또는 떨어지든지 간에 공급되는 생산 수량은 같을 것이다. 이는 그림 33-8에 있는 것처럼 장기 총공급 곡선은 수직적이어야 한다. 이 수직의 **장기 총공급 곡선**(long-run aggregate supply curve)은 시간이 지남에 따라 경제가 잠재생산량 수준으로 돌아갈 것이라는 생각을 보여준다. 잠재생산량은 경제의 모든 자원이 완전히 사용되었을 때 만들어낼 수 있는 생산량 수준을 의미한다. 노동, 자본, 원자재의 수요가 공급과 맞춰지도록 시장 가격이 조정될 것이기 때문에, 한 경제는 잠재생산량 방향으로 끌리게 된다.

장기 총공급 곡선 가격이 완전히 조정됐을 때 장기에서의 공급곡선. 경제는 잠재적 생산량으로 돌아가기 때문에 곡선은 수직이다.

총수요는 장기 생산과는 관련이 없다. 그림 33-8은 총수요가 약하고 또 하나는 총수요가 강한 두 가지 대체 시나리오를 보여준다. 두 경우 모두 생산량 균형 수준은 동일하다(가격 수준은 다르지만). 이것은 장기적으로 총수요는 산출량을 결정할 때 관련이 없다는 것을 제시해준다. 경제 성장에 관해서 제22장에서 공부한 것처럼, 장기적인 생산량 결정 요인에 관한 대부분의 경제 분석이 사용 가능한 자본, 노동 및 인적 자본의 양과 이러한 요소를 결합하는 데 사용하는 기술과 같은 공급 측면에 초점을 두는 이유이다.

그림 33-8 | 장기 총공급 곡선

장기적으로 모든 물가가 신축적일 때, 총수요의 이동은 생산량이 아니라 물가 수준에 영향을 미친다.

Ⓐ 장기적으로는, 공급되는 생산 수량은 평균 물가 수준에 영향을 받지 않는다. 이는 수직의 장기 총공급 곡선을 만들어낸다.
Ⓑ Ⓒ 강한 총수요 및 약한 총수요 모두의 균형에서, 생산량은 동일하다.
Ⓓ 총수요의 변화는 생산량에 아무런 영향을 미치지 못한다.

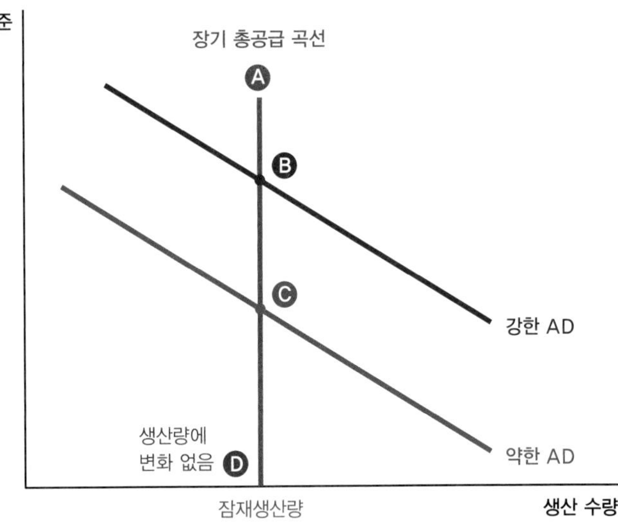

고정 가격의 초단기 총공급

이제 완전히 반대인 경우로 돌아가서 초단기에 경제가 총수요 충격에 어떻게 반응하는지 살펴보겠다. 즉, 시간이 너무 짧아서 어떤 사업도 가격을 변경할 기회가 없다는 것이다. 매우 단기적으로 모든 가격은 실질적으로 고정됨에 따라, 총공급 곡선이 그림 33-9와 같이 수평이 되어야 함을 의미한다.

초단기 총공급 곡선은 수평이다. **초단기 총공급 곡선**(very-short-run aggregate supply curve)은 경제적 충격의 즉각적인 여파로 관리자가 가격을 조정하기 전에 기업이 변화하는 상황에 대응할 수 있는 것은 자신들의 생산 수량을 조절하는 것뿐이라는 생각을 보여준다. 이것은 상황에 따라 몇 주 정도의 매우 짧은 기간일 수 있다. 총수요가 갑자기 줄어들고 사람들이 더는 아웃백에서 식사할 여유가 없다고 느낀다면, 해당 식당의 자리는 비워지고 매출은 감소할 것이다. 그리고 강력한 총수요가 소득을 높이고 사람들이 더 많이 외식하게 되면, 매주 더 많은 식사를 판매함에 따라 아웃백의 매출은 급증할 것이다. 그림 33-9는 초단기에 총수요의 변화가 생산량에 큰 변화를 가져와 경제 전반에 미치는 영향을 보여준다.

초단기 총공급 곡선 초단기간에는 가격이 변화하지 않는다. 가격이 실제로는 고정이 되기 때문에 초단기 공급곡선은 수직이다.

공급업체의 대응은 당신이 분석하고 있는 시간대에 따라 달라진다. 지금까지의 분석 결과는 뚜렷한 대조를 이루었다. 총수요의 이동은 초단기에 큰 폭의 생산량 변동으로 이어지지만, 장기에서는 아무런 변화가 없다. 이러한 결과는 모순적으로 들릴 수 있지만 그렇지 않다. 그림 33-8과 그림 33-9 모두 동일한 경제적 충격에 대한 동일한 경제 내의 동일한 공급업자의 대응을 보여주고 있지만, 이것은 다른 시간대에서의 효과를 보여주고 있다. 총수요 증가의 즉각적인 (초단기) 효과는 공급업자가 생산량을 늘리는 것이다. 장기적으로는 이 효과가 사라지고 생산량에 지속적인 영향이 없다.

그림 33-9 | 초단기 총공급 곡선

모든 물가가 고정된 초단기에 총수요의 이동은 생산량에 영향을 미치지만 물가 수준에는 영향을 주지 않는다.

Ⓐ 초단기에는 물가가 아직 변하지 않기 때문에 초단기 총공급 곡선은 수평이다.
Ⓑ 만약 **총수요가 약하다면**, 생산량은 줄어들 것이다.
Ⓒ 만약 **총수요가 강하다면**, 생산량은 늘어날 것이다.
Ⓓ 총수요의 변화는 **생산량에 큰 영향**을 미친다.

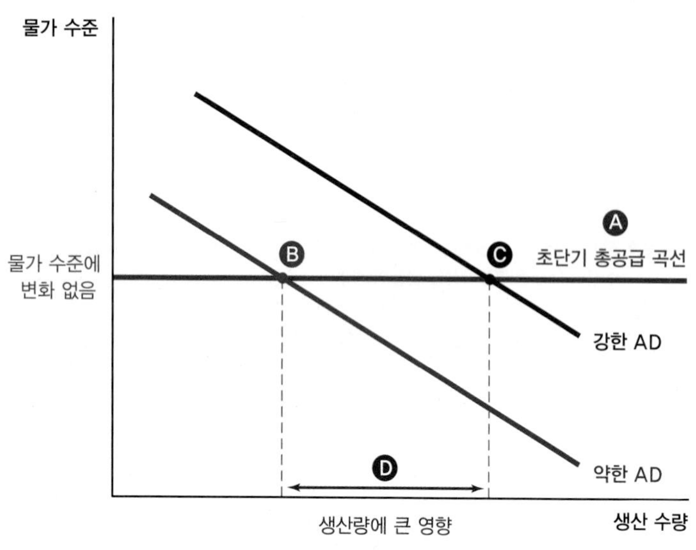

시간대에 따라 공급업체의 대응이 달라지는 것은 초단기의 경우 가격이 전혀 조정되지 않은 채 모든 조정이 물량에서만 발생하기 때문이다. 반면, 장기적으로는 가격이 완전히 조정되어 물량 조정의 부담이 없다. 이제 등락을 거듭하는 경기변동 분석과 관련된 몇 달 또는 몇 년 동안 무슨 일이 일어나는지 살펴보자.

경직적인 물가의 단기 및 중기의 총공급

만약 당신이 아웃백 관리자에게 경제 상황이 변할 때마다 왜 즉각적으로 가격을 조정하지 않는지 물어본다면, 가격 조정에 비용이 든다고 대답할 것이다. 이는 메뉴판을 다시 인쇄하고, 광고를 수정해야 하고, 달갑지 않아 하는 고객을 상대해야 하는 등 비용이 많이 들기 때문이다.

비용-편익의 원리에 따르면 가격 조정의 혜택이 이러한 메뉴 비용을 초과하는 경우에만 가격 조정을 실행할 가치가 있다. 이 논리는 많은 사업에서와 같이 아웃백이 경직적인 가격을 가지게 되는 것으로 이어진다. **경직적 가격**(sticky price)은 시장 상황의 변화에 대해 산발적으로 또는 느리게 조정되는 가격을 의미한다. 실제로, 아웃백을 포함한 많은 사업은 가장 중요한 가격을 1년에 한두 번 정도만 조정한다. 이것은 총공급이 단기에 어떻게 반응할지를 평가하는 데 정말로 중요하다. 이 문맥에서 단기는 몇 달의 기간을 의미한다.

경직적 가격 시장 상황 변화에 산발적으로 그리고 느리게 조정되는 가격

그림 33-10 | 단기 총공급 곡선

일부 공급업자는 단기에 해당 제품의 가격을 조정한다.

Ⓐ 단기에 물가 수준이 이전 수준에 머물러 있다. **그러나 시간이 지남에 따라…**
Ⓑ 만약 경제 전체적으로 **수요가 부족**하고 있다면, 일부 판매자는 **가격을 인하**할 것이다.
Ⓒ 만약 경제 전체적으로 초과 수요라면, 일부 판매자는 가격을 인상할 것이다.
Ⓓ 결과적으로 단기 총공급 곡선은 우상향하게 된다.

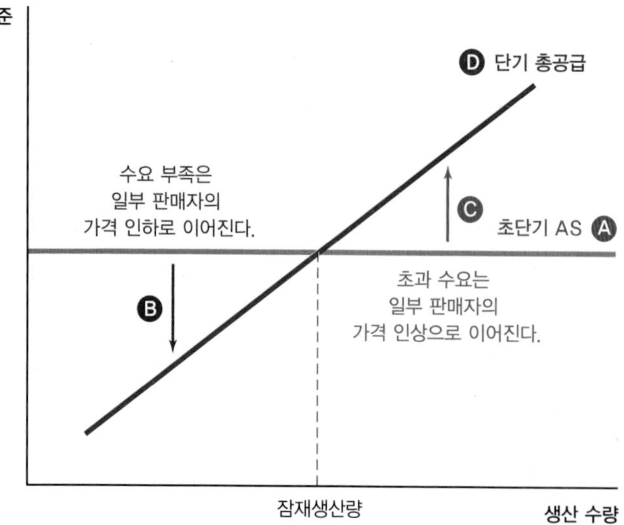

경직적 가격은 왜 단기에 총공급 곡선이 우상향하는지 설명해준다. 여러 레스토랑이 몇 달 동안 불충분한 수요에 어떻게 다르게 대응할지를 고려해보자. 식당은 반쯤 비어 있을 것이고 종업원은 일하는 시간이 부족하기 때문에, 그들의 한계비용이 낮을 것이다. 아웃백의 경영진은 가격 인하를 고려할 수도 있지만, 메뉴를 다시 인쇄하는 비용 등을 고려할 때 가치가 없다고 판단하여 가격 조정을 하지 않기로 한다. 하지만 칠리스와 같은 경쟁 회사는 메뉴를 다시 인쇄할지도 모르며 이에 따라 가격 인하 기회를 잡을 것이다. 경제 전체로 보면 일부 기업은 칠리스처럼 지금 가격을 변경할 준비가 되어있는 반면, 다른 사업은 아웃백처럼 지금은 가격을 변경하지 않기로 결정한다. 그림 33-10의 보라색 화살표가 보여주듯이 생산량이 잠재생산량보다 적을 때 불충분한 수요에 대한 대응한 산발적인 가격 인하는 평균 물가 수준의 하락으로 이어진다.

유사한 동학이 초과 수요에는 반대로 적용될 수 있다. 식당에 고객이 넘치고 초과근무 수당으로 한계비용이 상승하면, 일부 공급업체는 가격을 인상할 것이고 다른 업체는 그렇지 않을 것이다. 그림 33-10의 녹색 화살표에서 알 수 있듯이, 생산량이 잠재생산량을 초과하게 되면, 초과 수요에 대응한

산발적인 가격 인상은 물가 수준의 상승으로 이어진다.

이러한 부분적이지만 불완전한 가격 조정의 결과로, **단기 총공급 곡선**(short-run aggregate supply curve)은 우상향한다. 실제로, 우리가 이 장 전체에서 분석한 우상향 총공급 곡선은 종종 단기 총공급 곡선이라고 불린다.

단기 총공급 곡선 가격이 완전히 고정되거나 완전히 유연하지도 않을 정도의 기간에서 총공급 곡선. 그 결과 단기 총공급 곡선은 우상향한다.

총공급 곡선은 중기에 더 가파르다. 이제 무슨 변화가 있는지 살펴보기 위해 이제 1~2년 정도 빨리 가보자. 우리는 이 시간을 '중기'라고 부를 것이다. 이 정도의 시간이 지나면 더 많은 레스토랑이 메뉴를 다시 인쇄하고 가격을 변경할 기회를 얻는다. 관리자는 몇 개월이 아니라 1~2년 동안 지속하는 수요 부족이나 초과하는 수요에 대응하여 가격을 변경하는 데 드는 메뉴 비용을 지급할 가치가 있다고 생각할 가능성이 더 크다. 결과적으로 중기에는 더 많은 판매자가 가격을 경제 상황에 맞게 조정함에 따라 물가 수준이 덜 경직적으로 된다.

생산량이 잠재생산량보다 적으면, 그림 33-11의 굵은 보라색 화살표가 보여주듯이, 추가적인 판매자의 가격 인하로 평균 물가 수준이 더 낮아질 것이다. 반대로, 생산량이 잠재생산량을 초과하게 되면, 그림 33-11의 굵은 녹색 화살표가 보여주듯이, 추가적인 판매자의 가격 인상으로 평균 물가 수준이 더 상승할 것이다. 결과적으로 중기 총공급 곡선은 단기 총공급 곡선보다 더 가팔라진다. 일반적으로 분석하는 기간이 더 길어질수록, 관련 총공급 곡선은 더 가팔라질 것이다.

그림 33-11 | 중기 총공급 곡선

더 많은 공급업자가 중기에 제품의 가격을 조정한다.

Ⓐ 단기에 일부 공급업체가 수요의 상태에 대응하여 가격을 조정했다. **그러나 시간이 지남에 따라…**

Ⓑ 수요 부족은 **더 많은** 판매자의 가격 인하로 이어질 것이다.

Ⓒ 초과 수요는 **더 많은** 판매자의 가격 인상으로 이어질 것이다.

Ⓓ 결과적으로 중기 총공급 곡선은 더 가팔라진다.

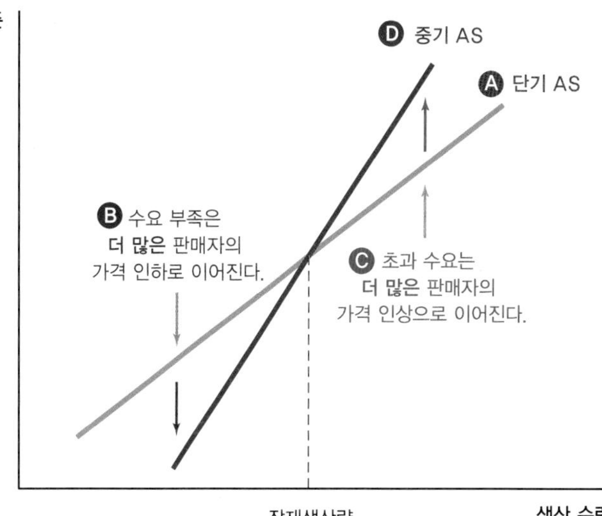

초단기에서 장기로 이동하기

이제 우리는 총수요 충격의 시간에 걸친 효과를 그리는 데 필요한 모든 도구가 있다. 당신이 공급업체의 단기 또는 장기 대응을 살펴보고 있는지에 따라 총공급 곡선의 기울기가 달라진다. 더 장기의 시간대를 분석하면 할수록, 관리자가 가격을 조정할 기회가 더 많아진다. 따라서 장기간에 걸쳐 가격 조정은 조정의 부담을 더 많이 지게 된다. 이는 점점 수직의 총공급 곡선으로 이어진다.

총수요 감소에 따른 경제의 반응 양상에 어떤 의미가 있는지 살펴보겠다. 이는 2008년 경기 침체로 이어진 변화와 매우 유사하다. 다음과 같이 초단기, 단기, 중기, 장기의 총공급 곡선을 서로 비교해보면 시간 경과에 따른 변화의 효과를 예측할 수 있다.

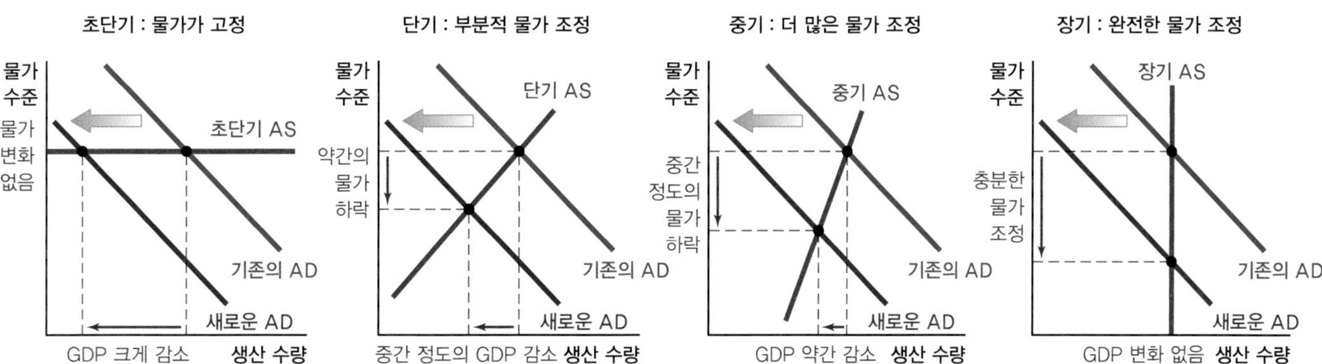

처음 몇 주 동안은 어떤 사업도 가격을 변경할 기회가 거의 없을 것이다. 따라서 초단기 분석이 적절하다. 생산량이 급격히 하락함에 따라 즉각적인 효과로 경기 침체가 될 수 있음을 시사한다. 이후 몇 달 동안은 단기 총공급 곡선이 더 적절해진다. 몇 달 후에 물가 수준이 약간 낮아지고 초기의 생산량 감소는 완화된다. 충격이 있은 지 1~2년 후, 즉, 중기에는 더 많은 기업이 가격을 인하하고 생산량은 경기 침체 전 수준보다 약간 낮은 수준으로 다소 회복될 것이다. 수년 또는 그 이상의 기간이 지난 후, 즉 장기에는 잠재생산량 수준으로 회복될 수 있도록 모든 가격이 조정된다.

그림 33-12 | 생산량은 급격히 하락한 후 천천히 회복되었다

조 달러 실질 GDP

$16.5조
$16.0조
$15.5조
$15.0조
$14.5조
2006 2007 2008 2009 2010 2011 2012
리먼 브라더스 파산

출처 : Bureau of Economic Analysis

그림 33-13 | 물가는 이전 추세와 비교하면 천천히 하락했다

2006~2007년 추세 대비 GDP 디플레이터 수준

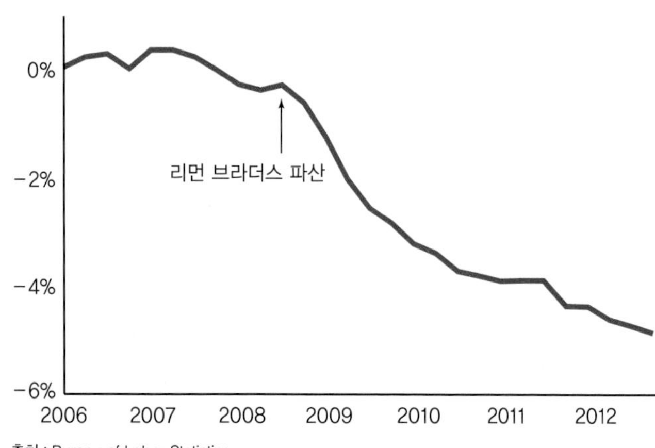

출처 : Bureau of Labor Statistics

자, 우리의 분석이 현실에 얼마나 잘 부합할까?

그림 33-12는 심각한 총수요 충격에 따른 생산량의 경로를 보여준다. 분석가 대부분은 2008년 하반기에 투자 회사인 리먼 브라더스의 파산과 함께 총수요 충격이 발생했다고 주장한다. 우리의 초단기 분석에 따르면 이러한 총지출 감소는 생산량의 큰 하락으로 이어질 것이다. 그리고 실제로 실질 GDP는 마지막 2분기 동안 3% 이상 감소했다. 우리의 단기 및 중기 분석에 따르면, 이후 몇 개월 또는 몇 년 후에는 생산량 감소가 사라질 것이다. 생산량은 이전보다 낮게 유지되지만, 회복이 진행됨에 따라 총생산 갭이 좁아질 것이다. 실제로 생산량은 2009년 중간에 다시 증가하기 시작했다. 그리고 2010년 말이 되어서야 이전 정점으로 돌아갔다. 우리의 장기 분석에 따르면 경제가 잠재생산량 수준으로 돌아가려면 몇 년 이상 또는 그 이상이 걸릴 것이다. 경제학자들은 이러한 궁극적인 잠재생산량 회복이 2018년에 발생했다고 추정한다.

또한 우리의 분석은 너무나 경직적인 가격이 적어도 처음에는 조정되지 않았기 때문에 생산량이 크게 하락한다고 제시한다. 실제로 그림 33-13에서 볼 수 있듯이, 2008년에 생산량이 크게 하락했음에도 불구하고 물가 수준은 대략 이전의 추세에 거의 일치하는 수준으로 유지되었다. 우리의 단기 및 중기 분석은 이후 몇 개월 또는 몇 년 동안 가격이 조정의 부담을 더 많이 지게 될 것을 시사한다. 그리고 그림 33-13의 빨간색 선은 몇 년 동안의 이전 추세와 비교하면 물가 수준의 하락을 보여준다. 불황이 끝난 후에도 낮은 물가 수준이 계속될 것이라는 우리의 장기 분석에 맞게, 물가 수준은 이번 경기 불황으로 인해 영구적으로 낮아진 것으로 보인다.

2008년의 총수요와 총공급 곡선을 그려보면서 많은 극적인 경제 변화를 예측할 수 있었다면, 이는 *AD-AS* 프레임워크가 가치가 있다는 증거이다.

함께 해보기

이제 모든 거시경제학에서 가장 치열하게 논의되는 질문을 다루는 토론에 참여할 모든 준비가 끝났다: 경기변동의 순환을 완화하기 위해 정부가 어떤 역할을 해야 하는가?

역사적으로 고전학파 경제학자 및 최근의 신고전학파 경제학자가 펼친 한 주장은 경제가 스스로 교정하고 있어서 정부가 개입할 이유가 별로 없다는 것이다. 이 주장은 총공급 곡선이 수직인 장기 분석에 기초하고 있다는 것을 알 수 있다. 만약 어쨌든 경제가 잠재산출량 수준으로 돌아간다면, 통화 또는 재정 정책이 또 다른 문제를 일으키는 위험을 감수할 가치가 없다.

해당 반론은 경제학자 존 메이너드 케인즈와 조앤 로빈슨을 포함한 케인즈의 협력자와 가장 밀접히 관련되어 있다. 그들은 현대사에서 최악의 경기 침체로 기록된 대공황의 여파에 대한 글을 작성하였다. 대공황은 많은 경제학자들의 믿음을 뒤흔들었는데, 어떻게 수백만 명의 사람을 실업 상태로 만들 정도로 경제가 제대로 작동하지 않았는지에 대해 의문을 갖게 만들었다. 이 대공황 경험을 통해 케인즈는 고전학파 경제학자가 가정했던 것처럼 경제가 자기 교정을 수행하지 않거나 장기 조정 과정이 너무 느리고 비용이 많이 들기 때문에, 장기 분석은 거의 의미가 없다고 주장하였다. 이 관점에 따르면 통화 및 재정 정책은 합리적인 방식으로 경제를 완전고용으로 되돌리는 유일한 방법일 수 있다.

이 논쟁은 수백 년 전에 시작되었지만, 오늘날까지 계속되고 있다. 다음 번에 경제가 불황에 빠질 때 몇몇 사람들은 정부가 주요 부양책을 통과시켜야 한다고 주장할 것이나, 다른 사람들은 경제가 스스로 더 빨리 회복될 것이기 때문에 정부는 아무것도 하지 말아야 한다고 주장할 것이다. 이제 당신은 이 토론에 참여할 준비가 되어 있다. 당신의 견해는 무엇인가?

한눈에 보기

AD-AS 프레임워크

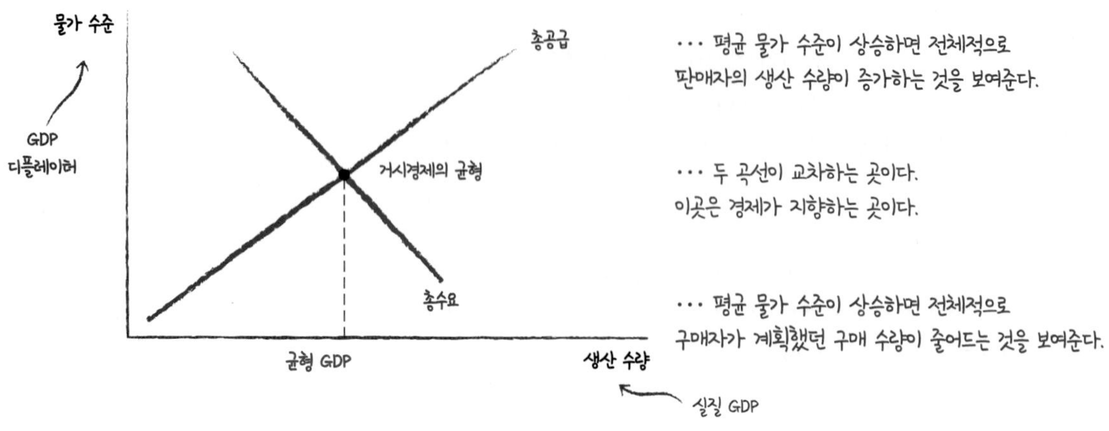

거시경제적 결과를 예측하기

1. **총수요** 또는 **총공급**에 이동이 있는가?
2. 이 이동은 해당 곡선을 오른쪽으로 움직이는 증가인가? 아니면 왼쪽으로 움직이는 감소인가?
3. 새로운 균형에서 **물가 수준**과 **생산 수량**의 변화는 어떻게 될 것인가?

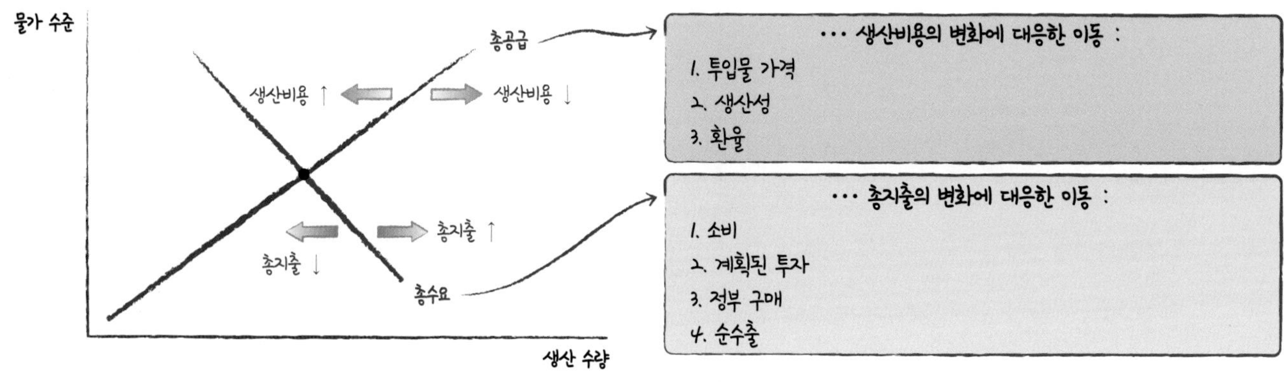

통화 및 재정 정책

확장적 **재정** 및 **통화** 정책은 AD 곡선을 오른쪽으로 이동시킨다.
생산 수량은 증가하고 **물가 수준**도 상승한다.
*인플레이션 - 유발로 인한 금리 인하는 총수요 곡선을 이동시키지 않는다. 다른 요인으로 인한 금리 인하는 총수요곡선을 이동시킬 것이다.

승수효과 : 최초 지출의 급증은 경제 전반을 통해 파급효과를 가져 생산량을 더욱 크게 증가시킨다.

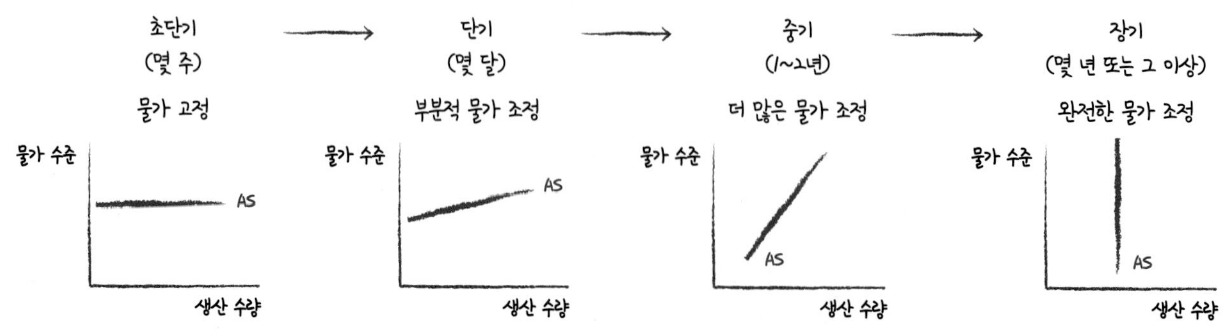

핵심용어

거시경제균형	승수	총공급 곡선
경직적 가격	장기 총공급 곡선	총수요 곡선
고전적 이분성	재정정책	총지출
단기 총공급 곡선	초단기 총공급 곡선	통화정책

토론과 복습문제

학습목표 33.1 어떻게 총수요와 총공급이 거시경제의 균형을 결정하는지 이해한다.

1. 수요와 공급에 관한 미시경제적인 힘과 총수요와 총공급의 거시경제적 힘을 비교하고 대조하라. 단일 시장(예를 들어, 휘발유 구매자)의 미시적 맥락에서의 구매자 기회비용은 총수요의 거시경제적 맥락에서의 모든 구매자의 기회비용과 어떻게 다른가?

학습목표 33.2 구매자가 사고 싶은 상품 및 서비스의 총수량을 결정하는 힘을 평가한다.

2. 총수요 곡선의 기울기를 결정하는 데 연방준비은행이 어떻게 중심적인 역할을 하는지 설명하라. 예를 들어, 낮은 물가 수준이 연준의 목표 수준보다 낮은 인플레이션으로 이어진다면, 연준은 어떻게 대응할까? 그리고 그 행동이 궁극적으로 사람들이 사고 싶은 상품과 서비스의 수량에 어떻게 영향을 미칠까?
3. 경제의 어떤 변화가 총수요 곡선의 이동으로 이어지는가? 무슨 변화가 총수요 곡선상의 이동으로 이어지는가? 당신의 답을 설명하기 위해서 몇 가지 예를 제시하라.

학습목표 33.3 기업이 공급하고 싶은 상품 및 서비스의 총수량을 결정하는 힘을 평가한다.

4. 기업은 다양한 물가 수준에서 가격을 어떻게 변경하는가? 그리고 이것이 어떻게 우상향의 총공급 곡선으로 이어지는가?
5. 경제에 어떤 변화가 총공급 곡선의 이동으로 이어지는가? 무슨 변화가 총공급 곡선상의 이동으로 이어지는가? 당신의 답을 설명하기 위해서 몇 가지 예를 제시하라.

학습목표 33.4 상황의 변화에 경제가 어떻게 대응할 것인지를 예측한다.

6. 상황에 따라 연준의 실질이자율 변동이 어떻게 총수요 곡선을 따라서 변동하거나 총수요 곡선의 이동으로 이어지는지 설명하라. 연준의 두 가지 대응 유형을 고려하라.
7. 연방준비은행이 확장적 또는 긴축적 통화정책을 추구할 때 거시경제적 균형이 어떻게 변하는지 별도의 *AD-AS* 그래프로 설명하라. 확장적 통화정책은 어떤 거시경제적 문제를 해결할 수 있는가? 긴축적 통화정책은 어떤가?
8. 정부 구매의 초기 증가가 어떻게 정부지출의 증가보다 더 크게 GDP를 증가시키는지 설명하라.
9. 다음의 결과로 이어지는 경제 변화의 최소한 한 가지 예를 생각해보라. 그리고 *AD-AS* 그래프로 당신의 답을 설명하라.
   a. GDP가 증가하고 물가 수준이 상승한다.
   b. GDP는 증가하고 물가 수준이 하락한다.
   c. GDP는 감소하고 물가 수준은 하락한다.
   d. GDP는 감소하고 물가 수준은 상승한다.

학습목표 33.5 경제적 충격의 즉시 효과, 단기 효과 및 장기적 결과를 구분한다.

10. 장기적으로 물가 변동이 생산량에 미치는 영향이 없는 이유를 설명하라. 장기에 생산량을 결정하는 데 있어 총수요는 무슨 영향을 미치는가?
11. 확장적 재정 및 통화 정책에 대한 공통된 주장은 이렇다. "경제가 장기적으로 잠재생산량 수준으로 돌아가기 때문에, 경제의 단기 변동에 반응해서는 안 된다. 우리가 아무것도 하지 않으면 경제는 스스로 고칠 것이다." 이에 대한 반론을 공식화하라. 당신은 어떤 주장에 동의하는가? 왜 그런가?
12. 거시경제적 결과를 예측하기 위해서 총공급 분석은 특정 시간대를 살펴보는 것이 왜 필요한가?

학습문제

학습목표 33.1 어떻게 총수요와 총공급이 거시경제의 균형을 결정하는지 이해한다.

1. 17조 달러 수준에서 거시경제의 균형이 발생하는 총수요와 총공급 곡선을 그리라. 그래프에 균형 물가 수준을 표시하라. 정확한 값을 지정하는 것에 대해서는 걱정하지 말라. 거시경제 균형이 발생하는 곳을 그래프에 표시하라. 그래프의 각 부분에 범례를 표시하라.

학습목표 33.2 구매자가 사고 싶은 상품 및 서비스의 총수량을 결정하는 힘을 평가한다.

2. 다음 각 항목에 대해 그래프를 이용하여 총수요 곡선의 이동을 보이라.
   a. 여러 주요 경제 지표의 빈약한 숫자로 인해 기업은 경제의 미래에 대해 비관적으로 본다.
   b. 의회는 정부 구매를 3% 증가시키는 새로운 예산을 통과시킨다.
   c. 최근 몇 년간 주택 가격이 하락하고 있으며 이는 집주인이 덜 번영한다고 느끼게 한다.
   d. 중국 정부는 미국에서 수출된 상품에 부과한 관세를 철폐한다.
   e. 은행은 현실에 안주하고 낮은 이자율로 기업대출 위험을 감수하기 시작한다.
   f. 물가 수준의 상승은 연준의 실질이자율 인상으로 이어진다.

학습목표 33.3 기업이 공급하고 싶은 상품 및 서비스의 총수량을 결정하는 힘을 평가한다.

3. 다음 각 항목이 총공급에 어떻게 영향을 미치는지 그 이유와 함께 설명하라.
   a. 제조 분야에서 인공 지능 구현은 예상보다 빠른 생산성 향상으로 이어졌다.
   b. 전체 경제에 걸쳐 낮은 수준의 생산량으로 인해 과잉 설비를 보유한 많은 기업이 가격을 3% 낮춘다.
   c. 연방 최저임금을 시간당 7.25달러에서 시간당 12.50달러로 증가시키는 법안이 의회에서 통과된다.
   d. 미국 달러는 중국 위안화에 비해 가치가 하락한다.

학습목표 33.4 상황의 변화에 경제가 어떻게 대응할 것인지를 예측한다.

4. 불황에 맞서기 위해 인도 정부는 정부지출을 2조 루피 증가시키는 확장적 재정정책을 실행한다. 이에 따라 GDP가 6조 루피 증가한다.
   a. 승수는 얼마인가?
   b. *AD-AS* 그래프를 이용하여 이 확장적 재정정책이 인도 경제에 미치는 영향을 설명하라
   c. 물가 수준은 어떻게 변화하는가?
5. *AD-AS* 그래프를 그려서, 다음 각 항목에 대해 물가 및 생산량의 변화를 예측하라. 그리고 거시경제적 결과를 예측하기 위해 3단계 방법을 이용하여 당신의 답을 설명하라.
   a. 연준은 다가오는 불황에 대한 우려로 이자율을 인하한다.
   b. 소비자 신뢰에 대한 최신 데이터는 소비자가 미래 경제에 대해 비관적이며 이에 따라 지출을 줄일 것이라고 제시한다.
   c. 태양 전지 기술의 혁신으로 에너지 가격이 전국적으로 하락한다.
   d. 연방 정부는 교육과 군사비에 대한 지출을 극적으로 늘리는 법안을 통과시킨다.
   e. 멕시코 정부는 미국에서 수출된 상품에 대한 관세 부과를 철폐한다.
   f. 가장 큰 무역 거래 파트너와의 재협상 등 결과가 유동적임에 따라, 최고 경영진은 미래에 대해 매우 불확실하다고 보고한다.
   g. 최대 배송 및 운송 회사에 의한 자동화는 전국에 걸쳐 여러 사업의 운송 비용을 크게 줄였다.

학습목표 33.5 경제적 충격의 즉시 효과, 단기 효과 및 장기적 결과를 구분한다.

6. 생산량을 늘리기 위해 정부는 정부지출을 1조 달러 늘리는 대규모 재정 부양책을 통과시킨다. *AD-AS* 프레임워크를 사용하여, 초단기, 단기, 중기, 장기에 물가와 생산량이 어떻게 변하는지 예측하라.
7. 다음 시나리오 각각에 대해 즉각적인 영향에서부터 장기 영향까지 물가 수준과 생산량이 어떻게 변하는지 예측하라. 각각의 경우 처음에 잠재생산량 수준에서 생산하고 있는 경제를 고려하라.
   a. 정부는 법인세를 25% 인상하는 법안을 통과시킨다.
   b. 전 세계 경제는 번영의 시간을 경험하고 있다. 결과적으로 미국 제품의 수출에 대한 수요가 증가한다.

제 9 부

거시경제 정책

전체 그림

지금까지 배운 모든 것은 마지막 두 장에서 결합된다. 여기서 우리는 경제를 관리하기 위한 정책 도구를 정부가 어떻게 사용하는지 탐구할 것이다. 당신이 매일 출퇴근 시간에 들었던 다음과 같은 경제 뉴스를 이해하기 위해 공부할 것이다. 이자율에 무슨 일이 일어나고 있는 것인가? 정책 입안자들이 다가오는 불황을 막을 수 있을까? 정부부채를 걱정해야 할까? 그 과정에서 우리는 당신의 표를 원하는 정치인의 약속을 어떻게 해석할지 공부할 것이다.

통화정책을 어떻게 수행하는지 알아보기 위한 여행은 **연방준비은행** 회의실 안으로 한발 들어서면서부터 시작된다. 우리는 연준의 목적, 그것의 목표와 경제 및 금융 시스템을 유지하는 데 사용하는 도구를 탐구할 것이다. 그 길을 따라가며, 당신의 사업 및 개인 금융을 관리할 때 통화정책에 어떻게 대응해야 하는지 논의할 것이다.

다음으로, 정부가 **지출 및 과세 결정**으로 어떻게 경제적 성과를 만들어가는지 살펴볼 것이다. 정부가 돈을 어디에 쓰며 그리고 어디에서 그 돈을 얻는지 밝힐 것이다. 그런 다음, 경기변동을 완화하기 위해 정부가 **재정정책**을 어떻게 사용하는지 고려할 것이다. 마지막으로, 우리는 **재정적자와 부채**에 대해서 그리고 그것이 지금 당신과 장기의 경제에 의미하는 것이 무엇인지 꼼꼼히 점검할 것이다.

34 통화정책

연방준비은행이 어떻게 통화정책을 결정하고 집행하는지 이해한다.

- 연방준비은행 회의실의 닫힌 문 뒤에서 무슨 일이 일어나는가?
- 연준의 결정이 당신에게 어떤 영향을 미칠까?
- 연준이 다음에 무엇을 할지 예측할 수 있는가?
- 연준이 실업에 또한 관심을 가질 때 왜 인플레이션을 목표로 할까?
- 연준은 통화정책을 어떻게 실행하는가?
- 연준이 이자율을 더는 낮출 수 없을 때 무슨 일을 할 수 있을까?

35 정부지출, 세금 그리고 재정정책

정부지출, 수입, 그리고 부채에 대해 배운다.

- 정부는 무엇에 돈을 지출하는가?(그리고 어디에서 수입을 얻는가?)
- 연방, 주 및 지방 정부는 무엇을 하는가?
- 재정정책이란 무엇이며 어떻게 경기변동을 완화할 수 있는가?
- 정부는 왜 재정적자를 내는가?
- 증가하는 정부부채에 대해 걱정해야 할까?

CHAPTER 34

통화정책

세계에서 가장 중요한 회의 중 하나가 6주마다 워싱턴 D.C.에서 열린다. 그것은 백악관이 아니다! 사실 대통령은 초대받지도 못한다. 회의는 미국의 중앙은행인 연방준비은행, 줄여서 연준의 본부에서 진행된다. 참석자는 연방준비은행 의장과 지역 연방준비은행 총재들이다.

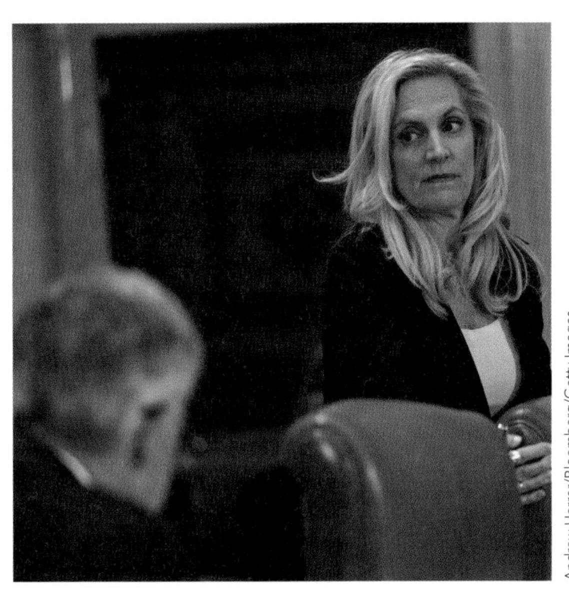

Andrew Harrer/Bloomberg/Getty Images

연방준비은행 의장인 라엘 브레이나드가 지구상에서 경제적으로 가장 중대한 회의에서 자신의 자리를 차지하고 있다.

연방준비은행은 종종 세상에서 두 번째로 강력한 사람이라고 불리는 연준 의장에 의해서 운영된다. 연준이 이자율 인상을 실행하면 이는 일련의 파급효과를 낳는다. 차입이 더 비싸져서 소비자가 오늘 지출하는 대신 저축하도록 장려하고, 기업의 투자 의욕을 꺾는다. 더 높은 미국 이자율은 일반적으로 달러 가치를 높여 미국 수출 비용이 증가하고 수입 비용은 낮추게 된다. 이러한 모든 변화는 전 세계의 사업 결정이 연준의 결정에 반응하게 되는 것을 의미한다. 당신에게 그것은 학자금 대출 및 신용 카드에 대한 더 높은 이자율을 의미할 수 있다.

연준은 어떤 이유로 금리를 인상(또는 인하)한다. 이미 이자율이 어떻게 지출에 영향을 미치고 이에 따라 생산량과 실업률에 영향을 미치고 이는 다시 물가 수준과 인플레이션에 영향을 준다는 것을 공부했다. 연준은 안정된 인플레이션과 낮은 실업을 유지하기 위해 금리를 조정한다. 따라서 연준이 금리를 올리면 당신이 이자를 더 지급해야 하지만, 물가는 그렇게 오르지 않는다는 것을 의미한다.

이 장에서는 연준이 결정을 내리고 그것을 실행하는 내용 등 연준이 실제로 어떻게 운영되는지 살펴보겠다. 또한 연준이 결정을 내리는 방법과 사용하는 도구를 둘러싼 현재의 정책 이슈에 대해서도 배울 것이다. 2008년 금융위기로 인해 전 세계 중앙은행은 새로운 정책수단을 집행하고 있다. 이 장의 마지막 절에서 이러한 정책수단 중 일부를 살펴보겠다. 이제 시작하자!

목표

연준이 어떻게 통화정책을 결정하고 집행하는지 이해한다.

34.1 연방준비은행
연방준비은행이 어떻게 통화정책 결정을 내리는지 배운다.

34.2 연준의 정책 목표와 의사결정 프레임워크
연방준비은행이 어떻게 목표를 평가하고 이자율 선택을 하는지 알아본다.

34.3 연준이 이자율을 설정하는 방법
연방준비은행이 통화정책 결정을 집행하는 방법을 이해한다.

34.4 비전통적인 통화정책
명목이자율이 0일 때 연방준비은행의 통화정책 수행을 위한 도구에 대해 배운다.

34.1 연방준비은행

학습목표 연방준비은행이 어떻게 통화정책 결정을 내리는지 배운다.

통화정책 경제 상황에 영향을 미치기 위한 노력으로 이자율을 조정하는 과정

중앙은행은 한 국가의 **통화정책**(monetary policy)을 결정한다. 이는 경제 상황에 영향을 미치기 위한 노력으로서 이자율 설정 과정이다. 미국에서는 연방준비은행이 중앙은행이다. 연준은 의회에서 만들어졌고, "최대 고용, 안정된 물가, 적당한 장기 이자의 목표를 효과적으로 고취하라"는 지시를 받았다. 연준은 이를 경기변동 완화를 위해 노력해야 한다는 의미로 해석한다. 그래서 연준은 인플레이션을 낮고 안정적으로 유지하면서 실업률을 지속 가능한 수준에서 가능한 한 낮게 유지한다.

Brooks Kraft/Corbis News/Getty Images

워싱턴 D.C.에 소재한 연방준비은행의 본부

연준은 인플레이션, 생산량 또는 실업률을 직접 변경할 수 없다. 대신 경제에 영향을 미치는 도구로서의 이자율을 사용할 수 있다. 이자율은 오늘 돈을 쓰는 기회비용을 결정한다. 차용자의 경우 이자율이 높을수록 차입 비용이 커진다. 저축자들에게 높은 이자율은 오늘의 지출을 위해 더 많은 이자를 포기하는 것을 의미한다. 따라서 연준은 이자율을 사용하여 오늘 돈을 더 쓰게 할지 덜 쓰게 할지 사람과 기업의 옆구리를 살짝 찌른다. 이는 다시 생산량, 실업률, 인플레이션에 영향을 미친다. 이 과제는 데이터의 부정확성과 미래 예측의 어려움으로 인해 더욱 어려워졌다.

실제로 이것은 연준이 위험에 대해 균형을 잡는다는 것을 의미한다. 너무 높은 이자율을 설정하면 경제가 잠재 수준보다 낮게 생산하도록 유도하는 위험에 직면하는 반면, 너무 낮은 이자율을 설정하면 생산이 경제의 잠재 수준을 초과하여 인플레이션에 불을 붙이는 위험에 직면하게 된다. 연준의 임무는 '안정된 물가 수준'을 확보하면서, '최대 고용'을 장려하는 것이다. 지속 가능한 최대 고용 수준은 한 경제의 생산량이 잠재생산량과 같을 때이기 때문에, 비록 생산량이 연준의 공식적인 임무가 아님에도 불구하고 연준은 GDP에 많은 관심을 기울여야 한다.

연방준비제도와 통화정책에 관해서 탐사를 떠나자. 이 모든 과정을 통해 연준은 정보를 얻고, 위험을 평가하고, 결정을 내리고, 연준의 분석 및 결정 내용을 대중과 소통한다.

연방준비제도

의회는 많은 은행이 파산하여 미국 경제에 큰 타격을 입혔던 은행의 뱅크런 사태의 여파로 1913년 연방준비제도를 만들었다. 목표는 은행 부문과 더 나아가 거시경제에 더 많은 안정성을 제공하는 시스템을 만드는 것이었다. 당시 거의 모든 사람이 중앙은행이 필요하다는 데 동의했지만, 그 힘이 어떻게 중앙집중화되어야 하는지, 그리고 중앙은행은 상업은행의 요구와 대중의 더 넓은 요구 사이의 균형을 어떻게 달성할지에 대해서는 의견이 엇갈렸다.

그 결과가 다수의 견제와 균형을 갖춘 중앙은행인 연방준비제도였다. 연방준비제도는 워싱턴 D.C.에 소재한 이사회로 구성되어 있다. 그리고 12개의 지역 연방준비은행이 미국 전역에 흩어져있다. 이사회는 연방준비제도를 운영하는 독립적인 정부 기관이다. 동 기관은 통화정책이 의회에서 제시한 지침을 이행하도록 보장한다. 이사회는 또한 지역 연방준비은행의 운영을 감독한다.

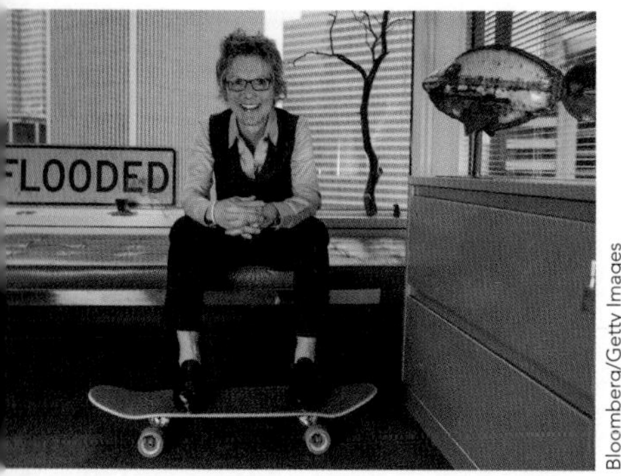

Bloomberg/Getty Images

샌프란시스코 연방준비은행 총재 메리 데일리는 부드러운 포장도로를 좋아한다… 그리고 부드러운 경기변동도.

연방준비제도는 지역적으로 다양하다. 지역 연방준비은행은 국가의 한 지역에 너무 많은 통제가 집중되지 않도록 설계되었다. 통화정책 결정은 국가 경제 상황을 반영하지만, 12명의 지역 연방준비은행 총재는 그들의 각 지역의 정보를 정책 토론에 제공한다. 지역 연방준비은행은 지역 사회를 위한 눈과 귀이다. 해당 지역의 기업 리더와 지역 사회 멤버로 구성된 지역 연방준비은행 이사회는 연방준비제도 이사회의 감독하에 각 지역 연방준비은행 총재를 선택한다.

때때로 사람들은 자신들이 이용하는 상업은행 때문에 혼돈을 겪기도 한다. 상업은행은 매일 일반인에게 예금 계좌와 같은 서비스를 제공하기 때문에, 연방준비제도에서 중요한 역할을 한다. 그들은 자신의 지역 연방준비은행의 주식을 보유하고 있고 일부 이사 선출을 지원한다. 그러나 상업은행은 지역 연방준비은행 주식으로부터 이익을 얻을 수 없고 팔 수도 없다. 특정 주식에 대한 소유권은 단순히 연방준비은행의 구성원 법에 따라 요구되는 사항이다. 지역 연방준비은행의 독특한 구조는 은행 시스템의 불안정성 문제를 해결하려는 욕구에서 나왔다. 상업금융기관을 연방준비제도 시스템의 필수 부분으로 만든 것은, 은행 시스템과 연방준비제도 간의 명확하고 빈번한 의사소통을 보장한다.

중앙은행의 독립은 거시경제의 안정을 위해 중요하다. 연방준비은행 이사회는 연방준비제도의 책임자이고 독립적인 정부 기관이다. 단기적인 정치적 압력에서 자유로워야 한다는 이유로 독립적이다. 정치적 압력의 문제는 정책 입안자들이 경제를 과열시켜 일시적으로 더 높은 생산량을 달성할 수 있다는 것이다. 이는 미래 인플레이션을 촉발할 수 있다. 그러나 단기적인 선택은 결국 인플레이션 기대의 상승으로 인해 생산량의 일시적인 문제가 사라진 이후에도 높은 인플레이션이 지속된다. 결과적으로, 장기적으로 생산량은 더 늘지 않지만, 인플레이션은 상승한다. 문제는 정치인들이 종종 다음 선거 때문에 너무 단기적으로 생각한다는 것이다. 장기 인플레이션 비용과 비교하면 단기 생산량 증가의 이점을 더 중요하게 생각할 수 있다. 예를 들어 트럼프 대통령은 2020년 선거를 앞두고 연준의 이자율 인하를 압박했다.

연구에 따르면 중앙은행에 더 많은 독립성을 부여한 국가는 평균적으로 낮은 인플레이션율을 기록한다. 즉, 독립성을 줄이면 사람들은 더 높은 인플레이션을 기대한다. 그리고 제24장에서 배운 것처럼 높은 인플레이션은 비용이 많이 든다.

연준에 대한 많은 정부 감독이 있다. 연준이 독립적이라고 해서 정부의 감독이 없다고 생각해서는 안 된다. 연방준비제도 이사회 구성원은 미국 대통령이 지명하고 미국 상원은 대통령의 지명을 인준한다. 연방준비제도 이사회에는 7명의 구성원이 있으며 각각 최대 14년 임기를 가진다. 대통령은 상원의 인준을 받아 4년 임기의 연방준비제도 이사회 의장을 지명한다.

연준의 의장은 통화정책 및 전문 분야에 대한 구체적인 식견을 바탕으로 지명되고 이 모든 것이 그 지명에 대한 평가를 결정한다. 예를 들어, 한 이사회 구성원인 미셸 바우먼은 캔자스에 있는 은행을 감독한 초기의 경력이 있었다. 또 다른 구성원인 라엘 브레이나드는 국제 경제 문제를 연구하며 경력을 쌓았다.

또한 GAO(General Accountability Office)의 감사를 받는다. 해당 기관은 연준의 재정 및 활동을 살펴본다. 법에 따라 연방준비은행 이사회 의장은 최소 1년에 두 번 의회에서 증언해야 한다. 2018년 제롬 파월 연준 의장이 말했듯이, "투명성은 우리 책임의 기반입니다." 연준은 그 정책 집행과 경제 데이터의 해석에 대해 투명하므로, 누구든지 연준의 결정을 평가한다. 통화정책 회의 자료는 회의 후 5년 이내에 모두 공표된다.

연방공개시장위원회 미국의 금리를 결정하는 연방준비위원회. 연준 이사들과 지역 연준 총재들로 구성된다.

연방공개시장위원회

연준 이사들과 지역 연준 총재들은 **연방공개시장위원회**(Federal Open Market Committee, FOMC)를 구성한다. 이 위원회의 목적은 미국 금리를 결정하는 것이다. 그들은 모두 회의에 참여하지만, 오직 연준 의장, 뉴욕 연준 총재, 그리고 4명의 지역 연준 총재만이 정책 결정에 투표한다. 연준 의장은 연방공개시장위원회를 운영하고 연준의 가장 중요한 대변인이다. 연방공개시장위원회 회의는 이번 장 시작 부분에서 언급한 바로 그 회의이다. 세계에서 가장 중요한 회의 중 하나이다. 내부를 한번 살펴보자.

Brooks Kraft/Getty Images

이 테이블에서의 대화가 세계 경제에 큰 영향을 미친다.

Jessica McGowan/Getty Images

세 명의 전 · 현직 연준 의장은 토론을 활성화하려고 노력했다.

회의에 참여하기. 연방공개시장위원회 회의에 들어가면 큰 테이블 주위에 회원 및 참가자들이 함께 앉아있는 것을 보게 될 것이다. 연준 의장은 중앙에 앉고, 누가 어떤 순서로 이야기할 것인지 결정한다. 이 결정은 별거 아닌 것처럼 들릴 수도 있지만, 당신이 생각하는 것보다 결과에 큰 영향을 미칠 수 있다. 전 연준 의장인 앨런 그린스펀은 모든 참가자에게 본인이 생각하는 올바른 통화정책 결정이 무엇인지를 우선 이야기하였고 이는 다른 참가자들이 대안을 논의하는 것을 어색하게 만들었다.

벤 버냉키가 2006년 연준 의장직을 맡았을 때 그는 좀 더 민주적인 접근법을 택했다. 토론을 촉진하기 위해 그는 다른 참가자의 의견을 들을 때까지 자기 생각을 공유하는 것을 기다렸다. 그의 후계자인 재닛 옐런과 제롬 파월은 유사한 접근 방식으로 인해, 더 폭넓은 범위의 의견과 자료가 회의에서 논의되었다. 연구에 따르면 회의에서 더 큰 성별 및 인종적 다양성이 의사결정을 개선한다. 그리고 연준과 의회는 최근 몇 년 동안 연방공개시장위원회에 다양성을 높이는 데 진전을 이루었다.

이제 누가 회의에 참석하는지 알았으니 그들이 말하는 내용을 살펴보자. 통화정책을 결정하기 위해, 각 회의 참가자는 다음 세 가지 질문에 답할 준비가 되어 있어야 한다.

1. 미국 경제에 대한 당신의 전망은 무엇인가?
2. 경제 전망을 고려할 때 올바른 정책 선택은 무엇인가?
3. 연준은 어떻게 그 계획을 대중에게 효과적으로 전달해야 하는가?

각 참가자는 이러한 질문에 대한 답변을 미리 준비하고 종종 완전히 다른 견해로 회의에 참여할 것이다. 회의는 그들이 이 세 가지 질문에 대한 답을 주제로 토론하고, 합의된 견해를 발전시키고, 결정을 내리는 시간이다. 어떻게 하는지 살펴보자.

연방공개시장위원회 참가자는 아래의 세 질문에 대한 답을 준비한다:
1. 미국 경제에 대한 당신의 전망은 무엇인가?
2. 경제 전망을 고려할 때 올바른 정책 선택은 무엇인가?
3. 연준은 어떻게 그 계획을 대중에게 효과적으로 전달해야 하는가?

첫 번째 질문 : 미국 경제에 대한 당신의 전망은 무엇인가? 연준 의장은 모든 회의 참가자에게 현재 경제 상황과 경제에 대한 단기 및 중기 예측에 대한 견해를 공유하도록 요청한다. 참가자마다 서로 다른 정보, 관점 및 배경을 제시한다. 그들은 경제 전문가 직원이 수행한 방대한 양의 데이터와 분석을 준비한다. 지역 연준 총재는 또한 지역 경제 상황에 대해 더 정확한 감을 얻기 위해서 각 지역의 기업가 및 금융기관과 대화한다. 각 참가자는 다른 국가의 상황부터 금융 안정에 이르기까지 미국 경제에 영향을 미치는 다양한 요인에 대한 고유한 지식을 제시한다. 연준은 말 그대로 수천 개의 변수를 추적하며, 각 변수는 인플레이션과 실업의 미래 경로에 대한 단서를 제공한다. 그들의 고유한 지식, 잡음이 있는 데이터에 대한 다른 해석, 그리고 선호하는 통화정책 결정이 실행되면 발생할 것으로 예상하는 것 등을 반영한 서로 다른 전망을 가지고 회의에 도착한다.

자료 해석 연준의 전망은 얼마나 좋은가?

연방공개시장위원회 참가자가 동 회의에 가져오는 몇 가지 예측을 살펴보자. 그림 34-1은 경제 성장, 실업 및 인플레이션에 대한 그들의 전망과 평균적으로 장기에 이들 변수를 어떻게 기대하는지를 보여준다.

이러한 예측은 2019년 3월 회의를 위해 준비되었다. 각 셀의 맨 위의 숫자는 예측 중앙값으로서, 절반은 이 중앙값보다 높게, 절반은 낮게 기대했다는 것을 의미한다. 예측 범위는 괄호 안에 표시되어 있다.

연준의 향후 3년 동안의 전망을 주목하라. 그 이유는 경제 문제가 발생하기 전에 식별하고

그림 34-1 | 연방공개시장위원회 참가자의 경제 전망

연방공개시장위원회 참가자의 전망 :	2019년 3월 공표된 전망치의 중간값 (괄호 안은 최고 및 최하 전망 수치) 2019	2020	2021	장기
실질 GDP의 변동	2.1% (1.6~2.4%)	1.9% (1.7~2.2%)	1.8% (1.5~2.2%)	1.9% (1.7~2.2%)
실업률	3.7% (3.5~4.0%)	3.8% (3.4~4.1%)	3.9% (3.4~4.2%)	4.3% (4.0~4.6%)
인플레이션율	1.8% (1.6~2.1%)	2.0% (1.9~2.2%)	2.0% (2.0~2.2%)	2.0% (2.0~2.1%)

출처 : Federal Reserve Board

대응하기 위해서이다. 연준이 1~2년 안에 문제 발생을 예측한다면, 오늘 조치를 취하고 싶어 한다.

가장 세심한 예측조차도 종종 틀린 경우가 있다. 연준의 예측이 옳았는지 보고 싶으면, FRED 데이터베이스(https://fred.stlouisfed.org/)를 사용하여 경제 성장, 실업률과 인플레이션율이 해마다 실제로 어떠했는지 확인하면 된다. ■

두 번째 질문 : 경제 전망을 고려할 때 올바른 정책 선택은 무엇인가? 연방공개시장위원회에서 경제 전망에 대해 토론한 후에는 그 전망과 관련하여 어떻게 해야 하는지를 논의할 차례다. 연방공개시장위원회의 주요 수단은 실질이자율에 영향을 미치는 것이다. 실질이자율이 지출의 기회비용임을 상기하라. 그 비용은 만약 당신이 올해 지출하는 대신 내년에 지출한다면 얼마나 더 많이 구매할 수 있는지를 알려준다. 마찬가지로 실질이자율은 투자할 때의 기회비용을 나타내기 때문에 기업은 실질이자율에 관심이 있다. 그래서 실질이자율이 사실상 올해 총지출을 결정하는 가격이다.

연방공개시장위원회는 사람들이 더 적게 지출하고 저축을 더 하도록 유도하고 싶을 때 실질이자율을 올릴 것이다. 이는 오늘 지출을 줄이면 생산량이 줄고 이는 인플레이션 압력을 낮추기 때문이다. 그리고 연방공개시장위원회는 더 많은 지출을 자극하고 싶을 때 실질이자율을 낮출 것이다. 이는 생산량과 고용의 증가로 이어질 것이다. 장기에 안정적인 인플레이션과 지속 가능한 최대 고용은 생산량이 잠재생산량과 같을 때 모두 달성된다.

불황이 닥치면 연방공개시장위원회는 이자율을 낮출지와 얼마만큼 인하할지를 결정해야 한다. 이것은 단 한 번의 회의에서 일어나는 결정이 아니다. 오히려 지속적인 회의에서 끊임없이 평가(및 재평가)하는 과정을 거친다. 연준이 충분한 조치를 취했으니 금리를 현재 상태로 유지할 것인지 아니면 금리를 더 낮게 유지한다는 보증이 필요한지 등이다. 마찬가지로 경제가 회복되면, 연방공개시장위원회는 이자율을 점차 정상 수준으로 되돌릴 것이다. 이때 연준은 과도하게 높은 인플레이션 위험 없이 최대한의 고용을 달성하는 경제로 되돌아가려 할 것이다. 따라서 이전 회의에서 내린 결정의 결과를 평가하면서, 대부분의 회의에서의 논의는 이전 회의에 비해 상대적으로 지금은 경제가 어떤 상황인지를 평가하는 데 집중된다. 금리를 충분히 인상했었나? 충분하지 못했나? 너무 빠른 건가 아니면 너무 느린 건가?

회원들이 선택지를 토론하고 가능한 각 정책 관련 위험을 평가한 후 연준 의장은 일반적으로 정책 방향을 추천하고 위원은 그것에 투표한다. 모든 연준 총재가 투표권을 행사하지는 않지만 논의에는 모두 동등하게 참여한다. 뉴욕 연방준비은행 총재는 항상 투표에 참여하지만, 다른 11명의 지역 연준 총재는 서로 번갈아 가며 투표에 참여한다.

세 번째 질문 : 연준은 어떻게 효과적으로 일반 대중과 소통해야만 하는가? 전 연준 의장이 한 모임에서 금리에 대해 솔직히 언급한 적이 있다. 불행히도 그는 CNBC 앵커인 마리아 바티로모와 이야기하고 있었다. 다음날 오후에 그녀가 시청자에게 그의 언급을 전했을 때, 주가가 폭락하고 채권수익률이 상승하여 4년 만에 최고치를 기록했다. 전 연준 의장은 중요한 교훈을 얻었다: 연준 관계자의 비공식적인 언급이라도 시장에 영향을 미칠 수 있다. 금리가 변할 때 누구보다 먼저 정확한 추측으로 수십억 달러를 벌 수 있다. 이러한 금융적 이해관계는 금융시장에서 일하는 사람들이 연준에서 나오는 모든 발언에 매달리는 것으로 이어진다. 그러나 연준은 비공식적인 파티에서 나눈 이야기가 오해를 만들어 과도한 변동성이 발생하는 것을 원하지 않는다.

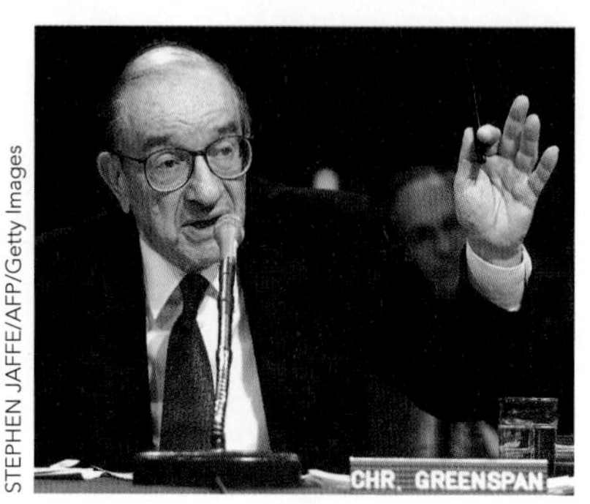

STEPHEN JAFFE/AFP/Getty Images

앨런 그린스펀 : "내가 특히 명확하게 밝히면, 당신은 아마도 내가 한 말을 오해할 것이다."

그렇다면 연준은 무엇을 말해야 할까? 그 역사의 대부분 동안 연준은 의도적으로 모호하고 관료적인 언어에 의존하는 커뮤니케이션 스타일인 페드 스피크(Fedspeak)에 자부심을 느꼈다. 이는 모호함으로 인해 연준 관리가 말한 것에 대한 시장 반응이 감소할 것이라는 아이디어였다. 그게 무슨 뜻인지 아무도 모르기 때문이다(연준 의장 앨런 그린스펀은 페드 스피크에 너무 익숙한 나머지, 아내인 뉴스 진행자 안드레아 미첼에게 두 번이나 청혼해야 했다. 왜냐하면 그녀는 그가 처음 말한 것을 이해하지 못했기 때문이었다).

지난 수십 년 동안 연준은 의사소통 정책을 변경하여 페드 스피크에서 벗어나 훨씬 더 높은 투명성을 목표로 했다. 오늘날 연준은 분석, 결정 및 목표를 명확하게 전달하려고 노력한다. 이 투명성은 연준의 책임에 중요하다. 연준의 정책 결정에 동의하지 않는 경우 정확히 어떤 부분을 동의하지 않는지 정확히 집어낼 수 있다. 또는 연준의 정책결정을 이해한다면 연준이 왜 그런 선택을 했는지를 정확히 집어낼 수 있다.

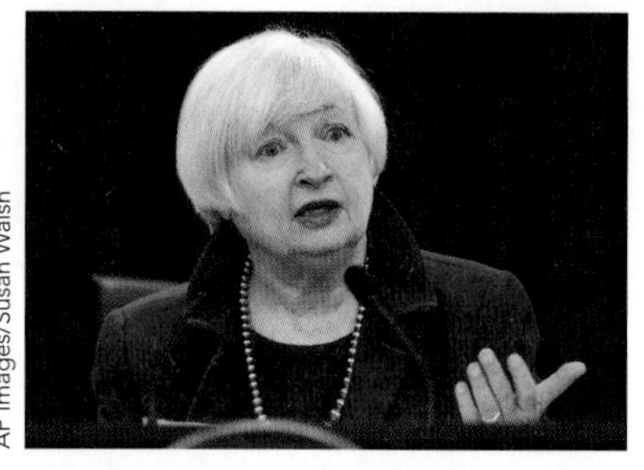
AP Images/Susan Walsh

재닛 옐런 : "할 수 있는 한 명확한 의사소통에 최선을 다하겠다고… 우리는 헌신해 왔다."

매 회의 후 연준은 성명서를 발표하고 연준 의장은 정책 결정을 알리고 설명하는 기자회견을 개최한다. 다른 모든 회의가 끝나면 연준은 그 전망을 공표한다. 회의 사이에 연준 관리는 자기 생각을 자주 설명하는 연설을 한다. 그리고 연준 의장은 통화정책 집행 및 계획을 설명하기 위해 1년에 두 번 의회에서 증언한다.

이러한 의사소통 선택은 전략적 결정을 반영한다: 연준은 같이 따라가고 있는 사람들에게 확신을 주기를 원하고 목표를 달성하기 원한다. 연준이 강력한 경제를 견인할 것이라고 믿는다면 기업은 고용을 늘릴 가능성이 크다. 연준이 물가 안정이라는 목표를 달성할 것이라고 믿으면 기업은 가격 상승을 억제할 가능성이 커진다. 기대는 경제적 결정을 형성하는 중요한 요소이며 연준은 이러한 기대를 형성하기 위해 노력 중이다. 만약 연준이 사람들이 최대 고용과 물가 안정을 기대하도록 확신을 줄 수 있다면, 그 결과가 나타날 가능성이 더 커진다.

34.2 연준의 정책 목표와 의사결정 프레임워크

학습목표 연방준비은행이 어떻게 목표를 평가하고 이자율 선택을 하는지 알아본다.

연방공개시장위원회 회의 중에 무슨 일이 일어나는지 배웠으니, 이제 연준이 목표를 평가하고 정책 선택을 결정하는 방법에 대해 알아보자. 물가 안정과 지속 가능한 최대 고용이라는 연준의 두 가지 목표는 두 가지 모두를 염두에 두고 있어서 **양대책무**(dual mandate)로 알려져 있다. 연준의 목표에서 시작하고 그런 다음 정책 옵션을 알아보자.

양대책무 낮으면서도 안정적인 물가와 최대한 지속 가능한 고용이라는 연방준비은행의 두 가지 목표

연준의 양대책무 : 물가 안정과 지속 가능한 최대 고용

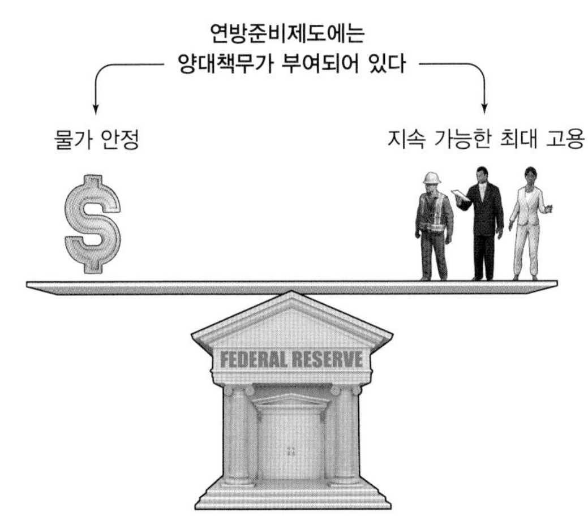

중앙은행 사람들은 인플레이션율이 낮고 충분히 예측 가능할 때 물가 안정이라고 생각한다. 이때 인플레이션은 사람들의 의사결정에 큰 역할을 하지 않는다. 인플레이션이 사람들에게 영향을 미치거나 왜곡하지 않을 정도로 낮다면, 그것은 거의 비용이 들지 않는다. 낮고 안정적인 인플레이션에는 정확한 의미가 있다. 즉, 연준의 경우 인플레이션이 **인플레이션 목표**(inflation target)에 가깝다는 것을 의미한다. 이제 이 인플레이션 목표 차례이다.

인플레이션 목표 공식적으로 표명한 인플레이션율의 목표

물가 안정은 인플레이션이 연준의 인플레이션 목표에 있거나 이에 근접한 인플레이션을 의미한다. 연준은 2%의 인플레이션 목표를 가지고 있다. 1990년대 후반에 연방공개시장위원회 회원들은 다소 비공식적으로 2%의 인플레이션율을 목표로 하는 데 동의했다. 하지만 그들은 연준이 보다 투명한 의사소통 전략으로 변경한 2012년 전까지 공식적인 인플레이션 목표를 발표하지 않았다. 그 이후로 매년 연준은 계속해서 초기 성명서를 반복하고 있다.

> 개인소비지출에 대한 지수 가격의 연간 변동으로 측정되는 2%의 인플레이션율이 연방준비은행의 법령에 따른 책무에 장기적으로 가장 부합한다. 위원회는 인플레이션이 지속적으로 이 목표를 상회하거나 하회한다면 우려할 것이다.
> ("장기 목표 및 통화정책 전략에 대한 성명")

인플레이션 목표를 설정하고 대중에게 그것이 무엇인지 말함으로써 연준은 인플레이션이 공표된 낮은 수준으로 안정될 것이라고 가격 결정자에게 확신을 주기를 희망한다. 즉, 선순환의 흐름을 만들기 위해 노력하고 있다. 사람들이 인플레이션이 낮고 안정적이라고 믿으면 가격이 조금만 상승하고 이는 인플레이션이 실제로 낮고 안정적으로 유지되도록 보장해준다. 따라서 낮고 안정적인 인플레이션에 대한 연준의 약속이 더욱 신뢰할 수 있는 것이라면, 그것을 달성하는 것이 더 쉬워질 것이다.

자료 해석 연준은 인플레이션 목표를 달성하는 데 성공했는가?

그림 34-2에서 연준의 목표인 2%의 인플레이션율과 비교하여 실제 인플레이션을 살펴보라.

인플레이션이 2% 이상 또는 이하에서 지속적으로 발생하지 않도록 하는 데 연준이 성공했다고 생각하는가? 그래프를 보면 통화정책은 정확한 과학이 아니다. 연준이 2%의 인플레이션을 달성하기 위해 이자율을 설정하면, 실제 인플레이션은 조금 더 높거나 조금 낮은 것으로 나타날 수 있다.

비판자들은 연준이 인플레이션 목표를 천장처럼 다루고 있다고 주장했다. 즉, 가능한 한 2%에 가깝게 인플레이션 달성을 목표로 하는 대신 인플레이션이 2%를 넘지 않도록 확실히 한다는 것이다. 그들이 보기에 문제는 2012년과 2018년 사이에 비록 인플레이션이 약간 높아졌더라도, 연준은 지속 가능한 최대 수준보다 낮았던 생산량과 고용을 더 적극적으로 증대시킬 수 있었으리라는 것이다.

그림 34-2 | 연준은 인플레이션 목표를 달성하는 데 성공했는가

출처 : Bureau of Economic Analysis

다른 경제학자들은 불과 몇 년이 지난 후에 연준의 인플레이션 목표와 해당 인플레이션이 '지속적으로' 2% 미만을 기록하고 있는지를 평가하기에는 아직 성급하다고 주장한다. 이 경제학자들은 인플레이션이 빠르게 다시 나타날 수 있으며, 추가적인 확장적 통화정책은 더 높은 인플레이션을 유발할 위험이 있다고 주장한다.

당신은 어떻게 생각하는가? ■

인플레이션 목표를 달성하면 지속 가능한 최대 고용이 촉진된다. 당신은 궁금해할 수 있다. 왜 연준이 고용량 목표 대신 인플레이션을 목표로 하는가? 결국, 연준은 양대책무, 즉 인플레이션과 고용 두 가지 모두에 주의를 기울인다.

이 질문에 대한 답은 두 가지이다. 첫 번째는 장기의 인플레이션율은 주로 통화정책에 의해 결정되므로, 인플레이션은 통화정책에 의해서 목표로 설정되기가 쉽다. 반대로 지속 가능한 최대 고용은 경제가 잠재 수준에서 기능할 때 발생한다. 하지만 고용은 통화정책과 관련이 없는 이유(예를 들어, 은퇴)로 더 많이 또는 적게 일하기로 사람들이 결정함에 따라 바뀔 수 있다. 그러므로 연준은 총고용보다는 실업률에 더 많은 관심을 기울이고 있다. 하지만 실업률도 통화정책과 무관한 요인의 영향을 받는다. 마찰적 실업은 근로자와 고용주가 서로를 찾는 데 걸리는 시간에 따라 결정되는 반면 구조적 실업은 최저임금법, 노동조합, 노동 시장 규율 그리고 유효임금(efficiency wage)을 지급하려는 고용주의 욕구 등 노동 시장의 구조적 장벽에 의해 결정된다. 이러한 요인은 변화할 수 있고 그들이 변동할 때 균형 실업률이 바뀔 것이다. 따라서 실업률에 대한 연준의 목표는 이러한 요인이 변함에 따라 변경되어야 한다. 대조적으로 많은 국가에서는 2%의 인플레이션을 목표로 하고 있다. 그것은 오랫동안 미국의 인플레이션 목표였을 가능성이 크다.

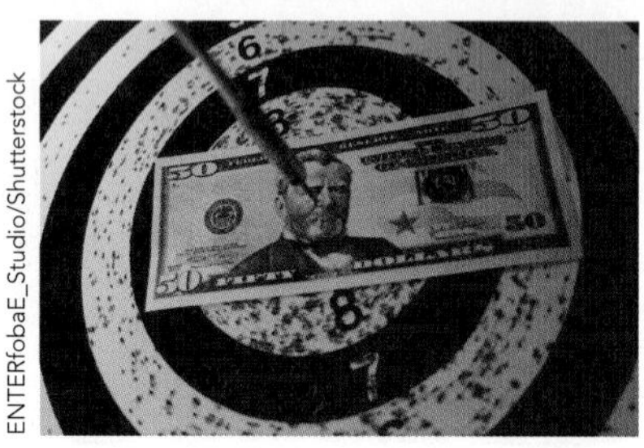

ENTERfobaE_Studio/Shutterstock

경제를 관리하기 위하여 연준은 인플레이션 목표제를 채택한다.

연준이 실업 대신 인플레이션을 목표로 하는 두 번째 이유는 상호의존의 원리 때문이다. 인플레이션과 실업은 상호 의존적이다. 인플레이션이 낮고 목표치에서 안정적으로 유지되려면 실업률이 지속 가능한 가장 낮은 수준 근처에서 유지되는 것이 필요하다. 실업률이 이보다 높으면 경제에 과잉 설비(excess capacity)가 존재하고 이는 인플레이션율이 연준의 목표 아래로 하락하게 된다. 실업률이 이보다 낮으면 생산설비의 제약(capacity constraints)으로 인해 인플레이션이 연준의 목표보다 높아질 것이다. 따라서 낮고 안정적인 인플레이션을 목표로 하는 것과 지속 가능한 실업률을 목표로 하는 것은 일관성을 갖는다. 다르게 표현하자면, 장기에서는 물가 안정과 고용 안정 간에 상충관계가 존재하지 않는다. 그렇다고 인플레이션을 목표로 할 때 연준이 실업률을 무시할 수 있다는 이야기가 아니다. 연준은 실업률 통계를 포함하여 모든 자료를 검토할 필요가 있다. 각 자료의 조각들이 경제 상태에 대한 전반적인 그림을 그리는 데 도움을 주기 때문이다.

왜 0% 인플레이션을 목표로 하지 않는가? 연준의 목표가 물가 안정이라면 왜 0% 인플레이션을 목표로 하지 않는가? 0%를 목표로 하지 않는 네 가지 이유가 있다.

연준이 0% 인플레이션을 목표로 하지 않는 이유:
1. 인플레이션은 노동 시장의 기능을 원활하게 해준다.
2. 인플레이션이 0% 이상일 때, 연준은 실질이자율을 더 크게 낮출 수 있다.
3. 0% 인플레이션 목표는 디플레이션의 위험을 동반한다.
4. 측정된 인플레이션은 과장된 것일 수 있다.

첫 번째 이유 : 인플레이션은 노동 시장의 기능을 원활하게 해준다. 일자리를 유지하기 위해 실질임금 삭감이 필요한 경우에도, 고용주는 종종 명목임금 삭감이 어렵다는 것을 알게 된다. 그러나 2%의 인플레이션으로 이것을 조용히 할 수 있다. 올해 명목임금 인상이 없다면 이는 사실상 그들의 실질임금이 2% 삭감된 것을 의미하기 때문이다. 만약 인플레이션이 0%라면 그들은 같은 실질임금 삭감을 달성하기 위해 명목임금을 2% 삭감해야만 한다. 이론적으로 이것은 동일하다. 실제로는 노동자들은 인플레이션을 통해 달성된 실질임금 삭감보다도 명목임금 삭감을 훨씬 더 싫어한다. 그래서 고용주는 노동자와의 마찰을 피하기 위해 명목임금 인하를 꺼려한다. 이것은 인플레이션이 0이라면, 경기 침체 중에도 실질임금을 거의 삭감하지 못한다는 것을 의

미한다. 아마도 당신은 그거 멋지다고 생각할지도 모르겠다. 그러나 불황은 노동 수요를 감소시키고, 고용주가 실질임금을 삭감할 수 없을 때, 그들은 그렇지 않은 경우에 비해 더 많은 노동자를 해고한다. 이것은 0%의 인플레이션 목표가 경기불황 시기에 실업률을 더 높일 수 있음을 의미한다.

두 번째 이유 : 인플레이션이 0% 이상일 때, 연준은 실질이자율을 더 크게 낮출 수 있다. 연준은 실제로 명목금리를 0 이하로 낮출 수 없는 중요한 제약에 직면해 있다. 경제학자들은 이것을 **제로금리 하한**(zero lower bound)이라고 부른다. 연준이 마이너스 금리를 설정하면, 저축자들은 돈을 은행에 보관하는 대가로 이자를 지급해야 한다. 그래서 −1% 명목이자율은 은행에 100달러를 입금하면 1년 후 99달러를 갖게 된다는 것을 의미한다. 돈을 금고에 넣을 수 있고 1년 후에 여전히 100달러를 가질 수 있는데 왜 은행에 돈을 맡기겠는가? 그래서 명목이자율을 0% 이하로 내리는 것은 실제로 큰 효과가 없다. 사람들은 은행을 아예 피함으로써 0%를 벌 수 있다.

제로금리 하한 명목금리가 실제로 0 이하로 떨어질 수 없다는 제약

명목이자율의 제로금리 하한은 연준이 얼마나 낮게 실질이자율을 설정할 수 있는지에 대한 제약이 된다(이건 정말로 중요한 것이다). 예를 들어, 인플레이션이 2%라면 명목이자율을 제로금리 하한에 설정했을 때 결과적으로 실질이자율은 −2%가 된다. 그러나 인플레이션이 0%라면, 물론 이는 거의 불가능하겠지만, 연준이 설정할 수 있는 가장 낮은 실질이자율은 0%가 될 것이다. 지난 경기 침체에서 연준은 경기 침체에 맞서는 데 필요한 만큼 금리를 충분히 인하할 수 없었다. 당신은 명목이자율이 7년 동안 거의 0%에 머물렀다는 사실에서 이것을 알 수 있다. 이 제약이 아니라면, 연준은 더 낮은 이자율을 설정했을 가능성이 크고, 이는 더욱 강력한 경기 부양을 제공했을 것이다. 일반적으로 인플레이션이 낮을수록 경기 침체에서 빠른 회복을 자극할 수 있는 충분히 낮은 실질이자율을 연준이 제공할 수 없을 가능성이 커진다.

세 번째 이유 : 0% 인플레이션 목표는 디플레이션의 위험을 동반한다. 당신은 연준이 2012년 이후 대부분의 해 동안 2%의 인플레이션 목표를 달성하지 못한 것을 보았다. 만약 0% 목표를 설정한다면, 종종 인플레이션이 0% 미만이 될 위험이 있다. **디플레이션**(deflation)은 가격이 평균적으로 하락할 때 발생한다. 그래서 인플레이션율이 마이너스이다. 디플레이션은 가격이 저렴해지고 있어서 멋지게 들린다. 그러나 가격 하락으로 인해 가격이 더 낮을 때, 즉, 미래에 물건을 사기 위해 오늘의 지출을 지연하기 때문에 문제가 발생할 수 있다. 이러한 총지출의 감소는 생산량을 감소시켜 가격을 더 떨어뜨리고, 디플레이션 악순환을 일으키고, 지출을 줄여 더 깊은 디플레이션을 만든다. 더 나쁜 것은 이 디플레이션 악순환으로 인해 인플레이션율이 더 큰 마이너스가 될 수 있고, 이는 실질이자율을 올리게 된다(명목이자율에서 인플레이션율을 차감한 수치), 이는 지출을 더욱 감소시킨다.

디플레이션 전반적인 물가 수준의 하락

네 번째 이유 : 측정된 인플레이션은 과장된 것일 수 있다. 많은 경제학자는 측정된 인플레이션율이 실제 인플레이션율을 과장하고 있다고 믿는다. 우리가 제24장에서 논의했듯이, 측정된 인플레이션율은 측정되지 않은 품질 향상과 신제품 도입에 따른 생활비 감소를 고려하지 못한다. 결과적으로, 측정된 인플레이션율 0은 실제로는 디플레이션을 의미한다. 연준이 대체 편의(substitution bias)를 조정한 인플레이션 측정치를 목표로 하지만, 여전히 거기에 상승 편향이 있을 가능성이 있다. 이러한 편의에 대한 일부 추정 결과에 따르면, 연준이 측정된 인플레이션 0%를 목표로 삼을 경우, 실제로 약 −1%의 실제 인플레이션율, 즉, 약한 디플레이션을 목표로 삼게 되는 것을 의미한다.

모든 경제학자가 최적의 인플레이션 목표에 동의하는 것은 아니다. 어떤 학자는 심지어 낮은 인플레이션도 달러 가치를 약화시키고 비용을 발생시키기 때문에 그들은 0% 인플레이션율

을 선호한다. 다른 사람들은 4%와 같은 약간 더 높은 목표를 주장했다. 연준이 제로금리 하한에 도달하기 전에 경기 침체에 대응할 수 있도록 금리 인하를 위한 더 많은 공간을 만들기 위해서이다. 정확한 목표에 대한 이러한 불일치에 상관없이, 경제학자 대부분은 연준이 공개적으로 공표한 목표 근처에서 낮고 안정적으로 인플레이션을 유지하는 것을 목표로 하는 것에 동의한다. 이러한 동의는 인플레이션 목표제가 연준이 인플레이션을 낮게 유지하는 가운데, 지속 가능한 최고 수준에 가깝게 고용을 유지하는 데 도움이 될 것이라는 믿음을 반영한다.

연준이 이자율을 선택하는 방법

지금까지 배운 것을 점검해보자. 연준이 인플레이션을 2%로 유지하려고 한다는 것을 알고 있다. 또한 연준이 인플레이션, 실업률 그리고 경제 성장을 예측하기 위해 다수의 자료를 검토한다는 것도 알고 있다. 마지막으로 인플레이션이 너무 낮고 실업률이 너무 높을 때 연준이 실질이자율을 낮춘다는 것을 알고 있다. 또한 인플레이션이 너무 높고 실업률이 지속 불가능하게 낮을 때 연준은 금리를 올린다. 인플레이션과 실업률이 생산량과 연결되어 있어서, 연준은 예상되는 미래 생산량과 잠재생산량 간의 갭에 대한 증거와 함께 현재와 미래의 인플레이션율과 인플레이션 목표 간의 갭에 대한 증거를 찾는다. 이러한 갭에 대응하여 연준은 인플레이션 목표를 달성하고 생산량이 잠재 수준으로 되돌아가게 하도록 금리를 낮추거나 높인다.

연준의 정책 선택을 구성하는 네 가지 요소를 살펴보자.

중립적 실질이자율 경제가 잠재성장률보다 위나 아래에 있지 않은 중립적 상태에서의 이자율

첫 번째 요소 : 연준은 중립적 실질이자율에서 시작한다. **중립적 실질이자율**(neutral real interest rate)은 경제가 중립적일 때, 즉, 생산량이 잠재 수준보다 많거나 적지 않은 상태에서 작용하는 실질이자율이다. 이는 정책 입안자들에게 다음과 같이 얘기할 수 있는 실질이자율이기 때문에 중요하다. 즉, 중립적 실질이자율은 경제가 잠재 수준 이하에서 부진한 것과 함께 생산설비 수준을 넘어서는 과열도 방지하는 실질이자율이다. 실질이자율을 중립적 실질이자율보다 높게 설정하면 실제 생산량이 잠재생산량보다 낮아진다. 그리고 낮게 설정하면, 실제 생산량이 잠재생산량을 초과하게 된다.

많은 경제학자는 중립적 실질이자율을 대략적으로 약 2%에서 안정되어 있다고 생각했다. 그러나 최근 경제학자들은 중립적 실질이자율이 다소 떨어졌고 이제는 2% 이하로 떨어질 수 있다고 의심하기 시작했다. 이러한 중립 금리의 하락은 종종 장기정체(secular stagnation)라고 불리는 추세의 결과이다.

두 번째 요소 : 연준은 실질이자율에 영향을 미치려고 할 때 명목이자율을 목표로 한다. 사람들의 지출과 기업의 투자 결정에 영향을 미치기 위해 연준이 변화를 주려는 기회비용이 실질이자율이다. 그러나 실제로 연준은 명목이자율을 통제한다. 명목이자율은 단순히 실질이자율에 인플레이션을 더한 것임을 상기하라. 따라서 연준이 달성하고자 하는 실질이자율을 결정하면, 해당하는 명목이자율을 찾아서 인플레이션율을 더해 주기만 하면 된다.

연방자금금리 연방준비은행이 정책 수단으로 이용하는 금리, 시중 은행들이 연방자금시장에서 하루짜리 돈을 서로 빌릴 때 지급하는 명목금리

연준이 초점을 맞추고 있는 이자율은 **연방자금금리**(federal funds rate)이다. 이는 은행이 연방자금시장에서 하룻밤 사이에 서로 자금을 빌리기 위해 지급하는 이자율이다. 다음 절에서는 은행이 하룻밤 사이에 서로에게 자금을 빌려주는 이유, 자금시장이 작동하는 방법, 그리고 그것이 더 넓은 경제에 미치는 영향을 알아볼 것이다. 하지만 지금은 간단히 이 명목금리를 조정하는 연순에 집중할 것이다.

세 번째 요소 : 연준은 실제 인플레이션과 인플레이션 목표를 비교한다. 인플레이션이 연준의 인플레이션 목표보다 높을 때, 이는 연준이 중립적 실질이자율보다 높게 실질이자율을 설정해

야 함을 알려준다. 이를 통해 소비자와 투자자의 더 적은 지출을 장려하고 이는 초과 수요를 줄이고 이에 따라 인플레이션 압력이 약해진다. 실제 인플레이션이 연준의 인플레이션 목표보다 낮으면, 연준은 중립적 실질이자율보다 낮게 실질이자율을 설정한다. 이는 소비자와 투자자가 더 많이 지출하도록 장려하고 이에 따라 수요와 인플레이션이 증가한다. 여기서 핵심 아이디어는 연준이 인플레이션과 인플레이션 목표 사이의 차이를 살펴보고 그 차이를 실질이자율을 얼마나 변경할지에 대한 지침으로 사용한다는 것이다.

연준 정책 입안자들은 오늘의 인플레이션만 보는 것이 아니라 인플레이션의 예측도 내다본다. 미래의 어느 날에 인플레이션이 인플레이션 목표보다 높거나 낮을 것으로 예상하는 경우, 해당 문제를 미리 다루기 위해 오늘 실질이자율 변경을 고려할 것이다.

네 번째 요소 : 연준은 총생산 갭을 살펴본다. 총생산 갭은 잠재생산량 대비 비율로 측정되는 실제 생산량과 잠재생산량 간의 차이이다. 실제 생산량이 잠재생산량과 같을 때 그것은 0이 되거나 골디락스가 말했듯이 '딱 맞는' 것이 된다. 경제 과열로 인해 인플레이션이 발생할 수 있어서 총생산 갭은 연준에게 중요하다. 총생산 갭이 양수이면 생산량이 잠재생산량을 초과한다. 그것은 사람들이 초과 근무하고 공장이 추가로 가동되고, 기계설비의 유지보수를 연기함으로써 당분간은 유지될 수 있지만 지속 가능하지 않다. 결국 기업은 가격을 인상하여 초과 수요에 대응할 것이고 이는 인플레이션을 높일 것이다.

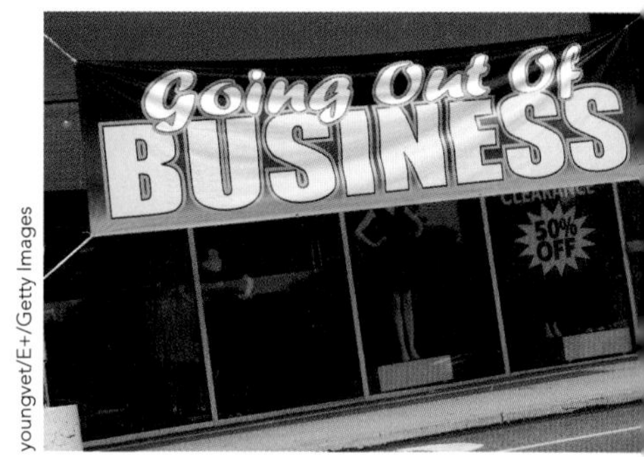

youngvet/E+/Getty Images

연준은 이와 같은 신호에 관심을 기울인다.

반대로, 총생산 갭이 음수이면 경제 활동이 잠재 수준 아래에서 가동하게 된다. 이에 따라 고용은 지속 가능한 최대 수준 아래에 있을 가능성이 크고, 수요 부족으로 기업은 가격을 인하(또는 더 적게 인상)하게 될 것이다. 이로 인해 인플레이션은 하락할 것이다.

따라서 총생산 갭은 연준이 관심을 갖는 두 변수, 인플레이션과 실업의 미래 경로를 암시한다. 실업이 지속 가능한 최저 수준보다 낮으면 총생산 갭이 양수가 되고 이는 인플레이션이 높아질 가능성이 크다. 그래서 연준은 실질금리를 중립적 실질이자율보다 높게 설정하여 양의 총생산 갭에 대응한다. 이는 경제를 냉각시키고 인플레이션 압력을 줄이기 위한 시도이다. 음수의 총생산 갭은 높은 실업과 낮은 인플레이션을 의미한다. 그리고 이는 실질이자율을 중립적 실질이자율보다 낮게 설정하는 연준의 대응으로 이어진다. 이에 따라 더 많은 지출과 생산을 자극하여 실업을 줄일 수 있다. 연준은 또한 미래의 총생산 갭에 대한 예측을 검토하여 다가오는 문제를 미리 다룰 수 있다.

종합 : 연방준비은행의 경험규칙은 연준이 하는 일을 대략 알려준다. 실제로 통화정책에 대한 정해진 규칙은 없지만, 연준의 의사결정은 표준 패턴을 따르는 것 같다. **연방준비은행의 경험규칙**(Fed rule-of-thumb)은 이자율 조정 방법을 결정하기 위해 중립적 실질이자율과 인플레이션 및 생산량 추정치를 어떻게 결합하는지 보여준다. 연준은 실질이자율을 변경하여 경제에 영향을 미치나 명목이자율을 설정한다. 그래서 실질이자율에 초점을 맞추기 위해 연준은 인플레이션율 추정치를 차감하여 (명목) 연방자금금리를 평가한다. 그런 다음, 연준은 중립적 실질이자율에 인플레이션 목표로부터의 갭과 잠재생산량으로부터의 총생산 갭에 관한 조정치를 더한 수치에 실질이자율을 맞춘다. 이 공식이 연방준비은행의 경험규칙을 보여준다.

연방준비은행의 경험규칙 연방준비은행이 금리를 결정할 때 사용한다고 말해지는 방식:
연방자금금리 − 인플레이션 = 중립적 실질이자율 + 1/2 × (인플레이션 − 2%) + 총생산 갭.

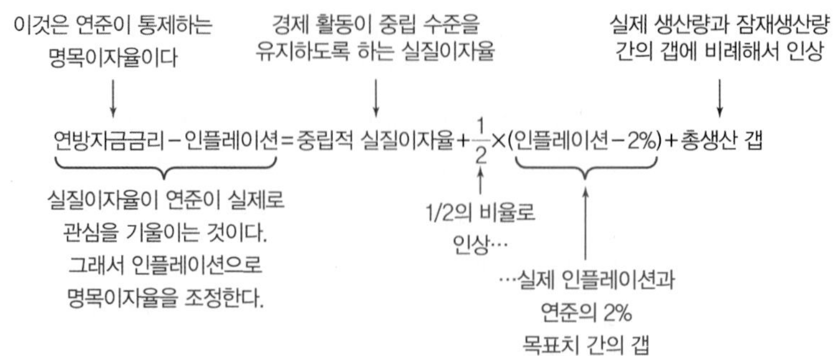

연준은 인플레이션과 연준의 2% 목표치 간 차이의 절반만큼 실질이자율을 인상하거나 인하함으로써 인플레이션 갭에 대응한다. 그래서 만약 인플레이션율이 3%인 경우(연준의 인플레이션 목표보다 1%포인트 높음), 실질이자율을 0.5%포인트 높게 설정한다. 연준은 실제 생산량과 잠재생산량 간의 1%포인트 차이에 대해 실질이자율을 1%포인트 올리거나 내림으로써 총생산 갭에 대응한다. 따라서 생산량이 잠재생산량을 1% 초과하여 총생산 갭이 1%라면, 연준은 실질이자율을 그렇지 않은 경우보다 1%포인트 높게 설정할 것이다.

경제학 실습

이제 당신이 연방준비은행 총재 역할을 맡을 차례다. 아니면 연준의 다음 움직임을 예측하려고 노력하는 채권 거래자일 수도 있다. 중립적 실질이자율은 2%, 인플레이션은 1.5%, 총생산 갭은+0.5%로서 생산량은 잠재생산량보다 0.5% 높다는 것을 의미한다. 연방준비은행의 경험규칙이 제시하는 적절한 연방자금금리는 얼마인가?

$$\text{연방자금금리} - \text{인플레이션} = 2\% + \tfrac{1}{2} \times (1.5\% - 2\%) + 0.5\% = 2.25\%$$
$$\text{연방자금금리} = 2.25\% + \text{인플레이션} = 2.25\% + 1.5\% = 3.75\%$$ ■

그림 34-3 | 연방준비은행의 경험규칙

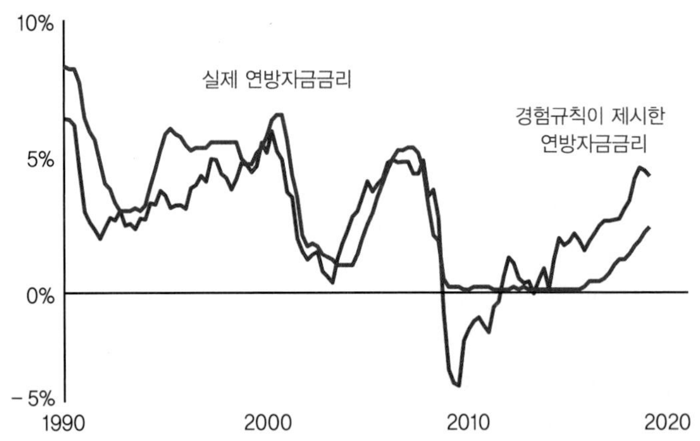

출처 : Federal Reserve Board, Bureau of Economic Analysis, and Congressional Budget office

통화정책 선택은 체계적이지만 자동적이지는 않다. 연방준비은행의 경험규칙은 연준의 실제 금리 결정에 대해 꽤 괜찮은 예측을 제시한다. 그림 34-3은 2%의 중립 금리를 이용한 연방준비은행의 경험규칙 금리와 비교한 실제 연방자금금리를 보여준다. 연방준비은행의 경험규칙은 또한 '테일러 준칙'으로도 불린다. 이 준칙은 과거 연준의 통화정책 집행을 잘 설명했던 경제학자의 이름을 따라서 붙여졌다.

연준의 경험규칙이 실제 연방자금금리에 대한 좋은 예측을 제공한다고 해서 마치 레시피처럼 경험규칙을 따라야 한다는 것을 의미하지 않는다. 실제 경험규칙과 같은 공식을 이용하여 컴퓨터가 이자율을 설정하는 것을 허용해야 한다는 주장은 더욱 아니다. 연방공개시장위원회 회원들은 인플레이션을 평가하기 위해 가격 변화에 관한 다양한 지표뿐만 아니라 총생산 갭을 평가하기 위해 경제의 과잉 설비에 관한 다양한 척도를 살펴보고 있다는 것에 대해 이미 살펴보았다. 그들은 또한 세계화, 자동화, 인구 통계, 시장 지배력, 불평등, 기술변화 및 금융의 상호연결성 등과 같은 더 깊은 힘이 경세 구조를 변화시킬 수 있는 방식도 평가한다.

연준의 결정은 체계적이다. 즉, 연준은 신뢰할 수 있는 방식으로 경제 상태에 대응한다. 하지만 자동적이지는 않다. 즉, 시간에 걸쳐 단순히 단일 준칙을 적용하는 것은 아니다. 연준 관리들은 그들의 우월한 정보, 경제적 통찰력 및 의사결정 능력을 고려할 때 다른 선택이 물가 안정과 최대 고용이라는 연준의 양대책무를 더 잘 충족한다고 판단될 때는 그 결정이 경험규칙에서 벗어난다고 주장한다. 따라서 연준의 경험규칙이 연준의 결정을 면밀히 추적하는 공식임에도 불구하고, 실제로 많은 다른 판단들이 연준의 결정에 작용한다.

준칙 대 재량의 경우. 일부 경제학자들은 연준이 단기적인 경제 호황을 일으키기 위해 금리를 낮추려는 유혹을 받을 수 있다고 걱정한다. 만약 이런 유혹에 빠지게 된다면, 경제는 과열될 위험이 있고 이는 인플레이션의 상승을 촉발할 수 있다. 연준이 금리 인하 유혹을 받을 수 있다는 인식조차 문제가 될 수 있다. 이러한 인식은 사람들이 더 높은 인플레이션을 기대하게 할 수 있고 실제 인플레이션을 상승시킬 수 있기 때문이다.

그래서 일부 경제학자들은 연준이 엄격한 준칙을 따라야 한다고 제안했다. 금리를 설정할 때 금리 인하 유혹을 효과적으로 제거할 것이며 결과적으로 인플레이션이 낮아지고 안정될 수 있다고 주장했다. 또한 엄격한 준칙을 통해 통화정책이 더욱 예측 가능해진다고 보았다.

그러나 준칙을 엄격하게 준수하면 몇 가지 중요한 단점이 따른다. 예를 들어, 연준은 종종 다가오는 문제를 해결하기 위해 재량권을 사용한다. 그림 34-3은 연준이 2007년 9월부터 금리 인하를 시작했다는 것을 보여준다. 이는 인플레이션이 상승했고 생산량이 대략 잠재 수준에 있었음에도, 심각한 경기 침체에 3개월 앞선 것이었다. 당시에 제로금리 접근 전망 및 금융 불안의 가능성은 경험규칙이 제안하는 것보다 더 강력한 행동이 필요하다는 것을 의미한다고 많은 연준 관리들은 주장했다. 이것은 최근 몇 년 동안 금리 변동 패턴이 연준 경험규칙이 예상한 것과 다른 이유를 부분적으로 설명한다.

보다 일반적으로, 재량은 인간의 어리석음이라는 위험이 있지만, 그것은 사람들이 사용 가능한 모든 자료를 기반으로 더 나은 결정을 내릴 수 있다는 것을 허용한다. 그래서 많은 통화정책 논의는 연준의 경험규칙이 예측하는 것을 살펴보는 것으로 시작하여, 더 나은 정책 선택을 위해 연준은 자신의 재량권을 어떻게 사용할 수 있는지를 평가하는 것으로 나아간다. 이 접근 방식은 일반적으로 금리가 어디로 가는지 예측할 수 있음을 의미한다. 즉, 연준의 경험규칙을 참고하고, 연준 관리의 연설에 귀를 기울임으로써 그들이 어떻게 경험규칙에서 벗어날 수 있는지에 대한 힌트를 얻어서 말이다.

34.3 연준이 이자율을 설정하는 방법

학습목표 연방준비은행이 통화정책 결정을 집행하는 방법을 이해한다.

연방공개시장위원회가 금리를 인상하거나 낮출 것이라고 발표하면, 이는 연방자금금리라고 하는 특정 금리의 새로운 수준을 공표하는 것이다. 하지만 이는 연방자금시장에서 은행들이 하룻밤 동안 서로 주고받는 대출 금리인 연방자금금리를 직접 설정하지는 않는다. 오직 은행 및 기타 특정 금융기관만 연방자금시장에서 차입하거나 신용을 제공할 수 있다. 따라서 연방자금금리를 변동하기 위한 새로운 통화정책 결정을 집행하기 위해서, 연방공개시장위원회는 자금을 서로 주고받는 은행에게 인센티브를 제공할 필요가 있다. 이것이 어떻게 작동하는지 살펴보자.

은행 간 대출을 위한 하룻밤 시장

은행이 때때로 하룻밤 사이에 서로 차입해야 하는 이유를 먼저 생각해보자. 당좌예금 계좌에 월급을 입금하면 돈이 금고에 현금으로 가만히 앉아있지 않는다. 은행은 당신이 예치한 자금

지급준비금 은행이 언제든지 지급하도록 보유하고 있는 현금

을 빌려줌으로써 수익을 창출한다. 하지만 집주인에게 수표를 써서 집세를 지급하면 당신은 은행이 그 돈을 집주인에 지급할 것으로 기대한다. 은행은 **지급준비금**(reserves)으로 알려진 현금을 보유해야 한다. 그래야 그러한 지급을 할 수 있다. 따라서 은행은 상충관계에 직면한다. 만약 더 많은 돈을 대출하면, 차입자가 이자를 지급함에 따라 더 많은 이익을 얻지만, 또한 당신의 집주인에게 지급해야 하는 것처럼 충분한 현금을 가지고 있지 않은 위험을 감수해야 한다. 은행은 현금이 부족하면 지급을 위해 돈을 빌릴 필요가 있다.

의무적 지급준비금 은행이 보유해야만 하는 최소한의 준비금

연준은 사용 가능한 최소 준비금인 **의무적 지급준비금**(reserves requirements)을 설정한다. 즉, 각 은행이 보유해야만 하는 현금이다. 그들은 이러한 준비금을 금고에 현금으로 보유하든지 아니면 연준에 예치해야 한다. 때때로 은행은 의무적 지급준비금을 충족하지 못하거나 특정한 날에 지급하는 데 필요한 현금이 부족하다. 결과적으로 은행은 자금에 대한 수요가 생기고 연방자금시장에서 다른 은행으로부터 하룻밤 돈을 빌려서 해결할 수 있다. 다른 은행들은 그들이 필요로 하는 것보다 더 많은 현금을 가지고 있을 수 있다. 이들 은행은 그들의 여유자금을 필요로 하는 은행들에게 하룻밤 동안 빌려주시면서 기꺼이 자금을 공급하려 할 것이다. 수요와 공급의 힘이 이 시장의 가격을 결정한다. 이 가격이 이 하룻밤 대출에 부과되는 이자율이다. 연준의 의무적 지급준비금 요건을 충족하기 위한 시장 가격이기 때문에, 이 이자율은 연방자금금리라고 불린다.

연방자금금리에 영향을 주기 위해 연준이 사용하는 수단

1. 은행의 초과 지급준비금에 이자를 지급한다.
2. 금융기관으로부터 하룻밤 자금을 차입한다.
3. 할인 창구를 통해 직접 자금을 빌려준다.
4. 국채를 사고판다.

연준은 의무적 지급준비금 요건을 변경하여 연방자금금리에 영향을 미치려고 할 수 있다. 만약 연준이 이 준비금 요건을 높이면 은행은 더 많은 자금을 준비금으로 보유하도록 요구됨에 따라 연방자금시장에서 활용 가능한 자금공급은 줄어들 것이다. 이런 자금공급의 감소는 연방자금금리를 상승시킬 것이다. 실제로 연준은 의무적 지급준비금을 매우 자주 변경하지는 않는다.

그림 34-4 | 연방자금금리

출처 : Federal Reserve.

하지만 이 직관은 연준의 정책수단을 이해하는 데 도움이 될 수 있다. 이 수단 대부분은 은행이 지급준비금을 더 많이 또는 더 적게 보유하도록 유도하는 데 맞추어져 있다. 이러한 수단은 연방자금시장의 균형 이자율을 변화시키는 목표를 달성하기 위해 하룻밤 대출의 수요와 공급을 효과적으로 조절한다. 이러한 수단은 잘 작동한다. 그림 34-4는 '유효연방자금금리'라고 불리는 실제 이자율이 믿기 어려울 정도로 연준의 이자율 목표에 가깝게 있는 것을 보여준다(연준은 연방자금금리에 대한 구체적인 목표치를 설정하다가 2008년 말부터 목표 범위를 설정하고 있다). 연준이 이러한 이자율 목표치를 달성하는 수단을 살펴보자.

첫 번째 수단 : 연준은 은행의 초과 지급준비금에 대해 이자를 지급한다. 연방자금금리에 영향을 미치기 위해 연준은 은행의 초과 지급준비금에 대해 이자를 지급한다. 초과 지급준비금은 은행이 필요한 금액 이상으로 보유한 준비금을 의미한다. 이것은 은행이 여분의 자금을 다른 은행에 빌려줄 때 부과하는 이자율의 실제적인 최솟값으로 작용한다(연준은 또한 의무적 지급준비금에 대해서도 이자를 지급하지만 이러한 준비금은 의무이기 때문에 그 이자율은 은행이 여분의 현금을 빌려주려는 의지에는 영향을 미치지 않는다).

초과지급준비금 이자율 초과 지불준비금에 대해 연방준비은행이 시중은행에 지급하는 이자율

여분의 현금을 자신의 지급준비금 계좌에 남겨두고 돈을 잃을 위험 없이 1% 수익을 얻을 수 있다면, 다른 사람이 1%보다 높은 이자율을 제공하는 경우 당신은 해당 계좌에서 자금을 빼내어 그 사람에게 대출할 것이다. 결과적으로 **초과지급준비금 이자율**(interest rate on excess reserve)

은 은행이 자금을 대출할 때 적용되는 이자율의 하한 역할을 한다. 이 이자율이 높을수록 다른 은행에 대출할 수 있는 준비금이 적어지고 이는 하룻밤 대출 금리를 올릴 것이다. 그래서 연준이 연방자금금리를 올리거나 내리기를 원할 때 연준은 초과 준비금에 지급하는 금리를 올리거나 내린다.

그러나 모든 기관이 연방자금시장에서 그들의 지급준비금에 대해 이자를 받을 수 있는 자격이 있는 것은 아니다. 따라서 해당 기관의 연방자금금리의 실효적인 하한을 설정하기 위해 연준은 다른 수단을 사용해야만 한다. 이제 그 도구를 살펴보자.

두 번째 수단 : 연준은 금융기관에서 하룻밤 돈을 차입한다. 연준이 돈을 빌리는 가격의 하한을 설정하는 또 다른 방법이 있다. 금융기관에서 돈을 빌려 대출에 대한 이자를 지급한다. 하룻밤 차입에 참여함으로써 연준은 이 대출에 대한 수요를 증가시키고 이는 이자율 상승으로 이어진다. 그러한 차입을 줄이면 하룻밤 대출에 대한 수요가 감소하여 금리가 낮아진다. 이것은 주로 은행이 아닌 다른 금융기관의 연방자금금리에 대한 효과적인 하한을 설정하는 연준의 수단이 된다.

이 수단이 어떻게 작동하는지 살펴보자. 비공식적으로 창구(the Desk)로 알려진 **공개시장거래창구**(Open Market Trading Desk)는 뉴욕 연방준비은행의 거래 창구이다. 이 창구에서 거래 참가자는 국채를 사고, 판다. 국채는 정부가 특정 날짜까지 특정 이자율로 특정 금액을 상환하겠다고 약속한 정부의 채무(IOU)이다. 연준은 돈 자체를 빌리는 것이 아니라 단순히 국채를 거래하는 것이다. 이는 당신이 국채를 사거나 팔 수 있는 것과 같다(퇴직 계좌가 있다면 아마도 간접적이기는 하지만 국채를 매입했을 것이다). 차이점은 연준은 이자율에 영향을 미치기 위해 채권거래를 한다는 것이다. 창구는 연방자금금리에 영향을 미치는 연방공개시장위원회의 지시를 수행하기 위해 이러한 거래에 참여한다. 그 창구는 '공개시장' 창구라고 불리는데, 이는 경쟁이 치열한 공개시장에서 매매해야 하기 때문이다.

공개시장거래창구 연방준비은행이 국채를 사고 파는 뉴욕 연방준비은행에 있는 트레이딩 데스크

그 창구는 하룻밤 사이에 은행이나 기타 금융기관에 다음날 더 높은 가격에 다시 구매하는 합의를 하고 국채를 판매한다. 이러한 판매는 **익일역환매협정**(overnight reverse repurchase agreements)이다. 복잡하게 들릴 수 있지만, 아이디어는 사실 아주 간단하다. 즉, 오늘 내가 종이 한 장을 너에게 팔고 내일 더 높은 가격에 다시 사는 데 동의한다면, 사실상 당신은 오늘 나에게 당신의 현금을 주고 나는 당신에게 내일 더 많은 현금을 줄 것을 약속한다고 할 수 있다. 그러면 실질적으로 나는 당신의 돈을 하룻밤 동안 빌리고 있는 것이고, 당신이 오늘 내게 주는 돈과 내가 내일 당신에게 주는 돈의 차이가 내가 당신에게 지급하는 이자이다. 이것이 바로 이 협정이 하는 일이다. 연준이 기꺼이 돈을 빌리려는 이자율을 설정하는 것이다. 이러한 대출은 효과적으로 연방자금금리의 하한을 설정한다. 금융기관은 연준에 자금을 빌려주고 이자를 더 많이 받을 수 있는데, 왜 다른 사람에게 그들의 자금을 빌려주겠는가?

익일역환매협정 연준 데스크가 국채를 금융기관에 팔 때 그 다음날에 보다 높은 가격으로 되산다는 약속을 할 때

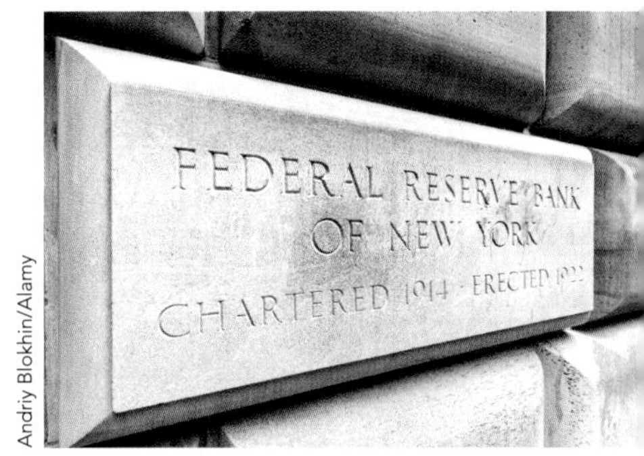

그 창구는 뉴욕 연방준비은행 내부에 있다.

초과 지급준비금에 대한 이자와 익일역환매협정에 대한 수익률은 연방자금금리의 하한을 형성한다. 연방자금금리에 대한 연준의 정책을 실행하는 이러한 방식을 **하한 틀**(floor framework)이라고 한다. 이는 금융기관이 자금을 빌려줄 의향이 있을 때 얼마나 낮은 이자율을 적용할 것인지에 대한 하단을 효과적으로 설정하기 때문이다.

하한 틀 연방준비은행이 연방자금금리 이자율 하락의 하한선을 결정하기 위해 다른 자금의 금리를 결정하는 데 사용하는 방식

기본적으로, 연준은 연방자금시장에서 대출의 기회비용을 높인다. 어떤 은행도 기회비용보다 낮은 이자율로 대출을 원하지 않기 때문에, 은행 및 기타 금융기관이 이자를 받을 수 있도록 연준이 제공하는 대안적인 옵션은 연방자금금리가 얼마나 낮아질 것인지에 대한 하한을 설정한다.

세 번째 수단 : 연준은 할인 창구를 통해 은행에 직접 자금을 빌려준다. 연준이 은행이 보유하

고 있는 준비금에 영향을 미칠 수 있는 또 다른 방법이 있다. 하지만 현실에서 그렇게 많이 사용되지는 않는다. 할인 창구를 통해 은행에 직접 대출이 가능하다. 옛날에는 지역 연방준비은행 각각에 실제 창문이 있었기 때문에 그렇게 불린다. 그 창문에서 은행들이 할인된 가격으로 지역 연준에 대출을 매각하고 나중에 다시 샀다. 본질적으로 그것은 은행을 위한 전당포였다. 지금은 더는 그런 방식으로 운영되지 않지만 이름은 그대로 남아 있다. 그리고 주요 아이디어는 동일하다. 은행은 담보(대출금을 갚지 않으면 잃게 되는 것)를 제공하고 연준으로부터 대출을 받아서 의무적 지급준비금을 충족하는 데 도움이 되는 것이다.

할인율 연방준비은행이 할인창구를 통해 은행에 대출해 준 돈에 붙이는 이자

연준이 할인 창구를 통해 제공하는 이자율을 **할인율**(discount rate)이라고 하고 일반적으로 연방자금금리보다 높게 설정된다. 이는 연방자금금리에 대한 상한을 형성하기 때문에 중요하다. 은행은 서로 연방자금금리로 차입하는 것을 선호하지만, 만약 이 금리가 할인율을 상회하게 되면, 그들은 단지 할인율로 연준에서 빌릴 수 있다.

따라서 연준은 대안적인 대출 기구를 운영함으로써 연방자금금리에 영향을 미칠 수 있다. 연준은 연방자금금리를 높이거나 낮추고자 할 때 그에 따라 할인율을 높이거나 낮춘다.

네 번째 수단 : 연준은 국채를 사고팔 수 있다. 마지막 수단은 사실 역사 수업에 가깝다. 2007년 이전에는 이자율 하한과 상한을 설정하여 연방자금금리에 영향을 미치기보다는, 연준은 연방자금시장에서 원하는 이자율을 달성할 때까지 국채를 사고팔았다. 금리를 인상하기 원하면 뉴욕 연방준비은행의 창구에서 채권을 매도한다. 은행이 연준으로부터 채권을 구매할 때 지급하는 돈은 지급준비금에서 가져온다. 준비금이 적을수록 은행은 준비금을 빌려야 하고 다른 은행에 자금을 공급할 가능성이 작아진다. 채권을 판매함으로써 연준은 하룻밤 대출에 대한 수요를 늘리고 공급을 축소한다. 최종 결과는 연준의 채권 매각으로 연방자금금리가 상승한다.

연준이 금리를 낮추고 싶을 때는 채권을 매입했다. 연준이 지급한 돈은 은행의 가용 지급준비금에 추가되었다. 은행은 더 많은 준비금이 있었기 때문에, 다른 은행에서 하룻밤 자금을 빌릴 가능성이 작고 빌려줄 가능성이 더 크다. 채권을 매입함으로써 연준은 하룻밤 자금에 대한 수요를 줄이고 공급을 늘린다. 이에 따라 연준의 채권 매입은 연방자금금리를 하락시킨다.

공개시장운영 연방준비은행이 연방자금의 금리에 영향을 미치도록 국채를 사고파는 것

공개시장운영(open market operations)은 연준이 국채를 사고파는 것을 말한다. 기술적으로, 익일역환매계약은 공개시장운영의 한 형태이다. 그러나 역사적으로 채권 매매를 통한 공개시장운영은 연준이 통화정책 결정을 집행한 우선적인 방법이었다.

2000년대에 표준적인 공개시장운영을 통해 채권을 사고파는 것으로 항상 원하는 연방자금금리가 달성된 것은 아니었기 때문에, 연준 관리들은 이자율을 움직이는 대안적인 방안을 찾기 시작했다. 금융위기는 그 변화를 가속화했다. 오늘날 연준은 하한 틀과 함께 할인율을 통한 실효적인 가격 상한을 이용한다. 이자율의 하한과 상한에 대한 적절한 가격을 설정하고 시장 수량이 조정되면서, 연준은 연방자금금리를 정확하게 맞힐 수 있다. 이전처럼 시장에서 거래되는 채권의 수량을 변화시켜 동 채권의 가격에 간접적으로 영향을 미치는 노력이 필요하지 않게 되었다.

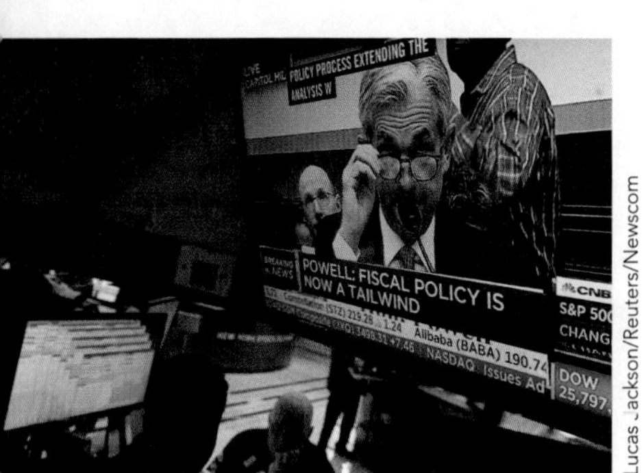

연준의 결정은 파급효과를 통해 경제의 구석구석에 영향을 미친다.

연방자금금리 변화가 나머지 경제 부문에 미치는 영향

자, 이제 연준이 주요 수단인 연방자금금리를 어떻게 조정하는지 알게 되었다. 하지만 그것이 당신에게 어떤 영향을 줄까? 연준이 연방자금금리를 움직이는 데 성공하면, 그 효과는 경제 전반에 파급된다. 은행은 신용카드, 기업 대출, 모기지, 학자금 대출, 저축 계좌, 자동차 대출 등 많은 금리를 조정한다. 이러한 금리 변화는 더 광범위한 거시경제적 영향을 미친다. 낮은 실질 이자율은 더 많은 소비와 투자, 달러 가치의 하락 및 순수출 증가로 이어진다. 이러한 총지출의

증가는 관리자가 생산을 확대하고 더 많은 근로자를 고용하는 것으로 이어진다. 더 늘어난 생산으로 더 많은 기업이 생산설비의 제약을 경험하여 더 자주 그리고 더 큰 폭으로 가격을 인상하도록 유도한다. 이는 인플레이션 상승을 낳는다. 결국, 연준의 결정은 미국과 해외에서 경제의 거의 모든 구석에 영향을 미치기 때문에, 사람들은 연준의 결정을 잘 따른다. 이 모든 일이 어떻게 일어나는지 살펴보자.

연방자금금리의 변화는 다른 이자율로 스며든다. 연방자금금리가 변경되면, 대출의 한계비용과 편익이 변경되었기 때문에 은행은 차입자에게 부과하는 금리를 재설정한다. 당신에게 돈을 빌려주는 은행의 한계편익은 당신이 지급하는 이자이다. 그 한계비용은 기회비용이며 이는 그 대신 지급준비금에 돈을 남겨두면 얻을 수 있는 이자이다. 연방자금금리의 하락은 이 기회비용을 낮추게 되고, 비용-편익의 원리에 따르면 주어진 모든 이자율에서 은행은 더 많은 대출을 실행한다. 이러한 대출 공급의 증가는 은행이 당신과 같은 사람들에게 부과하는 이자율을 떨어뜨린다.

연방자금금리는 단기 및 변동 금리에 직접적인 영향을 미친다. 대부분의 신용카드 금리와 같이 다수의 변동 금리는 연방자금금리와 직접적으로 함께 움직인다. 일부 민간 학자금 대출도 변동 금리가 있다. 당신의 저축성예금도 연방자금금리에 따라 조정되는 변동 금리일 수 있다.

단기 금리의 변화는 장기 대출에도 영향을 미친다. 그 이유를 이해하기 위해서, 장기 대출을 일련의 단기 대출로 볼 수 있다는 점을 생각하라. 따라서 당신이 5년 만기의 자동차 대출에 대해 고정 이자율을 지급할 때, 은행은 매달 다르게 부과된 이자율을 5년 동안 합산한다고 생각할 수 있다. 당신에게 5년 대출을 실행한 은행의 기회비용은 일련의 단기 대출이 아니다. 그래서 5년 대출에서 얻는 이자 수익이 최소한 일련의 단기 대출에서 얻을 것으로 예상하는 것만큼 큰 경우에만 해당 대출을 실행할 것이다. 결과적으로 연방자금금리가 변화할 때, 장기 금리는 움직인다. 그리고 얼마나 움직일지는 은행들이 새로운 연방자금금리가 얼마나 오래 유지될지에 대한 기대에 달려있다.

금리는 오늘과 내일의 소비 가치를 변화시킨다. 소비자와 기업에 있어서, 소비와 투자는 기회비용의 원리로 인해 이자율과 함께 변화한다. 연준이 연방자금금리를 변화시킬 때, 그 효과는 저축성예금 및 신용카드와 같이 당신이 직면하는 금리의 변화에도 침투한다. 이에 따라 얼마나 저축할 것인지 아니면 빌릴 것인지 등에 대한 당신의 선택에 영향을 미친다. 마찬가지로 저축의 이득과 차입 비용이 변화하는 등 기업에도 영향을 미친다. 마찬가지로 이자율은 정부가 차입하기 위하여 지급해야 하는 금액을 변경하고 따라서 정부가 다른 일에 사용할 수 있는 금액에 영향을 미칠 수 있다.

fotoVoyager/iStock Unreleased/Getty Images

연준의 결정은 미국 달러 가치에 영향을 미치고 이는 일본을 비롯한 나머지 전 세계에 영향을 미친다.

금리는 미국 달러의 가치를 변화시킨다. 투자자는 글로벌 행위자로서, 그들이 찾을 수 있는 가장 높은 위험-조정 수익을 추구한다. 미국 이자율이 하락할 때, 미국에 대한 투자는 덜 매력적으로 된다. 미국에 투자하기 위해 미국 달러를 사려는 외국인 투자자가 더 적어짐에 따라 달러 가치가 떨어진다. 이러한 절하는 미국 달러를 구매하려는 엔, 유로 또는 위안(일본, 유럽, 중국의 통화)이 더 줄어든다는 것을 의미한다.

1달러를 사는 데 더 적은 엔이 필요할 때, 일본 소비자는 미국산 상품을 더 싸게 살 수 있다. 만약 일본에 사과를 수출하는 경우, 동일한 수의 달러를 받을 것이다. 하지만 일본 고객에게는 엔화로 더 적은 비용이 든다. 이것은 수출품 사과에 대한 수요를 증가시킨다. 실제로 달러 가치가 하락하면, 전 세계 사람들은 미국 상품이 자국 통화로 환산했을 때 더 저렴하다는 사실을 발견하고 미국에서 수출된 상품의 구매를 늘린다.

반대로 다른 통화로 가격이 책정된 상품을 구매하려면 더 많은 달러가 필요하다. 일본 자동차 제조업체가 같은 금액의 엔을 받으려면, 일본 차에 더 많은 미국 달러를 지급해야 한다. 그 가격 상승은 미국이 수요하는 수입품의 수량 감소로 이어진다. 높은 가격을 상쇄할 만큼 수입량이 충분히 감소하면 미국인의 수입품에 대한 총지출도 감소할 것이다.

이 모든 것은 낮은 이자율로 인해 미국 달러가 낮아져 수출은 증가하고 수입이 감소하여 순수출이 증가한다. 이자율이 상승하는 경우 반대의 결과가 나타난다. 달러 가치가 상승하여 미국 상품이 더 비싸지고 외국 상품이 저렴해져 순수출이 감소한다.

따라서 글로벌 자금 이동, 환율 및 국제무역에 미치는 영향으로 인해 연준의 결정은 전 세계 경제에 영향을 미친다. 요약하면, 연방자금금리의 변화는 경제 전반에 걸쳐서 실질이자율을 변화시키고 이는 다시 소비, 투자, 정부지출 및 순수출에 영향을 미친다.

일상경제학 **연준이 방금 금리를 인하했다. 지금이 차입하기 좋은 때라는 의미인가?**

연준이 연방자금금리를 낮추면, 다른 금리가 뒤따를 것이다. 당신은 아마 결과적으로 더 적은 비용으로 자동차 대출을 받을 수 있다. 그래서 자동차 사기에 좋은 시간이 된 것일까? 연준은 당신이 그렇게 생각하기를 바란다. 결국 연준은 낮은 금리로 지출을 증가시키려고 노력하고 있다. 그러나 이것이 좋은 결정인지 여부는 개인 상황에 따라 다르다. 특히 연준이 보기에 경제 활동이 약하다고 판단할 때 금리를 인하한다는 사실을 인식하는 것이 중요하다. 즉, 당신이 직장을 잃을 가능성을 고려해야 한다는 것을 의미한다. 만약 그렇게 될 경우, 여전히 원리금을 상환할 수 있겠는가? 일반적으로 젊은 사람들은 경기 하강 시기에 높은 실업률에 가장 취약하다. 따라서 연준이 금리를 낮추는 것을 볼 때 당신의 예산에 특히 주의해야 한다. 그리고 만약 실직한다면, 당신이 스스로 (그리고 자동차 대출 원리금을) 부양할 수 있을 때까지 자동차 구매를 보류해야 할 것이다. ■

atakan/E+/Getty Images

연준이 방금 이자율을 내렸다. 자동차 대출을 받아야만 할까?

34.4 비전통적인 통화정책

학습목표 명목이자율이 0일 때 연방준비은행의 통화정책 수행을 위한 도구에 대해 배운다.

경제에 영향을 미치는 연준의 우선적인 수단은 연방자금금리이지만 이것이 유일한 수단은 아니다. 연방자금금리를 0으로 낮춘 후에도 지출을 장려할 필요가 있을 때 연준의 다른 수단은 특히 필요하다. 추가로, 연준은 금융 시스템의 안정성을 보장할 책임이 있다. 2007~2009년 금융위기 시기에 연준은 금융 부문의 안정성을 높이는 데 도움이 되는 몇 가지 새로운 수단을 모색했다. 이러한 수단 중 일부를 살펴보자.

명목이자율이 0일 때 통화정책 선택

대공황 이후 가장 깊은 불황에 맞서기 위해 연방공개시장위원회는 2008년에 연방자금금리의 목표를 기본적으로 0까지 낮췄다. 명목금리 하한(zero lower bound)은 연준이 연방자금금리를 더 낮출 수 없다고 생각했기 때문에 추가 지출을 장려할 수 있는 다른 수단에 대한 검토를 시작해야 한다는 것을 의미했다. 두 가지 주요 접근 방식 모두 장기 금리를 낮추는 동일한 목표를 반영하고 있다. 평상시에 연준은 단기금리를 조정한다. 연방자금금리는 하룻밤 이자율이라는 것을 상기하라(그건 정말로 단기이다!). 하지만 이 이자율이 하한에 도달했고, 경제가 아직 잠재 수준 아래에 있을 때, 오늘 더 많은 지출에 쓸 수 있도록 가계와 기업의 더 많은 장기 대출을

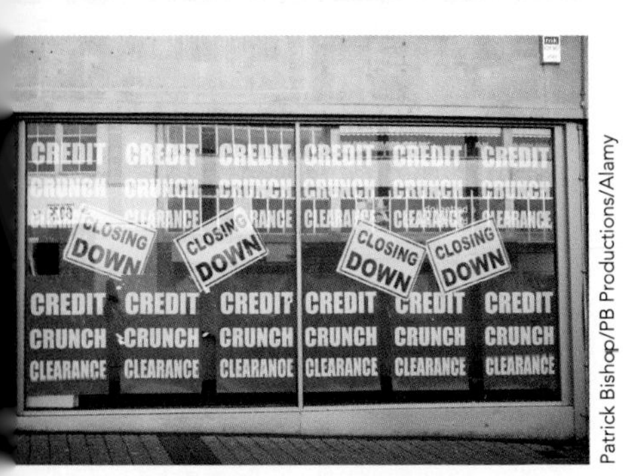

Patrick Bishop/PB Productions/Alamy

2008년에는 모든 것이 절망적이었다.

장려하기 위해 연준은 장기 금리를 더 낮출 수 있다.

포워드 가이던스는 장기 금리를 낮추는 데 도움이 된다. 연방자금금리가 제로가 되자 의사소통은 더 중요한 정책수단이 되었다. 이는 단기 금리가 매우 낮은 상태에서도 연준이 미래의 낮은 금리를 약속함으로써, 경기 부양 효과를 가질 수 있다는 생각이다. 미래 이자율에 대한 시장의 기대에 영향을 미치기 위해 통화정책의 향후 경로에 대한 정보를 제공하는 전략을 **포워드 가이던스**(forward guidance)라고 한다.

포워드 가이던스 미래의 이자율에 대한 시장의 기대에 영향을 미치기 위해서 통화정책의 미래 방향에 대한 정보를 제공하는 것

그것이 작동하는 방식은 연준이 미래에 금리가 낮게 유지될 것이라는 약속을 통해, 오늘 금리가 더 낮아질 수 없다는 사실을 보상해주는 것이다. 사람들이 낮은 이자율에 더 오래 의지할 수 있다고 연준이 약속했기 때문에, 이것은 장기 이자율을 끌어내린다. 이 약속은 주택담보대출, 5년 만기 자동차 대출, 장기 사업 대출과 같은 장기 대출의 이자율을 낮추고, 이러한 낮은 금리는 더 많은 사람이 집, 자동차를 사고 사업 투자를 하는 것으로 이어진다.

포워드 가이던스가 효과를 발휘하기 위해서는, 연준이 금리를 한동안 낮게 유지하기 위해 최선을 다하고 있다고 사람들이 믿는 것이 중요하다. 장기 대출 금리를 끌어내리고 지출을 자극하는 것이 바로 그 믿음이기 때문이다.

양적 완화는 금리를 0 이하로 낮추는 것을 목표로 한다. **양적 완화**(quantitative easing) 또는 QE는 주택담보대출 금리를 포함한 장기 금리에 하향 압력을 가하기 위해 연준이 장기 국채 및 기타 증권을 대량 구매하는 전략에 부여된 이름이다. 2009년과 2014년 중 여러 번에 걸쳐 연준은 이러한 자산 수조 달러를 매입했다.

양적 완화 장기 이자율을 낮추기 위해서 장기 국채와 다른 유가증권을 대량으로 사들이는 것

연준은 양적 완화를 통해 정확히 수조 달러를 지출하지 않았다. 대신 당신과 같은 저축자들로부터 국채를 샀다. 장기 채권을 매수함으로써, 연준은 장기 대출의 공급을 실질적으로 늘리고 있다. 이 공급 증가는 다른 장기 대출에 대한 이자율을 낮춰 기업이 더 낮은 이자율로 차입하는 것을 가능하게 한다. 양적 완화는 또한 주택 시장에서 대출을 늘리는 데 도움이 되었고, 결과적으로 사람들은 주택담보대출에 대해 역사적으로 낮은 이자율을 지급했다.

양적 완화는 공개시장운영과 매우 유사하다. 다만, 단기 금리에 영향을 미치기 위해 단기 국채를 매입하는 대신 장기 금리를 낮추기 위해 장기 채권을 매입한다는 점에서는 차이가 있다. 장기 이자율의 하락은 연준이 금리를 장기간 낮게 유지하기 위해 최선을 다하고 있음을 은행에 이해시키는 데 도움이 된다.

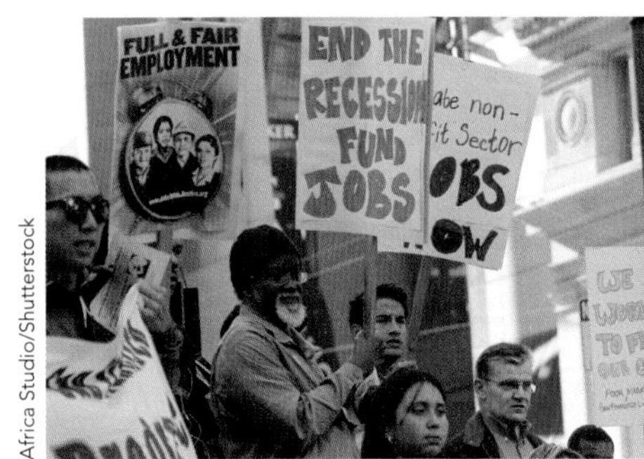

2008년의 심각한 불황은 이자율이 내려갈 때까지 내려간 와중에도 실업의 증가를 의미했다.

최종 대부자

마지막으로, 연준은 뱅크런 사태와 금융공황을 예방하는 데 중요한 역할을 한다. 뱅크런 사태는 많은 사람이 동시에 은행에서 저축을 인출하려 할 때 발생한다. 이때 은행이 보유하고 있는 것보다 더 많은 현금을 찾으려고 한다. 은행은 모든 사람에게 지급하기에 충분한 장부상 돈을 가지고 있다. 그러나 다른 고객에게 대출을 해주었기 때문에 모두 가용할 수 있는 것은 아니다.

연준은 **최종 대부자**(lender of last resort) 역할을 함으로써 은행 파산을 예방할 수 있다. 이는 즉시 현금이 필요하지만 다른 곳에서 차입하는 데 어려움을 겪을 때 금융기관이 찾는 대출 기관이라는 의미이다. 최종 대부자는 다른 사람이 하지 않을 때 당신에게 대출을 주는 사람처럼 들린다. 연준이 이를 수행하는 주요 방법은 할인 창구를 통해 은행에 돈을 빌려주는 것이다. 할인율이 일반적으로 연방자금금리보다 높게 설정되기 때문에, 은행은 일반적으로 곤경에 처했을 때만 이 할인 창구를 이용한다.

최종 대부자 금융기관이 대출을 받기 어려울 때 자금을 빌려주는 연방준비은행의 역할

최종 대부자는 금융위기를 예방할 수 있다. 2007~2009년의 위기에 새로운 금융공황이 확산하

는 것을 막기 위해 연준은 금융기관에 대출을 공급하는 등 최종 대부자로서 공격적으로 행동했다. 그 이유를 이해하기 위해 대공황 기간에 연준이 필요한 조처를 하지 않아 실패한 사례를 고려하라. 연준은 은행을 구제할 수 있는 능력이 있었지만 돕지 않기로 결정했다. 소수의 은행이 파산하는 것은 미국과 같은 거대한 경제에 큰 문제가 되지는 않을 것이다. 하지만 은행 예금인출 사태는 전염성이 있는 경향이 있다. 한 은행의 파산은 저축자들이 자신의 은행이 다음 은행이 될 수 있다고 걱정하도록 만들기 때문이다. 그 저축자들이 자신의 예금을 인출하기 위해 달려가기 시작하면 문제가 확산된다. 실제로 5,000개 이상의 은행이 1930년대 초에 파산했으며 이는 혹독하고도 긴 대공황에 기여했다. 2008년에 연준은 이러한 반복을 피하기로 결정했다. 연준이 은행 파산을 막기 위해 수십억 달러의 대출을 실행한 이유이다.

연준은 광범위한 금융기관의 최종 대부자이다. 2007~2009년 금융위기에는 뭔가 다른 점이 있다. 곤경에 처한 기관이 은행만이 아니었다. 그림자 금융(shadow bank)으로 알려진 다른 금융기관도 파산 위험에 처했다. 그림자 금융은 종종 은행처럼 행동하지만, 공식적으로 은행이 아니므로 연준의 할인 창구에서 자금을 빌릴 수 없다. 리먼 브라더스라는 그림자 금융의 붕괴는 그와 유사한 다른 금융기관도 파산할 것이라는 광범위한 공포를 불러일으켰다. 다른 그림자 금융의 자금인출 사태를 막기 위해, 연준은 그림자 금융을 포함한 전 금융 시스템으로 최종 대부자 기능을 확장하기 위해 노력했다.

연준의 최종 대부자 기능은 대체로 금융 안정을 보장하는 것이지만, 이번 사례가 보여주듯이, 이 기능은 금융위기를 예방함으로써 최대 고용과 물가 안정에도 기여한다.

연준이 파산에 처한 금융기관에 대출하면 연준도 돈을 잃을 수 있다. 연준이 최종 대부자로서 행동할 때, 금융기관의 위험 일부를 떠안게 된다. 결국, 그 금융기관이 대출금을 상환할 수 없다면, 돈을 잃는 것은 연준이 된다. 즉, 납세자들의 돈을 잃는 것이다. 어떤 사람들은 연준이 공공 자금을 사용하여 영리를 목적으로 하는 민간 기업을 지원해서는 안 된다고 주장했다. 예를 들어, 연준의 대출은 (재무부의 도움과 함께) 미국의 다국적 보험 회사인 AIG가 파산하는 것을 막았다. 이러한 행동들은 AIG 주주들에게 도움이 되었다. 비록 이러한 행동들이 더욱 광범위한 금융혼란을 방지하고, 그리하여 논란의 여지가 있지만 자신의 돈을 걸었던 납세자들에게도 도움이 되었지만 말이다.

궁극적으로 연준은 금융위기 동안 최종 대부자로서 실행했던 모든 대출금에 대해 (이자를 포함해) 전액 상환받았다. 이러한 구제 금융은 잘 작동했다. 미국 납세자들은 돈을 벌고 일부 금융기관을 구하는 데 도움을 주었다. 그러나 실제 위험이 수반되었다.

구제 금융은 은행을 더 큰 위험으로 이끌 수 있다. 다음과 같은 오래된 농담이 있다. 은행에 100달러 빚이 있다면 그건 당신의 문제이지만, 은행에 1억 달러 빚이 있다면 그건 은행의 문제이다. 연준이 최종 대부자로서 가장 크고 가장 복잡하게 상호연결된 금융기관에 대출할 때에도 비슷한 문제에 직면한다. 대형 금융 회사가 파산한다면 그것은 광범위한 경제 혼란을 초래할 것이며, 연준은 이를 막기 위해 설립되었다. 문제는 이런 대형 금융 회사가 파산하기에는 너무 크다고 생각하는 연준의 관점을 대형 금융 회사 스스로 잘 알고 있다는 점이다. 이는 이러한 금융기관이 추가적인 위험 추구 행위에 나서는 유인을 제공할 수 있다. 결국, 그들의 금융 베팅이 성과를 거두지 못한다면 연준은 그들을 돕는 것 외에 다른 선택의 여지가 없다. 이것은 비록 연준의 최종 대부자 행위가 금융위기의 타격을 완화할 수 있더라도, 그 행위는 또한 미래의 금융위기 가능성을 높일 수 있다.

이에 대한 대응으로 의회는 도드-프랭크법으로 알려진 법안을 통과시켰다. 해당 법은 다음

위기에는 은행들이 최종 대부자로서 행동하는 연준에 의존할 필요가 줄어들도록 하기 위하여 은행이 더 건전한 재정 기반에 서서 운영되기를 요구한다. 또한 연준이 그들을 아주 쉽게 구제할 수 없다는 것을 알고 금융기관이 조금 더 조심하기를 희망하면서, 이 새로운 법은 연준의 최종 대부자 기능에 제약을 가했다. 연준은 금융 스트레스가 있는 시기에 여전히 대출할 수 있지만, 다음 금융위기는 의심할 여지없이 다르게 보일 것이며 연준의 대응도 마찬가지이다.

함께 해보기

연방준비제도는 비용이 드는 인플레이션을 피하고 지속 가능한 가장 낮은 실업률의 노동 시장 육성을 돕기 위해 경제를 잔잔한 물로 이끄는 책임을 지고 있다. 그것은 쉬운 일이 아니며 연준이 항상 올바른 일을 하지는 않았다. 1970년대, 연준은 충분한 조치를 취하지 않고 인플레이션을 너무 높게 만들었다. 인플레이션율을 다시 낮추기 위해 장기간의 고금리 기간이 이어졌으며 이는 1980년대 초 높은 실업률로 고통스러운 경기 침체를 일으켰다. 연준의 비평가 중 일부는 2000년대 저금리로 인해 2007년과 2008년에 금융위기가 발생했으며 이는 대불황(Great Recession)으로 이어졌다. 그리고 연준은 많은 사람에게 대불황 기간 이자율(따라서 실업률)을 낮추는 데 충분히 일하지 않았던 것처럼 보였다. 2018년과 2019년까지 논평가들은 연준이 인플레이션 발생을 막기 위해 충분히 빠르게 금리를 인상했는지 아니면 이러한 금리 인상으로 경제 성장이 흔들리는 것은 아닌지 논의했다.

ERIK S LESSER/EPA-EFE/Shutterstock

그들의 대화는 세계 경제에 큰 영향을 미친다.

당신은 연준이 이러한 문제들에 접근하는 방법, 연준이 물을 필요가 있는 질문들, 연준이 이용하는 정보, 그리고 연준의 정책 결정 방법 등에 대해서 배웠다. 실질이자율은 내일을 위한 저축 대신 오늘 소비하는 행위에 대한 기회비용이다. 연준은 그 기회비용을 조절하여 경제 구성원 모두의 행동에 영향을 미친다.

연준의 조치는 상호의존의 원리가 얼마나 중요한지를 알려준다. 연준은 하나의 이자율(지급준비금에 지급하는 이자율)을 설정할 수 있으며 이는 세상 거의 모든 사람의 비용–편익 계산을 변경함에 따라 경제 전반에 걸친 연쇄 반응을 일으킨다. 연준이 이자율을 인상하면 아마도 당신의 학자금 대출 이자가 오르는 것을 볼 수 있을 것이며, 이는 당신의 지출 감소로 이어진다. 미국의 높은 이자율은 미국에 대한 투자 수요를 증가시키기 때문에 외국인 투자자는 달러 가치를 밀어 올린다. 당신은 지출을 줄이고 할인 제품을 찾는다. 수입품의 가격이 떨어지고 기업들이 지출 감소에 대응하여 가격을 인하하는 과정에서 당신은 더 많은 할인 제품을 발견한다. 하지만 중국에서는 한 어머니가 돼지고기 가격이 상승했다는 사실을 알게 된다. 중국은 미국에서 많은 돼지고기를 수입하기 때문이다. 그래서 그녀는 돼지고기에서 중국산 치킨으로 바꾼다. 이는 중국산 닭고기 생산 업체가 자신의 매출이 증가하는 것을 보게 된다는 것을 의미한다. 연준의 결정이 일련의 상호 의존적 결정을 낳게 되면서 이 일은 계속된다.

이제 연준이 왜 그렇게 강력한지, 어떻게 하는지, 연준이 정책을 변경할 때 좋은 결정을 내리기 위해 당신이 무엇을 할 수 있는지 등에 대해 잘 알게 되었을 것이다. 마지막 팁은 다음과 같다. 이제 우리는 경기변동과 연준에 대해 배웠으니, 경제를 추적할 수 있는 능력과 금리가 향할 수 있는 방향에 대한 새로운 이해를 결합하라. 이 정보를 사용하면, 경제가 어디로 가고 있는지 더 잘 파악할 수 있다. 이는 삶 속에서 당신이 더 나은 결정을 하는 데 도움이 될 것이다.

한눈에 보기

연방준비제도(연준) : 미국의 중앙은행. 중앙은행은 한 나라의 통화정책(경제 상황에 영향을 미치려는 노력에 따른 이자율 결정 과정)을 결정한다.

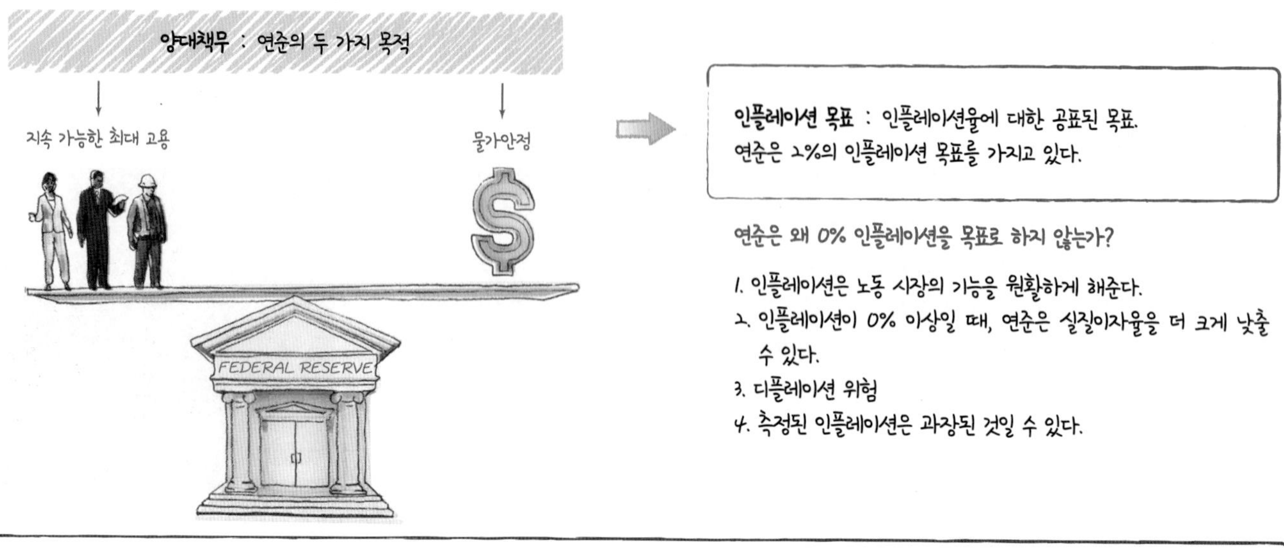

연준은 왜 0% 인플레이션을 목표로 하지 않는가?

1. 인플레이션은 노동 시장의 기능을 원활하게 해준다.
2. 인플레이션이 0% 이상일 때, 연준은 실질이자율을 더 크게 낮출 수 있다.
3. 디플레이션 위험
4. 측정된 인플레이션은 과장된 것일 수 있다.

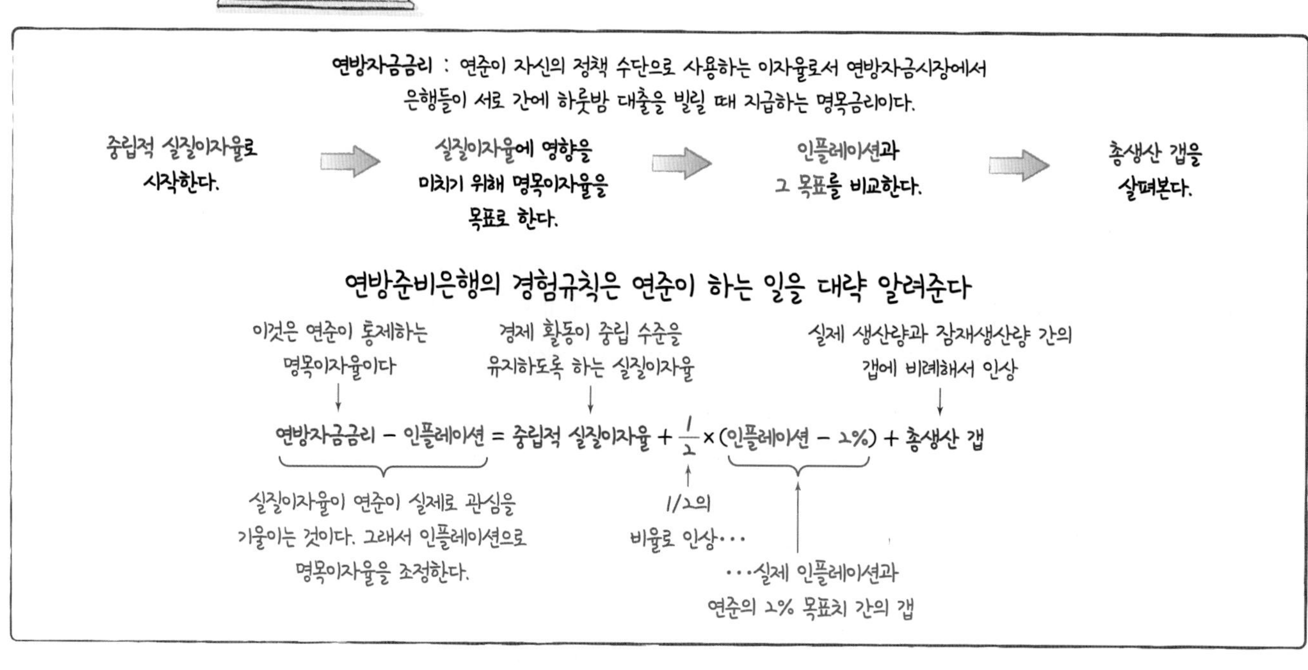

연방자금금리에 영향을 주기 위해 연준이 이용하는 수단

연방자금금리의 하단을 설정
1. 은행의 초과 지급준비금에 대해 이자를 지급
2. 금융기관으로부터 하룻밤 자금을 차입한다.

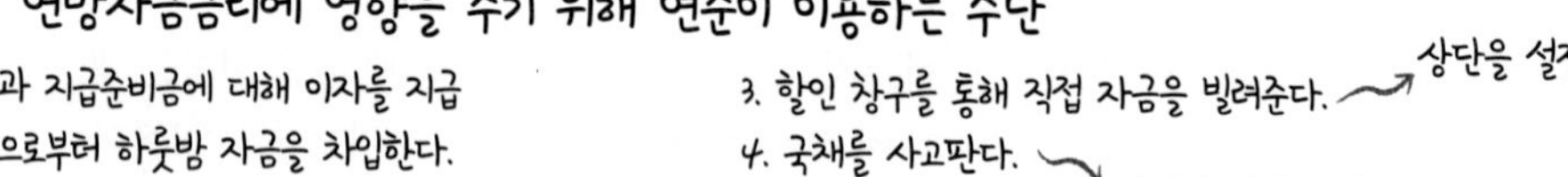

명목이자율이 0%일 때 통화정책 선택 :

포워드 가이던스	미래 이자율에 대한 시장의 기대에 영향을 미치기 위해 통화정책의 향후 경로에 대한 정보를 제공
양적 완화	장기 금리에 하향 압력을 가하기 위해 장기 국채 및 기타 증권을 대량으로 구매

핵심용어

공개시장거래창구
공개시장운영
디플레이션
양대책무
양적 완화
연방공개시장위원회
연방자금금리
연방준비은행의 경험규칙
의무적 지급준비금
익일역환매협정
인플레이션 목표
제로금리 하한
중립적 실질이자율
지급준비금
초과지급준비금 이자율
최종대부자
통화정책
포워드 가이던스
하한 틀
할인율

토론과 복습문제

학습목표 34.1 연방준비은행이 어떻게 통화정책 결정을 내리는지 배운다.

1. 기회비용의 원리를 사용하여 연준은 왜 이자율을 이용하여 경제에 영향을 미치는지 설명하라. 이자율은 오늘 지출하는 돈의 기회비용에 영향을 미치는가?
2. 연준의 책무가 물가를 안정적으로 유지하는 가운데 최대 고용을 장려하는 것이라면, 왜 연준이 GDP에 그렇게 세심한 주의를 기울이는가?
3. 중앙은행이 정부로부터 독립된 국가가 평균적으로 낮은 인플레이션을 갖는 이유를 설명하라.

학습목표 34.2 연방준비은행이 어떻게 목표를 평가하고 이자율 선택을 하는지 알아본다.

4. 둘 다 양대책무의 일부이지만 연준이 고용보다는 인플레이션을 목표로 하는 이유를 설명하라. 상호의존의 원리를 이용하여 답하라.
5. 0% 인플레이션 목표제의 장단점은 무엇인가? 연준이 0% 인플레이션을 목표로 해야 한다고 생각하는가, 아니면 현재의 2% 인플레이션 목표 또는 다른 값을 목표로 해야 한다고 생각하는가? 그 이유를 설명하라.
6. 빅데이터의 출현과 컴퓨터 연산 능력의 향상으로, 어떤 사람들은 알고리즘에 의한 통화정책을 옹호했다. 기본적으로 실시간 데이터는 컴퓨터 프로그램에 입력되면, 통화정책이 결정된다. 이러한 접근 방식의 이점과 잠재적 문제에 대해 논하라.

학습목표 34.3 연방준비은행이 통화정책 결정을 집행하는 방법을 이해한다.

7. 연준이 어떻게 연방자금금리의 하한과 상한을 만드는지 설명하라. 그리고 금융기관이 연방자금금리의 목표 수준으로 이동하는 유인에 관해서 설명하라.
8. 평균적인 미국인이 어떻게 통화정책에 영향을 받는지 설명하라. 연방자금금리의 변화가 어떻게 월스트리트(금융시장)에서 메인스트리트(실물시장)까지 스며들게 되는가?

학습목표 34.4 명목이자율이 0일 때 연방준비은행의 통화정책 수행을 위한 도구에 대해 배운다.

9. 연방자금금리의 변화와 양적 완화가 금리와 더 넓은 경제에 어떻게 영향을 미치는지 비교하고 대조하라.
10. 최종 대부자로서 연준의 역할이 금융기관의 더 위험한 투자로 이어진다고 생각하는가? 이런 기관이 파산하게 된다면 경제는 어떤 문제에 직면할 수 있는가?

학습문제

학습목표 34.1 연방준비은행이 어떻게 통화정책 결정을 내리는지 배운다.

1. 연준에 대한 다음의 각 오해에 대해 진술의 문제점과 이유를 식별하라.
   a. 누구도 연준을 감시하지 않기 때문에 연방준비은행은 책임이 부족하다. 무대 뒤에서 실제 무슨 일이 벌어지는지 알 방법이 없다.
   b. 연방준비은행은 경제에 돈이 필요할 때 단순히 그것을 찍어내고 은행에 제공한다.
   c. 정부 기관은 경제에 대한 그렇게 많은 통제권을 가져서는 안 된다. 정치인은 항상 다음 선거에서 승리하기 위해 무엇이든 할 것이기 때문이다.
2. 최근에 연방준비은행은 의도적으로 모호하고 관료적인 의사소통 방식에서 보다 직접적이고 투명한 접근 방식으로 전환하였다. 이러한 의사소통 방식이 각각의 인플레이션 기대에 미치는 영향은 무엇인가?

학습목표 34.2 연방준비은행이 어떻게 목표를 평가하고 이자율 선택을 하는지 알아본다.

3. 당신은 시간당 9달러를 받으면서 캠퍼스 서점에서 일하고 있다. 당신의 관리자는 내년에 2% 인상을 받게 될 것이라고 이야기한다. 내년 인플레이션이 1%, 2% 또는 3%라면 당신의 실질임금은 어떻게 변하는가? 특히 장기적인 경기 침체기에 인플레이션이 고용주에게 제공하는 어떤 유연성을 제공하는가?
4. 생산량과 인플레이션이 다음과 같은 경우 연준이 어떻게 대응할 것인지 예측하라. 총생산 갭이 더 큰 양수가 되어, 생산량이 잠재생산량보다 0.1% 이상에서 3% 이상으로 이동했다. 그리고 인플레이션은 그 목표치인 2%보다 높게 상승했다. 연준의 조치에 대한 대응으로 내년과 내후년에 실업률이 어떻게 변할 것으로 예상하는가?
5. 연방준비은행의 경험규칙을 이용하여 다음 시나리오 각각에 대해 연준이 어떻게 연방자금금리와 실질이자율 목표를 변경하고 싶어 할지 예측하라. 추정된 중립적 실질이자율은 2%이다.
   a. 경기 침체가 경제에 충격을 가해서 생산량이 잠재생산량보다 0.75% 낮아지고 인플레이션은 1%로 하락한다.
   b. 소비자와 기업 신뢰의 상승으로 인플레이션이 3.5%로 상승하는 동안 생산량이 잠재생산량보다 2% 이상 높게 생산하게 된다.

학습목표 34.3 연방준비은행이 통화정책 결정을 집행하는 방법을 이해한다.

6. 당신은 소규모 지역 은행의 관리 이사이다. 연준은 연방자금금리 목표를 2.25%에서 3.0%로 변경한다고 공표한다. 이것이 당신이 집행하는 기업의 신용한도와 개인대출의 이자율에 어떻게 영향을 미치는가? 또한 당신이 담당하는 주택담보대출 및 사업 대출과 같은 장기 대출에 부과하는 이자율은 어떻게 변해야 하는가?
7. 연방공개시장위원회에 다음과 같은 자료와 분석이 함께 제시되었다. 총생산 갭은 0에 가까웠으나 지금은 큰 음수로 변했다. 또한 인플레이션은 목표 2% 대신 1.2%이다. 연방공개시장위원회가 (1) 하한 틀, (2) 할인율 금리 목표를 어떻게 변경할 가능성이 있는지 예측하라. 해당 금리의 변경이 어떻게 총생산 갭을 줄이는 데 도움이 되는지 설명하라.
8. 연방공개시장위원회는 실질이자율을 인상한다. 이에 대응하여 GDP의 각 구성 요소, 소비, 투자, 정부지출 및 순수출은 어떻게 변하는지 이유와 함께 설명하라. 생산량, 인플레이션 및 실업은 어떻게 되는가? 무엇이 연방공개시장위원회의 금리 인상을 끌어낼 수 있는가?

학습목표 34.4 명목이자율이 0일 때 연방준비은행의 통화정책 수행을 위한 도구에 대해 배운다.

9. 연준은 연방자금금리, 즉 명목 단기금리를 0%까지 인하했다. 하지만 경제는 여전히 어려운 상태다. 경기회복을 돕기 위해서 어떤 수단을 연준이 여전히 가졌는지 그리고 그것을 어떻게 사용하는지 설명하라.

CHAPTER 35

정부지출, 세금 그리고 재정정책

목표

정부지출, 수입 및 부채를 분석한다.

35.1 정부 부문
정부의 크기와 범위를 평가한다.

35.2 재정정책
어떻게 재정정책이 경기변동을 완화하는지 알아본다.

35.3 재정적자와 부채
정부가 재정적자를 내는 이유와 정부 부채의 의미를 이해한다.

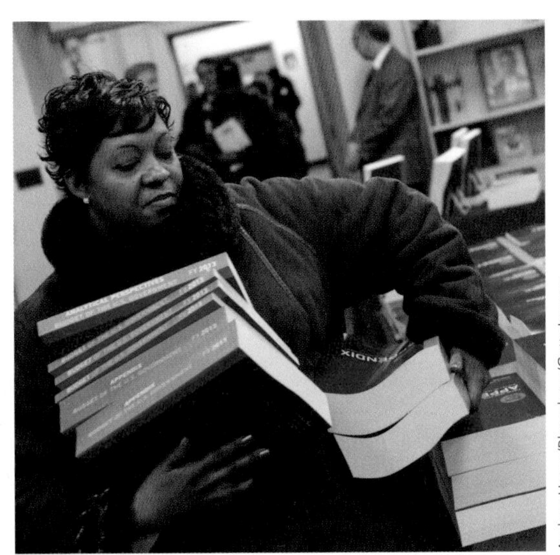

권수가 많은 연방 예산 책자에 비하면 경제학 교과서는 가벼운 독서이다.

매년 일반적으로 2월 초에 미국 대통령은 예산안을 발표한다. 인쇄물은 거의 유아만큼이나 키가 크다. 수천 개의 자세한 표는 연방 정부 자금이 지원되는 모든 것에 대한 실제 지출과 제안된 지출의 개요를 보여준다.

연방 전역의 각 정부 기관은 지출안을 만드는 데 몇 달을 보낸다. 그들은 이러한 제안을 의회에 보내고, 의회는 매년 지출안을 승인할지를 고려한다. 분석가도 매년 승인될 필요없이 오래전 법으로 이미 지출이 정해져 있는 수조 달러의 정부지출에 대한 예측을 준비한다. 예산이 준비되면서, 그들이 제한된 자금에서 선호하는 프로그램에 대한 몫을 얻어내기 위해 고군분투하면서, 보통은 친구인 사람들 사이에서 사나운 싸움이 시작된다.

예산이란 돈을 두고 싸우는 것이다. 그리고 돈을 놓고 싸우는 것은 정말로 우선순위에 대한 싸움이다. 당신에게 가장 중요한 것은, 국방에 대한 지원을 늘리는 것인가? 아니면 교육 또는 보건에 대한 지원인가? 다른 항공모함이 우리를 조금 더 안전하게 만들지 않겠는가? 교사, 더 나은 건물, 새로운 교재에 대한 더 많은 지출은 학생의 학습 능력을 향상하지 않겠는가? 공공 보건에 좀 더 많은 지출은 조기 사망을 더 많이 예방할 수 있지 않겠는가? 이들 선택지에 관한 결정은 기회비용과 관련이 있다. 한 가지에 1달러를 지출하면, 다른 것에 지출할 수 없다. 그러나 항공모함을 추가 구입하는 것과 교육이나 보건에 더 많이 지출하는 것의 상대적인 편익에 대한 당신의 감각은 가치, 선호도 및 신념에 달려있다. 즉, 예산을 구성하는 수많은 숫자는 사회에 대한 비전을 제시한다.

대통령의 예산은 미국에 대한 비전만 제시하는 것이 아니다. 그것은 또한 미국 경제에 어떤 일이 일어날 것으로 생각하는지 그리고 정부지출과 과세가 그 결과에 영향을 미치는 데 어떤 역할을 할 것인지에 대해서도 의회에 이야기한다. 이것은 그 예산이 경기변동을 완화하고 잠재 수준에 가깝게 경제가 운영되는 것을 도와주기 위한 공격 계획이기도 함을 의미한다.

이 장에서는 정부가 무엇에 돈을 쓰는지 그리고 어떻게 수입을 올리는지에 대해 자세히 살펴본다. 정부가 정기적으로 돈을 빌리고 따라서 국가 부채가 증가하고 있다는 것을 알게 될 것이다. 또한 경제를 안정시키기 위한 정부가 지출과 과세를 어떻게 이용하는지, 그리고 그 부채가 민간 투자와 경제에 어떻게 영향을 미치는지 검토할 것이다. 시작하자!

35.1 정부 부문

학습목표 정부의 크기와 범위를 평가한다.

정부는 당신의 삶에서 큰 역할을 한다. 당신이 다니는 대학도 아마도 연방 정부의 자금을 받을 것이다. 주립 대학이나 커뮤니티 칼리지에 있는 경우, 학교는 또한 주 또는 지방 정부의 지원을 받는다. 당신은 연방 정부의 학자금 대출 또는 보조금을 받을 수 있다. 당신은 아마도 연방, 주 또는 지방 정부 자금을 사용하여 건설, 유지 관리 및 순찰하는 도로 위를 운전하여 캠퍼스에 도착할 것이다. 그리고 일생 중 특정 시점에 당신이나 당신 가족 중 누군가가 실업급여, 식품 구입권 또는 정부가 제공하는 의료 서비스를 이용할 가능성이 있다.

연방, 주 및 지방 정부의 지출을 합하면 거의 GDP의 5분의 2가 된다. 그들이 돈을 무엇에 쓰고 어떻게 지출할 돈을 모으는지 탐구해보자.

사회보험 실업, 질병, 장애 또는 노후 저축 부족과 같은 나쁜 일에 대비해 정부가 제공하는 보험

정부지출

연방 정부는 주 정부와 지방 정부를 합친 것보다 더 많이 지출한다. 그림 35-1은 2017년에 연방 정부가 4조 3,000억 달러, 주 정부는 1조 8,000억 달러, 지방 정부는 1조 6,000억 달러를 지출했음을 보여준다.

이는 합산했을 때 미국 남녀, 아동 1인당 2만 3,000달러 이상에 해당한다. 이는 어마어마한 돈이다. 그래서 어떻게 쓰이는지 살펴보자. 연방, 주 및 지방 정부는 책임이 다르므로 각각 개별적으로 살펴보겠다.

그림 35-1 | 총정부지출

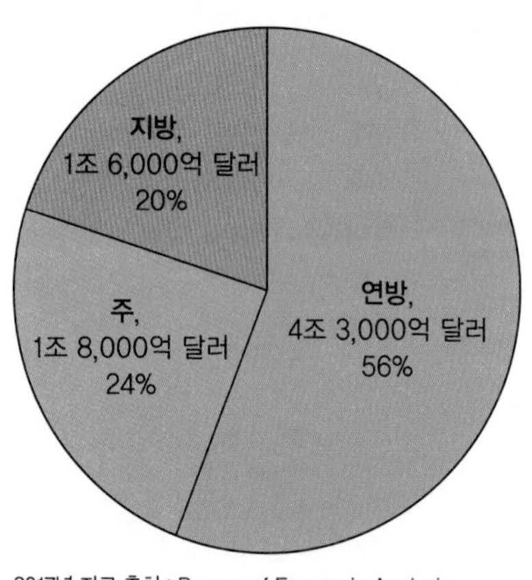

2017년 자료 출처 : Bureau of Economic Analysis.

"연방 정부는 군대가 있는 보험 회사이다." 이 오래된 속담은 과장이지만 연방 정부가 돈 대부분을 사회보험 프로그램과 국방에 지출하는 현실을 강조한다. **사회보험**(social insurance)은 실업, 질병, 장애 또는 저축한 돈을 다 써버리는 것과 같은 나쁜 결과에 대해 정부가 제공하는 보험을 말한다. 그림 35-2는 사회보험 프로그램이 주로 사회 보장, 실업, 노동 또는 고령자 의료보험제도와 보건 등이며 이는 연방 지출의 가장 큰 부분을 차지하고 있다. 종합하면, 이 사회보험 프로그램과 국방 및 퇴역 군인 수당에 대한 지출을 합치면 연방 정부지출의 80%를 차지한다. 그래서 연방 정부는 군대가 있는 보험 회사라는 말은 정확히 맞지는 않지만 80%는 맞는 말이다.

그림 35-2 | 연방 정부지출

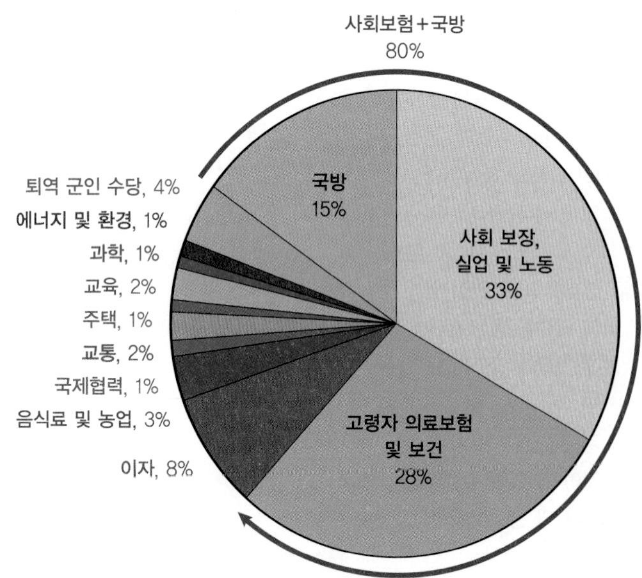

2018년 자료 출처 : Office of Management and Budget

정부부채에 대한 이자는 전체 예산의 8%를 차지하는 반면, 남은 모든 것에 지급하는 예산은 12%를 차지하고 있다. 이에 따라 남은 돈은 매우 얇은 조각으로 퍼져서 다음과 같은 곳에 지출되고 있다. 펠 보조금, 학생 대여 및 기타 모든 교육 지출, 학교 급식 및 기타 식품 지원 프로그램, 고속도로 및 교통, 주택, 과학, 에너지, 환경, 국제협력 및 대외 원조 등이다. 많은 사람은 정부가 이 작은 조각에 실제로 하는 것보다 훨씬 더 많은 연방 예산을 지출하고 있다고 생각한다.

10달러 중 4달러에 해당하는 연방 지출은 노인이나 장애인에게 간다. 이는 주로 정부가 65세 이상의 거의 모든 미국인에게 기본 소득과 건강 비용을 지급하기 때문이다. 65세 미만의 우리 중 소수만이 이러한 혜택을 받을 수 있다. 노인을 위한 아낌없는 지원은 부분적으로는 대공황의 여파로 설정된 사회 프로그램을 반영한다. 당시 노인 빈곤은 심각한 문제였고 사람들은 지금만큼 오래 살지 못했다.

또한 이것은 연방, 주 및 지방 정부의 상이한 책임을 반영한다.

주 정부는 보건, 인적 서비스 및 교육을 담당한다. 주 정부는 또한 사회보험에 많은 돈을 쓰고 있지만, 그들은 우선 은퇴한 주 정부 노동자뿐만 아니라 실업자와 빈곤층에게 지출한다. 주마다 차이가 있지만, 그림 35-3은 평균적으로 주 정부지출의 절반이 고용과 소득 지원으로 나간다는 것을 보여준다. 이 지출에는 저소득층 의료보장제도(메디케이드), 실업 보험, 고용 서비스 및 주 정부 직원의 연금을 포함한다. 연방 정부도 저소득층 의료보장제도 및 실업 보험에 돈을 지출한다는 것을 떠올릴 수 있다. 연방 및 주 정부는 이러한 프로그램에 공동으로 자금을 지원한다.

주 정부는 예산의 거의 5분의 1을 교육에 지출하며 이 대부분은 고등 교육으로 간다(초등 및 중등 교육은 주로 지방 정부에서 자금을 지원하고 운영한다). 주 정부는 또한 주 경찰, 교도소, 고속도로, 공원 등의 서비스를 제공한다. 평균적으로, 주 정부는 예산의 7%를 보건에 지출하는데, 주로 공립 병원이 그 대상이다.

그림 35-3 | 주 정부지출

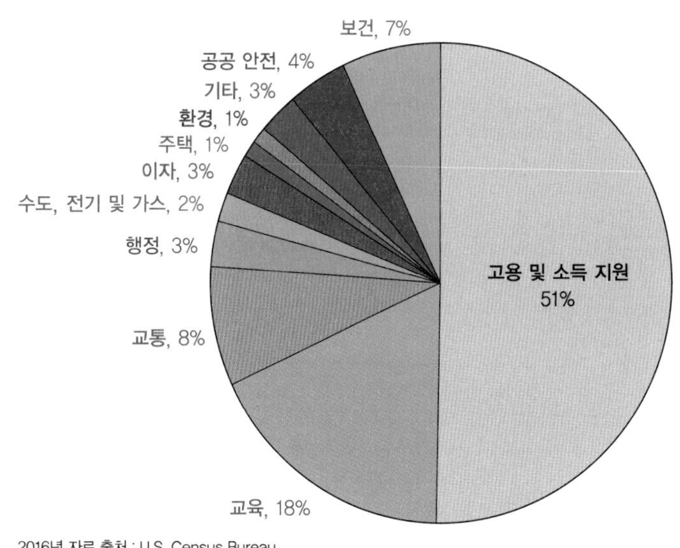

2016년 자료 출처 : U.S. Census Bureau.

지방 정부는 당신의 삶에서 지금까지 상호작용한 서비스 대부분을 제공한다. 그림 35-4는 교육이 지방 정부지출의 가장 큰 부분임을 보여준다. 지방 정부는 당신 이웃의 공립 초등학교 및 중등학교를 지원한다. 또한 당신의 가족이 의존하고 있는 지역 사회 서비스를 제공한다. 버스 서비스, 수도, 하수도, 지역 공원 및 놀이터, 쓰레기 및 재활용 수집, 소방관, 경찰 및 응급 서비스 등이 이에 해당한다.

그림 35-4 | 지방 정부지출

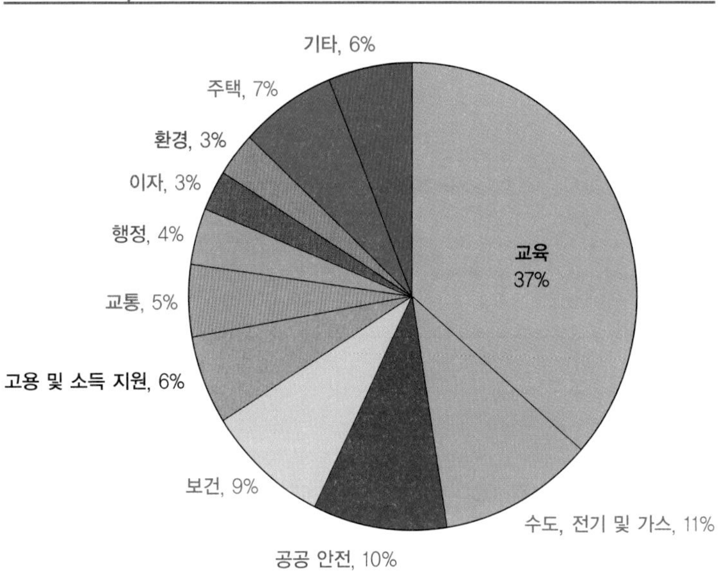

2016년 자료 출처 : U.S. Census Bureau.

정부지출을 가용 자원의 비중으로 평가한다. 일반적으로 달러보다는 GDP의 퍼센트로 표현되는 정부지출을 보게 될 것이다. 이를 통해 시간 경과에 따라 그리고 국가 간에 비교할 수 있다. 그것은 가격 차이와 경제 규모의 차이를 조정하기 때문이다.

연방 정부는 지난 세기에 걸쳐 더 중요해졌다. 연방 정부는 정부의 큰 부분이지만, 항상 그렇지는 않았다. 주 정부와 지방 정부가 1800년대와 1900년대 초에 걸쳐서 서비스 대부분을 제공했다. 연방 정부는 국방과 우편배달에 집중하는 등 훨씬 더 작은 역할을 했다.

수입을 올릴 수 있는 쉬운 방법이 없어서 연방 정부의 역할이 작았다. 연방 정부는 남북전쟁의 비용을 상쇄하기 위해 소득세를 징수했지만 10년 후에 소득세 징수는 끝났다. 연방 정부가 20년 후 다시 소득세를 징수하려고 했을 때, 연방 대법원은 연방 정부가 소득세를 부과하는 것이 헌법에 위배된다고 판결했다. 그래서 연방 정부는 세입을 위해 어쩔 수 없이 대부분 관세에 의존했는데, 그것은 가난한 사람들에게 불공평한 부담을 주는 것으로 여겨졌다. 1913년, 헌법 개정(제16차 수정헌법)이 소득세를 부과하는 권한을 의회에 주었고, 이것이 연방 정부의 확장을 위해 필요한 세입의 원천을 제공했다.

연방 정부지출은 20년대 초반 몇십 년 동안 낮은 수준을 유지했다. 그리고 1929년 대공황이 닥쳤을 때는 GDP의 3%에 불과했다. 이 극적인 침체의 영향을 상쇄하고 완화하기 위하여 프랭클린 D. 루즈벨트 대통령은 1933년에 뉴딜을 제안했다. 뉴딜정책은 공공사업 프로그램, 증권거래위원회 같은 기관들의 규제 프로그램, 그리고 사회 보장 및 실업 보험 같은 사회보험 프로그램을 만들었다. 1941년까지 연방 정부지출은 GDP의 17%까지 올랐다. 그 후 몇 년 동안, 연방 지출은 제2차 세계대전과 관련된 비용을 지급하기 위해 더 높게 치솟았으나, 전쟁이 끝난 후 재빨리 하락했다. 그러나 뉴딜정책에 의해 시작된 지출 프로그램은 연방 정부지출을 영구적으로 증가시켜, 오늘날 지출되는 GDP의 대략적인 비중에 이르게 되었다.

연방 정부지출은 근래에 걸쳐 대략 안정됐다. 그림 35-5의 파란색 선은 시간에 걸친 GDP 대비 연방 정부지출액의 비중을 보여준다. 2018년 연방 정부지출은 GDP의 22%였는데, 이는 지난 50년 동안의 평균과 같다. 그러는 동안 몇 가지 주목할 만한 변화가 있었다. 1980년대에 조금 더 높게 올랐었고, 그것은 1990년대에는 하락했으며, 2007~2009년 대불황에 대응하여 급상승했다. 하지만 경제에서 차지하는 연방 정부의 점유율은 최근 수십 년 동안 현저하게 안정되어 왔다.

그림 35-5 | 정부지출 추이

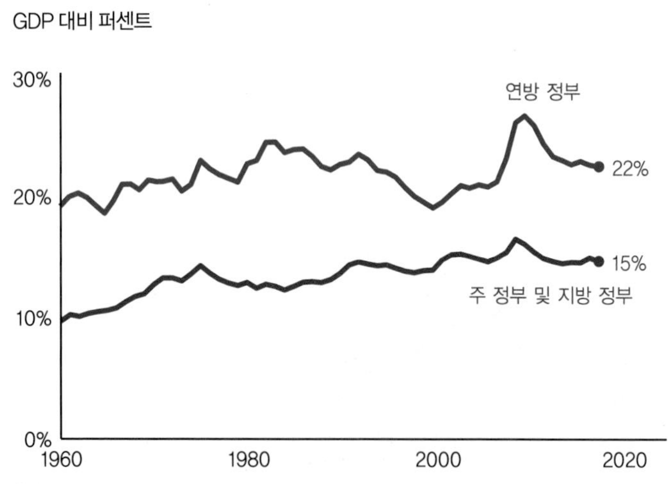

출처 : Bureau of Economic Analysis

그림 35-5의 빨간색 선은 주 및 지방 정부지출의 합계를 나타내는데, 2018년에 15%까지 증가했다. 공립 고등학교 교육에 대한 주들의 접근이 처음으로 확대되고 나중에 고등 교육까지 확장됨에 따라, 주 및 지방 정부지출은 시간이 지남에 따라 증가 추세이다.

정부의 사회보험 지출은 시간이 지남에 따라 성장했다. 뉴딜정책은 우리 사회보험 프로그램의 많은 부분을 만들었다. 그러나 그 이후 사회보험 프로그램의 몇 가지 주요 확장이 있었다. 1965년 연방 정부는 65세 이상의 모든 사람에게 의료보험을 제공하는 고령자 의료보험제도(Medicare로 알려져 있음)를 만들었다. 또한 저소득층 의료보장제도(Medicaid로 알려져 있음)를 만들었는데, 이는 주 정부가 그들의 가장 가난한 주민들에게 의료보험을 제공하는 것을 돕는다. 1997년 의회는 어린이 건강보험프로그램(약자 CHIP로 알려져 있음)을 만들었는데, 이는 저소득층 의료보장제도의 자격을 얻기엔 수입이 많고 민간 보험을 구매하기에는 수입이 부족한 가계의 자녀를 대상으로 한다. 2003년 의회는 고령자 의료보험제도를 확대하여 처방 약에 대한 추가 보험을 제공하였다. 그리고 2009년 의회는 건강보험개혁법(Affordable Care Act)을 통과시켰다. 이는 저소득층 의료보장제도에 대한 지원을 확대하고 일부 저소득층과 중산층의 의료보험 보조금을 지급한다.

그림 35-6은 사회보험에 대한 지출이 GDP의 비중에서 증가한 반면, 국방비 지출 비중은 하락한 것을 보여준다. 그러나 1960년 이후 실질 GDP는 다섯 배 이상 더 성장했기 때문에, 군비 지출 비중은 GDP에서 줄어들었지만, 1960년과 비교했을 때 (인플레이션 조정 후) 2018년 기준으로 우리는 여전히 약 1.6배 많은 군비를 지출하고 있다.

그림 35-6 | 사회보험에 대한 지출은 시간에 따라 증가했다

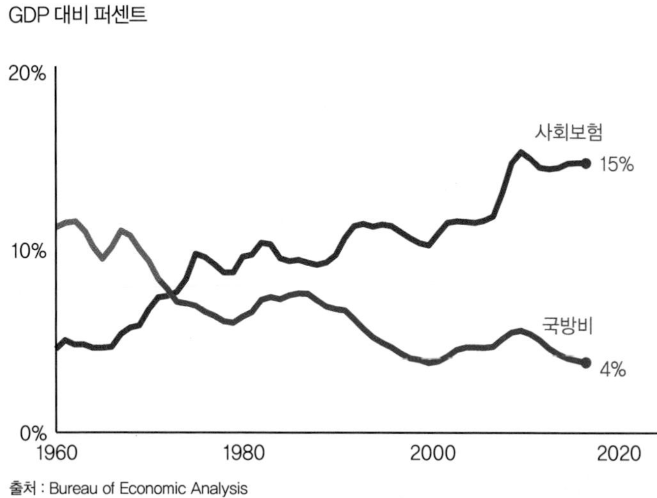

출처 : Bureau of Economic Analysis

미래 연방 정부지출의 많은 부분은 이미 결정되어 있다. 대부분의 사회보험 프로그램은 일정 금액에 대한 자격을 부여한다. 이런 이유로 종종 자격 부여 프로그램이라고 불리기도 한다. 사회보장제도는 은퇴자에게 그들이 살아있는 동안 과거 그들 수입의 함수에 의해 결정되는 연금 지급액을 보장한다. 고령자 의료보험제도는 건강상의 문제와는 무관하게 은퇴자들이 살아있는 동안 의료보험을 보장해 준다.

이 프로그램들이 해마다 많이 바뀌면 은퇴 계획을 세우기가 힘들 것이다. 그래서 두 프로그램 모두 연방 예산에 **법정지출**(mandatory spending)로 편성되어 있다. 즉, 지출의 조건이 그 프로그램을 만든 해당 법률에 적시되어 있는 것을 의미한다. 의회가 법안을 통과시킨다면 어떤 것이든 법정지출이 될 수 있다. 예를 들어, 비공식적으로 농업법안으로 알려진 법률은 농업 보조금과 식품 구매권(food stamp)에 대한 지출을 규정하고 있다. 의회는 이 법률을 폐지하거나 개정한 경우에만 법정지출을 줄일 수 있다.

법정지출 해마다 결정되지 않는 지출; 대신에 법으로 정해진다.

대조적으로, 연방 기관과 대부분의 정부프로그램에 대한 지원은 **재량지출**(discretionary spending)이다. 이는 매년 각 특정 목적에 대해서 자금을 지원하는 등 의회가 배분할 수 있는 지출이다. 법에 따르면, 정부는 오직 의회가 배분하는 돈만 쓸 수 있다. 의회가 해당 예산을 제때에 배분하지 못하면, 정부는 문을 닫아야 한다.

재량지출 의회가 해마다 승인하는 지출

재량지출은 정부가 지출에 대해서 싸울 때 당신이 가장 자주 듣는 말이다. 의회가 매년 재량지출을 결정해야 하기 때문이다. 하지만 재량지출은 연방 정부지출의 30%에 불과하다. 재량지출의 약 절반은 국방비이다. 나머지는 교육, 주택, 과학, 에너지, 환경 및 국제협력 등과 같이 연방 예산의 작은 조각들이다.

의회는 재량지출을 놓고 싸우는 반면, 연방 지출 증가 대부분은 법정지출 의무와 부채에 대한 이자에서 온다. 베이비붐 세대의 고령화와 늘어나는 기대수명으로 인해 사회 보장 및 고령자 의료보험제도와 같이 은퇴자들을 위한 법정지출 프로그램에 대한 지출이 증가하고 있다. 게다가 정부부채는 증가하고 있으며 이로 인해 연간 이자 지급액이 늘어나고 있다.

미국의 정부지출은 다른 부유한 나라들보다 작다. 미국 연방, 주 및 지방 정부지출의 합은 GDP의 38%를 차지한다. 그림 35-7은 이것이 다른 많은 선진국보다 약간 더 낮다는 것을 보여준다. 몇몇 나라들은 그들 GDP의 절반 또는 그 이상을 정부지출에 쏟는다.

왜 다른 나라들은 그렇게 많은 돈을 지출하는가? 그것은 그들 정부가 공적으로 제공하는 경향이 있는 것을 미국에서는 개인이 지출하기 때문이다. 예를 들어, 대부분의 선진국은 공공 의료보험, 저비용 또는 무료 고등 교육, 유급 출산 휴가와 육아 휴가 등에 더 많은 접근을 제공한다.

그림 35-7 | 국가별 정부지출

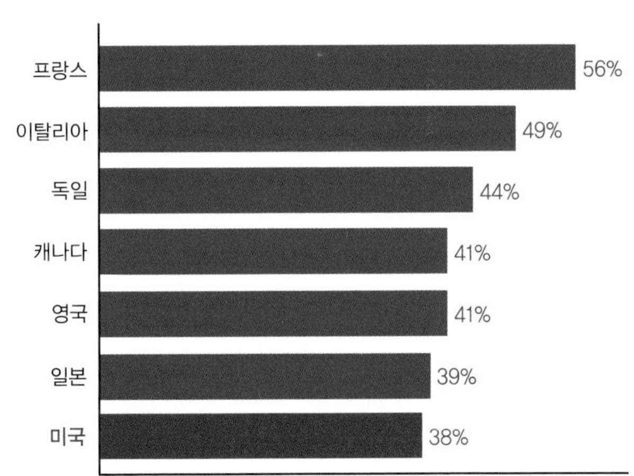

2017년 자료 출처 : OECD

정부수입

이제 정부가 얼마나 많은 돈을 쓰는지 보았으니, 자연스러운 다음 질문은 다음과 같다. 그 지출을 위한 모든 돈은 어디서 나오는 것인가? 연방 정부는 주로 사람들의 소득에 세금을 부과함으로써 수입을 확보한다. 반면, 주 정부와 지방 정부는 사람들의 지출에 세금을 부과하는 것에 더 초점을 맞추고 있다. 수입이 어떻게 나누어지는지 살펴보자.

연방 정부 세수는 주로 소득세와 급여세에서 나온다. 전체 연방 정부수입의 86%가 급여세(payroll tax)나 소득세 중 하나에서 나온다. 그 나머지는 그림 35-8에서 보듯이 법인세 및 기타 세금에서 나온다. 당신이 급여를 받으면 급여세와 소득세는 원천징수된다. 두 세금은 비슷하게 들리지만, 몇 가지 중요한 차이점이 있다.

그림 35-8 | 연방 세수

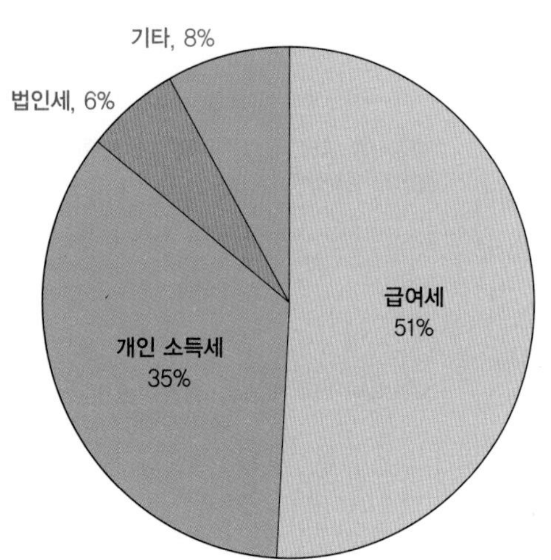

2018년 자료 출처 : Office of Management and Budget

모든 소득에 대해 소득세를 납부한다. **소득세**(income taxes)는 수입의 원천에 상관없이 모두 소득에 징수되는 세금이다. 소득은 당신이 일해서 버는 근로소득과 투자소득, 연금, 자본이익, 상속 또는 선물과 같은 불로소득을 모두 포함한다. 그리고 소득은 모든 출처로부터 1년 동안 받은 금액 모두이다. 이것을 저축액과 자산인 부와 혼동하지 말아라.

급여세는 사회보험의 자금조달에 사용된다. 소득세가 모든 소득에 적용되는 반면, **급여세**(payroll taxes)는 오직 **근로소득**(earned income)에만 적용된다. 근로 소득은 고용주로부터의 임금과 자영업으로부터의 순이익 둘 다 포함한다. 그것은 또한 상여금, 수수료 및 고용주로부터 받은 기타 지급액을 포함한다. 급여세는 사회 보장과 고령자 의료보험제도와 같이 사회보험 프로그램에 자금을 대는 데 사용된다.

급여 세금은 근로 소득의 고정 백분율로 부과되고, 고용주는 일반적으로 임금에서 그들을 떼어놓는다. 아마도 당신은 사회 보장을 위해 급여의 6.2%(종종 급여 명세서에서 FICA 또는 OASDI로 표시), 고령자 의료보험을 위해 급여의 2.9%가 떼어진 급여 명세서를 보았을 것이다. 이 세금은 통산하면 급여의 9.1%가 된다. 따라서 고용주가 당신에게 100달러를 빚진다면, 그중 9.10달러는 급여세 부담을 위해 떼어지고, 오직 90달러 90센트만 지급될 것이다. 월급에서 9달러 10센트가 빠지는 것은 눈으로 볼 수 있지만, 당신의 고용주 또한 그렇게 추가로 기여해야 하는 것에 대해서는 깨닫지 못할 수도 있다. 고용주는 정부에 9달러 10센트를 추가로 지급할 것이며, 이는 고용주에게 당신의 노동 비용이 109달러 10센트라는 것을 의미한다. 비록 당신은 월급 명세서에서 100달러만 보고 급여세 9.10달러를 제한 후 단지 90.90달러만 받지만 말이다(그리고 연방 및 주 소득세를 원천징수한 후 집에는 더 적은 금액을 가져갈 것이다).

소득세 원천에 상관없이 모든 소득에 붙는 세금

급여세 벌어들인 소득에 대한 세금

근로소득 사업주로부터 받는 임금, 또는 자영업으로부터 얻는 순수입

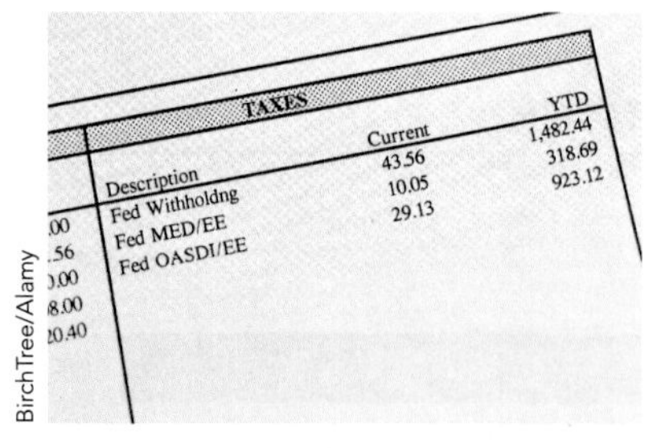

세금은 급여에서 원천징수된다.

일하는 모든 사람은 급여세를 낸다. 하지만 노동자가 사회 보장에 얼마나 많이 기여할지에는 상한선이 있다. 2019년에는 13만 2,900달러 이상의 급여구간에 대해서는 사회보장세가 더 이상 부과되지 않는다. 고령자 의료보험세 2.9%에는 이런 제한이 없다. 사실, 20만 달러 이상의 소득에 대해서는 0.9%의 추가 급여세가 있다.

소득세는 누진적이다. 미국 연방 소득세는 **누진세**(progressive tax)이다. 즉, 소득이 더 많은 사람은 소득의 더 높은 비중을 세금으로 지급하는 경향이 있다. 당신이 내는 세율이 당신의 소득에 따라 증가할 때 세금은 누진적이다. 그렇기 때문에 연방 소득세로 납부해야 할 금액은 1년 동안 받은 수입이 얼마냐에 따라 달라질 것이다. 그래서 고용주가 급여에서 연방 소득세 납부 액수를 원천징수하더라도, 급여세와는 달리, 이 원천징수 금액은 당신이 얼마나 빚을 졌는지를 추측할 뿐이다.

누진세 소득이 많을수록 세율이 올라가는 세금

그림 35-9는 2019년 1인 가구에 대한 연방 소득세율 표이다. 당신이 직면하는 세율은 당신의 **과세소득**(taxable income)에 따라 달라진다. 과세소득은 세금이 부과되는 소득 금액을 의미한다. 이것이 적용되는 방식은 다음과 같다. 첫 9,700달러의 과세소득에는 10%의 세율이 부과된다. 즉, 과세소득이 5,000달러라면 500달러를 납부해야 한다는 뜻이다. 만약 과세소득이 3만 달러라면, 첫 번째 9,700달러 소득에 대해서는 10%가 부과될 것이고 나머지 2만 300달러 소득에는 12%가 부과될 것이다.

과세소득 세금으로 내야 할 소득의 양

1달러를 더 벌면 내는 세율이 **한계세율**(marginal tax rate)이다. 과세소득이 3만 달러라면 한계세율은 12%이다. 만약 과세소득이 4만 달러이면, 그다음 1달러의 한계세율은 22%이다. 가장 높은 한계세율은 37%이며 연간 51만 300달러를 초과하는 모든 1달러의 과세소득에 적용된다.

한계세율 한 단위 소득이 늘 때 내야 할 세금의 비율

그림 35-9는 세금 시스템의 누진성을 보여준다. 당신이 더 많이 벌수록, 한계세율이 높아

져, 결국 고소득자일수록 소득의 더 많은 부분을 세금으로 납부하게 될 것이다.

지금까지는 아주 간단해 보이지만, 진정한 도전은 당신의 과세소득을 결정하는 것이다. 과세소득의 어려운 점은 그것이 당신이 받는 수입과 같지 않다는 것이다. 과세소득을 계산할 때, 실제 소득에서 가능한 많은 공제액을 차감할 수 있다. 우선, 거의 모든 사람이 표준 공제(standard deduction)라고 불리는 것을 차감하게 된다. 2019년에는 이것이 1만 2,200달러였다. 즉, 직장에서 4만 2,200달러를 받았다면, 과세소득은 4만 2,200달러－1만 2,200달러＝3만 달러(또는 다른 공제항목이 있는 경우 더 작아짐)가 될 수 있다. 나중에 몇 가지 공제를 검토하겠지만, 지금으로서는 매년 과세소득을 계산할 때 사람들 대부분은 자신이 실제 벌어들이는 소득에서 수천 달러를 차감한다는 것을 인지하라(사람들이 세금을 내는 것에 대해 불평하는 이유를 이해하기 시작할지도 모르겠다. 그들은 많은 시간을 들여서 소득에서 빼야 할 것을 찾거나 놓친 항목이 있는지 걱정한다).

그림 35-9 | 2019년 1인 가구 소득세율 표

과세소득이 …이상인 경우	…를 넘지 않는 경우	…한계세율은
$0	$9,700	10%
$9,700	$39,475	12%
$39,475	$84,200	22%
$84,200	$160,725	24%
$160,725	$204,100	32%
$204,100	$510,300	35%
$510,300	–	37%

경제학 실습

당신은 현재 연간 5만 2,200달러의 수입을 주는 직업을 가지고 있고 표준 공제를 받을 계획이어서, 과세소득은 4만 달러이다. 경쟁 기업은 당신에게 비슷한 직업을 제공하고, 당신에게 3,000달러를 기꺼이 올려주려 하지만, 당신은 더 이상 매일 걸어서 출근할 수는 없을 것이다. 현재 과세소득으로 볼 때 한계세율은 얼마가 되는가?

과세소득이 4만 달러일 때, 당신이 벌어들이는 그다음 1달러에 부과되는 세금은 22%이다.

고임금의 직업을 수락할 때, 추가로 연방 소득세를 얼마나 내야 하는지 계산하라.

$$0.22 \times \$3{,}000 = \$660$$

추가 소득에 대해 사회 보장 관련 6.2%와 고령자 의료보험 관련 2.9%의 급여세도 부과된다는 것을 기억하라. 급여세를 얼마나 더 내게 되는가?

$$0.062 \times \$3{,}000 + 0.029 \times \$3{,}000 = \$273$$

경쟁업체가 하는 일은 시내 전역에서 이루어지기 때문에 한 달에 120달러를 버스 요금으로 지출해야 한다. 새 직장을 받아들인다면 세금과 교통비를 고려한 후에 매년 얼마나 더 벌 수 있는가?

$$\underbrace{\$3{,}000}_{\text{추가 소득}} - \underbrace{\$660}_{\text{추가 소득세}} - \underbrace{\$273}_{\text{추가 급여세}} - \underbrace{12 \times \$120}_{\text{새로운 지출}} = \$627$$

3,000달러 인상분의 상당 부분이 당신의 새로운 지출과 세금으로 쓰였다(아직 주 세금과 지방세를 더하지 않았다). 중요한 것은 직업을 선택하기 전에 계산을 해볼 만한 가치가 있다는 것이다. 집으로 들고 갈 수 있는 수입은 처음에 생각했던 것만큼 차이가 크지 않을 수 있기 때문이다. ■

법인세는 사람들에 의해 납부된다. 연방 세금의 6%는 기업체로부터 징수된다. 그러나 기업이 세금을 내는 것은 무엇을 의미하는가? 모든 세금은 일정 소득을 포기하는 사람을 필요로 한다. 법인세 대부분을 내는 사람들은 회사의 소유주들이다. 주식회사의 경우, 소유주는 회사에 돈을 투자하고 주식을 산 사람들, 즉, 주주이다. 지금 준비가 되어있지 않더라도, 대부분의 사람은 그들의 퇴직저축 계좌에 주식을 가지고 있어서, 당신은 아마도 어느 날 주주가 될 것이다.

근로자들도 법인세 부담의 일부를 떠안고 있다. 세금이 오르면 기업은 자본을 덜 구매한다. 이것은 그들의 노동자들을 덜 생산적으로 만든다. 그리고 노동자들의 생산성이 떨어질 때 고용주는 그들에게 그만큼의 돈을 지불하려 하지 않는다. 법인세가 노동자의 임금에 미치는 효과에 관한 연구 결과는 다양하지만 의회 예산국은 법인세 1달러에 대해, 노동자들은 약 25센트를 잃고, 주주들은 75센트를 잃는다고 추정한다.

판매세 보통 재화와 서비스의 구입가격에 퍼센티지로 붙이는 구매에 대한 세금

주 정부 및 지방 정부는 판매세, 재산세 및 소득세를 징수한다. **판매세**(sales tax)는 구매에 대한 세금이며, 일반적으로 재화와 용역의 구매 가격의 일정한 비율이다. 예를 들어, 미시간에서 티셔츠를 살 때, 당신은 6%의 판매세를 납부하게 될 것이다. 그래서 10달러짜리 티셔츠는 계산대에서 10달러 60센트의 비용이 청구된다.

물품세 특정 제품에 대한 세금

물품세(excise tax)는 가스, 담배, 술과 같은 특정 상품에 대한 세금이다. 일반 판매세와 다르게, 물품세는 당신이 지불한 가격이 아니라 보통 당신이 구매한 수량에 따라 부과된다. 예를 들어, 가스에 대한 연방 물품세는 갤런당 18.4센트이고, 주 물품세는 알래스카에서의 갤런당 12.25센트부터 펜실베이니아에서의 58.4센트까지 다양하다.

그림 35-10 | 주 정부 및 지방 정부의 세수

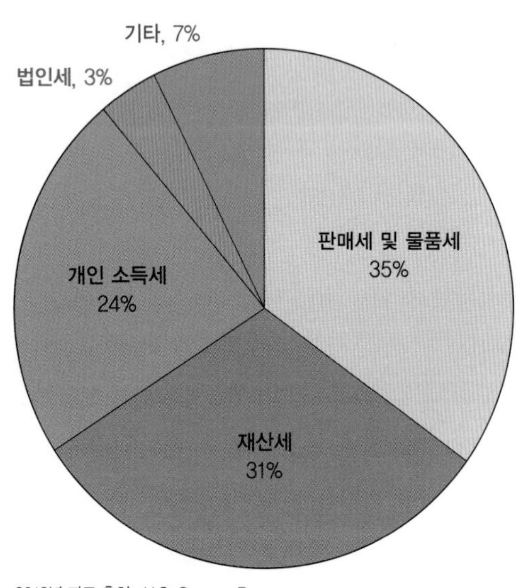

2018년 자료 출처 : U.S. Census Bureau.

그림 35-10은 주 정부와 지방 정부가 판매세와 물품세를 합쳐서 전체 세수의 35%를 거둬들이는 것을 보여준다. 이 세금은 주 정부 및 지방 정부의 최대 수입원이다.

재산세(property tax)는 재산 가치(일반적으로 부동산)에 대한 세금으로 주 정부 및 지방 정부 세입의 31%를 추가로 제공한다. 소득세는 주와 지자체 수입의 4분의 1 미만을 차지한다. 소득세를 부과하는 지방 정부는 거의 없다. 반면 주 대부분은 자체 소득세를 부과하지만 몇몇 주는 소득세를 부과하지 않는다. 플로리다, 텍사스, 워싱턴주는 세수를 위해 거의 독점적으로 판매세와 재산세에 의존하고 있다.

역진세(regressive tax)는 소득이 적은 사람들이 소득의 더 많은 비중을 세금으로 납부하는 경향이 있는 세금이다. 물품세, 재산세 및 판매세는 역진적이다. 그들은 수입의 더 많은 부분을 가스, 주택, 식료품 및 의류에 쓰기 때문이다. 그들은 수입의 더 많은 비중을 가스세에 지출하기 때문에, 그들은 또한 소득의 더 많은 비중을 세금으로 내게 된다. 분배의 다른 끝에서 고소득 가구는 그들의 수입의 훨씬 작은 몫을 주택에 지출한다. 결과적으로 그들은 소득의 작은 부분을 재산세에 쓰게 된다. 주 정부 및 지방 정부는 개인 소득세 및 법인세와 같은 일부 누진세에 의존한다. 하지만 그들이 역진세에 더 많이 의존하기 때문에, 대부분 주세 및 지방세 체계는 역진적이다.

재산세 재산(보통 부동산)의 가치에 대한 세금

역진세 소득이 작은 사람이 소득 중에서 세금을 내는 비중이 큰 조세

조세지출 어떤 활동을 촉진하도록 세 부담을 낮추는 특별 공제, 면제, 세액공제

숨겨진 정부지출 : 조세지출

의회는 종종 직접적인 정부지출의 증가가 아니라 세금 규정을 변경함으로써 정책 프로그램을 실행할 수 있다. **조세지출**(tax expenditure)은 특별 공제, 면제 또는 환급을 의미한다. 이는 납세 의무를 낮추어 정부의 조세 수입을 줄인다. 당신은 또한 그것들을 탕감, 허점, 또는 세금 감면이라고 부르는 것을 들어본 적이 있을 것이다.

조세지출은 정부지출의 숨겨진 형태이다. 어떻게 정부지출과 동일한지 보기 위해, 아마도 당신과 당신 가족에게 매우 중요한 미국 기회세(American Opportunity Tax) 조세지출을 고려해 보자. 이 조세지출이 시작된 아이디어는 연방 정부는 더 많은 학생이 대학을 졸업할 수 있도록 돕겠다는 열망이었다. 이것의 작동 방식은 당신이나 당신의 부모님이 지출한 등록금의 일부(연간 최대 2,500달러)를 세금 계산서에서 차감할 수 있다는 것이다.

의회는 이 프로그램을 지출 프로그램으로 통과시킬 수 있었다. 자격을 갖춘 학생이나 가족

에게 각각 단순히 2,500달러의 수표를 우편으로 송부하는 것이다. 그 대신 세액 공제로 이 프로그램을 시행했고, 그래서 이 조세지출은 당신 가족의 연방 소득세 청구서에서 2,500달러를 차감하는 것이다. 학생과 그 가족의 경우, 결국엔 정부로부터 2500달러 수표를 받든 세금으로 2,500달러를 덜 내든지 간에 당신은 2,500달러만큼 형편이 나아졌다는 점에서 이것은 동일하다. 그리고 두 방식 모두 정부도 2,500달러를 덜 가지게 된다. 하지만 동일하게 보이는 두 대안은 정부 예산 측면에서는 상당히 다르게 보인다. 직접 지출 프로그램은 정부 지출로서 나타나지만, 조세지출은 그렇지 않은 경우에 비해 단순히 정부 수입이 줄어들었다는 것을 의미하기 때문이다.

markreinstein/Alamy

의회는 지출을 세금 규정 속에 숨기기를 열망한다.

조세지출의 정치는 다르다. 정부의 금고에 절대 나타나지 않는 돈은 수표를 보내서 쓰는 돈보다 추적하기가 더 어렵다. 일부 정치인들은 그들이 선호하는 프로그램을 정부지출의 증대보다는 조세지출로 실행한다. 그들은 정부지출을 늘리기 위해 세금을 올리기보다는, 사람들이 어렵게 번 그들 자신의 돈을 유지하게 한다고 주장할 것이다(잠시 쉬어가기 : 이 주장이 얼마나 설득력이 있다고 보는가?).

중요한 것은, 조세지출은 세법 일부이기 때문에, 예산 프로세스의 일부로 매년 갱신하거나 평가할 필요가 없다. 이는 조세지출이 무엇을 재량 예산에 포함할 것인가에 대한 연례 싸움의 일부가 아니라는 것을 의미하기 때문에 정말로 중요하다. 이러한 검토의 부족으로 적절한 검증 없이 조세지출이 지속된다. 이에 따라 미국회계감사원은 조세지출에 대한 정밀 검증을 의회에 (거의 효과 없지만) 거듭 촉구하였다. 조세지출은 매우 중요한 사항이다. 2019년에는 연방정부의 조세지출이 합산해서 1조 5,000억 달러에 달했는데, 이는 재량지출 총액(1조 4,000억 달러)과 거의 동일한 규모이다.

조세지출은 특정 상품과 서비스에 대한 지출을 장려한다. 가장 큰 조세지출 중 일부는 고용주가 제공한 의료보험, 퇴직 계획, 자가 주택 구입 등을 포함한다. 이 세금 감면 혜택은 의료보험에 가입하고, 은퇴를 위해 저축하도록 장려하고, 자기 집을 사도록 장려하는 정부의 방식이다.

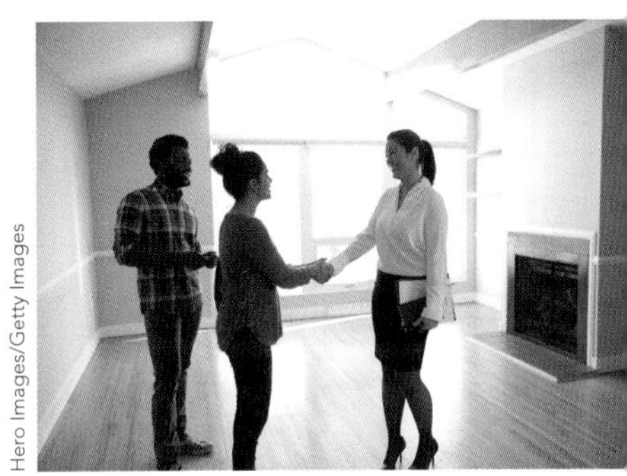
Hero Images/Getty Images

집주인이 되는 것에 대한 세금 우대 혜택이 크다.

당신이 고용주를 통해 의료보험을 살 때 당신의 보험료(및 고용주에 의해서 직접 지불되는 모든 보험료)를 과세소득에서 제외함으로써 정부는 의료보험의 구매를 보조한다. 그래서 만약 당신이 매년 고용주를 통해 의료보험에 3,000달러를 쓴다면, 과세소득에서 3,000달러를 차감하게 된다. 한계세율이 22%라면 매년 660달러의 세금을 절감할 수 있을 것이다. 추가로, 만약 당신의 고용주가 또한 당신의 의료보험 비용에 매년 2,000달러를 기여한다면, 그 2,000달러도 과세소득으로 간주할 필요가 없다(반대로, 고용주가 2,000달러를 생명보험료로 지불한다면 그 지급액은 과세소득으로 계산된다).

의회는 또한 은퇴를 위해 돈을 저축할 때 세금을 줄일 수 있는 많은 저축 프로그램을 만들었다. 이러한 세금 감면 혜택은 노후를 위한 저축에 강력한 유인을 제공한다.

마지막으로, 정부는 집을 사는 데 두 가지 중요한 세금 감면 혜택을 제공한다. 첫 번째는 구매자금 마련을 위해 담보 대출을 받으면 세액 공제를 받을 수 있다. 두 번째는 더 미묘하다. 집을 빌릴 때, 집주인은 일반적으로 당신이 지불하는 임대료에 대한 소득세를 내야 한다. 하지만 집을 사서 자기 집이 되면, 사실상 자기 자신에게 내는 월세에 대해 소득세를 내지 않아도 된다. (소유자 거주 주택의 임대 가치에 대해 세금을 낼 필요가 없는) 이런 세금 우대는 주택 소유의 가장 큰 혜택 중 하나이다.

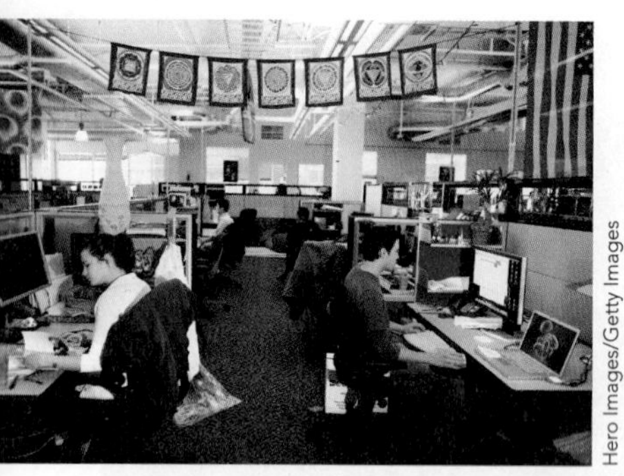

Hero Images/Getty Images

고용주가 주는 혜택은 합산된다!

일상경제학 고용 혜택의 가치는 얼마나 될까?

대학에 다니는 동안 열심히 공부하라. 그러면 졸업할 때 여러 가지 취업 제의 중에서 선택하는 것을 기대할 수 있다. 그 선택을 고려할 때 세금 체계를 기억해둘 가치가 있다.

직장 중 하나가 고용주가 제공하는 의료보험제도와 함께 4만 3,000달러의 월급을 준다고 가정해 보자. 당신은 해당 보험료로 연간 3,000달러를 지불해야 한다. 다른 직장은 4만 5,000달러의 급여를 주지만, 의료보험이 없다. 쇼핑을 해보니 연간 약 5,000달러에 고용주의 도움 없이 유사한 건강보험을 살 수 있다는 것을 알게 되었다. 그렇다면 어떤 직업이 더 나은가?

우선 만약 당신이 건강보험에 가입하려고 계획한다면, 어느 쪽이든 의료보험료를 지불하고 나면 4만 달러를 받게 되니까 두 직업은 동등한 것처럼 보인다.

그렇게 서두를 필요는 없다! 당신은 과세소득을 고려할 필요가 있다. 당신이 고용주를 통해 건강보험에 가입할 때, 당신은 보험료에서 지출하는 금액을 과세소득에서 차감할 수 있다. 따라서 고용주-제공하는 의료보험에 지출한 3,000달러만큼 과세소득이 4만 3,000달러에서 4만 달러로 줄어든다. 하지만 고용주가 의료보험을 제공하지 않는다면, 당신은 이 세금 혜택을 받지 못할 것이다. 만약 4만 5,000달러 중 5,000달러를 당신 스스로 가입하는 건강보험에 지출한다 하더라도, 과세소득은 여전히 4만 5,000달러가 된다.

이 모든 것은 고임금 무혜택 직업은 더 많은 과세소득을 포함하며, 그래서 더 많은 금액의 세금 고지서를 의미한다. 이 예제에서 의료보험과 세금 고지서에 미치는 영향 두 가지 비용을 모두 계산해보니, 혜택이 제공되는 더 적은 임금의 일자리를 선택할 경우, 집에 더 많은 돈을 가져가게 될 것이다. 좀 더 일반적으로, 여러 가지 일자리를 비교할 경우 혜택뿐만 아니라 세금이 부과되는 방식도 고려해야 한다. 혜택을 제공하는 급여가 낮아 보이는 일자리를 찾는 것은 드문 일이 아니다. 일부 혜택은 세금 감면 혜택을 받기 때문에 더 나은 선택이 될 수 있다. 실제로, 그것이 많은 고용주가 혜택을 제공하는 한 가지 이유다. ■

그림 35-11 | 연방 소득세 지출

소득 분위별 조세지출 비중

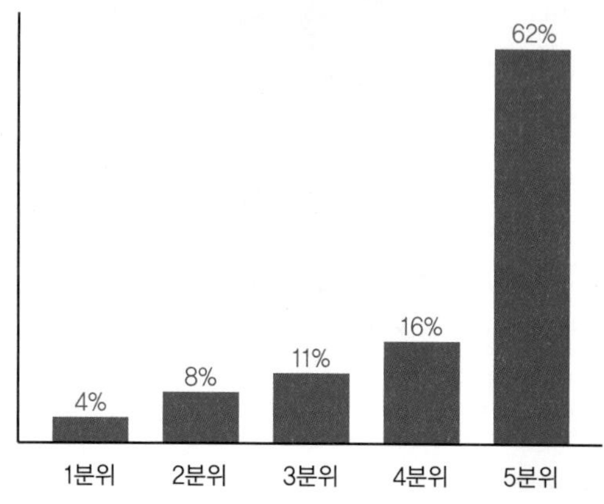

2017년 자료 출처 : Tax Policy Center

조세지출은 주로 고소득자에게 이익이 된다. 그림 35-11은 조세지출의 절반 이상이 소득 5분위 최상위 계층으로 가는 것을 보여준다. 이러한 불균형의 원인은 세 가지이다.

첫 번째 원인 : 비과세 및 공제의 가치는 소득세율이 높을 때 더 커진다. 당신이 주택담보대출 이자에 쓰는 모든 1달러는 당신의 과세소득을 1달러 감소시킨다. 만약 당신이 가장 부유한 미국인 중 한 명이라면, 당신의 한계세율은 37%이다. 그래서 주택담보대출 이자를 갚는 데 지출한 100달러는 37달러의 세금 감소를 의미한다. 반대로, 만약 당신이 12%의 한계세율을 가진 중산층 가정 출신이라면, 주택담보대출 이자에 지급하는 100달러는 세금을 12달러만 줄여준다. 미국인의 거의 절반은 연방 소득세를 내지 않는다. (그들은 여전히 급여세, 판매세, 물품세와 같은 다른 세금을 내지만) 따라서 그들은 이 공제로부터 전혀 혜택을 받지 못한다. 이것은 고소득자, 중소득자 및 저소득자 모두 동일한 주택담보대출을 받아 동일한 주택을 구입한다고 가정할 때, 정부는 최고 소득자에게 가장 큰 세금 감면을 주고, 중산층에게 훨씬 적은 세금 감면을 주며, 저소득층에게는 어떤 혜택도 주지 않는다는 것을 의미한다.

두 번째 원인 : 고소득층은 세금 우대 재화와 서비스를 더 많이 사는 경향이 있다. 물론 고소득층, 중소득층, 저소득층이 동일한 주택을 구매하는 경향은 없다. 그 대신에, 더 많은 수입을 가질수록, 집에 더 많은 돈을 쓰는 경향이 있다. 또는 은퇴를 위해 저축하거나, 의료보험 지출을 늘리는 경향이 있는데 이 모두는 세금 감면을 수반한다. 그리고 집을 사는 데 많이 쓸수록 세금 감면

조세지출 혜택이 부유층에 집중되는 세 가지 이유

1. 비과세 및 공제의 가치는 소득세율이 높을 때 더 커진다.
2. 고소득층은 세금 우대 재화와 서비스를 더 많이 사는 경향이 있다.
3. 소득세율이 0이라면 대부분의 조세지출은 도움이 되지 않는다.

이 더 커진다. 세금 혜택에 대한 더 높은 가치와 함께 세금 우대 상품에 대해 비례적으로 더 많은 지출을 고려하면, 왜 조세지출이 주로 고소득층 가정에 적용되는지 알 수 있다. 예를 들어, 100만 달러짜리 집을 가진 부유한 가족은 주택담보대출 이자로 매년 3만 달러를 지불할 것이다. 만약 그들의 한계세율이 37%인 경우, 이 공제는 1만 1,100달러까지 세금을 줄여준다. 중산층 수입 가족은 반 정도 비싼 집을 살 것이며, 절반 정도 되는 주택담보대출이 필요하기 때문에 절반 정도만 세액공제를 받을 수 있다. 게다가 한계세율이 12%에 불과하다면, 이 공제는 1,800달러만 세금을 줄여준다. 그리고 우리가 분석한 이유로, 저소득 가정은 세금 혜택을 전혀 받지 못할 수 있다.

TimAbramowitz/E+/Getty Images

이 집을 산 가족은 아마도 추가로 1만 1,100달러를 정부로부터 돌려받았을 것이다.

irina88w/iStock/Getty Images

그러나 이 집을 산 가족은 아마 아무것도 돌려받지 못했을 것이다.

세 번째 원인 : 연방 소득세가 0인 경우 대부분의 조세지출은 큰 도움이 되지 않는다. 가족 소득이 적으면 조세지출에서 전혀 혜택을 받지 못할 수 있다. 왜냐하면, 대부분의 세금 감면은 당신의 과세소득을 줄일 뿐이지만, 당신의 과세소득을 0 이하로 줄이는 것은 세금을 줄이는 데 아무런 도움이 되지 않기 때문이다. 실제로는 표준 공제 및 기타 환급 등으로 저소득 가구 상당수는 이미 과세소득이 0이다.

환급 가능한 세액공제(refundable tax credit)는 심지어 과세소득이 0(또는 그 이하)인 사람들에게도 혜택을 제공함으로써 이 문제를 해결하려고 노력한다. 환급이 가능하다고 얘기하는 이유는 세금을 내지 않아도 환급을 받을 수 있기 때문이다. 예를 들어, 미국 기회세액공제를 떠올려 보자. 이는 당신 또는 당신의 가족이 연간 최대 2,500달러를 학비로 지원받을 수 있게 한다. 이는 환급이 부분적으로 가능한 세액공제이다. 즉, 저소득층에게 전폭적인 혜택을 주는 것이 아니라 부분적인 혜택을 주는 것이다. 연방 소득세를 내지 않더라도, 저소득층 가족은 이 프로그램을 통해 등록금 비용에 대해 최대 1,000달러를 지원받을 수 있다.

환급 가능한 세액공제 환급받는 것이 소득세 내는 것과 관계 없는 세액공제

조세지출은 종종 비효율적이고, 대상이 부적절하며, 지속적이다. 경제학자들과 양당의 정책관료들은 이러한 다수의(전부는 아니지만!) 조세지출에 반대하는 경향이 있다. 경제학자들은 정부가 건강보험, 퇴직금 또는 주택 구입을 보조하는 좋은 이유가 있다고 생각한다. 문제는 조세지출 예산 비용이 불투명하고, 일부 프로그램이 얼마나 비효율적인지 불분명하다는 것이다. 납세자의 세율에 따라 혜택이 좌우되기 때문에, 가장 큰 세금 감면은 종종 그것이 가장 적게 필요한 사람들에게 주어지는 등 대상 선정이 잘되지 않는다. 그리고 이러한 프로그램에 대한 지출은 매년 논의되지 않기 때문에, 너무 오래되어 시효가 지났거나 비효율적인 프로그램들이 거의 검증받지 않고 무한정 계속되는 경향이 있다.

규제

당신은 이미 정부가 세금 감면으로 어떻게 지출을 위장하는지에 대해 살펴보았다. 정부는 또한 다른 사람에게 시켜서 지출을 감출 수 있다.

규제는 정부에게 지출을 요구하지만, 비용은 다른 사람들이 부담한다. 정부는 종종 개인들이나 기업들에게 어떤 것들에 대한 비용을 직접 지불하도록 요구하는 법이나 규제를 만든다. 예를

정부는 육아휴직에 대하여 직접 비용을 부담하거나 민간에게 육아휴직을 명령할 수 있다. 그러나 어느 쪽이든 비용이 든다.

들어, 정부가 모든 노동자가 육아휴직을 받을 수 있다고 결정한다면, 그것은 정부 예산의 일부가 될 사회보험 프로그램을 통해 직접적으로 육아휴직 비용을 지급할 수 있다. 또는 대안으로, 고용주에게 육아휴직을 모든 노동자에게 제공하라고 요구할 수 있다. 고용주가 비용을 치르게 하는 것은 저렴한 방법처럼 들린다. 정부는 돈을 한 푼도 안 내기 때문이다. 하지만 고용주들에게 돈을 내라고 하는 것이 비용을 없애지는 않는다. 이는 단지 납세자에서 고용주로 지불하는 사람을 바꿀 뿐이다. 또한 고용주들은 그 비용의 일부를 낮은 임금 형태로 근로자들에게 전가할 가능성이 있다. 그래서 비용은 사라지지 않는다. 단지 다른 누군가가 요금을 지불하고 있을 뿐이다.

규제는 인센티브를 변경한다. 거의 모든 정부 정책은 직접 지출 프로그램, 조세지출 또는 규제로 설정될 수 있다. 정책 입안자들이 정책을 설계하기 위해 가장 좋은 방법을 찾아내려고 시도할 때, 사람들이 그 정책에 대응하여 행동을 어떻게 조정할지에 대해 세심한 주의를 기울인다. 예를 들어, 육아휴직 비용을 고용주가 담당하도록 한 규제는 몇몇 고용주들이 부모를 고용하지 않는 것을 통해 비용을 회피하는 것으로 이어질 수 있다.

35.2 재정정책

학습목표 어떻게 재정정책이 경기변동을 완화하는지 알아본다.

이제 당신은 정부가 무엇에 돈을 쓰는지 그리고 수입을 어떻게 모으는지 잘 이해하게 되었으니, 그 선택들의 거시경제적 결과를 살펴보자. 지금은 경기변동을 구성하는 전년 대비 변동에 어떤 영향을 미치는지 중점적으로 살펴보고, 그런 다음 장기적인 결과를 공부하면서 이 장을 마무리할 것이다.

경기대응의 힘

재정정책 경제를 안정화시키기 위해 정부가 지출과 조세정책을 이용해 영향을 미치려는 정책

재정정책(fiscal policy)은 경제를 안정화하려는 노력으로 정부가 지출과 세금 정책을 이용하는 것을 말한다. 그것은 생산량 변동을 줄이고 실제 GDP를 잠재생산량에 가깝게 유지하려는 노력으로 정부가 세금과 지출을 조정하는 것을 포함한다.

지출이 늘고 세금이 낮아지면 생산량이 늘어날 것이다. 전형적으로, 정부는 높은 정부지출과 낮은 세금의 조합 등의 확장적 재정정책으로 취약한 생산량에 대응한다. 정부 구매의 확대는 직접적으로 총지출을 증가시킨다. 낮은 세금은 사람들의 세후 소득을 늘려서 소비 증가를 촉진한다. 그리고 법인세 인하로 새로운 투자들은 더 수익성이 있고, 이러한 새로운 프로젝트에 자금을 대는 데 필요한 여분의 현금을 제공하기 때문에 더 많은 투자를 촉진한다. 결과적으로 총지출 증가로 생산 수요량을 늘리고 이는 기업이 생산을 증가시키는 것으로 이어져 GDP를 증가시킨다.

지출을 줄이고 세금을 높이면 생산량이 줄어들 것이다. 거꾸로 말하면, 정부 구매의 감소와 높은 세금을 수반한 긴축적 재정정책으로 정부는 경기 과열에 맞설 수 있다. 동일한 메커니즘이 반대로 작동한다. 낮은 지출이나 높은 세금이 총지출을 감소시키고 이는 생산량을 줄일 것이다. 그렇기 때문에 잠재 수준을 초과하는 생산량이 인플레이션 상승을 촉발할 수 있다는 우려가 있을 때 정부는 긴축적 재정정책을 고려할 것이다.

정부지출은 GDP를 직간접적으로 증가시킬 수 있다. 정부지출의 두 유형을 구별하는 것은 그

만한 가치가 있다. 첫 번째는 정부 구매이다. 정부가 학교, 고속도로, 군사 장비와 같은 상품과 서비스를 직접 구매하는 경우이다. 두 번째는 이전 지급이다. 정부 금고에서 각 가정으로 보내지는 돈이다. 이 구별은 중요하다. 정부 구매는 직접 GDP로 계산되는 반면, 이전 지급은 구매나 생산되는 것이 없기 때문에 GDP에 직접 더해지지 않는다. 그러나 사람들이 이전 지급을 받으면 그 돈을 쓰고, 총지출을 늘리고 그 결과 GDP가 증가한다.

승수효과는 재정정책을 더욱 강력하게 만든다. 상호의존의 원리는 확장적 재정정책이 총지출을 늘리는 1차 효과 외에도 파급효과가 있음을 우리에게 상기시킨다. 그 이유는 한 사람의 지출은 다른 사람의 수입이고, 따라서 초기 지출의 급증은 일부 사람들의 수입이 증가하는 원인이 될 것이고, 이로 인해 그들의 소비 증가로 이어질 수 있다. 이는 다시 다른 사람들의 수입을 증가시켜, 그들이 또한 더 많이 소비하게 만든다. 승수효과는 초기 지출 증가가 파급효과를 촉발해서 궁극적으로 GDP의 더 큰 증가로 이어지는 것을 묘사한다. 동일한 효과가 반대 방향으로도 작용한다. 긴축적 재정정책으로 인한 총지출의 감소는 GDP의 더 큰 감소를 초래하는 승수효과를 가질 수 있다.

경기 대응적 재정정책에는 미시경제적 근거가 있다. 지금까지, 우리는 재정정책이 거시경제적 결과에 영향을 미칠 가능성에 초점을 맞춰왔다. 그러나 경기 대응적 정부지출에 관한 대안적인 미시경제적 주장이 있다. 새로운 고속도로, 다리 또는 공항 등과 같이 정부가 언제 착수할 것인지를 선택할 수 있는 모든 정부지출 프로젝트에 대해서 기회비용의 원리는 이 투자가 경제 침체기에 이루어지는 것이 가장 적합하다고 암시한다. 결국, 실업률이 높을 때, 엔지니어 시간의 차선 이용의 가치는 낮을 것이다. 왜냐하면 그 차선책은 그들의 기술을 사용하지 않는 직업에서 일하거나, 아니면 계속되는 실업이기 때문이다. 게다가 불황기에는 실질임금이 더 낮아지는 경향이 있어서 이 프로젝트들은 더 저렴하게 완성될 수 있다. 마찬가지로 불경기 동안 자본 장비가 유휴 상태일 수 있다. 이는 정부 투자 사업에 기계를 작동시키는 것의 기회비용이 낮다는 것을 의미한다.

자료 해석 **경기 침체 시기에 일회성 세금 인하가 지출을 증가시킬 수 있을까?**

Rawpixel.com/Shutterstock

세금 환급으로 쇼핑을 더 하게 될까?

2007년 말과 2008년 초에 대불황이 닥쳤을 때, 정부의 첫 번째 대응 중 하나는 일회성 세금 환급이었다. 그것은 더 많은 납세자에게 1인당 600달러까지 수표를 발송하는 것이었다. 이 확장적 재정정책의 이면에 있는 생각은 더 증가한 소득은 소비 증가로 이어지며, 따라서 이러한 환급 수표가 총지출 및 생산량 증가를 자극한다는 것이었다. 그러나 일부 경제학자들은 그 효과에 회의적이었다. 그들은 이러한 소득 증대는 일시적이며, 따라서 사람들은 지출하는 대신 환급 수표를 저축할 것이라고 지적했다. 정말로, 만약 당신이 다가오는 불경기에 대해 걱정한다면, 당신은 친구들에게 이 횡재를 지출하라고 충고하겠는가, 아니면 비오는 날을 위해 그것을 저축하라고 조언하겠는가?

모두 합쳐서, 정부는 1,000억 달러의 환급을 우편으로 보냈다. 면밀한 연구에 의하면 처음 3개월 동안, 사람들은 500~900억 달러의 돈을 소비했다. 이 추정치는 범위가 넓지만, 우리에게 두 가지를 알려준다. 첫째, 사람들은 회의적인 많은 경제학자보다 더 많은 돈을 소비했다. 이는 비록 일시적인 소득 증대라도 즉각적인 소비 증가를 자극할 수 있다는 것을 시사한다. 둘째, 정부가 그 돈을 상품과 서비스에 직접 쓰는 것보다 사람들은 돈을 덜 썼다. 결국, 정부가 1달러를 쓰면, 전체 달러가 소비되지만, 사람들에게 1달러를 우편으로 주면, 그들은 50~90센트밖에 쓰지 않는다. ■

정부의 재량적인 지출은 상당한 시차를 가질 수 있다. 만약 경제가 침체에 빠지기 시작하면, 일시적으로 지출을 늘리거나 세금을 인하하여 경기 부양에 눈을 돌리기 위해 의회는 법안을 통과시키는 것을 고려할 수 있다. 의회가 재량권을 사용하고 취할 행동을 결정하기 때문에, 이것을 **재량적 재정정책**(discretionary fiscal policy)이라고 한다. 마찬가지로, 생산량이 잠재 수준 이상일 때 정부는 재량적 재정정책을 사용하여 삭감하고, 지출하고 또는 세금을 인상할 수 있다. 재량적 재정정책이 직면한 가장 큰 도전 중 하나는 그 과정의 모든 단계에서 지연이 있어서, 타이밍을 정확하게 잡는 것이다.

재량적 재정정책 경제를 부양하기 위해 일시적으로 지출을 늘리거나 세금을 감면하는 정책

재량적 재정정책의 첫 단계는 그것이 필요하다는 것을 인식하는 것이다. 거시경제 데이터는 불완전하며 종종 충돌하는 신호를 보내므로 정책 입안자들이 경제가 정체됐거나 과열되고 있다는 것을 인식하는 데 몇 개월이 걸릴 수 있다.

일단 정책 입안자들이 경제에 도움이 필요하다는 것을 깨닫고 나면, 그들은 정책을 수립해야 한다. 이 두 번째 단계는 의회가 계획을 세우고 나서야 하며 그것을 승인하는 법안을 통과시켜야 하므로 긴 지연의 근원이 될 수 있다. 세금 및 지출 아이디어가 정치적으로 논란이 많을수록, 신속한 정치적 합의를 이루는 것이 더 어려울 수 있다.

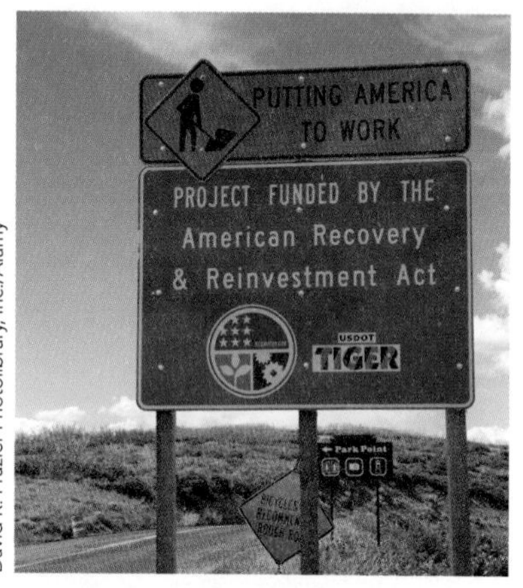

David R. Frazier Photolibrary, Inc./Alamy

실행에 들어간 확장적 재정정책

세 번째 단계는 실제로 비용을 지출하는 것이며 복잡한 인프라 프로젝트의 경우에는 몇 달, 심지어 몇 년이 걸릴 수도 있다. 정부는 기획 및 엔지니어링 작업 대부분이 이미 완료된 '바로 삽을 뜰 프로젝트'가 대기 상태를 유지하도록 노력한다. 그렇게 하면 재원 조달의 증가가 즉각적인 지출 증가로 이어질 수 있다. 그러나 현실에서는 바로 삽을 뜰 프로젝트는 찾아보기 어렵다.

재량적 재정정책과 관련된 시차는 짧은 경기 침체 동안 의회가 총지출 확대를 위해 그것이 필요할 때 충분히 신속하게 행동하지 않을 수 있다는 것을 의미한다. 너무 늦게 행동하면, 그것은 결국 경제는 이미 회복된 후에 경기 부양을 제공하는 것으로 끝날 수 있다. 최악의 경우, 재량적 재정정책은 경기 대응적이기보다는 경기 순응적(procyclical)이라는 것을 의미할 수 있다. 이는 경기를 불안정하게 할 수 있다.

자료 해석 2007~2009년의 대불황 시기에 재량적 재정정책은 효과가 있었는가?

2009년까지 깊어가는 불경기에 대응하여, 의회는 더 강력한 확장적 재정정책이 필요하다고 결정했고, 미국의 경기회복과 재투자법(American Recovery and Reinvestment Act)을 통과시켰다. 이 법안은 감세와 정부 구매 및 이전 지급의 일시적 증가를 포함했다. 모두 알 수 있듯이, 그것은 경제에 7,870억 달러를 추가로 투입했다.

그것은 또한 경제학자들이 재량적 재정정책의 효과를 연구할 흥미로운 실험실을 제공했다. 몇 가지 중요한 연구들은 연방 자금조달 공식의 특이성 때문에 일부 주가 다른 비교 가능한 주보다 더 많은 지출을 받게 되었을 때 어떤 일이 일어났는지 분석하였다. 그 연구들은 더 많은 자금을 받은 주들의 지출이 일반적으로 더욱 강력한 회복세를 보였다는 것을 발견했다. 그 돈을 쓰기 위해 시간이 좀 걸리긴 했지만, 이 불경기는 너무 깊고 오래 지속되어서, 그 법은 비록 수십억 달러의 비용이 들었지만, 수백만 개의 일자리를 구할 수 있을 만큼 충분히 시의적절했다. ■

재정정책은 시의적절하고, 대상이 구체적이며, 일시적일 때 가장 잘 작동한다. 재정정책은 경제 상황이 심각해지기 전에 실행될 때, 가장 큰 영향을 받는 경제 부문을 대상으로 할 때, 필요한 기간만 사용할 때 가장 잘 작동한다. 이는 다음과 같은 재정정책 결과의 세 가지 T(3T)로 이어진다. 그것은 시의적절하고 대상이 구체적이며 일시적이어야 한다. 시의적절(timely)은 정책 입안자들이 반드시 눈앞의 문제에 대처하여 신속하게 움직여야 한다는 생각을 말한다. 대상이

재정정책은 다음 조건에서 가장 잘 작동한다.
1. 시의적절하고
2. 대상이 구체적이며
3. 일시적일 때

구체적(targeted)이라는 것은 통화정책과 달리 재정정책은 특정 지역, 산업 및 가장 많은 도움이 필요한 노동자들 그룹에 집중할 수 있다는 생각을 말한다. 재정 부양책은 돈을 쓸 가능성이 더 큰 사람들의 손에 쥐어 주는 방식으로 대상을 구체화했을 때 재정적으로 더 효과적일 가능성이 크다(대조적으로, 저축하거나 기존 빚을 갚을 사람들에게 돈을 보내는 것은 지출을 증가시키지 않을 것이며 따라서 GDP가 증가하지 않을 것이다). 마지막으로, 일시적(temporary)이라는 것은 경제가 회복되면 추가 지출이 더는 필요 없어진다는 생각을 말한다. 실제로, 정부지출이 계속 증가하면 민간 투자를 줄일 위험이 있다는 것을 알게 될 것이다.

정부지출은 투자 지출을 밀어낼 수 있다. 가끔 확장적 재정정책의 강화가 특히 투자를 중심으로 한 민간 지출의 감소로 이어질 수 있다. 이것은 **구축효과**(crowding out)로 알려져 있다. 이것은 마치 이미 붐비는 상점에 들어선 정부가 손님 몇 명을 밀어내는 것과 같다. 더 정확히 말하면, 확장적 재정정책이 실질이자율을 높여 민간 지출이 감소할 때 발생한다. 특히 투자가 실질금리에 민감하기 때문에, 주된 영향은 투자가 줄어드는 것이다. 구축효과의 정도는 분석 중인 기간과 경제 상태에 달려 있다. 이유를 살펴보자.

구축효과 정부차입의 증가에 뒤따르는 민간지출의 감소, 특히 투자의 감소

단기적으로 확장적 재정정책은 생산량을 증가시킬 것이다. 그리고 (제34장에서 논의했듯이) 연준은 일반적으로 인플레이션을 촉발할 수 있는 양의 총생산 갭에 실질금리를 인상하여 반응한다. 이는 투자를 감소시킨다. 구축효과의 정도는 연준이 얼마나 적극적으로 총생산 갭에 대응할지 그리고 경제에 얼마나 많은 초과 설비(excess capacity)가 있는지에 달려있다. 초과 설비가 많은 심각한 불황 기간에 재정 및 통화 정책 모두 함께 대응할 가능성이 크며, 따라서 연준은 확장적 재정정책에 대응하여 실질금리를 인상하지 않을 가능성이 크다. 결과적으로, 구축효과는 크지 않을 것이다. 그러나 경제가 이미 잠재 수준에 가깝게 운영되고 있을 때 정치인들이 (재선에 도움이 될 호황을 일으키기를 희망하며) 재정 부양책을 통과시킨다면, 연준은 금리를 인상함으로써 반격할 가능성이 크고, 이러한 높은 금리는 상당한 수준의 구축효과로 이어질 것이다.

장기적으로는 생산량이 잠재 수준과 동일하도록 보장하는 중립적 실질이자율은 대부자금(loanable funds)의 공급과 수요에 의해서 결정된다(우리는 이 시장을 제26장에서 분석하였다). 확장적 재정정책은 정부의 저축 감소를 수반하고 이는 대부자금의 공급을 줄인다. 공급의 감소는 중립적 실질이자율을 상승시킬 것이고 이는 투자를 저해할 것이다(대안적으로, 정부의 차입이 대부자금의 수요를 증가시키고, 이는 중립적실질금리를 올리는 것과 같은 효과를 가지고 있다고 생각할 수 있다).

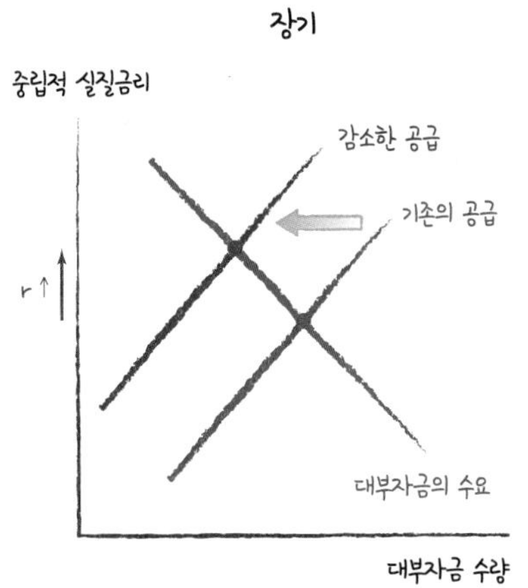

장기적으로 볼 때 생산량은 잠재생산량을 지속적으로 초과할 수 없다는 점을 기억하라. 잠재생산량은 이용 가능한 노동력, 인적 그리고 물적 자본의 공급 그리고 기술 진보에 의해 결정된다. 정부지출의 증가는 잠재생산량에 영향을 미치지 않기 때문에, 장기 생산량 수준에 영향을 주지 않는다. 이 관점에서 보면, 장기적으로 볼 때 모든 추가적인 정부지출 1달러는 민간 지출의 1달러를 구축할 것이다. 그래서 재정적인 자극은 단지 생산량에 일시적인 영향을 미칠 수 있다.

자동안정화장치

자동안정화장치(automatic stabilizer)는 정책 입안자들이 어떠한 의도적인 조치도 취하지 않았지만, 경제가 팽창하고 수축함에 따라 조정되는 재정정책이다. 여기서 자동이란 조정 내용이 현행법에 적시되어 있고 정책 입안자가 어떤 조치도 취하지 않았기 때문이다. 이러한 조정은 불경기 동안 생산량을 늘리고 경기 확장 중에는 생산량을 줄일 수 있는, 즉, 경기 대응적이어서 안정화

자동안정화장치 경제가 확장하거나 위축됨에 따라 정책 결정자가 자의적인 행동을 취하지 않으면서 조정하는 지출과 조세 프로그램

이다. 자동안정화장치는 세금과 지출 계획 모두에 내재되어 있다. 차례로 하나씩 살펴보자.

Steve Helber/AP Images

경기 침체에 일부 노동자는 더 적은 교대근무를 하게 된다.

정부수입은 경기변동 기간에 자동으로 조정된다. 경기 침체의 거의 모든 것은 나쁘다. 영업이익이 떨어지고, 일부 노동자들은 일자리를 잃고, 다른 사람들은 노동 시간이 줄고, 평균 임금은 떨어진다. 결과적으로, 수입은 감소한다. 그렇지만 이러한 소득 손실에도 한 줄기 희망의 빛이 있다. 세금을 덜 내는 것이다. 이 자동안정화장치는 세후 소득을 지원하여 지출 및 그에 따른 생산량이 이런 장치가 없을 때만큼 감소하지 않도록 보장한다.

소득이 떨어지면 세금은 두 가지 이유로 줄어든다. 첫 번째는 분명하다. 소득에 맞추어 소득세를 내니까 만약 적게 벌면 세금을 덜 낸다. 두 번째는 미묘하다. 소득세는 소득이 높을수록 세율이 더 높아지는 누진세이기 때문이다. 즉, 소득이 줄어들면 세율도 낮아진다. 결과적으로, 만약 경기 침체가 당신의 세전 수입을 절반으로 줄인다면, 당신이 지불할 세금의 액수는 절반 이상 떨어질 것이다. 이는 세후 소득이 절반 이하로 떨어진다는 뜻이다. 누진세는 불경기의 타격을 완화한다.

결과적으로, 정부는 경기 침체 동안 세수를 덜 가져간다. 이것은 계속해서 더 많은 돈을 기업과 소비자의 손에 쥐어 주게 되고, 그들이 돈을 쓰는 정도에 따라 총지출이 늘어나서 생산량이 증가한다.

이와 유사한 동학이 경제 호황기에 반대로 작동한다. 수입이 증가하면 세금은 자동으로 증가하기 시작한다. 세금이 부과되는 수입이 더 많아지기 때문이기도 하고, 또 더 많은 사람이 더 높은 세율 구간에 떨어지기 때문이다. 그 결과, 연방 세수가 증가한다. 정부가 세금으로 거둬들이는 돈은 국민이 쓸 수 없는 돈이다. 이에 따라 총지출 및 그에 따른 생산량을 감소시킨다. 이처럼, 세제는 호황과 불황에 대응하며 경기변동을 완화할 수 있다.

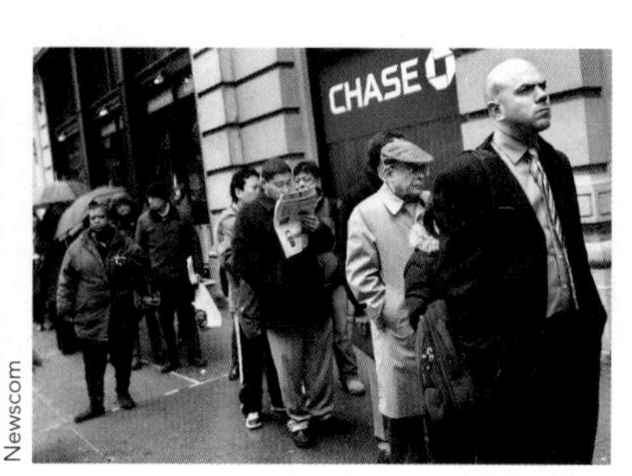

SHANNON STAPLETON/REUTERS/Newscom

경기 침체기에 더 많은 사람이 정부 보조금을 받는다.

정부지출은 경기변동 기간에 자동으로 조정된다. 정부지출도 불경기 때 자동으로 증가한다. 소득이 떨어지면 사람들은 더 많은 사람이 정부 보조금 혜택을 받을 자격이 생긴다. 가령, 식품 구입권으로 알려진 영양보충지원프로그램(SNAP), 펠 보조금 및 기타 학생 재정 지원 및 저소득층 의료보장제도 등에 대한 자격 요건은 적어도 수입에 일부 근거한다. 경기 침체로 일자리를 잃는 사람이 많아질수록 더 많은 사람이 실업 보험을 받을 자격이 생긴다. 그리고 만약 당신의 주가 특히 높은 실업률을 경험하고 있다면, 당신이 실업 수당을 청구할 수 있는 기간이 자동으로 증가할 수 있다. 지원을 받는 사람들이 지원이 없을 때보다 더 많은 돈을 쓸 수 있도록 허용함으로써 이러한 추가 지급은 총지출을 받쳐준다.

호황이 일어나는 동안 반대의 상황이 발생한다. 사람들이 더 많이 벌면, 그들은 정부 지원 프로그램의 자격 요건을 충족할 가능성이 작아진다. 결과적으로, 경기가 회복되면 이러한 프로그램에 대한 정부지출은 자동으로 줄어든다. 그래서 경기 침체기에 지출이 증가하고 확장기에 지출이 감소하는 정부지출의 이러한 내재된 경향은 경기변동에 대응하도록 작동한다.

자동안정화장치는 시의적절하고, 대상이 구체적이며, 일시적이다. 이러한 세금 및 지출의 자동 변화는 사람들의 수입이 감소할 때마다 자동으로 유발되므로 시의적절하다. 또한 소득이 감소한 사람의 세금만이 줄어들고, 소득지원금 지급 자격이 각 개인의 재정 또는 고용 상태에 달려 있기 때문에 이것은 대상이 구체적이다. 그리고 경제가 코스에서 역주행하려고 할 때마다 자동으로 코스를 잡아주기 때문에 이것은 일시적이다.

이런 이유로 자동안정화장치는 꽤 효과적이다. 의회예산국의 추정에 따르면 자동안정화장치는 깊은 대불황의 시기에 훨씬 더 심각한 경기 침체를 막으면서 GDP에 2~2.5%를 추가했다. 그만큼 재량적 재정정책을 경계하는 많은 경제학자조차 종종 더 많은 자동안정화장치를 만드는 것에 찬성한다고 주장한다. 약간의 상상력으로, 정부의 거의 모든 프로그램에 대한 지출량은 경제 상태에 연계될 수 있다. 그러나 정치인들은 종종 재량권을 선호한다. 이는 세금과 지출 변화를 주도해 선호하는 선거구에 혜택이 가도록 할 수 있으며, 그들은 이러한 변화에 대해 정치적 공로를 주장할 수 있기 때문이다.

재정정책과 통화정책의 상호작용

경기 침체의 위협이 나타날 때, 정책 입안자들에게는 두 가지 주요한 대응 방법이다. 연준은 금리를 낮추어 확장적 통화정책을 채택할 수 있으며, 이는 더 많은 지출을 장려할 것이다. 또한 정부는 정부 구매를 늘리고 세금을 삭감함으로써 확장적 재정정책을 채택할 수 있다. 여러 관점에서 이러한 정책 수단은 매우 유사하다. 각 수단은 총지출을 강화하고 이에 따라 생산량을 늘린다. 그렇다면 언제 한 도구가 다른 도구보다 더 효과적일까?

통화정책은 더 민첩하다. 연준은 끊임없이 경제 상태를 평가하고 있어서 임박한 문제를 감지하는 즉시 조치를 취할 준비가 되어있다. 이자율을 낮추기 위한 결정은 오후까지 구현될 수 있다. 그래서 통화정책의 이점은 그것이 빨리 실행될 수 있다는 것이다. 단점은 이자율의 변화가 당장 지출을 늘리지 않고, 지출을 자극하기까지 1년 또는 그 이상이 걸릴 수 있다. 그래서 경제를 잠재 수준으로 더 빨리 되돌리기 위해서 자동안정화장치를 통한 재정정책이 통화 정책과 협력하여 효과를 발휘할 수 있는 것이다.

Pool/Getty Images

재정 및 통화 정책 모두 대불황을 끝내는 데 도움이 되었다.

재정정책은 대상이 더 구체적이다. 원유 가격 충격은 텍사스 유전 호황의 원인이 될 수 있고 자동차 판매가 급감하면서 미시간에서는 불경기를 불러올 수 있다. 재정정책은 자동차 부문 또는 다른 특정 산업을 목표로 할 수 있는 것처럼, 미시간이나 다른 힘든 지역에 대한 지원을 목표로 할 수 있다. 재정정책은 지역 경제 상황에 맞게 조정될 수 있지만, 통화정책은 경제 전반에 대해 일률적인 만능 해결책을 부과한다.

재정정책은 제로금리 하한에서 특히 중요하다. 연준이 더는 단기 명목금리를 인하할 수 없으며 장기 금리를 인하할 수 있는 역량이 제한될 때 재량적 재정정책은 경제 안정화를 위해 유일하게 남은 효과적인 수단일 수 있다. 정책 입안자들이 이런 가능성에 대해 걱정할 때 재정정책과 통화정책은 서로의 효과를 보강하기 위해 협력할 수 있다. 그래서 연준이 우선 명목금리를 0 수준까지 인하함으로써 대불황에 대응한 다음, 연방 정부는 경제를 더욱 활성화하기 위해 재량적인 재정정책을 통과시켰다.

35.3 재정적자와 부채

학습목표 정부가 재정적자를 내는 이유와 정부부채의 의미를 이해한다.

이제 당신은 정부가 무엇에 돈을 쓰는지, 어떻게 수입을 올리고, 경제를 안정시키기 위해 지출과 세금 정책을 어떻게 사용하는지 알게 되었다. 이제 정부 예산의 장기간에 걸친 함의에 대해 말할 때이다.

정부 재정적자

연방 정부는 모든 지출을 충당할 수 있을 정도의 충분한 수입을 거의 올리지 않는다. 그래서 많은 돈을 빌린다. 정부지출이 세입보다 많은 그해에 정부는 **재정적자**(budget deficit)를 내고, 돈을 빌려서 부족분을 충당해야 한다. 정부 세입이 지출을 초과하는 보기 드문 경우, 그 결과는

재정적자 지출이 수입보다 많은 연도에서 그 차이

재정흑자 수입이 지출보다 많은 연도에서 그 차이

재정흑자(budget surplus)이다. 재정흑자는 미국에서 꽤 드문 반면 다른 많은 나라에서는 비교적 흔하다.

정부의 부채는 정부가 빚을 진 총 누적 금액이다. 주어진 해의 재정적자는 총부채에 더해지지만, 재정흑자는 정부 빚을 갚는 데 사용될 수 있다. 적자는 1년에 걸친 신규 차입의 흐름(flow)을 측정하는 반면, 부채는 한 시점에 차입금의 누적 잔액(stock)을 측정한다. 만약 당신이 학자금 대출을 받는다면, 아마도 적자와 부채의 구별에 대해 익숙할 것이다. 당신의 개인적 적자는 지출이 수입을 초과할 때 매년 빌리는 금액이다. 학자금 대출 부채는 당신이 학생이 되고 나서 빌린 총액이다. 비록 당신이 졸업하고 직장을 구해서 학자금 대출을 갚기 시작할 때 적자를 면할 수 있을지라도, 학자금 대출 부채는 몇 해 이상 동안 남아 있을 것이다.

그림 35-12 | 연방 지출 및 수입

연방 지출 및 수입

GDP 대비 퍼센트

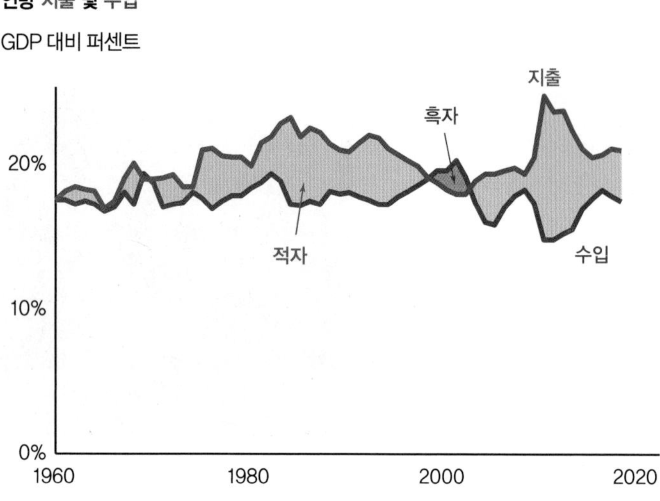

재정적자 : 지출에서 수입을 차감

GDP 대비 퍼센트로서의 적자

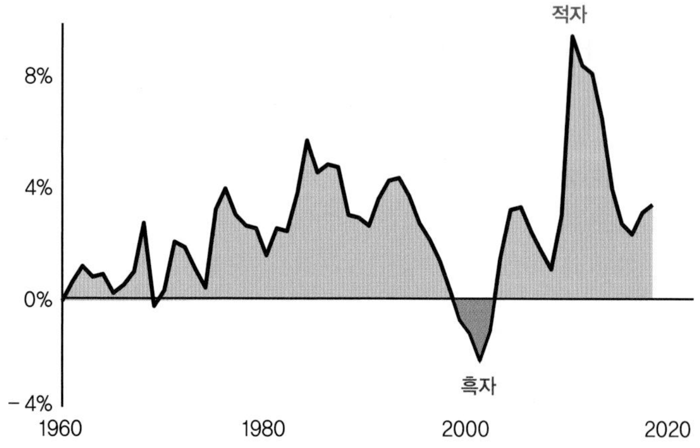

출처 : Office of Management and Budget

연방 정부는 적자를 내고 있다. 연방 정부의 지출과 수입에 대해 알아야 할 네 가지 사항이 있다.

1. **연방 정부는 일반적으로 재정적자를 낸다.** 그림 35-12의 녹색 영역은 재정적자를 보여준다. 그리고 보라색 영역은 재정흑자를 보여준다. 그래프에서 보라색은 별로 없다는 것을 확인할 수 있다.
2. **지속적인 대규모 재정적자는 비교적 최근의 현상이다.** 미국 역사의 대부분에서, 재정적자는 거의 재정흑자와 같은 흔한 일이었다. 그리고 평화 시기 적자는 전형적으로 꽤 작았다. 그런데 최근 수십 년 동안 그리고 1980년대 이후로, 1998년부터 2001년까지를 제외하고 대규모 연간 적자는 미국 연방 정부의 지속적인 특징이 되었다.
3. **전쟁은 지출의 급증을 요구하며 이는 재정적자를 낳는다.** 정부가 1940년대에 최대의 적자를 냈다. 그것은 제2차 세계대전 중에 군을 지원하기 위해 돈을 빌렸기 때문이다. 군사적 충돌 시기에 지출의 급증이 필요하다. 전쟁 중에 차입하는 것은 그 비용의 일부를 지급해 달라고 후대에 요청하는 의미가 있다. 전쟁에서 승리함으로써 얻을 수 있는 이득은 대대로 지속하기 때문에 이는 타당한 말이다.
4. **경기변동은 재정적자 순환을 만든다.** 불경기 시기에 연방 정부의 재정적자가 증가하고 경기 확장 시기에는 감소하는 경향이 있다. 부분적으로, 이것은 불황에 대처하기 위해 의회가 일시적으로 지출을 늘리고 세율을 인하하는 경향이 있는 확장적 재정정책의 사용 때문이다. 또한 적자나 흑자 규모는 자동안정화장치의 영향을 반영한다. 침체기에 정부는 세수를 줄이고 소득 지원 프로그램에 대해서 지출을 늘리는데, 이는 적자를 증가시킨다. 마찬가지로, 호황은 더 많은 세수를 창출하고 정부 프로그램에 의존하는 사람들의 수가 줄어든다. 이는 적자를 줄이고 때로는 1990년대 후반과 같은 흑자를 낸다.

정부지출 및 수입에 대한 네 가지 사실

1. 연방 정부는 일반적으로 재정적자를 낸다.
2. 지속적인 대규모 재정적자는 비교적 최근의 현상이다.
3. 전쟁은 지출의 급증이 있어야 하며 이는 재정적자를 낳는다.
4. 경기변동은 재정적자 순환을 만든다.

정부는 언제 적자를 내야 하는가? 재정적자에 대해 사람들이 생각하는 일반적인 방식은 그것이 정부가 지출하는 양과 거둬들이는 양 사이의 불일치를 반영한다는 것이다. 하지만 다른 관점은 정부가 돈을 지출하는 시기와 그 지출에 대한 지불을 위해 수입을 확보하는 시기의 불일

치를 반영한다는 것이다. 이 프레임은 적자(또는 흑자)가 종종 타당하다는 것을 암시한다. 돈을 쓰기에 가장 좋은 시점의 패턴이 수입을 올리기에 가장 좋은 시점의 패턴과 일치할 거라고 기대할 이유가 없기 때문이다.

정부가 도로, 고속도로, 공항, 인터넷 연결성, 그리고 연구와 같은 사회간접자본에 지출할 때, 그 지출의 이익은 수십 년 동안 지속할 것이다. 그런데 왜 이 모든 것을 선불로 지불해야 하는가? 많은 사람이 집을 사기 위해 돈을 빌리고 시간에 걸쳐 그것을 갚는 것처럼, 정부는 투자를 위해 돈을 빌릴 수 있고 그 비용을 시간에 걸쳐 갚아 나갈 수 있다. 게다가 정부 투자는 GDP 성장을 촉진하는 데 도움을 준다. 이는 정부가 앞으로 그 부채를 갚아 나가는 것을 더 쉽게 만든다.

적자 지출에 대한 관련 주장은 전쟁 때처럼 지출이 급증할 필요가 있을 때 모든 수입을 한꺼번에 거두는 것은 비효율적이라는 것이다. 1년 안에 증세를 많이 하고 다음 해에 그것을 낮추는 것은 왜곡을 일으키고, 사람들로 하여금 소득을 어떤 연도에서 다른 연도로 이전하게 만든다. 사람들은 세율이 높을 때 세금을 피하고자 그들의 행동을 더 많이 바꾸는 경향이 있다. 그래서 시간에 걸쳐 세금의 변동을 줄이는 것은 경제적 왜곡을 줄여준다. 또한 사람들이 시간에 걸쳐서 자신의 소비를 일정하게 유지하는 것을 선호하기 때문에 그것은 세금 부담을 줄여준다.

정부가 재정적자를 내는 것에 익숙해지기 시작하는 시점에 그 문제점에 대해서 논의할 때이다. 정부가 많은 부채를 축적할 때, 많은 문제가 경제에 부담을 주는 비용에서 비롯된다. 우리는 곧 정부부채 문제를 다룰 것이다. 하지만 지금으로서는, 정치적 문제를 고려해 보자.

freedomnaruk/Shutterstock

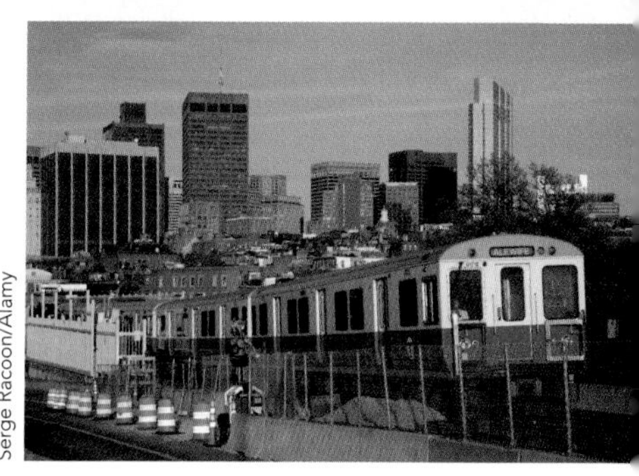
Serge Racoon/Alamy

사회간접자본에 대한 투자는 많은 세대에 이익이 된다.

재정적자는 단기간의 정치적 유인을 반영할 수 있다. 지출 프로그램은 유권자들에게 인기가 있지만, 그 프로그램의 비용을 위해 세금을 올리는 것은 인기가 없다. 그래서 선거에 관심이 많은 정치인들이 유권자들을 행복하게 만드는 프로그램에 돈을 쓰기를 좋아하지만 그 프로그램을 위한 세금 인상은 좋아하지 않는다. 이러한 불균형한 유인책이 연방 정부가 일반적으로 재정적자를 집행하는 이유를 설명할 수 있을 것이다.

그러나 적자가 단지 단기간의 정치적 유인만을 반영하는 것은 아니다. 그러한 유인책은 아마도 더 크고 비효율적인 정부로 이어지기도 한다. 문제는 정치인들이 비용을 부담하지 않고 지출의 정치적 이익을 얻을 수 있다면, 그들은 더 많은 지출을 승인할 가능성이 크다. 그래서 적자를 집행하는 능력은 더 많은 정부지출로 이어져, 심지어 비용이 편익을 초과하는 프로그램에까지 지출이 이루어진다. 이러한 불균형한 유인책을 해결하기 위해 종종 제시되는 제안은 정부의 균형예산을 요구하는 것이다. 이것은 정치인들에게 새로운 지출 프로그램의 이익뿐만 아니라 그 지출 충당을 위한 세수 증가의 비용을 고려하도록 강요할 것이다.

균형예산을 요구하는 것은 경기변동을 더 악화시킬 것이다. 그래서 정부에 예산 균형을 맞추라고 요구해야 하는가? 연방 정부가 매년 수입과 지출을 맞추도록 균형예산 규칙을 채택하면 또 다른 문제를 일으킬 수 있다. 정부가 재정정책을 사용하여 경기변동에 대응하지 못할 수도 있기 때문이다. 실제로 매년 예산 균형을 맞추는 것은 경제 변동성을 악화시키는 재정정책의 시행을 요구하는 것일 수 있다. 경기 침체는 세수 감소로 이어진다는 점을 기억하라. 그것은 균형예산 규칙은 침체기의 한복판에서 정부가 세율을 올리거나 지출을 줄이도록 강요할 것이다. 게다가 더 많은 사람이 보조금의 혜택을 받을 자격이 생겨서 경기침체 기간 동안에 정부지출은 자동으로 상승한다. 매년 균형 잡힌 예산을 유지하기 위해서는, 그러한 프로그램들은 더 많은 사람들이 필요로 하는 바로 그 시기에 축소되어야 한다는 것이다. 이것은 일자리를 잃었거나 수입이 감소한 사람들에게만 해가 될 뿐만 아니라, 또한 광범위한 경기 침체를 악화시킬 것이다. 즉, 경기후퇴 기간에 예산 균형을 맞추는 것은 긴축적 재정정책으로 이어질 것이며, 이는

많은 주 입법부는 법률상 매년 균형예산을 편성하도록 요구된다.

총지출을 줄이고 생산량이 훨씬 더 감소하게 될 것이다.

이것은 사실 2007~2009년 불황 동안 많은 주에서 일어난 일이다. 균형 예산 요구 조건에 직면한 주 정부들은 그들의 수입이 감소하는 것을 지켜봤다. 이에 대한 대응으로 그들은 세율을 인상하고 지출을 삭감했는데, 이는 경기 침체를 악화시켰다. 교사, 소방관, 경찰, 그리고 긴급 구조 요원 등 약 50만 명의 도시 근로자들이 2007~2009년 불경기와 그 여파로 해고되었다. 이러한 해고는 실업률을 증가시키고 총지출이 감소하였다. 대불황 동안, 주 정부의 예산 부족 문제를 해결하기 위한 지원으로 연방 정부는 자체의 재정적자를 늘렸다. 만약 연방 정부가 도울 수 있는 처지가 아니었다면 불경기는 훨씬 더 심했을 것이다.

적자 논쟁은 경제력과 가치 판단을 모두 반영한다. 그 가치 판단은 다음 세대가 현세대의 우선순위 지출의 비용 지급을 도와야 하는가에 관한 것이다. 당신은 '절대 안 돼!'라고 생각할지도 모르겠다. 하지만 당신의 할아버지나 할머니가 당신의 나이였을 때보다 당신이 지금 얼마나 부유한지 고려해보라. 인플레이션을 감안하여 조정된 실질 개인 소득은 지난 40년 동안 두 배 이상 증가했다. 이는 당신이 조부모님보다 두 배나 많은 물건을 살 수 있다는 것을 의미한다. 경제적 용어로는, 당신이 세금을 몇 달러 더 냄으로써 감내해야 하는 희생은 아마도 당신의 조부모님이 비용을 부담하셨다면 감내했을 희생보다 훨씬 더 작을 것이다. 마찬가지로, 미래세대는 당신보다 더 부유할 것이다. 그래서 그들이 세금으로 조금 더 내는 데 필요한 희생은 여전히 훨씬 더 작다. 경제력에 관한 토론은 부채의 경제적 영향에 대한 우려를 반영한다. 그 우려를 우리가 지금 다루려고 하는 것이다.

정부부채

정부부채는 정부가 빚을 진 총액이다. 그것은 재정적자를 충당하기 위한 과거 차입금 그리고 재정흑자에 따른 가끔의 과거 상환금 등 둘 모두의 긴 역사를 반영한다. 정부는 미국과 해외의 저축자 둘 다에게 국채를 팔아서 차입한다. 국채는 사실상 대출한 금액과 이자까지 상환하겠다고 약속한 정부로부터의 차용증서(IOU)이다. 국채를 구매할 때, 당신은 정부에 돈을 빌려주고 있다. 당신은 아마도 미래 퇴직 저축 중 일부를 국채에 투자할 것이다. 이는 당신을 정부에 대한 대부자 중 한 명으로 만든다.

총정부부채 정부가 갚아야 할 돈의 누적 총량

순정부부채 정부가 개인, 기업, 국내와 외국의 정부에 대한 채무

2019년 중반, **총정부부채**(gross government debt)로 불리는 연방 정부의 부채는 합산하여 22조 달러이다. 하지만 이 부채 중 약 6조 달러는 연방 정부의 일부분이 연방 정부의 또 다른 부문에 빚을 지고 있다. 정말 중요한 것은 연방 정부가 국내외의 개인, 기업, 그리고 다른 정부에게 진 빚이다. 이것을 **순정부부채**(net government debt)라고 하며, 약 16조 달러에 달한다(순정부부채를 '공공 보유 부채'라고 부르기도 한다. 그것은 1페니까지 매일 다시 계산된다.

한 국가의 GDP 대비 부채를 평가하라. 수조 단위로 측정된 숫자는 이해하기가 어려울 수 있으니 숫자의 규모 감각을 키워보자. 부채의 상환능력과 비교해서 한 나라의 부채를 생각해보는 것이 타당하다. 그래서 경제학자들이 전형적으로 국가의 연간 GDP 대비 부채의 비율에 초점을 맞추는데, GDP는 상환에 사용될 수 있는 재원의 척도이다. 2018년 미국의 GDP 대비 정부부채 비율은 78%였다. 이것은 순정부부채가 현재 우리가 1년 동안 생산하는 것의 78%(대략 9와 2분의 1개월)와 동일하다는 것을 의미한다.

정부부채는 현재 역사적으로 높은 수준이다. 그림 35-13은 연방 정부가 구성된 이후 GDP 대비 부채비율을 보여준다. 전쟁이나 심각한 경기 침체 시기에 부채가 급격히 증가하는 경향이 있다는 것을 나타내고 있다. 순정부부채는 제2차 세계대전이 끝난 이듬해인 1946년 GDP의

106%를 차지하며 최고조에 달했다. 그러나 그 후 10년 동안 급격히 감소했다. 이 전쟁과 관련된 급증세와는 별개로, 현재 GDP의 78%인 정부부채 수준은 다른 어떤 기간보다 높다. 이것은 부분적으로 2007~2009년 대불황의 극적인 효과를 반영하는데, 이 시기에 확장적 재정정책이 초래한 세수 감소, 정부지출 증가, 그 결과 더 많은 차입이 이루어졌다. 하지만 대불황이 끝난 이후 10년 동안, 정부부채 비율은 여전히 높았고, 계속 상승하였다. 실제로, 주요 군사 동원 기간을 제외하고, 정부부채가 지난 10년간 그래왔던 것보다 더 많이 늘어난 적은 한 번도 없었다.

그림 35-13 | 순정부부채

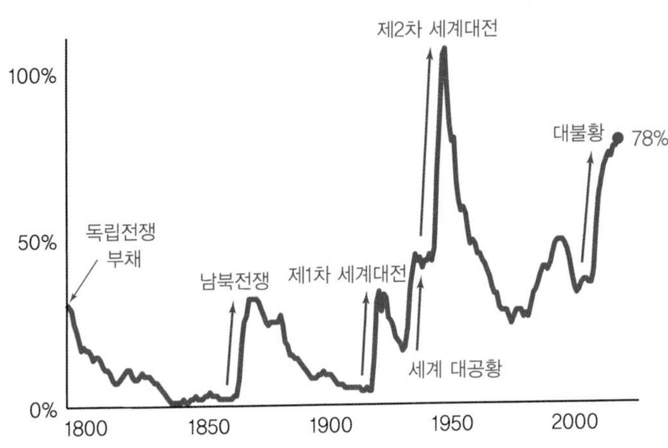

출처 : Congressional Budget Office.

미국 정부부채는 다른 주요 국가와 비교할만하다. 그림 35-14는 미국의 순정부부채(GDP 대비 비율)를 다른 선진국들과 비교해서 보여주고 있다. 이 그림에서 알 수 있듯이, 각 정부의 부채 수준은 다양하며, 미국은 해당 국가 중 한가운데에 있다. 그리고 이 그림에 표시된 모든 국가는 순정부부채를 가지고 있지만, 핀란드와 노르웨이를 포함한 소수의 국가는 음의 정부부채를 가지고 있다. 이는 그들 국가가 미래를 위해 비축된 돈을 남겨두었다는 것을 의미한다. 반대의 극단에서, 일본은 세계 어느 나라와 비교해서도 GDP 대비 부채비율이 가장 높다. 그것의 대부분은 경제 회생을 위해 확장적 재정정책을 연달아 시도한 것에 기인한다. 일본의 경제는 1990년대부터 계속 힘들었다. 미국의 정부부채는 현재 일본의 GDP 대비 151% 수준보다 훨씬 낮다. 하지만 그 수준으로 오래 머물지 않을 수도 있다.

정부부채는 수십 년에 걸쳐 급속히 증가할 것으로 예상된다. 그림 35-15는 의회예산국의 최근 전망치를 보여준다. 이는 만약 정부가 현재의 경로를 유지한다면 GDP 대비 부채비율은 수십 년 동안 거의 두 배가 될 것으로 예상되며, 일본에 근접한 수준이다.

우리는 부채가 어디로 향하고 있는지에 대해 꽤 명확한 생각을 가지고 있다. 연방 예산의 많은 부분 그리고 이러한 증가의 상당 부분은 정부가 미래에 지급을 약속한 것을 반영한다. 특히 더 많은 인구가 혜택을 받을 수 있는 연령대에 도달하기 때문에, 사회 보장 및 의료보험에

그림 35-14 | 국가별 순정부부채

GDP 대비 퍼센트

일본 151%
이탈리아 119%
프랑스 88%
미국 78%
영국 78%
독일 44%
캐나다 28%

2017년 자료 출처 : IMF and Congressional Budget

그림 35-15 | 연방정부 순부채

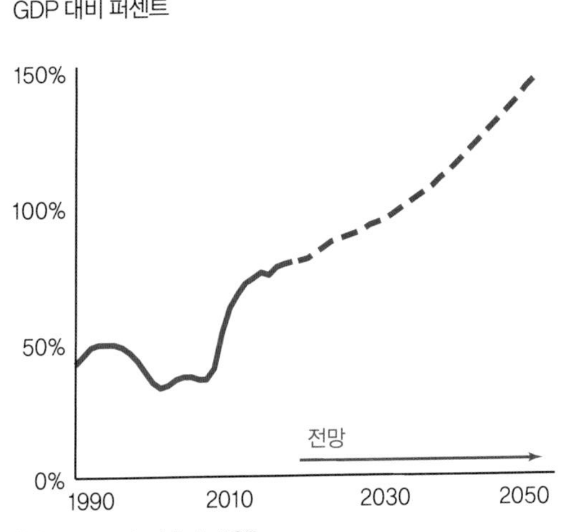

출처 : Congressional Budget Office.

충당금 적립 없는 채무 비용이 발생하지만 비용을 지급할 계획이 없는 약속

대한 지출은 빠르게 증가할 것으로 전망된다. 이러한 혜택은 **충당금 적립 없는 채무**(unfunded liability)이며, 미래에 그 비용을 감당할 계획도 없이 정부가 지출을 실행하겠다고 약속한 것이다. 연방 정부는 다수의 충당금 적립 없는 채무를 가지고 있다. 이것이 향후 수십 년 동안 재정 적자와 부채를 유발하는 가장 중요한 동인이 될 것으로 전망된다.

그것은 또한 정부부채의 다른 핵심 동인, 즉 이자 지급과 밀접하게 관련되어 있다. 정부가 더 많이 빌릴수록, 이자를 더 많이 지급한다. 충당금 적립 없는 채무가 부채를 증가시키면서, 정부는 점점 더 많은 연간 이자를 지급해야 할 것이다. 이에 따라 다시 적자와 부채가 여전히 더 늘어날 것이다. 2018년, 연방 정부는 예산의 8%를 부채의 이자를 지급하는 데 썼지만, 그것은 향후 10년 이내에 두 배가 될 것이며, 그 이후에도 계속 성장할 것으로 예상된다. 이자율이 2010년대에는 사상 최저치를 기록했고, 한동안은 계속 낮은 수준으로 전망되지만, 결국 다시 상승할 수 있다. 이는 이자 지급을 증가시킬 것이다.

이 모든 것이 의문을 제기한다. 정부부채에 대해서 얼마나 걱정해야 하는가? 좋은 소식과 나쁜 소식이 있다. 좋은 소식은 다음 몇 페이지에 그렇게 걱정하지 않아도 되는 이유를 이야기할 것이다. 하지만 나쁜 소식은 그다음 몇 페이지에서 당신이 좀 더 걱정해야 하는 이유를 제시할 것이다. 결국, 당신이 어디에 서 있는지 알아내는 것은 당신에게 달려있다.

부채를 걱정하지 않는 이유

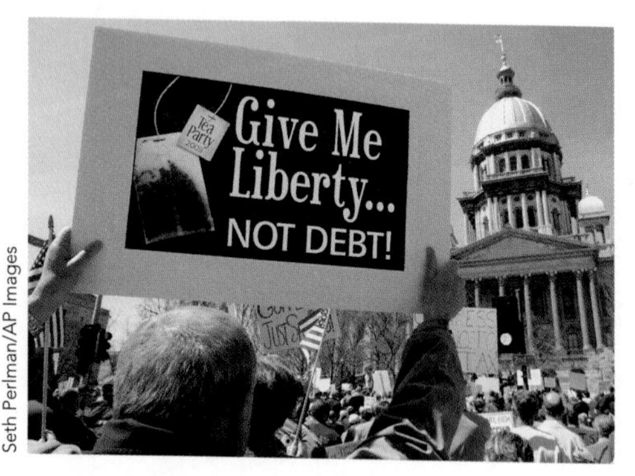

Seth Perlman/AP Images

빚 때문에 사람들이 당신을 겁주게 하는 것을 허락하지 말라!

정부부채에 대해 경각심을 불러일으키기를 원하는 사람들은 종종 부채의 크기를 인구수로 나눈다. 그리고 우리 각자가 많은 빚을 지고 있다고 주장한다. 큰 수를 1인당 숫자로 바꾸는 것은 좋은 아이디어이다. 그리고 16조 달러의 순정부부채를 총인구 3억 2,700만 명으로 나누면, 1인당 약 5만 달러가 나온다. 이것은 많은 것처럼 들린다(학자금 대출 부채까지 더하면 더 나쁘게 들릴 수 있다!).

하지만 당신은 누구에게도 5만 달러를 빚지지 않았다. 정부부채를 마치 개인의 가계부채인 것처럼 생각하는 실수를 하지 말라. 정부의 재정이 왜 가계의 재정과 같지 않은지를 이해하면 정부부채에 대해 몹시 걱정하지 않아도 되는 다섯 가지 이유를 얻을 수 있다.

정부부채를 걱정하지 않는 이유
1. 정부부채의 대부분은 미국인이 미국인에게 빚진 돈이다.
2. 미래세대가 부채를 갚는 데 도움을 줄 수 있다.
3. 부채를 갚는 데는 큰 조정이 필요하지 않을 것이다.
4. 정부는 그 부채를 정말로 갚을 필요가 없다.
5. 정부는 당신이 할 수 없는 선택권을 가지고 있다.

첫 번째 이유 : 정부부채의 대부분은 미국인이 미국인에게 빚진 돈이다. 가족이 빚이 있을 때, 문제는 남에게 진 빚이다. 그러나 정부부채는 다르다. 크게 보면, 그것은 우리가 우리 스스로에게 빚진 돈이다. 물론 전부는 아니지만, 대부분의 정부부채는 미국인에게서 빌린 것이다. 그래서 미국 사람들이 빚을 지는 동안, 그들은 또한 그 부채의 많은 부분에 대해 청구권을 가지고 있다.

두 번째 이유 : 미래세대가 부채를 갚는 데 도움을 줄 수 있다. 또한 정부는 가계와 달리 다수의 세대를 거치면서 그 빚을 갚을 수 있다는 것을 기억하는 게 중요하다. 이는 16조 달러를 상환해야 하는 부담이 현재 인구 3억 2,700만 명뿐만 아니라 미래세대 수억 명의 사람들에게도 나누어질 수 있다는 것을 의미한다. 그게 더 공평할 수 있다. 결국, 이 부채의 많은 부분이 기반시설을 건설하고, 잘 작동하는 경제를 창조하고, 군사적 위협으로부터 나라를 보호하는 것을 포함한다. 이것들은 미래세대가 계속 즐길 수 있는 투자이다, 그래서 그들에게 또한 투자비용의 지급을 도와달라고 요청해 보는 것은 어떤가? 부채 상환에 참여하는 미국인이 3억 2,700만 명 이상일 때, 당신의 개인적인 부채 '몫'은 5만 달러보다 훨씬 작다.

세 번째 이유 : 부채를 갚는 데는 큰 조정이 필요하지 않을 것이다. 현재의 미국인 세대가 전체

빚을 갚아야 한다고 결정하더라도, 그 부담은 당신이 두려워하는 것만큼 나쁘지는 않다. 그 이유는 이렇다. 정부가 1인당 연간 2만 달러를 정부 서비스에 지출한다는 점을 상기하라. 그래서 당신의 일생 동안 정부는 수백만 달러 이상을 당신에게 지출할 가능성이 크다. 당신의 현재 부채의 '몫'은 이에 비해 작다. 만약 정부가 빚을 갚기로 결정한다면, 정부는 당신의 생애에 걸쳐 계획되어 있는 지출을 많이 줄일 필요는 없을 것이다. 그래서 현재 세대만 빚을 다 갚아야 한다고 해도, 인생을 살아가는 동안 천천히 갚아 나간다면 생각보다 나쁘지 않을 수 있다.

네 번째 이유 : 정부는 그 부채를 정말로 갚을 필요가 없다. 미국 정부는 설립된 이후 거의 지속적으로 빚을 지고 있다. 그러나 문제가 되지는 않았다. 정부부채의 지속 가능성과 관련하여 그것을 전액 상환할 필요가 없기 때문이다. 중요한 것은 정부가 필요한 지급을 할 수 있는 수단이 있느냐 하는 것이다. 그래서 경제학자들은 GDP 대비 부채비율을 측정하는 것에 초점을 맞춘다. 이는 우리의 지급 능력 대비 현재의 부채 수준을 측정한다. 하지만 미국 정부부채는 GDP 대비 비율로도 상승하고 있으며 많은 경제학자가 이에 대해 우려하고 있다. 하지만 지속 가능한 결과로 되돌아오는 것은 정부부채가 GDP의 안정적인 비율을 유지하는 것을 요구하는 것이지, 부채를 없애는 것이 아니다. 그리고 그것은 훨씬 쉬운 일이다.

다섯 번째 이유 : 정부는 당신이 할 수 없는 선택권을 가지고 있다. 사람들은 자신의 월급으로 자신의 한 달 원리금 지급을 감당하지 못할 때 신용 문제로 곤경에 빠진다. 그들의 문제는 밖으로 나가는 늘어나는 이자 지급을 감당할 만큼 들어오는 수입을 늘리는 것이 정말 어렵다는 데 있다. 하지만 연방 정부는 꽤 쉽게 더 많은 수입을 올릴 수 있다. 세금을 올리기만 하면 된다. 실제로, 세율을 몇 퍼센트 인상하는 것만으로 GDP 대비 부채비율을 안정시키는 데 충분할 것이다. 연방 정부는 개별 가계가 할 수 없는 다소 특별한 자원을 활용할 수 있는데, 그 특별한 자원이란 3억 2,700만 명(및 그 후손)의 소득과 부를 합친 것이다.

scanrail/iStock/Getty Images

정부는 화폐를 인쇄할 수 있다. 당신은 할 수 없다.

정부는 가계가 하지 않는 한 가지 선택권을 더 가지고 있다. 문자 그대로 화폐를 더 찍어낼 수 있으며 그 돈을 빚을 갚는 데 사용할 수 있다. 하지만 매력적으로 보이는 것만큼이나, 거의 좋은 생각이 아니다. 같은 양의 상품을 추구하기 위해 더 많은 돈을 인쇄하는 것은 인플레이션을 초래한다. 그리고 어떤 경우에는, 혼란스러운 초인플레이션으로 이어졌다. 그리고 대출자들은 행복하지 않다. 정부가 그 부채의 명목 가치를 갚아도, 그것은 대출자에게 그 가치가 훨씬 작은 달러를 지급하는 것이기 때문이다. 정부가 이렇게 인플레이션을 통해 부채의 실질 가치를 낮출 때, 대출자들은 정부에 다시 빌려주길 매우 꺼려한다.

일상경제학 **당신이 은퇴할 때 사회보장제도가 당신을 위해 거기에 있을까?**

사회보장제도(Social Security) 이면의 전제는 당신이 지금 열심히 일해서 급여세를 통해 그 프로그램에 기여한다면, 은퇴 시 합당한 소득을 얻을 수 있다는 것이다. 그러나 전체 미국인의 절반은 자신이 은퇴할 때 사회보장제도가 혜택을 제공할 수 있을 것으로 기대하지 않는다고 말한다. 경각심에 굴복하지 말라. 당신이 은퇴해도 사회보장제도는 여전히 당신 곁에 있을 가능성이 크다!

Peathegee Inc/Tetra images/Getty Images

사람들은 사회보장제도가 그들을 위해 거기에 없을 거라고 걱정한다.

현재 상태의 사회보장제도가 재정난에 봉착할 것 같다고 반대론자들이 우려하는 것은 옳다. 문제는 수입을 올리는 것보다 복리후생으로 더 많은 돈을 지급하고 있다는 것이다. 그건 영원히 계속될 수 없다. 하지만 그것은 지금 있는 현금 비축의 마지막을 소진할 때까지는 계속될 수 있다. 그 시점은 2035년경으로 전망된다. 그리고 그 이후에는? 사회보장제도가 갑자기 혜택 지급을 중단하지는 않을 것이다. 다시 반복한다: 사회보장제도가 갑자기 혜택 지급을 중단하지는 않을 것이다. 오히려, 급여세로 거둬들이는 것보다 더 많이 지급하지 않도록 확실히 해야만 할 것이다. 최근 전망은 오늘날 다수의 대학생이 직장을 그만둘 때인 2070년까지, 은퇴자들은 약속된 것의 약 75%를 여전히 받을 수 있다고 제시한다.

그리고 경제가 조금 더 빨리 성장하거나, 임금 성장이 더 빠르거나, 이민이나 더 높은 출산율이 노동자의 수를 증가시킨다면, 프로그램 혜택에 충당할 수 있는 더 많은 급여세 수입이 있을 것이다. 어느 시점이 되면 의회가 그 프로그램을 재정적으로 안정시키기 위해 개편 작업을 할 수도 있다.

조언 : 사회보장제도에 대해 공포심을 가질 필요는 없다. 적어도 부분적으로 당신 주위에 있을 거라고 장담하기 때문이다. 하지만 다른 한편으로, 무모하게 행동하지는 말라. 약속된 만큼 받지 않더라도 충분히 버틸 수 있도록 당신은 저축도 계획해야 한다. ■

정부부채를 걱정하는 이유

정부부채에 편안함을 느끼기 시작한 것처럼, 이제 국면을 전환해야 할 때다. 이제 당신이 걱정해야 할 이유를 파헤쳐보자.

정부부채를 걱정하는 이유
1. 느린 경제 성장
2. 미래의 재정 선택이 제한된다.
3. 신뢰 위기의 위험
4. 부채 위기 발생 가능성이 더 커진다

첫 번째 이유 : 느린 경제 성장. 부채의 누증은 경제 성장을 제약할 위험이 있다. 문제는 정부가 새로운 기계와 같은 생산적인 자본에 투자 자금을 조달하는 데 사용될 수도 있는 자금을 빌린다는 것이다. 이런 투자가 없다면, 민간 부문의 자본 투자가 줄어들고, 이는 노동자의 생산성이 저하된다. 이는 생산량이 줄어든다는 것을 의미한다. 실제로, 만약 연방 정부가 GDP 대비 부채비율을 역사적 평균 수준으로 줄일 수 있다면, 2050년까지 1인당 평균소득이 약 5,000달러 더 증가할 수 있다고 의회예산국이 추정한다.

두 번째 이유 : 미래의 재정 선택이 제한된다. 정부부채의 증가는 정부에게 자금이 필요할 때 더 많은 돈을 빌리는 것을 어렵게 만든다. 전쟁, 불경기 또는 자연재해와 같은 국가 비상사태 동안에 쉽게 빌릴 수 없을 것이다. 또한 사회간접자본처럼 여러 세대에 걸쳐 혜택을 창출할 수 있는 중요한 국가 투자를 위해 차입하는 것이 더 어려워질 것이다.

세 번째 이유 : 신뢰 위기의 위험. 미국 정부는 세계 어느 곳의 그 누구보다도 가장 낮은 이자율을 지급한다. 그 이유는 투자자들은 미국 정부에 돈을 빌려줄 때, 미국 정부가 제때에 원리금을 모두 갚을 것이라고 확신하기 때문이다. 신뢰는 가치 있는 자산이다. 즉, 낮은 이자로 인해 정부는 매년 수십억 달러를 절약한다.

그 신뢰도 깨지기 쉽다. 어느 시점에 투자자가 정부의 부채가 지속 불가능하다고 우려할 가능성을 고려하라. 아마도 그들은 정부가 다음번 예정된 대출 상환을 놓치는 것을 걱정하고 있을 것이다. 이러한 손실의 위험은 대출자들이 정부에 더 높은 이자율을 부과하도록 이끌 것이다. 돈을 많이 빌린 정부는 금리가 조금만 오르면 연간 이자 지급액의 큰 증가로 이어질 수 있다. 이자가 너무 많이 나오면, 대출 상환이 불가능해질 것이다. 그래서 정부의 부채가 지속되지 않는다는 인식은 대출자들이 더 높은 이자율을 요구하는 것으로 이어진다. 그리고 더 높은 이자율은 정부의 부채가 지속 불가능한 현실을 만들어낸다. 더 나쁜 것은, 투자자들의 공포가 고금리와 부채의 지속 가능성 저하의 악순환을 불러오는 이런 종류의 신뢰 위기가 눈 깜빡할 사이에 발생할 수 있다는 것이다.

이것을 좋거나 나쁜 결과를 가진 자기실현 예언이라고 생각하라. 좋은 결과는 대출자들이 정부가 그들에게 빚을 잘 갚으리라 생각할 때 일어난다. 그래서 낮은 이자율이 부과되고, 이자율이 낮으므로 정부는 쉽게 상환할 수 있다. 나쁜 결과는 대출자들이 정부가 빚을 잘 갚지 않으리라 생각할 때 발생한다. 그래서 더 높은 이자율을 요구한다. 이러한 파행적인 이자 부담은 심지어 정부가 예정된 상환을 못 하게 할 수도 있다. 그래서 미국이 현재 좋은 결과를 누리고 있다는 관측은 내일도 변치 않을 거라고 장담할 수 없다.

2009년 투자자들이 갑자기 정부가 빚을 갚지 못할지도 모른다고 우려하게 된 그리스에 대해 한번 살펴보자. 대출자들이 그리스 정부에 청구한 이자율은 2009년 5%에서 2012년 25% 이상으로 상승했다. 그리스가 연간 이자 지급을 충족시키는 것이 사실상 불가능해졌기 때문에, 어려운 재정 상황이 더는 유지될 수 없었다. 궁극적으로 유럽연합과 IMF는 비상 대출과 회생 프로그램을 통해 사태에 개입했다. 하지만 그 과정에서, 이 위기는 그리스의 불경기로 이어졌다.

Milos Bicanski/Getty Images

그리스는 2009년에 시작된 부채 위기에 직면했다.

네 번째 이유 : 부채 위기가 발생할 가능성이 더 커진다. 최악의 상황에서는, 부채의 누증은 정부가 대출금을 상환하지 못하는 부채 위기를 초래할 수 있다. 정부는 부채 상환을 중단하기 때문에, 투자자들은 돈을 더 빌려주는 것을 갑자기 거절한다. 정부가 돈을 빌릴 수 없을 때, 정부는 세금을 올리거나 지출을 줄임으로써 예산의 균형을 즉시 맞추어야 한다. 1980년대 초 이런 일이 다수의 라틴아메리카 국가에서 일어났을 때, 긴축적 재정정책으로의 급격한 변화는 이들 나라 중 많은 나라를 급격한 경기 침체로 몰아넣었다. 금리의 급격한 상승으로 이어졌던 최근 그리스에서의 신뢰 위기는 또한 그리스를 대출금 상환이 불가능한 부채 위기에 빠뜨렸다. 2019년 기준으로 그리스는 여전히 채무 위기로 초래된 불경기를 극복하기 위해 고군분투하고 있다.

함께 해보기

정부 운영 방식에 대한 이상적인 견해는 똑똑한 사람들이 똑똑한 정책에 투표하리라는 것이다. 그리고 대응력 있는 정부는 사람들이 가장 소중하게 여기는 것을 제공할 것이다. 이렇게 이상적인 관점에 따르면, 이러한 가치들이 정부의 세금과 지출 우선순위, 재정정책을 사용하여 경기 침체와 적극적으로 싸우는 방법, 그리고 세대의 정당한 비용 분담을 확실히 하는 부채 관리 방법 등을 결정할 것이다.

아마도 그것은 거의 백지 상태로 시작했던 한두 세기 전 미국인에 대한 합리적인 묘사였을 것이다. 그 당시 연방 정부의 유일한 실제 업무는 국방과 우편물 배달이었다. 그렇게 초기 세대들은 본질적으로 그들이 원했던 정부를 발명했다. 하지만 오늘날, 당신의 세대는 성숙한 정부를 물려받았다. 해당 정부에서는 의무지출과 세법안을 통과시킨 오랜 역사가 있으므로, 장래의 정부 세금과 지출 우선순위에 대한 계획은 이미 대체로 설명되어 있다.

만약 우리가 세금과 지출에 대한 정부의 우선순위를 결정한다면 우리의 모든 과거의 결정은 바뀔 수 있다. 문제는 이전 세대의 선택을 취소해야만 할 때 변화를 실현하기가 더 어렵다는 것이다. 모든 사람이 돈을 쓰는 더 좋은 방법이 있다는 것에 동의한다고 하더라도, 약속한 지출(및 조세지출)을 제거하거나 줄이는 것조차도 정치적으로 어렵다. 현세대에 봉사하도록 정부를 구축하는 일도 과거 세대가 충분한 수입을 올릴 수 있는 계획 없이 지출 계획을 세웠기 때문에 더 어렵게 되었다. 2020년에 연방 정부는 4조 7,500억 달러를 지출할 계획이었다. 반면 겨우 3조 6,400억 달러의 수입을 올릴 계획이었다. 이 연간 적자 외에도, 비용을 어떻게 충당할 것인가에 대한 계획 없이 우리 앞에 수십 년의 계획된 지출이 있다. 문제는 어떤 사람들은 이 충당금 적립 없는 채무(unfunded liability)로 인해 당신의 세대가 가질 수 있는 정부 유형에 관해 제한된 선택에 직면하게 된다는 것을 의미한다고 주장한다. 하지만 그건 맞지 않다. 현실은 변화를 만들기 위해 현재의 재정 현실에 직면해야 한다는 것이다. 그리고 이전 세대에게 요구되는 것보다 더 많은 변화가 필요할 수 있는 가운데, 만약 당신이 정치적 의지가 있다면, 당신 세대의 우선순위를 반영하는 정부지출과 세금 선택을 형성하는 데 도움을 줄 수 있는 정부 구축을 도울 수 있다.

한눈에 보기

정부 부문 : 사회보험과 교육을 제공하는 정부의 역할이 확장됨에 따라 정부지출은 시간이 지남에 따라 증가했다.

사회보험 : 실업, 질병, 장애 또는 저축한 돈을 다 써버리는 것과 같은 나쁜 결과에 대해 정부가 제공하는 보험

연방 지출
- 사회보험 프로그램
- 국방

주 지출
- 사회보험 프로그램
- 교육

지방 지출
- 교육
- 지역사회 서비스

연방 정부수입 재원 :
- 급여세
- 소득세
- 법인세

주 및 지방 정부수입 재원 :
- 판매세 및 물품세
- 재산세
- 소득세

숨겨진 정부지출 : 정부는 장부에 기록되지 않으면서 사실상 지출을 할 수 있는 다른 방안을 가지고 있다. 이것은 정부지출로 기록되지는 않지만 동일한 효과를 갖는다.

1. **조세지출** : 의회는 세금 법안을 통해 프로그램을 실행할 수 있다. 이것은 특별 공제, 면세 또는 환급이다. 이는 세금 책무를 낮추어 당신의 특정한 경제 활동을 장려한다.
2. **정부 규제** : 정부는 시민이나 기업이 비용을 내는 특정한 행동을 강제할 수 있다.

재정정책 : 경제를 안정화하기 위한 시도로서 정부의 지출 및 세금 정책의 사용. 재정정책은 제로금리 하한에서 특히 중요하고, 시의적절하며, 대상이 구체적이며, 일시적일 때 가장 잘 작동한다.

재정정책 : 경제를 안정화하기 위한 시도로서 정부의 지출 및 세금 정책의 사용. 재정정책은 제로금리 하한에서 특히 중요하고, 시의적절하며, 대상이 구체적이며, 일시적일 때 가장 잘 작동한다.

자동안정화장치 : 정책 입안자의 정교한 개입이 없어도, 경제가 확장하고 수축함에 따라 조정되는 지출 및 세금 프로그램

재정적자

재정적자 : 1년 동안 지출이 수입을 초과할 때 지출과 수입의 차이

재정흑자 : 1년 동안 수입이 지출을 초과할 때 지출과 수입의 차이

숨겨진 정부지출

1. 연방 정부는 일반적으로 재정적자를 낸다.
2. 지속적인 대규모 재정적자는 비교적 최근의 현상이다.
3. 전쟁은 지출의 급증이 있어야 하며 이는 재정적자를 낳는다.
4. 경기변동은 재정적자 순환을 만든다.

정부부채

정부총부채 : 정부가 빚을 진 누적 총량

정부순부채 : 연방 정부가 국내외의 개인, 기업, 그리고 다른 정부에게 진 부채

정부부채를 걱정하지 않는 이유

1. 정부부채의 대부분은 미국인이 미국인에게 빚진 돈이다.
2. 미래세대가 부채를 갚는 데 도움을 줄 수 있다.
3. 부채를 갚는 데는 큰 조정이 필요하지 않을 것이다.
4. 정부는 그 부채를 정말로 갚을 필요가 없다.
5. 정부는 당신이 할 수 없는 선택권을 가지고 있다.

정부부채를 걱정하는 이유

1. 느린 경제 성장
2. 미래의 재정 선택이 제한된다.
3. 신뢰 위기의 위험
4. 부채 위기가 발생할 가능성이 더 커진다.

핵심용어

과세소득	소득세	재정정책
구축효과	순정부부채	재정흑자
근로소득	역진세	조세지출
급여세	자동안정화장치	총정부부채
누진세	재량적 재정정책	충당금 적립 없는 채무
물품세	재량지출	판매세
법정지출	재산세	한계세율
사회보험	재정적자	환급 가능한 세액공제

토론과 복습문제

학습목표 35.1 정부의 크기와 범위를 평가한다.

1. "연방 정부는 군대가 있는 보험 회사이다"라는 격언이 약간의 과장은 있지만 어떻게 미국 연방 정부의 지출을 묘사하는지 설명하라.
2. 일부 연방 정부지출은 '법정지출'이라고 한다. 이것은 무엇을 의미하며 재량지출과 어떻게 다른가?
3. 연방, 주 및 지방 정부지출은 어떻게 초점이 다른가?
4. 조세지출은 정부지출과 어떻게 비슷한가? 어떻게 다른가?
5. 당신은 당신 주의 국회의원 참모로 일하고 있다. 그녀는 고등교육을 추구하려는 저임금 노동자에 대한 지원을 담은 법안의 공동 후원자를 찾고 있다. 그녀는 당신에게 (a) 직접 지원 프로그램, (b) 조세지출, (c) 규제를 이용해 어떻게 이 법안을 실행할 것인지 간략히 설명해 달라고 부탁한다. 각 접근법의 장단점과 시사점을 설명하라.

학습목표 35.2 어떻게 재정정책이 경기변동을 완화하는지 알아본다.

6. 3T의 재정정책을 사용하여 불경기에 대응하기 위해 재량적인 재정정책의 당면 과제를 설명하라.
7. 정부지출의 다른 유형이 어떻게 GDP를 직간접적으로 증가시키는지 설명하라. 그리고 정부지출의 증가가 GDP에 어떻게 승수효과를 갖는지 설명하라.
8. 정부지출의 증가가 어떻게 투자 지출을 구축할 수 있는지 설명하라. 경제의 생산량이 잠재 수준 아래일 때 구축효과가 큰 우려가 되는가?
9. 생산량이 잠재 수준 이상일 때 자동안정화장치가 어떻게 대응하는지 설명하라. 이러한 대응이 어느 정도까지 시의적절하고, 대상이 구체적이며, 일시적인지 평가하라.
10. 연준은 불경기와 싸우기 위해 확장적 통화정책을 실시했다. 그러나 제로금리 하한에 머물러 있으며 경제는 여전히 회복되지 않고 있다. 경제를 안정시키기 위해 정부가 어떤 다른 조치를 취할 수 있는가?

학습목표 35.3 정부가 재정적자를 내는 이유와 정부부채의 의미를 이해한다.

11. 연방 정부의 매년 예산이 균형을 이루도록 요구하는 것이 경기 하강에 대응한 정부의 능력을 제한할 수 있는 이유를 설명하라. 많은 주는 균형예산을 요구한다. 왜 이 정책이 주의 경제 하강 상태를 더 악화시킬 수 있는지 설명하라.
12. 정부부채와 개인부채는 어떻게 다른가?

학습문제

학습목표 35.1 정부의 크기와 범위를 평가한다.

1. 당신의 친구는 연방 정부지출이 통제 불능이며 정부의 규모를 줄이기 위해 지출이 크게 감소할 필요가 있다고 주장한다. 그녀는 만약 우리가 과학과 국제 문제에 대한 연방 정부의 지출을 줄인다면, 그것은 정말로 정부의 크기를 줄일 거라고 말한다. 당신은 동의하는가? 그 이유는? 그렇지 않은 이유는?
2. 고령자의 인구 비중이 커짐에 따라, 고령자 의료보험 및 사회보장에 대한 지출은 향후 몇십 년 동안 증가할 것으로 예상된다. 왜 인구 고령화가 이러한 프로그램에 대한 정부지출을 증가시키는지 설명하라. 만약 고령자 의료보험 및 사회보험 지출이 재량적 지출 프로그램이었다면 미래의 지출은 어떻게 변화할 수 있는가?
3. 마리사는 11만 2,200달러 연봉의 새 직장에 막 취직했다. 표준공제 후, 그녀의 과세소득은 10만 달러가 될 것이다. 만약 그녀가 다른 수입이 없고 추가적인 공제가 없다면, 그림 35-9에 표시된 한계세율을 사용하여 그녀의 소득세가 얼마가 될지 계

산하라. 그녀가 벌어들인 수입 중 어느 정도의 비중을 세금으로 지급하게 되는가?

4. 전기 자동차 구매를 장려하기 위해, 연방 정부는 미국에서 구매한 새로운 전기 자동차 각각에 대해 2,500달러의 세금 공제를 통과시킨다. 당신은 누가 이 조세지출로 이득을 볼 것으로 생각하는가? 그러한 조세지출과 관련한 정부의 목표가 무엇이라고 생각하는가? 당신은 조세지출이 이 목표를 달성할 것 같은가?

5. 한 정치인은 "근로장려금과 같은 환급세액을 통해 저임금 노동자들을 도울 수 있지만, 최저임금 인상의 비용이 더 적게 들 것이다. 그것은 정부에게 어떤 비용도 발생시키지 않기 때문이다"라고 이야기한다. 이 주장을 평가하라.

학습목표 35.2 어떻게 재정정책이 경기변동을 완화하는지 알아본다.

6. 다음 중 확장적 재정정책의 예는 무엇인가? 그리고 자동안정화장치의 예는 어떤 것인가?
   a. 정부는 실업 보험 청구로 지난달 2,500만 달러를 추가로 지급했다.
   b. 새로운 법률은 일시적으로 추가적인 26주에 대해 실업 수당을 늘린다.
   c. 국세청은 세율은 변동이 없었지만, 작년에 500억 달러의 세금을 더 걷었다.
   d. 의회는 불경기 기간에 주 정부가 교사들에게 급여를 지급하는 것을 돕기 위한 자금 1억 2,500만 달러를 추가로 충당한다.

7. 만약 경제가 내년에 불경기로 빠져들고, 의회는 기존 세금 및 지출을 조정하는 데 아무런 일도 하지 않는다면, 정부지출과 수입은 어떻게 변하겠는가? 이러한 조정 중 어느 것이든 경제를 안정시키는 데 도움이 되는가?

8. 이제 연방 정부에서 불경기와 싸우기 위해 새로운 정부지출을 도입한다면 어떤 일이 일어나는지 고려해 보자. 이것이 단기적으로 경제에 어떤 영향을 미칠 것인가? 경기가 회복될 때 정치적 압력으로 정부는 이 지출을 유지한다. 증가한 정부지출을 영구적으로 유지하는 것의 몇 가지 가능한 장기적인 결과는 무엇인가?

학습목표 35.3 정부가 재정적자를 내는 이유와 정부부채의 의미를 이해한다.

9. 2018년에 연방 정부는 4조 1,000억 달러를 지출했고 3조 3,000억 달러의 수입을 올렸다.
   a. 이것은 재정적자인가, 흑자인가, 그리고 그것의 크기는 얼마인가?
   b. 2018년의 정부순부채가 15조 8,000억 달러였다면, 2019년에는 어떻게 되는가?
   c. GDP는 2018년 20조 2,000억 달러, 2019년 21조 3,000억 달러였다. 2018년에서 2019년의 GDP 대비 부채비율은 어떻게 변화하는가?

10. 정치인 후보는 다음과 같은 칼럼을 썼다. 그녀는 미국 정부의 부채가 계속 증가해 왔으며 통제 불능 상태라고 주장한다. 그녀의 주장을 뒷받침하는 증거로 다음의 그래프를 추가한다.

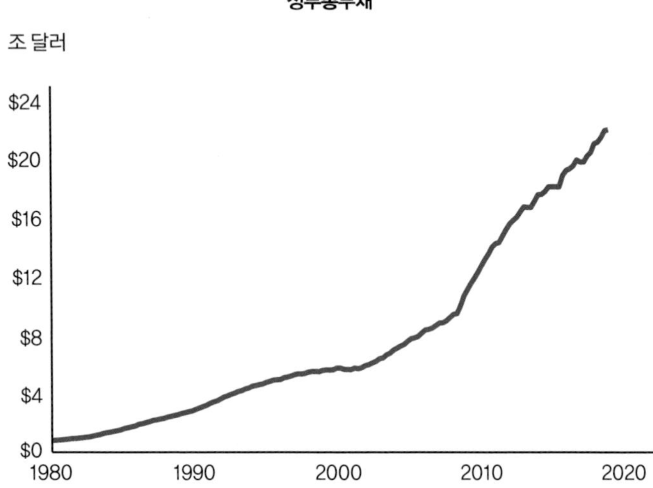

그녀는 더 나아가 버는 것보다 더 많은 돈을 끊임없이 지출함에 따라 많은 양의 소비자 부채를 쌓은 사람과 비교함으로써 정부가 이 정도의 부채 수준을 유지할 방법이 없다고 주장한다.
   a. 이 그래프는 2019년에 22조 달러의 정부총부채를 보여준다. 하지만 당신은 정부순부채가 16조 달러라고 읽었다. 무엇이 그 차이를 설명하는가?
   b. 당신은 그녀의 자료 발표가 정부부채의 지속 가능 여부를 이야기한다고 생각하는가? 당신은 어떻게 더 큰 맥락을 제시할 수 있는가?
   c. 개인의 빚과 정부부채가 비슷하다는 작가의 논거는 타당한 주장인가? 왜 그런가? 왜 그렇지 않은가?

11. 대통령이 방금 정부지출을 줄이지 않고 세금을 대폭 인하하는 예산안에 서명했다. 감세로 인해 발생할 극적인 적자의 증가를 어떻게 할 계획이냐는 질문을 받았을 때, 대통령은 다음과 같이 답한다. "이 새로운 정책 때문에 우리는 놀라운 경제 성장을 보게 될 것이다. 매우 큰 성상으로 인해 단기간의 정부부채의 증가를 벗어나서 우리는 계속 성장할 것이다." 만약 이러한 성장이 실현되지 않는다면, 미국 경제에 대한 위험에는 어떤 것들이 있는가?

가격 경쟁(price competition) 낮은 가격을 제시함으로써 고객을 확보하려는 경쟁

가격상한(price ceiling) 판매자가 부과할 수 있는 최대 가격

가격수용자(price-taker) 시장의 대세 가격에 맞게 가격을 매기고 시장가격에 영향을 주지 못하는 기업 또는 사람

가격 차별(price discrimination) 동일한 재화를 다른 가격으로 판매하는 전략

가격하한(price floor) 판매자가 부과해야 하는 최소 가격

가변비용(variable cost) 노동력 및 자원과 같이 생산량에 따라 변화하는 비용

가용성 편향(availability bias) 쉽게 회상되는 사건의 빈도를 과대 평가하고, 기억에서 멀어진 사건의 빈도를 과소 평가하는 경향을 말한다.

가처분소득(disposable income) 세후 소득

감가상각(depreciation) 마모와 파손, 노후화, 우발적 손상, 노후화로 인한 자본 감소

감가상각률(depreciation rate) 투자의 남은 생산능력 대비 매년 감가상각으로 인해 손상되는 비율

개별공급곡선(individual supply curve) 각 가격 수준에서 기업이 팔고자 하는 수량을 나타낸 그래프

개별수요곡선(individual demand curve) 각 가격 수준에서 각 개인이 구매하고자 계획한 수량을 표시한 그래프

개인 저축(personal saving) 가계가 지출하지 않거나 세금으로 지불하지 않은 모든 돈으로 저축한 것

거래의 이득(gains from trade) 자원, 상품, 서비스를 보다 효율적으로 재배분함으로써 얻어지는 이득

거시경제 균형(macroeconomic equilibrium) 구매자들이 총체적으로 사려고 하는 수량과 공급자들이 총체적으로 생산하는 수량이 일치할 때 발생한다.

거시경제적 균형(macroeconomic equilibrium) 구매자들이 구매하고자 하는 총생산이 생산자들이 공급하고자 하는 총생산과 같을 때

거시경제학(macroeconomics) 경제 전반에 대한 연구

게임나무(game tree) 게임이 시간에 따라 어떻게 전개되는지 보여준다. 첫 번째 행동이 나무 몸통을 형성하고 이어지는 각 선택들이 가지치기를 하여 마지막 잎사귀들이 가능한 모든 결과를 보여준다.

경계 실업자(marginally attached) 일자리를 원하고 지난해에 일자리를 찾으려 했으나 지금은 구직 활동을 하지 않는다고 실업자로 간주되지 않는 사람

경기고점(peak) 경제활동의 고점

경기변동(business cycle) 경제활동의 단기적인 변동

경기저점(through) 경제활동의 저점

경기적 실업(cyclical unemployment) 일시적인 경기침체로 인한 실업

경기침체(recession) 경제활동이 저하되는 시기

경기확장(expansion) 경제활동이 확대되는 시기

경상수지(current account balance) 미국인이 해외로부터 받은 소득과 미국인이 해외에 지불한 소득의 차이를 계측

경쟁시장에서 판매자의 합리적 규칙(Rational Rule for Sellers in Competitive Markets) 가격이 한계비용보다 크거나 같은 수준까지 추가적으로 판매한다.

경제적 부담(economic burden) 구매자와 판매자가 세후에 직면하는 가격 변화에 따른 부담

경제적 이윤(economic profit) 명시적 재무비용과 기업가의 묵시적 기회비용을 모두 합쳐서 총수입에서 차감한 것=총수입−명시적 재무비용−묵시적 기회비용

경제적 잉여(economic surplus) 어떤 결정에 따른 총편익에서 총비용을 뺀 값으로 의사결정이 얼마나 후생에 도움이 되었는지 측정한다.

경제적 효율성(economic efficiency) 결과가 더 많은 경제적 잉여를 발생시키는 경우, 그러한 결과는 경제적으로 효율적

경제활동 참가율(labor force participation rate) 생산가능인구 중에서 취업자나 실업자가 차지하는 비율

경제활동인구(not in the labor force) 취업자 더하기 실업자

경직적 가격(sticky price) 시장 상황 변화에 산발적으로 그리고 느리게 조정되는 가격

경합적 재화(rival good) 한 사람이 사용하면 다른 사람은 사용하지 못하는 것을 의미한다.

계절조정(seasonally adjusted) 시계열에서 예측 가능한 계절성을 제거한 경우

계획경제(planned economy) 무엇을 생산하고, 어떻게, 누구에 의해, 누가 그것을 갖는지에 대한 중앙집권화된 의사결정이 내려진다.

고용주의 합리적 규칙(Rational Rule for Employers) 한계수입생산이 임금보다 크거나 같다면 근로자를 추가로 고용한다.

고전적 이분성(classical dichotomy) 평균 가격 수준의 변화와 같이 순수한 명목적 변화는 장기적으로 실질변수에는 전혀 영향을 미치지 않는다.

고정비용(fixed cost) 생산량에 따라 변하지 않는 비용

공개시장거래창구(Open Market Trading Desk) 연방준비은행이 국채를 사고파는 뉴욕 연방준비은행에 있는 트레이딩 데스크

공개시장운영(open market operations) 연방준비은행이 연방자금의 금리에 영향을 미치도록 국채를 사고파는 것

공공재(public good) 무임승차자 문제를 수반하는 비경합적이고 비배제적 재화

공급곡선상의 이동(movement along the supply curve) 가격의 변화는 고정된 공급곡선상의 한 점을 다른 한 점으로 이동시킨다.

공급곡선의 이동(shift in the supply curve) 공급곡선 자체의 이동

공급량의 변화(change in the quantity supplied) 고정된 공급곡선상의 이동에 의한 수량의 변화

공급의 가격탄력성(price elasticity of supply) 공급의 가격탄력성은 판매자가 가격 변화에 얼마나 민감한가를 측정한다. 이것은 가격이 1% 변했을 때 공급량은 몇 퍼센트 증가하는가를 측정한다.

$$\text{공급의 가격탄력성} = \frac{\text{공급량의 변화율}}{\text{가격의 변화율}}$$

공급의 감소(decrease in supply) 공급곡선의 좌측 이동

공급의 법칙(law of supply) 가격이 높아질수록 더 많이 공급하고자 하는 경향성

공급의 증가(increase in supply) 공급곡선의 우측 이동

공급 충격(supply shocks) 일정한 산출 수준에서 제품 가격을 변화시키는 생산비용의 변화. 공급 충격은 필립스 곡선을 이동시킨다.

공리주의(utilitarianism) 정부가 사회 전체의 효용을 최대화하는 시도를 해야만 한다는 정치적 철학

공유자원(common resources) 경합적이지만 비배제적 재화

공유지의 비극(tragedy of the commons) 공유자원을 남용하는 경향

공정한 도박(fair bet) 평균적으로 당신에게 같은 액수의 돈을 남길 수 있는 도박

과세소득(taxable income) 세금으로 내야 할 소득의 양

과잉(surplus) 수요량이 공급량보다 적다.

과잉 확신(overconfidence) 당신의 예측력을 과대 평가하는 경향

과점(oligopoly) 소수의 거대한 판매자만 있는 경우

관계-특유 투자(relationship-specific investment) 현재의 비즈니스 관계가 지속되면 가치가 올라가는 투자

관세(tariff) 수입품에 부과된 세금

교역의 이득(gains from trade) 자원, 상품, 서비스를 보다 효율적으로 재분배함으로써 얻어지는 이득

교정과세(corrective tax) 사람들로 하여금 그들이 초래한 부정적 외부성을 감안할 수 있도록 고안된 조세제도

교정보조금(corrective subsidy) 사람들이 자신이 가져오는 긍정적 외부성을 고려되게 만들기 위해서 고안된 보조금

구두창 비용(shoe-leather cost) 현금 보유를 피하기 위해 발생한 비용

구매자의 역선택(adverse selection of buyers) 판매자가 구매자의 유형을 모를 때, 구매자 집단이 주로 많은 비용을 유발하는 구매자로 구성되는 경향

구매자의 합리적 규칙(Rational Rule for Buyers) 한계편익이 가격보다 크거나 같을 때 추가적인 한 단위를 더 구매하라.

구속력 있는 가격상한(binding price ceiling) 시장이 시장균형에 도달하는 것을 방해하는 가격상한으로 판매자가 부과할 수 있는 최고 가격이 시장균형가격보다 낮은 경우

구속력 있는 가격하한(binding price floor) 시장이 시장균형에 도달하는 것을 방해하는 가격하한으로 판매자가 부과하는 최저 가격이 시장균형가격보다 높은 경우

구조적 실업(structural unemployment) 임금이 노동수요와 공급이 균형에 도달하는 수준으로 떨어지지 않아 발생한 실업

구축(crowding out) 정부 지출의 증대에 따른 민간의 지출, 특히 투자 지출의 감소

구축효과(crowding out) 정부차입의 증가에 뒤따르는 민간지출의 감소

국내 공급곡선(domestic supply curve) 각 가격에서 모든 국내 공급업체가 판매하려는 수량

국내 수요곡선(domestic demand curve) 각 가격에서 모든 국내 소비자가 구매하려는 수량

국내총생산(gross domestic product, GDP) 한 국가 내에서 1년 내에 생산된 모든 최종재와 서비스의 시장 가치

국제가격(world price) 생산자가 세계시장에서 판매하는 가격

국제화(globalization) 국가들 간의 경제적 · 정치적 · 문화적 통합의 증가

규모에 대한 수익불변(constant returns to scale) 모든 요소를 일정 비율로 투입을 늘리면 그 비율만큼 산출이 증가한다.

규범적 분석(normative analysis) 무슨 일이 일어나야 하는지를 규정하는 것으로서, 가치 판단을 포함한다.

균형(equilibrium) 변화하려는 움직임이 없는 지점이다. 공급량과 수요량이 일치할 때 시장은 균형이다.

균형가격(equilibrium price) 시장이 균형에 있을 때의 가격

균형거래량(equilibrium quantity) 균형에 있을 때의 수요량과 공급량

균형실업률(equilibrium unemployment rate) 경제가 되돌아가려는 장기 실업율

그룹 가격 설정(group pricing) 다른 그룹에 다른 가격을 부과하는 가격 차별

그림자금융(shadow banks) 은행처럼 규제되지 않지만 은행과 같은 일을 하는 금융기관

근로소득(earned income) 사업주로부터 받는 임금, 또는 자영업으로부터 얻는 순수입

근로자의 합리적 규칙(Rational Rule for Workers) 임금이 최소한 추가적인 한 시간의 여가가 가져다 주는 한계편익보다 크다면 한 시간 더 일을 한다.

금융수지(financial account balance) 금융 유출입의 차이를 말함

금융 유입(financial inflow) 외국인의 미국에 대한 투자

금융 유출(financial outflow) 미국인의 외국에 대한 투자

금융 충격(financial shocks) 사람들이 대출할 수 있는 실질이자율을 변화시킬 수 있는 모든 충격. 금융 충격은 *MP* 곡선을 움직인다.

급여세(payroll taxes) 벌어들인 소득에 대한 세금

긍정적 외부성(positive externality) 제3자에게 편익을 주는 행동

기간 위험(term risk) 불확실성으로 인해 미래 이자율을 높이는 위험

기대 인플레이션(inflation expectations) 다음 해에 오를 것으로 예측되는 평균적인 가격 상승 비율

기대효용(expected utility) 특정 결과를 선택할 때 평균적으로 효용이 얼마만큼 되는지를 나타낸다.

기술 진보(technological progress) 기존의 자원을 활용하는 새로운 방법

기업 투자(business investment) 새로운 자본 자산에 대한 기업의 지출

기업공개(initial public offering, IPO) 일반인에게 주식을 최초로 파는 것

기업의 수요곡선(firm's demand curve) 개별 기업이 직면한 수요곡선으로서 그 기업의 제품에 대한 구매자의 수요량이 가격이 변하면서 어떻게 달라지는지를 요약하고 있다.

기준점 편향(anchoring bias) 사람들이 기준점(일종의 출발점)을 설정하고 그 기준점에서 빠르게 움직여 판단하는 경향

기초가치(fundamental value) 기업이 얻게 될 미래 이윤의 현재가치

기초가치 분석(fundamental analysis) 자산의 기초가치를 파악하는 틀

기회비용(opportunity cost) 어떤 것의 진정한 비용은 그것을 얻기 위해 포기해야만 하는 차선의 선택 대안이다.

나무전지법(prune the tree method) 게임나무를 푸는 한 방법으로, 마지막 기간을 살펴보고 상대방의 최선반응을 강조표시하는 것으로 시작한다. 그다음 상대방이 결코 선택하지 않을 선택지('죽은 잎사귀들')를 게임나무에서 잘라낸다.

내부시장(internal markets) 희소한 자원을 사고팔 수 있는 회사내 시장

내쉬균형(Nash equilibrium) 각 경기자의 선택이 바로 다른 경기자의 여러 선택에 대한 자신의 최선반응이 되는 균형

내적 동기부여(intrinsic motivation) 활동 자체의 즐거움을 위하여 어떤 일을 하려는 욕구

네트워크 효과(network effect) 다른 사람들이 사용할수록 더 가치 있어지는 물건. 더 많은 사람들이 구매할수록 더욱 수요가 증가한다.

노동공급(labor supply) 당신이 시장에서 일을 하는 데 쏟는 시간

노동생산성(labor productivity) 각 사람이 근로시간당 만드는 재화와 서비스의 생산량

노동시장 필립스 곡선(labor market Phillips curve) 예기치 못한 인플레이션과 실업률을 연결한 필립스 곡선

노동의 한계생산물(marginal product of labor) 근로자 한 명을 추가로 고용하여 발생하는 추가적인 생산

누진세(progressive tax) 소득이 많을수록 세율이 올라가는 세금

다각화(diversification) 결과가 밀접하게 연관되지 않은 여러 작은 위험을 결합해 전체 위험을 줄이는 것

'다른 조건이 일정하다면'(holding other things constant) 고려하지 않은 다른 조건이 변화한다면 현재 분석의 결론이 변화할 수도 있음을 주지시켜주는 관용구(라틴어로, *ceteris paribus*라고 한다)

다섯 가지 영향력 프레임워크(five forces framework) 시장의 경쟁구조는 다음과 같은 다섯 가지 영향력으로 설명할 수 있다.

1. 기존 경쟁자와의 경쟁
2. 잠재적 진입자의 위협
3. 대체상품의 위협
4. 공급자의 협상력
5. 고객의 협상력

다중균형(multiple equilibria) 하나 이상의 균형이 있을 때

단기(short run) 생산설비의 규모, 경쟁자의 숫자, 그리고 경쟁자의 유형이 변할 수 없는 기간

단기 총공급 곡선(short-run aggregate supply curve) 가격이 완전히 고정되거나 완전히 유연하지도 않을 정도의 기간에서 총공급 곡선. 그 결과 단기 총공급 곡선은 우상향한다.

담합(collusion) 경쟁을 제한하는 약속, 보통 서로 경쟁을 하지 않고 대신 모두 높은 가격을 부과하기로 하는 경쟁자들의 합의

대부자금 시장(market for loanable funds) 구매, 임대, 자본건설 등에 쓰이는 자금의 시장

대체재(substitute goods) 대체재는 서로를 대신한다. 대체재 가격이 상승하면 나머지 재화의 수요가 증가한다.

대체 편향(substitution bias) 사람들이 덜 오른 재화로 대체하여 발생하는 인플레이션 과다 측정

대체효과(substitution effect) 사람들이 상대가격 변화에 어떻게 반응하는가를 측정한다. 높은 임금은 여가보다 일에 대한 보수를 상대적으로 크게 하므로 당신으로 하여금 일을 더하게 유도한다.

대표성 편향(representative bias) 무엇인가를 자신이 생각하는 범주에 얼마나 부합하는지 보고 판단하는 경향

'더 큰 바보' 이론('greater fool' theory) 사람들이 어떤 투자 대상을 사는 것은, 다른 사람들이 그 투자 대상을 더 높은 가격으로 살 것으로 예상하기 때문이라는 아이디어

도덕적 해이(moral hazard) 당신의 행동이 완전히 관찰될 수 없고, 당신은 그 결과로부터 부분적으로 보호받을 수 있도록 분리되어 있기 때문에 당신이 취하는 행동

독점(monopoly) 시장에 판매자가 오직 하나인 경우

독점적 경쟁(monopolistic competition) 차별화된 제품을 판매하면서 경쟁하는 소규모 기업들이 많이 있는 시장

돈(화폐)(money) 거래에 일상적으로 사용되는 어떤 자산

디플레이션(deflation) 전반적인 물가(가격) 수준의 하락

램덤워크(random walk) 가격이 예측 불가능한 경로를 따라가는 것

리스크 프리미엄(risk premium) 돈을 대출해주는 위험에 대한 대가로 빌려주는 측이 추가로 요구하는 이자

마찰적 실업(frictional unemployment) 사업주가 근로자를 찾거나 근로자가 일자리를 찾을 때 시간이 걸리기 때문에 발생하는 실업

만기전환(maturity transformation) 단기대출을 장기대출에 이용하는 것

매몰비용(sunk cost) 한번 발생되면 다시 되돌릴 수 없는 비용. 매몰비용은 어떤 선택에도 존재하기 때문에 기회비용이 아니다. 좋은 의사결정은 매몰비용을 무시한다.

메뉴비용(menu cost) 가격 조정의 한계비용

명목 GDP(nominal GDP) 오늘의 가격(경상가격)으로 측정된 GDP

명목변수(nominal variable) (시간이 흐름에 따라 변동되는) 금액으로 측정된 변수

명목이자율(nominal interest rate) 인플레이션의 영향을 보정하지 않은 명시된 이자율

명목임금의 경직성(nominal wage rigidity) 명목임금의 삭감을 꺼리는 것

명목환율(nominal exchange rate) 다른 국가의 통화로 표시된 한 국가의 통화 가격

명목환율 공식(nominal exchange rate formula)

$$\text{명목환율} = \frac{\text{외국 통화 단위의 수량}}{\text{미국 달러의 수량}}$$

무역비용(trade cost) 가격을 제외하고 국내가 아닌 국가 간에 상품을 사고팔 때 발생하는 추가적인 비용

무위험이자율(risk-free interest rate) 위험이 없는 대출에 대한 이자율

무임승차자 문제(free-rider problem) 어떤 이가 비용을 지불하지 않고 편익을 누릴 수 있을 때

무한정 반복게임(indefinitely repeated game) 알려져 있지 않은 횟수만큼 동일한 전략적 상호작용을 접할 때

묶음판매(bundling) 서로 다른 제품들을 패키지로 묶어서 판매하는 것

물적자본(physical capital) 도구, 기계, 그리고 구조물

물품세(excise tax) 특정 제품에 대한 세금

뮤추얼 펀드(mutual fund) 당신을 대신해서 채권이나 주식 포트폴리오를 구입하는 펀드

미래가치(future value) 이자 수입의 결과로, 어떤 미래 날짜까지 증가하게 될 금액

반복게임(repeated game) 연속되는 기간에 동일한 경쟁자들과 동일한 보수를 지닌 전략적 상호작용을 접할 때

반조정게임(anti-coordination game) 당신의 최선반응은 다른 경기자와 다른 (그러나 보완적인) 행동을 취하는 것이다.

배당금(dividends) 회사가 주주에게 지불하는 이익의 분배금

배출권 거래제(cap and trade) 거래가 가능한 일정 수의 오염 배출권을 배분함으로써 수량을 규제하는 방식이다.

뱅크런(bank runs) 많은 은행 고객이 동시에 인출하려 할 때 발생한다.

법적 부담(statutory burden) 정부가 세금 납부의 책임을 부과함에 따른 부담

법정지출(mandatory spending) 해마다 결정되지 않는 지출; 대신에 법으로 정해진다.

보상 격차(compensating differential) 일자리가 지닌 바람직하거나 바람직하지 못한 측면을 상쇄시키기 위해 필요한 임금의 차이

보수표(payoff table) 당신의 선택을 각 행에, 다른 경기자의 선택을 각 열에, 그리고 모든 가능한 결과를 열거하고 각 칸에 보수를 나열하는 표

보완재(complementary goods) 보완재는 함께 움직인다. 보완재의 가격이 상승하면 나머지 재화의 수요가 감소한다.

보조금(subsidy) 특정한 선택을 하도록 정부가 지급하는 돈

보험(insurance) 특정한 손해가 발생했을 경우 보상에 대한 약속

보험료(premium) 보험의 가격

보험통계적 공정성(actuarially fair) 평균적으로 지불한 보험료만큼 보상금이 지급될 것으로 예상되는 경우

복리 공식(compounding formula) t년도의 미래가치 = 현재가치 × $(1+r)^t$

부가가치(value added) 각 생산 단계에서 생산품의 가치가 증가하는 금액

= 총매출액 − 투입된 비용

부정적 외부성(negative externality) 제3자에게 비용을 초래하는 행동

부족(shortage) 수요량이 공급량을 초과한다.

분배적 결과(distributional consequences) 누가 무엇을 가지는가

불완전경쟁(imperfect competition) 적어도 몇몇의 경쟁자가 있거나 차별화된 제품을 판매하는 경우로서 독점적 경쟁과 과점이 불완전경쟁에 해당한다.

불완전 취업자(underemployed) 일을 하고 있지만 더 많은 시간을 일

하고 싶고, 또는 자신의 스킬을 제대로 이용하지 못하는 일자리를 가진 사람

비가격 경쟁(non-price competition) 제품을 차별화함으로써 고객을 확보하려는 경쟁

비경제활동인구(not in the labor force) 근로연령 중에서 취업자도 실업자도 아닌 사람

비경합적 재화(nonrival goods) 한 사람이 사용한다고 해서 다른 사람이 사용할 부분이 줄어들지 않는 재화

비교우위(comparative advantage) 특정한 작업을 보다 낮은 기회비용으로 수행할 수 있는 능력

비배제적(nonexcludable) 어떤 것을 사용하지 못하게 하기 위해 어떤 이를 제외하는 것이 쉽지 않을 때

비용상승 인플레이션(cost-push inflation) 생산비용의 예상치 못한 증가로 발생하는 인플레이션

비용-편익의 원리(cost-benefit principle) 비용과 편익은 의사결정을 내리게 하는 유인이다. 어떠한 선택이든 모든 경우의 비용과 편익을 고려하여야 하고, 편익이 최소한 비용보다 크거나 같아야 한다.

비자발적 파트타임(involuntarily part time) 풀타임 일자리를 찾지 못하고 풀타임을 원함에도 파트타임으로 일하는 사람

비저축(dissaving) 일정 기간 동안, 저축에서 인출하거나 빌려서 지출한 돈이 소득을 초과한 금액

비탄력적(inelastic) 수요량 변화율의 절댓값이 가격 변화율의 절댓값보다 작은 경우로서 수요의 가격탄력성 절댓값이 1보다 작다.

빈곤선(poverty line) 이보다 낮으면 가구가 빈곤에 처하는 것으로 정의되는 소득수준

빈곤율(poverty rate) 가구소득이 빈곤선보다 낮은 사람들의 백분율

사적 정보(private information) 거래의 한 상대가 다른 이들이 모르는 무언가를 알고 있을 때

사중손실(deadweight loss) 효율적 결과에 비해 경제적 잉여가 얼마나 감소하였는지를 측정

사중손실=효율적 수량에서의 경제적 잉여-실제 경제적 잉여

사회보험(social insurance) 실업, 질병, 장애 또는 저축 소진 등 불의의 결과에 대비하기 위한 정부 제공 보험

사회안전망(social safety net) 정부가 소득분포 바닥에 있는 사람들의 삶의 개선을 위해 제공하는 현금 지원, 재화와 서비스

사회의 합리적 규칙(Rational Rule for Society) 한계사회편익이 한계사회비용보다 크거나 같다면 해당 제품을 더 생산하라.

사회적으로 최적인(socially optimal) 구매자, 판매자, 제3자의 모든 이해관계를 반영하여 사회 전체적으로 가장 효율적인 상태

상대가치 평가(relative valuation) 어떤 자산의 가치를 그것과 유사한 자산과 비교하여 평가하는 것

상대빈곤(relative poverty) 당신과 동시대 사회의 물질적 생활수준과 비교하여 빈곤을 판단한다.

상호의존의 원리(interdependence principle) 당신의 최적 선택은 당신의 다른 선택 대안, 다른 사람들의 선택, 다른 시장의 발전, 미래에 대한 예측에 달려 있다. 이 중 어떠한 것이라도 변하게 되면 당신의 최적 선택도 바뀔 수 있다.

생산가능곡선(production possibility frontier) 희소한 자원으로 만들어낼 수 있는 다른 생산물 조합을 보여준다.

생산가능인구(working-age population) 군대에 있거나 격리되지 않은 16세 이상의 사람

생산에서 대체재(substitutes-in-production) 자원 사용의 대안적인 방법. 생산에서 대체재의 가격이 상승하면 해당 재화의 공급이 감소한다.

생산에서 보완재(complements-in-production) 함께 생산되는 재화. 생산에서 보완재의 가격이 오르면 해당 재화의 공급이 증가한다.

생산자물가지수(producer price index, PPI) 생산과정 투입물의 물가지수

생산자 잉여(producer surplus) 무언가를 판매함에 따라 발생하는 경제적 이득; 생산자 잉여=가격-한계비용

생산함수(production function) 투입을 산출로 전환하는 방법, 주어진 요소로 가능한 총생산량을 결정한다.

선발자의 이점(first-mover advantage) 상대방이 덜 공격적으로 반응하도록 강요하는 선제적 행동으로부터의 전략적 이득

선행지표(leading indicator) 경제의 미래 경로를 예측하는 경향이 있는 지표들

설득성 광고(persuasive advertising) 특정 제품을 이용하면 행복해진다고 믿도록 설득하거나 조작하려는 광고

설명적 광고(informative advertising) 제품과 속성에 대한 정보를 제공하는 광고

성과급(pay-for-performance) 근로자가 버는 소득을 그들의 성과 척도에 연결하는 것. 사례에는 수수료, 능률급, 상여금, 그리고 진급이 포함된다.

세대 간 이동(intergenerational mobility) 자녀의 경제적 지위가 부모의 경제적 지위로부터 독립적인 정도

소득(income) 1년이나 특정 기간 동안 받는 돈

소득세(income taxes) 원천에 상관없이 모든 소득에 대해 부과되는 세금

소득효과(income effect) 소득이 높아질 때 사람들의 선택이 어떻게 변하는가를 측정한다. 높은 임금은 소득을 향상시키고 더 많은 여가를 선택하게 함으로써 일을 더 적게 하도록 한다.

소비 평탄화(consumption smoothing) 시간이 지남에 따라 소비 지출을 안정적이거나 매끄러운 경로로 유지하는 것

소비(consumption) 가계의 최종재 및 서비스에 대한 지출

소비자 잉여(consumer surplus) 어떤 것을 구매함으로써 당신이 얻는 경제적 잉여

소비자 잉여 = 한계편익 − 가격

소비자물가지수(the consumer price index, CPI) 소비자가 지불하는 재화와 서비스 바구니의 평균가격 변화 동향을 보여주는 지수

소비자의 합리적 규칙(Rational Rule for Consumers) 오늘 1달러 소비에 따른 한계편익이 미래에 1달러와 이자를 합쳐서 소비하는 데 따른 한계편익보다 크거나 같다면 오늘 더 소비하라.

소비함수(consumption function) 소비가 각각의 소득 수준에 관련되어 있음을 보여주는 곡선

손실 회피(loss aversion) 얻는 것보다 잃은 것에 더 민감한 성향

수량 규제(quantity regulation) 판매의 최소량 또는 최대량

수량 할인(quantity discount) 대량으로 구매하면 단위당 가격이 떨어지는 경우

수요견인 인플레이션(demand-pull inflation) 초과 수요로 인해 발생하는 인플레이션

수요곡선상의 이동(movement along the demand curve) 가격의 변화가 일어나면 수요곡선 위의 한 점에서 한 점으로 이동하게 된다.

수요곡선의 이동(shift in the demand curve) 수요곡선 그 자체의 이동

수요독점력(monopsony power) 노동의 주력 구매자로서 낮은 임금을 포함하여 낮은 가격을 지불하기 위해 교섭력을 활용하는 회사

수요량의 변화(change in the quantity demanded) 수요량의 변화는 수요곡선상의 이동을 발생시킨다.

수요 부족(insufficient demand) 일정한 가격 수준에서의 수요량이 공급량보다 부족한 경우

수요의 가격탄력성(price elasticity of demand) 구매자들이 가격 변화에 얼마나 반응하는지 나타내는 척도. 1% 가격 변화에 따른 수요량의 퍼센티지 변화

$$\text{수요의 가격탄력성} = \frac{\text{수요량의 변화율}}{\text{가격의 변화율}}$$

수요의 감소(decrease in demand) 수요곡선의 좌측 이동

수요의 교차가격탄력성(cross-price elasticity of demand) 어떤 재화의 수요량이 다른 재화의 가격 변화에 얼마나 민감하게 반응하는가를 측정한다. 즉, 이것은 다른 재화의 가격이 1% 변했을 때 해당 재화의 수요량이 몇 퍼센트 변하는가를 측정해준다.

$$\text{수요의 교차가격탄력성} = \frac{\text{해당 재화의 수요량 변화율}}{\text{다른 재화의 가격 변화율}}$$

수요의 법칙(law of demand) 가격이 낮을 때 수요량이 많아지는 경향성

수요의 소득탄력성(income elasticity of demand) 어떤 재화의 수요가 소득 변화에 얼마나 민감하게 반응하는가를 나타낸다. 구체적으로 이것은 1%의 소득 변화가 수요를 몇 퍼센트 변화시키는가를 측정한다. 수요의 소득탄력성은 수요량의 변화율을 소득의 변화율로 나눈 값이다.

$$\text{수요의 소득탄력성} = \frac{\text{수요량의 변화율}}{\text{소득의 변화율}}$$

수요의 증가(increase in demand) 수요곡선의 우측 이동

수입(import) 외국에서 생산되고 국내인이 구매하는 상품 및 서비스

수입쿼터(import quota) 수입량을 제한

수직적 통합(vertical integration) 2개(또는 그 이상)의 회사가 생산 체인에 따라 하나의 회사로 결합한 경우

수출(export) 국내에서 생산되고 외국인이 구매하는 상품과 서비스

수확체감의 법칙(law of diminishing returns) 투입요소 하나는 변동이 없고 다른 투입 요소들의 증가에 의한 산출의 증가분은 어떤 지점에서부터 점점 작아진다.

순수출(net exports) 수출금액에서 수입금액을 뺀 금액, 무역수지라고도 불린다.

순자산(net wealth) 자산이 부채를 초과한 금액

순정부부채(net government debt) 정부가 개인, 기업, 국내와 외국의 정부에 대한 채무

스태그플레이션(stagflation) 경제침체(또는 산출 감소)와 높은 인플레이션의 결합

승수(multiplier) 추가적인 달러 지출에 따라 직접적 그리고 간접적 효과로 GDP가 얼마나 변화하는지를 측정

시장(market) 잠재적 구매자와 판매자를 교류시키는 공간이다.

시장경제(market economy) 각 개인은 시장에서의 구매와 판매 활동을 통해 자신의 생산과 소비에 대한 의사결정을 한다.

시장공급곡선(market supply curve) 각 가격 수준에서 전체 시장의 총공급량을 보여주는 그래프

시장수요곡선(market demand curve) 각 가격 수준에서 시장이 원하는 총수요량을 나타낸 그래프

시장 실패(market failure) 수요와 공급의 힘이 비효율적인 결과를 초래할 때

시장의 합리적 규칙(rational rule for market) 경제적 잉여를 늘리기 위해서는, 추가적인 상품으로 인한 한계편익이 한계비용보다 클 경우에(혹은 같은 경우에) 그 상품을 생산

시장지배력(market power) 판매자가 경쟁기업에게 거래를 뺏기지 않으면서 높은 가격을 매길 수 있는 정도

신용 제약(credit constraints) 빌릴 수 있는 금액의 한계

신호(signal) 타인이 진위를 확인하기 힘든 정보를 신빙성 있게 전달하기 위한 활동

신호발송(signal) 자신의 사적 정보 또는 다른 사람이 확인하기 힘든 정보를 신뢰하도록 전달하는 행동

실업률(unemployment rate) 경제활동인구 중에서 실업자의 비율

실업자(unemployed) 일자리를 잡으려 하나 일자리가 없는 근로연령의 사람

실증적 분석(positive analysis) 무슨 일이 일어나고 있는지, 왜 그런지를 설명하거나 어떤 일이 발생할지를 예측한다.

실질 GDP(real GDP) 불변가격(기준연도의 시장가격)으로 측정된 GDP

실질변수(real variable) 인플레이션을 감안하여 조정된 변수

실질이자율(real interest rate) 구매력 변화 측면에서의 이자율, 명목이자율－인플레이션율

실질환율(real exchange rate) 국내 가격을 국내 통화로 표시된 해외가격으로 나눈 값으로서 다음과 같이 계산된다.

암묵적 편향(implicit bias) 특별한 자질을 무의식적으로 특정 그룹과 결부시킴으로써 형성되는 판단

앞을 살피기(look forward) 시간이 흐름에 따라 전개되는 게임에서 당신의 결정이 가져올 수 있는 결과를 예상하기 위해서 앞을 살펴야 한다.

양대책무(dual mandate) 낮으면서도 안정적인 물가와 최대한 지속가능한 고용이라는 연방준비은행의 두 가지 목표

양자 간 무역수지(bilateral trade balance) 한 국가와 특정 국가 간의 무역수지

양적 완화(quantitative easing) 장기 이자율을 낮추기 위해서 장기 국채와 다른 유가증권을 대량으로 사들이는 것

엄격한 방아쇠 전략(grim trigger strategy) 다른 경기자가 과거의 모든 라운드에서 협력했다면 협력할 것이다. 그러나 어떤 경기자이건 과거에 배반한 적이 있으면 배반할 것이다.

역방향으로 판단하기(reason backward) 게임의 마지막을 분석하는 것으로 시작하라. 이를 이용해 끝에서 두 번째에 일어날 것을 알아보고 오늘의 결정이 초래할 모든 결과를 파악할 수 있을 때까지 계속 판단하라.

역지사지 기술(다른 사람의 입장되기)(someone else's shoes technique) 상대방의 목적과 제약을 이해함으로써 그들이 내릴 결정을 이해하는 것

역진세(regressive tax) 소득이 더 적은 사람들이 자신의 소득에서 더 높은 비율을 세금으로 납부하는 경향이 있는 조세

연방공개시장위원회(Federal Open Market Committee, FOMC) 미국의 금리를 결정하는 연방준비위원회. 연준 이사들과 지역 연준 총재들로 구성된다.

연방자금금리(federal funds rate) 연방준비은행이 정책 수단으로 이용하는 금리, 시중 은행들이 연방자금시장에서 하루짜리 돈을 서로 빌릴 때 지급하는 명목금리

연방준비은행 모델(Fed model) *IS* 곡선, *MP* 곡선, 필립스 곡선을 금리, 산출량 갭 및 인플레이션과 연결하는 프레임워크

연방준비은행의 경험규칙(Fed rule-of-thumb) 연방준비은행이 금리를 결정할 때 사용한다고 말해지는 방식 : 연방자금금리－인플레이션＝중립적 실질이자율＋1/2×(인플레이션-2%)＋총생산 갭.

연율(annualized rate) 일정한 성장률 수준으로 1년간 지속되었다면 달성 가능한 성장률

열등재(inferior good) 소득이 증가할 때 수요가 감소하는 것

예금보험(deposit insurance) 은행에 예금한 돈을 잃지 않도록 보증하는 것

예기치 못한 인플레이션(unexpected inflation) 인플레이션과 기대 인플레이션의 차이＝인플레이션－기대 인플레이션

예비적 저축(precautionary saving) 재정적 비상 사태에 대비하기 위한 저축

예측시장(prediction markets) 불확실한 사건이 발생하는지 여부와 관련자의 보상을 받는 사람

오쿤의 법칙(Okun's rule of thumb) 실제 총생산이 잠재 총생산에 비해 1% 이하일 때, 실업률은 0.5% 정도 높아지는 현상을 설명하는 법칙

완전가격 차별(perfect price discrimination) 개별 고객에게 유보가격 부과

완전경쟁(perfect competition) 시장이 다음의 조건을 만족할 때 완전경쟁이 가능하다. (1) 한 산업의 모든 기업이 동일한 재화를 판매한다. (2) 판매자와 구매자가 무수히 많기 때문에 개별 주체의 거래량은 시장규모와 비교하면 매우 작다.

완전비탄력적(perfectly inelastic) 수요량은 가격 변화에 전혀 반응하지 않는다.

완전탄력적(perfectly elastic) 가격이 조금만 변해도 수요량의 변화는 무한히 크다.

외국인 저축(foreign savings) 우리나라 사람에게 대출해주는 외국인 자금

외부비용(external cost) 제3자에게 귀속되는 비용

외부성(externality) 이해관계가 고려되지 않은 제3자에게 영향을 주게 되는 행위의 부수적인 효과

외부편익(external benefit) 제3자에게 귀속되는 편익

외적 동기부여(extrinsic motivation) 높은 급여와 같은 외부적 보상을 위하여 어떤 일을 하려는 욕구

외환 시장(foreign exchange market) 다양한 통화가 거래되는 시장

위험 분산(risk spreading) 큰 위험을 여러 개의 작은 위험으로 나누어 많은 사람에게 분산하는 것

위험 선호(risk loving) 불확실성을 좋아하는 것

위험 중립(risk neutral) 불확실성에 무차별한 성향

위험 회피(risk averse) 불확실성을 싫어하는 현상

유동성(liquidity) 투자를 전혀 손실이 없거나 거의 손실이 없는 현금으로 빠르고 쉽게 전환하는 능력

유동성 위험(liquidity risk) 자산을 빨리 팔아야 할 경우 좋은 가격을 받지 못할 수 있는 위험

유보가격(reservation price) 고객이 제품에 대해 지불할 용의가 있는 최대 가격, 그것은 한계편익과 같다.

유한반복게임(finitely repeated game) 고정된 횟수만큼 동일한 전략적 상호작용을 접할 때

의무적 지급준비금(reserves requirements) 은행이 보유해야만 하는 최소한의 준비금

이력현상(hysteresis) 고실업의 기간으로 높은 균형 실업률로 이어지는 경우

이윤 폭(profit margin) 판매 단위당 이윤=평균수입－평균비용

이익잉여금(retained earnings) 주주의 배당금에 산입하지 않은 이윤

이전지출(transfer payments) 누군가에서 다른 누군가로 이전되는 지급

익일역환매협정(overnight reverse repurchase agreements) 연준 데스크가 국채를 금융기관에 팔 때 그 다음날에 보다 높은 가격으로 되산다는 약속을 할 때

인덱스펀드(index fund) 이미 포트폴리오에 설정된 종목에 자동으로 투자되는 것

인적자본(human capital) 근로자를 보다 생산적이 되도록 만드는 축적된 지식과 숙련; 근로자들이 일하는 데 필요한 숙련

인플레이션(inflation) 전반적 물가 수준의 일반적인 증가

인플레이션 목표(inflation target) 공식적으로 표명한 인플레이션율의 목표

인플레이션 오류(inflation fallacy) 인플레이션이 구매력을 파괴할 것이라는 확신

인플레이션율(inflation rate) 평균가격 수준의 연간 변화율

일반 기술(general skills) 많은 고용주에게 유용한 기술

일회게임(one-shot game) 1회만 발생하는 전략적 상호작용

임금-물가의 악순환(wage-price spiral) 높은 가격이 높은 명목임금을 초래하고, 그로 인해 다시 높은 상품가격으로 이어지는 순환

자동안정화장치(automatic stabilizer) 경제가 확장하거나 위축됨에 따라 정책 결정자가 자의적인 행동을 취하지 않으면서 조정하는 지출과 조세 프로그램

자발적 교환(voluntary exchange) 구매자와 판매자는 오직 그들이 원하는 경우에만 돈과 재화를 교환

자본스톡(capital stock) 어떤 시점에서 재화와 서비스의 생산에 이용된 물적 자본의 총량

자본의 사용자 비용(user cost of capital) 내년에 기계를 한 대 더 사용하는 것과 관련된 추가 비용$=(r+d)\times C$

자연독점(natural monopoly) 전체의 수요를 충족시키기 위해서 한 기업만 생산하는 것이 비용을 가장 적게 발생시키는 시장

자유로운 진입(free entry) 신규 기업이 그 시장으로 진입하는 것이 특별히 어렵거나 혹은 비용이 많이 들게 하는 요인이 없을 때

잠재 총생산(potential output) 모든 자원(노동 및 자본)이 완전하게 고용(또는 활용)되어 산출되는 총생산

장기(long run) 생산설비의 규모를 확장하거나 축소할 수도 있고, 새로운 경쟁자들이 시장에 진입하거나 기존 기업들이 시장에서 나갈 수 있을 정도의 기간

장기 실업자(long-term unemployed) 6개월 이상 계속 실업 상태인 사람

장기 총공급 곡선(long-run aggregate supply curve) 가격이 완전히 조정됐을 때 장기에서의 공급곡선. 경제는 잠재적 생산량으로 돌아가기 때문에 곡선은 수직이다.

재량적 재정정책(discretionary fiscal policy) 경제를 부양하기 위해 일시적으로 지출을 늘리거나 세금을 감면하는 정책

재량지출(discretionary spending) 의회가 해마다 승인하는 지출

재력 조사(means-tested) 소득 때로는 재산에 기초한 수혜 가능성 조사

재산(wealth) 현재 보유하고 있는 저축, 자동차, 주택 등을 포함한 모든 자산

재산권(property rights) 유형의 또는 무형의 자원에 대한 통제

재산세(property tax) 재산(보통 부동산)의 가치에 대한 세금

재정적자(budget deficit) 지출이 수입보다 많은 연도에서 그 차이

재정정책(fiscal policy) 경제를 안정화시키기 위해 정부가 지출과 조세정책을 이용해 영향을 미치려는 정책

재정흑자(budget surplus) 수입이 지출보다 많은 연도에서 그 차이

저축(saving) 소비에 지출하지 않은 적립한 소득의 일부

적극적인 운용(actively managed) 종목 선별가에 의해 운용되는 펀드 운용

전략계획(strategic plan) 특정 상황에 어떻게 대응할지를 정확하게 기술하는 지시사항의 목록

전략적 상호작용(strategic interaction) 당신의 최선의 선택은 다른 사람들이 무엇을 선택하느냐에 달려 있을 수 있다. 그리고 그들의 최선책은 당신이 무엇을 선택하느냐에 달려 있을 수 있다.

전문화(specialization) 작업에 대한 집중

전환비용(switching costs) 고객들이 다른 기업으로 옮겨가는 것을 어렵게 하거나 혹은 비용을 발생하게 하는 방해물

절대빈곤(absolute poverty) 절대적 생활수준과 비교하여 자원의 적정성을 판단한다.

절대우위(absolute advantage) 특정한 작업을 보다 적은 노력으로 수행할 수 있는 능력

절상(appreciation) 통화의 가격이 상승하는 경우

절하(depreciation) 통화의 가격이 하락하는 경우

정부구매(government purchase) 정부가 재화와 서비스 구입에 사용

하는 지출

정부 실패(government failure) 정부 정책이 더 안 좋은 결과를 초래하는 것

정부 저축(government saving) 정부가 하는 저축

정상재(normal good) 소득이 증가할 때 수요가 증가하는 것

제로금리 하한(zero lower bound) 명목금리가 실제로 0 이하로 떨어질 수 없다는 제약

제품 차별화(product differentiation) 판매자가 제품을 다른 경쟁업체의 제품과 다르게 하려는 노력

조세의 귀착(tax incidence) 구매자와 판매자 사이에서 세금의 경제적 부담의 분담

조세지출(tax expenditure) 어떤 활동을 촉진하도록 세 부담을 낮추는 특별 공제, 면제, 세액공제

조정게임(coordination game) 모든 경기자가 그들의 선택 조정에 공동 관심을 가질 때

주식시장(stock market) 사람들이 기존 주식을 매매하는 시장

주인-대리인 문제(principal-agent problem) 주인이 자신을 위해 일해 달라고 대리인을 채용하지만, 주인은 대리인의 행동을 완벽하게 관찰하지 못하기 때문에 생기는 문제

주택 투자(housing investment) 주택과 아파트 개보수와 건설에 대한 지출

중간재와 서비스(intermediate goods and services) 다른 상품의 생산단계에 투입되는 재화와 서비스

중립적 실질이자율(neutral real interest rate) 경제가 잠재 수준 이상도 이하도 아닌 중립 수준일 때 작용하는 이자율

지급준비금(reserves) 은행이 언제든지 지급하도록 보유하고 있는 현금

지불용의(willingness to pay) 비금융적 비용이나 편익을 화폐적으로 상응하는 가치로 전환하기 위하여 스스로 질문해야 한다: "이 편익(혹은 비용을 피하기 위해)을 얻기 위하여 최대한 얼마나 지불할 용의가 있는가?"

지수펀드(index fund) 시장지수로 구성된 펀드

지수화(indexation) 인플레이션에 연동하여 자동으로 임금, 편익, 과세등급 등을 자동 조정하는 것

지식 문제(knowledge problem) 의사 결정자가 옳은 결정을 내리는데 필요한 지식이 없을 때

지출 충격(spending shocks) 주어진 실질이자율과 소득 수준에서 총지출의 변화. 지출 충격은 *IS* 곡선을 이동시킨다.

직무특화 기술(job-specific skill) 한 특정 고용주의 일자리에서만 유용한 기술

진입의 합리적 규칙(Rational Rule for Entry) 만약 양의 경제적 이윤을 예상할 수 있다면 새로운 시장에 진입해야 한다. 이때 경제적 이윤은 가격이 평균비용보다 높을 때 발생한다.

진입장벽(barriers to entry) 신규 기업이 시장에 진입하기 어렵게 만드는 장애물

차별(discrimination) 성별, 인종, 민족, 성적 성향, 종교, 장애, 사회계급 또는 다른 요소 등과 같은 특성에 따라 사람들을 다르게 취급하는 것

차선책(next best alternative) 이 거래 이외의 최선의 선택가치

채권(bound) IOU. 빌린 돈에 이자를 더해 갚겠다는 특별한 약속

채무불이행 위험(default risk) 대출이 상환되지 않는 위험

체계적인 위험(systematic risk) 경제 전반에 걸쳐 발생한 공통적인 위험

체크표시방법(check mark method) 만약 각 경기자의 최선반응 옆에 체크표시를 한다면 각 경기자 모두로부터 체크표시를 받는 결과가 내쉬균형이다.

초과 수요(excess demand) 현재 평균적인 가격에 대한 수요량이 공급량보다 많을 때

초과지급준비금 이자율(interest rate on excess reserve) 초과 지불준비금에 대해 연방준비은행이 시중은행에 지급하는 이자율

초단기 총공급 곡선(very-short-run aggregate supply curve) 초단기간에는 가격이 변화하지 않는다. 가격이 실제로는 고정이 되기 때문에 초단기 공급곡선은 수직이다.

초인플레이션(hyperinflation) 극단적으로 높은 인플레이션율

초점(focal point) 어느 특정한 균형으로 조정하도록 도와주는 게임 밖으로부터의 단서

초점화 착각(focusing illusion) 다양한 장점보다 소수의 단점에만 집중시켜 자신의 만족감을 잘못 예측하는 경향

총공급 곡선(aggregate supply curve) 공급자들이 총체적으로 생산하는 총수량과 물가 수준과의 관계를 보여준다.

총생산 갭(output gap) 실제 총생산과 잠재 총생산 간의 차이로서 보통 잠재 총생산의 퍼센트로 표현한다.

총수요 곡선(aggregate demand curve) 구매자들이 총체적으로 사고자 하는 총수량과 물가 수준과의 관계를 보여준다.

총수입(total revenue) 재화와 서비스의 구매자로부터 얻게 되는 수입의 합계로서 가격×거래량으로 계산된다.

총정부부채(gross government debt) 정부가 갚아야 할 돈의 누적 총량

총지출(aggregate expenditure) 사람들이 경제 전반에서 구매하고자 하는 재화와 서비스의 총량=소비+계획된 투자+정부지출+순수출

최선반응(best response) 다른 경기자들의 선택이 주어졌을 때 가장 높은 보수를 가져다주는 선택

최종 대부자(lender of last resort) 금융기관이 대출을 받기 어려울 때 자금을 빌려주는 연방준비은행의 역할

최종재와 서비스(final goods and services) 생산 단계의 제일 마지막 단계에서 생산된 재화와 서비스

추격 성장(catch-up growth) 상대적으로 가난한 나라들이 물적 자본에 투자할 때 발생하는 고속 성장

충당금 적립 없는 채무(unfunded liability) 미래에 비용이 발생하지만 비용을 지급할 계획이 없는 약속

취업자(employed) 일을 하는 근로연령의 사람

코즈 정리(Coase Theorem) 사람들이 서로 협상하는 데 비용이 들지 않고 사유재산권이 확립되고 잘 보장된다면, 외부성 문제는 사적 협상을 통해 해결될 수 있다.

쿼터(quota) 최대 판매량의 한도

클럽재(club goods) 비배제적이지만 소비에서 비경합적인 재화

탄력적(elastic) 수요량 변화율의 절댓값이 가격 변화율의 절댓값보다 큰 경우로서 수요의 가격탄력성 절댓값이 1보다 크다.

탐색재(search good) 구매하기 이전에 쉽게 평가해볼 수 있는 재화

통계수정(revision) 이전 통계발표에 대해서 개정하는 것

통계적 차별(statistical discrimination) 어떤 개인에 대한 추론을 위해 어떤 그룹의 평균적인 속성에 관한 정보를 활용하는 것

통화정책(monetary policy) 경제 상황에 영향을 미치기 위한 노력으로 이자율을 조정하는 과정

퇴출의 합리적 규칙(Rational Rule for Exit) 경제적 이윤이 음수라고 예상된다면 시장에서 나가라. 경제적 이윤이 음수라는 것은 가격이 평균비용보다 낮다는 것을 의미한다.

투기 거품(speculative bubble) 자산의 가격이 자산의 기초가치 이상으로 증가할 때 발생하는 것

투자(investment) 경제의 생산 능력을 증가시키는 새로운 자산에 대한 지출

투자선(investment line) 실질이자율이 하락함에 따라 투자 수량이 증가하는 것을 보여주는 선

투자자의 합리적 규칙(rational rule for investors) 미래 수익의 현재가치가 선불 비용을 초과하는 투자 기회를 추구하는 것

파생수요(derived demand) 생산요소에 대한 수요는 그 생산요소가 생산하는 것에 대한 수요로부터 파생된다.

판매세(sales tax) 보통 재화와 서비스의 구입가격에 퍼센티지로 붙이는 구매에 대한 세금

판매자의 역선택(adverse selection of sellers) 구매자가 품질을 알 수 없을 때, 상품 혼합이 더 낮은 품질의 상품으로 치우치는 경향

판매자의 합리적 규칙(The Rational Rule for Sellers) 한계수입이 한계비용과 크거나 같다면 한 단위를 더 판매하라.

편견(prejudice) 타당한 근거나 경험에 의한 것이 아닌 어떤 그룹에 대하여 사전에 형성된 성향

평가 공식(valuation formula) 계속되는 지불 흐름의 현재가치

$$=\frac{\text{차기 연도의 수익}}{r+d}$$

평균비용(average cost) 단위당 비용이며 고정비용과 가변비용을 모두 포함하는 총비용을 생산량으로 나누어 구함

평균수입(average revenue) 단위당 수입으로, 총수입을 공급량으로 나누어서 구한다. 만약 모든 사람들에게 동일한 가격을 제시한다면, 평균수입은 가격과 같다.

평생소득(permanent income) 평균적인 생애소득; 장기 평균소득에 대한 최선의 추정치

평생소득 가설(permanent income hypothesis) 당장의 소득보다는 평생소득에 의해 소비가 이루어진다는 아이디어

포워드 가이던스(forward guidance) 미래의 이자율에 대한 시장의 기대에 영향을 미치기 위해서 통화정책의 미래 방향에 대한 정보를 제공하는 것

프레임 효과(framing effect) 선택 대안이 어떻게 묘사 또는 꾸며져 있는지에 의사결정이 영향을 받을 때. 당신은 자신의 의사결정이 바뀌는 프레임 효과를 피해야 한다.

필립스 곡선(Phillips curve) 총생산 갭과 예기치 못한 인플레이션을 잇는 곡선

하한 틀(floor framework) 연방준비은행이 연방자금금리 이자율 하락의 하한선을 결정하기 위해 다른 자금의 금리를 결정하는 데 사용하는 방식

한계비용(marginal cost) 한 단위 더 추가 투입함으로써 생기는 추가적 비용

한계사적비용(marginal private cost) 추가적으로 한 단위 생산물을 얻기 위해 판매자가 지불하는 추가 비용

한계사적편익(marginal private benefit) 추가적인 한 단위로부터 구매자가 얻게 되는 추가적인 편익

한계사회비용(marginal social cost) 모든 한계비용의 합=한계사적비용+한계외부비용

한계사회편익(marginal social benefit) 누가 가져가느냐와 상관없이 발생하는 모든 한계편익으로 한계사적편익과 한계외부편익의 합이다.

한계생산물(marginal product) 투입(예를 들어, 노동)을 한 단위 늘릴 때 증가하는 생산량

한계생산물체감(diminishing marginal product) 투입물을 늘릴수록 한계생산물이 감소하는 것

한계세율(marginal tax rate) 한 단위 소득이 늘 때 내야 할 세금의 비율

한계소비성향(marginal propensity to consume) 가계가 추가적인 소득 중에서 소비에 지출하는 비율

한계수입(marginal revenue) 한 단위 더 판매했을 때 얻게 되는 추가적인 수입

한계수입생산(marginal revenue product) 근로자를 추가적으로 고용

하여 얻어지는 추가적인 판매수입을 측정한다. 이는 노동의 한계생산물에 그 생산물의 가격을 곱한 것이다.
$MRP_L = MP_L \times P$

한계외부비용(marginal external cost) 한 단위 추가함으로써 주변 제3자에 부과되는 추가적인 외부비용

한계외부편익(marginal external benefit) 추가적인 한 단위로부터 제3자에게 발생하는 추가적인 외부편익

한계유효세율(effective marginal tax rate) 추가적인 소득분 중에서 더 높은 세금과 더 낮은 정부 혜택으로 잃게 되는 비율

한계의 원리(marginal principle) 양에 관한 결정은 점증적으로 이루어져야 한다. '얼마나 많이'라는 질문을 한계편익과 한계비용으로 측정된 보다 소량의 또는 한계적 결정으로 분해시켜야 한다.

한계편익(marginal benefit) 한 단위 더 추가 투입(재화 구입, 공부 시간 등)함으로써 얻을 수 있는 추가적 편익

한계편익체감(diminishing marginal benefit) 추가적인 1단위의 소비는 직전 한 단위 소비보다 적은 한계편익을 가져다준다.

한계효용(marginal utility) 1달러(한 단위) 추가될 때 얻게 되는 추가적 효용

한계효용체감(diminishing marginal utility) 1달러가 매번 추가될 때마다 증가하는 효용의 크기는 점점 감소하게 된다.

한계효용체감(diminishing marginal utility) 추가적인 지출로 효용을 올리는 앞선 지출보다 효과가 작다. 즉 한계효용이 적다.

할인(discounting) 일정 금액의 미래가치를 동등한 현재가치로 전환하는 것

할인 공식(discounting formula) 현재가치 = t년도의 미래가치 × $\frac{1}{(1+r)^t}$

할인율(discount rate) 연방준비은행이 할인창구를 통해 은행에 대출해 준 돈에 붙이는 이자

합리적 규칙(Rational Rule) 어떤 일이 할 가치가 있다면, 한계편익과 한계비용이 같아질 때까지 계속하라.

행동경제학(behavioral economics) 사람들이 어떻게 경제적 의사결정을 내리는지를 평가할 때 심리적 요인을 포함하여 분석하는 경제학의 한 분야

행정명령(mandate) 재화를 팔거나 살 때 최소한의 수량을 충족해야 한다는 조건

허들 방법(hurdle method) 허들 또는 장애물을 기꺼이 넘으려는 구매자에게만 더 낮은 가격을 제공한다.

헤지(hedge) 상쇄할 수 있는 위험을 구매하는 것

현재가치(present value) 미래에 동등한 편익을 창출하기 위해 현재 투자해야 할 금액

협상력(bargaining power) 더 나은 거래를 협상할 수 있는 능력

형평성(equity) 어떠한 결과가 경제적 이득의 공정한 분배를 낳는다면, 결과는 더 큰 형평성을 달성한다.

혼잡효과(congestion effect) 다른 사람들이 사용할수록 가치가 떨어지는 물건. 사람들이 많이 구매할수록 수요가 감소한다.

홀드업 문제(hold-up problem) 관계-특유 투자를 하면 다른 상대방은 더 좋은(당신은 불리한) 조건을 얻고자 재협상하려고 한다.

화폐 환상(money illusion) 인플레이션으로 조정한 금액 대신 명목금액에 초점을 두는 경향

환급 가능한 세액공제(refundable tax credit) 환급받는 것이 소득세 내는 것과 관계 없는 세액공제

회계적 이윤(accounting profit) 기업이 받는 총수입에서 명시적 재무비용을 차감한 것 = 총수입 - 명시적 재무비용

효용(utility) 만족감(웰빙)의 수준

효율임금(efficiency wage) 근로자의 생산성을 장려하기 위해 지불하는 높은 임금

효율적 결과(efficient outcome) 가능한 최대의 경제적 잉여를 도출한 결과

효율적 배분(efficient allocation) 각각의 상품이 그 상품으로부터 가장 높은 한계편익을 얻는 사람에게 전달되어 가장 큰 경제적 잉여를 창출되도록 상품이 배분

효율적 생산(efficient production) 각 상품은 최소 한계비용으로 생산하여, 주어진 수준의 산출물을 가능한 최저비용으로 생산

효율적 수량(efficient quantity) 가능한 최대 경제적 잉여가 도출되는 수량

효율적 시장 가설(efficient markets hypothesis) 주식 가격은 항상 공개적으로 이용 가능한 모든 정보를 반영하고 있다는 이론

후발자의 이점(second mover's advantage) 경쟁자의 선택에 맞춰 행동을 취하는 데 따르는 전략적 이점

후행지표(lagging indicators) 경기변동을 뒤따라가는 변수들

희소성(scarcity) 자원이 한정되어 있어 발생하는 문제

1인당 GDP(GDP per person) 총 GDP를 인구로 나눈 값

70의 법칙(Rule of 70) 원래의 양이 두 배로 커지는 데 걸리는 햇수를 얻기 위해 평균 성장률을 70으로 나눈다.

GDP 디플레이터(GDP deflator) 국내에서 생산된 모든 재화와 서비스의 물가지수

***IS* 곡선**(*IS* curve) 실질이자율이 낮으면 지출이 증가하고, 따라서 GDP도 증가하여 이전보다 양의 총생산 갭이 됨을 보여준다.

***MP* 곡선**(*MP* curve) 통화정책과 리스크 프리미엄에 의해 결정되는 현재의 실질이자율을 보여주는 곡선

찾아보기

ㄱ

ㅇ

ㅈ

ㅊ

ㅋ

ㅌ

ㅍ

ㅎ

기타

역자 소개

김태기
단국대학교 경제학과 교수(전)
미국 아이오와대학교 경제학 박사

구균철
경기대학교 경제학부 조교수
미국 미주리대학교 경제학 박사

권원순
한국외국어대학교 경제학부 교수
러시아 모스크바 국립국제관계대학 경제학 박사

김명수
가톨릭대학교 경제학과 교수
미국 펜실베이니아주립대학교 경제학 박사

김태봉
아주대학교 경제학과 부교수
미국 듀크대학교 경제학 박사

김한성
아주대학교 경제학과 교수
미국 워싱턴주립대학교 경제학 박사

남종오
부경대학교 해양수산경영경제학부 교수
미국 로드아일랜드주립대학교 환경 및 자연자원 경제학 박사

손종칠
한국외국어대학교 경제학부 부교수
미국 텍사스A&M대학교 경제학 박사

이대창
홍익대학교 디자인경영융합학부 교수
미국 코넬대학교 경제학 박사